Le Siècle.

OEUVRES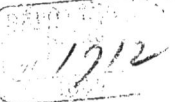
D'ALEXANDRE DUMAS.

NEUVIÈME SÉRIE.

Le Siècle.

OEUVRES

D'ALEXANDRE DUMAS.

NEUVIÈME SÉRIE.

PARIS. — IMPRIMERIE LOUIS GRIMAUX ET COMPAGNIE, 16, RUE DU CROISSANT.

Le Siècle.

OEUVRES

COMPLÈTES

D'ALEXANDRE DUMAS

NEUVIÈME SÉRIE.

IMPRESSIONS DE VOYAGE.

LA VILLA PALMIERI. — LE SPERONARE. — LE CAPITAINE ARÉNA.
LE CORRICOLO.

PARIS.
AU BUREAU DU SIÈCLE, 16, RUE DU CROISSANT.
ANCIEN HOTEL COLBERT
1853.

Le Siècle.

OEUVRES
D'ALEXANDRE DUMAS

NEUVIÈME SÉRIE.

PARIS. — IMPRIMERIE J. VOISVENEL, 16, RUE DU CROISSANT.

Le Siècle.

OEUVRES
COMPLÈTES
D'ALEXANDRE DUMAS

NEUVIÈME SÉRIE.

IMPRESSIONS DE VOYAGE

LA VILLA PALMIERI. — LE SPERONARE. — LE CAPITAINE ARÉNA.
LE CORRICOLO.

PARIS.
AU BUREAU DU SIÈCLE, 16, RUE DU CROISSANT,
ANCIEN HOTEL COLBERT.
1855.

Publication du journal **LE SIÈCLE.**

OEUVRES COMPLÈTES

DE M.

ALEXANDRE DUMAS.

IMPRESSIONS DE VOYAGE.

LA VILLA PALMIERI.

C'est à la **VILLA PALMIERI** que Boccace écrivit son *Decameron*. J'ai pensé que ce titre me porterait bonheur, et j'installe mon bureau dans la chambre où, 493 ans auparavant, l'auteur des cent nouvelles avait établi le sien.

LES FÊTES DE LA SAINT-JEAN A FLORENCE.

Pendant notre séjour à Florence, nous nous aperçûmes un soir, en ouvrant notre fenêtre, que le Dôme et le Campanile étaient illuminés ; cette illumination annonçait pour le lendemain le commencement des fêtes de la Saint-Jean. Nous ne voulions perdre aucun détail de ces fêtes qu'on nous avait fort vantées d'avance à Gênes et à Livourne, et nous sortîmes aussitôt. Quoique nous fussions logés à une extrémité de la ville, nous nous trouvâmes, en mettant le pied dans la rue, au milieu d'une foule qui devenait de plus en plus compacte à mesure que nous nous approchions du cœur de la cité. Cette foule s'écoulait avec une sagesse et une convenance telles, que le silence de notre *palazzino*, situé, il est vrai, entre cour et jardin, n'avait pas été troublé, et si l'illumination du Dôme ne nous avait annoncé la fête, nous aurions pu passer toute notre soirée sans nous douter un instant que Florence entière était dans ses rues. C'est là un trait caractéristique des Italiens de la Toscane : les individus sont parfois bruyants, mais la foule est presque toujours silencieuse.

Florence est magnifique à voir la nuit, par un beau clair de lune ; alors ses colonnes, ses églises, ses monumens, prennent un caractère grandiose qui efface et rejette dans l'ombre tous ces pauvres édifices modernes qu'on dirait faits pour des voyageurs d'un jour. Nous suivîmes la foule, la foule nous mena place du Dôme ; il me sembla que je voyais l'église pour la première fois, tant ses proportions avaient grandi ; le Campanile surtout paraissait gigantesque, et ses illuminations semblaient mêlées aux étoiles. Le baptistère de San-Giovanni était ouvert, et la châsse du saint exposée ; l'église semblait pleine, et cependant on y entrait facilement ; car à Florence, au lieu de réagir sans cesse contre les autres, comme on fait chez nous, chacun s'aide, chacun se presse, chacun se place, et on finit par être à l'aise là où l'on aurait cru d'abord devoir être infailliblement étouffé.

La religion me parut empreinte de ce même caractère de douceur que j'avais déjà remarqué dans tous les actes extérieurs du peuple. Dieu est traité à Florence avec une certaine familiarité respectueuse qui n'est point sans charmes, à peu près comme on traite le grand-duc, c'est-à-dire qu'on lui ôte son chapeau et qu'on lui sourit. Je ne sais, au reste, si on croit le premier beaucoup plus puissant que le second ; mais, à coup sûr, on n'a pas l'air de le croire meilleur.

Le Baptistère était magnifiquement illuminé ; aussi pûmes-nous distinguer beaucoup de détails qui nous avaient échappé lors de notre première visite. Dans les églises d'Italie, on y voit en général beaucoup moins clair le jour que la nuit. Nous remarquâmes particulièrement une statue, l'Espérance de Donatello ; une Madeleine un peu maigre, d'une vérité un peu anatomique, du même auteur, mais pleine de repentir et d'humiliation ; et enfin le tombeau de Jean XXIII, toujours de Donatello, dont l'épitaphe : *Quondam papa*, souleva si fort la colère de Martin V, qu'il en écrivit au prieur, le marbre censuré ne devant, selon lui, conserver au défunt que le titre de cardinal, avec lequel il était mort.

C'est qu'aussi, il faut le dire, Balthazar Cozza fut un singulier pape. Gentilhomme napolitain sans fortune, il tenta d'en acquérir une en se faisant corsaire ; un vœu fait au milieu d'une tempête le jeta dans les ordres, où, grâce à l'appui, aux recommandations et surtout à l'argent de Cosme l'Ancien, son ami, il fut nommé cardinal-diacre. Alors l'ancien corsaire se fit marchand d'indulgences, et il paraît qu'il réussit mieux dans cette seconde spéculation que dans la première ; car, à la mort d'Alexandre V, qu'il fut soupçonné d'avoir fait assassiner, il se trouva assez riche pour acheter le conclave. Cependant Balthazar ne fut pas nommé, comme il s'y attendait, au premier tour de scrutin ; alors il se revêtit lui-même de la toge pontificale, en s'écriant, comme par inspiration : *Ego sum papa*. Le concile, intimidé de son audace, confirma l'élection, sans même recourir à un second tour de scrutin, et Balthazar Cozza fut exalté sous le nom de Jean XXIII. Cela faisait le troisième pape vivant : les deux autres étaient Grégoire XII et Benoît XIII.

Au reste, le dernier venu ne donna point un meilleur exemple que les autres ; étant cardinal, il avait fait des vers dans lesquels il niait l'immortalité de l'âme, l'enfer et le paradis ; devenu pape, le premier acte de son pouvoir fut d'enlever à son mari une femme dont il était amoureux depuis longtemps, et avec laquelle il vécut publiquement ; cela ne l'empêcha point de censurer les mœurs de Ladislas, roi de Naples. Ladislas n'aimait point les censures ; il répondit fort brutalement à son ancien sujet que, lorsqu'on menaît une vie pareille à la sienne, on avait mauvaise grâce à reprendre les autres sur leur manière de vivre. Jean XXIII, qui, en sa qualité d'ex-corsaire, n'était pas pour les demi-mesures, excommunia Ladislas. Ladislas leva une armée et marcha contre le pape ; mais, à son tour, le pape prêcha une croisade et marcha contre lui. Ladislas fut battu, et détrôné par un bref. Ladislas alors fit ce qu'avait fait Jean XXIII : il racheta sa couronne, comme Jean XXIII avait acheté la tiare ; la paix se fit, mais ne fut pas de longue durée. Grégoire XII, tout exilé qu'il était et vivant des aumônes d'un petit tyran de Rimini, foudroyait rois et papes ; ces excommunications perpétuelles tourmentaient Jean XXIII, qui voyait l'Eglise s'émouvoir de tous ses scandales ; il demanda à Ladislas de lui livrer Grégoire XII. Ladislas demanda Grégoire au seigneur de Rimini, qui répondit que c'était son pape, à lui, le seul qu'il reconnût, le seul infaillible à ses yeux, et que par conséquent, au lieu de le livrer à ses ennemis, il le défendrait contre quiconque voudrait le lui prendre. Jean XXIII crut qu'il y avait de la faute de Ladislas dans le refus, et, au lieu de se fâcher contre le seigneur de Rimini, se fâcha contre Ladislas. La guerre recommença donc ; mais cette fois Ladislas fut vainqueur ; Jean XXIII quitta Rome et s'enfuit ; Ladislas s'empara sans résistance de la ville éternelle : c'était la troisième fois depuis qu'il était roi qu'il pillait le Vatican. Il poursuivit alors Jean XXIII jusqu'à Pérouse, où il fut empoisonné, par le père de sa maîtresse, d'une si étrange façon qu'elle peut à peine se raconter. Le père était apothicaire, gagné, on devine par qui, il cherchait une occasion d'empoisonner le roi de Naples, lorsque sa fille vint se plaindre à lui de ne plus trouver d'amour chez Ladislas. Le père alors lui donna une certaine pommade avec laquelle il lui recommanda de se frotter, lui promettant que cette pommade aurait la vertu de ramener son infidèle. La pauvre fille crut son père, et suivit de point en point ses instructions. Le lendemain du jour où elle avait eu l'occasion de faire cet essai, elle était morte. Quand à Ladislas, il ne lui survécut que huit jours.

Tout cela est fort immonde, comme on le voit. Enfin un concile s'assembla qui déposa les trois papes d'un coup, et en nomma un quatrième, Martin V. Grégoire XII envoya de Rimini son acte d'abdication volontaire ; Benoît XIII était en Espagne et continua de résister. Enfin Jean XXIII, d'abord président de l'assemblée, puis en lutte avec Sigismond, puis fugitif, puis prisonnier, puis déposé, finit par se réfugier près de son ami Cosme, à Florence, où il mourut. Cosme, fidèle jusqu'après la mort de Jean à l'amitié qu'il lui portait, chargea Donatello de lui élever un tombeau, fit l'épitaphe lui-même, et, lorsque Martin V tenta de la faire gratter, se contenta d'adresser au pape légitime cette réponse à laquelle son laconisme n'ôtait rien de sa précision : *Quod scripsi, scripsi*. Plus heureux après sa mort que pendant sa vie, Jean XXIII, qui était redevenu cardinal par jugement du concile, resta pape pour l'épitaphe de son tombeau.

Nous continuâmes de suivre la foule qui s'écoulait, toujours pressée et silencieuse, par la *via dei Cerretani* ; puis, comme elle se séparait en deux flots, nous prîmes à gauche, et au bout d'un instant nous nous trouvâmes en face du magnifique palais Strozzi, qui, à plus juste titre que beaucoup d'autres monuments, éveillait la verve laudative de Vasari.

En effet, le palais Strozzi n'est pas seulement grandiose et magnifique, il est prodigieux ; ce ne sont point des pierres jointes par la chaux et le ciment, c'est une masse taillée dans le roc. Aucune chronique, si élégante, si détaillée, si pittoresque qu'elle soit, ne fera comprendre comme ce livre de pierre aux habitudes, les mœurs, les coutumes, les jalousies, les amours et les haines du quinzième siècle. La féodalité tout entière, avec sa puissance individuelle, est là ; lorsqu'une fois un homme était assez riche pour se faire bâtir une pareille forteresse, rien ne l'empêchait plus de déclarer la guerre à son roi.

Ce fut Benoît de Majano qui, sur l'ordre de Philippe Strozzi le Vieux, fit le plan et jeta les fondations de ce beau palais ; mais il ne conduisit les travaux que jusqu'au second étage. Il en était là lorsqu'il fut forcé de partir pour Rome. Heureusement, à cette époque même, arriva à Florence un cousin de Pollajolo, que l'on avait surnommé Cronaca, ou la Chronique, à cause de l'habitude qu'il avait prise de raconter à tout venant et à tout propos son voyage de Rome. Ce voyage, quelque ridicule qu'il eût jeté sur l'homme, n'avait cependant point été inutile à l'artiste. Cronaca avait profondément étudié les chefs-d'œuvre de l'antiquité, et il en donna une preuve en faisant le magnifique entablement interrompu à la moitié de son exécution par les troubles de Florence et par l'exil des Strozzi.

Tout est remarquable dans ce beau palais, tout, jusqu'aux lanternes que, suivant le privilège de la noblesse, ses puissants maîtres allumaient les jours de solennité. Il est vrai que ces anneaux et ces lanternes sont l'ouvrage de Nicolas Grosso, que Laurent le Magnifique avait surnommé Nicolas des Arrhes (Caparra), nom qui lui resta, parce qu'il ne voulait rien faire qu'il n'eût reçu des *arrhes*, ni rien livrer qu'il n'eût touché la totalité du paiement. Il faut dire aussi que jamais sobriquet ne fut plus mérité. Nicolas des Arrhes avait fait peindre une enseigne qu'il avait mise au-devant de sa boutique et qui représentait des livres de compte au milieu des flammes. Chaque fois qu'on lui demandait crédit, ne fût-ce que pour une heure, il conduisait l'indiscrète pratique sur le pas de sa porte, lui montrait son enseigne, et lui disait : — Vous voyez bien que je ne puis pas vous faire crédit, mes registres brûlent.

Il va sans dire que cette rigidité de principes s'appliquait à toute personne indistinctement. Un jour, la seigneurie lui avait commandé une paire de chenets, et, selon la règle posée par Nicolas, lui avait donné à titre d'arrhes la moitié du prix. Les chenets terminés, Nicolas fit prévenir la Seigneurie qu'elle pouvait envoyer le reste de l'argent, attendu que les chenets étaient prêts. On vint alors dire à Nicolas, de la part du provéditeur, qu'il apportât les chenets et qu'on lui réglerait son compte ; ce à quoi Nicolas répondit que les chenets ne sortiraient pas de sa boutique que leur prix ne fût encaissé. Le provéditeur furieux envoya un de ses sergens avec ordre de dire à Nicolas que son refus était étrange, attendu que sa fourniture lui était déjà payée à moitié : — C'est juste, dit Nicolas ; et il donna au sergent un des deux chenets. Ne pouvant tirer de lui autre chose, le sergent porta son échantillon au provéditeur, et celui-ci en trouva le travail si merveilleux qu'il envoya aussitôt le reste de l'argent pour avoir l'autre ; il était temps, le malheureux chenet était entre l'enclume et le marteau, et le féroce Nicolas des Arrhes levait déjà le bras pour le briser.

Quelle époque admirable que celle où tout le monde aimait les arts, même les seigneuries, et où tout le monde était artiste, même les serruriers ! Aussi voyait-on s'élever des palais dont toute une ville était si fière, que, lorsque Charles VIII fit son entrée à Florence, la seigneurie, malgré la préoccupation du prince, voulut lui faire admirer sa merveille, et dirigea sa marche vers le chef-d'œuvre de Benoît de Majano. Mais le rustique roi de France était encore tant soit peu barbare, de sorte qu'il se contenta de jeter un coup d'œil sur le splendide édifice, et se retournant vers Pierre Capponi qui l'accompagnait : — C'est la *maison de Strozzi*, n'est-ce pas ? lui dit-il. — Oui, *monsieur*, lui répondit Pierre Capponi, commettant à l'égard du roi la même insolence que le roi, à son avis, commettait à l'égard du palais.

Ce palais appartient en effet à cette grande famille des Strozzi, qui existe encore aujourd'hui, et qui donna un maréchal à la France. Jusqu'à l'abolition de la pairie héréditaire, nous avons eu un pair de ce nom ; et le chef de la famille Strozzi, se regardant toujours comme Français, écrivait au roi de France au jour de l'an et au jour de sa fête.

Il y a quelque temps que les enfans du duc actuel, en jouant dans des chambres abandonnées depuis longtemps, trouvèrent un appartement composé d'une douzaine de pièces et parfaitement inconnu au propriétaire de cet immense hôtel. La porte avait été murée il y avait quelque deux ou trois cents ans, et personne ne s'en était jamais aperçu, tant ce palais est vaste, qu'il y manquait le quart d'un étage.

Ce fut le fils du fondateur de ce beau palais, le fameux Philippe Strozzi, qui accueillit l'assassin d'Alexandre de Médicis, Lorenzino, à son arrivée à Venise, en l'appelant le Brutus de Florence, et en lui demandant la main de ses deux sœurs pour ses deux fils. C'est que, tout marié qu'il était à une fille de Pierre de Médicis, Philippe Strozzi n'en était pas moins l'un des plus fermes défenseurs de la république. Aussi, lorsque la liberté florentine tomba, le jour où Alexandre fit son entrée dans la capitale de son duché, Philippe Strozzi, inhabile à la servitude, se retira à Venise, où bientôt il apprit que le bâtard de Laurent l'avait mis au ban de l'État. L'accueil qu'il fit à Lorenzino avait donc un double motif : non-seulement Lorenzino venait de délivrer Florence de son oppresseur, mais encore il rouvrait au proscrit (du moins il le croyait ainsi) le chemin de sa patrie. Mais pendant que les bannis joyeux se réunissaient et discutaient le moyen le plus prompt et le plus sûr de rentrer dans Florence, ils apprirent que Cosme avait été nommé chef et gouverneur de la république, et qu'une des quatre conditions auxquelles il avait été élu était de venger la mort d'Alexandre. Ils comprirent dès lors que leur rentrée dans la patrie ne serait pas aussi facile qu'ils l'avaient espéré ; cependant, songeant que le jeune gouverneur n'avait que dix-huit ans, ils espérèrent tout de l'ignorance et de la légèreté que semblait annoncer son âge. Mais l'enfant joua les barbes grises au jeu de la politique et au jeu de la guerre. Toutes les conspirations furent découvertes et déjouées, et comme enfin les proscrits s'étaient réunis et avaient décidé de risquer une bataille, après onze ans d'attente et de tentatives infructueuses, Alexandre Vitelli, lieutenant de Cosme, remporta sur eux, à Montemurlo, une victoire complète. Pierre Strozzi n'échappa à la mort qu'en se couchant parmi les cadavres, et Philippe, pris sur le champ de bataille qu'il ne voulut point abandonner, fut ramené à Florence et enfermé dans la citadelle.

Par un étrange jeu de fortune, cette citadelle était la même que, dans une discussion secrète tenue devant le pape Clément VII, Philippe Strozzi avait conseillé à ce pontife de faire bâtir, et cela contre l'avis du cardinal Jacopo Salviati. Ce dernier, surpris de cette obstination singulière, qui sem- blait avoir un caractère providentiel et fatal, ne put s'empêcher de dire à Philippe : « Plaise à Dieu, Strozzi, qu'en faisant bâtir cette forteresse tu ne fasses pas bâtir ton tombeau ! » Aussi, à peine Strozzi fut-il enfermé entre ces murs qui étaient sortis de terre à sa voix, que la prophétie de Salviati lui revint en mémoire, et qu'à compter de ce moment il regarda le terme de sa vie comme arrivé.

Mais à cette époque on ne mourait pas ainsi ; il fallait avant tout passer par la torture. Philippe Strozzi, à qui on voulait faire avouer qu'il avait eu part à l'assassinat du duc Alexandre, fut mis plusieurs fois à la question ; mais, au milieu des tourmens les plus terribles, son courage ne se démentit pas un instant, et il dit constamment à ses bourreaux qu'il ne pouvait confesser une chose qui n'était pas vraie. Mais si, ajoutait-il, l'aveu de l'intention leur suffisait, il était mille fois plus coupable que celui qui avait tué Alexandre, car il aurait voulu le tuer mille fois. Enfin, les bourreaux lassés allaient peut-être obtenir de Cosme de cesser sur Strozzi des tortures inutiles, lorsqu'un jour un des soldats qui avaient accompagné le geôlier déposa, soit par hasard, soit à dessein, son épée sur une chaise, et sortit sans la reprendre. La résolution de Strozzi fut prompte ; il n'espérait plus de liberté ni pour lui ni pour sa patrie : il alla droit à l'épée, la tira du fourreau, s'assura de la pointe et du tranchant, revint à une table où étaient du papier et de l'encre qu'on lui avait laissés dans le cas où il se déciderait à faire des aveux, écrivit quelques lignes d'une main aussi ferme et aussi assurée que si ce n'eût point été les dernières qu'il dût tracer ; puis, appuyant la poignée de l'épée au mur et la pointe à sa poitrine, il se laissa tomber dessus. Cependant, quoique l'épée lui eût traversé le corps, il ne mourut pas sur le coup, car on trouva tracé sur le mur, avec son sang, ce vers de Virgile :

Exoriare aliquis nostris ex ossibus ultor.

Quant aux quelques lignes écrites sur le papier, en voici la traduction littérale :

« AU DIEU LIBÉRATEUR.

» Pour ne pas demeurer plus longtemps au pouvoir de mes ennemis, et pour ne point davantage être tourmenté par des tortures dont la violence me ferait peut-être dire ou faire des choses préjudiciables à mon honneur et aux intérêts de parens et d'amis innocens, chose qui est arrivée ces jours derniers au malheureux Giuliano Gondi ; moi, Philippe Strozzi, je me suis décidé, quelque répugnance que j'éprouve pour un suicide, à finir mes jours par ma propre main.

» Je recommande mon âme au Dieu de toute miséricorde, le priant humblement, s'il ne veut m'accorder d'autre bonheur, de permettre au moins qu'elle habite le même lieu qu'habitent Caton d'Utique et les autres hommes vertueux qui sont morts comme lui et comme moi. »

A quelques pas du palais du vaincu est la colonne élevée par le vainqueur : cette colonne avait été donnée à Cosme par le pape Pie IV ; il la fit dresser à la place même où il apprit le résultat de la bataille de Montemurlo ; elle est surmontée d'une statue de la Justice. Peut-être Cosme eût-il mieux fait de la placer autre part, ou de la garder pour une meilleure occasion.

Derrière la colonne est l'emplacement de l'ancien palais de ce Buondelmonte dont le nom se rattache aux premiers troubles qui agitèrent les deux factions guelfe et gibeline de Florence ; en face de la colonne est la sombre et magnifique forteresse des comtes Acciajoli, derniers ducs d'Athènes. Il y a certains quartiers de Florence dans lesquels on ne peut faire un pas sans heurter un souvenir ; seulement le passé y est tant soit peu dépoétisé par le présent : le palais Buondelmonte, par exemple, est devenu un cabinet littéraire, et la forteresse des ducs d'Athènes s'est métamorphosée en auberge.

Cette forteresse, au reste, était on ne peut plus judicieusement placée ; elle commandait l'ancien pont de la Trinité, bâti en 1252, et qui, ayant été ruiné en 1557 par une crue de l'Arno, fut relevé par l'Ammanato sur un dessin de Michel-Ange. C'est peut-être un des ponts les plus gracieux et les plus légers qui existent.

En cet endroit la foule se divisait, laissant ce beau pont de la Trinité presque vide, comme si ce n'eût point été fête de l'autre côté de l'Arno ; elle remontait vers le Ponte-Vecchio et le Ponte-alla-Caraja. Nous suivîmes le flot qui descendait avec le fleuve, et nous passâmes successivement devant les fenêtres du casino de la Noblesse, devant la maison où Alfieri, après y avoir passé les dix dernières années de sa vie, mourut en 1803 ; devant le palais Gianfigliazzi, occupé aujourd'hui par le comte de Saint-Leu, ex-roi de Hollande ; et devant le palais Corsini, magnifique édifice du temps de Louis XIV, qui occupe à lui seul la moitié du quai, et qui préparait alors, dans le silence et l'obscurité, la royale hospitalité qu'il devait donner le surlendemain à la moitié de Florence.

Il commençait à se faire tard, et nous étions tant soit peu fatigués de nos courses de la journée. Notre course du soir ne nous promettait pas d'autre variété qu'une promenade plus ou moins longue ; nous nous acheminâmes vers notre palazzo, de plus en plus émerveillés de la joyeuse humeur de ce bon peuple toscan, qui se met en fête dès la veille, sur la promesse d'une fête pour le lendemain.

La nuit fut terrible : les cloches, qui ordinairement n'allaient que les unes après les autres, s'étaient mises en fête à leur tour, et sonnaient toutes en même temps. Il n'y avait pas le plus petit couvent, pas la plus chétive église, qui ne jouât sa partie dans ce concert aérien, si bien que je doute fort qu'il y ait une seule personne qui ait fermé l'œil à Florence dans la nuit du 22 au 25 juin. Quant à nous, nous la passâmes à peu près tout entière à regarder les illuminations du Dôme et du Campanile, qui ne s'effacèrent qu'avec les premiers rayons du jour ; il en résulta pour notre collection un magnifique dessin que Jadin fit au clair de lune.

Toutes les heures de la journée étaient prises d'avance : il y avait à dix heures grand déjeuner chez le marquis Torrigiani, à midi concert à la Philharmonique, à trois heures Corso, et à huit heures théâtre avec grand gala.

Nous n'avions point encore été présentés au marquis Torrigiani, et par conséquent nous ne pouvions être de son déjeuner ; ce que nous regrettions fort, non point, comme on pourrait le croire, pour son cuisinier, mais pour le marquis lui-même. En effet, le marquis Torrigiani, dont la noblesse remonte aux premiers jours de la république, a l'une des maisons les plus aristocratiques de Florence. Une invitation au palais Torrigiani l'hiver, et au casino Torrigiani l'été, est la consécration obligée de tout mérite supérieur, que ce mérite soit légué par les ancêtres ou acquis personnellement. Quand on a été invité chez le marquis Torrigiani, il n'y a plus d'informations à prendre sur vous ; on peut être, on doit même être invité partout ; vous avez vos preuves signées par d'Hozier.

En revanche, nous étions invités au concert de la Philharmonique. Que nos lecteurs nous permettent de mettre textuellement le programme sous leurs yeux, et ils jugeront eux-mêmes si les billets devaient être recherchés.

PREMIÈRE PARTIE.

I. Florimo. — L'*Ave Maria*, prière à quatre voix, exécutée par la princesse Elise Poniatowski, madame Laty, et les princes Charles et Joseph Poniatowski.

II. Rossini. — *Semiramide*, duo exécuté par madame Laty et le prince Charles Poniatowski.

III. Donizetti. — *Lucia de Lamermoor*, air final exécuté par le prince Joseph Poniatowski.

IV. Mercadante. — *Giuramento*, quartetto exécuté par la princesse Poniatowski, madame Laty, et les princes Charles et Joseph Poniatowski.

SECONDE PARTIE.

V. Hérold. — Ouverture de *Zampa*.

VI. Bellini. — *Puritani*, duo exécuté par la princesse Élise et le prince Joseph Poniatowski.

VII. Georgetti. — Variations sur un thème de la *Sonnambula*, exécutées sur le violon par monsieur Giovacchino Giovacchini.

VIII. Bellini. — *La Sonnambula*, air final exécuté par la princesse Élise Poniatowski.

Comme on le voit, à part la coopération donnée par madame Laty et par monsieur Giovacchino Giovacchini, la matinée musicale était défrayée entièrement par les princes Poniatowski ; il était donc, on en conviendra, difficile de voir un concert plus aristocratique ; les exécutans descendaient en droite ligne d'un prince régnant il y a à peine un demi-siècle. Il est vrai qu'ils avaient dans leur auditoire trois ou quatre rois détrônés. Cependant, comme une matinée musicale ne tire pas son principal charme du parfum d'aristocratie qu'elle répand autour d'elle, nous n'étions pas, il faut l'avouer, sans quelque crainte à l'endroit de l'exécution. Pour mon compte, j'avais en mémoire certains concerts d'amateurs auxquels, à mon corps défendant, j'avais assisté en France, et qui m'avaient laissé d'assez tristes souvenirs. La seule différence que je voyais entre ceux que j'avais entendus et celui que j'allais entendre était dans la qualité des artistes, et je ne croyais pas que le titre de prince fût une garantie suffisante pour la tranquillité de mes oreilles. Je ne m'en rendis pas moins à l'heure indiquée à la salle de concert située sur l'emplacement des *Stinche*, qui sont les anciennes prisons de la ville. Telle est la progression des choses dans cette bonne et belle Florence. Si Dante y revenait, il trouverait probablement son Enfer changé en salle de bal.

La salle, si grande qu'elle fût, était comble ; cependant, grâce à l'attention des commissaires auxquels nous étions recommandés, nous parvînmes à trouver place. Bientôt la princesse Élisa entra, conduite par le prince Joseph, madame Laty la suivait, conduite par le prince Charles ; à leur vue, la salle tout entière éclata en applaudissemens. Cela ne prouvait rien : dans tous les pays du monde on applaudit une jolie femme, et la princesse Élise est une des personnes les plus gracieuses et les plus distinguées qui se puissent voir.

Nos amateurs étaient visiblement émus ; en effet, dès que l'on veut monter au rang d'artiste, il faut que le talent réponde à la prétention : un parterre, fût-il composé individuellement de grands seigneurs, devient un parterre essentiellement démocratique par le fait même qu'il est un parterre. Au reste, cette crainte fut d'avance, pour moi, une preuve de supériorité : des chanteurs médiocres eussent eu plus d'aplomb.

Dès les premières notes, notre étonnement fut grand : ce n'étaient point des amateurs que nous entendions, c'étaient d'admirables artistes ; il serait peut-être impossible de trouver, même sur les meilleurs théâtres de France et d'Italie, trois voix qui se mariassent plus harmonieusement ensemble que celles de la princesse Élise, du prince Joseph et du prince Charles ; en fermant les yeux, on pouvait se croire aux Bouffes, et parier pour Persiani, Rubini et Tamburini. En rouvrant les yeux seulement on se retrouvait en face de gens du monde. Tout le concert fut chanté avec cette supériorité d'exécution qui m'avait si prodigieusement étonné au premier morceau, et qui se soutint jusqu'au dernier. La séance finit comme elle s'était ouverte, par des tonnerres d'applaudissemens ; les illustres exécutans, rappelés dix fois, revinrent dix fois saluer leur frénétique auditoire. C'est que les princes Poniatowski appartiennent à une famille privilégiée et que, s'ils perdaient leur fortune comme ils ont perdu leur trône, ils pourraient s'en refaire de leurs propres mains, une aussi belle et peut-être bien aussi illustre que celle que leur père leur a léguée. En effet, on ne peut être à la fois plus grand seigneur et plus artiste que le prince Charles et le prince Joseph : le dernier en outre est poète et musicien ; il a donné, pendant notre séjour à Florence, deux opéras de premier ordre, l'un sérieux, l'autre bouffe ; le premier intitulé *Procida* ; le second, *Don Deside-*

rio; tous deux ont obtenu un succès de fanatisme. Mais aussi il faut dire que le prince Joseph a un grand avantage sur la plupart des compositeurs : son opéra fini, il appelle son frère et sa belle-sœur, leur distribue à chacun leur partie, et garde la sienne. Tous trois se mettent à l'étude ; un mois après, toute la société florentine est invitée à la salle Steindich, qui est le théâtre Castellane de Florence. Là, l'opéra est joué et chanté devant un public parfaitement mélomane, dont toutes les impressions sont étudiées par la maestro, auquel elles arrivent d'autant plus complètes qu'il est à la fois auteur et acteur. Il est vrai qu'il y a un point sur lequel on peut se tromper : c'est que, dans ces représentations préparatoires, l'opéra est souvent infiniment mieux exécuté qu'il ne le sera à la représentation définitive.

Lorsque nous partîmes de Florence, le prince Joseph, déjà salué par toute l'Italie du nom de maestro, composait un troisième opéra pour le théâtre de la Fenice à Venise.

Le concert avait fini à trois heures ; nous avions juste le temps de rentrer chez nous, de dîner, et d'aller prendre la file au Corso. Le Corso, comme l'indique son nom, est une promenade dont le lieu varie selon les circonstances. Cette fois elle s'étendait de la porte al Prato au palais Pitti, passant d'une rive à l'autre de l'Arno et traversant le pont de la Trinité. Le Corso est, comme la Pergola, le réunion de toutes les élégances indigènes et exotiques. C'est le Longchamps de Florence, avec un beau ciel et vingt degrés de chaleur au lieu de trois degrés de froid. Là tout ce qui a un nom soit en *i* ou en *o*, en *off* ou en *ieff*, en *ka* ou en *ki*, vient rivaliser de luxe. Il en résulte que Florence, proportion gardée, est peut-être la ville du monde où il y a non-seulement les équipages les plus nombreux, mais aussi les équipages les plus magnifiques. Là encore nous retrouvâmes toute la famille Poniatowski ; seulement les artistes étaient redevenus princes.

Pendant deux heures chacun se promène, non pas pour se promener, mais pour montrer sa voiture et ses livrées. Les équipages les plus riches et les plus élégans sont ceux des princes Poniatowski, du comte Griffeo et du baron de la Gherardesca. Disons en passant que ce dernier est le seul descendant d'Ugolin, ce qui prouve, quoi qu'en dise Dante, que son aïeul n'a pas mangé tous ses fils.

Le Corso fini, chacun rentre en toute hâte pour faire toilette ; le Corso n'est qu'une espèce d'escarmouche, une affaire d'avant-garde ; on s'est donné en passant rendez-vous à la Pergola pour le combat général. C'est que contre son habitude, la Pergola, ce jour-là, doit être parfaitement éclairée. C'est, nous l'avons dit, jour de gala. Or le gala consiste à ajouter à l'illumination ordinaire un faisceau de huit ou dix bougies pour chaque loge. Mais les loges s'entêtent, et plus la salle s'éclaire, plus elles restent obscures. C'est beaucoup plus commode pour être chez soi, c'est vrai, mais c'est beaucoup moins avantageux pour les femmes que nos loges découvertes.

Ce qu'il y avait ce soir-là de diamans et de dentelles à la Pergola est incalculable. Toutes les vieilles richesses de ces vieilles familles étaient sorties de leurs écrins et de leurs bahuts. La salle ruisselait de pierreries ; cependant les victorieuses étaient la princesse Corsini, la princesse Élise Poniatowski et la duchesse de Casigliano.

Je ne sais pas pourquoi on chante dans les salles d'Italie, à moins que ce ne soit par un de ces restes d'habitudes qu'on ne peut déraciner. Il n'y a pas, pendant les trois heures que dure le spectacle, une personne qui regarde ou qui écoute ce qui se passe sur la scène, à moins, comme je l'ai déjà dit, qu'il n'y ait ballet. Chacun cause ou lorgne, et la musique, on le comprend, ne peut que nuire à la conversation. Voilà le secret de la préférence que les Italiens ont pour les accompagnemens peu instrumentés : ils ne pouvaient pardonner à Meyerbeer d'être obligés de l'écouter.

Les jours de gala, le grand-duc assiste régulièrement à la représentation avec sa famille. Aussitôt qu'il arrive dans sa loge, chacun se retourne, salue et applaudit ; puis chacun se remet en place, se recouvre, et il n'en est plus question. Sa présence, au reste, n'influe ni sur les chutes, ni sur les succès, et elle n'opère ni sur les sifflets ni sur les applaudissemens. En Toscane, on ne sent la présence du souverain que comme on sent celle du soleil, par la chaleur et le bien-être qu'il répand. Partout où il est, la joie est plus grande, voilà tout.

A onze heures et demi en général, le spectacle finit. Ce n'est qu'en Allemagne qu'on se couche à dix heures, et que l'on quitte la salle à huit heures et demie pour aller souper. En Italie, on mange peu, et on ne soupe que dans le carnaval ; les gourmands sont des exceptions, on les montre au doigt, et on les vénère.

Après la Pergola, il y a raoût ; au lieu de sortir en presse, comme on fait chez nous, et d'attendre dans le vestibule ou les escaliers, ou entre dans une grande salle attenante au théâtre, bien fraîche l'été, bien chaude l'hiver, et l'on organise la journée du lendemain. Il y a là quelque chose de curieux, non-seulement à voir, mais à écouter : ce sont les noms qu'on appelle : en dix minutes, vous passez en revue les Corsini, les Pazzi, les Gherardesca, les Albizzi, les Capponi, les Guicciardini, tous noms splendidement historiques qui, depuis le douzième et le treizième siècle, retentissent dans l'histoire ; vous vous croiriez encore au beau temps du Gonfalonat, et vous vous attendez à chaque instant à voir entrer ou sortir Laurent le Magnifique.

A une heure à peu près nous rentrâmes chez nous. Les cloches faisaient leur vacarme, mais cette fois je me bourrai les oreilles de coton, et dormis comme un sourd ; ce fut le soleil qui me réveilla.

Il y avait, ce jour-là, course en char, Corso, illumination sur l'Arno, et bal au casino de la Noblesse. Ce temps n'était pas encore trop mal employé. Les courses en char étaient fixées pour une heure ; elles ont lieu sur la place Sainte-Marie-Nouvelle, dont toutes les fenêtres deviennent l'objet de l'ambition générale. Heureux, ou plutôt malheureux ceux qui demeurent sur cette place : il faut qu'ils trouvent place chez eux pour toutes leurs connaissances quinze jours à l'avance, c'est un travail à en perdre la tête.

Nous n'avions eu à nous occuper de rien ; l'étranger est l'élu de Florence. Pourvu qu'il soit bien recommandé, il peut vivre dégagé de tout soin. On le prend chez lui, on le mène en voiture, on lui fait voir les fêtes, on le conduit au spectacle, on le ramène à la maison. C'est un devoir presque national de l'amuser, et on fait tout ce qu'on peut pour cela. Malheureusement, l'étranger a en général le caractère morose et ingrat ; s'il s'amuse, il ne veut pas en convenir ; et une fois qu'il a quitté la ville, il remercie ceux qui l'ont amusé en disant du mal d'eux. Par bonheur encore, les Florentins ne se découragent pas pour si peu ; ce qu'ils font, sans doute ils le font parce qu'ils doivent le faire, et ils pensent que l'hospitalité, comme toutes les vertus, a sa récompense en elle-même.

Le prince Joseph Poniatowski nous donnait un gage de cette obligeance convenue, et cependant si mal récompensée : le prince s'était chargé de nous, et devait nous conduire chez monsieur Finzi, dont les fenêtres donnent sur la place Sainte-Marie-Nouvelle ; il vint nous chercher, non pas à l'heure dite, mais une demi-heure auparavant. Ce n'était pas trop tôt pour être sûr d'avoir des places sur le balcon.

La place Sainte-Marie-Nouvelle est une des plus gracieuses de Florence ; c'est là que s'élève cette charmante église que Michel-Ange appelait sa femme. Là aussi Boccace a placé la rencontre des sept jeunes Florentines qui, après la peste de 1348, forment le projet de se retirer à la campagne pour y raconter ces fameuses nouvelles qui donneraient une singulière idée des mœurs des dames de cette époque, s'il fallait en croire le poëte sur parole.

L'église de Sainte-Marie-Nouvelle tient au dedans tout ce qu'elle promet au dehors ; on y entre par une porte d'Alberti, comparable à tout ce qui a été fait de plus beau en ce genre ; et une fois entré, on y trouve une galerie de fresques et de tableaux d'autant plus curieuse, qu'elle s'étend des maîtres grecs aux auteurs contemporains.

Le moment était bon pour voir ce qui reste des premiers : leurs peintures sont ensevelies dans une chapelle souterraine où restent en dépôt, pendant trois cent cinquante jours de l'année, les estrades et gradins qu'on en tire tous les six mois pour en faire des amphithéâtres publics lors des courses des Barberi. Or, comme les courses devaient avoir lieu le lendemain, la chapelle était parfaitement vide; il est vrai que je n'en fus guère plus avancé pour cela : le temps et l'humidité ont fait chacun son office, et il ne reste que bien peu de traces de ces pinceaux byzantins auxquels Florence dut son Cimabué.

En revanche, si les fresques des maîtres sont à peu près perdues, le tableau de l'élève est parfaitement conservé : c'est cette fameuse Madone entourée d'anges que Charles d'Anjou ne dédaigna point d'aller visiter à l'atelier même de l'artiste, et qui fut portée à l'église, précédée des trompettes de la république et suivie de toute la seigneurie de Florence. On comprendra cet enthousiasme en faisant ce que j'ai fait, c'est-à-dire en passant des peintures byzantines à la peinture nationale. Autrement il serait difficile de se placer au point de vue des enthousiastes du treizième siècle. Puis, si l'on veut suivre les progrès de l'art, de la madone de Cimabué on passera à la chapelle des Strozzi, où André et Bernard Orgagna, ces deux géants de poésie, ont peint l'enfer et le paradis. Dans l'enfer, les chercheurs d'anecdotes reconnaîtront, au papier qui décore son bonnet, l'huissier qui, le jour même où André reçut la commande de Strozzi le Vieux, avait saisi les meubles de l'artiste; de là ils iront chercher les fresques peintes en l'honneur des apôtres Philippe et Jean par frère Lippi; puis ils passeront derrière l'autel, et trouveront dans le chœur le chef-d'œuvre de Guirlandaio, cette chapelle où Michel-Ange rêva la chapelle Sixtine; ils termineront leurs investigations par le *Saint Laurent* de Marchetti, par le *Martyre de sainte Catherine* de Bugiardini, dont Michel-Ange a dessiné les soldats. Enfin ils s'inclineront devant les Crucifix de Giotto et de Brunelleschi, ces deux chefs-d'œuvre, l'un de naïve résignation, l'autre de patiente souffrance; ce fut le dernier qui fit dire à Donatello : « C'est à toi, Brunelleschi, de faire des Christs, et à moi de faire des paysans. »

Ce n'est pas tout : après l'église viennent les cloîtres; après les fresques d'Orgagna, les grisailles de Paul Uccello; après la chapelle Strozzi, la chapelle des Espagnols; après frère Lippi le peintre naturaliste et charnel, Simon Memmi le peintre idéaliste et religieux; tout cela, église, chapelles, cloîtres, peintures, est renfermé dans un circuit de cinq cents pas, avec cette profusion qui distingue l'Italie, et qui fait de chaque édifice religieux une histoire de l'art.

J'achevais ma visite, lorsque j'entendis de grands cris de joie sur la place : à Florence, on ne crie jamais qu'en signe de plaisir. Je présumai qu'il se passait quelque chose de nouveau, et je courus à la porte qui donne sur la place. En effet, une ligne de soldats faisait évacuer aux spectateurs le cercle destiné à la course des chars; mais le curieux de la chose était la façon dont les soldats s'y prenaient pour obtenir ce résultat. En Toscane, nous l'avons dit, le peuple est le maître : c'est lui qu'il faudrait appeler monseigneur si l'on voulait traiter réellement chaque chose à sa place; aussi les soldats ne lui parlent-ils en général que le chapeau à la main. On le prie de s'écarter; on lui promet que c'est pour son plaisir qu'on le dérange, on lui assure qu'il s'amusera bien s'il veut obéir; et alors ce bon peuple, qu'on repousse en riant, recule en riant, échangeant avec les soldats mille lazzis de facétieuse hilarité. Là, jamais de coups de crosse sur les pieds, jamais de bourrades dans la poitrine; un soldat qui donnerait une chiquenaude à un bourgeois irait à la salle de police pour huit jours. Il y a une école de gendarmerie à fonder là, comme nous avons fondé à Rome une école de peinture.

Je me hâtai d'aller prendre ma place au balcon de monsieur Finzi. Un instant après, le grand-duc et toute la cour parurent à la loge de San-Paolo, élégant portique élevé en face de l'église Sainte-Marie-Nouvelle par Brunelleschi; puis une vingtaine de cavaliers, débouchant par Borgo-Ognisanti, annoncèrent l'arrivée des concurrens. Presque aussitôt quatre *cocchi*, montés sur leurs chars, s'avancèrent au grand trot sur la place : les cocchi étaient vêtus à la romaine, et les chars taillés à l'antique. Les quatre factions du cirque y étaient représentées; il y avait les rouges, les verts, les jaunes et les bleus. Rien n'empêchait de croire, en se rajeunissant de dix-huit cents ans, que l'on assistait à une fête donnée par Néron.

Malheureusement la police florentine, qui tient avant tout à ce que les fêtes ne changent jamais de caractère, et à ce que ceux qui sont venus pour rire ne s'en aillent pas en pleurant, décide à l'avance quel sera le vainqueur. En conséquence, les autres cocchi doivent laisser prendre les devants au privilégié du buon-governo, qui remporte tout doucement sa victoire, et qui console immédiatement ses rivaux de leur défaite en les emmenant avec lui au cabaret. Cela est d'autant plus facile à organiser à l'avance, que les chars et les chevaux appartiennent à la poste, et que les chefs des factions rouge, bleue, verte, jaune sont tout honnement des postillons. Cette fois il avait été décidé que ce serait le cocher rouge qui remporterait le prix : c'était son tour, il n'y avait rien à dire, le tour de chacun se représentant ainsi tous les cinq ans.

Mais un bruit aussi étrange que celui qui venait de parvenir à Achille lorsqu'il rencontra Agamemnon commençait à circuler dans la foule : on disait que le cocher rouge et le cocher bleu s'étaient pris la veille de dispute, et que le cocher bleu avait menacé tout haut le cocher rouge de ne pas lui laisser remporter sa victoire avec la facilité ordinaire. Le cocher rouge, qui savait d'avance que les deux meilleurs chevaux de la poste lui appartenaient de droit, s'était moqué de son compagnon; ce qui fit que celui-ci, s'étant promis une seconde fois tout bas ce qu'il avait promis une première fois tout haut, avait prélude à cette concurrence en donnant à ses chevaux double ration d'avoine, et en leur faisant boire le flasco de Montepulciano qu'on lui avait donné pour lui-même. Aussi les chevaux du cocher bleu montraient-ils une ardeur inaccoutumée; et, si certain qu'il fût de la supériorité des siens, le cocher rouge ne laissait pas de jeter de temps en temps sur eux un regard assez inquiet.

Enfin le signal fut donné par une fanfare de trompettes et par le déploiement du vieux drapeau de la république : aussitôt les quatre concurrens, qui devaient faire trois fois le tour de la place en passant chaque fois derrière les deux obélisques placés à ses deux extrémités, s'élancèrent avec une rapidité qui fait honneur à la manière dont les postes de la Toscane sont servies. Mais du premier coup il fut facile de voir que la question principale se viderait entre le cocher rouge et le cocher bleu : les chevaux du second, excités par leur double mesure d'avoine, par leur bouteille de vin, et plus encore par la haine de leur conducteur, qui étaient passée dans son fouet, avaient retrouvé leur vigueur première. Forcé, par la disposition des chars réglée à l'avance par la police, de laisser à son adversaire la meilleure place, c'est-à-dire celle qui lui permettait de raser de plus près les deux obélisques, il essaya dès le premier tour d'enlever cet avantage au cocher rouge. Les juges du camp commencèrent bien à s'apercevoir de cette rivalité, à laquelle ils ne s'étaient pas attendus, mais il était trop tard pour y remédier. Vers le milieu du second tour le cocher bleu essaya de couper le cocher rouge; de son côté, le cocher rouge se trompa : un coup de fouet destiné à ses chevaux arriva droit sur la figure de son adversaire; celui-ci riposta. A partir de ce moment, les deux concurrens frappèrent l'un sur l'autre, à la grande satisfaction de leurs chevaux, qui, partageant la rivalité de leurs maîtres, ne continuèrent pas moins de galoper de leur mieux. Mais un double accident résulta de ce changement : les deux cochers, trop occupés de frapper l'un sur l'autre pour conduire leurs chevaux, se trouvèrent lancés de telle manière qu'en arrivant à l'obélisque le cocher bleu accrocha la borne, et le cocher rouge accrocha le bleu; le choc fut si violent que les quatre chevaux s'abattirent : le cocher bleu tomba, comme Hippolyte, embarrassé dans les rênes de ses chevaux. Le cocher rouge fut jeté à dix pas par dessus son char; le cocher vert, qui voulut passer entre les degrés de l'église et le cocher rouge, monta sur les deux premières marches et versa. Quand au cocher jaune, qui, suivant le programme, devait arriver le dernier, et qui, par conséquent, se tenait à une distance respectueuse, il put s'arrêter à temps, et demeura sain et sauf, lui et son attelage.

Moins on s'attendait à ce spectacle, mieux il fut reçu par les spectateurs. Depuis les courses de Néron, on n'avait rien vu de pareil. Toute la place battit des mains. Ce bruit électrique rendit des forces au cocher rouge, qui n'avait fait, au reste, que toucher la terre, et qui, se relevant aussitôt, était remonté dans sa carriole ; quelques efforts lui suffurent pour la dégager, et il repartit au galop. Le cocher bleu se remit à son tour sur ses jambes, et le suivit avec l'opiniâtreté du désespoir, mais cette fois sans pouvoir l'atteindre ; ses chevaux étaient dégrisés. Le cocher jaune passa entre son camarade versé et l'obélisque, et, au lieu d'être le quatrième, se trouva le troisième ; il n'y eut que le malheureux cocher vert qui demeura en place, quelques efforts qu'il fit pour relever son char et mettre ses chevaux sur pied : pendant ce temps, le cocher rouge acheva sa carrière et arriva triomphalement au but.

Aussitôt la trompette sonna, et le porte-étendard monta dans le char du vainqueur, qui s'en alla recevoir je ne sais où le prix de sa victoire, suivi par les trois quarts de la foule ; l'autre quart resta pour insulter les vaincus. Il n'y eut, au reste, rien d'interverti dans les intentions du buongoverno : le cocher rouge et la couronne que la main paternelle du gonfalonier avait tressée pour lui, et s'il y eut quelques changements avant le programme, ils furent, comme on le voit, tout à l'avantage du public.

Cependant, le grand-duc et les jeunes archiduchesses avaient eu grand'peur. On vint s'informer de leur part s'il n'était arrivé aucun accident sérieux : tout s'était borné heureusement à quelques égratignures. La foule s'écoula aussitôt ; c'était l'heure du dîner, et Florence tout entière avait rendez-vous de huit heures du soir à deux heures du matin sur les quais qui bordent l'Arno.

Nous étions invités, comme nous l'avons dit, à voir les fêtes nocturnes des fenêtres du palais Corsini. La duchesse de Casigliano, belle-fille du prince, l'une des femmes les plus artistes et les plus spirituelles de Florence, avait bien voulu nous faire inviter au nom de son beau-père. Nous nous étions étonnés de cette invitation, car nous savions le prince à Rome. Mais la première personne à qui nous en parlâmes nous répondit que, sans aucun doute, le prince reviendrait de Rome pour faire les honneurs de son palais, non-seulement à ses compatriotes, mais encore aux étrangers attirés à Florence par la solennité des fêtes patronales de Saint-Jean. En effet, nous apprîmes chez monsieur Finzi que le prince venait d'arriver.

Le prince Corsini est de nom et de façons un des plus grands seigneurs qui existent au monde ; il descend, je crois, d'un frère ou d'un neveu de Clément XII, auquel les Romains reconnaissans élevèrent, après un pontificat de neuf ans, une statue de bronze qui fut placée au Capitole. De ce pontificat date pour les Corsini le titre de prince, mais l'illustration historique de la famille remonte aux premiers temps de la république. C'était une Corsini cette femme si fière qu'avait épousée Machiavel, et qui lui inspira son joli conte de *Belphégor*.

Napoléon, qui se connaissait en hommes, et qui accaparait à son profit toutes les capacités, remarqua le prince Corsini. Il l'attira en France, le fit conseiller d'état et officier de la légion d'honneur. Sous Napoléon, ce n'était point assez d'être quelque chose pour avoir droit à de pareilles faveurs, il fallait encore être quelqu'un ; or, le prince Corsini était à la fois quelqu'un et quelque chose. Aussi ce fut à lui que Napoléon *recommanda* la princesse Élisa lorsqu'elle partit pour Florence, où l'attendait la couronne de grande-duchesse.

Napoléon tomba et entraîna toute sa famille dans sa chute. Le prince Corsini, que l'on avait fait Français, redevint Italien. Rome alors le nomma sénateur, comme la France l'avait fait conseiller d'état. Le prince Corsini fit son entrée à Rome ; c'était une occasion offerte au prince de faire honneur à son nom, à son rang : il la saisit comme il saisit toujours les occasions de ce genre. Pendant trois jours les fontaines du Capitole versèrent du vin ; pendant trois jours des tables publiques furent dressées sur le Forum. On n'avait pas vu pareille chose depuis César ; 45,000 écus y passèrent. 45,000 écus font environ 270,000 francs de notre monnaie.

Aussi, lorsque le grand-duc de Toscane songea à faire demander en mariage la sœur du roi de Naples, ce fut le prince Corsini qu'il chargea des négociations. Le prince Corsini accepta l'ambassade à la condition qu'il en ferait seul tous les frais. Le grand-duc comprit ce qu'il y avait de princier dans une pareille exigence ; il laissa carte blanche au prince Corsini, qui parut à la cour de Naples comme l'envoyé d'un empereur. Seulement, le mariage conclu, le grand-duc donna au prince Corsini la plaque de Saint-Joseph en diamans.

Tous les deux ou trois ans le prince Corsini donne un bal ; ce bal lui coûte de 40 à 50,000 francs. Quelques jours avant mon départ de Florence, j'ai assisté à une de ces fêtes : nous étions quinze cents invités ; il y eut pendant toute la nuit souper constamment servi pour tout le monde, et pas un valet, pas une pièce d'argenterie, pas un candélabre, pas une banquette, qui ne fût à la livrée ou aux armes des Corsini. Le vieux palais pouvait, disait-on, fournir encore toutes choses à cinq cents personnes de plus.

Maintenant, on ne s'étonnera pas que le prince fût revenu tout exprès de Rome pour faire à Florence les honneurs de ces fêtes, qui, se passant sous son balcon, semblent être données bien plus encore en son honneur qu'en celui de saint Jean.

L'entrée du palais Corsini est magnifique ; en montant l'escalier, que domine la statue de Clément XII, on pourrait se croire à Versailles : mille personnes tiendraient et danseraient à l'aise dans l'antichambre. A peine fûmes-nous entrés, que la princesse Corsini, que nous ne connaissions point encore, vint droit à nous avec une affabilité et une grâce toutes françaises. La princesse Corsini est Russe : elle a quitté l'Italie d'Asie pour l'Italie d'Europe, la Crimée pour la Toscane, Odessa pour Florence ; c'est une jeune et belle femme de grand air, à qui ses robes de brocart d'or et ses rivières de diamans donnent l'aspect d'une châtelaine du moyen-âge. Aussi ne sais-je rien de plus en harmonie avec ce beau palais, tout tapissé de Titiens, de Raphaëls et de Van-Dycks, que la maîtresse, qui semble s'être détachée d'une de leurs toiles pour en faire les honneurs.

Je me rappellerai toute ma vie l'impression que je ressentis lorsque, du milieu de ces salons tout resplendissans de lumière, je jetai les yeux sur l'Arno tout flamboyant d'illuminations. Les Italiens ont un art particulier pour disposer les flambeaux qui éclairent leurs fêtes. Le fleuve, tout chargé de gondoles pavoisées glissant au son des instrumens, et portant de joyeux convives qui se renvoyaient des santés d'une barque à l'autre, était littéralement entre deux murs de flamme. Partout où l'on apercevait l'eau, l'eau réfléchissait le feu : l'Arno, comme le Pactole, semblait rouler des flots d'or.

Le feu d'artifice tiré, chacun prit congé du prince. A neuf heures et demie, il y avait bal au Casino, et, comme la cour venait à ce bal, il était convenable que l'aristocratie florentine fût là pour la recevoir. Je pris à mon grand regret congé, non pas du prince et de la princesse que j'allais retrouver, mais de leur palais, que je me promis bien de revoir. Au reste, la séparation ne devait pas être longue : nous y dînions le lendemain.

Comme on était venu chez le prince Corsini en toilette de cour, on n'eut que cent pas à faire pour se trouver au Casino. J'entends par toilette de cour cravate blanche, croix, crachats et cordons. Quant à l'uniforme, le duc ne l'exige pas, même pour les bals au palais Pitti. Il n'est de rigueur qu'aux réceptions du premier jour de l'an et aux concerts du carême.

Il était impossible de trouver un contraste plus parfait que celui qui nous attendait. Rien de plus riche que le palais Corsini, rien de plus simple que le Casino. C'est un appartement donnant d'un côté sur le quai, de l'autre sur la place de la Trinité, et composé de quatre ou cinq chambres peintes simplement à la détrempe. Une de ces chambres est consacré au bal, les autres au billard et au whist.

Lorsque nous entrâmes, la cour venait d'arriver. Les différens ambassadeurs attendaient leurs compatriotes respectifs dans la première pièce, et les présentaient successivement au chambellan de service. C'était tout le cérémonial. Cette formalité accomplie, ils pouvaient entrer dans la salle du bal. Rien, au reste, ne distingue le grand-duc et sa famille de ceux qui les entourent; toute la différence qu'il y a entre eux et les autres invités, c'est que des fauteuils sont réservés aux archiduchesses, et qu'au lieu d'attendre les invitations, elles choisissent elles-mêmes et font inviter par leurs chambellans les cavaliers avec lesquels elles désirent danser. Ces invitations ne sortent pas d'un très petit cercle, et s'adressent ordinairement aux personnages qui occupent des charges au palais Pitti. Les privilégiés sont donc, en général, les fils du prince Corsini, les fils du comte Martelli, le marquis Torrigiani, et le comte Cellani. Il va sans dire que, s'il y a dans la salle quelque prince étranger, les invitations vont à lui de préférence.

A trois heures, la cour quitta le bal, ce qui n'empêcha point les acharnés de continuer de danser. Comme nous n'étions point de ceux-là, nous nous retirâmes immédiatement, et regagnâmes notre palazzo.

La journée du 25 était un peu moins chargée que celle du 24, il n'y avait que Corso, course de barberi, et Pergola. Nous étions en outre invités, comme nous l'avons dit, à dîner chez le prince Corsini. Il y avait donc moyen de faire face à tout.

Le Corso était le même que les deux jours précédens; je n'ai plus rien à en dire à mes lecteurs. A trois heures, nous étions chez le prince Corsini; le dîner avait été avancé d'une heure ou deux, afin que nous pussions assister à la course des barberi.

Une des choses les plus rares à rencontrer à l'étranger est, pour un Français, cette bonne et franche causerie parisienne, dont on ne sent le prix que lorsqu'on l'a perdue et qu'on la cherche vainement. Je me rappelle qu'un jour une provinciale demandait devant moi à madame Nodier, qui lui parlait de nos soirées de l'Arsenal : « Madame, faites-moi le plaisir de me dire qui mène la conversation chez vous? — Oh! mon-Dieu, répondit madame Nodier, personne ne la mène, ma chère amie; elle va toute seule. » Cela étonna beaucoup la provinciale, qui croyait que la conversation, comme une fille honnête, a besoin d'être dirigée par une gouvernante.

Eh bien! cette conversation insoucieuse, frivole, profonde, colorée, légère, poétique, Protée aux mille formes, fée insaisissable, ondine bondissante, qui naît d'un rien, s'attache à un caprice, s'élève par l'enthousiasme, retombe avec une plaisanterie, se prolonge par l'intimité, meurt par l'insouciance, se rallume à une étincelle, brille de nouveau comme un incendie, s'éteint tout à coup comme un météore pour renaître, sans que l'on sache pourquoi ni comment; cette conversation dont notre esprit altéré était plus avide que l'estomac le plus exigeant ne le sera jamais d'un bon dîner, nous la retrouvâmes chez prince Corsini. Le prince se rappelait Paris, la duchesse de Casigliano le devinait; quant à la princesse, elle est Russe, et l'on sait la difficulté que nous avons nous-mêmes à distinguer une Russe d'une Française. On parla de tout et de rien, de bal, de politique, de jockey-club, de toilette, de poésie, de théâtre, de métaphysique, et on se leva de table après avoir, sans qu'aucun de nous pût dire de quoi il avait été question, échangé assez d'idées pour défrayer pendant une année une petite ville de province.

Le dîner avait duré jusqu'à quatre heures et demie; à cinq heures avaient lieu les courses. Le prince Corsini avait mis à notre disposition le casino de son second fils, le marquis de Layatico, gouverneur de Livourne. Comme les courses partaient de la porte al Prato, les chevaux passaient justement sous ses fenêtres : nous ne quittions donc une hospitalité que pour en recevoir une autre.

Le casino du prince Corsini serait en France un palais. Nous entrâmes par la porte du milieu; ce qui n'est pas un détail de mœurs indifférent, car la porte du milieu ne s'ouvre que pour le grand-duc, les archiducs et le prince Corsini. Ce jour-là il y avait double raison pour que la porte d'honneur fût ouverte. C'est du balcon du casino du prince Corsini que les jeunes archiducs *doivent* voir la course. Je dis *doivent*, car je crois que c'est entre le palais Pitti et le palais Corsini une vieille convention de prince à prince; le petit-fils du prince Corsini, qui est un bel enfant de cinq ou six ans, en faisait les honneurs aux jeunes archiducs, qui sont à peu près de son âge.

L'heure de la course approchait; nous nous plaçâmes aux fenêtres et aux balcons latéraux, la fenêtre et le balcon du milieu étant réservés aux archiducs. La rue présentait un aspect dont on ne peut se faire une idée. De chaque côté était dressé un amphithéâtre de gradins qui s'élevaient à la hauteur des premiers étages, dont les fenêtres semblaient faire le dernier degré. Il en résultait que, comme les fenêtres du second succédaient aux fenêtres du premier, le toit aux fenêtres du second, et que gradins, fenêtres et toits, étaient tous chargés d'hommes, de femmes et d'enfans, il n'y avait aucune interruption de spectateurs sur un espace de plus de cinquante pieds de haut. Ajoutez à ce tableau vivant, inquiet et bariolé, les longs rideaux flottans de damas de mille couleurs que dans toutes les fêtes publiques les Italiens ont l'habitude de laisser pendre leurs balcons, et vous aurez une idée du spectacle qui s'offrait à nous aussi loin que la vue pouvait s'étendre.

Bientôt notre regard se fixa sur les concurrens; c'étaient cinq jolis chevaux de petite taille, nés en Toscane, car les chevaux toscans seuls peuvent concourir pour le prix, dont partie est un don du grand-duc et partie le résultat d'une poule. Chacun d'eux portait sur la cuisse le numéro sous lequel il était inscrit, tandis que sur le dos et le long de leurs flancs flottaient des espèces de châtaignes de fer, dont les pointes aiguës comme des aiguilles étaient destinées à activer leur course. Ils s'avançaient conduits par leurs maîtres respectifs, qui les firent ranger derrière une corde; à un signal donné, cette corde devait tomber et leur livrer passage. La distance à parcourir était à peu près de deux milles. Le point de départ était, comme nous l'avons dit, la porta al Prato, et le but la porta alla Croce. Un, deux, trois, quatre ou cinq coups de canon devaient annoncer la victoire et indiquer le vainqueur, le nombre des coups correspondant toujours à son numéro.

Au signal donné la corde tomba, les cinq chevaux partirent au galop et disparurent dans Borgo-Ognisanti. Cinq ou six minutes après on entendit deux coups de canon, c'était le n° 2 qui avait gagné. Aussitôt tout le peuple se dispersa, et cela sans bruit, sans rumeur; s'écoulant, non pas comme l'eau d'un torrent, mais comme l'eau d'un lac; joyeux cependant, mais joyeux de cette joie intérieure qui n'a pas besoin pour se compléter ou plutôt pour s'étourdir d'une bruyante expression. Tout peuple qui s'amuse à grand bruit est un peuple qui souffre.

Le spectacle en lui-même n'avait pas duré cinq secondes, et cependant la ville s'était mise sur pied pour y assister. C'est que, comme nous l'avons déjà dit, tout est prétexte à spectacle à Florence. On s'y amuse plus du plaisir que l'on aura ou du plaisir que l'on a eu que du plaisir que l'on a.

La journée se termina par la Pergola pour l'aristocratie, par le cocomero pour les bourgeois, et par le théâtre de Borgo-Ognisanti et de la Piazza-Vecchia pour le peuple.

Il y eut bien le lendemain et le surlendemain quelques restes de fête, comme après les tremblemens de terre le sol est quelque temps encore à frémir; mais bientôt tout rentra dans son état ordinaire; enfin les grandes chaleurs de juillet arrivèrent, et chacun partit pour les eaux de Lucques, de Via-Reggio ou de Monte-Cattini.

LE PALAIS PITTI.

Malheureusement, comme nous étions loin d'avoir fini notre exploration, interrompue par les fêtes de la Saint-Jean, force nous fut de demeurer en arrière. Nous donnâmes à nos connaissances florentines rendez-vous aux eaux de Monte-Cattini; puis nous leur souhaitâmes un bon voyage, et eux nous souhaitèrent bien du plaisir.

Notre première course fut au palais Pitti.

Le palais Pitti, résidence habituelle du grand-duc, est situé comme notre Luxembourg, avec lequel il a quelque ressemblance, de l'autre côté de l'Arno. On s'y rend par le Pont-Vieux, en longeant le corridor dont j'ai parlé, et que le grand-duc Cosme, dans son amour de l'antiquité, fit faire sur le modèle de celui qui, sur la foi d'Homère, unissait le palais d'Hector au palais de Priam.

Le Pont-Vieux, construit par Taddée Gaddi, date de 1345; il succédait aux ruines d'un pont antique bâti par les Romains. Il est, moins la portion du milieu percée à jour, garni d'un bout à l'autre de boutiques, qu'un décret du capitaine du quartier, rendu en 1594, réserve aux orfèvres. Ce décret est resté en vigueur jusqu'aujourd'hui. Seulement, lorsqu'on pense que c'est de ces boutiques que sortirent les Brunelleschi, les Ghiberti, les Donatello et les Benvenuto Cellini, on trouve leurs descendans, misérables ouvriers sans goût et sans invention, bien dégénérés de leurs sublimes aïeux. Heureusement qu'au bout du pont, l'œil, fatigué de toute cette quincaillerie d'or, se repose sur l'Hercule et le Centaure, l'un des plus beaux groupes de Jean de Bologne, qui, exécuté en 1600, ferme par un chef-d'œuvre le seizième siècle, cette ère de chefs-d'œuvre.

En descendant le quai, on trouve la Via Maggio, qui contient deux souvenirs assez curieux. Le premier, souvenir historique, est visible pour tout le monde : c'est la charmante maison habitée par Bianca Capello lorsque le grand-duc, ayant donné une place de maître de la garde-robe à son mari, résolut, pour s'épargner ces longues courses nocturnes dont nous avons vu que son père lui faisait un reproche, de rapprocher sa maîtresse du palais Pitti. On la reconnaîtra aux charmantes fresques qui la décorent, aux armes des Médicis sculptées sur sa façade, et à cette inscription gravée sur une plaque de marbre blanc :

Bianca Capello,
Prima che fosse moglie a Francesco primo dei Medici.
Avito questa casa, chel ella si edificava nel 1566.

Le second souvenir, tout artistique, a disparu avec les deux personnages auxquels il se rattache, et ne vit traditionnellement que dans la mémoire des poètes ; le voici :

C'était vers la fin de l'automne de l'année 1575, un homme de quarante-cinq à cinquante ans se tenait debout sur le seuil de la porte de sa maison, située Via Maggio (1), lorsqu'il vit venir à lui un beau jeune homme de vingt-neuf à trente ans monté sur un cheval richement enharnaché, qu'il maniait en véritable homme de guerre. Arrivé en face de lui, le jeune cavalier s'arrêta, le regarda un instant comme pour s'assurer qu'il ne se trompait point; puis descendant de cheval et s'avançant vers lui :

— N'êtes-vous pas, lui demanda-t-il, Bernard Buontalenti, le merveilleux architecte dont le génie créateur a inventé ces belles machines théâtrales à l'aide desquelles on vient de représenter dans cette ville l'*Aminte* de Torquato?

— Oui, répondit celui auquel cette demande était faite en termes si flatteurs ; oui je suis Bernard Buontalenti. Seulement, tout en avouant que c'est ainsi que je me nomme,
je ne puis accepter les éloges exagérés que votre courtoisie veut bien accoler à mon nom.

Alors le jeune homme, avec un doux sourire, s'approcha de lui, et, lui jetant les bras autour du cou, il l'embrassa et le pressa sur son cœur; puis, comme l'autre, étonné de cette démonstration amicale, semblait chercher s'il ne reconnaîtrait pas sur le visage de l'étranger quelques traits qui lui rappellassent une ancienne connaissance :

— Vous êtes Bernard Buontalenti, dit de nouveau le jeune homme ; et moi je suis le Tasse, venu exprès de Ferrare pour vous voir et vous embrasser. Adieu, frère.

Et à ces mots le jeune homme sauta sur son cheval, et, faisant un dernier signe d'adieu à Bernard Buontalenti, il s'éloigna au galop et disparut bientôt au coin de la Via Mazetta.

Ce fut la seule fois que le poëte et l'architecte se virent, ce qui ne les empêcha point de conserver l'un pour l'autre une éternelle amitié.

A quelques pas du lieu où se passa cette scène, se lève, plus imposant par sa masse que remarquable par son architecture, le palais de Lucca Pitti.

Philippe Strozzi le Vieux avait fait élever, comme nous l'avons dit, près de la place de la Trinité, un palais qui, par sa forme, sa masse et sa solidité, faisait l'admiration de Florence. Lucca Pitti en fut jaloux ; surpassant à cette époque Strozzi en richesses, il voulut le surpasser en magnificence. Il fit venir Brunelleschi, que la coupole du Dôme venait de faire le premier architecte du monde, et il lui dit qu'il voulait un palais dans la cour duquel pût tenir à son aise tout le palais Strozzi. Brunelleschi se mit à l'œuvre, et quelques jours après apporta à son riche patron un plan qui fut approuvé, et que l'on commença aussitôt à mettre à exécution.

Ceci se passait vers 1440 à peu près. Il y avait alors une opposition à Florence, et Lucca Pitti était le chef de cette opposition, dont Pierre le Goutteux était l'objet. Placé entre Cosme-le-Grand qui venait de mourir, et Laurent le Magnifique qui venait de naître: perdu dans l'ombre de ses calculs, enfoncé dans la nuit de son agio, retenu par ses infirmités dans l'une ou dans l'autre de ses nombreuses villas, Pierre de Médicis est l'ombre qui fait ressortir les deux grands hommes entre lesquels il se trouve étouffé : l'opposition était donc due tout entière contre lui, et Lucca Pitti devait son crédit, sa fortune, sa popularité, à son titre de chef de cette opposition.

Aussi, lorsqu'il annonça l'intention de faire bâtir un palais qui effaçât les autres palais en magnificence, et fit rentrer dans l'ombre le beau palais du vieux Cosme et le sombre palais de Strozzi, toutes les sympathies se groupèrent autour de lui. Les riches lui offrirent leurs bourses, les pauvres offrirent leurs bras, et il n'eut qu'à choisir ceux qu'il voulait bien faire les élus de son orgueilleuse fantaisie ; et, grâce au crédit inépuisable de ses prêteurs, à la force renaissante de ses ouvriers, le palais miraculeux, dirigé par son sublime architecte, sortit de terre avec la rapidité d'une construction enchantée.

Mais un beau jour il arriva que cette opposition acharnée de Lucca Pitti parut se ralentir. Quand on se fait chef de parti, on ne s'appartient plus à soi-même ; on devient la chose, la propriété, l'instrument de son parti. De ce moment, si l'on n'a pas le génie de Cromwell ou la force de Napoléon, il faut faire abnégation de toute opinion personnelle, se laisser entraîner à la puissance supérieure qui se sert de vous comme d'un bélier, bat les murailles avec votre front, et renverse l'obstacle, ou vous brise contre lui. Lucca Pitti eut peur d'être brisé, et un beau jour le bruit se répandit qu'il avait trahi la république et pactisé avec le pouvoir qui voulait la renverser.

Dès lors Lucca Pitti fut perdu, les trésors qui l'avaient soutenu se fermèrent, les bras qui le servaient s'armèrent contre lui. On exigea de sa banque le remboursement immédiat de tout ce qu'on lui avait prêté, ses créanciers mirent dans leurs poursuites cette exigence haineuse qui caractérise les brouilles commerciales. Les rentrées manquèrent; l'actif, quoique dépassant de beaucoup le passif, ne put lui faire

---

(1) Au coin de la rue dei Marsili, du côté du levant. C'est la même sur laquelle on trouve encore des traces de peintures exécutées par le Porcetti.

face immédiatement. La fabrique aux trois quarts achevée s'interrompit. Le crédit de la maison, qui reposait sur deux siècles de loyauté, s'écroula, comme si cette base d'or eût été d'argile. Les successeurs de Lucca Pitti descendirent de la gêne à la misère ; enfin son petit-neveu Jean fut forcé de vendre ce palais, cause de la ruine de son ancêtre, à Cosme Ier, qui venait de monter sur le trône, et qui, l'ayant acheté avec toutes ses dépendances au prix de 9,000 florins d'or, c'est-à-dire de 100,000 francs à peu près de notre monnaie, le constitua en dot à Éléonore de Tolède sa femme.

De ce moment, le palais Pitti, abandonné depuis près de soixante ans, et qui semblait une ruine inachevée, commença de reprendre vie. Nicolo Braccini, surnommé le Tribolo, reprit l'œuvre que Brunelleschi, mort en 1446, avait laissée imparfaite : le jardin Boboli fut dessiné, on tira parti des accidens du terrain, des forêts s'élevèrent sur ses montagnes, des fontaines coulèrent dans ses vallées ; enfin, en 1555, c'est-à-dire six ans après qu'il était devenu la propriété de Cosme le Grand, le palais Pitti, qui avait gardé son premier nom, se trouva en état de recevoir les députés siennois qui apportaient à Cosme le traité de capitulation de leur ville.

C'était une grande affaire pour Cosme que la soumission de Sienne, cette éternelle rivale artistique, commerciale et politique de Florence. Sienne disputait à Florence la renaissance de la peinture ; Sienne avait son dôme de marbre rouge et noir, qui balançait le chef-d'œuvre de Brunelleschi ; Sienne avait gagné la fameuse bataille de Montaperto, qui avait mis Florence à deux doigts de sa perte ; Sienne, enfin, gardait encore dans son palais populaire le Caroccio de Florence, trophée de cette grande défaite. Mais tout ce passé disparaissait devant le fait présent : Sienne courbait son front dans la poussière ; Sienne déposait aux pieds du grand-duc sa couronne murale ; Sienne, de reine, devenait esclave, la république se faisait province ; et grâce à cette adjonction de territoire, au milieu de la nouvelle formation des États européens qui commençait à s'organiser, la Toscane atteignait presque au rang de puissance secondaire.

Aussi y eut-il de grandes fêtes au palais Pitti à propos de la capitulation de Sienne.

Trois ans après, Cosme, qui était dans sa période de bonheur, célébra au palais Pitti le mariage de sa fille Lucrèce avec le prince Alfonse d'Est, fils ainé du duc de Ferrare.

Ce fut cette Lucrèce dont nous avons déjà parlé à propos du Palais-Vieux, et dont, au bout de trois ans, on apprit la mort. Les historiens dirent qu'elle avait succombé à une fièvre putride. Le peuple, avec cet instinct de vérité qui ne trompe si rarement, raconta que son mari l'avait tuée dans un mouvement de jalousie. La tradition populaire l'emporta sur le récit des historiens.

Ce mariage, qui terminait les disputes de préséance entre les maisons d'Est et de Médicis, avait cependant été célébré sous de riches auspices : de grands bals avaient été donnés à cette occasion au palais Pitti, et, dans une seule soirée, il y avait eu une mascarade si magnifique que les historiens ne jugèrent pas sa description indigne de leur plume ; il est vrai que quand les historiens ont à écrire la vie des tyrans, les trois-quarts de leur ouvrage sont presque toujours destinés à des récits de fêtes.

Cette mascarade se composait de cinq quadrilles de douze personnes chacun : le premier quadrille représentait douze princes indiens ; le second, douze Florentins vêtus à la manière du treizième siècle ; le troisième, douze chefs grecs ; le quatrième, douze empereurs ; et enfin le cinquième, douze pèlerins. On avait gardé celui-ci pour le dernier, comme étant le plus riche. En effet, chaque pèlerin était revêtu d'une robe de toile d'or dont le petit manteau était tout garni de coquilles d'argent au fond desquelles étaient incrustées de véritables perles.

La même année se célébra au même palais le mariage d'Isabelle, cette autre fille de Cosme si ardemment et si singulièrement aimée par son père, et qui avait failli, en s'en dormant dans la grande salle du Palais-Vieux, coûter la vie à Vasari. Celle-là aussi était marquée d'un signe funeste et devait être assassinée. Son mari était Paul Giordano Orsini, duc de Bracciano. On se rappelle qu'il l'étrangla avec une corde cachée sous l'oreiller conjugal, après une partie de chasse dans sa villa de Ceretto.

Ce fut vers cette époque que, pour rendre le palais Pitti de plus en plus digne des grands événemens qui s'y passaient, le grand-duc Cosme fit faire par l'Ammanato cette superbe cour dans laquelle, selon l'orgueilleuse prévision de son premier propriétaire, devait danser le palais Strozzi. En effet, cette cour, à elle seule, est sur chaque face de trois pieds plus large que la face correspondante du palais qu'elle était destinée à enfermer comme un écrin de granit.

Éléonore de Tolède, sous le nom de laquelle Cosme avait acheté le palais Pitti, mourut à son tour, on sait comment, à la suite de la mort de ses deux fils tués, l'un par son frère, l'autre par son père. Cosme chercha à se consoler de ce triple malheur dans un nouvel amour ; et, las du pouvoir, fatigué de la politique, il abandonna à son fils François le gouvernement de ses États, toujours prêt à y remettre la main cependant, si celui-ci s'écartait par trop des exemples paternels.

La première de ses maîtresses fut alors Éléonore dei Albizzi. Cet amour inquiéta le jeune grand-duc François, qui devait donner bientôt l'exemple d'un amour bien autrement étrange encore. Il plaça comme espion près de son père un valet de chambre nommé Sforza Almeni, qui lui rendait compte jour par jour de l'influence progressive que prenait Éléonore sur son amant. Malheureusement pour le pauvre Almeni, le vieux Cosme s'aperçut du double office que remplissait son valet de chambre près de lui. Cosme ne marchandait pas avec ses haines et ne temporisait pas avec ses vengeances : sûr de la trahison de son domestique, il le sonna ; et, sans se lever du fauteuil où il était assis, sans lui rien dire, sans lui rien reprocher, comme s'il jugeait la justification du meurtrier inutile aux yeux même de la victime, il lui fit signe de lui apporter son poignard, qui était sur une table ; et, comme Sforza Almeni le lui présentait en tenant le fourreau, il le prit par la poignée et le frappa avec la lame d'un coup si juste et si profond, que le valet de chambre tomba mort sans pousser un cri. Cosme sonna alors une seconde fois et fit emporter le cadavre. Ceci se passa au palais Pitti le 22 mai 1566.

Mais soit qu'Éléonore dei Albizzi eût cessé de plaire à Cosme, soit que cet épisode de son amour y eût apporté quelque refroidissement, il fit épouser sa maîtresse à Carlo Panciatici, et tourna les yeux vers une autre jeune fille, nommée Camille Martelli.

Celle-ci fut au vieux Cosme ce que madame de Maintenon fut au vieux Louis XIV. Malgré toute l'opposition de sa noblesse et de sa famille, Cosme, un soir, l'épousa dans la chapelle du palais Pitti ; mais famille et noblesse se consolèrent en apprenant que, par un article même du contrat de mariage, Cosme interdisait à la nouvelle femme le droit de prendre le titre de grande-duchesse.

Cosme ne survécut que quatre ans à ce mariage, et mourut au palais Pitti, le 21 avril 1574, à l'âge de cinquante-cinq ans : il en avait régné trente-sept.

A peine le grand-duc fut-il mort que sa veuve reçut l'ordre de quitter le palais et de se retirer dans le couvent delle Murate. Mais comme cette résidence lui déplaisait et qu'elle y pleurait nuit et jour, on lui donna l'option d'un autre monastère ; elle choisit alors celui de Sainte-Monique, où elle avait été élevée, et où elle mourut, après avoir payé par près de vingt ans de réclusion l'honneur d'avoir été deux ans la maîtresse et quatre ans la femme de Cosme Ier.

Les deux couvens que nous venons de nommer n'existent plus ; supprimés par un décret de 1808, ils n'ont point été rouverts depuis.

Trois ans après avoir été témoin de la mort de Cosme, le palais Pitti le fut de la naissance de son petit-fils. Le 20 mai 1577, Jeanne d'Autriche, épouse du grand-duc François, accoucha d'un jeune archiduc qui ne devait vivre que quelques années. Son arrivée au monde fut le signal d'une grande fête : on jeta des fenêtres du palais Pitti force pièces d'or au peuple ; puis, en avant de la terrasse qui y conduit, on apporta une si grande quantité de tonneaux de vin dont on ouvrit les robinets, que les flots de liqueur qui ne purent être recueillis coulèrent jusqu'au Ponte-Vecchio.

Il en résulta que le bon peuple florentin, dans son ivresse, voulut que les condamnés eux-mêmes participassent à la joie commune. En conséquence, il courut aux prisons des Stinche, dont il enfonça les portes. Les prisonniers en profitèrent, comme on le comprend bien, non pas pour trinquer avec leurs libérateurs, mais pour gagner les frontières.

C'est encore au palais Pitti que mourut, le 10 avril 1578, la pauvre duchesse Jeanne, abandonnant le trône à sa rivale, Bianca Capello, qui, un peu plus d'un an après, c'est-à-dire le 18 juin 1579, épousa le grand-duc François dans la même chapelle où Camille Martelli avait épousé Cosme.

Après les fêtes du mariage du grand duc François vinrent celles de sa fille Éléonore, qui épousa don Vicenzio Gonzaga, fils du duc de Mantoue. Cette fois, elles furent si considérables qu'elles débordèrent dans la ville. Un des épisodes de ces fêtes fut un fameux combat de pierres qui eut lieu dans la Via Larga, et pour l'exécution duquel Florence se divisa en deux camps : l'un, commandé par Averard de Médicis ; et l'autre, par Pierre Antonio del Bardi. Chacun des deux partis avait sa musique ordinaire, au son de laquelle il en vint aux mains avec tant d'acharnement que, malgré les cuirasses dont étaient couverts les combattans, au bout d'une demi-heure, beaucoup d'entre eux étaient déjà grièvement blessés. La nouvelle de cet événement arriva au palais Pitti au milieu des plaisirs d'un autre genre que le grand-duc François offrait à ses hôtes. Il ordonna aussitôt qu'un corps de cavalerie partît au galop et séparât les deux armées ; il était temps, on ne se bornait plus aux pierres, et on commençait à tirer les épées : si bien que la cavalerie eut grand-peine à accomplir l'ordre dont elle était chargée. De compte fait, il y eut, tant dans la troupe d'Averard de Médicis que dans celle d'Antonio Bardi, vingt-sept blessés, dont sept moururent des suites de leurs blessures. De plus, parmi les assistans, onze personnes furent tuées sur le coup ; mais de celles ci on n'en inquiéta peu, attendu qu'elles étaient de la populace. Florence la républicaine avait, comme on le voit, fait, depuis cent ans, de rudes pas vers l'aristocratie.

Nous avons dit comment le grand-duc François et Bianca Capello, morts de la même maladie, avaient laissé le trône au cardinal Ferdinand, lequel avait vite jeté aux orties sa robe rouge, et avait épousé la princesse Marie-Christine de Lorraine. Les nouveaux époux reçurent la bénédiction nuptiale de la main de l'archevêque de Pise, dans cette chapelle du palais Pitti qui depuis cinquante ans avait vu tant de mariages et tant de morts, tant de fêtes et tant de deuils.

Le soir du 11 mai 1589 vit les réjouissances conjugales du nouveau duc surpasser toutes les magnificences de ses prédécesseurs ; c'était Buontalenti qui, tout fier encore des embrassemens du Tasse, avait été chargé de la direction de ces fêtes, et qui avait promis de se surpasser.

En effet, voici ce que les élus de cette grande soirée purent voir, à leur profond étonnement :

D'abord ils furent introduits dans cette fameuse cour, chef-d'œuvre de l'Ammanato, laquelle était, comme un cirque antique, couverte d'un vélarium de toile rouge, et entourée de gradins qui s'ouvraient à l'endroit qui donne sur le jardin, pour faire place à une grande forteresse gardée par des soldats turcs. Chacun prit place sur les gradins ainsi qu'aux fenêtres du palais, et, au signal donné par un coup de canon, à la lueur d'une illumination à giorno, on vit entrer un grand char triomphal monté par un nécromancien qui, après avoir fait au milieu du cirque plusieurs enchantemens, s'avança vers la grande-duchesse et lui prédit l'avenir. Cet avenir, comme on le comprend bien, était une longue succession de joies et de bonheurs, qui, au contraire des prédictions de ce genre faites aux princes, se réalisa.

Après le char du nécromancien, vint un second char, tiré par un dragon, duquel descendirent bientôt deux cavaliers ornés de toutes armes et montés sur des chevaux bardés de fer comme eux ; ils étaient accompagnés d'une foule de musiciens qui, tandis qu'eux s'apprêtaient au combat qui allait avoir lieu, allèrent se ranger sous le balcon occupé par la grande-duchesse, et lui donnèrent un merveilleux concert.

Les deux chars étaient à peine sortis pour débarrasser la cour, que l'on vit entrer une machine qui représentait une montagne : cette machine semblait se mouvoir seule, et il était impossible de découvrir le secret de sa locomotion ; arrivée au milieu du cirque, elle s'ouvrit et donna passage à deux autres chevaliers, armés comme les premiers, et qui étaient le duc de Mantoue et don Pierre de Médicis. Aussitôt la joute commença entre les quatre combattans, et ne fut interrompue que par l'apparition d'une seconde montagne, tirée par un crocodile gigantesque que conduisait un mage, et qui était suivie d'un char antique sur lequel se tenait don Virginio Orsini, en costume du dieu Mars, ayant auprès de lui huit belles jeunes filles vêtues en nymphes, tenant à la main des corbeilles pleines de fleurs, dont elles inondèrent la grande-duchesse et les dames de sa suite, tout en chantant un épithalame en l'honneur des augustes époux.

Enfin, ce nouveau divertissement achevé, on vit s'avancer un jardin qui, après s'être resserré pour passer sous la porte, s'étendit bientôt dans toute la largeur de la cour, déployant à mesure qu'il s'étendait des lacs avec leurs barques, des châteaux avec leurs habitans, des fontaines avec leurs naïades, des grottes avec leurs nymphes, et enfin des bosquets tout peuplés d'oiseaux apprivoisés, qui se mirent à chanter, prenant la lumière de l'illumination pour celle du soleil. Puis, lorsque les spectateurs émerveillés eurent joui une demi-heure de ce miraculeux spectacle, le jardin commença à se resserrer, renfermant, à mesure qu'il se resserrait, ses bosquets, ses grottes, ses fontaines, ses châteaux et ses lacs, jusqu'à ce que, réduit à sa grandeur première, il sortit par la porte qui lui avait donné entrée.

Alors la joute recommença, et au bout d'une demi-heure fut interrompue de nouveau, mais cette fois par un magnifique feu d'artifice qui se fit jour par toutes les ouvertures de la forteresse turque, qui, attendant toujours qu'on l'assiégeât, annonçait aux spectateurs que les divertissemens de la nuit n'étaient pas encore terminés. En effet, la dernière fusée éteinte, les gradins s'ouvrirent et par des escaliers ménagés intérieurement, donnèrent passage à ceux qui les couvraient jusqu'aux salles basses du palais, où était servi un souper pour trois mille personnes. Le souper terminé, vers minuit les convives furent invités à remonter sur leurs gradins.

Mais l'étonnement fut grand et général lorsqu'on vit que l'aspect de la cour était entièrement changé : en effet, à cette heure elle représentait une mer couverte de dix-huit galères, de diverses grandeurs, montées par une armée de chevaliers chrétiens qui s'étaient croisés pour conquérir la forteresse turque, à l'instar des héros que venait d'immortaliser Torquato Tasso dans sa *Jérusalem délivrée*.

Alors commença l'assaut avec toutes les ruses de l'attaque et toutes les ressources de la défense, l'une et l'autre éclairées par un feu d'artifice continuel et des salves non interrompues de canon. Enfin, après une demi-heure d'un combat terrible, dans lequel assiégeans et assiégés firent preuve du plus grand courage, la forteresse fut prise, et la garnison, menacée d'être passée au fil de l'épée, se recommanda à la merci des dames, qui demandèrent et obtinrent sa grâce.

Ces fêtes durèrent un mois à peu près. Pendant un mois deux mille personnes, l'une dans l'autre, furent nourries et logées au palais Pitti ; et l'on trouva sur les livres de dépense du grand-duc que pendant ce mois, on avait bu 9,000 tonneaux de vin, converti en pain 7,286 sacs de blé, brûlé 778 cordes de bois, épuisé 86,500 boisseaux d'avoine, brûlé pour 40,000 livres de charbon, et mangé pour 56,036 francs de confitures.

Onze mois après ces fêtes, la grande-duchesse accoucha au palais Pitti d'un fils qui reçut le nom de Cosme, en mémoire de son illustre aïeul.

C'est à ce fils que commence la décadence de la maison des Médicis ; nous l'avons vue naître avec Jean de Médicis, grandir avec Cosme le Père de la patrie, fleurir avec Laurent le

Magnifique, atteindre son apogée sous Cosme, demeurer respectée et puissante avec François et Ferdinand ; nous allons maintenant la voir décliner rapidement avec Cosme II, Ferdinand II, Cosme III et Jean Gaston, dans la personne duquel elle devait enfin s'éteindre, et disparaître non-seulement de l'horizon politique, mais encore de la surface de la terre.

Cosme II, l'aîné des neuf enfans que Ferdinand avait eus de Christine de Lorraine, hérita de son père des trois vertus qui, réunies dans un souverain, font le bonheur de son peuple : la générosité, la justice et la clémence. Il est vrai que tout cela était chez lui simple, sans élévation, et plutôt le résultat d'un bon naturel que d'une grande idée. Une admiration suprême pour son père le portait à l'imiter en tout : il fit ce qu'il put, mais en imitateur ; et par conséquent en homme qui, marchant derrière un autre homme, ne peut ni aller aussi loin ni monter aussi haut que celui qu'il suit.

Le règne qui commençait fut donc, comme le règne qui venait de finir, une époque de bonheur et de tranquillité pour le peuple, quoiqu'il fût facile de voir que le nouvel arbre des Médicis avait usé la plus grande partie de sa sève à produire Cosme Ier, et allait toujours s'affaiblissant. Tout le pendant huit ans que Cosme II demeura sur le trône de Toscane, une pâle copie de ce que, pendant vingt et un ans, avait été le règne de son père : il travailla aux fortifications de Livourne, comme son père y avait travaillé ; il encouragea les sciences et les arts, comme son père les avait encouragés ; il continua d'assainir les maremnes, comme son père les avait assainies. Au reste, comme son père Ferdinand et comme son grand-père Cosme le Grand, Cosme II fit tout ce qu'il put pour arrêter l'école florentine dans sa décadence ; dessinant lui-même d'une manière distinguée, il affectionnait surtout chez les autres l'art dont il s'était spécialement occupé ; ce qui ne le rendait injuste cependant ni pour la sculpture ni pour l'architecture, qu'il honorait au contraire d'une façon toute visible : puisque chaque fois qu'il passait devant la Loge d'Orgagna et devant le Centaure de Jean de Bologne, il faisait marcher sa voiture au pas, disant qu'il ne pouvait rassasier ses yeux de ces deux chefs-d'œuvre. Aussi Pierre Tacca, élève de Jean de Bologne, qui avait fini les statues de Philippe III et de Henri IV, que son maître n'avait pas eu le temps d'achever, était-il en grand honneur à sa cour, ainsi que l'architecte Jules Parigi. Mais cependant, comme nous l'avons dit, sa plus grande sympathie était pour les peintres : aussi faisait-il sa société la plus intime et la plus habituelle de Cigoli, de Dominique Panignani, de Christophe Allari et de Matthieu Roselli. Il encouragea fort aussi Jacques Callot, à qui il fit faire une partie de ses gravures ; Gaspard Molla, qui excellait à frapper les monnaies, et Jacques Autteli, célèbre par ses merveilleuses incrustations en pierres dures.

Et cependant, malgré les encouragemens qu'il donna, comme on le voit, aux arts et aux sciences, tout ce qui fut fait sous son règne, en peinture et en sculpture, ne fait que des peintres et des statuaires de second ordre ; et en sciences, la seule découverte un peu importante qui signala son époque fut la découverte par Galilée des satellites de Jupiter, auxquels ce grand homme, en reconnaissance de son rappel en Toscane, donna le nom d'étoiles des Médicis. C'est que la terre qui avait produit tant de grands hommes et tant de grandes choses commençait à s'épuiser.

Quoique souffrant déjà de la maladie dont il mourut, le grand-duc Cosme II n'en voulut pas moins poser la première pierre de l'aile qu'il faisait ajouter au palais Pitti. On apporta cette pierre dans sa chambre, elle y fut bénite en sa présence ; puis le malade, avec une truelle d'argent, la couvrit de chaux, et elle fut déposée au plus profond des fondations creusées, avec une cassette contenant des médailles et des pièces d'or et d'argent frappées à l'effigie du mourant, et trois inscriptions latines, les deux premières composées par André Salvadori, et la troisième par Pierre Vettori le jeune. A peine le mur qui les recouvrait sortait-il de terre, que Cosme II mourut à l'âge de trente-deux ans.

Le fils aîné de Cosme lui succéda sous le nom de Ferdinand II ; mais comme il n'avait que onze ans, on lui donna pour régentes pendant sa minorité, qui devait durer jusqu'à l'âge de dix-huit ans, la grande-duchesse Christine de Lorraine, sa grand'mère, et l'archiduchesse Marie-Madeleine d'Autriche, sa mère. Cette régence n'offre rien de remarquable.

Le premier soin de Ferdinand II en sortant de tutelle fut, en qualité de prince chrétien et comme fils pieux, d'aller reconnaître à Rome son compatriote Urbain VIII comme chef de l'Eglise catholique, et de passer de là en Allemagne pour y recevoir la bénédiction de son oncle maternel.

Il s'en revint prendre ensuite le gouvernement de ses Etats.

C'était chose facile, au reste, à cette époque, comme encore aujourd'hui, de régner sur les Toscans. La cité turbulente de Farinata des Uberti et de Renaud des Albizzi avait disparu à l'instar de ces villes qui sont ensevelies sous la cendre, et sur lesquelles on bâtit une nouvelle ville sans que, du fond de leur tombe, elles fassent un seul mouvement, poussent un seul soupir. Aussi, à partir de Ferdinand Ier, la Toscane n'a-t-elle pour ainsi dire plus d'histoire. C'est le Rhin, qui, après avoir pris sa source au milieu des glaces et des volcans, après avoir bondi à Schaffouse, après avoir roulé sombre, terrible et grondant sur les gouffres de Bingen, entre les montagnes du Drackenfels et à travers les roches de la Loreley, s'élargit, se calme et s'épure dans les plaines de Vesel et de Nimègue, et va, sans même se jeter à la mer, se perdre dans les sables de Gorkum et de Vandreihem. Dans cette dernière partie de sa course, il est sans doute plus utile et plus bienfaisant ; et cependant on ne le visite qu'à sa source, à sa chute, et dans cette partie de son cours située entre Mayence et Cologne, où il déploie toute l'énergie de sa lutte contre la tyrannique oppression de ses rivages.

Aussi, le long règne du fils de Cosme II se passa-t-il, non pas à maintenir la paix dans ses Etats, mais dans les Etats de ses voisins. Il se place entre la colère de Ferdinand et le duc de Nevers qu'elle menace ; il s'efforce à conserver ses Etats au duc Odoard de Parme, il protège la république de Lucques contre les attentats d'Urbain VIII et de ses neveux, il s'interpose pour réconcilier le duc Farnèse avec le pape, enfin il est déclaré médiateur entre Alexandre VII et Louis XIV : de sorte que, si quelquefois il se prépare pour la guerre, c'est qu'il veut à tout prix la paix ; et c'est pour parvenir à ce but qu'il rétablit la marine, qu'il fait faire des marches et des contre-marches à ses troupes, et enfin qu'il achève les fortifications de Livourne et de Porto-Ferrajo.

Tout le long de son temps est tout aux sciences et aux lettres. Galilée est son maître, Charles Dati est son oracle, Jean de San-Giovanni et Pierre de Cortone sont ses favoris. Le cardinal Léopold, son frère, l'aide dans la tâche artistique qu'il a entreprise, comme il l'a aidé dans les soins de son gouvernement. De toutes parts, savans, littérateurs et peintres sont appelés ; et ce n'est pas la faute des deux frères qui règnent pour ainsi dire ensemble si l'Italie commence à s'épuiser, parce qu'elle est déjà trop vieille, et si les autres Etats répondent pauvrement à l'appel qui leur est fait, parce qu'ils sont encore trop jeunes.

Voici ce que Ferdinand et Léopold firent pour les sciences :

Ils fondèrent l'académie del Cimento, accordèrent des pensions au Danois Nicolas Hénon et au Flamand Tilman. Toutefois ils enrichirent Evangéliste Torricelli, le successeur de Galilée, et lui donnèrent une chaîne d'or à laquelle pendait une médaille avec cet exergue : *Virtutis præmia*. Ils aidèrent dans l'impression de ses œuvres le mécanicien Jean-Alphonse Borelli. Ils firent François Redi leur premier médecin. Ils assurèrent une pension à Vincent Viviani pour qu'il pût poursuivre librement ses calculs mathématiques sans en être distrait par les misères de la vie. Enfin ils établirent des congrès de savans à Pise et à Sienne, afin que la Toscane, condamnée par sa faiblesse à ne jouer qu'un rôle secondaire dans les affaires européennes, devint, par compensation, la capitale scientifique du monde.

Voici ce qu'ils firent pour les lettres :

Ils admirent dans leur intimité, ce qui pour la race désintéressée mais vaniteuse des poëtes est à la fois un encouragement et une récompense : Gabriel Chiabrera, Benoit Fioretti, Alexandre Ademari, Jérôme Bartholomei, François Rorai et Laurent Lippi. Enfin ils firent leur société habituelle de Laurent Franceschi et de Charles Strozzi, que Ferdinand fit sénateurs; et d'Antoine Malatesti, de Jacques Godoi, de Laurent Panciatichi et de Ferdinand del Maestro, que Léopold fit ses chambellans, et qu'ils appelaient à toute heure du jour auprès d'eux, même pendant qu'ils étaient à table, afin de nourrir à la fois, disaient-ils, leur esprit et leur corps.

Voici ce qu'ils firent pour les arts :

Ils firent élever sur la place de l'Annonciade la statue équestre du grand-duc Ferdinand Ier, commencée par Jean de Bologne et achevée par Pierre Lacca.

Ils firent faire par ce dernier une statue de Philippe IV, roi d'Espagne, qu'ils envoyèrent en présent à ce prince.

Ils firent travailler pour la galerie des Offices Curradi, Matthieu Ronelli, Marius Balassi, Jean de San-Giovanni et Pierre de Cortone. Ils chargèrent en outre ces deux derniers de peindre à fresque les salles du palais Pitti.

Ils firent recueillir dans toutes les villes où ils se trouvaient, et aux prix que les possesseurs en voulurent, plus de deux cents portraits de peintres peints par eux-mêmes, et commencèrent ainsi cette collection originale que Florence possède seule au monde.

Enfin ils firent acheter à Bologne, Rome, Venise, et jusque dans l'ancienne Mauritanie, tout ce qu'ils purent y trouver de statues antiques et de tableaux modernes, et entre autres la belle tête qu'on croyait être celle de Cicéron, l'Hermaphrodite, l'Idole en bronze, et le chef-d'œuvre qui est encore aujourd'hui l'un des plus riches joyaux de la Toscane, sous le nom de la Vénus du Titien.

Puis, comme ils avaient régné ensemble, tous deux moururent presque en même temps et au même âge, le grand-duc Ferdinand en 1670, âgé de soixante ans; et le cardinal Léopold en 1675, âgé de cinquante-huit ans.

Sous le règne de Ferdinand, et un jour avant la naissance de son second fils, Colbert passa à Florence et logea au palais Pitti. Il était envoyé à Rome par Louis XIV afin d'apaiser quelques différends qui s'étaient élevés entre lui et Urbain VIII.

Cosme III succéda à Ferdinand. C'était le temps des longs règnes. Le sien dura cinquante-trois ans. Cette période fut la grande époque de la décadence des Médicis. Le vieil arbre de Cosme Ier, qui avait produit onze rejetons, sèche sur la tige et va mourir faute de sève.

A partir du règne de Cosme III, il semble que Dieu a marqué la fin de la race des Médicis. Ce n'est plus la foudre publique et populaire qui la menace, ce sont les orages intérieurs et privés qui la secouent et la déracinent; il y a une fatalité qui les frappe les uns après les autres de faiblesse, les hommes sont impuissans ou les femmes stériles.

Cosme III épousa Marguerite-Louise d'Orléans, fille de Gaston de France. Le fiancé, élevé par sa mère Vittoria de la Rovère, aussi altière, aussi inquiète et aussi superstitieuse que Ferdinand II avait été affable, tenait tous les défauts de son institutrice et bien peu des vertus de son père. Aussi, depuis dix-huit ans, le grand-duc Ferdinand ne vivait-il plus avec sa femme, à laquelle, par son indolence naturelle, il avait, comme nous l'avons dit, abandonné l'éducation de son fils. Il en résulta que le jeune duc Cosme, élevé dans la solitude et dans la contemplation, avait, grâce à Bandinelli de Sienne, son précepteur, reçu une éducation de théologien et non de prince.

Sa fiancée était une belle et joyeuse enfant de quatorze à quinze ans, de cette grande race bourbonienne ravivée par Henri IV, dont elle était la petite-fille. Elle avait été élevée au milieu des rumeurs de deux guerres civiles. Tout ce qui avait entouré son berceau était plein de cette force juvénile particulière aux Etats qui s'élèvent, et qui depuis Cosme Ier avait fait place en Toscane au calme de l'âge viril, puis à la décadence de la vieillesse. C'était le grand-duc Ferdinand qui avait désiré ce mariage, et Gaston l'avait conclu avec joie; car, ainsi qu'il le disait lui-même, il était de la maison de Médicis; et malgré la goutte qu'il avait reçue d'elle, il s'en tenait fort honoré.

Mademoiselle de Montpensier avait accompagné sa sœur jusqu'à Marseille. Là, elle avait trouvé le prince Mathias qui l'attendait avec les galères toscanes; et, après les présens de fiançailles reçus et force fêtes d'adieux données, Louise d'Orléans était montée sur la galère capitane, et, après trois jours de navigation, était heureusement abordé à Livourne, où l'attendait, sous les arcs de triomphe dressés de cent pas en cent pas, la duchesse de Parme avec un nombreux cortège dans lequel la jeune princesse chercha inutilement son fiancé: Cosme avait été forcé de rester à Florence, retenu qu'il y était par la rougeole.

Louise d'Orléans continua donc seule sa route vers Pise, et elle entra dans cette ville au milieu des devises, des illuminations et des fleurs; puis elle se remit en route, et enfin rencontra à l'Ambrogiana la grande-duchesse et le jeune prince qui venaient au devant d'elle, et un peu plus loin le grand-duc, le cardinal Jean-Charles et le prince Léopold. L'entrevue fut une véritable entrevue de famille, pleine de souvenirs du passé, de joie dans le présent, et d'espérance pour l'avenir. Le mariage, qui devait se dénouer d'une si étrange façon, fut donc célébrée sous les plus heureux auspices.

Mais à peine deux mois s'étaient-ils écoulés que la princesse commença de manifester une répugnance étrange pour son jeune époux. Cela tenait à une inclination antérieure qu'elle avait eue à la cour de France, où elle s'était prise d'amour pour Charles de Lorraine, qui était un beau et noble prince, mais sans patrimoine et sans apanage; de sorte que les deux pauvres jeunes gens avaient avoué leur secret à la duchesse d'Orléans, et voilà tout. Or, la duchesse d'Orléans était un pauvre appui contre la faiblesse de Gaston et la fermeté de Louis XIV : le mariage décidé, il avait fallu qu'il s'accomplît; et Cosme porta la peine de toutes les illusions de bonheur que sa femme avait perdues.

En effet, à peine arrivée dans le sombre palais Pitti, cette espèce de voile de gaîté jeté par l'orgueil sur la figure de la fiancée disparut. Bientôt elle prit en haine l'Italie et les Italiens; raillant tous les usages, méprisant toutes les habitudes, dédaignant toutes les convenances, elle n'avait de confiance et d'amitié que pour ceux-là qui l'avaient suivie de France, et qui dans sa langue maternelle pouvaient lui parler des souvenirs de la patrie. Au reste, Cosme, il faut le dire, était peu propre à ramener sa femme à de meilleurs sentimens. Ascétique, altier, dédaigneux, il n'avait aucune de ces douces paroles qui éteignent la haine ou font naître l'amour.

Sur ces entrefaites, le prince Charles de Lorraine arriva à la cour de Florence : c'était dix-huit mois après la mort de Gaston d'Orléans, c'est-à-dire vers le mois de février 1662. L'aversion de la jeune duchesse pour son mari parut s'augmenter encore de la présence de son amant; mais comme tout le monde, au reste, ignorait cet amour, personne, pas même celui qui y était le plus intéressé, ne conçut un soupçon; et le duc de Lorraine, reçu à bras ouverts, fut logé au palais Pitti. Il y eut plus : vers la fin de l'année, la jeune grande-duchesse s'étant déclarée enceinte, la joie la plus vive succéda à la tristesse continuelle qui, depuis son arrivée, s'était répandue à la cour de Toscane. Il est vrai qu'en même temps sa haine pour Cosme s'était augmentée encore, s'il était possible; mais Ferdinand répondit aux plaintes de son fils que sans doute cette antipathie tenait à l'état même où sa femme se trouvait : si bien que, quoique cette humeur sombre se fût encore accrue au départ de Charles de Lorraine, Cosme prit patience, et l'on gagna ainsi le 9 août 1663, époque à laquelle la princesse donna heureusement naissance à un fils qui, du nom de son grand-père, fut appelé Ferdinand.

Comme on le pense, la joie fut grande au palais Pitti; mais cette joie fut bientôt balancée par les dissensions domestiques qui ne faisaient qu'augmenter entre les deux époux. Enfin les choses en arrivèrent à ce point que le grand-duc, attribuant toutes les querelles à la présence et à l'influence des femmes françaises que la princesse avait amenées avec elle, les renvoya toutes à Paris avec une suite convenable et de riches présens, mais enfin les renvoya. Cet acte d'autorité porta au plus haut degré la colère de la jeune duchesse; sa douleur approcha du désespoir; il y eut rupture ouverte entre les deux époux. Alors Ferdinand, pour colorer cette séparation, conseilla à son fils un voyage en Lombardie; mais en même temps il écrivit une lettre de plaintes à Louis XIV.

De près comme de loin, Louis XIV avait l'habitude d'être obéi : il ordonna, et l'épouse rebelle eut l'air de se soumettre; si bien que vers la fin de 1666 on annonça officiellement une seconde grossesse. Mais en même temps, et par un hasard étrange qui renouvela les mêmes bruits qui avaient déjà couru à l'époque de la naissance du jeune duc Ferdinand, on parla d'intrigues avec un Français de basse classe, et le bruit se répandit que la princesse devait fuir avec lui. Il résulta de ce bruit qu'on l'observa plus attentivement; et une nuit on l'entendit, par une des fenêtres du rez-de-chaussée du palais Pitti, nouer avec un chef de bohémiens un plan d'évasion. Perdue dans sa troupe, revêtue d'un costume de gitana, elle devait fuir avec les misérables qu'il traînait avec lui.

Une pareille aberration étonna d'autant plus le grand-duc que la jeune princesse était enceinte de quatre mois à peu près. On redoubla donc de surveillance; mais alors, voyant que toute fuite lui était devenue impossible, elle fut prise d'un désir étrange pour une mère, c'était celui de se faire avorter. D'abord ce fut en montant à cheval et en choisissant les chevaux les plus durs au trot qu'elle essaya de mettre le projet à exécution; puis, quand on les lui ôta, ce fut en marchant à pied, et en un jour elle fit sept milles dans les terres labourées : puis enfin, quand tous les moyens de nuire à son enfant furent épuisés, elle tourna sa haine contre elle-même et voulut se laisser mourir de faim. Il fallut la prudence et la douce persuasion du grand-duc Ferdinand pour la faire renoncer à ce projet et pour la conduire à la fin de sa grossesse, où elle accoucha de la princesse Anne-Marie-Louise.

Alors le grand-duc employa un moyen qui lui avait déjà réussi; c'était de faire faire un second voyage à son fils et d'écrire une nouvelle lettre à Louis XIV. En effet, vers le mois d'octobre suivant, lorsque Cosme s'est bien assuré que la répulsion de sa femme pour lui est toujours la même, il quitte le palais Pitti pour faire un voyage incognito en Allemagne et en Hollande, visite Inspruck, descend le Rhin, parle, à leur grande satisfaction, le latin le plus pur aux savans hollandais et allemands, trouve à Hambourg la reine Christine de Suède, la félicite de son abjuration, et revient en Toscane, où tout le monde le reçoit bien, excepté la grande-duchesse. Désolé de ce mauvais accueil, il repart aussitôt pour l'Espagne, le Portugal, l'Angleterre et la France, reste au dehors, ne revient que rappelé par l'agonie de son père, monte sur le trône que sa mort laisse vacant; mais alors l'absence et les ordres de Louis XIV ont produit leur effet. Un rapprochement s'opère entre les deux époux, et, le 24 mai 1671, anniversaire du jour où Cosme est monté sur le trône, la princesse accouche au palais Pitti d'un second fils qui reçoit au baptême le nom de Jean-Gaston, son aïeul maternel.

Aussitôt la naissance de cet enfant, les dissensions conjugales recommencent; mais alors Cosme, qui a deux fils et qui ne craint plus de voir éteindre sa race, perd l'espoir que la grande-duchesse change jamais de sentimens à son égard, et, lassé d'elle enfin comme depuis longtemps elle est lassée de lui, il lui permet de retourner en France, à la condition qu'elle entrera dans un couvent. Celui de Montmartre, dont Madelaine de Guise est abbesse, est choisi d'un commun accord : le 14 juin 1676, la grande-duchesse quitte donc la Toscane et revoit, après quinze années d'exil, sa France bien-aimée. Mais à peine de retour à Paris, elle déclare que son mari l'a chassée, et qu'elle ne se croit pas obligée de tenir la promesse de réclusion que, cédant à la force, elle lui a faite; si bien que tout l'odieux de cette affaire retombe sur Cosme, que les princes voisins commencent à mépriser à cause de sa faiblesse, et que ses sujets commencent à haïr à cause de son orgueil.

Dès lors, toutes choses tournent d'une manière fatale pour Cosme; il est évident qu'un mauvais génie pèse sur cette race, dont Dieu se retire, et que cette race en lutte avec lui succombera dans la lutte. Poursuivi par de tristes pressentimens, à peine Ferdinand est-il nubile qu'il le marie à Violente de Bavière, princesse vertueuse mais stérile; si bien que cette stérilité devient pour le jeune grand-duc un prétexte à des débauches si inouïes et si réitérées, que bientôt au milieu d'elles sa santé se perd et sa vie s'éteint.

A la première annonce de la stérilité de Violente, Cosme se hâte de fiancer Jean-Gaston son second fils. Celui-ci part aussitôt pour Dusseldorf, où il doit épouser la jeune princesse Anne-Marie de Saxe-Lowenbourg; mais, à son arrivée, son désappointement est grand : au lieu d'une femme douce, gracieuse et élégante, comme il la voyait dans ses rêves, il trouve une espèce d'Amazone du temps d'Homère, rude de voix et de manières, habituée à vivre dans les bois de Prague et dans les solitudes de la Bohême, dont les seuls plaisirs sont les cavalcades et la chasse, et qui avait contracté dans les écuries, où elle passait le meilleur temps de sa vie, l'habitude de parler à ses chevaux un langage inconnu à la cour de Toscane. N'importe, Jean-Gaston est bon; ses sympathies, à lui, ne doivent compter pour rien quand il s'agit du bonheur de son pays. Il se sacrifie donc, il épouse la nouvelle Antiope; mais celle-ci, qui sans doute voit dans sa douceur de la faiblesse, et dans sa courtoisie de l'humilité, prend en mépris un homme qu'elle regarde comme au-dessous d'elle, et Jean-Gaston humilié commande; la fière princesse allemande refuse d'obéir, et alors toutes les discussions qui ont attristé le mariage du père viennent assaillir l'union du fils. Cosme alors, pour faire diversion à ses chagrins, suit l'exemple de son frère Ferdinand, se jette dans le jeu et dans les orgies, mange à l'un son apanage, ruine à l'autre sa santé, et bientôt Cosme III reçoit avis des médecins que l'état de faiblesse dans lequel est tombé son fils leur ôte tout espoir qu'il puisse jamais donner un héritier à la couronne.

Alors le malheureux grand-duc tourne les yeux vers le cardinal François-Marie, son frère, qui n'a que quarante-huit ans, et qui par conséquent est encore dans la force de l'âge. C'est lui qui fera reverdir le rameau des Médicis. Le cardinal renonce à ses honneurs ecclésiastiques et à la chance d'être pape, et bientôt ses fiançailles avec la princesse Éléonore de Gonzague sont célébrées. Alors la joie renaît dans la famille, mais la famille est condamnée. Les refus que l'ex-cardinal a pris dans les premiers jours de son mariage pour les derniers combats de la pudeur se prolongent au delà du terme ordinaire; François-Marie commence à s'apercevoir que sa femme est décidée à n'accomplir du mariage que les cérémonies extérieures; il emploie l'autorité paternelle, il appelle à son secours l'influence de la religion; il prie, conjure, menace même; tout est inutile; et tandis que Ferdinand pleure la stérilité forcée de sa femme, François-Marie annonce à son frère la stérilité volontaire de la sienne. Cosme incline sa tête blanche, reconnaît la volonté de Dieu, qui ordonne que les plus grandes choses humaines aient leur fin; voit la Toscane placée entre l'avidité de l'Autriche et les ambitions de la France; veut rendre à Florence, pour la sauver de cette double prétention étrangère, son antique liberté; trouve appui dans la Hollande et dans l'Angleterre, mais rencontre obstacle dans les autres puissances, et dans la Toscane même, qui, trop faible maintenant pour porter cette liberté qu'elle a tant regrettée, la repousse et demande le repos, fût-il accompagné du despotisme; voit mourir son fils Ferdinand, puis son frère François, et meurt enfin lui-même après avoir, comme Charles-Quint, assisté non-seulement à ses propres funérailles, mais encore, comme Louis XIV, à celles de toute sa famille.

Tout ce qui avait commencé de pencher sous le règne de Ferdinand II croula sous celui de Cosme III. Altier, superstitieux et prodigue, ce grand-duc s'aliéna le peuple par son orgueil, par l'influence qu'il donna aux prêtres, et par les impôts excessifs dont il chargea les Etats pour enrichir les courtisans, doter les églises et faire face à ses propres dépenses. Sous Cosme III, tout devint vénal; qui avait de l'argent achetait les places ; qui avait de l'argent achetait les hommes ; qui avait de l'argent, enfin, achetait ce que les Médicis n'avaient jamais vendu, la justice.

Quant aux arts, il arriva d'eux comme des autres choses : ils subirent l'influence du caractère du Cosme III. En effet, pour ce dernier grand-duc, sciences, lettres, statuaire et peinture n'étaient quelque chose qu'autant qu'elles pouvaient flatter son immense orgueil et son inépuisable vanité. Voilà pourquoi rien de grand ne se produisit sous son règne. Mais à défaut de productions contemporaines, Pierre Falconiera et Laurent Magalotti intéressèrent heureusement son amour-propre à continuer pour la galerie des Offices l'œuvre de Ferdinand et du cardinal Léopold. En conséquence, Cosme réunit tout ce que son père et son oncle avaient déjà disposé à cet effet, y ajouta tous les tableaux, toutes les statues, toutes les médailles dont il avait hérité des ducs d'Urbin et de la maison de Rovère, chefs-d'œuvre parmi lesquels se trouvait le buste colossal de l'Antinoüs, et fit tout porter en grande pompe à ce magnifique musée à l'enrichissement duquel chacun applaudissait toujours, quoique les trésors qu'il amassait successivement y fussent moins versés par la générosité que par l'orgueil.

Le grand-duc Cosme III avait pour devise un navire en mer guidé par les étoiles des Médicis, avec cet exergue : — *Certa fulgent sidera*. — Il est curieux que cette devise ait été justement choisie au moment où les étoiles allaient s'éteindre, où le navire allait sombrer !

Les Toscans voyaient avec effroi Jean-Gaston arriver à la toute-puissance. Ses débauches, si bien cachées qu'elles fussent dans les salles basses du palais Pitti, avaient débordé au dehors, et l'on parlait de voluptés monstrueuses qui rappelaient à la fois celles de Tibère à Caprée et celles de Henri III au Louvre. Comme le tyran antique et comme l'Héliogabale moderne, Jean-Gaston avait à la fois un troupeau de courtisanes et un monde de mignons, pris les uns et les autres dans les basses classes de la société. Tout cela recevait un traitement fixe, mais qui pouvait s'augmenter selon la vivacité des plaisirs qu'ils procuraient à leur maître. Il y avait un nom nouveau créé pour cette chose nouvelle. On appelait les femmes *ruspante* et les hommes *ruspanti*, du nom de la monnaie d'or dont ils étaient payés et que l'on nommait *ruspone*. Tout cela est si anti-humain que cela en devient incroyable. Mais les mémoires du temps sont là, tous uniformes, tous accusateurs, tous enfin constatant, dans le style cynique de l'époque, les mille épisodes de ces saturnales que l'on croirait les caprices de la force, et qui n'étaient que le dévergondage de l'épuisement.

Aussi, lorsque Jean-Gaston monta sur le trône, tout était mort autour de lui, et il était mourant lui-même. Cependant, réveillé un instant par le danger que courait cet allégorique vaisseau que son père avait choisi pour armes, il rappela toute sa volonté pour réagir contre la situation désespérée dans laquelle il se trouvait : à peine nommé grand-duc, il chasse de sa cour les vendeurs de places, les prévaricateurs et les espions ; la peine de mort, si fréquente sous son père, mais qui n'était terrible qu'aux pauvres, vu qu'à prix d'argent les riches pouvaient s'en racheter, fut à peu près abolie. Forcé de renoncer au trône pour une descendance qu'il avait perdu tout espoir d'obtenir, il fit tout ce qu'il put au moins pour que la Toscane, ainsi que c'était son droit réservé vis-à-vis de Charles Quint et de Clément VII, pût lui choisir un successeur élu dans son propre sein, et par conséquent se soustraire à la domination étrangère qui la menaçait. Mais les ministres de France, d'Espagne et d'Autriche brisèrent ce reste de volonté, et, Gaston vivant, lui donnèrent pour successeur, comme s'il était déjà mort, le prince don Carlos, fils aîné de Philippe V, roi d'Espagne, qui semblait effectivement, par son aïeule Marie de Médicis, avoir des droits au trône de Toscane ; et en vertu de cette décision, le 23 octobre 1731, Jean-Gaston reçut de l'empereur une lettre qui lui annonçait le choix fait par les puissances, et qui mettait le prince don Carlos sous sa tutelle. Jean Gaston froissa la lettre et la jeta loin de lui en murmurant : — Oui, oui ; ils me font la grâce de me nommer tuteur, et ils me traitent comme si j'étais leur pupille. Mais quelle que fût la douleur de Gaston, il lui fallut se soumettre ; il courba le front et attendit son successeur, qui, protégé par la flotte anglo-espagnole, entra dans le port de Livourne dans la soirée du 27 septembre 1731. Jean-Gaston avait lutté neuf ans, c'était tout ce qu'on pouvait demander de lui.

Jean-Gaston attendit le jeune grand-duc au palais Pitti et le reçut sans quitter son lit, plus encore pour s'épargner les formalités d'étiquette qu'à cause de ses souffrances réelles. Don Carlos était un jeune homme de seize ans, beau comme un Bourbon, généreux comme un Médicis, franc comme un descendant de Henri IV. Jean-Gaston, que depuis longtemps personne n'aimait, et qui n'obtenait qu'à prix d'or l'apparence de l'amitié ou de l'amour, s'attacha bientôt à cet enfant qu'il avait repoussé d'abord ; de sorte que, lorsqu'il fut appelé par la conquête de Naples au royaume des Deux-Siciles, Jean-Gaston vit partir avec des larmes de douleur celui qu'il avait vu arriver avec des larmes de honte.

Le successeur nommé à don Carlos fut le prince François de Lorraine. Le grand-duché de Toscane lui était accordé comme dédommagement de la perte de ses États, définitivement réunis à la France. Jean-Gaston connut cette dernière décision lorsqu'elle était prise, on ne l'avait pas même consulté sur le choix de son héritier, tant on le regardait déjà non-seulement comme rayé de la liste des princes, mais encore de celle des vivans. Et, en effet, on avait raison ; car, rongé par toutes les débauches, courbé par toutes les douleurs, brisé par toutes les humiliations, dévoré par toutes les impuissances, Jean-Gaston s'en allait mourant chaque jour. Depuis longtemps déjà ses infirmités ne lui permettaient plus de se tenir debout ; mais pour retarder au moins autant qu'il était en lui le moment où il devait se coucher pour ne se relever jamais, il se faisait porter dans un fauteuil d'appartement en appartement.

Cependant, quelques jours avant sa mort, Jean-Gaston se sentit mieux ; et, par un phénomène particulier à certaines maladies, ses forces lui revinrent au moment où elles allaient l'abandonner tout à fait. Jean-Gaston en profita pour se montrer aux fenêtres du palais Pitti, à ce peuple qui avait commencé par le mépriser, puis qui, après l'avoir craint, avait enfin fini par l'aimer, et qui s'amassait chaque jour sur la place pour avoir de ses nouvelles. A son aspect inattendu, de grands cris de joie éclatèrent ; ces cris étaient un baume au cœur navré du pauvre mourant. Il tendit au peuple qui lui donnait cette preuve d'amour ses mains pleines d'or et d'argent, ne pensant pas qu'il pût jamais payer le moment de bonheur que la Providence lui accordait. Mais ses ministres, qui déjà économisaient pour son successeur, le réprimandèrent de ses folles dépenses ; et alors, ne pouvant plus donner sous peine d'être appelé prodigue, Jean-Gaston dit au peuple qu'il achèterait désormais tout ce qu'on voudrait bien lui apporter. En conséquence, un marché étrange, une foire inconnue, s'établit sur la noble place du palais Pitti. Chaque matin Jean-Gaston montait à grand'peine le double escalier qui conduit aux fenêtres du rez-de-chaussée, et achetait à prix d'or ce qu'on lui apportait, tableaux, médailles, objets d'art, livres, meubles, tout enfin, car c'était un moyen que son cœur lui avait suggéré de rendre au peuple une petite portion de cet argent qui lui avait été arraché par les exactions de son père. Enfin, le 8 juillet 1737, il cessa de paraître à cette fenêtre si bien connue, et le lendemain on annonça au peuple que Jean-Gaston avait rendu le dernier soupir.

Dans ce dernier soupir venait de s'éteindre cette grande race des Médicis, qui avait donné huit ducs à la Toscane, deux reines à la France, et quatre papes au monde.

Maintenant nous demandons pardon à nos lecteurs de leur avoir fait, à propos d'un palais, l'histoire d'une dynastie. Mais cette dynastie est éteinte, nul ne parle d'elle, les murs dans lesquels elle a vécu sont muets, et rien ne vient dire au voyageur, lorsqu'il visite ces beaux appartemens aux lambris couverts de chefs-d'œuvre : Ici coulèrent les larmes. — Ici coula le sang.

Nous avons donc cru qu'il fallait laisser aux albums des

voyageurs, aux guides des étrangers, le soin d'énumérer les Pérugin, les Raphaël et les Michel-Ange que renferme le palais Pitti, le plus riche palais du monde peut-être sous le rapport de l'art; et qu'il nous fallait prendre, nous, une tâche plus haute, en nous chargeant de l'histoire politique de ce palais.

De cette façon le voyageur pourra comparer le passé au présent, les anciens maîtres aux nouveaux, la Toscane d'autrefois à la Toscane d'aujourd'hui; et cette comparaison nous épargnera vis-à-vis de la grande maison de Lorraine, qui a succédé à la grande maison des Médicis, un éloge que l'on pourrait prendre pour une flatterie, quoiqu'un peuple tout entier fût là pour dire que nous sommes encore resté au-dessous de la vérité.

L'ARNO.

En sortant du palais Pitti, on entre dans la vieille ville par trois ponts au choix: le Ponte-Vecchio, qui conduit à la place de la Seigneurie; le Ponte della Trinita, qui conduit à la place du même nom, et le Ponte alla Caraja, qui conduit à la place de Sainte-Marie-Nouvelle.

A propos de ponts, comme je dois une réparation à l'Arno, le lecteur trouvera bon que je la lui fasse à cet endroit.

J'ai écrit je ne sais où que l'Arno était, après le Var, le plus grand fleuve sans eau que je connusse. Le Var n'a rien dit, peu habitué à se trouver dans les rimes des poètes, peut-être même s'est-il regardé comme honoré de la comparaison, mais il n'en a pas été de même de l'Arno. L'Arno, en se faisant aristocrate, est devenu susceptible. L'Arno s'est regardé comme insulté, je ne dirai pas dans son eau, mais dans son honneur. L'Arno a réclamé, non point par la voie des journaux comme il aurait fait en France : il n'y a heureusement pas de journaux dans la Toscane; mais par la voix de ses concitoyens.

Une des choses remarquables de l'Italie, c'est la nationalité. Je ne veux pas dire ici cette nationalité qui unit les hommes de ce grand lien politique, civil et religieux, qui fait les États puissans et les peuples forts; mais de cette nationalité restreinte, individuelle, égoïste, qui remonte au temps des petites républiques. Or il ne faut pas trop dire de mal de cette nationalité, si mal entendue qu'elle paraisse au premier abord : c'est à elle que l'Italie doit la moitié de ses monumens et les trois quarts de ses chefs-d'œuvre.

Mais aujourd'hui dans l'Italie, comme dans tous les autres pays du monde, on n'élève que peu de monumens, et l'on n'exécute que peu de chefs-d'œuvre, cette nationalité tourne ses dents et ses griffes contre ce qui vient de l'étranger. Tout au contraire de la France qui, en mère prodigue, fait bon marché du génie de ses enfans, déprécie tout ce qu'elle a, exalte tout ce qui lui manque, l'Italie est une arche sainte gardée par une armée d'antiquaires, de savans et de sonnétistes; et quiconque touche à l'un de ses milles tabernacles est à l'instant même frappé de mort.

Un florentin serait venu à Paris, et aurait médit de la Seine, qu'il eût trouvé à l'instant même cent Parisiens pour la calomnier ; il n'en est pas ainsi à Florence. J'ai dit que l'Arno manquait d'eau, et Florence n'a pas été tranquille qu'on ne m'eût prouvé qu'il en regorgeait; il est vrai qu'on me l'a un peu prouvé à la manière dont le bailli prouve à Cadet-Roussel qu'il est un poisson. Mais qu'importe! comme Cadet-Roussel, j'ai fini par dire que j'étais dans mon tort : et je crois qu'aujourd'hui la capitale de la Toscane m'a à peu près pardonné l'erreur dans laquelle j'étais tombé.

Au reste, j'avais été entraîné dans cette hérésie par un précédent authentique. Un de mes amis était passé en Toscane vers l'hiver de 1832. L'hiver de 1832 avait été fort pluvieux, comme chacun sait, et l'Arno s'en était ressenti. Mon ami avait eu sur la route de Livourne à Florence une foule de difficultés avec les vetturini, ce qui lui avait fait singulièrement regretter la facile locomotion du bateau à vapeur. En arrivant à l'hôtel de madame Humbert, il vit de ses fenêtres l'Arno qui coulait à plein bord; il appela le domestique de place.

— Peste ! vous avez là un beau fleuve, mon ami, lui dit-il; où va-t-il comme cela?
— Excellence, il va à Pise.
— Et de Pise?
— A la mer.
— Et il est toujours aussi abondant?
— Toujours, excellence.
— Eté comme hiver?
— Eté comme hiver.
— Mais alors, pourquoi ne va-t-on pas à Pise en bateau à vapeur ?
— Parce qu'il n'y en a pas, excellence.
— Pourquoi n'y en a-t-il pas? demanda mon ami.
— Heu ! fit le Florentin.

C'était une réponse qui pouvait s'interpréter de plusieurs manières, mon ami l'interpréta ainsi :

— Le seul pays véritablement civilisé, c'est la France. Or, le résultat de la civilisation, c'est le bateau à vapeur et le chemin de fer. La Toscane n'a encore ni chemin de fer ni bateau à vapeur. C'est tout simple ; mais le premier industriel qui établira un tracé de chemin de fer de Livourne à Florence, ou une ligne de bateaux à vapeur de Florence à Pise, fera sa fortune.

— Pourquoi ne serais-je pas cet industriel? se demanda-t-il à lui-même.

— Je le serai, se répondit-il, parlant toujours à sa personne.

Or, cette résolution prise, il hésita un instant entre le chemin de fer et le bateau à vapeur.

Le chemin de fer nécessitait des concessions de terrain immenses, il y a près de vingt lieues de Florence à Livourne ; c'était une affaire de soixante à soixante-dix millions, et mon ami, qui d'artiste qu'il était, se faisait, à la vue de l'Arno, tout à coup spéculateur, comme certains cardinaux par inspiration se font papes, avait dans sa poche tout juste de quoi revenir en France.

Au contraire, le bateau à vapeur nécessitait à peine une mise de fonds d'un million à un million et demi. Or, qui est-ce qui, sur l'apparence d'une idée, ne trouve pas en France un million et demi?

Mon ami s'arrêta donc au bateau à vapeur.

Il adressa aussitôt une demande au gouvernement, afin de s'assurer s'il pourrait établir, quoiqu'il fût étranger, une entreprise gigantesque, qu'il avait conçue après de profondes méditations, et dont il devait résulter le plus grand bien pour toute la Toscane.

Il va sans dire que le pétitionnaire s'était bien gardé d'énoncer quelle était cette entreprise, de peur qu'on ne lui volât son idée.

Le gouvernement répondit que toute industrie était libre dans les États du grand-duc; que, loin de gêner les entreprises particulières qui devaient concourir à la prospérité publique, le ministère les encourageait ; que le pétitionnaire pouvait donc, en toute sécurité, poser les bases de son entreprise quelle qu'elle fût.

Le pétitionnaire bondit de joie : il retint sa place à la diligence de Livourne, sauta sur le premier bateau à vapeur venu ; deux jours après il était en France, trois jours après il était à Paris.

C'était l'époque ou toutes les idées tournaient à l'industrie; il y avait des bureaux de spéculation en permanence; mon ami courut à un de ces bureaux.

Il tomba au milieu d'une société de capitalistes. Le moment était bien choisi : il y avait là cinq ou six millionnaires qui ne savaient que faire de leurs millions.

Mon ami demanda à être introduit, on s'informa de son nom ; il allait le dire, lorsqu'il se souvint que, son nom étant un nom artistique, ce nom pourrait bien lui fermer toutes les portes. Il rattrapa donc la première syllabe, qui était déjà sortie, et répondit d'une voix pleine de majesté :

— Annoncez un homme qui a une idée.

Le domestique rendit l'annonce dans les termes textuels où elle avait été faite, et mon ami fut introduit à l'instant même dans le *Sanctum sanctorum* de la finance.

— Messieurs, dit-il, vos instans sont précieux, je serai donc bref. Je viens vous proposer d'établir des bateaux à vapeur sur l'Arno.

Il y eut un instant de silence, les capitalistes se regardèrent ; puis l'un d'eux, répondant au nom de tous, demanda :

— D'abord qu'est-ce que l'Arno ?

Mon ami laissa échapper un imperceptible sourire, et répondit :

— Messieurs, si je vous disais moi-même ce que c'est que l'Arno, comme je suis intéressé dans la question, peut-être ne me croiriez-vous pas. Je vous demanderai donc purement et simplement si vous possédez un dictionnaire de géographie et une carte de l'Italie ?

— Non, répondit un de ces messieurs ; mais avec de l'argent on a tout ce qu'on désire, et l'on n'a qu'à prendre de l'argent et aller chercher chez le premier libraire venu ce que vous demandez.

— Envoyez donc, dit mon ami ; les deux objets demandés sont indispensables à ma thèse.

On expédia un garçon de bureau qui revint un instant après avec le *Dictionnaire de Vosgien* et la carte de l'Italie de Cassini.

— Lisez vous-même l'article ARNO, dit mon ami au spéculateur qui se trouvait le plus proche de lui et qu'on lui avait indiqué comme le plus riche capitaliste de la société.

Le capitaliste prit le dictionnaire, le tourna et le retourna, puis il le passa à son voisin : il ne savait pas lire.

Le voisin, qui avait reçu une éducation un peu plus forte, ce qui faisait qu'il était un peu moins riche, ouvrit le volume à la lettre A, page 58, et au bas de la deuxième colonne lut ce qui suit :

« ARNO, *Arnus*, grand fleuve d'Italie, dans la Toscane ; il prend sa source dans l'Apennin, passe à Florence et à Pise, et se jette dans la mer un peu au-dessous. »

L'article était d'une rédaction assez médiocre comme langue, mais fort clair comme topographie.

— Arno, *Arnus*, grand fleuve d'Italie, dans la Toscane ; il prend sa source dans l'Apennin, passe à Florence et à Pise, et se jette dans la mer un peu au-dessous,— répétèrent en chœur les capitalistes.

— Ah, ah ! fit le spéculateur qui ne savait pas lire.

— Diable ! répondirent les autres.

— Arno, *Arnus*, grand fleuve d'Italie, dans la Toscane ; il prend sa source dans l'Apennin, passe à Florence et à Pise, et se jette dans la mer un peu au-dessous,— reprit à son tour mon ami, appuyant sur chaque mot, pesant sur chaque syllabe.

— Nous entendons bien, nous entendons bien, dirent les capitalistes.

— Ce n'est pas le tout que d'entendre, messieurs, ajouta mon ami d'une voix qui s'était raffermie de toute la somme de confiance qu'il voyait que l'on commençait à lui accorder.

Et il déploya sur une table la carte de Cassini, du même geste qu'aurait fait Napoléon lorsqu'il aurait dit à Lucien : — Choisis parmi les royaumes de la terre ! — Puis appuyant le bout du doigt vers le milieu de la Péninsule :

— Messieurs dit-il, voici l'Arno.

Et l'on vit une jolie petite ligne tortueuse qui, comme l'indiquait le dictionnaire, prenait sa source dans l'Apennin, et allait se jeter dans la mer à la droite de Pise.

— Maintenant, ajouta-t-il, il n'est point que vous n'ayez entendu parler de Pise et de Florence, les deux villes les plus visitées de l'Italie.

— N'est-ce pas de ce côté-là, demanda le spéculateur qui ne savait pas lire, que monsieur Demidoff a une manufacture de soierie, et monsieur Larderelle une fabrique de borax ?

— Justement, messieurs, justement, s'écria mon ami. Eh bien ! de Florence à Pise, et de Pise à Florence, on ne communique qu'à l'aide de voiturins et de diligences ; les voiturins prennent 6 francs par personne et les diligences 9 francs. Les voiturins mettent huit heures à parcourir le trajet, et les diligences douze. Nous établissons deux bateaux à vapeur qui remontent et qui descendent l'Arno chaque jour ; nous prenons 5 francs au lieu de 6, nous faisons le trajet en cinq heures au lieu de douze : nous coulons les voiturins, nous anéantissons les diligences, et nous faisons notre fortune.

— Mais, dit un des capitalistes qui passait pour l'homme politique de la société parce qu'il était propriétaire d'une action au *Constitutionnel*, mais la Toscane est un pays qui n'a ni Charte politique ni Code civil ; c'est un pays de despotisme, où nous n'obtiendrons jamais un privilége pour une entreprise qui doit porter les lumières.

— Eh bien ! voilà ce qui vous trompe, dit mon ami. La Toscane a un Code, et, ce qui vaut quelquefois mieux qu'une Charte, un souverain qu'elle adore. De priviléges, il n'y en a pas. Toute industrie est libre, et chacun peut y venir fonder tel établissement commercial qu'il lui plaît.

— Oh ! oh ! oh ! fit l'actionnaire du *Constitutionnel*, vous ne nous ferez pas accroire de pareilles choses, jeune homme !

— Lisez, dit mon ami en déployant aux yeux de tous la lettre qu'il avait reçue du ministre.

La lettre passa de main en main, et s'arrêta à celle du capitaliste qui ne savait pas lire, lequel la replia proprement et la rendit à son propriétaire avec un geste plein de courtoisie.

— Qu'en dites-vous, messieurs ? demanda mon ami.

— Eh bien ! nous disons, mon cher, que vous pourriez bien avoir raison. Faites vos calculs, nous ferons les nôtres, et revenez demain à la même heure.

Mon ami passa le reste de la journée et une partie de la nuit à mettre des chiffres les uns au dessous des autres.

Le lendemain à l'heure convenue il se retrouva au rendez-vous.

On compara ces calculs avec ceux des capitalistes ; il n'y avait entre eux qu'une centaine de mille francs de différence, ce qui donna aux capitalistes une haute idée de la capacité de mon ami.

Séance tenante on arrêta les bases d'une société au capital de 1,600,000 francs. Mon ami fut nommé gérant, avec 12,000 francs d'appointemens et un sixième dans les bénéfices.

Puis l'on décida que comme il n'y avait en Toscane ni brevets ni priviléges, il fallait se garder d'ébruiter la spéculation, commander deux bateaux à vapeur à Marseille, puis un beau jour arriver à Pise comme Napoléon était arrivé au golfe Juan, c'est à dire sans être attendu, et mettre aussitôt le projet à exécution.

La construction des bateaux prit six mois ; ils coûtèrent cinq cent mille francs chacun : restaient donc six cent mille francs pour l'installation ; c'était le double de ce qu'il fallait. Pour la première fois les dépenses étaient restée au-dessous du devis.

On laissa à mon ami le choix du nom des bateaux ; il appela l'un le *Dante*, et l'autre le *Corneille* : c'était un appel à la fraternité future des deux nations.

Les deux bâtimens ôntrèrent dans le port de Livourne après une navigation de trente heures ; c'était deux heures de plus seulement que ne mettent aujourd'hui pour le même trajet les bâtimens de l'État.

Tous les présages, comme on le voit, étaient favorables.

Mon ami prit sa place dans un voiturin et partit pour Florence, où il pensait qu'il aurait quelques démarches à faire avant de mettre son entreprise au courant.

En arrivant auprès de l'Ambrogiana, il se trouva près d'un immense ravin au fond duquel coulait un petit filet d'eau.

Il demanda avec un sourire de pitié quel était ce mauvais torrent qui faisait tant d'embarras pour si peu de chose, et auquel il fallait pour une si petite rigole un si grand lit.

Le voiturin, qui était Lucquois, et qui par conséquent n'avait aucun motif de lui cacher la vérité, lui répondit que c'était l'Arno.

Mon ami poussa un cri de terreur, fit arrêter le berlingot, sauta à terre, et descendit tout courant vers le fleuve. Le voiturin, qui était payé, continua sa route vers Casellino, où il trouva un voyageur qui, moyennant quatre pauli, prit la place vacante. C'était un marché d'or pour tous deux.

Pendant ce temps, le gérant de la société des bateaux à vapeur le *Dante* et le *Corneille* était arrivé près du filet d'eau, qu'il sondait avec sa canne et qu'il mesurait de l'œil.

Dans sa plus grande profondeur il avait quinze pouces ; et dans sa plus grande largeur, dix-huit pieds.

Il remonta le fleuve pendant une lieue, et reconnut qu'il n'y avait des endroits où tout ce qu'il pouvait faire était de porter un bateau de carton.

Au bout d'une lieue il rencontra un paysan qui pêchait des écrevisses en retournant des pierres, et qui avait de l'eau jusqu'à la cheville. Il lui demanda si l'Arno était souvent dans l'état déplorable où il le voyait.

Le paysan répondit que la chose lui arrivait pendant neuf mois de l'année.

Mon ami ne crut pas utile de pousser jusqu'à Florence, et revint à Livourne dans la plus grande consternation.

Là, il avoua la chose à ses commettans, leur déclara qu'il s'était trompé, qu'il devait en conséquence porter la peine de son erreur. Il possédait quarante mille francs ; c'était toute sa fortune ; il les offrit à la société à titre de dommages et intérêts.

La société déclara que la chose était grave, et qu'il fallait en délibérer en conseil général.

Le conseil général décida qu'on vendrait les bateaux, et que mon ami supporterait les pertes.

Heureusement, vers le même temps, un bateau à vapeur sauta sur la Seine, et un autre sur le Rhône.

La société offrit les siens ; et comme ils étaient tout prêts, ce qui permettait aux compagnies de la Seine et du Rhône de continuer leur service presque sans interruption, elle fit valoir la circonstance, et gagna cinquante mille francs dessus.

Grâce à cette circonstance, mon ami conserva ses quarante mille francs qui, placés à cinq, lui donnent deux mille livres de rente, lesquels deux mille livres de rente il mange tranquillement en Provence, dégoûté des spéculations et tremblant toutes les fois qu'on lui parle d'un fleuve.

Or, voilà ce qui était arrivé à mon ami à l'endroit de l'Arno ; ce qui, outre le témoignage de mes propres yeux, avait semblé pouvoir m'autoriser à avancer sur ce fleuve l'opinion qui avait si fort effarouché Florence, et dont elle avait si fort tenu à me faire revenir.

Or, voici les preuves qu'on m'avait données. Je les livre aux lecteurs dans leur écrasante supériorité.

D'abord il y avait eu ; outre le déluge général de Noé et le déluge partiel d'Ogygès, qui, selon les savans, s'est étendu jusqu'à Florence, trois débordemens de l'Arno : le premier au onzième siècle, le second vers la fin du douzième, et le troisième au commencement du quatorzième. Dans ces trois débordemens, quinze maisons s'étaient écroulées et trois personnes avaient péri. On allait en bateau dans les rues. On me montra une vieille gravure qui représentait ce dernier événement ; c'était à faire frémir : la ville était à blanc d'eau, et un vaisseau de 74 canons aurait pu naviguer sur la place de la Trinité.

Après le récit de ces trois déplorables événemens vint celui des fêtes dont l'Arno avait été le théâtre, et pour chacune desquelles il avait prêté le secours de ses abondantes eaux. Ces fêtes furent si nombreuses que leur programme seul formerait un volume : aussi n'en citerons-nous que trois, dans lesquelles on verra d'abord l'Arno jouant le rôle de l'Achéron, puis l'Arno jouant le rôle de la Newa, puis enfin l'Arno jouant le rôle de l'Hellespont. L'Arno est le maître Jacques des fleuves ; il se prête à tout avec la bonhomie de la force et la complaisance de la supériorité.

C'est à l'an de grâce 1504 que remonte la fête la plus antique que le fleuve florentin cite dans ses preuves de noblesse ; elle eut lieu à propos de l'arrivée à Florence du cardinal Nicolas de Prato, légat du Saint-Siége, et elle fut donnée par le bourg San-Friano.

Un jour on trouva affiché, non-seulement sur les murs de Florence, mais encore sur ceux de toutes les villes de la Toscane, que quiconque aurait envie de savoir des nouvelles de l'autre monde n'avait qu'à se rendre le jour des calendes de mai sur le pont alla Carraja, et que là il lui en serait donné de certaines.

On comprend qu'une pareille annonce éveilla une curiosité générale : c'était justement l'époque où venaient de paraître les six premiers chants de *la Divine Comédie*, et l'enfer était à la mode.

Chacun accourut donc au jour indiqué ; on s'entassa sur le pont alla Carraja, qui, à cette époque, était de bois, et sur les quais environnans : toutes les fenêtres qui donnaient sur l'Arno étaient garnies de spectateurs comme les loges d'un théâtre un jour d'une représentation gratis.

Or, on avait organisé au beau milieu du fleuve et de chaque côté du pont alla Carraja, à l'aide de bateaux et de barques retenus par des piquets, des espèces de gouffres infernaux éclairés par des flammes de couleur, et au fond desquels on voyait s'agiter, poussant des cris lamentables et grinçant des dents, une certaine quantité d'individus dans le costume historique de nos premiers parens, lesquels représentaient les malheureuses âmes en peine *della citta dolente*. Bon nombre de diables et de démons, horribles à voir, tenant en main des fouets, des fourches et des tridens, vaguaient au milieu des damnés, dont ils redoublaient les pleurs et les contorsions en les accablant de coups ; si bien que c'était un spectacle terrible à voir. Mais plus ce spectacle était terrible à voir, plus il attira de spectateurs ; et il en attira tant et tant, et l'on s'entassa si fort pour le voir de plus près, que tout à coup le pont se rompit et s'abîma avec ceux qui le surchargeaient sur les diables et les damnés, qu'ils écrasèrent en se brisant avec eux. Si bien, dit naïvement Jean Villani, qui raconte cette catastrophe, qu'il y eut plus de quinze cents personnes qui, réalisant la promesse du programme, eurent ce jour-là des nouvelles certaines de l'enfer en allant les y chercher elles-mêmes, et cela à la grande douleur et au grand deuil de toute la ville, dans laquelle il y avait peu de personnes qui n'eussent à regretter un fils, une femme, un frère ou un mari.

La seconde fête fut plus gaie, et n'entraîna par bonheur aucune conséquence fâcheuse ; elle eut lieu en 1604, année pendant laquelle le froid fut si intense que l'Arno gela comme aurait pu faire le Danube ou le Volga. Cet événement, presque sans exemple dans les fastes toscans, lui donna un petit air septentrional dont les Florentins résolurent de profiter pour étendre la renommée de leur fleuve. Il s'agissait d'organiser sur cette glace inconnue une fête aussi grande et aussi magnifique qu'on eût pu la donner dans l'arène d'un cirque.

Le lieu choisi pour le spectacle fut l'espace compris entre le pont de la Trinité et le pont alla Carraja. C'est l'endroit où, été comme hiver, l'Arno, grâce à une digue construite à cent pas au dessous de ce dernier pont, se présente dans toute sa majesté et toute l'abondance de son cours. Les loges destinées à servir de cabinets de toilette à ceux qui devaient activement prendre part à la fête furent les arches des deux ponts recouvertes par des tentures.

Quand chacun eut pris rang dans la troupe à laquelle il appartenait, et eût revêtu le costume qu'il devait porter, la procession commença de se montrer, sortant de l'arche voisine de San-Spirito. D'abord six tambours marchaient en tête, puis venaient six trompettes fort noblement habillés : les trompettes, comme on le sait, jouaient un grand rôle dans toutes les fêtes de la république florentine ; puis après les trompettes s'avançait une mascarade comique composée d'une trentaine de jeunes gens qui devaient courir le Pallium pieds nus ; puis derrière cette mascarade apparut une autre troupe de coureurs vêtus en nymphes, assis sur des tabourets, tenant leurs jambes élevées à la manière des goutteux, et ne marchant qu'à l'aide de deux petites béquilles dont ils tenaient une de chaque main, exercice qui donnait lieu aux accidens les plus bouffons, et aux chutes les plus ébouriffantes : enfin venaient sur des chars bas et longs, faits d'après un modèle antique, glissant sur des patins de cuivre, et tirés et poussés par des hommes, les chevaliers appareillés pour la joute, et se tenant à cheval sur une selle, afin d'être plus libres de leurs mouvemens.

Lorsque la procession eut fait le tour du cirque afin d'être vue et admirée des spectateurs qui encombraient les ponts et les quais, les coureurs déchaussés se retirèrent sous la première arche voisine de la Trinité, les coureurs goutteux sous la seconde arche, et enfin les chevaliers sous la troisième ; et aussitôt commença un des plus amusans et des plus ridicules spectacles qui se puissent voir, car les coureurs pieds nus étant sortis de leur arche et s'étant mis à courir, il leur fut impossible de se maintenir sur la glace, si bien que de quatre pas en quatre pas il en tombait quelqu'un qui, en étendant les jambes, faisait tomber un autre de ses camarades, lequel communiquait la chute à un troisième, et ainsi de suite jusqu'à ce que tous fussent couchés sur le carreau.

Après cette course vint celle des goutteux, plus comique encore que la première par les efforts extravagans que faisaient les pauvres estropiés, qui, forcés de se servir de leurs bras au lieu de leurs jambes, n'avançaient qu'à l'aide des mouvemens les plus grotesques et les plus exagérés ; encore de dix pas en dix pas tombaient ils de leurs tabourets, glissant quelquefois sur la partie postérieure de leur personne, à dix ou douze pieds de distance par l'élan même qu'ils s'étaient donné, et pareils à des balles à qui dans leurs jeux les enfans font raser la terre.

Enfin vint la dernière course, c'était celle des chevaliers. Celle-ci s'exécutait contre un géant sarrazin tout bardé de fer, monté sur un char, et tenu ferme contre tous les coups qu'il pouvait recevoir par quatre hommes cachés derrière lui, lesquels demeuraient en place, grâce aux crampons dont étaient armés leurs souliers.

Après que chaque cavalier eut rompu douze ou quinze lances, tous se réunirent dans une évolution générale ; puis, changeant de manœuvre, ils coururent l'un contre l'autre, la pointe de la lance armée de plats de faïence qui, en se heurtant l'un contre l'autre, se brisaient à grand bruit et volaient en mille morceaux.

Enfin vint la troisième et la plus magnifique des fêtes qui ont illustré l'Arno : c'est celle qui eut lieu en 1618, sous le règne de Cosme II, et qui fut imaginée par le célèbre Adimari. Ce divertissement représentait les amours d'Héro et de Léandre. Laissons parler le programme lui-même ; nous ne ferions certes pas une relation qui peignît aussi bien que lui le caractère de l'époque à laquelle cette fête était donnée, et qui correspondait chez nous aux premières années du règne de Louis XIII.

« Héro, très belle et très noble damoiselle, prêtresse de Vénus, désirant, de concert avec son amant Léandre, montrer encore à l'Italie ce que c'est qu'un amour constant, a obtenu de la déesse de la beauté, non-seulement de quitter les Champs-Elysées pour revenir sur la terre avec les mêmes sentimens qui suivent l'âme dans la tombe, mais encore est autorisée à métamorphoser pour aujourd'hui le royal fleuve Arno dans l'antique et fameux Hellespont. On voit donc à la fois sur les deux rives de ce détroit, dont le faible intervalle sépare l'Europe de l'Asie, soupirer sur son rocher de Sestos l'amoureuse damoiselle, tandis que sur l'autre rive l'amoureux jeune homme part d'Abydos à la nage et s'expose, pour passer une heure avec sa maîtresse, à ce périlleux trajet. Alors la déesse, assise dans un nuage entre ces deux amours si tendres, cède à la compassion que lui inspire Léandre, et elle étend d'une rive à l'autre ce fameux pont que Xercès voulut deux fois faire bâtir pour marcher à la conquête de la Grèce. Mais les peuples de l'Europe, saisissant l'occasion qui leur est offerte d'atteindre à l'antique gloire de leurs ancêtres, non-seulement en défendent l'usage à l'amoureux époux, mais encore tentent avec une armée nombreuse de s'emparer du pont ; tentative à laquelle s'opposent les Asiatiques, à l'aide d'une autre armée non moins nombreuse, indignes qu'ils sont que l'art essaie de réunir ces deux terres que la nature a séparées.

» Les Européens s'avancent donc sous la présidence de la nymphe Europe, laquelle, pour enflammer ses soldats, leur promet, en récompense de leur victoire, le même taureau dans lequel se changea Jupiter lorsqu'il la transporta de Phénicie en Crète. De leur côté, les Asiatiques viennent sous les auspices de Bacchus, leur antique dieu, lequel, pour animer le courage de ses troupes, promet aux victorieux un immense tonneau rempli de sa première liqueur.

» Alors commence sur ce pont, jeté par Vénus, une terrible lutte entre les deux peuples. Heureusement Cupidon, qui craint les désastres d'un tel combat, voit à peine les armées en présence, que de la cime des deux roches opposées il fait voler deux amours qui viennent, leur flambeau à la main, séparer par un feu d'artifice, les Asiatiques des Européens, montrant, par l'exemple de ces loyaux amans et de ces fidèles époux, combien sont dignes de mémoire ceux-là qui, sans crainte du danger, savent noblement mener à bonne fin les entreprises de guerre ou les aventures d'amour. »

Comme on le voit, de peur d'affliger sans doute les Florentins, le traducteur de Pindare avait violé, non pas l'histoire, mais la fable, et en couronnant les amours d'Héro et de Léandre par un mariage. Cela rappelle notre bon Ducis, qui, en voyant l'effet terrible qu'avait produit le premier dénouement d'Othello, en fit immédiatement un second à l'usage des âmes sensibles.

Puis peut être aussi la véritable cause de cette substitution fut elle qu'il n'y avait pas dans le faux Hellespont assez d'eau pour noyer Léandre (1).

VISITES DOMICILIAIRES.

MAISON D'ALFIERI.

Au bout du Ponte-alla-Trinita, en descendant le quai qui conduit au palais Corsini, entre le casino de la Noblesse et la maison habitée par le comte de Saint-Leu, ex-roi de Hollande, indiquée sous le n° 4177, est la maison où mourut Alfieri.

L'appartement du poëte piémontais était au second étage. Lors de mon arrivée à Florence, cet appartement était vacant ; je le visitai dans la double intention de rendre hommage à la mémoire du Sophocle italien, comme on l'appelle pompeusement à Florence, et de le louer s'il me convenait. Malheureusement sa disposition rendait impossible la réalisation de ce dernier désir : quelque lustre qui eût pu rejaillir sur moi d'avoir dormi dans la même chambre et travaillé dans le même cabinet que l'auteur de *Polinice* et de *la Conspiration des Pazzi*, il me fallut renoncer à cet honneur.

Ce fut vers la fin de 1793, comme le dit lui-même Alfieri dans ses Mémoires, qu'il vint habiter la maison où il mourut.

« A la fin de cette même année il se trouva, près du pont de la Sainte-Trinité, une maison extrêmement jolie, quoique

(1) Au moment où j'écris ces lignes, je reçois une cinquième lettre pleine d'injures, au bas de laquelle, comme au bas des précédentes, je cherche inutilement un nom. J'y répondrai par une petite histoire.

« En arrivant à Florence, je fus, pendant que je dormais, piqué par un scorpion. Je cherchai pendant huit jours inutilement le venimeux animal qui avait profité de l'obscurité pour me mordre et s'enfuir ; le neuvième je le découvris enfin et l'écrasai. »

6 avril 1842.

petite, placée sur le Long'Arno au midi : la maison de Gianfigliazzi, où nous allâmes nous établir vers le mois de novembre, où je suis encore, et où il est probable que je mourrai si le sort ne m'emporte pas d'un autre côté. L'air, la vue, la commodité de cette maison, me rendirent la meilleure partie de mes facultés intellectuelles et créatrices, moins les tramelogédies, auxquelles il ne me fut plus possible de m'élever (1). »

Alfieri habitait cette maison avec une femme dont le souvenir est encore aussi vivant à Florence que si elle ne fût pas morte depuis dix ans : c'était la comtesse d'Albany, veuve de Charles-Edouard, le dernier des princes anglais déchus du trône. Le poëte l'avait rencontrée à son précédent voyage dans la capitale de la Toscane ; il avait alors vingt-huit ans : il raconte lui-même le commencement de cet amour, qui ne devait finir qu'avec sa vie.

« Pendant l'été de 1777, que j'avais tout entier passé à Florence, comme je l'ai dit, j'y avais souvent rencontré sans la chercher une belle et très-aimable dame. Etrangère de haute distinction, il n'était guère possible de ne la point voir et de ne la point remarquer ; plus impossible encore, une fois vue et remarquée, de ne pas lui trouver un charme infini. La plupart des seigneurs du pays et tous les étrangers qui avaient quelque naissance étaient reçus chez elle; mais, plongé dans mes études et dans une mélancolie sauvage et fantasque, et d'autant plus attentif à éviter toujours entre les femmes celles qui me paraissaient les plus aimables et les plus belles, je ne voulus pas à mon premier voyage me laisser présenter dans sa maison. Néanmoins il m'était arrivé très-souvent de la rencontrer dans les théâtres et à la promenade ; il m'en était resté dans les yeux et en même temps dans le cœur une première impression très-agréable. Des yeux très noirs et pleins d'une douce flamme, joints, chose rare, à une peau blanche et à des cheveux blonds, donnaient à sa beauté un éclat dont il était difficile de ne pas être frappé, et auquel on échappait malaisément. Elle avait vingt-cinq ans, un goût très-vif pour les lettres et les beaux-arts, un caractère d'ange ; et malgré toute sa fortune, des circonstances pénibles et désagréables ne lui permettaient d'être ni aussi heureuse ni aussi contente qu'elle l'eût mérité ! Il y avait là trop de doux écueils pour que j'osasse les affronter.

« Mais dans le cours de cette automne, pressé à plusieurs reprises par un de mes amis de me laisser présenter à elle, et me croyant désormais assez fort, je me risquai à en courir le danger, et je ne fus pas longtemps à me sentir pris presque sans m'en apercevoir. Toutefois, encore chancelant entre le oui et le non de cette flamme nouvelle, au mois de décembre je pris la poste, et je m'en allai à franc étrier jusqu'à Rome ; voyage insensé et fatigant, dont je ne rapportai pour tout fruit qu'un sonnet que je fis une nuit dans une pitoyable auberge de Baccano, où il me fut impossible de fermer l'œil. Aller, rester, revenir, ce fut l'affaire de douze jours ; je passai et repassai par Sienne, où je revis mon ami Gori, qui ne me détourna point de ces nouvelles chaînes dont j'étais plus d'à moitié enveloppé ; aussi mon retour à Florence acheva bientôt de les river pour toujours. L'approche de cette quatrième et dernière fièvre de mon cœur s'annonçait, heureusement pour moi, par des symptômes bien différens de ceux qui avaient marqué l'accès des trois premières : dans celles-ci, je n'étais point ému, comme dans la dernière, par une passion de l'intelligence qui, se mêlant à celle du cœur et lui faisant un contre-poids, formait, pour parler comme le poëte, un mélange ineffable et confus qui, avec moins d'ardeur et d'impétuosité, avait cependant quelque chose de plus profond, de mieux senti, de plus durable. Telle fut la flamme qui, à dater de cette époque, vint insensiblement se placer à la tête de toutes mes affections, de toutes mes pensées, et qui désormais ne peut s'éteindre qu'avec ma vie. Ayant fini par m'apercevoir, au bout de deux mois, que c'était la femme que je cherchais, puisque, loin de trouver chez elle, comme dans le vulgaire des femmes, un obstacle à la gloire littéraire, et de voir l'amour qu'elle m'inspirait me dégoûter des occupations utiles et rapetisser pour ainsi dire mes pensées, j'y trouvais, au contraire, un aiguillon, un encouragement et un exemple pour tout ce qui était bien. J'appris à connaître et à apprécier un trésor si rare, et dès lors je me livrai éperdument à elle. Et, certes, je ne me trompai point, puisqu'après dix années entières, à l'époque où j'écris ces enfantillages, désormais, hélas ! entré dans la triste saison des désenchantemens, de plus en plus je m'enflamme pour elle à mesure que le temps va détruisant en elle ce qui n'est pas elle, ces frêles avantages d'une beauté qui devait mourir. Chaque jour mon cœur s'élève, s'adoucit, s'améliore en elle ; et j'oserai dire, j'oserai croire qu'il en est d'elle comme de moi, et que son cœur, en s'appuyant sur le mien, y puise une nouvelle force. »

Alfieri habita dix ans cette maison, à laquelle il reconnaît sur sa santé et son génie tant si heureuse influence, c'est-à-dire qu'il y entra à l'âge de quarante-cinq ans. Ce fut là qu'après avoir lu Homère et les tragiques grecs dans des traductions littérales, il se remit à l'étude de la langue de Démosthènes, écrivit la seconde *Alceste*, finit son *Misogallo*, termina sa carrière poétique par la *Taleutodia*, conçut le plan de six comédies à la fois, institua son ordre d'Homère dont il se décora de sa propre main ; las, épuisé, étranger à toute entreprise nouvelle, et, plus propre, comme il le dit lui-même, désormais à défaire qu'à faire, sortit volontairement de la quatrième époque de sa vie en se constituant vieux à cinquante-cinq ans, après avoir passé vingt-huit ans à inventer, à vérifier, à traduire et à étudier.

Les Mémoires d'Alfieri s'arrêtent au 4 mai 1803. A cette époque sa santé était entièrement détruite. Comme chez Schiller, l'âme avait chez Alfieri usé le corps avant l'âge. La goutte qu'il éprouvait à tous les changemens de saison l'avait pris dès le mois d'avril, plus fâcheuse que de coutume, sans doute parce qu'elle l'avait trouvé plus épuisé qu'à l'ordinaire. Alors, comme depuis un an déjà Alfieri sentait sa digestion devenir de plus en plus difficile, il se mit en tête qu'il affaiblirait son mal en réduisant encore le peu de nourriture qu'il prenait, et que d'un autre côté son estomac, plus libre par l'inaction à laquelle il le condamnait, laisserait plus de lucidité à son esprit. Le résultat de ce régime, auquel dut aussi, selon toute probabilité, sa mort prématurée, fut bientôt visible chez Alfieri ; déjà arrivé à un état de maigreur inquiétant, il devint plus maigre encore de jour en jour. Alors la comtesse d'Albany essaya d'user de son influence pour décider le malade à renoncer à cette diète fatale ; mais pour la première fois ses prières furent sans influence. En même temps, comme si Alfieri eût senti la mort venir, il travaillait sans relâche à ses comédies ; puis, dans les momens où il ne composait pas ou n'exécutait pas, il lisait, relisait sans cesse, afin de donner à la fébrile avidité de son esprit une nourriture dont il privait son corps. C'est ainsi que maigrissant toujours et réduisant sans cesse la portion d'alimens qu'il se permettait, il arriva au 3 octobre de la même année.

Ce jour-là Alfieri s'était levé plus gai que la veille et mieux portant que d'habitude. Vers les onze heures, après ses études régulières du matin, il sortit en phaéton pour aller se promener aux Cachines. Mais à peine fut-il arrivé au Ponte-alla-Carraja, qu'il se sentit pris d'un si grand froid, qu'il voulut, pour se réchauffer, descendre et marcher un peu le long de l'Arno. Il n'avait pas fait dix pas qu'il se sentit pris de violentes douleurs d'entrailles. Il rentra aussitôt, et à peine rentré, fut pris d'un accès de fièvre qui dura quelques heures et cessa vers le soir, laissant cependant subsister pendant toute la nuit une continuelle et impuissante envie de vomir.

Cependant, comme ses douleurs d'entrailles s'étaient calmées vers midi, Alfieri s'habilla, et à deux heures descendit pour se mettre à table. Mais cette fois, il n'essaya pas même de manger ; une partie de l'après-dîner et de la soirée se

---

(1) Cette citation et les citations suivantes que j'emprunterai aux Mémoires d'Alfieri sont prises dans la belle traduction de M. Latour, homme de beaucoup de talent, et qui a déjà fait avec un rare bonheur passer dans notre langue les *Dernières Lettres de Jacques Ortis* et les *Prisons* de Silvio Pellico.

passa dans une somnolence continue, et cependant à peine pendant la nuit put-il dormir deux heures, tant cette nuit fut agitée.

Le 5 au matin, il se rasa lui-même, s'habilla presque sans le secours de son valet de chambre, et voulut sortir pour prendre l'air. Mais arrivé au seuil de la porte, la pluie qui commençait à tomber, et qui menaçait d'aller en augmentant, ne le lui permit pas. Il remonta donc, essaya de travailler, n'en put venir à bout, et passa la journée dans un état d'impatience qui lui était trop familier pour que dans toute autre circonstance on s'en fût inquiété, mais qui cette fois alarma violemment la comtesse d'Albany. Sur le soir cependant cette irritabilité se calma un peu ; il but son chocolat et le trouva bon ; mais trois heures après s'être remis au lit, il fut repris de nouvelles douleurs d'entrailles plus vives et plus intenses encore que les premières. Le docteur, appelé pour la première fois, ordonna alors des sinapismes aux pieds. Après de longues contestations, le malade consentit à se les laisser mettre ; mais à peine commencèrent-ils d'agir, que, craignant qu'ils ne produisissent quelques plaies, et que ces plaies ne l'empêchassent de marcher, Alfieri s'en débarrassa sans rien dire et les repoussa dans un coin de son lit. Si peu qu'ils eussent opéré, cependant, leur application avait été favorable ; et vers le soir, le malade se trouvant mieux se leva, quelque observation qu'on tentât de lui faire, prétendant qu'il ne pouvait supporter le lit.

Dans la matinée du 8, comme l'état du malade présentait des symptômes de plus en plus inquiétans, le médecin ordinaire d'Alfieri fit appeler un de ses confrères. Ce dernier approuva le traitement suivi, blâma l'enlèvement prématuré des sinapismes, que trahit le peu de traces qu'ils avaient laissé, et ordonna des vésicatoires aux jambes. Mais si Alfieri s'était révolté contre le premier remède, ce fut bien pis contre le second. Il déclara que rien au monde ne le déterminerait à l'employer, et invita ses deux médecins à ne s'occuper de rien autre chose que de calmer ses douleurs d'entrailles ; ils lui préparèrent alors une potion dans laquelle entrait une assez forte d'ose d'opium.

Cette potion le calma d'abord ; mais le malade ayant persisté dans son refus de se coucher, et étant resté étendu sur une chaise longue près de la comtesse d'Albany, qui était établie sa gardienne, peu à peu le repos momentané qu'il devait à ce puissant narcotique dégénéra en hallucinations ; alors son visage pâle s'empourpra, ses yeux s'ouvrirent fixes et fiévreux, sa parole devint stridente et saccadée, et, dans une espèce de délire, il vit repasser devant ses yeux, vivans et comme s'ils étaient accomplis de la veille, les événemens les plus oubliés de son enfance et de sa jeunesse. Bien plus, quelques centaines de vers d'Hésiode, qu'il n'avait cependant lu qu'une fois, se représentèrent à sa mémoire avec une telle lucidité, qu'il en disait des tirades entières qu'il avait retenues, lui-même ne savait comment. Cet état d'exaltation dura jusqu'à six heures du matin.

A cette heure seulement, vaincue par ses prières, la comtesse d'Albany consentit à prendre quelques instans de repos. A peine fut-elle sortie de sa chambre, qu'Alfieri profita de son absence pour prendre une potion qu'il avait demandée à ses médecins, et que ses médecins lui avaient refusée : c'était un mélange d'huile et de magnésie. Au même instant il se sentit plus mal ; à ses douleurs d'entrailles avaient succédé un engourdissement lourd et froid qui ressemblait à une paralysie. Le malade lutta pendant quelque temps contre ce premier envahissement de la mort, marchant dans la chambre, parlant tout haut, essayant la réaction de l'intelligence sur la matière. Mais enfin, se sentant de plus en plus mal, il sonna, et un domestique en entrant le trouva assis et épuisé sur un fauteuil voisin du cordon de la sonnette. Il appela aussitôt la comtesse d'Albany et courut chez le médecin.

La comtesse d'Albany accourut. Elle trouva Alfieri respirant à peine et à demi suffoqué. Elle l'invita alors à essayer de se coucher ; il se leva aussitôt, chancelant et lui tendant la main, marcha vers son lit, s'y laissa tomber en poussant un gémissement ; bientôt sa vue s'obscurcit, ses yeux se fermèrent. La comtesse qui à genoux près de lui tenait une de ses mains dans les deux siennes, sentit un faible serrement ; puis elle entendit un faible et long soupir ; c'était le dernier souffle du poète : Alfieri était mort.

Au moment où les Français envahirent la Toscane, Alfieri, exagéré comme toujours, avait résolu de les attendre comme autrefois les sénateurs romains attendirent les Gaulois sur leurs chaises curules, ne doutant pas que la mort ne dût être le prix de son courage. Il avait fait alors son épitaphe et celle de la comtesse d'Albany. Les voici toutes deux :

ÉPITAPHE D'ALFIERI.

Ici repose enfin
Victor Alfieri d'Asti,
Ardent adorateur des Muses,
Esclave de la seule vérité,
Par conséquent odieux aux despotes
Qui commandent et aux lâches qui obéissent,
Inconnu à la
Multitude,
Attendu qu'il ne remplit jamais
Aucun emploi
Public.
Aimé de peu de gens, mais des meilleurs.
Méprisé
De personne, si ce n'est peut-être
De lui-même.
Il a vécu... années... mois... jours
Et il est mort... jour... mois...
L'an du Seigneur M. D. CCC...

ÉPITAPHE DE LA COMTESSE D'ALBANY.

Ici repose
Aloyse de Holberg,
Comtesse d'Albany,
Très illustre
Par sa naissance, par sa beauté, par sa candeur.
Pendant l'espace
De... années.
Chérie au delà de toutes choses par Alfieri,
Près de qui
Elle est ensevelie dans le même tombeau (1).
Constamment honorée par lui
A l'égal d'une divinité mortelle
Elle a vécu... années... mois... jours.
Est née dans les montagnes du Hénaut.
Elle est morte... jour... mois...
De l'an du Seigneur M. D. CCC...

MAISONS DE BENVENUTO CELLINI.

Nous écrivons *maisons* au pluriel, car il y a à Florence deux maisons qui conservent le souvenir de l'illustre ciseleur : la maison où il est né, et où il reçut de son père et de sa mère, qui s'attendaient à la naissance d'une fille, le prénom reconnaissant de Benvenuto ; et celle qu'il tenait de la munificence du duc Cosme, et où eut lieu la fameuse fonte du Persée.

La première était dans la rue *Chiara nel Popolo di San-Lorenzo*.

La seconde était dans la rue de la Pergola. Des inscriptions gravées sur une plaque de marbre les signalent toutes deux à la curiosité des voyageurs.

C'est dans la première que se passe sa jeunesse ; qu'il serre dans sa main un scorpion qui, par miracle, ne le pique point ; que son père voit dans le feu une salamandre, la lui montre, et, pour qu'il se souvienne de cette merveille, lui donne un si vigoureux soufflet que l'assurance que ce soufflet est une précaution contre l'oubli ne peut le consoler, si bien que,

(1) C'est ainsi qu'il faudra mettre si, comme je le crois et l'espère, je meurs le premier ; si Dieu ordonnait qu'il en fût autrement, on substituerait à cette ligne celle-ci :

« Qui sera bientôt enseveli dans le même tombeau. »

Aucune de ces deux épitaphes ne reçut sa destination, ainsi que nos lecteurs le verront lorsque nous les conduirons à l'église de Santa-Croce.

pour étancher ses larmes, il faut que non-seulement son père lui dépose un baiser sur chaque joue, mais encore lui mette un écu sur chaque œil. C'est dans cette maison enfin qu'il passe sa jeunesse, caressé de temps en temps par le gonfalonier Soderini, que manquera d'aveugler Michel-Ange, et dont Machiavel immortalisera la stupidité dans une épitaphe : étudie l'orfévrerie chez le père de Bandinello, et dans la boutique de Marcone, jusqu'à ce qu'un jour il se prend de querelle entre la porte al Prato et la porte Pitti ; ramasse l'épée de son frère renversé d'un coup de pierre, et espadonne si joyeusement que le Conseil des huit l'invite à aller passer six mois loin de Florence. Alors commence la vie aventureuse de Cellini.

Il abandonne cette maison paternelle, qu'il ne reverra plus qu'à de longs intervalles, et où il ne fera plus que de courtes haltes ; il va à Sienne, où il travaille sous François Castera ; à Bologne, où il travaille sous maître Hercule del Giffero ; à Pise, où il travaille sous Ulvieri della Chiostra ; refuse d'aller en Angleterre avec Torregiani, parce que d'un coup de poing Torregiani a écrasé le nez de Michel-Ange ; entre chez François Salembeni, où il fait une agrafe de ceinture ; part pour Rome avec le graveur Tasso ; fait dans la boutique de Firenzola, de Lombardie, une salière magnifique ; revient à Florence, se fait condamner à l'amende pour une nouvelle rixe ; sort de Florence déguisé en moine et retourne à Rome, entré chez Lucagnolo da Jesi, fait des chandeliers pour l'évêque de Salamanque et un lis de diamans pour le Chigi ; apprend à sonner de la trompette, est fait musicien de la cour pontificale ; travaille pour le pape Clément VII et pour différens cardinaux ; fait la médaille de Léda pour le gonfalonier de Rome Gabriel Ceserino ; deux vases pour Jacques Berengario ; est nommé bombardier au château Saint-Ange ; se figure qu'il a tué d'un coup d'arquebuse le connétable de Bourbon ; fond l'or dans lequel sont montés les joyaux du pape ; attise ses fourneaux d'une main, tire ses fauconneaux de l'autre ; de l'une de leurs décharges blesse mortellement le prince d'Orange ; revient à Florence capitale ; va à Mantoue et travaille sous Niccolo de Milan ; fait au duc un reliquaire et au cardinal un cachet ; retourne à Florence avec la fièvre et trouve son père mort ; est rappelé à Rome par Clément VII, qui a payé sa rançon en vendant huit chapeaux de cardinaux ; fait les médailles de l'Ecce-Homo et de saint Pierre sur la mer ; voit mourir entre ses bras son frère blessé dans une rixe, fait faire son épitaphe en latin, tue son meurtrier, se sauve chez le duc Alexandre, qui demeurait entre la place Navone et la Rotonde ; en est quitté pour une boucherie du pape, qui le fait son massier ; s'amourache d'Angélique Siciliana ; se livre à la magie ; jette une poignée de boue au visage de ser Benedetto, oublie d'en ôter un caillou qui s'y trouve par hasard et qui le renverse évanoui, croit l'avoir tué, se sauve à Naples, est bien accueilli par le vice-roi, apprend que ser Benedetto n'est pas mort, revient à Rome près du cardinal Hippolyte de Médicis ; présente au pape la médaille de la Paix, reçoit la commission de faire celle de Moïse ; tue l'orfévre Pompeio de deux coups de poignard, est défendu par les cardinaux Cornaro et Médicis, obtient du pape Paul III un sauf-conduit ; tourmenté par Pierre-Louis Farnèse, il se débarrasse d'un hère qui le gêne, s'enfuit à Florence ; part pour Venise avec le Tribolo, se prend de querelle en passant à Ferrare avec les bannis florentins ; visite le Sansorino ; repart pour Florence. frappe la monnaie du duc Alexandre, se dispute avec Octaviano de Médicis ; retourne à Rome en promettant au duc Alexandre de lui faire une médaille, est gracié par le pape à l'endroit du meurtre de Pompeio ; tombe malade, est soigné par Francesco Furconi, se trouve si mal que la nouvelle de sa mort se répand, se guérit en buvant de l'eau ; revient à Florence, se querelle avec le duc Alexandre à propos de Vasari ; retourne à Rome, est calomnié près du pape par Latino Maletti ; quitte de nouveau Rome, résolu d'aller en France ; commence en passant à Padoue une médaille pour le Bembo ; traverse les Grisons, arrive à Paris, est reçu par François Ier, va avec la cour à Lyon, y tombe malade ; revient en Italie, est bien accueilli par le duc de Ferrare, arrive à Rome ; est demandé au pape par monsieur de Montluc, au nom du roi de France : est accusé, par Jérôme Perugino, d'avoir distrait à son profit une partie des joyaux que lui a confiés Clément VII pour les démonter, est enfermé au château Saint-Ange, tente de s'évader avec ses draps, tombe du haut en bas d'un bastion et se casse une jambe, est porté chez le sénateur Cornaro, qui le fait soigner ; le pape le réclame, Cellini est transporté dans une chambre du Vatican, d'où on le transporte de nuit à Torre di Nono ; il se croit condamné à mort, lit la Bible, tente de se tuer, est retenu par un bras invisible, a une vision, écrit un madrigal, fait des dessins sur le mur, est élargi sur les instances du cardinal d'Est ; part pour la France ; à Monte-Rosi soutient un assaut contre ses ennemis qui l'attendaient pour l'assassiner, sort de l'escarmouche sain et sauf, visite en passant à Viterbe ses cousines qui sont religieuses ; se prend de dispute à Sienne avec un maître de poste et le tue ; s'arrête un instant à Florence dans cette maison de la rue Chiara del Popolo, où il est né et où son père est mort ; traverse Ferrare, fait en passant une médaille pour le duc Hercule ; franchit le mont Cenis, arrive à Lyon, gagne Paris, part pour Fontainebleau avec la cour, refuse avec indignation les 300 écus qu'on lui offre par an, s'enfuit furieux, décide un pèlerinage à Jérusalem, est rejoint au bout de dix lieues, ramené à la cour, où sa pension est fixée à 700 écus ; reçoit commission de François Ier de lui faire douze statues d'argent de trois bras chacune, ouvre boutique, y reçoit la visite du roi, fait le modèle en grand de son Jupiter, reçoit des lettres de naturalisation du roi, qui lui donne le château de Nesle ; réclame en vain l'argent nécessaire à sa statue de Junon ; reçoit une seconde visite du roi, qui lui commande des travaux pour Fontainebleau ; présente au roi deux modèles de porte et un modèle de fontaine, encourt l'inimitié de madame d'Étampes pour ne les lui avoir pas montrés ; est accusé de sodomie ; apprend que le Primatice lui a escamoté les travaux de la fontaine, et que madame d'Étampes a proposé au roi de le faire pendre ; se justifie près de François Ier, intimide le Primatice, qui lui rend sa fontaine ; reçoit une troisième visite du roi qui, enchanté de son Jupiter, ordonne qu'on lui compte 7,000 écus d'or, dont il ne touche que 1,000, attendu les besoins de la guerre ; est consulté par le roi sur les fortifications de Paris, reste sans secours pour continuer ses travaux à cause de la guerre ; obtient, par l'intermédiaire du cardinal d'Est, la permission de retourner en Italie ; arrive à Florence, où il trouve sa sœur dans la misère ; fait une visite au grand-duc Cosme, qui lui commande le Persée ; trouve une maison qui lui convient pour exécuter cet ouvrage, la demande au grand-duc, qui la lui donne. C'est la maison de la Pergola.

« La casa è posta in via Lauro, in sul canto delle quattro case, e confina col orto de'Nocenti, et è oggi di Luigi Ruccelai di Roma. L'assunto in Fiorenze l'ha Lionardo Ginori. In prima era di Girolamo Salvadori. Io priego V. E. che sia contenta di mettermi in opera. Il divoto servitore di V. Eccellenzia. » BENVENUTO CELLINI. »

Au-dessous de ces mots est le rescrit suivant qui est écrit de la main même du duc.

« Veggasi q[a] a chi sta a venderla, e il prezzo che ne domandano ; perche vogliamo compiacerne Benvenuto. »

Passons par-dessus les mille aventures qui lui arrivent encore, par-dessus les accusations qui le poursuivent, par-dessus sa fuite et son voyage à Venise, par-dessus ses disputes avec Bandinelli, pour arriver enfin à la fonte du Persée, l'événement principal de cette période de sa vie, et qu'il va nous raconter lui-même.

Tous les malheurs sont venus l'assaillir et ont menacé la naissance de cette statue, si longtemps mise en problème par ses rivaux. Le feu a pris à la maison d'une manière si violente qu'on a craint un instant que le toit ne s'abîmât sur la boutique. Le temps s'est mis à l'orage, et il est tombé une si grande pluie, et il a fait un si grand vent qu'on a eu toutes les peines du monde à entretenir le feu de la fournaise. Enfin, le moule est prêt, le métal est en fusion, il n'y a plus qu'à faire couler le bronze de la chaudière dans la forme, quand le pauvre Benvenuto se sent pris d'une si grosse fièvre, qu'il est obligé de laisser jouer à des ouvriers cette partie dont dépend son honneur, et que ne pouvant plus tenir sur ses jambes il se décide à aller se mettre au lit.

« Alors, dit-il, triste et tourmenté, je me tournai vers ceux qui m'entouraient, et qui étaient au nombre de dix ou douze, tant maîtres fondeurs que manœuvres et ouvriers travaillant dans ma boutique ; et m'adressant à un certain Bernardino Manellini di Mugello qui faisait partie de ces derniers, et qui était chez moi depuis plusieurs années, après m'être recommandé à tous, je lui dis à lui particulièrement : — Mon cher Bernardino, suis ponctuellement les ordres que je t'ai donnés, et fais le plus vite que tu pourras, car le métal ne peut tarder d'être à point. Tu ne peux te tromper ; ces braves gens feront le canal, et je suis certain qu'en ne vous écartant point de mes instructions la forme s'emplira parfaitement. Quant à moi, je suis plus malade que je ne l'ai jamais été depuis le jour où je suis né, et, sur ma parole, je crains bien avant peu d'heures de n'être plus de ce monde.

« Et ayant ainsi parlé, je les quittai bien triste, et j'allai me coucher.

» A peine fus-je au lit, que j'ordonnai à mes servantes de porter dans la boutique de quoi boire et manger pour tout le monde, et je leur disais : — Hélas ! hélas ! demain je ne serai plus en vie. Eux cependant, essayant de me rendre mon courage, me répondaient que ce grand mal, étant venu par trop de fatigue, passerait par un peu de repos.

« Deux heures s'écoulèrent, pendant lesquelles je voulus lutter vainement contre le mal, et pendant lesquelles la fièvre au lieu de décroître alla toujours s'augmentant, et pendant ces deux heures, je ne cessais de répéter que je me sentais mourir. Pendant ce temps, ma servante en chef, celle qui gouvernait toute la maison, et qui se nommait Mona Fiore de Castel-Rio, la femme la plus vaillante et du meilleur cœur qui fût jamais, ne cessait de me crier que j'étais fou, que cela passerait ; me soignant de son mieux, et tout en me consolant, elle ne pouvait enfermer dans son brave cœur la quantité de larmes qui l'étouffaient, et qui, malgré elle, lui sortaient par les yeux ; si bien que, toutes les fois qu'elle croyait que je ne la voyais pas, elle pleurait à cœur joie. J'étais donc en proie à ces tribulations, lorsque je vois entrer dans ma chambre un petit homme tortu comme un S majuscule, qui, se tordant les bras, commença à me crier d'une voix aussi lamentable que celle des gens qui annoncent aux condamnés leur dernière heure : — O Benvenuto ! pauvre Benvenuto ! tout votre travail est perdu, et il n'y a plus de remède au monde !

» Aux paroles de ce malheureux qui me remuèrent jusqu'au fond des entrailles, je jetai un si terrible cri qu'on l'eût entendu du ciel ; et bondissant hors de mon lit, je pris mes habits et commençai à me vêtir, distribuant à droite et à gauche, à mes servantes, à mes garçons et à tous ceux qui me tendaient sous la main, une grêle de coups de pied et de coups de poing, et tout cela en me lamentant, tout en criant : — Ah ! les traîtres ! ah ! les envieux ! C'est une trahison, non pas faite à moi seul, mais à l'art tout entier ; mais, par le ciel ! je jure que je connaîtrai celui qui me l'a faite, et qu'avant de mourir je prouverai qui je suis par une telle vengeance que le monde en sera épouvanté. Au milieu de tout ce trouble, j'achevai de m'habiller ; et, m'élançant vers ma boutique, où tous ces gens que j'avais laissés si joyeux et si pleins de courage étaient maintenant épouvantés et comme abrutis.

» Ecoutez, leur dis-je d'une voix terrible, écoutez ; et puisque vous n'avez pas su m'obéir quand je n'y étais pas, obéissez-moi maintenant que me voilà pour présider à mon œuvre, et que pas un ne raisonne, attendu qu'à cette heure j'ai besoin d'aide et non de conseil. A ces mots, un certain maître Alexandre Lastricati voulut me répondre et me dit : — Vous voyez bien, Benvenuto, que vous voulez accomplir une entreprise est contre toutes les règles de l'art. Il avait à peine prononcé ces paroles que je m'étais retourné vers lui avec tant de fureur et d'un air qui indiquait si bien que les choses allaient mal tourner, que tous s'écrièrent d'une voix : — Or, sus, sus, commandez, et nous vous obéirons tous tant qu'il nous restera un souffle de vie. Je crois, Dieu me pardonne ! qu'ils me dirent ces bonnes paroles, croyant, à ma pâleur, que j'allais tomber mort. Mais n'importe, je vis que je pouvais compter sur eux, et sans perdre de temps je courus à ma fournaise, et je vis que le métal s'était tout coagulé, et, comme on dit en termes de fonderie, avait fait un gâteau.

« J'ordonnai aussitôt à deux manœuvres de courir en face, dans la maison d'un boucher nommé Capretta, pour y prendre une pile de bois de jeunes chênes, secs depuis plus d'un an, et que sa femme Ginevra m'avait souvent offerte. A mesure qu'ils m'apportaient des brassées de fagots, je commençais à les jeter dans la fournaise ; et, comme cette espèce de chêne fait un feu plus violent que toute autre sorte de bois (on se sert d'ordinaire de bois de peuplier ou de pin pour fondre l'artillerie, qui n'a pas besoin d'une si forte chaleur), il arriva que, lorsque le gâteau commença à sentir ce feu infernal, il se mit à fondre et à flamboyer. Aussitôt je fis préparer les canaux, j'envoyai quelques-uns de mes hommes veiller à ce que le toit endommagé par le feu ne nous jouât pas quelque mauvais tour, et comme j'avais fait tendre des toiles et des tapisseries devant l'ouverture du jardin, je me trouvais de ce côté garanti du vent et de l'eau. De sorte que, voyant que j'avais pourvu à tout et que tout allait bien, je criais de ma plus grosse voix : — Faites ceci, faites cela, allez-là, venez ici. Et toute cette brigade, voyant que le gâteau fondait, que c'était merveille, m'obéissait à qui mieux mieux, chacun faisant la besogne de trois. Alors je fis prendre un demi-pain d'étain qui pesait environ soixante livres, et je le jetai au beau milieu de la fournaise, en plein sur le gâteau, lequel, avec l'aide du bois qui le chauffait en dessous, et des instrumens de fer avec lesquels nous l'attaquions en dessus, se trouva enfin liquéfié en peu d'instans.

» Or, ayant vu que, contre l'attente de tous ces ignorans, j'avais pour ainsi dire ressuscité un mort, je repris tant de force et de courage, qu'il me semblait n'avoir plus ni fièvre ni crainte de la mort. Tout à coup une détonation se fit entendre, un éclair pareil à une flèche de flamme passa devant nos yeux, et cela avec un tel bruit et un tel éclat, que chacun resta stupéfait, et moi-même peut-être plus stupéfait et plus épouvanté encore que les autres. Ce fracas passé et cette clarté éteinte, nous nous regardâmes les uns les autres dans le blanc des yeux, nous demandant ce que cela voulait dire, lorsque nous nous aperçûmes que le couvercle de la fournaise venait de se rompre et que le bronze débordait ; j'ordonnai aussitôt qu'on ouvrît la bouche de mon moule, tandis qu'en même temps je faisais frapper sur les tampons du fourneau. Alors, voyant que le métal ne courait pas avec la rapidité qui lui est habituelle, j'attribuai sa lenteur à ce que le terrible feu auquel je l'avais forcé de fondre avait consumé tout l'alliage. Je fis aussitôt prendre tous mes plats, toutes mes écuelles et toutes mes assiettes d'étain, et, tandis que j'en poussais une partie dans mes canaux, je fis jeter le reste dans la fournaise, de manière que, voyant que grâce à cette adjonction le bronze était devenu parfaitement liquide et que mon moule s'emplissait, tous mes gaillards, pleins de courage et de joie, m'aidaient et m'obéissaient à qui mieux mieux ; tandis que moi, tantôt ici, tantôt là, j'aidais de mon côté, commandant et disant tout en commandant : — O mon Dieu ! Seigneur ! toi qui par ta toute-puissance ressuscitas d'entre les morts et montas glorieusement dans le ciel ! De manière qu'en un instant mon moule s'emplit, et que moi, le voyant plein, je tombai à genoux ; et, après avoir remercié le Seigneur de toute mon âme, je me relevai ; et, apercevant un plat de salade qui était sur un vieux banc, je me jetai dessus et le mangeai en compagnie de toute ma brigade, qui mangeait et buvait en même temps que moi ; ensuite de quoi, car il était deux heures avant le jour, j'allai me mettre au lit, sain et sauf, où je me reposai aussi tranquillement que si je n'avais jamais eu la moindre indisposition.

» Pendant ce temps, ma bonne servante, sans me rien dire, s'était pourvue d'un gros chapon qu'elle avait fait cuire ;

de sorte que, lorsque je me levai, elle vint joyeusement au-devant de moi, disant : — Ah! le voilà donc, cet homme qui devait être mort ce matin! Je crois que cette volée de coups de pied et de coups de poing que vous nous avez donnée la nuit passée, quand vous étiez dans votre grande colère, aura épouvanté la fièvre, qui se sera enfuie de peur d'en avoir sa part. C'est ainsi que toute ma pauvre maison, remise peu à peu de la terreur qu'elle avait eue et de la grande fatigue qu'elle s'était donnée, se tranquillisa en me voyant hors de danger et de crainte, et courut joyeusement chercher, pour remplacer la vaisselle d'étain que j'avais jetée à la fournaise, des plats de terre, dans lesquels je fis le meilleur dîner que j'eusse fait de ma vie.

» Après le dîner, tous ceux qui m'avaient aidé vinrent me voir à leur tour, se félicitant joyeusement les uns les autres, et remerciant Dieu de la manière dont les choses avaient tourné, disant que je leur avais fait voir une merveille que tous les autres maîtres eussent regardée comme impossible. Je mis alors la main à la poche, et je payai tout le monde.

» Lorsque j'eus pendant deux jours laissé refroidir le bronze dans le moule, je commençai à le découvrir peu à peu, et la première chose que je rencontrai fut la tête de la Méduse, qui, grâce aux soupiraux que j'avais établi pour donner passage à l'air, était venue parfaitement ; aussitôt je continuai à découvrir le reste, et je trouvai l'autre tête, c'est-à-dire celle du Persée, qui, de son côté, était venue à merveille, ce qui me donna d'autant plus d'étonnement et de joie, que, comme on le sait, elle est plus basse que l'autre ; et, comme la bouche du moule était juste sur la tête de Persée, je trouvai que, cette tête finie, le bronze était épuisé ; de sorte qu'il n'y en avait ni trop ni pas assez, mais la mesure juste et nécessaire. Alors je vis bien que c'était une chose véritablement miraculeuse, et dont je fus bien reconnaissant envers Dieu. J'allai donc de l'avant et continuai à découvrir ma statue ; et à mesure que je la découvrais, je trouvai chaque partie admirablement venue, jusqu'à ce qu'enfin j'arrivai au pied droit qui pose à terre, et je vis que ce talon était aussi complet que tout le reste ; circonstance qui me rendait à la fois joyeux et mécontent, car j'avais dit au duc qu'il était impossible que le bronze coulât jusqu'au bout du moule, de manière que je crus un instant que l'événement allait me démentir.

» Mais en continuant mon exhumation, je trouvai que, selon ma prévision, les doigts n'étaient pas venus, et qu'il en manquait dans leur partie supérieure près de la moitié. Quelque fatigue que dût me donner en plus cet accident, j'en fus enchanté, car il devait prouver au duc que je savais ou non mon métier. Au reste, si le métal avait coulé plus avant que je croyais qu'il ne le pût faire, cela tenait tout simplement d'abord à ce que j'avais fait chauffer le bronze plus que d'habitude, et ensuite à cette quantité d'étain que j'y avais mêlé, chose dont les autres maîtres ne s'étaient jamais avisés. Or, voyant mon œuvre si bien venue, j'allai aussitôt trouver le duc à Pise, où lui et la duchesse me firent un accueil aussi aimable que possible ; et quoique le majordome leur eût déjà appris l'événement dans tous ses détails, cela ne leur suffit point, ils le voulurent de ma bouche et l'entendre raconter de vive voix. J'obéis aussitôt ; mais lorsque j'en fus venu aux pieds du Persée, et que j'annonçai à Son Excellence, qu'ainsi que je lui avais dit qu'il devait le faire, le métal n'avait point entièrement rempli le moule, le grand-duc fut émerveillé de ma prévision, et la redit à la grande-duchesse dans les propres termes dont je m'étais servi pour l'en prévenir lui-même. Voyant alors mes maîtres et seigneurs si bien disposés à mon égard, je priai le grand-duc de me donner congé d'aller à Rome, congé qu'il m'accorda gracieusement, mais en me recommandant toutefois de revenir au plus vite pour finir son Persée ; de plus, il me donna des lettres pour son ambassadeur, qui était à cette époque Averard Serristori. »

Ce fut dans cette même maison que Benvenuto Cellini mourut le 13 de février 1571, et fut enterré à l'église de l'Annunziata, ainsi que le prouve la note suivante qu'extrais des archives de l'Académie des beaux-arts.

« Ce 15 février 1571.

» *Funérailles faites à messire Benvenuto Cellini, sculpteur.*

» Aujourd'hui, jour sus dénommé, fut enterré maître Benvenuto Cellini, sculpteur, et par son ordre l'inhumation fut faite dans notre chapitre de l'Annunziata avec une grande pompe funèbre, à laquelle concourut toute l'Académie et toute la compagnie des Beaux-Arts. On se rendit à sa maison, on se rangea comme d'habitude, et lorsque tous les moines eurent défilé, quatre académiciens prirent le cercueil que l'on porta à l'Annunziata avec les mutations d'usage ; là, les cérémonies du culte divin ayant été accomplies, un frère entra qui, la veille de l'enterrement, avait reçu la mission de faire l'oraison funèbre à la louange dudit maître Benvenuto, oraison qui fut fort goûtée de tous ceux qui avaient suivi le défunt, non-seulement pour lui rendre les derniers devoirs, mais encore dans l'espérance d'entendre faire son éloge. Et le tout fut fait avec un grand appareil de cierges et de lumières, tant dans l'église que dans le chapitre. Je vais faire le compte des cierges que l'on donna à l'Académie. D'abord, les consuls reçurent chacun un cierge d'une livre ; les conseillers, les secrétaires et les camerlingues, chacun un cierge de huit onces ; le providéteur, un cierge d'une livre ; enfin tous les autres, au nombre de cinquante, chacun un cierge de quatre onces. »

Qui croirait qu'après de si brillantes funérailles, si scrupuleusement enregistrées, la compagnie des Beaux-Arts a oublié une chose : c'est de mettre le nom de Benvenuto Cellini sur sa tombe ! Ce qui fait que, grâce à cet oubli, nul, dans tout Florence, ne peut montrer du doigt la place où fut enterré l'auteur du Persée.

MAISON D'AMÉRIC VESPUCE.

La maison qu'habita Améric Vespuce fait partie du couvent des Hospitaliers de Saint-Jean-de-Dieu. Cette inscription, scellée sur sa façade, perpétue la mémoire de l'heureux rival de Colomb :

Americco Vespuccio, patricio Florentino,
Ob repertam Americam
Sui et patriæ nominis illustratori,
Amplificatori orbis terrarum.
In hac olim Vespuccio domo
A tanto domino habitata
Patres Sancti Johannis à Deo cultores,
Gratæ memoriæ causa.
P C
A. S. CIƆ IƆ CCXIX.

Les anciens avaient deviné l'Amérique. Sénèque, dans sa *Médée*, prophétise sa découverte de la manière la plus claire et la plus précise :

Venient annis sæcula seris,
Quibus Oceanus vincula rerum
Laxet, et ingens pateat Tellus,
Tethysque novos delegat orbes,
Nec sit terris ultima Thule.

(*Medea*, acte II.)

Dante en parle dans le Purgatoire :

I' mi volsi a man destra e posi mente
All' altro polo, e vidi quattro stelle
Non viste mai fuor dalla prima gente

Goder pareva il ciel di lor flammelle
O settentrional vedovo sito
Poiche privato se' di mirar quelle.

Améric Vespuce naquit le 9 mars 1451 ; il étudia les lettres sous son oncle paternel Georges-Antonia Vespucci, qui, plus tard, se fit moine dominicain, et habita le couvent de Saint-Marc en même temps que Savonarole. A l'âge de seize ans il entra, selon l'usage florentin, et comme c'était particulièrement dans l'habitude dans sa famille qui s'était enrichie ainsi, dans le commerce maritime.

Améric Vespuce naviguait déjà depuis dix-sept ans, et s'était fait une certaine réputation d'habileté et d'audace.

surtout en Espagne, pays avec lequel ses relations commerciales le mettaient en rapport, lorsque la nouvelle parvint en Europe que, le 12 octobre 1492, le Génois Christophe Colomb avait trouvé un nouveau monde.

Cette nouvelle redoubla l'ardeur aventureuse d'Améric Vespuce; il alla trouver Ferdinand et Isabelle, les protecteurs de son devancier, et obtint d'eux un vaisseau.

Le 10 mai 1497, c'est-à-dire cinq ans après la découverte des îles de la Tortue et de Saint-Domingue, Améric Vespuce partit de Cadix pour les îles Fortunées, et, dirigeant sa proue vers l'occident, après trente-sept jours de traversée, il découvrit une terre inconnue : c'était le grand continent auquel il devait donner son nom.

Ce fut une grande joie à Florence lorsqu'on apprit cette nouvelle; la république lui décréta les *lumières* (1) publiques pendant trois jours et trois nuits.

Améric fit, au service du roi Emmanuel de Portugal, trois autres voyages dans le Nouveau-Monde, dont, ainsi que du premier, il écrivit la relation. Plusieurs copies de ces voyages furent envoyées par lui à Pierre Soderini, gonfalonnier perpétuel de Florence, qui en fit faire de nouvelles copies et les répandit dans toute la Toscane; de là l'immense popularité d'Améric Vespuce, et le triomphe de son nom sur celui de Colomb.

Ce triomphe parut si injuste au conseil royal des Indes, qu'en 1508 il décréta que le nouveau continent s'appellerait Colombie; mais il était déjà trop tard, le nom d'Amérique avait prévalu.

Le dernier voyage du navigateur florentin eut lieu vers 1512; puis, ce voyage achevé, il revint à Lisbonne, où il mourut comblé de richesses et de gloire.

Colomb, déshérité de son sublime parrainage, avait passé une partie de sa vie en prison, et était mort dans la misère.

MAISON DE GALILÉE.

En suivant la côte de Saint-Georges, on rencontre une pauvre petite maison portant le numéro 1600, qui, au premier aspect, ne diffère en rien des maisons du bas peuple de Florence; seulement, lorsqu'on lève les yeux sur elle, on lit au-dessus de sa porte l'inscription suivante :

Qui ove abito Galileo,
Non sdegno piegarsi alla potenza del genio
La maestà di Fernando II de Medici.

Ce qui veut dire : « Ici où habita Galilée, la majesté de Ferdinand II de Médicis ne dédaigna point de s'incliner devant la puissance du génie. »

En effet, c'est dans cette maison que mourut Galilée, l'année où naquit Isaac Newton, comme lui-même était né l'année où était mort Michel-Ange Buonarotti.

Galilée était de famille patricienne. Dix-huit de ses ancêtres s'étaient assis sur le siège des prieurs. Le premier qui avait exercé cette charge, en 1372, était Nicolas de Bernard.

Par une étrange prédestination héraldique, les armes des Galilée étaient d'or, à une échelle de gueules posée en pal; échelle de Jacob, à l'aide de laquelle l'illustre astronome devait escalader le ciel.

Galilée naquit à Pise. Son père voulait en faire un médecin; sa destinée l'emporta. Entre son Galien et son Hippocrate il cacha un Euclide, et, un jour qu'il se promenait dans ce magnifique Dôme de Pise, chef-d'œuvre de Buschetto, il remarqua le mouvement d'une lampe pendue à la voûte, calcula la durée de ses oscillations, et inventa le pendule.

Un autre jour, il entendit raconter qu'un Hollandais avait présenté au comte Maurice de Nassau un instrument qui rapprochait les objets. Aussitôt Galilée se met à la recherche

(1) Les lumières étaient une récompense publique; la seigneurie décrétait les lumières, et, par ordre du gonfalonier, on illuminait, pour un temps plus ou moins long, les palais de ceux qui avaient mérité cette distinction.

OEUV. COMPL. — IX.

de la même découverte, calcule la marche des rayons lumineux dans les verres sphériques de différentes formes, arrive au résultat dont il a entendu parler, et le lendemain présente au sénat de Venise, qui l'a nommé professeur à Padoue, un instrument qui n'est rien moins que le télescope.

Alors, comme Galilée grandit, l'envie se lève; on lui accorde le perfectionnement, mais on lui nie l'invention. — C'est bien, répond Galilée : je n'ai point inventé le télescope, mais je le tournerai vers le ciel.

Galilée fit ainsi qu'il disait, et vit alors ce que personne n'avait vu : il vit dans les profondeurs du ciel des myriades d'étoiles jusqu'alors inconnues : les Nébuleuses, la Voie lactée, Jupiter et ses quatre satelites, Vénus et ses phases ; la Lune enfin, cette autre terre, avec ses lacs, ses vallées et ses montagnes. Saturne lui-même lui apparut quelquefois sous la forme d'un simple disque, quelquefois accompagné de deux petites planètes; mais l'instrument encore incomplet trahit son auteur, et c'est à un autre qu'est réservée la découverte de l'anneau mystérieux qui enveloppe la planète de son cercle de flamme.

Alors, les critiques de l'époque redoublèrent d'insultes : on nia que Galilée pût voir véritablement ce qu'il disait avoir vu; on compara ses découvertes au voyage chimérique d'Astolphe, et un prédicateur prit pour texte de son sermon : *Viri Galilæi, quid statis ascipientes in cœlum?* Tous ceux qui avaient la vue courte applaudirent aux brocards de la critique et aux insultes du prédicateur, et il fut décidé que Galilée était un fou.

Enfin, un jour Galilée osa avancer, d'après Copernic, que c'était le soleil qui était immobile, et que la terre tournait autour de lui.

Cette fois, ce ne fut plus la critique qui le barbouilla d'encre, ce ne fut plus un prédicateur qui le larda de citations, ce furent les prêtres qui le déclarèrent hérétique. Galilée, conduit devant un tribunal, mis à la torture de la corde, fut forcé d'avouer que la terre était immobile, et que c'était le soleil qui tournait.

Ce fut le 22 juin 1632 que ce grand exemple de l'infaillibilité des jugemens humains fut donnée au monde. Galilée septuagénaire, mutilé par la torture, la corde au cou, un cierge à la main, fut traîné devant le tribunal. Là on le fit mettre à genoux, et on lui dicta cette abjuration qu'il répéta textuellement :

« Moi, Galilée, dans la soixante-dixième année de mon âge, étant constitué prisonnier, et à genoux devant vos Eminences, ayant devant les yeux les saints Evangiles que je touche de mes propres mains, j'abjure, je maudis et je déteste l'erreur et l'hérésie du mouvement de la terre. »

Puis, cette expiation achevée, on fit brûler ses livres par le bourreau; on le condamna à une prison indéfinie, et on lui ordonna, pour se raccommoder avec le ciel qu'il avait bouleversé, de réciter une fois par semaine les sept psaumes de la pénitence.

Et pendant qu'on lui lisait ce jugement qu'il n'écoutait point, Galilée frappait la terre du pied en répétant tout bas : *E pur si muove !*

La captivité de Galilée dura quatorze mois. Alors il avait soixante-onze ans; on eut enfin pitié du vieillard repentant, et on lui permit d'aller mourir où bon lui semblerait, à la condition qu'il n'écrirait, qu'il ne professerait plus, qu'il ne penserait plus.

Galilée se retira à Florence.

Alors, après la persécution des hommes, vint l'épreuve du Seigneur. Comme si Dieu avait voulu le punir de sa témérité, il frappa d'aveuglement ce regard d'aigle qui avait découvert des taches dans le soleil.

Enfin, le 9 janvier 1642, dix ans après son abjuration, six ans après sa cécité, Galilée mourut d'une fièvre lente dans cette petite maison de la Costa, devenue aujourd'hui un pèlerinage, comme Ravenne et comme Arqua.

Il est vrai que, quelque vingt années après sa mort, on fit à Galilée une espèce de tombeau qui a la prétention d'être un monument, et que nous retrouverons dans l'église de Santa-Croce.

Moyennant quoi la postérité s'est regardée comme parfaitement quitte envers lui.

MAISON DE MACHIAVEL.

Dans la via di Guicciardini, sous le n° 454, s'élève une petite maison à trois étages, de modeste et simple apparence, devant laquelle l'étranger passerait sans s'arrêter, si son attention n'était pas éveillée eut à coup par ces paroles :

« Casa ove visse Niccolo Machiavelli, e vi mori il 22 giugno 1527, d'anni 58 mesi 8 e giorni 19.

» Maison dans laquelle vécut Niccolo Machiavel, et où il mourut le 22 juin 1527, âgé de 58 ans 8 mois 19 jours. »

La famille de Machiavel était des plus nobles et des plus anciennes; son origine remonte jusqu'à l'année 850, aux antiques marquis de Toscane. Les Machiavel avaient été seigneurs de Montespertoli ; mais, préférant sans doute à leur petite principauté la qualité de citoyens de Florence, ils se soumirent de bon gré aux lois d'une république qui devait écrire plus tard dans ses statuts qu'on pourrait être déclaré noble pour crime de viol, de brigandage, d'empoisonnement, d'inceste et de parricide.

Exilés comme guelfes après la bataille de Montaperto, ainsi que les parens de Dante, ils rentrèrent dans leur patrie le 11 novembre 1266, après la victoire de Cepparano, remportée par Charles d'Anjou sur Manfred. A dater de cette époque sa réhabilitation fut complète, et on compte parmi les ancêtres de Machiavel seize gonfaloniers de justice et cinquante-trois prieurs.

Niccolo naquit à Florence le 3 mai 1469, de Bernard Machiavello, trésorier de la marche d'Ancône, et de Bartolommea Nelli, des comtes de Borgo-Nuovo. Il perdit son père à seize ans ; mais sa mère, en redoublant pour lui d'affection et de dévouement, l'entoura de soins si tendres et si éclairés, qu'elle ne tarda pas à en recueillir les fruits. Placé vers 1494 auprès de Marcello-Virginio Adriani, Niccolo montra de bonne heure les premiers éclairs de ce génie qui devait embrasser toutes les branches du savoir humain. Poète, philosophe, critique, historien, publiciste, diplomate, orateur, aucun titre ne manqua à sa gloire, aucune auréole à son front. A vingt-neuf ans, il fut nommé, sur quatre concurrens, chancelier de la seigneurie, et un mois après il fut chargé de servir le conseil des Dix en qualité de secrétaire.

Dans l'espace de quatorze ans, il fut envoyé comme ambassadeur deux fois à la cour de Rome, deux fois auprès de l'empereur, quatre fois à la cour de France. Chargé des missions les plus délicates auprès de César Borgia, du prince de Piombino, de la comtesse de Forli, du marquis de Mantoue, des républiques de Sienne et de Venise, il conclut des traités, déjoua des complots, leva des armées. Sa réputation grandit promptement en Italie et parvint à l'étranger. On n'osa plus décider une affaire de quelque importance sans le consulter, et le secrétaire florentin fut bientôt proclamé et redouté comme le plus grand politique de son temps.

Mais si son élévation avait été éclatante et rapide, jamais chute ne fut plus brusque et plus profonde. En 1512, les Médicis étant rentrés à Florence, pour assurer leur domination chancelante, durent faire main-basse sur tout ce qu'il y avait de noble et de grand dans la république. Machiavel ne pouvait pas échapper à la persécution générale. Accusé d'avoir conspiré contre le cardinal Jean de Médicis, qui fut depuis Léon X, il fut privé de sa charge, et expia par la prison et par la torture tous les services qu'il avait rendus à sa patrie.

Malgré les tourmens les plus atroces il n'avoua rien, car il n'avait rien à avouer. Pour se faire une idée de ce qu'il eut à souffrir de la cruauté de ses ennemis, il faut savoir ce que c'étaient que les *Stinche*, où il fut jeté. Les *Stinche* n'étaient pas une prison, c'était un groupe de prisons dont chacune avait son nom, sa forme, sa destination ; c'était une enceinte sombre et terrible, comme l'enfer dantesque, où tous les crimes, toutes les flétrissures, tous les supplices étaient réunis ; où l'on entassait pêle-mêle les fous, les prostituées, les faillis, car la république marchande ne trouvait pas de peine assez sévère pour punir les débiteurs insolvables ; si bien que lorsque le bourreau manquait c'était là qu'on venait le prendre. Ce fut donc parmi ces malheureux sans raison, parmi ces femmes sans honte, parmi ces hommes sans honneur qu'on enferma le secrétaire de Florence. Les cachots de son horrible prison étaient bâtis ou plutôt creusés sur le modèle des *Zilie* de Padoue et des *Fours* de Monza ; c'étaient des trous circulaires où le patient ne pouvait se tenir assis, ni couché, ni debout. Cet affreux édifice, souillé par le sang des victimes, a disparu par ordre du grand-duc actuel ; et, en démolissant les murs de l'ancienne forteresse, on trouva, dans les cours qui séparaient une prison de l'autre, des puits d'une immense profondeur comblés jusqu'au bord d'ossemens humains. Aujourd'hui il ne reste plus de ce monument maudit qu'un triste et sanglant souvenir, et deux sonnets de Machiavel dictés dans le style comique et plaisant de Burchiello et de Berni.

Ah ! croyez-moi, c'est une horrible chose que de voir cet homme de génie, ce niveleur de tyrans, ce grand et austère citoyen subissant la torture le sourire aux lèvres, et ne voulant pas faire à ses bourreaux l'honneur de les prendre au sérieux.

Voici à peu près le sens des deux sonnets :

« J'ai les fers aux pieds ; j'ai les épaules meurtries par six rouleaux de cordes ; je ne parle pas de mes autres malheurs, car c'est ainsi qu'on traite ordinairement les poëtes.

» Les murs de ma geôle suent l'eau et la vermine ; il y a des insectes si gros et si bien nourris qu'on les prendrait pour des papillons ; il s'en exhale une telle puanteur que les égoûts de Roncivalle et les bois de la Sardaigne ne sont que parfums, comparés à mon noble hôtel.

» C'est un bruit tel qu'on dirait que la foudre gronde au ciel et que l'Etna mugit sur la terre. On n'entend que des verrous qu'on tire, des clefs qui grincent dans leur serrure, des chaînes qu'on rive.

» Puis c'est un cri de torturé qui se plaint qu'on le hisse trop haut.

» Ce qui m'ennuie davantage, c'est que l'autre jour, m'étant endormi sur l'aurore, j'ai été réveillé par un chant lugubre, et j'ai entendu dire : *On prie pour vous*.

» Or, que le diable les emporte pourvu que votre pitié se tourne envers moi, ô bon père ! et qu'elle brise ces indignes liens. »

Dans le second sonnet il est question d'un certain *Dazzo*. Etait-ce un fou, était-ce un malfaiteur ?

« Cette nuit, comme je priais les Muses de visiter avec leur douce lyre et leurs doux vers Votre Magnificence, pour m'obtenir quelques soulagemens et pour vous faire mes excuses ;

» L'une d'elles m'apparut et me fit rougir par ces mots : Qui es-tu donc, toi qui oses m'appeler ainsi ? — Je lui dis mon nom ; mais elle, pour me punir, me frappa au visage et me ferma la bouche.

» — Tu n'es pas Niccolo, ajouta-t-elle, tu es le *Dazzo*, puisque tu as les jambes et les pieds liés, et que tu es enchaîné comme un fou.

» Moi je voulais lui conter mes raisons, mais elle reprit aussitôt :

» — Va-t'en ! mauvais plaisant, va-t'en, avec ta sotte comédie.

» O magnifique Julien ! j'en appelle à votre témoignage ; prouvez-lui, par Dieu ! que je ne suis pas le *Dazzo*, mais que c'est bien moi. »

Machiavel a voulu ici faire allusion à ses comédies. Il se trouve en effet que le plus grand politique de l'Italie a été en même temps le plus grand écrivain comique de son siècle.

Les autres ouvrages les plus répandus de Machiavel sont l'*Histoire de Florence*, le *Traité sur l'art de la guerre*, les *Discours sur Tite Live*, et le *Prince*. Doué d'un génie profond, d'un coup d'œil juste et pénétrant, le secrétaire de Florence a vu de haut les hommes et les choses ; il n'a pas craint d'enfoncer le scalpel de l'analyse dans les veines les plus imperceptibles, dans les fibres les plus délicates du cœur humain. Né dans un siècle de corruption, de perfidie et de violence, il a étudié froidement le vice et le crime; il a évoqué les grandes figures de l'antiquité pour les faire poser devant une génération molle et dégradée. Il a traité théoriquement, et avec la plus grande précision de détails, les différentes formes de gouvernement, sans se passionner pour aucune d'elles.

Il a dit aux peuples : « Voici comment on fonde une république, voici les causes de sa grandeur et de sa décadence. » Il a dit aux princes : « Voilà la seule manière possible de régner aujourd'hui. » C'est affreux, mais c'est véritable : il faut qu'un prince n'ait jamais tort devant ses sujets; il faut repousser la force par la force, la ruse par la ruse, le mensonge par le mensonge. Vous voulez le sceptre et la pourpre? prenez-les : mais ne vous y trompez pas du moins : le sceptre, c'est du fer; la pourpre, c'est du sang.

Machiavel avait hérité de Dante la grande idée de l'unité italienne. L'obstacle le plus sérieux à la réunion de l'Italie venait de Rome. Pour que le rêve de Dante et de Machiavel, le rêve de tous les grands hommes de l'Italie, pût se réaliser, il fallait que les deux puissances, spirituelle et temporelle, consentissent à marcher vers le même but; il fallait trouver un prince assez puissant pour se mettre à la tête d'une armée nationale, et un pape assez lié d'intérêts ou d'amitié avec ce prince pour seconder son projet. Deux fois dans sa vie Machiavel crut avoir trouvé le prince et le pape dont il avait besoin dans la même famille : Alexandre VI et son fils César Borgia, Léon X et son neveu Laurent de Médicis, réunissaient toutes les conditions nécessaires pour s'emparer de l'Italie et assurer son indépendance. Aussi a-t-on vu le secrétaire de la république proposer Borgia pour modèle à Laurent, et conjurer ce dernier par une sublime apostrophe de délivrer la patrie des étrangers.

« L'occasion qui se présente est trop belle pour la laisser échapper, et il est temps que l'Italie voie briser ses chaînes. Avec quelles démonstrations de joie et de reconnaissance ne recevraient-elles pas leur libérateur, ces malheureuses provinces qui gémissent depuis si longtemps sous le joug d'une domination odieuse! Quelle ville lui fermerait ses portes, et quel peuple serait assez aveugle pour refuser de lui obéir? Quels rivaux aurait-il à craindre? Est-il un seul Italien qui ne s'empressât de lui rendre hommage? Tous sont las de la domination des barbares. »

Qui ne voit pas clairement dans ces paroles la pensée qui les inspire? Que l'Italie soit d'abord une nation unie et puissante, que l'étranger soit balayé de notre terre, que le sol que nous foulons nous appartienne d'abord; et lorsque le jour sera venu, lorsque l'arbre que nous arrosons de notre sang et de nos larmes aura poussé de profondes racines, le moindre vent suffira pour secouer ses branches, et le tyran, quel qu'il soit, tombera comme un fruit mûr, et l'Italie sera libre!

Les dernières années de Machiavel s'écoulèrent dans la solitude et dans le chagrin. Retiré dans le village de San-Casciano, il s'entretenait une grande partie de la journée avec des bûcherons, ou jouait au trictrac avec son hôte. Enfin, le 22 juin 1527, il s'éteignit tristement, et l'indépendance italienne expira avec lui.

MAISON DE MICHEL-ANGE.

Un jour, c'était vers l'an 1490, un homme et un enfant se trouvaient en même temps dans les jardins de Saint-Marc, où Florence commençait à réunir ces chefs-d'œuvre de la statuaire antique qui font aujourd'hui de la galerie des Offices la rivale de la galerie Vaticane, et de son musée le second musée du monde.

L'homme pouvait avoir quarante ou quarante-deux ans; il était laid, petit et assez mal fait; cependant, malgré sa laideur, sa physionomie ne manquait pas d'un certain charme, et lorsque cette physionomie s'éclairait d'un sourire fin et bienveillant qui lui était habituel, on oubliait presque aussitôt l'impression désagréable qu'elle avait produite à la première vue. Il était vêtu d'une longue simarre de velours violet garnie de fourrure, mais très simple du reste, serrée à la taille comme une robe de chambre par un cordon de soie; il avait sur la tête une espèce de toque pareille à nos casquettes de jockey, aux pieds des souliers semblables à nos pantoufles, et, contre l'habitude de l'époque, on cherchait en vain à sa ceinture ou un poignard ou une épée.

Cet homme s'arrêtait de temps en temps devant les statues, qu'il regardait avec un amour d'artiste, et dont il paraissait parfaitement comprendre l'idéale beauté.

L'enfant pouvait avoir treize à quatorze ans : c'était une puissante nature et qui promettait de se développer largement. Il était vêtu d'un pourpoint grisâtre montrant fort sa corde, et taché de couleurs en différens endroits; l'enfant tenait à la main une tête de faune qu'il polissait avec un ciseau.

L'homme et l'enfant se rencontrèrent.

— Que fais-tu là? demanda l'homme avec un sourire plein d'intérêt, après avoir regardé un instant en silence l'enfant, tellement préoccupé de son œuvre qu'il ne s'était pas même aperçu que quelqu'un s'approchait de lui.

L'enfant leva la tête, regarda l'homme d'un regard fixe, comme s'il eût voulu s'assurer si celui qui lui adressait la parole avait le droit de l'interroger; puis se remettant à la besogne :

— Vous le voyez, répondit-il, je sculpte.
— Et quel est ton maître? demanda l'homme.
— Dominique Guirlandajo, reprit l'enfant.
— Mais Dominique Guirlandajo est peintre et non pas sculpteur.
— Aussi je ne suis pas sculpteur, je suis peintre.
— Et pourquoi sculptes-tu, alors?
— Pour Mamurco.
— Et qui t'a donné des ciseaux?
— Granacci.
— Et ce marbre?
— Des tailleurs de pierre.
— Et tu as copié?
— La tête du faune.
— Mais le bas de la figure manquait?
— Je l'ai remplacé.
— Voyons?
— Tenez.
— Comment t'appelles-tu? demanda l'homme.
— Michel-Ange Buonarotti, répondit l'enfant.

L'homme regarda la tête, la tourna et la retourna en tout sens; puis, avec un sourire de bienveillante critique, la remettant à son jeune auteur :

— Monsieur le sculpteur, lui dit-il, voulez-vous permettre que je vous fasse une observation?
— Laquelle?
— Vous avez voulu faire ce faune vieux?
— Sans doute.
— Eh bien! dans ce cas il ne fallait pas lui laisser toutes ses dents; à l'âge qu'il a, il en manque toujours quelques-unes.
— Vous avez raison.
— Vraiment?
— Vous êtes donc sculpteur?
— Non.
— Vous êtes donc peintre alors?
— Non.
— Vous êtes donc architecte au moins?
— Non.
— Qu'êtes-vous donc, en ce cas?
— Je suis artiste.
— Et l'on vous appelle?
— Laurent de Médicis.

Et Laurent de Médicis, voyant passer dans une allée Politien et Pic de la Mirandole, alla les rejoindre, et laissa l'enfant réfléchissant à l'avis qu'il venait de recevoir, et surtout à celui qui le lui avait donné.

Le lendemain, il porta cette tête complètement achevée à Laurent de Médicis. L'observation avait porté son fruit, une dent manquait.

C'est cette même tête de faune qui est à la galerie de Florence.

Laurent devina l'homme dans l'enfant, le fit sortir de l'atelier de Guirlandajo, où il était engagé pour trois ans, lui donna une chambre dans son palais, l'admit à sa table, et le traita comme s'il eût été son propre fils.

Cet événement décida de la vocation de Michel-Ange. Dès lors il abandonna à peu près la peinture pour la sculpture; et cependant il avait déjà en peinture deux étranges succès pour un enfant de son âge.

Un jour, son ami Granacci, le même qui lui avait procuré des ciseaux, lui avait fait cadeau d'une estampe de Martin de Hollande; elle représentait des diables qui, pour induire saint Antoine au péché, l'assommaient de coups de bâton. Michel-Ange eut alors l'idée de faire un tableau de cette estampe, et d'entourer le saint des démons ayant la forme de quadrupèdes ou de poissons; mais il ne voulut ébaucher aucun de ces monstres sans avoir primitivement étudié dans la nature les différentes parties dont leur corps se composait. En conséquence, il allait tous les jours aux ménageries ou au marché, dessinant d'après nature les animaux dont il voulait donner la ressemblance à ses diables, et ne commençant rien de l'œuvre définitive que sur des esquisses parfaitement étudiées.

Le tableau fini, l'enfant le porta chez Guirlandajo, qui fut étonné de cette admirable reproduction de la nature, et qui demanda à son élève comment il en était arrivé là. Celui-ci lui montra toutes ses études, lui apporta toutes ses esquisses; Guirlandajo les regarda les unes après les autres, puis, secouant la tête avec un mouvement où perçait quelque peu d'envie :

— Ce jeune homme, murmura-t-il en se retirant, sera un jour notre maître à tous.

Un autre jour, un peintre donne à Michel-Ange une tête à copier; c'était une tête d'un des maîtres du siècle passé, on ne sait lequel, mais d'un maître enfin. L'enfant se met à l'œuvre, et rend au peintre, au lieu de l'original, la copie qu'il a eu le soin de noircir à la fumée. Le peintre ne voit aucune différence, et demande alors à voir la copie.

Michel-Ange éclate de rire; en croyant faire un tour d'écolier, il avait fait un tour de maître.

Mais, comme nous l'avons dit, le jeune Michel-Ange est tout à la sculpture. Sur le conseil de Politien, il fait le Combat des Centaures, dont la vue, soixante-dix ans plus tard, devait lui faire regretter tout le temps qu'il avait perdu à la peinture; il sculpte le grand crucifix de bois de San-Spirito; il achève l'autel de Saint-Dominique, commencé par Jean de Pise; il fait un Amour endormi, qu'il envoie à Rome et vend pour antique; il exécute pour Giacomo Galli le Bacchus qui est à cette heure à la galerie de Florence; puis, enfin, compose et taille, pour le cardinal de Saint-Denis, le fameux groupe de la Piété qui se trouve aujourd'hui dans la première chapelle à droite en entrant à Saint-Pierre.

Ici s'arrête la première période de sa vie d'artiste.

Pendant les dix ans qui viennent de s'écouler, Laurent le Magnifique est mort; Pierre de Médicis, son fils, a été chassé; les Français ont conquis Naples; César Borgia s'est emparé de la Romagne, et Savonarole a été brûlé.

Michel-Ange a essayé du doux, du gracieux et du tendre. Il va passer au terrible.

La première œuvre de cette nouvelle période est le David de la place du Palais-Vieux : il la tire, comme nous l'avons dit, d'un bloc de marbre oublié depuis longtemps, ébauché par un autre, auquel personne ne songeait, et qu'il relève, qu'il taille, qu'il anime; la statue n'est pas un chef-d'œuvre, mais le tour de force n'en est pas moins grand.

Après le David, vient un bas-relief en bronze qu'il exécute pour des marchands flamands, et qui arrive à bon port à Anvers; le groupe de David et Goliath, qu'on envoie en France et qui se perd dans le voyage; enfin, le fameux carton de la guerre de Pise, qui, volé par Baccio Bandinelli, s'éparpille en morceaux par toute l'Italie, et disparaît sans qu'il en reste aujourd'hui autre chose que la gravure d'un de ses fragmens, exécutée par Marc-Antoine.

C'est alors que Jules II le fait venir à Rome et lui commande son tombeau. Michel-Ange en fait aussitôt le plan : ce sera un parallélogramme de trente pieds de long sur huit de large, et ses quatre faces offriront quarante statues, sans compter les bas-reliefs.

Jules II lui ouvre son trésor, lui donne un vaisseau, lui livre Carrare. Trois mois après, la place Saint-Pierre est encombrée d'une montagne de marbre. Toutes les églises de Rome seront petites pour un pareil tombeau; ni Saint-Paul, ni Saint-Jean-de-Latran, ni Sainte-Marie-Majeure ne pourront le contenir. On reprend les travaux de Saint-Pierre, dont Michel-Ange reçoit la direction; d'une main le géant soutient la coupole, de l'autre il taille Moïse.

C'est alors que cette gloire gigantesque commence à inquiéter Bramante, l'oncle de Raphaël, familier avec Jules II, comme il l'étaient alors les artistes de premier ordre; il lui insinue que faire faire son tombeau porte malheur, et que, le tombeau fini, Dieu, pour le punir de son grand orgueil, pourrait bien lui ordonner de s'y coucher. La figure du pape s'assombrit. Le tombeau de Jules II ne sera jamais achevé.

Le pape avait ordonné à Michel-Ange de ne s'adresser qu'à lui lorsqu'il aurait besoin d'argent. Un jour qu'un nouveau chargement de marbres vient de débarquer sur la rive gauche du Tibre, Michel-Ange monte au Vatican pour réclamer le salaire de ses mariniers. Pour la première fois depuis qu'il est à Rome, on lui dit que Sa Sainteté n'est pas visible. L'ordre pouvait être général, Michel-Ange n'insiste pas.

Quelques jours après, Michel-Ange se présente de nouveau au palais : même réponse de la part de l'huissier. Un cardinal qui en sortait, et qui connaissait les privilèges du grand sculpteur, s'étonne et demande à l'homme à la chaîne s'il ne connaît pas Michel-Ange :

— C'est justement parce que je le connais, répond l'huissier, que je ne le laisse point passer.

— Comment cela? s'écrie Michel-Ange étonné.

L'huissier ne répond pas. Mais sur ces entrefaites Bramante se présente et est introduit.

— C'est bien, dit Michel-Ange, vous direz au pape que si désormais il désire me voir il m'enverra chercher.

Michel-Ange revient chez lui, vend ses meubles, prend un cheval de poste, court sans s'arrêter, et arrive au bout de douze heures à Poggibonzi, village situé hors des frontières pontificales.

Jules II a appris sa fuite. C'est alors qu'il comprend l'homme qu'il perd. Cinq courriers sont expédiés de demi-heure en demi-heure sur les traces du fugitif, avec ordre de ramener Michel-Ange mort ou vif. Les cinq courriers rejoignent celui qu'ils poursuivent à Poggibonzi; mais Poggibonzi est toscan; le pouvoir pontifical expire à Radicofani; Michel-Ange tire son épée, et les cinq courriers reviennent à Rome annoncer qu'ils n'ont pu rejoindre Michel-Ange.

Alors Jules II en fait une affaire de puissance à puissance : Florence rendra Michel-Ange à Rome, ou Rome fera la guerre à Florence. Jules II était un de ces pontifes qui dominent à la fois par l'épée et par la parole. Le gonfalonier Soderini fait venir Michel-Ange.

— Tu t'es conduit avec le pape, lui dit-il, comme ne l'aurait pas fait un roi de France. Nous ne voulons pas entreprendre une guerre pour toi : ainsi prépare toi à partir.

— C'est bien, répond Michel-Ange. Soliman m'attend pour jeter un pont sur la Corne-d'Or, je pars, mais pour Constantinople.

Michel-Ange revient chez lui; mais à peine y est-il que Soderini arrive. Le gonfalonier supplie l'artiste de ne pas brouiller la république avec Jules II. Si l'artiste craint quelque chose pour sa liberté ou pour sa vie, la république lui donnera le titre d'ambassadeur.

Enfin Michel-Ange pardonne et va rejoindre Jules II à Bologne qu'il vient de prendre.

— Je te charge de faire mon portrait, lui dit Jules II en l'apercevant; il s'agit de couler en bronze une statue colossale qui sera placée sur le portail de Sainte-Pétrone. Voilà mille ducats pour les premiers frais.

— Dans quel acte Votre Sainteté veut-elle être représentée? demanda Michel-Ange.

— Donnant la bénédiction, dit le pape.
— Bien, voilà pour la main droite, dit Michel-Ange; mais que mettrons-nous dans la main gauche? Un livre?
— Un livre! un livre! s'écria Jules II est-ce que je m'entends aux lettres, moi? Non, pas un livre, morbleu! une épée.

Seize mois après, la statue était sur son piédestal. Jules II vint la voir.

— Dis donc, demanda-t-il en indiquant à l'artiste le mouvement du bras droit qui était un peu trop prononcé, donne-t-elle la bénédiction ou la malédiction, ta statue?
— Toutes deux, répondit Michel-Ange; elle pardonne le passé, elle menace l'avenir.
— Bravo! dit Jules II; j'aime qu'on me comprenne.

Malgré la menace de la statue, elle fut renversée dans une émeute et mise en morceaux; la tête seule pesait six cents livres, et elle avait coûté 5,000 ducats d'or.

Alphonse de Ferrare en acheta les débris, et en fit fondre une pièce de canon qu'il appela la Julia.

Jules II ramena Michel-Ange à Rome; il lui promettait des travaux immenses; Michel-Ange crut qu'il s'agissait de finir le tombeau et le suivit.

En son absence, Bramante avait fait venir Raphaël.

Un jour Jules II appela Michel-Ange, qui depuis deux mois attendait ses ordres; Michel-Ange accourut.

— Viens, lui dit le pape.
Il le conduisit à la chapelle Sixtine.
— Il faut me couvrir cette chapelle de peintures; voilà les travaux que je t'avais promis.
— Mais, s'écria Michel-Ange, je ne suis pas peintre, je suis sculpteur.
— Un homme comme toi est tout ce qu'il veut être, dit Jules II.
— Mais c'est l'affaire de Raphaël et non la mienne. Donnez-lui cette chambre à peindre, et donnez-moi une montagne à tailler.
— Tu feras ceci ou tu ne feras rien, dit Jules II avec sa brusquerie ordinaire.

Et il se retira, laissant Michel-Ange anéanti.

La partie était bien engagée par ses ennemis, et Michel-Ange reconnut l'adresse de Bramante. Ou Michel-Ange acceptait, ou Michel-Ange refusait: s'il refusait, il s'aliénait à tout jamais le pape; s'il acceptait, il luttait dans un art qui n'était pas le sien avec le roi de cet art, avec Raphaël!

Mais Michel-Ange était un lutteur. Il lui fallait l'infini à combattre, l'impossible à vaincre.

— C'est bien, dit-il, je ne cherchais pas Raphaël; mais, puisqu'il s'attaque à moi, je l'écraserai comme un enfant.

Il alla trouver Jules II.
— Je suis prêt, dit-il.
— Que me peindras-tu? demanda le pape.
— Je n'en sais rien encore, répondit Michel-Ange.
— Et quand commenceras-tu?
— Demain.
— As-tu quelquefois peint à fresque
— Jamais.

Dix-huit mois après la voûte était achevée.

Vingt fois pendant le travail l'impatient Jules II était monté sur l'échafaud de l'artiste, et chaque fois il était redescendu plus émerveillé.

La voûte fut découverte, et Rome entière s'inclina devant la terrible merveille.

Le jour de la Toussaint 1511, le pape dit la messe sous cette admirable voûte.

Quant à Michel-Ange, pendant ces dix-huit mois ses yeux s'étaient tellement habitués à regarder au dessus de sa tête, qu'il ne distinguait plus rien en les ramenant vers la terre. Un jour il reçut une lettre et ne put la lire qu'en la tenant élevée; il crut qu'il allait devenir aveugle.

Jules II mourut, laissant à deux cardinaux le soin de faire élever son tombeau. Michel-Ange se brouilla avec Léon X et revint à Florence. Pendant neuf ans il ne toucha ni un ciseau ni une palette: le peintre-sculpteur s'était fait poëte.

C'est de cette époque que datent les deux ou trois volumes de vers que fit Michel-Ange.

Sur ces entrefaites Léon X mourut empoisonné. Adrien IV lui succéda. Il n'y avait rien à faire avec un pareil pape, qui avait ordonné de briser l'Apollon du Belvédère qu'il prenait pour une idole.

Les Romains étaient trop artistes pour garder un pareil pape: au bout d'un an il fut un peu empoisonné, et il en mourut tout à fait.

Clément VII lui succéda.

La race des Médicis se résumait dans trois bâtards: Alexandre, Hippolyte et Clément VII.

Florence profita de l'élection de Clément VII pour se révolter et pour changer la forme du gouvernement: le gonfalonier proposa, pour mettre un terme aux ambitions humaines, de nommer Jésus-Christ roi. On recourut au scrutin, et Jésus-Christ fut élu, après une vive opposition, à une majorité de cinquante voix.

Il avait eu vingt votes contraires.

Par une contradiction étrange, Clément VII ne voulut pas reconnaître cette élection; le pape résolut de détrôner le Christ, et rassembla tous les Allemands hérétiques qu'il put trouver, en fit une armée, et poussa cette armée contre Florence.

Michel-Ange fut chargé de fortifier sa ville natale.

Il courut à Ferrare pour étudier le système de murailles de la ville et pour causer tactique avec le duc Alphonse, un des premiers tacticiens de l'époque; mais au moment où l'artiste allait quitter le prince, le prince déclara à l'artiste qu'il était son prisonnier.

— Mais je puis me racheter? dit Michel-Ange.
— Sans doute.
— Ma rançon?
— Une statue ou un tableau, à votre voix.
— Des pinceaux et une toile, dit Michel-Ange.

Et il fit le tableau des Amours de Léda.

Au bout de onze mois de siège Florence fut prise. Quelques jours avant la capitulation, Michel-Ange, comprenant qu'il n'y aurait pas de salut pour l'homme dont le génie avait lutté si longtemps contre la force, se fit ouvrir une porte, et partit pour Venise avec quelques amis et 12,000 florins d'or.

Alexandre VI fut nommé duc. Il était artiste, comme à peu près tous les tyrans de cette heureuse époque; il réclama Michel-Ange à la république de Venise, qui le lui rendit. Il commanda à Michel-Ange les statues de la chapelle Saint-Laurent; Michel-Ange les exécuta.

Puis un jour on entendit dire que le duc Alexandre avait été assassiné dans un rendez-vous d'amour par son cousin Lorenzino. Michel-Ange tressaillit de joie; il croyait Florence devenue libre.

Cosme Ier hérita d'Alexandre VI: c'était à peu près comme si Tibère eût hérité de Caligula.

Pendant ce temps Clément VII était mort et Paul III était monté sur le trône.

Huit jours après son exaltation, le nouveau pape envoya chercher Michel-Ange.

— Buonarotti, lui dit-il, je veux tout ton temps; combien l'estimes-tu? parle, je te le payerai.
— Mon temps n'est pas à moi, répondit Michel-Ange. J'ai signé avec le duc d'Urbin un traité par lequel je m'engage à terminer avant toute chose le tombeau de Jules II; il faut que je l'exécute.
— Comment! s'écria Paul III, il y a vingt ans que je désire être pape rien que pour te faire travailler pour moi seul, et maintenant que je le suis tu travailleras pour un autre! Non pas. Où est le contrat, que je le déchire?
— Déchirez, dit Michel-Ange, mais je préviens Votre Sainteté que je me retire à Gênes. Je ne veux pas mourir insolvable envers le cadavre du seul pape qui m'ait aimé.
— Eh bien! dit Paul III, je prends sur moi d'obtenir que le duc d'Urbin se contente de trois statues, et je te ferai délivrer de ta promesse par lui-même.

Michel-Ange se faisait vieux, et en se faisant vieux devenait prudent. Il connaissait la colère des papes pour l'avoir éprouvée ; il consentit à tout ce que voulut Paul III.

Le lendemain du jour où il avait donné son consentement, le pape fit, accompagné de dix cardinaux, une visite à l'artiste. Il se fit montrer les statues du tombeau de Jules II : une était achevée, c'était le Moïse ; deux autres étaient ébauchées seulement.

Puis il voulut voir le carton du Jugement dernier.

Un mois après l'échafaud de l'artiste était de nouveau dressé dans la chapelle Sixtine.

Michel-Ange fut six ans à peindre le Jugement dernier. C'est à lui que s'arrête la seconde période de la vie de Michel-Ange ; période qui embrasse près d'un demi-siècle. C'est l'âge viril de son talent ; c'est l'intervalle dans lequel il a fait ses plus belles statues, ses plus beaux vers, ses plus belles peintures. Il lui reste à conquérir sa place d'architecte.

Pendant cette période, presque tout ce qu'il a vu de grand est tombé autour de lui : l'Italie marche à sa décadence,

Jules II est mort en 1513, Bramante en 1514, Raphaël en 1520, Léon X en 1521, Clément VII en 1534 ; enfin Antoine de San-Gallo vient de mourir en 1540. Michel-Ange, comme une ruine d'un autre siècle, est seul maintenant debout au milieu des tombeaux de ses ennemis, de ses protecteurs et de ses rivaux ; il est vainqueur des hommes et du temps ; mais sa victoire est triste comme une défaite : en perdant ses rivaux, le géant a perdu ses juges.

On trouva un jour Michel-Ange tout en larmes : on lui demanda ce qu'il pleurait.

— Je pleure, répondit-il, Bramante et Raphaël.

Saint-Pierre était abandonné ; nul n'osait élever la coupole, Michel-Ange lui-même hésitait. Paul III vint trouver Michel-Ange et le supplia au nom du ciel d'imposer à la terre ce fardeau qu'elle refusait de porter.

En quinze jours il fit un nouveau modèle de Saint-Pierre. Ce modèle coûta 25 écus.

Il avait fallu quatre ans à San Gallo pour faire le sien, et il avait coûté près de 50,000 livres.

A la vue du modèle de Michel-Ange, Paul III fit un décret qui conférait à l'artiste un pouvoir absolu sur Saint-Pierre. Saint-Pierre avait déjà coûté deux cents millions.

Paul III mourut en 1549. Tant qu'il avait vécu, Michel-Ange avait été maître suprême. Jules III, son successeur, parut d'abord vouloir laisser à Michel-Ange cette même latitude qu'il avait ; mais un jour Michel-Ange reçut une citation pour paraître devant le nouveau pape.

Michel-Ange monta au Vatican : il trouva un tribunal qui l'attendait pour le juger.

— Michel-Ange, dit Jules III, nous t'avons fait venir pour que tu répondes à nos questions.

— Questionnez ! dit Michel-Ange.

— Les intendans de Saint-Pierre prétendent que l'église sera obscure.

— Et lequel de ces imbéciles a dit cela ?

— C'est moi ! dit Marcel Cervino en se levant.

— Eh bien ! monseigneur, dit Michel-Ange en se retournant vers le cardinal, qui bientôt devait être pape, sachez donc qu'outre la fenêtre que je viens de faire exécuter, il en aura encore trois autres dans la voûte, et que par conséquent il fera trois fois plus clair dans l'église qu'il ne fait maintenant ?

— Alors pourquoi ne nous avez-vous pas dit cela ? reprit Marcel Cervino.

— Parce que je ne suis obligé de communiquer mes plans ni à vous ni à aucun autre, répondit Michel-Ange. Votre affaire est de garantir votre argent des voleurs et de m'en donner quand j'en demande ; la mienne est de bâtir l'église.

Puis, se tournant vers le pape :

— Saint-Père, lui dit-il, vous savez que ma première condition en acceptant la direction de Saint-Pierre a été que je ne toucherais aucun traitement. Voyez quelles sont mes récompenses ; si les persécutions que j'éprouve ne servent pas au salut de mon âme, convenez que je suis un grand fou de continuer une pareille besogne.

— Venez ici, mon fils, dit Jules III en se levant.

Michel-Ange alla au pape et s'agenouilla devant lui. Jules III lui imposa les mains.

— Mon fils, lui dit le pape, elles ne seront perdues ni pour votre âme ni pour votre corps ; fiez-vous en à Dieu et à moi.

De ce jour, le crédit de Michel-Ange fut inébranlable.

Jules III mourut. Paul IV monta sur le trône pontifical. La première idée du nouveau pape fut de faire gratter le Jugement dernier, dont les nus le révoltaient. Heureusement on fit entendre raison à Paul IV : il se contenta de faire demander à Michel-Ange de les voiler. — Allez dire au pape, répondit l'artiste, qu'il s'occupe un peu moins de réformer les peintures, ce qui se fait aisément ; et un peu plus de réformer les hommes, ce qui est plus difficile.

Michel-Ange poursuivit son œuvre gigantesque pendant dix-sept ans. Pendant dix-sept ans toutes les facultés de cet immense génie furent concentrées sur un seul point, il est vrai que ce point était Saint-Pierre.

Le 17 février 1563, Michel-Ange mourut, laissant pour tout testament ces trois lignes :

« Je lègue mon âme à Dieu, mon corps à la terre, et mes biens à mes plus proches parens. »

Il était âgé de quatre-vingt-huit ans onze mois et quinze jours.

Sa maison est à Florence ; non pas la maison où il est né, non pas la maison où il est mort, mais la maison dans laquelle il se réfugiait à chaque persécution nouvelle ; la maison qui conserve ses ciseaux et sa palette, son maillet et ses pinceaux ; la maison enfin où le visita Vittoria Colonna, cette autre Béatrix de cet autre Dante.

Cette maison, dont Michel-Ange a fait un temple et dont ses descendans ont fait un musée, est située via Ghibellina. Elle est habitée par le cavalier Cosme Buonarotti, président del magestrato supremo de Florence.

MAISON DE DANTE.

Celle-ci n'a pas même une inscription : on m'a montré sur la porte une entaille qui attend une plaque de marbre.

Il est vrai qu'il n'y a guère que six siècles que Dante est mort.

Comme on le voit, il n'y a pas encore de temps de perdu.

Cette maison est située via Ricciarda, n° 732, proche de l'église San-Martino, en face de la tour de la Radia, appelée autrefois, sans qu'on ait pu deviner l'étymologie de ce nom, la tour de la Bouche-de-Fer.

De ces six hommes dont nous venons d'esquisser rapidement la biographie, qui naquirent, vécurent ou moururent à Florence, et dont les noms glorieux sont devenus l'héritage du monde, cinq ont été presque constamment calomniés, fugitifs ou proscrits.

Un seul fut toujours riche, toujours honoré, toujours heureux.

Cet homme c'est Améric Vespucci, qui vola l'Amérique à Christophe Colomb.

L'ÉGLISE DE SANTA-CROCE.

Santa-Croce est le Panthéon de Florence ; c'est là qu'elle honore après leur mort ceux qu'elle a proscrits pendant leur vie. C'est là qu'après l'agitation de l'exil ses grands hommes trouvent au moins le repos de la tombe.

Il y a bonne compagnie de morts à Santa-Croce, et peut-être aucune autre église du monde ne présenterait-elle l'équivalent de trois noms pareils à ceux de Dante, de Machiavel et de Galilée, sans compter ceux de Taddeo Gaddi, de Filicaja et d'Alfieri.

Sainte-Croix date du treizième siècle ; c'est une de ces magnifiques montagnes de marbre sur lesquelles Arnolfo di Lasso, le grand architecte de la république, écrivait son nom. Vers 1250, c'est-à-dire entre la naissance de Cimabué et de

Dante, les bourgeois, fatigués des insolences aristocratiques, s'y rassemblèrent un jour et résolurent de déposer le podestat. Ce qui fut dit fut fait. Le podestat fut déposé, et la république établie : les républiques étaient fort à la mode dans le treizième siècle.

Vue de l'extérieur, Santa-Croce présente un aspect assez médiocre. Sa façade, comme celles de la plupart des églises florentines, n'est point achevée et semble même plus fruste encore que les autres. Une fois qu'on a monté son perron et franchi son seuil, c'est autre chose : le vaste édifice s'offre à l'œil, sombre, nu, austère, et tel qu'il convient au Dieu mort sur la croix, et aux tombeaux d'hommes morts dans l'exil.

Le premier de ces tombeaux, à droite en entrant, est celui de Michel-Ange. Il représente la Peinture, la Sculpture et l'Architecture pleurant leur favori. Malheureusement, comme ces trois figures sont faites chacune par un artiste différent, la Peinture par Lorenzi, la Sculpture par Cioli, et l'Architecture par Jean d'all'Opera, que chaque artiste s'est occupé de l'effet particulier de sa statue et non de l'ensemble général, elles n'ont aucune liaison entre elles et ont l'air de ne pas se connaître.

Le buste de Michel-Ange surmonte la bière de marbre qui renferme ses os. Il n'y a rien à dire du buste ; il n'est ni bon ni mauvais, il est ressemblant. Au reste, grâce au coup de poing dont Torregiani avait écrasé le nez du grand homme, il n'est pas permis à un buste et à un portrait de Michel Ange de ne pas lui ressembler.

Aux deux côtés du buste sont les armes des Buonarotti ; armes splendides qui portent à la fois les lis de la maison d'Anjou et les boules des Médicis.

Au-dessus du buste est un médaillon renfermant une fresque représentant le fameux groupe de Michel-Ange connu sous le nom de *la Piété*.

Comme nous l'avons dit, Michel-Ange mourut à Rome. Il en résulta que Florence faillit être veuve de son corps, comme elle l'était déjà de celui de Dante. Heureusement Cosme Ier avait à Rome des émissaires adroits; ils volèrent le cadavre à Pie V qui ne voulait pas le rendre, et qui comptait le faire enterrer à Saint-Pierre.

Le second tombeau est celui de Dante. Pour celui-là, les Florentins furent moins heureux que pour celui de Michel-Ange. Le corps du sublime poëte était trop bien gardé par Ravenne, il n'y eut pas moyen de le voler ; ce fut la punition de Florence, *mater parvi amoris*, comme le disait lui-même le pauvre exilé.

Ce monument avait été décrété en 1396 ; il a été exécuté en 1812 ou 14, je ne sais plus trop bien. Il représente Dante assis et rêvant quelque terrible épisode de son terrible poëme, et pour toute épitaphe ces trois mots :

Onorate l'altissimo poeta.

Je ne dirai rien comme art du monument. Je crois que l'architecte vit encore. Seulement j'aimerais mieux qu'il eût été exécuté par Michel-Ange, comme Michel-Ange s'y était offert (1).

Le troisième tombeau est celui d'Alfieri. Contre son intention, à l'épitaphe faite par lui-même, et qui avait au moins l'avantage de donner une idée de son bizarre caractère, une épitaphe pleine d'innocence a été substituée. La voici :

Vittorio Alfierio s'ensi
Aloïsia, e principibus Stolbergis,
Albaniæ comitissa.
M. P. C. AN. MDCCCX.

Le monument est de Canova, et par conséquent passe pour

(1) En 1519, les Florentins supplièrent Léon X de leur rendre le corps de Dante. Une pétition fut adressée au pape à ce sujet ; et au nombre des signatures était celle de Michel-Ange, accompagnée de cette apostille :

« Io Michel-Angelo scultore il medessimo a Votra Santità supplico, offerendomi al divin poeta fare la sepultura sua condecante e in loco onorevole in questa città.

« Michel-Angelo. »

un chef-d'œuvre. Cependant il y aurait peut-être bien quelque chose à dire sur la statue qui pleure. Cette statue représente l'Italie, et l'Italie d'Alfieri, du moins celle qu'il rêvait dans ses désirs ardens de liberté ; cette Italie, la mère des Scipions et des Capponi, doit pleurer comme une déesse et non comme une femme.

Le quatrième tombeau est celui de Machiavel. Celui-là aussi est moderne. Les os de l'auteur de la *Mandragore*, des *Décades de Tite-Live* et du *Prince* restèrent près de trois cents ans sans obtenir les honneurs du monument. Enfin, en 1787, on avisa que c'était un peu ingrat que d'agir ainsi, et l'on ouvrit une souscription approuvée par le grand-duc Léopold. Il est vrai que de mauvaises langues disent que cette idée, toute simple qu'elle est, ne vint point aux compatriotes du grand homme, mais bien à lord Nassau Clavering, comte Cooper, éditeur des œuvres de Machiavel. Il est vrai que ces diables d'Anglais sont si orgueilleux que ce pourrait bien être eux qui firent courir ce bruit. Le fait est que le nom du noble pair se trouvait en tête de la liste.

Il n'y a que deux bonnes choses dans le monument : la plume qui, posée dans la balance, emporte le pic ; et l'épitaphe, réparation tardive de la postérité,

Tanto nomini nullum par elogium.

Les armes de Machiavel étaient la croix et les clous de Notre Seigneur.

Après avoir vu le tombeau d'Alfieri, on est curieux de visiter celui de la comtesse d'Albany, qu'on sait être enterrée dans la même église. Celui-ci est plus difficile à trouver, et il faut l'aller chercher dans la chapelle de la Cène. Comme celui d'Alfieri, il est veuf de l'épitaphe qui lui était destinée.

En traversant l'église dans toute sa largeur, on se trouve en face du tombeau de l'Arétin ; non pas de cet Arétin qui pesait la chaine de Charles-Quint au poids de la sottise qu'elle était destinée à faire oublier, mais d'un autre Arétin, lettré, historien et quelque peu poëte, mais poëte chaste, historien honnête, et lettré plein de convenance : ce qui n'a pas empêché madame de Staël, à la grande indignation de son ombre, de le confondre avec son cynique homonyme.

Après le tombeau de Léonard Bruni l'Arétin, en revenant du chœur à la porte, est le monument de Galilée, placé juste en face de celui de Michel-Ange mort trois jours avant la naissance de l'illustre mathématicien. Le malheur qui avait poursuivi Galilée pendant sa vie ne l'abandonna point après sa mort. Son mausolée est un des plus mauvais qui soient à Santa-Croce, où cependant il y en a de bien mauvais.

Une chose remarquable, et qui peut-être n'a frappé personne, c'est que le buste de l'illustre trépassé est placé en quelque sorte entre deux blasons : celui qu'il s'est fait lui-même et celui qu'il a reçu de sa famille, celui qu'il a dérobé au ciel et celui que ses aïeux lui ont légué. Au-dessous du buste, tournent dans un médaillon d'azur les étoiles d'or des Médicis ; au dessus du buste, se dresse sur écu d'or l'échelle de gueules des Galilei.

En faisant quelques pas encore, et en l'allant chercher derrière la porte où il se cache, est le tombeau de Filicaja, célèbre jurisconsulte, mais moins connu peut-être par ses études sur le droit que par son sonnet sur l'Italie.

En face de lui, et de l'autre côté, se dérobe avec non moins de modestie le tombeau de Philippe Buonarotti, mort en 1733. C'était de son temps un fort grand homme, fort oublié aujourd'hui, auquel le voisinage de son grand-oncle porte quelque préjudice ; cela n'empêcha point que ses contemporains ne lui décernassent une médaille avec cet exergue :

Quem nulla æquaverit ætas.

Il est vrai qu'il était auteur de soixante volumes manuscrits qui ne furent jamais imprimés.

Il n'y a si bonne compagnie où ne parvienne à se glisser quelque vilain. C'est ce qui arrive malheureusement à Santa-Croce. Près du mausolée de Machiavel s'élève celui de Nardini.

Qu'est-ce que Nardini ? me direz-vous.

— Nardini est un charmant joueur de violon, qui exécutait toute une valse sur la chanterelle, et dont le voisinage, comme on le comprend bien, doit fort réjouir l'ex-ambassadeur de Florence près de César Borgia, pour peu que de son vivant il ait eu le goût de la musique.

Maintenant, arrêtons-nous un instant à un fait assez curieux :

Près de la colonne qui soutient un des deux bénitiers, on lit, à demi rongé par le temps, le nom de :

Buonaparte.

Sans doute ce nom faisait partie d'une inscription qui indiquait ce que c'était que celui qui dormait sous cette pierre. Mais tous les autres mots ont été effacés, et ce nom seul, à peine visible qu'il est aujourd'hui, ne peut guider le curieux à la recherche de l'identité de celui qu'il désigne.

C'était un aïeul de Napoléon, voilà tout ce qu'on en sait. Quand est-il né, quand est-il mort, qu'a-t-il fait de bien ou de mal entre le jour où il ouvrit les yeux et celui où il les ferma, on l'ignore.

A l'autre extrémité de l'église, dans une modeste chapelle faisant face à la porte d'entrée, s'élève un tombeau.

Ce tombeau est tout moderne, le marbre en est sculpté d'hier ; et on y lit cette épitaphe :

Ici repose Charlotte-Napoléon Bonaparte
Digne de son nom,
Né à Paris, le 31 octobre 1802.
1839 †

Celle-ci, on sait qui elle est. C'est la fille de Joseph Napoléon, deux fois roi de deux royaumes ; c'est cette charmante princesse Charlotte que la France n'a point connue, et que Florence a pleurée comme si elle était sa fille.

L'histoire du monde est renfermée entre ces deux tombeaux, sur chacun desquels est écrit le nom de Bonaparte.

Il y a encore à Santa-Croce beaucoup de choses à voir.

Il y a un Crucifix et une Vierge couronnée de la main du Christ, par le Giotto.

Il y a une Madone de Lucca de la Robbia.

Il y a une Annonciation de Donatello.

Il y a les fresques de Taddée Gaddi.

Il y a la chapelle des Niccolini, chef-d'œuvre de Volterrano.

Il y a enfin, au-dessus de la grande porte de la façade, une statue en bronze représentant un saint Louis qu'il ne faut pas confondre avec le grand roi.

Ce saint Louis est un autre saint Louis fort connu au ciel, mais fort ignoré sur la terre, et qui était tout bonnement évêque de Toulouse.

SAINT-MARC.

En sortant de Sainte-Croix, on se trouve à deux pas de Saint-Marc. D'une église à un couvent la transition est facile ; nous prions donc le lecteur de nous y suivre.

La première chose qui frappe la vue en entrant sur la place, est une énorme colonne de marbre rompue en trois morceaux. Cette colonne a son histoire, ses jours de gloire, ses jours de revers ; elle a été tour à tour debout et couchée ; elle s'est relevée trois fois, elle est retombée trois fois.

Le grand-duc Cosme avait déjà fait dresser deux colonnes dans sa bonne ville de Florence : l'une en face de l'église de la Sainte-Trinité, en mémoire de la prise de Sienne ; l'autre sur la place de Saint-Félix, en souvenir de la victoire de San-Marciano. Cosme était pareil aux dieux, le nombre trois lui était agréable ; il résolut d'élever une troisième colonne sur la place de Saint-Marc, en face de la Via Larga, mais le destin en avait décidé autrement ; les pierres ont aussi leur étoile.

En attendant les événemens cachés dans l'avenir, l'énorme cylindre de marbre, tiré des carrières de Seraversa, n'en fit pas moins son entrée triomphale à Florence le 27 septembre 1572, et avait trois brasses et demie de diamètre et vingt de hauteur. Pour un monolithe européen, c'était fort raisonnable, comme on le voit.

La colonne fut conduite à sa destination ; on la coucha provisoirement sur des travées de bois, où elle attendit, avec la patience de la sécurité, le moment de son érection, qu'elle regardait comme prochaine et surtout comme assurée. Elle faisait donc des rêves d'or, lorsque Cosme mourut.

La mort de Cosme était un grand événement qui faisait évanouir bien d'autres rêves que ceux de la pauvre colonne : mais les hommes, au moins, avaient pour eux le mouvement ; ils se tournèrent vers le nouveau soleil, et le nouveau soleil les éclaira. Il n'en fut pas de même du malheureux monolithe : condamné à l'immobilité, cette immobilité fut taxée d'opposition ; il demeura dans l'ombre et fut oublié.

Les choses demeurèrent ainsi pendant quelque temps ; mais un jour que le nouveau grand-duc passait sur la place de Saint-Marc, la belle Bianca Capello, qui l'accompagnait, lui rappela que c'était sur cette place qu'il l'avait vu pour la première fois, et lui demanda s'il ne l'aimait point assez pour éterniser ce souvenir par un monument quelconque. Francesco Ier avait sous la main la chose demandée ; il tendit le doigt vers la colonne, et, parodiant les belles paroles du Sauveur à Lazare, il dit, comme le Christ : « Lève-toi. »

Malheureusement Francesco Ier n'avait pas, comme le fils de Marie, le don de faire des miracles : pour que la colonne se levât, il fallait procéder par des moyens humains. On fit venir un architecte ; on lui transmit l'ordre donné. Cet architecte était Pietro Tacca, élève et successeur de Jean de Bologne ; il se mit à l'œuvre, et, cinq ou six mois après, la base en forme de dé était prête, et la colonne, que l'on soulevait sur ses travées, se regardait comme déjà dressée, méprisant d'avance toute ligne qui n'était pas la perpendiculaire.

Mais l'homme propose et Dieu dispose, comme dit le proverbe. Sur ces entrefaites Jeanne d'Autriche mourut.

On sait quelle réaction cette mort opéra dans l'esprit du faible et vacillant Francesco ; il jura au lit d'agonie de sa femme de se séparer de sa maîtresse, et, pour que sa conversion fût visible aux yeux de tous, il voulut que la colonne, destinée à perpétuer d'abord les commencemens de cet amour, fût le monument expiatoire en signalât la fin. Il ordonna donc que la colonne fût dressée à l'endroit où elle devait l'être, mais il décida qu'elle serait surmontée par une statue de Jeanne d'Autriche.

Tacca reçut donc l'ordre d'abandonner la colonne pour se mettre à la statue. Le monolithe, qui n'avait point pris parti entre Jeanne d'Autriche et Bianca Capello, et à qui peu importait la chose qu'il supporterait, pourvu qu'il supportât quelque chose, prit patience et attendit que la statue fût exécutée.

Mais, pendant que la statue s'exécutait, un des étais de bois qui soutenaient la colonne s'était pourri à l'humidité. Personne ne s'en était aperçu que le pauvre monolithe qui sentait bien qu'un de ses soutiens lui manquait ; or, comme ce soutien était justement celui du milieu, on trouva un beau matin la colonne rompue ; elle avait craqué pendant la nuit.

Cet accident arrivait à merveille : Francesco Ier venait de reprendre Bianca Capello, dont il était plus amoureux que jamais, et qu'il songeait sérieusement à faire grande-duchesse ; il se hâta donc d'en profiter. La statue de Jeanne d'Autriche, devenue l'image de la statue de la....., fut transportée au jardin Boboli, derrière le palais Royal et proche du cavalier. La colonne fut enterrée, et le dé resta seul debout.

Or comme, quelque cent ans après, ce dé gênait l'entrée de

l'épouse de Cosme III, madame Louise d'Orléans, ce dé, à cette époque, disparut lui-même à son tour.

Le malheureux marbre était mort et enterré, personne ne pensait plus à lui, et, selon toute probabilité, lui-même ne pensait plus à personne, lorsque la grande-duchesse, que l'on croyait stérile, se déclara un beau matin enceinte. Or, comme cet événement avait tous les caractères d'un miracle, le grand-duc voulut savoir à quel saint il était redevable d'un héritier : la grande-duchesse répondit que ne sachant plus à qui s'adresser, et désespérant comme son auguste époux de jamais donner un héritier au trône florentin, elle s'était adressée à saint Antonio, qui, étant un saint de nouvelle date, avait besoin d'établir son crédit par quelque miracle aussi incroyable qu'incontesté. Saint Antonio avait profité de l'occasion, et, selon les paroles de l'Évangile, il avait prouvé, en accordant à la grande-duchesse la demande qu'elle lui avait faite, que les derniers étaient les premiers.

Comme Florence est, en matière matrimoniale surtout, le pays de la foi, non-seulement tout le monde se contenta de cette raison, mais encore elle eut un tel succès, qu'il se fit par toute la cité une grande recrudescence de dévotion à saint Antonio. Un prêtre, nommé Felizio Pizziche, profita aussitôt de ce mouvement, et proposa, à la fin d'un sermon tout à la louange du bienheureux dominicain, d'élever un monument qui constatât le miracle qu'il venait d'opérer. Cette motion fut reçue avec enthousiasme. On discuta, séance tenante, sur la forme et la matière de ce monument. Le prêtre se souvint de la colonne enseveli, rappela aux citoyens que Dieu l'avait sauvée de tout usage profane, parce qu'il la réservait sans doute à cette pieuse destination. La prédestination de l'ex-monolithe était si évidente, que chacun fut de l'avis du prêtre. On courut à l'endroit où il avait été enseveli ; on l'exhuma ; on releva une nouvelle base sur les fondemens de l'ancienne ; on prépara les bas-reliefs qui devaient l'entourer ; on dégrossit la statue du saint qui devait la surmonter. Chacun se mit à l'œuvre, et les choses allaient un train qui permettait de croire que pour cette fois rien ne changerait l'avenir de la colonne, lorsque certains bruits, relatifs à un jeune prince de Lorraine qui était venu faire une visite à la belle archiduchesse, s'étant répandus, la souscription destinée au monument se tarit tout à coup, avec elle l'ardeur des artistes. L'ouvrage commencé fut donc interrompu par absence de fonds, la pire de toutes les absences, et la colonne et la base continuèrent à se regarder, l'une couchée, l'autre debout.

La base fut démolie en 1758, et ses matériaux employés à la construction de l'arc de triomphe élevé en l'honneur de la maison de Lorraine, en dehors de la porte San-Gallo.

Quant à la colonne, qui gênait la circulation, elle fut réenterrée en 1737.

Mais quelque vingt ans après arriva le grand-duc Léopold, lequel montait sur le trône avec de grandes idées d'embellissement pour la ville de Florence. Il avait vaguement entendu raconter l'histoire de la colonne ; il se fit faire un rapport à son endroit ; il apprit qu'elle n'était rompue qu'à une seule place ; il s'assura que, réunie par des crampons de fer, cette rupture ne nuirait en rien à la solidité de l'ex-monolithe, il ordonna qu'elle fût exhumée : la colonne revit le jour.

Mais à peine le projet des architectes était-il arrêté sur le papier, que les premiers mouvemens révolutionnaires éclatèrent en Europe. Ce n'est pas pendant les tremblemens de terre qu'il fait bon de dresser des obélisques ; aussi la pauvre colonne fut-elle oubliée de nouveau ; et si bien oubliée, que cette fois on ne pensa plus même à la faire enterrer.

Depuis ce temps, non-seulement elle a perdu tout espoir de se retrouver jamais debout, mais encore elle est privée de la paix de la tombe : pareille à ces âmes indigentes qui ne peuvent pas même passer le Styx faute d'une obole à donner à Caron.

Que le curieux jette donc en passant un regard sur cette colonne qui, après avoir eu une existence si agitée, a maintenant une mort si misérable ; puis, qu'après un regret accordé à cette grande infortune, il entre au couvent.

C'est avant une heure seulement qu'on peut visiter Saint-Marc-al-Tocco, comme on dit à Florence. Les bons dominicains dînent, et quand ils dînent les moines ne se dérangent pas, chose qui me paraît fort juste, au reste, et qu'on ne s'avise de leur reprocher que parce qu'ils sont moines.

On entre à Saint-Marc par un portique incrusté d'inscriptions et décoré de tombeaux. Un concierge vient vous ouvrir : c'est le cicérone du couvent. La première porte franchie, on se trouve dans le cloître : c'est un carré parfait, tout couvert, dans sa partie supérieure, de fresques du Poccetti et du Passignano, et dans sa partie inférieure, d'inscriptions tumulaires.

Au milieu de ces inscriptions est un immense tableau représentant la mort d'un jeune homme étendu sur son lit ; au chevet du lit est un homme qui pleure, au pied du lit est une jeune fille qui s'arrache les cheveux ; dans le lointain, sont deux figures ailées qui remontent au ciel.

Ce jeune homme qui expire, c'est Ulysse Tacchinardi ; cet homme qui pleure, c'est Tacchinardi père ; cette jeune fille qui s'arrache les cheveux, c'est madame Persiani ; enfin, ces deux figures ailées, c'est l'ange de la mort qui remonte au ciel, entraînant avec lui le génie de la musique

Tout cela est peut-être fort beau comme pensée, mais c'est bien exécrable comme peinture.

Sans compter que c'est un peu bien hardi que de faire de la fresque sur les mêmes murs où en ont fait le Passignano, Poccetti, Beato Angelico et fra Bartolomeo.

J'éprouvai d'abord quelque étonnement de voir un chanteur enterré à Saint-Marc. Je demandai à mon cicérone ce qui avait mérité au pauvre Ulysse Tacchinardi ce grand honneur. Il me répondit que la famille avait payé 25 écus. Voilà tout.

En effet, moyennant 25 écus, tout catholique a droit de se faire enterrer au couvent de Saint-Marc. Comme on le voit, c'est peu cher ; et tout ce qui m'étonne, c'est que le terrain puisse y suffire : ce qui n'arriverait certainement pas si chaque mort se réservait une place aussi exorbitante que celle qu'a prise, pour l'exécution de son tableau, il signor Gazzanini.

Les deux grands souvenirs du couvent de Saint-Marc se rattachent à la mémoire de Beato Angelico et de Jérôme Savonarole.

L'un y a conservé la réputation d'un saint, l'autre y est regardé comme un martyr.

Il y a bien aussi un certain Antonio qui fut canonisé vers 1465 ; mais personne n'y pense, et on n'en parle aux curieux que pour mention.

Nous possédons au Musée de Paris un des tableaux de Beato Angelico, qu'on a relégué, je ne sais pourquoi, dans la salle des dessins, où personne ne va, et qui représente le Couronnement de la Vierge, l'un des sujets favoris du pieux artiste : c'est tout bonnement un chef-d'œuvre.

Beato Angelico est le chef de l'école idéaliste. Chez lui, rien ne se rattache à la terre : toutes les femmes sont des vierges, tous les enfans sont des anges : forcé de peindre sans modèle, ses créations sont des rêves de son extase. Le dessin y perd sans doute ; mais le sentiment y gagne.

Aussi la peinture de Beato Angelico est-elle de cette peinture qu'il ne faut pas juger, mais sentir ; quiconque ne tombe pas à genoux devant elle est tout prêt à hausser les épaules en lui tournant le dos.

Devant un jury de classement, ses tableaux ne seraient probablement pas admis à l'exposition.

Si j'étais roi, j'en recueillerais tout ce qu'il me serait possible d'acheter ; je leur ferais faire des cadres d'or, et j'en tapisserais ma chapelle.

Beato Angelico fut appelé deux fois à Rome par deux papes ; l'un voulait le faire cardinal, l'autre saint : il refusa le cardinalat et la canonisation, et revint s'enfermer dans son pauvre couvent de Saint-Marc, dont il couvrait les parois de peinture.

Aussi on trouve partout de merveilleuses fresques : sur les escaliers, dans les corridors, dans les cellules. Sa composition, toujours simple et toujours pieuse, achevée, le moine sublime s'arrêtait où il se trouvait, prenait ses pinceaux, et collait une page de l'Évangile sur la muraille.

Le lieu ne lui importait guère : il ne cherchait ni le jour, ni la publicité. Dieu voyait son œuvre, voilà tout.

Il y a dans un corridor obscur une Visitation de la Madone, qu'on ne peut distinguer qu'avec des lumières.

Il y a en face d'un escalier sombre une ravissante Annonciation de la Vierge que le jour n'a jamais éclairée.

Puis, dans toutes les cellules des moines, ou personne ne va, il y a des Couronnemens de Madone, des Jésus au Calvaire, des Madelaines pleurant, des Martyrs mourant sur la terre, des Saints montant au ciel.

On m'a montré une Tombe du Christ, et, dans un coin du tableau, un saint vu à mi-corps, qu'on assure être le portrait de Beato Angelico. Qu'on ne s'y laisse pas tromper, c'est impossible ; l'humble moine ne se serait pas ceint le front d'une auréole.

Mais, de toutes ces peintures, la plus magnifique, c'est l'Evanouissement de la Vierge qui se trouve dans la salle du chapitre : au dernier cri poussé par Jésus sur la croix, la Vierge s'évanouit. Sainte Madeleine, à genoux devant elle, la retient en l'entourant de ses deux bras ; saint Jean, son second fils, la reçoit dans les siens. C'est merveilleux.

Je n'ai jamais vu de têtes dont le souvenir me soit resté dans la mémoire aussi complet que j'ai gardé celui de la Vierge : c'est le désespoir de la mère combattu par la résignation de la sainte. La femme succombe dans le combat ; l'espérance de l'avenir ne peut compenser la douleur du présent.

Beato Angelico a eu bien raison de refuser le canonicat ; quand on fait de pareils tableaux, on est saint de droit.

Croirait-on qu'au milieu de toutes ces cellules, que Beato Angelico a couvertes de chefs-d'œuvre, on a oublié quelle était la sienne ?

Puis vient Savonarole : après l'art, la liberté ; après le saint, le martyr.

Nous rencontrâmes dans le cloître un beau moine qui s'en allait rêvant, et à qui sa longue robe blanche donnait l'air d'un fantôme. Mon cicérone, sans même se donner la peine d'aller à lui, lui fit un signe de familiarité qui me blessa. Le moine, sans faire attention à cette inconvenance, vint aussitôt.

Ce moine était peintre comme Beato Angelico ; mais malheureusement, comme on a oublié ce qu'est devenue sa cellule, il n'a retrouvé ni sa palette ni ses pinceaux.

Le cicérone l'appelait pour qu'il nous montrât la cellule de Savonarole.

Cette cellule est située en retour d'un grand corridor ; on y arrive par l'atelier du moine peintre : cet atelier était autrefois une chapelle.

La cellule de Savonarole donne bien l'idée du caractère du réformateur qui l'a habitée : c'est une petite chambre de douze pieds carrés à peine, dans laquelle il ne reste aucun meuble, aucune peinture ; rien que les quatre murailles blanches, éclairées par une étroite et basse fenêtre à petits carreaux garnis de plomb.

C'est là que le républicain se réfugiait chaque fois que Laurent de Médicis mettait le pied dans le couvent ; c'est là que le poursuivirent les excommunications d'Alexandre VI ; c'est là qu'il était en prière quand la foule vint le chercher pour le conduire à l'échafaud.

Depuis Savonarole, personne ne s'est jugé digne de demeurer dans la même chambre que lui. Sa cellule est restée vide.

Nous descendîmes de la cellule de Savonarole dans la sacristie. C'est là que l'on conserve comme des reliques quelques objets sanctifiés par son supplice.

Ces objets, à chacun desquels pend un sceau qui atteste son identité, sont :

1° *Le pallium ou la cape du révérend père Jérôme* (1) ;

(1) Ces différens objets sont désignés par des étiquettes pendant au sceau et écrites en langue latine. Les voici dans le même ordre que je les ai reproduites en français :

1° *Pallium sive cappa reverendissimi P, F, Hieronymi ;*

2° *La tunique qu'il dévêtit au moment où il monta sur l'échafaud ;*

3° *Le cilice du même révérend père Jérôme ;*

4° *Un autre cilice du même ;*

5° *Enfin un morceau du bois de la potence à laquelle il fut attaché.*

Tous ces objets sont gardés parmi les objets sacrés.

Les Anglais, qui croient que tout s'achète, en ont offert des sommes énormes, qui ont été refusées par les moines.

Car ce n'est non seulement un souvenir personnel aux dominicains de Saint-Marc ; c'est un saint dépôt confié par la ville tout entière au vieux couvent du quinzième siècle.

Toute l'histoire de la chute de Florence est là : trois ans après la mort de Savonarole, Charles VIII ; trente-cinq ans après Charles VIII, Cosme 1er.

Savonarole avait prédit l'un et l'autre ; et peut-être, s'il eût vécu, Charles VIII n'eût-il jamais été roi de Naples, et Cosme 1er n'eût-il jamais été grand-duc de Florence.

SAINT-LAURENT.

Saint-Laurent est le Saint-Denis de Florence, comme Santa-Croce en est le Panthéon. Dès la plus haute antiquité cette église était sous le patronage des Médicis, qui en avaient fait leur chapelle sépulcrale.

D'abord les tombeaux étaient dans de simples caveaux, aujourd'hui fermés ou inconnus ; soixante Médicis dorment là comme dans l'histoire, vivant seulement par le nom de leurs successeurs.

Mais, à mesure que le nom grandit, que la richesse s'augmente, les tombeaux sortent de terre avec de pompeuses inscriptions ; le marbre fleurit en leur honneur, le bronze s'arrondit en colonnes, se courbe en cercueil, s'agenouille en statue.

Le premier tombeau remarquable est celui de Jean de Médicis et de sa femme. Il s'élève au milieu de la sacristie vieille, et supporte la table de marbre qui en forme le milieu. Celui-là c'est le second gonfalonnier du nom, son père l'avait été en 1378.

Son fils Cosme le Vieux, le Père de la patrie, si vanté, ce terrible arithméticien qui, résolvant son problème de despotisme futur, aimait mieux dépeupler Florence que de la perdre, est enterré au milieu du chœur de l'église : une simple pierre, portant son épitaphe gravée, indique où il repose.

Laurent le Magnifique, avec deux ou trois autres Médicis, repose dans un tombeau de bronze qui s'élève près de la porte de la sacristie vieille : on l'avait mis à la condition qu'on lui fît un tombeau digne de lui. Il y est resté. Julien, qui a été tué dans la conjuration des Pazzi, y dort à ses côtés.

Maintenant voici la famille qui grandit en s'abaissant. La race de Médicis est réduite à trois bâtards : Hippolyte, Clément, et Alexandre. Mais de ces trois bâtards, l'un est cardinal, l'autre est pape, l'autre est grand-duc. Il faut une nouvelle chapelle aux Médicis pour consacrer cette nouvelle ère de leur fortune : Michel-Ange l'exécutera.

C'est Alexandre qui la commande. Le premier tombeau qui s'élève est celui de son père, Laurent, duc d'Urbin, en supposant toutefois que Laurent soit son père ; car lui-même ignore de qui il est fils, et ne sait s'il doit la naissance au duc d'Urbin, au pape Clément VII, ou au muletier qui était,

2° *Lucinella ejusdem quâ utebatur priusquàm ad patibulum caperetur ;*

3° *Cilicium ejusdem venerandi patris Hieronymi ;*

4° *Aliud cilicium ejusdem ;*

5° *Lignum patibuli ejusdem.*

le mari de sa mère. Ajoutons en passant que cette mère était une Mauresque, et qu'Alexandre la fit tuer parce que sa grande ressemblance avec elle dénonçait la bassesse de son origine. Il va sans dire que le cadavre de le pauvre femme n'eut pas les honneurs de la chapelle Saint-Laurent.

C'est sur ce tombeau qu'est assis, la tête couverte d'un casque et le menton appuyé dans sa main, qui, lui couvrant tout le bas du visage, ne laisse voir que les yeux, ce terrible *Pensiero* de Michel-Ange, la tête d'expression par excellence, du caractère de laquelle ni anciens ni modernes n'ont jamais approché. Il est malheureux qu'un pareil chef-d'œuvre représente un misérable, comme ce lâche duc d'Urbin, dont tout le mérite consiste à avoir donné à la Toscane son premier tyran couronné, et à la France la reine qui fit la Saint-Barthélemy. Catherine était la sœur d'Alexandre.

Au pied du *Pensiero*, Michel-Ange a couché deux de ces statues comme lui seul les pouvait faire : c'est le Crépuscule et l'Aurore, l'une s'endort, l'autre s'éveille. Ces statues renferment-elles une allégorie ? On a fort discuté là-dessus, et le résultat de la discussion est qu'on est un peu moins avancé aujourd'hui qu'elle est à peu près finie, que la veille du jour où elle a commencé.

Mais ce qui est indiscutable, c'est le génie immense avec lequel le marbre est fouillé, pétri, torturé : on dirait de la main d'un géant qui a pesé sur cette pierre. Adam et Eve devaient fort ressembler à ces deux statues en sortant de la main de Jéhovah.

Puis, avec son caprice habituel, Michel-Ange a laissé la tête de l'homme à moitié ébauchée : ébauche terrible sous laquelle vit la physionomie, masque plus grandiose que n'aurait jamais pu l'être une figure.

D'autres parties encore sont lâchées, comme on dit en termes d'artiste, et entre autres les pieds de la femme, sur lesquels on voit encore toutes les éraillures du ciseau ; ce qui n'empêche pas que ces pieds ne soient encore admirables et d'un modèle magnifique.

Le tombeau placé en face du tombeau de Laurent, fait duc d'Urbin par Léon X, est celui de Julien, fait duc de Nemours par François Ier.

Comme le *Pensiero*, Julien est assis dans une niche parallèle à celle de son terrible pendant. Mais cette fois, le génie du statuaire s'est laissé aller à la simple ressemblance, et n'a rien voulu laisser à deviner : c'est un beau jeune homme de vingt-huit à trente ans, auquel l'exagération de son cou donne beaucoup de grâce. A ses pieds sont aussi couchées deux statues : le Jour et la Nuit.

La statue du Jour, comme celle du Crépuscule, est inachevée ; et cependant l'imagination va chercher la tête dans le marbre à peine dégrossi ; le reste du corps, terminé entièrement, est magnifique de détails ; un des pieds surtout est miraculeux de vie et de vérité.

La statue de la Nuit, placée en opposition avec celle du Jour, est parfaitement finie. Elle est célèbre de sa propre célébrité d'abord, puis par le quatrain de Strozzi et par la réponse de Michel-Ange.

C'est une grande famille que celle de ces Strozzi, dont les aïeux soutinrent dans la citadelle de Fiesole un siège de cent quinze ans. Les uns se battaient pour la république, les autres chantaient la liberté ; ceux-ci mouraient comme Brutus, ceux-là vivaient comme Tyrtée.

Jean-Baptiste Strozzi vint voir le tombeau de Julien comme Michel-Ange achevait la statue de la Nuit. Cette belle figure le frappa ; et pendant que Michel-Ange était sorti un instant, il écrivit sur la muraille les quatre vers suivans, et sortit à son tour :

La Notte che tu vedi in si dolci atti
Dormir, fu da un Angelo scolpita
In questo sasso ; e perche dormie, ha vita ;
Destala, se non credi, e parli rati.

« Cette Nuit, que tu vois dormir dans une si douce attitude, fut tirée de cette pierre par la main d'un Ange ; elle vit, puisqu'elle dort ; et, si tu en doutes, éveille-la, et elle va te parler. »

Michel-Ange rentra, lut ces vers, et écrivit au dessous, car tout en bâtissant des tombeaux aux tyrans, le vieux républicain vivait toujours en lui — :

Grato m'e il sonno, e piu l'esser di sasso ;
Mentre che il danno e la vergogna dura,
Non veder, non sentir, m'e gran' ventura.
Pero non mi destar : deh ! parla basso.

« Le sommeil m'est doux, mais il m'est plus doux encore d'être de pierre ; car tout le temps que durera notre honte et notre deuil, ce me sera une fortune de ne pas voir et de ne pas sentir. Ne m'éveille donc pas. Ah ! parle bas ! »

Maintenant peut-être dira-t-on qu'il faut être la déesse de la Nuit elle-même pour dormir dans l'attitude impossible que Michel-Ange a donnée à sa statue, mais Michel-Ange était bien homme à s'inquiéter, lui, du possible ou de l'impossible ! ce qu'il lui fallait, à lui, c'étaient de ces torses tourmentés qui laissaient voir toute la charpente humaine, et qui prouvaient que, à l'instar de Prométhée, il pouvait créer son semblable. Les hommes d'une certaine taille ne doivent pas être soumis au compas et à l'équerre, il faut les regarder comme ils veulent être vus, par la terre et par le ciel, d'en bas et d'en haut.

Il y a encore dans la même chapelle une Vierge et un Enfant Jésus qui peuvent aussi bien être une Latone et un Apollon, une Sémélé et un Bacchus, une Alcmène et un Hercule. Michel-Ange était le sculpteur païen par excellence ; son *Mose in vinco'i* est un Jupiter Olympien ; son Christ de la Sixtine, un Apollon Vengeur.

Qu'importe ! tout cela est grand, tout cela est beau, tout cela est sublime ! Michel-Ange est colossal comme ses statues : la critique ne lui va pas au genou.

Mais voici qu'Alexandre Ier est assassiné par son cousin Lorenzino, et que, comme on ne sait où mettre son cadavre, on le jette avec celui du duc d'Urbin, son père putatif. Cosme Ier monte sur le trône. Le principal entre dans la famille des Médicis, arrivée à son apogée, avec le fils de Jean des Bandes. Les chapelles sont si étroites, qu'on est obligé de mettre les tombeaux les uns sur les autres ; les tombeaux sont si pleins, qu'on est obligé de mettre deux cadavres dans le même tombeau. Il faut d'autres tombeaux, il faut une autre chapelle. On n'aura plus Michel-Ange, c'est vrai, pour tailler le marbre ; on grattera du jaspe, du lapis-lazuli, du porphyre. Le génie de l'homme absent sera remplacé par la richesse de la matière : à défaut de grandiose on fera du grand.

C'est l'époque où les artistes s'en vont et où les princes viennent. Don Jean de Médicis, frère du grand-duc Ferdinand, trace le plan de la nouvelle chapelle. Les Florentins sont des gens heureux ; après avoir eu de l'architecture d'hommes de génie, il vont avoir de l'architecture de grand seigneur ; ce sera moins beau, c'est vrai, mais ce sera plus riche. Pour le bourgeois, c'est une grande compensation.

Aussi s'élève-t-il bien plus de cris d'admiration dans la chapelle des Médicis que dans la nouvelle sacristie : il y a là un brave gardien qui vous fait toucher du doigt et de l'œil toutes ces richesses, qui vous explique le prix de chaque chose, qui vous dit combien la chapelle a déjà coûté, combien elle coûtera encore ; ce qu'il a fallu de temps et d'ouvriers pour tailler toutes ces pierres dures ; d'où vient ce granit, d'où vient ce porphyre, d'où ce jaspe sanguin, d'où ce lapis-lazuli : c'est un cours de géologie pratique, c'est une leçon de géographie : c'est extrêmement instructif.

Il est vrai des deux statues qui existent et dont l'une est de Jean de Bologne et l'autre de Tacca, il en est question à peine. Elles ne sont cependant pas sans mérite ; mais ce n'est que du bronze.

Il était venu à Ferdinand une idée bien en harmonie avec le gigantesque orgueil de la famille : c'était, moyennant une somme convenue, deux millions, je crois, de faire enlever le Saint Sépulcre et de le mettre au milieu des tombeaux de sa famille. Le marché avait été conclu avec l'émir Facardin Ebneman, venu à Florence en 1613, et qui se disait descendant de Godefroy de Bouillon. L'histoire ne dit pas ce qui empêcha la chose de se faire. Quiconque a lu avec attention la vie des Médicis conviendra que le Christ se serait trouvé là en singulière compagnie.

Le grand-duc continue l'œuvre de ses prédécesseurs; il faudra encore vingt ans et six ou huit millions pour que la chapelle soit entièrement finie : mais, en homme de goût qu'il est, il a pris pour lui et pour sa famille un petit caveau de la nouvelle sacristie.

En sortant de la chapelle des Médicis, on monte à la bibliothèque Laurentienne : là sont neuf manuscrits recueillis pour la plupart par les soins de Cosme, le Père de la patrie; de Pierre le Goutteux, et de Laurent le Magnifique. Les plus précieux de ces manuscrits sont : les Pandectes de Justinien, enlevées aux Amalfitains par les Pisans en 1455, et qui, du temps de la république, n'étaient montrées aux curieux qu'avec une permission de la seigneurie et à la lueur de quatre flambeaux; sous les grands-duc, le trésorier de la couronne en avait seul la clef, et ne leur faisait voir le jour que sous sa propre responsabilité; aujourd'hui elles sont tout bonnement dans une case de pupitre, assurées par une seule chaîne et protégées par un simple cristal, à travers lequel on peut lire cette belle écriture qui, selon toute probabilité, remonte au quatrième siècle;

Un Virgile du quatrième au cinquième siècle, dont il manquait les premières pages, — premières pages qui, par une espèce de miracle, sans qu'on sût comment elles se trouvaient là et comment elles avaient été détachées du corps de l'ouvrage, furent retrouvées un beau jour à la Bibliothèque du Vatican;

Le fameux manuscrit de Longus, devenu européen par la tache d'encre qui couvre le passage dont Paul-Louis Courrier a donné le premier la véritable et par conséquent l'unique version : une lettre du savant pamphlétaire y est jointe, déclarant que cette tache d'encre est faite par étourderie;

Le manuscrit des tragédies d'Alfieri, tout biffé, tout raturé, tout surchargé : preuve vivante que la pensée ne se coule pas du premier jet en bronze, et que cette fermeté de style, qui semble le fruit de l'inspiration, n'est que le résultat du travail;

Une copie du *Decameron* de Boccace, donnée par un ami de Boccace neuf ans après que l'original fut brûlé, et qui passe pour avoir été transcrite sur l'original ;

Enfin un délicieux portrait de Laure, faisant pendant à un fort maussade portrait de Pétrarque, à qui le dessinateur a eu le mauvais goût de faire tourner le dos à sa bien-aimée.

En sortant de l'église, et en traversant la place, on va se heurter à un socle de marbre, couvert de bas-reliefs représentant des scènes de guerre; c'est le piédestal d'une statue qui devait être élevée par Cosme Ier à son père Jean de Médicis, plus généralement connu sous le nom de Jean des Bandes-Noires. Le piédestal seul fut achevé: sans doute Cosme ne trouva pas le temps de faire la statue; il est vrai qu'il ne régna que trente-sept ans.

Cela ne prouve-t-il pas que Cosme n'était pas beaucoup meilleur fils qu'il n'était bon père!

LA GALERIE DES OFFICES A FLORENCE.

Ce fut Cosme Ier qui ayant fait venir Georges Vasari, lequel réunissait, à un degré médiocre il est vrai, les trois talens de peintre, de sculpteur et d'architecte, lui ordonna de bâtir, pour rassembler en un même palais les différentes branches de la magistrature, la galerie devenue si célèbre depuis sous le nom de Galerie des Offices.

Je ne sais pas si, pendant que Vasari travaillait à ce monument, il ne vint pas à Cosme Ier l'idée de lui donner sa destination actuelle ; ce que je sais, c'est que sa disposition intérieure est des plus singulières. Il renferme vingt chambres que longent trois gigantesques corridors.

Un de ces corridors est destiné à l'histoire chronologique de la peinture. Là on peut suivre toutes les périodes qu'elle a parcourues depuis sa naissance, sous Ricco di Candia, Cimabué et Giotto, jusqu'à sa décadence, sous Vasari et ses successeurs. Ces tableaux forment un tout parfaitement complet : aussi Vasari priait-il instamment Cosme Ier de ne jamais les disperser.

Comme on le comprend bien, nous ne nous amuserons pas à reproduire un catalogue. Nous écrivons tant bien que mal une histoire, et non pas un guide des voyageurs. Nous ferons donc comme les curieux : nous passerons rapidement devant tous ces malheureux maîtres secondaires, qui semblent n'être là que pour être insultés par l'indifférence des visiteurs, et nous courrons tout droit à la salle de la Tribune.

La salle de la Tribune, c'est la chose dont l'artiste entend parler tout le long de sa route, c'est la chose dont lui parle son hôte quand il descend de son humble vetturino, c'est la chose dont lui parle son cicérone avant même qu'il ne soit convenu avec lui du prix qu'il lui donnera pour ses courses journalières ou pour ses renseignemens à un demi-paul l'heure.

Il en résulte un grand malheur : c'est que, quelque merveilleuse que soit cette fameuse salle de la Tribune, on y entre avec un sentiment idéal qui dépasse presque toujours la réalité. Il est vrai que la Tribune est comme Saint-Pierre de Rome : plus on la visite, plus on réagit contre cette première déception.

La Tribune renferme cinq statues antiques; toutes cinq ont été mises par le jugement de la postérité au nombre des chefs-d'œuvre légués par les Grecs au reste du monde, et arrachées successivement par les modernes à ce vaste tombeau qu'on appelle Rome, et où elles avaient dormi près de mille ans.

Ces cinq statues sont le Rémouleur, le Faune dansant, les Lutteurs, l'Apollino, et la Vénus de Médicis.

Le Rémouleur est parfaitement connu de nos Parisiens ; nous en possédons une bonne copie en bronze dans le jardin des Tuileries. Les savans, qui ont la rage de vouloir tout découvrir, ont voulu savoir ce que c'était que ce fameux rotateur, et quelle pensée il cachait dans cette tête si peu occupée de ce que font ses mains. Les uns ont prétendu que c'était le serviteur qui dénonça les fils de Tarquin ; les autres ont dit que c'était l'esclave qui découvrit la conspiration de Catilina ; d'autres enfin ont affirmé que c'était le Scythe qui, sur l'ordre d'Apollon, se prépare à devenir le bourreau de Marsyas. Or, comme chacun a soutenu sa thèse, comme chacun est resté dans son système, comme chacun a maintenu sa théorie, il en résulte qu'on n'est pas plus avancé que le jour où le Rémouleur est reparu à la surface de la terre; seulement, chacun est libre de choisir entre les trois opinions.

Le Faune dansant est une de ces rares gaîtés à l'aide desquelles on parvient de temps en temps à faire descendre l'antiquité de son piédestal, et à se retrouver face à face avec son côté terrestre et humain. C'est un jeune homme de vingt-cinq à vingt-six ans, plein de vivacité et d'enjouement sauvage ; il appuie le pied sur un soufflet dont le son grotesque est censé accompagner ses mouvemens. Il était mutilé quand on le retrouva, et on le mutila en le retrouvant. Michel-Ange restaura le bras et la tête, qui sont en parfaite harmonie avec le reste du corps.

Les Lutteurs sont un de ces chefs-d'œuvre sans âme comme en faisaient si souvent les Grecs. La forme en est admirable, le dessin en est parfait. Il n'y a pas sur ces deux corps, qui se roidissent, un seul muscle, un seul nerf, une seule fibre qui ne soit à sa place. Aussi les anatomistes se pâment en général de plaisir en les regardant.

L'Apollino est cette gracieuse statue que mes lecteurs connaissent aussi bien que moi, et qui représente, selon toute probabilité, l'Apollon enfant. Le jeune dieu croise une jambe sur l'autre et pose élégamment son bras sur sa tête. C'est la perfection des formes de l'adolescent, comme l'Apollon du Belvédère sera la perfection des formes de l'homme. Je le préfère de beaucoup à la Vénus de Médicis, dont au reste il semble, sinon le mari, du moins le fiancé.

Quelques jours après mon arrivée à Florence, un tableau appendu aux murs de la Tribune se détacha, et renversa de son piédestal le pauvre Apollino, qui, en tombant, se brisa en trois morceaux. Je courus aussitôt à la galerie des Offices, et j'y trouvai le grand-duc qui était accouru de son côté du palais Pitti, par le corridor de Cosme Ier, pour juger par lui-même du dégât. Il était grand, et au premier abord fut jugé irréparable ; mais les Florentins ont été si habiles réparateurs qu'aujourd'hui l'Apollino est sur son piédestal, aussi solide et aussi admiré que s'il n'avait jamais reçu la moindre égratignure.

Trois semaines après je lus dans un journal français que l'Apollino s'était brisé en tombant du haut de la tribune ; ce qui fit beaucoup rire les Florentins, attendu qu'il n'y a pas de tribune dans la Tribune. L'article était cependant d'un de nos plus célèbres critiques, qui quelques mois auparavant était venu à Florence. — Il est vrai que ce critique est myope.

J'ai gardé la Vénus de Médicis pour la bonne bouche, comme dirait Brillat-Savarin ; car la Vénus de Médicis est une de ces statues sur lesquelles se sont épuisées toutes les formules d'éloges. Il en résulte que, lorsqu'on n'admire pas la Vénus de Médicis jusqu'à l'idolâtrie, on est généralement regardé comme un athée, ou tout au moins comme hérétique.

En effet, Thomson a dit en parlant d'elle :

« La Vénus de Médicis, cette statue qui, mollement penchée, charme l'univers. »

Denon a prétendu que :

« Son pied, trouvé même séparé du corps, eût été un monument. Descendue du ciel, ajoute-t-il, l'air seul a pressé ses fluides contours ; pour la première fois son pied vient de toucher la terre et de fléchir sous le poids du plus souple comme du plus élastique de tous les corps. »

Winkelman a renchéri sur tous :

« La Vénus de Médicis, a-t-il dit, ressemble à une rose qui s'ouvre doucement au lever du soleil. Elle paraît quitter cet âge qui est rude et âpre comme les fruits avant leur maturité. C'est du moins ce qu'indique son sein, qui a déjà plus d'étendue et de plénitude que celui d'une jeune fille. »

— Ah ! monsieur l'abbé !

Il est vrai que la pauvre Vénus a bien eu aussi ses détracteurs ; de nos jours, bien peu de réputations résistent à cette manie de dénigrer qui est particulière à notre bonne nation. Le saint Cattino lui-même, le plat miraculeux avec lequel Jésus fit la pâque ; le saint Cattino, qui passait pour un seul morceau d'émeraude ; le saint Cattino, sur lequel les Juifs, pendant le siège de Gênes, prêtèrent à Masséna quatre millions ; le saint Cattino, rayé avec un diamant, a été reconnu pour être de l'humble verre. Il est arrivé pis encore à la Vénus de Médicis.

Cochin et Lessing, après un mûr et profond examen, ont déclaré que la tête et les deux bras étaient modernes, que les pieds avaient subi plusieurs fractures, mais que tout le reste était antique, à l'exception de quelques petits morceaux dans le torse et ailleurs.

Gall et Spurzheim ont été plus loin : passant de la forme au fond, de la pensée à la matière, du naturalisme à l'idéalisme, ils ont tâté du crâne de la pauvre déesse, et ont déclaré que, si malheureusement ce crâne était moulé sur nature, la mère des amours ne pouvait être qu'une idiote.

Je ne dirai rien de la restauration. Quand les restaurations sont bonnes, je les aime assez en ce qu'elles me prouvent qu'en tout temps il y a des hommes de génie. L'auteur inconnu du Faune ne me paraît pas le moins du monde déshonoré de ce que Michel-Ange a refait les bras de sa statue.

Je ne dirai rien de l'opinion de Gall et de Spurzheim sur le médiocre degré d'intelligence dont devait jouir la déesse de la beauté, en supposant que la tête de l'original ait la même conformation que la tête de la copie. Il est probable que Jupiter ne l'avait pas faite dans l'intention qu'elle découvrît le système du monde, comme Copernic, ou qu'elle inventât les paratonnerres, comme Franklin. Jupiter l'avait faite parce qu'il manquait au ciel une déesse de la beauté et sur la terre une mère des amours. Or, si la Vénus de la Tribune est belle, tout est résolu.

Malheureusement, à mon avis, la Vénus de Médicis n'est point belle, du moins de cette beauté qui convient à l'amante de Mars, d'Adonis, d'Anchise, à la déesse d'Amathonte, de Paphos, de Lesbos, de Gnide et de Cythère.

La Vénus de Médicis est une nymphe de ballet mythologique surprise au bain pour un berger indiscret, et qui prend une pose d'opéra indiquée par Corali ou Mazillier.

Cela est d'autant plus vrai que la Vénus, qui a l'air de vouloir tout cacher, ne cache absolument rien.

Oh ! que ce n'était point là la Vénus antique, la magicienne qui enlevait la pomme d'or à Junon et à Pallas en laissant tomber à ses pieds ses vêtemens ! que ce n'était pas là l'amante de Bacchus, la mère de Priape, l'impudique épouse de Vulcain ! que ce n'était pas là la déesse qu'invoquait Pasiphaé et qui brûlait les veines de Phèdre ? que ce n'était point là la divinité qu'imitait Cléopâtre quand, demi-nue, voluptueusement couchée sur une peau de tigre, entourée d'Amours qui faisaient fumer l'encens, elle remontait le Cydnus sur une galère dorée ! que ce n'était pas là la divinité qui servait d'excuse à Messaline lorsque, pour ses débauches nocturnes, cachant ses cheveux noirs sous une perruque blonde et son nom d'impératrice sous un nom de courtisane, elle allait porter un défi de luxure aux soldats des corps-de-garde et aux portefaix des carrefours !

La statue de la Tribune est une belle et gracieuse jeune fille, un peu maniérée, qu'on peut examiner le lorgnon à la main sans délirer un seul instant qu'elle s'anime, comme la Galatée de Pygmalion ; mais à coup sûr ce n'est pas Vénus.

Maintenant assez de blasphèmes comme cela, passons du marbre à la toile, des chefs-d'œuvre antiques aux chefs-d'œuvre modernes : ceux-ci ont du moins un avantage sur les autres, on sait de qui ils sont. Il est vrai qu'une inscription gravée sur le socle de la statue, indique que son auteur se nommait Cléomènes, fils d'Apollodore ; mais ne voilà-t-il pas que les savans ont découvert que l'inscription était rapportée, que les lettres ne pouvaient pas être du même temps que la statue, et que c'était sans doute quelque marchand de bric-à-brac romain qui avait commis cette fraude pour tirer de sa marchandise deux ou trois cents sesterces de plus !

Mais les savans sont de cruels jouteurs. Ce n'est pas tout que de renverser ; ils veulent rebâtir, et c'est ce à quoi malheureusement ils s'entendent un peu moins bien. Ils avaient débaptisé la statue, il fallait lui rendre un nom ; ils en avaient fait un enfant naturel, il fallait lui trouver un père. Rien de plus facile. Malheureusement on ne s'est pas entendu sur la paternité ; les uns l'ont faite fille de Scopas, les autres de Praxitèle, les autres enfin de Phidias. La Vénus de Médicis, qui fut un instant sans géniteur, en a trois maintenant. Choisissez.

Passons au Raphaël. A tout seigneur tout honneur. Il a été à l'unanimité élu roi de la Tribune : salut à Sa Majesté.

Il y a six tableaux de Raphaël dans cette même chambre : deux de plus, je crois, que nous n'en avons par tout le Musée. On a rapproché ses trois manières afin que l'on pût juger de ses progrès, ou, comme le disent quelques idéalistes, de ses écarts.

Parmi les deux Sainte-Famille, qui toutes deux sont de la première manière de Raphaël, il y en a une qu'on lui conteste : c'est celle où la Madone, l'enfant Jésus et le petit saint Jean, sont réunis au premier plan d'un paysage au fond duquel on voit à gauche les ruines d'une ville, et à droite une petite maison au-dessus ombragée par un de ces arbres à la tige grêle et au rare feuillage, comme on en retrouve dans tous les fonds de tableaux du Pérugin.

Nous ferons pour la Madone del Pozzo, car je crois que c'est le nom qu'elle porte, ce que nous avons fait pour la Vénus de Médicis, c'est-à-dire que nous nous abstiendrons de prendre parti dans une si grave question, quoique l'ouvrage nous paraisse parfaitement digne du maître auquel il est attribué ; car dans toute son école nous ne voyons pas, nous l'avouons, un seul artiste qui, l'ayant fait, n'eût eu par ce seul tableau sa réputation établie.

En effet c'est une des plus charmantes compositions raphaélesques qu'il soit possible de voir. Il est, comme nous l'avons dit, de sa première manière, ou plutôt du commencement de la seconde, c'est-à-dire qu'à l'idéalisme du Pérugin se joint déjà cet amour de la forme que le peintre d'Urbin, ingrat à son nom d'Ange, prendra en voyant les chefs-d'œuvre de l'antiquité.

La Vierge, assise sur un terrain tout couvert de fleurs, tient dans son bras droit l'Enfant Jésus qui s'élance à son cou avec un mouvement plein de gentillesse et de grâce, et tend la main gauche au petit saint Jean qui lui présente la légende : *Ecce agnus Dei*.

Toute cette composition est d'une simplicité ravissante et d'un dessin délicieux ; le coloris en est vague et doux, et le clair-obscur excellent.

Je crois que si Raphaël revenait au monde, il serait fort blessé que l'on attribuât à un autre qu'à lui la paternité de cet admirable tableau.

Quant au portrait de Madeleine Doni, quant au saint Jean au désert, quant au portrait de Jules II, il est reconnu que ce sont des chefs-d'œuvre ; nous n'en parlerons donc pas.

Il y a deux Titien ; ses deux Vénus, c'est-à-dire deux des plus beaux Titien qu'il y ait au monde.

Il y a une Sainte Famille de Michel-Ange : figurez-vous un tableau de chevalet sorti du pinceau de l'homme qui a fait le Jugement dernier. Cette Sainte Famille avait été exécutée pour un gentilhomme florentin nommé Agnolo Doni, le mari peut-être de la femme dont Raphaël fit le portrait. Quelle époque, soit dit en passant, que celle où l'on pouvait commander un portrait à Raphaël et un tableau de chevalet à Michel-Ange ! Malheureusement, contre les habitudes économiques des Florentins, Agnolo Doni avait oublié de faire prix pour l'œuvre avant que l'œuvre ne fût commencée. Le tableau achevé, Agnolo Doni s'informa auprès de Michel-Ange de quelle somme il lui était redevable : le peintre demanda soixante-dix écus. Alors l'acheteur se récria et voulut marchander. Mais Michel-Ange porta aussitôt son prix à cent quarante. Agnolo Doni s'empressa de payer, de peur que ce prix, en se doublant toujours, ne portât bientôt le tableau qu'il désirait avoir au delà de ses moyens.

Il y a encore Notre-Dame sur un piédestal, avec saint François et saint Jean l'évangéliste debout, d'André del Sarto ; une Sainte-Famille avec sainte Catherine, de Paul Véronèse ; le Charles-Quint après son abdication, de Van Dyck ; la Vierge adorant l'enfant Jésus, du Corrège ; Hérodiade recevant la tête de saint Jean-Baptiste des mains du bourreau ; enfin la Vierge entre saint Sébastien et saint Jean-Baptiste, du Pérugin, et la Bacchante d'Annibal Carrache, ces deux types, le premier de l'école spiritualiste ; le second, de l'école naturaliste.

J'en passe, comme Ruy Gomez, non pas des meilleurs peut-être, mais de fort beaux encore, comme, par exemple, le Cardinal Beccadilli, du Titien, et le duc François d'Urbin, du Baroccio, pour m'arrêter un instant sur le chef-d'œuvre du peintre de Pérouse et sur celui du peintre de Bologne ; tous deux méritent bien qu'on en dise quelques mots, non-seulement pour leur mérite réel, mais à cause de la manière dont ils expriment, l'un l'époque des croyances religieuses, l'autre le temps de la réaction classique. Commençons par celui du Pérugin.

Le nom seul de l'auteur du tableau indique qu'il appartient tout entier à cette époque de foi et de sentiment, où les réminiscences grecques n'avaient point encore détourné l'art de la voie religieuse dans laquelle l'avaient fait entrer Cimabue, Giotto et Ange de Fiesole : aussi, ce qui frappe d'abord dans cette peinture, c'est l'expression profonde de chaque personnage : la Madone est bien la femme élue pour être l'épouse mystique d'un Dieu ; ses yeux sont pleins de son amour présent et de sa douleur à venir ; elle est belle à la fois de la beauté des vierges et de la beauté des mères.

L'Enfant Jésus conserve encore ce type de l'école primitive que changera bientôt Raphaël : c'est le divin Bambino, blond, potelé, naïf, gracieux et bénissant, dont souvent, à défaut d'auréole, les cheveux d'or trahissaient la divinité.

Saint Jean-Baptiste les regarde avec cet amour qu'il a reçu du ciel pour le Christ, et qu'il remportera au ciel sans qu'un instant les erreurs, les passions ou les intérêts de la terre aient eu l'influence de l'altérer : on sent que, plus heureux que saint Paul, il a toujours connu Jésus pour être plus qu'un homme, et que, plus constant que saint Pierre, il ne le reniera jamais pour être un Dieu.

Saint Sébastien a les mains liées au dos, et le corps tout couvert de flèches : il achève son martyre, et déjà cherche des yeux au ciel celui pour lequel il va mourir sur la terre.

Tout ceci est de la plus belle manière et du plus beau temps du Pérugin, c'est-à-dire simple, religieux, doux et grave. On reconnaît dans la Madone et dans le Bambino les chairs délicates de la femme et de l'enfant ; dans saint Jean-Baptiste et dans saint Sébastien, les muscles et l'ossature de l'homme ; enfin le coloris en est sévère, le dessin noble et la perspective savante.

Passons maintenant à la Bacchante d'Annibal Carrache.

Il arrive parfois qu'un rocher, qui du haut de la montagne roule au fond de la vallée, trouve au milieu de sa route un groupe de robustes sapins ou de forts mélèzes qui l'arrêtent dans sa chute. Il demeure là ainsi suspendu tant que l'obstacle réagit contre lui de toute la force de sa jeune sève ; mais peu à peu, et l'un après l'autre les arbres se fanent, meurent, se dessèchent, tombent en poussière, et le rocher entraîné par les lois de la pesanteur reprend sa course et disparaît dans l'abîme.

Il en fut ainsi de l'art italien : descendu des hauteurs sublimes où l'avaient porté les grands maîtres, il roulait rapidement vers sa décadence, lorsqu'il rencontra les cinq Carraches, ces satellites de l'école dont le Dominiquin est l'astre ; et l'art soutenu par eux fit une halte de cinquante ans.

Du grand siècle de Léon X et de Jules II, il ne restait plus que Michel-Ange ; et pareil à ces vieillards bibliques qui survivent à un monde, le géant de la peinture et de la sculpture s'en allait seul et silencieux, bâtissant des tombeaux au milieu de ruines.

Alors naquirent les Carraches ; ils jetèrent les yeux autour d'eux, et reconnurent qu'ils arrivaient trop tard ; leurs aînés avaient tout inventé, tout pris !

Pérugin avait pris le sentiment, Titien le coloris, Raphaël la forme, Michel-Ange l'expression, et le Corrège la grâce.

Les Carraches comprirent qu'il ne restait rien pour l'individualisme ; qu'en adoptant l'une ou l'autre de ces qualités ils ne la pousseraient sans doute pas au degré que l'inventeur avait atteint lui-même, et que d'ailleurs, arrivés à ce degré, ils ne seraient encore que des copistes : ils résolurent donc de réunir en eux les qualités différentes des différens maîtres, au risque de rester au-dessous de chacun d'eux dans leurs qualités suprêmes, mais aussi avec la chance de les surpasser dans leurs qualités inférieures. Ne pouvant pas être fleurs et faire leur parfum, ils se firent abeilles et composèrent leur miel.

Aussi approchèrent-ils de leurs modèles autant que le talent peut approcher du génie, autant que l'habileté peut approcher de la conscience, autant que l'esprit peut approcher du sentiment.

Leur époque était toute païenne : il en résulta qu'ils laissèrent entièrement de côté les peintres mystiques, pour n'imiter et suivre que les peintres naturalistes. Cela n'empêche pas les tableaux d'église nés de leurs pinceaux d'être de belles et riches peintures : seulement leur Christ a le torse du Laocoon, et leur Madone au pied de la croix exprime la douleur de Niobé accusant Jupiter, et non la résignation de la Vierge glorifiant Jéhovah.

Aussi est-ce dans la peinture païenne qu'ils excellent : leurs tableaux mythologiques sont presque toujours des chefs-d'œuvre, et la Bacchante est de ce nombre. Le sujet une fois adopté, il est impossible de l'exécuter d'une façon plus en harmonie avec la scène qu'il représente : la femme est frissonnante de plaisir, tous ses muscles tendent à la débauche et à l'orgie ; c'est Érigone tout entière dans son impudique nudité : le satyre, de son côté, réunit en lui la force du centaure à la lubricité du faune ; et il n'y a pas jusqu'aux petits Amours semés dans le tableau qui ne prennent part, qui ne concourent, par leurs gestes et leur physionomie, à l'ensemble de cette Bacchanale.

Tout cela est peint largement, avec une science merveilleuse, avec une habileté extrême, et avec une fierté de couleur qui porte en elle-même l'excuse de sa rudesse. En somme, c'est une œuvre de maître.

Quant aux âmes chastes que révolterait cette liberté de pinceau, elles peuvent, après avoir regardé la Bacchante, aller se purifier par une prière devant la Madone du Pérugin.

Les deux chambres voisines de la Tribune sont consacrées à l'école toscane. On y trouve trois ou quatre Beato Angelico délicieux ; la fameuse Tête de Méduse de Léonard de Vinci, faite pour un paysan qui demeurait dans la campagne même du père de l'auteur, et dont les couleuvres sont vivantes ; enfin ce portrait de Bianca Capello dont nous avons déjà parlé en racontant l'histoire romanesque de la fille adoptive de Saint-Marc.

Mais la chose la plus curieuse peut-être que renferme la galerie de Offices, ce qu'aucune autre galerie au monde ne peut se vanter de posséder, c'est cette merveilleuse collection de portraits d'artistes peints par eux-mêmes, qui commence à Masaccio, et qui se ferme à Bezzoli.

Comprend-on ce que c'est que trois cent cinquante portraits de maîtres faits par les maîtres eux-mêmes, et par des maîtres comme Pérugin, comme Léonard de Vinci, comme Raphaël, comme Michel-Ange, comme André del Sarto, comme l'Albano, comme le Dominiquin, comme Salvator Rosa, comme l'Espagnolet, comme Velasquez, comme Rubens ; chacun portant reproduits sur sa physionomie le caractère, le sentiment, le génie de l'artiste, non pas tels que les a compris un pauvre imitateur ou un pâle copiste, mais pris sur le fait, mais peints à l'huile, comme Rousseau dans ses *Confessions*, et comme Alfiéri dans ses *Mémoires*, se sont peints à l'encre !

Aussi j'avoue que cette salle des Peintres est ma salle de prédilection. J'y ai souvent passé des heures entières à chercher la ligne psychologique, si cela peut se dire, qui unissait l'artiste à son œuvre, et presque toujours je l'ai retrouvée ; étudiez surtout les têtes de Léonard de Vinci, de Raphaël, de Michel-Ange, du Dominiquin et de Salvator Rosa, et vous reconnaîtrez que ce sont bien là les auteurs de la Cène, de la Madone à la seggiola, du Moïse, de la Confession de saint Jérôme, et du Serment de Catilina.

Une autre recommandation : passez vite près de la salle de l'école française ; c'est une mauvaise plaisanterie, et un assez beau Poussin que vous y trouverez ne vous paraîtrait pas une compensation des quinze ou vingt croûtes qu'il vous faudrait subir.

Mais arrêtez-vous dans le corridor devant le Bacchus de Michel-Ange, en terre, par lui vendu pour antique ; c'est une œuvre pleine de verve, et toute dans le sentiment du sujet.

Mais faites-vous ouvrir la salle où, près du masque du Faune, premier essai de Michel-Ange enfant, se trouve le buste de Brutus, œuvre inachevée de Michel-Ange vieillard. Un statuaire moderne la reprit, voulut l'achever, puis s'interrompit pour venir à Paris conspirer contre Napoléon ; il se nommait Ceracchi, il périt sur l'échafaud, et personne depuis n'osa porter la main sur ce marbre terrible.

Mais entrez dans la salle de la Niobé, et là vous verrez ce que la douleur maternelle a de plus déchirant, ce que la crainte de la mort a de plus expressif : vous verrez quinze statues de marbre (1) qui pleurent, qui sanglotent, qui tremblent, qui fuient ; vous verrez un désespoir pire que celui de Laocoon, car Laocoon meurt avec ses enfans, et Niobé, plus maudite encore, les voit seulement mourir.

(1) La seizième est une Psyché qui s'est glissée par erreur au milieu de la famille d'Amphion.

Puis après cela visitez, si vous le voulez, la chambre des pierreries, le musée étrusque, le cabinet des médailles ; mais je doute que vous y preniez grand plaisir.

LA LUXURE DE SANG.

Comme nous descendions la galerie des Offices, nous fûmes arrêtés par une affluence de peuple qui, se précipitant dans la salle des débats criminels, située au premier étage du monument, refluait jusque sur l'escalier et obstruait le passage de cette foule qui se poussait, se pressait, se heurtait, afin de trouver place dans l'enceinte publique. Il y eut une grande rumeur, chose étrange chez ce tranquille et silencieux peuple florentin ; et cette grande rumeur se composait d'un seul nom répété par trois mille bouches : Antonio Ciolli ! Antonio Ciolli !

J'essayai de faire quelques questions, mais ceux à qui je m'adressais étaient trop préoccupés de trouver place dans la salle pour prendre le temps de me répondre ; d'un autre côté, comme je ne voulais pas me faire écraser au milieu de cette effroyable presse, j'allais me retirer sans savoir de quoi il s'agissait, lorsque j'aperçus un des premiers avocats de Florence, un des hommes les plus instruits et les plus spirituels de l'Italie, monsieur Vicenzo Salvagnoli. Je lui fis un signe de détresse qu'il comprit, et auquel il répondit par un autre signe, qui voulait dire : Venez à moi. Je m'empressai de suivre son conseil, et nous parvînmes à nous joindre dans un angle du palier.

— Qu'est-ce donc, lui demandai-je, et que se passe-t-il ? est-ce qu'il y a émeute à Florence ?

— Comment ! vous ne savez pas ? me dit-il.

— Quoi ?

— Quelle affaire on va juger ?

— Non.

— N'entendez vous pas un nom que tout le monde répète ?

— Oui, celui d'Antonio Ciolli ; eh bien ! après ? quel est cet homme ?

— Cet homme, c'est le chef de la société du Sang, c'est le capitaine des assassins de Livourne, qu'on a arrêté *flagrante delicto* avec quatre de ses complices.

— Vraiment ! est-ce que je puis voir juger cet homme ?

— Venez avec moi, j'ai mes priviléges comme avocat, je vous ferai entrer par une porte latérale, et je vous placerai aux postes réservés.

— Mille fois merci.

En effet, ce que monsieur Salvagnoli venait de me dire avait grandement excité ma curiosité ; il y avait plus d'un an déjà qu'on racontait d'effroyables assassinats commis dans les rues de Livourne, de ces assassinats sans aucune cause, dont on cherche en vain les motifs, et dont les auteurs restent inconnus. Seulement des hommes au visage noirci avec de la suie, ou à la figure couverte d'un masque, passaient tout à coup près de quelque citoyen inoffensif, près de quelque femme attardée, près de quelque enfant joueur ; l'enfant, la femme ou l'homme jetaient un cri, chancelaient une seconde, puis tombaient dans leur sang : pendant ce temps l'assassin, qui ne s'arrêtait ni pour voler, ni pour dépouiller sa victime, tournait l'angle d'une rue et disparaissait.

On avait assassiné des gens à qui personne ne connaissait d'ennemis. Ce n'était donc pas des haines qui s'assouvissaient.

On avait assassiné de pauvres vieilles femmes qui n'avaient plus que quelques jours à passer sur la terre, et dont on ne faisait que hâter la mort de quelques jours. Ce n'était donc point pour des causes de jalousie.

Enfin on avait assassiné de pauvres enfans qui mendiaient. Ce n'était donc pas par des motifs de cupidité.

Et cela se renouvelait tous les jours : pas une soirée ne s'écoulait que le pavé de Livourne ne fût en quelque endroit taché de sang, pas une nuit ne voyait sa fin sans que l'aigre cloche de la Miséricorde en tintant deux ou trois coups n'annonçât qu'il y avait un mourant à secourir ou un cadavre à relever.

Alors on ne savait que penser et l'on s'égarait en mille incertitudes.

On disait que c'étaient les portefaix de Gênes qui voulaient perdre le commerce du port de Livourne.

On disait qu'un des garde-chiourmes du bagne avait été gagné et laissait sortir les forçats la nuit.

On disait enfin qu'une société secrète s'était organisée, présidée par un chef auquel elle avait fait serment d'obéir ; qui se composait de cinq ou six membres, et dont le premier statut voulait que chaque jour il y eût du sang répandu.

Cette dernière conjecture était la plus invraisemblable : c'était la seule vraie.

Un cordonnier était le chef de cette société : il se nommait Antonio Ciolli, il logeait *via dell'Olio* ; il avait organisé cette étrange association.

Les blessures étaient rétribuées selon leur gravité ; c'était Ciolli, qui avait quelque fortune, et dont le commerce était assez étendu et par conséquent assez lucratif, qui avait établi ce tarif : il donnait cinq pauls pour une blessure légère, dix pauls pour un doigt coupé, quinze pauls pour une blessure grave, un sequin pour la mort.

Et cependant il n'exigeait pas que l'on tuât : voir couler le sang lui suffisait.

Cette horrible récréation dura dix-huit mois, disaient les bruits populaires.

Enfin, un soir, c'était le 18 février 1840, un homicide fut commis, deux blessures furent portées ; mais ce soir-là l'autorité qui veillait arrêta un des assassins ; c'était un garçon cordonnier nommé Angiolo Ghettini ; celui qui l'arrêta était une espèce de sergent de ville, un chasseur de la police, comme on appelle à Livourne cet officier de la force publique. Angiolo Ghettini lui porta à la lèvre supérieure un coup de poignard ; mais comme la blessure du chasseur Lorenzo Nobili était légère, il saisit Ghettini à bras le corps et le renversa : Ghettini fut arrêté, et cette arrestation amena celle du reste de la bande. Elle se composait de cinq affidés le chef, Antonio Ciolli ; puis venaient les complices Odoardo Mellini, Luigi Bianchini, dit Naso, et Antonio Centini, dit le Capucin.

C'était pour voir juger ces cinq hommes accusés *di lascivia di sangue*, c'est-à-dire de *luxure de sang*, que se pressait la population.

Lascivia sangue ! le mot est digne de Dante, n'est-ce pas ? Je suivis mon guide et j'entrai dans la salle. Comme il me l'avait promis, monsieur Salvagnoli me fit placer à un poste réservé d'où j'étais à merveille pour tout voir et pour tout entendre ; et comme les accusés n'étaient pas encore introduits, j'eus le temps de jeter un coup d'œil autour de moi ; c'était la première fois que j'entrais dans la salle de la procédure criminelle.

C'était une salle neuve et que l'on venait d'achever ; elle ne me fit point l'effet d'avoir été destinée aux scènes qui devaient s'y dérouler ; le stuc blanc dont elle est revêtue partout, le soleil brillant qui l'inonde par ses larges fenêtres, les ornemens verts qui la décorent, lui donnent un air de gaîté qui contraste étrangement avec sa terrible destination. Je me rappelai ces corridors sombres de notre vieux Palais de Justice, ces chambres profondes et sévères où se réunissent nos jurés ; enfin ce Christ surmontant la tête du président, symbole à la fois de justice humaine et de miséricorde divine ; et je reconnus jusque dans la salle où ils jugent leurs criminels, le génie si opposé des peuples du Nord et des peuples du Midi.

Au bout d'un instant, les juges criminels, précédés par le greffier et suivis de l'accusateur public, parurent et prirent leurs places. Quelques minutes après, une porte latérale s'ouvrit, les accusés entrèrent successivement et allèrent s'asseoir, accompagnés des gendarmes, aux bancs qui leur étaient réservés, à la gauche du président, en face de l'avocat-général ; leurs défenseurs s'assirent devant eux.

Les cinq accusés étaient cinq jeunes gens ; aucun n'avait sur le visage cet aspect de brutalité repoussante que nous cherchons chez le meurtrier, et surtout chez le meurtrier d'instinct ; ils étaient au contraire assez beaux garçons, et l'un d'entre eux surtout avait la physionomie remarquablement intelligente.

Leur entrée fit une sensation profonde. J'ai déjà dit les étranges choses qu'on racontait à leur égard. Un murmure violent courut donc dans l'assemblée ; trois d'entre eux se retournèrent et regardèrent en riant comme s'ils cherchaient à deviner la cause de ces murmures.

Le président imposa silence ; puis, un instant accordé à la curiosité, l'accusateur public se leva et lut l'accusation suivante, que je traduis à peu près littéralement :

« Un assassinat exécuté, deux blessures faites, et une simple insulte commise à Livourne dans la soirée du 18 février 1840, et suivis de résistance à la force armée, résistance dont le cordonnier Angiolo Ghettini se rendit coupable, devaient nécessairement exciter un grand mouvement de douleur et d'inquiétude parmi les bons et industrieux habitans de cette populeuse cité.

» Comment, en effet, réprimer l'effroi qui suit la vue du meurtre ? Comment étouffer la pitié qu'inspire les victimes ? Comment demeurer impassible quand la sécurité de toute une population est compromise ?

» Il fut donc bien naturel ce sentiment de trouble et de crainte qui s'empara de toute la ville de Livourne quand, au son de la cloche qui appelait les pieux confrères de la Miséricorde au secours des moribonds et des blessés, se répandirent les terribles détails de la sanglante histoire accomplie dans cette fatale soirée.

» Voici les faits relatifs à cette soirée, *la cour n'étant appelée à délibérer que sur ces faits.*

» Le 18, Antonio Ciolli, après avoir bu comme d'habitude à son dîner, se rendit au jardin Bicchi, espèce de guinguette dans laquelle il retrouva ses compagnons habituels ; là ils s'assirent à une table et continuèrent de boire ; Ciolli à lui seul but à peu près trois flasques, c'est-à-dire un peu plus de six bouteilles de vin.

» Alors les accusés feignirent d'improviser une mascarade ; on prit une poêle, et avec du noir de fumée chacun se teignit la figure ; alors les accusés demandèrent où il y avait bal pour aller y finir leur soirée, et sortirent du jardin Bicchi.

» Du jardin Bicchi les accusés se rendirent au cabaret de Porta alla Mare, où ils burent encore quelques verres de vin.

» Enfin ils entrèrent au café del Cappanara, où ils demandèrent un bol de punch.

» Pendant toute cette première course ils étaient accompagnés de quatre autres de leurs camarades qu'ils avaient rencontrés chez Bicchi, et qui, ne soupçonnant pas comment se terminerait la soirée, les suivirent la figure noircie, et criant et vociférant comme eux.

» Mais arrivés là, Bastiani, Vincenti et les deux Bicchi, qui étaient les quatre étrangers joints à la bande, trouvèrent que c'était assez faire les fous comme cela, et se séparèrent de Ciolli, de Ghettini, de Bianchini, de Centini et de Mellini. Cette séparation eut lieu dix minutes à peu près avant que le premier assassinat ne fût commis sur la personne de Lemmi.

» Maintenant il résulte de l'instruction :

» Que le 18 janvier, vers les neuf heures et demie du soir Jean Lemmi, âgé de soixante ans, étant à quelques pas de sa porte, sous l'arcade qui conduit au jardin Montrielli, dans le bourg des Capucins, se vit assailli par une bande de furieux, et se sentit aussitôt et successivement frappé de cinq blessures : la première, dans le bas-ventre, et celle-là produite par un fer quadrangulaire et traversant les intestins grêles, fut reconnue comme mortelle ; la seconde, dans la partie supérieure du bras droit, faite par un simple couteau ; la troisième, dans la partie extérieure du même bras, pénétrant jusqu'au périoste et avec lésion des muscles, laquelle troisième blessure fut reconnue causée, comme la seconde, par un simple couteau ; la quatrième, qui fracturait la septième côte et pénétrait dans le poumon, produite, comme la première, avec un fer quadrangulaire, et comme la première réputée mortelle ; enfin la cinquième, qui pénétrait dans la partie supérieure du bras gauche avec rupture du muscle deltoïde, causée par un simple couteau et considérée comme grave.

» Desquelles blessures le susdit Lemmi mourut dans l'hôpital de Livourne le surlendemain, 20 janvier 1840, à cinq heures de l'après midi.

» Cet assassinat commis, les meurtriers abandonnèrent la victime, et, continuant leur route par le bourg des Capucins, arrivèrent à la Pyramide, où deux d'entre eux se séparèrent des trois autres, et se portèrent impétueusement à la rencontre du nommé Jean Vanucchi, lequel causait avec un de ses amis ; mais à la vue d'un troisième individu qui venait se joindre aux deux premiers interlocuteurs, les assassins, pensant qu'ils auraient affaire à trop forte partie, puisqu'ils n'étaient que deux contre trois, retournèrent en arrière et rejoignirent leurs compagnons. Jean Vanucchi a déclaré qu'en voyant s'approcher de lui deux individus la figure teinte de noir, et avec des intentions aussi visiblement hostiles, il fit un vœu intérieur à Notre-Dame-de-Montenero, vœu dont il s'empressa de s'acquitter le lendemain envers la sainte image.

» Les meurtriers abandonnèrent alors le bourg des Capucins et prirent le cours Royal, dans la direction de la villa Attias. Au bout de deux cent cinquante pas à peu près, un d'eux se détacha des quatre autres, et s'introduisant dans la cour de Joseph Pratacì, surnommé le Facteur, et l'ayant trouvé près de la porte, il lui porta une blessure dans la région lombaire droite ; blessure produite par un fer quadrangulaire, qui fut reconnue grave, et qui effectivement entraîna une incapacité de travail de quarante jours, et le mit pendant près de quinze jours en péril de mort.

» Arrivés à la villa Attias, en face de la rue Léopold, à l'endroit même où lors des fêtes publiques on élève la tribune du souverain, ces cinq furieux aperçurent Gaëtano Carrera et se précipitèrent sur lui, mais Gaëtano Carrera était un homme vigoureux, qui se débarrassa du premier qui l'attaqua par un coup de poing qui le renversa à terre, et qui échappa par la fuite.

» Quelques instans après, et à peu de distance de cette tentative manquée, les mêmes individus rencontrèrent le septuagénaire Mazzini, qu'ils entourèrent aussitôt, et auquel l'un d'eux porta de face dans la région inguinale droite une blessure quadrangulaire, heureusement peu grave, attendu que le fer rencontra un bandage que portait ledit Mazzini, à cause d'une hernie dont il était affligé. Cependant le coup fut assez violent pour que Mazzini tombât à la renverse en criant au secours ; il en résulta que, soit que les assassins eussent peur que quelque patrouille n'accourût à ses cris, soit qu'ils le crussent plus grièvement blessé qu'il n'était effectivement, ils ne redoublèrent pas leurs coups et prirent la fuite.

» Mais, comme nous l'avons dit, Mazzini n'était que légèrement blessé ; il se releva et se mit à suivre les assassins en criant : Au meurtre ! Arrivé à la rue Léopold, il rencontra une patrouille de chasseurs de la police et leur désigna les fuyards ; ceux-ci se mirent aussitôt à leur poursuite et en atteignirent deux : l'un qui parvint à s'échapper de leurs mains, l'autre qui essaya de faire résistance en portant au chasseur Nobili un coup de stylet dans la figure. Le coup lui coupa la lèvre supérieure ; mais le chasseur Nobili ne lâcha point le meurtrier, et, l'ayant terrassé, le força de se rendre. En tombant, l'assassin avait jeté loin de lui son stylet, mais on le retrouva ; c'était un fer quadrangulaire, le même, selon toute probabilité, avec lequel avaient été portées les deux blessures de Lemmi et la blessure de Mazzini.

» Le prisonnier était Angiolo Ghettini, lequel, par conséquent, outre l'accusation d'homicide volontaire, se présente encore devant la cour sous la prévention de résistance à main armée à la force publique. »

Voilà la série de crimes dont étaient, pour une seule soirée, accusés les nommés Ciolli, Ghettini, Mellini, Centini et Bianchini, sans compter ceux dont la vindicte publique les chargeait depuis dix-huit mois.

Je ne pus suivre ce procès, entraîné que je fus par des courses aux environs de Florence ; ce que je sus seulement, c'est que les accusés avaient commencé par tout nier, mais qu'enfin l'un deux, Centini, dans l'espoir sans doute qu'on lui ferait grâce, s'était détaché de la dénégation générale et avait tout dit.

Les débats ne portèrent, comme l'accusateur public en avait prévenu la cour, que sur les faits advenus dans cette soirée. Ces faits furent tous prouvés, et, la peine de mort étant abolie en Toscane, les cinq accusés furent condamnés aux galères à perpétuité.

Mais comme à partir de ce moment les meurtres quotidiens s'arrêtèrent à Livourne, le peuple ne fit aucun doute que, comme il l'avait pensé, avec cet admirable instinct qui a fait comparer son jugement à celui de Dieu, les véritables coupables ne fussent tombés entre les mains de la justice, et que cette *lascivia di sangue* dont ils avaient donné de si cruelles preuves dans la soirée du 18 janvier ne s'était pas bornée à ces quatre assassinats.

Alors le peuple, après l'instruction judiciaire, fit son instruction à lui, et il découvrit des choses étonnantes. Nous citerons deux faits seulement, lesquels ont à Livourne force de chose jugée.

Ciolli était marié et paraissait fort aimer sa femme. Cependant comme cette soif de sang dont il était atteint était le premier de ses amours, un soir que les conjurés, soit par crainte, soit par lassitude, n'avaient pas versé le sang quotidien, il fut convenu que, pour ne pas déroger au serment, on ferait une légère blessure à la femme de Ciolli : celui au tour duquel c'était de frapper, car ces hommes avaient chacun leur jour, allait s'embusquer au coin de la rue, et Ciolli ordonna à sa femme d'aller lui chercher chez l'apothicaire une once d'huile de ricin, dont il avait besoin, disait-il, pour se purger le lendemain. La femme sortit sans défiance : un instant après on la rapporta évanouie et baignée dans son sang ; la blessure, qui offensait le gros de la cuisse, n'était cependant pas autrement dangereuse. Mais la pauvre femme avait eu si peur qu'elle s'était cru morte. Derrière elle entra celui qui lui avait frappé le coup, et qui aida Ciolli et ses autres compagnons à porter les secours nécessaires à la blessée. A minuit, ces cinq hommes se séparèrent satisfaits ; grâce à l'expédient trouvé par Ciolli, ils n'avaient pas perdu leur journée.

Peut-être aussi cet accident eut-il une autre cause, et Ciolli, en faisant frapper sa propre femme, voulut-il détourner les soupçons de lui.

La troupe se recrutait successivement : elle s'était d'abord composée de deux associés, puis de trois, puis de quatre, puis de cinq. Le jour où le cinquième associé avait été reçu, il avait été décidé que le soir même il donnerait un gage à ses compagnons en frappant la première personne qu'il rencontrerait en sortant. La nuit était venue ; l'assassin n'était pas encore fort aguerri dans le métier ; il sortit, et, voyant venir un homme à lui, il le frappa en détournant la tête et sans savoir qui il frappait. Le coup n'en fut pas moins mortel, l'homme expira le lendemain.

C'était son père.

Voilà, non pas ce qui résulta de la procédure, je le répète, car la procédure, comme on l'a vu, dans sa crainte de soulever trop d'horreurs, n'a porté que sur les faits accomplis pendant la soirée du 18 janvier 1840 ; mais ce qui se raconte par les rues de Livourne : aussi l'exaspération contre les accusés fut-elle telle que, lorsqu'on les amena subir l'exposition sur le théâtre même des crimes qu'ils avaient commis, on fut obligé de leur donner une garde quatre fois plus forte que d'habitude : le peuple voulait les mettre en morceaux.

De plus, l'exposition accomplie, on n'osa point laisser ces

hommes à Livourne, et on les envoya au bagne de Porto-Ferrajo, où ils sont à cette heure, et où je les ai revus vêtus de la casaque jaune des condamnés à vie, et portant sur le dos cette terrible étiquette :

Lascivia di sangue.

En France, un procureur-général n'aurait pas manqué de faire honneur à la littérature moderne de la perte de ces honnêtes citoyens, qui fussent sans doute restés l'ornement et l'exemple de la société s'ils n'avaient pas lu les romans de M. Victor Hugo et vu représenter les drames de M. Alexandre Dumas.

Je raconterais bien encore l'histoire d'un sbire qui a tué sa femme, et qui, pour faire disparaître le cadavre, l'a salé et fait manger à ses enfans. Je ne veux pas réhabiliter Lacenaire.

HIPPOLYTE ET DIANORA.

Si vous passez à Florence devant une petite église appelée l'église de Sainte-Marie-sur-l'Arno, et située *via dei Bardi*, vous remarquerez sans doute un écusson placé entre deux livres, et représentant les armes du peuple florentin accompagnées de cette devise énigmatique : *Fuccio mi feci.* Si vous demandez alors qui a fait bâtir cette église, et ce que signifie cet exergue, on vous répondra que cette église fut bâtie par Hippolyte de Buondelmonte, et l'on vous racontera la légende suivante en explication de la devise.

Vers 1225, c'est-à-dire à l'époque où les premières haines guelfes et gibelines régnaient dans toute leur force, il existait à Florence deux familles qui s'étaient juré une haine mortelle : c'étaient les Buondelmonti et les Bardi.

Mais, vous le savez, au milieu de toutes ces haines de famille qui divisent les pères, il arrive toujours que quelque amour secret se glisse entre les enfans, pareil à la colombe de l'arche apportant le rameau d'olivier. Pyrame et Thisbé étaient voisins et se connaissaient dès l'enfance. Roméo et Juliette se rencontrèrent dans un bal, et jurèrent le même jour de s'aimer toute la vie, — d'être l'un à l'autre, ou de mourir ensemble. — Pyrame et Thisbé, Roméo et Juliette tinrent la parole donnée : ils s'aimèrent toute leur vie, moururent l'un avec l'autre, et, qui plus est encore, l'un pour l'autre.

Hippolyte et Dianora se rencontrèrent un matin au Baptistère de Saint-Jean. — Le jeune homme, depuis la via Rondinelli, suivait cette jeune fille à la démarche pleine d'élégance aristocratique ; elle entra au Baptistère, il y entra derrière elle ; elle leva son voile pour prendre de l'eau bénite, Hippolyte la vit, elle vit Hippolyte, et tout fut dit. Les jeunes gens lurent dans leurs yeux le sentiment qu'ils éprouvaient : ils ne purent qu'échanger deux mots, leurs deux noms. Le jour où ils s'étaient rencontrés était le 15 janvier, qu'on appelle à Florence le jour du pardon.

A partir de ce moment Hippolyte ne songea plus qu'à revoir celle qu'il aimait : sans cesse il passait et repassait sous ses fenêtres ; partout où elle allait, le jeune homme se trouvait aussi ; rien ne lui coûtait en patience, soit qu'il dût la précéder ou l'attendre des heures entières pour l'apercevoir une seconde ; et tout cela sans autre récompense souvent qu'un signe, un coup d'œil, une parole ; car Dianora appartenait à une famille de mœurs sévères, et elle était rigoureusement gardée.

Un jour la duègne de Dianora s'aperçut de ce qui se passait entre les deux amans : elle en prévint le père de la jeune fille, et Dianora reçut l'ordre de ne plus quitter la maison. Alors, après les espérances, après les rêves dorés, vinrent les véritables douleurs de l'amour. Pendant quelque temps encore cependant Hippolyte ignora son malheur ; il crut qu'une absence momentanée, qu'une indisposition subite l'éloignait de Dianora. Il continua de passer sous ses fenêtres, d'aller où il espérait la rencontrer ; mais ce fut inutile, il ne put pas même l'entrevoir.

Les jours et les nuits se passèrent : les jours, à courir les églises ; les nuits, à attendre, caché derrière un mur, l'instant où s'ouvrirait une des fenêtres de cet inexorable palais Bardi. Enfin une nuit, une main passa à travers les planchettes de la jalousie, et un billet tomba aux pieds d'Hippolyte. Il courut à une lampe qui brûlait devant une madone, et, ne doutant point que ce billet ne vînt de Dianora, il le baisa et rebaisa vingt fois ; son cœur battait tellement, ses yeux étaient tellement obscurcis par le vertige, qu'il eut peine d'abord à déchiffrer ce qu'il contenait. Enfin il lut ce qui suit :

« Mon père sait que nous nous aimons ; il m'a défendu de vous revoir. Adieu pour toujours. »

Hippolyte crut qu'il allait mourir ; il revint au palais Bardi, et demeura jusqu'au jour sous les fenêtres de Dianora, espérant que la jalousie allait se rouvrir ; la jalousie resta fermée. Le jour vint ; force fut à Hippolyte de rentrer chez lui.

Cinq ou six autres nuits se passèrent dans la même attente, suivies de la même déception. Hippolyte devenait de plus en plus sombre ; il répondait à peine aux questions qu'on lui adressait, et repoussait sa mère elle-même. Enfin il ne put supporter cette longue souffrance ; les forces lui manquèrent, et il tomba malade.

On appela les meilleurs médecins de Florence, personne ne put deviner la cause des souffrances d'Hippolyte. A toutes les questions qui lui étaient faites, il répondait en secouant la tête et en souriant tristement. Les médecins reconnurent seulement qu'il était en proie à une fièvre ardente, et que si l'on ne parvenait à en arrêter les progrès, en quelques jours elle l'aurait dévoré.

La mère d'Hippolyte ne le quittait pas ; l'œil sans cesse fixé sur lui, la bouche entr'ouverte par une éternelle interrogation, elle suppliait son fils de lui révéler la cause de son mal. Car avec cette subtilité d'instinct que possèdent les femmes, elle sentait bien que cette maladie n'était point une simple affection physique, et qu'il y avait quelque grande douleur morale au fond de tout cela. Hippolyte se taisait ; mais la fièvre se changea bientôt en délire, et le délire parla. La mère d'Hippolyte apprit tout ; elle sut que son fils aimait Dianora et que cet amour lui donne la mort quand il ne donne pas le bonheur. Elle quitta tout éperdue le chevet du malade.

La pauvre femme savait qu'il n'y avait rien à attendre du père de Dianora : elle connaissait cette haine profonde qui divisait les deux familles ; elle savait cet implacable entêtement des partis politiques. Elle ne songea pas même à s'adresser à son mari ; elle courut chez une amie commune aux deux maisons. Cette amie, qui se nommait Contessa dei Bardi, demeurait dans une maison de campagne à un demi-mille de Florence, appelée la villa Monticelli.

Contessa comprit tout ; les femmes, souvent si implacables dans leurs propres haines, ont toujours un coin du cœur ouvert pour plaindre l'amour, quand elles en suivent les tourmens chez les autres. Elle promit à la pauvre mère désolée qu'Hippolyte et Dianora se reverraient.

La mère d'Hippolyte revint au palais Buondelmonte. Son fils était toujours étendu sur son lit de douleur, les yeux fermés par l'abattement, la bouche ouverte par le délire. Le médecin était incliné sur son chevet, et secouait la tête comme un homme qui n'a plus d'espoir. La mère sourit. Puis, lorsque le médecin fut sorti, elle reprit sa place, s'inclina à son tour sur le lit de son enfant, puis baisant son front couvert d'une sueur glacée.

— Hippolyte, dit-elle à demi-voix, tu reverras Dianora.

Le jeune homme ouvrit des yeux hagards et fiévreux ; il regarda sa mère avec cet air inquiet du condamné auquel on annonce sa grâce au moment où il met le pied sur la première marche de l'échafaud ; puis jetant ses bras autour du cou de la pauvre femme :

— O ma mère, ma mère ! s'écria-t-il, prenez garde à ce que vous me dites !

— Je te dis la vérité, mon enfant ; tu aimes Dianora, n'est-ce point?

— Oh ! si je l'aime, ma mère, si je l'aime !

— Tu t'es cru à jamais séparé d'elle?

— Hélas ! je le suis.

— Et c'est pour cela que tu veux mourir?

Hippolyte étouffa un sanglot en serrant sa mère contre son cœur.

— Eh bien ! tu ne mourras pas, dit la mère ; tu reverras Dianora, et, si elle t'aime, vous pouvez encore être heureux.

Hippolyte n'eut pas la force de répondre ; il fondit en larmes. Son cœur, si longtemps oppressé par la douleur, semblait se briser au contact de la joie ; puis il se fit tout dire, tout répéter, tout redire encore, ne se lassant jamais d'entendre ces douces paroles, et buvant l'espérance que lui versait sa mère, comme la fleur flétrie boit la brise du soir, comme la terre desséchée boit la rosée du matin.

Enfin il se souleva sur son coude, regarda sa mère, et, comme s'il ne pouvait croire à tant de bonheur :

— Et quand la reverrai-je? demanda-t-il.

— Quand tu seras assez fort pour aller jusqu'à la villa Monticelli, répondit sa mère.

— Oh ! ma mère ! s'écria Hippolyte, à l'instant même.

Et il essaya de se lever, mais c'était pour lui un trop grand effort ; il retomba épuisé sur son lit. La pauvre mère se laissa glisser à genoux, et pria tant qu'il prit patience et parut se calmer.

Le lendemain, le médecin, qui venait avec la crainte de voir Hippolyte mourant, le trouva sans fièvre. Le digne homme n'y comprenait plus rien ; il dit que Dieu avait fait un miracle, et que c'était Dieu seul qu'il fallait remercier. La mère d'Hippolyte remercia Dieu, car c'était un cœur religieux, qui rapportait toute chose au Seigneur ; mais elle savait bien d'où venait le miracle, et comment il s'était accompli.

Les forces d'Hippolyte revinrent bien lentement au gré de son impatience ; cependant le lendemain il se leva, et trois jours après il était assez fort pour sortir.

Dans le même temps, on annonça par la ville une grande fête à la villa Monticelli ; tous les Bardi qui étaient de la même famille que la maîtresse de la maison y avaient été invités ; mais, comme on le pense bien, de peur de quelque éclat fâcheux, aucune famille guelfe ne devait se trouver à cette soirée, et surtout aucun Buondelmonte, puisque les Buondelmonti étaient chefs de la faction guelfe.

Dianora dei Bardi avait d'abord refusé de se rendre à cette réunion, car elle aussi était faible et souffrante. Mais sa cousine Contessa avait insisté, elle avait promis à Dianora qu'elle lui gardait pour cette fête une surprise qui la remplirait de joie, et Dianora, tout en secouant la tête en signe de doute, avait accepté. Puis Dianora s'était parée à tout hasard ; car si le cœur de la femme peut être triste, il faut toujours que son front soit beau. Elle vint donc à la villa Monticelli. La fête était brillante. Toutes les grandes maisons gibelines étaient réunies à la villa Monticelli. Dianora chercha longtemps du regard la surprise annoncée. Enfin ne la découvrant pas, elle demanda à sa cousine quelle était donc cette surprise qui devait lui causer tant de joie.

Contessa lui fit signe de la suivre, la guida par un long corridor, et la fit entrer dans un chambre attenante à la chapelle. Ensuite, lui ayant dit de l'attendre là un instant, elle referma la porte sur elle, et s'éloigna. Il y avait dans cette chambre deux portes : l'une qui donnait dans un petit cabinet, l'autre qui donnait dans la chapelle. Au bout d'un instant, Dianora entendit un léger bruit ; elle tourna la tête du côté d'où ce bruit venait, la porte du cabinet s'ouvrit, et Hippolyte parut.

Le premier sentiment de Dianora fut l'effroi ; elle jeta un cri et voulut fuir. Mais la porte était fermée à clef ; se retournant alors, elle vit Hippolyte à genoux, si pâle et si suppliant que, malgré elle, elle lui tendit la main. Hippolyte se précipita sur cette main bien-aimée, la pressa sur son cœur, la baisa et la rebaisa cent fois. Puis les jeunes gens murmurèrent de ces vagues paroles d'amour sans suite et sans raison, mais qui disent tant de choses ; enfin ils tombèrent dans les bras l'un de l'autre. A ce moment, la porte de la chapelle s'ouvrit : c'était le chapelain qui entrait par hasard dans cette chambre pour y enfermer les clefs du tabernacle. Les deux jeunes gens, qui ne s'attendaient pas à cette apparition, virent dans le prêtre un envoyé du ciel et tombèrent tous deux à ses genoux.

La chapelle était là ; le chapelain les avait surpris dans les bras l'un de l'autre ; l'homme de Dieu connaissait les haines qui séparaient les deux familles ; il crut que c'était une porte de réconciliation que la Providence ouvrait aux pères par la main des enfans ; et lorsqu'ils le prièrent de les unir, il n'eut pas la force de refuser. Seulement les deux jeunes gens promirent de ne révéler son nom qu'à la dernière extrémité : les haines entre les Buondelmonti et les Bardi étaient si ardentes encore, que le pauvre chapelain pouvait payer sa complaisance de quelque coup de poignard. Tout le monde devait donc ignorer ce mariage, même la mère d'Hippolyte, même la cousine de Dianora. Ce serment fut fait sur l'Evangile. Puis, les deux jeunes gens unis, le prêtre disparut.

Alors les deux nouveaux époux arrêtèrent entre eux qu'ils se verraient chaque nuit. La maison qu'occupait Dianora était située dans une des rues les plus écartées et les p us désertes de Florence ; sa chambre donnait sur cette rue : elle laisserait pendre un fil de soie à sa fenêtre ; Hippolyte y attacherait une échelle de corde ; Dianora fixerait cette échelle à la croisée, et, par ce moyen, le mari parviendrait jusqu'à sa femme.

Ces mesures venaient d'être arrêtées, quand Contessa revint : Hippolyte avait entendu des pas qui s'approchaient, il était rentré dans son cabinet. Contessa trouva donc Dianora seule ; mais elle n'eut pas besoin de l'interroger pour savoir si elle avait revu Hippolyte. Dianora se jeta toute rougissante dans ses bras, et murmurant à son oreille : — Merci, merci. Puis elle rentra dans le bal, frissonnante de crainte et rayonnante de bonheur tout à la fois.

La nuit du lendemain était la nuit des noces ; il y avait pour Hippolyte un bonheur profond dans ce mystérieux mariage. C'était bien lui qu'on aimait, puisque pour lui Dianora s'exposait à toutes les suites d'une pareille action : la jeune fille avait tout sacrifié à Hippolyte, et Hippolyte sentait qu'il était de son côté tout prêt à lui sacrifier sa vie. Le jeune Buondelmonte attendait avec impatience cette nuit où, pendant que tout le monde ignorerait son bonheur, il serait heureux de la béatitude des anges. Dès le matin, il acheta une échelle de corde ; toute la journée, il regarda et baisa cette échelle, qui, le soir, devait le conduire au paradis. Puis, le soir venu, il attendit avec une suprême impatience que onze heures sonnassent : c'était l'heure convenue ; à onze heures et quelques minutes Dianora devait ouvrir sa fenêtre.

Hippolyte traversa le Ponte-Vecchio, et s'engagea dans la via dei Bardi. La rue était sombre et déserte : pas une âme vivante ne troublait la solitude de la rue, et le bruit seul des pas d'Hippolyte qui effleurait la terre s'élevait presque insensible dans le silence de la nuit. Le jeune homme arriva sous la fenêtre ; quoiqu'il eût devancé l'heure, Dianora l'attendait depuis longtemps ; le fil de soie descendit aussitôt tout tremblant, et trahissant par son agitation de celle qui le tenait. Hippolyte y attacha son échelle ; Dianora fixa l'échelle à la fenêtre. Mais à peine Hippolyte avait-il mis le pied sur le premier échelon, qu'une patrouille du Bargello parut ; voyant un homme qui s'apprêtait à escalader une croisée, elle cria :

— Qui vive !

Hippolyte sauta à terre, arracha vivement l'échelle de corde du clou auquel il l'avait attachée, et s'enfuit vers le Ponte-Vecchio. Malheureusement, à moitié chemin il rencontra une autre patrouille qui le força de se rejeter en arrière ; il se cacha alors sous une arcade qui faisait partie du palais Bardi ; mais, pris entre les deux patrouilles qui s'avancèrent simultanément vers l'endroit où il avait disparu, il y fut découvert et arrêté.

Florence n'était point alors cette Florence du seizième siècle, que durant cent années les Médicis avaient pétrie sous la corruption et la tyrannie : c'était la Florence antique, pure et sévère, comme Rome au temps des Lucrèce et des Cornélie. Hippolyte, au lieu d'être relâché, comme il l'eût été du temps de Laurent de Médicis ou du duc Alexandre, fut conduit chez le podestat. Là il fut sommé de déclarer ce qu'il faisait par la ville à cette heure avancée de la nuit, et dans quel but il était muni de cette échelle de corde avec laquelle on l'avait vu cherchant à escalader une fenêtre du palais Bardi. Hippolyte répondit qu'il existait dans le palais Bardi un morceau de la vraie croix donné aux ancêtres du chef de la maison actuelle par l'empereur Charlemagne. Comme il attribuait à ce saint talisman la supériorité qu'avaient eue les Bardi sur les Buondelmonti dans plusieurs rencontres, il avait voulu, assura-t-il, s'emparer de ce palladium.

— C'est donc pour voler que vous vouliez pénétrer dans le palais ? demanda le podestat.

— Oui, répondit Hippolyte, inclinant la tête en signe de double aveu.

— Mais c'est impossible ! s'écria le podestat.

— C'est ainsi, dit Hyppolite.

— Mais vous comprenez à quoi vous vous exposez par cet aveu ?

— Oui, répondit Hippolyte en souriant tristement ; oui, je le sais : à Florence le vol est puni de mort.

— Et vous persistez ?

— Je persiste.

— Emmenez le prévenu, dit le podestat. Et les gardes qui avaient arrêté Hippolyte conduisirent le jeune homme en prison.

Le procès d'Hippolyte s'instruisit bientôt, au grand étonnement de toute la ville : on ne pouvait croire que du jour au lendemain ce bon et noble jeune homme, dont chacun connaissait le cœur loyal, se fût laissé entraîner à une action déshonorante ; mais il fallut bien que les plus incrédules abjurassent leur incrédulité, lorsque, les débats ayant été ouverts, Hippolyte de Buondelmonte répéta en face de tous ce qu'il avait déjà dit au podestat, c'est-à-dire qu'il avait voulu s'introduire dans le palais des Bardi pour s'emparer de ce précieux morceau de la vraie croix. Il n'y avait pas longtemps que pareille chose était arrivée à Rome ; une femme, par un sentiment de foi mal dirigé, avait volé le miraculeux Bambino de l'église d'Ara-Cœli. Le désir d'assurer la victoire à sa famille pouvait servir de motif plausible à la tentative d'Hippolyte, surtout dans ces temps de haine exaltée et de croyances profondes. Aussi commença-t-on à croire à Florence qu'effectivement Hippolyte de Buondelmonte avait essayé de commettre ce vol. Comme d'ailleurs au lieu de nier il affirmait, comme toutes les questions du juge amenaient sur ses lèvres la même réponse, il fallut bien que les juges portassent leur jugement. Hippolyte de Buondelmonte fut condamné à la peine de mort.

Quoique tout le monde connût le texte de la loi, la sensation fut profonde. On espérait que les juges acquitteraient l'accusé. Les juges hésitèrent en effet un instant ; mais devant les affirmations du prévenu ils ne purent faire autrement que que le condamner. En effet, s'ils absolvaient, comment porter la même peine à l'avenir, par exemple, contre un véritable voleur qui nierait ?

On pensa qu'Hippolyte ferait quelque aveu au prêtre chargé de le préparer à la mort ; mais il ne lui dit rien, sinon qu'il était un grand pécheur, et qu'il le suppliait de prier pour lui.

Sa mère avait demandé à le voir : cette pauvre femme à désespoir avait toujours assuré que son fils n'était pas coupable, et que, si elle le revoyait, elle saurait bien lui tirer son secret du cœur. Mais Hyppolite se défia de sa faiblesse filiale, et il fit répondre à sa mère qu'ils se reverraient au ciel.

Hippolyte ne demanda qu'une seule chose : c'était que, comme la mort des voleurs était infâme, la seigneurie permît qu'il eût la tête tranchée au lieu d'être pendu. La seigneurie accorda au condamné cette dernière faveur.

La veille du jour où il devait être exécuté, on lui apprit la fatale nouvelle à dix heures du soir. Il remercia le greffier qui était venu la lui annoncer ; et comme derrière le greffier était un autre homme plus grand que lui de toute la tête, et vêtu mi-partie de rouge, mi-partie de noir, il demanda quel était cet homme : on lui dit que c'était le bourreau. Alors il détacha une chaîne d'or de son cou et la lui donna, en le remerciant de ce que le tranchant de son épée allait lui sauver l'infamie. Puis il fit sa prière et s'endormit.

Le lendemain en se réveillant Hippolyte appela le geôlier et le pria d'aller chez le podestat pour implorer de lui une grâce : c'était que le cortège mortuaire passât devant la maison des Bardi. Le prétexte qu'alléguait Hippolyte était le désir qu'il avait de profiter des derniers instants qu'il avait à vivre pour pardonner à ses ennemis et recevoir leur pardon. Le motif véritable de sa demande, c'est qu'il voulait voir Dianora une fois encore avant de mourir. Les circonstances dans lesquelles Hippolyte présentait cette requête lui donnaient un caractère trop sérieux pour qu'elle fût refusée. Hippolyte obtint la permission de passer devant la maison des Bardi.

A sept heures du matin le cortège se mit en marche ; la foule se pressait dans les rues que le condamné devait traverser ; la place sur laquelle était dressé l'échafaud regorgeait de peuple depuis la veille au soir. Les autres quartiers de Florence ressemblaient à un désert.

Le cortège traversa le Ponte-Vecchio, qui faillit crouler dans l'Arno, tant il était surchargé de monde, puis il s'engagea dans la via dei Bardi. Des gardes marchaient en avant pour ouvrir le chemin ; le bourreau venait ensuite, son épée nue sur l'épaule ; puis Hippolyte, tout vêtu de noir, la tête nue et le col découvert, marchait, sans faiblesse comme sans orgueil, d'un pas lent mais ferme, et se retournant de temps en temps pour adresser la parole à son confesseur. Derrière Hippolyte s'avançaient les pénitens portant la bière dans laquelle, après l'exécution, son corps devait être déposé.

Tous les membres de la famille des Bardi s'étaient réunis devant le seuil de leur palais pour recevoir le pardon de Buondelmonte, et pour lui rendre à leur tour les paroles de paix qu'ils en devaient recevoir. Dianora, en noir comme une veuve, se tenait entre son père et sa mère. Quand le condamné s'approcha, tous les Bardi tombèrent à genoux. Dianora resta seule debout, immobile et pâle comme une statue.

Arrivé devant la maison, Buondelmonte s'arrêta, et, d'une voix douce et calme, dit le *Pater*, depuis *Notre père qui êtes aux cieux* jusqu'à *et pardonnez-nous nos offenses comme nous les pardonnons à ceux qui nous ont offensés*. Les Bardi répondirent : *Amen*, et se relevèrent. Buondelmonte alors s'agenouilla à son tour. Mais en ce moment Dianora quitta son père et sa mère, et alla s'agenouiller près de Buondelmonte.

— Que faites-vous, ma fille ? s'écrièrent en même temps le père et la mère de Dianora.

— J'attends votre pardon, dit la jeune fille.

— Et qu'avons-nous à te pardonner ? demandèrent les parens.

— D'avoir pris un époux dans la famille de vos ennemis : Buondelmonte est mon époux.

Tous les assistans jetèrent un cri de stupéfaction.

— Oui, continua Dianora en élevant la voix ; oui, et que tous ceux qui sont ici l'entendent : Hippolyte n'a point commis d'autre crime que celui dont j'ai été la complice. Quand il a été surpris montant à ma fenêtre, c'était de concert avec moi. Il venait dans ce moment voir sa femme, et j'attendais mon époux. Maintenant, sommes-nous coupables ? faites-nous mourir ensemble ; sommes-nous innocens ? pardonnez-nous à tous deux.

Tout était expliqué : Hippolyte avait mieux aimé se charger d'un crime honteux et mourir sur l'échafaud que de compromettre Dianora. Dix mille voix crièrent grâce à la fois. La foule se rua vers les deux jeunes gens, dispersa les soldats, chassa le bourreau, brisa le cercueil ; puis, prenant dans ses bras Hippolyte et Dianora, elle les porta en triomphe chez le podestat, où se trouvait la pauvre mère sollicitant encore la grâce de son fils.

Il n'est pas besoin de dire qu'à l'instant même la sentence fut révoquée. La seigneurie s'étant assemblée députa en même temps deux de ses membres aux Bardi et aux Buondelmonti pour les prier, au nom de la république, de se réconcilier et de consentir au bonheur des deux jeunes gens en gage de réconciliation. Si grands ennemis qu'ils fussent, les Buondelmonti et les Bardi ne purent refuser à la république, qui priait quand elle avait le droit d'ordonner. Ainsi s'éteignirent, pour un temps du moins, les haines qui divisaient les deux familles. C'est en mémoire de cet événement qu'Hippolyte de Buondelmonte fit bâtir la petite église de Santa-Maria-sopr'Arno.

SAINT ZANOBBI.

Une inscription gravée sur une pierre incrustée sous les fenêtres du palais Altoviti, et la colonne de la place du Dôme, communément appelée la colonne Saint-Jean, parce qu'elle est voisine du Baptistère, constatent les deux plus grands miracles qu'ait accomplis saint Zanobbi, évêque de Florence : l'un pendant sa vie, l'autre après sa mort ; l'un l'an 400, l'autre l'an 428.

Saint Zanobbi naquit non-seulement d'une famille patricienne de Florence, mais encore qui avait la prétention de descendre de Zénobie, reine de Palmyre, qui vint à Rome sous le règne de l'empereur Aurélien. Saint Zanobbi était donc non-seulement de race noble, mais encore de race royale.

Il avait vingt ans à peu près lorsque la grâce le toucha. Il alla trouver le saint évêque Théodore, qui l'instruisit dans la foi du Christ, et lui donna le baptême en présence de tout le clergé florentin. Cette conversion, pour laquelle saint Zanobbi n'avait pas demandé le consentement de sa famille, irrita fort son père Lucien et sa mère Sophie, qui menacèrent le néophyte de leur malédiction ; mais saint Zanobbi, en entendant cette menace, tomba à genoux, priant Dieu d'éclairer ses parens comme il l'avait éclairé lui-même ; et Dieu, miséricordieux pour eux comme pour lui, se manifesta si visiblement à leur esprit, qu'accomplissant eux-mêmes l'action qu'ils avaient blâmée dans leur fils, ils vinrent à leur tour trouver l'évêque Théodore, des mains duquel ils eurent le bonheur de recevoir tous deux le baptême.

Saint Zanobbi devint le favori de l'évêque, qui le fit successivement clerc-chanoine et sous-diacre. Bientôt sa réputation de piété et son amour du prochain se répandirent tellement, qu'on venait le consulter de toutes les villes d'Italie sur la voie la plus certaine à suivre pour gagner le ciel ; et ses discours étaient si simples, sa morale si évangélique, ses conseils si selon le cœur de Dieu, que chacun s'en retournait émerveillé de tant d'humilité jointe à tant de sagesse.

Sur ces entrefaites, l'évêque Théodore mourut ; et quoique saint Zanobbi eût trente-deux ans à peine, il fut immédiatement promu à l'épiscopat. Il est vrai que la réputation de saint Zanobbi était si grande, que saint Ambroise vint de Milan à Florence pour le visiter, et prendre sur lui, disait-il, des exemples de sainteté.

Saint Damase régnait en ce même temps à Rome. Il entendit parler des mérites de saint Zanobbi, et le voulut voir. Il l'invita donc à se rendre près de lui ; et saint Zanobbi, en fils soumis, s'empressa d'exécuter cet ordre et de se rendre aux pieds de Sa Sainteté. Saint Damase récompensa la prompte obéissance de saint Zanobbi en le nommant un des sept diacres de l'Église romaine.

Dieu ne tarda point à permettre qu'une preuve éclatante que cet honneur n'était point immérité parût au jour. Un jour que le saint pontife, en compagnie de son diacre Zanobbi, se rendait à Sainte-Marie au delà du Tibre, où Sa Sainteté devait dire la messe ce jour-là, il arriva que le préfet de Rome, dont le fils était tombé en paralysie, et avait épuisé, sans guérir, tout l'art des médecins, pensa qu'il ne lui restait d'espérance que dans un miracle, et fut illuminé de cette idée que ce miracle saint Zanobbi le pouvait faire. Il vint donc l'attendre sur son passage, et, tombant à ses pieds les larmes aux yeux, il le supplia au nom du Seigneur de rendre la santé à son fils. Humble et modeste comme il était, saint Zanobbi se récusa, déclarant qu'il se regardait comme trop insuffisant et trop indigne pour que Dieu daignât accomplir un miracle par ses mains. Mais le préfet insista tellement, que saint Zanobbi pensa qu'une plus longue résistance serait un doute de la puissance de Dieu, puisque Dieu se manifeste par qui il lui plaît, par les grands comme par les petits, par les dignes comme par les indignes. Il suivit donc le pauvre père, et, encouragé par le pontife lui-même, il s'agenouilla près du lit du malade, resta longtemps les mains jointes, les yeux au ciel, et absorbé par une profonde prière ; puis, se relevant, il traça du bout du doigt le signe de la croix sur le corps du malade, et le prenant par la main :

« Jeune homme, dit-il, si la volonté de Dieu est que tu te lèves et que tu guérisses, lève-toi et sois guéri. »

Et le jeune homme se leva aussitôt et alla se jeter dans les bras de son père à la grande admiration du peuple, du clergé et du pontife, qui, à partir de ce moment, commencèrent à regarder Zanobbi comme un saint ; opinion qui lui valut d'être envoyé par le pape à Constantinople pour combattre les hérésies qui commençaient à s'élever dans l'Église.

Dieu avait donné à Zanobbi le don des miracles, et par conséquent l'avait fait participant de sa nature divine. Aussi Zanobbi, pensant que mieux valait combattre les hérétiques par les faits que par les paroles, et que les yeux sont plus promptement convaincus que les oreilles, débuta par se faire amener deux possédés que tous les médecins avaient inutilement tenté de guérir et tous les prêtres vainement essayé d'exorciser. Mais Zanobbi eut à peine prononcé le nom de Jésus à leur oreille et fait le signe de la croix sur leur corps, que les démons s'envolèrent en jetant un grand cri, et que les possédés, à jamais délivrés de la possession, tombèrent à genoux et rendirent grâce au Seigneur.

Un pareil début, comme on le pense bien, répandit le nom de Zanobbi dans toute l'Église et parmi tout le clergé de Constantinople. Depuis le temps des apôtres les miracles devenaient rares, et il était évident que ceux à qui Dieu en conservait le don étaient ses serviteurs bien-aimés. Chacun s'empressa donc d'écouter les paroles de l'évêque de Florence ; et l'hérésie, qui avait commencé de montrer sa tête au milieu de la sainte Église, disparut, sinon pour toujours, du moins momentanément.

Mais le moment approchait où Notre Seigneur Jésus-Christ allait permettre que la sainteté de Zanobbi éclatât dans tout son jour, en lui donnant l'occasion de faire un miracle pareil à celui qu'il avait fait lui-même en ressuscitant la fille de Jaïre chez les Géraséniens, et le frère de Marthe à Béthanie.

Zanobbi était revenu à Florence après son voyage d'Orient, et continuait, à la gloire de Dieu et à la propagation de sa renommée, de rendre la vue aux aveugles, la raison aux possédés et le mouvement aux paralytiques, lorsqu'une femme française, qui allait à Rome avec son fils pour accomplir un pèlerinage promis, fut forcée de s'arrêter à Florence, le jeune homme, fatigué du voyage, étant trop souffrant pour continuer son chemin.

Cette femme était une sainte créature, pleine de foi et de piété ; elle entendit parler des grandes vertus de Zanobbi et voulut le voir. Zanobbi fut pour elle ce qu'il était pour tous, le consolateur et le soutien des affligés, et la pèlerine reconnut facilement que l'esprit de Dieu était dans cet homme. Aussi quelque amour qu'elle eût pour son fils, dont la santé allait toujours s'affaiblissant, lorsque le saint lui eut donné le conseil de continuer son chemin vers Rome et de laisser son enfant à Florence, elle obéit aussitôt, recommanda le jeune homme aux soins et aux prières du saint évêque, embrassa l'enfant, et partit, quoique, sentant son mal croître de moment en moment, l'enfant la suppliât de rester.

Le pauvre petit ne se trompait pas; le germe de la mort était en lui, et il alla chaque jour dépérissant, appelant sans cesse sa mère et répondant par ce seul cri : Ma mère ! ma mère ! aux secours des médecins et aux exhortations du saint évêque. Aussi, soit qu'il fût condamné, soit que cette douleur de se trouver seul dans une ville inconnue empirât encore son état, son mal fit des progrès si rapides, que quinze jours après le départ de sa mère il expira en l'appelant et en demandant à Dieu de la revoir une fois encore. Mais Dieu, qui avait d'autres projets sur lui, ne le permit pas.

Le jour même de sa mort, et comme des mains étrangères venaient de rendre au pauvre trépassé les derniers devoirs, sa mère, revenue de Rome, rentrait à Florence pleine de joie du bon et pieux voyage qu'elle avait fait, et pleine d'espérance de retrouver son enfant guéri.

Elle s'achemina donc rapidement vers sa demeure. Mais sans savoir pourquoi, à mesure qu'elle approchait, elle sentait son âme se serrer. A quelques pas de la maison, elle rencontra deux femmes qu'elle connaissait, et qui, au lieu de la féliciter de son bon retour, continuèrent leur chemin en détournant la tête. Au seuil de la porte, elle sentit une odeur d'encens qui l'épouvanta malgré elle ; un instant elle demeura immobile et se demandant si elle devait aller plus avant. Enfin, jugeant que le mal le plus terrible qu'elle pût éprouver était l'angoisse qui lui brisait l'âme, elle s'élança dans la maison, monta rapidement l'escalier, et, trouvant toutes les portes ouvertes, elle se précipita dans la chambre de son enfant en criant à son tour : Mon fils ! mon fils !

L'enfant était couché, les cheveux couronnés de fleurs, tenant d'une main une palme et de l'autre un crucifix ; et comme il était mort sans agonie, on eût dit tout simplement qu'il dormait.

La mère le crut aussi, ou plutôt elle essaya de le croire. Elle se jeta sur son lit, serra l'enfant dans ses bras, baisant ses yeux fermés et sa bouche froide, et lui criant de s'éveiller, et que c'était sa mère qui revenait auprès de lui pour ne le plus quitter. Mais l'enfant dormait du sommeil sans réveil, et ne répondit pas.

Alors le Seigneur permit que le cœur de la mère, au lieu de se livrer au désespoir, s'ouvrit à la foi ; elle se laissa glisser du lit mortuaire, et tombant sur ses deux genoux : *Domine, Domine*, s'écria-t-elle comme les sœurs de Lazare, *si fuisses hic, filius meus non fuisset mortuus*; c'est-à-dire : Seigneur, Seigneur, si tu avais été ici, mon enfant ne serait pas mort.

Puis alors un espoir lui revint. Comme à ses cris maternels les voisins étaient accourus, et que l'appartement commençait à se remplir de monde, elle se retourna vers les assistans et demanda si personne parmi eux ne pouvait lui dire où était saint Zanobbi. Tous lui répondirent d'une seule voix que, comme on célébrait ce même jour la fête des bienheureux apôtres saint Pierre et saint Paul, l'évêque était avec tout son clergé occupé de célébrer l'office divin à l'église de Saint-Pierre-Majeur, située hors les murs, après quoi il reviendrait sans doute à l'église de Santa-Reparata, aujourd'hui le Dôme.

Aussitôt, avec cette foi qui soulève les montagnes, elle leva les regards au ciel, adressa sa prière à Dieu, et l'on remarqua qu'à mesure qu'elle priait les larmes se séchaient dans ses yeux, et que le calme reparaissait sur son visage ; puis, la prière finie, elle se releva, prit son fils contre sa poitrine, et s'avançant vers la porte : — Place, dit-elle à l'enfant qui va ressusciter !

On la crut folle et on la suivit.

Alors elle s'avança par les rues de Florence ; et, arrivée à la via Borgo-degli-Albizzi, elle aperçut, au bout de la rue, saint Zanobbi qui revenait processionnellement avec tout son clergé. Elle s'engagea aussitôt dans la rue, suivie d'une multitude de peuple presque aussi grande que celle qui suivait l'évêque, et l'ayant rencontré juste à l'endroit où se trouve aujourd'hui le palais Altoviti, elle déposa l'enfant devant lui, et se jetant à ses pieds :

— O saint homme du Seigneur ! s'écria-t-elle, les joues livides, les cheveux épars et la voix pleine de larmes ; — ô miséricordieux évêque ! ô père des pauvres ! ô consolateur des affligés ! tu sais que parmi la perte des choses humaines la plus grande douleur où était la plus grande espérance et le plus grand amour. Or, toute mon espérance, tout mon amour, je les avais mis dans cet enfant que voilà mort à mes pieds. Que voulez-vous donc que devienne une mère quand son enfant unique est mort ? N'oubliez donc pas que c'est par votre conseil que j'ai continué mon voyage vers Rome, que vous m'avez dit de laisser cet enfant entre vos mains, et que je l'y ai laissé. Et à cette heure, comment me rendez-vous mon enfant ? Vous le voyez, saint homme de Dieu, mort, mort ! Priez donc Dieu de renouveler pour moi le miracle qu'il a fait pour la fille de Jaïre et pour le frère de Marthe et de Madeleine. Je crois comme ces saintes femmes croyaient ; j'ai dans l'âme la même foi qu'elles avaient dans l'âme. Dites donc les paroles saintes : je suis à genoux, je crois, j'attends.

Et la pauvre mère levait en effet vers le ciel des yeux si pleins d'espérance que tout le monde pleurait autour d'elle en voyant une si profonde douleur jointe à une si pieuse croyance.

Quant à saint Zanobbi, il s'était arrêté comme stupéfait d'un pareil espoir et dans l'humble doute toujours que le Seigneur daignât se servir de lui pour accomplir de si grandes choses. Mais tout le peuple, qui lui avait déjà vu faire tant de miracles, se mit à crier, partageant la confiance de la mère :

— Ressuscitez l'enfant, saint évêque, ressuscitez-le.

Alors saint Zanobbi s'agenouilla, et, avec des larmes d'une dévotion profonde, il demanda à Dieu de permettre que le ciel s'ouvrît et laissât tomber sur le fils de cette pauvre femme la rosée de sa grâce. Puis, cette prière terminée, il fit le signe de la croix sur le corps de l'enfant, le souleva dans ses bras et le déposa dans coux de sa mère.

La mère jeta un grand cri de joie et de reconnaissance: l'enfant venait de rouvrir les yeux ; puis le dernier mot qui était sorti de sa bouche en sortit encore le premier, et l'enfant s'écria : — Ma mère !

Aussitôt tout le peuple se mit à louer Dieu, disant : *Benedictus es, Domine, Deus patrum nostrorum, et laudabilis, et gloriosus in sæcula, qui per sanctos mirabilia cperari non cessas.* — C'est-à-dire : Sois béni, ô Dieu de nos pères ! sois béni et loué dans tous les siècles, toi qui ne cesses d'opérer des miracles par l'intermédiaire de tes saints !

Et tous ainsi chantant, et la mère tenant son fils par la main, ils accompagnèrent le saint homme jusqu'à l'archevêché. Puis la mère et l'enfant partirent pour la France, où tous deux arrivèrent en bonne santé, glorifiant le nom du Seigneur et celui du saint évêque qui les avait réunis l'un à l'autre quand ils se croyaient séparés pour jamais.

A l'endroit même où le miracle eut lieu, c'est-à-dire au pied du palais Altoviti, on voit encore aujourd'hui une pierre où est gravée cette inscription :

B. Zenobbus puerum sibi a matre
Gallica Romæ eunti
Creditum, atque interea mortuum,
Dum sibi urbem lustranti eadem
Reversa hoc loco conquerens
Occurrit, signo crucis ad vitam revocat,
Anno sal. cccc.

A son tour, après une vie toute de bonnes œuvres, saint Zanobbi mourut, mais comme il devait mourir, consolant et bénissant jusqu'à sa dernière heure. Ce fut vers l'an 424, disent les uns, et 426, disent les autres, qu'arriva cet événement, qui plongea Florence dans le deuil. Son corps, embaumé avec les parfums les plus riches et les aromates les plus précieux, fut déposé dans le cercueil revêtu de ses habits pontificaux, et transporté, ainsi qu'il l'avait demandé lui-même, dans l'église de Saint-Laurent.

Mais trois ans après, saint Zanobbi ayant été canonisé, son successeur, qui se nommait André, et qui était un homme d'une piété suprême, résolut de lui rendre les honneurs qui lui étaient dus en transportant son corps de la modeste église où il avait été enterré dans la cathédrale de Saint-Sauveur. Le jour de cette translation fut fixé au 26 du mois de janvier, c'est à dire quatre ans environ après sa mort.

On se prépara à cette grande solennité par un jeûne général. Toute la nuit du 25 au 26 janvier les cloches sonnèrent sans s'arrêter un seul instant.

Enfin, vers les six heures du matin, l'évêque et tout le clergé se rendirent à l'église Saint-Laurent, où le cercueil était disposé dès la veille sur un riche catafalque tout brodé d'ornemens et tout garni de franges d'or.

Les diacres et les évêques prirent alors le catafalque sur leurs épaules; et, précédés de l'évêque de Florence, mitre en tête, crosse en main, du clergé et des chantres qui disaient les hymnes saints, des enfans de chœur qui agitaient les encensoirs, des jeunes filles qui jetaient des fleurs, s'avancèrent processionnellement de l'église Saint-Laurent à la cathédrale de Saint-Sauveur, situé où est aujourd'hui le Dôme. Et derrière eux marchait une grande multitude de peuple, au milieu de laquelle on se montrait les aveugles auxquels le saint avait rendu la vue, les paralytiques auxquels le saint avait rendu le mouvement, les possédés auxquels le saint avait rendu la raison.

Et tous louaient le Seigneur.

Or, il advint, car une pareille solennité ne pouvait pas se passer sans miracle, qu'en arrivant sur la place il se précipita par une des rues latérales un tel flot de peuple que, obéissant malgré eux à l'impulsion donnée, les évêques et les diacres qui portaient le corps firent un mouvement de côté : de sorte que le catafalque sur lequel était couché le corps alla heurter un grand orme qui s'élevait sur la place et qui, tout dépouillé de ses feuilles, car, ainsi que nous l'avons dit, cette procession avait lieu le 26 janvier, semblait un arbre mort. Mais voilà qu'à peine le catafalque eut touché l'arbre qu'au même instant l'arbre se couvrit de bourgeons qui s'ouvrirent aussitôt, et en quelques secondes devinrent des feuilles aussi vertes, aussi fraîches, aussi touffues que celles que ce même arbre avait portées au mois de mai précédent. Alors de grands cris retentirent, et chacun se précipita vers l'orme qui venait de reverdir si miraculeusement pour en arracher les feuilles, pour en casser les branches : si bien qu'au bout d'un instant ce ne fut plus qu'un tronc dépouillé, et ce tronc lui-même fut scié à son tour, et du bois qu'il fournit on fit des tableaux d'autel; car autrefois, on se le rappelle, presque tous les tableaux d'église étaient sur bois. Au reste, un de ces tableaux resta longtemps dans la chapelle même du saint. Il représentait saint Zanobbi entre ses élèves bien-aimés, saint Eugène et saint Crescent; et aux pieds du digne évêque étaient écrits ces mots en caractères romains :

Facta de ulmo quæ floruit tempore beati Zanobbi.

C'est en mémoire de cet orme, qui fleurit ainsi que nous venons de le dire et qu'en un instant le peuple dépouilla, que fut dressée la colonne de marbre encore debout aujourd'hui près du Baptistère Saint-Jean, et sur laquelle on lit l'inscription suivante :

Anno ab incarnatione Domini 408 (1),
Die 26 januarii, tempore
Imperatoris Arcadii, et Honorii,
Anno undecimo, quinte mense,
Dum de basilica sancti Laurentii
Ad majorem ecclesiam Florentinam
Corpus sancti Zanobbii, Florentinorum
Episcopi, fœretro portaretur,
Hic in loco ulmus arbor
Arida tunc existens, quam cum
Fœretrum sancti corporis tetigisset,
Subito frondes et flores
Miraculose produxit, in cujus
Miraculi memoria Christiani
Cives Florentini in loco sublatæ
Arboris hic hanc columnam
Cum cruce in signo notabili erexerunt.

Mille ans venaient de s'écouler pendant lesquels, par des mirac es successifs, le corps de Zanobbi avait continué de donner aux Florentins la preuve que son âme veillait sur eux. La vieille basilique avait disparu pour faire place au nouveau Dôme. Brunelleschi venait de couronner de sa coupole le monument d'Arnolfo di Lapo. Enfin Sainte-Marie-des-Fleurs était érigée depuis 1420 en église métropolitaine par le pape Martin V, lorsque l'archevêque de Florence, Louis Scampieri, de Padoue, qui avait commencé par être valet de chambre et médecin du pape Eugène IV, et qui depuis fut cardinal et patriarche, songea à tirer le corps de saint Zanobbi des catacombes de l'ancienne basilique, et à le mettre dans un lieu digne de la haute renommée dont il jouissait. Malheureusement, pendant que l'on bâtissait la nouvelle cathédrale, les travaux fondamentaux du monument avaient tout bouleversé ; et, comme trois ou quatre générations s'étaient écoulées entre la première pierre, posée par Arnolfo di Lapo, et la dernière pierre posée par Brunelleschi, on avait complètement oublié en quel lieu de l'ancienne crypte avaient été déposées les saintes reliques, dont, comme on se le rappelle, la translation avait déjà eu lieu de Saint-Laurent à Saint-Sauveur en l'an 429. En conséquence, l'archevêque rassembla tout son clergé, espérant que parmi les plus vieux chanoines de l'église il y en aurait qui pourraient lui donner quelques renseignemens, et déclara dans cette première assemblée que son intention était que la translation du corps de saint Zanobbi eût lieu le 26 avril 1439.

Cette époque avait été fixée par le digne archevêque parce qu'à cette époque justement, un concile ayant été assemblé pour réunir définitivement l'Église grecque à l'Église romaine, Florence se trouvait être devenue momentanément le séjour des plus grands personnages de la chrétienté. En effet, se trouvaient alors à Florence le pape Eugène IV, Jean Paléologue, empereur des Grecs ; Démétrius, son frère ; Joseph, patriarche de Constantinople, et tout le collège des cardinaux, des évêques et des archevêques grecs et latins : C'étaient de dignes assistans pour une pareille fête. Aussi monseigneur Scampieri avait décidé que la translation se ferait avant leur départ.

Les plus vieux chanoines, en rappelant leurs souvenirs, avaient cru pouvoir indiquer à peu près à l'archevêque l'endroit où, par tradition, ils avaient entendu dire dans leur jeunesse que se trouvait le corps du saint. Mais cette difficulté levée, il s'en présentait une autre : on craignait que ces grands courans d'eaux, que ces profondes sources souterraines, reconnus par Arnolfo di Lapo lorsqu'il avait jeté les fondations de son monument, n'eussent, par leur humidité, putréfié le corps du saint. Or, quel scandale pour toute l'Église et pour un corps qui avait fait tant de miracles, se présentait à la vue de tous fétide et corrompu !

On résolut donc, pour obvier à cet inconvénient, de s'assurer de la vérité d'abord ; puis, si le cadavre du saint était dans l'état où on craignait de le voir, d'en prévenir le pape, qui alors déciderait dans sa sagesse ce qu'il y avait à faire.

En conséquence, la veille du jour où la translation devait avoir lieu, le préposé de l'église, Jean Spinellino, homme grave et sur la discrétion duquel on pouvait compter, descendit dans les souterrains avec deux maîtres de chapelle, deux prêtres munis de flambeaux, et quatre ouvriers armés de pioches. Les fouilles devaient être faites en deux endroits, d'abord sur une pierre marquée de la lettre S, que l'on présumait vouloir dire *sanctus*, puis sous un autel où l'on croyait plus communément que le saint avait été enterré.

*erreur dans la date, saint Zanobbi n'étant mort qu'en quelques-uns disent en 426.

Les excavations commencèrent. Malgré le signe que nous avons dit, on ne trouva rien sous la pierre que quelques débris de cercueil. Là avait été autrefois une tombe, il est vrai ; mais la poussière était redevenue poussière, et il était impossible de séparer l'argile de l'argile. On abandonna donc cette première fouille, et l'on se tourna vers l'autel.

Là ce fut autre chose : à peine le devant de l'autel fut-il enlevé que l'on aperçut dans la profondeur un cercueil de marbre. On ne douta plus que ce ne fût celui de saint Zanobbi. On le tira du caveau où il avait reposé mille ans, et on l'ouvrit.

Alors, non-seulement il n'y eut plus de doute, mais l'identité du saint fut reconnue par un nouveau miracle. Lors de la première translation, on avait parsemé son corps de fleurs et de feuilles de l'orme qu'il avait ravivé en le touchant. Or, sur son corps, aussi intact que le jour de l'inhumation, on retrouva ces feuilles aussi vertes et ces fleurs aussi fraîches que le jour où elles avaient été cueillies.

A l'instant le pape Eugène fut prévenu de l'événement, et se rendit, avec tout le collège des cardinaux, des évêques et des archevêques, dans les souterrains du Dôme, où il trouva à genoux autour du cercueil les ouvriers qui l'avaient exhumé, les prêtres qui tenaient les flambeaux, et le préposé Jean Spinellino, lesquels ne pouvaient croire à ce qu'ils voyaient, et remerciaient le Seigneur qui avait daigné donner en présence du saint-père lui-même cette preuve que son esprit n'avait pas encore abandonné la terre.

Le lendemain, la translation des reliques eut lieu ; et, après huit jours d'adoration sur le maître-autel, le corps du saint fut transporté dans la chapelle souterraine qui lui avait été destinée.

Aujourd'hui encore, outre les reliques du saint que l'on adore dans la cathédrale, on conserve trois choses révérées comme sacrées : son anneau épiscopal, propriété de la famille Girolami ; le buste d'argent qui renferme un os de sa tête, et le chapeau que portait habituellement le saint, fait en forme d'un chapeau de cardinal. Le chapeau se conserve dans l'église de San-Giovanni-Batista, dite della Calza, et située près de la porte Romaine. Il jouit toujours d'une grande réputation, et journellement les malades l'envoient chercher, comme on envoie chercher à Rome le saint Bambino d'Ara-Cœli.

Le buste est au Dôme : le 25 mai de chaque année, on apporte des bouquets de roses qui, sanctifiés par son contact, deviennent pour tout le reste de l'année un remède certain contre les douleurs rhumatismales, les affections des yeux, et surtout les maux de tête.

Quant à l'anneau de saint Zanobbi, il fit, vers la fin du quinzième siècle, c'est-à-dire cinquante ans environ après les événemens que nous venons de raconter, un voyage en France par lequel nous terminerons cette légende.

Notre bon roi Louis XI était fort malade ; et comme il avait déjà grandement usé du crédit de Notre-Dame-d'Embrun, de saint Michel et de saint Jacques, ses patrons habituels, il eut la crainte, s'il s'adressait à eux, que lassés de ses prières antérieures, et dégoûtés de lui rendre service par son peu d'exactitude à remplir les promesses qu'il leur avait faites, ils ne le laissassent dans l'embarras. Il songea alors à saint Zanobbi qui, sans doute, ayant moins entendu parler de lui, serait peut-être plus disposé à lui rendre service, et s'adressa à Laurent le Magnifique pour qu'il obtînt de la famille Girolami qu'elle lui envoyât son anneau.

Laurent accepta l'ambassade et mena la négociation à bien : la famille Girolami consentit à se séparer momentanément de la précieuse bague, et elle fut envoyée en France par l'entremise du chapelain de la famille, qui fit serment de ne point la perdre de vue une seconde et de ne point s'en dessaisir un seul instant. En effet, le chapelain suspendit l'anneau à son cou avec une chaîne d'or, et pendant toute la route ne s'en sépara ni jour ni nuit.

Arrivé à la frontière, le chapelain trouva une escorte qui devait le conduire à travers la France jusqu'au Plessis-lès-Tours. C'est là que le vieux roi, abandonné de ses médecins, ne croyant plus aux saints français, attendait l'anneau miraculeux dans lequel résidait sa dernière espérance.

Quoique le chapelain habitué aux massives constructions de la Florence populaire, quoiqu'il eût parcouru les sombres corridors du Palais-Vieux, quoiqu'il eût sondé les murs épais du palais de Côme, in via Larga, et du palais Strozzi, place de la Trinité, il ne put s'empêcher de frémir en franchissant ces ponts-levis, en traversant ces herses, en s'engageant dans ces chemins couverts qui défendaient les abords de Plessis-lès-Tours. Ajoutons que les autres objets qui s'offraient à chaque pas sur son chemin n'étaient pas de nature à le rassurer : c'étaient dans la forêt qu'il venait de traverser des squelettes de pendus, dont les os cliquetaient au vent, et dont les corbeaux se disputaient les derniers débris ; c'étaient dans les salles basses le bourreau Tristan et ses deux acolytes ; c'étaient à la porte de la chambre royale, l'ex-barbier Olivier Le Daim, qui venait d'être fait comte ; c'était enfin derrière tout cela le vieux tigre mourant, et, tout mourant qu'il était, capable de faire jeter le pauvre chapelain dans quelque cage de fer pareille à celle du cardinal La Balue, si l'anneau de saint Zanobbi ne produisait pas l'effet qu'il en avait espéré.

Aussi, en voyant tout cela, le pieux messager aurait-il bien voulu n'avoir jamais quitté Florence ; mais il était trop tard pour reculer : il était venu jusque-là, il fallait aller jusqu'au bout.

Olivier Le Daim ouvrit la porte, et le chapelain vit à terre, couché sur un lit de cendres, le corps enveloppé d'une robe de moine, les yeux ardens de fièvre, celui devant qui la France tremblait, et qui tremblait lui-même devant la mort. Au premier aspect, on eût dit qu'il ne restait au royal agonisant que le temps de dire un *Pater* avant de mourir, tant il était maigre, hâve et livide. Mais Louis XI n'était pas un de ces rois qui meurent ainsi tant qu'il leur reste un angle de la vie auquel ils peuvent se cramponner, et qui quittent la terre au premier appel de Dieu. Non, il avait mis toute son espérance dans saint Zanobbi, il s'était répété vingt fois, cent fois, mille fois, dans ses veilles fiévreuses et dans ses terreurs nocturnes, que, si l'anneau arrivait avant qu'il fût mort, il était sauvé. A la vue du chapelain, il sentit donc ses forces revenir, et, sans l'aide de personne, se relevant sur ses deux genoux :

— Venez vite à moi, mon père, dit-il, venez vite. Vous êtes un digne homme, et Zanobbi un grand saint. Où est l'anneau ? Où est l'anneau ?

Alors, le chapelain tout tremblant s'approcha du roi, lui présentant le message dont l'avait chargé Laurent ; mais ce n'était pas une lettre du Magnifique qu'attendait Louis XI ; aussi l'écarta-t-il si violemment, qu'elle alla tomber de l'autre côté de la chambre, et se cramponnant à la main du prêtre :

— C'est l'anneau que je demande, dit-il ; n'as-tu pas l'anneau, prêtre maudit ?

— Si fait, sire, si fait, se hâta de répondre le chapelain ; et tirant de sa poitrine l'anneau miraculeux il le montra à Louis XI, qui se précipita dessus et le baisa ardemment, faisant en même temps avec lui des signes de croix multipliés.

Puis, ce premier mouvement de joie passé, Louis XI demanda au chapelain qu'il lui confiât l'anneau ; mais celui-ci lui dit alors à quelles conditions formelles l'anneau lui était envoyé. C'était ce que lui expliquait dans sa lettre Laurent le Magnifique.

Le roi ordonna à Olivier Le Daim de ramasser la lettre et de lui en faire la lecture : Olivier obéit, et Louis XI l'écouta d'un bout à l'autre, secouant la tête du haut en bas en signe d'adhésion, et de temps en temps se retournant pour baiser l'anneau et pour faire encore avec lui le signe de la croix.

Puis on porta le roi dans son lit, le chapelain tenant la chaîne, et le roi tenant l'anneau. Et comme le roi ne voulait pas quitter l'anneau et que le chapelain ne voulait pas quitter la chaîne, le chapelain s'assit au chevet du roi, où il resta trois jours et troits nuits, buvant, mangeant et dormant à la même place. Car pendant ces trois jours et ces trois nuits le malade ne voulut point quitter la bague, ne cessant de la baiser, de faire des signes de croix avec elle, et de prier le bienheureux saint Zanobbi de lui rendre la santé.

Or, au bout de trois jours, le bon roi Louis XI était, sinon guéri, du moins hors de danger.

Alors il rendit la liberté au chapelain, lui fit force cadeaux, et ordonna que son orfèvre particulier exécutât, pour renfermer la bague miraculeuse, un des plus riches reliquaires qui eussent jamais été vus.

Et le chapelain revint à Florence, rapportant non-seulement l'anneau du saint, sur lequel il avait fait si bonne garde, mais encore le reliquaire donné par le bon roi Louis XI, lequel était si précieux, que, du prix qu'en tira la famille Girolami, elle fonda au Dôme un canonicat.

SAINT JEAN GUALBERTI.

En sortant de Florence par la porte de San-Benito, et en suivant la route qui monte à la charmante église de ce nom, le promeneur aperçoit à droite, et au point où cette route se divise en deux branches, un petit monument en forme de tabernacle. Ce monument renferme une peinture représentant un chevalier qui, tout couvert de fer, armé de pied en cap, l'épée nue à la main, s'apprête à frapper un homme sans armes, agenouillé devant lui, demandant grâce. Au second plan s'élève un crucifix. Voici l'histoire de ce crucifix, de cet homme sans armes et de ce chevalier armé :

Il y avait dans les environs de Florence, vers la fin du dixième siècle, un noble homme que l'on appelait le chevalier de Petrojo, parce qu'il habitait un de ses châteaux qui portait ce nom. Ce château, fief de l'Empire, concédé à lui et à sa descendance, est situé sur le chemin de Rome, à dix milles environ de la ville.

Ce chevalier de Petrojo, dont le vrai nom était Gualberti, ne s'était pas retiré dans ce château sans des motifs sérieux que nous allons indiquer.

Le chevalier de Petrojo avait deux fils : l'un (c'était l'aîné) se nommait Hugo, l'autre (le cadet) s'appelait Giovanni. Ces deux fils étaient l'espoir de sa maison, qui, puissante jusqu'alors, promettait d'atteindre encore un plus haut degré de splendeur, car une vieille parente du chevalier, jugeant que ces jeunes gens seraient un jour la gloire de leur race, avait laissé à Hugo et à Giovanni toute sa fortune, qui était immense, à l'exclusion d'un de ses neveux nommé Lupo, qui lui paraissait donner de moins belles espérances.

Elle avait cependant posé cette condition, qu'en cas de mort des deux jeunes gens, cette fortune reviendrait à celui qui, sans eux, en eût été le propriétaire naturel. Quoi qu'il en soit, par suite de ce legs, messire Gualberti se trouvait un des plus nobles et des plus riches seigneurs de Florence.

L'aîné de ses fils avait quinze ans, et le cadet neuf; tous deux étaient élevés en jeunes seigneurs destinés aux armes; aussi, bien que sortant à peine de l'enfance, Hugo promettait-il de marcher dignement sur les traces de ses ancêtres; il manœuvrait un cheval, maniait une épée, et lançait un faucon de manière à faire envie à plus d'un chevalier qui avait le double de son âge. Monter à cheval, courir les tournois, *oiseler*, comme on disait à cette époque, étaient ses seuls plaisirs; et son père, messire Gualberti, le poussait fort à tous ces exercices, lui disant que, lorsqu'un chevalier savait ces trois choses et prier Dieu, il n'ignorait rien de ce qu'un noble homme doit savoir.

Or, il arriva qu'un jour Hugo projeta, avec plusieurs jeunes seigneurs de ses amis, une grande chasse au sanglier dans les Maremmes. La chasse au sanglier se faisait ordinairement en grande compagnie; car, comme on le sait, elle n'est pas exempte de quelques dangers : le sanglier, forcé et tenant aux chiens, s'attaquait à l'épieu, et c'était alors une lutte corps à corps dans laquelle l'homme n'était pas toujours le vainqueur.

Le jeune Hugo se faisait une grande fête de cette chasse; et lorsqu'il vint prendre congé de son père, il avait un certain air triomphant qui fit sourire le bon chevalier. Son père ne lui en fit pas moins la leçon sur la manière d'attaquer l'animal ou de l'attendre; mais Hugo, qui avait déjà mis à mort une vingtaine de monstres de la même espèce, écouta les recommandations de son père en souriant; et, comme il tenait son épée à la main, il fit avec cette arme deux ou trois évolutions qui prouvaient que le plus habile chasseur n'avait rien à lui apprendre sur ce sujet.

Trois jours après, cette affreuse nouvelle arriva à messire Gualberti, que son fils, s'étant emporté à la poursuite d'un énorme sanglier, avait été tué par lui en le tuant lui-même, et retrouvé mort près du sanglier mort. Le désespoir de messire Gualberti fut profond. Ce fut néanmoins celui d'un homme craignant le Seigneur. Il leva les deux mains au ciel : Dieu me l'a donné, dit-il; Dieu me l'a ôté... le saint nom du Seigneur soit béni. Puis il fit rapporter le corps qu'on avait mis dans un cercueil, et le fit déposer dans le caveau de la famille.

Mais bientôt de nouveaux bruits se répandirent. On dit que le même jour on avait vu deux hommes masqués, dont l'un était tout ensanglanté, fuir à grande course de cheval à travers les Maremmes. Ces hommes venaient du point précis où le cadavre du jeune Hugo avait été retrouvé. L'homme blessé s'était même trouvé si faible en arrivant aux environs de Volterra, qu'il avait été obligé de s'arrêter dans la maison d'un paysan, qui lui avait donné un verre de vin. Son compagnon alors l'avait gourmandé sur sa faiblesse, l'avait fait remonter à cheval; et tous deux, repartant au grand galop, avaient disparu par la route de Sienne.

Alors messire Gualberti avait fait venir les deux médecins de Florence, les avait conduits au caveau de sa famille, et, ouvrant lui-même le cercueil de son premier-né, il avait déroulé le linceul qui l'enveloppait pour mettre au jour les blessures qui avaient causé sa mort.

Les médecins sondèrent les blessures, et reconnurent qu'elles avaient été faites, l'une avec une épée, l'autre avec un poignard. Au premier abord, on avait pu s'y tromper et croire que les défenses d'un sanglier les avaient faites; mais, en y regardant de plus près, la véritable cause de la mort du jeune Hugo se révélait clairement. Il n'avait pas été tué par accident dans sa lutte avec une bête sauvage, mais frappé avec intention par des assassins.

Quels pouvaient être ces assassins? Voilà ce qu'ignorait entièrement messire Gualberti. Sur qui devait tomber la vengeance? C'est ce qu'un miracle de Dieu pouvait seul révéler, Dieu permit que le miracle s'accomplit.

Trois mois après cet assassinat, comme messire Gualberti venait de faire la prière du soir, recommandant à Dieu le seul fils qui lui restait, on frappa à la porte du palais. Les serviteurs allèrent ouvrir, et rentrèrent avec un moine. Le moine s'approcha de messire Gualberti, et lui dit qu'un malheureux, qui était sur le point de mourir, avait une révélation à lui faire.

Messire Gualberti se leva aussitôt, et suivit le moine.

Le moine le conduisit dans une de ces petites rues de Florence qui sont situées du côté de Porta-alla-Croce, et qui donnent par un bout sur les remparts. Arrivé là, il ouvrit la porte d'une maison de pauvre apparence, monta deux étages, et introduisit messire Gualberti dans une chambre tapissée d'armes de différentes espèces, où, sur un grabat tout ensanglanté gisait un homme presqu'à l'agonie.

Au bruit que firent en entrant le moine et messire Gualberti, il se retourna.

— Est-ce le père? demanda-t-il.

— Oui, dit le moine.

— Alors qu'il se hâte, dit le mourant; car vous avez bien

tardé, et je ne sais pas si j'aurai la force d'aller jusqu'au bout.
— Dieu vous la donnera, dit le moine.
Et il fit signe à messire Gualberti de s'asseoir au chevet du lit.
Alors le moribond se souleva. Il fit d'abord promettre à messire Gualberti que son pardon lui serait accordé, quelque chose qu'il eût à lui révéler.
Alors il lui raconta tous les détails de la mort de son fils : l'assassin était le parent déshérité auquel, en cas de mort des deux enfans, la fortune devait revenir, et l'homme qui allait mourir était son complice.
Messire Gualberti jeta un cri d'horreur, et se recula vivement. Mais le mourant lui fit signe qu'il n'avait pas tout dit.
— Le lendemain on devait assassiner Giovanni comme on avait déjà assassiné Hugo ; le sbire avait même reçu d'avance de Lupo la moitié de la somme promise. C'est ce qui avait tout perdu. Il était allé boire au cabaret avec quelques-uns de ses camarades ; là il s'était pris de dispute, et avait reçu un coup de couteau. Aussitôt, comme il était connaisseur en pareille matière, et qu'il avait senti pénétrer le coup à fond, il s'était fait reporter chez lui, avait envoyé chercher un moine, et s'était confessé. Le moine lui avait dit que c'était non à lui, mais au père du jeune homme assassiné de l'absoudre. Il avait donc couru chercher messire Gualberti, et l'avait amené près du lit du moribond.
Messire Gualberti n'avait qu'une parole. Il avait promis de pardonner, il pardonna. D'ailleurs il songea à part lui que le vrai coupable n'était pas celui qui avait déjà reçu la punition de son crime, mais bien l'homme qui avait tout conduit. Il dit donc au sbire de mourir tranquille, et qu'il réservait sa vengeance pour plus puissant que lui. Alors il s'en retourna chez lui pensif et à pas lents, tandis que le moine aidait le meurtrier à mourir.
Messire Gualberti avait été dans son temps un puissant chevalier, qui n'eût craint homme qui fût au monde ; mais il avait vieilli, l'âge avait appesanti ses bras ; il songea que s'il allait présenter le combat au meurtrier d'Hugo, qui était alors dans toute la gloire de la jeunesse, il pouvait être tué dans la lutte, et laisser ainsi son petit Giovanni sans défense. Il résolut donc de prendre un autre parti. Ce que lui avait dit le sbire des intentions du meurtrier lui fit songer qu'il fallait avant tout soustraire le jeune Giovanni à ses assassins. Sans rien dire à personne de la découverte qu'il avait faite, il quitta donc Florence le lendemain, se retira dans son château de Petrojo, et emmena Giovanni avec lui. Outre le désir de sauver son fils, il en avait un autre : c'était de faire de Giovanni le vengeur d'Hugo.
Malheureusement Giovanni ne semblait destiné en rien par la nature à un pareil but : c'était un enfant doux, bon, patient, miséricordieux, et dont on pouvait dire, comme de Job, que la compassion était sortie en même temps que lui du ventre de sa mère. En outre, au lieu d'être porté, comme l'était son frère aîné, vers tous les plaisirs violens, il n'aimait, lui, que la lecture, la contemplation, la prière, et jamais il n'était plus heureux que lorsque, dans quelque chapelle retirée, au milieu de la solitude, sous l'œil de Dieu, il feuilletait quelque beau missel aux pages enluminées, ou quelque vieille Bible représentant Dieu le Père en costume d'empereur.
Messire Gualberti pensa que son fils était encore en âge d'être pour ainsi dire refait et répétri : aux livres mystiques, il substitua les livres de chevalerie ; aux miracles du Seigneur, les grandes actions des hommes. Il lui donna à lire Grégoire de Tours, Luitprand, le moine de Saint-Gall ; et cette belle et jeune organisation se prit bientôt d'admiration pour les hauts faits d'Alboin et de Charlemagne comme elle s'était prise d'amour pour les souffrances de Jésus-Christ.
C'était le point où messire Gualberti voulait l'amener. Lorsqu'il le vit arrivé à cet état d'exaltation guerrière, il lui fit faire une armure complète pour sa taille ; il l'habitua à en supporter peu à peu le poids, d'abord pendant quelques instans, ensuite pendant des journées tout entières. Comme il était un maître habile en fait d'armes, il exerça chaque matin son élève à la lance, à l'épée et à la hache. Il lui fit monter successivement tous ses destriers, depuis le cheval le plus doux jusqu'au cheval le plus emporté de ses écuries.
A l'âge de quinze ans, Giovanni non-seulement avait acquis toutes les qualités guerrières de son frère, mais encore, soumis régulièrement chaque jour à un exercice qui avait développé ses forces, il était devenu vigoureux comme un homme de trente ans.
Pendant tout ce temps, messire Gualberti n'était pas revenu une seule fois à Florence, et n'avait quitté son château que pour faire, avec son fils, et toujours suivi d'une escorte nombreuse et bien armée, de petites courses dans les environs : aussi avait-on complètement oublié qu'il s'appelait messire Gualberti, et on ne l'appelait plus, comme nous l'avons déjà dit, que le chevalier de Petrojo.
En outre, tous les matins, le chapelain disait une messe basse pour l'âme de messire Hugo Gualberti, *traîtreusement assassiné* ; et tous les matins le père, la mère et le frère du défunt assistaient à cette messe, mêlant leurs prières à celles de l'homme de Dieu ; puis, le jour anniversaire de l'assassinat, on tendait la chapelle de noir, et l'on disait une grand'messe, qu'entendaient non-seulement les assistans habituels, mais tous les paysans qui relevaient du domaine de Petrojo.
Giovanni avait donc atteint l'âge de quinze ans. Son père, qui avait vu s'opérer un grand changement dans son corps, remarqua qu'il se faisait un changement non moins grand dans son esprit : le jeune homme paraissait, chaque matin, en écoutant la messe mortuaire, en proie à des idées plus sombres que la veille. Après la messe il demeurait pensif toute la journée. Souvent son père le surprenait dans la salle d'armes, où il passait la moitié de sa vie, non pas maniant des épées ou des haches ordinaires, mais s'exerçant avec quelqu'une de ces armes gigantesques que les traditions disaient avoir appartenu à ces chefs barbares descendus des plateaux de l'Asie, au quatrième et au cinquième siècle, sur les traces d'Alaric, de Genséric et d'Attila. Peu de casques, si bien trempés qu'ils fussent, résistaient à un coup d'épée donné par Giovanni, et il n'était pas de boucliers qui ne volassent en éclats sous un coup de masse asséné par lui.
Messire Gualberti voyait toutes ces choses et remerciait Dieu. Mais ce qu'il suivait surtout avec la plus grande attention, c'était ce pli de la pensée qui se creusait chaque jour davantage au front du jeune homme ; c'était ce frémissement qui courait par tout son corps lorsque le matin le prêtre prononçait les prières sacramentelles : c'était cette pâleur qui couvrait son visage chaque fois qu'il voyait pleurer sa mère, et sa mère pleurait souvent, car elle connaissait son mari, et, quoiqu'il ne lui eût fait aucun aveu, ses projets, inconnus à tout le monde, n'étaient point un secret pour elle.
Cette situation se prolongea jusqu'au septième anniversaire de la mort d'Hugo. Cette fois Giovanni écouta la messe mortuaire avec plus de recueillement et de tristesse encore que d'habitude. Seulement, la messe finie, il retint messire Gualberti, et ayant laissé sortir tout le monde, il demeura seul avec lui.
Messire Gualberti, qui n'avait pas perdu de vue Giovanni pendant tout le temps qu'avait duré l'office, se douta de ce qui allait se passer ; le fils et le père échangèrent un regard, et tous deux comprirent que l'heure solennelle attendue par l'un était arrivée pour l'autre.
Messire Gualberti tendit la main à son fils, qui la baisa respectueusement ; puis Giovanni se relevant aussitôt :
— Mon père, lui dit le jeune homme, vous devinez les questions que j'ai à vous faire ?
— Oui, mon fils, répondit le vieux chevalier, et me voilà prêt à y répondre.
— Mon frère a été traîtreusement assassiné ? demanda Giovanni.
— Hélas ! oui, répondit le père.
— Dans quel but ?
— Pour s'emparer de sa fortune.

— Par qui ?
— Par Lupo, votre cousin à tous deux.

Le jeune homme tressaillit, car parmi les souvenirs de sa jeunesse il se rappelait qu'il avait un sentiment d'antipathie pour un seul homme, et cet homme c'était Lupo.

— Tant mieux, dit-il, j'aime mieux que ce soit par lui que par un autre.

— Et pourquoi cela ? demanda le père.

— Depuis que je me connais, j'ai détesté cet homme, moi qui ne déteste personne ; et il m'en coûtera moins de le tuer que de frapper un autre.

— Tu le tueras donc ? s'écria le vieux chevalier avec un cri de joie et en serrant Giovanni dans ses bras.

— N'est-ce pas dans cet espoir que vous m'avez élevé, mon père ? demanda le jeune homme, comme s'il eût été étonné d'une semblable question.

— Oui, oui, sans doute ; mais je doutais que tu m'eusses deviné.

— Depuis un an seulement, c'est vrai ; jusqu'alors j'avais vécu machinalement. J'avais regardé sans voir, j'avais écouté sans entendre. Il ne faut pas m'en vouloir, mon père : jusque-là j'étais un enfant, aujourd'hui je suis un homme.

— Ainsi donc, tu le tueras ? s'écria une seconde fois le vieillard.

Le jeune homme étendit les bras vers le crucifix.

— Sans pitié, sans miséricorde, comme il a tué ton frère ?

— Par ce crucifix, je le jure ! mon père, s'écria Giovanni.

— Oh ! bien, bien, s'écria le vieillard ; tout est dit, me voilà tranquille, et mon fils sera vengé.

Et tous deux sortirent de l'église, le cœur aussi léger et la figure aussi joyeuse que s'ils ne venaient pas de commettre une action sacrilège ; et pourtant c'était une action sacrilège que ce serment de vengeance prêté devant l'autel du Dieu de la miséricorde. Mais telles étaient les âpres idées d'honneur de cet âge de fer, que presque toujours les sentimens religieux pliaient devant elles.

Cependant, à la joie qu'avait éprouvée messire Gualberti avait presque immédiatement succédé une grande inquiétude : Lupo avait trente-huit ans, il était dans toute la force de l'âge ; Giovanni en avait seize : c'était encore un enfant. Aussi le lendemain du jour où s'était passée la scène que nous venons de raconter, le père vint-il trouver son fils dans la salle d'armes où il s'exerçait, et lui fit-il promettre de passer encore toute une année sans rien tenter contre Lupo. Giovanni se débattit un instant, mais, vaincu par les prières de son père, il promit ce que son père demandait.

L'année se passa donc, comme les précédentes, à entendre la messe mortuaire, à s'exercer aux armes, et à faire des courses dans les environs du château ; puis l'année écoulée, le jeune homme rappela à son père qu'il avait dix-sept ans.

Le vieillard secoua la tête.

Il n'est pas encore temps, accorde-moi une autre année.

Le jeune homme résista plus violemment encore qu'il n'avait fait la première fois ; mais, comme la première fois, il céda enfin, et accorda à son père l'année que celui-ci demandait.

Cette année s'écoula comme les autres : la force de Giovanni s'était tellement accrue qu'elle était devenue proverbiale. Cependant cette force ne rassurant encore son père ; aussi, quand l'année fut terminée, Giovanni demanda congé au vieillard pour aller combattre Lupo ; il le vit hésiter encore. Alors, devinant quel doute retenait son père, il tira le gantelet de fer qu'il portait ; posant sa main nue sur un bloc de *macigno*, c'est-à-dire sur un granit des plus durs que l'on connaisse, il appuya, sans apparence d'effort, et la pierre, se creusant comme de la glaise, garda l'empreinte de sa main (1).

(1) Du temps de Franchi, qui a écrit la Vie de saint Jean Gualberti, on montrait encore cette pierre à l'abbaye de Montescalari.

Se retournant aussitôt vers le vieillard : — Voyez, dit-il.

Messire Gualberti comprit que l'heure était venue, et, sans faire aucune autre observation, il embrassa son fils et lui permit de faire ce qu'il voudrait. Giovanni, qui était tout armé comme d'habitude, remit son gant, se fit amener son cheval, sauta dessus, et, piquant des deux, prit, suivi d'un seul écuyer, le chemin de Florence. C'était le neuvième jour anniversaire de la mort de son frère Hugo.

Arrivé à San-Miniato-al-Monte, Giovanni entra dans l'église, s'agenouilla devant le maître-autel, et fit sa prière ; ensuite il revint sur le seuil de l'église, et s'arrêta un instant pour regarder Florence, qu'il n'avait pas vue depuis neuf ans. Enfin, après un moment de cette pieuse contemplation que tout enfant au cœur filial accorde à sa mère, il remonta à cheval, et, toujours accompagné de son écuyer, il suivit l'étroit chemin qui de la basilique descend à Florence.

A l'autre extrémité de la route, un homme venait à sa rencontre à cheval comme lui, mais vêtu de drap et de velours, et sans autre arme que son épée. Quand Giovanni fut à cinquante pas de cet homme à peu près, il leva la tête, fixa ses yeux sur lui, et tout à coup frissonna tellement des pieds à la tête que son armure en rendit un son. Quoiqu'il n'eût vu Lupo, il avait cru le reconnaître, et, comme un voyageur qui aperçoit un serpent, il avait, par un mouvement instinctif, arrêté son cheval. Quant à Lupo, il ignorait complètement quel était ce cavalier qu'il avait devant lui ; il continua donc son chemin, insoucieux et sans soupçon. A mesure qu'il s'approchait, Giovanni s'assurait dans sa certitude et remerciait intérieurement Dieu ; car, dans son aveuglement, il ne doutait pas que Dieu ne fût le complice de sa vengeance. Enfin, quand Lupo ne fut plus qu'à quelques pas de Giovanni, il ne resta plus à ce dernier aucune incertitude. Saisissant son épée avec un cri de rage, il la tira du fourreau et la secoua au dessus de sa tête en se dressant sur ses étriers.

— A moi ! Lupo, à moi ! s'écria-t-il.

— Qui es-tu, et que veux-tu ? demanda Lupo étonné et s'arrêtant juste en face d'un tabernacle dans lequel était un crucifix pareil à celui qui se trouvait dans la chapelle du château de Petrojo, et devant lequel Giovanni avait proféré son serment de vengeance.

— Qui je suis ! dit le jeune homme, qui je suis ! Écoute bien : Je suis Giovanni Gualberti, frère d'Hugo, que tu as assassiné il y a aujourd'hui neuf ans. Ce que je veux, je veux que tu aies ma vie ou avoir la tienne.

A ces mots, piquant son cheval des deux, il s'élança l'épée haute contre Lupo ; et comme celui-ci, pétrifié par la crainte, était resté immobile à sa place, en deux bonds il se trouva près de l'assassin, qui sentit la pointe de l'épée vengeresse sur sa poitrine.

Alors, se laissant glisser de son cheval, Lupo tomba sur ses genoux, et saisissant les pieds du jeune homme, il lui demanda grâce.

— Grâce ! s'écria Giovanni, grâce ! Et lui as-tu fait grâce, à lui, misérable assassin ? Non, non, tu l'as tué sans pitié, sans miséricorde ; meurs donc à ton tour sans miséricorde et sans pitié !

A ces mots il leva le bras pour le frapper ; mais Lupo fit un tel effort que, d'un seul bond, il se retrouva de l'autre côté du chemin, au pied du crucifix qu'il entoura de ses bras.

— Grâce ! s'écria-t-il ; au nom du Christ, grâce !

Giovanni éclata de rire, et, étendant son épée vers le crucifix :

— Eh bien ! lui dit-il, puisque tu demandes grâce au nom du Christ, que le Christ fasse connaître par un signe qu'il te pardonne, et je te pardonnerai.

Alors (que le Seigneur Dieu fasse grâce à ceux qui douteront de sa toute-puissance), alors le Christ, qui avait la tête inclinée sur l'épaule droite, releva la tête, et l'abaissa deux fois sur sa poitrine en signe qu'il pardonnait à l'assassin.

A cette vue, Giovanni resta un instant muet et immobile ; son épée s'échappa de ses mains ; puis, descendant à son tour de cheval, il s'avança les bras ouverts vers Lupo :

— Relève-toi, Lupo, lui dit-il d'une voix douce, et embrasse-moi ; car, à l'avenir, puisque le Christ veut que ce soit ainsi, tu me tiendras lieu de mon pauvre frère Hugo que tu as assassiné.

Et à ces paroles il pressa sur sa poitrine le meurtrier tout tremblant, qui n'osait quitter le Christ miraculeux, et qui ne pouvait croire qu'une si profonde miséricorde eût pris si promptement la place d'une si terrible colère. Mais bientôt il n'eut plus de doute ; car Giovanni, lui ayant amené lui-même son cheval, lui fit signe de s'en retourner vers Florence, tandis que lui reprendrait la route de San-Miniato.

Son écuyer lui fit observer qu'il oubliait son épée sur la route ; il lui dit de la ramasser et de la déposer au pied du crucifix, pour témoigner qu'il renonçait à jamais non-seulement à sa vengeance, mais encore à toucher une arme destinée à donner la mort.

En effet, au lieu de retourner chez son père, Giovanni s'arrêta au couvent de San-Miniato-al-Monte ; et, ayant demandé à l'abbé de l'entendre en confession, il lui raconta l'événement qui venait de se passer ; il ajouta qu'il se sentait touché de la grâce de Dieu, et qu'il avait résolu de se faire moine.

L'abbé de San-Miniato se rendit à l'instant même au château de Petrojo, où il trouva Gualberti, qui, depuis le départ de son enfant (tant dans le cœur d'un père l'amour l'emporte sur tout autre sentiment), n'avait pas goûté une minute de repos : aussi à peine eut-il aperçu le bon abbé que, croyant qu'il venait lui annoncer la mort de son fils, il se sentit près de défaillir. Mais l'abbé s'empressa de dire à messire Gualberti comment son fils avait rencontré le meurtrier de son frère, comment il avait voulu l'égorger, selon sa promesse, sans pitié ni miséricorde, et comment enfin, sur un signe du Christ, il lui avait pardonné.

Messire Gualberti vivait en une sainte époque, où l'on croyait aux miracles ; et, quoiqu'il vît l'espérance de la moitié de sa vie lui échapper, il répéta les paroles qu'il avait dites en apprenant la mort d'Hugo.

— Le Seigneur est grand et miséricordieux ! Que le nom du Seigneur soit béni !

Cependant il résolut de tenter un effort suprême pour détourner Giovanni de se faire moine. Giovanni était le seul fils qui lui restât, et en lui s'éteignait sa race si Giovanni prononçait ses vœux. Il partit donc pour San-Miniato avec sa femme. Mais Giovanni était trop profondément touché par la grâce pour retourner en arrière : il supplia ses parens de ne point s'opposer à sa vocation ; et tout ce que ceux-ci purent obtenir de lui, c'est qu'il ne prononcerait pas ses vœux avant l'âge de vingt et un ans. Ce pauvre père espérait que dans l'intervalle son fils changerait de résolution.

Il n'en fut pas ainsi ; au lieu de chanceler dans la foi, Giovanni s'affermit dans sa vocation, et le jour même où sa vingt et unième année s'accomplit, il prononça les vœux qui le séparaient à tout jamais du monde. Quelque temps après, Giovanni, ayant donné au couvent l'exemple de toutes les vertus chrétiennes, fut élu abbé de San-Miniato. Ce fut lui qui fonda, sur la place même où était l'ermitage d'Aguabella, l'abbaye de La Vallombreuse. Il y mourut dans une telle odeur de sainteté que Grégoire XII le canonisa, et que Clément VIII introduisit son nom dans le calendrier.

Peu de jours après l'événement que nous venons de raconter, toute la ville de Florence, conduite par l'assassin Lupo, qui marchait pieds nus, ceint d'une corde et la tête couverte de cendres, était agenouillée autour du tabernacle miraculeux. Le clergé en retirait le crucifix miraculeux pour le transporter dans l'église de la Trinité, où on l'adore encore aujourd'hui.

Quant au tabernacle, il resta vide jusqu'en 1839, époque à laquelle le grand-duc Léopold II y fit exécuter la peinture qu'on y voit à cette heure. On y a représenté Giovanni l'épée levée, qui s'apprête à frapper le meurtrier de son frère. Au-dessous de cette peinture est gravée l'inscription suivante :

> Quæ sacra assumpsit tempus monumenta parentum,
> Nunc redimit pietas, reddit et arte color;
> Sic tanti vivat Gualberti ut gloria facti
> Successor reparat quæ male tempus agit.
> Anno Domini MDCCCXXXIX.

CAREGGI.

Quelque envie que j'eusse de redescendre de Fiesole par cette belle route que j'avais prise pour y monter, force me fut de me contenter de l'ancien chemin. Je voulais voir la sainte pierre sanctifiée par le martyre de saint Romuald et de ses compagnons ; la fameuse villa Mozzi, où devaient être assassinés Laurent et Julien, si tous deux eussent accepté le dîner qu'on leur y offrait ; les sources de Boccace, qui ne coulent plus, je ne sais sous quel prétexte ; et enfin les fontaines de Baccio Bandinelli qui coulent si peu que ce n'est pas la peine d'en parler. Ce fut pendant qu'il sculptait, en face de l'auberge des *Trois-Pucelles* qui existe encore, ces deux têtes de lion, que Benvenuto Cellini vint à Panco, et lui fit par ses menaces une si grande peur, qu'il fallut lui donner une garde pour qu'il se décidât à les continuer.

Devant l'église Saint-Dominique nous trouvâmes notre voiture, qui était tranquillement descendue par la route de la Noblesse, et qui nous attendait à l'ombre du porche. En un instant nous fûmes à la villa Palmieri, charmante habitation qu'une tradition populaire désigne comme celle où Boccace se retira pendant la peste de Florence, avec cette délicieuse suite de beaux seigneurs et de gentilles femmes qu'il avait rencontrés dans l'église de Santa-Maria-Novella, à Florence, et qui tour à tour, sous de beaux et frais ombrages, racontent les graveleuses nouvelles du Décaméron.

Je dis qu'une tradition populaire indique cette maison comme la retraite de Boccace, attendu que je ne veux pas prendre sur moi la responsabilité d'une affirmation ; on l'avait cru, c'est vrai, et cette croyance donnait du pittoresque à la villa Palmieri, déjà fort jolie sans cela. Mais cette tradition a mis martel en tête aux savans florentins ; ils ont fouillé les bibliothèques, compulsé les registres, grignoté les manuscrits, et ils ont fini par découvrir que Boccace n'était pas en Toscane à l'époque de la peste : Boccace était à Rome, dit l'un ; à Venise, dit l'autre. Il est vrai que Boccace dit positivement qu'il était à Florence ; mais, selon toute probabilité, c'est Boccace qui se trompe, et ce sont les savans qui ont raison. Ne croyez pas ceux qui vous diront que la villa Palmieri est la villa du Décaméron.

Décidément c'est une race bien poétique que celle des savans.

Au moins sur Careggi il n'y a pas de doute. C'est bien là que sont morts Cosme le Vieux et Laurent le Magnifique ; c'est bien là qu'a été élevé Léon X : aussi on peut visiter la villa Careggi de confiance, d'autant plus qu'il y a des étiquettes dans les chambres.

Careggi fut bâti par Cosme le Vieux sur les dessins de Michellozzo Michellozzi : il y avait alors par toute l'Italie une recrudescence classique, une rage de latin et de grec, et une hydrophobie de littérature nationale. Dante était proscrit une seconde fois : c'était le sort de ce grand roi d'être tantôt régnant, tantôt exilé.

Les Grecs venus de Constantinople et les statues tirées des fouilles romaines avaient opéré ce miracle : puis les mœurs se corrompaient petit à petit ; la morale de la mythologie était plus commode que celle de l'Évangile, et les aventures de Léda, l'enlèvement d'Europe, la séduction de Danaé, peints sur les murs d'une chambre à coucher, étaient de moins sévères témoins de ce qui s'y passait, que la Madone au pied de la croix, ou le repentir de la Madeleine.

Le vieux Cosme destina donc Careggi à devenir l'asile de tous les savans proscrits qui chercheraient un toit et du pain. Au contraire de cet âpre escalier de l'exil dont parle Dante, celui qu'il étendit vers eux fut d'un accès facile et doux ; et Cosme mourut chargé d'ans et de bénédictions, après avoir donné à la peinture et à l'architecture l'impulsion païenne qui a changé le caractère de l'une et de l'autre.

et qui les a faites toutes deux magnifiquement copistes au lieu d'être saintement originales.

Laurent hérita des richesses et du goût de son père ; bien plus, Laurent renchérit encore sur l'amour de l'antiquité : Laurent fit de jolis petits vers païens que ne se serait jamais permis le sévère arithméticien de la Via Larga ; Laurent rassembla autour de lui tous les hellénistes et tous les latinistes de l'époque, les Ermolao Barbaro, les Ange Politien, les Pic de La Mirandole, les Marsilio Ficino, les Michele Mercati ; Laurent enfin rétablit à la villa Careggi les séances du jardin d'Académie ; et un de ces académiciens ayant découvert que, le 17 novembre de chaque année, les disciples de Platon célébraient à Athènes la naissance de ce grand philosophe, il institua un pareil anniversaire, qui fut célébré chaque année à la villa Careggi, à grand renfort de lampions, de musiciens et de discussions philosophiques.

Ces discussions roulaient plus particulièrement sur l'immortalité de l'âme, cet éternel objet de discussion ; et ceux qui s'enfonçaient le plus avant dans cet abîme psychologique étaient presque toujours Marsilio Ficino et Michele Mercati ; si bien qu'un jour, désespérant de rien apprendre de certain sur un pareil sujet tant qu'ils seraient vivans, ils se firent la promesse positive que le premier des deux qui mourrait viendrait donner à l'autre des nouvelles de son âme. Ce point convenu, les amis furent plus tranquilles.

Mais celui qui devait le premier approfondir ce grand mystère était Laurent le Magnifique lui-même. Un matin, il se sentit tout à coup fort indisposé d'une forte fièvre combinée avec une attaque de goutte ; il était alors en son palais de Via Larga : il partit aussitôt pour sa belle villa de Careggi, emmenant avec lui un médecin fort en réputation qu'on appelait Pierre Leoni, de Spolète.

Celui-ci vit tout une fortune à faire dans la cure du Magnifique. Il déclara que le malade était atteint d'une indisposition toute particulière, qui devait se traiter avec des infusions de perles et des décompositions de pierres précieuses. On ouvrit à l'empirique les trésors de Laurent, il y puisa à pleines mains, ce qui n'empêcha point Laurent d'aller de plus mal en plus mal ; ce que voyant le Magnifique, il commença à oublier l'Olympe, les douze grands dieux, Platon, Zénon et Aristote, pour se faire lire l'Évangile et penser quelque peu à son salut.

Mais tout en faisant de petits vers au fleuve Ombrone, tout en commandant des statues à Michel-Ange, tout en donnant des fêtes à Platon, Laurent le Magnifique avait fait ou laissé faire une foule de petites choses qui ne laissaient pas que de lui charger la conscience, si bien qu'au moment de mourir, il pensa à un saint homme qu'il avait fort oublié pendant sa vie, et auquel il n'avait pensé que pour en rire avec les esprits forts de l'entourage. Cet homme était le dominicain Jérôme Savonarole.

Or, Laurent hésita longtemps à l'envoyer chercher, car, à cet homme surtout, il lui coûtait de se confesser. Nos lecteurs le connaissent déjà : c'était, politiquement, un républicain sévère, qui eût voulu ramener Florence aux mœurs du douzième siècle ; c'était, religieusement, un moine ascétique qui, passant sa vie dans le jeûne et dans la prière, ne promettait pas d'être plus tendre pour les autres qu'il ne l'était pour lui-même. Du fond de son cloître il avait suivi Laurent dans la double corruption artistique et sociale qu'il avait exercée sur Florence, et du fond de son génie il voyait dans l'avenir l'Italie conquise et Florence asservie. Voilà l'homme qu'au moment de mourir envoyait chercher Laurent.

Le moine arriva grave et sombre, car il pensait bien qu'il allait se passer entre lui et Laurent une de ces scènes d'où dépendent non-seulement la perte ou le salut d'une âme, mais encore l'esclavage ou la liberté d'une nation. Laurent tressaillit au bruit de ses sandales, puis fit passer dans l'appartement à côté du sien, c'est-à-dire dans la chambre où était mort son père Cosme le Vieux, Politien et Pic de la Mirandole, qui causaient au chevet de son lit. A peine furent-ils sortis par une porte, que l'autre porte s'ouvrit et que le moine entra.

Savonarole s'approcha du lit du moribond, fixant sur lui son regard perçant ; et dans ce regard, Laurent lut comme dans un livre tout ce qui se passait dans le cœur du moine.

— Mon père, dit-il, je vous ai envoyé chercher, ayant été touché de la grâce du Seigneur, et ne voulant recevoir l'absolution que de vous.

— Je ne suis qu'un pauvre moine, répondit Savonarole, mais c'est à un plus pauvre que moi encore que le Seigneur a dit : Ce que vous délierez sur la terre sera délié dans le ciel.

— Je puis donc espérer que le ciel me pardonnera, mon père ? demanda Laurent.

— Oui, le ciel te pardonnera, dit le moine ; oui, je me fais garant de sa miséricorde, dit le prophète ; mais à trois conditions, entends-tu bien, Laurent.

— Et ces trois conditions, quelles sont-elles ? demanda le moribond.

— La première, c'est que tu feras profession de foi avant que de mourir.

— Oh ! cela bien volontiers, mon père, s'écria Laurent, et soyez témoin et garant que je meurs dans la foi catholique, apostolique et romaine.

— La seconde, continua Savonarole, c'est que tu rendras tout le bien que, dans tes banques et dans tes usures, tu auras injustement gagné ou retenu.

Laurent hésita quelques minutes ; puis, faisant un effort sur lui-même :

— Eh bien ! dit-il, il sera fait comme vous le désirez, mon père ; je n'aurai pas le temps de faire cette restitution moi-même, mais je donnerai l'ordre qu'elle soit faite après moi.

— La troisième, reprit l'enthousiaste, la troisième, c'est que tu rendras la liberté à Florence, et que tu remettras la république dans le même état d'indépendance où ton père l'a prise.

Il se fit une contraction terrible sur la figure du mourant ; puis enfin, surmontant toute crainte :

— Jamais, s'écria Laurent, jamais ! il en sera de mon âme ce que Dieu ordonnera, mais je ne détruirai pas d'un mot l'œuvre de trois générations ; les Médicis seront ducs de Florence.

— C'est bien, dit le prophète, je savais d'avance ce que tu me répondrais ; c'est bien, meurs damné, et que les choses résolues dans la sagesse du Seigneur s'accomplissent en la terre comme au ciel.

Et il sortit sans ajouter un mot à sa menace, et sans que de son côté Laurent fît un geste pour le rappeler.

Lorsque Politien et Pic de La Mirandole rentrèrent dans la chambre du moribond, ils le trouvèrent tenant entre ses bras un Christ richement sculpté qu'il venait d'arracher à la muraille, et dont il baisait les pieds avec les étreintes puissantes de l'agonie.

Deux heures après, Laurent était mort, sans qu'il eût fait autre chose que de prier, depuis le moment où Savonarole l'avait quitté, jusqu'au moment où il avait rendu le dernier soupir.

Un assassinat singulier suivit cette mort. Nous avons dit que Laurent avait pour médecin un certain Leoni de Spolète : A peine le bruit que Laurent venait d'expirer se fut-il répandu, que le médecin, craignant qu'on ne lui fît quelque mauvais parti, essaya de s'enfuir ; mais déjà de terribles soupçons s'étaient répandus sur lui, et sur un mot de Pierre de Médicis, fils de Laurent, les serviteurs du Magnifique se jetèrent sur ce malheureux et le précipitèrent dans un puits.

La mort de Laurent fut un signal de deuil pour toute l'Italie. Machiavel, qu'on n'accusera pas d'enthousiasme pour les puissans de ce monde, la regarde comme le signal des malheurs qui devaient fondre non-seulement sur Florence, mais sur la Péninsule toute entière, et, comme Virgile au temps de César, raconte les prodiges qui l'accompagnèrent.

Un de ces prodiges, le plus miraculeux de tous et sans contredit celui que nous allons dire, et qui est constaté par le récit des témoins oculaires, et par une date antérieure aux événemens qu'il prédisait.

Laurent avait pour familier de sa maison un certain Cardière, musicien et improvisateur, qu'il faisait ordinairement venir le soir quand il était couché, et qui le distrayait en chantant sur son luth. Cet homme avait ses entrées à toute heure près du Magnifique; mais depuis que la maladie de Laurent avait pris un caractère sérieux, on avait éloigné de lui cet homme que l'on regardait comme un bouffon. La nuit qui suivit la mort de Laurent, Cardière était couché, lorsqu'il entendit ouvrir la porte de sa chambre, qu'il vit venir à lui un spectre qu'il reconnut pour celui de Laurent; il était vêtu de noir, avait le visage triste et un manteau déchiré. Cardière, frappé de terreur, ouvrit la bouche pour appeler; mais le spectre lui fit signe de se taire, et d'une voix lente et sourde, que cependant le musicien reconnut bien pour être celle de son maître, il lui ordonna d'aller prévenir Pierre, son fils, que de grands malheurs le menaçaient lui et sa famille, et qu'entre autres malheurs il devait se préparer à un prochain exil; puis, cette recommandation achevée, le spectre s'évanouit sans que Cardière pût voir par où il avait disparu.

Le pauvre improvisateur se trouvait dans une singulière position; il connaissait Pierre pour un jeune homme d'un caractère brutal et emporté qui, s'il prenait mal l'avis, pouvait l'envoyer rejoindre Leoni de Spolète. Or, ayant tout bien pesé, et ayant reconnu qu'il avait encore plus peur du vivant que du mort, du moins il résolut, jusqu'à nouvel ordre, de garder l'avis, pour lui seul. D'ailleurs, au bout de quelques jours, en y mettant de la bonne volonté, Cardière était parvenu à se faire accroire à lui-même qu'il avait été dupe de quelque erreur des sens, et que la prétendue apparition n'avait jamais existé que dans son esprit.

Mais Cardière ne devait pas en être quitte ainsi: une nuit, sa porte s'ouvrit de nouveau, le même spectre s'avança de son pas muet, puis de la même voix lente et sombre, mais avec le feu de la colère dans les yeux, il lui répéta la même prédiction et lui renouvela le même ordre. Mais cette fois, et pour que l'improvisateur ne prît pas ce qu'il voyait pour un jeu de son imagination, le spectre ajouta à la recommandation, un vigoureux soufflet; après quoi, comme la première fois, le spectre sembla se dissoudre et disparut en fumée.

Cette fois, Cardière résolut de ne plus plaisanter avec son ancien patron: il passa la nuit en prières, et, le jour venu, il courut chez Michel-Ange Buonarotti, qui était encore à cette époque un jeune homme de dix-sept ans, et, comme il savait que Laurent avait eu une grande amitié pour lui, et que lui, de son côté, conservait une grande reconnaissance à Laurent, il lui raconta ce qui s'était passé. Michel-Ange lui donna le conseil d'aller tout dire à Pierre de Médicis.

Cardière était à Florence; il sortit aussitôt de la ville et prit la route de la villa Careggi. A moitié chemin, il vit venir une troupe de cavaliers, se composant de belles dames et de jeunes seigneurs, au milieu desquels il reconnut Pierre de Médicis. Alors il s'avança vers le jeune homme, lui disant que, s'il voulait bien rester un instant à l'écart avec lui, il avait des choses de la plus haute importance à lui communiquer. Mais Pierre de Médicis, croyant que c'était pour le prier de le conserver près de lui au même titre et aux mêmes conditions qu'il était chez son père, lui dit de parler tout haut, attendu qu'il n'avait pas de secrets pour l'honorable compagnie avec laquelle il se trouvait. Cardière insista alors avec tout le respect possible; mais comme il vit que le rouge montait au visage de Pierre, et que celui-ci lui ordonnait très impérativement de dire tout haut ce qu'il avait à dire, alors il n'hésita point davantage, et raconta les deux apparitions telles qu'elles s'étaient passées, ainsi que les prophéties du spectre. Mais ces prophéties n'eurent d'autre résultat que de faire rire aux éclats Pierre et sa suite; et Bernardo Dovizio, qui fut depuis le cardinal Bibbiena, pensant que toute cette histoire n'était qu'une invention de Cardière pour se donner de l'importance, lui demanda comment il se faisait que Laurent, au lieu d'apparaître directement à son fils, avait été choisir pour son intermédiaire un misérable joueur de luth comme lui. Cardière répondit que la chose était trop inexplicable pour qu'il essayât même de lui chercher une explication; qu'il avait dit la vérité, toute la vérité, rien que la vérité; et

que c'était à Pierre à croire ou à ne pas croire, et dans l'un ou l'autre cas à agir comme bon lui semblerait.

Pierre de Médicis continua son chemin, en disant à Cardière qu'il le remerciait de sa peine, et qu'il prendrait en considération un avis qui lui venait par un si recommandable ambassadeur.

Mais, comme on le comprend bien, Pierre de Médicis avait oublié dès le même soir, dans une de ces orgies qui lui étaient si habituelles, la recommandation et celui qui la lui avait faite.

Quatre ans après, la prédiction du Magnifique s'accomplit: Charles VIII traversa les Alpes, et Pierre de Médicis et sa famille furent chassés de Florence, où ils ne rentrèrent que dans la personne du duc Alexandre.

Mais ce n'est pas ici; puisque nous en sommes aux revenans, reprenons l'histoire de Michele Mercati et de Marsilio Ficino où nous l'avons laissée.

Les deux amis, on se le rappelle, après une longue et profonde discussion sur l'immortalité de l'âme, s'étaient promis que le premier qui mourrait viendrait donner à l'autre des nouvelles de la mort. Ce fut Marsilio Ficino qui paya le premier le tribut de l'humanité; il trépassa en 99 à la villa Careggi, où il avait coutume de demeurer même après la mort de Laurent.

Pendant ce temps, Michele Mercati était à San-Miniato-al-Monte, où il achevait un travail dont il était occupé depuis trois ans.

Or, le soir même de la mort de Marsilio Ficino, comme à la lueur d'une lampe il veillait penché sur son manuscrit, il entendit le galop d'un cheval qui allait sans cesse se rapprochant. Arrivé devant la maison qu'il habitait, le galop s'arrêta, puis il entendit le bruit de trois coups frappés à intervalles égaux par le marteau de la porte; et malgré lui, à ce bruit inattendu, il tressaillit de tout son corps.

Alors, comme il était tout ému de crainte sans savoir d'où lui venait cette émotion, il alla ouvrir sa fenêtre, et vit à la porte un cavalier arrêté: il était monté sur un cheval blanc, était drapé dans un linceul comme dans un manteau, et tenait la tête levée, attendant que Michele Mercati ouvrît la fenêtre.

Dès que la fenêtre fut ouverte, le cavalier cria trois fois: Elle est! elle est! elle est! puis il repartit au galop et disparut au bout de la rue opposé à celui par lequel il était venu.

C'était l'esprit de Marsilio Ficino qui venait s'acquitter de sa promesse, et annoncer à Michele Mercati que son âme était immortelle.

Aujourd'hui, quoique distraite du domaine de la couronne et appartenant à un simple particulier, monsieur Orsi, la villa bâtie par Cosme l'Ancien, la maison favorite de Laurent le Magnifique, l'Académie platonicienne du quinzième siècle, est conservée avec un religieux respect dans son ancienne distribution. A gauche en entrant, sous l'impluvium, que dans son amour pour l'antiquité Cosme avait fait bâtir autour de la cour intérieure, est le puits où se précipita, ou plutôt où fut précipité le malheureux Leoni de Spolète. Au premier étage, à droite du grand salon, la chambre où, après la scène que nous avons racontée entre lui et Savonarole, expira Laurent le Magnifique; la chambre qui suit est celle où mourut son grand-père Cosme le Vieux; enfin la terrasse entourée de colonnes et au plafond peint à fresques dans le goût des loges Vaticanes, est là même où se rassemblait l'Académie platonicienne; et où l'hôte splendide du lieu célébrait, entouré de Politien, de Pic de la Mirandole, d'Ermolao Barbaro, de Michele Mercati et de Marsilio Ficino, l'anniversaire de la naissance du philosophe dont ils avaient fait leur Dieu.

A l'entrée du jardin sont deux statues de nains, dont les originaux étaient sans doute, avec le joueur de luth Cardière, destinés à distraire la docte assemblée; l'un est monté sur un limaçon, l'autre chevauche sur un hibou; tous deux sont hideux à voir, avec leur grosse tête rattachée à leur petit corps par un cou qui semble n'avoir pas la force de la porter.

Le jardin, avec ses allées en mosaïques qui représentent une chasse, de temps en temps interrompues par des écussons chargés des boules rouges des Médicis, a conservé son classique dessin et sa forme académique. A son extrémité, sont deux bosquets de lauriers touffus, dans l'épaisseur desquels on a pratiqué des espèces de salles de verdure, rafraîchies par des fontaines : il est vrai que dans les grandes chaleurs de l'été les malheureuses naïades subissent la loi commune aux déesses des eaux étruriennes, leurs sources se dessèchent, et elles n'ont plus d'eau que celle dont le jardinier les gratifie à grand renfort de seaux et d'arrosoirs.

Ce jardinier, qui porte le nom bucolique de Nicoletto, est un descendant du jardinier de Laurent de Médicis.

La villa de Careggi, toute meublée, avec ses riches souvenirs, une vue magnifique qui domine Florence, et un air toujours frais, même au milieu de l'été, se loue cent sequins c'est-à-dire onze à douze cents francs par an.

POGGIO A CAJANO.

Poggio a Cajano est situé à dix milles à peu près de Florence, sur le point culminant de la route qui conduit à Lucques, de sorte que ses trois façades offrent toutes trois une charmante vue, l'une sur Florence et les maisons de campagne qui l'entourent, l'autre sur les montagnes et les villages dont elles sont semées, la troisième enfin sur Prato-Pistoja-Sesto et tout le val d'Arno inférieur.

Poggio a Cajano fut bâtie par Laurent le Magnifique, dont, à propos de Careggi, nous avons déjà raconté les goûts classiques et l'étrange fin. Il en avait acheté le terrain de la maison Cancellieri de Pistoja, maison fameuse dans les troubles civils de l'Italie. Les ruines qu'il déblaya pour jeter les fondemens de la villa actuelle étaient, assure-t-on, les restes d'un château bâti par la famille romaine des Caïus. De là le nom de Rus Cajanum qu'il avait porté d'abord, de villa Cajana qu'il reçut ensuite, et de Poggio a Cajano que lui donna définitivement son dernier propriétaire.

Laurent le Magnifique, séduit par la position délicieuse du terrain, voulut faire de Poggio a Cajano sa résidence chérie ; il appela de chez lui ce qu'il y avait de mieux alors en architectes et en peintres, et leur demanda à chacun un plan ; celui de Giuliano-Giamberti, appelé plus communément San-Gallo, prévalut : seulement Laurent voulut qu'il s'appropriât un escalier extérieur dont le dessin avait été fait par Étienne d'Ugolino, peintre suédois, et grâce auquel on pouvait monter à cheval jusqu'au haut du perron. Ce ne fut pas tout : Laurent désira que le plafond du salon, au lieu d'être plat, fût fait en cercle, ce que rendaient très difficile sa largeur et sa longueur ; mais comme San-Gallo bâtissait alors pour lui-même une maison à Florence, il essaya pour son propre compte une voûte pareille, et, ayant complétement réussi, il entreprit aussitôt celle du salon de Poggio a Cajano, qu'il mena à bien comme on peut voir. Plus tard, et après la mort de Laurent, Léon X fit exécuter dans ce salon les magnifiques fresques du Franciabigio, du Portormo, et d'André del Sarto, qu'on va y admirer encore aujourd'hui, et qui n'ont d'autre tort que de représenter des allégories de sujets d'un intérêt fort médiocre.

A peine Poggio a Cajano fut-il bâti que Laurent le Magnifique s'y rendit avec toute sa cour de poëtes, de docteurs et de philosophes, et se livra plus que jamais à ses réunions académiques et à ses discussions platoniciennes. Bientôt même un sujet se présenta à Laurent d'exercer toute sa verve poético-mythologique. Un de ces filets d'eau qu'on décore du nom de fleuves en Italie, et qui, après avoir été du gravier humide l'été, deviennent des torrens fangeux l'hiver, traversait les jardins de Poggio a Cajano. Au milieu de son cours s'élevait une charmante petite île, fort embellie par les soins de Laurent, dans laquelle, aux mois d'octobre, novembre et décembre, on se rendait en bateau, et qu'en juin, juillet et août on gagnait tranquillement à pied sec. Enfin, quels qu'ils fussent, le fleuve et l'île avaient reçu chacun un nom des plus harmonieux : le fleuve s'appelait Ombrone, l'île s'appelait Ambra.

Un matin, on ne retrouva plus l'île. Il avait beaucoup plu pendant la nuit ; l'Ombrone avait grossi, et, en grossissant, il avait emporté on ne sait où la pauvre Ambra. On la chercha longtemps, on ne la retrouva jamais, et oncques depuis elle ne reparut.

C'était là, comme on le voit, un charmant sujet de bucolique ; aussi l'Arcadien Laurent ne le laissa-t-il point échapper. L'île fut transformée en nymphe bocagère, l'Ombrone en satyre lascif ; trente vers furent consacrés à l'exposition, cinquante vers à la lutte de la Pudeur contre la Luxure, dix vers à une invocation à Diane, vingt vers à la métamorphose de la pauvre Ambra en rocher, quatre vers aux remords du fleuve ravisseur ; et l'Italie, comme on dit en style de la Crusca, s'enorgueillit d'un poëme de plus.

Laurent mourut, nous avons dit comment : selon toute probabilité, du fait de son fils Pierre, qui était pressé de se faire chasser de Florence, comme un drôle qu'il était. Poggio a Cajano resta dans la famille Médicis ; mais la famille Médicis était exilée, c'est-à-dire que Poggio a Cajano resta vide.

Lorsque Charles-Quint vint, en 1536, de Naples à Florence pour s'assurer de son mieux du pouvoir du duc Alexandre, qu'il venait de fiancer à sa fille naturelle Marguerite d'Autriche, il resta un jour à Poggio a Cajano. Pendant cette journée, on s'occupa à lui en faire voir toutes les beautés ; rien ne lui fut épargné : ni la voûte de San-Gallo, ni les fresques du Portormo et d'Andrea del Sarto, ni les jardins, ni l'Ombrone, ni la place où était l'Ambra. Puis, au moment de son départ, comme il avait paru regarder toutes ces choses avec le plus grand intérêt, on lui demanda quelle chose l'avait le plus frappé entre toutes ces merveilles.

— Que les murailles de cette maison sont bien fortes pour un simple particulier, répondit l'empereur.

Trois ans ans après, les portes de Poggio a Cajano s'ouvrirent pour un autre homme, qui eût été non moins Charles-Quint s'il y eût deux empires. Cet homme était Cosme Ier, monté sur le trône à la mort de son cousin Alexandre ; il y faisait une halte de cinq jours avec sa jeune femme, Eléonore de Tolède, qu'il venait d'épouser à Pise. Ces cinq jours se passèrent en fêtes continuelles, dont la nouvelle mariée fut la reine ; puis elle entra à Florence par la Porta-al-Prato, la même par laquelle, vingt-trois ans plus tard, son cercueil devait rentrer entre le cercueil de ses deux fils.

On se rappelle ce que nous avons raconté du cardinal Jean, tué par son frère ; de don Garcia, tué par son père, et d'Eléonore de Tolède, se laissant mourir de faim entre les cadavres de ses deux enfans.

Puis mourut Cosme Ier, et Poggio a Cajano fut le témoin, sinon de nouvelles fêtes, du moins de nouveaux plaisirs. Le grand-duc François, d'amoureuse mémoire, y venait souvent avec Bianca Capello ; ce fut là que le 7 octobre le grand-duc et la grande-duchesse donnèrent au cardinal Ferdinand ce fameux dîner de réconciliation à la suite duquel moururent les deux époux. Nous avons encore raconté cette scène ailleurs ; or, comme on pourrait bien nous accuser de répétition, nous prendrons la liberté de renvoyer nos lecteurs à *Une année à Florence*, où ils trouveront le fait narré dans les plus grands détails.

Quelque temps auparavant, Poggio a Cajano avait été témoin d'un événement non moins tragique : Bianca Capello, qui était coutumière du fait, ayant empoisonné le seul fils que François eût eu de sa femme Jeanne d'Autriche, par l'entremise d'une juive qui était près de l'enfant, le grand-duc, après avoir fait avouer à la juive le crime qu'elle avait commis, la poignarda de sa propre main.

Ces deux événemens jetèrent, comme on le comprend bien, une certaine défaveur sur la villa de Laurent le Magnifique. Aussi près d'un demi-siècle se passe sans que le nom de Poggio a Cajano soit prononcé par l'histoire; lorsqu'il y reparaît, les temps sont changés, l'époque tourne à la comédie : nous y avons vu s'accomplir un acte de Shakspeare ; nous allons voir s'y passer une scène de Molière.

Je vous ai raconté les aventures du malheureux Cosme III, et comment il fut tourmenté dans son ménage par cette extravagante Marguerite d'Orléans, qui ne se tenait tranquille que lorsque le prince Charles de Lorraine passait par hasard à Florence, mais qui, dès qu'il était parti, recommençait ses fredaines, courait les terres labourées pour se faire avorter, et s'engageait avec des Bohémiens plutôt que de rester près de son époux au palais Pitti. Enfin le scandale devint si grand que Louis XIV et le grand-duc Ferdinand II s'en mêlèrent, et qu'on envoya la princesse récalcitrante en exil à Poggio a Cajano, espérant que la solitude amènerait la réflexion.

Malheureusement Marguerite d'Orléans possédait un de ces charmans caractères d'autant plus curieux à étudier qu'ils sont, j'aime à le croire, assez rares chez les femmes, mais grâce auxquels celles qui le possèdent passent leur vie non-seulement à se tourmenter, ce qui est leur droit individuel, mais à tourmenter les autres, ce qui dépasse les limites du droit commun. Or, comme la douceur n'avait pu rien sur la jeune duchesse, on comprend si la sévérité échoua. Marguerite d'Orléans n'était jusque-là que méchante, volontaire et capricieuse, elle devint presque folle; et quand son mari et son beau-père vinrent la visiter pour s'assurer par eux-mêmes de l'effet produit, elle menaça le pauvre Cosme de lui jeter au visage ce qu'elle trouverait sous sa main s'il avait le malheur de se présenter jamais devant elle. Cosme, qui n'était pas brave, se sauva comme si le diable l'emportait, et revint au palais Pitti avec le grand-duc Ferdinand.

Trois ou quatre mois se passèrent pendant lesquels Marguerite resta ainsi à Poggio a Cajano, bouleversant tout, rayant les peintures, cassant les meubles, désorganisant les jardins, faisant damner ses serviteurs. Enfin un beau jour elle se calma tout à coup, son visage reprit un caractère d'affabilité et de bonne humeur qui faisait plaisir à voir. Elle demanda au duc Ferdinand une entrevue que celui-ci lui accorda aussitôt, et dans cette entrevue elle exprima à son beau-père un tel regret sur ses folies passées, elle lui fit de si belles promesses sur sa conduite à venir, elle s'engagea si formellement à faire oublier au pauvre Cosme cet avant-goût de l'enfer qu'elle lui avait donné en ce monde, que Ferdinand s'y laissa prendre et promit d'obtenir de son fils qu'il lui pardonnât. Cosme, qui était la bonté en personne, non-seulement fit ce que lui demandait son père, mais encore il courut en personne chercher l'exilée à Poggio a Cajano, et la ramena tout joyeux à Florence.

Le surlendemain, le prince Eugène de Lorraine vint faire une visite à son cousin Cosme III et demeura trois mois logé au palais Pitti.

Pendant ces trois mois, Marguerite d'Orléans fut d'une humeur charmante, jamais on n'aurait pu comprendre que cet ange de douceur fût le démon qui, depuis trois ou quatre ans, mettait le trouble dans la famille ; tout le monde se félicitait de ce changement lorsque, les trois mois que Charles de Lorraine devait passer à Florence s'étant écoulés, le jeune prince prit congé de ses hôtes et partit.

Huit jours après, Marguerite d'Orléans était redevenue un diable et le palais Pitti un enfer.

Poggio a Cajano avait si bien réussi lors de la première crise, qu'on résolut de tâter du même remède à la seconde : Marguerite fut renvoyée sur les bords de l'Ombrone, et on l'invita à chercher au milieu du silence de ses rives les mêmes sages réflexions qui l'avaient déjà corrigée une première fois.

Malheureusement les choses étaient changées : le prince Charles de Lorraine était retourné en France; Marguerite d'Orléans résolut de faire tant et si bien qu'on l'y envoyât le rejoindre.

Alors les extravagances recommencèrent ; mais comme le jeune grand-duc paraissait y faire une médiocre attention, Marguerite résolut de le forcer à s'occuper d'elle en lui écrivant : elle remit donc un beau jour à son chambellan la lettre suivante, en le chargeant de la porter au palais Pitti et de la rendre au duc Cosme lui-même :

« J'ai fait ce que j'ai pu jusqu'à présent pour gagner votre amitié et je n'ai pu y réussir, quoique j'aie d'autant plus eu de complaisance envers vous que vous avez montré plus de mépris pour moi. Depuis longtemps je m'efforce, de toutes les façons possibles, à supporter ces mépris sans me plaindre, mais une plus longue patience me devient impossible, et voilà pourquoi je prends enfin une résolution qui ne devra point vous surprendre, si vous voulez bien réfléchir aux mauvais traitemens que vous me faites supporter depuis douze ans. Je vous déclare donc que je ne puis plus vivre avec vous ; vous faites mon malheur et je fais le vôtre. Je vous prie en conséquence de consentir à une séparation qui portera le calme dans votre conscience et dans la mienne. Je vous enverrai mon confesseur afin qu'il s'entende avec vous, et j'attendrai ici les ordres du roi, que j'ai supplié de me permettre d'entrer dans un couvent de France ; grâce que je vous demande à vous-même, promettant, si vous voulez bien me l'accorder, d'oublier entièrement le passé. Ne vous inquiétez pas de ma conduite à venir ; mon cœur est ce qu'il doit être, c'est-à-dire assez haut pour qu'il ne vous donne pas la crainte de me voir faire des choses indignes de vous et de moi, attendu que j'aurai toujours devant les yeux l'amour de Dieu et l'honneur du monde. Je vous propose cela parce que je crois que c'est le moyen le plus sûr de nous rendre le calme et la tranquillité à tous deux pour tout le reste de notre vie.

» Je vous recommande nos enfans. »

Cette lettre bouleversa le duc Cosme : il était difficile de voir plus d'impudence présider à une détermination plus scandaleuse. Il essaya donc encore par tous les moyens de ramener la duchesse à lui; mais voyant qu'il n'y pouvait réussir, il consentit à sa demande, la fit reconduire à Marseille, lui assura une rente viagère de quatre-vingt mille francs, et, sur sa demande, l'autorisa à entrer dans le couvent de Montmartre.

La princesse Marguerite avait cru que son engagement de demeurer dans un couvent ne serait plus, arrivée en France, qu'une obligation à laquelle elle échapperait facilement ; elle fut donc fort étonnée lorsqu'elle reçut à la fois de Florence et de Versailles, de Cosme III et de Louis XIV, l'injonction de se tenir loin de la cour et de vivre dans la retraite la plus absolue. Ce n'était pas là-dessus qu'avait compté la grande-duchesse. Aussi, bien vite lassée qu'elle fut de la vie claustrale, demanda-t-elle à aller demeurer chez sa sœur, qui habitait le palais du Luxembourg : cette demande lui fut refusée.

Alors la princesse s'avisa d'un expédient tout simple et qu'elle s'étonna de ne point avoir trouvé plus tôt.

C'était de mettre le feu au couvent.

Les trois quarts de l'abbaye y passèrent ; mais cet accident rendit quelques jours de liberté à la pauvre recluse, le quelle en profita pour adresser à son mari la dépêche suivante. Les amateurs de romans par lettres nous sauront gré, nous l'espérons, de ces deux échantillons du style épistolaire de la fille de Gaston d'Orléans.

« Décidément, je ne puis plus supporter vos extravagances : vous faites tout ce que vous pouvez contre moi près du roi Louis XIV ; vous me défendez d'aller à la cour, et en me faisant cette défense, non-seulement vous empirez mes affaires et les vôtres, mais encore vous perdez l'avenir de vos fils. Vous me poussez à un tel état de désespoir qu'il n'y a pas de jour où je ne souhaite non-seulement vous voir mourir, mais encore vous voir mourir pendu. Vous m'avez réduite à un tel état de rage continuelle que je n'ose plus recevoir les sacremens, et qu'ainsi vous serez cause que je me damnerai, et que ma damnation entraînera la vôtre, attendu que qui perd une âme ne peut ni ne doit espérer de sauver la sienne. Mais au milieu de tout cela, ce qui fait mon plus grand chagrin, ce n'est pas précisément d'aller en enfer, mais d'y aller en votre compagnie ; ce qui fait qu'après avoir eu le tourment de vous voir en ce monde, j'aurai encore celui de vous voir dans l'autre. Si, au lieu de vous opposer à toutes mes demandes, vous m'aviez laissée me retirer tranquillement au Luxembourg près de ma sœur, qui est une sainte (1), je me serais laissée aller tout doucement à la dévotion, ce qui m'eût été facile ; car je commençais à me faire instruire dans les obligations que nous avons envers Notre Seigneur Jésus-Christ, à telles enseignes que, pendant le voyage que je fis à Alençon avec ma sœur, j'avais presque pris déjà la résolution de me faire religieuse dans un hôpital ; car, quiconque vous interrogerez vous dira que pendant ce voyage, et tout le temps que je demeurai dans cette ville, je passai mes matinées à soigner les malades, et le reste de mes journées à visiter les religieuses de la Charité, faisant tout ce qu'elles faisaient sans dégoût et sans ennui. Mais aujourd'hui tout est changé ; je ne veux plus penser à faire le bien, mais à me jeter dans le mal, et vous me faites si désespérée que je sens que je n'aurai pas un instant de repos que je ne me sois vengée. Changez donc de manière d'être vis-à-vis de moi ; il est temps, je vous en préviens ; car, dussé-je signer un pacte avec le diable pour vous rendre fou de rage, je le signerai : toutes les extravagances qu'une femme peut faire et que, malgré tout son pouvoir, un mari ne peut empêcher, je les ferai. Ainsi, croyez-moi, écrivez purement et simplement au roi que vous ne voulez plus vous inquiéter ni de moi ni de ce que je ferai ; laissez-le me gouverner à sa manière sans tenter de me gouverner à la vôtre, et remettez-vous-en de tout ce que je ferai à Sa Majesté et à sa prudence : si vous faites cela, je vous promets d'essayer de me remettre bien avec Dieu : mais si vous ne le faites pas, attendez-vous à recevoir de promptes nouvelles de ma colère et de ma vengeance, attendu, voyez-vous, que de me soumettre jamais il n'y faut pas penser. Vous croyez, m'a-t-on dit, me ramener à Florence ; si vous avez eu jamais cet espoir, je vous invite à le perdre ; cela ne réussira point, et si cela réussissait, malheur à vous, car, je vous le jure, vous ne péririez que de ma main. Vous pouvez donc, dans ce cas, vous préparer à décamper de ce monde, et cela lestement. Ainsi, croyez-moi, ne changez rien à notre situation respective que pour améliorer la mienne de la manière que je vous dis, afin que lorsque vous serez mort, ce qui, au reste, ne peut tarder bien longtemps, je fasse au moins quelquefois une prière pour votre âme, et que je puisse soutenir près du roi l'avenir de vos fils que vous avez ruiné. Ainsi donc, assez comme cela ; car, en voulant m'empêcher de marcher de travers, c'est vous que je ferai marcher droit ; et vous serez pareil à ceux qui viennent pour donner un charivari et qui, au lieu de le donner, le reçoivent. Maintenant vous voilà averti, c'est votre affaire et non la mienne. Quant à moi, je n'ai plus rien à perdre désormais, ayant depuis longtemps désespéré de tout. »

Les espérances de la princesse Marguerite furent trompées, car Cosme III vécut encore quarante-deux ans après cette lettre, et ce fut sa femme qui le précéda de deux années dans la tombe.

Nous avons raconté plus haut comment, Dieu ayant étendu la main sur les Médicis pour leur faire signe qu'ils avaient assez régné, le désordre, le libertinage et la stérilité se mirent dans cette malheureuse race. Ferdinand, fils de Cosme III, épousa Violente de Bavière ; mais, comme au bout de quelques années il fut reconnu que la princesse ne pouvait devenir mère, son mari la prit en dégoût, et, pour se séparer d'elle, s'en vint habiter Poggio a Cajano. Là il rassembla des favoris et des maîtresses, et parmi ces favoris et ces maîtresses étaient un soprano et une prima donna qu'il affectionnait particulièrement : le soprano se nommait Francesco de Castrès, et la prima donna, qui était une jeune et belle virtuose vénitienne, s'appelait Vittoria Bombagia.

(1) Il est ici question de mademoiselle de Montpensier, dite la grande Mademoiselle, maîtresse de Lauzun. Nous l'indiquons à nos lecteurs, qui ne l'auraient peut-être pas reconnue sous l'épithète de sainte que lui donne sa sœur.

Alors, au lieu d'être témoin des catastrophes qui terminèrent le règne de François Ier, ou des démêlés conjugaux qui désolèrent celui de Cosme III, Poggio a Cajano redevint, comme au temps de Laurent le Magnifique et de Cosme Ier, un lieu de plaisirs et de fêtes : c'étaient chaque jour bals, chants, spectacles ; malheureusement tous ces plaisirs éloignaient de plus en plus le jeune duc Ferdinand de sa femme. Aussi le grand-duc Ferdinand résolut-il de faire tout ce qu'il pourrait pour y mettre une fin, excité qu'il était chaque jour par les jalouses récriminations de Violente de Bavière.

Une idée vint alors au grand-duc ; elle lui fut suggérée on ne sait par qui ; c'était de mettre aux prises les deux favoris, et de les détruire, si la chose était possible, l'un par l'autre.

La chose n'était pas difficile ; il y a une pomme de discorde qui, jetée au milieu des artistes, ne manque jamais de produire son effet : c'est l'amour-propre blessé. Le grand-duc s'arrangea de manière à ce que, pendant trois ou quatre concerts et deux ou trois représentations théâtrales, la Bombagia fût applaudie et le Francesco de Castrès sifflé. Comme cela devait naturellement arriver, le soprano accusa la prima donna d'intrigue ; et un beau jour que ces deux importans personnages dînaient à la même table, s'étant pris de dispute à l'endroit de leur talent respectif, et la Bombagia ayant dit un mot piquant à de Castrès, celui-ci lui envoya au travers de la figure un pain de trois ou quatre livres qui se trouvait auprès de lui. A cette insulte, comme on le pense bien, la virtuose quitta la salle et courut, le visage tout couvert de larmes et de sang, se jeter aux pieds de Ferdinand, qui, la voyant dans ce déplorable état, lui promit une prompte vengeance. En conséquence il la pria de se retirer dans sa chambre ; et, feignant de tout ignorer, il fit, une heure après la scène que nous avons racontée, venir près de lui le coupable, et, sans lui rien laisser soupçonner de sa colère contre lui, il lui remit une lettre et lui ordonna de porter immédiatement cette lettre à son premier chambellan Torrégiani, lequel était à Florence au palais Pitti. Le soprano, qui ignorait de quelle commission il était chargé, partit aussitôt sans avoir aucun soupçon, et aussitôt son arrivée à Florence s'empressa, pour obéir aux recommandations du prince, de porter cette lettre à son adresse. Torrégiani la décacheta et vit, à son grand étonnement, qu'elle contenait l'ordre de lier les pieds et les mains au seigneur Francesco de Castrès, de le jeter dans une charrette, et de le faire conduire immédiatement hors des frontières de Toscane, avec défense, sous peine de la vie, d'y rentrer jamais. Le chambellan ne savait pas ce que c'était que de discuter un ordre du prince ; il fit entrer ses soldats, leur livra le chanteur, qui, convenablement ficelé des pieds à la tête, fut reconduit jusqu'aux limites des états pontificaux, avec permission d'aller en avant tant que bon lui semblerait, mais avec défense de ne jamais revenir en arrière. L'invitation était positive ; aussi produisit-elle un tel effet sur le pauvre soprano, dont le courage n'était pas la qualité essentielle, qu'il courut tout d'un trait jusqu'à Rome, où, quelques jours après, il mourut des suites de sa peur.

Là se termine l'histoire politique, pittoresque et scandaleuse de Poggio a Cajano, qui, à l'extinction de la branche des Médicis, passa, comme les autres biens de la couronne, entre les mains de la maison de Lorraine.

Aujourd'hui il appartient à Son Altesse le grand-duc Léopold, qui l'habite un ou deux mois de l'année, et qui, tout le reste du temps, l'abandonne avec sa bonté ordinaire à la curiosité des étrangers qui viennent y chercher la trace des différens événements que nous avons racontés.

QUARTO

Quarto n'est ni un palais ni un château, c'est une simple villa. Quarto n'a ni vieilles traditions, ni légende gothique. L'illustration de Quarto est contemporaine; ses souvenirs dateront de l'époque actuelle. Quarto est la demeure du frère de Napoléon, du prince Jérôme de Montfort, de l'ex-roi de Westphalie.

Un jour Napoléon voulut châtier la Hesse, punir le Brunswick, détacher à tout jamais le Hanovre de l'Angleterre. Il réunit ces trois provinces, il en composa un royaume, et appelant son plus jeune frère qui avait alors vingt-six ans à peine :

— Jérôme, lui dit-il, Joseph est roi d'Espagne, Louis est roi de Hollande, Murat est roi de Naples, Eugène est viceroi d'Italie; c'est à ton tour de monter sur le trône, je te fais roi de Westphalie.

Et le nouveau roi partit pour Cassel, sa capitale.

Le royaume de Westphalie, annexé de l'empire du nouveau Charlemagne, tomba en 1814 avec cet empire. Napoléon fut fait souverain de l'île d'Elbe, et le roi de Westphalie devint prince de Montfort.

Le prince de Montfort, du temps qu'il était roi, avait épousé une sainte et noble femme qui, après avoir partagé sa puissance, partageait son exil. C'était la fille du vieux roi de Wurtemberg, la même princesse qui fut victime de cet étrange vol de diamants dont Maubreuil passa pour l'auteur et n'était que le complice.

Le prince de Montfort et sa femme étaient à Trieste, tous deux gardés à vue par la police autrichienne, lorsque la nouvelle du débarquement de l'empereur au golfe Juan fit bondir l'Europe d'étonnement. Comme on le comprend bien, la surveillance redoubla.

Un jour, au moment où le prince s'y attendait le moins, il vit entrer chez lui son ancien aide de camp, le baron de Gayl. Il arrivait de Paris, et était porteur d'une lettre de Napoléon et d'un passeport de Fouché. En vingt-six jours l'empereur était venu de Porto-Ferrajo aux Tuileries.

Cette lettre invitait le prince Jérôme à venir rejoindre son frère le plus tôt possible; elle prévenait, en outre, qu'une frégate venait d'être expédiée à Naples pour le transporter en France.

Une lettre pareille avait été en même temps expédiée à Eugène.

Eugène répondit qu'il avait des engagemens pris avec les puissances alliées, et qu'il ne pouvait se rendre à l'invitation de son beau-père; mais qu'aussitôt que Napoléon aurait passé le Rhin, il irait le rejoindre.

Le prince Jérôme ne répondit rien, sinon que l'invitation de son frère était pour lui un ordre, et qu'il partirait le soir même.

Cependant la chose était plus facile à dire qu'à exécuter : les nouvelles arrivées de France rendaient de moment en moment la surveillance de la police plus active; il fallait tout faire sans avoir l'air de rien préparer. Le prince attendit la visite du consul de Naples, qui avait l'habitude de le venir voir tous les jours, à deux heures, pour arrêter quelque chose avec lui.

Le consul vint à l'heure accoutumée : c'était monsieur Abatucci, dont le dévoûment à la famille Napoléon était connu du prince Jérôme; il n'hésita donc pas à lui tout dire, et à lui confier qu'il ne comptait que sur lui seul pour quitter Trieste; monsieur Abatucci répondit au prince en mettant à sa disposition la chaloupe canonnière le Vésuve, laquelle faisait partie de la marine de Murat et se trouvait en ce moment dans le port de Trieste. Le prince accepta.

A l'instant même l'ordre fut donné au commandant de la chaloupe d'appareiller et de sortir du port, puis d'envoyer à minuit le canot sur un point de la plage qui lui était indiqué.

Deux personnes seulement étaient dans la confidence, la reine et monsieur Abatucci; le commandant de la chaloupe lui-même ignorait qui il devait prendre.

A minuit, le prince quitta sa maison par une porte de derrière, accompagné de la reine; à la sortie de la ville monsieur Abatucci les attendait; il se joignit à eux et les accompagna jusqu'au point de côte indiqué. La chaloupe les y attendait; il n'y avait pas de temps à perdre : les adieux furent courts, le prince embrassa la reine et partit. Tant que dans l'obscurité d'une de ces belles nuits italiennes on put apercevoir la barque, la reine et le consul restèrent sur le rivage; mais enfin la barque s'enfonça dans les ténèbres : le prince était désormais sous la sauvegarde de la fortune fraternelle.

Le lendemain le prince avait en vue la côte de Sinigaglia. A son grand étonnement il s'y faisait un grand déploiement de forces : une armée magnifique défilait suivant le rivage; le prince crut reconnaître les uniformes napolitains, et ordonna au commandant du *Vésuve* de le mettre à terre.

Le prince s'avança vers une maison qu'il apercevait : c'était Casa-Bruciata, un relais de poste; en même temps que lui une voiture attelée de six chevaux arrivait, un homme en descendit : c'était Murat.

Quoiqu'ils fussent loin de s'attendre à se rencontrer là, les deux beaux-frères se reconnurent à l'instant même. Murat donna au prince Jérôme, sur la marche triomphale de l'empereur à travers la France, des détails qu'il ignorait.

Cette entreprise gigantesque, que Murat essaya plus tard d'imiter, comme le corbeau imite l'aigle, lui avait monté la tête : il voulait balayer, disait-il, les Autrichiens de l'Italie, et donner la main à l'empereur par dessus les Alpes.

Pendant jours le prince Jérôme, qui avait appris par le roi de Naples que la frégate qui devait le transporter en France n'était pas encore arrivée, suivit l'armée de son beau-frère en amateur. On arriva ainsi jusqu'à Bologne.

A Bologne un officier supérieur anglais vint trouver Murat, chargé d'une mission secrète de son gouvernement. Murat le retint à souper; mais en apprenant cette circonstance, le prince Jérôme fit dire à Murat que, ne voulant pas le gêner dans ses négociations, il se retirait. Le même jour, quelles que fussent les instances de Murat, le prince Jérôme partit pour Naples.

La frégate française venait d'arriver. Par une étrange coïncidence, elle portait le même nom que celle qui, sous les ordres du prince de Joinville, alla plus tard chercher le corps de Napoléon à Sainte-Hélène. C'était la *Belle-Poule*, de quarante-quatre canons.

Madame mère et le cardinal Fesch venaient d'arriver à Naples; le prince les fit monter à son bord et partit avec eux pour la France.

En vue de la Corse, on aperçut une voile. Examen fait du bâtiment en vue, on reconnut un vaisseau anglais de soixante-quatorze canons. Le prince ignorait complètement où en était politiquement la France et l'Angleterre. Il n'y avait pas moyen de combattre un ennemi si supérieur, encore moins de chance de lui échapper s'il donnait la chasse. Le prince ordonna de relâcher à Bastia.

Le lendemain, le vaisseau anglais vint croiser devant le port.

Le prince lui envoya aussitôt un de ses aides de camp pour savoir quelles étaient ses intentions, et s'il se présentait en ami ou en ennemi. Le capitaine du bâtiment lui répondit qu'aucune déclaration de guerre n'ayant encore été échangée entre les deux gouvernemens, le prince pouvait sortir du port en toute sécurité. A l'instant même, le prince donna l'ordre d'appareiller; et, comme il s'y était engagé, le commandant du vaisseau anglais laissa s'éloigner la frégate française sans faire contre elle aucune démonstration hostile.

Le lendemain soir le prince débarquait à Fréjus. Trois jours après il était à Paris.

Napoléon s'apprêtait pour le Champ de Mars. Le prince Jérôme fut près de lui dans cette grande solennité. Il représentait à lui seul toute la famille. Pas un seul de tous ces rois, de tous ces princes, de tous ces grands-ducs qu'avait faits l'empire, n'avait eu assez de foi aux Cent-Jours pour venir rejoindre l'aventureux conquérant de l'île d'Elbe.

L'Europe prenait une attitude hostile. Pas un souverain n'avait répondu à la circulaire fraternelle envoyée par Napoléon. La Prusse, la Hollande, l'Angleterre poussaient des hommes à la frontière ; le reste du monde armait.

Ce sera encore longtemps le destin de la France d'avoir toute l'Europe contre elle, jusqu'à ce qu'enfin elle ait toute l'Europe à elle.

Chaque jour enlevait une espérance de paix. Napoléon, qui n'y avait jamais cru, s'était, dès le lendemain de son arrivée aux Tuileries, préparé à la guerre.

Napoléon partit de Paris pour rejoindre l'armée. Il y a juste vingt-sept ans de cela. J'étais bien enfant. Je le vis passer ; c'était le 12 juin 1815, à quatre heures et demie du soir. Il était vêtu de son habit vert des chasseurs de la garde ; portait la croix d'officier, la plaque de la Légion d'honneur et la croix de la Couronne de fer.

Je n'oublierai de ma vie cette noble figure faite pour la médaille, belle comme ces têtes d'Alexandre et d'Auguste que l'antiquité nous a transmises, et que la fatigue inclinait sur sa poitrine. Le maître de poste ouvrit la portière de la voiture pour demander à l'empereur s'il n'avait pas d'ordres à lui donner. Le regard vague et perdu de Napoléon se concentra et se fixa à l'instant même sur lui.

— Où sommes-nous ? demanda l'empereur.

— A Villers-Cottêrets, Sire.

— A six lieues de Soissons, n'est-ce pas ? Puis, sans donner à son interlocuteur le temps de répondre : Il y a ici, continua-t-il, un château bâti par François Ier ; on pourrait en faire une caserne.

— Sire, ce serait un grand bonheur pour la ville, qui préférerait cela au dépôt de mendicité qui s'y trouve.

— Puis une grande forêt, continua l'empereur ; une forêt à cheval sur la route de Laon. Merci, monsieur le maître de poste ; sommes-nous prêts ?

— Oui, sire.

— Partons.

Et cette tête qui savait tout et qui n'oubliait rien retomba sur sa poitrine, fatiguée du monde d'idées qu'elle portait.

La voiture repartit à l'instant même au galop de ses chevaux.

A la gauche de l'empereur était le prince Jérôme, devant lui était le général Bertrand.

Quoique ma principale attention eût été absorbée par l'empereur, la figure de son frère m'avait tellement frappé aussi, que lorsque je le revis, vingt-cinq ans après, je le reconnus.

C'était en 1815 un beau jeune homme de trente et un ans, à la barbe et aux cheveux noirs, au visage doux et souriant, et qui paraissait plus fier à cette heure de son uniforme de général de division qu'il ne l'avait jamais été de son manteau royal.

A Avesnes, le prince Jérôme quitta l'empereur et prit le commandement de sa division : il avait sous ses ordres le colonel Cubières, qui venait de se marier depuis deux jours, et devait marcher avec Ney sur les Quatre-Bras, tandis que l'empereur marchait sur Fleurus.

Le 15 au soir, le prince soupait avec le général Cubières, le général Girard et deux ou trois autres généraux de brigade, lorsqu'un aide de camp de Napoléon entra ; il apportait l'ordre à Girard et à sa division de marcher sur Fleurus, afin de faire sa jonction avec l'empereur.

Le général Girard, qui était un des plus braves soldats de l'armée, et qui avait été fort gai jusque-là, pâlit tellement en recevant cet ordre, que le prince se retourna vers lui en lui demandant s'il se trouvait mal.

— Non, monseigneur, dit le général Girard en portant sa main à son front ; mais il vient de me passer là un singulier pressentiment. Je serai tué demain.

— Allons donc ! dit le prince Jérôme en riant, est-ce que tu deviens fou, mon vieux camarade ?

— Non, monseigneur ; mais n'avez-vous jamais entendu dire qu'il y ait des hommes qui aient reçu d'avance l'avis de leur mort ?

— Combien as-tu de blessures, Girard ? demanda le prince.

— Vingt-sept ou vingt-huit, monseigneur ; je n'en sais pas bien le compte. Je suis troué comme une écumoire.

— Eh bien ! quand on a reçu vingt-huit blessures au service de la France, on est immortel. Au revoir, Girard.

— Adieu, monseigneur.

— Au revoir.

— Non, non, adieu.

Girard sortit de la chambre. Tous ces hommes de guerre, habitués à voir la mort chaque jour, se regardèrent en souriant ; cependant, quoiqu'aucun d'eux ne crût au prétendu pressentiment de celui qui les quittait, une impression triste pesait sur eux.

Le lendemain au soir, à l'heure même où Girard s'était levé de table, on apprit que le premier boulet tiré à Ligny avait été pour ce brave général.

La journée avait été rude : c'était celle des Quatre-Bras. Depuis le matin jusqu'au soir, le prince Jérôme resta à la tête de sa division ; ce fut lui qui perça le bois du Bossu. Il y reçut deux balles ; l'une brisa la coquille de son épée, l'autre n'était qu'une balle morte qui lui fit une contusion à la hanche.

Il arrivait à la lisière du bois avec sa division, lorsqu'un homme à cheval, quittant les rangs ennemis, accourut au galop jusqu'à cinquante pas à peu près des colonnes françaises ; il portait l'uniforme anglais, avait la poitrine couverte de plaques et de croix. Un instant on crut que c'était Wellington lui-même ; mais que venait-il faire là ? on se le demandait.

En ce moment cet officier général leva le sabre en signe qu'il voulait parler ; on crut que c'était un parlementaire, et l'on écouta.

« Français, dit-il, au lieu de nous attaquer en ennemis, venez à nous en frères ; votre véritable roi, votre roi légitime est par ici. »

— Cet homme est ivre, dit le prince, envoyez-lui quelques coups de fusil, et qu'il retourne d'où il vient.

A cet ordre une vingtaine de coups de fusil partirent, et l'homme tomba ; on courut à lui, et l'on reconnut que c'était le duc régnant de Brunswick. Son père et son grand-père avaient été tués comme lui sur le champ de bataille : dans les caveaux de la famille, on garde les trois uniformes ensanglantés.

Etrange destinée ! le prince Jérôme lui avait déjà pris son duché, et voilà que, sans savoir qui il était, il lui prenait maintenant la vie.

Comme nous l'avons dit, la journée avait été rude : le prince Jérôme avait perdu dans sa seule division trois mille hommes, deux généraux de brigade, trois colonels. Le colonel Cubières avait reçu quatre blessures à la tête ; deux fois le prince avait été à lui pour qu'il remît le commandement à son lieutenant-colonel, et chaque fois le colonel Cubières avait répondu : — Monseigneur, tant que je pourrai me tenir à cheval, je resterai à la tête de mon régiment.

On bivouaqua dans la boue et dans le sang. Puis, pendant toute la journée du 17, on marcha à la suite des Anglais en retraite : il tombait des torrens de pluie. Le soir, vers sept heures, on prit position en avant du village de Planchenet.

A huit heures, l'empereur y arriva : les deux frères se revirent. Napoléon avait su comment le prince s'était conduit dans la journée du 16. — Prends garde, Jérôme, lui dit-il en riant, je t'ai donné une division et non pas une escouade ; si tu veux trop faire le soldat, j'enverrai quelqu'un pour faire le général.

— J'espère que Votre Majesté me laissera encore la journée de demain, répondit le prince.

— Tu crois donc qu'ils nous attendront ? dit l'empereur.

— Mais cela en a tout l'air, dit le prince ; Votre Majesté a pu voir qu'ils prenaient leurs positions.

— Pour la nuit, dit l'empereur, mais demain, au point du

jour, tu les verras décamper. Wellington n'est pas si niais que de m'offrir la bataille dans une position pareille.

Contre toute attente, le jour en se levant le lendemain trouva les deux armées dans la même position : Napoléon ne pouvait croire à cette imprudence ; il envoya le général Haxo reconnaître l'ennemi.

Le général Haxo revint et assura à l'empereur que l'armée anglaise prenait position en avant du mont Saint-Jean.

— Ce n'est pas possible, répéta deux fois l'empereur, vous vous êtes trompé, Haxo, cela n'est pas possible.

— Cela est cependant ainsi, Sire, répondit le général.

— Mais si je les bats, dit l'empereur, adossés comme ils sont à des défilés, ils sont tous perdus, et pas un ne retournera en Angleterre. Allez donc vous assurer de nouveau de ce que vous me dites, Haxo.

Le général Haxo poussa une nouvelle reconnaissance jusqu'à une portée de fusil des Anglais, et revint près de l'empereur, rapportant une seconde réponse plus affirmative encore que la première.

— C'est bien, dit l'empereur, il paraît que Wellington est fou. Eh bien ! soit, nous profiterons de sa folie.

Aussitôt le plan de bataille fut fait : il était huit heures et demie du matin, un ordre du jour signé du maréchal Soult fut lu à l'armée.

C'était le prince Jérôme qui devait commencer l'attaque par l'extrême gauche ; il se rendit à son poste : sa division se trouvait en face de la ferme d'Hongoumont, que les Anglais avaient fortifiée pendant la nuit par tous les moyens possibles.

Les premiers coups de fusil furent tirés à midi et demi par le premier régiment d'infanterie légère. Une des premières balles par lesquelles l'ennemi lui riposta traversa le cou du cheval que montait le prince ; il avait, comme on le voit, assez mal profité des conseils de son frère.

On connaît cette journée dans ses moindres détails, on sait par cœur cette lutte de géans : les Anglais tinrent comme s'ils avaient pris racine dans le sol, comme s'ils s'étaient pétrifiés au milieu des pierres qu'ils défendaient. Il faut voir encore aujourd'hui cette ferme d'Hongoumont, criblée de balles, rasée à hauteur d'homme, avec ses pans de murs écroulés, ses sillons de boulets et ses trous de bombes. Car tout en reste tel que le prince Jérôme l'a laissé, la destruction étant si grande, que vingt-sept ans de paix n'ont pas même essayé d'effacer un jour de bataille.

A trois heures et demie un aide de camp arriva qui, de la part de l'empereur, demandait le prince Jérôme. Le prince laissa le commandement de sa division au général Guilleminot, prit un cheval frais, et, suivant les derrières de l'armée, il arriva près de l'empereur.

L'empereur était à pied, sur une petite éminence de laquelle il dominait tout le champ de bataille. Il avait près de lui le maréchal Soult.

En ce moment arrivait une colonne de prisonniers westphaliens ; ils reconnurent leur ancien roi, et le prince Jérôme reconnut lui-même deux ou trois officiers qui avaient servi dans sa garde. Alors les prisonniers se mirent à crier : Gott den kœnig ! c'est-à-dire : Dieu protège le roi ! C'était l'exergue de la monnaie westphalienne.

Alors le prince s'avança vers eux :

— Mes amis, leur dit-il, vous vous êtes bien battus. Mais vous vous êtes battus contre moi !

— C'est vrai, sire ; mais nous avons été habitués par vous-même à toujours faire notre devoir.

— Eh bien ! dit le prince, voulez-vous rentrer à mon service ? Si vous avez été contens de moi, c'est maintenant qu'il faut me le prouver.

— Vive Jérôme ! crièrent à la fois soldats et officiers.

— C'est bien, dit l'empereur ; conduisez ces braves gens sur les derrières, rendez-leur leurs armes, organisez-les, et qu'ils soient incorporés dans la première division.

Cette première division était celle du prince. Les soldats s'éloignèrent en criant : Vive l'empereur ! vive le roi Jérôme !

L'empereur les suivit quelque temps des yeux ; puis, se retournant vers son frère, il se fit rendre compte de ce qu'il avait fait, l'écoutant d'un air à demi distrait, car à son premier plan de bataille il en substituait en ce moment un second.

Au lieu d'écraser l'aile droite anglaise comme il l'avait résolu d'abord, et, par un changement de front, de tomber ensuite sur les Prussiens, il voulait maintenant percer le centre, lâcher une ou deux divisions sur l'aile droite, qui se mettrait en retraite sur Bruxelles, et avec le reste de l'armée écraser l'aile gauche anglaise et le corps prussien.

Ney arriva sur ces entrefaites. L'empereur, en le voyant couvert de boue et de sueur, lui tendit la main et demanda à boire. Jardin, son écuyer, apporta une bouteille de vin de Bordeaux et un verre. L'empereur but d'abord, puis passa le verre au prince Jérôme, qui but à son tour et le passa au maréchal Ney.

— Écoute, mon brave Ney, dit alors l'empereur en tirant sa montre et en la lui montrant ; il est trois heures et demie ; tu vas te mettre à la tête de toute la grosse cavalerie, douze mille hommes choisis parmi mes meilleurs soldats ; avec cela on passe partout, et à quatre heures et demie tu donneras le coup de massue. Je compte sur toi.

On connaît l'effet de cette terrible charge. J'ai raconté ailleurs les carrés anglais, ouverts, poignardés, anéantis ; j'ai montré Wellington désespéré, vaincu, calculant le temps matériel qu'il nous fallait encore pour égorger ces admirables troupes qui mouraient à leur poste sans reculer d'un pas, et appelant le seul homme ou la seule chose qui pût le sauver, Blücher ou la nuit.

Tous deux arrivèrent presque en même temps. La bataille était gagnée : le général Friant et le prince Jérôme venaient d'enlever la dernière batterie anglaise, lorsque Labédoyère accourut à grande course de cheval, annonçant que ce canon qui commençait à passer de notre extrême droite sur nos derrières, était le canon prussien.

Alors l'empereur ordonna la retraite. En un instant, et par un de ces retours de fortune qui, d'un souffle, renversent un empire, le victorieux se trouva vaincu.

Non-seulement il se trouva vaincu, mais il reconnut que la retraite était impossible.

Alors il résolut de se faire tuer. Alors il se jeta dans le carré de Cambronne, sous le feu d'une batterie anglaise qui emportait des files entières, essayant toujours de pousser en avant son cheval, que le prince Jérôme tenait par la bride et forçait de retourner en arrière, tandis qu'un vieux général corse, le général Campi, quoique blessé dangereusement et se tenant à peine sur son cheval, couvrait continuellement de son corps le prince et l'empereur.

— Mais, Campi, lui dit le prince, tu veux donc te faire tuer ?

— Oui, répondit celui-ci, pourvu que ma mort sauve l'empereur.

Napoléon resta ainsi près de trois quarts d'heure, cherchant, appelant, implorant ces boulets et ces balles qui le fuyaient. Enfin, le fatalisme auquel il avait toujours cru reprit le dessus sur son désespoir.

— Dieu ne le veut pas, dit-il. Puis, s'adressant à ceux qui l'entouraient :

— Y a-t-il un homme, dit-il, qui se charge de me conduire où est Grouchy ?

Dix officiers se présentèrent. Un d'eux prit la bride de son cheval pour le tirer de cette affreuse mêlée ; mais l'empereur fit signe qu'il avait encore quelques paroles à dire. Alors, se retournant vers le prince Jérôme :

— Mon frère, lui dit-il, je vous laisse le commandement de l'armée ; ralliez-la et attendez-moi sous les murs de Laon.

Puis lui tendant la main :

— Je suis fâché, ajouta-t-il, de vous avoir connu si tard.

Une nouvelle combinaison, qui pouvait encore changer la face des choses, venait de germer dans cette puissante tête. Napoléon voulait rejoindre Grouchy et ses trente-cinq mille hommes de troupes fraîches ; puis, tandis que Jérôme ferait face avec l'armée ralliée aux Anglais et aux Prussiens fatigués, tomber sur leurs derrières avec ce corps d'armée, et prendre ainsi au cœur de la France Wellington et Blücher entre deux feux.

Qui empêcha ce nouveau plan de s'accomplir? Nul ne le sait; c'est un secret entre le prisonnier de Sainte-Hélène et Dieu. Ne put-il pas, au milieu de ce désordre, trouer ces masses prussiennes qu'il fallait franchir? fut-il égaré par son guide, ou bien la force lui manqua-t-elle pour son gigantesque projet?

J'étais à cette même poste où Napoléon était passé huit jours auparavant, et où nous attendions des nouvelles de l'armée, lorsqu'on entendit le bruit du galop d'un cheval : c'était un courrier qui passait ventre à terre, et qui cria en passant :

— Six chevaux pour l'empereur!

Puis le courrier disparut.

Un instant après, le roulement sourd et lointain d'une voiture se fit entendre; mais cette voiture approchait si rapidement, qu'il n'y eut pas un instant de doute sur celui qu'elle ramenait; quand elle arriva à la porte de la poste, les chevaux étaient prêts. Tout le monde se précipita dehors : c'était l'empereur.

Il était à la même place, vêtu du même uniforme, avec la même figure de marbre qu'il avait en passant.

Puis, comme en passant et de la même voix :

— Nous sommes à Villers-Cotterets? dit-il.

— Oui, sire.

— Combien de lieues d'ici à Paris, vingt?

— Dix-huit, sire.

— C'est bien... ventre à terre!

Les fouets des postillons retentirent, et il disparut comme emporté par un tourbillon.

Ce furent les deux seules fois que je vis l'empereur.

Le prince Jérôme avait suivi les ordres reçus : à force d'efforts il avait rallié vingt-huit mille hommes, et les avait concentrés sous les murailles de Laon. Là, il reçut une dépêche de l'empereur; cette dépêche lui ordonnait de remettre le commandant de l'armée au maréchal Soult, et de se rendre immédiatement à Paris.

Napoléon voulait faire ses adieux au seul de ses frères qui eût suivi jusqu'au bout son aventureuse fortune. Sans lui dire ce qu'il comptait faire lui-même, il demanda au prince quelles étaient ses intentions.

— De rester avec l'armée, sire, répondit le prince, tant qu'un lambeau tricolore flottera dans un coin quelconque de la France.

Le prince demeura pendant trois jours à l'Élysée avec son frère; alors il apprit que l'armée se retirait derrière la Loire.

Selon ce qu'il avait dit, le prince rejoignit l'armée, et resta avec elle jusqu'à son licenciement.

Alors il lui fallut traverser la France : un maître de poste lui donna son passeport, et il arriva à Paris.

Louis XVIII était depuis un mois sur le trône. Le prince Jérôme prévint Fouché de son arrivée : Fouché lui fit dire de partir à l'instant même; on savait qu'il était en France, on le cherchait de tous côtés, on n'eût pas été fâché de venger sur lui la mort du duc d'Enghien. Il n'y avait pas un instant à perdre pour gagner la frontière. Fouché répondait au prince qu'aucun ordre ne serait donné avant douze heures.

Le prince partit à l'instant pour Strasbourg. Quatorze heures après son départ de Paris, l'ordre fut donné par le télégraphe de l'arrêter à son passage à Strasbourg.

Cet ordre devait être exécuté par le plus ancien officier de la garnison. Par un hasard étrange, ce doyen des officiers était le colonel Gauthier, ancien chef du bureau topographique du roi Jérôme.

Au moment où le colonel Gauthier reçut cet ordre, il rencontra dans les rues de Strasbourg le premier valet de chambre du prince qui allait monter en voiture; il alla droit à lui :

— Tricot, lui dit-il, je suis chargé d'arrêter Sa Majesté, il n'y a donc pas un instant à perdre; va le lui dire de ma part à l'instant même. Je vais courir après lui, mais je m'arrangerai de manière à ne pas le rattraper.

— C'est bien, dit le valet de chambre, je vais prévenir le roi.

Ce n'était pas difficile, le roi était dans la voiture même et avait tout entendu.

La voiture partit au galop, et, grâce à son passeport bien en règle, le roi franchit les portes sans opposition; il était au milieu du pont de Kehl lorsqu'il vit paraître le colonel Gauthier à la tête des hommes qui le poursuivaient.

Le brave colonel avait tenu sa parole. De l'autre côté du pont était un régiment wurtembergeois envoyé par le beau-père du prince pour le recevoir. Le prince sauta à bas de sa voiture, monta à cheval, et fit de la main un salut au colonel Gauthier, qui revint vers Strasbourg avec l'air d'un homme désespéré d'avoir manqué une si belle occasion d'être fait général.

Aussi le brave colonel resta colonel, et mourut colonel. S'il y eut bien des lâches trahisons, il y eut aussi quelques sublimes dévouemens.

Dès lors commença pour le prince Jérôme cette vie de proscription et d'exil qu'il subit depuis vingt-sept ans.

D'abord ce fut son beau-père, le roi de Wurtemberg, qui le mit à peu près en prison dans le château d'Elvangen, d'où il ne sortit qu'avec des passeports de monsieur de Metternich, et la permission d'habiter Schenau, près de Vienne. Mais à peine fut-il installé dans cette belle résidence, que le voisinage d'un frère de Napoléon inquiéta l'empereur d'Autriche. Le duc de Reichstadt était à Schœnbrunn, l'oncle et le neveu pouvaient communiquer ensemble : le prince Jérôme reçut l'ordre de quitter l'Autriche.

Le prince vint à Trieste, mais au bout de quelque temps il en fut de Trieste comme de Schenau. L'ordre arriva au prince de partir, et il alla s'établir à Rome.

Mais en 1831 la révolution de la Romagne éclata. Le fils aîné du roi Louis avait pris part à cette révolution; c'était un Napoléon. La peine de son imprudence retomba sur tous les Napoléon.

Le prince Jérôme fut alors obligé de quitter Rome comme il avait été obligé de quitter Trieste, et vint chercher un asile en Toscane, espérant enfin trouver le repos dans cette oasis de l'Italie.

Son espérance ne fut pas trompée; le grand-duc Léopold II lui donna sa parole et l'a loyalement tenue. Le grand-duc Léopold, fils d'un proscrit, et ayant lui même passé sa jeunesse dans la proscription, a la religion de l'exil.

Aujourd'hui le prince de Montfort habite Quarto, charmante villa située entre la Petraja et Careggi. Sa vie est celle d'un simple particulier. Tous les samedis il reçoit, outre ce que Florence a de mieux, les étrangers de distinction qui passent et qui se font présenter à lui.

C'est là qu'entouré des souvenirs de l'empereur, dont la mémoire est pour lui une religion, le prince de Montfort, étranger à tous les partis qui ont bouleversé Paris depuis dix ans, attend que la proscription se lasse. Lors du retour du corps de Napoléon, il crut cette heure arrivée; il lui semblait que sous les arcs de triomphe dressés au martyr de Sainte-Hélène devait passer aussi cette famille qui n'était proscrite que parce qu'elle portait le même nom que lui. Le prince de Montfort se trompait, et ce fut une grande déception pour le cœur du pauvre exilé.

N'est-ce pas une étrange anomalie que la chambre ait voté par acclamation cent mille livres de rente à la veuve du roi Murat qui avait trahi deux fois la France, et qu'on n'ait pas même gravé sur l'Arc-de-Triomphe le nom du seul frère de Napoléon qui lui soit resté fidèle, et qui, après avoir mêlé son sang au sang des martyrs de Waterloo, par son courage et sa présence d'esprit, sauvé les restes de l'armée!

Un jour, nous le savons bien, l'histoire réparera l'oubli de la France; mais les réparations de l'histoire sont tardives, et presque toujours elles se font au profit des tombeaux.

Ces souvenirs napoléoniens dont nous disions tout à l'heure qu'était entouré le prince de Montfort, sont, outre une foule de statues et de tableaux de famille, le sabre que l'empereur portait à Marengo, le glaive que François Ier rendit à Pavie, et que Madrid rendit à Napoléon ; puis le sabre qu'Étienne Bathori légua à Jean Sobieski, et dont les Polonais firent don à l'empereur.

Le prince de Montfort possède encore un aigle d'argent qui surmontait la soupière de l'empereur, et que l'empereur lui envoya de Sainte-Hélène lorsqu'il fit briser et vendre son argenterie.

L'uniforme complet de garde national, aux boutons et aux épaulettes d'argent, que l'empereur a porté trois ou quatre fois.

La tabatière que le roi Louis XVIII oublia le 10 mai 1815 dans son cabinet de travail, et que Napoléon retrouva sur son bureau en entrant le lendemain aux Tuileries.

Enfin, cette tabatière plus précieuse encore que Napoléon tenait à la main lorsqu'il mourut, et sur le couvercle de laquelle est le portrait du roi de Rome.

Ce fut les yeux fixés sur ce portrait que s'éteignit, dans une contemplation paternelle, ce regard d'aigle qui avait embrassé le monde.

Le prince de Montfort a deux fils et une fille.

Ses deux fils sont le prince Jérôme et le prince Napoléon. Sa fille est cette belle princesse Mathilde dont l'arrivée à Paris a produit dans le monde fashionable une si vive sensation.

J'ai eu l'honneur de faire en compagnie du prince Napoléon un pèlerinage à l'île d'Elbe : c'est dire à mes lecteurs qu'ils feront bientôt plus ample connaissance avec ce noble jeune homme, portrait vivant de l'empereur.

LE PETIT HOMME ROUGE.

Tous les samedis à peu près je passais la soirée chez le prince de Montfort, seule maison véritablement française qui existe à Florence, seul salon véritablement parisien qu'il y ait dans toute l'Italie.

Un soir, que nous avions beaucoup causé de la vie intime de l'empereur, de ses habitudes, de ses manies, de ses superstitions, je demandai au prince ce qu'il fallait croire du petit Homme Rouge.

— J'ai souvent entendu parler dans la maison de mon frère de cette singulière apparition, me dit-il ; mais il va sans dire que je n'ai jamais vu l'étrange personnage que l'on prétend s'être mis trois fois en communication avec l'empereur : la première fois à Damanhour en Égypte ; la seconde fois aux Tuileries, au moment où fut décidée la malheureuse campagne de Russie ; et la troisième, fois pendant la nuit qui précéda la bataille de Waterloo. Mais à mon défaut, ajouta le prince en riant, voici la princesse Galitzin qui sait sur lui des choses merveilleuses, qui lui ont été racontées par son vieil ami Zaionczek.

Tous les regards se tournèrent vers la princesse.

Qu'on sache d'abord, je ne parle ici que pour ceux qui n'ont pas l'honneur de la connaître, qu'on sache d'abord que la princesse Galitzin, Polonaise de naissance, et par conséquent compatriote du fameux général dont le prince venait de prononcer le nom, est une des femmes les plus aimables et les plus spirituelles que je connaisse. Quand nous passions la soirée chez elle et chez le prince Wladimir son fils, dont je parlerai à son tour en temps et lieu, il est impossible de dire quel tour original prenait la conversation, et comment trois ou quatre heures du matin sonnaient quand nous croyions qu'il n'était encore que minuit. La princesse Galitzin qui, au reste, racontait très bien, fut donc sommée de raconter à l'instant même ce qu'elle savait sur le petit Homme Rouge et son compatriote Zaionczek.

Je voudrais pouvoir conserver le tour original que la princesse imprima à ce récit, qui peut-être n'a d'autre valeur que celui qu'elle lui donnait ; mais c'est chose impossible, et il faudra que pour le moment nos lecteurs se contentent de ma simple prose.

Bonaparte avait mis le pied sur la terre d'Égypte dans la nuit du 1er au 2 juillet, à une heure du matin, après avoir emporté Malte comme une bicoque, et être passé par miracle au milieu de la flotte anglaise. Le lendemain la ville d'Alexandrie était prise, et le nouveau César déjeunait au pied de la colonne de Pompée.

Le général en chef était entré dans la ville par une rue étroite, accompagné seulement de quelques personnes et de cinq ou six guides. Deux personnes pouvaient à peine passer de front par cette ruelle. Bourrienne marchait côte à côte avec lui, quand tout à coup un coup de fusil retentit, et le guide qui marchait devant Bonaparte tomba. Ce coup de fusil avait été tiré par une femme. Peu s'en fallut, comme on le voit, que Bonaparte ne finît comme Cyrus.

Bonaparte resta six jours à Alexandrie ; ces six jours lui suffirent pour organiser la ville et la province, le septième, il marcha vers le Kaire, sur la route duquel Desaix l'avait précédé, laissant Kléber blessé pour commander à la ville prise.

Le 8, Bonaparte arriva à Damanhour, et établit son quartier général chez le cheik. A peine installé dans cette maison, qui était grande, isolée, et devant la porte de laquelle s'élevait un sycomore au feuillage touffu, Bonaparte ordonna à Zaionczek, qui commandait sous mon père une brigade de cavalerie, de prendre une centaine de chasseurs et de pousser une forte reconnaissance sur la route de Rhamanieh.

Quoique Zaionczek soit bien connu, disons rapidement quelques mots sur ce général, dont la fortune fut une des fortunes éclatantes de l'époque.

Zaionczek était né le 1er novembre 1752 : c'était donc, vers l'époque où nous sommes arrivés, c'est-à-dire en l'an IV de la république française, un homme de quarante-cinq ans à peu près. Les premières années de sa vie s'étaient illustrées au milieu des guerres de l'indépendance polonaise, où il avait combattu sous les ordres de Kosciusko et côte à côte avec lui ; après la confédération de Targowitza, au bas de laquelle le roi Stanislas avait mis la faiblesse d'apposer sa signature, Zaionczek fit ses adieux à l'armée polonaise et se retira à l'étranger avec Kosciusko et Joseph Poniatowski ; mais au commencement de l'année 1794 une insurrection ayant éclaté en Pologne, les proscrits revinrent plus grands de leur proscription. Alors commença cette nouvelle lutte de la Pologne, aussi glorieuse, aussi sanglante et aussi fatale à la nationalité polonaise que l'avait été celle de 1791 et que devait l'être celle de 1830. Le 4 novembre, Varsovie fut prise par Souwarow ; les généraux Iasinski, Korsack, Paul Grabowski et Kwasniewki furent trouvés parmi les morts, et Zaionczek, emporté mourant du champ de bataille, alla expirer pendant deux ans dans la forteresse de Josephstadt, d'où il ne sortit qu'à la mort de l'impératrice Catherine, la part qu'il avait prise à l'insurrection de sa patrie.

Zaionczek, proscrit de Pologne, vint en France, cette éternelle terre des proscrits, qui a donné tour à tour asile aux rois et aux peuples, et demanda du service dans les armées républicaines. Envoyé en Italie avec le grade de général de brigade, il y avait fait en 1797, avec Joubert et mon père, la campagne du Tyrol.

Lorsque la campagne d'Égypte fut résolue, et que mon père eut été nommé général en chef de la cavalerie, il choisit Zaionczek pour un de ses généraux de brigade.

Voilà quelle avait été jusque-là la vie du patriote polonais ; vie glorieuse, mais persécutée. En outre, comme certains généraux dont la mauvaise chance était devenue proverbiale, Zaionczek ne pouvait point paraître au feu sans être blessé : il pouvait compter les batailles auxquelles il avait assisté par ses cicatrices.

Zaionczek se mit à la tête de ses cent chasseurs, et s'avança sur la route de Rhamanieh. A peine eut-il fait une lieue qu'il aperçut un gros de cinq cents mamelucks à peu près. Zaionczek les chargea, et les mamelucks se dispersèrent.

Zaionczek les poursuivit un instant, mais autant valait poursuivre un tourbillon de sable, essayer d'atteindre un nuage ; les Arabes disparurent dans le désert, leur éternel et constant allié.

Zaionczek fit encore une lieue ; mais il n'aperçut pas un seul cavalier. Il revint donc à Damanhour.

En arrivant devant la maison du cheik, où demeurait le général en chef, il voulut entrer ; mais l'aide de camp Croisier et le général Desaix l'en empêchèrent.

Bonaparte était avec le petit Homme Rouge.

Zaionczek demanda ce que c'était que le petit Homme Rouge ; mais Croisier et Desaix n'en savaient guère plus que lui là-dessus ; Bonaparte avait dit seulement :

— J'attends le petit Homme Rouge, vous le laisserez entrer.

Une demi-heure après, un Turc haut de cinq pieds à peine, ayant la barbe et les sourcils roux, et vêtu d'une robe ponceau, s'était présenté à la porte ; il avait aussitôt, selon l'ordre donné, été introduit près de Bonaparte, où il était encore en ce moment.

Plusieurs officiers-généraux se joignirent au groupe que formaient Croisier, Desaix et Zaionczek ; car l'étrange apparition de cet être inconnu et quelque peu fantastique préoccupait tous les esprits.

Dans ce moment Bourrienne sortit ; comme Bourrienne était alors le secrétaire intime de Bonaparte, on l'accabla de questions sur le petit Homme Rouge ; mais Bourrienne, qui était chargé de faire expédier un courrier à Kléber, se contenta de répondre :

— Il paraît que c'est un sorcier turc qui vient dire la bonne aventure au général en chef.

Et il continua son chemin.

Comme on le comprend bien, une pareille réponse n'était pas faite pour calmer la curiosité des assistans ; la croyance de Bonaparte au fatalisme était connue ; on commençait à raconter des prophéties qui lui auraient été faites dans son enfance et qui lui promettaient une haute fortune ; il avait déjà, avec ses plus intimes, parlé deux ou trois fois de son étoile. Cette étoile, lui seul la voyait ; mais tous commençaient à y croire.

Aussi, les jeunes officiers, dont quelques-uns, à l'âge de vingt ou vingt-cinq ans, étaient déjà arrivés au grade de colonel ou de général de brigade ou de division sous un général en chef de vingt-huit ans, et qui, par conséquent, eux aussi, rêvaient bien intérieurement quelque haute fortune, résolurent-ils de ne pas laisser passer le petit Homme Rouge sans l'interroger, curieux de savoir s'ils accompagneraient dans sa lumineuse révolution l'astre dont ils étaient les satellites.

Or, comme on les avait prévenus que le petit Homme Rouge était sorcier, ils formèrent un grand cercle à la porte, afin que le petit Homme Rouge ne pût pas leur échapper ; chose qui, d'après les dispositions prises par les meilleurs stratégistes de l'époque, ne pouvait arriver que dans le cas où il s'envolerait au ciel ou s'enfoncerait dans la terre.

Le petit Homme Rouge sortit. Il était bien comme on l'avait dit, et sa barbe et son costume justifiaient parfaitement le nom qu'on lui avait donné. Il ne parut aucunement étonné de voir les dispositions prises pour le bloquer, et ne parut désirer en aucune façon d'échapper à ceux qui le gardaient à vue, car, bien au contraire, s'arrêtant sur le seuil de la maison :

— Citoyens, dit-il en adoptant la locution encore en usage à cette époque, vous m'attendez pour que je vous raconte l'avenir de la France et le vôtre. L'avenir de la France, je vous de le dire à votre général en chef ; le vôtre : que trois d'entre vous s'avancent, et je le leur dirai.

Croisier, Desaix et Zaionczek s'élancèrent.

Le reste des assistans demeura à sa place.

— Il y a un précepte de votre religion, reprit le petit Homme Rouge, qui dit que les premiers seront les derniers ; permettez-moi de retourner ce précepte, et de dire que les derniers seront les premiers.

Et il s'avança vers Croisier qui n'était qu'aide de camp.

Croisier lui tendit la main.

Le petit Homme Rouge l'examina et secoua la tête.

— On t'appelle brave parmi les braves, dit-il, et cela est vrai. Cependant il y aura un jour, une heure, un moment où ton courage t'abandonnera, et tu paieras ce moment de ta vie.

Croisier se recula, le sourire du dédain sur les lèvres.

Le petit Homme Rouge s'avança vers Desaix ; le jeune général n'attendit point sa demande et lui tendit la main.

— Salut, dit le sorcier, au vainqueur de Kehl, qui, avant quinze jours, aura encore rattaché son nom à une autre victoire. Trois journées te feront immortel ; mais défie-toi du mois de juin, et crains le curé de Marengo.

— Tu es bien obscur, sorcier mon ami, dit en riant Desaix ; et combien demandes-tu de temps pour que tes prédictions se réalisent ?

— Deux ans, répondit le prophète.

— A la bonne heure ! répondit Desaix ; allons, ce n'est pas trop long, et l'on peut attendre.

Le petit Homme Rouge s'avança vers Zaionczek qui lui tendit la main à son tour.

— Enfin, dit il, voilà une de ces mains comme j'aime à en voir, une de ces horoscopes comme j'aime à les dire ; un avenir glorieux qu'il m'est doux de rattacher à un glorieux passé.

— Diable ! dit Zaionczeck, voilà un début qui promet.

— Et qui tiendra, dit le petit Homme Rouge.

— Oui, si quelque balle ou quelque boulet ne l'emporte pas avec lui.

— En effet, dit le prophète, tu as du malheur au feu, et, si je compte bien, tu as déjà reçu sept blessures.

— C'est, ma foi ! mon compte, dit Zaionczek.

— Oui, tu as raison... et cependant ce serait malheureux. Trente ans encore à vivre, vingt champs de bataille à traverser, une vice-royauté à atteindre ; oui, tout cela peut, comme tu le dis, être détruit par une balle qui dévie, par un boulet qui se trompe. Oui, tu as raison, oui, je vois le danger ; il existe, il menace. Mais... mais, écoute : ta destinée est une de ces destinées qui importent, non-seulement à une famille, mais à un peuple. As-tu confiance, Zaionczek ?

— En quoi ? dit le général.

— En ce que je te dis.

Le Polonais sourit.

— Pour le passé, tu m'as assez bien dit la vérité ; mais mon passé appartient à l'Europe et n'est pas difficile à connaître. Cependant, s'il faut croire, eh bien ! je croirai.

— Crois, Zaionczek, dit le prophète, il croit bien, lui.

Et il étendit la main vers la maison qu'habitait Bonaparte.

— Eh bien ! que faut-il croire ?

— Il faut croire à mes paroles. Comme je te l'ai dit, il y a un jour, une heure, un moment qui menace ta glorieuse vie ; ce moment passé, tu n'as rien à craindre ; mais ce moment, je ne puis te dire quand il viendra.

— Alors, dit Zaionczeck, ton avis, tu en conviendras, ne m'est point d'un grand secours.

— Si fait, car je puis te préserver de ce danger.

— Et comment cela ?

— Tu vas le voir.

Le petit Homme Rouge fit signe à un tambour d'apporter sa caisse et de la déposer à terre ; puis il s'agenouilla devant le sonore instrument, et il tira de sa ceinture un encrier, une plume et un bout de parchemin sur lequel il se mit à écrire, dans une langue inconnue, quelques mots à l'encre rouge.

— Tiens, dit alors le prophète en se relevant et en tendant à Zaionczek le précieux parchemin, voici le talisman que je t'ai promis, prends le, porte le toujours sur toi, ne le quitte plus dans aucune circonstance, et tu n'auras rien à craindre, ni des balles, ni des boulets.

Tous les assistans se mirent à rire, et Zaionczek comme les autres.

— N'en veux-tu point ? dit le petit Homme-Rouge en fronçant le sourcil.

— Si fait, si fait, s'écria Zaionczek. Diable ! quelle sus-

ceptibilité ! Et tu dis donc, mon cher prophète, que je ne dois pas quitter ce petit parchemin ?
— Pas un instant.
— Ni jour ni nuit ?
— Ni jour ni nuit.
— Et si par hasard je le quittais ?
— Il deviendrait sans force contre le péril dont il est chargé de te préserver.
— Merci, dit Zaionczek en tournant et en retournant le talisman entre ses mains. Et que le faut-il pour cela ?
— Crois, dit le petit Homme Rouge, et je serai récompensé.

Alors le prophète fit signe de la main qu'on lui ouvrît un passage ; les assistans s'écartèrent avec un sentiment de terreur superstitieuse dont ils ne furent pas les maîtres, et le suivirent des yeux jusqu'à ce qu'il eût disparu à l'angle d'une maison.

Aucun de ceux qui l'avaient vu ce jour-là ne le revit jamais, excepté Bonaparte.

Mais voilà ce qui arriva :

Le lendemain, tandis que Bonaparte dictait à Bourrienne quelques ordres que Croisier s'apprêtait à porter, le général en chef aperçut par les fenêtres ouvertes une petite troupe d'Arabes qui venait insolemment assister le quartier-général. C'était la deuxième fois que les mamelucks se permettaient pareille facétie ; cela impatienta le général en chef.

— Croisier, dit-il sans s'interrompre de ce qu'il faisait, prenez quelques guides et chassez-moi cette canaille-là.

Aussitôt Croisier sortit, prit quinze guides et s'élança à la poursuite des Arabes.

En entendant le galop des chevaux qui partaient, Bonaparte s'interrompit, et allant à la fenêtre pour examiner ce qui allait se passer :

— Voyons un peu, dit-il à Bourrienne, comment se battent ces fameux mameluks, que les journaux anglais affirment être la première cavalerie du monde ; ils sont cinquante, je ne suis pas fâché qu'à la vue de l'armée mon brave Croisier leur donne la chasse avec ses quinze guides. Et il cria comme si Croisier eût pu l'entendre : — Allons, Croisier ! en avant ! en avant !

En effet, le jeune aide de camp s'avançait à la tête de ses quinze guides ; mais, soit que la supériorité du nombre intimidât la petite troupe, Croisier et ses hommes chargèrent mollement, ce qui n'empêcha pas les Arabes de plier devant. Craignant sans doute que l'ennemi ne voulût l'attirer dans une embuscade, Croisier, au lieu de les poursuivre en vainqueur, s'arrêta à l'endroit même d'où il venait de les débusquer. Cette hésitation rendit le courage aux mamelucks, qui chargèrent à leur tour, et à leur tour les guides plièrent.

Bonaparte devint pâle comme la mort ; ses lèvres minces se pincèrent et blêmirent. Il porta, par un mouvement machinal, sa main à la poignée de son sabre, et toujours, comme si son aide de camp eût pu l'entendre, il cria d'une voix sourde :

— Mais en avant donc ! Mais chargez donc ! Mais que font-ils ?

Et, avec un mouvement de colère terrible, il referma la fenêtre.

Un instant après, Croisier rentra ; il venait annoncer à Bonaparte que les Arabes étaient disparus : il trouva le général en chef seul.

A peine la porte se fut-elle refermée sur Croisier que l'on entendit retentir la voix stridente de Bonaparte. Ce qui se passa entre eux nul ne le sait ; mais ce qu'on sait seulement, c'est que le jeune homme sortit les larmes aux yeux et en disant :

— C'est bon ! Ah ! l'on doute de mon courage ; eh bien ! je me ferai tuer !

Pendant dix mois, à Chebreisse, aux Pyramides, à Jaffa, Croisier fit tout ce qu'il put pour tenir la parole qu'il avait donnée. Mais le brave jeune homme avait beau se jeter en insensé au milieu du danger, le danger lui faisait place ; il avait beau, étrange amant qu'il était, courtiser la mort, la mort ne voulait pas de lui.

Enfin l'on arriva devant Saint-Jean-d'Acre : trois assauts eurent lieu ; à chacun de ces assauts, Croisier, qui accompagnait le général en chef dans la tranchée, s'était exposé comme le dernier soldat ; mais on eût dit qu'il avait fait un pacte avec les boulets et les balles ; plus le jeune homme était désespéré, plus il semblait invulnérable.

A chaque fois Bonaparte le querellait sur sa témérité et le menaçait de le renvoyer en France.

Enfin arriva l'assaut du 10 mai. A cinq heures du matin le général en chef se rendit à la tranchée ; Croisier l'accompagnait.

C'était un assaut décisif ; ou le soir la ville serait prise, ou le lendemain on lèverait le siège. Croisier n'avait plus que cette dernière occasion de se faire tuer : il résolut de ne pas la perdre.

Alors, sans nécessité aucune, il monta sur une batterie, s'offrant tout entier au feu de l'ennemi.

Aussitôt Croisier devint le but de tous les coups ; la cible humaine n'était pas à quatre-vingts pas des murailles.

Bonaparte le vit. Depuis le jour fatal où il s'était laissé emporter à sa colère, il avait bien vu que le jeune homme, frappé au cœur, ne demandait rien que de mourir. Ce désespoir du brave l'avait plus d'une fois touché profondément, et il avait souvent essayé par des paroles de louanges de faire oublier à son aide de camp les paroles de blâme qui lui étaient échappées. Mais, à chacun de ces retours, Croisier souriait amèrement et ne faisait aucune réponse.

Bonaparte, qui examinait quelques travaux en retard, se retourna et l'aperçut debout sur la batterie.

— Eh bien ! Croisier, s'écria-t-il, que faites-vous encore là ? Descendez, Croisier, je vous l'ordonne ! Croisier, ce n'est pas à votre place !

Et à ces mots, voyant que l'entêté jeune homme ne bougeait point, il s'avança pour le faire descendre de force.

Mais, au moment où il étendait le bras vers Croisier, le jeune homme chancela et tomba en arrière en disant :

— Enfin !

On le ramassa ; il avait la jambe cassée.

— Alors ce sera plus long encore que je ne le croyais, dit-il lorsqu'on le transporta au camp.

Bonaparte lui envoya son propre chirurgien. Celui-ci ne jugea point l'amputation nécessaire, et l'on eut l'espoir non-seulement de sauver la vie du jeune homme, mais encore de lui sauver la jambe.

Lorsqu'on leva le siège, Bonaparte donna les ordres les plus précis pour que rien ne manquât au blessé. On le plaça sur un brancard, et seize hommes, en se relayant par huit, le portaient alternativement.

Ainsi, entre Gazah et El-Arych, Croisier mourut du tétanos.

Ainsi s'accomplit la première prédiction du petit Homme Rouge.

Passons à Desaix.

Desaix, après avoir fait des merveilles aux Pyramides, Desaix, après avoir reçu des Arabes eux-mêmes le titre de sultan Juste, quitta l'Egypte et passa en Europe, où Bonaparte l'avait précédé.

L'homme du destin suivait le cours de la fortune prédite : il avait fait le 18 brumaire ; il était premier consul, il rêvait le trône.

Une grande bataille pouvait le lui donner ; Bonaparte avait décidé que cette autre Pharsale aurait lieu dans les plaines de Marengo.

Desaix avait rejoint le premier consul à la Stradella : Bonaparte l'avait reçu les bras ouverts et lui avait confié une division en lui commandant de marcher sur San Giuliano.

Le 14 juin, à cinq heures du matin, le canon autrichien réveille Bonaparte et l'attire sur le champ de bataille de Marengo, qu'il doit perdre et regagner dans la même journée.

On connaît les détails de cette étrange bataille, perdue à trois heures, gagnée à cinq.

Depuis quatre heures l'armée française était en retraite : elle reculait pas à pas, mais elle reculait.

Ce qu'attendait Bonaparte, nul ne le savait : mais, en le voyant se retourner de temps vers San-Giuliano, chacun se doutait qu'il attendait quelque chose.

Tout à coup un aide de camp arrive ventre à terre, annonçant qu'une division paraît à la hauteur de San-Giuliano.

Bonaparte respire : c'est Desaix et la victoire.

Alors Bonaparte tire du fourreau son sabre qu'il n'avait pas tiré de la journée, ce même sabre qu'au retour de la campagne, il donna à son frère Jérôme, pour le consoler de ne pas l'avoir emmené avec lui, et allongeant le bras, il fit entendre le mot : — Halte !

Ce mot électrique, ce mot si longtemps attendu courut sur le front de la ligne, et chacun s'arrêta.

Au même moment Desaix arrive au galop, devançant sa division ; Bonaparte lui montre la plaine couverte de cadavres, toute l'armée en retraite, et à trois cents toises en avant la garde consulaire qui, pour obéir à l'ordre donné, tient comme une redoute de granit.

Puis, lorsque les yeux de son compagnon d'armes ont successivement erré d'une aile à l'autre, se sont portés de notre armée à l'armée ennemie :

— Eh bien ! lui dit Bonaparte, que penses-tu de la bataille ?

— Je pense qu'elle est perdue, dit Desaix en tirant sa montre ; mais il n'est que trois heures et nous avons le temps d'en gagner une autre.

— C'est aussi mon avis, répond Bonaparte.

Puis, passant sur le front de la ligne :

— Camarades ! s'écrie-t-il au milieu des boulets qui le couvrent de terre lui et son cheval ; c'est assez de pas faits en arrière : le moment est venu de marcher en avant ! En avant donc ! et souvenez-vous que mon habitude est de coucher sur le champ de bataille !

Alors les cris de : Vive Bonaparte ! Vive le premier consul ! s'élèvent de tous côtés, et ne s'éteignent que dans le bruit des tambours qui battent la charge.

Desaix prend congé de Bonaparte et en le quittant lui dit adieu.

— Pourquoi *adieu* ? dit le premier consul.

— Parce que, depuis deux ans que je suis en Égypte, dit Desaix en souriant avec mélancolie, les balles et les boulets d'Europe ne me connaissent plus.

Voilà ce que Desaix dit tout haut, puis tout bas il répéta les paroles du petit Homme Rouge :

— Crains le mois de juin, et défie-toi du curé de Marengo.

Mais les ordres de Bonaparte ont été aussitôt suivis que donnés. D'un seul mouvement nos troupes ont repris l'offensive sur toute la ligne ; la fusillade pétille, le canon mugit, le terrible pas de charge retentit accompagné par la *Marseillaise* ; une batterie établie par Marmont se démasque et vomit le feu ; Kellermann s'élance à la tête de trois mille cuirassiers, et fait trembler la terre sous le galop de fer de ses chevaux ; Desaix, qui s'anime au bruit et à la fumée, saute les fossés, franchit les haies, arrive sur une petite éminence, et se retourne pour voir si sa division le suit.

En ce moment un coup de feu part de la lisière d'un petit bois, et Desaix, frappé au cœur, tombe sans prononcer une parole.

C'était le 14 juin, et la tradition veut encore aujourd'hui que le funeste coup de fusil ait été tiré par le curé de Marengo.

Ainsi s'accomplit la seconde prédiction du petit Homme Rouge.

Passons maintenant à Zaïonczek.

Zaïonczek était resté en Égypte ; il apprit la mort de Croisier à Saint-Jean-d'Acre, et la mort de Desaix à Marengo : c'était à la lettre ce qu'avait prédit le sorcier turc, de sorte que Zaïonczek, ne voyant rien dans sa personne, commença à comprendre la véritable valeur de son talisman ; si bien qu'à chaque côté du parchemin il fit coudre un ruban noir, et qu'à partir du jour où il apprit la mort de Desaix, il porta le préservatif suspendu à son cou.

Après la capitulation signée avec l'Angleterre pour l'évacuation de l'Égypte, capitulation à laquelle Zaïonczek, lui troisième, s'était opposé, le patriote polonais revint en France. En 1803, il commanda une division au camp de Boulogne, puis à l'armée d'Allemagne ; puis enfin en 1806, les Polonais s'étant repris à cet espoir, tant de fois déçu, de retrouver leur indépendance, ils accoururent de toutes les parties de la terre où ils étaient dispersés. En effet, le traité de Tilsitt rassembla quelques débris de la vieille Pologne, dont on forma le duché de Varsovie. Zaïonczek alors eut part aux dotations impériales, et un domaine lui fut assigné dans le palatinat de Kalisz.

Mais ce n'était pas encore la cette haute fortune qui lui était promise par les prédictions égyptiennes ; Napoléon n'avait fait pour Zaïonczek que ce qu'il avait fait pour cent autres, et un domaine n'était pas une vice-royauté.

Cependant, il faut le dire, un tel bonheur avait accompagné Zaïonczek de 1798 à 1811, que ce privilégié de la mitraille, qui ne pouvait pas paraître au feu sans être blessé, n'avait pas reçu une égratignure depuis treize ans.

Il en résultait que, sans en rien dire à personne, Zaïonczek avait la plus grande confiance dans son talisman et ne le quittait pas.

La guerre de Russie fut déclarée ; on forma trois divisions polonaises : la première sous les ordres de Poniatowski, la seconde sous les ordres de Zaïonczek, la troisième sous les ordres de Dombrowski.

Zaïonczek assista aux combats de Witepsk, de Smolensk et de la Moscowa ; partout le même bonheur l'accompagna : les balles trouaient ses habits, la mitraille sifflait à ses oreilles, les boulets soulevaient la terre sous les pieds de ses chevaux, Zaïonczek semblait invulnérable.

Puis vint la retraite.

Zaïonczek assista à toutes les phases de cette retraite ; il est vrai que ses soldats, mieux habitués que les nôtres à cet hiver russe qui est presque leur hiver, soutinrent le froid, le dénûment et la faim mieux que nous. Zaïonczek donna malgré ses soixante ans, car l'homme de Damanhour s'était fait vieillard au milieu de tous ces grands événemens ; Zaïonczek, disons-nous, donna l'exemple de la force, du dévouement et du courage, et dépassa successivement Viazma, Smolensk, Orcha, bravant la faim, le froid, la mitraille, les boulets de Kutusof et les lances des soldats de Platow, sans paraître souffrir de ce dénûment affreux qui décimait l'armée, sans avoir reçu une seule égratignure, et le 25 novembre au soir il arriva sur les bords de la Bérésina.

Là, ses soldats, car au milieu de cette retraite terrible où personne n'avait plus de soldats, Zaïonczek en avait encore ; là, ses soldats, disons-nous, s'emparèrent d'une maison du village de Studzianka. Zaïonczek, qui depuis plus de trois semaines avait couché sur la neige enveloppé de son manteau, put enfin s'étendre sur une couche de paille et à l'abri d'un toit.

La nuit fut pleine d'anxiétés ; l'ennemi était campé sur la rive opposée, toute une division ennemie commandée par le général Tchaplitz était là, défendant ce passage ; l'emporter de vive force chose à peu près impossible ; mais depuis le commencement de cette malheureuse campagne on avait fait tant de choses impossibles, que l'on comptait sur quelque miracle.

A cinq heures, le général Éblé était arrivé avec ses pontonniers et un caisson rempli de fers de roues dont il avait fait forger des crampons. Ce fourgon renfermait la seule et dernière ressource de l'armée ; il fallait bâtir un pont dans le lit fangeux de la Bérésina, dont la crue des eaux avait fait disparaître les gués, et qui charriait de gigantesques glaçons. Ce pont, c'était l'unique passage qui devait ramener l'empereur à l'empire, et le reste de l'armée à la France.

Un boulet de canon pouvait briser ce pont, et alors tout était perdu.

Il y avait sur les hauteurs opposées trente pièces d'artillerie en batterie.

Eblé et ses pontonniers descendirent dans le fleuve, ils avaient de l'eau jusqu'au col.

Ils travaillaient à la lueur des feux ennemis, et à une portée de fusil à peine des avant-postes russes.

Chaque coup de marteau devait retentir jusqu'au quartier-général de Tchaplitz.

A minuit, Murat fit réveiller Zaionczek. Le roi de Naples et le général polonais causèrent dix minutes ensemble, puis Murat repartit au galop.

Napoléon attendait le jour dans une des maisons qui bordaient la rivière : il n'avait pas voulu se coucher. Murat entra chez lui et le trouva debout.

— Sire, lui dit-il, Votre Majesté a sans doute bien examiné la position de l'ennemi.

— Oui, répondit l'empereur.

— Votre Majesté alors a reconnu qu'un passage sous le feu d'une division deux fois forte comme nous est impraticable.

— A peu près.

— Et que décide Votre Majesté?

— De passer.

— Nous y resterons jusqu'au dernier.

— C'est probable, mais nous n'avons pas le choix du chemin.

— Pour une armée, non ; mais pour cinq cents hommes, si.

— Que voulez-vous dire?

— Que je viens de conférer avec Zaionczek.

— Après?

— Eh bien ! Zaionczek répond de Votre Majesté, si Votre Majesté veut se fier à ses Polonais. Ils connaissent un gué praticable ; ils savent des chemins inconnus des Russes mêmes ; dans cinq jours, ils seront avec Votre Majesté à Wilna.

— Et l'armée?

— Elle sera perdue, mais Votre Majesté sera sauvée.

— Ceci est une fuite et non pas une retraite, Murat. Je resterai avec l'armée qui est restée avec moi ; notre destinée sera commune. Je périrai avec elle ou elle se sauvera avec moi. Je vous pardonne cette proposition, Murat, c'est tout ce que je puis faire.

Et l'empereur tourna le dos à son beau-frère.

Murat s'approcha de lui pour faire une dernière tentative.

— J'ai dit, reprit Napoléon en retournant la tête, et avec cet accent qui, chez lui, n'admettait pas de réplique.

Murat se retira.

Mais il oublia d'aller dire à Zaionczek que Napoléon refusait la proposition qu'il lui avait faite.

Jusqu'à trois heures du matin, Zaionczek veilla ; mais à cette heure, voyant qu'aucune nouvelle n'arrivait du quartier-général, il se rejeta sur sa couche de paille et se rendormit.

Au point du jour un aide de camp le réveilla en entrant précipitamment dans sa chambre.

Zaionczek se réveilla en sursaut, croyant que l'ennemi attaquait, et, selon son habitude, porta la main à son cou pour s'assurer que son talisman y était toujours.

Pendant la nuit, un des cordons qui le maintenaient s'était rompu.

Zaionczek appela son valet de chambre et lui ordonna de le recoudre.

Pendant ce temps, l'aide de camp lui racontait les causes de son entrée précipitée.

L'ennemi était en pleine retraite.

Tchaplitz avait été trompé par une fausse démonstration que l'empereur avait fait faire vers Oukaholda. Tchaplitz s'éloignait comme pour nous livrer passage.

C'était à ne pas y croire.

Aussi Zaionczek, sans songer davantage à son talisman, s'élança-t-il hors de la maison, et demanda-t-il son cheval pour aller reconnaître la rive du fleuve.

On lui amena son cheval, il sauta dessus et se dirigea vers l'endroit où se trouvait l'empereur. Au bout de dix minutes il le rejoignit.

Ce qu'avait dit l'aide de camp était vrai.

Les bivouacs ennemis étaient abandonnés ; les feux étaient éteints. On voyait la queue d'une longue colonne qui s'écoulait vers Borisof. Un seul régiment d'infanterie restait avec douze pièces de canon ; mais, les unes après les autres, ces pièces attelées quittaient leur position et se mettaient en retraite.

Une dernière, voyant un groupe important, fit feu en se retirant.

Le boulet porta en plein dans le groupe, et Zaionczek et son cheval roulèrent aux pieds de l'empereur.

On s'élança vers eux : le cheval était tué ; Zaionczek avait le genou brisé.

C'était la première fois qu'il était blessé depuis quatorze ans !

L'empereur fit appeler Larrey, ne voulant confier la vie de son vieux compagnon qu'à la main exercée de l'illustre chirurgien.

Là, comme à Rivoli, comme aux Pyramides, comme à Marengo, comme à Austerlitz, comme à Friedland, Larrey, toujours prêt, accourut.

Zaionczek et lui étaient de vieux amis.

Larrey examina la blessure et jugea l'amputation indispensable.

Larrey n'était pas l'homme des préparations ingénieuses, il allait droit au but ; sur le champ de bataille le chirurgien n'a pas le temps de faire des phrases : des mourans l'attendent pour ne pas mourir.

Il tendit la main à Zaionczek.

— Courage, mon vieux compagnon, lui dit-il, et nous allons vous débarrasser de cette jambe, qui, sans cela, pourrait bien se débarrasser de vous.

— Il n'y a pas moyen de me la conserver? demanda le blessé.

— Regardez vous-même, et jugez.

— Le fait est qu'elle est en mauvais état.

— Mais nous allons faire la chose en ami ; pour tout ce monde c'est trois minutes, pour vous c'en sera deux.

Et Larrey commença à retourner les paremens de son uniforme.

— Un instant, un instant, dit Zaionczek en apercevant son valet de chambre qui accourait.

— Oh ! mon maître ! mon pauvre maître ! s'écria le domestique en pleurant.

— Mon talisman ! demanda Zaionczek.

— Ah ! pourquoi l'avez-vous quitté !

— Je suis de ton avis... j'ai eu le plus grand tort ; rends-le-moi.

— Allons, général, êtes-vous prêt? dit Larrey.

— Un instant, un instant, mon cher ami.

Et Zaionczek remit le talisman à son cou, et se le fit nouer solidement par son valet de chambre.

— Maintenant, dit-il, je suis prêt ; faites.

On étendit un drap au-dessus du blessé, car il tombait une neige glacée et aiguë qui, en touchant sa peau, le faisait frissonner malgré lui ; quatre soldats soutinrent cette tente improvisée.

Larrey tint parole, malgré le froid, malgré la difficulté de la position ; l'opération dura à peine deux minutes.

Napoléon voulut que Zaionczek fût transporté sur un des premiers radeaux qui traversèrent le fleuve. Il arriva à l'autre bord sans accident.

Les Polonais se relayèrent pour le porter sur un brancard. L'opération avait été si admirablement faite, que le blessé échappa à tous les accidens à craindre en pareille circonstance. Pendant treize jours, quand tant de malheureux s'abandonnaient eux-mêmes, les soldats de Zaionczek bravèrent la faim, le froid, la mitraille, plutôt que de l'abandonner. Le treizième jour enfin ils entrèrent avec lui à Wilna.

Là, la déroute devint telle qu'il n'y avait plus moyen de suivre l'armée. Le blessé ordonna lui-même à ses fidèles compagnons de l'abandonner ; ils le déposèrent dans une maison où à leur arrivée les Russes le trouvèrent.

A peine Alexandre apprit-il la haute capture qu'on avait faite, qu'il ordonna qu'on eût les plus grands égards pour le prisonnier. Zaionczek resta à Wilna jusqu'à son entier rétablissement.

Le traité de Paris fut signé ; Alexandre donna aussitôt l'ordre de réorganiser l'armée polonaise, dont il confia le commandement au grand-duc Constantin.

Zaionczek y fut appelé comme général d'infanterie.

Un an après, la partie de la Pologne échue à la Russie fut érigée en royaume. Alexandre, qui rêvait la liberté de son vaste empire, voulut faire un essai en donnant une constitution à la Pologne ; et, pour achever de se populariser près de ses nouveaux sujets, il nomma Zaionczek son lieutenant général.

Onze ans après, le 28 juillet 1826, Zaionczek mourut vice-roi, quand Constantin, frère de l'empereur, n'était que général en chef de l'armée.

L'illustre vieillard avait, au milieu des honneurs et des dignités, atteint l'âge de soixante-quatorze ans.

Ainsi s'accomplit la dernière prédiction du petit Homme Rouge.

Le talisman préservateur, légué par Zaionczek à sa fille, est soigneusement conservé dans la famille, avec la tradition dont il perpétuera le souvenir.

---

15 ET 18 JUILLET.

Je venais d'achever d'écrire les lignes qu'on vient de lire, et je roulais en toute hâte vers la maison de campagne de S. A. le prince de Montfort, où je devais dîner en petit comité avec lui et les princes Jérôme et Napoléon ses deux fils, qui depuis quelques mois avaient quitté la cour de leur oncle Sa Majesté le roi de Wurtemberg, pour venir passer une année près de leur père.

J'avais eu l'honneur de leur être présenté aussitôt leur arrivée.

Je n'ose pas croire qu'une sympathie réciproque nous rapprochât, le prince Napoléon et moi ; je me contenterai de dire que j'appréciai en lui des qualités extraordinaires dans un jeune homme qui n'a pas encore atteint sa vingtième année. Ces qualités sont une intelligence profonde et juste, un esprit poétique et élevé, une éducation libérale et étendue, enfin une étude étrangement exacte de l'état actuel de l'Europe.

Puis, c'est un de ces hommes que la chute d'une haute position n'entraînera jamais avec elle. Fier du nom qu'il porte, il ne le fait précéder d'aucun titre ; il s'appelle Napoléon Bonaparte tout court, et ne se pare d'aucune croix, d'aucun cordon, d'aucune plaque, parce qu'il ne peut pas se parer de la croix de la Légion d'honneur.

Bien souvent, sur la terrasse qui s'étend devant la maison du prince de Montfort, au pied de laquelle Florence étale ses vieux monuments républicains, nous avions souri ensemble à ces grandes vicissitudes de la fortune, qui change le destin des villes en un siècle et celui des hommes en un jour. Bien souvent nous avions parlé de l'état actuel de la France sans que jamais un souvenir amer contre la France, sans que jamais un reproche contre le peuple ait assombri la figure calme et sereine de ce noble jeune homme.

Je m'étais donc, comme toujours, fait une fête de dîner en intimité avec son père, son frère et lui.

J'aperçus de loin les deux frères qui m'attendaient sur le perron ; je sautai à bas de ma voiture et je courus à eux. J'avais le cœur calme et joyeux ; tous deux me tendirent la main à la fois, mais avec une expression de tristesse et d'inquiétude qui me frappa.

— Qu'avez-vous donc, messeigneurs ? leur demandai-je en riant.

— Nous avons, me répondit le prince Napoléon, que nous sommes désolés de vous trouver si gai.

— Vous savez, mon prince, que j'ai grand plaisir à vous voir ; par conséquent, ma gaîté, lorsque j'ai l'honneur de venir chez vous, n'a rien qui doive vous étonner.

— Non, mais cela prouve que vous ne connaissez pas une nouvelle terrible, et que nous aurions voulu que vous apprissiez, mon frère et moi, par d'autres que par nous.

— Laquelle, mon Dieu ! rien qui vous soit personnel, j'espère, monseigneur ?

— Non, mais vous venez de perdre, vous, une des personnes que vous aimiez le plus au monde.

Deux idées se présentèrent simultanément à mon esprit : — mes enfans — le prince royal.

Ce ne pouvait être mes enfans ; si un accident leur fût arrivé, j'en eusse été prévenu tout d'abord et avant personne.

— Le duc d'Orléans ? demandai-je avec anxiété.

— Il s'est tué en tombant de voiture, me répondit le prince Jérôme.

Je dus devenir très pâle ; je me sentis chanceler : je m'appuyai sur le prince Napoléon en portant mes deux mains à mes yeux.

Comme ils l'avaient pensé tous deux, le coup avait été profond et terrible.

Le prince Napoléon comprit tout ce que je souffrais.

— Mon Dieu ! me dit-il, ne vous laissez pas abattre ainsi tout d'abord ; la nouvelle n'a encore rien d'officiel, et est peut-être fausse.

— Oh ! monseigneur, répondis-je, quand un bruit pareil se répand sur un prince comme le duc d'Orléans, hélas ! on peut se fier à la mort, le bruit est toujours vrai.

Je tendis de nouveau la main à ces deux neveux de l'empereur qui venaient, les larmes aux yeux, de m'annoncer la mort du fils aîné de Louis-Philippe, et j'allai pleurer à mon aise dans un coin du jardin.

Mort ! quel terrible assemblage de lettres toujours, mais comme dans certains cas il devient plus terrible encore ! Mort à trente et un ans, mort si jeune, si beau, si noble, si grand, si plein d'avenir ! mort quand on s'appelle le duc d'Orléans, quand on est prince royal, quand on va être roi de France !

— Oh ! mon prince, mon pauvre prince ! dis-je tout haut, et j'ajoutai tout bas avec la voix de mon cœur... mon cher prince !

Beaucoup l'aimaient sans doute, et le deuil général, le cri de la douleur universelle ont prouvé cet amour, mais peu le connaissaient comme je l'avais connu, peu l'aimaient comme je l'avais aimé... Je puis en répondre hautement.

Pourquoi est-ce que j'écris cela, que je dis cela ? je n'en sais rien. Le poète est comme la cloche : à chaque coup qui l'atteint, il faut qu'il rende un son ; chaque fois que la douleur le touche, il faut qu'il jette une plainte.

C'est sa prière à lui.

Le duc d'Orléans était mort. J'avoue que pour moi toutes choses venaient de se briser par un seul mot. Je ne voyais plus rien, je n'entendais plus rien ; seulement les battemens de mon cœur disaient en moi : Mort ! mort !! mort !!!

J'allai au prince Napoléon. — Mais quand ? quel jour ? de quelle façon ? lui demandai-je.

— Le 13 juillet, à quatre heures du soir, en tombant de voiture.

Je retournai à la place que je venais de quitter.

Le 13 juillet ! Qu'avais-je fait ce jour-là ? Quel pressentiment avais-je éprouvé ? Quelle voix était venue murmurer à mon oreille l'annonce de ce grand malheur ? Je ne me souvenais de rien ; non, ce jour avait passé comme les autres jours, plus gaiment, que sais-je ? Ce jour-là, pendant qu'il expirait, mon Dieu ! je riais peut-être, moi ; ce jour-là, à coup sûr, j'avais été à la promenade, au spectacle, dans quelque bal, comme les autres jours.

Oh ! c'est une des grandes tristesses de notre humanité

que cette courte vue qui se borne à l'horizon, que cet esprit sans prescience, que ce cœur sans instinct ! tout cela pleure, tout cela crie, tout cela se lamente quand on sait ce qui est arrivé ; mais tout cela ne devine rien de ce qui arrive.

Pauvres aveugles et pauvres sourds que nous sommes !

Cependant, à force de chercher dans mes jours passés, voilà ce que j'y retrouvai ; c'était assez étrange : nous étions partis le 27 juin, le prince Napoléon et moi, de Livourne ; nous allions visiter l'île d'Elbe ; nous n'étions que nous deux et un domestique, et, quoique nous eussions soixante milles à faire, nous n'avions pris qu'un petit bateau à quatre rameurs.

Ce bateau, par un singulier hasard, s'appelait *le Duc de Reichstadt*.

Nous visitâmes l'île dans tous ses détails et au milieu d'une fête continuelle. Napoléon est un dieu pour les Elbois. Il a fait plus pour eux pendant les neuf mois qu'il a été leur souverain, que Dieu n'a pensé à faire depuis le jour où il a tiré leur île du fond de la mer.

Aussi, le prince Napoléon, vivant portrait de son oncle, fut-il reçu avec adoration par la population tout entière. Le gouverneur mit à sa disposition ses voitures, ses chevaux, ses chasses. Chasseurs tous deux, nous acceptâmes avec grand plaisir la dernière partie de ses offres, et, dès le lendemain de notre arrivée, nous partîmes pour la Pianosa, petite île à laquelle son peu d'élévation au dessus du niveau de la mer a fait donner ce nom caractéristique.

Je dirai plus tard, et quand j'en serai à raconter cette partie de mes voyages, quel charme puissant eut pour moi cette course aventureuse, accomplie en intimité avec ce neveu de l'empereur, au milieu de ce pays plein de traditions vivantes laissées à chaque pas par le terrible exilé.

Une flotte passa à l'horizon ; nous comptâmes neuf voiles. A la corne d'un des bâtimens pendait un drapeau tricolore... c'était une flotte française.

Nous arrivâmes à la Pianosa, et nous nous mîmes en chasse. A notre retour, nous trouvâmes deux pauvres pêcheurs qui nous attendaient. Ce que voulaient ces deux pauvres pêcheurs, on va le savoir par la lettre suivante :

« Majesté,

» Quand je me présenterai aux portes du ciel et qu'on me demandera sur quoi je m'appuie pour y entrer, je répondrai :

» Ne pouvant pas faire le bien moi-même, je l'ai indiqué quelquefois à la reine de France, et toujours le bien que je n'ai pu faire, pauvre et chétif que je suis, la reine de France l'a fait.

» Laissez-moi donc, madame, vous remercier d'abord en passant pour cette pauvre Romaine dont vous avez pris la fille, et qui priera toute sa vie, non pas pour vous, car c'est à vous de prier pour les autres, mais pour ceux qui vous sont chers.

» Or, un de ceux-là passait le 28 juin dernier, longeant l'île d'Elbe, conduisant une flotte magnifique qui allait où le souffle du Seigneur la poussait, d'occident en orient, je crois ; celui-là, c'était le troisième de vos fils, madame, c'était le vainqueur de Saint-Jean-d'Ulloa ; c'était le pèlerin de Sainte-Hélène ; c'était le prince de Joinville.

» Moi, j'étais sur une petite barque, perdu dans l'immensité, regardant tour à tour la mer, ce miroir du ciel, et le ciel, ce miroir de Dieu ; puis, comme j'appris qu'avec cette flotte un de vos enfans passait à l'horizon, je pensai à Votre Majesté, et je me dis qu'elle était véritablement bénie entre les femmes la mère dont le premier fils s'appelle le duc d'Orléans, dont le second fils s'appelle le duc de Nemours, dont le troisième fils s'appelle le prince de Joinville, et dont le quatrième fils s'appelle le duc d'Aumale, beaux et nobles jeunes gens dont chacun peut ajouter à son nom un nom de victoire.

» Puis, ainsi rêvant, j'arrivai à une pauvre petite île dont le nom est inconnu sans doute à Votre Majesté, et qu'on appelle l'île de la Pianosa. Dieu a décidé que vous seriez bénie dans ce petit coin de terre, madame, et je vais vous dire comment.

» Il y avait là, dans cette petite île inconnue, deux pauvres pêcheurs qui se désespéraient : la flotte française, en passant, venait d'entraîner avec elle leurs filets, c'est-à-dire leur seule fortune, c'est-à-dire l'unique espoir de leur famille.

» Ils apprirent que j'étais Français : ils vinrent à moi ; ils me racontèrent leur malheur ; ils me dirent qu'ils étaient ruinés ; ils me dirent qu'ils n'avaient plus d'autres ressources que de mendier pour vivre.

» Je leur demandai alors s'ils connaissaient une reine qui s'appelait Marie-Amélie.

» Ils me répondirent que c'était une de leurs compatriotes, et qu'ils en avaient entendu parler comme d'une sainte.

» Alors je leur fis faire la demande ci-jointe, à laquelle les gouverneurs de l'île d'Elbe et de la Pianosa ajoutèrent un certificat revêtu de tous les caractères de la légalité, et je leur dis d'espérer.

» En effet, madame, vous serez assez bonne, j'en suis sûr, pour remettre à monsieur l'amiral Duperré la demande de ces pauvres gens. Recommandée par vous, cette demande aura le résultat qu'elle doit avoir.

» Et moi, je serai fier et heureux, madame, d'avoir encore une fois été l'intermédiaire entre le malheur et Votre Majesté. »

Eh bien ! le jour où mourait le duc d'Orléans, à l'heure où mourait le duc d'Orléans, j'écrivais cette lettre à sa mère !!!...

Aussitôt le dîner fini, je demandai au roi Jérôme la permission de me retirer : j'avais besoin de courir au devant des détails ; puis, la fatale nouvelle confirmée, de me renfermer seul avec moi-même. Mes souvenirs, c'était tout ce qui me restait du prince qui m'avait aimé ; j'avais hâte de me retrouver avec eux.

Le prince Napoléon voulut m'accompagner. Nous ordonnâmes au cocher de nous conduire aux Cachines. Les Cachines sont, à six heures un été, le rendez-vous de tout Florence. Les attachés de l'ambassade française s'y trouveraient, sans aucun doute. Nous apprendrions certainement là quelque chose d'officiel.

Effectivement, là tout nous fut confirmé. Comment, cinq jours après l'événement, cet événement était-il connu quand il faut huit jours à la poste pour parcourir la distance qui existe entre Florence et Paris ? Je vais vous le dire.

Le télégraphe avait porté la nouvelle jusqu'au Pont-de-Beauvoisin. Là, le commandant des carabiniers du roi Charles-Albert, ayant jugé le fait assez important pour le transmettre sans retard à son gouvernement, avait fait partir une de ses hommes en estafette, et, d'estafette en estafette, la nouvelle avait traversé les Alpes, était descendue à Turin, et était enfin arrivée à Gênes. La *Gazette de Gênes* la rapportait telle que que le télégraphe l'avait donnée, sans commentaires, sans explications, mais à sa colonne officielle ; il n'y avait donc plus de doute à avoir, il n'y avait donc plus d'espoir à conserver.

La sensation était profonde. Tel est le pouvoir étrange de la popularité, que cet amour caché, plein de tendresse et d'espérance, que la France portait au prince royal, avec lequel elle l'accompagnait dans ses voyages pacifiques en Europe, dans ses campagnes guerrières en Afrique, avec lequel enfin elle l'accueillait à son retour, s'était épandu au dehors, avait gagné l'étranger, et ce jour-là peut-être se manifestait à la fois en Allemagne, en Italie, en Angleterre et en Espagne, par une sympathie universelle.

On eût dit que le pauvre prince qui venait de mourir était non-seulement l'espoir de la France, mais encore le Messie du monde.

Maintenant tout était fini. Les regards qui le suivaient avec l'anxiété de l'attente étaient tous fixés sur un cercueil.

Le monde avait quelquefois porté le deuil du passé ; cette fois il portait le deuil de l'avenir.

Je laissai les promeneurs s'épuiser en conjectures. Que me faisaient les détails : la catastrophe était vraie !

Je rentrai chez moi et je retrouvai sur mon bureau cette lettre à la reine qui ne devait partir que par le courrier de l'ambassade, c'est-à-dire le lendemain 19 ; cette lettre où je lui disais qu'elle était heureuse entre les mères.

Un instant j'hésitai à jeter un malheur étranger et secondaire au milieu d'un malheur de famille, profond, suprême, irréparable ; mais je connaissais la reine : une bonne œuvre à lui proposer était une consolation à lui offrir. Seulement, au lieu de lui adresser la lettre à elle, j'adressai la lettre à monseigneur le duc d'Aumale.

Ce que je lui écrivis, je n'en sais rien ; ce sont de ces pages dont on ne garde pas de copie, de ces pages dans lesquelles le cœur déborde et que les yeux trempent de larmes.

C'est qu'après le prince royal, monseigneur le duc d'Aumale était celui des quatre princes que je connaissais le plus. Je lui avais été présenté aux courses de Chantilly par le prince royal lui-même.

Le prince royal avait une profonde tendresse et une haute estime pour le duc d'Aumale. C'était sous lui que le jeune colonel avait fait son apprentissage de guerre ; et quand il avait, au col de Mouzaïa, reçu le baptême de feu, c'était le prince royal qui lui avait servi de parrain.

Un jour, dans une de ces longues causeries où nous parlions de toutes choses, où, las d'être prince, il redevenait homme avec moi, le duc d'Orléans m'avait raconté une de ces anecdotes de cœur auxquelles la narration écrite ôte tout son charme ; puis le prince racontait admirablement bien ; il avait l'éloquence de la conversation, si cela se peut dire, au plus haut degré. Enfin, il savait s'interrompre pour écouter, chose si rare chez tous les hommes qu'elle devient merveilleuse chez un prince.

Il y avait dans la voix du duc d'Orléans, dans son sourire, dans son regard, un charme magnétique qui fascinait. Je n'ai jamais retrouvé chez personne, même chez la femme la plus séduisante, rien qui se rapprochât de ce regard, de ce sourire et de cette voix.

Dans quelque disposition d'esprit qu'on eût abordé le prince, il était impossible de le quitter sans être entièrement subjugué par lui. Etait-ce son esprit, était-ce son cœur qui vous séduisait. C'était son cœur et son esprit, car son esprit presque toujours était dans son cœur.

Dieu sait que je n'ai pas dit un mot de tout cela pendant qu'il vivait. Seulement, j'avais une douleur, j'allais à lui ; j'avais une joie, j'allais à lui, et joie et douleur il en prenait la moitié. Une partie de mon cœur est enfermée dans le cercueil sur lequel j'écris ces lignes.

Or, voilà ce qu'il me racontait un jour.

C'était sur les bords de la Chiffa, la veille du jour fixé pour le passage du col de Mouzaïa. Il y avait un engagement acharné entre nous et les Arabes. Le prince royal avait successivement envoyé plusieurs aides de camp porter des ordres ; un nouvel ordre devenait urgent par cela même que le combat devenait plus terrible ; il se retourna vers son état-major et demanda quel était celui dont le tour était venu de marcher ?

— C'est à moi, répondit le duc d'Aumale en s'avançant.

Le prince jeta un coup d'œil sur le champ de bataille, il vit à quel danger il allait exposer son frère. A cette époque, qu'on se le rappelle, le duc d'Aumale avait dix-huit ans à peine ; homme par le cœur, c'était encore un enfant par l'âge.

— Tu te trompes, d'Aumale, ce n'est pas à toi, dit le duc d'Orléans.

Le duc d'Aumale sourit ; il avait compris l'intention de son frère.

— Où faut-il aller et que faut-il dire ? répondit-il en rassemblant les rênes de son cheval.

Le duc d'Orléans poussa un soupir, mais il sentit qu'on ne marchandait pas avec l'honneur, et que celui des princes est plus précieux encore à ménager que celui des autres hommes.

Il tendit la main à son frère, la lui serra fortement, et lui donna l'ordre qu'il attendait.

Le duc d'Aumale partit au galop, s'enfonça dans la fumée et disparut au milieu de la bataille.

Le duc d'Orléans l'avait suivi des yeux, tant que ses yeux avaient pu le suivre ; puis il était resté le regard fixé sur l'endroit où il avait cessé de le voir.

Au bout d'un instant un cheval sans cavalier reparut. Le duc d'Orléans se sentit frémir des pieds à la tête : ce cheval était du même poil que celui du duc d'Aumale.

Une idée terrible lui traversa l'esprit ; c'est que son frère avait été tué, et tué en portant un ordre donné par lui !

Il se cramponna à sa selle, tandis que deux grosses larmes jaillissaient de ses yeux et roulaient sur ses joues.

— Monseigneur, dit une voix à son oreille, *il a une chabraque rouge !*

Le duc d'Orléans respira à pleine poitrine. Le cheval du duc d'Aumale avait *une chabraque bleue*.

Il se retourna et jeta ses bras au cou de celui qui l'avait si bien compris. Le duc d'Orléans me le nomma alors. J'ai oublié son nom. C'est un de ses aides de camp, je le sais bien, ou Bertin de Vaux, ou Chabot-Latour, ou d'Elchingen.

Dix minutes après, le duc d'Aumale, sain et sauf, après s'être acquitté de son message avec le courage et le calme d'un vieux soldat, était de retour près de son frère.

Je vous l'ai dit, toute cette petite histoire est bien pâle, écrite par moi ; racontée par le prince lui-même, avec sa voix tremblante, avec ses yeux mal essuyés, c'était une chose adorable.

Oh ! s'il m'avait été permis d'écrire cette vie, si courte et cependant si remplie ! de raconter, presque un à un, comme depuis quatorze ans je les avais vus passer devant moi, ces jours tantôt sombres, tantôt sereins, tantôt éclatants ! Si de cette existence privée j'avais eu le droit de faire une existence publique, on se serait agenouillé devant ce cœur si bon, si pur et si grand, comme devant un tabernacle.

Il y avait en lui trop de choses venant de Dieu. Ses vertus appauvrissaient le ciel. Dieu l'a repris avec ses vertus, et maintenant c'est la terre qui est veuve.

Depuis quatorze ans, comprenez-vous bien, je lui avais tour à tour demandé l'aumône pour les pauvres, la liberté pour les prisonniers, la vie pour les condamnés à mort, et pas une seule fois, pas une seule fois, pas une seule fois, je n'avais été refusé.

Aussi, il était tout pour moi, cet homme à qui cependant je n'avais rien demandé pour moi ! (1)

On venait à moi pour une chose juste, quelle qu'elle fût, réclamation ou prière ; vieux compagnon du champ de bataille, ou jeune camarade de collège :

— C'est bien, disais-je, la première fois que je verrai le prince, je lui en parlerai.

Et la chose était faite, si toutefois, je le répète, la chose était juste à faire.

C'est que le prince avait autant de justesse dans l'esprit que de justice dans le cœur ; c'était un mélange de bon et de grand. Il sentait comme Henri IV ; il voyait comme Louis XIV.

Aussi, en même temps qu'au duc d'Aumale j'écrivais à la reine, non pas, Dieu merci ! pour tenter de la consoler. La Bible elle-même avoue qu'il n'y a pas de consolation pour une mère qui perd son enfant. Rachel ne voulut pas être consolée parce que ses enfans n'étaient plus. *Et noluit consolari quia non sunt.*

Ma lettre avait quatre lignes, je crois. Voilà ce que je lui disais :

« Pleurez, pleurez, madame. Toute la France pleure avec vous.

» Pour moi, j'ai éprouvé deux grandes douleurs dans ma vie : l'une, le jour où j'ai perdu ma mère ; l'autre, le jour où vous avez perdu votre fils. »

Puis, à la princesse royale, à la duchesse d'Orléans, à cette double veuve d'un mari et d'un trône, je n'écrivis rien, je crois ; je me contentai d'envoyer cette prière pour son fils :

« O mon père ! qui êtes aux cieux, faites-moi tel que vous étiez sur la terre, et je ne demande pas autre chose à Dieu pour ma gloire, à moi, et pour le bonheur de la France. »

---

(1) Il y a des gens qui ont dit que monsieur le duc d'Orléans me faisait une *pension de douze cents francs* !... pour payer mes ports de lettres sans doute !... Les imbéciles !

Un mot sur le royal enfant et sur cette auguste veuve.

Le 2 janvier dernier, j'étais allé faire ma visite de bonne année au prince royal. Après quelques instants de causerie :

— Connaissez-vous le comte de Paris ? me demanda-t-il.

— Oui, monseigneur, répondis-je ; j'ai eu l'honneur de voir Son Altesse déjà deux fois. Et je rappelai au prince dans quelles circonstances.

— N'importe, me dit-il, je vais l'aller chercher pour que vous lui fassiez vos compliments.

Il sortit et rentra un instant après, tenant l'enfant par la main ; puis, s'approchant de moi avec cette gravité qui était un des charmes de sa plaisanterie intime :

— Donnez la main à monsieur, lui dit-il ; c'est un ami de papa, et papa n'a pas trop d'amis.

— Vous vous trompez, monseigneur, lui répondis-je. Tout au contraire des autres princes royaux, Votre Altesse a des amis et point de parti.

Le duc d'Orléans sourit, et, sur un signe de son père, le comte de Paris me tendit sa petite main, que je baisai.

— Que souhaitez-vous à mon fils ? me dit alors le prince.

— D'être roi le plus tard possible, monseigneur.

— Vous avez raison. C'est un vilain métier !

— Ce n'est point pour cela, monseigneur, repris-je ; mais c'est qu'il ne peut être roi qu'à la mort de Votre Altesse.

— Oh ! je puis mourir maintenant, dit-il avec cette expression de mélancolie qui revenait si souvent sur son visage et dans sa voix. Avec la mère qu'il a, il sera élevé comme si j'y étais. Puis, étendant la main vers la chambre de la duchesse, comme s'il eût pu deviner à travers la muraille la place où elle était :

— C'est un quine que j'ai gagné à la loterie, me dit-il.

Le fait est qu'il était impossible, je crois, d'avoir à la fois plus de respect, plus de tendresse, plus de vénération et plus de confiance que le duc d'Orléans n'en avait pour la duchesse. C'est qu'il avait retrouvé en elle une partie des hautes qualités qu'il avait lui-même. Quand il parlait d'elle, et il en parlait souvent, son bonheur intime débordait de son cœur comme l'eau déborde d'un vase trop plein.

Revenons à Florence.

Je portai le soir même les trois lettres mortuaires à l'ambassade ; je trouvai monsieur Belloc tout en larmes ; il ne savait encore rien d'officiel ; mais comme la *Gazette de Gênes* est ordinairement le journal le mieux informé de l'Italie, il croyait à la réalité de la nouvelle.

Je rentrai donc chez moi, ayant fait un pas de plus dans cette affreuse certitude.

J'avais écrit à la reine que je n'avais éprouvé que deux grandes douleurs dans ma vie ; c'était vrai. J'ajouterai que cette douleur que j'avais éprouvée en perdant ma mère, le prince royal l'avait tendrement partagée. Voilà comment les noms de ces deux aimés de mon cœur, que je vois maintenant ensemble en regardant le ciel, se trouvent réunis l'un à l'autre dans mon souvenir.

Le 1er août 1838, on m'annonça que ma mère venait d'être frappée pour la deuxième fois d'une apoplexie foudroyante. La première avait précédé de trois jours seulement la représentation de *Henri III*.

Je courus au faubourg du Roule, où demeurait ma mère. Elle était sans connaissance.

Cependant, à mes cris, à mes larmes, à mes sanglots, et surtout grâce à cet instinct du cœur qui ne meurt chez la mère qu'après la mort, Dieu permit qu'elle ouvrît les yeux, qu'elle me regardât et qu'elle me reconnût.

C'était tout ce que j'osais demander d'abord ; mais, cette grâce accordée, je demandai un miracle : je demandai sa vie.

Si jamais prières ardentes et larmes désespérées coulèrent de la bouche et des yeux d'un fils sur le front d'un mourant, je puis dire que ce sont des prières et les larmes qui coulèrent de ma bouche et de mes yeux sur le front de ma mère.

Cette fois je demandais trop sans doute : Dieu détourna la tête : le mal fit de minute en minute de visibles et terribles progrès.

J'avais besoin de répandre mon cœur. Je pris une plume et j'écrivis au prince royal. Pourquoi à lui plutôt qu'à un autre ? C'est que je l'aimais mieux que tout autre.

Je lui écrivis que près du lit de ma mère mourante je priais Dieu de lui conserver son père et sa mère.

Puis je revins suivre sur ce front bien-aimé la marche de l'agonie.

Une heure après, une voiture dont je n'entendis pas le roulement s'arrêta à la porte de la rue.

J'entendis une voix qui disait :

— De la part du prince royal.

Je me retournai, je passai dans la chambre voisine, et je vis le valet de chambre qui avait l'habitude de m'introduire chez le prince.

— Son Altesse, me dit-il, fait demander des nouvelles de madame Dumas.

— Oh ! mal, très mal, sans espoir ; dites-le-lui et remerciez-le.

Au lieu de partir sur cette réponse, le valet de chambre resta un instant immobile et hésitant.

— Eh bien ! mon ami, lui demandai-je, qu'y a-t-il ?

— Il y a, monsieur, que je ne sais si je dois vous le dire, mais vous seriez peut-être fâché que je ne vous le disse pas. Il y a que le prince est ici.

— Où cela ?

— A la porte de la rue, dans sa voiture.

Je courus. La portière était ouverte. Il me tendit les deux mains. Je posai ma tête sur ses genoux et je pleurai.

Il avait cru que ma mère demeurait avec moi rue de Rivoli. Il avait monté mes quatre étages, et ne m'ayant point trouvé, il m'avait suivi au fond du faubourg du Roule.

Il me disait cela pour excuser son retard, pauvre prince au noble cœur !

Je ne sais pas combien de temps je restai là. Tout ce que je sais, c'est que la nuit était belle et sereine, et que, par le carreau de l'autre portière, je voyais à travers mes larmes briller les étoiles du ciel.

Six mois après c'était lui qui pleurait à son tour, c'était moi qui lui rendais la visite funèbre qu'il m'avait faite. La princesse Marie, morte en dessinant un tombeau, était allée l'annoncer au ciel.

Et aujourd'hui, à son tour, c'est lui que nous pleurons.

Oh ! quand la mort choisit, elle choisit bien.

Cette première grande douleur de ma vie, je viens de la raconter.

Au reste, je dois le dire, pauvre prince ! Personne moins que lui ne comptait sur l'avenir ; on eût dit qu'il avait eu tout enfant quelque révélation de sa mort prochaine. Il doutait toujours de cette haute fortune où chacun lui répétait qu'il était appelé.

J'arrivai à Paris quelques jours après l'attentat Quenisset. Je courus au pavillon Marsan. C'était d'ordinaire ma première visite quand j'arrivais, ma dernière visite quand je partais.

— Ah ! vous voilà, voyageur éternel, me dit-il.

— Oui, monseigneur ; j'arrive tout exprès pour vous faire mon compliment de condoléance sur la nouvelle tentative d'assassinat faite sur notre jeune colonel.

— Ah ! c'est vrai. Eh bien ! vous le voyez, reprit-il en riant, voilà le pourboire des princes en l'an de grâce 1841.

— Mais du moins, répondis-je, Votre Altesse doit-elle être rassurée en voyant le soin que met la Providence à ce que vous ne touchiez pas ces pourboire.

— Oui, oui, murmura le prince en prenant machinalement un bouton de mon habit ; oui, la Providence veille sur nous, c'est incontestable ; mais ajouta-t-il en poussant un soupir, c'est toujours bien triste, croyez-moi, de ne vivre que par miracle !

La Providence s'était lassée.

Le lendemain au matin, je reçus une lettre de notre ambassadeur.

Cette lettre contenait la dépêche télégraphique que monsieur Belloc venait de recevoir :

« Le prince royal a fait ce matin, à onze heures, une chute

de voiture ; il est mort ce soir à quatre heures et demie. »

13 juillet 1842.

Je n'avais plus qu'une chose à faire, c'était de partir de Florence pour assister à ses funérailles.

---

3 ET 4 AOUT.

J'interrogeai tous les journaux qu'on reçoit à Florence pour savoir à quelle époque étaient fixées les funérailles du prince royal.

Je restai jusqu'au 26 juillet sans rien apprendre de positif. Le 26, je lus dans le *Journal des Débats* que le 3 août aurait lieu la cérémonie de Notre-Dame, et le 4 l'inhumation dans les caveaux de Dreux.

Je pris mon passeport, et le 27 à deux heures je montai dans un bateau à vapeur qui partait pour Gênes.

Le lendemain, à neuf heures du matin, je prenais terre et courais à la poste. La malle partait, il n'y avait pas de place, elle emporta seulement une lettre de moi au directeur de la poste de Lyon.

Je louai une voiture et je partis.

Je voyageai jour et nuit, sans perdre une heure, sans gaspiller une seconde. J'étais à Lyon le 1er août, à trois heures de l'après-midi.

Je courus à la poste. Ma lettre était arrivée à temps. Une place avait été retenue. Si cette place m'avait manqué, j'avais fait trois cents lieues inutilement, j'arrivais trop tard.

Seulement alors je respirai.

Le surlendemain j'entrais dans Paris à trois heures du matin.

Restait la crainte de ne pas pouvoir me procurer de billet pour la cérémonie. A sept heures, je courus chez Asseline.

Peut-être ne connaissez-vous pas Asseline, mais les pauvres le connaissent, et parlent tous les jours de lui à Dieu dans leurs prières.

C'est un de ces hommes comme la Providence en met de temps en temps près des bons princes, pour les rendre meilleurs encore.

Il était déjà sorti. Pauvre désolé qu'il était aussi ! il y avait quinze jours qu'il ne dormait plus et qu'il mangeait à peine.

La première chose que je vis, ce fut la gravure de Calamatta : cette belle gravure de ce beau tableau de monsieur Ingres.

J'avais vu le tableau dans l'atelier de notre grand peintre la veille de mon départ. Je retrouvais la gravure dans le cabinet d'Asseline le jour de mon arrivée. Dans l'intervalle, l'âme qui animait ces yeux si doux, si bons, si intelligens, s'était éteinte.

Il y a en Italie un proverbe qui dit, ou plutôt un préjugé qui croit que, lorsqu'on fait faire son portrait en pied, on meurt dans l'année.

J'avais demandé, six semaines auparavant, en voyant le portrait de monsieur Ingres, pourquoi le cadre coupait la peinture au-dessous des genoux.

On m'avait répondu, je ne sais si la chose est vraie, que la reine avait supplié son fils de ne point faire faire son portrait en pied, et que le prince, en souriant aux craintes maternelles, avait accordé cette demande à la reine.

Cette gravure était posée sur un canapé. Je m'agenouillai devant le canapé.

Asseline rentra. Nous nous jetâmes dans les bras l'un de l'autre. Il m'avait gardé un billet ; je ne lui avais pas écrit, mais il avait compris que je devais venir.

Puis il s'était douté que je ne voudrais quitter le corps du prince qu'à la porte du caveau royal, et il avait demandé pour moi la permission de le suivre à Dreux.

Alors recommencèrent les douloureuses questions et les tristes réponses. Le malheur était si inattendu que je n'y pouvais croire, et qu'il me semblait que je faisais un rêve dont le bruit de ma parole allait me réveiller.

A neuf heures, je partis pour Notre-Dame. Les rues de Paris avaient un aspect de tristesse que je ne leur avais jamais vu. Puis, pour moi, chaque signe de douleur était nouveau et parlait tout haut à ma douleur. Ces drapeaux avec des crêpes, ces bannières avec leurs chiffres ; Notre-Dame toute entière avec sa tenture, Notre-Dame pareille à un grand cercueil, renfermant l'espoir public qui venait de mourir ; Notre-Dame transformée en chapelle ardente avec ses trente mille cierges qui en faisaient une fournaise ; toutes ces choses que les Parisiens voyaient depuis longtemps, tout ce spectacle funèbre auquel ils étaient habitués depuis une semaine, je le voyais, moi, pour la première fois, et il me parlait à moi plus haut qu'à personne.

De la tribune où j'étais, je voyais parfaitement le cercueil ; j'aurais donné, je ne dirai pas de l'argent, mais des jours, mais des années de ma propre vie pour aller m'agenouiller devant ce catafalque, pour baiser ce cercueil, pour couper un morceau du velours qui le couvrait.

Une salve de coups de canon annonça l'arrivée des princes. Les canons comme les cloches sont les interprètes des grandes joies et des grandes douleurs humaines ; leur voix de bronze est la langue que se parlent, dans les circonstances qui les réunissent, la terre et le ciel, l'homme et Dieu.

Les princes entrèrent. Cette fois la sensation fut profonde et agit sur tout le monde. Le prince royal, c'était leur âme ; leur lumière à eux émanait de lui. Aussi étaient-ils brisés de douleur ; ils n'avaient pas songé qu'ils pouvaient deux fois perdre leur père.

La cérémonie fut longue, triste et solennelle. Quarante mille personnes entassées dans Notre-Dame faisaient un tel silence, qu'on entendait jusqu'à la moindre note de chant sacré, jusqu'au plus faible des frémissemens de l'orgue, au milieu desquels venait de temps en temps mugir un coup de canon. J'ai peu vu de spectacle qui puisse donner aussi puissamment l'idée du deuil d'une grande nation.

Puis vint l'absoute, c'est-à-dire la cérémonie touchante entre les cérémonies mortuaires. Les princes montèrent successivement, selon leur âge, jusqu'au cercueil fraternel, secouant l'eau bénite, et priant pour l'âme qui les avait tant aimés. Il y avait quelque chose de poignant dans ces ascensions successives et dans l'insistance de ces quatre jeunes gens, suppliant Dieu de recevoir dans son sein celui qu'ils avaient si souvent serré vivant dans leurs bras.

Je restai un des derniers, j'espérais pouvoir me rapprocher du cercueil : c'était impossible.

Tous ceux qui liront ces lignes ont probablement perdu une personne qui leur était chère ; mais si cette personne est morte lentement entre leurs bras, s'ils ont pu suivre sur son front les progrès de l'agonie, s'ils ont pu recueillir dans un dernier soupir de l'âme aimée, portée par ce souffle suprême, montait au ciel, il y a eu, certes, pour eux, douleur moins poignante que si, ayant quitté cette personne aimée, pleine de santé, de force et d'avenir, ils la retrouvent, au retour d'un long voyage, enfermée dans un cercueil que non-seulement ils ne peuvent ouvrir, mais dont ils ne peuvent pas même s'approcher. Comme j'enviais le désespoir de ceux-là qui, dans cette pauvre maison de l'allée de la Révolte, l'avaient vu lentement expirer sur ces deux matelas posés par terre ; qui avaient vu se fermer ses yeux, qui avaient suivi son agonie ! Ceux-là avaient pu ramasser une boucle de ses cheveux, couper un morceau de son habit, déchirer un lambeau de sa chemise ! (1)

(1) Le lendemain de la publication de cet article je reçus la lettre suivante

« Monsieur,

» Dans les lettres que vous avez publiées dans le *Siècle*, vous manifestez le regret de ne posséder aucune relique qui matéria-

Il fallut sortir.

Nous devions aller à Dreux en poste. Nous étions quatre dans la même voiture, trois amis de collége du prince et moi ; c'était Guilhem le député ; c'était Ferdinand Leroi, secrétaire général de la préfecture de Bordeaux ; c'était Bocher, bibliothécaire du duc d'Orléans. Tous trois avaient vécu dans l'intimité du prince royal, car le prince royal était fidèle surtout à ses souvenirs de classes. Il y avait deux mois à peine que j'avais, avec l'aide d'Asseline, placé chez lui un de ses anciens condisciples, qui n'avait pour toute protection près du prince que ses souvenirs, et un petit chiffon de papier déchiré à son cahier d'écolier de troisième.

Le hasard nous avait réunis ; nous étions les seuls qui, en dehors de la maison du roi ou de la maison du prince, eussions eu l'idée de suivre le corps jusqu'à Dreux ; nous étions les étrangers de la cérémonie.

Aussi nous fallut-il partir de bonne heure, de peur de ne pas trouver de chevaux, car nous n'avions pas d'ordre pour en prendre.

Cette douleur dont j'ai parlé avait débordé bien au-delà de la capitale. Partout, sur notre passage, nous retrouvions le même aspect, triste et morne. Les grandes villes étaient tendues de noir, les villages avaient des crêpes à leurs drapeaux ; dans quelques endroits s'élevaient des arcs mortuaires, des reposoirs funèbres devant lesquels devait s'arrêter le cercueil du prince.

Les nations ont donc leur deuil comme les individus, triste à la fois comme celui d'une mère qui a perdu son fils, et de toute une famille qui a perdu son père.

Comparez à cela les trois derniers deuils royaux, que nos pères et nous avons vus ; comparez à cela les chants joyeux et les danses insultantes qui accompagnèrent le cercueil de Louis XIV, les malédictions qui accompagnèrent le cercueil de Louis XV, et l'indifférence qui accompagna celui de Louis XVIII.

Ceci est cependant un grand démenti à ceux qui nous appellent la nation régicide. Qu'était-ce donc que le duc d'Orléans, si ce n'était notre roi à venir ? Pauvre prince ! quel miracle il avait fait ! il nous avait réconciliés avec la royauté.

Nous arrivâmes à Dreux pendant la nuit. A grand'peine trouvâmes-nous une petite chambre où nous fûmes obligés de nous installer tous les quatre. Il y avait neuf nuits que je ne m'étais couché ; je me jetai sur un matelas et je dormis quelques heures.

Nous fûmes réveillés par le tambour : les gardes nationaux arrivaient par milliers, non-seulement des villages et des villes environnans, mais encore des points les plus éloignés. Nous vîmes arriver la garde nationale de Vendôme. Les braves gens qui la composaient avaient fait quarante-cinq lieues à pied, et s'éloignaient dix jours de leurs affaires pour venir assister à cette dernière revue que devait passer le prince royal.

Et cependant il n'y avait ni croix, ni coups de fusil à venir chercher ; ces deux mobiles avec lesquels on fait faire aux Français tant de choses.

lisé à vos yeux et à votre pensée les derniers momens de votre noble et malheureux ami monseigneur le duc d'Orléans.

» Plus heureux que vous, je possède la serviette sur laquelle il a reposé sa tête mourante, et qui est encore tout imprégnée de son sang. J'ai constamment refusé d'en donner tout ou partie, afin de ne pas céder aux sollicitations d'une simple curiosité ; mais à vous, monsieur, je viens l'offrir tout entière. Trop heureux si je puis ainsi rendre moins pénibles votre douleur et vos regrets.

» Dans le cas probable où vous auriez obtenu quelque chose de la dépouille du prince, veuillez regarder ma lettre comme non avenue.

» Je n'ai pas besoin, j'espère, par une explication quelconque, de vous tenir en garde contre la pensée d'une mystification qui ne serait rien moins, à mes yeux, qu'un crime ou un sacrilège.

» Veuillez agréer, etc.

» CHARDON, docteur, 32, rue Richer.

» Paris, 16 novembre. »

Il y avait un cercueil à accompagner jusqu'au caveau mortuaire, voilà tout. Il est vrai que ce cercueil renfermait l'espoir de la France.

A mesure que les gardes nationaux arrivaient, on les plaçait en haie sur la route. A chaque instant cette haie s'allongeait et s'épaississait ; elle couvrit bientôt plus d'une demi-lieue de terrain.

Dès le matin nous nous étions assurés que nous pourrions entrer dans la chapelle. Comme la chapelle de Dreux est une simple chapelle de famille, il y tient à peine cinquante ou soixante personnes. J'avais été à cette occasion trouver le sous-préfet, et le hasard avait fait que ce sous-préfet était Maréchal, un de mes anciens amis. Lui aussi, il avait connu personnellement le prince ; je n'eus donc point affaire à une douleur officielle, mais à une grande et réelle affliction. Il nous dit de ne pas le quitter, et qu'ainsi il répondait de nous faire entrer.

En ce moment on annonça que le cercueil était en vue de la ville. De ce moment le télégraphe avait commencé à marcher. Il correspondait avec celui du ministre de l'intérieur, qui, à l'aide d'hommes à cheval, correspondait lui-même avec les Tuileries. En moins d'un quart d'heure la reine savait chaque détail de la cérémonie funèbre ; elle pouvait donc suivre du cœur ce cercueil bien-aimé qu'elle n'avait pu suivre des yeux ; elle pouvait donc assister en quelque sorte à la messe mortuaire ; elle pouvait, agenouillée dans son oratoire, mêler sa prière et ses larmes aux larmes et aux prières qui coulaient et murmuraient à vingt lieues de là. Aussi y avait-il quelque chose de triste et de poétique dans le mouvement lent et mystérieux de cette machine qui, à travers les airs, portait à une mère en pleurs les dernières nouvelles de son fils trépassé, et qui ne s'arrêtait que pour recevoir sa réponse.

Nous nous acheminâmes au devant du corps. Tout le trajet que le char funèbre devait parcourir, depuis la poste jusqu'à la chapelle, était tendu de noir, et à chaque maison pendait un drapeau tricolore pavoisé de deuil.

Arrivés au bout de la rue, nous aperçûmes le char arrêté : on descendait le cœur, qui devait être porté à bras, tandis que le corps devait suivre, traîné par six chevaux caparaçonnés de noir. Je me retournai vers le télégraphe : le télégraphe annonçait à la reine la douloureuse opération qui s'accomplissait en ce moment.

Oh ! suprême bienfait des larmes ! don céleste fait par la miséricorde infinie du Seigneur à l'homme, le même jour où, dans sa sagesse mystérieuse, il l'en envoyait la blessure !

Nous attendîmes ; le cercueil s'approchait lentement, précédé par l'urne de bronze dans laquelle était renfermé le cœur. Urne et cercueil passèrent devant nous ; puis les aides de camp du prince, portant le grand cordon, l'épée et la couronne ; puis les quatre princes, tête nue, en grand uniforme et en manteau de deuil ; puis la maison militaire et civile du roi, au milieu de laquelle on nous fit signe de prendre notre place.

J'aperçus Pasquier : il était changé comme s'il eût manqué de mourir lui-même.

Pauvre Pasquier ! c'était à lui qu'était échue la plus rude épreuve. Après avoir vu mourir le prince dans ses bras, c'est lui qui avait fait l'autopsie ; il avait coupé par morceaux le corps auquel, pour épargner une souffrance, il eût, de son vivant, donné sa propre vie.

Comprenez-vous une douleur plus grande que celle du médecin qui, près d'un agonisant bien-aimé, lisant seul dans l'avenir de Dieu, et reconnaissant qu'il n'y a plus d'espérance, est forcé d'arrêter les larmes dans ses yeux, de pousser le sourire sur ses lèvres pour rassurer un père, une mère, une famille au désespoir ; qui ment par religion, et qui, sentant l'impuissance de son art, se condamne lui-même, pour accomplir le devoir qui lui est imposé par la science, à torturer, pieux bourreau, ce pauvre mourant dont, sans lui peut-être, l'agonie au moins serait douce ; puis, après la mort, qui est condamné à aller, le scalpel à la main, chercher jusqu'au fond du cœur, dont trente ans il écouté avec inquiétude les pulsations, les causes de cette mort et les traces qu'elle y a laissées en passant!

Voilà ce qu'il avait souffert. Aussi, en regardant en arrière, il ne comprenait pas le courage qu'il avait eu; il frissonnait à la seule pensée de ce qu'il avait fait.

Une fois, il y a trois ans, on avait craint pour le prince. Quelques symptômes de phthisie pulmonaire avaient effrayé l'amitié de ceux qui l'entouraient. Personne n'avait osé prévenir le malade, dont les journées pleines de fatigue et dont les nuits pleines de veilles pouvaient empirer l'état.

Alors je m'étais chargé d'écrire au prince, et je lui avais écrit.

Pourquoi m'est-il impossible de publier la lettre qu'il me répondit à cette occasion !...

L'autopsie avait prouvé que ces craintes étaient non-seulement exagérées, mais encore dénuées de tout fondement. Il est vrai que Pasquier avait toujours répondu sur sa tête qu'il n'y avait rien à craindre de ce côté.

Près de lui était Boismilon, sous l'œil duquel le prince royal avait grandi. Le maître, tout brisé de douleur, suivait le deuil de son élève.

— Il y aujourd'hui douze ans, me dit-il, que le prince rentrait à Paris à la tête de son régiment; vous le rappelez-vous?

Oui, certes, je me le rappelais! Il m'avait serré la main en passant, tout resplendissant d'enthousiasme et de joie dans son uniforme de colonel de hussards.

Quatre ans après, en lui rappelant qu'il avait porté cet élégant uniforme, je sauvais, par son intermédiaire, la vie à un soldat de ce régiment condamné à mort.

Hélas! le pauvre soldat ressuscité ne peut plus même prier aujourd'hui pour celui qui l'a tiré du tombeau! La mort n'a pas voulu tout perdre: elle a étendu la main si près de lui qu'il en est devenu fou.

Le prince payait sa pension dans une maison de santé. Ce soldat rebelle s'appelait Bruyant, vous le rappelez-vous? Il avait tenté une révolte à Vendôme.

Oh! sa grandeur et sa richesse étaient, comme le dit Bossuet, une de ces fontaines que Dieu élève pour les répandre.

Le corps entra dans l'église de Chartres pour y faire une halte d'un instant. Le télégraphe annonça à la reine cette station mortuaire. La touchante cérémonie de l'absoute recommença, puis l'on se remit en marche. En sortant de l'église, il y eut un moment d'embarras, et je me trouvai pris entre l'urne de bronze qui contenait le cœur, et le cercueil de plomb qui renfermait le cadavre.

Tous deux me touchèrent en passant. On eût dit que cœur et cadavre voulaient me dire un dernier adieu. Je crus que j'allais m'évanouir.

L'urne reprit la tête du cortège; le cercueil fut replacé sur la voiture, et l'on continua de s'avancer par une route circulaire qui rampe aux flancs de la montagne, au sommet de laquelle s'élève la chapelle mortuaire.

Arrivés à la plate-forme, nous nous trouvâmes en face de l'église. Sous le portique étaient l'évêque de Chartres et son clergé.

Au bas des degrés, seul et attendant, se tenait, debout, un homme vêtu de noir, pleurant à sanglots, et mordant un mouchoir entre ses dents.

Cet homme, c'était le roi!

C'était une chose profondément triste, triste en dehors de toutes les opinions et de tous les partis, que le roi attendant le cadavre du prince royal, que ce père attendant le corps de son fils, que ce vieillard attendant les restes de son enfant.

Il était arrivé depuis la veille; depuis la veille il avait plusieurs fois essayé de travailler pour faire diversion à sa douleur, et le matin même encore, le maréchal Soult était entré dans son cabinet avec les rapports du jour. Il avait lu deux ou trois dépêches, donné deux ou trois signatures; puis il avait jeté loin de lui plumes et papier, et il était sorti pour voir venir le corps de son fils. Depuis plus d'une demi-heure il attendait debout et pleurant sur le dernier degré de la chapelle.

L'urne passa devant lui, puis le corps, puis les insignes royaux et guerriers. Les princes s'arrêtèrent; un intervalle se fit entre eux et l'aide de camp portant la couronne; le roi entra dans cet intervalle. On descendit alors le cercueil, et le télégraphe annonça à la reine que le roi montait les degrés de la chapelle, menant le corps de leur premier-né.

Pauvre reine! En arrivant de Palerme je lui avais rapporté un dessin représentant la chapelle où ce fils avait été baptisé.

Et le jour de ce baptême, celui qui le tenait entre ses bras comme représentant la ville de Palerme, sa noble marraine, avait dit en le rendant à son père:

— Peut-être venons-nous de baptiser un futur roi de France.

Un mois auparavant, qui aurait pu penser que cette étrange prédiction ne s'accomplirait pas?

Le futur roi des Français entrait dans la chapelle mortuaire.

La cérémonie s'accomplit, plus douloureuse qu'aucune autre. Celle-là c'était la dernière, c'était la station suprême que faisait le cercueil entre le bruit et le silence, entre la vie et la mort, entre la terre et l'éternité.

Puis vint l'absoute, puis le *De Profundis*.

Puis on enleva le cercueil, et l'on commença dans le même ordre à s'acheminer vers le caveau.

Seulement, pendant l'espace qui séparait le chœur de l'escalier caché derrière l'autel, le roi s'appuya sur ses deux fils aînés, le duc de Nemours et le prince de Joinville; mais, arrivés à l'escalier, les trois affligés ne purent descendre de front, et le roi fut obligé de s'appuyer sur sa propre force.

Il y avait déjà deux cercueils dans le caveau: celui de la duchesse de Penthièvre et celui de la princesse Marie. Ils étaient posés à droite et à gauche de l'escalier. La place du milieu était réservée pour le roi. C'était, contre toute attente, son fils qui venait la prendre.

Pendant qu'on déposait le cercueil du prince royal sur ses supports préparés, le roi appuya son front et ses deux mains sur le cercueil de la princesse Marie.

Puis les prêtres murmurèrent un dernier chant, jetèrent une dernière fois l'eau bénite. Après les prêtres vint le roi, après le roi vinrent les princes, après les princes les quelques privilégiés de la douleur qui avaient obtenu d'accompagner le cercueil jusqu'au lieu de sa dernière station.

On remonta dans le même ordre; puis la porte se referma.

Le prince était désormais seul avec le silence et l'obscurité, ces deux fidèles compagnons de la mort.

Il y avait juste quatre ans, jour pour jour, heure pour heure, que j'avais mené le deuil de ma mère.

FIN DE LA VILLA PALMIERI.

TABLE DES MATIÈRES DE LA VILLA PALMIERI.

Les fêtes de la Saint-Jean à Florence. . . . 1
Le palais Pitti. 9
L'Arno. 16
Visites domiciliaires. — Maison d'Alfieri. — Maisons de Benvenuto Cellini. — Maison d'Améric Vespuce. — Maison de Galilée. — Maison de Machiavel.—Maison de Michel-Ange. — Maison de Dante. — L'église de Santa-Croce. 19
Saint-Marc. 32
Saint-Laurent. 34

La galerie des Offices à Florence. 36
La luxure de sang. 39
Hippolyte et Dianora. 42
Saint-Zanobbi. 45
Saint Jean Gualberti. 49
Careggi. 52
Poggio a Cajano. 55
Quarto. 58
Le petit Homme Rouge. 62
13 et 18 juillet. 67
3 et 4 août. 71

FIN DE LA TABLE DE LA VILLA PALMIERI.

Impressions de Voyage

LE SPERONARE.

LA SANTA-MARIA DI PIE DI GROTTA.

Le soir même de notre arrivée à Naples, nous courûmes sur le port, Jadin et moi, pour nous informer si par hasard quelque bâtiment, soit à vapeur, soit à voiles, ne partait pas le lendemain pour la Sicile. Comme il n'est pas dans les habitudes ordinaires des voyageurs d'aller à Naples pour y rester quelques heures seulement, disons un mot des circonstances qui nous forçaient de hâter notre départ.

Nous étions partis de Paris dans l'intention de parcourir toute l'Italie, Sicile et Calabre comprises; et mettant religieusement ce projet à exécution, nous avions déjà visité Nice, Gênes, Milan, Florence et Rome, lorsqu'après un séjour de trois semaines dans cette dernière ville, j'eus l'honneur de rencontrer chez monsieur le marquis de T..., chargé des affaires de France, monsieur le comte de Ludorf, ambassadeur de Naples. Comme je devais partir dans quelques jours pour cette ville, le marquis de T... jugea convenable de me présenter à son honorable confrère, afin de me faciliter d'avance les voies diplomatiques qui devaient m'ouvrir la barrière de Terracine. Monsieur de Ludorf me reçut avec ce sourire vide et froid qui n'engage à rien, ce qui n'empêcha point que deux jours après je ne me crusse dans l'obligation de lui porter mes passeports moi-même. Monsieur de Ludorf eut la bonté de me dire de déposer nos passeports dans ses bureaux, et de repasser le surlendemain pour les reprendre. Comme nous n'étions pas autrement pressés, attendu que les mesures sanitaires en vigueur, à propos du choléra, prescrivaient une quarantaine de vingt-huit jours, et que nous avions par conséquent près d'une semaine devant nous, je pris congé de monsieur de Ludorf, me promettant bien de ne plus me laisser présenter à aucun ambassadeur que je n'eusse pris auparavant sur lui les renseignemens les plus circonstanciés.

Les deux jours écoulés, je me présentai au bureau des passeports. J'y trouvai un employé, qui, avec les meilleures façons du monde, m'apprit que quelques difficultés s'étant élevées au sujet de mon visa, il serait bon que je m'adressasse à l'ambassadeur lui-même pour les faire lever. Force me fut donc, quelque résolution contraire que j'eusse prise, de me représenter de nouveau chez monsieur de Ludorf.

Je trouvai monsieur de Ludorf plus froid et plus compassé encore que d'habitude; mais comme je pensai que ce serait probablement la dernière fois que j'aurais l'honneur de le voir, je patientai. Il me fit signe de m'asseoir; je pris un siège. Il y avait progrès sur la première fois : la première fois il m'avait laissé debout.

— Monsieur, me dit-il avec un certain embarras, et en tirant les uns après les autres les plis de son jabot, je suis désolé de vous dire que vous ne pouvez aller à Naples.

— Comment cela? demandai-je, bien décidé à imposer à notre dialogue le ton qui me plairait : est-ce que les chemins seraient mauvais, par hasard?

— Non, monsieur, les routes sont superbes, au contraire; mais vous avez le malheur d'être porté sur la liste de ceux qui ne peuvent pas entrer dans le royaume napolitain.

— Quelque honorable que soit cette distinction, monsieur l'ambassadeur, repris-je en assortissant le ton aux paroles, comme elle briserait à la moitié le voyage que je compte faire, ce qui ne serait pas sans quelque désagrément pour moi, vous me permettrez d'insister, je l'espère, pour connaître la cause de cette défense. Si c'était une de ces causes légères comme il s'en rencontre à chaque pas en Italie, j'ai quelques amis de par le monde, qui, je le crois, auraient la puissance de les faire lever.

— Ces causes sont très graves, monsieur, et je doute que vos amis, si haut placés qu'ils soient, aient l'influence de les faire lever.

— Mais enfin, sans indiscrétion, monsieur, pourrait-on les connaître?

— Oh! mon Dieu, oui, répondit négligemment monsieur de Ludorf, et je ne vois aucun inconvénient à vous les dire.

— J'attends, monsieur.

— D'abord vous êtes le fils du général Mathieu Dumas, qui a été ministre de la guerre à Naples pendant l'usurpation de Joseph.

— Je suis désolé, monsieur l'ambassadeur, de décliner ma parenté avec l'illustre général que vous citez; mais vous êtes dans l'erreur, et malgré la ressemblance du nom, il n'y a même entre nous aucun rapport de famille. Mon père est, non pas le général Mathieu, mais le général Alexandre Dumas.

— Du général Alexandre Dumas? reprit monsieur de Ludorf, en ayant l'air de chercher à quel propos il avait déjà entendu prononcer ce nom.

— Oui, repris-je; le même qui, après avoir été fait prisonnier à Tarente au mépris du droit de l'hospitalité, fut empoisonné à Brindisi avec Manscourt et Dolomieu, au mépris du droit des nations. Cela se passait en même temps que l'on pendait Caracciolo dans le golfe de Naples. Vous voyez, monsieur, que je fais tout ce que je puis pour aider vos souvenirs.

Monsieur de Ludorf se pinça les lèvres.

— Eh bien! monsieur, reprit-il après un moment de silence, il y a une seconde raison : ce sont vos opinions politiques. Vous nous êtes désigné comme républicain, et vous n'avez quitté, nous a-t-on dit, Paris que pour affaires politiques.

— A cela je répondrai, monsieur, en vous montrant mes lettres de recommandation : elles portent presque toutes le cachet des ministères et la signature de nos ministres. Voyez, en voici une de l'amiral Jacob, en voici une du maréchal Soult, et en voici une de M. Villemain; elles réclament pour moi l'aide et la protection des ambassadeurs français dans les cas pareils à celui où je me trouve.

— Eh bien! dit monsieur de Ludorf, puisque vous aviez prévu le cas où vous vous trouvez, faites-y face, monsieur, par les moyens qui sont en votre pouvoir. Pour moi, je vous déclare que je ne viserai pas votre passeport. Quant à ceux de vos compagnons, comme je ne vois aucun inconvénient à ce qu'ils aillent où ils voudront, les voici. Ils sont en règle, et ils peuvent partir quand il leur plaira; mais, je suis forcé de vous le répéter, ils partiront sans vous.

— Monsieur le comte de Ludorf a-t-il des commissions pour Naples? demandai-je en me levant.

— Pourquoi cela, monsieur?

— Parce que je m'en chargerais avec le plus grand plaisir.

— Mais je vous dis que vous ne pouvez point y aller.

— J'y serai dans trois jours.

Je saluai monsieur de Ludorf, et je sortis le laissant stupéfait de mon assurance.

Il n'y avait pas de temps à perdre si je voulais tenir ce que j'avais promis. Je courus chez un élève de l'école de Rome, vieil ami à moi, que j'avais connu dans l'atelier de monsieur Lethierre, qui était, lui, un vieil ami de mon père.

— Mon cher Guichard, il faut que vous me rendiez un service.

— Lequel?

— Il faut que vous alliez demander immédiatement à monsieur Ingres une permission pour voyager en Sicile et en Calabre.

— Mais, mon très cher, je n'y vais pas.

— Non; mais j'y vais, moi; et comme on ne veut pas m'y laisser aller avec mon nom, il faut que j'y aille avec le vôtre.

— Ah! je comprends. Ceci est autre chose.

— Avec votre permission, vous allez demander un passeport à notre chargé d'affaires. Suivez bien le raisonnement. Avec le passeport de notre chargé d'affaires, vous allez prendre le visa de l'ambassadeur de Naples, et, avec le visa de l'ambassadeur de Naples, je pars pour la Sicile.

— A merveille. Et quand vous faut-il cela?

— Tout de suite.

— Le temps d'ôter ma blouse et de monter à l'Académie.

— Moi, je vais faire mes paquets.

— Où vous retrouverai-je?

— Chez Pastrini, place d'Espagne.

— Dans deux heures j'y serai.

En effet, deux heures après, Guichard était à l'hôtel avec un passeport parfaitement en règle. Comme on n'avait pas pris la précaution de le présenter à monsieur de Ludorf, l'affaire avait marché toute seule.

Le même soir, je pris la voiture d'Angrisani, et le surlendemain j'étais à Naples. Je me trouvais de trente-six heures en avant sur l'engagement que j'avais pris avec monsieur de Ludorf. Comme on voit, il n'avait pas à se plaindre. Mais ce n'était pas le tout d'être à Naples; d'un moment à l'autre je pouvais y être découvert. J'avais connu à Paris un très illustre personnage qui y passait pour marquis, et qui se trouvait alors à Naples, où il passait pour mouchard. Si je le rencontrais j'étais perdu. Il était donc urgent de gagner Palerme ou Messine.

Voilà pourquoi, le jour même de notre arrivée, nous accourions, Jadin et moi, sur le port de Naples pour y chercher un bâtiment à vapeur ou à voiles qui pût nous conduire en Sicile.

Dans tous les pays du monde l'arrivée et le départ des bateaux à vapeur sont réglés : on sait quel jour ils partent et quel jour ils arrivent. A Naples, point. Le capitaine est le seul juge de l'opportunité de son voyage. Quand il a son contingent de passagers, il allume ses fourneaux et fait sonner la cloche. Jusque là il se repose, lui et son bâtiment.

Malheureusement nous étions au 22 août, et, comme personne n'était curieux d'aller se faire rôtir en Sicile par une chaleur de trente degrés, les passagers ne donnaient pas. Le second, qui par hasard était à bord, nous dit que le paquebot ne se mettrait certainement pas en route avant huit jours, et encore qu'il ne pouvait pas même pour cette époque nous garantir le départ.

Nous étions sur le môle à nous désespérer de ce contretemps, tandis que Milord furetait partout pour voir s'il ne trouverait pas quelque chose à manger, lorsqu'un matelot s'approcha de nous, le chapeau à la main, et nous adressa la parole en patois sicilien. Si peu familiarisés que nous fussions avec cet idiome, il ne s'éloignait pas assez de l'italien pour que je ne pusse comprendre qu'il s'offrait de nous conduire où nous voudrions. Nous lui demandâmes alors sur quoi il comptait nous conduire, disposés que nous étions à partir sur quelque chose que ce fût. Aussitôt il marcha devant nous, et, s'arrêtant près de la lanterne, il nous montra, à cinquante pas en mer, et dormant sur son ancre, un charmant petit bâtiment de la force d'un chasse-marée, mais si coquettement peint en vert et en rouge, que nous nous sentîmes pris tout d'abord pour lui d'une sympathie qui se manifesta sans doute sur notre physionomie, car, sans attendre notre réponse, le matelot fit signe à une barque de venir à nous, sauta dedans, et nous tendit la main pour nous aider à y descendre.

Notre speronare, c'est le nom que l'on donne à ces sortes de bâtiments, n'avait rien à perdre à l'examen, et plus nous nous approchions du navire, plus nous voyions se développer ses formes élégantes et ressortir la vivacité de ses couleurs. Il en résulta qu'avant de mettre le pied à bord, nous étions déjà à moitié décidés.

Nous y trouvâmes le capitaine. C'était un beau jeune homme de vingt-huit à trente ans, à la figure ouverte et décidée. Il parlait un peu mieux italien que son matelot. Nous pûmes donc nous entendre, ou à peu près. Un quart d'heure plus tard, nous avions fait marché à huit ducats par jour. Moyennant huit ducats par jour, le bâtiment et l'équipage nous appartenaient corps et âme, planches et toiles. Nous pouvions le garder tant que nous voudrions, le mener où nous voudrions, le quitter où nous voudrions : nous étions libres; seulement tant tenu, tant payé. C'était trop juste.

Je descendis dans la cale; le bâtiment n'était chargé que de son lest. J'exigeai du capitaine qu'il s'engageât positivement à ne prendre ni marchandises ni passagers; il me donna sa parole. Il avait l'air si franc, que je ne lui demandai pas d'autre garantie.

Nous remontâmes sur le pont, et je visitai notre cabine.

C'était tout bonnement une espèce de tente circulaire en bois, établie à la poupe, et assez solidement amarrée à la membrure du bâtiment pour n'avoir rien à craindre d'une rafale de vent ou d'un coup de mer. Derrière cette tente était un espace libre pour la manœuvre du gouvernail. C'était le département du pilote. Cette tente était parfaitement vide. C'était à nous de nous procurer les meubles nécessaires, le capitaine de la *Santa-Maria di Pie di Grotta* ne logeant point en garni. Au reste, vu le peu d'espace, ces meubles devaient se borner à deux matelas, à deux oreillers et à quatre paires de draps. Le plancher servait de couchette. Quant aux matelots, le capitaine compris, ils dormaient ordinairement pêle-mêle dans l'entrepont.

Nous convînmes d'envoyer les deux matelas, les deux oreillers et les quatre paires de draps dans la soirée, et le moment du départ fut fixé au lendemain huit heures du matin.

Nous avions déjà fait une centaine de pas, en nous félicitant, Jadin et moi, de notre résolution, lorsque le capitaine courut après nous. Il venait nous recommander par-dessus tout de ne pas oublier de nous munir d'un cuisinier. La recommandation me parut assez étrange pour que je voulusse en avoir l'explication. J'appris alors que, dans l'intérieur de la Sicile, pays sauvage et désolé, où les auberges, quand il y en a, ne sont que des lieux de halte, un cuisinier est une chose de première nécessité. Nous promîmes au capitaine de lui en envoyer un en même temps que notre *roba*.

Mon premier soin, en rentrant, fut de m'informer à monsieur Martin Zir, maître de l'hôtel de la *Vittoria*, où je pourrais trouver le cordon-bleu demandé. Monsieur Martin Zir me répondit que cela tombait à merveille, et qu'il avait justement mon affaire sous la main. Au premier abord, cette réponse me satisfit si complètement, que je montais à ma chambre sans insister davantage ; mais, arrivé là, je pensai qu'il n'y avait pas de mal à prendre quelques renseignemens préalables sur les qualités morales de mon futur compagnon de voyage. En conséquence, j'interrogeai un des serviteurs de l'hôtel, qui me répondit que je pouvais être d'autant plus tranquille sous ce rapport, que c'était son propre cuisinier que me donnait monsieur Martin. Malheureusement cette abnégation, loin de me rassurer de la part de mon hôte, ne fit qu'augmenter mes craintes. Si monsieur Martin était content de son cuisinier, comment s'en défaisait-il en faveur du premier étranger venu ? S'il n'en était pas content, si peu difficile que je sois, j'en aimais autant un autre. Je descendis donc chez monsieur Martin, et je lui demandai si je pouvais réellement compter sur la probité et la science de son protégé. Monsieur Martin me répondit en me faisant un éloge pompeux des qualités de Giovanni Cama. C'était, à l'entendre, l'honnêteté en personne, et, ce qui était bien de quelque importance aussi pour l'emploi que je comptais lui confier, l'habileté la plus parfaite. Il avait surtout la réputation du meilleur *friteur*, qu'on me passe le mot, je n'en connais pas d'autre pour traduire *fritatore*, non-seulement de la capitale, mais du royaume. Plus monsieur Martin enchérissait sur ses éloges, plus mon inquiétude augmentait. Enfin je me hasardai à lui demander comment, possédant un tel trésor, il consentait à s'en séparer.

— Hélas ! me répondit en soupirant monsieur Martin, c'est qu'il a, malheureusement pour moi qui reste à Naples, un défaut qui devient sans importance pour vous qui allez en Sicile.

— Et lequel ? m'informai-je avec inquiétude.

— Il est *appassionato*, me répondit monsieur Martin.

J'éclatai de rire.

C'est qu'en passant devant la cuisine, monsieur Martin m'avait fait voir Cama à son fourneau, et Cama, dans toute sa personne, depuis le haut de sa grosse tête jusqu'à l'extrémité de ses longs pieds, était bien l'homme du monde auquel me paraissait convenir le moins une pareille épithète ; d'ailleurs, un cuisinier *passione*, cela me paraissait mythologique au premier degré. Cependant, voyant que mon hôte me parlait avec le plus grand sérieux, je continuai mes questions.

— Et passionné de quoi ? demandai-je.

— De Roland, me répondit monsieur Martin.

— De Roland ? répétai-je, croyant avoir mal entendu.

— De Roland, reprit monsieur Martin avec une consternation profonde.

— Ah çà ! dis-je, commençant à croire que mon hôte se moquait de moi, il me semble, mon cher monsieur Martin, que nous parlons sans nous entendre. Cama est passionné de Roland : qu'est-ce que cela veut dire ?

— Avez-vous jamais été au Môle ? me demanda monsieur Martin.

— A l'instant où je suis rentré, je venais de la lanterne même.

— Oh ! mais ce n'est pas l'heure.

— Comment, ce n'est pas l'heure ?

— Non. Pour que vous comprissiez ce que je veux dire, il faudrait que vous y eussiez été le soir quand les improvisateurs chantent. Y avez-vous jamais été le soir ?

— Comment voulez-vous que j'y aie été le soir ? je suis arrivé ici depuis ce matin seulement, et il est deux heures de l'après-midi.

— C'est juste. Eh bien ! vous avez quelquefois, parmi les proverbes traditionnels sur Naples, entendu dire que, lorsque le lazzarone a gagné deux sous, sa journée est faite.

— Oui.

— Mais savez-vous comment il divise ses deux sous ?

— Non. Y a-t-il indiscrétion à vous le demander ?

— Pas le moins du monde.

— Contez-moi cela, alors.

— Eh bien ! il y a un sou pour le macaroni, deux liards pour le cocomero, un liard pour le *sambuco*, et un liard pour l'improvisateur. L'improvisateur est, après la pâte qu'il mange, l'eau qu'il boit et l'air qu'il respire, la chose la plus nécessaire au lazzarone. Or, que chante presque toujours l'improvisateur ? il chante le poëme du divin Arioste, l'*Orlando Furioso*. Il en résulte que, pour ce peuple primitif aux passions exaltées et à la tête ardente, la fiction devient réalité ; les combats des paladins, les félonies des géants, les malheurs des châtelaines, ne sont plus de la poésie, mais de l'histoire ; il en faut bien une pour un pauvre peuple qui ne sait pas la sienne. Aussi s'éprend-il de celle-là. Chacun choisit son héros et se passionne pour lui : ceux-ci pour Renaud, ce sont les jeunes têtes ; ceux-là pour Roland, ce sont les cœurs amoureux ; quelques-uns pour Charlemagne, ce sont les gens raisonnables. Il n'y a pas jusqu'à l'enchanteur Merlin qui n'ait ses prosélytes. Eh bien ! comprenez-vous maintenant ? cet animal de Cama est passionné de Roland.

— Parole d'honneur ?

— C'est comme je vous le dis.

— Eh bien ! qu'est-ce que cela fait ?

— Ce que cela fait ?

— Oui.

— Cela fait que, lorsque vient l'heure de l'improvisation, il n'y a pas moyen de le retenir à la cuisine, ce qui est assez gênant, vous en conviendrez, dans une maison comme la nôtre, où il descend des voyageurs à toute heure du jour ou de la nuit. Enfin, cela ne serait rien encore, mais attendez donc, c'est qu'il y a ici un valet de chambre qui est renaudiste, et que si, sans y penser, j'ai le malheur de l'envoyer à la cuisine au moment du dîner, alors tout est perdu. La discussion s'engage sur l'un ou sur l'autre de ces deux braves paladins, les gros mots arrivent, chacun exalte son héros et rabaisse celui de son adversaire ; il n'est plus question que de coups d'épée, de géants occis, et de châtelaines délivrées. De la cuisine, plus un mot ; de sorte que le pot-au-feu se consume, les broches s'arrêtent, le rôti brûle, les sauces tournent, le dîner est mauvais, les voyageurs se plaignent, l'hôtel se vide, et tout cela parce qu'un gredin de cuisinier s'est mis en tête d'être fanatique de Roland ! Comprenez-vous maintenant ?

— Tiens, c'est drôle.

— Mais non, c'est que ce n'est pas drôle du tout, surtout

pour moi ; mais, quant à vous, cela doit vous être parfaitement égal. Une fois en Sicile, il n'aura plus là son damné improvisateur et son enragé valet de chambre qui lui font tourner la tête. Il rôtira, il fricassera à merveille, et de plus, il fera tout pour vous, si vous lui dites seulement une fois tous les huit jours qu'Angélique est une drôlesse et Médor un polisson.

— Je le lui dirai.
— Vous le prenez donc ?
— Sans doute, puisque vous m'en répondez.

On fit monter Cama. Cama fit quelques objections sur le peu de temps qu'il avait pour se préparer à un pareil voyage, et sur les dangers qu'il pouvait y courir ; mais, dans la conversation, je trouvai moyen de placer un mot gracieux pour Roland. Aussitôt Cama écarquilla ses gros yeux, fendit sa bouche jusqu'aux oreilles, se mit à rire stupidement, et, séduit par notre communauté d'opinion sur le neveu de Charlemagne, se mit entièrement à ma disposition.

Il en résulta que, comme je l'avais promis au capitaine, j'envoyai Cama le même soir coucher à bord, avec les malles, les matelas et les oreillers, que nous allâmes rejoindre le lendemain à l'heure convenue.

Nous trouvâmes tous nos matelots sur le pont et nous attendant. Sans doute ils avaient aussi grande impatience de nous connaître que nous de les voir. Ce n'était pas une question moindre pour eux que pour nous, que celle de savoir si nos caractères sympathiseraient avec les leurs ; il y allait pour nous de presque tout le plaisir que nous nous promettions du voyage ; il y allait pour eux de leur bien-être et de leur tranquillité pendant deux ou trois mois.

L'équipage se composait de neuf hommes, d'un mousse et d'un enfant, tous nés ou du moins domiciliés au village della Pace, près de Messine. C'étaient de braves Siciliens dans toute la force du terme, à la taille courte, aux membres robustes, au teint basané, aux yeux arabes, détestant les Calabrais, leurs voisins, et exécrant les Napolitains, leurs maîtres ; parlant ce doux idiome de Méli qui semble un chant, et comprenant à peine la langue florentine si fière de la suprématie que lui accorde son académie de la Crusca ; toujours complaisans, jamais serviles, nous appelant excellence et nous baisant la main, parce que cette formule et cette action, qui chez nous ont un caractère de bassesse, ne sont chez eux que l'expression de la politesse et du dévoûment. A la fin du voyage, ils arrivèrent à nous aimer comme des frères tout en continuant à nous respecter comme des supérieurs, distinction subtile où l'affection et le devoir avaient gardé leur place ; et ils nous rendaient juste ce que nous avions le droit d'attendre en échange de notre argent et de nos bons procédés.

Leurs noms étaient : Giuseppe Arena, capitaine ; Nunzio, premier pilote ; Vicenzo, second pilote ; Pietro, frère de Nunzio ; Giovanni, Filippo, Antonio, Sieni, Gaëtano. Le mousse et le fils du capitaine, gamin âgé de six ou sept ans, complétaient l'équipage.

Maintenant, que nos lecteurs nous permettent, après avoir embrassé avec nous du regard l'équipage en masse, de jeter un coup d'œil particulier sur ceux de ces braves qui se distinguent par un caractère ou une spécialité quelconque : nous avons à faire avec eux un aussi grand voyage ; et pour qu'ils prennent intérêt à notre récit, il faut qu'ils connaissent nos compagnons de route. Nous allons donc les faire apparaître tout à coup à leurs yeux tels qu'ils se découvriront à nous successivement.

Le capitaine Giuseppe Arena était, comme nous l'avons dit, un bel homme de vingt-huit ou trente ans, à la figure franche et ouverte dans les circonstances habituelles, à la figure calme et impassible dans les momens de danger. Il n'avait que très peu de connaissances en navigation ; mais comme il possédait quelque fortune, il avait acheté son bâtiment, et cet achat lui avait naturellement valu le titre de capitaine. Quant au droit ou au pouvoir que ce titre lui donnait sur ses hommes, nous ne le vîmes pas une seule fois en faire usage. A part une légère nuance de respect qu'on lui accordait sans qu'il l'exigeât, et qu'il fallait les yeux de l'habitude pour bien distinguer, l'équipage vivait avec lui sur un pied d'égalité tout à fait patriarcale.

Nunzio le pilote était après le capitaine le personnage le plus important du bord : c'était un homme de cinquante ans, court et robuste, au teint de bistre, aux cheveux grisonnans, au visage rude, et qui naviguait depuis son enfance. Il était vêtu d'un pantalon de toile bleue et d'une chemise de bure ; dans les temps froids ou pluvieux, il ajoutait à ce strict nécessaire une espèce de manteau à capuchon qui tenait à la fois du paletot de l'occident et du burnous méridional. Ce manteau, qui était de couleur brune, brodé de fil rouge et bleu aux poches et aux ouvertures des manches, tombait raide et droit, et donnait à sa physionomie un admirable caractère. Au reste, Nunzio était l'homme essentiel ou plutôt indispensable : c'était l'œil qui veillait sur les rochers, l'oreille qui écoutait le vent, la main qui guidait le navire. Dans les gros temps, le capitaine redevenait simple matelot et lui remettait tout le pouvoir. Alors du gouvernail, que d'ailleurs quelque temps qu'il fît il ne quittait jamais que pour la prière du soir, il donnait ses ordres avec une fermeté et une précision telles, que l'équipage obéissait comme un seul homme. Son autorité avait la durée de la tempête. Lorsqu'il avait sauvé le navire et la vie de ceux qui le montaient, il se rasseyait simple et calme à l'arrière du bâtiment, et redevenait Nunzio le pilote ; mais, quoiqu'il eût abandonné son autorité, il conservait son influence : car Nunzio, religieux comme un vrai marin, était considéré à l'égal d'un prophète. Ses prédictions, à l'endroit du temps qu'il prévoyait d'avance à des signes imperceptibles à tous les autres yeux, n'avaient jamais été démenties par les événements, de sorte que l'affection que lui portait l'équipage était mêlée d'un certain respect religieux qui nous étonna d'abord, mais que nous finîmes bientôt par partager, tant est grande sur l'homme, quelle que soit sa condition, l'influence d'une supériorité quelconque.

Vicenzo, que nous plaçons le troisième plutôt pour suivre la hiérarchie des rangs qu'à cause de son importance réelle, avait titre de second pilote ; c'était lui qui remplaçait Nunzio dans les rares et courts momens où celui-ci abandonnait le gouvernail. Pendant les nuits calmes ils veillaient chacun à son tour. Presque toujours au reste, même dans les momens où son aide était inutile à la direction du navire, Vicenzo était assis près de notre vieux prophète, échangeant avec lui des paroles rares, et le plus souvent à voix basse. Cette habitude l'avait isolé du reste de l'équipage et rendu silencieux : aussi paraissait-il rarement parmi nous et ne répondait-il que lorsque nous l'interrogions ; il accomplissait alors cet acte comme un devoir, avec toutes les formules de politesse usitées parmi les matelots. Au reste, brave et excellent homme, et après Nunzio, qui était un prodige sous ce rapport, résistant d'une manière merveilleuse à l'insomnie et à la fatigue.

Après ces trois autorités venait Pietro : Pietro était un joyeux compagnon qui remplissait parmi l'équipage l'emploi d'un loustic de régiment : toujours gai, sans cesse chantant, dansant et grimaçant ; parleur éternel, danseur enragé, nageur fanatique, adroit comme un singe dont il avait les mouvemens, entremêlant toutes les manœuvres d'entrechats grotesques et de petits cris bouffons qu'il jetait à la manière d'Auriol ; toujours prêt à tout, se mêlant à tout, comprenant tout ; plein de bon vouloir et de familiarité ; le plus privé avec nous de tous ses compagnons. Pietro s'était lié tout d'abord avec notre boule-dogue. Celui-ci, d'un caractère moins facile et moins sociable, fut longtemps à ne répondre à ses avances que par un grognement sourd, qui finit par se changer à la longue en un murmure amical, et finalement en une amitié durable et solide, quoique Pietro, gêné dans sa prononciation par l'accent sicilien, n'ait jamais pu l'appeler que Melor au lieu de Milord ; changement qui parut blesser d'abord son amour-propre, mais auquel il finit cependant par s'habituer au point de répondre à Pietro comme si ce dernier prononçait son véritable nom.

Giovanni, garçon gros et gras, homme du Midi avec le

teint blanc et le visage joufflu d'un homme du Nord, s'était constitué notre cuisinier du moment où notre ami Cama s'était senti pris du mal de mer, ce qui lui était arrivé dix minutes après que le speronare s'était mis en mouvement ; il joignait au reste à la science culinaire un talent qui s'y rattachait directement, ou plutôt dont elle n'était que la conséquence : c'était celui de harponneur. Dans les beaux temps, Giovanni attachait à la poupe du bâtiment une ficelle de quatre ou cinq pieds de longueur, à l'extrémité de laquelle pendait un os de poulet ou une croûte de pain. Cette ficelle ne flottait pas dix minutes dans le sillage qu'elle ne fût escortée de sept ou huit poissons de toute forme et de toute couleur, pour la plupart inconnus à nos ports, et parmi lesquels nous reconnaissions presque toujours la dorade à ses écailles d'or, et le loup de mer à sa voracité. Alors Giovanni prenait son harpon, toujours couché à babord ou à tribord près des avirons, et nous appelait. Nous passions alors avec lui à l'arrière, et, selon notre appétit ou notre curiosité, nous choisissions parmi les cétacés qui nous suivaient celui qui se trouvait le plus à notre convenance. Le choix fait, Giovanni levait son harpon, visait un instant l'animal désigné, puis le fer s'enfonçait en sifflant dans la mer ; le manche disparaissait à son tour, mais pour remonter au bout d'une seconde à la surface de l'eau : Giovanni le ramenait alors à lui à l'aide d'une corde attachée à son bras ; puis, à l'extrémité opposée, nous voyions reparaître dix fois sur douze le malheureux poisson percé de part en part ; alors la tâche du pêcheur était faite, et l'office du cuisinier commençait. Comme sans être réellement malades nous étions cependant constamment indisposés du mal de mer, ce n'était pas chose facile que d'éveiller notre appétit. La discussion s'établissait donc aussitôt sur le mode de cuisson et d'assaisonnement le plus propre à l'exciter. Jamais turbot ne souleva parmi les graves sénateurs romains de dissertations plus savantes et plus approfondies que celles auxquelles nous nous livrions, Jadin et moi. Comme pour plus de facilité nous discutions dans notre langue, l'équipage attendait, immobile et muet, que la décision fût prise. Giovanni seul, devinant à l'expression de nos yeux le sens de nos paroles, émettait de temps en temps une opinion, qui, nous annonçant quelque préparation inconnue, l'emportait ordinairement sur les nôtres. La sauce arrêtée, il saisissait le manche du gril ou la queue de la poêle ; Pietro grattait le poisson et allumait le feu dans l'entrepont ; Milord, qui n'avait aucun mal de mer et qui comprenait qu'il allait lui revenir force arêtes, remuait la queue et se plaignait amoureusement. Le poisson cuisait, et bientôt Giovanni nous le servait sur la longue planche qui nous servait de table, car nous étions si à l'étroit sur notre petit bâtiment que la place manquait pour une table réelle. Sa mine appétissante nous donnait les plus grandes espérances ; puis, à la troisième ou quatrième bouchée, le mal de mer réclamait obstinément ses droits, et l'équipage héritait du poisson, qui passait immédiatement de l'arrière à l'avant, suivi de Milord qui ne le perdait pas de vue depuis le moment où il était entré dans la poêle ou s'était couché sur le gril, jusqu'à celui où le mousse en avalait le dernier morceau.

Venait ensuite Filippo. Celui-là était grave comme un quaker, sérieux comme un docteur, et silencieux comme un fakir. Nous ne le vîmes rire que deux fois dans tout le courant du voyage, la première lorsque notre ami Cama tomba à la mer dans le golfe d'Agrigente ; la seconde fois lorsque le feu prit au dos du capitaine, qui, d'après mes conseils et pour la guérison d'un rhumatisme, se faisait frotter les reins avec de l'eau-de-vie camphrée. Quant à ses paroles, je ne sais pas si nous eûmes une seule fois l'occasion d'en connaître le son ou la couleur. Sa bonne ou sa mauvaise disposition d'esprit se manifestait par un sifflotement triste ou gai, dont il accompagnait les camarades chantant, lesquels chanter avec eux. Je crus longtemps qu'il était muet, et ne lui adressai pas la parole pendant près d'un mois, de peur de lui faire une nouvelle peine en lui rappelant son infirmité. C'était du reste le plus fort plongeur que j'eusse jamais vu. Quelquefois nous nous amusions à lui jeter du haut du pont une pièce de monnaie : en un tour de main il se déshabillait, pendant que la pièce s'enfonçait, s'élançait après elle au moment où elle était prête de disparaître, s'enfonçait avec elle dans les profondeurs de la mer, où nous finissions par le perdre de vue malgré la transparence de l'eau ; puis, quarante, cinquante secondes, une minute après, montre à la main, nous le voyions reparaître, remontant parfaitement calme et sans effort apparent, comme s'il habitait son élément natal et qu'il vînt de faire la chose la plus naturelle. Il va sans dire qu'il rapportait la pièce de monnaie et que la pièce de monnaie était pour lui.

Antonio était le ménétrier de l'équipage. Il chantait la tarentelle avec une perfection et un entrain qui ne manquaient jamais leur effet. Parfois nous étions assis, les uns sur le tillac, les autres dans l'entrepont ; la conversation languissait ; et nous gardions le silence : tout à coup Antonio commençait cet air électrique qui est pour le Napolitain et le Sicilien ce que le ranz des vaches est pour le Suisse. Filippo avançait gravement hors de l'écoutille la moitié de son corps et accompagnait le virtuose en sifflant. Alors Pietro commençait à battre la mesure en balançant sa tête à droite ou à gauche, et en faisant claquer ses pouces comme des castagnettes. Mais à la cinquième ou sixième mesure l'air magique opérait ; une agitation visible s'emparait de Pietro, tout son corps se mettait en mouvement comme avaient fait d'abord ses mains ; il se soulevait sur un genou, puis sur les deux, puis se redressait tout à fait. Alors, et pendant quelques instans encore il se balançait de droite à gauche, mais sans quitter la terre ; ensuite, comme si le plancher du bâtiment se fût échauffé graduellement, il levait un pied, puis l'autre ; et enfin, jetant un de ces petits cris que nous avons indiqués comme l'expression de sa joie ; il commençait la fameuse danse nationale par un mouvement lent et uniforme d'abord, mais qui, s'accélérant toujours, pressé par la musique, se terminait par une espèce de gigue effrénée. La tarentelle ne prenait fin que lorsque le danseur épuisé tombait sans force, après un dernier entrechat dans lequel se résumait toute la scène chorégraphique.

Enfin venaient Sieni, dont je n'ai gardé aucun souvenir, et Gaëtano, que nous vîmes à peine, retenu qu'il fut à terre, pendant tout notre voyage, par une ophtalmie qui se déclara le lendemain de notre arrivée dans le détroit de Messine. Je ne parle pas du mousse ; il était tout naturellement ce qu'est partout cette estimable classe de la société, le souffre-douleur de tout l'équipage. La seule différence qu'il y eût entre lui et les autres individus de son espèce, c'est que, vu le bon naturel de ses compagnons, il n'était de moitié moins battu que s'il se fût trouvé sur un bâtiment génois ou breton.

Et maintenant nos lecteurs connaissent l'équipage de la *Santa-Maria di Pie di Grotta* aussi bien que nous-mêmes.

Comme nous l'avons dit, tout l'équipage nous attendait sur le pont, et, amené sur son ancre, était prêt à partir. Je fis un dernier tour dans l'entrepont et dans la cabine pour m'assurer qu'on avait embarqué toutes nos provisions et tous nos effets. Dans l'entrepont, je trouvai Cama joyeusement établi entre les poulets et les canards destinés à notre table, et mettant au-dessus sa batterie de cuisine. Dans la cabine, je trouvai nos lits tout couverts, et Milord déjà installé sur celui de son maître. Tout était donc à sa place et à son poste. Le capitaine alors s'approcha de moi et me demanda mes ordres ; je lui dis d'attendre cinq minutes.

Ces cinq minutes devaient être consacrées à donner de mes nouvelles à monsieur le comte de Ludorf. Je pris dans mon album une feuille de mon plus beau papier, et je lui écrivis la lettre suivante :

« Monsieur le comte,

» Je suis désolé que Votre Excellence n'ait pas jugé à propos de me charger de ses commissions pour Naples ; je m'en serais acquitté avec une fidélité qui lui eût été une certitude de la reconnaissance que j'ai gardée de ses bons procédés envers moi.

» Veuillez agréer, monsieur le comte, l'hommage des sen-

timens bien vifs que je vous ai voués, et dont un jour ou l'autre j'espère vous donner une preuve (1).
» ALEX. DUMAS.
» Naples, ce 23 août 1835. »

Pendant que j'écrivais, l'ancre avait été levée, et les rameurs s'étaient mis à babord et à tribord, leurs avirons à la main, et se tenant prêts à partir. Je demandai au capitaine un homme sûr pour remettre ma lettre à la poste ; il me désigna un des spectateurs que notre départ avait attirés, et qui était de sa connaissance. Je lui fis passer, par l'entremise d'une longue perche, ma lettre, accompagnée de deux carlini, et j'eus la satisfaction de voir aussitôt mon commissionnaire s'éloigner à toutes jambes dans la direction de la poste. Lorsqu'il eut disparu, je donnai le signal du départ. Les huit rames que nos hommes tenaient en l'air retombèrent ensemble et battirent l'eau à la fois. Dix minutes après, nous étions hors du port, et un quart d'heure plus tard nous ouvrions toutes nos petites voiles à un excellent vent de terre qui promettait de nous mettre rapidement hors de la portée de tous les agens napolitains que monsieur le comte de Ludorf pourrait lancer à nos trousses.

Ce bon vent nous accompagna pendant quinze ou vingt milles à peu près ; mais, à la hauteur de Sorrente, il mollit, et bientôt tomba tout à fait, de sorte que nous fûmes obligés de marcher de nouveau à la rame. Cela nous donna le temps de nous apercevoir que la brise de mer nous avait ouvert l'appétit. En conséquence, parfaitement disposés à apprécier les qualités du protégé de monsieur Martin Zir, nous prîmes notre plus belle basse-taille, et nous appelâmes Cama. Personne ne répondit. Inquiets de ce silence, nous envoyâmes Pietro et Giovanni à sa recherche, et cinq minutes après, nous le vîmes apparaître à l'orifice de l'écoutille, pâle comme un spectre, et soutenu sous chaque bras par ceux que nous avions envoyés à sa recherche, et qui l'avaient trouvé étendu sans mouvement entre ses canards et ses poules. Il était évidemment impossible au pauvre diable de se rendre à nos ordres. A peine s'il pouvait se soutenir sur ses jambes, et il tournait les yeux d'une façon lamentable. Pensant que le grand air lui ferait du bien, nous fîmes aussitôt apporter un matelas sur le pont, et on le coucha au pied du mât ; c'était très bien pour lui ; mais pour nous, cela ne nous avançait pas à grand'chose. Nous nous regardions, Jadin et moi, d'un air assez déconcerté, lorsque Giovanni vint se mettre à nos ordres, s'offrant de remplacer, pour le moment du moins, notre pauvre *appassionato*.

On juge si nous acceptâmes la propositon. Le capitaine, qui n'était pas fier, reprit aussitôt la rame que Giovanni venait d'abandonner. Cinq minutes ne s'étaient pas écoulées, que nous entendîmes les gémissemens d'une poule que l'on égorgeait ; bientôt nous vîmes la fumée s'échapper par l'écoutille ; puis nous entendîmes l'huile qui criait sur le feu. Un quart d'heure après, nous tirions chacun notre part d'un poulet à la provençale, auquel il manquait peut-être bien quelque chose selon la *Cuisinière bourgeoise*, mais que, grâce à ce susdit appétit qui s'était toujours maintenu en progrès, nous trouvâmes excellent. Dès lors nous fûmes rassurés sur notre avenir ; Dieu nous rendait d'une main ce qu'il nous ôtait de l'autre.

Vers les deux heures, nous nous trouvâmes à la hauteur de l'île de Caprée. Comme en perdant notre temps nous ne perdions pas grand'chose, attendu que, malgré le travail incessant de nos rameurs, nous ne faisions guère plus d'une demi-lieue à l'heure, je proposai à Jadin de descendre à terre pour visiter l'île de Tibère, et de monter jusqu'aux ruines de son palais, que nous apercevions au tiers à peu près de la hauteur du mont Solaro. Jadin accepta de tout son cœur, pensant qu'il y aurait quelque beau point de vue à croquer. Nous fîmes part aussitôt de nos intentions au capitaine, qui mit le cap sur l'île, et, une heure après, nous entrions dans le port.

CAPRÉE.

Il y peu de points dans le monde qui offrent autant de souvenirs historiques que Caprée. Ce n'était qu'une île comme toutes les îles, plus riante peut-être, voilà tout, lorsqu'un jour Auguste résolut d'y faire un voyage. Au moment où il y aborda, un vieux chêne dont la sève semblait à tout jamais tarie releva ses branches desséchées et déjà penchées vers la terre, et dans la même journée l'arbre se couvrit de bourgeons et de feuilles. Auguste était l'homme aux présages ; il fut si fort enchanté de celui-ci, qu'il proposa aux Napolitains de leur abandonner l'île d'Œnarie s'ils voulaient lui céder celle de Caprée. L'échange fut fait à cette condition. Auguste fit de Caprée un lieu de délices, y demeura quatre ans, et lorsqu'il mourut, légua l'île à Tibère.

Tibère s'y retira à son tour, comme se retire dans son antre un vieux tigre qui se sent mourir. Là seulement, entouré de vaisseaux qui nuit et jour le gardaient, il se crut à l'abri du poignard et du poison. Sur ces roches où il n'y a plus aujourd'hui que des ruines, s'élevaient alors douze villas impériales, portant les noms des douze grandes divinités de l'Olympe ; dans ces villas, dont chacune servait durant un mois de l'année de forteresse à l'empereur, et qui étaient soutenues par des colonnes de marbre dont les chapitaux dorés soutenaient des frises d'agate, il y avait des bassins de porphyre où étincelaient les poissons argentés du Gange, des pavés de mosaïque dont les dessins étaient formés d'opale, d'émeraudes et de rubis ; des bains secrets et profonds, où des peintures lascives éveillaient des désirs terribles en retraçant des voluptés inouïes. Autour de ces villas, aux flancs de ces montagnes nues aujourd'hui, s'élevaient alors deux forêts de cèdre où des bosquets d'orangers où se cachaient de beaux adolescens et de belles jeunes filles, qui, déguisés en faunes et en dryades, en satyres et en bacchantes, chantaient des hymnes à Vénus, tandis que d'invisibles instrumens accompagnaient leurs voix amoureuses ; et quand le soir était venu, quand une de ces nuits transparentes et étoilées comme l'Orient seul en sait faire pour l'amour, s'était abaissée sur la mer endormie ; quand une brise embaumée, soufflant de Sorrente ou de Pompeïa, venait se mêler aux parfums que des enfans, vêtus en amours, brûlaient incessamment sur des trépieds d'or ; quand des cris voluptueux, des harmonies mystérieuses, des soupirs étouffés, frémissaient vagues et confus comme si l'île amoureuse tressaillait de plaisir entre les bras d'un dieu marin, un phare immense s'allumait, qui semblait un soleil nocturne. Bientôt, à sa lueur, on voyait sortir de quelque grotte et marcher le long de la grève, entre son astrologue Thrasylle et son médecin Chariclès, un vieillard vêtu de pourpre, au cou raide et penché, au visage silencieux et morne, secouant de temps en temps une forêt de cheveux argentés qui retombaient sur ses larges épaules, ondulant comme la crinière d'un lion. Le vieillard laissait tomber de ses lèvres quelques mots rares et tardifs, tandis que sa main aux gestes efféminés caressait la tête d'un serpent privé qui dormait sur sa poitrine. Ces mots, c'étaient quelques vers grecs qu'il venait de composer, quelques ordres pour des débauches secrètes dans la villa de Jupiter ou de Cérès, quelque sentence de mort, qui, le lendemain, allait, sur les ailes d'une galère latine, aborder à Ostie et épouvanter Rome : car ce vieillard, c'était le divin Tibère, le troisième César, l'empereur aux grands yeux fauves, qui, pareils à ceux du chat, du loup et de la hyène, voyaient clair dans l'obscurité.

---

(1) Cette preuve s'est fait attendre jusqu'en 1841, époque où j'ai publié la premièae édition de ce livre ; mais, comme on le voit, j'ai rattrapé le temps perdu, et j'espère que M. le comte de Ludorf, qui a pu m'accuser d'oubli, reviendra de son erreur sur mon compte, si par hasard ces lignes ont l'honneur de passer sous ses yeux.

Aujourd'hui, de toutes ces magnificences il ne reste plus que des ruines ; mais, plus vivace que la pierre et le marbre, la mémoire du vieil empereur est demeurée tout entière. On dirait, tant son nom est encore dans toutes les bouches, que c'est d'hier qu'il s'est couché dans la tombe parricide que lui avait préparée Caligula, et où le poussa Macron. On dirait qu'à défaut de son corps, on tremble encore devant son ombre, et les habitans de Caprée et d'Anacapri, les deux cités de l'île, montrent encore les restes de son palais avec la même terreur qu'ils montreraient un volcan éteint, mais qui, à chaque jour, à chaque heure, à chaque minute, peut se ranimer plus mortel et plus dévorant que jamais.

Ces deux cités sont situées, Capri, en amphithéâtre en face du port, et Anacapri au haut du mont Solara. Un escalier de cinq ou six cents marches, rude et creusé dans le roc, conduit de la première à la seconde de ces deux villes ; mais la fatigue de cette rapide ascension est largement rachetée, il faut le dire, par le panorama splendide que l'œil embrasse une fois arrivé au sommet de la montagne. En effet, le voyageur, en faisant face à Naples, a d'abord à sa droite Pœstum, cette fille voluptueuse de la Grèce, dont les roses, qui fleurissaient deux fois l'an dans un air mortel à la virginité, allaient se faner au front d'Horace et s'effeuiller sur la table de Mécène ; puis Sorrente, où le vent qui passe emporte avec lui la fleur des orangers qu'il disperse au loin sur la mer ; puis Pompéïa, endormie dans sa cendre, et qu'on réveille comme une vieille ruine d'Égypte, avec ses peintures ardentes, ses urnes lacrymales et ses bandelettes mortuaires ; enfin Herculanum, qui, surprise un jour par la lave, cria, se tordit et mourut comme Laocoon étouffé aux nœuds des serpens. Alors commence Naples, car Torre di Greco, Resina et Portici ne sont, à vrai dire, que des faubourgs ; Naples, la ville paresseuse, couchée sur son amphithéâtre de montagnes, et allongeant ses petits pieds jusqu'aux flots tièdes et lascifs de son golfe ; Naples, dont Rome, la reine du monde, avait fait sa maison de plaisance, tant alors comme aujourd'hui la nature avait versé autour d'elle de tous ses enchantemens. Puis, après Naples, l'œil découvre Pouzzoles et son temple de Sérapis à moitié caché dans l'eau ; Cumes et son antre sibyllin, où descendit le pieux Énée ; puis le golfe où Caligula jeta, pour surpasser Xercès, un pont d'une lieue, dont on aperçoit encore les ruines ; puis Bauli, d'où partit la galère impériale préparée par Néron et qui devait s'ouvrir sous les pieds d'Agrippine ; puis Baïa, si mortelle aux chastes amans ; puis enfin Misène, où est enterré le clairon d'Énée, et d'où Pline l'ancien alla mourir, étouffé dans sa litière par les cendres de Stabia.

Figurez-vous le tableau que nous venons de décrire éclairé par ce phare immense qu'on appelle le Vésuve, et dites-moi s'il y a dans le monde entier quelque chose qui puisse se comparer à un pareil spectacle.

Au milieu de ces souvenirs antiques surgit sous les pieds un souvenir tout moderne. C'est un épisode de cette épopée gigantesque qui commença en 1789 et qui finit en 1815. Depuis deux ans déjà les Français étaient maîtres du royaume de Naples, depuis quinze jours Murat en était roi, et cependant Caprée appartenait encore aux Anglais. Deux fois son prédécesseur Joseph en avait tenté la conquête, et deux fois la tempête, cette éternelle alliée de l'Angleterre, avait dispersé ses vaisseaux.

C'était une vue terrible pour Murat que celle de cette île qui lui fermait sa rade comme une chaîne avec de fer ; aussi le matin, lorsque le soleil se levait derrière Sorrente, c'était cette île qui attirait tout d'abord ses yeux ; et le soir, lorsque le soleil se couchait derrière Procida, c'était encore cette île qui fixait son dernier regard.

A chaque heure de la journée, Murat interrogeait ceux qui l'entouraient à l'endroit de cette île, et il apprenait sur les précautions prises par Hudson Lowe, son commandant, des choses presque fabuleuses. En effet, Hudson Lowe ne s'était point fié à cette ceinture inabordable de rochers à pic qui l'entoure, et qui suffisait à Tibère ; quatre forts nouveaux avaient été ajoutés par lui aux forts qui existaient déjà ; il avait fait effacer par la pioche et rompre par la mine les sentiers qui serpentaient autour des précipices, et où les chevriers eux-mêmes n'osaient passer que pieds nus ; enfin il accordait une prime d'une guinée à chaque homme qui parvenait, malgré la surveillance des sentinelles, à s'introduire dans l'île par quelque voie qui n'eût point été ouverte encore à d'autres qu'à lui.

Quant aux forces matérielles de l'île, Hudson Lowe avait à sa disposition deux mille soldats et quarante bouches à feu, qui, en s'enflammant, allaient porter l'alarme dans l'île de Ponza, où les Anglais avaient à l'ancre cinq frégates toujours prêtes à courir où le canon les appelait.

De pareilles difficultés eussent rebuté tout autre que Murat, mais Murat était l'homme des choses impossibles. Murat avait juré qu'il prendrait Caprée, et quoiqu'il n'eût fait ce serment que depuis trois jours, il croyait déjà avoir manqué à sa parole, lorsque le général Lamarque arriva. Lamarque venait de prendre Gaëte et Maratea, Lamarque venait de livrer onze combats et de soumettre trois provinces, Lamarque était bien l'homme qu'il fallait à Murat ; aussi, sans lui rien dire, Murat le conduisit à la fenêtre, lui remit une lunette entre les mains et lui montra l'île.

Lamarque regarda un instant, vit le drapeau anglais qui flottait sur les forts de San-Salvador et de Saint-Michel, renfonça avec la paume de sa main les quatre tubes de la lunette les uns dans les autres, et dit : Oui, je comprends ; il faudrait la prendre.

— Eh bien ? reprit Murat.
— Eh bien ! répondit Lamarque, on la prendra. Voilà tout.
— Et quand cela ? demanda Murat.
— Demain, si Votre Majesté le veut.
— A la bonne heure, dit le roi, voilà une de ces réponses comme je les aime. Et combien d'hommes veux-tu ?
— Combien sont-ils ? demanda Lamarque.
— Deux mille, à peu près.
— Eh bien ! que Votre Majesté me donne quinze à dix-huit cents hommes ; qu'elle me permette de les choisir parmi ceux que je lui amène : ils me connaissent ; je les connais. Nous nous ferons tous tuer jusqu'au dernier, ou nous prendrons l'île.

Murat, pour toute réponse, tendit la main à Lamarque. C'était ce qu'il aurait dit étant général ; c'était ce qu'il était prêt à faire étant roi. Puis tous deux se séparèrent, Lamarque pour choisir ses hommes, Murat pour réunir les embarcations.

Dès le lendemain tout était prêt, soldats et vaisseaux. Dans la soirée, l'expédition sortit de la rade. Quelques précautions qu'on eût prises pour garder le secret, le secret s'était répandu : toute la ville était sur le port, saluant de la voix cette petite flotte, qui partait gaîment et pleine d'insoucieuse confiance pour une chose que l'on regardait comme impossible.

Bientôt le vent, favorable d'abord, commença de faiblir : la petite flotte n'avait pas fait dix milles qu'il tomba tout à fait. On marcha à la rame ; mais la rame est lente, et le jour parut que l'on était encore à deux lieues de Caprée. Alors, comme s'il avait fallu lutter contre toutes les impossibilités, vint la tempête. Les flots se brisèrent avec tant de violence contre les rochers à pic qui entourent l'île, qu'il n'y eut pas moyen, pendant toute la matinée, de s'en approcher. A deux heures la mer se calma. A trois heures les premiers coups de canon furent échangés entre les bombardes napolitaines et les batteries du port ; les cris de quatre cent mille âmes, répandues depuis Margellina jusqu'à Portici, leur répondirent.

En effet, c'était un merveilleux spectacle que le nouveau roi donnait à sa nouvelle capitale : lui-même, avec une longue-vue, se tenait sur la terrasse du palais. De ces embarcations on voyait toute cette foule étagée aux différens gradins de l'immense cirque dont la mer était l'arène. César, Auguste, Néron, n'avaient donné à leurs sujets que des chasses, des luttes de gladiateurs et des naumachies ; Murat donnait aux siens une véritable bataille.

La mer était redevenue tranquille comme un lac. Lamarque laissa ses bombardes et ses chaloupes canonnières aux prises avec les batteries du fort, et avec ses embarcations de soldats il longea l'île : partout des rochers à pic baignaient dans l'eau leurs murailles gigantesques ; nulle part un point où aborder. La flotille fit le tour de l'île sans reconnaître un endroit où mettre le pied. Un corps de douze cents Anglais, suivant des yeux tous ses mouvemens, faisait le tour en même temps qu'elle.

Un moment on crut que tout était fini et qu'il faudrait retourner à Naples sans rien entreprendre. Les soldats offraient d'attaquer le fort ; mais Lamarque secoua la tête : c'était une tentative insensée. En conséquence, il donna l'ordre de faire une seconde fois le tour de l'île, pour voir si l'on ne trouverait pas quelque point abordable, et qui eût échappé au premier regard.

Il y avait dans un rentrant, au pied du fort Sainte-Barbe, un endroit où le rempart granitique n'avait que quarante à quarante-cinq pieds d'élévation. Au-dessus de cette muraille, lisse comme un marbre poli, s'étendait un talus si rapide, qu'à la première vue on n'eût certes pas cru que des hommes pussent l'escalader. Au-dessus de ce talus, à cinq cents pieds du roc, était une espèce de ravin, et douze cents pieds plus haut encore, le fort Sainte-Barbe, dont les batteries battaient le talus en passant par-dessus le ravin dans lequel les boulets ne pouvaient plonger.

Lamarque s'arrêta en face du rentrant, appela à lui l'adjudant général Thomas et le chef d'escadron Livron. Tous trois tinrent conseil un instant ; puis ils demandèrent les échelles.

On dressa la première échelle contre le rocher : elle atteignait à peine au tiers de sa hauteur ; on ajouta une seconde échelle à la première, on l'assura avec des cordes, et on les dressa de nouveau toutes deux : il s'en fallait de douze ou quinze pieds, quoique réunies, qu'elles atteignissent le talus ; on en ajouta une troisième ; on l'assujétit aux deux autres avec la même précaution qu'on avait prise pour la seconde, puis on mesura de nouveau la hauteur : cette fois les derniers échelons touchaient à la crête de la muraille. Les Anglais regardaient faire tous ces préparatifs d'un air de stupéfaction qui indiquait clairement qu'une pareille tentative leur semblait insensée. Quant aux soldats, ils échangeaient entre eux un sourire qui signifie : « Bon, il va faire chaud tout à l'heure. »

Un soldat mit le pied sur l'échelle ;

« Tu es bien pressé ! » lui dit le général Lamarque en le tirant en arrière, et il prit sa place. La flotille tout entière battit des mains. Le général Lamarque monta le premier, et tous ceux qui étaient dans la même embarcation le suivirent. Six hommes tenaient le pied de l'échelle, qui vacillait à chaque flot que la mer venait briser contre le roc. On eût dit un immense serpent qui dressait ses anneaux onduleux contre la muraille. »

Tant que ces étranges escaladeurs n'eurent point atteint le talus, ils se trouvèrent protégés contre le feu des Anglais par la régularité même de la muraille qu'ils gravissaient ; mais à peine le général Lamarque eut-il atteint la crête du rocher, que la fusillade et le canon éclatèrent en même temps : sur les quinze premiers hommes qui abordèrent, dix retombèrent précipités. A ces quinze hommes, vingt autres succédèrent, suivis de quarante, suivis de cent. Les Anglais avaient bien fait un mouvement pour les repousser à la baïonnette, mais le talus que les assaillans gravissaient était si rapide qu'ils n'osèrent point s'y hasarder. Il en résulta que le général Lamarque et une centaine d'hommes, au milieu d'une pluie de mitraille et de balles, gagnèrent le ravin, et là, à l'abri comme derrière un épaulement, se formèrent en peloton. Alors les Anglais chargèrent sur eux pour les débusquer ; mais ils furent reçus par une telle fusillade qu'ils se retirèrent en désordre. Pendant ce mouvement, l'ascension continuait, et cinq cents hommes à peu près avaient déjà pris terre.

Il était quatre heures et demie du soir. Le général Lamarque ordonna de cesser l'ascension : il était assez fort pour se maintenir où il était ; et effrayé du ravage que faisaient l'artillerie et la fusillade parmi ses hommes, il voulait attendre la nuit pour achever le périlleux débarquement. L'ordre fut porté par l'adjudant général Thomas, qui traversa une seconde fois le talus sous le feu de l'ennemi, gagna contre toute espérance l'échelle sans accident aucun, et redescendit vers la flotille, dont il prit le commandement, et qu'il mit à l'abri de tout péril dans la petite baie que formait le rentrant du rocher.

Alors l'ennemi réunit tous ses efforts contre la petite troupe retranchée dans le ravin. Cinq fois, treize ou quatorze cents Anglais vinrent se briser contre Lamarque et ses cinq cents hommes. Sur ces entrefaites la nuit arriva : c'était le moment convenu pour recommencer l'ascension. Cette fois, comme l'avait prévu le général Lamarque, elle s'opéra plus facilement que la première. Les Anglais continuaient bien de tirer, mais l'obscurité les empêchaient de tirer avec la même justesse. Au grand étonnement des soldats, cette fois l'adjudant-général Thomas monta le dernier ; mais on ne tarda point à avoir l'explication de cette conduite : arrivé au sommet du rocher, il renversa l'échelle derrière lui : aussitôt les embarcations gagnèrent le large et reprirent la route de Naples. Lamarque, pour s'assurer la victoire, venait de s'enlever tout moyen de retraite.

Les deux troupes se trouvaient en nombre égal, les assaillans ayant perdu trois cents hommes à peu près ; aussi Lamarque n'hésita point, et mettant la petite armée en bataille dans le plus grand silence, il marcha droit à l'ennemi sans permettre qu'un seul coup de fusil répondit au feu des Anglais.

Les deux troupes se heurtèrent, les baïonnettes se croisèrent, on se prit corps à corps ; les canons du fort Sainte-Barbe s'éteignirent, car Français et Anglais étaient tellement mêlés qu'on ne pouvait tirer sur les uns sans tirer en même temps sur les autres. La lutte dura trois heures ; pendant trois heures on se poignarda à bout portant. Au bout de trois heures, le colonel Hausel était tué, cinq cents Anglais étaient tombés avec lui ; le reste était enveloppé. Un régiment se rendit tout entier : c'était le Royal-Malte. Neuf cents hommes furent faits prisonniers par onze cents. On les désarma ; on jeta leurs sabres et leurs fusils à la mer ; trois cents hommes restèrent pour les garder ; les huit cents autres marchèrent contre le fort.

Cette fois il n'y avait même plus d'échelles. Heureusement les murailles étaient basses : les assiégeans montèrent sur les épaules les uns des autres. Après une défense de deux heures, le fort fut pris : on fit entrer les prisonniers et on les y enferma.

La foule qui garnissait les quais, les fenêtres et les terrasses de Naples, curieuse et avide, était restée malgré la nuit : au milieu des ténèbres, elle avait vu la montagne s'allumer comme un volcan ; mais, sur les deux heures du matin, les flammes s'étaient éteintes sans que l'on sût qui était vainqueur ou vaincu. Alors l'inquiétude fit ce qu'avait fait la curiosité : la foule resta jusqu'au jour ; au jour, on vit le drapeau napolitain flotter sur le fort Sainte-Barbe. Une immense acclamation, poussée par quatre cent mille personnes, retentit de Sorrente à Misène, et le canon du château Saint-Elme, dominant de sa voix de bronze toutes ces voix humaines, vint apporter à Lamarque les premiers remercîmens de son roi.

Cependant la besogne n'était qu'à moitié faite ; après être monté il fallait descendre, et cette seconde opération n'était pas moins difficile que la première. De tous les sentiers qui conduisaient d'Anacapri à Capri, Hudson Lowe n'avait laissé subsister que l'escalier dont nous avons parlé ; or, cet escalier, que bordent constamment des précipices, large à peine pour que deux hommes puissent le descendre de front, déroulait ses quatre cent quatre-vingts marches à demi-portée du canon de douze pièces de trente-six et de vingt chaloupes canonnières.

Néanmoins, il n'y avait pas de temps à perdre, et cette fois Lamarque ne pouvait attendre la nuit ; on découvrait à l'horizon toute la flotte anglaise, que le bruit du canon avait attirée hors du port de Ponza. Il fallait s'emparer du village avant l'arrivée de cette flotte, ou sans cela elle jetait dans l'île trois fois autant d'hommes qu'en avait celui qui était venu pour la prendre ; et, obligés devant des forces si supérieures de se renfermer dans le fort Sainte-Barbe, les vainqueurs étaient forcés de se rendre ou de mourir de faim.

Le général laissa cent hommes de garnison dans le fort Sainte-Barbe, et, avec les mille hommes qui lui restaient, tenta la descente. Il était dix heures du matin. Lamarque n'avait moyen de rien cacher à l'ennemi ; il fallait achever comme on avait commencé, à force d'audace. Il divisa sa petite troupe en trois corps, prit le commandement du premier, donna le second à l'adjudant général Thomas, et le troisième au chef d'escadron Livron ; puis, au pas de charge et tambour battant, il commença de descendre.

Ce dut être quelque chose d'effrayant à voir que cette avalanche d'hommes se ruant par cet escalier jeté sur l'abîme, et cela sous le feu de soixante à quatre-vingts pièces de canon. Deux cents furent précipités qui n'étaient que blessés peut-être, et qui s'écrasèrent dans leur chute ; huit cents arrivèrent au bas et se répandirent dans ce qu'on appelle la *grande marine*. Là on était à l'abri du feu ; mais tout était à recommencer encore, ou plutôt rien n'était achevé : il fallait prendre Capri, la forteresse principale, et les forts Saint-Michel et San-Salvador.

Alors, et après l'œuvre du courage, vint l'œuvre de la patience ; quatre cents hommes se mirent au travail. En avant des thermes de Tibère, dont les ruines puissantes les protégeaient contre l'artillerie de la forteresse, ils commencèrent à creuser un petit port, tandis que les quatre cents autres, retrouvant dans leurs embrasures les canons ennemis, tournaient les uns vers la ville et préparaient des batteries de brèche, tournaient les autres vers les vaisseaux qu'on voyait arriver luttant contre le vent contraire, et préparaient des boulets rouges.

Le port fut achevé vers les deux heures de l'après-midi ; alors on vit s'avancer de la pointe du cap Campanetta les embarcations renvoyées la veille et qui revenaient chargées de vivres, de munitions et d'artillerie. Le général Lamarque choisit douze pièces de vingt-quatre ; quatre cents hommes s'y attelèrent, et à travers les rochers, par des chemins qu'ils frayèrent eux-mêmes à l'insu de l'ennemi, les traînèrent au sommet du mont Solaro qui domine la ville et les deux forts. Le soir, à six heures, les douze pièces étaient en batterie. Soixante à quatre-vingts hommes restèrent pour les servir ; les autres descendirent et vinrent rejoindre leurs compagnons.

Mais, pendant ce temps, une étrange chose s'opérait. Malgré le vent contraire, la flotte était arrivée à portée de canon et avait commencé le feu. Six frégates, cinq bricks, douze bombarbes et seize chaloupes canonnières assiégeaient les assiégeans, qui à la fois se défendaient contre la flotte et attaquaient la ville. Sur ces entrefaites, l'obscurité vint ; force fut d'interrompre le combat ; Naples eut beau regarder de tous ses yeux, cette nuit-là le volcan était éteint ou se reposait.

Malgré la mer, malgré la tempête, malgré le vent, les Anglais parvinrent pendant la nuit à jeter dans l'île deux cents canonniers et cinq cents hommes d'infanterie. Les assiégés se trouvaient donc alors près d'un tiers plus forts que les assiégeans.

Le jour vint : avec le jour la canonnade s'éveilla entre la flotte et la côte, entre la côte et la terre. Les trois forts répondaient de leur mieux à cette attaque qui, divisée, était moins dangereuse pour eux, quand tout à coup quelque chose comme un orage éclata au-dessus de leurs têtes : une pluie de fer écrasa à demi-portée les canonniers sur leurs pièces. C'étaient les douze pièces de 24 qui tonnaient à la fois.

En moins d'une heure, le feu des trois forts fut éteint ; au bout de deux heures, la batterie de la côte avait pratiqué une brèche. Le général Lamarque laissa cent hommes pour servir les pièces qui devaient tenir la flotte en respect, se mit à la tête de six cents autres et ordonna l'assaut.

En ce moment un pavillon blanc fut hissé sur la forteresse. Hudson Lowe demandait à capituler. Treize cents hommes, soutenus par une flotte de quarante à quarante-cinq voiles, offraient de se rendre à sept cents, ne se réservant que la retraite avec armes et bagages. Hudson Lowe s'engageait en outre à faire rentrer la flotte dans le port de Ponza. La capitulation était trop avantageuse pour être refusée ; les neuf cents prisonniers du fort Sainte-Barbe furent réunis à leurs treize cents compagnons. A midi, les deux mille deux cents hommes d'Hudson Lowe quittaient l'île, abandonnant à Lamarque et à ses huit cents soldats la place, les forts, l'artillerie et les munitions.

Douze ans plus tard, Hudson commandait dans une autre île, non point cette fois à titre de gouverneur, mais de geôlier, et son prisonnier, comme une insulte qui devait compenser toutes les tortures qu'il lui avait fait souffrir, lui jetait à la face cette honteuse reddition de Caprée.

Je visitai le talus et l'escalier, c'est-à-dire l'endroit par lequel quinze cents hommes étaient montés et mille étaient descendus ; rien qu'à les regarder, on a le vertige ; chaque marche de l'escalier porte encore la trace de quelque mitraille.

J'avais fait toute cette excursion seul. Jadin avait trouvé une vue à croquer, et s'était arrêté au tiers de la montée. Je le rejoignis en descendant, et nous regagnâmes ensemble le port. Là, nous fûmes entourés de vingt-cinq bateliers qui se mirent à nous tirer chacun de leur côté : c'étaient les ciceroni de la Grotte d'azur. Comme on ne peut pas venir à Caprée sans voir la Grotte d'azur, j'en choisis un et Jadin un autre, qui se mirent chacun dans une barque par voyageur, l'entrée étant si basse et si resserrée qu'on ne peut y pénétrer qu'avec un canot très étroit.

La mer était calme, et cependant elle brise, même dans les plus beaux temps, avec une si grande force contre la ceinture des rochers qui entoure l'île, que nos barques bondissaient comme dans une tempête, et que nous étions obligés de nous coucher au fond de nous cramponner aux bords pour ne pas être jetés à la mer. Enfin, après trois quarts d'heure de navigation pendant lesquels nous longeâmes le sixième à peu près de la circonférence de l'île, nos bateliers nous prévinrent que nous étions arrivés. Nous regardâmes autour de nous, mais nous n'apercevions pas la moindre apparence de la plus petite grotte, lorsqu'ils nous montrèrent un point noir et circulaire que nous apercevions à peine au-dessus de l'écume des vagues : c'était l'orifice de la voûte.

La première vue de cette entrée n'est pas rassurante : on ne comprend pas comment on pourra la franchir sans se briser la tête contre le rocher. Comme la question nous parut assez importante pour être discutée, nous la posâmes à nos bateliers, lesquels nous répondirent que nous avions parfaitement raison, en restant assis, mais que nous n'avions qu'à nous coucher tout à fait, et que nous éviterions le danger. Nous n'étions pas venus si loin pour reculer. Je donnai le premier exemple ; mon batelier s'avança en ramant avec des précautions qui indiquaient assez, tout habitué qu'il était à une pareille opération, il ne la regardait cependant pas comme exempte de tout danger. Quant à moi, dans la position où j'étais, je ne voyais plus rien que le ciel ; bientôt je me sentis soulever sur une vague, la barque glissa avec rapidité, je ne vis plus rien qu'un rocher qui sembla pendant une seconde peser sur ma poitrine. Puis, tout à coup, je me trouvai dans une grotte si merveilleuse, que j'en jetai un cri d'étonnement, et je me relevai d'un mouvement si rapide pour regarder autour de moi, que je manquai d'en faire chavirer mon embarcation.

En effet, j'avais devant moi, autour de moi, dessus moi, dessous moi et derrière moi, des merveilles dont aucune description ne pourrait donner l'idée, et devant lesquelles le pinceau lui-même, ce grand traducteur des souvenirs humains, demeure impuissant. Qu'on se figure une immense caverne toute d'azur, comme si Dieu s'était amusé à faire une tente avec quelque reste du firmament ; une eau si limpide, si transparente, si pure, qu'on semblait flotter sur de l'air épaissi ; au plafond, des stalactites pendantes comme des pyramides renversées ; au fond, un sable d'or mêlé de végétations sous-marines ; le long des parois qui se baignent dans l'eau, des pousses de corail aux branches capricieuses et éclatantes ; du côté de la mer un point, une étoile, par laquel entre le demi-jour qui éclaire ce palais de fée ; enfin, à l'extrémité opposée, une espèce d'estrade ménagée comme le trône de la somptueuse déesse qui a choisi pour sa salle de bains l'une des merveilles du monde.

En ce moment toute la grotte prit une teinte foncée, comme la terre lorsqu'au milieu d'un jour splendide un nuage passe tout à coup devant le soleil. C'était Jadin qui entrait à son tour, et dont la barque fermait l'orifice de la caverne. Bientôt il fut lancé près de moi par la force de la vague qui l'avait soulevé, la grotte reprit sa belle couleur d'azur, et sa barque s'arrêta tremblotante près de la mienne, car cette mer, si agitée et si bruyante au dehors, n'avait plus au dedans qu'une respiration douce et silencieuse comme celle d'un lac.

Selon toute probabilité, la grotte d'azur était inconnue des anciens. Aucun poëte n'en parle, et certes, avec leur imagination merveilleuse, les Grecs n'eussent point manqué d'en faire le palais de quelque déesse marine au nom harmonieux, et dont ils nous eussent laissé l'histoire. Suétone, qui nous décrit avec tant de détails les thermes et les bains de Tibère, eût bien consacré quelques mots à cette piscine naturelle que le vieil empereur eût choisie sans aucun doute pour théâtre de quelques-unes de ses monstrueuses voluptés. Non, la mer peut-être était plus haute à cette époque qu'elle n'est maintenant, et la merveille marine n'était connue que d'Amphitrite et de sa cour de sirènes, de naïades et de tritons.

Mais parfois, comme Diane surprise par Actéon, Amphitrite se courrouce contre ces indiscrets voyageurs qui la poursuivent dans cette retraite. Alors, en quelques instans, la mer monte et ferme l'orifice, de sorte que ceux qui sont entrés ne peuvent plus sortir. En ce cas, il faut attendre que le vent, qui a sauté tout à coup de l'est à l'ouest, passe au sud ou au septentrion ; et il est arrivé que des visiteurs venus pour passer vingt minutes dans la grotte d'azur, y sont restés deux, trois et même quatre jours. Aussi les bateliers, dans la prévoyance de cet accident, emportent-ils toujours avec eux une certaine quantité d'une espèce de biscuit destiné à nourrir les prisonniers. Quant à l'eau, elle filtre en deux ou trois endroits de la grotte, assez abondamment pour que l'on n'ait rien à craindre de la soif. Nous fîmes quelques reproches à notre batelier d'avoir attendu si tard à nous raconter un fait aussi peu rassurant ; mais il nous répondit avec une naïveté charmante :

— Dame ! excellence, si l'on disait cela tout d'abord aux voyageurs, il y en a la moitié qui ne voudraient pas venir, et ça ferait du tort aux bateliers.

J'avoue que depuis cette circonstance accidentelle j'étais pris d'une certaine inquiétude, qui faisait que je trouvais la grotte d'azur infiniment moins agréable qu'elle ne m'avait paru d'abord. Malheureusement notre batelier nous avait raconté ces détails au moment où nous nous déshabillions pour nous baigner dans cette eau si belle et si transparente qu'elle n'a pas besoin, pour attirer le pêcheur, des chants de la poétique ondine de Gœthe. Nous ne voulûmes point perdre les préparatifs faits, nous achevâmes ceux qui restaient à faire en toute hâte, et nous piquâmes chacun une tête.

C'est seulement lorsqu'on est à cinq ou six pieds au-dessous de la surface de l'eau, qu'on peut en apprécier l'incroyable pureté. Malgré le voile qui enveloppe le plongeur, aucun détail ne lui échappe ; on aperçoit aussi clairement qu'au travers de l'air le moindre coquillage du fond ou la moindre stalactite de la voûte ; seulement, chaque chose prend une teinte encore plus foncée.

Au bout d'un quart d'heure nous remontâmes chacun dans notre barque, et nous nous rhabillâmes sans avoir séduit, à ce qu'il paraît, aucune des nymphes invisibles de cet humide palais, qui n'eussent point manqué, dans le cas contraire, de nous retenir au moins vingt-quatre heures. La chose était humiliante ; mais, comme nous n'avions la prétention ni l'un ni l'autre d'être des Télémaques, nous en prîmes notre parti. Nous nous recouchâmes au fond de notre canot respectif et

nous sortîmes de la grotte d'azur avec les mêmes précautions et le même bonheur que nous y étions entrés : seulement nous fûmes six minutes sans pouvoir ouvrir les yeux ; la clarté ardente du soleil nous aveuglait. Nous n'avions pas fait cent pas que déjà ce que nous venions de voir n'avait plus pour nous que la consistance d'un rêve.

Nous abordâmes de nouveau au port de Caprée. Pendant que nous réglions nos comptes avec nos bateliers, Pietro nous montra un homme couché au grand soleil et étendu la face contre le sable. C'était le pêcheur qui, neuf ou dix ans auparavant, avait découvert la Grotte d'azur en cherchant des fruits de mer le long des rochers. Il était venu aussitôt faire part de sa découverte aux autorités de l'île, et leur avait demandé ou le privilége de conduire seul les voyageurs dans le nouveau monde qu'il avait découvert, ou une remise sur le prix que se feraient payer ceux qui les conduiraient. Les autorités, qui avaient vu dans cette découverte un moyen d'attirer les étrangers dans leur île, avaient accédé à la seconde proposition, de sorte que depuis ce temps le nouveau Christophe Colomb vivait de ses rentes, après lesquelles il ne se donnait pas même la peine de courir, et qui, on le voit, lui arrivaient en dormant. C'était le personnage de toute l'île dont le sort était le plus envié.

Comme nous avions vu tout ce que Caprée pouvait nous offrir de curieux, nous remontâmes dans notre chaloupe, et nous regagnâmes le speronare, qui, profitant de quelques bouffées de vent de terre, remit à la voile et s'achemina tout doucement dans la direction de Palerme.

GAETANO SFERRA.

Bientôt nous fûmes de nouveau surpris par le calme. Après nous avoir fait faire huit à dix milles, la brise tomba, démentant le proverbe qui dit que c'est en mer qu'on trouve le vent. Nos matelots alors reprirent leurs avirons, et nous nous remîmes à marcher à la rame.

En tout autre lieu du monde, cette manière de voyager nous eût paru insupportable ; mais, sur cette magnifique mer Tyrrhénienne, sous ce ciel éclatant, en vue de toutes ces îles, de tous ces promontoires, de tous ces caps aux doux noms, la traversée, au contraire, devenait une longue et douce rêverie. Quoique nous fussions au 24 août, la chaleur était tempérée par cette brise délicieuse et pleine de saveur marine, qui semble porter la vie avec elle. De temps en temps nos matelots, pour se dissimuler à eux-mêmes la fatigue de l'exercice auquel le calme les contraignait, chantaient en chœur une chanson en patois silicien, dont la mesure, comme réglée sur le mouvement de la rame, semblait s'incliner et se relever avec eux. Ce chant avait quelque chose de doux et de monotone, qui s'accordait admirablement avec le léger ennui que, dans son impatience d'atteindre l'avenir et de franchir l'espace, l'homme éprouve chaque fois que le mouvement qui l'emporte n'est point en harmonie avec la rapidité de sa pensée. Aussi ce chant avait-il un charme tout particulier pour moi. C'est qu'il était parfaitement d'accord avec la situation ; c'est qu'il allait au paysage, aux hommes, aux choses ; c'est qu'il était pour ainsi dire une émanation mélodieuse de l'âme, dans laquelle l'art n'entrait pour rien ; quelque chose comme un parfum ou comme une vapeur qui, flottant au-dessus d'une vallée ou s'élevant aux flancs d'une montagne, complète le paysage au milieu duquel on se trouve, et va éveiller un sens endormi, qui croyait n'avoir rien à faire dans tout cela, et se trouve au contraire tout à coup charmé au point de croire que cette fête de la nature est pour lui seul et de s'en regarder comme le roi.

La journée s'écoula ainsi sans que nous eussions fait plus

de douze ou quinze milles, et sans que nous pussions perdre de vue ni les côtes de l'ancienne Campanie, ni l'île de Caprée; puis vint le soir, amenant quelques souffles de brise, dont nous profitâmes pour faire à la voile un mille ou deux, mais qui, en tombant bientôt, nous laissèrent dans le calme le plus complet. L'air était si pur, la nuit si transparente, les étoiles avaient tant de lumière, que nous traînâmes nos matelas hors de notre cabine et que nous nous étendîmes sur le pont. Quant à nos matelots, ils ramaient toujours, et de temps en temps, comme pour nous bercer, ils reprenaient leur mélancolique et interminable chanson.

La nuit passa sans amener aucun changement dans la température; les matelots s'étaient partagé la besogne; quatre ramèrent constamment, tandis que les quatre autres se reposaient. Enfin le jour vint, et nous réveilla avec ce petit sentiment de fraîcheur et de malaise qu'il apporte avec lui. A peine si nous avions fait dix autres milles dans la nuit. Nous étions toujours en vue de Caprée, toujours en vue des côtes. Si ce temps-là continuait, la traversée promettait de durer quinze jours. C'était un peu long. Aussi, ce que la veille nous avions trouvé admirable commençait à nous paraître monotone. Nous voulûmes nous mettre à travailler; mais, sans être indisposés nullement par la mer, nous avions l'esprit assez brouillé pour comprendre que nous ne ferions que de médiocre besogne. En mer, il n'y a pas de milieu; il faut une occupation matérielle et active qui vous aide à passer le temps, ou quelque douce rêverie qui vous le fasse oublier.

Comme nous nous rappelions avec délices notre bain de la veille, et que la mer était presque aussi calme, presque aussi transparente et presque aussi bleue que celle de la Grotte d'azur, nous demandâmes au capitaine s'il n'y aurait pas d'inconvénient à nous baigner tandis que Giovanni pêcherait notre déjeuner. Comme il était évident que nous irions en nageant aussi vite que le speronare, et que le plaisir que nous prendrions ne retiendrait en rien notre marche, le capitaine nous répondit qu'il ne voyait d'autre inconvénient que la rencontre possible des requins, assez communs à cette époque dans les parages où nous nous trouvions, à cause du passage du *pesce spado* (1), dont ils sont fort friands, quoique celui-ci, à l'aide de l'épée dont la nature l'a armé, leur oppose une rude défense. Comme la nature n'avait pas pris à notre endroit les mêmes précautions qu'elle a prises pour le *pesce spado*, nous hésitions fort à donner suite à notre proposition, lorsque le capitaine nous assura qu'en nageant autour du canot, et en plaçant deux hommes en sentinelle, l'un à la poupe et l'autre à la proue du bâtiment, nous ne courions aucun danger, attendu que l'eau était si transparente, que l'on pouvait apercevoir les requins à une grande profondeur, et que, prévenus aussitôt qu'il en paraîtrait un, nous serions à bord avant qu'il ne fût à nous.

Ce n'était pas fort rassurant: aussi étions-nous plus disposés que jamais à sacrifier notre amusement à notre sûreté, lorsque le capitaine, qui vit que nous attachions à la chose plus d'importance qu'elle n'en avait réellement, nous offrit de se mettre à l'eau avec Filippo en même temps que nous. Cette proposition eut un double effet: d'abord elle nous rassura, ensuite elle piqua notre amour-propre. Comme nous avions à faire avec notre équipage un voyage qui n'était pas sans offrir quelques dangers de différentes espèces, nous ne voulions pas débuter en lui donnant une mauvaise idée de notre courage. Nous ne répondîmes donc à la proposition qu'en donnant l'ordre aux sentinelles de prendre leur poste, et à Pietro de mettre le canot à la mer. Lorsque toutes ces précautions furent prises, nous descendîmes par l'escalier. Quant au capitaine et à Filippo, ils ne firent pas tant de façons, et sautèrent tout bonnement par-dessus le bord; mais, à notre grand étonnement, nous ne vîmes reparaître que le capitaine; Filippo était passé par-dessous le bâtiment, afin d'explorer les environs, à ce qu'il paraît. Un instant après, nous l'aperçûmes qui revenait par la proue, et nous annonçant qu'il n'avait absolument rien découvert qui pût nous inquiéter. Le capitaine, sans être de sa force, nageait aussi

(1) Espadon.

admirablement bien. Je fis remarquer à Jadin qu'il avait au côté droit de la poitrine une blessure qui ressemblait fort à un coup de couteau. Comme le capitaine était beau garçon, et qu'en Sicile et en Calabre les coups de couteau s'adressent plus particulièrement aux beaux garçons qu'aux autres, nous pensâmes que c'était le résultat de la vengeance de quelque frère ou de quelque mari, et je me promis d'interroger à la première occasion le capitaine là-dessus.

Au bout de dix minutes, nous entendîmes de grands cris; mais il n'y avait pas à s'y tromper, c'étaient des cris de joie. En effet, Giovanni venait de piquer une magnifique dorade, et s'avançait de l'arrière à bâbord, la portant triomphalement au bout de son harpon, pour nous demander à quelle sauce nous désirions la manger. La chose était trop importante pour être résolue ainsi sans discussion; nous remontâmes donc immédiatement à bord pour examiner l'animal de plus près et pour arrêter une sauce digne de lui. Le capitaine et Filippo nous suivirent; on amarra de nouveau la chaloupe à son poste, et nous entrâmes en délibération. Quelques observations qui nous parurent assez savantes, émises par le capitaine, nous déterminèrent pour une espèce de matelote. Ce n'était pas sans motifs que j'avais appelé le capitaine au conseil; je ne perdais pas de vue la cicatrice de sa poitrine, et je voulais en connaître l'histoire. Je l'invitai donc à déjeuner avec nous, sous prétexte que, si son avis à l'endroit de la dorade était erroné, je voulais le punir en le forçant de la manger toute entière. Le capitaine se défendit d'abord de ce trop grand honneur que nous voulions lui faire; mais, voyant que nous insistions, il finit par accepter. Aussitôt il disparut dans l'écoutille, et Pietro s'occupa des préparatifs du déjeuner.

Le couvert était bientôt dressé. On posait une longue planche sur deux chaises, c'était la table; on tirait nos matelas de cuir sur le pont, c'étaient nos sièges. Nous nous couchions, comme des chevaliers romains, dans notre *triclinium* en plein air, et, sur le moindre signe que nous faisions, tout l'équipage s'empressait de nous servir.

Au bout de dix minutes, le capitaine reparut, orné de ses plus beaux habits et portant à la main une bouteille de muscat de Lipari, qu'après force circonlocutions il se hasarda à nous offrir. Nous acceptâmes sans aucune difficulté, et il parut on ne peut plus touché de notre condescendance.

C'était un excellent homme que le capitaine Arena, et qui n'avait à nos yeux qu'un seul défaut, c'était de garder pour Jadin et pour moi une trop respectueuse obséquiosité. Cela empêchait entre lui et nous cette communication rapide et familière de pensées à l'aide de laquelle j'espérais descendre un peu dans la vie sicilienne. Je ne faisais aucun doute que tous ces hommes endurcis aux fatigues, habitués aux tempêtes, parcourant la Méditerranée en tous sens depuis leur enfance, n'eussent force récits de traditions nationales ou d'aventures personnelles à nous faire, et j'avais compté sur les récits du pont pour défrayer ces belles nuits orientales, où la veille est plus douce que le sommeil; mais avant d'en arriver là, nous voyions bien qu'il y avait encore du chemin à faire, et nous commencions par le capitaine, afin d'arriver plus tard et plus facilement jusqu'aux simples matelots.

Notre dorade ne se fit pas attendre. Du plus loin que nous l'aperçûmes, l'odeur qu'elle répandait autour d'elle nous prévint en sa faveur; et bientôt, à notre satisfaction, son goût justifia son parfum. Dès lors, nous reconnûmes que le capitaine était doublement à cultiver, et nous redoublâmes d'attentions.

Nous avions pris le soin, en partant de Naples, de faire une certaine provision de vin de Bordeaux. Quoique le capitaine fût d'une sobriété extrême, nous parvînmes à lui en faire boire deux ou trois verres. Le vin de Bordeaux a, comme on le sait, des qualités essentiellement conciliantes. A la fin du déjeuner, nous étions parvenus à lui faire à peu près oublier la distance qu'il avait mise lui-même entre lui et nous: une dernière attention finit par nous le livrer pieds et poings liés. Jadin lui offrit de faire pour sa femme le portrait de son petit garçon. Le capitaine devint fou de joie; il appela monsieur Peppino, qui se roulait à l'avant au milieu des tonneaux et des cordages avec son ami Milord. L'enfant accourut sans se douter de ce qui l'attendait; son père lui expliqua la chose en italien, et, soit curiosité, soit obéissance, il s'y prêta de meilleure grâce que nous ne nous y attendions.

J'envoyai à l'équipage, qui continuait de ramer de toute sa force, deux bouteilles de vin de Bordeaux; nous débouchâmes le cruchon de muscat, nous allumâmes les cigares, et Jadin se mit à la besogne.

Ce n'était pas tout, il fallait diriger la conversation du côté de la fameuse cicatrice qui avait attiré mes regards. J'en trouvai l'occasion en parlant de notre bain et en félicitant le capitaine sur la manière dont il nageait.

— Oh! quant à cela, excellence, ce n'est point un grand mérite, me répondit-il. Nous sommes de père en fils, depuis deux cents ans, de véritables chiens de mer, et, étant jeune homme, j'ai traversé plus d'une fois le détroit de Messine, du village Della Pace au village de San-Giovanni, d'où est ma femme.

— Et combien y a-t-il? demandai-je.

— Il y a cinq milles, dit le capitaine; mais cinq milles qui en valent bien huit à cause du courant.

— Et depuis que vous êtes marié, repris-je en riant, vous ne vous hasardez plus à faire de pareilles folies.

— Oh! ce n'est point depuis que je suis marié, répondit le capitaine; c'est depuis que j'ai été blessé à la poitrine : comme le fer a traversé le poumon, au bout d'une heure que je suis à l'eau, je perds mon haleine, et je ne peux plus nager.

— En effet, j'ai remarqué que vous aviez une cicatrice. Vous vient-elle d'un duel ou d'un accident?

— Ni de l'un ni de l'autre, excellence. Elle vient tout bonnement d'un assassinat.

— Et un drôle d'assassinat, encore, dit Pietro, profitant de ses privilèges et se mêlant de la conversation sans cesser de ramer.

L'exclamation, comme on le comprend bien, n'était point de nature à diminuer ma curiosité.

— Capitaine, continuai-je, est-ce qu'il y a de l'indiscrétion à vous demander quelques détails sur cet événement?

— Non, plus maintenant, répondit le capitaine, attendu qu'il n'y a que moi de vivant encore des quatre personnes qui y étaient intéressées; car, quant à la femme, elle est religieuse, et c'est comme si elle était morte. Je vais vous raconter la chose, quoique ce ne soit pas sans un certain remords que j'y pense.

— Un remords! Allons donc, capitaine, vous n'avez, pardieu! rien à vous reprocher là-dedans; vous vous êtes conduit en bon et brave Sicilien.

— Je crois que j'aurais cependant mieux fait, reprit le capitaine en soupirant, de laisser le pauvre diable tranquille.

— Tranquille! Un gaillard qui vous avait fourré trois pouces de fer dans l'estomac. Vous avez bien fait, capitaine, vous avez bien fait!

— Capitaine, repris-je à mon tour, vous doublez notre curiosité, et maintenant, je vous en préviens, je ne vous laisse pas de repos que vous ne nous ayez tout raconté.

— Allons, jeune enfant, dit Jadin à Peppino, ne bouge pas. Nous en sommes aux yeux, capitaine.

Je traduisis l'invitation à Peppino, et le capitaine reprit :

— C'était en 1823, au mois de mai, il y a de cela un peu plus de dix ans, comme vous voyez; nous étions allés à Malte pour y conduire un Anglais qui voyageait pour son plaisir, comme vous. C'était le deuxième ou troisième voyage que nous faisions avec ce petit bâtiment-là, que je venais d'acheter. L'équipage était le même à peu près, n'est-ce pas, Pietro?

— Oui, capitaine, à l'exception de Sienni; vous savez bien que nous étions entrés à votre service après la mort de votre oncle, de sorte que ça n'a quasi pas changé.

— C'est bien cela, reprit le capitaine; mon pauvre oncle est mort en 1825.

— Oh! mon Dieu, oui! le 15 septembre 1825, reprit Pietro avec une expression de tristesse dont je n'aurais pas cru son visage joyeux susceptible.

— Enfin, la mort de mon pauvre oncle n'a rien à faire dans tout ceci, continua le capitaine en soupirant. Nous étions à Malte depuis deux jours; nous devions y rester huit jours encore, de sorte qu'au lieu de me tenir sur mon bâtiment comme je devais le faire, j'étais allé renouveler connaissance avec de vieux amis que j'avais à la Cité-Villette. Les vieux amis m'avaient donné à dîner, et après le dîner nous étions allés prendre une demi-tasse au café Grec. Si vous allez jamais à Malte, allez prendre votre café là, voyez-vous; ce n'est pas le plus beau, mais c'est le meilleur établissement de toute la ville, rue des Anglais, à cent pas de la prison.

— Bien, capitaine, je m'en souviendrai.

— Nous venions donc de prendre notre tasse de café; il était sept heures du soir, c'est-à-dire qu'il faisait tout grand jour. Nous causions à la porte, quand tout à coup je vois déboucher, au coin d'une petite ruelle qui fait l'angle, un jeune homme de vingt-cinq à vingt-huit ans, pâle, effaré, sans chapeau, hors de lui-même enfin. J'allais frapper sur l'épaule de mon voisin pour lui faire remarquer cette singulière apparition, quand tout à coup le jeune homme vient droit à moi, et avant que j'aie eu le temps de me défendre, me donne un coup de couteau dans la poitrine, laisse le couteau dans la blessure, repart comme il était venu, tourne l'angle de la rue, et disparaît.

Tout cela fut l'affaire d'une seconde. Personne n'avait vu que j'étais frappé, moi-même je le savais à peine. Chacun se regardait avec stupéfaction, et répétait le nom de Gaëtano Sferra. Moi, pendant ce temps-là, je sentais mes forces qui s'en allaient.

— Qu'est-ce qu'il t'a donc fait, ce farceur-là, Giuseppe? me dit mon voisin; comme tu es pâle!

— Ce qu'il m'a fait? répondis-je; tiens. — Je pris le couteau par le manche, et je le tirai de la blessure. — Tiens, voilà ce qu'il m'a fait. Puis, comme mes forces s'en allaient tout à fait, je m'assis sur une chaise, car je sentais que j'allais tomber de ma hauteur.

— A l'assassin! à l'assassin! cria tout le monde. C'est Gaëtano Sferra. Nous l'avons reconnu, c'est lui. A l'assassin!

— Oui, oui, murmurai-je machinalement; oui, c'est Gaëtano Sferra. A l'assassin! à l'assas... Ma foi! c'était fini, j'avais tourné l'œil.

— C'est pas étonnant, dit Pietro, il avait trois pouces de fer dans la poitrine; on tournerait l'œil à moins.

— Je restai deux ou trois jours sans connaissance, je ne sais pas au juste. En revenant à moi, je trouvai Nunzio, le pilote, celui qui est là, à mon chevet; il ne m'avait pas quitté, le vieux cormoran. Aussi, il le sait bien, entre nous c'est à la vie, à la mort. N'est-ce pas, Nunzio?

— Oui, capitaine, répondit le pilote en levant son bonnet comme il avait l'habitude de le faire lorsqu'il répondait à quelqu'une de nos questions.

— Tiens, lui dis-je, pilote, c'est vous?

— Oh! il me reconnaît, cria le pilote, il me reconnaît. Alors ça va bien.

— Vous le voyez, Nunzio : il n'est pas bien gai, n'est-ce pas?

— Non, le fait est qu'il n'en a pas l'air.

— Eh bien! le voilà qui se met à danser comme un fou autour de mon lit.

— C'est que j'étais content, dit le pilote.

— Oui, reprit le capitaine, tu étais content, mon vieux, ça se voyait. Mais d'où est-ce que je reviens donc? lui demandai-je. — Ah! vous revenez de loin, me répondit-il. En effet, je commençais à me rappeler. Oui, oui, c'est juste, dis-je. Je me souviens, c'est un farceur qui m'a donné un coup de couteau; eh bien! au moins est-il arrêté, l'assassin?

— Ah bien, oui, arrêté! dit le pilote : il court encore.

— Cependant on savait qui, repris-je. C'était, c'était, attends donc, ils l'ont nommé; c'était Gaëtano Sferra, je me rappelle bien.

— Eh bien ! voilà ce qui vous trompe, capitaine, c'est que ce n'était pas lui. Tout cela, c'est une drôle d'histoire, allez.

— Comment ce n'était pas lui ?

— Ah ! non, çà ne pouvait pas être lui, puisque Gaëtano Sferra avait été condamné le matin à mort pour avoir donné un coup de couteau ; qu'il était en prison où il attendait le prêtre, et qu'il devait être exécuté le lendemain. C'en est un autre qui lui ressemble, à ce qu'il paraît, quelque frère jumeau, peut-être.

— Ah ! dis-je. Moi, au fait, je ne sais pas si c'est lui, je ne le connais pas.

— Comment, pas du tout ?

— Pas le moins du monde.

— Ce n'est pas pour quelque petite affaire d'amour, hein ?

— Non, parole d'honneur, vieux, je ne connais personne à Malte.

— Et vous ne savez pas pourquoi il vous en voulait, cet enragé-là ?

— Je n'en sais rien.

— Alors n'en parlons plus.

— C'est égal, repris-je, c'est embêtant tout de même d'avoir un coup de couteau dans la poitrine, et de ne pas savoir pourquoi on ne l'a donné. Mais, si jamais je le rencontre, il aura affaire à moi, Nunzio, je ne te dis que cela.

— Et vous aurez raison, capitaine. En ce moment Pietro ouvrit la porte de ma chambre.

— Eh ! pilote, dit-il, c'est le juge.

— Tiens, tu es là aussi, Pietro, m'écriai-je.

— Un peu, capitaine, que je suis là, et que je n'en ai pas quitté, encore.

C'est vrai tout de même ; il était dans l'antichambre pour empêcher qu'on ne fît du bruit ; et comme il entendait que nous devisions, Nunzio et moi, il avait ouvert la porte.

— Ça va donc mieux ? dit Vicenzo en passant la tête à son tour.

— Ah çà ! mais, repris-je, vous y êtes donc tous ?

— Non, il n'y a que nous trois, capitaine, les autres sont au speronare ; seulement, ils viennent voir deux fois par jour comment vous allez.

— Et comme je vous le disais, capitaine, reprit Pietro, c'est le juge.

— Eh bien ! fais-le entrer, le juge.

— Capitaine, c'est qu'il n'est pas seul.

— Avec qui est-il ?

— Il est avec celui qu'on prenait pour votre assassin.

— Ah ! ah ! dis-je.

— Je vous demande pardon, monsieur le juge, dit Nunzio, c'est que le capitaine n'est pas encore bien crâne, attendu qu'il n'y a qu'un quart d'heure qu'il a ouvert les yeux, et qu'il n'y a que dix minutes qu'il parle, et nous avons peur.

— Alors nous reviendrons demain, dit une voix.

— Non, non, répondis-je ; puisque vous voilà, entrez tout de suite, allez.

— Entrez, puisque le capitaine le veut, reprit Pietro en ouvrant la porte.

Le juge entra ; il était suivi d'un jeune homme qui avait les mains liées et qui était conduit par des soldats ; derrière le jeune homme marchaient deux individus habillés de noir ; c'étaient les greffiers.

— Capitaine Arena, dit le juge, c'est bien vous qui avez été frappé d'un coup de couteau à la porte du café Grec ?

— Pardieu ! oui, c'est bien moi, et la preuve (je relevai le drap et je montrai ma poitrine), c'est que voilà le coup.

— Reconnaissez-vous, continua-t-il en me montrant le prisonnier, ce jeune homme pour celui qui vous a frappé ?

Mes yeux se rencontrèrent en ce moment avec ceux du jeune homme, et je reconnus son regard comme j'avais déjà reconnu son visage ; seulement, comme je savais que ma déclaration le tuait du coup, j'hésitais à la faire.

Le juge vit ce qui se passait en moi, alla au crucifix suspendu à la muraille, le prit, et me l'apportant : — Capitaine, me dit-il, jurez sur le Christ de dire toute la vérité, rien que la vérité.

J'hésitais.

— Faites le serment qu'on vous demande, dit le prisonnier, et parlez en conscience.

— Eh bien ! ma foi ! repris-je, puisque c'est vous qui le voulez...

— Oui, je vous en prie.

— En ce cas-là, repris-je en étendant la main sur le crucifix, je jure de dire la vérité, toute la vérité, rien que la vérité.

— Bien, dit le juge. Maintenant, répondez. Reconnaissez-vous ce jeune homme pour être celui qui vous a frappé d'un coup de couteau ?

— Parfaitement.

— Alors vous affirmez que c'est lui ?

— Je l'affirme.

Il se retourna vers les deux greffiers. — Vous le voyez, dit-il, le blessé lui-même est trompé par cette étrange ressemblance.

Quant au jeune homme, un éclair de joie passa sur son visage. Je trouvai cela un peu étrange, attendu qu'il me semblait que ce que je venais de déposer ne devait pas le faire rire.

— Ainsi, vous persistez, reprit le juge, à affirmer que ce jeune homme est bien celui qui vous a frappé ?

Je sentis que le sang me montait à la tête ; car, vous comprenez, il avait l'air de dire que je mentais.

— Si je persiste ? je le crois pardieu bien ! et à telle enseigne qu'il était nu-tête, qu'il avait une redingote noire, un pantalon gris, et qu'il venait par la petite ruelle qui conduit à la prison.

— Gaëtano Sferra, dit le juge, qu'avez-vous à répondre à cette déposition ?

— Que cet homme se trompe, répondit le prisonnier, comme se sont trompés tous ceux qui étaient au café.

— C'est évident, dit le juge en se retournant une seconde fois vers les greffiers.

— Je me trompe ! m'écriai-je en me soulevant malgré ma faiblesse ; ah bien ! par exemple, en voilà une sévère ! Ah ! je me trompe !

— Capitaine ! s'écria Nunzio, capitaine ! O mon Dieu ! mon Dieu !

— Ah ! je me trompe ! repris-je. Eh bien ! je vous dis, moi, que je ne me trompe pas.

— Le médecin, le médecin ! cria Pietro.

En effet, l'effort que j'avais fait en me levant avait dérangé l'appareil, et ma blessure s'était rouverte, de sorte qu'elle saignait de plus belle. Je sentis que je m'en allais de nouveau ; toute la chambre valsait autour de moi, et, au milieu de tout cela, je voyais les yeux du prisonnier fixés sur moi avec une expression de joie si étrange, que je fis un dernier mouvement pour lui sauter au cou et l'étrangler. Ce mouvement épuisa ce qu'il me restait de force ; un nuage sanglant passa devant mes yeux ; je sentis que j'étouffais, je me renversai en arrière, puis je ne sentis plus rien : j'étais retombé dans mon évanouissement.

Celui-là ne dura que sept ou huit heures, et j'en revins comme du premier. Cette fois le médecin était auprès de moi : Pietro l'avait amené, et Nunzio n'avait pas voulu le laisser partir. J'essayai de parler, mais il me mit un doigt sur la bouche en me faisant signe de me taire. J'étais si faible, que j'obéis comme un enfant.

— Allons, ça va mieux, dit le médecin. Du silence, la diète la plus absolue, et humectez-lui de temps en temps la blessure avec de l'eau de guimauve. Tout ira bien. Surtout ne lui laissez voir personne.

— Ah ! quant à cela, vous pouvez être tranquille. Quand ce serait le Père éternel lui-même qui frapperait à la porte, je lui répondrais : Vous demandez le capitaine ? — Oui. — Eh bien ! Père éternel, il n'y est pas.

— Et puis, d'ailleurs, dit Pietro, nous étions là, nous autres, pour veiller à la porte et envoyer promener les juges et les greffiers, s'ils se représentaient.

— Si bien, pour en finir, reprit le capitaine, que personne ne vint que le médecin, que je ne parlai que quand il m'en donna la permission, et que tout alla bien, comme il l'avait dit. Au bout d'un mois je fus sur mes jambes ; au bout de six semaines je pus regagner le bâtiment. Quant à l'Anglais, il était parti ; mais c'était un brave homme tout de même. Il avait payé à Nunzio le prix convenu, comme s'il avait fait tout le voyage, et il avait encore laissé une gratification à l'équipage.

— Oui, oui, dit Pietro, qui n'était pas fâché sans doute de me donner la mesure de la générosité de l'Anglais, trois piastres par homme. Aussi nous avons joliment bu à sa santé, n'est-ce pas les autres ?

— Dame ! il l'avait bien mérité, répondit en chœur l'équipage.

— Et vous, capitaine, que fîtes-vous ?

— Moi ? eh bien ! la mer me remit. Je respirais à pleine poitrine, j'ouvrais la bouche que l'on aurait cru que je voulais avaler tout le vent qui venait de la Grèce ; un fameux vent, allez. Si nous l'avions seulement pour nous conduire à Palerme, nous y serions bientôt ; mais nous ne l'avons pas.

— Peut-être bien que nous ne tarderons pas à en avoir un autre, dit le pilote ; mais celui-là ce ne sera pas la même chose.

— Un peu de sirocco, hein ? n'est-ce pas, vieux ? demanda le capitaine.

Nunzio fit un signe de tête affirmatif.

— Et puis ? repris-je, voulant la suite de mon histoire.

— Eh bien ! je revins au village Della Pace, où ma femme, que j'avais laissée grosse de Peppino, avait eu une si grande peur, qu'elle en était accouchée avant terme. Heureusement que ça n'avait fait de mal ni à la mère ni à l'enfant ; et depuis ce temps-là je me porte bien, à l'exception, comme je vous le disais, que quand je nage trop longtemps, la respiration me manque.

— Mais ce n'est pas tout, dis-je au capitaine. et vous avez fini par avoir l'explication de ce singulier quiproquo ?

— Attendez donc, reprit-il, nous ne sommes qu'à la moitié de l'histoire, et encore c'est le plus beau qui me reste à vous raconter. Malheureusement je crois que c'est là que j'ai eu tort !

— Mais non, mais non, dit Pietro ; mais je vous dis que non.

— Heu ! heu ! dit le capitaine.

— Je vous écoute, repris-je.

— Il y avait déjà un an que l'aventure était arrivée, lorsque je retrouvai l'occasion de retourner à Malte. Ma femme ne voulait pas m'y laisser aller ; pauvre femme ! elle croyait que cette fois-là j'y laisserais mes os ; mais je la rassurai de mon mieux. D'ailleurs c'était justement une raison, puisqu'il m'était arrivé du mal à un premier voyage, pour qu'il m'arrivât du bien au second ; tant il y a que j'acceptai le chargement. Cette fois il n'était pas question de voyageurs, mais de marchandises.

En effet, la traversée fut excellente ; c'était de bon augure. Cependant, je l'avoue, je n'avais pas grand plaisir à rentrer à Malte ; aussi, mes petites affaires faites, je revenais bien vite sur le speronare. Bref, j'allais partir le lendemain, et j'étais en train de faire un somme dans la cabine, quand Pietro entra.

— Capitaine, me dit-il, pardon de vous réveiller ; mais c'est une femme qui dit qu'elle a besoin de vous parler pour affaires.

— Une femme ! et où est-elle, cette femme ? demandai-je en me frottant les yeux.

— Elle en est bas, dans un petit canot.

— Toute seule ?

— Avec un rameur.

— Et quelle est cette femme ?

— Je lui ai demandé son nom ; mais elle m'a répondu que cela ne me regardait pas, qu'elle avait affaire à vous, et non pas à moi.

— Est-elle jeune ? est-elle jolie ?

— Ah ! ceci, c'est autre chose ; je ne peux pas dire, car elle a un voile, et il est impossible de rien voir au travers.

— C'est vrai ça, elle avait l'air d'une religieuse, interrompit Pietro.

— Alors, fais-la monter, repris-je.

Pietro sortit. Je me mis derrière une table, et j'ouvris tout doucement mon couteau. J'étais devenu défiant en diable depuis mon aventure ; et comme je ne connaissais pas de femmes, je pensais que ça pourrait bien être un homme déguisé. Mais, une fois prévenu, c'est bon. Un homme prévenu, comme on dit, en vaut deux. Puis, sans me vanter, je manie assez proprement le couteau moi aussi.

— Je crois bien, dit Pietro : vous êtes modeste, capitaine. Voyez-vous, excellence, le capitaine, c'est le plus fort que je connaisse. A un pouce, à deux pouces, à toute la lame, il se bat comme on veut ; cela lui est égal, à lui.

— Mais au premier coup d'œil, continua le capitaine, je vis bien que je m'étais trompé, et que c'était bien une femme ; et une pauvre petite femme qui avait grand'peur encore, car on voyait sous son voile qu'elle tremblait de tous ses membres. Je remis mon couteau dans ma poche, et je m'approchai d'elle.

— Qu'y a-t-il pour votre service, madame ? lui demandai-je.

— Vous êtes le capitaine de ce petit bâtiment ? répondit-elle.

— Oui, madame.

— Avez-vous quelque affaire qui vous retienne dans le port ?

— Je comptais partir demain matin.

— Avez-vous des passagers maltais ?

— Aucun.

— Faites-vous voile plus particulièrement pour un point de la Sicile que pour l'autre ?

— Je comptais rentrer dans le port de Messine.

— Voulez-vous gagner quatre cents ducats ?

— Belle demande ! Je crois pardieu bien que je le veux ! si toutefois, vous le comprenez bien, la chose ne peut pas me compromettre.

— En aucune façon.

— Que faut-il faire ?

— Il faut venir cette nuit avec votre speronare à la pointe Saint-Jean, à une heure du matin. Vous enverrez votre canot à terre. Un passager attendra sur le rivage ; il vous dira *Sicile*, vous lui répondrez *Malte*. Vous le ramènerez à bord, et vous le déposerez dans l'endroit de la Sicile qui vous conviendra le mieux. Voilà tout.

— Dame ! c'est faisable, répondis-je ; et vous dites que pour cela...

— Il y a une prime de quatre cents ducats, deux cents ducats comptant : les voilà (l'inconnue tira une bourse et la jeta sur la table) ; deux cents ducats qui vous seront remis par le passager lui-même en touchant la terre.

— Eh ! mais, dites donc, repris-je, il faut au moins que je vous fasse une obligation, moi, une reconnaissance, quelque chose, un petit papier enfin.

— A quoi bon ? Vous êtes honnête homme ou vous ne l'êtes pas. Si vous êtes honnête homme, votre parole suffit ; si vous ne l'êtes pas, vous comprenez, aux précautions que je prends, au secret que je vous demande, que votre papier ne peut me servir à rien, et que je ne suis pas en mesure de le faire valoir devant les tribunaux.

— Par quel hasard vous êtes-vous adressée à moi, alors ?

— Je me promenais aujourd'hui sur le port, ne sachant à qui m'adresser pour le service que je réclame de vous. Je vous ai vu passer, votre figure ouverte m'a plu, vous avez monté dans votre canot, vous êtes venu droit au petit bâtiment où nous sommes, j'ai deviné que vous en étiez le capitaine ; j'ai attendu la nuit : la nuit venue, je m'y suis fait conduire à mon tour, j'ai demandé à vous parler, et me voilà.

— Oh ! quant à ce qui est d'être franc et honnête, répondis-je, vous ne pouviez pas mieux vous adresser.

— Eh bien ! c'est tout ce qu'il me faut, répondit l'inconnue en me tendant la main ; une jolie petite main, ma foi ! que j'avais même grande envie de la prendre et de la baiser ; c'est chose convenue.

— Vous avez ma parole.
— Vous n'oublierez pas le mot d'ordre ?
— Sicile et Malte.
— C'est bien : à une heure, à la pointe Saint-Jean.
— A une heure.

L'inconnue redescendit dans le bateau et regagna la terre ; à dix heures nous levâmes l'ancre. La pointe Saint-Jean est une espèce de cap qui s'avance dans la mer vers la partie méridionale de Malte, à une lieue et demie de la ville, ce qui, par mer, faisait une distance de cinq ou six mille à peu près. Mais comme le vent était mauvais, il fallait franchir cette distance à la rame ; comme vous comprenez, il n'y avait pas de temps à perdre.

A minuit et demi, nous étions à un demi-mille de la porte Saint-Jean. Ne voulant pas m'approcher davantage, de peur d'être vu, je mis en panne, et j'envoyai Pietro à terre avec le canot. Je le vis s'enfoncer dans l'obscurité, se confondre avec la côte et disparaître ; un quart d'heure après il reparut. Le passager était assis à l'arrière du canot, tout s'était donc bien passé.

J'avais fait préparer la cabine de mon mieux : j'y avais fait transporter mon propre matelas ; d'ailleurs, comme avec le vent qui soufflait nous devions être le lendemain à Messine, je pensais que, si difficile que fût notre hôte, une nuit est bientôt passée. Puis, il y a des circonstances où les gens les plus délicats passent volontiers sur certaines choses, et, il faut le dire, notre passager me paraissait être dans une de ces circonstances-là.

Ces réflexions firent que, par délicatesse, et pour ne point paraître trop curieux, je descendis dans l'entrepont, tandis qu'il montait à bord. De son côté, le passager alla droit à la cabine sans regarder personne et sans dire une seule parole ; seulement il laissa deux onces (1) dans la main que Pietro lui tendit pour l'aider à monter l'escalier. Au bout de cinq minutes, quand le canot fut amarré, Pietro vint me rejoindre.

— Tenez, capitaine, me dit-il, voici deux onces à ajouter à la masse.

— Ils n'ont, voyez-vous, interrompit le capitaine, qu'une bourse pour eux tous ; seulement je suis le caissier : à la fin du voyage je fais les comptes de chacun et tout est dit.

— Eh bien ! demandai-je à Pietro, comment cela s'est-il passé ?

— Mais à merveille, répondit-il ; il était là qui attendait avec la femme voilée qui était venue à bord, et il paraît même qu'il était impatient de me voir ; car, à peine m'eut-il aperçu, qu'il embrassa l'autre, et qu'il vint au-devant de moi, ayant de l'eau jusqu'aux genoux ; alors nous avons échangé le mot d'ordre, et il est monté à bord. Tant que la femme a pu le voir, elle est restée sur la côte à nous regarder et à nous faire des signes avec son mouchoir. Puis, quand nous avons été trop loin, nous avons entendu une voix qui nous criait bon voyage ; c'était encore elle, la pauvre femme !

— Et as-tu vu notre passager ?
— Non, il s'est caché la figure dans son manteau, seulement, à sa voix et à sa tournure, ça m'a l'air d'un jeune homme, l'amant de l'autre probablement.

— C'est bien : va dire aux camarades de déployer la voile, et à Nunzio de gouverner sur Messine.

Pietro remonta sur le pont, transmit l'ordre que j'avais donné, et dix minutes après nous marchions que c'était plaisir. Je ne tardai pas à le suivre sur le pont : je ne sais pourquoi je ne pouvais dormir. D'ailleurs, le temps était si beau, il ventait un si bon vent, il faisait un si magnifique clair de lune, que c'était péché que de s'enfermer dans un entrepont avec une pareille nuit.

Je trouvai le pont solitaire ; tous les camarades étaient rentrés dans leur écoutille et dormaient à qui mieux mieux ; il n'y avait que Nunzio qui veillait comme d'habitude ; mais, attendu qu'il était caché derrière la cabine, on ne le voyait

(1) L'once est une monnaie sicilienne qui vaut 12 fr.

OEUV. COMPL. — IX.

pas, si bien qu'on aurait cru que le bâtiment marchait tout seul.

Il était deux heures et demie du matin à peu près, nous avions déjà laissé Malte bien loin derrière nous, et je me promenais de long en large sur le pont, pensant à ma petite femme et aux amis que nous allions retrouver, quand tout à coup je vis s'ouvrir la cabine et paraître le passager. Son premier coup d'œil fut pour s'assurer de l'endroit où nous étions. Il vit Malte, qui ne paraissait plus que comme un point noir, et il me sembla qu'à cette vue il respirait plus librement. Cela me rappela les précautions qu'il avait prises en montant à bord ; et craignant de le contrarier en restant sur le pont, je m'acheminai vers l'écoutille de l'avant pour pénétrer dans l'entrepont, lorsque, faisant deux ou trois pas de mon côté :

— Capitaine, me dit-il.

Je tressaillis : il me sembla que j'avais déjà entendu cette voix quelque part comme dans un rêve. Je me retournai vivement.

— Capitaine, reprit-il en continuant de s'avancer vers moi, pensez-vous, si ce vent-là continue, que nous soyons demain soir à Messine ?

Et à mesure qu'il s'approchait, je croyais reconnaître son visage, comme j'avais cru reconnaître sa voix. A mon tour, je fis quelques pas vers lui ; alors il s'arrêta en me regardant fixement et comme pétrifié. A mesure que la distance devenait moindre entre nous, mes souvenirs me revenaient, et mes soupçons se changeaient en certitude. Quant à lui, il était visible qu'il aurait mieux aimé être partout ailleurs qu'où il était ; mais il n'y avait pas moyen de fuir, nous avions de l'eau tout autour de nous, et la terre était déjà à plus de trois lieues. Néanmoins, il recula devant moi jusqu'au moment où la cabine l'empêcha d'aller plus loin. Je continuai de m'avancer jusqu'à ce que nous nous trouvassions face à face. Nous nous regardâmes un instant sans rien dire, lui pâle et hagard, moi avec le sourire sur les lèvres, et cependant je sentais que moi aussi je pâlissais, et que tout mon sang se portait à mon cœur ; enfin, il rompit le premier le silence.

— Vous êtes le capitaine Giuseppe Arena, me dit-il d'une voix sourde.

— Et vous l'assassin Gaëtano Sferra, répondis-je.

— Capitaine, reprit-il, vous êtes honnête homme, ayez pitié de moi, ne me perdez pas.

— Que je ne vous perde pas ! comment l'entendez-vous ?

— J'entends que vous ne me livriez point ; en arrivant en Sicile, je doublerai la somme qui vous a été promise.

— J'ai reçu deux cents ducats pour vous conduire à Messine ; vous devez m'en donner deux cents autres en débarquant ; je toucherai ce qui est promis, pas un grain de plus.

— Et vous remplirez l'obligation que vous avez prise, n'est-ce pas, de me mettre à terre sain et sauf ?

— Je vous mettrai à terre sans qu'il soit tombé un cheveu de votre tête ; mais, une fois à terre, nous avons un petit compte à régler : je vous redois un coup de couteau pour que nous soyons quittes.

— Vous m'assassinerez, capitaine ?

— Misérable ! lui dis-je ; c'est bon pour toi et pour tes pareils d'assassiner.

— Eh bien ! alors, que voulez-vous dire ?

— Je veux dire que, puisque vous jouez si bien du couteau, nous en jouerons ensemble ; toutes les chances sont pour vous, vous avez déjà la première manche.

— Mais je ne sais pas me battre au couteau, moi.

— Bah ! laissez donc, répondis-je en écartant ma chemise et en lui montrant ma poitrine, ce n'est pas à moi qu'il faut dire cela ; d'ailleurs, ce n'est pas difficile : on se met chacun dans un tonneau, on se fait lier le bras gauche autour du corps, on convient de se battre à un pouce, à deux pouces ou à toute la lame, on se regarde et on gesticule. Quant à ce dernier point, c'est déjà réglé ; et, sauf votre plaisir, nous nous battrons à toute lame, car vous avez si bien frappé, qu'il n'en était pas resté une ligne hors de la blessure.

— Et si je refuse ?

— Ah! si vous refusez, c'est autre chose : je vous mettrai à terre comme j'ai dit, je vous donnerai une heure pour gagner la montagne, et puis je préviendrai le juge ; alors c'est à vous de bien vous tenir, parce que, si vous êtes pris, voyez-vous, vous serez pendu.
— Et si j'accepte le duel et que je vous tue?
— Si vous me tuez, eh bien ! tout sera dit.
— Ne me poursuivra-t-on pas ?
— Qui cela ? mes amis?
— Non, la justice !
— Allons donc ! est ce qu'il y a un seul Sicilien qui déposerait contre vous parce que vous m'auriez tué loyalement ? Pour m'avoir assassiné, à la bonne heure.
— Eh bien ! je me battrai ; c'est dit.
— Alors, dormez tranquille, nous recauserons de cela à Contessi ou à la Scaletta. Jusque là, le bâtiment est à vous, puisque vous le payez ; promenez-vous y en long et en large ; moi, je rentre chez moi.
Je descendis dans l'écoutille. Je réveillai Pietro, et je lui racontai tout ce qui venait de se passer. Quant à Nunzio, c'était inutile de lui rien raconter à lui ; il avait tout entendu.
— C'est bon, capitaine, dit Pietro ; soyez tranquille, nous ne le perdrons pas de vue.
Le lendemain, à deux heures de l'après-midi, nous arrivâmes à la Scaletta ; je consignai l'équipage sur le bâtiment, et nous descendîmes dans le canot, Gaëtano Sferra, Pietro, Nunzio et moi.
En mettant pied à terre, Nunzio et Pietro se placèrent l'un à droite, l'autre à gauche de notre homme, de peur qu'il ne lui prît envie de s'échapper ; il s'en aperçut :
— Vos précautions sont inutiles, capitaine, me dit-il ; du moment où il s'agit d'un duel, que ce soit au pistolet, à l'épée ou au couteau, cela ne fait rien, je suis votre homme.
— Ainsi, repris-je, vous me donnez votre parole d'honneur que vous ne chercherez pas à vous échapper ?
— Je vous la donne.
Je fis un signe à Nunzio et à Pietro, et ils le laissèrent marcher seul.
— C'est égal, dit Pietro se mêlant de nouveau à la conversation, nous ne le perdrons pas de vue, tout de même.
— N'importe. Tant il y a, reprit le capitaine, qu'à partir de ce moment-là il n'y a rien à dire sur lui.
— Aussi, je ne dis rien, reprit Pietro.
— Nous continuâmes de suivre le chemin, et au bout de dix minutes nous étions chez le père Matteo, un bon vieux Sicilien dans l'âme, celui-là, et qui tient une petite auberge à l'Ancre d'or.
— Bonjour, père Matteo, lui dis-je. Voilà ce que c'est : nous avons eu des mots ensemble, monsieur et moi, nous voudrions nous régaler d'un petit coup de couteau ; vous avez bien une chambre à nous prêter pour cela, n'est-ce pas ?
— Deux, mes enfans, deux, dit le père Matteo.
— Non pas ; deux, ce serait de trop, mon brave, une seule suffira. Puis, s'il s'ensuivait quelque chose (nous sommes tous mortels, et un malheur est bien vite arrivé), enfin, s'il s'ensuivait quelque chose, vous savez ce qu'il y a à dire. Nous étions à dîner, monsieur et moi, nous nous sommes pris de dispute, nous avons joué des couteaux, et voilà ; bien entendu que, s'il y en a un de tué, c'est celui-là qui aura eu tous les torts.
— Tiens, cela va sans dire, répondit le père Matteo.
— Si je tue monsieur, je n'ai pas de recommandation à vous faire, on l'enterrera décemment et comme un bourgeois doit être enterré ; c'est moi qui paie. Si monsieur me tue, il y a de quoi faire face aux frais dans le speronare. D'ailleurs, vous me feriez bien crédit, n'est-ce pas, père Matteo ?
— Sans reproche, ça ne serait pas la première fois, capitaine.
— Non, mais ça serait la dernière. Dans ce cas-là, père Matteo, comprenez bien ceci : moi tué, monsieur est libre comme l'air, entendez-vous bien ? il va où il veut et comme il veut ; et si on l'arrête, c'est moi qui lui ai cherché noise ;

j'étais en train, j'avais bu un coup de trop, et il ne m'a donné que ce que je méritais : vous entendez !
— Parfaitement.
— Maintenant, prépare le dîner, vieux. Toi, Pietro, va-t-en acheter deux couteaux exactement pareils ; tu sais comme il les faut. Toi, Nunzio, tu t'en iras trouver le curé. A propos, repris-je en me retournant vers Gaëtano qui avait écouté tous ces détails avec une grande indifférence, je dois vous prévenir que je commande une messe ; elle ne sera dite que demain matin, mais c'est égal, l'intention y est. Si vous voulez en commander une de votre côté pour que je n'aie pas d'avantage sur vous, et que Dieu ne soit ni pour l'un ni pour l'autre, vous en êtes le maître ; c'est fra Girolamo qui dit les miennes.
— Merci, me répondit Gaëtano ; vous ne pensez pas, j'espère, que je crois à toutes ces bêtises.
— Vous n'y croyez pas ! vous n'y croyez pas, dites-vous ? tant pis ; moi j'y crois, monsieur. Nunzio, tu iras commander la messe chez fra Girolamo, entends-tu, pas chez un autre.
— Soyez tranquille, capitaine.
Pietro et Nunzio sortirent pour s'acquitter chacun de la mission dont il était chargé. Je restai seul avec Gaëtano Sferra et le vieux Matteo.
— Maintenant, monsieur, dis-je en m'approchant de Gaëtano, si au moment où nous sommes arrivés, vous n'avez rien à faire avec Dieu, vous avez sans doute quelque chose à faire avec le monde. Vous avez un père, une mère, une maîtresse, quelqu'un enfin qui s'intéresse à vous et que vous aimez. Matteo, du papier et de l'encre. Faites comme moi, monsieur, écrivez à cette personne, et si je vous tue, foi d'Arena ! la lettre sera fidèlement remise.
— Ceci, c'est autre chose, et vous avez raison, dit Gaëtano en prenant le papier et l'encre des mains du vieux Matteo, et en se mettant à écrire.
Je m'assis à la table qui était en face de la sienne, et je me mis à écrire de mon côté. Il va sans dire que la lettre que j'écrivais était pour ma pauvre femme.
Comme nous finissions, Nunzio et Pietro rentrèrent.
— La messe est commandée, dit Nunzio.
— A fra Girolamo ?
— A lui-même.
— Voici les deux couteaux, dit Pietro, c'est une piastre les deux.
— Chut! dis-je.
— Non, non, dit Gaëtano ; il est juste que je paie le mien et vous le vôtre. D'ailleurs, nous avons un compte à régler, capitaine. Je vous redois deux cents ducats, car vous m'avez, selon nos conventions, fidèlement remis à terre.
— Que cela ne vous inquiète pas, rien ne presse.
— Cela presse fort, au contraire, capitaine. Voici les deux cents ducats. Quant à vous, mon ami, continua-t-il en s'adressant à Pietro, voici deux onces pour l'achat du couteau.
— Je vous demande pardon, monsieur, dit Pietro ; le couteau coûte cinq carlins, et non pas deux onces. Je ne reçois pas de bonne-main pour une pareille chose.
— Je crois bien ! dit Pietro interrompant encore ; un couteau qui pouvait tuer le capitaine !
— Maintenant, reprit Gaëtano Sferra, quand vous voudrez ; je vous attends.
— Vous êtes servis, dit le vieux Matteo en rentrant de sa cuisine.
— Montons donc, dis-je à Gaëtano.
Nous montâmes. Je suivais Gaëtano par derrière ; il marchait d'un pas ferme : je demeurai convaincu que cet homme était brave. C'était à n'y plus rien comprendre.
Comme l'avait dit Matteo, nous étions servis. Un bout de la table, couvert d'une nappe et de tout l'accompagnement nécessaire, supportait le dîner. L'autre bout était resté vide, et un tonneau défoncé par un bout était disposé de chaque côté pour nous recevoir quand il nous plairait de commencer.
Pietro déposa un couteau de chaque côté de la table.
— Si vous connaissez ici quelqu'un, et que vous désiriez

l'avoir pour témoin, dis-je à Gaëtano, vous pouvez l'envoyer chercher, nous attendrons.

— Je ne connais personne, capitaine. D'ailleurs ces deux braves gens sont là, continua Gaëtano en montrant Pietro et le pilote; ils serviront en même temps pour vous et pour moi.

Ce sang-froid m'étonna. Depuis que j'avais vu cet homme de près, j'avais perdu une partie de mon désir de me venger. Je résolus donc de faire une espèce de tentative de conciliation.

— Écoutez, lui dis-je au moment où il venait de passer de l'autre côté de la table, il est évident qu'il y a dans tout ceci quelque mystère que je ne connais pas et que je ne puis deviner. Vous n'êtes point un assassin. Pourquoi m'avez-vous frappé? dans quel but moi plutôt qu'un autre? Soyez franc, dites-moi tout; et si je reconnais que vous avez été poussé par une nécessité quelconque, par une de ces fatalités plus fortes que l'homme, et à laquelle il faut que l'homme obéisse, eh bien! tout sera dit et nous en resterons là.

Gaëtano réfléchit un instant; puis, d'un air sombre:

— Je ne puis rien vous dire, reprit-il, le secret n'est pas à moi seul; puis voyez-vous, ce n'est point le hasard qui nous a conduits face à face. Ce qui est écrit est écrit, et il faut que les choses s'accomplissent: battons-nous!

— Réfléchissez, repris-je, il en est encore temps. Si c'est la présence de ces hommes qui vous gêne, ils s'en iront, et je resterai seul avec vous, et ce que vous m'aurez dit, je vous le jure! ce sera comme si vous l'aviez dit à un confesseur.

— J'ai été près de mourir, j'ai fait venir un prêtre, je me suis confessé à lui, croyant que cette confession serait la dernière; au risque de paraître devant Dieu chargé d'un péché mortel, je ne lui ai pas révélé le secret que vous voulez savoir.

— Cependant..., monsieur, repris-je, insistant d'autant plus qu'il se défendait davantage.

— Ah! interrompit-il insolemment, est-ce que c'est vous qui, après m'avoir fait venir ici, ne voudriez plus vous battre! Est-ce que vous auriez peur, par hasard?

— Peur? m'écriai-je; et d'un bond je fus dans le tonneau et le couteau à la main.

— N'est-ce pas, Pietro, continua le capitaine en s'interrompant, n'est-ce pas que je fis tout cela pour l'amener à me dire la cause de sa conduite envers moi?

— Oui, vous l'avez fait, répondit Pietro, et j'en étais même bien étonné, car vous le savez bien, capitaine, ce n'est pas votre habitude, et quand nous avions de ces choses-là avec les Calabrais, ça allait comme sur des roulettes.

— Enfin, reprit le capitaine, il ne voulut rien entendre, il entra à son tour dans son tonneau. Seulement, quand on voulut lui lier le bras gauche derrière le dos comme on venait de me le faire à moi, il prétendit que cela le gênait, et demanda qu'on lui laissât le bras libre. On le lui délia aussitôt.

Alors nous commençâmes à nous escrimer; comme malgré lui et naturellement il parait les coups que je lui portais avec le bras gauche, cela retarda un peu la fin du combat. Il me déchira même un tant soit peu l'épaule avant que je l'eusse touché, car je regardais comme au-dessous de moi de le frapper dans les membres. Mais, ma foi! quand je vis mon sang couler, et Pietro qui se mangeait les poings jusqu'au coude, je lui allongeai une si rude botte, que, du coup de poing encore plus que du coup de couteau, il s'en alla rouler, lui et son tonneau, jusqu'auprès de la fenêtre. Quand je vis qu'il ne se relevait pas, je pensai qu'il avait son compte. En effet, en regardant la lame du couteau, je vis qu'elle était rouge jusqu'au manche. Nunzio courut à lui.

— Eh bien! eh bien! lui dit-il, qu'est-ce qu'il y a? Est-ce que nous demanderons un prêtre ou un médecin?

— Un prêtre, répondit Gaëtano d'une voix sourde, le médecin serait inutile.

— Va donc pour le prêtre, dit Nunzio. Eh! vieux, continua-t-il en appelant.

Une porte s'ouvrit et Matteo parut.

— Une chambre et un lit pour monsieur qui se trouve mal!

— C'est prêt, dit Matteo.

— Alors, aidez-moi à le porter pendant qu'ils vont casser quelques bouteilles, eux autres, pour faire croire que ça est venu comme ça petit à petit.

— Un prêtre! un prêtre! murmura Gaëtano plus sourdement encore que la première fois; vous voyez bien que si vous tardez, je serai mort avant qu'il vienne. — En effet, le sang coulait de sa poitrine comme d'une fontaine.

— Vous, mort! ah! bien oui, dit Matteo en le prenant par dessous les épaules, tandis que Nunzio le prenait par les jambes; vous avez encore pour plus de quatre ou cinq heures à vivre, allez, je vois ça dans vos yeux; je vais vous mettre là-dessus une bonne compresse, et vous aurez le temps de faire une fameuse confession.

La porte se referma, et je me retrouvai seul avec Pietro.

— Eh bien! me dit-il, que diable avez-vous donc, capitaine? est-ce que vous allez vous trouver mal pour cette écorchure que vous avez là à l'épaule?

— Ah! ce n'est pas cela, ce n'est pas cela, lui répondis-je, mais j'aimerais mieux ne pas avoir rencontré cet homme, j'étais payé pour le mener sain et sauf ici.

— Eh bien! mais il me semble, répondit Pietro, que, quand nous l'avons débarqué, il se portait comme un charme.

— Cet argent me portera malheur, Pietro; et s'il meurt, je n'en veux pas garder un sou, et je l'emploierai à faire dire des messes.

— Des messes! c'est toujours bon, dit Pietro, et la preuve, c'est que celle que vous avez commandée tout à l'heure ne vous a pas mal réussi; mais l'argent n'est pas méprisable non plus.

— Et cette pauvre femme, Pietro, cette pauvre femme qui est venue me trouver à mon bâtiment, et qui l'a conduit jusque sur le rivage pour avoir le savoir cela.

— Ah! dame! il y aura des larmes, ça c'est sûr; mais, au bout du compte, il vaut mieux que ce soit elle qui pleure que la patronne. D'ailleurs, vous n'avez fait que lui rendre ce qu'il vous avait donné il y a un an, voilà tout; avec les intérêts, c'est vrai, mais écoutez donc, il n'y a que des banqueroutiers qui ne paient pas leurs dettes.

— C'est égal, repris-je, je voudrais bien savoir pourquoi il m'a donné ce coup de couteau.

En ce moment, la porte de la chambre où l'on avait porté Gaëtano Sferra s'ouvrit.

— Capitaine Arena, dit une voix, le moribond vous demande.

Je me retournai, et je reconnus fra Girolamo.

— Me voilà, mon père, répondis-je en tressaillant.

— Allons, dit Pietro, vous allez probablement savoir la chose; si cela peut se dire, vous nous la raconterez.

Je lui fis signe de la tête que oui, et j'entrai.

— Mon frère, dit fra Girolamo en montrant Gaëtano Sferra, pâle comme les draps dans lesquels il était couché, voici un chrétien qui va mourir, et qui désire que vous entendiez sa confession.

— Oui, venez, capitaine, dit Gaëtano d'une voix si faible qu'à peine pouvait-on l'entendre; et puisse Dieu me donner la force d'aller jusqu'au bout!

— Tenez, dit le père Matteo en entrant et en posant une fiole remplie d'une liqueur rouge comme du sang, sur la table qui était près du lit du mourant; tenez, voilà qui va vous remettre le cœur; buvez-moi deux cuillerées de cela, et vous m'en direz des nouvelles. Vous savez, capitaine, continua-t-il en s'adressant à moi, c'est le même élixir que faisait cette pauvre Julia, qu'on appelait la sorcière, et qui a fait tant de bien à votre oncle.

— Oh! alors, dis-je en versant la liqueur dans une cuillère, et en approchant la cuillère des lèvres du blessé, buvez; Matteo a raison, cela vous fera du bien.

Gaëtano avala la cuillerée d'élixir, tandis que fra Girolamo referma la porte derrière Matteo, qui ne pouvait rester plus longtemps, le moribond allait se confesser. A peine l'eut-il bue, que ses yeux brillèrent, et qu'une vive rougeur passa sur son visage.

— Que m'avez-vous donné là, capitaine? s'écria-t-il en me saisissant la main ; encore une cuillerée, encore une, je veux avoir la force de tout vous raconter.

Je lui donnai une seconde gorgée de l'élixir ; il se souleva alors sur une main et appuya l'autre sur sa poitrine.

— Ah ! voilà la première fois que je respire depuis que j'ai reçu votre coup de couteau, capitaine ; cela fait du bien de respirer.

— Mon fils, dit fra Girolamo, profitez de ce que Dieu vous secourt pour nous dire ce secret qui vous étouffe plus encore que votre blessure.

— Mais si j'allais ne pas mourir, mon père, s'écria Gaëtano : si j'allais ne pas mourir ! il serait inutile que je me confessasse. J'ai déjà vu la mort d'aussi près qu'en ce moment-ci, et cependant j'en suis revenu.

— Mon fils, dit fra Girolamo, c'est une tentation du démon qui, à cette heure, dispute votre âme à Dieu. Ne croyez pas les conseils du maudit. Dieu seul sait si vous devez vivre ou mourir ; mais agissez toujours comme si votre mort était sûre.

— Vous avez raison, mon père, dit Gaëtano en essuyant avec son mouchoir une écume rougeâtre qui humectait ses lèvres ; vous avez raison : écoutez, et vous aussi, capitaine.

Je m'assis au pied du lit, fra Girolamo s'assit au chevet, prit dans ses deux mains les deux mains du moribond, et commença :

« J'aimais une femme ; c'est celle à laquelle est adressée la lettre que je vous ai donnée, mon père, pour qu'elle lui fût remise en cas de mort. Cette femme, je l'avais aimée jeune fille ; mais je n'étais pas assez riche pour être agréé par ses parens : on la donna à un marchand grec, jeune encore, mais qu'elle n'aimait pas. Nous fûmes séparés. Dieu sait que je fis tout ce que je pus pour l'oublier. Pendant un an je voyageai, et peut-être ne fussé-je jamais revenu à Malte, si je n'eusse reçu la nouvelle que mon père était mourant.

Trois jours après mon retour, mon père était mort. En suivant son convoi, je passai devant la maison de Lena. Malgré moi je levai la tête, et à travers la jalousie j'aperçus ses yeux. De ce moment, il me sembla ne l'avoir pas quittée un instant, et je sentis que je l'aimais plus que jamais.

Le soir, je revins sous cette fenêtre. J'y étais à peine, que j'entendis le petit cri que faisaient en s'écartant les planchettes des persiennes ; au même moment une lettre tomba à mes pieds. Cette lettre me disait que dans deux jours son mari partait pour Candie, et qu'elle restait seule avec sa vieille nourrice. J'aurais dû partir, je le sais bien, mon père, j'aurais dû fuir aussi loin que la terre eût pu me porter, ou bien entrer dans quelque couvent, faire raser mes cheveux, et m'abriter sous quelque saint habit qui eût étouffé mon amour ; mais j'étais jeune, j'étais amoureux : je restai.

Mon père, je n'ose pas vous parler de notre bonheur, c'était un crime. Pendant trois mois nous fûmes, Lena et moi, les êtres les plus heureux de la création. Ces trois mois passèrent comme un jour, comme une heure, ou plutôt ils n'existèrent pas : ce fut un rêve.

Un matin Lena reçut une lettre de son mari. J'étais près d'elle quand sa vieille nourrice l'apporta. Nous nous regardâmes en tremblant ; ni l'un ni l'autre de nous ne l'osait ouvrir. Elle était là sur la table. Deux ou trois fois, et chacun à notre tour, nous avançâmes la main. Enfin, Lena la prit, et me regardant fixement :

— Gaëtano, dit-elle, m'aimes-tu?

— Plus que ma vie, répondis-je.

— Serais-tu prêt à tout quitter pour moi, comme je serais prête à tout quitter pour toi?

— Je n'ai que toi au monde : où tu iras, je te suivrai.

— Eh bien ! convenons d'une chose : si cette lettre m'annonce son retour, convenons que nous partirons ensemble, à l'instant même, sans hésiter, avec ce que tu auras d'argent et moi de bijoux.

— A l'instant même, sans hésiter ; Lena, je suis prêt.

Elle me tendit la main, et nous ouvrîmes la lettre en souriant. Il annonçait que ses affaires n'étant point terminées, il ne serait de retour que dans trois mois. Nous respirâmes. Quoique notre résolution fût bien prise, nous n'étions pas fâchés d'avoir encore ce délai avant de la mettre à exécution.

En sortant de chez Lena, je rencontrai un mendiant que depuis trois jours je retrouvais constamment à la même place. Cette assiduité me surprit, et tout en lui faisant l'aumône, je l'interrogeai ; mais à peine s'il parlait l'italien, et tout ce que j'en pus tirer, c'est que c'était un matelot épirote dont le vaisseau avait fait naufrage, et qui attendait une occasion de s'engager sur un autre bâtiment.

Je revins le soir. Le temps nous était mesuré d'une main trop avare pour que nous en perdissions la moindre parcelle. Je trouvai Lena triste. Pendant quelques instans je l'interrogeai inutilement sur la cause de cette tristesse ; enfin elle m'avoua qu'en faisant sa prière du matin devant une madone du Pérugin, qui était dans sa famille depuis trois cents ans et à laquelle elle avait une dévotion toute particulière, elle avait vu distinctement couler deux larmes des yeux de l'image sainte. Elle avait cru d'abord être le jouet de quelque illusion, et elle s'en était approchée, afin de regarder de plus près. C'étaient bien deux larmes qui roulaient sur ses joues, deux larmes réelles, deux larmes vivantes, deux larmes de femme ! Elle les avait essuyées alors avec son mouchoir, et le mouchoir était resté mouillé. Il n'y avait pas de doute pour elle, la madone avait pleuré, et ces larmes, elle en était certaine, présageaient quelque grand malheur.

Je voulus la rassurer, mais l'impression était trop profonde. Je voulus lui faire oublier par un bonheur réel cette crainte imaginaire ; mais pour la première fois je la trouvai froide et presque insensible, et elle finit par me supplier de me retirer, et de lui laisser passer la nuit en prières. J'insistai un instant, mais Lena joignit les mains en me suppliant, et à mon tour je vis deux grosses larmes qui tremblaient à ses paupières. Je les recueillis avec mes lèvres ; puis, moitié ravi, moitié boudant, je m'apprêtai à lui obéir.

Alors nous soufflâmes la lumière ; nous allâmes à la fenêtre pour nous assurer si la rue était solitaire, et nous soulevâmes le volet. Un homme enveloppé dans un manteau était appuyé au mur. Au bruit que nous fîmes, il releva la tête ; mais nous vîmes à temps le mouvement qu'il allait faire ; nous laissâmes retomber le volet, et il ne put nous apercevoir.

Nous restâmes un instant muets et immobiles, écoutant le battement de nos cœurs qui se répondaient en bondissant et qui troublaient seuls le silence de la nuit. Cette terreur superstitieuse de Lena avait fini par me gagner, et si je ne croyais pas à un malheur, je croyais au moins à un danger. Je soulevai le volet de nouveau, l'homme avait disparu.

Je voulus profiter de son absence pour m'éloigner ; j'embrassai une dernière fois Lena, et je m'approchai de la porte. En ce moment il me sembla entendre dans le corridor qui y conduisait le bruit d'un pas. Sans doute Lena crut l'entendre comme moi, car elle me serra les mains.

— As-tu une arme? me dit-elle si bas, qu'à peine je compris.

— Aucune, répondis je.

— Attends. Elle me quitta. Quelques secondes après, je l'entendis ou plutôt je la sentais revenir. Tiens, me dit-elle, et elle me mit dans la main le manche d'un petit yatagan qui appartenait à son mari.

— Je crois que nous nous sommes trompés, lui dis-je, car on n'entend plus rien.

— N'importe ! me dit-elle, garde ce poignard, et désormais ne viens jamais sans être armé. Je le veux, entends-tu? Et je rencontrai ses lèvres qui cherchaient les miennes pour faire de son commandement une prière.

— Tu exiges donc toujours que je te quitte.

— Je ne l'exige pas, je t'en prie.

— Mais à demain, au moins.

— Oui, à demain.

Je serrai Lena une dernière fois dans mes bras, puis j'ouvris la porte. Tout était silencieux et paraissait calme.

— Folle que tu es! lui dis-je.

— Folle tant que tu voudras, mais la madone a pleuré.

— C'est de jalousie, Lena, lui dis-je en l'enlaçant une dernière fois dans mes bras et en approchant sa tête de la mienne.

— Prends garde! s'écria Lena avec un cri terrible et en faisant un mouvement pour se jeter en avant. Le voilà! le voilà!

En effet, un homme s'élançait de l'autre bout de l'appartement. Je bondis au devant de lui, et nous nous trouvâmes face à face. C'était Morelli, le mari de Lena. Nous ne dîmes pas un mot, nous nous jetâmes l'un sur l'autre en rugissant. Il tenait d'une main un poignard et de l'autre un pistolet. Le pistolet partit dans la lutte, mais sans me toucher. Je ripostai par un coup terrible, et j'entendis mon adversaire pousser un cri. Je venais de lui enfoncer le yatagan dans la poitrine. En ce moment le mot de halte retentit en anglais: une patrouille qui passait dans la rue, prévenue par le coup de pistolet, s'arrêtait sous les fenêtres. Je me précipitais vers la porte pour sortir; Lena me saisit par le bras, me fit traverser sa chambre, m'ouvrit une petite croisée qui donnait sur un jardin. Je sentis que ma présence ne pouvait que la perdre.

— Écoute, lui dis-je, tu ne sais rien, tu n'as rien vu, tu es accourue au bruit, et tu as trouvé ton mari mort.

— Sois tranquille.

— Où te reverrai-je?

— Partout où tu seras.

— Adieu.

— Au revoir.

Je m'élançai comme un fou à travers le jardin, j'escaladai le mur, je me trouvai dans une ruelle. Je n'y voyais plus, je ne savais pas où j'étais, je courus ainsi devant moi jusqu'à ce que je me trouvasse sur la place d'Armes; là, je m'orientai, et rappelant à mon sang-froid, je me consultai sur ce que j'avais de mieux à faire. C'était de fuir; mais à Malte on ne fuit pas facilement; d'ailleurs j'avais sur moi quelques sequins à peine; tout ce que je possédais était chez moi, chez moi aussi étaient des lettres de Lena qui pouvaient être saisies et dénoncer notre amour. La première chose que j'eusse à faire était donc de rentrer chez moi.

Je repris en courant le chemin de la maison. A quelques pas de la porte était un homme accroupi, la tête entre ses genoux: je crus qu'il dormait, comme cela arrive parfois aux mendians dans les rues de Malte; je n'y fis point attention, et je rentrai.

En deux bonds je fus dans ma chambre; je courus d'abord au secrétaire dans lequel étaient les lettres de Lena, et je les brûlai jusqu'à la dernière; puis, quand je vis qu'elles n'étaient plus que cendres, j'ouvris le tiroir où était l'argent, je pris tout ce que j'avais. Mon intention était de courir au port, de me jeter dans une barque, de troquer mes habits contre ceux d'un matelot, et le lendemain de sortir de la rade avec tous les pêcheurs qui sortent chaque matin. Cela m'était d'autant plus facile que vingt fois j'avais fait des parties de pêche avec chacun d'eux, et que je les connaissais tous. L'important était donc de gagner le port.

Je redescendis vivement dans cette intention; mais au moment où je rouvrais la porte de la rue pour sortir, quatre soldats anglais se jetèrent sur moi; en même temps un homme s'approcha, et m'éclairant le visage avec une lanterne sourde:

— C'est lui, dit-il.

De mon côté, je reconnus le mendiant épirote à qui j'avais fait l'aumône le matin même. Je compris que j'étais perdu si je surveillais pas chacune de mes paroles. Je demandai, de la voix la plus calme que je pus prendre, ce qu'on me voulait et où l'on me conduisait; on me répondit en prenant le chemin de la prison, et arrivé à la prison, en m'enfermant dans un cachot.

A peine fus-je seul que je réfléchis à ma situation. Personne ne m'avait vu frapper Morelli, j'étais sûr de Lena comme de moi-même. Je n'avais point été pris sur le fait, je résolus de me renfermer dans la dénégation la plus absolue.

J'aurais bien pu dire qu'en sortant de chez Lena j'avais été attaqué et que je n'avais fait que me défendre. Ainsi peut-être je changeais la peine de mort en prison, mais je perdais Lena. Je n'y songeais même point.

Le lendemain, un juge et deux greffiers vinrent m'interroger dans ma prison. Morelli n'était pas mort sur le coup; c'était lui qui avait dit mon nom au chef de la patrouille survenue pendant notre lutte; il avait affirmé sur le crucifix m'avoir parfaitement reconnu, et il avait rendu le dernier soupir.

Je niai tout; j'affirmai que je ne connaissais Lena que pour l'avoir rencontrée comme on rencontre tout le monde, au spectacle, à la promenade, chez le gouverneur; j'étais resté chez moi toute la soirée, et je n'en étais sorti qu'au moment où j'avais été arrêté. Comme nos maisons ont rarement des concierges, et que chacun entre et sort avec sa clef, personne ne se put me donner de démenti.

Le juge donna l'ordre de me confronter avec le cadavre. Je sortis de mon cachot, et l'on me conduisit chez Lena. Je sentis que c'était là où j'aurais besoin de toute ma force: je me fis un front de marbre, et je résolus de ne me laisser émouvoir par rien.

En traversant le corridor, je vis la place de la lutte: une petite glace était cassée par la balle du pistolet, le tapis avait conservé une large tache de sang; elle se trouvait sur mon chemin, je ne cherchai point à l'éviter, je marchai dessus comme si j'ignorais ce que c'était.

On me fit entrer dans la chambre de Lena: le cadavre était couché sur le lit, la figure et la poitrine découvertes; une dernière convulsion de rage crispait sa figure; sa poitrine était traversée par la blessure qui l'avait tué. Je m'approchai du lit d'un pas ferme; on renouvela l'interrogatoire, je ne m'écartai en rien de mes premières réponses. On fit venir Lena.

Elle s'approcha pâle, mais calme; deux grosses larmes silencieuses roulaient sur ses joues, et pouvaient aussi bien venir de la douleur qu'elle éprouvait d'avoir perdu son mari, que de la situation où elle voyait son amant.

— Que me voulez-vous encore? dit-elle; je vous ai déjà dit que je ne sais rien, que je n'ai rien vu; j'étais couchée, j'ai entendu du bruit dans le corridor, j'ai couru; j'ai entendu mon mari crier à l'assassin. Voilà tout.

On fit monter l'Épirote, et on nous confronta avec lui. Lena dit qu'elle ne le connaissait point. Je répondis que je ne me rappelais pas l'avoir jamais vu.

Je n'avais donc réellement contre moi que la déclaration du mort. Le procès se poursuivit avec activité: le juge accomplissait son devoir en homme qui veut absolument avoir une tête. A toute heure du jour et de la nuit, il entrait dans mon cachot pour me surprendre et m'interroger. Cela lui était d'autant plus facile, que mon cachot avait une porte qui donnait dans la chambre des condamnés, et qu'il avait la clef de cette porte; mais je tins bon, je niai constamment.

On mit dans ma prison un espion qui se présenta comme un compagnon d'infortune, et qui m'avoua tout. Comme moi il avait tué un homme, et comme moi il attendait son jugement. Je plaignis le sort qui lui était réservé, mais je lui dis que, quant à moi, j'étais parfaitement tranquille, étant innocent. L'espion, un matin, passa dans un autre cachot.

Cependant, à l'accusation du mort, à la déposition de l'Épirote, s'était jointe une circonstance terrible: on avait retrouvé dans le jardin la trace de mes pas; on avait mesuré la semelle de mes bottes avec les empreintes laissées, et l'on avait reconnu que les unes s'adaptaient parfaitement aux autres. Quelques-uns de mes cheveux aussi étaient restés dans la main du moribond: ces cheveux, comparés aux miens, ne laissaient aucun doute sur l'identité.

Mon avocat prouva clairement que j'étais innocent, mais le

juge prouva plus clairement que j'étais coupable, et je fus condamné à mort.

J'écoutai l'arrêt sans sourciller ; quelques murmures se firent entendre dans l'auditoire. Je vis que beaucoup doutaient de la justice de la condamnation. J'étendis la main vers le Christ :

— Les hommes peuvent me condamner, m'écriai-je ; mais voilà celui qui m'a déjà absous.

— Vous avez fait cela, mon fils, s'écria fra Girolamo, qui n'avait pas sourcillé à l'assassinat, mais qui frissonnait au blasphème.

— Ce n'était pas pour moi, mon père, c'était pour Lena. Je n'avais pas peur de la mort ; et vous le verrez bien, puisque vous allez me voir mourir ; mais ma condamnation la déshonorait, mon supplice en faisait une femme perdue. Puis, je ne sais quelle vague espérance me criait au fond du cœur que je sortirais de tout cela. D'ailleurs, en vous avouant tout comme je le fais, à vous et au capitaine, est-ce que Dieu ne me pardonnera pas, mon père ? Vous m'avez dit qu'il me pardonnerait ! Mentiez-vous aussi, vous ?

Fra Girolamo ne répondit au moribond que par une prière mentale. Gaëtano regardait en pâlissant ce moine qui s'agenouillait sur les péchés d'autrui, et je vis la fièvre de ses yeux qui commençait à s'éteindre ; il sentit lui-même qu'il faiblissait.

— Encore une cuillerée de cet élixir, capitaine, dit-il. Et vous, mon père, écoutez-moi d'abord ; nous n'avons pas de temps à perdre : vous prierez après.

Je lui fis avaler une gorgée de l'élixir, qui produisit le même effet que la première fois. Je vis reparaître le sang sur ses joues, et ses yeux brillèrent de nouveau.

— Où en étions-nous ? demanda Gaëtano.

— Vous veniez d'être condamné, lui dis-je.

— Oui. On me conduisit dans mon cachot ; trois jours me restaient : trois jours séparent, comme vous savez, la condamnation du supplice.

Le premier jour, le greffier vint me lire l'arrêt, et me pressa d'avouer mon crime, m'assurant que, comme il y avait des circonstances atténuantes, peut-être obtiendrais-je une commutation de peine. Je lui répondis que je ne pouvais avouer un crime que je n'avais pas commis, et je vis qu'il sortait du cachot, ébranlé lui-même de la fermeté de mes dénégations.

Le lendemain ce fut le tour du confesseur. C'était un crime plus grand que le premier peut-être, mais je niai tout, même au confesseur. — Fra Girolamo fit un mouvement. — Mon père, reprit Gaëtano, Lena m'avait toujours dit que, si je mourais avant elle, elle entrerait dans un couvent et prierait pour moi pendant tout le reste de sa vie. Je comptais sur ses prières.

Le confesseur sortit convaincu que je n'étais pas coupable, et sa bouche, en me donnant le baiser de paix, laissa échapper le mot martyr. Je lui demandai si je ne le reverrais pas, il promit de revenir passer avec moi la journée et la nuit du lendemain.

A quatre heures du soir, la porte de ma prison, celle qui donnait dans la chapelle des condamnés, s'ouvrit, et je vis paraître le juge.

— Eh bien ! lui dis-je en l'apercevant, êtes-vous enfin convaincu que vous avez condamné un innocent ?

— Non, me répondit-il ; je sais que vous êtes coupable ; mais je viens pour vous sauver.

Je présumai que c'était quelque nouvelle ruse pour m'arracher mon secret, et je le pris à rire dédaigneusement.

Le juge s'avança vers moi, et me tendit un papier ; je lus :

« Crois à tout ce que te dira le juge, et fais tout ce qu'il t'ordonnera de faire.

» TA LENA. »

— Vous lui avez arraché ce billet par quelque ruse infâme ou par quelque atroce torture, répondis-je en secouant la tête. Lena n'a point écrit ces paroles volontairement.

— Lena a écrit ces paroles librement ; Lena est venue me trouver ; Lena a obtenu de moi que je te sauvasse, et je viens te sauver. Veux-tu m'obéir et vivre ? veux-tu t'obstiner et mourir ?

— Eh bien ! que faut-il faire ? repris-je.

— Ecoute, dit le juge en se rapprochant de moi et en me parlant d'une voix si basse, qu'à peine je pouvais l'entendre ; suis aveuglément les instructions que je vais te donner ; ne réfléchis pas, obéis, et ta vie est sauvée, et l'honneur de ta maîtresse est sauvé.

— Parlez.

Il détacha mes fers.

— Voici un poignard, prends-le ; sors par cette porte, dont j'ai seul la clef ; cours au café le plus proche ; laisse-toi hardiment reconnaître par tous ceux qui seront là ; enfonce ton couteau dans la poitrine du premier venu ; laisse-le dans la blessure ; fuis, et reviens. Je t'attends ici, et Lena, enfermée chez moi, me répond de ton retour.

Je compris tout. Mes cheveux se dressèrent sur ma tête, je sentis une sueur froide poindre à leur racine et ruisseler sur mon visage. Le juge, cet homme nommé par la loi pour protéger la société, s'était laissé séduire à prix d'argent, et n'avait rien trouvé de mieux que de m'absoudre d'un premier meurtre par un second.

Un instant j'hésitai : mais je pensai à la liberté, à Lena, au bonheur. Je lui pris le couteau des mains, je sortis comme un fou, je courus au café Grec ; il était plein de gens de ma connaissance : il n'y avait que vous dont la figure me fût étrangère, capitaine. J'allai à vous, je vous frappai. Selon les instructions du juge, je laissai le couteau dans la blessure, et je m'enfuis. Quelques secondes après, j'étais rentré dans mon cachot ; le juge rattacha mes fers, referma la porte de la prison, et disparut. Dix minutes avaient suffi pour ce terrible drame. J'aurais cru avoir fait un rêve, si je n'avais vu ma main pleine de sang. Je la frottai contre la terre humide du cachot ; le sang disparut, et j'attendis.

Le reste de la journée et de la nuit s'écoulèrent sans que, comme vous le comprenez bien, je fermasse l'œil un seul instant. Je vis le jour s'éteindre et le jour revenir, ce jour qui devait être mon dernier jour. J'entendis l'horloge de la chapelle sonner les quarts d'heures, les demi-heures, les heures. Enfin, à six heures du matin, au moment où je songeais que j'avais juste encore vingt-quatre heures à vivre, la porte s'ouvrit, et je vis entrer le confesseur.

— Mon fils, me dit le brave homme en entrant vivement dans mon cachot, ayez bon espoir, car je viens vous apporter une étrange nouvelle. Hier, à quatre heures du soir, un homme mis comme vous, de votre âge, de votre taille, et vous ressemblant tellement que chacun l'a pris pour vous, a commis un assassinat, au café Grec, sur un capitaine sicilien, et a fui sans qu'on pût l'arrêter.

— Eh bien ! repris-je, comme si j'ignorais le parti que le juge pourrait tirer du fait, mon père, je ne vois là qu'un meurtre de plus, et je ne comprends pas comment ce meurtre peut m'être utile.

— Vous ne comprenez pas, mon fils, que tout le monde est convaincu maintenant que ce n'est pas vous qui avez assassiné Morelli ? que vous êtes victime de votre ressemblance avec son meurtrier, et que déjà le juge a ordonné de surseoir à votre exécution ?

— Dieu soit loué ! répondis-je ; mais j'aurais préféré que mon innocence fût reconnue par un autre moyen.

Toute cette journée se passa en interrogatoires nouveaux. Je n'avais qu'une chose à répondre ; c'est que je n'avais pas quitté mon cachot. Mes gardiens le savaient mieux que personne. Le confesseur déposa m'avoir quitté à quatre heures moins quelques minutes ; le geôlier affirma n'avoir pas même détaché mes fers. Le juge me quitta le soir, avouant devant tous ceux qui étaient là qu'il devait y avoir dans cette événement quelque fatale méprise, et déclarant que son impartialité ne lui permettait pas de laisser exécuter le jugement.

Le lendemain, on vint me chercher pour me confronter avec vous. Vous vous rappelez cette scène, capitaine ? Vous me reconnûtes : rien ne pouvait m'être plus favorable que l'assurance avec laquelle vous affirmiez que c'était moi qui vous avais frappé. Plus votre déposition me chargeait, plus elle me faisait innocent.

Cependant on ne pouvait me mettre en liberté ainsi ; il fallait une nouvelle enquête, et quoiqu'il fût pressé chaque jour par Lena, chaque jour le juge hésitait à la faire. L'important, disait-il, était que je vécusse ; le reste viendrait à son temps.

Une année s'écoula ainsi, une année éternelle. Au bout de cette année, le juge tomba malade, et le bruit se répandit bientôt que sa maladie était mortelle.

Lena alla le trouver au lit d'agonie, et lui demanda impérieusement ma liberté. Le juge voulut encore éluder sa promesse. Lena le menaça de tout révéler. Il avait un fils pour lequel il sollicitait la survivance de sa place ; il eut peur, il donna à Lena la clef de la chapelle.

Au milieu de la nuit je la vis paraître. Je crus que c'était un rêve ; depuis un an je ne l'avais pas vue. La réalité faillit me tuer de joie.

Elle me dit tout en deux mots, et comment nous n'avions pas un instant à perdre ; puis elle marcha devant moi, et je la suivis, elle me conduisit chez elle. Je repassai par le corridor où j'avais vu une tache de sang, je rentrai dans cette chambre où j'avais été confronté avec le cadavre. Le lendemain, elle me cacha toute la journée dans l'oratoire où était la madone du Pérugin. Les domestiques allèrent et vinrent comme d'habitude dans la maison, et nul ne se douta de rien. Lena passa une partie de la journée avec moi ; mais comme elle avait habitude de s'enfermer dans son oratoire, et qu'elle se retirait là ordinairement pour prier, personne n'eut le plus petit soupçon.

Le soir venu, elle me quitta ; vers les dix heures je la vis rentrer.

— Tout est arrangé, me dit-elle, j'ai trouvé un patron de barque qui se charge de te conduire en Sicile. Je ne puis partir avec toi ; en nous voyant disparaître à la fois, ce que nous avons pris tant de peine à cacher serait révélé aux yeux de tous. Pars le premier ; dans quinze jours je serai à Messine. Ma tante est supérieure aux Carmélites, tu me retrouveras dans son couvent.

J'insistai pour qu'elle partît avec moi, j'avais je ne sais quel pressentiment. Cependant elle insista avec tant de fermeté, m'assura avec des promesses si solennelles qu'avant trois semaines nous serions réunis, que je cédai.

Il faisait nuit sombre ; nous sortîmes sans être vus, et nous nous acheminâmes vers la pointe Saint-Jean. Là, selon la promesse qu'on lui avait faite, une chaloupe vint la prendre. Nous nous embrassâmes encore. Je ne pouvais la quitter, je voulais l'emporter avec moi, je pleurais comme un enfant. Quelque chose me disait que je ne la reverrais plus ; c'était la vengeance divine qui me parlait ainsi.

Je m'embarquai sur votre bâtiment ; mais, comme vous le comprenez bien, je ne pouvais dormir. Je sortis de la cabine pour prendre l'air sur le pont, et je vous rencontrai.

A partir de ce moment vous savez tout. J'ai mieux aimé me battre que de vous faire alors l'aveu que je vous fais maintenant, vous auriez cru que je faisais cet aveu parce que j'avais peur, et puis, cet aveu fait, vous aviez mon secret, c'est-à-dire ma vie. Je ne risquais pas davantage en acceptant le duel que vous me proposiez. Dieu vous a choisi pour l'exécuteur de sa justice. Il n'a pas voulu qu'une fois adultère et deux fois assassin, je jouisse en paix de l'impunité légale que ma maîtresse avait achetée pour moi à prix d'or. Venez ici, capitaine, voici ma main. Pardonnez-moi comme je vous pardonne.

Il me donna la main et s'évanouit.

Je lui fis avaler deux autres cuillerées d'élixir, et il rouvrit les yeux, mais avec le délire. A partir de ce moment, il ne prononça plus que des paroles sans suite entremêlées de prières et de blasphèmes, et le soir à neuf heures il expira, laissant à Girolamo la lettre destinée à Lena Morelli.

— Et qu'est devenue cette jeune femme? demandai-je au capitaine.

— Elle n'a survécu que trois ans à Gaëtano Sferra, me répondit-il, et elle est morte religieuse au couvent des Carmélites de Messine.

— Et combien y a-t-il de temps, demandai-je au capitaine, que cet événement a eu lieu ?

— Il y a... dit le capitaine en cherchant dans sa mémoire.

— Il y a aujourd'hui neuf ans, jour pour jour, répondit Pietro.

— Aussi, ajouta le pilote, voilà notre tempête qui nous arrive.

— Comment, notre tempête ?

— Oui. Je ne sais comment cela s'est fait, dit Pietro ; mais depuis ce temps-là, toutes les fois que nous sommes en mer l'anniversaire de ce jour-là, nous avons eu un temps de chien.

— C'est juste, dit le capitaine en regardant un gros nuage noir qui s'avançait vers nous venant du midi ; c'est pardieu vrai ! Nous n'aurions dû partir de Naples que demain.

L'ANNIVERSAIRE.

Pendant le récit que nous venions d'entendre, le temps s'était pris peu à peu, et le ciel paraissait couvert comme d'une immense tenture grise sur laquelle se détachait par une teinte brune plus foncée le nuage qui avait attiré l'attention du capitaine. De temps en temps de légères bouffées de vent passaient, et l'on avait ouvert notre grande voile pour en profiter, car le vent, venant de l'est, eût été excellent pour nous conduire à Palerme s'il avait pu se régler. Mais bientôt, soit que ces bouffées cessassent d'être fixes, soit que déjà les premières haleines d'un vent contraire nous arrivassent de Sicile, la voile commença à battre contre le mât, de telle façon, que le pilote ordonna de la carguer. Lorsque le temps menaçait, le capitaine résignait aussitôt, je crois l'avoir dit, ses pouvoirs entre les mains du vieux Nunzio, et redevenait lui-même le premier et le plus docile des matelots. Aussi, à l'injonction faite par le pilote de débarrasser le pont, le capitaine fut-il le plus actif à enterrer notre table, et à aider Jadin à rentrer dans sa cabine son tabouret et ses cartons. Du reste, le portrait était fini, et de la plus exacte ressemblance, ce qui avait combattu chez le capitaine par un sentiment de plaisir l'impression douloureuse que lui avait causée le souvenir du sujet auquel nous l'avions forcé de s'arrêter.

Cependant le temps se couvrait de plus en plus, et l'atmosphère offrait tous les signes d'une tempête prochaine. Sans qu'ils eussent été prévenus le moins du monde du danger qui nous menaçait, nos matelots, pour qui l'heure de dormir était venue, s'étaient réveillés comme par instinct, et sortaient les uns après les autres, et le nez en l'air, par l'écoutille de l'avant ; puis ils se rangeaient silencieusement sur le pont, clignant de l'œil, et faisant un signe de tête qui voulait certainement dire : — Bon, ça chauffe ; — puis, toujours silencieux, les uns retroussaient leurs manches, les autres jetaient bas leurs chemises. Filippo seul était assis sur le rebord de l'écoutille, les jambes pendantes dans l'entrepont, la tête appuyée sur sa main, regardant le ciel avec sa figure impassible, et sifflotant par habitude l'air de la tarentelle. Mais, cette fois, Pietro était sourd à l'air provocateur, et il paraît même que cette mélodie monotone parut quelque peu intempestive au vieux Nunzio ; car, montant sur le bastingage du bâtiment contre lequel se tenait le timon du gouvernail, il passa le tête par-dessus la cabine, et s'adressant à l'équipage comme s'il ne voyait pas le musicien :

— Avec la permission de ces messieurs, dit-il en ôtant son bonnet, qui est-ce donc qui siffle ici ?

— Je crois que c'est moi, vieux, répondit Filippo ; mais c'est sans y faire attention, en vérité de Dieu !

— A la bonne heure ! dit Nunzio, et il disparut derrière la cabine. Filippo se tut.

La mer, quoique calme encore, changeait déjà visiblement de couleur. De bleu d'azur qu'elle était une heure auparavant, elle devenait gris de cendres. Sur son miroir terne venaient éclore de larges bulles d'air qui semblaient monter des profondeurs de l'eau à la surface. De temps en temps ces légères rafales que les marins appellent des pattes de chat, égratignaient sa nappe sombre, et laissaient briller trois ou quatre raies d'écume, comme si une main invisible l'eût battue d'un coup de verges. Notre speronare, qui n'avait plus de vent, et que nos matelots ne poussaient plus à la rame, était sinon immobile, du moins stationnaire, et roulait balancé par une large houle qui commençait à se faire sentir ; il y eut alors un quart d'heure de silence d'autant plus solennel, que la brume qui s'étendait autour de nous nous avait peu à peu dérobé toute terre, et que nous nous trouvions sur le point de faire face à une tempête qui s'annonçait sérieusement, non pas avec un vaisseau, mais avec une véritable barque de pêcheurs. Je regardais nos hommes, ils étaient tous sur le pont, prêts à la manœuvre et calmes, mais de ce calme qui naît de la résolution et non de la sécurité.

— Capitaine, dis-je au patron en m'approchant de lui, n'oubliez pas que nous sommes des hommes ; et si le danger devient réel, dites-nous-le.

— Soyez tranquille, répondit le capitaine.

— Eh bien ! ce pauvre Milord ! dit Jadin en donnant à son boule-dogue une claque d'amitié qui aurait tué un chien ordinaire ; nous allons donc voir une petite tempête : ça vous fera-t-il plaisir, hein ?

Milord répondit par un hurlement sourd et prolongé, qui prouva qu'il n'était pas tout à fait indifférent à la scène qui se passait, et qu'instinctivement lui aussi pressentait le danger.

— Le mistral ! cria le pilote en levant sa tête au-dessus de la cabine.

Aussitôt chacun tourna ses yeux vers l'arrière : on voyait pour ainsi dire venir le vent ; une ligne d'écume courait devant lui, et derrière cette ligne d'écume on voyait la mer qui commençait à s'élever en vagues. Les matelots s'élancèrent, les uns au beaupré et les autres au petit mât du milieu, et déployèrent la voile de foc, et une voile triangulaire dont j'ignore le nom, mais qui me parut correspondre à la voile du grand hunier d'un vaisseau. Pendant ce temps le mistral arrivait sur nous comme un cheval de course, précédé d'un sifflement qui n'était pas sans quelque majesté. Nous le sentîmes passer : presque aussitôt notre petite barque frémit, ses voiles se gonflèrent et elles allaient rompre ; le bâtiment enfonça sa proue dans la mer, la creusant comme un vaste soc de charrue, et nous nous sentîmes emportés comme une plume au vent.

— Mais, dis-je au capitaine, il me semble que dans les gros temps, au lieu de donner prise à la tempête, comme nous le faisons, on abaisse toutes les voiles. D'où vient que nous n'agissons pas comme on agit d'habitude ?

— Oh ! nous n'en sommes pas encore là, me répondit le capitaine ; le vent qui souffle maintenant est bon, et si nous l'avions seulement pendant douze heures, à la treizième nous ne serions pas loin, je ne dis pas de Palerme, mais de Messine. Tenez-vous beaucoup à aller à Palerme plutôt qu'à Messine ?

— Non, je tiens à aller en Sicile, voilà tout. Et vous dites donc que le vent que nous avons à cette heure est bon ?

— Excellent ; mais c'est que par malheur il a un ennemi mortel, c'est le sirocco, et que comme le sirocco vient du sud-est et le mistral du nord-ouest, quand ils vont se rencontrer tout à l'heure, ça va être une jolie bataille. En attendant, il faut toujours profiter de celui que Dieu nous envoie pour faire le plus de chemin possible.

En effet, notre speronare allait comme une flèche, faisant voler sur ses deux flancs de larges flocons d'écume ; le temps s'assombrissait de plus en plus, les nuages semblaient se détacher du ciel et s'abaisser sur la mer, de larges gouttes de pluie commençaient à tomber.

Nous fîmes ainsi, en moins d'une heure, huit à dix milles à peu près ; puis la pluie devint si violente, que, quelque envie que nous eussions de rester sur le pont, nous fûmes forcés de rentrer dans la cabine. En repassant près de l'écoutille de l'arrière, nous aperçûmes notre cuisinier qui roulait au milieu d'une douzaine de tonneaux ou de barriques, aussi parfaitement insensible que s'il était mort. Depuis le moment où nous avions mis le pied à bord, le mal de mer l'avait pris, et nous n'avions pu, à l'heure des repas, en tirer autre chose que des plaintes déchirantes sur le malheur qu'il avait eu de s'embarquer.

Nous rentrâmes dans la cabine, et nous nous jetâmes sur nos matelas. Milord, devenu doux comme un agneau, suivait son maître la queue et la tête entre les jambes. A peine étions-nous dans la cabine, que nous entendîmes un grand remue-ménage sur le pont, et que les mots : *Burrasca ! burrasca !* prononcés à haute voix par le pilote, attirèrent notre attention. Au même moment, notre petit bâtiment se mit à danser de si étrange sorte, que je compris que le sirocco et le mistral s'étaient enfin rejoints, et que ces deux vieux ennemis se battaient sur notre dos. En même temps, le tonnerre se mit de la partie, et nous entendîmes ses roulements au-dessus du tapage infernal que faisaient les vagues, le vent et nos hommes. Tout à coup, et au-dessus du bruit de nos hommes, du vent, des vagues et du tonnerre, nous entendîmes la voix du pilote criant, avec cet accent qui veut l'obéissance immédiate : *Tutto a basso !* Tout à bas.

Le pont retentit des pas de nos matelots et de leurs cris pour s'exciter l'un l'autre ; mais, malgré cette bonne volonté qu'ils montraient, le speronare s'inclina tellement à bâbord, que, ne pouvant me maintenir sur une pente de 40 à 45 degrés, je roulai sur Jadin ; nous comprîmes alors qu'il se passait quelque chose d'insolite, et nous nous précipitâmes vers la porte de la cabine ; une vague, qui venait pour y entrer comme nous allions pour en sortir, nous confirma dans notre opinion ; nous nous accrochâmes à la porte, et nous nous maintînmes malgré la secousse. Quoiqu'il ne fût que cinq à six heures du soir à peu près, on ne voyait absolument rien, tant la nuit était noire, et tant la pluie était épaisse. Nous appelâmes le capitaine pour savoir ce qui se passait ; on nous répondit par des cris confus ; en même temps un roulement de tonnerre effroyable se fit entendre, le ciel parut s'enflammer et se fendre, et nous vîmes tous nos hommes, depuis le capitaine jusqu'aux mousses, occupés à tirer la grande voile dont les cordes mouillées ne voulaient pas rouler dans les poulies. Pendant ce temps, le bâtiment s'inclinait toujours davantage ; nous marchions littéralement sur le flanc, et le bout de la vergue trempait dans la mer.

— Tout à bas ! Tout à bas ! continuait de crier le pilote, d'une voix qui indiquait qu'il n'y avait pas de temps à perdre. — Tout à bas, au nom de Dieu !

— Taillez ! coupez ! criait le capitaine. Il y a de la toile à Messine, pardieu !

En ce moment nous vîmes pour ainsi dire voler un homme au-dessus de notre tête ; cet homme, ou plutôt cette ombre, sauta du toit de la cabine sur le bastingage, du bastingage sur la vergue. Au même instant on entendit le petit cri d'une corde qui se rompt. La voile, de tendue et de gonflée qu'elle était, devint flottante, et s'arracha elle-même aux liens qui la retenaient tout le long de la vergue : un instant encore arrêtée par le dernier lien, elle flotta comme un énorme étendard au bout de la vergue. Enfin ce dernier obstacle se rompit à son tour, et la voile disparut comme un nuage blanc emporté par le vent dans les profondeurs du ciel. Le speronare se releva. Tout l'équipage jeta un cri de joie.

Quant au pilote, il était déjà retourné à son poste et assis à son gouvernail.

— Ma foi ! dit le capitaine en s'approchant de nous, nous l'avons échappé belle, et j'ai cru un instant que nous allions tourner cap dessus cap dessous, et, sans le vieux qui s'est trouvé là à point nommé, je ne sais pas comment ça allait se passer.

— Dites donc, capitaine, demandai-je, il me semble qu'il

a bien mérité une bouteille de vin de Bordeaux : si nous la lui faisions monter?

— Demain, pas ce soir ; ce soir pas un seul verre, nous avons besoin qu'il ait toute sa tête, voyez-vous ; c'est Dieu qui nous pousse et c'est lui qui nous conduit.

Pietro s'approcha de nous.

— Que veux-tu ? lui demanda le capitaine.

— Moi, rien, capitaine, rien ; seulement, sans indiscrétion, est-ce que vous avez oublié de lui faire dire sa messe à cet animal-là ?

— Silence ! dit le capitaine ; ce qui devait être fait a été fait, soyez tranquille.

— Mais alors de quoi se plaint-il ?

— Tiens, Pietro, veux-tu que je te dise, reprit le capitaine, tant qu'il me restera un sou de son maudit argent, je crois que ce sera comme cela. Aussi, en arrivant à la Pace, je porte le reste à l'église des Jésuites, et je fais une fondation annuelle, parole d'honneur.

— Ils y tiennent, dit Jadin.

— Que diable voulez-vous, mon cher ? repris-je. Le moyen de ne pas être superstitieux, quand on se trouve sur une pareille coquille de noix, entre un ciel qui flambe, une mer qui rugit, et un tas de vents qui viennent on ne sait d'où. J'avoue que je suis comme le capitaine, tout prêt à faire dire aussi une messe pour l'âme de ce bon monsieur Gaëtano.

— Ne vous engagez pas trop, me dit Jadin, il me semble que voilà le calme qui revient.

En effet, il y avait en ce moment entre le sirocco et le mistral une espèce de trêve, de sorte que le bâtiment était redevenu un peu tranquille, quoiqu'il eût encore l'air de frémir comme un cheval effrayé. Le capitaine alors monta sur un banc, et par-dessus le toit de la cabine échangea quelques paroles avec le pilote.

— Oui, oui, dit celui-ci, il n'y aura pas de mal, quoique nous n'ayons pas pour bien longtemps à être tranquilles. Oui, cela nous fera toujours gagner un mille ou deux.

— Qu'allons-nous faire ? demandai-je.

— Profiter de ce moment de bonace pour marcher un peu à la rame. Ohé ! les enfans, continua-t-il, aux rames ! aux rames !

Les matelots s'élancèrent sur les avirons, qui s'allongèrent par-dessus les bastingages, comme les pattes de quelque animal gigantesque, et qui commencèrent à battre la mer.

Au premier coup, le chant habituel de nos matelots commença ; mais à cette heure, après le danger que nous venions de courir, il me sembla plus doux et plus mélancolique que d'habitude. Il faut avoir entendu cette mélodie en circonstance pareille, et dans une nuit semblable, pour se faire une idée de l'effet qu'elle produisait sur nous. Ces hommes qui chantaient ainsi entre le danger passé et le danger à venir, étaient une sainte et vivante image de la foi.

Cette trêve dura une demi-heure à peu près. Puis la pluie commença à retomber plus épaisse, le tonnerre à gronder plus fort, le ciel à s'ouvrir plus enflammé, et le cri déjà si connu : *La burrasca ! la burrasca !* retentit de nouveau derrière la cabine. Aussitôt les matelots tirèrent les avirons, les rangèrent le long du bord, et se tinrent de nouveau prêts à la manœuvre.

Nous eûmes alors une nouvelle répétition de la scène que j'ai racontée, moins l'épisode de la voile, plus un événement qui le remplaça avec un certain succès.

Nous étions au plus fort de la bourrasque, bondissant, virant, tournant au bon plaisir du vent et de la vague, lorsque tout à coup une tête monstrueuse, inconnue, fantastique apparut à l'écoutille de l'arrière, absolument de la manière dont sort un diable par une trappe de l'Opéra, et après avoir crié deux ou trois fois : *Aqua ! aqua ! aqua !* s'abîma de nouveau dans les profondeurs de la cale. Je crus reconnaître Giovanni.

Cette apparition n'avait pas été vue seulement de nous seuls, mais de tout l'équipage. Le capitaine dit deux mots à Pietro, qui, dis-je, passa à son tour par l'écoutille. Une seconde après il reparut avec une émotion visible, et s'approchant du capitaine :

— C'est vrai, murmura-t-il.

Le capitaine vint aussitôt à nous.

— Écoutez, dit-il, il paraît qu'il vient de se faire une voie d'eau dans la cale ; si la voie est forte, comme nous n'avons pas de pompes, nous sommes en danger : ne gardez donc, de tout ce que vous avez sur vous, que vos pantalons pour être plus à votre aise au cas où il vous faudrait sauter à la mer. Alors, saisissez une planche, un tonneau, une rame, la première chose venue. Nous sommes sur la grande route de Naples à Palerme, quelque bâtiment passera, et nous en serons quittes, je l'espère, pour un bain de douze ou quinze heures.

Et le capitaine, pensant que ces mots n'avaient pas besoin de commentaire, et que le danger réclamait sa présence, descendit à son tour dans l'écoutille, tandis que Jadin et moi nous rentrions dans la cabine, et, nous munissant chacun d'une ceinture contenant tout ce que nous avions d'or, nous mettions bas habits, gilets, bottes et chemises.

Lorsque nous reparûmes sur le pont dans notre costume de nageurs, chacun attendait silencieusement le retour du capitaine, et l'on voyait la tête du pilote qui dépassait le toit de la cabine, ce qui prouvait qu'il n'attachait pas moins d'importance que les autres à la nouvelle que le capitaine allait rapporter.

Il remonta en éclatant de rire.

La voie d'eau était tout bonnement occasionnée par un tonneau de glace que nous avions emporté de Naples, afin de boire frais tout le long de la route, et que nous avions mis au plus profond de la cale ; une secousse l'avait renversé, la glace avait fondu, et c'était cette eau gelée qui, envahissant le matelas de notre pauvre cuisinier, l'avait un instant tiré de sa torpeur, et lui avait fait pousser les cris qui avaient tant effrayé tout l'équipage.

Cette bourrasque passa comme la première. Un peu de calme reparut, et avec le calme le chant de nos matelots. Nous étions écrasés de fatigue, il devait être à peu près onze heures ou minuit. Nous n'avions rien pris depuis le matin, ce n'était pas le moment de parler de cuisine. Nous rentrâmes dans notre cabine, et nous nous jetâmes sur nos matelas. Je ne sais pas ce que devint Jadin ; mais, quant à moi, au bout de dix minutes j'étais endormi.

Je fus éveillé par le plus effroyable sabbat que j'eusse jamais entendu de ma vie. Tous nos matelots criaient en même temps, et couraient comme des fous de l'avant à l'arrière, passant sur le toit de la cabine qui craquait sous leurs pieds comme s'il allait se défoncer. Je voulus sortir, mais le mouvement était si violent que je ne pus tenir sur mes pieds, et que j'arrivai à la porte en roulant plutôt qu'en marchant ; là, je me cramponnai si bien que je parvins à me mettre debout.

— Que diable y a-t-il donc encore ? demandai-je à Jadin qui regardait tranquillement tout cela les mains dans ses poches, et en fumant sa pipe.

— Oh ! mon Dieu, me répondit-il, rien, ou presque rien ; c'est un vaisseau à trois ponts qui, sous prétexte qu'il ne nous voit pas, veut nous passer sur le corps, à ce qu'il paraît.

— Et où est-il ?

— Tenez, me dit Jadin en étendant la main à l'arrière, là, tenez.

En effet, je vis à l'instant même grandir, du milieu de la mer où il semblait plongé, le géant marin qui nous poursuivait. Il monta au plus haut d'une vague, de sorte qu'il nous dominait, comme de sa montagne un vieux château domine la plaine. Presqu'au même instant, par un jeu de bascule immense, nous montâmes et lui descendit, au point que nous nous trouvâmes de niveau avec ses mâts de perroquet. Alors seulement il nous aperçut sans doute, car il fit à son tour un mouvement pour s'écarter à droite, tandis que nous faisions un mouvement pour nous écarter à gauche. Nous le vîmes passer comme un fantôme, et de son bord ces mots nous arrivèrent lancés par le porte-voix : — Bon voyage ! — Puis le vaisseau s'élança comme un cheval de course, s'enfonça dans l'obscurité, et disparut.

— C'est l'amiral Mollo, dit le capitaine, qui va sans doute à Palerme avec *le Ferdinand* ; ma foi ! il était temps qu'il nous vît ; sans cela nous passions un mauvais quart d'heure.

— Où donc sommes-nous maintenant, capitaine ?

— Oh ! nous avons fait du chemin, allez ! nous sommes au milieu des îles. Regardez de ce côté, et d'ici à cinq minutes vous verrez la flamme de Stromboli.

Je me tournai du côté indiqué, et, en effet, le temps fixé par le capitaine n'était pas écoulé, que je vis tout l'horizon se teindre d'une lueur rougeâtre, tandis que j'entendais un bruit assez pareil à celui que ferait une batterie de dix ou douze pièces de canon éclatant les unes après les autres. C'était le volcan de Stromboli.

Ce fut pour nous un phare, et il pouvait nous indiquer avec quelle rapidité nous marchions. La première fois que je l'avais entendu, il était à l'avant du bâtiment, bientôt nous l'eûmes à notre droite, bientôt enfin derrière nous. Sur ces entrefaites, nous atteignîmes trois heures du matin, et le jour commença à se lever.

Je n'ai vu de ma vie plus splendide spectacle. Peu à peu la tempête avait cessé, quoique le mistral continuât toujours de se faire sentir. La mer était redevenue d'un bleu d'azur, et offrait l'image d'Alpes mouvantes, avec leurs vallées sombres, avec leurs montagnes nues et couronnées d'une écume blanche comme la neige. Notre speronare, léger comme la feuille, était balayé à cette surface, montant, descendant, remontant encore pour redescendre avec une rapidité effrayante, et en même temps avec une intelligence suprême. C'est que le vieux Nunzio n'avait pas quitté le gouvernail, c'est qu'au moment où quelqu'une de ces montagnes liquides se gonflait derrière nous, et se précipitait pour nous engloutir, d'un léger mouvement il jetait le speronare de côté, et nous sentions alors la montagne, momentanément affaissée, bouillonner au dessous de nous, puis nous prendre sur ses robustes épaules, nous élever à son plus haut sommet, de sorte qu'à deux ou trois lieues autour de nous nous revoyions tous ces pics et toutes ces vallées. Tout à coup la montagne s'affaissait en gémissant sous notre carène, nous redescendions précipités par un mouvement presque vertical, puis nous nous trouvions au fond d'une gorge, où nous ne voyions plus rien que de nouvelles vagues prêtes à nous engloutir, et qui, au contraire, comme si elles eussent été aux ordres de notre vieux pilote, nous reprenaient de nouveau sur leur dos frémissant pour nous reporter au ciel.

Deux ou trois heures se passèrent à contempler ce magnifique spectacle au milieu duquel nous cherchions toujours les côtes de la Sicile, dont nous devions cependant approcher, puisque nous venions de laisser derrière nous Lipari, l'ancienne Méliganis, et Stromboli, l'ancienne Strongyle ; mais devant nous un immense voile s'étendait comme si toute la vapeur de la mer s'était épaissie pour nous cacher les côtes de l'antique Trinacrie. Nous demandâmes alors au pilote si nous naviguions vers une île invisible, et s'il n'y avait pas espérance de voir tomber le nuage qui nous cachait la déesse. Nunzio se tourna vers l'ouest, étendit la main au dessus de sa tête, puis se tournant de notre côté :

— Est-ce que vous n'avez pas faim ? dit-il.

— Si fait, répondîmes-nous d'une seule voix. Il y avait vingt heures que nous n'avions mangé.

— Eh bien ! déjeunez, je vous promets la Sicile pour le dessert.

— Vent de Sardaigne ? demanda le patron.

— Oui, capitaine, répondit Nunzio.

— Alors nous serons à Messine aujourd'hui ?

— Ce soir, deux heures après l'*Ave Maria*.

— C'est sûr ? demandai-je.

— Aussi sûr que l'Évangile, dit Pietro en dressant notre table. Le vieux l'a dit.

Ce jour-là il n'y avait pas moyen de faire la pêche. En revanche on tordit le cou à deux ou trois poulets, on nous servit une douzaine d'œufs, on monta deux bouteilles de vin de Bordeaux, et nous invitâmes le capitaine à prendre sa part du déjeuner. Comme il avait grand-faim, il se fit moins prier que la veille. Au reste, quand je dis que Pietro mit la table, je parle métaphoriquement. La table, à peine dressée, avait été renversée, et nous étions forcés de manger debout en nous adossant à quelque appui, tandis que Giovanni et Pietro tenaient les plats. Le reste de l'équipage, entraîné par notre exemple, commença à en faire autant. Il n'y avait que le vieux Nunzio qui, toujours à son gouvernail, paraissait insensible à la fatigue, à la faim et à la soif.

— Dites donc, capitaine, demandai-je à notre convive, est-ce qu'il y aurait encore du danger à envoyer une bouteille de vin au pilote ?

— Hum ! dit le capitaine en regardant autour de lui, la mer est encore bien grosse, une vague est bientôt embarquée.

— Mais un verre, au moins ?

— Oh ! un verre, il n'y a pas d'inconvénient. Tiens, dit le capitaine à Peppino qui venait de reparaître, tiens, prends ce verre-là, et porte-le au vieux, sans en répandre, entends-tu ?

Peppino disparut dans la cabine, et un instant après nous vîmes au dessus du toit la tête du pilote qui s'essuyait la bouche avec sa manche, tandis que l'enfant rapportait le verre vide.

— Merci, excellences, dit Nunzio. Hum ! hum ! merci. Ça ne fait pas de mal, n'est-ce pas, Vicenzo ?

Une seconde tête apparut. — Le fait est qu'il est bon, dit Vicenzo en ôtant son bonnet, et il disparut.

— Comment ! ils sont deux ? demandai-je.

— Oh ! dans le gros temps ils ne se quittent jamais, ce sont de vieux amis.

— Alors un second verre ?

— Un second verre, soit ! mais ce sera le dernier.

Peppino porta à l'arrière notre seconde offrande, et nous vîmes bientôt une main qui tendait à Nunzio le verre scrupuleusement vidé jusqu'à la moitié. Nunzio ôta son bonnet, nous salua, et but.

— Maintenant, excellences, dit-il en rendant le verre vide à Vicenzo, je crois que si vous voulez vous retourner du côté de la Sicile, vous ne tarderez pas à voir quelque chose.

Effectivement, depuis quelques minutes nous commencions à sentir des bouffées de vent qui venaient du côté de la Sardaigne, et dont nous avions profité en ouvrant une petite voile latine qui se hissait au haut du mât placé à l'avant. Au premier souffle de ce vent, les vapeurs qui pesaient sur la mer se soulevèrent comme une fumée détachée de son foyer, puis découvrirent graduellement les côtes de Sicile et les montagnes de Calabre, qui semblèrent d'abord ne faire, depuis le cap Blanc jusqu'à la pointe du Pizzo, qu'un même continent dominé par la tête gigantesque de l'Etna. La terre fabuleuse et mythologique d'Ovide, de Théocrite et de Virgile, était enfin devant nos yeux, et notre navire, comme celui d'Énée, voguait vers elle à pleines voiles, non plus protégé par Neptune, l'antique dieu de la mer, mais sous les auspices de la madone, étoile moderne des matelots.

MESSINE-LA-NOBLE.

Nous approchions rapidement, dévorant des yeux l'horizon circulaire, qui s'ouvrait devant nous comme un vaste amphithéâtre. A midi, nous étions à la hauteur du cap Pelore, ainsi appelé du pilote d'Annibal. Le général africain fuyait en Asie les Romains qui l'avaient poursuivi en Afrique, lorsque arrivé au point où nous étions, et d'où il est impossible de distinguer le détroit, il se crut trahi et acculé dans une anse où les ennemis allaient le bloquer et le prendre. Annibal était l'homme des résolutions rapides et extrêmes ;

il regarda sa main : l'anneau empoisonné qu'il portait toujours n'avait pas quitté son doigt. Sûr alors d'échapper à la honte de l'esclavage par la rapidité de la mort, il voulut que celui qui l'avait trahi allât annoncer son arrivée à Pluton ; et sans lui accorder les deux heures qu'il demandait pour se justifier, il le fit jeter à la mer ; deux heures plus tard il s'aperçut de son erreur, et nomma du nom de sa victime le cap qui, en se prolongeant, lui avait dérobé la vue du détroit ; tardive expiation qui, consacrée par les historiens, s'est conservée jusqu'à nos jours.

De moment en moment, au reste, tous les accidens de la côte nous apparaissaient plus visibles ; les villages se détachaient en blanc sur le fond verdâtre du terrain ; nous commencions à apercevoir l'antique Scylla, ce monstre au buste de femme et à la ceinture entourée de chiens dévorans, si redoutée des anciens matelots, et que le divin Hélénus avait tant recommandé à Énée de fuir. Quant à nous, nous fûmes moins prudens qu'il ne l'était encore pour l'orage, avait besoin de s'arrêter lui-même un instant pour qu'on rajustât son antenne brisée et qu'on le couvrît de voiles neuves. On mit en panne pour que les matelots fissent plus tranquillement leur besogne. Je pris mon album et jetai mes notes ; Jadin prit son carton et se mit à croquer la côte. Deux ou trois heures se passèrent ainsi, rapides et occupées ; puis, chacun ayant fini son affaire, on remit le cap sur Messine, et le petit bâtiment fendit de nouveau la mer avec la rapidité d'un oiseau qui regagne son nid.

La journée s'était écoulée au milieu de tous ces soins, et le soir commençait à descendre. Nous nous approchions de Messine, et je me souvenais de la prophétie du pilote, qui nous avait annoncé que deux heures après l'*Ave Maria* nous serions arrivés à notre destination. Cela me rappela que depuis notre départ je n'avais vu aucun de nos matelots remplir ostensiblement les devoirs de la religion, que ces enfans de la mer regardent cependant comme sacrés. Il y avait plus : une petite croix de bois d'olivier incrustée de nacre, pareille à celles que fabriquent les moines du Saint-Sépulcre, et que les pèlerins rapportent de Jérusalem, avait disparu de notre cabine, et je l'avais retrouvée à la proue du bâtiment, au-dessous d'une image de la *Madone du pied de la grotte*, sous l'invocation de laquelle notre petit bâtiment était placée. Après m'être informé s'il y avait eu un motif particulier pour changer cette croix de place, et avoir appris que non, je l'avais reprise où elle était, et l'avais rapportée dans la cabine, où elle était restée depuis lors ; on a vu comment la madone, reconnaissante sans doute, nous avait protégés à l'heure du danger.

En ce moment je me retournai, et j'aperçus le capitaine près de nous.

— Capitaine, lui dis-je, il me semble que, sur tous les bâtimens napolitains, génois ou siciliens, lorsque vient l'heure de l'*Ave Maria*, on fait une prière commune : est-ce que ce n'est pas votre habitude à bord du speronare?

— Si fait, excellence, lui dit-il, reprit vivement le capitaine ; et s'il faut vous le dire, cela nous gêne même de ne pas la faire.

— Eh ! qui diable vous en empêche ?

— Excusez, excellence, reprit le capitaine ; mais comme nous conduisons souvent des Anglais qui sont protestans, des Grecs qui sont schismatiques, et des Français qui ne sont rien du tout, nous avons toujours peur de blesser la croyance ou d'exciter l'incrédulité de nos passagers, par la vue de pratiques religieuses qui ne seraient pas les leurs. Mais quand des passagers nous autorisent à agir chrétiennement, nous leur en avons une grande reconnaissance ; de sorte que, si vous le permettez...

— Comment donc, capitaine! je vous en prie ; et si vous voulez commencer tout de suite, il me semble que, comme il est près de huit heures...

Le capitaine regarda sa montre ; puis, voyant qu'il n'y avait effectivement pas de temps à perdre :

— L'*Ave Maria*, dit-il à haute voix.

A ces mots, chacun sortit des écoutilles, et s'élança sur le pont. Plus d'un sans doute avait déjà commencé mentalement la Salutation angélique, mais chacun s'interrompit aussitôt pour venir prendre sa part de la prière générale.

D'un bout à l'autre de l'Italie, cette prière, qui tombe à une heure solennelle, clôt la journée et ouvre la nuit. Le moment de crépuscule, plein de poésie partout, s'augmente encore sur la mer d'une sainteté infinie. Cette mystérieuse immensité de l'air et des flots, ce sentiment profond de la faiblesse humaine comparée au pouvoir omnipotent de Dieu, cette obscurité qui s'avance, et pendant laquelle le danger, présent toujours, va grandir encore, tout cela prédispose le cœur à une mélancolie religieuse, à une confiance sainte qui soulève l'âme sur les ailes de la foi. Ce soir-là surtout, le péril auquel nous venions d'échapper, et que nous rappelaient de temps en temps une vague houleuse ou des mugissemens lointains ; tout inspirait à l'équipage et à nous-mêmes un recueillement profond. Au moment où nous nous rassemblions sur le pont, la nuit commençait à s'épaissir à l'orient ; les montagnes de la Calabre et la pointe du cap de Pelore perdaient leur belle couleur bleue pour se confondre dans une teinte grisâtre qui semblait descendre du ciel comme s'il en fût tombé une fine pluie de cendres, tandis qu'à l'occident, un peu à droite de l'archipel de Lipari, dont les îles aux formes bizarres se détachaient avec vigueur sur un horizon de feu, le soleil élargi et barré de longues bandes violettes commençait à tremper le bord de son disque dans la mer Tyrrhénienne, qui, étincelante et mobile, semblait rouler des flots d'or fondu. En ce moment le pilote se leva derrière la cabine, prit dans ses bras le fils du capitaine qu'il posa à genoux sur l'estrade qu'il formait, et, abandonnant le gouvernail comme le bâtiment était suffisamment guidé par la prière, il soutint l'enfant afin que le roulis ne lui fît pas perdre l'équilibre. Ce groupe singulier se détacha aussitôt sur un fond doré, pareil à une peinture de Giovanni Fiesole, ou de Benozzo Gozzoli ; et d'une voix si faible, qu'elle arrivait à peine jusqu'à nous, et qui cependant venait de monter jusqu'à Dieu, commença à réciter la prière virginale que les matelots écoutaient à genoux, et nous inclinés.

Voilà de ces souvenirs pour lesquels le pinceau est inhabile et la plume insuffisante ; voilà de ces scènes qu'aucun récit ne peut rendre, qu'aucun tableau ne peut reproduire, parce que leur grandeur est tout entière dans le sentiment intime des acteurs qui l'accomplissent. Pour le lecteur de voyages ou l'amateur de marines, ce ne sera jamais qu'un enfant qui prie, des hommes qui répondent et un navire qui flotte ; mais pour quiconque aura assisté à une pareille vue, ce sera un de plus magnifiques spectacles qu'il aura vus, un des plus magnifiques souvenirs qu'il aura gardés ; ce sera la faiblesse qui prie, l'immensité qui regarde, et Dieu qui écoute.

La prière finie, chacun s'occupa de la manœuvre. Nous approchions de l'entrée du détroit ; après avoir côtoyé Scylla, nous allions affronter Charybde. Le phare venait de s'allumer au moment même où le soleil s'était éteint. Nous voyions, de minute en minute, éclore comme des étoiles les lumières de Solano, de Scylla et de San-Giovanni ; le vent, qui, selon la superstition des marins, avait suivi le soleil, nous était aussi favorable que possible, de sorte que, vers les neuf heures, nous doublâmes le phare et entrâmes dans le détroit. Une demi-heure après, comme l'avait prédit notre vieux pilote, nous passions sans accident sur Charybde, et nous jetions l'ancre devant le village *Della Pace*.

Il était trop tard pour prendre la patente, et nous ne pouvions descendre à terre sans avoir rempli cette formalité. La crainte du choléra avait rendu la surveillance des côtes très active : il ne s'agissait de rien moins que d'être pendu en cas de contravention : de sorte qu'arrivés à peine à cinquante pas de leurs familles, nos matelots ne pouvaient, après deux mois d'absence, embrasser ni leurs femmes ni leurs enfans. Cependant la vue du pays natal, notre heureuse arrivée malgré la tempête, le plaisir promis pour le lendemain, avaient chassé les souvenirs tristes, et presque aussitôt les cœurs naïfs de ces braves gens s'étaient ouverts à toutes les émotions joyeuses du retour. Aussi, à peine le speronare était-il à l'ancre et les voiles étaient-elles carguées, que le capitaine, qui l'avait fait arrêter juste en face de sa maison, et le plus près possible du rivage, poussa un cri de reconnaissance. Aussitôt la fenêtre s'ouvrit ; une femme parut ; deux mots furent échangés seulement à terre et à bord : Giuseppe ! Maria !

Au bout de cinq minutes le village était en révolution. Le bruit s'était répandu que le speronare était de retour, et les mères, les filles, les femmes et les fiancées, étaient accourues sur la plage, armées de torches. De son côté, tout l'équipage était sur le pont ; chacun s'appelait, se répondait ; c'étaient des questions, des demandes, des réponses qui se croisaient avec une telle rapidité et une telle confusion, que je ne comprenais pas comment chacun pouvait distinguer ce qui lui revenait en propre de ce qui était adressé à son voisin. Et cependant tout se démêlait avec une incroyable facilité ; chaque parole allait trouver le cœur auquel elle était adressée, et comme aucun accident n'avait attristé l'absence, la joie devint bientôt générale et se résuma dans Pietro, qui commença, accompagné par le sifflement de Filippo, à danser la tarentelle, tandis qu'à terre sa maîtresse, suivant son exemple, se mit à se trémousser de son côté. C'était bien la chose la plus originale que cette danse exécutée, moitié à bord, moitié sur le rivage. Enfin, les gens du village s'en mêlèrent ; l'équipage, de son côté, ne voulut pas demeurer en reste, et, à l'exception de Jadin et de moi, le ballet devint général. Il était en pleine activité, lorsque nous vîmes sortir du port de Messine une véritable flotte de barques portant toutes à leurs proues un foyer ardent. Une fois au-delà de la citadelle, elles s'étendirent en ligne sur un espace d'une demi-lieue à peu près, puis, rompant leurs rangs, elles se mirent à sillonner le détroit en tous sens, n'adoptant aucune direction, aucune allure régulière ; on eût dit des étoiles qui avaient perdu leur route et qui se croisaient en filant. Comme nous ne comprenions absolument rien à ces évolutions étranges, nous profitâmes d'un moment où Piètro épuisé reprenait des forces, assis les jambes croisées sur le pont, et nous l'appelâmes. Il se leva d'un seul bond et vint à nous.

— Eh bien ! Pietro, lui dis-je, nous voilà donc arrivés ?

— Comme vous voyez, excellence, à l'heure que le vieux a dite ; il ne s'est pas trompé de dix minutes.

— Et nous sommes content ?

— Un peu. On va revoir sa petite femme.

— Dites-nous donc, Pietro, repris-je, ce que c'est que toutes ces barques.

— Tiens, dit Pietro, qui ne les avait pas aperçues, tant ses yeux étaient attirés vers un autre côté ; tiens, la pêche au feu ! Au fait, c'est le bon moment. Voulez-vous la faire ?

— Mais certainement, m'écriai-je, me rappelant l'excellente partie de ce genre que nous avions faite sur les côtes de Marseille avec Méry, monsieur Morel et toute sa charmante famille ; est-ce qu'il y a moyen ?

— Sans doute ; il y a tout ce qu'il faut à bord pour cela.

— Eh bien ! deux piastres de bonne-main à partager entre le harponneur et les rameurs.

— Giovanni ! Filippo ! Ohé ! les autres, voilà du macaroni qui nous tombe du ciel.

Les deux matelots accoururent. Giovanni, comme on se le rappelle, était le harponneur en titre. Lorsque Pietro leur eut dit ce dont il s'agissait, il cria deux ou trois paroles explicatives à sa maîtresse, et disparut sous le pont.

En effet, à mesure que les barques se rapprochaient de nous, nous commencions à distinguer, tout couvert d'un reflet rougeâtre, et pareil à un forgeron près d'une forge, le harponneur, son arme à la main, et derrière lui, dans l'ombre, les rameurs pressant ou ralentissant le mouvement de leurs avirons, selon le commandement qu'ils recevaient. Presque toutes ces barques étaient montées par des jeunes gens et des jeunes femmes de Messine ; et, pendant le mois d'août et de septembre, le détroit illuminé *a giorno*, comme on dit en Italie, est tous les soirs témoin de ce singulier spectacle. De son côté, Reggio ouvre quotidiennement aussi son port à de pareilles expéditions, de sorte que, des côtes de la Sicile aux côtes de la Calabre, la mer est littéralement couverte de feux follets qui, vus du haut des montagnes bordant chaque rive, doivent former les évolutions les plus bizarres et les dessins les plus fantastiques qu'il soit possible d'imaginer.

Au bout de dix minutes, la chaloupe était prête et portait fièrement à sa proue un grand réchaud de fer dans lequel brûlaient des morceaux de bois résineux. Giovanni nous attendait armé de son harpon, et Pietro et Filippo leurs rames à la main. Nous descendîmes, et nous prîmes place le plus près possible de l'avant. Quant à Milord, comme nous nous rappelions la scène qu'en pareille circonstance il nous avait faite à Marseille, nous le laissâmes à bord.

Il n'y avait au reste aucune variété dans la manière de faire cette pêche. Les poissons, attirés par la lueur de notre feu, comme à la chasse des alouettes par le reflet du miroir, montaient du fond de la mer et venaient à la surface regarder avec une curiosité stupide cette flamme inaccoutumée. C'était ce moment de badauderie que saisissait Giovanni avec une admirable agilité et une adresse parfaite. Nous avions déjà cinq ou six pièces magnifiques, lorsque nous nous joignîmes à la flotte messinoise, et que nous nous perdîmes au milieu d'elle.

La merveilleuse chose que cette mer, qui, la veille, avait voulu nous engloutir dans des gouffres sans fond ; qui, à cette heure, nous berçait mollement sur son miroir uni ; qui, après un danger, nous offrait un plaisir, et qui feignait elle-même l'oubli, pour nous ôter, à nous, le souvenir ! Aussi, comme l'on comprend bien que les marins ne puissent se séparer longtemps de cette capricieuse maîtresse, qui finit presque toujours par les dévorer !

Nous errions depuis une demi-heure à peu près au milieu de ces cris de joie, de ces chants, de ces éclats de rire, de ces démonstrations bruyantes que prodiguent si volontiers les Italiens méridionaux, lorsque d'une barque sans foyer, sans harponneur, et qui venait à nous voilée et mystérieuse, nous entendîmes sortir une harmonie douce et tendre, et qui n'avait rien de commun avec les sons qui nous entouraient. Une voix de femme chantait en s'accompagnant d'une guitare, non plus la mélodieuse chanson sicilienne mais la naïve ballade allemande. Pour la première fois peut-être depuis la chute de la maison de Souabe, le pays habitué aux refrains vifs et gracieux du midi entendait le chant poétique du nord. Je reconnus les stances de Marguerite attendant Faust. D'une main, je fis signe aux rameurs de s'arrêter ; de l'autre, à Giovanni de suspendre son exercice, et nous écoutâmes. La barque s'approchait doucement de nous, nous apportant plus distincte, à chaque coup d'aviron, cette ballade allemande si célèbre par sa simplicité :

> Rien ne console
> De son adieu ;
> Je deviens folle,
> Mon Dieu ! mon Dieu

> Mon âme est vide,
> Mon cœur est sourd ;
> J'ai l'œil livide
> Et le front lourd.

> Ma pauvre tête
> Est à l'envers ;

Adieu la fête
De l'Univers !

En sa présence
Le monde est beau,
En son absence
C'est un tombeau.

A la fenêtre
Son œil distrait
Me voit paraître
Dès qu'il paraît.

Sa voix m'emporte
Dedans, dehors ;
Qu'il entre ou sorte,
J'entre ou je sors.

Joyeux ou sombre,
Selon sa loi
Je suis son ombre
Et non plus moi.

Et dans ma fièvre
Je crois parfois
Sentir sa lèvre,
Ouïr sa voix.

Et murmurante
De mots d'amour,
Pâle et mourante,
J'attends qu'un jour

Sa bouche en flamme
Vienne épuiser
Toute mon âme
Dans un baiser !

Rien ne console
De son adieu :
Oh ! je suis folle
Mon Dieu ! mon Dieu !

La barque passa près de nous, nous jetant cette suave émanation germanique. Je fermai les yeux, et je crus descendre encore le cours rapide du Rhin ; puis la mélodie s'éloigna. On avait fait silence pour la laisser passer ; une fois perdue dans le lointain, la bruyante hilarité italienne se ranima. Je rouvris les yeux, et je me retrouvai en Sicile, croyant avoir fait, comme Hoffmann, quelque songe fantastique. Le lendemain, le songe me fut expliqué, lorsque je vis sur l'affiche du théâtre de l'Opéra le nom de mademoiselle Schulz.

Cependant la nuit s'avançait, les barques devenaient de plus en plus rares. A chaque instant il en disparaissait quelques-unes derrière l'angle de la citadelle ; les lumières éparses sur la rive s'éteignaient elles-mêmes comme s'étaient éteintes les lumières errantes sur la mer. Nous commencions à sentir nous-mêmes toute la fatigue de la nuit et de la journée de la veille : nous reprîmes donc la route de notre bâtiment, et, lorsque nous y arrivâmes, nous pûmes voir, du haut du pont, le détroit entier rentré dans l'obscurité, depuis Reggio jusqu'à Messine, et tout s'éteindre, à l'exception du phare, qui, pareil au bon génie de ces parages, veille incessamment jusqu'au jour, une flamme au front.

Le lendemain nous nous éveillâmes avec le jour : ses premiers rayons nous montrèrent la reine du détroit, la seconde capitale de la Sicile, Messine la Noble, que sa situation merveilleuse, ses sept portes, ses cinq places, ses six fontaines, ses vingt-huit palais, ses quatre bibliothèques, ses deux théâtres, son port et son commerce, qui impriment le mouvement à une population de soixante-dix mille âmes, rendent, malgré la peste de 1742 et le terrible tremblement du terre de 1783, une des plus florissantes et des plus gracieuses cités du monde. Cependant, de l'endroit où nous étions, c'est-à-dire à vingt-cinq ou trente pas du rivage, en face du village Della Pace, nous ne pouvions avoir de cette vue qu'une idée imparfaite ; mais, dès que nous eûmes levé l'ancre et gagné le milieu du détroit, Messine nous apparut dans toute sa majesté.

Peu de situations sont pareilles à celle de Messine, porte puissante de deux mers, par laquelle on ne peut passer de l'une à l'autre que sous son bon plaisir royal. Adossée à des coteaux merveilleusement accidentés, couverts de figues d'Inde, de grenadiers et de lauriers-roses, elle a en face d'elle la Calabre. Derrière la ville se levait le soleil qui, à mesure qu'il montait sur l'horizon, coloriait le panorama qu'il éclairait des plus capricieuses couleurs. A la droite de Messine s'étend la mer d'Ionie, à sa gauche la mer Tyrrhénienne.

Nous continuions toujours d'avancer, sans plus de mouvement que si nous voguions sur un large fleuve ; et à mesure que nous avancions, Messine s'offrait à nous dans ses moindres détails, développant à nos yeux son quai magnifique, qui se recourbe comme une faulx jusqu'au milieu du détroit, et forme un port presque fermé. Cependant, au milieu de cette splendeur, une chose singulière donnait un aspect étrange à la ville : toutes les maisons de la Marine, c'est ainsi que l'on nomme le quai qui sert en même temps de promenade, étaient uniformes de hauteur et, comme les maisons de la rue de Rivoli, bâties sur un même modèle, mais inachevées et élevées de deux étages seulement. Les colonnes, coupées à moitié, sont veuves du troisième, qui semble avoir été d'un bout à l'autre de la rue enlevé par un coup de sabre. J'interrogeai alors Pietro, notre cicerone maritime. Il m'apprit que le tremblement de terre de 1783 ayant abattu toute la ville, les familles ruinées par cet accident ne faisaient rebâtir que ce qui leur était strictement nécessaire, et que peu à peu, d'ici à cinquante autres années, la rue s'achèverait. Je me contentai de cette réponse, qui me parut au reste assez plausible.

Notre bâtiment jeta l'ancre en face d'une fontaine d'un rococo magnifique, et représentant Neptune enchaînant Charybde et Scylla. En Sicile, tout est encore mythologique, et Ovide et Théocrite y sont regardés comme des novateurs.

A peine l'ancre avait-elle mordu, et les voiles étaient-elles abaissées, que nous reçûmes l'invitation de nous rendre à la douane, c'est-à-dire à la police. Je mettais déjà le pied sur l'échelle, afin de nous rendre dans la barque, lorsque je fus retenu par un cri lamentable ; c'était mon cuisinier napolitain, que j'avais complètement perdu de vue depuis son apparition pendant la tempête, et qui commençait à se dégourdir, comme une marmotte qui se réveille après l'hiver. Il sortait de l'écoutille tout chancelant, soutenu par deux de nos matelots, et regardant tout autour de lui d'un air hébété. Le pauvre garçon, quoique n'ayant ni bu ni mangé depuis notre départ, était parfaitement bouffi, et avait les yeux gonflés comme des œufs, et les lèvres grosses comme des saucisses. Cependant, malgré l'état déplorable où il était réduit, l'immobilité du bâtiment, qui déjà la veille avait amené un mieux sensible, venait de le rendre peu à peu à lui-même, de sorte qu'il se tenait debout ou à peu près, lorsque le bateau vint nous prendre pour nous conduire à terre. Voyant que j'allais y descendre sans lui, il avait compris alors que je l'oubliais, et avait rassemblé toutes ses forces pour jeter le cri lamentable qui m'avait fait retourner. J'avais trop de pitié dans le cœur pour abandonner le pauvre Cama dans une pareille situation, aussi je fis signe à la barque de l'attendre ; on l'y descendit en le soutenant par dessous les épaules ; enfin il y prit pied, mais ne pouvant encore supporter le mouvement de la mer, si calme et si inoffensif qu'il fût, il tomba à l'arrière, affaissé sur lui-même.

Arrivé à la douane, et au moment de paraître devant les autorités messinoises, une autre épreuve attendait le pauvre Cama. Il s'était tant pressé de partir en apprenant qu'il allait avoir pour maître un appréciateur de Roland, qu'il n'avait oublié qu'une chose, c'était de se munir d'un passeport. Je crus d'abord que j'allais sur ce point tout arranger à sa satisfaction. En effet, lorsque Guichard avait été prendre à l'ambassade de France le passeport avec lequel je voyageais, sachant que je comptais emmener un domestique en Sicile, il avait fait mettre sur son passeport : *Monsieur Guichard et son domestique* ; puis il était allé porter le susdit papier au visa napolitain. Là, par mesure de sûreté gouvernementale, on lui avait demandé le nom de ce domestique ; il aurait dit alors le premier qui lui était venu à l'esprit, de sorte qu'on avait ajouté à ces cinq mots, *Monsieur Guichard et son domestique*, ces deux autres mots : *nommé Bajocco*. J'offris donc à

Cama de s'appeler momentanément Bajocco, ce qui me paraissait un nom tout aussi respectable que le sien ; mais, à mon grand étonnement, il refusa avec indignation, disant qu'il n'avait jamais rougi de s'appeler comme son père, et que pour rien au monde il ne ferait l'affront à sa famille de voyager sous un nom supposé, et surtout sous un nom aussi hétéroclite que celui de Bajocco. J'insistai, il tint bon ; malheureusement, en touchant la terre ferme, ses forces lui étaient revenues comme à Antée, et avec ses forces son entêtement habituel. Nous étions donc au plus fort de la discussion, lorsqu'on vint nous prévenir qu'on nous attendait dans la chambre des visa. Peu sûr moi-même de la validité de mon passeport, je n'avais nullement envie encore de compliquer ma situation de celle de Cama ; je l'envoyai donc à tous les diables, et j'entrai.

Contre mon attente, l'examen, pour notre part, se passa sans encombre ; on me fit seulement observer que mon passeport ne portait pas de signalement : c'était une précaution qu'avait prise Guichard, son signalement s'accordant médiocrement avec le mien. Je répondis courtoisement à l'employé qu'il était libre de combler cette lacune ; ce qu'il fit effectivement. Puis cette formalité, qui mettait mon passeport parfaitement en règle, remplie à notre satisfaction à tous les deux, il nous donna à haute voix, à Jadin et à moi, l'autorisation de passer à terre. J'aurais bien voulu attendre encore un instant Cama, pour savoir comment il s'en tirerait ; mais comme, aux yeux de l'aimable gouvernement auquel nous avons affaire, tout est suspect, hâte et retard, je me contentai de le recommander au capitaine, et je sautai avec Jadin dans la barque, qui nous conduisit enfin sur le quai. Nous entrâmes aussitôt dans la ville par une porte percée dans les bâtimens du port.

Ce fut le 5 février 1785, une demi-heure environ après midi, que, par un jour sombre et sous un ciel chargé de nuages épais et de formes bizarres, les premiers signes du désastre dont Messine porte encore les traces se firent sentir. Les animaux, à qui tous les cataclysmes se révèlent par l'instinct avant d'arriver à l'homme, furent les premiers à donner les marques d'une frayeur dont on cherchait encore vainement les causes apparentes. Les oiseaux s'envolèrent des arbres où ils étaient perchés et des toits où ils s'abritaient, et commencèrent à décrire des cercles immenses, sans oser se reposer sur la terre ; les chiens furent pris d'un tremblement convulsif et hurlèrent tristement ; les bœufs, répandus dans la campagne, mugissaient et effrayés, se dispersèrent çà et là et comme poursuivis par un danger invisible. Dans ce moment, on entendit une détonation profonde, pareille à un tonnerre souterrain, qui dura trois minutes : c'était la grande voix de la nature qui criait à ses enfans de songer à la fuite ou de se préparer à la mort. Au même moment, les maisons commencèrent à trembler comme prises de fièvre, quelques-unes s'affaissèrent sur elles-mêmes, et de tous les points de la ville un nuage de poussière et de fumée monta vers le ciel, qu'il rendit plus sombre et plus menaçant encore ; puis un frémissement courut par toute la terre, pareil à celui d'une table chargée que l'on secouerait par les pieds, et une partie de la ville s'abîma. Toutes maisons restées debout vomirent à l'instant même leurs habitans par les portes et les fenêtres, tout ce qui n'avait pas été tué par la première secousse se sauva vers la grande place ; mais, avant que cette foule épouvantée y parvînt, un autre tremblement de terre se fit sentir, la poursuivant dans les rues, l'écrasant sous les débris des maisons, qui formèrent à l'instant même d'immenses barricades de décombres et de ruines, au haut desquelles on vit bientôt apparaître comme des spectres ceux qui, pour fuir, foulaient aux pieds ceux qui avaient été ensevelis. Les deux tiers de la ville étaient déjà abattus.

La grande place était couverte d'une foule immense, qui, tout éloignée qu'elle était des bâtimens, était loin cependant de se trouver à l'abri de tout danger. De seconde en seconde, des crevasses s'ouvraient, dévorant une maison, un palais, une rue, puis refermaient leurs gueules fumantes, comme des monstres rassasiés. Un de ces abîmes pouvait s'ouvrir sous les pieds des citoyens, et, comme ils engloutissaient les maisons, engloutir leurs habitans. Enfin la terre parut se calmer, comme fatiguée de son propre effort ; une pluie orageuse et pressée tomba de ce ciel épais et lourd ; la torpeur de la nature gagna les hommes ; tout parut s'engourdir dans l'extrême douleur : la nuit vint, nuit terrible, tempêtueuse, obscure, et pendant laquelle nul n'osa rentrer dans le peu de maisons qui restaient debout ; ceux qui avaient une voiture s'y couchèrent, les autres attendirent le jour dans les rues ou dans la campagne. A minuit, la terre, qui s'était momentanément calmée, recommença à frémir, puis à trembler, mais cette fois sans direction aucune ; si bien qu'il eût été difficile de dire laquelle était la plus agitée, d'elle ou de la mer. En ce moment, on vit un clocher détaché de sa base et emporté dans l'air, tandis que la coupole du dôme s'affaissait, et que le palais royal, les maisons de la Marine, douze couvens et cinq églises, étaient comme sapés à leurs bases et s'abîmaient du faîte aux fondemens. La durée des deux premiers tremblemens de terre avait été de quatre et de six secondes, la dernière fut de quinze.

Au milieu de cette désolation nocturne et obscure, certaines parties de la ville s'éclairèrent insensiblement, des sifflemens se firent entendre. Bientôt, au sommet des débris, on vit briller des flammes pareilles au dard d'un serpent enseveli qui tenterait de se tirer d'un monceau de ruines. Comme le cataclysme avait eu lieu à l'heure du dîner, dans presque toutes les maisons il y avait du feu dans les cheminées ou dans les cuisines ; c'était ce feu couvert de débris qui avait mordu aux poutres et aux lambris, avait d'abord couvé comme dans un fourneau souterrain, et qui demandait à sortir, trop comprimé dans sa fournaise. Vers les deux heures du matin, sur presque tous les points, la ville était en flammes. La journée du 6 fut une journée de triste et lugubre repos ; au jour, la terre redevint immobile. A peine quelques bâtimens restaient-ils debout de toute cette ville, florissante la veille. Les habitans commençaient à reprendre quelque espérance, non plus pour leurs maisons, mais pour leur vie, car ils avaient passé la nuit éclairés par l'incendie qui courait avec acharnement de ruines en ruines. Cependant chacun avait commencé à s'appeler, à se reconnaître, à faire une part de joie pour les vivans et de larmes pour les morts, lorsque le 7, vers les trois heures de l'après-midi, les secousses diminuèrent insensiblement, et, néanmoins, il leur fallut plus d'un an pour disparaître.

Cependant, depuis trois jours, personne n'avait mangé ; tous les magasins étaient détruits ; quelques bâtimens entrèrent dans le port, qui partagèrent leurs provisions avec les plus affamés. Bientôt les villes voisines vinrent au secours de leur sœur. La Calabre elle-même, malgré sa vieille haine, se montra ennemie généreuse, et envoya du pain, du vin, de l'huile. Le vice-roi expédia un officier de Palerme à Messine avec pleins pouvoirs pour faire le bien ; les chevaliers de Malte envoyèrent quatre galères, 60,000 écus, un chargement de lits et de médicamens, quatre chirurgiens pour panser les blessés, et sept cents esclaves d'Afrique pour rebâtir les maisons. Le gouvernement n'accepta de tout cela que quatre cents onces, les lits, les médicamens et les médecins, le tout pour l'hôpital. On construisit des baraques en bois pour les bâtimens d'absolue nécessité, et dont ne peut se passer un peuple, tels que les tribunaux, les collèges et les églises. Tous les droits sur le savon, l'huile et la soie, qui étaient le principal commerce de la ville, furent abolis. On distribua des aumônes aux plus pauvres, des consolations et des promesses soutinrent les autres. Peu à peu la crainte diminua avec la violence des secousses, quoique de temps en temps encore la terre continuât de frémir comme un être animé. Au bout de quinze jours on commença de fouiller les ruines, afin d'en tirer tout ce qui pouvait avoir échappé au double désastre ; mais le feu avait été si violent que les métaux avaient fondu ; l'or et l'argent monnayés furent retrouvés en lingots. Les plus riches étaient pauvres.

Voilà comment rien ou presque rien des anciens monumens qu'y élevèrent successivement les Grecs, les Sarrasins, les Normands et les Espagnols, n'existe à Messine. Les murailles de la cathédrale résistèrent cependant, quoique, comme nous l'avons dit, la coupole fût tombée. Le couvent des Franciscains, bâti en 1435 par Ferdinand le Magnifique, échappa miraculeusement au désastre. Deux fontaines aussi, l'une située sur la place du Dôme, l'autre sur le port, restèrent debout. La première, datant de 1347, avait été élevée en l'honneur de Zancle, le prétendu fondateur de Messine ; la deuxième, bâtie en 1558, et représentant, comme nous l'avons dit, Neptune enchaînant Charybde et Scylla. Toutes deux étaient sculptées par frère Giovanni Agnolo. Nous avions vu, en passant sur le port, la fontaine de Neptune ; nous nous acheminâmes vers la cathédrale.

La façade de ce monument, telle qu'on la voit aujourd'hui, est un singulier mélange des architectures différentes qui se sont succédées depuis le XIe siècle. La partie de la façade qui s'élève depuis le sol jusqu'à la hauteur des bas-côtés remonte à son fondateur, Roger II ; ses assises de marbre rouge, que séparent, ainsi qu'aux mosquées du Caire et d'Alexandrie, des lambeaux enrichis d'incrustations en marbres de différentes couleurs, portent l'empreinte du goût arabe modifié par le ciseau byzantin. Quant aux trois portes exécutées en marbre blanc, leurs contours se détachent harmonieusement sur les chaudes et riches parois qui leur servent de fond : celle du milieu, beaucoup plus élevée que les autres, porte les armes du roi d'Aragon, qui en fixe l'exécution à l'an 1330 à peu près.

A l'intérieur, comme presque toutes les églises de cette époque, la cathédrale est bâtie sur le plan de la basilique romaine. Les colonnes qui soutiennent la voûte sont de granit, inégales en hauteur, différentes en diamètre, et réunies entre elles par des arcades qui soutiennent des murs percés de croisées, et ensuite des combles dont les charpentes en relief sont encore peintes et dorées en certaines parties ; c'étaient les colonnes d'un temple de Neptune, jadis placées au Phare, et transportées à Messine lorsque la Sicile passa de la domination vagabonde des Sarrasins sous celle des pieux aventuriers normands. On les reconnaît au premier coup d'œil pour antiques, à leurs élégantes proportions, quoiqu'elles soient surmontées de chapiteaux grossiers, d'un dessin moitié mauresque, moitié byzantin. Quelques belles parties de mosaïque brillent encore à la voûte du chœur et dans les chapelles attenantes ; le reste fut détruit dans l'incendie de 1252.

En sortant de la cathédrale, nous nous trouvâmes en face de la fontaine du Dôme. Celle-ci, que je préfère infiniment à celle du port, est une de ces charmantes créations du VIe siècle, qui réunissent le sentiment gothique à la suavité grecque ; sur sa pointe la plus élevée est Zancle, fondateur de la ville, contemporain d'Orion et de tous les héros des époques fabuleuses. Derrière lui, un chien, symbole de la fidélité, a la tête et le regarde ; cette figure est soutenue par un groupe de trois amours adossés les uns aux autres, dont les pieds trempent dans une barque supportée elle-même par quatre femmes ravissantes de *morbidezza*, entre lesquelles des têtes de dauphins lancent des jets d'eau qui retombent dans une barque plus grande encore, et de là enfin, dans un bassin gardé par des lions, entouré par des dieux marins, et orné de sculptures représentant les principales scènes de la mythologie.

Les points principaux examinés, nous nous lançâmes au hasard dans la ville ; si modernes que soient les constructions et si médiocres architectes que soient les constructeurs, ils n'ont pu ôter à la situation ce quelle offrait d'accidenté et de grandiose. Deux choses qui me frappèrent entre toutes furent : la première, un escalier gigantesque qui conduit tout bonnement d'une rue à une autre, et qui semble un fragment de la Babel antique ; la seconde, le caractère étrange que donnent à toutes les maisons leurs balcons de fer uniformes, bombés, et chargés de plantes grimpantes qui en dissimulent les barreaux, et retombent le long des murs en longs festons que le vent fait gracieusement flotter. Pardon, j'en oublie une. A la porte d'un corps de garde de gendarmerie, je vis un brigadier qui, en chemise et le bonnet de police sur la tête, confectionnait une robe de tulle rose à

volans. Je m'arrêtai un instant devant lui, et émerveillé de la manière dont il jouait de l'aiguille, je pris des informations sur ce brave militaire. J'appris alors qu'à Messine l'état de couturière était en général exercé par des hommes ; mon brigadier cumulait : il était en même temps gendarme et tailleur pour femmes.

Il n'y a à Messine ni parc royal ni jardin public ; de sorte que chacun, le soir venu, se porte vers le quai de la Palazzata, plus vulgairement appelé la Marine, afin d'y respirer l'air de la mer. Le port est donc le rendez-vous de toute l'aristocratie messinoise, qui se promène à cheval ou en voiture depuis une porte jusqu'à l'autre, c'est-à-dire sur une longueur d'un quart de lieue.

Peut-être, si l'on pouvait franchir d'un seul bond la Méditerranée, et sauter du boulevard des Italiens sur le port de Messine, peut-être, dis-je, trouverait-on quelque différence notable entre les personnages qui peuplent ces deux promenades ; mais, en sortant de Naples, la transition est trop douce pour être sensible. La seule chose qui donne à la Marine un air particulier, ce sont ses charmans abbés galans, coquets, pomponnés, portant des chaines d'or comme des chevaliers, et montés sur de magnifiques ânes venant de Pantelleria, ayant leur généalogie comme des coursiers arabes, et des harnais qui le disputent en élégance à ceux des plus magnifiques chevaux.

En rentrant à l'hôtel, nous trouvâmes notre capitaine qui nous attendait. Nous lui demandâmes des nouvelles de Cama. Le pauvre diable était en prison et se réclamait de nous. Malheureusement il était trop tard pour faire des démarches le soir même, les autorités napolitaines étant de toutes les autorités que je connaisse celle qu'il est le plus imprudent de déranger hors des heures qu'elles daignent employer à la vexation des voyageurs. Force nous fut, en conséquence, de remettre la chose au lendemain. D'ailleurs, j'avais pour le moment une préoccupation bien autrement sérieuse. Jadin, qui s'était trouvé souffrant dans la journée, et qui m'avait quitté au milieu de mes courses à travers la ville pour rentrer à l'hôtel, était réellement indisposé. J'appelai le maître de l'hôtel, je lui demandai l'adresse du meilleur médecin de la ville, et le capitaine courut le chercher.

Un quart d'heure après, le capitaine revint avec le docteur : c'était un de ces bons médecins comme je croyais qu'il n'en existait plus que dans les comédies de Dorat et de Marivaux, avec une perruque toute tirebouchonnée, et un jonc à pomme d'or. Notre Esculape reconnut immédiatement tous les symptômes d'une fièvre cérébrale parfaitement constituée, et ordonna une saignée. Je fis aussitôt apporter linge et cuvette, et voyant qu'il se levait pour se retirer, je lui demandai s'il ne pratiquerait pas l'opération lui-même ; mais il me répondit, avec un air plein de majesté, qu'il était médecin et non barbier, et que je n'avais qu'à aller chercher un *saigneur* pour exécuter son ordonnance. Heureux pays où il y a encore des Figaro autre part qu'au théâtre !

Je ne tardai point à trouver ce que je cherchais. Outre les deux plats à barbe pendus au dessus de la porte, et le *consilio manuque* qui devait guider le comte Almaviva, le frater messinois avait une enseigne spéciale représentant un homme saigné aux quatre membres, et qui se rejaillissait symétriquement dans une énorme cuvette, et qui se renversait sur sa chaise en s'évanouissant. Le prospectus n'était pas attrayant ; et si c'eût été Jadin lui-même qui eût été en quête de l'honorable industriel qui réclamait sa position, je doute qu'il eût donné la préférence à celui-là ; mais comme je comptais bien ne le laisser saigner que d'un membre, je pensai qu'il en serait quitte pour un quart de syncope.

En effet, tout alla à merveille, la saignée fit grand bien à Jadin, qui ne commença pas moins pendant la nuit à battre la campagne, et qui le lendemain matin avait le délire. Le médecin revint à l'heure convenue, trouva le malade à merveille, ordonna une seconde saignée et l'application de linges glacés autour de la tête. La journée se passa sans que je visse clairement, je l'avoue, qui du malade ou de la maladie l'emporterait. J'étais horriblement inquiet. Outre mon amitié bien réelle pour Jadin, j'avais à me reprocher, s'il lui arrivait malheur, de l'avoir entraîné à ce voyage. J'attendis donc le lendemain avec grande impatience.

Le docteur avait ordonné d'exposer le malade à tous les vents, d'ouvrir portes et fenêtres, et de le placer le plus possible entre des courans d'air. Si étrange que me parût l'ordonnance, je l'avais religieusement appliquée le jour et la nuit précédente. Je fis donc tout ouvrir comme d'habitude; mais, à mon grand étonnement, l'obscurité, au lieu d'amener cette douce brise, fraîche haleine de la nuit, plus fraîche encore dans le voisinage de la mer que partout ailleurs, ne nous souffla qu'un vent aride et brûlant qui semblait la vapeur d'une fournaise. Je comptais sur le matin : le matin n'apporta aucun changement dans l'état de l'atmosphère.

La nuit avait beaucoup fatigué mon pauvre malade. Cependant l'exaltation cérébrale me paraissait avoir tant soit peu disparu pour faire place à une grande prostration croissante. Je sonnai pour avoir de la limonade, seule boisson que le docteur eût recommandée, mais personne ne répondit. Je sonnai une seconde, une troisième fois ; enfin, voyant que la montagne ne voulait pas venir à moi, je me décidai à aller à la montagne. J'errai dans les corridors et les appartemens, sans trouver une seule personne à qui parler. Le maître et la maîtresse de la maison n'étaient point encore sortis de leur chambre, quoiqu'il fût neuf heures du matin ; pas un domestique n'était à son poste. C'était à n'y rien comprendre.

Je descendis chez le concierge, je le trouvai couché sur un vieux divan tout en loques qui faisait le principal ornement de sa loge, et je lui demandai pourquoi la maison était déserte. « Ah! monsieur, me dit-il, ne sentez-vous pas qu'il fait sirocco? »

— Mais quand il ferait sirocco, lui dis-je, ce n'est pas une raison pour qu'on ne vienne pas quand j'appelle.

— Oh! monsieur, quand il fait sirocco, personne ne fait rien.

— Comment! personne ne fait rien ? Et les voyageurs, qui est-ce donc qui les sert?

— Ah! ces jours-là, ils se servent eux-mêmes.

— C'est autre chose. Pardon de vous avoir dérangé, mon brave homme. — Le concierge poussa un soupir qui m'indiquait qu'il lui fallait une grande charité chrétienne pour m'accorder le pardon que je lui demandais.

Je me mis aussitôt à la recherche des objets nécessaires à la confection de ma limonade ; je trouvai citron, eau et sucre, comme le chien de chasse trouve le gibier au flair. Nul ne me guida ni ne m'inquiéta dans mes recherches. La maison semblait abandonnée, et je songeai, à part moi, qu'une bande de voleurs qui se mettrait au-dessus du sirocco ferait sans aucun doute d'excellentes affaires à Messine.

L'heure de la visite du docteur arriva, et le docteur ne vint point. Je présumai que lui comme les autres avait le sirocco; mais, comme l'état de Jadin était loin d'avoir subi une amélioration bien visiblement rassurante, je résolus d'aller relancer mon esculape jusque chez lui, et de l'amener de gré ou de force à l'hôtel. Je me rappelai l'adresse donnée au capitaine ; je pris donc mon chapeau, et je me lançai bravement à sa recherche. En passant dans le corridor, je jetai les yeux sur un thermomètre : à l'ombre il marquait trente degrés.

Messine avait l'air d'une ville morte, pas un habitant ne circulait dans ses rues, pas une tête ne paraissait aux fenêtres. Ses mendians eux-mêmes (et qui n'a pas vu le mendiant sicilien ne se doute pas de ce que c'est que la misère), ses mendians eux-mêmes étaient étendus au coin des bornes, roulés sur eux-mêmes, haletans, sans force pour étendre la main, sans voix pour demander l'aumône. Pompéi, que je visitai trois mois après, n'était pas plus muette, pas plus solitaire, pas plus inanimée.

J'arrivai chez le docteur. Je sonnai, je frappai, personne ne répondit ; j'appuyai ma main contre la porte, elle n'était qu'entr'ouverte ; j'entrai, et me mis en quête du docteur.

Je traversai trois ou quatre appartemens ; il y avait des femmes couchées sur des canapés, il y avait des enfans étendus par terre. Rien de tout cela ne leva même la tête pour me regarder. Enfin, j'avisai une chambre dont la porte était entrebâillée comme celle des autres, je la poussai, et j'aperçus mon homme étendu sur son lit.

J'allai à lui, je lui pris la main, et je lui tâtai le pouls.

— Ah! dit-il mélancoliquement, en tournant avec peine la tête de mon côté, vous voilà, que voulez-vous?

— Pardieu! ce que je veux ? Je veux que vous veniez voir mon ami, qui ne va pas mieux à ce qu'il me semble.

— Aller voir votre ami! s'écria le docteur avec un mouvement d'effroi, mais c'est impossible.

— Comment, impossible!

Il fit un mouvement désespéré, prit son jonc de la main gauche, le fit glisser dans sa main droite, depuis la pomme d'or qui ornait une de ses extrémités, jusqu'à la virole de fer qui garnissait l'autre.

— Tenez, me dit-il, ma canne sue.

En effet il en tomba quelques gouttes d'eau, tant ce vent terrible a d'action, même sur les choses inanimées.

— Eh bien ! qu'est-ce que cela prouve ? lui demandai-je.

— Cela prouve, monsieur, que, par un temps pareil, il n'y a plus de médecin, il n'y a que des malades.

Je vis que je n'obtiendrais jamais du docteur qu'il vînt à l'hôtel, et que, si je demandais trop, je n'aurais rien ; je pris donc ma résolution de me réduire à l'ordonnance ; je lui expliquai les changemens arrivés dans la situation du malade, et comment la fièvre avait disparu pour faire place à l'abattement. A mesure que j'exposais les symptômes, le docteur se contentait de me répondre : il va bien, il va bien, il va très bien ; de la limonade, beaucoup de limonade, de la limonade tant qu'il en voudra, j'en réponds. Puis, écrasé par cet effort, le docteur me fit signe qu'il était inutile que je le tourmentasse plus longtemps, et se retourna le nez contre le mur.

— Eh bien ! me dit Jadin en me revoyant, le docteur ne vient-il pas ?

— Ma foi! mon cher, il prétend qu'il est plus malade que vous, et que ce serait à vous de l'aller soigner.

— Qu'est-ce qu'il a donc? la peste?

— Bien pis que cela, il a le sirocco.

Au reste, le docteur avait raison, et je reconnaissais moi-même dans mon malade un mieux sensible. Comme la chose lui était recommandée, il passa sa journée à boire de la limonade, et le soir le mal de tête même avait disparu. Le lendemain, à part la faiblesse, il était à peu près guéri. Je lui laissai régler ses comptes avec le docteur, et je sortis pour faire à pied une petite excursion jusqu'au village Della Pace, patrie de nos mariniers, et qui est situé à trois ou quatre milles au nord de Messine.

LE PESCE SPADO.

Je trouvai la route de la Pace charmante ; elle côtoie d'un côté la montagne, et de l'autre la mer. C'était jour de fête : on promenait la châsse de saint Nicolas, je ne sais dans quel but, mais tant il y a qu'on la promenait, et que cela causait une grande joie parmi les populations. En passant devant l'église des Jésuites, qui se trouve à un quart de lieue du village Della Pace, j'y entrai. On disait une messe. Je m'approchai de la chapelle, et je retrouvai tous nos matelots à genoux, le capitaine en tête. C'était la messe promise pendant la tempête, et qu'ils acquittaient avec un scrupule et une exactitude bien méritoires pour des gens qui sont à terre.

J'attendis dans un coin que l'office divin fût fini ; puis, quand le prêtre eut dit l'*Ite missa est*, je sortis de derrière ma colonne et je me présentai à mes gens.

Il n'y avait point à se tromper à la façon dont ils me reçurent : chaque visage passa subitement de l'expression du recueillement à celle de la joie ; à l'instant même mes deux mains furent prises, et bon gré mal gré baisées et rebaisées. Puis, je fus présenté à ces dames, et à la femme du capitaine en particulier. Elles étaient plus ou moins jolies, mais presque toutes avaient de beaux yeux, de ces yeux siciliens, noirs et veloutés, comme je n'en ai vu qu'à Arles et en Sicile, et qui, pour Arles comme pour la Sicile, ont, selon toute probabilité, une source commune : l'Arabie.

J'arrivais bien : le capitaine allait partir pour Messine à mon intention. Il voulait me ramener à la Pace pour me faire voir la fête; je lui avais épargné les trois quarts du chemin.

Nous arrivâmes chez lui : il habitait une jolie petite maison, pleine d'aisance et de propreté. En entrant dans un petit salon, la première chose que j'aperçus fut le portrait de monsieur Peppino, qui faisait face à celui du comte de Syracuse, ex-vice roi de Sicile. C'étaient, avec sa femme, les deux personnes que notre capitaine aimait le mieux au monde. Ce grand amour d'un Sicilien pour un vice-roi napolitain m'étonna d'abord, mais plus tard il me fut expliqué, et je le retrouvai chez tous les compatriotes du capitaine.

Je vis le capitaine en grande conférence avec sa femme, et je compris qu'il était question de moi. Il s'agissait de m'offrir à déjeuner, et ni l'un ni l'autre n'osait porter la parole. Je les tirai d'embarras en m'invitant le premier.

Aussitôt tout fut en révolution : monsieur Peppino fut envoyé pour ramener le pilote, Giovanni et Pietro. Le pilote devait déjeuner avec nous, et c'était moi qui l'avais demandé pour convive; Giovanni devait faire la cuisine, et Pietro nous servir. Maria courut au jardin cueillir des fruits, le capitaine descendit dans le village pour acheter du poisson, et je restai maître et gardien de la maison.

Comme je présumais que les apprêts dureraient une demi-heure ou trois quarts d'heure, et que ma personne ne pouvait que gêner ces braves gens, je résolus de mettre le temps à profit, et de faire une petite excursion au-dessus du village. La maison du capitaine était adossée à la montagne même. Un petit sentier, aboutissant à une porte de derrière, s'y enfonçait presque aussitôt, paraissant et disparaissant à différents intervalles, selon les accidents du terrain. Je m'engageai dans le sentier, et commençai à gravir la montagne au milieu des cactus, des grenadiers et des lauriers roses.

A mesure que je montais, le paysage, borné au sud par Messine, et au nord par la pointe du Phare, s'agrandissait devant moi, tandis qu'à l'est s'étendait, comme un rideau tout bariolé de villages, de plaines, de forêts et de montagnes, cette longue chaîne des Apennins, qui, née derrière Nice, traverse toute l'Italie et s'en va mourir à Reggio. Peu à peu, je commençai à dominer Messine, puis le Phare ; au-delà de Messine apparaissait, comme une vaste nappe d'argent étendue au soleil, la mer d'Ionie ; au-delà du Phare, se déroulait plus étroite, et comme un immense ruban d'azur moiré, la mer Tyrrhénienne ; à mes pieds j'avais le détroit que j'embrassais dans toute sa longueur, et dont le courant était sensible comme celui d'un fleuve, et dont m'indiquait, par un bouillonnement parfaitement visible, ces gouffres de Charybde, si redoutés des anciens, et qu'Homère dans l'Odyssée place à un trait d'arc de Scylla, quoiqu'ils en soient effectivement à treize milles.

Je m'assis sous un magnifique châtaignier, avec cette singulière sensation de l'homme qui se trouve dans un pays qu'il a désiré longtemps parcourir, et qui doute qu'il y soit réellement arrivé; qui se demande si les villages, les caps et les montagnes qu'il a sous les yeux, sont réellement ceux dont il a si souvent entendu parler, et c'est bien à eux surtout que s'appliquent tous ces noms poétiques, sonores, harmonieux, dont l'ont bercé dans sa jeunesse le grec et le latin, ces deux nourrices de l'esprit, sinon de l'âme.

C'était bien moi, et j'étais bien en Sicile. Je revoyais les mêmes lieux qu'avaient vus Ulysse et Énée, qu'avaient chantés Homère et Virgile. Ce village pittoresque, près d'une roche élevée et surmontée d'un château fort, c'était Scylla qui avait tant effrayé Anchise. Cette mer bouillonnant à mes pieds, et qu'il avait fallu tant de siècles pour calmer, c'était le voile qui me couvrait l'implacable Charybde, où Frédéric II jeta cette coupe d'or, que tenta vainement d'aller ressaisir, élancé pour la troisième fois dans le gouffre, Colas Il Pesce, poétique héros de la ballade du *Plongeur* de Schiller. Enfin, j'étais adossé à ce fabuleux et gigantesque Etna, tombeau d'Encelade, qui touche le ciel de sa tête, lance des pierres brûlantes jusqu'aux étoiles, et fait trembler la Sicile lorsque le géant enseveli, vivant dans son sein, essaie de changer de côté. Seulement l'Etna, comme Charybde, était fort calme; et de même que le gouffre, au lieu d'engloutir l'eau, de la rejeter au ciel, toute souillée de son sable noir, n'a plus que le léger bouillonnement dont j'ai parlé, l'Etna n'a plus qu'une légère fumée qui annonce que le géant est endormi, qui prévient en même temps qu'il n'est pas mort.

J'en étais là de ma rêverie, lorsque je vis, à la fenêtre de sa maison, le capitaine, qui me fit signe que le couvert était mis, et que l'on n'attendait plus que moi. Je lui répondis de même que je montais jusqu'à une espèce de petit monument que j'apercevais à une cinquantaine de pas au-dessus de ma tête, et que je redescendais aussitôt. Il me répondit par un geste qui signifiait que j'étais le maître de me passer cette fantaisie. Je profitai aussitôt de la permission.

C'était une petite colonne ronde, de huit ou dix pieds de haut et de trois ou quatre pieds de tour; elle était évidée par le milieu, et des tablettes de pierre la partageaient en trois ou quatre niches superposées. Dans ces niches je croyais voir de grosses boules, et je ne comprenais pas le moins du monde ce que cela pouvait être, lorsqu'en m'approchant je m'aperçus peu à peu que sur ces boules étaient dessinés des yeux, un nez, une bouche. Je fis quelques pas encore, et je reconnus que c'étaient tout simplement trois têtes d'hommes proprement détachées de leur tronc, et qui séchaient au soleil. Un instant je voulus douter, mais il n'y avait pas moyen : elles étaient au grand complet, avec cheveux, dents, barbe et sourcils. C'étaient bien trois têtes.

On comprend que ma première parole en descendant fut pour demander au capitaine ce que faisaient là ces trois têtes. L'histoire était on ne peut plus simple. Un équipage calabrais s'était approché des côtes de Sicile pour faire la contrebande, quoiqu'on fût en temps du choléra, et qu'il fût défendu de mettre pied à terre sans patente. Trois de ces malheureux avaient été pris, jugés, condamnés à mort, décapités, et leurs têtes avaient été mises là pour servir d'épouvantail à ceux qui seraient tentés de faire comme eux. Cela me rappela que, moi aussi, j'étais en Sicile en contrebandier, qu'au lieu de dix-huit jours que j'aurais dû passer à Rome pour achever ma quarantaine, j'en étais parti au bout de quatorze, et qu'il restait une quatrième niche vide.

Mon pauvre capitaine s'était mis en frais, et Giovanni avait fait des merveilles. Il y avait surtout un certain plat de poisson qui me parut un chef-d'œuvre ; je demandai le nom de cet honorable cétacée, que je ne connaissais point encore, et qui cependant me paraissait si digne d'être connu : j'appris que j'avais affaire au *pesce spado*.

Je me rappelais avoir lu dans ma jeunesse de fort belles descriptions de la manière dont le poisson à épée, autrement dit l'espadon, profitant de l'arme effroyable dont la nature avait armé le bout de son nez, attaquait parfois la baleine, lui livrait de rudes combats, puis, bondissant hors de l'eau et se laissant retomber sur elle la tête la première, la transperçait de son dard, qui ordinairement a quatre ou cinq pieds de long ; mais là s'arrêtaient les renseignemens du naturaliste. Je m'étais donc contenté jusque-là d'estimer l'espadon sous le rapport de son aptitude à l'escrime, et voilà tout ; mais je vis, quand monsieur de Buffon lui avait fait tort, qu'il possédait, comme poisson, des qualités inconnues non moins estimables que celles dont son historien s'était fait l'apologiste, et qu'il méritait d'avoir dans la *Cuisinière bourgeoise* un article nécrologique aussi important que l'article biographique qu'il possédait déjà dans l'histoire naturelle.

Le dessert n'était pas moins remarquable que le déjeuner :

il se composait de grenades et d'oranges magnifiques, auxquelles était joint un fruit qui ne m'était pas moins inconnu que le poisson sur lequel je venais de recueillir de si précieux renseignemens. Ce fruit était la figue d'Inde, cette manne éternelle que la Sicile offre si largement à la sensualité du riche et à la misère du pauvre. En effet, dès qu'on sort des portes d'une ville, on voit surgir de tous côtés d'immenses cactus tout chargés de ces fruits. La figue d'Inde est de la grosseur d'un œuf de poule, enveloppé d'une pulpe verte, et défendue par de petits bouquets d'épines dont la piqûre amène une longue et douloureuse démangeaison ; aussi il faut une certaine étude pour arriver à éventrer le fruit sans accident. Cette opération faite, il sort de la blessure un globe à la chair jaunâtre, doux, frais et fondant, qu'on commence d'abord par déguster avec une certaine froideur, mais dont, au bout de huit jours, on finit par se faire une nécessité. Les Siciliens adorent ce fruit, qui est pour eux ce que le cocomero est pour les Napolitains, avec cette différence que le cocomero a besoin d'une certaine culture, et qu'on ne peut se le procurer gratuitement, tandis que la figue d'Inde pousse partout, dans le sable, dans les terres grasses, dans les marais, dans les rochers, et jusque dans les fentes des murs, et ne donne que la peine de la cueillir.

Ce déjeuner, l'un des plus instructifs que j'aie certainement fait de ma vie, terminé, le capitaine m'offrit de venir voir la fête de la châsse de saint Nicolas. On comprend que je me gardai bien de refuser une pareille proposition. Nous nous mîmes en route en continuant de remonter le chemin qui conduit au phare. Bientôt nous nous engageâmes, à gauche, dans de petits mouvemens de terrain qui nous firent perdre de vue la mer ; enfin, nous nous trouvâmes au bord d'un petit lac isolé, bleu, clair, brillant comme un miroir, encadré, à gauche, par une rangée de maisons, à droite, par une suite de montagnes qui empêche cette jolie coupe de s'épancher dans le détroit. C'était le lac de Pantana. Ses bords présentaient l'aspect d'une fête de campagne réduite à sa plus naïve simplicité, avec ses jeux où il est impossible de gagner, ses petites boutiques chargées de fruits, et ses tarentelles.

Ce fut là que j'eus pour la première fois l'occasion d'examiner cette danse dans tous ses détails. C'est une merveilleuse danse, et la plus commode que je connaisse, pourvu qu'on ait le musicien, et encore, à la rigueur, on peut chanter ou siffler l'air soi-même. Elle se danse seul, à deux, à quatre, à huit, et indéfiniment, si l'on veut, homme à homme, femme à femme, qu'on se connaisse ou qu'on ne se connaisse pas : la chose n'y fait rien, à ce qu'il paraît, et ce ne semblait nullement inquiéter les danseurs. Quand un des spectateurs a envie de danser à son tour, il sort du cercle des assistans, entre dans l'espace réservé au ballet, saute alternativement sur un pied et sur un autre, jusqu'à ce qu'une autre personne se détache et se mette à sauter vis-à-vis de lui. Si le partner tarde et que le monologue ennuie l'acteur, il s'approche en mesure du couple qui danse déjà, donne un coup de coude à l'homme ou à la femme qui danse depuis le plus longtemps, l'envoie se reposer et prend sa place, sans que la galanterie lui fasse faire aucune différence de sexe. Il est vrai de dire aussi que les Siciliens apprécient tous les avantages d'une gigue si indépendante : la tarentelle est une véritable maladie chez eux. J'étais arrivé sur les bords du lac avec le capitaine, sa femme, Nunzio, Giovanni, Pietro et Peppino. Au bout de dix minutes, je me trouvai absolument seul, et libre de me livrer à toutes les réflexions que je jugeais convenable de faire. Chacun sautillait à qui mieux mieux, et il n'y avait pas jusqu'au fils du capitaine qui ne se trémoussât en face d'une espèce de géant, qui n'offrait d'autre différence avec les cyclopes, dont il me paraissait descendre en droite ligne, que l'accident qui lui avait donné deux yeux.

Quant à la musique qui donnait le branle à toute cette population, elle n'était pas, comme chez nous, réunie sur un seul point, mais disséminée au contraire sur les bords du lac ; l'orchestre se composait en général de deux musiciens, l'un jouant de la flûte, et l'autre d'une espèce de mandoline. Ces deux instrumens réunis formaient une mélodie assez semblable à celle qui chez nous a le privilège de faire exclusivement danser les chiens et les ours. Les musiciens étaient mobiles et cherchaient la pratique, au lieu de l'attendre. Lorsqu'ils avaient épuisé les forces du groupe qui les entourait, et que la recette, abandonnée à la généreuse appréciation du public, était épuisée, ils se mettaient en marche, jouant l'air éternel, et ils n'avaient pas fait vingt pas, que sur leur passage un autre groupe se formait et les forçait de faire une nouvelle halte chorégraphique. Je comptai soixante-dix de ces musiciens, qui tous avaient plus ou moins d'occupation.

Au plus fort de la fête, et vers les trois heures à peu près, la châsse de saint Nicolas sortit de l'église où elle était enfermée ; aussitôt les danses cessèrent ; chacun accourut, prit sa place dans le cortège, et la procession commença de faire le tour du lac, accompagnée de l'explosion éternelle d'un millier de boîtes.

Ce nouvel exercice dura à peu près une heure et demie, puis la châsse rentra dans l'église avec les prêtres, et la foule s'éparpilla de nouveau autour du lac.

Comme il se faisait tard et que j'avais vu de la fête tout ce que j'en voulais voir, je pris congé du capitaine, qui fit un signe à Pietro et à Giovanni, lesquels aussitôt quittèrent leurs danseuses sans leur dire un seul mot et accoururent ; leur intention était de me faire reconduire par mer avec la barque du speronare, afin de m'épargner les deux lieues qui me séparaient de Messine. J'essayai de me défendre, mais il n'y eut pas moyen, et Giovanni fit tant d'instances et Pietro tant de cabrioles, tous deux mirent à un si haut prix l'honneur de reconduire Son Excellence, que Son Excellence, qui, au fond du cœur, n'était aucunement fâchée de s'en aller coucher dans une bonne barque au lieu de piétiner sur des jambes assez fatiguées de l'avoir portée, par une chaleur de 35 degrés, depuis huit heures du matin jusqu'à cinq heures du soir, finit par accepter, se promettant, il est vrai, de dédommager Pietro et Giovanni du plaisir perdu. Nous nous en allâmes donc tout en bavardant jusqu'au village Della Pace, eux me parlant sans cesse le chapeau à la main, et moi n'ayant d'autre occupation que de leur faire mettre le chapeau sur la tête. Arrivés en face de la porte du capitaine, ils détachèrent une barque, je sautai dedans, et comme le courant était bon, nous commençâmes, sans grande fatigue pour ces braves gens, à descendre le détroit, tout en laissant à notre droite des bâtimens d'une forme si singulière qu'ils finirent par attirer mon attention.

C'étaient des chaloupes à l'ancre, sans cordages et sans vergues, du milieu desquelles s'élevait un seul mât d'une hauteur extrême : au haut de ce mât, qui pouvait avoir vingt-cinq ou trente pieds de long, un homme, debout sur une traverse pareille à un bâton de perroquet, et lié par le milieu du corps à l'espèce d'arbre contre lequel il était appuyé, semblait monter la garde, les yeux invariablement fixés sur la mer ; puis, à certains momens, il poussait des cris et agitait les bras : à ces clameurs et à ces signes, une autre barque plus petite, et comme la première d'une forme bizarre, ayant un mât plus court à l'extrémité duquel une seconde sentinelle était liée, montée par quatre rameurs qui la faisaient voler sur l'eau, dominée à la proue par un homme debout et tenant un harpon à la main, s'élançait rapide comme une flèche et faisait des évolutions étranges, jusqu'au moment où l'homme au harpon avait lancé son arme. Je demandai alors à Pietro l'explication de cette manœuvre ; Pietro me répondit que nous étions arrivés à Messine juste au moment de la pêche du *pesce spado*, et que c'était cette pêche à laquelle nous assistions. En même temps, Giovanni me montra un énorme poisson que l'on tirait à bord d'une de ces barques, et m'assura que c'était un poisson tout pareil à celui que j'avais mangé à dîner et dont j'avais si bien apprécié la valeur. Restait à savoir comment il se faisait que des hommes si religieux, comme le sont les Siciliens, se livrassent à un travail si fatiguant le saint jour du dimanche ; mais ce dernier point fut éclairci à l'instant même par Giovanni, qui me dit que le *pesce spado* étant un poisson de passage, et ce passage n'ayant lieu que deux fois par an et étant très court, les pêcheurs avaient dispense de l'évêque pour pêcher les fêtes et dimanches.

Cette pêche me parut si nouvelle, et par la manière dont elle s'exécutait et par la forme et par la force du poisson auquel on avait affaire, qu'outre mes sympathies naturelles pour tout amusement de ce genre, je fus pris d'un plus grand désir encore que d'ordinaire de me permettre celui-ci. Je demandai donc à Pietro s'il n'y aurait pas moyen de me mettre en relation avec quelques-uns de ces braves gens, afin d'assister à leur exercice. Pietro me répondit que rien n'était plus facile, mais qu'il y avait mieux que cela à faire : c'était d'exécuter cette pêche nous-mêmes, attendu que l'équipage était à notre service dans le port comme en mer, et que tous nos matelots étant nés dans le détroit, étaient familiers avec cet amusement. J'acceptai à l'instant même, et comme je comptais, en supposant que la santé de Jadin nous le permit, quitter Messine le surlendemain, je demandai s'il serait possible d'arranger la partie pour le jour suivant. Mes Siciliens étaient des hommes merveilleux qui ne voyaient jamais impossibilité à rien ; aussi, après s'être regardés l'un l'autre et avoir échangé quelques paroles, me répondirent-ils que rien n'était plus facile, et que, si je voulais les autoriser à dépenser deux ou trois piastres pour la location ou l'achat des objets qui leur manquaient, tout serait prêt pour le lendemain six heures ; bien entendu que, moyennant cette avance faite par moi, le poisson pris deviendrait ma propriété. Je leur répondis que nous nous entendrions plus tard sur ce point. Je leur donnai quatre piastres, et leur recommandai la plus scrupuleuse exactitude. Quelques minutes après ce marché conclu, nous abordâmes au pied de la douane.

La vue de ce bâtiment me rappela le pauvre Cama, que j'avais parfaitement oublié. Je demandai à mes deux rameurs s'ils en savaient quelque chose, mais ni l'un ni l'autre n'en avait entendu parler : c'était jour de fête, il était donc inutile de s'en occuper le même jour. Le lendemain matin, nous nous mettions de trop bonne heure en mer pour espérer que les autorités seraient levées. Je dis à Pietro de prévenir le capitaine de m'attendre à l'hôtel vers onze heures du matin, c'est-à-dire au retour de notre pêche, attendu qu'en ce moment nous ferions ensemble les démarches nécessaires à la liberté du prisonnier. Au reste, ayant payé à Cama en partant de Naples son mois d'avance, j'étais moins inquiet sur son compte ; avec de l'argent on se tire d'affaire, même en prison.

Je trouvai Jadin aussi bien qu'il était permis de le désirer ; il avait renvoyé son médecin, en lui donnant trois piastres et en l'appelant vieil intrigant. Le médecin, qui ne parlait pas français, n'avait compris que la partie de la harangue qui se traduisait par la vue, et avait pris congé de lui en lui baisant les mains.

J'annonçai à Jadin la partie de pêche arrangée pour le lendemain, puis je fis mettre les chevaux à une espèce de voiture que notre hôtelier eut l'audace de nous faire passer pour une calèche, et nous allâmes faire un tour sur la Marine.

Il y a vraiment dans les climats méridionaux un espace de temps délicieux ; c'est celui qui est compris entre six heures du soir et deux heures du matin. On ne vit réellement que pendant cette période de la journée ; au contraire de ce qui se passe dans nos climats du nord, c'est le soir que tout s'éveille. Les fenêtres et les portes des maisons s'ouvrent, les rues s'animent, les places se peuplent. Un air frais chasse cette atmosphère de plomb qui a pesé toute la journée sur le corps et sur l'esprit. On relève la tête, les femmes reprennent leur sourire, les fleurs leurs parfums, les montagnes se colorent de teintes violâtres, la mer répand son âcre et irritante saveur ; enfin, la vie, qui semblait près de s'éteindre, renaît, et coule dans les veines avec un étrange surcroît de sensualité.

Nous restâmes deux heures à faire corso à la Marine ; nous passâmes une autre heure au théâtre pour y entendre chanter la *Norma*. Je me rappelai alors ce bon et cher Bellini, qui, en me remettant au moment de mon départ de France des lettres pour Naples, m'avait fait promettre, si je passais à Catane, sa patrie, d'aller donner de ses nouvelles à son vieux père. J'étais bien décidé à tenir religieusement parole, et fort loin de me douter que celles que je donnerais à son père seraient les dernières qu'il en devait recevoir.

Pendant l'entr'acte, j'allai remercier mademoiselle Schutz du plaisir qu'elle m'avait fait le soir de mon arrivée à Messine, lorsqu'elle était passée près de ma barque, en jetant à la brise sicilienne cette vague mélodie allemande que Bellini a prouvé ne lui être pas si étrangère qu'on le croyait.

Il était temps de rentrer. Pour un convalescent, Jadin avait fait force folies ; il voulait absolument repasser par la Marine, mais je tins bon, et nous revînmes droit à l'hôtel. Nous devions nous lever le lendemain à six heures du matin, et il était près de minuit.

Le lendemain, à l'heure dite, nous fûmes réveillés par Pietro, qui avait quitté ses beaux habits de la veille pour reprendre son costume de marin. Tout était prêt pour la pêche, hommes et chaloupes nous attendaient. En un tour de main, nous fûmes habillés à notre tour ; notre costume n'était guère plus élégant que celui de nos matelots ; c'était, pour moi, un grand chapeau de paille, une veste de marin en toile à voiles, et un pantalon large. Quant à Jadin, il n'avait pas voulu renoncer au costume qu'il avait adopté pour tout le voyage, il avait la casquette de drap, la veste de panne taillée à l'anglaise, le pantalon demi-collant et les guêtres.

Nous trouvâmes dans la chaloupe Vincenzo, Filippo, Antonio, Sieni et Giovanni. A peine y fûmes-nous descendus, que les quatre premiers prirent les rames : Giovanni se mit à l'avant avec son harpon, Pietro monta sur son perchoir, et nous allâmes, après dix minutes de marche, nous ranger au pied d'une de ces barques à l'ancre qui portaient au bout de leurs mâts un homme en guise de girouette. Pendant le trajet, je remarquai qu'au harpon de Giovanni était attachée une corde de la grosseur du pouce, qui venait s'enrouler dans un tonneau scié par le milieu, qu'elle remplissait presque entièrement. Je demandai quelle longueur pouvait avoir cette corde, on me répondit qu'elle avait cent vingt brasses.

Tout autour de nous se passait une scène fort animée : c'étaient des cris et des gestes inintelligibles pour nous, des barques qui volaient sur l'eau comme des hirondelles ; puis, de temps en temps, faisaient une halte pendant laquelle on tirait à bord un énorme poisson muni d'une magnifique épée. Nous seuls étions immobiles et silencieux ; mais bientôt notre tour arriva.

L'homme qui était au haut du mât de la barque à l'ancre poussa un cri d'appel, et en même temps montra de la main un point de la mer qui était, à ce qu'il paraît, dans nos parages à nous. Pietro répondit en criant : Partez ! Aussitôt nos rameurs se levèrent pour avoir plus de force, et nous bondîmes plutôt que nous ne glissâmes sur la mer, décrivant, avec une vitesse dont on n'a point d'idée, les courbes, les zig-zags et les angles les plus abrupts et les plus fantastiques, tandis que nos matelots, pour s'animer les uns les autres, criaient à tue-tête : *Tutti do ! tutti do !* Pendant ce temps, Pietro et l'homme de la barque à l'ancre se démenaient comme deux possédés, se répondant l'un à l'autre comme des télégraphes, indiquant à Giovanni, qui se tenait raide, immobile, les yeux fixes et son harpon à la main, dans la pose du Romulus des *Sabines*, l'endroit où était le *pesce spado* que nous poursuivions. Enfin, les muscles de Giovanni se raidirent, il leva le bras ; le harpon, qu'il lança de toutes ses forces, disparut dans la mer ; et la barque s'arrêta à l'instant même dans une immobilité et un silence complets. Mais bientôt le manche du harpon reparut. Soit que le poisson eût été trop profondément enfoncé dans l'eau, soit que Giovanni se fût trop pressé, il avait manqué son coup. Nous revînmes tout penauds prendre notre place auprès de la grande barque.

Une demi-heure après, les mêmes cris et les mêmes gestes recommencèrent, et nous fûmes emportés de nouveau dans un labyrinthe de tours et de détours ; chacun y mettait une ardeur d'autant plus grande, qu'ils avaient tous une revanche à prendre et une réhabilitation à poursuivre. Aussi, cette fois, Giovanni fit-il deux fois le geste de lancer son harpon, et deux fois se retint-il ; à la troisième, le harpon s'enfonça en sifflant ; la barque s'arrêta, et presqu'aussitôt nous vîmes se dérouler rapidement la corde qui était dans le tonneau ; cette fois, l'espadon était frappé, et emportait le harpon du côté du Phare, en s'enfonçant rapidement dans l'eau. Nous nous mîmes sur sa trace, toujours indiquée par la direction de la corde ; Pietro et Giovanni avaient sauté dans la barque, et avaient saisi deux autres rames qui avaient été rangées de côté ; tous s'animaient les uns les autres avec le fameux *tutti do*. Et cependant, la corde, en continuant de se dérouler, nous prouvait que l'espadon gagnait sur nous ; bientôt elle arriva à sa fin, mais elle était arrêtée au fond du tonneau ; le tonneau fut jeté à la mer, et s'éloigna rapidement, surnageant comme une boule. Nous nous mîmes aussitôt à la poursuite du tonneau, qui bientôt, par ses mouvemens bizarres et saccadés, annonça que l'espadon était à l'agonie. Nous profitâmes de ce moment pour le rejoindre. De temps en temps de violentes secousses le faisaient plonger, mais presqu'aussitôt il revenait sur l'eau. Peu à peu les secousses devinrent plus rares, de simples frémissemens leur succédèrent, puis ces frémissemens même s'éteignirent. Nous attendîmes encore quelques minutes avant de toucher à la corde. Enfin Giovanni la prit et la tira à lui par petites secousses, comme fait un pêcheur à la ligne qui vient de prendre un poisson trop fort pour son hameçon et pour son crin. L'espadon ne répondit par aucun mouvement, il était mort.

Nous nageâmes jusqu'à ce que nous fussions à pic au-dessus de lui. Il était au fond de la mer, et la mer, nous en pouvions juger par ce qu'il restait de corde en dehors, devait avoir, à l'endroit où nous nous trouvions, cinq cents pieds de profondeur. Trois de nos matelots commencèrent à tirer la corde doucement, sans secousses, tandis qu'un quatrième la roulait au fur et à mesure dans le tonneau pour qu'elle se trouvât toute prête au besoin. Quant à moi et Jadin, nous faisions, avec le reste de l'équipage, contrepoids à la barque, qui eût chaviré si nous étions restés tous du même côté.

L'opération dura une bonne demi-heure ; puis Pietro me fit signe d'aller prendre sa place, et vint s'asseoir à la mienne. Je me penchai sur le bord de la barque, et je commençai à voir, à trente ou quarante pieds sous l'eau, des espèces d'éclairs. Cela venait toutes les fois que l'espadon, qui remontait à nous, roulait sur lui-même, et nous montrait son ventre argenté. Il fut bientôt assez proche pour que nous pussions distinguer sa forme. Il nous paraissait monstrueux ; enfin il arriva à la surface de l'eau. Deux de nos matelots le saisirent, l'un par le pic, l'autre par la queue, et le déposèrent au fond de la barque. Il avait de longueur, le pic compris, près de dix pieds de France.

Le harpon lui avait traversé tout le corps, de sorte qu'on dénoua la corde, et qu'au lieu de le retirer par le manche, on le retira par le fer, et qu'il passa tout entier au travers de la double blessure. Cette opération terminée, et le harpon lavé, essuyé, hissé, Giovanni prit une petite scie et scia l'épée de l'espadon au ras du nez ; puis il scia de nouveau cette épée six pouces plus loin, et me présenta le morceau ; il en fit autant pour Jadin ; et aussitôt, lui et ses compagnons scièrent le reste en autant de parties qu'ils étaient de rameurs, et se les distribuèrent. J'ignorais encore dans quel but était faite cette distribution, quand je vis chacun porter vivement son morceau à sa bouche, et sucer avec délices l'espèce de moelle qui en formait le centre. J'avoue que ce régal me parut médiocre ; en conséquence, j'offris le mien à Giovanni, qui fit beaucoup de façons pour le prendre, et qui enfin le prit et l'avala. Quant à Jadin, en sa qualité d'expérimentateur, il voulut savoir par lui-même ce qu'il en était ; il porta donc le morceau à sa bouche, aspira le contenu, roula un instant les yeux, fit une grimace, jeta le morceau à la mer, et se retourna vers moi en me demandant un verre de muscat de Lipari, qu'il vida tout d'un trait.

Je ne pouvais me lasser de regarder notre prise. Nous étions assurément tombés sur un des plus beaux espadons qui se pussent voir. Nous regagnâmes la grande barque avec notre prise, nous la fîmes passer d'un bord à l'autre, puis nous nous apprêtâmes à une nouvelle pêche. Après deux coups de harpon manqués, nous prîmes un second *pesce spado*, mais plus petit que le premier. Quant aux détails de la capture, ils furent exactement les mêmes que ceux que nous avons donnés, à une seule exception près : c'est que le harpon ayant frappé dans une portion plus vitale et plus rapprochée du cœur, l'agonie de notre seconde victime fut moins longue que celle de la première, et qu'au bout de soixante-dix ou quatre-vingts brasses de corde le poisson était mort.

Il était onze heures moins un quart, j'avais donné rendez-vous à onze heures au capitaine ; il était donc temps de rentrer en ville. Nos matelots me demandèrent ce qu'ils devaient faire de deux poissons. Nous leur répondîmes qu'ils n'avaient qu'à nous en garder un morceau pour notre dîner, que nous reviendrions faire à bord sur les trois heures, après quoi, sauf le bon plaisir du vent, nous remettrions à la voile pour continuer notre voyage. Quant au reste du poisson, ils n'avaient qu'à le vendre, le saler ou en faire cadeau à leurs amis et connaissances. Cet abandon généreux de nos droits nous valut un redoublement d'égards, de joie et de bonne volonté qui, joint au plaisir que nous avions pris, nous dédommagea complètement des quatre piastres de première mise de fonds que nous avions données.

Nous trouvâmes le capitaine, qui nous attendait avec son exactitude ordinaire. Jadin se chargea de régler les comptes avec notre hôte, et de faire approvisionner par Giovanni et Pietro du bâtiment de fruits et de vin. Je m'en allai ensuite avec le capitaine faire ma visite au chef de la police messinoise.

Nous trouvâmes, contre l'habitude, un homme aimable et de bonne compagnie. Il était d'ailleurs lié avec le docteur qui avait traité Jadin, et qui lui avait parlé de nous très favorablement. Nous lui racontâmes l'aventure de Cama, comment il avait oublié son passeport pour me suivre plus vite dès qu'il avait su que j'étais un digne appréciateur de Roland, et comment enfin son refus de changer de nom, qui indiquait au reste la droiture de son âme, avait amené son arrestation. Le chef de la police fit alors donner au capitaine sa parole d'honneur que Cama, pendant tout le voyage, resterait à bord du speronare et ne descendrait point à terre. Je me permis de faire observer à l'autorité que j'avais pris un cuisinier pour me faire la cuisine, et non comme objet de luxe. J'ajoutai que comme du moment où il mettait le pied à bord du bâtiment, il était pris du mal de mer, sa société me devenait parfaitement inutile tout le temps que durait la navigation, et je lui avouai que j'avais compté me rattraper de ce sacrifice pendant notre voyage de terre ; mais j'eus beau faire valoir toutes ces raisons, en appeler de Philippe endormi à Philippe éveillé, la sentence était portée, et le juge n'en voulut pas démordre. Il est vrai qu'il m'offrait un autre moyen ; c'était de laisser Cama en prison pendant tout le voyage, et de ne le reprendre qu'à mon retour, époque à laquelle il me donnerait un certificat qui, constatant que mon cuisinier était resté à Messine par une cause indépendante de ma volonté, et qui ne pouvait être attribuée qu'à sa propre faute, me dispenserait de le payer. Mais j'eus pitié du pauvre Cama. Le capitaine donna sa parole, et le chef de la police, en échange, lui remit l'ordre de mise en liberté de son prisonnier. Je laissai au capitaine le soin de faire sortir Cama de prison ; je lui recommandai d'être à trois heures juste en face de la Marine, et je rentrai à l'hôtel.

Je trouvai Jadin en grande discussion avec l'aubergiste, qui voulait lui faire payer les déjeuners qu'il n'avait pas pris, sous prétexte que nos chambres étaient de deux piastres chacune, nourriture comprise ; en outre, il présentait un compte de dix-huit francs pour limonade, eau de guimauve, etc. Après une menace bien positive d'aller nous plaindre à l'autorité d'un pareil vol, il fut convenu que tout ce qui avait été pris, de quelque façon que fût l'absorption, passerait pour nourriture. Il en résulta que Jadin paya son eau de guimauve et sa limonade comme si c'eût été des côtelettes et des beefsteaks, moyennant quoi notre hôte voulut bien nous tenir quitte, et nous pria de le recommander à nos amis.

A trois heures, nous vîmes arriver Pietro et Giovanni, qui s'étaient constitués nos serviteurs, et qui venaient chercher nos malles. Le vent était bon, et le bâtiment n'attendait plus que nous pour mettre à la voile. La première personne que nous aperçûmes en montant à bord fut Cama. La prison lui avait été à merveille ; ses yeux étaient débouffis et ses lèvres désenflées, de sorte qu'il avait retrouvé un visage à peu près humain. L'incarcération, au reste, l'avait rendu on ne peut plus traitable, et il était prêt désormais à prendre tous les noms qu'il me plairait de lui donner. Malheureusement cette abnégation patronymique lui venait un peu tard.

Au reste, avec sa santé, Cama réclamait ses droits ; il s'était revêtu de son costume des grands jours pour imposer à quiconque tenterait d'usurper ses fonctions. Il avait la toque de percale blanche, la veste bleue, le pantalon de nankin, le tablier de cuisine coquettement relevé par un coin, et il appuyait fièrement la main gauche sur le manche du couteau passé dans sa ceinture. Giovanni n'avait ni toque de percale, ni veste bleue, ni pantalon de nankin, ni tablier drapé, ni couteau de cuisine coquettement passé au côté, mais il avait des antécédens respectables, et parmi ces antécédens, le déjeuner qu'il nous avait fait faire la veille chez le capitaine. Aussi ne paraissait-il aucunement disposé à faire la moindre concession. Il avait d'ailleurs un auxiliaire puissant : c'était Milord, qui l'avait reconnu jusqu'à présent pour le véritable distributeur d'os et de pâtée, et qui était parfaitement disposé à le soutenir. Je vis que la chose tournait tout doucement à mal ; j'appelai le capitaine, et ne voulant mécontenter ni l'un ni l'autre de ces fidèles serviteurs, je lui dis que nous ne dînerions que dans une heure et demie, et que, puisque le vent était bon, je le priais de ne pas perdre de temps pour mettre à la voile. Aussitôt tous les hommes furent appelés à la manœuvre, Giovanni comme les autres. Nous levâmes l'ancre, nous dépliâmes la voile, et nous commençâmes à marcher. Quant à Cama, il descendit triomphalement sous le pont.

Un quart d'heure après, Giovanni, en descendant à son tour, le trouva étendu tout de son long près de ses fourneaux. Ce que j'avais prévu était arrivé. Le mal de mer avait fait son effet. Cama ne réclamait plus rien qu'un matelas et la permission de se coucher sur le pont.

L'exigence du chef de la police, qui avait fait promettre au capitaine que Cama ne mettrait pied à terre, lui promettait, comme on le voit, un voyage bien agréable.

Giovanni triompha sans ostentation. A l'heure où nous l'avions demandé, le dîner fut prêt et se trouva excellent. Le capitaine le partagea avec nous, et il fut convenu, une fois pour toutes, qu'il en serait ainsi tous les jours. Au dessert, je m'aperçus que monsieur Peppino n'avait point encore paru, et je m'informai de lui. J'appris que sa mère l'avait gardé près d'elle. En outre, Gaëtano, retenu par une espèce d'ophtalmie, était resté à terre.

Pendant le dîner, le capitaine nous donna des nouvelles de la tempête. Ce n'est pas sans raison qu'elle avait effrayé sa femme : six bâtimens s'étaient perdus pendant les dix-huit heures qu'elle avait duré.

Jusqu'à la nuit, nous suivîmes le milieu du détroit à égale distance à peu près des côtes de Sicile et des côtes de Calabre. Des deux côtés, une végétation luxuriante, qui venait baigner ses racines jusque dans la mer, luttait de force et de richesse. Nous passâmes ainsi devant Contessi, Reggio, Pistorera, Sainte-Agathe ; enfin, dans les brumes du soir, nous vîmes apparaître le pittoresque village de la Scaletta, dont le nom indique l'aspect, et où le capitaine avait eu son duel avec Gaëtano Sferra. Puis la nuit vint, une de ces nuits délicieuses, limpides et parfumées, comme on n'a point d'idée qu'il en puisse exister nulle part quand on n'a pas quitté le Nord.

Nous tirâmes nos matelas sur le pont, nous nous jetâmes dessus, et nous endormîmes, bercés à la fois par le mouvement des vagues et par le chant de nos matelots, qui, sur les dix heures, sentant tomber le vent, s'étaient remis bravement à la rame.

Lorsque nous ouvrîmes les yeux, il était quatre heures du matin, et nous étions à l'ancre dans le port de Taormine.

CATANE.

L'aspect de Taormine nous plongea en extase. A notre gauche, et ornant l'horizon, s'élevait l'Etna, cette colonne du ciel, comme l'appelle Pindare, découpant sa masse violette dans une atmosphère rougeâtre tout imprégnée des rayons naissans du soleil. Au second plan, en se rapprochant de nous, étaient accroupies aux pieds du géant deux montagnes fauves, qu'on eût dit recouvertes d'une immense peau de lion, tandis que, devant nous, au fond d'une petite crique, et se dégageant à peine de l'ombre, s'élevaient au bord de la mer, pareilles à un miroir d'acier bruni, quelques chétives maisons dominées à droite par l'ancienne ville naxienne de Tauromenium. La ville est dominée elle-même par une montagne, ou plutôt par un pic au haut duquel se groupe et se dresse le village sarrasin de la Mola, auquel on n'arrive que par une échelle de pierre.

Lorsque nous eumes bien considéré ce spectacle si grand, si magnifique, si splendide, que Jadin ne pensa pas même à en faire une esquisse, nous nous retournâmes vers l'est. Le soleil se levait lentement et majestueusement derrière la pointe de la Calabre, et enflammait le sommet de ses montagnes, tandis que tout leur versant occidental demeurait dans la demi-teinte, et que, dans cette demi-teinte, on distinguait les crevasses, les vallées et les ravins à leur ombre plus foncée, et les villes et les villages, au contraire, à leur teinte blanche et mate. A mesure qu'il s'élevait dans le ciel, tout changea de couleur, montagnes et maisons ; la mer brune devint éclatante, et lorsque nous nous retournâmes, le premier paysage que nous avions vu avait perdu lui-même sa teinte fantastique pour rentrer dans sa puissante et majestueuse réalité.

Nous mîmes pied à terre, et après une montée d'une demi-heure, assez rapide, et par un chemin étroit et pierreux, nous arrivâmes aux murailles de la ville, composées de laves noires, de pierres jaunâtres et de briques rouges. Quoique au premier aspect la ville semble mauresque, l'ogive de la porte est normande. Nous la franchîmes, et nous nous trouvâmes dans une rue sale et étroite, aboutissant à une place au milieu de laquelle s'élève une fontaine surmontée d'une étrange statue ; c'est un buste d'ange du XIVe siècle greffé sur le corps d'un taureau antique. L'ange est de marbre blanc, et le taureau de granit rouge. L'ange tient de la main gauche un globe dans lequel on a planté une croix, et de l'autre un sceptre. Une église placée en face présente deux ornemens remarquables ; d'abord les six colonnes en marbre qui la soutiennent, ensuite les deux lions gothiques qui, couchés au pied des fonts baptismaux, supportent les armes de la ville, qui sont une centauresse : cette seconde sculpture donne l'explication de celle de la place.

En sortant de l'église, nous rencontrâmes un malheureux qui, de son état, était tailleur, et que la munificence du roi de Naples avait élevé aux fonctions de cicerone. Aux premiers mots que nous échangeâmes avec lui, nous vîmes à qui nous avions affaire ; mais, comme nous avions besoin d'un guide, nous le primes à ce titre, afin de ne pas être volés. En effet, il nous conduisit assez directement au théâtre, tout en nous faisant passer devant une maison qu'une inscription en lettres gothiques faisant corniche désignait comme ayant servi de retraite à Jean d'Aragon après la défaite de son armée par les Français. A quatre-vingts pas de cette maison à peu près, sont les ruines d'un couvent de femmes, dont il ne reste qu'une tour carrée percée de trois fenêtres gothiques et dominée par un mur de rochers, au pied duquel poussent des grenadiers, des orangers et des lauriers roses. Du milieu de ce groupe d'arbres s'élancent deux palmiers qui donnent à toute cette petite fabrique un air africain qui ne manque pas d'une certaine apparence de réalité sous un soleil de trente-cinq degrés.

Nous arrivâmes enfin aux ruines du théâtre ; avant qu'on eût découvert ceux de Pompeïa et d'Herculanum, et quand on ne connaissait pas celui d'Orange, c'était, disait-on, le mieux conservé. Comme à Orange, on a profité de l'accident du terrain en faisant une incision demi-circulaire dans une montagne, pour tailler dans le granit les degrés sur lesquels étaient assis les spectateurs, le théâtre de Tauromenium pouvait en contenir vingt cinq mille.

Au reste, ce théâtre bâti en briques n'offre que des ruines sans grandeur ; le voyageur venu là pour visiter ces ruines, s'assied, et ne voit plus que l'immense horizon qui se déroule devant lui.

En effet, à droite, l'Etna se développe dans toute l'immensité de sa base, qui a soixante-dix lieues de tour, et dans toute la majesté de sa taille, qui a dix mille six cents pieds de hauteur, c'est-à-dire deux mille pieds de moins seulement que le mont Blanc, et six mille deux cents pieds de plus que le Vésuve. A gauche, la chaîne des Apennins va s'abaissant derrière Reggio, et, pareille à un taureau agenouillé, étend sa tête et présente ses cornes à la mer qui se brise au cap dell'Armi. A l'horizon, la mer et le ciel se confondent ; puis, en ramenant, par la droite, ses regards de l'horizon le plus éloigné à la base du théâtre, on découvre un rivage échancré de ports, tout parsemé de villes, et de villes qui s'appellent Syracuse, Augusta et Catane.

Quand on a vu ce magnifique spectacle une heure, la curiosité, je l'avoue, manque pour tout le reste ; aussi, fut-ce par acquit de conscience que, pendant que Jadin faisait un croquis du théâtre et du paysage, je visitai la naumachie, les piscines, les bains, le temple d'Apollon et le faubourg du *Rabatto*, mot sarrasin qui constate l'occupation arabe en lui survivant.

Après deux heures de course dans les rochers, les vignes, et qui pis est dans les rues de Taormine, après avoir compté cinquante-cinq couvens, tant d'hommes que de femmes, ce qui me parut fort raisonnable pour une population de quatre mille cinq cents âmes, je revins à Jadin, tourmenté d'une faim féroce, et le retrouvai dans une disposition qui, malgré sa maladie récente, ne le cédait en rien à la mienne. Comme il ne me restait à visiter, pour compléter mon excursion archéologique, que la voie des tombeaux, et que la voie des tombeaux était juste au-dessous de nous, au lieu de retraverser toute la ville, nous descendîmes moitié glissant, moitié roulant, par une espèce de précipice couvert d'herbes desséchées sur lesquelles il était aussi difficile de se maintenir que sur la glace ; contre toute attente, nous arrivâmes au bas sans accident, et nous nous trouvâmes sur la voie sépulcrale.

C'est le même système d'enterrement que dans les catacombes : des sépulcres de six pieds de long et de quatre pieds de profondeur sont creusés horizontalement, et de petits murs en façon de contrefort séparent ces propriétés mortuaires les unes des autres ; il y a quatre étages de tombeaux.

On comprend qu'il n'était nullement question de déjeuner dans les infâmes bouges qui s'élèvent, sous le nom de maisons, au bord de la mer. Nous fîmes signe au capitaine, que nous reconnaissions sur le pont, et qui ne nous avait pas perdus de vue, de nous envoyer la chaloupe. Nous soldâmes notre cicerone, et nous retournâmes à bord.

Décidément, Giovanni était un grand homme : il avait deviné qu'après une excursion de cinq heures dans des régions fort apéritives, nous ne pouvions manquer d'avoir faim. En conséquence, il s'était mis à l'œuvre ; et notre déjeuner était prêt.

Voyageurs qui voyagez en Sicile, au nom du ciel prenez un speronare ! Avec un speronare, surtout, si cela est possible, celui de mon ami le capitaine Arena, dans lequel on est mieux que dans aucun autre, avec un speronare, vous mangerez toutes les fois que vous n'aurez pas le mal de mer ; dans les auberges, vous ne mangerez jamais. Et que l'on prenne ceci à la lettre : en Sicile on ne mange que ce qu'on y porte ; en Sicile ce ne sont point les aubergistes qui nourrissent les voyageurs, ce sont les voyageurs qui nourrissent les aubergistes.

En attendant, et tandis que le capitaine allait chercher à terre sa patente, nous fîmes un excellent déjeuner. A midi, le capitaine étant de retour, nous levâmes l'ancre. Nous avions un joli vent qui nous permettait de faire deux lieues à l'heure, de sorte qu'au bout de trois heures à peu près, nous nous trouvâmes à la hauteur d'Aci-Reale, où j'avais dit au capitaine que je comptais m'arrêter. En conséquence, il mit le cap sur une espèce de petite crique d'où partait un chemin en zig-zag qui conduisait à la ville, laquelle domine la mer d'une hauteur de trois à quatre cents pieds.

Ce fut une nouvelle patente à prendre, et un retard d'une heure à souffrir ; après quoi nous fûmes autorisés à nous rendre à la ville. Jadin me suivit de confiance sans savoir ce que j'allais y faire.

Aci me parut assez belle est assez régulièrement bâtie. Ses murailles lui donnent un petit air formidable dont elle semble très fière ; mais je n'étais pas venu pour voir des murailles et des maisons, je cherchais quelque chose de mieux, je cherchais le fils de Neptune et de Thoosa. Je pensais bien qu'il ne viendrait pas au devant de moi, je m'adressai à un monsieur qui suivait la rue dans un sens opposé au mien. J'allai donc à lui : il me reconnut pour étranger, et, pensant que j'avais quelques renseignemens à lui demander, il s'arrêta.

— Monsieur, lui dis-je, pourrais-je sans indiscrétion vous demander le chemin de la grotte de Polyphème ?

— Le chemin de la grotte de Polyphème ? Ho, ho ! dit le monsieur en me regardant, le chemin de la grotte de Polyphème ?

— Oui, monsieur.

— Vous vous êtes trompé, monsieur, de trois quarts de lieue à peu près. C'est au-dessous d'ici en allant à Catane. Vous reconnaîtrez le port aux quatre roches qui s'avancent dans la mer et que Virgile appelle *cyclopea saxa* et Pline *scopuli cyclopum*. Vous mettrez pied à terre dans le port d'Ulysse, vous marcherez en droite ligne en tournant le dos à la mer, et entre le village d'Aci-San-Filippo et celui de Nizeti, vous trouverez la grotte de Polyphème.

Le monsieur me salua et continua son chemin.

— Eh bien ! mais voilà un monsieur qui me semble posséder assez bien son cyclope, me dit Jadin, et ses renseignemens me paraissent positifs.

— Aussi, à moins que vous n'ayez quelque chose de particulier à faire ici, nous retournerons à bord, si vous le voulez bien.

— Apprenez, mon cher, me dit Jadin, que je n'ai rien à faire là où il y a quarante degrés de chaleur, que je ne suis venu que pour vous suivre, et que désormais, quand vous ne serez pas plus sûr de vos adresses, vous me rendrez service de nous laisser où nous serons, moi et Milord. N'est-ce pas, Milord ?

Milord tira d'un demi-pied une langue rouge comme du feu, ce qui, joint à la manière active dont il se mit à souffler, me prouva qu'il était exactement de l'avis de son maître.

Nous redescendîmes vers la mer, et nous nous rembarquâmes. Au bout d'une demi-heure, je reconnus parfaitement, à ses quatre rochers cyclopéens, le lieu indiqué ; d'ailleurs je demandai au capitaine si la rade que je voyais était bien le port d'Ulysse, et il me répondit affirmativement. Nous jetâmes l'ancre au même endroit que l'avait fait Enée.

Telle est la puissance du génie, qu'après trois mille ans ce port a conservé le nom que lui a donné Homère, et que là, pour les paysans, l'histoire d'Ulysse et de ses compagnons, perpétuée comme une tradition, non seulement à travers les siècles, mais encore à travers les dominations successives des Sicaniens d'Espagne, des Carthaginois, des Romains, des empereurs grecs, des Goths, des Sarrasins, des Normands, des Angevins, des Aragonais, des Autrichiens, des Bourbons de France et des ducs de Savoie, semble aussi vivante que le sont pour nous les traditions les plus nationales du moyen-âge.

Aussi le premier enfant auquel je demandai la grotte de Polyphème se mit à courir devant moi pour me montrer le chemin. Quant à Jadin, au lieu de me suivre, il se jeta galamment à la mer, sous le prétexte d'y chercher Galathée.

Au reste, on retrouve tout, avec des proportions moins gigantesques sans doute que dans les poëmes d'Homère, de Virgile et d'Ovide; mais la grotte de Polyphème et de Galathée est encore là après trente siècles; le rocher qui crasa Acis est là, couvert et protégé par une forteresse normande qui a pris son nom. Acis, il est vrai, fut changé en un fleuve qu'on appelle aujourd'hui le *Aque-grandi*, et que je cherchai vainement; mais on me montra son lit, qui revenait au même. Je supposai qu'il était allé coucher autre part, voilà tout. Quand il fait 35 à 40 degrés de chaleur, il ne faut pas être trop sévère sur la moralité des fleuves.

Je cherchai aussi la forêt dont Énée vit sortir le malheureux Achéménide, oublié par Ulysse, et qu'il recueillit quoique Grec; mais la forêt a disparu ou à peu près.

La nuit commençait à descendre, et le soleil que j'avais vu lever derrière la Calabre disparaissait peu à peu derrière l'Etna. Un coup de fusil tiré à bord du speronare, et qui me parut s'adresser à moi, me rappela que, passé une certaine heure, on ne pouvait plus s'embarquer. Je me souciais peu de coucher dans une grotte, fût ce dans celle de Galathée; d'ailleurs je ressemblais trop peu au portrait du beau berger Acis pour qu'elle s'y trompât. Je repris le chemin du speronare.

Je trouvai Jadin furieux. Le dîner était brûlé; il m'assura que, si je continuais à voir aussi mauvaise compagnie que les cyclopes, les néréides et les bergers, il se séparerait de moi et voyagerait de son côté.

Nous étions écrasés de fatigue; entre Taormine, Aci-Reale et le port d'Ulysse, nous avions fait une rude journée; aussi la veillée ne fut pas longue. Le souper fini, nous nous jetâmes sur nos lits et nous endormîmes.

Notre réveil fut moins pittoresque que la veille: je me crus en face d'une église tendue de noir pour un enterrement. Nous étions dans le port de Catane.

Catane se lève comme une île entre deux rivières de lave. La plus ancienne, et qui enveloppe sa droite, est de 1381; la plus moderne, et qui presse sa gauche, est de 1669. Saisie par l'eau, qu'elle a commencé à refouler à la distance d'un quart de lieue, cette lave a enfin fini par se refroidir comme une immense falaise pleine d'excavations bizarres et sombres, qui semblent autant de porches de l'enfer, et qui, par un contraste bizarre, sont toutes peuplées de colombes et d'hirondelles. Quant au fond du port, il a été comblé, et les petits bâtimens seuls peuvent maintenant y entrer.

Pendant que la capitaine allait chercher sa patente, nous montâmes dans la barque, et nos fusils à la main, nous allâmes faire une excursion sous ces voûtes. Il en résulta la mort de cinq ou six colombes qui furent destinées à servir de rôti à notre dîner.

Le capitaine revint avec notre permission d'aller à terre; nous en profitâmes aussitôt, car je comptais employer la journée du lendemain et du surlendemain à gravir l'Etna, ce qui, au dire des gens du pays même, n'est point une petite affaire; dix minutes après, nous étions à la Corona d'Oro, chez le seigneur Abbate, que je cite pour reconnaissance; contre l'habitude, nous trouvâmes quelque chose à manger chez lui.

Catane fut fondée, suivant Thucydide, par les Chalcidiens, et selon quelques autres auteurs, par les Phéniciens, à une époque où les irruptions de l'Etna étaient non seulement rares, mais encore ignorées, puisque Homère, en parlant de cette montagne, ne dit nulle part que ce soit un volcan.

Trois ou quatre cents ans après sa fondation, les fondateurs de la ville en furent chassés par Phalaris, celui, on se le rappelle, qui avait eu l'heureuse imagination de mettre ses sujets dans un taureau d'airain, qu'il faisait ensuite rougir à petit feu, et qui, juste une fois dans sa vie, commença l'expérience par celui qui l'avait inventé. Phalaris mort, Gelon se rendit maître de Catane, et, mécontent de son nom, qui, en supposant qu'il soit tiré du mot phénicien *caton*, veut dire petite, il lui substitua celui d'Etna, peut-être pour la recommander par cette flatterie à son terrible parrain, qui à cette époque commençait à se réveiller de son long sommeil; mais bientôt les anciens habitans, chassés par Phalaris, étant revenus dans leur patrie, grâce aux victoires de Ducetius, roi des Sicules, la religion du souvenir l'emporta, et ils lui rendirent son premier nom. Ce fut alors que les Athéniens rêvèrent de conquérir cette Sicile qui devait être leur tombeau. Alcibiade les commandait; sa réputation de beauté, de galanterie et d'éloquence, marchait devant lui. Il arriva devant Catane, et demanda à être introduit dans la ville et à parler aux Catanais: peut-être, s'il n'y eût eu que les Catanais, sa demande lui eût-elle été refusée, mais les Catanaises insistèrent. On conduisit Alcibiade au cirque, et tout le monde s'y rendit. Là l'élève de Socrate commença une de ces harangues ioniennes si douces, si flatteuses, si éloquentes, si terribles, si colorées, si menaçantes. Aussi les gardes des portes eux-mêmes abandonnèrent leur poste pour venir l'écouter. C'est ce qu'avait prévu Alcibiade, qui ne péchait point par excès de modestie, et c'est ce dont profita Nicias, son lieutenant: il entra avec la flotte athénienne dans le port, qui, à cette époque, n'était point comblé par la lave, et s'empara de la ville sans que personne s'y opposât. Cinquante ou soixante ans plus tard, Denis l'Ancien, qui venait de traiter avec Carthage et de soumettre Syracuse, atteignit le même but, non point par l'éloquence, mais par la force. Mamercus, mauvais poëte tragique et tyran médiocre, lui succéda, fournissant à la postérité des sujets de drame dont Timoléon devait être le héros. Puis vinrent les Romains, ces grands envahisseurs, qui apparurent à leur tour vers l'an 549 de la fondation, et qui commencèrent par piller: Valerius Messala fut sous ce point de vue le prédécesseur de Verrès. Seulement, du temps de Valérius Messala, on pillait pour la république, tandis que, du temps de Verrès, la chose s'était perfectionnée, on pillait pour soi. Le vainqueur envoya donc les dépouilles à Rome; c'était encore la Rome pauvre, la Rome de terre et de chaume; aussi fut-elle on ne peut plus sensible au présent. Il y avait surtout dans le butin une horloge solaire que l'on plaça près de la colonne Rostrale, et à laquelle, pendant un demi-siècle, le peuple-roi vint regarder l'heure avec admiration. Chacune de ces heures était alors comptée par des conquêtes. Ces conquêtes enrichissaient Rome, et Rome commençait à devenir généreuse. Marcellus résolut alors de faire oublier aux Siciliens la façon dont les Romains avaient débuté avec eux; Marcellus avait la rage de bâtir: il bâtissait, partout où il se trouvait, des fontaines, des aqueducs, des théâtres. Catane avait déjà deux théâtres; Marcellus y ajouta un gymnase, et probablement des bains. Aussi Verrès trouva-t-il la ville en un état assez florissant pour qu'il daignât jeter les yeux sur elle; il s'informa de ce qu'il y avait de mieux dans ce qu'avait laissé Messala et dans ce qu'y avait ajouté Marcellus. On lui parla d'un temple de Cérès, bâti en lave et élevé hors de la ville, lequel renfermait une magnifique statue, connue seulement des femmes, car il était défendu aux hommes d'entrer dans le temple. Verrès, qui de sa nature était peu galant, prétendit que les femmes avaient déjà bien assez de priviléges sans qu'on respectât encore celui-là, puis il entra dans le temple et prit la statue. Quelque temps après, Sextus Pompée pilla Catane à son tour, sous prétexte qu'elle avait été fort tiède pour son père dans ses discussions avec César, de sorte qu'il était grand temps que vînt Auguste, lorsque effectivement Auguste vint.

Celui-là, c'était le réédificateur général et le pacificateur universel. Dans sa jeunesse, emporté par l'exemple, il avait bien proscrit quelque peu, pour faire comme Lépide et Antoine ; mais il avait pris de l'âge, s'était fait nommer tribun du peuple et non pas *imperator*, comme le disaient les républicains du temps. Il aimait les bucoliques, les géorgiques et les idylles, les chants des bergers, les combats de flûte et le murmure des ruisseaux. C'était enfin le dieu qui faisait le repos du monde. Catane ressentit les bienfaits de ce doux règne. Auguste releva ses murs et lui envoya une colonie qui, sous Théodose encore, était restée une des plus florissantes de la Sicile ; mais, à partir de la mort de ce dernier, les tribulations de Catane recommencèrent : les Grecs, les Sarrasins et les Normands se succédèrent les uns aux autres, et la traitèrent à peu près comme avait fait Messala, Verrès et Sextus Pompée. Enfin, pour couronner toutes ces déprédations successives, un tremblement de terre, arrivé en 1169, la renversa sans lui laisser une seule maison ; quinze mille habitans y périrent. Le tremblement de terre calmé, ceux qui s'étaient sauvés revinrent à leurs ruines comme des oiseaux à leurs nids, et, avec l'aide de Guillaume le Bon, reconstruisirent une ville nouvelle. Elle était à peine sur pied, que Henri VI, dans un moment de mauvaise humeur, y mit le feu et passa les habitans au fil de l'épée. Heureusement, il s'en sauva quelques-uns. Ceux qui étaient échappés au père conspirèrent contre le fils. Frédéric Barberousse était dans les principes de son digne père ; il rebrûla de rechef, et repassa de nouveau au fil de l'épée. Après Henri et Frédéric, il n'y avait de pis que la peste : elle vint en 1348, et dépeupla Catane. Cette ville commençait enfin à se remettre de tous les fléaux successifs qui l'avaient dévastée, lorsque en 1669, un fleuve de lave de dix lieues de longueur et d'une lieue de large sortit du Monte-Rosso, descendit jusqu'à elle, couvrant trois villages dans sa course, et, la sapant dans sa base, la poussa dans son port, qu'il combla avec ses ruines.

Voilà l'histoire de Catane pendant vingt-six siècles, et cependant la ville obstinée à constamment repoussé au même endroit, enfonçant chaque fois davantage dans ce sol mouvant et infidèle ses racines de pierre. Il y a plus : Catane est, avec Messine, la ville la plus riche de la Sicile.

Aussitôt le déjeuner terminé, nous nous mîmes en route à travers la ville. Notre cicerone nous mena tout droit à ses deux places ; j'ai remarqué que sont les places que les cicerone vous font généralement voir tout d'abord. Je leur en sais gré, en ce qu'une fois qu'on les a vues, on en est débarrassé.

Les places de Catane sont, comme toutes les places, de grands espaces vides entourés de maisons ; plus l'espace est grand, plus la place est belle : c'est convenu dans tous les pays du monde. Une de ces places est entourée d'insignifiantes constructions. Je ne sais pas comment s'appellent ces sortes de fabriques : ce ne sont point des maisons, ce ne sont point des monumens ; on prétend que ce sont des palais ; grand bien leur fasse !

L'autre place est un peu plus pittoresque, en ce qu'elle est un peu plus irrégulière. Au milieu s'élève une fontaine de marbre, surmontée d'un éléphant de lave, qui porte lui-même sur son dos un obélisque de granit. Cet obélisque est-il ou n'est-il pas égyptien ? Telle est la grave question qui partage les archéologues de la Sicile. Tel qu'il est, égyptien ou non, un point sur lequel il n'y a pas de conteste, c'est qu'il servait de *spina* au cirque découvert en 1820.

Ce fut sur cette place que je demandai à mon guide s'il connaissait monsieur Bellini père. A cette demande, il se retourna vivement, et, me montrant un vieillard qui passait dans une petite voiture attelée d'un cheval :

— Tenez, me dit-il, le voilà qui va à la campagne.

Je courus à la voiture, que j'arrêtai, pensant qu'on n'est jamais indiscret quand on parle à un père de son fils, et d'un fils comme celui-là surtout. En effet, au premier mot que je lui en dis, le vieillard me prit les mains en me demandant s'il était bien vrai que je le connusse. Alors je tirai de mon portefeuille une lettre de recommandation qu'au moment de mon départ de Paris Bellini m'avait donnée pour la duchesse de Noja, et je lui demandai s'il connaissait cette écriture. Le pauvre père ne me répondit qu'en me prenant des mains et en baisant l'adresse ; puis, se retournant de mon côté :

— Oh ! c'est que vous ne savez pas, dit-il, comme il est bon pour moi ! Nous ne sommes pas riches : eh bien ! à chaque succès, je vois arriver un souvenir de lui, et chaque souvenir a pour but de donner un peu d'aisance et de bonheur à ma vieillesse. Si vous veniez chez moi, je vous montrerais une foule de choses que je dois à sa piété. Chacun de ses succès traverse les mers et m'apporte un bien-être nouveau. Cette montre, c'est de *Norma* ; cette petite voiture et ce cheval, c'est une partie du produit des *Puritains*. Dans chaque lettre qu'il m'écrit, il me dit toujours qu'il viendra ; mais il y a si loin de Paris à Catane, que je ne crois pas à cette promesse, et que j'ai bien peur de mourir sans le revoir. Vous le reverrez, vous ?

— Mais oui, répondis-je, car je croyais le revoir ; et si vous avez quelque commission pour lui...

— Non. Que lui enverrais-je, moi ? ma bénédiction ? Pauvre enfant ! je la lui donne le matin et le soir. Vous lui direz que vous m'avez fait passer un jour heureux en me parlant de lui ; puis, que je vous ai embrassé comme un vieil ami. Le vieillard m'embrassa. Mais vous ne lui direz pas que j'ai pleuré. D'ailleurs, ajouta-t-il en riant, c'est de joie que je pleure. Et c'est donc vrai qu'il a de la réputation, mon fils ?

— Mais une très grande, je vous assure.

— Quelle étrange chose ! Et qui m'aurait dit cela quand je le grondais de ce qu'au lieu de travailler, il était là, battant la mesure avec son pied, et faisant chanter à sa sœur tous nos vieux airs siciliens ? Enfin, tout cela est écrit là-haut. C'est égal, je voudrais bien le revoir avant de mourir. Est-ce que votre ami le connaît aussi, mon fils ?

— Certainement.

— Personnellement ?

— Personnellement. Mon ami est lui-même le fils d'un musicien distingué.

— Appelez-le donc alors ; je veux lui serrer la main aussi, à lui.

J'appelai Jadin, qui vint. Ce fut son tour alors d'être choyé et caressé par le pauvre vieillard, qui voulait nous ramener chez lui, et voulait passer la journée avec nous. Mais c'était chose impossible : il allait à la campagne, et l'emploi de notre journée était arrêté. Nous lui promîmes d'aller le voir si nous repassions à Catane ; puis il nous serra la main, et partit. A peine eut-il fait quelques pas qu'il me rappela. Je courus à lui.

— Votre nom ? me dit-il ; j'ai oublié de vous demander votre nom.

Je lui dis, mais ce nom n'éveilla en lui aucun souvenir. Ce qu'il connaissait de son enfant même, ce n'était pas l'artiste, c'était le bon fils.

— Alexandre Dumas, Alexandre Dumas, répéta-t-il deux ou trois fois. Bon, je me rappellerai que celui qui portait ce nom-là m'a donné de bonnes nouvelles de mon... Alexandre Dumas, adieu, adieu ! Je me rappellerai votre nom ; adieu !

Pauvre vieillard ! je suis sûr qu'il ne l'a pas oublié, car les nouvelles que je lui donnais, c'étaient les dernières qu'il devait recevoir !

En le quittant, notre guide nous conduisit au Musée. Ce Musée, tout composé d'antiquités, est de fondation moderne. Il se trouva pour le bonheur de Catane un grand seigneur riche à ne savoir que faire de sa richesse, et de plus artiste. C'était don Ignazio de Patarno, prince de Biscari. Le premier, il se souvint qu'il marchait sur un autre Herculanum, et des fouilles royales commencèrent, faites par un simple particulier. Ce fut lui qui retrouva un temple de Cérès, qui découvrit les thermes, les aqueducs, la basilique, le forum et les sépultures publiques. Enfin, ce fut lui qui fonda le Musée, qui recueillit et classa les objets qui en font partie ; ces objets se divisent en trois classes : les antiquités, les produits d'histoire naturelle et les curiosités.

Parmi les antiquités, on compte des statues, des bas-reliefs, des mosaïques, des colonnes, des idoles, des pénates et des vases siciliens.

Les statues appartiennent presque toutes à une époque de mauvais goût ou de décadence, et n'offrent de réellement remarquable qu'un torse colossal qui vient, dit-on, d'une statue de Jupiter Éleuthère, une Penthésilée mourante, un buste d'Antinoüs, et une centauresse; encore ce dernier morceau est-il plus précieux comme curiosité que comme art, toutes les statues de centaures que l'on ait trouvées étant des statues mâles, et les centauresses n'existant ordinairement que sur les bas-reliefs et les médailles.

Les vases siciliens composent, sans contredit, la collection la plus intéressante du Musée, en ce qu'ils sont de formes variées à l'infini, et presque tous d'une élégance parfaite.

Quant aux idoles, pénates, lampes, etc., c'est ce qu'on voit partout.

Les produits d'histoire naturelle appartiennent aux trois règnes de la Sicile, et demandent des appréciateurs spéciaux. Ce qui me parut curieux et remarquable pour tout le monde, c'est une collection des laves de l'Etna. Ces laves, beaucoup moins belles et beaucoup moins variées que celles du Vésuve, sont presque toutes rousses ou mouchetées de gris; cela tient à ce que l'Etna renferme le fer et le sel ammoniac en quantité beaucoup plus grande que le soufre, les marbres et les matières vitrifiables, tandis que le Vésuve, au contraire, contient ces derniers objets en grande abondance.

Enfin, la collection des *curiosités* consiste en armures, cuirasses, épées sarrasines, normandes et espagnoles, dont quelques-unes sont fort riches et d'un très beau travail.

On montrait aussi autrefois un médaillier dans lequel était renfermée une collection complète des médailles de la Sicile; mais à force de le montrer, le gardien s'aperçut un beau jour qu'il en manquait cinq des plus précieuses : depuis ce temps, le médaillier est fermé.

Du Musée, nous allâmes à la cathédrale en traversant la rue Saint-Ferdinand. J'appelai vivement Jadin; il se retourna.

— Retenez Milord, lui dis-je.
— Pourquoi ?
— Retenez-le d'abord, je vous dirai pourquoi ensuite.

Jadin appela Milord, et lui passa son mouchoir dans son collier.

— Maintenant, lui dis-je, regardez sur la fenêtre de cet opticien.

Sur la fenêtre de l'opticien, il y avait un chat dressé à regarder les passans à travers une paire de lunettes, qu'il portait fort gravement sur son nez.

— Peste ! dit Jadin, vous avez eu là une bonne idée; celui-là rentre dans la classe des chats savans, et nous aurait coûté plus de deux pauls.

Milord, en sa qualité de boule-dogue, était en effet un si grand étrangleur de chats, que nous avions jugé utile, on se le rappelle, de prendre des mesures à ce sujet. En conséquence, à partir de Gênes, ville dans laquelle Milord avait commencé à exploiter en Italie sa race féline, nous avions débattu le prix d'un chat bien conditionné, et il avait été arrêté avec les propriétaires des deux premiers étranglés, qu'un chat de race ordinaire, gris pommelé, gris blanc, ou moucheté de feu, valait deux pauls, au maximum; étaient exceptés de ce tarif, bien entendu, les angoras, les chats savans, enfin les chats à deux têtes ou à six pattes. Nous nous étions fait donner un reçu en règle des deux chats génois; nous avions fait ajouter successivement à ce reçu les reçus subséquens, de manière à nous faire un titre indiscutable. Toutes les fois que Milord commettait un assassinat nouveau, et qu'on nous demandait pour la victime plus de deux pauls, nous tirions notre titre de notre poche, nous prouvions que deux pauls étaient le dédommagement que nous étions habitués à donner en pareil cas, et il était bien rare alors que le propriétaire ne se contentât point de l'indemnité dont s'étaient contentées la plupart des personnes à qui nous avions eu affaire. Mais, comme nous l'avons dit, il y avait des exceptions à notre tarif, et un chat qui portait des lunettes d'une façon si majestueuse devait naturellement rentrer dans les exceptions. Jadin avait donc dit une chose pleine de sens, lorsqu'il avait dit qu'on nous ferait payer le chat de l'opticien plus de deux pauls, et il avait agi avec une louable prudence lorsqu'il avait fait une laisse de son mouchoir.

Grâce à cette précaution, nous traversâmes la rue Saint-Ferdinand sans encombre, et sans que Milord eût paru s'apercevoir autrement que par sa captivité d'un instant de notre inquiétude momentanée. En entrant dans l'église, nous le lâchâmes. Il n'y avait plus rien à craindre.

L'église est sous l'invocation de sainte Agathe, qui y est enterrée, comme on le sait. Son martyre fut d'avoir la gorge coupée et tenaillée; aussi, comme Didon, la sainte a appris à compâtir aux maux qu'elle a soufferts, et elle est surtout miraculeuse pour les maladies de sein. Une multitude d'ex-voto en argent, en marbre et en cire, représentant tous des mamelles, font foi de son pouvoir sanitaire et de la confiance que la population catanaise a dans la belle et chaste vierge qu'elle a choisie pour sa patronne.

Dans le chœur, de beaux bas-reliefs de chêne, qui datent du xve siècle, représentent toute l'histoire de la sainte depuis le moment où elle refusa d'épouser Quintilien, jusqu'à celui où l'on rapporta son corps de Constantinople. Les plus curieux de ces bas-reliefs sont ceux où la sainte est frappée de barres de fer, où on lui coupe les seins, où on la brûle, et où, visitée dans sa prison par saint Pierre, elle est guérie par lui. Puis vient la seconde période de la légende : après la martyre l'élue, après le supplice les miracles. Alors, et en suivant toujours les bas-reliefs, on voit la sainte apparaître à Guibert, et lui ordonner d'aller chercher son corps à Constantinople. Guibert obéit et trouve son tombeau. Embarrassé alors pour emporter cette précieuse relique, il coupe le cadavre par morceaux et en met un morceau dans le carquois de chacun de ses soldats, et le rapporte ainsi jusqu'à Catane sans qu'il s'en égare autre chose qu'un sein, qui heureusement est retrouvé et rapporté par une petite fille, de sorte que la bienheureuse Agathe, à la honte des infidèles, se retrouve au grand complet.

Tous ces bas-reliefs sont charmans de naïveté. Personne n'y fait attention, aucun livre n'en parle, nul cicerone ne pense à les faire voir, et cependant c'est à coup sûr une des choses les plus curieuses que renferme l'église.

J'oubliais le voile de sainte Agathe que l'on conserve dans la cathédrale. Ce précieux tissu, comme on dit dans les tragédies classiques, a le privilège d'arrêter les laves qui descendent de l'Etna : on n'a qu'à leur présenter le voile, et le torrent s'arrête, se refroidit et se coagule. Malheureusement il faut que cette action soit accompagnée d'une foi tellement forte, que presque jamais le miracle ne réussit complètement; mais alors ce n'est pas la faute du voile, c'est la faute de celui qui le porte.

En sortant de l'église, notre guide nous conduisit à l'amphithéâtre, dont il est presque impossible de mesurer la grandeur, enterré qu'il est presque entièrement dans la lave. C'est de cet amphithéâtre que fut tiré, comme nous l'avons dit, en 1820, l'obélisque qui s'élève sur la place de l'Éléphant; mais les fouilles nécessitaient des dépenses énormes, et l'on fut obligé de les cesser.

Au dessus de l'amphithéâtre se trouve un bâtiment qu'on nous assura être la prison où mourut la sainte. A la porte de cette prison est une pierre qui conserve l'empreinte de deux pieds de femme. Au moment où sainte Agathe marchait à la mort, Quintilien lui fit offrir une fois encore la vie si elle consentait à abjurer et à devenir sa femme. Ma volonté, répondit la sainte, est plus ferme que cette pierre. Et la pierre s'affaissa sous ses pieds, dont, depuis cette époque, elle a gardé la marque.

De l'amphithéâtre nous allâmes au théâtre. Mais, pour reconnaître l'un et l'autre, il faut encore plus de foi que pour présenter le voile de la sainte à la lave. Nous avons déjà dit que c'était dans ce théâtre qu'Alcibiade haranguait es Catanais lorsque Catane fut prise par Nicias.

Si l'on veut au reste voir de près et dans toute sa terrible variété l'effet des laves, il faut monter sur une des tours du château Orsini, bâti par l'empereur Frédéric II, roi de Sicile. L'irruption de 1669 a enveloppé ce château comme une île, mais l'océan de feu battit vainement le géant de granit; le géant est resté debout au milieu des ruines qui l'entourent.

Nous revenions à l'hôtel, où nous comptions manger un morceau avant de visiter le couvent des Bénédictins, la seule chose qui nous restât à voir, lorsqu'en regardant autour de moi, je m'aperçus que Milord était devenu invisible. Chaque fois que pareille chose nous arrivait, nous connaissions d'avance les suites de cette disparition. Au bout d'un instant nous le voyions ressortir par quelque porte ou quelque fenêtre, se léchant le museau, et suivi d'un indigène mâle ou femelle tenant son chat par la queue, et venant réclamer ses deux pauls. Mon premier regard m'apprit que nous étions dans la rue Saint-Ferdinand, et le second que nous étions en face de la boutique de l'opticien; en même temps j'entendis un sabbat de possédés, derrière un tonneau qui se trouvait à la porte. Je saisis le bras de Jadin et lui montrai la fenêtre où le chat manquait. Il comprit tout à l'instant même, courut au tonneau, ramassa une paire de lunettes qu'il mit à l'instant sur son nez comme si c'étaient les siennes qu'il eût égarées, et revint suivi de Milord. Quant au malheureux chat, il était trépassé obscurément dans le coin où il était imprudemment descendu, et où Jadin laissa prudemment son cadavre. Or, nous étions à cette heure du jour où, comme le disent dédaigneusement les Italiens, il n'y a dans les rues que les chiens et les Français. Personne ne fut donc témoin de l'assassinat, pas même les grues du poëte Ibicus; non seulement l'assassinat resta parfaitement impuni, mais Jadin même hérita des lunettes du défunt.

Ces lunettes sont dans l'atelier de Jadin, où il les montre comme étant celles du fameux abbé Meli, l'Anacréon de la Sicile. Il en a déjà refusé cent écus qu'un Anglais lui a offerts; il ne les donnera, à ce qu'il assure, que pour vingt-cinq louis.

LES BÉNÉDICTINS DE SAINT-NICOLAS-LE-VIEUX.

Le couvent de Saint-Nicolas, le plus riche de Catane, et dont la coupole dépasse en hauteur tous les monuments de la ville, a été bâti, vers le milieu du siècle passé, sur les dessins de Contini. On y remarque l'église et le jardin; l'église pour ses colonnes de vert antique et pour un très bel orgue, ouvrage d'un moine calabrais, qui demanda pour tout paiement d'être enterré sous son chef-d'œuvre; le jardin, pour la difficulté vaincue; effectivement le fond est en lave, et toute la terre qui le couvre a été apportée à main d'homme.

La règle du couvent de Saint-Nicolas était autrefois très sévère; les moines devaient demeurer sur l'Etna, aux limites des terres habitables, et à cet effet, leur premier monastère était bâti à l'entrée de la seconde région, trois quarts de lieue au-dessus de Nicolosi, dernier village que l'on rencontre en montant au cratère. Mais comme tout s'affaiblit à la longue, la règle perdit peu à peu de sa rigueur, et on commença à ne plus réparer le couvent. Bientôt une ou deux salles s'étant affaissées sous le poids des neiges, les bons pères firent bâtir la magnifique succursale de Catane, qui prit le nom de Saint-Nicolas-le-Neuf, et ne demeurèrent que pendant l'été à Saint-Nicolas-le-Vieux. Plus tard, Saint-Nicolas-le-Vieux fut abandonné été comme hiver; on parla pendant trois ou quatre ans d'y faire des réparations qui le rendraient de nouveau habitable, mais on s'en garda bien. Enfin, une bande de voleurs, gens beaucoup moins difficiles sur leurs aises que les moines, s'en étant emparés et y ayant élu domicile, il ne fut plus aucunement question de remonter à Saint-Nicolas-le-Vieux, et les bons pères, qui ne se souciaient pas d'avoir des discussions avec de pareils hôtes, leur abandonnèrent la tranquille jouissance du couvent.

Cela donna lieu à une méprise assez curieuse.

En 1806, le comte de Weder, Allemand de vieille roche, comme son nom l'indique, partit de Vienne pour visiter la Sicile; il s'embarqua à Trieste, prit terre à Ancône, visita Rome, s'y arrêta ainsi qu'à Naples, pour y prendre quelques lettres de recommandation, se remit de nouveau en mer, et débarqua à Catane.

Le comte de Weder connaissait de longue date l'existence du couvent de Saint-Nicolas, et la réputation qu'avaient les bons pères de posséder parmi leurs frères servans le meilleur cuisinier de toute la Sicile. Aussi le comte de Weder, qui était un gastronome très distingué, n'avait-il point manqué de se faire donner à Rome, par un cardinal avec lequel il avait dîné chez l'ambassadeur d'Autriche, une lettre de recommandation pour le supérieur du couvent de Saint-Nicolas. La lettre était pressante: on recommandait le comte comme un pieux et fervent pèlerin, et l'on réclamait pour lui l'hospitalité pendant tout le temps qu'il lui plairait de rester au monastère.

Le comte était savant à la manière des Allemands, c'est-à-dire qu'il avait lu une grande quantité de bouquins parfaitement oubliés; de sorte qu'il pouvait, à l'appui de ses assertions, si erronées et si ridicules qu'elles fussent, citer un certain nombre de noms inconnus qui donnaient une sorte de majesté pédantesque à ses paradoxes. Or, parmi ces bouquins, se trouvait un catalogue des couvens de bénédictins répandus sur la surface du globe, et il avait vu et retenu, avec la ténacité d'un esprit d'outre-Rhin, que la règle des bénédictins de Saint-Nicolas de Catane leur enjoignait, comme je l'ai dit, de demeurer sur la dernière limite de la *reggione coltivata*, ou de la première de la *reggione nemorosa*. Aussi, lorsqu'il fit venir un muletier pour qu'il le conduisît à Saint-Nicolas, et que le muletier lui eût demandé si c'était à Saint-Nicolas-le-Neuf ou à Saint-Nicolas-le-Vieux, le comte répondit sans hésiter:

— A San-Nicolò sull' Etna.

C'était tout ce que le comte savait d'italien.

Il n'y avait pas à s'y tromper, l'indication était précise: cependant le muletier hasarda quelques observations; mais le comte lui ferma la bouche en lui disant: *Je bairai pien*. On connaît la puissance habituelle d'un pareil argument: le muletier salua le comte, et une demi-heure après revint avec une mule.

— Eh pien? dit le comte.

— Eh bien! Excellence? répondit le muletier qui, en sa qualité de guide, comprenait toutes les langues.

— Eh pien! ma pagache?

— Votre Excellence emporte son bagage?

— Partieu!

— Oh! dit le muletier, c'est que Votre Excellence eût pu le laisser à l'auberge; c'eût été plus sûr.

— Che ne guitte chamais ma pagache, entendez-fous, dit l'Allemand.

Le muletier répondit par un signe imperceptible qui voulait dire: Chacun est libre, — et s'en alla chercher le second mulet. Cependant, lorsque le mulet fut chargé, l'honnête guide crut devoir à sa conscience de faire une dernière observation.

— Ainsi Votre Excellence est décidée?

— Cerdainement, répondit le comte en fourrant une énorme paire de pistolets dans les fontes de sa monture.

— Elle va à Saint-Nicolas-le-Vieux?

— J'y fais.

— Votre Excellence a donc des amis à Saint-Nicolas-le-Vieux?

— Chai ein lettre pour la chenéral.

— Pour le capitaine? veut dire Votre Excellence.

— Pour la chenéral, que je tis!

— Hum! hum! dit le Sicilien.

— D'ailleurs, je bairai pien, je bairai pien, entends-tu, maraud?

— Pardon, continua le guide; mais, puisque Votre Excellence est dans de si bonnes dispositions, lui serait-il égal de me payer d'avance?

— D'afance! et pourquoi ça?

— Parce qu'il est déjà trois heures, que nous n'arriverons pas avant la nuit, et que je voudrais revenir tout de suite.

— A la nuit? dit le comte. Au moins soupe-t-on au couvent.

— Au couvent?

— Oui, à San-Nicolo.

— Oh! certainement, qu'on y soupe; on est même plus sûr d'y trouver la table mise la nuit que le jour.

— Les farceurs! dit le comte dont un éclair gastronomique illumina le visage. Tiens, foilà bour la ponne noufelle que tu me donnes.

Et il lui remit deux piastres, qu'il tira d'une bourse admirablement garnie.

— Merci, Excellence, répondit le muletier, qui, une fois payé, n'avait plus rien à dire.

— Eh pien! bartons-nous maintenant? reprit le comte.

— Quand vous voudrez, Excellence.

Le guide aida le comte à monter sur sa mule, et se mit en route en chantant une espèce de cantique qui ressemblait beaucoup plus à un *miserere* qu'à une tarentelle; mais le comte était trop préoccupé du dîner qu'il allait faire pour remarquer tout ce que ce prélude avait de mélancolique.

La route se fit assez silencieusement. Le guide avait fini par croire, en voyant la confiance du comte appuyée des deux énormes pistolets qu'il avait logés dans ses fontes, qu'il était au mieux avec les hôtes de Saint-Nicolas-le-Vieux, et que même peut-être il faisait partie de quelque bande de la Bohême qui était en relation d'intérêts avec celles de la Sicile. Quant à lui, il savait que personnellement il n'avait rien à craindre, les muletiers étant généralement sacrés pour les voleurs, et doublement, comme on le comprend bien, lorsqu'ils leur amènent une si bonne pratique que paraissait être le comte.

Cependant, à chaque village qu'il rencontrait sur la route, le muletier s'arrêtait sous un prétexte ou sous un autre. C'était une espèce de transaction qu'il faisait avec sa conscience, pour donner au comte le temps de faire ses réflexions et de retourner en arrière si bon lui semblait. Mais à chaque halte, le comte reprenait d'une voix que la faim rendait de plus en plus pressante:

— En afant; allons, en afant, der teufel! nous n'arriferons chamais.

Et il repartait suivi par les regards ébahis des paysans qui venaient d'apprendre du guide le but de cet étrange pèlerinage, et qui ne comprenaient pas que, sans y être conduit de force, on eût l'idée de faire le voyage de Saint-Nicolas-le-Vieux.

Ils traversèrent ainsi Gravina, Santa-Lucia-di-Catarica, Mananunziata et Nicolosi. Arrivés à ce dernier village, le guide fit un dernier effort.

— Excellence, dit-il, à votre place je souperais et je coucherais ici, puis demain, j'irais, en me promenant, comme cela, tout seul, à Saint-Nicolas-le-Vieux.

— Est-ce que tu ne m'as dit que che trouferais un pon souper et un pon lit au coufent?

— Pardieu si, répondit le guide, s'ils veulent vous bien recevoir.

— Mais quand che té tis que chai ein lettre pour le chenéral.

— Pour le capitaine?

— Non, pour le chenéral.

— Enfin, dit le guide, puisque vous le voulez absolument.

— Certainement, que je le feux.

— En ce cas, allons.

Et les deux voyageurs se remirent en route.

Comme l'avait dit le muletier, la nuit était venue; il ne faisait pas de lune, on ne voyait pas à quatre pas devant soi. Mais comme le muletier connaissait parfaitement le terrain, il n'y avait pas risque de se perdre. Il prit un petit sentier à peine tracé, et qui s'écartait à droite dans les terres; puis, commençant à quitter la région cultivée, il entra dans celle des forêts. Au bout d'une heure de marche, on vit se dessiner une masse noire, aux fenêtres de laquelle on n'apercevait aucune lumière.

— Voilà Saint-Nicolas-le-Vieux, dit à voix basse le muletier.

— Oh! oh! dit le comte, foilà un coufent dans ein situation pien mélangolique.

— Si vous voulez, répartit vivement le guide, nous pouvons retourner à Nicolosi, et si vous ne voulez pas coucher à l'auberge, il y a un excellent homme qui ne vous refusera pas un lit, monsieur Gemellaro.

— Che ne le connais bas. T'ailleurs, c'est à Saint-Nigolas que je feux aller, et non à Nicolosi.

— *Zerebello da tedesco*, murmura le Sicilien.

Puis, fouettant ses deux mules, il se remit en marche. Cinq minutes après ils étaient à la porte du couvent.

Le couvent n'avait rien de plus rassurant pour être vu de plus près. C'était une vieille fabrique du XIIe siècle, où il était facile de lire les ravages de chaque irruption qui avait eu lieu depuis le temps de sa fondation. La date de tous les incendies et de tous les tremblemens de terre était là sculptée sur la pierre. A certaines dentelures qui se détachaient en vigueur sur un ciel bleu-foncé, tout brillant d'étoiles, il était facile de reconnaître qu'une partie des bâtimens tombait en ruines. Cependant les murailles qui entouraient l'édifice paraissaient assez bien entretenues, et l'on y avait pratiqué des meurtrières, ce qui donnait à Saint-Nicolas-le-Vieux plutôt l'apparence d'une forteresse que l'aspect d'un monastère.

Le comte regarda tout cela d'un air fort calme, et ordonna au muletier de frapper. Celui-ci, qui en avait pris son parti, souleva un vieux marteau de fer tout rongé par la rouille et le temps, et le laissa retomber de toute sa pesanteur. Le coup retentit dans les profondeurs du couvent, et une cloche au son aigre répondit. Presque en même temps, une petite fenêtre, pratiquée à dix pieds de hauteur, s'ouvrit. Il en sortit un long tube de fer, qui se dirigea vers la poitrine du comte; une tête barbue se montra à l'ouverture, et une voix qui n'avait rien de l'onction monacale demanda:

— *Qui va là?*

— Ami, répondit le comte en écartant de la main le canon du fusil; ami.

En même temps il lui sembla sentir arriver par la fenêtre ouverte une odeur de rôti qui lui réjouit l'âme.

— Ami, bah! dit l'homme de la fenêtre. Et qui nous prouvera que vous êtes un ami?

Et il ramena le canon de fusil dans la direction première.

— Mon très gère frère, répondit le comte en écartant de nouveau et avec le même sang-froid l'arme qui le menaçait, ché combrends très pien que fous breniez vos brécauzions afant de recefoir les édranchers, et chan ferais autant à vodre blace, moi; mais chai ein lettre du gardinal Morosini pour la cheneral à fous.

— Pour notre capitaine? reprit l'homme au fusil.

— Eh! non, non, pour le chenéral.

— Enfin, ça ne fait rien. Vous êtes tout seul? continua l'interlocuteur.

— Dout seul.

— Attendez, on va vous ouvrir.

— Hum! ça sent pon, la rôdi, dit l'Allemand en descendant de sa mule.

— Excellence, demanda le muletier, qui pendant ce temps avait déchargé le bagage du comte, vous n'avez plus besoin de moi?

— Tu ne feux donc pas resder? reprit le comte.

— Non, dit le muletier; avec votre permission, j'aime mieux aller coucher ailleurs.

— Et pien! bas, dit le comte.

— Faudra-t-il vous venir chercher? demanda le Sicilien.

— Non, la chenéral me fera recontuire.

— Très bien. Adieu, Excellence.

— Atieu.

En ce moment la clef commença à grincer dans la serrure,

le guide sauta sur une de ses mules, prit la bride de l'autre, et s'éloigna au trot. Il était déjà à une cinquantaine de pas quand la porte s'ouvrit.

— Ça sent pon, dit l'Allemand en humant l'odeur qui venait de la cuisine; ça sent très pon.

— Vous trouvez? demanda l'étrange portier.

— Oui, dit le comte, oui, che troufe.

— C'est le souper du chef, qui est en route et que nous attendons d'un moment à l'autre.

— Alors j'arrife pien, dit le comte en riant.

— Est-ce qu'il vous connaît, notre chef? demanda le portier.

— Non; mais chai ein lettre bour lui.

— Ah! c'est autre chose. Voyons?

— La foilà.

Le portier prit la lettre et lut :

« Al reverendissimo generale dei Benedettini; al covento di San-Nicolò di Catania. »

— Ah! je comprends, dit le portier.

— Ah! fous combrenez; c'est pien heureux, dit le comte en lui frappant sur l'épaule. En ce cas, mon ami, si fous combrenez, charchez-fous de ma pagache, et brenez garte surtout au borde-mandeau : c'est là où est mon pourse.

— Ah! c'est là où est votre bourse. C'est bon à savoir, dit le portier en prenant le porte-manteau avec un empressement tout particulier.

Puis, s'étant emparé du reste du bagage :

— Allons, allons, continua-t-il, je vois bien que vous êtes un ami; venez.

Le comte ne se le fit pas dire deux fois, et suivit son guide.

L'aspect intérieur du couvent n'était pas moins étrange que son aspect extérieur. Partout des ruines; beaucoup de futailles défoncées; nulle part de crucifix ni de saintes images. Le comte s'arrêta un instant, car il était de ces causeurs qui ont la mauvaise habitude de s'arrêter quand ils parlent, et il exprima son étonnement à son guide d'une pareille dévastation.

— Que voulez-vous? lui répondit son guide; nous sommes un peu isolés, comme vous avez pu le voir; et comme la montagne est pleine de mauvais sujets qui ne craignent ni Dieu ni diable, nous ne laissons pas traîner le peu que nous possédons. Tout ce que nous avons d'objets précieux est sous clef dans les caves. D'ailleurs, vous savez que nous avons un autre monastère dans la plaine, tout près de Catane?

— Non, che ne le safais bas. Ah! fous afez un audre monazdère! Diens, diens, diens!

— Maintenant, examinez vous-même votre bagage, pour que vous puissiez attester au chef qu'il n'en a rien été détourné.

— Oh! c'être pien fazile : ein malle, ein sag dé nuit et ein borde-mandeau. Che fous la récommante, la borde-mandeau; c'est là qu'est mon pourse.

— Ainsi, trois objets seulement, n'est-ce pas? Ce n'est guère.

— C'être assez.

— Vous trouvez, vous?

— Oui, je troufe.

— Eh bien! attendez là, dit le portier en faisant entrer le comte dans une espèce de cellule, et je ne doute pas que d'ici à une demi-heure le chef ne soit de retour. Et il fit mine de s'en aller.

— Dides donc, dides donc! Est-ce qu'en l'attendant che ne bourrai bas descentre à la guisine? Je donnerais beut-être de pons conseils au guisinier, moi.

— Ma foi! dit le portier, je n'y vois pas d'inconvénient : attendez ici, je vais mettre votre bagage en sûreté, et je viens vous reprendre. A propos, combien y a-t-il dans votre bourse?

— Trois mille six cent vingt tucats.

— Trois mille six cent vingt ducats, bon, reprit le portier.

— Ça m'a l'air t'un pien honnête homme, murmura le comte en regardant s'éloigner le frère qui emportait toute sa robba; ça m'a l'air t'un pien honnête homme.

Dix minutes après, son guide était de retour.

— Si vous voulez descendre à la cuisine, dit le Sicilien, vous êtes libre.

— Oui, che le feux. Où est-delle la guisine?

— Venez.

Le comte suivit de nouveau son guide, qui le conduisit dans les cuisines du couvent. La broche était garnie, tous les fourneaux étaient allumés, et des casseroles bouillaient partout.

— Pon, dit l'Allemand s'arrêtant sur la dernière marche, et embrassant d'un coup d'œil ce spectacle succulent; pon, il baraît que che ne suis bas tompé chour de cheûne. Ponchour, guisinier, ponchour.

Le cuisinier était prévenu; il reçut en conséquence le comte avec toute la déférence qu'il devait à un gourmet. Le comte en profita pour aller lever le couvercle de toutes les casseroles et goûter à toutes les sauces. Tout à coup il s'élança sur le cuisinier qui allait verser du sel dans une omelette, et lui arracha des mains le vase où étaient les œufs.

— Eh pien! eh pien! Qu'est-ce que tu fais donc? s'écria le comte.

— Comment, qu'est-ce que je fais? demanda le cuisinier.

— Foui, qu'est-ce que tu fais? je te le temante.

— Je mets du sel dans l'omelette.

— Mais, malheureux, on ne met bas de sel dans l'omelede. On met du sugre et des confidures, de ponnes confidures de croseilles.

— Allons donc, reprit le cuisinier en essayant de lui arracher le vase des mains.

— Non bas! non bas! dit le comte, c'est moi qui la ferai l'omelede; tonne-moi tes confidures.

— Ah! dit le cuisinier en s'échauffant, nous allons voir un peu qui est-ce qui est le maître ici.

— C'est moi! dit une voix forte; qu'y a-t-il?

Le comte et le cuisinier se retournèrent : un homme de quarante à quarante-cinq ans, vêtu d'une robe de moine, se tenait debout sur l'escalier; il était de haute taille et avait cette physionomie dure et impérieuse de ceux qui sont habitués à commander.

— Le capitaine! s'écria le cuisinier.

— Ah! dit le comte, c'est le cheneral, pon. Cheneral, continua-t-il en s'avançant vers le moine, che vous temante bardon, mais fous avez un guisinier qui ne sait bas faire les omeledes.

— Vous êtes le comte de Weder, monsieur? dit le moine en très bon français.

— Oui, ma cheneral, répondit le comte sans lâcher les œufs ni la fourchette avec laquelle il s'apprêtait à les battre; che suis le gonde de Weter en bersonne.

— Alors c'est vous qui m'avez apporté la lettre de recommandation que m'a remise le frère portier?

— Moi-même.

— Soyez le bien venu, monsieur le comte.

Le comte s'inclina.

— Seulement, continua le moine, je regrette que la situation écartée de notre couvent, son éloignement de tout lieu habité, ne nous permettent pas de vous mieux recevoir; mais nous sommes de pauvres solitaires des montagnes, et vous nous pardonnerez, je l'espère, si notre table n'est pas mieux garnie.

— Comment, comment, bas mieux carnie! Mais la souber, elle me semble excellente au gondraire, et quand chaurai fait l'omelede aux confidures...

— Mais, capitaine, dit le cuisinier.

— Donnez des confitures à monsieur, et qu'il fasse son omelette comme il l'entendra, dit le moine.

Le cuisinier obéit sans souffler mot.

— Maintenant, dit le moine, ne vous gênez pas, monsieur le comte, faites comme chez vous, et lorsque votre omelette sera finie, remontez, nous vous attendons.

— C'est l'affaire de zinq minutes, et che remonde; faites douchours serfir.

— Vous entendez, dit le moine au cuisinier, faites servir. Et il remonta l'escalier. Un instant après, deux frères descendirent et se mirent aux ordres du cuisinier. Pendant ce temps, le comte triomphant confectionnait son omelette; lorsqu'elle fut finie, il remonta à son tour.

Le supérieur l'attendait avec toute la communauté, qui se composait d'une vingtaine de frères, dans un réfectoire bien éclairé, et où l'on avait dressé une table parfaitement servie. Le comte fut frappé du luxe d'argenterie que cette table étalait, ainsi que de la finesse des nappes et des serviettes. Le couvent avait tiré de son trésor et de sa lingerie ce qu'il avait de mieux pour faire honneur à son hôte. Quant à l'appartement, il contrastait singulièrement, par son aspect délabré, avec le luxe du couvert qui y était dressé. C'était une grande salle qui avait dû être autrefois une chapelle, et dans l'autel de laquelle on avait pratiqué une cheminée; les parois n'avaient pour tout ornement que les toiles d'araignées qui les couvraient, et quelques chauve-souris attirées par la lumière voletaient au plafond, entrant et sortant, selon leur caprice, par les fenêtres brisées.

En outre, un arsenal complet de carabines était pittoresquement disposé contre la muraille.

Le comte embrassa cet aspect d'un coup d'œil, et admira l'abnégation religieuse des bons pères, qui, possédant des trésors tels que ceux qui étaient étalés à ses yeux, vivaient cependant exposés aux intempéries du ciel, comme les anciens solitaires du mont Carmel et de la Thébaïde. Le supérieur remarqua son étonnement.

— Monsieur le comte, dit-il en souriant, je vous demande encore une fois pardon du mauvais dîner et du mauvais gîte que vous trouverez ici. Peut-être vous avait-on peint l'intérieur de notre couvent comme un lieu de délices. Voilà comme la société nous juge, monsieur le comte. Aussi une fois rentré dans le monde, j'espère que vous nous rendrez justice.

— Ma voi! cheneral, répondit le comte, je ne sais bas drop ce qui mangue à la tiner, et j'ai fu en bas une patterie de guisine assez bien orcanisée; et, à moins que ce ne zoit le fin?

— Oh! répondit le supérieur, soyez tranquille sous ce rapport; le vin est bon.

— Eh pien! si le fin est pon, c'est tout ce qu'il faut.

— Seulement, ajouta le supérieur, je crains que nos façons ne vous paraissent peu monacales. Par exemple, nous avons l'habitude de ne jamais souper sans avoir à côté de nous chacun une paire de pistolets. C'est une précaution contre les accidens qui peuvent arriver à chaque minute dans un lieu aussi isolé que celui-ci. Vous voudrez donc bien nous excuser si, malgré votre présence, nous ne nous écartons pas de nos habitudes.

Et à ces mots le supérieur releva sa robe, tira de sa ceinture une paire de superbes pistolets qu'il déposa près de son assiette.

— Faides, faides, cheneral, faides, répondit l'Allemand; les bisdolets, c'est l'ami de l'homme; chen ai aussi, moi, des bisdolets. Oh mais! c'est édonnant comme les vodres leur ressemblent, c'est édonnant.

— Cela se peut, répondit le supérieur en réprimant un sourire; ce sont de très bonnes armes, que j'ai fait venir d'Allemagne, des Kukenreiter.

— Des Kukenreiter? C'est justement ça. Faides donc brendre les miens, qui sont avec ma pagache, cheneral, pour les gombarer un beu.

— Après le dîner, comte, après le dîner. Mettez-vous en face de moi, là, très bien. Savez-vous votre *Benedicite*?

— Je l'ai su autrevois; mais che l'ai un beu oublié.

— Tant pis, tant pis, dit le général, car je comptais sur vous pour le dire; mais si vous l'avez oublié, on s'en passera.

— On zen bassera, répondit le comte, qui était de bonne composition; on zen bassera.

Et le comte, effectivement, avala son potage sans *Benedicite*, ce que firent aussi les autres moines. Lorsqu'il eut fini, le capitaine lui passa une bouteille.

— Goûtez-moi ce vin-là, lui dit-il.

Le comte, se doutant qu'il avait affaire à un vin de choix, emplit un petit verre qui était devant lui, le prit par le pied, examina un instant, à la lueur de la lampe la plus rapprochée, le liquide jaune comme de l'ambre, puis il le porta à sa bouche, et le dégusta avec la voluptueuse lenteur d'un gourmet.

— C'est édonnant, dit le comte, moi qui groyais gonnaître tous les fins, che ne gonnais pas celui-là; à moins que ce ne soit du matère d'un noufeau gru.

— C'est du marsala, monsieur le comte, un vin qui n'est pas connu et qui mérite cependant de l'être. Oh! notre pauvre Sicile, elle renferme comme cela une foule de trésors oubliés.

— Comment tides-fous qu'il s'abbelle? demanda le comte en se versant un second verre.

— Marsala.

— Marzala!... Eh pien! c'est un pon fin; ch'en achèterai. Se fend-il cher?

— Deux sous la bouteille.

— Fous tides? reprit le comte, qui croyait avoir mal entendu.

— Deux sous la bouteille.

— Teux sous la pouteille! Mais fous habidez le baradis derrestre, cheneral; che ne m'en fas blus d'izi, moi, je me fais pénédictin.

— Merci de la préférence, comte; quand vous voudrez, nous vous recevrons.

— Teux sous la pouteille! reprit le comte en se versant un troisième verre.

— Seulement, je dois vous prévenir qu'il a un défaut, dit le supérieur.

— Il n'a bas de téfauts, répondit le comte.

— Je vous demande pardon; il est très capiteux.

— Gabiteux, gabiteux, dit le comte avec mépris; j'en poirais une binte qu'il n'y baraîtrait bas blus que si j'afais afalé un ferre de zirop de crozeille.

— Alors, ne vous gênez pas, dit le supérieur, faites comme chez vous; seulement, je vous préviens que nous en avons d'autres.

En vertu de la permission qui lui était accordée, le comte se mit à boire et à manger en véritable Allemand. Mais, il faut l'avouer, il soutint admirablement la réputation dont jouissent ses compatriotes. Les moines, excités par leur supérieur, ne voulurent pas, de leur côté, laisser un étranger aller en arrière, de sorte que bientôt on rompit le silence religieux qui avait régné au commencement du repas, chacun commença à parler à voix basse à son voisin, puis plus haut à tout le monde. Au second service, chacun criait de son côté et commençait à raconter les aventures les plus étranges qu'il fût possible d'entendre. Le comte, si peu qu'il comprît le sicilien, crut s'apercevoir qu'il était question surtout de coups hardis exécutés par des brigands, de couvens pillés, des gendarmes pendus, de religieuses violées. Mais il n'y avait rien là d'étonnant; la situation isolée des dignes bénédictins, leur éloignement de la ville, devaient les avoir rendus plus d'une fois témoins de pareilles scènes. Le marsala allait toujours, sans préjudice du syracuse sec, du muscat de Calabre et du malvoisie de Lipari. Si forte que fût la tête du comte, ses yeux commencèrent à se couvrir d'un brouillard et sa langue à s'épaissir. Alors les monologues succédèrent peu à peu aux conversations, et les chansons aux monologues. Le comte, qui voulait rester à la hauteur de ses hôtes, chercha dans son répertoire anacréontique, et n'y trouvant rien pour le moment que la chanson des brigands de Schiller, il se mit à entonner à tue-tête le fameux *Stehlen, morden, huren, balgen*, auquel il lui sembla que les convives répondaient par des applaudissemens universels. Bientôt tout parut tourner autour de lui; il lui sembla que les moines jetaient bas leurs habits religieux et se transformaient peu à peu en bandits. Ces figures ascétiques changeaient de caractère et s'illuminaient d'une joie féroce; le dîner dégénérait en orgie. Cependant on buvait toujours, et chaque fois qu'on buvait, c'étaient des vins nouveaux, des vins plus capiteux, des vins pris dans la cave du prince de Paterno, ou dans la cantine des dominicains d'Aci-Reale. On frappait sur la table avec des bouteilles vides pour en demander d'autres, et en frappant on renversait les lampes ; le feu alors se communiquait à la nappe, et de la nappe à la table, et au lieu de l'éteindre on y jetait les chaises, les bancs, les stalles. En un instant la table ne fut plus qu'un immense bûcher, autour duquel les moines devenus bandits se mirent à danser comme des démons. Enfin, au milieu de tout ce sabbat infernal, la voix du capitaine retentit, demandant : *Le monache ! le monache !* Un hourra général accueillit cette demande. Un instant après, une porte s'ouvrit, et quatre religieuses parurent, traînées par cinq ou six bandits ; des hurlemens de joie et de luxure les accueillirent. Le comte voyait tout cela comme dans un rêve, et comme dans un rêve il lui semblait qu'une force supérieure clouait son corps à sa place, tandis que son esprit était emporté ailleurs. En un instant les vêtemens des pauvres filles furent en lambeaux ; les bandits se ruèrent sur elles ; le capitaine voulut faire entendre sa voix, mais sa voix fut couverte par les clameurs générales. Il sembla alors au comte que le capitaine prenait ses fameux Kukenreiter, qui ressemblaient si fort aux siens. Il crut entendre retentir deux coups de feu ; il ferma les yeux, tout ébloui de la flamme. En les rouvrant, il vit du sang, deux brigands qui se tordaient en hurlant dans un coin, la plus belle des religieuses dans les bras du capitaine, puis il ne vit plus rien ; ses yeux se fermèrent une seconde fois sans qu'il eût la puissance de les rouvrir, ses jambes manquèrent sous lui, enfin il tomba comme une masse ; il était ivre-mort.

Lorsque le comte s'éveilla, il était grand jour ; il se frotta les yeux, se secoua et regarda autour de lui ; il était couché sous un arbre à la lisière du bois, avait à sa droite Nicolosi, à sa gauche Pedara, devant lui Catane, et derrière Catane la mer. Il paraissait avoir passé la nuit à la belle étoile, couché sur un doux lit de sable, la tête appuyée sur son portemanteau, et sans autres dais de lit que l'immense azur du ciel. D'abord, il ne se rappela rien, et demeura quelque temps comme un homme qui sort de léthargie ; enfin sa pensée, par une opération lente et confuse d'abord, se reporta en arrière, et bientôt il se rappela son départ de Catane, les hésitations de son muletier, son arrivée au couvent, son altercation avec le cuisinier, l'accueil que lui avait fait le général, le dîner, le vin de Marsala, les chansons, l'orgie, le feu, les religieuses et les coups de pistolets. Il regarda de nouveau autour de lui, et vit sa malle, son sac de nuit et son porte-manteau ; il ouvrit ce dernier, y retrouva son portefeuille, sa pipe d'écume de mer, son sac à tabac et sa bourse, sa bourse qui, à son grand étonnement, lui parut aussi ronde que si rien ne lui était arrivé ; il l'ouvrit avec anxiété ; elle était toujours pleine d'or, et de plus il y avait un billet ; le comte l'ouvrit vivement et lut ce qui suit :

« Monsieur le Comte,
» Nous vous faisons mille excuses de nous séparer de vous d'une façon aussi brusque ; mais une expédition de la plus haute importance nous attire du côté de Cefalu. J'espère que vous n'oublierez pas l'hospitalité que vous ont donné les bénédictins de Saint-Nicolas-le-Vieux, et que, si vous retournez à Rome, vous demanderez à monsignor Morosini de ne point oublier de pauvres pêcheurs dans ses prières ?
» Vous retrouverez tout votre bagage, à l'exception des Kukenreiter, que je vous demande la permission de garder comme un souvenir de vous.
» DOM GAETANO.
» Prieur de Saint-Nicolas-le-Vieux.
» 16 octobre 1806. »

Le comte de Weder compta son or, il n'y manquait pas une obole.

Lorsqu'il arriva à Nicolosi, il trouva tout le village en révolution : la veille, le couvent de Sainte-Claire avait été forcé, l'argenterie du monastère pillée, et les quatre plus jeunes et plus belles religieuses enlevées, sans qu'on pût savoir ce qu'elles étaient devenues.

Le comte retrouva son muletier, remonta sur sa mule, revint à Catane, et, ayant appris qu'un bâtiment était prêt à mettre à la voile pour Naples, il s'y embarqua et quitta la Sicile la même nuit.

Deux ans après, il lut dans l'*Allgemeine Zeitung* que le fameux chef de bandits Gaëtano, qui s'était emparé du couvent de Saint-Nicolas-le-Vieux, sur l'Etna, pour en faire un repaire de brigands, après un combat terrible soutenu contre un régiment anglais, avait été pris et pendu à la grande joie des habitans de Catane, qu'il avait fini par venir rançonner jusque dans la ville.

L'ETNA.

Le lendemain de notre arrivée à Catane, nous devions, on se le rappelle, tenter une ascension sur l'Etna. Je dis tenter, car c'est surtout à l'occasion des projets que les voyageurs font à l'endroit de cette montagne qu'on peut appliquer le proverbe : L'homme propose et Dieu dispose. Rien de plus commun que les curieux partis de Catane pour gravir le Ghibello, comme on appelle l'Etna en Sicile ; rien de plus rare que les privilégiés arrivés jusqu'à son cratère. C'est que, pendant neuf ou dix mois de l'année, la montagne est véritablement inaccessible : jusqu'au 15 juin, il est trop tôt ; passé le 1er octobre, il est trop tard.

Nous étions sous ce rapport dans les conditions voulues, car nous étions arrivés à Catane le 4 septembre ; de plus, toute la journée avait été magnifique ; aucune vapeur, aucun brouillard, ne voilaient l'Etna. De toutes les rues qui y conduisaient, nous l'avions vu, la veille, calme et majestueux. La légère fumée qui s'échappait du cratère suivait la direction du vent, flottant comme une banderole ; enfin, le soleil, que nous avions vu se coucher du haut de la coupole des Bénédictins, avait glissé dans un ciel sans nuage et disparu derrière le village d'Aderno, promettant pour le lendemain une journée non moins belle que celle qui venait de s'écouler.

Aussi, à cinq heures du matin, notre guide nous éveilla-t-il en nous annonçant un temps fait exprès pour nous. Nous courûmes aussitôt à nos fenêtres qui donnaient sur l'Etna, et nous vîmes le géant baignant sa tête colossale dans les blondes vapeurs du matin. On distinguait parfaitement les trois régions qu'il faut franchir pour arriver au sommet, la région cultivée, la région des bois, la région déserte. Contre l'ordinaire, son cône était entièrement dépouillé de neige.

Ce n'est que vers les quatre heures ordinairement que l'on part ; mais nous voulions nous arrêter quelques heures à Nicolosi, et visiter les Monte-Rosso, un de ces cent volcans secondaires dont se hérisse la croupe de l'Etna. D'ailleurs il y avait, m'avait-on dit, à Nicolosi, un certain monsieur Gemellaro, savant modeste et aimable, qui demeurait là depuis cinquante ans, et qui se ferait un plaisir de répondre à toutes mes questions. J'avais demandé une lettre pour lui ; on m'avait répondu que c'était chose inutile, son obligeante hospitalité s'étendant à tout voyageur qui entreprenait l'ascension, toujours pénible et souvent dangereuse, que nous allions tenter.

A cinq heures donc, après nous être munis d'une bouteille du meilleur rhum que nous pûmes trouver, nous enfourchâmes nos mules, et nous partîmes pour Nicolosi, où nous devions compléter nos provisions. Nous étions chacun dans notre costume ordinaire, auquel, malgré les recommandations de notre hôte, nous n'avions rien ajouté, ne pouvant croire qu'après avoir joui dans la plaine d'une température à cuire un œuf, nous trouverions dix degrés de froid sur la montagne.

Je ne sais rien de plus beau, de plus original, de plus accidenté, de plus fertile et de plus sauvage à la fois que le chemin qui conduit de Catane à Nicolosi, et qui traverse tour à tour des mers de sable, des oasis d'o-rangers, des fleuves de lave, des tapis de moissons, et des murailles de basalte. Trois ou quatre villages sont sur la route, pauvres, chétifs, souffreteux, peuplés de mendians, comme tous les villages siciliens; avec tout cela, ils ont des noms sonores et poétiques, qui résonnent comme des noms heureux : ils s'appellent Gravina, Santa-Lucia, Massanunziata; ils sont élevés sur la lave, bâtis avec de la lave recouverte de lave ; ils sortent tout entiers des entrailles de la montagne, où ils rentreront un jour. Ils éclosent à la surface du volcan, comme de pauvres fleurs flétries avant de naître, et qu'un vent d'orage doit emporter.

Entre Massanunziata et le mont Miani, à droite de la route, est la fosse de la Colombe. D'où vient ce doux nom à une excavation noire, ténébreuse, profonde de deux cents pieds, large de cent cinquante ? Notre guide ne put nous le dire.

Nous arrivâmes à Nicolosi, espèce de petit bourg bâti sur les confins du monde habitable. Deux ou trois milles avant Nicolosi, on commence à entrer dans une région désolée, et cependant, un demi-mille au-dessus de Nicolosi, on voit encore de belles plantations et un coteau couvert de vignes. Quelque feu intérieur remplace-t-il partiellement la chaleur du soleil, qui déjà à cette hauteur commence à se tempérer ? C'est encore là un de ces mystères dont le guide ignore et le voyageur savant ne peuvent dire le mot.

Nous descendîmes dans un de ces bouges que la Sicile seule a l'audace de baptiser du nom d'auberge, et comme il était encore de bonne heure, nous envoyâmes, pendant qu'on préparait notre déjeuner, nos cartes à monsieur Gemellaro, en lui demandant la permission de lui faire notre visite. Monsieur Gemellaro nous fit répondre qu'il allait se mettre à table, et que, si nous voulions partager sa collation, nous serions les bien-venus. Quel que fût, à l'aspect du déjeuner qui nous attendait, notre désir d'accepter une offre si gracieuse, nous eûmes la discrétion de la refuser, et nous poussâmes la sobriété jusqu'à nous contenter du repas de l'auberge. C'était une action méritoire et digne d'être mise en parallèle avec les jeûnes les plus rudes des pères du désert.

Ce maigre déjeuner terminé, nous ordonnâmes à notre guide de se mettre en quête d'une paire de poulets ou d'une demi-douzaine de pigeons quelconques, de leur tordre le cou, de les plumer et de les rôtir. C'était nos provisions de bouche pour le déjeuner du lendemain; cette précaution prise, nous nous acheminâmes vers la maison de monsieur Gemellaro, la plus imposante de tout le village. Le domestique était prévenu, et nous introduisit dans le cabinet de travail, où son maître nous attendait. En apercevant monsieur Gemellaro, je jetai un cri de surprise mêlé de joie : c'était le même qui, à Aci-Reale, m'avait si obligeamment indiqué le chemin de la grotte de Polyphème.

— Ah ! c'est vous, nous dit-il en nous apercevant ; je me doutais que j'allais revoir d'anciennes connaissances. Tout voyageur qui met le pied en Sicile m'appartient de droit ; il faut qu'il passe par ici, et je le happe au passage. Avez-vous trouvé votre grotte ?

— Parfaitement, monsieur, grâce à votre obligeance, que nous venons de nouveau mettre à l'épreuve.

— A vos ordres, messieurs, répondit monsieur Gemellaro en nous faisant signe de nous asseoir ; et j'oserai dire que, si vous voulez des renseignemens sur le pays, vous ne pouvez pas vous adresser mieux qu'à moi.

En effet, monsieur Gemellaro habitait depuis soixante ans le village de Nicolosi, où il était né, et l'occupation de toute sa vie avait été d'observer le volcan qu'il avait sans cesse devant les yeux. Depuis soixante ans, la montagne n'avait pas fait un mouvement que monsieur Gemellaro ne se fût mis aussitôt à l'étudier ; le cratère n'avait pas changé pendant vingt-quatre heures de forme, que monsieur Gemellaro ne l'eût dessiné sous son nouvel aspect ; enfin la fumée ne s'était pas épaissie ou volatilisée une seule fois, que monsieur Gemellaro n'eût tiré de son assombrissement ou de sa ténuité des augures que le résultat n'avait jamais manqué de confirmer. Bref, monsieur Gemellaro est l'Empédocle moderne ; seulement, plus sage que l'ancien, j'espère qu'on l'enterrera avec ses deux pantoufles. Aussi monsieur Gemellaro connaît-il son Etna sur le bout du doigt. Depuis trois mille ans, la montagne n'a pas jeté une gorgée de lave que monsieur Gemellaro n'en ait un échantillon ; il n'est pas jusqu'à l'île Julia dont monsieur Gemellaro ne possède un fragment.

Nos lecteurs ont sans nul doute entendu parler de l'île Julia, île éphémère qui n'eut que trois mois d'existence, il est vrai, mais qui fit autant et plus de bruit pendant son passage en ce monde que certaines îles qui existent depuis le déluge.

Un beau matin du mois de juillet 1831, l'île Julia sortit du fond de la mer et apparut à sa surface. Elle avait deux lieues de tour, des montagnes, des vallées comme une île véritable ; elle avait jusqu'à une fontaine ; il est vrai que c'était une fontaine d'eau bouillante.

Elle était à peine sortie des flots, qu'un vaisseau anglais passa ; en quelque endroit de la mer qu'apparaisse un phénomène quelconque, il passe toujours un vaisseau anglais en ce moment-là. Le capitaine, étonné de voir une île à un endroit où sa carte marine n'indiquait pas même un rocher, mit son vaisseau en panne, descendit dans une chaloupe, et aborda sur l'île. Il reconnut qu'elle était située sous le 58º degré de latitude, qu'elle avait des montagnes, des vallées, et une fontaine d'eau bouillante. Il se fit apporter des œufs et du thé, et déjeuna près de la fontaine ; puis, lorsqu'il eut déjeuné, il saisit un drapeau aux armes d'Angleterre, le planta sur la montagne la plus élevée de l'île, et prononça ces paroles sacramentelles : « Je prends possession de cette terre au nom de Sa Majesté britannique. » Puis il regagna son vaisseau, remit à la voile, et reprit le chemin de l'Angleterre où il arriva heureusement, annonçant qu'il avait découvert dans la Méditerranée une île inconnue, qu'il avait nommée Julia, en honneur du mois de juillet, date de sa découverte, et dont il avait pris possession au nom de l'Angleterre.

Derrière le bâtiment anglais était passé un bâtiment napolitain, lequel n'avait pas été moins étonné que le bâtiment anglais. A la vue de cette île inconnue, le capitaine, qui était un homme prudent, commença par carguer ses voiles, afin de s'en tenir à une distance respectueuse. Puis il prit sa lunette, et à l'aide de sa lunette il reconnut qu'elle était inhabitée, qu'elle avait des vallées et une montagne, et qu'au sommet de cette montagne flottait le pavillon anglais. Il demanda aussitôt quatre hommes de bonne volonté pour aller à la découverte. Deux Siciliens se présentèrent, descendirent dans la chaloupe et partirent. Un quart d'heure après, ils revinrent, rapportant le drapeau anglais. Le capitaine napolitain déclara alors qu'il en prenait possession au nom du roi des Deux-Siciles, et la nomma île Saint-Ferdinand, en l'honneur de son gracieux souverain. Puis il revint à Naples, demanda une audience au roi, lui annonça qu'il avait découvert une île de dix lieues de tour, toute couverte d'orangers, de citronniers et de grenadiers, et dans laquelle se trouvaient une montagne haute comme le Vésuve, une vallée comme celle de Josaphat, et une source d'eau minérale où l'on pouvait faire un établissement de bains plus considérable que celui d'Ischia. Il ajouta comme en passant, et sans s'appesantir sur les détails, qu'un vaisseau anglais ayant voulu lui disputer la possession de cette île, il avait coulé bas le susdit vaisseau, en preuve de quoi il rapportait son pavillon. Le ministre de la marine, qui était présent à l'audience, trouva le procédé un peu leste ; mais le roi de Naples donna raison entière au capitaine, le fit amiral, et le décora du grand cordon de Saint-Janvier.

Le lendemain, on annonçait dans les trois journaux de Naples que l'amiral Bonnacorri, duc de Saint-Ferdinand, venait de découvrir, dans la Méditerranée, une île de quinze lieues de tour, habitée par une peuplade qui ne parlait aucune langue connue, et dont le roi lui avait offert la main de sa fille. Chacun de ces journaux contenait, outre un sonnet à la gloire de l'aventureux navigateur. Le premier le comparait à Vasco de Gama, le second à Christophe Colomb, et le troisième à Améric Vespuce.

Le même jour, le ministre d'Angleterre alla demander des explications au ministre de la marine de Naples touchant les bruits injurieux pour l'honneur de la nation britannique qui commençaient à se répandre au sujet d'un vaisseau anglais que l'amiral Bonnacorri prétendait avoir coulé bas. Le ministre de la marine répondit qu'il avait entendu vaguement parler de quelque chose de pareil, mais qu'il ignorait lequel, du vaisseau napolitain ou du vaisseau anglais, avait été coulé bas. Loin de se contenter de cette explication, le ministre prétendit qu'il y avait insulte pour sa nation dans la seule supposition qu'un vaisseau anglais pût être coulé bas par un autre vaisseau quelconque, et demanda ses passeports. Le ministre de la marine en référa au roi de Naples, qui lui ordonna de signer à l'ambassadeur tous les passeports qu'il lui demanderait, et fit de son côté écrire à son ministre à Londres de quitter à l'idstant même la capitale de la Grande-Bretagne.

Cependant le gouvernement britannique poursuivait la prise de possession de l'île Julia avec son activité ordinaire. C'était le relais qu'il cherchait depuis si longtemps sur la route de Gibraltar à Malte. Un vieux lieutenant de frégate, qui avait eu la jambe emportée à Aboukir, et qui depuis ce temps sollicitait une récompense quelconque auprès des lords de l'amirauté, fut nommé gouverneur de l'île Julia, et reçut l'ordre de s'embarquer immédiatement pour se rendre dans son gouvernement. Le digne marin vendit une petite terre qu'il tenait de ses ancêtres, acheta tous les objets de première nécessité pour une colonisation, monta sur la frégate le *Dard*, avec sa femme et ses deux filles, doubla la pointe de la Bretagne, traversa le golfe de Gascogne, franchit le détroit de Gibraltar, entra dans la Méditerranée, longea les côtes d'Afrique, relâcha à Pantellerie, arriva sous le 58ᵉ degré de latitude, regarda autour de lui, et ne vit pas plus d'île Julia que sur sa main. L'île Julia était disparue de la veille, et je n'ai pas entendu dire que jamais, au grand jamais, personne en ait entendu parler depuis.

Les deux puissances belligérantes, qui avaient fait des armemens considérables, continuèrent à se montrer les dents pendant dix-huit mois; puis leur grimace dégénéra en un sourire rechigné; enfin, un beau matin, elles s'embrassèrent, et tout fut dit.

Cette querelle d'un instant, qui en définitive raffermit l'amitié de deux nations faites pour s'estimer, n'eut d'autre résultat que la création d'un nouvel impôt dans les royaumes des Deux-Siciles et de la Grande-Bretagne.

Laissons l'île Julia, ou l'île Saint-Ferdinand, comme on voudra l'appeler, et revenons à l'Etna, qu'on pourrait bien supposer l'auteur de cette mauvaise plaisanterie qui faillit troubler la tranquillité européenne.

Le mot *Etna* est, à ce que prétendent les savans, un mot phénicien qui veut dire *mont de la fournaise*. Le phénicien était, on le voit, une langue dans le genre de celle que parlait Covielle au bourgeois gentilhomme, et qui exprimait tant de choses en si peu de mots. Plusieurs poëtes de l'antiquité prétendent que ce fut le lieu où se réfugièrent Deucalion et Pyrrha pendant le déluge universel. A ce titre, monsieur Gemellaro, qui est né à Nicolosi, peut certes réclamer l'honneur de descendre en droite ligne d'une des premières pierres qu'ils jetèrent derrière eux. Cela laisserait bien loin, comme on voit, les Montmorency, les Rohan et les Noailles.

Homère parle de l'Etna, mais sans le désigner comme un volcan. Pindare l'appelle une des colonnes du ciel. Thucydide mentionne trois grandes explosions, depuis l'époque de l'arrivée des colonies helléniques jusqu'à celle où il vivait. Enfin, il y eut deux éruptions à l'époque des Denis; puis elles se succédèrent si rapidement, qu'on ne compta désormais que les plus violentes (1).

Depuis l'éruption de 1781, l'Etna a bien eu quelque petite

(1) Les principales éruptions de l'Etna eurent lieu l'an 662 de Rome, et pendant l'ère chrétienne, dans les années 225, 420, 812, 1169, 1285, 1329, 1333, 1408, 1444, 1446, 1447, 1536, 1603, 1607, 1610, 1614, 1619, 1634, 1669, 1682, 1688, 1689, 1702, 1766 et 1781.

velléité de bouleverser encore la Sicile; mais, comme ces caprices n'ont pas de suites sérieuses, il est permis de penser que ce qu'il en a fait, c'est uniquement par respect pour lui-même, et pour conserver sa position de volcan.

De toutes ces éruptions, une des plus terribles fut celle de 1669. Comme l'éruption de 1669 partit du Monte-Rosso, et que le Monte-Rosso n'est qu'à un demi-mille à gauche de Nicolosi, nous nous mîmes en route, Jadin et moi, pour visiter le cratère, après avoir promis à monsieur Gemellaro de venir dîner chez lui.

Il faut avant tout savoir que l'Etna se regarde comme trop au-dessus des volcans ordinaires pour procéder à leur façon; le Vésuve, Stromboli, l'Hécla même, versent la lave du haut de leur cratère, comme le vin déborde d'un verre trop plein; l'Etna ne se donne pas tant de peine. Son cratère n'est qu'une espèce de cratère d'apparat, qui se contente de jouer au bilboquet avec des rocs incandescens gros comme des maisons ordinaires, et qu'on suit dans leur ascension aérienne, comme on pourrait suivre une bombe qui sortirait d'un mortier; mais, pendant ce temps, le fort de l'éruption se passe réellement ailleurs. En effet, quand l'Etna est en travail, il lui pousse alors tout bonnement sur le dos, à un endroit ou à un autre, une espèce de furoncle de la grosseur de Montmartre; puis le furoncle crève, et il en sort une fleuve de lave qui suit sa pente, descend, brûle ou renverse tout ce qui se rencontre devant lui, et finit par aller s'éteindre dans la mer. Cette façon de procéder est cause que l'Etna est couvert d'une quantité de petits cratères qui ont formé d'immenses meules de foin; chacun de ces volcans secondaires a sa date et son nom particulier, et tous ont fait, dans leur temps, plus ou moins de bruit et plus ou moins de ravage.

Le Monte-Rosso, comme nous l'avons dit, au premier rang de cette aristocratie secondaire; ce serait, dans tout autre voisinage que celui des Andes, des Cordillières ou des Alpes, une fort jolie petite montagne de neuf cents pieds d'élévation, c'est-à-dire trois fois haute comme les tours de Notre-Dame. Le volcan doit son nom à la couleur des scories terreuses dont il est formé; on y monte par une pente assez facile, et, au bout d'une demi-heure d'ascension à peu près, on se trouve au bord de son cratère.

C'est une espèce de puits séparé dans le fond comme une salière, et qui s'offre maintenant aux regards avec un air de bonhomie et de tranquillité parfaite. Quoiqu'il n'y ait pas de chemin pratiqué, on y descendrait, à la rigueur, avec des cordes; sa profondeur peut être de deux cents pieds, et sa circonférence de cinq ou six cents.

C'est de cette bouche, aujourd'hui muette et froide, que sortit, en 1669, une telle pluie de pierres et de cendres, que littéralement, pendant trois mois, le soleil en fut obscurci, et que le vent la porta jusqu'à Malte. La violence de l'éjaculation était telle, qu'un rocher de cinquante pieds de longueur fut lancé à mille pas du cratère d'où il était sorti, et s'enfonça en retombant à vingt-cinq pieds de profondeur. Enfin, la lave parut à son tour, monta en bouillonnant jusqu'à l'orifice, déborda sur la pente méridionale, et, laissant Nicolosi à sa droite et Boriello à sa gauche, commença à s'écouler, non pas comme un torrent, mais comme un fleuve de feu, couvrit de ses vagues ardentes le village de Campo-Rotondo, de San-Pietro, de Gigganeo, et alla se jeter dans le port de Catane, en y poussant devant elle une partie de la ville. Là commença une lutte horrible entre l'eau et le feu: la mer repoussée d'abord céda la place, et recula d'un quart de lieue, découvert à l'œil nues ses profondeurs. Des vaisseaux furent brûlés dans le port, de gros poissons morts vinrent flotter à la surface de l'eau; puis, comme furieuse de sa défaite, la mer à son tour revint attaquer la lave. La lutte dura quinze jours; enfin, la lave vaincue s'arrêta, et de l'état fusible commença de passer à l'état compact. Pendant quinze autres jours, la mer bouillonna encore, occupée à refroidir ce nouveau rivage qu'elle était forcée d'accepter; puis, peu à peu, le bouillonnement s'effaça. Mais la campagne tout entière était dévastée, trois villages étaient anéantis. Catane était aux trois quarts détruite, et le port à moitié comblé.

Du haut du Monte-Rosso ou plutôt des *Monte-Rossi* (car la montagne se partage en deux sommets comme le Vésuve), on voit cette traînée de lave, longue de cinq lieues, large parfois de trois, et que près de deux siècles n'ont recouverte encore que de deux pouces de terre. Du point où j'étais, à ma droite et à ma gauche, devant et derrière moi, dans l'horizon que mon œil pouvait embrasser, je comptai en outre vingt-six montagnes, toutes produites par des éruptions volcaniques, et pareilles de forme et de hauteur à celle sur laquelle j'étais monté.

En promenant ainsi mes regards autour de moi, j'avais aperçu, au pied d'un autre volcan éteint, les ruines de ce fameux couvent de Saint-Nicolas-le-Vieux, où le comte de Weder avait été si bien reçu par dom Gaëtano; un lieu qui conservait de pareils souvenirs méritait à tous égards notre visite. Aussi, à peine descendus des Monte-Rossi, nous acheminâmes-nous vers le couvent.

C'est une construction élevée, selon Farello, par le comte Simon, petit-fils du Normand Roger, le conquérant le plus populaire de toute la Sicile, et connu encore aujourd'hui de tout paysan sous le nom *del conte Ruggieri*. Quelques savans prétendent que ce monastère est situé sur l'emplacement de l'ancienne ville d'Inesse; il est vrai que d'autres savans prétendent que l'ancienne ville d'Inesse s'élevait sur le revers opposé de l'Etna; il s'est échangé là-dessus force volumes entre les érudits de Catane, de Taormino et de Messine, et le fait est resté un peu plus obscur qu'auparavant, tant chacun avait apporté d'excellentes preuves à l'appui de son opinion. A mon retour à Catane, l'un d'eux me demanda ce qu'en pensait l'Académie des Sciences de Paris. Je lui répondis que l'Académie des Sciences, après s'être longtemps occupée de cette grave question, avait reconnu qu'il devait exister deux villes d'Inesse, bâties en rivalité l'une de l'autre, l'une par les Naxiens, et l'autre par les Sicaniens d'Espagne; l'une sur le revers méridional, l'autre sur le revers septentrional du mont Etna. Le savant se frappa le front, comme s'il se sentait illuminé d'une idée nouvelle, courut à son bureau, prit la plume, et commença un volume qui, à ce que j'ai appris depuis, a jeté un grand jour sur cette importante question.

Ce couvent, où, selon les intentions de leur pieux fondateur, les bénédictins étaient condamnés à vivre exposés les premiers aux ravages du volcan que devaient conjurer leurs prières, n'est plus qu'une ruine. Ce qu'il y a de mieux conservé est la chapelle et la fameuse salle où le comte de Weder, nouveau Faust, assista au sabbat de Gaëtano-Méphistophélès. Un plateau sur lequel le monastère n'est autre chose qu'une masse de lave déchirée en gouffres profonds, et du haut de laquelle on domine un amphithéâtre de cratères éteints.

Il était quatre heures du soir; nous devions dîner à quatre heures et demie chez notre excellent hôte, monsieur Gemellaro; nous reprîmes donc le chemin de sa maison avec d'autant plus de hâte, que le déjeuner du matin nous avait admirablement prédisposés à un second repas. Nous trouvâmes la table toute dressée, nous avions admirablement saisi ce moment si rapide et si rare où l'on n'attend pas, et où cependant l'on n'a pas fait attendre.

Monsieur Gemellaro était un de ces savans comme je les aime, savans expérimentateurs, qui détestent toute théorie, et ne parlent que de ce qu'ils ont vu. Pendant tout le dîner, la conversation roula sur la montagne de notre hôte. Je dis la montagne de notre hôte, car monsieur Gemellaro est bien convaincu que l'Etna est à lui, et il serait fort étonné si un jour Sa Majesté le roi des Deux-Siciles lui en réclamait quelque chose.

Après l'Etna, ce que monsieur Gemellaro trouvait de plus grand et de plus beau, c'était Napoléon, cet autre volcan éteint, qui, pendant une irruption de quatorze ans, a causé tant de tremblemens de trônes et de chutes d'empires. Son rêve était de posséder une collection complète des gravures qui avaient été faites sur lui; je le désespérai en lui disant qu'il faudrait en charger quatre vaisseaux, et qu'elles ne tiendraient pas dans le cratère des Monte-Rossi.

Après le dîner, monsieur Gemellaro s'informa des précautions que nous avions prises pour monter sur l'Etna : nous lui répondîmes que les précautions se bornaient à l'achat d'une bouteille de rhum, et à la cuisson de deux ou trois poulets. Monsieur Gemellaro jeta alors les yeux sur nos costumes, et, voyant Jadin avec sa veste de panne, et moi avec ma veste de toile, nous demanda en frissonnant si nous n'avions ni redingotes, ni manteaux. Nous lui répondîmes que nous ne possédions absolument pour le moment que ce que nous avions sur le corps. Voilà bien les Français, murmura monsieur Gemellaro en se levant ; ce n'est pas un Allemand ou un Anglais qui s'embarquerait ainsi. Attendez, attendez. Et il alla nous chercher deux grosses capotes à capuchons, pareilles à nos capotes militaires, qu'il nous remit en nous assurant que nous n'aurions pas plutôt fait deux lieues au delà de Nicolosi, que nous rendrions hommage à sa prévoyance.

La causerie se prolongea jusqu'à neuf heures du soir ; notre guide vint alors frapper à la porte avec nos mulets. Nous lui demandâmes s'il était parvenu à se procurer quelques comestibles : il nous répondit en nous montrant quatre de ces malheureux poulets comme il n'en existe qu'en Italie, et qui, à eux quatre, ne valaient pas un bon pigeon de pied. En outre, il avait acheté deux bouteilles de vin, du pain, du raisin et des poires ; avec cela il y avait de quoi faire le tour du monde.

Nous enfourchâmes nos montures, et nous nous mîmes en route par une nuit qui nous parut, au sortir d'une chambre bien éclairée, d'une effroyable obscurité ; mais peu à peu, nous commençâmes à distinguer le paysage, grâce à la lueur des myriades d'étoiles qui parsemaient le ciel. Il nous parut d'abord, à la façon dont nos mulets s'enfonçaient sous nous, que nous traversions des sables. Bientôt nous entrâmes dans la seconde région, ou région des forêts, si toutefois les quelques arbres, éparpillés, malingres et tortus, qui couvrent le sol, méritent le nom de forêt. Nous y marchâmes deux heures à peu près, suivant de confiance le chemin où nous engageait notre guide, ou plutôt nos mulets, chemin qui, au reste, à en juger par les descentes et les montées éternelles, nous paraissait effroyablement accidenté. Déjà, depuis une heure, nous avions reconnu la justesse des prévisions de monsieur Gemellaro, relativement au froid, et nous avions endossé nos houppelandes à capuchons, lorsque nous arrivâmes à une espèce de masure sans toit, où nos mulets s'arrêtèrent d'eux-mêmes. Nous étions à la *casa del Bosco* ou *della Neve*, c'est-à-dire du Bois ou de la Neige, noms qu'elle mérite successivement l'été et l'hiver. C'était, nous dit notre guide, notre lieu de halte. Sur son invitation, nous mîmes pied à terre et nous entrâmes. Nous étions à moitié chemin de la casa Inglese ; seulement, comme disent nos paysans, nous avions mangé notre pain blanc le premier.

La casa della Neve était comme un prélude à la désolation qui nous attendait plus haut. Sans toit, sans contrevens et sans portes, elle n'offrait qu'un abri que ses quatre murs. Heureusement notre guide s'était muni d'une petite hache : il nous apporta une brassée de bois ; nous fîmes jouer immédiatement le briquet phosphorique, et nous allumâmes un grand feu. On comprendra s'il fut le bien venu, lorsqu'on saura qu'un petit thermomètre de poche que nous portions avec nous était déjà descendu de 18 degrés depuis Catane.

Une fois notre feu allumé, notre guide nous invita à dormir, et nous abandonna à nous-mêmes pour prendre soin de nos mulets. Nous essayâmes de suivre son conseil, mais nous étions éveillés comme des souris, et il nous fut impossible de fermer l'œil. Nous suppléâmes au sommeil par quelques verres de rhum, et par force plaisanteries sur ceux de nos amis parisiens qui, à cette heure, prenaient tranquillement leur thé sans se douter le moins du monde que nous étions à courir la protantaine dans les forêts de l'Etna. Cela dura jusqu'à minuit et demi; à minuit et demi, notre guide nous invita à remonter sur nos mulets.

Pendant notre halte, le ciel s'était enrichi d'un croissant qui, quelle qu'en fût la ténuité, suffisait cependant pour jeter un peu de lumière. Nous continuâmes à marcher un quart d'heure encore à peu près au milieu d'arbres qui devenaient plus rares de vingt pas en vingt pas, et qui finirent enfin par disparaître tout à fait. Nous venions d'entrer dans la troisième région de l'Etna, et nous sentions, au pas de nos mulets, quand ils passaient sur des laves, quand ils traversaient des cendres, ou quand ils foulaient une espèce de mousse, seule végétation qui monte jusque-là. Quant aux yeux, ils nous étaient d'une médiocre utilité, le sol nous apparaissant plus ou moins coloré, voilà tout, mais sans que nous pussions, au milieu de l'obscurité, distinguer aucun détail.

Cependant, à mesure que nous montions, le froid devenait plus intense, et, malgré nos houppelandes, nous étions glacés. Ce changement de température avait suspendu la conversation, et chacun de nous, concentré en lui-même comme pour y conserver sa chaleur, s'avançait silencieusement. Je marchais le premier, et, si je ne pouvais voir le terrain sur lequel nous avancions, je distinguais parfaitement à notre droite des escarpemens gigantesques et des pics immenses, qui se dressaient comme des géans, et dont les silhouettes noires se dessinaient sur l'azur foncé du ciel. Plus nous avançions, plus ces apparitions prenaient des aspects étranges et fantastiques ; on comprenait bien que la nature n'avait point fait ces montagnes ainsi, et que c'était une longue lutte qui les avait dépouillées. Nous étions sur le champ de bataille des titans ; nous gravissions Pélion entassé sur Ossa.

Tout cela était terrible, sombre, majestueux ; je voyais et je sentais parfaitement la poésie de ce nocturne voyage, et cependant j'avais si froid que je n'avais pas le courage d'échanger un mot avec Jadin pour lui demander si toutes ces visions n'étaient point le résultat de l'engourdissement que j'éprouvais, et si je ne faisais pas un songe. De temps en temps des bruits étranges, inconnus, qui ne ressemblaient à aucun des bruits que l'on entend habituellement, s'éveillaient dans les entrailles de la terre, qui semblait alors gémir et se plaindre comme un être animé. Ces bruits avaient quelque chose d'inattendu, de lugubre et de solennel, qui faisait frissonner. Souvent, à ces bruits, nos mulets s'arrêtaient tout court, approchaient leurs naseaux ouverts et fumans du sol, puis relevaient la tête en hennissant tristement, comme s'ils voulaient faire entendre qu'ils comprenaient cette grande voix de la solitude, mais que ce n'était point de leur propre mouvement qu'ils venaient troubler ses mystères.

Cependant nous montions toujours, et de minute en minute le froid devenait plus intense ; à peine si j'avais la force de porter ma gourde de rhum à ma bouche. D'ailleurs, cette opération était suivie d'une opération plus difficile encore, qui consistait à la reboucher ; mes mains étaient tellement glacées, qu'elles n'avaient plus la perception des objets qu'elles touchaient, et mes pieds étaient tellement alourdis, qu'il me semblait porter une enclume au bout de chaque jambe. Enfin, sentant que je m'engourdissais de plus en plus, je fis un effort sur moi-même, j'arrêtai mon mulet, et je mis pied à terre. Pendant cette évolution, je vis passer Jadin sur sa monture. Je lui demandai s'il ne voulait pas en faire autant que moi ; mais, sans me répondre, il secoua la tête en signe de refus et continua son chemin. D'abord il me fut impossible de marcher ; il me semblait que je posais mes pieds nus sur des milliers d'épingles. J'eus alors l'idée de m'aider de mon mulet, et je l'empoignai par la queue ; mais il appréciait trop l'avantage qu'il avait d'être débarrassé de son cavalier pour ne pas tenter de conserver son indépendance. A peine eut-il senti le contact de mes mains, qu'il rua des deux jambes de derrière ; un de ses pieds m'atteignit à la cuisse et me lança à dix pieds en arrière. Mon guide accourut et me releva.

Je n'avais rien de cassé ; de plus la commotion avait quelque peu rétabli la circulation du sang ; je n'éprouvais presque pas de douleur, quoique, par ma chute, il me fût clairement prouvé que le coup avait été violent. Je me mis donc à marcher, et me sentis mieux. Au bout de cent pas, je trouvai Jadin arrêté ; il m'attendait. Le mulet, qui l'avait rejoint sans moi ni le guide, lui avait indiqué qu'il venait de m'arriver un accident quelconque. Je le rassurai, et nous continuâmes notre route, lui et le guide à mulet, moi à pied. Il était deux heures du matin.

Nous marchâmes trois quarts d'heure encore à peu près dans des chemins raides et raboteux, puis nous nous trouvâmes sur une pente doucement inclinée, où nous traversions de temps en temps de grandes flaques de neige dans lesquelles j'enfonçais jusqu'à mi-jambes, et qui finirent par devenir continues. Enfin cette sombre voûte du ciel commença à pâlir, un faible crépuscule éclaira le terrain sur lequel nous marchions, amenant un air plus glacé encore que celui que nous avions respiré jusque-là. A cette lueur terne et douteuse, nous aperçûmes devant nous quelque chose comme une maison ; nous nous en approchâmes, Jadin au trot de son mulet, et moi en courant de mon mieux. Le guide poussa une porte, et nous nous trouvâmes dans la *casa Inglese*, bâtie au pied du cône pour le plus grand soulagement des voyageurs.

Mon premier cri fut pour demander du feu, mais c'était là un de ces souhaits instinctifs qu'il est plus facile de former que de voir s'accomplir ; les dernières limites de la forêt sont à deux grandes lieues de la maison, et dans les environs, entièrement envahis par les laves, par les cendres ou par la neige, il ne pousse pas une herbe, pas une plante. Le guide alluma une lampe qu'il trouva dans un coin, ferma la porte aussi hermétiquement que possible, et nous dit de nous réchauffer de notre mieux en nous enveloppant dans nos houppelandes, et en mangeant un morceau, tandis qu'il conduirait ses mulets dans l'écurie.

Comme, à tout prendre, ce qu'il y avait de mieux à faire était de sortir de l'état de torpeur où nous nous trouvions, nous nous mîmes à battre la semelle de notre mieux, Jadin et moi. Enfermé dans la maison, le thermomètre marquait 6 degrés au-dessous de zéro : c'était une différence de 41 degrés avec la température de Catane.

Notre guide rentra, rapportant une poignée de paille et des branches sèches, que nous devions sans doute à la munificence de quelque Anglais, notre prédécesseur. En effet, il est arrivé quelquefois que ces dignes insulaires, toujours parfaitement renseignés à l'égard des précautions qu'ils doivent prendre, louent un mulet de plus, et, en traversant la forêt, le chargent de bois. Si peu anglomane que je sois, c'est un conseil que je donnerai à ceux qui voudraient faire le même voyage. Un mulet coûte une piastre, et je sais que j'aurais donné de grand cœur dix louis pour un fagot.

L'aspect de ce feu, de si courte durée qu'il dût être, nous rendit notre courage. Nous nous en approchâmes comme si nous voulions le dévorer, étendant nos pieds jusqu'au milieu de la flamme ; alors, un peu dégourdis, nous procédâmes au déjeuner.

Tout était gelé, pain, poulets, vin et fruits ; il n'y avait que notre rhum qui était resté intact. Nous dévorâmes deux de nos poulets comme nous eussions fait de deux alouettes ; nous donnâmes le troisième à notre guide, et nous gardâmes le quatrième pour la faim à venir. Quant aux fruits, c'était comme si nous eussions mordu dans de la glace ; nous bûmes donc un coup de rhum au lieu de dessert, et nous nous trouvâmes un peu restaurés.

Il était trois heures et demie du matin ; notre guide nous rappela que nous avions encore trois quarts d'heure de montée au moins, et que si nous voulions être arrivés au haut du cône pour le lever du soleil, il n'y avait pas de temps à perdre.

Nous sortîmes de la casa Inglese. On commençait à distinguer les objets : tout autour de nous s'étendait une vaste plaine de neige, du milieu de laquelle, figurant un angle de quarante-cinq degrés à peu près, s'élevait le cône de l'Etna. Au-dessous de nous, tout était obscurité ; à l'orient seulement, une légère teinte d'opale colorait le ciel sur lequel se découpaient en vigueur les montagnes de la Calabre.

A cent pas au-delà de la maison anglaise, nous trouvâmes les premières vagues d'un plateau de lave, qui tranchait par sa couleur noire avec la neige, du milieu de laquelle il sortait comme une île sombre. Il nous fallut monter sur ces flots solides, sauter de l'un à l'autre, comme j'avais déjà fait à

Chamouny sur la Mer de glace, avec cette différence que des arêtes aiguës coupaient le cuir de nos souliers et nous déchiraient les pieds. Ce trajet, qui dura un quart d'heure, fut un des plus pénibles de toute la route.

Nous arrivâmes enfin au pied du cône, qui, quoique s'élevant de treize cents pieds au-dessus du plateau où nous nous trouvions, était complétement dépouillé de neige, soit que l'inclinaison en soit trop rapide pour que la neige s'y arrête, soit que le feu intérieur qu'il recèle ne laisse pas les flocons séjourner à sa surface. C'est ce cône, éternellement mobile, qui change de forme à chaque irruption nouvelle, s'abîmant dans le vieux cratère, et se reformant avec un cratère nouveau.

Nous commençâmes à gravir cette nouvelle montagne, toute composée d'une terre friable mêlée de pierres qui s'éboulait sous nos pieds et roulait derrière nous. Dans certains endroits, la pente était si rapide, que, du bout des mains et sans nous baisser, nous touchions le talus ; de plus, à mesure que nous montions, l'air se raréfiait et devenait de moins en moins respirable. Je me rappelai tout ce que m'avait raconté Balmat lors de sa première ascension au mont Blanc, et je commençais à éprouver juste les mêmes effets. Quoique nous fussions déjà à mille pieds à peu près au-dessus des neiges éternelles, et que nous dussions monter encore à une hauteur de huit cents pieds, la houppelande qui j'avais sur les épaules me devenait insupportable, et je sentais l'impossibilité de la porter plus longtemps : elle me pesait comme une de ces chappes de plomb sous lesquelles Dante vit, dans le sixième cercle de l'enfer, les hypocrites écrasés. Je la laissai donc tomber sur la route, n'ayant pas le courage de la traîner plus loin, et laissant à mon guide le soin de la reprendre en passant ; bientôt il en fut ainsi pour le bâton que je portais à la main et pour le chapeau que j'avais sur la tête. Ces deux objets, que j'abandonnai successivement, roulèrent jusqu'à la base du cône, et ne s'arrêtèrent qu'à la mer de lave, tant la pente était rapide. De son côté, je voyais Jadin qui se débarrassait aussi de tout ce que son costume lui paraissait offrir de superflu, et qui de cent pas en cent pas s'arrêtait pour reprendre haleine.

Nous étions au tiers de la montée à peu près, nous avions mis près d'une demi-heure pour monter quatre cents pieds ; l'orient s'éclaircissait de plus en plus ; la crainte de ne pas arriver au haut du cône à temps pour voir le lever du soleil nous rendit tout notre courage, et nous repartîmes d'un nouvel élan, sans nous arrêter à regarder l'horizon immense qui, à chaque pas, s'élargissait encore sous nos pieds ; mais plus nous avancions, plus les difficultés s'augmentaient ; à chaque pas la pente devenait plus rapide, la terre plus friable, et l'air plus rare. Bientôt, à notre droite, nous commençâmes à entendre des mugissemens souterrains qui attirèrent notre attention ; notre guide marcha devant nous et nous conduisit à une fissure de laquelle sortait à grand bruit, et poussée par un courant d'air intérieur, une fumée épaisse et soufrée. En nous approchant des bords de cette gerçure, nous voyions, à une profondeur que nous ne pouvions mesurer, un fond incandescent rouge et liquide; et, quand nous frappions du pied, la terre résonnait au loin comme un tambour. Heureusement la terre était parfaitement calme, car, si le vent eût poussé cette fumée de notre côté, elle nous eût asphyxiés, tant elle portait avec elle une effroyable odeur de soufre.

Après une halte de quelques minutes au bord de cette fournaise, nous nous remîmes en route, montant de biais, pour plus de facilité ; je commençais à avoir des martèlemens dans la tête, comme si le sang allait me sortir par les oreilles, et l'air, qui devenait de moins en moins respirable, me faisait haleter comme si la respiration allait me manquer tout à fait. Je voulus me coucher pour me reposer un peu, mais la terre exhalait une telle odeur de soufre, qu'il fallut y renoncer. J'eus l'idée alors de mettre ma cravate sur ma bouche, et de respirer à travers le tissu ; cela me soulagea.

Cependant, petit à petit, nous étions arrivés aux trois quarts de la montée, et nous voyions, à quelques centaines de pieds seulement au dessus de notre tête le sommet de la montagne. Nous fîmes un dernier effort, et, moitié debout, moitié à quatre pattes, nous nous remîmes à gravir ce cour espace, n'osant pas regarder au-dessous de nous de peur que la tête nous tournât, tant la pente était rapide. Enfin Jadin, qui était de quelques pas plus avancé que moi, jeta un cri de triomphe : il était arrivé et se trouvait en face du cratère ; quelques secondes après, j'étais près de lui. Nous nous trouvions littéralement entre deux abîmes.

Une fois arrivés là, et n'ayant plus besoin de faire des mouvemens violens, nous commençâmes à respirer avec plus de facilité ; d'ailleurs le spectacle que nous avions sous les yeux était tellement saisissant, qu'il dissipa notre malaise, si grand qu'il fût.

Nous nous trouvions en face du cratère, c'est-à-dire d'un immense puits de huit milles de tour et de neuf cents pieds de profondeur ; les parois de cette excavation étaient depuis le haut jusqu'en bas recouvertes de matières scarifiées de soufre et d'alun ; au fond, autant qu'on pouvait le voir de la distance où nous nous trouvions, il y avait une matière quelconque en ébullition, et de cet abîme montait une fumée ténue et tortueuse, pareille à un serpent gigantesque qui se tiendrait debout sur la queue. Les bords du cratère étaient découpés irrégulièrement et plus ou moins élevés. Nous étions sur un des points les plus hauts.

Notre guide nous laissa un instant tout à ce spectacle, en nous retenant de temps en temps cependant par notre veste quand nous nous approchions trop près du bord, car la pierre est si friable qu'elle pourrait manquer sous les pieds, et qu'on recommencerait la plaisanterie d'Empédocle ; puis il nous invita à nous éloigner d'une vingtaine de pieds du cratère, pour éviter tout accident, et à regarder autour de nous.

L'orient, qui de la teinte opale que nous avions remarquée en sortant de la casa Inglese était passé à un rose tendre, était maintenant tout inondé des flammes du soleil, dont on commençait à apercevoir le disque au-dessous des montagnes de la Calabre. Sur les flancs de ces montagnes d'un bleu foncé et uniforme, se détachaient, comme de petits points blancs, les villages et les villes. Le détroit de Messine semblait une simple rivière, tandis qu'à droite et à gauche on voyait la mer comme un miroir immense. A gauche, ce miroir était tacheté de plusieurs points noirs : ces points noirs étaient les îles de l'archipel Lipariote. De temps en temps une de ces îles brillait comme un phare intermittent ; c'était Stromboli, qui jetait des flammes. A l'Occident, tout était encore dans l'obscurité. L'ombre de l'Etna se projetait sur toute la Sicile.

Pendant trois quarts d'heure, le spectacle ne fit que gagner en magnificence. J'ai vu le soleil se lever sur le Righi et sur le Faulhorn, ces deux titans de la Suisse : rien n'est comparable à ce qu'on voit du haut de l'Etna. La Calabre, depuis le Pizzo jusqu'au cap delle Armi, le détroit depuis Scylla jusqu'à Reggio, la mer de Tyrrhène et la mer d'Ionie ; à gauche, les îles Eoliennes, qui semblent à portée de la main ; à droite, Malte, qui flotte à l'horizon comme un léger brouillard ; autour de soi, la Sicile tout entière, vue à vol d'oiseau, avec son rivage dentelé de caps, de promontoires, de ports, de criques et de rades ; ses quinze villes, ses trois cents villages ; ses montagnes qui semblent des collines ; ses vallées, qu'on croirait des sillons de charrues ; ses fleuves, qui paraissent des fils d'argent, comme pendant l'automne il en descend de clair sur l'herbe des prairies ; enfin, le cratère immense, mugissant, plein de flamme et de fumée ; sur sa tête le ciel, sous ses pieds l'enfer : un tel spectacle nous fit tout oublier, fatigues, danger, souffrance. J'admirais entièrement, sans restriction, de bonne foi, avec les yeux du corps et les yeux de l'âme. Jamais je n'avais vu Dieu de si près, et par conséquent si grand.

Nous restâmes une heure ainsi, dominant tout le vieux monde d'Homère, de Virgile, d'Ovide et de Théocrite, sans qu'il vînt à Jadin ni à moi l'idée de toucher un crayon, tant il nous semblait que ce tableau entrait profondément dans notre cœur et devait y rester gravé sans le secours de l'écriture ou du dessin. Puis nous jetâmes un dernier coup d'œil sur cet horizon de trois cents lieues qu'on n'embrasse qu'une fois dans sa vie, et nous commençâmes à redescendre.

A part le danger de rouler du haut en bas du cône, la difficulté de la descente ne peut se comparer à celle de la montée. En dix minutes, nous fûmes sur l'île de lave, et, un quart d'heure après à la casa Inglese.

Le froid, toujours piquant, avait cessé d'être pénible; nous entrâmes dans la maison anglaise pour nous rajuster tant soit peu, car, ainsi que nous l'avons dit, notre toilette avait subi pendant l'ascension une foule de modifications.

La maison anglaise, que l'ingratitude des voyageurs finira par réduire à l'état de la *casa della Neve*, est encore un don précieux, quoiqu'indirect, de la philantropie scientifique de notre excellent hôte, monsieur Gemellaro. Il avait vingt ans à peine qu'il avait déjà calculé de quel inappréciable avantage serait pour les voyageurs qui montent sur l'Etna afin d'y faire des expériences météorologiques, une maison dans laquelle ils pussent se reposer des fatigues de la montée et se soustraire au froid éternel qui rend cette région inhabitable. En conséquence, il s'était adressé dix fois à ses concitoyens, soit de vive voix, soit par écrit, afin d'obtenir d'eux à cet effet une souscription volontaire; mais toutes ses tentatives avaient été sans succès.

Vers cette époque, monsieur Gemellaro fit un petit héritage; alors il n'eut plus recours à personne, et éleva par ses propres moyens une maison qu'il ouvrit gratis aux voyageurs. Cette maison était située, d'après son propre calcul, confirmé par celui de son frère, à 9,219 pieds au-dessus du niveau de la mer. Un voyageur reconnaissant écrivit au dessus de la porte ces mots latins :

Casa hæc quantula Etnam perlustrantibus gratissima.

Et la maison fut appelée dès lors *la Gratissima*.

Mais en bâtissant *la Gratissima*, monsieur Gemellaro n'avait fait que ce que ses moyens individuels lui permettaient de faire, c'est-à-dire qu'il avait offert un abri au savant. Ce n'était point assez pour lui : il voulut donner des moyens d'études à la science en meublant la maison de tous les instrumens nécessaires aux observations météorologiques que les voyageurs de toutes les parties du monde venaient journellement y faire. C'était l'époque où les Anglais occupaient la Sicile. Monsieur Gemerallo s'adressa à lord Forbes, général des armées britanniques.

Lord Forbes adopta non seulement le projet de monsieur Gemellaro, mais il résolut même de lui donner un plus grand développement. Il ouvrit une souscription en tête de laquelle il s'inscrivit pour 74,000 francs. La souscription ainsi patronisée atteignit bientôt le chiffre nécessaire, et lord Forbes, près de la petite maison de monsieur Gemellaro, qui depuis sept ans était, comme nous l'avons dit, appelée *la Gratissima*, fit élever un bâtiment composé de trois chambres, de deux cabinets, et d'une écurie pour seize chevaux. C'est cette maison, qui était un palais en comparaison de sa chétive voisine, qui fut appelée du nom de ses fondateurs :

Casa Inglese, ou Casa degli Inglesi.

Pendant tout le temps qu'on bâtit cette maison nouvelle, monsieur Gemellaro, qui, grâce aux ouvriers, pouvait faire venir tous les jours de Nicolosi les choses qui lui étaient nécessaires, demeura dans l'ancienne, occupé à faire des observations thermométriques trois fois par jour. D'après ces observations, la température moyenne, dans le mois de juillet fut, le matin, de + 5,37 ; à midi, + 7 ; le soir, + 5 ; moyenne, + 4,9 ; et dans le mois d'août, le matin, + 2,7 ; à midi, + 8,2 ; et le soir, + 5,1 ; moyenne, + 4,7 ; la plus grande chaleur monta jusqu'à + 12,4 ; le plus grand froid descendit jusqu'à — 0,9. Ces expériences, comme nous l'avons dit, étaient faites à 9,219 pieds au dessus du niveau de la mer.

Aujourd'hui, *la Gratissima* est en ruines, et la maison anglaise, dégradée chaque jour par les voyageurs qui y passent, menace de ne leur offrir bientôt d'autre abri que ses quatre murs.

Après une nouvelle halte d'un quart d'heure, pendant laquelle nous expédiâmes notre poulet et le reste du pain, nous sortîmes de nouveau de la maison anglaise, et nous nous trouvâmes sur le plateau qu'on appelle, par antiphrase sans doute, la plaine du Froment. Il était entièrement couvert de neige, quoique nous fussions au temps le plus chaud de l'année. Une trace, visiblement battue, indiquait le chemin suivi par les voyageurs. Nous nous écartâmes pour aller visiter à gauche la valée *del Bue*. A chaque pas que nous faisions sur cette neige vierge, nous enfoncions de six pouces à peu près.

La vallée del Bue ferait à l'Opéra une magnifique décoration pour l'enfer de la *Tentation* ou du *Diable amoureux*. Je n'ai jamais rien vu de plus triste et de plus désolé que ce gigantesque précipice, avec ses cascades de lave noire, figées au milieu de leur cours sur ce sol incandescent. Pas un arbre, pas une herbe, pas une mousse, pas un être animé. Absence totale de bruit, de mouvement et d'existence.

Aux trois régions qui divisent l'Etna, on pourrait certes en ajouter une quatrième plus terrible que toutes les autres, la région du feu.

Au fond de la vallée del Bue, on voit, à trois ou quatre mille pieds au dessous de soi, deux volcans éteints qui ouvrent leurs gueules jumelles. On dirait deux taupinières. Ce sont deux montagnes de quinze cents pieds chacune.

Il fallut toutes les instances de notre guide pour nous arracher à ce spectacle. Rien ne pouvait nous faire souvenir que nous avions une trentaine de milles à faire pour retourner à Catane. D'ailleurs Catane était là sous nos pieds; nous n'avions qu'à étendre la main, nous y touchions presque. Comment croire à ces dix lieues dont nous parlait notre guide ?

Nous remontâmes sur nos mulets, et nous partîmes. Quatre heures après, nous étions de retour chez monsieur Gemellaro. Nous l'avions quitté avec un sentiment d'amitié, nous le retrouvions avec un sentiment de reconnaissance.

Et voilà cependant un de ces hommes que les gouvernemens oublient, que pas un souvenir ne va chercher, que pas une faveur ne récompense. Monsieur Gemellaro n'est pas même correspondant de l'Institut. Il est vrai qu'heureusement ce bon et cher monsieur Gemellaro ne s'en porte ni mieux ni plus mal.

Nous étions de retour à Catane à onze heures du soir, et le lendemain, à cinq heures du matin, nous remettions à la voile.

SYRACUSE.

Notre retour fut une joie pour tout l'équipage. A part le coup de pied que j'avais reçu de ma mule, et dont j'éprouvais, il est vrai, une douleur assez vive, le voyage s'était terminé sans accident. Chaque matelot nous baisa les mains, comme si, pareils à Énée, nous revenions des enfers. Quant à Milord qui, depuis l'aventure du chat de l'opticien, était, autant que possible, consigné à bord sous la garde de ses deux amis Giovanni et Pietro, il était au comble du bonheur.

Le temps était magnifique. Depuis notre tempête, nous n'avions pas vu un nuage au ciel ; le vent venait de la Calabre, et nous poussait comme avec la main. La côte que nous longions était peuplée de souvenirs. A une lieue de Catane, quelques pierres éparses indiquent l'emplacement de l'ancienne Hybla ; après Hybla, vient le Symèthe, qui a changé son vieux nom classique en celui de Giaretta. Autrefois, et au dire des anciens, le Symèthe était navigable, aujourd'hui, il ne porte pas la plus petite barque. En échange, ses eaux, qui reçoivent les huiles sulfureuses, les jets de naphte et de pétrole de l'Etna, ont la faculté de condenser ce bitume liquide, et enrichissent ainsi son embouchure d'un bel ambre jaune, que les paysans recueillent et qui se travaille à Catane.

On rencontre ensuite le lac de Pergus, sur lequel, au dire d'Ovide, on ne voyait pas moins glisser de cygnes que sur celui de Caystre ; lac tranquille, transparent et recueilli, qui est voilé par un rideau de forêts, et qui réfléchit dans ses ondes les fleurs de son printemps éternel. C'était sur ses bords que courait Proserpine avec ses compagnes, remplissant son sein et sa corbeille d'iris, d'œillets et de violettes, lorsqu'elle fut aperçue, aimée et enlevée par Pluton, et que, chaste et innocente jeune fille, elle versa, en déchirant sa robe dans l'excès de sa douleur, autant de pleurs pour ses fleurs perdues que pour sa virginité menacée.

Après le lac viennent les champs des Lestrigons ; Lentini, qui a succédé à l'ancienne Léontine, dont les habitants conservaient la peau du lion de Némée, qu'Hercule leur avait donnée pour armes lorsqu'il fonda leur ville ; Augusta, bâti sur l'emplacement de l'ancienne Mégare, Augusta, de sanglante et infâme mémoire, qui a égorgé dans son port trois cents soldats aveugles qui revenaient d'Egypte en 1799. Puis enfin, après Mégare, on trouve Thapse, qui est couchée aux bords des flots.

Pantagiæ Megarosque sinus, Thapsumque jacentem.

Tout en poursuivant notre voyage, nous remarquions le changement d'aspect de la côte. Au lieu de ces champs fertiles et mollement inclinés, qui, en s'approchant de la mer, se couvraient des roseaux qui fournissaient sa flûte à Polyphème, et abritaient les amours d'Acis et de Galathée, se dressaient de grandes falaises de rochers, d'où s'envolaient des milliers de colombes. Vers les quatre heures du soir, un écueil surmonté d'une croix nous rappela le naufrage de quelques navires. Enfin nous vîmes pointer un pan des murailles de Syracuse, et nous entrâmes dans son port au bruit que fait en s'exerçant une école de tambours. C'était le premier désenchantement que nous gardait la fille d'Archias le Corinthien.

Sortie de l'île d'Ortygie pour bâtir sur le continent Acradine, Tyché, Neapolis et Olympicum, Syracuse, après avoir vu tomber en ruines l'une après l'autre ses quatre filles, est rentrée dans son berceau primitif. C'est aujourd'hui tout bonnement une ville d'une demi-lieue de tour, qui compte cent seize mille âmes, et qui est entourée de murailles, de bastions et de courtines bâtis par Charles V.

Du temps de Strabon, elle avait cent vingt mille habitants, autant qu'en renferme la ville moderne, et cent quatre-vingts stades de tour. Puis, comme sa population s'augmentait encore de jour en jour, et que ses murailles et ses cinq villes ne pouvaient plus la contenir, elle fondait Acre, Casmène, Camérine et Enna.

Du temps de Cicéron, et toute déchue qu'il la trouva de son ancienne prospérité, voilà ce qu'était encore Syracuse :

« Syracuse, dit Cicéron, est bâtie dans une situation à la fois forte et agréable. On y aborde facilement de tous côtés, soit par terre, soit par mer ; ses ports, renfermés pour ainsi dire dans l'enceinte des murs, ont plusieurs entrées, mais ils sont joints les uns aux autres. La partie séparée par cette jonction forme une île ; cette île est enfermée dans cette ville, si vaste qu'on peut vraiment dire qu'elle renferme un tout composé de quatre grandes villes. Dans l'île est le palais d'Acron, dont les préteurs se servent ; là aussi s'élèvent, parmi d'autres temples, ceux de Diane et de Minerve : ce sont les plus remarquables. A l'extrémité de cette île est une fontaine d'eau douce nommée Aréthuse, d'une grandeur surprenante, riche en poissons, et qui serait envahie par les eaux de la mer, sans une digue qui l'en garantit. La deuxième ville est Acradine, où l'on trouve une grande place publique, de beaux portiques, un prytanée très riche d'ornemens, un très grand édifice qui sert de lieu de réunion pour traiter les affaires publiques, et un magnifique temple consacré à Jupiter Olympien. La troisième est Tyché. Elle a reçu ce nom d'un temple de la Fortune qui y existait autrefois ; elle renferme un lieu très vaste pour les exercices du corps, et plusieurs temples. Ce quartier de Syracuse est très peuplé. Enfin la quatrième ville est nommée Neapolis. Au haut de cette ville est un très grand théâtre ; en outre, elle possède deux beaux temples, le temple de Cérès et le temple de Proserpine ; on y remarque de plus une statue d'Apollon qui est fort grande et fort belle. »

Voilà la Syracuse de Cicéron telle que l'avaient faite les guerres d'Athènes, de Carthage et de Rome, telle que l'avaient laissée les déprédations de Verrès. Mais la vieille Syracuse, la Syracuse d'Hiéron et de Denys, la véritable Pentapolis enfin, était bien autrement belle, bien autrement riche, bien autrement splendide. Elle avait huit lieues de tour ; elle avait un million deux cent mille habitants dont la richesse excessive était devenue proverbiale, au point qu'on disait à tout homme qui se vantait de sa fortune : Tout cela ne vaut pas la dixième partie de ce que possède un Syracusain. Elle avait une armée de cent mille hommes et de dix mille chevaux répartie derrière ses murailles ; elle avait cinq cents vaisseaux qui sillonnaient la Méditerranée, du détroit de Gadès à Tyr, et de Carthage à Marseille. Elle avait enfin trois ports ouverts à tous les navires du monde : Trogyle, que dominaient les murailles d'Acradine, et que longeait la voie antique qui conduisait d'Ortygie à Catane ; le grand port, le *Sicanum sinus* de Virgile, qui contenait cent vingt vaisseaux ; le petit port, *portus marmoreus*, qu'Hiéron avait fait entourer de palais et Denys paver de marbre ; et puis, pour que Syracuse n'eût rien à envier aux autres villes, elle eut Athènes pour rivale, Carthage pour alliée, Rome pour ennemie, Archimède pour défenseur, Denys pour tyran, et Timoléon pour libérateur.

A six heures nous mîmes pied à terre à Ortygie. On nous fit subir force formalités à la porte, ce qui nous fit perdre une demi-heure encore, de sorte qu'une fois entrés à Syracuse, nous n'eûmes que le temps de chercher un hôtel, de dîner et de nous coucher, remettant nos visites au lendemain matin.

J'avais une lettre pour un jeune homme, dont un ami commun, qui me recommandait à lui, m'avait promis merveille. C'était le comte de Gargallo, fils du marquis de Gargallo, auquel Naples doit la meilleure traduction d'Horace qui existe en Italie. Le comte était, m'avait-on dit, spirituel comme un Français moderne, et hospitalier comme un vieux Syracusain. L'éloge m'avait paru exagéré tant que je ne vis pas le comte ; il me parut faible quand je l'eus connu.

A huit heures du matin, je me présentai chez le comte de Gargallo. Il était encore couché. On lui porta ma lettre et ma carte. Il sauta à bas du lit, accourut, et nous tendit la main avec une telle cordialité, qu'à partir de ce moment je sentis que nous étions amis à toujours.

Le comte de Gargallo n'était, à cette époque, jamais venu à Paris, et cependant il parlait français comme s'il eût été élevé en Touraine, et connaissait notre littérature en homme qui en fait une étude particulière. Aux premiers mots qu'il prononça, au premier geste qu'il fit, il me rappela beaucoup, pour l'accent, l'esprit et les façons, mon bon et cher Méry, qu'il n'avait jamais vu et qu'il ne connaissait que de nom ; il pouvait, comme on le voit, choisir plus mal.

Le comte mit à notre disposition sa maison, sa voiture et sa personne ; nous le remerciâmes pour la première offre, et nous acceptâmes les deux autres. Il fut convenu que, pour mettre de l'ordre dans nos investigations, nous commencerions par Ortygie, qui, ainsi que nous l'avons dit, est maintenant Syracuse, puis, que nous visiterions successivement Neapolis, Acradine, Tyché et Olympicum.

Pendant que nous établissions notre plan de campagne, on dressait la table, et, pendant que nous déjeunions, on mettait les chevaux à la voiture. C'était, comme on le voit, de l'hospitalité intelligente au premier degré ; au reste, le comte aurait pu, à la rigueur, offrir aux étrangers les soixante lits d'Agathocle, car il avait cinq maisons à Syracuse.

Notre première visite fut pour le musée ; il est de création moderne et date de vingt-cinq à vingt-six ans ; d'ailleurs, Naples a l'habitude d'enlever à la Sicile ce qu'on y trouve de mieux. Il n'en reste pas moins au musée de Syracuse une belle statue d'Esculape, et cette fameuse Vénus Callipyge dont parle Athénée. La statue de la déesse me parut digne de la réputation européenne dont elle jouit.

Du musée nous allâmes à l'emplacement de l'ancien temple de Diane : c'est le plus ancien monument grec de Syracuse. Cette ville devait un temple à Diane, car Ortygie appartenait à cette déesse. Elle l'avait obtenue de Jupiter, dans le partage qu'il avait fait de la Sicile entre elle, Minerve et Proserpine, et lui avait donné ce nom en souvenir du bois d'Ortygie à Délos, où elle était née; aussi célébrait-on à Syracuse une fête de trois jours en son honneur. Ce fut pendant une de ces fêtes que les Romains, arrêtés depuis trois ans par le génie d'Archimède, s'emparèrent de la ville. Deux colonnes d'ordre dorique, enchâssées dans un mur mitoyen de la rue Trabochetto, sont tout ce qui reste de ce temple.

Le temple de Minerve, converti en cathédrale au XIIe siècle, est mieux conservé que celui de sa sœur consanguine, et doit sans doute cette conservation à la transformation qu'il a subie : les colonnes qui en sont demeurées debout, sont d'ordre dorique, cannelées et saillantes à l'extérieur de la muraille qui les réunit, et fort inclinées d'un côté depuis le tremblement de terre de 1542.

J'avais réservé ma visite à la fontaine Aréthuse pour la dernière. La fontaine Aréthuse est, pour tout poëte, une vieille amie de collége : Virgile l'invoque dans sa dixième et dernière églogue, adressée à son ami Gallus, et Ovide raconte d'elle des choses qui font le plus grand honneur à la moralité de cette nymphe. Il est vrai qu'il met le récit dans la bouche de la nymphe elle-même, qui, comme toutes les faiseuses de mémoires, aurait bien pu ne se peindre qu'en buste. Quoi qu'il en soit, voici ce que le bruit public disait d'elle :

Aréthuse était une des plus belles et des p'us sauvages nymphes de la suite de Diane. Chasseresse comme la fille de Latone, elle passait sa journée dans les bois, poursuivant les chevreuils et les daims, et ayant presque honte de cette beauté qui faisait la gloire des autres femmes. Un jour qu'elle venait de poursuivre un cerf, et qu'elle sortait toute échevelée et haletante de la forêt de Stymphale, elle rencontra devant elle une eau si pure, si calme et si doucement fugitive, que, quoique le fleuve eût plusieurs pieds de profondeur, on en voyait le gravier comme s'il eût été à découvert. La nymphe avait chaud, elle commença par tremper ses beaux pieds nus dans le fleuve, puis elle y entra jusqu'aux genoux; puis enfin, invitée par la solitude, elle détacha l'agrafe de sa tunique, déposa le chaste vêtement sur un saule, et se plongea tout entière dans l'eau. Mais à peine y fut-elle, qu'il lui sembla que cette eau frémissait d'amour, et la caressait comme si elle eût eu une âme. D'abord Aréthuse, certaine d'être seule, y fit peu d'attention; bientôt cependant il lui sembla entendre quelque bruit : elle courut au bord; malheureusement elle était si troublée, qu'au lieu de gagner la rive où était sa tunique, la pauvre nymphe se trompa et gagna la rive opposée. Elle y était à peine, qu'un beau jeune homme éleva la tête du milieu du courant, secoua ses cheveux humides, et, la regardant avec amour, lui dit : — Où vas-tu, Aréthuse? Belle Aréthuse, où vas-tu?

Peut-être une autre se fût-elle arrêtée à ce doux regard et à cette douce voix ; mais, nous l'avons dit, Aréthuse était une vierge sauvage qui, n'accompagnant Diane que le jour, n'avait jamais vu la prude meurtrière d'Actéon s'humaniser de nuit pour le beau berger de la Carie. Aussi, au lieu de s'arrêter, elle se prit à fuir nue et toute ruisselante comme elle était. De son côté, Alphée ne fit qu'un bond du milieu de son cours sur sa rive, et se mit à sa poursuite nu et ruisselant comme elle ; ils traversèrent ainsi, et sans qu'il la pût atteindre, Orchomène, Psophis, le mont Cyllène, le Ménale, l'Érymanthe et les campagnes voisines d'Élis, franchissant les terres labourées, les bois, les rochers, les montagnes, sans que le dieu pût gagner un pas sur la nymphe. Mais enfin, quand vint le soir, la belle fugitive sentit qu'elle commençait à s'affaiblir; bientôt elle entendit les pas du dieu qui pressaient ses pas ; puis, aux derniers rayons du soleil,

elle vit son ombre qui touchait la sienne, elle sentit une haleine ardente brûler ses épaules. Alors elle comprit qu'elle allait être prise, et que, brisée de cette longue course, elle n'aurait plus de force pour se défendre : — A moi ! cria-t-elle, à moi, ô divine chasseresse ! Souviens-toi que souvent tu m'as jugée digne de porter ton arc et tes flèches ! Diane, déesse de la chasteté, prends pitié de moi !

Et, à ces mots, la nymphe se vit enveloppée d'un nuage; Alphée, quoique près de l'atteindre, la perdit à l'instant de vue. Au lieu de s'éloigner découragé, il resta obstinément à la même place. Mais, quand le nuage disparut, où était la nymphe, il n'y avait plus qu'un ruisseau ; Aréthuse était métamorphosée en fontaine.

Alors Alphée redevint fleuve, et changea le cours de ses eaux pour les mêler à celles de la belle Aréthuse ; mais Diane, la protégeant jusqu'au bout, lui ouvrit une voie souterraine. Aréthuse prit aussitôt son cours au-dessous de la Méditerranée, et ressortit à Ortygie. Alphée, de son côté, s'engouffra près d'Olympie, et, toujours acharné à la poursuite de sa maîtresse, reparut à deux cents pas d'elle dans le grand port de Syracuse.

Aréthuse soutint toujours qu'elle n'avait pas rencontré Alphée dans son voyage sous-marin, mais, quelque serment que fit la pauvre nymphe, un pareil voisinage ne laissait pas d'être tant soit peu compromettant. Depuis cette époque, toutes les fois qu'on parlait de la chasteté d'Aréthuse devant Neptune et Amphitrite, les deux augustes époux souriaient de façon à faire croire qu'ils en savaient plus qu'ils ne voulaient en dire sur le passage du fleuve et de la fontaine à travers leur liquide royaume.

Cependant, si problématique que fût la virginité de la nymphe, nous n'en réclamâmes pas moins l'honneur de lui être présentés. On nous conduisit devant un lavoir immonde, où une trentaine de blanchisseuses, les manches retroussées jusqu'aux aisselles, et les robes relevées jusqu'aux genoux, tordaient les chemises des Syracusains. On nous dit : Saluez, voici la fontaine demandée. Nous étions en face de la belle Aréthuse. Ce n'était pas là peine de faire tant la prude pour en arriver là.

Nous fûmes curieux néanmoins de goûter cette eau miraculeuse ; nous prîmes un verre, et nous le plongeâmes à l'endroit même où elle sort du rocher : elle est, à l'œil, d'une limpidité parfaite, mais un peu saumâtre au goût. C'est une preuve de plus contre la pauvre nymphe, et qui porterait à penser qu'elle ne s'en est pas même tenue, comme le dit Ausone, à de purs baisers de son amant ; *incorruptarum miscentes oscula aquarum*.

Voyez où conduit l'incrédulité : si l'on en croit les apparences, non seulement Aréthuse ne serait plus vierge, mais encore elle serait adultère.

A quelques pas de la fontaine et sur la pointe méridionale de l'île, s'élevait le palais de Verrès : les ruines ont servi à bâtir un fort normand au XIe siècle ; ce fort occupe la place où était la roche de Denys, rasée par Timoléon.

En face, de l'autre côté de l'ouverture du grand port, surgissait le Plemmyrium, dont les derniers vestiges ont disparu ; c'était une forteresse bâtie par Archimède : quatre animaux en bronze, un taureau, un lion, une chèvre et un aigle, ornaient ses quatre angles tournés chacun vers un des quatre pointts cardinaux. Lorsqu'il faisait du vent, le vent s'engouffrait dans la gueule ou dans le bec de l'animal qui était tourné de son côté, et lui faisait pousser le cri qui lui était propre. C'était surtout, à ce qu'on assure, ce chef-d'œuvre *éolique* qui rendait Rome si fort jalouse de Syracuse.

Nous retraversâmes toute la ville pour visiter Neapolis ; mais, à la porte, il nous fallut quitter notre voiture, la voie antique, qui conserve la trace des chars anciens, étant on ne peut plus incommode pour les calèches modernes.

Nous côtoyâmes le port de marbre, ayant à notre droite la mer, à notre gauche quelques masures. C'est dans ce port, le plus précieux joyau de Syracuse, que stationnait la flotte de la république. Xénagore y construisit la première galère à six rangs de rames, et Archimède fit confectionner le merveilleux vaisseau qu'Hiéron II envoya à Ptolémée roi d'Egypte, et qui, s'il faut en croire Athénée, avait vingt rangs de rameurs, et renfermait des bains, une bibliothèque, un temple, des jardins, une piscine et une salle de festins.

La route que nous suivions conduit droit au couvent des capucins. Après une demi-heure de marche, nous arrivâmes chez les bons pères, introduits par deux moines de la communauté que nous avions rejoints à mi-chemin, et avec lesquels nous avions fait route tout en causant. Le couvent était tenu avec une propreté admirable et qui contrastait avec l'effroyable saleté dont le spectacle nous poursuivait depuis notre entrée en Sicile. Cela affermit Jadin dans un dessein qu'il avait depuis longtemps : c'était de se mettre en pension dans un couvent pendant une huitaine de jours, pour y travailler à son aise, tout en examinant de près la vie du cloître. Il fit alors demander par monsieur de Gargallo aux bons pères s'ils ne voudraient point le recevoir pour hôte pendant une semaine. Les capucins répondirent que ce serait avec grand plaisir, et fixèrent le prix de la pension à quarante sous par jour, logement et nourriture. Jadin était dans l'extase de pareilles conditions, et allait arrêter le marché avec le frère trésorier, lorsque monsieur de Gargallo lui dit tout bas d'attendre, avant de rien conclure, l'heure du dîner. Jadin demanda alors si ce dîner n'était point suffisamment copieux pour soutenir un estomac mondain. Monsieur de Gargallo lui répondit qu'au contraire les capucins passaient pour avoir des repas splendides et surtout très variés, mais que c'était dans la préparation de ces repas qu'existerait peut-être l'obstacle. Jadin pensa en frissonnant que, pour maintenir plus facilement son vœu de chasteté, la communauté mêlait peut-être au jus des viandes le suc du nymphea, ou de quelque autre plante réfrigérante. Il remercia monsieur de Gargallo, et quitta le trésorier sans rien conclure, et après ne s'être avancé que tout juste assez pour faire une honorable retraite.

Au moment où nous nous présentâmes à la porte, elle était encombrée de mendians. C'était l'heure à laquelle les capucins font chaque jour une distribution de soupe, et une centaine d'hommes, de femmes et d'enfans, attendaient ce moment, la bouche béante et l'œil ardent, comme une meute attendant la curée.

Je n'ai point encore parlé du mendiant sicilien, l'occasion ne s'étant pas présentée ; et cependant on ne peut pas passer sous silence une classe qui forme en Sicile le dixième à peu près de la population. Qui n'a pas vu le mendiant sicilien ne connaît pas la misère. Le mendiant français est un prince, le mendiant romain un grand seigneur, et le mendiant napolitain un bon bourgeois, en comparaison du mendiant sicilien. Le pauvre de Callot avec ses mille haillons, le *fellah* égyptien avec sa simple chemise, paraîtraient des rentiers à Palerme ou à Syracuse. A Syracuse et à Palerme, c'est la misère dans toute sa laideur, avec ses membres décharnés et débiles, ses yeux caves et fiévreux. C'est la faim avec ses véritables cris de douleur, avec son râle d'éternelle agonie ; la faim, qui triple les années sur la tête des jeunes filles ; la faim, qui fait qu'à l'âge où dans tous les pays toute femme est belle, de jeunesse au moins, la jeune fille sicilienne semble tomber de décrépitude ; la faim, qui, plus cruelle, plus implacable, plus mortelle que la débauche, flétrit aussi bien qu'elle, sans offrir même la grossière compensation sensuelle de sa rivale en destruction.

Tous ces gens qui étaient là n'avaient point mangé depuis la veille. La veille, ils étaient venus recevoir leur écuelle de soupe, comme ils venaient aujourd'hui, comme ils viendraient demain. Cette écuelle de soupe, c'était toute leur nourriture pour vingt-quatre heures, à moins que quelques-uns d'entre eux n'eussent obtenu quelques *grani* de la compassion de leurs compatriotes ou de la pitié des étrangers. Mais le cas est presque inouï : les Syracusains sont familiarisés avec la misère, et les étrangers sont rares à Syracuse.

Quand parut le distributeur de la bienheureuse soupe, ce furent des hurlemens inouïs, et chacun se précipita vers lui sa sébile à la main. Il y en avait qui étaient trop faibles pour hurler et pour courir, et qui se traînaient en gémissant sur leurs genoux et sur leurs mains.

Avec le potage était restée la viande qui avait servi à le faire, et que le cuisinier avait taillée en petits morceaux, afin que le plus grand nombre en pût avoir. Celui à qui ce bonheur venait à échoir rugissait de joie, et se retirait dans un coin, prêt à défendre sa proie si quelque autre, moins bien traité du hasard, voulait la lui enlever.

Il y avait, au milieu de tout cela, un enfant vêtu, non pas d'une chemise, mais d'une espèce de toile d'araignée à mille trous, qui n'avait pas d'écuelle et qui pleurait de faim. Il tendit ses deux pauvres petites mains amaigries et jointes pour remplacer autant qu'il était en lui par le récipient naturel le vase absent. Le cuisinier y versa une cuillerée de potage. Le potage était bouillant et brûla les mains de l'enfant ; il jeta un cri de douleur et ouvrit malgré lui les doigts, le pain et le bouillon tombèrent par terre sur une dalle. L'enfant se jeta à quatre pattes et se mit à manger à la manière des chiens.

— Et si ces bons pères interrompaient cette distribution, demandai-je à monsieur de Gargallo, que deviendraient tous ces malheureux ?

— Ils mourraient, me répondit-il.

Nous laissâmes à un des frères deux piastres pour qu'il les convertît en *grani* et les distribuât à ces misérables, puis nous nous sauvâmes.

Le jardin des capucins s'étend sur l'emplacement des anciennes latomies ou carrières. C'est de ces carrières et de celles qui sont près de l'amphithéâtre, que sortit toute la Syracuse antique avec ses murailles, ses temples, ses palais.

Nous descendîmes par une espèce de rampe jusqu'à une profondeur de cinquante pieds à peu près, nous passâmes sous un vaste pont, puis nous nous trouvâmes en face d'un tombeau moderne ; c'est celui d'un jeune Américain nommé Nicholson, âgé de dix-huit ans, et tué en duel à Syracuse ; comme hérétique et à cause aussi du genre de sa mort, les portes de toutes les églises se fermèrent pour lui. Non moins hospitaliers pour les morts que pour les vivans, les bons capucins prirent le cadavre, l'emportèrent, et lui donnèrent la sépulture dans leurs jardins.

Ces jardins, comme ceux des bénédictins de Catane, sont un miracle d'art et de patience. A Catane il fallait recouvrir la lave, ici le roc. La tâche était la même, elle fut remplie avec un tel courage, qu'on appelle aujourd'hui *il paradiso* ce labyrinthe de pierres où autrefois il ne poussait pas un brin d'herbe, et qui aujourd'hui est tapissé d'orangers, de citronniers, de nopals. Ces murailles gigantesques sont devenues des espaliers, et dans les moindres interstices les aloès épanouissent leurs puissantes feuilles, du milieu desquelles s'élancent leurs fleurs séculaires.

C'est dans ces latomies que furent renfermées les Athéniens prisonniers après la défaite de Nicias. Les onze latomies de Syracuse étaient tellement encombrées, qu'une maladie épidémique se mit parmi ces malheureux, et que les Syracusains, craignant qu'elle ne s'étendît jusqu'à eux, renvoyèrent à Athènes tous ceux qui purent citer de mémoire douze vers d'Euripide. C'est encore dans une de ces latomies que fut renvoyé le fameux philosophe qui, pour toute louange aux vers que lui lisait Denys, fit cette réponse devenue proverbiale : *Qu'on me ramène aux carrières.* Dans ce pays où aucune tradition ne se perd, elle est là trois mille ans ; on appelle cette latomie *la latomie de Philoxène.*

Au milieu de ces carrières dont le ciel forme la seule voûte, s'élèvent des espèces de colonnes isolées, frustes, abruptes, capricieusement tordues, sur lesquelles s'appuient des ruines. C'était, dit-on, au haut de ces colonnes, dont le sommet arrive au niveau de la plaine, qu'on plaçait, prisonnières elles-mêmes, les sentinelles chargées de veiller sur les prisonniers, et auxquelles on faisait passer leur nourriture à l'aide d'un panier attaché au bout d'une corde.

Nous parcourûmes dans tous les sens cet étrange labyrinthe, avec ses aqueducs antiques, qui lui portent encore de l'eau comme au temps des Hiéron et des Denys, avec ses cascades de verdure qui ont l'air de se précipiter du haut des murailles, et dont le moindre vent fait onduler les riches festons, avec ses vieilles inscriptions illisibles, dans lesquelles les voyageurs cherchent à reconnaître un hommage à Euripide-Sauveur; puis nous entrâmes dans la petite église de Saint-Jean par un portique couvert, formé de trois arceaux gothiques. Une inscription gravée dans une chapelle souterraine réclame pour ce petit temple l'honneur d'être la plus ancienne église catholique de la Sicile. La voici :

> Crux superior recens,
> Cæteræ vero antiquiores sunt,
> Et antiquissima consecrationis
> Signa referunt templi hujus,
> Quo non habet tota Sicilia aliud
> Antiquius.

Près de cette église sont les catacombes, catacombes bien autrement conservées que celles de Paris, de Rome et de Naples. Leur fondation est attribuée au tyran Hiéron II, mais aucune preuve n'appuie cette assertion. Selon toute probabilité, elles datent de différentes époques, et furent creusées au fur et à mesure qu'un plus grand nombre de morts réclamèrent un plus grand nombre de couches sépulcrales. Quelques tombeaux contiennent encore des ossemens ; dans aucun, à ce qu'on assure, on n'a trouvé d'urnes, ni de vases, mais seulement quelquefois des lampes.

Là aussi il y avait distinction entre les riches et les pauvres : les riches avaient de magnifiques *colombaires* à la manière des Romains; les pauvres avaient, non pas une fosse commune, mais un roc commun : leurs sépultures, simplement creusées dans le rocher, sont superposées les unes aux autres, et indiquent par leurs dimensions si elles renfermaient des hommes, des femmes ou des enfans.

Cette ville souterraine était bâtie, au reste, à l'instar des villes vivantes, et éclairée par le soleil : elle avait ses rues et ses carrefours ; le jour y pénètre par des ouvertures rondes comme celle du Panthéon, et au moyen desquelles on aperçoit le ciel à travers un réseau de lierre et de broussailles. C'est près de ces catacombes et dans un bain antique que furent découvertes, il y a quelque vingt ans, les statues d'Esculape et de la Vénus Callipyge, qui font le principal ornement du musée de Syracuse.

En rentrant au couvent, nous nous croisâmes avec le frère quêteur ; il revenait, porteur d'une besace rondement garnie. Monsieur de Gargallo nous fit signe de le suivre jusqu'à la cuisine; nous demandâmes alors négligemment la permission de voir cette importante partie de l'établissement, elle nous fut immédiatement accordée.

Le cuisinier attendait le pourvoyeur, ayant en face de lui sur une grande table une demi-douzaine de casseroles de toute dimension qu'attendaient autant de réchauds allumés. Aux quelques mots qu'il échangea avec le frère quêteur, je crus comprendre qu'il lui reprochait de venir un peu tard; le frère quêteur s'excusa comme il put et ouvrit sa besace, doublée d'un côté d'une espèce de grand bidon en ferblanc. Le bidon fut tiré de son enveloppe, ouvert immédiatement, et présenta à la vue son gros ventre tout farci d'ailes de poulets, de cuisses de canards, de moitiés de pigeons, de tranches de gigots, de côtelettes de mouton, et de râbles de lapins. Le cuisinier jeta un œil satisfait sur la récolte du jour, puis, avec une agilité admirable, il distribua, à l'aide de ses doigts, les différens échantillons dans les casseroles, à la manière dont un prote décompose une forme, mettant les cuisses avec les cuisses, les ailes avec les ailes, assortissant les espèces entre elles, et formant un tout complet des différentes parties qui avaient appartenu à des individus du même genre ; puis, ayant fait à chaque espèce une sauce assortie au sujet, il servit à la sainte communauté un dîner qui ne laissait pas d'offrir un fumet fort tentateur et une mine des plus succulentes, et que le prieur nous invita fort gracieusement à partager. Malheureusement c'était à nous surtout qu'était applicable le proverbe gastronomique, que, pour trouver la cuisine bonne il ne faut pas la voir faire. Nous remerciâmes donc, avec une reconnaissance non moins sentie que si nous n'avions pas assisté à l'étrange préparation qui nous avait pour le moment ôté l'appétit ;

quant à Jadin il était à tout jamais guéri de l'idée de se mettre en pension chez aucun des quatre ordres mendians.

Comme il se faisait tard et que nous étions en course depuis le matin, nous revînmes chez le comte de Gargallo, où nous trouvâmes un dîner qui nous fit glorifier le Seigneur, qui nous avait envoyé l'idée de refuser celui des capucins.

Le soir, nous courûmes tous les cabarets de la ville, afin de déguster les meilleurs vins, et d'en faire une provision, que nous envoyâmes à bord du speronare. *Lucrèce Borgia* venait de mettre à la mode le vin de Syracuse, et je ne voulais pas perdre une si belle occasion d'en meubler ma cave : le plus cher nous coûta 17 sous le *fiasco*; c'était du vin qui, rendu à Paris, valait 20 francs la bouteille.

Le lendemain, nous reprîmes notre excursion interrompue la veille, mais cette fois avec un simple cicerone de place : le comte restait en ville pour organiser une promenade en bateau sur l'Anapus. J'avais d'abord offert, avec tout le faste et l'orgueil d'un propriétaire, la chaloupe du speronare et deux de nos matelots; mais, comme les guides suisses, les mariniers de Syracuse ont des priviléges que tout voyageur doit respecter.

Nous reprîmes la même route que la veille ; mais, à moitié chemin du couvent des capucins, nous reprîmes le bord de la mer, et nous coupâmes à travers Neapolis. Notre guide, prévenu que nous avions vu les latomies ainsi que les catacombes de Saint-Jean, et que nous désirions ne pas faire de double emploi, nous conduisit droit aux ruines du palais d'Agathocle, appelées encore aujourd'hui la *maison des soixante lits*. De ce palais il reste trois grandes chambres; si, comme me l'assura mon guide, c'était dans ces trois chambres qu'étaient les soixante lits, l'hospitalité du magnifique Syracusain devait fort ressembler à celle de l'Hôtel-Dieu.

L'amphithéâtre est à quelques pas seulement de la maison d'Agathocle, c'est une construction romaine ; les Grecs, comme on sait, n'ayant jamais apprécié autant que le peuple-roi les combats de gladiateurs, il est petit et d'un médiocre intérêt pour quiconque a vu les arènes d'Arles et de Nîmes, et le Colisée à Rome.

Entre l'amphithéâtre et le théâtre sont les latomies des Cordiers, ainsi appelées parce qu'aujourd'hui on y file le chanvre ; c'est dans ces latomies que se trouve la fameuse carrière intitulée l'Oreille de Denys. Je ne sais quel degré de parenté existait entre le roi Denys et le roi Midas ; mais, j'en suis fâché pour le tyran de Syracuse, la carrière qui porte le nom de son appareil auditif a fort exactement la forme que l'on attribue généralement aux oreilles que le roi de Phrygie avaient reçues de la munificence d'Apollon.

Ce qui a fait donner à cette carrière dont on ignore au reste l'origine (car elle est polie et taillée avec trop de soin et dans une forme trop étrange pour que l'existence en soit due à une simple extraction de la pierre), ce qui, dis-je, a fait donner à cette carrière le nom qu'elle porte, c'est la faculté de transmettre le moindre bruit qui se fait dans son intérieur, à un petit réduit pratiqué à l'extrémité supérieure de son ouverture. Ce réduit passe généralement pour le cabinet de Denys. Le tyran, qui se livrait à une étude toute particulière de l'acoustique, venait, dit-on, écouter là les plaintes, les menaces et les projets de vengeance de ses prisonniers. A moins de se faire mépriser souverainement par son cicerone, je ne conseille à aucun voyageur de révoquer en doute ce point historique.

L'Oreille de Denys est creusée dans un bloc de rocher taillé à pic, d'une hauteur de cent vingt pieds environ ; l'extrémité supérieure de l'ouverture se trouve à soixante-dix pieds d'élévation à peu près, ce qui rendait, à mon avis, une conspiration on ne peut plus facile à Syracuse ; on n'avait qu'à attendre le moment où le tyran était dans son cabinet, et retirer l'échelle. J'ai pris, je l'avoue, une fort petite idée des anciens habitans de Syracuse, depuis qu'après avoir lu tous les auteurs qui ont parlé de cette ville, je me suis assuré que jamais cette idée ne leur était venu.

Notre guide nous offrit de vérifier par nous-mêmes la vérité de ce qu'il avait dit sur la transmission des sons. Aux premiers mots qu'il en dit, et avant que nous eussions encore répondu oui ou non, nous vîmes trois ou quatre gaillards, dont l'industrie consiste à guetter les étrangers qui s'aventurent sur leurs domaines, se mettre en mouvement pour préparer les moyens d'ascension ; au bout de dix minutes, deux d'entre eux descendaient une corde du haut des rochers. Presqu'immédiatement, la corde fut assujettie à une poulie, un siége fixé à la corde, et l'un d'eux commença à s'élever, tiré par les trois autres, pour nous familiariser par son exemple, avec cet étrange mode de locomotion.

Comme l'exemple, si attrayant qu'il fût, n'avait pas sur nous une grande puissance d'attraction, et que cependant nous désirions que l'expérience fût faite par l'un de nous, nous tirâmes à la courte-paille à qui aurait l'honneur de monter dans la cellule aérienne du tyran. Le sort favorisa Jadin, il fit une grimace qui prouvait qu'il n'appréciait pas tout au bonheur, mais il ne s'en assit pas moins bravement sur son siége. A peine assis, et comme si nos guides avaient peur qu'il ne revint sur sa décision, il s'éleva majestueusement dans les airs, où il commença à tourner comme un peloton de fil qu'on dévide. Milord poussa de grands cris en voyant son maître prendre cette route inusitée, et moi, je l'avoue, je le suivis des yeux avec une certaine inquiétude jusqu'à ce que je le visse logé solidement et comfortablement dans son pigeonnier. Cependant, rassuré par Jadin lui-même sur la façon dont il se trouvait casé, j'entrai dans la carrière pour me livrer aux différentes expériences d'usage en pareil cas.

La carrière s'enfonce en tournant, mais en conservant toujours la même forme, à trois cent quarante pieds à peu près de profondeur. Des anneaux de fer, attachés de distance en distance, furent longtemps considérés comme ayant servi à enchaîner les prisonniers ; mais l'abbé Capodieci démontra que ces anneaux étaient modernes et avaient servi, selon toute probabilité, à attacher des chevaux. Cela n'empêcha point notre guide, qui n'était nullement de l'avis de l'illustre abbé, de nous les donner pour des instrumens de torture. Nous ne voulûmes pas le contrarier pour si peu de chose, et nous nous apitoyâmes avec lui sur le sort des malheureux qui étaient si incommodément rivés à la muraille.

Arrivé au fond de la carrière, notre guide, après s'être assuré que Jadin avait l'oreille appliquée au petit trou si précieux pour le tyran, m'invita à dire aussi bas que je le voudrais, mais d'une manière intelligible cependant, une phrase quelconque, me promettant que mes paroles seraient immédiatement transmises à mon camarade. J'invitai alors Jadin à battre le briquet et à allumer son cigare.

Après lui avoir donné le temps de se conformer à l'invitation que je venais de lui faire, et dont l'exécution devait me prouver qu'il m'avait entendu, nous déchirâmes une feuille de papier ; puis notre guide, qui avait gardé cette expérience pour la dernière, tira un coup de pistolet, dont le bruit, par le même effet d'acoustique, sembla celui d'un coup de canon. Nous courûmes aussitôt à l'extrémité extérieure de la carrière pour nous rendre compte des effets produits. Je trouvai Jadin qui fumait à pleine bouche, et qui sautait sur un pied en se frottant l'oreille. Il avait parfaitement entendu le son de ma voix et le bruit du papier. Quant au coup de pistolet, qui était une surprise inattendue, il l'avait rendu parfaitement sourd de l'oreille droite. Notre guide triomphait.

Jadin descendit par le même procédé qu'il avait employé pour monter, et toucha la terre sans autre accident que la permanence de sa demi-surdité, qui dura tout le reste de la journée.

Nous reprîmes la voie antique toute garnie de tombeaux, et après une visite au prétendu sépulcre d'Archimède, du haut duquel, à ce que nous assura notre guide, l'illustre savant s'amusait, par la combinaison de ses miroirs, à brûler les vaisseaux romains avec autant de facilité que les enfans en ont à allumer de l'amadou avec un verre de lunette, nous traversâmes un carrefour sur le pavé duquel on voit parfaitement la trace des chars. Nous nous acheminâmes ainsi vers le théâtre, chassant devant nous des myriades de lézards de toutes couleurs, seuls habitans modernes de la vieille Neapolis.

Le théâtre est avec les latomies le monument le plus curieux de Syracuse. Il fut bâti par les Grecs, mais l'on ignore entièrement l'époque de sa construction. Cette inscription, que l'on retrouva sur une pierre : ΒΑΣΙΛΙΣΣΑΕ ΦΙΛΙΣΤΙΔΟΣ avait mis tout d'abord les savans sur la voie, et leur avait fait décider, avec leur certitude ordinaire, et la chronologie, ils baissent l'oreille, soupirent profondément, sant aucune mention de la susdite reine, et la chronologie, depuis Archias jusqu'à Hiéron II, ne leur offrant pas la plus petite lacune où l'on pût encadrer un règne féminin. Aussi ces deux mots grecs font-ils le désespoir de tous les savans siciliens ; lorsqu'ils élèvent la voix sur une question quelconque, on n'a qu'à prononcer clairement ces deux mots magiques, ils baissent l'oreille, soupirent profondément, prennent leur chapeau et s'en vont.

Quoi qu'il en soit, le théâtre est là, il existe, on ne peut le nier ; c'est bien le même où Gélon réunit le peuple en armes et vint, seul et désarmé, lui rendre compte de son administration. Agathocle y assembla les Syracusains après le meurtre des premiers de la ville, et Timoléon, vieux et aveugle, y vint souvent, à ce qu'assure Plutarque, pour soutenir, par les conseils de son génie, ceux qu'il avait délivrés par la force de son bras.

Rien de plus pittoresque d'ailleurs que cette admirable ruine, dont un meunier s'est emparé, et que personne ne lui conteste. Là il fait tranquillement son ménage, sans songer le moins du monde aux respectables souvenirs qu'il foule aux pieds. Les eaux de l'ancien aqueduc de Neapolis, détournées de leur cours, sortent avec fracas de trois arceaux, et viennent, après s'être brisées en cascatelles sur les deux premiers étages du théâtre, faire tourner prosaïquement la roue de son moulin ; cette opération accomplie, le trop plein se répand à travers l'édifice, ruisselle en se brisant contre les pierres, et s'échappe par mille petits canaux argentés qu'on voit reluire au milieu des caroubiers, des aloès et des opuntias. Au fond, et au delà d'une plaine où moutonnent les oliviers, on aperçoit Syracuse ; au delà de Syracuse la mer.

La vue est magnifique. Jadin s'y arrêta pour en faire un croquis. Je l'aidai à faire son établissement, puis je le quittai pour continuer mes courses, et en promettant de le venir reprendre à l'endroit où je le laissais.

Je suivis le chemin de Syracuse à Catane, qui sépare Acradine de Tyché, sans trouver trace d'autres ruines que de celles adhérentes à la roche elle-même. Les maisons étaient bâties sans fondations, la pierre adhérant à la pierre, voilà tout ; on suit les lignes qu'elles décrivaient, avec une certaine peine cependant. Les rues sont beaucoup plus faciles à reconnaître, les ornières creusées par les roues servent de ligne conductrice et dirigent l'œil avec certitude. Outre les débris des maisons, outre les ornières des chars, le sol est encore criblé de trous irréguliers, qui devaient être des puits, des citernes, des piscines, des bains et des aqueducs.

Arrivés à la *scala Pupagglio*, au lieu de descendre au port Trogyle, aujourd'hui le *Stentino*, qui n'offre rien de curieux, nous remontâmes vers l'*Epipoli*, en suivant les débris de cette ancienne muraille, que Denys, à ce qu'on assure, fit bâtir en vingt jours par soixante mille hommes.

L'Epipoli, comme l'indique son nom, était une forteresse élevée sur une colline, et qui dominait les quatre autres quartiers de Syracuse. L'époque de sa fondation est ignorée ; tout ce qu'on sait, c'est qu'elle existait du temps des guerres du Péloponèse. Les Athéniens, conduits par Nicias, s'en étaient emparés, et y avaient établis leurs magasins ; mais ils en furent chassés presque aussitôt par leurs vieux ennemis les Spartiates, qui de leur côté avaient traversé la mer pour venir au secours des Syracusains. Lors de l'expulsion des tyrans, Dion s'en empara, et ajouta de nouvelles fortifications aux anciennes. Au pied de l'Epipoli sont les latomies de Denys le Jeune.

Nous montâmes au sommet de l'Epipoli, aujourd'hui enrichi d'un télégraphe qui, pour le moment, se reposait avec un air de paresse qui faisait plaisir à voir, malgré les gestes multipliés du télégraphe correspondant. Nous poussâmes doucement la porte, et nous trouvâmes les employés qui faisaient tranquillement un somme. Cela nous expliqua l'immobilité de leur instrument. Nous nous gardâmes bien de les réveiller.

Du haut de l'Epipoli, et en tournant le dos à la mer, on domine, à droite, la plaine où campa Marcellus, et, à gauche, tout le cours de l'Anapus. Au fond du tableau s'élève en amphithéâtre le Belvédère, joli petit village qui nous parut dormir à l'ombre de ses oliviers avec autant de volupté que les employés à l'ombre de leur télégraphe.

A cinq cents pas du village, et près du fleuve Anapus, mon guide me fit remarquer une petite chapelle gothique qu'il me proposa de visiter, attendu qu'il s'y était passé, il y avait quelque cinquante ans, une histoire terrible. Je lui répondis que je voyais parfaitement la chapelle, et que je me contenterais de l'histoire terrible, s'il me la voulait bien raconter. Mon guide me fit observer que l'histoire étant longue et éminemment intéressante, ne devait pas en conscience être comprise dans le tarif de sa journée, qui était d'une demi-piastre. Je le tranquillisai en lui assurant qu'il aurait une demi-piastre pour sa journée et une demi-piastre pour l'histoire. Dès lors il ne fit plus aucune difficulté, et commença un récit auquel nous reviendrons dans un autre chapitre.

L'heure était plus qu'écoulée. Nous approchions de midi ; le soleil était à son zénith et m'inondait libéralement d'une chaleur de quarante degrés, réfléchie par les dalles de Tyché. Je pensai qu'il était temps de revenir à Jadin, et de reprendre avec lui le chemin de Syracuse. Je m'acheminai donc vers le théâtre, où, à mon grand étonnement, je ne trouvai plus que son siége sans carton et sans parasol. Je commençais à craindre que Jadin n'eût été victime de quelque histoire terrible dans le genre de celle que venait de me raconter mon guide, lorsque je l'aperçus à cheval sur la branche majeure d'un superbe figuier qui lui donnait à la fois de l'ombre et de la nourriture. Je m'approchai de lui, et lui fis observer que le meunier auquel appartenait l'arbre pouvait trouver fort étrange la liberté qu'il prenait ; mais Jadin me répondit fièrement qu'il était chez lui, et que, moyennant dix grains, il avait acheté le droit de manger des figues à discrétion, et même d'en remplir ses poches. Le marché me parut médiocre pour le meunier, la veste de panne de Jadin contenant onze poches de différentes grandeurs.

Nous revînmes vers la ville au pas de course, et trempés comme si l'on nous eût plongés dans l'un des trois ports de Syracuse. Cela m'expliqua la métamorphose en fontaine d'Aréthuse et de Cyané ; une heure de plus à ce délicieux soleil, et nous passions évidemment à l'état de fleuves.

Monsieur de Gargallo avait prévu que, par cette grande chaleur, nous serions peu disposés à nous remettre immédiatement en route. Il avait en conséquence retenu la barque pour trois heures seulement, ce qui nous laissait une demi-heure de bain et une heure et demie de sieste. Aussi, lorsque les mariniers vinrent nous dire que tout était prêt, étions-nous frais et dispos comme si nous n'avions pas quitté nos lits depuis la veille.

Nous nous embarquâmes cette fois dans le grand port. C'est là qu'eut lieu la fameuse bataille navale entre les Athéniens et les Syracusains, dans laquelle les Athéniens eurent vingt vaisseaux brûlés et soixante coulés à fond. Dix ou douze barques dans le genre de celle sur laquelle nous étions montés composent aujourd'hui toute la marine des Syracusains.

Notre première visite fut pour le fleuve Alphée. A tout seigneur tout honneur. Ce fleuve Alphée, comme nous l'avons dit, après avoir disparu à Olympie, reparaît dans le grand port à deux cents pas de la fontaine Aréthuse ; le bouillonnement de ses flots est visible à la surface de la mer, et on prétend qu'en plongeant une bouteille à une certaine profondeur, on la retire pleine d'eau douce et parfaitement bonne à boire. Malheureusement, nous ne pûmes vérifier le fait, les objets d'expérimentation nous manquant.

Nous nous dirigeâmes alors, en traversant le port en droite ligne, vers l'embouchure de l'Anapus, autre fleuve qui ne manque pas non plus d'une certaine distinction mythologique, quoiqu'il soit plus connu par la rivière Cyané qu'il épousa que par lui-même. En effet, la rivière Cyané, qui se joint à lui à un quart de lieue à peu près de son embouchure, était ce qu'il y avait de mieux dans l'aristocratie des nymphes, des nayades et des hamadryades. On ne connaît précisément ni son père ni sa mère, mais on sait de source certaine qu'elle était cousine de cette autre Cyané, fille du fleuve Méandre, changée en rocher pour n'avoir pas voulu écouter un beau jeune homme qui l'aimait passionnément, et qui se tua en sa présence sans que sa mort lui causât la moindre émotion. Hâtons-nous de dire que sa cousine n'était point de si dure trempe; aussi fut-elle changée en fontaine, ce qui autrefois était la métamorphose usitée pour les âmes sensibles. Voici à quelle occasion cet accident mémorable arriva. Nous le laisserons raconter à monsieur Renouard, traducteur des *Métamorphoses d'Ovide*. Ce morceau, qui date de 1628, donnera une idée de la manière dont on comprenait l'antiquité vers le milieu du règne de Louis XIII, dit le Juste, non pas, comme on pourrait le croire, pour avoir fait exécuter messieurs de Marsillac, de Boutteville, de Cinq-Mars, de Thou et de Montmorency, mais parce qu'il était né sous le signe de la balance.

Pluton vient d'enlever Proserpine, et l'emporte sur son char sans trop savoir lui-même où il la conduit ; enfin il arrive dans les environs d'Ortygie. Voici le texte du traducteur :

« C'est là qu'était Cyané, la nymphe la plus renommée qui fût lors en Sicile, et qui a laissé dans ce pays-là son nom aux eaux qui le portent encore. Elle parut hors de l'eau environ jusqu'au ventre, et, reconnaissant Proserpine, se présenta pour la secourir : — Vous ne passerez pas plus avant, dit-elle à Pluton. Comment voulez-vous être pour force le gendre de Cérès ? La fille méritait bien d'être gagnée par de douces paroles, non pas d'être enlevée. Pour l'avoir vous la deviez prier et non pas la forcer. Quant à moi, je vous dirai bien, s'il m'est permis de mettre en comparaison ma bassesse avec sa grandeur, que j'ai été autrefois aimée du fleuve Anape, mais il ne m'eut pas de la façon en mariage. Il rechercha longtemps mon amitié, et il ne jouit point de mon corps qu'il n'eût premièrement acquis mes volontés. — En faisant de telles remontrances, elle étendait les bras d'un côté et d'autre tant qu'elle pouvait, pour empêcher le chariot de passer outre; dont Pluton irrité décida de si grand trident, sceptre de son empire, un si grand coup contre terre, qu'elle se fendit, et fit une ouverture à ses effroyables chevaux, par laquelle ils se rendirent incontinent dans le sombre palais des ombres avec la proie qu'ils traînaient. Cyané en eut là crève-cœur, tant d'avoir vu enlever ainsi Proserpine que d'avoir été méprisée, qu'elle en conçut un deuil en son âme dont elle ne put jamais être consolée. Nourrissant ses larmes ses peines secrètes, elle se consuma si bien qu'elle fondit en pleurs, et se convertit en ses ondes desquelles elle avait été déesse tutélaire. On vit peu à peu ses membres s'amollir; ses os perdirent leur dureté et se rendirent ployables, comme firent aussi ses ongles. Tous les membres les plus faibles, ainsi que les cheveux, les doigts, les pieds et les cuisses, devinrent premièrement liquides, car un corps, moins il est épais, plus tôt il est changé en eau. Puis après les épaules, les reins, les côtes et l'estomac s'écoulèrent en ruisseaux. Enfin ses veines corrompues, au lieu de sang, ne furent pleines que d'eau, et de tout son corps rien ne lui resta qu'on pût arrêter avec la main. »

Cette traduction eut le plus grand succès à l'hôtel de Rambouillet. Mademoiselle de Scudéry tenait ce que nous avons cité pour un morceau capital ; Chapelain en faisait ses délices, et mademoiselle Paulet tournait elle-même en fontaine toutes les fois qu'on lisait ce passage devant elle.

Le mariage de l'Anapus et de Cyané fut heureux, s'il faut

en croire les apparences, car les bords du lit où ils coulent ensemble sont ravissans. Ce sont de véritables murailles de verdure, qui se recourbent en berceaux pour former une voûte fraîche et sombre. De temps en temps des échappées de vue, que l'on croirait ménagées par l'art, et qui cependant ne sont rien autre chose que des accidens de la nature, permettent de découvrir sur la rive gauche les ruines de l'Epipoli, et sur la rive droite celles du temple de Jupiter Urius, construit par Gélon, et dont il ne reste que deux colonnes. C'était dans ce temple qu'était la fameuse statue couverte d'un manteau d'or que Denys s'appropria, sous l'ingénieux prétexte qu'il était trop lourd en été et trop froid en hiver. Verrès, qui était amateur, n'en apprécia que mieux la statue pour la voir sans manteau, et l'envoya à Rome. C'était une des trois plus belles de l'antiquité : les deux autres étaient, comme on sait, la Vénus Callipyge et l'Apollon.

Du temps de Mirabella, auteur sicilien qui écrivait vers le commencement du XVIIe siècle, il restait encore debout sept colonnes de ce temple ; elles étaient d'une seule pièce et avaient vingt-cinq palmes de hauteur.

En face de ces colonnes à peu près, on passe sous un pont d'une seule arche, jeté sur l'Anapus, et, cent pas après, on se trouve à la jonction du fleuve et de la rivière. Par galanterie nous laissâmes le fleuve à notre droite, et nous continuâmes notre route sur la rivière Cyané.

Rien de plus charmant, au reste, que les mille tours et détours de cette gracieuse rivière, entre ses deux bords tout chargés de papyrus, ce roi des roseaux. Ce sont tantôt de délicieux petits lacs dont on voit le fond, tantôt un courant serré et rapide, que le nymphe se plaint comme si la voix de la nymphe elle-même racontait encore à Ovide sa triste métamorphose ; tantôt de petites îles habitées par des milliers d'oiseaux aquatiques, qui s'envolaient à notre approche ou bien plongeaient dans les roseaux, où nous pouvions suivre leur fuite par le mouvement qu'ils imprimaient à cette forêt de joncs flexibles et mouvans. Nous remontâmes ainsi pendant une heure à peu près, puis nous arrivâmes à la source de la fontaine, grand bassin d'une centaine de pieds de tour. C'est là que Pluton frappa la terre de son trident et disparut dans l'enfer. Aussi prétend-on que cette source est un abîme dont on n'a jamais pu trouver le fond. Les gens du pays l'appellent Lapisma. C'est autour de cette source que les Carthaginois avaient établi leur camp.

En revenant, le comte Gargallo ordonna à nos mariniers de s'arrêter un instant dans un délicieux réduit ombragé de tous côtés par d'énormes touffes de papyrus, qui, au moindre vent, balancent avec grâce leurs têtes chevelues. C'est là que la tradition veut que se soit passée la scène des sœurs Callipyges.

Les sœurs Callipyges étaient, comme on sait, Syracusaines. C'étaient non-seulement les deux plus riches héritières de la ville, mais encore les deux plus belles personnes qui pussent voir de Mégare au cap Pachinum. Parmi les dons que la nature libérale s'était plu à leur prodiguer, était cette richesse de formes dont elles tiraient leur nom. Or, un jour que les deux sœurs se baignaient ensemble, à l'endroit même où nous étions, elles se prirent de dispute, chacune d'elles prétendant l'emporter sur l'autre. Le procès était difficile à juger par les intéressées elles-mêmes, aussi appelèrent-elles un berger qui faisait paître ses troupeaux dans les environs. Le berger ne se fit pas faire signe deux fois ; il accourut, et les deux sœurs, sortant de l'eau et se montrant à lui dans toute leur éblouissante nudité, le firent juge de la question. Le nouveau Pâris regarda longtemps indécis, portant ses yeux ardens de l'une à l'autre ; enfin se prononça pour l'aînée. Enchantée du jugement, celle-ci offrit sa main et son cœur, que le berger, comme on comprend bien, accepta avec reconnaissance. Quant à la plus jeune, elle fit la même offre au frère cadet du juge, qui, arrivé au moment où il venait de prononcer son jugement, allait déclarer s'inscrire en faux contre lui. Les quatre jeunes gens élevèrent alors un temple à la Beauté ; et comme chacun d'eux continuait de soutenir son opinion, les deux rivales se décidèrent à en appeler à la postérité ; elles firent faire par les deux meilleurs statuaires de l'époque les deux Vénus qui portent encore leur nom, et dont l'une est à Naples et l'autre à Syracuse. Deux mille trois cents ans sont écoulés depuis cette époque, et la postérité indécise n'a point encore porté son jugement : *Adhuc sub judice lis est*, comme dit Horace.

Heureux temps, où les bergers épousaient des princesses ! Et quelles princesses, encore !

LA CHAPELLE GOTHIQUE.

On se rappelle cette petite chapelle gothique que me montra mon guide du haut de l'Épipoli, et que je ne voulus pas aller voir, retenu par la chaleur sénégalienne qu'il faisait en ce moment. Cette chapelle appartenait à la famille San-Floridio. Bâtie par un ancêtre du marquis actuel, elle servait surtout de lieu de sépulture à la famille. Il y avait une vieille tradition sur cette chapelle, qui ne contenait pas seulement, disait-on, des caveaux mortuaires : on parlait de souterrains inconnus, dans lesquels un comte de San-Floridio se serait réfugié à l'époque des guerres avec les Aragonais d'Espagne, guerres pendant lesquelles son patriotisme l'aurait fait condamner à mort. La tradition ajoutait qu'il était resté dans cette retraite pendant dix ans, et y avait été régulièrement nourri par de vieux serviteurs, qui, au risque de leur propre vie, lui portaient toutes les deux nuits, dans ce souterrain, de quoi boire et de quoi manger. Vingt fois le comte de San-Floridio aurait pu se sauver et gagner Malte ou la France ; mais il ne voulut jamais consentir à quitter la Sicile, espérant toujours que l'heure de la liberté sonnerait pour elle, et pensant qu'il devait être là au premier signal.

En 1783, il y avait encore deux rejetons mâles de cette famille, le marquis et le comte de San-Floridio. Le marquis habitait Messine, et le comte Syracuse. Le marquis était veuf et sans enfans, et n'avait près de lui que deux serviteurs : une jeune fille de Catane, nommée Teresina, qui avait appartenu à sa femme, et pouvait avoir dix-huit ou vingt ans à peu près ; puis un homme de trente ans au plus, qu'on appelait Gaëtano Cantarello, le dernier descendant de cette race de serviteurs fidèles qui avaient donné à l'ancien marquis une si grande preuve de dévouement, et qui, de père en fils, étaient demeurés dans la maison de l'aîné de la famille. Cet aîné connaissait seul le secret du souterrain, secret qu'il transmettait à son fils, et qui était d'autant mieux gardé, que d'un jour à l'autre les marquis de San-Floridio, qui étaient restés constamment dans le parti patriote, pouvaient avoir besoin de recourir de nouveau à cet introuvable asile.

Nous avons raconté, à propos de Messine, le tremblement de terre de 1793 et ses déplorables suites. Le marquis de San-Floridio fut une des victimes de ce triste événement. La toiture de son palais s'enfonça, et il fut tué par la chute d'une poutre ; ses deux serviteurs, Teresina et Gaëtano, échappèrent sans blessures au désastre, quoique Gaëtano, pour essayer de sauver son maître, disait-on, fût resté plus d'une heure sous les décombres de la maison. Le comte de San-Floridio, qui représentait la branche cadette, se trouva ainsi le chef de la famille, et hérita du titre et de la fortune de son aîné. Le marquis étant mort au moment où il s'y attendait le moins, avait emporté avec lui le secret de la chapelle ; mais, il faut le dire, ce ne fut pas ce secret que le comte de San-Floridio regretta le plus ; ce fut une somme de 50 ou 60,000 ducats d'argent comptant que l'on savait exister dans les coffres du défunt, et que, malgré des fouilles multipliées, on ne parvint pas à retrouver. Le pauvre Cantarello était au désespoir de cette disparition, qu'on pouvait, disait-il en s'arrachant les cheveux, lui imputer, à lui. Le comte le consola de son mieux, en lui disant que la fidélité des serviteurs de la famille était trop connue pour qu'un pareil soupçon le pût atteindre ; et, comme preuve de ce qu'il avançait, il lui offrit près de lui la place qu'il occupait près de son frère ; mais Cantarello répondit qu'après avoir perdu un si bon maître, il ne voulait plus appartenir à personne. Le comte lui demanda alors s'il connaissait le secret de la chapelle ; Cantarello assura que non. Une somme assez ronde, offerte à la suite de cette conversation par le comte, fut refusée par ce digne serviteur, qui se retira dans les environs de Catane, et dont on n'entendit plus parler. Le comte de San Floridio se mit en possession de la fortune de son frère, qui était immense, et prit le titre de marquis.

Dix ans s'étaient écoulés depuis cet événement, et le marquis de San-Floridio, qui avait fait rebâtir le palais de son frère, habitait l'été Messine et l'hiver Syracuse ; mais qu'il fût à Syracuse ou à Messine, il ne manquait jamais de faire dire, à la chapelle de la famille, une messe pour le repos de l'âme du défunt. Cette messe était célébrée à l'heure même où l'événement avait eu lieu, c'est-à-dire à neuf heures du soir.

On en était arrivé au dixième anniversaire, qui devait se célébrer avec la pompe habituelle, mais auquel devait assister un nouveau personnage, qui joue le principal rôle dans cette histoire. C'était le jeune comte don Ferdinand de San-Floridio, qui, ayant atteint sa dix-huitième année, venait de finir ses classes, et arrivait du collége de Palerme depuis quelques jours seulement.

Don Ferdinand savait parfaitement qu'il portait un des plus beaux noms, et qu'il devait hériter d'une des plus grandes fortunes de la Sicile. Aussi avait-il tourné au vrai gentilhomme. C'était un beau garçon aux cheveux d'un noir d'ébène, qui disparaissait malheureusement sous la poudre qu'on portait à cette époque, aux yeux noirs, au nez grec et aux dents d'émail, portant le poing sur la hanche, le chapeau un peu de côté, et plaisantant fort, comme c'était la mode à cette époque, aux dépens des choses saintes ; au reste, excellent cavalier, fort sur l'escrime, et nageant comme un poisson ; toutes choses qui s'apprenaient au collége des nobles. Seulement on disait qu'à ces leçons classiques les belles dames de Palerme en avaient ajouté d'autres, auxquelles le comte Ferdinand n'avait pas pris moins de goût qu'à celles dont il avait si bien profité, quoique ces leçons féminines ne fussent pas portées sur le programme universitaire. Tant il y a enfin que le comte revenait à Syracuse, jeune, beau, brave, et dans cet âge aventureux où chaque homme se croit destiné à devenir le héros de quelque roman.

Ce fut sur ces entrefaites qu'arriva le jour anniversaire de la mort du marquis. Le père et la mère du comte prévinrent trois jours d'avance leur fils de se tenir prêt pour cette funèbre cérémonie. Don Ferdinand, qui hantait peu les églises, et qui, ainsi que nous l'avons dit, était on ne peut plus voltairien, aurait fort désiré pouvoir se dispenser de cette corvée ; mais il comprit qu'il n'y avait pas moyen de se soustraire à ce devoir de famille, et que toute escapade de ce genre, à l'endroit d'un oncle dont on avait hérité cent mil e livres de rentes, serait on ne peut plus inconvenante. D'ailleurs il espérait que la cérémonie attirerait à la petite chapelle, si isolée qu'elle fût, quelque belle dame de Syracuse ou quelque jolie paysanne de Belvédère, et que, ainsi la toilette qu'il était obligé de faire, à cette triste occasion, ne serait pas tout à fait perdue. Don Ferdinand se prêta donc d'assez bonne grâce à la circonstance, et, après avoir mis son père et sa mère dans leur litière, sauta aussi résolument dans la sienne que s'il se fût agi pour lui d'aller figurer dans un quadrille.

Disons un mot en passant de cette charmante manière de voyager. Il n'y a en Sicile que trois modes de locomotion : la voiture, le mulet ou la litière.

La voiture est dans la vieille Trinacrie ce qu'elle est partout, si ce n'est qu'elle a conservé une forme de carrosse qui réjouirait on ne peut plus les yeux de ce bon duc de Saint-Simon, si, pour punir les péchés de notre époque, Dieu permettait qu'il revînt en ce monde. Les carrosses sont faits pour les rues où l'on peut passer en carrosse, et pour les routes où l'on peut voyager en voiture ; il y a plus ou moins de rues praticables dans chaque ville, et je n'en pourrais dire le nombre. Quant aux routes, elles sont plus faciles à compter : il y en a une qui se rend de Messine à Palerme, et vice versâ. Il en résulte que, quand on voyage partout ailleurs que sur cette ligne, il faut aller à mulet ou en litière.

Tout le monde sait ce que c'est que d'aller à mulet, je n'ai donc pas besoin de m'étendre sur ce mode de voyage, mais on ignore assez généralement ce que c'est que d'aller en litière, du moins comme on l'entend en Sicile.

La litière est une grande chaise à porteurs, construite généralement pour deux personnes, qui, au lieu d'être assises côte à côte, comme dans nos coupés modernes, sont placées face à face, comme dans nos anciens *vis-à-vis*. Cette litière est posée sur un double brancard, qui s'adapte au dos de deux mulets : un serviteur conduit le premier, et le second n'a qu'à suivre. Il en résulte que le mouvement de la litière, surtout dans un pays aussi accidenté que l'est la Sicile, correspond assez exactement au mouvement de tangage d'un vaisseau, et donne de même le mal de mer. Aussi prend-on généralement en exécration les personnes avec lesquelles on voyage de cette manière. Au bout d'une heure de cette locomotion, on se dispute avec son meilleur ami, et, à la fin de la première journée, on est brouillé à mort. Damon et Pythias, ces antiques modèles d'amitié, partis de Catane en litière, se seraient battus en duel en arrivant à Syracuse, et se seraient égorgés fraternellement, ni plus ni moins qu'Étéocle et Polynice.

Le marquis et la marquise descendirent de leur litière en se disputant, et sans que l'un songeât à offrir la main à l'autre, de sorte que la marquise fut obligée d'appeler ses domestiques pour qu'ils l'aidassent à descendre. Quant au jeune comte, il sauta lestement de la sienne, tira un beau miroir de sa poche pour s'assurer que sa coiffure n'était pas dérangée, rajusta son jabot, jeta aristocratiquement son chapeau sous son bras gauche, et entra dans la petite église à la suite de ses nobles parens.

Contre l'attente du jeune comte, il n'y avait, à l'exception du prêtre, du sacristain et des enfans de chœur, absolument personne dans la chapelle. Il jeta donc un regard assez maussade de tous côtés, fit mondainement trois ou quatre tours dans l'église, et finit, se trouvant fort durement à genoux, par s'asseoir dans le confessionnal, où, préparé comme il l'était au sommeil par le mouvement de la litière, il ne tarda point à s'endormir.

Le comte dormait comme on dort à dix-huit ans. Aussi l'office des morts s'écoula-t-il sans que serpent, orgue, ni *De Profundis* le réveillassent. L'office terminé, la marquise le chercha de tous côtés et l'appela même à voix basse ; mais le marquis, aigri encore par son voyage, se retourna vers sa femme, et lui dit que son fils n'était qu'un libertin qu'elle gâtait par son excessive faiblesse maternelle, et qu'il voyait bien que, quand il était perdu, ce n'était pas à l'église qu'il fallait le chercher. La pauvre mère n'avait rien à répondre à cela : l'absence du jeune homme, dans une circonstance aussi solennelle, déposait contre lui ; elle baissa la tête et sortit de la chapelle. Derrière elle, le marquis en ferma la porte à clef, et tous deux remontèrent dans leur litière pour revenir à Syracuse. La marquise avait jeté un instant les yeux dans la litière de son fils, espérant l'y trouver ; elle se trompait, la litière était parfaitement vide. Elle ordonna alors aux porteurs d'attendre jusqu'à ce que son fils revînt ; mais le marquis passa la tête par la portière disant que, puisque son fils avait trouvé bon de s'éloigner sans dire où il allait, il reviendrait à pied, ce qui au reste n'était pas une grande punition, la chapelle étant éloignée d'une lieue à peine de Syracuse. La marquise, qui était habituée à obéir, monta passivement dans la litière conjugale, qui se mit aussitôt en route, suivie par la litière vide.

En rentrant au palais, elle s'informa tout bas du comte, et apprit avec une certaine inquiétude qu'il n'avait pas reparu.

Cependant cette inquiétude se calma bientôt lorsqu'elle songea que le marquis avait une maison de campagne à Belvédère, et que, selon toute probabilité, son fils, réfléchissant que, passé onze heures, Syracuse fermait ses portes sous prétexte qu'elle est ville de guerre, irait coucher à cette maison de campagne.

Mais, comme le lecteur le sait, il n'était rien arrivé de tout cela. Le comte de San-Floridio ne battait pas la campagne comme l'en accusait le marquis, et n'était point allé coucher à Belvédère comme l'espérait la marquise. Il dormait bel et bien dans son confessionnal, rêvant que la princesse de M..., la plus jolie femme de Palermo, lui donnait, tête à tête, une leçon de natation dans les bassins de la Favorite, et ronflant joyeusement à ce doux rêve.

A deux heures du matin il s'éveilla, étendit les bras, bâilla, se frotta les yeux, et, se croyant dans son lit, voulut changer de côté ; mais il se cogna rudement la tête à l'angle du confessionnal. Le choc avait été si rude que le jeune comte en ouvrit les yeux tout grands et se trouva réveillé du coup. Au premier abord, il regarda avec étonnement autour de lui, n'ayant aucune idée du lieu où il se trouvait ; peu à peu le souvenir lui revint ; il se rappela le voyage de la veille, son désappointement en rentrant dans la chapelle, et enfin le moment de lassitude et d'ennui qui l'avait conduit dans le confessionnal, où il s'était endormi et où il se réveillait. Dès-lors il devina le reste ; il comprit que son père et sa mère, ne le voyant plus auprès d'eux, étaient retournés à Syracuse, et l'avaient laissé, sans s'en douter, derrière eux dans la chapelle. Il alla à la porte, la trouva hermétiquement fermée, ce qui le confirma dans cette supposition ; alors il tira de son gousset une montre à répétition, la fit sonner, s'assura qu'il était deux heures et demie du matin, jugea fort judicieusement que les portes de Syracuse étaient fermées, et que tout le monde était couché au château de Belvédère, ce qui ne lui laissait d'autre chance que de passer la nuit à la belle étoile. Trouvant qu'à tout prendre, si on était moins bien dans un confessionnal que dans son lit, on y était toujours mieux que dans un fossé, il se réintégra donc dans son alcôve improvisée, s'y accouda du mieux qu'il put, et referma les yeux afin d'y reprendre au plus tôt ce bon sommeil dont le fil avait été momentanément interrompu.

Le comte était peu à peu retombé dans cette sorte de crépuscule intérieur qui n'est déjà plus le jour, et qui n'est pas encore la nuit de la pensée, lorsque l'ouïe, ce dernier sens qui s'endort en nous, lui transmit vaguement le bruit d'une porte que l'on ouvrait, et qui, en s'ouvrant, criait sur ses gonds. Le comte se redressa aussitôt, plongea ses regards dans l'église, et aperçut, à la lueur de la lanterne qu'il portait à la main, un homme incliné devant l'autel latéral le plus rapproché du confessionnal où il se trouvait. Presque aussitôt cet homme se releva, approcha la lanterne de sa bouche et la souffla ; puis, s'enveloppant de ce manteau moitié italien, moitié espagnol, que les Siciliens appellent un *ferrajiolo*, il traversa l'église dans toute sa longueur, assourdissant autant que possible le bruit de sa marche, passa si près du comte que don Ferdinand eût pu le toucher en étendant la main, s'avança vers la porte de sortie, l'ouvrit, et disparut en la refermant à clef derrière lui.

Don Ferdinand était resté muet et immobile à sa place, moitié de crainte, moitié de surprise. Notre jeune comte n'était pas une de ces âmes de fer comme on en rencontre dans les romans, un de ces héros qui, comme Nelson, demandent à quinze ans ce que c'est que la peur. Non, c'était tout bonnement un jeune homme brave et aventureux, mais superstitieux comme on l'est en Sicile, ou comme on le devient partout ailleurs, quand on se trouve de nuit seul dans une chapelle isolée, avec des tombes sous ses pieds, un autel devant soi, Dieu au dessus de sa tête, et le silence partout. Aussi, quoique don Ferdinand eût porté la main tout d'abord à son épée, afin de se défendre contre cette apparition quelle qu'elle fût, il vit sans déplaisir, pris comme il l'était, à l'improviste, au beau milieu de son demi-sommeil, cette apparition passer près de lui sans faire mine de le remarquer. Au premier aspect, il avait cru avoir affaire à quelque être fantastique, à quelqu'un de ses aïeux qui, mécontent de la partialité avec laquelle on accordait une messe annuelle au feu marquis, sortait tout doucement de sa tombe pour venir réclamer la même faveur. Mais quand l'être mystérieux avait approché, pour le souffler, la lanterne de sa bouche, la lueur qu'elle projetait avait éclairé son visage, et le comte avait parfaitement reconnu dans le personnage au manteau un homme de haute taille, âgé de quarante à quarante-cinq ans, auquel sa barbe et ses moustaches noires donnaient, ainsi que la préoccupation intérieure qui l'agitait sans doute, une physionomie sombre et sévère. Il savait donc à quoi s'en tenir sur ce point, et était convenu qu'il venait de se trouver en face d'un être de la même espèce, sinon du même rang, que lui. Cette conviction était bien déjà quelque chose, mais ce n'était point assez pour tranquilliser tout à fait le comte : un homme inconnu ne pénétrait pas ainsi dans une chapelle, où il n'avait évidemment que faire, sans quelque mauvaise intention. Nous devons donc avouer que le cœur du jeune comte battit fortement lorsqu'il vit passer cet homme à deux pas de lui ; et ces battemens, qui prouvaient, quelle qu'en fût la cause, une surexcitation violente, ne cessèrent que dix minutes après que la porte se fut refermée, et que don Ferdinand se fût assuré qu'il était bien seul dans la chapelle.

On comprend qu'il ne fut plus question pour le jeune homme de se rendormir ; perdu dans un monde de conjectures, il passa le reste de la nuit l'œil et l'oreille au guet, cherchant à donner une base quelque peu solide aux édifices successifs que bâtissait son imagination. Ce fut alors qu'il se rappela cette tradition de famille où il était question d'un souterrain dans lequel un marquis de San-Floridio, proscrit et condamné à mort, était resté caché près de dix ans ; mais il savait aussi que son oncle était mort sans avoir le temps de léguer le secret du souterrain à personne. Néanmoins, ce souvenir, tout incomplet et incohérent qu'il fût, jeta comme un rayon de lumière dans la nuit qui enveloppait le jeune comte : il pensa que ce secret, qu'il croyait scellé dans une tombe, avait bien pu être découvert par le hasard. La première conséquence de cette nouvelle idée fut que le souterrain était devenu le repaire d'une bande de brigands, et qu'il avait eu l'honneur de se trouver en face de leur capitaine ; mais bientôt don Ferdinand réfléchit que, depuis assez longtemps, on n'avait entendu parler dans les environs d'aucun vol considérable ou d'aucun meurtre important. Il y avait bien, comme toujours, quelques petites flouteries de bourses et de tabatières, quelques coups de couteau échangés par-ci par-là, et qui tiraient une ou deux fois la semaine le capitaine de nuit de son sommeil ; mais rien de tout cela n'indiquait une bande organisée, permanente, et commandée par un chef aussi résolu que paraissait l'être l'homme au manteau : il fallait donc abandonner cette hypothèse.

Cependant, tandis que le jeune comte faisait et défaisait mille conjectures, le temps s'était écoulé, et les premiers rayons du jour commençaient à paraître ; il pensa que, s'il voulait approfondir plus tard cette étrange aventure, il ne fallait pas qu'il se laissât voir aux environs de la chapelle. En conséquence, profitant du demi-crépuscule qui régnait encore, il monta, à l'aide de plusieurs chaises, sur une fenêtre, l'ouvrit, se laissa glisser en dehors, tomba sans accident d'une hauteur de huit ou dix pieds, rentra à Syracuse au moment de l'ouverture des portes, et, moyennant deux onces, le concierge lui promit de dire au marquis et à la marquise qu'il était rentré la veille une demi-heure après eux.

Grâce à cette précaution, les choses se passèrent comme le jeune comte l'avait désiré ; et lorsqu'il descendit pour le déjeuner, le marquis se contenta si facilement de l'excuse que son fils lui donna pour sa disparition de la veille, que celui-ci vit bien que son père, trompé par le concierge sur le temps qu'elle avait duré, n'y attachait qu'une médiocre importance.

Il n'en fut pas ainsi de la marquise : elle avait veillé jusqu'au jour et avait entendu rentrer son fils, mais elle se garda bien de souffler le mot sur cette escapade, de peur que son bien aimé don Ferdinand ne fût grondé. D'ailleurs il y a toujours dans les premières absences nocturnes de son fils quelque chose qui fait sourire l'amour-propre d'une mère.

En se retrouvant dans sa chambre et bientôt dans son lit, don Ferdinand avait d'abord espéré se dédommager de l'interruption causée dans son sommeil par l'apparition de l'homme mystérieux ; mais à peine avait-il eu les yeux fermés, que cette apparition s'était reproduite dans son souvenir, et, malgré la fatigue dont ce jeune homme était accablé, avait constamment chassé loin de lui le sommeil. Don Ferdinand n'avait donc fait que penser à son aventure nocturne lorsque l'heure du déjeuner arriva, et qu'il fut forcé de descendre.

Nous avons dit que le déjeuner se passa pour don Ferdinand aussi bien qu'il avait pu espérer ; aussi, enhardi par l'indulgence de son père, le comte parla-t-il avec une apparente indifférence d'aller chasser dans les Pantanelli. Le marquis ne mit aucun empêchement à ce projet, et, après le déjeuner, le comte, armé de son fusil, suivi de son chien et muni de la clef de la chapelle, partit, promettant à sa mère de lui rapporter un plat de bécassines pour son dîner.

Le comte traversa les Pantanelli pour l'acquit de sa conscience, et afin de crotter ses guêtres et son chien, tira deux ou trois bécassines qu'il manqua ; arrivé à la hauteur de la chapelle, il piqua droit à la porte, l'ouvrit et la referma derrière lui sans avoir été vu. La chose n'était point étonnante : il était une heure de l'après-midi, et à une heure de l'après-midi, à moins d'avoir été changé en lézard comme Stellio par Cérès, il n'est point d'usage, en Sicile, de courir les champs.

Malgré l'exiguité des fenêtres et l'assombrissement du jour extérieur, qui ne pénétrait qu'à travers des vitraux coloriés, l'intérieur de la chapelle était suffisamment éclairé pour que don Ferdinand pût se livrer à ses recherches. Il commença par marcher droit au confessionnal où il s'était endormi ; de là il reporta les yeux vers l'autel devant lequel il avait vu s'incliner l'homme au manteau. Alors il alla à l'autel, et chercha des deux côtés s'il ne trouverait pas une issue quelconque, mais sans rien voir. Cependant, à la droite du tabernacle, son chien flairait obstinément la muraille, comme s'il eût reconnu une piste, et il regardait son maître en poussant des gémissements sourds et prolongés. Don Ferdinand, qui connaissait l'instinct de ce fidèle animal, ne douta plus dès-lors que l'inconnu ne fût sorti de cette partie de la muraille ; mais il eut beau regarder, il ne vit aucune trace d'une issue quelconque, de sorte qu'après une heure de recherches inutiles, don Ferdinand sortit de la chapelle, désespérant de découvrir par les moyens ordinaires le mystère qu'elle renfermait.

En sortant de la chapelle, le jeune comte s'était déjà arrêté au seul parti qui lui restât à prendre : c'était de s'enfermer de nouveau nuitamment dans la chapelle, d'y guetter l'homme au manteau, à l'aide de l'obscurité, de surprendre son secret. Ce projet nécessitait certains arrangements préparatoires et une somme d'indépendance et de liberté que don Ferdinand ne pouvait espérer à Syracuse, placé comme il l'était sous la double surveillance du marquis et de la marquise ; aussi son plan fut-il promptement arrêté.

En revenant, il passa de nouveau par les marais, qui fourmillaient de gibier, et comme le jeune homme était bon tireur quand il n'était surpris par aucune distraction au moment de mettre en joue, il eut bientôt fait une collection honorable de bécassines, de sarcelles et de râles. En rentrant, il déposa le produit de sa chasse aux pieds de sa mère, et déclara qu'il s'était si fort amusé dans l'excursion qu'il venait de faire, qu'avec la permission du marquis et de la marquise, il comptait aller passer quelques jours à Belvédère afin d'être plus à même de se livrer tout à son aise au plaisir de la chasse. Le marquis, qui était fort accommodant toutes les fois qu'il ne devait pas aller, qu'il n'allait pas ou qu'il n'avait pas été en litière, à laquelle il n'y voyait pas d'inconvénient ; la marquise essaya de faire quelques observations sur cet amusement ; mais le marquis répondit qu'au contraire la chasse était un plaisir tout aristocratique, et qui lui paraissait merveilleusement convenir à un gentilhomme.

Lui-même, ajouta-t-il, s'y était fort livré dans son temps, et ses ancêtres en avaient fait leur exercice favori. D'ailleurs dans l'antiquité même, la chasse était spécialement réservée aux gentilshommes des meilleures maisons, témoin Méléagre, qui était fils d'Œnée et roi de Calydon ; Hercule, qui était fils de Jupiter et de Sémélé, et enfin Apollon, qui, fils de Jupiter et de Latone, c'est à-dire de dieu et de déesse, n'avait aucune tache dans ses quartiers paternels et maternels, de telle sorte qu'il eût pu, comme lui, marquis de San-Floridio, être chevalier de Malte de justice. Le marquis savait bien qu'il y avait loin du serpent Python, du lion de Némée et du sanglier de Calydon, à des bécassines, à des râles et à des sarcelles ; mais, à tout prendre, son fils, si brave qu'il fût, ne pouvait tuer que ce qu'il rencontrait, et, si par hasard son chien faisait lever un monstre quelconque, il était bien certain que don Ferdinand le mettrait à mort.

La pauvre mère n'avait rien à répondre à une harangue si savante ; aussi se contenta-t-elle de soupirer, d'embrasser son fils, et de lui recommander d'être prudent.

Le même soir, don Ferdinand était installé dans la maison de campagne du marquis San-Floridio, laquelle était située à cinq cents pas à peine de la chapelle gothique, qui en était une dépendance.

Quelque envie qu'eût le jeune homme de renouveler incontinent son expérience nocturne, force lui fut d'attendre au lendemain. Il lui fallait faire connaissance avec les localités, se procurer la clef de la porte du parc, et prendre quelques informations dans le voisinage.

Les informations furent sans résultat. On se rappelait bien avoir vu venir de temps en temps à Belvédère un homme dont le signalement répondait à celui que donnait le comte, mais on ne connaissait pas cet homme. Cependant le jardinier promit de prendre des renseignemens plus positifs sur cet étranger.

La nuit venue, don Ferdinand sortit par la porte du jardin, armé de son épée et d'une paire de pistolets, s'achemina seul vers la chapelle, s'y enferma, gagna le confessionnal, s'y installa comme une sentinelle dans sa guérite, et veilla jusqu'au jour sans voir se renouveler l'apparition ni aucun autre événement qui y eût trait.

Le lendemain, le surlendemain et la troisième nuit, le comte renouvela la même expérience, sans en obtenir aucun résultat. Don Ferdinand commença à croire qu'il avait fait un rêve, et que son chien avait flairé la piste de quelques rats.

Don Ferdinand ne se tenait cependant point pour battu, et comptait passer encore la nuit suivante à son poste ordinaire, lorsque sa mère lui fit dire qu'ayant appris que sa sœur, abbesse du couvent des Ursulines à Catane, était fort malade, elle désirait lui faire une visite, et le priait de lui servir de chevalier. Don Ferdinand, tout absolu dans ses volontés qu'il était, avait été élevé dans des traditions de respect aristocratique pour ses parens. Il recommanda au jardinier de bien remarquer, en son absence, si l'homme à la barbe noire ne revenait pas à Belvédère, et partit aussitôt pour aller se mettre à la disposition de la marquise.

La marquise partait le lendemain matin ; elle comptait que son fils et elle feraient route en litière ; mais don Ferdinand, qui exécrait ce mode de locomotion, demanda la permission d'accompagner sa mère à cheval. La permission lui fut accordée, l'équitation, au dire du marquis, n'étant point un exercice moins aristocratique que la chasse, et faisant partie de ceux qui conviennent essentiellement à l'éducation d'un gentilhomme.

La marquise et le comte partirent à l'heure fixée, accompagnés de leurs *campieri*. Comme ils approchaient de Militli, le comte en vit sortir un homme à cheval, qui, par le chemin qu'il suivait, devait nécessairement les croiser. À mesure que cet homme approchait, don Ferdinand le regardait avec une attention plus grande : il lui semblait reconnaître l'homme au manteau ; lorsqu'il fut à vingt pas de lui, il n'eut plus de doute.

Vingt projets plus insensés les uns que les autres passèrent à l'instant dans l'esprit du jeune homme : il voulait marcher droit à l'inconnu, lui mettre le pistolet sur la gorge, et lui faire avouer ce qu'il était venu faire dans la chapelle de sa famille; il voulait le suivre de loin, et, en arrivant à Belvédère, le faire arrêter; il voulait attendre le soir, revenir de nuit à franc étrier, et se cacher de nouveau dans le confessionnal, espérant le surprendre; puis il examinait l'une après l'autre les difficultés ou plutôt les impossibilités de ces divers plans, et reconnaissait que non-seulement ils étaient impraticables, mais encore qu'ils lui enlevaient toute chance d'arriver à son but. Pendant ce temps, l'homme au manteau était passé.

Don Ferdinand, qui était resté en arrière, immobile sur la grande route, comme si lui et son cheval étaient pétrifiés, fut tiré de ses réflexions par un des *campieri* de sa mère qui venait lui demander, de la part de la marquise, la cause de cette étrange station sous un soleil de trente-cinq degrés. Don Ferdinand répondit qu'il examinait le paysage, qui, du point où il était parvenu, lui paraissait on ne peut plus pittoresque; et, donnant un coup d'éperon à son cheval, il rejoignit la litière de la marquise.

Cependant une chose tranquillisait don Ferdinand : c'est que les visites de l'inconnu à la chapelle de sa famille étaient sans doute périodiques, et, que, six jours s'étant écoulés depuis la dernière qu'il avait faite jusqu'à celle qu'il comptait y faire sans doute le soir même, il n'avait qu'à attendre six autres jours encore pour le voir reparaître. Il continua donc sa route, un peu tranquillisé par cette probabilité, que la confiante imagination de la jeunesse ne tarda point à changer chez lui en certitude.

En arrivant à Catane, la marquise trouva sa sœur infiniment mieux. La vénérable abbesse, ayant reçu l'archevêque de Palerme à son passage à Catane, lui avait offert un dîner splendide, et s'était donné, pour lui faire honneur, une indigestion de meringues aux confitures. L'intensité du mal avait été si grande, qu'on avait cru d'abord les jours de l'abbesse en danger, et qu'on s'était empressé d'écrire à la marquise; mais la maladie avait bientôt cédé aux attaques réitérées que la science avait dirigées contre elle, et la digne abbesse était à cette heure tout à fait hors de danger.

En sa qualité de neveu de la supérieure, don Ferdinand avait été reçu dans l'enceinte interdite aux profanes, et réservée aux seules brebis du Seigneur. Jamais le jeune comte n'avait vu pareille réunion d'yeux noirs et de blanches mains; il en fut d'abord ébloui au point de ne savoir auxquels entendre; de leur côté, jamais les nonnes n'avaient vu, même à travers la grille du parloir, un si élégant cavalier, et les saintes filles en étaient tout en émoi. Enfin, au bout de deux ou trois jours, il y avait déjà force œillades échangées avec les plus jolies, et force billets glissés dans les mains des moins sévères, lorsque la marquise annonça à son fils qu'il eût à se tenir prêt à repartir le lendemain avec elle pour Syracuse. La nouvelle de ce départ vint arracher le comte à ses rêves d'or, et fit verser force larmes dans le couvent. Mais don Ferdinand promit bien à sa tante, qu'il voyait pour la première fois, et qu'il avait prise en affection dès la première vue, de venir lui rendre visite aussitôt que la chose lui serait possible. Cette promesse se répandit à l'instant dans la sainte communauté, et changea les désespoirs du départ en une douce mélancolie.

A Catane, dans le couvent dirigé par sa vénérable tante, au milieu de tous ces yeux siciliens, les plus beaux yeux du monde, don Ferdinand aurait peut-être oublié le mystère de la chapelle; mais une fois de retour à Syracuse, il ne pensa plus à autre chose, prétexta une recrudescence de passion pour la chasse, et courut de nouveau s'installer au château de Belvédère.

L'homme au manteau y avait reparu, et le jardinier, sur ses gardes cette fois, s'était mis à sa piste et avait pris des informations nouvelles; ces informations, au reste, se réduisaient à de bien vagues éclaircissemens. Du nom de l'homme au manteau on ne savait absolument rien; seulement, on le connaissait pour un personnage fort charitable, qui, chaque fois qu'il passait à Belvédère, y répandait de nombreuses aumônes. Il s'arrêtait d'ordinaire chez un paysan nommé Rizzo. Le jardinier s'était rendu chez ce paysan, et

avait interrogé toute la famille, mais il n'en avait rien appris, sinon que l'homme au manteau leur avait, à différentes reprises, rendu quelques visites sous prétexte de s'informer de la demeure des plus pauvres habitans de Belvédère. Bien souvent il les avait chargés aussi d'acheter des alimens de toute sorte, comme du pain, du jambon, des fruits, qu'il distribuait lui-même aux nécessiteux. Deux ou trois fois seulement, il était venu accompagné d'un jeune garçon enveloppé d'un long manteau, et qui, chaque fois, était fort triste. Malgré le soin qu'il prenait de le cacher, les paysans avaient cru, dans ce jeune garçon, reconnaître une femme, et avaient plaisanté l'homme au manteau sur sa bonne fortune; mais l'inconnu avait pris la plaisanterie du mauvais côté, et avait répondu, d'un ton qui n'admettait point de réplique, que celui qui l'accompagnait, et qu'on prenait pour une femme, était un jeune prêtre de ses parens qui ne pouvait s'habituer au séjour du séminaire, et qu'il faisait sortir de temps en temps pour le distraire un peu.

Il y avait quinze jours à peu près que l'inconnu avait amené chez les Rizzo ce jeune garçon, ou cette jeune femme; car, malgré l'explication donnée par l'homme au manteau, ils continuaient à conserver des doutes sur le sexe de ce personnage.

Tout cela, comme on le comprend bien, loin d'éteindre la curiosité du jeune comte, ne fit que l'exciter de plus en plus; aussi, dès la nuit suivante, était-il à son poste; mais ni cette nuit, ni le lendemain, il ne vit paraître celui qu'il attendait. Enfin, pendant la troisième nuit, la septième qui se fût écoulée depuis sa rencontre sur la grande route, il entendit la porte d'entrée rouler sur ses gonds, puis se refermer; un instant après, une lanterne brilla tout à coup, comme si on l'eût allumée dans l'église même; cette lanterne, comme la première fois, s'approcha du confessionnal, et à sa lueur don Ferdinand reconnut l'homme au manteau. Cet homme marcha droit à l'autel, souleva le degré qui formait la dernière de ses trois marches, y prit un objet que don Ferdinand ne put distinguer, s'approcha de la muraille, parut introduire une clef dans une serrure, entr'ouvrit une porte secrète qui, pratiquée entre deux pilastres, faisait mouvoir un pan de pierres, referma cette porte derrière lui et disparut.

Cette fois, don Ferdinand était bien éveillé; il n'y avait pas de doute, ce n'était pas une vision.

Don Ferdinand réfléchit alors sur la conduite qu'il allait tenir. S'il eût fait grand jour, s'il eût eu des témoins pour applaudir à son courage, s'il eût été excité par un mouvement d'orgueil quelconque, il eût attendu cet homme à sa sortie, aurait marché droit à lui, et, l'épée à la main, lui aurait demandé l'explication du mystère. Mais il était seul, il faisait nuit, personne n'était là pour applaudir à la façon cavalière dont il se mettait en garde : don Ferdinand écouta la voix de la prudence. Or, voici ce que la prudence lui conseilla.

L'inconnu s'était agenouillé devant l'autel, avait soulevé une pierre; sous cette pierre, il avait pris un objet, qui devait être une clef, puisqu'avec cet objet il avait ouvert une porte. Sans doute, en sortant, il déposerait la clef à l'endroit où il l'avait prise, et s'éloignerait de nouveau pour sept ou huit jours. Ce qu'il y avait de mieux à faire pour le jeune comte était donc d'attendre qu'il fût éloigné, de prendre la clef, d'ouvrir la porte à son tour, et de pénétrer dans le souterrain.

Ce plan était si simple, qu'on ne doit point s'étonner qu'il se soit présenté à l'esprit de don Ferdinand, et que son esprit s'y soit arrêté. Cela n'empêchait pas, comme pourraient le présumer quelques imaginations aventureuses, que don Ferdinand ne fût un très brave et très chevaleresque jeune homme; mais, comme nous l'avons dit, personne ne le regardait, et la prudence l'emporta sur l'orgueil.

Il attendit près de deux heures ainsi, sans voir paraître personne. Quatre heures du matin venaient de sonner lorsqu'enfin la porte se rouvrit; l'homme au manteau sortit sa lanterne à la main, s'approcha de nouveau de l'autel, leva la pierre, cacha la clef, rajusta le degré de façon de façon à ce qu'il fût impossible de voir qu'il se levait ou s'abaissait à volonté, passa de nouveau à deux pas de don Ferdinand, souffla sa lanterne comme il avait fait la première fois, et sortit, refermant la grande porte d'entrée et laissant don Ferdinand seul dans l'église et à peu près maître de son secret.

Quelqu'impatience qu'éprouvât le jeune comte de donner suite à cette étrange aventure, comme il n'avait pas eu la précaution de se munir d'une lanterne, force lui fut d'attendre le jour. D'ailleurs, chaque minute de retard donnait à l'homme au manteau le temps de s'éloigner, et apportait à dom Ferdinand une chance de plus de ne pas être surpris.

Les premiers rayons du jour glissèrent enfin à travers les vitraux colorés de la chapelle ; don Ferdinand sortit de son confessionnal, s'approcha de l'autel, souleva la marche, qui céda pour lui comme elle avait cédé pour l'inconnu ; mais d'abord il ne vit rien qui ressemblât à ce qu'il cherchait. Enfin dans un enfoncement, il aperçut une cheville de bois qu'il tira à lui et qui laissa tomber dans sa main une petite clef ronde, pareille à une clef de piano : il la prit, l'examina avec soin, replaça le degré à sa place, s'approcha à son tour du mur, et, guidé cette fois par une certitude, finit par découvrir dans l'angle du pilastre un petit trou rond, presque invisible à cause de l'ombre que projetait la colonne. Il y introduisit aussitôt la clef, et la porte tourna sur ses gonds avec une facilité que sa lourdeur rendait surprenante ; il aperçut alors un corridor sombre, dont l'humidité vint au-devant de lui et le glaça. Au reste, pas un rayon de lumière, pas un bruit.

Don Ferdinand s'arrêta. Il était par trop imprudent de s'aventurer ainsi sous cette voûte ; quelque trappe ouverte sur le chemin pouvait punir cruellement de sa curiosité l'indiscret visiteur. Ayant refermé la porte, et satisfait de ce commencement de découverte, il rentra au château, décidé à se munir d'une lanterne pour la nuit suivante ; et à pousser son investigation jusqu'au bout.

Don Ferdinand passa toute la journée dans une agitation facile à comprendre ; vingt fois il fit venir le jardinier et l'interrogea ; chaque fois, comme s'il eût eu quelque chose à lui apprendre qu'il ne sût point déjà, le brave homme lui répéta ce qu'il lui avait déjà dit, en ajoutant cependant que l'homme au manteau avait été vu la veille dans le village. Cela s'accordait à merveille avec l'apparition de la nuit, et affermit don Ferdinand dans l'opinion qu'il avait déjà, que c'était le même homme qu'il avait vu dans la chapelle.

A dix heures, don Ferdinand sortit du château avec une lanterne sourde ; il était armé d'une paire de pistolets et d'une épée. Il entra dans la chapelle sans avoir rencontré personne sur sa route, leva de nouveau la marche, retrouva la clef à sa place, ouvrit la porte, et vit le corridor sombre. Cette fois, armé de sa lanterne, il s'y aventura bravement. Mais à peine eut-il fait vingt pas qu'il trouva un escalier, et au bas de cet escalier une porte fermée, dont il n'avait pas la clef. Don Ferdinand, irrité de cet obstacle inattendu, secoua la porte pour voir si elle ne s'ouvrirait point. La porte demeura inébranlable, et le jeune comte comprit que, sans une lime et une tenaille, il n'y avait pas moyen de faire sauter la serrure. Un instant il eut l'idée d'appeler ; mais, en historien véridique que nous sommes, nous devons avouer qu'au moment de crier il s'arrêta avec un frémissement involontaire : tant, dans une pareille situation, tout lui paraissait mystérieux et terrible, même le bruit de sa propre voix !

Il sortit donc lentement du corridor, referma la porte derrière lui, remit la clef à sa place accoutumée, et reprit le chemin du château pour s'y procurer une lime et une tenaille.

Sur la route, il rencontra un homme, qu'il ne put reconnaître dans l'obscurité ; d'ailleurs, en l'apercevant, cet homme avait pris l'autre côté du chemin, et lorsque don Ferdinand s'avança vers lui, au lieu de l'attendre, le passant se jeta à droite, et disparut comme une ombre dans les papyrus et les joncs qui bordaient la route.

Don Ferdinand continua son chemin sans trop réfléchir à cette rencontre, fort naturelle d'ailleurs : il y a par toutes les routes, en Sicile, une foule de gens qui, la nuit, quand ils n'abordent pas, n'aiment point être abordés. Cependant, autant qu'avait pu le voir le jeune comte, cet homme qu'il venait de rencontrer était enveloppé d'un grand manteau pareil à celui que portait l'homme de la chapelle. Mais ce doute, en s'offrant à l'esprit de don Ferdinand, ne fut qu'un aiguillon de plus pour le pousser à mener la même nuit cette affaire à bout. Don Ferdinand s'était fait depuis quelques jours à lui-même une foule de petites concessions que de temps en temps il regardait comme par trop prudentes ; il résolut donc d'en finir cette fois et de ne reculer devant rien.

Don Ferdinand ne trouva ni lime ni tenaille, mais il mit la main sur une pince, ce qui revenait à peu près au même, si ce n'est qu'au lieu d'ouvrir la seconde porte, il lui faudrait tout simplement l'enfoncer. Au point où il en était arrivé, peu lui importait, on le comprend bien, de quelle manière céderait cette porte, pourvu qu'elle cédât. Armé de ce nouvel instrument, et après avoir renouvelé la bougie de sa lanterne, don Ferdinand reprit le chemin de la chapelle.

Tout paraissait dans le même état où il l'avait laissé. La porte d'entrée était fermée à double tour comme il l'avait fermée. Le comte entra dans l'église, s'approcha de l'autel, leva la marche, tira la cheville, la secoua, mais inutilement ; il n'y avait plus de clef : sans doute l'inconnu était revenu en son absence et était à cette heure dans le souterrain.

Cette fois, nous l'avons dit, don Ferdinand était décidé à ne plus reculer devant rien : il se releva, pâle, mais calme ; il examina les amorces de ses pistolets, s'assura que son épée sortait librement du fourreau, et s'avança vers la muraille pour écouter s'il n'entendrait pas quelque bruit ; mais, au moment où il approchait son oreille du trou, la porte s'ouvrit, et don Ferdinand se trouva face à face avec l'homme au manteau.

Tous deux firent d'instinct un pas en arrière, en s'éclairant mutuellement avec la lanterne que chacun d'eux tenait à la main. L'homme au manteau vit alors que celui à qui il avait affaire était presque un enfant, et un sourire dédaigneux passa sur ses lèvres. Don Ferdinand vit ce sourire, en comprit la cause, et résolut de prouver à l'inconnu qu'il se trompait à son égard, et qu'il était bien un homme.

Il y eut un moment de silence pendant lequel tous deux tirèrent leurs épées, car l'inconnu avait une épée sous son manteau ; seulement il n'avait pas de pistolets.

— Qui êtes-vous, monsieur? demanda impérieusement don Ferdinand, rompant le premier le silence ; et que venez-vous faire à cette heure dans cette chapelle ?

— Mais qu'y venez-vous faire vous-même, mon petit monsieur? répondit en ricanant l'inconnu ; et qui êtes-vous, s'il vous plaît, pour me parler de ce ton ?

— Je suis don Ferdinand, fils du marquis de San-Floridio, et cette chapelle est celle de ma famille.

— Don Ferdinand, fils du marquis de San-Florido ! répéta l'inconnu avec étonnement. Et comment êtes-vous ici à cette heure ?

— Vous oubliez que c'est à moi d'interroger. Comment y êtes-vous vous-même ?

— Ceci, mon jeune seigneur, reprit l'inconnu en sortant du corridor, en fermant la porte et en mettant la clef dans sa poche, c'est un secret qu'avec votre permission je conserverai pour moi seul, car il ne regarde que moi.

— Tout ce qui se passe chez moi me regarde, monsieur, répondit don Ferdinand ; votre secret ou votre vie !

Et à ces mots il porta la pointe de son épée au visage de l'inconnu, qui voyant briller le fer du jeune homme, l'écarta vivement avec le sien.

— Oh ! oh ! reprit le jeune comte, qui, si rapide qu'eût été ce mouvement, avait reconnu à la manière insolite dont la parade avait été faite que son adversaire était parfaitement ignorant dans l'art de l'escrime. Vous n'êtes point gentilhomme, mon cher ami, puisque vous ne savez pas manier une épée ; vous êtes tout simplement un manant, c'est autre chose. Votre secret, ou je vous fais pendre.

L'homme au manteau poussa un rugissement de colère ; cependant, après avoir fait un pas en avant comme pour se jeter sur le jeune comte, il s'arrêta et se contint.

— Tenez, dit-il alors avec assez de sang-froid, tenez, monsieur le comte, j'ai bonne envie de vous épargner à cause du nom que vous portez, mais cela me sera impossible si vous insistez encore pour savoir ce que je suis venu faire ici. Retirez-vous à l'instant même, oubliez ce que vous avez vu, cessez vos visites dans cette chapelle, jurez-moi sur cet autel que personne ne saura jamais que vous m'y avez rencontré. Les San-Floridio, je le sais, sont gens d'honneur, et vous tiendrez votre serment. A cette condition, je vous laisse vivre.

Ce fut au tour de don Ferdinand de rugir.

— Misérable! s'écria-t-il, tu menaces quand tu devrais trembler! tu interroges quand tu devrais répondre! Qui es-tu? que viens-tu faire ici? où conduit cette porte? Réponds, ou tu es mort.

Et le comte porta une seconde fois son épée sur la poitrine de l'inconnu.

Cette fois l'homme au manteau ne se contenta point de parer, mais il riposta, jetant loin de lui sa lanterne pour se dérober autant que possible aux coups de son adversaire; mais don Ferdinand, le bras gauche tendu vers lui, l'éclairait avec la sienne, et une lutte terrible s'engagea entre la force d'un côté et l'adresse de l'autre. En face du danger, don Ferdinand avait retrouvé tout son courage : pendant quelques secondes il se contenta de parer avec autant d'adresse que de sang-froid les coups inexpérimentés que lui portait son ennemi; puis, l'attaquant à son tour avec la supériorité qu'il avait dans les armes, il le força de reculer, l'accula à une colonne, et, le voyant enfin dans l'impossibilité de rompre davantage, il lui porta au travers de la poitrine un si rude coup d'épée, que la pointe de son fer non-seulement traversa le corps de l'inconnu, mais alla s'émousser contre la colonne. Il fit aussitôt un pas de retraite en retirant son épée à lui et en se remettant en garde.

Il y eut de nouveau un moment de silence mortel, pendant lequel don Ferdinand, éclairant l'inconnu de sa lanterne, le vit porter sa main gauche à sa poitrine, tandis que sa main droite, qui n'avait plus la force de soutenir son épée, s'abaissait lentement et laissait échapper son arme; enfin le blessé s'affaissa lentement sur lui-même, et tomba sur ses genoux, en disant :

— Je suis mort!

— Si vous êtes frappé aussi grièvement que vous le dites, reprit don Ferdinand sans bouger, de crainte de surprise, je crois que vous ne ferez pas mal de vous occuper de votre âme, qui ne me paraît pas dans un état de grâce parfaite. Je vous soutiendrai donc, si vous avez quelque chose à révéler, de ne pas perdre de temps; si c'est un secret que je puisse entendre, me voilà; si c'est un secret qui ne puisse être confié qu'à un prêtre, dites un mot, et j'irai vous en chercher un.

— Oui, dit le mourant, j'ai un secret, et un secret qui vous regarde même, en supposant que, comme vous l'avez dit, vous soyez le fils du marquis de San-Floridio.

— Je vous le dis et je vous le répète, je suis don Ferdinand, comte de San-Floridio, le seul héritier de la famille.

— Approchez-vous de l'autel et faites-m'en le serment sur le crucifix.

Le comte se révolta d'abord à l'idée qu'un manant refusât de le croire sur sa parole; mais, songeant qu'il devait avoir quelque indulgence pour un homme qui allait mourir de son fait, il s'approcha de l'autel, monta sur les marches, et prêta le serment demandé.

— C'est bien, dit le blessé; maintenant approchez-vous de moi, monsieur le comte, et prenez cette clef.

Le jeune homme s'avança vivement, tendit la main, et le mourant y déposa une clef. Le comte sentit au toucher que ce n'était pas la clef de la porte secrète.

— Qu'est-ce que cette clef? demanda-t-il.

— Vous vous en irez à Carlentini, reprit le mourant, évitant de répondre à la question; vous demanderez la maison de Gaëtano Cantarello : vous entrerez seul dans cette maison, seul, entendez-vous? Dans la chambre à coucher vous trouverez au pied du lit un carreau sur lequel est gravée une croix; sous ce carreau est une cassette, dans cette cassette sont soixante mille ducats; vous les prendrez, ils sont à vous.

— Qu'est-ce que toute cette histoire? demanda le comte; est-ce que je vous connais? est-ce que je veux hériter de vous?

— Ces soixante mille ducats vous appartiennent, monsieur le comte; car ils ont été volés à votre oncle, le marquis San-Floridio de Messine. Ils ont été volés par moi, Gaëtano Cantarello, son domestique; et ce n'est point un héritage, c'est une restitution.

— Héritage ou restitution, peu m'importe, s'écria le jeune homme, ce ne sont point ces soixante mille ducats que je cherche ici, et ce n'est pas là le secret que je veux savoir. Tenez, ajouta le comte en rejetant la clef à Cantarello, voici la clef de votre maison, donnez-moi en échange celle de cette porte.

Et il montra du bout du doigt la porte du corridor.

— Venez donc la prendre, dit Cantarello d'une voix mourante, car je n'ai plus la force de vous la donner ; là, là, dans cette poche.

Don Ferdinand s'avança sans défiance, et se pencha sur le moribond; mais celui-ci le saisit tout à coup de la main gauche avec la force désespérée de l'agonie, et, reprenant son épée de la main droite, il lui en porta un coup qui, heureusement, glissa sur une côte et ne fit qu'une légère blessure.

— Ah! misérable traître! s'écria le comte en saisissant un pistolet à sa ceinture et en le déchargeant à bout portant sur Cantarello, meurs donc comme un réprouvé et comme un chien, puisque tu ne veux pas te repentir comme un chrétien et comme un homme.

Cantarello tomba à la renverse. Cette fois il était bien mort.

Don Ferdinand s'approcha de lui, son second pistolet à la main, de peur d'une nouvelle surprise; puis, bien certain qu'il n'avait plus rien à craindre, il le fouilla de tous côtés; mais dans aucune poche il ne retrouva la clef de la porte secrète. Sans doute, dans la lutte, Cantarello l'avait jetée derrière lui, espérant de cette façon la dérober à son adversaire.

Alors don Ferdinand ramassa sa lanterne qu'il avait laissé tomber, et se mit à chercher cette clef qui lui échappait toujours d'une façon si étrange. Au bout de quelques instants, affaibli par le sang qu'il perdait, il sentit sa tête bourdonner comme si toutes les cloches de la chapelle sonnaient à la fois; les piliers qui soutenaient la voûte lui parurent se détacher de la terre et tourner autour de lui; il lui sembla que les murs se rapprochaient de lui et l'étouffaient comme ceux d'une tombe. Il s'élança vers la porte de la chapelle pour respirer l'air pur et frais du matin; mais à peine avait-il fait dix pas dans cette direction, qu'il tomba lui-même évanoui.

CARMELA.

Lorsque don Ferdinand revint à lui, il était couché dans sa chambre au château de Belvédère, sa mère pleurait à côté de lui, le marquis se promenait à grands pas dans la chambre, et le médecin s'apprêtait à le saigner pour la cinquième fois. Le jardinier auquel le jeune comte avait demandé de si fréquents renseignements sur l'homme au manteau, s'étant inquiété en voyant sortir son maître si tard; il l'avait suivi de loin, avait entendu le coup de pistolet, était entré dans l'église, et avait trouvé don Ferdinand évanoui et Cantarello mort.

Le premier mot de don Ferdinand fut pour demander si l'on avait retrouvé la clef. Le marquis et la marquise échangèrent un regard d'inquiétude.

— Rassurez-vous, dit le médecin; après une blessure aussi grave, il n'y a rien d'étonnant à ce que le malade ait un peu de délire.

— Je suis parfaitement calme, et je sais à merveille ce que je dis, reprit don Ferdinand; je demande si l'on a retrouvé la clef de la porte secrète, une petite clef faite comme une clef de piano.

— Oh! mon pauvre enfant! s'écria la marquise en joignant les mains et en levant les yeux au ciel.

— Tranquillisez-vous, madame, répondit le docteur, c'est un délire passager, et avec une cinquième saignée...

— Allez-vous-en au diable avec votre saignée, docteur! Vous m'avez tiré plus de sang avec votre mauvaise lancette, que le misérable Cantarello avec son épée.

— Mais il est fou! il est fou! s'écria la marquise.

— Dans tous les cas, reprit le jeune comte, dans tous les cas, mon très cher père, ma folie n'aura pas été perdue pour vos intérêts; car je vous ai retrouvé soixante mille ducats que vous croyiez perdus, et qui sont à Carlentini, au pied du lit de Cantarello, sous un carreau marqué d'une croix; vous pouvez les envoyer prendre, et vous verrez si je suis un fou. Eh! laissez-moi donc tranquille, docteur, j'ai besoin d'un bon poulet rôti et d'une bouteille de vin de Bordeaux, et non pas de vos maudites saignées.

Ce fut à son tour le médecin qui leva les yeux au ciel.

— Mon enfant, mon cher enfant! s'écria la marquise, tu veux donc me faire mourir de chagrin?

— Une saignée est-elle absolument indispensable? demanda le marquis.

— Absolument.

— Eh bien! il n'y a qu'à faire entrer quatre domestiques, qui le maintiendront de force dans son lit pendant que vous opérerez.

— Oh! mon Dieu, dit le comte, il n'y a pas besoin de tout cela. Cela vous fera-t-il grand plaisir, madame la marquise, que je me laisse saigner?

— Sans doute, puisqu'ils disent que cela te fera du bien.

— Alors, tenez, docteur, voilà mon bras; mais c'est la dernière, n'est-ce pas?

— Oui, dit le docteur; oui, si elle dégage la tête et fait disparaître le délire.

— En ce cas, soyez tranquille, reprit le comte, la tête sera dégagée, et le délire ne reparaîtra plus; allez, docteur, allez.

Le docteur fit son opération; mais, comme le blessé était déjà horriblement affaibli, il ne put supporter cette nouvelle perte de sang, et s'évanouit une seconde fois; seulement, ce nouvel évanouissement ne dura que quelques minutes.

Pendant qu'on le saignait si fort contre son gré, don Ferdinand avait fait ses réflexions : il comprenait que, s'il parlait de nouveau de la clef du piano, d'argent enterré et de porte secrète, on le croirait encore dans le délire, et qu'on le saignerait et resaignerait jusqu'à extinction de chaleur naturelle. En conséquence, il résolut de ne parler de rien de tout cela, et de se réserver à lui-même de mettre seul à fin une entreprise qu'il avait commencée seul.

Le jeune comte revint donc de son évanouissement dans les dispositions les plus pacifiques du monde; il embrassa sa mère, salua respectueusement le marquis, et tendit la main au docteur, en disant qu'il sentait bien que c'était à son grand art qu'il devait la vie. A ces mots le docteur déclara que le délire avait complètement disparu, et répondit du malade.

Alors don Ferdinand se hasarda à demander des détails sur la façon dont on l'avait retrouvé; il apprit que c'était le jardinier qui l'avait suivi, et qui, étant entré dans l'église, l'avait découvert à dix pas de son adversaire, dans un état qui ne valait guère mieux que celui de Cantarello. Ces questions de la part du blessé en amenèrent d'autres, comme on le pense bien, de la part du marquis et de la marquise; mais don Ferdinand se contenta de répondre qu'étant entré dans l'église par pure curiosité, et parce qu'en passant devant la porte il avait cru y entendre quelque bruit, il avait été attaqué par un homme de haute taille qu'il croyait avoir tué. Il ajouta qu'il serait bien désireux de remercier le bon jardinier de son zèle, et qu'il priait que l'on permît à Peppino de le venir voir. On lui promit que, si le lendemain il continuait d'aller mieux, on lui donnerait cette distraction.

Le soir même, comme le marquis et la marquise, profitant d'un instant de sommeil de leur fils, étaient allés souper, et que don Ferdinand, en se réveillant, venait de se trouver seul, il entendit à la porte de sa chambre la voix de Peppino, qui venait s'informer de la santé de son jeune maître. Aussitôt don Ferdinand appela et ordonna de faire entrer le jardinier. Le laquais qui était de service hésitait, car la marquise avait défendu de laisser entrer personne; mais don Ferdinand réitéra son ordre d'une voix tellement impérative, que, sur la promesse que lui fit le comte qu'il ne le garderait qu'un instant près de lui, le laquais fit entrer le jardinier.

— Peppino, lui dit don Ferdinand aussitôt que la porte fut refermée, tu es un brave garçon, et je regrette de n'avoir pas eu plus de confiance en toi. Il y a cent onces à gagner si tu veux m'obéir, et n'obéir qu'à moi.

— Parlez, notre jeune seigneur, répondit le jardinier.

— Qu'a-t-on fait de l'homme que j'ai tué?

— On l'a transporté dans l'église du village, où il est exposé, pour qu'on le reconnaisse.

— Et on l'a reconnu?

— Oui.

— Pour qui?

— Pour l'homme au manteau qui venait de temps en temps chez les Rizzo.

— Mais son nom?

— On ne le sait pas.

— Bien. L'a-t-on fouillé?

— Oui; mais on n'a trouvé sur lui que de l'argent, de l'amadou, une pierre à feu et un briquet. Tous ces objets sont exposés chez le juge.

— Et parmi ces objets il n'y a pas de clef?

— Je ne crois pas.

— Va chez le juge, examine ces objets dans le plus grand détail, et, s'il y a une clef, reviens me dire comment cette clef est faite. S'il n'y en a pas, va-t-en dans la chapelle, et, tout autour de la colonne près de laquelle on a retrouvé le mort, cherche avec le plus grand soin : tu retrouveras deux clefs.

— Deux?

— Oui; l'une, pareille à peu près à la clef de ce secrétaire; l'autre... lève le dessus de ce clavecin; bon, et donne-moi un instrument de fer qui doit se trouver dans un des compartimens; bien, c'est cela; l'autre pareille à peu près à celle-ci. Tu comprends?

— Parfaitement.

— Que tu en trouves une ou que tu en trouves deux, tu m'apporteras ce que tu auras trouvé, mais à moi, rien qu'à moi, entends-tu?

— Rien qu'à vous; c'est dit.

— A demain, Peppino.

— A demain, Votre Excellence.

— A propos! viens au moment où mon père et ma mère seront à déjeuner, afin que nous puissions causer tranquillement.

— C'est bon; je guetterai l'heure.

— Et tes cinquante onces t'attendront.

— Eh bien! Votre Excellence, elles seront les bien venues, vu que je vais me marier avec la fille aux Rizzo, un joli brin de fille.

— Chut! voilà ma mère qui revient. Passe par ce cabinet, descends par le petit escalier, et qu'elle ne te voie pas.

Peppino obéit. Quand la marquise entra, elle trouva son fils seul et parfaitement tranquille.

Le lendemain, à l'heure convenue, Peppino revint. Il avait exécuté sa commission avec une intelligence parfaite. Parmi les objets déposés chez le juge était une clef ordinaire, et pareille à celle du sanctuaire. On l'avait trouvée près du mort. Après s'être assuré de ce fait, Peppino s'était rendu à la chapelle et avait si bien cherché que, de l'autre côté de la chapelle, il avait trouvé la seconde clef, qui était faite comme celle du piano. Sans doute Cantarello l'avait jetée loin de lui. Le jeune comte s'en empara avec empressement, la reconnut pour être la même qu'il avait trouvée sous la première marche de l'autel, et qui ouvrait la porte du corridor noir, et la cacha sous le chevet de son lit. Puis, se retournant vers Peppino :

— Ecoute, lui dit-il, je ne sais encore quand je pourrai me lever ; mais, à tout hasard, tiens prêtes chez toi, pour le moment où nous en aurons besoin, deux torches, des tenailles, une lime et une pince, et tâche de ne pas découcher d'ici à quinze jours.

Peppino promit au comte de se procurer tous les objets désignés et se retira.

Resté seul, don Ferdinand voulut voir jusqu'où allaient ses forces, et essaya de se lever. A peine fut-il sur son séant, qu'il sentit que tout tournait autour de lui. Sa blessure était peu grave, mais les saignées du docteur l'avaient fort affaibli, de sorte que, voyant qu'il allait s'évanouir de nouveau, il se recoucha promptement, comprenant qu'avant de rien tenter, il devait attendre que les forces lui fussent revenues.

Aussi resta-t-il toute cette journée et celle du lendemain fort tranquille, et ne donnant plus d'autre signe de délire que de demander de temps en temps du poulet et du vin de Bordeaux, en place des déplorables tisanes qu'on lui présentait. Mais, comme on le pense bien, ses demandes parurent au docteur exorbitantes et insensées ; selon lui, elles dénotaient un reste de fièvre qu'il fallait combattre. Il ordonna donc de continuer avec acharnement le bouillon aux herbes, et parla d'une sixième saignée si les symptômes de cet appétit désordonné, qui indiquait la faiblesse de l'estomac du malade, se représentaient encore. Don Ferdinand se le tint pour dit, et, voyant qu'il était sous la puissance du docteur, il se résigna au bouillon aux herbes.

Le soir, comme le malade venait de s'endormir, la marquise entra dans sa chambre avec quatre laquais qui, sur un signe qu'elle leur fit, restèrent auprès de la porte. Don Ferdinand, qui crut qu'on venait pour le saigner, demanda à sa mère, avec une crainte qu'il ne chercha pas même à cacher, ce que signifiait cet appareil de force que l'on déployait devant lui. La marquise alors lui annonça, avec tous les ménagemens possibles, que, la justice ayant fait une enquête, et l'aventure de la chapelle étant restée jusqu'alors fort obscure, elle venait d'être prévenue à l'instant même que don Ferdinand devait être arrêté le lendemain ; qu'en conséquence elle venait de faire préparer une litière pour emporter son fils à Catane, où il resterait tranquillement chez sa tante, la vénérable abbesse des Ursulines, jusqu'au moment où le marquis serait parvenu à assoupir cette malheureuse affaire. Contre l'attente de la marquise, don Ferdinand ne fit aucune difficulté. Il avait du premier coup jugé que le docteur ne le poursuivrait pas jusque dans le saint asile où il était ouvert; il espérait que, vu la distance, ses ordonnances perdraient un peu de leur férocité, et il apercevait dans l'éloignement, à travers un nuage odorant, ce bienheureux poulet et cette bouteille de bordeaux tant désirée, qui, depuis trois jours, étaient l'objet de sa plus ardente préoccupation. D'ailleurs, il espérait que la surveillance qui l'entourait serait moins grande à Catane qu'à Syracuse, et qu'une fois sur ses pieds, il s'échapperait plus facilement du couvent de sa tante que du château maternel. Ajoutons qu'au milieu de tout cela, il se rappelait ces jolis yeux noirs qui avaient tant pleuré à son départ, et ces petites mains qui lui promettaient de si adroites gardes-malades. Un instant l'idée était bien venue au comte, lorsque sa mère lui avait parlé d'arrestation, d'aller au-devant de la justice, en racontant aux juges tout ce qui s'était passé ; mais il connaissait les juges et la justice siciliennes, et il jugea avec une grande sagacité que les moyens dont comptait se servir le marquis pour étouffer cette affaire valaient mieux que toutes les raisons qu'il pourrait donner pour l'éclaircir. En conséquence, au lieu de s'opposer le moins du monde à ce voyage, comme l'avait d'abord craint la marquise, il s'y prêta de son mieux ; et, après avoir pris sous un oreiller la clef mystérieuse, il se laissa emporter par les quatre laquais, qui le déposèrent mollement dans la litière qui l'attendait à la porte. La seule chose que demanda don Ferdinand fut que sa mère lui donnât le plus tôt possible de ses nouvelles par l'entremise de Peppino. La marquise, qui ne vit là qu'un souhait fort naturel, et surtout très filial, le lui promit sans aucune difficulté.

Un courrier avait été envoyé par avance à la digne abbesse, de sorte qu'en arrivant au couvent le blessé trouva toutes choses préparées pour le recevoir. Le courrier, on le comprend bien, avait été interrogé avec toute la curiosité claustrale ; mais il n'avait pu dire que ce qu'il savait lui-même, de sorte que l'accident qui amenait don Ferdinand à Catane, n'étant connu de fait que par son terrible résultat, était loin d'avoir rien perdu de son mystérieux intérêt. Aussi le jeune comte apparut-il aux jeunes religieuses comme un des plus aimables héros de roman qu'elles eussent jamais rêvé.

De son côté, don Ferdinand ne s'était pas tout à fait trompé sur l'amélioration hygiénique que le changement de localité devait amener, selon lui, dans sa situation. Dès le premier jour, le bouillon aux herbes fut changé en bouillon de grenouilles, et il lui fut permis de manger une cuillerée de confitures de groseilles. Ce ne fut pas tout. Après l'office du soir, une des plus jolies religieuses fut introduite dans sa chambre pour être sa garde de nuit. Peut-être une pareille tolérance était-elle un peu bien contre les règles de la sévérité monastique, mais le pauvre malade était vraiment si faible, qu'à la première vue, elle ne paraissait, en conscience, présenter aucun inconvénient.

L'événement justifia la supérieure. Si jolie que fût sa garde-malade, le blessé n'en dormit pas moins profondément toute la nuit. Aussi le lendemain, grâce à ce bon sommeil, avait-il le visage meilleur ; c'était un avertissement à la bonne abbesse de lui continuer le même régime, auquel on se contenta, dans la journée, d'ajouter comme une noix de conserve aux violettes.

Le soir, don Ferdinand vit entrer dans sa chambre une figure nouvelle. La surveillante désignée pour cette nuit n'était pas moins jolie que celle à laquelle elle succédait. Le malade causa un instant avec elle, et lui fit quelques complimens sur son gracieux visage ; mais bientôt la fatigue l'emporta sur la galanterie, il tourna le nez contre le mur, et ferma les yeux pour ne les rouvrir qu'au matin.

Comme le blessé allait de mieux en mieux, il obtint, le troisième jour, outre les bouillons aux grenouilles, les confitures et la conserve, un peu de gelée de viande, qu'il avala avec une reconnaissance extrême pour les belles mains qui la lui servaient. Il en résulta qu'il leva les yeux des mains au visage, et se trouva en face de la plus délicieuse figure qu'il eût encore vue. Le comte demanda alors à cette belle personne si ce ne tour ne viendrait pas bientôt d'être sa garde-malade : elle lui répondit qu'elle était désignée pour la nuit prochaine. Le comte s'informa alors comment elle s'appelait, ne doutant pas, disait-il, qu'un doux nom n'appartînt à une si belle personne. La religieuse répondit qu'elle s'appelait Carmela. Don Ferdinand trouva que c'était le nom le plus délicieux qu'il eût jamais entendu, aussi le prononça-t-il tout bas plus de vingt fois, pendant l'intervalle qui s'écoula entre le léger dîner qu'il venait de faire et l'heure à laquelle la religieuse qui était de garde près de son lit venait lui apporter sa potion du soir.

Carmela arriva à l'heure fixe, et même un peu avant l'heure. Don Ferdinand la remercia de son exactitude. La pauvre jeune fille jeta les yeux sur la pendule, et, voyant qu'elle était en avance de plus de vingt minutes, elle rougit le plus gracieusement du monde.

La potion avalée, Carmela alla s'asseoir dans un grand fauteuil qui était à l'autre bout de la chambre. Le malade lu demanda alors, avec la voix la plus caressante qu'il put prendre, pourquoi elle s'éloignait ainsi de lui. Carmela répondit que c'était pour ne point troubler son sommeil. Don Ferdinand s'écria qu'il ne se sentait aucunement envie de dormir, et supplia Carmela de lui faire la grâce de venir causer avec lui. La jeune fille approcha son fauteuil en rougissant.

Les deux jeunes gens demeurèrent un instant muets, Carmela les yeux baissés et don Ferdinand les yeux fixés, au contraire, sur Carmela. Alors il put la voir tout à son aise. C'était dans son ensemble une des plus délicieuses créatures que l'on pût imaginer, avec des cheveux noirs qui montraient l'extrémité de leurs bandeaux sous sa coiffe blanche, des yeux bleus assez grands pour s'y mirer à deux à la fois, un nez droit et fin comme celui des statues grecques ses aïeules, une bouche rose comme le corail que l'on pêche près du cap Passaro, une taille de nymphe antique et un pied d'enfant. Le seul reproche que l'on pouvait faire à cette beauté si parfaite, était la pâleur un peu trop mate de son teint, qui faisait ressortir d'autant plus le cercle bleuâtre qui entourait ses yeux comme un signe d'insomnie et de douleur.

Au bout d'un quart d'heure de contemplation, don Ferdinand rompit tout à coup le silence.

— Comment se fait-il qu'une aussi belle personne que vous ne soit pas heureuse? demanda-t-il à Carmela. Et comment se peut-il qu'il y ait sous le ciel un être assez barbare pour faire couler des larmes de ces beaux yeux, pour un regard desquels on serait trop heureux de donner sa vie?

La jeune fille tressaillit comme si cette demande eût répondu à ses propres pensées, et don Ferdinand vit deux perles liquides et brillantes se balancer au bout de longs cils, et tomber l'une après l'autre sur les genoux de Carmela.

— Dieu l'a voulu ainsi, répondit la jeune fille, en me donnant un frère et une sœur aînés, auxquels mon père réserve toute notre fortune. Alors, comme il ne restait pas de dot pour moi, on m'a fiancée à Dieu qui semblait m'avoir réservée ainsi pour lui.

— Et c'est votre père qui a exigé de vous un pareil sacrifice? demanda don Ferdinand.

— C'est mon père, répondit Carmela en levant ses beaux yeux au ciel.

— Et comment appelle-t-on ce barbare?

— Le comte don Francesco de Terra-Nova.

— Le comte de Terra-Nova! s'écrie don Ferdinand; mais c'est l'ami de mon père.

— Oh! mon Dieu, oui; et tout ce que j'ai pu obtenir de lui, à ce titre, c'est que j'entrerais au couvent de votre tante.

— Et c'est sans regret que vous avez renoncé au monde? demanda don Ferdinand.

— Je n'avais encore vu de monde que ce qu'on peut en apercevoir à travers les grilles d'une jalousie, lorsque je suis entrée dans ce couvent, répondit Carmela; aussi je n'avais aucun motif de le regretter, et j'espérais que la solitude serait pour moi le bonheur ou du moins la tranquillité. Quelque temps je demeurai dans cette croyance, mais hélas! j'ai reconnu mon erreur, et c'est avec une crainte mortelle, je l'avoue, que je vois arriver le moment où je prononcerai mes vœux.

— Oh! oui, dit don Ferdinand, cela se voit facilement; vous n'étiez pas née pour vivre dans un cloître. Il faut pour cela un cœur inflexible, et vous, vous avez le cœur humain et pitoyable, n'est-ce pas?

— Hélas! murmura la jeune fille.

— Vous ne pourriez pas voir souffrir, vous, sans vous laisser émouvoir par celui qui souffre; aussi, dès que je vous ai vue, j'ai senti mon cœur plein d'espérance.

— Mon Dieu! demanda la jeune fille, que puis-je donc faire pour vous?

— Vous pouvez me rendre la vie, dit don Ferdinand avec une expression qui pénétra jusqu'au fond de l'âme de la jeune fille.

— Que faut-il faire pour cela?... Parlez.

— Oh! vous ne voudrez pas, continua don Ferdinand; vous avez reçu des recommandations trop sévères, et vous me laisserez mourir pour ne pas manquer à vos devoirs.

— Mourir! s'écria Carmela.

— Oui, mourir, reprit le comte d'un ton languissant et en se laissant aller sur son oreiller, car je sens que je m'en vais mourant.

— Oh! parlez, et si je ne puis quelque chose pour vous...

— Certes, vous pouvez tout ce que vous voulez, car nous sommes seuls, n'est-ce pas? et, excepté nous, personne ne veille dans le couvent?

— Mais c'est donc bien difficile, ce que vous désirez? demanda en rougissant la belle garde-malade.

— Vous n'avez qu'à vouloir, répondit don Ferdinand.

— Alors dites, balbutia Carmela.

La prière de don Ferdinand était loin de répondre à celle qu'attendait la belle religieuse.

— Procurez-moi un poulet rôti et une bouteille de vin de Bordeaux, dit don Ferdinand.

Carmela ne put s'empêcher de sourire.

— Mais, dit-elle, cela vous fera mal.

— Me faire mal! s'écria don Ferdinand; figurez-vous bien que je n'attends que cela pour être guéri. Mais il y a pour me faire mourir une conspiration à la tête de laquelle est cet infâme docteur, et vous êtes de cette conspiration aussi, vous, je le vois bien; vous si bonne, si jolie: vous pour laquelle je me sens, en vérité, si bonne envie de vivre.

— Mais vous n'en mangerez que bien peu?

— Une aile.

— Mais vous ne boirez qu'une goutte de vin?

— Une larme.

— Eh bien! je vais aller chercher ce que vous désirez.

— Ah! vous êtes une sainte! s'écria don Ferdinand en saisissant les mains de la novice et en les lui baisant avec un transport moins éthéré que ne le permettait la dénomination qu'il venait de lui donner. Aussi Carmela retira-t-elle sa main comme si, au lieu des lèvres de Ferdinand, c'était un fer rouge qui l'eût touchée.

Quant au comte, il regarda s'éloigner la belle religieuse avec un sentiment de reconnaissance qui touchait à l'admiration, et pendant sa courte absence il fut obligé de s'avouer que, même à Palerme, il n'avait vu aucune femme qui, pour la beauté, la grâce et la candeur, pût soutenir la comparaison avec Carmela.

Ce fut bien autre chose lorsqu'il la vit reparaître portant d'une main, sur une assiette, cette aile de volaille si désirée, et de l'autre un verre de cristal à moitié rempli de vin de Bordeaux. Ce ne fut plus pour lui une simple mortelle, ce fut une déesse; ce fut Hébé servant l'ambroisie et versant le nectar.

— Je n'ai pu tout apporter du même voyage, dit la belle pourvoyeuse en déposant l'assiette et le verre sur une table qu'elle approcha du lit du malade; mais je vais vous aller chercher du pain pour manger avec votre poulet, et des confitures pour votre dessert. Attendez-moi.

— Allez, dit don Ferdinand, et surtout revenez bien vite; tout cela me semblera bien meilleur encore quand vous serez là.

Mais, quelque diligence que fît Carmela, la faim du pauvre Ferdinand était si dévorante, qu'il ne put attendre son retour, et que, lorsqu'elle rentra, elle trouva l'aile de poulet dévorée et le verre de vin de Bordeaux entièrement vide. Ce fut alors le tour du pain et des confitures : tout y passa.

Le souper fini, il fallut en faire disparaître les traces, et Carmela reporta à l'office tout ce qu'elle venait d'en tirer, se réservant de dire, si l'on s'apercevait de la soustraction, que c'était elle qui avait eu faim. Ainsi la pauvre enfant était déjà prête à commettre pour le beau malade un des plus gros péchés que défende l'église.

Comme on le pense bien, l'excellent repas que venait de faire don Ferdinand n'avait servi qu'à accroître les sentiments, encore vagues et flottants, qu'il avait, à la première vue, senti naître dans son cœur pour la belle novice. Aussi, pendant qu'elle était descendue à l'office, songeait-il en lui-même que c'était une loi bien cruelle que celle qui condamnait à un éternel célibat une aussi belle enfant, et cela parce qu'elle avait le malheur d'avoir un frère qui, pour soutenir l'honneur de son rang, avait besoin de toute la fortune paternelle. C'était une réflexion, au reste, toute nouvelle pour lui, car il avait vingt fois entendu parler de sacrifices pareils, et n'y avait jamais fait attention. D'où venait donc que cette fois le comte de Terra-Nova lui semblait un tyran près duquel Denys l'Ancien était, à ses yeux, un personnage débonnaire et plein d'humanité?

Lorsque Carmela rentra dans la chambre du malade, la première chose qu'elle remarqua, ce fut l'expression à la fois attendrie et passionnée de son regard. Aussi s'arrêta-t-elle après avoir fait trois ou quatre pas, comme si elle hésitait à venir reprendre la place qu'elle occupait près de son lit; mais le comte l'y invita avec un geste si suppliant, qu'elle n'eut pas la force de lui résister.

Si haut que l'homme soit emporté par son imagination, il y a toujours en lui un côté matériel que ne peuvent soulever pour longtemps les ailes de l'amour, de la poésie ou de l'ambition. Le côté matériel tend à la terre, comme l'autre tend au ciel; mais, plus lourd que l'autre, il ramène sans cesse l'homme dans la sphère des besoins physiques. C'est ainsi que, près d'une femme charmante, le pauvre don Ferdinand avait d'abord pensé à sa faim, et que, ce besoin de sa faiblesse éteint, il se retrouva incontinent attaqué par le sommeil. Cependant, il faut le dire à sa gloire, au lieu de céder à ce second adversaire comme au premier, il essaya de lutter contre lui. Mais la lutte fut courte et malheureuse, force lui fut de se rendre; il rassembla les deux petites mains de Carmela dans les siennes, et s'endormit les lèvres dessus.

Il fit un long, doux et bon sommeil, plein de rêves charmans, et se réveilla le sourire sur les lèvres et l'amour dans les yeux. La pauvre enfant l'avait regardé longtemps dormir, puis le sommeil était venu à son tour. Elle avait alors voulu retirer ses mains pour s'accommoder de son mieux dans son fauteuil, mais sans se réveiller, le blessé les avait retenues, et s'était plaint doucement, tout en les retenant. Alors Carmela ne s'était pas senti le courage de le contrarier, elle s'était tout doucement appuyée au traversin, et ces deux charmantes têtes avaient dormi sur le même oreiller.

Don Ferdinand se réveilla le premier; la première chose qu'il vit, en ouvrant les yeux, fut cette belle jeune fille endormie, et faisant sans doute aussi de son côté quelque rêve, mais probablement moins doux et moins riant que les siens, car des larmes filtraient à travers ses paupières fermées; un frisson contractait ses joues pâles, et un léger tremblement agitait ses lèvres. Bientôt ses traits prirent une expression d'effroi indicible, tout son corps sembla se raidir dans une lutte désespérée, quelques mots sans suite s'échappèrent de sa bouche. Enfin, avec un grand cri, elle porta si violemment les mains à sa tête, qu'elle en abattit sa coiffe de novice, et que ses longs cheveux tombèrent sur ses épaules; en même temps ce paroxysme de douleur la réveilla, elle ouvrit les yeux et se trouva dans les bras de don Ferdinand. Alors elle jeta un second cri, mais de joie, et parut si heureuse, que, lorsque le convalescent appuya ses lèvres sur ses beaux yeux encore humides, elle n'eut point la force de se défendre et lui laissa prendre un double baiser.

La pauvre enfant rêvait que son père la forçait à prononcer ses vœux, et elle ne s'était réveillée que lorsqu'elle avait vu les ciseaux s'approcher de sa belle chevelure. Elle raconta, toute haletante de douleur encore, ce triste rêve à don Ferdinand, qui, pendant ce temps, baisait ses longs cheveux qu'elle avait eu si grand'peur de perdre, en jurant tout bas que, tant qu'il serait vivant, il n'en laisserait pas tomber un seul de sa tête.

L'heure était venue où Carmela devait quitter le malade. Comme, selon toute probabilité, le blessé devait être guéri avant que son tour de garde ne revînt, elle le quittait pour ne plus le revoir; ce fut une douleur réelle à ajouter à la douleur imaginaire qu'elle venait d'éprouver. Don Ferdinand aurait dû la rassurer, mais avec son égoïsme, il ne voulut rien perdre du bénéfice de cette séparation que la jeune fille croyait éternelle: elle avait déjà laissé les lèvres de Ferdinand toucher ses mains et ses yeux, elle ne chercha pas même à défendre ses joues pâles et brûlantes:

d'ailleurs, jusque-là, qu'étaient-ce que tous ces baisers, si non des baisers d'ami, des baisers de frère?

La jeune fille venait de sortir quand parut la digne abbesse; mais, au lieu d'avouer ce retour de bien-être, ce sentiment de puissance qu'il éprouvait, don Ferdinand se plaignit d'une faiblesse plus grande que la veille. Sa tante effrayée lui demanda s'il n'avait point été bien soigné par sa garde de nuit, don Ferdinand répondit qu'au contraire, depuis qu'il était au couvent, il n'avait point encore été l'objet de soins aussi intelligens et aussi assidus, et que même il priait sa tante de lui laisser la même jeune fille pour garde-malade les nuits suivantes. Don Ferdinand prononça cette prière d'une voix si suppliante et si langoureuse, que la bonne abbesse, craignant de contrarier un malade dans un pareil état de faiblesse, s'empressa de le rassurer en lui disant que, puisque cette garde lui convenait, elle entendait qu'il n'en eût point d'autre; elle ajouta que, si ces veilles continues fatiguaient trop la jeune fille, on la dispenserait des matines et même des offices de jour.

Rassuré sur ce point, don Ferdinand en attaqua un autre; il dit à sa tante que cette grande faiblesse qu'il éprouvait venait sans doute du manque absolu de nourriture. La bonne abbesse reconnut qu'effectivement un jeune homme de vingt ans ne pouvait pas vivre avec du bouillon de grenouilles, des confitures et des conserves; elle promit d'envoyer, outre cela, dans la journée, un consommé et un filet de poisson. Puis, comme ses devoirs l'appelaient à l'église, elle quitta le malade, le laissant un peu reconforté par cette double promesse.

A peine eut-elle laissé don Ferdinand seul, que le malade voulut faire l'essai de ses forces. Six jours auparavant la même tentative lui avait mal réussi, mais cette fois il s'en tira fièrement et à son honneur. Après avoir fermé la porte avec soin pour ne pas être surpris dans une occupation qui eût prouvé qu'il n'était point si malade qu'il voulait le faire croire, il fit plusieurs fois le tour de sa chambre sans éblouissement aucun, et avec un reste de langueur seulement, qui devait sans nul doute disparaître, grâce au traitement fortifiant qu'il avait adopté. Quant à sa blessure, elle était complètement refermée, et pour ses saignées il n'y paraissait plus. Cette investigation achevée, don Ferdinand se mit à sa toilette avec un soin qui prouvait qu'il reprenait à d'autres idées qu'à celles qui l'avaient exclusivement préoccupé jusqu'à ce jour, peigna et parfuma ses beaux cheveux noirs que son valet de chambre n'avait ni coiffés ni poudrés depuis la nuit où il avait reçu sa blessure, et qui n'allaient pas moins bien à son visage pour être rendus à leur couleur naturelle; puis il rouvrit la porte, se remit au lit, et attendit les événemens.

La supérieure tint avec une fidélité scrupuleuse la promesse qu'elle avait faite, et don Ferdinand vit arriver, à l'heure convenue, le consommé, le filet de poisson, et même un petit verre de muscat de Lipari, dont il n'avait pas été question dans le traité. Tout cela, il est vrai, était distribué avec la parcimonie de la crainte; mais le peu qu'il y en avait était d'une succulence parfaite. Cette ombre de repas était loin cependant d'être suffisante pour apaiser la faim de don Ferdinand, mais c'était assez pour le soutenir jusqu'à la nuit, et à la nuit n'avait-il pas sa bonne Carmela pour mettre tout l'office à sa disposition?

Carmela entra cette fois encore d'un peu meilleure heure que la veille. La pauvre enfant ne cachait point la joie qu'elle avait eue lorsqu'elle avait appris que l'abbesse, sur la demande de don Ferdinand, la désignait à l'avenir pour la seule garde du malade. Dans sa reconnaissance, elle courut droit au lit du jeune homme, et cette fois, d'elle-même, et comme si c'était une chose qui lui fût due, elle lui présenta ses deux joues. Ferdinand y appuya ses lèvres, prit les deux mains de Carmela, et la regarda avec un si doux et si tendre sourire, que la pauvre enfant, sans savoir ce qu'elle disait, murmura: Oh! je suis bien heureuse! et tomba assise, la tête renversée sur le dossier du fauteuil qui attendait.

Et Ferdinand aussi était bien heureux, car c'était la première fois qu'il aimait véritablement. Toutes ses amours de

Palerme ne lui paraissaient plus maintenant que de fausses amours ; il n'y avait qu'une femme au monde, c'était Carmela. Nous devons avouer toutefois que, pour être tout entier à ce sentiment délicieux dont il commençait seulement à apprécier la douceur, il comprit qu'il lui fallait se débarrasser d'abord de ce reste de faim qui le tourmentait. Regardant donc Carmela le plus tendrement qu'il put, il lui renouvela sa prière de la veille, en la conjurant seulement cette fois d'apporter le poulet intact et la bouteille pleine.

Carmela était dans cette disposition d'esprit où les femmes ne discutent plus, mais obéissent aveuglément. Elle demanda seulement un délai, afin d'être certaine de ne rencontrer personne sur les escaliers ou dans les corridors. L'attente était facile. Les jeunes gens parlèrent de mille choses qui voulaient dire clair comme le jour qu'ils s'aimaient ; puis, lorsque Carmela crut l'heure venue, elle sortit sur la pointe du pied, une bougie à la main, et légère comme une ombre.

Un instant après elle rentra, portant un plateau complet ; mais cette fois, il faut le dire en l'honneur de don Ferdinand, ses premiers regards se portèrent sur la belle pourvoyeuse et non sur le souper qu'elle apportait. Ce souper en valait cependant bien la peine : c'était une excellente poularde, une bouteille à la forme élancée et au long goulot, et une pyramide de ces fruits que Narsès envoya comme échantillon aux Barbares qu'il voulait attirer en Italie.

— Tenez, dit Carmela en posant le plateau sur la table, je vous ai obéi parce que, je ne sais pourquoi, je ne trouve point de paroles pour vous refuser ; mais maintenant, au nom du ciel ! soyez sage, et songez comme je serais malheureuse si ma complaisance pour vous allait tourner à mal.

— Ecoutez, dit Ferdinand, il y a un moyen de vous assurer que je ne ferai pas d'excès.

— Lequel ? demanda la jeune fille.

— C'est de partager la collation. Ce sera une œuvre charitable, puisque vous empêcherez un pauvre malade de tomber dans le péché de la gourmandise ; et, si j'en crois les apparences, ajouta-t-il en jetant un coup d'œil sur la poularde, eh bien ! ce ne sera pas une pénitence trop rude pour les autres péchés que vous aurez commis.

— Mais je n'ai pas faim, moi, dit Carmela.

— Alors l'action n'en sera que plus méritoire, reprit Ferdinand, vous vous sacrifierez pour moi, voilà tout.

— Mais, reprit encore la religieuse un peu plus disposée à donner au malade cette nouvelle preuve de dévouement, c'est aujourd'hui mercredi, jour maigre, et il ne nous est pas permis de faire gras sans dispense.

— Tenez, répondit don Ferdinand en étendant le doigt vers la pendule qui marquait justement minuit, et en donnant, par une pause d'un moment, le temps aux douze coups de tinter ; tenez, nous sommes à jeudi, jour gras ; vous n'avez donc plus besoin de dispense, et vous aurez la conscience riche d'un péché de moins et d'une bonne action de plus.

Carmela ne répondit rien, car, nous l'avons dit, elle n'avait déjà plus d'autre volonté que celle de Ferdinand ; elle prit donc une chaise et s'assit de l'autre côté de la table en face de lui.

— Oh ! que faites-vous là ? demanda le jeune homme. Ne voyez-vous pas que vous êtes trop éloignée de moi, et que je ne pourrai atteindre à rien sans risquer de faire un effort qui peut faire rouvrir ma blessure ?

— Vraiment ! s'écria Carmela avec effroi ; mais dites-moi alors où il faut que je me mette, et j'y me mettrai.

— Là, dit Ferdinand en lui indiquant le bord de son lit ; là, près de moi ; de cette manière je n'aurai aucune fatigue, et vous n'aurez rien à craindre.

Carmela obéit en rougissant, et vint s'asseoir sur le bord du lit du jeune homme, sentant qu'elle faisait mal, peut-être mais cédant à ce principe de la charité chrétienne qui veut que l'on ait pitié des malades et des affligés. L'intention était bonne, mais, comme le dit un vieux proverbe, l'enfer est pavé de bonnes intentions !

Et cependant c'était un tableau digne du paradis, que ces deux beaux jeunes gens rapprochés l'un de l'autre comme deux oiseaux au bord d'un même nid, se regardant avec amour et souriant de bonheur. Jamais ni l'un ni l'autre n'avait fait un souper si charmant, ni compris même qu'il y eût tant de mystérieuses délices cachées dans un acte aussi simple que celui auquel ils se livraient. Don Ferdinand lui-même, quelque plaisir qu'il eût eu la veille à apaiser cette faim effroyable qui le tourmentait depuis si longtemps, n'avait senti que la jouissance matérielle du besoin satisfait ; mais cette fois c'était tout autre chose, il se mêlait à cette jouissance matérielle une volupté inconnue et presque céleste. Tous deux étaient oppressés comme s'ils souffraient, tous deux étaient heureux comme s'ils étaient au ciel. Carmela sentit le danger de cette position ; un dernier instinct de vertu lui donna la force de se lever pour s'éloigner de don Ferdinand ; mais don Ferdinand la retint, et elle retomba sans force et sans résistance. Il sembla alors à Carmela qu'elle entendait un faible cri, et que le frôlement de deux ailes effleurait son front. C'était l'ange gardien de la chasteté claustrale qui remontait tout éploré vers le ciel.

Le lendemain, la supérieure, en entrant dans la chambre de son neveu, lui annonça un message de sa mère, et derrière elle don Ferdinand vit apparaître Peppino.

Don Ferdinand avait tout oublié depuis la veille pour se replier sur lui-même et pour vivre dans son bonheur : cette vue lui rappelait tout ce qui s'était passé, et il y eut un instant où tout cela ne lui sembla plus qu'un rêve ; sa vie réelle n'avait commencé que du jour où il avait vu Carmela, où il avait aimé et été aimé. Mais Peppino, apparaissant tout à coup comme un fantôme, était cependant une sérieuse et terrible réalité ; sa présence rappelait à don Ferdinand qu'il lui restait à approfondir le mystère de la chapelle. Aussi, en présence de sa tante, jeta-t-il les yeux sur la lettre maternelle qu'il lui apportait. Cette lettre annonçait que tout allait au mieux à l'endroit de la justice ; avant un mois, la marquise espérait que son fils pourrait revenir librement à Syracuse. Dès que don Ferdinand fut seul avec Peppino, il s'informa s'il ne s'était rien passé de nouveau à Belvédère depuis la nuit où il avait été blessé.

Tout était resté dans le même état ; on ignorait toujours le nom du mort que l'on avait enterré après procès-verbal constatant ses blessures ; personne n'était entré dans cette époque dans la chapelle, et des paysans qui étaient passés près de ce lieu la nuit, disaient avoir entendu des gémissemens et des bruits de chaînes qui semblaient sortir de terre, preuve bien évidente que le trépassé était mort en état de péché mortel, et que son âme revenait pour demander des prières à celui qui l'avait ainsi violemment et inopinément fait sortir de son corps.

Toutes ces données rendirent à Ferdinand son premier désir de mener à bout cette étrange aventure. Blessé et retenu dans son lit, il n'avait pas volontairement du moins perdu son temps qui pouvait être précieux ; mais, maintenant qu'il se sentait à peu près guéri, maintenant que ses forces étaient revenues, maintenant qu'il n'y avait plus d'autre cause de retard que sa volonté, il résolut de tenter l'entreprise aussitôt que cela lui serait possible. En conséquence, il ordonna à Peppino de garder le secret, et de revenir, dans la nuit du surlendemain, avec deux chevaux et une échelle de corde. Don Ferdinand, comme on le comprend, voulait éviter toute contestation avec la tourière du couvent, qui sans doute avait l'ordre formel de ne pas le laisser sortir ; il avait donc résolu de passer par dessus les murs du jardin, à l'aide de l'échelle que lui jetterait Peppino.

Peppino promit tout ce que le jeune comte voulut. Selon les ordres qui lui avaient déjà été donnés, il tenait toutes prêtes, dans le pavillon qu'il habitait, torches, tenailles, limes et pinces. Tout fut donc convenu pour la nuit du surlendemain : les chevaux attendraient près du mur extérieur, Peppino frapperait trois fois dans ses mains, et, au même signal répété par don Ferdinand, il jetterait l'échelle par dessus le mur.

Malgré ce projet et même à cause de ce projet, don Ferdinand ne feignit pas moins d'être toujours accablé par une grande faiblesse ; d'ailleurs il gagnait deux choses à cette feinte : la première de prolonger près de lui les veilles de Carmela, et la seconde d'ôter à sa tante tout soupçon qu'il eût l'idée de fuir. La ruse réussit complètement : la pauvre femme l'avait trouvé si languissant le matin, qu'elle revint vers le soir pour savoir de lui comment il se trouvait ; don Ferdinand lui dit qu'il avait essayé de se lever, mais que, ne pouvant se tenir debout, il avait été forcé de se recoucher aussitôt. La bonne abbesse gronda fort son neveu de cette imprudence, et lui demanda s'il était toujours satisfait de sa garde-malade ; le comte répondit qu'il avait dormi toute la nuit et ne pouvait par conséquent lui rien dire à ce sujet ; que, cependant, s'étant réveillé une fois, il se rappelait l'avoir vue éveillée elle-même et faisant sa prière ; l'abbesse leva les yeux au ciel, et se retira tout édifiée. Il résulta de cette information, que Carmela reçut la permission de venir près du malade une heure plutôt que d'habitude.

Ce fut une grande joie pour les jeunes gens que de se revoir, et cependant Carmela avait pleuré toute la journée. Quant à don Ferdinand, il n'avait éprouvé ni chagrins ni remords ; et Carmela lui trouva le visage si joyeux, qu'elle n'eut point la force de l'attrister de sa propre tristesse. D'ailleurs, à peine la main du jeune homme eut-elle touché sa main, à peine leurs yeux eurent-ils échangé un regard, à peine les lèvres de Ferdinand se furent-elles posées sur ses lèvres pâles et cependant brûlantes, que tout fut oublié.

La journée qui suivit cette nuit se passa comme les autres journées ; seulement jamais Ferdinand ne s'était senti l'âme si pleine de bonheur : il aimait autant qu'il était aimé. Puis la nuit revint, puis le jour succéda encore à la nuit ; c'était le dernier que don Ferdinand devait passer dans le couvent. La nuit suivante Peppino devait venir le chercher avec les chevaux.

Don Ferdinand n'avait eu le courage de rien dire à Carmela : d'ailleurs il craignait que, par douleur ou par faiblesse, elle ne le trahît. Lorsqu'il vit s'avancer l'heure où il crut que Peppino devait s'approcher de Catane, il alla vers la fenêtre, l'ouvrit et, montrant à Carmela ce beau ciel étoilé, il lui demanda si elle n'aurait point de bonheur à descendre avec lui au jardin et à respirer ensemble cet air pur tout imprégné de saveur marine. Carmela voulait tout ce que voulait Ferdinand. Ce n'était pas à elle à être heureuse à tel endroit, ou de respirer tel ou tel air ; son bonheur était d'être près de lui et de respirer le même air que lui. Elle se contenta donc de sourire et de répondre : Allons.

Don Ferdinand s'habilla, mit dans sa poche la clef du corridor sombre, et descendit dans le jardin, appuyé sur le bras de Carmela. Ils allèrent s'asseoir sous un berceau de lauriers roses. Alors don Ferdinand demanda à Carmela si elle connaissait les détails de l'événement auquel il devait le bonheur de la voir. Carmela n'en savait que ce qu'en savait tout le monde, mais elle lui dit qu'elle aurait bien du bonheur à les lui entendre raconter à lui-même. Puis elle lui passa un bras autour du cou, et, appuyant sa tête sur son épaule, comme ces pauvres fleurs qui se penchent après une trop chaude journée, elle attendit ses paroles comme la douce brise, comme la fraîche rosée, qui devaient lui faire relever la tête.

Don Ferdinand lui raconta tout, depuis sa première rencontre avec Cantarello jusqu'au duel. Pendant ce récit, la pauvre Carmela passa par toutes les angoisses de l'amour et de la terreur. Don Ferdinand la sentit se rapprocher de lui, frissonner, trembler, frémir. Au moment où le jeune homme parla du coup d'épée reçu, elle jeta un cri et faillit perdre connaissance. Enfin, au moment où il venait de terminer son récit, et où il la tenait tout éplorée dans ses bras, trois battemens de main retentirent de l'autre côté du mur. Carmela tressaillit.

— Qu'est-ce que cela ? s'écria-t-elle.
— M'aimes-tu, Carmela ? demanda don Ferdinand.
— Qu'est-ce que ce signal ? répéta de nouveau la jeune fille. Ne me trompe pas, Ferdinand, je suis plus forte que tu ne le crois. Seulement dis-moi toute la vérité ; que je sache ce que j'ai à espérer ou à craindre.

— Eh bien ! dit Ferdinand, c'est Peppino qui vient me chercher.
— Et tu pars ? demanda Carmela. Et elle devint si pâle, que don Ferdinand crut qu'elle allait mourir.
— Ecoute, lui dit-il en se penchant à son oreille, veux-tu partir avec moi ?

Carmela tressaillit et se leva vivement ; mais elle retomba aussitôt.

— Ecoute, Ferdinand, dit-elle, tu m'aimes ou tu ne m'aimes pas : si tu ne m'aimes pas, que je reste ici ou que je te suive, tu ne m'en abandonneras pas moins, et je serai perdue à la fois aux yeux du monde et aux yeux de Dieu ; si tu m'aimes, tu sauras bien venir me rechercher avec la permission et l'aveu de mon père, n'est-ce pas ? Et, le jour où je te reverrai, Ferdinand, où je te reverrai pour t'appeler mon mari, je tomberai à genoux devant toi, car tu m'auras rendu l'honneur et sauvé la vie. Si je ne te revois pas, je mourrai, voilà tout.

Ferdinand la prit dans ses bras.
— Oh ! oui ! oui ! s'écria-t-il en la couvrant de baisers, oui, sois tranquille, je reviendrai.

Le signal se renouvela.
— Entends-tu ? dit Carmela, on t'attend.

Ferdinand répondit en frappant à son tour trois coups dans ses mains, et un rouleau de cordes, lancé par-dessus le mur, tomba à ses pieds.

Carmela poussa un soupir qui ressemblait à un gémissement, et sa douleur s'échappa de sa poitrine en sanglots si profonds et si sourds, que Ferdinand, qui avait déjà fait un pas vers l'échelle de corde, revint à elle, et, lui passant le bras autour du corps, puis la rapprochant de lui :

— Ecoute, Carmela, lui dit-il, dis un mot, et je ne te quitte pas.

— Ferdinand, répondit la jeune fille en rappelant tout son courage, tu l'as dit, il y a quelque mystère étrange caché dans ce souterrain, peut-être quelque créature vivante y est-elle ensevelie ; et songes-y, Ferdinand, songes-y, il y a quatorze jours que Cantarello est mort et que tu es blessé, et depuis quatorze jours, oh ! mon Dieu ! c'est effroyable à penser. Pars, pars, Ferdinand ; car, si je retardais ton départ d'une seconde, peut-être te verrais-je reparaître avec un visage sévère et accusateur, peut-être pour la première parole me dirais-tu : Carmela ! c'est ta faute. Pars, pars !

Et la jeune fille s'était élancée sur le paquet de cordes, et déroulait l'échelle qui devait lui enlever tout ce qu'elle aimait au monde. Cette double vue, qui n'appartient qu'au cœur de la femme, lui avait fait deviner qu'il se passait dans la chapelle quelque douloureuse catastrophe. Don Ferdinand, qui d'abord ne s'était arrêté qu'à l'idée que le souterrain renfermait quelque trésor soustrait, quelque amas d'objets volés, commençait à entrevoir une autre probabilité. Ces cris de douleur, ces bruits de chaînes que les paysans avaient pris pour les plaintes de Cantarello, lui revenaient à l'esprit, et à son tour il se reprochait d'avoir tant tardé, comprenant tout ce qu'il y avait d'admirable force et de sublime charité de la part de Carmela dans cette abnégation d'elle-même qui faisait qu'au lieu de le retenir, elle pressait son départ. Il sentit qu'il l'en aimait davantage, et, la pressant dans ses bras :

— Carmela, lui dit-il, je te jure en face de Dieu qui nous entend...

— Pas de serment ! pas de serment ! dit la jeune fille en lui fermant la bouche avec sa main ; que ce soit ton amour qui te ramène, Ferdinand, et non la promesse que tu m'auras faite. Dis-moi : Sois tranquille, Carmela, je reviendrai. Voilà tout, et je croirai en toi comme je crois en Dieu.

— Sois tranquille, je reviendrai, murmura le jeune homme en appuyant ses lèvres sur celles de sa maîtresse, oh ! oui, je reviendrai ; et si je ne reviens pas, c'est que je serai mort.

— Alors, dit en souriant la jeune fille, sois tranquille, nous ne serons pas séparés longtemps.

Peppino répéta une seconde fois le signal.

— Oui, oui, me voilà ! s'écria Ferdinand en s'élançant sur

l'échelle de corde et en montant rapidement sur le couronnement du mur.

Arrivé là, il se retourna et vit la jeune fille à genoux, et les bras tendus vers lui.

— Adieu, Carmela ! lui cria-t-il, adieu, ma femme devant Dieu et bientôt devant les hommes !

Et il sauta de l'autre côté de la muraille.

— Au revoir, murmura une voix faible ; au revoir, je t'attends.

— Oui, oui, répondit Ferdinand. Il sauta sur le cheval que lui avait amené Peppino, lui enfonça ses éperons dans le ventre, et s'élança, suivi du jardinier, sur la route de Syracuse, craignant, s'il restait plus longtemps, de n'avoir plus la force de partir.

LE SOUTERRAIN.

Dieu garda don Ferdinand et Peppino de toute mauvaise rencontre, et au point du jour ils arrivèrent à Belvédère.

Sans entrer au village, ils se dirigèrent à l'instant vers la petite porte du jardin, enfermèrent les chevaux dans l'écurie ; prirent les torches, la pince, les tenailles et la lime, et s'avancèrent vers la chapelle. Comme des craintes superstitieuses continuaient d'en écarter les visiteurs, ils ne rencontrèrent personne sur la route et y entrèrent sans être vus.

L'impression fut profonde pour don Ferdinand quand il se retrouva là où il avait éprouvé de si violentes émotions et couru un si terrible danger ; il ne s'en avança pas moins d'un pas ferme vers la porte secrète, mais sur sa route il reconnut les traces du sang desséché de Cantarello, qui rougissait encore les dalles de marbre dans toute la partie du pavé voisine de la colonne au pied de laquelle il était tombé. Don Ferdinand se détourna avec un frémissement involontaire, décrivit un cercle en regardant de côté et en silence cette trace que la mort avait laissée en passant, puis il alla droit à la porte secrète, qui s'ouvrit sans difficulté. Arrivés là, les deux jeunes gens allumèrent chacun une torche, continuèrent leur chemin, descendirent l'escalier, et trouvèrent la seconde porte ; en un instant elle fut enfoncée ; mais, en s'ouvrant, elle livra passage à une odeur tellement méphitique, que tous deux furent obligés de faire quelques pas en arrière pour respirer. Don Ferdinand ordonna au jardinier de remonter et de maintenir la première porte ouverte, afin que l'air extérieur pût pénétrer sous ces voûtes souterraines. Peppino remonta, fixa la porte et redescendit. Déjà don Ferdinand, impatient, avait continué son chemin, et de loin Peppino voyait briller la lumière de sa torche ; tout à coup le jardinier entendit un cri, et s'élança vers son maître. Don Ferdinand se tenait appuyé contre une troisième porte qu'il venait d'ouvrir ; un spectacle si effroyable s'était offert à ses regards, qu'il n'avait pu retenir le cri qui lui était échappé et auquel était accouru Peppino.

Cette troisième porte ouvrait un caveau à voûte basse qui renfermait trois cadavres : celui d'un homme scellé au mur par une chaîne qui lui ceignait le corps, celui d'une femme étendue sur un matelas et celui d'un enfant de quinze ou dix-huit mois, couché sur sa mère.

Tout à coup les deux jeunes gens tressaillirent ; il leur semblait qu'ils avaient entendu une plainte.

Tous deux s'élancèrent aussitôt dans le caveau : l'homme et la femme étaient morts, mais l'enfant respirait encore ; il avait la bouche collée à la veine du bras de sa mère et paraissait devoir cette prolongation d'existence au sang qu'il avait bu. Cependant il était d'une faiblesse telle, qu'il était évident que, si de prompts secours ne lui étaient prodigués,

il n'y avait rien à faire ; la femme paraissait morte depuis plusieurs heures, et l'homme depuis deux ou trois jours.

La décision de don Ferdinand fut rapide et telle que le commandait la gravité de la circonstance ; il ordonna à Peppino de prendre l'enfant : puis, s'étant assuré qu'il ne restait dans ce fatal caveau aucune autre créature ni morte, ni vivante, à l'exception de l'homme et de la femme, qui leur étaient inconnus à tous deux, il repoussa la porte, sortit vivement du souterrain, referma l'issue secrète, et, suivi de Peppino, s'achemina vers le village de Belvédère. Le long du chemin, Peppino cueillit une orange, et en exprima le jus sur les lèvres de l'enfant, qui ouvrit les yeux et les referma aussitôt en y portant les mains et en poussant un gémissement, comme si le jour l'eût douloureusement ébloui ; mais, comme en même temps il ouvrait sa bouche haletante, Peppino renouvela l'expérience, et l'enfant, quoiqu'en gardant toujours les yeux fermés, sembla revenir un peu à lui.

Don Ferdinand se rendit droit chez le juge, et lui raconta mot pour mot ce qui venait d'arriver, en lui montrant l'enfant près d'expirer comme preuve de ce qu'il avançait, et en le sommant de le suivre à la chapelle pour dresser procès-verbal et reconnaître les morts ; puis, accompagné du juge, il se rendit chez le médecin, laissa l'enfant à la garde de sa femme, et tous quatre retournèrent à la chapelle.

Tout était resté dans le même état depuis le départ de Ferdinand et de Peppino. On commença le procès-verbal.

Le cadavre enchaîné au mur était celui d'un homme de trente-cinq à trente-six ans, qui paraissait avoir effroyablement lutté pour briser sa chaîne, car ses bras crispés étaient encore étendus dans la direction de la bouche de sa femme ; ses bras étaient couverts de ses propres morsures, mais ces morsures étaient des marques de désespoir plus encore que de faim. Le médecin reconnut qu'il devait être mort depuis deux jours à peu près. Cet homme lui était totalement inconnu ainsi qu'au juge.

La femme pouvait avoir vingt-six à vingt-huit ans. Sa mort à elle paraissait avoir été assez douce ; elle s'était ouvert la veine avec une aiguille à tricoter, sans doute pour prolonger l'existence de son enfant, et était morte d'affaiblissement, comme nous l'avons déjà dit. Le médecin jugea qu'elle était expirée depuis quelques heures seulement. Ainsi que l'homme, elle paraissait étrangère au village, et ni le médecin ni le juge ne se rappelèrent avoir jamais vu sa figure.

Auprès de la tête de la femme, et contre la muraille, était une chaise brisée et recouverte d'un jupon. Le juge leva cette chaise, et l'on s'aperçut alors qu'elle avait été mise là pour cacher un trou pratiqué au bas de la muraille. Ce trou était assez large pour qu'une personne y pût passer, mais il s'arrêtait à quatre ou cinq pieds de profondeur. Examen fait de ce trou, il fut reconnu qu'il avait dû être creusé à l'aide d'un instrument de bois que les femmes siciliennes appellent *mazzarello* ; c'est le même que nos paysannes placent dans leur ceinture et qui leur sert à soutenir leur aiguille à tricoter. Au reste, telle est la puissance de la volonté, telle est la force du désespoir, que l'on retrouva sous le matelas plusieurs pierres énormes arrachées des fondations du mur, et qui en avaient été extraites par cette femme sans autre aide que celle de ses mains et de cet outil. La terre était, ainsi que les pierres, recouverte par le matelas, afin sans doute de les cacher aux yeux de ceux qui gardaient les prisonniers.

La visite continua. On trouva dans un enfoncement de la muraille une bouteille où il y avait eu de l'huile, une jarre où il y avait eu de l'eau, une lampe éteinte et un gobelet de ferblanc. Un autre enfoncement du mur était noirci par la calcination, et annonçait que plusieurs fois on avait dû allumer du feu en cet endroit, quoiqu'il n'y eût aucun conduit par lequel pût s'échapper la fumée.

Une table était dressée au milieu de ce caveau. En s'asseyant devant cette table pour écrire, le juge vit un second gobelet d'étain dans lequel était une liqueur noire ; près du gobelet était une plume, et par terre trois ou quatre feuillets de papier. On s'aperçut alors que ces feuillets étaient écrits d'une écriture fine et menue, sans orthographe, et cependant assez lisibles. Aussitôt on se mit à la recherche des autres morceaux de papier que l'on pourrait trouver encore, et l'on en découvrit deux nouveaux dans la paille qui était sous le cadavre de l'homme. Ces feuillets de papier ne paraissaient point avoir été cachés là avec intention, mais bien plutôt être tombés par accident de la table, et avoir été éparpillés avec les pieds. Comme les feuillets étaient paginés, on les réunit, on les classa, et voici ce qu'on lut :

Au nom du Père, du Fils et du Saint-Esprit, ainsi soit-il.

J'ai écrit ces lignes dans l'espérance qu'elles tomberont entre les mains de quelque personne charitable. Quelle que soit cette personne, nous la supplions, au nom de ce qu'elle a de plus cher en ce monde et dans l'autre, de nous tirer du tombeau où nous sommes enfermés depuis plusieurs années, mon mari, mon enfant et moi, sans avoir mérité aucunement cet effroyable supplice.

Je me nomme Teresa Lentini, je suis née à Taormine, je dois avoir maintenant vingt-huit ou vingt-neuf ans. Depuis le moment où nous sommes enfermés dans le caveau où j'écris, je n'ai pu compter les heures, je n'ai pu séparer les jours des nuits, je n'ai pu mesurer le temps. Il y a bien longtemps que nous y sommes ; voilà tout ce que je sais.

J'étais à Catane, chez le marquis de San-Floridio, où j'avais été placée comme sœur de lait de la jeune comtesse Lucia. La jeune comtesse mourut en 1798, je crois ; mais la marquise, à qui je rappelais sa fille bien-aimée, voulut me garder près d'elle. Elle mourut à son tour, cette bonne et digne marquise ; Dieu veuille avoir son âme, car elle était aimée de tout le monde.

Je voulus alors me retirer chez ma mère, mais le marquis de San-Floridio ne le permit pas. Il avait près de lui, à titre d'intendant, un homme dont les ancêtres, depuis quatre ou cinq générations, avaient été au service de ses aïeux, qui connaissait toute sa fortune, qui savait tous ses secrets ; un homme dans lequel il avait la plus grande confiance enfin. Cet homme se nommait Gaëtano Cantarello. Il avait résolu de me marier à cet homme, afin, disait-il, que nous puissions tous deux demeurer près de lui jusqu'à sa mort.

Cantarello était un homme de vingt-huit à trente ans, beau, ayant une figure un peu dure. Il n'y avait rien à dire contre lui ; il paraissait honnête homme ; il n'était ni joueur ni débauché. Il avait hérité de son père, et reçu des bontés du marquis une somme considérable pour un homme de sa condition ; c'était donc un parti avantageux, eu égard à ma pauvreté. Cependant, lorsque le marquis de San-Floridio me parla de ce projet, je me mis malgré moi à frémir et à pleurer ; il y avait dans le froncement des sourcils de cet homme, dans l'expression sauvage de ses yeux, dans le son âpre de sa voix, quelque chose qui m'effrayait instinctivement. J'entendais dire, il est vrai, à toutes mes compagnes que j'étais bien heureuse d'être aimée de Cantarello, et que Cantarello était le plus bel homme de Messine. Je me demandais donc intérieurement si je n'étais pas une folle de juger seule ainsi mon fiancé, tandis que tout le monde le jugeait autrement. Je me reprochais donc d'être injuste pour le pauvre Cantarello. Et, à mes yeux, le reproche que je me faisais était d'autant plus fondé, que, si j'avais un sentiment de répulsion instinctive pour Cantarello, je ne pouvais me dissimuler que j'éprouvais un sentiment tout contraire pour un jeune vigneron des environs de Paterno, nommé Luigi Pollino, lequel était mon cousin. Nous nous aimions d'amitié depuis notre enfance, et nous n'aurions pas pu dire nous-mêmes depuis quelle époque cette amitié s'était changée en amour.

Notre désespoir à tous deux fut grand, lorsque le marquis m'eut fait part de ses projets sur moi et Cantarello ; d'autant plus grand que ma mère, qui voyait là un mariage comme je ne pouvais jamais espérer d'en faire un, disait-elle, abandonna entièrement les intérêts du pauvre Luigi pour prendre ceux du riche intendant, et me signifia de renoncer à mon cousin pour ne plus penser qu'à son rival.

Nous étions arrivés au commencement de l'année 1783, et le jour de notre mariage était fixé pour le 15 mars, lorsque le 5 février, de terrible mémoire, arriva. Toute la journée du 4, le sirocco avait soufflé, de sorte que chacun était endormi dans la torpeur que ce vent amène avec lui. Le marquis de San-Floridio était retenu par la goutte dans son appartement, où il était couché sur une chaise longue. Je me tenais dans la chambre voisine, afin d'accourir à sa première demande, si par hasard il avait besoin de quelque chose, lorsque tout à coup un bruit étrange passa dans l'air, et le palais commença de vaciller comme un vaisseau sur la mer. Bientôt le mur qui séparait ma chambre de celle du marquis se fendit à y passer la main, tandis que le mur parallèle s'écroulait et que le plafond, cessant d'être soutenu de ce côté, s'abaissait jusqu'à terre. Je me jetai du côté opposé pour éviter le coup, et je me trouvai prise comme sous un toit ; en même temps, j'entendis un grand cri dans la chambre du marquis. J'étais près de cette gerçure qui s'était faite dans la muraille ; j'y appliquai mon œil. Une poutre en tombant avait frappé le marquis à la tête, et il avait roulé de sa chaise longue à terre, tout étourdi. J'allais essayer de courir à son aide lorsque, par la porte de la chambre opposée à celle où je me trouvais, je vis entrer Cantarello dans l'appartement du marquis. A la vue de son maître évanoui, sa figure prit une expression si étrange, que j'en frémis de terreur. Il regarda tout autour de lui s'il était bien seul ; puis, assuré que personne n'était là, il s'élança sur son maître ; je crus d'abord que c'était pour le secourir, mais bientôt je fus détrompée. Il détacha la cordelière qui nouait la robe de chambre du marquis, la roula autour de son cou ; puis, lui appuyant le genou sur la poitrine, il l'étrangla. Dans son agonie, le marquis rouvrit les yeux, et sans doute il reconnut son assassin, car il étendit vers lui les deux mains jointes. Je poussai un cri involontaire. Cantarello leva la tête. — Y a-t-il quelqu'un ici ? dit-il d'une voix terrible. C'est alors que je vis dans toute leur expression de férocité ce froncement de sourcil, ce regard, qui m'avaient, même sur son visage calme, toujours effrayée. Tremblante et presque morte de peur, je me tus et m'affaissai sur moi-même. Au bout d'un instant, ne voyant paraître personne, je me relevai, je rapprochai de nouveau mon œil de l'ouverture, car j'avais oublié le danger que je courais moi-même en restant dans un palais qui pouvait achever de s'écrouler d'un moment à l'autre, tant j'étais retenue et fascinée en quelque sorte par la scène terrible qui venait de se passer devant moi. Le marquis était étendu par terre sans mouvement et paraissait mort. Cantarello était debout devant un secrétaire que chacun de nous savait être plein d'or et de billets, car jamais on n'y laissait la clef, et nous n'ignorions pas que cette clef ne quittait pas le marquis. L'intendant prenait l'or et les billets à pleines mains, et les entassait confusément dans les poches de son habit ; puis, lorsqu'il eut tout pris, il arracha du lit du marquis le matelas en paille de maïs, renversa le secrétaire sur le matelas, entassa les chaises sur le secrétaire, et, tirant un tison du poêle, il mit le feu à ce bûcher. Bientôt, voyant la flamme grandir, il s'élança vers la porte par laquelle il était entré.

Comme ceci est une accusation mortelle que je porte contre une créature humaine, je jure devant Dieu et devant les hommes que mon récit est exact, et que je ne retranche ni n'ajoute rien aux faits qui se sont passés devant moi.

Le marquis était mort ; la flamme faisait des progrès effrayans ; les secousses ébranlaient le palais à faire croire à chaque instant qu'il allait s'écrouler. L'instinct de la conservation se réveilla en moi ; je me traînai hors des décombres qui m'environnaient de tous côtés, je gagnai un escalier que je descendis, comme dans un rêve, sans toucher les marches en quelque sorte. Derrière moi l'escalier s'abîma. Sous le vestibule, je me trouvai face à face avec Cantarello : je jetai un cri ; il voulut me prendre par dessous le bras pour m'entraîner, je m'élançai dans la rue en criant au secours. Les rues étaient pleines de fuyards ; je me mêlai à la foule, je me perdis dans ses flots, et je fus poussée par elle et avec elle sur la grande place. J'avais perdu Cantarello de vue, c'était la seule chose que je voulais pour le moment.

Le jour s'écoula au milieu de transes effroyables, puis la

nuit vint. La plupart des maisons de Messine étaient en flammes, et l'incendie éclairait les rues et les places d'un jour sombre et effrayant. Cependant, comme avec la nuit un peu de tranquillité était revenue, on comptait les morts par leur absence ; on cherchait les vivans ; quiconque avait un père, une mère, un frère ou un ami, l'appelait par son nom. Moi, je n'avais personne ; ma mère était à Taormine. J'étais assise en silence, ma tête sur mes deux genoux, et revoyant sans cesse l'effroyable scène à laquelle j'avais assisté dans la journée, quand tout à coup j'entendis mon nom prononcé avec un accent de crainte indicible. Je levai la tête, je vis un homme qui courait de groupe en groupe comme un insensé : c'était Luigi. Je me levai, je prononçai son nom ; il me reconnut, poussa un cri de joie, bondit jusqu'à moi, me prit dans ses bras et m'emporta comme un enfant. Je me laissai faire ; je jetai mes bras autour de son cou, et je fermai les yeux. Tout autour de nous j'entendis des cris de terreur ; à travers mes paupières je voyais des lueurs rougeâtres, parfois je sentais la chaleur des flammes ; enfin, après une demi-heure environ, le mouvement qui m'emportait se ralentit, puis s'arrêta tout à fait. Je rouvris les yeux ; nous étions hors de la ville ; Luigi, écrasé de fatigue, était tombé sur un genou et me soutenait sur l'autre. A l'horizon, Messine brûlait et s'écroulait avec d'immenses gémissemens. J'étais donc sauvée, j'étais dans les bras de Luigi, j'étais hors de la puissance de cet infâme Cantarello, je le croyais du moins !

Je me relevai vivement : — Je puis marcher, dis-je à Luigi ; fuyons, fuyons !

Luigi avait repris haleine ; il était aussi ardent à m'emmener que moi à fuir : il me passa son bras autour du corps pour me soutenir, et nous reprîmes notre course. En arrivant à Contessi, nous vîmes un homme qui chassait hors du village à demi écroulé cinq ou six mulets. Luigi s'approcha de lui, lui proposa de lui en acheter un qui était tout sellé ; le prix fut arrêté à l'instant. Le mulet payé, Luigi monta dessus ; je m'élançai en croupe. Au point du jour, nous arrivâmes à Taormine.

Je courus chez ma mère : elle me croyait perdue, pauvre femme ! Je lui dis que le marquis était tué, le palais consumé ; je lui dis que je serais morte vingt fois sans Luigi ; je me jetai à ses pieds, et lui jurai que je mourrais plutôt que d'appartenir à Cantarello.

Elle m'aimait : elle céda. Luigi entra, elle l'appela son fils, et il fut convenu que le lendemain je deviendrais sa femme.

Ce qui avait surtout rendu ma mère plus facile, c'est que j'avais tout perdu par l'événement qui avait causé la mort du marquis. La position que j'occupais chez lui était au-dessus de celle des serviteurs ordinaires ; aussi n'avais-je pas d'appointemens fixes. De temps en temps seulement le marquis me faisait quelque cadeau d'argent, que j'envoyais aussitôt à ma mère ; puis, outre cela, comme je l'ai dit, il s'était réservé de me doter. Cette dot, je le savais, devait être de 10,000 ducats, mais rien ne constatait cette intention ; le marquis n'avait point fait de testament. Cette somme, toute promise qu'elle fût, n'était point une dette. La famille ignorait cette promesse, et pour rien au monde je n'aurais voulu la faire valoir auprès d'elle comme un droit. J'avais donc réellement tout perdu à la mort du marquis, et ma mère, qui avait refusé si opiniâtrement de m'unir à Luigi, était à cette heure, au fond de l'âme, je crois, fort contente qu'il n'eût point changé de sentimens à mon égard, ce qui pouvait fort bien arriver de la part de Cantarello. D'ailleurs elle m'aimait réellement, et elle avait vu mon éloignement pour lui se changer en une insurmontable aversion, elle m'avait entendue lui jurer avec un profond accent de vérité que je mourrais plutôt que d'appartenir à cet homme. Cantarello eût donc été là pour me réclamer, qu'elle m'aurait, je crois, laissée à cette heure libre de choisir entre lui et son rival.

La journée se passa à accomplir, chacun de notre côté, nos devoirs de religion. Le prêtre fut invité à se tenir prêt pour le lendemain, dix heures du matin ; nos parens et nos amis furent prévenus que nous devions recevoir la bénédiction nuptiale à cette heure. Quant à Luigi, il n'avait plus depuis longtemps ni père ni mère, et il ne lui restait après eux aucun parent assez proche pour qu'il eût cru devoir le faire prévenir.

C'étaient de tristes auspices pour un mariage. Quoique le tremblement de terre se fît sentir moins vivement à Taormine, assise comme elle est sur un roc, qu'à Messine et à Catane, la ville cependant n'était point exempte de secousses, qui de momens en momens pouvaient devenir plus violentes. Cependant Dieu nous garda pour cette fois, et le jour parut sans qu'il fût survenu un accident sérieux.

Dix heures sonnèrent ; nous nous rendîmes à l'église, accompagnés de presque tout le village. En entrant, il me sembla voir un homme caché derrière un pilier, dans la partie la plus sombre et la plus reculée de la chapelle. Si simple et si naturelle que fût la présence d'un curieux de plus, soit instinct, soit pressentiment, à partir de ce moment mes yeux ne se détachèrent plus de cet homme.

La messe commença ; mais, à l'instant où nous nous agenouillâmes devant l'autel, l'homme se détacha du pilier, s'avança vers nous, et, se plaçant entre le prêtre et moi :
— Ce mariage ne peut pas s'achever, dit-il.
— Cantarello ! s'écria Luigi en portant la main à sa poche pour y chercher son couteau. Je lui saisis le bras avec force, quoique je me sentisse pâlir moi-même.
— Ne troublez pas la cérémonie divine, dit le prêtre, et, qui que vous soyez, retirez-vous.
— Ce mariage ne peut pas s'achever ! répéta, d'une voix plus haute et plus impérieuse encore, Cantarello.
— Et pourquoi ? demanda le prêtre.
— Parce que cette femme est la mienne, reprit Cantarello en me désignant du doigt.
— Moi ! la femme de cet homme ! m'écriai je ; il est fou !
— C'est vous, Teresa, qui êtes folle, reprit froidement Cantarello, ou plutôt qui avez volontairement perdu la mémoire. Ne vous souvenez-vous plus que le marquis de San-Floridio nous avait, depuis longtemps, fiancés l'un à l'autre, et que, la veille même du tremblement de terre, c'est-à-dire le 4 à minuit, nous avons été mariés dans sa chapelle, où il a voulu nous servir de témoin lui-même ; mariés par son propre chapelain ?

Je jetai un cri de terreur, car je savais que le marquis et le chapelain étaient morts tous deux, et que ni l'un ni l'autre par conséquent ne pouvait porter témoignage en ma faveur.

— Avez-vous commis ce sacrilège, ma fille, demanda avec un dernier air de doute le prêtre en s'avançant vers moi.
— Mon père, m'écriai-je, par tout ce qu'il y a de plus sacré au monde, je vous affirme…
— Et moi, dit Cantarello en étendant la main vers l'autel, je vous affirme…
— Pas de parjure, m'écriai-je, pas de parjure ! N'avez-vous point déjà assez de crimes dont il vous faudra répondre devant Dieu ?

Cantarello tressaillit et me regarda fixement, comme s'il eût voulu lire jusqu'au fond de mon âme ; mais cette fois, au lieu de me troubler, son regard me donna une force nouvelle, car dans son regard je voyais apparaître un sentiment de terreur. Je profitai de ce moment d'hésitation.

— Mon père, dis-je au prêtre, cet homme est un pauvre fou qui m'a aimée, et je ne puis attribuer le crime dont il a voulu se rendre coupable aujourd'hui qu'à l'excès de son amour. Laissez-moi lui parler, je vous prie, tout bas, près de l'autel, mais en face de nous tous, et j'espère qu'il se repentira et qu'il avouera la vérité.

Cantarello éclata de rire.

— La vérité, s'écria-t-il, je l'ai dite, et il n'y a pas de puissance au monde qui puisse me faire dire autre chose.
— Silence, répondis-je, et suivez-moi.

Dieu me donnait une force inouïe, inconnue, et dont je ne me serais jamais crue capable. Le prêtre était descendu de l'autel, je fis signe à Cantarello de me suivre : il me suivit. Tous les assistans formaient autour de nous un large cercle ; Luigi seul se tenait en avant, la main sur son couteau, et ne nous perdant pas des yeux.

— Teresa, me dit Cantarello à voix basse et m'adressant la parole le premier, comme s'il eût craint ce que j'allais dire, pourquoi avez-vous manqué à la parole que vous avez donnée au marquis de San-Floridio ? pourquoi m'avez-vous forcé de recourir à ce moyen ?

— Parce que, lui répondis-je en le regardant fixement à mon tour, parce que je ne voulais pas être la femme d'un voleur ni d'un assassin.

Cantarello devint pâle comme la mort; mais cependant, à l'exception de cette pâleur, rien n'indiqua que le coup dont je venais de le frapper eût porté si avant.

— D'un voleur et d'un assassin! répéta-t-il en riant; vous m'expliquerez ces paroles, je l'espère?

— Je n'ai qu'une seule explication à vous donner, répondis-je ; j'étais dans la chambre voisine, et à travers une fente de la muraille j'ai tout vu.

— Et qu'avez-vous vu? me demanda Cantarello.

— Je vous ai vu entrer dans la chambre du marquis au moment où il venait d'être blessé par la chute d'une poutre; je vous ai vu vous précipiter sur lui, je vous ai vu l'étrangler avec la cordelière de sa robe de chambre ; je vous ai vu forcer le secrétaire et tout prendre, or et billets ; puis tirer la paillasse du lit, renverser secrétaire, chaises et canapé, et y mettre le feu avec un tison du poêle. C'est moi qui ai jeté le cri qui vous a fait lever la tête; et quand vous m'avez rencontrée en bas, sous le vestibule, et que je vous ai fui, vous avez cru que j'étais pâle d'effroi, n'est-ce pas! C'était d'horreur.

— Le conte n'est point mal imaginé, reprit Cantarello. Et sans doute vous espérez qu'on le croira?

— Oui; car ce n'est point un conte, mais une terrible réalité.

— Mais la preuve ?

— Comment ! la preuve ?

— Oui, il le faudra donner la preuve. Le palais est en feu, le cadavre est consumé, le secrétaire qui contenait cet or prétendu et ces billets supposés est réduit en cendres. Oui, la preuve ! la preuve !

Sans doute le bon Dieu qui m'inspira.

— Vous ignorez donc ce qui s'est passé ? lui demandai-je.

— Que s'est-il passé?

— Après votre départ, après que vous eûtes quitté la ville pour aller cacher votre vol dans quelque retraite sûre, les domestiques du marquis se sont réunis, et, dans un moment de tranquillité, sont montés à sa chambre. Le cadavre a été retrouvé intact, déposé dans la chapelle, et la trace de la strangulation peut sans doute encore se voir autour de son cou. Le secrétaire est en cendres, oui ; les billets sont brûlés, oui ; mais l'or se fond et ne se consume pas. Les domestiques savaient que ce secrétaire était plein d'or; on cherchera les lingots, et les lingots seront absens. Alors, moi, je dirai où ils doivent se trouver, et peut-être, en cherchant bien dans les caves ou dans les jardins de votre maison de Catane, on les trouvera.

Cantarello poussa une espèce de rugissement sourd que moi seule je pus entendre, et je vis qu'il hésitait s'il ne me poignarderait pas tout de suite, au risque de ce qui pourrait en résulter.

— Si vous faites un mouvement, lui dis-je en reculant d'un pas, j'appelle au secours, et vous êtes perdu. Voyez plutôt.

En effet, Luigi et trois autres jeunes gens de nos parens et de nos amis se tenaient tout prêts à s'élancer sur Cantarello au premier signe que je ferais. Cantarello jeta sur eux un regard de côté, vit ces dispositions hostiles, et parut réfléchir un instant.

— Et si je me retire, si je quitte la Sicile, si je vous laisse être heureuse avec votre Luigi ?

— Alors je me tairai.

— Qui m'en répondra?

— Mon serment.

— Et votre mari lui-même ignorera ce qui s'est passé?

— Tant que vous nous laisserez tranquilles et que vous ne tenterez pas de troubler notre bonheur.

— Jurez, alors.

J'étendis la main vers l'autel.

— Oh ! mon Dieu ! dis-je à demi-voix, recevez le serment que je fais de ne jamais dire à âme vivante au monde ce que j'ai vu au palais San-Floridio pendant la journée du 5. Écoutez le serment que je fais au meurtrier et au voleur de cacher son crime à tout le monde, comme si j'étais sa complice, et de ne jamais, ni directement ni indirectement, le révéler à personne.

— Même en confession.

— Même en confession; à moins, ajoutai-je, que lui-même ne me dégage de mon serment par quelque persécution nouvelle.

— Jurez par le sang du Christ !

— Par le sang du Christ ! je le jure.

— Mon père, dit Cantarello en descendant des marches de l'autel et en s'adressant au prêtre, je suis un pauvre pécheur, pardonnez-moi et priez pour moi ; j'avais menti, cette femme est libre.

Puis, ces paroles prononcées du même ton que si le repentir seul les avait fait sortir de sa bouche, Cantarello passa près du groupe de jeunes gens; Luigi et l'intendant échangèrent un regard, l'un de mépris et l'autre de menace; puis, s'enveloppant de son manteau, Cantarello gagna la porte d'un pas ferme et disparut.

La cérémonie nuptiale, si étrangement et si inopinément interrompue, s'acheva alors sans autre incident.

En rentrant à la maison, Luigi m'interrogea sur ce qui s'était passé entre moi et Cantarello, et me demanda par quelle puissance j'avais pu le faire obéir ainsi ; mais je lui répondis que, comme il avait pu le voir, j'avais fait un serment, et que ce serment était celui de me taire. Luigi n'insista point davantage, il savait qu'aucune prière ne pouvait me faire manquer à une promesse si solennellement faite, et je ne m'aperçus jamais qu'il eût gardé de mon refus un mauvais souvenir.

Nous allâmes demeurer dans la maison de Luigi. C'était une jolie petite maison isolée au milieu d'une vigne, à trois quarts de lieue de Paterno, de l'autre côté de la Giavetta, et sur la route Censorbi. Quant à Cantarello, il avait quitté, disait-on, la Sicile, et personne ne l'avait revu depuis le jour où il était entré dans l'église de Taormine. Rien n'avait transpiré, au reste, ni de l'assassinat, ni du vol, et nul ne soupçonnait que le marquis de San-Floridio n'eût pas été tué accidentellement.

Pendant trois ans, nous fûmes, Luigi et moi, les créatures les plus heureuses de la terre ; le seul chagrin que nous eussions éprouvé était la perte de notre premier enfant; mais Dieu nous en avait envoyé un second plein de force et de santé, et nous commencions à oublier cette première perte, quelque douloureuse qu'elle fût. Notre enfant était en nourrice à Feminamorta, petit village situé à deux lieues à peu près de notre maison, et, tous les dimanches, ou nous allions le voir, ou sa nourrice nous l'amenait.

Une nuit, c'était la nuit du 2 au 3 décembre 1787, on frappa violemment à notre porte ; Luigi se leva et demanda qui frappait :—Ouvrez, dit une voix : je viens de Feminamorta, et je suis envoyé par la nourrice de votre enfant. — Je poussai un cri de terreur, car un messager envoyé à cette heure ne présageait rien de bon.

Luigi ouvrit. Un homme vêtu en paysan était debout sur le seuil.

— Que voulez-vous! demanda Luigi. Notre enfant serait-il malade?

— Il a été surpris aujourd'hui à cinq heures par des convulsions, dit le paysan, et la nourrice vous fait dire que, si vous n'accourez pas bien vite, elle a peur que le pauvre innocent ne trépasse sans que vous ayez la consolation de l'embrasser.

— Et un médecin ! criai-je, un médecin ! ne devrions-nous pas aller chercher un médecin à Paterno ?

— C'est inutile, répondit le paysan, cela ne ferait que vous retarder, et celui du village est près de lui.

Et, comme le paysan eût été pressé lui-même, il reprit en courant le chemin de Feminamorta.

— Si vous arrivez avant nous, cria Luigi au messager, annoncez à la nourrice que nous vous suivons.

— Oui, dit le paysan dont la voix commençait à se perdre dans l'éloignement.

Nous nous habillâmes à la hâte et tout en pleurant ; puis, fermant la porte derrière nous, nous prîmes à notre tour la route de Feminamorta ; mais, à moitié chemin à peu près, et comme nous traversions un endroit resserré par des rochers, quatre hommes masqués s'élancèrent sur nous, nous renversèrent, nous lièrent les mains, et nous mirent un bâillon dans la bouche et un bandeau sur les yeux. Puis, ayant fait avancer une litière portée à dos de mulets, ils nous firent entrer dedans, Luigi et moi, fermèrent à clé les portières et les volets, et se remirent aussitôt en chemin au grand trot des mules. Nous marchâmes ainsi quatre ou cinq heures à peu près, puis nous nous arrêtâmes ; un instant après, la porte de notre litière s'ouvrit, et nous sentîmes, à la fraîcheur qui venait jusqu'à nous, que nous devions être dans quelque grotte ; alors on nous débâillonna.

— Où sommes-nous et où nous menez-vous ? m'écriai-je aussitôt, tandis que de son côté Luigi faisait à peu près la même question.

— Buvez et mangez, dit une voix qui nous était parfaitement inconnue, tandis qu'on nous déliait les mains, en nous laissant les jambes enchaînées ; buvez et mangez, et ne vous occupez pas d'autre chose.

J'arrachai le bandeau qui me couvrait les yeux. Comme je l'avais prévu, nous étions dans une caverne, deux hommes masqués se tenaient chacun à une portière, un pistolet à la main, tandis que deux autres nous tendaient du vin et du pain.

Luigi repoussa le vin et le pain qu'on lui offrait, et fit un mouvement pour délier la corde qui retenait ses jambes ; un des hommes lui appuya un pistolet sur la poitrine.

— Encore un mouvement pareil, lui dit-il, et tu es mort.

Je suppliai Luigi de ne faire aucune résistance.

On nous présenta de nouveau du pain et du vin.

— Je n'ai pas faim, je n'ai pas soif, dit Luigi.

— Ni moi non plus, ajoutai-je.

— Comme vous voudrez, nous dit l'homme qui nous avait déjà parlé, et dont la voix nous était inconnue ; mais alors vous trouverez bon qu'on vous lie les mains, qu'on vous bâillonne et qu'on vous bande les yeux de nouveau.

— Faites ce que vous voulez, dis-je, nous sommes en votre puissance.

— Infâmes scélérats ! murmura Luigi.

— Au nom du ciel ! m'écriai-je, au nom du ciel ! Luigi, pas de résistance, tu vois bien que ces messieurs ne veulent pas nous tuer. Ayons patience, et peut-être qu'ils auront pitié de nous.

A cette espérance, exprimée avec l'accent de l'angoisse, un seul éclat de rire répondit ; mais à cet éclat de rire je tressaillis jusqu'au fond de l'âme. Je reconnaissais pour l'avoir déjà entendu dans l'église de Taormine. Sans aucun doute nous étions au pouvoir de Cantarello, et il était au nombre des quatre hommes masqués qui nous escortaient.

Je tendis les mains et j'avançai la tête avec soumission. Il n'en fut pas de même de Luigi ; une lutte s'engagea entre lui et l'homme qui voulait le garrotter, mais les trois autres vinrent au secours de leur compagnon, et il fut de nouveau lié et bâillonné de force, puis on lui banda les yeux, et l'on referma sur nous les portières et les volets de la litière.

Je ne puis dire combien d'heures nous restâmes ainsi, car il est impossible de mesurer le temps dans une pareille situation. Seulement, il est probable que nous passâmes la journée cachés dans cette grotte, nos conducteurs n'osant sans doute marcher que la nuit. Je ne sais ce qu'éprouvait Luigi ; mais, pour moi, je sentais que la fièvre me brûlait, et que j'avais une seconde fois et surtout une soif extrêmes. Lorsque notre litière s'ouvrit de nouveau, cette fois on ne nous délia point ; on se contenta de nous ôter le bâillon de la bouche. A peine pus-je parler, que je demandai à boire : ou approcha un verre de ma bouche ; je le vidai d'un trait, et aussitôt je sentis qu'on me rebâillonnait comme auparavant.

Je n'avais pas pris le temps de goûter la liqueur qu'on m'avait donnée, et qui ressemblait fort à du vin, quoiqu'elle eût un goût étrange et que je ne connaissais pas ; mais, quelle que fût cette liqueur, je sentis au bout d'un instant qu'elle rafraîchissait ma poitrine. Il y a plus, bientôt j'éprouvai un calme que je croyais impossible dans une situation pareille à la mienne. Ce calme même n'était pas exempt d'un certain charme. Je crus, tout bandés que fussent mes yeux, voir passer devant moi des fantômes lumineux qui me saluaient avec un doux sourire ; peu à peu je tombai dans un état d'apathie qui n'était ni le sommeil ni la veille. Il me semblait que des airs oubliés depuis ma jeunesse bruissaient à mes oreilles ; de temps en temps je voyais de grandes lueurs qui traversaient comme des éclairs l'obscurité de la nuit, et j'apercevais alors des palais richement éclairés ou de belles prairies toutes couvertes de fleurs. Bientôt je crus sentir qu'on me prenait et qu'on m'emportait sous un berceau de chèvre feuille et de lauriers roses, qu'on me couchait sur un banc de gazon, et que je voyais au dessus de ma tête un beau ciel tout étoilé. Alors je me mettais à rire de la frayeur que j'avais eue lorsque je m'étais crue prisonnière ; puis je revoyais mon enfant, qui accourait en jouant vers moi ; seulement ce n'était pas celui qui vivait encore, chose étrange ! c'était celui qui était mort. Je le pris dans mes bras, je l'interrogeai sur son absence, et il m'expliqua qu'un matin il s'était réveillé avec des ailes d'ange et était remonté vers le ciel ; mais alors il m'avait vu tant pleurer, qu'il avait prié Dieu de permettre qu'il redescendît sur la terre. Enfin tous ces objets devinrent peu à peu moins distincts, et finirent par se confondre ensemble et disparaître dans la nuit. Je tombai alors, presque sans transition, dans un sommeil lourd, profond, obscur et sans rêves.

Quand je me réveillai, nous étions dans le caveau où nous sommes encore aujourd'hui, moi libre, Luigi scellé à la muraille par une chaîne. Une table était dressée entre nous ; sur cette table était une lampe, quelques provisions de bouche, du vin, de l'eau, des verres, et contre la muraille un reste de feu qui avait servi à river les fers de Luigi.

Luigi était assis, la tête sur les deux genoux, et plongé dans une si profonde douleur, que je me réveillai, me levai, et allai à lui sans qu'il m'entendît. Un sanglot, qui s'échappa malgré moi de ma poitrine, le tira de son accablement. Il leva la tête, et nous nous jetâmes dans les bras l'un de l'autre.

C'était la première fois depuis notre enlèvement que nous pouvions échanger nos pensées. Comme moi, quoi qu'il n'eût pas précisément reconnu Cantarello, il était convaincu que nous étions ses victimes ; comme à moi, on lui avait donné une boisson narcotique qui lui avait fait perdre tout sentiment, et il venait de se réveiller seulement lorsque je me réveillai moi-même.

Le premier jour nous ne voulûmes pas manger, Luigi était sombre et muet ; j'étais assise et je pleurais près de lui. Bientôt, cependant, notre douleur s'adoucit de ce que nous étions ensemble. Enfin le besoin se fit sentir si violemment, que nous mangeâmes, puis le sommeil vint à son tour. La vie continuait pour nous, moins la liberté, moins la lumière.

Luigi avait une montre : pendant notre voyage, elle s'était arrêtée à minuit ou à midi ; il la remonta ; elle ne nous indiquait pas l'heure réelle ; mais elle nous faisait du moins une heure fictive à l'aide de laquelle nous pouvions mesurer le temps.

Nous avions été enlevés dans la nuit du mardi au mercredi. Nous calculâmes que nous nous étions réveillés le jeudi matin. Au bout de vingt-quatre heures, nous fîmes une ligne sur le mur avec un charbon. Un jour devait être écoulé ; nous étions à vendredi. Vingt-quatre heures après, nous tirâmes une seconde ligne pareille ; nous étions à samedi. Au bout du même temps, nous tirâmes encore une ligne qui dépassait en longueur les deux premières ; cette ligne indiquait le dimanche.

Nous passâmes en prières tout le saint jour de Seigneur.

Huit jours s'écoulèrent ainsi. Au bout de huit jours, nous entendîmes des pas qui semblaient venir d'un long corridor ; ces pas se rapprochèrent de plus en plus ; notre porte s'ouvrit. Un homme enveloppé d'un grand manteau parut, tenant une lanterne à la main : c'était Cantarello.

Je tenais Luigi dans mes bras ; je le sentais frémir de colère. Cantarello s'approcha de nous, et je sentis tous les muscles de Luigi successivement se contracter et se tendre. Je compris que, si Cantarello s'approchait à la portée de sa chaîne, il bondirait sur lui comme un tigre, et qu'il y aurait une lutte mortelle entre ces deux hommes. Il me vint alors une pensée que j'aurais crue impossible, c'est que je pouvais devenir encore plus malheureuse que je ne l'étais. Je lui criai donc de ne pas s'approcher. Il comprit la cause de ma crainte ; sans me répondre, il releva son manteau et me montra qu'il était armé. Deux pistolets étaient passés à sa ceinture, et une épée était pendue à son côté.

Il déposa sur la table des provisions nouvelles ; ces provisions se composaient, comme les premières, de pain, de viandes fumées, de vin, d'eau et d'huile. L'huile surtout nous était précieuse ; elle entretenait la lumière de notre lampe. Je m'aperçus alors que la lumière était un des premiers besoins de la vie.

Cantarello sortit et referma la porte sans que je lui eusse adressé d'autres paroles que celles qui avaient pour but de l'empêcher de s'approcher de Luigi, et sans qu'il eût répondu par un autre geste que par celui qui indiquait qu'il avait des armes. C'est alors seulement que, certaine par sa présence même d'être relevée de mon serment, qui ne m'engageait que s'il tenait lui-même la promesse qu'il avait faite de s'éloigner de nous, je racontai tout à Luigi. Lorsque j'eus fini, Luigi poussa un profond soupir.

— Il a voulu s'assurer notre silence, dit-il. Nous sommes ici pour le reste de notre vie.

Un éclat de rire affirmatif retentit derrière la porte. Cantarello s'était arrêté là, avait écouté et avait tout entendu. Nous comprîmes que nous n'avions plus d'espoir qu'en Dieu et en nous-mêmes.

Nous commençâmes alors à faire une inspection plus détaillée de notre cachot. C'est une espèce de cave de dix pas de large sur douze de long, sans autre issue que la porte. Nous sondâmes les murs : partout ils nous parurent pleins. J'allai à la porte, je l'examinai ; elle était de chêne et retenue par une double serrure. Il y avait peu de chances de fuite ; d'ailleurs Luigi était enchaîné par le milieu du corps et par un pied.

Néanmoins, pendant un an à peu près, l'espoir ne nous abandonna point tout à fait ; pendant un an nous rêvâmes tous les moyens possibles de fuir. Chaque semaine, exactement, Cantarello reparaissait et nous apportait nos provisions hebdomadaires ; chose étrange, peu à peu nous nous étions habitués à sa visite, et, soit résignation, soit besoin d'être distraits un instant de notre solitude, nous avions fini par attendre le moment où il devait venir avec une certaine impatience. D'ailleurs, l'espoir, qui ne s'éteint jamais, nous faisait toujours croire qu'à la visite prochaine Cantarello aurait pitié de nous. Mais le temps s'écoulait, Cantarello reparaissait avec la même figure sombre et impassible, et s'éloignait le plus souvent sans échanger avec nous une seule parole. Nous continuions à tracer les jours sur la muraille.

Une seconde année s'écoula ainsi. Notre existence était devenue toute machinale ; nous restions des heures entières comme anéantis, et, pareils aux animaux, nous ne sortions de cet anéantissement que lorsque le besoin de boire ou de manger nous tirait de notre torpeur. La seule chose qui nous préoccupât sérieusement, c'est que notre lampe ne s'éteignît, et ne nous laissât dans l'obscurité ; tout le reste nous était indifférent.

Un jour, au lieu de monter sa montre, Luigi la brisa contre la muraille ; à partir de ce jour nous cessâmes de mesurer les heures, et le temps cessa d'exister pour nous : il était tombé dans l'éternité.

Cependant, comme j'avais remarqué que Cantarello venait régulièrement tous les huit jours, chaque fois qu'il venait, je faisais une marque sur la muraille, et cela remplaçait à peu près notre montre : mais je me lassai à mon tour de ce calcul inutile, et je cessai de marquer les visites de notre geôlier.

Un temps indéfini s'écoula : ce durent être plusieurs années. Je devins enceinte.

Ce fut une sensation bien joyeuse et bien pénible à la fois. Devenir mère dans un cachot, donner la vie à un être humain sans lui donner le jour ni la lumière, voir l'enfant de ses entrailles, une pauvre créature innocente qui n'est point née encore, condamnée au supplice qui vous tue !

Pour notre enfant nous revînmes à Dieu, que nous avions presque oublié. Nous l'avions tant prié pour nous, sans qu'il nous répondît, que nous avions fini par croire qu'il ne nous entendait pas ; mais nous allions le prier pour notre enfant, et il nous semblait que notre voix devait percer les entrailles de la terre.

Je ne dis rien à Cantarello. J'avais peur, je ne sais pourquoi, que cette nouvelle ne lui inspirât quelque sombre projet contre nous ou contre notre enfant. Un jour il me trouva assise sur mon lit et allaitant la pauvre petite créature.

A cette vue il tressaillit, et il me sembla que sa sombre figure s'adoucissait. Je me jetai à ses pieds :

— Promettez-moi que mon enfant n'est point enseveli pour toujours dans ce cachot, lui dis-je, et je vous pardonne.

Il hésita un instant, puis, passant la main sur son front :

— Je vous le promets ! dit-il.

A la visite suivante il m'apporta tout ce qu'il fallait pour habiller mon enfant.

Cependant je dépérissais à vue d'œil. Un jour, Cantarello me regarda avec une expression de pitié que je ne lui avais pas encore vue.

— Jamais, me dit-il, vous n'aurez la force d'allaiter cet enfant.

— Ah ! répondis-je, vous avez raison, et je sens que je m'éteins. C'est l'air qui me manque.

— Voulez-vous sortir avec moi ? demanda Cantarello.

Je tressaillis.

— Sortir ! et Luigi, et mon enfant !

— Ils resteront ici pour me répondre de votre silence.

— Jamais ! répondis-je, jamais !

Cantarello reprit en silence sa lanterne, qu'il avait posée sur la table, et sortit.

Je ne sais combien d'heures nous restâmes sans parler, Luigi et moi.

— Tu as eu tort, me dit enfin Luigi.

— Mais pourquoi sortir ? répondis-je.

— Tu aurais vu où nous sommes, tu aurais remarqué où il te conduisait. Tu aurais pu trouver quelque moyen de révéler notre existence et d'appeler à nous la pitié des hommes. Tu as eu tort, te dis-je.

— C'est bien, lui répondis-je ; s'il m'en parle encore, j'accepterai.

Et nous retombâmes dans notre silence habituel.

Les huit jours s'écoulèrent. Cantarello reparut ; outre nos provisions habituelles, il portait un assez gros paquet :

— Voici des habits d'homme, dit-il, quand vous serez décidée à sortir, mettez-les, je saurai ce que cela veut dire, et je vous emmènerai.

Je ne répondis rien ; mais, à la visite suivante, Cantarello me trouva vêtue en homme.

— Venez, me dit-il.

— Un instant, m'écriai-je, vous me jurez que vous me ramènerez ici.

— Dans une heure vous y serez.

— Je vous suis.

Cantarello marcha devant moi, ferma la première porte, et nous nous trouvâmes dans un corridor. Dans ce corridor était une seconde porte qu'il ouvrit et qu'il ferma encore, puis nous montâmes dix ou douze marches, et nous nous trouvâmes en face d'une troisième porte.

Cantarello se retourna vers moi, tira un mouchoir de sa poche et me banda les yeux. Je me laissai faire comme un enfant ; je me sentais tellement en la puissance de cet homme, qu'une observation même me semblait inutile.

Lorsque j'eus les yeux bandés, il ouvrit la porte, et il me

sembla que je passais dans une autre atmosphère. Nous fîmes quarante pas sur des dalles, quelques-unes retentissaient comme si elles recouvraient des caveaux, et je jugeai que nous étions dans une église. Puis Cantarello lâcha ma main et ouvrit une autre porte.

Cette fois je jugeai, par l'impression de l'air, que nous étions enfin sortis, et du caveau et de l'église, et sans donner le temps à Cantarello de me découvrir les yeux, sans songer aux suites que pouvait avoir mon impatience, j'arrachai le mouchoir !

Je tombai à genoux, tant le monde me parut beau ! Il pouvait être quatre heures du matin, le petit jour commençait à poindre ; les étoiles s'effaçaient peu à peu du ciel, le soleil apparaissait derrière une petite chaîne de collines ; j'avais devant moi un horizon immense : à ma gauche des ruines, à ma droite des prairies et un fleuve ; devant moi une ville, derrière cette ville la mer.

Je remerciai Dieu de m'avoir permis de revoir toutes ces belles choses, qui, malgré le crépuscule dans lequel elles m'apparaissaient, ne laissaient pas de m'éblouir au point de me forcer de fermer les yeux, tant mes regards s'étaient affaiblis dans mon caveau. Pendant ma prière, Cantarello referma la porte. Comme je l'avais pensé, c'était celle d'une église. Au reste cette église m'était tout à fait inconnue, et j'ignorais parfaitement où je me trouvais.

N'importe, je n'oubliai aucun détail ; et ce me fut chose facile, car le paysage tout entier se reflétait dans mon âme comme dans un miroir.

Nous attendîmes que le jour fût tout à fait levé, puis nous nous acheminâmes vers un village. Sur la route nous rencontrâmes deux ou trois personnes qui saluèrent Cantarello d'un air de connaissance. En arrivant au village, nous entrâmes dans la troisième maison à droite. Il y avait au fond de la chambre et près d'un lit une vieille femme qui filait ; près de la fenêtre, une jeune femme, de mon âge à peu près, était occupée à tricoter ; un enfant de deux à trois ans se roulait à terre.

Les femmes paraissaient habituées à voir Cantarello ; pourtant je remarquai que pas une seule fois elles ne l'appelèrent par son nom. Ma présence les étonna. Malgré mes habits, la jeune femme reconnut mon sexe, et fit à demi-voix quelques plaisanteries à mon conducteur. C'est un jeune prêtre, répondit-il d'un ton sévère ; un jeune prêtre de mes parens qui s'ennuyait au séminaire, et que, de temps en temps, pour le distraire, je fais sortir avec moi.

Quant à moi, je devais paraître comme abrutie à ceux qui me regardaient. Mille idées confuses se pressaient dans mon esprit ; je me demandais si je ne devais pas crier au secours, à l'aide, raconter tout, accuser Cantarello comme voleur, comme assassin. Puis je m'arrêtais, en songeant que tout le monde paraissait le connaître et le vénérer, tandis que moi j'étais inconnue ; on me prendrait pour quelque folle échappée de sa loge, et l'on ne ferait pas attention à moi ; ou, dans le cas contraire, Cantarello pouvait fuir, repasser par l'église, égorger mon enfant et mon mari. Il m'avait dit, mon enfant et mon mari répondaient de moi. D'ailleurs, où et comment les retrouverais-je ? La porte par laquelle nous étions entrés dans l'église ne pouvait-elle être si secrète et si bien cachée qu'il fût impossible de la découvrir ? Je résolus d'attendre, de me concerter avec Luigi, et d'arrêter sans précipitation ce que nous devions faire.

Au bout d'un instant, Cantarello prit congé des deux femmes, passa son bras sous le mien, descendit par une petite ruelle jusqu'au bord d'un fleuve, suivit pendant un quart de lieue son cours, qui nous rapprochait de l'église ; puis, par un détour, il me ramena sous le porche par lequel j'étais sortie, me banda les yeux et rouvrit la porte, qu'il referma de nouveau derrière nous. Je comptai de nouveau quarante pas. Alors la seconde porte s'ouvrit ; je sentis l'impression froide et humide du souterrain, je descendis les douze marches de l'escalier intérieur ; nous arrivâmes à la troisième porte, puis à la quatrième ; elle cria à son tour sur ses gonds. Enfin Cantarello me poussa, les yeux toujours bandés, dans le caveau, et referma la porte derrière moi. J'arrachai vivement le bandeau, et je me retrouvai en face de Luigi et de mon enfant.

Je voulais raconter aussitôt à Luigi tout ce que j'avais vu, mais il me fit, en portant un doigt à sa bouche, signe que Cantarello pouvait écouter derrière la porte, et entendre ce que nous dirions. J'allai m'asseoir sur le matelas qui me servait de lit, et je donnai le sein à mon enfant.

Luigi ne s'était pas trompé : au bout d'une heure à peu près, nous entendîmes des pas qui s'éloignaient doucement. Ennuyé de notre silence, Cantarello, sans doute, s'était décidé à partir. Cependant nous ne nous crûmes pas encore en sûreté, malgré les apparences de solitude ; nous attendîmes quelques heures encore ; puis, ces quelques heures écoulées, je m'approchai de Luigi, et, à voix basse, je lui racontai tout ce que j'avais vu, sans omettre un détail, sans oublier une circonstance.

Luigi réfléchit un instant ; puis, me faisant à son tour quelques questions auxquelles je répondis affirmativement :

— Je sais où nous sommes, dit-il ; ces ruines sont celles de l'Épipoli, ce fleuve, c'est l'Anapus ; cette ville, c'est Syracuse ; enfin, cette chapelle, c'est celle du marquis de San-Floridio.

— Oh ! mon Dieu ! m'écriai-je en me rappelant cette vieille histoire d'un marquis de San-Floridio qui, du temps des Espagnols, avait passé dix ans dans un souterrain, souterrain si bien caché que ses ennemis les plus acharnés n'avaient pu le découvrir.

— Oui, c'est cela, dit Luigi, comprenant ma pensée ; oui, nous sommes dans le caveau du marquis Francesco, et aussi bien cachés aux yeux des hommes que si nous étions déjà dans notre tombe.

Je compris alors combien il était heureux que je n'eusse pas cédé à ce mouvement qui m'avait portée à appeler au secours.

— Eh bien ! me demanda Luigi après un long silence, as-tu conçu quelque espérance ? as-tu formé quelque projet ?

— Écoute, lui dis-je. Parmi ces deux femmes, il y en avait une, la plus jeune, qui me regardait avec intérêt ; c'est à elle qu'il faudrait parvenir à faire savoir qui nous sommes et où nous sommes.

— Et comment cela ?

J'allai à la table et je pris deux feuilles de papier blanc dans lesquelles étaient enveloppés quelques fruits.

— Il faut, dis-je à Luigi, mettre à part et cacher tout le papier que désormais nous pourrons nous procurer ; j'écrirai dessus toute notre malheureuse histoire, et, un jour où je sortirai, je la glisserai dans la main de la jeune femme.

— Mais si malgré tout cela on ne retrouve pas l'entrée du caveau, si Cantarello arrêté se tait, et si, Cantarello se taisant, nous restons ensevelis dans ce tombeau ?

— Ne vaut-il pas mieux mourir que de vivre ainsi ?

— Et notre enfant ? dit Luigi.

Je jetai un cri et je me précipitai sur mon enfant. Dieu me pardonne ! je l'avais oublié, et c'était son père qui s'en était souvenu.

Il fut convenu cependant que je suivrais le plan que j'avais proposé ; seulement, je ne devais oublier rien de ce qui pourrait guider les recherches. Puis nous laissâmes de nouveau couler le temps, mais cette fois plus d'impatience, car, si éloignée qu'elle fût, il y avait une lueur d'espérance à l'horizon.

Cependant, pour ne point éveiller les soupçons de Cantarello, il fallait, si ardent qu'il fût, cacher le désir que j'avais de sortir une seconde fois ; lui, de son côté, semblait avoir oublié ce qu'il m'avait offert. Quatre mois s'écoulèrent sans que j'en ouvrisse la bouche ; mais je retombais dans un marasme tel que, me voyant un jour couchée sans mouvement et pâle comme une morte, il me dit le premier :

— Si dans huit jours vous voulez sortir, tenez-vous prête, je vous emmènerai.

J'eus la force de ne point laisser voir la joie que j'éprouvai à cette proposition, et je me contentai de lui faire signe de la tête que j'obéirais.

Pendant le temps qui s'était écoulé, nous avions mis de

côté tout le papier que nous avions pu recueillir, et il y en avait déjà assez pour écrire l'histoire détaillée de tous nos malheurs.

Le jour venu, Cantarello me trouva prête. Comme la première fois, il marcha devant moi jusqu'à la seconde porte, et là, comme à la première sortie, il me banda les yeux ; puis tout se passa comme tout s'était déjà passé. A la porte de l'église, j'ôtai mon bandeau.

Nous sortions à peu près à la même heure que la première fois ; c'était le même spectacle, et cependant, chose étrange ! déjà je le trouvais moins beau.

Nous nous acheminâmes vers le village ; nous entrâmes dans la même maison. Les deux femmes y étaient encore, l'une filant, l'autre tricotant. Sur une table étaient un encrier et des plumes. Je m'appuyai contre cette table, et je glissai une plume dans ma poche. Pendant ce temps, Cantarello parlait à voix basse avec la jeune femme. C'était de moi encore qu'il était question, car elle me regardait en parlant. J'entendis qu'elle lui disait : — Il paraît qu'il ne s'habitue pas au séminaire, votre jeune parent, car il est encore plus pâle et plus triste que la première fois que vous nous l'avez amené. — Quant à la vieille femme, elle ne disait pas un mot, elle ne levait pas la tête de son rouet ; elle paraissait idiote.

Au bout de dix minutes à peu près, Cantarello, comme la première fois, mit mon bras sous le sien, reprit la même route, et descendit aux bords du petit fleuve. Tout en suivant ce chemin, je dis à Cantarello que je voudrais bien avoir aussi des aiguilles et du coton pour tricoter, et il me promit qu'il m'en apporterait.

Tout en revenant vers la chapelle, je m'aperçus que nous devions être à la fin de l'automne ; les moissons étaient faites, ainsi que les vendanges. Je compris alors pourquoi Cantarello avait été quatre mois sans me parler de sortir. Il attendait que les travailleurs eussent quitté les champs.

A la porte de la chapelle, il me banda de nouveau les yeux. Je rentrai conduite par lui, et sans faire la moindre résistance. Je comptai de nouveau les quarante pas, et nous nous arrêtâmes. Je compris pendant cette pause que Cantarello fouillait à sa poche pour en tirer la clef. J'entendis qu'il cherchait contre la muraille l'ouverture de la serrure. Je songeai qu'il devait alors avoir le dos tourné. Je levai vivement mon bandeau, et je l'abaissai aussitôt. Ce ne fut qu'une seconde, mais cette seconde me suffit. Nous étions dans la chapelle à gauche de l'autel. La porte doit se trouver entre les deux pilastres.

C'est là qu'il faudra chercher cette entrée, chercher jusqu'à ce qu'on la trouve, car c'est là précisément et positivement qu'elle est.

Cantarello ne vit rien. Les deux portes s'ouvrirent successivement devant nous, et, la troisième refermée derrière moi, je me retrouvai dans notre cachot.

Luigi et moi, nous observâmes le même silence que la première fois, et ce ne fut que lorsque je jugeai qu'il était impossible que Cantarello fût encore là, que je tirai la plume de ma poche et que je la montrai à Luigi. Il me fit signe de la cacher, et je la glissai sous mon matelas.

Puis j'allai m'asseoir près de lui, et, comme la première fois, je lui racontai les moindres détails de ma sortie. C'était une circonstance précieuse que la découverte que j'avais faite de la porte secrète qui donnait dans l'église, et, avec des renseignements aussi exacts que ceux que je pouvais donner maintenant, il était certain qu'on finirait par découvrir la serrure, et qu'une fois la serrure découverte, on parviendrait jusqu'à nous.

Je laissai un jour se passer à peu près avant d'essayer d'écrire ; alors je pris un des gobelets d'étain, je délayai dans de l'eau un peu de ce noir qui était resté à la muraille depuis le jour où on y avait fait du feu, je pris ma plume, je la trempai ce mélange, et je m'aperçus avec joie qu'il pouvait parfaitement me tenir lieu d'encre.

Le même jour, je commençai à écrire, sous l'invocation du Dieu et de la Madone, ce manuscrit, qui contient le récit exact de nos malheureuses aventures, et la bien humble et bien pressante prière, à tout chrétien dans les mains duquel il tomberait, de venir le plus tôt possible à notre secours.

Au nom du Père, du fils et du Saint Esprit, ainsi soit-il.

Une croix était dessinée au-dessous de ces mots, puis le manuscrit continuait ; seulement, la forme du récit était changée : elle était au présent au lieu d'être au passé. Ce n'étaient plus des souvenirs de dix, de huit, de six, de quatre ou de deux ans ; c'étaient des notes journalières, des impressions momentanées, jetées sur le papier à l'heure même où elles venaient d'être ressenties.

Aujourd'hui Cantarello est venu comme d'habitude ; outre les provisions ordinaires, il a apporté le coton et les aiguilles à tricoter qu'il m'avait promis ; le manuscrit et la plume étaient cachés, les deux gobelets étaient propres et rincés sur la table, il ne s'est aperçu de rien. O mon Dieu ! protégez-nous.

Trois semaines sont passées, et Cantarello ne parle pas de me faire sortir. Aurait-il des soupçons ? Impossible. Aujourd'hui il est resté plus longtemps que d'habitude, et m'a regardée en face : je me suis sentie rougir, comme s'il avait pu lire mon espérance sur mon front : alors j'ai pris mon enfant dans mes bras, et je l'ai bercé en chantant, tant j'étais troublée.

— Ah ! vous chantez, a-t-il dit ; vous ne vous trouvez donc pas si mal ici que je le croyais ?

— C'est la première fois que cela m'arrive depuis que je suis ici.

— Savez-vous depuis combien de temps vous êtes dans ce souterrain ? a demandé Cantarello.

— Non, ai-je répondu ; les deux ou trois premières années, j'ai compté les jours ; mais j'ai vu que c'était inutile, et j'ai cessé de prendre cette peine.

— Depuis près de huit ans, a dit Cantarello.

J'ai poussé un soupir. Luigi a fait entendre un rugissement de colère. Cantarello s'est retourné, a regardé Luigi avec mépris, et a haussé les épaules ; puis, sans parler de me faire sortir, il s'est retiré.

Ainsi il y a huit ans que nous sommes enfermés dans ce caveau. Oh ! mon Dieu ! mon Dieu ! vous l'avez entendu de sa propre bouche : il y a huit ans ! Et qu'avons-nous fait pour souffrir ainsi ? Rien ; vous le savez bien, mon Dieu !

Sainte Madone du Rosaire, priez pour nous !

Oh ! écoutez-moi, écoutez, vous dont je ne sais pas le nom ; vous, mon seul espoir ; vous qui, femme comme moi, mère comme moi, devez avoir pitié de mes souffrances ; écoutez, écoutez !

Cantarello sort d'ici. Deux mois et demi s'étaient écoulés sans qu'il parlât de rien ; enfin, aujourd'hui, il m'a offert de sortir dans huit jours ; j'ai accepté. Dans huit jours il viendra me prendre ; dans huit jours mon sort sera entre vos mains ; vos yeux, vos paroles, toute votre personne a paru me porter de l'intérêt. — Ma sœur en Jésus Christ, ne m'abandonnez pas ?

Vous trouverez toute cette histoire chez vous après mon départ. Sur mon salut éternel, sur la tombe de ma mère, sur la tête de mon enfant ! c'est la vérité pure, c'est ce que je dirai à Dieu quand Dieu m'appellera à lui, et à chacune de mes paroles l'ange qui accompagnera mon âme au pied de son trône dira en pleurant de pitié :

— Seigneur, c'est vrai !

Ecoutez donc : aussitôt que vous aurez trouvé ce manuscrit, vous irez chez le juge, et vous lui direz qu'à un quart de lieue de chez lui, il y a trois malheureux qui gémissent ensevelis depuis huit ans : un mari, une femme, un enfant. Si Cantarello est votre parent, votre allié ou votre ami, ne dites au juge rien autre chose que cela, et sur la madone ! je vous jure qu'une fois hors d'ici, pas un mot d'accusation ne sortira de ma bouche ; je vous jure sur cette croix que je trace, et que Dieu me punisse dans mon enfant si je manque à cette sainte promesse.

Vous ne lui direz donc rien autre chose que ceci : — Il y a près d'ici trois créatures humaines plus malheureuses que jamais aucune créature ne l'a été ; nous pouvons les sauver :

prenez des leviers, des pinces; il y a quatre portes, quatre portes massives à enfoncer avant d'arriver à eux. Venez, je sais où ils sont, venez. — Et s'il hésitait, vous tomberiez à ses genoux comme je tombe aux vôtres, et vous le supplieriez comme je vous supplie.

Alors il viendra, car quel est l'homme, quel est le juge qui refuserait de sauver trois de ses semblables, surtout lorsqu'ils sont innocens? Il viendra, vous marcherez devant lui, et vous le conduirez droit à l'église.

Vous ouvrirez la porte, vous conduirez le juge à la chapelle à droite, celle où il y a au-dessus de l'autel un saint Sébastien tout percé de flèches; lorsque vous serez arrivés à l'autel, écoutez bien, il y a deux pilastres à gauche. La porte doit être pratiquée entre ces deux pilastres. Peut-être ne la verrez-vous point d'abord, car elle est admirablement cachée, à ce qu'il m'a paru; peut-être, en frappant contre le mur, le mur ne trahira-t-il aucune issue; car, comprenez bien, c'est le mur même qui forme l'entrée du souterrain; mais l'entrée est là, soyez-en sûre, ne vous laissez pas rebuter. Si elle échappait d'abord à vos recherches, allumez une torche, approchez-la de la muraille, je vous dis que vous finirez par trouver quelque serrure imperceptible, quelque gerçure invisible, ce sera cela. Frappez, frappez : peut-être vous entendrons-nous, nous saurons que vous êtes là, cela nous donnera l'espoir du courage. Vous saurez que nous sommes derrière à vous attendre, à prier pour vous, oui, pour vous, pour le juge, pour tous nos libérateurs quels qu'ils soient; oui, je prierai pour eux tous les jours de ma vie comme je prie en ce moment.

C'est bien clair, n'est-ce pas, ce que je vous dis là? Dans l'église des marquis de San-Floridio, la chapelle à droite, celle de Saint-Sébastien, entre les deux pilastres. Oh! mon Dieu, mon Dieu! je tremble tellement en vous écrivant, ma libératrice, que je ne sais pas si vous pourrez me lire.

Je voudrais savoir comment vous vous appelez, pour répéter cent fois votre nom dans mes prières. Mais Dieu, qui sait tout, sait que c'est pour vous que je prie, et c'est tout ce qu'il faut.

Oh! mon Dieu! il vient d'arriver ce qui n'était jamais arrivé depuis que nous sommes ici. Cantarello est venu deux jours de suite. Avait-il été suivi? Se doutait-il de quelque chose? Quelqu'un a-t-il quelque soupçon de notre existence et cherche-t-il à nous découvrir? Oh! quel que soit cet être secourable, cet être humain, secourez-le, Seigneur, venez-lui en aide!

Cantarello était entré au moment où nous nous y attendions le moins. Heureusement le papier était caché. Il est entré et a regardé de tous côtés, a frappé contre tous les murs; puis, bien assuré que chaque chose était dans le même état :

— Je suis revenu, a-t-il dit en se retournant vers moi, parce que j'avais oublié de vous dire, je crois, que, si vous vouliez, je vous ferais sortir à ma première visite.

— Je vous remercie, lui répondis-je, vous me l'aviez dit.

— Ah! je vous l'avais dit, reprit Cantarello d'un air distrait, très bien; alors j'ai pris en revenant une peine inutile.

Puis il regarda encore autour de lui, sonda la muraille en deux ou trois endroits, et sortit. Nous l'entendîmes s'éloigner et fermer l'autre porte. Dix minutes environ après son départ, une espèce de détonation se fit entendre comme celle d'un coup de pistolet ou d'un coup de fusil. Est-ce un signal qu'on nous donne, et, comme nous l'espérons, quelqu'un veillerait-il pour nous?

Depuis quatre ou cinq jours, rien de nouveau ne s'est passé; autant qu'il m'est permis de me fier à mon calcul, c'est demain que Cantarello va venir me prendre. Je n'ajouterai probablement rien à ce récit d'ici à demain, rien qu'une nouvelle supplication que je vous adresse pour que vous ne nous abandonniez pas à notre désespoir.

O âme charitable, ayez pitié de nous!

O mon Dieu! mon Dieu! que s'est-il passé? Ou je me trompe (et il est impossible que je me trompe de deux jours), ou le jour est passé où Cantarello devait venir, et Cantarello n'est pas venu. J'en juge d'ailleurs par nos provisions, qu'il renouvelait tous les huit jours; elles sont épuisées, et il ne vient pas. Mon Dieu! étions-nous donc réservés à quelque chose de pire qu'à ce que nous avions souffert jusqu'à présent! Mon Dieu! je n'ose pas même dire à vous ce dont j'ai peur, tant je crains que l'écho de cet abîme ne me réponde : Oui!

Oh! mon Dieu, serions-nous destinés à mourir de faim!

Le temps se passe, le temps se passe, et il ne vient pas, et aucun bruit ne se fait entendre. Mon Dieu! nous consentons à rester ici éternellement, à ne jamais revoir la lumière du ciel. Mais il avait promis de faire sortir mon enfant, mon pauvre enfant!

Où est-il, cet homme que je ne voyais jamais qu'avec effroi, et que maintenant j'attends comme un dieu sauveur? Est-il malade? Seigneur, rendez-lui la santé. Est-il mort sans avoir eu le temps de confier à personne l'horrible secret de notre tombe? Oh! mon enfant! mon pauvre enfant!

Heureusement il a mon lait, et souffre moins que nous; mais, sans nourriture, mon lait va se tarir; il ne nous reste plus qu'un seul morceau de pain, un seul. Luigi dit qu'il n'a pas faim, et me le donne. Oh! mon Dieu! soyez témoin que je le prends pour mon enfant, pour mon enfant à qui je donnerai mon sang quand je n'aurai plus de lait.

Oh! quelque chose de pire! quelque chose de plus affreux encore! l'huile est épuisée, notre lampe va s'éteindre; l'obscurité du tombeau précédera la mort; notre lampe, c'était la lumière, c'était la vie; l'obscurité, ce sera la mort, plus la douleur.

Oh! maintenant, puisqu'il n'y a plus d'espoir pour nos corps, qui que vous soyez qui descendrez dans cet effroyable abîme, priez... Dieu! la lampe s'éteint... Priez pour nos âmes!

Le manuscrit se terminait là; les quatre derniers mots étaient écrits dans une autre direction que les lignes précédentes, ils avaient dû être tracés dans l'obscurité. Ce qui s'était passé depuis, nul ne le savait que Dieu, seulement l'agonie devait avoir été horrible.

Le morceau de pain abandonné par Luigi avait dû prolonger la vie de Teresa de près de deux jours, car le médecin reconnut qu'il y avait eu trente-cinq ou quarante heures d'intervalle à peu près entre la mort du mari et la mort de la femme. Cette prolongation de la vie de la mère avait prolongé la vie de l'enfant ; de là venait que de ces trois malheureuses créatures la plus faible seule avait survécu.

La lecture du manuscrit s'était faite dans le caveau même témoin de l'agonie de Teresa et de Luigi : il ne laissait aucun doute ni aucune obscurité sur tous les événemens qui s'étaient passés; et, lorsque don Ferdinand y eut ajouté sa déposition, toutes choses devinrent claires et intelligibles aux yeux de tous.

A son retour dans le village, don Ferdinand trouva l'enfant déjà mieux; il envoya aussitôt un messager à Feminamorta pour s'informer de ce qu'était devenu le premier enfant de Luigi et de Teresa, et il apprit qu'il était toujours chez les braves gens à qui il avait été confié; sa pension, au reste, avait été exactement payée par une main inconnue, sans doute par Cantarello. Don Ferdinand déclara qu'à l'avenir c'était sa famille qui se chargeait du sort de ces deux malheureux orphelins, ainsi que des frais funéraires de Luigi et de Teresa, pour lesquels il fonda un obit perpétuel.

Puis, lorsqu'il eut pensé à la vie des uns et à la mort des autres, don Ferdinand songea qu'il était bien permis de s'occuper un peu de son bonheur à lui ; il revint à Syracuse avec le juge, le médecin et Peppino, et, tandis que ces trois derniers racontaient au marquis de San-Floridio tout ce qui s'était passé dans la chapelle de Belvédère, don Ferdinand prenait sa mère à part, et lui racontait tout ce qui s'était passé dans le couvent des Ursulines de Catane. La bonne marquise leva les mains au ciel, et déclara en pleurant que c'était la main de Dieu qui avait conduit tout cela, et que ce serait fâcher le Seigneur que d'aller contre ses volontés. Comme il est facile de le penser, don Ferdinand se garda bien de la contredire.

Aussitôt qu'elle sut le marquis seul, la marquise lui fit demander un rendez-vous ; le moment était bon, le marquis se promenait en long et en large dans sa chambre, répétant que son fils s'était conduit à la fois avec la valeur d'Achille et la prudence d'Ulysse. La marquise lui exposa combien il serait fâcheux qu'une race qui promettait de reprendre, grâce à ce jeune héros, un nouvel éclat, s'arrêtât à lui et s'éteignît avec lui. Le marquis demanda à sa femme l'explication de ces paroles, et la marquise déclara en pleurant que don Ferdinand, chez qui les événemens survenus depuis un mois avaient provoqué un élan de pitié inattendu, était décidé à se faire moine. Le marquis de San-Floridio éprouva une telle douleur en apprenant cette détermination, que la marquise se hâta d'ajouter qu'il y aurait un moyen de parer le coup : c'était de lui accorder pour femme la jeune comtesse de Terra-Nova, qui était sur le point de prononcer ses vœux au couvent des Ursulines de Catane, et de laquelle don Ferdinand était amoureux comme un fou. Le marquis déclara à l'instant que la chose lui paraissait à la fois non-seulement on ne peut plus facile, mais encore on ne peut plus sortable, le comte de Terra-Nova étant non-seulement un de ses meilleurs amis, mais encore un des plus grands noms de la Sicile. On fit, en conséquence, venir don Ferdinand, qui, ainsi que l'avait prévu sa mère, consentit, moyennant cette condition, à ne pas se faire bénédictin. Le marquis lâcha, en se grattant l'oreille, quelques mots de doute sur la dot de Carmela, laquelle dot, si ses souvenirs ne le trompaient pas, devait être assez médiocre, la famille de Terra-Nova ayant été à peu près ruinée pendant les troubles successifs de la Sicile. Mais sur ce point don Ferdinand interrompit son père, en lui disant que Carmela avait un parent inconnu qui lui faisait don de soixante mille ducats. Dans un pays où le droit d'aînesse existait, c'était un fort joli douaire pour une fille, et pour une fille qui avait un frère aîné surtout ; aussi le marquis ne fit-il aucune objection, et, comme il était un de ces hommes qui n'aiment pas faire les affaires traînent en longueur, il ordonna de mettre les chevaux à la litière, et se rendit le jour même chez le comte de Terra-Nova.

Le comte aimait fort sa fille ; il ne l'avait mise au couvent que pour ne point être forcé de rogner en sa faveur le patrimoine de son fils, qui, étant destiné à soutenir le nom et l'honneur de la famille, avait besoin, pour arriver à ce but, de tout ce que la famille possédait. Il déclara donc que, de sa part, il ne voyait aucun empêchement à ce mariage, si ce n'était que Carmela ne pouvait avoir de dot ; mais à ceci le comte répondit en souriant que la chose le regardait. Séance tenante, parole fut donc échangée entre ces deux hommes qui ne savaient pas ce que c'était de manquer à leur parole.

Le marquis revint à Syracuse. Don Ferdinand l'attendait avec une impatience dont on peut se faire une idée, et tout en l'attendant, et pour ne point perdre de temps il avait fait seller son meilleur cheval. En apprenant que tout était arrangé selon ses désirs, il embrassa le marquis, il embrassa la marquise, descendit les escaliers comme un fou, sauta sur son cheval, et s'élança au galop sur la route de Catane. Son père et sa mère le virent de leur fenêtre disparaître dans un tourbillon de poussière.

— Le malheureux enfant ! s'écria la marquise, il va se rompre le cou.

— Il n'y a point de danger, répondit le marquis ; mon fils monte à cheval comme Bellérophon.

Quatre heures après, don Ferdinand était à Catane. Il va sans dire que la supérieure pensa s'évanouir de surprise et Carmela de joie.

Trois semaines après, les jeunes gens étaient unis à la cathédrale de Syracuse, don Ferdinand n'ayant point voulu que la cérémonie se fît à la chapelle des marquis de San-Floridio, de peur que le sang qu'il avait vu coagulé sur les dalles ne lui portât malheur.

On enleva le carreau marqué d'une croix, qui était au pied du lit de Cantarello, et l'on y trouva les soixante mille ducats.

C'était la dot que don Ferdinand avait reconnue à sa femme.

UN REQUIN.

Nous avions vu à Syracuse tout ce que Syracuse pouvait nous offrir de curieux ; il ne nous restait plus qu'à faire la provision de vin obligée ; nous consacrâmes toute la soirée à cette importante acquisition ; le même soir, nous fîmes porter nos barriques au speronare, où nous les suivîmes immédiatement, après avoir embrassé notre savant et aimable cicerone, qui, en nous quittant, nous donna des lettres pour Palerme.

Nous trouvâmes comme toujours l'équipage joyeux, dispos et prêt au départ ; il n'y avait pas jusqu'à notre cuisinier qui n'eût profité de ces deux jours de repos pour se remettre ; il nous attendait sur le pont, prêt à nous faire à souper, car le pauvre diable, il faut le dire, était plein de bonne volonté, et, dès qu'il pouvait se tenir sur ses jambes, il en profitait pour courir à ses casseroles. Malheureusement, nous avions dîné avec Gargallo, ce qui ne nous laissait aucune possibilité de profiter de sa bonne disposition à notre égard. À notre refus, il se rabattit sur Milord, qui était toujours prêt, et qui avala à lui seul, avec adjonction convenable de pain et de pommes de terre, le macaroni destiné à Jadin et à moi, circonstance qui, j'en suis certain, a laissé dans sa mémoire un bon souvenir de la façon dont on mange à Syracuse.

Nous avions laissé le capitaine un peu souffrant d'un rhumatisme dans les reins ; bon gré, mal gré, il m'avait fallu faire le médecin, et j'avais ordonné des frictions avec de l'eau-de-vie camphrée. Le capitaine avait déjà usé du remède ; soit imagination, soit réalité, il prétendait se trouver mieux à notre retour, et se promettait de suivre l'ordonnance.

Le temps était magnifique. Je l'ai déjà dit, rien n'est beau, rien n'est poétique comme une nuit sur les côtes de Sicile, entre ce ciel et cette mer qui semblent deux nappes d'azur brodées d'or ; aussi restâmes-nous sur le pont assez tard à jouer à je ne sais quel jeu inventé par l'équipage, et dans lequel le perdant était forcé de boire un verre de vin. Il va sans dire qu'en deux ou trois leçons nous étions devenus plus forts que nos maîtres, et que nos matelots perdaient toujours : Pietro surtout était d'un malheur désespérant.

Vers minuit, nous nous retirâmes dans notre cabine, laissant le pont à la disposition du capitaine, qui venait d'y dresser une espèce de plate-forme sur laquelle il se couchait à plat ventre afin de donner plus de facilité à Giovanni d'exécuter la prescription que je lui avais faite à l'endroit des rhumatismes de son patron ; mais à peine étions-nous au lit, que nous entendîmes jeter un cri perçant. Nous nous précipitâmes, Jadin et moi, vers la porte, nous y arrivâmes à temps pour voir le pont couvert de flammes, et du milieu de ces flammes se dégager une espèce de diable tout en feu, qui, d'un bond, s'élança par dessus le bastingage, et alla s'enfoncer dans la mer, tandis que son compagnon, dont le bras seul brûlait, courait en jetant des hurlemens de damné et en appelant au secours. Nous demeurâmes un instant sans rien comprendre non plus que l'équipage à toute cette aventure, lorsque la tête de Nunzio apparut tout à coup au-dessus de la cabine, et que cet ordre se fit entendre :

— A bas la voile, et attendons le capitaine, qui est à la mer.

L'ordre fut exécuté sur-le-champ et avec cette ponctualité passive qui forme le caractère particulier de l'obéissance des matelots. La voile glissa le long du mât, et s'abattit sur le pont ; presque aussitôt le petit bâtiment s'arrêta comme un oiseau dont on briserait l'aile, et l'on entendit la voix du capitaine, qui demandait une corde ; un instant après, grâce à l'objet demandé, le capitaine était remonté à bord.

Alors tout s'expliqua.

Pour plus d'efficacité, Giovanni avait fait tiédir l'eau-de-vie camphrée, et armé d'un gant de flanelle, il en frottait les reins du capitaine, lorsque, dans le voyage qu'elle faisait du plat où était le liquide à l'épine dorsale du patron, sa main avait pris feu à la lampe qui éclairait l'opération; le feu s'était communiqué immédiatement de la main de l'opérateur à la nuque du patient, et de la nuque du patient à toutes les parties du corps humectées par le spécifique. Le capitaine s'était senti tout à coup brûlé des mêmes feux qu'Hercule; pour les éteindre, il avait couru au plus près, et s'était élancé dans la mer. C'était lui qui avait poussé le cri que nous avions entendu, c'était lui que nous avions vu passer comme un météore. Quant à son compagnon d'infortune, c'était le pauvre Giovanni, dont le bras, emprisonné dans son gant de flanelle, brûlait depuis le bout des ongles jusqu'au coude, et qui n'ayant aucun motif de faire le Mucius Scevola, courait sur le pont en criant comme un possédé.

Visite faite des parties lésées, il fut reconnu que le capitaine avait le dos rissolé, et que Giovanni avait la main à moitié cuite. On gratta à l'instant même toutes les carottes qui se trouvaient à bord, et de leurs raclures on fit une compresse circulaire pour la main de Giovanni, et un cataplasme de trois pieds de long pour les reins du capitaine; puis le capitaine se coucha sur le ventre, Giovanni sur le côté, l'équipage comme il put, nous comme nous voulûmes, et tout rentra dans l'ordre.

Nous nous réveillâmes comme nous doublions le promontoire de Passero, l'ancien cap Pachinum, l'angle le plus aigu de l'antique Trinacrie. C'était la première fois que je trouvais Virgile en faute. Ses *altas cautes projectaque saxa Pachini* s'étaient affaissées pour offrir à la vue une côte basse, et qui s'enfonce presque insensiblement dans la mer. Depuis le jour où l'auteur de l'Énéide écrivait son troisième chant, l'Etna, il est vrai, a si souvent fait des siennes, que le nivellement qui donne un démenti à l'harmonieux hexamètre de Virgile pourrait bien être son ouvrage, cette supposition soit dit sans l'offenser : on ne prête qu'aux riches.

Le vent était tout à fait tombé, et nous ne marchions qu'à la rame, longeant les côtes à un quart de lieue de distance, ce qui nous permettait d'en suivre des yeux tous les accidens, d'en parcourir du regard toutes les sinuosités. De temps en temps nous étions distraits de notre contemplation par quelque goëland qui passait à portée, et à qui nous envoyions un coup de fusil, ou par quelque poisson qui montait à la surface de l'eau, et à laquelle nous lancions le harpon. La mer était si belle et si transparente, que l'œil pouvait plonger à une profondeur presque infinie. De temps en temps, au fond de cet abîme d'azur, brillait tout à coup un éclair d'argent; c'était quelque poisson qui fouettait l'eau d'un coup de queue, et qui disparaissait effrayé par notre passage. Un seul, qui paraissait de la grosseur d'un brochet ordinaire, nous suivait à une profondeur incalculable, presque sans mouvement, et bercé par l'eau. J'avais les yeux fixés sur ce poisson depuis près de dix minutes, lorsque Jadin, voyant ma préoccupation, vint me rejoindre, en s'informant de ce qui la causait. Je lui montrai mon cétacée, qu'il eut d'abord quelque peine à apercevoir, mais qu'il finit par distinguer aussi bien que moi. Bientôt il arriva ce qui arrive à Paris lorsqu'on s'arrête sur un pont et qu'on regarde dans la rivière. Pietro, qui passait avec une demi-douzaine de côtelettes qui devaient faire le fonds de notre déjeuner, s'approcha de nous, et, suivant la direction de nos regards, parvint aussi à voir l'objet qui les attirait; mais, à notre grand étonnement, cette vue parut lui faire une impression si désagréable, que nous nous hâtâmes de lui demander quel était ce poisson qui nous suivait si obstinément. Pietro se contenta de hocher la tête; après nous avoir répondu : C'est un mauvais poisson, il continua son chemin vers la cuisine, et disparut dans l'écoutille. Comme cette réponse était loin de nous satisfaire, nous appelâmes le capitaine, qui venait de faire son apparition sur le pont, et sans prendre le temps de lui demander comment allait son rhumatisme, nous renouvelâmes notre question. Il regarda un instant, puis laissant échapper un geste de dégoût :

— *Cè un cane marino*, nous dit-il, et il fit un mouvement pour s'éloigner.

Peste, capitaine ! dis-je en le retenant, vous paraissez bien dégoûté. *Un cane marino*? Mais c'est un requin, n'est-ce pas?

— Non pas précisément, reprit le capitaine, mais c'est un poisson de la même espèce.

— Alors, c'est un diminutif de requin, dit Jadin.

— Il n'est pas des plus gros qui se puissent voir, répondit le capitaine, mais il est encore de six à sept pieds de long.

— Farceur de capitaine ! dit Jadin.

— C'est l'exacte vérité.

— Dites donc, capitaine, est ce qu'il n'y aurait pas moyen de le pêcher? demandai-je.

Le capitaine secoua la tête.

— Nos hommes ne voudront pas, dit-il.

— Et pourquoi cela ?

— C'est un mauvais poisson.

— Raison de plus pour en débarrasser notre route.

— Non, il y a un proverbe sicilien qui dit que tout bâtiment qui prend un requin à la mer rendra un homme à la mer.

— Mais enfin, ne pourrait-on le voir de plus près ?

— Oh ! cela est facile; jetez-lui quelque chose, et il viendra.

— Mais quoi?

— Ce que vous voudrez; il n'est pas fier. Depuis un paquet de chandelles jusqu'à une côtelette de veau, il acceptera tout.

— Jadin, ne perdez pas l'animal de vue; je reviens.

Je courus à la cuisine, et, malgré les cris de Giovanni, qui était en train de passer nos côtelettes à la poêle, je pris un poulet qu'il venait de plumer et de trousser à l'avance pour notre dîner. Au moment de mettre le pied sur l'échelle, j'entendis de si profonds soupirs, que je m'arrêtai pour regarder qui les poussait. C'était Cama, que le mal de mer avait repris, et qui, ayant su qu'un requin nous suivait, se figurait, selon la superstition des matelots, qu'il était là à son intention. J'essayai de le rassurer ; mais, voyant que je perdais mon temps, je revins à mon squale.

Il était toujours à la même place, mais le capitaine avait quitté la sienne et était allé causer avec le pilote, nous laissant le champ libre, curieux qu'il était d'assister à ce qui allait se passer entre nous et le requin. Au reste, les quatre matelots qui ramaient avaient quitté leurs avirons, et appuyés sur le bastingage, à quelques pas de nous, ils paraissaient s'entretenir de leur côté de l'important événement qui nous arrivait.

Le requin était toujours immobile et se tenait à peu près à la même profondeur.

J'attachai une pierre de notre lest au cou du poulet, et je le jetai à l'eau dans la direction du requin.

Le poulet s'enfonça lentement, et était déjà parvenu à une vingtaine de pieds de profondeur sans que celui auquel il était destiné eût paru s'en inquiéter le moins du monde, lorsqu'il nous sembla néanmoins voir le squale grandir visiblement. En effet, à mesure que le poulet descendait, il montait de son côté pour venir au devant de lui. Enfin, lorsqu'ils ne furent qu'à quelques brasses l'un de l'autre, le requin se retourna sur le dos et ouvrit sa gueule, où disparut incontinent le poulet. Quant au caillou que nous y avions ajouté pour le forcer à descendre, nous ne vîmes pas que notre convive s'en inquiétât autrement; bien plus, alléché par ce prélude, il continua de monter, et par conséquent de grandir. Enfin, il arriva jusqu'à une brasse ou une brasse et demi au-dessous de la surface de la mer, et nous fûmes forcés de reconnaître la vérité de ce que nous étions impatiens de notre capitaine : le prétendu brochet avait près de sept pieds de long.

Alors, malgré toutes les recommandations du capitaine, l'envie nous reprit de pêcher le requin. Nous appelâmes Giovanni, qui, croyant que nous étions impatiens de notre déjeuner, apparut au haut de l'échelle les côtelettes à la main. Nous lui expliquâmes qu'il s'agissait de tout autre chose, et lui montrâmes le requin en le priant d'aller chercher son harpon, et en lui promettant un louis de bonne main s'il parvenait à le prendre ; mais Giovanni se contenta de secouer la tête, et, posant nos côtelettes sur une chaise, il s'en alla en disant : Oh ! excellence, c'est un mauvais poisson.

Je connaissais déjà trop mes Siciliens pour espérer parvenir à vaincre une répugnance si universellement manifestée ; aussi, ne me fiant pas à notre adresse à lancer le harpon, n'ayant point à bord de hameçon de taille à pêcher un pareil monstre, je résolus de recourir à nos fusils. En conséquence, je laissai Jadin en observation, l'invitant, si le requin faisait mine de s'en aller, à l'entretenir avec les côtelettes, près desquelles Milord était allé s'asseoir, tout en les regardant de côté avec un air de concupiscence impossible à décrire, et je courus à la cabine pour changer la charge de mon fusil ; j'y glissai des cartouches à deux balles par chaque canon ; quant à la carabine, elle était déjà chargée à lingots, puis je revins sur le pont.

Tout était dans le même état : Milord gardant les côtelettes, Jadin gardant le requin, et le requin ayant l'air de nous garder.

Je remis la carabine à Jadin, et je conservai le fusil ; puis nous appelâmes Pietro pour qu'il jetât une côtelette au requin, afin que nous profitassions du moment où l'animal la viendrait chercher à la surface de l'eau pour tirer sur lui ; mais Pietro nous répondit que c'était offenser Dieu que de nourrir les chiens de mer avec des côtelettes de veau, quand nous n'en donnions que les os à ce pauvre Melord. Comme cette réponse équivalait à un refus, nous résolûmes de faire la chose nous-mêmes. Je transportai le plat de la chaise sur le bastingage ; nous convînmes de jeter une première côtelette d'essai, et de ne faire feu qu'à la seconde, afin que le poisson, parfaitement amorcé, se livrât à nous sans défiance, et nous commençâmes la représentation.

Tout se passa comme nous l'avions prévu. À peine la côtelette fut-elle à l'eau, que le requin s'avança vers elle d'un seul mouvement de sa queue, et, renouvelant la manœuvre qui lui avait si bien réussi à l'endroit du poulet, tourna son ventre argenté, ouvrit sa large gueule meublée de deux rangées de dents, puis absorba la côtelette avec une gloutonnerie qui prouvait que, s'il avait l'habitude de la viande crue, quand l'occasion s'en présentait il ne méprisait pas non plus la viande cuite.

L'équipage nous avait regardé faire avec un sentiment de peine, visiblement partagé par Milord, qui avait suivi le plat de la chaise au bastingage, et qui se tenait debout sur le banc, regardant par-dessus le bord ; mais nous étions trop avancés pour reculer, et, malgré la désapprobation générale que le respect qu'on nous portait empêchait seul de manifester hautement, je pris une seconde côtelette ; mesurant la distance pour avoir le requin à dix pas et en plein travers, je la jetai à la mer, reportant du même coup la main à la crosse de mon fusil pour être prêt à tirer.

Mais à peine avais-je accompli ce mouvement que Pietro jeta un cri, et que nous entendîmes le bruit d'un corps pesant qui tombait à la mer. C'était Milord qui n'avait pas cru que son respect pour les côtelettes devait s'étendre au-delà du plat, et qui, voyant que nous en faisions largesse à un individu qui, dans sa conviction, n'y avait pas plus de droit que lui, s'était jeté par-dessus le bord pour aller disputer sa proie au requin.

La scène changeait de face ; le squale, immobile, paraissait hésiter entre la côtelette et Milord ; pendant ce temps Pietro, Philippe et Giovanni avaient sauté sur les avirons, et battaient l'eau pour effrayer le requin ; d'abord nous crûmes qu'ils avaient réussi, car le squale plongea de quelques pieds ; mais, passant à trois ou quatre brasses au-dessous de Milord qui, sans s'inquiéter de lui le moins du monde, continuait de nager en soufflant vers sa côtelette qu'il ne perdait pas de vue, il reparut derrière lui, remonta presque à fleur d'eau, et d'un seul mouvement s'élança en se retournant sur le dos vers celui qu'il regardait déjà comme sa proie. En même temps nos deux coups de fusil partirent ; le requin battit la mer d'un violent coup de queue, faisant jaillir l'écume jusqu'à nous, et, sans doute dangereusement blessé, s'enfonça dans la mer, puis disparut, laissant la surface de l'eau jusque-là du plus bel azur troublée par une légère teinte sanglante.

Quant à Milord, sans faire attention à ce qui se passait derrière lui, il avait happé sa côtelette, qu'il broyait triomphalement, tout en revenant vers le speronare, tandis qu'avec le coup qui me restait à tirer je me tenais prêt à saluer le requin s'il avait l'audace de se montrer de nouveau ; mais le requin en avait assez à ce qu'il paraît, et nous ne le revîmes ni de près ni de loin.

Là s'élevait une grave difficulté pour Milord : il était plus facile pour lui de sauter à la mer que de remonter sur le bâtiment ; mais, comme on le sait, Milord avait un ami dévoué dans Pietro ; en un instant la chaloupe fut à la mer, et Milord dans la chaloupe. Ce fut là qu'il acheva, avec son flegme tout britannique, de broyer les derniers os de la côtelette qui avait failli lui coûter si cher.

Son retour à bord fut une véritable ovation ; Jadin avait bien quelque envie de l'assommer, afin de lui ôter à l'avenir le goût de la course aux côtelettes ; mais j'obtins que rien ne troublerait les joies de son triomphe, qu'il supporta au reste avec sa modestie ordinaire.

Toute la journée se passa à commenter l'événement de la matinée. Vers les trois heures, nous nous trouvâmes au milieu d'une demi-douzaine de petites îles, ou plutôt de grands écueils qu'on appelle les Formiche. L'équipage nous proposait de descendre sur un de ces rochers pour dîner, mais j'avais déjà jeté mon dévolu sur une jolie petite île que j'apercevais à trois milles à peu près de nous, et sur laquelle je donnai l'ordre de nous diriger ; elle était indiquée sur ma carte sous le nom de l'île de Porri.

C'était le jour des répugnances : à peine avais-je donné cet ordre, qu'il s'établit une longue conférence entre Nunzio, le capitaine et Vicenzo, puis le capitaine vint nous dire qu'on gouvernerait, si je continuais de l'exiger, vers le point que je désignais, mais qu'il devait d'abord nous prévenir que, trois ou quatre mois auparavant, ils avaient trouvé sur cette île le cadavre d'un matelot que la mer y avait jeté. Je lui demandai alors ce qu'était devenu le cadavre ; il me répondit que lui et ses hommes lui avaient creusé une fosse, et l'avaient enterré proprement comme il convenait à l'égard d'un chrétien, après quoi ils avaient jeté sur la tombe toutes les pierres qu'ils avaient trouvées dans l'île, ce qui formait la petite élévation que nous pouvions voir au centre ; en outre, de retour au village Della Pace, ils lui avaient fait dire une messe. Comme le cadavre n'avait rien à réclamer de plus, je maintins l'ordre donné, et, l'appétit commençant à se faire sentir, j'invitai nos hommes à prendre leurs avirons ; un instant après six rameurs étaient à leur poste, et nous avancions presque aussi rapidement qu'à la voile.

Pendant ce temps Nunzio leva la tête au-dessus de la cabine ; c'était ordinairement le signe qu'il avait quelque chose à nous dire. Nous nous approchâmes, et il nous raconta qu'avant la prise d'Alger cette petite île était un repaire de pirates qui s'y tenaient à l'affût, et qui la fondaient comme des oiseaux de proie sur tout ce qui passait à leur portée. Un jour que Nunzio s'amusait à pêcher, il avait vu une troupe de ces barbaresques enlever un petit yacht qui appartenait au prince de Paterno, et dans lequel le prince était lui-même.

Cet événement avait donné lieu à un fait qui peut faire juger du caractère des grands seigneurs siciliens.

Le prince de Paterno était un des plus riches propriétaires de la Sicile ; les barbaresques, qui savaient à qui ils avaient affaire, eurent donc pour lui les plus grands égards, et, l'ayant conduit à Alger, le vendirent au dey pour une somme de 100,000 piastres, 600,000 fr., c'était pour rien. Aussi le dey ne marchanda aucunement, sachant d'avance ce qu'il pouvait gagner sur la marchandise, paya les 100,000 piastres, et se fit amener le prince de Paterno pour traiter avec lui de puissance à puissance.

Mais, au premier mot que le dey d'Alger dit au prince de Paterno de l'objet pour lequel il l'avait fait venir, le prince lui répondit qu'il ne se mêlait jamais d'affaires d'argent, et que, si le dey avait quelque chose de pareil à régler avec lui, il n'avait qu'à s'en entendre avec son intendant.

Le dey d'Alger n'était pas fier, il renvoya le prince de Paterno et fit venir l'intendant. La discussion fut longue ; enfin il demeura convenu que la rançon du prince et de toute sa suite serait fixée à 600,000 piastres, c'est-à-dire à près de 4 millions, payables en deux paiemens égaux : 300,000 piastres à l'expiration du temps voulu pour que l'intendant retournât en Sicile et rapportât cette somme ; 300,000 piastres à six mois de date. Il était arrêté, en outre, que, le premier paiement accompli, le prince et toute sa suite seraient libres ; le second paiement avait pour garant à la parole du prince.

Comme on le voit, le dey d'Alger avait fait une assez bonne spéculation : il gagnait 3,500,000 francs de la main à la main.

L'intendant partit et revint à jour fixe avec ses 300,000 piastres ; de son côté, le dey d'Alger, fidèle observateur de la foi jurée, eut à peine touché la somme, qu'il déclara au prince qu'il était libre, lui rendit son yacht, et pour plus de sécurité lui donna un laissez-passer.

Le prince revint heureusement en Sicile, à la grande joie de ses vassaux qui l'aimaient fort, et auxquels il donna des fêtes dans lesquelles il dépensa encore 1,500,000 francs à peu près. Puis il donna l'ordre à son intendant de s'occuper à réunir les 300,000 piastres qu'il restait devoir au dey d'Alger.

Les 300,000 piastres étaient réunies et allaient être acheminées à leur destination, lorsque le prince de Paterno reçut un papier marqué, qu'il renvoya comme d'habitude, à son intendant. C'était une opposition que le roi de Naples mettait entre ses mains, et un ordre de verser la somme destinée au dey d'Alger dans le trésor de sa majesté napolitaine.

L'intendant vint annoncer cette nouvelle au prince de Paterno. Le prince de Paterno demanda à son intendant ce que cela voulait dire.

Alors l'intendant apprit au prince que le roi de Naples, ayant déclaré, il y avait quinze jours, la guerre à la régence d'Alger, avait jugé qu'il serait d'une mauvaise politique de laisser enrichir son ennemi, et compris qu'il serait d'une politique excellente de s'enrichir lui-même. De là l'ordre donné au prince de Paterno de verser le reste de sa rançon dans les coffres de l'État.

L'ordre était positif, et il n'y avait pas moyen de s'y soustraire. D'un autre côté, le prince avait donné sa parole et ne voulait pas y manquer. L'intendant, interrogé, répondit que les coffres de son excellence étaient à sec, et qu'il fallait attendre la récolte prochaine pour les remplir.

Le prince de Paterno, en fidèle sujet, commença par verser entre les mains de son souverain les 300,000 piastres qu'il avait réunies ; puis il vendit ses diamans et sa vaisselle, et en réunit 300,000 autres, que le dey reçut à heure fixe.

Quelques-uns prétendirent que le plus corsaire des deux monarques n'était pas celui qui demeurait de l'autre côté de la Méditerranée.

Quant au prince de Paterno, il ne se prononça jamais sur cette délicate appréciation, et, toutes les fois qu'on lui parla de cette aventure, il répondit qu'il se trouvait heureux et honoré d'avoir pu rendre service à son souverain.

Cependant, tout en causant avec Nunzio, nous avancions vers l'île. Elle pouvait avoir cent cinquante pas de tour, était dénuée d'arbres, mais toute couverte de grandes herbes. Lorsque nous n'en fûmes plus éloignés que de deux ou trois encâblures, nous jetâmes l'ancre, et l'on mit la chaloupe à la mer. Alors seulement une centaine d'oiseaux qui la couvraient s'envolèrent en poussant de grands cris. J'envoyai un coup de fusil au milieu de la bande ; deux tombèrent.

Nous descendîmes dans la barque, qui commença par nous mettre à terre, et qui retourna à bord chercher tout ce qui était nécessaire à notre cuisine. Une espèce de rocher creusé, et qui avait servi à cet usage, fut érigé en cheminée ; cinq minutes après, il présentait un brasier magnifique, devant lequel tournait une broche comfortablement garnie.

Pendant ces préparatifs, nous ramassions nos oiseaux, et nous visitions notre île. Nos oiseaux étaient de l'espèce des mouettes; l'un d'eux n'avait que l'aile cassée. Pietro lui fit l'amputation du membre mutilé, puis le patient fut immédiatement transporté à bord, où l'équipage prétendit qu'il s'apprivoiserait à merveille.

La barque qui le conduisait ramena Cama. Le pauvre diable, chaque fois que le bâtiment s'arrêtait, reprenait ses forces, et tant bien que mal se redressait sur ses jambes. Il avait aperçu l'île, et comme ce n'était enfreindre qu'à moitié la défense qui lui était faite d'aller à terre, Pietro avait eu pitié de lui, et nous le renvoyait une casserolle à chaque main.

Pendant ce temps, nous faisions l'inventaire de notre île. Les pirates qui l'avaient habitée avaient sans doute une grande prédilection pour les ognons, car ces hautes herbes que nous avions vues de loin, et dans lesquelles nous nous frayions à grand'peine un passage, n'étaient rien autre chose que des ciboules montées en graines. Aussi, à peine avions-nous fait cinquante pas dans cette espèce de potager, que nous étions tout en larmes. C'était acheter trop cher une investigation qui ne promettait rien de bien neuf pour la science. Nous revînmes donc nous asseoir auprès de notre feu, devant lequel le capitaine venait de faire transporter une table et des chaises. Nous profitâmes aussitôt de cette attention, Jadin en retouchant des croquis inachevés, et moi en écrivant à quelques amis.

A part ces malheureux ognons, j'ai conservé peu de souvenirs aussi pittoresques que celui de notre dîner dressé près de ce tombeau d'un pauvre matelot noyé, dans cette petite île, ancien repaire de pirates, au milieu de tout notre équipage, joyeux, chantant et empressé. La mer était magnifique, et l'air si limpide, que nous apercevions, jusqu'à deux ou trois lieues dans les terres, les moindres détails du paysage ; aussi demeurâmes-nous à table jusqu'à ce qu'il fût nuit tout à fait close.

Vers les neuf heures du soir, une jolie brise se leva, venant de terre ; c'était ce que nous pouvions désirer de mieux. Comme la côte de Sicile, du cap Passero à Girgenti, ne présente rien de bien curieux, j'avais prévenu le capitaine que je comptais, si la chose était possible, toucher à l'île de Panthellerie, l'ancienne Cossire. Le hasard nous servait à souhait ; aussi le capitaine nous invita à nous hâter de remonter à bord. Nous ne perdîmes d'autre temps à nous rendre à son invitation que celui qu'il nous fallait pour mettre le feu aux herbes sèches dont l'île était couverte. Aussi en un instant fut-elle tout en flammes.

Ce fut éclairés par ce phare immense que nous mîmes à la voile, en saluant de deux coups de fusil le tombeau du pauvre matelot noyé.

IL SIGNOR ANGA.

Le lendemain, quand nous nous réveillâmes, les côtes de Sicile étaient à peine visibles. Comme le vent avait continué d'être favorable, nous avions fait une quinzaine de lieues dans notre nuit. C'était le tiers à peu près de la distance que nous avions à parcourir. Si le temps ne changeait pas, il y avait donc probabilité que nous arriverions avant le lendemain matin à Panthellerie.

Vers les trois heures de l'après-midi, au moment où nous fumions, couchés sur nos lits, dans de grandes chibouques turques, d'excellent tabac du Sinaï que nous avait donné Gargallo, le capitaine nous appela. Comme nous savions qu'il ne nous dérangeait jamais à moins de cause importante, nous nous levâmes aussitôt et allâmes le joindre sur le pont. Alors il nous fit remarquer, à une demi-lieue de nous, à peu près vers notre droite et à l'avant, un jet d'eau qui, pareil à une source jaillissante, s'élevait à une dizaine de pieds au-dessus de la mer. Nous lui demandâmes la cause de ce phénomène. C'était tout ce qui restait de la fameuse île Julia, dont nous avons raconté la fantastique histoire. Je priai le capitaine de nous faire passer le plus près possible de cette espèce de trombe. Notre désir fut aussitôt transmis à Nunzio, qui gouverna dessus, et au bout d'un quart d'heure nous en fûmes à cinquante pas.

A cette distance, l'air était imprégné d'une forte odeur de bitume, et la mer bouillonnait sensiblement. Je fis tirer de l'eau dans un seau; elle était tiède. Je priai le capitaine d'avancer plus près du centre de l'ébullition, et nous fîmes encore une vingtaine de pas vers ce point; mais arrivé là, Nunzio parut désirer ne pas s'en approcher davantage. Comme ses désirs en général avaient force de loi, nous y déférâmes aussitôt; et, laissant l'ex-île Julia à notre droite, nous allâmes nous recoucher sur nos lits et achever nos pipes, tandis que le bâtiment, un instant détourné de sa direction, remettait le cap sur Panthellerie.

Vers les sept heures du soir, nous aperçûmes une terre à l'avant. Nos matelots nous assurèrent que c'était là notre île, et nous nous couchâmes dans cette confiance. Ils ne nous avaient pas trompés. Vers les trois heures, nous fûmes réveillés par le bruit que faisait notre ancre en allant chercher le fond. Je sortis le nez de la cabine, et je vis que nous étions dans une espèce de port.

Le matin, ce furent, comme d'habitude, mille difficultés pour mettre pied à terre. Il était fort question du choléra, et les Panthelleriotes voyaient des cholériques partout. On nous prit nos papiers avec des pincettes, on les passa au vinaigre, on les examina avec une lunette d'approche; enfin il fut reconnu que nous étions dans un état de santé satisfaisant, et l'on nous permit de mettre pied à terre.

Il est difficile de voir rien de plus pauvre et de plus misérable que cette espèce de bourgade semée au bord de la mer, et environnant une ceinture de maisons sales et décrépites le petit port où nous avions jeté l'ancre. Une auberge où l'on nous conduisit nous repoussa par sa malpropreté; et, sur la promesse de Pietro, qui s'engagea à nous faire faire un bon déjeuner à la manière des gens du pays, nous passâmes outre, et nous nous mîmes en chemin à jeun.

Les principales curiosités du pays sont les deux grottes que l'on trouve à une demi-lieue à peu près dans la montagne, et dont l'une, appelée le Poêle, est si chaude, qu'à peine y peut-on rester dix minutes sans que les habits soient imprégnés de vapeur. L'autre, qu'on appelle la Glacière, est au contraire si froide qu'en moins d'une demi-heure une carafe d'eau y gèle complètement. Il va sans dire que les médecins se sont emparés de ces deux grottes comme d'une double bonne fortune, et tuent annuellement, les uns par le chaud et les autres par le froid, un certain nombre de malades.

En sortant du Poêle, nous vîmes Pietro qui était en train d'écorcher un chevreau qu'il venait d'acheter dix francs. Deux troncs d'oliviers transformés en chenets, et une broche en laurier rose, devaient, avec l'aide d'un feu cyclopéen préparé dans l'angle d'un rocher, amener l'animal tout entier à un degré de cuisson satisfaisant. Sur une pierre plate étaient préparés des raisins secs, des figues et des châtaignes, dont, à défaut de truffes, on devait bourrer le rôti. Cama, qui avait voulu dépecer le chevreau pour en faire des côtelettes, des gigots, des éclanches et des filets, avait eu le dessous, et servait, tout en déplorant l'infériorité de sa position, d'aide de cuisine à Pietro.

Nous nous acheminâmes vers la Glacière, où nous entrâmes après avoir, sur la recommandation de notre guide, eu le soin de nous laisser refroidir à point. La précaution n'était pas inutile, la température y étant très certainement à huit ou dix degrés au-dessous de zéro. J'en sortis bien vite, mais j'y donnai l'ordre qu'on y laissât notre eau et notre vin.

Quelques questions, que nous fîmes à notre guide sur les causes géologiques qui déterminaient ce double phénomène, restèrent sans réponse ou amenèrent des réponses telles que je ne pris pas même la peine de les consigner sur mon album.

En sortant de la glacière, notre cicerone nous demanda si notre intention n'était pas de monter au sommet de la montagne la plus élevée de l'île et au haut de laquelle nous apercevions une espèce de petite église. Nous demandâmes ce qu'on voyait du haut de la montagne; on nous répondit qu'on voyait l'Afrique. Cette promesse, jointe à la certitude que le déjeuner ne serait prêt que dans deux heures au moins, nous ayant paru une cause déterminante, nous répondîmes affirmativement. Aussitôt, du groupe qui nous environnait et qui nous avait suivis depuis la ville, nous regardant avec une curiosité demi-sauvage, se détacha un homme d'une trentaine d'années, qui, se glissant entre les rochers, disparut bientôt derrière un accident de terrain. Comme cette disparition, qui avait suivi immédiatement notre adhésion, m'avait frappé, je demandai à notre guide quel était cet homme qui venait de nous quitter; mais il nous répondit qu'il ne le connaissait pas, et que c'était sans doute quelque pâtre. J'essayai d'interroger deux autres Panthelleriotes; mais ces braves gens parlaient un si singulier patois, qu'après dix minutes de conversation réciproque, nous n'avions pas compris un seul mot de ce que nous nous étions dit. Je ne les en remerciai pas moins de leur obligeance, et nous nous mîmes en route.

Le sommet de la montagne est à deux mille cinq cents pieds à peu près au-dessus du niveau de la mer; un chemin fort distinctement tracé et assez praticable, surtout pour des gens qui descendaient de l'Etna, indique que la petite chapelle dont j'ai déjà parlé est un lieu de pèlerinage assez fréquenté. Aux deux tiers de la montée à peu près, j'aperçus un homme que je crus reconnaître pour celui qui nous avait quittés, et qui courait à travers torrents, rochers et ravins. Je le montrai à Jadin, qui se contenta de me répondre:

— Il paraît que ce monsieur est fort pressé.

Notre cortége avait continué de nous suivre, quoique évidemment il n'attendît rien de nous. Comme, au reste, il ne nous demandait rien, et que nous n'en éprouvions d'autre importunité que l'ennui d'être regardés comme des bêtes curieuses, nous ne nous étions aucunement opposés à l'honneur qu'on nous faisait. Notre escorte arriva donc avec nous au sommet de la montagne où était située la chapelle. Sur le seuil de la porte, un homme, revêtu d'un costume de moine, nous attendait en s'essuyant le front. Au premier coup d'œil, je reconnus notre escaladeur de rochers; alors tout me fut expliqué: il avait pris les devants pour revêtir son costume religieux, et il se disposait à nous offrir une messe. Comme la messe, à mon avis, tire sa valeur d'elle-même et non pas de l'officiant qui la dit, je fis signe que j'étais prêt à l'entendre. A l'instant même nous fûmes introduits dans la chapelle. En un tour de main, les préparatifs furent faits; deux des assistants s'offrirent pour remplir les fonctions d'enfant de chœur, et l'office divin commença.

La religion est une si grande chose par elle-même, que, quel que soit le voile ridicule dont l'enveloppe la superstition ou la cupidité, elle parvient toujours à en dégager sa tête sublime dont elle regarde le ciel, et ses deux mains dont elle embrasse la terre. Je sais, quant à moi, qu'aux premières paroles saintes qu'il avait prononcées, le moine spéculateur avait disparu pour faire place, sans qu'il en doutât cette fois lui-même, à un véritable ministre du Seigneur. Je me repliais sur moi-même, et je pensais à mon isolement, perdu que j'étais sur le sommet le plus élevé d'une île presque inconnue, jetée comme un relai entre l'Europe et l'Afrique, à la merci de gens dont je comprenais à peine le langage, et n'ayant pour me remettre en communication avec le monde qu'une frêle barque, que Dieu, au milieu de la tempête, avait prise dans une de ses mains, tandis que de l'autre il brisait autour de nous, comme du verre, des frégates et des vaisseaux à trois ponts. Pendant un quart d'heure à peine que dura cette messe, je me retrouvai par le souvenir en contact avec tous les êtres que j'aimais et dont j'étais aimé, quel que fût le coin de la terre qu'ils habitassent. Je vis en quelque sorte repasser devant moi toute ma vie, et, à mesure qu'elle se déroulait devant mes yeux, tous les noms aimés vibraient les uns après les autres dans mon cœur. Et j'éprouvais à la fois une mélancolie profonde et une douceur infinie à songer que je priais pour eux, tandis qu'ils ignoraient même dans quel lieu du monde je me trouvais. Il résulta de cette disposition que, la messe finie, le moine, à son grand étonnement, ainsi qu'à celui de l'assemblée qui avait entendu l'office divin par dessus le marché, vit, au lieu de deux ou trois carlins qu'il comptait recevoir, tomber une piastre dans son escarcelle. C'était, certes, la première fois qu'on lui payait une messe ce prix-là.

En sortant de la petite chapelle, je regardai autour de moi. A gauche s'étendait la Sicile, pareille à un brouillard. Sous nos pieds était l'île, qu'enveloppait de tous côtés la Méditerranée, calme et transparente comme un miroir. Vue ainsi, Panthellerie avait la forme d'une énorme tortue endormie sur l'eau. Comme en tout l'île n'a pas plus de dix lieues de tour, on en distinguait tous les détails, et à la rigueur on en aurait pu compter les maisons. La partie qui me parut la plus fertile et la plus peuplée est celle qui est connue dans le pays sous la désignation d'Oppidolo.

Cependant, comme la faim commençait à se faire sentir, nos yeux, après avoir erré quelque temps au hasard, finirent par se fixer sur l'endroit où se préparait notre déjeuner. Quoiqu'il y eût trois quarts de lieue de distance au moins du point où nous nous trouvions jusqu'à cet endroit, l'air était si limpide, que nous ne perdions aucun des mouvements de Pietro et de son acolyte. Lui, de son côté, s'aperçut sans doute que nous le regardions, car il se mit à danser une tarentelle, qu'il interrompit au beau milieu d'une figure pour aller visiter le rôti. Sans doute le chevreau approchait de son point de cuisson, car, après un examen consciencieux de l'animal, il se retourna vers nous et nous fit signe de revenir.

Nous trouvâmes notre couvert mis au milieu d'un charmant bois d'azeroliers et de lauriers roses, tout entrelacés de vignes sauvages. Il consistait tout bonnement en un tapis étendu à terre, et au-dessus duquel s'élevait un beau palmier dont les longues branches retombaient comme des panaches. Notre vin glacé nous attendait ; enfin des grenades, des oranges, des rayons de miel et des raisins, formaient un dessert symétrique et appétissant au milieu duquel Pietro vint déposer, couché sur une planche recouverte de grandes feuilles de plantes aquatiques, notre chevreau rôti à point et exhalant une odeur merveilleusement appétissante.

Comme le chevreau pouvait peser de vingt-cinq à trente livres, et que, quelque faim que nous eussions, nous ne comptions pas le dévorer à nous deux, nous invitâmes Pietro à en faire part à la société, qui, depuis notre débarquement, nous avait fait l'honneur de nous suivre. Comme on le devine bien, l'offre fut acceptée sans plus de façon qu'elle était faite. Nous nous réservâmes une part convenable, tant de la chair de l'animal que des accessoires dont on lui avait bourré le ventre, et le reste, accompagné d'une demi-douzaine de bouteilles de vin de Syracuse, fut généralement offert à notre suite. Il en résulta un repas homérique des plus pittoresques ; et, pour que rien n'y manquât, au dessert, le berger qui nous avait vendu le chevreau, et qui sans remords aucun en avait mangé sa part, joua d'une espèce de musette au son de laquelle, tandis que nous fumions voluptueusement nos longues pipes, deux Panthelleriotes, pour manière de remercîment sans doute, nous dansèrent une gigue nationale qui tenait le milieu entre la tarentelle napolitaine et le boléro andalou. Après quoi nous prîmes chacun une tasse de café bouilli et non passé, c'est-à-dire à la turque, et nous redescendîmes vers la ville.

En arrivant sur le port, nous aperçûmes le capitaine qui causait avec une sorte d'argousin gardant quatre forçats ; nous nous approchâmes d'eux, et, à notre grand étonnement, nous remarquâmes que le capitaine parlait avec une sorte de respect à son interlocuteur, et l'appelait Excellence De son côté, l'argousin recevait ces marques de considération comme choses à lui dues, et ce fut tout au plus si, lorsque le capitaine le quitta pour nous suivre, il ne lui donna pas sa main à baiser. Comme on le comprend bien, cette circonstance excita ma curiosité, et je demandai au capitaine quel était le respectable vieillard avec lequel il avait l'honneur de faire la conversation quand nous l'avions interrompu. Il nous répondit que c'était Son Excellence il signor Anga, ex-capitaine de nuit à Syracuse.

Maintenant, comment le signor Anga, de capitaine de nuit, était-il devenu argousin ? C'était une histoire assez curieuse que voici

Pendant les années 1810, 1811 et 1812, les rues de Syracuse se trouvèrent tout à coup infestées de bandits si adroits et en même temps si audacieux, que l'on ne pouvait, la nuit venue, mettre le pied hors de chez soi sans être volé et même quelquefois assassiné. Bientôt ces expéditions nocturnes ne se bornèrent pas à dévaliser ceux qui se hasardaient nuitamment dans les rues, mais elles pénétrèrent dans les maisons les mieux gardées, jusqu'au fond des appartemens les mieux clos, de sorte que la forêt de Bondy, de picaresque mémoire, était devenue un lieu de sûreté près la pauvre ville de Syracuse.

Et tout cela se passait malgré la surveillance du signor Anga, capitaine de nuit, auquel du reste on ne pouvait faire que le seul reproche d'arriver cinq minutes trop tard, car, à peine une maison venait-elle d'être pillée, qu'il accourait avec sa patrouille pour prendre le signalement des voleurs ; à peine un malheureux venait-il d'être assassiné, qu'il était là pour le relever lui-même, recevoir ses derniers aveux s'il respirait encore, et dresser procès-verbal du terrible événement.

Aussi chacun admirait-il la prodigieuse activité du signor Anga, tout en déplorant, comme nous l'avons dit, qu'un magistrat si actif ne poussât pas l'activité jusqu'à arriver dix minutes plus tôt au lieu d'arriver cinq minutes plus tard. La ville tout entière ne s'en applaudissait pas moins d'être si bien gardée, et pour rien au monde n'aurait voulu qu'on lui donnât un autre capitaine de nuit que le signor Anga.

Cependant les vols continuaient avec une effronterie toujours croissante. Un jeune officier, logé dans le couvent de Saint-François, venait de recevoir une solde arriérée en piastres espagnoles ; il déposa son petit trésor dans un tiroir de son secrétaire, prit la clef dans sa poche, et s'en alla dîner en ville, se reposant sur la double sécurité que lui offraient la sainteté du lieu où il logeait, et le soin qu'il avait pris de cadenasser ses trois cents piastres.

Le soir en rentrant, il trouva son secrétaire forcé et le tiroir vide.

De plus, comme il tombait ce soir-là des torrens de pluie, et que rien n'est antipathique au Sicilien comme d'être mouillé, le voleur avait pris le parapluie du jeune officier.

L'officier, désespéré, courut à l'instant même chez le capitaine Anga, qu'il trouva, malgré le temps abominable qu'il faisait, revenant d'une de ses expéditions nocturnes, si dévouées et malheureusement si infructueuses. Malgré la fatigue du signor Anga, et quoiqu'il fût mouillé jusqu'aux os et crotté jusqu'aux genoux, il ne voulut pas faire attendre le plaignant, reçut sa déposition séance tenante, et lui promit de mettre dès le lendemain toute sa brigade à la poursuite de ses piastres, de son parapluie et de ses voleurs.

Mais trois mois s'écoulèrent sans que l'on retrouvât ni voleurs, ni parapluie, ni piastres.

Au bout de ces trois mois, un jour qu'il faisait un temps pareil à celui pendant lequel son vol avait eu lieu, le jeune officier, propriétaire d'un parapluie neuf, traversait la grande place de Syracuse, lorsqu'il crut voir un parapluie si exactement pareil à celui qu'il avait perdu, que le désir lui prit aussitôt de lier connaissance avec l'individu qui le portait. En conséquence, au détour de la première rue, il arrêta l'inconnu pour lui demander son chemin ; l'inconnu le lui indiqua fort poliment. L'officier s'informa du nom de celui chez qui il avait trouvé une si gracieuse obligeance, et il apprit que son interlocuteur n'était autre que le domestique de confiance de la signora Anga, femme du capitaine de nuit.

Cette découverte devenait d'autant plus grave, que le jeune officier avait acquis une preuve irrécusable que le parapluie en question était bien le sien. Tout en causant avec le domestique, il avait retrouvé ses deux initiales gravées sur un petit écusson d'argent qui ornait la pomme du parapluie, que le voleur n'avait pas voulu priver de cet ornement.

L'officier courut, par le chemin le plus court, chez le capitaine de nuit; le signor Anga était absent pour affaire de service; l'officier se fit conduire chez madame, et lui raconta comment elle avait eu un voleur ou tout au moins un receleur à son service. Madame Anga jeta les hauts cris, jurant que la chose était impossible; en ce moment même, le domestique rentra; le jeune officier, qui commençait à s'impatienter de dénégations qui ne tendaient à rien moins qu'à le faire passer pour fou ou pour imposteur, prit le domestique par une oreille, l'amena devant sa maîtresse, lui arracha des mains le parapluie qu'il tenait encore, montra l'écusson, et fit reconnaître les deux initiales pour être les siennes. Il n'y avait rien à répondre à cela; aussi maîtresse et domestique étaient-ils fort embarrassés, lorsque la porte s'ouvrit, et que le signor Anga parut en personne.

L'officier renouvela aussitôt son accusation, soutenant que, les piastres ayant disparu en même temps que le parapluie, et le parapluie étant retrouvé, les piastres ne pouvaient être loin. Le signor Anga, surpris par un dilemme aussi positif, se troubla d'abord, puis, s'étant bientôt remis, répondit insolemment au jeune officier, et finit par le mettre à la porte.

C'était une faute: cette colère donna au volé des soupçons qu'il n'eût jamais eus sans cela. Il courut chez le colonel anglais qui tenait garnison dans la ville: le colonel requit le juge, et le juge, suivi du greffier et du commissaire, fit une descente chez le signor Anga, qui, à sa grande humiliation, fut forcé de laisser faire perquisition chez lui.

On avait déjà visité toute la maison sans que cette visite amenât le moindre résultat, lorsque le jeune officier, qui, en sa qualité de partie intéressée, dirigeait les recherches, s'aperçut, en traversant le rez-de-chaussée, que ce rez-de-chaussée était parqueté, chose très rare en Sicile. Il frappa du pied, et il lui sembla que le parquet sonnait plus fort le creux qu'un honnête parquet ne devait le faire. Il appela le juge, lui fit part de ses doutes; le juge fit venir deux charpentiers. On leva le parquet, et l'on trouva, les unes à la suite des autres, quatre caves pleines, non-seulement de parapluies, mais de vases précieux, d'étoffes magnifiques, d'argenterie portant les armes de ses propriétaires, enfin un bazar tout entier.

Alors tout fut expliqué, et cette longue impunité des voleurs n'eut plus besoin de commentaires. Il signor Anga était à la fois le chef et le receleur de ces industriels. Le sous-prieur du couvent où était logé le jeune homme était son associé. L'affaire de ce digne moine était surtout l'écoulement des objets volés. Le signor Anga était, au reste, un homme remarquable, qui avait organisé son commerce en grand; et qui avait des espèces de comptoirs à Lentini, à Calata-Girone et à Calata-Niscetta, c'est-à-dire dans toutes les villes où il y avait de grandes foires; et cependant, comme on le voit, malgré cette active industrie, malgré ces débouchés nombreux, le signor Anga opérait si en grand, que, lorsqu'on les découvrit, ses magasins étaient encombrés.

Le moine arrêté échappa, par privilège ecclésiastique, à la justice séculière, et fut remis à son évêque. Comme depuis cette époque nul ne le revit, on présume qu'il fut enterré dans quelque *in pace*, où l'on retrouvera un jour son squelette.

Quant au signor Anga, il fut condamné aux galères perpétuelles. Envoyé d'abord simple forçat à Vallano, de là, au bout de cinq ans de bonne conduite, il fut transporté à Panthellerie, où, pendant cinq autres années, n'ayant donné lieu à aucune plainte, il fut élevé au grade d'argousin, qu'il occupe honorablement depuis douze années, avec l'espoir de passer incessamment garde-chiourme.

C'est ce que lui souhaitait notre capitaine en prenant congé de lui.

Avant de quitter Panthellerie, je fus curieux de me faire une expérience: j'y mis à la poste les lettres que j'avais écrites à mes amis, et qui étaient datées de l'île de Porri; elles parvinrent à leur destination un an après mon retour; il n'y a rien à dire.

GIRGENTI LA MAGNIFIQUE.

Il était sept heures du soir lorsque nous remîmes à la voile; par un bonheur extrême, le vent qui, pendant deux jours, avait soufflé de l'est, venait de tourner au sud. Cependant ce bonheur n'était pas sans quelque mélange; ce vent tout africain était chargé de chaudes bouffées du désert libyen; c'était le cousin-germain de ce fameux sirocco dont nous avions eu un échantillon à Messine, et comme lui il apportait dans toute l'organisation physique un découragement extrême.

Nous fîmes porter nos lits sur le pont. La cabine était devenue étouffante. Il passait comme une poussière de cendres rouges entre nous et le ciel, et la mer était si phosphorescente qu'elle semblait rouler des vagues de flammes; à un quart de lieue derrière le bâtiment notre sillage semblait une traînée de lave.

Lorsqu'il en était ainsi, tout l'équipage disparaissait, et le bâtiment, abandonné à Nunzio, dont le corps de fer résistait à tout, semblait voguer seul. Cependant je dois dire qu'au moindre cri du pilote, cinq ou six têtes sortaient des écoutilles, et qu'au besoin les bras les plus alanguis retrouvaient toute leur vigueur.

Quoique nous fussions moins sensibles que les Siciliens à l'influence de ce vent, nous n'en éprouvions pas moins un certain malaise dont le résultat était de nous ôter tout appétit; la nuit se passa donc toute entière à dormir d'un mauvais sommeil, et la journée à boire de la limonade.

Le surlendemain de notre départ de Panthellerie, et comme nous étions à huit ou dix lieues encore des côtes de Sicile, le vent tomba, et il nous fallut marcher à la rame; mais comme chacun avait dans les bras un reste de sirocco, à peine fîmes nous trois lieues dans la matinée. Vers les cinq heures, une petite brise sud-ouest se leva: le pilote en profita pour faire hisser nos voiles, et le bâtiment, qui était plein de bonne volonté, commença à marcher de façon à nous donner l'espoir d'entrer le soir même dans le port de Girgenti.

En effet, vers les neuf heures du soir, nous jetions l'ancre dans une petite rade au fond de laquelle on apercevait les lumières de quelques maisons; mais à peine cette opération était-elle terminée que l'on nous héla de la forteresse qu'on appelle la Santé, et qu'on nous donna l'ordre d'aller prendre une autre station. Comme tous les ordres de la police napolitaine, celui-ci n'admettait ni retard ni explication; il fallut en conséquence obéir à l'instant même; on essaya de lever l'ancre; mais, dans la précipitation que l'on mit à cette manœuvre, toutes les précautions, à ce qu'il paraît, n'ayant point été prises, le câble se brisa. On jeta à l'instant même une bouée pour reconnaître la place, et, comme sans s'inquiéter des causes de notre retard, le chef de la Santé continuait à nous héler, nous allâmes, à grande force d'avirons, prendre la place qui nous était désignée.

Cet événement nous tint sur pied jusqu'à minuit: nous étions fatigués de la traversée que nous venions de faire, et nous dormîmes tout d'une traite jusqu'à neuf heures du matin; la journée était belle et l'eau du port parfaitement calme, si bien que Cama, déjà levé, s'apprêtait à passer terre, d'abord pour achever de se remettre, comme Antée en touchant sa mère, ensuite pour acheter du poisson aux petits bâtiments que nous voyions revenir de la pêche. Inspection faite des deux ou trois maisons qui, à l'aide d'une enseigne, se qualifiaient d'auberges, nous reconnûmes que la précaution de notre brave cuisinier n'était pas intempestive, et qu'il était prudent de déjeuner à bord avant de nous risquer dans l'intérieur des terres. En conséquence, Cama, que nous autorisâmes à faire ce que bon lui semblerait à l'égard de notre nourriture, se hasarda sur la planche qui conduisait comme un pont de notre speronare au bateau voisin, et, arrivé sur celui-ci, gagna de proche en proche le rivage. Un instant après, nous le vîmes reparaître, portant sur sa tête une corbeille pleine de poisson.

J'allai annoncer cette nouvelle à Jadin, qui, en pareille circonstance, levait toujours, au profit de ses natures mortes, une dîme sur notre provision. Cette fois surtout j'avais aperçu de loin certains rougets gigantesques qui, convenablement placés sur un raie et à côté d'une dorade, devaient faire à merveille, comme opposition de couleur. Quelqu'envie qu'il eût de paresser une demi-heure encore, Jadin, dans la crainte que ses poissons ne lui échappassent, se hâta donc de passer un pantalon à pied. Pendant qu'il accomplissait cette opération, je lui montrai de loin Cama qui, s'avançant avec sa corbeille, mettait déjà le pied sur la planche, quand tout à coup nous entendîmes un grand cri, et poisson, corbeille et cuisinier disparurent comme par une trappe, Le pied encore mal assuré du pauvre Cama lui avait manqué, et il était tombé dans la mer; aussitôt, et par un mouvement plus rapide que la pensée, Piétro s'était élancé après lui.

Nous courûmes à l'endroit où l'accident venait d'arriver, lorsqu'à notre grand étonnement nous vîmes Piétro qui, au lieu de s'occuper de Cama, repêchait avec grand soin les poissons et les remettait les uns après les autres dans la corbeille qui flottait sur l'eau : l'idée ne lui était pas venue un seul instant que Cama ne savait pas nager ; en conséquence, ne doutant pas qu'il ne se tirât d'affaire tout seul, il ne s'occupait que de la friture, dont la perte d'ailleurs lui paraissait peut-être beaucoup plus déplorable que celle du cuisinier.

En ce moment nous vîmes surgir, à quelques pas du bâtiment, le pauvre Cama, non point en homme qui fait sa brassée ou qui tire sa marinière, mais en noyé qui bat l'eau de ses deux mains, et qui la rejette déjà par le nez et par la bouche. Le temps était précieux : il n'avait fait que paraître et disparaître. Nous jetâmes bas nos habits pour nous élancer après lui ; mais, avant que nous fussions à la fin de la besogne, Philippe sauta par-dessus bord avec sa chemise et son pantalon, donnant une tête juste à l'endroit où Cama venait de s'enfoncer, et quatre ou cinq secondes après il ne reparut tenant son homme par le collet de sa veste blanche. Nous voulûmes lui jeter une corde, mais il fit dédaigneusement signe qu'il n'en avait pas besoin, et, poussant Cama vers l'échelle, il parvint à lui mettre un des échelons entre les mains ; Cama s'y cramponna en véritable noyé, et d'un seul bond, par un effort inouï, il se trouva sur le pont. Tout cela s'était fait si rapidement qu'il n'avait pas eu le temps de perdre connaissance, mais il avait avalé deux ou trois pintes d'eau qu'il s'occupa immédiatement de rendre à la mer. Comme il le faisait, au reste, une chaleur étouffante, le bain n'eut d'autre suite que la petite évacuation que nous avons mentionnée, laquelle même, au dire de tout l'équipage, ne pouvait être que très profitable à la santé de Cama.

Le capitaine avait rempli les formalités voulues, nos passeports étaient déposés à la police, rien ne s'opposait donc à ce que nous fissions l'excursion projetée ; en conséquence, nous nous aventurâmes sur le pont tremblant qui avait failli être si fatal à Cama, et, plus heureux que lui, nous gagnâmes le bord sans accident.

A peine avions-nous mis pied à terre qu'un homme, qui nous observait depuis plus d'une heure, s'avança vers nous et s'offrit d'être notre cicerone. Trois ou quatre autres individus, qui s'étaient approchés sans doute dans la même intention, n'essayèrent pas même de soutenir la concurrence en lui voyant tirer de sa poche une médaille qu'il nous présenta. Cette médaille portait d'un côté les armes d'Agrigente, qui sont trois géans chargés chacun d'une tour avec cette devise : *Signat Agrigentum mirabilis aula gigantum*, et de l'autre le nom d'Antonio Ciotta. En effet, le signor Antonio Ciotta était le cicerone officiel de l'endroit, et il commença immédiatement son entrée en fonctions en marchant devant nous et en nous invitant à le suivre.

Girgenti est située à cinq milles à peu près de la côte : on s'y rend par une montée assez rapide, qui élève d'abord le voyageur à un millier de pieds au dessus de la mer. Tout le long de la route nous rencontrions des mulets chargés de ce soufre qui devait, quelques années après, amener entre Naples et l'Angleterre ce fameux procès dans lequel le roi des Français fut choisi pour arbitre. Le chemin se ressentait du commerce dont il était l'artère. Comme les sacs qui contenaient la marchandise n'étaient point si bien fermés qu'il ne s'échappât de temps en temps quelque parcelle de leur contenu, la route, à la longue, s'était couverte d'une couche de soufre qui, dans quelques endroits, avait jusqu'à trois ou quatre pouces d'épaisseur. Quant aux muletiers qui accompagnaient les sacs, ils étaient parfaitement jaunes depuis les pieds jusqu'à la tête, ce qui leur donnait un des aspects les plus étranges qui se puissent voir.

Nous n'étions point encore entrés dans la ville que nous savions déjà que penser de l'épithète que, dans leur emphatique orgueil, les Siciliens ont ajoutée à son nom. En effet, Girgenti la magnifique n'est qu'un sale amas de maisons bâties en pierres rougeâtres, avec des rues étroites où il est impossible d'aller en voiture, et qui communiquent les unes aux autres par des espèces d'escaliers dont, sous peine des plus graves désagrémens, il est absolument nécessaire de toujours tenir le milieu. Comme il était évident que le reste de la journée ne suffirait pas à la visite des ruines, nous nous mîmes en quête d'une auberge où passer la nuit. Malheureusement une auberge n'était pas chose facile à découvrir à Girgenti la magnifique. Notre ami Ciotta nous conduisit dans deux bouges qui se donnaient insolemment ce nom ; mais, après une longue conversation avec l'hôte de l'un et l'hôtesse de l'autre, nous découvrîmes qu'à la rigueur nous trouverions à nous nourrir un peu, mais pas du tout à nous coucher. Enfin, une troisième hôtellerie remplit les deux conditions réclamées par nous à la grande stupéfaction des Agrigentins, qui ne comprenaient rien à une pareille exigence. Nous nous hâtâmes en conséquence d'arrêter la chambre et les deux grabats qui la meublaient, et, après avoir commandé notre dîner pour six heures du soir, nous secouâmes les puces dont nos pantalons étaient couverts, et nous nous mîmes en chemin pour visiter les ruines de la ville de Cocalus.

Je dis Cocalus sur la foi de Diodore de Sicile : entendons-nous bien, car avec les savants ultramontains il faut mettre les points sur les i. Une erreur de date, une faute de typographie, ont de si graves inconvéniens dans la patrie de Virgile et de Théocrite, qu'il faut y faire attention. Un pauvre voyageur inoffensif met sans penser à mal un *a* pour un *o* ou un 5 pour un 6 ; tout à coup il disparaît, on n'en entend plus parler ; la famille s'inquiète, le gouvernement informe, et on le trouve enseveli sous une masse d'in-folios, comme Tarpeïa sous les boucliers des Sabins. Si on l'en tire vivant, il se sauve à toutes jambes, et on ne l'y reprend plus ; mais pour le plus souvent il est mort, à moins que, comme Encelade, il ne soit de force à secouer l'Etna. Je dis donc Cocalus comme je dirais autre chose, sans la moindre prétention à faire autorité.

Cocalus régnait à Agrigente lorsque Dédale vint s'y réfugier avec tous les trésors qu'il emportait de Crête. Ces trésors étaient si considérables que le célèbre architecte demanda à son hôte la permission de bâtir un palais pour les y renfermer. Cocalus, qui avait de la terre de reste, lui dit de choisir l'endroit qui lui conviendrait le mieux, et de faire sur cet endroit ce que bon lui semblerait. L'auteur du labyrinthe choisit un rocher escarpé, accessible sur un seul point, et encore fortifia-t-il le point de telle façon que quatre hommes suffisaient pour le défendre contre une armée.

Ceci se passait quelques années avant la guerre de Troie. Mais, comme ces ruisseaux qui s'enfoncent sous terre et sortant de leur source pour reparaître fleuves quelques lieues plus loin, la ville naissante disparait pendant deux ou trois siècles dans l'obscurité des temps, pour briller dans les vers de Pindare, sous le nom de reine des cités. Alors, si l'on en croit Diogène de Laerce, sa population était de huit cent mille âmes, et si l'on s'en rapporte à Empédocle, cette population, entre autres défauts, portait celui de la gourmandise et de l'orgueil si loin, qu'elle mangeait, disait-il, comme si elle devait mourir le lendemain, et qu'elle bâtissait comme si elle devait vivre toujours. Aussi, comme Empédocle était un philosophe, c'est-à-dire un personnage probablement fort insociable, il quitta cette ville de cuisinier et de maçons pour aller s'installer sur le mont Etna, où il vécut de racines, dans une petite tour qu'il se bâtit lui-même. On sait qu'un beau matin, dégoûté sans doute de cette nouvelle résidence comme il l'avait été de l'ancienne, il disparut tout à coup, et qu'on ne retrouva de lui que sa pantoufle.

Une centaine d'années auparavant, comme chacun sait, Phalaris, chargé par ses concitoyens de la construction du temple du Jupiter Polien, avait profité des sommes énormes mises à sa disposition pour réunir une petite armée et surprendre les Agrigentins. Ce projet liberticide, exécuté avec succès pendant la célébration des fêtes de Cérès, mit les Agrigentins au désespoir. Aussi firent-ils quelques tentatives pour se délivrer de leur tyran. Mais celui-ci, qui était homme d'imagination, commanda à un artiste de l'époque un taureau d'airain deux fois grand comme nature, et dont la partie postérieure devait s'ouvrir d'une clef. Au bout de trois mois le taureau fut fini ; au bout de quatre une révolte éclata. Phalaris fit arrêter les chefs, ordonna d'amasser une grande quantité de bois sec entre les jambes du taureau, y fit mettre le feu, et, lorsqu'il fut rouge, on ouvrit le monstre, et on y enfourna les rebelles. Comme il avait eu le soin d'ordonner que la gueule du taureau fût tenue ouverte, le peuple, qui assistait à l'exécution, put entendre par cette issue les cris que poussaient les patiens, et qui semblaient les mugissemens du taureau lui-même. Ce genre d'exécutions, renouvelé cinq ou six fois dans l'espace de dix-huit mois, eut un résultat des plus satisfaisans. Bientôt les révoltes devinrent de plus en plus rares ; enfin, elles cessèrent tout à fait, et Phalaris régna, grace à son ingénieuse invention, tranquille et respecté pendant l'espace de trente-un ans. Après sa mort, quelques critiques, jaloux de sa gloire, disent bien que son taureau d'airain n'était qu'une contrefaçon du cheval de bois, mais il n'en est pas moins vrai que, malgré cette accusation, qui au fond ne manquait peut-être pas de quelque vérité, la gloire de l'invention finit par lui en rester tout entière.

L'époque qui suivit le règne de Phalaris fut l'ère brillante des Agrigentins. C'était à qui parmi eux ferait assaut de luxe et de magnificence. Un simple particulier, nommé Exenetus, vainqueur aux jeux, rentra dans la ville suivi de trois cents chars, traînés chacun par deux chevaux blancs élevés dans ses pâturages. Un autre, nommé Gellias, avait des domestiques stationnant à chaque porte de la ville, et dont la mission était d'amener tous les voyageurs qui passaient par Agrigente dans son palais, où les attendait une splendide hospitalité. Cinq cents cavaliers de Gela ayant traversé Agrigente dans le mois de janvier, et ayant été amenés à Gellias par ses domestiques, furent logés et nourris par lui pendant trois jours, et reçurent au moment de leur départ chacun un manteau. Gellias était en outre, s'il faut en croire la traduction, un homme de beaucoup d'esprit, ce qui, on le comprend bien, ne gâtait rien à l'hospitalité qu'on recevait chez lui. Aussi les Agrigentins, ayant eu quelques intérêts à régler avec la petite ville de Centuripa, le chargèrent de se rendre auprès d'eux et de terminer l'affaire. Gellias partit aussitôt et se présenta à l'assemblée des Centuripes. Mais comme, à ce qu'il paraît, il était haut à peine de quatre pieds et demi, et en outre assez mal pris dans sa petite taille, des éclats de rire accueillirent son apparition. et un des assistans, plus impertinent que les autres, se chargea même de lui demander, au nom de l'assemblée, si tous ses concitoyens lui ressemblaient. Non pas, messieurs, répondit Gellias. Il y a même à Agrigente de fort beaux hommes : seulement on les réserve pour les grandes républiques et pour les villes illustres ; aux petites villes et aux républiques de peu de considération on leur envoie des hommes de ma taille. — Cette réponse abasourdit tellement les railleurs, que Gellias obtint de l'assemblée tout ce qu'il désirait, et eut la gloire de régler les intérêts d'Agrigente, au plus grand avantage de la chose publique.

Cependant Carthage, qui de l'autre côté de la mer voyait Agrigente grandir en richesse et en population, comprit qu'elle devait l'avoir pour amie fidèle ou pour ennemie déclarée dans la longue lutte qu'elle venait d'entreprendre contre Rome. Non-seulement les Agrigentins refusèrent l'alliance des Carthaginois, mais encore ils se déclarèrent leurs ennemis. Aussitôt Annibal et Amilcar traversèrent la mer, et vinrent mettre le siége devant la ville. Les Agrigentins jugèrent alors qu'il serait à propos de réformer quelque chose de ce luxe devenu proverbial dans l'univers entier, et décidèrent que les soldats de garde à la citadelle ne pourraient avoir plus d'un matelas, d'une couverture et de deux oreillers. Malgré cette ordonnance lacédémonienne, Agrigente fut forcée de se rendre après huit ans de siége.

Alors toutes ses richesses devinrent la proie du vainqueur : tableaux, statues, vases précieux, tout fut envoyé à Carthage. Il n'y eut pas jusqu'au fameux taureau d'airain de Phalaris qui ne traversât la mer pour aller embellir la ville de Didon. Il est vrai que, deux cent soixante ans plus tard, lorsque Scipion à son tour eut pris et pillé Carthage, comme Amilcar avait pris et pillé Agrigente, le taureau repassa la mer et fut vendu aux Agrigentins, qui avaient pour lui une affection dont on se rend difficilement compte, quand on examine les rapports peu agréables que Phalaris les avait forcés d'avoir ensemble.

Malgré cette restitution et la protection dont la couvrit Rome, Agrigente ne se releva jamais de sa chute, et ne fit que décroître jusqu'au moment où elle perdit jusqu'à son nom. Aujourd'hui, Girgenti, pauvre fille mendiante d'une race royale, ne couvre guère que la vingtième partie du sol que couvrait sa gigantesque aïeule, et compte treize mille âmes végétant à grand'peine là où florissait un million d'habitans ; ce qui n'empêche pas, comme je l'ai déjà dit, qu'entre Messine la Noble et Palerme l'Heureuse, elle ne s'intitule pompeusement Girgenti la Magnifique.

La première chose qui nous frappa en sortant de la ville, fut la porte même sous laquelle nous passions, et qui est évidemment une construction sarrasine. Je voulus commencer, en face de ce monument de la conquête arabe, à mettre à l'épreuve la science patentée de notre guide, et je lui demandai s'il savait à quel siècle remontait cette porte ; mais le brave Ciotta se contenta de me répondre qu'elle était fort vieille, et que, comme elle faisait mauvais effet, on allait l'abattre par l'ordre de monsieur l'intendant, et la remplacer par une autre d'ordre dorique grec. Je m'informai alors du nom du digne intendant, et j'appris qu'il s'appelait Vaccari. Dieu lui fasse la paix !

Nous laissâmes à notre gauche la roche Athénienne, la plus élevée des montagnes qui dominaient l'antique Agrigente, et au sommet de laquelle étaient bâtis les temples de Jupiter Atabyrius et de Minerve. Un instant nous eûmes l'intention d'y monter ; mais notre guide nous ayant appris qu'il n'y avait rien autre chose à y voir qu'un assez beau panorama, nous remîmes l'ascension à un autre voyage, et nous nous acheminâmes vers le temple de Proserpine, à laquelle les Agrigentins avaient voué une grande dévotion. Ce temple est à peu près aussi invisible que celui de Jupiter Atabyrius ; seulement, sur ses fondations a poussé une petite église. A cent pas d'elle coule un *fiumicello*, qui, après s'être appelé l'Acragas et le Dragon, se nomme tout modestement aujourd'hui la rivière Saint-Blaise : c'est la même, au reste, qui, dans l'antiquité, séparait l'antique Agrigente de Néapolis, ou la ville neuve.

Nous suivîmes l'enceinte des murs encore fort visibles, et nous nous trouvâmes bientôt à l'angle du rempart où était bâti le temple de Junon-Lucine, qui s'élève, soutenu par trente-quatre colonnes d'ordre dorique, au-dessus d'un précipice taillé à pic. Une tradition, accréditée par Fazzello, veut que ce soit dans ce temple que s'était retiré, lors de la prise d'Agrigente, Gellias avec sa famille et ses trésors. Selon la même tradition, la teinte rougeâtre qui colore les pierres viendrait du feu mis par Gellias lui-même, et qui le brûla, lui et tous les siens. Il est vrai que Diodore, qui rapporte la même fait, dit qu'il se passa dans le temple de Jupiter-Atabyrius.

C'était dans ce temple qu'était suspendu le fameux tableau de Xeuxis, mentionné par Pline, chanté par l'Arioste, et pour lequel l'artiste avait fait passer devant lui cent femmes nues, afin de choisir parmi elles les cinq plus parfaites qui devaient lui servir de modèles. Il en résulta que la figure de la déesse était la quintessence de toutes les perfections différentes réunies en une seule. Au reste, comme Xeuxis avait pris goût à cette manière de travailler, il renouvela l'expérience pour son Hélène de Crotone et pour sa Vénus de Syracuse.

Malgré le soleil véritablement africain qui dardait d'aplomb sur nos têtes, Jadin s'assit pour me faire un dessin du temple, tandis que je me mis à la recherche des grenades. Je ne tardai pas à trouver un buisson au milieu duquel il en restait deux ou trois magnifiques; mais, au moment où j'y enfonçai la main, il me sembla entendre un sifflement, et voir se balancer une tête illuminée de deux yeux ardens. En effet, c'était un serpent, qui s'était enroulé autour du tronc principal, et qui, nouveau dragon des Hespérides, s'apprêtait à défendre les fruits que je convoitais. Un coup de bâton frappé sur le buisson lui fit quitter son poste pour se réfugier dans de grandes herbes qui poussaient à quelques pas de là; mais, avant qu'il les eût atteintes, Milord, qui m'avait suivi, avait sauté dessus, et lui avait cassé les reins d'un coup de dent. Comme, tout blessé à mort qu'il était, il se redressait encore pour mordre Milord, je lui cassai la tête d'un coup de fusil. Nous le mesurâmes alors, Ciotta et moi: il avait un peu plus de cinq pieds de long. Le digne cicérone m'assura, sans doute pour me flatter, que c'était un des plus grands qu'il eût jamais vus. Je revins à mes grenades, que je rapportai en triomphe à Jadin, tandis que Ciotta me suivait, traînant le monstre par la queue.

Du temple de Junon-Lucine, nous passâmes à celui de la Concorde, le plus beau et le moins endommagé des deux. Une pierre retrouvée parmi les ruines, et que l'on conserve dans la maison commune de Girgenti, lui a fait donner ce nom. Voici l'inscription qu'elle portait, et que j'ai copiée en laissant aux mots leur disposition :

Concordiæ Agrigenti-
norum Sacrum.
Respublica Iylibitano-
rum Dedicantibus
. M. Haterio Candido Procos
Et L. Cornelio Marcello Q.
PR. PR.

Nous commençâmes par visiter l'intérieur de ce monument vraiment magnifique, et dans lequel on entre par une porte ouverte au centre du pronaos. La cella, large de trente pieds et longue de quatre-vingt dix, est parfaitement conservée : deux escaliers sont pratiqués dans l'intérieur des murailles, et, par l'un d'eux, on peut encore monter facilement jusqu'aux combles.

En 1620, le temple de la Concorde fut converti en église chrétienne et dédié à San-Gregorio della Rupe, évêque de Girgenti. Alors on appropria le temple à sa nouvelle destination, et l'on perça les six portes cintrées qui donnent sur le péristyle; mais, vers la fin du dernier siècle, on regarda ce mariage de la mythologie et du christianisme comme une double profanation artistique et religieuse : toute trace de l'église moderne disparut, et si le dieu antique revenait, il trouverait, à peu de chose près, son temple tel qu'il est sorti des mains de son architecte inconnu.

Lorsque je descendis des combles, je trouvai Jadin à la besogne. Je profitai de la station pour me laisser glisser au bas des remparts et aller visiter les tombeaux creusés dans les murailles : c'était ceux des guerriers que les Agrigentins avaient l'habitude d'enterrer ainsi pour que, quoique morts, ils gardassent encore la ville. Pendant le siége, les Carthaginois les ouvrirent et jetèrent aux vents les cendres qu'ils renfermaient; mais, quelque temps après, la peste s'étant déclarée, et Annibal leur chef étant mort, Amilcar attribua l'apparition du fléau à cette profanation, et, pour apaiser les dieux, sacrifia un enfant à Saturne et plusieurs prêtres à Neptune. Les dieux furent satisfaits de cette réparation; et la peste s'en alla un beau matin comme elle était venue.

Je voulus remonter par le même chemin que j'avais suivi en descendant, mais la chose était impossible; je fus forcé de côtoyer les remparts sur une longueur de cinq cents pas à peu près, et de rentrer par l'ouverture qui a gardé le nom de Porte-Dorée et qui est située entre le temple d'Hercule et celui de Jupiter Olympien. Comme nuit s'avançait, je remis la visite de ces deux merveilles au lendemain. A moitié chemin du temple de la Concorde, je rencontrai Jadin qui avait plié bagage et qui venait au-devant de moi. Nous nous engageâmes dans une rue de la vieille ville toute bordée de tombeaux, et nous nous acheminâmes vers Girgenti, dont nous étions éloignés d'une demi-lieue à peu près.

Avec le changement de lumière, la ville avait changé d'aspect; le soleil, prêt à s'abaisser à l'horizon, se couchait derrière Girgenti, qui, assise au haut de son rocher, se détachait en vigueur sur un ciel de feu, pareille à une de ces villes babyloniennes que rêve Martyn. A gauche était la mer d'Afrique, calme, azurée, immense; derrière nous les temples de Junon-Lucine et de la Concorde; enfin, sous nos pieds, conservant la trace des chars, la voie antique, la même qui avait été foulée, il y a deux mille ans, par ce peuple disparu dont nous côtoyions les tombeaux.

A mesure que nous approchions de la ville, le grandiose s'effaçait, et Girgenti nous réapparaissait telle qu'elle est réellement, c'est-à-dire comme un amas confus de maisons sales et mal bâties. Cependant, à trois cents pas de la porte, une autre illusion nous attendait. De jeunes filles du peuple venaient puiser de l'eau à une fontaine, et remportaient sur leurs têtes ces belles cruches d'une forme longue, comme on en retrouve dans les dessins d'Herculanum et dans les fouilles de Pompéia; c'étaient, comme je l'ai dit, des filles du peuple couvertes de haillons, mais ces haillons étaient drapés d'une manière simple et grande, mais le geste avec lequel elles soutenaient l'amphore était puissant, mais enfin, telles qu'elles étaient, à moitié nues, non point par coquetterie, mais par misère, c'était encore les filles de la Grèce, dégénérées, abâtardies, sans doute, dans lesquelles cependant il était facile de retrouver encore quelque trace du type maternel. Deux d'entre elles, sur notre invitation transmise par Ciotta, posèrent complaisamment pour Jadin, qui en fit deux croquis qu'on croirait des copies de peintures antiques.

Nous trouvâmes à l'hôtel un moderne Gellias, qui, ayant appris notre arrivée, nous attendait pour nous offrir l'hospitalité : c'était l'architecte de la ville, monsieur Politi, homme fort aimable, dont la vie tout entière est consacrée à l'étude des antiquités au milieu desquelles il vit. Quelque envie que nous eussions de profiter de son offre, nous la refusâmes pour ne point faire trop de peine à notre hôte, qui avait visiblement fait de grands frais à l'endroit de notre réception; mais nous déclarâmes à monsieur Politi que, pour tout le reste, nous réclamions son obligeance.

Monsieur Politi nous répondit en se mettant à notre entière disposition. Nous en profitâmes à l'instant même en lui demandant des renseignemens sur la manière dont nous devions gagner Palerme.

Il y avait deux moyens d'arriver à ce but : le premier était celui des côtes avec notre speronare; le second était de couper diagonalement la Sicile de Girgenti à Palerme. Le premier nécessitait quinze ou dix-huit jours de navigation; le second trois jours seulement de cavalcade. De plus il nous montrait l'intérieur de la Sicile dans toute sa solitude et sa nudité; il n'y avait donc pas à balancer comme économie de temps et gain de pittoresque. Nous choisîmes le second. Un seul inconvénient y était attaché. La route, nous assura monsieur Politi, était infestée de voleurs, et, quinze jours auparayant, un Anglais avait été assassiné entre Fontana-Fredda et Castro-Novo. Nous nous regardâmes, Jadin et moi, et nous nous mîmes à rire.

Depuis que nous étions en Italie, nous avions sans cesse entendu parler de bandits sans jamais avoir aperçu l'ombre d'un seul. D'abord, je l'avouerai, ces récits terribles de voyageurs dévalisés, mis à rançon, assassinés, que nous avaient faits les conducteurs de voitures pour ne pas marcher la nuit, ou les maîtres d'auberge pour nous engager à prendre une escorte sur laquelle on leur fait une remise, avaient produit sur nous quelque sensation. En conséquence, les premières fois, nous nous étions prudemment arrêtés où nous nous trouvions; puis, les autres, nous étions partis avec quelque crainte, voyant qu'on parlait toujours d'un danger qui ne se réalisait jamais, nous avions fini par rire et voyager à toute heure, sans prendre d'autre précaution que de ne jamais quitter nos armes. Plus tard, à Naples, on nous avait promis positivement que nous ne quitterions pas la Sicile sans rencontrer ce que nous avions cherché inutilement ailleurs, et, depuis que nous étions en Sicile, comme à Naples, comme à Rome, comme à Florence, nous n'avions encore trouvé de véritables détrousseurs de grand chemin que les aubergistes. Il est vrai qu'ils faisaient la chose en conscience.

La crainte de monsieur Politi nous parut donc tant soit peu exagérée, et nous lui dîmes que, ce qu'il nous présentait comme un obstacle étant un attrait de plus, nous choisissions définitivement la route de terre. Comme cette réponse, pour ne point paraître une espèce de forfanterie, nécessitait une explication, nous lui dîmes ce qui nous était arrivé jusque-là, le bonheur que nous avions eu de ne faire aucune mauvaise rencontre, et le désir que nous aurions, ne fût-ce que pour donner à notre voyage le charme de l'émotion, de faire connaissance avec quelque bandit.

— Pardieu! nous dit monsieur Politi, n'est-ce que cela? J'ai votre affaire sous la main.

— Vraiment?

— Oui; seulement c'est un voleur en retraite, un bandit réconcilié, comme on dit. Il est muletier à Palerme, il vient d'amener ici deux Anglais. Si vous voulez le prendre, il a deux bonnes mules de retour, et avec lui vous aurez au moins l'avantage, si vous rencontrez des bandits, de pouvoir traiter. En sa qualité d'ancien confrère, ces messieurs lui font des avantages qu'ils ne font à personne.

— Et cet honnête homme est à Girgenti? m'écriai-je.

— Il y était ce matin encore, et à moins qu'il ne soit parti depuis ce moment, ce dont je doute, nous pouvons l'envoyer chercher.

— A l'instant même, je vous en prie.

Monsieur Politi appela le garçon et lui dit d'aller chercher Giacomo Salvadore de sa part, et de l'amener à l'instant même. Dix minutes après, le garçon reparut, suivi de l'individu demandé.

C'était un homme de quarante à quarante-cinq ans, qui, sous son costume de paysan sicilien, avait conservé une certaine allure militaire. Il avait sur la tête un bonnet de laine grise brodé de rouge, de forme phrygienne; quant au reste de son accoutrement, il se composait d'un gilet de velours bleu, duquel sortaient des manches de chemise de grosse toile dont les poignets étaient bordés de rouge comme le bonnet; d'une ceinture de laine de différentes couleurs qui lui ceignait la taille, d'une culotte courte de velours pareil à celui du gilet; enfin il avait pour chaussure des espèces de bottes à retroussis ouvertes sur le côté. Le tout se détachait sur un manteau de couleur rougeâtre brodé de vert, qui, jeté sur une de ses épaules seulement, pendait derrière lui et donnait à son aspect quelque chose de pittoresque.

Monsieur Politi nous avait priés de ne faire aucune allusion à la première profession du signor Salvadore, et de nous contenter purement et simplement, dans cette première entrevue, de débattre nos prix et de faire notre accord. Nous lui avions promis de nous tenir dans les bornes de la plus stricte convenance.

Comme l'avait pensé monsieur Politi, le muletier, en voyant débarquer le matin deux étrangers, s'était dit qu'il ne perdrait pas son temps à attendre. Il est vrai que quelquefois, il l'avouait lui-même, il avait été trompé dans un calcul pareil, et qu'il avait rencontré des âmes timorées qui avaient préféré, pour traverser trois jours de désert, une autre compagnie que celle d'un ex-voleur; mais aussi, dans d'autres circonstances, comme par exemple dans celle où nous nous trouvions, il avait été dédommagé de sa peine. Somme toute, il était presque sûr de son affaire quand les voyageurs étaient Anglais ou Français; les chances se balançaient quand le voyageur était Allemand; mais, si le voyageur était Italien, il ne prenait pas même la peine de se présenter et de faire ses ouvertures : il savait d'avance qu'il était refusé.

La discussion ne fut pas longue. D'abord Salvadore, fier comme un roi, avait l'habitude d'imposer les conditions et non de les recevoir. Comme ces conditions se bornaient à deux piastres par mules et à deux piastres pour le muletier; en tout, et y compris la mule qui portait le bagage, huit piastres, ces arrangemens nous parurent si raisonnables, que nous arrêtâmes immédiatement mules et muletier pour le surlendemain matin, moyennant lequel accord Salvadore nous donna deux piastres d'arrhes.

Ceci est encore une chose remarquable, que, par toute l'Italie, ce sont les *vetturini* qui donnent des arrhes aux voyageurs et non les voyageurs qui donnent des arrhes aux *vetturini*.

Monsieur Politi demanda alors à Salvadore s'il croyait qu'il y eût quelque danger pour nous sur la route. Salvadore répondit que, quant au danger, il n'y en avait pas, et qu'il pouvait en répondre. A un seul endroit peut-être, c'est-à-dire à une lieue et demi ou deux lieues de Castro-Novo, nous aurions quelque négociation à entamer avec une bande qui avait fait élection de domicile dans les environs; mais, en tout cas, Salvadore répondait que le droit de passage qu'on exigerait de nous, en supposant même qu'on l'exigeât, ne s'élèverait pas à plus de dix ou douze piastres. C'était, comme on le voit, une misère qui ne valait pas la peine qu'on s'en occupât.

Ce point posé, nous remplîmes un verre de vin que nous présentâmes à Salvadore, et nous trinquâmes à notre heureux voyage.

Tout était arrêté, il ne s'agissait plus que de donner avis au capitaine Arena de la résolution que nous avions prise, afin qu'il fît le tour de la Sicile avec son bâtiment et vînt nous rejoindre à Palerme. En conséquence, on me chercha un messager qui, moyennant une demi-piastre, se chargea de porter ma dépêche jusqu'au port. Elle contenait l'invitation à notre brave patron de venir nous parler le lendemain avant neuf heures, et la désignation de quelques objets de première nécessité, qui devaient constituer notre bagage de voyageurs, et à l'aide desquels nous attendrions tant bien que mal, à Palerme, le reste de notre roba.

Sur ce, monsieur Politi, voyant que nous paraissions fort désireux de gagner notre chambre, prit congé de nous en s'offrant d'être en personne notre cicerone pour lendemain, et en nous priant de prévenir notre hôte que nous dînions ce jour-là en ville.

LE COLONEL SANTA-CROCE.

Grâce à la discrétion de monsieur Politi, qui nous avait permis de nous retirer de bonne heure, nous étions le lendemain sur pied et prêts à le suivre, lorsqu'il vint nous prendre à six heures. La chaleur, répercutée par les rochers nus sur lesquels nous marchions, avait été si étouffante là veille, que nous avions résolu d'y échapper autant que possible en nous mettant en campagne dès le matin.

Nous sortîmes par la même porte que la veille, accompagnés de monsieur Politi et suivis de notre ami Ciotta, dont nous avions été bien tentés de nous débarrasser, mais qui, pareil au jardinier du *Mariage de Figaro*, n'avait pas été si sot que de renvoyer de si bons maîtres. En attendant qu'il nous donnât des preuves de son érudition, il nous donnait des marques de sa bonne volonté, en portant le parasol, le tabouret et la boîte à couleurs de Jadin.

La première trace d'antiquités que nous rencontrâmes fut des sépulcres creusés dans le roc même, comme j'en avais déjà rencontré de pareils à Arles et au village de Baux ; je laissai Jadin s'enfoncer avec monsieur Politi dans une profonde discussion scientifique, et je m'acheminai avec Ciotta vers un petit édifice carré d'une construction assez élégante, porté sur un soubassement et orné de quatre pilastres. Après avoir inutilement essayé de me rendre compte, par ma propre science archéologique, de l'ancienne destination de cet édifice, force me fut de recourir à l'érudition de Ciotta, et je lui demandai s'il avait une opinion sur cette ruine.

— Certainement, Excellence, me dit-il, c'est la chapelle de Phalaris.

— La chapelle de Phalaris ! répondis-je assez étonné de cette singulière alliance des mots. Vous croyez ?

— J'en suis sûr, Excellence.

— Mais de quel Phalaris ? demandai-je, car, au bout du compte, il pouvait y en avoir eu deux, et la réputation du premier pouvait avoir nui à l'illustration du second.

— Mais, reprit Ciotta étonné de la question, mais du fameux tyran qui avait inventé le taureau d'airain.

— Ah ! ah ! pardon, je ne le croyais pas si dévot.

— Il avait des remords, Excellence, il avait des remords ; et comme le palais qu'il habitait était à quelques pas d'ici, il fit élever cette chapelle à proximité du susdit palais, pour n'avoir pas trop à se déranger quand il voulait entendre la sainte messe.

— Pardon, signor cicerone, mais l'explication me paraît si judicieuse, que je vous demanderai la permission de l'inscrire séance tenante sur mon album.

— Faites, Excellence, faites.

En ce moment, Jadin nous rejoignit ; comme je ne voulais pas le priver de l'explication lumineuse que m'avait donnée Ciotta, je le laissai avec lui, et je pris à mon tour monsieur Politi pour visiter le temple des Géans, tandis que Jadin faisait en quatre coups de crayon un croquis de la chapelle de Phalaris.

Le temple des Géans n'est, à l'heure qu'il est, qu'un monceau de ruines, et si, comme le dit Biscari, on n'avait retrouvé un triglyphe parmi ces ruines, on ne saurait pas même à quel ordre d'architecture cet édifice appartenait.

Selon toute probabilité, ce temple, qui semblait bâti pour l'éternité, fut renversé par les barbares. En 1401, Fazello, le chroniqueur de la Sicile, dit avoir encore vu debout trois des géans qui formaient les cariatides. Ce sont ces trois géans que la Girgenti moderne, en fille fière de sa race, a pris pour armes. Quelque temps après, un tremblement de terre les renversa, et aujourd'hui, de toute cette *cour de colosses*, comme dit la devise de la ville, il ne reste qu'un pauvre géant couché dont on a rapproché les morceaux, et qui peut donner encore, avec un tronçon des fameuses colonnes de ce temple, dans les cannelures desquelles un homme pouvait se cacher, une idée de la grandeur du monument.

Nous mesurâmes le géant de pierre : il avait de 24 à 25 pieds, y compris ses bras ployés au-dessus de sa tête. Au reste, les contours en sont très frustes, ces cariatides, selon toute probabilité, ayant été revêtues de stuc, et dans leur partie postérieure se trouvant adossées à des pilastres.

Notre ami Ciotta avait bâti sur cette figure un système non moins ingénieux que celui qu'il nous avait développé sur la chapelle de Phalaris ; il pensait que ce géant était un des anciens habitans de la Sicile, qui, ayant eu l'imprudence de se laisser tomber dans une fontaine pétrifiante, avait eu le bonheur de s'y conserver intact jusqu'au jour où la fontaine ayant été mise à sec par un tremblement de terre, on l'y avait retrouvé tel qu'il était encore aujourd'hui.

Du temple des Géans, nous n'eûmes qu'à traverser la voie antique pour nous trouver à celui d'Hercule. Celui-ci est encore plus maltraité que son voisin. Une colonne seule est restée debout. C'est le temple dont parle Cicéron à propos de la fameuse statue du fils d'Alcmène, si magnifique, qu'il était difficile de rien voir de plus beau ; — *Quo non facile dixerim quidquid vidisse pulchrius*. — Aussi, lorsque Verrès, qui l'avait trouvée à sa convenance, voulut s'en emparer, il y eut émeute, et les habitans d'Agrigente chassèrent à coups de pierres les messagers du proconsul romain.

Ces ruines visitées, nous descendîmes par la porte d'Or, et, franchissant l'enceinte des murs, nous nous avançâmes vers un petit monument carré, que les uns assurent être le tombeau de Theron, et les autres celui d'un célèbre coursier. Au reste, les uns et les autres donnent de si puissantes preuves à l'appui de leur assertion, que notre cicerone, embarrassé de se prononcer entre eux, voulut bien, pour tout concilier, que ce sépulcre était celui d'un ancien roi agrigentin, qui s'était fait enterrer avec un cheval qu'il aimait beaucoup.

Trois cents pas plus loin sont deux colonnes enchâssées dans les murs d'une petite cassine : c'est tout ce qui reste du temple d'Esculape. La plaine au milieu de laquelle s'élève cette cassine s'appelle encore *il Campo romano*. En effet, c'était à cette place que, dans la première guerre punique, campait, au dire de Polybe, une partie de l'armée romaine.

Comme le soleil, avec lequel nous avions fait la veille une si intime connaissance, recommençait à nous faire les honneurs de la ville, qu'au dire de Pindare il ne dédaignait pas autrefois de chanter lui-même, nous nous privâmes des temples de Vulcain, de Castor et Pollux, et de la piscine creusée par les prisonniers carthaginois dans la vallée d'Acragas. Ciotta insista beaucoup pour nous y conduire, mais nous lui promîmes de le payer comme si nous l'avions vue, ce qui le ramena à l'instant même à notre sentiment.

En rentrant à l'hôtel, nous trouvâmes le capitaine Arena qui nous attendait avec notre cuisinier. Nous nous étonnâmes de cette infraction aux lois de la police napolitaine, qui défendait, on se le rappelle, au susdit Cama de mettre pied à terre. Mais le pauvre diable avait tant prié qu'on l'éloignât de l'élément sur lequel il n'avait pas un instant de repos, et qui la veille encore avait pensé lui être si fatal, que le capitaine, touché de ses supplications, nous l'amenait pour nous demander si, malgré la défense faite à son endroit, nous voulions prendre sur nous de l'emmener par terre à Palerme. Le patient attendait notre décision avec une figure si piteuse, que nous n'eûmes pas le courage de lui refuser sa requête. Au risque de ce qui pouvait en résulter, Cama fut donc, à sa grande satisfaction, réinstallé sur la terre ferme. Cinq minutes après, notre hôte accourut pour nous demander si nous étions mécontens de notre dîner de la veille. Comme nous n'avions aucun motif de désobliger ce brave homme, qui avait véritablement fait ce qu'il avait pu, nous lui dîmes que, loin de nous en plaindre, nous en étions au contraire très satisfaits ; alors il nous pria de venir mettre le holà dans sa cuisine, où Cama mettait tout sens dessus dessous. Nous y courûmes aussitôt, et nous trouvâmes effectivement Cama au milieu de cinq ou six casseroles, et demandant à grands cris de quoi mettre dedans. C'était cette demande indiscrète qui avait blessé notre hôte. Nous fîmes comprendre à Cama que ses exigences étaient exorbitantes, et nous l'invitâmes à laisser le cuisinier de la maison nous apprêter à son goût les douze ou quinze œufs qu'il était parvenu à grand'peine à se procurer. Cama se retira en grommelant, et nous ne pûmes le consoler qu'en lui promettant qu'il prendrait sa revanche pendant notre voyage d'Agrigente à Palerme.

Le capitaine avait apporté tous nos effets, et à tout hasard une centaine de piastres. Mais, comme ce que monsieur Politi nous avait dit de la route ne nous invitait pas à nous surcharger d'argent, nous le priâmes de remporter la susdite somme au bâtiment, où elle serait beaucoup plus en sûreté que dans nos poches. Nous avions, Jadin et moi, une cinquantaine d'onces, c'est-à-dire sept ou huit cent francs, et cela nous paraissait d'autant plus suffisant dans les circonstances actuelles, que le capitaine nous promettait de nous avoir rejoints dans une dizaine de jours. Il avait bien eu un instant la crainte qu'un accident arrivé au speronare ne le forçât de s'arrêter quelques jours à Girgenti pour se procurer une ancre qui remplaçât celle restée au fond de la mer ; mais Philippe avait tant et si bien plongé, qu'il avait fini par dégager la dent de fer du rocher sous lequel elle avait mordu, et alors, après avoir plongé sept fois à la profondeur de vingt-cinq pieds, il était revenu à la surface de l'eau avec son ancre. Aussitôt Pietro et Giovanni, qui l'attendaient, s'étaient jetés à la mer avec un câble ; on avait passé le câble dans l'anneau, et l'ancre avait été triomphalement hissée sur le bâtiment.

Tout allant donc pour le mieux, nous prîmes congé du capitaine, en lui donnant rendez-vous à Palerme.

Aussitôt après le déjeuner, qui, d'après le prospectus qu'on en a vu, ne devait pas nous tenir longtemps, nous nous mîmes en quête des choses remarquables que pouvait nous offrir Girgenti elle-même. La liste en était courte : un magasin de vases étrusques fort incomplet, et dont chaque pièce nous était offerte pour un prix triple de celui qu'il nous eût coûté à Paris : un petit tableau prétendu de Raphaël, mais tout au plus de Jules Romain, qui avait été volé, puis rendu par l'entremise d'un confesseur, et qui était déposé chez le juge, qui pourra bien en devenir le propriétaire définitif ; enfin l'église cathédrale, privée pour le moment d'évêque, attendu que, le dernier prélat étant mort, le roi de Naples touchant provisoirement ses revenus, qui sont de trente mille onces, sa majesté sicilienne ne se pressait pas de pourvoir au bénéfice vacant.

Ces différentes visites, tout insignifiantes qu'elles étaient, ne nous en conduisirent pas moins jusqu'au dîner, qui nous fut servi avec une profusion que nous avions rencontrée chez notre bon Gemellaro, mais que nous n'avions pas retrouvée depuis. Au dessert, la conversation retomba sur les voleurs ; ce sujet nous ramena tout naturellement à Salvadore, notre futur guide, et nous demandâmes à monsieur Politi quelques renseignemens sur la façon dont la grâce de Dieu l'avait touché. Mais, au lieu de nous répondre, notre hôte nous offrit de nous raconter une anecdote arrivée il y avait sept ou huit ans à Castro-Giovanni. Ne voulant pas lâcher la réalité pour l'ombre, nous acceptâmes aussitôt, et, sans autre préambule que de nous faire servir le café et d'ordonner qu'on ne vînt nous déranger sous aucun prétexte, monsieur Politi commença l'histoire suivante :

— Le 20 juillet 1826, à six heures du soir, la salle du tribunal de Castro-Giovanni était non-seulement encombrée de curieux, mais encore les rues avoisinantes regorgeaient d'un flot d'hommes et de femmes qui, n'ayant pu trouver place dans l'enceinte où l'on rendait la justice, attendaient dehors le résultat du jugement. C'est que ce jugement était de la plus haute importance pour toute la population du centre de la Sicile. L'accusé qui comparaissait à cette heure devant ses juges faisait, à ce qu'on assurait, partie de la bande du fameux capitaine Luigi Lana, qui, se tenant tantôt sur la route de Catane à Palerme, tantôt sur celle de Catane à Girgenti, et quelquefois même sur les deux, dévalisait scrupuleusement tout voyageur qui avait l'imprudence de prendre l'une ou l'autre de ces deux routes.

Le seigneur Luigi Lana était un de ces chefs de voleurs comme on n'en trouve plus qu'en Sicile et à l'Opéra-Comique, et qui s'élancent sur les grands chemins pour redresser les abus de la société, et remettre un peu d'égalité entre les faveurs et les disgrâces de la fortune. Vingt personnes avaient eu affaire à lui ; mais, sur les vingt signalemens donnés par elles, il n'y en avait pas deux qui se ressemblassent. Au dire des uns c'était un beau jeune homme blond de vingt-quatre à vingt-cinq ans, et qui avait l'air d'une femme ; au dire des autres, c'était un homme de quarante à quarante-cinq ans, aux traits fortement accentués, au visage olivâtre et aux cheveux noirs et crépus. Il y en avait qui disaient l'avoir vu entrer dans les églises et y dire ses prières avec une componction à faire honte aux moines les plus fervens ; d'autres lui avaient entendu proférer des blasphèmes à faire fendre le ciel, et le tenaient pour un impie et pour un réprouvé. Enfin il y en avait encore, mais c'était le plus petit nombre, il faut l'avouer, qui disaient qu'il était plus honnête homme au fond que ceux qui le poursuivaient pour le faire prendre, et plus rigide observateur d'une simple promesse verbale que beaucoup de commerçans ne le sont d'une obligation écrite : ceux-là s'appuyaient sur un fait qui prouvait qu'effectivement maître Luigi Lana ne plaisantait pas à l'endroit de ses engagemens. Voici l'événement sur lequel ils basaient la bonne opinion qu'ils avaient conçue et qu'ils émettaient touchant ce singulier personnage.

Un jour qu'il était poursuivi, il avait trouvé asile chez un riche seigneur sicilien nommé le marquis de Villalba ; en le quittant, Luigi, reconnaissant, lui avait promis que lui et les siens pouvaient désormais voyager en Sicile en toute sûreté. Confiant en cette promesse, le marquis de Villalba avait envoyé quelques jours après cet événement son intendant faire un paiement à Cefalu ; mais, entre Polizzi et Collesano, l'intendant avait été arrêté par un voleur. Le pauvre diable avait eu beau dire qu'il appartenait au marquis de Villalba, et que le marquis de Villalba avait pour lui et les siens un sauf-conduit du capitaine : le bandit n'avait point écouté ses réclamations et avait laissé le pauvre intendant nu comme un ver. Se voyant dans l'impossibilité de continuer sa route, l'intendant était revenu sur ses pas et avait demandé l'hospitalité dans la première maison de Polizzi ; de là il avait écrit à son maître l'accident qui lui était arrivé, lui demandant ses instructions sur ce qui lui restait à faire. Le marquis de Villalba, qui ne se souciait pas d'aller sommer Lana de tenir la promesse qu'il lui avait faite et à laquelle il avait manqué si promptement, était en train d'écrire à son intendant qu'il eût à revenir au château, lorsqu'on lui remit deux sacs qu'un inconnu venait d'apporter pour lui de la part du capitaine Luigi Lana. Le marquis ouvrit les deux sacs. Le premier contenait la somme qui avait été volée à l'intendant, le second la tête du voleur.

En même temps l'intendant recevait dans la maison où il s'était réfugié, et par un autre messager inconnu, les habits dont il avait été dépouillé.

A partir de ce jour, aucun bandit ne s'avisa plus de se frotter ni au marquis de Villalba, ni à personne de sa maison.

Or, comme nous l'avons dit, le 20 juillet 1826, on jugeait au tribunal de Castro-Giovanni un homme accusé de faire partie de la bande de Luigi Lana, et que l'on soupçonnait d'avoir assassiné un voyageur anglais trois mois auparavant, c'est-à-dire le 18 mai, entre Centorbi et Paterno. Comme l'Anglais était mort deux jours après des quatre coups de poignard qu'il avait reçus, il n'y avait pas moyen de convaincre le coupable par la confrontation. Mais avant d'expirer, le moribond, qui avait gardé pendant tout cet événement un sang-froid digne du pays où il était né, avait donné de son meurtrier un signalement tellement exact, que, grâce à ce signalement, on avait arrêté six semaines après le coupable.

Quand nous disons le coupable, nous devrions dire simplement l'accusé, car les avis étaient fort partagés sur l'individu qui comparaissait devant le seigneur Bartolomeo, juge de Castro-Giovanni. En effet, malgré la déposition de l'Anglais mourant, malgré l'identité du signalement avec les traits de son visage, le prisonnier soutenait qu'il était victime d'une erreur de ressemblance, et que, le jour même où avait eu lieu l'assassinat, il était sur le port de Palerme, où pour le moment il exerçait le métier de facchino. Malheureusement le seigneur Bartolomeo, juge de Castro-Giovanni, paraissait s'être rangé au nombre des personnes peu disposées à croire à cette dénégation, ce qui laissait, la chose était facile à voir, infiniment peu d'espoir au pauvre diable, qui, pour toute défense, arguait d'un alibi qu'il ne pouvait pas prouver.

Les choses en étaient donc là, et l'on attendait de minute

en minute le prononcé du jugement, lorsqu'un beau jeune homme de vingt-huit à trente ans, revêtu d'un uniforme de colonel anglais, et suivi de deux domestiques comme lui à cheval, entra à Castro-Giovanni, venant du côté de Palerme, et s'arrêta à l'hôtel du Cyclope, tenu par maître Gaëtano Pacca. Comme les voyageurs de cette qualité étaient rares à Castro-Giovanni, maître Gaëtano accourut lui-même à la porte, et ne voulut céder à personne l'honneur de tenir la bride du cheval de l'étranger, tandis que l'étranger mettait pied à terre. L'officier, qui, comme nous l'avons dit, était suivi de deux domestiques, voulut d'abord s'opposer à cet excès de politesse, mais, voyant que son hôte futur insistait, il ne voulut pas le contrarier pour si peu, mit pied à terre dans toutes les règles de l'équitation, et entra dans l'hôtel en fouettant légèrement avec sa cravache la poussière amassée sur ses bottes et sur son pantalon.

— Je suis le très humble serviteur de Votre Excellence, dit au colonel maître Gaëtano, qui, ayant jeté la bride du cheval aux mains d'un des domestiques, était entré derrière l'étranger, et je serai éternellement fier de ce qu'un seigneur du rang de Votre Excellence se soit arrêté à l'hôtel du Cyclope. Votre Excellence vient sans doute de faire une longue route, et une longue route ouvre l'appétit. Que ferai-je servir à Votre Excellence pour son dîner?

— Mon cher monsieur Pacca, dit l'étranger avec un accent maltais fortement prononcé, et d'un air de hauteur qui arrêta tout court la politesse un peu familière de maître Gaëtano, faites-moi d'abord le plaisir de répondre à une question que j'aurais à vous adresser, puis nous en reviendrons à la proposition que vous avez la bonté de me faire.

— Je suis aux ordres de Votre Excellence, dit l'hôte du Cyclope.

— Très bien. Je voudrais savoir combien il y a de milles de Castro-Giovanni au château de mon honorable ami le prince de Paterno.

— Votre Excellence ne compte sans doute pas faire une si longue route aujourd'hui, et surtout à l'heure qu'il est.

— Pardon, mon cher Pacca, reprit l'étranger avec le même ton railleur qu'on avait déjà pu remarquer dans l'accent qui accompagnait ses paroles. Mais vous ne vous apercevez pas que vous répondez à ma question par une autre question. Je vous demande combien il y a de milles d'ici au château du prince de Paterno : comprenez-vous?

— Dix-sept milles, Votre Excellence.

— Très bien : avec mon cheval c'est l'affaire de trois heures; et pourvu que je parte à huit heures du soir, je serai encore arrivé avant minuit : préparez mon dîner et celui de mes gens, et faites donner à manger à nos montures.

— Seigneur Dieu! s'écria l'aubergiste, Votre Excellence aurait-elle donc l'intention de voyager de nuit?

— Et pourquoi pas?

— Mais Votre Excellence doit savoir que les routes ne sont pas sûres?

L'étranger se mit à rire avec une indéfinissable expression de mépris; puis, après un instant de silence :

— Qu'y a-t-il donc à craindre? demanda-t-il en continuant de fouetter la poussière amassée sur son pantalon avec sa cravache.

— Ce qu'il y a à craindre? Votre Excellence le demande!

— Oui, je le demande.

— Votre Excellence n'a-t-elle point entendu parler de Luigi Lana?

— De Luigi Lana? qu'est-ce que cet homme?

— Cet homme, Excellence, c'est le plus terrible bandit qui ait jamais paru en Sicile.

— Vraiment? dit l'étranger de son même ton goguenard.

— Sans compter qu'en ce moment il est exaspéré, continua l'aubergiste, et je réponds bien qu'il ne fera quartier à personne.

— Et de quoi est-il exaspéré, maître Gaëtano? Voyons, contez-moi cela.

— De ce qu'on juge en ce moment un des hommes de sa bande.

— Où cela?

— Ici même, Excellence.

— Et sans doute ce drôle sera condamné?

— J'en ai peur, Excellence.

— Et pourquoi en avez-vous peur, maître Gaëtano?

— Pourquoi, Excellence? parce que Luigi Lana est un homme à mettre, pour se venger, le feu aux quatre coins de Castro-Giovanni.

L'étranger éclata de rire.

— Puis-je savoir de quoi rit Votre Excellence? demanda l'aubergiste tout stupéfait.

— Je ris de ce qu'un homme de cœur fait trembler huit ou dix mille lâches comme vous, répondit l'étranger avec un air plus méprisant que jamais. Et, continua-t-il après une pause d'un instant, vous croyez donc que cet homme sera condamné?

— Je n'en fais pas de doute, Excellence.

— Je suis fâché de n'être pas arrivé plutôt, reprit l'étranger comme s'il se parlait à lui-même ; je n'aurais pas été fâché de voir la figure que fera le drôle en entendant prononcer son jugement.

— Peut-être est-il encore temps, dit maître Gaëtano ; et si Votre Excellence veut se distraire à cela en attendant que son dîner soit servi, j'écrirai un petit mot au juge Bartolomeo, dont j'ai l'honneur d'être le compère, et je ne doute pas que sur ma recommandation il ne fasse placer Votre Excellence dans l'enceinte même des avocats.

— Merci, mon cher monsieur Pacca, dit l'étranger en se levant et s'avançant vers la porte ; merci, mais ce serait probablement trop tard. J'entends un grand bruit de monde qui revient, et sans doute le jugement est prononcé.

En effet, la foule qui, dix minutes auparavant, se pressait autour du tribunal, se répandait à cette heure dans les rues; et, comme un orage planant sur la ville, les mots : à mort! à mort! grondaient répétés par quatre ou cinq mille voix.

L'accusé, malgré ses dénégations réitérées, n'ayant pu produire aucun témoin à décharge, venait d'être condamné à être pendu.

Le jeune colonel resta sur la porte jusqu'à ce que cette foule qu'il regardait en fronçant le sourcil et en mordant sa moustache fût écoulée ; puis, lorsque la rue fut, à l'exception de quelques groupes semés çà et là, redevenue solitaire, il se retourna vers l'aubergiste, qui se tenait respectueusement derrière lui, se haussant sur la pointe des pieds, et essayant de voir par-dessus son épaule.

— Et quand croyez-vous que cet homme soit exécuté, mon cher monsieur Pacca? demanda l'étranger.

— Mais après-demain matin, sans doute, répondit maître Gaëtano ; aujourd'hui le jugement, cette nuit la confession, demain la chapelle ardente, après-demain la potence.

— Et à quelle heure?

— Vers les huit heures du matin, c'est l'heure ordinaire.

— Ma foi! il me prend une envie, dit le colonel.

— Laquelle, Excellence?

— C'est, n'ayant pu voir juger ce drôle, de le voir au moins pendre.

— Rien de plus facile ; Votre Excellence peut partir demain matin, faire sa visite à son ami le prince de Paterno, et être de retour ici demain soir.

— Vous parlez comme saint Jean-Bouche-d'Or, mon cher monsieur Pacca, répondit le colonel en tirant hors de son uniforme rouge son jabot de batiste ; et je ferai comme vous dites. Ainsi donc occupez-vous de mon dîner et de ma chambre ; tâchez que tout cela soit, je ne dirai pas bon, mais passable, comme vous m'en donnez le conseil, je partirai demain matin et je reviendrai demain soir. Pendant ce temps-là occupez-vous donc de m'avoir une bonne place pour regarder l'exécution : une fenêtre, par exemple ; je la paierai ce qu'on voudra.

— Je ferai mieux que cela, Excellence.

— Que ferez-vous, mon cher monsieur Pacca?

— Votre Excellence sait qu'il est d'habitude que le juge assiste au supplice sur une estrade?

— Ah! c'est l'habitude? non, je ne le savais pas. Mais qu'importe, allez toujours.

— Eh bien! je demanderai au juge, dont, comme je l'ai

déjà dit, je crois, j'ai l'honneur d'être compère, une place près de lui pour Votre Excellence.

— A merveille! maître Gaëtano; et moi je vous promets, si vous me l'obtenez, de ne pas vérifier l'addition de votre carte, et de m'en rapporter au total.

— Allons, allons, dit maître Gaëtano, je vois que tout cela peut s'arranger, et Votre Excellence, je l'espère, quittera ma maison satisfaite de l'hôte et de l'hôtel.

— J'en ai l'espoir, mon cher monsieur Pacca; mais, en attendant le dîner, qui, j'en ai peur, se fera attendre, n'avez-vous rien à me donner à lire pour me distraire?

— Si fait, Excellence, si fait, reprit maître Gaëtano en ouvrant une armoire où moisissaient quelques mauvais bouquins dépareillés. Voici le *Guide du voyageur en Sicile*, par l'illustre docteur Francesco Ferrara; voici deux volumes de *Poésies légères*, de l'abbé Meli; voici le *Traité de la Jettature*, par maître Nicolao Valetta; voici l'*Histoire du terrible bandit Luigi Lana*, ornée de son portrait dessiné d'après nature....

— Ah! diable! mon cher hôte, donnez-moi ce livre; donnez vite, je vous prie, je suis curieux de voir quelle figure on lui a faite.

— Voilà, Excellence, voilà.

— Peste... mais savez-vous que c'est un fort vilain monsieur, que votre ami Luigi Lana, avec ses grosses moustaches, ses yeux à fleur de tête, ses cheveux mal peignés, son chapeau en pain de sucre et ses pistolets à la ceinture?

— Eh bien! cette copie, si terrible qu'elle soit, n'est encore rien auprès de l'original.

— Vraiment?

— Je puis l'affirmer à Votre Excellence.

— Vous l'avez donc vu, mon cher monsieur Pacca? demanda le jeune colonel en se balançant sur sa chaise, et en regardant l'aubergiste de son air le plus goguenard.

— Non, Excellence, non pas moi; mais j'ai logé de pauvres diables de voyageurs qui l'avaient rencontré pour leur malheur, eux, et qui m'en ont fait le portrait depuis les pieds jusqu'à la tête.

— Bah! la peur leur aura troublé la vue, et ils auront exagéré. En tout cas, mon cher hôte, maintenant que j'ai ce que je désirais, occupez-vous de mon dîner, je vous prie, tandis que je verrai si les actions de ce terrible personnage correspondent à sa figure.

— A l'instant, Excellence, à l'instant.

Le voyageur fit un signe de la tête indiquant qu'il savait parfaitement ce qu'il devait penser du *subito* italien, et, s'allongeant sur deux chaises, il s'apprêta avec une nonchalance toute méridionale à commencer sa lecture.

Sans doute, malgré l'espèce de mépris avec lequel il avait ouvert le livre, les aventures qu'il contenait présentèrent quelqu'intérêt à l'esprit du colonel, car, lorsque maître Gaëtano rentra au bout d'une demi-heure, il le retrouva dans la même posture, et livré à la même occupation.

Si le colonel avait bien employé son temps, maître Gaëtano n'avait pas perdu le sien. Après avoir causé avec le maître, il avait fait causer les domestiques, et il avait appris d'eux que le voyageur qu'il avait l'honneur d'héberger en ce moment était un jeune Maltais qui, jouissant d'une fortune de cent mille livres de rentes, avait acheté un régiment en Angleterre. Restait à savoir le nom de cet étranger. Mais le propriétaire de l'hôtel du *Cyclope* avait trouvé un moyen tout simple de le connaître; il apportait, selon l'habitude italienne, son registre à signer au jeune voyageur.

Le colonel, entendant quelqu'un qui s'arrêtait près de lui, leva les yeux et aperçut son hôte; en voyant le registre, il devina l'intention, tendit la main, prit une plume, et, à l'endroit que lui indiquait le doigt de maître Gaëtano, il écrivit ces trois mots: *Colonel Santa-Croce*.

Maître Gaëtano était très satisfait, il savait tout ce qu'il désirait savoir.

— Maintenant, dit-il, quand Votre Excellence voudra se mettre à table, la soupe est servie.

— Ah! ah! dit le jeune colonel, que ne m'avez-vous dit cela plus tôt, mon cher monsieur Pacca! je vous aurais épargné la peine de déranger votre couvert.

— Comment, déranger mon couvert, Excellence! n'est-il point dressé à votre goût?

— Si fait, mon cher monsieur Pacca, si fait; mais j'ai l'habitude de m'essuyer les mains avec de la toile de Hollande, et de manger dans l'argenterie; ce n'est point que vos torchons ne soient fort propres, et vos couverts d'étain parfaitement étamés; mais, avec votre permission, je ne m'en servirai pas. Appelez mon domestique.

Maître Gaëtano obéit à l'instant même, quoique un peu humilié de l'affront que lui faisait le colonel; mais comme il lui avait promis de ne pas vérifier l'addition, il se promit à part lui de porter l'affront sur sa carte.

Cinq minutes après, le valet de chambre entra avec un nécessaire grand comme une malle, et en tira de la vaisselle plate, deux ou trois couverts d'argent et un gobelet de vermeil, le tout aux armes du colonel.

Le colonel attaqua le dîner de maître Gaëtano avec l'air dédaigneux d'un prince, goûta à peine de chaque plat, puis, après le repas, voyant que le temps était beau et qu'il faisait un clair de lune superbe, il s'apprêta à aller faire un tour par la ville. Maître Gaëtano offrit de l'accompagner, mais le colonel lui répondit qu'il préférait être seul.

Néanmoins, comme maître Gaëtano était fort curieux de sa nature, il sortit dix minutes après le colonel, sous prétexte d'aller se promener lui-même, mais, dans le fait, pour voir s'il ne le rencontrerait pas. Cependant, quoiqu'il n'y eût que deux ou trois rues principales à Castro-Giovanni, l'attente du digne aubergiste fut trompée, et il ne vit rien qui ressemblât à l'allure décidée et hautaine du jeune voyageur. En passant devant la prison, il vit entrer un pauvre moine de l'ordre de saint François; l'homme de Dieu venait pour préparer le condamné à la mort.

Le colonel ne rentra qu'à minuit. Maître Gaëtano eût bien voulu lui demander ce qu'il avait trouvé d'assez curieux à Castro-Giovanni pour être resté dehors jusqu'à une pareille heure. Mais, comme il ouvrait la bouche pour faire cette question, le jeune homme laissa tomber sur lui, d'un air si dédaigneux, l'ordre de le faire éveiller à six heures du matin, que maître Gaëtano sentit la voix s'éteindre dans sa bouche, et s'inclina en signe d'obéissance, sans répondre une seule parole. Quant au colonel, il s'enferma avec son valet, qui ne sortit de sa chambre qu'à une heure du matin.

A sept heures du matin, le colonel, après avoir pris une tasse de café noir seulement, partait, disait-il, pour le château du prince de Paterno, n'emmenant avec lui que son valet de chambre, et laissant le second domestique pour garder les bagages et rappeler à maître Gaëtano la promesse qu'il lui avait faite de lui retenir une place près du juge pour voir l'exécution.

Ce n'était pas chose commune à Castro-Giovanni qu'une exécution; aussi la journée qui précéda la mort du pauvre condamné fut-elle fort agitée; chacun courait par les rues, tandis que les cloches sonnaient, et c'était à qui aurait quelque nouvelle prise du juge ou par le geôlier. On espérait que le coupable, n'ayant plus d'espérance d'adoucir la rigueur de son supplice que par le repentir qu'il montrerait, ferait des révélations, et que l'on saurait ainsi quelque chose de positif, et sur lui, et sur ce terrible Luigi Lana, son capitaine. L'attente fut trompée; non seulement le condamné ne fit aucune révélation, mais, au contraire, il continuait à protester de son innocence, répétant sans cesse que, le jour même de l'assassinat, il était à Palerme, c'est-à-dire à près de cent cinquante milles du lieu où il avait été commis.

Le confesseur lui-même n'avait pas pu en tirer autre chose; et le vénérable moine était sorti de la prison en disant qu'il avait bien peur que la justice des hommes, croyant punir un coupable, ne fît un martyr.

La journée s'écoula ainsi au milieu des discussions les plus animées sur la culpabilité ou l'innocence du condamné, puis le soir vit s'illuminer les fenêtres de la chapelle ardente dans laquelle il devait passer la nuit. A dix heures du soir, le même moine qui était déjà venu le consoler dans sa prison fut introduit dans la chapelle, et ne quitta le prisonnier qu'à onze heures et demie. Après son départ, le condamné, qui avait été fort agité toute la journée, parut tranquille.

A minuit, le colonel rentra avec son valet de chambre à l'hôtel du *Cyclope*, et, trouvant maître Gaëtano qui l'attendait, recommanda d'abord qu'on eût grand soin de ses chevaux, qui venaient de faire une longue course ; puis il s'informa si la commission dont son hôte s'était chargé était faite à sa satisfaction. Maître Gaëtano répondit que son compère le juge avait été trop heureux de faire quelque chose qui fût agréable à Son Excellence, et qu'il aurait pour le lendemain, près de lui et sur l'estrade même, la place qu'il désirait.

Durant toute la nuit, les cloches sonnèrent pour rappeler aux bonnes âmes qu'elles devaient prier pour le patient.

Le lendemain, dès cinq heures, les rues qui conduisaient de la prison au lieu du supplice étaient encombrées de curieux ; les fenêtres présentaient une muraille de têtes, et les toits mêmes craquaient sous les spectateurs.

A sept heures, le juge vint prendre place sur l'estrade avec les deux greffiers, le capitaine de nuit et le commissaire ; comme le lui avait promis maître Gaëtano, un siège était réservé près du juge pour le colonel. A sept heures et demie, il arriva, remercia fort gracieusement, et d'un air qui sentait d'une lieue son grand seigneur, le juge de sa complaisance, et, ayant regardé, pour voir s'il n'aurait pas trop de temps à attendre, l'heure à une magnifique montre toute enrichie de diamans, il s'assit à la place d'honneur, au milieu des autorités de la ville de Castro-Giovanni.

A huit heures, les cloches sonnèrent avec un redoublement d'onction ; elles indiquaient que le condamné sortait de la prison.

Au bout de quelques minutes, une rumeur croissante annonça l'approche du condamné. En effet, bientôt on vit paraître le bourreau qui le précédait à cheval, puis quatre gardes qui marchaient derrière le bourreau, puis le condamné lui-même, à cheval sur un âne, la tête tournée vers la queue, et marchant à reculons, afin qu'il ne perdît point de vue le cercueil que portaient derrière lui les frères de la Miséricorde, puis enfin toute la population de Castro-Giovanni qui fermait la marche.

Le condamné semblait écouter d'une façon fort distraite les exhortations du moine qui l'accompagnait. On disait généralement que cette distraction venait de ce que le moine n'était pas le même qui l'était venu visiter dans sa prison. En effet, au moment où l'on s'attendait à voir arriver ce moine, il n'avait point paru, et l'on avait été obligé d'en courir chercher un autre pour que le condamné ne mourût pas privé des secours de la religion.

Quoi qu'il en soit, comme nous l'avons dit, le pauvre diable paraissait fort inquiet, et jetait à droite et à gauche sur la foule des regards qui indiquaient la situation de son esprit. De temps en temps même, contre l'habitude des condamnés, qui s'épargnent ce spectacle le plus longtemps possible, il se retournait vers la potence, sans doute pour calculer le temps qui lui restait à vivre. Tout à coup, arrivé devant l'estrade du juge, et au moment où le confesseur l'aidait à descendre de son âne, le condamné jeta un grand cri, et, montrant d'un signe de tête, car ses mains étaient liées, le colonel assis près du juge :

— Mon père, s'écria-t-il en s'adressant au moine, mon père, voilà un seigneur qui, s'il le veut, peut me sauver.

— Lequel ? demanda le moine avec étonnement.

— Celui qui est près du juge, mon père ; celui qui a un uniforme rouge et des épaulettes de colonel. C'est le bon Dieu qui l'amène sur ma route, mon père. Miracle, miracle !

Et chacun se mit à répéter : Miracle ! après le condamné, sans savoir encore de quoi il s'agissait ; ce qui n'empêcha pas le bourreau de s'approcher du patient, afin de commencer son office. Mais le confesseur se plaça entre eux deux.

— Arrêtez, dit-il ; au nom de Dieu, arrêtez ! — Juge, continua le moine, le patient dit qu'il reconnaît assis près de toi un témoin qui peut lui sauver la vie en attestant qu'il est innocent. Juge, je t'adjure d'entendre ce témoin.

— Et quel est ce témoin ? demanda le juge en se levant sur l'estrade.

— Le colonel Santa-Croce ! le colonel Santa-Croce ! cria le patient.

— Moi ? dit avec étonnement le colonel en se levant à son tour ; moi, mon ami ? Vous vous trompez assurément, et, quoique vous sachiez mon nom, moi je ne vous connais pas.

— Vous ne le connaissez pas, hein ? demanda le juge.

— Aucunement, répondit le colonel après avoir regardé avec plus d'attention encore que la première fois le condamné.

— Je m'en doutais, reprit le juge en secouant la tête ; c'est une des ruses habituelles de ces misérables.

Puis il se rassit, en faisant signe au bourreau de continuer son office.

— Colonel, s'écria le patient, colonel, vous ne me laisserez pas mourir ainsi, quand d'un mot vous pouvez me sauver ! Colonel, laissez-moi seulement vous adresser une question.

— Oui, oui, cria la foule, c'est juste, laissez parler le condamné, laissez-le parler !

— Monsieur le juge, dit le colonel, je crois que l'humanité exige que nous nous rendions à la prière de ce malheureux. S'il veut nous tromper, au reste, nous nous en apercevrons bien, et alors il n'aura retardé sa mort que de quelques minutes.

— Je n'ai rien à refuser à Votre Excellence, dit le juge ; mais, vraiment, ce n'est pas la peine, croyez-moi, colonel, de lui donner cette satisfaction.

— Je vous la demande pour ma propre conscience, monsieur, dit le colonel.

— J'ai déjà dit à Votre Excellence que j'étais à ses ordres, reprit le juge.

Puis se levant :

— Gardes, ajouta-t-il, amenez le condamné.

On amena ce malheureux. Il était pâle comme la mort, et tremblait de tous ses membres.

— Eh bien ! coquin, dit le juge, te voilà en face de Son Excellence ; parle donc.

— Excellence, dit le condamné, ne vous souvient-il pas que, le 18 mai dernier, vous avez débarqué à Palerme, venant de Naples ?

— Je ne saurais préciser le jour aussi exactement que vous le faites, mon ami ; mais la vérité est que c'est vers cette époque que j'abordai en Sicile.

— Ne vous souvient-il pas, Excellence, du facchino qui porta vos malles sur une petite charrette du port à l'*Hôtel des Quatre Cantons*, où vous logeâtes ?

— Je logeais effectivement à l'*Hôtel des Quatre Cantons*, répondit le colonel ; mais j'ai, je l'avoue, entièrement oublié la figure de l'homme qui m'y a conduit.

— Mais ce que vous n'avez pu oublier, Excellence, c'est qu'en passant devant la porte d'un serrurier, un de ses apprentis qui sortait, tenant une barre de fer sur son épaule, m'en donna un coup contre la tête, et me fit cette blessure. Tenez.

Et le condamné, avançant la tête, montra effectivement une cicatrice à peine fermée encore, et qui lui marquait le front.

— Oui, vous avez raison, parfaitement raison, dit le colonel, et je me rappelle cette circonstance comme si elle venait d'arriver à l'instant même.

— Et à preuve, continua avec joie le condamné, qui, se voyant reconnu, commençait à reprendre espoir, à preuve que, comme un généreux seigneur que vous êtes, au lieu de me donner six carlins que je vous avais demandés, vous me donnâtes deux onces.

— Tout cela est l'exacte vérité, dit le colonel en se retournant vers le juge ; mais nous allons être mieux renseignés encore. J'ai sur moi le portefeuille où j'inscris jour par jour ce que je fais ; ainsi, il me sera facile de m'assurer si cet homme ne nous donne pas une fausse date.

— Cherchez, cherchez, colonel, dit le condamné ; maintenant je suis sûr de mon affaire.

Le colonel ouvrit son portefeuille, puis, arrivé à la date indiquée, il lut tout haut :

« Aujourd'hui 18 mai, j'ai abordé à Palerme à onze heures du matin. — Pris sur le port un pauvre diable qui a été blessé en portant mes malles. — Logé à l'*Hôtel des Quatre Cantons*. »

— Voyez-vous ? voyez-vous ? s'écria le condamné.

— Ma foi ! monsieur le juge, dit le colonel en se retournant vers maître Bartolomeo, si c'est vraiment le 18 mai que l'assassinat dont ce pauvre homme est accusé a été commis, je dois affirmer sur mon honneur que le 18 mai il était à Palerme, où, comme le constate mon album, il a été blessé à mon service. Or, comme il ne pouvait être à la fois à Palerme et à Centorbi, il est nécessairement innocent.

— Innocent ! innocent ! cria la foule.

— Oui, innocent, mes amis, innocent ! dit le condamné. Je savais bien que Dieu ferait un miracle en ma faveur.

— Miracle ! miracle ! cria la foule.

— Eh bien ! dit le juge, nous allons le faire reconduire en prison, et nous procéderons à une autre enquête.

— Non, non, libre ! libre à l'instant même ! cria le peuple.

Et, à ces mots, une partie de la foule, se ruant vers l'estrade, enleva le condamné et lui délia les mains, tandis que l'autre renversait la potence et poursuivait le bourreau à coups de pierre.

Quant au colonel, il fut reporté en triomphe à l'*Hôtel du Cyclope*.

Toute la journée, Castro-Giovanni fut en fête ; et lorsque le colonel quitta la ville vers midi, il lui fallut fendre à grand'peine avec son cheval les flots du peuple, qui lui baisait les mains en criant : Vive le colonel Santa-Croce ! Vive le sauveur de l'innocent !

Quant au condamné, comme chacun voulait lui parler et entendre de sa propre bouche le récit de son aventure, ce ne fut que vers le soir qu'il se trouva avoir quelque peu de liberté. Il en profita aussitôt pour enfiler une ruelle que son peu de largeur rendait plus sombre encore ; puis, par cette ruelle, il atteignit la porte de la ville, puis, une fois hors de la ville, il gagna à toutes jambes une gorge de la montagne, où il disparut.

Le lendemain, le juge reçut de Luigi Lana une lettre dans laquelle le chef de bandits le remerciait de la complaisance qu'il avait eue de lui offrir un siège sur sa propre estrade ; il le priait en outre de présenter ses compliments à son compère, maître Gaëtano, propriétaire de l'hôtel du *Cyclope*.

Mais, tout libre qu'était redevenu le condamné, l'impression produite sur son esprit par l'aspect de la potence, à laquelle il avait pour ainsi dire touché du doigt, avait été si réelle, qu'il résolut, malgré les exhortations de ses camarades, d'abandonner la vie qu'il avait menée jusque-là et de se réconcilier avec la police.

Le religieux qui l'avait accompagné dans le trajet de la prison à l'échafaud fut l'intermédiaire entre lui et l'autorité. La prière fut transmise au vice-roi, et comme le bandit ne demandait que la vie sauve, promettant d'être à l'avenir un modèle de probité, après quelques pourparlers entre le moine et le vice-roi, sa demande lui fut accordée, à cette seule condition qu'il ferait amende honorable pieds nus et le corps ceint d'une corde.

Cette cérémonie eut lieu à Palerme, à la grande édification des fidèles.

Voilà ce qui arriva à Castro-Giovanni, le 20 juillet de l'an de grâce 1826.

— Et depuis lors, demandai-je à monsieur Politi, qu'est devenu, s'il vous plaît, cet honnête homme ?

— Il a pris le nom de Salvadore, sans doute en mémoire de la façon miraculeuse dont il a été sauvé, s'est fait muletier, afin, comme il s'y était engagé, de gagner sa vie d'une façon honorable ; et, si ce que je vous ai raconté ne vous donne pas une trop grande défiance, il aura l'honneur d'être demain matin votre guide de Girgenti à Palerme.

L'INTÉRIEUR DE LA SICILE.

Le lendemain, quelque diligence que nous fîmes, nous ne parvînmes à nous mettre en route que vers les neuf heures du matin. Nous avions demandé d'abord une mule de renfort pour Cama ; mais, lorsqu'il se vit pour la première fois de sa vie juché au haut d'une selle sans autre support que deux étriers d'inégale longueur, il déclara que la bride lui paraissait un point d'appui trop insuffisant pour qu'il lui confiât la conservation de sa personne. En conséquence, avec l'aide de Salvadore, il mit pied à terre, et la mule fut renvoyée.

Pendant ce temps, on chargeait toute notre *roba* sur la mule de transport. Comme ce bagage était assez considérable, Cama remarqua qu'il formait sur le dos de l'animal une surface plane de trois ou quatre pieds de diamètre. Cette terrasse parut à Cama un véritable lieu de sûreté, comparée à l'extrémité aiguë de la selle, et il demanda à s'établir, comme il l'entendrait, sur cette petite plate-forme. Salvadore, consulté pour savoir si sa mule pouvait porter ce surcroît de charge, répondit qu'il n'y voyait pas d'inconvénient ; au bout d'un instant, Cama se trouva donc placé au centre de notre roba, assis à la manière des tailleurs, et s'élevant pyramidalement au milieu de son domaine.

On nous avait recommandé de visiter les Maccaloubi. Nous priâmes donc Salvadore de prendre le chemin qui y conduisait ; mais, habitué à de pareilles demandes, il avait de lui-même prévenu notre désir, et nous n'en étions déjà plus qu'à un demi-mille lorsque nous lui dîmes de nous y conduire.

Les Maccaloubi sont tout bonnement de petits volcans de vase, au nombre de trente ou quarante, qui s'élèvent sur une plaine boueuse. Chacun de ces volcans en miniature a un pied ou dix-huit pouces de haut ; la matière qui s'échappe de ces taupinières n'est une espèce d'eau pâteuse, couleur de rouille, très froide, et, à ce que l'on assure, très salée. Lorsque nous les visitâmes, les volcaneaux se reposaient, c'est-à-dire qu'à grand'peine et avec des efforts qui devaient singulièrement les fatiguer, ils poussaient leur lave humide hors de leur cratère. Salvadore nous assura qu'il y avait des époques où ils jetaient de la boue à cent ou cent cinquante pieds de hauteur, et où toute cette plaine de vase tremblait comme une mer. Nous ne vîmes rien de pareil. Elle était au contraire fort tranquille, comme nous l'avons dit, et assez sèche pour qu'en marchant dans les intervalles des volcans, on n'enfonçât que de deux ou trois pouces. Comme la chose, malgré la recommandation, nous parut médiocrement curieuse, et que nous n'étions pas assez forts en géologie pour étudier la cause de ce phénomène, nous ne fîmes à Maccaloubi qu'une assez courte station, et nous continuâmes notre chemin.

Vers les onze heures, nous nous trouvâmes sur le bord d'un petit fleuve. Comme nous suivions un chemin à peine tracé, et praticable seulement pour les litières, les mulets et les piétons, il n'y avait pas, on le pense bien, d'autre moyen de traverser le fleuve que d'y pousser bravement nos mulets. Ils y entrèrent jusqu'au ventre, et nous conduisirent sans accident à l'autre bord. J'avais invité Salvadore à monter en croupe derrière moi ; mais, comme il faisait très chaud, il n'y fit point tant de façons, et passa tranquillement à la manière de ses mulets, c'est-à-dire en se mettant dans l'eau jusqu'à la ceinture.

A quelques pas au-delà du fleuve, nous trouvâmes une espèce de petit bosquet de lauriers roses qui ombrageait une fontaine. C'était une halte tout indiquée pour notre déjeuner. Nous sautâmes, en conséquence, à bas de nos mules ; Cama se laissa glisser du haut de son bagage, Salvadore battit les buissons pour en chasser deux ou trois couleuvres et une douzaine de lézards, et nous déjeunâmes.

Comme nous avions invité Salvadore à déjeuner avec nous, honneur qu'après quelques façons préliminaires il avait fini par accepter, il était devenu vers la fin du repas un peu plus communicatif qu'il ne l'avait été au moment de notre départ. Jadin profita de ce commencement de sociabilité pour lui demander la permission de faire son portrait. Salvadore y consentit en riant, drapa son manteau sur son épaule gauche, s'appuya sur le bâton pointu dont il se servait pour sauter par-dessus les ruisseaux et pour piquer les mules, croisa une de ses jambes sur l'autre, et se tint devant lui avec l'immobilité et l'aplomb d'un homme habitué à accéder à de pareilles demandes.

Pendant ce temps, je pris mon fusil et je battis les environs : un malheureux lapin qui s'était aventuré hors de son terrier, et qui eut l'imprudence de vouloir le regagner, au lieu de rester tranquillement à son gîte où je ne l'eusse pas découvert, fut le trophée de cette expédition.

Ce fut une occasion pour Salvadore de nous demander la permission d'examiner nos fusils, ce qu'il n'avait point encore osé faire, malgré l'envie qu'il en avait. Il les prit et les retourna en homme à qui les armes sont familières ; mais, comme c'étaient des fusils du système Lefaucheux, le mécanisme lui en était parfaitement inconnu. Je n'étais pas fâché, tout en ayant l'air de satisfaire sa curiosité, de lui montrer qu'à une distance honnête je ne manquerais pas mon homme ; je fis donc jouer la bascule, je changeai mes cartouches de plomb à lièvre pour des cartouches de plomb à perdrix, et, jetant deux piastres en l'air, je les touchai toutes les deux. Salvadore alla ramasser les piastres, reconnut sur elles la trace du plomb, et secoua la tête de haut en bas, en digne appréciateur du coup que je venais de faire. Je lui proposai de tenter le même essai ; il me dit tout simplement qu'il n'avait jamais été grand tireur au vol, mais que, si mon camarade voulait lui prêter sa carabine, il nous montrerait ce qu'il savait faire à coup posé. Comme elle était toute chargée à balles, Jadin la lui mit aussitôt entre les mains. Salvadore prit pour but une petite pierre blanche de la grosseur d'un œuf, qui se trouvait à cent pas de nous au milieu du chemin, et, après l'avoir visée avec une attention qui indiquait l'importance qu'il attachait à réussir, il lâcha le coup et brisa la pierre en mille morceaux.

Cela nous fit faire, à Jadin et à moi, la réflexion médiocrement rassurante que, dans l'occasion, Salvadore non plus ne devait pas manquer son homme.

Quant à Cama, il ne pensait à rien autre chose qu'à envelopper son lapin dans des herbes qu'il avait cueillies au bord de la fontaine, afin de le maintenir frais jusqu'à l'heure du dîner.

Nous nous remîmes en route ; le misérable *fiumicello* que nous venions de traverser faisait plus de tours et de détours que le fameux Méandre. Nous le rencontrâmes douze fois sur notre route en moins de trois lieues : chaque fois nous le passâmes à gué comme la première.

Pendant toute cette route, nous n'apercevions aucune terre cultivée, mais des plaines immenses couvertes de grandes herbes, brûlées par le soleil, au milieu desquelles s'élevait parfois, comme une île de verdure, une petite cabane entourée de cactus, de grenadiers et de lauriers roses. A cent pas, tout autour de la cabane, le sol était défriché, et l'on apercevait quelques légumes qui perçaient la terre et qui, selon toute probabilité, étaient la seule nourriture des malheureux perdus dans ces solitudes.

Nous marchâmes jusqu'à cinq heures du soir, apercevant de temps en temps une espèce de village juché à la cime de quelque rocher, dont on ne pût distinguer le moins du monde par quel chemin on y arrivait. Enfin, du haut d'une petite colline, Salvadore nous montra une ferme placée sur notre chemin, et nous dit que c'était là que nous passerions la nuit. Une lieue à peu près au-delà de cette ferme, et à droite de la route, s'élevait sur le penchant d'une montagne une ville de quelque importance, nommée Castro Novo. Nous demandâmes à Salvadore pourquoi nous ne gagnions pas cette ville, au lieu de nous arrêter dans une misérable auberge où nous ne trouverions rien ; Salvadore se contenta de nous répondre que cela nous écarterait trop de notre route. Comme une plus longue insistance de notre part eût pu faire croire à notre guide que nous nous défiions de lui, ce qui eût été fort ridicule après notre choix volontaire, nous n'ajoutâmes point d'autres observations, et nous résolûmes, puisque nous avions tant fait que de le prendre, de nous en remettre entièrement à lui : seulement nous lui demandâmes, pour savoir au moins où nous allions passer la nuit, quel était le nom de cette baraque. Il nous répondit qu'elle s'appelait Fontana-Fredda.

C'était bien, du reste, le plus magnifique coupe-gorge que j'aie vu de ma vie, isolé dans un petit défilé, sans aucune muraille de clôture, et n'ayant pas une seule porte ou une seule fenêtre qui fermât. Quant à ceux qui l'habitaient, notre présence ne leur parut probablement pas un événement assez digne de curiosité pour qu'ils se dérangeassent, car nous nous arrêtâmes à la porte, nous descendîmes de nos mules, et nous entrâmes dans la première pièce sans voir personne ; ce ne fut qu'en ouvrant une porte latérale que j'aperçus une femme qui berçait son enfant sur ses genoux en chantonnant une chanson lente et monotone. Je lui adressai la parole ; elle me répondit, sans se déranger, quelques mots d'un patois si étrange, que je renonçai à l'instant même à lier conversation avec elle, et que je revins à Salvadore, qui, faute de garçon d'écurie, déchargeait ses mules lui-même, le priant de s'occuper en personne de notre dîner et de notre coucher. Il me répondit, en secouant la tête, qu'il ne fallait pas trop compter ni sur l'un ni sur l'autre, mais qu'il ferait de son mieux.

En rentrant dans la première pièce, je trouvai Cama désespéré ; il avait déjà fait sa visite, et n'avait trouvé ni casserole, ni gril, ni broche. Je l'invitai à se procurer d'abord de quoi griller, bouillir ou rôtir ; nous verrions ensuite comment remplacer les ustensiles absens.

Après avoir attaché ses mules au râtelier, Salvadore apparut à son tour, et entra dans la chambre voisine ; mais un instant après il en sortit en disant que, le maître de la maison se trouvant à Secocca, et sa femme étant à moitié idiote, nous n'avions qu'à agir comme nous ferions dans une maison abandonnée. Les provisions se bornaient, nous dit-il, à une cruche d'huile rance et à quelques châtaignes : pour du pain, il n'en avait pas.

Si ce langage n'était pas rassurant, il avait au moins le mérite d'être parfaitement clair. Chacun se mit donc en quête de son côté, et s'occupa de rassembler ce qu'il put ; Jadin, après une demi-heure de course dans les rochers, rapporta une espèce de colombe ; Salvadore avait tordu le cou à une vieille poule ; j'avais, dans un hangar bâti en retour de la maison, trouvé trois œufs ; enfin, Cama avait dépouillé le jardin, et réuni deux grenades et une douzaine de figues d'Inde. Tout ceci, joint au lapin heureusement mis à mort pendant que Jadin faisait le portrait de Salvadore, présentait tant bien que mal l'apparence d'un dîner. Il ne restait plus qu'à l'apprêter.

Ne trouvant pas de casserole, et forcés d'employer de l'huile rance au lieu de beurre, nous arrêtâmes que notre menu se composerait d'un potage à la poule, d'un rôti de gibier, de trois œufs à la coque en entremets, et de nos grenades flanquées de nos figues d'Inde en dessert ; les châtaignes, cuites sous la cendre, devaient remplacer le pain.

Tout cela n'eût rien été, absolument rien, sans l'odieuse saleté du bouge où nous nous trouvions.

A peine nous étions-nous mis à l'œuvre, que deux enfans couverts de haillons, maigres, hâves et fiévreux, étaient sortis comme des gnomes, je ne sais d'où, et étaient venus s'accroupir de chaque côté de la cheminée, suivant de leurs yeux avides nos maigres provisions dans toutes les transformations qu'elles éprouvaient. Nous avions voulu les chasser d'abord de leur poste, afin de n'avoir pas sous les yeux ce dégoûtant tableau ; mais la harangue que je leur avais faite et le coup de pied dont à mon grand regret l'avait accompagnée Cama, n'avaient produit qu'un grognement sourd assez semblable à celui d'un marcassin qu'on veut tirer de son trou. Je m'étais alors retourné vers Salvadore, en lui demandant ce qu'ils avaient et ce qu'ils voulaient, et Salvadore, m'avait répondu en jetant sur eux un regard d'indicible pitié ;— Ce qu'ils ont et ce qu'ils veulent ? Ils ont faim et voudraient manger.

Hélas ! c'est le cri du peuple sicilien, et je n'ai pas entendu autre chose pendant trois mois que j'ai habité la Sicile. Il y a des malheureux dont la faim n'a jamais été apaisée depuis le jour où, couchés dans leur berceau, ils ont commencé de sucer le sein tari de leur mère, jusqu'au jour où, étendu sur leur lit de mort, ils ont expiré, essayant d'avaler l'hostie sainte que le prêtre venait de poser sur leurs lèvres.

Dès-lors on comprend que ces deux pauvres enfans eurent droit à la meilleure part de notre dîner ; nous restâmes sur notre faim, mais au moins il furent rassasiés.

Quelle horrible chose de penser qu'il y a des misérables pour lesquels avoir mangé une fois sera un souvenir de toute la vie !

Le dîner terminé, nous nous occupâmes de notre gîte ; Salvadore nous découvrit une espèce de chambre au rez-de-chaussée, sur la terre de laquelle étaient jetées dans deux auges deux paillasses sans draps ; c'étaient nos lits.

Cela, joint aux insectes qui couvraient déjà le bas de nos pantalons, et qui couraient impunément le long des murs, ne nous promettait pas un sommeil très profond ; aussi résolûmes-nous d'en essayer le plus tard possible, et allâmes-nous, nos fusils sur l'épaule, faire une promenade par la campagne.

Rien n'était doux, calme et tranquille comme cette solitude : c'étaient le silence et la poésie du désert ; l'air brûlant de la journée avait fait place à une petite brise nocturne qui apportait au reste de saveur marine pleine de voluptueuse fraîcheur ; le ciel était un vaste dais de saphir tout étoilé d'or ; des météores immenses traversaient l'espace sans bruit, tantôt sous l'aspect d'une flèche qui file vers son but, tantôt pareils à ces globes de flammes descendant du ciel sur la terre. De temps en temps en temps une cigale attardée commençait un chant tout à coup interrompu et tout à coup repris ; enfin les lucioles scintillaient, étoiles vivantes, pareilles à ces étincelles éphémères que font naître les caprices des enfans en frappant sur un foyer à demi éteint.

C'eût été fort doux de passer la nuit ainsi, mais nous avions le lendemain une quarantaine de milles à faire, mais nous en avions fait, vingt-cinq mille dans la journée, mais là enfin, comme toujours, comme partout, quand l'âme disait oui, le corps disait non.

Nous rentrâmes vers les dix heures, et nous nous jetâmes tout habillés sur nos lits.

D'abord la fatigue l'emporta sur toute autre chose, et je m'endormis ; mais, au bout d'une heure, je me réveillai, transpercé d'un million d'épingles ; autant aurait valu essayer de dormir dans une ruche d'abeilles. Je me remuai, je changeai de place, je me tournai, je me retournai ; impossible de me rendormir.

Quant à Jadin, soit fatigue plus grande, soit sensibilité moins exaltée, il dormait comme Epiménide.

Je me souvins alors de ce hangar plein de paille où j'avais été dénicher des œufs, et il me parut un lieu de délices, comparé à l'enfer où je me trouvais. En conséquence, comme rien ne s'opposait à ce que j'en usasse à mon plaisir, je pris mon fusil couché à côté de moi sur mon matelas, j'ouvris doucement la fenêtre, je sautai dehors, et j'allai m'étendre sur cette paille tant désirée.

J'y étais depuis dix minutes à peu près, et je commençais à entrer dans cet état qui n'est plus la veille, mais qui n'est pas encore le sommeil, lorsqu'il me sembla que j'entendais parler à quelques pas de moi. Quelques instans encore je doutai, et par conséquent j'essayai de m'enfoncer davantage dans mon assoupissement, lorsque le bruit devint si distinct, que j'ouvris les yeux tout grands, et qu'à la lueur des étoiles, je vis trois hommes arrêtés à l'angle de la maison. Mon premier mouvement fut de m'assurer que mon fusil était toujours près de moi. Je le sentis à la place où je l'avais posé, et, plus tranquille, je reportai les yeux sur ces trois individus.

Comme j'étais caché dans l'ombre que projetait le toit du hangar, ils ne pouvaient m'apercevoir, tandis que moi, au contraire, à mesure que mes yeux s'habituaient à l'obscurité, je les distinguais parfaitement. Ils étaient enveloppés de longs manteaux ; l'un d'eux avait un fusil, les deux autres étaient seulement armés de bâtons.

Au bout de quelques minutes, pendant lesquelles ils restèrent immobiles en parlant à voix basse, celui des trois qui avait le fusil s'approcha de la fenêtre par laquelle j'étais sorti, entr'ouvrit le contrevent, et passa sa tête avec précaution, de manière à regarder dans la chambre. Comme nous avions laissé brûler une lampe sur la cheminée, il pouvait voir un de nos deux matelas occupé et l'autre vide. Sans doute cette circonstance le préoccupa, car il revint aussitôt à ses deux compagnons et leur parla vivement. Tous trois alors s'approchèrent. Je crus que le moment était venu ; je me levai sur un genou et j'armai les deux chiens de mon fusil. Comme les intentions de trois drôles qui entrent par la fenêtre, à minuit, ne peuvent être douteuses, ma résolution était bien arrêtée : au premier acte d'effraction qu'ils tentaient, je faisais coup double, et, si le troisième ne s'enfuyait pas, Jadin, éveillé par le bruit, avait sa carabine.

En ce moment la fenêtre du grenier s'ouvrit et je vis passer la tête de Salvadore.

A cette apparition, je l'avoue, je crus que notre guide en revenait à son ancien métier, et que nous allions avoir affaire à quatre bandits au lieu d'avoir affaire à trois seulement. Mais, avant que ce doute eût eu le temps de se changer en certitude, j'entendis une voix qui demandait impérieusement en sicilien :

— Qui êtes-vous ? que voulez-vous ?
— Salvadore ! dirent à la fois les trois hommes.
— Oui, Salvadore. Attendez-moi, je descends.

Dix secondes après, la porte s'ouvrit et Salvadore parut. Il marcha droit aux trois hommes, et entama avec eux une conversation qui, pour avoir lieu à voix basse, ne m'en parut pas moins vive. Pendant dix minutes ils semblèrent disputer, eux parlant avec insistance, lui répondant avec fermeté. Bientôt les trois hommes reculèrent de quelques pas, comme pour tenir conseil entre eux ; Salvadore resta où il était, les bras croisés et le regard fixé sur eux. Enfin, celui qui avait un fusil se détacha du groupe, revint à Salvadore, lui donna une poignée de main, et, rejoignant ses camarades, s'éloigna avec eux. Au bout de cinq minutes ils étaient perdus tous trois dans l'obscurité, et je n'entendais plus que le bruit de leurs pas sur les herbes sèches.

Salvadore resta encore un quart d'heure à peu près à la même place, dans la même attitude ; puis, certain que les visiteurs nocturnes s'étaient retirés réellement, il rentra à son tour et referma la porte derrière lui.

On comprend que la scène dont je venais d'être témoin m'avait ôté, du moins pour le moment, toute envie de dormir. Je restai une demi-heure immobile comme une statue, dans l'attitude où j'étais, et le doigt sur la gâchette de mon fusil ; puis, au bout d'une demi-heure, comme rien ne reparaissait, et comme je n'entendais plus aucun bruit, je repris une position un peu moins incommode.

Une autre demi-heure s'était à peine écoulée que, telle est la puissance étrange du sommeil, je m'étais déjà rendormi.

Le froid du matin me réveilla. Si belle que doive être la journée, il tombe toujours en Sicile, quelques minutes avant que le soleil ne se lève, une rosée fine, pénétrante et glacée. Heureusement le toit sous lequel je m'étais mis à couvert m'en avait garanti ; mais je n'en ressentais pas moins ce malaise matinal bien connu de tous les voyageurs.

J'allais rentrer dans la chambre comme j'en étais sorti, lorsque je vis Jadin ouvrir la fenêtre ; il venait de se réveiller, et, ne me voyant pas sur mon matelas, il avait conçu quelque inquiétude de ce que j'étais devenu, et me cherchait. Je lui racontai ce qui s'était passé ; il n'avait rien entendu. Cela faisait honneur à son sommeil, car non-seulement il n'avait pas été plus ménagé que moi par les insectes, mais encore, moi absent, il avait dû payer pour nous deux. C'est, au reste ce que prouvait la simple inspection de sa personne ; il était tatoué des pieds à la tête comme un sauvage de la Nouvelle-Zélande.

Nous appelâmes Salvadore, qui nous répondit de l'écurie où il apprêtait ses mules ; puis, attendu, comme on le pense bien, qu'il n'était pas question de déjeuner, et qu'il n'y avait sur notre route que la seule ville de Corleone, je crois, où nous comptassions faire un repas quelconque, nous fîmes provision de châtaignes, afin d'amuser notre appétit tout le long de la route.

Quant à la carte à payer, à notre grand étonnement, elle se trouvait, je ne sais comment, monter à trois piastres : nous les donnâmes, mais en recommandant à Salvadore de ne les remettre qu'à titre d'aumône.

Nous nous mîmes en route dans le même ordre que la veille, si ne n'est que je marchai d'abord à pied pour deux raisons : la première, c'est que je désirais me réchauffer ; et la seconde c'est que je n'étais pas fâché de causer avec Salvadore de ce qui s'était passé dans la nuit. Au premier mot qui m'en échappa, il se mit à rire ; puis, voyant que j'avais assisté à ce petit drame depuis le lever de la toile jusqu'au baisser du rideau : — Ah ! oui, oui, me dit-il, ce sont d'anciens camarades qui travaillent la nuit au lieu de travailler le jour. Si vous aviez pris un autre guide que moi, il est probable qu'il y aurait eu quelque chose entre vous, et que, d'après ce que vous me dites, cela se serait mal passé pour eux ; mais vous avez vu que, quoiqu'ils se soient fait un peu tirer l'oreille, ils n'en ont pas moins fini par nous laisser le champ de bataille. Maintenant nous n'entendrons plus parler de rien avant le passage de Mezzojuso.

— Et au passage de Mezzojuso ? demandai-je.
— Oh ! là il faudra le voir.
— N'avez-vous point sur ceux que nous rencontrerons la même influence que vous avez eue sur ceux que nous avons déjà rencontrés ?
— Dame ! répondit Salvadore avec un geste sicilien que rien ne peut rendre, c'est une nouvelle troupe qui vient de se former.
— Et vous ne les connaissez pas beaucoup ?
— Non, mais ils me connaissent.

Nous étions arrivés au bord d'un torrent qui, après avoir fait tourner une espèce de moulin qu'on appelle le moulin de l'Olive, coulait d'un mouvement assez doux, et qu'il fallait bien entendu, comme notre fleuve de la veille dont il était peut-être la source, traverser à gué : je remontai donc sur ma mule. Salvadore me demanda la permission de sauter en croupe, ce que je lui accordai, et nous tentâmes le passage, qui s'opéra à notre satisfaction, quoique, malgré nos précautions, nous ne pussions nous empêcher d'être mouillés jusqu'aux genoux. Jadin vint ensuite et gagna comme nous le bord sans accident ; mais il n'en fut pas de même du pauvre Cama, qui était évidemment destiné à nous servir de bouc émissaire. A peine son mulet fut-il arrivé au milieu du torrent que, mal dirigé par son conducteur, il dévia de quelques pieds et s'enfonça dans un trou : au cri que jeta Cama nous nous retournâmes, et nous l'aperçûmes dans l'eau jusqu'à la ceinture, tandis que nous ne voyions plus que la tête du mulet : la figure que faisait ce malheureux était si grotesque, il était dans tous les événemens funestes qui lui arrivaient si profondément comique, que nous ne pûmes nous empêcher d'éclater de rire.

Cette hilarité intempestive réagit sur Cama, qui voulut faire reprendre à son mulet la route qu'il avait perdue ; mais, dans les efforts que l'animal fit lui-même, il rencontra une pierre et butta : la violence du coup fit rompre la sangle, et nous vîmes immédiatement Cama et notre bagage s'en aller au fil de l'eau. Si utile que nous fût le premier, et si nécessaire que nous fût le second, nous courûmes à notre cuisinier, tandis que Salvadore courait à notre bagage : au bout de cinq minutes, homme et roba étaient hors de l'eau, mais tellement mouillés, tellement ruisselans, qu'il n'y avait pas moyen de continuer la route sans faire sécher le tout.

Nous allumâmes un grand feu avec des herbes sèches et des oliviers morts ; nous-mêmes en avions besoin ; l'air du matin nous avait glacés, et nous nous chauffâmes avec un indicible plaisir à un de ces feux libres et gigantesques comme en allument les bûcherons dans les forêts et les pâtres dans les montagnes ; en outre nous y fîmes rôtir chacun une douzaine de châtaignes. Ce fut notre déjeuner.

Pendant que nous faisions cette halte obligée, nous vîmes paraître une litière portée sur deux mules, menée par un conducteur et accompagnée de quatre *campieri*. Elle renfermait un digne prélat, gros, gras et frais qui, plus prudent que nous, m'eut tout l'air, au regard de mépris qu'il jeta sur notre collation, de porter ses provisions avec lui. Les quatre campieri, armés de fusils et enveloppés de manteaux, donnaient à sa marche un aspect assez pittoresque. Malgré la difficulté du passage où nous avions échoué, grâce à l'adresse de son conducteur, il traversa la petite rivière sans accident.

Au bout d'une heure à peu près nous levâmes le camp. Mais, quelques instances que nous fissions à Cama, il ne voulut jamais remonter sur son mulet. Salvadore profita de ce refus pour s'y installer à sa place ; nous nous remîmes en route, Cama nous suivant à pied.

Les plaines que nous traversions, si toutefois ces terrains si bouleversés peuvent s'appeler des plaines, offraient toujours un aspect des plus grandioses : chaque fois que nous arrivions au sommet de quelque monticule, nous apercevions de ces lointains immenses et fantastiques comme on en voit en rêves, et si bizarrement colorés par le soleil, qu'ils semblaient mener à quelqu'un de ces pays féeriques que les pas de l'homme ne peuvent atteindre. De temps en temps nous apercevions dans la plaine, où il se recourbait comme un serpent de verdure, quelque ruisseau desséché par la canicule, dont un long ruban de lauriers-roses, protégés par un reste de fraîcheur, marquait toutes les sinuosités ; puis, çà et là, une de ces petites îles verdoyantes que nous avons déjà décrites, s'élevant sur ce désert d'herbes rongeâtres, au milieu desquelles chantaient désespérément des millions de cigales.

Après six ou huit heures de marche sous un soleil tellement ardent que le cuir de nos bottes nous brûlait les pieds, nous aperçûmes la ville où nous devions dîner : c'étaient deux ou trois rangées de maisons n'ayant que des rez-de-chaussée, bâties à des distances égales les unes des autres, et qui de loin ressemblaient, à s'y méprendre, à des joujoux d'enfans.

En descendant à la porte de la principale auberge, nous remarquâmes avec plaisir qu'elle contenait quelques instrumens de cuisine qui ne paraissaient pas trop abandonnés ; mais Salvadore vint calmer la joie que nous causait cette vue, en nous invitant à en faire le plus prompt usage qu'il nous serait possible, attendu qu'ayant perdu une heure à nous réchauffer le matin, il fallait rattraper cette heure sur notre dîner, afin de ne point arriver trop tard aux rochers de Mezzojuso. Si affamés que nous fussions, nous comprîmes l'importance de l'avis, et nous pressâmes notre hôte le plus qu'il nous fut possible. Cela n'empêcha point que nous ne perdissions deux heures à faire un exécrable dîner. Un chat, porté sur notre carte au compte de Milord, nous prouva qu'il avait été plus heureux que nous.

Nous nous remîmes en route vers les cinq heures. Comme le défilé qu'il nous fallait franchir n'était guère éloigné que de six milles de Corleone, où nous avions dîné, nous commençâmes à l'apercevoir vers six heures un quart. C'était tout bonnement un passage entre deux montagnes, l'une coupée à pic, l'autre s'inclinant par une pente assez rapide, toute couverte de rocs qui avaient roulé du sommet, et s'étaient arrêtés à différentes distances. Nous devions y être arrivés vers sept heures, c'est-à-dire en plein jour encore. Salvadore nous montra ce passage du bout de son bâton ; puis, nous regardant comme pour voir l'effet que ce qu'il allait nous annoncer produirait sur nous :

— S'il y a quelque chose à craindre, dit-il, ce sera là.
— Hâtons donc le pas, répondis-je, car, s'il y a vraiment quelque danger, mieux vaut l'aller chercher au grand jour que d'attendre qu'il vienne nous surprendre pendant la nuit.
— Allons, dit Salvadore.

Et, appuyant la main sur le pommeau de ma selle, il excita de la voix nos mules, qui prirent le trot.

Nous approchâmes rapidement. Cama, pour ne point nous retarder, avait repris sa place au milieu du bagage, et nous suivait, cramponné aux cordes qui le liaient. Il avait entendu quelques mots des craintes émises par Salvadore, et avait paru fort inquiet. Je lui avais alors offert, comme Jadin avait une carabine et moi un fusil à deux coups, de prendre les pistolets, afin de nous donner un coup de main si l'occasion se présentait; mais cette offre avait failli le faire tomber de frayeur du haut de sa mule. Jadin les avait donc gardés dans ses fontes.

A trois cents pas du passage à peu près, Salvadore arrêta ma mule. Comme c'était elle qui tenait la tête du cortège, les deux autres suivirent immédiatement son exemple; puis, nous disant de demeurer à l'endroit où nous étions, attendu qu'il venait d'apercevoir le bout d'un fusil derrière un rocher, Salvadore nous quitta et marcha droit vers le point indiqué.

Nous profitâmes de cette petite halte pour voir si nos armes étaient en état. J'avais dans chaque canon de mon fusil deux balles mariées, et Jadin en avait autant dans celui de sa carabine et dans ceux de ses pistolets. Comme les pistolets étaient doubles, cela nous faisait sept coups à tirer, sans compter que nos fusils, étant à système, pouvaient se recharger assez promptement pour qu'en cas de besoin une seconde décharge succédât presque immédiatement à la première.

Nous suivions Salvador des yeux avec une attention que l'on comprendra facilement. Il s'avançait d'un pas ferme e rapide, sans montrer aucune hésitation; bientôt nous vîmes poindre un homme à l'angle d'une pierre; Salvadore l'aborda, et tous deux, après quelques paroles échangées, disparurent derrière le rocher.

Au bout de dix minutes, Salvadore reparut seul et revint vers nous. Nous cherchâmes de loin à lire sur son visage quelles nouvelles il nous apportait, mais c'était chose impossible. Enfin, lorsqu'il fut à quelques pas de nous :

— Eh bien! lui dis-je, qu'y a-t-il?
— Il y a que, comme je l'avais prévu, ils ne veulent pas nous laisser passer.
— Comment! ils ne veulent pas nous laisser passer ?
— C'est-à-dire à moins que vous ne payiez le passage.
— Et sont-ils bien exigeans ?
— Oh non! A ma considération, ils n'exigent que cinq piastres.
— Ah! dit Jadin en riant, à la bonne heure! voilà des gens raisonnables, et j'aime presque mieux avoir affaire à eux qu'aux aubergistes.
— Et combien sont-ils, demandai-je, pour avoir la prétention de nous mettre ainsi à contribution?
— Ils sont deux.
— Comment! deux en tout?
— Oui; les autres sont sur la route d'Armianza à Polizzi.
— Que dites-vous de cela, Jadin?
— Eh bien! mais je dis que, puisqu'ils ne sont que deux, et que nous sommes quatre, c'est à nous de leur faire donner cinq piastres.
— Mon cher Salvadore, repris-je alors, faites-moi le plaisir de retourner vers ces messieurs, et de leur dire que nous les invitons à se tenir tranquilles.
— Ou sinon, continua Jadin, que je les fais manger par Milord. N'est-ce pas, le chien? Veut-il manger un voleur, le chien? Hein ?

Milord fit deux ou trois bonds fort joyeux en signe de parfait consentement.

— C'est votre dernier mot? dit Salvadore.
— Le dernier.
— Eh bien! vous avez raison. Seulement, mettez pied à terre, et marchez de l'autre côté des mules, afin que, si dans un moment de mauvaise humeur il leur prenait l'envie de vous envoyer un coup de fusil, ils vous présentiez le moins de prise possible.

Le conseil était bon; nous le suivîmes aussitôt. Quant à Salvadore, soit qu'il pensât n'avoir rien à craindre, soit qu'il méprisât le danger, il marcha, en sifflant, quatre pas en avant de la première mule, tandis que nous étions chacun derrière la nôtre, et entièrement abrités par elle.

Nous vîmes poindre le chapeau pointu de nos bandits au-dessus du rocher; nous vîmes s'abaisser les deux canons de fusil dans notre direction; mais quoique, à l'endroit où la route était la plus rapprochée du lieu où ils étaient embusqués, il n'y eût guère plus de soixante pas d'eux à nous, toute leur hostilité se borna à cette démonstration, peut-être aussi défensive qu'offensive. Au bout de dix minutes, nous étions hors de portée.

— Eh bien! Cama, dis-je en me retournant vers notre malheureux cuisinier, qui, pâle comme la mort, marmottait ses prières en baisant une image de la madone qu'il portait au cou, que penses-tu maintenant des voyages par terre?
— Oh! monsieur, s'écria Cama, j'aime encore mieux la mer, parole d'honneur !
— Tenez, dis-je à Salvadore, vous êtes un brave homme; voici les cinq piastres pour boire à notre santé.

Salvadore nous baisa les mains, et nous remontâmes sur nos mules.

Une heure après, nous étions arrivés sans autre accident à l'auberge de San-Lorenzo, où nous devions coucher. Nous y trouvâmes un souper et un lit détestables, pour lesquels on nous demanda le lendemain quatre piastres.

Décidément Jadin avait raison : les véritables voleurs, ceux surtout auxquels il n'y avait pas moyen d'échapper, c'étaient les aubergistes.

PALERME L'HEUREUSE.

Plus favorisée du ciel que Girgenti, Palerme mérite encore aujourd'hui le nom qu'on lui donna il y a vingt siècles : aujourd'hui, comme il y a vingt siècles, elle est toujours Palerme l'heureuse.

En effet, s'il est une ville au monde qui réunisse toutes les conditions du bonheur, c'est cette insoucieuse fille des Phéniciens qu'on appelle *Palermo Felice*, et que les anciens représentaient assise comme Vénus dans une conque d'or. Bâtie entre le monte Pellegrino qui l'abrite de la *tramontana*, et la chaîne de la Bagherie, qui la protège contre le sirocco; couchée au bord d'un golfe qui n'a que celui de Naples pour rival; entourée d'une verdoyante ceinture d'orangers, de grenadiers, de cédrats, de myrthes, d'aloès et de lauriers-roses, qui la couvrent de leurs ombres, qui l'embaument de leurs parfums; héritière des Sarrasins, qui lui ont laissé leurs palais; des Normands, qui lui ont laissé leurs églises; des Espagnols, qui lui ont laissé leurs sérénades, elle est à la fois poétique comme une Sultane, gracieuse comme une Française, amoureuse comme une Andalouse. Aussi son bonheur à elle est-il un de ces bonheurs qui viennent de Dieu, et que les hommes ne peuvent détruire. Les Romains l'ont occupée, les Sarrasins l'ont conquise, les Normands l'ont possédée, les Espagnols la quittent à peine, et à tous ces différens maîtres, dont elle a fini par faire ses amans, elle a souri du même sourire : molle courtisane, qui n'a jamais eu de force que pour une éternelle volupté.

L'amour est la principale affaire de Palerme; partout ailleurs on vit, on travaille, on pense, on spécule, on discute, on combat: à Palerme, on aime. La ville avait besoin d'un protecteur céleste ; on ne pense pas toujours à Dieu, il faut bien un fondé de pouvoir qui y pense pour nous. Ne croyez pas qu'elle ait été choisir quelque saint morose, grondeur, exigeant, sévère, ridé, désagréable. Non pas ; elle a pris une belle vierge, jeune, indulgente, fleur sur la terre, étoile au ciel; elle en a fait sa patronne. Et pourquoi cela ? Parce qu'une femme, si chaste, si sainte qu'elle soit, a toujours un peu de la Madeleine; parce qu'une femme, fût-elle morte vierge, a compris l'amour; parce que enfin c'est d'une femme que Dieu a dit : « Il lui sera beaucoup remis parce qu'elle a beaucoup aimé ».

Aussi, lorsque après une route rude, fatigante, éternelle, au milieu des solitudes brûlées par le soleil, dévastées par les torrens, bouleversées par les tremblemens de terre, sans arbres pour se reposer le jour, sans gîte pour dormir la nuit, nous aperçûmes, en arrivant au haut d'une montagne, Palerme, assise au bord de son golfe, se mirant dans cette mer azurée comme Cléopâtre aux flots du Cyrénaïque, on comprend que nous jetâmes un cri de joie : c'est qu'à la vue de Palerme, on oublie tout. Palerme est un but; c'est le printemps après l'hiver, c'est le repos après la fatigue; c'est le jour après la nuit, l'ombre après le soleil, l'oasis après le désert.

A la vue de Palerme toute notre fatigue s'en alla; nous oubliâmes les mules au trot dur, les fleuves aux mille détours; nous oubliâmes ces auberges dont la faim et la soif sont les moindres inconvéniens, ces routes dont chaque angle, chaque rocher, chaque carrière, recèlent un bandit qui vous guette; nous oubliâmes tout pour regarder Palerme, et pour respirer cette brise de la mer qui semblait monter jusqu'à nous.

Nous descendîmes par un chemin bordé d'un côté d'immenses roseaux, et baigné de l'autre par la mer; le port était plein de bâtimens à l'ancre, le golfe plein de petites barques à la voile; une lieue avant Palerme, les villas couvertes de vignes se montrèrent, les palais ombragés de palmiers vinrent au devant de nous : tout cela avait un air de joie admirable à voir. En effet, nous tombions au milieu des fêtes de sainte Rosalie.

A mesure que nous approchions de la ville, nous marchions plus vite; Palerme nous attirait comme cette montagne d'aimant des *Mille et une Nuits*, que ne pouvaient fuir les vaisseaux. Après nous avoir montré de loin ses dômes, ses tours, ses coupoles, qui disparaissaient peu à peu, elle nous ouvrait ses faubourgs. Nous traversâmes une espèce de promenade située sur le bord de la mer, puis nous arrivâmes à une porte de construction normande; la sentinelle, au lieu de nous arrêter, nous salua, comme pour nous dire que nous étions les bien-venus.

Au milieu de la place de la Marine, un homme vint à nous :
— Ces messieurs sont Français ? nous demanda-t-il.
— Nés en pleine France, répondit Jadin.
— C'est moi qui ai l'honneur de servir particulièrement les jeunes seigneurs de votre nation qui viennent à Palerme.
— Et en quoi vous servez-vous ? lui demandai-je.
— En toutes choses, Excellence.
— Peste ! vous êtes un homme précieux. Comment vous appelez-vous ?
— J'ai bien des noms, Excellence; mais le plus communément on m'appelle *il signor Mercurio*.
— Ah ! très-bien, je comprends. Merci.
— Voilà les certificats des derniers Français qui m'ont employé : vous pouvez voir qu'ils ont été parfaitement satisfaits de mes services.

Et en effet il signor Mercurio nous présenta trois ou quatre certificats fort circonstanciés et fort indiscrets qu'il tenait de la reconnaissance de nos compatriotes. Je les parcourus des yeux et les passai à Jadin, qui les lut à son tour.
— Ces messieurs voient que je suis parfaitement en règle ?
— Oui, mon cher ami, mais malheureusement nous n'avons pas besoin de vous.
— Si fait, Excellence, on a toujours besoin de moi; quand ce n'est pas pour une chose, c'est pour une autre : êtes-vous riches, je vous ferai dépenser votre argent; êtes-vous pauvres, je vous ferai faire des économies; êtes-vous artistes, je vous montrerai des tableaux; êtes-vous hommes du monde, je vous mettrai au courant de tous les arrangemens de la société. Je suis tout, Excellence : cicerone, valet de chambre, antiquaire, marchand, acheteur, historien, — et surtout...
— *Ruffiano*, dit Jadin.
— *Si signore*, répondit notre étrange interlocuteur avec une expression d'orgueilleuse confiance dont on ne peut se faire aucune idée.
— Et vous êtes satisfait de votre métier ?
— Si je suis satisfait, Excellence ! c'est-à-dire que je suis l'homme le plus heureux de la terre.
— Peste ! dit Jadin, comme c'est agréable pour les honnêtes gens !
— Que dit votre ami, Excellence ?
— Il dit que la vertu porte toujours sa récompense. Mais pardon, mon cher ami : vous comprenez; il fait un peu chaud pour causer d'affaires en plein soleil; d'ailleurs nous arrivons, comme vous voyez, et nous sommes fatigués.
— Ces messieurs logent sans doute à l'hôtel des Quatre-Cantons.
— Je crois qu'oui.
— J'irai présenter mes hommages à ces messieurs.
— Merci, c'est inutile.
— Comment donc, ce serait manquer à mes devoirs; d'ailleurs j'aime les Français, Excellence.
— Peste ! c'est bien flatteur pour notre nation.
— J'irai donc à l'hôtel.
— Faites comme vous voudrez, seigneur Mercurio; mais vous perdrez probablement votre temps; je vous en préviens.
— C'est mon affaire.
— Adieu, seigneur Mercurio.
— Au revoir, Excellence.
— Quelle canaille ! dit Jadin.

Et nous continuâmes notre route vers l'hôtel des Quatre Cantons. Comme je l'ai dit, Palerme avait un air de fête qui faisait plaisir à voir. Des drapeaux flottaient à toutes les fenêtres, de grandes bandes d'étoffes pendaient à tous les balcons; des portiques et pyramides de bois recouvertes de guirlandes de fleurs se prolongeaient d'un bout à l'autre de chaque rue. Salvadore nous fit faire un détour, et nous passâmes devant le palais épiscopal. Là était une énorme machine à quatre ou cinq étages, haute de quarante cinq à cinquante pieds, de la forme de ces pyramides de porcelaine sur lesquelles on sert les bonbons au dessert; toute drapée de taffetas bleu avec de franges d'argent, surmontée d'une figure de femme tenant une croix et entourée d'anges. C'était le char de sainte Rosalie.

Nous arrivâmes à l'hôtel; il était encombré d'étrangers. Par le crédit de Salvadore nous obtînmes deux petites chambres que l'hôte réservait, disait-il, pour des Anglais qui devaient arriver de Messine dans la journée, et qui d'avance les avaient fait retenir. Peut-être n'était-ce qu'un moyen de nous les faire payer le triple de ce qu'elles valaient; mais, telles qu'elles étaient, et au prix qu'elles coûtaient, nous étions encore trop heureux de les avoir.

Nous réglâmes nos comptes avec Salvadore, qui nous demanda un certificat que nous lui donnâmes de grand cœur. Puis j'ajoutai deux piastres de bonne main aux cinq que je lui avais déjà données en sortant du défilé de Mezzojuso, et nous nous quittâmes enchantés l'un de l'autre.

Nous interrogeâmes notre hôte sur l'emploi de la journée; il n'y avait rien à faire jusqu'à cinq heures du soir, qu'il nous baigner et à dormir; à cinq heures, il y avait promenade sur la Marine; à huit heures, feu d'artifice au bord de la mer; toute la soirée, illumination et danses à la Flora; à minuit corso.

Nous demandâmes deux bains, nous fîmes préparer nos lits, et nous arrêtâmes une voiture.

A quatre heures, on nous prévint que la table d'hôte était servie; nous descendîmes, et nous trouvâmes une table autour de laquelle étaient réunis des échantillons de tous les peuples de la terre. Il y avait des Français, des Espagnols, des Anglais, des Allemands, des Polonais, des Russes, des Valaques, des Turcs, des Grecs et des Tunisiens. Nous nous approchâmes de deux compatriotes, qui, de leur côté, nous ayant reconnus, s'avançaient vers nous; c'étaient des Parisiens, gens du monde, et surtout gens d'esprit, le baron de S... et le vicomte de R...

Comme il y avait déjà plus de huit jours qu'ils étaient à Palerme, et qu'une de nos prétentions, à nous autres Français, c'est de connaître au bout de huit jours une ville, comme si nous l'avions habitée toute notre vie, leur rencontre, en pareille circonstance, était une véritable trouvaille. Ils nous promirent, dès le soir même, de nous mettre au courant de toutes les habitudes palermitaines. Nous leur demandâmes s'ils connaissaient il signor Mercurio : c'était leur meilleur ami. Nous leur racontâmes comment il était venu au devant de nous et comment nous l'avions reçu ; ils nous blâmèrent fort et nous assurèrent que c'était un homme précieux à connaître, ne fût-ce que pour l'étudier. Nous avouâmes alors que nous avions commis une faute, et nous promîmes de la réparer.

Après le dîner, que nous trouvâmes remarquablement bon, on nous annonça que nos voitures nous attendaient ; comme ces messieurs avaient la leur, et que nous ne voulions pas cependant nous séparer tout à fait, nous nous dédoublâmes. Jadin monta avec le vicomte de R..., et le baron de S... monta avec moi.

Il était arrivé à ce dernier, la veille même, une aventure trop caractéristique pour que, malgré cette grande difficulté que l'on éprouve dans notre langue à dire certaines choses, je n'essaie pas de la raconter. Qu'on se figure d'ailleurs qu'on lit une historiette de Tallemant des Réaux, ou un épisode des *Dames galantes* de Brantôme.

Le baron de S... était à la fois un philosophe et un observateur ; le voyageait tout particulièrement pour étudier les mœurs des peuples qu'il visitait ; il en résultait que dans toutes les villes d'Italie il s'était livré aux recherches les plus minutieuses sur ce sujet.

Comme on le pense bien, le baron de S... n'avait pas fait la traversée de Naples à Palerme pour renoncer, une fois arrivé en Sicile, à ses investigations habituelles. Au contraire, cette terre, nouvelle pour le baron de S... lui ayant paru présenter sous ce rapport de curieuses nouveautés, il n'en était devenu que plus ardent à faire des découvertes.

Il signor Mercurio, qui, ainsi qu'il nous l'avait dit, était versé dans toutes les parties de la science philosophique que pratiquait le baron de S... s'était trouvé sur son chemin comme il s'était trouvé sur le nôtre ; mais, mieux avisé que nous, le baron de S... avait tout de suite compris de quelle utilité un pareil cicerone pouvait être pour un homme qui, comme lui voulait connaître les effets et les causes. Il l'avait dès le jour même attaché à son service.

Le baron de S... avait commencé ses études dans les hautes sphères de la société ; de là, pour ne point perdre le piquant de l'opposition, il avait passé au peuple. Dans l'une et l'autre classe, il avait recueilli des documens si curieux, que, ne voulant pas laisser ses notes incomplètes, il avait demandé l'avant-veille à il signor Mercurio s'il ne pourrait lui ouvrir quelque porte de cette classe moyenne qu'on appelle en Italie lo *mezzo ceto*. Il signor Mercurio avait répondu que rien n'était plus facile, et que dès le lendemain il pourrait le mettre en relations avec une petite bourgeoise fort bavarde, et dont la conversation était des plus instructives. Comme on le pense bien, le baron de S... avait accepté.

La veille au soir, en conséquence, il signor Mercurio était venu le chercher à l'heure convenue, et l'avait conduit dans une rue assez étroite, en face d'une maison de modeste apparence ; le baron avait, à l'instant même et du premier coup d'œil, rendu justice à l'intelligence de son guide, qui avait ainsi trouvé tout d'abord ce qu'il lui avait dit de chercher. Il allait tirer le cordon de la sonnette, pressé qu'il était de voir si l'intérieur de la maison correspondait à l'extérieur, lorsque il signor Mercurio lui avait arrêté le bras, et, lui montrant une petite clef, lui avait fait comprendre qu'il était inutile d'immiscer un concierge ou un domestique aux secrets de la science. Le baron avait reconnu la vérité de la maxime, et avait suivi son guide, qui, marchant devant lui, le conduisit, par un escalier étroit mais propre, à une porte qu'il ouvrit comme il avait fait de celle de la rue. Cette porte ouverte, il traversa une antichambre, et, ouvrant une troisième porte, qui était celle d'une salle à manger, il y introduisit le baron en lui disant qu'il allait prévenir la dame à laquelle il avait désiré être présenté.

Le baron, qui s'était plus d'une fois trouvé dans des circonstances pareilles, s'assit sans demander d'explications. La pièce dans laquelle il était répondait à ce qu'il avait déjà vu de la maison : c'était une chambre modeste avec une petite table au milieu, et des gravures enfermées dans des cadres noirs pendus aux murs ; ces gravures représentaient *la Cène* de Léonard de Vinci, *l'Aurore* du Guide, *l'Endymion* du Guerchin, et *la Bacchante* de Carrache.

Il y avait en outre, dans cette salle à manger, deux portes en face l'une de l'autre.

Au bout de dix minutes qu'il était assis, le baron, commençant à s'ennuyer, se leva et se mit à examiner les gravures ; au bout de dix autres minutes, s'impatientant un peu plus encore, il regarda alternativement l'une et l'autre des deux portes, espérant à chaque instant que l'une ou l'autre s'ouvrirait. Enfin, comme dix nouvelles minutes s'étaient écoulées encore sans qu'aucune des deux s'ouvrît, il résolut, toujours plus impatient, de se présenter lui-même, puisque il signor Mercurio tenait tant à faire sa présentation. Au moment où il venait de prendre cette décision, et comme il hésitait entre les deux portes, il crut entendre quelque bruit derrière celle de droite. Il s'en approcha aussitôt et prêta l'oreille ; sûr qu'il ne s'était pas trompé, il frappa doucement.

— Entrez, dit une voix.

Il sembla bien au baron que la voix venait de lui répondre avec un timbre tant soit peu masculin, mais il avait remarqué qu'en Italie les voix de soprano étaient assez communes chez les hommes ; il ne s'arrêta point à cette idée, et, tournant la clef, il ouvrit la porte.

Le baron se trouva en face d'un homme de trente à trente-deux ans, vêtu d'une robe de chambre de basin, assis devant un bureau et prenant des notes dans de gros livres. L'homme à la robe de chambre tourna la tête de son côté, releva ses lunettes, et le regarda.

— Pardon, monsieur, dit le baron tout étonné de rencontrer un homme là où il s'attendait à trouver une femme ; mais je crois que je me suis trompé.

— Je le crois aussi, monsieur, répondit tranquillement l'homme à la robe de chambre.

— En ce cas, mille pardons de vous avoir dérangé, reprit le baron.

— Il n'y a pas de quoi, monsieur, répondit l'homme à la robe de chambre.

Alors ils se saluèrent réciproquement, et le baron referma la porte, puis il se remit à regarder les gravures.

Au bout de cinq minutes, la seconde porte s'ouvrit, et une jeune femme de vingt à vingt-deux ans fit signe au baron d'entrer.

— Pardon, madame, dit le baron à voix basse, mais peut-être ignorez-vous qu'il y a quelqu'un là, dans la chambre en face de celle-ci.

— Si fait, monsieur, répondit la jeune femme sans se donner la peine de changer le diapason de sa voix.

— Et sans indiscrétion, madame, demanda le baron, peut-on vous demander quel est ce quelqu'un ?

— C'est mon mari, monsieur.

— Votre mari ?

— Oui.

— Diable !

— Cela vous contrarie-t-il ?

— C'est selon.

— Si vous l'exigez, je le prierai d'aller faire un tour par la ville ; mais il travaille, et cela le dérangera.

— Au fait, dit le baron en riant, si vous croyez qu'il reste où il est, je ne vois pas trop...

— Oh ! monsieur, il ne bougera pas.

— En ce cas, dit le baron, c'est autre chose, vous avez raison, il ne faut pas le déranger.

Et le baron entra chez la jeune femme, qui referma la

porte derrière lui. Au bout de deux heures, le baron sortit après avoir fait sur les mœurs de la bourgeoisie sicilienne les observations les plus intéressantes, et sans que personne, comme la promesse lui en avait été faite, vînt le troubler dans ses observations. Aussi se promettait-il de les reprendre au premier jour.

Comme le baron achevait de me raconter cette histoire, nous arrivions à la Marine.

C'est la promenade des voitures et des cavaliers, comme la Flora est celle des piétons. Là comme à Florence, comme à Messine, tout ce qui a équipage est forcé de venir faire son *giro* entre six ou sept heures du soir : au reste, c'est une fort douce obligation : rien n'est ravissant comme cette promenade de la Marine adossée à une file de palais, avec son golfe communiquant à la haute mer, qui s'étend en face d'elle, et sa ceinture de montagnes qui l'enveloppe et la protège. Alors, c'est-à-dire depuis six heures du soir jusqu'à deux heures du matin, souffle le *greco*, fraîche brise du nord-est qui remplace le vent de terre, et vient rendre la force à toute cette population qui semble destinée à dormir le jour et à vivre la nuit; c'est l'heure où Palerme s'éveille, respire et sourit. Réunie presque entière sur ce beau quai, sans autre lumière que celle des étoiles, elle croise ses voitures, ses cavaliers et ses piétons; et tout cela parle, babille, chante comme une volée d'oiseaux joyeux, échange des fleurs, des rendez-vous, des baisers; tout cela se hâte d'arriver, les uns à l'amour, les autres au plaisir : tout cela boit la vie à plein bord, s'inquiétant peu de cette moitié de l'Europe qui l'envie, et de cette autre moitié de l'Europe qui la plaint.

Naples la tyrannise, c'est vrai ; peut-être parce que Naples en est jalouse. Mais qu'importe à Palerme la tyrannie de Naples? Naples peut lui prendre son argent, Naples peut stériliser ses terres, Naples peut lui démolir ses murailles, mais Naples ne lui prendra pas sa Marine baignée par la mer, son vent de greco qui la rafraîchit le soir, ses palmiers qui l'ombragent le matin, ses orangers qui la parfument toujours, et ses amours éternelles qui la bercent de leurs songes quand ils ne l'éveillent pas dans leur réalité.

On dit : « Voir Naples et mourir. » Il faut dire : « Voir Palerme et vivre. »

A neuf heures, une fusée s'élança dans l'air, et la fête s'arrêta. C'était le signal du feu d'artifice, qui se tire devant le palais Butera.

Le prince de Butera est un des grands seigneurs du dernier siècle qui ont laissé le plus de souvenirs populaires en Sicile, où, comme partout, les grands seigneurs commencent à s'en aller.

Le feu d'artifice tiré, il y eut scission entre les promeneurs ; les uns restèrent sur la Marine, les autres tirèrent vers la Flora. Nous fûmes de ces derniers, et au bout de cinq minutes nous étions à la porte de cette promenade, qui passe pour un des plus beaux jardins botaniques du monde.

Elle était magnifiquement illuminée, des lanternes de mille couleurs pendaient aux branches des arbres, et dans les carrefours étaient des orchestres publics, où dansaient la bourgeoisie et le peuple. Au détour d'une allée, le baron me serra le bras ; une jeune femme et un homme encore jeune passaient près de nous. La femme était la petite bourgeoise avec laquelle il avait philosophé la veille ; son cavalier était l'homme à la robe de chambre qu'il avait vu dans le cabinet. Ni l'un ni l'autre ne firent mine de le reconnaître, ils avaient l'air de s'adorer.

Nous restâmes à la Flora jusqu'à dix heures ; à dix heures les portes de la cathédrale s'ouvrent pour laisser sortir des confréries, des corporations, des châsses de saints, des reliques de saintes, qui se font des visites les unes aux autres. Nous n'avions garde de manquer ce spectacle : nous nous acheminâmes donc vers la cathédrale, où nous arrivâmes à grande peine à cause de la foule.

C'est un magnifique édifice du XIIe siècle, d'architecture moitié normande, moitié sarrasine, plein de ravissants détails d'un fini miraculeux, et tout découpé, tout dentelé, tout festonné comme une broderie de marbre; les portes en étaient ouvertes à tout le monde, et le chœur, illuminé du haut en bas par des lustres pendus au plafond et superposés les uns aux autres, jetait une lumière à éblouir : je n'ai nulle part rien vu de pareil. Nous en fîmes trois ou quatre fois le tour, nous arrêtant de temps en temps pour compter les quatre-vingts colonnes de granit oriental qui soutiennent la voûte, et les tombeaux de marbre et de porphyre où dorment quelques-uns des anciens souverains de la Sicile (1). Une heure et demie s'écoula dans cette investigation ; puis, comme minuit allait sonner, nous remontâmes dans notre voiture, et nous nous fîmes conduire au Corso, qui commence à minuit, et qui se tient dans la rue del Cassero.

C'est la plus belle rue de Palerme, qu'elle traverse dans toute sa longueur, ce qui fait qu'elle peut bien avoir une demi-lieue d'une extrémité à l'autre. Lorsque les émirs se fixèrent à Palerme, ils choisirent pour leur résidence un vieux château situé à l'extrémité orientale, qu'ils fortifièrent, et auquel ils donnèrent le nom de *el Cassaer*; de là la dénomination moderne de *Cassaro*. Elle s'appelle aussi, à l'instar de la rue fashionable de Naples, la rue de Tolède.

Cette rue est coupée en croix par une autre rue, ouvrage du vice-roi Macheda, qui lui a donné son nom, qu'elle a depuis deux siècles pour prendre celui de Strada-Nova. Au point où les deux rues se croisent, elles forment une place dont les quatre faces sont occupées par quatre palais pareils, ornés des statues des vice-rois.

Qu'on se figure cette immense rue del Cassero, illuminée d'un bout à l'autre, non pas aux fenêtres, mais sur ces portiques et ces pyramides de bois que j'avais déjà remarqués dans la journée ; peuplée d'un bout à l'autre des carrosses de tous les princes, ducs, marquis, comtes et barons dont la ville abonde : dans ces carrosses, les plus belles femmes de Palerme sous leurs habits de grand gala ; de chaque côté de la rue, deux épaisses haies de peuple, cachant sous la toilette des dimanches les haillons quotidiens ; du monde à tous les balcons, des drapeaux à toutes les fenêtres, une musique invisible partout, et on aura une idée de ce que c'est que le Corso nocturne de sainte Rosalie.

Ce fut pendant de pareilles fêtes qu'éclata la révolution de 1820. Le prince de la Cattolica voulut la réprimer, et fit marcher contre le peuple quelques régiments napolitains qui formaient la garnison de Palerme. Mais le peuple se rua sur eux, et, avant qu'ils eussent eu le temps de faire une seconde décharge, il les avait culbutés, désarmés, dispersés, anéantis. Alors les insurgés se répandirent dans la ville en criant: Mort au prince de la Cattolica ! A ces cris, le prince se réfugia à trois lieues de Palerme, chez un de ses amis qui avait une villa à la Bagherie ; mais le peuple l'y poursuivit. Le prince, traqué de chambre en chambre, se glissa entre deux matelas. Le peuple entra dans la chambre où il était, le chercha de tous côtés, et sortit sans l'avoir eu. Alors le prince de la Cattolica, n'entendant plus aucun bruit, et croyant être seul, se hasarda à sortir de sa retraite, mais un enfant, qui était caché derrière une porte, le vit, rappela les assassins, et le prince fut massacré.

C'était, comme le prince de Butera, un des grands seigneurs de Palerme, mais il était loin d'être populaire et aimé comme celui-ci : tous deux étaient ruinés par les prodigalités sans nom que tous deux avaient faites ; mais le prince de Butera ne s'en aperçut jamais, et très probablement mourut sans s'en douter, car ses fermiers, d'un accord unanime, continuèrent de lui payer une énorme redevance, et quand, malgré cette énorme redevance, l'intendant du prince lui écrivait ces seules paroles : « Le prince manque d'argent, » les caisses se remplissaient comme par miracle, ces braves gens vendant dans cette circonstance jusqu'à leurs joyaux de mariage. Le prince de la Cattolica, tout au contraire, était

(1) Ces tombeaux sont ceux du roi Roger et de Constance, impératrice et reine ; de Frédéric II et de la reine Constance, sa femme ; de Pierre II d'Aragon et de l'empereur Henri VI. En 1784 on ouvrit ces divers monumens pour y constater la présence des ossemens royaux qu'ils devaient renfermer. Le corps de Henri, revêtu de ses ornemens impériaux et d'un costume brodé d'or, était parfaitement intact et à peine défiguré.

toujours aux prises avec ses créanciers : de sorte qu'à la suite d'une fête magnifique qu'il venait de donner à la cour, le roi Ferdinand, voyant qu'il ne savait où donner de la tête, lui accorda, par ordonnance royale, quatre-vingts années pour payer ses dettes. Muni de cette ordonnance, le prince de la Cattolica envoya promener ses créanciers.

Comme le prince de Butera était mort depuis quelques années, il ne fallut rien moins que le vieux prince de Paterno, l'homme le plus populaire de la Sicile après lui, pour apaiser les esprits et arrêter les massacres. Bien plus, comme le général Pepe et ses troupes s'étaient présentés, au nom du gouvernement provisoire, pour entrer à Palerme, le prince fit tant que, de part et d'autre, il obtint qu'un traité serait signé. Les Palermitains, pour conserver à cet acte la forme d'un traité, et afin qu'il ne pût jamais passer pour une capitulation, exigèrent que le traité fût rédigé et signé hors de l'île. En effet, les conditions furent discutées, arrêtées et signées sur un vaisseau américain à l'ancre dans le port. Un des articles portait que les Napolitains entreraient sans battre le tambour. A la porte de la ville, le tambour-major, comme par habitude, fit le signe ordinaire, et aussitôt la marche commença ; en même temps, un homme du peuple qui se trouvait là, se jeta sur le tambour le plus proche de lui et creva sa caisse d'un coup de couteau. On voulut arrêter cet homme, mais en un instant la ville entière fut prête à se soulever de nouveau. Le général Pepe ordonna aussitôt de remettre les baguettes au ceinturon, et l'article imposé par les Palermitains eut, moins cette infraction de quelques secondes, son entière exécution.

Mais le traité ne tarda pas à être violé, non-seulement dans un de ses articles, mais dans toutes ses parties ; d'abord le parlement napolitain refusa de le ratifier, puis bientôt, les Autrichiens étant rentrés à Naples, le cardinal Gravina fut nommé lieutenant général du roi en Sicile, et, le 5 avril 1821, publia un décret qui annulait tout ce qui s'était passé depuis que le prince héréditaire avait quitté l'île ; alors les extorsions commencèrent pour ne plus s'arrêter, et l'on vit des choses étranges. Nous citerons deux ou trois exemples qui donneront une idée de la façon dont les impôts sont établis et perçus en Sicile.

La ville de Messine avait un droit sur les contributions communales, et sur ce revenu elle payait un excédant de contributions foncières ; le roi s'empara de ce droit, et exigea que la ville continuât de payer l'excédant, quoiqu'elle n'eût plus la propriété.

Le prince de Villa Franca avait une terre qu'il avait mise en rizière, et qui, rapportant 6,000 onces (72,000 francs à peu près), avait été taxée sur ce revenu : le gouvernement s'aperçut que les irrigations que l'on faisait pour cette culture étaient nuisibles à la santé des habitants ; il fit défense au prince de Villa-Franca de continuer cette exploitation ; le prince obéit, mit sa terre en froment et en coton, mais, comme cette exploitation est moins lucrative que l'autre, le revenu de la terre tomba de 72,000 francs à 6,000. Le prince de Villa-Franca continue de payer le même impôt, 900 onces, c'est-à-dire 5,000 francs de plus que ne lui rapporte la terre.

En 1831, des nuées de sauterelles s'abattirent sur la Sicile, les propriétaires voulurent se réunir pour les détruire ; mais, les réunions d'individus au-dessus d'un certain nombre étant défendues, le roi fit savoir qu'il se chargeait, moyennant un impôt qu'il établissait, de la destruction des sauterelles. Malgré les réclamations, l'impôt fut établi. Le roi ne détruisit pas les sauterelles, qui disparurent toutes seules après avoir dévoré les récoltes, et l'impôt resta.

Ce sont ces exactions dont nous venons de raconter les moindres qui ont produit cette haine profonde qui existe entre les Siciliens et les Napolitains, haine qui surpasse celle de l'Irlande et de l'Angleterre, celle de la Belgique et de la Hollande, celle du Portugal et de l'Espagne.

Cette haine avait, quelque temps avant notre arrivée à Palerme, amené un fait singulier.

Un soldat napolitain avait, je ne sais pour quel crime, été condamné à être fusillé.

Comme les soldats napolitains, près des Siciliens surtout, ne jouissent pas d'une grande réputation de courage, les Siciliens attendaient avec une vive impatience le jour de l'exécution pour savoir comment le Napolitain mourrait.

Les Napolitains, de leur côté, n'étaient pas sans inquiétude ; braves autant que peuple qui soit au monde lorsque la passion les exalte, les Napolitains ne savent pas attendre la mort de sang-froid ; si leur compatriote mourait lâchement, les Siciliens triomphaient, et ils étaient tous humiliés dans sa personne. La situation était grave, comme on le voit, si grave, que les chefs écrivirent au roi de Naples pour obtenir une commutation de peine. Mais il s'agissait d'une grave faute de discipline, d'insulte à un supérieur, je crois, et le roi de Naples, bon d'ailleurs, est sévère justicier de ces sortes de délits : il répondit donc qu'il fallait que la justice eût son cours.

On se réunit en conseil pour savoir ce qu'il y avait à faire en pareille circonstance. On proposa bien de fusiller l'homme dans l'intérieur de la citadelle, mais c'était tourner la difficulté et non la vaincre, et cette mort cachée et solitaire, loin de faire taire les accusations que l'on craignait, ne manquerait pas au contraire de les motiver. Dix autres propositions du même genre furent faites, débattues et rejetées ; c'était une impasse dont il n'y avait pas moyen de sortir.

Il est vrai de dire que le malheureux se conduisait, de son côté, non seulement de manière à augmenter cette appréhension, mais encore de façon à la changer en certitude. Depuis que son jugement avait été lu, il ne faisait que pleurer, que demander grâce, et que se recommander à saint Janvier. Il était évident qu'il faudrait le traîner au lieu du supplice, et qu'il mourrait comme un capucin.

Sous différents prétextes on avait reculé le jour de l'exécution ; mais enfin tout sursis nouveau était devenu impossible. Le conseil était réuni pour la troisième fois, cherchant toujours un moyen et ne le trouvant pas. Enfin on allait se séparer, en remettant tout à la Providence, lorsque l'aumônier du régiment, se frappant le front tout à coup, déclara que ce moyen si longtemps et si vainement cherché par les autres, il venait de le trouver, lui.

On voulut savoir quel était ce moyen ; mais l'aumônier déclara qu'il n'en dirait pas le premier mot à personne, la réussite dépendant du secret. On lui demanda alors si le moyen était sûr ; l'aumônier dit qu'il en répondait sur sa tête.

L'exécution fut fixée au lendemain, dix heures du matin. Elle devait avoir lieu entre monte Pellegrino et Castellamare, c'est-à-dire dans une plaine qui pouvait contenir tout Palerme.

Le soir, l'aumônier se présenta à la prison. En l'apercevant, le condamné jeta les hauts cris, car il comprit que le moment de faire ses adieux au monde était venu. Mais, au lieu de le préparer à la mort, l'aumônier lui annonça que le roi lui avait accordé sa grâce.

— Ma grâce ! s'écria le prisonnier, ma grâce ! en saisissant les mains du prêtre.

— Votre grâce.

— Comment ! je ne serai pas fusillé ? comment ! je ne mourrai pas ; j'aurai la vie sauve ? demanda le prisonnier, ne pouvant croire à une pareille nouvelle.

— Votre grâce pleine et entière, reprit le prêtre ; seulement Sa Majesté a mis une condition, pour l'exemple.

— Laquelle ? demanda le soldat en pâlissant.

— C'est que tous les apprêts du supplice devront être faits comme si le supplice avait lieu. Vous vous confesserez ce soir comme si vous deviez mourir demain, on viendra vous chercher comme si vous n'aviez pas votre grâce, on vous conduira au lieu de l'exécution comme si on allait vous fusiller ; enfin, pour conduire la chose jusqu'au bout et que l'exemple soit complet, on fera feu sur vous, mais les fusils ne seront chargés qu'à poudre.

— Est-ce bien sûr, ce que vous me dites là ? demanda le condamné, à qui cette représentation semblait au moins inutile.

— Quel motif aurais-je de vous tromper ? répondit le prêtre.

— C'est vrai, murmura le soldat. Ainsi, mon père, reprit-il, vous me dites que j'ai ma grâce? vous m'assurez que je ne mourrai pas!

— Je vous l'affirme.

— Alors, vive le roi! vive saint Janvier! vive tout le monde! cria le condamné en dansant tout autour de sa prison.

— Que faites-vous, mon fils? que faites-vous? s'écria le moine; oubliez-vous que ce que je viens de vous découvrir était un secret qu'on m'avait défendu de vous dire, et qu'il est important que tout le monde ignore que je vous l'ai révélé, le geôlier surtout? A genoux donc, comme si vous deviez toujours mourir, et commencez votre confession.

Le condamné reconnut la vérité de ce que lui disait le prêtre, se mit à genoux et se confessa.

L'aumônier lui donna l'absolution.

Avant que le prêtre ne le quittât, le prisonnier lui demanda encore de nouveau l'assurance que tout ce qu'il lui avait dit était vrai.

Le prêtre le lui affirma une seconde fois; puis il sortit.

Derrière le prêtre le geôlier entra, et trouva le prisonnier sifflottant un petit air.

— Tiens, tiens, dit-il, est-ce que vous ne savez pas qu'on vous fusille demain, vous?

— Si fait, répondit le soldat; mais Dieu m'a accordé la grâce de faire une bonne confession, et maintenant je suis sûr d'être sauvé.

— Oh! alors, c'est différent, dit le geôlier. Avez-vous besoin de quelque chose?

— Je mangerais bien, dit le soldat.

Il y avait deux jours qu'il n'avait rien pris.

On lui apporta à souper; il mangea comme un loup, but deux bouteilles de vin de Syracuse, se jeta sur son grabat, et s'endormit.

Le lendemain il fallut le tirer par les bras pour le réveiller. Depuis qu'il était en prison, le pauvre diable ne dormait plus.

Jamais le geôlier n'avait vu un homme si déterminé.

Le bruit se répandit par la ville que le condamné marcherait au supplice comme à une fête. Les Siciliens doutaient fort de la chose, et avec ce geste négatif qui n'appartient qu'à eux, ils disaient : Nous verrons bien.

A sept heures, on vint chercher le prisonnier. Il était en train de faire sa toilette. Il avait fait blanchir son linge, il avait brossé à fond ses habits : il était aussi beau qu'un soldat napolitain peut l'être.

Il demanda à marcher jusqu'au lieu de l'exécution, et à garder ses mains libres. Les deux choses lui furent accordées.

La place de la Marine, sur laquelle est située la prison, était encombrée de monde. En arrivant sur le haut des degrés, il salua fort gracieusement le peuple. Il n'y avait point sur son visage la moindre marque d'altération. Les Siciliens n'en revenaient pas.

Le condamné descendit les escaliers d'un pas ferme, et commença de s'acheminer par les rues, gardé par le caporal et les neuf hommes chargés de l'exécution. De temps en temps, sur sa route, il rencontrait des camarades, et, avec la permission de son escorte, leur tendait la main ; et quand ceux-ci le plaignaient, il répondait par quelque maxime consolante comme : La vie est un voyage ; ou bien par quelque vers équivalant à ces beaux vers du *Déserteur* :

Chaque minute, chaque pas,
Ne mène-t-il pas au trépas?

puis il reprenait sa route.

Les Napolitains triomphaient.

A la porte d'un marchand de vin, il aperçut deux de ses camarades montés sur une borne pour le regarder passer ; il alla à eux. Ils lui offrirent de boire un dernier verre de vin ensemble. Le condamné accepta, tendit son verre et le laissa remplir jusqu'au bord ; puis, le levant sans que sa main tremblât, sans qu'il en répandît une seule goutte de la précieuse liqueur qu'il contenait :

— A la longue et heureuse vie de Sa Majesté le roi Ferdinand! dit-il d'une voix ferme et dans laquelle il n'y avait pas le plus léger tremblement.

Et il vida le verre.

Cette fois Siciliens et Napolitains applaudirent, tant le courage est chose puissante, même sur un ennemi.

On arriva au lieu de l'exécution.

Là, pensaient les Siciliens, ce courage factice, résultat d'une exaltation quelconque, s'évanouirait sans doute. Tout au contraire : en voyant le lieu marqué, le condamné parut redoubler de courage. Il s'arrêta de lui-même au point désigné ; seulement il demanda à n'avoir pas les yeux bandés et à commander le feu lui-même.

Ces deux dernières faveurs se refusent rarement, comme on le sait; aussi lui furent-elles accordées.

Alors son confesseur s'approcha de lui, l'embrassa, lui fit baiser le crucifix, lui offrit quelques paroles de consolation qu'il parut recevoir fort légèrement; puis il lui donna l'absolution et s'écarta pour laisser achever l'œuvre mortelle.

Le condamné se posa debout, le visage regardant Palerme, et le dos tourné au monte Pellegrino. Le caporal et les neuf hommes reculèrent jusqu'à ce qu'ils fussent à dix pas de lui ; alors le mot halte se fit entendre, et ils s'arrêtèrent.

Aussitôt le condamné, au milieu de ce silence profond, religieux, solennel, qui plane toujours au-dessus des choses suprêmes, commanda la charge, et cela d'une voix calme, ferme, parfaitement divisée dans ses commandemens.

Au mot Feu! il tomba percé de sept balles sans dire un mot, sans pousser un soupir ; il avait été tué raide.

Les Napolitains jetèrent un grand cri de triomphe : l'honneur national était sauvé.

Les Siciliens se retirèrent la tête basse, et profondément humiliés qu'un Napolitain pût mourir ainsi.

Quant au prêtre, son parjure resta une affaire à régler entre lui et Dieu.

Cependant cette grande haine entre les deux peuples s'était un peu calmée dans les derniers temps. Je parle des années 1833, 1834 et 1835. Le roi de Naples, lors de son avénement au trône, était venu en Sicile et avait fait précéder son arrivée à Messine de la grâce de vingt condamnés politiques; aussi, lorsqu'il mit le pied sur le port, les vingt graciés l'attendaient vêtus de longues robes blanches, et tenant chacun une palme à la main. La voiture qui devait conduire le roi au palais fut alors dételée, et le roi traîné en triomphe au milieu d'un enthousiasme général.

Quelque temps après, il acheva d'accomplir les espérances des Siciliens, en envoyant son frère à Palerme avec le rang de vice-roi.

Le comte de Syracuse était non-seulement un jeune homme, mais même presqu'un enfant ; il avait, à ce que je crois, dix-huit ans à peine. D'abord cette extrême jeunesse effraya ses sujets; quelques espiégleries augmentèrent les inquiétudes; mais bientôt, au frottement des affaires, l'enfant se fit homme, comprit quelle haute mission il avait à remplir en réconciliant Naples et Palerme ; il rêva pour cette pauvre Sicile ruinée, abattue, esclave, une renaissance sociale et artistique. Deux ans après son arrivée, l'île respirait comme elle sortait d'un sommeil de fer. Le jeune prince était devenu l'idole des Siciliens.

Mais il arriva ce qui arrive toujours en pareille circonstance : les hommes qui vivaient du désordre, de la ruine et de l'abaissement de la Sicile, virent que leur règne était fini si celui du prince continuait. La bonté naturelle du vice-roi devint dans leur bouche un calcul d'ambition, la reconnaissance du peuple une tendance à la révolte. Le roi, entouré, circonvenu, tiraillé, conçut des soupçons sur la fidélité politique de son frère.

Sur ces entrefaites, le carnaval arriva. Le comte de Syracuse, jeune, beau garçon, aimant le plaisir, était de toutes les fêtes, et saisit avec empressement l'occasion de profiter de celles qui se présentaient. Napolitain, et par conséquent habitué à un carnaval bruyant et animé, il organisa une magnifique cavalcade dans laquelle il prit le costume de Richard-Cœur-de-Lion, et invita tous les seigneurs siciliens qui voudraient lui être agréables à se distribuer les autres personnages du roman d'Ivanhoë. Le comte de Syracuse n'était point encore en disgrâce, par conséquent chacun se hâta de se rendre à son invitation. La cavalcade fut si magnifique, que le bruit en arriva jusqu'à Naples.

— Et comment était déguisé mon frère? demanda le roi.

— Sire, répondit le porteur de la nouvelle, Son Altesse Royale le comte de Syracuse représentait le personnage de Richard-Cœur-de-Lion.

— Ah! oui, oui, murmura le roi, lui Richard-Cœur-de-Lion, et moi Jean Sans-Terre! Je comprends.

Huit jours après, le comte de Syracuse était rappelé.

Cette disgrâce lui avait donné une popularité nouvelle en Sicile, où chacun, l'ayant vu de près, rendait justice à ses intentions, et où personne ne le soupçonnait du crime don on l'avait accusé près de son frère.

De son côté le roi Ferdinand, sachant qu'il avait perdu par cet acte une partie de sa popularité en Sicile, boudait ses sujets insulaires. Pour la première fois depuis son avénement au trône, il laissait passer la fête de sainte Rosalie sans venir assister dans la cathédrale à la messe solennelle qu'on célèbre à cette époque.

Voilà au milieu de quels sentimens je trouvais la Sicile, sans que ces préoccupations politiques nuisissent cependant d'une manière ostensible à sa propension vers le plaisir.

Le Corso dura jusqu'à deux heures. A deux heures du matin, nous rentrâmes au milieu des illuminations à moitié éteintes, et des sérénades à moitié étouffées.

Le lendemain, à neuf heures du matin, on frappa à ma porte. Je sonnai le garçon de l'hôtel qui entra par un escalier particulier.

— Ouvrez mes volets, et voyez qui frappe, lui dis je.

Il obéit, et entr'ouvrant la porte :

— C'est il signor Mercurio, me dit-il après avoir regardé, et en se retournant de mon côté.

— Dites-lui que je suis au lit, répondis-je un peu impatienté de cette insistance.

— Il dit qu'il veut attendre que vous soyez levé, répondit le domestique.

— Alors dites-lui que je suis fort malade.

— Il dit qu'il veut savoir de quelle maladie.

— Dites-lui que c'est de la migraine.

— Il dit qu'il veut vous proposer un remède infaillible.

— Dites-lui que je suis à l'extrémité.

— Il dit qu'il veut vous dire adieu.

— Dites-lui que je suis mort.

— Il dit qu'il veut vous jeter de l'eau bénite.

— Alors faites-le entrer.

Il signor Mercurio entra avec un assortiment de pipes de Tunis, une collection de produits sulfureux des îles Eoliennes, une foule d'ouvrages en lave de Sicile, et, enfin, une partie, comme on dit en termes de commerce, d'écharpes de Messine, le tout posé en équilibre sur sa tête, appendu à ses mains, ou roulé autour de son cou. Je ne pus m'empêcher de rire.

— Ah çà ! lui dis-je, savez-vous, seigneur Mercurio, que vous avez un grand talent pour forcer les portes ?

— C'est mon état, Excellence.

— Et cela vous réussit-il souvent?

— Toujours.

— Mais enfin, chez les gens qui tiennent bon?

— J'entre par la fenêtre, par la cheminée, par le trou de la serrure.

— Et une fois entré ?

— Oh! une fois entré, je vois à qui j'ai affaire, et j'agis en conséquence.

— Mais à ceux qui, comme moi, ne veulent rien acheter ?

— Je leur vends toujours quelque chose, quoiqu'avec Votre Excellence je ne veuille pas avoir de secrets. Ces pipes, ces échantillons, ces écharpes, toute cette robe enfin n'est qu'un prétexte; ma vraie profession, Excellence...

— Oui, oui, je la connais; mais je vous ai dit que je n'en que faire.

— Alors, Excellence, voyez ces pipes.

— Je ne fume pas.

— Voyez ces écharpes.

— J'en ai six.

— Voyez ces échantillons de soufre.

— Je ne suis pas marchand d'allumettes.

— Voyez ces petits ouvrages en lave.

— Je n'aime que les chinoiseries.

— Je vous vendrai pourtant quelque chose?

— Oui, si tu veux.

— Je veux toujours, Excellence.

— Vends-moi une histoire : tu dois en savoir de bonnes, au métier que tu fais.

— Allez demander cela aux confesseurs des couvens.

— Pourquoi me renvoles-tu à eux ?

— Parce que la discrétion fait mon crédit, et que je ne veux pas le perdre.

— Donc tu n'as pas d'histoire à me raconter ?

— Si fait, j'en ai une.

— Laquelle ?

— J'ai la mienne; comme elle est à moi, j'en peux disposer. En voulez-vous ?

— Tiens, au fait, elle doit être assez curieuse; je te donne deux piastres de ton histoire.

— Je dois prévenir Votre Excellence qu'il n'est pas le premier auquel je la raconte.

— Et combien de fois l'as-tu déjà racontée?

— Une fois à un Anglais, une fois à un Allemand, et deux fois à des Français.

— Mets-tu la même conscience dans toutes tes fournitures, signor Mercurio ?

— La même, Excellence.

— Alors, comme tu es un homme précieux, je ne rabattrai rien de ce que j'ai dit; voilà tes deux piastres.

— Avant d'avoir l'histoire?

— Je m'en rapporte à toi.

— Oh! si Votre Excellence voulait m'honorer d'une confiance pareille à l'endroit de...

— L'histoire, signor Mercurio, l'histoire?

— La voilà, Excellence.

Je sautai en bas de mon lit, je passai un pantalon à pieds, je chaussai mes pantoufles, je m'assis à une table où l'on venait de me servir des œufs frais et du thé, et je fis signe au signor Mercurio que j'étais tout oreilles.

GELSOMINA.

Il signor Mercurio était né au village de Carini, et il espérait bien qu'en commémoration de l'honneur qui revenait à ce village d'avoir donné naissance à un homme tel que lui, il lui serait érigé après sa mort, sur la montagne qui domine Carini, une statue de la taille de celle de saint Charles Borromée à Arona.

C'était un homme de trente cinq à quarante ans, quoiqu'à ses cheveux grisonnans et à sa barbe parsemée de poils argentés, on pût lui en donner hardiment quarante-cinq à cinquante; mais, comme il le disait lui-même, ces marques de vieillesse prématurée tenaient beaucoup moins à l'âge qu'à la fatigue de l'esprit et au travail de l'imagination. C'était, en effet, un rude métier, et demandant une éternelle tension de la pensée que celui qu'il faisait depuis sa jeunesse ; nous disons depuis sa jeunesse, car l'état qu'il avait embrassé était le résultat, non pas d'une suggestion étrangère, mais d'une vocation personnelle.

A vingt-cinq ans, il signor Mercurio était un beau garçon, jouissait déjà d'une réputation méritée par toute la Sicile, quoiqu'il se nommât encore tout simplement Gabriello, du nom de l'ange Gabriel, auquel sa mère avait eu une dévotion toute particulière pendant sa grossesse; aussi prétendait-il que plus d'une grande dame avait regretté parfois qu'il ne lui présentât point pour son compte les déclarations qu'il faisait pour le compte d'autrui.

Un jour, c'était le lendemain des fêtes de sainte Rosalie, le prince de G... le fit demander. Comme le prince de G... était une des meilleures pratiques de Gabriello, celui-ci se hâta de se rendre au palais; à peine arrivé, il fut introduit.

— Gabriello, dit le prince mettant de côté toute circonlocution inutile et entrant de plein saut en matière, il y avait hier sur le char de sainte Rosalie une jeune fille de seize ans à peu près, belle comme un ange, avec des yeux superbes et des cheveux magnifiques. Ne pourrais-tu pas lui dire deux mots de ma part?

— Quatre, Excellence, répondit Gabriello; mais dépeignez-moi un peu la personne à laquelle il faut que je m'adresse. Où était-elle placée? était-ce parmi les anges qui portent des guirlandes au premier étage, ou parmi ceux qui jouent de la trompette au second?

— Mon cher, il n'y a pas à s'y tromper : c'était celle qui représentait la Sagesse, qui tenait une lance à la main droite, un bouclier à la main gauche, et qui était debout derrière le cardinal.

— Diamine! Excellence, vous n'avez pas mauvais goût.

— Tu la connais?

— Est-ce que je ne connais pas toutes les femmes de Palerme?

— Qui est-elle?

— C'est la fille unique du vieux Mario Capelli.

— Et comment l'appelle-t-on?

— On l'appelle Gelsomina.

— Eh bien! Gabriello, je veux Gelsomina.

— Ce sera long, Excellence! ce sera cher!

— Combien de jours?

— Huit jours.

— Combien d'onces?

— Cinquante onces.

— Va pour huit jours et pour cinquante onces. Nous sommes aujourd'hui le 19 juillet, je t'attends le 27.

Et le prince, qui savait qu'on pouvait se reposer sur l'exactitude de Gabriello, attendit tranquillement le moment fixé.

Le même jour, Gabriello se mit à l'œuvre : sa première visite fut pour le capucin qui confessait Gelsomina, et qui se nommait Fra Leonardo.

C'était un vieillard de soixante-quinze ans, à la barbe blanche et au visage sévère; aussi Gabriello vit-il, avant d'ouvrir la bouche, que la négociation entreprise serait plus difficile à mener à fin qu'il n'avait cru. Il lui dit qu'il venait au nom d'un oncle de la jeune fille, qui, ayant du bien, voulait l'avantager, si ce que l'on disait de sa sagesse était la vérité. Le résultat des renseignemens donnés par le capucin fut que Gelsomina était un ange.

Au reste, comme c'est toujours par là que débutent les confesseurs, Gabriello ne s'inquiéta pas trop des mauvais renseignemens que celui de Gelsomina venait de lui donner. Il se déguisa en juif, prit les plus beaux bijoux qu'il put se procurer, s'en forma une espèce d'écrin, et, au moment où le vieux Mario était dehors, il entra chez la jeune fille pour lui offrir sa marchandise. Quand Gelsomina sut que c'étaient des pierreries qu'on allait lui montrer, elle refusa même de les voir, en disant qu'elle n'était pas assez riche pour désirer de pareilles choses. Gabriello lui dit alors que, quand on avait seize ans et qu'on était belle comme elle l'était, on pouvait tout désirer et tout avoir; à ces mots, il ouvrit l'écrin et lui mit sous les yeux assez de diamans pour tourner la tête à une sainte; mais Gelsomina jeta à peine un coup d'œil sur l'écrin, et, comme Gabriello insistait, elle entra dans la chambre voisine, en sortit un instant après avec une couronne de jasmin et de daphnés, et se mirant avec coquetterie dans une glace : — Tenez, lui dit-elle, voilà mes diamans, à moi; Gaëtano dit que je suis belle comme cela, et,

tant qu'il me trouvera belle ainsi, je ne désirerai pas autre chose. Maintenant mon père va rentrer, il trouverait peut-être mauvais que je vous eusse reçu en son absence; ainsi, croyez-moi, retirez-vous.

Gabriello n'insista pas; pour la première visite, il ne voulait pas l'effaroucher. D'ailleurs il savait ce qu'il voulait savoir : Gelsomina n'était pas coquette, et elle aimait un jeune homme nommé Gaëtano.

Il retourna chez le prince de G...

— Excellence, lui dit-il, je viens de voir Gelsomina; c'est plus difficile et plus cher que je ne croyais; il me faut quinze jours et cent onces.

— Prends le temps et l'argent que tu voudras, mais réussis, voilà tout ce que je te demande.

— Je réussirai, Excellence.

— Je puis donc y compter?

— C'est comme si vous l'aviez, monseigneur.

Gabriello connaissait assez son monde pour comprendre qu'il n'y avait rien à faire du côté de la jeune fille. Il se retourna donc de l'autre côté.

Il s'agissait de découvrir monsieur Gaëtano. La chose n'était pas difficile : Gabriello loua une petite chambre au premier, dans la maison située en face de celle qu'habitait Gelsomina, et le soir même il se mit en sentinelle derrière la jalousie.

A mesure que l'heure s'avançait, la rue devint de plus en plus déserte. A minuit, elle était complètement solitaire; à minuit et demi, un grand garçon passa et repassa plusieurs fois ; enfin, voyant que tout était tranquille, il s'arrêta, tira une petite mandoline de dessous son manteau, et se mit à chanter la chanson de Meli :

Occhiuzzi neri.

A la fin du couplet, la jalousie du premier se souleva doucement, et Gabriello en vit sortir la jolie tête de Gelsomina avec sa couronne de jasmin et de daphnés. Le jeune homme monta aussitôt sur une borne, et lui prit la main qu'il baisa; mais tout se borna là. Après deux heures des protestations de l'amour le plus chaste et le plus pur, la jalousie retomba. Le jeune homme resta encore un instant à prier; mais la petite main repassa seule à travers les planchettes, puis, après avoir été baisée et rebaisée vingt fois, elle se retira à son tour. Ce fut vainement alors que Gaëtano pria et implora. Gabriello entendit le bruit de la fenêtre qui se refermait. Le jeune homme, au lieu d'être reconnaissant de ce qu'on avait fait pour lui, sauta à terre avec un mouvement de dépit. Gabriello pensa qu'il allait se retirer; il descendit vivement. En effet, au moment où il ouvrait la porte, le jeune homme tournait le coin de la rue. Gabriello marcha derrière lui.

Il prit la rue de Tolède, qu'il suivit jusqu'à la place de la Marine, puis il longea le quai et entra dans une petite maison située au bord de la mer. Gabriello fit, pour la reconnaître, une croix sur la maison avec de la craie rouge, et il rentra tranquillement chez lui.

Le lendemain, il connaissait Gaëtano comme il connaissait Gelsomina. C'était un beau garçon de vingt-quatre à vingt-cinq ans, pêcheur de son état, d'un caractère froid et retiré en lui-même, et si préoccupé d'assortir sa toilette à sa figure, que ses camarades ne l'appelaient que le glorieux. De ce moment, le plan de Gabriello fut arrêté.

Il alla trouver la plus adroite et la plus jolie fille qu'il pût rencontrer à Palerme : c'était une Catanaise qu'un marquis syracusain avait séduite, puis abandonnée après avoir vécu près d'un an avec elle. Pendant cette année elle avait pris certaines façons de grande dame; c'était tout ce qu'il fallait à Gabriello.

Il prit un appartement petit, mais élégant, dans un des plus beaux quartiers de la ville. Il loua pour un mois les plus jolis meubles qu'il put trouver; il alla chercher sa Catanaise, la conduisit dans l'appartement, lui donna pour femme de chambre une fille qui était sa maîtresse; puis, une fois installée, il lui fit sa leçon. Tout cela lui prit huit jours.

Le neuvième était un dimanche; ce dimanche amenait la fête d'un village voisin de Palerme nommé Belmonte; Gelsomina vint à cette fête avec trois ou quatre de ses jeunes amies. Gaëtano n'était point encore arrivé, mais, en cherchant de tous côtés celui pour qui elle était venue, les yeux de Gelsomina s'arrêtèrent sur une petite barque tout enrubanée, et à la poupe de laquelle flottait un pavillon de soie ; c'était la barque de Gaëtano qui traversait le golfe et qui venait de Castellamare à la Bagherie. Arrivé à la côte, Gaëtano amarra sa barque et sauta sur le rivage : il avait un simple habit de pêcheur, mais son bonnet phrygien était du pourpre le plus vif ; sa veste de velours était brodée comme un cafetan arabe ; sa ceinture aux mille couleurs était de la plus belle soie de Tunis ; enfin son pantalon plissé était de la plus fine toile de Catane. Toutes les jeunes filles, en apercevant le beau pêcheur, poussèrent un cri d'admiration ; Gelsomina seule resta muette, mais elle rougit d'orgueil et de plaisir.

Gaëtano fut tout à Gelsomina ; et cependant, quoiqu'il parût fier d'elle comme elle était fière de lui, les regards du beau jeune homme ne laissaient pas de s'égarer de la modeste jeune fille aux nobles dames qui étaient venues, des villas voisines, voir cette fête populaire à laquelle elles dédaignaient de prendre part. Plusieurs d'entre elles remarquèrent même Gaëtano, et se le montrèrent du doigt avec cette naïveté des femmes italiennes, qui s'arrêtent devant un beau garçon, et qu'elles regardent comme elles regarderaient un beau chien ou un beau cheval. Gaëtano répondit à leurs regards par un regard de dédain ; mais, dans ce regard de Gaëtano, il y avait pour le moins autant d'envie que d'orgueil, et l'on comprenait facilement qu'il donnerait bien des choses pour être l'amant d'une de ces fières beautés qu'en apparence il semblait haïr.

Gelsomina ne voyait qu'une chose : c'est que son Gaëtano était le roi de la fête, c'est qu'on l'enviait d'être aimée par le beau pêcheur ; et, jugeant le cœur de son amant par le sien, elle était heureuse.

Gaëtano proposa à Gelsomina et à ses amies de les ramener dans sa barque. Les jeunes filles acceptèrent, et tandis qu'un jeune frère de Gaëtano, enfant de douze ans, tenait le gouvernail, le beau pêcheur s'assit à la proue, prit sa mandoline, et, au milieu de cette belle nuit, sous ce ciel magnifique, sur cette mer d'azur, il se mit à chanter les plus douces chansons de Méli, l'Anacréon de Sicile.

On aborda ainsi près de la cabane de Gaëtano ; puis il amarra sa barque. Les jeunes filles descendirent. Le beau pêcheur conduisit Gelsomina et deux de ses compagnes qui demeuraient dans le même quartier qu'elle jusqu'au coin de la rue qu'elle habitait ; puis, arrivé là, il les quitta, et Gelsomina rentra avec une de ses amies, qui, un instant après, sortit, accompagnée à son tour de la vieille Assunta, la nourrice de Gelsomina.

Gabriello s'était remis à son poste à la même heure que la veille ; il vit passer, repasser, s'arrêter et faire le signal. Comme la veille, les deux amans causèrent jusqu'à deux heures du matin ; mais, comme la veille encore, leur entretien demeura chaste et pur, et leurs caresses se bornèrent à quelques baisers déposés sur la main de Gelsomina.

Gaëtano ne douta plus qu'ils ne se vissent ainsi chaque nuit ; mais il ne douta pas non plus que, malgré ces entretiens, Gelsomina ne fût digne en tout point de représenter la déesse de la sagesse sur le char de sainte Rosalie.

Le lendemain, comme Gaëtano venait à son rendez-vous habituel, une femme, couverte d'un long voile noir, l'accosta et lui glissa un petit billet dans la main. Gaëtano voulut l'interroger, mais la femme voilée appuya par dessus son voile son doigt sur sa bouche en signe de silence, et Gaëtano étonné la laissa se retirer sans faire un seul mouvement pour la retenir.

Gaëtano resta un instant immobile à la place où il était, reportant ses yeux du billet à la femme voilée et de la femme voilée au billet ; puis, s'approchant vivement d'une madone devant laquelle brûlait une lampe, il lut ou plutôt il dévora les quelques lignes que le papier contenait. C'était une déclaration d'amour, qui n'avait pour signature que ces mots, dont l'effet, au reste, fut magique sur Gaëtano : *Une des plus grandes dames de la Sicile*.

On lui disait en outre que, s'il était disposé à répondre à cet amour, il retrouverait le lendemain, à la même heure et à la même place, la même femme voilée, qui le conduirait près de l'inconnue que la violence de sa passion forçait à faire près de lui cette étrange démarche.

A cette lecture, le visage de Gaëtano s'éclaira d'une orgueilleuse joie. Il releva le front, secoua la tête, et respira comme un homme qui arrive tout à coup, et au moment où il s'en doutait le moins, à un but longtemps poursuivi ; puis, quoiqu'il fût minuit passé, il resta encore un instant immobile, debout et les bras croisés, devant la madone, relut une seconde fois le billet, le glissa dans la poche de côté de sa veste, et prit la rue qui conduisait à la maison de Gelsomina.

Quoique aucun signal n'eût été fait, la pauvre enfant était à sa fenêtre ; c'était la première fois, depuis que Gaëtano lui avait dit qu'il l'aimait, que Gaëtano se faisait attendre.

Enfin il parut, non point tendre et empressé comme d'habitude, mais contraint, gêné, inquiet. Dix fois Gelsomina, s'apercevant de sa préoccupation, lui demanda quelle pensée le tourmentait. Gaëtano dit qu'il était indisposé, souffrant, et que, si le lendemain il ne se sentait pas mieux, il était possible qu'il ne vînt même pas.

En face de cette crainte, Gelsomina oublia toute autre chose ; il fallait en effet que Gaëtano fût bien malade pour n'avoir point la force de venir voir sa Gelsomina, que depuis un an il venait voir, en lui disant lui-même que l'habitude qu'il avait d'une inaltérable santé faisait qu'il exagérait les douleurs qu'il éprouvait, et qu'en tout cas il ferait tout au monde pour venir à l'heure ordinaire.

Les jeunes gens se séparèrent ; pour la première fois, Gelsomina referma sa fenêtre avec un serrement de cœur inconnu pour elle jusque là. Gaëtano, au contraire, à mesure qu'il s'éloignait de Gelsomina, se sentait soulagé et respirait plus librement. Mal accoutumé encore à feindre, sa dissimulation l'étouffait.

Le lendemain, à la même heure et à la même place, Gaëtano rencontra la même femme ; en l'apercevant, tout son sang refua vers son cœur, et il crut qu'il allait étouffer. La femme s'approcha de lui.

— Eh bien ! lui dit-elle, es-tu décidé?
— Ta maîtresse est-elle jeune? demanda Gaëtano.
— Vingt-deux ans.
— Ta maîtresse est-elle belle?
— Comme un ange.

Il y eut un moment de silence pendant lequel le bon et le mauvais génie de Gaëtano se livrèrent en lui un combat terrible ; enfin le mauvais génie l'emporta.

— Je te suis, dit Gaëtano.

Aussitôt la femme voilée marcha la première, et Gaëtano la suivit.

Le guide de Gaëtano prit la rue Magueda, qu'il parcourut aux trois quarts de sa longueur ; puis il s'arrêta devant un délicieux palazzino, tira une clef de sa poche, ouvrit une porte donnant sur un escalier, dont on avait éteint avec soin toutes les lumières, dit à Gaëtano de la suivre en tenant le bout de son voile, monta avec lui une vingtaine de marches, l'introduisit dans une antichambre faiblement éclairée, traversa un riche salon ; puis, ouvrant une porte qui laissa arriver jusqu'au beau pêcheur cet air tiède et parfumé qui s'échappe du boudoir d'une jolie femme :

— Madame, dit-elle, c'est lui.
— Oh ! mon Dieu ! Teresita, répondit une douce voix avec un accent plein de crainte, je n'oserai jamais le voir.
— Et pourquoi cela, madame ? dit Teresita entrant et laissant la porte ouverte pour que Gaëtano pût voir sa maîtresse à demi couchée sur une chaise longue, et dans le plus délicieux déshabillé qu'il se pût voir ; pourquoi cela ?
— Il n'aurait qu'à ne pas m'aimer !
— Ne pas vous aimer, madame ! s'écria Gaëtano en se précipitant dans la chambre ; ne pas vous aimer ! Le croyez-

vous vous-même, et n'est-ce pas impossible quand on vous a vue? Oh! ne craignez rien, ne craignez rien, madame! Je suis tout à vous.

Et Gaëtano tomba aux pieds de la jeune femme, qui cacha sa tête dans ses mains comme par un dernier mouvement de pudeur.

Teresita sortit et les laissa ensemble.

Gelsomina attendit jusqu'à quatre heures du matin, mais inutilement, Gaëtano ne vint pas.

La journée du lendemain fut une triste journée pour la pauvre enfant; c'était sa première douleur d'amour. Il lui sembla que le soleil ne se coucherait jamais; enfin, le soir arriva, la nuit vint, les heures passèrent, lourdes et éternelles, mais elles passèrent. Minuit sonna.

La pauvre enfant n'osait ouvrir sa fenêtre; enfin le signal se fit entendre, elle s'élança contre sa jalousie, et y passa à la fois les deux mains pour chercher celles de Gaëtano. Gaëtano était à son poste, mais froid et contraint. Il sentit lui-même qu'il se trahissait, il voulut lui reparler ce même langage d'amour auquel il l'avait habituée, mais il manquait à sa voix cet accent de conviction qui subjugue, il manquait à ses paroles cette chaleur de l'âme qui entraîne; Gelsomina sentit instinctivement que quelque grand malheur la menaçait, et ne répondit qu'en pleurant. A la vue de ces larmes qui roulaient du visage de Gelsomina sur le sien, Gaëtano retrouva un instant son ancien amour. Gelsomina trompée s'y laissa reprendre. Ce fut elle alors qui demanda pardon à Gaëtano, qui s'accusa d'être inquiète, exigeante, jalouse. Gaëtano tressaillit à ce dernier mot prononcé pour la première fois entre eux; car il sentit qu'il ne pourrait longtemps tromper Gelsomina, habituée qu'elle était à le voir chaque nuit.

Alors il lui chercha une querelle.

— Vous vous plaignez de moi, lui dit-il, Gelsomina, quand ce serait à moi à me plaindre de vous.

— A vous... à vous plaindre de moi! s'écria la jeune fille; mais que vous ai-je donc fait?

— Vous ne m'aimez pas.

— Je ne vous aime pas! vous dites que je ne vous aime pas, moi! Il dit que je l'aime pas, mon Dieu!

Et la jeune fille leva ses beaux yeux tout humides de pleurs vers le ciel, comme pour le prendre à témoin que, si jamais accusation avait été injuste, c'était celle-là.

— Du moins, reprit Gaëtano, embarrassé de soutenir lui-même une assertion dont, au fond de son cœur, il en reconnaissait la fausseté; du moins, vous ne m'aimez pas comme je voudrais que vous m'aimassiez.

— Et comment pourrais-je vous aimer plus que je ne le fais? demanda la jeune fille.

— Est-ce aimer véritablement, dit Gaëtano, que de refuser quelque chose à l'homme qu'on aime?

— Que vous ai je jamais refusé? demanda naïvement Gelsomina.

— Tout, dit Gaëtano; c'est tout refuser que de n'accorder qu'à demi.

Gelsomina rougit, car elle comprit ce que lui demandait son amant.

Puis, après un moment de silence réfléchi de la part de la jeune fille, impatient de la part du jeune homme:

— Écoutez, Gaëtano, lui dit-elle. Vous savez ce qui a été convenu entre mon père et vous. Il me donne mille ducats en mariage, et il a exigé de vous que vous apportassiez une pareille somme; vous lui avez dit que deux ans vous suffiraient pour l'amasser; et vous avez accepté la condition qu'il vous a faite d'attendre deux ans. Moi, de mon côté, vous le voyez, Gaëtano, j'ai fait ce que j'ai pu pour vous rendre l'attente moins longue. Voilà un an que nous nous aimons, et, pour moi du moins, cette année a passé comme un jour. Eh bien! si vous craignez la lenteur de l'année qui nous reste à attendre, si, comme vous le dites, vous croyez, lorsqu'une jeune fille a donné son cœur, qu'il lui reste encore quelque chose à accorder, eh bien! prévenez le prêtre de Sainte-Rosalie, venez me prendre demain à dix heures du soir, au lieu de minuit; munissez-vous d'une échelle pour que je puisse descendre de cette fenêtre, et alors je me rends à l'église de la sainte, le prêtre nous unit secrètement (1), et alors... la femme n'aura plus rien à refuser à son mari.

Gaëtano avait écouté cette proposition en silence et en pâlissant; enfin, voyant que Gelsomina attendait avec anxiété sa réponse:

— Demain! dit-il, demain! je ne puis pas demain, c'est impossible.

— Impossible! et pourquoi?

— J'ai fait marché avec deux Anglais pour les conduire aux Iles: c'est cela qui me rendait triste. Je suis forcé de te quitter pour sept ou huit jours, Gelsomina.

— Toi, me quitter pour sept ou huit jours! s'écria Gelsomina en lui saisissant la main comme pour le retenir.

— Ils m'ont offert quarante ducats pour cette course, et j'avais une telle hâte de compléter la somme qu'exige ton père, que j'ai accepté.

— Ce que tu me dis là est-il bien vrai? demanda la jeune fille doutant pour la première fois des paroles de son amant.

— Je te le jure, Gelsomina; et, à mon retour, eh bien! nous verrons à faire ce que tu me demandes.

— Ce que je te demande! s'écria la jeune fille étonnée; grand Dieu! mais est-ce moi qui te prie? est-ce moi qui te presse? Tu dis que je demande, quand je croyais accorder... Mais nous ne nous comprenons donc plus, Gaëtano?

— Si fait, Gelsomina; seulement tu te défies de ma parole, et tu ne veux rien accorder qu'à ton mari. Eh bien! soit; à mon retour je ferai ce que tu exiges.

— Ce que j'exige! Oh! mon Dieu, mon Dieu! s'écria Gelsomina; que s'est-il donc passé entre nos deux cœurs?

Puis, comme deux heures sonnaient, elle tendit sa main à Gaëtano, espérant qu'il la retiendrait encore. Mais Gaëtano, coupable envers Gelsomina, se trouvait mal à l'aise en face d'elle; et, baisant la main de la jeune fille, il sauta à terre en lui disant:

— A huit jours, Gelsomina.

— A huit jours, murmura la jeune fille en laissant retomber la jalousie avec un profond soupir, et en regardant Gaëtano s'éloigner.

Deux fois Gaëtano, sans doute repentant au fond du cœur, s'arrêta pour revenir dire un adieu plus tendre à Gelsomina; deux fois la jeune fille, dans cette espérance, porta vivement la main à la jalousie, toute prête qu'elle était pour le pardon. Mais, cette fois comme la première, le mauvais génie de Gaëtano l'emporta, et, continuant de s'éloigner de Gelsomina, il disparut enfin à l'angle de la rue.

La jeune fille resta debout derrière la jalousie, jusqu'à ce qu'elle vît paraître le jour; alors seulement elle se jeta tout habillée sur son lit.

Vers les trois heures de l'après-midi, au moment où le vieux Mario venait de sortir, le juif qui était déjà venu offrir des diamans à Gelsomina entra avec un autre écrin. La jeune fille était assise, les mains sur ses genoux, la tête inclinée sur la poitrine; en proie à une si profonde rêverie, qu'elle ne le vit point entrer, et qu'elle ne s'aperçut de sa présence que lorsqu'il fut tout près d'elle. Elle le regarda, le reconnut, et tressaillit comme si elle eût touché un serpent.

— Que demandez-vous? s'écria-t-elle.

— Je demande, dit le juif, si votre couronne de jasmin et de daphnés suffit toujours à Gaëtano?

— Que voulez vous dire? s'écria la jeune fille.

— Je dis que c'est un garçon plein d'ambition et d'orgueil; il se pourrait qu'il se lassât de cette simple parure, et qu'il se mît un beau matin en quête d'une couronne plus précieuse.

— Gaëtano m'aime, dit la jeune fille en pâlissant, et je suis sûre de lui comme il est sûr de moi. D'ailleurs il ne voudrait pas me tromper, il a le cœur trop grand pour cela.

— Si grand, dit le juif en riant, qu'il y a dans ce cœur de la place pour deux amours.

(1) En Sicile, et même dans tout le reste de l'Italie, où il n'y a pas d'actes de l'état civil, les mariages faits ainsi, même sans le consentement des parens, sont parfaitement valides.

— Vous mentez, dit la jeune fille en essayant de donner à sa voix une assurance qu'elle n'avait pas ; vous mentez, laissez-moi.

— Je mens ! dit le juif, et si au contraire je te donnais la preuve que je dis la vérité ?

Gelsomina le regarda avec des yeux où se peignaient toutes les angoisses de la jalousie ; puis, secouant la tête comme pour donner un démenti à la voix de son propre cœur.

— Impossible, dit-elle, impossible.

— Et cependant, dit le juif, il ne vient pas ce soir ; il ne viendra pas demain, il ne viendra pas après-demain.

— Il part aujourd'hui pour les Iles.

— Il te l'a dit ?

— N'était-ce point la vérité, mon Dieu ! s'écria la jeune fille avec l'expression de la plus profonde douleur.

— Gaëtano n'a point quitté Palerme, dit le juif.

— Mais il part ce soir ? demanda avec anxiété, Gelsomina.

— Il ne part ni ce soir, ni demain, ni après-demain : il reste.

— Il reste ! Et pourquoi faire reste-t-il ?

— Pourquoi faire ? Je vais vous le dire. Pour faire l'amour avec une belle marquise.

— Quelle est cette femme ! où est cette femme ! Je veux la voir ! je veux lui parler !

— Qu'as-tu à faire à cette femme ? C'est Gaëtano qui te trahit, c'est de Gaëtano qu'il faut te venger.

— Me venger ! Et comment ?

— En lui rendant infidélité pour infidélité, trahison pour trahison.

— Sortez ! s'écria Gelsomina, vous êtes un infâme !

— Vous me chassez ? dit le juif. Je m'en vais, mais vous me rappellerez.

— Jamais !

— Je me nomme Isaac ; je demeure Salita Sant' Antonio n° 27. J'attendrai vos ordres pour revenir.

Et il sortit, laissant Gelsomina écrasée sous la nouvelle qu'il venait de lui apprendre.

Toute la journée, toute la nuit, se passèrent dans une lutte incessante. Ce que Gelsomina souffrit pendant cette nuit et pendant cette journée ne peut se décrire. Vingt fois elle prit la plume, vingt fois elle la rejeta. Enfin, le lendemain à trois heures, on frappa à la porte du juif ; il alla ouvrir. Une femme couverte d'un voile noir entra ; puis, aussitôt que la porte se fut refermée derrière elle, cette femme leva son voile. C'était Gelsomina.

— Me voilà, dit-elle.

— Vous avez fait plus que je n'espérais, dit le juif. Je comptais que c'était moi que vous feriez venir, et c'est vous qui êtes venue.

— Il était inutile de mettre quelqu'un dans la confidence, dit Gelsomina.

— En effet, c'est plus prudent, répondit le juif. Que voulez-vous de moi ?

— Savoir la vérité.

— Je vous l'ai dite.

— La preuve ?

— Vous pourrez l'avoir quand vous voudrez.

— Comment ?

— En vous cachant rue Magueda, en face du n° 140. Il y a là un palais avec des colonnes, qui semble fait exprès pour cela.

— Eh bien ! après ?

— Après ? A minuit, vous verrez Gaëtano entrer ; à deux heures, vous le verrez sortir.

— A minuit, rue Magueda, en face du n° 140 ?

— Parfaitement.

— Et la nuit prochaine ira-t-il ?

— Il y va toutes les nuits.

— Tout service mérite récompense, reprit en souriant avec amertume Gelsomina. Vous venez de me rendre un service, à combien l'estimez-vous ?

Le juif ouvrit écrin, et le p   enta à Gelsomina.

— Choisissez celui de tous ces diamans qui vous conviendra le mieux, dit-il, et je serai payé.

— Taisez-vous, dit la jeune fille.

Et, jetant sur une chaise une bourse dans laquelle il y avait cinq ou six onces et autant de piastres :

— Tenez, lui dit-elle, voilà tout ce que j'ai ; prenez-le. Je vous remercie.

Et elle sortit sans vouloir rien écouter de ce que lui disait le juif.

Le soir, à dix heures, elle alla embrasser comme d'habitude le vieux Mario dans son lit, rentra chez elle, s'enveloppa d'un grand voile noir ; puis, à onze heures, elle se glissa doucement dans le corridor, regarda à travers le trou de la serrure de la chambre de son père, et s'assura que la lampe était éteinte. Pensant que cette obscurité était une preuve que le vieillard était endormi, elle ouvrit alors doucement la porte de la rue, prit la clef pour pouvoir rentrer quand elle voudrait, et sortit.

Dix minutes après, elle était dans la rue Magueda, cachée derrière une colonne du palais Giardinelli, en face du n° 140.

A minuit moins quelques minutes, elle vit s'avancer un homme enveloppé d'un manteau. Au premier coup d'œil elle le reconnut : c'était Gaëtano. Elle s'appuya contre la colonne pour ne pas tomber.

Gaëtano passa et repassa, comme il avait habitude de le faire pour elle. Bientôt, à ce même signal qui avait tant de fois fait battre son propre cœur, Gelsomina vit la porte s'ouvrir, et Gaëtano disparut.

Gelsomina crut qu'elle allait mourir ; mais la jalousie lui rendit les forces que la jalousie lui avait ôtées. Elle s'assit sur les marches du palais, et, cachée dans l'ombre projetée par les colonnes, elle attendit.

Les heures passèrent ; elle les compta les unes après les autres. Comme trois heures venaient de sonner, la porte se rouvrit ; Gaëtano reparut, une femme vêtue d'un peignoir de mousseline blanche l'accompagnait. Il n'y avait plus de doute : Gelsomina était trahie.

D'ailleurs, comme si Dieu eût voulu d'un seul coup lui ôter toute espérance, les deux amans lui donnèrent le temps de s'assurer de son malheur. Ni l'un ni l'autre ne pouvaient se quitter. Leur adieu dura près d'une demi-heure.

Enfin Gaëtano s'éloigna ; la porte se referma derrière lui. Gelsomina, debout sur les degrés du palais, semblait une statue de marbre. Enfin, comme si elle s'arrachait de sa base, elle fit quelques pas en avant, mais ses genoux se dérobèrent sous elle ; elle voulut crier, mais la voix lui manqua, et, jetant un cri étouffé, qui ne parvint pas même jusqu'à Gaëtano, elle tomba de toute sa hauteur sur le pavé.

Quand elle revint à elle, elle se retrouva assise sur les marches du palais Giardinelli. Un homme lui faisait respirer des sels : cet homme, c'était le juif.

Gelsomina regarda cet homme avec terreur : il semblait un démon acharné à sa perte. Elle fouilla dans ses poches pour voir si elle avait quelque argent pour lui payer ses soins ; puis, sa recherche ayant été inutile :

— Je n'ai rien sur moi, lui dit-elle. Je vous ferai récompenser.

— J'irai demain chercher ma récompense moi-même, dit le juif.

— Ne venez pas ! s'écria Gelsomina en se reculant de lui, vous me faites horreur !

Le juif, jugeant que le moment serait mal choisi pour renouveler ses propositions, se mit à rire, et laissa Gelsomina maîtresse de se retirer.

Gelsomina profita de la liberté que lui donnait le juif, et s'éloigna d'un pas rapide. Bientôt elle se retrouva à la porte de sa maison. Elle était arrivée sans se retourner la tête en arrière, sans regarder ni à droite ni à gauche. Toutes les hallucinations de la fièvre passaient devant ses yeux, toute les rumeurs du délire bruissaient à ses oreilles.

Elle voulut ouvrir la porte, mais elle ne put jamais retrouver la serrure ; elle crut qu'elle allait devenir folle, et se coucha, en criant miséricorde à Dieu, sur le banc de pierre qui était sous sa fenêtre.

A cinq heures du matin, en sortant pour ouvrir les volets, son père la retrouva là.

Elle n'était pas évanouie ; mais elle avait les yeux fixes, les mains crispées, et ses dents claquaient l'une contre l'autre comme si elle sortait de l'eau glacée.

Son père voulut l'interroger, mais elle ne répondit point. Comme il faisait jour à peine, personne encore ne l'avait vue. Il la prit dans ses bras, l'emporta comme un enfant, et la remit à la vieille Assunta, qui lui ôta ses habits et la coucha sans qu'elle fît la moindre résistance, sans qu'elle prononçât un seul mot.

A peine couchée, la fièvre la prit ; Mario voulait envoyer chercher un médecin, mais Gelsomina dit qu'elle ne voulait voir que son confesseur Fra Leonardo.

Fra Leonardo vint, et s'entretint plus d'une heure avec la jeune fille. Lorsqu'il sortit de la chambre de Gelsomina, son vieux père l'attendait pour l'interroger ; mais le confesseur ne pouvait rien dire ; il secoua la tête tristement, et, à toutes les questions que lui fit le vieillard, il se contenta de répondre que Gelsomina était une sainte.

Derrière le confesseur arriva le juif ; il dit à Mario qu'il avait appris que sa fille était malade, et que, comme il avait une foule de secrets pharmaceutiques, il se faisait fort de la guérir si on voulait l'introduire auprès d'elle.

Le vieillard fit demander à Gelsomina si elle voulait recevoir un juif qui se disait médecin ; Gelsomina se fit faire son portrait par la vieille Assunta, et, ayant reconnu son persécuteur : — Nourrice, répondit-elle, va dire à cet homme qu'il repasse demain à la même heure.

Le lendemain, le juif n'eut garde de manquer au rendez-vous ; mais, lorsqu'il demanda au vieux Mario où était sa fille, celui-ci lui répondit en pleurant que, le matin même, Gelsomina était entrée comme novice au couvent de Notre-Dame-du-Calvaire.

Gabriello avait compté sur le désespoir pour perdre Gelsomina ; mais, en cette occasion, prières, menaces, argent, tout fut inutile ; il avait affaire à une tourière incorruptible.

Cinq jours s'écoulèrent sans rien amener de nouveau. Le terme demandé par Gabriello au prince de G... arriva ; il se présenta chez lui tout confus. C'était la première fois qu'il échouait aussi complétement.

— Eh bien ! dit le prince de G..., où est cette jeune fille ?

— Ma foi ! monseigneur, dit Gabriello, voici douze jours que Dieu et le diable la jouent aux dés ; mais cette fois Dieu a été le plus fin, et il a gagné.

— Ainsi, tu y renonces ?

— Elle s'est réfugiée dans le couvent de Notre-Dame-du-Calvaire, et, à moins que nous ne l'en enlevions de force, je ne vois pas trop moyen de l'en faire sortir.

— Merci du conseil, mais je ne veux pas me brouiller avec l'archevêque ; d'ailleurs c'était ton affaire et non la mienne. Tu t'étais chargé de m'amener cette jeune fille ici ; tu as échoué, c'est sur toi que la honte en retombera.

— J'espère que monseigneur me gardera le secret, dit Gabriello profondément humilié.

— Le secret ! s'écria le prince ; ah bien oui, le secret ! Je dirai partout au contraire que je voulais une fille de rien, une grisette, une petite ouvrière, que je t'ai laissé carte blanche pour l'argent, et que, malgré tout cela, tu as échoué.

— Mais monseigneur veut donc me perdre ! s'écria Gabriello désespéré.

— Non, mais je veux qu'on sache le fonds qu'on peut faire sur ta parole ; c'est un petit dédommagement que je me réserve.

— Votre Excellence est décidée à me faire cet affront ?

— Parfaitement décidée.

— Mais si je n'avais pas perdu tout espoir ?

— Alors, c'est autre chose.

— Si je demandais trois mois à Votre Excellence pour tenter un nouveau moyen ?

— Je t'en donne six.

— Et pendant ces six mois, Votre Excellence gardera le secret sur ce premier échec ?

— Je serai muet ; tu vois que je te fais beau jeu.

— Oui, Excellence ; aussi, maintenant, ce n'est plus une affaire d'argent, c'est une question d'honneur ; j'y réussirai ou j'y perdrai mon nom.

— Ainsi donc, dans six mois ?

— Peut-être avant, mais pas plus tard.

— Adieu, seigneur Gabriello.

— Au revoir, Excellence.

Gabriello rentra chez lui ; il lui était venu, tout en causant avec le prince de G..., une idée lumineuse qu'il avait besoin de mûrir. Toute la journée et toute la nuit, il la retourna dans sa tête ; le lendemain il commença de la mettre à exécution.

Dès le matin, il alla trouver Fra Leonardo dans sa cellule, se jeta à ses pieds en lui disant qu'il était un grand pécheur, mais que la grâce de Dieu l'avait touché, et qu'il s'adressait à lui pour qu'il le soutînt dans la bonne voie, hors de laquelle il avait si longtemps marché.

Il lui confessa ensuite l'infâme métier qu'il exerçait, se frappant la poitrine avec tant de componction et de remords, à chaque nouvel aveu qui sortait de sa bouche, que Fra Leonardo, voyant dans cet homme un miracle de conversion, ne put s'empêcher de lui demander comment le repentir lui était venu.

Alors Gabriello lui raconta qu'il avait été chargé par un grand seigneur de perdre Gelsomina, mais qu'à peine l'avait-il vue qu'il était devenu amoureux d'elle, et n'avait pas même osé lui parler. Longtemps il avait combattu cet amour, sachant bien qu'il était indigne d'une si chaste jeune fille ; mais enfin il avait pensé qu'il n'y a pas de crime si grand que le repentir n'efface, pas de conduite si souillée que l'absolution ne lave. Il avait donc pris la résolution d'aller se jeter aux genoux du père de Gelsomina, et de lui tout dire, lorsqu'il avait appris que celle qu'il aimait venait d'entrer dans un couvent. Alors, dans son désespoir, il était venu à Fra Leonardo pour lui dire que son parti était pris, et que, si Gelsomina se faisait religieuse, lui, de son côté, était décidé à entrer en religion, en abandonnant la moitié de son bien mal acquis aux pauvres, et en faisant de l'autre moitié un fonds pour marier quelque fille pauvre et sage qui aurait refusé de s'enrichir aux dépens de son honneur.

Une pareille détermination toucha le bon capucin jusqu'aux larmes ; il dit à son pénitent que tout n'était pas encore perdu, et que Gelsomina ne persisterait peut-être point dans une résolution prise en un moment d'exaltation, et qui mettait son vieux père au désespoir. En outre il promit d'user de toute son influence sur elle pour la déterminer à ne point prendre ce par une vocation sérieuse ce vertige religieux qui l'avait saisie lorsqu'elle avait regardé le monde du haut de sa douleur. Gabriello se jeta aux pieds du moine, et lui baisa les genoux en lui demandant la permission de revenir tous les jours.

Fra Leonardo raconta tout au père de Gelsomina ; le pauvre vieillard, compatissant à une douleur qu'il partageait, demanda à voir ce pauvre jeune homme afin de pleurer avec lui. Le moine promit de le lui amener le lendemain.

Le lendemain, à l'heure convenue, le père de Gelsomina vit arriver Fra Leonardo et son pénitent. Les deux affligés se jetèrent dans les bras l'un de l'autre ; Gelsomina était le lien qui les unissait : aussi, ne parlèrent-ils que d'elle ; c'étaient les premiers momens de consolation que le vieux Mario eût goûtés depuis que sa fille était au couvent. Aussi, lorsque Gabriello le quitta, fit-il promettre au jeune homme qu'il reviendrait le voir le lendemain.

Non seulement Gabriello n'avait garde de manquer à un pareil rendez-vous, mais encore il y vint longtemps avant l'heure indiquée. Le vieillard lui sut gré d'être plus qu'exact, et ils passèrent une partie de la journée ensemble.

Quant à Gaëtano, on n'en entendait pas même parler ; il avait la tête plus que jamais affolée de sa prétendue marquise.

Fra Leonardo voyait Gelsomina tous les jours. Il lui raconta d'abord, sans qu'elle y fît grande attention, la conversion miraculeuse qu'elle avait faite; puis il lui peignit le désespoir de Gabriello en la perdant. Gelsomina savait ce que c'était que les douleurs de l'amour, elle plaignait au fond du cœur le jeune homme qui les éprouvait.

Quelques jours après, Gelsomina consentit à voir son père, mais à condition qu'il n'essaierait pas de la dissuader de sa résolution de se faire religieuse; le vieux Mario promit tout ce que l'on voulut, et ne lui parla tout le temps que de Gabriello, qui avait pour lui tous les soins qu'un fils aurait pour son père. Gelsomina remercia Dieu de ce qu'il rendait au vieillard l'enfant qu'il avait perdu.

Quelque temps après, comme Fra Leonardo vit Gelsomina plus tranquille, il commença à l'entretenir des véritables devoirs d'une chrétienne. Le premier de ces devoirs, selon lui, était d'honorer ses parens et de leur obéir en tous points, un père et une mère étant en ce monde la divinité visible pour leurs enfans.

Vers la même époque, le vieux Mario se hasarda à reparler à sa fille de ses anciens rêves paternels, comment il avait songé parfois au bonheur qu'il éprouverait à mourir entre les bras de ses petits-fils; puis il lui demanda à Gelsomina, les larmes aux yeux, s'il lui fallait renoncer pour toujours à cet espoir. Gelsomina pleura, mais ne répondit rien.

Une fois, Gelsomina hasarda de demander à Fra Leonardo ce qu'était devenu Gaëtano. Fra Leonardo répondit qu'il était toujours le même, mais qu'il devenait de plus en plus orgueilleux, et qu'on le voyait à toutes les fêtes avec des rubans à son chapeau, des bagues à ses doigts, et des ceintures magnifiques autour du corps. Gelsomina soupira du plus profond de son cœur; il était évident qu'elle était complètement oubliée.

Comme Fra Leonardo sortait de la cellule de la novice, le vieux Mario y entrait. Chaque jour il était plus reconnaissant à Gabriello de ses soins pour lui, soins d'autant plus désintéressés qu'une seule récompense était digne d'eux, et que cette récompense, la résolution de Gelsomina la rendait impossible.

Quatre mois s'écoulèrent; ces quatre mois avaient amené une grande amélioration dans l'état des choses, Gelsomina sentait qu'elle ne serait jamais heureuse elle-même, mais elle comprenait qu'elle pouvait beaucoup pour le bonheur des autres: or, pour un cœur comme celui de Gelsomina, c'était presque être heureuse elle-même que de rendre les autres heureux.

Aussi, la première fois qu'elle vit son père pleurer en songeant que l'époque où elle devait prendre le voile arrivait, ce fut elle qui le consola en lui disant de prendre courage, qu'elle commençait à sentir que Dieu lui donnerait la force de surmonter son amour, et que, comme la seule crainte de revoir Gaëtano l'avait déterminée à fuir le monde, peut-être rentrerait-elle dans le monde du moment où elle pourrait le revoir sans crainte. A cette seule espérance, le vieillard éprouva une si grande joie, que Gelsomina eut presque des remords d'avoir causé à son père une si grande douleur.

Quelques jours après, Fra Leonardo se hasarda à parler à la novice de Gabriello et de l'amour profond qu'il conservait pour elle. Gelsomina ne put s'empêcher de comparer cet amour sans espérance à celui de Gaëtano, qui pouvait tout espérer, et le plaignit le pauvre garçon plus tendrement qu'elle ne l'avait encore fait.

Cela rendit quelque courage au pauvre père : à la première entrevue qu'il eut avec sa fille, il lui ouvrit son cœur tout entier; il ne manquait à Gabriello que d'être l'époux de Gelsomina pour que Mario vît en lui un véritable enfant; le lien social seul manquait, car Gabriello avait depuis cinq mois, pour le vieillard, les soins, l'amour et le respect que le fils le plus tendre pourrait avoir pour son père.

Gelsomina tendit la main au vieillard, et lui demanda huit jours pour interroger son cœur.

Ces huit jours, Gelsomina les passa dans la prière et dans la solitude; elle aimait toujours Gaëtano, mais d'un amour qui n'avait plus rien de terrestre, et à la manière dont les enfans du ciel aiment les fils de la terre. Elle sentait en elle,

sinon le désir, du moins la force d'appartenir à un autre, et d'être une digne femme et une digne mère, comme elle avait été une sainte jeune fille.

Lorsque son père revint au jour indiqué, elle lui dit donc que, si son bonheur dépendait de son consentement, elle donnait ce consentement, sinon avec joie, du moins avec résignation. Le vieux Mario tomba presqu'aux genoux de sa fille, mais elle le prit dans ses bras et sourit à le voir si heureux.

Alors il lui demanda la permission de lui amener Gabriello le lendemain, mais elle lui répondit qu'elle n'avait pas besoin de le voir, qu'elle recevrait un mari des mains de son père, et que ce mari, quel qu'il fût, avait droit à son estime et à son dévoûment; que ces deux sentimens étaient les seuls que l'on pouvait exiger d'elle, et que ce serait au temps d'en faire naître un autre.

Le mariage fut fixé à quinze jours; ces quinze jours, Gelsomina les passa en prières et en exercices religieux; puis, le matin du quinzième, elle quitta le couvent pour aller à l'église, où l'attendait son fiancé. Ce fut au pied de l'autel seulement qu'elle rencontra Gabriello, et comme elle ne l'avait vu que déguisé en juif, avec une barbe et une perruque, elle ne le reconnut pas.

Au retour, chacun félicita Gabriello sur son bonheur, chacun lui dit qu'il avait épousé une véritable sainte.

Mais lui se déroba à toutes ces félicitations; il avait une visite à faire.

On annonça au prince de G... que Gabriello l'attendait dans son antichambre.

— Faites entrer, dit le prince.

Gabriello entra.

— Eh bien! demanda le prince, où en sommes-nous? C'est demain que le terme expire.

— Et c'est ce soir que je vous livre Gelsomina, dit Gabriello.

— Et comment as-tu fait cela, démon? s'écria le prince.

— Monseigneur, c'est tout simple; voyant qu'elle était incorruptible, je l'ai épousée.

— Et?

— Et ce soir vous prendrez ma place, voilà tout. Un honnête homme n'a que sa parole; j'avais engagé la mienne à Votre Excellence, et je la tiens.

Le soir il fut fait ainsi qu'il avait été dit.

Gelsomina ignora toujours cet infâme traité; ce qui ne l'empêcha pas de mourir au bout de trois ans de mariage, en laissant à Gabriello une fille qui a maintenant douze ans, et qu'il est prêt à vendre comme il a vendu sa mère.

On voit que l'honnête homme n'a pas volé son surnom d'*il Signor Mercurio*, dont il est si fier qu'il a complètement abandonné son nom de baptême et son nom de famille.

Quant à Gaëtano, lorsqu'il sut qu'il avait été trompé, et qu'en prenant une courtisane pour une marquise, il avait perdu ce trésor d'amour qu'on appelait Gelsomina, il entra dans une telle colère, qu'il donna à la Catanaise un coup de couteau dont elle faillit mourir.

Il en résulta pour lui une condamnation de vingt ans aux galères.

Nous le retrouvâmes un mois après à Vulcano, où, comme on dit en style de bagne, il faisait son temps.

SAINTE ROSALIE.

Comme il signor Mercurio achevait son récit, Jadin, le baron S... et le vicomte de R... entrèrent; le garçon de l'hôtel leur avait procuré une fenêtre dans la rue del Cassero, et ils venaient me chercher pour l'occuper avec eux.

Ils sourirent en me voyant en tête à tête avec le signor Mercurio, qui, de son côté, à leur aspect, se retira le plus discrètement du monde, emportant les deux piastres dont j'avais payé son abominable histoire.

De mon côté, comme j'avais le sourire de ces messieurs sur le cœur, et que j'éprouvais pour cet homme un dégoût qu'ils ne pouvaient comprendre, puisqu'ils n'en connaissaient pas la cause, j'appelai le garçon, je lui déclarai que, si le signor Mercurio rentrait dans ma chambre, je quitterais à l'instant l'hôtel.

Cet ordre a porté ses fruits, et je suis certain qu'encore aujourd'hui je passe à Palerme pour un puritain de première classe.

Je ne demandai à ces messieurs que le temps de m'habiller. Comme la maison dans laquelle nous avions loué une fenêtre était à cinq cents pas à peine, nous ne jugeâmes pas à propos de faire atteler pour cela, et nous nous y rendîmes à pied.

La ville avait le même air de fête; les rues étaient encombrées de monde, il nous fallut près d'une heure pour faire des cinq cents pas.

Enfin, nous atteignîmes la maison, nous montâmes au second étage, nous entrâmes en possession de notre fenêtre. Il y en avait deux dans la chambre, mais l'autre était occupée par une famille anglaise; le locataire, auquel nous avions sous-loué, se tenait debout et prêt à en faire les honneurs.

La première chose qui me frappa en jetant les yeux sur la rue fut, au troisième étage de la maison en face de nous, un énorme balcon, en manière de cage, tenant toute la largeur de la maison; sa forme était bombée comme celle d'un vieux secrétaire, et les grilles le composaient étaient assez serrées pour qu'on ne pût voir que fort confusément au travers.

Je demandai au maître de la maison l'explication de cette singulière machine, que j'avais déjà au reste remarquée à plusieurs autres maisons: c'était un balcon de religieuses.

Il y a aux environs de Palerme, et à Palerme même, une vingtaine de couvens de filles nobles: en Sicile comme partout ailleurs, les religieuses sont censées n'avoir plus aucun commerce avec le monde; mais en Sicile, pays indulgent par excellence, on leur permet de regarder le fruit défendu auquel elles ne doivent pas toucher. Elles peuvent donc, les jours de fête, venir prendre place, je ne dirai pas à ces balcons, mais dans ces balcons, où elles se rendent de leur couvent, si éloigné qu'il soit, par des passages souterrains et par des escaliers dérobés. On m'a assuré que, lors de la révolution de 1820, quelques religieuses, plus patriotes que les autres, avaient, emportées par leur enthousiasme national, versé du haut de ce fort imprenable de l'eau bouillante sur les soldats napolitains.

A peine cette explication nous était-elle donnée, que la volière se remplit de ses oiseaux invisibles, qui se mirent aussitôt à caqueter à qui mieux mieux. Autant que j'en pus juger par le bruit et par le mouvement, le balcon devait bien contenir une cinquantaine de religieuses.

L'aspect qu'offrait Palerme était si vivant et si varié, que, quoique nous fussions venus au moins deux heures trop tôt, ces deux heures s'écoulèrent sans un seul moment d'ennui; enfin, au bruit d'une salve d'artillerie qui se fit entendre, à la rumeur qui courut par la ville, au mouvement qui se fit parmi les assistans, nous jugeâmes que le char se mettait en route.

Effectivement, nous commençâmes bientôt à l'apercevoir à l'extrémité de la rue del Cassero, au tiers de laquelle à peu près nous nous trouvions; il s'avançait lentement et majestueusement, traîné par cinquante bœufs blancs aux cornes dorées; sa hauteur atteignait celle des maisons les plus élevées, et outre les figures peintes ou modelées en carton et en cire dont il était couvert, il pouvait contenir sur ces deux différens étages, et sur une espèce de proue qui s'élançait en avant, pareille à celle d'un vaisseau, de cent-quarante à cent-cinquante personnes, les unes jouant à toutes sortes d'instrumens, les autres chantant, les autres enfin jetant des fleurs.

Quoique cette énorme masse ne fût composée en grande partie que d'oripeaux et de clinquant, elle ne laissait point que d'être imposante. Notre hôte s'aperçut de l'effet favorable produit sur nous par la gigantesque machine; mais, secouant la tête avec douleur, au lieu de nous maintenir dans notre admiration, il se plaignit amèrement de la foi décroissante et de la lésinerie croissante de ses compatriotes. En effet, le char, qui aujourd'hui égale à peine en hauteur les toits des palais, dépassait autrefois les clochers des églises; il était si lourd, qu'il fallait cent bœufs au lieu de cinquante pour le traîner; il était si large et si chargé d'ornemens, qu'il défonçait toujours une vingtaine de fenêtres. Enfin, il s'avançait au milieu d'une telle foule, qu'il était bien rare qu'en arrivant à la place de la Marine, il n'y eût pas un certain nombre de personnes écrasées. Tout cela, on le comprend, donnait aux fêtes de sainte Rosalie une réputation bien supérieure à celle dont elles jouissent aujourd'hui, et flattait fort l'amour-propre des anciens Palermitains.

En effet, le char passa devant nous, nous nous aperçûmes que les autorités municipales ou ecclésiastiques de Palerme, je ne saurais trop dire lesquelles, avaient fort tiré à l'économie: ce que nous avions pris de loin pour être de la soie était du simple calicot, les gazes des draperies étaient singulièrement fanées, et les ailes des anges avaient grand besoin d'être remplumées, vers leurs extrémités surtout, qui avaient fort souffert des ravages du temps et du frottement de la machine.

Immédiatement après le char, venaient les reliques de sainte Rosalie, enfermées dans une châsse d'argent et posées sur une espèce de catafalque porté par une douzaine de personnes qui se relayent et affectent de marcher cahin caha, à la manière des oies. Je demandai la cause de cette singulière façon de procéder, et l'on me répondit que cela tenait à ce que sainte Rosalie avait un léger défaut dans la tournure.

Derrière cette châsse, un spectacle bien plus étrange et bien plus inexplicable encore nous attendait: c'étaient les reliques de saint Jacques et de saint Philippe, je crois, portées par une quarantaine d'hommes, qui vont sans cesse courant à perdre haleine et s'arrêtant court. Ce temps d'arrêt leur sert à laisser former un intervalle d'une centaine de pas entre eux et les reliques de sainte Rosalie; aussitôt cet intervalle formé ils se remettent à courir de nouveau, et ne s'arrêtent que lorsqu'ils ne peuvent aller plus loin; alors ils s'arrêtent encore pour repartir un instant après, et ce transport des reliques des deux saints s'exécute ainsi, par courses et par haltes, depuis le moment du départ jusqu'au moment de l'arrivée. Cette espèce de mythe gymnastique fait allusion à un fait tout en l'honneur de ces deux élus: un jour qu'on transportait leur châsse, je ne sais pour quelle cause, d'un lieu à un autre, elle passa par hasard dans une rue que dévorait un incendie; les porteurs s'aperçurent qu'à mesure qu'ils s'avançaient, le feu s'éteignait; afin que le feu fit le moins de dégât possible, ils se mirent à courir; cette ingénieuse idée fut couronnée du plus entier succès. Partout où ce n'était qu'un incendie ordinaire, la flamme disparut aussitôt; seulement, là où l'incendie était le plus acharné, il fallait s'arrêter une ou deux minutes. De là les courses, de là les haltes. Comme on le comprend bien, cette aptitude des deux saints à combattre les incendies rend inutile à Palerme le corps royal des sapeurs-pompiers.

Après les reliques de saint Jacques et de saint Philippe venaient celles de saint Nicolas, portées par une dizaine d'hommes dansant et valsant. Cette façon de rendre hommage à la mémoire d'un saint nous ayant aussi paru assez étrange, nous en demandâmes l'explication; ce à quoi on nous répondit que saint Nicolas était de son vivant d'un naturel fort jovial, on n'avait rien trouvé de mieux que cette marche chorégraphique, qui rappelait parfaitement la gaieté de son caractère.

Derrière saint Nicolas ne venait rien autre chose que le peuple, lequel marchait comme il l'entendait.

Cette marche triomphale, qui avait commencé vers midi, ne fut guère achevée que sur les cinq heures. Alors les voitures circulèrent de nouveau dans les rues; la promenade de la Marine commençait.

La soirée offrit les mêmes délices que la veille. En général les plaisirs italiens ne sont point variés : on fait aujourd'hui ce qu'on a fait hier, et l'on fera demain ce qu'on a fait aujourd'hui. Nous eûmes donc feu d'artifice, danses à la Flora, corso à minuit, et illuminations jusqu'à deux heures.

Tout en assistant aux honneurs rendus à sainte Rosalie à Palerme, nous avions lié, pour le lendemain, la partie d'aller faire un pèlerinage à sa chapelle, située au sommet du mont Pellegrino. En conséquence, nous avions commandé à la fois une voiture et des ânes ; une voiture, pour aller tant que la route serait carrossable, et les ânes pour faire le reste du chemin.

Le mont Pellegrino n'est, à vrai dire, qu'un squelette de montagne ; toute la terre végétale qui le couvrait autrefois a été successivement emportée dans la plaine par le vent ou par la pluie. Une route magnifique, posée sur les arcades et digne des anciens Romains, conduit à la moitié de sa hauteur, à peu près. Là, nous trouvâmes, comme nous l'avions ordonné d'avance, un relai de ces magnifiques ânes de Sicile qui, s'ils étaient transportés chez nous, feraient honte, non-seulement à leurs confrères, mais encore à beaucoup de chevaux : c'est cette supériorité dans l'espèce qui leur vaut sans doute l'honneur de servir de montures aux dandys et aux lions de Palerme, quand ils vont faire leurs visites du matin.

Après une heure de montée, nous arrivâmes à la chapelle de Sainte-Rosalie, qui n'est rien autre chose que la grotte dans laquelle la sainte retirée du monde a vécu loin de ses séductions. Au-dessus de l'entrée de la grotte est son arbre généalogique parfaitement en règle, depuis Charlemagne jusqu'à Sinibaldo, père de la sainte.

Sainte Rosalie était fiancée au roi Roger, lorsqu'au lieu d'attendre tranquillement, dans la maison paternelle, son royal époux, elle s'enfuit un matin, et disparut pour ne plus revenir. Elle avait alors quatorze ans.

Sainte Rosalie se réfugia dans la caverne du mont Pellegrino, où elle vécut solitaire et mourut ignorée, se livrant à la méditation et conversant avec les anges. Au mois de juillet 1624, au milieu d'une peste terrible qui dévastait la ville de Palerme, un homme du peuple eut une vision. Il lui sembla qu'il se promenait hors des portes de Palerme, lorsqu'une colombe, descendant du ciel, se posa à quelques pas de lui : il alla à la colombe, mais la colombe reprit son vol et alla se poser à quelques pas plus loin ; il la suivit de nouveau, et de vols en vols la colombe finit par entrer sous la grotte de sainte Rosalie, où elle disparut : alors le songeur se réveilla. Comme on le pense bien, il comprit qu'un pareil rêve n'était autre chose qu'une révélation. A peine fit-il jour, qu'il se leva, sortit de Palerme, et aperçut la colombe conductrice. Alors se renouvela en réalité la vision de la nuit. Le brave homme suivit la colombe sans la perdre de vue, et entra un instant après elle dans la grotte. La colombe avait disparu, mais il y trouva le corps de la sainte.

Ce corps était parfaitement conservé, et il semblait, quoique cinq siècles se fussent écoulés depuis le moment de sa mort, que l'élue du Seigneur vint d'expirer à l'instant même ; elle avait dû mourir à l'âge de vingt-huit ou trente ans.

L'homme à la colombe accourut en grande hâte à Palerme, et fit part à l'archevêque du songe qu'il avait fait, et de la précieuse trouvaille qui en avait été la suite. L'archevêque assembla aussitôt tout le clergé ; puis, croix et bannières en tête, on alla chercher le corps de sainte Rosalie à la caverne qui lui avait servi de tombeau ; et, après l'avoir posé sur un catafalque, on l'amena à Palerme, où on le fit promener par les rues, porté sur les épaules de douze jeunes filles, vêtues de blanc, couronnées de fleurs, et tenant des palmes à la main. Le même jour la peste cessa : c'était le 15 juillet 1624.

Dès-lors il devint impossible de douter que la fille de Sinibaldo ne fût une sainte, et, comme cette sainte avait sauvé la ville, on mit la ville sous sa protection. Depuis ce temps, son culte s'est maintenu avec cette fleur de jeunesse et de poésie qui est le partage de bien peu d'élues.

L'entrée de la grotte est demeurée dans sa simplicité primitive : c'est une espèce de vestibule, taillé en plein roc et décoré de médaillons de Charles III, de Ferdinand Ier et de Marie-Caroline. Ce vestibule est séparé du sanctuaire par une ouverture qui va de la voûte au sommet de la montagne, et par laquelle pénètre le jour ; des plantes et des fleurs grimpantes ont poussé dans cette gerçure, et retombent en guirlande dans l'intérieur de la caverne ; à un certain moment de la journée, les rayons du soleil pénètrent par cette ouverture, et séparent le vestibule de la chapelle par un ardent rayon de lumière.

Le sanctuaire renferme deux autels.

Le premier à gauche est dédié à sainte Rosalie. Il s'élève à l'endroit même où fut retrouvé le corps de la sainte. Une statue en marbre, ouvrage de Caggini, a remplacé les reliques, qu'on a enfermées dans une châsse. Cette statue représente une belle vierge couchée dans l'attitude d'une jeune fille qui dort ; elle a la tête appuyée sur une de ses mains, et de l'autre tient un crucifix. La robe dont elle est enveloppée, et qui est un don du roi Charles III, a coûté 5,000 piastres ; elle porte, de plus, un collier de diamans au cou, des bagues à tous les doigts, et sur la poitrine, pendues à un ruban noir et à un ruban bleu, les croix de Malte et de Marie-Thérèse. Près de la sainte sont une tête de mort, une écuelle, un bourdon, un livre et une discipline d'or massif ; comme la robe, ces différens objets sont un don du roi Charles III.

Le second autel, situé au fond de la grotte, et en face de son ouverture, est placé sous l'invocation de la Vierge ; mais, il faut le dire à la gloire de sainte Rosalie, tout dédié qu'il est à la mère du Christ, il est infiniment moins riche, infiniment moins beau, et surtout infiniment moins fréquenté que le premier. Derrière cet autel se trouve la source où buvait la sainte.

La chapelle de Sainte-Rosalie est, comme nous l'avons dit, le refuge des amours persécutés. Si les amans qu'on veut séparer parviennent un beau matin à se réunir, et qu'on ne les rattrape pas dans le trajet qui sépare Palerme de la montagne, ils sont sauvés : une fois entrés dans la caverne, les droits des parens cessent, et ceux de la sainte commencent. Le prêtre leur demande s'ils veulent être unis, et sur leur réponse affirmative leur dit une messe : la messe finie, ils sont mariés ; ils peuvent revenir au grand jour, et bras-dessus, bras-dessous, à Palerme. Les parens n'ont plus rien à dire.

Au moment où nous arrivions dans la chapelle, le prêtre accomplissait, selon toute probabilité, une union de ce genre ; un jeune homme et une jeune fille étaient agenouillés devant l'autel, sans autre témoin de leur union que le sacristain qui servait la messe. Notre arrivée parut d'abord leur causer quelque inquiétude, mais, nous ayant reconnus pour étrangers, ils ne firent plus attention à nous. Nous nous agenouillâmes à quelques pas d'eux, en attendant que la messe fût dite.

La messe achevée, ils se levèrent, remercièrent le prêtre, sortirent de la grotte, montèrent sur leurs ânes et disparurent. Ils étaient mariés.

Nous interrogeâmes le prêtre, qui nous dit qu'il ne se passait guère de semaines sans qu'une cérémonie pareille s'accomplît.

En rentrant chez nous, nous trouvâmes pour le lendemain une invitation à dîner de la part du vice-roi, le prince de Campo-Franco ; nous lui avions fait remettre la veille nos lettres de recommandation, et, avec cette politesse parfaite qu'on ne rencontre guère que chez les grands seigneurs italiens, il leur faisait honneur à l'instant même.

Le prince de Campo-Franco a quatre fils ; c'est le second de ses fils, le comte de Lucchesi Palli, qui a épousé madame la duchesse de Berry : il était momentanément en Sicile pour y amener dans le caveau de sa famille le corps de la petite fille née pendant la captivité de Blaye, et qui venait de mourir.

Comme cette invitation à dîner était pour la maison de campagne du prince, située, comme presque toutes les villas des riches Palermitains, à la Bagherie, nous partîmes deux ou trois heures plus tôt qu'il n'était nécessaire, afin d'avoir le temps de visiter le fameux palais du prince de Palagonia, modèle de grotesque et miracle de folie.

La route que l'on prend pour se rendre à la Bagherie est la même que nous avions déjà suivie pour venir à Palerme. A un quart de lieue de la ville, on passe l'Orèthe, l'ancien Eleuthère de Ptolémée, et aujourd'hui le *fiume del Amiraglio*. Ce filet d'eau, majestueusement décoré du nom de fleuve, traversait autrefois la ville et se jetait dans le port; mais il a été détourné de son ancien lit, sur l'emplacement duquel on a bâti la rue de Tolède.

C'est aux environs de la Bagherie que Roger, comte de Sicile et de Calabre, remporta sur les Sarrasins, vers 1072, la grande bataille qui lui livra Palerme.

Notre voiture s'arrêta en face du palais du prince de Palagonia, que nous reconnûmes aussitôt aux monstres sans nombre qui garnissent les murailles, qui surmontent les portes, qui rampent dans le jardin; ce sont des bergers avec des têtes d'âne, de jeunes filles avec des têtes de cheval, des chats avec des figures de capucin, des enfans bicéphales, des hommes à quatre jambes, des solipèdes à quatre bras, une ménagerie d'êtres impossibles, auxquels le prince, à chaque grossesse de sa femme, priait Dieu de donner une réalité, en permettant que la princesse accouchât de quelque animal pareil à ceux qu'il avait soin de lui mettre sous les yeux pour amener cet heureux événement. Malheureusement pour le prince, Dieu eut le bon esprit de ne pas écouter sa prière, et la princesse accoucha tout bonnement d'enfans pareils à tous les autres enfans, si ce n'est qu'ils se trouvèrent ruinés un beau jour par la singulière folie de leur père.

Un autre caprice du prince était de se procurer toutes les cornes qu'il pouvait trouver : bois de cerf, bois de daim, cornes de bœufs, cornes de chèvre, défenses d'éléphant même, tout ce qui avait forme recourbée et pointue était bien venu au château, et acheté par le prince presque sans marchander. Aussi, depuis l'antichambre jusqu'au boudoir, depuis la cave jusqu'au grenier, le palais était hérissé de cornes : les cornes avaient remplacé les patères, les porte-manteaux, les pitons; les lustres pendaient à des cornes, les rideaux s'accrochaient à des cornes; les buffets, les ciels de lit, les bibliothèques, étaient surmontés de cornes. On aurait donné vingt-cinq louis d'une corne, que dans tout Palerme on ne l'aurait pas trouvée.

L'art n'a rien à faire dans une pareille débauche d'imagination : palais, cours, jardin, tout cela est d'un goût détestable, et ressemble à une maison bâtie par une colonie de fous. Jadin ne voulut pas même compromettre son crayon jusqu'à en faire un croquis.

Pendant que nous visitions le palais Palagonia, nous fûmes joints par le comte Alexandre, troisième fils du prince de Campo-Franco; il avait appris notre arrivée et venait au devant de nous, afin que nous eussions quelqu'un pour nous présenter à son père et à ses frères aînés que nous n'avions point encore vus.

La villa du prince de Campo-Franco est sans contredit, pour la situation surtout, une des plus délicieuses qui se puissent voir : les quatre fenêtres de la salle à manger s'ouvrent sur quatre points de vue différens, un de mer, un de montagne, un de plaine et un de forêt.

Le dîner fut magnifique, mais tout sicilien, c'est-à-dire qu'il y eut force glaces et quantité de fruits, mais fort peu de poisson et de viande. Nous dûmes paraître des ichtyophages et des carnivores de première force, car nous fûmes, Jadin et moi, à peu près les seuls qui mangèrent sérieusement.

Après le dîner on nous servit le café sur une terrasse couverte de fleurs; de cette terrasse on apercevait tout le golfe, une partie de Palerme, le monte Pellegrino, et enfin au milieu de la mer, au large, comme un brouillard flottant à l'horizon, l'île d'Alciuri. L'heure que nous passâmes sur cette terrasse, et pendant laquelle nous vîmes le soleil se coucher et le paysage traverser toutes les dégradations de lumière, depuis l'or vif jusqu'au bleu sombre, est une de ces heures indescriptibles qu'on retrouve dans sa mémoire en fermant les yeux, mais qu'on ne peut ni faire comprendre avec la plume, ni peindre avec le crayon.

A neuf heures du soir, par une nuit délicieuse, nous quittâmes la Bagherie, et nous revînmes à Palerme.

LE COUVENT DES CAPUCINS.

La journée du lendemain était consacrée à des courses par la ville : un jeune homme, Arami, camarade de collège du marquis de Gargallo, et pour lequel ce dernier m'avait remis une lettre, devait nous accompagner, dîner avec nous, et de là nous conduire au théâtre, où il y avait opéra.

Nous commençâmes par les églises, le Dôme avait droit à notre première visite; nous l'avions déjà parcouru le jour de notre arrivée; mais, préoccupés de la scène qui s'y passait, nous n'avions pu en examiner les détails. Ces détails sont, au reste, peu importans et peu curieux, l'intérieur de la cathédrale ayant été remis à neuf : nous en revînmes donc bientôt aux sépulcres royaux qu'elle renferme.

Le premier est celui de Roger II, fils du grand comte Roger, et qui fut lui même comte de Sicile et de Calabre en 1101, duc de Pouille et prince de Salerne en 1127, roi de Sicile en 1130; qui mourut enfin en 1154, après avoir conquis Corinthe et Athènes.

Le second est celui de Constance à la fois impératrice et reine : reine de Sicile par son père Roger; impératrice d'Allemagne par son mari, Henri VI, roi de Sicile lui-même en 1194, et mort en 1197.

Le troisième est celui de Frédéric II, père de Manfred, et grand père de Conradin, qui succéda à Henri VI et mourut en 1250.

Enfin, les quatrième et cinquième sont ceux de Constance, fille de Manfred, et de Pierre, roi d'Aragon.

En sortant du Dôme, nous traversâmes la place, et nous nous trouvâmes en face du Palais-Royal.

Le Palais-Royal est bâti sur les fondemens de l'ancien Al Cassar sarrasin. Robert Guiscard et le grand comte Roger entourèrent de murailles la forteresse arabe, et s'en contentèrent momentanément; Roger, son fils, deuxième du nom, y éleva une église à Saint-Pierre et fit construire deux tours, nommées, l'une, la Pisana et l'autre la Greca. La première de ces deux tours renfermait les diamans et le trésor de la couronne; la seconde servait de prison d'Etat. Guillaume Ier trouva la demeure incommode et commença le Palazzo-Nuovo, qui fut achevé par son fils vers l'an 1170.

Nous venions voir principalement deux choses au Palazzo-Nuovo : les fameux béliers syracusains, qui y ont été transportés, et la chapelle de Saint-Pierre, qui, malgré ses sept cents ans d'existence, semble sortir de la main des mosaïstes grecs.

Nous cherchions de tous côtés les béliers, lorsqu'on nous les montra coquettement badigeonnés en bleu de ciel : nous demandâmes quel était l'ingénieux artiste qui avait eu l'idée de les peindre de cette agréable couleur; on nous répondit que c'était le marquis de Forcella. Nous demandâmes où il demeurait, pour lui envoyer nos cartes.

Il n'en est point ainsi de l'église de Saint-Pierre; elle est restée à la fois un miracle d'architecture et d'ornementation. Sans doute, le respect qu'on a eu pour elle tient à la tradition, tradition respectée et transmise par les Sarrasins eux-mêmes, et qui veut que saint Pierre, en se rendant de Jérusalem à Rome, ait consacré lui-même une petite chapelle souterraine, qui sert aujourd'hui de caveau mortuaire à l'église.

C'est dans cette chapelle que Marie-Amélie de Sicile épousa Louis-Philippe d'Orléans. C'est encore dans cette chapelle que fut baptisé le premier-né de leur fils, le duc d'Orléans actuel. En versant l'eau sainte sur le front de l'enfant, l'archevêque dit tout haut :

— Peut-être qu'en ce moment je baptise un futur roi de France.

— Ainsi soit-il! répondit le marquis de Gargallo, qui tenait, au nom de la ville de Palerme, l'enfant royal sur les fonts baptismaux.

Le roi Louis-Philippe n'a point oublié, sur le trône de France, la petite chapelle de Saint-Pierre, et, lors de son voyage en Sicile, le prince de Joinville lui fit don, au nom de son père, d'un magnifique ostensoir de vermeil, incrusté de topazes.

De cette chapelle presque souterraine on nous fit monter sur l'Observatoire; c'est du haut de cette terrasse que, grâce à l'instrument de Ramsden, Piazzi découvrit pour la première fois, le 1er janvier 1801, la planète de Cérès. Comme nous y allions dans un dessein beaucoup moins ambitieux, nous nous contentâmes, à l'orient, de voir les îles Lipari, pareilles à des taches noires et vaporeuses flottant à la surface de la mer, et, à l'occident, le village de Montreale, surmonté de son gigantesque monastère que nous devions visiter le lendemain.

Près du palais est la Porte Neuve, arc de triomphe élevé à Charles V, à l'occasion de ses victoires en Afrique.

Pour en finir avec les monumens, nous ordonnâmes à notre cocher de nous conduire aux deux châteaux sarrasins de Ziza et de Cuba : ces deux noms, à ce que nous assura notre cocher, habitué à conduire les voyageurs aux différentes curiosités de la ville, et par conséquent tout disposé à trancher du cicerone, étaient ceux des fils du dernier émir; mais Arami, auquel nous avions une confiance infiniment plus grande, nous dit qu'aucune tradition importante ne se rapportait à ces deux monumens.

Le palais Ziza est le mieux conservé des deux ; on y voit encore une grande salle mauresque à plafond en ogive, décorée d'arabesques et de mosaïques. Une fontaine qui jaillit dans deux bassins octogones continue de rafraîchir cette salle, aujourd'hui solitaire et abandonnée. Dans les autres pièces, l'ornementation arabe a disparu sous de mauvaises fresques. Quant au château de Cuba, c'est aujourd'hui la caserne de Borgognoni.

Près de ces deux châteaux mauresques s'est élevé un monastère chrétien en grande réputation, non seulement à Palerme, mais par toute la Sicile ; c'est le couvent des capucins. Ce qui lui a valu cette renommée, c'est surtout la singulière propriété qu'ont ses caveaux de *momifier* les cadavres, et de les conserver ainsi exempts de corruption jusqu'à ce qu'ils tombent en poussière.

Aussi, dès que nous arrivâmes au couvent, le père gardien, habitué aux visites quotidiennes qu'il reçoit des étrangers, nous conduisit-il à ses catacombes ; nous descendîmes trente marches, et nous nous trouvâmes dans un immense caveau souterrain, taillé en croix, éclairé par des ouvertures pratiquées dans la voûte, et où nous attendait un spectacle dont rien ne peut donner une idée.

Qu'on se figure douze ou quinze cents cadavres réduits à l'état de momies, grimaçant à qui mieux mieux, les uns semblant rire, les autres paraissant pleurer, ceux-ci ouvrant la bouche démesurément, pour tirer une langue noire entre deux mâchoires édentées, ceux-là serrant les lèvres convulsivement, allongés, rabougris, tordus, luxés, caricatures humaines, cauchemars palpables, spectres mille fois plus hideux que les squelettes pendus dans un cabinet d'anatomie, tous revêtus de robe de capucins, que trouent leurs membres disloqués, et portant aux mains une étiquette sur laquelle on lit leur nom, la date de leur naissance et celle de leur mort. Parmi tous ces cadavres est celui d'un Français nommé Jean d'Esachard, mort le 4 novembre 1851, âgé de cent deux ans.

Le cadavre le plus rapproché de la porte, et qui, de son vivant, s'appelait Francesco Tollari, porte à la main un bâton. Nous demandâmes au gardien de nous expliquer ce symbole; il nous répondit que, comme le susdit Francesco Tollari était le plus près de la porte, on l'avait élevé à la dignité de concierge, et qu'on lui avait mis un bâton à la main pour qu'il empêchât les autres de sortir.

Cette explication nous mit fort à notre aise; elle nous indiquait le degré de respect que les bons moines portaient eux-mêmes à leurs pensionnaires; dans les autres pays, on rit de la mort; eux riaient des morts : c'était un progrès.

En effet, il faut avouer que, dans cette collection de momies, celles qui ne sont pas hideuses sont risibles. Il est difficile à nous autres gens du Nord, avec notre culte sombre et poétique pour les trépassés, de comprendre qu'on se fasse un jeu de ces pauvres corps dont l'âme est partie, qu'on les habille, qu'on les coiffe, qu'on les farde comme des mannequins ; que, lorsque quelque membre se déjette par trop, on casse ce membre, et on le raccommode avec du fil de fer, sans craindre, avec ce sentiment éternel qui réagit en nous contre le néant, que le cadavre n'éprouve une souffrance physique, ou que l'âme qui plane au-dessus de lui ne s'indigne aux transformations qu'on lui fait subir. J'essayai de faire part de toutes ces sensations à notre compagnon ; mais Arami était Sicilien, habitué dès l'enfance à regarder comme un honneur rendu à la mémoire ce que nous regardons comme une profanation du tombeau.

Il ne comprit pas plus notre susceptibilité, que nous son insouciance. Alors nous en prîmes notre parti; et comme la chose était curieuse au fond, convaincus que ce qui ne blessait pas les vivans ne devait pas blesser les morts, nous continuâmes notre visite.

Les momies sont disposées, tantôt sur deux et tantôt sur trois rangs de hauteur, alignées côte à côte, sur des planches en saillie, de manière à ce que celles du premier rang servent de cariatides à celles du second, et celles du second au troisième. Sous les pieds des momies du premier rang sont trois étages de coffres en bois, plus ou moins précieux, décorés plus ou moins richement d'armoiries, de chiffres, de couronnes. Ils renferment les morts pour lesquels les parens ont consenti à faire la dépense d'une bière ; ces bières ne se clouent pas comme les nôtres, pour l'éternité, mais elles ont une porte, et cette porte a une serrure dont les parens possèdent la clef. De temps en temps les héritiers viennent voir si ceux dont ils mangent la fortune sont toujours là : ils voient leur oncle, leur grand-père ou leur femme, qui leur fait la grimace, et cela les rassure.

Aussi feriez-vous le tour de la Sicile sans entendre raconter une seule de ces poétiques histoires de fantômes qui font la terreur des longues veillées septentrionales. Pour l'habitant du midi, l'homme mort est bien mort; pas d'heure de minuit à laquelle il se lève, pas de chant du coq auquel il se recouche : le moyen de croire aux revenans, quand on tient les revenans sous clef, et qu'on a cette clef dans sa poche !

Parmi ces morts, il y a des comtes, des marquis, des princes, des maréchaux de camp dans leurs cuirasses, le plus curieux de tous ceux qui composent cette société aristocratique est sans contredit un roi de Tunis qui, poussé à Palerme par un coup de vent, tomba malade au couvent des capucins et y mourut ; mais avant de mourir, touché par la grâce, il se convertit et reçut le baptême. Cette conversion, comme on le pense bien, fit grand bruit, l'empereur d'Autriche lui-même avant consenti à être son parrain. — Aussi les capucins, afin de perpétuer l'honneur qui en rejaillissait sur leur couvent, se sont-ils mis en frais pour le royal néophyte. Sa tête et ses mains sont posées sur une espèce de tablette surmontée d'un dais en calicot ; la tête porte une couronne de papier, et la main gauche tient en guise de sceptre un bâton de chaise doré ; au dessous, de cette singulière châsse on lit cette inscription, qui renferme toute l'histoire du roi de Tunis :

Naccui, in Tunisi re, venuto a sorte in Palermo,
Abbraciai la santa fede.
La fede e il viver bene salva mi in morte.
Don Filippo d'Austria, re di Tunizzi,
Mori a Palermo. — 20 settembre 1622 (1).

(1) « Je naquis roi à Tunis. Poussé par le sort à Palerme, j'em-

Outre ces niches destinées au commun des martyrs, outre les caisses réservées à l'aristocratie, il y a encore un des bras de cette immense croix funéraire qui forme une espèce de caveau particulier : c'est celui des dames de la haute aristocratie palermitaine.

C'est là peut-être que la mort est la plus hideuse : car c'est là qu'elle est la plus parée ; les cadavres, couchés sous des cloches de verre, y sont habillés de leurs plus riches habits : les femmes, en parures de bal ou de cour ; les jeunes filles, avec leurs robes blanches et avec leurs couronnes de vierges. On peut à peine supporter la vue de ces visages coiffés de bonnets enrubanés, de ces bras desséchés sortant d'une manche de satin bleu ou rose, pour allonger leurs doigts osseux dans des gants quatre fois trop larges, de ces pieds chaussés de souliers de taffetas et dont on aperçoit les nerfs et les os à travers des bas de soie à jour. L'un de ces cadavres, horrible à voir, tenait à la main une palme, et avait cette épitaphe écrite sur la plinthe de son lit mortuaire.

Saper vuoi dichi ciacce, il senso vero : Antonia
Pedoche fior
Passagglero visse anni xx e mori a xxv
Settembre 1834.

Un autre cadavre non moins affreux à voir, enseveli avec une robe de crêpe, une couronne de roses et un oreiller de dentelles, est celui de la signora D. Maria Amaldi e Ventimiglia, marchesina di Spataro, morte le 7 août 1854, à l'âge de de vingt-neuf ans. Ce cadavre était tout jonché de fleurs fraîches ; le gardien des capucins, que nous interrogeâmes, nous dit que ces fleurs étaient renouvelées tous les jours, par le baron P... qui l'avait aimée. C'était un terrible amour que celui qui résistait depuis deux ans à une pareille vue.

Nous étions dans ces catacombes depuis deux heures à peu près, et nous pensions avoir tout vu, lorsque le gardien nous dit qu'il nous avait gardé pour la fin quelque chose de plus curieux encore. Nous lui demandâmes avec inquiétude ce que ce pouvait être, car nous croyions avoir atteint les bornes du hideux, et nous apprîmes qu'après voir vu les cadavres arrivés à un état complet de dessication, il nous restait à voir ceux qui étaient en train de sécher. Nous étions allés trop loin déjà pour reculer en si beau chemin ; nous lui dîmes de marcher devant nous, et que nous étions prêts à le suivre.

Il alluma donc une torche ; et, après avoir fait une douzaine de pas dans un des corridors, il ouvrit un petit caveau entièrement privé de jour, et entra le premier son flambeau à la main. Alors, à la lueur rougeâtre de ce flambeau, nous aperçûmes un des plus horribles spectacles qui se puissent voir ; c'était un cadavre entièrement nu, attaché sur une espèce de grille de fer, ayant les pieds nus, les mains et les mâchoires liés, afin d'empêcher autant que possible les nerfs de ces différentes parties de se contracter ; un ruisseau d'eau vive coulait au dessous de lui, et opérait cette dessication, dont le terme est ordinairement de six mois : ces six mois écoulés, le défunt passe à l'état de momie, est rhabillé et remis à sa place, où il restera jusqu'au jour du jugement dernier. Il y a quatre de ces caveaux qui peuvent contenir chacun trois ou quatre cadavres ; on les appelle les *pourrissoirs*...

Les hôtes de cet ossuaire, ont, comme les autres morts, leur jour de fête ; alors on les habille avec leurs habits du dimanche, du linge blanc, des bouquets au côté, et l'on ouvre les portes des catacombes à leurs parens et à leurs amis. Quelques-uns cependant conservent leur robe de bure et leur air morne. Les parens, qui se doutent de ce qui les attriste, se hâtent de leur demander s'ils ont besoin de quelque

brassai la sainte foi. La sainte foi et la bonne vie me sauvèrent à l'heure de la mort.

« Don Philippe d'Autriche, roi de Tunis, mourut à Palerme le 20 septembre 1622. »

Il y a peut-être b en une petite faute de langue à la troisième ligne ; mais, en sa qualité de roi de Tunis, don Philippe d'Autriche est excusable de ne point parler le pur italien.

chose, et si une messe ou deux peut leur être agréable. Les morts répondent par un signe de tête, ou par un signe de main, que c'est cela qu'ils désirent. Les parens paient un certain nombre de messes au couvent, et si ce nombre est suffisant, ils ont la satisfaction, l'année suivante, de voir les pauvres patiens fleuris et endimanchés, en signe qu'ils sont sortis du purgatoire et jouissent de la béatitude éternelle.

Tout cela n'est-il pas une bien étrange profanation des choses les plus saintes ? Et notre tombe, à nous, ne rend-elle pas bien plus religieusement à la poussière ce corps fait de poussière, et qui doit redevenir poussière ?

J'avoue que je revis avec plaisir le jour, l'air, la lumière et les fleurs ; il me semblait que je m'éveillais après un effroyable cauchemar, et, quoique je n'eusse touché à aucun des habitans de cette triste demeure, j'étais comme poursuivi par une odeur cadavéreuse dont je ne pouvais me débarrasser. En arrivant à la porte de la ville, notre cocher s'arrêta pour laisser passer une litière, précédée d'un homme tenant une sonnette et suivie de deux autres litières : c'était un mort qu'on portait aux Capucins. Cette manière de transporter les trépassés, assis, habillés et fardés, dans une chaise à porteurs, me parut digne du reste. Les deux litières qui suivaient la première étaient occupées, l'une par le curé, l'autre par son sacristain.

Je fis un des plus mauvais dîners de ma vie, non pas que celui de l'hôtel fût mauvais, mais j'étais poursuivi par l'image du mort que je venais de voir sécher sur le gril. Quant à Arami, il mangea comme si de rien n'était.

Après le dîner nous allâmes au théâtre ; deux des principaux seigneurs de Sicile s'étaient faits entrepreneurs, et étaient parvenus à réunir une assez bonne troupe : on jouait *Norma*, ce chef-d'œuvre de Bellini.

J'avais déjà beaucoup entendu parler de l'habitude qu'ont les Siciliens de dialoguer par gestes, d'un bout à l'autre d'une place, ou du haut en bas d'une salle ; cette science, dont la langue des sourds-muets n'est que l'*a*, *b*, *c*, remonte, s'il faut en croire les traditions, à Denys le Tyran : il avait prohibé sous des peines sévères les réunions et les conversations, il en résulta que ses sujets cherchèrent un moyen de communications qui remplaçât la parole. Dans les entr'actes, je voyais des conversations très animées s'établir entre l'orchestre et les loges ; Arami surtout avait reconnu dans une avant-scène un de ses amis, qu'il n'avait pas vu depuis trois ans, et il lui faisait avec les yeux, et quelquefois avec les mains, des récits qui, à en juger par les gestes pressés de notre compagnon, devaient être du plus haut intérêt. Cette conversation terminée, je lui demandai si sans indiscrétion je pouvais connaître les événemens qui avaient paru si fort l'émouvoir. — Oh ! mon Dieu ! oui, me répondit-il ; celui avec qui je causais est un des bons amis, absent de Palerme depuis trois ans, et il m'a raconté qu'il s'était marié à Naples ; puis qu'il avait voyagé avec sa femme en Autriche et en France. Là, sa femme est accouchée d'une fille, que malheureusement il a perdue. Il est arrivé par le bateau à vapeur d'hier ; mais, comme sa femme a beaucoup souffert du mal de mer, elle est restée au lit, et lui seul est venu au spectacle.

— Mon cher, dis-je à Arami, si vous voulez bien que je vous croie, il faudra que vous me fassiez un plaisir.

— Lequel ?

— C'est d'abord de ne pas me quitter de la soirée, pour que je sois sûr que vous n'irez pas faire la leçon à votre ami, et, quand nous le joindrons au foyer, de le prier de nous répéter tout haut ce qu'il vous a dit tout bas.

— Volontiers, dit Arami.

La toile se releva ; on joua le second acte de *Norma*, puis, la toile baissée, les acteurs redemandés selon l'usage, nous allâmes au foyer, où nous rencontrâmes le voyageur.

— Mon cher, lui dit Arami, je n'ai pas parfaitement compris ce que tu voulais me dire, fais-moi le plaisir de me le répéter.

Le voyageur répéta son histoire mot pour mot, et sans changer une syllabe à la traduction qu'Arami m'avait faite de ses signes. C'était véritablement miraculeux.

Je vis six semaines après un second exemple de cette faculté de muette communication ; c'était à Naples. Je me promenais avec un jeune homme de Syracuse, nous passâmes devant une sentinelle ; ce soldat et mon compagnon échangèrent deux ou trois grimaces, que dans tout autre temps je n'eusse pas même remarquées, mais auxquelles les exemples que j'avais vus me firent donner quelque attention.

— Pauvre diable ! murmura mon compagnon.

— Que vous a-t-il donc dit ? lui demandai-je.

— Eh bien ! j'ai cru le reconnaître pour Sicilien, et je me suis informé en passant de quelle ville il était ; il me dit qu'il était de Syracuse et qu'il me connaissait prfaitement. Alors je lui ai demandé comment il se trouvait du service napolitain, et il m'a dit qu'il s'en trouvait si mal, que, si les chefs continuaient de le traiter comme ils le faisaient, il finirait certainement par déserter. Je lui ai fait signe alors que, si jamais il en était réduit à cette extrémité, il pouvait compter sur moi, et que je l'aiderais autant qu'il serait en mon pouvoir. Le pauvre diable m'a remercié de tout son cœur, je ne doute pas qu'un jour ou l'autre je ne le voie arriver. Trois jours après, j'étais chez mon Syracusain, lorsqu'on vint le prévenir qu'un homme qui n'avait pas voulu dire son nom le demandait ; il sortit, et me laissa seul dix minutes à peu près.

— Eh bien ! fit-il en rentrant, quand je l'avais dit !

— Quoi ?

— Que le pauvre diable déserterait.

— Ah ! ah ! c'est votre soldat qui vient de vous faire demander ?

— Lui-même ; il y a une heure, son sergent a levé la main sur lui, et le soldat a passé son sabre au travers du corps de son sergent. Or, comme il ne se soucie pas d'être fusillé, il est venu me demander deux ou trois ducats : après-demain il sera dans les montagnes de la Calabre, et dans quinze jours en Sicile.

— Eh bien ! mais une fois en Sicile que fera-t-il ? demandai-je.

— Heu ! dit le Syracusain avec un geste impossible à rendre ; il se fera bandit.

J'espère que le compatriote de mon ami n'a pas fait mentir la prédiction susdite, et qu'il exerce à cette heure honorablement son état entre Girgenti et Palerme.

GRECS ET NORMANDS.

Le lendemain, nous partîmes pour Ségeste, avec l'intention de nous arrêter au retour à Montreale.

Il y a huit lieues, à peu près, de Palerme au tombeau de Cérès, et cependant on nous prévint de prendre pour faire cette petite course les précautions que nous avions déjà prises pour venir de Girgenti, les voleurs affectionnant singulièrement cette route, déserte pour la plupart du temps il est vrai, mais immanquablement parcourue par tous les étrangers qui arrivent à Palerme. Les voleurs sont donc sûrs, quand il leur tombe un voyageur sous la main, qu'il en vaut la peine, et, au défaut de la quantité, ils se retirent sur la qualité.

Nous étions cinq hommes bien armés, et Milord, qui en valait bien un sixième ; nous n'avions donc pas grand'chose à craindre. Nous prîmes place dans la calèche découverte, nos fusils à deux coups entre les jambes, à l'exception d'un seul, qui s'assit près du cocher, sa carabine en bandoulière. Milord suivit la voiture, montrant les dents, et, moyennant ces précautions, nous arrivâmes au lieu de notre destination sans accident.

Jusqu'à Montreale la route est délicieuse ; c'est ce que les anciens appelaient la *conque d'or*, c'est-à-dire un vaste bassin d'émeraude tout bariolé de lauriers-roses, de myrtes et d'orangers, au-dessus desquels s'élève de place en place quelque beau palmier balançant son panache africain. Audelà de Montreale, sur le versant de la colline qui regarde Aliamo, tout change d'aspect, la végétation tarit, la verdure s'efface, l'herbe parasite reprend ses droits, et l'on se trouve dans le désert.

Au détour du chemin, dans une des positions les plus pittoresques du monde, seul resté debout entre tous les monumens de l'ancienne ville, on aperçoit le temple de Cérès, situé sur une espèce de plate-forme d'où il domine le désert, triste et mélancolique vestige d'une civilisation disparue.

Un prince troyen, nommé Hippotès, avait une fille fort belle, nommée Égeste, qu'il exposa dans une barque sur la mer, de peur que le sort ne la désignât pour être dévorée par le monstre marin que Neptune avait suscité contre Laomédon, lequel avait oublié de payer au susdit dieu la somme convenue pour l'érection des murailles de Troie. Or, la première victime offerte au monstre avait été Hésione, fille du débiteur oublieux ; mais Hercule, qui l'avait rencontrée sur sa route, l'avait délivrée en passant, et le monstre, resté à jeun, avait fait aux Troyens cette dure condition : qu'on lui donnerait à dévorer une jeune fille tous les ans. Les pères et mères avaient fort crié, mais ventre affamé n'a point d'oreilles ; le monstre avait tenu bon, et il avait fallu passer par où il avait voulu.

Hippotès, dans la crainte que le sort ne tombât sur sa fille, et qu'un autre Hercule ne se trouvât pas sur les lieux pour la délivrer, avait donc préféré la mettre dans une barque pleine de provisions, et pousser la barque à la mer. A peine y était-elle, qu'une jolie brise des Dardanelles s'était élevée, et avait poussé le bateau tant et si bien, qu'il avait fini par aborder près de Drépanum, à l'embouchure du fleuve Crynise. Le Crynise était un des fleuves les plus galans de l'époque ; c'était le cousin du Scamandre et le beau-frère de l'Alphée : il n'eut pas plutôt vu la belle Égeste, qu'il se déguisa en chien noir et vint lui faire sa cour. Égeste aimait beaucoup les chiens, elle caressa fort celui qui venait au devant d'elle ; puis, s'étant assise au pied d'un arbre, elle mangea quelques grenades qu'elle avait cueillies sur le rivage, et s'endormit, le chien à ses genoux.

Pendant son sommeil, elle fit un de ces rêves comme en avaient fait Léda et Europe, et, neuf mois après, elle accoucha de deux fils qu'elle nomma, l'un Éole, qu'il ne faut pas confondre avec le dieu des vents, et l'autre Aceste. L'histoire ne dit pas ce que devint Éole ; quand à Aceste, il bâtit une ville sur le rivage de son père, et, comme c'était un fils pieux, il l'appela Égeste du nom de sa mère.

La ville était déjà presque entièrement construite, lorsqu'Énée, chassé de Troie, aborda à son tour à Drépanum. Il envoya quelques-uns de ses lieutenans pour explorer le pays, et ceux-ci lui rapportèrent qu'ils venaient de rencontrer un peuple de la même origine qu'eux, et parlant leur idiome. Énée descendit à terre aussitôt, s'avança vers la ville, et trouva Aceste au milieu de ses ouvriers ; les deux princes se saluèrent, se nommèrent, et reconnurent qu'ils étaient cousins-issus de germain.

Tous ceux qui ont expliqué le cinquième livre de l'Énéide, savent comment le héros troyen, ayant eu le malheur de perdre son père, célébra des jeux en son honneur, sur le mont Eryx, et comment le bon roi Aceste fut choisi par lui pour être le juge de ces jeux. C'est à peu près la dernière mention qu'on trouve de lui dans l'histoire.

Ce sage roi mort, ses sujets n'eurent rien de plus pressé que de se disputer avec les Sélinuntins, à propos de quelques arpens de terre qui se trouvaient entre les deux villes. Un guerre acharnée éclata entre les deux peuples. Il est fort difficile de préciser le temps que dura cette guerre. Enfin, Sélinunte s'étant alliée avec Syracuse, Égeste s'allia avec Leontium. Cette alliance ne rassura pas, à ce qu'il paraît, le pauvre petit peuple, car il envoya demander des secours aux Athéniens.

Les Athéniens étaient fort obligeans quand on les paya

bien; ils résolurent de s'assurer d'abord des moyens pécuniaires des Égestains, puis de les secourir après, s'il y avait lieu. Ils envoyèrent des députés, à qui on fit voir une certaine quantité de vases d'or et d'argent renfermés dans le temple de Vénus Érycine; les députés reconnurent qu'Athènes pouvait faire ses frais, et Athènes envoya Nicias, qui commença par demander une avance de trente talens : c'était une vingtaine de mille francs de notre monnaie. Les Égestains trouvèrent la chose raisonnable et payèrent. Nicias joignit alors sa cavalerie à la leur, et s'empara de la ville d'Hycare, dont il fit vendre les habitans : cette vente produisit cent vingt talens, quatre-vingt mille francs à peu près, dont il oublia de donner la moitié aux Égestains. Au nombre des femmes vendues, il y avait une jeune fille de douze ans déjà célèbre par sa beauté. Cette jeune fille, transportée à Corinthe, fut depuis la célèbre Laïs, dont la beauté obtint bientôt une telle réputation, que les peintres, dit Athénée, venaient la trouver en foule pour s'inspirer de cet illustre modèle. Mais tous n'étaient point admis en sa présence, et sa vue coûtait quelquefois si cher, que du prix qu'elle y mettait est venu le proverbe : Il n'est pas donné à tout le monde d'aller à Corinthe.

Mais le triomphe d'Égeste ne fut pas long; Nicias fut battu, pris par les Syracusains, et condamné à mort. Égeste retomba sous la domination de Sélinunte, et demeura dans cet état d'asservissement jusqu'à ce que Annibal l'Ancien, petit-fils d'Amilcar, eût détruit Sélinunte après huit jours d'assaut. Égeste fit alors naturellement partie du bagage du vainqueur. Lors de la première guerre punique, elle se souvint qu'elle était du même sang que les Romains et se révolta; les Carthaginois n'étaient pas pour les demi-mesures : ils rasèrent la ville, et transportèrent à Carthage tout ce qu'ils y trouvèrent de précieux.

Les Romains triomphèrent; la malheureuse ville agonisante se reprit alors à la vie. Soutenue par le sénat, qui lui donna avec la liberté un riche et vaste territoire, et qui ajouta un S à son nom, pour éloigner de ce nom l'idée du mot *egestas*, qui veut dire *pauvreté*, elle releva ses maisons, ses temples et ses murailles. Mais ses murailles étaient à peine relevées, qu'elle eut l'imprudent courage de refuser à Agathocle le tribut qu'il demandait. Ce fut la fin de Ségeste; le tyran la condamna à mort et l'exécuta comme un seul homme : un jour suffit à sa destruction, et, pour en perpétuer le souvenir, il défendit aux peuples environnans d'appeler la place où avait été Ségeste autrement que Dicépolis, c'est-à-dire la ville du châtiment.

Un seul temple survécut à l'anéantissement général : c'est celui qui est encore debout, et que l'on croit consacré à Cérès. C'est dans ce temple qu'était la fameuse statue en bronze de Cérès, qui, prise par les Carthaginois lorsqu'ils rasèrent la ville, fut rendue aux Ségestains par Scipion l'Africain, et plus tard enlevée définitivement par Verrès pendant sa préture.

Deux petits ruisseaux, que nous traversâmes à sec et qui prennent un filet d'eau l'hiver, avaient été appelés le Scamandre et le Simoïs, en souvenir des deux fleuves troyens. Le Simoïs est aujourd'hui *il fiume san-Bartolo*; l'autre n'a plus même de nom.

Jadin prit une vue du temple; nous laissâmes auprès de lui, pour le garder, un des hommes de notre escorte, armé d'un fusil qui ne le quittait jamais le jour, et près duquel il couchait la nuit; nous nous mîmes ensuite à chasser au milieu d'immenses plaines couvertes de chardons et de fenouil. Malgré l'admirable disposition du terrain pour la chasse, je ne rencontrai que deux couleuvres, que je tuai, l'une d'un coup de talon de botte, et l'autre d'un coup de fusil.

Tout en chassant, nous arrivâmes aux ruines d'un théâtre, mais c'était si peu de chose auprès de ceux d'Orange, de Taormine et de Syracuse, que nous ne nous occupâmes que de la vue qu'on découvre du haut de ses marches. On domine la baie de Castellamare, l'ancien port de Ségeste.

Il était trop tard pour que notre cocher voulût revenir le même soir à Palerme : tout ce qu'il consentit à faire pour nous fut de nous donner le choix, d'aller coucher à Calata-fini, ou à Aliamo. Sur l'assurance que nous donnèrent les gardiens du temple, que le curé d'Aliamo tenait auberge, et que cette auberge était habitable, nous nous décidâmes pour cette dernière ville. Je porte trop de respect à l'Eglise pour rien dire de l'auberge du curé d'Aliamo. Nous en partîmes le lendemain matin à six heures ; à neuf heures nous étions à Montreale. Nous nous y arrêtâmes pour déjeuner, puis nous allâmes visiter le Dôme.

Le Dôme de Montreale est peut-être le monument qui offre l'alliance la plus précieuse des architectures grecque, normande et sarrasine. Guillaume le Bon le fonda vers l'an 1180, à la suite d'une vision : fatigué de la chasse, il s'était endormi sous un arbre ; la Vierge lui apparut et lui révéla qu'au pied de cet arbre il y avait un trésor; Guillaume fouilla la terre ; il trouva le trésor, et bâtit le Dôme. Les portes furent faites sur le modèle de celles de Saint-Jean, à Florence, en 1186 ; cette inscription, gravée sur l'une d'elles, ne laisse pas de doute sur leur auteur : *Bonanus, civis Pisanus, me fecit*. « Bonanno, citoyen de Pise, me fit. »

Guillaume ordonna que son tombeau serait élevé dans le temple qu'il avait fait bâtir, et y fit transporter ceux de Marguerite sa mère, de Guillaume le Mauvais son père, et de Roger et Henri ses frères, morts, l'un à l'âge de huit ans, l'autre à l'âge de treize ans. Son vœu fut d'abord accompli, mais d'une étrange sorte, car, étant mort tout à coup d'une fièvre qui le prit à son retour de Syrie, âgé de trente-six ans, et après vingt-quatre ans de règne, il fut couché par son successeur, Tancrède le Bâtard, dans une simple fosse creusée au pied du tombeau de son père Guillaume le Mauvais. Ce ne fut qu'en 1575 que ses ossemens furent exhumés par l'archevêque don Luis de Torre, et déposé dans une tombe de marbre blanc, élevée sur une estrade de même matière. Une pyramide s'élevait sur ce tombeau, et sur une des faces de la pyramide était gravé ce passage du psaume cent-dix-septième, que les rois normands avaient adopté pour leur devise : *Dextera Domini fecit virtutem*.

En 1811, le feu prit au Dôme : une partie de la voûte s'écroula et endommagea plus ou moins les tombeaux. Ceux de Marguerite, de Roger et d'Henri furent entièrement brisés : leurs ossemens, recueillis immédiatement, n'offrirent rien de particulier ; le tombeau de Guillaume II ne contenait qu'un crâne, auquel pendait une longue mèche de cheveux roux. Ce signe indélébile de la race normande et quelques autres débris étaient couverts d'un drap de soie couleur d'or. Ces ossemens se trouvèrent enfermés dans une caisse en bois peinte en bleu, toute parsemée d'étoiles et marquée d'une croix rouge. Le corps ne paraissait pas même avoir été embaumé, car une relation de sa première exhumation, en 1575, atteste qu'à cette époque il n'était guère en meilleur état que lorsqu'il fut retrouvé en 1811. Mais le tombeau qui attira plus spécialement l'attention des antiquaires, fut celui de Guillaume le Mauvais. A l'ouverture du sarcophage, on trouva d'abord une caisse de cyprès enveloppée d'une espèce de drap de satin de couleur feuille morte, et cette caisse ouverte, on découvrit le cadavre du roi parfaitement conservé, quoique six siècles et demi se fussent écoulés depuis son inhumation. Conforme à la description donnée par l'histoire, il avait près de six pieds de long. Le visage et tous les membres étaient intacts, moins la main droite qui manquait ; une barbe rousse, à laquelle se réunissaient des moustaches pendantes, descendait jusque sur sa poitrine ; les cheveux étaient de la même couleur, et quelques mèches, arrachées du crâne, étaient éparpillées dans le côté gauche de la bière. Le cadavre était couvert de trois tuniques superposées : la première était une espèce de longue veste en velours, masquée du drap de satin de couleur d'or, qui conservait encore un beau lustre ; elle partait du cou et descendait jusqu'aux mollets en bouffant sur les hanches. Sous cette veste était un autre vêtement de lin qui, partant du cou comme le premier, descendait jusqu'à mi-jambe ; il était en tout semblable à une aube de prêtre; cette espèce d'aube était serrée autour de la taille par une ceinture de soie couleur d'or dont les deux bouts se réunissaient sur le nombril au moyen d'une boucle. Enfin, sous ce vêtement était une chemise qui partait également du cou, mais qui couvrait tout le corps. Les jambes étaient chaussées de longues bottes de drap qui montaient presque jusqu'au haut des cuisses, et qui, à leur partie supérieure, étaient rabattues sur une largeur de trois pouces. La couleur de ce drap était feuille morte, et il paraissait avoir fait partie du même morceau qui recouvrait la bière. La main gauche, la seule qui restât, était nue, et tout auprès on voyait le gant de la main droite ; ce gant était en soie tricotée de couleur d'or, et sans aucune couture.

Vers une des extrémités de la caisse, on retrouva une petite monnaie de cuivre ; au centre était une aigle couronnée, et au dessus de cette aigle, une croix et quelques lettres dont on ne put retrouver la signification.

Il y avait peu de différence entre le costume de Guillaume et ceux qui revêtaient les cadavres de Henri et de Frédéric II, retrouvés à Palerme, en 1784, ce qui prouve que ce costume était l'habit royal des souverains normands.

Près du Dôme est l'abbaye, et attenant à l'abbaye est le cloître, merveilleuse construction de style arabe, soutenue par deux cent seize colonnes, dont pas une ne présente la même ornementation. Sur l'un des chapiteaux on voit représenté Guillaume II à genoux, offrant son église à la Vierge. C'est ce cloître qui a servi de modèle pour la décoration du troisième acte de *Robert-le-Diable*.

C'étaient de vaillans hommes, il faut l'avouer, que ces Normands. Au VIIe siècle, ils quittent la Norwége, et apparaissent dans les Gaules. Charlemagne passe sa vie à les repousser, et, lorsqu'il croit être débarrassé d'eux à tout jamais, il voit reparaître à l'horizon leurs vaisseaux si nombreux, que découragé, non pas pour lui, mais pour ses descendans, le vieil empereur croise les bras et pleure silencieusement sur l'avenir. En effet, un siècle ne s'est pas écoulé, qu'ils remontent la Seine et viennent assiéger Paris. Repoussés en Neustrie par Eudes, fils de Robert le Fort, ils s'y cramponnent au sol, et, il est impossible de les en arracher, et Charles le Simple traite avec Rollon, leur chef. A peine le traité est-il fait qu'ils bâtissent les cathédrales de Bayeux, de Caen et d'Avranches. Le reste de la Gaule n'a point une langue encore, et se débat entre le latin, le teuton et le roman, qu'ils ont déjà des trouvères. Les romans du Rou et de Benoît de Saint-Maur précèdent de cent vingt ans les premières poésies provençales. Guillaume le Bâtard, en 1066, a son poëte Taillefer, qui l'accompagne, et auquel il donne l'homérique mission de chanter une conquête qui n'est pas encore entreprise. Puis, à peine l'Angleterre conquise (et il ne leur faut qu'une bataille pour cela), les vainqueurs se substituent aux vaincus, brisent l'ancien moule saxon, changent la langue, les mœurs, les arts ; de sorte qu'on ne voit plus qu'eux à la surface du sol, et que la population première disparaît comme anéantie.

Pendant que ces faits s'accomplissent vers l'occident, il s'opère à l'orient quelque chose de plus incroyable encore : une quarantaine de Normands, égarés à leur retour de Jérusalem, où ils ont été faire une croisade pour leur compte, débarquent à Salerne et aident les Lombards à battre les Sarrasins. Serguis, duc de Naples, pour les récompenser de ce service, leur accorde quelques lieues de terrain entre Naples et Capoue ; ils y fondent aussitôt Averse, que Ranulphe gouverne avec le titre de comte. Ils ont un pied en Italie, c'est tout ce qu'il leur faut. Attendez, voici venir Tancrède de Hauteville et ses fils. En 1035, ils abordent sur les côtes de Naples. Deux ans après, ils aident l'empereur d'Orient à reconquérir la Sicile sur les Sarrasins, s'emparent de la Pouille pour leur propre compte, se font nommer ducs de Calabre, flottent un instant indécis entre les deux grands partis qui divisent l'Italie, se font guelfes ; et, investis d'hier par les papes, ils les récompensent à leur tour en les soutenant contre les empereurs d'Occident. Et combien de temps leur a-t-il fallu pour tout cela ? De 1035 à 1060, vingt-cinq ans.

Place à Roger, le grand comte. Ce n'est plus assez pour lui d'être comte de Pouille et duc de Calabre ; il enjambe le détroit, prend Messine en 1061, et Palerme en 1072. Dans l'espace de onze ans, il a anéanti la puissance sarrasine. Mais ce n'est pas tout pour lui que d'être conquérant comme Alexandre, et législateur comme Justinien ; il lui faut encore réunir en lui le pouvoir sacerdotal au pouvoir militaire, la mitre à l'épée : il se fait nommer légat du pape en 1098, et meurt en 1101, léguant à ses descendans ce titre aujourd'hui encore un des plus précieux du roi de Naples actuel.

Son fils Roger lui succède, mais ce n'est plus assez pour celui-ci d'être comte de Sicile et de Calabre, duc de Pouille et prince de Salerne. En 1130, il se fait nommer roi de Sicile, et en 1146 il s'empare d'Athènes et de Corinthe, d'où il rapporte les mûriers et les vers à soie. En 1154, il meurt, laissant la Sicile à son fils, Guillaume le Mauvais : c'est celui que nous avons trouvé revêtu de ses habits royaux, dans le tombeau brisé de Montreale, et qui, couché dans sa bière, a six pieds de long. Guillaume II, son fils, lui succède, et bâtit le Dôme de Montreale, la cathédrale de Palerme et le palais Royal. Celui-là, c'est Guillaume le Pacifique, Guillaume le poëte, Guillaume l'artiste. Il profite à la fois de la civilisation grecque, arabe et occidentale ; il prend aux Occidentaux la pensée mystique, aux Arabes la forme, aux Grecs l'ornementation ; trouve le temps de faire une croisade, et revient mourir, à trente-six ans, près de ce Dôme de Montreale qu'il a bâti.

En lui s'éteint la descendance légitime du grand comte. Il a pour successeur un bâtard de Roger, duc de Pouille, nommé Tancrède. Celui-ci règne cinq ans sans que l'histoire s'en occupe. Avec lui meurt le dernier des rois normands. Henri VI, qui a épousé Constance, fille de Roger, lui succède. La famille de Souabe est sur le trône de Sicile.

Il nous restait quelques heures pour visiter La Favorite, château royal auquel la prédilection que lui portaient Caroline et Ferdinand a fait donner son nom. Pendant leur long séjour en Sicile, La Favorite était la résidence d'été des deux exilés. C'est de La Favorite que partit lady Hamilton, pour aller obtenir de Nelson la rupture de la capitulation de Naples. Nelson, pour une nuit de plaisir, manqua à la parole donnée, et vingt mille patriotes payèrent de leur tête la défaite d'Emma Lyonna, l'ancienne courtisane de Londres.

La Favorite est un nouveau caprice dans le genre de la folie palagonienne ; seulement, à La Favorite, tout est chinois : intérieur et extérieur, ameublement et jardin. On ne sort pas des kiosques, des pagodes, des ponts, des sonnettes et des grelots. Il est inutile de dire que tout cela est d'un goût détestable et dans le genre du plus mauvais Louis XV.

En rentrant à Palerme, nous trouvâmes tout notre équipage qui nous attendait à la porte de l'hôtel. Le speronare était entré dans le port le matin même, après un excellent voyage. Il apportait avec lui une provision de vin de Marsala achetée sur les lieux. Il fallut nous laisser baiser les mains par tous ces braves gens, auxquels nous donnâmes rendez-vous à bord pour le lundi suivant.

CHARLES D'ANJOU.

Il y a, à un mille à peu près de Palerme, sur les bords de l'Orèthe, et près du Campo-Santo actuel, une petite église qu'on appelle l'église du Saint-Esprit. Elle n'a rien de remarquable sous le rapport de l'art, mais elle garde pour les Palermitains un grand souvenir. C'est à la porte de cette église que commença le massacre des Vêpres siciliennes. Aussi n'avions-nous garde de manquer à lui faire notre visite.

Que ceux qui m'ont suivi dans mes excursions pittoresques veuillent bien m'accompagner un instant dans cette excursion historique, la chose en vaut la peine.

Le pape Alexandre IV venait de mourir. La bataille de Monte-Aperto, au succès de laquelle Manfred avait concouru en envoyant mille de ses cavaliers en aide aux gibelins, avait consolidé la puissance impériale en Italie, et avait placé Manfred à la tête du parti aristocratique. Urbain IV, en montant sur le trône pontifical, vit que, s'il voulait rendre à Rome son ancienne suprématie, c'était Manfred qu'il fallait frapper.

La chose était d'autant plus facile que Manfred donnait par sa conduite grande prise à la censure ecclésiastique. On le soupçonnait d'avoir accéléré la mort de son père Frédéric II (1), et de son frère Conrad. En outre, au lieu de combattre les Sarrasins partout où ils les rencontraient, comme l'avaient fait ses prédécesseurs normands, il s'était allié avec eux, et il avait un corps d'infanterie et de cavalerie arabe dans son armée.

Urbain IV, de son côté, devait être plus qu'aucun autre de ses prédécesseurs porté à soutenir le parti guelfe de tout son pouvoir. Né à Troyes en Champagne, dans les derniers rangs du peuple, il avait grandi soutenu par son seul génie. Évêque de Verdun d'abord, puis patriarche de Jérusalem, il était revenu en 1261 de la Terre-Sainte, et avait trouvé le saint-siége vacant. Huit cardinaux, dernier reste du sacré collège, étaient réunis en conclave pour élire un successeur à Alexandre IV, et venaient de passer trois mois à essayer inutilement de réunir la majorité sur l'un d'entre eux. Lassé de ces tentatives infructueuses, un des votans mit sur son billet le nom du patriarche de Jérusalem. Au scrutin suivant, ce nom réunit la majorité, et l'élu du sort devint le vicaire de Dieu sous le nom d'Urbain IV.

Il était temps que l'interrègne cessât ; des fenêtres du Vatican le nouveau pape pouvait voir les Sarrasins errans dans la campagne de Rome. Urbain IV non-seulement leur ordonna d'en sortir, mais encore, les traitant comme leurs frères d'Afrique et de Syrie, il publia une croisade contre eux. Quelques-uns disent même que, couvert d'une cuirasse et le visage voilé par un casque, il prit rang parmi les chevaliers, et, joignant le tranchant du glaive à la force de la parole il les repoussa de sa main au-delà des frontières du saint siège.

Mais Urbain n'était pas homme à s'arrêter là. Manfred apprit en même temps que ses soldats avaient été repoussés et qu'il était cité à comparaître devant le pape, pour rendre compte de ses liaisons avec les Sarrasins, de son obstination à faire célébrer les saints mystères dans les lieux interdits, et des exécutions de deux ou trois de ses sujets, exécution que la bulle pontificale qualifiait de meurtres. Manfred, comme on le pense bien, se rit de cet ordre et refusa d'obéir.

Alors Urbain IV se tourna vers la France, son pays natal. Le saint roi Louis régnait Le pape lui offrit le royaume de Sicile pour lui ou pour un de ses fils. Mais Louis avait un cœur d'or ; c'étaient la loyauté, la noblesse, et la justice faites homme. Tout en révérant les décisions du saint-père, il lui sembla instinctivement qu'il n'avait pas le droit de prendre une couronne posée légitimement sur la tête d'un autre, et dont à défaut de cet autre-son neveu était héritier. Il exprima des scrupules qu'une longue lettre d'Urbain IV ne put vaincre. Le pape alors se tourna vers Charles d'Anjou, frère du roi, et lui envoya le bref d'investiture.

Charles d'Anjou était une des puissantes organisations du XIIIe siècle, qui a vu naître tant d'hommes de fer. Il pouvait avoir à cette époque quarante-huit ans environ ; c'était le frère puîné de saint Louis, avec lequel il avait fait la croi-

(1) L'excommunication contre la maison de Souabe remontait à Frédéric II. Ce fut à propos de cette excommunication qu'un curé de Paris, chargé de proclamer l'interdit, et ne voulant pas se prononcer entre deux antagonistes aussi puissans, s'acquitta de cette difficile mission en laissant tomber du haut de la chaire ces paroles pleines de sens : « J'ai ordre de dénoncer l'empereur comme excommunié, j'ignore pourquoi. J'ai appris seulement qu'il y avait un grand différend entre lui et le pape. Je ne sais de quel côté est le bon droit. En conséquence, autant que je le puis, je donne ma bénédiction à celui des deux qui a raison, et j'excommunie celui qui a tort. »

sade d'Égypte, et dont il avait partagé la captivité à Mansourah. Il avait épousé Béatrix, la quatrième fille de Raimond Béranger, qui avait marié les trois autres : l'aînée, Marguerite, à Louis IX, roi de France ; la seconde, Léonor, à Henri III, roi d'Angleterre ; et la troisième, à Richard, duc de Cornouailles et roi des Romains. Charles d'Anjou était donc, après les rois régnans, un des plus puissans princes du monde, car, comme fils de France, il possédait le duché d'Anjou, et, comme mari de Béatrix, il avait hérité de la comté de Provence.

En outre, dit Jean Villani, son historien, c'était un homme sage et prudent au conseil, preux et fort dans les armes, sévère et redouté des rois eux-mêmes, car il avait de hautes pensées qui l'élevaient aux plus hautes entreprises ; car il était persévérant dans le bonheur et inébranlable dans l'adversité ; car il était ferme et fidèle dans ses promesses, parlant peu, agissant beaucoup, ne riant presque jamais, ne prenant plaisir ni aux mimes, ni aux troubadours, ni aux courtisans ; décent et grave comme un religieux, zélé catholique, et apte à rendre justice. Sa taille était haute et nerveuse, son teint olivâtre, son regard terrible. Il paraissait fait plus qu'aucun autre seigneur pour la majesté royale, demeurait douze ou quinze heures à cheval, couvert de son harnais de guerre, sans paraître fatigué, ne dormait presque point, et s'éveillait toujours prêt au conseil ou au combat.

Voilà l'homme sur lequel Urbain IV, dans son instinct de haine contre les Gibelins, avait jeté les yeux. Simon, cardinal de Sainte-Cécile, partit pour la France, et, au nom du pape, lui remit le bref d'investiture.

Charles d'Anjou tenait ce bref à la main, lorsqu'en rentrant chez lui, il trouva sa femme en pleurs ; cette douleur l'étonna d'autant plus que Béatrix avait près d'elle, à cette époque, les deux sœurs qu'elle aimait le plus, Marguerite et Léonor. En apercevant son mari, qu'elle n'attendait point, elle essaya de cacher ses larmes ; mais ce fut inutilement. Charles lui demanda ce qu'elle avait ; au lieu de lui répondre, Béatrix éclata en sanglots. Charles insista plus fortement encore, et alors Béatrix lui raconta que quelques minutes auparavant elle avait été faire une visite à ses deux sœurs, et qu'après les avoir embrassées, elle avait voulu s'asseoir auprès d'elles sur un fauteuil pareil au leur, mais qu'alors la reine d'Angleterre lui avait tiré ce fauteuil des mains et lui avait dit : — Vous ne pouvez vous asseoir sur un siège pareil au nôtre ; prenez donc un tabouret ou tout au plus une chaise, car ma sœur est reine de France, et moi je suis reine d'Angleterre ; tandis que vous n'êtes, vous, que duchesse d'Anjou et comtesse de Provence.

Charles d'Anjou laissa errer sur ses lèvres un de ces sourires rares et amers qui accompagnaient son visage au lieu de l'éclairer ; et, ayant embrassé Béatrix, il lui dit :

— Allez retrouver vos sœurs, asseyez-vous sur un siège pareil à leurs sièges ; car, si elles sont reines de France et d'Angleterre, vous êtes, vous, reine de Naples et de Sicile.

Mais ce n'était pas le tout que de prendre un vain titre ; il fallait en réalité conquérir le trône auquel ce titre était attaché. Charles leva un impôt sur ses vassaux d'Anjou et de Provence, Béatrix vendit tous ses bijoux, à l'exception de son anneau de mariage. Saint Louis lui-même, désireux de voir son frère occuper ailleurs qu'en France son esprit actif et entreprenant, vint à son aide ; et Charles, grâce à tous ces moyens réunis, aux promesses qu'il fit, et dont son bonheur et son courage étaient les garans, parvint à réunir une armée de cinq mille chevaux, quinze mille fantassins et dix mille arbalétriers. Mais, dans la hâte qu'il avait d'arriver à Rome et de remplir dans la ville pontificale l'office de sénateur, qui lui avait été déféré, il prit avec lui mille chevaliers seulement, s'embarqua sur une petite flotte de vingt galères qu'il tenait prête et fit voile pour Ostie, laissant la conduite de son armée à Robert de Béthune, son gendre.

Manfred plaça à l'embouchure du Tibre le comte Guido Novello, qui commandait pour lui en Toscane. Le comte Guido Novello qui gouvernait les galères réunies de Pise et de Sicile, avait une flotte triple de celle de Charles d'Anjou ; mais Dieu avait décidé que Charles d'Anjou serait roi.

Il ouvrit la main et en laissa tomber la tempête; la tempête faillit jeter la flotte de Charles d'Anjou sur les côtes de Toscane, mais elle éloigna celle de Guido Novello des côtes romaines. Charles d'Anjou poussa en avant avec son vaisseau, aborda seul à Ostie; puis, se jetant sur une barque avec cinq ou six chevaliers seulement, il remonta le Tibre et vint loger au couvent de Saint-Paul hors-les-murs, bien plus comme un fugitif que comme un conquérant.

Pendant ce temps, Urbain IV était mort; mais, poursuivant son projet au delà de sa vie, il avait, avant de mourir, créé une vingtaine de cardinaux auxquels il avait fait jurer de lui donner pour successeur le cardinal de Narbonne, Français comme lui, et de plus sujet immédiat de Charles d'Anjou. Les cardinaux avaient tenu parole, et Guido Fulco, élu presqu'à l'unanimité pendant le temps même qu'il était en mission près de Charles, était monté sur le trône pontifical en prenant le nom de Clément IV.

Charles avait donc la certitude d'être bien reçu à Rome; seulement, il n'y voulait faire son entrée qu'avec une suite digne d'un prince tel que lui. Il resta donc au couvent de Saint-Paul-hors-les-murs, au risque d'être enlevé par quelque parti de Gibelins, jusqu'au moment où les galères qu'il avait perdues dans la mer de Toscane arrivèrent à leur tour à Ostie. Charles assembla aussitôt ses chevaliers, et le 24 mai 1265, il fit son entrée dans la capitale du monde chrétien avec le titre solennel de défenseur de l'Église.

Pendant ce temps, le reste de l'armée passait les Alpes, descendait le Piémont, traversait le Milanais, évitait Florence la gibeline, gagnait Ferrare, et, se recrutant partout des Guelfes qu'elle rencontrait sur son chemin, arrivait devant Rome dans les derniers jours de l'année 1265.

Il était temps. Tous les sacrifices avaient été faits pour l'amener là : Charles d'Anjou et le pape y avaient épuisé leurs trésors; tous deux manquaient d'argent: il n'y avait donc pas une minute à perdre, il fallait marcher à l'ennemi, et payer les soldats par une victoire.

Charles d'Anjou ne voulut pas même attendre le retour du printemps; il se mit à la tête de son armée, et, dans les premiers jours de février, il s'avança vers Naples par la route de Ferentino.

En arrivant à Ceperano, les Français aperçurent les avant-postes ennemis, commandés par le comte de Caserte, beau-frère de Manfred: il défendait un passage du Garigliano, admirablement fortifié par la nature. Les Français examinèrent la position et reconnurent sa supériorité; décidés toutefois à traverser le fleuve, ils n'en marchèrent pas moins à l'ennemi; mais l'ennemi ne les attendit pas, et à leur grand étonnement leur livra le passage. Alors Charles d'Anjou reconnut qu'il y avait folie ou trahison parmi les lieutenans de Manfred, et en remercia Dieu tout haut.

Le fleuve fut donc franchi sans que l'on frappât un coup de lance, et l'on s'avança vers les deux forteresses de Rocca et de San-Germano; celles-ci n'étaient point défendues par des Napolitains, mais par des Arabes; aussi la lutte fut-elle longue et sanglante. Enfin toutes deux furent escaladées, et, comme les Sarrasins qui les défendaient ne purent pas fuir, et dédaignèrent de se rendre, ils furent massacrés jusqu'au dernier.

A la nouvelle de ces deux succès si inattendus, le découragement se mit parmi les Apuliens. Aquino ouvrit ses portes, les gorges d'Alifes furent livrées, et Charles et ses soldats débouchèrent dans les plaines de Bénévent, où les attendaient Manfred et son armée.

On peut dire, sans exagération aucune, que l'Europe tout entière avait les yeux fixés sur ce petit coin de terre, où allait se décider la grande question guelfe et gibeline, qui séparait l'Italie et l'Allemagne depuis un siècle et demi; c'étaient le pape et l'empereur aux mains dans la personne de leurs lieutenans, et ces lieutenans étaient, non seulement deux des plus grands princes, mais encore deux des plus braves capitaines qui fussent au monde.

Aussi ni l'un ni l'autre ne faillirent à leur renommée ni à leur destin. Charles d'Anjou, en apercevant les soldats de Manfred, se retourna vers ses chevaliers et dit : — Comtes, barons, chevaliers et hommes d'armes, voici le jour que nous avons tant désiré: donc, au nom de Dieu et de notre saint-père le pape, en avant!

Et alors il fit quatre brigades de sa cavalerie; la première, qui était de mille chevaliers français commandés par Guy de Montfort et le maréchal de Mirepoix; la seconde, qui était de neuf cents chevaliers provençaux et des auxiliaires romains, qu'il se réserva de mener lui-même; la troisième, qui était de sept cents chevaliers flamands, brabançons et picards, et qui fut mise sous les ordres de Robert de Flandres et de Gilles Lebrun, connétable de France; enfin la quatrième, qui se composait de quatre cents émigrés florentins, vieux débris de Monte-Aperto, et que conduisait Guido Guerra, cet éternel ennemi des Gibelins.

Lorsque Manfred aperçut de son côté les troupes françaises, il s'arma, à l'exception de son casque, dont il attacha lui-même le cimier, qui était un aigle d'argent, afin de n'avoir plus qu'à le mettre sur sa tête; puis, montant à cheval, il s'avança au milieu de ses capitaines en disant :— Comtes et barons, c'est ici qu'il me faut vaincre en roi ou mourir en chevalier, quoique ce ne soit pas l'avis de quelques-uns de vous, je le sais; je ne ferai donc pas un pas pour éviter la bataille. Appareillez-vous sans plus tarder, car voici les Français qui viennent à nous!

Et au même instant il disposa son armée en trois brigades : la première de douze cents chevaux allemands commandés par le comte Giordano Lancia, et la troisième de quatorze cents chevaux apuliens et sarrasins dont il se réserva le commandement pour lui-même.—On voit que, pour l'un et l'autre parti, les historiens ne font aucun compte de l'infanterie. — Le fleuve Calore, qui coule devant Bénévent, séparait les deux armées.

Au moment où Manfred prit ses dispositions pour soutenir la bataille et où il devint évident pour les Français qu'ils allaient venir aux mains avec leurs ennemis, le légat du pape monta sur un bouclier que quatre hommes élevèrent sur leurs épaules; puis il bénit Charles d'Anjou et ses chevaliers, donnant à chacun l'absolution de ses péchés; et tous la reçurent à genoux comme devaient le faire des soldats du Christ et des défenseurs de l'Église.

Les Français s'avancèrent vers la rivière avec lenteur et précaution, car ils ignoraient par quel moyen ils pourraient la franchir, lorsqu'ils virent les archers sarrasins qui leur en épargnaient la peine en la traversant eux-mêmes et en venant au devant d'eux. Ces archers sarrasins passaient, avec les anglais, pour les plus adroits tireurs de la terre, et ils étaient plus légers et rapides que ceux-ci. Aussi l'infanterie française, mal armée, sans cuirasses, et ayant à peine quelques jaques rembourrés ou quelque casques en cuir, ne put-elle tenir contre la nuée de flèches que les archers arabes firent pleuvoir sur elle, et se retira t-elle en désordre. Alors Guy de Montfort et le maréchal de Mirepoix, craignant que cet échec n'ébranlât la confiance du reste de l'armée, fondirent sur les archers avec la première brigade, en criant : Montjoie, chevaliers ! Les archers n'essayèrent pas même de résister à cette avalanche de fer qui roulait sur eux; ils se dispersèrent dans la plaine, fuyant mais tirant toujours. Les chevaliers français, ardens à leur poursuite, commencèrent à se débander; alors le comte Calvano, qui commandait la première brigade, pensant que le moment était venu de charger cette troupe en désordre, leva sa lance en criant : Souabe, Souabe, chevaliers ! et, descendant à son tour dans la plaine, vint donner dans le flanc de la brigade française, qu'il coupa presque en deux. Mais aussitôt le comte de Galvano se vit chargé lui-même par Guido Guerra et ses Guelfes ; en même temps le cri : Aux chevaux, aux chevaux ! circula dans les brigades française et florentine. Les chevaliers de Charles d'Anjou commencèrent à frapper les animaux au lieu de frapper les hommes : les chevaux, moins bien armés que les cavaliers, se renversèrent les uns sur les autres ; le trouble commença de se mettre parmi les cavaliers allemands. La seconde brigade de Manfred, commandée par le comte Giordano Lancia, et composée de Toscans et de Lombards, vint à leur secours ; mais leur charge, mal dirigée, rencontra les Allemands qui commençaient à fuir, et, au lieu de rétablir le combat, ne fit qu'augmenter le désordre. En ce moment, Charles d'Anjou fit passer l'ordre à sa troisième bataille de donner. Les Allemands, les Lombards et les Toscans de Manfred se trouvèrent presque enveloppés : au milieu de tout cela, on reconnaissait les Guelfes, qui, ayant à venger la défaite de Monte-Aperto, faisaient merveille et frappaient les plus rudes coups. Les archers sarrasins étaient devenus inutiles, car la mêlée était telle que leurs flèches tombaient également sur les Allemands et sur les Français. Manfred pensa qu'il ne fallait rien moins que sa présence et celle des douze cents hommes de troupes fraîches qu'il s'était réservés pour rétablir la bataille, et ordonna à ses capitaines de se préparer à le suivre. Mais, au lieu de le seconder, les barons de la Pouille, le grand-trésorier comte de la Cerra et le comte de Caserte tournèrent bride et s'enfuirent, entraînant avec eux neuf cents hommes à peu près. C'est alors que Manfred vit que l'heure était venue, non plus de vaincre en roi, mais de mourir en chevalier : ayant regardé autour de lui, et voyant qu'il lui restait encore environ trois cents lances, il prit son casque des mains de son écuyer ; mais, au moment où il le posait sur sa tête, l'aigle d'argent qui en formait le cimier tomba sur l'arçon de sa selle. — C'est un signe de Dieu, murmura Manfred ; j'avais attaché ce cimier de mes propres mains, et ce n'est point le hasard qui le détache. N'importe ! en avant, Souabe, chevaliers ! — Et, abaissant sa visière et mettant sa lance en arrêt, il alla donner dans le plus épais de l'armée française, où il disparut, n'ayant plus rien qui le distinguât des autres hommes d'armes. Bientôt la lutte s'affaiblit de la part des Allemands. Les Toscans et les Lombards lâchèrent pied ; Charles d'Anjou, avec ses neufs cents chevaliers provençaux, se rua sur ceux qui tenaient encore ; les Gibelins, sans chef, sans ordres, appelant Manfred qui ne répondait pas, prirent la fuite : les vainqueurs les poursuivirent pêle-mêle et traversèrent Bénévent avec eux. Nul n'essaya de rallier les vaincus, et en un seul jour, en une seule bataille, en cinq heures à peine, la couronne de Naples et de Sicile échappa aux mains de la maison de Souabe et roula aux pieds de Charles d'Anjou.

Les Français ne s'arrêtèrent que lorsqu'ils furent las de tuer. Leur perte avait été grande, mais celle des Gibelins fut terrible. Pierre des Uberti et Giordano Lancia furent pris vivans ; la sœur de Manfred, sa femme Sibylle et ses enfans, furent livrés et s'en allèrent mourir dans les cachots de la Provence ; enfin cette belle armée, si pleine de courage et d'espoir le matin, semblait s'être évanouie comme une vapeur, et il n'en restait que les cadavres couchés sur le champ de bataille.

Pendant trois jours on chercha Manfred, car la victoire de Charles d'Anjou était incomplète si l'on ne retrouvait Manfred mort ou vif. Pendant trois jours on examina un à un les chevaliers qui avaient été tués ; enfin un valet allemand le reconnut, mit son cadavre en travers sur un âne, et l'amena à Bénévent, dans la maison qu'habitait Charles ; mais, comme Charles ne connaissait pas Manfred, et craignait qu'on ne le trompât, il ordonna de coucher ce cadavre tout nu au milieu d'une grande salle, puis il appela près de lui Giordano Lancia. Pendant qu'on obéissait à son ordre, Charles tira une chaise près du cadavre et s'assit pour le regarder ; il avait deux larges et profondes blessures, l'une à la gorge et l'autre au côté droit de la poitrine, et des meurtrissures par tout le corps, ce qui indiquait qu'il avait reçu un grand nombre de coups avant de tomber.

Pendant l'examen que faisait Charles de ce corps tout mutilé, la porte s'ouvrit, et Giordano Lancia parut. A peine eut-il jeté un coup d'œil sur le cadavre, quoiqu'il eût le visage couvert de sang, qu'il s'écria en se frappant le front :

— O mon maître ! mon maître ! que sommes-nous devenus ! Charles d'Anjou n'en demanda point davantage, il savait tout ce qu'il désirait savoir : ce cadavre était bien celui de Manfred.

Alors les chevaliers français qui avaient été querir Giordano Lancia, et qui étaient entrés derrière lui, demandèrent à Charles d'Anjou de faire au moins enterrer en terre sainte celui qui trois jours auparavant était encore roi de deux royaumes. Mais Charles répondit : — Ainsi ferais-je volontiers ; mais, comme il est excommunié, je ne le puis. Les chevaliers courbèrent la tête, car ce que disait Charles était vrai, et la malédiction pontificale poursuivait l'excommunié jusqu'au-delà de la mort. On se contenta donc de lui creuser une fosse au pied du pont de Bénévent, et de rejeter la terre sur lui, sans mettre sur cette tombe isolée aucune marque de ce qu'avait été celui qu'elle renfermait. Cependant, les vainqueurs ne pouvant souffrir que le lieu où reposait un si grand capitaine restât ignoré, chaque soldat prit une pierre, et alla la déposer sur sa fosse ; mais le légat ne voulut pas même permettre que les restes de Manfred reposassent sous ce monument élevé par la pitié de ses ennemis ; il fit exhumer le cadavre, et, ayant ordonné qu'on le portât hors des États Romains, le fit jeter sur les bords de la rivière Verte, où il fut dévoré par les corbeaux et par les animaux de proie.

Avec Charles d'Anjou, le pape, et par conséquent les Guelfes, triomphaient par toute l'Italie ; c'était à Florence qu'était pour le moment la puissance gibeline. Une révolte qui s'éleva le jour même où l'on apprit la bataille de Bénévent la renversa ; puis, pour ne lui laisser ni le temps, ni les moyens de se reconnaître, Charles d'Anjou envoya un de ses lieutenans en Sicile et marcha sur Florence.

Florence lui ouvrit ses portes comme elle devait le faire deux cents ans plus tard à Charles VIII ; Florence lui donna des fêtes ; Florence le conduisit voir, en grande pompe, son tableau de la Madone, que venait d'achever Cimabué.

Pendant ce temps les capitaines français se partageaient le royaume, et les soldats pillaient les villes ; cette conduite, qui devait dépopulariser promptement le nouveau roi, rendit quelque espoir aux Gibelins : ils tournèrent les yeux vers l'Allemagne ; là était la seule étoile qui brillât dans leur ciel. Conradin, fils de Conrad, petit-fils de Frédéric, neveu de Manfred, élevé à la cour de son aïeul le duc de Bavière, venait d'atteindre sa seizième année. C'était un jeune homme plein d'âme et de cœur, qui n'attendait que le moment de régner ou de mourir : il bondit de joie et d'espérance lorsque les messages des Gibelins lui annoncèrent que ce moment était venu.

Sa mère, Élisabeth, l'avait élevé pour le trône ; c'était une femme au noble cœur et à la puissante pensée : elle vit avec douleur arriver ces messagers ; mais, loin de mettre son amour maternel entre eux et son fils, elle laissa les hommes décider de ces choses souveraines dont les hommes seuls doivent être les arbitres.

Il fut décidé que Conradin marcherait à la tête des Gibelins, et, soutenu par l'empereur, tenterait de reconquérir le royaume de ses pères.

Toute la noblesse d'Allemagne accourut autour de Conradin. Frédéric, duc d'Autriche, orphelin comme lui, dépouillé de ses États comme lui, jeune et courageux comme lui, s'offrit pour être son second dans ce terrible duel. Conradin accepta. Les deux jeunes gens jurèrent que rien ne les pourrait séparer, pas même la mort, se mirent à la tête de dix mille hommes de cavalerie, rassemblés par les soins de l'empereur, du duc de Bavière et du comte de Tyrol, et arrivèrent à Vérone vers la fin de l'année 1267.

Charles d'Anjou avait eu d'abord l'intention de fermer le passage de Rome à son jeune rival, et de l'attendre entre Lucques et Pise, appuyé de toute la puissance des Guelfes de Florence. Mais les exactions de ses ministres, les violences de ses capitaines, et le pillage de ses soldats, avaient excité une révolte dans ses nouveaux États. Il avait bien écrit à Clément IV de l'aider de sa parole et de son trésor ; mais Clément, indigné lui-même de ce qui se passait presque sous ses yeux, lui avait répondu :

« Si ton royaume est cruellement spolié par tes ministres, c'est à toi seul qu'on doit s'en prendre, puisque tu as conféré tous les emplois à des brigands et à des assassins, qui commettent dans tes États des actions dont Dieu ne peut supporter la vue. Ces hommes infâmes ne craignent pas de se souiller par des viols, des adultères, d'injustes exactions, et toutes sortes de brigandages. Tu cherches à m'attendrir sur la pauvreté; mais comment puis-je y croire? Eh quoi! tu peux ou tu ne sais pas vivre avec les revenus d'un royaume dont l'abondance fournissait à un souverain tel que Frédéric, déjà empereur des Romains, de quoi satisfaire à des dépenses plus grandes que les tiennes, de quoi rassasier l'avidité de la Lombardie, de la Toscane, des deux Marches et de l'Allemagne entière, et qui lui donnait en outre les moyens d'accumuler d'immenses richesses! »

Force avait donc été à Charles d'Anjou de revenir à Naples et d'abandonner le pape, qui l'abandonnait. Quant à la révolte, à peine de retour dans sa capitale, il l'avait prise corps à corps, et l'avait vite étouffée entre ses bras de fer.

Clément IV, qui ne pouvait pas compter sur Rome, mal fortifiée et incapable de soutenir un siége, se retira à Viterbe. De là il envoya trois fois à Conradin l'ordre de licencier son armée et de venir pieds nus recevoir, aux genoux du prince des apôtres, la sentence qu'il lui plairait de porter contre lui. Mais le fier jeune homme, tout enivré des acclamations qui l'avaient accueilli à Pise, et qui de Pise le suivaient jusqu'à Sienne, n'avait pas même daigné répondre aux lettres du saint-père, et Clément, le jour de Pâques, avait prononcé la sentence d'excommunication contre lui et ses partisans, qui le déclarait déchu du titre de roi de Jérusalem, le seul que lui eût laissé son oncle Manfred en le dépouillant de ses Etats, et qui déliait ses vassaux de leur serment de fidélité.

Quelques jours après, on vint annoncer à Clément IV que Conradin venait de battre à Pontavalle Guillaume de Béselve, maréchal de Charles. Clément était en prière; il releva la tête, et se contenta de prononcer ces mots:

— Les efforts de l'impie se dissiperont en fumée.

Le surlendemain, on vint dire au pape que l'armée gibeline était en vue de la ville. Le pape monta sur les remparts, et de là il vit Conradin et Frédéric qui, n'osant pas l'attaquer, faisaient du moins passer orgueilleusement leurs dix mille hommes sous ses yeux. Un des cardinaux, effrayé de voir tant de braves hommes d'armes de fière mine, s'écria alors:

— O mon Dieu! quelle puissante armée!

— Ce n'est point une armée, répondit Clément IV; c'est un troupeau que l'on mène au sacrifice.

Clément parlait au nom du Seigneur, et le Seigneur devait ratifier ce qu'il avait dit.

Comme l'avait prévu Clément, Rome ne fit aucune résistance; le sénateur Henri de Castille vint ouvrir la porte de ses propres mains. Conradin s'arrêta huit jours dans la capitale du monde chrétien pour y faire reposer son armée et retrouver les trésors que son approche avait fait enfouir dans les églises; puis, à la tête de cinq mille gens d'armes, il passa sous Tivoli, traversa le val de Celle et entra dans la plaine de Tagliacozzo. C'était là que l'attendait Charles d'Anjou.

Malgré le besoin que le prince français aurait eu en pareille occasion de toutes ses bonnes lances, il n'avait pu les réunir autour de lui, forcé qu'il avait été de mettre des garnisons dans toutes les villes de Calabre et de Sicile; mais il avait tourné les yeux vers un allié tout naturel: c'était Guillaume de Villehardoin, prince de Morée; il lui avait donc écrit pour lui demander du secours, et Villehardoin, traversant l'Adriatique, était accouru avec trois cents hommes.

Villehardoin était près de Charles d'Anjou, avec son grand-connétable Jadie, et messire Jean de Tournay, seigneur de Calavrita, lorsqu'on commença d'apercevoir l'armée de Conradin. Vêtu d'un costume léger, moitié grec moitié français, montant un de ces rapides coursiers d'Elide dont Homère vante la vélocité, il demanda à Charles d'Anjou la permission de partir en éclaireur, pour reconnaître l'armée allemande; cette permission accordée, Guillaume de Villehardoin lâcha la bride à son cheval, et, suivi de deux des siens, il alla se mettre en observation sur un monticule d'où il dominait toute la plaine.

L'armée de Conradin était d'un tiers plus forte à peu près que celle du duc d'Anjou, et toute composée des meilleurs chevaliers d'Allemagne. Guillaume revint donc trouver Charles avec un visage sérieux, car, si brave prince qu'il fût, il ne se dissimulait pas toute la gravité de la position.

Le roi causait avec un vieux chevalier français, plein de sens et de courage, bon au conseil, bon au combat; c'était le sire de Saint-Valery: le sire de Saint-Valery, tout éloigné qu'il était resté des Allemands, n'avait pas moins remarqué la supériorité de leur nombre, et il essayait de calmer l'ardeur du roi, qui, sans rien calculer, voulait s'en remettre à Dieu et marcher droit à l'ennemi, lorsque, comme nous l'avons dit, Guillaume de Villehardoin arriva.

Aux premiers mots que prononça le prince, Saint-Valery vit que c'était un renfort qui lui arrivait, et insista davantage encore pour que Charles d'Anjou se laissât guider par leurs deux avis. Charles d'Anjou alors s'en remit à eux, et Guillaume de Villehardoin et Allard de Saint-Valery arrêtèrent le plan de bataille, qui fut communiqué au roi, et adopté par lui à l'instant même.

On forma trois corps de cavalerie légère, composés de Provençaux, de Toscans, de Lombards et de Campaniens; on donna à chaque corps un chef parlant sa langue et connu de lui, puis on mit ces trois chefs sous le commandement de Henri de Cosenze, qui était de la taille du roi, et qui lui ressemblait de visage; en outre, Henri revêtit la cuirasse de Charles d'Anjou et ses ornemens royaux, afin d'attirer sur lui tout l'effort des Allemands.

Ces trois corps devaient engager la bataille, puis, la bataille engagée, paraître plier d'abord et fuir ensuite à travers les tentes que l'on laisseraient tendues et ouvertes, afin que les Allemands ne perdissent rien des richesses qu'elles contenaient. Selon toute probabilité, à la vue de ces richesses, les vainqueurs cesseraient de poursuivre les ennemis et se mettraient à piller. En ce moment, les trois brigades devaient se rallier, sonner de la trompette, et à ce signal Charles d'Anjou, avec six cents hommes, et Guillaume de Villehardoin avec trois cents, devaient prendre en flanc leurs ennemis et décider de la journée.

De son côté, Conradin divisa son armée en trois corps, afin que le mélange des races n'amenât point de ces querelles si fatales un jour de combat; il donna les Italiens à Galvano de Lancia, frère de cet autre Lancia qui avait été fait prisonnier à la bataille de Bénévent; les Espagnols à Henri de Castille, le même qui avait ouvert les portes de Rome; enfin, il prit pour lui et Frédéric les Allemands, qui l'avaient suivi du fond de l'empire.

Ces dispositions prises de chaque côté, Charles jugea que le moment était venu de les mettre à exécution; il renouvela à Henri de Cosenze et à ses trois lieutenans les instructions qu'il leur avait déjà données, et cette poignée d'hommes, qui pouvait monter à deux mille cinq cents cavaliers, s'avança au devant de Conradin.

Les chefs de l'armée impériale, voyant au premier rang l'étendard de Charles d'Anjou, et croyant le reconnaître lui-même à ses ornemens royaux et son armure dorée, ne doutèrent point qu'ils n'eussent en face d'eux toute l'armée guelfe. Or, comme il était facile de voir qu'elle était de moitié moins nombreuse que l'armée gibeline, leur courage s'en augmenta; et Conradin ayant fait entendre le cri de *Souabe, chevaliers!* mit sa lance en arrêt, et chargea le premier sur les Provençaux, les Lombards et les Toscans.

Le choc fut rude; on avait dit aux chefs de ne tenir que le temps suffisant pour faire croire aux impériaux à une victoire sérieuse; mais, quand tant de braves chevaliers se virent aux mains, ils eurent honte de lâcher pied, même pour faire tomber leurs ennemis dans une embuscade; ils se défendirent donc avec tant d'acharnement, que Charles d'Anjou, ne comprenant rien à la non exécution de ses ordres, quitta le petit vallon où il était caché avec ses six cents quitta le petit vallon où il était caché avec ses six cents hommes, et monta sur une colline pour voir ce qui se passait.

La lutte était terrible; tous les efforts des impériaux s'étaient concentrés sur le point où ils avaient cru reconnaître le roi; Henri de Cosenze avait été entouré, et craignant s'il se rendait, qu'on ne reconnût qu'il n'était pas le vrai roi, il voulait se faire tuer. De leur côté, ses lieutenans et ses soldats ne voulaient point l'abandonner, et au lieu de fuir tenaient ferme. En les voyant entourés ainsi et lutter si courageusement contre des forces doubles des leurs, Charles d'Anjou voulait abandonner le plan de bataille et courir à leur secours; mais Allard de Saint-Valery le retint. En ce moment Henri de Cosenze tomba percé de coups, et les autres lieutenans, perdant l'espoir de le sauver, donnèrent l'ordre de la retraite, qui bientôt se changea en déroute.

Alors ce qui avait été prévu arriva, les soldats de Charles d'Anjou et ceux de Conradin se jetèrent pêle mêle à travers le camp, les uns fuyant, les autres poursuivant; mais à peine les impériaux eurent-ils vu les tentes ouvertes, qu'attirés par les étoffes précieuses, par les vases d'argent, par les armures splendides qu'elles renfermaient, croyant d'ailleurs Charles d'Anjou tué et son armée dispersée, ils rompirent leurs rangs et se mirent à piller. Vainement les deux jeunes gens firent-ils tous leurs efforts pour les maintenir; leur voix ne fut point entendue, ou ceux qui l'entendirent ne l'écoutèrent point, et à peine si de leurs cinq mille hommes d'armes, il en resta autour d'eux cinq cents avec lesquels ils continuèrent de poursuivre les fugitifs; tous les autres s'arrêtèrent, et, rompant l'ordonnance, s'éparpillèrent par la plaine.

C'était le moment si impatiemment attendu par Charles d'Anjou. Avant même que les fuyards donnassent, en sonnant de la trompette, le signal convenu, il se dressa sur ses arçons, en criant: Montjoie! Montjoie, chevaliers! il vint donner avec ses six cents hommes de troupes fraîches au milieu des pillards, qui étaient si loin de s'attendre à cette surprise, que, le prenant pour un détachement des leurs qui rejoignait le corps d'armée, ils ne se mirent pas même en défense. De son côté Villebardoin arrivait comme la foudre; en même temps on entendit la trompette des troupes légères: l'armée de Conradin était prise entre trois murailles de fer.

Avant que les Allemands eussent reconnu le piége dans lequel ils venaient de tomber, ils étaient perdus; aussi n'essayèrent-ils pas même de résister, et commencèrent-ils à fuir par toutes les ouvertures que leur présentaient entre elles les trois batailles de leurs ennemis. Conradin voulait se faire tuer sur la place; mais Frédéric et Galvano Lancia prirent chacun son cheval par la bride et l'emmenèrent au galop, malgré ses efforts pour se débarrasser d'eux.

Ils firent quarante-cinq milles ainsi, ne s'arrêtant qu'une seule fois pour faire manger leurs chevaux; enfin ils arrivèrent à Astur, villa située à un mille de la mer. Là, ils furent reconnus pour des Allemands par des gens du seigneur de Frangipani, à qui appartenait cette villa, et qui allèrent prévenir leur maître que cinq ou six hommes, couverts de sang et de poussière, avaient mis pied à terre et venaient de faire prix avec un pêcheur pour les conduire en Sicile : le départ était fixé à la nuit suivante.

Le seigneur de Frangipani, après quelques questions sur la manière dont les Allemands étaient vêtus, ayant appris qu'ils étaient couverts de cuirasses dorées et portaient des couronnes sur leurs casques, ne douta plus que ce ne fussent d'illustres fugitifs; il fut encore confirmé dans cette idée lorsqu'il apprit dans la journée que Conradin avait été battu par Charles d'Anjou. Alors, l'idée lui vint que l'un de ces fugitifs était peut-être le prétendant lui-même, et il comprit que, si cela était ainsi, et s'il pouvait le livrer à Charles d'Anjou, celui-ci lui paierait son ennemi mortel au poids de l'or.

En conséquence, s'étant informé à quelle heure les fugitifs devaient s'embarquer, il fit préparer une barque du double plus grande que celle qui leur était destinée, y fit coucher une vingtaine d'hommes d'armes, s'y rendit lui-même lorsque la nuit commença de tomber, et, caché dans une petite crique, il attendit que le pêcheur mît à la voile : à peine le fut-il, qu'il appareilla à son tour, et, comme sa barque était de moitié plus grande que celle qu'il poursuivait, il l'eut bientôt rejointe et même dépassée. Alors il se mit en travers, et, coupant le chemin aux fugitifs, il leur ordonna de se rendre. Conradin essaya de se mettre en défense, mais il n'avait que quatre hommes avec lui, et le seigneur de Frangipani en avait vingt; il fallut donc céder au nombre, et les deux jeunes gens furent ramenés prisonniers, avec leur suite, à la tour d'Astur.

Le seigneur de Frangipani ne s'était pas trompé : il reçut de Charles d'Anjou la seigneurie de Pilosa, située entre Naples et Bénévent, et livra, en échange, ses prisonniers au roi de Sicile.

Une fois maître du dernier rival qu'il crût devoir craindre, Charles d'Anjou hésita entre la mort et une prison éternelle : la mort était plus sûre, mais aussi c'était un exemple bien terrible à donner au monde, que de faire tomber la tête d'un jeune roi de dix-sept ans sous la hache du bourreau. Il crut alors devoir en référer au pape, et lui fit demander conseil.

L'inflexible Clément IV se contenta de répondre cette seule ligne, terrible par son laconisme même.

Vita Corradini, mors Caroli. — Mors Corradini, vita Caroli.

Dès lors Charles n'hésita plus; un crime autorisé par le pape cessait d'être un crime et devenait un acte de justice. Il convoqua donc un tribunal : ce tribunal se composait de deux députés de chacune des deux villes de la Terre de Labour et de la Principauté. Conradin fut amené devant le tribunal, sous l'accusation de s'être révolté contre son souverain légitime, d'avoir méprisé l'excommunication de l'église, de s'être allié avec les Sarrasins, d'avoir pillé les couvens et les églises de Rome.

Une seule voix osa s'élever en faveur de Conradin : celui qui donna cette preuve de courage s'appelait Guido de Lucria; un seul homme se présenta pour lire la sentence : l'histoire n'a pas conservé le nom de celui qui donna cette preuve de lâcheté. Seulement, Villani raconte que ce juge avait à peine fini la lecture régicide, que Robert, comte de Flandre, propre gendre de Charles d'Anjou, se leva, et, tirant son estoc, lui en donna un coup à travers la poitrine en s'écriant :

— Tiens, voici pour t'apprendre à oser condamner à mort un aussi noble et si gentil seigneur.

Le juge tomba en jetant un cri, et expira presqu'au même instant. Et il n'en fut pas autre chose de ce meurtre, ajoute Villani, le roi et toute sa cour ayant reconnu que Robert de Flandre venait de se conduire en vaillant seigneur.

Conradin n'était pas présent lorsque l'arrêt fut prononcé; on descendit alors dans sa prison, et on le trouva jouant aux échecs avec Frédéric.

Les deux jeunes gens, sans se lever, écoutèrent la sentence que leur lut le greffier; puis, la lecture achevée, ils se remirent à leur partie.

Le supplice était fixé pour le lendemain huit heures du matin : Conradin y fut conduit accompagné de Frédéric, duc d'Autriche, des comtes Gualferano et Bartolomeo Lancia, Gérard et Gavano Donoratico de Pise. La seule grâce que Charles d'Anjou lui eût accordée était d'être exécuté le premier.

Arrivé au pied de l'échafaud, Conradin repoussa les deux bourreaux qui voulaient l'aider à monter l'échelle, et monta seul d'un pas ferme.

Arrivé sur la plate-forme, il détacha son manteau, puis, s'agenouillant, il pria un instant.

Pendant qu'il priait, ayant entendu le bourreau qui s'approchait de lui, il fit signe qu'il avait fini, et, se relevant en effet :

— O ma mère! ma mère! dit-il à haute voix, quelle profonde douleur te causera la nouvelle qu'on va te porter de moi!

A ces mots, qui furent entendus de la foule, quelques sanglots éclatèrent; Conradin vit que parmi ce peuple il lui restait encore des amis, et peut-être des vengeurs.

Alors il tira son gant de sa main, et le jetant au milieu de la place :

— Au plus brave, cria-t-il.

Et il présenta sa tête au bourreau.

Frédéric fut exécuté immédiatement après lui, et ainsi s'accomplit la promesse que les deux jeunes gens s'étaient faite, que la mort même ne pourrait les séparer.

Puis vint le tour de Gualferano et de Bartolomeo Lancia, et des comtes Gérard et Gavano Donoratico de Pise.

Le gant jeté par Conradin au milieu de la foule fut ramassé par Henri d'Apifero, qui le porta à don Pierre d'Aragon, seul et dernier héritier de la maison de Souabe comme mari de Constance, fille de Manfred.

JEAN DE PROCIDA.

Vers la fin de l'année 1268, il y avait à Salerne un noble Sicilien qui s'appelait Jean, et qui était seigneur de l'île de Procida ; aussi était-il généralement connu sous le nom de Jean de Procida. Jean pouvait alors être âgé de trente-quatre ou trente-cinq ans.

Quoique jeune encore, sa réputation était grande, non-seulement dans la noblesse, car, outre sa seigneurie de Procida, il était encore seigneur de Tramonte et du Cajano, de son chef, et du chef de sa femme seigneur de Pistiglioni, mais dans les armes, car il avait combattu avec Frédéric, et dans l'administration, car il avait fait exécuter le port de Palerme. Enfin son nom n'était pas moins illustre dans les sciences : en effet, Jean s'était adonné tout particulièrement à la médecine, et il avait guéri des maladies que les plus grands mires de l'époque regardaient comme incurables.

A la mort de Manfred, dont il était grand-protonotaire, il s'était rallié à Charles d'Anjou, qui l'avait fait membre de son conseil ; mais, soit, comme le disent les uns, qu'il se fût aperçu que Charles d'Anjou était l'amant de sa femme Pandolfina, soit que la mort tragique de Conradin l'eût détaché de son nouveau roi, il quitta Salerne et passa en Sicile sans que ce départ fît naître aucun soupçon, car il était déjà absent depuis deux ans lorsque Charles d'Anjou, au moment de partir lui-même pour Tunis avec Louis IX son frère, permit à deux de ses favoris nommés, l'un Gautier Carracciolo, et l'autre Manfredo Commacello, d'aller le consulter sur une maladie dont ils étaient atteints.

On connaît le résultat de la croisade : Louis IX, se fiant au Dieu pour lequel il s'était armé, débarqua sur le rivage d'Afrique au moment des grandes chaleurs, sans attendre, comme le lui avait conseillé son frère, que les pluies les eussent tempérées. La peste se mit dans l'armée, et le héros chrétien mourut martyr le 25 août 1270.

Charles d'Anjou prit le commandement de l'armée, alla assiéger Tunis ; mais, au lieu d'y presser le roi maure à la dernière extrémité, comme le demandaient peut-être et la mémoire de son frère et l'intérêt de l'Église, il traita avec lui à la condition qu'il se reconnaîtrait tributaire de la Sicile, et, ramenant ses vaisseaux vers son royaume, au lieu de les conduire à Jérusalem, il débarqua à Trapani au milieu d'une effroyable tempête. Déclarant alors que la croisade était finie, il invita chaque prince à rentrer dans ses États, et donna l'exemple lui-même en faisant voile pour Naples, sa capitale.

Cependant Jean de Procida, après avoir parcouru toute la Sicile et s'être assuré que chacun, depuis le plus petit jusqu'au plus grand, y gardait un cœur sicilien, avait cherché sur tous les trônes d'Europe quel était le prince qui avait à la fois le plus de droits et d'intérêt à renverser Charles d'Anjou du trône de Naples et de Sicile, et il avait reconnu que c'était don Pierre d'Aragon, gendre de Manfred, et cousin du jeune Conradin, qui venait d'être si cruellement mis à mort sur la place du Marché-Neuf, à Naples.

Il s'était donc rendu à Barcelone, où il avait trouvé le roi don Pierre et la reine, sa femme, fort douloureusement attristés de cette destruction qui s'était mise dans leur famille.

Mais don Pierre était un prince sage qui ne faisait rien que gravement et sûrement ; il avait reçu, avec de grands honneurs, Henri d'Apifero, qui lui avait apporté le gant de Conradin, et, quoique dès cette époque sa résolution eût sans doute été prise, il s'était contenté de suspendre ce gant au pied de son lit, entre son épée et son poignard, mais sans rien dire ni sans rien promettre. Au reste, il avait offert à Henri d'Apifero de rester à sa cour, lui promettant qu'il y serait traité à l'égal des plus grands seigneurs de Castille, de Valence et d'Aragon. Henri y était resté trois ans, espérant que le roi don Pierre prendrait quelque parti hostile à l'égard de Charles d'Anjou ; mais, malgré les pleurs de sa femme Constance, malgré la présence accusatrice de Henri, il ne lui avait plus parlé de la cause de son voyage ; et le chevalier, croyant qu'il l'avait oubliée, s'était retiré sans rien dire, et était monté sur un vaisseau qui s'en allait en croisade.

Ce fut quelque temps après son départ que Jean de Procida arriva.

Jean demanda une audience au roi don Pierre, et l'obtint aussitôt, car sa réputation s'était étendue jusqu'en Castille, et l'on savait à la fois que c'était un vaillant homme d'armes, un loyal conseiller et un grand médecin. Il dit à don Pierre tout ce qu'il venait de voir de ses propres yeux, et comment la Sicile était prête à se révolter. Le roi d'Aragon l'écouta d'un bout à l'autre sans rien dire, et, lorsqu'il eut fini, le conduisant dans sa chambre, il lui montra pour toute réponse le gant de Conradin cloué au pied de son lit, entre son poignard et son épée.

C'était une réponse ; si claire qu'elle fût cependant, elle n'était point assez précise pour Jean de Procida. Aussi, quelques jours après, sollicita-t-il une nouvelle audience, et, plus hardi cette fois que la première, pressa-t-il don Pierre de s'expliquer. Mais don Pierre, qui, comme le dit son historien Ramon de Muntaneo, était un prince qui songeait toujours au commencement, au milieu et à la fin, se contenta de lui répondre qu'avant de rien entreprendre, un roi devait songer à trois choses :

1° Ce qui pouvait l'aider ou le contrarier dans son entreprise ;
2° Où il trouverait l'argent nécessaire à son entreprise ;
3° Ne se fier qu'à des gens qui lui garderaient le secret sur cette entreprise.

Procida, qui était un homme sage, répondit qu'il reconnaissait la vérité de cette maxime, et que des trois choses qu'exigeait don Pierre il faisait sa propre affaire.

En conséquence, rien de plus, pour cette fois, ne fut dit ni fait entre don Pierre d'Aragon et Jean de Procida ; et, le lendemain de cette entrevue, Jean de Procida s'embarqua sur un navire, sans dire où il allait ni quand il reviendrait.

En effet, la position du roi don Pierre était difficile, et il avait raison d'être inquiet sur les trois points qu'il avait indiqués.

L'Occident ne lui offrait point d'allié contre Charles d'Anjou, ses coffres étaient vides, et, s'il transpirait la moindre chose de son projet de détrôner le roi de Sicile, les papes qui le soutenaient ne pouvaient manquer de l'excommunier, comme ils avaient fait de Frédéric, de Manfred et de Conradin. Or, tous trois avaient fini fort piteusement : Frédéric par le poison, Manfred par le fer, et Conradin sur l'échafaud.

De plus, il y avait liaison fort intime entre le roi don Pierre et le roi Philippe le Hardi, son beau-frère. Lorsque le premier n'était encore qu'enfant, il était venu à la cour de France, où il avait été reçu avec grand honneur, et où il était resté deux mois, prenant part à tous les jeux et tournois qui avaient été célébrés à l'occasion de son arrivée. Pendant ces deux mois, une telle intimité s'était formée entre les deux princes, qu'ils s'étaient mutuellement prêté foi et hommage, s'étaient juré qu'ils ne s'armeraient jamais l'un contre l'autre en faveur de qui que ce fût au monde, et, en garantie de ce serment, avaient communié tous deux de la même hostie.

Jusque-là, cette amitié s'était maintenue inaltérable, et souvent, en signe de cette amitié, le roi d'Aragon portait à la selle de son cheval, sur un canton, les armes de France, et sur l'autre les armes d'Aragon ; ce que faisait aussi le roi de France.

Or déclarer la guerre à Charles d'Anjou, oncle du roi Philippe le Hardi, n'était-ce pas violer le premier de tous les sermens jurés ?

Cependant, au moment où, comme on le voit, les choses paraissaient impossibles à mener à bien, Dieu permit qu'elles s'arrangeassent pour le plus grand bonheur de la Sicile.

Michel Paléologue, grand-connétable et grand domestique de l'empereur grec à Nicée, venait de déposer l'empereur Jean IV, lui avait fait crever les yeux comme c'était l'habitude, puis, ayant marché sur Constantinople, il en avait chassé les Francs qui y régnaient depuis l'an 1204, c'est-à-dire depuis cinquante-six ans.

C'était Beaudoin II qui était alors empereur, Beaudoin dont le fils Philippe était marié à Béatrix d'Anjou, fille du roi de Naples.

Charles d'Anjou, débarrassé de ses deux rivaux, voyant son double royaume à peu près en paix, avait tourné les yeux vers l'Orient, et, rêvant un immense royaume franc qui ceindrait la moitié de la Méditerranée, il avait fait alliance avec les princes de Morée, et avait résolu de renverser Paléologue. En conséquence, il préparait, à la grande terreur de ce dernier, une foule de vaisseaux, de nefs et de galères, qu'il disait tout haut être destinés à une expédition dont le but était de rétablir son gendre Philippe sur le trône de Constantinople.

L'empereur, de son côté, était occupé à se prémunir contre cette entreprise ; il avait levé des contributions et des troupes par tout l'empire, il faisait construire des vaisseaux, il faisait réparer ses ports, et cependant toutes ces précautions ne le rassuraient pas, tant il savait à quel terrible ennemi il avait affaire, lorsqu'on lui annonça tout à coup qu'un moine franciscain, arrivant de Sicile, demandait à lui parler pour choses de la plus haute importance.

L'empereur ordonna aussitôt qu'il fût introduit, et cet ordre exécuté, Paléologue et l'inconnu se trouvèrent en face l'un de l'autre.

L'empereur était défiant comme un Grec ; aussi, se tenant à distance du moine :

— Mon père, lui demanda-t-il, que me voulez-vous ?

— Très noble empereur, répondit le moine, ordonnez ; je vous demande au nom du Seigneur Dieu que je puisse vous accompagner en quelque lieu secret où ce que j'ai à vous dire ne soit entendu de personne.

— Que voulez-vous donc me dire de si particulier ?

— Je veux vous entretenir de la plus grande affaire que vous ayez au monde.

— D'abord, qui êtes-vous ? demanda l'empereur.

— Je suis Jean, seigneur de Procida, répondit le moine.

— Venez donc et suivez-moi, dit l'empereur.

Et ils montèrent aussitôt à la plus haute tour du palais, et quand ils furent arrivés sur la plate-forme :

— Seigneur Jean de Procida, dit l'empereur en lui montrant le vide qui les environnait de tous côtés, nous n'avons ici que Dieu qui puisse nous entendre ; parlez donc en toute sécurité.

— Très noble empereur, lui répondit Jean, ne sais-tu pas que le roi Charles a juré sur le Christ de t'enlever ta couronne, de te tuer toi et les tiens, comme il a tué le noble roi Manfred et le gentil seigneur Conradin, et qu'en conséquence, avant qu'il soit un an, il va se mettre en route pour conquérir ton royaume, avec cent vingt galères armées, trente gros vaisseaux, quarantes comtes et dix mille cavaliers, et une foule de croisés chrétiens ?

— Hélas ! dit l'empereur, messire Jean, que voulez-vous ? Oui, je le sais, et j'en vis comme un homme désespéré ; j'ai déjà voulu m'arranger plusieurs fois avec le roi Charles, et jamais il n'a voulu entendre à rien. Je me suis mis au pouvoir de la sainte Eglise de Rome, de nos seigneurs les cardinaux et de notre saint-père le pape ; je me suis mis entre les mains du roi de France, du roi d'Angleterre, du roi d'Espagne et du roi d'Aragon, et chacun me répond verbalement aux lettres que je lui envoie qu'il craint de mourir rien qu'd'en parler, tant est grande la puissance de ce terrible roi Charles. C'est pourquoi je n'attends ni conseils, ni secours des hommes, et je n'espère plus qu'en Dieu, puisque, malgré tout ce que j'ai pu faire, je ne trouve dans les chrétiens ni aide ni conseil.

— Eh bien ! dit Jean de Procida, celui qui te délivrerait de cette grande crainte qui te tient, le regarderais-tu comme digne de quelque récompense ?

— Il mériterait tout ce que je pourrais faire, s'écria l'empereur. Mais qui serait assez hardi pour penser à moi de sa seule et bonne volonté ? qui serait assez puissant pour faire la guerre pour moi à la puissance du roi Charles ?

— Ce sera moi, répondit Jean de Procida.

Et l'empereur le regarda avec étonnement et lui demanda :

— Comment ferez-vous pour achever, vous, simple seigneur, ce que n'osent même entreprendre les plus puissans rois de la terre ?

— Cela me regarde, répondit Jean ; sachez seulement que je tiens la chose pour sûre et certaine.

— Dites-moi donc alors comment vous comptez vous y prendre ? demanda l'empereur.

— Sauf votre respect, répondit Jean, je ne vous le dirai point sauf que vous ne m'ayez promis 100,000 onces.

— Et, avec les 100,000 onces, que ferez-vous ?

— Ce que je ferai ? dit Procida : je ferai venir quelqu'un qui prendra la terre de Sicile au roi Charles, et qui lui donnera tant à faire qu'il en aura pour tout le reste de ses jours à se débarrasser de lui.

— Si tu es en état de tenir ce que tu me promets, répondit l'empereur, ce n'est pas 100,000 onces seulement que je te donnerai, mais ce sont tous mes trésors dont tu peux disposer.

Et Jean de Procida dit alors :

— Seigneur empereur, signez-moi donc une lettre par laquelle vous me donnerez créance près de tel souverain qui me conviendra, et dans laquelle vous vous engagerez à me payer 100,000 onces en trois paiemens : le premier pour commencer l'entreprise, le second quand elle sera en son milieu, et le troisième quand elle aura eu bonne fin.

— Descendons dans mon cabinet, répondit l'empereur, et à l'instant même je vous ferai écrire et scelle cette lettre.

— Avec votre permission, très noble empereur, reprit Jean, mieux vaut que vous m'écriviez cette lettre de votre main, et que vous la scelliez vous-même, car outre qu'étant toute de votre écriture elle aura un plus grand crédit, nul ne saura que nous deux ce qui se sera passé entre vous et moi.

— Vous avez raison, dit l'empereur, et je vois que ce n'est point à tort que vous vous êtes fait la réputation d'un sage et vaillant homme.

Alors ils descendirent tous deux dans le cabinet particulier de l'empereur, qui écrivit la lettre de sa main, la scella lui-même, et la remit à messire Jean de Procida.

— Et maintenant, pour plus grande sûreté encore, répondit messire Jean, il faut que vous me fassiez chasser de vos Etats, comme si j'avais commis quelque méchante action, car, de cette façon, personne ne se doutera, même vos plus intimes, qu'il y ait alliance entre vous et moi.

L'empereur approuva ce projet, et le lendemain messire Jean de Procida fut arrêté publiquement et reconduit hors de l'empire. Puis, lorsqu'on demanda ce qu'avait fait ce moine inconnu, on répondit qu'il était venu de la part du roi Charles pour empoisonner l'empereur de Constantinople.

Le vaisseau qui emmenait Jean de Procida le déposa à Malte, d'où il prit une barque et gagna la Sicile.

A peine y eut-il mis le pied, qu'évitant les côtes, qui étaient gardées par les Angevins, il pénétra dans l'intérieur des terres et s'en alla trouver, toujours vêtu en franciscain, messire Palmieri Abbate et plusieurs autres barons de Sicile aussi puissans et aussi patriotes que lui.

Puis, les ayant rassemblés, il leur dit :

— Misérables que vous êtes, vendus comme des chiens et traités comme des chiens, ne vous lasserez-vous donc jamais d'être des esclaves et de vivre comme des animaux, quand vous pouvez être des seigneurs et vivre comme des hommes ? Allez, vous n'êtes pas dignes que Dieu vous regarde en pitié, puisque vous n'avez pas pitié de vous-mêmes.

Alors, tous répondirent d'une seule voix :

— Hélas ! messire Jean de Procida, comment pouvons-nous faire autrement que nous faisons, nous qui sommes soumis à des maîtres puissans comme jamais il n'y en eut au monde ? Tout au contraire, il nous semble que, quelque effort que nous fassions, nous ne sortirons jamais d'esclavage.

— Eh bien donc ! dit Procida, puisque vous n'avez pas le courage de vous délivrer vous-mêmes, je vous délivrerai, moi, pourvu que vous vouliez faire ce que je vous dirai.

Et tous tombèrent à genoux devant Jean de Procida, l'appelant leur sauveur et leur second Christ, et lui demandant ce qu'ils avaient à faire pour le seconder.

— Il faut, dit Jean de Procida, retourner dans vos terres, armer vos vassaux, et leur dire de se tenir prêts à un signal. Quand le temps sera venu, je vous donnerai ce signal, et vous, vous le transmettrez à vos vassaux.

— Mais, dirent les seigneurs, comment pouvons-nous entreprendre une pareille chose sans argent et sans appui ?

— Quant à l'argent je l'ai déjà, dit Procida ; et quand à l'appui, je l'aurai bientôt, si vous voulez écrire la lettre que je vais vous dicter.

Tous répondirent qu'ils étaient prêts, et Jean de Procida dicta la lettre suivante :

« Au magnifique, illustre et puissant seigneur, roi d'Aragon et comte de Barcelone.

« Nous nous recommandons tous à votre grâce. Et d'abord messire Alaimo, comte de Lentini, puis messire Palmieri Abbate, puis messire Gualtieri de Galata-Girone, et tous les autres barons de l'île de Sicile, nous vous saluons avec toute révérence, en vous priant d'avoir pitié de nos personnes, comme vendus et assujettis à l'égal des bêtes.

« Nous nous recommandons à votre seigneurie et à madame votre épouse, qui est notre maîtresse, et à laquelle nous devons porter allégeance.

« Nous vous envoyons prier de daigner nous délivrer, retirer et arracher des mains de nos ennemis, qui sont aussi les vôtres, de même que Moïse délivra le peuple des mains de Pharaon.

« Croyez donc, magnifique, illustre et puissant seigneur roi, à notre dévouement et à notre reconnaissance, et, pour tout ce qui n'est point porté en cette lettre, rapportez-vous en à ce que vous dira messire Jean de Procida. »

Puis ils signèrent cette lettre, et, l'ayant scellée de leurs sceaux, ils la remirent à messire Jean de Procida, qui la joignit à celle qu'il avait déjà reçue de Michel Paléologue, et qui, se remettant en voyage, partit aussitôt pour Rome.

Nicolas III de la maison des Ursins régnait alors : c'était un homme d'une volonté forte et persévérante, qui voulait fixer authentiquement le pouvoir temporel de la tiare, et qui, en conséquence, après avoir fait tous ses parens princes, avait cherché pour eux des alliances dans les plus puissantes maisons d'Europe ; il avait donc fait demander à Charles d'Anjou la main de sa fille pour un de ses neveux ; mais Charles d'Anjou avait dédaigneusement refusé.

De là était née dans le cœur du saint-père une haine secrète, mais profonde, qui lui faisait oublier ce qu'il devait à ses prédécesseurs, Urbain IV et Clément IV.

Jean de Procida connaissait cette haine, et il comptait sur elle pour rallier le pape au parti de la Sicile.

Arrivé à Rome, toujours sous sa robe de franciscain, il fit donc demander au pape une audience ; le pape, qui le connaissait de réputation, lui accorda aussitôt.

A peine Procida se vit-il en présence du saint-père, que, reconnaissant à la manière gracieuse dont il le recevait que ses intentions étaient bonnes à son égard, il lui demanda à lui parler dans un lieu plus secret que celui où ils se trouvaient : le pape y consentit volontiers, et, ouvrant lui-même la porte d'une chambre retirée qui lui servait d'oratoire, il y introduisit Jean de Procida.

Puis, y étant entré à son tour, il ferma la porte derrière lui.

Alors, Jean de Procida regarda autour de lui, et voyant qu'effectivement nul regard ne pouvait pénétrer jusqu'où il était, il tomba aux genoux du pape, qui le voulut relever ; mais lui, n'en voulant rien faire :

— O saint-père ! lui dit-il, toi qui maintiens dans ta droite tout le monde en équilibre, toi qui es le délégué du Seigneur en ce monde, toi qui dois désirer avant toute chose la paix et le bonheur des hommes, intéresse-toi à ces malheureux habitans des royaumes de Pouille et de Sicile, car ils sont chrétiens comme le reste des hommes, et cependant traités par leur maître au-dessous des plus vils animaux.

Mais le pape répondit :

— Que signifie une pareille demande, et comment veux-tu que j'aille contre le roi Charles, mon fils, qui maintient la pompe et l'honneur de l'église ?

— O très saint-père, s'écria Jean de Procida, oui, vous devez parler ainsi, car vous ne savez pas encore à qui vous parlez ; mais moi je sais au contraire que le roi Charles n'obéit à aucun de vos commandemens.

Alors le pape lui dit :

— Vous savez cela, mon fils ! et dans quel cas n'a-t-il pas voulu nous obéir ?

— Je n'en citerai qu'un, très saint-père, répondit Jean : ne lui avez-vous pas fait demander une de ses filles pour un de vos neveux, et ne vous a-t-il pas refusé ?

Le pape devint très pâle et dit :

— Mon fils, comment savez-vous cela ?

— Je sais cela, très saint-père, et non-seulement je le sais, mais encore beaucoup d'autres seigneurs qui se sonme avec moi, et c'était un bruit généralement répandu dans la terre de la Sicile lorsque je l'ai quittée, que non-seulement il avait refusé l'honneur de votre alliance, mais encore que, devant votre ambassadeur, il avait dédaigneusement déchiré les lettres de Votre Sainteté.

— Cela est vrai, cela est vrai, dit le pape, n'essayant plus même de dissimuler la haine qu'il portait au roi Charles ; et j'avoue que, si je trouvais l'occasion de l'en faire repentir, je la saisirais bien volontiers.

— Eh bien ! cette occasion, très saint-père, je viens vous l'offrir, moi, et plus prompte et plus certaine que vous ne la trouverez jamais.

— Comment cela ? demanda le pape.

— Je viens vous offrir de lui faire perdre la Sicile d'abord, puis, après la Sicile, peut-être bien encore tout le reste de son royaume.

— Mon fils, dit le saint-père, songez à ce que vous dites, et vous oubliez, ce me semble, que ces pays sont à l'Église.

— Eh bien ! répondit Procida, je les lui ferai enlever par un seigneur plus fidèle que lui à l'Église, qui paiera mieux que lui le cens dû à l'Église, et qui se conformera en tous points comme chrétien et comme vassal à ce que lui ordonnera l'Église.

— Et quel est le seigneur qui aura tant de hardiesse que de marcher contre le roi Charles ? demanda le pape.

— Promettez-moi, très saint-père, quelque parti que vous preniez, de tenir son nom secret, et je vous le dirai.

— Sur ma foi ! je te le promets, dit le saint-père.

— Eh bien ! ce sera don Pierre d'Aragon, reprit Jean de Procida, et il accomplira cette entreprise avec l'argent du Paléologue et l'appui des barons de Sicile, ainsi que ces lettres peuvent en faire foi à Votre Sainteté.

Le pape lut les lettres, et lorsqu'il les eut lues :

— Et quel sera le chef de la révolte ? demanda-t-il.

— Ce sera moi, répondit Jean de Procida, à moins que Votre Sainteté n'en connaisse un plus digne que moi.

— Il n'en est pas de plus digne que vous, messire, répondit le pape. Accomplissez donc votre projet, et nous le seconderons de nos prières.

— C'est beaucoup, dit messire Jean, mais ce n'est point assez : il me faut encore une lettre de Votre Sainteté pour la joindre à celle de Michel Paléologue et à celle des barons de Sicile.

— Je vais donc vous la donner, dit le pape, et telle que vous la désirez.

Et alors il s'assit devant une table et écrivit la lettre suivante :

« Au très chrétien roi notre fils Pierre, roi d'Aragon, le pape Nicolas III.

» Nous te mandons notre bénédiction avec cette recommandation sainte, que, nos sujets de Sicile étant tyrannisés et non bien gouvernés par le roi Charles, nous te demandons et commandons d'aller dans l'île de Sicile, en te donnant tout le royaume à prendre et à maintenir, comme fils conquérant de la sainte mère Église romaine.

» Donne créance à messire Jean de Procida, notre confident, et à tout ce qu'il te dira de bouche ; tiens caché le fait, afin qu'on n'en sache jamais rien, et pour lors te prie qu'il te plaise de vouloir bien commencer cette entreprise et de ne rien craindre de qui voudrait t'offenser. »

Messire Jean de Procida joignit la lettre du saint-père aux deux lettres qu'il avait déjà, et, pour ne point perdre un temps précieux, il s'embarqua le lendemain au port d'Ostie, afin de toucher en Sicile, et de la Sicile gagner Barcelone.

Messire Jean aborda à Cefalu, et donna ordre à son bâtiment d'aller l'attendre à Girgenti.

Alors il traversa toute la Sicile, pour s'assurer que les sentiments de ses compatriotes étaient toujours les mêmes, et pour annoncer aux seigneurs conjurés qu'ils n'avaient plus qu'à se tenir prêts, et que le signal ne se ferait pas attendre. Puis, messire Jean de Procida ayant doublé leur courage par l'espoir qu'il leur donnait, il gagna Girgenti, monta sur son navire, et s'embarqua pour Barcelone.

Mais le Dieu qui l'avait toujours encouragé et soutenu sembla tout à coup l'abandonner.

Il est vrai que ce que messire Jean de Procida regarda d'abord comme un revers de fortune, n'était rien autre chose qu'une nouvelle faveur de la Providence.

Une tempête terrible s'éleva, qui jeta le navire de messire Jean de Procida sur les côtes d'Afrique, où il fut pris, lui et tout son équipage, et conduit devant le roi de Constantine, qui lui demanda qui il était et où il allait.

Messire Jean, qui était, comme toujours, habillé en franciscain, se garda bien de révéler sa condition, et se contenta de répondre qu'il était un pauvre moine chargé par Sa Sainteté d'une mission secrète pour le roi Pierre d'Aragon.

Alors le roi de Constantine réfléchit un instant, et ayant fait éloigner tout le monde :

— Veux-tu, demanda-t-il, te charger aussi d'une mission de ma part pour le roi don Pierre ?

— Oui, répondit Procida, bien volontiers, si cette mission n'a rien de contraire à la religion catholique et aux intérêts de notre saint-père le pape.

— Bien au contraire, répondit le roi de Constantine, car voici ce qui nous arrive.

Et il raconta à Jean de Procida que son neveu, le roi de Bougie, étant révolté contre lui et voulant le détrôner, il ne voyait d'autre moyen de conserver son trône qu'en se mettant sous la protection du roi d'Aragon ; et, pour que cette protection fût encore plus efficace, le roi de Constantine ajouta qu'il était prêt à se faire chrétien, lui et tout son royaume, si le roi don Pierre voulait le recevoir pour son filleul et pour son vassal.

Jean de Procida promit de s'acquitter de la mission qui lui était confiée, et, au lieu de le retenir en prison, le roi de Constantine, au grand étonnement de ses ministres et de son peuple, lui fit rendre la liberté, ainsi qu'à tout son équipage. Puis son navire, toujours par l'ordre du roi, lui ayant été remis avec tout ce qu'il contenait, il s'embarqua aussitôt, et après une heureuse traversée il descendit à Barcelone.

Comme on le pense bien, après ce qui s'était passé au premier voyage de messire Jean de Procida, son retour était un grand événement pour le roi don Pierre ; aussi le mena-t-

il, comme la première fois, dans la chambre la plus secrète de son palais, et là il lui demanda avec empressement ce qu'il avait fait depuis son départ.

— Très noble seigneur roi, répondit Procida, vous m'avez dit que, pour accomplir la grande entreprise que je vous avais proposée, il fallait trois choses : un appui, de l'argent, et le secret.

— Cela est vrai, répondit don Pierre.

— Le secret a été bien gardé, reprit messire Jean de Procida, puisque vous-même, monseigneur, ignorez d'où je viens. Quant à l'argent, voici la lettre de l'empereur Paléologue, qui s'engage à vous donner 100,000 onces. Enfin, quant à l'appui, voici l'adhésion signée par les principaux seigneurs de la Sicile, qui se révolteront au premier signal que je leur donnerai, et voici le bref de Sa Sainteté qui vous autorise à profiter de cette révolte.

Le roi don Pierre prit les lettres les unes après les autres, et les lut avec attention ; puis, se retournant vers messire Jean de Procida :

— Tout cela est bien, lui dit-il ; et sans doute mieux que je ne l'espérais ; il reste un obstacle que je ne t'ai pas dit : j'ai fait alliance d'amitié avec le roi de France, et j'ai promis de n'armer ni contre lui, ni contre ses parens, ni contre ses amis. Or, il me va falloir armer, et beaucoup, et, quand le roi de France me fera demander contre qui j'arme, il me faudra donc mentir ou m'exposer à une brouille avec lui. Trouve-moi au moins, toi qui m'as déjà trouvé tant de choses, un prétexte que je puisse donner de cet armement.

— Il est trouvé, monseigneur, lui répondit Joan de Procida. Le roi de Constantine, que le roi de Bougie, son neveu, menace de détrôner, vous fait dire, par ma bouche, qu'il est prêt à se faire chrétien, si vous voulez lui servir de parrain et de défenseur. Or, si l'on vous demande pourquoi et contre qui vous armez, vous répondrez que c'est pour soutenir le roi de Constantine contre son neveu le roi de Bougie ; et, comme il se fera chrétien indubitablement, il en rejaillira un grand honneur sur votre règne. Armez donc tranquillement, monseigneur, et faites voile pour l'Afrique ; je me charge du reste.

— Puisqu'il en est ainsi, dit le roi don Pierre, je vois bien que Dieu veut que la chose s'accomplisse. Va donc, cher ami, fais que ton entreprise vienne à bonne fin, et je t'engage ma parole que, l'occasion échéant, je ne ferai défaut ni à toi, ni aux barons de Sicile, ni à notre saint-père le pape.

Sur cette promesse, Jean de Procida quitta le roi don Pierre et s'en retourna d'abord vers l'empereur Paléologue, qui lui remit avec grande joie les 55,000 onces d'or qu'il avait promises, et que Procida envoya aussitôt au roi don Pierre ; puis, de Constantinople, il s'en revint à Rome ; mais, en abordant à Ostie, il apprit que le pape Nicolas III était mort, et que le pape Martin IV, qui était une créature du duc d'Anjou, venait d'être élu.

Alors il jugea inutile d'aller plus loin, et, remettant aussitôt à la voile, il se dirigea vers la Sicile, où il trouva tout le monde dans la crainte et dans la douleur de cette élection.

Mais il rassura les conjurés, en disant qu'à défaut du pape il restait aux Siciliens trois des princes les plus puissans de la terre, qui étaient l'empereur Frédéric, l'empereur Michel Paléologue, et le roi don Pierre d'Aragon.

Or, les barons ayant repris courage, demandèrent à Jean de Procida ce qu'ils devaient faire, et Jean de Procida répondit que chaque seigneur devait s'en retourner dans ses domaines et tenir ses vassaux prêts pour le moment convenu, et qu'à ce moment, à un signal donné, on tuerait tous les Français qui se trouvaient dans l'île. Et tous les barons avaient une telle confiance dans messire Jean de Procida, qu'ils s'en retournèrent chez eux, et se tinrent prêts à agir, lui laissant le soin de fixer l'heure de l'exécution.

Comme l'avait prévu don Pierre d'Aragon, le roi de France et le nouveau pape s'étaient inquiétés de ses armemens, et lui avaient demandé contre qui il les dirigeait. Le roi avait alors répondu que c'était contre les Sarrasins d'Afrique, comme bientôt on pourrait voir.

En effet, ses armemens terminés, ce qui fut promptement fait, grâce à l'or de Michel Paléologue, don Pierre monta sur sa flotte avec mille chevaliers, huit mille arbalétriers, et vingt mille *almogavares*, et, après avoir relâché à Mahon, il s'achemina vers le port d'Alcoyll, où il aborda après trois jours de traversée.

Mais là il apprit de bien tristes nouvelles : le projet du roi de Constantine avait été su, et lorsque cette nouvelle était arrivée aux cavaliers sarrasins, comme ceux-ci étaient fort attachés à la religion de Mahomet, ils s'étaient soulevés ; puis, se rendant au palais en grande rumeur, ils avaient pris le roi et avaient coupé la tête à lui et à douze de ses plus intimes qui lui avaient donné parole de se faire chrétiens avec lui. Ensuite ils s'étaient rendus près du roi de Bougie, et lui avaient offert le royaume de son oncle, dont celui-ci s'était aussitôt emparé.

Ces nouvelles ne décourageèrent point don Pierre ; et comme son entreprise avait un autre but que celui qu'elle paraissait avoir, il n'en résolut pas moins de prendre terre, et d'attendre, tout en combattant les Sarrasins, des nouvelles de la Sicile.

Il fit donc débarquer toute son armée.

Puis, cette armée étant en pays découvert, et rien ne la protégeant contre les attaques des Sarrasins, il mit à l'œuvre tous les maçons qu'il avait amenés avec lui, et fit construire un mur qui entourait toute la ville.

Cependant la conjuration marchait en Sicile.

Le moment était on ne peut mieux choisi : les Français s'endormaient dans une sécurité profonde, le roi Charles était à la cour du pape, son fils était en Provence, et Jean de Procida avait fixé le jour de la délivrance de la Sicile au premier avril 1282.

En conséquence tous les seigneurs avaient reçu avis du jour fixé et se tenaient prêts à agir, soit à Palerme, soit dans l'intérieur de la Sicile.

On était arrivé au 30 mars : c'était le lundi de Pâques, et, selon l'habitude, toute la ville de Palerme se rendait à vêpres.

Comme le temps était magnifique, beaucoup de dames et de jeunes seigneurs siciliens avaient choisi, plus encore dans un but de plaisir que dans un but religieux, l'église du Saint-Esprit, qui est située, comme nous l'avons dit, à un quart de lieue de Palerme, pour y entendre l'office.

Presque toutes les dames et seigneurs, comme c'était la coutume, étaient vêtus de longues robes de pélerins, et portaient à la main un bourdon.

Les soldats angevins étaient sortis comme les autres, et on les rencontrait par groupes armés tout le long du chemin, regardant insolemment les femmes, et de temps en temps les faisant rougir par quelque parole cynique ou par quelque geste grossier ; mais, comme les jeunes gens qui les accompagnaient étaient désarmés, une loi de Charles d'Anjou défendant aux Siciliens de porter ni épée ni poignards, ils étaient forcés de supporter tout cela.

Cependant un groupe de Palermitains s'avançait, composé d'une jeune fille, de son fiancé et de ses deux frères : il était suivi depuis les portes de Palerme par un sergent nommé Drouet, et par quatre soldats armés de leurs épées et de leurs poignards, et qui, outre ces armes, portaient en guise de bâtons des nerfs de bœuf à la main. Le groupe venait de franchir le pont de l'Amiral, et allait entrer dans l'église, lorsque Drouet, s'avançant et se plaçant sur la porte de l'église, accusa les jeunes gens de porter des armes sous leurs robes de pélerins. Ceux-ci, qui voulaient éviter une rixe, ouvrirent à l'instant même leurs manteaux, et montrèrent à l'exception du bourdon qu'ils portaient à la main, ils étaient entièrement désarmés.

— Alors, dit Drouet, c'est que vous avez caché vos armes sous la robe de cette jeune fille.

Et en disant ces mots il étendit la main vers elle et la toucha d'une façon si inconvenante, qu'elle jeta un cri et s'évanouit dans les bras d'un de ses frères.

Le fiancé alors, ne pouvant contenir plus longtemps sa colère, repoussa violemment Drouet, qui, levant le nerf de bœuf qu'il tenait à la main, lui en fouetta la figure. Au même instant un des deux frères, arrachant du fourreau l'épée de Drouet, lui en donna un si violent coup de pointe, qu'il lui traversa le corps d'un flanc à l'autre, et que Drouet tomba mort. En ce moment les vêpres sonnèrent.

Aussitôt le jeune homme, voyant qu'il était trop avancé pour reculer, leva son épée toute sanglante en criant :

— A moi, Palerme ! à moi ! qu'ils meurent, les Français ! qu'ils meurent !

Et il tomba sur le premier soldat, stupéfait de ce qui venait de se passer, et le renversa près de son sergent.

Le fiancé se saisit aussitôt de l'épée de ce soldat et vint prêter main forte à son ami contre les deux qui restaient.

En un instant le cri : A mort, à mort les Français ! courut sur les ailes ardentes de la vengeance jusqu'à Palerme.

Messire Alaimo de Lentini était dans la ville avec deux cents conjurés.

Voyant quelles choses se passaient, il comprit qu'il fallait avancer le signal convenu : le signal fut donné, et le massacre, commencé à la porte de la petite église du Saint-Esprit sur la personne du sergent Drouet, gagna Palerme, puis Montréale, puis Cefalu ; des bandes de conjurés s'élancèrent dans l'intérieur de la Sicile en criant vengeance et liberté.

Chaque château devint une tombe pour les Français qu'il renfermait, chaque ville répondit au cri poussé par Palerme, chaque église sonna ses vêpres, et, en moins de huit jours, tous les Français qui se trouvaient en Sicile étaient égorgés, à l'exception de deux qui, contre la règle générale adoptée par leurs compatriotes, s'étaient montrés doux et clémens.

Ces deux hommes étaient le seigneur de Porcelet, gouverneur de Calatafimi, et le seigneur Philippe de Scalembre, gouverneur du val di Noto.

Charles d'Anjou apprit à Rome la nouvelle des vêpres siciliennes par l'entremise de l'archevêque de Montréale, qui lui envoya un courrier pour lui annoncer ce qui venait de se passer. Mais Charles d'Anjou reçut le messager comme un grand cœur reçoit une grande infortune, et se contenta de répondre :

— C'est bien, nous allons partir, et nous verrons la chose par nous-même.

Puis, lorsque le messager fut sorti de sa présence, il leva les deux mains au ciel et s'écria :

— Sire Dieu, puisque, après m'avoir comblé de tes dons, il te plaît aujourd'hui de m'envoyer la fortune contraire, fais que je ne redescende du trône que pas à pas, et je jure que je laisserai mille de mes ennemis couchés sur chacun de ses degrés.

PIERRE D'ARAGON.

Le premier soin des seigneurs siciliens fut de faire partir deux ambassades, l'une pour Messine, l'autre pour Alcoyll : la première adressée à leurs compatriotes, et la seconde à Pierre d'Aragon.

Voici la lettre des Palermitains, conservée encore aujourd'hui dans les archives de Messine (1) :

« De la part des habitans de Palerme et de tous leurs fidèles compagnons en armes pour la liberté de la Sicile, à tous les gentilshommes, barons et habitans de la ville de Messine, salut et éternelle amitié.

» Nous vous faisons savoir que, par la grâce de Dieu,

(1) Il est inutile de dire que nous n'inventons rien, et que les lettres sont copiées sur les originaux ou traduites avec la plus grande exactitude.

nous avons chassé de notre terre et de nos contrées les serpens qui nous dévoraient nous et nos enfans, et suçaient jusqu'au lait du sein de nos femmes. Or, nous vous prions et supplions, vous que nous tenons pour nos frères et pour nos amis, que vous fassiez ce que nous avons fait, et que vous vous souleviez contre le grand dragon, notre commun ennemi, car le temps est venu où nous devons être délivrés de notre servitude et sortir du joug pesant de Pharaon; car le temps est venu où Moïse doit tirer les fils d'Israël de leur captivité; car le temps est venu enfin où les maux que nous avons soufferts nous ont lavés des péchés que nous avions commis. Donc que Dieu le père, dont la toute-puissance nous a pris en pitié, vous regarde à votre tour, et que sous ce regard, vous vous réveilliez et vous leviez pour la liberté.

» Donné à Palerme, le 14 de mai 1282. »

Pendant ce temps, le roi Pierre d'Aragon était aux mains avec Mira-Bosecri, roi de Bougie, et tous les Sarrasins d'Afrique, car à peine avaient-ils vu l'armée aragonaise prendre pied à Alcoyll et s'y fortifier, qu'ils avaient envoyé des cavaliers par tout le pays pour crier la proclamation de guerre; de sorte que Pierre d'Aragon, adossé à la mer et ayant derrière lui sa flotte, commandée par Roger de Lauria, avait devant lui, enveloppant la muraille qu'il avait fait faire, plus de soixante mille hommes, tant Maures qu'Arabes que Sarrasins.

Il arriva qu'un jour on lui dit qu'un Sarrasin demandait à lui parler à lui-même, refusant de s'ouvrir à aucun autre de la nouvelle importante qu'il prétendait apporter. Le roi ordonna qu'il fût aussitôt introduit devant lui et devant les seigneurs qui l'entouraient; mais le Sarrasin, voyant ce grand nombre de chevaliers, refusa de s'ouvrir en leur présence, et déclara qu'il ne dirait rien qu'au roi et à son aumônier. Le roi, qui était très brave, et qui d'ailleurs ne quittait jamais ses armes offensives et défensives, avec lesquelles il ne craignait ni Arabes, ni Maures, ni Sarrasins, ni qui que ce fût au monde, ordonna aussitôt à chacun de se retirer, et demeura seul avec l'archevêque de Barcelone et l'étranger.

Le Sarrasin alors se jeta aux genoux du roi et lui dit :

— Mon noble roi et seigneur, j'étais du nombre de ceux qui devaient embrasser la religion chrétienne avec le roi de Constantine, à qui le Seigneur fasse paix ! mais, comme heureusement personne ne savait la détermination que j'avais prise, j'échappai au massacre, et, pour qu'on ne se doutât de rien, je me réunis à tes ennemis. Maintenant voici que j'ai un grand secret à te dire; mais, si je ne me faisais chrétien d'abord, je trahirais, en le disant, les Sarrasins, car, ayant encore le même dieu qu'eux, je devrais avoir les mêmes intérêts; tandis qu'au contraire, une fois baptisé, les chrétiens deviennent mes frères, et ce seraient eux que je trahirais en ne te disant point ce que j'ai à te dire. Ainsi donc, si tu veux savoir la nouvelle que je t'apporte et qui est, je te le répète, de la plus grande importance pour toi et les tiens, consens à être mon parrain, et fais-moi baptiser par le saint archevêque qui est près de toi.

Alors don Pierre se retourna vers l'archevêque, et lui dit en langue catalane :

— Que pensez-vous de cela, mon père?

— Qu'il ne faut écarter personne de la voie du Seigneur, répondit l'archevêque, et qu'il faut accueillir comme venant de Dieu quiconque veut aller à Dieu.

Alors le roi se retourna vers le Sarrasin et lui demanda :

— D'où es-tu et comment t'appelles-tu?

— Je suis de la ville d'Alfandech, et je m'appelle Yacoub Ben-Assan.

— Es-tu décidé à renoncer à ta ville et à ta croyance, et à échanger ton nom de Yacoub Ben-Assan contre celui de Pierre?

— C'est ce que je désire sincèrement, répondit le Sarrasin.

— Faites donc votre office, mon père, dit le roi à l'archevêque.

Et l'archevêque, ayant pris une aiguière d'argent, bénit l'eau qu'elle contenait, et, en ayant versé quelques gouttes sur la tête du Sarrasin, il le baptisa au nom de la Très Sainte Trinité; puis, lorsqu'il eut fini :

— Maintenant, Pierre, lui dit-il, levez-vous, vous voilà Espagnol et chrétien. Dites donc à votre roi et à votre parrain ce que vous avez à lui dire.

— Monseigneur, dit le néophyte, sachez que le roi Mira-Bosecri et les Sarrasins ont remarqué que, le dimanche étant pour vous et vos soldats un jour de repos et de fête, les murailles du camp étaient moins bien gardées ce jour-là que les autres jours. En conséquence, ils ont résolu dimanche d'attaquer la bastide du comte de Pallars, qu'ils croient la moins forte, et de l'emporter ou d'y périr tous; car ils pensent que pendant ce temps vous et tous vos soldats serez occupés à entendre la messe, et que par ce moyen ils auront bon marché de vous.

Et le roi, ayant réfléchi de quelle importance était l'avis qu'il recevait, se retourna vers celui qui venait de le lui donner, et lui dit :

— Je te remercie, gentil filleul, et je reconnais que tu as le cœur vraiment chrétien. Retourne maintenant parmi ces mécréans maudits, afin que tu demeures au courant de tous leurs projets, et, si ceux que tu m'as révélé n'est pas abandonné, reviens me voir et m'en avertir dans la nuit de samedi à dimanche.

— Mais comment traverserai-je les avant-postes? demanda le messager.

Le roi appela ses gardes.

— Vous voyez bien cet homme, leur dit-il; toutes les fois qu'il se présentera à une sentinelle et qu'il lui dira : *Alfandech*, j'entends qu'on le laisse entrer librement et sortir de même.

Puis il donna vingt doubles d'or au nouveau chrétien, et, celui-ci lui ayant renouvelé sa foi et son hommage, sortit du camp sans être vu et alla rejoindre les Sarrasins.

Aussitôt le roi assembla tous ses chefs, et leur annonça cette bonne nouvelle que l'ennemi devait attaquer le camp le dimanche matin. Or, on avait tout le temps de se préparer à cette attaque, car on n'était encore que dans la nuit du jeudi au vendredi.

Pendant la journée du samedi, et vers tierce, on vint annoncer au roi don Pierre que l'on apercevait deux grandes barques venant de la Sicile et naviguant sous pavillon noir. Il ordonna aussitôt à l'amiral Roger de Lauria, qui commandait la flotte, de laisser passer ces barques, car il se doutait bien quelles sortes de nouvelles elles apportaient.

La flotte s'ouvrit, les barques passèrent au milieu des nefs, des galères et des vaisseaux, et elles vinrent aborder au rivage, où les attendait le roi.

A peine ceux qui montaient ces barques eurent-ils mis pied à terre et eurent-ils appris que c'était le roi don Pierre qui était devant eux, qu'ils s'agenouillèrent, baisèrent trois fois le sol, et, s'approchant du roi en se traînant sur les genoux, ils courbèrent la tête jusqu'à ses pieds, en criant: Merci, seigneur; seigneur, merci. Et comme ils étaient vêtus de noir ainsi que des supplians, comme leurs larmes coulaient de leurs yeux sur les pieds du roi, comme leurs cris et leurs gémissemens n'avaient point de fin, chacun en eut grande pitié, et le roi tout comme les autres; car, se reculant, il leur dit d'une voix toute pleine d'émotion.

— Que voulez-vous? qui êtes-vous? d'où venez-vous?

— Seigneur, dit alors l'un d'eux, tandis que les autres continuaient de crier et de pleurer: seigneur, nous sommes les députés de la terre de Sicile, pauvre terre abandonnée de Dieu, de tout seigneur et de toute bonne aide terrestre; nous sommes de malheureux captifs tout près de périr, hommes, femmes et enfans, si vous ne nous secourez. Nous venons, seigneur, vers votre royale majesté, de la part de ce peuple orphelin, vous crier grâce et merci ! Au nom de la Passion, que Notre Seigneur Jésus-Christ a soufferte sur la croix pour le genre humain, ayez pitié de ce malheureux peuple; daignez le secourir, l'encourager, l'arracher à la douleur et à l'esclavage auxquels il est réduit. Et vous devez le faire, seigneur, par trois raisons : la première, parce que vous êtes le roi le plus saint et le plus juste qu'il y ait au monde; la seconde parce que tout le royaume de Sicile appartient et doit appartenir à la reine votre épouse, et après elle à vos fils les infans, comme étant de la lignée du grand empereur Frédéric et du noble roi Manfred, qui étaient nos légitimes ; et la troisième parce que tout chevalier, et vous êtes, sire, le premier chevalier de votre royaume, est tenu de secourir les orphelins et les veuves.

Or, la Sicile est veuve par la perte qu'elle a faite d'un aussi bon seigneur que le roi Manfred ; or, les peuples sont orphelins parce qu'ils n'ont ni père ni mère qui les puissent défendre, si Dieu, vous et les vôtres, ne venez à leur aide. Ainsi donc, saint seigneur, ayez pitié de nous, et venez prendre possession d'un royaume qui vous appartient à vous et à vos enfans, et, tout ainsi que Dieu a protégé Israël en lui envoyant Moïse, venez de la part de Dieu tirer ce pauvre peuple des mains du plus cruel Pharaon qui ait jamais existé; car, nous vous le disons, seigneur, il n'est pas de maîtres plus cruels que ces Français pour les pauvres gens qui ont le malheur de tomber en leur pouvoir.

Alors le roi les regarda d'un œil compatissant, puis, tendant les deux mains à ceux des deux messagers qui étaient le plus près de lui :

— Barons, leur dit-il en les relevant, soyez les bienvenus, car ce que vous avez dit est vrai, et ce royaume de Sicile revient légitimement à la reine notre épouse et à nos enfans. Prenez donc courage, nous allons prier Dieu de nous éclairer sur ce que nous devons faire, puis nous vous ferons part de ce que nous avons résolu.

Et ils répliquèrent :

— Que le Seigneur vous en ait en sa garde, et vous inspire cette pensée d'avoir pitié de nous, pauvres misérables que nous sommes! Et, comme preuve que nous venons au nom de vos sujets, voici les lettres de chacune des villes de la Sicile, de chacun des châteaux, de chaque baron, de chaque gentilhomme et de chaque chevalier, par lesquelles chevaliers, gentilshommes, barons, châteaux et villes, s'engagent à vous obéir, comme à leur roi et seigneur, à vous et à vos descendans.

Le roi alors prit ces lettres, qui étaient au nombre de plus de cent, et ordonna de bien loger ces députés et de leur donner, à eux et à leur suite, toutes les choses dont ils auraient besoin.

Pendant ce temps la nuit était venue, et le roi, s'étant retiré dans la maison qu'il habitait, y fut bientôt prévenu que l'homme devant lequel il avait ordonné que toutes les portes s'ouvrissent quand il dirait le mot *Alfandech* était là, et demandait de nouveau à lui parler. Comme le roi l'attendait avec impatience, il ordonna qu'il fût introduit à l'instant.

— Eh bien! lui dit-il en l'apercevant, nous espérons, cher filleul, que rien n'est changé, et que tu nous apportes une bonne nouvelle?

— Je vous apporte la nouvelle, très-puissant seigneur et roi, répondit le nouveau converti, que vous ayez à vous tenir prêts, vous et vos gens, à la pointe du jour, car à la pointe du jour toute l'armée sarrasine sera en campagne.

— J'en suis aise, dit le roi, et je reconnais que tu es un digne messager. Et maintenant, fais comme tu voudras : retourne vers les Sarrasins ou demeure avec nous, à ton choix ; et si demeures avec nous, en échange des terres et des châteaux que tu pouvais avoir en Afrique, nous te donnerons de telles terres et de tels châteaux en Aragon, qu'en voyant ceux que tu auras acquis, tu ne regretteras en rien ceux que tu auras perdus.

Et le nouveau converti répondit :

— Comme chrétien et comme filleul d'un aussi grand roi que vous, il me semble, sauf votre plaisir, monseigneur, que je dois rester avec mes frères et combattre sous votre étendard. Quant à mes terres et à mes châteaux, je les abandonne bien volontiers, et je ne demande en échange qu'un bon cheval et de bonnes armes.

— C'est bien, dit le roi ; retirez-vous dans la maison que vous voudrez, et tenez-vous prêt à marcher sous notre étendard dès demain matin.

A ces mots, le filleul de don Pierre se retira, et, dix minutes après, on lui amena dans la maison où il s'était logé un cheval des écuries du roi, sur le dos duquel résonnait une de ses propres armures.

Puis le roi employa le temps qui lui restait à donner les ordres nécessaires pour la bataille du lendemain, ce qui rendit toute l'armée si joyeuse que, sur vingt-cinq mille soldats qui la composaient, il n'y eut certainement pas dix hommes qui fermèrent les yeux un seul instant de toute cette nuit.

Au point du jour, les Sarrasins s'avancèrent silencieusement, croyant surprendre les postes aragonais ; et ce ne fut que lorsqu'ils se trouvèrent à deux ou trois cents pas des murailles que, du haut d'une petite colline qui dominait le camp, ils aperçurent toute l'armée, chevaliers, barons, arbalétriers, et jusqu'aux valets de l'armée, rangés derrière les palissades et se tenant prêts à combattre.

Alors ils virent qu'ils avaient été trahis et que leurs ennemis étaient sur leurs gardes.

Aussitôt les chefs délibérèrent sur ce qu'ils devaient faire, et pour savoir s'il leur fallait continuer d'aller en avant ou tourner le dos ; mais il était déjà trop tard. Le roi, voyant leur hésitation, ordonna d'ouvrir les barrières.

Aussitôt les trompettes commencèrent de sonner ; l'avant-garde, sous la conduite du comte de Pallars et de don Ferdinand d'Ixer, s'élança bannière déployée ; toute l'armée la suivit, criant :

— Saint George et Aragon !

L'espace qui séparait chrétiens et Sarrasins fut franchi en un instant ; les deux armées se heurtèrent fer contre fer, et le combat commença.

Ce fut un combat terrible, sans tactique militaire, sans plan arrêté, où chacun choisit son homme et frappa jusqu'à ce que, cet homme abattu, il s'en présentât un autre.

Dans cette lutte, l'avant-garde sarrasine tout entière disparut écrasée : puis le roi en tête, son étendard à la main, entra dans le plus épais des bataillons ennemis. Ses chevaliers et ses barons le suivirent, cette masse compacte aurait fait un coin de fer. Enfin toute cette foule s'écarta, montrant sa blessure ouverte et sanglante.

Tout était fini ; les Sarrasins, blessés au cœur, voulurent en vain se rallier ; les terribles épées des chrétiens abattaient tout ce qu'elles touchaient. Les deux ailes séparées ne purent se rejoindre ; l'infanterie arabe, percée par les traits des arbalétriers, commença à fuir ; les Almogavares, légers comme les chamois de la Sierra-Morena, se mirent à leur poursuite.

La cavalerie seule tenait encore; mais bientôt, abandonnée à sa propre force, il lui fallut fuir à son tour. Le roi voulait la poursuivre et franchir une montagne qui était devant lui ; mais le comte de Pallars et don Ferdinand d'Ixer l'arrêtèrent en criant :

— Au nom de Dieu ! sire, pas un pas de plus. Songez à notre camp, où nous n'avons laissé que des malades, des femmes et des enfans ; que deviendraient-ils, s'ils étaient séparés de nous, et que deviendrions-nous nous-mêmes ? Au camp, sire, au camp !

Et, malgré les efforts du roi, qui ne voulait rien écouter, disant que le jour de l'extermination des Sarrasins était venu, ils le ramenèrent vers les palissades.

Comme le roi était à mi-chemin des barrières, un homme couché parmi les cadavres se souleva sur un genou, et, tandis que de la main gauche il tenait fermée une blessure qu'il avait reçue à la poitrine, de l'autre il lui présenta un étendard sarrasin qu'il venait de conquérir. Cet homme, c'était le Sarrasin Yacoub Ben-Assan. Don Pierre ordonna qu'on lui portât secours à l'instant même ; mais le blessé fit signe au roi que tout était inutile. Don Pierre prit alors l'étendard, et, comme s'il n'eût attendu pour mourir que le moment de remettre son trophée aux mains de son royal parrain, le blessé se recoucha sur le champ de bataille, et, levant la main de sa poitrine, laissa son âme fuir par sa blessure.

Les envoyés de Sicile avaient vu tout le combat du haut des

maisons d'Alcoyll, et ils avaient été fort émerveillés de magnifiques faits d'armes qu'avaient accomplis le roi don Pierre et ses gens, si bien que, pendant tout le temps de la bataille, ils disaient entre eux :

— Si Dieu permet que le roi vienne en Sicile, les Français seront tous morts ou vaincus, car, depuis le roi jusqu'au dernier soldat, tous marchent au combat comme à une fête.

Le soir, don Pierre donna l'ordre d'enterrer les soldats espagnols et de brûler les corps des Sarrasins, de peur que les cadavres ne corrompissent l'air, et que les maladies ne se missent dans son camp comme elles s'étaient mises dans celui du roi saint Louis à Tunis.

Le lendemain et le surlendemain on attendit vainement l'ennemi ; il s'était retiré à plus de trois lieues en arrière, tant sa terreur était grande ; et cependant tous les jours il lui arrivait de tous les côtés un tel nombre de gens qu'il eût été impossible de les compter.

Le quatrième jour on signala deux autres barques venant, comme les premières, de Sicile, mais portant des envoyés bien plus pressans et bien plus tristes encore que les premiers.

Dans la première étaient deux chevaliers de Palerme, et dans la seconde deux citoyens de Messine ; tous étaient vêtus de noir, leurs barques avaient des voiles noires, et elles naviguaient sous des pavillons noirs. A peine virent-ils le roi que, comme avaient fait les premiers, ils se jetèrent à genoux, mais avec des cris bien plus lamentables et bien plus supplians que les autres, car ils venaient annoncer que le roi Charles assiégeait Messine, et bien véritablement, en une telle extrémité, ils n'avaient plus de recours qu'en Dieu et dans le roi don Pierre d'Aragon.

Cependant le roi don Pierre d'Aragon paraissait encore hésiter, mais alors le comte de Pallars s'avança vers lui et, parlant en son nom et au nom des barons et chevaliers qui l'entouraient :

— Seigneur, lui dit-il, pourquoi hésitez-vous, et qui vous retient ? Prenez en miséricorde un peuple infortuné qui vient vous crier merci ; car il n'est cœur si dur au monde, qu'il soit chrétien ou Sarrasin, qui n'en ait pitié. Sire, la voix du peuple est la voix de Dieu, et, quand le peuple prie, Dieu ordonne. N'attendez donc pas davantage, seigneur ; n'hésitez donc plus, sire, car je vous affirme, en mon nom et en celui de tous mes compagnons, que, tous tant que nous sommes, nous vous suivrons partout où vous irez, et que nous sommes prêts à périr pour la gloire de Dieu, pour votre honneur et pour la résurrection du peuple de la Sicile.

Aussitôt toute l'armée se mit à crier :

— En Sicile ! en Sicile ! Au nom de Dieu ! sire, ne laissez pas ce pauvre peuple qui vous appartient et qui, après vous, appartiendra à vos enfans. En Sicile, sire ! en Sicile !

Et alors le roi, entendant ces choses merveilleuses et voyant la bonne volonté de son armée, leva les mains au ciel et dit :

— Seigneur, c'est en votre nom et pour vous servir que j'entreprends ce voyage. Seigneur, je me recommande à vous, moi et les miens.

Puis, se retournant vers son armée :

— Eh bien ! ajouta-t-il, puisque Dieu le veut et que vous le voulez, partons donc sous la garde et avec la grâce de Dieu, de madame sainte Marie et de toute la cour céleste, et allons en Sicile.

Et tous s'écrièrent :

— Noël ! Noël ! en Sicile ! en Sicile !

Et toute l'armée, s'agenouillant d'un seul mouvement, se mit à chanter le *Salve Regina* en signe d'action de grâces.

La même nuit, on expédia les deux premières barques pour la Sicile, avec cette bonne nouvelle que le roi don Pierre d'Aragon et toute son armée allaient arriver.

Le lendemain, le roi fit tout embarquer, hommes, femmes, enfans, et le dernier qui s'embarqua, ce fut lui ; puis, lorsque tout l'embarquement fut terminé, les deux autres barques partirent à leur tour pour annoncer qu'elles avaient vu le roi et toute l'armée mettre à la voile.

Dieu nous donne un contentement pareil à celui qu'on éprouva en Sicile lorsqu'on y apprit cette bonne nouvelle !

La traversée du roi d'Aragon fut heureuse, car la Providence ne l'avait point si miraculeusement conduit jusque-là pour l'abandonner en chemin ; de sorte que, sans accident aucun, il débarqua à Trapani, le 5 du mois d'août 1282.

Aussitôt les prudhommes de Trapani envoyèrent des courriers par toute la Sicile ; et, derrière ces courriers qui passaient disant au peuple : — Le roi don Pierre d'Aragon est arrivé avec une puissante armée, — des cris de joie s'élevaient ; villes, villages et châteaux, s'illuminaient, si bien qu'on pouvait deviner la route qu'ils avaient suivie à la trainée de bonheur et de lumière qu'ils laissaient après eux.

Quant au roi, chacun venait au devant de lui avec de la joie plein le cœur, et des fleurs plein les mains, et chacun s'écriait en le voyant :

— Bon et saint seigneur, que Dieu te donne vie et victoire, afin que tu puisses nous délivrer de ces Français maudits !

Et tout le monde allait ainsi chantant, dansant et s'embrassant ; et, pendant plus d'un mois, personne ne fit œuvre de ses mains que pour se joindre en remerciant Dieu.

Le quatrième jour de son arrivée, le roi don Pierre vit venir à lui les principaux de la ville de Palerme, qui lui apportaient, au nom de leurs concitoyens, tout l'argent qu'ils avaient pu réunir ; mais le roi don Pierre, après les avoir courtoisement reçus, leur répondit qu'il n'avait pas besoin d'argent, ayant apporté son trésor, et qu'il était venu non pas pour lever sur eux de nouvelles contributions, mais pour les recevoir au nombre de ses vassaux et les défendre contre leurs ennemis.

Le surlendemain, le roi don Pierre partit pour Palerme, et vous pensez bien que, si de pareilles fêtes avaient eu lieu à Trapani, qui est une ville secondaire, il y en eut de bien autrement belles à Palerme, qui est la capitale de toute la Sicile.

Là, toutes les cloches sonnèrent, toutes les processions sortirent des églises avec les croix et les bannières, et, chaque jour, tout ce qu'il y avait d'hommes, de femmes et d'enfans dans la ville, se réunissaient sur la place du Palais-Royal, et criaient tant et si fort : Vive le roi notre bon seigneur ! que le roi, pour satisfaire tout ce peuple, qui ne pouvait croire à son bonheur, était obligé de se montrer cinq ou six fois le jour au balcon de sa fenêtre.

Pendant ce temps, les prudhommes de Palerme adressaient des messagers à toutes les autres villes de la Sicile, afin qu'elles envoyassent leurs clefs pour être offertes au roi, et des députés qui lui missent la couronne sur la tête au nom de toute l'île.

De son côté, le roi don Pierre envoya directement quatre barons au roi Charles, qui assiégeait Messine, avec charge de lui dire qu'il lui mandait et ordonnait de sortir de son royaume, attendu qu'il n'ignorait pas que le royaume appartenait à la reine d'Aragon, sa femme, et à lui-même ; qu'en conséquence il l'invitait à vider sa terre, et, s'il refusait à se tenir pour averti, que le roi don Pierre l'en irait chasser en personne.

Mais le roi Charles répondit qu'il n'entendait renoncer à son royaume ni pour le roi don Pierre, ni pour aucun autre que ce fût au monde, et que, ce royaume lui ayant été donné par la grâce de Dieu, il saurait bien le reconquérir avec l'aide de son épée.

Le roi don Pierre ne répondit à ce refus qu'en ordonnant à son armée de terre et de mer marcher sur Messine.

Mais, en lui voyant faire ces grands apprêts, les prudhommes de Palerme lui demandèrent :

— Sauf votre bon plaisir, monseigneur, voulez-vous bien nous dire où vous allez ?

Et le roi don Pierre répondit :

— Ne le voyez-vous point ? je vais combattre le roi Charles et le mettre hors de la terre de Sicile.

Alors les prudhommes s'écrièrent :

— Au nom de Dieu ! monseigneur, n'y allez pas sans nous, car, vous le comprenez bien, ce serait une honte pour nous que de ne pas vous aider de tout notre pouvoir dans une occasion qui nous intéresse si fort.

Le roi don Pierre consentit donc à attendre, et l'on fit publier par toute la Sicile que chaque homme âgé de quinze à soixante ans eût à se rendre à Palerme sous quinze jours, avec ses armes et son pain pour un mois. En attendant, et pour donner bon courage aux Messinois, le roi ordonna à deux mille Almogavares de faire la plus grande diligence possible pour se rendre dans la ville assiégée et y annoncer sa prompte arrivée.

Il avait choisi deux mille Almogavares au lieu de deux mille chevaliers, parce que les montagnards, habitués à la fatigue, armés légèrement, n'ayant pour tout bagage qu'une jacquette de drap ou de cuir sur le corps, une résille sur la tête, des espardilles aux pieds, et portant sur leur dos, dans une besace, autant de pains qu'il y avait de jours de chevauchée, pouvaient franchir la distance plus rapidement qu'aucune autre troupe.

Aussi, quoiqu'il y ait pour tout le monde six journées de marché de Palerme à Messine, les deux mille Almogavares y arrivèrent vers le soir du troisième jour, et cela si secrètement, qu'ils entrèrent par la porte de la Caperna, depuis le premier jusqu'au dernier, sans qu'aucune sentinelle ni vedette de l'armée française s'aperçût de leur arrivée.

Lorsqu'on apprit, à Messine, le renfort que la garnison venait de recevoir, et surtout les bonnes nouvelles que ce renfort apportait, ce fut, comme on le pense bien, une grande joie par toute la ville. Mais les pauvres assiégés rabattirent bien de cette joie le lendemain lorsqu'ils virent leurs protecteurs se préparer au combat.

En effet, l'aspect des Almogavares n'était point rassurant, et, pour qui ne les avait point connus à l'œuvre, ils semblaient bien plutôt un amas de bandits et de bohémiens qu'une troupe de soldats.

Aussi les Messinois s'écrièrent-ils :
— Oh ! Seigneur Dieu ! de quelle haute joie sommes-nous descendus, et quels sont ces hommes qui vont ainsi à moitié nus, sans autres armes qu'une épée et un couteau, sans bouclier et sans écu ? Mon Dieu ! si toutes les troupes du roi d'Aragon sont pareilles, nous n'avons pas grand compte à faire sur nos défenseurs.

Et les Almogavares, ayant entendu les paroles qui se murmuraient ainsi autour d'eux, répondirent :
— C'est bon, c'est bon, on verra aujourd'hui même qui nous sommes. Montez seulement sur les tours et sur les remparts, et regardez.

Les Messinois montèrent sur les tours et sur les remparts, mais en secouant la tête, car ils n'avaient pas grande espérance que les Almogavares tiendraient les belle promesses qu'ils faisaient.

Ceux-ci cependant, sans avoir pris d'autre repos que trois ou quatre heures de sommeil, sans avoir mangé autre chose qu'un de leurs pains, sans avoir bu un vin ni liqueur, mais seulement l'eau qui coulait aux fontaines de la ville, se firent ouvrir une porte, et, au moment où les assiégés s'y attendaient le moins, fondirent sur eux avec une telle impétuosité, qu'ils pénétrèrent presque jusqu'à la tente du roi. Et comme avant de sortir ils s'étaient donné les uns aux autres parole de ne point rentrer qu'ils n'eussent tué chacun son homme, lorsqu'ils rentrèrent, il y avait deux mille Français de moins dans l'armée du roi Charles, et cela sans compter les prisonniers qu'ils ramenaient.

Quand les gens de Messine, qui, ainsi que nous l'avons dit, étaient montés sur les tours et sur les remparts, virent cette brillante sortie et quel résultat terrible elle avait eu pour les assiégeans, ils revinrent fort de l'opinion désavantageuse qu'ils avaient d'abord conçue sur les Almogavares, et ce fut à qui leur ferait plus de fête et leur rendrait plus d'honneurs : chaque riche bourgeois en voulut avoir deux chez lui, et les y traita comme s'ils eussent été de la famille, rassurés et tranquillisés qu'ils étaient maintenant par la certitude qu'avec de pareils hommes leur ville était devenue imprenable.

Cependant le roi Charles apprit que le roi don Pierre d'Aragon, après s'être fait couronner à Palerme, s'avançait à grandes journées par terre, tandis que sa flotte, conduite par son amiral, Roger de Lauria, faisait le tour de l'île.

Ces deux armées réunies pouvaient former, avec celle des Siciliens, à peu près soixante à soixante-cinq mille hommes, c'est-à-dire plus de trois fois autant qu'en avait le roi Charles.

Or, ce dernier, qui était un prince très entendu dans les choses de guerre, comprit qu'il pouvait être trahi par les Abruzziens et les Apuliens, comme le roi Manfred, et que, comme le roi Manfred, il pourrait bien mourir de male mort.

Il prit donc son parti promptement et comme devait le faire un homme aussi prudent que brave.

Par une nuit bien obscure il monta sur les vaisseaux, traversa le détroit et s'en alla aborder à Reggio de Calabre avec la moitié de son armée, car ses vaisseaux n'était ni assez grands ni assez nombreux pour transporter son armée tout entière, il devait reprendre le lendemain matin la moitié qui restait encore sur la terre de Sicile.

Mais, au point du jour, le bruit se répandit que le roi Charles s'était embarqué pendant la nuit avec une partie de son monde, et que ce qui restait encore devant Messine était le tiers à peine de son armée. Aussitôt les Almogavares se firent ouvrir deux portes, et, séparés en deux troupes, ils fondirent sur les huit ou dix mille hommes qui restaient encore, ce que voyant les Messinois, ils s'armèrent de leur côté de tout ce qu'ils purent trouver, et sortirent de la ville au nombre de huit ou dix mille.

Les Français essayèrent d'abord de résister, d'autant plus qu'ils voyaient revenir de Reggio les galères qui les devaient emporter.

Cependant, quel que fût leur courage, ils ne purent soutenir le choc acharné de leurs ennemis, ils se dispersèrent tout le long du rivage, jetant leurs armes pour courir plus vite, tendant les bras vers leurs vaisseaux, et criant :
— A l'aide ! à l'aide !

Mais quoique ceux qui montaient les galères fissent force de rames, ils n'arrivèrent que bien tard au gré de ceux qui les appelaient, car il y en avait déjà plus de trois mille de tués.

Enfin ceux qui restaient étaient si pressés de fuir, qu'ils n'attendirent pas que les vaisseaux abordassent, et qu'ils se jetèrent à la mer pour les aller rejoindre, de sorte que beaucoup périrent dans le trajet, et que, de sept ou huit mille hommes que le roi Charles avait laissés après lui, à peine en vit-il revenir cinq cents.

Cette journée fut une riche journée pour les Almogavares ; car les Français n'avaient pas même pris le temps de plier leurs tentes et de les emporter ; aussi gagnèrent-ils un si riche butin, que les florins d'or roulaient le lendemain dans Messine comme de menus deniers.

Deux jours après, le roi Pierre d'Aragon fit son entrée à Messine au milieu des cris de joie et des acclamations de tout le peuple, et les fêtes qu'on lui fit durèrent quinze jours et quinze nuits : pendant ces quinze nuits, la ville fut illuminée de façon qu'on y voyait à se promener dans ses rues comme à la lumière du soleil.

Ce fut ainsi que la terre de Sicile fut délivrée du dernier Français, et cela se passa l'an de grâce 1282.

Puisse-t-il arriver une pareille joie à tout noble peuple opprimé par l'étranger !

Voici la véritable chronique des Vêpres siciliennes, telle que je l'ai copiée dans la bibliothèque du Palais-Royal à Palerme.

FIN DU SPERONARE.

TABLE DES MATIÈRES DU SPERONARE.

La Santa Maria di pie di Grotta.	75
Caprée.	80
Gaëtano Sferra	81
L'Anniversaire.	95
Messine la Noble.	98
Le Pesce Spado.	104
Catane.	109
Les Bénédictins de Saint-Nicolas le Vieux.	114
L'Etna.	118
Syracuse.	124
La Chapelle gothique.	131
Carmela.	137
Le Souterrain.	144
Un Requin.	153
Il signor Anga.	156
Girgenti la Magnifique.	159
Le colonel Santa-Croce.	163
L'intérieur de la Sicile.	169
Palerme l'Heureuse.	173
Gelsomina.	179
Sainte Rosalie.	185
Le Couvent des capucins.	188
Grecs et Normands.	191
Charles d'Anjou.	193
Jean de Procida.	199
Pierre d'Aragon.	203

FIN DE LA TABLE DU SPERONARE.

Impressions de Voyage

LE CAPITAINE ARÉNA.

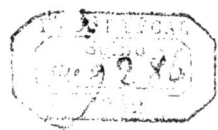

LA MAISON DES FOUS.

A neuf heures du matin, le capitaine Aréna vint nous prévenir que notre bâtiment était prêt et n'attendait plus que nous pour mettre à la voile. Nous quittâmes aussitôt l'hôtel, et nous nous rendîmes sur le port.

La veille, nous avions été visiter la maison des fous : qu'on nous permette de jeter un regard en arrière sur ce magnifique établissement.

La *Casa dei Matti* jouit non-seulement d'une immense réputation en Sicile et en Italie, mais encore par tout le reste de l'Europe. Un seigneur sicilien qui avait visité plusieurs établissemens de ce genre, révolté de la façon dont les malheureux malades y étaient traités, résolut de consacrer son palais, sa fortune et sa vie à la guérison des aliénés. Beaucoup de gens prétendirent que le baron Pisani était aussi fou que les autres, mais sa folie à lui était au moins une folie sublime.

Le baron Pisani était riche, il avait une magnifique villa, il était âgé de trente-cinq ans à peine ; il fit le sacrifice de sa jeunesse, de son palais, de sa fortune. Sa vie devint celle d'un garde-malade, son palais fut échangé contre un appartement de quatre ou cinq chambres, et de toute sa fortune il ne se réserva que six mille livres de rente.

Ce fut lui-même qui voulut bien se charger de nous faire les honneurs de son établissement. Il avait choisi pour cette visite le dimanche, qui est un jour de fête pour ses administrés. Nous nous arrêtâmes devant une maison de fort belle apparence, qui n'avait que ceci de particulier, que toutes les fenêtres en étaient grillées, mais encore fallait-il être prévenu pour s'en apercevoir. Ces grillages, travaillés et peints, représentaient, les uns des ceps de vignes chargés de raisins, les autres des convolvuli aux longues feuilles et aux clochettes bleues ; tout cela perdu dans des fleurs et des fruits naturels qu'au toucher seulement on pouvait distinguer des fleurs et des fruits peints.

La porte nous fut ouverte par un concierge en habit ordinaire ; seulement au lieu de l'attirail obligé d'un gardien de fous, armé ordinairement d'un bâton et orné d'un trousseau de clés, il avait un bouquet au côté et une flûte à la main. En entrant, le baron Pisani lui demanda comment les choses allaient ; il répondit que tout allait bien.

La première personne que nous rencontrâmes dans le corridor fut une espèce de commissionnaire qui portait une charge de bois. En apercevant monsieur Pisani, il vint à lui, et, posant sa charge de bois à terre, il lui prit en souriant sa main, qu'il baisa. Le baron lui demanda pourquoi il n'était pas dans le jardin à s'amuser avec les autres ; mais il lui répondit que, comme l'hiver approchait, il pensait qu'il n'avait pas de temps à perdre pour descendre le bois du grenier à la cave. Le baron l'encouragea dans cette bonne disposition, et le commissionnaire reprit ses fagots et continua sa route.

C'était un des propriétaires les plus riches de Castelvetrano, qui, n'ayant jamais su s'occuper, était tombé dans une espèce de spleen qui l'avait conduit tout droit à la folie. On l'avait alors amené au baron Pisani, qui, l'ayant pris à part, lui avait expliqué qu'il avait été changé en nourrice, et que cette substitution ayant été reconnue, il serait désormais obligé de travailler pour vivre. Le fou n'en avait tenu aucun compte et s'était croisé les deux bras, attendant que ses domestiques lui vinssent, comme d'habitude, apporter son dîner. Mais, à l'heure accoutumée, les domestiques n'étant pas venus, la faim avait commencé de se faire sentir ; néanmoins, le Castelvetéranois avait tenu bon et avait passé la nuit à appeler, à crier, à frapper le long des murs et à réclamer son dîner ; tout avait été inutile, les murs avaient fait les sourds, et le prisonnier était resté à jeun.

Le matin, le gardien était entré vers les neuf heures, et le fou lui avait demandé impérieusement son déjeuner. Le gardien lui avait alors tranquillement demandé un ou deux écus pour aller l'acheter en ville ; l'affamé avait fouillé dans ses poches, et n'y ayant rien trouvé, il avait demandé du crédit ; ce à quoi le gardien avait répondu que le crédit était bon pour les grands seigneurs, mais qu'on ne faisait pas crédit à de la canaille comme lui. Alors le pauvre diable avait réfléchi profondément, et avait fini par demander au gardien ce qu'il fallait qu'il fît pour se procurer de l'argent. Le gardien lui dit que s'il voulait l'aider à porter au grenier le bois qui était à la cave, à la douzième brassée il lui donnerait deux grains ; qu'avec deux grains il aurait un pain de deux livres, et qu'avec ce pain de deux livres il apaiserait son appétit. Cette condition avait paru fort dure à l'ex-aristocrate ; mais enfin, comme il lui paraissait plus dur encore de ne pas déjeuner après s'être passé de dîner la veille, il avait suivi le gardien, était descendu avec lui à la cave, avait porté douze brassées de bois au grenier, avait reçu ses deux grains, et avait acheté un pain de deux livres qu'il avait dévoré.

À partir de ce moment, la chose avait été toute seule. Le fou s'était remis à porter son bois pour gagner son dîner. Comme il en avait porté trente-six brassées au lieu de douze, le dîner avait été trois fois meilleur que le déjeuner. Il avait pris goût à cette amélioration, et le lendemain, après avoir passé une nuit parfaitement tranquille, il s'était mis à faire la chose de lui-même.

Depuis ce temps, on ne pouvait plus l'arracher à cet exercice, qu'il continuait de prendre, comme on l'a vu, même les dimanches et les jours de fête ; seulement, quand tout le bois était monté de la cave au grenier, il le redescendait du grenier à la cave, et *vice versâ*.

Il y avait un an qu'il faisait ce métier, le côté splénétique de sa folie avait complètement disparu ; il était redevenu, sinon gras, du moins fort, car sa santé physique était parfaitement rétablie, grâce au travail assidu qu'il faisait. Dans quelques jours, le baron se proposait d'attaquer la partie morale, en lui disant qu'on était à la recherche de papiers qui pourraient bien prouver que l'accusation de substitution dont il était victime était fausse. Mais si bien guéri que son pensionnaire dût jamais être, le baron Pisani nous assura qu'il ne le laisserait sortir que sous la promesse formelle que, quelque libre qu'il fût, il monterait tous les jours de la cave au grenier ou descendrait tous les jours du grenier à la cave douze charges de bois, pas une de plus, pas une de moins.

Comme tous les fous étaient dans le jardin, à l'exception de trois ou quatre qu'on n'osait laisser communiquer avec les autres parce qu'ils étaient atteints de folie furieuse, le baron nous conduisit voir d'abord l'établissement avant de nous montrer ceux qui l'habitaient. Chaque malade avait une cellule, enjolivée ou attristée selon son caprice. L'un, qui se prétendait fils du roi de la Chine, avait une quantité d'étendards de soie, chargés de dragons et de serpens de toutes les formes peints dessus, avec toutes sortes d'ornemens impériaux en papier doré. Sa folie était douce et gaie, et le baron Pisani espérait le guérir en lui faisant lire un jour sur une gazette que son père venait d'être détrôné, et avait renoncé à la couronne pour lui et pour sa postérité. L'autre, dont la folie était de se croire mort, avait un lit en forme de bière, dont il ne sortait que drapé en fantôme ; sa chambre était toute tendue de crêpe noir avec des larmes d'argent. Nous demandâmes au baron comment il comptait guérir celui-là.

— Rien de plus facile, nous répondit-il ; j'avancerai le jugement dernier de trois ou quatre mille ans. Une nuit, je l'éveillerai au son de la trompette, et je ferai entrer un ange qui lui ordonnera de se lever de la part de Dieu.

Celui-là était depuis trois ans dans la maison ; et, comme il allait de mieux en mieux, il n'y avait plus que cinq ou six mois à attendre la résurrection éternelle.

En sortant de cette chambre nous entendîmes de véritables rugissemens sortir d'une chambre voisine ; le baron nous demanda alors si nous voulions voir de quelle façon il traitait ses fous furieux : nous répondîmes que nous étions à ses ordres, pourvu qu'il nous garantit que nous en tirerions avec nos yeux : il se mit à rire, prit une clef des mains du gardien, et ouvrit la porte.

Cette porte donnait dans une chambre matelassée de tous côtés, et dans laquelle il n'y avait pas de vitraux, de peur sans doute que celui qui l'habitait ne se blessât en brisant les carreaux. Cette absence de clôture n'était, au reste, qu'un très médiocre inconvénient, l'exposition de la chambre étant au midi, et le climat de la Sicile étant constamment tempéré.

Dans un coin de cette chambre il y avait un lit, et sur ce lit un homme vêtu d'une camisole de force qui lui serrait les bras autour du corps et lui fixait les reins à la couchette. Un quart d'heure auparavant il avait eu un accès terrible, et les gardiens avaient été obligés de recourir à cette mesure répressive, fort rare au reste dans cet établissement. Cet homme pouvait avoir de trente à trente-cinq ans, avait dû être extrêmement beau, de cette beauté italienne qui consiste dans des yeux ardens, dans un nez recourbé, et dans une barbe et des cheveux noirs, et était bâti comme un Hercule.

Lorsqu'il entendit ouvrir la porte, ses rugissemens redoublèrent ; mais à peine en soulevant la tête ses regards eurent-ils rencontré ceux du baron, que ses cris de rage se changèrent en cris de douleur, qui bientôt eux-mêmes dégénérèrent en plaintes. Le baron s'approcha de lui, et lui demanda ce qu'il avait fait pour qu'on l'attachât ainsi. Il répondit qu'on lui avait enlevé Angélique, et qu'alors il avait voulu assommer Médor. Le pauvre diable se figurait qu'il était Roland, et malheureusement, comme son patron, sa folie était une folie furieuse.

Le baron le tranquillisa tout doucement, lui assurant qu'Angélique avait été enlevée malgré elle, mais qu'à la première occasion elle s'échapperait des mains de ses ravisseurs pour venir le rejoindre. Peu à peu cette promesse, renouvelée d'une voix pleine de persuasion, calma l'amant désolé, qui demanda alors au baron de le détacher. Le baron lui fit donner sa parole d'honneur qu'il ne chercherait pas à profiter de sa liberté pour courir après Angélique ; le fou la lui donna de la meilleure foi du monde. Alors le baron délia les boucles qui l'attachaient, et lui enleva la camisole de force, tout en le plaignant sur le malheur qui venait de lui arriver. Cette sympathie à ses malheurs imaginaires eut son effet ; quoique libre, il n'essaya pas même de se lever, mais seulement s'assit sur son lit. Bientôt ses plaintes dégénérèrent en gémissemens, et ses gémissemens en sanglots ; mais, malgré ces sanglots, pas une larme ne sortait de ses yeux. Depuis un an qu'il était dans l'établissement, le baron avait fait tout ce qu'il avait pu pour le faire pleurer, mais il n'avait jamais pu y réussir. Il comptait un jour lui annoncer la mort d'Angélique, et lui faire assister à l'enterrement d'un mannequin ; il espérait que cette dernière crise lui briserait le cœur, et qu'il finirait enfin par pleurer. S'il pleurait, monsieur Pisani ne doutait plus de sa guérison.

Dans la chambre en face était un autre fou furieux, que deux gardiens balançaient dans un hamac où il était attaché. À travers les barreaux de sa fenêtre, il avait vu ses camarades se promener dans le jardin, et il voulait aller se promener avec eux ; mais comme à sa dernière sortie il avait failli assommer un fou mélancolique, qui ne fait de mal à personne et se promène ordinairement en ramassant les feuilles sèches qu'il trouve dans son chemin et qu'il rapporte précieusement dans sa cellule pour en composer un herbier, on s'était opposé à son désir ; ce qui l'avait mis dans une telle colère qu'on avait été obligé de le lier dans son hamac, ce qui est la seconde mesure de répression ; la première étant l'emprisonnement ; la troisième, le gilet de force. Au reste, il était frénétique, faisait tout ce qu'il pouvait pour mordre ses gardiens, et poussait des cris de possédé.

— Eh bien ! lui demanda le baron, en entrant, qu'y a-t-il ? Nous sommes donc bien méchant aujourd'hui ?

Le fou regarda le baron, et passa de ses hurlemens à de petits cris pareils à ceux d'un enfant qui pleure.

— On ne veut pas me laisser aller jouer, dit-il ; on ne veut pas me laisser aller jouer.

— Et pourquoi veux-tu aller jouer ?

— Je m'ennuie ici, je m'ennuie ; et il se remit à vagir comme un poupard.

— Au fait, dit le baron Pisani, tu ne dois pas t'amuser, attaché comme cela ; attends, attends. Et il le détacha.

— Ah ! fit le fou en sautant à terre et en étendant ses bras et ses jambes ; ah ! maintenant je veux aller jouer.

— C'est impossible, dit le baron ; parce que la dernière fois qu'on te l'a permis, tu as été méchant.

— Alors, que vais-je donc faire ? demanda le fou.

— Écoute, reprit le baron, pour te distraire un instant, veux-tu danser la tarentelle.

— Ah ! oui, la tarentelle, s'écria le fou avec un accent joyeux dans lequel il ne restait pas la moindre trace de sa colère passée ; la tarentelle.

— Allez lui chercher Thérésa et Gaëtano, dit le baron Pisani en s'adressant à l'un des gardiens ; puis se retournant vers nous : — Thérésa, continua-t-il, est une folle furieuse, et Gaëtano est un ancien maître de guitare qui est devenu fou. C'est le ménétrier de l'établissement.

Un instant après, nous vîmes arriver Thérésa ; deux hommes la portaient, et elle faisait d'incroyables efforts pour s'échapper de leurs mains. Gaëtano la suivait gravement avec sa guitare, mais sans que personne eût besoin de l'accompagner, car sa folie était des plus inoffensives. Mais à peine Thérésa eut-elle aperçu le baron, qu'elle courut dans ses bras en l'appelant son père ; puis, l'entraînant dans un coin de la cellule, elle se mit à lui raconter tout bas les tracasseries qu'on lui avait faites depuis le matin.

— C'est bien, mon enfant, c'est bien, dit le baron, j'ai appris tout cela à l'instant même, voilà pourquoi j'ai voulu te récompenser en te donnant un instant d'agrément : veux-tu danser la tarentelle ?

— Ah ! oui, ah ! oui, la tarentelle, s'écria la jeune fille en allant se placer devant son danseur, qui depuis un instant s'était déjà mis en mouvement, et qui pelotait tout seul tandis que Gaëtano accordait son instrument.

— Allons, Gaëtano, allons, presto, presto, dit le baron.

— Un instant, Votre Majesté, il faut que l'instrument soit d'accord.

— Il me croit le roi de Naples, reprit le baron ; il eût été trop fier pour entrer au service d'un particulier, mais je l'ai fait premier musicien de ma chapelle, je lui ai donné le titre de chambellan, je l'ai décoré du grand cordon de Saint-Janvier, de sorte qu'il est fort satisfait. Si vous lui parlez, ayez la bonté de l'appeler Excellence. — Eh bien, maëstro, où en sommes-nous ?

— Voilà, Votre Majesté, dit le musicien en commençant l'air de la tarentelle.

J'ai déjà dit l'effet magique de cet air sur les Siciliens, mais jamais je n'avais vu un résultat pareil à celui qu'il opéra sur les deux fous ; leurs figures se déridèrent à l'instant même, ils firent claquer leurs doigts comme des castagnettes, et ils commencèrent une danse dont le baron pressa de plus en plus la mesure ; au bout d'un quart d'heure, ils étaient en sueur tous deux, et n'en continuaient pas moins, suivant la mesure toujours plus précise, avec une justesse étonnante : enfin, l'homme tomba le premier, épuisé de fatigue ; cinq minutes après la femme se coucha à son tour ; on mit l'homme sur son lit et l'on emporta la femme dans sa chambre. Le baron Pisani répondait d'eux pour vingt-quatre heures. Quant au guitariste, on l'envoya dans le jardin faire les délices du reste de la société.

Monsieur le baron Pisani nous fit alors passer dans une grande salle, où, quand par hasard il fait mauvais, les malades se promènent : cette salle était pleine de fleurs, et les murs étaient tout couverts de fresques représentant presque tous des sujets bouffons. C'est là surtout que le bon docteur, qui connaît à fond le genre de folie de chacun de ses pensionnaires, fait les études les plus curieuses ; il les prend par-dessous le bras, les conduit tantôt devant une fresque, tantôt devant une autre, et les explique à ses malades ou se les fait expliquer par eux : une de ces fresques représente le gentil paladin Astolfe allant chercher dans la lune la fiole qui contient la raison de Roland. Je demandai alors au baron comment il avait osé placer dans une maison de fous un tableau qui fait allusion à la folie. — Ne dites pas trop de mal de cette fresque, me répondit le baron ; elle en a guéri dix-sept.

Outre les fleurs logées dans les embrasures de ses fenêtres et les fresque peintes sur ses murailles, cette salle contenait un certain nombre de tambours à tapisserie, de métiers de tisserand et de rouets à filer ; chacun de ces instrumens portait quelque ouvrage commencé par les fous. Une des premières règles de la maison est le travail ; quiconque ne connaît aucun métier, bêche la terre, tire de l'eau aux pompes ou porte du bois. Les dimanches et les jours de fête, ceux qui veulent se distraire lisent, dansent, jouent à la balle, ou se balancent sur des escarpolettes ; le baron prétendant qu'une occupation quelconque est un des plus puissans remèdes à la folie, et qu'il faut toujours que les fous travaillent ou s'amusent, fatiguent le corps ou occupent l'esprit. L'expérience au reste est pour lui : proportion gardée, il guérit un nombre d'aliénés double de ceux que guérissent les médecins qui appliquent à leurs malades le traitement ordinaire.

De la salle de travail nous passâmes au jardin : c'est un délicieux parterre, arrosé par des fontaines et abrité par de grands arbres, où tous ces pauvres malheureux se promènent presque toujours isolés les uns des autres, chacun s'abandonnant à son genre de folie, et suivant les allées, les uns bruyans, les autres silencieux. Le caractère principal de la folie est le besoin de la solitude ; presque jamais deux fous ne causent ensemble, ou s'ils causent ensemble chacun suit son idée et répond à sa pensée, mais jamais à celle de son interlocuteur, quoiqu'il n'en soit pas ainsi avec les étrangers qui viennent les voir, et qu'au premier aspect quelques-uns paraissent pleins de sens et de raison.

Le premier que nous rencontrâmes était un jeune homme de 26 ou 28 ans, nommé Lucca. C'était avant sa folie un des avocats les plus distingués de Catane. Un jour il avait eu au spectacle une discussion avec un Napolitain, qui, au lieu de mettre dans sa poche la carte que Lucca lui avait glissé dans la main, était allé se plaindre à la garde ; or, la garde était composée de soldats napolitains qui, ne demandant pas mieux que de chercher noise à un Sicilien, vinrent signifier à Lucca de sortir du parterre. Lucca, qui n'avait en rien troublé la tranquillité publique, envoya promener ; un Napolitain lui mit la main sur le collet ; un coup de poing bien appliqué l'envoya rouler à dix pas ; mais aussitôt tous tombèrent sur le récalcitrant, qui se débattit quelque temps et finit enfin par recevoir un coup de crosse qui lui fendit le crâne et le renversa évanoui. Alors on l'emporta et on le déposa dans un des cachots de la prison. Lorsque le lendemain le juge vint pour l'interroger, il était fou.

Sa folie était des plus poétiques : tantôt il se croyait Le Tasse, tantôt Shakespeare, tantôt Châteaubriand. Ce jour-là il s'était décidé pour Dante, et suivant une allée, un crayon et du papier à la main, il composait son 33e chant de l'Enfer.

Je m'approchai de lui par derrière, il en était à l'épisode d'Ugolin ; mais sans doute la mémoire lui manquait, car deux ou trois fois il répéta en se frappant le front :

La bocca sollevò dal fiero pasto ;

mais sans pouvoir aller plus loin. Je pensai que c'était un excellent moyen de me mettre dans ses bonnes grâces que de lui souffler les premiers mots du vers suivant ; et comme il se frappait la tête de nouveau en signe de détresse, j'ajoutai :

Quel peccator forbendola.

— Ah ! merci, s'écria-t-il, merci ; sans vous je sentais toutes mes idées qui se brouillaient, et je crois que j'allais devenir fou. *Quel peccator forbendola.* C'est cela, c'est cela, et il continua :

A'capelli. . . . .

jusqu'à la fin du second tercet.

Alors, profitant du point qui suspendait le sens, et permettait au compositeur de respirer :

— Pardon, monsieur, lui dis-je, mais j'apprends que vous êtes le Dante.

— C'est moi-même, me répondit Lucca, que voulez-vous ?

— Faire votre connaissance. J'ai d'abord été à Florence pour avoir cet honneur, mais vous n'y étiez plus.

— Vous ne savez donc pas, répondit Lucca avec cette voix brève qui est un des caractères de la folie, ils m'en ont chassé de Florence ; ils m'ont accusé d'avoir volé l'argent de la république. Dante un voleur ! J'ai pris mon épée, les sept premiers chants de mon poëme, et je suis parti.

— J'avais espéré, repris-je, vous joindre entre Feltre et Montefeltro.

— Ah ! oui, dit-il, oui, chez Can Grande della Scala.

E! gran Lombardo,
Che'n su la Scala porta il santo uccello.

Mais je n'y suis resté qu'un instant ; il me faisait payer trop cher son hospitalité : il me fallait vivre là avec des flatteurs, des bouffons, des courtisans, des poëtes ; et quels poëtes ! Pourquoi n'êtes-vous pas venu par Ravenne ?

— J'y ai été, mais je n'y ai trouvé que votre tombeau.

— Et encore je n'étais plus dedans. Vous savez comment j'en suis sorti ?

— Non.

— J'ai trouvé un moyen de ressusciter toutes les fois que je suis mort.

— Est-ce un secret ?

— Pas le moins du monde.

— Peste ! mais c'est que je ne serais pas fâché de le connaître.

— Rien de plus facile : au moment de mourir je recommande qu'on creuse ma fosse bien profonde, bien profonde : vous savez que le centre de la terre est un immense lac ?

— Vraiment ?

— Immense. Or, l'eau ronge toujours, comme vous savez ; l'eau ronge, ronge, ronge, jusqu'à ce qu'elle arrive à moi ; alors elle m'emporte jusqu'à la mer. Arrivé au fond de la mer, je me couche, les deux talons appuyés à deux branches de corail. Le corail pousse ; car, comme vous le savez, le corail est une plante ; il pousse, pousse, pousse, passe dans les veines et fait le sang ; alors il monte toujours, monte, monte, monte, et quand il arrive au cœur je ressuscite.

— Mon cher poëte, dit vivement le baron interrompant notre conversation, est-ce que vous ne serez pas assez bon pour jouer une contredanse à ces pauvres gens ?

— Si fait, mon cher baron, reprit Lucca en prenant le violon que lui présentait le baron Pisani, et en le mettant d'accord, si fait ; sont-ils, où sont-ils ? Et il monta sur une chaise, comme ont l'habitude de faire les ménétriers.

— Maëstro, dit le baron en appelant Gaëtano qui accourut avec sa guitare ; maëstro, une contredanse.

— Oui, Majesté, répondit Gaëtano en montant sur une chaise voisine de celle de Lucca, et en lui donnant le la.

Et tous deux se mirent à jouer une contredanse.

Aussitôt de tous les coins du jardin accoururent, dans les costumes les plus étranges, une douzaine de fous, hommes et femmes, parmi lesquels je reconnus au premier coup d'œil le fils de l'empereur de la Chine et le prétendu mort ; le premier avait sur la tête une magnifique couronne de papier doré ; l'autre était enveloppé d'un grand drap blanc et marchait d'un pas grave et posé, comme il convient à un fantôme : les autres étaient le fou mélancolique, qui venait visiblement à regret, et que de temps en temps étaient obligés de pousser deux gardiens ; une femme qui se croyait sainte Thérèse et qui avait des extases, puis enfin une jeune femme de vingt à vingt-et-un ans, dont on pouvait sous les traits flétris deviner la beauté première : elle aussi venait péniblement, et plutôt traînée que conduite par une femme qui paraissait chargée de sa garde ; enfin elle se mit en place comme les autres, et la contredanse commença.

Contredanse étrange, où chaque acteur semblait obéir mécaniquement à la pression de quelque ressort secret qui le mettait en mouvement, tandis que son esprit suivait la pente où l'entraînait la folie ; quadrille joyeux en apparence, sombre en réalité, où tout était insensé, musique, musiciens et danseurs ; spectacle terrible à regarder, en ce qu'il laissait voir au plus profond de la faiblesse humaine.

Je m'écartai un instant. J'avais peur de devenir fou moi-même.

Le baron vint à moi.

— J'ai interrompu votre conversation avec ce pauvre Lucca, me dit-il, car je ne permets pas qu'il se perde dans ses systèmes métaphysiques. Les fous métaphysiciens sont les plus difficiles à guérir, parce que c'est on ne peut pas dire où la raison finit, où la folie commence. Qu'il se croie Dante, Le Tasse, Arioste, Shakespeare ou Châteaubriand, il n'y a pas d'inconvénient à cela. J'ai sauvé presque tous ceux qui n'avaient que ce genre d'aliénation, et je sauverai Lucca, j'en suis certain. Mais ceux que je ne sauverai pas, continua le baron en secouant la tête et en étendant la main vers les danseurs, c'est cette pauvre folle qui se débat pour quitter sa place et retourner à l'écart. Et, tenez, la voilà qui se renverse en arrière, sa crise lui prend : jamais elle ne pourra entendre la musique, jamais elle ne pourra voir danser sans retomber dans sa folie. — C'est bien, c'est bien, laissez-la tranquille, cria le baron à la femme qui en avait soin, et qui voulait la forcer de rester à la contredanse. Costanza, Costanza, viens, mon enfant, viens. Et il fit quelques pas vers elle, tandis que la jeune fille, profitant de sa liberté, accourait légère comme une gazelle effarouchée, et, tout en regardant derrière elle pour voir si elle n'était pas poursuivie, venait se jeter toute sanglotante dans ses bras.

— Eh bien ! mon enfant, dit le baron, voyons, qu'y a-t-il encore ?

— O mon père, mon père ! ils ne veulent pas ôter leurs masques, ils ne veulent dire leurs noms qu'à lui, ils l'emmènent dans la chambre à côté. Oh ! ne le laissez pas aller avec eux, au nom du ciel ! ils le tueront. Albano, Albano ! ah !... ah ! mon Dieu, mon Dieu ! c'est fini... il est trop tard ! Et la jeune fille se renversa presque évanouie dans les bras du baron, qui, quelque habitué qu'il fût à ce spectacle, ne put s'empêcher de tirer un mouchoir de sa poche et d'essuyer une larme qui roulait le long de sa joue.

Pendant ce temps-là les autres dansaient toujours, sans s'occuper le moins du monde de la douleur de la jeune fille ; et, quoique sa crise eût commencé au milieu de tous, aucun n'avait paru s'en apercevoir, pas même Lucca, qui jouait du violon avec une espèce de frénésie, frappant du pied et criant des figures que personne ne suivait. Je sentis que le vertige me gagnait, c'était une de ces scènes comme en raconte Hoffmann, ou comme on en voit en rêve. Je demandai au baron la permission de lire les règlements de sa maison, dont on m'avait parlé comme d'un modèle de philanthropie ; il tira de sa poche une petite brochure imprimée ; et je me retirai dans un cabinet d'étude que le baron s'était réservé et dont il me fit ouvrir la porte.

Je citerai deux ou trois articles de ce règlement.

CHAPITRE V.

Art. 45.

« On a déjà aboli dans la maison des fous l'usage cruel et abominable des chaînes et des coups de bâton, qui, au lieu de rendre plus calmes et plus dociles les malheureux aliénés, ne font que redoubler leur fureur et leur inspirer des sentiments de vengeance. Néanmoins, si, malgré la douceur qu'on emploie avec eux, ils s'abandonnaient à la violence, on aura recours aux moyens de restriction, en n'oubliant jamais que les fous ne sont point des coupables à punir, mais bien de pauvres malades auxquels il faut porter des secours et dont la position réclame tous les égards dus au malheur et à la souffrance. »

Art. 46.

« De toutes les méthodes de restriction dont on se sert actuellement dans les hospices et les établissemens des aliénés chez les nations les plus civilisées de l'Europe, il n'en sera adopté que trois : l'emprisonnement dans la chambre, la ligature dans un hamac, et la camisole de force, convaincu qu'est le directeur de la maison des fous de Palerme, non-seulement de l'inefficacité, mais encore du danger réel des machines de rotation, des bains de surprise, des lits de force, moyens de répression plus cruels encore que l'emploi des chaînes, aboli dans quelques établissemens. »

Art. 48.

« Cependant, comme on est quelquefois avec les aliénés contraint d'employer la force, dans les cas extrêmes la force sera employée. Alors la répression se fera, non pas avec bruit et dureté, mais avec fermeté et humanité en même temps, et en faisant comprendre, autant que cela sera possible, aux malades la douleur que leurs gardiens éprouvent d'être contraints de se servir de pareils moyens envers eux.»

Art. 51.

« L'emploi de la camisole de force ne sera jamais ordonné que par le directeur, mais encore toutes les précautions seront prises au moment d'en faire usage, surtout lorsque l'application devra en être faite à une femme, à laquelle le serrement des courroies pourrait faire beaucoup de mal en comprimant les muscles de la poitrine. »

J'achevais la lecture delle Instruzioni (c'est le titre de ces règlemens) lorsque le baron rentra accompagné de Lucca, parfaitement calmé par la musique qu'il venait de faire, et qui, ayant appris mon nom, voulait, en sa qualité de confrère en poésie, me faire ses complimens. Il connaissait de moi *Antony* et *Charles VII*, et me pria de lui mettre quelques vers sur son album. Je lui demandai la réciprocité, mais il réclama jusqu'au lendemain matin, voulant me faire ces vers tout exprès. Il était redevenu parfaitement calme, parlait avec douceur et gravité à la fois, et, sauf la conviction qu'il avait gardée d'être Dante, n'avait pour le moment aucune des manières d'un fou.

L'heure était venue de nous retirer; d'ailleurs, un des spectacles que je supporte le moins longtemps et avec le plus de peine, est celui de la folie. Le baron, qui avait affaire de notre côté, nous offrit de nous reconduire, nous acceptâmes.

En traversant la cour, je revis la jeune fille qui était venue se jeter dans les bras du baron; elle était agenouillée devant le bassin d'une fontaine, et elle s'y regardait comme dans un miroir, s'amusant à tremper dans l'eau les longues boucles de ses cheveux, dont elle appuyait ensuite l'extrémité mouillée sur son front brûlant.

Je demandai au baron quel événement avait produit cette folie sombre et douloureuse, à laquelle lui-même ne voyait aucun espoir de guérison. Le baron me raconta ce qui suit :

— Costanza (on se rappelle que c'est le nom que le baron avait donné à la jeune folle) était la fille unique du dernier comte de La Bruca; elle habitait avec lui et sa mère, entre Syracuse et Catane, un de ces vieux châteaux d'architecture sarrasine, comme il en reste encore quelques-uns en Sicile. Mais, quelque isolé que fût le château, la beauté de Costanza ne s'en était pas moins répandue de Messine à Trapani; et plus d'une fois de jeunes seigneurs siciliens, sous le prétexte que la nuit les avait surpris dans leur voyage, vinrent demander au comte de La Bruca une hospitalité qu'il ne refusait jamais. C'était un moyen de voir Costanza. Ils la voyaient, et presque tous s'en allaient amoureux-fous d'elle.

Parmi ces visiteurs intéressés, passa un jour le chevalier Bruni. C'était un homme de vingt-huit à trente ans, qui avait ses biens à Castro-Giovanni, et qui passait pour un de ces hommes violens et passionnés qui ne reculent devant rien pour satisfaire un désir d'amour, ou pour accomplir un acte de vengeance.

Costanza ne le remarqua point plus qu'elle ne faisait des autres; et le chevalier Bruni passa une nuit et un jour au château de La Bruca, sans laisser après son départ le moindre souvenir dans le cœur ni dans l'esprit de la jeune fille.

Il faut tout dire aussi : ce cœur et cet esprit étaient occupés ailleurs. Le comte de Rizzari avait un château situé à quelques milles seulement de celui qu'habitait le comte de La Bruca. Une vieille amitié liait entre eux les deux voisins, et faisait qu'ils étaient presque toujours l'un chez l'autre. Le comte de Rizzari avait deux fils, et le plus jeune de ces deux fils, nommé Albano, aimait Costanza et était aimé d'elle.

Malheureusement, c'est une assez triste position sociale que celle d'un cadet sicilien. A l'aîné est destinée la charge de soutenir l'honneur du nom, et, par conséquent, à l'aîné revient toute la fortune. Cet amour de Costanza et d'Albano, loin de sourire aux deux pères, les effraya donc pour l'avenir. Ils pensèrent que, puisque Costanza aimait le frère cadet, elle pourrait aussi bien aimer le frère aîné; et le pauvre Albano, sous prétexte d'achever ses études, fut envoyé à Rome.

Albano partit, d'autant plus désespéré que l'intention de son père était visible. On destinait le pauvre garçon à l'état ecclésiastique, et plus il descendait en lui-même, plus il acquérait la conviction qu'il n'avait pas la moindre vocation pour l'Église. Il n'en fallut pas moins obéir : en Sicile, pays en retard d'un siècle, la volonté paternelle est encore chose sainte. Les deux jeunes gens se jurèrent en pleurant de n'être jamais que l'un à l'autre; mais, tout en se faisant cette promesse, tous deux en connaissaient la valeur. Cette promesse ne les rassura donc que médiocrement sur l'avenir.

En effet, à peine Albano fut-il arrivé à Rome et installé dans son collége, que le comte de La Bruca annonça à sa fille qu'il lui fallait renoncer à tout jamais à épouser Albano, destiné par sa famille à embrasser l'état ecclésiastique; mais qu'en échange, et par manière de compensation, elle pouvait se regarder d'avance comme l'épouse de don Ramiro, son frère aîné.

Don Ramiro était un beau jeune homme de vingt-cinq à vingt-huit ans, brave, élégant, adroit à tous les exercices du corps, et à qui eût rendu justice toute femme dont le cœur n'eût point été prévenu en faveur d'un autre. Mais l'amour est aussi aveugle dans son antipathie que dans sa sympathie. Costanza, à toutes ces brillantes qualités, préférait la timide mélancolie d'Albano; et, au lieu de remercier son père du choix qu'il s'était donné la peine de faire pour elle, elle pleura si fort et si longtemps, que, par manière de transaction, il fut convenu qu'elle épouserait don Ramiro mais aussi l'on arrêta que le mariage ne se ferait que dans un an.

Quelque temps après cette décision prise, le chevalier Bruni fit la demande de la main de Costanza dans les formes les plus directes et les plus positives; mais le comte de La Bruca lui répondit qu'il était à son grand regret obligé de refuser l'honneur de cette alliance, attendu que sa fille était promise au fils aîné du comte Rizzari, et que l'on attendait seulement, pour que ce mariage s'accomplît, que Costanza eût atteint l'âge de dix-huit ans.

Le chevalier Bruni se retira sans mot dire. Quelques personnes, qui connaissaient son caractère vindicatif et sombre, conseillèrent au comte de La Bruca de se défier de lui. Mais six mois s'écoulèrent sans qu'on en entendît parler. Au bout de ce temps, on apprit qu'il paraissait non-seulement tout consolé du refus qu'il avait essuyé, mais encore qu'il vivait presque publiquement avec une ancienne maîtresse de don Ramiro, que celui-ci avait cessé de voir du moment où son mariage avec Costanza avait été décidé.

Cinq autres mois s'écoulèrent. Le terme demandé par Costanza elle-même approchait; on s'occupa des apprêts du mariage, et don Ramiro partit pour aller acheter à Palerme les cadeaux de noces qu'il comptait offrir à sa fiancée.

Trois jours après, on apprit qu'entre Mineo et Aulone don Ramiro avait été attaqué par une bande de voleurs. Accompagné de deux domestiques dévoués, et plein de courage lui-même, don Ramiro avait voulu se défendre; mais après avoir tué deux bandits, une balle qu'il avait reçue au milieu du front l'avait étendu raide mort. Un de ses domestiques avait été blessé; le second, plus heureux, était parvenu à se dérober aux balles et à la poursuite des brigands, et c'était lui-même qui apportait cette nouvelle.

Les deux comtes montèrent eux-mêmes à cheval avec tous leurs campieri, et le lendemain à midi ils étaient à Mineo. Ce fut dans ce village que, près du cadavre de son maître mort, ils trouvèrent le fidèle domestique blessé. Des muletiers, qui passaient par hasard sur la route une heure après le combat, les y avaient ramenés tous deux.

Le comte Rizzari, à qui un seul espoir restait, celui de la vengeance, prit aussitôt près du blessé toutes les informations qui le pouvaient guider dans la poursuite des meurtriers; malheureusement, ces informations étaient bien vagues. Les voleurs étaient au nombre de sept, et, contre l'habitude des bandits siciliens, portaient, pour plus grande sécurité sans doute, un masque sur leur visage. Parmi les sept bandits, il y en avait un si petit et si mince que le blessé pensait que celui-là était une femme. Quand le jeune comte eût été tué, l'un des bandits s'approcha du cadavre, le regarda attentivement, puis, faisant signe au plus petit et au plus mince de ses camarades de venir le joindre : — Est-ce bien lui? demanda-t-il. — Oui, répondit laconiquement celui auquel était adressée cette question. Puis tous deux se retirèrent à l'écart, causèrent un instant à voix basse, et sautant sur des chevaux qui les attendaient tout sellés et tout bridés dans l'angle d'une roche, ils disparurent, laissant aux autres bandits le soin de visiter les poches et le porte-manteau du jeune comte; ce dont ils s'acquittèrent religieusement.

Quant au blessé, il avait fait le mort; et comme, en sa qualité de domestique, on le supposait naturellement moins chargé d'argent que son maître, les bandits l'avaient visité à peine, satisfaits sans doute de ce qu'ils avaient trouvé sur le comte; puis, après cette courte visite, qui lui avait cependant coûté sa bourse et sa montre, ils étaient partis, emportant dans la montagne les cadavres de leurs deux camarades tués.

Il n'y avait pas moyen de poursuivre les meurtriers; les deux comtes confièrent donc ce soin à la police de Syracuse et de Catane; il en résulta que les meurtriers restèrent inconnus et demeurèrent impunis : quant à don Ramiro, son cadavre fut ramené à Catane, où il reçut une sépulture digne de lui dans les caveaux de ses ancêtres.

Cet événement, si terrible qu'il fût pour les deux familles, avait cependant, comme toutes les choses de ce monde, son bon et son mauvais côté : grâce à la mort de don Ramiro, Albano devenait l'aîné de la famille; il ne pouvait donc plus être question pour lui d'embrasser l'état ecclésiastique; c'était à lui maintenant à soutenir le nom et à perpétuer la race des Rizzari.

Il fut donc rappelé à Catane.

Nous ne scruterons pas le cœur des deux jeunes gens; le cœur le plus pur a son petit coin gangrené par lequel il tient aux misères humaines, et ce fut dans ce petit coin que Costanza et Albano sentirent en se revoyant remuer et revivre l'espoir d'être un jour l'un à l'autre.

En effet, rien ne s'opposait plus à leur union ; aussi cette idée vint-elle aux pères comme elle était venue aux enfans : on fixa seulement les noces à la fin du grand deuil, c'est-à-dire à une année.

Vers ce même temps, le chevalier Bruni ayant appris que Costanza était, par la mort de don Ramiro, redevenue libre, renouvela sa demande ; malheureusement comme la première fois il arrivait trop tard, d'autres arrangemens étaient pris, à la grande satisfaction des deux amans, et le comte de La Bruca répondit au chevalier Bruni que le fils cadet du comte Rizzari étant devenu son fils aîné, il lui succédait, non seulement dans son titre et dans sa fortune, mais encore dans l'union projetée depuis longtemps entre les deux maisons.

Comme la première fois, le chevalier Bruni se retira sans dire une seule parole; si bien que ceux qui connaissaient son caractère ne pouvaient rien comprendre à cette modération.

Les jours et les mois s'écoulèrent bien différens pour les deux jeunes gens des jours et des mois de l'année précédente : le terme fixé pour l'expiration du deuil était le 12 septembre : le 15 les jeunes gens devaient être unis.

Ce jour bienheureux, que dans leur impatience ils ne croyaient jamais atteindre, arriva enfin.

La cérémonie eut lieu au château de La Bruca. Toute la noblesse des environs était conviée à la fête ; à onze heures du matin les jeunes gens furent unis à la chapelle, Costanza et Albano n'eussent point échangé leur sort contre l'empire du monde.

Après la messe, chacun se dispersa dans les vastes jardins du château jusqu'à ce que la cloche sonnât l'heure du dîner. Le repas fut homérique, quatre-vingt personnes étaient réunies à la même table.

Les portes de la salle à manger donnaient d'un côté sur le jardin splendidement illuminé, de l'autre dans un vaste salon où tout était préparé pour le bal ; de l'autre côté du salon était la chambre nuptiale que devaient occuper les jeunes époux.

Le bal commença avec cette frénésie toute particulière aux Siciliens ; chez eux tous les sentimens sont portés à l'excès : ce qui chez les autres peuples n'est qu'un plaisir est chez eux une passion ; les deux nouveaux époux donnaient l'exemple, et chacun paraissait heureux de leur bonheur.

À minuit deux masques entrèrent vêtus de costumes de paysans siciliens, et portant entre leurs bras un mannequin vêtu d'une longue robe noire et ayant la forme d'un homme. Ce mannequin était masqué comme eux et portait sur la poitrine le mot *tristizia* brodé en argent ; dans ce doux patois sicilien, qui renchérit encore en velouté sur la langue italienne, ce mot veut dire *tristesse*.

Les deux masques entrèrent gravement, déposèrent le mannequin sur une ottomane, et se mirent à faire autour de lui des lamentations comme on a l'habitude d'en faire près des morts qu'on va ensevelir. Dès lors l'intention était frappante : après une année de douleur s'ouvrait pour les deux familles un avenir de joie, et les masques faisaient allusion à cette douleur passée et à cet avenir en portant la *tristesse* en terre. Quoique peut-être on eût pu choisir quelque allégorie de meilleur goût que celle-là, les nouveaux venus n'en furent pas moins gracieusement accueillis par le maître de la maison; et toutes danses cessant à l'instant même, on se réunit autour d'eux pour ne rien perdre du spectacle à la fois funèbre et comique dont ils étaient si inopinément venus réjouir la société.

Alors les masques, se voyant l'objet de l'attention générale, commencèrent une pantomime expressive, mêlée à la fois de plaintes et de danses. De temps en temps ils interrompaient leurs pas pour s'approcher du mannequin de la Tristesse et pour essayer de le réveiller en le secouant ; mais voyant que rien ne pouvait le tirer de sa léthargie, ils reprenaient leur danse, qui de moment en moment prenait un caractère plus sombre et plus funèbre. C'étaient des figures inconnues, des cadences lentes, des tournoiemens prolongés, le tout exécuté sur un chant triste et monotone qui commença à faire passer dans le cœur des assistans une terreur secrète qui finit par se répandre dans toute la salle et devenir générale.

Dans un moment de silence, où le chant venait de cesser et où les assistans écoutaient encore, une corde de la harpe se brisa avec le frémissement si cruel et si clair qui va au cœur. La jeune mariée poussa un faible cri. On sait que cet accident est généralement regardé comme un présage de mort.

Alors, d'une voix presque générale, on cria aux deux danseurs d'ôter leurs masques.

Mais l'un des deux, levant le doigt comme pour imposer silence, répondit en son nom et en celui de son compagnon qu'ils ne voulaient se faire connaître qu'au jeune comte Albano. Sa demande était juste, car c'est une habitude en Sicile, lorsqu'on arrive masqué dans quelque bal ou dans quelque soirée, de ne se démasquer que pour le maître de la maison. Le jeune comte ouvrit donc la porte de la chambre voisine, pour faire comprendre aux masques que si l'on exigeait qu'ils lui livrassent leur secret, ce secret du moins serait connu de lui seul. Les deux danseurs prirent aussitôt leur mannequin, entrèrent en dansant dans la chambre, le comte Albano les y suivit, et la porte se referma derrière eux.

En ce moment, et comme si la présence seule des étrangers avait empêché la fête de continuer, l'orchestre donna le signal de la contredanse : les quadrilles se reformèrent, et le bal recommença.

Cependant près de vingt minutes se passèrent sans qu'on vît reparaître ni les masqués ni le comte. La contredanse finit au milieu d'un malaise général, et comme si chacun eût senti qu'un malheur inconnu planait au-dessus de la fête. Enfin, comme la mariée inquiète allait prier son père d'entrer dans la chambre, la porte se rouvrit et les deux masques reparurent.

Ils avaient changé de costume et avaient passé un habit noir à l'espagnole : sous ce vêtement plus dégagé que l'autre, on pût remarquer, à la finesse de la taille de l'un d'eux, que ce devait être une femme. Ils avaient un crêpe au bras, un crêpe à leur toque, et portaient leur mannequin comme lorsqu'ils étaient entrés ; seulement le drap rouge qui l'enveloppait montait plus haut et descendait plus bas que lors de leur première apparition.

Comme la première fois ils posèrent leur mannequin sur une ottomane et se mirent à recommencer leurs danses symboliques, seulement ces danses avaient un caractère plus funèbre encore qu'auparavant. Les deux danseurs s'agenouillaient, poussant de tristes lamentations, levant les bras au ciel, et exprimant par toutes les attitudes possibles la douleur qu'ils avaient commencé par parodier. Bientôt cette pantomime si singulièrement prolongée commença de préoccuper les assistans, et surtout la mariée, qui, inquiète de ne pas voir revenir son mari, se glissa dans la chambre voisine, où elle croyait le retrouver ; mais à peine y était-elle entrée que l'on entendit un cri, et qu'elle reparut sur le seuil, pâle, tremblante, et appelant Albano. Le comte de La Bruca accourut aussitôt vers elle pour lui demander la cause de sa terreur ; mais, incapable de répondre à cette question, elle chancela, prononça quelques paroles inarticulées, montra la chambre et s'évanouit.

Cet accident attira l'attention de toute l'assemblée sur la jeune femme : chacun se pressa autour d'elle, les uns par curiosité, les autres par intérêt. Enfin elle reprit ses sens, et, regardant autour d'elle, elle appela avec un cri de terreur profonde Albano, que personne n'avait revu.

Alors seulement on songea aux masques, et l'on se retourna du côté où on les avait laissés pour leur demander ce qu'ils avaient fait du jeune comte ; mais les deux masques, profitant de la confusion générale, avaient disparu.

Le mannequin seul était resté sur l'ottomane, raide, immobile et recouvert de son linceul de pourpre.

Alors on s'approcha de lui, on souleva un pan du linceul, et l'on sentit une main d'homme, mais froide et crispée ; en une seconde on déroula le drap qui l'enveloppait, et l'on vit que c'était un cadavre. On arracha le masque, et l'on reconnut le jeune comte Albano.

Il avait été étranglé dans la chambre voisine, si inopinément et si rapidement sans doute qu'on n'avait pas entendu un seul cri ; seulement les assassins, avec un sang-froid qui faisait honneur à leur impassibilité, avaient déposé une couronne de cyprès sur le lit nuptial.

C'était cette couronne, plus encore que l'absence de son fiancé, qui avait si fort épouvanté Costanza.

Tout ce qu'il y avait d'hommes dans la salle, parens, amis, domestiques, se précipitèrent à la poursuite des assassins ; mais toutes les recherches furent inutiles ; le château de La Bruca était isolé, situé au pied des montagnes, et il n'avait pas fallu plus de deux minutes aux deux terribles masques pour gagner ces montagnes et s'y cacher à tous les yeux.

Costanza, à la vue du cadavre de son bien-aimé Albano, tomba dans d'affreuses convulsions qui durèrent toute la nuit. Le lendemain elle était folle.

Cette folie, d'abord ardente, avait pris peu à peu un caractère de mélancolie profonde ; mais, comme je l'ai dit, le baron Pisani n'espérait pas que la guérison pût aller plus loin.

En 1840 je revis Lucca à Paris, il était parfaitement guéri, et avait conservé un souvenir très présent et très distinct de la visite que je lui avais faite. Ma première question fut pour sa compagne, la pauvre Costanza ; mais il secoua tristement la tête. La double prédiction du baron s'était vérifiée pour elle et pour lui. Lucca avait recouvré sa raison, mais Costanza était toujours folle.

MOEURS ET ANECDOTES SICILIENNES.

Le Sicilien est, comme tout peuple successivement conquis par d'autres peuples, on ne peut plus désireux de la liberté ; seulement, là comme partout ailleurs, il y a deux genres de liberté : la liberté de l'intelligence, la liberté de la matière. Les classes supérieures sont pour la liberté sociale, les classes inférieures sont pour la liberté individuelle. Donnez au paysan sicilien la liberté de parcourir la Sicile en tous sens, un couteau à sa ceinture et un fusil sur son épaule, et le paysan sicilien sera content ; il veut être indépendant, ne comprenant pas encore ce que c'est que d'être libre.

Donnons une idée de la façon dont le gouvernement napolitain répond à ce double désir.

Il y a à Palerme une grande place qu'on appelle la place du Marché-Neuf. C'était autrefois un pâté de maisons, sillonné de rues étroites et sombres, et habité par une population particulière, à peu près comme sont les Catalans à Marseille, et qu'on appelait les *Conciapelle*. De temps immémorial ils ne payaient aucune contribution ; et quoiqu'on n'ait aucun document bien positif sur cette franchise, il y a lieu de croire qu'elle remonte à l'époque des Vêpres siciliennes, et qu'elle aura été accordée en récompense de la conduite que les Conciapelle avaient tenue dans cette grande circonstance. Au reste, toujours armés : l'enfant, presque au sortir du berceau, recevait un fusil qu'il ne déposait qu'au moment d'entrer dans la tombe.

En 1821, les Conciapelle se levèrent en masse contre les Napolitains et firent des merveilles ; mais lorsque les Autrichiens eurent replacé Ferdinand sur le trône, le général Nunziante fut envoyé pour punir les Siciliens de ces nouvelles Vêpres. Les Conciapelle lui furent signalés les plus incorrigibles de la ville de Palerme, et il fut décidé que le fouet de la vengeance royale tomberait sur eux.

En conséquence, pendant une nuit, et tandis que les Conciapelle, se reposant sur leurs vieilles franchises, dormaient à côté de leurs fusils, le général Nunziante fit braquer des pièces de canon à l'entrée de chaque rue, et cerner tout le pâté d'un cordon de soldats : en se réveillant, les pauvres diables se trouvèrent prisonniers.

Si braves que fussent les Conciapelle, il n'y avait pas moyen de se défendre ; aussi force leur fut-il de se rendre à discrétion. Le premier soin du général Nunziante fut de leur enlever leurs armes : on chargea trente charrettes de fusils, et on les exila hors des murs de Palerme, avec la permission d'y rentrer seulement dans la journée pour leurs affaires, mais avec défense d'y passer la nuit.

Puis, à peine furent-ils hors des portes, que, sous prétexte d'arriéré de contributions, leurs maisons furent confisquées et mises à bas.

Le lieu qu'elles occupaient forme aujourd'hui, comme nous l'avons dit, la place du Marché-Neuf de Palerme. Souvent je l'ai traversée, et presque toujours j'ai trouvé l'escalier qui conduit dans la Strada Nova couvert de ces malheureux qui, assis sur les degrés, restent des heures entières à regarder, immobiles et sombres, ce terrain vide où étaient autrefois leurs maisons.

Les fêtes de sainte Rosalie excitent un grand enthousiasme en Sicile, où l'on n'est pas très scrupuleux sur Dieu le Père, sur le Christ ou sur la vierge Marie, et où cependant le culte des saints est dégénéré en une véritable adoration : aussi leurs fêtes ressemblent-elles à une suite des saturnales païennes. Chaque ville a son saint de prédilection, pour lequel elle exige que tout étranger ait la même vénération qu'elle; or, comme les honneurs rendus à ce patron sont quelquefois d'une nature fort étrange, il est en général assez dangereux pour tout homme qui n'entend pas ce patois guttural, criblé de z et de g, que parle le peuple en Sicile, de se hasarder au milieu de la foule les jours où les saints prennent l'air. Il n'y avait pas longtemps, quand j'arrivai à Syracuse, qu'un Anglais avait été victime d'une erreur commise par lui à l'endroit d'un de ces bienheureux.

L'Anglais était un officier de marine descendu à terre pour chasser dans les environs de la ville d'Auguste. Après cinq ou six heures employées fructueusement à cet exercice, il rentrait, son fusil sous le bras, sa carnassière sur le dos; tout à coup, au détour d'une rue, il voit venir à lui, avec de grands cris, une foule frénétique traînant sur un tréteau mobile, attelé de chevaux empanachés, et entouré d'un nuage d'encens, le colosse doré de saint Sébastien. L'officier, à l'aspect de cette bruyante procession, se rangea contre la muraille, et, curieux de voir une chose si nouvelle pour lui, s'arrêta pour laisser passer le saint ; mais, comme il était en uniforme et portait un fusil, son immobilité sembla irrespectueuse à la foule, qui lui cria de présenter les armes. L'Anglais n'entendait pas un mot de sicilien, de sorte qu'il ne bougea non plus qu'un Terme, malgré l'injonction reçue. Alors le peuple se mit à le menacer, hurlant l'ordre, inintelligible pour lui, de rendre les honneurs militaires au bienheureux martyr. L'Anglais commença à s'inquiéter de toute cette rumeur et voulut se retirer; mais il lui fut impossible de franchir la barrière menaçante qui s'était formée tout autour de lui, et qui, avec des cris toujours croissants et des gestes de plus en plus animés, lui montrait, les uns leur fusil, les autres le saint. Bientôt cependant l'Anglais, qui ne comprend pas que c'est à lui que s'adresse toute cette colère, puisqu'il n'a rien fait pour l'exciter, croit que c'est le saint qui en veut à l'objet : il a lu dans la relation de mistress Clarke que les Italiens ont l'habitude d'injurier et de battre les saints dont ils sont mécontens. Ce souvenir est un trait de lumière pour lui : saint Sébastien aura commis quelque méfait dont on veut le punir; comme les démonstrations relatives à son fusil continuent, il croit que pour contenter cette foule il n'a qu'à ajouter une balle aux flèches dont le saint est tout couvert; en conséquence, il ajuste le colosse et lui fait sauter la tête.

La tête du saint n'était pas retombée à terre que l'Anglais avait déjà reçu vingt-cinq coups de couteau.

Maintenant, il ne faut pas croire que les aventures finissent toujours d'une façon aussi tragique en Sicile, et que si les étrangers y courent quelques périls, ces périls n'aient pas leur compensation.

Un de mes amis visitait la Sicile en 1829, avec deux autres compagnons de route, Français comme lui et aventureux comme lui. Arrivés à Catane à la fin de janvier, nos voyageurs apprennent que, le 5 février, il y aura foire brillante et procession solennelle, à propos de la fête de sainte Agathe, patronne de la ville. Aussitôt le triumvirat s'assemble, et décide que l'occasion est trop solennelle pour la manquer, et que l'on restera.

La semaine qui séparait le jour de la détermination prise du jour de la fête s'écoula à essayer de monter sur l'Etna, chose impossible à cette époque, et à visiter les curiosités de Catane, qu'on visite en un jour. On comprend donc, qu'ayant du temps de reste, les trois compagnons ne manquaient pas une promenade, pas un corso. Toute la ville les connaissait.

La fête arriva. J'ai déjà fait assister mes lecteurs à trop de processions pour que je leur décrive celle-ci : cris, guirlandes, feux d'artifice, girandoles, chants, danses, illuminations, rien n'y manquait.

Après la procession commença la foire. Cette foire, à laquelle assiste non-seulement la ville tout entière, mais encore toute la population des villages environnans, est le prétexte d'une singulière coutume.

Les femmes s'enveloppent d'une grande mante noire, s'encapuchonnent la tête; et alors, aussi méconnaissables que si elles portaient un domino, et qu'elles eussent un masque sur la figure, ces *tuppanelles*, c'est le nom qu'on leur donne, arrêtent leurs connaissances en quêtant pour les pauvres; cette quête s'appelle l'*aumône de la foire*. Ordinairement nul ne le refuse; c'est un commencement de carnaval.

La procession était donc finie et la foire commencée, lorsque mon ami, que j'appellerai Horace, si l'on veut bien, n'ayant pas le loisir de lui faire demander la permission de mettre ici son nom véritable, attendu que je le crois en Syrie maintenant; lorsque mon ami, dis-je, qui, dans son ignorance de cette coutume, était sorti avec quelques piastres seulement, avait déjà vidé ses poches, fut accosté par deux tuppanelles, qu'à leur voix, à leur tournure et à la coquetterie de leurs manteaux garnis de dentelles, il crut reconnaître pour jeunes. Les jeunes quêteuses, comme on sait, ont toujours une influence favorable sur la quête. Horace, plus qu'aucun autre, était accessible à cette influence : aussi visita-t-il scrupuleusement les deux poches de son gilet et les deux goussets de son pantalon, pour voir si quelque ducat n'avait pas échappé au pillage. Investigation inutile; Horace fut forcé de s'avouer à lui-même qu'il ne possédait pas pour le moment un seul bajoco.

Il fallut faire cet aveu aux deux tuppanelles, si humiliant qu'il fût; mais, malgré sa véracité, il fut reçu avec une incrédulité profonde. Horace eut beau protester, jurer, offrir de rejoindre ses amis pour leur demander de l'argent, ou de retourner à l'hôtel pour fouiller à son coffre-fort, toutes ces propositions furent repoussées; il avait affaire à des créancières inexorables, qui répondaient à toutes les excuses: Pas de répit, pas de pitié, de l'argent à l'instant même, ou bien prisonnier.

L'idée de devenir prisonnier de deux jeunes et probablement de deux jolies femmes, n'était pas une perspective si effrayante qu'Horace repoussât ce mezzo termine, proposé par l'une d'elles comme moyen d'accommoder la chose. Il se reconnut donc prisonnier, secouru ou non secouru; et, conduit par les deux tuppanelles, il fendit la foule, traversa la foire, et se trouva enfin au coin d'une petite rue qu'il était impossible de reconnaître dans l'obscurité, en face d'une voiture élégante, mais sans armoiries, où on le fit monter. Une fois dans la voiture, une de ses conductrices détacha un mouchoir de soie de son cou et lui banda les yeux. Puis toutes deux se placèrent à ses côtés; chacune lui prit une main, pour qu'il n'essayât pas sans doute de déranger son bandeau, et la voiture partit.

Autant qu'on peut mesurer le temps en situation pareille, Horace calcula qu'elle avait roulé une demi-heure à peu près; mais, comme on le comprend, cela ne signifiait rien, ses gardiennes ayant pu donner l'ordre à leur cocher de faire des détours pour dérouter le captif. Enfin, la voiture s'arrêta. Horace crut que le moment était venu de voir où il se trouvait; il fit un mouvement pour porter la main droite à son bandeau; mais sa voisine l'arrêta en lui disant : Pas encore ! Horace obéit.

Alors on l'aida à descendre; on lui fit monter trois marches, puis il entra, et une porte se ferma derrière lui. Il fit encore vingt pas à peu près, puis rencontra un escalier. Horace compta vingt-cinq degrés; au vingt-cinquième, une seconde porte s'ouvrit, et il lui sembla entrer dans un corridor. Il suivit ce corridor pendant douze pas; et ayant franchi une troisième porte, il se trouva les pieds sur un tapis. Là, ses conductrices, qui ne l'avaient pas quitté, s'arrêtèrent.

— Donnez-nous votre parole d'honneur, lui dit l'une d'elles, que vous n'ôterez votre bandeau que lorsque neuf heures sonneront à la pendule. Il est neuf heures moins deux minutes : ainsi vous n'avez pas longtemps à attendre.

Horace donna sa parole d'honneur ; aussitôt ses deux conductrices le lâchèrent. Bientôt il entendit le cri d'une porte qu'on referma. Un instant après, neuf heures sonnèrent. Au premier coup du timbre, Horace arracha son bandeau.

Il était dans un petit boudoir rond, dans le style de Louis XV, style qui est encore généralement celui de l'intérieur des palais siciliens. Ce boudoir était tendu d'une étoffe de satin rose avec des branches courantes, d'où pendaient des fleurs et des fruits de couleur naturelle ; le meuble, recouvert d'une étoffe semblable à celle qui tapissait les murailles, se composait d'un canapé, d'une de ces causeuses adossées comme on en refait de nos jours, de trois ou quatre chaises et fauteuils, et enfin d'un piano et d'une table chargée de romans français et anglais, et sur laquelle se trouvait tout ce qu'il faut pour écrire.

Le jour venait par le plafond, et le châssis à travers lequel il passait se levait extérieurement.

Horace achevait son inventaire, lorsqu'un domestique entra, tenant une lettre à la main : ce domestique était masqué.

Horace prit la lettre, l'ouvrit vivement et lut ce qui suit :

« Vous êtes notre prisonnier, selon toutes les lois divines et humaines, et surtout selon la loi du plus fort.

» Nous pouvons à notre gré vous rendre votre prison dure ou agréable, nous pouvons vous faire porter dans un cachot, ou vous laisser dans le boudoir où vous êtes.

» Choisissez. »

— Pardieu ! s'écria Horace, mon choix est fait ; allez dire à ces dames que je choisis le boudoir, et que, comme je présume que c'est à une condition quelconque qu'elles me laissent le choix, dites-leur que je les prie de me faire connaître cette condition.

Le domestique se retira sans prononcer une seule parole, et, un instant après, rentra, une seconde lettre à la main : Horace la prit non moins avidement que la première, et lut ce qui suit :

« Voici à quelles conditions on vous rendra votre prison agréable :

» Vous donnerez votre parole de n'essayer, d'ici à quinze jours, aucune tentative d'évasion ;

» Vous donnerez votre parole de ne point essayer de voir, tant que vous serez ici, le visage des personnes qui vous retiennent prisonnier ;

» Vous donnerez votre parole qu'une fois couché, vous éteindrez toutes les bougies, et ne garderez aucune lumière cachée ;

» Moyennant quoi, ces quinze jours écoulés, vous serez libre sans rançon.

» Si ces conditions vous conviennent, écrivez au-dessous :

« Acceptées sur parole d'honneur. » Et comme on sait que vous êtes Français, on se fiera à cette parole. »

Attendu que, au bout du compte, les conditions imposées n'étaient pas trop dures, et qu'elles semblaient promettre certaines compensations à sa captivité, Horace prit la plume et écrivit :

« J'accepte sur parole d'honneur, en me recommandant à la générosité de mes belles geôlières.

» HORACE. »

Puis il rendit le traité au domestique, qui disparut aussitôt.

Un instant après, il sembla au prisonnier entendre remuer de l'argenterie et des verres : il s'approcha d'une des deux portes qui donnaient dans son boudoir, et acquit en y collant son oreille la certitude que l'on dressait une table. La singularité de sa situation l'avait empêché jusque-là de se souvenir qu'il avait faim, et il sut gré à ses hôtesses d'y avoir songé pour lui.

D'ailleurs il ne doutait pas que les deux tuppanelles ne lui tinssent compagnie pendant le repas. Alors elles seraient bien fines, si à lui, habitué des bals de l'Opéra, elles ne laissaient pas apercevoir une main, un coin d'épaule, un bout de menton, à l'aide desquels il pourrait, comme Cuvier, reconstruire toute la personne. Malheureusement cette première espérance fut déçue : lorsque le domestique ouvrit la porte de communication entre le boudoir et la salle à manger, le prisonnier vit, quoique le souper parût, par la quantité de plats, destiné à trois ou quatre personnes, qu'il n'y avait qu'un seul couvert.

Il ne se mit pas moins à table, fort disposé à faire honneur au repas. Il fut secondé dans cette louable intention par le domestique masqué qui, avec l'habitude d'un serviteur de bonne maison, ne lui laissait pas même le temps de désirer. Il en résulta qu'Horace soupa très bien, et, grâce au vin de Syracuse et au malvoisie de Lipari, se trouva au dessert dans une des situations d'esprit les plus riantes où puisse se trouver un prisonnier.

Le repas fini, Horace rentra dans son boudoir. La seconde porte en était ouverte ; elle donnait dans une charmante petite chambre à coucher, aux murailles toutes couvertes de fresques. Cette chambre communiquait elle-même avec un cabinet de toilette. Là finissait l'appartement, le cabinet de toilette n'ayant point de sortie visible. Le prisonnier avait donc à sa disposition quatre pièces : le cabinet susdit, la chambre à coucher, le boudoir, qui faisait salon, et la salle à manger. C'est autant qu'il en fallait pour un garçon.

La pendule sonna minuit : c'était l'heure de se coucher. Aussi, après avoir fait une scrupuleuse visite de son appartement, et s'être assuré que la porte de la salle à manger s'était refermée derrière lui, le prisonnier rentra-t-il dans sa chambre à coucher, se mit au lit, et, selon l'injonction qui lui en avait été faite, souffla scrupuleusement ses deux bougies.

Quoique le prisonnier reconnût la supériorité du lit dans lequel il était étendu sur tous les autres lits qu'il avait rencontrés depuis qu'il était en Sicile, il n'en resta pas moins parfaitement éveillé, soit que la singularité de sa position chassât le sommeil, soit qu'il s'attendît à quelque surprise nouvelle. En effet, au bout d'une demi-heure ou trois quarts d'heure à peu près, il lui sembla entendre le cri d'un panneau de boiserie qui glisse, puis un léger froissement comme serait celui d'une robe de soie, enfin de petits pas firent crier le parquet et s'approchèrent de son lit ; mais à quelque distance les petits pas s'arrêtèrent, et tout rentra dans le silence.

Horace avait beaucoup entendu parler de revenans, de spectres et de fantômes, et avait toujours désiré en voir. C'était l'heure des évocations, il eut donc l'espoir que son désir était enfin réalisé. En conséquence il étendit les bras vers l'endroit où il avait entendu du bruit, et sa main rencontra une main. Mais cette fois encore l'espérance de se trouver en contact avec un habitant de l'autre monde était déçue. Cette main petite, effilée et tremblante, appartenait à un corps, et non à une ombre.

Heureusement le prisonnier était un de ces optimistes à caractère heureux, qui ne demandent jamais à la Providence plus qu'elle n'est en disposition de leur accorder. Il en résulta que le visiteur nocturne, quel qu'il fût, n'eut pas lieu de se plaindre de la réception qui lui fut faite.

En se réveillant, Horace chercha autour de lui, mais il ne vit plus personne. Toute trace de visite avait disparu. Il lui sembla seulement qu'il s'était entendu dire, comme dans un rêve : — A demain.

Horace sauta en bas de son lit et courut à la fenêtre, qu'il ouvrit ; elle donnait sur une cour fermée de hautes murailles, par-dessus lesquelles il était impossible de voir ; le prisonnier resta donc dans le doute s'il était à la ville ou à la campagne.

A onze heures la salle à manger s'ouvrit, et Horace retrouva son domestique masqué et son déjeuner tout servi. Tout en déjeunant, il voulut interroger le domestique ; mais, en quelque langue que les questions fussent faites, anglais, français ou italien, le fidèle serviteur répondit son éternel *Non capisco.*

Les fenêtres de la salle à manger donnaient sur la même cour que celles de la chambre à coucher. Les murailles étaient partout de la même hauteur ; il n'y avait donc rien de nouveau à apprendre de ce côté-là.

Pendant le déjeuner, la chambre à coucher s'était trouvée refaite comme par une fée.

La journée se partagea entre la lecture et la musique. Horace joua sur le piano tout ce qu'il savait de mémoire, et déchiffra tout ce qu'il trouva de romances, sonates, partitions, etc. A cinq heures le dîner fut servi.

Même bonne chère, même silence. Horace aurait préféré trouver un dîner un peu moins bon, mais avoir avec qui causer.

Il se coucha à huit heures, espérant avancer l'apparition sur laquelle il comptait pour se dédommager de sa solitude de la journée. Comme la veille, les bougies furent scrupuleusement éteintes, et comme la veille effectivement il entendit, au bout d'une demi-heure, le petit cri de la boiserie, le froissement de la robe, le bruit des pas sur le parquet ; comme la veille il étendit le bras, et rencontra une main : seulement il lui sembla que ce n'était pas la même main que la veille ; l'autre main était petite et effilée, celle-ci était potelée et grasse. Horace était homme à apprécier cette attention de ses hôtesses, qui avaient voulu que les nuits le suivissent et ne se ressemblassent point.

Le lendemain il retrouva la petite main, le surlendemain la main potelée, et ainsi de suite pendant quatorze jours ou plutôt quatorze nuits.

La quinzième, il rencontra les deux mains au lieu d'une. Vers les trois heures du matin, ces deux mains lui passèrent chacune une bague à un doigt ; puis, après lui avoir fait donner de nouveau sa parole d'honneur de ne point chercher à lever le mouchoir qu'elles allaient lui mettre devant les yeux, ses deux hôtesses l'invitèrent à se préparer au départ.

Horace donna sa parole d'honneur. Dix minutes après, il avait les yeux bandés ; un quart d'heure après, il était en voiture entre ses deux geôlières ; une heure après, la voiture s'arrêtait, et un double serrement de main lui adressait un dernier adieu.

La portière s'ouvrit. A peine à terre, Horace arracha le bandeau qui lui couvrait les yeux ; mais il ne vit rien autre chose que le même cocher, la même voiture et les deux tuppanelles : encore à peine eut-il le temps de les voir, car au moment où il enlevait le mouchoir la voiture repartait au galop. Il était déposé, au reste, au même endroit où il avait été pris.

Horace profita des premiers rayons du jour qui commençaient à paraître pour s'orienter. Bientôt il se retrouva sur la place de la foire, et reconnut la rue qui conduisait à son hôtel : en l'apercevant le garçon fit un grand cri de joie.

On l'avait cru assassiné. Ses deux compagnons l'avaient attendu huit jours ; mais voyant qu'il ne reparaissait pas et qu'on n'en entendait pas parler, ils avaient fini par perdre tout espoir : alors ils avaient fait leur déclaration au juge, avaient mis les effets de leur camarade sous la garde du maître d'hôtel, et avaient, pour le cas peu probable où Horace reparaîtrait, laissé une lettre dans laquelle ils lui indiquaient l'itinéraire qu'ils comptaient parcourir.

Horace se mit à leur poursuite, mais il ne les rattrapa qu'à Naples.

Comme il en avait donné sa parole, il ne fit aucune recherche pour savoir à qui appartenaient la main effilée et la main grasse.

Quant aux deux bagues, elles étaient si exactement pareilles qu'on ne pouvait pas les reconnaître l'une de l'autre.

Quelques années après notre voyage, un événement était arrivé qui avait amené un grand scandale : cet événement n'était rien moins qu'une guerre entre deux couvens du même ordre. Cependant l'un était un couvent de capucins, l'autre un couvent du tiers-ordre. La scène s'était passée à Saint-Philippe d'Argiro.

Les deux bâtimens se touchaient : le mur des deux jardins était mitoyen, et, sans doute à cause de cette proximité, les voisins s'exécraient.

Les capucins avaient un très beau chien de garde, nommé Dragon, qu'ils lâchaient la nuit dans leur jardin, de peur qu'on n'en vînt voler les fruits. Je ne sais comment la chose arriva, mais un jour il passa d'un jardin dans l'autre. Quand les moines haïssent, leur haine est bon teint ; ne pouvant se venger sur leurs voisins, ils se vengèrent sur le pauvre Dragon, lequel fut assommé à coups de bâton et rejeté par-dessus la muraille.

A la vue du cadavre, grande désolation dans la communauté, qui jura de se venger le soir même.

En effet, toute la journée se passa chez les capucins à faire provision d'armes et de munitions ; on réunit tout ce que l'on put trouver de sabres, de fusils, de poudre et de balles, et l'on s'apprêta à donner d'assaut, le soir même, le couvent des frères du tiers-ordre.

De leur côté, les frères du tiers-ordre furent prévenus et se mirent sur la défensive.

— A six heures, les capucins, conduits par leur gardien, escaladèrent le mur et descendirent dans le jardin des frères du tiers-ordre : ceux-ci les attendaient avec leur gardien à leur tête.

Le combat commença et dura plus de deux heures ; enfin le couvent du tiers-ordre fut emporté d'assaut après une résistance héroïque, et les moines vaincus se dispersèrent dans la campagne.

Deux capucins furent tués sur la place : c'étaient le père Benedetto di Pietra-Perzia et il padre Luigi di S. Filippo. Le premier avait reçu deux balles dans le bas-ventre, et le second trois balles, dont deux lui avaient traversé la poitrine de part en part. Du côté des frères du tiers-ordre, il y eut deux frères-lais si grièvement blessés, que l'un mourut de ses blessures et que l'autre en revint à grand peine ; quand aux blessures légères, on ne les compta même pas ; il y eut peu de combattans des deux partis qui n'en eussent reçu quelqu'une.

Comme on le comprend bien, on étouffa l'affaire ; portée devant les tribunaux, elle eût été trop scandaleuse.

Remontons un peu plus haut :

Il y avait à Messine, vers la fin du dernier siècle, un juge nommé Cambo ; c'était un travailleur éternel, un homme probe et consciencieux, un magistrat estimé enfin de tous ceux qui le connaissaient, et auquel on ne pouvait faire d'autre reproche que de prendre la législation qui régissait alors la Sicile par trop au pied de la lettre.

Or, un matin que Cambo s'était levé avant le jour pour étudier, il entend crier à l'aide dans la rue, court à son balcon, et ouvre sa fenêtre juste au moment où un homme en frappait un autre d'un coup de poignard. L'homme frappé tomba mort, et le meurtrier, qui était inconnu à Cambo, mais dont il eut tout le temps de voir le visage, s'enfuit, laissant le poignard dans la plaie ; cinquante pas plus loin, embarrassé du fourreau, il le jeta à son tour ; puis, se lançant dans une rue transversale, il disparut.

Cinq minutes après, un garçon boulanger sort d'une maison, heurte du pied le fourreau du poignard, le ramasse, l'examine, le met dans sa poche et continue son chemin ; arrivé devant la maison de Cambo, qui était toujours resté caché derrière la jalousie de son balcon, il se trouve en face de l'assassiné. Son premier mouvement est de voir s'il ne peut pas lui porter secours : il soulève le corps et s'aperçoit que ce n'est plus qu'un cadavre ; en ce moment le pas d'une patrouille se fait entendre, le garçon boulanger pense qu'il va se trouver mêlé comme témoin dans une affaire de meurtre, et se jette dans une allée entr'ouverte. Mais le mouvement n'a point été si rapide qu'il n'ait été vu : la patrouille accourt, voit le cadavre, cerne la maison où elle croit avoir vu entrer l'assassin. Le boulanger est arrêté, l'on saisit sur lui le fourreau qu'il a trouvé ; on le compare avec le poignard resté dans la poitrine du mort, gaîne et lame s'ajustent parfaitement. Plus de doute qu'on ne tienne le coupable.

Le juge a tout vu : l'assassinat, la fuite du meurtrier, l'arrestation de l'innocent ; et cependant il se tait, n'appelle personne, et laisse conduire, sans s'y opposer, le boulanger en prison.

A sept heures du matin, il est officiellement prévenu par

le capitaine de justice de ce qui s'est passé ; il écoute les témoins, dresse le procès-verbal, se rend à la prison, interroge le prisonnier, et inscrit ses demandes et ses réponses avec la plus scrupuleuse exactitude : il va sans dire que le malheureux boulanger se renferme dans la dénégation la plus absolue.

Le procès commence : Cambo préside le tribunal ; les témoins sont entendus et continuent de charger l'accusé ; mais la principale charge contre lui, c'est le fourreau trouvé sur lui et qui s'adapte si parfaitement au poignard trouvé dans la blessure ; Cambo presse l'accusé de toutes les façons, l'enveloppe de ces mille questions dans lesquelles le juge enlace le coupable. Le boulanger nie toujours, à défaut de témoins atteste le ciel, jure ses grands dieux qu'il n'est pas coupable, et cependant, grâce à l'éloquence de l'avocat du ministère public, voit s'amasser contre lui une quantité de semi-preuves suffisantes pour qu'on demande l'application de la torture. La demande en est faite à Cambo, qui écrit au-dessous de la demande le mot *accordé*.

Au troisième tour d'estrapade, la douleur est si forte que le malheureux boulanger ne peut plus la supporter, et déclare que c'est lui qui est l'assassin. Cambo prononce la peine de mort.

Le condamné se pourvoit en grâce : le pourvoi est rejeté.

Trois jours après le rejet du pourvoi le condamné est pendu !

Six mois s'écoulent : le véritable assassin est arrêté au moment où il commet un autre meurtre. Condamné à son tour, il avoue alors qu'un innocent a été tué à sa place, et que c'est lui qui a commis le premier assassinat pour lequel a été pendu le malheureux boulanger.

— Seulement, ce qui m'étonne, ajouta-t-il, c'est que la sentence ait été prononcée par le juge Cambo, qui a dû tout voir, attendu qu'il l'a parfaitement distingué à travers sa jalousie.

On s'informe auprès du juge si le condamné ne cherche pas à en imposer à la justice ; Cambo répond que ce qu'il dit est l'exacte vérité, et qu'il a été effectivement depuis le commencement jusqu'à la fin spectateur du drame sanglant qui s'est passé sous sa fenêtre.

Le roi Ferdinand apprend cette étrange circonstance : il était alors à Palerme. Il fait venir Cambo devant lui.

— Pourquoi, lui dit-il, as-tu fait comme tu l'étais des moindres circonstances de l'assassinat, as-tu laissé condamner un innocent, et n'as-tu pas dénoncé le vrai coupable ?

— Sire, répondit Cambo, parce que la législation est positive : elle dit que le juge ne peut être ni témoin ni accusateur ; j'aurais donc été contre la loi si j'avais accusé le coupable ou témoigné en faveur de l'innocent.

— Mais, dit Ferdinand, tu aurais bien pu au moins ne pas le condamner.

— Impossible de faire autrement, sire : les preuves étaient suffisantes pour qu'on lui donnât la torture, et pendant la torture il a avoué qu'il était coupable.

— C'est juste, dit Ferdinand, ce n'est pas ta faute, c'est celle de la torture.

La torture fut abolie et le juge maintenu.

C'était un drôle de corps que ce roi Ferdinand ; nous le retrouverons à Naples, et nous en causerons.

Une des choses qui m'étonnèrent le plus en arrivant en Sicile, c'est la différence du caractère napolitain et du caractère sicilien : une traversée d'un jour sépare les deux capitales, un détroit de quatre milles sépare les deux royaumes, et on les croirait à mille lieues l'un de l'autre. A Naples vous rencontrez les cris, la gesticulation, le bruit éternel et sans cause ; à Messine ou à Palerme vous retrouvez le silence, la sobriété de gestes, et presque de la taciturnité. Interrogez le Palermitain, un signe, un mot, ou par extraordinaire une phrase vous répond ; interrogez l'homme de Naples, non-seulement il vous répondra longuement, prolixement, mais encore bientôt c'est lui qui vous interrogera à son tour, et vous ne pourrez plus vous en débarrasser. Le Palermitain crie et gesticule aussi, mais c'est dans un moment de colère et de passion ; le Napolitain, c'est toujours. L'état normal de l'un c'est le bruit, l'état habituel de l'autre c'est le silence.

Les deux caractères distinctifs du Sicilen c'est la bravoure et le désintéressement. Le prince de Butera, qu'on peut citer comme le type du grand seigneur palermitain, donna deux exemples de ces deux vertus dans la même journée.

Il y avait émeute à Palerme : cette émeute était amenée par une crise d'argent. Le peuple mourait littéralement de faim ; or il s'était fait ce raisonnement que mieux valait mourir d'une balle ou d'un boulet de canon, l'agonie, de cette façon, étant moins longue et moins douloureuse.

De leur côté, le roi et la reine, qui n'avaient pas trop d'argent pour eux, ne pouvaient pas acheter du blé et ne voulaient pas diminuer les impôts ; ils avaient donc fait braquer un canon dans chaque rue, et s'apprêtaient à répondre au peuple avec cette *ultima ratio regum*.

Un de ces canons défendait l'extrémité de la rue de Tolède, à l'endroit où elle débouche sur la place de Palais-Royal : le peuple marchait sur le palais, et par conséquent marchait sur le canon ; l'artilleur, la mèche allumée, se tenait prêt, le peuple avançant toujours, l'artilleur approche la mèche de la lumière, en ce moment le prince Hercule de Butera sort d'une rue transversale, et, sans rien dire, sans faire un signe, vient s'asseoir sur la bouche du canon.

Comme c'était l'homme le plus populaire de la Sicile, le peuple le reconnaît et pousse des cris de joie.

Le prince fait signe qu'il veut parler ; l'artilleur, stupéfait, après avoir approché trois fois la mèche de la lumière, sans que le prince ait même daigné s'en inquiéter, l'abaisse vers la terre. Le peuple se tait comme par enchantement ; il écoute.

Le prince lui fait un long discours, dans lequel il explique au peuple comment la cour, chassée de Naples, rongée par les Anglais et réduite à son revenu de Sicile, meurt de faim elle-même ; il raconte que le roi Ferdinand va à la chasse pour manger, et qu'il a assisté quelques jours auparavant à un dîner chez le roi, lequel dîner n'était composé que du gibier qu'il avait tué.

Le peuple écoute, reconnaît la justesse des raisonnemens du prince de Butera, désarme ses fusils, les jette sur son épaule et se disperse.

Ferdinand et Caroline ont tout vu de leurs fenêtres : ils font venir le prince de Butera, lequel, à son tour, leur fait un discours très convic sur le désordre du trésor. Alors les deux souverains offrent d'une seule voix, au prince de Butera, la place de ministre des finances.

— Sire, répondit le prince de Butera, je n'ai jamais administré que ma fortune, et je l'ai mangée.

A ces mots, il tire sa révérence aux deux souverains qu'il vient de sauver, et se retire dans son palais de la Marine, bien plus roi que le roi Ferdinand.

Ce fut en 1818, trois ans après la Restauration de Naples, que l'abolition des majorats et des substitutions fut introduite en Sicile ; cette introduction ruina à l'instant même tous les grands seigneurs sans enrichir leurs fermiers ; les créanciers seuls y trouvèrent leur compte.

Malheureusement ces créanciers étaient presque tous des juifs et des usuriers prêtant à cent et à cent cinquante pour cent à des hommes qui se seraient regardés comme déshonorés de se mêler de leurs affaires : quelques-uns n'avaient jamais mis le pied dans leurs domaines et demeuraient sans cesse à Naples ou à Palerme. On demandait au prince de P... où était située la terre dont il portait le nom.

— Mais je ne sais pas trop, répondit-il ; je crois que c'est entre Girgenti et Syracuse.

C'était entre Messine et Catane.

Avant l'introduction de la loi française, lorsqu'un baron sicilien mourait, son successeur, qui n'était point forcé d'accepter l'héritage sous bénéfice d'inventaire, commençait par s'emparer de tout ; puis il envoyait promener les créanciers. Les créanciers proposaient alors de se contenter des intérêts ; la demande paraissait raisonnable, et on y accédait ; souvent, lorsque cette proposition était faite, les créanciers, grâce au taux énorme auquel l'argent avait été prêté, étaient déjà rentrés dans leur capital ; tout ce qu'ils touchaient était donc un bénéfice clair et net, dont ils se contentaient comme d'un excellent pis-aller.

Mais du moment où l'abolition des majorats et des substitutions fut introduite, les choses changèrent : les créanciers mirent la main sur les terres ; les frères cadets, à leur tour, devinrent créanciers de leurs aînés ; il fallut vendre pour opérer les partages, et du jour au lendemain il se trouva ensuite plus de vendeurs que d'acheteurs ; il en résulta que le taux des terres tomba de quatre-vingts pour cent ; de plus, ces terres en souffrance, et sur lesquelles pesaient des procès, cessèrent d'être cultivées, et la Sicile, qui du superflu de ses douze millions d'habitans nourrissait autrefois l'Italie, ne récolta plus même assez de blé pour faire subsister les onze cent mille enfans qui lui restent.

Il va sans dire que les impôts restèrent les mêmes.

Aussi y a-t-il dans le monde entier peu de pays aussi pauvres et aussi malheureux que la Sicile.

De cette pauvreté, absence d'art, de littérature, de commerce, et par conséquent de civilisation.

J'ai dit quelque part, je ne sais trop où, qu'en Sicile ce n'étaient point les aubergistes qui nourrissaient les voyageurs, mais bien au contraire les voyageurs qui nourrissaient les aubergistes. Cet axiome, qui au premier abord peut paraître paradoxal, est cependant l'exacte vérité : les voyageurs mangent ce qu'ils apportent, et les aubergistes se nourrissent des restes.

Il en résulte qu'une des branches les moins avancées de la civilisation sicilienne est certainement la cuisine. On ne voudrait pas croire ce que l'on vous fait manger dans les meilleurs hôtels sous le nom de mets honorables et connus, mais auxquels l'objet servi ne ressemble en rien, du moins pour le goût. J'avais vu à la porte d'une boutique du boudin noir, et en rentrant à l'hôtel j'en avais demandé pour le lendemain. On me l'apporta paré de la mine la plus appétissante, quoique son odeur ne correspondît nullement à celle à laquelle je m'attendais. Comme j'avais déjà une certaine habitude des surprises culinaires qui vous attendent en Sicile à chaque coup de fourchette, je ne goûtai à mon boudin que du bout des dents. Bien m'en prit : si j'avais mordu dans une bouchée entière, je me serais cru empoisonné. J'appelai le maître d'hôtel.

— Comment appelez-vous cela ? lui demandai-je en lui montrant l'objet qui venait de me causer une si profonde déception.

— Du boudin, me répondit-il.

— Vous en êtes sûr ?

— Parfaitement sûr.

— Mais avec quoi fait-on le boudin à Palerme ?

— Avec quoi ? pardieu ! avec du sang de cochon, du chocolat et des concombres.

Je savais ce que je voulais savoir, et je n'avais pas besoin d'en demander davantage.

Je présume que les Palermitains auront entendu parler un jour par quelque voyageur français d'un certain mets qu'on appelait du boudin, et que ne sachant comment se procurer des renseignemens sur une combinaison si compliquée, ils en auront fait venir un dessin de Paris.

C'est d'après ce dessin qu'on aura composé le boudin qui se mange aujourd'hui à Palerme.

Une des grandes prétentions des Siciliens, c'est la beauté et l'excellence de leurs fruits ; cependant les seuls fruits supérieurs qu'on trouve en Sicile sont les oranges, les figues et les grenades ; les autres ne sont point même mangeables. Malheureusement les Siciliens ont sur ce point une réponse on ne peut plus plausible aux plaintes des voyageurs ; ils vous montrent le malheureux passage de leur histoire où il est raconté que Narsès a attiré les Lombards en Italie en leur envoyant des fruits de Sicile. Comme c'est imprimé dans un livre, on n'a rien à dire, sinon que les fruits siciliens étaient plus beaux à cette époque qu'ils ne le sont aujourd'hui, ou que les Lombards n'avaient jamais mangé que des pommes à cidre.

EXCURSION AUX ILES ÉOLIENNES.

LIPARI.

Comme nous l'avait dit le capitaine, nous trouvâmes nos hommes sur le port. A vingt pas en mer, notre petit speronare se balançait vif, gracieux et fin, au milieu des gros bâtimens, comme un alcyon au milieu d'une troupe de cygnes. La barque nous attendait amarrée au quai : nous y descendîmes ; cinq minutes après nous étions à bord.

Ce fut avec un vif plaisir, je l'avoue, que je me retrouvai au milieu de mes bons et braves matelots sur le parquet si propre et si bien lavé de notre speronare. Je passai ma tête dans la cabine ; nos deux lits étaient à leurs places. Après tant de draps d'une propreté douteuse, c'était quelque chose de délicieux à voir que ces draps éblouissans de blancheur. Peu s'en fallut que je ne me couchasse pour en sentir la fraîche impression.

Tout ceci doit paraître bien étrange au lecteur ; mais tout homme qui aura traversé la Romagne, la Calabre ou la Sicile, me comprendra facilement.

A peine fûmes-nous à bord que notre speronare se mit en mouvement, glissant sous l'effort de nos quatre rameurs, et que nous nous éloignâmes du rivage. Alors Palerme commença à s'étendre à nos yeux dans son magnifique développement, d'abord masse un peu confuse, puis s'élargissant, puis s'allongeant, puis s'éparpillant en blanches villas perdues sous les orangers, les chênes verts et les palmiers. Bientôt toute cette splendide vallée, que les anciens appelaient la *conque d'or*, s'ouvrit depuis Montreale jusqu'à la mer, depuis la montagne Sainte-Rosalie jusqu'au cap Zafarano. Palerme l'Heureuse se faisait coquette pour nous laisser un dernier regret, à nous qu'elle n'avait pu retenir, et qui, selon toute probabilité, la quittions pour ne jamais la revoir.

Au sortir du port, nous trouvâmes un peu de vent, et nous hissâmes notre voile ; mais, vers midi, ce vent tomba tout à fait, et force fut à nos matelots de reprendre la rame. La journée était magnifique ; le ciel et le flot semblaient du même azur ; l'ardeur du soleil était tempérée par une douce brise qui court sans cesse, vivace et rafraîchissante, à la surface de la mer. Nous fîmes étendre un tapis sur le toit de notre cabine pour ne rien perdre de ce poétique horizon ; nous fîmes allumer nos chibouques et nous nous couchâmes.

C'étaient là les douces heures du voyage, celles où nous rêvions sans penser, celles où le souvenir du pays éloigné et des amis absens nous revenait dans la mémoire, comme ces nuages à forme humaine qui glissent doucement sur un ciel d'azur, changeant d'aspect, se composant, se décomposant et se recomposant vingt fois en une heure. Les heures glissaient alors sans qu'on sentît ni le toucher ni le bruit de leurs ailes ; puis le soir arrivait nous ne savions comment, allumant une à une ses étoiles dans l'Orient assombri, tandis que l'Occident, éteignant peu à peu le soleil, roulait des flots d'or, le passait par toutes les couleurs du prisme, depuis le pourpre ardent jusqu'au vert clair : alors il s'élevait de l'eau comme une harmonieuse vapeur ; les poissons s'élançaient hors de la mer pareils à des éclairs d'argent ; le pilote se levait sans quitter le gouvernail, et l'*Ave Maria* commençait à l'instant même où s'éteignait le dernier rayon du jour.

Comme presque toujours, le vent se leva avec la lune seulement : à sa chaude moiteur nous reconnûmes le sirocco ; le capitaine fut le premier à nous inviter à rentrer dans la cabine, et nous suivîmes son avis, à la condition que l'équipage chanterait en chœur sa chanson habituelle.

Rien n'était ravissant comme cet air chanté la nuit et accompagnant de sa mesure la douce ondulation du bâtiment.

Je me rappelle que souvent, au milieu de mon sommeil, je l'entendais, et qu'alors, sans m'éveiller tout à fait, sans me rendormir entièrement, je suivais pendant des heures entières sa vague mélodie. Peut-être, si nous l'eussions entendu dans des circonstances différentes et partout ailleurs qu'où nous étions, n'y eussions-nous pas même fait attention. Mais la nuit, mais au milieu de la mer, mais s'élevant de notre petite barque si frêle, au milieu de ces flots si puissans, il s'imprégnait d'un parfum de mélancolie que je n'ai retrouvé que dans quelques mélodies de l'auteur de *Norma* et des *Puritains*.

Lorsque nous nous réveillâmes, le vent nous avait poussés au nord, et nous courions des bordées pour doubler Alicudi, que le sirocco et le greco, qui soufflaient ensemble, avaient grand'peine à nous permettre. Pour le mettre d'accord ou leur donner le temps de tomber, nous ordonnâmes au capitaine de s'approcher le plus près possible de l'île, et de mettre en panne. Comme il n'y a à Alicudi ni port, ni rade, ni anse, il n'y avait pas moyen d'aborder avec le speronare, mais seulement avec la petite chaloupe ; encore la chose était-elle assez difficile, à cause de la violence avec laquelle l'eau se brisait sur les rochers, lesquels, au reste, polis et glissans comme une glace, n'offraient aucune sécurité au pied qui se hasardait à sauter dessus.

Nous n'arrivâmes pas moins à aborder avec l'aide de Pietro et de Giovanni : il est vrai que Pietro tomba à la mer ; mais, comme nos hommes n'avaient jamais que le pantalon et la chemise, et qu'ils nageaient comme des poissons, nous avions fini par ne faire même plus attention à ces sortes d'accidens.

Alicudi est l'ancienne Ericodes de Strabon, qui, au reste, comme les anciens, ne connaissait que sept îles Éoliennes : Strongyle, Lipara, Vulcania, Didyme, Phœnicodes, Ericodes et Evonimos. Cette dernière, qui était peut-être alors la plus considérable de toutes, a tellement été rongée par le feu intérieur qui la dévorait, que ses cratères affaissés ont ouvert différens passages à la mer, et que ses différentes sommités, qui s'élèvent seules aujourd'hui au-dessus des flots, forment les îles de Panaria, de Basiluzzo, de Lisca-Nera, de Lisca-Bianca et de Datoli. De plus, quelques rochers épars, faisant sans doute partie de la même terre, s'élèvent encore noirs et nus à la surface de la mer, sous le nom de Formicali.

Il est difficile de rêver quelque chose de plus triste, de plus sombre et de plus désolé que cette malheureuse île, qui forme l'angle occidental de l'archipel Éolien. C'est un coin de la terre oublié lors de la création, et resté tel qu'il était du temps du chaos. Aucun chemin ne conduit à son sommet ou ne longe son rivage ; quelques sinuosités creusées par les eaux de la pluie sont les seuls passages qui s'offrent aux pieds meurtris par les angles des pierres et les aspérités de la lave. Sur toute l'île, pas un arbre, pas un morceau de verdure pour reposer les yeux ; seulement, au fond de quelques gerçures des rochers, dans les interstices des scories, quelques rares tiges de ces bruyères qui font que Strabon l'appelle quelquefois Ericusa. C'est le solitaire et périlleux chemin de Dante, où, parmi les rocs et les débris, le pied ne peut avancer sans le secours de la main.

Et cependant, sur ce coin de lave rougie, vivent dans de misérables cabanes cent cinquante ou deux cents pêcheurs, qui ont cherché à utiliser les rares parcelles de terre échappées à la destruction générale. Un de ces malheureux rentrait avec sa barque ; nous lui achetâmes pour 5 carlins (28 sous à peu près) tout le poisson qu'il avait pris.

Nous remontâmes sur notre bâtiment, le cœur serré de tant de misères. Vraiment, quand on vit dans un certain monde et d'une certaine façon, il est des existences qui deviennent incompréhensibles. Qui a fixé ces gens sur ce volcan éteint ? Y ont-ils poussé comme les bruyères qui lui ont donné son nom ? Quelle raison empêche qu'ils ne quittent cet effroyable séjour ? Il n'y a pas un coin du monde où ils ne soient mieux que là. Ce rocher brûlé par le feu, cette lave durcie par l'air, ces scories sillonnées par l'eau de la tempête, est-ce donc une patrie ? Qu'on y naisse, cela est concevable, on naît où l'on peut ; mais qu'ayant la faculté de se mouvoir, le libre arbitre qui fait qu'on peut chercher le mieux, une barque pour vous porter partout ailleurs, et qu'on reste là, c'est ce qui est impossible à comprendre, c'est ce que ces malheureux eux-mêmes, j'en suis sûr, ne sauraient expliquer.

Une partie de la journée nous courûmes des bordées ; nous avions toujours le vent contraire : nous passions successivement en revue les Salines, Lipari et Vulcano ; apercevant à chaque passage, entre les Salines et Lipari, Stromboli secouant à l'horizon son panache de flammes. Puis, chaque fois que nous revenions vers Vulcano, tout enveloppée d'une vapeur chaude et humide, nous voyions plus distinctement ses trois cratères inclinés vers l'occident, et dont l'un d'eux a laissé couler une mer de lave, dont la couleur sombre contraste avec la terre rougeâtre et avec les bancs sulfureux qui l'entourent. Ce sont deux îles réunies en une seule par une irruption qui a comblé l'intervalle ; seulement, l'une était connue de toute éternité, et c'était Vulcano ; tandis que l'autre irruption qui eut lieu vers la moitié du seizième siècle ; elle forma deux ports : le port du levant et le port du couchant.

Enfin, après huit heures d'efforts inutiles, nous parvînmes à nous glisser entre Lipari et Vulcano, et, une fois abrités par cette dernière île, nous gagnâmes à la rame le port de Lipari, où nous jetâmes l'ancre vers les deux heures.

Lipari, avec son château-fort bâti sur un rocher et ses maisons suivant les sinuosités du terrain, présente un aspect des plus pittoresques. Nous eûmes, au reste, tout le temps d'admirer sa situation, attendu les difficultés sans nombre qu'on nous fit pour nous laisser entrer. Les autorités, à qui nous avions eu l'imprudence d'avouer que nous ne venions pas pour le commerce de la pierre-ponce, le seul commerce de l'île, et qui ne comprenaient pas qu'on pût venir à Lipari pour autre chose, ne voulaient pas, à toute force nous laisser entrer. Enfin, lorsqu'à travers une grille nous eûmes passé nos passeports que, de peur du choléra, on nous prit les mains avec des pincettes gigantesques, et qu'on se fut bien assuré que nous venions de Palerme, et non point d'Alexandrie ou de Tunis, on nous ouvrit une grille, et l'on consentit à nous laisser passer.

Il y avait loin de cette hospitalité à celle du roi Éole.

On se rappelle que Lipari n'est autre que l'antique Éolie où vint aborder Ulysse après avoir échappé à Polyphème. Voici ce qu'en dit Homère :

« Nous parvenons heureusement à l'île d'Éolie, île accessible et connue, où règne Éole, l'ami des dieux. Un rempart indestructible d'airain, bordé de roches polies et escarpées, enferme l'île tout entière. Douze enfans du roi font la principale richesse de son palais, six fils et six filles, tous au printemps de l'âge. Éole les unit les uns aux autres, et leurs heures s'écoulent, près d'un père et d'une mère dignes de leur vénération et de leur amour, en festins éternels, et splendides d'abondance et de variété. »

Ce ne fut pas assez pour Éole de bien recevoir Ulysse, et de le festoyer dignement tout le temps que lui et ses compagnons restèrent à Lipari ; au moment du départ, il lui fit encore cadeau de quatre outres, où étaient enfermés les principaux vents : Eurus, Auster et Aquilon. Zéphyr seul était resté en liberté, et avait reçu de son souverain l'ordre de pousser heureusement le roi fugitif vers Ithaque. Malheureusement, l'équipage du vaisseau que montait Ulysse eut la curiosité de voir ce que renfermaient ces outres si bien enflées, et un beau jour il les ouvrit. Les trois vents, d'autant plus joyeux d'être libres que depuis quelque temps déjà ils étaient enfermés dans leurs outres, s'élancèrent d'un seul coup d'aile dans les cieux, où ils exécutèrent par manière de récréation une telle tempête, que tous les vaisseaux d'Ulysse furent brisés, et qu'il s'échappa seul sur une planche.

Aristote parle aussi de Lipari :

« Dans une des sept îles de l'Éolie, dit-il, on raconte qu'il y a un tombeau dont on rapporte des choses prodigieuses ; car on assure qu'on entend sortir de ce tombeau un bruit de tambours et de cymbales, accompagné de cris éclatans. »

Chaque pan fait face à une petite vallée, et est percé à distance égale de trous garnis de tuyaux de terre cuite disposés de façon que le vent qui s'engouffre dans les cavités produit des vibrations pareilles aux frémissemens des harpes éoliennes. Cette construction à moitié enfouie se trouve encore à l'endroit où elle a été retrouvée.

A peine fûmes-nous sur le port de Lipari, que nous nous mîmes en quête d'une auberge ; malheureusement c'était chose inconnue dans la capitale d'Eole. Nous cherchâmes d'un bout à l'autre de la ville : pas la moindre petite enseigne, pas le plus petit bouchon.

Nous en étions là, Milord assis sur son derrière, et Jadin et moi nous regardant, fort embarrassés tous deux, lorsque nous vîmes un attroupement assez considérable devant une porte ; nous nous approchâmes, nous fendîmes la foule, et nous vîmes un enfant de six ou huit ans, mort, sur une espèce de grabat. Cependant sa famille ne paraissait pas autrement affectée ; la grand'mère vaquait aux soins du ménage, un autre enfant de cinq ou six ans jouait en se roulant par terre avec deux ou trois petits cochons de lait. La mère seule était assise au pied du lit, et, au lieu de pleurer, elle parlait au cadavre avec une volubilité qui faisait que je n'en entendais point un mot. J'interrogeai un voisin sur le motif de ce discours, et il me répondit que la mère chargeait l'enfant de ses commissions pour le père et le grand'père, qui étaient morts il y avait l'un un an et l'autre trois : ces commissions étaient assez singulières ; l'enfant était chargé d'apprendre à l'auteur de ses jours que sa mère était sur le point de se remarier, et que la truie avait fait six marcassins *beaux comme des anges*.

En ce moment deux franciscains entrèrent pour enlever le cadavre. On le mit sur une civière découverte ; la mère et la grand'mère l'embrassèrent une dernière fois ; on tira le jeune frère de ses occupations pour en faire autant, ce qu'il exécuta en pleurnichant, non pas de ce que son frère aîné était mort, mais de ce qu'on le dérangeait de son occupation ; puis on déposa le corps de l'enfant sur sa civière, en jetant seulement sur lui un drap déchiré, et on l'emporta.

A peine le cadavre eut-il franchi le seuil de la porte, que la mère et la grand'mère se remirent à refaire le lit, et à effacer la dernière trace de ce qui s'était passé.

Quant à nous, voulant voir s'accomplir entièrement la cérémonie funéraire, nous suivîmes le cadavre.

On le conduisit à l'église des Franciscains, attenante au couvent des bons pères, sans qu'aucun parent le suivît. On lui dit une petite messe, puis on leva une pierre et on le jeta dans une fosse commune, où tous les mois, sur la couche des cadavres, on laisse tomber une couche de chaux.

La cérémonie achevée, nous étions occupés à examiner la petite église, lorsqu'un moine, s'approchant de nous, nous adressa la parole en nous demandant si nous étions Français, Anglais ou Italiens : nous lui répondîmes que nous étions Français, et la conversation s'étant engagée sur ce point, nous ne tardâmes pas à lui exposer l'embarras où nous nous trouvions à l'endroit d'une auberge. Il nous offrit aussitôt l'hospitalité dans son couvent. On devine que nous acceptâmes avec reconnaissance ; le moine avait d'autant plus le droit de nous faire cette offre qu'il était le supérieur de la communauté.

Notre guide nous fit traverser un petit cloître, et nous nous trouvâmes dans le monastère ; de là il nous conduisit à notre appartement : c'étaient deux petites cellules pareille à celles des autres moines, si ce n'est qu'elles avaient des draps de toile à leur lit, tandis que les moines ne couchent que dans des draps de laine ; les fenêtres de ces deux cellules ouvertes à l'orient, offraient une vue admirable sur les montagnes de la Calabre et sur les côtes de la Sicile, qui, grâce au prolongement du cap Pelore, semblaient se joindre à angle droit, au-dessous de Scylla. A vingt-cinq milles à peu près, tout à fait à notre gauche, au-delà de Panaria et des Formicali, dont on distinguait tous les détails, s'élevait la cime fumeuse de Stromboli. A nos pieds se déroulait la ville aux toits plats et blanchis à la chaux, ce qui lui donnait un aspect tout à fait oriental.

Un quart d'heure après que nous fûmes entrés dans notre chambre, un frère servant vint nous demander si nous souperions avec les pères, ou si nous désirions être servis chez nous : nous répondîmes que si les pères voulaient bien nous accorder l'honneur de leur compagnie, nous en profiterions pour les remercier de leur bonne hospitalité. Le souper était pour sept heures du soir, et il en était quatre, nous avions donc tout le temps d'aller nous promener par la ville.

L'île de Lipari, qui donne son nom à tout l'archipel, a six lieues de tour, et renferme dix-huit mille habitans : elle est le siège d'un évêché et la résidence d'un gouverneur.

Les événemens sont rares, comme on le comprend bien, dans la capitale des îles Eoliennes : aussi raconte-t-on comme une chose arrivée hier le coup de main que tenta sur elle le fameux pirate Hariadan Barberousse : dans une seule descente et d'un seul coup de filet, il enleva toute la population, hommes, femmes et enfans, et emmena tout en esclavage. Charles-Quint, alors roi de Sicile, envoya une colonie d'Espagnols pour la repeupler, adjoignant à cette colonie des ingénieurs pour y bâtir une citadelle et une garnison pour la défendre. Les Lipariotes actuels sont donc les descendans de ces Espagnols ; car, comme on le comprend bien, on ne vit jamais reparaître aucun de ceux que Barberousse avait enlevés.

Notre arrivée avait fait événement : à part les matelots anglais et français qui viennent y charger de la pierre ponce, il est bien rare qu'un étranger débarque à Lipari. Nous étions donc l'objet d'une curiosité générale ; hommes, femmes et enfans sortaient sur leurs portes pour nous regarder passer, et ne rentraient que lorsque nous étions loin. Nous traversâmes ainsi la ville.

A l'extrémité de la grande rue et au pied de la montagne de Campo-Bianco, se trouve une petite colline que nous gravîmes afin de jouir du panorama de la ville tout entière. Nous y étions depuis un instant, lorsque nous y fûmes accostés par un homme de trente-cinq à quarante ans qui, depuis quelques minutes, nous suivait avec l'intention évidente de nous parler ; c'était le gouverneur de la ville et de l'archipel. Ce titre pompeux m'effraya d'abord ; je voyageais sous un autre nom que le mien, et j'étais entré dans le royaume de Naples par contrebande. Mais je fus bientôt rassuré aux formes toutes gracieuses de notre interlocuteur ; il venait nous demander des nouvelles du reste du monde, avec lequel il était fort rarement en communication, et nous invita à dîner pour le lendemain : nous lui apprîmes tout ce que nous savions de plus nouveau sur la Sicile, sur Naples et sur la France, et nous acceptâmes son dîner.

De notre côté, nous lui demandâmes des nouvelles de Lipari. Ce qu'il y connaissait de plus nouveau, c'était son orgue éolien dont parle Aristote, et ses étuves dont parle Diodore de Sicile ; quant aux voyageurs qui avaient visité l'île avant nous, les derniers étaient Spallanzani et Dolomieu. Le brave homme, bien au contraire du roi Eole dont il était le successeur, s'ennuyait à crever ; il passait sa vie sur la terrasse de sa maison, une lunette d'approche à la main ; il nous avait vus arriver et n'avait perdu aucun détail de notre débarquement ; puis aussitôt il s'était mis à notre piste. Un instant il nous avait perdus, grâce à notre entrée dans la maison de l'enfant mort, et à notre pause au couvent des Franciscains ; mais il nous avait rattrapés et nous déclara qu'il ne nous lâchait plus. La bonne fortune étant au moins ségale pour nous que pour lui, nous nous mîmes à sa disposition, à part notre souper au couvent, pour jusqu'au lendemain cinq heures, à la condition cependant qu'il monterait séance tenante avec nous sur le Campo-Bianco, qu'il nous laisserait une heure pour dîner chez nos Franciscains, et qu'il nous accompagnerait le lendemain dans notre excursion à Vulcano. Ces trois articles, qui formaient la base de notre traité, furent acceptés à l'instant même.

La montagne était derrière nous, nous n'avions donc qu'à nous retourner et à nous mettre à l'œuvre ; elle était toute parsemée d'énormes rochers blanchâtres, qui lui avaient fait donner son nom de Campo-Bianco. Comme je n'étais pas prévenu et que j'avais pris ces rochers au sérieux, je voulus m'appuyer à l'un d'eux pour m'aider dans ma montée; mais ma surprise fut grande quand, cédant à l'ébranlement que je lui donnai, le rocher, après avoir un instant vacillé sur sa base, se mit à rouler du haut en bas de la montagne, directement sur Jadin qui était resté en arrière. Il n'y avait pas moyen de fuir; Jadin se crut écrasé et, par un mouvement machinal, il étendit la main en avant : j'éprouvai un instant d'horrible angoisse, quand tout à coup, à mon grand étonnement, je vis cette masse énorme s'arrêter devant l'obstacle qui lui était opposé. Alors Jadin prit le rocher dans sa main, le souleva à la hauteur de l'œil, l'examina avec attention, puis le rejeta par-dessus son épaule.

Le rocher était un bloc de pierre ponce qui ne pesait pas vingt livres; tous les autres rochers environnans étaient de même matière, et la montagne même sur laquelle nous marchions, avec sa solidité apparente, n'avait pas plus d'opacité réelle : détachée de sa base, le gouverneur nous assura qu'entre nous trois nous pourrions la transporter d'un bout à l'autre de l'île.

Cette explication m'ôta un peu de ma vénération pour les Titans, et je ne les réintégrerai dans mon estime première que lorsque je me serai assuré par moi-même qu'Ossa et Pélion ne sont point des montagnes de pierre ponce.

Arrivés au sommet de Campo-Bianco, nous dominâmes tout l'archipel; mais autant la vue que nous avions autour de nous était magnifique, autant celle que nous avions au-dessous de nous était sombre et désolée : Lipari n'est qu'un amas de rocs et de scories; les maisons elles-mêmes, de la distance où nous les voyions, semblaient un amas de pierres mal rangées, et à peine sur la surface de toute l'île distinguait-on deux ou trois morceaux de verdure, qui semblaient, pour me servir de l'expression de Sannazar, des fragmens du ciel tombés sur la terre. Je compris alors la tristesse et l'ennui de notre malheureux gouverneur, qui, né à Naples, c'est-à-dire dans la plus belle ville du monde, était forcé, pour quinze cents francs par an, d'habiter cet abominable séjour.

Nous nous étions laissés attarder à regarder ce splendide panorama qui nous entourait et le lugubre spectacle que nous dominions : six heures et demie sonnèrent; nous n'avions plus qu'une demi-heure devant nous pour ne pas faire attendre nos hôtes : nous descendîmes tout courans, et, après avoir promis au gouverneur d'aller prendre le café chez lui, nous nous acheminâmes vers le couvent. Nous arrivâmes comme la cloche sonnait.

Heureusement, de peur de nous faire quelque mauvaise affaire avec les Lipariotes, nous avions précautionnellement mis Milord en laisse : en entrant dans le réfectoire nous trouvâmes un troupeau de quinze ou vingt chats. Je laisse à juger au lecteur de l'extermination féline qui aurait eu lieu si Milord s'était trouvé libre.

Toute la communauté consistait en une douzaine de moines; ils étaient assis à une table à trois compartiments, dont deux en retour comme les ailes d'un château : le supérieur, sans aucune distinction apparente, était assis au centre de la table qui faisait face à la porte; nos deux couverts étaient placés vis-à-vis de lui.

Quoique nous fussions au mardi, la communauté faisait maigre, ne mangeant que des légumes et du poisson; on nous servit à part un morceau de bœuf bouilli et des espèces de tourterelles rôties dont j'avais vu un certain nombre dans l'île.

Au dessert, et comme les moines, après avoir dit les grâces, se levaient pour se retirer, le supérieur leur fit signe de se rasseoir, et l'on apporta une bouteille de malvoisie de Lipari : c'était bien le plus admirable vin que j'eusse jamais bu de ma vie; il se récoltait et se fabriquait au couvent même.

Le souper achevé, nous prîmes congé du supérieur, en lui demandant jusqu'à quelle heure nous pouvions rentrer : il répondit que le couvent, qui se ferme ordinairement à neuf heures, serait pour nous ouvert toute la nuit.

Nous nous rendîmes chez le gouverneur; il habitait une maison décorée du nom de château, et qui, en effet, comparée à toutes les autres, méritait incontestablement ce titre. Il nous attendait avec impatience, et nous présenta à sa femme; toute sa postérité se composait d'un bambin de cinq ou six ans.

A peine fûmes-nous assis sur une charmante terrasse toute garnie de fleurs et qui dominait la mer, qu'on nous apporta du café et des cigares; le café était fait à la manière orientale, c'est-à-dire pilé sans être rôti, et bouilli au lieu d'être passé : les tasses elles mêmes étaient toutes petites et pareilles aux tasses turques; aussi l'habitude est-elle de les vider cinq ou six fois, ce qui est sans inconvénient aucun attendu la légèreté de la liqueur. J'aimais beaucoup cette manière de préparer le café, et je fis fête à celui de notre hôte. Il n'en fut pas ainsi des cigares, qu'à leur tournure et à leur couleur je soupçonnai indigènes; Jadin, moins difficile que moi, fuma pour nous deux.

C'était, au reste, quelque chose de délicieux que cette mer vaste et tranquille, toute parsemée d'îles, et enfermée dans l'horizon vaporeux qui lui faisaient les côtes de Sicile et les montagnes de la Calabre. Grâce à la dégradation du soleil qui s'abaissait derrière le Campo-Bianco, la terre, par un jeu de lumière plein de chaleur et d'harmonie, changea cinq ou six fois de teinte, et finit par s'effacer dans la vapeur; alors, cette délicieuse brise de la Grèce, qui arrive chaque soir avec l'obscurité, vint nous caresser le visage, et je commençai à trouver notre gouverneur un peu moins malheureux. J'essayai, en conséquence, de le consoler en lui détaillant les unes après les autres toutes les délices de sa résidence. Mais il me répondit en soupirant qu'il y avait quinze ans qu'il en jouissait. Depuis quinze ans, le même soir, à la même heure, il avait le même spectacle, et le même vent lui venait rafraîchir le visage; ce qui ne laissait pas à la longue d'être quelque peu monotone, si fort amateur que l'on soit de la belle nature. Je ne pus m'empêcher d'avouer qu'il y avait bien quelque justesse au fond de ce raisonnement.

Nous restâmes sur la terrasse jusqu'à dix heures du soir. En rentrant, nous trouvâmes une salle de billard illuminée, et il nous fallut faire notre partie. Après la partie, la maîtresse de la maison nous invita à passer dans la salle à manger, où nous attendait une collation composée de gâteaux et de fruits. Tout cela était présenté avec une grâce si parfaite que nous résolûmes de nous laisser faire jusqu'au bout.

A minuit cependant, le gouverneur, pensant que nous avions besoin de repos, nous laissa libres. Il y avait dix ans qu'il ne s'était couché à pareille heure, et il n'avait jamais, nous assura-t-il, passé une soirée si agréable.

Je renvoyai tous les honneurs du compliment à Jadin, qui, enchanté de trouver une occasion de parler français, avait été flamboyant d'esprit.

Le lendemain, à six heures du matin, le gouverneur ouvrit la porte de ma chambre; il était désolé : une affaire inattendue le retenait impitoyablement dans le siège de son gouvernement, et il ne pouvait nous accompagner à Vulcano. En échange, il mettait sa barque et ses quatre rameurs à notre disposition. De plus, il nous apportait une lettre pour les fils du général Nunziante, qui exploitent les mines de soufre de Vulcano. L'île tout entière est affermée à leur père.

Nous acceptâmes la barque et la lettre; nous nous engageâmes à être de retour à quatre heures; et, après avoir pris une légère collation que le frère cuisinier avait eu le soin de nous tenir prête, nous descendîmes vers le port, accompagnés de notre gouverneur, et entourés, comme on le comprend bien, du respect et de la vénération de tous les Lipariotes.

EXCURSION AUX ILES ÉOLIENNES.

VULCANO.

Un détroit, large de trois milles à peine, sépare Lipari de Vulcano. Nous fîmes ce trajet, grâce à l'habileté de nos rameurs, en moins de quarante minutes.

Vulcano, la Vulcania antique, est l'île dont Virgile fait la succursale de l'Etna et l'atelier de Vulcain (1). Au reste elle est bien digne de cet honneur, car, quoiqu'il soit évident que depuis dix-neuf siècles elle ait perdu un peu de sa chaleur, il a succédé une fort belle fumée au feu qui, sans doute, s'en échappait à cette époque. Vulcano, pareil au dernier débris d'un monde brûlé, s'éteint tout doucement au milieu de la mer qui siffle, frémit et bouillonne tout autour de lui. Il est impossible, même à la peinture, de donner une idée de cette terre convulsionnée, ardente et presque en fusion. Nous ne savions pas, à l'aspect de cette étrange apparition, si notre voyage n'était pas un rêve, et si ce sol fantastique n'allait pas s'épanouir devant nous au moment où nous croirions y mettre le pied.

Heureusement nous étions bien éveillés, et nous abordâmes enfin sur cette terre, si étrange qu'elle fût.

Notre premier soin, en sautant sur le rivage, fut de nous informer auprès de deux ou trois hommes qui étaient accourus à notre rencontre, où nous trouverions les fils du général Nunziante. Non-seulement on nous montra à l'instant même la maison qu'ils habitaient, et qui, au reste, est la seule de l'île; mais encore un des hommes à qui nous nous étions adressés, courut devant nous pour prévenir les deux frères de notre arrivée.

Un seul était là pour le moment : c'était l'aîné. Nous vîmes venir au-devant de nous un beau jeune homme de vingt-deux à vingt-quatre ans, qui, avant même que je lui eusse dit mon vrai nom, commença par nous recevoir avec une charmante affabilité. Il achevait de déjeuner, et nous offrit de nous mettre à table avec lui. Malheureusement, nous venions précautionnellement d'en faire autant il y avait une heure. Je dis malheureusement, attendu que la table était ornée d'une magnifique langouste, qui faisait envie à voir, surtout à des gens qui n'en avaient pas mangé depuis qu'ils avaient quitté Paris. Aussi je ne pus m'empêcher de m'informer auprès de lui dans quelle partie de l'archipel on trouvait cet estimable crustacé. Il nous répondit que c'était aux environs de Panaria, et que si nous avions quelque désir d'en manger, nous n'avions qu'à prévenir notre capitaine d'en faire provision en passant devant cette île.

J'inscrivis cet important renseignement sur mon album.

Comme notre hôte se levait de table, le frère cadet arriva : c'était un jeune homme de dix-sept à dix-huit ans. Son aîné nous le présenta aussitôt, et il nous renouvela le compliment de bienvenue que nous avions déjà reçu. Tous deux vivaient ensemble, seuls et isolés, au milieu de cette terrible population, car nous apprîmes alors ce que nous avions ignoré jusque-là : c'est qu'à l'exception des deux frères, l'île n'était habitée que par des forçats.

Nos hôtes voulurent faire en personne les honneurs de leur domaine; le nouveau venu se hâta donc, moyennant deux œufs frais et le reste de la langouste, de se mettre à notre niveau. Après quoi, les deux jeunes gens nous annoncèrent qu'ils étaient à nos ordres.

(1) Insula Sicanium juxta latus Æoliamque
Erigitur Liparen, fumantibus ardua saxis ;
Quam subter specus et Cyclopum exesa caminis
Antra ætnæa tonant, validique incudibus ictus
Auditi referunt gemitum, striduntque cavernis
Stricturæ Chalybum, et fornacibus ignis anhelat :
Vulcani domus, et Vulcania nomine tellus.

La première curiosité qu'ils nous offrirent de visiter était un petit volcan sous-marin, qui chauffait l'eau dans une circonférence de cinquante à soixante pieds à peu près, jusqu'à une chaleur de quatre-vingts à quatre-vingt-cinq degrés; c'était là qu'ils faisaient cuire leurs œufs. Comme à ce détail culinaire ils virent passer sur nos lèvres un sourire d'incrédulité, ils firent signe à l'un de leurs forçats, qui courut à la maison, et rapporta aussitôt un petit panier et deux œufs pour faire, séance tenante, la susdite expérience.

Le petit panier tenait lieu de cuiller à pot ou de marmite; on le posait sur l'eau, le poids de son contenu le faisait enfoncer jusqu'à la moitié de sa hauteur; on le laissait trois minutes, la montre à la main, dans la mer, et les œufs étaient cuits à point.

La chose s'exécuta ainsi à notre grande confusion. Un des deux œufs, ouvert avec les précautions d'usage, offrait l'aspect le plus appétissant. On en fit don à un des forçats qui nous accompagnait, lequel n'en fit qu'une gorgée, au nez de Milord, qui n'avait point pris d'intérêt à toute la discussion que dans l'espérance qu'on lui en offrirait les résultats.

Comme j'avais un grand faible pour Milord, j'allais le dédommager de sa déception en lui abandonnant le second œuf, lorsque Jadin s'aperçut qu'il s'était cassé en cuisant, et que l'eau de la mer avait pénétré dans l'intérieur; cette circonstance méritait considération : ce mélange d'eau de mer, de soufre et de jaune d'œuf, pouvait être dangereux; quel que fût mon regret de priver Milord de ce qu'il regardait comme son dû, je jetai l'œuf à la mer.

Milord avait suivi la discussion avec cet œil intelligent qui indiquait clairement que, sans entendre parfaitement notre dialogue, il comprenait cependant qu'il roulait sur lui; aussi, à peine m'eut-il vu jeter l'œuf à la mer, que d'un seul bond il s'élança au milieu de la distance que je lui avais fait parcourir, et qu'il tomba au milieu de l'eau bouillante.

On comprend la surprise du pauvre animal : la théorie des volcans lui étant parfaitement étrangère, il avait cru sauter dans l'eau froide, et il se trouvait dans un liquide chauffé à quatre-vingt-cinq degrés : aussi jeta-t-il un cri perçant, et, sans s'occuper davantage de l'œuf, commença-t-il à nager vers le rivage, en nous regardant avec deux gros yeux ardents, dont l'expression indiquait on ne peut plus clairement la stupéfaction profonde qui s'était emparée de lui.

Jadin l'attendait sur le rivage; à peine y eut-il mis le pied, qu'il le prit aussitôt dans ses bras et courut de toutes ses forces à cinquante pas de là pour le tremper dans l'eau froide; mais Milord, en sa qualité de chien échaudé, n'était pas le moins du monde disposé à faire une nouvelle expérience : une lutte des plus violentes s'engagea entre lui et Jadin, et, pour la première fois de sa vie il se permit d'entamer, d'un coup de croc, la main de son auguste maître; il est vrai qu'à peine fut-il dans l'eau froide, qu'il comprit si bien l'étendue de ses torts, que, soit qu'il éprouvât un grand soulagement au changement de la température, soit qu'il craignît en regagnant la terre de recevoir la correction méritée, il refusa constamment de sortir de la mer.

Comme il n'y avait aucun danger qu'il se perdît, vu qu'il n'était pas assez niais pour essayer de gagner Lipari, Scylla ou Messine en nageant, nous le laissâmes s'ébattre en pleine eau, et nous abandonnâmes le rivage pour nous enfoncer dans l'intérieur de l'île; mais alors ce que nous avions prévu arriva. A peine Milord nous vit-il à cent pas de lui, qu'il regagna la terre et se mit à nous suivre à distance respectueuse, s'arrêtant et s'asseyant aussitôt que nous nous retournions, Jadin ou moi, pour le regarder; manœuvre qui indiquait à ceux qui étaient au courant de son caractère la plus suprême défiance; comme la défiance est la mère de la sûreté, nous perdîmes bientôt toute inquiétude à son endroit, et nous continuâmes d'aller en avant.

Nous commencions à gravir le cratère du premier volcan, et à chaque pas que nous faisions nous entendions la terre résonner sous nos pieds comme si nous marchions sur des catacombes : on n'a point idée de la fatigue d'une pareille ascension, à onze heures du matin, sur un sol ardent et sous un soleil de feu. La montée dura trois quarts d'heure à peu près, puis nous nous trouvâmes sur le bord du cratère.

Celui-là était épuisé, et n'offrait rien d'autrement curieux : aussi nous acheminâmes-nous aussitôt vers le second, situé à un millier de pieds au-dessus du premier, et qui est en pleine exploitation.

Pendant la route, nous longeâmes une montagne pleine d'excavations ; quelques-unes de ces excavations étaient fermées par une porte, et même par une fenêtre ; d'autres ressemblaient purement et simplement à des tanières de bêtes sauvages. C'était le village des forçats ; quatre cents hommes à peu près habitaient dans cette montagne, et, selon qu'ils étaient plus ou moins industrieux ou plus ou moins sensuels, ils laissaient leur demeure abrupte, ou essayaient de la rendre plus comfortable.

Après une seconde ascension, d'une heure à peu près, nous nous trouvâmes sur les bords du second volcan, au fond duquel, au milieu de la fumée qui s'échappait de son centre, nous aperçûmes une fabrique, autour de laquelle s'agitait une population tout entière. La forme de cette immense excavation était ovale et pouvait avoir mille pas de longueur dans son plus grand diamètre ; on y descendait par une pente facile, de forme circulaire, produite par l'éboulement d'une partie des scories, et assez douce pour être praticable à des civières et à des brouettes.

Nous fûmes près de vingt minutes à atteindre le fond de cette immense chaudière ; à mesure que nous descendions, la chaleur du soleil, combinée avec celle de la terre, augmentait. Arrivés à l'extrémité de la descente, nous fûmes forcés de nous arrêter un instant, l'atmosphère était à peine respirable.

Nous jetâmes alors un coup d'œil en arrière pour voir ce qu'était devenu Milord : il était tranquillement assis sur le bord du cratère, et, craignant sans doute quelque nouvelle surprise dans le genre de celle qu'il venait d'éprouver, il n'avait pas jugé à propos de s'aventurer plus loin.

Au bout de quelques minutes, nous commencions à nous familiariser avec les émanations sulfureuses qui s'exhalent d'une multitude de petites gerçures, au fond de quelques-unes desquelles on aperçoit la flamme ; de temps en temps cependant nous étions forcés de nous percher sur quelque bloc de lave pour aller chercher, à une quinzaine de pieds au-dessus de la terre, un air un peu plus pur. Quand à la population qui circulait autour de nous, elle était parvenue à s'y habituer et ne paraissait pas en souffrir. Messieurs Nunziante eux-mêmes étaient parvenus à s'y accoutumer, tant bien que mal, et ils restaient quelquefois des heures entières au fond de ce cratère sans être incommodés de ce gaz, qui, au premier abord, nous avait paru presque insupportable.

Il serait difficile de voir quelque chose de plus étrange que l'aspect de ces malheureux forçats : comme qu'ils travaillent dans des veines de terre différentes, ils ont fini par prendre la couleur de cette terre ; les uns sont jaunes comme des canaris ; les autres, rouges comme des Hurons ; ceux-ci, enfarinés comme des paillasses, ceux-là bistrés comme des mulâtres. Il est difficile de croire, en voyant toute cette grotesque mascarade, que chacun des hommes qui la composent est là pour quelque vol ou quelque meurtre. Nous nous étions particulièrement attachés à un petit bonhomme d'une quinzaine d'années, à la figure douce comme celle d'une jeune fille. Nous nous informâmes de ce qu'il avait fait : il avait, à l'âge de douze ans, tué, d'un coup de couteau, un domestique de la princesse de la Cattolica.

Après avoir passé en revue les hommes, qui avaient d'abord absorbé toute notre attention, nous examinâmes le sol ; à mesure qu'il se rapprochait du centre du cratère, il perdait de sa solidité, devenait tremblant comme la houille d'un marais, puis enfin menaçait de manquer sous les pieds. Une pierre de quelque pesanteur, jetée au milieu de ce terrain mouvant, s'y enfonçait et disparaissait comme dans de la boue.

Après une heure d'exploration, nous remontâmes, toujours accompagnés de nos deux jeunes et aimables guides, qui ne voulurent pas nous abandonner un seul instant ; seulement, au haut du cratère, ils se séparèrent : l'un nous quitta pour nous aller écrire quelques lettres de recommandation pour la Calabre, l'autre resta avec nous pour nous accompagner à une grotte que notre voisin le gouverneur avait eu le soin de recommander à notre attention.

Cette grotte, effectivement fort curieuse, est située dans la partie de l'île qui fait face à la Calabre ; c'est une étroite ouverture qui, après une quinzaine de pas, va en s'élargissant ; on n'y pénètre qu'en marchant à quatre pattes dans les endroits faciles, et en rampant dans les endroits difficiles ; encore est-on bientôt obligé de revenir à l'orifice extérieur pour faire une nouvelle provision d'air respirable. Quelques nouvelles instances que nous fissions à Milord, il refusa obstinément de nous suivre ; et j'avoue que je compris son entêtement : je commençais, comme lui, à me défier des surprises.

Après trois essais successifs, nous parvînmes enfin au fond de la grotte, qui s'élève d'une dizaine de pieds et s'élargit d'une quinzaine de pas ; là nous allumâmes les torches dont nous étions munis, et, malgré la vapeur qui la remplissait, la caverne s'éclaira. Les parois étaient recouvertes d'ammoniaque et de muriate de soude, et au fond bouillonnait un petit lac d'eau chaude ; un thermomètre pendu à la muraille, et qu'y trempa monsieur Nunziante, monta jusqu'à soixante-quinze degrés.

J'avais hâte de sortir de cette espèce de four où je respirais à grand'peine, et je donnai l'exemple de la retraite. J'avoue que je revis le soleil avec un certain plaisir ; je n'étais resté que dix minutes dans la grotte, et j'étais mouillé jusqu'aux os.

Nous regagnâmes notre débarcadère en suivant le rivage de la mer, dont Milord ne s'approcha jamais à plus de vingt-cinq pas. En arrivant à la maison, nous trouvâmes monsieur Nunziante qui achevait sa seconde lettre ; la première était pour monsieur le chevalier Alcala, au Pizzo ; la seconde, pour le baron Mollo de Lozensa. On verra plus tard de quelle utilité ces deux lettres nous furent en temps et lieu.

Nous prîmes congé de nos deux hôtes avec une reconnaissance réelle. Ils avaient été pour nous d'une obligeance parfaite : aussi, ce qui est peu probable, si ces lignes leur tombent jamais sous les yeux, je les prie d'y recevoir l'expression de nos plus sincères remercîments ; faits ainsi, et à sept ans d'intervalle, ils leur prouveront au moins que nous avons la mémoire du cœur.

Nous retournâmes au rivage, accompagnés par eux, et nous échangeâmes un dernier serrement de main, eux à terre et nous déjà dans notre barque ; un coup d'aviron nous sépara d'eux.

Nous avions le vent bon pour revenir ; aussi, grâce à la petite voile que nous hissâmes, ne mîmes-nous pas plus d'une demi-heure à exécuter le trajet.

Quand nous fûmes assez près de Lipari pour que les objets devinssent distincts, nous aperçûmes notre gouverneur qui nous suivait du haut de sa terrasse, sa lorgnette à l'œil. Lorsqu'il nous vit approcher du port, il repoussa d'un coup de paume de la main les différents tubes de son instrument les uns dans les autres, et disparut. Nous présumâmes qu'il venait au-devant de nous ; nous ne nous trompions point, nous le trouvâmes au débarquer. Cette fois, il va sans dire que, grâce à la barque et aux rameurs du gouverneur, la grille nous fut ouverte à deux battans.

Il était quatre heures moins un quart, cela me donnait le temps d'aller remercier les bons pères et régler mon compte avec eux ; je laissai Jadin accompagner notre gouverneur, et je me rendis au couvent.

J'y trouvai le supérieur, qui me reprocha doucement d'avoir sans doute trouvé la cuisine mauvaise puisque nous avions accepté à dîner hors de chez lui. Je lui répondis que la cuisine n'eût-elle point été aussi excellente qu'elle était réellement, nous aurions oublié ce petit inconvénient en faveur de la manière toute gracieuse dont elle nous était offerte ; mais, loin de là, nous étions à la fois satisfaits de la chère et reconnaissans de l'accueil; cependant nous n'avions pas pu refuser d'aller dîner chez le gouverneur. Le supérieur parut se rendre à nos raisons, et je lui demandai combien nous lui devions.

Mais là, la discussion recommença; le supérieur avait entendu nous offrir l'hospitalité gratis. Je craignis de le blesser en insistant, je lui fis mes remerciemens pour moi et Jadin; seulement, en passant devant le tronc du couvent, j'y glissai deux piastres.

Je me rappellerai toujours ce petit couvent avec son air oriental et son beau palmier, qui lui donnaient bien plus l'aspect d'une mosquée que d'une église: cela avait si fort frappé Jadin de son côté, qu'à cinq heures du matin, tandis que je dormais encore, il s'était levé et en avait fait un croquis.

En arrivant chez notre bon gouverneur, je trouvai le dîner servi et chacun prêt à se mettre à table. Le brave homme avait mis à contribution pour nous recevoir la terre et la mer. Nous le grondâmes de faire de pareilles folies pour des gens qui lui étaient inconnus. Mais il nous répondit que, grâce aux bonnes heures que nous lui avions fait passer, nous n'étions plus des étrangers pour lui, mais bien au contraire des amis dont, dans son exil, il conserverait le souvenir toute sa vie. Nous lui rendîmes compliment pour compliment.

Nous désirions, autant que possible, entrer le lendemain soir, avant la fermeture de la police, dans le port de Stromboli. Aussi avions-nous fixé notre départ à cinq heures et demie. Mais notre hôte insista tant et si fort que nous n'eûmes le courage de le quitter qu'à six heures.

Avant de prendre congé de lui, il nous fit promettre que pendant la soirée nous regarderions de temps en temps du côté de sa terrasse, attendu qu'il nous ménageait une dernière surprise. Nous nous y engageâmes.

Toute la famille vint nous conduire jusqu'au bord de la mer. Le chef de la police avait bien envie de nous chercher noise, attendu l'heure avancée de notre départ; mais un mot du gouverneur, qui déclara que c'était lui qui nous avait retenus, aplanit toutes les difficultés.

Nous étions déjà sur le speronare, et nous allions lever l'ancre, lorsque nous vîmes un frère franciscain qui accourait en nous faisant de grands signes; nous envoyâmes Pietro à bord avec la barque, pour savoir ce que le bon moine nous voulait. Un frère m'avait vu déposer notre offrande dans le tronc à ouvert; de sorte que le supérieur, trouvant que nous avions trop largement payé notre hospitalité, nous envoyait une petite barrique de ce malvoisie de Lipari, que nous avions trouvé si bon la veille.

Pendant ce temps-là, l'équipage avait levé l'ancre; nous saluâmes encore une fois notre gouverneur de la main, et, nos hommes commençant à jouer vigoureusement des avirons, nous nous trouvâmes en un instant hors du port.

Dix minutes après, nous revîmes notre gouverneur sur sa terrasse, agitant son mouchoir de toute sa force. Nous lui rendîmes signe pour signe, présumant cependant que ce n'était point encore là la surprise qu'il nous avait annoncée.

Nous fûmes un instant distraits de l'attention que nous portions à notre hôte par l'*Ave Maria*. Nous nous étions fait nous-mêmes une habitude de cette prière; et quoique revenu à terre et séparé de nos matelots, je fus longtemps à ne jamais laisser passer cette heure sans penser à la solennité qu'elle me rappelait.

L'*Ave Maria* fini, nous nous retournâmes vers Lipari. Le soleil s'abaissait derrière le Campo-Bianco, enveloppant de ses rayons toute l'île qui se détachait en vigueur sur un fond d'or. Au reste, comme nous avions le vent contraire, et que nous ne marchions qu'à la rame, nous ne nous éloignions que lentement; de sorte que nous ne perdions que peu à peu les détails du magnifique horizon que nous avions devant les yeux, et dont Lipari formait le centre.

Tant que les objets demeurèrent visibles, nous distinguâmes le gouverneur sur sa terrasse; puis, lorsque le crépuscule fut enfin devenu assez sombre pour qu'il commençât à s'effacer, une lumière s'alluma comme un phare qui

nous permit de ne point perdre la direction du château. Enfin, au bout d'une heure à peu près de nuit sombre, nous vîmes une fusée s'élancer de terre et aller s'éteindre dans le ciel.

C'était le signal d'un feu d'artifice que le gouverneur tirait en notre honneur.

Lorsque le dernier soleil fut évanoui, lorsque la dernière chandelle romaine fut éteinte, je pris ma carabine, et, en réponse à sa dernière politesse, je lâchai le coup en l'air.

Nous nous demandions si nous avions été vus ou entendus de la terre, lorsque nous vîmes à notre tour un éclair qui sillonnait la nuit, et que nous entendîmes, mourant sur les flots, la détonation d'un coup de feu.

Puis tout retomba dans le silence et dans l'obscurité.

Comme la journée avait été dure, nous rentrâmes aussitôt dans notre cabine, où nous ne tardâmes point à nous endormir.

EXCURSION AUX ILES ÉOLIENNES.

STROMBOLI.

Nous nous réveillâmes en face de Panaria. Toute la nuit le vent avait été contraire, et nos gens s'étaient relayés pour marcher à la rame; mais nous n'avions pas fait grand chemin, et à peine étions-nous à dix lieues de Lipari. Comme la mer était parfaitement calme, je dis au capitaine de jeter l'ancre, de faire des provisions pour la journée, et surtout de ne pas oublier les homards; puis nous descendîmes dans la chaloupe et, prenant Pietro et Philippe pour rameurs, nous leur ordonnâmes de nous conduire sur un des vingt ou trente petits îlots éparpillés entre Panaria et Stromboli. Après un quart d'heure de traversée nous abordâmes à Lisca-Bianca.

Jadin s'assit, déploya son parasol, fixa sa chambre claire, et se mit à faire un dessin général des îles: Quant à moi, je pris mon fusil, et, suivi de Pietro, je me mis en quête de saventures; elles se bornèrent à la rencontre de deux oiseaux de mer de l'espèce des bécassines, que je tuai tous les deux; c'était déjà plus que je n'espérais, l'îlot étant parfaitement inhabité et ne possédant pas une touffe d'herbe.

Pietro, qui était très-familier avec tous ces rochers petits et grands, me conduisit ensuite à la seule chose curieuse qui existe dans l'île, c'est une source de gaz hydrogène sulfureux qui se dégage de la mer par bulles nombreuses: Pietro en recueillit une certaine quantité dans une bouteille dont il s'était muni à cet effet, et qu'il boucha hermétiquement, en me promettant de me faire voir, à notre retour sur le speronare, *una curiosita*.

Au bout d'une heure à peu près de station à Lisca-Bianca, nous vîmes le speronare qui se mettait en mouvement et se rapprochait de nous. Il arriva en face de notre île juste comme Jadin achevait son croquis; de sorte que nous n'eûmes qu'à remonter dans la barque et ramer pendant cinq minutes pour nous retrouver à bord.

Le capitaine avait suivi mon injonction à la lettre: il avait fait une telle récolte de homards ou de langoustes qu'on ne savait où poser le pied, tant le pont en était encombré; j'ordonnai de les réunir et de faire l'appel: il y en avait quarante.

Je grondai alors le capitaine, et je l'accusai de nous ruiner, mais il me répondit qu'il prendrait pour lui ceux que je ne voudrais pas, attendu qu'il ne pouvait guère rien trouver à meilleur marché; en effet, ses comptes rendus, il fut établi qu'il y en avait en tout pour la somme de douze francs : il avait acheté toute la pêche d'une barque en bloc et à deux sous la livre.

Notre excursion sur l'île de Lisca-Bianca nous avait donné un appétit féroce ; en conséquence, nous ordonnâmes à Giovanni de mettre dans une marmite les six plus grosses têtes de la société pour notre déjeuner et celui de l'équipage, puis nous fîmes monter six bouteilles de vin de la cantine, afin que rien ne manquât à la collation.

Au dessert Pietro nous gratifia de la tarentelle.

En voyant mes deux bécassines, le capitaine m'avait dénoncé l'île de Basiluzzo comme fourmillant de lapins ; or, comme il y avait longtemps que nous n'avions fait une chasse en règle, et que rien ne nous pressait autrement, il fut convenu que l'on jetterait l'ancre en face de l'île, et que nous y mettrions pied à terre pendant une couple d'heures.

Nous y arrivâmes vers les trois heures, et nous entrâmes dans une petite anse assez commode ; huit ou dix maisons couronnent le plateau de l'île, qui n'a pas plus de trois quarts de lieue de tour. Comme je ne voulais pas empiéter sur les plaisirs des propriétaires, j'envoyai Pietro leur demander s'ils voulaient bien me donner la permission de tuer quelques-uns de leurs lapins : ils me firent répondre que, bien loin de s'opposer à cette louable intention, plus j'en tuerais plus je leur ferais plaisir, attendu qu'encouragés par l'impunité, ces insolens maraudeurs mettaient au pillage le peu de légumes qu'ils cultivaient, et qu'ils ne pouvaient défendre contre eux, n'ayant pas de fusils.

Nous nous mîmes en chasse à l'instant même, et à peine eûmes-nous fait vingt pas, que nous nous aperçûmes que le capitaine nous avait dit la vérité : les lapins nous partaient dans les jambes, et chaque lapin qui se levait en faisait lever deux ou trois autres dans sa fuite ; en moins d'une demi-heure nous en eûmes tué une douzaine. Malheureusement le sol était criblé de repaires, et à chaque coup de fusil nous en faisions terrer cinq ou six ; néanmoins, après deux heures de chasse, nous comptions dix-huit cadavres.

Nous en donnâmes douze aux habitans de l'île, et nous emportâmes les six autres au bâtiment.

Tout en arpentant l'île d'un bout à l'autre, nous avions aperçu quelques ruines antiques ; je m'en approchai, mais au premier coup d'œil je reconnus qu'elles étaient sans importance.

Nous avions perdu ou gagné deux heures, comme on voudra, de sorte que, quoiqu'une jolie brise de Sicile se fût levée quelque temps auparavant, il était probable que nous n'arriverions pas au port de Stromboli à temps pour descendre à terre; nous n'en déployâmes pas moins toutes nos voiles pour n'avoir rien à nous reprocher, et nous fîmes près de six lieues en deux heures ; mais tout à coup le vent du midi tomba pour faire place au gréco, et nos voiles nous devenant dès lors plutôt nuisibles que profitables, nous marchâmes de nouveau à la rame.

A mesure que nous approchions, Stromboli nous apparaissait plus distinct, et à travers cet air limpide du soir nous apercevions chaque détail : c'est une montagne ayant exactement la forme d'une meule de foin, avec un sommet surmonté d'une arête ; c'est de ce sommet que s'échappe la fumée, et, de quart d'heure en quart d'heure, la flamme ; dans la journée cette flamme a l'air de ne pas exister, perdue qu'elle est dans la lumière du soleil ; mais lorsque vient le soir, lorsque l'Orient commence à brunir, cette flamme devient visible, et on la voit s'élancer au milieu de la fumée qu'elle colore, et retomber en gerbes de lave.

Vers sept heures du soir, nous atteignîmes Stromboli ; malheureusement le port est au levant, et nous venions, nous, de l'occident ; de sorte qu'il nous fallut longer toute l'île où, par un talus rapide, la lave descend dans la mer. Sur une largeur de vingt pas au sommet et de cent cinquante pas à sa base, la montagne, sur ce point, est couverte de cendre, et toute végétation est brûlée.

Le capitaine avait prédit juste : nous arrivâmes une demi-heure après la fermeture du port ; tout ce que nous pûmes dire pour nous le faire ouvrir fut de l'éloquence perdue.

Cependant toute la population de Stromboli était accourue sur le rivage. Notre speronare était un habitué du port, et nos matelots étaient fort connus dans l'île : chaque automne ils y font quatre ou cinq voyages pour y charger de la passoline ; joignez à cela seulement deux ou trois autres voyages dans l'année, et c'est plus qu'il n'en faut pour établir des relations de toute nature.

Depuis que nous étions à portée de la voix, il s'était établi entre nos gens et les Stromboliotes une foule de dialogues particuliers coupés de demandes et réponses auxquelles, vu le patois dans lequel elles étaient faites, il nous était impossible de rien comprendre ; seulement il était évident que ce dialogue était tout amical. Pietro paraissait même avoir des intérêts plus tendres encore à démêler avec une jeune fille qui ne nous paraissait nullement préoccupée de cacher les sentimens pleins de bienveillance qu'elle paraissait avoir pour lui. Enfin le dialogue s'anima au point que Pietro commença à se balancer sur une jambe, puis sur l'autre, fit deux ou trois petits bonds préparatoires, et sur la ritournelle chantée par Antonio, commença de danser la tarentelle. La jeune Stromboliote ne voulut pas être en reste de politesse et se mit à se trémousser de son côté ; et cette gigue à distance dura jusqu'à ce que les deux danseurs tombassent rendus de fatigue, l'un sur le pont, l'autre sur le rivage.

C'était le moment que j'attendais pour demander au capitaine où il comptait nous faire passer la nuit ; il nous répondit qu'il était à notre disposition, et que nous n'avions qu'à ordonner. Je le priai alors d'aller nous jeter l'ancre en face du volcan, afin que nous ne perdissions rien de ses évolutions nocturnes. Le capitaine dit un mot ; chacun interrompit sa conversation et courut aux rames. Dix minutes après nous étions ancrés à soixante pas en avant de la face septentrionale de la montagne.

C'était dans Stromboli qu'Éole tenait enchaînés *luctantes ventos tempestatesque sonoras*. Sans doute, au temps du chantre d'Énée, et quand Stromboli s'appelait Strongyle, l'île n'était pas encore connue pour ce qu'elle est, et elle préparait dans ses profondeurs ces bouillantes et périodiques éjaculations qui en font le volcan le plus poli de la terre. En effet, avec Stromboli on sait à quoi s'en tenir : ce n'est point comme avec le Vésuve ou l'Etna, qui font attendre au voyageur une pauvre petite irruption quelquefois trois, quelquefois cinq, quelquefois dix ans. On me dira que cela tient sans doute à la hiérarchie qu'ils occupent parmi les montagnes ignivomes, hiérarchie qui leur permet de faire de l'aristocratie tout à leur aise : c'est vrai ; mais il ne faut pas moins en savoir gré à Stromboli de ne s'être pas abusé un instant sur sa position sociale, et d'avoir compris qu'il n'était qu'un volcan de poche auquel on ne ferait pas même attention s'il se donnait le ridicule de prendre de grands airs. A défaut de la qualité, Stromboli se retire donc sur la quantité.

Aussi ne nous fit-il pas attendre. A peine étions-nous depuis cinq minutes en expectative, qu'un grondement sourd se fit entendre, qu'une détonation pareille à une vingtaine de pièces d'artillerie qui éclateraient à la fois lui succéda, et qu'une longue gerbe de flammes s'élança dans les airs et redescendit en pluie de lave ; une partie de cette pluie retomba dans le cratère même du volcan, tandis que l'autre, roulant sur le talus, se précipita comme un ruisseau de flammes, et vint s'éteindre en frémissant dans la mer. Dix minutes après le même phénomène se renouvela, et ainsi de dix minutes en dix minutes pendant toute la nuit.

J'avoue que cette nuit est une des plus curieuses que j'aie passées de ma vie ; nous ne pouvions nous arracher, Jadin et moi, à ce terrible et magnifique spectacle. Il y avait des détonations telles que l'air en semblait tout ému, et que l'on croyait voir trembler l'île comme un enfant effrayé ; il n'y avait que Milord que ce feu d'artifice mettait dans un état d'exaltation impossible à décrire ; il voulait à tout moment sauter à l'eau pour aller dévorer cette lave ardente, qui retombait quelquefois à dix pas de nous pareille à un météore qui se précipiterait dans la mer.

Quant à notre équipage, habitué qu'il était à ce spectacle, il nous avait demandé si nous avions besoin de quelque chose; puis, sur notre réponse négative, il s'était retiré dans l'entrepont sans que les éclairs qui illuminaient l'air, ni les détonations qui l'ébranlaient eussent l'influence de le distraire de son sommeil.

Nous restâmes ainsi jusqu'à deux heures du matin; enfin, écrasés de fatigue et de sommeil, nous nous décidâmes à rentrer dans notre cabine. Quant à Milord, rien ne put le déterminer à en faire autant que nous, et il resta toute la nuit sur le pont à rugir et à aboyer contre le volcan.

Le lendemain, au premier mouvement du speronare, nous nous réveillâmes. Avec le retour de la lumière, la montagne avait perdu toute sa fantasmagorie.

On entendait toujours les détonations; mais la flamme avait cessé d'être visible; et cette lave, ruisseau ardent la nuit, se confondait pendant le jour avec la cendre rougeâtre sur laquelle elle roulait.

Dix minutes après nous étions de nouveau en face du port. Cette fois on ne nous fit aucune difficulté pour l'entrée. Pietro et Giovanni descendirent avec nous; ils voulaient nous accompagner dans notre ascension.

Nous entrâmes, non pas dans une auberge (il n'y en a pas à Stromboli), mais dans une maison dont les propriétaires étaient un peu parens de notre capitaine. Comme il n'eut pas été prudent de nous mettre en route à jeun, Giovanni demanda à nos hôtes la permission de nous faire à déjeuner chez eux tandis que Pietro irait chercher des guides, cette permission non-seulement nous fut accordée avec beaucoup de grâce, mais encore notre hôte sortit aussitôt et revint un instant après avec le plus beau raisin et les plus belles figues d'Inde qu'il avait pu trouver.

Comme nous achevions de déjeuner, Pietro arriva avec deux Strombolliotes qui consentaient, moyennant une demi-piastre chacun, à nous servir de guides. Il était déjà près de huit heures du matin : pour sauver au moins notre ascension de la trop grande chaleur, nous nous mîmes à l'instant même en route.

La cime de Stromboli n'est qu'à douze ou quinze cents pieds au-dessus du niveau de la mer; mais son inclinaison est telle qu'on ne peut point monter d'une manière directe, et qu'il faut zigzaguer éternellement. D'abord, et en sortant du village, le chemin fut assez facile; il s'élevait au milieu des vignes chargées de raisins qui font tout le commerce de l'île, et auxquelles les grappes pendaient en si grande quantité que chacun en prenait à son plaisir sans en demander en rien la permission au propriétaire; mais une fois sortis de la région des vignes, nous ne trouvâmes plus de chemins, et il nous fallut marcher à l'aventure, cherchant le terrain le meilleur et les pentes les moins inclinées. Malgré toutes ces précautions, il arriva un moment où nous fûmes obligés de monter à quatre pattes : ce n'était encore rien que de monter; mais cet endroit franchi, j'avoue qu'en me retournant et en le voyant incliné presqu'à pic sur la mer, je demandais avec terreur comment nous ferions pour redescendre; nos guides alors dirent que nous descendrions par un autre chemin : cela me tranquillisa un peu. Ceux qui ont le malheur d'avoir comme moi des vertiges, sauront qu'ils voient le vide sous leurs pieds comprendront ma question et surtout l'importance que j'y attachais.

Ce casse-cou franchi, pendant un quart d'heure à peu près la montée devint plus facile; mais bientôt nous arrivâmes à un endroit qui nous parut abord me paraît infranchissable : c'était une arête parfaitement aiguë qui formait l'orifice du premier volcan, et qui, d'une part, se découpait à pic sur le cratère, et de l'autre descendait par une pente tellement rapide jusqu'à la mer, qu'il me semblait que si d'un côté je devais tomber d'aplomb, de l'autre côté je ne pouvais manquer de rouler du haut jusqu'en bas. Jadin lui-même, qui ordinairement grimpait comme un chamois sans jamais s'inquiéter de la difficulté du terrain, s'arrêta court en arrivant à ce passage, et demanda s'il n'y avait pas moyen de l'éviter.

Comme on le pense bien, c'était impossible.

Il fallut en prendre notre parti. Heureusement la pente dont j'ai parlé se composait de cendres dans lesquelles on enfonçait jusqu'aux genoux, et qui, par leur friabilité même, offraient une espèce de résistance. Nous commençâmes donc à nous hasarder sur ce chemin, où un danseur de corde eût demandé son balancier, et, grâce à l'aide de nos matelots et de nos guides, nous le franchîmes sans accident. En nous retournant nous vîmes Milord qui était resté de l'autre côté, non pas qu'il eût peur des vertiges ni qu'il craignît de rouler ou dans le volcan ou dans la mer; mais il avait mis la patte dans la cendre, et il l'avait trouvée d'une température assez élevée pour y regarder à deux fois; enfin, lorsqu'il vit que nous continuions d'aller en avant, il prit son parti, traversa le passage au galop, et nous rejoignit visiblement inquiet de ce qui allait se passer après un pareil début.

Les choses se passèrent mieux, pour le moment du moins, que nous ne nous y attendions : nous n'avions plus qu'à descendre par une pente assez douce, et nous parvînmes, après dix minutes de marche à peu près, sur une plate-forme qui domine le volcan actuel. Arrivés sur ce point, nous assistions à toutes ses évolutions; et quelque envie qu'il en eût, il n'y avait plus moyen à lui d'avoir des secrets pour nous.

Le cratère de Stromboli a la forme d'un vaste entonnoir, au fond et au milieu duquel est une ouverture par laquelle entrerait un homme à peu près, et qui communique avec le foyer intérieur de la montagne; c'est cette ouverture qui, pareille à la bouche d'un canon, lance une nuée de projectiles qui, en retombant dans le cratère, entraînent avec eux sur sa pente inclinée des pierres, des cendres et de la lave, lesquelles, roulant vers le fond, bouchent cet entonnoir. Alors le volcan semble rassembler ses forces pendant quelques minutes, comprimé qu'il est par la clôture de sa soupape; mais au bout d'un instant sa fumée tremble comme haletante; on entend un mugissement sourd courir dans les flancs creux de la montagne; enfin la canonnade éclate de nouveau, lançant à deux cents pieds au-dessus du sommet le plus élevé de nouvelles pierres et de nouvelles laves qui, en retombant et en refermant l'orifice du passage, préparent une nouvelle irruption.

Vu d'où nous étions, c'est-à-dire de haut en bas, ce spectacle est superbe et effrayant; à chaque convulsion intérieure qu'éprouve la montagne, on la sent frémir sous soi, et il semble qu'elle va s'entr'ouvrir; puis vient l'explosion, pareille à un arbre gigantesque de flamme et de fumée qui secoue ses feuilles de lave.

Pendant que nous examinions ce spectacle, le vent changea tout à coup : nous nous en aperçûmes à la fumée du cratère, qui, au lieu de continuer à s'éloigner de nous comme elle avait fait jusqu'alors, plia sur elle-même comme une colonne qui faiblit, et, se dirigeant de notre côté, nous enveloppa de ses tourbillons avant que nous eussions eu le temps de les éviter; en même temps la pluie de lave et de pierres, cédant à la même influence, tomba tout autour de nous : nous risquions d'être à la fois étouffés par la fumée, et tués ou brûlés par les projectiles. Nous fîmes donc une retraite précipitée vers un autre plateau, moins élevé d'une centaine de pieds et plus rapproché du volcan, à l'exception de Pietro, qui resta un moment en arrière, alluma sa pipe à un morceau de lave, et, après cette fanfaronnade toute française, vint nous rejoindre tranquillement.

Quant à Milord, il fallut le retenir par la peau du cou, attendu qu'il voulait se jeter sur cette lave ardente, comme il avait l'habitude de le faire sur les fusées, les marrons et autres pièces d'artifice.

Notre retraite opérée, nous nous trouvâmes mieux encore dans cette seconde position que dans la première : nous étions rapprochés de l'orifice du cratère, qui n'était plus distant de nous que d'une vingtaine de pas et que nous dominions de cinquante pieds à peine. D'où nous étions parvenus, nous pouvions distinguer plus facilement encore le travail incessant de cette grande machine, et voir la flamme en sortir presque incessamment. La nuit, ce spectacle doit être quelque chose de splendide.

Il était plus de deux heures quand nous songeâmes à partir; il est vrai que nos gens nous avaient dit qu'il ne nous faudrait pas plus de trois quarts d'heure pour regagner le village. J'avoue que je n'étais pas sans inquiétude sur la façon dont s'exécuterait cette course si rapide ; je sais que presque toujours on descend plus vite qu'on ne monte, mais je sais aussi, et par expérience, que presque toujours la descente est plus dangereuse que la montée. Or, à moins que de rencontrer sur notre chemin des passages tout à fait impraticables, je ne comprenais rien de pire que ce que nous avions vu en venant.

Nous fûmes bientôt tirés d'embarras. Après un quart d'heure de marche sous un soleil dévorant, nous arrivâmes à cette grande nappe de cendres que nous avions déjà traversée à son sommet, et qui descendait jusqu'à la mer par une inclinaison tellement rapide qu'il n'y avait que la friabilité du terrain même qui pût nous soutenir. Il n'y avait pas à reculer, il fallait s'en aller par là ou par le chemin que nous avions pris en venant. Nous nous aventurâmes sur cette mer de cendres. Outre sa position presque verticale, qui m'avait frappé d'abord, exposée tous les jours au soleil depuis neuf heures du matin jusqu'à trois heures de l'après-midi, elle était bouillante.

Nous nous y élançâmes en courant ; Milord nous précédait, ne marchant que par bonds et par sauts, ce qui donnait à son allure une apparence de gaieté qui faisait plaisir à voir. Je fis remarquer à Jadin que de nous tous c'était Milord qui paraissait le plus content, lorsque tout à coup nous avisâmes la véritable cause de cette apparente allégresse ; la malheureuse bête, plongée jusqu'au cou dans cette cendre bouillante, cuisait comme une châtaigne. Nous l'appelâmes ; il s'arrêta bondissant sur place : en un instant nous fûmes à lui, et Jadin le prit dans ses bras.

Le malheureux animal était dans un état déplorable : il avait les yeux sanglants, la gueule ouverte, la langue pendante ; tout son corps, chauffé au vif, était devenu rose-tendre ; il haletait à croire qu'il allait devenir enragé.

Nous-mêmes étions écrasés de fatigue et de chaleur ; nous avisâmes un rocher qui surplombait et qui jetait un peu d'ombre sur ce tapis de feu. Nous gagnâmes son abri, tandis qu'un de nos guides allait à une fontaine, qu'il prétendait être dans les environs, nous chercher un peu d'eau dans une tasse en cuir.

Au bout d'un quart d'heure nous le vîmes revenir : il avait trouvé la fontaine à peu près tarie ; il avait cependant, moitié sable moitié eau, rempli notre tasse. Pendant sa course, le sable s'était précipité ; de sorte qu'en arrivant le liquide était potable. Nous bûmes l'eau, Jadin et moi ; Milord mangea la boue.

Après une halte d'un demi-heure, nous nous remîmes en route toujours courant, car nos guides étaient aussi pressés que nous d'arriver de l'autre côté de ce désert de cendres. Nos matelots surtout, qui marchaient nu-pieds, avaient les jambes excoriées jusqu'aux genoux.

Nous parvînmes enfin à l'extrémité de ce nouveau lac de Sodome, et nous nous retrouvâmes dans une oasis de vignes, de grenadiers et d'oliviers. Nous n'eûmes pas le courage d'aller plus loin. Nous nous couchâmes dans l'herbe, et nos guides nous apportèrent une brassée de raisins, et plein un chapeau de figues d'Inde.

C'était à merveille pour nous ; mais il n'y avait pas dans tout cela la moindre goutte d'eau à boire pour notre pauvre Milord, lorsque nous nous aperçûmes qu'il dévorait la pelure des figues et le reste des grappes de raisin. Nous lui fîmes alors part de notre repas, et, pour la première et la dernière fois de sa vie probablement, il dîna moitié figues moitié raisin.

J'ai eu souvent envie de me mettre à la place de Milord, et d'écrire ses mémoires comme Hoffmann a écrit ceux du chat Moar ; je suis convaincu qu'il aurait eu, vus du point de vue canin (je demande pardon à l'Académie du mot), des aperçus extrêmement nouveaux sur les peuples qu'il a visités et les pays qu'il a parcourus.

Un quart d'heure après cette halte nous étions au village, consignant sur nos tablettes cette observation judicieuse, que les volcans se suivent et ne se ressemblent pas : nous avions manqué geler en montant sur l'Etna, nous avions pensé rôtir en descendant du Stromboli.

Aussi étendîmes-nous, Jadin et moi, la main vers la montagne, et jurâmes-nous, au mépris du Vésuve, que Stromboli était le dernier volcan avec lequel nous ferions connaissance.

Outre les métiers de vigneron et de marchand de raisins secs qui sont les deux principales industries de l'île, les Strombolietes font aussi d'excellens marins. Ce fut sans doute grâce à cette qualité que l'on fit de leur île la succursale de Lipari, et le magasin où le roi Éole renfermait ses vents et ses tempêtes. Au reste, ces dispositions nautiques n'avaient point échappé aux Anglais, qui, lors de leur occupation de la Sicile, recrutaient tous les ans dans l'archipel lipariote trois ou quatre cents matelots.

LA SORCIÈRE DE PALMA.

Le même jour, à quatre heures du soir, nous sortîmes du port. Le temps était magnifique, l'air limpide, la mer à peine ridée. Nous nous retrouvions à peu près à la même hauteur de laquelle nous avions découvert en venant, six semaines auparavant, les côtes de la Sicile ; avec cette différence, que nous laissions Stromboli derrière nous, au lieu de l'avoir à notre gauche. De nouveau, nous apercevions à la même distance, mais sous un aspect différent, les montagnes bleues de la Calabre et les côtes capricieusement découpées de la Sicile, qui dominaient le cône de l'Etna, qui depuis notre ascension s'était couvert d'un large manteau de neige. Enfin, nous venions de visiter tout cet archipel fabuleux que Stromboli éclaire comme un phare. Cependant, habitués que nous étions déjà à tous ces magnifiques horizons, à peine jetions-nous sur eux, maintenant, un œil distrait. Quant à nos matelots, la Sicile, comme on le sait, était leur terre natale, et ils passaient indifférens et insoucieux au milieu des plus riches aspects de ces mers que depuis leur enfance ils avaient sillonnées dans tous les sens. Jadin, assis à côté du pilote, faisait un croquis de Strombolino, fragment détaché de Stromboli par le même cataclysme peut-être qui détacha la Sicile de l'Italie, et qui achève de s'éteindre dans la mer ; tandis que, debout et appuyé sur la couverture de la cabine, je consultais une carte géographique, cherchant quelle route je pouvais prendre pour revenir à travers les montagnes de Reggio à Cosenza. Au milieu de mon examen, je levai la tête et je m'aperçus que nous étions à la hauteur du cap Blanc ; puis, reportant mes yeux de la terre sur la carte, je vis indiqué, comme éloigné de deux lieues à peine de ce promontoire, le petit bourg de Bauso. Ce nom éveilla aussitôt un souvenir confus dans mon esprit. Je me rappelai que dans nos bavardages du soir, pendant une de ces belles nuits étoilées que nous passions quelquefois tout entières couchés sur le pont, on avait raconté quelque histoire où se trouvait mêlé le nom de ce pays. Ne voulant pas laisser échapper cette occasion de grossir ma collection de légendes, j'appelai le capitaine. Le capitaine fit aussitôt un signe pour imposer silence à l'équipage, qui, selon son habitude, chantait en chœur ; ôta son bonnet phrygien, et s'avança vers moi avec cette expression de bonne humeur qui faisait le fond de sa physionomie.

— Votre Excellence m'a appelé ? me dit-il.
— Oui, capitaine.
— Je suis à vos ordres.
— Capitaine, ne m'avez-vous point, un jour ou une nuit, je ne sais plus quand, raconté quelque chose, comme une histoire, où il était question du village de Bauso ?
— Une histoire de bandit ?

— Oui, je crois.
— Ce n'est pas moi, Excellence ; c'est Pietro.

Et se retournant, il appela Pietro. Pietro accourut, battit un entrechat, malgré l'état déplorable où les cendres de Stromboli avaient mis ses jambes, et resta devant nous immobile et la main à son front comme un soldat qui salue, et avec une gravité pleine de comique.

— Votre Excellence m'appelle? demanda-t-il.

Au même instant tout l'équipage, pensant qu'il s'agissait d'une représentation chorégraphique, s'approcha de nous, et je me trouvai former le point central d'un demi-cercle qui embrassait toute la largeur du speronare. Quant à Jadin, comme il avait fini son croquis, il poussa son album dans une des onze poches de sa veste de panne, battit le briquet, alluma sa pipe, monta sur le bastingage, se retenant de chaque main à un cordage, afin, autant que possible, d'être sûr de ne point tomber à la mer, et commença à suivre des yeux chaque bouffée qu'il expectorait avec l'attention grave d'un homme qui tient à acquérir des notions exactes sur la direction du vent. Au même instant, Philippe, le ménétrier de la troupe, qui, pour le moment, était occupé à peler des pommes de terre dans l'entrepont, passa la tête par une écoutille et, faisant trêve pour un instant à ses travaux culinaires, se mit à siffler l'air de la tarentelle.

— Il n'est pas question de danse pour le moment, dit le capitaine à Pietro ; c'est Sa Seigneurie qui se rappelle que tu lui as parlé de Bauso.

— Oh ! reprit Pietro, oui, oui ; à propos de Pascal Bruno, n'est-ce pas ? un brave bandit. Je me le rappelle bien. Je l'ai vu quand je n'étais pas plus grand que le gamin du capitaine. Quand il avait peur de ne pas dormir tranquille chez lui, il venait demander l'hospitalité à mon père pour une nuit. Il savait bien que ce n'étaient pas les pêcheurs qui le trahiraient. Alors, au moment où nous allions partir pour la pêche, nous le voyions descendre de la montagne ; il nous faisait un signe, nous l'attendions, il se couchait au fond de la barque, sa carabine auprès de lui, ses pistolets à sa ceinture, et il dormait aussi tranquille que le roi dans son château, et pourtant sa tête valait 8,000 piastres.

— Blagueur ! dit Jadin en laissant tomber l'accusation de toute sa hauteur et de tout son poids, entre deux bouffées de fumée.

— Comment ! qu'est-ce qu'il dit ? que c'est pas vrai, votre ami : demandez plutôt au capitaine Aréna.

— C'est vrai, dit le capitaine.

— Est-ce que vous ne pourriez pas nous raconter son histoire ?

— Oh ! son histoire, elle est longue.

— Tant mieux, répondis-je.

— C'est que je ne la connais pas bien, dit Pietro en se grattant l'oreille ; et puis, comme je suis prévenu que tout ce que je vous dis sera imprimé un jour dans les livres, je ne voudrais pas vous conter de menteries, voyez-vous. Nunzio, Nunzio ! A l'appel de Pietro, nous nous tournâmes vers le point où nous savions que devait être celui qu'il appelait, et nous vîmes en effet sa tête apparaître de l'autre côté de la cabine.

— Nunzio, lui dis-je, vous qui savez tout, savez-vous l'histoire de Pascal Bruno ?

— Quant à ce qui est de tout savoir, dit le pilote avec le ton de gravité qui ne l'abandonnait jamais, il n'y a guère que Dieu qui, sans amour-propre, puisse se vanter d'en savoir si long, sans l'avoir appris. Mais, relativement à Pascal Bruno, je n'en sais pas grand'chose, si ce n'est qu'il est né à Calvaruso et qu'il est mort à Palerme.

— En ce cas, pilote, j'en sais encore plus que vous, dit Pietro.

— C'est possible, dit Nunzio en disparaissant graduellement derrière la cabine.

— Mais quel moyen y aurait-il donc, continuai-je en insistant, de se procurer des détails exacts sur cet homme ? en connaissez-vous quelques-uns, vous, capitaine ?

— Non, ma foi ! tout ce que je sais, c'est qu'il était enchanté.

— Comment, enchanté ?

— Oui, oui ; il avait fait un pacte pour un temps avec le diable, de sorte que ni balles ni poignards ne pouvaient le tuer.

— Farceur de capitaine ! dit Jadin en crachant dans la mer.

— Comment, repris-je répondant à la chose avec le même sérieux qu'elle avait été dite, vous croyez qu'on peut faire un pacte ?

— Je n'en ai jamais fait pour mon compte, répondit le capitaine ; mais voilà Pietro qui en a fait un.

— Comment, Pietro ! vous avez vendu votre âme ?

— Oh, que non pas ! le diable en avait bonne envie, dit Pietro ; mais le fils de ma mère est aussi fin que lui. Imaginez-vous, j'avais dix-huit ans, j'étais ambitieux comme tout. Je voulais pêcher plus de poisson que n'en pêchaient mes camarades ; j'ai été pêcheur avant d'être matelot : donc, j'allai trouver une vieille sorcière, une stryge de Taormine ; elle me dit que je n'avais qu'à lui donner la moitié du poisson que je prendrais, et qu'elle me préparerait tous les soirs mes appâts. C'était dit. Ça dura un an. Pendant cette année-là j'en ai pris, du poisson, quatre fois plus que d'habitude, voyez-vous. Au bout de l'année, je lui dis : Va toujours, hein ! la mère. — Oui, qu'elle me dit ; mais cette année je veux t'enrichir. L'année passée tu n'as pêché que du poisson, cette année-ci je veux te faire pêcher du corail. — Non, mère, que je lui répondis ; j'ai un de mes camarades qui a été coupé en deux par un chien de mer, et je ne me sens pas de vocation pour ça. — Eh bien ! dit la vieille, tu me signeras un papier, et je te donnerai un onguent avec lequel tu te frotteras, et les chiens de mer ne pourront rien sur toi. — Bon, bon, je lui ai dit ; je connais votre drogue, en voilà assez, n'en parlons plus. Je pris mon bonnet, je courus chez le curé, je lui fis chanter une messe, et tout fut dit. Le lendemain, le surlendemain, je suis retourné à la pêche ; bonsoir, pas un rouget. Alors, quand j'ai vu que ça me mordait pas, je me suis fait mariner. Voilà quinze ans que je le suis. Et, comme vous le voyez, ça ne m'a pas mal profité, puisque j'ai l'honneur d'être au service de Votre Seigneurie.

— Vil flatteur ! dit Jadin en lui donnant un coup de pied d'amitié dans le dos.

— Eh bien, capitaine ! pour en revenir à Pascal Bruno ; il paraît qu'il avait été moins scrupuleux que Pietro, lui.

— Oui, répondit gravement le capitaine ; et la preuve, c'est que, quand on l'a pendu à Palerme, le diable a jeté un si grand cri en lui sortant du corps, que mon père, qui, en sa qualité de capitaine de milice, assistait à l'exécution, s'est sauvé à la tête de sa compagnie, et que dans la bousculade on lui a volé sa giberne et les boucles d'argent de ses souliers. Ça, voyez-vous, par exemple, je peux vous le certifier, car il me l'a bien raconté cent fois.

— Écoutez, dit Pietro, qui, pendant le couplet du capitaine, paraissait avoir profondément réfléchi, voulez-vous des renseignemens sûrs et certains ?

— Mais sans doute, puisqu'il y a une heure que j'en demande.

— Eh bien ! attendez. Nunzio, quand serons-nous à Messine ?

— Ce soir, deux heures après l'Ave-Maria.

— C'est cela, vers les neuf heures, voyez-vous. Eh bien ! nous serons donc ce soir à Messine sur les neuf heures. Ça c'est l'Évangile, puisque le vieux l'a dit. Vous n'irez pas coucher à terre cette nuit, vu qu'il sera trop tard pour que le capitaine fasse viser sa patente ; mais demain, au point du jour, vous pourrez descendre prendre une voiture, et comme il n'y a que huit lieues de Messine à Bauso, vous y serez en trois heures.

— Pardieu ! fis-je en l'interrompant, vous avez là une merveilleuse idée, mais je crois que j'en ai encore une meilleure.

— Et laquelle ?

— N'allons pas à Messine, et allons directement au cap

Blanc; c'est à peu près la même distance, et le vent est favorable. Hé bien! qu'avez-vous donc?

Cette question était motivée par l'effet que ma proposition venait de produire sur l'équipage. Pietro et ses camarades, si gais il n'y avait qu'un instant, se regardaient avec une sorte d'épouvante. Philippe était rentré dans l'entrepont comme si le diable l'eût tiré par les pieds; le capitaine était devenu pâle comme un mort.

— Nous irons au cap Blanc si Votre Excellence l'exige, dit-il d'une voix altérée; nous sommes ici pour obéir à ses ordres; mais si la chose lui était égale, au lieu d'aller au cap Blanc, nous irions, comme nous en étions convenus d'abord, à Messine; nous lui en serions tous on ne peut plus reconnaissans. N'est-ce pas, les autres?

Tous les matelots firent silencieusement un signe de tête approbatif.

— Puis-je au moins savoir le motif de votre répugnance? demandai-je.

— Pietro vous contera cela : il y était, lui.

— Eh bien! mes enfans, allons à Messine.

Le capitaine me prit la main et la baisa. Pietro respira comme si on lui eût enlevé le Stromboli de dessus la poitrine, et le reste de l'équipage parut aussi joyeux que si j'avais donné dix piastres de gratification à chaque homme. On rompit aussitôt les rangs, et chacun retourna à son poste; à l'exception de Pietro, qui s'assit sur une barrique.

— En ce cas, dit Jadin en sautant du bastingage sur le pont, je ne vois plus aucun motif de ne pas faire frire des pommes de terre.

Et comme il comprenait assez médiocrement le patois sicilien, il descendit à la cuisine pendant que, pour ne pas perdre un mot de l'intéressant récit qui m'attendait, j'allai m'asseoir près de Pietro.

Voyez-vous, me dit Pietro, il y a onze ans de cela; nous étions en 1824. Le capitaine Aréna, pas celui-ci, son oncle, venait de se marier; c'était un beau jeune homme de vingt-deux ans, qui avait un petit bâtiment à lui avec lequel il faisait le commerce tout le long des côtes. Il avait épousé une fille du village della Pace; vous le connaissez bien, c'est le pays qui est entre Messine et le Phare, et dont nous sommes quasi tous. Nous avions fait une noce enragée pendant trois jours, et le quatrième, qui était un dimanche, nous étions allés au lac de Pantana. C'était le jour de la procession de Saint-Nicolas, procession à laquelle vous avez assisté cette année, et ce jour-là c'est grande fête. On descend sa chaise comme vous savez; on tire des feux d'artifice, des coups de fusil, et l'on danse. Antonio donnait le bras à sa femme, lorsqu'il sent qu'on le coudoie et qu'il entend prononcer son nom. Il se retourna; c'était une femme couverte d'un voile de taffetas noir, comme vous avez pu voir que les Siciliennes en portent, mais pour sortir dans les rues et non pour aller aux fêtes. Il croit qu'il s'est trompé, il continue sa route. C'est bien. Cinq minutes après, même répétition; on le coudoie de nouveau et on répète son nom. Cette fois-là il était bien sûr de son fait; mais comme il était avec sa femme, il ne fait encore signe de rien. Enfin ça recommence une troisième fois. Oh! pour le coup il perd patience. Tiens, Pietro, qu'il me dit, reste auprès de ma femme; je vois là-bas quelqu'un à qui il faut que je parle. Je ne me le fais pas dire deux fois; je prends la menotte de la mariée, je la passe sous mon bras, et me voilà fier comme un paon de promener la femme de mon capitaine. Quant à lui, il était filé.

Tout en marchant, nous arrivons auprès d'un ménétrier qui jouait la tarentelle sur sa guitare. Quand j'entends ce diable d'air, vous savez, je n'y peux pas tenir; faut que je saute. Je propose la petite contredanse à la femme du capitaine : nous nous mettons en face l'un de l'autre, et allez. Au bout de cinq minutes, on faisait cercle autour de nous. Tout à coup, parmi ceux qui nous regardent, j'aperçois le capitaine Antonio, mais si pâle, si pâle, que je crus, ma parole d'honneur, que c'était son ombre. J'en perds la mesure, et je tombe d'aplomb sur les deux talons sur les pieds du pilote. Ah! lui dis-je, je vous demande excuse, Nunzio, c'est une crampe qui me prend. Dansez donc un instant à ma place. Il est très-complaisant, tel que vous le voyez, le pilote, et si dur au mal, que c'est un bœuf pour la constance. Il se mit à danser sur un pied; je lui avais écrasé l'autre. Pendant ce temps, je fais un signe au capitaine; il vient à moi. —Eh bien! lui dis-je, qu'est-ce qu'il y a donc?

— Je l'ai revue.
— Qui?
— Giulia.
— La jolie sorcière?
— Oui.
— Que vous a-t-elle dit?
— Rien; des folies.
— Est-ce qu'elle vous aime toujours?
— Je ne sais; mais j'ai eu tort de la suivre. Où est ma femme?
— Ne la voyez-vous pas? elle danse la tarentelle avec Nunzio.
— Ah! oui, c'est vrai. Crois-tu que ce qu'on raconte d'elle soit vrai?
— De votre femme?
— Non, de Giulia. Crois-tu qu'elle soit sorcière?
— Dame! on dit qu'à Palma elles sont toutes des stryges.

Le capitaine se passa la main sur le front. Il suait à grosses gouttes. Dans ce moment la tarentelle finissait. Sa femme vint reprendre son bras. Antonio lui proposa de revenir à sa maison. Elle ne demandait pas mieux : une nouvelle mariée, vous comprenez, ça ne hait pas le tête-à-tête. Le capitaine me fit un signe qui signifiait : Pas un mot! Je répondis par un autre signe qui voulait dire : Ça suffit. Et nous tournâmes le dos comme si nous ne nous étions jamais vus.

— Mais qu'est-ce que c'était que Giulia? interrompis-je.

— Ah! voilà. Vous saurez qu'il y avait un an, à la fête de Palma, où le capitaine Aréna Antonio, toujours l'oncle du nôtre...

— Je comprends bien.

— Était allé malgré nous; il prit parti pour une jeune fille qu'un matelot calabrais insultait : ça commença par des mots et ça finit par un coup de couteau que reçut le capitaine, mais un mauvais coup : trois pouces de fer. Heureusement c'était du côté droit; si ça avait été aussi bien du côté gauche, le cœur était percé. On l'avait donc porté chez une vieille femme, et on avait fait venir le médecin, un brave médecin. Oh! oh! s'il était dans une grande ville il ferait sa fortune; mais à Palma il n'y a pas assez de malades; de sorte qu'il est obligé de faire un peu de tout. Il ferre les chevaux, il donne à boire, il...

— Parfaitement, je suis fixé.

— Il vit le capitaine, il l'examina, il fourra le doigt dans la plaie. Il n'y a rien à faire, dit-il; tous les médecins de Catanzaro et de Cosenza seraient là, qu'ils n'y feraient ni chaud ni froid; c'est un homme perdu; tournez-lui le nez du côté du mur, et qu'il meure tranquille. Ce sont les gens qui étaient là qui ont répété depuis ses propres paroles au capitaine. Il n'entendait rien du tout, lui; il était sans connaissance, et pourtant il souffrait comme un damné. Ce qui fut dit fut fait : on alluma un cierge près de son lit, et la vieille se mit à dire son rosaire dans un coin : on le croyait mort.

Sur la mi-nuit, voilà que le capitaine, qui avait toujours les yeux fermés, sent quelque chose comme du mieux. Il respirait, quoi! il lui semblait, il m'a raconté ça vingt fois, pauvre capitaine! il lui semblait qu'on lui ôtait la cathédrale de Messine de dessus la poitrine. Ça lui faisait du bien et puis du bien, tant qu'il ouvrit les yeux et qu'il crut qu'il rêvait. La vieille s'était endormie dans un coin en marmottant ses prières; et à la lueur du cierge qui veillait, il vit une jeune fille penchée sur lui; elle avait la bouche appuyée contre sa poitrine et elle suçait sa plaie. Comme la fenêtre était ouverte et qu'il voyait un beau ciel étoilé, il crut que c'était un ange qui était descendu d'en haut. Alors il ne dit rien et la laissa faire, car il avait peur, s'il parlait, que la jeune fille ne disparût. Au bout d'un instant, elle détacha sa bouche de la plaie, prit dans un petit mortier une poignée d'herbes pilées et en pressa le suc sur la blessure, après quoi elle plia son mouchoir en quatre et le lui posa sur la plaie en guise d'appareil ; enfin, voyant qu'il ne bougeait pas, elle approcha sa figure de la sienne, comme pour sentir s'il respirait. C'est alors seulement que le capitaine reconnut la jeune fille pour laquelle il s'était battu ; il voulut parler, mais elle lui mit la main sur la bouche et, portant le doigt à ses lèvres, elle lui indiqua qu'il fallait qu'il gardât le silence ; puis, se retirant sans bruit, comme si elle glissait sur la terre au lieu de marcher, elle ouvrit la porte et disparut. Le capitaine, oh ! il me l'a dit, et ce n'était pas un menteur, crut que c'était un rêve ; il mit la main sur sa blessure pour voir si elle était véritable, il sentit le mouchoir mouillé ; il lui sembla alors qu'en le pressant contre sa poitrine il éprouvait du soulagement, et c'était vrai, à ce qu'il paraît, puisqu'il s'endormit d'un sommeil si tranquille qu'il se réveilla le lendemain dans la même position et la main toujours au même endroit.

A peine avait-il ouvert les yeux, que le médecin entra.
— Eh bien ! la mère, dit-il, notre malade est-il mort ?
— Ma foi ! je ne sais pas, dit la vieille ; seulement je sais qu'il n'a pas souffert.

Le capitaine fit un mouvement dans son lit.
— Ah ! le voilà qui remue, dit le médecin ; eh bien ! je vous en réponds, le gaillard a la vie dure ! A ces mots, il s'approcha du lit, le blessé se retourna de son côté —Diable ! dit le médecin, nous avons bon œil, ce me semble ?
— Oui, docteur, dit le capitaine, ça ne va pas mal, et, si ce n'était que je ne sais ce que j'ai fait de mes jambes, je pourrais marcher.
— Ah ! fit le docteur, c'est la fièvre qui se soutient... Voyons un peu cela.

Le capitaine lui tendit le bras, le docteur lui tâta le pouls.
— Pas de fièvre, dit-il ; qu'est-ce que cela veut dire ? voyons la blessure.

Le capitaine retira sa main qu'il avait constamment tenue sur sa poitrine, le médecin souleva le linge, la blessure était ouverte encore, mais dans le meilleur état possible. Alors il vit qu'il s'était trompé et que le malade en reviendrait. Il envoya aussitôt chercher des drogues, prépara un emplâtre et le lui appliqua sur le cou, en lui disant de se tenir tranquille et que tout irait bien. Deux heures après, le capitaine avait une fièvre de cheval ; il souffrait tant qu'un autre en aurait jeté des cris ; mais, comme il était né courageux, il se mordait les poings en disant : C'est pour ton bien Antonio, il faut souffrir pour guérir, mon bon ami ; ça t'apprendra à te mêler des choses qui ne te regardent pas ; puis il disait ses prières pour ne pas jurer. Ça alla comme ça toujours en augmentant jusqu'à la nuit ; enfin, écrasé de fatigue, il s'endormit.

A minuit à peu près, car vous pensez bien qu'il n'avait pas songé à remonter sa montre, il sentit une douleur si vive qu'il se réveilla : c'était la jeune fille de l'autre nuit qui était revenue et qui arrachait l'appareil du docteur. Elle lui fit signe, comme la veille, de se taire ; elle tira de sa poitrine un petit flacon, et laissa tomber sur sa plaie quelques gouttes d'une liqueur verdâtre. Ça lui éteignit le feu qu'il avait dans la poitrine, puis, comme la veille, elle prit des herbes pilées, mais cette fois elle les lui mit sur la blessure, les y assujettit avec une bande, et, comme il étendait les bras vers elle, elle lui fit encore signe de ne pas s'agiter, et disparut ainsi que la première fois. Le capitaine se sentait rafraîchi comme si on l'avait mis dans un bain de lait. Plus de douleur, plus de fièvre, rien que la maudite faiblesse. Enfin il se rendormit.

Il n'était pas encore réveillé le lendemain, quand le docteur lui fit sa visite. Au bruit de ses pas, il ouvrit les yeux.
— De mieux en mieux, dit le médecin ; bon œil ; tirez la langue, bonne langue ; donnez la main, bon pouls ; voyons la blessure.
— Ah ! dit le capitaine en levant la compresse d'herbes et la bande qui la retenait, l'appareil s'est dérangé pendant la nuit.
— N'importe, voyons toujours.

La blessure allait à merveille, elle était presque fermée. Le docteur proposa un second emplâtre pareil à l'autre, et chargea la vieille de l'appliquer sur le côté du malade. Mais à peine eut-il le dos tourné, que le capitaine, qui se rappelait ce qu'il avait souffert la veille, jeta le diable d'emplâtre par la fenêtre, remit sur sa blessure les herbes, toutes sèches qu'elles étaient, et, comme il se sentait bien, il demanda à prendre un bouillon ; mais la vieille lui dit que c'était chose défendue. Il n'y avait pas à dire, il fallait s'en priver ; il passa par tout ce qu'on voulut, et, comme ça allait de mieux en mieux, le soir il dit à la vieille qu'elle pouvait se coucher, qu'il n'avait plus à faire de personne, qu'elle laissât seulement la lampe allumée, et que s'il avait besoin d'elle il l'appellerait. La vieille ne demandait pas mieux, elle fit ce que désirait le capitaine, et elle le laissa seul.

Cette fois, au lieu de s'endormir, il demeura les yeux ouverts et fixés sur la porte. A minuit elle s'ouvrit comme d'habitude, et la jeune fille s'avança vers lui.
— Vous ne dormez pas ? dit-elle au capitaine.
— Non, je vous attends.
— Et comment vous trouvez-vous ?
— Oh ! bien, toute la journée et encore mieux maintenant.
— Votre blessure ?
— Voyez, elle est fermée.
— Oui.
— Grâce à vous, car c'est vous qui m'avez sauvé.
— C'était bien le moins que je vous soignasse, c'était pour moi que vous aviez été blessé : grâce à Dieu, vous êtes guéri.
— Si bien guéri, répondit le capitaine, qui ne perdait pas de vue son bouillon, que je meurs de faim, je vous l'avouerai.

La jeune fille sourit, tira le flacon de la veille, seulement cette fois la liqueur qu'il contenait était rouge comme du vin ; elle le vida dans une petite tasse qu'elle prit sur la cheminée, et la présenta au capitaine.

Quoique ce ne fût pas cela qu'il demandait, il la prit tout de même, y goûta d'abord du bout des lèvres, mais, sentant que c'était doux comme du miel, il l'avala d'une seule gorgée. Si peu de chose que ce fût, ça lui endormit l'estomac ; c'est unique : à peine la valeur d'un petit verre de rosolio ! Ce n'était pas tout, bientôt il sentit une bonne chaleur qui lui courait par tout le corps, et il se croyait dans le paradis. Pauvre capitaine ! il regardait le jeune fille, il lui parlait sans savoir ce qu'il disait : enfin, sentant que ses yeux se fermaient, il lui prit la main et s'endormit.

— N'était-ce point la même liqueur, demandai-je, que, dans une occasion semblable, l'aubergiste Matteo donna à Gaëtano Sferra ?
— Juste la même. Il a habité ces pays-là, le vieux, et il a connu le pauvre fille, qui lui a donné sa recette ; il faut croire, au reste, que c'est une boisson enchantée, car le capitaine fit des rêves d'or : il croyait être à la pêche du corail du côté de Panthellerie, et il en pêchait des branches magnifiques ; il en avait plein son bâtiment, il ne savait plus où en mettre : enfin il fallait bien se décider à aller le vendre. Il partait pour Naples, et il avait un petit vent de demoiselle qui le poussait par derrière comme avec la main. En arrivant dans le port, ses cordages étaient en soie, ses voiles en taffetas rose, et son bâtiment en bois d'acajou. Le roi et la reine, qui étaient prévenus de son arrivée, l'attendaient et lui faisaient signe de la main. Enfin, il descendait à terre, on l'amenait au palais, et là on lui faisait boire de lacryma-christi dans des verres taillés, et manger du macaroni dans des soupières d'argent ; c'était un rêve enfin : on lui achetait son corail plus cher qu'il ne voulait le vendre, et il revenait riche, richissime, et toute la nuit, il n'y a pas à dire, toute la nuit comme ça.
— Il avait pris de l'opium ? interrompis-je.
— C'est possible. Si bien que le lendemain, lorsqu'on le réveilla, il se croyait le grand Turc. Mais quand la vieille entra, il vit bien qu'il se trompait ; il se rappela qu'il était tout bonnement le capitaine Antonio Aréna, qu'il avait été

blessé, et que ce qu'il prenait pour du vin du Vésuve et du macaroni, était tout bonnement quatre gouttes d'une liqueur rouge qu'une jeune fille lui avait versée dans la tasse qui était encore sur la chaise auprès de son lit : mais il ne dit pas un mot de la chose, il demanda seulement à se lever, on lui mit un fauteuil à côté de sa croisée, il prit un bâton et, ma foi ! tant bien que mal il marcha : c'était crâne, tout de même, trois jours après avoir reçu un coup de couteau pareil ; enfin il avait l'air d'un président quand le docteur entra : il n'en revenait pas, pauvre cher homme ! c'était la plus belle cure qu'il eût faite de sa vie. Il s'assit auprès de son malade.

— Eh bien ! capitaine, lui dit-il, il paraît que ça va de mieux en mieux ?

— Vous voyez, docteur, parfaitement.

— Oh ! il n'y a pas besoin de vous tâter le pouls, ni de vous regarder la langue ; il n'y a plus que patience à avoir, et les forces reviendront. Mais quand elles seront revenues, si j'ai un conseil à vous donner, c'est de ne plus vous battre pour toutes les sorcières que vous rencontrerez, parce qu'il y en a quelques-unes en Calabre, voyez-vous.

— Qu'est-ce que vous dites ?

— Je dis que celle pour laquelle vous avez reçu le coup de couteau dont ma science vient de vous guérir, ne valait pas la vie qu'elle a failli vous coûter.

— Comment ?

— Vous ne la connaissez pas ?

— Non.

— Eh bien, c'est Giulia.

— Giulia ! c'est son nom ? après ?

— Eh bien après... c'est le nom d'une sorcière, voilà tout.

— Elle ! elle est sorcière ! — Le capitaine pâlit. — Puis, comme il n'était pas convaincu encore : — Sorcière ? reprit-il : docteur, en êtes-vous bien sûr ?

— Sûr comme de mon existence ; c'est une fille sans père ni mère d'abord. Puis, voyez-vous, elle a été élevée par un vieux berger, un jeteur de sorts, un empoisonneur enfin.

— Mais ce n'est pas une raison pour que cette pauvre fille...

— Cette pauvre fille est une stryge, vous dis-je ; moi, je l'ai rencontrée dans les champs, la nuit, en temps de pleine lune, cherchant les herbes et les plantes avec lesquelles elle fait les maléfices. Quand il arrive un malheur sur la montagne ou sur la plage, qu'un marinier se noie ou qu'un homme reçoit un coup de couteau, elle va les trouver la nuit ; elle les fait revenir avec des paroles magiques ; elle leur donne des breuvages composés avec des plantes inconnues, et quand les malades sont près de guérir, elle leur fait signer un pacte. — Eh bien ! qu'avez-vous donc, capitaine, vous devenez blanc comme un linge.—Une sueur ! oh ! oh ! c'est de la faiblesse. Voyez-vous, vous vous êtes levé trop tôt. C'est égal, cela ira bien demain, je viendrai vous voir.

— Docteur, dit le capitaine, je voudrais régler mon compte avec vous.

— Bah ! ce n'est pas pressé, répondit le docteur.

— Si fait, si fait.

— Eh bien ! mais vous savez d'où je vous ai tiré : vous me donnerez ce que vous voudrez, ce que vous croyez que ça mérite ; je ne fais jamais de prix, moi.

— Un ducat par visite, est-ce bien, docteur ?

— Va pour un ducat par visite.

— Le capitaine lui donna trois ducats, et le docteur sortit.

Un quart d'heure après nous arrivâmes, à trois mariniers de l'équipage du capitaine. Nunzio, mon pauvre frère et moi, nous avions appris l'accident le jour même, et nous avions sauté dans notre barque. Oh ! une petite barque soignée, allez, qui filait comme une hirondelle, et nous avions fait la traversée della Pace à Palma, il y a neuf grandes lieues, il faut vous dire, en trois heures et demie, pas une minute avec ; c'est bien aller, cela, hein !

— Très-bien ; mais il me semble que vous vous écartez de votre récit, mon cher Pietro.

— C'est juste. Ah ! dit le capitaine en nous apercevant,

soyez les bienvenus. Pauvre capitaine ! nous lui baisions les mains comme du pain. Voyez-vous, on nous avait dit qu'il était mort, et nous le retrouvions non-seulement vivant, mais encore levé et avec une bonne mine ; c'est-à-dire que nous ne nous tenions pas de joie.

— Ce n'est pas tout cela, mes enfans, qu'il nous dit ; vous êtes venus avec la barque.

— Oui.

— Eh bien ! il faut la tenir prête pour repartir tous ensemble cette nuit.

— Cette nuit ?

— Chut !

— Capitaine, vous n'y pensez pas, blessé comme vous êtes.

— Il le faut, je vous dis ; pas de raisons, pas de propos, pas d'observations ; quand je vous dis qu'il faut partir, c'est qu'il faut partir.

— Mais si le vent est mauvais ?

— Nous irons à la rame, et ça quand je devrais m'y mettre moi-même.

— Vous, capitaine, allons donc ; c'est bon pour vous amuser, quand vous vous portez bien et qu'il y a bonace ; mais quand vous êtes blessé, ça serait beau.

— Ainsi, c'est convenu.

— Convenu.

— Faites venir du vin, et du meilleur ; c'est moi qui paie.

Nous fîmes venir du petit vin de Calabre et des marrons ; voyez vous, quand vous y passez, en Calabre, n'oubliez pas cela ; car il n'y a que cela de bon dans le pays, le muscat, et les châtaignes. Quant aux hommes, de véritables brigands, qui ont trahi Joachim, et qui l'ont fusillé après.

— Mais il me semble, repris-je, que vous en voulez beaucoup aux Calabrais.

— Oh ! entre eux et nous c'est une guerre à mort ; je vous en raconterai sur eux, soyez tranquille ; mais pour le moment revenons au capitaine ; il prit plein un dé à coudre de vin ; ça lui fit un bien infini. Il sentait ses forces revenir, que c'était une bénédiction ; enfin, à huit heures, nous le quittâmes pour aller tout préparer. A onze heures nous étions revenus ; il s'impatientait beaucoup, le capitaine ; il était levé et prêt à partir.

— Ah ! dit-il, j'avais peur que vous ne tardassiez jusqu'à minuit, — filons.

— Sans rien dire à personne ?

— J'ai payé le médecin, et voilà deux piastres pour la vieille.

— Vous faites les choses grandement, capitaine.

— Pourvu qu'il me reste en arrivant à la Pace deux carlins pour faire dire une messe, c'est tout ce qu'il me faut. En route.

— Oh ! avec votre permission, capitaine, vous ne marcherez pas, nous vous porterons.

— Comme vous voudrez ; mais partons.

Nunzio le prit sur son dos comme on prend un enfant, et, attendu que nous n'étions pas à plus de cent pas de l'endroit où nous avions amarré le canot, en dix minutes nous fûmes arrivés. Au moment où nous posions le capitaine dans la barque, nous vîmes une figure blanche se lever lentement sur un des rochers du rivage ; elle nous regarda un instant, puis elle nous sembla glisser le long de la grande pierre, et elle vint vers nous. Pendant ce temps nous poussions la péniche à la mer, ce qui lui donna le temps de s'approcher ; elle n'était plus qu'à quinze pas à peine, lorsque le capitaine l'aperçut.

— La barque est-elle à flot ? s'écria-t-il en se soulevant, et d'une voix aussi forte que s'il était plein de santé.

— Oui, capitaine, répondîmes-nous tous ensemble.

— Eh bien ! à la rame, mes amis, et au large, vivement au large !

La femme poussa un cri : nous nous retournâmes.

— Qu'est-ce que cette femme ? demanda Nunzio.

— Une sorcière, répondit le capitaine en faisant le signe de la croix.

Le canot bondit sur la mer, emporté comme s'il avait des

ailes; quant à la pauvre créature que nous laissions en arrière, nous la vîmes s'affaisser sur le sable, et elle y resta étendue comme si elle était morte.

Quant au capitaine, il était retombé évanoui au fond de la barque.

UNE TROMBE.

— A table! dit Jadin en reparaissant sur le pont une langouste d'une main, un plat de pommes de terre de l'autre, et une bouteille de vin de Syracuse sous chaque bras. Mais ce jour-là Jadin mangea seul; le capitaine était triste, et il était facile de voir que sa tristesse venait des souvenirs que j'avais éveillés en lui par ma proposition d'aller au cap Blanc. Quant à moi, j'étais préoccupé du récit de Pietro, dans lequel je cherchais la réalité sous la teinte trompeuse dont il l'avait recouverte. Du reste, les obscurités jetées sur certaines parties, obscurités que l'esprit superstitieux du narrateur, au lieu d'éclaircir, épaississait à chaque question nouvelle, la difficulté que j'éprouvais même parfois à comprendre le patois dans lequel le récit m'était fait, tout concourait à transporter les individus, qui s'agitaient dans ce drame simple, sur une scène immense, et, dans ce cadre gigantesque, des ombres poétiques qui paraîtraient d'une forme insolite et d'une couleur étrange au milieu de notre civilisation. J'éprouvais, du reste, un charme extrême à voir, aux mêmes lieux qu'habitaient autrefois les croyances profanes, errer aujourd'hui, comme des ombres du moyen-âge, les superstitions chrétiennes qui, exilées de nos villes et de nos villages, se réfugient sur l'Océan et enveloppent d'une même atmosphère le vaisseau du matelot breton qui vogue vers le Nouveau-Monde, et la barque du marinier de la Méditerranée qui rame vers l'Ancien. Je tenterai donc de faire partager à mes lecteurs les sensations que j'ai éprouvées sans les rationaliser pour eux plus que je ne suis parvenu à le faire pour moi; afin que, blasés comme ils le sont et comme je l'étais sur ces faits positifs de la politique et sur les découvertes exactes de la science, ils respirent comme moi le souffle de cette atmosphère nouvelle, au milieu de laquelle les hommes et les choses perdent leurs contours nets et arrêtés pour nous apparaître avec le vague, la mélancolie et le charme que répandent sur eux la distance, la vapeur et la nuit.

On comprendra donc facilement qu'aussitôt, et même avant la fin du dîner, je me levai et fis signe à Pietro de me suivre. Nous allâmes nous asseoir à l'avant du bâtiment et, tendant la main vers l'horizon, je lui montrai sur les côtes de la Calabre Palma, qui se dorait aux derniers rayons du soleil.

— Oui, oui, me dit-il, je vous comprends, et je n'ai même rien mangé de peur que mon dîner ne m'étouffe en vous racontant ce qui me reste à vous dire, parce que c'est le plus triste, voyez-vous.

— Vous en étiez à l'évanouissement du capitaine.

— Oh! il ne fut pas long, la fraîcheur de la nuit le fit bientôt revenir. Nous arrivâmes sur les quatre heures au village; le même matin, Antonio se confessa; huit jours après, il fit dire une messe, et au bout d'un an, comme je vous l'ai raconté, il épousa sa cousine Francesca.

— N'avait-il pas revu Giulia pendant cet intervalle?

— Non, mais il avait souvent entendu parler d'elle. Depuis l'aventure du coup de couteau, elle était devenue encore plus errante et plus solitaire qu'auparavant; et on disait qu'elle aimait le capitaine : vous jugez bien l'effet que ça lui fit quand il la rencontra près du lac, et qu'il n'est pas étonnant qu'il soit revenu de son entrevue avec elle si pâle et si effaré.

Il faut vous dire qu'au moment de se marier, le capitaine allait faire un petit voyage; nous devions transporter à Lipari une cargaison d'huile de Calabre, et le capitaine avait retardé sa traversée afin de pouvoir charger en repassant de la passoline à Stromboli; de cette manière il n'y avait rien de perdu, ni allée ni retour, et il avait projeté du moment qu'il avait à lui pour se marier avec sa cousine qu'il aimait depuis long-temps.

Trois ou quatre jours après sa rencontre avec Giulia, il me fit venir.

— Tiens, Pietro, me dit-il, va-t-en à Palma à ma place, tu t'entendras avec monsieur Piglia sur le jour où l'huile sera envoyée à San-Giovanni, où il est convenu que nous irons prendre. Tu comprends pourquoi je n'y vas pas moi-même.

— C'est bon, c'est bon, capitaine, répondis-je, j'entends : la sorcière, n'est-ce pas?

— Oui.

— Eh bien! soyez tranquille, la chose sera faite en conscience. En effet, le lendemain je pris la barque; je dis à mon frère et à Nunzio de m'accompagner, et nous partîmes. Arrivé à Palma, je les laissai à bord et je montai chez monsieur Piglia. Oh! avec lui les arrangemens sont bientôt faits; c'est un homme fidèle et sûr, monsieur Piglia. Au bout de cinq minutes tout était fini, et j'aurais pu revenir s'il ne m'avait pas gardé à dîner. Il est comme ça, lui, riche à millions, mais pas fier; il fait mettre un matelot à sa table, et il trinque avec lui. Dame, nous avions trinqué pas mal. Tout à coup, j'entends sonner neuf heures à la pendule, ça me rappelle que les autres m'attendent. — Eh bien! dis-je, c'est convenu, monsieur Piglia; d'aujourd'hui en huit jours l'huile sera à San-Giovanni. — Oh! mon Dieu, vous pouvez l'aller prendre, qu'il me répond. — Alors, je me lève, je salue la société, je m'en vas.

Il faisait nuit noire tout à fait; mais je connaissais mon chemin comme ma poche. Je pris une petite route qui conduisait droit à la mer, et je me mis en route en sifflant. Tout à coup j'aperçois devant moi quelque chose de blanc, qui était assis sur un rocher; je m'arrête, ça se lève; je continue mon chemin, ça se met en travers de ma route. Oh! oh! que je dis, il y a du louche là-dedans; les demoiselles qui se promènent à cette heure-ci ne sont pas sorties pour aller à confesse. C'est drôle au moins, moi, Pietro, qui n'ai pas peur d'un homme, ni de deux hommes, ni de dix hommes, voilà que je sens mes jambes qui tremblent, et puis une sueur froide qui me prend à la racine des cheveux, que j'en frissonne encore. C'est égal, je vas toujours. — Vous devinez que c'était la sorcière, n'est-ce pas?

— Sans doute.

— Eh bien! elle ne bougeait pas plus qu'une borne; mais ce n'est pas là l'étonnant, c'est qu'en arrivant près d'elle : —Pietro, qu'elle me dit —elle savait mon nom, comprenez-vous? — Eh bien! oui, Pietro, que je réponds, après?...

— Pietro, répéta-t-elle, tu fais partie de l'équipage du capitaine Aréna?

— Pardieu! belle malice! C'est connu, ça; si vous n'avez pas autre chose à m'apprendre, ce n'est pas la peine de m'arrêter.

— Tu l'aimes.

— Oh! ça, comme un frère.

— Eh bien! dis-lui de ne faire aucun voyage pendant cette lune-ci; c'est tout. Ce voyage lui serait fatal, à lui et à ses compagnons.

— Bah! vous croyez?

— J'en suis sûre.

— Eh bien! je lui dirai ça.

— Tu me le promets?

— Ma parole!

— C'est bien, passe.

Alors elle se dérangea; je me fis mince pour ne pas la toucher; je continuai ma route pendant vingt pas, pas plus vite les uns que les autres, pour ne pas avoir l'air d'avoir

peur ; mais, au premier tournant, je pris mes jambes à mon cou ; et je détale un peu vite, allez, quand je m'y mets.
— Oui, oui ; je connais vos moyens.
La barque m'attendait. Quand Nunzio et mon frère me virent arriver tout essoufflé, ils se doutèrent bien qu'il y avait quelque chose ; alors ils me prirent chacun par un bras pour m'aider à monter plus vite, et ils se mirent à ramer comme s'ils faisaient la pêche de l'espadon. Ça n'aurait pas pu durer long-temps comme cela ; mais une fois hors de la crique le vent s'éleva, nous hissâmes la voile, et nous arrivâmes vivement au village. J'avais envie d'aller éveiller le capitaine tout de suite, mais je pensai que le lendemain matin il serait temps. D'ailleurs je ne voulais rien dire devant sa femme. Le lendemain j'allai le trouver et je lui contai l'affaire.
— Elle m'a déjà dit la même chose, me répondit il.
— Eh bien ! est-ce que vous n'attendrez pas l'autre lune, capitaine ?
— Impossible. On commence déjà à faire sécher la passoline, et si nous attendions plus long-temps nous arriverions derrière les autres, ce qui fait que nous aurions plus mauvais et plus cher.
— Dame, c'est à vous de voir.
— C'est tout vu. Tu dis que samedi prochain les huiles seront à San-Giovanni, n'est-ce pas ?
— Samedi prochain.
— Eh bien ! samedi prochain nous chargerons, et lundi à la voile.
— C'est bien, capitaine.
Je ne fis pas d'autres observations : je savais qu'une fois qu'il avait arrêté une chose dans sa tête, il n'y avait ni dieu ni diable qui pût le faire changer de résolution ; aussi il ne fut plus ouvert la bouche de la chose : le samedi à cinq heures du matin nous allâmes charger à San-Giovanni. A huit heures du soir les cinquante barriques d'huile étaient à bord, et à minuit nous étions de retour à la Pace. Le capitaine trouva sa femme en larmes, il lui demanda pourquoi elle pleurait, et alors elle lui raconta qu'un jour tombant elle était montée dans le jardin pour aller cueillir des figues d'Inde ; le temps d'en ramasser plein son tablier et la nuit était tombée ; en revenant, elle avait rencontré sur la route une femme enveloppée d'un grand voile de laine blanche, et cette femme lui avait dit que si son mari partait avant la nouvelle lune il lui arriverait malheur.
— C'était toujours Giulia ? demandai-je.
— Vous jugez, pauvre femme ! l'état où elle était. Le capitaine la tranquillisa tant bien que mal, car il n'était pas trop rassuré lui-même ; et au fait il n'y avait pas de quoi l'être. Mais Francesca eut beau dire et beau faire, Antonio ne voulut entendre à rien : le bâtiment était chargé, le prix était fait, le jour arrêté, c'était fini ; tout ce qu'elle put obtenir c'est qu'il irait avec elle le lendemain entendre une messe qu'elle avait été commander à l'église des Jésuites à l'intention de son heureux voyage.
Le lendemain, qui était un dimanche, ils allèrent tous les deux à l'église, la messe était pour huit heures : quelques minutes avant qu'elles ne sonnassent ils étaient arrivés ; ils se mirent à genoux et commencèrent à dire leurs prières. Lorsqu'ils eurent fini, ils levèrent la tête, et au milieu du chœur ils virent une bière couverte d'un drap noir avec des cierges tout autour : un enfant de chœur vint les allumer, et Antonio lui demanda quelle était la messe qu'on allait dire. L'enfant de chœur répondit que c'était celle commandée par la femme du capitaine, et, comme en ce moment le prêtre montait à l'autel, il ne lui fit pas d'autre question. Au même instant la messe commença.
Aux premières paroles que prononça le prêtre le capitaine et sa femme se regardèrent en pâlissant. Cependant tous deux se remirent à prier ; mais lorsque les chantres entonnèrent le De profundis, la pauvre Francesca ne put résister plus long-temps à sa terreur, elle jeta un cri et s'évanouit. Ce cri était si douloureux que le prêtre descendit de l'autel et s'approcha de celle qui l'avait poussé.
— Mais, dit le capitaine d'une voix altérée, quelle diable de messe nous chantez-vous là ?

— L'office des morts, répondit le prêtre.
— Qui vous l'a commandé ?
— Francesca.
— Moi ! un office des morts ! s'écria la pauvre femme. Oh ! non, non ! Je vous ai commandé une messe de bon retour, et non un service funèbre.
— Alors j'ai mal compris, et je me suis trompé, répondit le prêtre.
— Sainte Vierge, ayez pitié de nous ! s'écria Francesca.
— Que la volonté de Dieu soit faite, dit avec résignation le capitaine.
Le surlendemain nous partîmes.
Jamais nous n'avions eu un plus beau temps pour appareiller. Nous passâmes devant le Phare fiers comme si nous avions eu des ailes. Le capitaine avait l'air aussi tranquille que s'il n'avait rien eu au fond du cœur. Mais moi, qui savais la chose, je le vis, quand nous eûmes doublé la tour, jeter deux ou trois coups d'œil du côté de Palma. Enfin il demanda sa lunette, on la lui apporta, il regarda longtemps le rivage, et, sans dire un mot, il me passa l'instrument. Je regardai après lui, et, malgré la distance, je vis Giulia aussi distinctement que je vous vois : elle était assise sur le haut d'un rocher dont la base trempait dans la mer, regardant le bâtiment, et de temps en temps s'essuyant les yeux avec un mouchoir.
— C'est bien elle, dis-je en rendant la longe-vue au capitaine.
— Oui, je l'ai reconnue.
— Est-ce qu'elle va rester longtemps là ? c'est qu'elle m'offusque.
— Crois-tu véritablement qu'elle soit sorcière ?
— Si elle l'est, cap'taine ! j'en mettrais ma main au feu !
— Cependant elle ne m'a jamais fait de mal ; au contraire, sans elle..
— Après ?
— Eh bien ! sans elle, je ne naviguerais plus aujourd'hui. Elle ne peut me vouloir du mal, car, lorsque je l'ai vue au bord du lac, elle ne m'eraçait pas, elle priait, elle pleurait.
— Pardieu ! si ce n'est que cela, elle pleure encore, on le voit bien.
Le capitaine reporta la lunette à son œil, regarda plus attentivement encore que la première fois ; puis, poussant un soupir, il renfonça sa lunette avec la paume de sa main, et passant son bras sous le mien : — Allons faire un tour sur l'avant, me dit il.
— Volontiers, capitaine.
L'équipage n'avait jamais été plus gai ; on riait, on racontait des histoires ; et puis, voyez-vous, quand nous allons dans les îles, c'est une fête ; nous y avons des connaissances, comme vous avez pu voir, de sorte que chacun parlait de sa chacune, et il ne faut pas demander si on riait. Aussitôt qu'ils m'aperçurent : — Allons Pietro, la tarentelle. — Oh ! je ne suis pas en train de danser, que je leur réponds.
— Bah ! nous te ferons bien danser malgré toi, dit mon pauvre frère. Oh ! un bon garçon, voyez vous, dix ans de moins que moi ; je l'aimais comme mon enfant. Alors il se met à siffler, les autres à chanter, et moi, ma foi, je sens la plante de mes pieds qui me démange ; je commence à danser d'une jambe, puis de l'autre, et me voilà parti. Vous savez, quand je m'y mets, ce n'est pas pour un peu : ils allaient toujours, et moi aussi ; au bout d'une demi-heure je tombe sur mon derrière, j'étais rendu. — Ah ! je dis, un verre de muscat, ça ne fera pas de mal. On me passe la bouteille. — A la santé du capitaine et de son heureux voyage ! Où est-il donc, le capitaine ? — A l'arrière, me dit Nunzio. — Eh ! qu'est-ce que tu fais là, pilote ? — Tu vois bien, je me croise les bras ; le capitaine s'est chargé du gouvernail. — Ah ! ah ! Sur ce, je me lève, et je vais le rejoindre. Il avait une main sur le timon et il tenait sa lorgnette de l'autre. Là nuit commençait à tomber.
— Eh bien ! capitaine ?
— Elle y est toujours.
Je mis ma main sur mes yeux, je vis un petit point blanc, pas autre chose.

— C'est drôle, que je dis au capitaine, je crois que vous vous trompez, ce n'est pas une femme ça, c'est trop petit, ça m'a l'air d'une mouette.

— C'est la distance.

— Oh! j'ai de bons yeux, je n'ai pas besoin de longue-vue, moi... je m'en tiens à ce que j'ai dit, moi... c'est une mouette.

— Tu te trompes.

— Eh! tenez, la preuve, c'est que la voilà qui s'envole. Le capitaine jeta un cri, s'élança sur le bastingage. — Eh bien! dis-je en le retenant par le fond de sa culotte, qu'est-ce que vous allez donc faire?

— C'est juste, elle aurait le temps de se noyer dix fois avant que j'arrivasse. Et il retomba plutôt qu'il ne redescendit.

— Comment?

— Elle s'est jetée à la mer.

— Bah!

— Regarde.

Je pris sa lorgnette : inutile, il n'y avait plus rien.

— Eh bien! dis-je au capitaine, que voulez-vous! voilà. Il se désolait. Allons, soyez un homme, et que les autres ne s'aperçoivent pas de cela.

— Va les trouver et dis à Nunzio qu'il peut dormir cette nuit, je resterai au gouvernail. Il me tendit la main, je la pris et le serrai.

— Au bout du compte, lui dis-je, ce n'est qu'une sorcière de moins.

— Est-ce que tu crois qu'elle était sorcière? répéta-t-il.

— Dame! capitaine, vous savez mon opinion là-dessus, voilà trois fois que je vous le dis.

— C'est bien, laisse-moi. Je lui obéis.

— Vous pouvez vous coucher tous, leur dis-je, le capitaine veillera.

Ça faisait l'affaire de tout le monde, de sorte qu'il n'y eut pas de contestation. Le lendemain on se réveilla à Lipari; quant au capitaine, il n'avait pas fermé l'œil.

Nous y restâmes trois jours, non pas à décharger l'huile, ça fut fini en vingt-quatre heures, mais à faire la noce; puis après ça nous partîmes pour Stromboli légers comme liéges. Là nous chargeâmes, comme ça avait été dit, la valeur d'un millier de livres de passoline; non pas que nous eussions assez d'argent pour payer ça comptant, mais le capitaine avait bon crédit et il était sûr de s'en défaire avantageusement rien qu'à Mélazzo; il en avait déjà près de deux cents livres placées d'avance. Alors, vous concevez, au lieu de revenir de Stromboli à Messine, on manœuvra sur le cap Blanc. Voilà que nous arrivons à la chose; voyez-vous, je l'ai retardée tant que j'ai pu, mais ici il n'y a plus à s'en dédire : faut marcher!

— Un verre de rhum, Pietro!

— Non, merci. C'était en plein jour, à midi, il faisait un magnifique soleil de la fin de septembre; le temps à la bonace, un petit courant d'air, voilà tout. Le capitaine fumait; le frère de Philippe, vous savez, le chanteur, il jouait à la morra avec mon pauvre frère Baptiste. Moi, j'étais de cuisine. Je mets par hasard le nez hors de la cantine : — Tiens, je dis, voilà un singulier nuage et d'une drôle de couleur. Il était comme vert, couleur de la mer, et tout seul au ciel.

— Oui, me répond le capitaine; et il y a déjà dix minutes que je le regarde. Vois donc comme il tourne, Nunzio.

— Vous me parlez, capitaine? dit le pilote en levant la tête au-dessus de la cabine.

— Vois-tu?

— Oui.

— Qu'est-ce que tu penses de cela?

— Rien de bon.

— Si nous mettions toutes nos voiles dehors, peut-être arriverions-nous au cap Blanc avant l'orage.

— Ce n'est pas un orage, capitaine : il n'y a pas d'orage en l'air; le temps est au beau fixe, la brise vient de la Grèce; voyez plutôt la fumée de Stromboli qui va contre le vent.

— C'est vrai, dit le capitaine.

— Eh! tenez, tenez, capitaine, voyez donc la mer au-dessous du nuage, comme elle crépite.

— Tout le monde sur le pont, cria le capitaine.

En un moment nous fûmes là tous les douze, les yeux fixés sur l'endroit en question, l'eau bouillonnait de plus en plus. De son côté, le nuage s'abaissait toujours; on aurait dit qu'ils s'attiraient l'un l'autre, que la mer allait monter et que le ciel allait descendre. Enfin, la vapeur et l'eau se joignirent. C'était comme un immense pin dont l'eau formait le tronc, et la vapeur la cime. Alors nous reconnûmes que c'était une trombe; au même moment, l'immense machine commença de se mettre en mouvement. On eût dit un serpent gigantesque aux écailles reluisantes qui aurait marché tout debout sur sa queue, en vomissant de la fumée par sa gueule. Elle hésita un instant comme pour chercher la direction qu'elle devait prendre. Enfin, elle se décida à venir sur nous. En même temps le vent tomba.

— Aux rames! cria le capitaine.

Chacun empoigna l'aviron; nous n'avions que vingt pas à faire pour que la trombe passât à l'arrière. Il ne faut pas demander si nous ménagions nos bras; nous allions, Dieu me pardonne! aussi vite que quand le vent du diable souffle. Aussi, nous eûmes bientôt gagné sur elle; si bien qu'elle continuait sa route lorsqu'elle rencontra notre sillage. Quant à nous, nous ramions d'ardeur en lui tournant le dos; de sorte que, ne la voyant plus, nous croyions en être quittes. Tout à coup nous entendîmes Nunzio qui criait : — La trombe! la trombe! Nous nous retournâmes.

Soit que notre course rapide eût établi un courant d'air, soit que le sillon que nous creusions lui indiquât sa route, elle avait changé de direction et s'était mise à notre poursuite. On eût dit un de ces géants comme il y en avait autrefois dans les cavernes du mont Etna, et qui poursuivaient jusque dans la mer les vaisseaux qui avaient le malheur de relâcher à Catane ou à Taormine. Nous n'avions plus de bras, nous n'avions plus voix, nous n'avions que les yeux. Quant à moi, je me rappelle que j'étais comme un hébété; je suivais du regard un grand oiseau de mer qui avait été entraîné dans la trombe, et qui tourbillonnait comme un grain de sable, sans pouvoir sortir du cercle qui l'enfermait. A mesure que la trombe s'approchait nous reculions devant elle; si bien que nous nous trouvâmes tous entassés sur l'avant du navire, excepté le pilote qui, ferme à son poste, était resté à l'arrière. Tout à coup le bâtiment trembla comme si, lui aussi, il avait eu peur. Les mâts plièrent comme des joncs, les voiles se déchirèrent comme des toiles d'araignée; le bâtiment se retourna sur lui-même. Nous étions tous engloutis.

Je ne sais pas le temps que je passai sous l'eau. Autant que je pus calculer, j'ai bien plongé à une trentaine de pieds de profondeur. Heureusement, j'avais eu le temps de faire provision d'air, de sorte que je n'étais pas encore trop ébouriffé en revenant à la surface de la mer. J'ouvris les yeux, je regardai autour de moi, et la première chose que je vis, c'était notre pauvre bâtiment flottant cap dessus cap dessous, comme une baleine morte. Au même instant je m'entendis appeler; je me retournai, c'était le capitaine. Allons, allons, courage! que je lui dis; nous ne sommes pas paralytiques, et, avec la grâce de Dieu, nous pouvons nous en tirer.

— Oui, oui, dit le capitaine; mais en voilà encore un qui reparaît derrière toi : c'est Vicenzo.

— A moi! cria Vicenzo, je sens que j'ai la jambe cassée, je ne puis pas me soutenir sur l'eau.

— Poussons-le au bâtiment, capitaine; il se mettra à cheval dessus, et, tant qu'il ne sera pas coulé tout à fait, eh bien! il aura la chance d'être vu par quelque barque de pêche. Courage! Vicenzo, courage!

Nous le prîmes chacun par-dessous un bras, et nous le soutînmes sur l'eau; puis, arrivé au bâtiment, il s'y cramponna, et, à l'aide de ses deux mains et de sa bonne jambe, il parvint à se jucher sur la quille. — Ah! dit-il quand il fut assuré sur sa machine, je vois les autres : un, deux, trois, quatre, cinq, six, sept, huit, vous deux ça fait dix, et moi ça fait onze : il n'en manque qu'un. Celui qui manquait s'appelait Jordano; nous n'en entendîmes jamais parler.

— Allons ! dis-je au capitaine, il faut nager de concert, et piquer droit au cap. C'est un peu loin, dame ! et il y en a quelques-uns qui resteront en route ; mais c'est égal, il ne faut pas que cela vous effraie. — Allons, en avant la coupe et la marinière.

— Bon voyage ! nous cria Vicenzo.

— Encore un mot, vieux.

— Hein ?

— Vois-tu mon frère ?

— Oui, c'est le second là-bas.

— Dieu te récompense de ta bonne nouvelle ! — Et je me mis à ramer vers celui qu'il m'avait indiqué, que le capitaine en avait peine à me suivre. Au bout de dix minutes, nous étions tous réunis, et nous nagions en ligne comme une compagnie de marsouins. Je m'approchai de mon frère. — Eh bien ! Baptiste, que je lui dis, nous allons avoir du tirage.

— Oh ! répondit-il, ça ne serait rien si je n'avais pas ma veste ; mais elle me gêne sous les bras.

— Eh bien ! approche-toi de moi et ne me perds pas de vue ; quand tu te sentiras faiblir, tu t'appuieras sur mon épaule. Tu sais bien que je ne suis pas gros, mais que je suis solide.

— Oui, frère.

— Eh bien ! pilote, c'est donc vous ?

— Moi-même, mon garçon.

— Tiens, tiens, tiens, vous n'êtes pas si bête, vous, vous êtes tout nu.

— Oui, j'ai eu le temps de me déshabiller ; mais si j'ai un conseil à te donner, c'est de ne pas user ton haleine à bavarder, tu en auras besoin avant une heure.

— Un dernier mot : ne perdez pas de vue le capitaine.

— Sois tranquille.

— Maintenant, motus.

Ça alla comme ça une heure. Au bout de ce temps, voyant mon frère inquiet : — Est-ce que tu te fatigues ? que je lui dis.

— Non, ce n'est pas ça, mais c'est que je ne vois plus Giovanni. C'était le frère de Philippe.

Je me retournai, je regardais de tous les côtés ; peine perdue, il était allé rejoindre Jordano. Et ça, sans dire un mot, de peur de nous effrayer.

Voilà ce que c'est que les marins ; pourtant je dis en moi-même un *Ave Maria*, moitié pour lui, moitié pour moi, et je me mis à faire un peu de planche pour me reposer. Ça alla comme ça une heure ; de temps en temps je regardais mon frère, il devenait de plus en plus pâle.

— Est-ce que tu es fatigué, Baptiste ?

— Non, pas encore, mais nous ne sommes plus que huit.

— Une barque, cria le capitaine.

En effet, à l'extrémité du cap, nous voyions pointer une voile qui venait de notre côté ; ça nous redonna des forces, et nous nous remîmes à nager bravement. Elle venait à nous, mais elle devait être encore plus d'une heure avant de nous rejoindre.

— Je n'irai jamais jusqu'à elle, dit Baptiste.

— Appuie-toi sur moi.

— Pas encore.

— Alors ne te presse pas et respire sur ta brassée.

— C'est ma diable de veste qui me gêne.

— Du courage.

Ça alla bien comme ça trois quarts d'heure. La barque approchait à vue d'œil ; elle ne devait être à plus d'une lieue de nous. J'entendis Baptiste qui toussait ; je me retournai vivement. — Ce n'est rien, dit-il, ce n'est rien.

— Si fait, c'est quelque chose, que je lui répondis ; allons, allons, pas de bravade, et mets ta main sur mon épaule, ça soulage.

— Approche-toi de moi alors, car je sens que je m'engourdis. En deux brassées je l'avais rejoint ; je lui mis la main sur mon cou, ça le soulagea.

— La barque nous a vus, cria le capitaine.

— Entends-tu, Baptiste ? la barque nous a vus ; nous sommes sauvés.

— Pas tous, car voilà Gaëtano qui se noie.

— Allons, allons, ne t'occupe des autres, chacun pour soi, frère.

— Alors pourquoi ne me laisses-tu pas là ?

— Parce que toi, c'est moi.

— Taisez-vous donc, dit le pilote, vous vous exténuez.

Il avait dit vrai. Le pauvre Baptiste ! il ne pouvait plus aller ; il pesait comme un plomb, de sorte que je n'allais plus guère non plus, moi. Cependant la barque avançait toujours ; nous voyions déjà les gens qui étaient dedans, nous entendions leurs cris, mais Nunzio seul leur répondait. On aurait dit qu'il avait des nageoires, quoi ! le vieux chien de mer ; il ne se fatiguait pas. Quant à Baptiste, c'était autre chose ; il avait les yeux à moitié fermés, et je sentais son bras qui se raidissait autour de mon cou ; je commençais moi-même à siffler en respirant. — Pilote, que je dis, si je n'arrive pas jusqu'à la barque, vous, ferez dire des messes pour moi, n'est-ce pas ? Je n'avais pas achevé, que je sens que mon frère entre dans l'agonie. — A moi, pilote ! à... Va te promener ! j'avais de l'eau par dessus la tête. Vous savez, on boit trois bouillons avant d'aller au fond tout à fait. — Bon, que je dis, j'en ai encore deux à consommer. Effectivement, je revins sur l'eau. J'avais le soleil en face des yeux et il me semblait tout rouge ; je voyais la barque dans un brouillard, je ne savais plus si elle était près ou si elle était loin ; je voulais parler, appeler : oui, c'est comme si j'avais eu le cauchemar. Si ce n'avait été Baptiste, j'aurais peut-être encore pu me retourner sur le dos ; mais avec lui, impossible, je sentais qu'il m'entraînait, que j'enfonçais. — Bon, je dis, voilà mon second bouillon, je n'en ai plus qu'un ; enfin je rassemble toutes mes forces, je reviens sur l'eau, le soleil était noir. Ah ! vous ne vous êtes jamais noyé, vous ?

— Non. Continuez, Pietro.

— Que diable voulez-vous que je continue ? je ne sais plus rien. Je ne connaissais plus mon frère, qui me tenait au col ; je sentais que je roulais avec une chose qui m'entraînait au fond, avec une chose qui me noyait, et je voulais me débarrasser de cette chose. Je ne sais comment je fis, mais, Dieu me pardonne ! j'y réussis. Alors j'eus un moment de bien-être ; il me sembla que je respirais, qu'on me pressait, puis qu'on me retournait. Quand j'ouvris les yeux, nous étions à la pointe du cap Blanc, que vous voyez là-bas ; j'étais pendu par les pieds et je crachais l'eau de mer gros comme le bras. Nunzio était près de moi, qui me frottait la poitrine et les reins.

— Et les autres ?

— Il y en avait quatre de sauvés, et moi et Nunzio ça faisait six.

— Et le capitaine ?

— Le capitaine, il ne s'était pas noyé, lui ; mais des efforts qu'il avait faits en mettant le pied dans la barque sa blessure s'était rouverte. Elle ne voulut jamais se refermer ; pendant trois jours il perdit tout le sang de son corps, et le troisième jour il mourut : preuve que Giulia était une sorcière.

— Et Vicenzo, que vous aviez laissé sur le bâtiment avec une jambe cassée ?

— C'est le même que voilà là, et qui cause avec votre camarade et le cuisinier ; mais c'est égal, vous comprenez maintenant pourquoi nous ne nous soucions plus d'aller au cap Blanc.

En effet, je comprenais.

En ce moment le capitaine s'approcha de nous, et voyant à notre silence que nous avions fini :

— Excellence, me dit-il, je crois que votre intention est de toucher terre seulement à Messine et de retourner immédiatement à Naples par la Calabre.

— Oui. Y aurait-il quelque empêchement ?

— Au contraire, je venais proposer à Votre Excellence de descendre directement à San Giovanni pour ne pas payer deux patentes pour le speronare ; nous traverserons le détroit dans la chaloupe.

— A merveille.

— A San Giovanni, vieux, dit le capitaine en se tournant vers le pilote.

Nunzio fit un signe de tête, imprima un léger mouvement

au gouvernail, et le petit bâtiment, docile comme un cheval de manège, tourna sa proue du côté de la Calabre.

A dix heures du soir, nous jetâmes l'ancre à vingt pas de la côte.

LA CAGE DE FER.

Si nous avions éprouvé des difficultés pour mettre pied à terre dans la capitale de l'archipel lipariote, ce fut bien autre chose pour descendre sur les côtes de Calabre : quoique notre capitaine eût pris la précaution de se rendre à la police dès l'ouverture du bureau, c'est-à-dire à six heures du matin, à huit il n'était pas encore de retour au speronare ; enfin, nous le vîmes poindre au bout d'une petite ruelle, escorté d'une escouade de douaniers, laquelle se rangea en demi-cercle sur le bord de la mer, formant un cordon sanitaire entre nous et la population : cette disposition stratégique arrêtée, on nous fit descendre avec nos papiers, qu'on prit de nos mains avec de longues pincettes, et qu'on soumit à une commission de trois membres choisis sans doute parmi les plus éclairés. L'examen ayant, à ce qu'il paraît, été favorable, les papiers nous furent rendus, et l'on procéda à l'interrogatoire ; c'est à savoir, d'où nous venions, où nous allions, et dans quel but nous voyagions. Nous répondîmes sans hésiter que nous venions de Stromboli, que nous allions à Bauso, et que nous voyagions pour notre plaisir. Ces raisons furent soumises à un examen pareil à celui qu'avaient subi nos papiers ; et sans doute elles en sortirent victorieuses comme eux, car le chef de la troupe, rassuré sur notre état sanitaire, s'approcha de nous pour nous dire qu'on allait nous délivrer notre patente, et que nous pourrions continuer notre route ; une piastre que je lui offris, et qu'il ne crut pas devoir prendre, comme les passe-ports, avec des pincettes, activa les dernières formalités, de sorte qu'un quart d'heure après, c'est-à-dire vers les dix heures, nous reçûmes notre autorisation de partir pour Messine.

J'en profitai seul : Jadin avait avisé une barque de pêcheurs, et dans cette barque trois ou quatre poissons de formes et de couleurs tellement séduisantes, que le désir de faire une nature morte l'emporta chez lui sur celui de visiter le théâtre des exploits de Pascal Bruno ; en outre, il comptait le lendemain et le surlendemain aller prendre un croquis de Scylla.

Nous montâmes dans une petite barque, tout l'équipage et moi : chacun était pressé de revoir sa femme. Jadin, le mousse et Milord restèrent seuls pour garder le speronare. Ne voulant pas retarder leur bonheur d'un instant, j'autorisai nos matelots à piquer droit sur le village de la Pace ; cette autorisation fut reçue avec des hourras de joie : chacun empoigna un aviron, et nous volâmes littéralement sur la surface de la mer.

Dès le matin, d'un côté du détroit à l'autre on avait reconnu notre petit bâtiment à l'ancre sur les côtes de Calabre ; et comme on s'était bien douté que la journée ne se passerait pas sans une visite de son équipage on ne l'avait pas perdu de vue : aussi, à peine avions-nous fait un mille, que nous commençâmes à voir s'amasser toute la population sur le bord de la mer. Cette vue redoubla l'ardeur de nos mariniers : en moins de quarante minutes nous fûmes à terre.

Comme j'étais le seul qui n'était attendu par personne, je laissai tout mon monde à la joie du retour, et, leur donnant rendez-vous pour le surlendemain à huit heures du matin à l'hôtel de la Marine, je m'acheminai vers Messine, où j'arrivai vers midi.

Il était trop tard pour songer à faire ma course le même jour, il m'aurait fallu coucher dans quelque infâme auberge de village, et je ne voulais pas anticiper sur les plaisirs que, sur ce point, me promettait la Calabre ; je me mis donc à courir par les rues de Messine pour voir si je n'aurais pas oublié de visiter quelque chef d'œuvre à mon premier voyage. Je n'avais absolument rien oublié.

En rentrant à l'hôtel, un grand jeune homme me croisa ; je crus le reconnaître, et j'allai à lui : en effet, c'était le frère de mademoiselle Schulz, avec lequel j'avais ébauché connaissance il y avait deux mois. Je ne croyais pas le retrouver à Messine, mais sa sœur avait du succès au théâtre, et ils étaient restés dans la seconde capitale de la Sicile plus longtemps qu'ils ne le croyaient d'abord.

J'exposai à monsieur Schulz les causes de mon retour à Messine. Aussi curieux de pittoresque que qui que ce soit au monde, il m'offrit d'être mon compagnon de voyage. L'offre, comme on le comprend bien, fut acceptée à l'instant même, et séance tenante nous allâmes chez l'*affitatore* qui lui louait sa voiture, afin de retenir chez lui un berlingot quelconque pour le lendemain à six heures du matin : moyennant deux piastres nous eûmes notre affaire.

Le lendemain, comme je descendais de ma chambre, je trouvai Pietro au bas de l'escalier ; le brave garçon avait pensé que, pendant ce petit voyage, j'aurais peut-être besoin de ses services, et il avait quitté la Pace à cinq heures du matin, de peur de me manquer au saut du lit.

J'ai parfois des tristesses profondes quand je pense que je ne reverrai probablement jamais aucun de ces braves gens. Il y a des attentions et des services qui ne se paient pas avec de l'argent ; et comme, selon toute probabilité, l'ouvrage que j'écris à cette heure ne leur tombera jamais entre les mains, ils croiront, chaque fois qu'ils penseront à moi, que moi, je les ai oubliés.

Il y eut alors entre nous un grand débat : Pietro voulait monter avec le cocher ; j'exigeai qu'il montât avec nous : il se résigna enfin, mais ce ne fut qu'à une lieue ou deux de Messine qu'il se décida à allonger ses jambes.

Comme la route de Messine à Bauso n'offre rien de bien remarquable, le temps se passa à faire des questions à Pietro ; mais Pietro nous avait dit tout ce qu'il savait à l'endroit de Pascal Bruno, et tout le fruit de nous retirâmes de nos interrogatoires fut d'apprendre qu'il y avait à Calvaruso, village situé à un mille de celui où nous nous rendions, un notaire de la connaissance de Pietro, et à qui tous les détails que nous désirions savoir étaient parfaitement connus.

Vers les onze heures, nous arrivâmes à Bauso ; Pietro fit arrêter la voiture à la porte d'une espèce d'auberge, la seule qu'il y eût dans le pays. L'hôte vint nous recevoir de l'air le plus affable du monde, son chapeau à la main et son tablier retroussé : son air de bonhomie me frappa, et j'en exprimai ma satisfaction à Pietro en lui disant que son maestro di casa avait l'air d'un brave homme.

— Oh, oui ! c'est un brave homme, répondit Pietro, et il ne mérite pas tout le chagrin qu'on lui a fait.

— Et qui lui a donc fait du chagrin ? demandai-je.

— Hum ! fit Pietro.

— Mais enfin ?

Il s'approcha de mon oreille.

— La police, dit-il.

— Comment, la police ?

— Oui, vous comprenez. On est Sicilien, on est vif ; on a une dispute. Eh bien ! on joue du couteau ou du fusil.

— Oui, et notre hôte a joué à ce jeu-là, à ce qu'il paraît ?

— Il était provoqué, le brave homme, car quant à lui, il est doux comme une fille.

— Et alors ?

— Eh bien alors ! dit Pietro, accouchant à grand'peine du corps du délit, eh bien ! il a tué deux hommes, un d'un coup de couteau et l'autre d'un coup de fusil : quand je dis tué, il y en a un qui n'était que blessé ; seulement il est mort au bout de huit jours.

— Ah ! ah !

— Mais voyez-vous, méchanceté pure : un autre en aurait

guéri, mais lui c'était une vieille haine avec ce pauvre Guiga; et il s'est laissé mourir pour lui faire pièce.

— Ainsi, ce brave homme s'appelle Guiga? demandai-je.

— C'est-à-dire, c'est un surnom qu'on lui a donné; mais son vrai nom est Santo Coraffe.

— Et la police l'a tourmenté pour cette bagatelle?

— Comment, tourmenté! c'est-à-dire qu'on l'a mis en prison comme un voleur. Heureusement qu'il avait du bien, car, tel que vous le voyez, il a plus de 500 onces de revenu, le gaillard.

— Eh bien! qu'est-ce que ces 500 onces ont pu faire là-dedans? il était coupable ou il ne l'était pas.

— Il ne l'était pas! il ne l'était pas! s'écria Pietro, il a été provoqué! c'est la douceur même, lui, pauvre Guiga! Eh bien! alors, quand ils ont vu qu'il avait du bien, ils ont traité avec lui. On a fait une cote mal taillée; il paie une petite rente, et on le laisse tranquille.

— Mais à qui paie-t-il une rente? à la famille de ceux qu'il a tués?

— Non, non, non; ah bien! pourquoi faire?.. non, non, à la police.

— C'est autre chose, alors, je comprends.

Je m'avançai vers notre hôte avec toute la considération que méritaient les renseignemens que je venais de recevoir sur lui, et je lui demandai le plus poliment que je pus s'il y aurait moyen d'avoir un déjeuner pour quatre personnes; puis, sur sa réponse affirmative, je priai Pietro de monter dans la voiture et d'aller chercher son notaire à Calvaruso.

Pendant que les côtelettes rôtissaient et que Pietro roulait, nous descendîmes jusqu'aux bord de la mer. De la plage de Bauso, la vue est délicieuse. De ces côtes, le cap Blanc s'avance plat et allongé dans la mer; de l'autre côté les monts Pelore se brisent au-dessus des flots à pic comme une falaise. Au fond, se découpent Vulcano, Lipari et Lisca-Bianca, au delà de laquelle s'élève et fume Stromboli.

Nous vîmes de loin la voiture qui revenait sur la route: deux personnes étaient dedans; Pietro avait donc trouvé son notaire: il eût été malhonnête de faire attendre le digne tabellion qui se dérangeait pour nous; nous reprîmes donc notre course vers l'hôtel, où nous arrivâmes au moment même où la voiture s'arrêtait.

Pietro me présenta il signor don Cesare Alletto, notaire à Calvaruso. Non-seulement le brave homme apportait toutes les traditions orales dont il était l'interprète, mais encore une partie des papiers relatifs à la procédure qui avait conduit à la potence l'illustre bandit dont je comptais me faire le biographe.

Le déjeuner était prêt: maître Guiga s'était surpassé, et je commençai à penser comme Pietro, qu'il n'était pas si coupable qu'on le faisait, et que c'était un *peccato* que d'avoir tourmenté un aussi brave homme.

Après le déjeuner, don Cesare Alletto nous demanda si nous désirions d'abord entendre l'histoire des processes de Pascal Bruno, ou visiter avant tout le théâtre de ses prouesses: nous lui répondîmes que, chronologiquement, il nous semblait que l'histoire devait passer la première, attendu que, l'histoire racontée, chaque détail subséquent deviendrait plus intéressant et plus précieux.

Nous commençâmes donc par l'histoire.

Pascal Bruno était fils de Giuseppe Bruno; Giuseppe Bruno avait six frères.

Pascal Bruno avait trois ans, lorsque son père, né sur les terres du prince de Montcada Paterno vint s'établir à Bauso, village dans les environs duquel demeuraient ses six frères, et qui appartenait au comte de Castel-Novo.

Malheureusement Giuseppe Bruno avait une jolie femme, et le prince de Castel-Novo était fort appréciateur des jolies femmes; il devint amoureux de la mère de Pascal, et lui fit des offres qu'elle refusa. Le comte de Castel-Novo n'avait pas l'habitude d'essuyer de pareils refus dans ses domaines, où chacun, hommes et femmes, allaient au-devant de ses désirs. Il renouvela ses offres, les doubla, les tripla sans rien obtenir. Enfin, sa patience se lassa, et, sans songer qu'il n'avait aucun droit sur la femme de Giuseppe, puisqu'elle n'é-

tait pas même née sur ses terres, un jour que son mari était absent, il la fit enlever par quatre hommes, la fit conduire à sa petite maison, et la viola. C'était sans doute un grand honneur qu'il faisait à un pauvre diable comme Giuseppe Bruno que de descendre jusqu'à sa femme; mais Giuseppe avait l'esprit fait autrement que les autres: il ne fit pas un reproche à la pauvre femme, mais il alla s'embusquer sur le chemin du comte de Castel-Novo, et comme il passait auprès de lui, il lui allongea, au-dessous de la sixième côte gauche, un coup de poignard dont il mourut deux heures après, ce qui lui donna peu de temps pour se réconcilier avec Dieu, mais ce qui lui en donna assez pour nommer son meurtrier.

Giuseppe Bruno prit la fuite, et se réfugia dans la montagne, où ses six frères lui portaient à manger chacun à son tour: on sut cela, et on les arrêta tous les six comme complices du meurtre du comte. Giuseppe, qui ne voulait pas que ses frères payassent pour lui, écrivit qu'il était prêt à se livrer si l'on voulait relâcher ses frères On le lui promit, il se livra, fut pendu, et ses frères envoyés aux galères. Ce n'était pas là précisément l'engagement que l'on avait pris avec Giuseppe; mais s'il fallait que les gouvernemens tinssent leurs engagemens avec tout le monde, on comprend que cela les mènerait trop loin.

La pauvre mère resta donc au village de Bauso avec le petit Pascal Bruno, alors âgé de cinq ans; mais comme, selon l'habitude, et pour guérir par l'exemple, on avait exposé la tête de Giuseppe dans une cage de fer, et que ce spectacle lui était trop pénible, un jour elle prit son enfant par la main et disparut dans la montagne. Quinze ans se passèrent sans qu'on entendit reparler ni de l'un ni de l'autre.

Au bout de ce temps, Pascal reparut. C'était un beau jeune homme de vingt à vingt-deux ans, au visage sombre, à l'accent rude, à la main prompte, et dont la vie sauvage avait singulièrement accru la force et l'adresse naturelles. A part cet air de tristesse répandu sur ses traits, il paraissait avoir complètement oublié la cause qui lui avait fait quitter Bauso: seulement, quand il passait devant la cage où était exposée la tête de son père, il courbait le front pour ne pas la voir, et devenait plus pâle encore que d'habitude. Au reste, il ne recherchait aucune société, ne parlait jamais le premier à personne, se contentait de répondre si on lui adressait la parole, et vivait seul dans la maison qu'avait habitée sa mère et qui était restée fermée quinze ans.

Personne n'avait rien compris à son retour, et l'on se demandait ce qu'il revenait faire dans un pays dont tant de souvenirs douloureux devaient l'éloigner, lorsque le bruit commença à se répandre qu'il était amoureux d'une jeune fille nommée Térésa, qui était la sœur de lait de la jeune comtesse Gemma, fille du comte de Castel-Novo. Ce qui avait donné quelque créance à ce bruit, c'est qu'un jeune homme du village, revenant une nuit de faire une visite à sa maîtresse, l'avait vu descendre par-dessus le mur du jardin attenant à la maison qu'habitait Térésa. On compara alors l'époque du retour de Térésa, qui habitait ordinairement Palerme, dans le village de Bauso, avec celle de l'apparition de Pascal, et l'on s'aperçut que le retour de l'une et l'apparition de l'autre avaient eu lieu dans la même semaine; mais surtout, ce qui ôta jusqu'au dernier doute sur l'intelligence qui existait entre les deux jeunes gens, c'est que Térésa étant retournée à Palerme, le lendemain de son départ Pascal avait disparu, et que la porte de la maison maternelle était fermée de nouveau, comme elle l'avait été pendant quinze ans.

Trois ans s'écoulèrent sans qu'on sût ce qu'il était devenu, lorsqu'un jour (ce jour était celui de la fête du village de Bauso) on le vit reparaître tout à coup avec le costume des riches paysans calabrais, c'est-à-dire le chapeau pointu avec un ruban pendant sur l'épaule, la veste de velours à boutons d'argent ciselés, la ceinture de soie aux mille couleurs, qui se fabrique à Messine, la culotte de velours avec ses boucles d'argent, et la guêtre de cuir ouverte au mollet. Il avait une carabine ang aise sur l'épaule, et il était suivi de quatre magnifiques chiens corses.

Parmi les divers amusemens qu'avait réunis ce jour solennel, il y en avait un que l'on retrouve presque toujours en Sicile en pareille occasion : c'était un prix au fusil. Or, par une vieille habitude du pays, tous les ans cet exercice avait lieu en face des hautes murailles du château, aux deux tiers desquelles blanchissait depuis vingt ans, dans sa cage de fer, le crâne de Giuseppe Bruno.

Pascal s'avança au milieu d'un silence général. Chacun, en l'apercevant si bien armé et si bien escorté, avait compris, à part soi, qu'il allait se passer quelque chose d'étrange. Cependant rien n'indiqua de la part du jeune homme une intention hostile quelconque. Il s'approcha de la baraque où l'on vendait les balles, en acheta une qu'il mesura au calibre de sa carabine, puis il chargea son arme avec les méticuleuses précautions que les tireurs ont l'habitude d'employer en pareil cas.

On suivait un ordre alphabétique, chacun était appelé à son rang et tirait une balle. On pouvait en acheter jusqu'à six ; mais, quel que fût le nombre qu'on achetât, il fallait acheter ce nombre d'une seule fois, sinon il n'était pas permis d'en reprendre. Pascal Bruno, n'ayant acheté qu'une balle, n'avait donc qu'un seul coup à tirer ; mais, quoiqu'il ne se fût fait à lui-même qu'une bien faible chance, l'inquiétude n'en était pas moins grande parmi les autres tireurs, qui connaissaient son adresse devenue presque proverbiale dans tout le canton.

On en était à l'N quand Bruno arriva ; on épuisa donc toutes les lettres de l'alphabet avant d'arriver à lui ; puis on recommença par l'A, puis on appela le B ; Bruno se présenta.

Si le silence avait été grand lorsqu'on avait purement et simplement vu Bruno paraître, on comprend qu'il fut bien plus grand encore quand on le vit s'apprêter à donner une preuve publique de cette adresse dont on avait tant parlé, mais sans que personne cependant pût dire qu'il la lui eût vue exercer. Le jeune homme s'avança donc suivi de tous les regards jusqu'à la corde qui marquait la limite, et, sans paraître remarquer qu'il fût l'objet de l'attention générale, il s'assura sur sa jambe droite, fit un mouvement pour bien dégager ses bras, appuya son fusil à son épaule, et commença de prendre son point de mire du bas en haut.

On comprend avec quelle anxiété les rivaux de Pascal Bruno suivirent, à mesure qu'il se levait, le mouvement du canon du fusil. Bientôt il arriva à la hauteur du but, et l'attention redoubla ; mais, au grand étonnement de l'assemblée, Pascal continua de lever le bout de sa carabine, et à chercher un autre point de mire ; arrivé dans la direction de la cage de fer, il s'arrêta, resta un instant immobile comme si lui et son arme étaient de bronze ; enfin, le coup si lontemps attendu se fit entendre, et le crâne enlevé de sa cage de fer tomba au pied de la muraille, Bruno enjamba aussitôt la corde, s'avança lentement, et sans faire un pas plus vite que l'autre, vers ce terrible trophée de son adresse, le ramassa respectueusement, et sans se retourner une seule fois vers ceux qu'il laissait stupéfaits de son action, il prit le chemin de la montagne.

Deux jours après, le bruit d'un autre événement, dans lequel Bruno avait joué un rôle aussi inattendu et plus tragique encore que celui qu'il venait de remplir, se répandit dans toute la Sicile. Térésa, cette sœur de lait de la comtesse de Castel-Novo, dont nous avons déjà parlé, venait d'épouser un des campieri du vice-roi, lorsque le soir même du mariage, et comme les jeunes époux allaient ouvrir le bal par une tarentelle, Bruno, une paire de pistolets à la ceinture, s'était tout à coup trouvé au milieu des danseurs. Alors il s'était avancé vers la mariée, et, sous prétexte qu'elle lui avait promis de danser avec lui avant de danser avec aucun autre, il avait voulu que le mari lui cédât sa place. Le mari, pour toute réponse, avait tiré son couteau ; mais Pascal, d'un coup de pistolet, l'avait étendu roide mort ; alors, son second pistolet à la main, il avait forcé la jeune femme, pâle et presque mourante, à danser la tarentelle près du cadavre de son mari ; enfin, au bout de quelques secondes, ne pouvant plus supporter le supplice qui lui était imposé en punition de son parjure, Térésa était tombée évanouie.

Alors Pascal avait dirigé contre elle le canon du second pistolet, et chacun avait cru qu'il allait achever la pauvre femme ; mais, songeant sans doute que dans sa situation la vie était plus cruelle que la mort, il avait laissé retomber son bras, avait désarmé son pistolet, l'avait repassé dans sa ceinture, et était disparu sans que personne essayât même de faire un mouvement pour l'arrêter.

Cette nouvelle, à laquelle on hésitait d'abord à croire, fut bientôt confirmée par le vice-roi lui-même qui, furieux de la mort d'un de ses plus braves serviteurs, donna les ordres les plus sévères pour que Pascal Bruno fût arrêté. Mais c'était chose plus facile à ordonner qu'à faire ; Pascal Bruno s'était fait bandit, mais bandit à la manière de Karl Moor, c'est-à-dire bandit pour les riches et pour les puissans, envers lesquels il était sans pitié, tandis qu'au contraire les faibles et les pauvres étaient sûrs de trouver en lui un protecteur ou un ami. On disait que toutes les bandes disséminées jusque-là dans la chaîne de montagnes qui commence à Messine et s'en va mourir à Trapani, s'étaient réunies à lui et l'avaient nommé leur chef, ce qui le mettait presque à la tête d'une armée ; et cependant, toutes les fois qu'on le voyait, il était toujours seul, armé de sa carabine et de ses pistolets, et accompagné de ses quatre chiens corses.

Depuis que Pascal Bruno, en se livrant au nouveau genre de vie qu'il exerçait à cette heure, s'était rapproché de Bauso, l'intendant, qui habitait le petit château de Castel-Novo, dont il régissait les biens au compte de la jeune comtesse Gemma, s'était retiré à Cefalu, de peur qu'enveloppé dans quelque vengeance du jeune homme irrité il ne lui arrivât malheur. Le château était donc resté fermé comme la maison de Giuseppe Bruno, lorsqu'un jour un paysan, en passant devant ses murailles, vit toutes les portes ouvertes et Bruno accoudé à l'une de ses fenêtres.

Quelques jours après, un autre paysan rencontra Bruno : le pauvre diable, quoique sa récolte eût complètement manqué, portait sa redevance à son seigneur ; cette redevance était de cinquante onces, et, pour arriver à amasser cette somme, il laissait sa femme et ses enfans presque sans pain. Bruno alors lui dit d'aller s'acquitter avant tout avec son seigneur, et de revenir le retrouver, lui Bruno, le surlendemain, à la même place. Le paysan continua sa route à moitié consolé, car il y avait dans la voix du bandit, un accent de promesse auquel il ne s'était pas trompé.

En effet, le surlendemain, lorsqu'il se trouva au rendez-vous Bruno s'approcha de lui et lui remit une bourse ; cette bourse contenait vingt-cinq onces, c'est-à-dire la moitié de la redevance. C'était une remise à la prière de Bruno, et l'on savait que les prières de Bruno étaient des ordres, le propriétaire avait consenti à faire.

Quelque temps après, Bruno entendit raconter que le mariage d'un jeune homme ne pouvait se faire avec une jeune fille que le jeune homme aimait, parce que la jeune fille avait quelque fortune et que son père exigeait que son futur apportât à peu près autant qu'elle dans la communauté, c'est-à-dire à peu près cent onces. Le jeune homme se désespérait, il voulait s'engager dans les troupes anglaises, il voulait se faire pêcheur de corail, il avait encore mille autres projets aussi insensés ceux-là, mais ces projets, au lieu de le rapprocher de sa maîtresse, ne tendaient tous qu'à l'en éloigner. Un jour on vit Bruno descendre de sa petite forteresse, traverser le village et entrer chez le jeune amoureux ; il resta enfermé une demi-heure à peu près avec lui, et le lendemain le jeune homme se présenta chez le père de sa maîtresse avec les cent onces que celui-ci exigeait. Huit jours après, le mariage eut lieu.

Enfin, un incendie dévora une partie du village et réduisit à la mendicité tous les malheureux qui avaient été sa victime. Huit jours après, un convoi d'argent, qui allait de Palerme à Messine, fut enlevé entre Mistretta et Tortorico, et deux des gendarmes qui l'accompagnaient tués sur la place. Le lendemain de cet événement, chaque incendié reçut cinquante onces de la part de Pascal Bruno.

On comprend que, par de pareils moyens, répétés presque tous les jours, Pascal Bruno amassait une somme de reconnaissance qui lui rapportait ses intérêts en sécurité ; en effet, il ne se formait pas une entreprise contre Pascal Bruno, que, par le moyen des paysans, il n'en fût averti à l'instant même, et cela sans que les paysans eussent besoin d'aller au château, ou que Bruno eût besoin de descendre au village. Il suffisait d'un air chanté, d'un petit drapeau arboré au haut d'une maison, d'un signal quelconque enfin, auquel la police ne pouvait rien distinguer, pour que Bruno, averti à temps, se trouvât, grâce à son petit cheval du val de Noto, moitié sicilien, moitié arabe, à vingt-cinq lieues de l'endroit où on l'avait vu la veille et où on croyait le trouver le lendemain. Tantôt encore, comme me l'avait dit Pietro, il courait jusqu'au rivage, descendait dans la première barque venue, et passait ainsi deux ou trois jours avec les pêcheurs qui, largement récompensés par lui, n'avaient garde de le trahir ; alors il abordait sur quelque point du rivage où l'on était loin de l'attendre, gagnait la montagne : faisait vingt lieues dans sa nuit, et se retrouvait le lendemain, après avoir laissé un souvenir quelconque de son passage à l'endroit le plus éloigné de sa course nocturne, dans sa petite forteresse de Castel-Novo. Cette rapidité de locomotion faisait alors circuler de singuliers bruits : on racontait que Pascal Bruno, pendant, une nuit d'orage, avait passé un pacte avec une sorcière, et que, moyennant son âme que le bandit lui avait donnée en retour, elle lui avait donné la pierre qui rend invisible et le balai ailé qui transporte en un instant d'un endroit à un autre. Pascal, comme on le comprend bien, encourageait ces bruits qui concouraient à sa sûreté ; mais comme cette faculté de locomotion et d'invisibilité ne lui paraissait pas encore assez rassurante, il saisit l'occasion qui se présenta de faire croire encore à celle d'invulnérabilité.

Si bien renseigné que fût Pascal, il arriva une fois qu'il tomba dans une embuscade ; mais, comme ils n'étaient qu'une vingtaine d'hommes, ils n'osèrent point l'attaquer corps à corps, et se contentèrent de faire feu à trente pas contre lui. Par un véritable miracle, aucune balle ne l'atteignit, tandis que son cheval en reçut sept, et, tué sur le coup, s'abattit sur son maître ; mais, leste et vigoureux comme il l'était, Bruno tira sa jambe de dessous le cadavre, et en laissant toutefois son soulier, et gagnant la cime d'un rocher presqu'à pic, il se laissa couler du haut en bas et disparut dans la vallée. Deux heures après il était à sa forteresse, sur le chemin de laquelle il avait laissé sa veste de velours percée de treize balles.

Cette veste, retrouvée par un paysan, passa de main en main et fit grand bruit, comme on le pense : comment la veste avait-elle été percée ainsi sans que le corps fût atteint ? c'était un véritable prodige dont la magie seule pouvait donner l'explication. Ce fut donc à la magie qu'on eut recours, et bientôt Pascal passa, non-seulement pour posséder le pouvoir de se transporter d'un bout à l'autre de l'île en un instant, pour avoir le don de l'invisibilité, mais encore, et c'était la plus incontestée de ses facultés, attendu que celle-ci la veste qu'on avait entre les mains faisait foi, pour être invulnérable.

Toutes les tentatives infructueuses faites contre Pascal, et dont on attribua la mauvaise réussite à des ressources surhumaines employées par le bandit, inspirèrent une telle terreur aux autorités napolitaines, qu'elles commencèrent à laisser Pascal Bruno un peu près tranquille. De son côté, le bandit, se sentant à l'aise, en devint plus audacieux encore ; il allait prier dans les églises, non pas solitairement et à des heures où il ne pouvait être vu que de Dieu, mais en plein jour et pendant la messe ; il descendait aux fêtes des villages, dansait avec les plus jolies paysannes, et enlevait tous les prix du fusil aux plus adroits ; enfin, chose incroyable, il allait au spectacle, tantôt à Messine, tantôt à Palerme, sous un déguisement il est vrai ; mais chaque fois qu'il avait fait une escapade de ce genre, il avait le soin de la faire savoir d'une façon quelconque au chef de la police ou au commandant de la place. Bref, on s'était peu à peu habitué à tolérer Pascal Bruno comme une autorité de fait, sinon de droit.

Sur ces entrefaites, les événemens politiques forcèrent le roi Ferdinand d'abandonner sa capitale et de se réfugier en Sicile : on comprend que l'arrivée du maître, et surtout la présence des Anglais, devaient rendre l'autorité un peu plus sévère ; cependant, comme on voulait éviter, autant que possible, une collision avec Pascal Bruno, auquel on supposait toujours des forces considérables cachées dans la montagne, on lui fit offrir de prendre du service dans les troupes de Sa Majesté avec le grade de capitaine, ou bien encore d'organiser sa bande en corps franc, et de faire avec eux une guerre de partisans aux Français. Mais Pascal répondit qu'il n'avait d'autre bande que ses quatre chiens corses, et que, quant à ce qui était de faire la guerre aux Français, il leur porterait bien plutôt secours, attendu qu'ils venaient pour rendre la liberté à la Sicile comme ils l'avaient rendue à Naples, et que, par conséquent, Sa Majesté, à laquelle il souhaitait toute sorte de bonheur, n'avait que faire de compter sur lui.

L'affaire devenait plus grave par cet exposé de principes ; Bruno grandissait de toute la hauteur de son refus : c'était encore un chef de bande, mais il pouvait prendre ce nom contre celui de chef de parti. On résolut de ne pas lui en laisser le temps.

Le gouverneur de Messine fit enlever les juges de Bauso, de Saponara, de Calvaruso, de Rometta et de Spadafora, et les fit conduire à la citadelle. Là, après les avoir fait enfermer tous les cinq dans le même cachot, il prit la peine de leur faire une visite en personne pour leur annoncer qu'ils demeureraient ses prisonniers tant qu'ils ne se rachèteraient pas en livrant Pascal Bruno. Les juges jetèrent les hauts cris, et demandèrent au gouverneur comment il voulait que du fond de leur prison ils accomplissent ce qu'ils n'avaient pu faire lorsqu'ils étaient en liberté. Mais le gouverneur leur répondit que cela ne le regardait point, que c'était à eux de maintenir la tranquillité dans leurs villages comme il la maintenait, lui, à Messine ; qu'il n'allait pas leur demander conseil, à eux, quand il avait quelque sédition à réprimer, et que par conséquent il n'avait pas de conseil à leur offrir quand ils avaient un bandit à prendre.

Les juges virent bien qu'il n'y avait pas moyen de plaisanter avec un homme doué d'une pareille logique ; chacun d'eux écrivit à sa famille, ils parvinrent à réunir une somme de 250 onces (4,000 francs à peu près) ; puis, cette somme réunie, ils prièrent le gouverneur de leur accorder l'honneur d'une seconde visite.

Le gouverneur ne se fit pas attendre. Les juges lui dirent alors qu'ils croyaient avoir trouvé un moyen de prendre Bruno, mais qu'il fallait pour cela qu'on leur permit de communiquer avec un certain Placido Tommaselli, intime ami de Pascal Bruno. Le gouverneur répondit que c'était la chose la plus facile, et que le lendemain l'individu demandé serait à Messine.

Ce qu'avaient prévu les juges arriva : moyennant la somme de 250 onces, qui fut remise à l'instant même à Tommaselli, et somme pareille qui lui fut promise pour le lendemain de l'arrestation, il s'engagea à livrer Pascal Bruno.

L'approche des Français avait fait prendre des mesures extrêmement sévères dans l'intérieur de l'île : toute la Sicile était sous les armes comme au temps de Jean de Procida ; des milices avaient été organisées dans tous les villages, et les milices, armées et approvisionnées de munitions, se tenaien prêtes à marcher d'un jour à l'autre.

Un soir, les milices de Calvaruso, de Saponara et de Rometta reçurent l'ordre de se rendre vers minuit entre le cap Blanc et la plage de San-Giacomo. Comme le rendez-vous indiqué était au bord de la mer, chacun crut que c'était pour s'opposer au débarquement des Français. Or, comme peu de Siciliens partageaient les bons sentimens de Pascal Bruno à notre égard, toute la milice accourut pleine d'ardeur au rendez-vous Là, les chefs félicitèrent leurs hommes sur l'exactitude qu'ils avaient montrée, et leur faisant tourner le dos à la mer, ils les séparèrent en trois troupes, leur recommandèrent le silence, et commencèrent à s'avancer vers la montagne, une troupe passant à travers le village de Bauso, et les deux autres troupes le longeant de chaque côté. Par cette manœuvre toute simple, la petite forteresse de Castel-Novo se trouvait entièrement enveloppée. Alors les milices comprirent seulement dans quel but on les avait rassemblées : prévenus du motif, la plupart de ceux qui composaient la troupe ne seraient pas venus ; mais une fois qu'ils y étaient, la honte de faire autrement que les autres les retint : chacun fit donc assez bonne contenance.

On voyait les fenêtres du château de Castel-Novo ardemment illuminées, et il était évident que ceux qui l'habitaient étaient en fête ; en effet, Pascal Bruno avait invité trois ou quatre de ses amis, au nombre desquels était Tommaselli, et leur donnait un souper.

Tout à coup, au milieu de ce souper, la chienne favorite de Pascal, qui était couchée à ses pieds, se leva avec inquiétude, alla vers une fenêtre, se dressa sur ses pattes de derrière, et hurla tristement. Presque aussitôt les trois chiens qui étaient attachés dans la cour répondirent par des aboiemens furieux. Il n'y avait point à s'y tromper, un péril quelconque menaçait.

Pascal jeta un regard scrutateur sur ses convives : quatre d'entre eux paraissaient fort inquiets ; le cinquième seul, qui était Placido Tommaselli, affectait une grande tranquillité. Un sourire imperceptible passa sur les lèvres de Pascal.

— Je crois que nous sommes trahis, dit-il.
— Et par qui trahis ? s'écria Placido.
— Je n'en sais rien, reprit Bruno, mais je crois que nous le sommes.

Et à ces mots il se leva, marcha droit à la fenêtre et l'ouvrit.

Au même instant un feu de peloton se fit entendre, sept ou huit balles entrèrent dans la chambre, et deux ou trois carreaux de la fenêtre brisés aux côtés et au-dessus de la tête de Pascal tombèrent en morceaux autour de lui. Quant à lui, comme si le hasard eût pris à tâche d'accréditer les bruits étranges qui s'étaient répandus sur son compte, pas une seule balle ne le toucha.

— Je vous l'avais bien dit, reprit tranquillement Bruno en se retournant vers ses convives, qu'il y avait quelque Judas parmi nous.

— Aux armes ! aux armes ! crièrent les quatre convives, qui avaient d'abord paru inquiets, et qui étaient des affiliés de Pascal ; aux armes !

— Aux armes ! et pour quoi faire ? s'écria Placido ; pour nous faire tuer tous ? Mieux vaut nous rendre.

— Voilà le traître, dit Pascal en dirigeant le bout de son pistolet sur Tommaselli.

— A mort ! à mort, Placido ! crièrent les convives en s'élançant sur lui pour le poignarder avec les couteaux qui se trouvaient sur la table.

— Arrêtez, dit Bruno.

Et prenant Placido, pâle et tremblant, par le bras, il descendit avec lui dans une cave située juste au-dessous de la chambre où la table était dressée, et lui montrant, à la lueur de la lampe qu'il tenait de l'autre main, trois tonneaux de poudre, communiquant les uns aux autres par une mèche commune, laquelle, grimpant le long du mur communiquait à travers le plafond avec la chambre du souper :

— Maintenant, dit Bruno, va trouver le chef de la troupe, et dis-lui que s'il essaie de me prendre d'assaut, je me fais sauter, moi et tous ses hommes. Tu me connais, tu sais que je ne menace pas inutilement ; va, et dis ce que tu as vu.

Et il ramena Tommaselli dans la cour.

— Mais par où vais-je sortir ? demanda celui-ci, qui voyait toutes les portes barricadées.

— Voici une échelle, dit Bruno.

— Mais ils croiront que je veux me sauver, et ils tireront sur moi, s'écria Tommaselli.

— Dame ! ceci, c'est ton affaire, dit Bruno ; que diable ! quand on fait le commerce, on ne spécule pas toujours à coup sûr.

— Mais j'aime mieux rester ici, dit Tommaselli.

Pascal, sans répondre une seule parole, tira un pistolet de sa ceinture, d'une main le dirigea sur Tommaselli, et de l'autre lui montra l'échelle.

Tommaselli comprit qu'il n'y avait rien à répliquer, et commença son ascension, tandis que Bruno détachait ses trois chiens corses.

Le traître ne s'était pas trompé ; à peine eut-il dépassé la muraille de la moitié du corps, que quinze ou vingt coups de fusil partirent, et qu'une balle lui traversa le bras.

Tommaselli voulut se rejeter dans la cour, mais Bruno était derrière lui le pistolet à la main.

— Parlementaire ! cria Tommaselli, parlementaire ! je suis Tommaselli ; ne tirez pas, ne tirez pas.

— Ne tirez pas, c'est un ami, dit une voix qu'à son accent de commandement on n'eut pas de peine à reconnaître pour celle d'un chef.

Il prit alors à Pascal Bruno une terrible envie de lâcher dans les reins du traître le coup de pistolet dont il l'avait déjà trois fois menacé, mais il réfléchit que mieux valait lui laisser accomplir la commission dont il l'avait chargé que d'en tirer une vengeance inutile. Au reste, Tommaselli, qui avait jugé qu'il n'y avait pas pour lui de temps à perdre, sans se donner la peine de tirer l'échelle de l'autre côté du mur, venait de sauter du haut en bas.

Pascal Bruno entendit le bruit de ses pas qui s'éloignaient, et remontant aussitôt vers ses compagnons :

— Maintenant, dit-il, nous pouvons combattre tranquillement, il n'y a plus de traîtres parmi nous.

En effet, dix minutes après, le combat commença. Grâce à l'avis donné par Tommaselli, les miliciens n'osaient risquer un assaut, dans la crainte qu'ainsi que l'avait dit Bruno, il ne les fît tous sauter avec lui ; on se borna donc à une guerre de fusillade : c'était ce que désirait le bandit, qui ainsi gagnait du temps, et qui, grâce à son adresse et à celle de ses compagnons, espérait obtenir une capitulation honorable.

Tous les avantages de la position étaient pour Bruno. Abrités par les murailles, lui et ses compagnons tiraient à coup sûr, tandis que les miliciens essuyaient le feu à découvert : aussi chaque balle portait-elle ; et quoiqu'ils répondissent par des feux de peloton à des coups isolés, une vingtaine d'hommes des leurs étaient déjà couchés sur le carreau, que pas un des quatre assiégés n'avait encore reçu une seule égratignure.

Vers les onze heures du matin, un des miliciens attacha son mouchoir à la baguette de son fusil, et fit signe qu'il avait des propositions à faire. Pascal se mit aussitôt à une fenêtre et lui cria d'approcher.

Le milicien approcha : il venait proposer, au nom des chefs assiégeans, à la garnison de se rendre. Pascal demanda quelles étaient les conditions imposées : c'étaient la potence pour lui et les galères pour ses quatre compagnons : il y avait déjà amélioration dans la situation des choses, puisque, s'ils avaient été pris sans capitulation, ils ne pouvaient manquer d'être pendus tous les cinq. Cependant la proposition ne parut pas assez avantageuse à Pascal Bruno pour être reçue avec enthousiasme, et il renvoya le parlementaire avec un refus.

Le combat recommença et dura jusqu'à cinq heures du soir. A cinq heures du soir, les miliciens comptaient plus de soixante des leurs hors de service, tandis que Pascal Bruno et un de ses compagnons étaient encore sains et saufs, et que les deux autres n'avaient encore reçu que de légères blessures.

Cependant les munitions diminuaient : non pas en poudre, il y en avait pour soutenir un siège de trois mois ; mais les balles commençaient à s'épuiser. Un des assiégés ramassa toutes celles qui avaient éclaté par les fenêtres dans l'intérieur de l'appartement, et, tandis que les trois autres continuaient à répondre au feu de la milice, il les refondit au creuset des carabines de ses compagnons.

Le même parlementaire se représenta : il venait proposer les galères à temps au lieu des galères à vie, et proposait, s'il était nécessaire, de débattre le chiffre. Quant à Pascal Bruno, son sort était fixé, et aucune transaction, comme on le comprend bien, ne pouvait l'adoucir.

Pascal Bruno répondit que c'était déjà mieux que la première fois, et que si l'on voulait promettre liberté à ses compagnons, il y aurait peut-être moyen de s'entendre.

Le parlementaire regagna les rangs des miliciens, et la fusillade recommença.

La nuit fut fatale aux assiégeans. Pascal, qui voyait ses munitions s'épuiser, ne tirait qu'à coup sûr et recommandait à ses compagnons d'en faire autant. Les miliciens perdirent encore une vingtaine d hommes. Plusieurs fois les chefs avaient voulu les faire monter à l'assaut; mais la perspective qui les attendait dans ce cas, et que leur avait énergiquement dépeinte Tommaselli, les maintint toujours à distance, et ni promesses ni menaces ne parvinrent à les décider à cet acte de courage, qu'ils appelaient, eux, un acte de folie.

Enfin, le matin, vers six heures, le parlementaire reparut une troisième fois : il offrait grâce entière, complète, irrévocable, aux quatre compagnons de Pascal Bruno ; quant à lui, il n'y avait rien de changé à son avenir : c'était toujours la potence.

Les compagnons de Pascal voulaient tirer sur le parlementaire, mais Pascal les arrêta d'un geste impérieux.

— J'accepte, dit-il.

— Que fais-tu? s'écrièrent les autres.

— Je vous sauve la vie, dit Bruno.

— Mais toi? reprirent les autres.

— Moi, dit Bruno en riant, ne savez-vous point que je me transporte où je veux, que je me fais invisible à ma volonté, et que je suis toujours invulnérable? Moi, je sortirai de prison, et dans quinze jours je vous aurai rejoints dans la montagne.

— Parole d'honneur? demandèrent les compagnons de Bruno.

— Parole d'honneur! répondit celui-ci.

— Alors c'est autre chose, dirent-ils, fais comme tu voudras.

Bruno reparut à la fenêtre.

— Ainsi, tu acceptes? lui demanda le parlementaire.

— Oui, mais à une condition.

— Laquelle?

— C'est qu'un de vos chefs me servira d'otage ici même, et que je ne le relâcherai que lorsque je verrai mes quatre amis parfaitement libres dans la campagne.

— Puisque tu as la parole des chefs, dit le parlementaire.

— C'est sur une parole semblable que mes six oncles ont été envoyés aux galères ; ne vous étonnez donc pas de ce que je prends mes précautions.

— Mais.... dit le parlementaire.

— Mais, interrompit Bruno, c'est à prendre ou à laisser.

Le parlementaire retourna vers les assiégeans. Aussitôt les chefs se formèrent en conseil : une délibération eut lieu ; cette délibération eut pour résultat que les trois capitaines de milice tireraient au sort, et que celui que le sort désignerait se constituerait l'otage de Bruno.

Les trois billets furent mis dans un chapeau ; deux de ces billets étaient blancs, le troisième était noirci intérieurement avec de la poudre. Le billet noir était le billet perdant.

Les Siciliens sont braves, j'ai déjà eu occasion de le dire, et je le répète : le capitaine auquel tomba le billet noir donna une poignée de main à ses camarades, déposa à terre son fusil et sa giberne, et, prenant à son tour la baguette de fusil ornée du mouchoir blanc, pour ne laisser aucune doute sur sa mission pacifique, il s'achemina vers la porte du château qui s'ouvrit devant lui. Derrière la porte il trouva Bruno et ses quatre compagnons.

— Eh bien ! dit l'otage, acceptes-tu les conditions proposées ? Tu vois que nous les acceptons, nous, et que nous comptons les tenir, puisque me voilà.

— Et moi aussi je les accepte, et je les tiendrai, dit Bruno.

— Et vos quatre compagnons libres, vous vous rendrez à moi ?

— A vous, et pas à un autre.

— Sans conditions nouvelles ?

— A une seule.

— Laquelle ?

— C'est que j'irai à pied à Messine ou à Palerme, soit qu'on veuille me pendre dans l'une ou dans l'autre de ces deux villes ; et qu'on ne me liera ni les jambes, ni les bras.

— Accordé.

— A merveille.

Pascal Bruno se retourna vers ses quatre amis, les embrassa les uns après les autres, et, en les embrassant, leur donna à chacun rendez-vous à quinze jours de là, dans la montagne ; car, sans cette promesse peut-être, ces braves gens n'eussent-ils pas voulu le quitter. Puis, saisissant l'otage par le poignet pour qu'il n'essayât point de s'échapper, il le fit monter avec lui dans la chambre dont les fenêtres donnaient sur la montagne.

Bientôt les quatre compagnons de Bruno parurent : selon la promesse faite, ils sortaient armés et parfaitement libres. Les rangs des miliciens s'ouvrirent devant eux, et ils franchirent sans empêchement le cordon vivant qui enfermait la petite forteresse ; puis ils continuèrent à s'avancer vers la montagne. Bientôt ils s'enfoncèrent dans un petits bois d'oliviers qui s'étendait entre le château et la première colline de la chaîne des monts Pelore ; puis ils reparurent gravissan' cette colline, puis enfin ils arrivèrent à son sommet. Là, tous quatre, les bras enlacés, se retournèrent vers Pascal, qui les avait suivis d'un long regard, et lui firent un signe avec leurs chapeaux. Pascal répondit à ce signe avec son mouchoir. Ce dernier adieu échangé, tous quatre prirent leur course et disparurent de l'autre côté de la colline.

Alors Pascal lâcha le bras de son otage, qu'il avait fortement serré jusque-là, et se retournant vers lui :

— Tenez, lui dit-il, vous êtes un brave ; j'aime mieux que ce soit vous qui héritiez de moi que la justice. Voici ma bourse, prenez-la ; il y a dedans trois cent quinze onces. Maintenant je suis à vos ordres.

Le capitaine ne se fit pas prier ; il mit la bourse dans sa poche, et demanda à Pascal s'il n'avait pas quelque dernière recommandation à lui faire.

— Non, dit Pascal, sinon que je voudrais que mes quatre pauvres chiens fussent bien placés. Ce sont de bonnes et nobles bêtes, qui rendront en services à leur maître bien au-delà du pain qu'elles lui mangeront.

— Je m'en charge, dit le capitaine.

— Eh bien ! voilà tout, répondit Pascal. Ah ! quant à ma chienne Lionna, je désire qu'elle reste avec moi jusqu'au moment de ma mort ; c'est ma favorite.

— C'est convenu, répondit le capitaine.

— Voilà. Il n'y a plus rien, que je sache, continua Pascal Bruno avec la plus grande tranquillité. — Maintenant, marchons.

Et montrant le chemin au capitaine, qui ne pouvait s'empêcher d'admirer ce froid et tranquille courage, il descendit le premier ; le capitaine le suivit, et tous deux arrivèrent, au milieu du plus profond silence, au premier rang des miliciens.

— Me voilà, dit Pascal. Maintenant, où allons-nous ?

— A Messine, dirent les trois capitaines.

— A Messine, soit, reprit Bruno. Marchons donc.

Et il prit la route de Messine entre deux haies de miliciens, tenant le milieu de la route avec ses quatre chiens corses qui le suivaient la tête basse, et comme s'ils eussent deviné que leur maître était prisonnier.

Comme on le comprend bien, son procès ne fut pas long. Lui-même alla au-devant de l'interrogatoire en racontant toute sa vie. Il fut condamné à être pendu.

La veille de l'exécution, un ordre arriva de transporter le condamné à Palerme. Gemma, la fille du comte de Castel-Novo qui avait été tué par le père de Bruno, était fort bien en cour ; et, comme elle désirait assister à l'exécution, elle avait obtenu que Pascal fût pendu à Palerme.

Comme il était indifférent à Pascal d'être pendu à un endroit ou à un autre, il ne fit aucune réclamation.

Le condamné fut conduit en poste, escorté d'une escouade

de gendarmerie, et en deux jours il fut arrivé à sa destination. L'exécution fut fixée au lendemain, qui était un mardi, et l'on donna congé aux collèges et aux tribunaux, afin que chacun pût assister à cette solennité.

Le soir, le prêtre entra dans prison et trouva Bruno très-pâle et très-faible. Il ne s'en confessa pas moins d'une voix calme et ferme : seulement, à la fin de la confession, il avoua qu'il venait de s'empoisonner, et qu'il commençait à sentir les atteintes du poison. C'est ce qui causait cette pâleur et cette faiblesse dont le prêtre s'était étonné dans un homme comme lui.

Le prêtre dit à Bruno qu'il était prêt à lui donner l'absolution de tous ses crimes, mais non de son suicide. Pour que ses crimes lui fussent remis, il fallait l'expiation de la honte. Il avait voulu échapper par orgueil à cette expiation. C'était un tort aux yeux du Seigneur.

Bruno frémit à l'idée de mourir sans absolution. Cet homme, auquel aucune puissance humaine n'eût pu faire baisser les yeux, tremblait comme un enfant devant la damnation éternelle.

Il demanda au prêtre ce qu'il fallait faire, et dit qu'il le ferait. Le prêtre appela aussitôt le geôlier, et lui ordonna d'aller chercher un médecin, et de le prévenir qu'il eût à prendre avec lui les contre-poisons les plus efficaces.

Le médecin accourut. Les contre-poisons, administrés à temps, eurent leur effet. A minuit, Pascal Bruno était hors de danger ; à minuit et demi, il recevait l'absolution.

Le lendemain, à huit heures du matin, il sortit de l'église de Saint-François-de-Sales, où il avait passé la nuit en chapelle ardente, pour se rendre à la place de la Marine, où l'exécution devait avoir lieu. La marche était accompagnée de tous les accessoires terribles des exécutions italiennes : Pascal Bruno était lié sur un âne marchant à reculons, précédé du bourreau et de son aide, suivi de la confrérie de pénitens qui portaient la bière où il devait reposer dans l'éternité, et accompagné d'hommes revêtus de longues robes trouées aux yeux seulement, tenant à la main une tirelire qu'ils agitaient comme une sonnette, et qu'ils présentaient pour recevoir l'aumône des fidèles, destinée à faire dire des messes pour le condamné.

L'encombrement était tel dans la rue del Cassero, que le condamné devait longer dans toute son étendue, que plus d'une fois le cortège fut forcé de s'arrêter. A chaque fois, Pascal étendait son regard calme sur toute cette foule qui, sentant que ce n'était pas un homme ordinaire qui allait mourir, le suivait avec une curiosité croissante, mais pieuse, et sans qu'aucune insulte fût proférée contre le condamné ; au contraire, beaucoup de récits circulaient dans la foule, traits de courage ou de bonté attribués à Pascal, et dont les uns exaltaient les hommes, tandis que les autres attendrissaient les femmes.

A la place des Quatre-Cantons, comme le cortège subissait une de ces haltes nombreuses que lui imposait l'encombrement des rues, quatre nouveaux moines vinrent se joindre au cortège de pénitens qui suivaient immédiatement Pascal. Un de ces moines leva son capuchon, et Pascal reconnut un des braves qui avaient soutenu le siège avec lui ; il comprit aussitôt que les trois autres moines étaient ses trois autres compagnons, et qu'ils étaient venus là dans l'intention de le sauver.

Alors Pascal demanda à parler à celui des moines avec lequel il avait échangé un signe de reconnaissance, et le moine s'approcha de lui.

— Nous venons pour te sauver, dit le moine.
— Non, dit Pascal, vous venez pour me perdre.
— Comment cela ?
— Je me suis rendu sans restriction aucune, je me suis rendu sur la promesse qu'on vous laisserait la vie, et on vous l'a laissée. Je suis aussi honnête homme qu'eux : ils ont tenu leur parole, je tiendrai la mienne.
— Mais..., reprit le moine, essayant de convaincre le condamné.
— Silence, dit Pascal, ou je vous fais arrêter.

Le moine reprit son rang sans mot dire ; puis, lorsque le cortége se fut remis en marche, il échangea quelques paroles avec ses compagnons, et à la première rue transversale qui se présenta, ils quittèrent la file et disparurent.

On arriva sur la place de la Marine : les balcons étaient chargés des plus belles femmes et des plus riches seigneurs de Palerme. L'un d'eux surtout, placé juste en face du gibet, était, comme aux jours de fêtes, tendu d'une draperie de brocart ; c'était celui qui était réservé à la comtesse Gemma de Castel-Novo.

Arrivé au pied de la potence, le bourreau descendit de cheval et planta sur la poutre transversale le drapeau rouge, signal de l'exécution : aussitôt on délia Pascal, qui sauta à terre, monta de lui-même et à reculons l'échelle fatale, présenta son cou pour qu'on y passât le lacet, et, sans attendre que le bourreau le poussât, s'élança lui-même de l'échelle.

Toute la foule jeta un cri simultané ; mais si puissant que fût ce cri, celui que poussa le condamné le domina de telle sorte, que chacun en conçut cette idée, que ce cri était celui que jetait le diable en lui sortant du corps ; si bien qu'il y eut dans la foule une terreur telle, que les assistans se ruèrent les uns sur les autres, et que dans la bagarre l'oncle de notre capitaine, qui était chef de milice, perdit, comme nous le raconta celui-ci, ses boucles d'argent et sa cartouchière.

Le corps de Bruno fut remis aux pénitens blancs, qui se chargèrent de l'ensevelir ; mais comme ils l'avaient rapporté au couvent où ils s'occupaient de ce pieux office, le bourreau se présenta et vint réclamer la tête. Les pénitens voulurent d'abord défendre l'intégralité du cadavre, mais le bourreau tira de sa poche un ordre du ministre de la justice qui décrétait que la tête de Pascal Bruno serait, pour servir d'exemple, exposée dans une cage de fer, le long des murailles du château baronial de Bauso.

Ceux qui désireront de plus amples renseignemens sur cet illustre bandit, pourront recourir au roman que j'ai publié sur lui en 1837 ou 58, je crois (1) ; ceci étant son histoire pure et simple, telle que me l'a racontée, et telle que je l'ai encore signée de sa main dans mon album, Son Excellence don Cesare Alletto, notaire à Calvaruso.

SCYLLA.

Aussitôt cette histoire terminée, écrite sur mon album et revêtue du seing authentique du digne fonctionnaire qui me l'avait racontée, et que la force de son esprit mettait, comme on le voit, au-dessus des traditions superstitieuses auxquelles croyaient si aveuglément les gens de notre équipage, nous nous levâmes et nous acheminâmes vers les lieux où s'était passée une partie des événemens qui viennent de se développer sous les yeux de nos lecteurs.

Le premier point de notre investigation était la maison paternelle de Pascal : cette maison, dont la porte fermée par lui n'a jamais été rouverte par personne, est empreinte d'un cachet de désolation qui va bien aux souvenirs qu'elle rappelle ; les murs se lézardent, le toit s'affaisse, le volet du premier, décroché, pend à un de ses gonds. Je demandai une échelle pour regarder dans l'intérieur de la chambre par un des carreaux brisés ; mais don César me prévint que ma curiosité pourrait être mal interprétée par les habitans du village et m'attirer quelque mauvaise affaire. Comme cette susceptibilité des Bausiens tenait au fond à un sentiment de piété, je ne voulus le heurter en rien ; et après avoir, tant bien que mal, et pour mes souvenirs particuliers, jeté sur mon album un petit croquis de cette maison, dont les murs avaient enfermé tant de malheurs différens et tant de pas-

(1) Voir tome IV.

sions diverses, je repris mon chemin vers le château baronial.

Il est situé à l'extrémité droite de la rue, si l'on peut appeler rue une suite de jardins, ou plutôt de champs et de maisons que rien ne rattache ensemble, et qui montent sur une petite pente. Cependant, il faut le dire, les touffes énormes de figuiers et de grenadiers semés tout le long du chemin, et du milieu desquelles s'élance le jet flexible de l'aloès, donnent à tout ce paysage une caractère particulier qui n'est pas sans charmes: à mesure que l'on monte, on voit, au-dessus des toits d'une rue transversale, apparaître d'abord le sommet fumant de Stromboli, puis les îles moins élevées que lui, puis enfin la mer, vaste nappe d'azur qui se confond avec l'azur du ciel.

Le château baronial, en face duquel s'élève une de ces belles croix de pierres de seizième siècle pleine de caractère, dans sa fruste nudité est une petite bâtisse à qui ses créneaux donnent un air de crânerie qui fait plaisir à voir. Sur la face qui regarde la croix sont deux cages, ou plutôt, et pour donner une idée plus exacte de la chose, deux lanternes sans verres. L'une de ces deux cages est vide; c'est celle où était la tête du père de Pascal Bruno, et que son fils, dans un moment d'étrange piété, enleva avec la balle de sa carabine: l'autre contient un crâne blanchi par trente-cinq ans de soleil et de pluie; ce crâne est celui de Pascal Bruno.

Une fenêtre voisine de la cage a été murée pour que le crâne ne fût point enlevé; mais Pascal était le seul de sa famille, et aucune tentative ne fut faite pour soustraire ce dernier débris à son éternel châtiment.

Du reste, le souvenir du bandit était aussi vivant dans le village que s'il était mort de la veille. Une douzaine de paysans, ayant appris la cause de notre voyage à Bauso, nous accompagnaient dans notre exploration, et, paraissant tout fiers que la réputation de leur compatriote eût traversé la mer, ajoutaient, chacun selon ses souvenirs personnels ou les traditions orales, quelques traits caractéristiques de cette vie aventureuse et excentrique, et qui venaient se joindre comme une broderie fantasque et bariolée à la sévère esquisse historique tracée sur mon album par le notaire de Calvaruso. Parmi cette suite que nous traînions derrière nous, était un vieillard de soixante-quatorze ans: c'était le même à qui Pascal Bruno avait fait rendre les 25 onces; aussi parlait-il du bandit avec enthousiasme, et nous assura-t-il que, depuis l'époque de sa mort, il faisait dire tous les ans une messe pour lui. Non pas, ajouta-t-il, qu'il en ait besoin; car, à son avis, si celui-là n'était pas en paradis, personne n'avait le droit d'y être.

Du château baronial nous nous enfonçâmes à gauche et à travers terres, en suivant un sentier tracé au milieu d'une plantation d'oliviers; au bout d'un quart d'heure de marche à peu près, nous nous trouvâmes dans une petite plaine circulaire dont la forteresse de Castel-Novo formait le centre. C'était là le palais de Pascal Bruno.

La forteresse est dans un état de délabrement qui correspond à peu près à celui où se trouve la maison de Pascal Bruno. Abandonnée par l'intendant du comte, elle ne fut jamais, depuis la mort du bandit, occupée par aucun membre ni aucun serviteur de cette noble famille. Aujourd'hui, une pauvre femme en haillons et quelques enfans à moitié nus y ont trouvé un asile et en habitent un coin; vivant là, comme des animaux sauvages dans leur tanière, de racines, de fruits et de coquillages; quant à un loyer quelconque, il est bien entendu qu'il n'en est pas question.

La vieille femme nous fit voir l'appartement qu'habitait Pascal et la chambre dans laquelle lui et ses quatre compagnons avaient soutenu un siège de près de trente-six heures: les murs extérieurs étaient criblés de balles: les contrevens de chaque fenêtre, les parois de la chambre étaient mutilés. Je comptai celles qui avaient frappé dans un seul contrevent, il y en avait dix-sept.

En descendant, on me montra la niche où étaient enfermés les quatre fameux chiens corses qui ont laissé dans le village un souvenir presque aussi terrible que celui de leur maître.

Nous retournâmes à l'hôtel: il était trois heures de l'après-midi, je n'avais donc pas de temps à perdre pour revenir à Messine.

A huit heures du soir j'étais à Messine: c'était une demi-heure trop tard pour sortir du port et m'en aller coucher à San Giovanni; d'ailleurs mes rameurs n'étaient pas prévenus, et chacun d'eux sans doute avait déjà pris pour sa soirée des arrangemens que ma nouvelle résolution aurait fort contrariés; je remis donc mon départ au lendemain matin.

A six heures du matin Pietro était à ma porte avec Philippe, le reste de l'équipage attendait dans la barque. Le maître de l'hôtel me remit mon passe-port visé à neuf, précaution qu'il ne faut jamais négliger quand on passe de Sicile en Calabre ou de Calabre en Sicile, et nous prîmes congé, probablement pour toujours, de Messine la Noble; nous étions restés un peu plus de deux mois en Sicile.

Notre retour à San-Giovanni fut moins rapide que ne l'avait été notre départ pour La Pace: la traversée était la même, mais elle se faisait d'un cœur bien différent; j'avais prévenu mes hommes que je les emmenais encore pour un mois à peu près, et, à part Pietro, que sa joyeuse humeur ne quittait jamais, tout l'équipage était assez triste.

En arrivant, je trouvai une lettre de Jadin, laquelle lettre me prévenait, qu'ayant commencé la veille un dessin de Scylla, il était parti au point du jour avec Milord et le mousse, afin d'achever, s'il était possible dans la journée, le susdit dessin. Je prévins le capitaine que je désirais partir le lendemain au point du jour; il me demanda alors mon passe-port pour y faire apposer un nouveau visa, et me promit d'être prêt, lui et tout son monde, pour le moment que je désirais. Quant à moi, n'ayant rien de mieux à faire, je pris la route de Scylla pour me mettre en quête de Jadin.

La distance de San-Giovanni à Scylla est de cinq milles à peu près, mais cette distance est fort raccourcie par le pittoresque du chemin, qui côtoie presque toujours la mer et se déploie entre des haies de cactus, de grenadiers et d'aloès; que domine de temps en temps quelque noyer ou quelque châtaignier à l'épais feuillage, sous l'ombre duquel étaient presque toujours assis un petit berger et son chien, tandis que les trois ou quatre chèvres dont il avait la garde grimpaient capricieusement à quelque rocher voisin, ou s'élevaient sur leurs pattes de derrière pour atteindre les premières branches d'un arbousier ou d'un chêne vert. De temps en temps aussi je rencontrais sur la route, et par groupes de deux ou trois, des jeunes filles de Scylla, à la taille élevée, au visage grave, aux cheveux ornés de bandelettes rouges et blanches, comme celles que l'on retrouve sur les portraits des anciennes Romaines; qui allaient à San-Giovanni, portant des paniers de fruits ou des cruches de lait de chèvre sur leur tête; qui s'arrêtaient pour me regarder passer, comme elles auraient fait d'un animal quelconque qui leur eût été inconnu, et qui, pour la plupart du temps, se mettaient à rire tout haut, et sans gêne aucune, de mon costume, qui, entièrement sacrifié à ma plus grande commodité, leur paraissait sans doute fort hétéroclite en comparaison du costume élégant que porte le paysan calabrais.

A trois ou quatre cents pas en avant de Scylla, je trouvai Jadin établi sous son parasol, ayant Milord à ses pieds, et son mousse à côté de lui; ils formaient le centre d'un groupe de paysans et de paysannes calabrais, qu'on avait toutes les peines du monde à tenir ouvert du côté de la ville, et qui, se rapprochant toujours par curiosité, finissait de dix minutes en dix minutes par former un rideau venant entre le peintre et le paysage. Alors Jadin faisait ce que fait le berger: il envoyait Milord dans la direction où il désirait que la solution de continuité s'établit, et les paysans, qui avaient une terreur profonde de Milord, s'écartaient aussitôt, pour se reformer, il est vrai, dix minutes après. Cependant, comme tout cela s'opérait de la façon la plus bienveillante du monde, il n'y avait rien à dire.

La route m'avait aiguisé l'appétit, aussi offris-je à Jadin d'interrompre sa besogne pour venir déjeuner avec moi à la ville; mais Jadin, qui voulait terminer son croquis dans la journée, avait pris ses précautions pour ne point bouger de la place où il était établi : le mousse avait été lui chercher du pain, du jambon et du vin, et il venait d'achever sa *collazione* au moment où j'arrivais. Je me décidai donc à déjeuner seul, et je m'acheminai vers la ville, moins prudent qu'Énée, mais croyant sur la foi de l'antiquité que Scylla n'était à craindre que lorsqu'on s'en approchait par mer. On va voir que je me trompais grossièrement, et que, quoique donnés il y a trois mille ans, et à moi qu'à moi, j'aurais bien fait de suivre les conseils d'Anchise.

J'arrivai à la ville tout en admirant son étrange situation. Bâtie sur une cime, elle descend comme un long ruban sur le versant occidental de la montagne, puis en tournant comme un S elle vient s'étendre le long de la mer, qui trouve dans le cintre que forme sa partie inférieure une petite rade où ne peuvent guère, à ce qu'il m'a paru, aborder que les bateaux pêcheurs et des bâtimens légers du genre des speronare. Cette rade est protégée par un haut promontoire de rochers, au haut duquel, et dominant la mer, est une forteresse bâtie par Murat. Au pied du rocher, et à une centaine de pas autour de lui, une foule d'écueils aux formes bizarres, et dont quelques-uns ont la forme de chiens dressés sur leurs pattes de derrière, sortent capricieusement de l'eau : de là sans doute la fable qui a donné à l'amante du dieu Glaucus sa terrible célébrité.

J'avais avisé de loin, grâce à la position ascendante de la rue, une maison entre les fenêtres de laquelle pendait une enseigne représentant un pélican rouge : l'emblème de cet oiseau, qui se déchire le sein pour nourrir ses enfans, me sembla une allusion trop directe à l'engagement que prenait le maître de l'auberge vis-à-vis des voyageurs, pour que j'hésitasse un instant à me laisser prendre à cet appât. J'aurais dû cependant songer qu'il y a pélican et pélican, comme il y a fagot et fagot, et qu'un pélican rouge n'est pas un pélican blanc; mais la prudence du serpent, qu'on m'avait tant recommandée à l'égard des Calabrais, m'abandonna pour cette fois, et j'entrai dans la souricière.

J'y fus merveilleusement reçu de l'hôte, qui, après m'avoir demandé des ordres pour le déjeuner et m'avoir répondu par l'éternel *subito* italien, me fit monter dans une chambre où l'on s'empressa effectivement de mettre mon couvert. Une demi-heure après, l'hôte entra lui-même, un plat de côtelettes à la main, et lorsqu'il m'eut vu attablé et piquant en affamé sur la préface de la collation, il me demanda, toujours du même ton mielleux, si je n'avais pas un passe-port. Ne comprenant pas l'importance de la question, je lui répondis négligemment que non, que je ne voyageais pas pour le moment, mais me promenais purement et simplement; qu'en conséquence, j'avais laissé mon passe-port à San-Giovanni, où j'avais momentanément élu mon domicile. Mon hôte me répondit par un *benone* des plus tranquillisans, et je continuai d'expédier mon déjeuner, qu'il continua, de son côté, de me servir avec une politesse croissante.

Au dessert, il sortit pour m'aller chercher lui-même, me dit-il, les plus beaux fruits de son jardin. Je fis signe de la tête que je l'attendais avec la patience d'un homme qui a convenablement mangé, et, allumant ma cigarette, je me lançai, tout en suivant de l'œil les capricieuses décompositions de la fumée, dans ces rêves sereins et fantasques qui accompagnent d'ordinaire les digestions faciles.

J'étais au beau milieu de mon Eldorado, lorsque j'entendis trois ou quatre sabres qui retentissaient sur les marches de l'escalier. Je n'y fis point d'abord attention, mais, comme ces sabres s'approchaient de plus en plus de ma chambre, je finis cependant par me retourner. Au moment où je me retournais, ma porte s'ouvrit, et quatre gendarmes entrèrent : c'était le dessert que mon hôte m'avait promis.

Je dois rendre justice aux milices urbaines de S. M. le roi Ferdinand, ce fut en portant la main à leur chapeau à trois cornes et en m'appelant excellence, qu'elles me demandèrent le passe-port que je les savais bien que je n'avais pas. Je leur fis alors la même réponse que j'avais faite à mon hôte, et, comme si elles ne s'y attendaient pas, les susdites milices se regardèrent d'un air qui voulait dire : Diable! diable! voilà une méchante affaire qui se prépare. Puis, ces signes échangés, le brigadier se retourna de mon côté, et, toujours la main au chapeau, signifia à Mon Excellence qu'il était obligé de la conduire chez le juge.

Comme je me doutais bien que ses politesses aboutiraient à cette sotte proposition, et que je ne me souciais pas de traverser toute la ville entre quatre gendarmes, je fis signe au brigadier que j'avais une confidence à lui faire tout bas; il s'approcha de moi, et sans me lever de ma chaise :

— Faites sortir vos soldats, lui dis-je.

Le brigadier regarda autour de lui, s'assura qu'il n'y avait aucune arme à ma portée, et, se retournant vers ses acolytes, il leur fit signe de nous laisser seuls. Les trois gendarmes obéirent aussitôt, et je me trouvai en tête à tête avec mon homme.

— Asseyez-vous là, dis-je au brigadier en lui montrant une chaise en face de moi. Il s'assit.

— Maintenant, lui dis-je en posant mes deux coudes sur la table et ma tête sur mes deux mains; maintenant que nous ne sommes que nous deux, écoutez, lui dis-je.

— J'écoute, me répondit mon Calabrais.

— Écoutez, mon cher maréchal des logis, car vous êtes maréchal des logis, n'est-ce pas ?

— Je devrais l'être, Excellence, mais les injustices...

— Vous le serez; laissez-moi donc vous donner un titre qui ne peut vous manquer d'un jour à l'autre et que vous méritez si bien sous tous les rapports. Maintenant, dis-je, mon cher maréchal des logis, vous n'êtes pas ennemi, je le sais, la chose ne peut en rien vous compromettre, n'est-ce pas, d'un cigare de la Havane, d'une bouteille de Muscato-Calabrese, et d'une petite somme de deux piastres?

A ces mots, je tirai deux écus de mon gousset, et je les fis briller aux yeux de mon interlocuteur, qui, par un mouvement instinctif, avança la main.

Ce mouvement me fit plaisir : cependant je ne parus pas le remarquer, et, renfonçant les deux piastres dans ma poche, je continuai.

— Eh bien, mon cher maréchal, tout cela est à votre service, si vous voulez seulement me permettre, avant de me conduire chez le juge, d'envoyer chercher mon passe-port à San-Giovanni; pendant ce temps vous me tiendrez une agréable compagnie, nous fumerons, nous boirons, nous jouerons même aux cartes si vous aimez le piquet ou la bataille; vos hommes, pour plus grande sûreté, resteront à la porte, et, pour qu'ils ne s'ennuient pas trop de leur côté, je leur enverrai trois bouteilles de vin; ah! voilà une proposition, j'espère : vous va-t-elle?

— D'autant mieux, me répondit le brigadier, qu'elle s'accorde parfaitement avec mon devoir.

— Comment donc! est-ce que vous croyez que je me serais permis une proposition inconvenante? Peste! je n'aurais eu garde, je connais trop bien la rigidité des troupes de S. M. Ferdinand. A la santé de S. M. Ferdinand, maréchal; ah! vous ne pouvez pas refuser, ou je dirai que vous êtes un sujet rebelle.

— Aussi je ne refuse pas, dit le brigadier.

Et il tendit son verre.

— Maintenant, me dit-il après avoir fait honneur au toast royal proposé par moi, maintenant, Excellence, si on ne vous apportait pas de passe-port?

— Oh! alors, lui dis-je, vous auriez les deux piastres tout de même, et la preuve c'est que les voilà d'avance, tant j'ai confiance en vous, et vous serez parfaitement libre de me faire reconduire de brigade en brigade jusqu'à Naples.

Et je lui donnai les deux piastres, qu'il mit dans sa poche avec un laisser-aller qui prouvait l'habitude qu'il avait de ces sortes de négociations.

— Votre Excellence a-t-elle une préférence quelconque pour le messager qui doit aller chercher son passe-port? me demanda alors le brigadier.

— Oui, maréchal; avec votre permission, je désirerais qu'un de vos hommes... Venez ici. Je le conduisis à la fenêtre et lui montrai de loin, sur la grande route, Jadin qui

sans se douter le moins du monde de l'embarras où je me trouvais, continuait à lever son croquis à l'ombre de son parasol. — Je désirerais, continuai-je, qu'un de vos hommes allât me chercher ce mousse que vous apercevez là-bas, près de ce gentilhomme qui peint. Le voyez-vous, là-bas, là-bàs, tenez ?
— Parfaitement.
— Il a de bonnes jambes, et, s'il y a trois au quatre carlins à gagner, j'aime mieux qu'il les gagne qu'un autre.
— Je vais l'envoyer chercher.
— A merveille, maréchal ; dites en même temps qu'on nous monte une bouteille du meilleur muscat, qu'on donne trois bouteille de syracuse sec à vos hommes, et apportez-moi une plume, de l'encre et du papier.
— A l'instant, Excellence.
Cinq minutes après j'étais servi ; j'écrivis au capitaine :
» Cher capitaine, je suis, faute de passe-port, prisonnier dans l'auberge du Pélican-Rouge à Scylla ; ayez la bonté de m'apporter vous-même le papier qui me manque, afin de pouvoir donner aux autorités calabraises tous les renseignemens, moraux et politiques, qu'elles peuvent désirer sur votre serviteur. »
» GUICHARD. »
Au bout de dix minutes, le mousse était introduit près de moi. Je lui donnai ma lettre, accompagnée de quatre carlins, et recommandai d'aller toujours courant jusqu'à San-Giovanni, et surtout de ne pas revenir sans le capitaine.
Le bonhomme, qui n'avait jamais eu une pareille somme à sa disposition, partit comme le vent. Un instant après je le vis de la fenêtre qui gagnait consciencieusement ses quatre carlins ; il passa près de Jadin au pas gymnastique ; Jadin voulut l'arrêter, mais il lui montra la lettre et continua son chemin.
Et Jadin, qui tenait à finir son croquis, se remit à la besogne avec sa tranquillité ordinaire.
Quant à moi, j'entamai avec mon brigadier une conversation morale, scientifique et littéraire, dont il parut on ne peut plus charmé. Cette conversation durait depuis une heure et demie à peu près, ce qui faisait que, si intéressante qu'elle fût, elle commençait à tirer un peu en longueur, lorsque j'aperçus sur la route, non pas le capitaine seul, mais tout l'équipage, qui arrivait au pas de course ; à tout hasard, chacun s'était muni d'une arme quelconque, afin de me délivrer par force si besoin était. Nunzio seul était resté pour garder le bâtiment.
Le groupe fit une halte d'un instant près de Jadin ; mais comme il était infiniment moins instruit de mon aventure que le capitaine qui avait reçu ma lettre, ce fut lui qui se fit interrogateur. Le capitaine alors, pour ne pas perdre de temps, lui remit mon billet et continua sa route ; Jadin le lut, fit un mouvement de tête qui voulait dire : Bon, bon, qu'est-ce que cela ? mit soigneusement le billet dans une des nombreuses poches de sa veste, afin d'en augmenter sa collection d'autographes, et se remit à peindre.
Cinq minutes après, l'auberge du Pélican-Rouge était prise d'assaut par mon équipage, et le capitaine se précipitait dans ma chambre mon passe-port à la main.
Nous étions devenus si bons compagnons, mon brigadier et moi, qu'en vérité je n'en avais presque plus besoin.
Je n'en fus pas moins enchanté de ne pas avoir à mettre son amitié naissante à une trop rude épreuve ; je lui tendis donc fièrement mon passe-port. Il jeta négligemment les yeux dessus, puis, ouvrant lui-même la porte :
— Son Excellence le comte Guichard est en règle, dit-il, qu'on le laisse passer.
Toutes les portes s'ouvrirent. Moyennant mes deux piastres j'étais devenu comte.
— Dites donc, mon cher maréchal, lui demandai-je, si par hasard je rencontre sur mon chemin le maître de l'hôtel, est-ce que cela vous contrarierait que je l'assommasse ?
— Moi, Excellence? dit mon brave brigadier, pas le moins du monde, seulement, prenez garde au couteau.
— Cela me regarde, maréchal.
Et je descendis dans la douce espérance de régler mon double compte avec l'aubergiste du Pélican-Rouge ; malheureusement, comme il se doutait sans doute de la chose, ce fut son premier garçon qui me présenta la carte ; quant à lui, il était devenu parfaitement invisible.
Nous reprîmes Jadin en passant, et je rentrai triomphalement à San-Giovanni à la tête de mon équipage.

LE PROPHETE.

En arrivant à bord, nous trouvâmes le pilote assis, selon son habitude, au gouvernail, quoique le bâtiment fût à l'ancre, et que par conséquent il n'eût rien à faire à cette place. Au bruit que nous fîmes en remontant à bord, il éleva sa tête au-dessus de la cabine, et fit signe au capitaine qu'il avait quelque chose à lui dire. Le capitaine, qui partageait la déférence que chacun avait pour Nunzio, passa aussitôt à l'arrière.

La conférence dura dix minutes à peu près ; pendant ce temps les matelots de leur côté s'étaient réunis entre eux et formaient un groupe qui paraissait assez préoccupé ; nous crûmes qu'il était question de l'aventure de Scylla, et nous ne fîmes pas autrement attention à ces symptômes d'inquiétude.

Au bout de ces dix minutes le capitaine reparut et vint droit à nous.

— Est-ce que Leurs Excellences tiennent toujours à partir demain ? nous demanda-t-il.

— Mais, oui, si la chose est possible, répondis je.

— C'est que le vieux dit que le temps va changer, et que nous aurons le vent contraire pour sortir du détroit.

— Diable ! fis je, est-ce qu'il en est bien sûr ?

— Oh ! dit Pietro, qui s'était approché de nous avec tout l'équipage, si le vieux l'a dit, dame ! c'est l'Évangile. L'a-t-il dit, capitaine ?

— Il l'a dit, répondit gravement celui auquel la question était adressée.

— Ah ! nous avions bien vu qu'il y avait quelque chose sous jeu ; il avait la mine toute gendarmée, n'est-ce pas, les autres ?

Tout l'équipage fit un signe de tête qui indiquait que, comme Pietro, chacun avait remarqué la préoccupation du vieux prophète.

— Mais, demandai-je, est ce que lorsque le vent souffle il a l'habitude de souffler longtemps ?

— Dame ! dit le capitaine, huit jours, dix jours ; quelquefois plus, quelquefois moins.

— Et alors on ne peut pas sortir du détroit ?

— C'est impossible.

— Vers quelle heure le vent soufflera-t-il ?

— Eh ! vieux ! dit le capitaine.

— Présent, dit Nunzio en se levant derrière sa cabine.

— Pour quelle heure le vent ?

Nunzio se retourna, consulta jusqu'au plus petit nuage du ciel ; puis se retournant de notre côté :

— Capitaine, dit-il, ce sera pour ce soir, entre huit et neuf heures, un instant après que le soleil sera couché.

— Ce sera entre huit et neuf heures, répéta le capitaine avec la même assurance que si c'eût été Matthieu Lœnsbe g ou Nostradamus qui lui eût adressé la réponse qu'il nous transmettait.

— Mais, en ce cas, demandai-je au capitaine, ne pourrait-on sortir tout de suite ? nous nous trouverions alors en pleine mer ; et, pourvu que nous arrivions à gagner le Pizzo, c'est tout ce que je demande.

— Si vous le voulez absolument, répondit directement le pilote, on tâchera.

— Eh bien ! tâchez donc alors.
— Alons, allons, dit le capitaine : on part ! Chacun à son poste.

En un instant, et sans faire une seule observation, tout le monde fut à la besogne ; l'ancre fut levée, et le bâtiment, tournant lentement son beaupré vers le cap Pelore, commença de se mouvoir sous l'effort de quatre avirons : quant aux voiles, il n'y fallait pas songer, par un souffle de vent ne traversait l'espace.

Cependant il était évident que, quoique notre équipage eût obéi sans réplique à l'ordre donné, c'était à contre-cœur qu'il se mettait en route ; mais, comme cette espèce de nonchalance pouvait bien venir aussi du regret que chacun avait de s'éloigner de sa femme ou de sa maîtresse, nous n'y fîmes pas grande attention, et nous continuâmes d'espérer que Nunzio mentirait cette fois à son infaillibilité ordinaire.

Vers les quatre heures, nos matelots, qui peu à peu, et tout en dissimulant cette intention, s'étaient rapprochés des côtes de Sicile, se trouvèrent à un demi-quart de lieue à peu près du village de La Pace ; alors femmes et enfans sortirent et commencèrent à encombrer la côte. Je vis bien quel était le but de cette manœuvre, attribuée simplement au courant, et j'allai au-devant du désir de ces braves gens en les autorisant, non pas à débarquer, ils ne le pouvaient pas sans patente, mais à s'approcher du rivage à une assez faible distance pour que partans et restans pussent se faire encore une fois leurs adieux. Ils profitèrent de la permission, et en une vingtaine de coups de rames ils se trouvèrent à portée de la voix. Au bout d'une demi-heure de conversation le capitaine rappela le premier que nous n'avions pas de temps à perdre : on fit voler les mouchoirs et sauter les chapeaux, comme cela se pratique en pareille circonstance, et l'on se mit en route toujours ramant ; pas un souffle d'air ne se faisait sentir, et, au contraire, le temps devenait de plus en plus lourd.

Comme cette disposition atmosphérique me portait tout naturellement au sommeil, et que j'avais si longtemps vu et si souvent revu le double rivage de la Sicile et de la Calabre, que je n'avais plus grande curiosité pour lui, je laissai Jadin fumant sa pipe sur le pont, et j'allai me coucher.

Je dormais depuis trois ou quatre heures à peu près, et tout en dormant je sentais instinctivement qu'il se passait autour de moi quelque chose d'étrange, lorsqu'enfin je fus complètement réveillé par le bruit des matelots courant au-dessus de ma tête, et par le cri bien connu de: Burrasca ! burrasca ! J'essayai de me mettre sur mes genoux, ce qui ne me fut pas chose facile, relativement au mouvement d'oscillation imprimé au bâtiment ; mais enfin j'y parvins, et, curieux de savoir ce qui se passait, je me traînai jusqu'à la porte de derrière de la cabine, qui donnait sur l'espace réservé au pilote. Je fus bientôt au fait : au moment où je l'ouvrais, une vague qui demandait à entrer juste au moment où je voulais sortir m'attrapa en pleine poitrine, et m'envoya bientôt à trois pas en arrière, couvert d'eau et d'écume. Je me relevai, mais il y avait inondation complète dans la cabine ; j'appelai Jadin pour qu'il m'aidât à sauver nos lits du déluge.

Jadin accourut accompagné du mousse, qui portait une lanterne, tandis que Nunzio, qui avait l'œil à tout, tirait à lui la porte de la cabine, afin qu'une seconde vague ne submergeât point tout à fait notre établissement. Nous roulâmes aussitôt nos matelas, qui heureusement, étant de cuir, n'avaient point eu le temps de prendre l'eau. Nous les plaçâmes sur des tréteaux qui les élevaient au dessus des eaux comme l'esprit de Dieu ; nous suspendîmes nos draps et nos couvertures aux porte-manteaux qui garnissaient les parois intérieures de notre chambre à coucher ; puis, laissant à notre mousse le soin d'éponger les deux pouces de liquide au milieu duquel nous barbotions, nous gagnâmes le pont.

Le vent s'était levé comme l'avait dit le pilote, et à l'heure qu'il avait dit, et, selon sa prédiction, nous était tout à fait contraire. Néanmoins, comme nous étions parvenus à sortir du détroit, nous étions plus à l'aise, et nous courions des bordées dans l'espérance de gagner un peu de chemin ; mais il résultait de cette manœuvre que la mer nous battait en plein travers, et que de temps en temps le bâtiment s'inclinait tellement que le bout de nos vergues trempait dans la mer. Au milieu de toute cette bagarre et sur un plan incliné comme un toit, nos matelots couraient de l'avant en arrière avec une célérité à laquelle nous autres, qui ne pouvions nous tenir en place qu'en nous cramponnant de toutes nos forces, ne comprenions véritablement rien. De temps en temps le cri : burrasca ! burrasca ! retentissait de nouveau ; aussitôt on abattait toutes les voiles, on faisait tourner le speronare, le beaupré dans le vent, et l'on attendait. Alors le vent arrivait bruissant, et, chargé de pluie, sifflait à travers nos mâts et nos cordages dépouillés, tandis que les vagues, prenant notre speronare en dessous, le faisaient bondir comme une coquille de noix. En même temps, à la lueur de deux ou trois éclairs qui accompagnaient chaque bourrasque, nous apercevions, selon que nos bordées nous avaient rapprochés des uns ou des autres, ou les rivages de la Calabre, ou ceux de la Sicile, et cela toujours à la même distance : ce qui prouvait que nous ne faisions pas grand chemin. Au reste, notre petit bâtiment se comportait à merveille, et faisait des efforts inouïs pour nous donner raison contre la pluie, la mer et le vent.

Nous nous obstinâmes ainsi pendant trois ou quatre heures, et pendant ces trois ou quatre heures, il faut le dire, nos matelots n'élevèrent pas une récrimination contre la volonté qui les mettait aux prises avec l'impossibilité même. Enfin, au bout de ce temps, je demandai combien nous avions fait de chemin depuis que nous courions des bordées ; il y avait de cela cinq ou six heures. Le pilote nous répondit tranquillement que nous avions fait une demi-lieue. Je m'informai alors combien de temps pourrait durer la bourrasque, et j'appris que, selon toute probabilité, nous en aurions encore pour trente-six ou quarante heures. En supposant que nous continuassions à conserver sur le vent et la mer le même avantage, nous pouvions faire à peu près huit lieues en deux jours : le gain ne valait pas la fatigue, et je prévins le capitaine que, s'il voulait rentrer dans le détroit, nous renoncions momentanément à aller plus avant.

Cette intention pacifique était à peine formulée par moi que, transmise immédiatement à Nunzio, elle fut à l'instant même connue de tout l'équipage. Le speronare tourna sur lui-même comme par enchantement ; la voile latine et la voile de foc se déployèrent dans l'ombre, et le petit bâtiment, tout tremblant encore de sa lutte, partit vent arrière avec la rapidité d'un cheval de course. Dix minutes après, le mousse vint nous dire que si nous voulions rentrer dans notre cabine elle était parfaitement séchée, et que nous y retrouverions nos lits, qui nous attendaient dans le meilleur état possible. Nous ne nous le fîmes pas redire deux fois, et tranquilles désormais sur la bourrasque devant laquelle nous marchions en courriers, nous nous endormîmes au bout de quelques instans.

Nous nous réveillâmes à l'ancre, juste à l'endroit dont nous étions partis la veille : il ne tenait qu'à nous de croire que nous n'avions pas bougé de place, mais que seulement nous avions eu un sommeil un peu agité.

Comme la prédiction de Nunzio s'était réalisée de point en point, nous nous approchâmes de lui avec une vénération encore plus grande que d'habitude pour lui demander de nouvelles centuries à l'endroit du temps. Ses prévisions n'étaient pas consolantes : à son avis, le temps était complètement dérangé pour huit ou dix jours ; et il y avait même dans l'air quelque chose de fort étrange, et qu'il ne comprenait pas bien. Il résultait donc des observations atmosphériques de Nunzio que nous étions cloués à San-Giovanni pour une semaine au moins. Quant à renouveler l'essai que nous venions de faire, et qui nous avait si médiocrement réussi, il ne fallait pas même le tenter.

Notre parti fut pris à l'instant même. Nous déclarâmes au capitaine que nous donnions six jours au vent pour se décider à passer du nord au sud-est, et que si au bout de ce temps il ne s'était pas décidé à faire sa *saute*, nous nous en irions tranquillement par terre, à travers plaines et montagnes, notre fusil sur l'épaule, et tantôt à pied, tantôt à mulets ; pendant ce temps le vent finirait probablement par changer de direction, et notre speronare, profitant du premier souffle favorable, nous retrouverait au Pizzo.

Rien ne met le corps et l'âme à l'aise comme une résolution prise, fût-elle exactement contraire à celle que l'on comptait prendre. A peine la nôtre fut-elle arrêtée que nous nous occupâmes de nos dispositions locatives ; pour rien au monde je n'aurais voulu remettre le pied à Messine. Nous décidâmes donc que nous demeurerions sur notre speronare ; en conséquence on s'occupa à l'instant même de le tirer à terre, afin que nous n'eussions pas même à supporter l'ennuyeux clapotement de la mer, qui dans les mauvais temps se fait sentir jusqu'au milieu du détroit. Chacun se mit à l'œuvre, et au bout d'une heure le speronare, comme une carène antique, était tiré sur le sable du rivage, étayé à droite et à gauche par deux énormes pieux, et orné à son bâbord d'une échelle à l'aide de laquelle on communiquait de son pont à la terre ferme. En outre, une tente fut établie de l'arrière au grand mât, afin que nous pussions nous promener, lire ou travailler à l'abri du soleil et de la pluie. Moyennant ces petites préparations, nous nous trouvâmes avoir une demeure infiniment plus comfortable que ne l'eût été la meilleure auberge de San-Giovanni.

Le temps que nous avions à passer ainsi ne devait point être perdu : Jadin avait ses croquis à repasser ; et moi, pendant mes longues rêveries nocturnes sous ce beau ciel de la Sicile, j'avais à peu près arrêté le plan de mon drame de *Paul Jones*, dont il ne me restait plus que quelques caractères à mettre en relief et quelques scènes à compléter. Je résolus donc de profiter de cette espèce de quarantaine pour achever ce travail préparatoire, qui devait recevoir à Naples son exécution, et dès le soir même je me mis à l'œuvre.

Le lendemain, le capitaine nous demanda pour lui et ses gens la permission d'aller au village de La Pace pendant tout le temps que le vent soufflerait du nord ; deux hommes resteraient constamment à bord pour nous servir et se relaieraient tout les deux jours. La permission fut accordée à ces conditions.

Le vent était constamment contraire, ainsi que l'avait prédit Nunzio ; et cependant le temps, après avoir été deux nuits et un jour à la bourrasque, était redevenu assez beau. La lune était dans son plein et se levait chaque soir derrière les montagnes de la Calabre ; puis elle venait faire du détroit un lac d'argent, et de Messine une de ces villes fantastiques comme en rêve le burin poétique de Martyn. C'était ce moment-là que je choisissais de préférence pour travailler, et, selon toute probabilité, c'est au calme de ces belles nuits siciliennes que le caractère du principal héros de mon drame a dû le cachet religieux et rêveur qui a, plus que les scènes dramatiques peut-être, décidé du succès de l'ouvrage.

Au bout de six jours, le vent soutenait le défi et n'avait pas changé. Ne voulant rien changer à notre décision, nous résolûmes donc de partir le matin du septième, et nous fîmes dire au capitaine de revenir pour arrêter un itinéraire avec nous. Non-seulement le capitaine revint, mais encore il ramena tout l'équipage ; les braves gens n'avaient pas voulu nous laisser partir sans prendre congé de nous. Vers les trois heures, nous les vîmes en conséquence arriver dans la chaloupe. Aussitôt je donnai l'ordre à Giovanni de se procurer tout ce qu'il pourrait réunir de vivres, et à Philippe, qui était de garde avec lui, de préparer sur le pont une table ; quant au dessert, je me doutais bien que nous n'aurions pas besoin de nous en occuper, attendu que chaque fois que nos matelots revenaient du village ils rapportaient toujours avec eux les plus beaux fruits de leurs jardins.

Quoique pris au dépourvu, Giovanni se tira d'affaire avec son habileté ordinaire : au bout d'une heure et demie, nous avions un dîner fort comfortable. Il est vrai que nous avions affaire à des convives indulgens.

Après le dîner, auquel assista une partie de la population de San-Giovanni, on enleva les tables et on parla de danser la tarentelle. J'eus alors l'idée d'envoyer Pietro par le village afin de recruter deux musiciens, un flûteur et un joueur de guitare : un instant après j'entendis mes instrumentistes qui s'approchaient, l'un en soufflant dans son flageolet, l'autre en râclant sa viole ; le reste du village les suivait. Pendant ce temps, Giovanni avait préparé une illumination générale ; en cinq minutes le speronare fut resplendissant.

Alors je priai le capitaine d'inviter ses connaissances à monter sur le bâtiment : en un instant nous eûmes à bord une vingtaine de danseurs et de danseuses. Nous juchâmes nos musiciens sur la cabine, nous plaçâmes à l'avant une table couverte de verres et de bouteilles, et le raout commença, à la grande joie des acteurs et même des spectateurs.

La tarentelle, comme on se le rappelle, était le triomphe de Pietro : aussi aucun des danseurs calabrais n'essaya-t-il de lui disputer le prix. On parlait bien tout bas d'un certain Agnolo qui, s'il était là, disait-on, soutiendrait à lui seul l'honneur de la Calabre contre la Sicile tout entière ; mais il n'y était pas. On l'avait cherché partout du moment où l'on avait su qu'il y avait bal, et on ne l'avait pas trouvé : selon toute probabilité, il était à Reggio ou à Scylla, ce qui était un grand malheur pour l'amour-propre national des Sangiovannistes. Il faut croire, au reste, que la réputation du susdit Agnolo avait passé le détroit, car le capitaine se pencha à mon oreille, et me dit tout bas :

— Ce n'est pas pour mépriser Pietro, qui a du talent, mais c'est bien heureux pour lui qu'Agnolo ne soit pas ici.

A peine achevait-il la phrase, que de grands cris retentirent sur le rivage, et que la foule des spectateurs s'ouvrit devant un beau garçon de vingt à vingt-deux ans, vêtu de son costume des dimanches. Ce beau garçon, c'était Agnolo ; et ce qui l'avait retardé, c'était sa toilette.

Il était évident que cette apparition était peu agréable à nos gens, et surtout à Pietro, qui se voyait sur le point d'être détrôné, ou tout au moins d'être forcé de partager avec un rival les applaudissemens de la société. Cependant le capitaine ne pouvait se dispenser d'inviter un homme désigné ainsi à notre admiration par la voix publique ; il s'approcha donc du bordage du speronare, où se tenait debout à dix pas duquel Agnolo se tenait debout les bras croisés d'un air de défi, et l'invita à prendre part à la fête. Agnolo le remercia avec une certaine courtoisie, et, sans se donner la peine de gagner l'échelle qui était de l'autre côté, il s'accrocha en sautant avec sa main droite au bordage du bâtiment ; puis, à la force des poignets, il s'enleva comme un professeur de voltige, et retomba sur le pont. C'était, comme on dit en style de coulisses, *soigner son entrée*. Aussi Agnolo, plus heureux sur ce point que beaucoup d'acteurs en réputation, eut-il le bonheur de ne pas manquer son effet.

Alors commença entre Pietro et le nouveau venu une véritable lutte chorégraphique. Nous croyions connaître Pietro depuis le temps que nous le pratiquions, mais nous fûmes forcés d'avouer que c'était la première fois que le vrai Pietro nous apparaissait dans toute sa splendeur. Les gigottemens, les flic-flacs, les triples tours auxquels il se livra, étaient quelque chose de fantastique ; mais tout ce que faisait Pietro était à l'instant même répété par Agnolo comme par son ombre, et cela, il le fallait avouer, avec une méthode supérieure. Pietro était le danseur de la nature, Agnolo était celui de la civilisation ; Pietro accomplissait ses pas avec une certaine fatigue de corps et d'esprit : on voyait qu'il les combinait d'abord dans sa tête, puis que les jambes obéissaient à l'ordre donné ; chez Agnolo, point : tout était instantané, l'art était arrivé à ressembler à de l'inspiration, ce qui, comme chacun le sait, est le plus haut degré auquel l'art puisse atteindre. Il en résulta que Pietro, haletant, essoufflé, au bout de sa force et de son haleine, après avoir épuisé tout son répertoire, tomba les jambes croisées sous lui en jetant son cri de défaite habituel, sans conséquence lorsque la chose se passait devant nous, c'est-à-dire en famille, mais qui acquérait une bien autre gravité en face d'un rival comme Agnolo.

Quant à Agnolo, comme la fête commençait à peine pour lui, il laissa quelques minutes à Pietro pour se remettre; puis, voyant que son antagoniste avait sans doute besoin d'une trêve plus longue, puisqu'il ne se relevait pas, il redemanda une autre tarentelle et continua ses exercices.

Cette fois Agnolo, qui n'avait pas de concurrence à soutenir, fut lui-même, c'est-à-dire véritablement un beau danseur, non pas comme on l'entend dans un salon de France, mais comme on le demande en Espagne, en Sicile et en Calabre. Toutes les figures de la tarentelle furent passées en revue, toutes les passes accomplies ; sa ceinture, son chapeau, son bouquet, devinrent l'un après l'autre les accessoires de ce petit drame chorégraphique, qui exprima tour à tour tous les degrés de la passion, et qui, après avoir commencé par la rencontre presque indifférente du danseur et de sa danseuse, avoir passé par les différentes phases d'un amour combattu, puis partagé, finit par toute l'exaltation d'un bonheur mutuel.

Nous nous étions approchés comme les autres pour voir cette représentation vraiment théâtrale, et, au risque de blesser l'amour-propre de notre pauvre Pietro, nous mêlions nos applaudissemens à ceux de la foule, lorsque les cris de : *La danse du Tailleur! la danse du Tailleur!* retentirent, proférés d'abord par deux ou trois personnes, puis ensuite répétés frénétiquement non-seulement par les invités qui se trouvaient à bord, mais encore par les spectateurs qui garnissaient le rivage. Agnolo se retourna vers nous, comme pour dire que puisqu'il était notre hôte, il ne ferait rien qu'avec notre consentement; nous joignîmes alors nos instances à celles qui le sollicitaient déjà. Alors Agnolo, saluant gracieusement la foule, fit signe qu'il allait se rendre au désir qu'on lui exprimait. Cette condescendance fut à l'instant même accueillie par des applaudissemens unanimes, et la musique commença une ritournelle bizarre, qui eut le privilége d'exciter à l'instant même l'hilarité parmi ous les assistans.

Comme j'ai le malheur d'avoir la compréhension très difficile à l'endroit des ballets, je m'approchai du capitaine, et lui demandai ce que c'était que la danse du Tailleur.

— Ah! me dit-il, c'est une de leurs histoires diaboliques, comme ils en ont par centaines dans leurs montagnes. Que voulez-vous? ce n'est pas étonnant, ce sont tous des sorciers et des sorcières en Calabre.

— Mais enfin, à quelle circonstance cette danse a-t-elle rapport?

— C'est un brigand de tailleur de Catanzaro, maître Térence, qui a fait *gratis* une paire de culottes au diable, à la condition que le diable emporterait sa femme. Pauvre femme! Le diable l'a emportée tout de même.

— Bah!

— Oh! parole d'honneur!

— Comment cela?

— En jouant du violon. On n'en a plus entendu parler jamais.

— Vraiment?

— Oh! mon Dieu! oui, il vit encore. Si vous passez à Catanzaro, vous pourrez le voir.

— Qui? le diable?

— Non, ce gueux de Térence. C'est arrivé il n'y a pas plus de dix ans, au su et au vu de tout le monde. D'ailleurs, c'est bien connu, ce sont tous des sorciers et des sorcières en Calabre.

— Oh! capitaine, vous me raconterez l'histoire, n'est-ce pas?

— Oh! moi, je ne la sais pas bien, dit le capitaine; et puis d'ailleurs je n'aime pas beaucoup à parler de toutes ces histoires-là où le diable joue un rôle, attendu que, comme vous le savez, il y a déjà eu dans ma famille une histoire de sorcière. Mais vous allez traverser la Calabre, Dieu veuille qu'il ne vous y arrive aucun accident! et vous pourrez demander au premier venu l'histoire de maître Térence : Dieu merci! elle est connue, et on vous la racontera.

— Vous croyez?

— Oh! j'en suis sûr.

Je pris mon album, et j'écrivis dessus en grosses lettres :

« Ne pas oublier de me faire raconter l'histoire de maître Térence de Catanzaro, qui a fait *gratis* une paire de culottes au diable, à la condition que le diable emporterait sa femme. »

Et je revins à Agnolo.

La toile était levée, et, sur une musique plus étrange encore que la ritournelle dont la bizarrerie m'avait déjà frappé, Agnolo venait de commencer une danse de sa composition : car non-seulement Agnolo était exécutant, mais encore compositeur; danse dont rien ne peut donner une idée, et qui aurait eu un miraculeux succès dans l'opéra de la *Tentation*, si on avait pu y transporter tout ensemble les musiciens, la musique et le danseur. Malheureusement, ne connaissant que le titre du ballet, et n'en ayant point encore entendu le programme, je ne pouvais comprendre que fort superficiellement l'action, qui me paraissait des plus intéressantes et des plus compliquées. Je voyais bien de temps en temps Agnolo faire le geste d'un homme qui tire son fil, qui passe ses culottes, et qui avale un verre de vin ; mais je puis le dire, que les épisodes du drame, dont le fond me demeurait toujours obscur. Quant à Agnolo, sa pantomime devenait de plus en plus vive et animée, et sa danse bouffonne et fantastique à la fois était pleine d'un caractère d'entraînement presque magique. On voyait les efforts qu'il faisait pour résister, mais la musique l'emportait. Pour le flûteur et le guitariste, le premier soufflait à perdre haleine, tandis que le second grattait à se démancher les bras. Les assistans trépignaient, Agnolo bondissait, Jadin et moi nous nous laissions aller comme les autres à ce spectacle diabolique, quand tout à coup je vis Nunzio qui, perçant la foule, venait dire tout bas quelques paroles au capitaine. Aussitôt le capitaine étendit la main, et me touchant l'épaule :

— Excellence? dit-il.

— Eh bien! qu'y a-t-il? demandai-je.

— Excellence, c'est le vieux qui assure qu'il se passe quelque chose de singulier dans l'air, et qu'au lieu de regarder danser les danses qui révoltent le bon Dieu, nous ferions bien mieux de nous mettre en prières.

— Mais que diable Nunzio veut-il qu'il se passe dans l'air?

— Jésus! cria le capitaine, on dirait que tout tremble.

Cette judicieuse remarque fut immédiatement suivie d'un cri général de terreur. Le bâtiment vacilla comme s'il était encore en pleine mer. Un des deux étais qui le soutenaient glissa le long de sa carène, et le speronare, versant comme une voiture à laquelle deux roues manqueraient à la fois du même côté, nous envoya tous, danseurs, musiciens et assistans, rouler pêle-mêle sur le sable.

Il y eut un instant d'effroi et de confusion impossible à décrire; chacun se releva et se mit à fuir de son côté, sans savoir où. Quant à moi, n'ayant plus aucune idée, grâce à la culbute que je venais de faire, de la topographie du terrain, je m'en allais droit dans la mer, quand une main me saisit et m'arrêta. Je me retournai, c'était le pilote.

— Où allez-vous, Excellence? me dit-il.

— Ma foi! pilote, je n'en sais rien. Allez-vous quelque part? Je vais avec vous, ça m'est égal.

— Nous n'avons nulle part à aller, Excellence; et ce que nous pouvons faire de mieux, c'est d'attendre.

— Eh bien! dit Jadin en arrivant à son tour tout en crachant le sable qu'il avait dans la bouche, en voilà une de cabriole!

— Vous n'avez rien? lui demandai-je.

— Moi, rien du tout; je suis tombé sur Milord que j'ai manqué d'étouffer, voilà tout. Ce pauvre Milord, continua Jadin en adressant la parole à son chien de son fausset le plus agréable, il a donc sauvé la vie à son maître !

Milord se ramassa sur lui-même et agita vivement sa queue en témoignage du plaisir qu'il éprouvait d'avoir accompli de son côté une si belle action.

— Mais enfin, demandai-je, qu'y a-t-il? qu'est-il arrivé?

— Il est arrivé, dit Jadin en haussant les épaules, que ces

imbéciles-là ont mal assuré les pieux, et qu'un des supports ayant manqué, le speronare a fait comme quand Milord secoue ses puces.

— C'est-à-dire, reprit le pilote, que c'est la terre qui a secoué les siennes.

— Comment ?

— Écoutez ce qu'ils crient tous en se sauvant.

Je me retournai vers le village, et je vis nos convives qui couraient comme des fous en criant : *Terre moto, terre moto !*

— Qu'est-ce que cela veut dire ? Est ce que c'est un tremblement de terre ? demandai-je.

— Ni plus ni moins, dit le pilote.

— Parole d'honneur ? fit Jadin.

— Parole d'honneur ! reprit Nunzio.

— Eh bien! pilote, touchez là, dit Jadin, je suis enchanté.

— De quoi ? demanda gravement Nunzio.

— D'avoir joui d'un tremblement de terre. Tiens ! est-ce que vous croyez que ça se rencontre tous les dimanches, vous ? Ce pauvre Milord, il aura donc vu des tempêtes, il aura donc vu des volcans, il aura donc vu des tremblemens de terre ; il aura donc tout vu !

Je me mis à rire malgré moi.

— Oui, oui, dit le pilote, riez ; vous autres, Français, je sais bien que vous riez de tout. Ça n'empêche pas que dans ce moment-ci la moitié de la Calabre est peut-être sens dessus dessous. Ce n'est pas qu'il y ait grand mal ; mais enfin, tout Calabrais qu'ils sont, ce sont des hommes.

— Comment, pilote ! demandai-je, vous croyez que pour cette petite secousse que nous avons ressentie...

— Le mouvement allait du nord au midi, voyez-vous, Excellence ; et nous, justement, nous sommes à l'extrémité de la botte, et par conséquent nous n'avons pas ressenti grand' chose ; mais du côté de Nicastro et de Cosenza, c'est là qu'il doit y avoir le plus d'œufs cassés ; sans compter que nous ne sommes probablement pas au bout.

— Ah ! ah ! dit Jadin, vous croyez que nous allons avoir encore de l'agrément ? Alors bon, bon. En ce cas, fumons une pipe.

Et il se mit à battre le briquet, en attendant une seconde secousse.

Mais nous attendîmes inutilement : la seconde secousse ne vint pas, et au bout de dix minutes notre équipage qui dans le premier moment s'était éparpillé de tous les côtés, était réuni autour de nous : personne n'était blessé, à l'exception de Giovanni qui s'était foulé le poignet, et de Pietro qui prétendait s'être donné une entorse.

— Eh bien ! dit le capitaine, voyons, pilote, que faut-il faire maintenant ?

— Oh ! mon Dieu ! capitaine, pas grand'chose, répondit le vieux prophète : remettre le speronare sur sa pauvre quille, attendu que je crois que c'est fini pour le moment.

— Allons, enfans, dit le capitaine, à l'ouvrage ! Puis, se retournant de notre côté : Si Leurs Excellences avaient la bonté... ajouta-t-il.

— De quoi faire, capitaine, dites ?

— De nous donner un coup de main ; nous ne serons pas trop de tous tant que nous sommes pour en venir à notre honneur, attendu que ces fainéans de Calabrais, c'est bon à boire, à manger et à danser ; mais pour le travail il ne faut pas compter dessus. Voyez s'il en reste un seul !

Effectivement, le rivage était complétement désert : hommes, femmes et enfans, tout avait disparu ; ce qui, du reste, me paraissait assez naturel pour qu'on ne s'en formalisât point.

Quoique réduits à nos propres forces, nous n'en parvînmes pas moins, grâce à un mécanisme fort ingénieux inventé par le pilote, à remettre le bâtiment dans une ligne parfaitement verticale. Le pieu qui avait glissé fut rétabli en son lieu et place, l'échelle appliquée de nouveau à bâbord, et au bout d'une heure à peu près tout était aussi propre et aussi en ordre à bord du speronare que si rien d'extraordinaire né s'était passé.

La nuit s'écoula sans accident aucun.

TÉRENCE LE TAILLEUR.

Le lendemain, à six heures du matin, nous vîmes arriver le guide et les deux mulets que nous avions fait demander la veille. Aucun dommage important n'était arrivé dans le village ; trois ou quatre cheminées étaient tombées, voilà tout.

Nous convînmes alors de nos faits avec le capitaine : il nous fallait trois jours pour aller par terre au Pizzo. En supposant que le vent changeât, il lui fallait, à lui, douze ou quinze heures. Il fut convenu que s'il arrivait le premier au rendez-vous il nous attendrait jusqu'à ce que nous parussions ; si nous arrivions au contraire avant lui, nous devions l'attendre deux jours ; puis, si ces deux jours écoulés, il n'avait point paru, nous lui laisserions une lettre dans la principale auberge de la ville, et nous lui indiquions un nouveau rendez-vous.

Ce point essentiel convenu, sur l'invitation du capitaine d'emporter avec nous le moins d'argent possible, nous prîmes chacun six ou huit louis seulement, laissant le reste de notre trésor sous la garde de l'équipage ; et, munis cette fois de nos passeports parfaitement en règle, nous enfourchâmes nos montures et prîmes congé de nos matelots, qui nous promirent de nous recommander tous les soirs à Dieu dans leurs prières. Quant à nous, nous leur enjoignîmes de partir au premier souffle de vent ; ils s'y engagèrent sur leur parole, nous baisèrent une dernière fois les mains, et nous nous séparâmes.

Nous suivions pour aller à Scylla la route déjà parcourue, et sur laquelle par conséquent nous n'avions aucune observation à faire ; mais comme notre guide était forcé de marcher à pied, attendu qu'après nous avoir promis d'amener trois mulets, il n'en avait amené que deux, espérant que nous n'en payerions ni plus ni moins les trois piastres convenues par chaque jour, nous ne pouvions aller qu'un train très ordinaire ; encore en arrivant à Scylla nous déclara-t-il que, ses mulets n'ayant point mangé avant leur départ, il était de toute urgence qu'il les fît déjeuner avant d'aller plus loin. Cela amena un éclaircissement tout naturel : j'avais entendu que la nourriture, comme toujours, serait au compte du muletier, et lui, au contraire, prétendait avoir entendu que la nourriture de ses mulets serait au compte de ses voyageurs. La chose n'était point portée sur le *papier*, mais, comme heureusement il y avait sur le papier que le guide fournirait trois mulets et qu'il n'en avait fourni que deux, je le sommai de tenir ses conventions à la lettre, à défaut de quoi j'allais aller prévenir mon ami le brigadier de gendarmerie. La menace fit son effet : il fut arrêté que, tout en me contentant de deux mulets, j'en payerais un troisième, et que le prix du mulet absent serait affecté à la nourriture des deux mulets présens.

Afin de ne point perdre une heure inutilement à Scylla, nous montâmes, Jadin et moi, sur le rocher où est bâtie la forteresse. Là, nous relevâmes une petite erreur archéologique : c'est que la citadelle, qu'on nous avait dit être élevée par Murat, datait de Charles d'Anjou : il y avait cinq siècles et demi de différence entre l'un et l'autre de ces deux conquérans. Mais le renseignement nous avait été donné par nos Siciliens, et j'avais déjà remarqué qu'il ne fallait pas scrupuleusement les croire à l'endroit des dates.

Ce fut le 7 février 1808 que les compagnies de voltigeurs du 23e régiment d'infanterie légère et du 67e régiment d'infanterie de ligne entrèrent à la baïonnette dans la petite ville de Scylla et en chassèrent les bandits qui l'occupaient, et qui parvinrent à s'embarquer sous la protection du fort que défendait une garnison du 62e régiment de ligne anglais.

A peine maîtres de la ville, les Français établirent sur la montagne qui la domine une batterie de canons destinée à battre le fort en brèche. Le 9, la batterie commença son feu; le 15, la garnison anglaise fut sommée de se rendre. Sur son refus, le feu continua; mais dans la nuit du 16 au 17 une flottille de petits bâtimens partit des côtes de Sicile et vint aborder sans bruit au pied du roc. Le jour venu, les assiégeans s'aperçurent qu'on ne répondait pas à leur feu; en même temps ils eurent avis que les Anglais s'embarquaient pour la Sicile. Cet embarquement leur avait paru impossible à cause de l'escarpement du roc taillé à pic; mais il fallut bien qu'ils en crussent leurs yeux lorsqu'ils virent les chaloupes s'éloigner chargées d'habits rouges. Ils coururent aussitôt à l'assaut, s'emparèrent de la forteresse sans résistance aucune, et arrivèrent au haut du rempart juste à temps pour voir s'éloigner la dernière barque. Un escalier taillé dans le roc, et qu'il était impossible d'apercevoir de tout autre côté que de celui de la mer, donna l'explication du miracle. Les canons du fort furent aussitôt tournés vers les fugitifs, et un bateau chargé de cinquante hommes fut coulé bas; les autres, craignant le même sort, firent force de voiles pour s'éloigner, laissant leurs compagnons se tirer de là comme ils pourraient. Les trois quarts s'en tirèrent en se noyant, l'autre quart regagna la côte à la nage et fut fait prisonnier par les vainqueurs. On trouva dans le fort dix-neuf pièces de canon, deux mortiers, deux obusiers, une caronade, beaucoup de munitions, et cent-cinquante barils de biscuit.

La prise de Scylla mit fin à la campagne; c'était le seul point où le roi Ferdinand posât encore le pied en Calabre; et Joseph Napoléon, passé roi depuis dix-huit mois, se trouva ainsi maître de la moitié du royaume de son prédécesseur.

J'avoue que ce fut avec un certain plaisir qu'à l'extrémité de la Péninsule italique je retrouvai la trace des boulets français sur une citadelle de la Grande-Grèce.

L'heure était écoulée: nous avions donné rendez-vous à notre muletier de l'autre côté de la ville. Nous revînmes donc sur la grande route, où, après un instant d'attente, nous fûmes rejoints par notre homme et par ses deux bêtes. En remontant sur mon mulet je m'aperçus qu'on avait touché à mes fontes; ma première idée fut qu'on m'avait volé mes pistolets, mais en levant la couverture je les vis à leur place. Notre guide nous dit alors que c'était seulement le garçon d'écurie qui les avait regardés, pour s'assurer s'ils étaient chargés, sans doute, et donner sur ce point important des renseignemens à qui de droit. Au reste, nous voyagions depuis trop longtemps au milieu d'une société équivoque pour être pris au dépourvu: nous étions armés jusqu'aux dents et ne quittions pas nos armes, ce qui, joint à la terreur qu'inspirait Milord, nous sauva sans doute des mauvaises rencontres dont nous entendions faire journellement le récit. Au reste, comme je ne me fiais pas beaucoup à mon guide, ce petit événement me fut une occasion de lui dire que, si nous étions arrêtés, la première chose que je ferais serait de lui casser la tête. Cette menace, donnée en manière d'avis, et de l'air le plus tranquille et le plus résolu du monde, parut faire sur lui une très sérieuse impression.

Vers les trois heures de l'après-midi, nous arrivâmes à Bagnaria. Là, notre guide nous proposa de faire une halte, qui serait consacrée à son dîner et au nôtre. La proposition était trop juste pour ne pas trouver en nous un double écho: nous entrâmes dans une espèce d'auberge, et nous demandâmes qu'on nous servît immédiatement.

Comme, au bout d'une demi-heure, nous ne voyions faire aucuns préparatifs dans la chambre où nous attendions notre nourriture, je descendis à la cuisine afin de presser le cuisinier. Là il me fut répondu qu'on aurait déjà servi le dîner à Nos Excellences, mais que notre guide ayant dit que Nos Excellences coucheraient à l'hôtel, on n'avait pas cru devoir se presser. Comme nous avions fait à peine sept lieues dans la journée, je trouvai la plaisanterie médiocre, et je priai le maître de la locanda de nous faire dîner à l'instant même,

et de prévenir notre muletier de se tenir prêt, lui et ses bêtes, à repartir aussitôt après le repas.

La première partie de cet ordre fut scrupuleusement exécutée; deux minutes après l'injonction faite, nous étions à table. Mais il n'en fut pas de même de la seconde: lorsque nous descendîmes, on nous annonça que, notre guide n'étant point rentré, on n'avait pas pu lui faire part de nos intentions, et que, par conséquent, elles n'étaient pas exécutées. Notre résolution fut prise à l'instant même: nous fîmes faire notre compte et celui de nos mulets, nous payâmes total et bonne main; nous allâmes droit à l'écurie, nous sellâmes nos montures, nous montâmes dessus, et nous dîmes à l'hôte que lorsque le muletier reviendrait il n'avait qu'à lui dire qu'en courant après nous il nous rejoindrait sur le chemin de Palma. Il n'y avait point à se tromper, ce chemin étant la grande route.

Comme nous atteignions l'extrémité de la ville, nous entendîmes derrière nous des cris perçans; c'était notre Calabrais qui s'était mis à notre poursuite, et qui n'aurait pas été fâché d'ameuter quelque peu ses compatriotes contre nous. Malheureusement, notre droit était clair: nous n'avions fait que six lieues dans la journée, ce n'était point une étape. Il nous restait encore trois heures de jour à épuiser et sept milles seulement à faire pour arriver à Palma. Nous avions donc le droit d'aller jusqu'à Palma. Notre guide alors essaya de nous arrêter par la crainte, et nous jura que nous ne pouvions pas manquer d'être arrêtés deux ou trois fois en voyageant à une pareille heure; et, à l'appui de son assertion, il nous montra de loin quatre gendarmes qui sortaient de la ville et conduisaient avec eux cinq ou six prisonniers. Or ces prisonniers n'étaient autres, assurait notre homme, que des voleurs qui avaient été pris la veille sur la route même que nous voulions suivre. A ceci nous répondîmes que, puisqu'ils avaient été pris, ils n'y étaient plus; et que d'ailleurs, s'il avait besoin effectivement d'être rassuré, nous demanderions aux gendarmes, qui suivaient la même route, la permission de voyager dans leur honorable société. A une pareille proposition, il n'y avait rien à répondre; force fut donc à notre malheureux guide d'en prendre son parti: nous mîmes nos mules au petit trot, et il nous suivit en gémissant.

Je donne tous ces détails pour que le voyageur qui nous succédera dans ce bienheureux pays sache à quoi s'en tenir, une fois pour toutes; faire ses conditions, par écrit d'abord, et avant tout; puis, ces conditions faites, ne céder jamais sur aucune d'elles. Ce sera une lutte d'un jour ou deux; mais ces quarante-huit heures passées, votre guide, votre muletier ou votre vetturino aura pris son pli, et, devenu souple comme un gant, il ira de lui-même au-devant de vos désirs. Sinon, on est perdu: on rencontrera à chaque heure une opposition, à chaque pas une difficulté; un voyage de trois jours en durera huit, et là où l'on aura cru dépenser cent écus on dépensera mille francs.

Au bout de dix minutes nous avions rejoint nos gendarmes. A peine eus-je jeté les yeux sur leur chef, que je reconnus mon brigadier de Scylla: c'était jour de bonheur.

La reconnaissance fut touchante; mes deux piastres avaient porté leurs fruits. Je n'avais eu qu'un mot à dire pour faire accoupler mon muletier à un voleur impair qui marchait tout seul. Je ne le dis pas, seulement je fis comprendre d'un signe à ce drôle-là dans quels rapports j'étais avec les autorités du pays.

J'essayai d'interroger plusieurs des prisonniers; mais par malheur j'étais tombé sur les plus honnêtes gens de la terre, ils ne savaient absolument rien de ce que la justice leur voulait. Ils allaient à Cosenza, parce que cela paraissait faire plaisir à ceux qui les y menaient, mais ils étaient bien convaincus qu'ils seraient à peine arrivés dans la capitale de la Calabre citérieure, qu'on leur ferait des excuses sur l'erreur qu'on avait commise à leur endroit, et qu'on les renverrait chacun chez soi avec un certificat de bonnes vie et mœurs.

Voyant que c'était un parti pris, je revins à mon brigadier; malheureusement lui-même était fort peu au courant des faits et gestes de ses prisonniers; il savait seulement que tous étaient arrêtés sous prévention de vol à main armée, et que parmi eux trois ou quatre étaient accusés d'assassinat.

Malgré la promesse faite à mon guide, je trouvai la société trop choisie pour rester plus longtemps avec elle, et, faisant un signe à Jadin, qui y répondit par un autre, nous mîmes nos mules au trot. Notre guide voulut recommencer ses observations ; mais je priai mon brave brigadier de lui faire à l'oreille une petite morale ; ce qui eut lieu à l'instant même, et ce qui produisit le meilleur effet.

Moyennant quoi nous arrivâmes vers sept heures du soir à Palma sans mauvaise rencontre et sans nouvelles observations.

Rien n'est plus promptement visité qu'une ville de Calabre ; excepté les éternels temples de Pestum qui restent obstinément debout à l'entrée de cette province, il n'y a pas un seul monument à voir de la pointe de Palinure au cap de Spartinento ; les hommes ont bien essayé, comme partout ailleurs, d'y enraciner la pierre, mais Dieu ne l'a jamais souffert. De temps en temps il prend la Calabre à deux mains, et comme un vanneur fait du blé, il secoue rochers, villes et villages. Cela dure plus ou moins longtemps ; puis, lorsqu'il s'arrête, tout est changé d'aspect sur une surface de soixante-dix lieues de long et de trente ou quarante de large. Où il y avait des montagnes il y a des lacs, où il y avait des lacs il y a des montagnes, et où il y avait des villes il n'y a généralement plus rien du tout. Alors, ce qui reste de la population, pareil à une fourmilière dont un voyageur en passant a détruit l'édifice, se remet à l'œuvre ; chacun charrie son moellon, chacun traîne sa poutre ; puis, tant bien que mal et autant que possible, à la place où était l'ancienne ville, on bâtit une ville nouvelle qui, comme à chacune des villes qui l'ont précédée, durera ce qu'elle pourra. On comprend qu'avec cette éternelle éventualité de destruction, on s'occupe peu de bâtir selon les règles de l'un des six ordres reconnus par les architectes. Vous pouvez donc, à moins que vous n'ayez quelque recherche historique, géologique ou botanique à faire, arriver le soir dans une ville quelconque de la Calabre, et en partir le lendemain matin : vous n'aurez rien laissé derrière vous qui mérite la peine d'être vu. Mais, ce qui est digne d'attention dans un pareil voyage, c'est l'aspect sauvage du pays, les costumes pittoresques de ses habitants, la vigueur de ses forêts, l'aspect de ses rochers, et les mille accidens de ses chemins. Or, tout cela se voit dans le jour, tout cela se rencontre sur les routes ; et un voyageur qui, avec une tente et des mulets, irait de Pestum à Reggio sans entrer dans une seule ville, aurait mieux vu la Calabre que celui qui, en suivant la grande route par étapes de trois lieues, aurait séjourné dans chaque ville et dans chaque village.

Nous ne cherchâmes donc aucunement à voir les curiosités de Palma, mais bien à nous assurer le meilleure chambre et les draps les plus blancs de l'auberge de l'*Aigle d'Or*, où, pour se venger de nous sans doute, nous conduisit notre guide ; puis, les premières précautions prises, nous fîmes une espèce de toilette pour aller porter à une adresse une lettre que nous avait prié de remettre en passant et en mains propres notre brave capitaine. Cette lettre était destinée à monsieur Piglia, l'un des plus riches négocians en huile de la Calabre.

Nous trouvâmes dans monsieur Piglia non seulement le négociant *pas fier* dont nous avait parlé Pietro, mais encore un homme fort distingué. Il nous reçut comme eût pu le faire un de ses aïeux de la Grande-Grèce, c'est-à-dire en mettant à notre disposition sa maison et sa table. A cette proposition courtoise, ma tentation d'accepter l'une et l'autre fut grande, je l'avoue ; j'avais presque oublié les auberges de la Sicile, et je n'étais pas encore familiarisé avec celles de Calabre, de sorte que la vue de la nôtre m'avait un peu terrifié ; nous n'en refusâmes pas moins le gîte, retenus par une fausse honte ; mais heureusement il n'y eut pas moyen d'en faire autant du déjeuner offert pour le lendemain. Nous objectâmes bien à la vérité la difficulté d'arriver le lendemain soir à Monteleone si nous partions trop tard de Palma, mais monsieur Piglia détruisit à l'instant même l'objection en nous disant de faire partir le lendemain, dès le matin, le muletier et les mules pour Gioja, et en se chargeant de nous conduire jusqu'à cette ville en voiture, de manière à ce que, trouvant les hommes et les bêtes bien reposés, nous pussions repartir à l'instant même. La grâce avec laquelle nous était faite l'invitation, plus encore que la logique du raisonnement, nous décida à accepter, et il fut convenu que le lendemain, à neuf heures du matin, nous nous mettrions à table, et qu'à dix heures nous monterions en voiture.

Une nouvelle surprise nous attendait en rentrant à l'hôtel : outre toutes les chances que nos chambres par elles-mêmes nous offraient de ne pas dormir, il y avait un bal de noce dans l'établissement. Cela me rappela notre fête de la veille si singulièrement interrompue, notre chorégraphe Agnolo, et la danse du Tailleur. L'idée me vint alors, puisque j'étais forcé de veiller, vu le bruit infernal qui se faisait dans la maison, d'utiliser au moins ma veille. Je fis monter le maître de l'hôtel, et je lui demandai s'il lui ou quelqu'un de sa connaissance savait, dans tous ses détails, l'histoire de maître Térence le tailleur. Mon hôte me répondit qu'il la savait à merveille, mais qu'il avait quelque chose à m'offrir de mieux qu'un récit verbal : c'était la complainte imprimée qui racontait cette lamentable aventure. La complainte était une trouvaille : aussi déclarai-je que j'en donnerais la somme exorbitante d'un carlin si l'on pouvait me la procurer à l'instant même ; cinq minutes après j'étais possesseur du précieux imprimé. Il est orné d'une gravure coloriée représentant le diable jouant du violon, et maître Térence dansant sur son établi.

Voici l'anecdote :

C'était par un beau soir d'automne ; maître Térence, tailleur à Catanzaro, s'était pris de dispute avec la signora Judith sa femme, à propos d'un macaroni que, depuis quinze ans que les deux conjoints étaient unis, elle tenait à faire d'une certaine façon, tandis que maître Térence préférait le voir faire d'une autre. Or, depuis quinze ans, tous les soirs à la même heure la même dispute se renouvelait à propos de la même cause.

Mais cette fois la dispute avait été si loin, qu'au moment où maître Térence s'accroupissait sur son établi pour travailler encore deux petites heures, tandis que sa femme au contraire employait ces deux heures à prendre un à-compte sur sa nuit, qu'elle dormait d'habitude fort grassement : or, dis-je, la dispute avait été si loin, qu'en se retirant dans sa chambre, Judith avait, par manière d'adieu, lancé à son mari une pelote toute garnie d'épingles, et que le projectile, dirigé par une main aussi sûre que celle d'Hippolyte, avaient atteint le pauvre tailleur entre les deux sourcils. Il en était résulté une douleur subite, accompagnée d'un rapide dégorgement de la glande lacrymale ; ce qui avait porté l'exaspération du pauvre homme au point de s'écrier : — Oh ! que je donnerais de choses au diable pour qu'il me débarrassât de toi !

— Eh ! que lui donnerais-tu bien, ivrogne ? s'écria en rouvrant la porte la signora Judith, qui avait entendu l'apostrophe.

— Je lui donnerais, s'écria le pauvre tailleur, je lui donnerais cette paire de culottes que je fais pour don Girolamo, curé de Simmari !

— Malheureux ! répondit Judith en faisant un nouveau geste de menace qui fit que, autant par sentiment de la douleur passée que par crainte de la douleur à venir, le pauvre diable ferma les yeux et porta les deux mains à son visage ; malheureux ! tu ferais bien mieux de glorifier le nom du Seigneur, qui t'a donné une femme qui est la patience même, que d'invoquer le nom de Satan.

Et, soit qu'elle fût intimidée du souhait de son mari, soit que, généreuse dans sa victoire, elle ne voulût point battre un homme atterré, elle referma la porte de sa chambre assez brusquement pour que maître Térence ne doutât point qu'il y eût maintenant un pouce de bois entre lui et son ennemie.

Cela n'empêcha point que maître Térence, qui, à défaut du courage du lion, avait la prudence du serpent, ne restât un instant immobile et la figure couverte des deux mains que Dieu lui avait données comme armes offensives, et que, par une disposition naturelle de la douceur de son caractère, il avait converties en armes défensives. Cependant, au bout de quelques secondes, n'entendant aucun bruit et n'éprouvant aucun choc, il se hasarda à regarder entre ses doigts d'abord, et puis à ôter une main, puis l'autre, puis enfin à porter la vue sur les différentes parties de l'appartement. Judith était bien entrée dans son appartement, et le pauvre tailleur respira en pensant que, jusqu'au lendemain matin, il était au moins débarrassé

Mais son étonnement fut grand lorsqu'en ramenant ses yeux sur les culottes de don Girolamo, qui reposaient sur ses genoux, déjà à moitié exécutées, il aperçut en face de lui, assis au pied de son établi, un petit vieillard de bonne mine, habillé tout de noir, et qu'il le regardait d'un air goguenard, les deux coudes appuyés sur l'établi et le menton dans ses deux mains.

Le petit vieillard et maître Térence se regardèrent un instant face à face ; puis maître Térence rompant le premier le silence :

— Pardon, Votre Excellence, lui dit-il, mais puis-je savoir ce que vous attendez là ?

— Ce que j'attends ? demanda le petit vieillard ; tu dois bien t'en douter.

— Non, le diable m'emporte ! répondit Térence.

A ce mot : le diable m'emporte, il eût fallu voir la joie du petit vieillard ; ses yeux brillèrent comme braise, sa bouche se fendit jusqu'aux oreilles, et l'on entendit derrière lui quelque chose qui allait et venait en balayant le plancher.

— Ce que j'attends, dit-il, ce que j'attends ?

— Oui, reprit Térence.

— Eh bien ! j'attends mes culottes.

— Comment, vos culottes ?

— Sans doute.

— Mais vous ne m'avez pas commandé de culottes, vous.

— Non ; mais tu m'en as offert, et je les accepte.

— Moi ! s'écria Térence stupéfait ; moi, je vous ai offert des culottes ? lesquelles ?

— Celles-là, dit le vieillard en montrant du doigt celles auxquelles le tailleur travaillait.

— Celles-là ? reprit maître Térence de plus en plus étonné ; mais celles-là appartiennent à don Girolamo, curé de Simmari.

— C'est-à-dire qu'elles appartenaient à don Girolamo il y a un quart d'heure, mais maintenant elles sont à moi.

— A vous ? reprit maître Térence de plus en plus ébahi.

— Sans doute ; n'as-tu pas dit, il y a dix minutes, que tu donnerais bien ces culottes pour être débarrassé de ta femme ?

— Je l'ai dit, je l'ai dit, et je le répète.

— Eh bien ! j'accepte le marché ; moyennant ces culottes je te débarrasse de ta femme.

— Vraiment ?

— Parole d'honneur !

— Et quand cela ?

— Aussitôt que je les aurai entre les jambes.

— Oh ! mon gentilhomme, s'écria Térence en pressant le vieillard sur son cœur, permettez-moi de vous embrasser.

— Volontiers, dit le vieillard en serrant à son tour si fortement le tailleur dans ses bras, que celui-ci faillit tomber à la renverse étouffé, et fut un instant à se remettre.

— Eh bien ! qu'as-tu donc ? demanda le vieillard.

— Que Votre Excellence m'excuse, dit le tailleur qui n'osait se plaindre, mais je crois que c'est la joie. J'ai failli me trouver mal.

— Un petit verre de cette liqueur, cela te remettra, dit le vieillard en tirant de sa poche une bouteille et deux verres.

— Qu'est-ce que c'est que cela ? demanda Térence la bouche ouverte et les yeux étincelans de joie.

— Goûtez toujours, dit le vieillard.

— C'est de confiance, reprit Térence. Et il porta le verre à sa bouche, avala la liqueur d'un trait, et fit claquer sa langue en amateur satisfait.

— Diable ! dit-il.

Soit satisfaction de voir sa liqueur appréciée, soit que l'exclamation par laquelle le tailleur lui avait rendu justice plût au petit vieillard, ses yeux brillèrent de nouveau, sa bouche se fendit de rechef, et l'on entendit, comme la première fois, ce petit frôlement qui était évidemment chez lui une marque de satisfaction. Quant à maître Térence, il semblait qu'il venait de boire un verre de l'élixir de longue vie, tant il se sentait gai, alerte, dispos et valeureux.

— Ainsi vous êtes venu pour cela, ô digne gentilhomme que vous êtes ! et vous vous contenterez d'une paire de culottes ! c'est pour rien ; et aussitôt qu'elles seront faites vous emmènerez ma femme, vraiment ?

— Eh bien ! que fais-tu ? dit le vieillard ; tu te reposes ?

— Eh non ! vous le voyez bien, j'enfile mon aiguille. Tenez, c'est ce qui retardera la livraison de vos culottes ; rien qu'à enfiler son aiguille un tailleur perd deux heures par jour. Ah ! la voilà enfin.

Et maître Térence se mit à coudre avec une telle ardeur qu'on ne voyait pas aller la main, si bien que l'ouvrage avançait avec une rapidité miraculeuse ; mais ce qu'il y avait de plus étonnant dans tout cela, ce qui de temps en temps faisait pousser une exclamation de surprise à maître Térence, c'est que, quoique les points se succédassent avec une rapidité à laquelle lui-même ne comprenait rien, le fil restait toujours de la même longueur ; si bien qu'avec ce fil, il pouvait, sans avoir besoin de renfiler son aiguille, achever, non seulement les culottes du vieillard, mais encore coudre toutes les culottes du royaume des Deux-Siciles. Ce phénomène lui donna à penser, et pour la première fois il lui vint à l'idée que le petit vieillard qui était devant lui pourrait bien ne pas être ce qu'il paraissait.

— Diable ! diable ! fit-il tout en tirant son aiguille plus rapidement qu'il n'avait fait encore.

Mais cette fois, probablement, le vieillard saisit la nuance de doute qui se trouvait dans la voix de maître Térence, et aussitôt, empoignant la bouteille au collet :

— Encore une goutte de cet élixir, mon maître, dit-il en remplissant le verre de Térence.

— Volontiers, répondit le tailleur, qui avait trouvé la liqueur trop superfine pour ne pas y revenir avec plaisir ; et il avala le second verre avec la même sensualité que le premier.

— Voilà de fameux rosolio, dit-il ; où diable se fait-il ?

Comme ces paroles avaient été dites avec un tout autre accent que celles qui avaient inquiété le petit vieillard, ses yeux se remirent à briller, sa bouche se refendit, et l'on entendit de nouveau ce singulier frôlement qu'avait déjà remarqué le tailleur.

Mais cette fois maître Térence était loin de s'en inquiéter ; l'effet de la liqueur avait été plus souverain encore que la première fois, et l'étranger qu'il avait sous les yeux lui paraissait, quel qu'il fût, venu dans l'intention de lui rendre un trop grand service pour qu'il le chicanât sur l'endroit d'où il venait.

— Où l'on fait cette liqueur ? dit l'étranger.

— Où ? demanda Térence.

— Eh bien ! dans l'endroit même où je compte emmener ta femme.

Térence cligna de l'œil et regarda le vieillard d'un air qui voulait dire : Bon ! je comprends. Et il se remit à l'ouvrage ; mais au bout d'un instant le vieillard étendit la main.

— Eh bien ! eh bien ! lui dit-il, que fais-tu ?

— Ce que je fais ?

— Oui, tu fermes le fond de mes culottes.

— Sans doute, je le ferme.

— Alors, par où passerai-je ma queue ?

— Comment, votre queue ?

— Certainement, ma queue.

— Ah ! c'est donc votre queue qui fait sous la table ce petit frôlement ?

— Juste : c'est une mauvaise habitude qu'elle a prise de s'agiter ainsi d'elle-même quand je suis content.

— En ce cas, dit le tailleur en riant de toute son âme, au lieu de s'effrayer comme il l'aurait dû d'une si singulière réponse ; en ce cas, je sais qui vous êtes ; et, du moment que vous avez une queue, je ne serais pas étonné que vous eussiez aussi le pied fourchu, hein ?

— Sans doute, dit le petit vieillard, regarde plutôt.

Et levant la jambe, il la passa à travers l'établi comme s'il n'eût eu à percer qu'un simple papier, et montra un pied aussi fourchu que celui d'un bouc.

— Bon ! dit le tailleur, bon ! Judith n'a qu'à bien se tenir. Et il continua de travailler avec une telle promptitude, qu'au bout d'un instant les culottes se trouvèrent faites.

— Où vas-tu ? demanda le vieillard.

— Je vais rallumer le feu afin de chauffer mon fer à presser, et de donner un dernier coup aux coutures de vos culottes.

— Oh ! si c'est pour cela ce n'est pas la peine de te déranger.

Et il tira de la même poche dont il avait déjà tiré les verres et la bouteille un éclair qui s'en alla en serpentant allumer un fagot posé sur les chenets, et qui, s'enlevant par la cheminée, illumina pendant quelques secondes tous les environs. Le feu se mit à pétiller, et en une seconde le fer rougit.

— Eh! eh! s'écria le tailleur, que faites-vous donc? vous allez faire brûler vos culottes.

— Il n'y a pas de danger, dit le vieillard ; comme je savais d'avance qu'elles me reviendraient, j'ai fait faire l'étoffe en laine d'amiante.

— Alors c'est autre chose, dit Térence en laissant glisser ses jambes le long de l'établi.

— Où vas-tu ? demanda le vieillard.

— Chercher mon fer.

— Attends.

— Comment, que j'attende ?

— Sans doute ; est-ce qu'un homme de ton mérite est fait pour se déranger pour un fer !

— Mais il faut bien que j'aille à lui, puisqu'il ne peut venir à moi.

— Bah ! dit le vieillard ; parce que tu ne sais pas le faire venir.

Alors il tira de sa poche un violon et un archet, et fit entendre quelques accords.

A la première note, le fer s'agita en cadence et vint en dansant jusqu'au pied de l'établi ; arrivé là, le vieillard tira de l'instrument un accord plus aigu, et le fer sauta sur l'établi.

— Diable ! dit Térence, voilà un instrument au son duquel on doit bien danser.

— Achève mes culottes, dit le vieillard, et je t'en jouerai un air après.

Le tailleur saisit le fer avec une poignée, retourna les culottes, étendit les coutures sur un rouleau de bois, et les aplatit avec tant d'ardeur qu'elles avaient disparu, et que les culottes semblaient d'une seule pièce. Puis lorsqu'il eut fini :

— Tenez, dit-il au vieillard, vous pouvez vous vanter d'avoir là une paire de culottes comme aucun tailleur de la Calabre n'est capable de vous en faire. Il est vrai aussi, ajouta-t-il à demi-voix, que, si vous êtes homme de parole, vous allez me rendre tant d'un service que vous seul pouvez me rendre.

Le diable prit les culottes, les examina d'un air de satisfaction qui ne laissait rien à désirer à l'amour-propre de maître Térence. Puis, après avoir pris la précaution de passer sa queue par le trou ménagé à cet effet, il les fit glisser du bout de ses pieds à leur place naturelle, sans avoir eu la peine d'ôter les anciennes, attendu que, comptant sans doute sur celles-là, il s'était contenté de passer seulement un habit et un gilet ; puis il serra la boucle de la ceinture, boutonna les jarretières, et se regarda avec satisfaction dans le miroir cassé que maître Térence mettait à la disposition de ses pratiques pour qu'elles jugeassent incontinent du talent de leur honorable habilleur. Les culottes allaient comme si, au lieu de prendre mesure sur don Girolamo, on l'avait prise sur le vieillard lui-même.

— Maintenant, dit le vieillard après avoir fait trois ou quatre pliés à la manière des maîtres de danse, pour assouplir le vêtement au moule qu'il recouvrait ; maintenant tu as tenu ta parole, à mon tour de tenir la mienne : et, prenant son violon et son archet, il se mit à jouer un cotillon si vif et si dansant, qu'au premier accord maître Térence se trouva debout sur son établi, comme si la main de l'ange qui portait Habacuc l'avait soulevé par les cheveux, et qu'aussitôt il se mit à sauter avec une frénésie dont, même à l'époque où il passait pour un beau danseur, il n'avait jamais eu l'idée. Mais ce ne fut pas tout, ce délire chorégraphique fut aussitôt partagé par tous les objets qui se trouvaient dans la chambre, la pelle donna la main aux pincettes et les tabourets aux chaises ; les ciseaux ouvrirent leurs jambes, les épingles et les aiguilles se dressèrent sur leurs pointes, et un ballet général commença, dont maître Térence était le principal acteur, et dont tous les objets environnans étaient les accessoires. Pendant ce temps, le vieillard se tenait au milieu de la chambre, battant la mesure de son pied fourchu, et indiquant d'une voix grêle les figures les plus fantastiques, qui étaient à l'instant même exécutées par le tailleur et ses acolytes, et pressant toujours la mesure de façon que non-seulement maître Térence paraissait hors de lui-même, mais encore que la pelle et les pincettes étaient rouges comme si elles sortaient du feu, que les chaises et les tabourets s'échevelaient, et que l'eau coulait le long des ciseaux, des épingles et des aiguilles, comme s'ils étaient en nage; enfin, à un dernier accord plus violent que les autres, la tête de maître Térence alla frapper le plafond avec une telle violence, que toute la maison en fut ébranlée, et que la porte de la chambre à coucher s'ouvrant, la signora Judith parut sur le seuil.

Soit que le terme du ballet fût arrivé, soit que cette apparition stupéfiât le vieillard lui-même, à la vue de la digne femme la musique cessa. Aussitôt maître Térence retomba assis sur son établi, la pelle et les pincettes se couchèrent à côté l'une de l'autre, les tabourets et les chaises se raffermirent sur leurs quatre pieds, les ciseaux rapprochèrent leurs jambes, les épingles se renfoncèrent dans leur pelote, et les aiguilles rentrèrent dans leur étui.

Un silence de mort succéda à l'horrible brouhaha qui depuis un quart d'heure se faisait entendre.

Quant à Judith, la pauvre femme, comme on le comprend bien, était stupéfaite de colère en voyant que son mari profitait de son sommeil pour donner bal chez lui. Mais elle n'était pas femme à contenir sa rage et à rester figée en face d'un pareil outrage : elle sauta sur les pincettes afin d'étriller vigoureusement son mari ; mais, comme de son côté maître Térence était familiarisé avec son caractère, en même temps qu'elle saisissait l'arme avec laquelle elle comptait corriger le délinquant, il sautait, lui, à bas de son établi, et, saisissant le diable par sa longue queue, il se fit un rempart de son allié. Malheureusement Judith n'était pas femme à compter ses ennemis et, comme dans certains momens il fallait qu'elle frappât n'importe sur qui, elle alla droit au vieillard qui la regardait faire de son air goguenard, et, levant sur lui la pincette, elle lui en donna de toute sa force un coup sur le front; mais ce coup, au grand étonnement de Judith, n'eut d'autre résultat que de faire jaillir de l'endroit frappé une longue corne rouge. Judith redoubla et frappa de l'autre côté, ce qui fit à l'instant même jaillir une seconde corne de la même dimension et de la même couleur. A cette double apparition, Judith commença de comprendre à qui elle avait affaire, voulut faire retraite dans sa chambre; mais, au moment où elle allait en franchir le seuil, le vieillard porta son violon à son épaule, posa l'archet sur les cordes et commença un air de valse, mais si jovial, si entraînant, si fascinateur, que, si peu que le cœur de la pauvre Judith fût disposé à la danse, son corps, forcé d'obéir, sauta du seuil de la porte au milieu de la chambre, et se mit à valser frénétiquement, bien qu'elle jetât les hauts cris et s'arrachât les cheveux de désespoir; tandis que Térence, sans lâcher la queue du diable, tournait sur lui-même, et que les pelles, les pincettes, les chaises, les tabourets, les ciseaux, les épingles et les aiguilles reprenaient part au ballet diabolique. Cela dura dix minutes ainsi, pendant lesquelles le vieux gentilhomme eut l'air de fort s'amuser des cris et des contorsions de Judith, qui, à la dernière mesure, finit, comme avait fait Térence, par tomber haletante sur le carreau, en même temps que tous les autres meubles, auxquels la tête tournait, roulaient pêle-mêle dans la chambre.

— Maintenant, dit le musicien avec une petite pause, comme tout cela n'est qu'un prélude et que je suis homme de parole, vous allez, mon cher Térence, ouvrir la porte ; je vais jouer un petit air pour Judith toute seule, et nous allons nous en aller danser ensemble en plein air.

Judith poussa un cri terrible en entendant ces paroles et essaya de fuir ; mais au même instant un air nouveau retentit, et Judith, entraînée par une puissance surnaturelle, se remit à sauter avec une vigueur nouvelle, tout en suppliant maître Térence, par tout ce qu'il avait de plus sacré au monde, de ne point souffrir que le corps et l'âme de sa pauvre femme suivissent un pareil guide ; mais le tailleur, sourd aux cris de Judith, comme si souvent Judith avait été sourde aux siens, ouvrit la porte comme le lui avait commandé le gentilhomme cornu ; aussitôt le vieillard s'en alla, sautillant sur ses pieds fourchus, et tirant une langue rouge comme flamme, suivi par Judith, qui se tordait les bras de désespoir tandis que ses jambes battaient les entrechats les plus immodérés et les bourrées les plus frénétiques. Le tailleur les suivit quelque temps pour voir où ils allaient comme cela, et il les vit d'abord traverser en dansant un petit jardin, puis s'enfoncer dans une ruelle qui donnait sur la mer, puis enfin disparaître dans l'obscurité. Quelque temps encore il entendit le son strident du violon, le rire aigre du vieillard et les cris désespérés de Judith ; mais tout à coup, musique, rires, gémissemens cessèrent ; un bruit, comme celui d'une enclume rougie qu'on plongerait dans l'eau, leur succéda ; un éclair rapide et bleuâtre sillonna le ciel, répandant une effroyable odeur de soufre par toute la contrée, puis tout rentra dans le silence et dans l'obscurité.

Térence rentra chez lui, referma la porte à double tour, remit pelles, pincettes, tabourets, chaises, ciseaux, épingles et aiguilles à leur place, et alla se coucher en bénissant à la fois Dieu et le diable de ce qui venait de lui arriver.

Le lendemain, et après avoir dormi comme cela ne lui était pas arrivé depuis dix ans, Térence se leva, et, pour se rendre compte du chemin qu'avait pris sa femme, il suivit les traces du vieux gentilhomme, ce qui était on ne peut plus facile, son pied fourchu ayant laissé son empreinte d'abord dans le jardin, ensuite dans la petite ruelle, et enfin sur le sable du rivage, où il s'était perdu dans la frange d'écume qui bordait la mer.

Depuis ce moment, Térence le tailleur est l'homme le plus heureux de la terre, et n'a pas manqué, un seul jour, à ce qu'il assure, de prier soir et matin pour le digne gentilhomme qui est si généreusement venu à son aide dans son affliction.

Je ne sais si ce fut Dieu ou le diable qui s'en mêla, mais je fus loin d'avoir une nuit aussi tranquille que celle dont avait joui le bonhomme Térence la nuit du départ de sa femme ; aussi à sept heures du matin étais-je dans les rues de Palma.

Comme je l'avais présumé, il n'y avait absolument rien à voir ; toutes les maisons étaient de la veille, et les deux ou trois églises où nous entrâmes datent d'une vingtaine d'années ; il est vrai qu'en échange on a du rivage à la mer, réunie dans un seul panorama, la vue de toutes les îles Ioniennes.

A neuf heures moins un quart nous nous rendîmes chez monsieur Piglia : le déjeuner était prêt, et au moment où nous entrâmes il donna l'ordre de mettre les mules à la voiture. Nous avions cru d'abord que monsieur Piglia nous confierait tout bonnement à son cocher ; mais point : avec une grâce toute particulière il prétendit avoir à Gioja une affaire pressante, et, quelles que fussent nos instances, il n'y eut pas moyen de l'empêcher de nous accompagner.

Monsieur Piglia avait raison de dire que nous réparerions le temps perdu : en moins d'une heure nous fîmes les huit milles qui séparent Palma de Gioja. A Gioja nous trou-

vâmes notre muletier et nos mulets, qui étaient arrivés depuis une demi-heure et qui étaient repus et reposés. L'étape était énorme jusqu'à Monteleone ; nous prîmes congé de monsieur Piglia, nous enfourchâmes nos mules et nous partîmes.

En sortant de Gioja, au lieu de suivre les bords de la mer qui ne pouvaient guère rien nous offrir de nouveau, nous prîmes la route de la montagne, plus dangereuse, nous assura-t-on, mais aussi plus pittoresque. D'ailleurs, nous étions si familiarisés avec les menaces de danger qui ne se réalisaient jamais sérieusement, que nous avions fini par les regarder comme entièrement chimériques. Au reste, le passage était superbe, partout il conservait un caractère de grandeur sauvage qui s'harmoniait parfaitement avec les rares personnages qui le vivifiaient. Tantôt c'était un médecin faisant ses visites à cheval, avec son fusil en bandoulière et sa giberne autour du corps ; tantôt c'était le pâtre calabrais, drapé dans son manteau déguenillé, se tenant debout sur quelque rocher dominant la route, et pareil à une statue qui aurait des yeux vivans, nous regardant passer à ses pieds, sans curiosité et sans menace, insouciant comme tout ce qui est sauvage, puissant comme tout ce qui est libre, calme comme tout ce qui est fort ; tantôt enfin c'étaient des familles tout entières dont les trois générations émigraient à la fois : la mère assise sur un âne, tenant d'un bras son enfant et de l'autre une vieille guitare, tandis que les vieillards tiraient l'animal par la bride, et que les jeunes gens, portant sur leurs épaules des instrumens de labourage, chassaient devant eux un cochon destiné à succéder probablement aux provisions épuisées. Une fois, nous rencontrâmes, à une lieue près d'un de ces groupes qui nous avait paru marcher avec une célérité remarquable, le véritable propriétaire de l'animal immonde, qui nous arrêta pour nous demander si nous n'avions pas rencontré une troupe de bandits calabrais qui emmenaient sa troïa. A la description qu'il nous fit de la pauvre bête, qui, selon lui, était près de mettre bas, il nous fut impossible de méconnaître les voleurs dans le dernier bipède et le cochon dans le dernier quadrupède que nous avions rencontrés ; nous donnâmes au requérant les renseignemens que notre conscience ne nous permettait pas de lui taire, et nous le vîmes repartir au galop à la poursuite de la tribu voyageuse.

Un quart de lieue en avant de Rosarno, nous trouvâmes un si délicieux paysage à la manière du Poussin, avec une prairie pleine de bœufs au premier plan, et au second une forêt de châtaigniers du milieu de laquelle se détachait sur une partie d'azur un clocher d'une forme charmante, tandis qu'une ligne de montagnes sombres formait le troisième plan, que Jadin réclama son droit de halte, ce droit qui lui était toujours accordé sans conteste. Je le laissai s'établir à son point de vue, et je me mis à chasser dans la montagne. Nous gagnâmes à cet arrangement un charmant dessin pour notre album et deux perdrix rouges pour notre souper.

En arrivant à Rosarno notre guide renouvela ses instances habituelles pour que nous n'allassions pas plus avant. Mais comme ses mules venaient de se reposer une heure, et que, grâce à une maison située sur la route et où il s'était procuré à nos dépens un sac d'avoine, elles avaient fait un excellent repas, nous eûmes l'air de ne pas entendre, et nous continuâmes notre route jusqu'à Mileto. A Mileto ce fut un véritable désespoir quand nous lui réitérâmes notre intention irrévocable d'aller coucher à Monteleone : il était sept heures du soir, et nous avions encore sept milles à faire ; de sorte que, comme on le comprend bien, nous ne pouvions cette fois manquer d'être arrêtés. Pour comble de malheur, en traversant la grande place de Mileto, j'aperçus un tombeau antique représentant la mort de Penthésilée. Ce fut moi, à mon tour, qui réclamai un croquis, et une demi-heure s'écoula, au grand désespoir de notre guide, en face de cette pierre, où il assura qu'il ne voyait cependant rien de bien digne de nous arrêter.

Il était nuit presque close lorsque nous sortîmes de la ville, et je dois le dire à l'honneur de notre pauvre muletier, à un quart de lieue au delà des dernières maisons, la route s'escarpait si brusquement dans la montagne et s'enfonçait dans un bois de châtaigniers si sombre, que nous mêmes nous ne pûmes nous empêcher d'échanger un coup d'œil, et par un mouvement simultané de nous assurer que les capsules de nos fu-ils et de nos pistolets étaient bien à leurs places. Ce ne fut pas tout ; jugeant qu'il était inutile de faire aussi par trop beau jeu à ceux qui pourraient avoir de mauvaises intentions sur nous, nous descendîmes de nos montures, nous en remîmes les brides aux mains de notre guide, nous fîmes passer nos pistolets de nos fontes à nos ceintures, et, après avoir fait prendre à nos mules le milieu de la route, nous nous plaçâmes au milieu d'elles, de sorte que de chaque côté elles nous tenaient lieu de rempart ; mais je dois dire en l'honneur des Calabrais que cette précaution était parfaitement inutile. Nous fîmes nos sept milles sans rencontrer autre chose que des pâtres ou des paysans qui, au lieu de nous chercher noise, s'empressèrent de nous saluer les premiers de l'éternel *buon viaggio*, que notre guide n'entendait jamais sans frissonner des pieds à la tête.

Nous arrivâmes à Monteleone à nuit close, ce qui fit que notre prudent muletier nous arrêta au premier bouchon qu'il rencontra ; comme on voyait à peine à quatre pas devant soi, il n'y avait pas moyen de chercher mieux.

Dieu préserve mon plus mortel ennemi d'arriver à Monteleone à l'heure où nous arrivâmes, et de s'arrêter chez maître Antonio Adamo.

A Monteleone, nous commençâmes à entendre parler du tremblement de terre qui avait, trois jours auparavant, si inopinément interrompu un bal. La secousse avait été assez violente, et quoique aucun accident sérieux ne fût arrivé, les Montéléoniens avaient eu un instant grand'peur de voir se renouveler la catastrophe qui, en 1783, avait entièrement détruit leur ville.

Nous passâmes chez maître Adamo une des plus mauvaises nuits que nous eussions encore passées. Quant à moi, je fis mettre successivement trois paires de draps différentes à mon lit ; encore la virginité de cette troisième paire me parut-elle si douteuse, que je me décidai à me coucher tout habillé.

Le lendemain, au point du jour, nous fîmes seller nos mules, et nous partîmes pour le Pizzo. En arrivant au haut de la chaîne de montagnes qui courait à notre gauche, nous retrouvâmes la mer, et, assise au bord du rivage, la ville historique que nous venions y chercher.

Mais ce qu'à notre grand regret nous cherchâmes inutilement dans le port, ce fut notre speronare. En effet, en consultant la fumée de Stromboli, qui s'élevait à une trentaine de milles devant nous au milieu de la mer, nous vîmes que le vent n'avait point changé et venait du nord.

Par un étrange hasard, nous entrions au Pizzo le jour du vingtième anniversaire de la mort de Murat.

LE PIZZO.

Il y a certaines villes inconnues où il arrive tout à coup de ces catastrophes si inattendues, si retentissantes et si terribles, que leur nom devient tout à coup un nom européen, et qu'elles s'élèvent au milieu du siècle comme un de ces jalons historiques plantés par la main de Dieu pour l'éternité : tel est le sort du Pizzo. Sans annales dans le passé et probablement sans histoire dans l'avenir, il vit de son illustration d'un jour, et est devenu une des stations homériques de l'iliade napoléonienne.

On n'ignore pas, en effet, que c'est dans la ville du Pizzo que Murat vint se faire fusiller, là que cet autre Ajax trouva une mort obscure et sanglante, après avoir cru un instant que, lui aussi, il échapperait malgré les dieux.

Un mot sur cette fortune si extraordinaire que, malgré le souvenir des fautes qui s'attachent au nom de Murat, ce nom est devenu en France le plus populaire de l'empire après celui de Napoléon.

Ce fut un sort étrange que celui-là : né dans une auberge, élevé dans un pauvre village, Murat parvient, grâce à la protection d'une famille noble, à obtenir une bourse au collége de Cahors, qu'il quitte bientôt pour aller terminer ses études au séminaire de Toulouse. Il doit être prêtre, il est déjà sous-diacre, on l'appelle l'abbé Murat, lorsque, pour une faute légère dont il ne veut pas demander pardon, on le renvoie à la Bastide. Là il retrouve l'auberge paternelle, dont il devient un instant le premier domestique. Bientôt cette existence le lasse. Le 12e régiment de chasseurs passe devant sa porte, il va trouver le colonel et s'engage. Six mois après il est maréchal des logis ; mais une faute contre la discipline la fait chasser du régiment comme il a été chassé du séminaire. Une seconde fois son père le voit revenir, et ne le reçoit qu'à la condition qu'il reprendra son rang parmi ses serviteurs. En ce moment la garde constitutionnelle de Louis XVI est décrétée, Murat est désigné pour en faire partie ; il part avec un de ses camarades, et arrive avec lui à Paris. Le camarade se nomme Bessières : ce sera le duc d'Istrie.

Bientôt Murat quitte la garde constitutionnelle, comme il a quitté le séminaire, comme il a quitté son premier régiment. Il entre dans les chasseurs avec le grade de sous-lieutenant. Un an après il est lieutenant-colonel. C'est alors un révolutionnaire enragé ; il écrit au club des Jacobins pour changer son nom de Murat en celui de Marat. Sur ces entrefaites, le 9 thermidor arrive, et, comme le club des Jacobins n'a pas eu le temps de faire droit à sa demande, Murat garde son nom.

Le 15 vendémiaire arrive, Murat se trouve sous les ordres de Bonaparte. Le jeune général flaire l'homme de guerre. Il a le commandement de l'armée d'Italie, Murat sera son aide de camp.

Alors Murat grandit avec l'homme à la fortune duquel il s'est attaché. Il est vrai que Murat est de toutes les victoires ; il charge le premier à la tête de son régiment ; il monte le premier à l'assaut ; il entre premier dans les villes. Aussi est-il fait successivement, et en moins de six ans, général de division, général en chef, maréchal de l'empire, prince, grand-amiral, grand-aigle de la Légion d'honneur, grand-duc de Berg, roi de Naples. Celui qui voulait s'appeler *Marat* va s'appeler *Joachim Napoléon*.

Mais le roi des Deux-Siciles est toujours le soldat de Rivoli et le général d'Aboukir. Il a fait de son sabre un sceptre, et de son casque une couronne ; voilà tout. Ostrowno, Smolensk et la Moscowa le retrouvent tel que l'avaient connu la Corogna et le Tagliamento ; et le 16 septembre 1812 il entra le premier à Moscou, comme le 15 novembre 1805 il est entré le premier à Vienne.

Ici s'arrête la vie glorieuse et triomphante. Moscou est l'apogée de la grandeur de Murat et de Napoléon. Mais l'un est un héros, l'autre n'est qu'un homme. Napoléon va tomber, Murat va descendre.

Le 5 décembre 1812, Napoléon remet le commandement de l'armée à Murat. Napoléon a fait Murat ce qu'il est ; Murat lui doit tout, grades, position, fortune : il lui a donné sa sœur et un trône. A qui se fiera Napoléon, s'il ne se fie point à Murat, ce garçon d'auberge qu'il a fait roi ?

L'heure des trahisons va venir ; Murat la devance. Murat quitte l'armée, Murat tourne le dos à l'ennemi, Murat l'invincible est vaincu par la peur de perdre son trône. Il arrive à Naples pour marchander sa couronne aux ennemis de la France ; des négociations se nouent avec l'Autriche et la Russie. Que le vainqueur d'Austerlitz et de Marengo tombe maintenant, qu'importe ! le fuyard de Wilna restera debout.

Mais Napoléon a frappé du pied le sol, et 300,000 soldats en sont sortis. Le géant terrassé a touché sa mère, et comme Antée il est debout pour une nouvelle lutte. Murat écoute avec inquiétude ce canon septentrional qui retentit encore au fond de la Saxe quand il croit l'étranger au cœur de la France. Deux noms de victoire arrivent jusqu'à lui et le font tressaillir : Lutzen, Bautzen. A ce bruit, Joachim redevient Murat ; il redemande son sabre d'honneur et son cheval de bataille. De la même course dont il avait fui, le voilà qui accourt. Il était, disait-on, dans son palais de Caserte ou de Chiaramonte ; non pas, il coupe les routes de Freyberg et de Pyrna ; non pas, il est à Dresde, où il écrase toute une aile de l'armée ennemie. Pourquoi Murat ne fut-il pas tué à Bautzen comme Duroc, ou ne se noya-t-il pas à Leipsick comme Poniatowski ?...

Il n'eût pas signé le 11 janvier 1814, avec la cour de Vienne, le traité par lequel il s'engageait à fournir aux alliés 50,000 hommes et à marcher à leur tête contre la France.

Moyennant quoi il resta roi de Naples, tardis que Napoléon devenait souverain de l'île d'Elbe.

Mais un jour Joachim s'aperçoit qu'à son tour son nouveau trône s'ébranle et vacille au milieu des vieux trônes. L'antique famille des rois rougit du parvenu que Napoléon l'a forcée de traiter en frère. Les Bourbons de France ont demandé à Vienne la déchéance de Joachim.

En même temps, un bruit étrange se répand. Napoléon a quitté l'île d'Elbe et marche sur Paris. L'Europe le regarde passer.

Murat croit que le moment est venu de faire contrepoids à cet événement qui fait pencher le monde. Il a rassemblé sourdement 70,000 hommes, il se rue avec eux sur l'Autriche ; mais ces 70,000 hommes ne sont plus des Français. Au premier obstacle auquel il se heurte, il se brise. Son armée disparaît comme une fumée. Il revient seul à Naples, se jette dans une barque, gagne Toulon, et vient demander l'hospitalité de l'exil à celui qu'il a trahi.

Napoléon se contente de lui répondre : — Vous m'avez perdu deux fois ; la première, en vous déclarant contre moi ; la seconde, en vous déclarant pour moi. Il n'y a plus rien de commun entre le roi de Naples et l'empereur des Français. Je vaincrai sans vous, ou je tomberai sans vous.

A partir de ce moment, Joachim cessa d'exister pour Napoléon. Une seule fois, lorsque le vainqueur de Ligny poussait ses cuirassiers sur le plateau de mont Saint-Jean, et qu'il les voyait successivement s'anéantir sur les carrés anglais, il murmura : — Ah ! si Murat était ici !...

Murat avait disparu. Nul ne savait ce que Murat était devenu ; il ne devait reparaître que pour mourir.

Entrons au Pizzo.

Comme on le comprend bien, le Pizzo, ainsi qu'Avignon, était pour moi presqu'un pèlerinage de famille. Si le maréchal Brune était mon parrain, le roi de Naples était l'ami de mon père. Enfant, j'ai tiré les favoris de l'un et les moustaches de l'autre, et plus d'une fois j'ai caracolé sur le sabre du vainqueur de Fribourg, coiffé du bonnet aux plumes éclatantes du héros d'Aboukir.

Je venais donc recueillir une à une, si je puis le dire, les dernières heures d'une des plus cruelles agonies dont les fastes de l'histoire aient conservé le souvenir.

J'avais pris toutes mes précautions d'avance. A Vulcano, on se le rappelle, les fils du général Nunziante m'avaient donné une lettre de recommandation pour le chevalier Alcalà. Le chevalier Alcalà, général du prince de l'Infantado, se trouvait en 1817 au Pizzo où il habite encore, et il avait rendu à Murat prisonnier tous les services qu'il avait pu lui rendre. Pendant tous les jours de sa captivité il lui avait fait visite, et enfin il avait pris congé de lui dans un dernier adieu, quelques instans avant sa mort.

J'eus à peine remis à monsieur le chevalier Alcalà la lettre de recommandation dont j'étais porteur, qu'il comprit l'intérêt que je devais prendre aux moindres détails de la catastrophe dont je voulais me faire l'historien, et qu'il mit tous ses souvenirs à ma disposition.

D'abord nous commençâmes par visiter le Pizzo.

Le Pizzo est une petite ville de 45 ou 1,800 âmes, bâtie sur le prolongement d'un des contreforts de la grande chaîne de montagnes qui part des Apennins, un peu au-dessus de Potenza, et s'étend jusqu'à Reggio en divisant toute la Calabre. Comme à Scylla, ce contrefort étend jusqu'à la mer une longue arête de rochers, sur le dernier desquels est bâtie la citadelle.

Des deux côtés, le Pizzo domine donc la plage de la hauteur d'une centaine de pieds. A sa droite est le golfe de Sainte-Euphémie, à sa gauche est la côte qui s'étend jusqu'au cap Lambroni.

Au milieu du Pizzo est une grande place de forme à peu près carrée, mal bâtie, et à laquelle aboutissent trois ou quatre rues tortueuses. A son extrémité méridionale, cette rue est ornée de la statue du roi Ferdinand, père de la reine Amélie et grand-père du roi de Naples actuel.

Des deux côtés de cette place il faut descendre pour arriver à la mer ; à droite, on descend par une pente douce et sablonneuse ; à gauche, par un escalier cyclopéen, formé, comme celui de Caprée, de larges dalles de granit.

Cet escalier descendu, on se trouve sur une plage parsemée de petites maisons ombragées de quelques oliviers ; mais, à soixante pas du rivage, toute verdure manque, et l'on ne trouve plus qu'une nappe de sable, sur laquelle on enfonce jusqu'aux genoux.

Ce fut de cette petite plage que, le 8 octobre 1815, trois ou quatre pêcheurs, qui venaient de tendre leurs filets, qu'ils ne comptaient pas tirer de la journée, attendu que ce 8 octobre était un dimanche, aperçurent une petite flottille composée de trois bâtimens, qui, après avoir paru hésiter un instant sur la route qu'ils devaient suivre, se dirigèrent tout à coup vers le Pizo. A cinquante pas du rivage à peu près, les trois bâtimens mirent en panne ; une chaloupe fut mise à la mer ; trente et une personnes y descendirent, et la chaloupe s'avança aussitôt vers la côte. Trois hommes se tenaient debout à la proue ; le premier de ces trois hommes était Murat ; le second, le général Franceschetti et le troisième l'aide de camp Campana. Les autres individus qui chargeaient la chaloupe étaient vingt-cinq soldats et trois domestiques.

Quant à la flottille, dans laquelle était le reste des troupes et le trésor de Murat, elle était restée sous le commandement d'un nommé Barbara, Maltais de naissance, que Murat avait comblé de bontés, et qu'il avait nommé amiral.

En arrivant près du rivage, le général Franceschetti voulut sauter à terre ; mais Murat l'arrêta en lui posant la main sur la tête et en lui disant :

— Pardon, général, mais c'est à moi de descendre le premier.

A ces mots il s'élança et se trouva sur la plage. Le général Franceschetti sauta après Murat, et Campana après Franceschetti ; les soldats débarquèrent ensuite, puis les valets.

Murat était vêtu d'un habit bleu, brodé d'or au collet, sur la poitrine et aux poches ; il avait un pantalon de casimir blanc, des bottes à l'écuyère, une ceinture à laquelle était passée une paire de pistolets, un chapeau bordé comme l'habit, garni de plumes, et dont la ganse était formée de quatorze diamans qui pouvaient valoir chacun mille écus à peu près ; enfin, sous son bras gauche il portait roulée son ancienne bannière royale, autour de laquelle il comptait rallier ses nouveaux partisans.

A la vue de cette petite troupe les pêcheurs s'étaient retirés. Murat trouva donc la plage déserte. Mais il n'y avait pas à se tromper ; de l'endroit où il était débarqué il voyait parfaitement l'escalier gigantesque qui conduit à la place ; il donna l'exemple à sa petite troupe en se mettant à sa tête et en marchant droit à la ville.

Au milieu de l'escalier à peu près, il se retourna pour jeter un coup d'œil sur la flottille ; il vit la chaloupe qui rejoignait le bâtiment, il crut qu'elle retournait faire un nouveau chargement de soldats, et continua de monter.

Comme il arrivait sur la place dix heures sonnaient. La place était encombrée de peuple : c'était l'heure où l'on allait commencer la messe.

L'étonnement fut grand lorsque l'on vit déboucher la petite troupe conduite par un homme si richement vêtu, par un général et par un aide de camp. Murat pénétra jusqu'au milieu de la place sans que personne le reconnût, tant on était loin de s'attendre à le revoir jamais. Murat cependant était venu au Fizzo cinq ans auparavant, et à l'époque où il était roi.

Mais si personne ne le reconnut, il reconnut, lui, parmi les paysans, un ancien sergent qui avait servi dans sa garde à Naples. Murat, comme la plupart des souverains, avait la mémoire des noms. Il marcha droit à l'ex-sergent, lui mit la main sur l'épaule, et lui dit : — Tu t'appelles Tavella?

— Oui, dit celui-ci ; que me voulez-vous?

— Tavella, ne me reconnais-tu pas? continua Murat.

Tavella regarda Murat, mais ne répondit point.

— Tavella, je suis Joachim Murat, dit le roi. A toi l'honneur de crier le premier Vive Joachim!

La petite troupe de Murat cria à l'instant Vive Joachim! mais le Calabrais resta immobile et silencieux, et pas un des assistans ne répondit par un seul cri aux acclamations dont leur ancien roi avait donné lui-même le signal ; bien au contraire, une rumeur sourde commençait à courir dans la foule. Murat comprit ce frémissement d'orage, et s'adressant de nouveau au sergent :

— Tavella, lui dit-il, va me chercher un cheval, et, de sergent que tu étais, je te fais capitaine.

Mais Tavella s'éloigna sans répondre, s'enfonça dans une des rues tortueuses qui aboutissent à la place, rentra chez lui et s'y renferma.

Pendant ce temps, Murat était demeuré sur la place, où la foule devenait de plus en plus épaisse. Alors le général Franceschetti, voyant qu'aucun signe amical n'accueillait le roi, et que tout au contraire les figures sévères des assistans s'assombrissaient de minute en minute, s'approcha du roi :

— Sire, lui dit-il, que faut-il faire?

— Crois-tu que cet homme m'amènera un cheval?

— Je ne le crois point, dit Franceschetti.

— Alors, allons à pied à Monteleone.

— Sire, il serait plus prudent peut-être de retourner à bord.

— Il est trop tard, dit Murat ; les dés sont jetés, que ma destinée s'accomplisse à Monteleone. A Monteleone!

— A Monteleone! répéta toute la troupe ; et elle suivit le roi qui, lui montrant le chemin, marchait à sa tête.

Le roi prit, pour aller à Monteleone, la route que nous venons de suivre nous-mêmes pour venir de cette ville au Pizzo ; mais déjà, et dans cette circonstance suprême, il y avait trop de temps perdu. En même temps que Tavella, trois ou quatre hommes s'étaient esquivés, non pas pour s'enfermer chez eux comme l'ex-sergent de la garde napolitaine, mais pour prendre leurs fusils et leurs gibernes, ces éternels compagnons du Calabrais. L'un de ces hommes, nommé Georges Pellegrino, à peine armé, avait couru chez un capitaine de gendarmerie nommé Trenta Capelli, dont les soldats étaient à Cosenza, mais qui se trouvait, lui, momentanément dans sa famille au Pizzo, et lui avait raconté ce qui venait d'arriver, en lui proposant de se mettre à la tête de la population et d'arrêter Murat. Trenta Capelli avait aussitôt compris quels avantages résulteraient immanquablement pour lui d'un pareil service rendu au gouvernement. Il était en uniforme, tout prêt d'assister à la messe ; il s'élança de chez lui, suivi de Pellegrino, courut sur la place, proposa à toute la population, déjà en rumeur, de se mettre à la poursuite de Murat. Le cri : Aux armes! retentit aussitôt ; chacun se précipita dans la première maison venue, en sortit avec un fusil, et, guidée par Trenta Capelli et Georges Pellegrino, toute cette foule s'élança sur la route de Monteleone, coupant la retraite à Murat et à sa petite troupe.

Murat avait atteint le pont qui se trouve à trois cents pas à peu près en avant du Pizzo, lorsqu'il entendit derrière lui les cris de toute cette meute qui aboyait sur sa voie ; il se retourna, et, comme il ne savait pas fuir, il attendit.

Trenta Capelli marchait en tête. Lorsqu'il vit Murat s'arrêter, il ne voulut pas perdre l'occasion de le faire prisonnier de sa main ; il fit donc signe à la population de se tenir où

elle était, et s'avançant seul contre Murat, qui de son côté s'avançait seul vers lui :

— Vous voyez que la retraite vous est coupée, lui dit-il ; vous voyez que nous sommes trente contre un, et que par conséquent il n'y a pas moyen pour vous de résister ; rendez-vous donc, et vous épargnerez l'effusion du sang.

— J'ai quelque chose de mieux que cela à vous offrir, dit à son tour Murat ; suivez-moi, réunissez-vous à moi avec cette troupe, et il y a les épaulettes de général pour vous, et pour chacun de ces hommes cinquante louis.

— Ce que vous nous proposez est impossible, dit Trenta Capelli, nous sommes tous dévoués au roi Ferdinand à la vie et à la mort ; vous ne pouvez en douter, pas un d'eux n'a répondu à votre cri de Vive Joachim! n'est-ce pas? Écoutez.

Et Trenta Capelli, levant son épée en l'air, cria :

— Vive Ferdinand!

— Vive Ferdinand! répéta d'une seule voix toute la population, à laquelle commençaient à se mêler les femmes et les enfans, qui accouraient et s'amassaient à l'arrière-garde.

— Il en sera donc ce que Dieu voudra dit Joachim, mais je ne me rendrai pas.

— Alors, dit Trenta Capelli, que le sang retombe sur ceux qui le feront couler.

— Dérangez-vous, capitaine, dit Murat, vous empêchez cet homme de m'ajuster.

Et il lui montra du doigt Georges Pellegrino qui le mettait en joue.

Trenta Capelli se jeta de côté, le coup partit, mais Murat n'en fut point atteint.

Alors Murat comprit que si un seul coup de fusil était tiré de son côté, une boucherie allait commencer, dans laquelle lui et ses hommes seraient mis en morceaux ; il voyait qu'il s'était trompé sur l'esprit des Calabrais ; il n'avait plus qu'une ressource, celle de regagner sa flottille. Il fit un signe à Franceschetti et à Campana, et s'élançant du haut du pont sur la plage, c'est-à-dire d'une hauteur de trente à trente-cinq pieds à peu près, il tomba dans le sable sans se faire aucun mal ; Campana et Franceschetti sautèrent après lui et eurent le même bonheur que lui. Tous trois alors se mirent à courir vers le rivage, au milieu des vociférations de toute la populace qui, n'osant les suivre par le même chemin, redescendit en hurlant vers le Pizzo pour regagner le large escalier dont nous avons parlé et qui conduit à la plage.

Murat se croyait sauvé, car il comptait retrouver la chaloupe sur le rivage et la flottille à la place où il l'avait laissée ; mais en levant les yeux vers la mer, il vit la flottille qui l'abandonnait et gagnait le large, emmenant la chaloupe amarrée à la proue du navire amiral que montait Barbara. Ce misérable livrait son maître pour s'emparer de trois millions qu'il savait être dans la chambre du roi.

Murat ne put croire à cette trahison ; il mit son drapeau au bout de son épée et fit des signaux, mais les signaux restèrent sans réponse. Pendant ce temps, les balles de ceux qui étaient restés sur le pont pleuvaient autour de lui, tandis qu'on commençait à voir déboucher par la place la tête de la colonne qui s'était mise à la poursuite des fugitifs. Il n'y avait pas de temps à perdre, une seule chance de salut restait, c'était de pousser à la mer une barque qui s'en trouvait à vingt pas, et de faire force de rames vers la flottille, qui, alors, reviendrait sans doute au secours du roi. Murat et ses compagnons se mirent donc à pousser la barque avec l'énergie du désespoir. La barque glissa sur le sable et atteignit l'eau : en ce moment, une décharge partit, et Campana tomba mort. Trenta Capelli, Pellegrino et toute leur suite n'étaient plus qu'à cinquante pas de la barque, Franceschetti sauta dedans, et de l'impulsion qu'il lui donna l'éloigna de deux ou trois pas du rivage. Murat voulut sauter à son tour, mais, par une de ces petites fatalités qui brisent les hautes fortunes, les éperons de ses bottes à l'écuyère restèrent accrochés dans un filet qui était étendu sur la plage. Arrêté dans son élan, Murat ne put atteindre la barque, et tomba le visage dans l'eau. Au même instant, et avant qu'il eût pu se relever, toute la population était sur lui : en une seconde ses épaulettes furent arrachées, son habit en lambeaux et sa figure en sang. La curée royale se fût faite à l'instant même, et chacun en eût emporté son morceau à belles dents, si Trenta Capelli et Georges Pellegrino ne fussent parvenus à le couvrir de leurs corps. On remonta en tumulte l'escalier qui conduisait à la ville. En passant au pied de la statue de Ferdinand, les vociférations redoublèrent. Trenta Capelli et Pellegrino virent que Murat serait massacré s'ils ne le tiraient pas au plus vite des mains de cette populace; ils l'entraînèrent vers le château, y entrèrent avec lui, se firent ouvrir la porte de la première prison venue, le poussèrent dedans, et la refermèrent sur lui. Murat alla rouler tout étourdi sur le parquet, se releva, regarda autour de lui; il était au milieu d'une vingtaine d'hommes prisonniers comme lui, mais prisonniers pour vols et pour assassinats. L'ex-grand-duc de Berg, l'ex-roi de Naples, le beau-frère de Napoléon, était dans le cachot des condamnés correctionnels.

Un instant après, le gouverneur du château entra; il se nommait Mattei, et comme il était en uniforme Murat le reconnut pour ce qu'il était.

— Commandant, s'écria alors Murat en se levant du banc où il était assis et en marchant droit au gouverneur, dites, dites, est-ce que c'est là une prison à mettre un roi?

A ces mots, et tandis que le gouverneur balbutiait quelques excuses, ce furent les condamnés qui se levèrent à leur tour, stupéfaits d'étonnement; ils avaient pris Murat pour un compagnon de vol et de brigandage, et voilà qu'ils le reconnaissaient maintenant pour leur ancien roi.

— Sire, dit Mattei, donnant dans son embarras au prisonnier le titre qu'il était défendu de lui donner, si vous voulez me suivre, je vais vous conduire dans une chambre particulière.

— Il re Joachimo! il re Joachimo, murmurèrent les condamnés.

— Oui, leur dit Murat en se levant de toute la hauteur de sa grande taille; oui, le roi Joachim, et qui, tout prisonnier et sans couronne qu'il est, ne sortira pas d'ici, cependant, sans laisser à ses compagnons de captivité, quels qu'ils soient, une trace de son passage.

A ces mots, il plongea la main dans la poche de son gousset, et en tira une poignée d'or qu'il laissa tomber sur le parquet; puis, sans attendre les remercîmens des misérables dont il avait été un instant le compagnon, il fit signe au commandant Mattei qu'il était prêt à le suivre.

Le commandant marcha le premier, lui fit traverser une petite cour, et le conduisit dans une chambre dont les deux fenêtres donnaient, l'une sur la pleine mer, l'autre sur la plage où il avait été arrêté. Arrivé là, il lui demanda s'il désirait quelque chose.

— Je voudrais un bain parfumé, et des tailleurs pour me refaire des habits.

— L'un et l'autre seront assez difficiles à vous procurer, général, reprit Mattei lui rendant cette fois le titre officiel qu'on était convenu de lui donner.

— Eh! pourquoi cela? demanda Murat.

— Parce que je ne sais où l'on trouvera ici des essences, et que parmi les tailleurs du Pizzo, il n'y en a pas un capable de faire à Votre Excellence autre chose qu'un costume du pays.

— Achetez toute l'eau de Cologne que l'on trouvera, et faites venir des tailleurs de Monteleone: je veux un bain parfumé, je le paierai cinquante ducats; qu'on trouve moyen de me le faire, voilà tout. Quant aux habits, faites venir les tailleurs, et je leur expliquerai ce que je désire.

Le commandant sortit en indiquant qu'il allait essayer d'accomplir les ordres qu'il venait de recevoir.

Un instant après, des domestiques en livrée entrèrent: ils apportaient des rideaux de Damas pour mettre aux fenêtres, des chaises et des fauteuils pareils, et enfin des matelas, des draps et des couvertures pour le lit. La chambre dans laquelle se trouvait Murat étant celle du concierge, tous ces objets manquaient, ou étaient en si mauvais état que des gens de la plus basse condition pouvaient seuls s'en servir. Murat demanda de quelle part lui venait cette attention, et on lui répondit que c'était de la part du chevalier Alcala.

Bientôt on apporta à Murat le bain qu'il avait demandé. Il était encore dans la baignoire lorsqu'on lui annonça le général Nunziante: c'était une ancienne connaissance du prisonnier, qui le reçut en ami; mais la position du général Nunziante était fausse, et Murat s'aperçut bientôt de son embarras. Le général, prévenu à Tropea de ce qui venait de se passer au Pizzo, venait pour remplir son devoir en interrogeant le prisonnier; et, tout en demandant à son roi pardon des rigueurs que lui imposait sa position, il commença un interrogatoire. Alors Murat se contenta de répondre:

— Vous voulez savoir d'où je viens et où je vais, n'est-ce pas, général? eh bien! je viens de Corse, je vais à Trieste, l'orage m'a poussé sur les côtes de Calabre, le défaut de vivres m'a forcé de relâcher au Pizzo; voilà tout. Maintenant voulez-vous me rendre un service? envoyez-moi des habits pour sortir du bain.

Le général comprit qu'il ne pouvait rester plus longtemps sans faire céder tout à fait les convenances à un devoir un peu rigoureux peut-être; il se retira donc pour attendre des ordres de Naples, et envoya à Murat ce qu'il demandait.

C'était un uniforme complet d'officier napolitain. Murat s'en revêtit en souriant malgré lui de ce voir habillé aux couleurs du roi Ferdinand; puis il demanda plume, encre et papier, et écrivit à l'ambassadeur d'Angleterre, au commandant des troupes autrichiennes, et à la reine sa femme. Comme il achevait ces dépêches, deux tailleurs qu'on avait fait venir de Monteleone arrivèrent.

Aussitôt Murat, avec cette frivolité d'esprit qui le caractérisait, passa des affaires de vie et de mort qu'il venait de traiter, à la commande, non pas de deux uniformes, mais de deux costumes complets: il expliqua dans les moindres détails quelle coupe il désirait pour l'habit, quelle couleur pour les pantalons, quelles broderies pour le tout; puis, certain qu'ils avaient parfaitement compris ses instructions, il leur donna quelques louis d'arrhes, et les congédia en leur faisant promettre que ses vêtements seraient prêts pour le dimanche suivant.

Les tailleurs sortis, Murat s'approcha d'une de ses fenêtres: c'était celle qui donnait sur la plage où il avait été arrêté. Une grande foule de monde était réunie au pied du petit fortin qu'on y peut voir encore aujourd'hui à fleur de terre. Murat chercha vainement à deviner ce que faisait là cet amas de curieux. En ce moment le concierge entra pour demander au prisonnier s'il ne voulait point souper. Murat l'interrogea sur la cause de ce rassemblement.

— Oh! ce n'est rien, répondit le concierge.

— Mais enfin que font là tous ces gens? demanda Murat en insistant.

— Bah! répondit le concierge, ils regardent creuser une fosse.

Murat se rappela qu'au milieu du trouble amené par sa catastrophe il avait effectivement vu tomber près de lui un de ses deux compagnons, et que celui qui était tombé était Campana: cependant tout s'était passé d'une façon si rapide et si imprévue qu'à peine s'il avait eu le temps de remarquer les circonstances les plus importantes qui avaient immédiatement précédé et suivi son arrestation. Il espérait donc encore qu'il s'était trompé, lorsqu'il vit deux hommes fendre le groupe, entrer dans le petit fortin, et en sortir cinq minutes après portant le cadavre ensanglanté d'un jeune homme entièrement dépouillé de ses vêtements: c'était celui de Campana.

Murat tomba sur une chaise, et laissa aller sa tête dans ses deux mains: cet homme de bronze, qui avait toujours, exempt de blessures quoique toujours au feu, caracolé au milieu de tant de champs de bataille sans faiblir un seul instant, se sentit brisé à la vue inopinée de ce beau jeune homme, que sa famille lui avait confié, qui venait de tomber pour lui dans une échauffourée sans gloire, et que des indifférents enterraient comme un chien sans même demander son nom.

Au bout d'un quart d'heure Murat se releva et se rapprocha de nouveau de la fenêtre. Cette fois la plage, à part quelques curieux attardés, était à peu près déserte; seulement, à l'endroit que couvrait dix minutes auparavant le rassemblement qui avait attiré l'attention du prisonnier, une légère élévation, remarquable par la couleur différente que conservait la terre nouvellement retournée, indiquait l'endroit où Campana venait d'être enterré.

Deux grosses larmes silencieuses coulaient des yeux de Murat, et il était si profondément préoccupé qu'il ne voyait pas le concierge, qui, entré depuis plusieurs minutes, n'osait point lui adresser la parole. Enfin, à un mouvement que le bonhomme fit pour attirer son attention, Murat se retourna.

— Excellence, dit-il, c'est le souper qui est prêt.

— Bien, dit Murat en secouant la tête comme pour faire tomber la dernière larme qui tremblait à sa paupière; bien, je te suis.

— Son Excellence le général Nunziante demande s'il lui serait permis de dîner avec Votre Excellence.

— Parfaitement, dit Murat. Préviens-le, et reviens dans cinq minutes.

Murat employa ces cinq minutes à effacer de son visage toute trace d'émotion, de sorte que le général Nunziante entra lui-même à la place du concierge. Le prisonnier le reçut d'un visage si souriant, qu'on eût dit que rien d'extraordinaire ne s'était passé.

Le dîner était préparé dans la chambre voisine; mais la tranquillité de Murat était toute superficielle; son cœur était brisé, et vainement essaya-t-il de prendre quelque chose. Le général Nunziante mangea seul; et, supposant que le prisonnier pouvait avoir besoin de quelque chose pendant la nuit, il fit porter un poulet froid, du pain et du vin dans sa chambre. Après être resté un quart d'heure à peu près à table, Murat, ne pouvant plus supporter la contrainte qu'il éprouvait, manifesta le désir de se retirer dans sa chambre, et d'y rester seul et tranquille jusqu'au lendemain. Le général Nunziante s'inclina en signe d'adhésion, et reconduisit le prisonnier jusqu'à sa chambre. Sur le seuil, Murat se retourna et lui présenta la main; puis il rentra, et la porte se referma sur lui.

Le lendemain, à neuf heures du matin, une dépêche télégraphique arriva en réponse à celle qui avait annoncé la tentative de débarquement et l'arrestation de Murat. Cette dépêche ordonnait la convocation immédiate d'un conseil de guerre. Murat devait être jugé militairement, et avec toute la rigueur de la loi qu'il avait rendue lui-même en 1810 contre tout bandit qui serait pris dans ses Etats les armes à la main.

Cependant cette mesure paraissait si rigoureuse au général Nunziante, qu'il déclara que, comme il pouvait y avoir erreur dans l'interprétation des signes télégraphiques, il attendrait une dépêche écrite. De cette façon, le prisonnier eut un sursis de trois jours, ce qui lui donna une nouvelle confiance dans la façon dont il allait être traité. Mais enfin, le 12 au matin, la dépêche écrite arriva. Elle était brève et précise; il n'y avait pas moyen de l'éluder. La voici :

« Naples, 9 octobre 1815.

» Ferdinand, par la grâce de Dieu, etc.

» Avons décrété et décrétons ce qui suit :

» ART. 1er. Le général Murat sera jugé par une commission militaire dont les membres seront nommés par notre ministre de la guerre.

» ART. 2. Il ne sera accordé au condamné qu'une demi-heure pour recevoir les secours de la religion. »

Comme on le voit, on doutait si peu de la condamnation, qu'on avait déjà réglé le temps qui devait s'écouler entre la condamnation et la mort.

Un second arrêté était joint à celui-ci. Ce second arrêté, qui découlait du premier, contenait les noms des membres choisis pour composer le conseil de guerre.

Toute la journée s'écoula sans que le général Nunziante eût le courage d'avertir Murat des nouvelles qu'il avait reçues. Dans la nuit du 12 au 13, la commission s'assembla; enfin, comme il fallait que le 13 au matin Murat parût devant ses juges, il n'y eut pas moyen de lui cacher plus longtemps la situation où il se trouvait; et le 13, à six heures du matin, l'ordonnance de mise en jugement lui fut signifiée, et la liste de ses juges lui fut communiquée.

Ce fut le capitaine Strati qui lui fit cette double communication, que Murat, si imprévue qu'elle fût pour lui, reçut cependant comme s'il y eût été préparé, et le sourire du mépris sur les lèvres; mais, cette lecture achevée, Murat déclara qu'il ne reconnaissait pas un tribunal composé de simples officiers; que si on le traitait en roi, il fallait, pour le juger, un tribunal de rois; que si on le traitait en maréchal de France, son jugement ne pouvait être prononcé que par une commission de maréchaux; qu'enfin, si on le traitait en général, ce qui était le moins qu'on pût faire pour lui, il fallait rassembler un jury de généraux.

Le capitaine Strati n'avait pas mission de répondre aux interpellations du prisonnier : aussi se contenta-t-il de répondre que son devoir était de faire ce qu'il venait de faire, et que, le prisonnier connaissant mieux que personne les rigoureuses prescriptions de la discipline, il le priait de lui pardonner.

— C'est bien, dit Murat; d'ailleurs ce n'est pas sur vous autres que retombe l'odieux de la chose retombera, mais c'est sur Ferdinand, qui aura traité un de ses frères en royauté comme il aurait traité un brigand. Allez, et dites à la commission qu'elle peut procéder sans moi. Je ne me rendrai pas au tribunal ; et si l'on m'y porte de force , aucune puissance humaine n'aura le pouvoir de me faire rompre le silence.

Strati s'inclina et sortit. Murat, qui était encore au lit, se leva et s'habilla promptement : il ne s'abusait pas sur sa situation, il savait qu'il était condamné d'avance, et il avait vu qu'entre sa condamnation et son supplice une demi-heure seulement lui était accordée. Il se promenait à grands pas dans sa chambre, quand le lieutenant Francesco Froyo, rapporteur de la commission, entra : il venait prier Murat, au nom de ses collègues, de comparaître au tribunal, ne fût-ce qu'un instant; mais Murat renouvela son refus. Alors Francesco Froyo lui demanda quels étaient son nom, son âge et le lieu de sa naissance.

A cette question, Murat se retourna, et avec une expression de hauteur impossible à décrire :

— Je suis, dit-il, Joachim-Napoléon, roi des Deux-Siciles, né à la Bastide-Fortunière, et l'histoire ajoutera : assassiné au Pizzo. Maintenant que vous savez ce que vous voulez savoir, je vous ordonne de sortir.

Le rapporteur obéit.

Cinq minutes après, le général Nunziante entra; il venait à son tour supplier Murat de paraître devant la commission, mais il fut inébranlable.

Cinq heures s'écoulèrent pendant lesquelles Murat resta enfermé seul et sans que personne fût introduit près de lui ; puis sa porte se rouvrit, et le procureur royal La Camera entra dans sa chambre, tenant d'une main le jugement de la commission, et de l'autre la loi que Murat avait rendue lui-même contre les bandits, et en vertu de laquelle il avait été jugé. Murat était assis ; il devina que c'était sa condamnation qu'on lui apportait : il se leva, et, s'adressant d'une voix ferme au procureur royal : Lisez, monsieur, lui dit-il, je vous écoute.

Le procureur royal lut alors le jugement : Murat était condamné à l'unanimité moins une voix.

Cette lecture terminée : — Général, lui dit le procureur royal, j'espère que vous mourrez sans aucun sentiment de haine contre nous, et que vous ne vous en prendrez qu'à vous-même de la loi que vous avez faite.

— Monsieur, répondit Murat, j'avais fait cette loi pour des brigands et non pour des têtes couronnées.

— La loi est égale pour tous, monsieur, répondit le procureur royal.

— Cela peut être, dit Murat, lorsque cela est utile à certaines gens ; mais quiconque a été roi porte avec lui un caractère sacré qui mériterait qu'on y regardât à deux fois avant de le traiter comme le commun des hommes. Je faisais cet honneur au roi Ferdinand de croire qu'il ne me ferait pas fusiller comme un criminel ; je me trompais : tant pis pour lui, n'en parlons plus. J'ai été à trente batailles, j'ai vu cent fois la mort en face. Nous sommes donc de trop vieilles connaissances pour ne pas être familiarisés l'un avec l'autre. C'est vous dire, messieurs, que quand vous serez prêts je le serai, et que je ne vous ferai point attendre. Quant à vous en vouloir, je ne vous en veux pas plus qu'au soldat qui, dans la mêlée, ayant reçu de son chef l'ordre de tirer sur moi, m'aurait envoyé sa balle au travers du corps. Allez, messieurs, vous comprenez que, l'arrêté du roi ne me donnant qu'une demi-heure, je n'ai pas de temps à perdre pour dire adieu à ma femme et à mes enfans. Allez, messieurs ; et il ajouta en souriant, comme au temps où il était roi : Et que Dieu vous ait dans sa sainte et digne garde.

Resté seul, Murat s'assit en face de la fenêtre qui regarde la mer, et écrivit à sa femme la lettre suivante, dont nous pouvons garantir l'authenticité, puisque nous l'avons transcrite sur la copie même de l'original qu'avait conservé le chevalier Alcala.

« Chère Caroline de mon cœur,

» L'heure fatale est arrivée, je vais mourir du dernier des supplices : dans une heure tu n'auras plus d'époux, et nos enfans n'auront plus de père ; souvenez-vous de moi et n'oubliez jamais ma mémoire.

» Je meurs innocent, et la vie m'est enlevée par un jugement injuste.

» Adieu mon Achille, adieu ma Lætitia, adieu mon Lucien, adieu ma Louise.

» Montrez-vous dignes de moi ; je vous laisse sur une terre et dans un royaume plein de mes ennemis ; montrez-vous supérieurs à l'adversité, et souvenez-vous de ne pas vous croire plus que vous n'êtes, en songeant à ce que vous avez été.

» Adieu, je vous bénis, ne maudissez jamais ma mémoire ; rappelez-vous que la plus grande douleur que j'éprouve dans mon supplice est celle de mourir loin de mes enfans, loin de ma femme, et de n'avoir aucun ami pour me fermer les yeux.

» Adieu, ma Caroline, adieu mes enfans ; recevez ma bénédiction paternelle, mes tendres larmes et mes derniers baisers.

» Adieu, adieu, n'oubliez point votre malheureux père !

» Pizzo, ce 13 octobre 1815.

» JOACHIM MURAT. »

Comme il achevait cette lettre, la porte s'ouvrit : Murat se retourna et reconnut le général Nunziante.

— Général, lui dit Murat, seriez-vous assez bon pour me procurer une paire de ciseaux ? Si je la demandais moi-même, peut-être me la refuserait-on.

Le général sortit, et rentra quelques secondes après avec l'instrument demandé. Murat le remercia d'un signe de tête, lui prit les ciseaux des mains, coupa une boucle de ses cheveux, puis la mettant dans la lettre et présentant cette lettre au général :

— Général, lui dit-il, me donnez-vous votre parole que cette lettre sera remise à ma Caroline ?

— Sur mes épaulettes, je vous le jure ! répondit le général.

Et il se détourna pour cacher son émotion.

— Eh bien ! eh bien ! général, dit Murat en lui frappant sur l'épaule, qu'est-ce donc que cela ? que diable ! nous sommes soldats tous les deux ; nous avons vu la mort en face. Eh bien ! je vais la revoir, voilà tout, et cette fois elle viendra à mon commandement, ce qu'elle ne fait pas toujours, car j'espère qu'on me laissera commander le feu, n'est-ce pas ?

Le général fit signe de la tête que oui.

— Maintenant, général, continua Murat, quelle est l'heure fixée pour mon exécution ?

— Désignez-la vous-même, répondit le général.

— C'est vouloir que je ne vous fasse pas attendre.

— J'espère que vous ne croyez pas que c'est ce motif.

— Allons donc, général, je plaisante, voilà tout.

Murat tira sa montre de son gousset : c'était une montre enrichie de diamans, sur laquelle était le portrait de la reine ; le hasard fit qu'elle se présenta du côté de l'émail.

Murat regarda un instant le portrait avec une expression de douleur indéfinissable, puis avec un soupir :

— Voyez donc, général, dit-il, comme la reine est ressemblante. Puis il allait remettre la montre dans sa poche, lorsque, se rappelant tout à coup pour quelle cause il l'avait tirée :

— Oh ! pardon, général, dit-il, j'oubliais le principal ; voyons, il est trois heures passées ; ce sera pour quatre heures, si vous voulez bien ; cinquante-cinq minutes, est-ce trop ?

— C'est bien, général, dit Nunziante. Et il fit un mouvement pour sortir en sentant qu'il étouffait.

— Est-ce que je ne vous reverrai pas ? dit Murat en l'arrêtant.

— Mes instructions portent que j'assisterai à votre exécution, mais vous m'en dispenserez, n'est-ce pas, général ? je n'en aurais pas la force...

— C'est bien ! c'est bien ! enfant que vous êtes, dit Murat ; vous me donnerez la main en passant, et ce sera tout.

Le général Nunziante se précipita vers la porte ; il sentait lui-même qu'il allait éclater en sanglots. De l'autre côté du seuil, il y avait deux prêtres.

— Que veulent ces hommes ? demanda Murat, croient-ils que j'ai besoin de leurs exhortations, et que je ne saurai pas mourir ?

— Ils demandent à entrer, sire, dit le général, donnant pour la première fois dans son trouble, au prisonnier, le titre réservé à la royauté.

— Qu'ils entrent, qu'ils entrent, dit Murat.

Les deux prêtres entrèrent : l'un d'eux se nommait Francesco Pellegrino, et était l'oncle de ce même Georges Pellegrino qui était cause de la mort de Murat ; l'autre s'appelait don Antonio Masdea.

— Maintenant, messieurs, leur dit Murat en faisant un pas vers eux, que voulez-vous ? dites vite ; on me fusille dans trois quarts d'heure, et je n'ai pas de temps à perdre.

— Général, dit Pellegrino, nous venons vous demander si vous voulez mourir en chrétien.

— Je mourrai en soldat, dit Murat. Allez.

Pellegrino se retira à cette première rebuffade ; mais don Antonio Masdea resta. C'était un beau vieillard à la figure respectable, à la démarche grave, aux manières simples. Murat eut d'abord un moment d'impatience en voyant qu'il ne suivait pas son compagnon ; mais, en remarquant l'air de profonde douleur empreinte dans toute sa physionomie, il se contint.

— Eh bien ! mon père, lui dit-il, ne m'avez-vous point entendu ?

— Vous ne m'avez pas reçu ainsi la première fois que je vous vis, sire ; il est vrai qu'à cette époque vous étiez roi, et que je venais vous demander une grâce.

— Au fait, dit Murat, votre figure ne m'est pas inconnue : où vous ai-je donc vu ? Aidez ma mémoire.

— Ici même, sire. Lorsque vous passâtes au Pizzo en 1810, j'allai vous demander un secours pour achever notre église : je sollicitais 25,000 francs, vous m'en envoyâtes 40,000.

— C'est que je prévoyais que j'y serais enterré, répondit en souriant Murat.

— Eh bien ! sire, refuserez-vous à un vieillard la dernière grâce qu'il vous demande ?

— Laquelle ?

— Celle de mourir en chrétien.

— Vous voulez que je me confesse ? eh bien ! écoutez : Étant enfant, j'ai désobéi à mes parens qui ne voulaient pas que je me fisse soldat. Voilà la seule chose dont j'aie à me repentir.

— Mais, sire, voulez-vous me donner une attestation que vous mourez dans la foi catholique ?

— Oh ! pour cela, sans difficulté, dit Murat ; et allant

s'asseoir à la table où il avait déjà écrit, il traça le billet suivant :

« Moi, Joachim Murat, je meurs en chrétien, croyant à la sainte église catholique, apostolique et romaine.
» JOACHIM MURAT. »

Et il il remit le billet au prêtre.

Le prêtre s'éloigna.

— Mon père, dit Murat, votre bénédiction.

— Je n'osais pas vous l'offrir de vive voix, mais je vous la donnais de cœur, répondit le prêtre.

Et il imposa les deux mains sur cette tête qui avait porté le diadème.

Murat s'inclina et dit à voix basse quelques paroles qui ressemblaient à une prière ; puis il fit signe à don Masdea de le laisser seul. Cette fois le prêtre obéit.

Le temps fixé entre le départ du prêtre et l'heure de l'exécution s'écoula sans qu'on pût dire ce que fit Murat pendant cette demi-heure. Sans doute il repassa toute sa vie, à partir du village obscur, et qui, après avoir brillé, météore royal, revenait s'éteindre dans un village inconnu. Tout ce que l'on peut dire c'est qu'une partie de ce temps avait été employée à sa toilette, car lorsque le général Nunziante rentra il trouva Murat prêt comme pour une parade ; ses cheveux noirs étaient régulièrement séparés sur son front, et encadraient sa figure mâle et tranquille ; il appuyait la main sur le dossier d'une chaise, et dans l'attitude de l'attente.

— Vous êtes de cinq minutes en retard, dit-il ; tout est-il prêt ?

— Le général Nunziante ne put lui répondre tant il était ému, mais Murat vit bien qu'il était attendu dans la cour ; d'ailleurs, en ce moment, le bruit des crosses de plusieurs fusils retentit sur les dalles.

— Adieu, général, adieu, dit Murat ; je vous recommande ma lettre à ma chère Caroline.

Puis, voyant que le général cachait sa tête entre ses deux mains, il sortit de la chambre et entra dans la cour.

— Mes amis, dit-il aux soldats qui l'attendaient, vous savez que c'est moi qui vais commander le feu ; la cour est assez étroite pour que vous tiriez juste : visez à la poitrine, sauvez le visage.

Et il alla se placer à six pas des soldats, presque adossé à un mur, et exhaussé sur une marche.

Il y eut un instant de tumulte au moment où il allait commencer de commander le feu : c'étaient les prisonniers correctionnels qui, n'ayant qu'une fenêtre grillée qui donnait sur la cour, se débattaient pour être à cette fenêtre.

L'officier qui commandait le piquet leur imposa silence, et ils se turent.

Alors Murat commanda la charge, froidement, tranquillement, sans hâte ni retard, comme il eût fait à un simple exercice. Au mot Feu, trois coups seulement partirent, Murat resta debout. Parmi les soldats intimidés, six n'avaient pas tiré, trois avaient tiré au-dessus de la tête.

C'est alors que ce cœur de lion, qui faisait de Murat un demi-dieu dans la bataille, se montra dans toute sa terrible énergie. Pas un muscle de son visage ne bougea. Pas un mouvement n'indiqua la crainte. Tout homme peut avoir du courage pour mourir une fois : Murat en avait pour mourir deux fois, lui !

— Merci, mes amis, dit-il, merci du sentiment qui vous a fait m'épargner. Mais, comme il faudra toujours en finir par où vous auriez dû commencer, recommençons, et cette fois pas de grâce, je vous prie.

Et il recommença d'ordonner la charge avec cette même voix calme et sonore, regardant entre chaque commandement le portrait de la reine ; enfin le mot Feu se fit entendre, suivi d'une détonation, et Mura tomba percé de trois balles.

Il était tué raide : une des balles avait traversé le cœur.

On le releva, et en le relevant on trouva dans sa main la montre qu'il n'avait point lâchée, et sur laquelle était le portrait. J'ai vu cette montre à Florence entre les mains de madame Murat, qui l'avait rachetée 2,400 fr.

On porta le corps sur le lit, et, le procès-verbal de l'exécution rédigé, on referma la porte sur lui.

Pendant la nuit, le cadavre fut porté dans l'église par quatre soldats. On le jeta dans la fosse commune, puis, sur lui, plusieurs sacs de chaux ; puis on referma la fosse, et l'on scella la pierre qui depuis ce temps ne fut pas rouverte.

Un bruit étrange courut. On assura que les soldats n'avaient porté à l'église qu'un cadavre décapité ; s'il faut en croire certaines traditions verbales, la tête fut portée à Naples et remise à Ferdinand, puis conservée dans un bocal rempli d'esprit-de-vin, afin que si quelque aventurier profitait jamais de cette fin isolée et obscure pour essayer de prendre le nom de Joachim, on pût lui répondre en lui montrant la tête de Murat.

Cette tête était conservée dans une armoire placée à la tête du lit de Ferdinand, et dont Ferdinand seul avait la clef, si bien que ce ne fut qu'après la mort du vieux roi que, poussé par la curiosité, son fils François ouvrit cette armoire, et découvrit le secret paternel.

Ainsi mourut Murat, à l'âge de quarante-sept ans, perdu par l'exemple que lui avait donné, six mois auparavant, Napoléon revenant de l'île d'Elbe.

Quant à Barbara, qui avait trahi son roi, qui s'était payé lui-même de sa trahison en emportant les trois millions déposés sur son navire, il demande à cette heure l'aumône dans les cafés de Malte.

Après avoir recueilli de la bouche même des témoins oculaires toutes les notes relatives à ce triste sujet, nous commençâmes la visite des localités qui y sont signalées. D'abord, notre première visite fut pour la plage où eut lieu le débarquement. On nous montra au bord de la mer, où on la conserve comme un objet de curiosité, la vieille chaloupe que Murat poussait à la mer quand il fut pris, et dont la carcasse est encore trouée de deux balles.

En avant du petit fortin, nous nous fîmes montrer la place où est enterré Campana ; rien ne la désigne à la curiosité des voyageurs : elle est recouverte de sable comme le reste de la plage.

De la tombe de Campana, nous allâmes mesurer le rocher du sommet duquel le roi et ses deux compagnons avaient sauté. Il a un peu plus de trente-cinq pieds de hauteur.

De là nous revînmes au château ; c'est une petite forteresse sans grande importance militaire, à laquelle on monte par un escalier pris entre deux murs ; deux portes se ferment pendant la montée. Arrivé à la dernière marche, on a à sa droite la prison des condamnés correctionnels, à sa gauche l'entrée de la chambre qu'occupa Murat, et derrière soi, dans un rentrant de l'escalier, la place où il fut fusillé. Le mur qui s'élève derrière la marche sur laquelle Murat était monté porte encore la trace de six balles. Trois de ces six balles ont traversé le corps du condamné.

Nous entrâmes dans la chambre. Comme toutes les chambres des pauvres gens en Italie, elle se compose de quatre murailles nues, blanchies à la chaux et recouvertes d'une multitude d'images de madones et de saints ; en face de la porte était le lit où le roi sua son agonie de soldat. Nous vîmes deux ou trois enfans couchés pêle-mêle sur ce lit. Une vieille femme accroupie, et qui avait peur du choléra, disait son rosaire dans un coin ; dans la chambre voisine, où s'était tenue la commission militaire, les soldats chantaient à tue-tête.

L'homme qui nous faisait les honneurs de cette triste habitation était le fils de l'ancien concierge ; c'était un homme de trente-cinq ou trente-six ans. Il avait vu Murat pendant les cinq jours de sa détention, et se le rappelait à merveille, puisqu'il pouvait avoir à cette époque quinze ou seize ans.

Au reste, aucun souvenir matériel n'était resté de cette grande catastrophe, à l'exception des balles qui trouent le mur.

Je pris à la chambre claire un dessin très exact de cette cour. Il est difficile de voir quelque chose de plus triste d'aspect que ces murailles blanches, qui se détachent en contours arrêtés sur un ciel d'un bleu d'indigo.

Du château nous nous rendîmes à l'église. La pierre scellée sur le cadavre de Murat n'a jamais été rouverte. A la voûte pend comme un trophée de victoire la bannière qu'il apportait avec lui, et qui a été prise sur lui.

A mon retour à Florence, vers le mois de décembre de la même année, madame Murat, qui habitait cette ville sous le nom de comtesse de Lipona, sachant que j'arrivais du Pizzo, me fit prier de passer chez elle. Je m'empressai de me rendre à son invitation; elle n'avait jamais eu de détails bien précis sur la mort de son mari, et elle me pria de ne lui rien cacher. Je lui racontai tout ce que j'avais appris au Pizzo.

Ce fut alors qu'elle me fit voir la montre qu'elle avait rachetée, et que Murat tenait dans sa main lorsqu'il tomba... Quant à la lettre qu'il lui avait écrite peu d'instans avant sa mort, elle ne l'avait jamais reçue, et ce fut moi qui lui en donnai la première copie.

J'oubliais de dire qu'en souvenir et en récompense du service rendu au gouvernement napolitain, la ville de Pizzo est exemptée pour toujours de droits et d'impôts.

MAÏDA.

Comme je l'ai dit, notre speronare n'était point arrivé, et la chose était d'autant plus inquiétante que le temps se préparait à la tempête. Effectivement, la nuit fut affreuse. Nous nous étions logés, séduits par son apparence, dans une petite auberge située sur la plage même où débarqua le roi, et à une centaine de pas du petit fortin où est enterré Campana; mais nous n'y fûmes pas plutôt établis que nous nous aperçûmes que tout y manquait, même les lits. Malheureusement il était trop tard pour remonter à la ville; l'eau tombait par torrens, et les éclats du tonnerre se succédaient avec une telle rapidité qu'on n'entendait qu'un seul et continuel roulement qui dominait, tant il était violent, le bruit des vagues qui couvraient toute cette plage et venaient mourir à dix pas de notre auberge.

On nous dressa des lits de sangle; mais, quelques recherches que l'on fit dans la maison, on ne put nous trouver de draps propres. Il en résulta que je fus obligé, comme la veille, de me jeter tout habillé sur mon lit; mais au bout d'un instant, je me trouvai le but de caravanes de punaises tellement nombreuses, que je leur cédai la place, et que j'essayai de dormir couché sur deux chaises. Peut-être y serais-je parvenu si j'avais eu des contrevens à la chambre, mais il n'y avait que des fenêtres, et les éclairs étaient tellement continus, qu'on eût véritablement dit qu'il faisait grand jour. Le matin j'appelais nos matelots à grands cris, mais à cette heure je priais Dieu qu'ils n'eussent pas quitté le port.

Le jour vint enfin sans que j'eusse fermé l'œil; c'était la troisième nuit que je ne pouvais dormir; j'étais écrasé de fatigue. Comme Murat, j'eusse donné cinquante ducats d'un bain; mais il fut impossible, dans le Pizzo, de trouver une baignoire: le chevalier Alcala seul en avait une, probablement celle qui avait servi au prisonnier. Mais quelque envie que j'eusse d'agir en roi, je n'osai pousser l'indiscrétion jusque-là.

Avec le jour la tempête se calma, mais l'air était devenu très froid, et le temps nuageux et couvert. Dans un tout autre moment je me serais étendu sur le sable de la mer et j'aurais enfin dormi, mais le sable de la mer était tout détrempé, et il était devenu une plaine de boue pareille aux volcans des Maccalubi. Nous n'en sortîmes pas moins de notre bouge afin de chercher notre nourriture, que nous finîmes par trouver dans une petite auberge située sur la place. Pendant que nous étions à déjeuner, nous demandâmes si l'on ne pourrait pas nous coucher la nuit suivante: on

nous répondit, comme toujours, affirmativement, et en nous montrant une chambre où du moins il y avait l'air de n'avoir que des puces. Nous envoyâmes notre muletier payer notre carte à l'auberge de la plage, et nous fîmes transporter notre *roba* dans notre nouveau domicile.

Jadin, qui était parvenu à dormir quelque peu la nuit précédente, s'en alla prendre une vue générale du Pizzo; pendant ce temps, je fis couvrir mon lit avec l'intention de me reposer au moins si je ne pouvais dormir.

Mais alors se renouvela l'histoire des draps: les draps sont une grande affaire dans les auberges d'Italie en général, et dans celles de Sicile et de Calabre en particulier. Il est rare que du premier coup on vous donne une paire de draps blancs; presque toujours on essaie de surprendre votre religion avec des draps douteux, ou avec un drap propre et un drap sale; chaque soir c'est une lutte qui se renouvelle avec les mêmes ruses et la même obstination de la part des aubergistes, qui, à mon avis, auraient bien besoin, avant de les faire blanchir. Mais sans doute, quelque préjugé qui s'y oppose, quelque superstition qui le défende, les draps blancs, c'est le *rara avis* de Juvénal, c'est le phénix de la princesse de Babylone.

Je passai en revue toute la lingerie de l'hôtel, sans en venir à mon honneur. Cette fois, je n'y tins pas; indiscret ou non, j'écrivis à monsieur le chevalier Alcala pour le prier de nous prêter deux paires de draps. Il accourut lui-même pour nous offrir d'aller coucher chez lui; mais comme nous comptions partir le lendemain de grand matin, je ne voulus pas lui causer ce dérangement. Il insista, mais je tins bon; et le garçon de l'hôtel, envoyé chez lui, revint avec les bienheureux draps tant ambitionnés.

Je profitai de cette visite pour arrêter avec lui nos affaires relativement au speronare. Il était évident qu'après la tempête de cette nuit, nos gens n'arriveraient pas dans la journée; il fallait donc continuer notre route par terre. Je laissai trois lettres pour le capitaine: une à l'auberge de la place, l'autre à l'auberge du rivage, et l'autre à monsieur le chevalier Alcala. Toutes trois annonçaient à notre équipage que nous partions pour Cosenza, et lui donnaient rendez-vous à San-Lucido.

Les nouvelles du tremblement de terre commençaient à arriver de l'intérieur de la Calabre: on disait que Cosenza et ses environs avaient beaucoup souffert; plusieurs villages, à ce qu'on assurait, n'offraient plus que des ruines; des maisons avaient disparu, entièrement englouties, elles et leurs habitans. Au reste, les secousses continuaient tous les jours, ou plutôt toutes les nuits, ce qui faisait qu'on ignorait où s'arrêterait la catastrophe. Je demandai au chevalier Alcala si la tempête de cette nuit n'avait pas quelques rapports avec le tremblement de terre, mais il me répondit en souriant, moitié croyant, moitié incrédule, que la tempête de la nuit était la tempête anniversaire. Je lui demandai l'explication de cette espèce d'énigme atmosphérique.

— Informez-vous, me dit-il, au dernier paysan des environs, et il vous répondra avec une conviction parfaite: C'est l'esprit de Murat qui visite le Pizzo.

— Et vous, que me répondrez-vous? lui demandai-je en souriant.

— Moi, je vous répondrai que depuis vingt ans cette tempête n'a pas manqué une seule fois de revenir à jour et heure fixe, affirmation de laquelle, entre votre qualité de Français et de philosophe, vous tirerez la conclusion que vous voudrez.

Sur quoi le chevalier Alcala se retira, de peur sans doute d'être pressé de nouvelles questions.

Toute la journée se passa sans que nous aperçussions apparence de speronare; nous restâmes sur la terrasse du château jusqu'au dernier rayon de jour, les yeux fixés sur Tropea, et atteints de quelques légères inquiétudes. Comptant sur le vent, nous étions partis, comme nous l'avons dit, avec quelques louis seulement, et si le temps contraire continuait nous devions bientôt arriver à la fin de notre trésor. Pour comble de malheur, lorsque nous rentrâmes à l'hôtel, notre muletier nous signifia que nous n'eussions point à compter sur lui pour le lendemain, attendu que nous étions beaucoup trop aventureux pour lui, et que c'était un miracle comment nous n'avions pas été assassinés et lui avec nous, surtout portant le nom de Français, nom qui a laissé peu de tendres souvenirs en Calabre. Nous essayâmes de le décider à venir avec nous jusqu'à Cosenza, mais toutes nos instances furent inutiles; nous le payâmes, et nous nous mîmes à la recherche d'un autre muletier.

Ce n'était pas chose facile, non pas que l'espèce manquât; mais au Pizzo l'animal changeait de nom. Partout en Italie j'avais entendu appeler les mulets, *muli*, et je continuais de désigner l'objet sous ce nom : personne ne m'entendait. Je priai alors Jadin de prendre son crayon et de dessiner une mule toute caparaçonnée. Notre hôte, à qui nous nous étions adressés, suivit avec beaucoup d'intérêt ce dessin ; puis quand il fut fini :

— Ah ! s'écria-t-il, *una vettura*.

Au Pizzo une mule s'appelle *vettura*. Avis aux philologues et surtout aux voyageurs.

Le lendemain, à six heures, nos deux *vetture* étaient prêtes. Craignant de la part de notre nouveau conducteur les mêmes hésitations que nous avions éprouvées de la part de celui que nous quittions, nous entamâmes une explication préalable sur ce sujet ; mais celui-ci se contenta de nous répondre en nous montrant son fusil qu'il portait en bandoulière :

— Où vous voudrez, comme vous voudrez, à l'heure que vous voudrez.

Nous appréciâmes ce laconisme tout spartiate ; nous fîmes une dernière visite à notre terrasse pour nous assurer que le speronare n'était point en vue ; puis enfin, désappointés cette fois encore, nous revînmes à l'hôtel, nous enfourchâmes nos mules et nous partîmes.

Cette humeur aventureuse de notre guide nous fut bientôt expliquée par lui-même : c'était un véritable Pizziote. Je demande pardon à l'Académie si je fais un nom de peuple qui probablement n'existe pas. Or, la conduite que tint le Pizzo à l'endroit de Murat fut, il faut le dire, fort diversement jugée dans le reste des Calabres. A cette première dissension, soulevée par un mouvement politique, vinrent se joindre les faveurs dont la ville fut comblée et qui soulevèrent un mouvement d'envie ; de sorte que les habitants du Pizzo, je n'ose répéter le mot, sortent à peine de la circonscription de leur territoire, qu'ils se trouvent en guerre avec les populations voisines. Cette circonstance fait que dès leur enfance ils sortent armés, s'habituent jeunes au danger et, par conséquent habitués à lui, cessent de le craindre. Sur ce point, celui du courage, les autres Calabrais, en les appelant presque toujours *traditori*, leur rendaient au moins pleine et entière justice.

Tout en cheminant et en causant avec notre guide, il nous parla d'un village nommé Vena, qui avait conservé un costume étranger et une langue que personne ne comprenait en Calabre. Ces deux circonstances nous donnèrent le désir de voir ce village ; mais notre guide nous prévint que nous n'y trouverions point d'auberge, et que par conséquent il ne fallait pas penser à nous y arrêter, mais à y passer seulement. Nous nous informâmes alors où nous pourrions faire halte pour la nuit, et notre Pizziote nous indiqua le bourg de Maïda comme le plus voisin de celui de Vena, et celui dans lequel, à la rigueur, des *signori* pouvaient s'arrêter ; nous le priâmes donc de se détourner de la grande route et de nous conduire à Maïda. Comme c'était le garçon le plus accommodant du monde, cela ne fit aucune difficulté ; c'était un jour de retard pour arriver à Cosenza, voilà tout.

Nous nous arrêtâmes sur le midi à un petit village nommé Fundaco del Fico, pour reposer nos montures et essayer de déjeuner ; puis, après une halte d'une heure, nous reprîmes notre course, en laissant la grande route à notre gauche et en nous enfonçant dans la montagne.

Depuis trois ou quatre jours, la crainte de mourir de faim dans les auberges avait à peu près cessé ; nous étions engagés dans la région des montagnes où poussent les châtaigniers, et, comme nous approchions de l'époque de l'année où l'on commence la récolte de cet arbre, nous prenions les devants de quelques jours en bourrant nos poches de châtaignes, qu'en arrivant dans les auberges je faisais cuire sous la cendre et mangeais de préférence au macaroni, auquel je n'ai jamais pu m'habituer, et qui était souvent le seul plat qu'avec toute sa bonne volonté notre hôte pût nous offrir. Cette fois, comme toujours, je me gardai bien de déroger à cette habitude, attendu que d'avance je me faisais une assez médiocre idée du gîte qui nous attendait.

Après trois heures de marche dans la montagne, nous aperçûmes Maïda. C'était un amas de maisons, situées au haut d'une montagne, qui avaient été recouvertes primitivement, comme toutes les maisons calabraises, d'une couche de plâtre ou de chaux, mais qui, dans les secousses successives qu'elles avaient éprouvées, avaient secoué une partie de cet ornement superficiel, et qui, presque toutes, étaient couvertes de larges taches grises qui leur donnaient l'air d'avoir eu quelque maladie de peau. Nous nous regardâmes, Jadin et moi, en secouant la tête et en supputant mentalement la quantité incalculable d'animaux de toute espèce qui, outre les Maïdiens, devaient habiter de pareilles maisons. C'était effroyable à penser ; mais nous étions trop avancés pour reculer. Nous continuâmes donc notre route sans même faire part à notre guide de terreurs qu'il n'aurait point comprises.

Arrivés au pied de la montagne, la pente se trouva si rapide et si escarpée que nous préférâmes mettre pied à terre et chasser nos mulets devant nous. Nous avions fait à peine une centaine de pas en suivant ce chemin, lorsque nous aperçûmes sur la pointe d'un roc une femme en haillons et toute échevelée. Comme nous étions, s'il fallait en croire nos Siciliens, dans un pays de sorcières, je demandai à notre guide à quelle race de stryges appartenait la canidie calabraise que nous avions devant les yeux : notre guide nous répondit alors que ce n'était pas une sorcière, mais une pauvre folle ; et il ajouta que si nous voulions lui faire l'aumône de quelques grains, ce serait une bonne action devant Dieu. Si pauvres que nous commençassions d'être nous-mêmes, nous ne voulûmes pas perdre cette occasion d'augmenter la somme de nos mérites, et je lui envoyai par notre guide la somme de deux carlins : cette somme parut sans doute à la bonne femme une fortune, car elle quitta à l'instant même son rocher et se mit à nous suivre en faisant de grands gestes de reconnaissance et de grands cris de joie : nous eûmes beau lui faire dire que nous la tenions quitte, elle ne voulut entendre à rien, et continua de marcher derrière nous, ralliant à elle tous ceux qui nous rencontrions sur notre route, et qui, éloignés de tout chemin, semblaient aussi étonnés de voir des étrangers qu'auraient pu l'être des insulaires des îles Sandwich ou des indigènes de la Nouvelle-Zemble. Il en résulta qu'en arrivant à la première rue nous avions à notre suite une trentaine de personnes parlant et gesticulant à qui mieux mieux, et au milieu de ces trente personnes, la pauvre folle qui racontait comment nous lui avions donné deux carlins, preuve incontestable que nous étions des princes déguisés.

Au reste, une fois entrés dans le bourg, ce fut bien pis : chaque maison, pareille aux sépulcres du jour du jugement dernier, rendit à l'instant même ses habitants ; au bout d'un instant, nous ne fûmes plus suivis, mais entourés de telle façon qu'il nous fut impossible d'avancer. Nous nous escrimâmes alors de notre mieux à demander une auberge ; mais il paraît, ou que notre accent avait un caractère tout particulier, ou que nous réclamions une chose inconnue, car à chaque interpellation de ce genre la foule se mettait à une d'un rire si joyeux et si communicatif que nous finissions par partager l'hilarité générale. Ce qui, au reste, excitait au plus haut degré la curiosité des Maïdiens mâles, c'étaient nos armes, qui, par leur luxe, contrastaient, il faut le dire, avec la manière plus que simple dont nous étions mis ; de nos pouvoirs pas les empêcher de toucher, comme de grands enfants, ces doubles canons damassés qui étaient l'objet d'une admiration que j'aimais mieux voir se manifester, au reste, au milieu du village que sur une grande route. Enfin nous commencions à nous regarder avec une certaine inquiétude lorsque tout à coup un homme fendit la foule, me prit par la main, déclara que nous étions sa propriété, et qu'il allait nous conduire dans une maison où nous serions comme les anges dans le ciel. La promesse, on le comprend bien, nous allécha. Nous répondîmes au brave homme que, s'il tenait seulement la moitié de ce qu'il promettait, il n'aurait pas à se plaindre de nous ; il nous jura ses grands dieux que les princes ne demanderaient pas quelque chose de mieux que ce qu'il allait nous montrer. Puis, fendant cette foule qui devenait de plus en plus considérable, il marcha devant nous sans nous perdre de vue un instant, parlant sans cesse, gesticulant sans relâche, et ne cessant de nous répéter que nous étions bien favorisés du ciel d'être tombés entre ses mains.

Tout ce bruit et toutes ces promesses aboutirent à nous amener devant une maison, il faut l'avouer, d'une apparence un peu supérieure à celles qui l'environnaient, mais dont l'intérieur nous présagea à l'instant même les maux dont nous étions menacés. C'était une espèce de cabaret, composé d'une grande chambre divisée en deux par une tapisserie en lambeaux qui pendait des solives, et qui laissait pénétrer de la partie antérieure à la partie postérieure par une déchirure en forme de porte. A droite de la partie antérieure consacrée au public, était un comptoir avec quelques bouteilles de vin et d'eau-de-vie et quelques verres de différentes grandeurs. A ce comptoir était la maîtresse de la maison, femme de trente à trente-cinq ans, qui n'eût peut-être point paru absolument laide si une saleté révoltante n'eût pas forcé le regard de se détourner de dessus elle. A gauche était, dans un enfoncement, une truie qui, venant de mettre bas, allaitait une douzaine de marcassins, et dont les grognemens avertissaient les visiteurs de ne pas trop empiéter sur son domaine. La partie postérieure, éclairée par une fenêtre donnant sur un jardin, fenêtre presque entièrement obstruée par les plantes grimpantes, était l'habitation de l'hôtesse. A droite était son lit couvert de vieilles courtines vertes, à gauche une énorme cheminée où grouillait dans la cendre quelque chose qui ressemblait dans l'obscurité à un chien, et que nous reconnûmes quelque temps après pour un de ces crétins hideux, à gros cou et à ventre ballonné, comme on en trouve à chaque pas dans le Valais. Sur le rebord de la croisée étaient rangées sept ou huit lampes à trois becs, et au-dessous du rebord était la table, couverte pour le moment de hideux chiffons tout haillonnés que l'on eût jetés en France à la porte d'une manufacture de papier. Quant au plafond, il était à claire-voie, et s'ouvrait sur un grenier bourré de foin et de paille.

C'était là le paradis où nous devions être comme des anges.

Notre conducteur entra le premier et échangea tout bas quelques paroles avec notre future hôtesse ; puis il revint la figure riante nous annoncer que, quoique la signora Bertassi n'eût point l'habitude de recevoir des voyageurs, elle consentait, en faveur de Nos Excellences, à se départir de ses habitudes, et à nous donner à manger et à coucher. A entendre notre guide, au reste, c'était une si grande faveur qui nous était accordée, qu'eût-ce été le comble de l'impolitesse de la refuser. La question de paraître poli ou impoli à la signora Bertassi était, comme on s'en doute, fort secondaire pour nous ; mais, après être informés à notre Pizzicolo, nous apprîmes qu'effectivement nous ne trouverions pas une seule auberge dans tout Maïda, et très probablement non plus pas une seule maison aussi comfortable que celle qui nous était offerte. Nous nous décidâmes donc à entrer, et ce fut alors que nous passâmes l'inspection des localités : c'était, comme on l'a vu, à faire dresser les cheveux.

Au reste, notre hôtesse, grâce sans doute à la confidence faite par notre cicérone, était charmante de gracieuseté. Elle accourut dans l'arrière-boutique, qui servait à la fois de salle à manger, de salon et de chambre à coucher, et jeta un fagot dans la cheminée ; ce fut à la lueur de la flamme, qui la forçait de se retirer devant elle, que nous nous aperçûmes que ce que nous avions pris pour un chien de berger était un jeune garçon de dix-huit à vingt ans. A ce dérangement opéré dans ses habitudes, il se contenta de pousser quelques cris plaintifs et de se retirer sur un escabeau dans le coin le plus éloigné de la cheminée, et tout cela avec les mouvemens lents et pénibles d'un reptile engourdi. Je demandai alors à la signora Bertassi où était la chambre qu'elle nous destinait ; elle me répondit que c'était celle-là même ; que nous coucherions, Jadin et moi, dans son lit, et qu'elle et son frère (le crétin était son frère) dormiraient près du feu. Il n'y avait rien à dire à une femme qui nous faisait de pareils sacrifices.

J'ai pour système d'accepter toutes les situations de la vie sans tenter de réagir contre les impossibilités, mais en essayant au contraire de tirer à l'instant même des choses le meilleur résultat possible ; or il me parut clair comme le jour que, grâce aux rats du grenier, à la truie de la boutique et à la multitude d'autres animaux qui devaient peupler la chambre à coucher, nous ne dormirions pas un instant ; c'était un deuil à faire : je le fis, et me rabattis sur le dîner.

Il y avait de macaroni, dont je ne mangeais pas ; on pouvait avoir, en cherchant bien et en faisant des sacrifices d'argent, un poulet ou un dindonneau ; enfin le jardin, placé derrière la maison, renfermait plusieurs espèces de salades. Avec cela et les châtaignes dont nos poches étaient bourrées on ne fait pas un dîner royal, mais on ne meurt pas de faim.

Qu'on me pardonne tous ces détails ; j'écris pour les malheureux voyageurs qui peuvent se trouver dans une position analogue à celle où nous étions, et qui, instruits par notre exemple, parviendront peut-être à s'en tirer mieux que nous ne le fîmes.

Je pensai avec raison que les différens matériaux de notre dîner prendraient un certain temps à réunir. Je résolus donc de ne pas laisser de bras inutiles. Je chargeai l'hôtesse de préparer le macaroni, le cicérone de trouver le poulet, le crétin d'aller me chercher pour deux grains de ficelle, Jadin de fendre les châtaignes, et je me chargeai, moi, d'aller cueillir la salade. Il en résulta qu'au bout de dix minutes chacun avait fait son affaire, à l'exception de Jadin, qui avait eu les holà à mettre entre la truie et Milord ; mais, pendant que les autres préparatifs s'accomplissaient, le temps perdu de ce côté se répara.

Le macaroni fut placé sur le feu ; la volaille, mise à mort, malgré ses protestations qu'elle était une poule et non un poulet, fut pendue à une ficelle par les deux pattes de derrière et commença de tourner sur elle-même ; enfin la salade, convenablement lavée et épluchée, attendait l'assaisonnement dans un saladier passé à trois eaux. On verra plus tard comment, malgré toutes ces précautions, j'arrivai à demeurer à jeun, et comment Jadin ne mangea que du macaroni.

Sur ces entrefaites la nuit était venue : on alluma deux lampes, une pour éclairer la table, l'autre pour éclairer le service ; comme on le voit, notre hôtesse faisait les choses splendidement.

On servit le macaroni : par bonheur pour Jadin c'était l'entrée ; il en mangea et le trouva fort bon ; quant à moi, j'ai déjà dit ma répugnance pour cette sorte de mets, je me contentai donc de regarder.

C'était au tour du poulet : il tournait comme un toutou, était rissolé à point, et présentait un aspect des plus appétissans ; je m'approchai pour couper la ficelle, et j'aperçus notre crétin qui, toujours couché dans les cendres, manipulait je ne sais quelle roba au-dessus du feu dans un petit plat de terre. La malheureuse curiosité me poussa à jeter un coup d'œil sur sa cuisine particulière, et je m'aperçus qu'il avait recueilli avec grand soin les intestins de notre volaille et les faisait frire. C'était fort ridicule sans doute ; mais, à cette vue, je laissai tomber le poulet dans la lèchefrite, sentant qu'après ce que je venais de voir il me serait impossible de manger aucune viande. Comme Jadin n'avait rien aperçu de pareil, il s'informa de la cause du retard que je mettais à apporter le rôti. Malheureusement, le mouchoir sur la bouche, j'étais retourné du côté de la tapisserie, incapable de répondre pour le moment une seule parole à ses interpellations ; ce qui it qu'il se leva, vint lui-même voir ce qui se passait, et trouva le malheureux crétin mangeant à belles mains son effroyable fricassée. Ce fut sa perte, il se retourna de l'autre côté en jurant tous les jurons que cette belle et riche langue française pouvait lui fournir. Quant au crétin, qui était loin de se douter qu'il fût l'objet de cette double explosion, il ne perdait pas une bouchée de son repas; si bien que quand nous nous retournâmes il avait fini.

Nous revînmes nous mettre tristement et silencieusement à table. Le mot seul de poulet, prononcé par un de nous, aurait eu les conséquences les plus fâcheuses; notre hôtesse voulut s'approcher de la cheminée un plat à main, mais je lui criai que nous nous contenterions de manger de la salade.

Un instant après j'entendis le bruit que faisaient la cuiller et la fourchette contre le saladier, je me retournai vivement, me doutant qu'il se passait quelque chose de nouveau contre notre souper; et quelle que soit ma patience naturelle, je jetai un cri furieux. Notre hôtesse, pour que nous n'attendissions pas la salade, devenue le morceau de résistance du repas, s'empressait de l'assaisonner elle-même, et, après avoir commencé par y mettre le vinaigre, ce qui est, comme on le sait, une véritable hérésie culinaire, elle versait par un de ses trois becs l'huile de la lampe dans le saladier.

A ce spectacle je me levai et je sortis.

Un instant après je vis arriver Jadin un cigare à la bouche; c'était sa grande consolation dans les fréquentes mésaventures que nous éprouvions, consolation dont j'étais malheureusement privé, n'ayant jamais pu fumer qu'une certaine sorte de tabac russe, très-doux et presque sans odeur. Nous nous regardâmes les bras croisés et en secouant la tête; nous avions vu de bien terribles choses, mais jamais cependant le spectacle n'avait été jusque-là. Une seule chose nous consolait, c'était notre ressource habituelle, c'est-à-dire les châtaignes qui rôtissaient sous la cendre.

Nous rentrâmes, nous les trouvâmes servies et tout épluchées; l'effroyable crétin, pour se raccommoder avec nous, avait voulu nous rendre ce service en notre absence.

Cette fois, nous nous mîmes à rire; nos malheurs étaient si redoublés qu'ils retombaient dans la comédie. Nous envoyâmes les châtaines rejoindre le poulet et la salade. Nous coupâmes chacun un morceau de pain, et nous nous en allâmes, de peur que quelque chose ne nous dégoûtât même du pain, le manger par les rues de Maïda.

Au bout d'une demi-heure nous repassâmes devant la maison, et nous vîmes, à travers les vitres, notre hôtesse, notre crétin et un militaire, à nous inconnu, qui, assis à notre table, soupaient avec notre souper.

Nous ne voulûmes pas déranger ce petit festin, et nous attendîmes qu'ils eussent fini pour rentrer.

Le militaire, qui était un carabinier, nous parut jouir dans la maison d'une autorité presque autocratique; cependant nous nous aperçûmes au premier abord qu'il partageait la bienveillance de notre hôtesse pour nous; bien plus, apprenant que nous étions Français et que nous arrivions du Pizzo, il se mit à vanter avec enthousiasme la révolution de juillet et à déplorer le meurtre de Murat. Cette double explosion de sentiments politiques nous parut on ne peut plus suspecte dans un fidèle soldat de S. M. le roi Ferdinand, qui n'avait pas jusque-là manifesté de profondes sympathies pour l'une ni pour l'autre. Il était évident que notre carabinier, ne pouvant deviner dans quel but nous parcourions le pays, n'aurait pas été fâché de nous reconduire à Naples de brigade en brigade comme carbonari, et de se faire les honneurs de notre arrestation. Malheureusement pour le fidèle soldat de S. M. Ferdinand, le piège était trop grossier pour que nous nous y laissassions prendre: Jadin me chargea de lui dire en son nom en italien qu'il était un mouchard; je le lui dis en son nom et au mien, ce qui fit beaucoup rire le carabinier, mais ce qui n'amena pas sa retraite, comme nous l'avions espéré; alors, loin de là, il se mit à regarder nos armes avec la plus minutieuse attention, puis, cet examen fini, il nous proposa de jouer une bouteille de vin aux cartes. La proposition devenait par trop impertinente, et nous appelâmes notre hô-

tesse pour qu'elle eût la bonté de mettre le fidèle soldat de S. M. Ferdinand à la porte. Cette invitation de notre part amena de la sienne une longue négociation à la fin de laquelle le carabinier sortit en nous tendant la main, en nous appelant ses amis, et en nous annonçant qu'il se ferait l'honneur de boire la goutte avec nous le lendemain matin avant notre départ.

Nous nous croyions débarrassés des visiteurs, lorsque derrière notre carabinier arriva une amie de notre hôtesse, qui s'établit avec elle au coin de la cheminée. Comme à tout prendre c'était une espèce de femme, nous prîmes patience pendant une heure. Cependant, au bout d'une heure nous demandâmes à la signora Bertassi si son amie n'allait pas nous laisser prendre nos dispositions pour la nuit; mais la signora Bertassi nous répondit que son amie venait passer la nuit avec elle, et que nous n'avions pas besoin de nous gêner en sa présence. Nous comprîmes alors que l'arrivée de la nouvelle venue était une attention délicate de notre cicérone, qui nous avait promis que nous serions, où il allait nous mener, comme des anges au ciel, et qui voulait, autant qu'il était en lui, nous tenir sa promesse. Nous en prîmes donc notre parti, et nous résolûmes d'agir comme si nous étions absolument seuls.

Au reste, nos dispositions nocturnes étaient faciles à prendre. Comme notre hôtesse, pour nous faire plus grand honneur sans doute, nous avait non-seulement cédé son lit, mais encore ses draps, il ne fut pas question de se déshabiller. Je cédai la couchette à Jadin, qui s'y jeta tout habillé, et qui prit Milord dans ses bras, afin de diviser les attaques dont il allait incessamment être l'objet, et moi je m'établis sur deux chaises enveloppé de mon manteau. Quant aux deux femmes, elles s'accoudèrent comme elles purent à la cheminée, et le crétin compléta le tableau en faisant son nid comme d'habitude, dans les cendres.

Il est impossible de se faire une idée de la nuit que nous passâmes. La constitution la plus robuste ne résisterait point à trois nuits pareilles. Le jour nous retrouva tout grelottans et tout souffreteux; cependant, comme nous pensâmes que le meilleur remède à notre malaise était l'air et le soleil, nous ne fîmes point attendre notre guide qui, à six heures du matin, était ponctuellement à la porte avec ses deux mules: nous réglâmes notre compte avec notre hôtesse, qui, portant sur la carte *tout ce qu'on nous avait servi* comme ayant été *consommé* par nous, nous demanda quatre piastres, que nous payâmes sans conteste, tant nous avions hâte d'être dehors de cet horrible endroit. Quant à notre cicérone, comme nous ne l'aperçûmes même pas, nous présumâmes que sa rétribution était comprise dans l'addition.

Nous nous acheminâmes vers Vena, qui est de cinq milles plus enfoncé dans la montagne que Maïda. Mais au bout de vingt minutes de marche, nous entendîmes de grands cris d'appel derrière nous, et en nous retournant nous aperçûmes notre carabinier, armé de toutes pièces, qui accourait après nous au grand galop de son cheval. Au premier abord nous pensâmes que, peu flatté de notre accueil de la veille, il avait été faire quelque faux rapport au juge, et qu'il en avait reçu l'autorisation de nous mettre la main sur le collet; mais nous fûmes agréablement détrompés lorsque nous le vîmes tirer de sa fonte une bouteille d'eau-de-vie, et de sa poche deux petits verres. Esclave de la parole qu'il nous avait donnée de boire avec nous le coup de l'étrier, et étant arrivé trop tard pour avoir ce plaisir, il avait sellé son cheval et s'était mis à notre poursuite. Comme l'intention était évidemment bonne, quoique la façon fût singulière, nous ne vîmes aucun motif de ne pas lui faire raison de sa politesse; nous prîmes chacun un petit verre, il le remplit, et nous bûmes à la santé du roi Ferdinand, à laquelle, toujours fidèle aux principes révolutionnaires qu'il nous avait manifestés, il fit absolument à rendre celle du roi Louis-Philippe. Après quoi, sur notre refus de recommencer, il nous offrit une nouvelle poignée de main, et repartit au galop tel qu'il était venu.

Jadin prétendit que c'était le fidèle soldat de S. M. le roi Ferdinand qui avait eu la meilleure part de nos quatre piastres ; et comme Jadin est un homme plein de sens et de pénétration à l'endroit des misères humaines, je suis tenté de croire qu'il avait raison.

BELLINI.

Au bout d'une heure et demie de marche nous arrivâmes à Vena.

Notre guide ne nous avait pas trompés, car aux premiers mots que nous adressâmes à un habitant du pays, il nous fut aussi facile de voir que la langue que nous lui parlions lui était aussi parfaitement inconnue qu'à nous celle dans laquelle il nous répondait ; ce qui ressortit de cette conversation, c'est que notre interlocuteur parlait un patois gréco-italique, et que le village était une de ces colonies albanaises qui émigrèrent de la Grèce après la conquête de Constantinople par Mahomet II.

Notre entrée à Vena fut sinistre : Milord commença par étrangler un chat albanais, qui ne pouvait pas, en conscience, vu l'antiquité de son origine et la difficulté de disputer le prix, être soumis au tarif des chats italiens, siciliens ou calabrais, nous coûta quatre carlins : c'était un événement sérieux dans l'état de nos finances ; aussi Milord fut-il immédiatement en laisse pour que pareille catastrophe ne se renouvelât point.

Ce meurtre et les cris qu'avaient poussés, non pas la victime, mais ses propriétaires, occasionnèrent un rassemblement de tout le village, lequel rassemblement nous permit de remarquer, aux costumes journaliers que portaient les femmes, que ceux réservés aux dimanches et fêtes devaient être fort riches et fort beaux, nous proposâmes alors à la maîtresse du chat, qui tenait tendrement le défunt entre ses bras comme si elle ne pouvait se séparer même de son cadavre, de porter l'indemnité à une piastre si elle voulait revêtir son plus beau costume, et poser pour que Jadin fit son portrait. La négociation fut longue : il y eut des pourparlers fort animés entre le mari et la femme ; enfin la femme se décida, rentra chez elle, et une demi-heure après en sortit avec un costume resplendissant d'or et de broderies : c'était sa robe de noces.

Jadin se mit à l'œuvre tandis que j'essayais de réunir les élémens d'un déjeuner, mais, quelques efforts que je tentasse, je ne parvins pas même à acheter un morceau de pain. Les essais réitérés de mon guide, dirigés dans la même voie, ne furent pas plus heureux.

Au bout d'une heure Jadin finit son dessin. Alors comme, à moins de manger du chat, qui était passé de l'apothéose aux gémonies et que deux enfans traînaient par la queue, il n'y avait pas probabilité que nous trouvassions à satisfaire l'appétit qui nous tourmentait depuis la veille à la même heure, nous ne jugeâmes pas opportun de demeurer plus longtemps dans la colonie grecque, et nous nous remîmes en selle pour regagner le grand chemin. Sur la route nous trouvâmes un bois de châtaigniers, notre éternelle ressource, nous abattîmes des châtaignes, nous allumâmes un feu, et nous les fîmes griller ; ce fut notre déjeuner, puis nous reprîmes notre course.

Vers les trois heures de l'après-midi nous retombâmes dans la grande route : le paysage était toujours très-beau, et le chemin, que nous avions quitté montant déjà à Fundaco del Fico, continuait de monter encore ; il résulta de cette ascension non interrompue que, au bout d'une autre heure de marche, nous nous trouvâmes sur un point culminant, d'où nous aperçûmes tout à coup les deux mers, c'est-à-dire le golfe de Sainte-Euphémie à notre gauche, et le golfe Squillace à notre droite. Au bord du golfe de Sainte-Euphémie étaient les débris de deux bâtimens qui s'étaient perdus à la côte pendant la nuit où nous-mêmes pensâmes faire naufrage. Au bord du golfe de Squillace s'étendait, sur un espace de terrain assez considérable, la ville de Catanzaro, illustrée quelques années auparavant par l'aventure merveilleuse de maître Térence le tailleur. Notre guide essaya de nous faire voir, à quelques centaines de pas de la mer, la maison qu'habitait encore aujourd'hui cet heureux veuf ; mais quels que fussent les efforts et la bonne volonté que nous y mîmes, il nous fut impossible, à la distance dont nous en étions, de la distinguer au milieu de deux ou trois cents autres exactement pareilles.

Il était facile de voir que nous approchions de quelque lieu habité ; en effet, depuis une demi-heure à peu près, nous rencontrions, vêtues de costumes extrêmement pittoresques, des femmes portant des charges de bois sur leur épaules. Jadi profita du moment où l'une de ces femmes se reposait pour en faire un croquis. Notre guide, interrogé par nous sur leur patrie, nous apprit qu'elles appartenaient au village de Triolo.

Au bout d'une autre heure nous aperçûmes le village. Une seule auberge, placée sur la grande route, ouvrait sa porte aux voyageurs : une certaine propreté extérieure nous prévint en sa faveur ; en effet, elle était bâtie à neuf, et ceux qui l'habitaient n'avaient point encore eu le temps de la salir tout à fait.

Nous remarquâmes, en nous installant dans notre chambre, que les divisions intérieures étaient en planches de sapin et non en murs de pierres ; nous demandâmes les causes de cette singularité, et l'on nous répondit que c'était à cause des fréquens tremblemens de terre ; en effet, grâce à cette précaution, notre logis avait fort peu souffert des dernières secousses, tandis que plusieurs maisons de Triolo étaient déjà fort endommagées.

Nous étions écrasés de fatigue, moins de la route parcourue que de la privation du sommeil, de sorte que nous ne nous occupâmes que de notre souper et de nos lits. Notre souper fut encore assez facile à organiser ; quant à nos lits, ce fut autre chose : deux voyageurs qui étaient arrivés dans la journée, et qui dans ce moment-là visitaient les ravages que le tremblement de terre avait faits à Triolo, avaient pris les deux seules paires de draps blancs qui se trouvassent dans l'hôtel, de sorte qu'il fallait nous contenter des autres. Nous nous informâmes alors sérieusement de l'époque fixe où cette disette de linge cesserait, et notre hôte nous assura que nous trouverions à Cosenza un excellent hôtel, où il y aurait probablement des draps blancs, si toutefois l'hôtel n'avait pas été renversé par les tremblemens de terre. Nous demandâmes le nom de cette bienheureuse auberge, qui devenait pour nous ce que la terre promise était pour les Hébreux, et nous apprîmes qu'elle portait pour enseigne : *Al Riposo d'Alarico*, c'est-à-dire : *Au Repos d'Alaric*. Cette enseigne ne pouvait être que de bon augure : si un roi s'était reposé là, il est évident que nous, qui étions de simples particuliers, ne pouvions pas être plus difficiles qu'un roi. Nous prîmes donc patience en songeant que nous n'avions plus que deux nuits à souffrir, et qu'ensuite nous serions heureux comme des Visigoths.

Je tins donc mon hôte quitte de ses draps, et, tandis que Jadin allait fumer sa pipe, je me jetai sur mon lit, enveloppé dans mon manteau.

J'étais dans cet état de demi-sommeil qui rend impossible, et pendant lequel on distingue à peine la réalité du songe, lorsque j'entendis dans la chambre voisine la voix de Jadin, dialoguant avec celle de nos deux compatriotes. Au milieu de mille paroles confuses je distinguai le nom de Bellini. Cela me reporta à Palerme, où j'avais entendu la *Norma*, son chef-d'œuvre peut-être : le trio du premier acte me revint dans l'esprit, je me sentis bercé par cette mélodie, et je fis un pas de plus vers le sommeil. Puis il me sembla entendre : « — Il est mort ! — Bellini est mort ?... — Oui. » Je répétai machinalement : — Bellini est mort ! et je m'endormis.

Cinq minutes après, ma porte s'ouvrit et je me réveillai en sursaut : c'était Jadin qui rentrait.

— Pardieu ! lui dis-je, vous avez bien fait de m'éveiller, je faisais un mauvais rêve.
— Lequel ?
— Je rêvais que ce pauvre Bellini était mort.
— Rien de plus vrai que votre rêve, Bellini est mort.

Je me levai tout debout.
— Que dites-vous là ? Voyons.
— Je vous répète ce que viennent de m'assurer nos deux compatriotes, qui l'ont lu à Naples sur les journaux de France. Bellini est mort.
— Impossible ! m'écriai-je, j'ai une lettre de lui pour le duc de Noja.

Je m'élançai vers ma redingote, je tirai de ma poche mon portefeuille, et du portefeuille la lettre.
— Tenez.
— Quelle est sa date ? — Je regardai.
— 6 mars.
— Eh bien ! mon cher, me dit Jadin, nous sommes aujourd'hui au 18 octobre, et le pauvre garçon est mort dans l'intervalle, voilà tout. Ne savez-vous pas que, de compte fait, notre sublime humanité possède 22,000 maladies, et que nous devons à la mort 12 cadavres par minute, sans compter les époques de peste, de typhus et de choléra où elle escompte.
— Bellini est mort !... répétai-je sa lettre à la main.

Cette lettre, je la lui avais vu écrire au coin de ma cheminée; je me rappelai ses beaux cheveux blonds, ses yeux si doux, sa physionomie si mélancolique; je l'entendais me parler ce français qu'il parlait si mal avec un si charmant accent; je le voyais poser sa main sur ce papier : ce papier conservait son écriture, son nom ; ce papier était vivant et lui était mort! Il y avait deux mois à peine qu'à Catane, sa patrie, j'avais vu son vieux père, heureux et fier comme on l'est à la veille d'un malheur. Il m'avait embrassé, ce vieillard, quand je lui avais dit que je connaissais son fils ; et ce fils était mort ! ce n'était pas possible. Si Bellini fût mort, il me semble que ces lignes eussent changé de couleur, que son nom se fût effacé; que sais-je ! je rêvais, j'étais fou. Bellini ne pouvait pas être mort ; je me rendormis.

Le lendemain on me répéta la même chose, je ne voulais pas la croire davantage ; ce ne fut qu'en arrivant à Naples que je demeurai convaincu.

Le duc de Noja avait appris que j'avais pour lui une lettre de l'auteur de la Somnambule et des Puritains, il me la fit demander. J'allai le voir et je la lui montrai, mais je ne la lui donnai point. Cette lettre était devenue pour moi une chose sacrée : elle prouvait que non-seulement j'avais connu Bellini, mais encore que j'avais été son ami.

La nuit avait été pluvieuse, et le temps ne paraissait pas devoir s'améliorer beaucoup pendant la journée, qui devait être longue et fatigante, puisque nous ne pouvions nous arrêter qu'à Rogliano, c'est-à-dire à dix lieues d'où nous étions à peu près. Il était huit heures du matin ; en supposant sur la route une halte de deux heures pour notre guide et nos mulets, nous ne pouvions donc guère espérer que d'arriver à huit heures du soir.

A peine fûmes-nous partis, que la pluie recommença. Le mois d'octobre, ordinairement assez beau en Calabre, était tout dérangé par le tremblement de terre. Au reste, depuis deux ou trois jours, et à mesure que nous approchions de Cosenza, le tremblement de terre devenait la cause ou plutôt le prétexte de tous ces malheurs qui nous arrivaient. C'était la léthargie du Legataire universel.

Vers midi nous fîmes notre halte : cette fois nous avions pris le soin d'emporter avec nous du pain, du vin et un poulet rôti, de sorte qu'il ne nous manqua, pour faire un excellent déjeuner, qu'un rayon de soleil; mais, loin de le temps s'obscurcissait de plus en plus, et d'énormes masses de nuages passaient dans le ciel, chassés par un vent du midi qui venait en nous présageant l'orage, avait cependant cela de bon, qu'il nous donnait l'assurance que notre speronare devait, à moins de mauvaise volonté de sa part, être en route pour nous rejoindre; Or, notre réunion devenait urgente pour mille raisons, dont la principale était l'épuisement prochain de nos finances.

Vers les deux heures, l'orage dont nous étions menacés depuis le matin éclata : il faut avoir éprouvé un orage dans les pays méridionaux, pour se faire une idée de la confusion où le vent, la pluie, le tonnerre, la grêle et les éclairs peuvent mettre la nature. Nous nous avancions par une route extrêmement escarpée et dominant des précipices, de sorte que, de temps en temps, nous trouvant au milieu des nuages qui couraient avec rapidité chassés par le vent, nous étions obligés d'arrêter nos mulets; car, cessant entièrement de voir à trois pas autour de nous, il eût été très possible que nos montures nous précipitassent du haut en bas de quelque rocher. Bientôt les torrens se mêlèrent de la partie et se mirent à bondir du haut en bas des montagnes ; enfin nos mulets rencontrèrent des espèces de fleuves qui traversaient la route, et dans lesquels ils entrèrent d'abord jusqu'aux jarrets, puis jusqu'au ventre, puis enfin où nous entrâmes nous-mêmes jusqu'aux genoux. La situation devenait de plus en plus pénible. Cette pluie continuelle nous avait percés jusqu'aux os, les nuages qui passaient en nous enveloppant, chassés par la tiède haleine du sirocco, nous laissaient le visage et les mains couverts d'une espèce de sueur qui, au bout d'un instant, se glaçait au contact de l'air ; enfin, ces torrens toujours plus rapides, ces cascades toujours plus bondissantes, menaçaient de nous entrainer avec elles. Notre guide lui-même paraissait inquiet, tout habitué qu'il dût être à de pareils cataclysmes ; les animaux eux-mêmes partageaient cette crainte : à chaque torrent Milord poussait des plaintes pitoyables, à chaque coup de tonnerre nos mules frissonnaient.

Cette pluie incessante, ces nuages successifs, ces cascades que nous rencontrions à chaque pas, avaient commencé par nous produire, tant que nous avions conservé quelque chaleur personnelle, une sensation des plus désagréables ; mais peu à peu un refroidissement si grand s'empara de nous, qu'à peine nous apercevions-nous, à la sensation éprouvée, que nous passions au milieu de ces fleuves improvisés. Quant à moi, l'engourdissement me gagnait au point que je ne sentais plus mon mulet entre mes jambes, et que je ne voyais aucun motif pour garder mon équilibre, si je le faisais, autrement que par un miracle: aussi cessai-je tout à fait de m'occuper de ma monture, pour la laisser aller où bon lui semblait. J'essayai de parler à Jadin, mais à peine si j'entendais mes propres paroles, et, à coup sûr, je n'entendis point la réponse. Cet état étrange allait au reste toujours s'augmentant, et la nuit étant venue sur ces entrefaites, je perdis à peu près tout sentiment de mon existence, à l'exception de ce mouvement machinal que m'imprimait ma monture. De temps en temps ce mouvement cessait tout à coup, et je restais immobile ; c'était mon mulet qui, engourdi comme moi, ne voulait plus aller, et que notre guide ranimait à grands coups de bâton. Une fois la halte fut plus longue, mais je n'eus pas la force de m'informer de ce qui la causait ; plus tard, j'appris que c'était Milord qui n'en pouvant plus avait, de son côté, cessé de nous suivre, et qu'il avait fallu attendre. Enfin, après un temps qu'il me serait impossible de mesurer, nous nous arrêtâmes de nouveau ; j'entendis des cris, je vis des lumières, je sentis qu'on me soulevait de dessus ma selle ; puis j'éprouvai une vive douleur par le contact de mes pieds avec la terre. Je voulus cependant marcher, mais cela me fut impossible. Au bout de quelques pas je perdis entièrement connaissance, et je ne me réveillai que près d'un grand feu, et couvert de serviettes chaudes que m'appliquaient, avec une charité toute chrétienne, mon hôtesse et ses deux filles. Quant à Jadin, il avait mieux supporté que moi cette affreuse marche, sa veste de panne l'ayant tenu plus longtemps à l'abri que n'avait pu le faire mon manteau de drap et ma veste de toile. Quant à Milord, il était étendu sur une dalle qu'on avait chauffée avec des cendres, et paraissait absolument privé de connaissance : deux chats jouaient entre ses pattes, je le crus trépassé.

Mes premières sensations furent douloureuses ; il fallait que je revinsse sur mes pas pour vivre : j'avais moins de chemin à achever pour mourir, et puis c'eût été autant de fait.

Je regardai autour de moi, nous étions dans une espèce de chaumière, mais au moins nous étions à l'abri de l'orage et près d'un bon feu. Au dehors on entendait le tonnerre qui continuait de gronder, et le vent qui mugissait à faire trembler la maison. Quant aux éclairs je les apercevais à travers une large gerçure de la muraille produite par les secousses du tremblement de terre.

Nous étions dans le village de Rogliano, et cette malheureuse cabane en était la meilleure auberge.

Au reste, je commençais à reprendre mes forces : j'éprouvais même une espèce de sentiment de bien-être à ce retour de la vie et de la chaleur. Cette immersion de six heures pouvait remplacer un bain, et, si j'avais eu du linge blanc et des habits secs à mettre, j'aurais presque béni l'orage et la pluie; mais toute notre roba était imprégnée d'eau, et tout autour d'un immense brasier allumé au milieu de la chambre, et dont la fumée s'en allait par les mille ouvertures de la maison, je voyais mes chemises, mes pantalons et mes habits qui fumaient de leur côté à qui mieux mieux, mais qui, malgré le soin qu'on avait pris de les tordre, ne promettaient pas d'être séchés de sitôt.

Ce fut alors que j'enviai ces fameux draps blancs que, selon toute probabilité, nous devions trouver au *Repos d'Alaric*, et dont je n'osai pas même m'informer à Rogliano. Au reste, à la rigueur, ma position était tolérable ; j'étais sur un matelas, entre la cheminée et le brasero, au milieu de la chambre; une douzaine de serviettes, qui m'enveloppaient de la tête aux pieds, pouvaient à la rigueur remplacer les draps. Je fis chauffer une couverture et me la fis jeter sur le corps. Puis, sourd à toute proposition de souper, je déclarai que j'abandonnai magnanimement ma part à mon guide, qui pendant toute cette journée avait été admirable de patience, de courage et de volonté.

Soit fatigue suprême, soit qu'effectivement la position fût plus tolérable que la veille, nous parvînmes à dormir quelque peu pendant cette nuit. Au reste, autant que je puis m'en souvenir au milieu de la torpeur dans laquelle j'étais tombé, nos hôtes furent pleins d'attention et de complaisance pour nous, et l'état dans lequel ils nous avaient vus avait paru leur inspirer une profonde pitié.

Le lendemain au matin, notre guide vint nous prévenir qu'une de ses mules ne pouvait plus se tenir sur ses jambes ; elle avait été prise d'un refroidissement, et paraissait entièrement paralysée. On envoya chercher le médecin de Rogliano, qui, comme Figaro, était à la fois barbier, docteur et vétérinaire ; il répondit de l'animal si on lui laissait pendant deux jours la faculté de le médicamenter. Nous décidâmes alors qu'on chargerait tout notre bagage sur la mule valide, et que nous irions à pied jusqu'à Cosenza, qui n'est éloignée de Rogliano que de quatre lieues.

La première chose que je fis en sortant fut de m'assurer de quel côté venait le vent; heureusement il était est-sud est, ce qui faisait que notre speronare devait s'en trouver à merveille. Or, l'arrivée de notre speronare devenait de plus en plus urgente. Nous étions, Jadin et moi, à la fin de nos espèces, et nous avions calculé que, notre guide payé, il nous resterait une piastre et deux ou trois carlins.

A mesure que nous approchions, nous voyions des traces de plus en plus marquées du tremblement de terre : les maisons, éparses sur le bord de la route comme c'est la coutume aux environs des villes, étaient presque toutes abandonnées; les unes manquaient de toit, tandis que les autres étaient lézardées du haut en bas, et quelques-unes même renversées tout à fait. Au milieu de tout cela, nous rencontrions des Cosentins à cheval avec leur fusil et leur giberne, des paysans sur des voitures pleines de tonneaux rougis par le vin; puis, de lieue en lieue, de ces migrations de familles tout entières, avec leurs instruments de labourage, leur guitare et leur inséparable cochon. Enfin, en arrivant au haut d'une montagne, nous vîmes Cosenza, s'étendant au fond de la vallée que nous dominions, et, dans une prairie attenante à la ville, une espèce de camp, qui nous parut infiniment plus habité que la ville elle-même.

Après avoir traversé une espèce de faubourg, nous descendîmes par une grande rue assez régulière, mais qui ressemblait par sa solitude à une rue d'Herculanum ou de Pompeïa; plusieurs maisons étaient renversées tout à fait, d'autres lézardées depuis le toit jusqu'aux fondations, d'autres enfin avaient toutes leurs fenêtres brisées, et c'étaient les moins endommagées. Cette rue nous conduisit au bord du Busento, où, comme on se le rappelle, fut enterré le roi Alaric ; le fleuve était complétement tari, et l'eau avait disparu sans doute dans quelque gouffre qui s'était ouvert entre sa source et la ville. Nous vîmes dans son lit desséché une foule de gens qui faisaient des fouilles sur l'autorité de Jornandès, qui raconte les riches funérailles de ce roi. A chaque fois que le même phénomène se renouvelle, on fait les mêmes fouilles, et cela sans que les savans Cosentins, dans leur admirable vénération pour l'antiquité, se laissent jamais abattre par les déceptions successives qu'ils ont éprouvées. La seule chose qu'aient jamais produite ces excavations est un petit cerf d'or, qui fut retrouvé à la fin du dernier siècle.

En face de nous et de l'autre côté du Busento était la fameuse auberge du *Repos d'Alaric*, ouvrant majestueusement sa grande porte au voyageur fatigué. Nous avions trop longtemps soupiré après ce but pour ne pas essayer de l'atteindre le plus vite possible ; en conséquence nous traversâmes le pont, et nous vînmes demander l'hospitalité à l'hôtel patroné par le spoliateur du Panthéon et le destructeur de Rome.

COSENZA.

Au premier abord, nous crûmes l'hôtel abandonné comme les maisons que nous avions rencontrées sur la route. Nous parcourûmes tout le rez-de-chaussée et tout le premier sans trouver ni maître ni domestiques à qui adresser la parole : la plupart des carreaux des fenêtres étaient cassés, et peu de meubles étaient à leur place. Nous comprîmes que ce désordre était le résultat de la catastrophe qui agitait en ce moment les Cosentins, et nous commençâmes à craindre de ne point avoir encore trouvé là l'Eldorado que nous nous étions promis.

Enfin, après être montés du rez-de-chaussée au premier, et être redescendus du premier au rez-de-chaussée sans rencontrer une seule personne, nous crûmes entendre quelque bruit au-dessous de nous. Nous enfilâmes un escalier qui nous conduisit à une cave, et, après avoir descendu une douzaine de marches, nous nous trouvâmes dans une salle souterraine éclairée par cinq ou six lampes fumeuses, et occupée par une vingtaine de personnes.

Je n'ai jamais vu d'aspect plus étrange que celui que présentait cette chambre, dont les habitans formaient trois groupes bien distincts. Le premier se composait d'un chanoine qui, depuis huit jours que durait le tremblement de terre, n'avait pas voulu se lever ; il était dans un grand lit emboîté à l'angle le plus profond de la salle, et il avait près de lui quatre campieri qui veillaient sans cesse leur fusil à la main. En face du lit était une table où des marchands de bestiaux jouaient aux cartes. Enfin, sur un plan plus rapproché de la porte, un troisième groupe mangeait et buvait; des provisions de pain et de vin étaient entassées dans un coin, afin que, si la maison s'écroulait sur ses habitans, ils ne mourussent ni de faim ni de soif en attendant qu'on leur portât secours. Quant au rez-de-chaussée et au premier, ils étaient, comme nous l'avons dit, complétement abandonnés.

A peine les garçons de l'hôtel nous eurent-ils aperçus sur le pas de la porte qu'ils accoururent à nous, non point avec la politesse naturelle de l'espèce à laquelle ils appartiennent, mais au contraire avec un air rébarbatif qui ne promettait rien de bon. En effet, au lieu des offres et des promesses ordinaires qui vous accueillent sur le seuil des auberges, c'était un interrogatoire en règle qui nous attendait. On nous demanda d'où nous venions, où nous allions, qui nous étions, comment nous voyagions, et à l'imprudence que nous eûmes d'avouer que nous arrivions avec un guide et un seul mulet, on nous répondit qu'à l'hôtel du *Repos d'Alaric* on ne logeait pas les voyageurs à pied. J'avais grande envie de rosser vigoureusement le drôle qui nous faisait cette réponse ; mais Jadin me retint, et je me contentai de tirer de ma poche la lettre que le fils du général Nunziante m'avait donnée pour le baron Mollo.

— Connaissez-vous le baron Mollo ? dis-je au garçon.

— Est-ce que vous connaissez le baron Mollo ? demanda celui auquel je m'adressais, d'un ton infiniment radouci.

— Il n'est pas question de savoir si je le connais, moi ; il s'agit de savoir si vous le connaissez, vous.

— Oui... monsieur.

— Est-il en ce moment à Cosenza ?

— Il y est... Excellence.

— Portez-lui cette lettre à l'instant même, et demandez-lui à quelle heure il pourra recevoir les deux gentilshommes qui l'ont apportée. Peut-être nous trouvera-t-il un hôtel, lui.

— Mille pardons, Excellence ; si nous eussions su que Leurs Excellences eussent l'honneur de connaître le baron Mollo, ou plutôt que le baron Mollo eût l'honneur de connaître Leurs Excellences, certainement qu'au lieu de répondre ce que nous avons répondu, nous nous serions empressés.

— En ce cas, ne répondez rien, et empressez-vous. Allez ! Le garçon s'inclina jusqu'à terre, et sortit en courant.

Dix minutes après, le maître de l'hôtel rentra et vint à nous.

— Ce sont Leurs Excellences qui connaissent le baron Mollo ? nous demanda-t-il.

— C'est-à-dire, lui répondis-je, que Nos Excellences ont des lettres pour lui de la part du fils du général Nunziante.

— Alors je fais mille excuses à Leurs Excellences de la manière dont le garçon les a reçues. En ce temps de malheur, où la moitié des maisons sont abandonnées, nous recommandons à nos gens les mesures les plus sévères à l'endroit des étrangers ; et je prierai Leurs Excellences de ne pas se formaliser si au premier abord...

— On les a prises pour des voleurs, n'est-ce pas ?

— Oh ! Excellences.

— Allons, allons, dit Jadin, nous nous ferons des compliments ce soir ou demain matin. En attendant, pourrait-on avoir une chambre ?

— Que dit Son Excellence ? demanda le maître de l'hôtel. Je lui traduisis le désir de Jadin.

— Certainement, reprit-il. Oh ! de chambres, il n'en manque pas ; mais il s'agit de savoir si Leurs Excellences voudront coucher dans des chambres.

— Mais certainement, dit Jadin, que nous voulons coucher dans des chambres. Où voulez-vous donc que nous couchions ? à la cave ?

— Dans les circonstances actuelles ce serait peut être plus prudent. Voyez ces messieurs, ajouta notre hôte en nous montrant l'honorable société que nous avons décrite, il y a huit jours qu'ils sont ici.

— Merci, merci, dit Jadin ; elle infecte, votre société.

— Il y a encore les baraques, nous dit l'hôte.

— Qu'est-ce que les baraques ? demandai-je.

— Ce sont de petites cabanes en bois et en paille que nous avons fait bâtir dans la prairie, et sous lesquelles tous les seigneurs de la ville se sont retirés.

— Mais enfin, demanda Jadin, pourquoi avez-vous de la répugnance à nous donner des chambres ?

— Mais parce que d'un moment à l'autre le plancher peut tomber sur la tête de Leurs Excellences et les écraser.

— Le plancher tomber ! et pourquoi tomberait-il ?

— Mais à cause du tremblement de terre.

— Est-ce que vous croyez au tremblement de terre, vous ? me dit Jadin.

— Dame ! il me semble que nous en avons vu des traces.

— Mais non, c'est un tas de farceurs ; leurs maisons tombent parce qu'elles sont vieilles, et ils disent que c'est un tremblement de terre pour obtenir une indemnité du gouvernement. Mais l'hôtel est bâti de neuf ; il ne tombera pas.

— Est-ce votre avis ?

— Je le crois bien.

— Mon cher hôte, avez-vous des baignoires ?

— Oui.

— Vous pouvez nous donner à déjeuner ?

— Oui.

— Vous possédez des draps blancs ?

— Oh ! oui, monsieur.

— Eh bien ! avec des promesses comme celles-là, nous ne quitterons pas l'hôtel, quand il devrait nous tomber sur la tête.

— Vous êtes les maîtres.

— Ainsi vous entendez · deux bains, deux déjeuners, deux lits : tout cela le plus tôt possible.

— Dame ! peut-être ferai-je attendre Leurs Excellences ; il faut trouver le cuisinier.

— Et pourquoi ce gaillard-là n'est-il pas à ses fourneaux ?

— Monsieur, il a eu peur, et il est aux baraques ; mais enfin, comme il y a moins de danger le jour que la nuit, peut-être consentira-t-il à venir à l'hôtel.

— S'il ne consent pas, prévenez-nous à l'instant même, et nous ferons notre cuisine nous-mêmes.

— Oh ! Excellences, je n'en souffrirais jamais...

— Nous verrons tout cela après ; nos bains, notre déjeuner, nos lits d'abord.

— Je cours faire préparer tout cela. En attendant, Leurs Excellences peuvent choisir dans l'hôtel l'appartement qui leur convient le mieux.

Nous recommençâmes la visite, et nous nous arrêtâmes à une grande chambre au premier dont les fenêtres s'ouvraient sur le fleuve et sur le faubourg ; le faubourg était toujours désert, et le fleuve toujours habité.

Au bout d'une heure et demie nous avions pris nos bains, nous avions fait une excellente collation, et nous étions dans nos lits bien confortablement bassinés.

On nous annonça le baron Mollo : on ne l'avait point trouvé chez lui ; on l'avait aussitôt poursuivi aux baraques, où il avait fallu le temps de démêler sa cahute de toutes les cahutes voisines. Alors, avec cette politesse excessive que l'on rencontre chez tous les gentilshommes italiens, il n'avait pas voulu souffrir que nous nous dérangeassions, fatigués comme nous devions l'être, et il était venu lui-même à l'hôtel, ce qui avait porté au comble la confusion de la pauvre camerière et la vénération de notre hôte pour ses voyageurs.

Nous fîmes faire toutes nos excuses au baron, et nous lui dîmes que, n'ayant point couché depuis huit jours dans des draps blancs, nous avions été pressés de jouir de cette nouveauté ; mais que, cependant, s'il voulait passer par-dessus le cérémonial et entrer dans notre chambre, il nous ferait le plus grand plaisir : trois minutes après que la camerière était allé porter notre réponse, la porte s'ouvrit, et le baron entra.

C'était un homme de cinquante-cinq à soixante ans, parlant très bien français, et remarquable, de bonnes manières ; il avait habité Naples du temps de la domination française, et, comme presque toutes les personnes des classes supérieures, il avait conservé de nous un excellent souvenir.

De plus, la lettre que nous lui avions fait remettre avait produit des merveilles. Le fils du général Nunziante, versé dans la littérature française, qui faisait sur le volcan où il était relégué à peu près sa seule distraction, m'avait recommandé à lui de la façon la plus pressante ; de sorte qu'il venait mettre à notre disposition sa personne, sa voiture, ses chevaux, et même sa baraque. Quant à son palazzo, il n'en était point question ; il était fendu depuis le haut jusqu'en bas, et chaque soir il s'attendait à ne pas le retrouver debout le lendemain.

Alors il nous fallut bien reconnaître qu'il y avait eu un tremblement de terre. La première secousse s'était fait sentir dans la soirée du douze, et elle avait été excessivement violente : c'était cette même secousse qui, à l'extrémité de la Calabre, nous avait tous envoyés du pont de notre speronare sur le sable du rivage. Toutes les nuits d'autres secousses lui succédaient, mais on remarquait qu'elles allaient chaque nuit s'affaiblissant ; cependant, soit que les maisons qui n'étaient pas tombées à la première secousse fussent ébranlées et ne pussent résister aux autres, quoique moins violentes, chaque matinée on signalait quelque nouveau désastre. Au reste, Cosenza n'était point encore le point qui avait le plus souffert ; plusieurs villages, et entre autres celui de Castiglione, distant de cinq milles de la capitale de la Calabre, étaient entièrement détruits.

À Cosenza une soixantaine de maisons étaient renversées seulement, et une vingtaine de personnes avaient péri.

Le baron Mollo nous gronda fort de l'imprudence que nous commettions en restant ainsi à l'hôtel ; mais nous nous trouvions si bien dans nos lits, que nous lui déclarâmes que, puisqu'il s'était si obligeamment mis à notre disposition, nous le chargions, en cas de malheur, de nous faire faire un enterrement digne de nous, mais que nous ne bougerions pas d'où nous étions. Voyant que c'était une résolution prise, le baron Mollo nous renouvela alors ses offres de services, nous donna son adresse aux baraques, et prit congé de nous.

Deux heures après nous nous levâmes parfaitement reposés, et nous commençâmes à visiter la ville.

C'était le centre qui avait le plus souffert : là, toutes les maisons étaient à peu près abandonnées et offraient un aspect de désolation impossible à décrire : dans quelques-unes, complétement écroulées, et dont les habitans n'avaient pas eu le temps de fuir, on faisait des fouilles pour retrouver des cadavres, tandis que les parens étaient pleins d'anxiété pour savoir si les ensevelis seraient retirés morts ou vivans. Au milieu de tout cela, circulait une confrérie de capucins, portant des consolations aux affligés, prodiguant des secours aux blessés, et rendant les derniers devoirs aux morts. Au reste, partout où je les avais rencontrés, j'avais vu les capucins donnant aux autres ordres monastiques d'admirables exemples de dévouement, et cette fois encore ils n'avaient point failli à leur pieuse mission.

Après avoir visité la ville, nous nous rendîmes aux baraques. C'était, comme nous l'avons dit, une espèce de camp dressé dans une petite prairie attenante au couvent des capucins, et presque entourée de haies, comme une place forte de murailles ; des baraques en lattes, recouvertes en paille, avaient été construites sur quatre rangs, de manière à former quatre rues, en dehors desquelles avaient été se dresser les habitations de ceux qui ne veulent jamais faire comme les autres, et qui s'étaient bâti çà et là des espèces de maisons de campagne ; d'autres enfin, qui, au milieu de la désolation générale, avaient voulu conserver leur position aristocratique, s'étaient refusés à descendre à la simple baraque et demeuraient dans leurs voitures dételées, tandis que le cocher habitait sur le siége de devant et les domestiques sur le siége de derrière. Tous les matins, une espèce de marché se tenait dans un coin de la prairie, les cuisiniers et les cuisinières allaient y faire leurs provisions, puis, sur des espèces de fourneaux improvisés situés derrière chaque baraque, chaque repas se préparait tant bien que mal, et se mangeait en général sur une table dressée à la porte, ce qui faisait qu'attendu l'habitude qu'ont gardée les Cosentins de dîner d'une heure à deux heures, ces repas ressemblaient fort aux banquets fraternels des Spartiates.

Au reste, rien, excepté la vue, ne peut donner l'idée de l'aspect de cette ville improvisée, où la vie intérieure de toute une population était mise à découvert depuis les échelons les plus inférieurs jusqu'aux degrés les plus élevés ; depuis l'écuelle de terre jusqu'à la soupière d'argent ; depuis l'humble macaroni cuit à l'eau, composant le repas complet, jusqu'au dîner luxueux dont il ne forme qu'une simple entrée. Nous étions justement arrivés à l'heure de ce banquet général, et la chose se présentait à nous par son côté le plus original et le plus curieux.

Au milieu de notre course à travers ce double rang de tables, nous aperçûmes à la porte d'une baraque plus spacieuse que les autres le baron Mollo, servi par des domestiques en livrée, et dînant avec sa famille. À peine nous eut-il aperçus, qu'il se leva et nous présenta à ses convives en nous offrant de prendre notre place au milieu d'eux : nous le remerciâmes, attendu que nous venions de déjeuner nous-mêmes. Il nous fit alors apporter des chaises, et nous restâmes un moment à causer de la catastrophe ; car on comprend bien que c'était l'objet de la conversation générale, et que le dialogue, détourné un instant de ce sujet, y revenait bientôt, ramené qu'il y était presque malgré lui par la vue des objets extérieurs.

Nous restâmes jusqu'à quatre heures à nous promener aux baraques, qui étaient, au reste, le rendez-vous de ceux mêmes qui n'avaient point voulu quitter leurs maisons, et le nombre, il faut le dire, en était fort minime. C'est là qu'on se faisait et qu'on recevait mutuellement les visites, que s'étaient renouées les relations sociales, un instant interrompues par la catastrophe, mais qui, plus fortes qu'elle, s'étaient presque aussitôt rétablies. À quatre heures notre dîner nous attendait nous-mêmes à l'hôtel.

Le repas se passa sans accident, et n'eut d'autre résultat que d'augmenter notre vénération pour l'hôtel del Riposo d'Alarico. Ce n'était point que la chère en fût ni fort délicate ni fort variée, puisque je crois que, pendant les huit jours que nous y restâmes, le plat fondamental en fut toujours un haricot de mouton. Mais il y avait si longtemps que nous n'avions vu une table un peu proprement couverte de linge blanc, de porcelaine et d'argenterie, que nous nous regardions comme les gens les plus heureux de la terre d'avoir retrouvé ce superflu de première nécessité.

Après le dîner, nous fîmes monter notre Pizziote et nous réglâmes nos comptes avec lui : comme nous l'avions calculé, bêtes et hommes payés, il nous resta à peu près une piastre : c'était momentanément toute notre fortune ; aussi jamais négociant hollandais n'attendit vaisseau chargé aux grandes Indes d'une impatience pareille à celle dont nous attendions notre speronare.

À six heures la nuit vint : la nuit était le moment formidable ; chaque nuit, depuis la soirée où la première secousse s'était fait sentir, avait été marquée par de nouvelles commotions et par de nouveaux malheurs ; c'était ordinairement de minuit à deux heures que la terre s'agitait, et l'on comprend avec quelle anxiété toute la population attendait ce retour fatal.

À sept heures nous retournâmes aux baraques : elles étaient presque toutes éclairées avec des lanternes, dont quelques-unes, empruntées aux voitures des propriétaires, jetaient un jour plus ardent, et brillaient pareilles à des planètes au milieu d'étoiles ordinaires. Comme le temps était assez beau, tout le monde était sorti et se promenait ; mais il y avait dans les mouvemens, dans la voix et jusque dans les éclairs de gaîté de toute cette population, quelque chose de brusque, de saccadé et de furieux qui dénonçait l'inquiétude générale. Toutes les conversations roulaient sur le tremblement de terre, et de dix pas en dix pas on entendait ces paroles redites presque en forme d'oraison : — Enfin, Dieu nous fera peut-être la grâce qu'il n'y ait pas de secousse cette nuit.

Ce souhait, tant de fois répété qu'il était impossible que Dieu ne l'eût pas entendu, joint à notre incrédulité systématique, fit qu'encore très fatigués de la façon dont nous avions passé les nuits précédentes, nous rentrâmes à l'hôtel vers les dix heures. Nous fûmes curieux de jeter, avant de rentrer chez nous, un second coup d'œil sur la salle basse : tout y était dans la même situation. Le chanoine couché dans son lit, disait des prières, toujours gardé par ses quatre campieri ; les marchands de bestiaux jouaient aux cartes, et un autre groupe continuait à boire et à manger en attendant la fin du monde.

Nous appelâmes le garçon, qui cette fois accourut à notre appel et qui se crut obligé, pour rentrer dans nos bonnes grâces qu'il craignait d'avoir à tout jamais perdues, d'essayer de nous dissuader de coucher dans notre chambre ;

mais nous ne répondîmes à ses conseils qu'en lui ordonnant de nous éclairer et de venir nous pendre des couvertures devant les fenêtres, veuves en grande partie, comme nous l'avons dit, de leurs carreaux. Il s'empressa d'obéir à cette double injonction, et bientôt nous nous retrouvâmes à peu près à l'abri de l'air extérieur et couchés dans nos excellens lits, ou qui, du moins par comparaison, nous paraissaient tels.

Alors nous agitâmes cette grave question de savoir si nous devions employer la dernière piastre qui nous restait à envoyer un messager à San-Lucido, afin de savoir si le speronare y avait paru, et, dans le cas où il ne serait pas arrivé, pour que le messager y laissât, du moins, à l'adresse du capitaine, une lettre qui l'informât de notre situation et l'invitât à venir nous rejoindre avec une vingtaine de louis dans ses poches aussitôt qu'il aurait mis pied à terre. La question fut résolue affirmativement, le garçon se chargea de nous trouver le commissionnaire, et j'écrivis la lettre destinée à lui être remise si on le trouvait au rendez-vous, destinée à l'attendre s'il n'y était pas.

Après quoi, nous priâmes Dieu de nous prendre en sa sainte et digne garde. Nous gardâmes une de nos lampes que nous plaçâmes derrière un paravent, afin d'avoir de la lumière en cas d'accident; nous soufflâmes l'autre et nous nous endormîmes.

Vers le milieu de la nuit, nous fûmes réveillés par le cri de : Terre moto ! terre moto ! Une secousse terrible, que nous n'avions pas sentie, venait, à ce qu'il paraît, d'avoir lieu : nous sautâmes au bas de nos lits, qui se trouvaient avoir roulé au milieu de la chambre, et nous courûmes à la fenêtre.

Une partie de la population vaguait par les rues en poussant des cris terribles. Tous ceux qui, comme nous, étaient restés dans les maisons, se précipitaient dehors, dans le costume pittoresque où la commotion les avait surpris.

La foule s'écoula du côté des baraques, et peu à peu la tranquillité se rétablit : nous restâmes une demi-heure à la fenêtre à peu près, et, comme il n'y eut pas de nouvelle secousse, la ville retomba peu à peu dans le silence : quant à nous, nous refermâmes les croisées, nous retendîmes les couvertures, nous repoussâmes nos lits le long de la muraille et nous nous recouchâmes.

Le lendemain, quand nous sonnâmes, ce fut notre hôte lui-même qui entra. La commotion de la nuit avait été si violente, qu'il avait cru que, pour cette fois, son auberge s'était écroulée ; il était alors sorti de sa baraque et était accouru, de peur qu'il ne nous fût arrivé quelque accident ; mais il nous avait vus à la fenêtre et cela l'avait rassuré.

Trois maisons de plus avaient cédé et étaient complètement en ruines ; heureusement, comme c'étaient des plus ébranlées, elles étaient désertes, et personne par conséquent n'avait été victime de cet accident.

Avec le jour revint la tranquillité ; par un hasard singulier, les secousses revenaient régulièrement et toujours la nuit, ce qui augmentait la terreur. Dès le point du jour, au reste, nous avions entendu les cloches sonner ; et comme nous étions à dimanche, il y avait grand'messe et prêche au couvent des Capucins. Quoique nous nous y fussions pris d'avance, prévenus que nous étions par notre hôte que l'église serait trop petite pour contenir les fidèles, nous arrivâmes encore trop tard ; l'église débordait dans la rue, et nous eûmes grand'peine à percer la foule pour pénétrer dans l'intérieur. Enfin nous y parvînmes, et nous nous trouvâmes assez près de la chaire pour ne pas perdre un mot du sermon.

Vu la solennité de la circonstance, la chaire avait été convertie en une espèce de théâtre, d'une dizaine de pieds de long sur trois ou quatre de large, qui faisait absolument l'effet d'un balcon accroché à une colonne. Ce balcon était drapé de noir, comme pour les services funèbres, et à l'une des extrémités flottait un grand christ de bois. Le moment venu, l'officiant interrompit la messe, et un des frères sortit du chœur et monta en chaire. C'était un homme de trente à trente-cinq ans, avec une barbe et des cheveux noirs, qui faisaient encore ressortir son extrême pâleur. Ses grands yeux caves semblaient brûlés par la fièvre, et lorsqu'il mit le pied sur la première marche de l'escalier, ce fut avec une démarche si débile et si chancelante, qu'on n'aurait pas cru qu'il eût la force d'arriver jusqu'en haut ; cependant il y parvint, mais avec lenteur, et en se traînant plutôt qu'en marchant. Arrivé là, il s'appuya sur la balustrade, comme épuisé de l'effort qu'il venait de faire ; puis, après avoir promené un long regard sur l'auditoire, il commença à parler d'une voix tellement faible qu'à peine ceux qui étaient les plus rapprochés de lui pouvaient-ils l'entendre. Mais peu à peu sa voix prit de la force, ses gestes s'animèrent, sa tête se releva, et, sans doute excité par la fièvre même qui semblait le dévorer, ses yeux commencèrent à lancer des éclairs, tandis que ses paroles, rapides, pressées, incisives, reprochaient à l'auditoire cette corruption générale où le monde était arrivé, corruption qui attirait la colère de Dieu sur la terre, colère dont la catastrophe qui désolait Cosenza était l'expression visible et immédiate. Ce fut alors que je compris ce développement donné à la chaire. Ce n'était plus cet homme faible et souffrant, pouvant se traîner à peine, qui avait besoin de la balustrade pour s'y soutenir ; c'était le prédicateur emporté par son sujet, s'adressant à la fois à toutes les parties de l'auditoire, jetant ses apostrophes, tantôt à la masse, tantôt aux individus ; bondissant d'un bout à l'autre de sa chaire, se lamentant comme Jérémie, ou menaçant comme Ézéchiel ; puis, de temps en temps, s'adressant au christ, baisant ses pieds, se jetant à genoux, le suppliant ; puis, tout à coup, le saisissant dans ses bras et l'élevant plein de menace au-dessus de la foule terrifiée. Je ne pouvais point entendre tout ce qu'il disait, mais cependant je comprenais l'influence que cette parole puissante devait, dans des circonstances pareilles, avoir sur la multitude. Aussi l'effet produit était universel, profond, terrible ; hommes et femmes étaient tombés à genoux, baisant la terre, se frappant la poitrine, criant merci ; tandis que le prédicateur, dominant toute cette foule, courait sans relâche, atteignant du geste et de la voix jusqu'à ceux qui l'écoutaient de la rue. Bientôt les cris, les larmes et les sanglots de l'auditoire furent si violens qu'ils couvrirent la voix qui les excitait ; alors cette voix s'adoucit peu à peu : il passa de la menace à la miséricorde, de la vengeance au pardon. Enfin, il finit par annoncer que la communauté prenait sur elle les péchés de la ville tout entière, et il annonça que si, le surlendemain, le tremblement de terre n'avait pas cessé, lui et ses frères feraient par la ville une procession expiatoire, qui, il en avait l'espérance, achèverait de désarmer Dieu. Alors, comme un feu qui a consumé tout l'aliment qu'on lui a donné, il sembla s'éteindre ; la rougeur maladive qui avait un instant enflammé ses joues disparut pour faire place à sa pâleur habituelle, une faiblesse plus grande encore que la première sembla briser ses membres, on fut forcé de le soutenir pour descendre de la chaire, et on le porta plutôt qu'on ne le conduisit sur sa stalle, où il s'évanouit.

Cette scène m'avait fait, je l'avoue, une puissante impression. Il y avait dans la conviction de cet homme quelque chose d'entraînant ; je ne sais si son éloquence était selon les règles du langage et de l'art, mais elle était certainement selon les sympathies du cœur et les faiblesses de l'humanité. Né deux mille ans plus tôt, cet homme eût été un prophète.

Je quittai l'église profondément impressionné. Quant à l'auditoire, il resta à prier longtemps encore après que la messe fut finie ; les baraques et la ville étaient désertes, la population tout entière s'était agglomérée autour de l'église.

Il en résulta qu'en revenant à l'hôtel nous eûmes grand'peine à obtenir la collation : notre cuisinier était probablement un des pécheurs les plus repentans de la capitale de la Calabre, car il ne revint de l'église qu'un des derniers, et si consterné et si abattu, que nous pensâmes faire pénitence en son lieu et place en ne déjeunant pas.

Vers les deux heures notre messager revint : il n'avait trouvé aucun speronare à San-Lucido, mais on lui avait dit que, comme depuis trois jours le vent venait de la Sicile, il ne tarderait certainement pas à apparaître : il avait en conséquence laissé la lettre à un marinier de ses amis qui connaissait le capitaine Aréna, et qui avait promis de la lui remettre aussitôt son arrivée.

La journée s'écoula, comme celle de la veille, à nous promener aux baraques, cet étrange Longchamps. Le soir venu, nous voulûmes cette fois jouir du tremblement de terre; comme nous étions à peu près reposés par l'excellente nuit que nous avions passée, au lieu de nous coucher à dix heures nous nous rendîmes au rendez-vous général, où nous trouvâmes tous les habitans dans la terrible expectative qui, depuis dix jours déjà, les tenait éveillés jusqu'à deux heures du matin.

Tout se passa d'une façon assez calme jusqu'à minuit, heure avant laquelle les accidens se manifestaient rarement; mais après que les douze coups, pareils à une voix qui pleure, eurent retenti lentement à l'église des Capucins, les personnes les plus attardées sortirent à leur tour des baraques, les groupes se formèrent et une grande agitation commença de s'y manifester : à chaque instant, quelques femmes, se figurant avoir senti trembler le sol sous les pieds, jetaient un cri isolé, auquel répondaient deux ou trois cris pareils ; puis on se rassurait momentanément en voyant que la terreur était anticipée, et l'on attendait avec plus d'anxiété encore le moment de crier véritablement pour quelque chose.

Ce moment arriva enfin. Nous nous tenions par-dessous le bras, Jadin et moi, lorsqu'il nous sembla qu'un frémissement métallique passait dans l'air; presque en même temps, et avant que nous eussions même ouvert la bouche pour nous faire part de ce phénomène, nous sentîmes la terre se mouvoir sous nos pieds : trois mouvemens d'oscillation, allant du nord au midi, se firent sentir successivement; puis un mouvement d'élévation leur succéda. Un cri général retentit ; quelques personnes, plus effrayées que les autres, commencèrent à fuir sans savoir où. Un instant de confusion eut lieu parmi cette foule, les clameurs qui venaient de la ville répondirent au cri qu'elle avait poussé; puis on entendit, dominant tout cela, le bruit sourd, et pareil à un tonnerre lointain, de deux ou trois maisons qui s'écroulaient.

Quoique assez ému moi-même de l'attente de l'événement, j'avais assisté à ce spectacle, dont j'étais un des acteurs, avec assez de calme pour faire des observations exactes sur ce qui s'était passé : le mouvement d'oscillation, venant du nord au midi, et revenant du midi au nord, me parut nous avoir déplacés de trois pieds à peu près ; ce sentiment était pareil à celui qu'éprouverait un homme placé sur un parquet à coulisse et qui se sentirait tout à coup glisser sous ses pieds: le mouvement d'élévation, semblable à celui d'une vague qui soulèverait une barque, me parut être de deux pieds à peu près, et fut assez inattendu et assez violent pour que je tombasse sur un genou. Les quatre mouvemens, qui se succédèrent à intervalles à peu près égaux, furent accomplis en six ou huit secondes.

Trois autres secousses eurent encore lieu dans l'espace d'une heure à peu près; mais celles-ci, beaucoup moins fortes que la première, ne furent qu'une espèce de frémissement du sol, et allèrent toujours en diminuant. Enfin, on comprit que cette nuit ne serait pas encore la dernière et que le monde avait probablement son lendemain. On se félicita mutuellement sur le nouveau danger auquel on venait d'échapper, et l'on rentra petit à petit dans les baraques. A deux heures et demie la place était à peu près déserte.

Nous suivîmes l'exemple qui nous était donné et nous regagnâmes nos lits: ils avaient pris, comme la veille, leur part du tremblement de terre en quittant la muraille et en s'en allant, l'un du côté de la fenêtre, l'autre du côté de la porte; nous les rétablîmes chacun en son lieu et place, et nous les assurâmes en nous y étendant. Quant à l'hôtel du Repos d'Alaric, il était resté digne de son patron et demeurait ferme comme un roc sur ses fondations.

A huit heures du matin nous fûmes réveillés par le capitaine Aréna; il était arrivé la veille au soir avec le speronare et tout l'équipage à San-Lucido, il y avait trouvé notre lettre, et accourait en personne à notre secours les poches bourrées de piastres.

Il était temps : il ne nous restait pas tout à fait deux carlins.

TERRE MOTI.

Le baron Mollo nous avait entendus exprimer la veille le désir que nous avions d'aller visiter Castiglione, un des villages des environs de Cosenza qui avaient le plus souffert. En conséquence, à neuf heures du matin, nous vîmes arriver sa voiture, mise par lui à notre disposition pour toute la journée.

Nous partîmes vers les dix heures; la voiture ne pouvait nous conduire qu'à trois milles de Cosenza. Arrivés là, nous devions prendre par un sentier dans la montagne, et faire trois autres milles à pied avant d'arriver à Castiglione.

A peine fûmes-nous partis qu'une pluie fine commença de tomber, qui, s'augmentant sans cesse, était passée à l'état d'ondée, lorsque nous mîmes pied à terre. Cependant, nous n'en résolûmes pas moins de continuer notre chemin; nous prîmes un guide, et nous nous acheminâmes vers le malheureux village.

Nous l'aperçûmes d'assez loin, situé qu'il est au sommet d'une montagne, et, du plus loin que nous l'aperçûmes, il nous apparut comme un amas de ruines. Au milieu de ces ruines, nous voyions s'agiter toute la population. En effet, en nous approchant, nous nous aperçûmes que tout le monde était occupé à faire des fouilles : les vivans déterraient les morts.

Rien ne peut donner une idée de l'aspect de Castiglione. Pas une maison n'était restée intacte; la plupart étaient entièrement écroulées, quelques-unes étaient englouties entièrement : un toit se trouvait au niveau du sol et l'on passait dessus; d'autres maisons avaient tourné sur elles-mêmes, et parmi celles-ci il y en avait une dont la façade, qui était d'abord à l'orient, s'était retrouvée vers le nord ; la portion de terrain sur laquelle le bâtiment était situé avait suivi le même mouvement de rotation, de sorte que cette maison était une des moins mutilées. De son côté, le jardin, situé jusque-là au midi, se trouvait maintenant à l'ouest. Jusqu'à cette heure on avait retiré des décombres quatre-vingt-sept morts; cinquante-trois personnes avaient été blessées plus ou moins grièvement, et vingt-deux individus devaient être encore ensevelis sous les ruines. Quant aux bestiaux, la perte en était considérable, mais ne pouvait s'évaluer encore, car beaucoup étaient retirés vivans, et, quoique blessés ou mourant de faim, pouvaient être sauvés. Un paysan occupé aux fouilles nous demanda qui nous étions; nous lui répondîmes que nous étions des peintres.

— Que venez-vous faire ici alors? nous dit-il; vous voyez bien qu'il n'y a plus rien à peindre.

Les détails des divers événements qu'amène un tremblement de terre sont tellement variés et souvent tellement incroyables, que j'hésite à consigner ici tout ce qu'on nous raconta, et que je préfère emprunter la relation officielle que monsieur de Gourbillon fit de la catastrophe dont il fut témoin oculaire. Peut-être le récit a-t-il un peu vieilli dans sa forme; mais j'aime mieux le laisser tel qu'il est que d'y faire aucun changement qui pourrait donner lieu à l'accusation d'avoir altéré en rien la vérité.

« Le 4 février 1783, au sud-ouest du village de San-Lucido (1), étaient situés le lac et la montagne de Saint-Jean; le 5, le lac et la montagne disparurent; une plaine marécageuse prit leur place, et le lac se trouva reporté plus à l'ouest, entre la rivière Cacacieri et le site qu'il avait précédemment occupé. Un second lac fut formé le même jour entre la rivière d'Aqua-Bianca et le bras supérieur de la rivière d'Aqua di Pesce. Tout le terrain qui aboutit à la rivière Leone, et qui longe celle de Torbido, fut également rempli de marais et de petits étangs.

» La belle église de la Trinité à Mileto (2), l'une des plus anciennes villes des deux Calabres, s'engouffra tout à coup, le 5 février, de manière à ne plus laisser apercevoir que l'extrémité de la flèche du clocher. Un fait plus inouï encore, c'est que tout ce vaste édifice s'enfonça dans la terre sans qu'aucune de ses parties parût avoir souffert le moindre déplacement.

» De profonds abîmes s'ouvrirent sur toute l'étendue de la route tracée sur le mont Laké, route qui conduit au village d'Iérocrane.

» Le père Agace, supérieur d'un couvent de carmes dans ce dernier village, était sur cette route au moment d'une des fortes secousses : la terre vacillante s'ouvrit bientôt sous lui; les crevasses s'entr'ouvrirent et se refermèrent avec un bruit et une rapidité remarquables. L'infortuné moine, cédant à une terreur fort naturelle sans doute, se livre machinalement à la fuite; bientôt l'avide terre le retient par un pied, qu'elle engloutit et qu'elle enferme. La douleur qu'il éprouve, l'épouvante qui le saisit, le tableau affreux qui l'entoure l'ont à peine privé de ses sens, qu'une violente secousse le rappelle à lui : l'abîme qui le retient s'ouvre, et la cause de sa captivité devient celle de sa délivrance.

» Trois habitans de Seriano, Vincent Greco, Paul Feglia et Michel Roviti, parcouraient les environs de cette ville pour visiter le site où onze autres personnes avaient été misérablement englouties la veille; ce lieu était situé au bord de la rivière Charybde. Surpris eux-mêmes par un nouveau tremblement de terre, les deux premiers parviennent à s'échapper : Roviti seul est moins heureux que les autres; il tombe la face contre la terre, et la terre s'affaisse sous lui; tantôt elle l'attire dans son sein, et tantôt elle le vomit au dehors. A demi submergé dans les eaux fangeuses d'un terrain devenu tout à coup aquatique, le malheureux est longtemps ballotté par les flots terraqués, qui enfin le jettent à une grande distance, horriblement meurtri, mais encore respirant. Le fusil qu'il portait fut huit jours après retrouvé près du nouveau lit que la Charybde s'était tracé.

» Dans une maison de la même ville, qui, comme toutes les autres maisons, avait été détruite de fond en comble, un bouge contenant deux porcs résista seul à la ruine commune. Trente-deux jours après le tremblement de terre, leur retraite fut découverte au milieu des décombres, et, au grand étonnement des ouvriers, les deux animaux apparurent sur le seuil protecteur; pendant ces trente-deux jours, ils n'avaient pris aucun aliment quelconque, et l'air indispensable même à leur existence n'avait pu passer qu'au travers de quelques fissures imperceptibles : ces animaux étaient vacillans sur leurs jambes et d'une maigreur remarquable. Ils rejetèrent d'abord toute espèce de nourriture, et se jetèrent si avidement sur l'eau qui leur fut présentée, qu'on eût dit qu'ils craignaient d'en être encore privés. Quarante jours après, ils étaient redevenus aussi gras qu'avant la catastrophe dans laquelle ils avaient manqué périr. On les tua tous deux, quoique, en considération du rôle qu'ils avaient joué dans cette grande tragédie, ils eussent peut-être dû avoir la vie sauve.

» Sur le penchant d'une montagne qui mène ou plutôt qui menait à la petite ville d'Acena, un précipice immense et escarpé s'entr'ouvrit tout à coup sur la totalité de la route de Saint-Etienne-du-Bois à cette même ville. Un fait très remarquable et qui eût suffi partout ailleurs pour changer les plans ordinaires de construction des bâtimens publics dans un pays qui, comme celui-ci, est incessamment exposé aux tremblemens de terre, c'est qu'au milieu du bouleversement général trois vieilles maisons de figure pyramidale furent les seuls édifices qui demeurèrent sur pied. La montagne est maintenant une plaine.

» Les ruines du bourg de Cavida et celles des deux villages de Saint-Pierre et Crepoli présentent un fait tout aussi remarquable : le sol de ces trois différens lieux est aujourd'hui fort au-dessous de son ancien niveau.

» Sur toute l'étendue du pays ravagé par le tremblement de terre on remarqua, sans pouvoir cependant s'en expliquer la cause, des espèces de cercles empreints sur le terrain. Ces cercles étaient généralement de la grandeur de la petite roue d'un carrosse; ils étaient creusés en forme de spirale à onze ou seize pouces de profondeur, et n'offraient aucune trace du passage des eaux qui les avaient formés sans doute, qu'une espèce de tube ou conduit pour ainsi dire imperceptible, souvent même impossible à voir, et qui en occupait ordinairement le centre. Quant à la nature même des eaux en question, jaillies tout à coup du sein de la terre, la vérité se cache dans la foule des conjectures et des différens rapports : les uns prétendent que des eaux bouillantes jaillirent du milieu de ses crevasses, et citent plusieurs habitans qui portent encore les marques des brûlures qu'elles leur ont faites; d'autres nient que cela soit vrai, et soutiennent que les eaux étaient froides au contraire et tellement imprégnées d'une odeur sulfureuse, que l'air même en fut longtemps infecté; enfin, quelques-uns démentent l'une et l'autre assertion, et ne voient dans ces eaux que des eaux ordinaires de rivière et de source. Au reste, ces différens rapports peuvent être également vrais, eu égard aux lieux où ces différentes observations furent faites, puisque le sol de la Calabre renferme effectivement ces trois différentes espèces d'eaux.

» La ville de Rosarno fut entièrement détruite; la rivière qui la traversait présenta un phénomène remarquable. Au moment de la secousse qui renversa la ville, cette rivière, fort grosse et fort rapide en hiver, suspendit tout à coup son cours.

» La route qui allait de cette même ville à San-Fici s'enfonça sous elle-même et devint un précipice affreux. Les rocs les plus escarpés ne résistèrent point au bouleversement de la nature; ceux qui ne furent pas entièrement renversés sont encore tailladés en tous sens et couverts de larges fissures comme s'ils eussent été coupés à dessein avec un instrument tranchant; quelques-uns sont pour ainsi dire découpés à jour depuis leur base jusqu'à leur cime, et présentent à l'œil étonné comme autant d'espèces de ruelles qui seraient creusées par l'art dans l'épaisseur de la montagne.

» A Polystène, deux femmes étaient dans la même chambre au moment où la maison s'affaissa : ces deux femmes étaient mères; l'une était auprès d'elle un enfant de trois ans, l'autre allaitait encore le sien.

» Longtemps après, c'est-à-dire quand la consternation et la ruine générale permirent de fouiller dans les décombres, les cadavres de ces deux femmes furent trouvés dans une seule et même attitude; toutes deux étaient à genoux courbées sur leurs enfans tendrement serrés dans leurs bras, et le sein qui les protégeait les écrasa tous deux sans les séparer de lui.

» Ces quatre cadavres ne furent déterrés que le 11 mars suivant, c'est-à-dire trente-quatre jours après l'événement. Ceux des deux mères étaient couverts de taches livides; ceux des deux enfans étaient de véritables squelettes.

» Plus heureuse que ces deux mères, une vieille fut retirée au bout de sept jours de dessous les ruines de sa maison; on la trouva évanouie et presque mourante. L'éclat du jour la frappa péniblement : elle refusa d'abord toute espèce de nourriture, et ne soupirait qu'après l'eau. Interrogée sur ce qu'elle avait éprouvé, elle dit que pendant plusieurs jours la soif avait été son tourment le plus cruel; ensuite elle était tombée dans un état de stupeur et d'insensibilité total, état

(1) Celui-là même où nous attend it notre speronare.
(2) Mileto est situé à quatre milles à peu près de Monteleone : c'est la même ville où nous avions vu en passant un tombeau antique.

qui ne lui permettait pas de se rappeler ce qu'elle avait éprouvé, pensé ou senti.

» Une délivrance plus extraordinaire encore est celle d'un chat retrouvé après quarante jours sous les ruines de la maison de don Michel-Ange Pillogallo ; le pauvre animal fut retrouvé étendu sur le sol dans un état d'abattement et de calme. Ainsi que les cochons dont j'ai parlé plus haut, il était d'une maigreur extrême, vacillant sur les pattes, timide, craintif, et entièrement privé de sa vivacité habituelle. On remarqua en lui le même dégoût d'alimens et la même propension pour toute espèce de breuvage. Il reprit peu à peu ses forces, et dès qu'il put reconnaître la voix de son maître, il miaula faiblement à ses pieds, comme pour exprimer le plaisir qu'il avait de le revoir.

» La petite ville des *Cinque-Fronti*, ainsi appelée des cinq tours qui s'élevaient en dehors de ses murs, fut également détruite en entier : église, maisons, places, rues, hommes, animaux, tout périt, tout disparut, tout fut plongé subitement à plusieurs pieds sous terre.

» L'ancienne Tauranium, aujourd'hui Terra-Nova, réunit sur elle seule tous les désastres communs.

» Le 5 février, à midi, le ciel se couvrit tout à coup de nuages épais et obscurs qui planaient lentement sur la ville, et qu'un fort vent de nord-ouest eut bientôt dissipés. Les oiseaux parurent voler, çà et là comme égarés dans leur route ; les animaux domestiques furent frappés d'une agitation remarquable ; les uns prenaient la fuite, les autres demeuraient immobiles à leur place et comme frappés d'une secrète terreur. Les chevaux hennissaient et tremblaient sur leurs jambes, les écartaient l'une de l'autre pour s'empêcher de tomber ; les chiens et les chats, recourbés sur eux-mêmes, se blottissaient aux pieds de leurs maîtres. Tant de tristes présages, tant de signes extraordinaires auraient dû éveiller les soupçons et la crainte des malheureux habitans, et les porter à prendre la fuite ; leur destinée en ordonna autrement : chacun resta chez soi sans éviter ni prévoir le danger. En un clin d'œil la terre, encore tranquille, vacilla sur sa base ; un sourd et long murmure parut sortir de ses entrailles ; bientôt, ce murmure devint un bruit horrible : trois fois la ville fut soulevée fort au-dessus de son niveau ordinaire, trois fois elle fut entraînée à plusieurs pieds au-dessous ; à la quatrième, elle n'existait plus.

» Sa destruction n'avait point été uniforme, et d'étranges épisodes signalèrent cet événement. Quelques-uns des quartiers de la ville furent subitement arrachés à leur situation naturelle ; soulevés avec le sol qui leur servait de base, les uns furent lancés jusque sur les bords du Soli et du Marro, qui baignaient les murs de la ville, ceux-là à trois cents pas, ceux-ci à six cents de distance ; d'autres furent jetés çà et là sur la pente de la montagne qui dominait la ville, et sur laquelle celle-ci était construite. Un bruit plus fort que celui du tonnerre, et qui, à de courts intervalles, laissait à peine entendre des gémissemens sourds et confus ; des nuages épais et noirâtres qui s'élevaient du milieu des ruines, tel fut l'effet général de ce vaste chaos, où la terre et la pierre, l'eau et le feu, l'homme et la brute, furent jetés pêle-mêle ensemble, confondus et broyés.

» Un petit nombre de victimes échappa cependant à la mort ; et ce qu'il y a de plus étrange, c'est que cette même nature, qui semblait si avide du sang de tous, sauva ceux-ci de sa propre rage par des moyens si inouïs et si forts, qu'on eût dit qu'elle voulait prouver à notre orgueil le peu de cas qu'elle faisait de la vie et de la mort de l'homme.

» La ville de Terra-Nova fut détruite par le quadruple genre de tremblement de terre connu sous les différentes dénominations de secousses, d'*oscillation*, d'*élévation*, de *dépression* et de *bondissement*. Ce dernier genre, le plus horrible, comme le plus inouï de tous, consiste non-seulement dans le changement de situation des parties constituantes d'un corps, mais aussi dans cette espèce de mouvement de projection qui élance une de ces mêmes parties vers un lieu différent de celui qu'elle occupe. Les ruines de cette malheureuse ville offrent encore tant d'exemples de ce genre, que l'esprit le plus incrédule serait forcé d'en reconnaître l'existence : j'en rapporterai ici quelques-uns.

» La totalité des maisons situées au bord de la plateforme de la montagne, toutes celles qui formaient les rues aboutissantes aux ports dits du Vent et de Saint-Sébastien, tous ces édifices, dis-je, les uns à demi détruits déjà, les autres sans aucun dommage remarquable, furent arrachés de leur site naturel et jetés soit sur le penchant de la montagne, soit aux bords du Soli et du Marro, soit enfin au-delà de cette première rivière. Cet événement inouï donna lieu à la cause la plus étrange sur laquelle un tribunal ait jamais eu à prononcer.

» Après cette étrange mutation de lieux, le propriétaire d'un enclos planté d'oliviers, naguère situé au bas de la plateforme en question, reconnut que son enclos et ses arbres avaient été transportés au-delà du Soli, sur un terrain jadis planté de mûriers, terrain alors disparu et qui appartenait auparavant à un autre habitant de Terra-Nova. Sur la réclamation qu'il fit de sa propriété, celui-ci appuie le refus de la rendre sur ce que l'enclos en question avait pris la place de son propre terrain et l'en avait conséquemment privé. Cette question, aussi nouvelle que difficile à résoudre, en ce que rien ne pouvait prouver en effet que la disparition du sol inférieur n'eût pas été l'effet immédiat de la chute et de la prise de possession du sol supérieur, cette question ne pouvait, comme on le comprend, être résolue que par un accommodement mutuel. Des arbitres furent nommés, et le propriétaire du terrain usurpateur fut tenu de partager les olives avec le maître du terrain usurpé.

» Dans la rue dont il a été parlé plus haut était une auberge située à environ trois cents pas de la rivière Soli ; un moment avant la secousse formidable, l'hôte, nommé Jean Agiulino, sa femme, ses deux nièces et quatre voyageurs se trouvaient réunis dans une salle par bas de l'auberge. Au fond de cette salle était un lit, au pied de ce lit un brasero, espèce de grand vase qui contient de la braise enflammée, seule et unique cheminée de toute l'Italie méridionale ; enfin, autour de la salle, étaient une table, des chaises, et quelques autres meubles à l'usage de la famille. L'hôte était couché sur le lit et plongé dans un profond sommeil ; sa femme, assise devant le brasero et les pieds appuyés sur sa base, soutenait dans ses bras sa jeune nièce, qui jouait avec elle. Quant aux voyageurs, placés autour d'une table à la gauche de la porte d'entrée, ils faisaient une partie de cartes.

» Telles étaient les diverses attitudes des personnages et la disposition même de la scène, lorsqu'en moins de temps qu'il n'en faut pour le dire, le théâtre et les acteurs eurent changé de place. Une secousse violente arrache la maison du sol qui lui sert de base, et la maison, l'hôte, l'hôtesse, la nièce et les voyageurs, sont jetés tout à coup au-delà de la rivière : un abîme paraît à leur place.

» A peine cet énorme amas de terre, de pierres, de matériaux et d'hommes tombèrent-ils de l'autre côté de la rivière, qu'il se creuse de nouveaux fondemens, et le bâtiment même n'est plus qu'un mélange confus de ruines. La destruction de la salle principale offrit des particularités remarquables : le mur contre lequel le lit était placé s'écroula vers la partie extérieure ; celui qui touchait à la porte placée en face du même lit, plia d'abord sur lui-même dans l'intérieur et dans la salle, puis tomba comme l'autre en dehors. Le même effet fut produit par les murailles à l'angle desquelles étaient placés nos quatre joueurs, qui déjà ne jouaient plus. Le toit fut enlevé comme par enchantement et jeté à une plus grande distance que la maison même.

» Une fois établie sur son nouveau site et entièrement dégagée de tous les décombres qui en cachaient l'effet, la machine ambulante présenta à la fois une scène curieuse et horrible. Le lit était à la même place et s'était effondré sur lui-même ; l'hôte s'était réveillé et croyait dormir encore. Pendant cet étrange voyage, qu'elle ne soupçonnait pas elle-même, sa femme, imaginant seulement que le brasero glissait sous ses pieds, s'était baissée pour le retenir, et cette action avait sans doute été la seule et unique cause de sa chute sur le plancher ; mais dès qu'elle se fut relevée, dès qu'elle apereut par l'ouverture de la porte des objets et des sites nouveaux, elle crut rêver elle-même, et faillit devenir folle. Quant à la nièce, abandonnée par sa tante au moment où celle-ci se baissait, elle courut éperdue vers la porte, qui, tombant au moment où elle en touchait le seuil, l'écrasa dans sa chute. Il en était de même des quatre voyageurs : avant qu'ils eussent eu le temps de se lever de leur place, ils étaient tués.

» Cent témoins oculaires de cette catastrophe inouïe existent encore au moment où j'écris ; le procès-verbal, d'où est tiré ce récit, fut dressé, quelque temps après, sur les lieux, et appuyé des déclarations de l'hôte et de sa femme, qui sans doute vivent encore.

» Les effets inouïs du tremblement de terre par bondissement ne se font pas sentir seulement sur les édifices ; les phénomènes qu'ils produisent à l'égard des hommes mêmes ne sont ni moins forts ni moins étonnans ; et ce qu'il y a de plus étrange, c'est que cette particularité qui, en toute autre circonstance, est la cause immédiate de la perte des habitations et des hommes, devient parfois aussi la source du salut des unes et des autres.

» Un médecin de cette ville, monsieur Labbe-Tarverna, habitait une maison à deux étages, située dans la rue principale, près le couvent de Sainte-Catherine. Cette maison commença par trembler, elle vacilla ensuite, puis les murs, les toits, les planchers s'élevèrent, s'abaissèrent, et enfin furent jetés hors de leur place naturelle. Le médecin ne pouvant plus se tenir debout, veut fuir et tombe comme évanoui sur le plancher. Au milieu du bouleversement général, il cherche en vain la force nécessaire pour observer ce qui se passe autour de lui ; tout ce dont il se rappelle ensuite, c'est qu'il tomba la tête la première dans l'abîme qui s'ouvrit sous lui, lorsqu'il resta suspendu les cuisses prises entre deux poutres. Tout à coup, au moment où, couvert des décombres de sa maison en ruines, il est près d'être étouffé par la poussière qui tombe de toute part sur lui, une oscillation contraire à celle dont il est la victime, écartant les deux poutres qui l'arrêtent, les élève à une grande hauteur, et les jette avec lui dans une large crevasse produite par les décombres entassés devant la maison. L'infortuné médecin en fut quitte toutefois pour de violentes contusions et une terreur facile à concevoir.

» Une autre maison de la même ville fut le théâtre d'une scène plus touchante, plus tragique encore, et qui, grâce à la même circonstance, n'eut pas une fin plus funeste.

» Don François Zappia et toute sa famille furent comme emprisonnés dans l'angle d'une des pièces de cette maison, par suite de la chute soudaine des plafonds et des poutres ; l'étroite enceinte qui protégeait encore leurs jours était entourée de manière qu'il devenait impossible d'y respirer l'air nécessaire à la vie que d'en forcer les murs artificiels : la mort, et une mort aussi lente qu'affreuse, fut donc, pendant quelque temps, l'unique espoir de cette famille. Déjà chacun la secousse rompt les murs de leur prison, et les soulevant avec elle, les lance à la fois au dehors ; aucun d'eux ne perdit la vie.

Les arbres les plus forts ne furent point exempts de cette migration étrange : l'exemple suivant en fait foi. Un habitant du bourg de Molochiello, nommé Antoine Avati, surpris par le tremblement de terre aux environs de cette même ville, se réfugia sur un châtaignier d'une hauteur et d'une grosseur remarquables. A peine s'y est-il établi, que l'arbre est violemment agité. Tout à coup, arraché du sol qui couvre ses énormes racines, l'arbre est jeté à deux ou trois cents pas de distance, où il se creuse un nouveau lit, tandis qu'attaché fortement à ses branches, le pauvre paysan voyage avec lui dans les airs, et avec lui voit enfin le terme de son voyage.

» Un autre fait à peu près semblable existe, et, bien que se rattachant à une autre époque, mérite cependant d'être ajouté aux exemples précédemment cités des tremblemens de terre par bondissement. Ce fait se trouve rapporté dans une vieille relation de 1659. Le P. Thomas de Rossano, de l'ordre des Dominicains, dormait tranquillement dans l'intérieur du couvent à Soriano. Tout à coup le lit et le moine sont lancés par la fenêtre au milieu de la rivière Vesco. Le plancher suit heureusement le même chemin que le lit et le dormeur, et devient le radeau qui les sauve. L'historien ne dit pas si le moine se réveilla en route.

» La ville de Casalnovo ne fut pas plus épargnée que celle de Terra-Nova : églises, monumens publics, maisons particulières, tout fut également détruit. Parmi la foule des victimes, on peut citer la princesse de Garane, dont le cadavre fut retiré du milieu des ruines, portant encore la trace de deux larges blessures.

» La ville d'Oppido, qui, s'il faut en croire le géographe Cluverius, serait l'ancienne Mamertium, cette ville, dis-je, eut le sort de toutes les jolies femmes : objet d'envie dans leur jeunesse, de dégoût dans leur décrépitude, d'horreur après leur mort.

» Je n'entreprendrai point de peindre ici les ruines et les pertes de tout genre dont ce triste lieu fut la scène ; je me borne à remarquer que tel fut l'état de confusion où ce terrible fléau jeta ici les monumens et les hommes, que le spectacle seul de tant de ruines et de maux serait lui-même un mal terrible ; et qu'enfin tel fut l'état déplorable de cette malheureuse ville, que parmi le très petit nombre de victimes échappées à la mort commune, il ne s'en trouva pas une qui pût parvenir, par la suite, à reconnaître les ruines de sa propre maison dans les ruines de la maison d'un autre. J'en prends au hasard un exemple.

» Deux frères, don Marcel et don Dominique Quillo, riches habitans de cette ville, avaient une fort belle propriété, située à l'un des bouts de la rue Canna-Maria, c'est-à-dire hors de la ville. Cette propriété comprenait plusieurs bâtimens, tels entre autres qu'une maison composée de sept pièces, d'une chapelle et d'une cuisine, le tout au premier étage. Le rez-de-chaussée formait trois grandes caves ; au-dessous, un vaste magasin contenait alors quatre-vingts tonnes d'huile : attenantes à cette même maison étaient quatre autres petites maisons de campagne appartenant à d'autres habitans ; un peu plus loin une espèce de pavillon destiné à servir de refuge aux maîtres et aux domestiques pendant les tremblemens de terre ; ce pavillon contenait six pièces élégamment meublées. Plus loin, enfin, se trouvait une autre maisonnette avec une seule chambre à coucher, et un salon d'une longueur immense sur une largeur proportionnée.

» Telle était encore, avant l'époque du 5 février, la situation des lieux en question. Au moment même de la secousse, toute espèce de vestige de tant de différentes maisons, de tant de matériaux, de meubles d'utilité, de luxe et d'élégance, tout avait disparu ; tout jusqu'au sol même avait tellement changé d'aspect et de place, tout s'était effacé tellement et du site et de la mémoire des hommes, qu'aucun de ces propriétaires ne put reconnaître, après la catastrophe, ni les ruines de sa maison, ni l'emplacement où elle avait existé.

» L'histoire des désastres de Sitizzano et Cusoletto offre les deux faits suivans :

» Un voyageur fut surpris par le tremblement de terre, qui, en changeant la situation des rochers, des montagnes, des vallons et des plaines, avait nécessairement effacé toute trace de chemin. On sait que dans la matinée du 5 il était parti à cheval pour se rendre de Cusoletto à Sitizzano. Ce fut tout ce qu'on en put savoir, l'homme ni le cheval ne reparurent plus.

» Une jeune paysanne, nommée Catherine Polystène, sortait de cette première ville pour rejoindre son père qui travaillait dans les champs. Surprise par ce grand bouleversement de la nature, la jeune fille cherche un refuge sur la pente d'une colline qui vient de sortir, à ses yeux, de la terre convulsive, et qui, de tous les objets qui l'entourent, est le seul qui ne change point et ne bondisse point à ses yeux. Tout à coup, au milieu du morne silence qui succède par intervalles au bruissement sourd des élémens confondus, la voix d'un être vivant s'élève et parvient jusqu'à elle. Cette voix est celle d'une chèvre plaintive, perdue, égarée ; cette voix ranime le courage de la jeune fille : le pauvre animal fuyait lui-même devant la mort parmi les terres, les rochers et les arbres soulevés, fendus ou fracassés. A peine la chèvre aperçoit-elle Catherine, qu'elle accourt vers elle en bêlant ; le malheur réunit les êtres, il efface jusqu'aux signes apparens des espèces, et, rapprochant l'homme de la brute, il les arme à la fois contre lui du secours de la raison et de l'instinct. La chèvre, déjà moins craintive à la vue de la jeune villageoise, s'approche d'elle ; celle-ci, de son côté, reprend à sa vue un peu plus de courage ; l'animal reçoit avec joie les caresses, puis il flaire en bêlant la gourde que la jeune fille tient à la main : ce langage est expressif, et la jeune fille le comprend. Elle verse de l'eau dans le creux de sa main et donne à boire à la chèvre altérée, puis elle partage avec elle la moitié de son pain bis ; et, le repas fini, toutes deux plus fortes, toutes deux plus confiantes, toutes deux se remettent en route, la chèvre marchant devant comme un guide protecteur ; toutes deux errent longtemps parmi les ruines de la nature sans but déterminé, gravissant les rocs les plus escarpés, se frayant un passage dans les voies les plus difficiles, la chèvre s'arrêtant chaque fois que la fatigue a retenu la jeune fille loin d'elle, et lui permettant de la rejoindre, ou la guidant par ses bêlemens. Enfin, toutes deux, après plusieurs heures de marche, se trouvent au milieu des ruines, ou plutôt sur le sol bouleversé et nu de la ville qui a cessé d'être.

» La petite ville de Seido fut également détruite et devint aussi le théâtre des plus affreux événemens.

» Menacés de la chute de leur maison vacillante, don Antonio Ruffo et sa femme s'oublient eux-mêmes pour ne songer qu'à leur enfant, jeune fille en bas âge. Ils se précipitent vers son berceau, la pressent contre leur poitrine, et essaient de fuir avec elle hors de la maison prête à s'écrouler sur eux. Au milieu d'une foule de décombres, ils gagnent la porte ; mais au moment où ils en touchent le seuil, la maison tombe et les écrase. Quelques jours après, en fouillant dans les ruines pour en retirer les cadavres, on reconnut que l'enfant n'était pas encore morte. Ce ne fut qu'avec peine qu'on l'arracha d'entre les bras de son père et de sa mère, qui s'étaient réunis pour la protéger et qui, effectivement, en s'offrant eux-mêmes aux coups, lui avaient sauvé la vie. Cette jeune fille vit encore, et aujourd'hui elle est mariée et a des enfans.

» Au centre d'un petit canton nommé la Conturella, non loin du village de Saint-Procope, s'élevait une vieille tour fermée d'un grillage en bois ; toute la partie supérieure de la tour tomba d'aplomb sur le terrain. Mais quant aux fondemens, d'abord soulevés, puis renversés sur eux-mêmes, ils furent jetés à plus de soixante pas de là. La porte s'en alla tomber à une grande distance ; et ce qu'il y a de plus remarquable, c'est que les gonds sur lesquels elle tournait, les clous qui réunissaient les poutres et les planches, furent parsemés çà et là sur le terrain comme s'ils eussent été arrachés avec de fortes tenailles. Que les physiciens expliquent s'ils peuvent ce phénomène.

» Une autre ville, nommée Seminara, fut un exemple bien frappant de l'insuffisance de toutes les précautions de l'homme contre la force des élémens qu'il croit dompter et qui le domptent. Toutes les maisons de cette ville, une des plus opulentes des deux Calabres, étaient construites en bois ; les murailles intérieures étaient faites de joncs fortement réunis et recouvertes d'une couche de mastic ou de plâtre, qui, sans rien ôter à l'élégance, donnait juste une solidité suffisante à la sûreté des habitans. Cette espèce de construction semblait donc devoir être le moyen le plus propre à les garantir des périls du tremblement de terre, parce qu'il n'opposait aux oscillations du sol que la force strictement nécessaire pour résister en cédant. Inutile calcul de l'homme contre un pouvoir incalculable ! la terre s'agita, et Seminara ne fut plus. On eût même dit que la nature se plut ici à varier ses horribles jeux : la partie montagneuse devint une vallée profonde, et le quartier le plus bas forma une haute montagne au milieu des murs de la ville.

» A la porte d'une des maisons de cette ville, était placée une meule de moulin : au centre de cette meule, le hasard avait fait croître un énorme oranger. Les maîtres de la maison avaient coutume de venir s'asseoir en été dans ce lieu, et la meule en question, soutenue par un fort pilier de pierre, était entourée par un banc semblable. Au moment de la secousse du 5 février, les branches de l'oranger devinrent le refuge d'un homme qui, fuyant épouvanté, s'y blottit ; le pilier, la meule, le banc, l'arbre et l'homme furent soulevés et portés ensemble à un tiers de lieue au-delà.

» La destruction de Bagnara présente au philosophe et au naturaliste des faits moins merveilleux peut-être, mais non moins intéressans : pendant le cours des commotions de la terre, toutes les sources et toutes les fontaines de la ville furent subitement desséchées ; les animaux les plus sauvages furent frappés d'une si grande terreur, qu'un sanglier, échappé de la forêt qui dominait la ville, se précipita volontairement du haut d'un roc escarpé au milieu de la voie publique. Enfin on remarqua que, par un choix sans doute inexplicable, la nature se plut à frapper surtout les femmes, et parmi les femmes toutes les jeunes ; les vieilles seules furent sauvées et survécurent à cette catastrophe.

» Tels sont les traits principaux de l'événement, telle fut la situation des victimes, telle est la destruction fatale qui atteignit les Calabres ; tel est enfin, au bout de trente-cinq années de calme, l'état où le pays se trouve encore aujourd'hui (1). »

Sans que la ville de Castiglione eût été le théâtre d'événemens aussi extraordinaires que ceux que nous venons de raconter, les accidens en étaient cependant assez déplorables et assez variés pour que notre journée s'écoulât rapidement au milieu de cette malheureuse population. Après avoir vu retirer de dessous les décombres deux ou trois cadavres d'hommes et une douzaine de bœufs ou de chevaux tués ou blessés, après avoir nous-mêmes pris part aux fouilles pour relayer les bras fatigués, nous quittâmes vers les cinq heures le village de Castiglione, qui, comme Cosenza, avait sa succursale de baraques ; seulement les baraques des luxueux habitans de la capitale étaient des palais près de ces malheureux paysans, dont quelques-uns étaient entièrement ruinés.

Il avait plu toute la journée sans que nous y fissions autrement attention, tant nous étions préoccupés du spectacle que nous avions sous les yeux ; mais au retour, force nous fut de revenir de l'impression morale aux sensations physiques : les moindres ruisseaux étaient devenus des torrens, et les torrens s'étaient changés en rivières. Au premier obstacle de ce genre que nous rencontrâmes, nous tranchâmes des sybarites, et nous acceptâmes la proposition que nous fit notre guide, moyennant rétribution, bien entendu, de nous transporter d'un bord à l'autre sur ses épaules ; en conséquence, je traversai le premier et gagnai le bord sans accident. Mais comme j'étais occupé à explorer le paysage pour voir s'il nous restait beaucoup de passages pareils à franchir, j'entendis un cri, et je vis Jadin, qui, au lieu d'être porté comme moi sur les épaules de notre guide, était occupé avec grande peine à le tirer de l'eau : en retournant à lui, le pied avait manqué au pauvre diable, et la violence du courant était telle qu'il s'en allait roulant Dieu sait où, lorsque Jadin s'était mis à l'eau jusqu'à la ceinture et l'avait arrêté. Je courus à lui pour lui pour lui prêter main-forte, et nous parvînmes enfin à amener notre guide à moitié évanoui sur l'autre bord.

A partir de ce moment, il ne fut plus question, comme on le comprend bien, d'employer ce défectueux système de locomotion. D'ailleurs, comme nous étions mouillés par l'eau du torrent depuis les pieds jusqu'à la ceinture, et par l'eau du ciel, qui nous était tombée sur le dos toute la journée, depuis la ceinture jusqu'à la pointe de nos cheveux, il n'y avait plus de précaution à prendre que contre l'accident qui venait d'arriver à notre guide. En conséquence, quand de nouvelles rivières se présentèrent, nous nous contentâmes de les traverser fraternellement, chacun de nous prêtant et recevant appui au moyen de nos mouchoirs liés à notre poi-

(1) M. de Gourbillon écrivait son voyage en Calabre vers 1818.

gnet et dont nous fîmes une chaîne. Moyennant cette ingénieuse invention, nous arrivâmes à notre voiture sans accident grave, mais trempés comme des caniches.

On comprend qu'en arrivant à l'hôtel nous éprouvâmes plus que jamais le besoin de nos lits : aussi refusâmes nous l'offre réitérée de notre hôte de nous en aller coucher aux baraques, et bravâmes-nous encore le futur tremblement de terre qui nous menaçait de minuit à une heure du matin.

Notre courage fut récompensé : nous ne sentîmes aucune secousse, nous n'entendîmes même pas les cris de Terre moto ! et nous nous réveillâmes seulement le lendemain matin, tirés de notre sommeil par le son des cloches.

Nos lits avaient fait leurs évolutions ordinaires et se trouvaient au milieu de la chambre.

Comme je l'ai dit, il devait y avoir à Cosenza, deux jours après le prêche si pittoresque et si animé du capucin, une procession expiatoire dans le cas où les tremblements de terre n'auraient pas cessé. Les tremblements de terre allaient diminuant, il est vrai, mais ils ne s'arrêtaient pas encore ; et les capucins qui s'étaient faits les boucs émissaires de la ville pécheresse s'apprêtaient à tenir leur parole.

Aussi, dès sept heures du matin, les cloches sonnaient-elles à grande volée et les rues de la ville étaient-elles peuplées non-seulement des Cosentins, mais encore des malheureux paysans des provinces environnantes, qui avaient encore plus souffert que la capitale, chacun accourait pour prendre part à cette espèce de jubilé, et de tous les villages on avait eu le temps d'arriver : la promesse faite par les capucins avait attiré des fidèles.

Comme le garçon, préoccupé de ces grands préparatifs, ne venait pas prendre nos ordres, nous sonnâmes ; il monta, et nous lui demandâmes s'il avait oublié que nous avions pris l'invariable habitude de déjeuner à neuf heures sonnantes. Il nous répondit que comme il y avait jeûne général dans la capitale des Calabres, il n'avait pas cru que les ordres donnés pour les autres jours dussent subsister pour celui-ci. La raison ne nous parut pas extrêmement logique, et nous lui signifiâmes que, n'étant pas de la paroisse, et ayant assez de nos propres péchés, notre intention n'était nullement de prendre notre part de ceux des Cosentins; qu'en conséquence nous l'invitions à ne faire aucune différence pour nous de ce jour aux autres jours, et à nous servir un déjeuner, non pas exorbitant, mais convenable.

Ce fut une grande affaire à débattre que ce déjeuner : le cuisinier était allé faire ses dévotions, et il fallait attendre qu'il fût revenu ; à son retour il prétendit que, momentanément détaché des choses de la terre par la contrition parfaite qu'il venait d'éprouver, il aurait grand'peine à redescendre jusqu'à ses fourneaux. Quelques carlins levèrent ses scrupules, et à dix heures, au lieu de neuf heures, la table enfin fut servie.

Nous mangeâmes en toute hâte, car nous ne voulions rien perdre du spectacle curieux et caractéristique qui nous attendait. Un redoublement de sonnerie nous annonça qu'il allait commencer. Nous mîmes les morceaux doubles, et, le dernier à la main, nous courûmes vers l'église des Capucins.

Toutes les rues étaient encombrées d'hommes et de femmes en habits de fête, au milieu desquels un simple passage était ménagé pour la confrérie ; ne pouvant et ne voulant pas nous mettre au premier rang, nous montâmes sur des bornes et nous attendîmes.

A onze heures précises l'église s'ouvrit : elle était illuminée comme pour les grandes solennités. Le prieur de la communauté parut le premier : il était nu jusqu'à la ceinture, ainsi que tous les frères ; ils marchaient un à un, chacun tenant de la main droite une corde garnie de nœuds ; tous chantant le *Miserere*.

A leur aspect une grande rumeur s'éleva parmi la foule : elle se composait d'exclamations de douleur, d'élans de contrition, et de murmures de reconnaissance ; d'ailleurs il y avait des pères, des mères, des frères et des sœurs qui reconnaissaient leurs parens au milieu de ces trente ou quarante moines, et qui les saluaient d'un cri de famille, si cela se peut dire ainsi.

Mais ce fut bien pis lorsqu'à peine descendus des degrés de l'église, on les vit tous lever la corde noueuse qu'ils tenaient à la main droite et frapper, sans interrompre leurs chants, chacun sur les épaules de celui qui le précédait, et cela non point avec un simulacre de flagellation, mais à tour de bras et autant que chacun avait de force. Alors les cris, les clameurs et les gémissemens redoublèrent ; les assistans tombèrent à genoux, frappant la terre du front, et se meurtrissant la poitrine à coups de poing ; les hommes hurlaient, les femmes poussaient des sanglots, et, non contentes de s'imposer pénitence à elles-mêmes, fouettaient à tour de bras les malheureux enfans qui étaient accourus comme on va à une fête, et qui de cette façon payaient leur contingent d'expiation pour les péchés que leurs parens avaient commis. C'était une flagellation universelle qui s'étendait de proche en proche, qui se communiquait d'une façon presque électrique, et dans laquelle nous eûmes toutes les peines du monde à empêcher nos voisins de nous faire jouer à la fois un rôle passif et actif. La procession passa ainsi devant nous en marchant au pas, chantant toujours et fouettant sans relâche : nous reconnûmes le prédicateur du dimanche précédent qui remplissait, les yeux levés au ciel, son office de battant et de battu, seulement, sa a recommandation sans doute, celui qui le suivait et qui par conséquent frappait sur lui, avait, outre les nœuds généralement adoptés, armé sa corde de gros clous, lesquels, à chaque coup qu'il recevait le malheureux moine, laissaient sur ses épaules une trace sanglante ; mais tout cela semblait n'avoir sur lui d'autre influence que de le plonger dans une extase plus profonde : quelle que fût la douleur qu'il dût ressentir, son front ne sourcillait pas, et l'on entendait sa voix au dessus de toutes les autres voix.

Trois fois, en prenant, aussitôt que la procession était passée, notre course par des rues adjacentes, nous nous retrouvâmes sur son nouveau passage ; trois fois, par conséquent, nous assistâmes à ce spectacle ; et chaque fois la foi et la ferveur des flagellans semblaient s'être augmentées ; la plupart d'entre eux avaient le dos et les épaules dans un état déplorable ; quant à notre prédicateur, tout le haut de son corps ne faisait qu'une plaie. Aussi chacun criait-il que c'était un saint homme, et qu'il n'y avait pas de justice s'il n'était canonisé du coup.

La procession ou plutôt le martyre de ces pauvres gens dura trois heures. Sortis à onze heures juste de l'église, ils y rentraient à deux heures sonnantes. Quant à nous, nous étions stupéfaits de voir une foi si ardente dans une époque comme la nôtre. Il est vrai que la chose se passait dans la capitale de la Calabre ; mais la Calabre était demeurée huit ans sous la domination française, et j'aurais cru de huit ans de notre domination, surtout de 1807 à 1815, eussent été plus que suffisans pour sécher la croyance dans ses plus profondes racines.

L'église resta ouverte, chacun put y prier toute la journée, et de toute la journée elle ne désemplit pas. J'avoue que, pour mon compte, j'aurais voulu voir de près ce moine, l'interroger sur sa vie antérieure, le sonder sur ses espérances à venir. Je demandai au Père gardien si je pouvais lui parler, mais on me répondit qu'en rentrant il s'était trouvé mal, et qu'en revenant à lui il s'était enfermé dans sa cellule, et avait prévenu qu'il ne descendrait pas au réfectoire, voulant passer le reste de sa journée en prières.

Nous rentrâmes à l'hôtel vers les quatre heures ; nous y retrouvâmes le capitaine, à qui nous demandâmes s'il avait pris part aux dévotions générales : mais le capitaine était trop bon Sicilien pour prier pour des Calabrais. D'ailleurs il prétendait que la masse des péchés que commettaient de Pestum à Reggio était si grande, que toutes les communautés religieuses de la terre, se fouettassent-elles pendant un an, n'enlèveraient pas à chaque sujet continental de S. M. le roi de Naples la centième partie du temps qu'il avait à rester en purgatoire.

Comme en restant plus longtemps au milieu de pareils pécheurs nous ne pouvions faire autrement que de finir par nous perdre nous-mêmes, nous fixâmes au lendemain matin le moment de notre départ : en conséquence le capitaine partit à l'instant même, afin qu'en arrivant à San-Lucido nous trouvassions notre patente prête, et que rien ne retardât notre départ.

Nous employâmes notre soirée à faire une visite au baron Mollo et une promenade aux baraques. Telle est, au reste, en Italie, la puissance de cette loi qu'on appelle l'hospitalité, qu'au milieu des malheurs de la ville qu'il habitait, malheurs dont il avait eu sa bonne part, le baron Mollo ne nous avait pas négligés un seul instant, et s'était montré pour nous le même qu'il eût été dans les temps calmes et heureux.

Je voulus m'assurer par moi-même de l'influence qu'avait eue sur le futur tremblement de terre de la nuit la procession expiatoire de la journée. Jadin désira faire la même expérience. J'avais mes notes à mettre en ordre, et lui ses dessins à achever, car, depuis une quinzaine de jours, nous étions si malheureux dans nos haltes que nous n'avions eu ni l'un ni l'autre le courage de travailler. A minuit, nous prîmes congé du baron Mollo ; nous rentrâmes à l'hôtel et, pour mettre à exécution notre projet, nous nous assîmes chacun d'un côté de la table où nous dînions d'habitude, moi avec mon album, lui avec son carton, et une montre entre nous deux pour ne point être surpris par la secousse.

La précaution fut inutile : minuit, une heure, deux heures arrivèrent sans que nous sentissions le moindre mouvement ni que nous entendissions la moindre clameur. Comme deux heures était l'heure extrême, nous présumâmes que nous attendrions vainement, et qu'il n'y aurait rien pour la nuit : en conséquence, nous nous couchâmes, et nous nous endormîmes bientôt dans notre sécurité.

Le lendemain, nous nous réveillâmes à la même place où nous nous étions couchés, ce qui ne nous était pas encore arrivé. Un instant après, notre hôte, à qui nous avions dit de venir régler son compte avec nous à huit heures, entra tout triomphant et nous annonça que, grâce aux flagellations et aux prières de la veille, les tremblemens de terre avaient complètement cessé.

Maintenant le fait est positif : l'explique qui pourra.

RETOUR.

A neuf heures nous prîmes congé avec une profonde reconnaissance de la locanda del Riposo d'Alarico ; je ne sais si c'était par comparaison que nous en étions devenus si fanatiques, mais il semblait que, malgré les tremblemens de terre, auxquels au reste, comme on l'a vu, nous n'avions pris personnellement aucune part, c'était l'endroit de la terre où nous avions trouvé le plus complet repos. Peut-être aussi, au moment de quitter la Calabre, nous rattachions-nous, malgré tout ce que nous y avions souffert, à ces hommes si curieux à étudier dans leur rudesse primitive, et à cette terre si pittoresque à voir dans ses bouleversemens éternels. Quoi qu'il en soit, ce ne fut pas sans un vif regret que nous nous éloignâmes de cette bonne ville si hospitalière au milieu de son malheur ; et deux fois, après l'avoir perdue de vue, nous revînmes sur nos pas pour lui dire un dernier adieu.

A une lieue de Cosenza à peu près nous quittâmes la grande route pour nous jeter dans un sentier qui traversait la montagne. Le paysage était d'une âpreté terrible, mais en même temps d'un caractère plein de grandeur et de pittoresque. La teinte rougeâtre des roches, leur forme élancée qui leur donnait l'apparence de clochers de granit, les charmantes forêts de châtaigniers que de temps en temps nous rencontrions sur notre route, un soleil pur et riant qui succédait aux orages et aux inondations des jours précédens, tout concourait à nous faire paraître le chemin un des plus heureusement accidentés que nous eussions faits.

Joignez à cela le récit de notre guide, qui nous raconta à cet endroit même une histoire que j'ai déjà publiée sous le titre des *Enfans de la Madone* et qu'on retrouvera dans les *Souvenirs d'Antony* (1) ; la vue de deux croix élevées à l'endroit où, l'année précédente, et trois mois auparavant, deux voyageurs avaient été assassinés, et l'on aura une idée de la rapidité avec laquelle s'écoulèrent les trois heures que dura notre course.

En arrivant sur le versant occidental des montagnes, nous nous trouvâmes de nouveau en face de cette magnifique mer Tyrrhénienne tout étincelante comme un miroir, et au milieu de laquelle nous voyions s'élever comme un phare cet éternel Stromboli que nous n'arrivions jamais à perdre de vue, et que, malgré son air tranquille et la façon toute paterne avec laquelle il poussait sa fumée, je soupçonnai d'être pour quelque chose, avec mon aïeul l'Etna et son ami le Vésuve, dans tous les tremblemens que la Calabre venait d'éprouver : peut-être me trompais-je, mais il a tant fait des siennes dans ce genre, qu'il porte les fruits de sa mauvaise réputation.

A nos pieds était San-Lucido, et dans son port, pareil à un de ces petits navires que les enfans font flotter sur le bassin des Tuileries, nous voyions se balancer notre élégant et gracieux speronare qui nous attendait.

Une heure après nous étions à bord.

C'était toujours un moment de bien-être suprême quand, après une certaine absence, nous nous retrouvions sur le pont au milieu des braves gens qui composaient notre équipage, et que du pont nous passions dans notre petite cabine si propre, et par conséquent si différente des localités siciliennes et calabraises que nous venions de visiter. Il n'y avait pas jusqu'à Milord qui ne fît une fête désordonnée à son ami Pietro, et qui ne lui racontât, par les gémissemens les plus variés et les plus expressifs, toutes les tribulations qu'il avait éprouvées.

Au bout de dix minutes que nous fûmes à bord nous levâmes l'ancre. Le vent, qui venait du sud-est, était excellent aussi : à peine eûmes-nous ouvert nos voiles, qu'il emporta notre speronare comme un oiseau de mer.

Alors toute la journée nous rasâmes les côtes, suivant des yeux la Calabre dans toutes les gracieuses sinuosités de ses rivages, et dans tous les âpres accidens de ses montagnes. Nous passâmes successivement en revue Cetraro, Belvedere, Diamante, Scalea et le golfe de Policastro ; enfin, vers le soir, nous nous trouvâmes à la hauteur du cap Palinure. Nous recommandâmes à Nunzio de faire meilleure garde que le pilote d'Enée, afin de ne pas tomber comme lui à la mer avec son gouvernail, et nous nous endormîmes sur la foi des siéns.

Le lendemain, nous nous éveillâmes à la hauteur du cap Licosa, et en vue des ruines de Pestum.

Il était convenu d'avance avec le capitaine que nous prendrions une heure ou deux près de ces magnifiques débris ; mais au moment de débarquer, nous éprouvâmes une double difficulté : la première en ce que l'on nous prit pour des cholériques qui apportions la peste des Grandes-Indes, la seconde en ce qu'on nous soupçonna d'être des contrebandiers chargés de cigares de Corse. Ces deux difficultés furent levées par l'inspection de nos passeports visés de Cosenza, et par l'exhibition d'une piastre frappée à Naples, et nous pûmes enfin débarquer sur le rivage où Auguste, au dire de Suétone, était débarqué deux mille ans avant nous pour visiter ces fameux temples grecs qui, de son temps déjà, passaient pour des antiquités.

Un hémistiche de Virgile a illustré Pestum, comme un vers de Properce a flétri Baïa. Il n'est point de voyageur qui, à l'aspect de cette grande plaine si chaudement exposée aux rayons du soleil, qui, à la vue de ces beaux temples à la

(1) Voir tome v.

teinte dorée, ne réclame ces champs de roses qui fleurissaient deux fois l'année, et qui n'ouvre les lèvres pour respirer cet air si tiède qui déflorait les jeunes filles avant l'âge de leur puberté. Le voyageur est trompé dans sa double attente : le *Bisérique rosaria Pœsti* n'est plus qu'un marais infect et fiévreux, couvert de grandes herbes, dans lequel, au lieu d'une double moisson de roses, on fait une double récolte de poires et de cerises. Quant à l'air antivirginal qu'on y respirait, il n'y a plus de jeunes filles à déflorer; car je n'admets pas que les trois ou quatre bipèdes qui habitent la métairie attenant aux temples, aient un sexe quelconque, et appartiennent même à l'espèce humaine.

Et cependant, ce petit espace, embrassant huit ou dix milles de circonférence au plus, était autrefois le paradis des poètes, car ce n'est pas Virgile seul qui en parle; c'est Properce qui, au lever de l'aurore, a visité ces beaux champs de roses (1); c'est Ovide qui y conduit Myscèle, fils d'Alémon, et qui lui fait voir Leucosie, les plaines tièdes et embaumées de Pestum (2); c'est Martial qui compare les lèvres de sa maîtresse à la fleur qu'ont déjà illustrée ses prédécesseurs (3) ; enfin c'est, quinze cents ans plus tard, Le Tasse, qui conduit au siège de la ville sainte le peuple adroit qui est né sur le sol où abondent les roses vermeilles, et où les ondes merveilleuses du Silaro pétrifient les branches et les feuilles qui tombent dans son lit (4).

Voici ce que nous raconte Hérodote, l'historien-poète :

« C'était sous le règne d'Atys. Il y avait une grande famine en Lydie, royaume puissant de l'Asie mineure. Les Lydiens résolurent de se diviser en deux partis, et chaque parti prit pour chef un des deux fils du roi. Ces deux fils s'appelaient, l'aîné Lydus, et le cadet Tyrrhénus.

» Cette division opérée, les deux chefs tirèrent au sort à qui resterait dans les champs paternels, à qui irait chercher d'autres foyers. Le sort de l'exil tomba sur Tyrrhénus, qui partit avec la portion du peuple qui s'était attachée à son sort, et qui aborda avec elle sur les côtes de l'Ombrie, qui devinrent alors les côtes tyrrhéniennes. »

Ce furent les fondateurs de Possidonia, l'aïeule de Pestum.

Aussi les temples de l'ancienne ville de Neptune font-ils le désespoir des archéologues, qui ne savent à quel ordre connu rattacher leur architecture : quelques-uns y voient une des antiques constructions chaldéennes dont parle la Bible, et les font contemporains des murs cyclopéens de la ville. Ces murs, composés de pierres larges, lisses, oblongues, placées les unes au-dessus des autres, et jointes sans ciment, forment un parallélogramme de deux milles et demi de tour. Un débris de ces murs est encore debout; et des quatre portes de Pestum, placées en angle droit, reste la porte de l'Est, à laquelle un bas-relief, représentant une sirène cueillant une rose, a fait donner le nom de *porte de la Sirène* : c'est un arc de quarante-six pieds de haut construit en pierres massives.

Quant aux temples, qui sont au nombre de quatre, mais dont l'un est tellement détruit qu'il est inutile d'en parler, ils étaient consacrés, l'un à Neptune et l'autre à Cérès ; quant au troisième, ne sachant à quel dieu en faire les honneurs, on l'a appelé la Basilique.

Le temple de Neptune est le plus grand; on y montait par trois marches qui règnent tout à l'entour. Il est long de cent quatre-vingt-douze pieds : c'est non-seulement le plus grand, comme nous l'avons dit, mais encore, selon toute probabilité, le plus ancien de tous. Comme il est construit de pierres provenant en grande partie du sédiment du Silaro, et que ce sédiment se compose de morceaux de bois et d'autres substances pétrifiés, il a l'air d'être bâti en liège, quoique la date à laquelle il remonte puisse faire honte au plus dur granit.

Le temple de Cérès est le plus petit des trois, mais aussi c'est le plus élégant. Sa forme est un carré long de cent pieds sur quarante ; il offre deux façades dont les six colonnes doriques soutiennent un entablement et un fronton. Chaque partie latérale, qui se compose de douze colonnes cannelées, supporte aussi un entablement, et repose sans base sur le pavé.

La Basilique, dont, comme je l'ai dit, on ignore la destination primitive, a cent soixante-cinq pieds de longueur sur soixante-onze de large ; elle offre deux façades dont chacune est ornée de neuf colonnes cannelées d'ordre dorique sans base, ses deux côtés présentent chacun seize colonnes de dix-neuf pieds de hauteur, y compris le chapiteau.

Il existe bien encore aux environs quelque chose comme un théâtre et comme un amphithéâtre, mais le tout si ruiné, si inappréciable, et je dirai presque si invisible, que ce n'est pas la peine d'en parler.

Quelques jours avant notre arrivée, la foudre, jalouse sans doute de son indestructibilité, était tombée sur le temple de Cérès ; mais elle y avait à peu près perdu son temps : tout ce qu'elle avait pu faire était de marquer son passage sur son front de granit en emportant quelques pierres de l'angle le plus aigu du fronton ; encore l'homme s'était-il mis à l'instant même à l'œuvre pour faire disparaître toute trace de la colère de Dieu, et l'éternelle Babel n'avait elle plus, à l'époque où nous la visitâmes, qu'une cicatrice qu'on reconnaissait à l'interruption de cette belle couleur feuille-morte qui dorait le reste du bâtiment.

Des paysans nous vendirent des pétrifications de fleurs et de nids d'oiseaux dont ils font un grand commerce, et que le fleuve, qui a conservé son ancienne vertu, leur fournit sans autre mise de fonds que celle de l'objet même qu'ils veulent convertir en pierre. Ce fleuve, qui contient une grande quantité de sel calcaire, s'appelait Silarus du temps des Romains, Silaro à l'époque du Tasse, et est appelé Sele aujourd'hui.

Il était décidé que partout où nous mettrions le pied, nous nous heurterions à quelque histoire de voleurs, sans jamais rencontrer les acteurs de ces formidables drames qui faisaient frémir ceux qui nous les racontaient. Un Anglais, nommé Hunt, se rendant avec sa femme de Salerne à Pestum, quelque temps avant la visite que nous y fîmes nous-mêmes, fut arrêté sur la route par des brigands qui lui demandèrent sa bourse. L'Anglais, voyant l'inutilité de faire aucune résistance, la leur donna; et toutes choses, sauf cet emprunt forcé, allaient se passer amiablement, lorsque l'un des bandits aperçut une chaîne d'or au cou de l'Anglaise : il étendit la main pour la prendre ; l'Anglais prit ce geste de convoitise pour un geste de luxure, et repoussa violemment le bandit, lequel riposta à cette bourrade par un coup de pistolet qui blessa mortellement monsieur Hunt.

Satisfaits de cette vengeance, et craignant surtout sans doute que l'on ne vînt au bruit de l'arme à feu, les bandits se retirèrent sans faire aucun mal à mistress Hunt, que l'on retrouva évanouie sur le corps de son mari.

Il était trois heures à peu près lorsque nous prîmes congé des ruines de Pestum. Comme pour débarquer, nos marins furent obligés de nous prendre sur leurs épaules pour nous porter à la barque. Nous y étions arrivés, Jadin et moi, à bon part, et il n'y avait plus que le capitaine à transporter, lorsque dans le transport le pied manqua à Pietro, qui tomba entraînant avec lui son camarade Giovanni et le capitaine par-dessus tout. Pour leur prouver qu'il avait été jusqu'au fond, le capitaine revint leur dans chaque main une poignée de sel calcaire, qu'il leur jeta à la figure. Au reste, il était si bon garçon qu'il fut le premier à rire de cet accident, et à donner ainsi toute liberté à l'équipage, qui avait grande envie d'en faire autant.

Nous gouvernâmes sur Salerne, où nous devions coucher.t

---

(1) Vidi ego odorati victura rosaria Pæsti
    Sub matutino cocta jacere Noto.
        (Prop., liv. iv, *Élégie V.*)

(2) Leucosiam petit tepidique rosaria Pæsti.
        (Ovide, liv. xv, vers 708.)

(3) Pæstanis rubeant æmula labra rosis.
        (Martial, liv. iv.)

(4) Qui vi insieme venia la gente esperta
    D'al suol che abbouda de vermiglie rose;
    Là ve come si narro, e rami e fronde
    Silaro impetra con mirabil' onde.
        (Tasse, *Ger. lib.*, liv. ier, ch. xi.)

J'avais jugé plus prudent de revenir de Salerne à Naples en prenant un calessino, que de rentrer sur notre speronare, qui devait naturellement attirer bien autrement les yeux que la petite voiture populaire à laquelle je comptais confier mon incognito. On n'oubliera pas que je voyageais sous le nom de Guichard, et qu'il était défendu à monsieur Alexandre Dumas, sous les peines les plus sévères, d'entrer dans le royaume de Naples, où il voyageait, au reste, fort tranquillement depuis trois mois.

Or, après avoir vu dans un si grand détail la Sicile et la Calabre, il eût été fort triste de n'arriver à Naples que pour recevoir l'ordre d'en sortir. C'est ce que je voulais éviter par l'humilité de mon entrée, humilité qu'il m'était impossible de conserver à bord de mon speronare, qui avait une petite tournure des plus coquettes et des plus aristocratiques. Je fis donc, comme on dit en termes de marine, mettre le cap sur Salerne, où nous arrivâmes vers les cinq heures. La patente et la visite des passeports nous prirent jusqu'à six heures et demie; de sorte que, la nuit étant presque tombée, il nous fut impossible de rien visiter le même soir. Comme nous voulions visiter à toute force Amalfi et l'église de la Cava, nous remîmes notre départ au surlendemain, en donnant pour le jour suivant rendez-vous à notre capitaine, qui devait nous retrouver à l'hôtel de la Vittoria, où nous étions descendus trois mois auparavant.

Salerne, comme la plupart des villes italiennes, vit sur son ancienne réputation. Son université, si florissante au douzième siècle, grâce à la science arabe qui s'y était réfugiée, n'est plus aujourd'hui qu'une espèce d'école destinée à l'étude des sciences exactes, et où quelques élèves en médecine apprennent tant bien que mal à tuer leur prochain. Quant à son port, bâti par Jean de Procida, ainsi que l'atteste une inscription que l'on retrouve dans la cathédrale, il pouvait être de quelque importance au temps de Robert Guiscard ou de Roger; mais aujourd'hui celui de Naples l'absorbe tout entier, et à peine est-il cinq ou six fois l'an visité par quelques artistes qui, comme nous, viennent faire un pèlerinage à la tombe de Grégoire le Grand, ou par quelques patrons de barques génoises qui viennent acheter du macaroni.

C'est à l'église de San-Matteo qu'il faut chercher la tombe du seul pape qui ait à la fois mérité le double titre de grand et de saint. Après sa longue lutte avec les empereurs, l'apôtre du peuple vint se réfugier à Salerne, où il mourut en disant ces étranges paroles, qui, à douze cents ans de distance, font le pendant de celles de Brutus. J'ai aimé la justice, j'ai haï l'iniquité; voilà pourquoi je meurs en exil : *Dilexi justitiam, et odivi iniquitatem; propterea morior in exilio.*

Une chapelle est consacrée à ce grand homme, dont la mémoire, à peu de chose près, est parvenue à détrôner saint Mathieu, et s'est emparé de toute l'église comme elle a fait du reste du monde. Il est représenté debout sur son tombeau, dernière allusion de l'artiste à l'inébranlable constance de ce Napoléon du pontificat.

A quelques pas de ce tombeau s'élève celui du cardinal Caraffa, qui, par un dernier trait d'indépendance religieuse, a voulu être enterré, à peu de chose près, mort, près de celui dont, vivant, il avait été le constant admirateur.

Au reste, l'église de Saint-Mathieu est plutôt un musée qu'une cathédrale. C'est là qu'on retrouve les colonnes et les bas-reliefs qui manquent aux temples de Pestum, et que Robert Guiscard arracha de sa main à l'antiquité pour en parer le moyen-âge; dépouilles de Jupiter, de Neptune et de Cérès, dont le vainqueur normand fit un trophée à l'historien et à l'apôtre du Christ.

Outre son dôme et son collége, Salerne possède six autres églises, peu de chose après, une maison des orphelins, un théâtre, et deux foires; ce qui, en mars et en septembre, rend pendant quelques jours à la Salerne moderne l'existence galvanique de la Salerne d'autrefois.

Nous n'avions pas le temps d'aller jusqu'au monastère de la Trinité : mais nous voulions visiter au moins la petite église qui se trouve sur la route, et à laquelle se rattache une de ces poétiques traditions comme les souverains normands en écrivaient avec la pointe de leur épée. Un jour que Roger, premier fils de Tancrède et père de Roger II, qui fut roi de Sicile, montait au monastère de la Trinité avec le pape Grégoire VII, le pape, fatigué de la route, descendit de la mule qu'il montait, et s'assit sur un rocher. Alors Roger descendit à son tour de son cheval, et, tirant son épée, il traça une ligne circulaire autour de la pierre où se reposait le souverain pontife, puis, cette ligne tracée, il dit : — Ici il y aura une église. L'église s'éleva à la parole du grand comte, comme on l'appelait ; et aujourd'hui, au-devant de l'autel du milieu du chœur, on voit encore sortir la pointe du rocher où s'asit Grégoire-le-Grand.

Voilà ce que faisait Roger le grand comte pour un pape exilé et fugitif : c'était alors l'ère puissante de l'Église. Cent ans plus tard Colonna soufflétait Boniface VIII sur le trône pontifical.

En descendant de l'église nous retrouvâmes heureusement notre speronare dans le port de Salerne. Nous nous étions informés des moyens de nous rendre à Amalfi, et nous avions appris qu'une voiture, fût-ce même un calessino, ne pouvait nous conduire que jusqu'à la Cara, et qu'arrivé là il nous faudrait faire cinq à six milles à pied pour atteindre Amalfi, qui, communiquant habituellement par mer avec Salerne sa voisine de gauche, et Sorrente sa voisine de droite, a jugé de toute inutilité de s'occuper de la confection d'un chemin carrossable pour se rendre à l'une et à l'autre de ces deux villes ; nous remontions donc à bord, et à la nuit tombante nous sortîmes du port de Salerne pour nous réveiller dans celui d'Amalfi.

Amalfi, avec ses deux ou trois cents maisons éparses sur la rive, ses roches qui la dominent, et son château en ruines qui domine ses roches, est d'un charmant aspect pour le voyageur qui y arrive par mer ; elle se dessine alors en amphithéâtre et présente d'un seul coup d'œil toutes ses beautés qui lui ont mérité d'être citée par Boccace comme une des plus délicieuses villes de l'Italie : c'est que du temps de Boccace Amalfi était presqu'une reine, tandis qu'aujourd'hui Amalfi est à peine une esclave. Il est vrai qu'elle a toujours ses bosquets de myrtes et ses massifs d'orangers ; il est vrai qu'après chaque pluie d'été elle retrouve ses belles cascades, mais ce sont là les dons de Dieu que les hommes n'ont pu lui ôter: tout le reste, grandeur, puissance, commerce, liberté, tout ce reste, elle l'a perdu, et il ne lui reste que le souvenir de ce qu'elle a été, c'est-à-dire ce que le ver du cercueil serait au cadavre, si le cadavre pouvait sentir que le ver le ronge.

En effet, peu de villes ont un passé comme celui d'Amalfi.
En 1435 on y trouve les *Pandectes* de Justinien.
En 1302 Flavio Gioja y invente la boussole.
Enfin, en 1622, Masaniello y voit le jour.

Ainsi, le principe de toute loi, la base de toute navigation, le germe de toute souveraineté populaire, prennent naissance dans ce petit coin du monde qui n'a plus aujourd'hui pour le consoler de toutes ses grandeurs passées que la réputation de faire le meilleur macaroni qui se pétrisse de Chambéry à Reggio, du mont Cenis au mont Etna.

Entre ses cascades est une fonderie où l'on fabrique le fer qui se tire de l'île d'Elbe, cet autre royaume déchu, qui ne subsistera dans l'histoire que pour avoir servi dix mois de piedestal à un géant.

C'est à Atrani, petit village situé à quelques centaines de pas d'Amalfi, que naquit Thomas Aniello, dont, par une abréviation familière au patois napolitain, on a fait Masaniello. Outre ce souvenir, auquel nous reviendrons, Atrani offre comme art un des monuments les plus curieux que présente l'Italie : ce sont les bas-reliefs en bronze des portes de l'église de San-Salvatore, et qui datent de 1087, époque où la république d'Amalfi était arrivée à son apogée. Ces portes, consacrées à saint Sébastien, furent commandées par Pantaleone Viaretta, pour le rachat de son âme : *pro mercede animæ suæ.* Je m'informai, mais inutilement, du crime qui avait mis l'âme du seigneur Pantaleone en état de péché mortel, on l'avait oublié, en songeant sans doute que, quel qu'il fût, il était dignement racheté.

Si populaire que soit en France le nom de Masaniello, grâce au poëme de Scribe, à la musique d'Auber et à la révolution de Belgique, on nous permettra, quand nous en serons là, de nous arrêter sur la place du Marché-Neuf à Naples, pour donner quelques détails, inconnus peut-être, sur ce héros des lazzaronis, roi pendant huit jours, insensé pendant quatre, massacré comme un chien, traîné aux gémonies comme un tyran, apothéosé comme un grand homme et révéré comme un saint.

Le château qui domine la ville, et dont nous avons déjà parlé, est un ancien fort romain, des ruines duquel on embrasse un panorama admirable. Nous étions vers les trois heures de l'après-midi, lorsque, au-dessous de nous, nous vîmes notre speronare qui appareillait, et qui bientôt s'éloigna du rivage pour aller nous attendre à Naples. Nous échangeâmes des signaux avec le capitaine, qui, voyant flotter des mouchoirs au haut de la vieille tour que nous avions gravie à grand'peine, pensa qu'il n'y avait que nous qui fussions assez niais pour risquer notre cou dans une pareille ascension, et qui nous répondit de confiance. Nous fûmes aussi remarqués par Pietro, qui se mit aussitôt à danser une tarentelle à notre honneur. C'était la première fois que nous le voyions se livrer à cet exercice depuis l'échec qu'il avait éprouvé à San-Giovanni, le soir du fameux tremblement de terre.

Au reste, par une de ces singularités inexplicables qui se représentent si souvent dans des cas pareils, quoique les sources de ce cataclysme fussent, selon toute probabilité, dans les foyers souterrains du Vésuve et de l'Etna, Reggio, voisine de l'une de ces montagnes, et Salerne, voisine de l'autre, n'avaient éprouvé qu'une légère secousse, tandis que, comme on l'a vu, Cosenza, située à moitié chemin de ces deux volcans, était à peu près ruinée.

Nous n'eûmes pas besoin de redescendre jusqu'à Amalfi pour trouver un guide: deux jeunes pâtres gardaient quelques chèvres au pied d'une église voisine du fort romain, l'un d'eux mit son petit troupeau sous la garde de l'autre, et, sans vouloir faire de prix, s'en rapportant à la générosité de Nos Excellences, se mit à trotter devant nous sur le chemin présumé de la Cava ; je dis présumé, car aucune trace n'existait d'abord d'une communication quelconque entre les deux pays ; enfin nous arrivâmes à un endroit où une espèce de sentier commençait à se dessiner imperceptiblement ; cette apparence de route était le chemin ; deux heures après nous étions dans la ville bien-aimée de Filangieri, qui y composa en grande partie son célèbre traité de la Science de la législation.

En récompense de sa peine, notre guide reçut la somme de cinq carlins ; sa joie nous aurait presque fait regretter notre générosité dépassait de beaucoup ses espérances : il nous avoua même que, de sa vie, il ne s'était vu possesseur d'une pareille somme ; et peu s'en fallut que la tête ne lui tournât comme à son compatriote Masaniello.

Le même soir nous fîmes prix avec le propriétaire d'un calessino, qui, moyennant une piastre, devait nous conduire le lendemain à Naples. Comme il y a une douzaine de lieues de la Cava à la capitale du royaume des Deux-Siciles, une des conditions du traité fut qu'à moitié chemin, c'est-à-dire à Torre dell'Annunziata, nous trouverions un cheval frais pour achever la route. Notre cocher nous jura ses grands dieux qu'il possédait justement à cet endroit une écurie où nous trouverions dix chevaux pour un, et, moyennant cette assurance, nous reçûmes ses arrhes.

Je ne sais pas si j'ai dit qu'en Italie, tout au contraire de la France, ce ne sont point les voyageurs mais les voituriers qui donnent des arrhes ; sans cela, soit caprice, soit paresse, soit marché meilleur qu'ils pourraient rencontrer, on ne serait jamais sûr qu'ils partissent.

C'est ici peut-être l'occasion de dire quelques paroles de cette miraculeuse locomotive qu'on désigne, de Salerne à Gaëte, sous le nom de calessino, et que je ne crois pas que l'on retrouve dans aucun lieu du monde.

Le calessino a, selon toute probabilité, été destiné, par son inventeur, au transport d'une seule personne. C'est une espèce de tilbury peint de couleurs vives, et dont le siége a la forme d'une grande palette de soufflet à laquelle on ajouterait les deux bras d'un fauteuil. Quand le calessino touchait à son enfance, le propriétaire primitif s'asseyait entre ces deux bras, s'adossait à cette palette, et conduisait lui-même : voilà du moins, ce que semblent m'indiquer les recherches profondes que j'ai faites sur les premiers temps du calessino.

Dans notre époque de civilisation perfectionnée, le calessino charrie d'ordinaire, toujours attelé d'un seul cheval, et sans avoir rien changé à sa forme, de dix personnes au moins à quinze personnes au plus. Voici comment la chose s'opère. Ordinairement, un gros moine, au ventre arrondi et à la face rubiconde, occupe le centre de l'agglomération d'êtres humains que le calessino emporte avec lui au milieu du tourbillon de poussière qu'il soulève sur la route. Derrière le moine, auquel tout se rattache et correspond, est le cocher conduisant debout, tenant la bride d'une main et son long fouet de l'autre ; sur un des genoux du moine est, presque toujours, une fraîche nourrice avec son enfant ; sur l'autre genou, une belle paysanne de Sorrente, de Castellamare ou de Resina. Sur chacun des bras du soufflet, où est assis le moine se casent deux hommes, maris, amans, frères ou cousins de la nourrice et de la paysanne. Derrière le cocher se hissent, à la manière des laquais de grande maison, deux ou trois lazzaronis, aux jambes et aux bras nus, couverts d'une chemise, d'un caleçon et d'un gilet ; leur bonnet rouge sur la tête, leur amulette au cou. Sur les deux brancards se cramponnent deux gamins, guides aspirans, cicerone surnuméraires qui connaissent leur Herculanum à la lettre et leur Pompéia sur le bout du doigt. Enfin, dans un filet suspendu au-dessous de la voiture, grouille, entre les deux roues, quelque chose d'informe, qui rit, qui pleure, qui chante, qui se plaint, qui tousse, qui hurle ; c'est un nid d'enfans de cinq à huit ans, qui appartiennent on ne sait à qui, qui vivent on ne sait de quoi, qui vont on ne sait où. Tout cela, moine, cocher, nourrice, paysanne, paysans, lazzaronis, gamins et enfans, font un total de quinze : calculez et vous aurez votre compte.

Ce qui n'empêche pas le malheureux cheval d'aller toujours au grand galop.

Mais si cette allure a ses avantages, elle a aussi ses désagrémens : parfois il arrive que le calessino passe une sur pierre et envoie tout son chargement sur un des bas-côtés de la route.

Alors chacun ne s'occupe que du moine. On le ramasse, on le relève, on le tâte, on s'informe s'il n'a rien de cassé ; et lorsqu'on est rassuré sur son compte, la nourrice s'occupe de son nourrisson, le cocher de son cheval, les parens de leurs parens, les lazzaronis et les gamins d'eux-mêmes. Quant aux enfans du filet, personne ne s'en inquiète ; s'il en manque, tant pis : la population est si riche dans cette bonne ville de Naples, qu'on en retrouvera toujours d'autres.

C'était dans une machine de ce genre que nous devions opérer notre voyage de la Cava à Naples ; en nous pressant un peu, nous pouvions tenir, Jadin et moi, sur le siége ; le cocher devait, comme d'habitude, se tenir derrière nous, et Milord se coucher à nos pieds.

De plus, et pour surcroît de précaution, nous devions, comme nous l'avons dit, changer de cheval à Torre dell'Annunziata ; c'étaient les conventions faites, du moins, et pour répondre de l'exécution desquelles le cocher nous avait donné des arrhes.

A sept heures, heure indiquée, le calessino était à la porte de l'hôtel. Il n'y avait rien à dire pour l'exactitude : d'un autre côté, le siége était vide et les brancards solitaires ; le malheureux cheval, qui ne pouvait croire à une pareille bonne fortune, secouait ses grelots d'un air de joie mêlé de doute. Nous montâmes, Jadin, moi et Milord ; nous prîmes nos places, le cocher prit la sienne, puis il fit entendre un petit roulement de lèvres, pareil à celui dont le chasseur se sert pour faire envoler les perdreaux, et nous partîmes comme le vent.

Au bout d'un instant, Milord manifesta de l'inquiétude :

il se passait immédiatement au-dessous de lui quelque chose qui ne lui semblait pas naturel. Bientôt il fit entendre un grognement sourd, suivi d'un froncement de lèvres qui découvrait ses deux mâchoires depuis les premières canines jusqu'aux dernières molaires : c'était un signe auquel il n'y avait pas à se tromper; aussi, presque aussitôt, Milord fit une volte. Mais, à notre grand étonnement, il tourna sur lui-même comme sur un pivot : sa queue était passée à travers la natte qui formait le plancher du calessino, et une force supérieure l'empêchait de rentrer en possession de cette partie de sa personne, de laquelle, d'ordinaire, il était fort jaloux.

Des éclats de rire, qui suivirent immédiatement le mouvement infructueux de Milord, nous apprirent à qui il avait affaire. Nous avions négligé de visiter le filet qui pendait au-dessous de la voiture, et, pendant qu'elle attendait à la porte, il s'était rempli de son chargement ordinaire.

Jadin était furieux de l'humiliation que venait d'éprouver Milord ; mais je le calmai avec les paroles du Christ : Laissez venir les enfans jusqu'à moi. Seulement, on s'arrêta et on fit des conditions avec les usurpateurs ; il fut convenu qu'on les laisserait dans leur filet, et qu'ils y demeuraient parfaitement inoffensifs à l'endroit de Milord. Le traité conclu, nous repartîmes au galop.

Nous n'avions pas fait cent pas, qu'il nous sembla entendre notre cocher dialoguer avec un autre qu'avec son cheval ; nous nous retournâmes, et nous vîmes une seconde tête au-dessus de son épaule : c'était celle d'un marinier de Pouzzoles, qui avait saisi le moment où nous étions arrêtés pour profiter de l'occasion qui se présentait, de revenir jusqu'à Naples avec nous. Notre premier mouvement fut de trouver le moyen un peu sans gêne, et de le prier de descendre ; mais avant que nous n'eussions ouvert la bouche, il avait, d'un ton si câlin, souhaité le bonjour à Nos Excellences, que nous ne pouvions pas répondre à cette politesse par un affront ; nous le laissâmes donc au poste qu'il avait conquis par son urbanité, mais en recommandant au cocher de borner là sa libéralité.

Un peu au-delà de Nocera, un gamin sauta sur notre brancard, en nous demandant si nous ne nous arrêtions pas à Pompéia, et en nous offrant de nous en faire les honneurs. Nous le remerciâmes de sa proposition obligeante; mais comme il entrait dans nos projets de nous rendre directement à Naples, nous l'invitâmes à aller offrir ses services à d'autres qu'à nous ; il nous demanda alors de permettre qu'il restât où il était jusqu'à Pompéia. La demande était trop peu ambitieuse pour que nous la lui refusassions : le gamin demeura sur son brancard. Seulement, arrivé à Pompéia, il nous dit, qu'en y réfléchissant bien, c'était à Torre dell'Annunziata qu'il lui avait affaire, et qu'avec notre permission il ne nous quitterait que là. Nous eussions perdu tout le mérite de notre bonne action en ne la poursuivant pas jusqu'au bout. La permission fut étendue jusqu'à Torre dell'Annunziata.

A Torre dell'Annunziata nous nous arrêtâmes, comme la chose était convenue, pour déjeuner et pour changer de cheval. Nous déjeunâmes d'abord tant bien que mal, le lacrima-christi ayant fait compensation à l'huile épouvantable avec laquelle tout ce qu'on nous servit était assaisonné ; puis nous appelâmes notre cocher, qui se rendit à notre invitation de l'air le plus dégagé du monde. Nous ne doutions donc pas que nous ne pussions nous remettre immédiatement en route, lorsqu'il nous annonça, toujours avec son même air riant, qu'il ne savait pas comment cela se faisait, mais qu'il n'avait pas trouvé à Torre dell'Annunziata le relais sur lequel il avait cru pouvoir compter. Il est vrai, s'il fallait l'en croire, que cela n'était pas bien grave, attendu que le cheval ne se serait pas plutôt reposé une heure, que nous repartirions plus vite que nous n'étions venus. Au reste, l'accident, nous assurait-il, était des plus heureux, puisqu'il nous offrait une occasion de visiter Torre dell'Annunziata, une des villes, à son avis, les plus curieuses du royaume de Naples.

Nous nous serions fâchés que cela n'aurait avancé à rien. D'ailleurs, il faut le dire, il n'y a pas de peuple à l'endroit duquel la colère soit plus difficile qu'à l'endroit du peuple de Naples ; il est si grimacier, si gesticulateur, si grotesque, qu'autant vaut chercher dispute à Polichinelle. Au lieu de gronder notre cocher, nous lui abandonnâmes donc le reste de notre fiasco de lacrima-christi ; puis nous passâmes à l'écurie, où nous fîmes donner devant nous double ration d'avoine au cheval ; enfin, pour suivre le conseil que nous venions de recevoir, nous nous mîmes en quête des curiosités de Torre dell'Annunziata.

Une des choses les plus curieuses du village est le village lui-même. Ainsi nommé d'une chapelle érigée en 1319, et d'une tour que fit élever Alphonse Ier, il fut brûlé je ne sais combien de fois par la lave du Vésuve, et, comme sa voisine, Torre del Greco, rebâti toujours à la même place. De plus, et pour compliquer sans doute encore ses chances de destruction, le roi Charles III y établit une fabrique de poudre ; si bien qu'à la dernière irruption les pauvres diables qui l'habitaient, placés entre le volcan de Dieu et celui des hommes, manquèrent à la fois de brûler et de sauter, ce qui, grâce à la prévoyance de leur souverain, offrait du moins à leur mort une variante que les autres n'avaient point.

Le seul monument de Torre dell'Annunziata, à part celui qui lui a fait donner son nom et dont il ne reste d'ailleurs que des ruines, est sa coquette église de Saint-Martin, véritable bonbonnière à la manière de Notre-Dame-de-Lorette. Les fresques qui la couvrent et les tableaux qui l'enrichissent sont de Lanfranc, de l'Espagnolet, de Stanzioni, du cavalier d'Arpino et du Guide ; ce dernier, arrêté par la mort, n'eut pas le temps de terminer la toile de la Nativité qu'il peignait pour le maître-autel.

Au dessus de la porte est la fameuse Déposition de la croix par Stanzioni, laquelle doit sa réputation plus encore à la jalousie qu'elle inspira à l'Espagnolet, qu'à son mérite réel. Cette jalousie était telle, que ce dernier, ayant donné aux moines à qui elle appartenait le conseil de la nettoyer, mêla à l'eau dont ils se servirent une substance corrosive, qui la brûla en plusieurs endroits. Stanzioni aurait pu réparer cet accident, les moines désolés l'en supplièrent, mais il s'y refusa toujours afin de laisser cette tache à la vie de son rival.

Au reste, c'était une chose curieuse que ces haines de peintre à peintre, et qu'on ne retrouve que parmi eux. Masaccio, le Dominiquin et Barroccio meurent empoisonnés ; deux élèves de Geni, élève du Guide, attirés sur une galère, disparaissent sans que jamais on ait pu apprendre ce qu'ils étaient devenus ; le Guide et le chevalier d'Arpino, menacés d'une mort violente, sont obligés de s'enfuir de Naples en laissant leurs travaux interrompus ; enfin le Giorgione dut la vie à la cuirasse qu'il portait sur sa poitrine, et le Titien au couteau de chasse qu'il portait au côté.

Il est vrai aussi que c'était le temps des chefs-d'œuvre.

En revenant à l'hôtel, nous retrouvâmes notre calessino attelé. Le pauvre cheval avait eu un repos de deux heures et double ration d'avoine, mais sa charge s'était augmentée de deux lazzaronis et d'un second gamin.

Nous vîmes qu'il était inutile de protester contre l'envahissement, et nous résolûmes au contraire de le laisser aller sans aucunement nous y opposer. En arrivant à Resina nous étions au complet, et rien ne nous manquait pour soutenir la concurrence avec les nationaux, pas même la nourrice et la paysanne ; au reste, soit habitude, soit l'effet de la double ration d'avoine, la charge toujours croissante n'avait point empêché notre cheval d'aller toujours au galop.

A mesure que nous approchions, nous entendions s'augmenter la rumeur de la ville. Le Napolitain est sans contredit le peuple qui fait le plus de bruit sur la surface de la terre : ses églises sont pleines de cloches, ses chevaux et ses mules sont festonnées de grelots, ses lazzaronis, ses femmes et ses enfans ont des gosiers de cuivre ; tout cela sonne, tinte, crie éternellement. La nuit même, aux heures où toutes les autres villes dorment, il y a toujours quelque chose qui remue, s'agite et frémit dans Naples. De temps en temps une voix puissante fait le second dessus de toutes ces rumeurs, c'est le Vésuve qui gronde et qui prend part au concert éternel ; mais quelques efforts qu'il tente, il ne le fait pas taire, et n'est qu'un bruit plus terrible et plus menaçant mêlé à tous ces bruits.

Notre suite, au reste, nous quittait comme elle s'était jointe à nous, oubliant de nous dire adieu comme elle avait oublié de nous dire bonjour, ne comprenant pas sans doute que chacun n'eût point sa part au calessino comme chacun a sa part au soleil. Au pont de la Maddalena, les deux gamins sautèrent à bas des brancards ; à la fontaine des Carmes, nous nous arrêtâmes pour laisser descendre la nourrice et la paysanne ; au Môle, nos deux lazzaronis se laissèrent couler à terre ; à Mergellina, notre pêcheur disparut. En arrivant à l'hôtel, nous croyons n'être plus possesseurs que des enfans du filet, lorsqu'en regardant sous la voiture nous vîmes que le filet était vide. Grâce à nous, chacun était arrivé à sa destination.

Grâce à notre équipage et à notre suite, on n'avait pas fait attention à nous, et nous étions rentrés à Naples sans qu'on nous eût même demandé nos passeports.

Comme à notre première arrivée, nous descendîmes à l'hôtel de la Vittoria, le meilleur et le plus élégant de Naples, situé à la fois sur Chiaja et sur la mer ; et le même soir, au clair de la lune, nous crûmes reconnaître notre speronare, qui se balançait à l'ancre à cent pas de nos fenêtres.

Nous ne nous étions pas trompés. Le lendemain, à peine étions-nous levés, qu'on nous annonça que le capitaine nous attendait, accompagné de tout son équipage. Le moment était venu de nous séparer de nos braves matelots.

Il faut avoir vécu pendant trois mois isolés sur la mer, et d'une vie qui n'est pas sans danger, pour comprendre le lien qui attache le capitaine au navire, le passager à l'équipage. Quoique nos sympathies se fussent principalement fixées sur le capitaine, sur Nunzio, sur Giovanni, sur Philippe et sur Pietro, tous au moment du départ étaient devenus nos amis ; en touchant son argent, le capitaine pleurait ; en recevant leur bonne main les matelots pleuraient, et nous, Dieu me pardonne ! quelque effort que nous fissions pour garder notre dignité, je crois que nous pleurions aussi.

Depuis ce temps nous ne les avons pas revus, et peut-être ne les reverrons-nous jamais. Mais qu'on leur parle de nous, qu'on s'informe auprès d'eux des deux voyageurs français qui ont fait le tour de la Sicile pendant l'année 1835, et je suis sûr que notre souvenir sera aussi présent à leur cœur que leur mémoire est présente à notre esprit.

Dieu garde donc de tout malheur le joli petit speronare qui navigue de Naples à Messine sous l'invocation de la *Madone du pied de la grotte !*

FIN DU CAPITAINE ARÉNA.

TABLE DES MATIÈRES DU CAPITAINE ARÉNA.

La maison des fous. 209	Scylla. 244
Mœurs et anecdotes siciliennes. 215	Le prophète. 247
Excursion aux îles Éoliennes :	Térence le tailleur.. 251
Lipari. 220	Le Pizzo. 257
Vulcano. 224	Maïda. 264
Stromboli. 226	Bellini. 268
La sorcière de Palma. 229	Cosenza. 270
Une trombe. 234	Terre Moti. 274
La cage de fer. 238	Retour. 280

FIN DE LA TABLE DU CAPITAINE ARÉNA.

Publication du journal LE SIÈCLE.

OEUVRES COMPLÈTES

DE M.

ALEXANDRE DUMAS.

IMPRESSIONS
DE VOYAGE

LE CORRICOLO

INTRODUCTION.

Le *corricolo* est le synonyme de *calessino*, mais comme il n'y a pas de synonyme parfait, expliquons la différence qui existe entre le corricolo et le calessino.

Le corricolo est une espèce de tilbury primitivement destiné à contenir une personne et à être attelé d'un cheval ; on l'attèle de deux chevaux, et il charrie de douze à quinze personnes.

Et qu'on ne croie pas que ce soit au pas, comme la charrette à bœufs des rois francs, ou au trot, comme le cabriolet de régie ; non, c'est au triple galop ; et le char de Pluton, qui enlevait Proserpine sur les bords de l'Himère, n'allait pas plus vite que le corricolo qui sillonne les quais de Naples en brûlant un pavé de laves et en soulevant leur poussière de cendres.

Cependant un seul des deux chevaux tire véritablement : c'est le timonier. L'autre, qui s'appelle le bilancino, et qui est attelé de côté, bondit, caracole, excite son compagnon, voilà tout. Quel dieu, comme à Tytire, lui a fait ce repos?. C'est le hasard, c'est la providence, c'est la fatalité : les chevaux, comme les hommes, ont leur étoile.

Nous avons dit que ce tilbury, destiné à une personne, en charriait d'ordinaire douze ou quinze; cela, nous le comprenons bien, demande une explication. Un vieux proverbe français dit : « Quand il y en a pour un, il y en a pour deux. » Mais je ne connais aucun proverbe dans aucune langue qui dise : « Quand il y en a pour un, il y en a pour quinze. »

Il en est cependant ainsi du corricolo, tant, dans les civilisations avancées, chaque chose est détournée de sa destination primitive !

Comment et en combien de temps s'est faite cette agglomération successive d'individus sur le corricolo, c'est ce qu'il est impossible de déterminer avec précision. Contentons-nous donc de dire comment elle y tient.

D'abord, et presque toujours, un gros moine est assis au milieu et forme le centre de l'agglomération humaine que le corricolo emporte comme un de ces tourbillons d'âmes que Dante vit suivant un grand étendard dans le premier cercle de l'enfer. Il a sur un de ses genoux quelque fraîche nourrice d'Aversa ou de Nettuno, et sur l'autre quelque belle paysanne de Bauci ou de Procida ; aux deux côtés du moine, entre les roues et la caisse, se tiennent debout les maris de ces dames. Derrière le moine se dresse sur la pointe des pieds le propriétaire ou le conducteur de l'attelage, tenant de la main gauche la bride, et de la main droite le long fouet avec lequel il entretient d'une égale vitesse la marche de ses deux chevaux. Derrière celui-ci se groupent à leur tour, à la manière des valets de bonne maison, deux ou trois lazzaroni, qui montent, qui descendent, se succèdent, se renouvellent, sans qu'on pense jamais à leur demander un salaire en échange du service rendu. Sur les deux brancards sont assis deux gamins ramassés sur la route de Torre del Greco ou de Pouzzoles, ciceroni surnuméraires des antiquités d'Herculanum et de Pompeïa, guides marrons des antiquités de Cumes et de Baïa. Enfin, sous l'essieu de la voiture, entre les deux roues, dans un filet à grosses mailles qui va ballottant de haut en bas, de long en large, grouille quelque chose d'informe, qui rit, qui pleure, qui crie, qui hogne, qui se plaint, qui chante, qui raille, qu'il est impossible de distinguer au milieu de la poussière que soulèvent les pieds des chevaux : ce sont trois ou quatre enfans qui appartiennent on ne sait à qui, qui vont on ne sait où, qui vivent on ne sait de quoi, qui sont là on ne sait comment, et qui y restent on ne sait pourquoi.

Maintenant, mettez au-dessous l'un de l'autre, moine, paysannes, mari, conducteurs, lazzaroni, gamins et enfans ; additionnez le tout, ajoutez le nourrisson oublié, et vous aurez votre compte. Total, quinze personnes.

Parfois il arrive que la fantastique machine, chargée comme elle est, passe sur une pierre et verse ; alors toute la carrossée s'éparpille sur le revers de la route, chacun lancé selon son plus ou moins de pesanteur. Mais chacun se retire aussitôt et oublie son accident pour ne s'occuper que de celui du moine ; on le tâte, on le tourne, on le retourne, on le relève, on l'interroge. S'il est blessé, tout le monde s'arrête, on le porte, on le soutient, on le choie, on le couche, on le garde. Le corricolo est remisé au coin de la cour, les chevaux entrent dans l'écurie ; pour ce jour là, le voyage est fini ; on pleure, on se lamente, on prie. Mais si, au contraire, le moine est sain et sauf, personne n'a rien ; il remonte à sa place, la nourrice et la paysanne reprennent chacune la sienne ; chacun se rétablit, se regroupe, se rentasse, et, au seul cri excitateur du cocher, le corricolo reprend sa course, rapide comme l'air et infatigable comme le temps.

Voilà ce que c'est que le corricolo.

Maintenant, comment le nom d'une voiture est-il devenu le titre d'un ouvrage ? C'est ce que le lecteur verra au second chapitre.

D'ailleurs, nous avons un antécédent de ce genre que, plus que personne, nous avons le droit d'invoquer : c'est le *Speronare*.

PREMIÈRE PARTIE.

I.

OSMIN ET ZAÏDA.

Nous étions descendus à l'hôtel de la Victoire. Monsieur Martin Zir est le type du parfait hôtelier italien : homme de goût, homme d'esprit, antiquaire distingué, amateur de tableaux, convoiteur de chinoiseries, collectionneur d'autographes, monsieur Martin Zir est tout, excepté aubergiste. Cela n'empêche pas l'hôtel de la Victoire d'être le meilleur hôtel de Naples. Comment cela se fait-il ? Je n'en sais rien. Dieu est parce qu'il est.

C'est qu'aussi l'hôtel de la Victoire est situé d'une manière ravissante : vous ouvrez une fenêtre, vous voyez Chiaja, la Villa-Reale, le Pausilippe ; vous en ouvrez une autre, voilà le golfe, et à l'extrémité du golfe, pareille à un vaisseau éternellement à l'ancre, la bleuâtre et poétique Caprée ; vous en ouvrez une troisième, c'est Sainte-Lucie avec ses mollenari, ses fruits de mer, ses cris de tous les jours, ses illuminations de toutes les nuits.

Les chambres d'où l'on voit toutes ces belles choses ne sont point des appartemens ; ce sont des galeries de tableaux, ce sont des cabinets de curiosités, ce sont des boutiques de bric-à-brac.

Je crois que ce qui détermine monsieur Martin Zir à recevoir chez lui des étrangers, c'est d'abord le désir de leur faire voir les trésors qu'il possède ; puis il loge et nourrit les hôtes par circonstance. A la fin de leur séjour à la Vittoria, un total de leur dépense arrive, c'est vrai : ce total se monte à cent écus, à mille francs, plus ou moins, c'est vrai encore ; mais c'est parce qu'ils demandent leur compte. S'ils ne le demandaient pas, je crois que monsieur Martin Zir, perdu dans la contemplation d'un tableau, dans l'appréciation d'une porcelaine ou dans le déchiffrement d'un autographe, oublierait de le leur envoyer.

Aussi, lorsque le dey, chassé d'Alger, passa à Naples, charriant ses trésors et son harem, prévenu par la réputation de monsieur Martin Zir, il se fit conduire tout droit à l'hôtel de la Vittoria, dont il loua les trois étages supérieurs, c'est-à-dire le troisième, le quatrième et les greniers.

Le troisième était pour ses officiers et les gens de sa suite.
Le quatrième était pour lui et ses trésors.
Les greniers étaient pour son harem.

L'arrivée du dey fut une bonne fortune pour monsieur Martin Zir, non pas, comme on pourrait le croire, à cause de l'argent que l'Algérien allait dépenser dans l'hôtel, mais relativement aux trésors d'armes, de costumes et de bijoux qu'il transportait avec lui.

Au bout de huit jours, Hussein-Pacha et monsieur Martin Zir étaient les meilleurs amis du monde ; ils ne se quittaient plus. Qui voyait paraître l'un s'attendait à voir immédiatement paraître l'autre. Oreste et Pylade n'étaient pas plus inséparables ; Damon et Pythias n'étaient pas plus dévoués. Cela dura quatre ou cinq mois. Pendant ce temps, on donna force fêtes à Son Altesse. Ce fut à l'une de ces fêtes, chez le prince de Cassaro, qu'après avoir vu exécuter un cotillon effréné le dey demanda au prince de Tricasie, gendre du ministre des affaires étrangères, comment, étant si riche, il se donnait la peine de danser lui-même.

Le dey aimait fort ces sortes de divertissemens, car il était fort impressionnable à la beauté, à la beauté comme il la comprenait, bien entendu. Seulement il avait une singulière manière de manifester son mépris et son admiration. Selon la maigreur ou l'obésité des personnes, il disait :

— Madame une telle ne vaut pas trois piastres. Madame une telle vaut plus de mille ducats.

Un jour on apprit avec étonnement que monsieur Martin Zir et Hussein-Pacha venaient de se brouiller. Voici à quelle occasion le refroidissement était survenu :

Un matin, le cuisinier de Hussein-Pacha, un beau nègre de Nubie, noir comme de l'encre et luisant comme s'il eût été passé au vernis : un matin, dis-je, le cuisinier de Hussein-Pacha était descendu au laboratoire et avait demandé le plus grand couteau qu'il y eût dans l'hôtel.

Le chef lui avait donné une espèce de tranchelard de dix-huit pouces de long, pliant comme un fleuret et affilé comme un rasoir. Le nègre avait regardé l'instrument en secouant la tête, puis il était remonté à son troisième étage.

Un instant après, il était redescendu et avait rendu le tranchelard au chef en disant :

— Plus grand, plus grand !

Le chef avait alors ouvert tous ses tiroirs, et ayant découvert un coutelas dont il ne se servait lui-même que dans les grandes occasions, il l'avait remis à son confrère. Celui-ci avait regardé le coutelas avec la même attention qu'il avait fait du tranchelard, et, après avoir répondu par un signe de tête qui voulait dire : « Hum ! ce n'est pas encore cela qu'il me faudrait, mais cela se rapproche ; » il était remonté comme la première fois.

Cinq minutes après, le nègre redescendit de nouveau, et, rendant le coutelas au chef :

— Plus grand encore, lui dit-il.

— Et pourquoi diable avez-vous besoin d'un couteau plus grand que celui-ci ? demanda le chef.

— Moi en avoir besoin, répondit flegmatiquement le nègre.

— Mais pourquoi faire ?

— Pour moi couper la tête à Osmin.

— Comment ! s'écria le chef, pour toi couper la tête à Osmin.

— Pour moi couper la tête à Osmin, répondit le nègre.

— A Osmin, le chef des eunuques de Sa Hautesse ?

— A Osmin, le chef des eunuques de Sa Hautesse.

— A Osmin que le dey aime tant ?

— A Osmin que le dey aime tant.

— Mais vous êtes fou, mon cher ! Si vous coupez la tête à Osmin, Sa Hautesse sera furieuse.

— Sa Hautesse l'a ordonné à moi.

— Ah ! c'est différent alors.

— Donnez donc un autre couteau à moi, reprit le nègre, qui revenait à son idée avec la persistance de l'obéissance passive.

— Mais qu'a fait Osmin ? demanda le chef.

— Donnez un autre couteau à moi, plus grand, plus grand.

— Auparavant, je voudrais savoir ce qu'a fait Osmin.

— Donnez un autre couteau à moi, plus grand, plus grand, plus grand encore !

— Eh bien ! je te donnerai ton couteau, si tu me dis ce qu'a fait Osmin.

— Il a laissé faire un trou dans le mur !

— A quel mur ?

— Au mur du harem.

— Et après ?

— Le mur, il était celui de Zaïda.

— La favorite de Sa Hautesse ?

— La favorite de Sa Hautesse.

— Eh bien ?

— Eh bien ! un homme est entré chez Zaïda.

— Diable !

— Donnez donc un grand, grand, grand couteau à moi pour couper la tête à Osmin.

— Pardon ; mais que fera-t-on à Zaïda ?

— Sa Hautesse aller promener dans le golfe avec un sac, Zaïda être dans ce sac, Sa Hautesse jeter le sac à la mer... Bonsoir, Zaïda.

Et le nègre montra, en riant de la plaisanterie qu'il venait de faire, deux rangées de dents blanches comme des perles.

— Mais quand cela ? reprit le chef.

— Quand quoi ? demanda le nègre.

— Quand jette-t-on Zaïda à la mer ?

— Aujourd'hui. Commencer par Osmin, finir par Zaïda.

— Et c'est toi qui t'es chargé de l'exécution ?

— Sa Hautesse a donné l'ordre à moi, dit le nègre en se redressant avec orgueil.

— Mais c'est la besogne du bourreau et non la tienne.

— Sa Hautesse pas avoir eu le temps d'emmener son bourreau, et il a pris cuisinier à lui. Donnez donc à moi un grand couteau pour couper la tête à Osmin.

— C'est bien, c'est bien, interrompit le chef ; on va te le chercher, ton grand couteau. Attends-moi ici.

— J'attends vous, dit le nègre.

Le chef courut chez monsieur Martin Zir, et lui transmit la demande du cuisinier de Sa Hautesse.

Monsieur Martin Zir courut chez Son Excellence le ministre de la police, et le prévint de ce qui se passait à son hôtel.

Son Excellence fit mettre les chevaux à sa voiture et se rendit chez le dey.

Il trouva Sa Hautesse à demi couchée sur un divan, le dos appuyé à la muraille, fumant du latakié dans un chibouque, une jambe repliée sous lui et l'autre jambe étendue, se faisant gratter la plante du pied par un icoglan et éventer par deux esclaves.

Le ministre fit les trois saluts d'usage, le dey inclina la tête.

— Hautesse, dit Son Excellence, je suis le ministre de la police.

— Je te connais, répondit le dey.

— Alors, Votre Hautesse se doute du motif qui m'amène.

— Non. Mais n'importe, sois le bienvenu.

— Je viens pour empêcher Votre Hautesse de commettre un crime.

— Un crime ! Et lequel ? dit le dey, tirant son chibouque de ses lèvres et regardant son interlocuteur avec l'expression du plus profond étonnement.

— Lequel ? Votre Hautesse le demande ! s'écria le ministre. Votre Hautesse n'a-t-elle pas l'intention de faire couper la tête à Osmin ?

— Couper la tête à Osmin n'est point un crime, reprit le dey.

— Votre Hautesse n'a-t-elle pas l'intention de jeter Zaïda à la mer ?

— Jeter Zaïda à la mer n'est point un crime, reprit encore le dey.

— Comment ! ce n'est pas un crime de jeter Zaïda à la mer et de couper la tête à Osmin ?

— J'ai acheté Osmin cinq cents piastres et Zaïda mille sequins, comme j'ai acheté cette pipe cent ducats.

— Eh bien ! demanda le ministre, où Votre Hautesse en veut-elle venir ?

— Que, comme cette pipe m'appartient, je puis la casser en dix morceaux, en vingt morceaux, en cinquante morceaux, si cela me convient, et que personne n'a rien à dire. Et le pacha cassa sa pipe, dont il jeta les débris dans la chambre.

— Bon pour une pipe, dit le ministre ; mais Osmin, mais Zaïda !

— Moins qu'une pipe, dit gravement le dey.

— Comment, moins qu'une pipe ! Un homme moins qu'une pipe ! Une femme moins qu'une pipe !

— Osmin n'est pas un homme, Zaïda n'est point une femme : ce sont des esclaves. Je ferai couper la tête à Osmin, et je ferai jeter Zaïda à la mer.

— Non, dit Son Excellence.

— Comment, non! s'écria le pacha avec un geste de menace.
— Non, reprit le ministre, non ; pas à Naples du moins.
— Giaour, dit le dey, sais-tu comment je m'appelle?
— Vous vous appelez Hussein-Pacha?
— Chien de chrétien ! s'écria le dey avec une colère croissante ; sais-tu qui je suis?
— Vous êtes l'ex-dey d'Alger, et moi je suis le ministre actuel de la police de Naples.
— Et cela veut dire? demanda le dey.
— Cela veut dire que je vais vous envoyer en prison si vous faites l'impertinent, entendez-vous, mon brave homme? répondit le ministre avec le plus grand sang-froid.
— En prison! murmura le dey en retombant sur son divan.
— En prison, dit le ministre.
— C'est bien, reprit Hussein. Ce soir je quitte Naples.
— Votre Hautesse est libre comme l'air, répondit le ministre.
— C'est heureux, dit le dey.
— Mais à une condition cependant.
— Laquelle?
— C'est que Votre Hautesse me jurera sur le prophète qu'il n'arrivera malheur ni à Osmin ni à Zaïda.
— Osmin et Zaïda m'appartiennent, dit le dey, j'en ferai ce que bon me semblera.
— Alors Votre Hautesse ne partira point.
— Comment, je ne partirai point !
— Non, du moins avant de m'avoir remis Osmin et Zaïda.
— Jamais ! s'écria le dey.
— Alors je les prendrai, dit le ministre.
— Vous les prendrez? vous me prendrez mon eunuque et mon esclave?
— En touchant le sol de Naples, votre esclave et votre eunuque sont devenus libres. Vous ne quitterez Naples qu'à la condition que les deux coupables seront remis à la justice du roi.
— Et si je ne veux pas vous les remettre, qui m'empêchera de partir?
— Moi.
— Vous?
Le pacha porta la main à son poignard ; le ministre lui saisit le bras au-dessus du poignet.
— Venez ici, lui dit-il en le conduisant vers la fenêtre, regardez dans la rue. Que voyez-vous à la porte de l'hôtel?
— Un peloton de gendarmerie.
— Savez-vous ce que le brigadier qui le commande attend? Que je lui fasse un signe pour vous conduire en prison.
— En prison, moi? je voudrais bien voir cela !
— Voulez-vous voir?
Son Excellence fit un signe : un instant après, on entendit retentir dans l'escalier le bruit de deux grosses bottes garnies d'éperons. Presque aussitôt la porte s'ouvrit, et le brigadier parut sur le seuil, la main droite à son chapeau, la main gauche à la couture de sa culotte.
— Gennaro, lui dit le ministre de la police, si je vous donnais l'ordre d'arrêter monsieur et de le conduire en prison, y verriez-vous quelque difficulté?
— Aucune, Excellence.
— Vous savez que monsieur s'appelle Hussein-Pacha?
— Non, je ne le savais pas.
— Et que monsieur n'est ni plus ni moins que le dey d'Alger?
— Qu'est-ce que c'est que ça, le dey d'Alger?
— Vous voyez, dit le ministre.
— Diable! fit le dey.
— Faut-il? demanda Gennaro en tirant une paire de poucettes de sa poche et en s'avançant vers Hussein-Pacha, qui, le voyant faire un pas en avant, fit de son côté un pas en arrière.
— Non, il ne le faut pas, dit le ministre. Sa Hautesse sera bien sage. Seulement, cherchez dans l'hôtel un certain Osmin et une certaine Zaïda, et conduisez-les tous les deux à la préfecture.

— Comment, comment, dit le dey, cet homme entrerait dans mon harem !
— Ce n'est pas un homme ici, répondit le ministre ; c'est un brigadier de gendarmerie.
— N'importe. Il n'aurait qu'à laisser la porte ouverte !
— Alors il y a un moyen. Faites-lui remettre Osmin et Zaïda.
— Et ils seront punis? demanda le dey.
— Selon toute la rigueur de nos lois, répondit le ministre.
— Vous me le promettez?
— Je vous le jure.
— Allons, dit le dey, il faut bien en passer par où vous voulez, puisqu'on ne peut pas faire autrement.
— A la bonne heure, dit le ministre ; je savais bien que vous n'étiez pas aussi méchant que vous en aviez l'air.
Hussein-Pacha frappa dans ses mains ; un esclave ouvrit une porte cachée dans la tapisserie.
— Faites descendre Osmin et Zaïda, dit le dey.
L'esclave croisa les mains sur sa poitrine, courba la tête et s'éloigna sans répondre un mot. Un instant après il reparut avec les coupables.
L'eunuque était une petite boule de chair, grosse, grasse, ronde, avec des mains de femme, des pieds de femme, une figure de femme.
Zaïda était une Circassienne, aux yeux peints avec du cool, aux dents noircies avec du bétel, aux ongles rougis avec du henné.
En apercevant Hussein-Pacha, l'eunuque tomba à genoux, Zaïda releva la tête. Les yeux du dey étincelèrent, et il porta la main à son canjiar. Osmin pâlit, Zaïda sourit.
Le ministre se plaça entre le pacha et les coupables.
— Faites ce que j'ai ordonné, dit-il en se retournant vers Gennaro
Gennaro s'avança vers Osmin et vers Zaïda, leur mit à tous deux les poucettes et les emmena.
Au moment où ils quittaient la chambre avec le brigadier, Hussein poussa un soupir qui ressemblait à un rugissement.
Le ministre de la police alla vers la fenêtre, vit les deux prisonniers sortir de l'hôtel, et, accompagné de leur escorte, disparaître au coin de la rue Chiatamone.
— Maintenant, dit-il en se retournant vers le dey, Votre Hautesse est libre de partir quand elle voudra.
— A l'instant même ! s'écria Hussein, à l'instant même ! Je ne resterai pas un instant de plus dans un pays aussi barbare que le vôtre!
— Bon voyage ! dit le ministre.
— Allez au diable! dit Hussein.
Une heure ne s'était pas écoulée que Hussein avait frété un petit bâtiment ; deux heures après il y avait fait conduire ses femmes et ses trésors. Le même soir il s'y rendait à son tour avec sa suite, et à minuit il mettait à la voile, maudissant ce pays d'esclaves où l'on n'était pas libre de couper le cou à son eunuque et de noyer sa femme.
Le lendemain, le ministre fit comparaître devant lui les deux coupables et leur fit subir un interrogatoire.
Osmin fut convaincu d'avoir dormi quand il aurait dû veiller, et Zaïda d'avoir veillé quand elle aurait dû dormir.
Mais comme dans le code napolitain ces deux crimes de lèze-hautesse n'étaient point prévus, il n'étaient passibles d'aucune punition.
En conséquence, Osmin et Zaïda furent, à leur grand étonnement, mis en liberté le lendemain même du jour où le dey avait quitté Naples.
Or, comme tous les deux ne savaient que devenir, n'ayant ni fortune ni état, ils furent forcés de se créer chacun une industrie.
Osmin devint marchand de pastilles du sérail, et Zaïda se fit demoiselle de comptoir.
Quant au dey d'Alger, il était sorti de Naples avec l'intention de se rendre en Angleterre, pays où il avait entendu dire qu'on avait au moins la liberté de vendre sa femme, à défaut du droit de la noyer : mais il se trouva indisposé pendant la traversée, il fut forcé de relâcher à Livourne, où il fit comme chacun sait une fort belle mort, si ce n'est cependant

qu'il mourut sans avoir pardonné à monsieur Martin Zir, ce qui aurait eu de grandes conséquences pour un chrétien, mais ce qui est sans importance pour un Turc.

II.

LES CHEVAUX SPECTRES.

J'avais été recommandé à monsieur Martin Zir comme artiste ; j'avais admiré ses galeries de tableaux, j'avais exalté son cabinet de curiosités, et j'avais augmenté sa collection d'autographes. Il en résultait que monsieur Martin Zir, à mon premier passage, si rapide qu'il eût été, m'avait pris en grande affection ; et la preuve, c'est qu'il s'était, comme on l'a vu ailleurs, défait en ma faveur de son cuisinier Cama, dont j'ai raconté l'histoire (voir le *Speronare*), et qui n'avait d'autre défaut que d'être *appassionatto* de Roland et de ne pouvoir supporter la mer, ce qui était cause que sur terre il faisait fort peu de cuisine, et que sur mer il n'en faisait pas du tout.

Ce fut donc avec grand plaisir que monsieur Martin Zir nous vit, après trois mois d'absence, pendant lesquels le bruit de notre mort était arrivé jusqu'à lui, descendre à la porte de son hôtel.

Comme sa galerie s'était augmentée de quelques tableaux, comme son cabinet s'était enrichi de quelques curiosités, comme sa collection d'autographes s'était recrutée de quelques signatures, il me fallut avant toute chose parcourir la galerie, visiter le cabinet, feuilleter les autographes.

Après quoi je le priai de me donner un appartement.

Cependant il ne s'agissait pas de perdre mon temps à me reposer. J'étais à Naples, c'est vrai ; mais j'y étais sous un nom de contrebande ; et comme d'un jour à l'autre le gouvernement napolitain pouvait découvrir mon incognito et me prier d'aller voir à Rome si son ministre y était toujours, il fallait voir Naples le plutôt possible.

Or, Naples, à part ses environs, se compose de trois rues où l'on va toujours et de cinq cents rues où l'on ne va jamais.

Ces trois rues se nomment la rue de la Chiaja, la rue de Tolède et la rue de Forcella.

Les cinq cents autres rues n'ont pas de nom. C'est l'œuvre de Dédale ; c'est le labyrinthe de Crète, moins le minotaure, plus les lazzaroni.

Il y a trois manières de visiter Naples :
A pied, en corricolo, en calèche.
A pied, on passe partout.
En corricolo, l'on passe presque partout.
En calèche, l'on ne passe que dans les rues de Chiaja, de Tolède et de Forcella.

Je ne me souciais pas d'aller à pied. A pied l'on voit trop de choses.

Je ne me souciais pas d'aller en calèche. En calèche on n'en voit pas assez.

Restait le corricolo, terme moyen, juste milieu, anneau intermédiaire qui réunissait les deux extrêmes.

Je m'arrêtai donc au corricolo.

Mon choix fait, j'appelai monsieur Martin Zir. Monsieur Martin Zir monta aussitôt.

— Mon cher hôte, lui dis-je, je viens de décider dans ma sagesse que je visiterai Naples en corricolo.

— A merveille, dit monsieur Martin. Le corricolo est une voiture nationale qui remonte à la plus haute antiquité. C'est la biga des Romains, et je vois avec plaisir que vous appréciez le corricolo.

— Au plus haut degré, mon cher hôte. Seulement je voudrais savoir ce qu'on loue un corricolo au mois.

— On ne loue pas un corricolo au mois, me répondit monsieur Martin.
— Alors à la semaine.
— On ne loue pas le corricolo à la semaine.
— Eh bien au jour.
— On ne loue pas le corricolo au jour.
— Comment donc loue-t-on le corricolo ?
— On monte dedans quand il passe et l'on dit : « Pour un carlin. » Tant que le carlin dure, le cocher vous promène ; le carlin usé, on vous descend. Voulez-vous recommencer ? vous dites : « Pour un autre carlin » ; » le corricolo repart et ainsi de suite.
— Mais moyennant ce carlin on va où l'on veut ?
— Non, on va où le cheval veut aller. Le corricolo est comme le ballon, on n'a pas encore trouvé moyen de le diriger.
— Mais alors pourquoi va-t-on en corricolo ?
— Pour le plaisir d'y aller.
— Comment ! c'est pour leur plaisir que ces malheureux s'entassent à quinze dans une voiture où l'on est gêné à deux !
— Pas pour autre chose.
— C'est original !
— C'est comme cela.
— Mais si je proposais à un propriétaire de corricolo de louer un de ses berlingots au mois, à la semaine ou au jour ?
— Il refuserait.
— Pourquoi ?
— Ce n'est pas l'habitude.
— Il la prendrait.
— A Naples, on ne prend pas d'habitudes nouvelles : on garde les vieilles habitudes qu'on a.
— Vous croyez ?
— J'en suis sûr.
— Diable ! diable ! j'avais une idée sur le corricolo ; cela me vexera horriblement d'y renoncer.
— N'y renoncez pas.
— Comment voulez-vous que je la satisfasse, puisqu'on ne loue les corricoli ni au mois, ni à la semaine, ni au jour ?
— Achetez un corricolo.
— Mais ce n'est pas le tout que d'acheter un corricolo, il faut acheter les chevaux avec.
— Achetez les chevaux avec.
— Mais cela me coûtera les yeux de la tête.
— Non.
— Combien cela me coûtera-t-il donc ?
— Je vais vous le dire.

Et monsieur Martin, sans se donner la peine de prendre une plume et du papier, leva le nez au plafond et calcula de mémoire.

— Cela vous coûtera, reprit-il : le corricolo, dix ducats ; chaque cheval, trente carlins ; les harnais, une pistole ; en tout quatre-vingts francs de France.
— C'est miraculeux ! Et pour dix ducats j'aurai un corricolo !
— Magnifique.
— Neuf ?
— Oh ! vous en demandez trop. D'abord il n'y a pas de corricoli neufs. Le corricolo n'existe pas, le corricolo est mort, le corricolo a été tué légalement.
— Comment cela ?
— Oui, il y a un arrêté de police qui défend aux carrossiers de faire des corricoli.
— Et combien y a-t-il que cet arrêté a été rendu ?
— Oh ! il y a cinquante ans peut-être.
— Alors comment le corricolo survit-il à une pareille ordonnance ?
— Vous connaissez l'histoire du couteau de Jeannot ?
— Je crois bien ! c'est une chronique nationale.
— Ses propriétaires successifs en avaient changé quinze fois le manche.
— Et quinze fois la lame.
— Ce qui ne l'empêchait pas d'être toujours le même.
— Parfaitement.
— Eh bien ! c'est l'histoire du corricolo. Il est défendu de

faire des corricoli, mais il n'est pas défendu de mettre des roues neuves aux vieilles caisses, et des caisses neuves aux vieilles roues.

— Ah ! je comprends.

— De cette façon, le corricolo résiste et se perpétue. De cette façon, le corricolo est immortel.

— Alors vive le corricolo, avec des roues neuves et une vieille caisse ! Je le fais repeindre, et fouette cocher ! Mais l'attelage ? Vous dites que pour trente francs j'aurai un attelage.

— Superbe ! et qui ira comme le vent.

— Quelle espèce de chevaux ?

— Ah ! dame ! des chevaux morts.

— Comment ! des chevaux morts ?

— Oui ; vous comprenez que pour ce prix-là vous ne pouvez pas exiger autre chose.

— Voyons, entendons-nous, mon cher monsieur Martin, car il me semble que nous pataugeons.

— Pas le moins du monde.

— Alors expliquez-moi la chose ; je ne demande qu'à m'instruire, je voyage pour cela.

— Vous connaissez l'histoire des chevaux ?

— L'histoire naturelle ? Monsieur de Buffon ? Certainement : le cheval est après le lion, le plus noble des animaux.

— Non pas, l'histoire philosophique ?

— Je m'en suis moins occupé ; mais n'importe, allez toujours.

— Vous savez les vicissitudes auxquelles ces nobles quadrupèdes sont soumis.

— Dame ! quand ils sont jeunes, on en fait des chevaux de selle.

— Après ?

— De la selle ils passent à la calèche ; de la calèche ils descendent au fiacre ; du fiacre, ils tombent dans le coucou ; du coucou, ils dégringolent jusqu'à l'abattoir.

— Et de l'abattoir ?

— Ils vont où va l'âme du juste ; aux Champs-Elysées, je présume.

— Eh bien ! ici ils parcourent une phase de plus.

— Laquelle?

— De l'abattoir, ils vont au corricolo.

— Comment cela ?

— Voici l'endroit où l'on tue les chevaux, au ponte della Maddalena.

— J'écoute.

— Il y a des amateurs en permanence.

— Bon !

— Et lorsqu'on amène un cheval...

— Lorsqu'on amène un cheval ?

— Ils achètent la peau sur pied trente carlins ; c'est le prix, il y a un tarif.

— Eh bien ?

— Eh bien ! au lieu de tuer le cheval et de lui enlever la peau, les amateurs prêtent la peau et le cheval, et ils utilisent les jours qui restent à vivre au cheval, sûrs qu'ils sont que la peau ne leur échappera pas. Voilà ce que c'est que des chevaux morts.

— Mais que diable peut-on faire de ces malheureuses bêtes ?

— On les attelle aux corricoli.

— Comment ! ceux avec lesquels je suis venu de Salerne à Naples ?...

— Etaient des fantômes de chevaux, des chevaux spectres.

— Mais ils n'ont pas quitté le galop !

— Les morts vont vite.

— Au fait, je comprens qu'en les bourrant d'avoine...

— D'avoine ? Jamais un cheval de corricolo n'a mangé d'avoine !

— Mais de quoi vivent-ils ?

— De ce qu'ils trouvent.

— Et que trouvent-ils ?

— Toutes sortes de choses, des trognons de choux, des feuilles de salade, de vieux chapeaux de paille.

— Et à quelle heure prennent-ils leur aliment ?

— La nuit on les mène paître.

— A merveille. Restent les harnais.

— Oh ! quant à cela, je m'en charge.

— Et des chevaux ?

— Des chevaux aussi.

— Et du corricolo ?

— Encore, si cela peut vous rendre service.

— Et quand tout cela sera-t-il prêt ?

— Demain au matin.

— Vous êtes un homme adorable !

— Vous faut-il un cocher ?

— Non, je conduirai moi-même.

— Très bien ; mais en attendant, que ferez-vous ?

— Avez-vous un livre ?

— J'ai douze cents volumes.

— Eh bien ! je lirai. Avez-vous quelque chose sur votre ville ?

— Voulez-vous *Napoli senza sole*?

— Naples sans soleil ?

— Oui.

— Qu'est-ce que c'est que cela ?

— Un ouvrage à l'usage des gens à pied, et qui vous sera plus utile que tous les Ebels et tous les Richards de la terre.

— Et de quoi traite-t-il ?

— De la manière de parcourir Naples à l'ombre.

— La nuit.

— Non, le jour.

— A une heure donnée ?

— Non, à toutes les heures.

— Même à midi?

— A midi surtout. Le beau mérite qu'il y aurait de trouver de l'ombre le soir et le matin !

— Mais quel est le savant géographe qui a exécuté ce chef-d'œuvre ?

— Un jésuite ignorant, que ses confrères avaient reconnu trop bête pour l'occuper à autre chose.

— Et cette besogne l'a occupé combien d'années?

— Toute sa vie... C'est une publication posthume.

— Moyennant laquelle on peut, dites-vous ?...

— Partir d'où on voudra et aller où cela fera plaisir, à quelque instant de la matinée ou à quelque heure de l'après-midi que ce soit, sans avoir à traverser un seul rayon de soleil.

— Mais voilà un homme qui méritait d'être canonisé.

— On ne sait pas son nom.

— Ingratitude humaine !

— Alors ce livre vous convient?

— Comment donc ! c'est un trésor. Envoyez-le-moi le plus tôt possible.

Je passai la journée à étudier ce précieux itinéraire : deux heures après, je connaissais mon Naples sans soleil, et je serais allé à l'ombre du ponte della Maddalena au Pausilippe, et de la Vuaria à Saint-Elmo.

Le soir vint, et avec lui la fraîcheur. Alors, à cette douce brise de mer, on vit toutes les fenêtres s'ouvrir comme pour respirer. Les portes roulèrent sur leurs gonds, les voitures commencèrent à sortir, Chiaja se peupla d'équipages, et la Villa-Reale de piétons.

Je n'avais pas encore mon équipage, je me mêlai aux piétons.

La Villa-Reale fait face à l'hôtel de la Victoire ; c'est la promenade de Naples. Elle est située, relativement à la rue de Chiaja, comme le jardin des Tuileries à la rue de Rivoli. Seulement, au lieu de la terrasse du bord de l'eau, c'est la plage de l'Arno ; au lieu de la Seine, c'est la Méditerranée ; au lieu du quai d'Orsay, c'est l'étendue, c'est l'espace, c'est l'infini.

La Villa-Reale est sans contredit la plus belle et surtout la plus aristocratique promenade du monde. Les gens du peuple, les paysans et les laquais en sont rigoureusement exclus et n'y peuvent mettre le pied qu'une fois l'an, le jour de la fête de la Madone du Pied-de-la-Grotte. Aussi ce jour-là la foule se presse-t-elle sous ses allées d'acacias, dans ses bosquets de myrtes, autour de son temple circulaire. Chacun, homme et femme, accourt de vingt lieues à la ronde avec son costume national; Ischia, Caprée, Castellamare, Sorrente, Procida, envoient en députation leurs plus belles filles, et la solennité de ce jour est si grande, si ardemment attendue, qu'il est d'habitude de faire dans les contrats de mariage une obligation au mari de conduire sa femme à la promenade de la Villa-Réale, le 8 septembre de chaque année, jour de la fête della Madona di Piè-di-Grotta.

Tout au contraire des Tuileries, d'où l'on renvoie le public au moment où il est le plus agréable de s'y promener, la Villa-Reale reste ouverte toute la nuit. Les grandes grilles se ferment, il est vrai, mais deux petites portes dérobées offrent aux promeneurs attardés une entrée et une sortie toujours praticables à quelque heure que ce soit.

Nous restâmes jusqu'à minuit assis sur le mur que vient battre la vague. Nous ne pouvions nous lasser de regarder cette mer limpide et azurée que nous venions de sillonner en tous sens et à laquelle nous allions dire adieu. Jamais elle ne nous avait paru si belle.

En entrant à l'hôtel, nous trouvâmes monsieur Martin Zir, qui nous prévint que toutes les commissions dont nous l'avions chargé étaient faites, et que le lendemain notre attelage nous attendrait à huit heures du matin à la porte de l'hôtel.

Effectivement, à l'heure dite, nous entendîmes sonner les grelots de nos revenans; nous mîmes le nez à la fenêtre, et nous vîmes le roi des corricoli.

Il était fond rouge avec des dessins verts. Ces dessins représentaient des arbres, des animaux et des arabesques. La composition générale représentait le paradis terrestre.

Deux chevaux qui paraissaient pleins d'impatience disparaissaient sous les harnais, sous les panaches, sous les pompons dont ils étaient couverts.

Enfin un homme, armé d'un long fouet, se tenait debout près de notre équipage, qu'il paraissait admirer avec toute la satisfaction de l'orgueil.

Nous descendîmes aussitôt, et nous reconnûmes dans l'homme au fouet Francesco, c'est-à-dire l'automédon qui nous avait amené en calessino de Salerne à Naples. Monsieur Martin Zir s'était adressé à lui comme à un homme de l'état. Flatté de la confiance, Francesco avait fait vite et en conscience. Il s'était procuré la caisse, il avait acheté les chevaux, et il avait trouvé de rencontre des harnais presque neufs; enfin, malgré la prétention que nous avions manifestée de conduire nous-mêmes, il venait nous offrir ses services comme cocher.

Je commençai par lui demander la note de ses déboursés : il me la présenta. Comme l'avait dit monsieur Martin Zir, elle montait à quatre-vingt-un francs.

Je lui en donnai quatre-vingt-dix; il mit sa croix au-dessous du total en forme de quittance; puis je lui pris le fouet des mains, et je m'apprêtai à monter dans notre équipage.

— Est-ce que ces messieurs ne me gardent pas à leur service? nous demanda Francesco.

— Et pourquoi faire, mon ami? répondis-je.

— Mais pour faire tout ce dont je serais capable, et particulièrement pour faire marcher vos chevaux.

— Comment! pour faire marcher nos chevaux?

— Oui.

— Nous les ferons bien marcher nous-mêmes.

— Il faudra voir.

— J'en ai mené de plus fringans que les tiens!

— Je ne dis pas qu'ils sont fringans, excellence.

— Et dans une ville où il est plus difficile de conduire qu'à Naples, où jusqu'à cinq heures de l'après-midi il n'y a personne dans les rues.

— Je ne doute pas de l'adresse de son excellence, mais...

— Mais quoi?

— Mais son excellence a peut-être mené jusqu'ici des chevaux vivans, tandis que...

— Tandis que? Voyons, parle.

— Tandis que ceux-ci sont des chevaux morts.

— Eh bien!

— Eh bien! je ferai observer à son excellence que c'est tout autre chose.

— Pourquoi?

— Son excellence verra.

— Est-ce qu'ils sont vicieux, tes chevaux?

— Oh! non, excellence; ils sont comme la jument de Roland, qui avait toutes les qualités; seulement toutes ces qualités étaient contrebalancées par un seul défaut.

— Lequel?

— Elle était morte.

— Mais s'ils ne marchent pas avec moi, ils ne marcheront avec personne.

— Pardon, excellence.

— Et qui les fera marcher?

— Moi.

— Je serais curieux de faire l'expérience.

— Faites, excellence.

Francesco alla d'un air goguenard s'appuyer contre la porte de l'hôtel, tandis que je sautais dans le corricolo, où m'attendait Jadin, et que je m'accommodais près de lui.

A peine établi, je rassemblai mes rênes de la main gauche, et j'allongeai de la droite un coup de fouet qui enveloppa le bilancino et le porteur.

Ni le porteur ni le bilancino ne bougèrent; on eût dit des chevaux de marbre.

J'avais opéré de droite à gauche, je recommençai en opérant cette fois de gauche à droite. Même immobilité.

Je m'attaquai aux oreilles.

Ils se contentèrent de secouer les oreilles comme ils auraient fait pour une mouche qui les eût piqués.

Je pris le fouet par la lanière et je frappai avec le manche. Ils se contentèrent de tourner leur peau comme fait un âne qui veut jeter son cavalier à terre.

Cela dura dix minutes.

Au bout de ce temps, toutes les fenêtres de l'hôtel étaient ouvertes, et il y avait autour de nous un rassemblement de deux cents lazzaroni.

Je vis que je donnais la comédie gratis à la population de Naples. Comme je n'étais pas venu pour faire concurrence à Polichinelle, je pris mon parti. A l'instant même je jetai le fouet à Francesco, curieux de voir comment il s'en tirerait à son tour.

Francesco sauta derrière nous, prit les rênes que je lui tendais, poussa un petit cri, allongea un petit coup de fouet, et nous partîmes au galop.

Après quelques évolutions autour de la place, Francesco parvint à diriger son attelage vers la rue de la Chiaja.

III.

CHIAJA.

Chiaja n'est qu'une rue : elle ne peut donc offrir de curieux que ce qu'offre toute rue, c'est-à-dire une longue file de bâtimens modernes d'un goût plus ou moins mauvais. Au reste, Chiaja, comme la rue de Rivoli, a sur ce point un avantage sur les autres rues : c'est de ne présenter qu'une seule ligne de portes, de fenêtres et de pierres plus ou moins maladroitement posées les unes sur les autres. La ligne parallèle est occupée par les arbres taillés en berceaux de la Villa-Reale, de sorte qu'à partir du premier étage des maisons, ou plutôt des palais de la rue de Chiaja, comme on les appelle à Naples, on domine cette seconde partie du golfe que sépare de l'autre le château de l'OEuf.

Mais si la rue de Chiaja n'est pas curieuse par elle-même, elle conduit à une partie des curiosité de Naples : c'est par elle qu'on va au tombeau de Virgile, à la grotte du Chien, au lac d'Agnano, à Pouzzoles, à Baïa, au lac d'Averne et aux Champs-Elysées.

De plus et surtout, c'est la rue où tous les jours, à trois heures de l'après-midi pendant l'hiver, et à cinq heures de l'après-midi pendant l'été, l'aristocratie napolitaine fait corso.

Nous allons donc abandonner la description des palais de Chiaja à quelque honnête architecte qui nous prouvera que l'art de la bâtisse a fait de grands progrès depuis Michel-Ange jusqu'à nous, et nous allons dire quelques mots de l'aristocratie napolitaine.

Les nobles de Naples, comme ceux de Venise, n'indiquent jamais de date à la naissance de leurs familles. Peut-être auront-ils une fin, mais à coup sûr ils n'ont pas eu de commencement. Selon eux, l'époque florissante de leurs maisons était sous les empereurs romains ; ils citent tranquillement parmi leurs aïeux les Fabius, les Marcellus, les Scipions. Ceux qui ne voient clair dans leur généalogie que jusqu'au douzième siècle sont de la petite noblesse, du fretin d'aristocratie.

Comme toutes les autres noblesses européennes, à quelques exceptions près, la noblesse de Naples est ruinée. Quand je dis ruinée, il est bien entendu qu'on doit prendre le mot dans une acception relative, c'est-à-dire que les plus riches sont pauvres comparativement à ce qu'étaient leurs aïeux.

Il n'y a pas, au reste, à Naples quatre fortunes qui atteignent cinq cent mille livres de rente, vingt qui dépassent deux cent mille, et cinquante qui flottent entre cent et cent cinquante mille. Les revenus ordinaires sont de cinq à dix mille ducats. Le commun des martyrs a mille écus de rentes, quelquefois moins. Nous ne parlons pas des dettes.

Mais la chose curieuse, c'est qu'il faut être prévenu de cette différence pour s'en apercevoir. En apparence, tout le monde a la même fortune.

Cela tient à ce qu'en général tout le monde vit dans sa voiture et dans sa loge.

Or, comme, à part les équipages du duc d'Éboli, du prince de Sant'-Antimo ou du duc de San-Theodo, qui sortent de la ligne, tout le monde possède une calèche plus ou moins neuve, deux chevaux plus ou moins vieux, une livrée plus ou moins fanée, il n'y a souvent, à la première vue, qu'une nuance entre deux fortunes où il y a un abîme.

Quant aux maisons, elles sont presque toujours hermétiquement closes aux étrangers. Quatre ou cinq palais princiers ouvrent orgueilleusement leurs galeries dans la journée, et fastueusement leurs salons le soir ; mais pour tout le reste, il faut en faire son deuil. Le temps est passé où, comme Ferdinand Orsini, duc de Gravina, on écrivait au-dessus de sa porte : *sibi, suisque et amicis omnibus* ; pour soi, pour les siens et pour tous ses amis.

C'est qu'à part ces riches demeures, qui perpétuent à Naples l'hospitalité nationale, toutes les autres sont plus ou moins déchues de leur ancienne splendeur. Le curieux qui, avec l'aide d'Asmodée, lèverait la terrasse de la plupart de ces palais, trouverait dans un tiers, la gêne, et dans les deux autres la misère.

Grâce à la vie en voiture et en loge, on ne voit rien de tout cela. On met sa carte au palais, mais on se rencontre au Corso, on se fait des visites au Fondo ou à Saint-Charles. De cette façon, l'orgueil est sauvé ; comme François Ier on a tout perdu, mais du moins il reste l'honneur.

Vous me direz qu'avec l'honneur on ne mange malheureusement pas, et qu'il faut manger pour vivre. Or, il est évident que, lorsqu'on prend sur mille écus de rente l'entretien d'une voiture, la nourriture de deux chevaux, les gages d'un cocher et la location d'une loge au Fondo ou à Saint-Charles, il ne doit pas rester grand'chose pour faire face aux dépenses de la table. A cela je répondrai que Dieu est grand, la mer profonde, le macaroni à deux sous la livre et l'asprino d'Aversa à deux liards le fiasco.

Pour l'instruction de nos lecteurs, qui ne savent probablement pas ce que c'est que l'asprino d'Aversa, nous leur apprendrons que c'est un joli petit vin qui tient le milieu entre la tisanne de champagne et le cidre de Normandie. Or, avec du poisson, du macaroni et de l'asprino, on fait chez soi un charmant dîner qui coûte quatre sous par personne. Supposez que la famille se compose de cinq personnes, c'est vingt sous.

Restent neuf francs pour soutenir l'honneur du nom.
Mais le déjeûner?

On ne déjeune pas. Il est prouvé que rien n'est plus sain que de faire un seul repas toutes les vingt-quatre heures. Seulement le repas change de nom et d'heure selon la saison où on le prend. En hiver, on dîne à deux heures, et moyennant ce dîner on en a jusqu'au lendemain deux heures. En été, on soupe à minuit, et moyennant ce souper on en a pour jusqu'au lendemain minuit.

Puis il y a encore les élégans, qui mangent du pain sans macaroni ou du macaroni sans pain pour s'en aller prendre le soir à grand fracas une glace chez Donzelli ou chez Benvenuti.

Il va sans dire que cette hygiène n'est adoptée que par les petites bourses. Ceux qui ont cinq cent mille livres de rente ont un cuisinier français dont la filiation de certificats est aussi en règle que la généalogie d'un cheval arabe. Ceux-là font deux et quelquefois trois repas par jour. Pour ceux-là il n'y a pas de pays : le paradis est partout.

Le premier plaisir de l'aristocratie napolitaine est le jeu. Le matin on va au casino et l'on joue ; l'après-midi on va à la promenade, et le soir au spectacle. Après le spectacle, on revient au Casino et l'on joue encore.

L'aristocratie n'a qu'une carrière ouverte : la diplomatie. Or, comme, si étendues que soient ses relations avec les autres puissances, le roi de Naples n'occupe pas dans ses ambassades et dans ses consulats plus d'une soixantaine de personnes, il en résulte que les cinq sixièmes des jeunes nobles ne savent que faire, et par conséquent ne font rien.

Quant à la carrière militaire, elle est sans avenir. Quant à la carrière commerciale, elle est sans considération.

Je ne parle pas des carrières littéraires ou scientifiques, elles n'existent pas : il y a à Naples, comme partout, plus que partout même, une certaine quantité de savans qui disputent sur la forme des pincettes grecques et des pelles à feu romaines, qui s'injurient à propos de la grande mosaïque de Pompeïa et des statues des deux Balbus. Mais cela se passe en famille, et personne ne s'occupe de pareilles puérilités.

La chose importante, c'est l'amour. Florence est le pays du plaisir ; Rome, celui de l'amour ; Naples celui de la sensation.

A Naples, le sort d'un amoureux est décidé tout de suite. A la première vue il est sympathique ou antipathique. S'il est antipathique, ni soins, ni cadeaux, ni persistance ne le feront aimer. S'il est sympathique, on l'aime sans grand délai : la vie est courte, et le temps qu'on perd ne se rattrape pas. L'amant préféré s'installe au logis ; on le reconnaît malgré la distance respectueuse où il se tient de la maîtresse de la maison, au laisser-aller avec lequel il s'assied et à la manière facile avec laquelle il appuie sa tête contre les fresques. En outre, c'est lui qui sonne les domestiques, qui reconduit les visiteurs et qui ramasse les poissons rouges que les bambins font tomber du bocal sur le parquet.

Quant à l'amant malheureux, il s'en va tout consolé, certain que son infortune ne sera pas constante et qu'il trouvera bientôt à ramasser des poissons rouges ailleurs.

L'aristocratie napolitaine est peu instruite : en général, son éducation est négligée sous le rapport intellectuel : cela tient à ce qu'il n'y a pas, dans tout Naples, un seul bon collège, celui des jésuites excepté. En compensation, ceux qui savent savent bien : ils ont appris avec des professeurs attachés à leur personne. J'ai vu des femmes plus fortes en histoire, en philosophie et en politique que certains historiens, que certains philosophes et que certains hommes d'état de France. La famille du marquis de Gargallo, par exemple, est quelque chose de merveilleux en ce genre. Le fils écrit notre langue comme Charles Nodier, et les filles la parlent comme madame de Sévigné.

Les exercices physiques sont, au contraire, fort suivis à

Naples : presque tous les hommes montent bien à cheval et tirent remarquablement le fusil, l'épée et le pistolet. Leur réputation sur ce point est même assez étendue et à peu près incontestée. Ce sont des duellistes fort dangereux.

Cette dernière période de notre alinéa nous amène tout naturellement à parler du courage chez les Napolitains.

La nation napolitaine, toute proportion gardée et en raison de l'état politique de l'Italie actuelle, n'est ni une nation militaire comme la Prusse, ni une nation guerrière comme la France : c'est une nation passionnée. Le Napolitain insulté dans son honneur, exalté par son patriotisme, menacé dans sa religion, se bat avec un courage admirable. A Naples, un duel est aussi vite et aussi bravement accepté que partout ailleurs : et s'il varie sur les préliminaires qui appartiennent à des habitudes de localités, le dénouement en est toujours mené à bout aussi vigoureusement qu'à Paris, à Saint-Pétersbourg ou à Londres. Citons quelques faits.

Le comte de Rocca Romana, le Saint-Georges de Naples, se prend de querelle avec un colonel ; le rendez-vous est indiqué à Castellamare, l'arme choisie est le sabre. Le colonel français se rend sur le terrain à cheval ; Rocca Romana prend un fiacre, arrive au lieu désigné où l'attend son adversaire; le colonel rappelle à Rocca Romana qu'une des conditions du duel est qu'il aura lieu à cheval. — C'est vrai, répond Rocca Romana, je l'avais oublié ; mais qu'à cela ne tienne, l'oubli est facile à réparer. Aussitôt il détèle un des chevaux de son fiacre, saute sur le dos de l'animal, combat sans selle et sans bride et tue son adversaire.

A l'époque de la restauration, c'est-à-dire vers 1815, Ferdinand, grand père du roi actuel, de retour à Naples, qu'il avait quitté depuis dix ou douze ans, voulut rétablir les gardes-du-corps. En conséquence, on recruta cette troupe privilégiée dans les premières familles des deux royaumes, et on les divisa en cinq compagnies, dont trois napolitaines et deux siciliennes.

J'ai dit dans le *Speronare*, et à l'article de Palerme, quelle est l'antipathie profonde qui sépare les deux peuples. On comprend donc que les Siciliens et les Napolitains ne se trouvèrent pas plutôt en contact, surtout à cette époque où les haines politiques étaient encore toutes chaudes, que les querelles commencèrent d'éclater. Quelques duels sans conséquence eurent lieu d'abord, mais bientôt on résolut de confier en quelque sorte la cause des deux peuples à deux champions choisis parmi leurs enfans. On y voulait voir non seulement une haine accomplie, mais une superstitieuse révélation de l'avenir. Le choix tomba sur le marquis de Crescimani, Sicilien, et sur le prince Mirelli, Napolitain. Ce choix fait, et accepté par les adversaires, on décida qu'ils se battraient au pistolet à vingt pas, et jusqu'à blessure grave de l'un ou de l'autre champion.

Un mot sur le prince Mirelli, dont nous allons nous occuper particulièrement.

C'était un jeune homme de vingt-quatre ou vingt-cinq ans, prince de Teora, marquis de Mirelli, comte de Conza, et qui descendait en droite ligne du fameux condottiere Dudone di Conza, dont parle le Tasse. Il était riche, il était beau, il était poète ; il avait par conséquent reçu du ciel toutes les chances d'une vie heureuse ; mais un mauvais présage avait attristé son entrée dans la vie. Mirelli était né au village de Sant'-Antimo, fief de sa famille. A peine eût-on su que sa mère était accouchée d'un fils, que l'ordre fut envoyé à la chapelle d'un couvent de mettre les cloches en branle pour annoncer cet heureux événement à toute la population. Le sacristain était absent ; un moine se chargea de ce soin, mais, inhabile à cet exercice, il se laissa enlever par la volée de la corde, et au plus haut de son ascension, perdant la tête, pris par un vertige, il lâcha son point d'appui, tomba dans le cœur et se brisa les deux cuisses. Quoique mutilé ainsi, le pauvre religieux ne se traîna pas moins du chœur à la porte, où il appela au secours ; on vint à son aide, on le transporta dans sa cellule ; mais quelque soin qu'on prît de lui, il expira le lendemain.

Cet événement avait fait une grande sensation dans la famille, et cette histoire souvent racontée au jeune Mirelli,

s'était profondément gravée dans son esprit. Cependant il en parlait rarement.

Voilà l'homme que les Napolitains avaient choisi pour leur champion.

Quant au marquis Crescimani, c'était un homme digne en tout point d'être opposé à Mirelli, quoique les qualités qu'il avait reçues du ciel fussent peut-être moins brillantes que celles de son jeune adversaire.

Au jour et à l'heure dits, les deux champions se trouvèrent en présence : ni l'un ni l'autre n'était animé d'aucune haine personnelle, et ils avaient vécu jusque là au contraire plutôt en amis qu'en ennemis.

En arrivant au rendez-vous, ils marchèrent l'un à l'autre en souriant, se serrèrent la main et se mirent à causer de choses indifférentes, tandis que les témoins réglaient les conditions du combat.

Le moment arrivé, ils s'éloignèrent de vingt pas, reçurent leurs armes toutes chargées, se saluèrent en souriant, puis, au signal donné, tirèrent tous les deux l'un sur l'autre : aucun des deux coups ne porta.

Pendant qu'on rechargeait les armes, Mirelli et Crescimani échangèrent quelques paroles sur leur maladresse mutuelle, mais sans quitter leur place. On leur remit les pistolets chargés de nouveau. Ils firent feu une seconde fois, cette fois, comme l'autre, ils se manquèrent tous deux.

Enfin, à la troisième décharge Mirelli tomba.

Une balle l'avait percé à jour au dessus des deux hanches; on le crut mort, mais lorsqu'on s'approcha de lui, on vit qu'il n'était que blessé. Il est vrai que la blessure était terrible ; la balle lui avait traversé tout le corps, et avait en passant ouvert le tube intestinal.

On fit approcher une voiture pour transporter le blessé chez lui ; on voulut le soutenir pour l'aider à y monter ; mais il écarta de la main ceux qui lui offraient leurs secours, et, se relevant vivement par un effort incroyable sur lui-même, il s'élança dans la voiture en disant : « Allons donc ! il ne sera pas dit que j'aie eu besoin d'être soutenu pour monter, fût-ce dans mon corbillard ! » A peine fut-il entré dans la voiture que la douleur reprit le dessus, et il s'évanouit. Arrivé chez lui, il voulut descendre comme il était monté ; mais on ne le souffrit point. Deux amis le prirent à bras et le portèrent sur son lit.

On envoya chercher le meilleur chirurgien de Naples, le docteur Penza ; c'était un homme qui s'était fait dans la science un nom européen. Le docteur sonda la blessure et dit qu'il ne répondait de rien, mais qu'en tout cas la cure serait longue et horriblement douloureuse.

— Faites ce que vous voudrez, docteur, dit Mirelli. Marius n'a pas jeté un cri pendant qu'on lui disséquait la jambe, je serai muet comme Marius.

— Oui, dit le docteur ; mais lorsque le chirurgien en eut fini avec la jambe droite, Marius ne voulut jamais lui donner la gauche. N'allez pas me laisser entreprendre une opération et m'arrêter au milieu.

— Vous irez jusqu'au bout, docteur, soyez tranquille, répondit Mirelli ; mon corps vous appartient, et vous pouvez l'anatomiser tout à votre aise.

Sur cette assurance le docteur commença.

Mirelli tint sa parole ; mais à mesure que la nuit s'approcha, il parut plus agité, plus inquiet, il avait une fièvre terrible. Sa mère le gardait avec deux de ses amis. Vers les onze heures il s'endormit, mais au premier coup de minuit il se réveilla. Alors sans paraître voir ceux qui étaient là, il s'appuya sur son coude et parut écouter. Il était pâle comme un mort, mais ses yeux étaient ardens de délire. Peu à peu ses regards se fixèrent sur une porte qui donnait dans un grand salon. Sa mère se leva et lui demanda s'il avait besoin de quelque chose.

— Non, rien, répondit Mirelli, c'est lui qui vient.

— Qui, lui ? demanda sa mère avec inquiétude ?.

— Entendez-vous le traînement de sa robe dans le salon ? s'écria le malade. L'entendez-vous ? Tenez, il vient, il s'approche ; voyez ; la porte s'ouvre... sans que personne ne la pousse... Le voilà... le voilà !... il entre... il se traîne sur ses cuisses brisées... il vient droit à mon lit. Lève ton froc, moine, lève ton froc, que je voie ton visage. Que veux-tu ?... parle... voyons !... viens-tu pour me chercher ?... d'où sors-tu ?... de la terre... Tenez, voyez-vous ?... il lève les deux mains ; il les frappe l'une contre l'autre ; elles rendent un son creux, comme si elles n'avaient plus de chair... Eh bien ! oui, je t'écoute, parle !

Et Mirelli, au lieu de chercher à fuir la terrible vision, s'approchait au bord de son lit comme pour entendre ses paroles ; mais au bout de quelques secondes d'attention, pendant lesquelles il resta dans la pose d'un homme qui écoute, il poussa un profond soupir et tomba sur son lit en murmurant :

— Le moine de Sant'Antimo !

C'est alors qu'on se rappela seulement cet événement arrivé le jour de sa naissance, c'est-à-dire vingt-cinq ans auparavant, et, qui, conservé toujours vivant dans la pensée du jeune homme, prenait un corps au milieu de son délire.

Le lendemain, soit que Mirelli eût oublié l'apparition, soit qu'il ne voulût donner aucun détail, il répondit à toutes les questions qui lui furent faites qu'il ignorait complètement ce qu'on voulait lui dire.

Pendant trois mois, l'apparition infernale se renouvela chaque nuit, détruisant ainsi en quelques minutes les progrès que le reste du temps le blessé faisait vers la guérison. Mirelli ressemblait à un spectre lui-même. Enfin une nuit il demanda instamment à rester seul, avec tant d'insistance que sa mère et ses amis ne purent s'opposer à sa volonté. A neuf heures, tout le monde ayant quitté sa chambre, il mit son épée sous le chevet de son lit et attendit. Sans qu'il le sût, un de ses amis s'était caché dans une chambre voisine, voyant par une porte vitrée et prêt à porter secours au malade s'il en avait besoin. A dix heures il s'endormit comme d'habitude, mais au premier coup de minuit il s'éveilla. Aussitôt on le vit se soulever sur son lit et regarder la porte de son regard fixe et ardent ; un instant après il essuya son front, d'où la sueur ruisselait ; ses cheveux se dressèrent sur sa tête, un sourire passa sur ses lèvres : puis, saisissant son épée, il la tira hors du fourreau, bondit hors de son lit, frappa deux fois comme s'il eût voulu poignarder quelqu'un avec la pointe de sa lame, et, jetant un cri, il tomba évanoui sur le plancher.

Et ami qui était en sentinelle accourut et porta Mirelli sur son lit ; celui-ci serrait si fortement la garde de son épée qu'on ne put la lui arracher de la main.

Le lendemain, il fit venir le supérieur de Sant'Antimo et lui demanda, dans le cas où il mourrait des suites de sa blessure, à être enterré dans le cloître du couvent, réclamant la faveur, en supposant qu'il en échappât cette fois, pour l'époque où sa mort arriverait, quelle que fût cette époque et en quelque lieu qu'il expirât. Puis il raconta à ses amis qu'il avait résolu la veille de se débarrasser du fantôme en luttant corps à corps, mais qu'ayant été vaincu, il lui avait promis enfin de se faire enterrer dans son couvent ; promesse qu'il n'avait pas voulu lui accorder jusque-là, tant il lui répugnait de paraître céder à une crainte, même religieuse et surnaturelle.

A partir de ce moment, la vision disparut, et neuf mois après Mirelli était complétement guéri.

Nous avons raconté en détail cette anecdote, d'abord parce que de pareilles légendes, surtout parmi les contemporains, sont rares en Italie, le pays le moins fantastique de la terre ; et ensuite parce qu'elle nous a paru développer dans un seul homme trois courages bien différens : le courage patriotique, qui consiste à risquer froidement sa vie pour la cause de la patrie ; le courage physique, qui consiste à supporter stoïquement la douleur ; enfin le courage moral, qui consiste à réagir contre l'invisible et à lutter contre l'inconnu. Bayard eut certainement eu les deux premiers, mais il est douteux qu'il eût eu le troisième.

Maintenant passons au courage civil.

Nous sommes en 99 ; les Français ont évacué la ville des délices. Le cardinal Ruffo, parti de Palerme, descendu de la Calabre, et soutenu par les flottes turque, russe et anglaise, qui bloquent le fort, a assiégé Naples, et, voyant l'impossibilité de prendre la ville défendue du côté de la mer par Caracciolo, et du côté de la mer par Manthony Caraffa et Schiappani, a signé une capitulation qui assure aux patriotes la vie et la fortune sauves : près de sa signature on lit celle de Foote, commandant la flotte britannique ; de Kéraudy, commandant la flotte russe et de Bonnieu, commandant la flotte ottomane. Mais dans une nuit de débauche et d'orgie, Nelson a déchiré le traité. Le lendemain, il déclare que la capitulation est nulle, que Bonnieu, Kéraudy et Foote ont outrepassé leurs pouvoirs en transigeant avec les rebelles ; et il livre à la haine de la cour, en échange de l'amour de lady Hamilton, les troupeaux de victimes qu'on lui demande. Alors il y eut spectacle et joie pour bien des jours, car on avait à peu près vingt mille têtes à faire tomber. Eh bien ! toutes ces têtes tombèrent, et pas une seule ne tomba déshonorée par une larme ou par un soupir.

Citons au hasard quelques exemples.

Cyrillo et Pagano sont condamnés à être pendus. Comme André Chénier et Roucher, ils se rencontrent au pied de l'échafaud : là ils se disputent à qui mourra le premier ; et comme aucun des deux ne veut céder sa place à l'autre, ils firent à la courte paille. Pagano gagne, donne la main à Cyrillo, met la courte paille entre ses dents, et monte l'échelle infâme, le sourire sur les lèvres et la sérénité sur le front.

Hector Caraffa, l'oncle du compositeur, est condamné à avoir la tête tranchée ; il arrive à l'échafaud ; on s'informe s'il n'a pas quelque désir à exprimer.

— Oui, dit-il, je désire regarder le fer de la mandaja.

Et il est guillotiné couché sur le dos, au lieu d'être couché sur le ventre.

Quoique cet article soit consacré à l'aristocratie, un mot sur le courage religieux. Ce courage est celui du peuple.

Au moment où Championnet marchait sur Naples, proclamant la liberté des peuples et créant des républiques sur son passage, les royalistes répandirent le bruit dans la ville que les Français venaient pour brûler les maisons, piller les églises, enlever les femmes et les filles et transporter en France la statue de saint Janvier. A ces accusations d'autant plus accréditées qu'elles sont plus absurdes, les lazzaroni, les mots d'honneur, de patrie et de liberté n'auraient pu tirer de leur sommeil, se lèvent des portiques des palais dont ils ont fait leur demeure, encombrent les places publiques, s'arment de pierres et de bâtons, à a moitié nus, sans chefs, sans tactique militaire, avec l'instinct des bêtes fauves qui gardent leur antre, leur femelle et leurs petits, aux cris de : Vive saint Janvier ! vive la sainte Foi ! Mort aux Jacobins ! Ils combattent soixante heures les soldats qui avaient vaincu à Montenotte, passé le pont de Lodi, pris Mantoue. Au bout de ce temps, Championnet n'était encore parvenu qu'à la porte Saint-Janvier, et sur tous les autres points n'avait pas encore gagné un pouce de terrain.

A tout cela on m'objectera sans doute la révolution de 1820, le passage des Abbruzzes, abandonné presque sans combat. Je répondrai une seule chose : c'est que les chefs qui commandaient cette armée et qui avaient en face d'eux les baïonnettes autrichiennes, voyaient se relever derrière eux, les bûchers, les échafauds et les potences de 99 ; c'est qu'ils se savaient trahis à Naples, tandis qu'eux venaient mourir à la frontière ; c'est qu'enfin c'était une guerre sociale que Pépé et Carrascosa avaient entreprise à leurs risques et périls, et que le peuple napolitain n'avait pas sanctionnée.

Lorsque nous traversons Naples avec nos idées libérales, puisées, non pas dans l'étude individuelle des peuples, mais dans de simples théories émises par des publicistes, et que nous jetons un coup d'œil léger à la surface de ce peuple que nous voyons couché presque nu sur le seuil des palais et dans les angles des places où il mange, dort et se réveille, notre cœur se serre à la vue de cette misère apparente, et nous crions dans notre philantropique élan : « Le peuple napolitain est le peuple le plus malheureux de la terre ! »

Nous nous trompons étrangement.

Non, le peuple napolitain n'est pas malheureux, car ses besoins sont en harmonie avec ses désirs. Que lui faut-il pour manger ? une pizza ou une tranche de cocomero à mettre sous sa dent ; que lui faut-il pour dormir ? une pierre à mettre sous sa tête. Sa nudité, que nous prenons pour une douleur, est au contraire une jouissance dans ce climat ardent où le soleil l'habille de sa chaleur. Quel dais plus magnifique pourrait-il demander aux palais qui lui prêtent leur seuil que le ciel de velours qui flamboie sur sa tête ? Chacune des étoiles qui scintillent à la voûte du firmament tête n'est-elle pas dans sa croyance une lampe qui brûle au pied de la madone ? Avec deux grains par jour, ne se procure-t-il pas le nécessaire ? et de son superflu ne lui reste-t-il pas, encore, de quoi payer largement l'improvisateur du môle et le conducteur du corricolo ?

Ce qui est malheureux à Naples, c'est l'aristocratie qui, à peu d'exceptions près, est ruinée, comme nous l'avons dit à propos de la noblesse de Sicile, par l'abolition des majorats, et des fideicommis ; c'est la noblesse qui porte un grand nom et qui n'a plus de quoi le dorer, qui possède des palais et qui laisse vendre ses meubles.

Ce qui est malheureux à Naples, c'est la classe moyenne, qui n'a ni commerce, ni industrie, qui tient une plume et qui ne peut écrire, qui a une voix et qui ne peut parler ; c'est cette classe qui calcule qu'elle aura le temps d'être morte de faim, avant qu'elle réunisse à elle assez de nobles philosophes et de lazzaroni intelligens pour se faire une majorité constitutionnelle.

Nous reviendrons en temps et lieu sur le mezzo ceto et sur les lazzaroni. Cet article nous a déjà entraîné trop loin, puisqu'il ne devait être consacré qu'à la noblesse ; mais de déduction en déduction on fait le tour du monde. Que notre lecteur se rassure ; nous nous apercevons à temps de notre erreur, et nous nous arrêtons à Toledo.

IV.

TOLEDO.

Toledo est la rue de tout le monde. C'est la rue des restaurans, des cafés, des boutiques ; c'est l'artère qui alimente et traverse tous les quartiers de la ville ; c'est le fleuve où vont se dégorger tous les torrens de la foule. L'aristocratie y passe en voiture, la bourgeoisie y vend ses étoffes, le peuple y fait sa sieste. Pour le noble, c'est une promenade ; pour le marchand un bazar ; pour le lazzarone, un domicile.

Toledo est aussi le premier pas fait par Naples vers la civilisation moderne, telle que l'entendent nos progressistes. C'est le lien qui réunit la cité poétique à la ville industrielle ; c'est un terrain neutre où l'on peut suivre d'un œil curieux les restes de l'ancien monde qui s'en va et les envahissemens du nouveau monde qui arrive. A côté de la classique osteria aux vieux rideaux tachetés par les mouches, un galant pâtissier français étale sa femme ; ses brioches et ses babas. En face d'un respectable fabricant d'antiquités à l'usage de messieurs les Anglais se pavane un marchand d'allumettes chimiques. Au-dessus d'un bureau de loterie s'élève un brillant salon de coiffure ; enfin, pour dernier trait caractéristique de la fusion qui s'opère, la rue de Toledo est pavée en lave comme Herculanum et Pompéia, et éclairée au gaz comme Londres et Paris.

Tout est à voir dans la rue de Toledo ; mais, comme il est impossible de tout décrire, il faut se borner à trois palais, qui sont ce qu'elle offre de plus saillant et de plus remarquable ; le palais du roi à une extrémité, le palais de la Ville à l'autre extrémité, et au milieu le palais de Barbaja.

Quant au palais du roi de Naples, l'occasion se présentera de nous en occuper. Passons à la Ville. La Ville se compose : 1° d'un carrosse à douze places, peint et doré dans le plus beau style espagnol ; du dix-septième siècle ; 2° de douze magistrats, élus, moitié parmi les nobles, moitié parmi les bourgeois napolitains, portant fièrement la cape et l'épée, chaussés de petits souliers à boucles, et coiffés d'énormes perruques à la Louis XIV ; 5° de six chevaux harnachés, empanachés, caparaçonnés avec la plus grande magnificence. Voici maintenant les fonctions respectives de tout le personnel de la Ville : le carrosse est tenu de sortir deux fois par an de sa remise, les douze magistrats sont chargés de s'asseoir dans le carrosse, et les six chevaux sont obligés de trainer le tout d'un bout de Toledo à l'autre, le plus lentement possible. Tout le monde s'acquitte à merveille de ses devoirs.

Reste donc à expliquer à mes lecteurs ce que c'est ou plutôt ce que c'était que Barbaja ; car hélas ! au moment où j'écris ces lignes, ce grand homme a disparu, cette grande gloire s'est évanouie, ce grand astre s'est éteint.

Domenico Barbaja était le véritable type de l'impresario italien. En France, nous connaissons le directeur, le régisseur, le commissaire du roi, le caissier, les contrôleurs, nous ne connaissons pas l'impresario. L'impresario réunit tout cela à la fois, mais il est plus encore. Nos théâtres sont régis constitutionnellement, nos directeurs règnent et ne gouvernent pas, suivant la célèbre maxime parlementaire. L'impresario italien est un despote, un czar, un sultan, régnant par le droit divin dans son théâtre, n'ayant, comme les rois les plus légitimes, d'autres règles que sa propre volonté, et ne devant compte de son administration qu'à Dieu et à sa conscience.

Il est à la fois pour les artistes un exploiteur habile et un père indulgent, un maître absolu et un ami fidèle, un guide éclairé et un juge incorruptible.

C'est un homme faisant la traite des blancs ; pour son compte et en disposant à son gré, sans reconnaître à qui que ce soit au monde le droit de visite sur ses planches, couvrant sa marchandise de son pavillon, et défendant les droits de son pavillon avec une intrépidité toute américaine.

Au reste, l'impresario n'a pas seulement le droit pour lui, il a aussi la force. Il a à ses ordres un piquet de cavalerie et un peloton d'infanterie, un commissaire de police et un capitaine de place, des sbires, des carabiniers, des gendarmes, pour envoyer immédiatement en prison les chanteurs qui s'aviseraient d'avoir des caprices et le public qui oserait siffler sans raison.

Domenico Barbaja 1er a donc régné d'une manière aussi complète et aussi absolue pendant l'espace de quarante ans. C'était un homme de taille moyenne, mais bâti en Hercule, la poitrine large, les épaules carrées, le poignet de fer. Sa tête était assez commune, et ses traits ne se piquaient pas d'une grande régularité ; mais ses yeux pétillaient d'esprit, d'intelligence et de malice.

Goldoni l'avait prévu en écrivant le Bourru bienfaisant. Excellent cœur, mais les manières les plus brusques, le caractère le plus violent et le plus emporté du monde. Il est impossible de traduire dans aucune langue le dictionnaire d'injures et de gros mots dont il se servait à l'égard des artistes de son théâtre. Mais il n'en est pas un qui lui ait gardé rancune, tant ils étaient sûrs qu'au moindre succès Barbaja serait là pour les embrasser avec effusion, à la moindre chute pour les consoler avec délicatesse, à la moindre maladie pour les veiller nuit et jour avec une tendresse et un dévoûment paternels.

Parti d'un café de Milan, où il servait en qualité de garçon, il était arrivé à diriger en même temps les théâtres de Saint Charles, de la Scala et de Vienne, à régner sans contestation et sans contrôle sur le public italien et sur le public allemand, c'est-à-dire sur deux publics dont l'un passe pour être le plus capricieux et l'autre pour être le plus difficile de l'univers. Après avoir amassé une par sous sa fortune, Barbaja la dépensait noblement en prodigalités royales et en généreux bienfaits. Il avait un palais pour loger les artistes, une villa pour traiter ses amis, des jeux publics pour amuser tout le monde. Génie vraiment extraordinaire et instinctif, n'ayant jamais su écrire une lettre ni déchiffrer une note, et traçant avec un parfait bon sens aux poètes le plan de leurs libretti, aux compositeurs le choix de leurs morceaux; doué par Dieu de la voix la plus criarde et la plus dissonnante, et formant par ses conseils les premiers chanteurs de l'Italie; ne parlant que son patois milanais, et se faisant comprendre à merveille par les rois et par les empereurs avec lesquels il traitait de puissance à puissance.

Aussi prenait-il ses engagemens sur parole et sans jamais accepter la moindre condition. Il fallait se livrer à discrétion à Barbaja. Il avait toujours sous sa main de quoi récompenser largement et de quoi punir avec la dernière sévérité. Une ville se montrait-elle accommodante à l'endroit des décors, un public encourageait-il les débutans avec cette bienveillance qui triple les moyens d'un artiste, un gouvernement ne lésinait-il pas trop sur la subvention? ville, public, gouvernement, étaient aussitôt dans les bonnes grâces de l'impresario; il leur envoyait Rubini, la Pasta, Lablache, l'élite de sa troupe. Mais si une autre ville, au contraire, se montrait par trop exigeante, si un autre public abusait de son droit de siffler acheté à la porte, si un autre gouvernement affichait des prétentions excessives, Barbaja leur lâchait le rebut de ses chanteurs, ses *chiens*, comme il les appelait par une expression énergique; leur faisait écorcher les oreilles pendant une entière saison, et écoutait les plaintes et les sifflets des patiens avec le même sang-froid qu'un empereur romain assistant au spectacle du cirque.

Il fallait voir le noble impresario assis dans sa belle loge d'avant-scène, en face du roi, un soir de première représentation, grave, impassible, se tournant tantôt vers les acteurs, tantôt vers le public. Si c'était l'artiste qui bronchait, Barbaja était le premier à l'immoler avec une sévérité digne de Brutus, lui jetant un : « *Can de Diò!* » qui faisait trembler la salle. Si, au contraire, c'était le public qui avait tort, Barbaja se redressait comme une vipère, et lui lançait à pleine voix un : « *Fioli d'una vacca*, voulez-vous vous taire! vous ne méritez que de la canaille! » Si c'était le roi par hasard qui manquait d'applaudir à temps, Barbaja se contentait de hausser les épaules et sortait en grommelant de sa loge.

Barbaja ne se fiait à personne du soin de former sa troupe; il avait pour principe d'engager le moins possible les artistes connus, parce qu'une réputation arrivée à son apogée ne pouvait plus que décroître, et qu'avec des talens célèbres il y avait plus à perdre qu'à gagner. Il aimait mieux les créer lui-même, et commençait d'ordinaire ses expériences *in anima vili.*

Voici sa manière de procéder:

Il sortait par une belle matinée de mai ou de septembre, et se faisait conduire par son cocher dans les environs de Naples. Arrivé à la campagne, il descendait de calèche, congédiait ses gens, et s'acheminait seul et à pied à la recherche du *ut de poitrine.* S'il rencontrait un paysan assez beau, assez bien tourné et assez paresseux pour faire un ténor, il s'approchait de lui amicalement, lui posait la main sur l'épaule, et engageait la conversation à peu près en ces termes:

— Eh bien! mon ami, le travail nous fatigue un peu, n'est-ce pas? Nous n'avons pas la force de lever la bêche?

— Je me reposais, eccellenza.

— Connu! connu! le paysan napolitain se repose toujours.

— C'est qu'il fait une chaleur étouffante. Et puis la terre est si dure!

— Je parie que tu dois avoir une belle voix; je ne connais rien qui soulage et qui donne des forces comme un peu de musique; si tu me chantais une chanson?

— Moi, monsieur! Je n'ai jamais chanté de ma vie.

— Raison de plus; tu auras la voix plus fraîche.

— Vous voulez plaisanter!

— Non, je veux t'entendre.

— Et qu'est-ce que je gagnerai à me faire entendre de vous.

— Mais peut-être que si la voix me plaît tu ne travailleras plus, je te prendrai avec moi.

— Pour domestique?

— Mieux que cela.

— Pour cuisinier?

— Mieux, te dis-je.

— Et pourquoi donc? demandait alors le paysan avec quelque défiance.

— Qu'est-ce que ça te fait? chante toujours.

— Bien fort!

— De tous tes poumons, et surtout ouvre bien la bouche.

Si le malheureux n'avait qu'une voix de baryton ou de basse-taille, l'impresario tournait lestement sur ses talons en lui laissant quelque maxime bien consolante sur l'amour du travail et le bonheur de la vie champêtre; mais s'il était assez heureux dans sa journée pour mettre la main sur un ténor, il l'emmenait avec lui et le faisait monter... derrière sa voiture.

Il ne gâtait pas les artistes, celui-là.

S'agissait-il d'engager un homme : — Qu'est-ce qu'il te faut, mon garçon? lui demandait Barbaja de sa voix brusque et de son ton bourru; tu auras assez de cinquante francs par mois pour commencer. Des souliers pour te chausser, un habit pour te couvrir, du macaroni pour te régaler, que demandes-tu davantage? Sois grand artiste d'abord, et ensuite tu me feras la loi comme je te la fais maintenant. Hélas! ce temps ne viendra que trop tôt; tu as une belle voix, et la preuve c'est que je t'ai engagé; tu as de l'intelligence, et la preuve c'est que tu voudrais me voler. Attends donc, cher ami, le bien te viendra en chantant. Si je te donnais beaucoup d'argent tout de suite, tu ferais le beau, tu te griserais tous les jours, et tu perdrais ta voix au bout de trois semaines.

Avec les femmes, le raisonnement était beaucoup plus court et plus simple :

— Chère enfant, je ne te donnerai pas un sou; c'est toi, au contraire, qui dois me payer. Je t'offre les moyens de montrer au public tout ce que tu possèdes d'agrémens naturels. Tu es jolie; si tu as du talent, tu arriveras bien vite; si tu n'en as pas, tu arriveras plus vite encore. Crois-moi, tu m'en remercieras plus tard lorsque tu auras acquis un peu plus d'expérience. Si tu étais déjà riche à tes débuts, tu épouserais un choriste qui te battrait ou un prince qui te réduirait à la misère.

Convaincus par une logique aussi entraînante, les artistes s'engageaient pour cinquante francs par mois; mais il arrivait le plus souvent qu'après le premier trimestre ils devaient six mille francs à un usurier. Alors Barbaja, pour ne pas les faire aller en prison, payait leurs dettes, et le compte était soldé.

Pendant mon séjour à Naples, on racontait plusieurs anecdotes sur le grand impresario, qui peignent l'homme tout entier et donnent une exacte mesure de ses connaissances en musique.

Je ne sais plus quel marquis napolitain, dont l'influence était grande à la cour, lui avait recommandé une jeune fille comme ayant pour le théâtre la vocation la plus décidée et annonçant le plus bel avenir. Barbaja fit une moue significative et enfonça ses deux mains dans les poches de sa veste de nankin, attitude qu'il prenait habituellement quand il ne pouvait pas donner un libre cours à sa colère.

— Vous verrez, mon cher, répliqua le marquis avec un air de suffisance qui échauffait de plus en plus la bile du terrible impresario, c'est un véritable prodige!

— Bien, bien! qu'elle vienne demain à midi.

Le lendemain, à l'heure dite, la débutante met sa plus belle robe, prend ses cahiers, et, flanquée de l'éternelle mère que vous connaissez, se présente au palais de Barbaja.

Le directeur de l'orchestre était déjà au piano, Barbaja se promenait de long en large dans son salon.

— Signor impresario, dit la vieille femme après une profonde révérence, il est du devoir d'une mère, devoir religieux et sacré, de vous avertir que cette pauvre enfant, étant pure comme le cristal, et timide comme une colombe...

— Nous commençons mal, interrompit brusquement Barbaja; au théâtre il faut être effrontée.

— Ce n'est pas cependant que je veuille entendre, reprend la mère de sa voix la plus mielleuse...

Mais l'impresario, lui tournant le dos, s'approcha de la jeune fille et lui dit d'un ton passablement impatienté : — Voyons, ma chère, que veux-tu me chanter ?

Il aurait tutoyé la reine en personne.

— Monsieur, balbutie la débutante, devenue rouge jusqu'au blanc des yeux, j'ai la prière de *Norma...*

— Comment, malheureuse ! s'écrie Barbaja d'une voix tonnante ; après la Ronzi, oserais-tu aborder la prière de *Norma ?* Quelle audace !

— Je chanterai, si vous le préférez, la cavatine du *Barbier*.

— La cavatine du *Barbier !* après la Fodor ! Quelle indignité !

— Pardon, monsieur, dit la jeune fille en tremblant ; j'essaierai la romance du *Saule*.

— La romance du *Saule !* après la Malibran ! Quelle profanation !

— Alors il ne me reste plus que des solféges, reprend la pauvre débutante presque en sanglotant.

— A la bonne heure ! Va pour les solféges !

La jeune fille essuie ses larmes, la mère lui glisse à l'oreille un mot de consolation, l'accompagnateur l'encourage ; bref, elle s'en tire à merveille. Jamais solféges n'avaient été mieux exécutés.

La physionomie de Barbaja s'éclaircit, son front se déride, un sourire de satisfaction erre sur ses lèvres.

— Eh bien ! monsieur, s'écrie la mère dans la plus grande anxiété, que pensez-vous de ma fille ?

— Eh ! madame, la voix n'est pas mauvaise, mais du diable si j'ai pu comprendre un seul mot.

Une autre fois (on était en plein hiver) on répétait un opéra nouveau, et les chanteurs chargés des premiers rôles, désolés de quitter leur édredon, étaient toujours en retard. Barbaja, furieux, avait juré la veille de mettre à l'amende le premier qui ne se trouverait pas à l'heure, fût-ce le ténor ou la prima donna elle-même, pour faire un exemple.

La répétition commence, Barbaja s'éloigne un peu vers le fond d'une coulisse pour gronder le machiniste ; tout à coup les voix se taisent, l'orchestre s'arrête, on attend quelqu'un.

— Qu'y a-t-il ? s'écrie l'impresario en se précipitant vers la rampe.

— Rien ; monsieur, répond le premier violon.

— Qui est-ce qui manque ? Je veux le savoir.

— Il manque un *ré*.

— A l'amende.

Tout cela n'empêche pas que Domenico Barbaja n'ait créé Lablache, Tamburini, Rubini, Donzelli, la Colbron, la Pasta, la Fodor, Donizetti, Bellini, Rossini lui-même ; oui, le grand Rossini.

Les plus grands chefs d'œuvre du maître souverain ont été composés pour Barbaja, et Dieu seul peut savoir ce qu'il en a coûté au pauvre impresario de prières, de violences et de ruses pour forcer au travail le génie le plus libre, le plus insouciant et le plus heureux qui ait jamais plané sur le beau ciel de l'Italie.

J'en citerai un exemple qui caractérise parfaitement l'impresario et le compositeur.

V.

OTELLO.

Rossini venait d'arriver à Naples, précédé déjà par une grande réputation. La première personne qu'il rencontra en descendant de voiture fut, comme on s'en doute bien, l'impresario de Saint-Charles. Barbaja alla au devant du maestro les bras et le cœur ouverts, et, sans lui donner le temps de faire un pas ni de prononcer une parole :

— Je viens, lui dit-il, te faire trois offres, et j'espère que tu ne refuseras aucune des trois.

— J'écoute, répondit Rossini avec ce fin sourire que vous savez.

— Je t'offre mon hôtel pour toi et pour tes gens.

— J'accepte.

— Je t'offre ma table pour toi et pour tes amis.

— J'accepte.

— Je t'offre d'écrire un opéra nouveau pour moi et pour mon théâtre.

— Je n'accepte plus.

— Comment ! tu refuses de travailler pour moi ?

— Ni pour vous ni pour personne. Je ne veux plus faire de musique.

— Tu es fou, mon cher.

— C'est comme j'ai l'honneur de vous le dire.

— Et que viens-tu faire à Naples ?

— Je viens manger des macaroni et prendre des glaces. C'est ma passion.

— Je te ferai préparer des glaces par mon limonadier, qui est le premier de Toledo, et je te ferai moi-même des macaroni dont tu me diras des nouvelles.

— Diable ! cela devient grave.

— Mais tu me donneras un opéra en échange.

— Nous verrons.

— Prends un mois, deux mois, six mois, tout le temps que tu désires.

— Va pour six mois.

— C'est convenu.

— Allons souper.

Dès le soir même, le palais de Barbaja fut mis à la disposition de Rossini ; le propriétaire s'éclipsa complètement, et le célèbre maestro put se regarder comme étant chez lui, dans la plus stricte acception du mot. Tous les amis ou même simples connaissances qu'il rencontrait en se promenant étaient invités sans façon à la table de Barbaja, dont Rossini faisait les honneurs avec une aisance parfaite. Quelquefois ce dernier se plaignait de ne pas avoir trouvé assez d'amis pour les convier aux festins de son hôte : à peine s'il avait pu en réunir, malgré toutes les avances du monde, douze ou quinze. C'étaient les mauvais jours.

Quant à Barbaja, fidèle au rôle de cuisinier qu'il s'était imposé, il inventait tous les jours un nouveau mets, vidait les bouteilles les plus anciennes de sa cave, et fêtait tous les inconnus qu'il plaisait à Rossini de lui amener, comme s'ils avaient été les meilleurs amis de son père. Seulement, vers la fin du repas, d'un air dégagé, avec une adresse infinie et le sourire à la bouche, il glissait entre la poire et le fromage quelques mots sur l'opéra qu'il s'était fait promettre et sur l'éclatant succès qui ne pouvait lui manquer.

Mais, quelque précaution oratoire qu'employât l'honnête impresario pour rappeler à son hôte la dette qu'il avait contractée, ce peu de mots tombés du bout de ses lèvres produisait sur le maestro le même effet que les trois paroles terribles du festin de Balthazar. C'est pourquoi Barbaja, dont la présence avait été tolérée jusqu'alors, fut prié poliment par Rossini de ne plus paraître au dessert.

Cependant les mois s'écoulaient, le libretto était fini depuis longtemps, et rien n'annonçait encore que le compositeur se fût décidé à se mettre à l'ouvrage. Aux diners succédaient les promenades, aux promenades les parties de campagne. La chasse, la pêche, l'équitation, se partageaient les loisirs du noble maître ; mais il n'était pas question de la moindre note. Barbaja éprouvait vingt fois par jour des accès de fureur, des crispations nerveuses, des envies irrésistibles de faire un éclat. Il se contenait néanmoins, car personne plus que lui n'avait foi dans l'incomparable génie de Rossini.

Barbaja garda le silence pendant cinq mois avec la résignation la plus exemplaire. Mais le matin du premier jour du sixième mois, voyant qu'il n'y avait plus de temps à perdre ni de ménagemens à garder, il tira le maestro à l'écart et entama l'entretien suivant :

— Ah çà ! mon cher, sais-tu qu'il ne manque plus que vingt-neuf jours pour l'époque fixée ?

— Quelle époque ? dit Rossini avec l'ébahissement d'un homme à qui on adresserait une question incompréhensible en le prenant pour un autre.

— Le 30 mai.

— Le 30 mai !

Même pantomime.

— Ne m'as-tu pas promis un opéra nouveau qu'on doit jouer ce jour-là ?

— Ah ! j'ai promis ?

— Il ne s'agit pas ici de faire l'étonné ! s'écria l'impresario dont la patience est à bout ; j'ai attendu le délai de rigueur, comptant sur ton génie et sur l'extrême facilité de travail que Dieu t'a accordée. Maintenant il m'est impossible de plus attendre : il me faut mon opéra.

— Ne pourrait-on pas arranger quelque opéra ancien en changeant le titre ?

— Y penses-tu ? Et les artistes qui sont engagés exprès pour jouer dans un opéra nouveau !

— Vous les mettrez à l'amende.

— Et le public ?

— Vous fermerez le théâtre.

— Et le roi ?

— Vous donnerez votre démission.

— Tout cela est vrai jusqu'à un certain point. Mais si ni les artistes, ni le public, ni le roi lui-même ne peuvent me forcer à tenir ma promesse, j'ai donné ma parole, monsieur, et Domenico Barbaja n'a jamais manqué à sa parole d'honneur.

— Alors c'est différent.

— Ainsi, tu me promets de commencer demain ?

— Demain, c'est impossible, j'ai une partie de pêche au Fusaro.

— C'est bien, dit Barbaja, enfonçant ses mains dans ses poches, n'en parlons plus. Je verrai quel parti il me reste à prendre.

Et il s'éloigna sans ajouter un mot.

Le soir, Rossini soupa de bon appétit, et fit honneur à la table de l'impresario en homme qui avait parfaitement oublié la discussion du matin. En se retirant, il recommanda bien à son domestique de le réveiller au point du jour et de lui tenir prête une barque pour le Fusaro. Après quoi il s'endormit du sommeil du juste.

Le lendemain, midi sonnait aux cinq cents cloches que possède la bienheureuse ville de Naples, et le domestique de Rossini n'était pas encore monté chez son maître ; le soleil dardait ses rayons à travers les persiennes. Rossini, réveillé en sursaut, se leva sur son séant, se frotta les yeux et sonna : le cordon de la sonnette resta dans sa main.

Il appela par la croisée qui donnait sur la cour : le palais demeura muet comme un sérail.

Il secoua la porte de sa chambre : la porte résista à ses secousses, elle était murée au dehors.

Alors Rossini, revenant à la croisée, se mit à hurler au secours, à la trahison, au guet-apens ! Il n'eut pas même la consolation que l'écho répondît à ses plaintes, le palais de Barbaja étant le bâtiment le plus sourd qui existe sur le globe.

Il ne lui restait qu'une ressource, c'était de sauter du quatrième étage ; mais il faut le dire, à la louange de Rossini, que cette idée ne lui vint pas un instant à la tête.

Au bout d'une bonne heure, Barbaja montra son bonnet de coton à une croisée du troisième ; Rossini, qui n'avait pas quitté sa fenêtre, eut envie de lui lancer une tuile ; il se contenta de l'accabler d'imprécations.

— Désirez-vous quelque chose ? lui demanda l'impresario d'un ton patelin.

— Je veux sortir à l'instant même.

— Vous sortirez quand votre opéra sera fini.

— Mais c'est une séquestration arbitraire.

— Arbitraire tant que vous voudrez ; mais il me faut mon opéra.

— Je m'en plaindrai à tous les artistes, et nous verrons.

— Je les mettrai à l'amende.

— J'en informerai le public.

— Je fermerai le théâtre.

— J'irai jusqu'au roi.

— Je donnerai ma démission.

Rossini s'aperçut qu'il était pris dans ses propres filets. Aussi, en homme supérieur, changeant de ton, de manières, demanda-t-il d'une voix calme :

— J'accepte la plaisanterie, et je ne m'en fâche pas ; mais puis-je savoir quand me sera rendue ma liberté ?

— Quand la dernière scène de l'opéra me sera remise, répondit Barbaja en ôtant son bonnet.

— C'est bien : envoyez ce soir chercher l'ouverture.

Le soir, on remit ponctuellement à Barbaja un cahier de musique sur lequel était écrit en grandes lettres : *Ouverture d'Otello*.

Le salon de Barbaja était rempli de célébrités musicales au moment où il reçut le premier envoi de son prisonnier. On se mit sur-le-champ au piano, on déchiffra le nouveau chef-d'œuvre, et on conclut que Rossini n'était pas un homme, et que, semblable à Dieu, il créait sans travail et sans effort, par le seul acte de sa volonté. Barbaja, que le bonheur rendait presque fou, arracha le morceau des mains des admirateurs et l'envoya à la copisterie. Le lendemain, il reçut un nouveau cahier sur lequel on lisait : *Le premier acte d'Otello* ; ce nouveau cahier fut envoyé également aux copistes, qui s'acquittaient de leur devoir avec cette obéissance muette et passive à laquelle Barbaja les avait habitués. Au bout de trois jours, la partition d'*Otello* avait été livrée et copiée.

L'impresario ne se possédait pas de joie. Il se jeta au cou de Rossini, lui fit ses excuses les plus touchantes et les plus sincères pour le stratagème qu'il avait été forcé d'employer, et le pria d'achever son œuvre en assistant aux répétitions.

— Je passerai moi-même chez les artistes, répondit Rossini d'un ton dégagé, et je leur ferai répéter leur rôle. Quant à ces messieurs de l'orchestre, j'aurai l'honneur de les recevoir chez moi.

— Eh bien ? mon cher, tu peux l'entendre avec eux. Ma présence n'est pas nécessaire, et j'admirerai ton chef-d'œuvre à la répétition générale. Encore une fois, je te prie de me pardonner la manière dont j'ai agi.

— Pas un mot de plus sur cela, ou je me fâche.

— Ainsi, à la répétition générale ?

— A la répétition générale.

Le jour de la répétition générale arriva enfin : c'était la veille de ce fameux 30 mai qui avait coûté tant de transes à Barbaja. Les chanteurs étaient à leur poste, les musiciens prirent place à l'orchestre, Rossini s'assit au piano.

Quelques dames élégantes et quelques hommes privilégiés occupaient les loges d'avant-scène. Barbaja, radieux et triomphant, se frottait les mains et se promenait en sifflotant sur son théâtre.

On joua d'abord l'ouverture. Des applaudissements frénétiques ébranlèrent les voûtes de Saint-Charles. Rossini se leva et salua.

— Bravo ! cria Barbaja. Passons à la cavatine du ténor.

Rossini se rassit à son piano, tout le monde fit silence, le premier violon leva l'archet, et on recommença à jouer l'ouverture. Les mêmes applaudissemens, plus enthousiastes encore, s'il était possible, éclatèrent à la fin du morceau.

Rossini se leva et salua.

— Bravo ! bravo ! répéta Barbaja. Passons maintenant à la cavatine.

L'orchestre se mit à jouer pour la troisième fois l'ouverture.

— Ah çà ! s'écria Barbaja exaspéré, tout cela est charmant, mais nous n'avons pas le temps de rester là jusqu'à demain. Arrivez à la cavatine.

Mais, malgré l'injonction de l'impresario, l'orchestre n'en continuait pas moins la même ouverture. Barbaja s'é-

lança sur le premier violon, et, le prenant au collet, lui cria à l'oreille :
— Mais que diable avez-vous donc à jouer la même chose depuis une heure ?
— Dame ! dit le violon avec un flegme qui eût fait honneur à un Allemand, nous jouons ce qu'on nous a donné.
— Mais tournez donc le feuillet, imbécile !
— Nous avons beau tourner, il n'y a que l'ouverture.
— Comment ! il n'y a que l'ouverture ! s'écria l'impresario en pâlissant : c'est donc une atroce mystification ?
Rossini se leva et salua.
Mais Barbaja était retombé sur un fauteuil sans mouvement. La prima donna, le ténor, tout le monde s'empressait autour de lui. Un moment on le crut frappé par une apoplexie foudroyante.
Rossini, désolé que la plaisanterie prît une tournure aussi sérieuse, s'approche de lui avec une réelle inquiétude.
Mais à sa vue, Barbaja, bondissant comme un lion, se prit à hurler de plus belle.
— Va-t'en d'ici, traître, ou je me porte à quelque excès !
— Voyons, voyons, dit Rossini en souriant, n'y a-t-il pas quelque remède ?
— Quel remède, bourreau ! C'est demain le jour de la première représentation.
— Si la prima donna se trouvait indisposée ? murmura Rossini tout bas à l'oreille de l'impresario.
— Impossible, lui répondit celui-ci du même ton ; elle ne voudra jamais attirer sur elle la vengeance et les citrons du public.
— Si vous vouliez la prier un peu ?
— Ce serait inutile. Tu ne connais pas la Colbron.
— Je vous croyais au mieux avec elle.
— Raison de plus.
— Voulez-vous me permettre d'essayer, moi ?
— Fais tout ce que tu voudras ; mais je t'avertis que c'est du temps perdu.
— Peut-être.
Le jour suivant, on lisait sur l'affiche de Saint-Charles que la première représentation d'*Otello* était remise par l'indisposition de la prima donna.
Huit jours après on jouait *Otello*.
Le monde entier connaît aujourd'hui cet opéra ; nous n'avons rien à ajouter. Huit jours avaient suffi à Rossini pour faire oublier le chef-d'œuvre de Shakespeare.
Après la chute du rideau, Barbaja, pleurant d'émotion, cherchait partout le maître pour le presser sur son cœur ; mais Rossini, cédant sans doute à cette modestie qui va si bien aux triomphateurs, s'était dérobé à l'ovation de la foule.
Le lendemain, Domenico Barbaja sonna son souffleur, qui remplissait auprès de lui les fonctions de valet de chambre, impatient qu'il était, le digne impresario, de présenter à son hôte les félicitations de la veille.
Le souffleur entra.
— Va prier Rossini de descendre chez moi, lui dit Barbaja.
— Rossini est parti, répondit le souffleur.
— Comment ! parti ?
— Parti pour Bologne au point du jour.
— Parti sans rien me dire !
— Si fait, monsieur, il vous a laissé ses adieux.
— Alors, va prier la Colbron de me permettre de monter chez elle.
— La Colbron ?
— Oui, la Colbron ; es-tu sourd ce matin ?
— Faites excuse, mais la Colbron est partie.
— Impossible !
— Ils sont partis dans la même voiture.
— La malheureuse ! elle me quitte pour devenir la maîtresse de Rossini.
— Pardon, monsieur, elle est sa femme.
— Je suis vengé ! dit Barbaja.

VI.

FORCELLA.

De même que Chiaja est la rue des étrangers et de l'aristocratie, de même que Toledo est la rue des flâneurs et des boutiques, Forcella est la rue des avocats et des plaideurs.
Cette rue ressemble beaucoup, pour la population qui la parcourt, à la galerie du Palais-de-Justice, à Paris, qu'on appelle salle des Pas-Perdus, si ce n'est que les avocats y sont encore plus loquaces et les plaideurs plus râpés.
C'est que les procès durent à Naples trois fois plus longtemps qu'ils ne durent à Paris.
Le jour où nous la traversions, il y avait encombrement ; nous fûmes forcés de descendre de notre corricolo pour continuer notre route à pied, et nous allions à force de coups de coude parvenir à traverser cette foule lorsque nous nous avisâmes de demander quelle cause la rassemblait : on nous répondit qu'il y avait procès entre la confrérie des pèlerins et don Philippe Villani. Nous demandâmes quelle était la cause du procès : on nous répondit que le défendeur, s'étant fait enterrer quelques jours auparavant aux frais de la confrérie des pèlerins, venait d'être assigné afin de prouver légalement qu'il était mort. Comme on le voit, le procès était assez original pour attirer une certaine affluence. Nous demandâmes à Francesco ce que c'était que don Philippe Villani. En ce moment, il nous montra un individu qui passait tout courant.
— Le voici, nous dit-il.
— Celui qu'on a enterré il y a huit jours ?
— Lui-même.
— Comment cela se fait-il ?
— Il sera ressuscité.
— Il est donc sorcier ?
— C'est le neveu de Cagliostro.
En effet, grâce à la filiation authentique qui le rattache à son illustre aïeul, et à une série de tours de magie plus ou moins drôles, don Philippe était parvenu à accréditer à Naples le bruit qu'il était sorcier.
On lui faisait tort : don Philippe Villani était mieux qu'un sorcier, c'était un type : don Philippe Villani était le Robert Macaire napolitain. Seulement l'industriel napolitain a une grande supériorité sur l'industriel français ; notre Robert Macaire à nous est un personnage d'invention, une fiction sociale, un mythe philosophique, tandis que le Robert Macaire ultramontain est un personnage de chair et d'os, une individualité palpable, une excentricité visible.
Don Philippe est un homme de trente-cinq à quarante ans, aux cheveux noirs, aux yeux ardents, à la figure mobile, à la voix stridente, aux gestes rapides et multipliés ; don Philippe a tout appris et sait un peu de tout ; il sait un peu de droit, un peu de médecine, un peu de chimie, un peu de mathématiques, un peu d'astronomie ; or, quoi qu'il en soit comparant à tout ce qui l'entourait, il s'est trouvé fort supérieur à la société et a résolu de vivre par conséquent aux dépens de la société.
Don Philippe avait vingt ans lorsque son père mourut : il lui laissait tout juste assez d'argent pour faire quelques dettes. Don Philippe eut le soin d'emprunter avant d'être ruiné tout à fait, de sorte que ses premières lettres de change furent scrupuleusement payées : il s'agissait d'établir son crédit. Mais toute chose a sa fin dans ce monde ; un jour vint où don Philippe ne se trouva pas chez lui au moment de l'échéance : on y revint le lendemain matin, il était déjà sorti ; on y revint le soir, il n'était pas encore rentré. La lettre de change fut protestée. Il en résulta que don Philippe

fut obligé de passer des mains des banquiers aux mains des escompteurs, et qu'au lieu de payer six du cent, il paya douze.

Au bout de quatre ans, don Philippe avait usé les escompteurs comme il avait usé les banquiers ; il fut donc obligé de passer des mains des escompteurs aux mains des usuriers. Ce nouveau mouvement s'accomplit sans secousse sensible, si ce n'est qu'au lieu de payer douze pour cent, don Philippe fut obligé de payer cinquante. Mais cela importait peu à don Philippe, qui commençait à ne plus payer du tout. Il en résulta qu'au bout de deux ans encore don Philippe, qui éprouvait le besoin d'une somme de mille écus, eut grand'peine à trouver un juif qui consentît à lui prêter à cent cinquante pour cent. Enfin, après une foule de négociations dans lesquelles don Philippe eut à mettre au jour toutes les ressources inventives que le ciel lui avait données, le descendant d'Isaac se présenta chez don Philippe avec sa lettre de change toute préparée ; elle portait obligation d'une somme de neuf mille francs : le juif en apportait trois mille ; il n'y avait rien à dire, c'était là chose convenue.

Don Philippe prit la lettre de change, jeta un coup d'œil rapide dessus, étendit négligemment la main vers sa plume, fit semblant de la tremper dans l'encrier, apposa son acceptation et sa signature au bas de l'obligation, passa sur l'encre humide une couche de sable bleu, et remit au juif la lettre de change toute ouverte.

Le juif jeta les yeux sur le papier ; l'acceptation et la signature étaient d'une grosse écriture fort lisible ; le juif inclina donc la tête d'un air satisfait, plia la lettre de change et l'introduisit dans un vieux portefeuille où elle devait rester jusqu'à l'échéance, la signature de don Philippe ayant depuis longtemps cessé d'avoir cours sur la place.

A l'échéance du billet, le juif se présente chez don Philippe. Contre son habitude, don Philippe était à la maison. Contre l'attente du juif, il était visible. Le juif fut introduit.

— Monsieur, dit le juif en saluant profondément son débiteur, vous n'avez point oublié, j'espère, que c'est aujourd'hui l'échéance de notre petite lettre de change.

— Non, mon cher monsieur Félix, répondit don Philippe.

Le juif s'appelait Félix.

— En ce cas, dit le juif, j'espère que vous avez eu la précaution de vous mettre en règle ?

— Je n'y ai pas pensé un seul instant.

— Mais alors vous savez que je vais vous poursuivre ?

— Poursuivez.

— Vous n'ignorez pas que la lettre de change entraîne la prise de corps ?

— Je le sais.

— Et, afin que vous ne prétextiez cause d'ignorance, je vous préviens que, de ce pas, je vais vous faire assigner.

— Faites.

Le juif s'en alla en grommelant, et fit assigner don Philippe à huitaine.

Don Philippe se présenta au tribunal.

Le juif exposa sa demande.

— Reconnaissez-vous la dette ? demanda le juge.

— Non seulement je ne la reconnais pas, répondit don Philippe, mais je ne sais pas même ce que monsieur veut dire.

— Faites passer votre titre au tribunal, dit le juge au demandeur.

Le juif tira de son portefeuille la lettre de change souscrite par don Philippe et la passa toute pliée au juge.

Le juge la déplia ; puis jetant un coup d'œil dessus :

— Oui, dit-il, voilà bien une lettre de change, mais je n'y vois ni acceptation ni signature.

— Comment ! s'écria le juif en pâlissant.

— Lisez vous-même, dit le juge.

Et il rendit la lettre de change au demandeur.

Le juif faillit tomber à la renverse. L'acceptation et la signature avaient effectivement disparu comme par magie.

— Infâme brigand ! s'écria le juif en se retournant vers don Philippe. Tu me paieras celle-là.

— Pardon, mon cher monsieur Félix, vous vous trompez, c'est vous qui me le paierez au contraire. Puis, se tournant vers le juge :

— Excellence, lui dit-il, nous vous demandons acte que nous venons d'être insulté en face du tribunal, sans motif aucun.

— Nous vous l'accordons, dit le juge.

Muni de son acte, don Philippe attaqua le juif en diffamation, et comme l'insulte avait été publique, le jugement ne se fit pas attendre.

Le juif fut condamné à trois mois de prison et à mille écus d'amende.

Maintenant expliquons le miracle.

Au lieu de tremper sa plume dans l'encre, don Philippe l'avait purement et simplement trempée dans sa bouche et avait écrit avec sa salive. Puis, sur l'écriture humide, il avait passé du sable bleu. Le sable avait tracé les lettres ; mais la salive séchée, le sable était parti et avec lui l'acceptation et la signature.

Don Philippe gagna six mille francs à ce petit tour de passe-passe, mais il y perdit le reste de son crédit ; il est vrai que le reste de son crédit ne lui eût probablement pas rapporté six mille francs.

Mais si bien qu'on ménage mille écus, ils ne peuvent pas éternellement durer ; d'ailleurs, don Philippe avait une assez grande foi dans son génie pour ne pas pousser l'économie jusqu'à l'avarice. Il essaya de négocier un nouvel emprunt, mais l'affaire du pauvre Félix avait fait grand bruit, et, quoique personne ne plaignît le juif, chacun éprouvait une répugnance marquée à traiter avec un escamoteur assez habile pour effacer sa signature dans la poche de son créancier.

Sur ces entrefaites, on arriva au commencement d'avril. Le 4 mai est l'époque des déménagemens à Naples : don Philippe devait deux termes à son propriétaire, lequel lui fit signifier que s'il ne payait pas ces deux termes dans les vingt-quatre heures, il allait, par avance, et en se pourvoyant devant le juge, se mettre en situation de le renvoyer à la fin du troisième.

Le troisième arriva, et comme don Philippe ne paya point, on saisit et l'on vendit les meubles, à l'exception de son lit et de celui d'une vieille domestique de la famille qni n'avait pas voulu le quitter et qui partageait toutes les vicissitudes de sa fortune. La veille du jour où il devait quitter la maison, il se mit en quête d'un autre logement. Ce n'était pas chose facile à trouver ; don Philippe commençait à être fort connu sur le pavé de Naples. Désespérant donc de trouver un propriétaire avec qui traiter à l'amiable, il résolut de faire son affaire par force ou par surprise.

Il connaissait une maison que son propriétaire, vieil avare, laissait tomber en ruines plutôt que de la faire réparer. Dans tout autre temps, cette maison lui eût paru fort indigne de lui ; mais don Philippe était devenu facile dans la fortune adverse. Il s'assura pendant la journée que la maison n'était point habitée, et, lorsque la nuit fut venue, il déménagea avec sa vieille servante, chacun portant son lit, et s'achemina vers son nouveau domicile. La porte était close, mais une fenêtre était ouverte ; il passa par la fenêtre, alla ouvrir la porte à sa compagne, choisit la meilleure chambre, l'invita à choisir après lui, et une heure après tous deux étaient installés.

Quelques jours après, le vieil avare en visitant sa maison la trouva habitée. C'était une bonne fortune pour lui ; depuis deux ou trois années, elle était dans un tel état de délabrement qu'il ne pouvait plus la louer à personne ; il se retira donc sans rien dire ; seulement, il fit constater l'occupation par deux voisins.

Le jour du terme, don Bernardo se présenta, cette attestation à la main, et après force révérences : — Monsieur, lui dit-il, je viens réclamer l'argent que vous avez bien voulu me devoir, en me faisant l'agréable surprise de venir loger chez moi sans m'en prévenir.

— Mon cher, mon estimable ami, lui répondit don Philippe en lui serrant la main avec effusion, informez-vous partout où j'ai demeuré si j'ai jamais payé mon loyer ; et si vous trouvez dans tout Naples un propriétaire qui vous réponde affirmativement, je consens à vous donner le double de ce que vous prétendez que je vous dois, aussi vrai que je m'appelle don Philippe Villani.

Don Philippe se vantait, mais il y a des momens où il faut savoir mentir pour intimider l'ennemi.

A ce nom redouté, le propriétaire pâlit. Jusque-là il avait ignoré quel illustre personnage il avait eu l'honneur de loger chez lui. Les bruits de magie qui s'étaient répandus sur le compte de don Philippe se présentaient à son esprit, et il se crut non seulement ruiné pour avoir hébergé un locataire insolvable, mais encore damné pour avoir frayé avec un sorcier.

Don Bernardo se retira pour réfléchir à la résolution qu'il devait prendre. S'il eût été le diable boiteux, il eût enlevé le toit; il n'était qu'un pauvre diable, il se décida à le laisser tomber, ce qui ne pouvait, au reste, entraîner de longs retards, vu l'état de dégradation de la maison. C'était justement dans la saison pluvieuse, et quand il pleut à Naples on sait avec quelle libéralité le seigneur donne l'eau; le propriétaire se présenta de nouveau au seuil de la maison.

Comme nos premiers pères poursuivis par la vengeance de Dieu, à laquelle ils cherchaient à échapper, don Philippe s'était retiré de chambre en chambre devant le déluge. Le propriétaire crut donc, au premier abord, qu'il avait pris le parti de décamper, mais son illusion fut courte. Bientôt, guidé par la voix de son locataire, il pénétra dans un petit cabinet un peu plus imperméable que le reste de la maison, et le trouva sur son lit tenant d'une main son parapluie ouvert, et de l'autre main un livre, et déclamant à tue-tête les vers d'Horace : *Impavidum ferient ruinæ !*

Le propriétaire s'arrêta un instant, immobile et muet, devant l'enthousiaste résignation de son hôte, puis enfin, retrouvant la parole :

— Vous ne voulez donc pas vous en aller ; demanda-t-il faiblement et d'une voix consternée.

— Écoutez-moi, mon brave ami, écoutez-moi, mon digne propriétaire, dit don Philippe en fermant son livre. Pour me chasser d'ici, il faut me faire un procès ; c'est évident : nous n'avons pas de bail, et j'ai la possession. Or, je me laisserai juger par défaut : un mois ; je formerai opposition au jugement : autre mois ; vous me réassignerez : troisième mois ; j'interjetterai appel : quatrième mois ; vous obtiendrez un second jugement : cinquième mois ; je me pourvoirai en cassation : sixième mois. Vous voyez qu'en allongeant tant soit peu la chose, car je cote au plus bas, c'est une année de perdue, plus les frais.

— Comment les frais ! s'écria le propriétaire ; c'est vous qui serez condamné aux frais.

— Sans doute, c'est moi qui serai condamné aux frais, mais c'est vous qui les paierez, attendu que je n'ai pas le sou, et que, comme vous serez le demandeur, vous aurez été forcé de faire les avances.

— Hélas ! ce n'est que trop vrai ! murmura le pauvre propriétaire en poussant un profond soupir.

— C'est une affaire de six cents ducats, murmura don Philippe.

— A peu près, répondit le propriétaire, qui avait rapidement calculé les honoraires des juges, des avocats et des greffiers.

— Eh bien ? faisons mieux que cela, mon digne hôte, transigeons.

— Je ne demande pas mieux, voyons.

— Donnez-moi la moitié de la somme, et je sors à l'instant de ma propre volonté, je me retire à l'amiable.

— Comment ! que je vous donne trois cents ducats pour sortir de chez moi, quand c'est vous qui me devez deux termes !

— La remise de l'argent portera quittance.

— Mais c'est impossible !

— Très bien. Ce que j'en faisais, c'était pour vous obliger.

— Pour m'obliger, malheureux !

— Pas de gros mots, mon hôte ; cela n'a pas réussi, vous le savez, au papa Félix.

— Eh bien ! dit l'avare, faisant un effort sur lui même, eh bien ! je donnerai moitié.

— Trois cents ducats, dit don Philippe, pas un grain de plus, pas un grain de moins.

— Jamais ! s'écria le propriétaire.

— Prenez garde que, lorsque vous reviendrez, je ne veuille plus pour ce prix-là.

— Eh bien ! je risquerai le procès, dût-il me coûter six cents ducats !

— Risquez, mon brave homme, risquez.

— Adieu ; demain vous recevrez du papier marqué.

— Je l'attends.

— Allez au diable !

— Au plaisir de vous revoir.

Et tandis que don Bernardo se retirait furieux, don Philippe reprit son ode au *Justum et tenacem.*

Le lendemain se passa, le surlendemain se passa, la semaine se passa, et don Philippe, comme il s'y attendait, ne vit apparaître aucune sommation ; loin de là, au bout de quinze jours, ce fut le propriétaire qui revint aussi doux et aussi mielleux au retour qu'il s'était montré menaçant et terrible au départ.

— Mon cher hôte, lui dit-il, vous êtes un homme si persuasif qu'il faut en passer par où vous voulez : voici les trois cents ducats que vous avez exigés ; j'espère que vous allez tenir votre promesse. Vous m'avez promis, si je vous apportais trois cents ducats, de vous en aller à l'instant et à l'amiable.

— Si vous me les donniez le jour même ; mais je vous ai dit que si vous attendiez ce serait le double. Or, vous avez attendu. Payez-moi six cents ducats, mon cher, et je me retire.

— Mais c'est une ruine !

— C'est la vingtième partie de la somme qu'on vous a offerte hier pour votre maison.

— Comment ! vous savez...

— Que milord Blumfild vous en donne dix mille écus.

— Vous êtes donc sorcier ?

— Je croyais que c'était connu. Payez-moi mes six cents ducats, mon cher, et je me retire.

— Jamais !

— A votre prochaine visite, ce sera douze cents.

— Eh bien ! quatre cent cinquante.

— Six cents, mon hôte, six cents. Et songez que si vous n'avez pas rendu réponse demain à milord Blumfild, milord Blumfild achète la maison de votre digne confrère le papa Félix.

— Allons, dit le propriétaire, tirant une plume et du papier de sa poche, faites-moi votre obligation ; quoiqu'on dise que votre obligation et rien c'est la même chose.

— Comment, mon obligation ! c'est ma quittance que vous voulez dire ?

— Va pour votre quittance, et n'en parlons plus. Signez. Voici votre argent.

— Voici votre quittance.

— Maintenant, dit le propriétaire en lui montrant la porte.

— C'est juste, répondit don Philipppe en s'apprêtant à se retirer...

— Mais votre domestique !

— Marie ! cria don Philippe.

La vieille domestique parut.

— Marie, mon enfant, nous déménageons, dit don Philippe ; prenez mon parapluie ; saluez notre digne hôte et suivez-moi.

Marie prit le parapluie, fit une révérence au propriétaire, et suivit son maître.

Le lendemain le propriétaire attendit toute la journée la visite de milord Blumfild ; il l'attendit toute la journée du surlendemain, il l'attendit toute la semaine : milord Blumfild ne parut pas. Le pauvre propriétaire visita tous les hôtels de Naples, on n'y connaissait aucun anglais de ce nom. Seulement, un soir, en allant par hasard aux Fiorentini, don Bernardo vit un acteur qui ressemblait comme deux gouttes d'eau à son introuvable milord ; il s'informa à la direction et apprit que le ménechme de sir Blumfuld jouait à merveille les rôles d'Anglais. Il demanda si par hasard cet artiste n'était pas lié avec don Philippe Villani, et il apprit que non seulement ils étaient amis intimes, mais encore que l'artiste n'avait rien à refuser à l'industriel, l'industriel faisant des articles à la louange de l'artiste dans le *Rat savant*, seul journal littéraire qui existât dans la ville de Naples.

Grâce à cette recrudescence de fortune, don Philippe parvint à trouver un logement convenable dont il paya, pour ôter toute méfiance au propriétaire, le premier terme à l'avance. De plus, il fit l'acquisition de quelques meubles d'absolue nécessité.

Cependant six cents ducats dans les mains d'un homme à qui l'avenir appartenait d'une façon si certaine ne devaient pas durer longtemps; mais l'exactitude de ses paiements lui avait rendu quelque crédit, et lorsque ses six cents ducats furent épuisés, il trouva moyen, sur lettre de change, d'en emprunter cent cinquante autres.

Ces cent cinquante autres s'usèrent comme les premiers ; les ducats disparurent, la lettre de change resta. Il n'y a que deux choses qui ne sont jamais perdues : un bienfait et une lettre de change.

Toute lettre de change a une échéance : l'échéance de la lettre de change de don Philippe arriva, puis le créancier suivit l'échéance, puis l'huissier suivit le créancier, puis la saisie devait le surlendemain suivre le tout.

Le soir, don Philippe rentra chargé de vieilles porcelaines du plus beau Chine et du plus magnifique Japon ; seulement la porcelaine était en morceaux. Il est vrai que, comme dit Jocrisse, il n'y avait pas un de ces morceaux de cassé.

Aussitôt, avec l'aide de la vieille servante, il dressa un buffet contre la porte d'entrée, et sur le buffet il dressa toute sa porcelaine, puis il se coucha et attendit les événements.

Les événements étaient faciles à prévoir : le lendemain, à huit heures du matin, l'huissier frappa à la porte, personne ne répondit ; l'huissier frappa une seconde fois, même silence ; une troisième, néant.

L'huissier se retira et s'en vint requérir l'assistance d'un commissaire de police et l'aide d'un serrurier ; puis tous trois revinrent sur le palier de don Philippe. L'huissier frappa aussi inutilement que la première fois ; le commissaire donna au serrurier l'autorisation d'ouvrir la porte ; le serrurier introduisit le rossignol dans la serrure : le pêne céda. Quelque chose cependant s'opposait encore à l'ouverture de la porte.

— Faut-il pousser ? demanda l'huissier.

— Poussez ! dit le commissaire. Le serrurier poussa.

Au même instant, on entendit un bruit pareil à celui que ferait un homme tombant sur l'étalage de marchand de bric-à-brac ; puis de grandes clameurs retentirent :

— A l'aide ! au secours ! on me pille ! on m'assassine ! Je suis un homme perdu ! je suis un homme ruiné ! criait la voix.

Le commissaire entra, l'huissier suivit le commissaire, et le serrurier suivit l'huissier. Ils trouvèrent don Philippe qui s'arrachait les cheveux devant les morceaux de sa porcelaine multipliés à l'infini.

— Ah ! malheureux que vous êtes ! s'écria don Philippe en les apercevant, vous m'avez brisé pour deux mille écus de porcelaine !

C'eût été au bas prix si la porcelaine n'avait pas été brisée auparavant. Mais c'est ce qu'ignoraient le commissaire de police et l'huissier ; ils se trouvaient en face de débris : le buffet était renversé, la porcelaine en morceaux ; ce malheur était arrivé de leur fait, et si à la rigueur ils n'étaient légalement pas tenus d'en répondre, consciencieusement ils n'en étaient pas moins coupables.

La fausseté de leur situation s'augmenta encore du désespoir de don Philippe.

On devine que pour le moment il ne fut pas question de saisie. Le moyen de saisir, pour une misérable somme de cent cinquante ducats, les meubles d'un homme chez qui l'on vient de briser pour deux mille écus de porcelaine !

Le commissaire et l'huissier essayèrent de consoler don Philippe, mais don Philippe était inconsolable, non pas précisément pour la valeur de la porcelaine, don Philippe avait fait bien d'autres pertes et de bien plus considérables que celle-là ; mais don Philippe n'était que dépositaire : le propriétaire, qui était un amateur de curiosités, allait venir réclamer son dépôt ; don Philippe ne pouvait le lui remettre ; don Philippe était déshonoré.

Le commissaire et l'huissier se cotisèrent. L'affaire en s'ébruitant pouvait leur faire grand tort ; la loi accorde à ses agents le droit de saisir les meubles, mais non celui de les briser. Ils offrirent à don Philippe une somme de trois cents ducats à titre d'indemnité, et leur influence près de son créancier pour lui faire obtenir un mois de délai à l'endroit du paiement de sa lettre de change. Don Philippe, de son côté, se montra large et grand envers l'huissier et le commissaire ; la douleur réelle n'est point calculatrice ; il consentit à tout sans rien discuter : le commissaire et l'huissier se retirèrent le cœur brisé de ce muet désespoir.

Le délai accordé à don Philippe s'écoula sans que, comme on s'en doute bien, le débiteur eût songé à donner un sou d'à-compte. Il en résulta qu'un matin don Philippe, en regardant attentivement par sa fenêtre ce qui se passait dans la rue, précaution dont il usait toujours lorsqu'il se sentait sous le coup d'une prise de corps, vit sa maison cernée par des gardes du commerce. Don Philippe était philosophe ; il résolut de passer sa journée à méditer sur les vicissitudes humaines, et de ne plus sortir désormais que le soir. D'ailleurs, on était en plein été, et qui est-ce qui, en plein été, sort pendant le jour dans les rues de Naples, excepté les chiens et les recors ? Huit jours, se passèrent donc pendant lesquels les recors firent bonne, mais inutile garde.

Le neuvième jour, don Philippe se leva comme d'habitude, à neuf heures du matin : don Philippe était devenu fort paresseux depuis qu'il ne sortait plus. Il regarda par la fenêtre : la rue était libre ; pas un seul recor ! Don Philippe connaissait trop bien l'activité de l'ennemi auquel il avait affaire pour se croire ainsi, un beau matin et sans cause, délivré de lui. Ou ses persécuteurs sont cachés pour faire croire à leur absence, et tomber sur lui au moment où, affamé d'air et de soleil, il sortira pour respirer ; et le moyen serait bien faible et bien indigne d'eux et de lui ! ou ils sont chez le président à solliciter une ordonnance pour l'arrêter à domicile. A peine cette idée a-t-elle traversé la tête de don Philippe, qu'il la reconnaît juste, avec la sagacité du génie, et s'y arrête avec la persistance de l'instinct. Le danger devient enfin digne de lui : il s'agit d'y faire face.

Don Philippe était un de ces généraux habiles qui ne risquent une bataille que lorsqu'ils sont sûrs de la gagner, mais qui, dans l'occasion, savent temporiser comme Fabius ou ruser comme Annibal. Cette fois, il ne s'agissait pas de combattre, il s'agissait de fuir ; cette fois, il s'agissait de gagner une retraite inviolable, cette fois, il s'agissait d'atteindre une église, l'église étant à Naples lieu d'asile pour les voleurs, les assassins, les parricides, et même pour les débiteurs.

Mais gagner une église n'était pas chose facile. L'église la plus proche était distante de six cents pas au moins. Il existe, comme nous l'avons dit, un livre intitulé : *Naples sans soleil*, mais il n'en existe pas qui soit intitulé : *Naples sans recors*.

— Tout à coup une idée sublime traverse son cerveau. La veille, il a laissé sa vieille domestique un peu indisposée ; il entre chez elle, la trouve au lit, s'approche d'elle et lui tâte le pouls.

— Marie, lui dit-il en secouant la tête, ma pauvre Marie, nous allons donc plus mal qu'hier ?

— Non, excellence, au contraire, répond la vieille, je me sens beaucoup mieux, et j'allais me lever.

— Gardez-vous-en bien, ma bonne Marie ! gardez-vous-en bien ! je ne le souffrirai pas. Le pouls est petit, saccadé, sec, profond ; il y a pléthore.

— Eh ! mon Dieu ! monsieur, qu'est-ce que c'est que cette maladie-là ?

— C'est un engorgement des canaux qui conduisent le

sang veineux aux extrémités et qui ramènent le sang artériel au cœur.

— Et c'est dangereux, excellence?

— Tout est dangereux, ma pauvre Marie, pour le philosophe ; mais pour le chrétien tout est louable : la mort elle-même qui, pour le philosophe, est une cause de terreur, est pour le chrétien un objet de joie ; le philosophe essaie de la fuir, le chrétien se hâte de s'y préparer.

— Monsieur, voudriez-vous dire que l'heure est venue de penser au salut de mon âme?

— Il faut toujours y penser, ma bonne Marie, c'est le moyen de ne pas être pris à l'improviste.

— Et qu'il serait temps que je me préparasse?

— Non, non, certainement ; vous n'en êtes pas là ; mais à votre place, ma bonne Marie, j'enverrais toujours chercher le viatique.

— Ah! mon Dieu ! mon Dieu !

— Allons, allons, du courage! si tu ne le fais pas pour toi, fais-le pour moi, ma bonne Marie ; je suis fort tourmenté, fort inquiet, et cela me tranquillisera, parole d'honneur!

— Ah ! en effet, je me sens bien mal.

— Là, tu vois !

— Et je ne sais pas s'il est temps encore.

— Sans doute, en se pressant.

— Oh ! le viatique ! le viatique ! mon cher maître.

— A l'instant même, ma bonne Marie.

Le petit garçon du portier fut expédié à la paroisse, et dix minutes après, on entendit les clochettes du sacristain : don Philippe respira.

La vieille Marie fit ses dernières dévotions avec une foi et une humilité qui édifièrent tous les assistans ; puis, ses dévotions faites, son pieux maître, qui lui avait donné un si bon conseil et qui ne l'avait pas quittée pendant tout le temps qu'elle l'accomplissait, prit un des bâtons du dais, pour reconduire la procession à l'église.

A la porte, il trouva les gardes du commerce qui, leur ordonnance à la main, venaient l'arrêter à domicile. A l'aspect du Saint-Sacrement, ils tombèrent à genoux et virent d'abord défiler le sacristain sonnant sa sonnette, puis deux lazzaroni vêtus en anges, puis les ouvriers de la paroisse qui étaient de tour et qui marchaient deux à deux une torche à la main, puis le prêtre qui portait le Saint-Sacrement, puis enfin leur débiteur qui leur échappait, grâce au bâton du dais qu'il tenait des deux mains, et qui passait devant eux en chantant à tue-tête le *Te Deum laudamus*.

Arrivé dans l'église, et par conséquent se trouvant en lieu de sûreté, il écrivit à la bonne Marie qu'elle n'était pas plus malade que lui, et qu'elle eût à venir le rejoindre le plus tôt possible.

Une heure après, le digne couple était réuni.

Le créancier trouva quatre chaises, un buffet et quatre corbeilles de porcelaine cassée : le tout fut vendu à la criée pour la somme de dix carlins.

Don Philippe n'avait plus besoin de meubles ; il avait momentanément trouvé un logement garni. Son ami l'artiste, qui contrefaisait si admirablement les Anglais, était devenu millionnaire tout à coup, par un de ces caprices de fortune aussi inouï que bienvenu. Un Anglais immensément riche, et qui avait quitté l'Angleterre attaqué du spleen, était venu à Naples comme y viennent tous les Anglais ; il était allé voir Polichinelle, et il n'avait pas ri ; il était allé entendre les sermons des capucins, et il n'avait pas ri ; il avait assisté au miracle de saint Janvier, et il n'avait pas ri. Son médecin le regardait comme un homme perdu.

Un jour il s'avisa d'aller aux Fiorentini ; on y jouait une traduction des *Anglaises pour rire*, de l'illustrissimo signore Scribe. En Italie, tout est Scribe. J'y ai vu jouer le *Marino Faliero*, de Scribe ; la *Lucrèce Borgia*, de Scribe ; l'*Antony*, de Scribe ; et lorsque j'en suis parti, on annonçait le *Sonneur de Saint-Paul*, de Scribe.

Le malade était donc allé voir les *Anglaises pour rire*, de Scribe, à la vue de Lélio, qui jouait l'une de ces dames (Lélio était l'ami de don Philippe), notre Anglais avait tant ri que son médecin avait craint un instant qu'il n'eût, comme Bobêche, la rate attaquée.

Le lendemain, il était retourné aux Fiorentini : on jouait les *Deux Anglais*, de Scribe, et le splénétique y avait ri plus encore que la veille.

Le surlendemain, le convalescent ne s'était pas fait faute d'un remède qui lui faisait si grand bien : il était retourné, pour la troisième fois, aux Fiorentini ; il avait vu le *Grondeur*, de Scribe, et il avait ri plus encore qu'il n'avait fait les jours précédens.

Il en était résulté que l'Anglais, qui ne mangeait plus, qui ne buvait plus, avait peu à peu retrouvé l'appétit et la soif, et cela de telle façon, qu'au bout de trois mois qu'il était au Lélio, il avait pris une indigestion de macaroni et de muscats calabrais qui l'avait joyeusement conduit la nuit suivante au tombeau. De laquelle fin, plein de reconnaissance pour qui de droit, le digne insulaire avait laissé trois mille livres sterling de rente à Lélio, qui l'avait guéri. Lélio, comme nous l'avons dit, se trouvait donc millionnaire. En conséquence, il s'était retiré du théâtre, s'appelait don Lélio, et avait loué le premier étage du plus beau palais de la rue de Tolède, où, fidèle à l'amitié, il s'était empressé d'offrir un appartement à don Philippe Villani. C'est cette offre, faite de la veille seulement, qui rendait don Philippe si insoucieux sur la perte de ses meubles.

On fut un an à peu près sans entendre aucunement parler de don Philippe Villani. Les uns disaient qu'il était passé en France où il s'était fait entrepreneur de chemins de fer ; les autres, qu'il était passé en Angleterre, où il avait inventé un nouveau gaz.

Mais personne ne pouvait dire positivement ce qu'était devenu don Philippe Villani, lorque, le 15 novembre 1834, la congrégation des pèlerins reçut l'avis suivant.

« Le sieur don Philippe Villani étant décédé du spleen, » la vénérable confrérie des pèlerins est priée de donner les » ordres les plus opportuns pour ses obsèques.»

Pour que nos lecteurs comprennent le sens de cette invitation, il est bon que nous leur disions quelques mots de la manière dont se fait à Naples le service des pompes funèbres.

Une vieille habitude veut que les morts soient enterrés dans les églises : c'est malsain, cela donne l'aria cattiva, la peste, le choléra ; mais n'importe, c'est l'habitude, et d'un bout de l'Italie à l'autre on s'incline devant ce mot.

Les nobles ont des chapelles héréditaires enrichies de marbre et d'or, ornées de tableaux du Dominiquin, d'André del Sarto et de Ribeira.

Le peuple est jeté pêle-mêle, hommes et femmes, vieillards et enfans, dans la fosse commune, au milieu de la grande nef de l'église.

Les pauvres sont transportés par deux croque-morts dans une charrette au Campo-Santo.

C'est le plus cruel des malheurs, le dernier des avilissemens, la plus cruelle des punitions qu'on puisse infliger à ces malheureux qui ont bravé la misère toute leur vie, et qui n'en sentent le poids qu'après leur mort. Aussi, chacun de son vivant prend-il ses précautions pour échapper aux croque-morts, à la charrette et au Campo-Santo. De là les associations pour les pompes funèbres entre citoyens ; de là les assurances mutuelles, non pas sur la vie, mais sur la mort.

Voici les formalités générales de réception pour être admis dans un des cinquante clubs mortuaires de la joyeuse ville de Naples. Un des membres de la société présente le néophyte qui est élu *frère* par les votes d'un scrutin secret : à partir de ce moment, chaque fois qu'il veut se livrer à quelque pratique religieuse, il va à l'église de sa confrérie ; c'est sa paroisse adoptive ; elle doit, moyennant une légère contribution mensuelle, le communier, le confirmer, le marier, lui donner l'extrême-onction pendant sa vie, et enfin l'enterrer après sa mort. Le tout gratis et magnifiquement.

Si au contraire, on a négligé cette formalité, non seulement on est obligé de payer fort cher toutes les cérémonies qui s'accomplissent pendant la vie, mais encore les parens sont forcés de dépenser des sommes fabuleuses pour arriver à cette magnificence de funérailles qui est le grand orgueil du Napolitain, à quelque classe qu'il appartienne et à quelque degré qu'il ait pratiqué sa religion.

Mais si le défunt fait partie de quelque confrérie, c'est tout autre chose : les parens n'ont à s'occuper de rien au monde que de pleurer plus ou moins le mort ; tous les embarras, tous les frais, toutes les magnificences regardent les confrères. Le défunt est transporté pompeusement à l'église. On le dépose dans une fosse particulière, sur laquelle on écrit son nom, le jour de sa naissance et celui de sa mort ; plus deux lignes de vertus, au choix des parens.

Enfin, pendant une année entière, on célèbre tous les jours une messe pour le repos de son âme. Et ce n'est pas tout ; le 2 novembre, jour de la fête des trépassés, les catacombes de chaque confrérie sont ouvertes au public ; les parvis sont tendus de velours noir ; des fleurs et des parfums embaument l'atmosphère, et les caveaux mortuaires sont éclairés comme le théâtre Saint-Charles les jours de grand gala. Alors on hisse les squelettes des frères qui sont morts dans l'année, on les habille de leurs plus beaux habits, on les place religieusement dans des niches préparées à cet effet tout autour de la salle ; puis ils reçoivent les visites de leurs parens, qui fiers d'eux, amènent leurs amis et connaissances, pour leur faire voir la manière convenable dont sont traités après leur mort les gens de leur famille. Après quoi, on les enterre définitivement dans un jardin d'orangers qu'on appelle *Terra Santa*.

Toutes les corporations funèbres ont des rentes, des droits, des priviléges fort respectés ; elles sont gouvernées par un prieur élu tous les ans parmi les confrères. Il y a des confréries pour tous les ordres et pour toutes les classes : pour les nobles et pour les magistrats, pour les marchands et pour les ouvriers.

Une seule, la confrérie des pèlerins, qui est une des plus anciennes, admet, avec une égalité qui fait honneur à la manière dont elle a conservé l'esprit de la primitive église, les nobles et plébéiens. Chez elle, pas le moindre privilége. Tous siégent aux mêmes bancs, tous sont couverts du même costume, tous obéissent aux mêmes lois ; et l'esprit républicain de l'institution est poussé à ce point, que le prieur est choisi une année parmi les nobles, une année parmi les plébéiens, et que, depuis que la confrérie existe, cet ordre n'a pas été une seule fois interverti.

C'est de cette honorable confrérie que faisait partie don Philippe Villani ; et il avait si bien senti l'importance d'en rester membre, que, si bas qu'il eût été précipité par la roue de la fortune, il avait toujours pieusement et scrupuleusement acquitté sa part de la cotisation annuelle et générale.

On fut donc affligé, mais non surpris, lorsqu'on reçut au bureau de la confrérie l'avis de la mort de don Philippe et l'invitation de préparer ses obsèques.

Le choix de la majorité était tombé, cette année, sur un célèbre marchand de morue, qui jouissait d'une réputation de piété qui eût été remarquable en tout temps, et qui de nos jours était prodigieuse. Ce fut lui qui, en sa qualité de prieur, eut mission de donner les ordres nécessaires à l'enterrement de don Philippe Villani ; il envoya donc ses ouvriers au n° 15 de la rue de Toledo, dernier domicile du défunt, pour tendre la chambre ardente, convoqua tous les confrères et invita le chapelain à se tenir prêt. Vingt-quatre heures après le décès, terme exigé par les réglemens de la police, le convoi s'achemina en conséquence vers la maison de don Philippe. Un comte, choisi parmi la plus ancienne noblesse de Naples, tenait le gonfalon de la confrérie ; puis les confrères, rangés deux à deux et habillés en pénitens rouges, précédaient une caisse mortuaire en argent massif richement sculptée et ciselée que recouvrait un magnifique poêle en velours rouge, brodé et frangé d'or, et que soutenaient douze vigoureux porteurs. Derrière la caisse marchait le prieur, seul et tenant en main le bâton d'ébène à pomme d'ivoire, insigne de sa charge ; enfin, derrière le prieur, venait, pour clore le convoi, le respectable corps des pauvres de saint Janvier.

Pardon encore de cette nouvelle digression ; mais, comme nous marchons sur un terrain à peu près inconnu à nos lecteurs, nous allons leur expliquer d'abord ce que c'est que les pauvres de saint Janvier, puis nous reprendrons cet intéressant récit à l'endroit même où nous l'avons interrompu.

A Naples, quand les domestiques sont devenus trop vieux pour servir les maîtres vivans, qui en général sont fort difficiles à servir, ils changent de condition et passent au service de saint Janvier, patron le plus commode qui ait jamais existé. Ce sont les invalides de la domesticité.

Dès qu'un domestique a atteint l'âge ou le degré d'infirmité exigé pour être reçu pauvre de saint Janvier, et qu'il a reçu son diplôme signé par le trésorier du saint, il n'a plus à s'inquiéter de rien que de prier le ciel de lui envoyer le plus grand nombre d'enterremens possible.

En effet, il n'y a pas d'enterrement un peu fashionable sans les pauvres de saint Janvier. Tout mort qui se respecte un peu doit les avoir à sa suite. On les convoque à domicile, ils se rendent à la maison mortuaire, reçoivent trois carlins par tête et accompagnent le corps à l'église et au lieu de la sépulture, en tenant à la main droite une petite bannière noire flottant au bout d'une lance. Tant qu'ils accompagnent le convoi, le plus grand respect accompagne les pauvres de saint Janvier ; mais comme il n'est pas de médaille, si bien dorée qu'elle soit, qui n'ait son revers, à peine les malheureux invalides cessent-ils d'être sous la protection du cercueil, qu'ils perdent le prestige qui les défendait, et qu'ils deviennent purement et simplement les *lanciers de la mort*. Alors ils sont hués, conspués, poursuivis et reconduits à domicile à coups d'écorces de citrons et de trognons de choux, à moins que par bonheur il ne passe entre eux et les assaillans un chien ayant une casserole à la queue. On sait que dans tous les pays du monde, une casserole et un chien réunis par un bout de ficelle sont un grand événement.

Le gonfalonier, les confrères, la caisse mortuaire, les porteurs, le marchand de morue et les pauvres de saint Janvier arrivèrent donc devant le n° 15 de la rue de Toledo ; là, comme le convoi était parvenu à sa destination, il fit halte. Quatre portefaix montèrent au premier, prirent la bière posée sur deux tréteaux, la descendirent et la déposèrent dans la caisse d'argent ; aussitôt le prieur frappa la terre de son bâton, et le convoi, reprenant le chemin par lequel il était venu, rentra lentement dans l'église des pèlerins.

Le lendemain des obsèques, le prieur, selon ses habitudes bourgeoises, qui le tenaient toute la journée à son comptoir, sortait à la nuit tombante pour aller faire son petit tour au môle, récitant mentalement une *De profundis* pour l'âme de don Philippe Villani, lorsqu'au détour de la rue San-Giacomo, il vit venir à sa rencontre un homme qui lui paraissait ressembler à merveilleusement au défunt, qu'il s'arrêta stupéfait. L'homme s'avançait toujours, et, à mesure qu'il s'avançait, la ressemblance devenait de plus en plus frappante. Enfin, lorsque cet homme ne fut plus qu'à dix pas de distance, tout doute disparut ; c'était l'ombre de don Villani elle-même.

L'ombre, sans paraître s'apercevoir de l'effet qu'elle produisait, s'avança droit vers le prieur. Le pauvre marchand de morue était resté immobile ; seulement la sueur coulait de son front, ses genoux s'entrechoquaient, ses dents étaient serrées par une contraction convulsive ; il ne pouvait ni avancer ni reculer : il essaya de crier au secours ; mais, comme Enée sur la tombe de Polydore, il sentit sa voix expirer dans son gosier, et un son sourd et inarticulé qui ressemblait à un râle d'agonie s'en échappa seul.

— Bonjour, mon cher prieur, lui dit le fantôme en souriant.

— *In nomine Patris et Filii et Spiritus sancti*, murmura le prieur.

— Amen ! répondit le fantôme.

— *Vade retro Satanas* ! s'écria le prieur.

— A qui donc en avez-vous, mon très cher ? demanda le fantôme en regardant autour de lui, comme s'il cherchait quel objet pouvait causer la terreur dont paraissait saisi le pauvre marchand de morue.

— Va-t-en, âme bienveillante ! continua le prieur, et je te promets que je ferai dire des messes pour ton repos.

— Je n'ai pas besoin de vos messes, dit le fantôme ; mais si vous voulez me donner l'argent que vous comptiez consacrer à cette bonne œuvre, cet argent me sera agréable.

— C'est bien lui, dit le prieur ; il revient de l'autre monde pour emprunter. C'est bien lui !

— Qui lui ? demanda le fantôme.

— Don Philippe Villani.

— Pardieu ! et qui voulez-vous que ce soit ?

— Pardon, mon cher frère, reprit le prieur en tremblant. Peut-on sans indiscrétion vous demander où vous demeurez, ou plutôt où vous demeuriez ?

— Rue de Toledo, n° 15. A propos de quoi me faites-vous cette question ?

— C'est qu'on nous a écrit, il y a trois jours, que vous étiez mort. Nous sommes rendus à votre maison, nous avons mis votre bière dans le catafalque, nous vous avons conduit à l'église, et nous vous avons enterré.

— Merci de la complaisance ! dit don Philippe.

— Mais comment se fait-il, puisque vous êtes mort avant-hier, et que nous vous avons enterré hier, que je vous rencontre aujourd'hui ?

— C'est que je suis ressuscité, dit don Philippe.

Et donnant au bon prieur une tape d'amitié sur l'épaule, don Philippe continua son chemin. Le prieur resta dix minutes à la même place, regardant s'éloigner don Philippe, qui disparut au coin de la rue de Toledo. La première idée du bon prieur fut que Dieu avait fait un miracle en faveur de don Philippe ; mais, en y réfléchissant bien, le choix fait par Notre-Seigneur lui sembla si étrange qu'il convoqua le soir même le chapitre pour lui exposer ses doutes. Le chapitre convoqué, le digne marchand de morue lui raconta ce qui lui était arrivé, comment il avait rencontré don Philippe, comment don Philippe lui avait parlé, et comment enfin don Philippe en le quittant lui avait annoncé, comme avait fait le Christ à la Madeleine, qu'il était ressuscité le troisième jour.

Sur dix personnes dont se composait le chapitre, neuf parurent disposées à croire au miracle : une seule secoua la tête.

— Doutez-vous de ce que j'ai avancé ? demanda le prieur.

— Pas le moins du monde, répondit l'incrédule ; seulement je crois peu aux fantômes, et comme tout ceci pourrait bien cacher quelque nouveau tour de don Philippe, je serais d'avis, en attendant plus amples informations, de le faire assigner en dommages-intérêts comme s'étant fait enterrer sans être mort.

Le lendemain, on laissa chez le portier de la maison n° 15, rue de Toledo, une sommation conçue en ces termes : « L'an 1835, le 18 novembre, à la requête de la vénérable confrérie des Pélerins, moi, soussigné, huissier près le tribunal civil de Naples, j'ai fait sommation à feu don Philippe Villani, décédé le 15 du même mois, de comparaître dans la huitaine devant le susdit tribunal, pour prouver légalement sa mort, et, dans le cas contraire, se voir condamner à payer à ladite vénérable confrérie des Pélerins cent ducats de dommages-intérêts, plus les frais de l'enterrement et du procès. »

C'était le jour même du jugement du procès que nous nous étions trouvés au milieu du rassemblement qui attendait, rue de Forcella, l'ouverture du tribunal. Le tribunal ouvert, la foule se précipita dans la salle d'audience et nous entraîna avec elle. Tout le monde s'attendait à voir juger le défunt par défaut ; mais tout le monde se trompait : le défunt parut, au grand étonnement de la foule, qui s'ouvrit en le voyant paraître, et le laissa passer avec un frissonnement qui prouvait que ceux qui la composaient n'étaient pas bien certains au fond du cœur que don Philippe Villani fût encore réellement de ce monde. Don Philippe s'avança gravement, et de ce pas solennel qui convient aux fantômes ; puis, s'arrêtant devant le tribunal, s'inclina avec respect.

— Monsieur le président, dit-il, ce n'est pas moi qui suis mort, mais un de mes amis chez lequel je logeais ; sa veuve m'a chargé de son enterrement, et, comme, pour le quart d'heure, j'avais plus besoin d'argent que de sépulture, je l'ai fait enterrer à ma place. Au surplus, que demande la vénérable confrérie ? J'avais droit à un enterrement pour un : elle m'a enterré. Mon nom était sur le catalogue : elle a rayé mon nom. Nous sommes quittes. Je n'avais plus rien à vendre ; j'ai vendu mes obsèques.

En effet, le pauvre Lélio, qui avait tant fait rire les autres, venait de mourir du spleen, et c'était lui que la vénérable confrérie des Pélerins avait enseveli au lieu et place de don Philippe. Celui-ci fut renvoyé de la plainte aux grands applaudissemens de la foule, qui le reporta en triomphe jusqu'à la porte du n° 15 de la porte de Toledo.

Au moment où nous quittâmes Naples, le bruit courait que don Philippe Villani allait faire une fin en épousant la veuve de son ami, ou plutôt ses trois mille livres sterling.

VII.

GRAND GALA.

Avant d'abandonner les rues où l'on passe, pour conduire nos lecteurs dans les rues où on ne passe pas, disons un mot du fameux théâtre de San-Carlo, le rendez vous de l'aristocratie.

Lorsque nous arrivâmes à Naples, la nouvelle de la mort de Bellini était encore toute récente, et, malgré la haine qui divise les Siciliens et les Napolitains, elle y avait produit, quelles que fussent les opinions musicales des dilettanti, une sensation douloureuse ; les femmes surtout, pour qui la musique du jeune maestro semble plus spécialement écrite et sur le jugement desquelles la haine nationale a moins d'influence, avaient presque toutes dans leur salon un portrait *del gentile maestro*, et il était bien rare qu'une visite, si étrangère qu'elle fût à l'art, se terminât sans qu'il y eût échange de regrets entre les visiteurs et les visités sur la perte que l'Italie venait de faire.

Donizetti surtout, qui déjà portait le sceptre de la musique et qui héritait encore de la couronne, était admirable de regrets pour celui qui avait été son rival sans jamais cesser d'être son ami. Cela avait, du reste, ravivé les querelles entre les bellinistes et les donizettistes, querelles bien promptement terminées que les nôtres, où chacun des antagonistes tient à prouver qu'il a raison, tandis que les Napolitains s'inquiètent peu, au contraire, de nationaliser leur opinion, et se contentent de dire d'un homme, d'une femme ou d'une chose qu'elle leur est sympathique ou antipathique. Les Napolitains sont un peuple de sensation. Toute leur conduite est subordonnée aux pulsations de leur pouls.

Cependant les deux partis s'étaient réunis pour honorer la mémoire de l'auteur de *Norma* et des *Puritains*. Les élèves du Conservatoire de Naples avaient ouvert une souscription pour lui faire des funérailles ; mais le ministre des cultes s'était opposé à cette fête mortuaire, sous le seul prétexte, peu acceptable en France, mais suffisant à Naples, que Bellini était mort sans recevoir les sacremens. Alors ils avaient demandé la permission de chanter à *Santa Chiara* la fameuse messe de Winter ; mais cette fois le ministre était intervenu, disant que ce *Requiem* avait été exécuté aux funérailles de l'aïeul du roi, et qu'il ne voulait pas qu'une messe qui avait servi pour un roi fût chantée pour un musicien. Cette seconde raison avait paru moins plausible que la première. Cependant les amis du ministre avaient calmé l'irritation en faisant observer que Son Excellence avait fait une grande concession au progrès des esprits en daignant instruire le public du motif de son refus, puisqu'il pouvait tout bonnement dire : Je ne veux pas, sans prendre la peine de donner la raison de ce non-vouloir. Cet argument avait paru si juste que le mécontentement des bellinistes s'était calmé en le méditant.

Puis, comme les jours poussent les jours, et comme un soleil fait oublier l'autre, un événement à venir commençait à faire diversion à l'événement passé. On parlait comme d'une chose incroyable, inouïe, et à laquelle il ne fallait pas croire, du reste, avant plus ample informé, de la présomption d'un musicien français qui, lassé des ennuis qu'ont à éprouver les jeunes compositeurs parisiens pour arriver à l'Opéra-Comique ou au grand Opéra, avait acheté un drame à l'un de ces milles poëtes librettistes qui marchent à la suite de Romani, et qui, de plein saut et pour son début, venait s'attaquer au public le plus connaisseur de l'Europe et au théâtre le plus dangereux du monde. A l'appui de cette opinion sur eux-mêmes et sur Saint-Charles, les dilettanti napolitains rappelaient, avec la béatitude de la suffisance, qu'ils avaient hué Rossini et sifflé la Malibran, et ne comprenaient rien à la politesse française, qui se contentait de leur répondre en souriant : Qu'est-ce que cela prouve ? Une chose encore nuisait on ne peut plus à mon pauvre compatriote, j'aurais dû dire deux choses ; il avait le malheur d'être riche, et le tort d'être noble, double imprudence des plus graves de la part d'un compositeur à Naples, où l'on est encore à ne pas comprendre le talent qui va en voiture et le nom célèbre qui porte une couronne de vicomte.

Enfin, comme un point plus sombre en ce sombre horizon, une cabale, chose, il faut l'avouer, si rare à Naples qu'elle est presque inconnue, menaçait pour cette fois de faire infraction à la règle et d'éclater en faveur du compositeur étranger. Voici comment elle s'était formée ; je le raconte moins à cause de son importance que parce qu'elle me conduit tout naturellement à parler des artistes.

La direction du théâtre Saint-Charles avait, sur la foi de ses succès passés, engagés la Ronzi pour soixante représentations, et cela à mille francs chacune. Il était donc de son intérêt de faire valoir un pensionnaire qui lui coûtait par soirée la recette ordinaire d'un théâtre de France. En conséquence, elle avait exigé que le rôle de la prima donna fût écrit pour la Ronzi. Mais, par une de ces fatalités qui rendent les dilettanti de Saint-Charles si fiers de leur supériorité dans l'espèce, la nouvelle prima donna, fêtée, adorée, couronnée six mois auparavant, était venue tomber à plat, et si j'osais me servir d'un terme de coulisse, fit un fiasco complet à Naples. On avait trouvé généralement qu'il était absurde à l'administration de payer mille francs par soirée pour un reste de talent et un reste de voix, tandis qu'en ajoutant mille francs de plus on aurait pu avoir la Malibran, qui était le commencement de tout ce dont l'autre était la fin. En conséquence de ce raisonnement, une espèce de bande noire s'était attachée aux ruines de la Ronzi et la démolissait en sifflant chaque soir.

Dès lors, l'administration avait compris deux choses : la première, qu'il fallait obtenir de la nouvelle pensionnaire qu'elle réduisît de moitié le nombre de ses représentations, et les dégoûts qu'elle éprouvait chaque soir rendaient la négociation facile ; la deuxième, que c'était une mauvaise spéculation de soutenir un talent qui n'était pas adopté pour un opéra, qui ne pouvait pas l'être. En conséquence, le rôle de la prima donna était passé des mains de la Ronzi dans celles de la Persiani, pour la voix de laquelle, du reste, il n'était pas écrit, celle ci étant une soprano de la plus grande étendue. De là l'orage dont nous avons signalé l'existence.

Au reste, la troupe de Saint-Charles restait toujours la plus belle et la plus complète d'Italie : elle se composait de trois élémens musicaux nécessaires pour faire un tout : d'un ténor mezzo-carattero, d'une basse, d'un soprano. Par bonheur encore les trois élémens étaient aussi parfaits qu'on pouvait le désirer, et avaient noms : Duprez, Ronconi, Taquinardi.

A cette époque, la France ne connaissait Duprez que vaguement : on parlait bien d'un grand artiste, d'un admirable chanteur qui parcourait l'Italie et commençait à imposer des conditions aux impresarii de Naples, de Milan et de Venise ; mais des qualités de sa voix on ne savait rien que ce qu'en disaient les journaux ou ce qu'en rapportaient les voyageurs. Quelques amateurs se rappelaient seulement avoir entendu chanter à l'Odéon un jeune élève de Choron, à la voix franche, sonore, étendue ; mais l'identité du grand chanteur était si problématique qu'on se demandait avec doute si c'était bien celui-là que les étudians avaient sifflé qui était applaudi à cette heure par les dilettanti italiens. Deux ans après, Duprez vint à Paris, et débuta dans Guillaume Tell. Nous n'avons rien de plus à dire de ce roi du chant.

Ronconi était, à cette même époque, un jeune homme de vingt-trois à vingt-quatre ans, inconnu, je crois, en France, et qui se servait d'une magnifique voix de baryton que le ciel lui avait octroyée, sans se donner la peine d'en corriger les défauts ou d'en développer les qualités. Engagé par un entrepreneur qui le vendait trente mille francs et qui lui en donnait six, il puisait dans la modicité de son traitement une excellente excuse pour ne pas étudier, attendu, disait-il, que lorsqu'il étudiait on l'entendait, et que lorsqu'on l'entendait, il ne pouvait pas dire qu'il n'était pas chez lui. Depuis lors Ronconi, payé à sa valeur, a fait les progrès qu'il devait faire, et c'est aujourd'hui le premier baryton de l'Italie.

La Taquinardi était une espèce de rossignol qui chante comme une autre parle : c'était madame Damoreau pour la méthode, avec une voix plus étendue et plus fraîche ; rien n'était comparable à la douceur de cet organe, jeune et pur, mais rarement dramatique. Du reste, talent intelligent au suprême degré, sans devenir jamais ni mélancolique ni passionné, figure froide et jolie : c'était une brune qui chantait blond. La Taquinardi, en épousant l'auteur d'Inès de Castro, est devenue la Persiani.

Voilà quels étaient les artistes chargés de représenter le poëme de Lara.

Lorsque j'arrivai à Naples, l'ouvrage était en pleine répétition, c'est-à-dire qu'on l'avait mis à l'étude le 8 du mois de novembre, et qu'il devait passer le 19 dudit ; ce qui faisait onze répétitions en tout pour un ouvrage du premier ordre. Tous les opéras cependant se montent pas avec cette rapidité. Il y en a auxquels on accorde jusqu'à quinze et dix-huit répétitions. Mais cette fois il y avait ordre formel : la reine-mère s'était plainte de ne pas avoir cette année pour sa fête une nouveauté musicale, ce qui ne manque jamais d'arriver pour celle de son fils ou de sa fille ; et le roi de Naples, faisant droit à la plainte, avait ordonné qu'on jouerait l'opéra du Français pour faire honneur à l'anniversaire maternel : c'était une espèce de victime humaine sacrifiée à l'amour filial.

Aussi ne faut-il pas demander dans quel état je retrouvai mon pauvre compatriote. Il se regardait comme un homme condamné par le médecin, et qui n'a plus que sept à huit jours à vivre. Le fait est qu'en examinant sa position il n'y avait guère qu'un charlatan qui pût promettre de le sauver. J'essayai cependant de ces consolations banales qui ne consolent pas. Mais à tous mes argumens il répondait par une seule parole : Grand gala ! mon ami, grand gala ! Je lui pris la main : il avait la fièvre ; je me retournai vers le chef d'orchestre, qui fumait avec un chibouque, et je lui dis en soupirant il y a un commencement de délire.

— Non, non, dit Festa en ôtant gravement le tuyau d'ambre de sa bouche : il a parbleu raison, grand gala ! grand gala ! mon cher monsieur, grand gala !

J'allai alors vers Duprez, qui faisait dans un coin des boulettes avec de la cire d'une bougie, et je le regardai comme pour lui dire : Voyons, tout le monde n'est-il pas fou, ici ? Il comprit ma pantomime avec une rapidité qui aurait fait honneur à un Napolitain.

— Non, me dit-il en s'appliquant la boulette de cire sur le nez, non, ils ne sont pas fous. Vous ne savez pas ce que c'est que le grand gala, vous ?

Je sortis humblement. J'allai prendre un dictionnaire, je cherchai à la lettre G : je ne trouvai rien.

— Auriez-vous la bonté, dis-je en rentrant, de m'expliquer ce que veut dire grand gala ?

— Cela veut dire, répondit Duprez, qu'il y a ce jour-là

dans la salle douze cents bougies qui vous aveuglent et dont la fumée prend les chanteurs à la gorge.

— Cela veut dire, continua le chef d'orchestre, qu'il faut jouer l'ouverture la toile levée, attendu que la cour ne peut pas attendre; ce qui nuit infiniment au chœur d'introduction.

— Cela veut dire, termina Ruoltz, que toute la cour assiste à la représentation, et que le public ne peut applaudir que lorsque la cour applaudit, et la cour n'applaudit jamais.

— Diable! diable! dis-je, ne trouvant pas autre chose à répondre à cette triple explication. Et joignez à cela, ajoutai-je pour avoir l'air de ne pas rester court, que vous n'avez plus, je crois, que sept jours devant vous.

— Et que les musiciens n'ont pas encore répété l'ouverture, dit Ruoltz.

— Oh! l'orchestre, cela ne m'inquiète pas, répondit Festa.

— Que les acteurs n'ont point encore répété ensemble, ajouta l'auteur.

— Oh! les chanteurs, dit Duprez, ils iront toujours.

— Et je n'aurai jamais ni la force ni la patience de faire la dernière répétition.

— Eh bien! mais ne suis-je pas là? dit Donizetti en se levant. Ruoltz alla à lui et lui tendit la main.

— Oui, vous avez raison, j'ai trouvé de bons amis.

— Et, ce qui vaut mieux encore pour le succès, vous avez fait de la belle musique.

— Croyez-vous? dit Ruoltz avec cet accent naïf et modeste qui lui est propre. Nous nous mîmes à rire.

— Allons à la répétition! dit Duprez.

En effet, tout se passa comme l'avaient prévu Festa, Duprez et Donizetti. L'orchestre joua l'ouverture à la première vue; les chanteurs, habitués à jouer ensemble, n'eurent qu'à se mettre en rapport pour s'entendre, et Ruoltz, mourant de fatigue, laissa le soin de ses trois dernières répétitions à l'auteur d'*Anna Bolena*.

Je revins du théâtre fortement impressionné. J'avais cru assister à l'essai d'un écolier, je venais d'entendre une partition de maître. On se fait malgré soi une idée des œuvres par les hommes qui les produisent, et malheureusement on prend presque toujours de ces œuvres et de ces hommes l'opinion qu'ils en ont eux-mêmes. Or, Ruoltz était l'enfant le plus simple et le plus modeste que j'aie jamais vu. Depuis trois mois que nous nous connaissions, je ne l'avais jamais entendu dire du mal des autres, ni, ce qui est plus étonnant encore pour un homme qui en est à son premier ouvrage, du bien de lui. J'ai trouvé en général beaucoup plus d'amour-propre dans les jeunes gens qui n'ont encore rien fait que dans les hommes *arrivés*, et, qu'on me passe le paradoxe, je crois qu'il n'y a rien de tel que le succès pour guérir de l'orgueil. J'attendis donc, avec plus de confiance, le jour de la première représentation. Il arriva.

C'est une splendide chose que le théâtre Saint-Charles, jour de grand gala. Cette immense et sombre salle, triste pour un œil français pendant les représentations ordinaires, prend, dans les occasions solennelles un air de vie qui lui est communiqué par les faisceaux de bougies qui brûlent à chaque loge. Alors les femmes sont visibles, ce qui n'arrive pas les jours où la salle est mal éclairée. Ce n'est, certes, ni la toilette de l'Opéra ni la Fashion des Bouffes; mais c'est une profusion de diamans dont on n'a pas d'idée en France; ce sont des yeux italiens qui pétillent comme des diamans, c'est toute la cour avec son costume d'apparat, c'est le peuple le plus bruyant de l'univers, sinon dans la plus belle, du moins dans la plus grande salle du monde.

Le soir, contre l'habitude des premières représentations, la salle était pleine. La foule italienne, toute opposée à la nôtre, n'affronte jamais une musique inconnue. Non; à Naples surtout, où la vie est toute de bonheur, de plaisir, de sensation, on craint trop que l'ennui n'en ternisse quelques heures. Il faut à ces habitans du plus beau pays de la terre une vie comme leur ciel avec un soleil brûlant, comme leur mer avec des flots qui réfléchissent le soleil. Lorsqu'il est bien constaté que l'œuvre est du premier mérite, lorsque la liste est faite des morceaux qu'on doit écouter et de ceux pendant lesquels on peut se mouvoir, oh! alors on s'empresse, on s'encombre, on s'étouffe; mais cette vogue ne commence qu'à la sixième ou huitième représentation. En France, on va au théâtre pour se montrer; à Naples, on va à l'Opéra pour jouir.

Quant aux claqueurs, il n'en est pas question: c'est une lèpre qui n'a pas encore rongé les beaux succès, c'est un ver qui n'a pas encore piqué les beaux fruits. L'auteur n'a de billets que ceux qu'il achète, de loges que celles qu'il loue. Auteurs et acteurs sont applaudis quand le parterre croit qu'ils méritent de l'être, les jours de grand gala exceptés, où, comme nous l'avons dit, l'opinion du public est subordonnée à l'opinion de la cour; quand le roi n'y est pas, à celle de la reine; quand la reine est absente, à celle de don Carlos, et ainsi de suite jusqu'au prince de Salerne.

A sept heures précises, des huissiers parurent dans les loges destinées à la famille royale. Au même instant la toile se leva, et l'ouverture fit entendre son premier coup d'archet.

Ce fût donc une chose perdue que l'ouverture, si belle qu'elle fût. Moi-même tout le premier, et malgré l'intérêt que je prenais à la pièce et à l'auteur, j'étais plus occupé de la cour que je ne connaissais pas, que de l'opéra qui commençait. Les aides de camp s'emparèrent de l'avant-scène; la jeune reine, la reine-mère et le prince de Salerne prirent la loge suivante; le roi et le prince Charles occupaient la troisième, et le comte de Syracuse, exilé dans la quatrième, conserva au théâtre la place isolée que sa disgrâce lui assignait à la cour.

L'ouverture, si peu écoutée qu'elle fût, parut bien disposer le public. L'ouverture d'un opéra est comme la préface d'un livre; l'auteur y explique ses intentions, y indique ses personnages et y jette le prospectus de son talent. On reconnut dans celle de *Lara* une instrumentation vigoureuse et soutenue, plutôt allemande qu'italienne, des motifs neufs et suaves qu'on espéra retrouver dans le courant de la partition, enfin une connaissance approfondie du matériel de l'orchestre.

Dès les premiers morceaux, je m'aperçus de la différence qui existe entre l'orchestre de Saint-Charles et celui de l'Opéra de Paris, qui tous deux passent pour les premiers du monde. L'orchestre de Saint-Charles consent toujours à accompagner le chanteur et laisse pour ainsi dire flotter la voix sur l'instrument comme un liège sur l'eau; il la soutient, s'élève et s'abaisse avec elle, mais ne la couvre jamais. En France, au contraire, le moindre triangle prétend avoir sa part des applaudissemens, et alors, c'est la voix de l'artiste qui nage entre deux eaux. Aussi, à moins d'avoir dans le timbre une vigueur peu commune, est-il très rare que quelques notes de chant bondissent hors du déluge d'harmonie qui les couvre; et encore, comme les poissons-volans, qui ne peuvent se maintenir au-dessus de l'eau que tant que leurs ailes sont mouillées, à peine la voix redescend-elle dans le milieu qu'on n'entend plus que l'instrumentation.

Un très beau duo entre Ronconi et la Persiani passa sans être remarqué. De temps en temps un général portait son lorgnon à ses yeux, examinait avec grand soin quelques dilettanti, puis appelait un aide de camp, et désignait tel ou tel individu au parquet ou dans les loges. L'aide de camp sortait aussitôt, reparaissait une minute après derrière le personnage désigné, lui disait deux mots, et alors celui-ci sortait et ne reparaissait plus. Je demandai ce que cela signifiait; on me répondit que c'étaient des officiers qu'on envoyait aux arrêts pour être venus en bourgeois au théâtre. Du reste, la cour paraissait si occupée de l'application de la discipline militaire, qu'elle n'avait pas encore pensé à donner ni aux musiciens ni aux acteurs un signe de sa présence; par conséquent l'ouverture et les trois quarts du premier acte avaient passé déjà sans un applaudissement. Ruoltz crut son opéra tombé et se sauva.

Le second acte commença, les beautés allèrent croissant; des flots d'harmonie se répandirent dans la salle; le public était haletant. C'était quelque chose de merveilleux à voir que cette puissance du génie qui pèse sur trois mille personnes qui se débattent et étouffent sous elle; l'atmosphère avait presque cessé d'être respirable pour tous les hommes, autour desquels flottaient des vapeurs symphoniques chaudes comme ces bouffées d'air qui précèdent l'orage; de temps en temps la belle voix de Duprez illuminait une situation comme un éclair qui passe. Enfin vint le morceau le plus remarquable de l'opéra : c'est une cavatine chantée par Lara au moment où, poursuivi par le tribunal, abandonné de ses amis, il en appelle à leur dévoûment et maudit leur ingratitude. L'acteur sentait qu'après ce morceau tout était perdu ou sauvé; aussi je ne crois pas que l'expression de la voix humaine ait jamais rendu avec plus de vérité l'abattement, la douleur et le mépris : toutes les respirations étaient suspendues, toutes les mains prêtes à battre, toutes les oreilles tendues vers la scène, tous les yeux fixés sur le roi. Le roi se retourna vers les acteurs, et au moment où Duprez jetait sa dernière note, déchirante comme un dernier soupir, Sa Majesté rapprocha ses deux mains. La salle jeta un seul et grand cri : c'était la respiration qui revenait à trois mille personnes.

Le premier torrent d'applaudissemens fut, comme d'habitude, reçu par l'acteur, qui salua; mais aussitôt trois mille voix appelèrent l'auteur avec une unanimité électrique; il n'y avait plus de rivalité nationale, il n'était plus question de savoir si le compositeur était Français ou Napolitain; c'était un grand musicien, voilà tout. On voulait le voir, l'écraser d'applaudissemens comme il avait écrasé le public d'émotions; on voulait rendre ce que l'on avait reçu.

Duprez chercha l'auteur de tous les côtés et revint dire au public qu'il était disparu. Le public comprit la cause de cette fuite, et les applaudissemens redoublèrent. Au bout d'un quart d'heure on reprit l'opéra.

Le dernier morceau était un rondo chanté par la Taquinardi ; c'était quelque chose de déchirant comme expression. La maîtresse de Lara, après avoir essayé de le perdre par une fausse accusation, se vient empoisonnée et mourante aux pieds de son amant en demandant grâce. La Malibran ou la Grisi, en pareille situation, se serait peu inquiétée de la voix, mais beaucoup du sentiment; la Taquinardi réussit par le moyen contraire; elle fila des sons d'une telle pureté, fit jaillir des notes si fleuries, s'évanouit en roulades si difficiles, qu'une seconde fois le roi applaudit et que la salle suivit son exemple. Cette fois l'auteur était revenu : on l'avait retrouvé, je ne sais où, dans les bras de Donizetti, qui l'assistait à ses derniers momens. Duprez le prit par une main, la Taquinardi par l'autre, et on le traîna plutôt qu'on ne le conduisit sur la scène.

Quant à moi, qui, comme compatriote et comme camarade, par esprit national et par amitié, avais senti dans cette soirée mon cœur passer par toutes les émotions, et qui avais appelé ce triomphe de toute mon âme, je vis s'accomplir avec une pitié profonde pour celui qui en était l'objet ; c'est que je connaissais ce moment suprême et cette heure où l'on est porté par Satan sur la plus haute montagne et où l'on voit au-dessous de soi tous les royaumes de la terre; c'est que je savais que de ce faîte on n'a plus qu'à redescendre. Riche et heureux jusques alors, un homme venait tout à coup de changer son existence tranquille contre une vie d'émotions, sa douce obscurité contre la lumière dévorante du succès. Aucun changement physique ne s'était opéré en lui, cependant cet homme n'était plus le même homme : il avait cessé de s'appartenir; pour des applaudissemens et des couronnes, il s'était vendu au public; il était maintenant l'esclave d'un caprice, d'une mode, d'une cabale; il allait sentir son nom arraché de sa personne comme un fruit de sa tige. Les mille voix de la publicité allaient le briser en morceaux, l'éparpiller sur le monde ; et maintenant, y voulût-il le reprendre, le cacher, l'éteindre dans la vie privée, cela n'était plus en son pouvoir, dût-il se briser d'émotions à trente-quatre ans ou se noyer de dégoût à soixante; dût-il, comme Bellini, succomber avant d'avoir atteint toute sa splendeur, ou, comme Gros, disparaître après avoir survécu à la sienne.

1842.

Je ne m'étais pas trompé dans ma prévision : le vicomte Ruoltz, après avoir eu un succès à l'Opéra de Paris comme il en avait eu un à l'Opéra de Naples, a complétement abandonné la carrière musicale, et aussi bon chimiste qu'il était excellent compositeur, vient de faire cette excellente découverte dont le monde savant s'occupe en ce moment, et qui consiste à dorer le fer par l'application de la pile voltaïque.

VIII.

LE LAZZARONE.

Nous avons dit qu'il y avait à Naples trois rues où l'on passait et cinq cents rues où l'on ne passait pas; nous avons essayé, tant bien que mal, de décrire Chiaja, Toledo et Forcella; essayons maintenant de donner une idée des rues où l'on ne passe pas : ce sera vite fait.

Naples est bâtie en amphithéâtre; il en résulte qu'à l'exception des quais qui bordent la mer, comme Marinella, Sainte-Lucie et Mergellina, toutes les rues vont en montant et en descendant par des pentes si rapides que le corricolo seul, avec son si fantastique attelage, peut y tenir pied.

Puis ajoutons que, comme il n'y a que ceux qui habitent de pareilles rues qui peuvent y avoir affaire, un étranger ou un indigène qui s'y égare avec un habit de drap est à l'instant même l'objet de la curiosité générale.

Nous disons un habit de drap, parce que l'habit de drap a une grande influence sur le peuple napolitain. Celui qui est *vestito di pano* acquiert par le fait même de cette supériorité somptuaire de grands priviléges aristocratiques. Nous y reviendrons.

Aussi l'apparition de quelque Cook ou de quelque Bougainville est-elle rare dans ces régions inconnues, où il n'y a rien à découvrir que l'intérieur d'ignobles maisons, sur le seuil ou sur la croisée desquelles la grand'mère peigne sa fille, la fille son enfant, et l'enfant son chien. Le peuple napolitain est le peuple de la terre qui se peigne le plus ; peut-être est-il condamné à cet exercice par quelque jugement inconnu, et accomplit-il un supplice analogue à celui qui punissait les cinquante filles de Danaüs, avec cette différence que, plus celles-ci versaient d'eau dans leur barrique, moins il en restait.

Nous passâmes dans cinquante de ces rues sans voir aucune différence entre elles. Une seule nous parut présenter des caractères particuliers : c'était la rue de la Morta-Capuana, une large rue poussiéreuse, ayant des cailloux pour pavés et des ruisseaux pour trottoirs. Elle est bordée à droite par des arbres, et à gauche par une longue file de maisons, dont la physionomie n'offre au premier abord rien de bizarre; mais si le voyageur indiscret, poussant un peu plus loin ses recherches, s'approche de ces maisons; s'il jette un coup d'œil en passant dans les ruelles borgnes et tortueuses qui se croisent en tous sens dans cet inextricable labyrinthe, il est étonné de voir que ce singulier faubourg, de même que l'île de Lesbos, n'est habité que par des femmes, lesquelles, vieilles ou jeunes, laides ou jolies, de tout âge, de tout pays, de toutes conditions, sont jetées là pêle-mêle, gardées à vue comme des criminelles, parquées comme des troupeaux, traquées comme des bêtes fauves. Eh bien, ce n'est pas, comme on pourrait s'y attendre, des cris, des blasphèmes, des gémissemens qu'on entend dans cet étrange pandémonium, mais au contraire des chansons joyeuses, de folles tarentelles, des éclats de rire à faire damner un anachorète.

Tout le reste est habité par une population qu'on ne peut nommer, qu'on ne peut décrire, qui fait on ne sait quoi, qui vit on ne sait comment, qui se croit fort au dessus du lazzarone, et qui est fort au dessous.

Abandonnons-la donc pour passer au lazzarone.

Hélas ! le lazzarone se perd : celui qui voudra voir encore le lazzarone devra se hâter. Naples éclairée au gaz, Naples avec des restaurans, Naples avec ses bazars, effraie l'insouciant enfant du môle. Le lazzarone, comme l'Indien rouge, se retire devant la civilisation.

C'est l'occupation française de 99 qui a porté le premier coup au lazzarone.

A cette époque, le lazzarone jouissait des prérogatives entières de son paradis terrestre ; il ne se servait pas plus de tailleur que le premier homme avant le péché : il buvait le soleil par tous les pores.

Curieux et câlin comme un enfant, le lazzarone était vite devenu l'ami du soldat français qu'il avait combattu ; mais le soldat français est avant toutes choses plein de convenance et de vergogne ; il accorda au lazzarone son amitié, il consentit à boire avec lui au cabaret, à l'avoir sous le bras à la promenade, mais à une condition *sine quâ non*, c'est que le lazzarone passerait un vêtement. Le lazzarone, fier de l'exemple de ses pères et de dix siècles de nudité, débattit quelque temps contre cette exigence, mais enfin consentit à faire ce sacrifice à l'amitié.

Ce fut le premier pas vers sa perte. Après le premier vêtement vint le gilet, après le gilet viendra la veste. Le jour où le lazzarone aura une veste, il n'y aura plus de lazzarone ; le lazzarone sera une race éteinte, le lazzarone passera du monde réel dans le monde conjectural, le lazzarone rentrera dans le domaine de la science, comme le mastodonte et l'ichtyosaurus, comme le cyclope et le troglodyte.

En attendant, comme nous avons eu le bonheur de voir et d'étudier les derniers restes de cette grande race qui tombe, hâtons-nous, pour aider les savans à venir dans leurs investigations anthropologiques, de dire ce que c'est que le lazzarone.

Le lazzarone est le fils aîné de la nature : c'est à lui le soleil qui brille ; c'est à lui la mer qui murmure ; c'est à lui la création qui sourit. Les autres hommes ont une maison, les autres hommes ont une villa, les autres hommes ont un palais ; le lazzarone, lui, a le monde.

Le lazzarone n'a pas de maître, le lazzarone n'a pas de lois, le lazzarone est en dehors de toutes les exigences sociales : il dort quand il a sommeil, il mange quand il a faim, il boit quand il a soif. Les autres peuples se reposent quand ils sont las de travailler ; lui, au contraire, quand il est las de se reposer il travaille.

Il travaille, non pas de ce travail du Nord qui plonge éternellement l'homme dans les entrailles de la terre pour en tirer de la houille ou du charbon ; qui le courbe sans cesse sur la charrue pour féconder un sol toujours tourmenté et toujours rebelle ; qui le promène sans relâche sur les toits inclinés ou sur les murs croulans, d'où il se précipite et se brise ; mais de ce travail joyeux, insouciant, tout brodé de chansons et de lazzis, tout interrompu par le rire qui montre ses dents blanches, par la paresse qui étend ses deux bras ; de travail qui dure une heure, une demi-heure, dix minutes, un instant, et qui dans cet instant rapporte un salaire plus que suffisant aux besoins de la journée.

Quel est ce travail ? Dieu seul le sait.

Une malle portée du bateau à vapeur à l'hôtel, un Anglais conduit du môle à Chiaja, trois poissons échappés du filet qui les emprisonne et vendus à un cuisinier, la main tendue à tout hasard et dans laquelle le *forestiere* laisse tomber en riant une aumône ; voilà le travail du lazzarone.

Quant à sa nourriture, c'est plus facile à dire : quoique le lazzarone appartienne à l'espèce des omnivores, le lazzarone ne mange en général que deux choses : la pizza et le cocomero.

On croit que le lazzarone vit de macaroni : c'est une grande erreur qu'il est temps de relever ; le macaroni est né à Naples, il est vrai, mais aujourd'hui le macaroni est un mets européen qui a voyagé comme la civilisation, et qui, comme la civilisation, se trouve fort éloigné de son berceau. D'ailleurs, le macaroni coûte deux sous la livre, ce qui ne le rend accessible aux bourses des lazzaroni que les dimanches et les jours de fête. Tout le reste du temps le lazzarone mange, comme nous l'avons dit, des pizze et du cocomero ; du cocomero l'été, des pizze l'hiver.

La pizza est une espèce de talmouse comme on en fait à Saint-Denis ; elle est de forme ronde et se pétrit de la même pâte que le pain. Elle est de différentes largeurs, selon le prix. Une pizza de deux liards suffit à un homme ; une pizza de deux sous doit rassasier toute une famille.

Au premier abord, la pizza semble un mets simple ; après examen, c'est un mets composé. La pizza est à l'huile, la pizza est au lard, la pizza est au saindoux, la pizza est au fromage, la pizza est aux tomates, la pizza est aux petits poissons ; c'est le thermomètre gastronomique du marché : elle hausse ou baisse de prix, selon le cours des ingrédiens sus-désignés, selon l'abondance ou la disette de l'année. Quand la pizza aux poissons est à un demi-grain, c'est que la pêche a été bonne ; quand la pizza à l'huile est à un grain, c'est que la récolte a été mauvaise.

Puis une chose influe encore sur le cours de la pizza, c'est son plus ou moins de fraîcheur ; on comprend qu'on ne peut plus vendre la pizza de la veille au même prix qu'on vend celle du jour ; il y a pour les petites bourses des pizze d'une semaine ; celles-là peuvent, sinon agréablement, du moins avantageusement, remplacer le biscuit de mer.

Comme nous l'avons dit, la pizza est la nourriture d'hiver. Au 1er mai, la pizza fait place au cocomero ; mais la marchandise disparaît seule, le marchand reste le même. Le marchand c'est le Janus antique, avec sa face qui pleure au passé, et sa face qui sourit à l'avenir. Au jour dit, le pizza-jole se fait mellonaro.

Le changement ne s'étend pas jusqu'à la boutique : la boutique reste la même. On apporte un panier de cocomeri au lieu d'une corbeille de pizze ; on passe une éponge sur les différentes couches d'huile, de lard, de saindoux, de fromage, de tomates ou de poissons, qu'a laissées le comestible d'hiver, et tout est dit, on passe au comestible d'été.

Les beaux cocomeri viennent de Castellamare ; ils ont un aspect à la fois joyeux et appétissant : sous leur enveloppe verte, ils offrent une chair dont les pépins font encore ressortir le rose vif ; mais un bon cocomero coûte cher ; un cocomero de la grosseur d'un boulet de quatre-vingts coûte de cinq à six sous. Il est vrai qu'un cocomero de cette grosseur, sous les mains d'un détailleur adroit, peut se diviser en mille ou douze cents morceaux.

Chaque ouverture d'un nouveau cocomero est une représentation nouvelle ; les concurrens sont en face l'un de l'autre : c'est à qui portera le coup de couteau le plus adroitement et le plus impartialement. Les spectateurs jugent.

Le mellonaro prend le cocomero dans le panier plat où il est posé pyramidalement avec une vingtaine d'autres, comme sont posés les boulets dans un arsenal. Il le flaire, il l'élève au dessus de sa tête, comme un empereur romain le globe du monde. Il crie : « C'est du feu ! » ce qui annonce d'avance que la chair sera du plus beau rouge. Il l'ouvre d'un seul coup, et présente les deux hémisphères au public, un de chaque main. Si, au lieu d'être rouge, la chair du cocomero est jaune ou verdâtre, ce qui annonce une qualité inférieure, la pièce fait fiasco ; le mellonaro est hué, conspué, honni ; trois chutes, et un mellonaro est déshonoré à tout jamais !

Si le marchand s'aperçoit, au poids ou au flair, que le cocomero n'est point bon, il se garde de l'avouer. Au contraire, il se présente plus hardiment au peuple ; il énumère ses qualités, il vante sa chair savoureuse, il exalte son eau glacée : — Vous voudriez bien manger cette chair ! vous voudriez bien boire cette eau ! s'écrie-t-il ; mais celui ci n'est pas pour vous ; celui-ci vous passe devant le nez ; celui-ci est destiné à des convives autrement nobles que vous. Le roi me l'a fait retenir pour la reine.

Et il le fait passer de sa droite à sa gauche, au grand ébahissement de la multitude, qui envie le bonheur de la reine et qui admire la galanterie du roi.

Mais si, au contraire, le cocomero ouvert est d'une qualité satisfaisante, la foule se précipite, et le détail commence

Quoiqu'il n'y ait pour le cocomero qu'un acheteur, il y a généralement trois consommateurs : d'abord son seul et véritable propriétaire, celui qui paie sa tranche un demi-denier, un denier ou un liard, selon sa grosseur ; qui en mange aristocratiquement la même portion à peu près que mange d'un cantalou un homme bien élevé, et qui le passe à un ami moins fortuné que lui ; ensuite l'ami qui le tient de seconde main, qui en tire ce qu'il peut et le passe à son tour au gamin qui attend cette libéralité inférieure ; enfin le gamin, qui en grignote l'écorce, et derrière lequel il est parfaitement inutile de chercher à glaner.

Avec le cocomero on mange, on boit et on se lave, à ce qu'assure le marchand ; le cocomero contient donc à la fois le nécessaire et le superflu.

Aussi le mellonaro fait-il le plus grand tort aux aquajoli. Les aquajoli sont les marchands de coco de Naples, à l'exception qu'au lieu d'une exécrable décoction de réglisse ils vendent une excellente eau glacée, acidulée par une tranche de citron ou parfumée par trois gouttes de sambuco.

Contre toute croyance, c'est l'hiver que les aquajoli font les meilleures affaires. Le cocomero désaltère, tandis que la pizza étouffe ; plus on mange de cocomero, moins on a soif ; on ne peut pas avaler une pizza sans risquer la suffocation.

C'est donc l'aristocratie qui défraie l'été les aquajoli. Les princes, les ducs, les grands seigneurs ne dédaignent pas de faire arrêter leurs équipages aux boutiques des aquajoli et de boire un ou deux verres de cette délicieuse boisson, dont chaque verre ne coûte pas un liard.

C'est que rien n'est tentant au monde, sous ce climat brûlant, comme la boutique de l'aquajolo, avec sa couverture de feuillage, ses franges de citrons et ses deux tonneaux à bascule pleins d'eau glacée. Je sais que pour mon compte je ne m'en lassais pas, et que je trouvais adorable cette façon de se rafraîchir sans presque avoir besoin de s'arrêter. Il y a des aquajoli de cinquante pas en cinquante pas ; on n'a qu'à étendre la main en passant, le verre vient vous trouver, et la bouche court d'elle-même au verre.

Quant au lazzarone, il fait la nique aux buveurs en mangeant son cocomero.

Maintenant ce n'est point assez que le lazzarone mange, boive et dorme ; il faut encore que le lazzarone s'amuse. Je connais une femme d'esprit qui prétend qu'il n'y a de nécessaire que le superflu et de positif que l'idéal. Le paradoxe semble violent au premier abord, et cependant, en y songeant, on reconnaît qu'il y a, surtout pour les *gens comme il faut*, quelque chose de vrai dans cet axiome.

Or, le lazzarone a beaucoup des vices de l'*homme comme il faut*. Un de ses vices est d'aimer les plaisirs. Les plaisirs ne lui manquent pas. Énumérons les plaisirs du lazzarone.

Il a l'improvisateur et le môle. Malheureusement, nous avons dit qu'à Naples il y avait beaucoup de choses qui s'en allaient, et l'improvisateur est une des choses qui s'en vont.

Pourquoi l'improvisateur s'en va-t-il ? quelle est la cause de sa décadence ? Voilà ce que tout le monde s'est demandé et ce que personne n'a pu résoudre.

On a dit que le prédicateur lui avait ouvert une concurrence : c'est vrai ; mais examinez sur la même place le prédicateur et l'improvisateur, vous verrez que le prédicateur prêche dans le désert, et que l'improvisateur chante pour la foule. Ce ne peut donc être le prédicateur qui ait tué l'improvisateur.

On a dit que l'Arioste avait vieilli ; que la folie de Roland était un peu bien connue ; que les amours de Médor et d'Angélique, éternellement répétées, étaient au bout de leur intérêt ; enfin, que, depuis la découverte des bateaux à vapeur et des allumettes chimiques, les sorcelleries de Merlin avaient paru bien pâles.

Rien de tout cela n'est vrai, et la preuve c'est que, l'improvisateur coupant les séances, comme le poète coupe ses chants, et s'arrêtant chaque soir à l'endroit le plus intéressant, il n'y a pas de nuit que quelque lazzarone impatient n'aille réveiller l'improvisateur pour avoir la suite de son récit.

D'ailleurs, ce n'est pas l'auditoire qui manque à l'improvisateur, c'est l'improvisateur qui manque à l'auditoire.

Eh bien ! cette cause de la décadence de l'improvisation, je crois l'avoir trouvée : la voici. L'improvisateur est aveugle comme Homère : comme Homère, il tend son chapeau à la foule pour en obtenir une faible rétribution : c'est cette rétribution, si modique qu'elle soit, qui perpétue l'improvisateur.

Or, qu'arrive-t-il à Naples ? c'est que lorsque l'improvisateur fait le tour du cercle, tendant son chapeau, il y a des spectateurs poétiques et consciencieux qui y plongent la main pour y laisser un sou ; mais il y en a aussi qui, abusant du même geste, au lieu d'y mettre un sou, en retirent deux.

Il en résulte que lorsque l'improvisateur a fini sa tournée, il retrouve son chapeau aussi parfaitement vide qu'avant de l'avoir commencée, moins la coiffe.

Cet état de choses, comme on le comprend, ne peut durer : il faut à l'art une subvention ; à défaut de subvention, l'art disparaît. Or, comme on doute que le gouvernement de Naples subventionne jamais l'improvisateur, l'art de l'improvisation est sur le point de disparaître.

C'est donc un plaisir qui va échapper au lazzarone ; mais, Dieu merci ! à défaut de celui-ci il en a d'autres.

Il a la revue que le roi, tous les huit jours, passe de son armée.

Le roi de Naples est un des rois les plus guerriers de la terre : tout jeune, il faisait déjà changer les uniformes des troupes. C'est à propos d'un de ces changemens qui ne s'opéraient pas sans porter quelque atteinte au trésor, que son aïeul Ferdinand, roi plein de sens, lui disait ces paroles mémorables qui prouvaient le cas que le roi faisait, non pas sans doute du courage, mais de la composition de son armée : — Mon cher enfant, habille-les de blanc, habille-les de rouge, ils s'enfuiront toujours.

Cela n'arrêta pas le moins du monde le jeune prince dans ses dispositions belliqueuses ; il continua d'étudier le demi-tour à droite et le demi-tour à gauche ; il amena des perfectionnemens dans la coupe de l'habit et la forme du schako ; enfin, il parvint à élargir les cadres de son armée jusqu'à ce qu'il pût y faire entrer cinquante mille hommes à peu près.

C'est, comme on le voit, un fort joli joujou royal que cinquante mille soldats qui marchent, qui s'arrêtent, qui tournent, qui virent à la parole, ni plus ni moins que si chacune de ces cinquante mille individualités était une mécanique.

Maintenant, examinons comment cette mécanique est montée, et cela sans faire tort, le moins du monde, au génie organisateur du roi et au courage individuel de chaque soldat.

Le premier corps, le corps privilégié, le corps par excellence de toutes les royautés qui tremblent, celui auquel est confiée la garde du palais, est composé de Suisses ; leurs avantages sont une paie plus élevée ; leurs privilèges, le droit de porter le sabre dans la ville.

La garde ne vient qu'en second, ce qui fait que, quoique jouissant à peu près des mêmes avantages et des mêmes privilèges que les Suisses, elle exècre ces dignes descendans de Guillaume Tell, qui, à ses yeux, ont commis un crime irrémissible, celui de lui avoir pris le premier rang.

Après la garde vient la légion sicilienne, qui exècre les Suisses parce qu'ils sont Suisses, et les Napolitains parce qu'ils sont Napolitains.

Après les Siciliens vient la ligne, qui exècre les Suisses et la garde parce que ces deux corps ont des avantages qu'elle n'a pas et des privilèges qu'on lui refuse, et les Siciliens par la seule raison qu'ils sont Siciliens.

Enfin, vient la gendarmerie, qui en sa qualité de gendarmerie est naturellement exécrée par les autres corps.

Voilà les cinq élémens dont se compose l'armée de Ferdinand II, cette formidable armée que le gouvernement napolitain offrait au prince impérial de Russie comme l'avant-garde de la future coalition qui devait marcher sur la France.

Mettez dans une plaine les Suisses et la garde, les Siciliens et la ligne ; faites-leur donner le signal du combat par la gendarmerie, et Suisses, Napolitains, Siciliens et gendarmes s'entrégorgeront depuis le premier jusqu'au dernier, sans rompre d'une semelle. Echelonnez ces cinq contre l'ennemi, aucun d'eux ne tiendra peut-être, car chaque échelon sera convaincu qu'il a moins à craindre de l'ennemi que de ses alliés, et que, si mal attaqué qu'il sera par lui, il sera encore plus mal soutenu par les autres.

Cela n'empêche pas que lorsque cette mécanique militaire fonctionne, elle ne soit fort agréable à voir. Aussi, quand le lazzarone la regarde opérer, il bat des mains; lorsqu'il entend sa musique, il fait la roue. Seulement, lorsqu'elle fait l'exercice à feu, il se sauve : il peut rester une baguette dans les fusils; cela s'est vu.

Mais le lazzarone a encore d'autres plaisirs.

Il a les cloches, qui partout sonnent, et qui à Naples chantent. L'instrument du lazzarone, c'est la cloche. Plus heureux que Guildenstern qui refuse à Hamlet de jouer de la flûte sous prétexte qu'il ne sait pas en jouer, le lazzarone sait jouer de la cloche sans l'avoir appris. Veut-il après un un long repos un exercice agréable et sain, il entre dans une église et prie le sacristain de lui laisser sonner la cloche ; le sacristain, enchanté de se reposer, se fait prier un instant pour donner de la valeur à sa concession ; puis il lui passe la corde : le lazzarone s'y pend aussitôt, et, tandis que le sacristain se croise les bras, le lazzarone fait de la voltige.

Il a la voiture qui passe, et qui le promène gratis. A Naples, il n'y a pas de domestique qui consente à se tenir debout derrière une voiture, ni de maître qui permette que le domestique se tienne assis à côté de lui. Il en résulte que le domestique monte près du cocher et que le lazzarone monte derrière. On a essayé tous les moyens de chasser le lazzarone de ce poste, et tous les moyens ont échoué. La chose est passée en coutume, et, comme toute chose passée en coutume, a aujourd'hui force de loi.

Il a la parade des Puppi. Le lazzarone n'entre pas dans l'intérieur où se joue la pièce, c'est vrai. Aux Puppi, les premières coûtent cinq sous, l'orchestre trois sous, et le parterre six liards. Ces prix exorbitans dépassent de beaucoup les moyens des lazzaroni. Mais, pour attirer les chalands, on apporte sur des tréteaux dressés devant l'entrée du théâtre les principales marionnettes revêtues de leur grand costume. C'est le roi Latinus avec son manteau royal, son sceptre à la main, sa couronne sur sa tête ; c'est la reine Amata, vêtue de sa robe de grand gala et le front serré avec le bandeau qui lui serrera la gorge ; c'est le pieux Eneas, tenant à la main la grande épée qui occira Turnus ; c'est la jeune Lavinie, les cheveux ombragés de la fleur d'oranger virginale; c'est enfin Polichinelle. Personnage indispensable, diplomate universel, Talleyrand contemporain de Moïse et de Sésostris, Polichinelle est chargé de négocier la paix entre les Troyens et les Latins ; et, lorsqu'il perdra tout espoir d'arranger les choses, il montera sur un arbre pour regarder la bataille, et n'en descendra que pour enterrer les morts. Voilà ce qu'on lui montre, à lui, cet heureux lazzarone ; c'est tout ce qu'il désire. Il connaît les personnages, son imagination fera le reste.

Il a l'Anglais. Peste ! nous avions oublié l'Anglais.

L'Anglais qui est plus pour lui que l'improvisateur, plus que la revue, plus que les cloches, plus que les Puppi ; l'Anglais, qui lui procure non seulement du plaisir, mais de l'argent ; l'Anglais, sa chose, son bien, sa propriété ; l'Anglais, qu'il précède pour lui montrer son chemin, ou qu'il suit pour lui voler son mouchoir ; l'Anglais, auquel il vend des curiosités ; l'Anglais, auquel il procure des médailles antiques ; l'Anglais, auquel il apprend son idiome ; l'Anglais, qui lui jette dans la mer des sous qu'il rattrape en plongeant ; l'Anglais enfin, qu'il accompagne dans ses excursions à Pouzzoles, à Castellamare, à Capri et à Pompeïa. Car l'Anglais est original par système : l'Anglais refuse parfois le guide patenté et le cicerone à numéro : l'Anglais prend le premier lazzarone venu, sans doute parce que l'Anglais a une attraction instinctive pour le lazzarone, comme le lazzarone a une sympathie calculée pour l'Anglais.

Et, il faut le dire, le lazzarone est non seulement bon guide, mais encore bon conseiller. Pendant mon séjour à Naples, un lazzarone avait donné à un Anglais trois conseils dont il s'était trouvé fort bien. Aussi les trois conseils avaient rapporté cinq piastres au lazzarone, ce qui lui avait fait une existence assurée et tranquille pour six mois.

Voici le fait.

IX.

LE LAZZARONE ET L'ANGLAIS.

Il y avait à Naples, en même temps que moi et dans le même hôtel que moi, un de ces Anglais quinteux, flegmatiques, absolus, qui croient l'argent le mobile de tout, qui se figurent qu'avec de l'argent on doit venir à bout de tout, enfin pour qui l'argent est l'argument qui répond à tout.

L'Anglais s'était fait ce raisonnement : Avec mon argent, je dirai ce que je pense ; avec mon argent, je me procurerai ce que je veux ; avec mon argent, j'achèterai ce que je désire. Si j'ai assez d'argent pour donner un bon prix de la terre, je verrai après cela à marchander le ciel.

Et il était parti de Londres dans cette douce opinion. Il était venu droit à Naples par le bateau à vapeur the Sphinx. Une fois à Naples, il avait voulu voir Pompeïa ; il avait fait demander un guide ; et comme le guide ne se trouvait pas là, sous sa main, à l'instant même où il le demandait, il avait pris un lazzarone pour remplacer le guide.

En arrivant la veille dans le port, l'Anglais avait éprouvé un premier désappointement : le bâtiment avait jeté l'ancre une demi-heure trop tard pour que les passagers pussent descendre à terre le même soir. Or, comme l'Anglais avait eu constamment le mal de mer pendant les six jours que le bâtiment avait mis pour venir de Porsmouth à Naples, ce digne insulaire avait supporté fort impatiemment cette contrariété. En conséquence, il avait fait offrir, à l'instant même, cent guinées au capitaine du port ; mais comme les ordres sanitaires sont du dernier positif, le capitaine du port lui avait ri au nez ; l'Anglais alors s'était couché de fort mauvaise humeur, envoyant à tous les diables le roi qui donnait de pareils ordres, et le gouvernement qui avait la bassesse de les exécuter.

Grâce à leur tempérament lymphatique, les Anglais sont tout particulièrement rancuniers ; notre Anglais conservait donc une dent contre le roi Ferdinand ; et, comme les Anglais n'ont pas l'habitude de dissimuler ce qu'ils pensent, il débiterait tout en suivant la route de Pompeïa, et dans le plus pur italien que pouvait lui fournir la grammaire de Vergani, contre la tyrannie du roi Ferdinand.

Le lazzarone ne parle pas italien, mais le lazzarone comprend toutes les langues. Le lazzarone comprenait donc parfaitement ce que disait l'Anglais, qui, par suite de ses principes d'égalité sans doute, l'avait fait s'asseoir dans sa voiture. La seule distance sociale qui existât entre l'Anglais et le lazzarone, c'est que l'Anglais allait en avant, et le lazzarone allait en arrière.

Tant qu'on fut sur le grand chemin, le lazzarone écouta impassiblement toutes les injures qu'il plut à l'Anglais de débiter contre son souverain. Le lazzarone n'a pas d'opinion politique arrêtée. On peut dire devant lui tout ce qu'on veut du roi, de la reine ou du prince royal ; pourvu qu'on ne dise rien de la Madone, de saint Janvier ou du Vésuve, le lazzarone laissera tout dire.

Cependant, en arrivant à la rue des Tombeaux, le lazzarone, voyant que l'Anglais continuait son monologue, mit l'index sur sa bouche en signe de silence ; mais, soit que l'Anglais n'eût pas compris l'importance du signe, soit qu'il regardât comme au-dessous de sa dignité de se rendre à l'invitation qui lui était faite, il continua ses invectives contre Ferdinand le Bien-Aimé. Je crois que c'est ainsi qu'on l'appelle.

— Pardon, excellence, dit le lazzarone en appuyant une de ses mains sur le rebord de la calèche et en sautant à terre aussi légèrement qu'aurait pu le faire Auriol, Lawrence ou Redisha; pardon, excellence, mais avec votre permission je retourne à Naples.

— Pourquoi toi retourner à Naples? demanda l'Anglais.

— Parce que moi pas avoir envie d'être pendu, dit le lazzarone, empruntant pour répondre à l'Anglais la tournure de phrase qu'il paraissait affectionner.

— Et qui oserait pendre toi? reprit l'Anglais.

— Roi à moi, répondit le lazzarone.

— Et pourquoi pendrait-il toi?

— Parce que vous avoir dit des injures de lui.

— L'Anglais être libre de dire tout ce qu'il veut.

— Le lazzarone ne l'être pas.

— Mais toi n'avoir rien dit.

— Mais moi avoir entendu tout.

— Qui dira toi avoir entendu tout.

— L'invalide

— Quel invalide?

— L'invalide qui va nous accompagner pour visiter Pompeïa.

— Moi pas vouloir d'invalide.

— Alors vous pas visiter Pompeïa.

— Moi pas pouvoir visiter Pompeïa sans invalide?

— Non.

— Moi en payant?

— Non.

— Moi, en donnant le double, le triple, le quadruple?

— Non, non, non!

— Oh! oh! fit l'Anglais; et il tomba dans une réflexion profonde.

Quant au lazzarone, il se mit à essayer de sauter par dessus son ombre.

— Je veux bien prendre l'invalide, moi, dit l'Anglais au bout d'un instant.

— Prenons l'invalide alors, répondit le lazzarone.

— Mais je ne veux pas taire la langue à moi.

— En ce cas, je souhaite le bonjour à vous.

— Moi vouloir que tu restes.

— En ce cas, laissez-moi donner un conseil à vous.

— Donne le conseil à moi.

— Puisque vous ne vouloir pas taire la langue à vous, prenez un invalide sourd au moins.

— Oh! dit l'Anglais émerveillé du conseil, moi bien vouloir le invalide sourd. Voilà une piastre pour toi avoir trouvé le invalide sourd.

Le lazzarone courut au corps-de-garde et choisit un invalide sourd comme une pioche.

On commença l'investigation habituelle, pendant laquelle l'Anglais continua de soulager son cœur à l'endroit de Sa Majesté Ferdinand Ier, sans que l'invalide l'entendît et sans que le lazzarone fît semblant de l'entendre : on visita ainsi la maison de Diomède, la rue des Tombeaux, la villa de Cicéron, la maison du Poète. Dans une des chambres à coucher de cette dernière était une fresque fort anacréontique qui attira l'attention de l'Anglais, qui, sans demander la permission à personne, s'assit sur un siége de bronze, tira son album et commença à dessiner.

A la première ligne qu'il traça, l'invalide et le lazzarone s'approchèrent de lui; l'invalide voulut parler, mais le lazzarone lui fit signe qu'il allait porter la parole.

— Excellence, dit le lazzarone, il est défendu de faire des copies des fresques.

— Oh! dit l'Anglais, moi vouloir cette copie.

— C'est défendu.

— Oh! moi, je paierai.

— C'est défendu, même en payant.

— Oh! je paierai le double, le triple, le quadruple.

— Je vous dis que c'est défendu! défendu! défendu! entendez-vous?

— Moi vouloir absolument dessiner cette petite bêtise pour faire rire milady.

— Alors l'invalide mettre vous au corps-de-garde.

— L'Anglais être libre de dessiner ce qu'il veut.

Et l'Anglais se remit à dessiner. L'invalide s'approcha d'un air inexorable.

— Pardonnez, excellence, dit le lazzarone.

— Parle à moi.

— Voulez-vous absolument dessiner cette fresque?

— Je le veux.

— Et d'autres encore?

— Oui, et d'autres encore; moi vouloir dessiner toutes les fresques.

— Alors, dit le lazzarone, laissez-moi donner un conseil à votre excellece. Prenez un invalide aveugle.

— Oh! oh! s'écria l'Anglais, plus émerveillé encore du second conseil que du premier, moi bien vouloir le invalide aveugle. Voilà deux piastres pour toi avoir trouvé le invalide aveugle.

— Alors, sortons; j'irai chercher l'invalide aveugle, et vous renverrai l'invalide sourd, en le payant, bien entendu.

— Je paierai le invalide sourd.

L'Anglais renfonça son crayon dans son album, et son album dans sa poche; puis, sortant de la maison de Salluste, il fit semblant de s'arrêter devant un mur pour lire les inscriptions à la sanguine qui y sont tracées. Pendant ce temps, le lazzarone courait au corps-de-garde et en ramenait un invalide aveugle, conduit par un caniche noir. L'Anglais donna deux carlins à l'invalide sourd et le renvoya.

L'Anglais voulait rentrer à l'instant même dans la maison du poète pour continuer son dessin; mais le lazzarone obtint de lui que, pour dérouter les soupçons, il ferait un petit détour. L'invalide aveugle marcha devant, et l'on continua la visite.

Le chien de l'invalide connaissait son Pompeïa sur le bout de la patte; c'était un gaillard qui en savait, en antiquités, plus que beaucoup de membres des inscriptions et belles-lettres. Il conduisit donc notre voyageur à la boutique du forgeron à la maison de Fortunata, et de la maison de Fortunata au four public.

Ceux qui ont vu Pompeïa savent que ce four public porte une singulière enseigne, modelée en terre cuite, peinte en vermillon, et au-dessous de laquelle sont écrits ces trois mots: *Hic habitat Felicitas.*

— Oh! dit l'Anglais, les maisons être numérotées à Pompeïa! Voilà le n° 4. Puis il ajouta tout bas au lazzarone: Moi vouloir peindre le n° 4 pour faire rire un peu milady.

— Faites, dit le lazzarone; pendant ce temps j'amuserai le invalide.

Et le lazzarone alla causer avec l'invalide tandis que l'Anglais faisait son croquis.

Le croquis fut fait en quelques minutes.

— Moi très content, dit l'Anglais; mais moi vouloir retourner à la maison du poète.

— Castor! dit l'invalide à son chien; Castor, à la maison du poète!

Et Castor revint sur ses pas et entra tout droit chez Salluste.

Le lazzarone se remit à causer avec l'invalide, et l'Anglais acheva son dessin.

— Oh! moi très content, très content! dit l'Anglais; mais moi vouloir en faire d'autres.

— Alors continuons, dit le lazzarone.

Comme on le comprend bien, l'occasion ne manqua pas à l'Anglais d'augmenter sa collection de drôleries; les anciens avaient à cet endroit l'imagination fort vagabonde. En moins de deux heures, il se trouva avoir un album fort respectable.

Sur ces entrefaites, on arriva à une fouille: c'était à ce qu'il paraissait, la maison d'un fort riche particulier, car on en tirait une multitude de statuettes, de bronzes, de curiosités plus précieuses les unes que les autres, que l'on portait aussitôt dans une maison à côté. L'Anglais entra dans ce musée improvisé et s'arrêta devant une petite statue de satyre haute de six pouces, et qui avait toutes les qualités nécessaires pour attirer son attention.

— Oh! dit l'Anglais, moi vouloir acheter cette petite statue.

— Le roi de Naples pas vouloir la vendre, répondit le lazzarone.

— Moi je paierai ce qu'on voudra, pour faire rire un peu milady.

— Je vous dis qu'elle n'est point à vendre.

— Moi la paierai le double, le triple, le quadruple.

— Pardon, excellence, dit le lazzarone en changeant de ton, je vous ai déjà donné deux conseils, vous vous en êtes bien trouvé; voulez-vous que je vous en donne un troisième? Eh bien! n'achetez point la statue, volez-la.

— Oh! toi avoir raison. Avec cela, nous avoir l'invalide aveugle. Oh! oh! oh! ce être très original.

— Oui; mais avoir Castor, qui a deux bons yeux et seize bonnes dents, et qui, si vous y touchez seulement du bout du doigt, vous sautera à la gorge.

— Moi, donner une boulette à Castor.

— Faites mieux : prenez un invalide boiteux. Comme vous avez à peu près tout vu, vous mettrez la statuette dans votre poche et nous nous sauverons. Il criera ; mais nous aurons des jambes, et il n'en aura pas.

— Oh! s'écria l'Anglais, encore plus émerveillé du troisième conseil que du second, moi bien vouloir le invalide boiteux ; voilà trois piastres pour toi avoir trouvé le invalide boiteux.

Et pour ne point donner de soupçons à l'invalide aveugle et surtout à Castor, l'Anglais sortit et fit semblant de regarder une fontaine en coquillages d'un rococo mirobolant, tandis que le lazzarone était allé chercher le nouveau guide.

Un quart d'heure après il revint accompagné d'un invalide qui avait deux jambes de bois ; il savait que l'Anglais ne marchanderait pas, et il ramenait ce qu'il avait trouvé de mieux dans ce genre.

On donna trois carlins à l'invalide aveugle, deux pour lui, un pour Castor, et on les renvoya tous les deux.

Il ne restait à voir que les théâtres, le Forum nundiarum et le temple d'Isis ; l'Anglais et le lazzarone visitèrent ces trois antiquités avec la vénération convenable ; puis l'Anglais, du ton le plus dégagé qu'il put prendre, demanda à voir encore une fois le produit des fouilles de la maison qu'on venait de découvrir ; l'invalide, sans défiance aucune, ramena l'Anglais au petit musée.

Tous trois entrèrent dans la chambre où les curiosités étaient étalées sur des planches clouées contre la muraille.

Tandis que l'Anglais allait, tournait, virait, revenant sans avoir l'air d'y toucher, à sa statuette, le lazzarone s'amusait à tendre, à la hauteur de deux pieds, une corde devant la porte. Quand la corde fut bien assurée il fit signe à l'Anglais, l'Anglais mit la statuette dans sa poche, et, pendant que l'invalide ébahi le regardait faire, il sauta par-dessus la corde, et, précédé par le lazzarone, il se sauva à toutes jambes par la porte de Stabie, se trouva sur la route de Salerne, rencontra un corricolo qui retournait à Naples, sauta dedans et rejoignit sa calèche, qui l'attendait à la via del Sepolcri. Deux heures après avoir quitté Pompeïa il était à Torre del Greco, et une heure après avoir quitté Torre del Greco il était à Naples.

Quant à l'invalide, il avait d'abord essayé d'enjamber par dessus la corde, mais le lazzarone avait établi sa barrière à une hauteur qui ne permettait à aucune jambe de bois de la franchir : l'invalide avait alors tenté de la dénouer, mais le lazzarone avait été pêcheur dans ses momens perdus, et savait faire ce fameux nœud à la marinière qui n'est autre chose que le nœud gordien. Enfin l'invalide, à l'exemple d'Alexandre-le-Grand, avait voulu couper ce qu'il ne pouvait dénouer, et avait tiré son sabre ; mais son sabre, qui n'avait jamais coupé que très peu, ne coupait plus du tout : de sorte que l'Anglais était à moitié chemin de Resina que l'invalide en était encore à essayer de scier sa corde.

Le même soir, l'Anglais s'embarqua sur le bateau à vapeur *the King Georges*, et le lazzarone se perdait dans la foule de ses compagnons.

L'Anglais avait fait les trois choses les plus expressément défendues à Naples : il avait dit du mal du roi, il avait copié des fresques, il avait volé une statue, et tout cela, non pas grâce à son argent, son argent ne lui servit de rien pour ces trois choses, mais grâce à l'imaginative d'un lazzarone.

Mais, pensera-t-on, parmi ces choses, il y en a une qui n'est ni plus ni moins qu'un vol. Je répondrai que le lazzarone est essentiellement voleur; c'est-à-dire que le lazzarone a ses idées à lui sur la propriété, ce qui l'empêche d'adopter à cet endroit les idées des autres. Le lazzarone n'est pas voleur, il est conquérant; il ne dérobe pas, il prend. Le lazzarone a beaucoup du Spartiate : pour lui la soustraction est une vertu, pourvu que la soustraction se fasse à ec adresse. Il n'y a de voleurs, à ses yeux, que ceux qui se laissent prendre. Aussi, afin de n'être pas pris, le lazzarone s'associe parfois avec le sbire.

Le sbire n'est souvent lui-même qu'un lazzarone armé par la loi. Le sbire a un aspect formidable; il porte une carabine, une paire de pistolets et un sabre. Le sbire est chargé de faire la police de seconde main : il veille sur la sécurité publique entre deux patrouilles. En cas d'association, aussitôt que la patrouille est passée, le sbire met une pierre sur une borne pour indiquer au lazzarone qu'il peut voler en toute sûreté.

Quand le lazzarone a volé, le sbire paraît.

Alors le sbire et le lazzarone partagent en frères.

Seulement, en ce cas, il arrive parfois aussi que le sbire vole le lazzarone ou que le lazzarone escroque le sbire : notre pauvre monde va tellement de mal en pis qu'on ne peut ne peut plus compter sur la conscience, même des fripons.

Le gouvernement sait cela, et il essaie d'y remédier en changeant les sbires de quartier ; alors ce sont de nouvelles associations à faire, de nouvelles compagnies d'assurance mutuelle à organiser.

Le sbire se met en embuscade dans la rue de Chiaja, de Toledo ou de Forcella, et, quand il veut, il est sûr, dès le soir de la première journée, d'avoir déjà établi des relations commerciales qui le dédommagent de celles qu'il vient d'être forcé de rompre.

Comme le lazzarone n'a pas de poches, on le trouve éternellement la main dans la poche de autres.

Le lazzarone ne tarde donc jamais à être pris en flagrant délit par le sbire ; alors le marché s'établit.

Le sbire, généreux comme Orosmane, propose une rançon.

Le lazzarone, fidèle à sa parole comme Lusignan, dégage sa parole au bout de dix minutes, d'une demi-heure, d'une heure au plus tard.

Parfois cependant, comme je l'ai dit, le sbire abuse de sa puissance ou le lazzarone de son adresse.

Un jour, en passant dans la rue de Toledo, j'ai vu arrêter un sbire. Comme le chasseur de La Fontaine, il avait été insatiable, et il était puni par où il avait péché.

Voici ce qui était arrivé :

Un sbire avait pris un lazzarone en flagrant délit.

— Qu'as-tu volé à ce monsieur en noir qui vient de passer? demanda le sbire.

— Rien, absolument rien, excellence, répondit le lazzarone (le lazzarone appelle le sbire excellence).

— Je t'ai vu la main dans sa poche.

— Sa poche était vide.

— Comment! pas un mouchoir, pas une tabatière, pas une bourse?

— C'était un savant, excellence.

— Pourquoi t'adresses-tu à ces sortes de gens?

— Je l'ai reconnu trop tard.

— Allons, suis-moi à la police.

— Comment! mais puisque je n'ai rien volé, excellence.

— C'est justement pour cela, imbécile. Si tu avais volé quelque chose, on s'arrangerait.

— Eh bien! c'est partie remise, voilà tout ; je ne serai pas toujours si malheureux.

— Me promets-tu, d'ici à une demi-heure, de me dédommager ?
— Je vous le promets, excellence.
— Comment cela ?
— Ce qu'il y a dans la poche du premier passant sera pour vous.
— Soit, mais je choisirai l'individu ; je ne me soucie pas que tu ailles encore faire quelque bêtise pareille à l'autre.
— Vous choisirez.

Le sbire s'appuie majestueusement contre une borne ; le lazzarone se couche paresseusement à ses pieds.

Un abbé, un avocat, un poète, passent successivement sans que le sbire bouge. Un jeune officier, leste, pimpant, paré d'un charmant uniforme, paraît à son tour ; le sbire donne le signal.

Le lazzarone se lève et suit l'officier ; tous deux disparaissent à l'angle de la première rue. Un instant après, le lazzarone revient tenant sa rançon à la main.

— Qu'est-ce que c'est que cela ? demande le sbire.
— Un mouchoir, répond le lazzarone.
— Voilà tout ?
— Comment, voilà tout ? c'est de la batiste.
— Est-ce qu'il n'en avait qu'un seul (1) ?
— Un seul dans cette poche-là.
— Et dans l'autre ?
— Dans l'autre il avait son foulard.
— Pourquoi ne l'as-tu pas apporté ?
— Celui-là, je le garde pour moi, excellence.
— Comment, pour toi ?
— Oui. N'est-il pas convenu que nous partageons ?
— Eh bien ?
— Eh bien ! chacun sa poche.
— J'ai droit à tout.
— A la moitié, excellence.
— Je veux le foulard.
— Mais, excellence...
— Je veux le foulard !
— C'est une injustice.
— Ah ! tu dis du mal des employés du gouvernement. En prison, drôle ! en prison !
— Vous aurez le foulard, excellence.
— Je veux celui de l'officier.
— Vous aurez celui de l'officier.
— Où le retrouveras-tu ?
— Il était allé chez sa maîtresse, rue de Foria ; je vais l'attendre à la porte.

Le lazzarone remonte la rue, disparaît, et va s'embusquer dans une grande porte de la rue de Foria.

Au bout d'un instant, le jeune officier sort ; il n'a pas fait dix pas qu'il fouille à sa poche et s'aperçoit qu'elle est vide.

— Pardon, excellence, dit le lazzarone, vous cherchez quelque chose ?
— J'ai perdu un mouchoir de batiste.
— Votre excellence ne l'a pas perdu, on le lui a volé.
— Et quel est le brigand ?...
— Qu'est-ce que votre excellence me donnera si je lui trouve son voleur ?
— Je te donnerai une piastre.
— J'en veux deux.
— Va pour deux piastres. Eh bien ! que fais-tu ?
— Je vous vole votre foulard.
— Pour me faire retrouver mon mouchoir ?
— Oui.
— Et où seront-ils tous les deux ?
— Dans la même poche. Celui à qui je donnerai votre foulard est celui à qui j'ai déjà donné votre mouchoir.

L'officier suit le lazzarone ; le lazzarone remet le foulard au sbire, le sbire fourre le foulard dans sa poche. Le lazzarone,

(1) A Naples, on a toujours deux mouchoirs dans sa poche : un mouchoir de batiste pour s'essuyer, un mouchoir de soie pour se moucher ; il y a même des élégans qui en ont un troisième avec lequel ils époussettent leurs bottes, pour faire croire qu'ils sont venus en voiture.

rendu à la liberté, s'esquive. Derrière le lazzarone vient l'officier. L'officier met la main sur le collet du sbire, le sbire tombe à genoux. Comme le sbire de cette espèce a été lazzarone avant d'être sbire, il comprend tout : c'est lui qui est le volé. Il a voulu jouer son associé, il a été joué par lui. Tous autres qu'un lazzarone et un sbire se brouilleraient en pareille circonstance ; mais le lazzarone et le sbire ne se brouillent pas pour si peu de chose : c'est l'œuvre qu'on reconnaît l'ouvrier. Le lazzarone et le sbire se sont reconnus pour deux ouvriers de première force ; ils ont pu s'apprécier l'un l'autre. Gare aux poches ! ce sera désormais entre eux à la vie et à la mort.

X.

LE ROI NASONE.

Je ne sais pas si les lazzaroni, ennuyés de leur liberté, demandèrent jamais un roi comme les grenouilles de la fable, mais ce que je sais, c'est qu'un jour Dieu leur en envoya un. Celui-là n'était ni un baliveau ni une grue : c'était un renard, et un des plus fins que la race royale ait jamais produits. Ce roi eut trois noms : Dieu le nomma Ferdinand IV, le congrès le nomma Ferdinand Ier, et les lazzaroni le nommèrent le roi Nasone.

Dieu et le congrès eurent tort : un seul de ces trois noms lui resta, c'est celui qui lui a été donné par les lazzaroni.

L'histoire, à la vérité, lui a conservé indifféremment les deux autres, ce qui n'a pas contribué à la rendre plus claire ; mais qui est-ce qui lit l'histoire, si ce n'est les historiens lorsqu'ils corrigent leurs épreuves !

A Naples, personne ne connaît donc ni Ferdinand Ier ni Ferdinand IV ; mais, en revanche, tout le monde connaît le roi Nasone.

Chaque peuple a eu son roi qui a résumé l'esprit de la nation. Les Ecossais ont eu Robert Bruce, les Anglais ont eu Henri VIII, les Allemands ont eu Maximilien, les Français ont eu Henri IV, les Espagnols ont eu Charles V, les Napolitains ont eu *Nasone* (1).

Le roi Nasone était l'homme le plus fin, le plus fort, le plus adroit, le plus insouciant, le plus indévot, le plus superstitieux de son royaume, ce qui n'est pas peu dire. Moitié Italien, moitié Français, moitié Espagnol, jamais il n'a su un mot d'espagnol, de français, ni d'italien ; le roi Nasone n'a jamais su qu'une langue, c'était le patois du môle.

Il a eu pour enfans le roi François, le prince de Salerne, la reine Marie-Amélie, c'est-à-dire un des hommes les plus savans, un des princes les meilleurs, une des femmes les plus admirablement saintes qui aient jamais existé.

Le roi Nasone monta sur le trône à six ans, comme Louis XIV, et mourut presque aussi vieux que lui. Il régna de 1759 à 1825, c'est-à-dire 66 ans y compris sa minorité. Tout ce qui s'accomplit de grand en Europe dans la dernière moitié du siècle passé et dans le premier quart du siècle présent s'accomplit sous ses yeux. Napoléon tout entier passa dans son règne. Il le vit naître et grandir, il le vit décroître et tomber. Il se trouva mêlé à ce drame gigantesque qui bouleversa le monde de Lisbonne à Moscou, et de Paris au Caire.

Le roi Nasone n'avait reçu aucune éducation ; il avait eu pour gouverneur le prince de San-Miandro, qui, n'ayant jamais rien su, n'avait pas jugé nécessaire que son élève en apprît plus que lui. En échange, le roi faisait des armes

(1) Qu'on ne prenne point ce sobriquet en mauvaise part ; c'est comme si, au lieu de dire Philippe V, nous disions Philippe le Long.

comme Saint-Georges, montait à cheval comme Rocca Romana, et tirait un coup de fusil comme Charles X. Mais d'arts, mais de sciences, mais de politique, il n'en fut pas un seul instant question dans le programme de l'éducation royale.

Aussi de sa vie le roi Nasone n'ouvrit-il un livre ou ne lut-il un mémoire. Quand il fut majeur, il laissa régner son ministre ; quand il fut marié, il laissa régner sa femme. Il ne pouvait se dispenser d'assister aux conseils d'Etat, mais il avait défendu qu'il y parût un seul encrier, de peur que sa vue n'entraînât à des écritures. Restait son seing, qu'il ne pouvait se dispenser de donner au moins une fois par jour. Napoléon, dans le même cas, avait réduit le sien à cinq lettres d'abord, à trois ensuite, puis enfin à une seule. Le roi Nasone fit mieux, il eut une griffe.

Aussi passait-il le meilleur de son temps à chasser à Caserte ou à pêcher au Fusaro ; puis la chasse finie ou la pêche terminée, le roi se faisait cabaretier, la reine se faisait cabaretière, les courtisans se faisaient garçons de cabaret, et l'on détaillait au-dessous du cours des comestibles ordinaires les produits de la chasse et de la pêche, le tout avec l'accompagnement de disputes et de jurons qu'on aurait pu rencontrer dans une halle ordinaire. Cela était un des grands plaisirs du roi Nasone.

Le roi Nasone savait de qui tenir son amour pour la chasse. Son père, le roi Charles III, avait fait bâtir le château de Capo-di-Monti par la seule raison qu'il y avait sur cette colline, au mois d'août, un abondant passage de becfigues. Malheureusement, en jetant les fondation de cette villa, on s'étai aperçu qu'au-dessous des fondations s'étendaient de vastes carrières d'où, depuis dix mille ans, Naples tirait sa pierre. On y ensevelit trois millions dans des constructions souterraines ; après quoi on s'aperçut qu'il ne manquait qu'une chose pour se rendre au château, c'était un chemin. On comprend que Charles III, comme son fils, avait eu le goût du commerce et avait vendu ses becfigues, il eût, selon toute probabilité, en les vendant au prix ordinaire, perdu quelque chose comme un millier de francs sur chacun d'eux.

Le contre-coup de la révolution française vint troubler le roi Nasone au milieu de ses plaisirs. Un jour il lui prit envie de chasser à l'homme au lieu de chasser au daim ou au sanglier ; il lâcha sa meute sur la piste des républicains et vint les attaquer aux environs de Rome. Malheureusement le Français est un animal qui revient sur le chasseur. Le roi Nasone le vit revenir et fut obligé d'abandonner la place et de gouverner au plus vite sur Naples ; encore fallut-il qu'il changeât de costume avec le duc d'Ascoli, son écuyer. Il prit la gauche, ordonna au duc de le tutoyer, et le servit tout le long de la route comme si le duc d'Ascoli eût été Ferdinand et qu'il eût été le duc d'Ascoli.

Plus tard, un des grands plaisirs du roi était de raconter cette anecdote. L'idée que le duc d'Ascoli aurait pu être pendu à la place du roi mettait la cour en fort belle humeur.

Arrivé à Naples sans accident, le roi jugea qu'il n'était point prudent à lui de s'arrêter là ; il s'adressa à son bon ami Nelson, lui demanda un vaisseau, monta dessus avec la reine, son ministre Acton, et la belle Emma Lyonna, à laquelle nous reviendrons bientôt ; mais un vent contraire s'éleva : le vaisseau ne put sortir du golfe et fut forcé de revenir jeter l'ancre à une centaine de pas de la terre. Alors, ministres, magistrats, officiers, accoururent pour supplier le roi de revenir à Naples ; mais le roi tint bon pour la Sicile et envoya promener officiers, magistrats et ministres, marmottant sans cesse ses meilleures prières pour que le vent changeât de direction. Au premier souffle qui vint du nord, on leva l'ancre et on s'éloigna à pleines voiles.

Mais la satisfaction du roi ne fut point de longue durée. A peine la flotille avait-elle gagné la haute mer qu'une tempête terrible s'éleva ; en même temps le jeune prince Alberto tomba malade. Le roi avait pris pour capitaine de son vaisseau l'amiral Nelson, qui passait à cette époque pour le premier marin du monde, et cependant, comme si Dieu eût poursuivi le roi en personne, le mât de misaine et la grande vergue de son bâtiment furent brisés, tandis qu'il voyait à

cent pas de lui la frégate de l'amiral Carracciolo, sur laquelle il avait refusé de monter, se fiant plus à son allié qu'à son sujet, s'avancer au milieu de la tempête, calme et comme si elle commandait aux vents. Plusieurs fois le roi héla ce bâtiment, qui, pareil à celui du *Corsaire rouge*, semblait un navire enchanté, pour s'informer s'il ne pourrait point passer à son bord ; mais quoiqu'à chaque signal du roi l'amiral lui-même se fût mis en mer dans une chaloupe et se fût approché du vaisseau royal pour recevoir les ordres de Sa Majesté, le péril du transport était trop grand pour que Carracciolo osât en courir la responsabilité. Cependant à chaque heure le danger augmentait. Enfin on arriva en vue de Palerme, mais le voisinage de la terre augmentait encore le danger : si habile marin que fût Nelson, il en savait moins pour entrer dans le port par un gros temps que le dernier pilote côtier. Il fit donc un signal pour demander s'il se trouvait sur la flottille un homme plus familier que lui avec ces parages. Aussitôt une barque montée par un officier se détacha d'un des bâtiments, emportée par le vent comme une feuille, et s'approcha du vaisseau royal. Lorsqu'elle fut à portée de voix, on lui jeta une corde, l'officier la saisit, on le hissa à bord ; c'était le capitaine Giovanni Beausan, élève et ami de Caracciolo ; il répondit de tout. Nelson lui remit le commandement : une heure après on entrait dans le port de Palerme, et le même soir on débarquait à Castello-à-Mare.

Le lendemain, au point du jour, le roi chassait à son château de la Favorite, avec autant de plaisir et d'entrain que s'il n'eût pas perdu la moitié de son royaume.

Pendant ce temps Championnet prenait Naples, et un beau matin le roi Nasone apprit que le monde libéral comptait une république de plus. C'était la république parthénopéenne.

Sa colère fut grande ; il ne comprenait pas que ses sujets abandonnés par lui ne lui eussent pas tenus plus exactement leur serment de fidélité ; c'était fort triste : le patrimoine de Charles III était diminué de moitié ; le roi des Deux-Siciles n'en avait plus qu'une. Noblesse et bourgeoisie avaient embrassé avec ardeur la cause de la révolution ; il ne restait plus au roi Nasone que ses bons lazzaroni.

Le roi Nasone s'en rapporta à Dieu et à saint Janvier de changer le cœur de ses sujets, fit vœu d'élever une église sur le modèle de Saint-Pierre s'il rentrait jamais dans sa bonne ville de Naples, et continua de chasser.

Il est vrai que, comme nous l'avons dit, le roi Nasone était un merveilleux tireur. Quoiqu'il ne chassât jamais qu'à balles franches, il était sûr de ne toucher l'animal qu'au défaut de l'épaule ; et, sur ce point, Bas-de-cuir aurait pu prendre de ses leçons. Mais le curieux de la chose, c'est qu'il exigeait que les chasseurs de sa suite en fissent autant que lui, sinon il entrait dans des colères toujours fort préjudiciables au coupable. Un jour qu'on avait chassé toute la journée dans la forêt de Fienzza, et que les chasseurs faisaient cercle autour d'un double rang de sangliers abattus, le roi avisa un des cadavres frappé au ventre. Aussitôt le rouge lui monta à la figure, et se retournant vers sa suite ; — *Che é il porco che a fatto un tal colpo ?* s'écria-t-il, ce qui voulait dire en toutes lettres : Quel est le porc qui a fait un pareil coup ?

— C'est moi, sire, répondit le prince de San-Cataldo. Faut-il me pendre pour cela ?

— Non, dit le roi, mais il faut rester chez vous.

Et désormais le prince de San-Cataldo ne fut plus invité aux chasses royales.

Un des crimes qui avaient le privilége d'exciter à un degré presque égal la colère de Sa Majesté, était de se présenter devant elle avec des favoris longs et des cheveux courts. Tout homme dont le menton n'était point rasé, dont le crâne n'était point poudré à blanc, et dont la nuque n'était point ornée d'une queue plus ou moins longue, était pour le roi Nasone un jacobin à pendre. Un jour, le jeune prince Peppino Ruffo, qui avait tout perdu au service du prince, qui avait abandonné famille et patrie pour le suivre, eut l'imprudence de se présenter devant lui sans poudre et avec une paire de ces beaux favoris napolitains que vous savez. Le roi ne fit qu'un bond de son fauteuil à lui, et le saisissant à pleines mains par la barbe — Ah ! brigand ! ah ! jacobin ! ah ! septembriseur ! s'écria-t-il. Mais tu sors donc d'un club, que tu oses te présenter ainsi devant moi ?

— Non, sire, répondit le jeune homme, je sors d'une prison où j'ai été jeté il y a trois mois, comme trop fidèle sujet de Votre Majesté.

Cette raison, si péremptoire qu'elle fût, ne calma pas entièrement le roi, qui garda rancune au pauvre Peppino Ruffo, même après qu'il eut rasé ses favoris, poudré ses cheveux, pris une queue postiche, et substitué une culotte courte à ses pantalons.

Il n'y avait par toute la Sicile qu'un homme qui fût aussi colère que le roi ; c'était le président Cardillo, qui n'ayant pas un seul cheveu sur la tête, et pas un seul poil au menton, était entré, tout d'abord, dans les faveurs de son souverain, grâce à la majestueuse perruque dont son front était orné. Aussi, malgré son caractère emporté, le roi l'avait-t-il pris en amitié grande, malgré sa haine pour les gens de robe. Il le désignait quelquefois pour faire sa partie de reversi. Alors c'était un spectacle donné à la galerie. Quand il jouait avec tout autre qu'avec le roi, le président lâchait la bride à sa colère, foudroyait son partner de gros mots, faisait voler les jetons, les fiches, les cartes, l'argent, les chandeliers. Mais lorsqu'il avait l'honneur de jouer avec le roi, le pauvre président avait les menottes, et il lui fallait ronger son frein. Il prenait bien toujours, dans une intention parfaitement claire, chandeliers, argent, cartes, fiches et jetons ; mais tout à coup le roi, qui ne le perdait pas de vue, le regardait ou lui adressait une question ; alors le président souriait agréablement, reposait sur la table la chose quelconque qu'il tenait à la main, et se contentait d'arracher les boutons de son habit, qu'on retrouvait le lendemain semés sur le parquet. Un jour cependant que le roi avait poussé le pauvre président plus loin qu'à l'ordinaire, et que cette plaisanterie lui avait fait négliger son jeu, le prince s'aperçut qu'un as dont il aurait pu se défaire lui était resté.

— Ah ! mon Dieu ! que je suis bête ! s'écria le prince, j'aurais pu donner mon as, et je ne l'ai pas fait.

— Eh bien ! je suis plus bête encore que votre Majesté, s'écria le président, car j'aurais pu donner le quinola, et il m'est resté dans les mains.

Le prince, au lieu de se fâcher, éclata de rire ; la réponse lui rappelant probablement la franchise de ses bons lazzaroni.

Il faut tout dire aussi ; le président Cardillo était comme Nemrod un grand chasseur devant Dieu, et avait de magnifiques chasses, des chasses royales auxquelles il invitait son roi, et auxquelles son roi lui faisait l'honneur d'assister. C'était dans son magnifique fief d'Ilice que se passait la chose ; et comme au milieu de la propriété s'élevait un château digne d'elle, Sa Majesté daignait, la veille des chasses, arriver, souper et coucher chez le président, où elle demeurait quelquefois deux ou trois jours de suite. Un soir on y arriva comme d'habitude avec l'intention de chasser le lendemain. Quand il s'agissait de chasser, le roi ne dormait pas. Aussi, après s'être tourné et retourné toute la nuit dans son lit, se leva-t-il au point du jour, et, allumant son bougeoir, se dirigea-t-il en chemise vers la chambre de son seigneur suzerain. La clé était à la porte ; Ferdinand eut envie de voir quelle mine un président avait dans son lit. Il tourna la clé et entra dans sa chambre. Dieu servait le roi à sa guise.

Le président, sans perruque et en chemise, était assis au milieu de la chambre. Le roi alla droit à lui. Tandis que, surpris à l'improviste, le pauvre président demeurait sans bouger, le roi lui mit le bougeoir sous le nez, pour bien voir la figure qu'il faisait, puis il commença à faire le tour de la statue et du piédestal avec une gravité admirable, tandis que la tête seule du président, mobile comme celle d'un magot de la Chine, l'accompagnait par un mouvement de rotation centrale égal au mouvement circulaire. Enfin les deux astres qui accomplissaient leur périple se retrouvèrent en face l'un de l'autre. Et comme le roi continuait de garder le silence :

— Sire, dit le président avec le plus grand sang-froid, le fait n'étant pas prévu par les lois de l'étiquette, faut-il que je me lève, ou faut-il que je reste ?

— Reste, reste, dit le roi, mais ne nous fais pas attendre ; voilà quatre heures qui sonnent.

Et il sortit de la chambre aussi gravement qu'il y était entré.

Bientôt l'honneur que le roi faisait au président Cardillo, en allant ainsi chasser chez lui, éveilla l'ambition des courtisans ; il n'y eut pas jusqu'aux abbesses des premiers couvents de Palerme qui, peuplant leurs parcs de chevreuils, de daims et de sangliers, ne fissent inviter le roi à venir donner aux pauvres recluses dont elles dirigeaient les âmes la distraction d'une chasse. On comprend que Sa Majesté se garda bien de refuser de pareilles invitations. Le roi était quelque peu galant ; il oublia presque sa colonie de San-Lucio. Cette colonie de San-Lucio était cependant quelque chose de fort agréable. C'était un charmant village, situé à trois ou quatre lieues de Naples, appartenant corps et biens au roi ; les âmes seules appartenaient à Dieu, ce qui n'empêchait pas le diable d'en avoir sa part, San-Lucio était, moins le turban et le lacet, devenu le sérail du sultan Nasone. Comme le shah de Perse, il aurait pu une fois faire part à ses amis et connaissances de quatre-vingts naissances dans le même mois.

Aussi la population de San-Lucio a-t-elle encore, aujourd'hui, des privilèges que n'a aucun autre village du royaume des Deux Siciles ; ses habitants ne paient pas de contributions et échappent à la loi du recrutement. En outre, chacun, quelque soit son âge ou son sexe, a la prétention d'être quelque peu parent du roi actuel. Seulement, les plus âgés l'appellent mon neveu, et les plus jeunes mon cousin.

Le roi Nasone en était donc là en Sicile, chassant tous les jours, soit dans ses forêts à lui, soit dans celles du président, soit dans les parcs des abbesses, faisant tous les soirs sa partie d'ombre, de whist ou de reversi, et ne regrettant au monde que son château de Capo-di-Monti, où il y avait tant de becfigues ; son lac de Fusaro où il y avait tant de poissons : et sa place du Môle, où il y avait tant de lazzaroni, lorsqu'un jour un homme de cinquante à cinquante-cinq ans environ se présenta pour lui demander l'autorisation de reconquérir son royaume : cet homme c'était le cardinal Ruffo.

Fabrizzio Ruffo était né d'une famille noble, mais peu considérable. Seulement, comme il avait le génie de l'intrigue développé à un point fort remarquable, il avait fait, grâce au pape Pie VI, assez beau chemin dans la carrière de la prélature, et il avait été nommé à un haut emploi dans la chambre pontificale. Arrivé là, il eut l'adresse de faire fortune en trois ans et la maladresse de laisser voir qu'il l'avait faite. Il en résulta que son faste ayant fait scandale, Pie VI fut forcé de lui demander sa démission. Ruffo lui donna, vint à Naples, et obtint l'intendance du château de Caserte. Il y servait de son mieux le roi Nasone dans les plaisirs que Sa Majesté allait chercher dans sa villa, lorsque sa Majesté se réfugia en Sicile. Le cardinal Ruffo l'y suivit.

Là, tandis que le roi chassait le jour et jouait le soir, Ruffo rêvait de reconquérir le royaume. La face des choses changeait en Italie, les défaites succédaient aux défaites ; Bonaparte semblait avoir transporté de l'autre côté de la Méditerranée la statue de la Victoire. Les ennemis que le directoire avait eu à combattre croissaient chaque jour. La flotte turque et la flotte russe combinées avaient repris quelques-unes des îles Ioniennes, assiégeaient Corfou, et annonçaient haut tement que, dès qu'elles se seraient rendues maîtresses de ce point important, elles feraient voile vers les côtes de l'Italie. L'escadre anglaise n'attendait qu'un signal pour se réunir à elles. Fabrizio Ruffo espérait donc qu'en mettant le feu aux Calabres, ce feu, comme une traînée de poudre, gagnerait rapidement Naples et embraserait la capitale. Il vint donc, comme nous l'avons dit, trouver le roi.

Le roi, à qui il ne demandait ni hommes ni argent, mais seulement son autorisation et ses pleins pouvoirs, donna tout ce que le cardinal demandait ; après quoi, roi et cardinal échangèrent leur bénédiction. Le cardinal partit pour les montagnes de la Calabre, et le roi pour la forêt de Fienzza.

Deux mois à peu près s'écoulèrent. Pendant ces deux mois, le roi, tout en chassant à la Favorite, à Montréal ou à Ilice, avait vu passer une foule de vaisseaux russes, turcs et anglais se dirigeants vers sa capitale. Un soir même, en rentrant, il avait appris que Nelson avait quitté Palerme pour prendre le commandement général de la flotte. Enfin, un matin, il reçut un courrier qui lui annonça que le cardinal Ruffo venait d'entrer à Naples, que la république parthénopéenne, qui était venue avec Championnet, s'en était allée avec Macdonald, et que les républicains avaient obtenu une capitulation en vertu de laquelle ils rendaient les forts, mais qui leur accordait en échange vie et bagages saufs. Cette capitulation était signée de Foote pour l'Angleterre, de Keraudy pour la Russie, de Bonnieu pour la Porte, et de Ruffo pour le roi.

Tout au contraire de ce à quoi l'on s'attendait, Sa Majesté entra dans une grande colère ; on lui avait reconquis son royaume, ce qui était fort agréable, mais on avait traité avec des rebelles, ce qui lui paraissait fort humiliant. Nasone était petit-fils de Louis XIV, et il y avait en lui, tout populaire qu'il était, beaucoup de l'orgueil et de l'omnipotence du grand roi.

Il s'agissait donc de sauver l'honneur royal en déchirant la capitulation (1).

Cependant on craignait une chose : il y avait à cette heure à Naples un homme qui était plus que le roi lui-même ; cet homme, c'était Nelson. Or, Nelson était arrivé à l'âge de quarante-un ans sans que son plus mortel ennemi eût eu d'autre reproche à lui faire qu'une trop grande intrépidité. Il avait des honneurs autant qu'un vainqueur en pouvait amasser sur sa tête. La ville de Londres lui avait envoyé une épée, et le roi l'avait fait chevalier du Bain, baron du Nil et pair du royaume. Il avait une fortune princière ; car le gouvernement lui faisait mille livres sterling de rente ; le roi l'avait doté d'une pension de cinquante mille francs, et la compagnie des Indes lui avait fait cadeau de cent mille écus. Il y avait donc à craindre que Nelson, reconnu jusqu'alors, non-seulement pour brave entre les braves, mais encore pour loyal entre les loyaux, n'eût le ridicule de tenir à cette double réputation, et, n'ayant rien fait jusque-là qui portât atteinte à son courage, ne voulût rien faire qui portât atteinte à son honneur.

Et pourtant il fallait que la capitulation signée par Foote, de Keraudy et Bonnieu fût déchirée. On se rappela que c'était une femme qui avait perdu Adam, et on jeta les yeux sur son amie Emma Lyonna pour damner Nelson. — Emma Lyonna était une femme perdue de Londres. Son père, on ne le connaît pas ; sa patrie, on l'ignore : on sait seulement que sa

(1) Voici les termes de cette capitulation :

1º Le château Neuf et le château de l'Œuf, avec armes et munitions, seront remis aux commissaires de Sa Majesté le roi des Deux-Siciles et de ses alliés, l'Angleterre, la Prusse, la Porte-Ottomane.

2º Les garnisons républicaines des deux châteaux sortiront avec les honneurs de la guerre et seront respectées dans leurs personnes et dans leurs biens meubles et immeubles.

3º Elles pourront choisir de s'embarquer sur des vaisseaux parlementaires pour être transportées à Toulon, ou de rester dans le royaume sans avoir rien à craindre ni pour elles ni pour leurs familles. Les vaisseaux seront fournis par les ministres du roi.

4º Ces conditions et ces clauses seront communes aux personnes des deux sexes enfermées dans les forts, aux républicains faits prisonniers dans le cours de la guerre par les troupes royales ou alliées, et au camp de Saint-Martin.

5º Les garnisons républicaines ne sortiront des châteaux que quand les vaisseaux destinés au transport de ceux qui auront choisi le départ seront prêts à mettre à la voile.

6º L'archevêque de Salerne, le comte Michevieux, le comte Dillon et l'évêque d'Avellino resteront comme otages dans le fort Saint-Elme, jusqu'à ce qu'on ait appris à Naples la nouvelle certaine de l'arrivée à Toulon des vaisseaux qui auront transporté dans cette ville les garnisons républicaines. Les prisonniers du parti du roi et les otages retenus dans les forts seront mis en liberté aussitôt après la ratification de la présente capitulation.

mère était pauvre ; on croit qu'elle naquit dans la principauté de Galles, voilà tout. Un charlatan la rencontra et lui offrit de prendre part à une spéculation nouvelle : c'était de représenter la déesse Hygie. Ce charlatan était le docteur Graham, auteur de la *Mégalanthropogénésie*. Emma Lyonna accepte ; elle est installée dans le cabinet du docteur, à qui elle sert d'explication vivante. Emma Lyonna était belle, on accourut pour la voir, les peintres demandèrent à la copier ; Ronney, l'un des artistes les plus populaires de l'Angleterre, la peignit en Vénus, en Cléopâtre, en Phryné. Dès lors la vogue d'Emma Lyonna fut établie, et la fortune de Graham fut faite.

Parmi les jeunes gens qui, depuis l'exposition de la déesse Hygie, suivaient avec le plus d'assiduité les cours du docteur, était un jeune homme de la maison de Warwick, nommé Charles Greville. Du jour où il avait vu Emma Lyonna, il en était devenu amoureux : il proposa à la belle statue de quitter le docteur pour lui. Emma Lyonna commençait à se lasser de poser pour les curieux et pour les peintres. Sa réputation était faite ; un jeune homme de l'aristocratie allait la mettre à la mode ; elle accepta. En trois ans la fortune de Charles Greville fut mangée, une place honorable qu'il occupait dans la diplomatie perdue, et il ne lui resta rien que la femme à laquelle il devait sa ruine pécuniaire et sa chute sociale. Alors il offrit à Emma de l'épouser, si grande était la fascination que cette autre Laïs exerçait sur cet autre Alcibiade. Mais Emma Lyonna était trop bonne calculatrice pour épouser un homme ruiné : elle avait pris l'habitude de l'or et des diamants pendant ces trois années, et elle ne voulait pas le perdre. Sous un prétexte de délicatesse dont le pauvre Charles Greville fut dupe, elle refusa. Alors une autre idée lui vint. Il avait à la cour de Naples un oncle riche et puissant, nommé sir Williams Hamilton. Il était l'héritier du vieillard ; il lui avait fait demander de l'argent et la permission d'épouser Emma Lyonna. L'oncle avait répondu par un double refus à cette double demande. Charles Greville connaissait le pouvoir d'Emma Lyonna sur les cœurs : il envoya sa belle sirène solliciter pour elle et pour lui.

Il y avait en effet un charme fatal attaché à cette femme. Le vieillard vit Emma Lyonna et en devint amoureux. Il offrit de faire à son neveu deux mille cinq cents livres sterling de rente si Emma Lyonna consentait à l'épouser lui-même. Quinze jours après, Charles Greville recevait son contrat de rente et Emma Lyonna devenait lady Hamilton.

Le scandale fut grand. Toutefois, on ne pouvait refuser de recevoir la nouvelle mariée dans le monde. Tous les salons lui furent donc ouverts. La reine Caroline, cette fière princesse d'Autriche, cette sœur de Marie-Antoinette, plus hautaine qu'elle encore, refusa complétement de lui parler, et affecta de lui tourner le dos chaque fois que le hasard jeta la reine et l'ambassadrice sur le même chemin.

Sur ces entrefaites, Nelson vint à Naples : le vainqueur de la Vera-Cruz, qui devait être celui d'Aboukir et de Trafalgar, subit l'influence commune et devint amoureux. Nelson pouvait être un Achille, mais ce n'était ni un Hyacinthe ni un Pâris ; il avait perdu un œil à Carvi et un bras à la Vera-Cruz. Mais lady Hamilton était trop habile pour laisser échapper la fortune qui passait à la portée de sa main. Elle comprit tout de suite l'influence que Nelson allait prendre sur les événements et par conséquent sur les hommes. L'Angleterre, pour Ferdinand et Caroline, était non-seulement une alliée, mais encore une libératrice : Nelson devenait pour eux non-seulement un héros, mais presque un dieu.

L'amour de Nelson changea tout pour Emma Lyonna. La reine descendit de son trône et fit la moitié du chemin qui la séparait de l'aventurière ; Emma Lyonna daigna faire l'autre. Bientôt on ne vit plus l'une sans l'autre. A la cour, au théâtre, à Chiaja, à Toledo, dans sa voiture comme dans la loge royale, Emma Lyonna eut sa place de tous les jours, de toutes les heures, de tous les instants : Emma Lyonna fut la favorite de Caroline.

Le jour des désastres arriva : Emma Lyonna, fidèle à l'amitié ou plutôt à l'ambition, accompagna le roi et la reine en Sicile, traînant Nelson à sa suite. Le terrible capitaine de la mer était, avec elle, obéissant et doux comme un enfant.

Ce fut sur cette femme que Caroline jeta les yeux pour perdre Nelson ; ce fut à ces mains étranges que Dieu remit l'existence des hommes et le destin des royaumes.

Emma Lyonna portait une lettre de créance conçue en ces termes :

« La Providence vous remet le sort de la monarchie napolitaine ; je n'ai pas le temps de vous écrire une lettre détaillée sur le service immense que nous attendons de vous.

» Milady, mon ambassadrice et mon amie, vous exposera ma prière et toute la reconnaissance de votre affectionnée,

» CAROLINE. »

Dans cette lettre était contenu un décret du roi qui portait « que l'intention du roi n'avait jamais été de traiter avec des sujets rebelles : qu'en conséquence les capitulations des forts étaient révoquées ; que les partisans de la prétendue république parthénopéenne étant plus ou moins coupables de lèse-majesté, une junte d'État serait établie pour les juger, et punirait les plus coupables par la mort, les autres par la prison et l'exil, tous par la confiscation de leurs biens. »

Une autre ordonnance devait faire connaître les volontés ultérieures de Sa Majesté et la manière dont elles seraient exécutées. A la rigueur, le roi et la reine pouvaient écrire ces choses, ils n'avaient rien signé : ils voyaient les événemens accomplis au point de vue de leur pouvoir et de leur dignité. Mais Nelson, l'homme du peuple ; Nelson, le fils d'un pauvre ministre du village de Burnham-Thorp ; Nelson, dont la parole était engagée par la signature de son représentant ; Nelson qui, dans tous ses démêlés de peuple à rois, devait être calme, impartial et froid comme la statue de la Justice ; Nelson, sur lequel l'Europe avait les yeux ouverts, et dont le monde n'attendait qu'un mot pour le proclamer le défenseur de l'humanité, comme il était déjà l'élu de la gloire ; Nelson, quelle excuse avait-il et que répondrait-il à Dieu quand Dieu lui demandera compte de l'existence de vingt-cinq mille hommes sacrifiés à un fol amour ? Le navire qui portait Emma Lyonna aborda un soir le navire qui portait Nelson ; une heure après, le navire repartait pour Palerme, emportant pour tout message cette seule réponse : » Tout va bien. » Le lendemain la capitulation était déchirée.

Parmi toutes les victimes, il y en avait une qui devait être sacrée pour Nelson : c'était son collègue l'amiral Carracciolo. Après avoir conduit le roi en Sicile avec un bonheur qui avait fait envie à celui qui passait pour le premier homme de guerre qui existât, Carracciolo avait demandé la permission de revenir à Naples et l'avait obtenue. Là, il avait pris parti pour les républicains, avait combattu avec eux, avait traité comme eux, et, comme eux, eût dû être sous la garde de l'honneur de trois grandes nations.

Carracciolo était parvenu à échapper aux premières recherches, et, par conséquent, aux premiers massacres ; mais, trahi par un domestique, il fut pris dans la chambre où il était caché. A peine Nelson eut-il appris son arrestation qu'il le réclama comme son prisonnier. Une action grande et généreuse pouvait servir non pas de contre-poids, mais de palliatif à la trahison de l'amiral anglais ; Nelson pouvait réclamer son collègue pour l'arracher à la junte d'État ; on le crut, on l'applaudit ; Nelson réclamait son collègue pour le faire pendre sur son propre vaisseau !

Le procès fut court : il commença à neuf heures du matin ; à dix heures, on fit dire à Nelson que la cour venait de décider qu'on accueillerait les preuves et les témoignages en faveur de l'accusé, décision qui, dans tous les pays du monde, est un droit et non une faveur. Nelson répondit que c'était inutile, et la cour passa outre.

A midi, on vint annoncer à Nelson que l'accusé était condamné à la prison perpétuelle.

— Vous vous trompez, dit Nelson au comte de Thun, qui lui annonçait cette sentence, il a été condamné à la peine de mort.

La cour gratta le mot *prison* et écrivit le mot *mort* à la place.

A une heure, on vint dire à Nelson que le condamné demandait à être fusillé au lieu d'être pendu.

— Il faut que justice ait son cours, répondit Nelson.

En conséquence, on transporta Carracciolo à bord de la *Minerve* ; c'était le vaisseau sur lequel il combattait de préférence. L'amiral l'avait constamment soigné comme un père soigne son propre fils ; et cependant, pendant le temps qu'il était resté à bord du vaisseau anglais, il avait remarqué une foule de ces détails de construction qui faisaient alors et qui font encore de la marine de la Grande-Bretagne une des premières marines du monde : ces détails, il les expliquait à un jeune officier qui avait servi sous lui, et il en était arrivé à un point important de sa démonstration, lorsque le greffier s'avança vers lui, il jugement à la main. Carracciolo s'interrompit, écouta la sentence avec le plus grand calme ; puis, la lecture terminée :

— Je disais donc… reprit l'amiral, et il continua sa démonstration à l'endroit même où l'arrêt de mort l'avait interrompu.

Dix minutes après, le corps de l'amiral se balançait suspendu au bout d'une vergue. Le soir on coupa la corde, on attacha un boulet de trente-six aux pieds du cadavre, et on le jeta à la mer. Douze heures avaient suffi pour assembler la cour, porter ce jugement, exécuter la sentence, et faire disparaître jusqu'à la dernière trace du condamné.

Pendant ce temps, les bons lazzaroni faisaient de leur mieux : ils attendaient en chantant et en dansant au pied de l'échafaud ou de la potence les cadavres qui sortaient des mains du bourreau, les jetaient dans des bûchers ; puis, lorsqu'ils étaient rôtis selon leur goût, ils en grignotaient le foie ou le cœur, tandis que les autres, portés par leur nature à des amusemens plus champêtres, se faisaient des sifflets avec les os des bras, et des flûtes avec les os des jambes.

Trois mois de jugemens, d'exécutions et de supplices avaient rétabli le calme dans la ville de Naples. Le roi et la reine reçurent donc avis qu'ils pouvaient rentrer dans leur capitale. Pendant ces trois mois, Nelson et Emma Lyonna ne s'étaient point quittés : ce furent trois mois heureux pour ces tendres amans.

D'ailleurs, de nouveaux honneurs pleuvaient sur Nelson et rejaillissaient sur sa maîtresse ; le vainqueur d'Aboukir avait été fait baron du Nil, le lacérateur du traité de Naples fut fait duc de Bronte.

Le surlendemain de l'exécution de Carracciolo, on signala une flotille venant de Sicile ; c'était le roi qui revenait prendre possession de son royaume. Mais le roi ne regardait pas encore le sol de Naples comme bien affermi ; il résolut de stationner quelques jours dans le port, et de recevoir ses fidèles sujets sur son vaisseau.

Bientôt le vaisseau fut entouré de barques ; c'étaient des ministres qui apportaient des ordonnances, c'étaient des députés qui venaient débiter des harangues, c'étaient des courtisans qui venaient mendier des places. Tous furent reçus avec ce visage souriant et paternel d'un roi qui rentre dans son royaume. Quelques barques seulement furent écartées de la cour comme importunes : c'étaient celles qui portaient quelques ennuyeux solliciteurs venant demander la grâce de leurs parens condamnés à mort.

La soirée se passa en fête : il y eut illumination et concert sur le vaisseau royal.

Or, écoutez que je vous dise l'étrange spectacle qu'éclaira cette illumination, que je vous raconte l'événement inouï qui troubla ce concert.

C'était dans la nuit du 30 juin au 1er juillet : le roi était fatigué de tout ce bruit, de toutes ces adulations, de toutes ces lâchetés, car Nasone était homme d'esprit avant tout, et son regard voyait tout d'abord le fond de la chose. Il monta seul sur le pont et alla s'appuyer au bastingage du gaillard d'arrière, en sifflotant un air de chasse, lui ; et se mit à regarder cette mer infinie, si calme et si tranquille qu'elle réfléchissait toutes les étoiles du ciel. Tout à coup, à vingt pas de lui, du milieu de cette nappe d'azur surgit un homme qui sort de l'eau jusqu'à la ceinture et demeure immobile en face de lui. Le roi fixe les yeux sur l'apparition, tressaille, regarde encore, pâlit, veut reculer, et sent ses jambes qui lui manquent ; il veut appeler et sent sa voix qui le trahit. Alors, immobile, l'œil fixe, les cheveux hérissés, la sueur au front, il reste cloué par la terreur.

Cet homme qui sort de l'eau jusqu'à la ceinture, c'est l'ancien ami du roi, c'est le condamné de la surveille, c'est l'amiral Carracciolo, qui, la tête haute, la face livide, la chevelure ruisselante, s'incline et se redresse à chaque mouvement de la houle, comme pour saluer une dernière fois le roi.

Enfin les liens qui retenaient la langue de Ferdinand se brisent, et l'on entend ce cri terrible retentir jusque dans les entrailles du bâtiment.
— Carracciolo! Carracciolo!...

A ce cri, tout le monde accourt; mais au lieu de s'évanouir, l'apparition reste visible pour tous. Les plus braves s'émeuvent. Nelson, qui, enfant, demandait ce que c'était que la peur, pâlit d'émotion et d'angoisse, et répète l'ordre donné par le roi de gouverner vers la terre.

Alors, en un clin-d'œil, le bâtiment se couvre de voiles, s'incline et glisse doucement vers Sainte-Lucie, poussé par la brise de mer; mais voilà, chose terrible! que le cadavre, lui aussi, s'incline, suit le sillage, et, mû par la force d'attraction, semble poursuivre son meurtrier.

En ce moment, le chapelain paraît sur le pont : le roi se jette dans ses bras : — Mon père! mon père! s'écria-t-il, que me veut donc ce mort qui me poursuit?
— Une sépulture chrétienne, répond le chapelain.
— Qu'on la lui donne, qu'on la lui donne à l'instant même! s'écria Ferdinand en se précipitant par l'écoutille afin de ne plus voir cet étrange spectacle.

Nelson ordonna de mettre une barque à la mer et d'aller chercher le cadavre; mais pas un matelot napolitain ne consentit à se charger de cette mission. Dix matelots anglais descendirent dans la yole, huit ramèrent, deux tirèrent le cadavre hors de l'eau. La cause du miracle fut alors connue.

L'amiral, comme nous l'avons dit, avait été jeté à la mer avec un boulet de trente-six seulement attaché aux pieds. Or, le corps s'était enflé dans l'eau, et le poids étant trop faible pour le retenir au fond, il était remonté à la surface de la mer, et, par un effet d'équilibre, il s'était dressé jusqu'à la ceinture; puis, poussé par le vent et entraîné par le sillage, il avait suivi le vaisseau.

Le lendemain il fut enterré dans la petite église de Sainte-Marie-à-la-Chaîne. Après quoi, le roi fit son entrée triomphale dans sa capitale, et régna paisiblement sur son peuple jusqu'au moment où Napoléon lui fit signifier qu'il venait de disposer du royaume de Naples en faveur de son frère Joseph.

Le roi Nasone prit la chose en philosophe, et s'en retourna chasser à Palerme.

Ce nouvel exil dura jusqu'au 9 juin 1815, époque à laquelle Joachim Murat, qui avait succédé à Joseph Napoléon, était tombé à son tour. Sa Majesté napolitaine revint chasser à Capo-di-Monti et à Caserte.

XII.

ANECDOTES.

Quelque temps après le retour du roi à Naples, Charles IV vint l'y rejoindre; celui-là aussi était exilé de son royaume; mais il n'avait pas même une Sicile où se réfugier, et il venait demander l'hospitalité à son frère.

Celui-là aussi était un grand chasseur et un grand pêcheur : aussi les deux frères, si longtemps séparés, ne se quittaient-ils plus, et chassaient-ils ou pêchaient-ils du matin jusqu'au soir. Ce n'était plus que parties de chasse dans le parc de Caserte ou dans le bois de Persano, que parties de pêche au lac Fusaro ou à Castellamare.

On se rappelle la grande tendresse de Louis XIV pour Monsieur. Assez indifférent pour sa femme, assez égoïste envers ses maîtresses, assez sévère pour ses enfans, Louis XIV n'aimait que Monsieur, et cette amitié s'augmentait, disait-on, de son indifférence profonde pour tout autre. Quelques nuages avaient bien de temps en temps passé entre eux, mais ces nuages s'étaient promptement dissipés au soleil ardent de la fraternité. Aussi, le lendemain de la nuit où mourut Monsieur, personne n'osait risquer à aborder le grand roi, qui, enfermé dans son cabinet, s'abandonnait à la douleur.

Enfin, dit Saint-Simon, madame de Maintenon se risqua, et trouva Louis XIV le nez au vent, le jarret tendu, et chantonnant un petit air d'opéra à sa louange.

Même chose à peu près devait se passer entre Ferdinand Ier et Charles IV. Une partie avait été liée entre les deux princes pour aller chasser au bois de Persano, lorsqu'au moment du départ le roi Charles IV se trouva légèrement indisposé; mais comme l'auguste malade savait par sa propre expérience quelle contrariété c'est qu'une partie de chasse remise, il exigea que son frère allât à Persano sans lui; ce à quoi Ferdinand Ier ne consentit qu'à la condition que si le roi Charles IV se sentait plus indisposé il le lui ferait dire. Le malade s'engagea sur sa parole. Le roi embrassa son frère et partit.

Dans la journée, l'indisposition sembla prendre quelque gravité. Le soir, le malade était fort souffrant. Pendant la nuit, la situation empira tellement que, sur les deux heures du matin, on expédia un courrier porteur d'une lettre de la duchesse de San-Florida, laquelle annonçait au roi que, s'il voulait embrasser une dernière fois son frère, il fallait qu'il revînt en toute hâte. Le courrier arriva comme Sa Majesté montait à cheval pour se rendre à la chasse. Le roi prit la lettre, la décacheta, et levant lamentablement les yeux au ciel :

— Oh! mon Dieu! mon Dieu! messieurs, quel malheur! s'écria-t-il, le roi d'Espagne est gravement malade!

Et comme chacun, prenant une figure de circonstance, allongeait son visage le plus qu'il pouvait :

— Heu! continua le roi avec cet accent napolitain, dont rien ne peut rendre l'expression, je crois qu'il y a beaucoup d'exagération dans le rapport qu'on me fait. Chassons d'abord, messieurs; ensuite on verra.

Les courtisans reprirent leur figure habituelle; on arriva au rendez-vous et l'on commença de chasser.

A peine avait-on tiré dix coups de fusils, car la chasse que préférait Sa Majesté était la chasse au tir, qu'un second courrier arriva. Celui-ci annonçait que le roi Charles IV était à toute extrémité et ne cessait de demander son frère. Il n'y avait plus de doute à conserver sur la situation désespérée du malade. Aussi le roi Ferdinand, qui était homme de résolution, prit aussitôt son parti, et comme les courtisans attendaient les premières paroles du roi pour régler leur visage sur ses paroles.

— Heu! fit-il de nouveau, mon frère est malade mortellement ou il ne l'est pas. S'il l'est, quel bien lui fera-t-il que je vienne? S'il ne l'est pas, il sera désespéré de savoir que pour lui j'ai manqué une si belle chasse. Chassons donc, messieurs.

Et on se remit à la besogne de plus belle.

Le soir, en rentrant, on trouva un courrier qui annonçait que Charles IV était mort.

La douleur que ressentit le roi fut si profonde qu'il comprit qu'il devait, avant tout, la combattre par quelque puissante distraction. En conséquence, il donna ses ordres pour qu'une chasse plus belle encore que celle qu'on venait de faire eût lieu pour le lendemain et le surlendemain. On tua cent cinquante sangliers et deux cents daims dans ces trois chasses. Mais qu'on ne croie point pour cela que Ferdinand avait oublié le défunt. A chaque beau coup qu'il faisait ou voyait faire, il s'écriait : — Ah! si mon pauvre frère était là, qu'il serait heureux!

Le troisième jour le roi revint, ordonna un convoi magnifique et prit le deuil pour trois mois, lui et toute sa cour.

Qu'on ne croie pas non plus que le roi Nasone avait un mauvais cœur. Les cœurs des dix-septième et dix-huitième siècles étaient ainsi faits. On vint un jour dire à Bassompierre, au moment où il s'habillait pour aller danser un quadrille chez la reine Marie de Médicis, que sa mère, qu'il adorait, était morte.

— Vous vous trompez, répondit tranquillement Bassompierre en continuant de nouer ses aiguillettes, elle ne sera morte que lorsque le quadrille sera dansé.

Bassompierre dansa le quadrille; il y eut le plus grand succès, et rentra chez lui pour pleurer sa mère.

La sensibilité est une invention moderne. Espérons qu'elle durera.

A côté de cette indifférence, à l'endroit de sa passion dominante, le roi Nasone avait parfois d'excellens mouvemens. Un jour, une pauvre femme, dont le mari venait d'être condamné à mort, part d'Aversa sur le conseil de l'avocat qui l'avait défendu, et vint à pied à Naples pour demander au roi la grâce de son mari. C'était chose facile que d'aborder le roi, toujours courant qu'il était, à pied ou à cheval, dans les rues et sur les places de Naples, quand il n'était pas à la chasse. Cette fois, malheureusement ou heureusement, le roi n'était ni dans les rues ni dans son palais; il était à Capo-di-Monti : c'était la saison des becfigues.

La pauvre femme était écrasée de fatigue : elle venait de faire quatre grandes lieues tout courant; elle demanda la permission d'attendre le roi. Le capitaine des gardes, touché de compassion pour elle, lui accorda sa demande. Elle s'assit sur la première marche de l'escalier par lequel devait monter le roi pour rentrer dans son appartement. Mais, quelles que fussent la gravité de la situation où elle se trouvait et la préoccupation qui agitait ses esprits, la fatigue fut plus forte que l'inquiétude, et, après avoir pendant quelque temps lutté en vain contre le sommeil, elle renversa sa tête contre le mur, ferma les yeux et s'endormit. Elle dormait à peine depuis un quart d'heure lorsque le roi rentra.

Le roi avait été ce jour-là plus adroit que d'habitude, et avait trouvé des becfigues plus nombreux que la veille. Il était donc dans une situation d'esprit des plus bienveillantes, lorsqu'en rentrant il aperçut la pauvre femme qui l'attendait. On voulut la réveiller, mais le roi fit signe qu'on ne la dérangeât point. Il s'approcha d'elle, la regarda avec une curiosité mêlée d'intérêt, puis, voyant l'angle de sa pétition qui sortait de sa poitrine, il la tira doucement avec précaution, afin de ne pas troubler son sommeil, la lut, et ayant demandé une plume, il écrivit au bas *Fortuna e duorme*. Ce qui correspond à peu près à notre proverbe français : *La fortune vient en dormant*. Puis il signa *Ferdinand, roi*.

Après quoi il ordonna de ne réveiller la bonne femme sous aucun prétexte, défendit qu'on la laissât parvenir jusqu'à lui, replaça la pétition dans l'ouverture où il l'avait prise, et remonta joyeusement chez lui, une bonne action sur la conscience.

Au bout de dix minutes, la solliciteuse ouvrit les yeux, s'informa si le roi était rentré, et apprit qu'il venait de passer devant elle pendant qu'elle dormait.

Sa désolation fut grande; elle avait manqué l'occasion qu'elle était venue chercher de si loin et avec tant de fatigue; elle supplia le capitaine des gardes de lui permettre d'arriver jusqu'au roi ; mais le capitaine des gardes refusa obstinément, en disant que Sa Majesté était renfermée chez elle, déclarant que de cette journée ni de celle du lendemain elle ne sortirait de chez elle, ni ne recevrait personne. Il fallut renoncer à l'espoir de voir le roi ; la pauvre femme repartit pour Aversa désolée.

La première visite à son retour fut pour l'avocat qui lui avait donné le conseil de venir implorer la clémence du roi ; elle lui raconta tout ce qui s'était passé et comment, par sa faute, elle avait laissé échapper une occasion désormais introuvable. L'avocat, qui avait des amis à la cour, lui dit alors de lui rendre la pétition, et qu'il aviserait à quelque moyen de la faire remettre au roi.

La femme remit à l'avocat la pétition demandée. Par un mouvement machinal, l'avocat l'ouvrit ; mais à peine y eut-il jeté les yeux qu'il poussa un cri de joie. Dans la situation où l'on se trouvait, le proverbe consolateur écrit et signé de la main du roi équivalait à une grâce. Effectivement, huit jours après, le prisonnier était rendu à la liberté, et cette fortune qui arrivait à la pauvre femme, ainsi que l'avait écrit le roi Nasone, lui était venue en dormant.

Près de cette action qui ferait honneur à Henri IV, citons des jugemens qui feraient honneur au roi Salomon.

La marquise de C... avait été, à l'époque de la mort de son mari nommée tutrice de son fils, alors âgé de douze ans. Pendant les neuf années qui se séparèrent encore de sa majorité, la marquise, femme pleine de sens et d'honneur, avait géré la fortune de son fils de telle façon que, grâce à la retraite où, quoique jeune encore, elle avait vécu, cette fortune s'était presque doublée. La majorité du jeune homme arrivée, la marquise lui rendit ses comptes ; mais celui-ci, pour tout remerciment, se contenta de faire à sa mère une espèce de pension alimentaire qui la soutenait à peine au-dessus de la misère. La mère ne dit rien, reçut avec résignation l'aumône filiale, et se retira à Sorrente, où elle avait une petite maison de campagne.

Au bout d'un an, la petite pension manqua tout à coup; et tandis que le fils menait à Naples le train d'un prince, la mère se trouva à Sorrente sans un morceau de pain. Il fallait se résigner à mourir de faim ou se décider à se plaindre au roi. La pauvre mère épuisa jusqu'à sa dernière ressource avant d'en venir à cette extrémité. Enfin il n'y eut plus moyen d'aller plus avant. La marquise de C... vint se jeter aux pieds de Nasone en lui demandant justice pour elle et pardon pour son fils. Le roi reçut la pétition que lui présentait la marquise de C... et dans laquelle étaient consignés les détails de la gestion maternelle ; puis il se fit rendre compte de la situation des choses, vit que tous ces détails étaient de la plus exacte vérité, prit une plume et écrivit :

« *Duri la minorità del figlio giache viva la madre.* »

« Dure la minorité du fils tant que vivra la mère. »

———

De singuliers bruits avaient couru sur le comte de B... Son fils avait disparu, et l'on prétendait que, dans une querelle survenue entre le père et le fils pour une femme qu'ils auraient aimée tous deux, le père, dans un mouvement d'emportement, aurait tué le fils. Cependant ces bruits vagues n'existaient point à l'état de réalité ; seulement, au dire du père, le jeune homme était absent et voyageait pour son instruction. Sur ces entrefaites, Ferdinand fut relégué en Sicile, et Joseph, puis Murat, vinrent occuper le trône de Naples.

De si graves événemens firent oublier les inculpations qui pesaient sur le comte de B... qui, ayant pris du service à la cour du frère et du beau-frère de Napoléon, et étant parvenu à une grande faveur, vit s'éteindre jusqu'aux allusions à la sanglante aventure dans laquelle le bruit public l'accusait d'avoir joué un si terrible rôle. Tout le monde avait donc oublié ou paraissait avoir oublié le jeune homme absent, lorsqu'arriva la catastrophe de 1815. Murat, forcé de fuir de Naples, se réfugia en France, et tous ceux qui l'avaient servi, sachant qu'il n'y avait point de pardon à espérer pour eux de la part de Ferdinand, n'attendirent point son arrivée et s'éparpillèrent par l'Europe. Le comte de B... fit comme les autres, et alla demander un asile à la Suisse, où il demeura six ans.

Au bout de six ans, il pensa que son erreur politique était expiée par son exil, et écrivit à Ferdinand pour lui demander la permission de rentrer à la cour. La lettre fut ouverte par le ministre de la police, qui, au premier travail la présenta au roi.

— Qu'est cela ? dit Ferdinand.

— Une lettre du comte de B..., Majesté.

— Que demande-t-il ?

— Il demande à rentrer en grâce près de vous.

— Comment donc ! mais certainement, ce cher comte de B..., je le reverrai avec le plus grand plaisir. Passez-moi une plume.

Le ministre passa la plume à Sa Majesté, qui écrivit au-

dessous de la demande : *Torni ma col figlio* (qu'il revienne, mais avec son fils).
— Le comte de B... mourut en exil.

Comme ses amis les lazzaroni, le roi Nasone n'avait pas un grand attachement pour les moines. En échange, et comme eux encore, il avait un profond respect pour padre Rocco, dont il avait, plus d'une fois, écouté les sermons en plein air. Aussi padre Rocco, dont nous aurons à parler longuement dans la suite de ce récit, avait-il au palais du roi des entrées aussi faciles que dans les plus pauvres maisons de Naples. De plus, il va sans dire que padre Rocco, aux yeux duquel tous les hommes étaient égaux, avait conservé la même liberté de paroles vis-à-vis du roi qu'à l'égard du dernier lazzarone.

Un jour que toute la famille royale était à Capo-di-Monti, on vit arriver padre Rocco. Aussitôt de grands cris de joie retentirent dans le palais, et chacun accourut au devant du bon prêtre, que personne n'avait vu depuis plus de dix-huit mois; c'était au premier retour de Sicile, et après la terrible réaction dont nous avons dit quelques mots.

Padre Rocco venait de quêter pour les pauvres prisonniers. Quand le roi, la reine, le prince François, le duc de Salerne, et les dix ou douze courtisans qui avaient suivi la famille royale à Capo-di-Monti eurent donné leur aumône, padre Rocco voulut se retirer, mais Ferdinand l'arrêta.

— Un instant, un instant, padre Rocco, dit le roi ; on ne s'en va pas comme cela.

— Et comment s'en va-t-on, sire ?

— Chacun son impôt. Nous vous devions une aumône, nous vous l'avons donnée. Vous nous devez un sermon : donnez-nous le.

— Oh! oui, oui, un sermon ! crièrent la reine, le prince François et le duc de Salerne.

— Oh! oui, oui, un sermon ! répétèrent en chœur tous les courtisans.

— J'ai l'habitude de prêcher devant des lazzaroni, sire, et non devant des têtes couronnées, répondit padre Rocco : excusez-moi donc, si je crois devoir récuser l'honneur que vous me faites.

— Oh ! non pas, non pas ; vous ne vous en tirerez point ainsi : nous vous avons donné votre aumône, il nous faut notre sermon ; je ne sors pas de là.

— Mais quel genre de sermon ? demanda le prêtre.

— Faites-nous un sermon pour amuser les enfans.

Le prêtre se mordit les lèvres ; puis, s'adressant au roi :

— Vous le voulez donc absolument, sire ?

— Oui, certes, je le veux.

— Ce sermon étant fait pour les enfans, ne vous étonnez point qu'il commence comme un conte de fées.

— Qu'il commence comme il voudra, mais que nous l'ayons.

— A vos ordres, sire.

Et padre Rocco monta sur une chaise pour mieux dominer son auguste auditoire.

— Au nom du Père, du Fils et du Saint-Esprit ! commença padre Rocco.

— Amen ! interrompit le roi.

— Il y avait une fois, continua le prêtre en saluant le roi, comme pour le remercier de ce qu'il avait bien voulu lui servir de sacristain, il y avait une fois un crabe et une crabe...

— Comment dites-vous cela ? s'écria Ferdinand, qui croyait avoir mal entendu.

— Il y avait une fois un crabe et une crabe, reprit gravement padre Rocco, lesquels avaient eu en légitime mariage trois fils et deux filles qui donnaient les plus belles espérances. Aussi le père et la mère avaient-ils placé près de leurs enfans les professeurs les plus distingués et les gouvernantes les plus instruites qu'ils avaient pu trouver à trois lieues à la ronde : ils avaient surtout recommandé aux instituteurs et aux institutrices d'apprendre à leurs enfans à marcher droit.

Quand l'éducation des trois enfans mâles fut finie, le père les convoqua devant lui, et ayant laissé le professeur à la porte, afin que les élèves n'étant pas soutenus par sa présence, il pût mieux juger de l'éducation qu'ils avaient reçue,

Mon cher fils, dit-il à l'aîné, j'ai recommandé, entre autres choses que l'on vous apprît à marcher droit. Marchez un peu, que je voie comment mes instructions ont été suivies.

— Volontiers, mon père, dit le fils aîné. Regardez, et vous allez voir.

Et aussitôt il se mit en mouvement.

— Mais, dit le père, que diable fais-tu donc là ?

— Ce que je fais ? je vous obéis : je marche.

— Oui, tu marches, mais tu marches de travers. Est-ce que cela s'appelle marcher ? voyons, recommençons.

— Recommençons, mon père.

Et le fils aîné se remit en mouvement. Le père jeta un cri de douleur. La première fois son enfant avait marché de droite à gauche ; la seconde fois il marchait de gauche à droite.

— Mais ne peux-tu donc pas marcher droit ? dit le père.

— Est-ce que je ne vais pas droit ? demanda le fils.

— Il ne voit pas son infirmité ! s'écria le malheureux crabe en joignant ses deux grosses pinces, et en les élevant avec douleur vers le ciel.

Puis se retournant vers son fils cadet :

— Viens ici, toi, lui dit-il, et montre à ton frère aîné comment on marche.

— Volontiers, mon père, dit le second.

Et il recommença exactement la même manœuvre qu'avait faite son frère aîné, si ce n'est qu'au lieu d'aller la première fois de droite à gauche et la seconde fois de gauche à droite, il alla la première fois de gauche à droite et la seconde fois de droite à gauche.

— Toujours de travers ! toujours de travers, s'écria le père au désespoir. Puis, se retournant les larmes aux yeux vers le plus jeune de ses fils :

— Voyons, toi, lui dit-il, à ton tour, et donne l'exemple à tes frères.

— Mon père, reprit le troisième, qui était un jeune crabe plein de sens, il me semble que l'exemple serait bien autrement profitable pour nous si vous nous le donniez vous-même. Marchez donc, et montrez-nous comment il faut faire. Ce que vous ferez, nous le ferons !

Alors, continua padre Rocco, alors le père...

— Bien, bien, dit Ferdinand, bien, padre Rocco ! nous avons notre affaire, la reine et moi ; vous pouvez nous revenir demander l'aumône tant que vous voudrez, nous ne vous demanderons plus de sermons. Adieu, padre Rocco.

— Adieu, sire.

Et padre Rocco se retira laissant son sermon inachevé, mais emportant son aumône toute entière.

Voilà le roi Nasone, non pas tel que l'histoire l'a fait ou le fera. L'histoire est trop grande dame pour entrer dans la chambre des rois à toute heure du jour et de la nuit, et pour les surprendre dans la position où Sa Majesté napolitaine surprit le président Cardillo. Ce n'est pourtant que lorsqu'on a fait avec un flambeau le tour de leur trône, et avec un bougeoir le tour de leur chambre, qu'on peut porter un jugement impartial sur ceux-là que Dieu, dans son amour ou dans sa colère, a choisis dans le sein maternel pour en faire des pasteurs d'hommes ; et encore peut-on se tromper. Après avoir vu le roi Nasone vendre son poisson, détailler son gibier, écouter au coin d'un carrefour le sermon de padre Rocco, s'humaniser avec les vassales dans son sérail de San-Lucio, rire de son gros rire avec le premier lazzarone venu, peut-être ira-t-on croire qu'il était prêt à tendre la main à tout le monde : point ; il y avait entre l'aristocratie et le peuple une classe de la société que le roi Nasone exécrait particulièrement, c'était la bourgeoisie.

Racontons l'histoire d'un bourgeois sicilien qui voulut absolument devenir gentilhomme Ceux qui voudront savoir le nom de cet autre monsieur Jourdain pourront recourir aux *Mœurs siciliennes* du mon spirituel ami Palmieri de Micciche, qui voyage depuis une vingtaine d'années dans tous les pays, excepté dans le sien, pour expier l'habitude qu'il a prise d'appeler les choses et les hommes par leur nom. Ce qui fait qu'instruit par son exemple, je tâcherai d'éviter le même inconvénient.

XII.

LA BÊTE NOIRE DU ROI NASONE.

Il y avait à Fermini, vers l'an de grâce 1798, un jeune homme de seize à dix-sept ans, lequel, comme le cardinal Lecada, ne demandait qu'une chose au ciel : être secrétaire d'État et mourir.

C'était le fils d'un honnête fermier nommé Neodad. Le nom est tant soit peu arabe peut-être, mais nos lecteurs voudront bien se souvenir que la Sicile a été autrefois conquise par les Sarrasins. Puis, comme je l'ai dit, ils peuvent recourir pour les racines à mon ami Palmieri de Micciche.

Son père lui avait laissé quelque petite fortune; il résolut d'acheter un costume à la maréchale, de poudrer ses cheveux, de raser son menton, d'attacher un catogan au collet de son habit, et de venir chercher un titre à Palerme. En conséquence, en vertu de l'axiome : Aide-toi, et Dieu t'aidera, il commença par changer son nom de Néodad en celui de Soval, quoiqu'à mon avis le premier fût bien plus pittoresque que le second. Il est vrai qu'un peu plus tard il ajouta à ce nom la particule de, ce qui le rendit, sinon plus aristocratique, du moins plus original encore.

Ainsi déguisé, et croyant avoir suffisamment caché sa crasse paternelle sous la poudre à la maréchale, le jeune Soval essaya tout doucettement de se glisser à la cour. Mais Sa Majesté napolitaine n'avait pas reçu le nom de Nasone pour rien. Elle flaira l'intrus d'une lieue, lui fit fermer toutes les portes des palais royaux et des villas royales, lui laissant toute liberté, au reste, de se promener partout ailleurs que chez lui.

Mais le jeune fermier n'était pas venu à Palerme dans la seule intention de faire admirer sa tournure à la Marine ou sa banne à la Fiora. Il était venu pour avoir ses entrées à la cour. Il résolut de les avoir à quelque prix que ce fût, et, puisque le roi Nasone les lui refusait de bonne volonté, de les enlever de force.

Il y avait plusieurs moyens pour cela. C'était le moment où le cardinal Ruffo cherchait des hommes de bonne volonté pour l'aider à reconquérir le royaume de Naples, que, comme Charles VII, le roi Nasone perdait le plus gaîment du monde. Le jeune Soval, déjà habitué aux métamorphoses, pouvait changer son habit de seigneur contre une casaque de soldat, comme il avait changé sa veste de fermier contre un habit de seigneur; il pouvait ajouter à cette casaque un fusil, un sabre, une giberne, et aller se faire un nom dans le genre de ceux de Mammone et de Fra-Diavolo. Il ne fallait qu'un peu de courage pour cela; mais une des vertus héréditaires de la famille Neodad était la prudence. Les Calabres sont longues, il pouvait arriver un accident entre Bagnara et Naples. Puis, notre héros connaissait le vieux proverbe : Loin des yeux, loin du cœur. Il résolut de rester sous les yeux de ses souverains bien-aimés, afin de demeurer le plus près possible de leur cœur.

Comme nous l'avons dit, c'était le roi Nasone qui était roi; mais c'était la reine Caroline qui régnait. Or, la reine Caroline, qui ne pouvait pas, comme le calife Al-Raschid, se déguiser en kalender ou en portefaix pour entrer dans les maisons de ses fidèles sujets et savoir ce qu'on y pensait de son gouvernement, suppléait à cet inconvénient en correspondant avec une foule de gens qui y entraient pour elle, et qui, dans un but tout patriotique, lui rendaient un compte exact des choses qu'elle ne pouvait voir par elle-même. Malheureusement, ce dévoûment si louable n'était pas tout à fait désintéressé. En échange de ces petits services, la reine donnait à ceux qui les lui rendaient des appointemens plus ou moins élevés sur sa cassette particulière. Le jeune Soval, qui avait une écriture magnifique, un style épistolaire des plus lucides, et pas la moindre vocation pour la carrière militaire, eut un beau matin la révélation de l'avenir qui lui était réservé : il sollicita l'honneur d'être reçu surnuméraire, obtint l'objet de sa demande, et, au bout de trois mois, avait fait preuve d'une si haute intelligence dans le choix des discours, pensées et maximes qu'il recueillait çà et là pour les transmettre à Sa Majesté, qu'il fut définitivement reçu au nombre de ses correspondans.

Le pauvre garçon faillit en perdre la tête de joie; du moment où il correspondait avec la reine, il lui semblait que toute difficulté allait s'aplanir. Il redoubla donc de zèle; et, comme la nature l'avait doué d'une finesse d'ouïe extrême, il rendit vraiment des services incroyables. Aussi, la reine, qui, toute maîtresse qu'elle était des choses politiques, avait cependant conservé l'habitude de consulter son mari pour les choses d'étiquette, demanda-t-elle pour le jeune Soval ses entrées à la cour. Mais Sa Majesté napolitaine, en entendant ce nom qui lui était devenu si profondément antipathique, bondit comme un chevreuil relancé par les chiens, et refusa tout net. Ni prières, ni supplications, ni menaces, ne purent rien : l'interdit lancé sur le malheureux Soval fut maintenu.

La restauration de 1799 arriva : c'était l'époque des punitions, mais c'était aussi celle des récompenses; le jeune Soval résolut de donner une nouvelle et grande preuve de son dévoûment à la famille royale et s'expatria à sa suite. Ce fut alors que, pensant qu'il avait assez fait pour s'accorder à lui-même la récompense qu'on lui refusait, il ajouta un de à son nom, sans qu'il y eût au reste plus d'empêchement à l'adjonction de cette particule que n'en avait trouvé Alfieri, après avoir créé l'ordre d'Homère, à s'en décorer lui-même chevalier. C'est donc à partir de ce moment, et en même temps que Buonaparte retranchait une lettre à son nom, que notre héros ajoutait deux lettres au sien.

Arrivé à Naples, non seulement le jeune de Soval conserva ses anciennes fonctions près de la reine Caroline; mais, comme on le comprend bien, ces fonctions acquirent une nouvelle importance; il en résulta que la reine ne se contenta plus de recevoir de simples lettres, mais lui permit de lui faire dans les grandes occasions des rapports verbaux. C'était ce que notre héros regardait comme le marchepied infaillible de sa grandeur. En effet, pour conférer avec la reine, il fallait qu'il vînt chez le roi. Il est vrai qu'il entrait pour ces conférences par une petite porte dérobée par laquelle on n'introduisait que les familiers du premier ministre Giaffar; mais c'était toujours un pas de fait. La question était maintenant de passer par la grande porte au lieu de passer par la petite, et d'entrer de jour au lieu d'entrer de nuit. La reine ne désespérait pas d'obtenir cette faveur du roi. Mais, contre toutes les prévisions de sa protectrice, le pauvre Soval ne put rien intervertir dans l'ordre établi, et sept ans de service s'écoulèrent sans qu'il eût pu une seule fois entrer par la porte de devant.

C'était à désespérer un saint : aussi le pauvre garçon se désespéra tout de bon, et, un beau jour que la reine venait de lui porter une nouvelle rebuffade qu'elle avait reçue du roi, il résolut de partir à la manière des chevaliers errans, et de chercher à accomplir de par le monde quelque grande action qui forçât le roi à lui donner une récompense éclatante.

Ce fut vers 1808 que le nouveau don Quichotte se mit à chercher aventure. A cette époque, il n'y avait pas besoin d'aller bien loin pour en trouver : aussi, à son arrivée à Venise, le pauvre de Soval crut-il enfin avoir rencontré ce qu'il cherchait.

Il y avait à cette époque à Venise une madame S***, Allemande de naissance, mais belle-sœur d'un des plus illustres amiraux de la marine anglaise. Cette dame était prisonnière dans sa maison, gardée à vue, et conservée par le gouvernement français comme un précieux otage. Le jeune Soval vit dans cette circonstance l'aventure qu'il cherchait, et résolut de tenter l'entreprise.

Ce n'était pas chose facile ; si adroit, si souple et si retors que fût le paladin, Napoléon était à cette époque un géant assez difficile à vaincre, et un enchanteur assez rebelle à endormir. Cependant notre héros avait une telle habitude des portes dérobées, qu'à force de tourner autour de la maison de madame S***, il en aperçut une qui donnait sur un des mille petits canaux qui sillonnent Venise. Trois jours après, madame S*** et lui sortaient par cette porte ; le lendemain, ils étaient à Trieste ; trois jours après, à Vienne ; quinze jours après, en Sicile. Comme on doit se le rappeler, c'était en Sicile que se trouvait à cette époque ; Joseph Napoléon étant monté en 1806 sur le trône de Naples.

Le chevalier errant se présenta hardiment à la reine. Cette fois, il ne doutait plus que cette grande porte, si longtemps fermée pour lui, ne s'ouvrît à deux battans. La reine elle-même en eut un instant l'espérance. En effet, son protégé venait d'enlever une prisonnière d'État aux Français ; cette prisonnière d'État appartenait à l'aristocratie d'Allemagne et était alliée à celle d'Angleterre. La reine se hasarda à demander au roi le titre de marquis pour son libérateur.

Malheureusement, le roi était en ce moment-là de très mauvaise humeur. Il reçut donc la reine de fort mauvaise grâce, et, au premier mot qu'elle dit de son ambassade, il l'envoya promener avec plus de véhémence qu'il n'avait l'habitude de le faire en pareille occasion. Cette fois, la bourrade avait été si violente que Caroline exprima tous ses regrets à son protégé, mais lui déclara que c'était la dernière négociation de ce genre qu'elle tenterait près de son auguste époux, et que s'il se sentait décidément une vocation invincible à être marquis, elle l'invitait à trouver quelque autre canal plus sûr que le sien pour arriver à son marquisat.

Il n'y avait rien à dire : la reine avait fait tout ce qu'elle avait pu. Le pauvre Soval ne lui conserva donc aucun ressentiment de son échec ; bien au contraire, il continua de lui rendre ses services habituels ; seulement cette fois il partagea son temps entre elle et l'ambassadeur d'Angleterre. L'ambassadeur d'Angleterre était, à cette époque, une grande puissance en Sicile, et Soval espérait obtenir par lui ce qu'il n'avait pu obtenir par la reine. La reine, de son côté, ne fut point jalouse de n'occuper plus que la moitié du temps de son protégé ; on prétendit même que ce fut elle qui lui donna le conseil d'en agir ainsi.

Cependant, malgré le redoublement de besogne et ce surcroît de dévoûment, l'aspirant marquis était encore bien loin du but tant désiré ; six ans s'écoulèrent sans que sir W. A'Court, ambassadeur d'Angleterre, pût rien obtenir du souverain près duquel il était accrédité. Enfin 1815 arriva.

Ce fut l'époque de la seconde restauration : l'Angleterre en avait fait les dépenses ; or, l'Angleterre ne fait rien pour rien, comme chacun sait ; en conséquence, dès que Ferdinand fut rentré dans sa très fidèle ville de Naples, qui a conservé ce titre malgré ses vingt-six révoltes tant contre ses vice-rois que ses rois, l'Angleterre présenta ses comptes par l'organe de son ambassadeur. Sir W. A'Court profita de cette occasion, et à l'article des titres, cordons et faveurs, il glissa, espérant que l'ensemble seul frapperait le roi et qu'il négligerait les détails, cette ligne de sa plus imperceptible écriture :

Monsieur de Soval sera nommé marquis.

Mais l'instinct a des yeux de lynx ; Sa Majesté napolitaine, qui, comme on le sait, avait la haine des rapports, mémoires, lettres, etc., et qui signait ordinairement tout ce qu'on lui présentait sans rien lire, flaira, dans l'arrêté des comptes que lui présentait la Grande-Bretagne, une odeur de roture qui lui monta au cerveau. Il chercha d'où la chose pouvait venir, et comme un limier ferme sur sa piste, il arriva droit à l'article concernant le pauvre Soval.

Malheureusement, cette fois, il n'y avait pas moyen de refuser ; mais Ferdinand voulut, puisqu'on le violentait, que la nomination même du futur marquis portât avec elle protestation de la violence. En conséquence, au-dessous du mot *accordé*, il écrivit de sa propre main :

» Mais uniquement pour donner une preuve de la grande considération que le roi de Naples a pour son haut et puissant allié le roi de la Grande-Bretagne. »

Puis il signa, cette fois-ci, non pas avec sa griffe, mais avec sa plume ; ce qui fit que, grâce au tremblement dont sa main était agitée, la signature du titre est à peu près indéchiffrable.

N'importe, lisible ou non, la signature était donnée, et Soval était enfin — marquis de Soval.

Le fils du pauvre fermier Neodad pensa devenir fou de joie à cette nouvelle ; peu s'en fallut qu'il ne courût en chemise dans les rues de Naples, comme deux mille ans auparavant son compatriote Archimède avait fait dans les rues de Syracuse. Quiconque se trouva sur son chemin pendant les trois premiers jours fut embrassé sans miséricorde. Il n'y avait plus pour le bienheureux Soval ni ami ni ennemi : il portait la création tout entière dans son cœur. Comme Jacob Ortis, il eût voulu répandre des fleurs sur la tête de tous les hommes.

A son avis, il n'avait plus rien à désirer ; il n'avait, pensait-il, qu'à se présenter avec son nouveau titre à toutes les portes de Naples, et toutes les portes lui seraient ouvertes. Toutes les portes lui furent ouvertes, effectivement, excepté une seule. Cette porte était celle du palais royal, à laquelle le malheureux frappait depuis vingt ans.

Heureusement le marquis de Soval, comme on a pu s'en apercevoir dans le cours de cette narration, n'était pas facile à rebuter ; il mit le nouvel affront qu'il venait de recevoir près des vieux affronts qu'il avait reçus, et se creusa la tête pour trouver un moyen d'entrer, ne fût-ce qu'une seule fois en sa vie, dans ce bienheureux palais, qui était l'Éden aristocratique auquel il avait éternellement visé.

Le carnaval de l'an de grâce 1816 sembla arriver tout exprès pour lui fournir cette occasion. Le nouveau marquis, qui, grâce à la faveur toute particulière dont l'honorait la reine, s'était lié avec ce qu'il y avait de mieux dans l'aristocratie des deux royaumes, proposa à plusieurs jeunes gens de Naples et de Palerme d'exécuter un carrousel sous les fenêtres du palais royal. La proposition eut le plus grand succès, et celui qui avait eu l'idée du divertissement reçut mission de l'organiser.

Le carrousel fut splendide ; chacun avait fait assaut de magnificence, tout Naples voulut le voir. Il n'y eut qu'une seule personne qu'on ne put jamais déterminer à s'approcher de son balcon : cette personne c'était le roi.

Sa Majesté napolitaine avait appris que le directeur de l'œuvre chorégraphique en question était le marquis de Soval, et il n'avait pas voulu voir le carrousel afin de ne pas voir le marquis.

Un autre que notre héros se serait tenu pour battu, il n'en fut point ainsi ; c'était un gaillard qui, pareil au renard de La Fontaine, plus d'un tour dans son bissac : il résolut de mettre son antagoniste royal au pied du mur.

Le soir même du carrousel, il y avait à la cour bal costumé. Or, le carrousel n'avait été inventé que dans le but d'attirer une invitation à son inventeur. Mais ayant été manqué, puisque, le carrousel exécuté, l'invitation n'était pas venue, le marquis proposa à ses compagnons d'envoyer une députation au roi pour le prier d'accorder à *tous* les acteurs de la mascarade la permission d'exécuter le soir au bal de la cour, et à pied, le ballet qu'ils avaient exécuté le matin sur la place et à cheval. Comme tous les compagnons du marquis avaient leurs entrées au palais et étaient invités à la soirée royale, ils ne virent aucun inconvénient à la proposition et nommèrent une députation pour la porter au roi. Le marquis aurait bien voulu être de cette députation ; mais, malheureusement, de peur d'éveiller quelques unes de ces susceptibilités ou de ces jalousies qui ne manquent jamais de surgir en pareil cas, on décida que le sort désignerait les quatre ambassadeurs. Notre héros était dans son mauvais jour : son nom resta au fond du chapeau, si ardente que fût sa prière mentale pour qu'il sortît. Les quatre élus se présentèrent à la porte du palais, qui s'ouvrit aussitôt pour eux, et, sur la simple audition de leurs noms et qualités, furent introduits devant le roi Ferdinand, à qui ils exposèrent le but de leur visite. Ferdinand vit d'où venait le coup; mais, comme nous l'avons dit, c'était un vrai Saint-Georges pour la parade.

— Messieurs, dit-il, tous ceux d'entre vous à qui leur naissance donne entrée chez moi pourront y venir ce soir, soit avec leur costume du carrousel, soit avec tel autre costume qui leur conviendra.

La réponse était claire. Aussi arriva-t-elle directement à son adresse. Le pauvre marquis vit que c'était un parti pris, et que, si fin et si entêté qu'il fût, il avait affaire encore à plus rusé et plus tenace que lui. Il perdit courage, et de ce moment ne fit plus aucune tentative pour vaincre la répugnance du roi à son égard. Cette répugnance du roi des lazzaroni ne venait point de l'état qu'avait exercé le pauvre marquis, mais de l'infériorité sociale dans laquelle il était né.

Au reste, si le roi Nasone avait son Croquemitaine qu'il ne voulait voir ni de près ni de loin, il avait d'un autre côté son Jocrisse, dont il ne pouvait se passer.

Ce Jocrisse était monseigneur Perelli.

XIII.

ANECDOTES.

Chaque pays a sa queue rouge qui résume dans une seule individualité la bêtise générale de la nation : Milan a Girolamo, Rome a Cassandre, Florence a Stentarelle, Naples a monsignor Perelli.

Monsignor Perelli est le bouc émissaire de toutes les sottises dites et faites à Naples pendant la dernière moitié du dernier siècle. Pendant cinquante ans qu'il a vécu, monsignor Perelli a défrayé de lazzis, d'anecdotes et de quolibets la capitale et la province, et depuis quarante ans que monsignor Perelli est mort, comme on n'a encore trouvé personne digne de le remplacer, c'est à lui que l'on continue d'attribuer tout ce qui se dit de mieux dans ce genre.

Monsignor Perelli, ainsi que l'indique son titre, avait suivi la carrière de la prélature et était arrivé aux bas rouges, ce qui est une position en Italie; puis, comme au bout du compte il était d'une probité reconnue, il avait été nommé trésorier de Saint-Janvier, place que, ses jocrisseries à part, il occupa honorablement pendant toute sa vie.

Monsignor Perelli était de bonne famille. Aussi, comme nous l'avons dit, était-il parfaitement reçu en cour; il faut dire qu'aux yeux du roi Ferdinand, comme aux yeux du roi Louis XIV, si un homme eût pu se passer d'aïeux, c'eût été un prêtre. Le pape, souverain temporel de Rome, roi spirituel du monde, n'est le plus souvent qu'un pauvre moine. Mais la question n'est point là. Monsignor Perelli était noble, et le roi Nasone n'avait pas même eu la peine de vaincre à son égard les répugnances que nous avons racontées à l'endroit du pauvre marquis de Soval.

Aussi Sa Majesté napolitaine, spirituelle et railleuse de sa nature, avait-elle vu tout de suite le parti qu'elle pouvait tirer d'un homme tel que monsignor Perelli. Comme le *Charivari*, qui tous les matins raconte un nouveau bon mot de monsieur Dupin et une nouvelle réponse fine de monsieur Sauzet, le roi Ferdinand demandait tous les matins à son lever : — Eh bien! qu'a dit hier monsignor Perelli? Alors, selon que l'anecdote de la veille était plus ou moins bouffonne, le roi, pour tout le reste de la journée, était lui-même plus ou moins joyeux. Une bonne histoire sur monsignor Perelli était la meilleure apostille présentée au roi Ferdinand.

Une fois seulement il arriva à monsignor Perelli de rencontrer plus bête que lui : c'était un soldat suisse. Le roi Ferdinand le fit caporal, le soldat bien entendu.

Un ordre avait été donné par l'archevêque de ne laisser entrer dans les églises que les ecclésiastique en robe, et des sentinelles avaient été mises aux portes des trois cents temples de Naples avec ordre de faire observer cette consigne. Justement, le lendemain même du jour où cette mesure avait été prise, monsignor Perelli sortait du bain en habit court, et n'ayant que son rabat pour le faire distinguer des laïques; soit qu'il ignorât l'ordonnance rendue, soit qu'il se crût exempt de la règle générale, il se présenta avec la confiance qui lui était naturelle à la porte de l'église del Carmine.

La sentinelle mit son fusil en travers.

— Qu'est ce à dire? demanda monsignor Perelli.

— Vous ne pouvez point entrer, répondit la sentinelle.

— Et pourquoi ne puis-je entrer?

— Parce que vous n'avez point de robe.

— Comment! s'écria monsignor Perelli, comment! je n'ai point de robe! Que dites-vous donc là? J'en ai quatre chez moi, dont deux toutes neuves.

— Alors, c'est autre chose, répondit le Suisse; passez.

Et monsignor Perelli passa malgré l'ordonnance.

Monsignor Perelli eut un jour un autre triomphe qui ne fit pas moins de bruit que celui-là. Il éclaircit d'un seul mot un grand point de l'histoire naturelle resté obscur depuis la naissance des âges.

Il y avait réunion de savans aux Studi, et l'on discutait, sous la présidence du marquis Arditi, sur les causes de la salaison de la mer. Chacun avait exposé son système plus ou moins probable, mais aucun encore n'avait été d'une assez grande lucidité pour que la majorité l'adoptât, lorsque monsignor Perelli, qui assistait comme auditeur à cette intéressante séance, se leva et demanda la parole. Elle lui fut accordée sans difficulté ni retard.

— Pardon, messieurs, dit alors monsignor Perelli; mais il me semble que vous vous écartez de la véritable cause de ce phénomène, qui, à mon avis, est patente. Voulez-vous me permettre de hasarder une opinion?

— Hasardez, monsignor, hasardez, cria-t-on de toutes parts.

— Messieurs, reprit monsignor Perelli, une seule question.

— Dites.

— D'où tire-t-on les harengs salés?

— De la mer.

— N'est-il pas dit dans l'histoire naturelle que ce cétacé se trouve dans les mers, et presque toujours par bandes innombrables?

— C'est la vérité.

— Eh bien donc, reprit monsignor Perelli satisfait de l'adhésion générale, qu'avez-vous besoin de chercher plus loin?

— C'est juste, dit le marquis Arditi. Personne de nous n'y avait jamais songé : ce sont les harengs salés qui salent la mer.

Et cette lumineuse révélation fut inscrite sur les registres de l'Académie, où l'on peut encore la lire à cette heure, quoique je sois le premier peut-être qui l'ait communiquée au monde savant.

Lors du baptême de son fils aîné, le roi Ferdinand fit un cadeau plus ou moins précieux à chacun de ceux qui assistaient à la cérémonie sainte. Monsignor Perelli obtint dans cette distribution générale une tabatière d'or enrichie du chiffre du roi en diamans.

On comprend qu'une pareille preuve de la magnifique amitié de son roi devint on ne peut plus chère à monsignor Perelli. Aussi cette bienheureuse tabatière était-elle l'objet de son éternelle préoccupation. Il était toujours à la poursuite des poches de sa veste dans les poches de son habit, et des poches de son habit dans celles de sa veste. Un savant mathématicien calcula, en procédant du connu à l'inconnu, que monsignor Perelli dépensait, par jour et par nuit, quatre heures trente-cinq minutes vingt-trois secondes à chercher ce précieux bijoux ; or, comme, pendant les quatre heures trente-cinq minutes et vingt-trois seconde qu'il passait par nuit et par jour à cette recherche, monsignor, ainsi qu'il le disait lui-même, ne vivait pas, c'était autant de secondes, de minutes et d'heures à retrancher à son existence. Il en résulta que, tout compte fait, monsignor Perelli eût vécu dix ans de plus si le roi Ferdinand ne lui eût point donné une tabatière.

Un soir que monsignor Perelli était allé faire sa partie de reversi chez le prince de C... et que, selon son habitude, le digne prélat avait perdu une partie de sa soirée à s'inquiéter de sa tabatière, il arriva qu'en rentrant chez lui, et en fouillant dans ses poches, monsignor s'aperçut que le bijou était pour cette fois bien réellement disparu. La première idée de monsignor Perelli fut que sa tabatière était restée dans sa voiture. Il appela donc son cocher, lui ordonna de fouiller dans les poches du carrosse, de retourner les coussins, de lever le tapis, enfin de se livrer aux recherches les plus minutieuses. Le cocher obéit; mais cinq minutes après il vint rapporter cette désastreuse nouvelle, que la tabatière n'était pas dans la voiture.

Monsignor Perelli pensa alors que peut-être, comme les glaces de son carrosse étaient ouvertes, et qu'il avait plusieurs fois passé les mains par les portières, il avait pu, dans un moment de distraction, laisser échapper sa tabatière; elle devait donc en ce cas se retrouver sur le chemin suivi pour revenir du palais du prince de C... à la maison qu'occupait monsignor Perelli. Heureusement il était deux heures du matin, il y avait quelque chance que le bijou perdu n'eût point encore été retrouvé. Monsignor Perelli ordonna à son cocher et à sa cuisinière, qui composaient tout son domestique, de prendre chacun une lanterne et d'explorer les rues intermédiaires, pavé par pavé.

Les deux serviteurs rentrèrent désespérés; ils n'avaient pas trouvé vestige de tabatière.

Monsignor Perelli se décida alors, quoiqu'il fût trois heures du matin, à écrire au prince de C... pour qu'il fît immédiatement et par tout son palais chercher le bijou dont l'absence causait au digne prélat de si graves inquiétudes. La lettre était pressante et telle que peut la rédiger un homme sous le coup de la plus vive inquiétude. Monsignor Perelli s'excusait vis-à-vis du prince de l'éveiller à une pareille heure, mais il le priait de se mettre un instant à sa place et de lui pardonner le dérangement qu'il lui causait.

La lettre était écrite et signée, pliée, et il n'y manquait plus que le sceau, lorsqu'en se levant pour aller chercher son cachet, monsignor Perelli senti quelque chose de lourd qui lui battait le gras de la jambe. Or, comme le docte prélat savait qu'il n'y a point dans ce monde d'effet sans cause, il voulut remonter à la cause de l'effet, et il porta la main à la basque de son habit: c'était la fameuse tabatière qui, par son poids, ayant percé la poche, avait glissé dans la doublure, et donnait signe d'existence en chatouillant le mollet de son propriétaire.

La joie de monsignor Perelli fut grande. Cependant, il faut dire, si sa première pensée fut pour lui-même, la seconde fut pour son prochain: il frémit à l'idée de l'inquiétude qu'aurait pu causer sa lettre à son ami le prince de C..., et, pour en atténuer l'effet, il écrivit au-dessous le *post-scriptum* suivant:

« Mon cher prince, je rouvre ma lettre pour vous dire que vous ne preniez pas la peine de faire chercher ma tabatière. Je viens de la retrouver dans la basque de mon habit. »

Puis il remit l'épître à son cocher, en lui ordonnant de la porter à l'instant même au prince de C..., que ses gens réveillèrent à quatre heures du matin pour lui remettre, de la part de monsignor Perelli, le message qui lui apprenait à la fois qu'il avait perdu et retrouvé sa tabatière.

Cependant monsignor Perelli avait un avantage sur beaucoup de gens de ma connaissance; c'était une bête et non un sot; il y avait en lui une certaine conscience de son infirmité d'esprit, d'où il résultait qu'il ne demandait pas mieux que de s'instruire. Aussi, un soir, ayant entendu dire au comte de... que vers l'*Ave Maria* il était malsain de rester à l'air, attendu que le crépuscule tombait à cette heure, la remarque hygiénique lui resta dans la tête et le préoccupa gravement. Monsignor Perelli n'avait jamais vu tomber le crépuscule, et ignorait parfaitement quelle espèce de chose c'était.

Pendant plusieurs jours, il eut des velléités de demander à ses amis quelques renseignemens sur l'objet en question; mais le pauvre prélat était tellement habitué aux railleries qu'éveillaient presque toujours ses demandes et ses réponses, qu'à chaque fois que la curiosité lui ouvrait la bouche, la crainte la lui refermait. Enfin, un jour que son cocher le servait à table:

— Gaëtan, mon ami, lui dit-il, as-tu jamais vu tomber le crépuscule?

— Oh! oui, monseigneur, répondit le pauvre diable, à qui, comme on le comprend bien, depuis vingt-cinq ans qu'il était cocher, une pareille aubaine n'avait pas manqué: certainement que je l'ai vu.

— Et où tombe-t-il?

— Partout, monseigneur.

— Mais plus particulièrement?

— Dame! au bord de la mer.

Le prélat ne répondit rien, mais il mit à profit le renseignement, et, avant de faire sa sieste, il ordonna que les chevaux fussent attelés à six heures précises.

À l'heure dite, Gaëtan vint prévenir son maître que la voiture était prête. Monsignor Perelli descendit son escalier quatre à quatre, tant il était curieux de la chose inconnue qu'il allait voir: il sauta dans son carrosse, s'y accommoda de son mieux, et donna l'ordre d'aller stationner au bout de la villa Reale, entre le Boschetto et Mergellina.

Monsignor Perelli demeura à l'endroit indiqué depuis sept heures jusqu'à neuf, regardant de tous ses yeux s'il ne verrait pas tomber ce crépuscule tant désiré; mais il ne vit rien que la nuit qui venait avec cette rapidité qui lui est toute particulière dans les climats méridionaux. À neuf heures, elle était si obscure que monsignor Perelli perdit toute espérance de rien voir tomber ce soir-là. D'ailleurs, l'heure indiquée pour la chute était passée depuis longtemps. Il revint donc tout attristé à la maison; mais il se consola en songeant qu'il serait probablement plus heureux le lendemain.

Le lendemain, à la même heure, même attente et même déception; mais monsignor Perelli avait entre autres vertus chrétiennes une patience développée à un haut degré; il espéra donc que sa curiosité, trompée déjà deux fois, serait enfin satisfaite la troisième.

Cependant Gaëtan ne comprenait rien au nouveau caprice de son maître qui, au lieu de s'en aller passer sa soirée, comme il en avait l'habitude, chez le prince de C... ou chez le duc de N..., venait s'établir au bord de la mer, et, la tête à la portière, restait aussi attentif qu'il eût été dans sa loge de San-Carlo un jour de grand gala; et puis Gaëtan n'était plus tout à fait un jeune homme, et il craignait pour sa santé l'humidité du soir, dont, assis sur son siège, rien ne le garantissait. Le troisième jour arrivé, il résolut de tirer au clair la cause de ces stations inaccoutumées. En conséquence, au moment où commençait à sonner l'*Ave Maria*:

— Pardon, excellence, dit-il, en se penchant sur son siège de manière à dialoguer plus facilement avec monsignor Perelli, qui se tenait à la portière, les yeux écarquillés dans leur plus grande dimension, peut-on, sans indiscrétion, demander à votre excellence ce qu'elle attend ainsi?

— Mon ami, dit le prélat, j'attends que le crépuscule tombe; j'ai attendu inutilement hier et avant-hier: je ne l'ai pas vu malgré la grande attention que j'y ai faite: mais aujourd'hui j'espère être plus heureux.

— Peste! dit Gaëtan, il est cependant tombé, et joliment tombé, ces deux jours-ci, excellence, et je vous en réponds!

— Comment! tu l'as donc vu, toi?

— Non-seulement je l'ai vu, mais je l'ai senti!

— On le sent donc aussi?

— Je le crois bien qu'on le sent!

— C'est singulier, je ne l'ai vu ni senti.

— Et tenez, dans ce moment même...

— Eh bien!...

— Eh bien! vous ne le voyez pas, excellence?

— Non.
— Voulez-vous le sentir?
— Je ne te cache pas que cela me serait agréable.
— Alors rentrez la tête entièrement dans la voiture.
— M'y voilà.
— Étendez la main hors de la portière.
— J'y suis.
— Plus haut. Encore. Là, bien.

Gaëtan prit son fouet et en cingla un grand coup sur la main de monsignor Perelli.

Le digne prélat poussa un cri de douleur.

— Eh bien! l'avez-vous senti? demanda Gaëtan.

— Oui, oui, très bien! répondit monsignor Perelli. Très bien; je suis content, très content. Revenons chez nous.

— Cependant, si vous n'étiez pas satisfait, excellence, continua Gaëtan, nous pourrions revenir encore demain.

— Non, mon ami, non, c'est inutile; j'en ai assez. Merci.

Monsignor porta huit jours sa main en écharpe, racontant son aventure à tout le monde, et assurant que, malgré les premiers doutes, il en était revenu à l'avis du comte de M..., qui avait dit qu'il était fort malsain de rester dehors tandis que le crépuscule tombait, ajoutant que si le crépuscule lui était tombé sur le visage au lieu de lui tomber sur la main, il n'y avait pas de doute qu'il n'en fût resté défiguré tout le reste de sa vie.

Malgré sa fabuleuse bêtise, et peut-être même à cause d'elle, monsignor Perelli avait l'âme la plus évangélique qu'il fût possible de rencontrer. Toute douleur le voyait compatissant, toute plainte le trouvait accessible. Ce qu'il craignait surtout, c'était le scandale; le scandale, selon lui, avait perdu plus d'âmes que le péché même. Aussi faisait-il tout au monde pour éviter le scandale. Non pas pour lui; Dieu merci, monsignor Perelli était un homme de mœurs non-seulement pures, mais encore austères. Malheureusement, le bon exemple n'est pas celui que l'on suit avec le plus d'entraînement. Monsignor Perelli avait, dans sa maison même, une jeune voisine et, dans la maison en face de la sienne, un jeune voisin qui donnaient fort à causer à tout le quartier. C'était la journée durant, et d'une fenêtre à l'autre, les signes les plus tendres, si bien que plusieurs fois les âmes charitables de la rue qu'habitait monsignor Perelli le vinrent prévenir des distractions mondaines que donnait aux esprits réservés cet éternel échange de signaux amoureux.

Monsignor Perelli commença par prier Dieu de permettre que le scandale cessât; mais, malgré l'ardeur de ses prières, le scandale, loin de cesser, alla toujours croissant. Il s'informa alors des causes qui forçaient les jeunes gens à passer à cet exercice télégraphique un temps qu'ils pouvaient infiniment mieux employer en louant le Seigneur, et il apprit que les coupables étaient deux amoureux que leurs parens refusaient d'unir sous prétexte de disproportion de fortune. Dès lors, au sentiment de réprobation que lui inspirait leur conduite se mêla un grain de pitié que lui inspirait leur malheur; il alla les trouver l'un après l'autre pour les consoler, mais les pauvres jeunes gens étaient inconsolables; il voulut obtenir d'eux qu'ils se résignassent à leur sort, comme devaient le faire des chrétiens soumis et des enfans respectueux; mais ils déclarèrent que le mode de correspondance qu'ils avaient adopté étant le seul qui leur restât après la cruelle séparation dont ils étaient victimes, ils ne renonceraient pour rien au monde à cette dernière consolation, dût-elle mettre en rumeur toute la ville de Naples. Monsignor Perelli eut beau prier, supplier, menacer, il les trouva inébranlables dans leur obstination. Alors voyant que, s'il ne s'en mêlait pas plus efficacement, les deux malheureux pécheurs continueraient d'être pour leur prochain une pierre d'achoppement, le digne prélat leur offrit, puisqu'ils ne pouvaient se voir ni chez l'un ni chez l'autre pour se dire, loin de tous les yeux, ce qu'ils étaient forcés de se dire ainsi *coram populo*, de se rencontrer chez lui une fois ou deux tous les jours, à la condition que les portes et les fenêtres de la chambre où ils se rencontreraient seraient fermées, que personne ne connaîtrait leurs rendez-vous, et qu'ils renonceraient entièrement à cette malheureuse correspondance par signes qui mettait en rumeur tout le quartier. Les jeunes gens acceptèrent avec reconnaissance cette évangélique proposition, jurèrent tout ce que monsignor Perelli leur demandait de jurer, et, à la grande édification du quartier, parurent avoir, à compter de ce jour, renoncé à leur fatal entêtement.

Plusieurs mois se passèrent, pendant lesquels monsignor Perelli se félicitait chaque jour davantage de l'expédient ingénieux qu'il avait trouvé à l'endroit des deux amans, lorsqu'un matin, au moment où il rendait grâces à Dieu de lui avoir inspiré une si heureuse idée, les parens de la jeune fille tombèrent chez monsignor Perelli pour lui demander compte de sa trop grande charité chrétienne. Seulement alors monsignor Perelli comprit toute l'étendue du rôle qu'il avait joué dans cette affaire. Mais comme monsignor Perelli était riche, comme monsignor Perelli était la bonté en personne, comme toute chose pouvait s'arranger, au bout du compte, avec une niaiserie de deux ou trois mille ducats, monsignor Perelli dota la jeune pécheresse, à la grande satisfaction du père du jeune homme, de la part duquel venait tout l'empêchement, et qui ne vit plus dès lors aucun inconvénient à la recevoir dans sa famille. La chose, grâce à monsignor Perelli, finit donc comme un conte de fées : les deux amans se marièrent, furent constamment heureux, et obtinrent du ciel beaucoup d'enfans.

Maintenant, il me resterait bien une dernière histoire à raconter, qui, à l'heure qu'il est, désopile encore immodérément la rate des Napolitains; mais l'esprit des nations est chose si différente, que l'on ne peut jamais répondre que ce qui fera pouffer de rire l'une fera sourciller l'autre. Conduisez Falstaff à Naples, et il y passera inaperçu; transplantez Polichinelle à Londres, et il mourra du spleen.

Et puis nous avons une malheureuse langue moderne si bégueule qu'elle rougit de tout, et même de sa bonne aïeule la langue de Molière et de Saint-Simon, à laquelle je lui souhaiterais cependant de ressembler. Il en résulte que, tout bien pesé, je n'ose point vous raconter l'histoire de monsignor Perelli, laquelle lui néanmoins tant rire le bon roi Nasone, lequel, à coup sûr, avait au moins autant d'esprit que vous et moi en pouvons avoir, soit séparément, soit même ensemble. Et pourtant, elle lui avait été racontée un certain jour où il ne fallait rien moins qu'une pareille histoire pour dérider le front de Sa Majesté. On venait d'apprendre à Naples une nouvelle escapade des Vardarelli.

Comme ces honnêtes bandits m'offrent une occasion de faire connaître le peuple napolitain sous une nouvelle face, et qu'on ne doit négliger dans un des tableaux aucun des détails qui peuvent en augmenter la vérité ou l'effet, disons ce que c'était que les Vardarelli

XIV.

LES VARDARELLI.

Le peuple est en général aux mains des rois ce qu'un couteau bien affilé est aux mains des enfans : il est rare qu'ils s'en servent sans se blesser. La reine Louise de Prusse organisa les sociétés secrètes : les sociétés secrètes produisirent Sand. La reine Caroline protégea le carbonarisme : le carbonarisme amena la révolution de 1820.

Au nombre des premiers bandits carbonari reçus, se trouvait un Calabrais nommé Gaëtano Vardarelli. C'était un de ces hommes d'Homère, possédant toutes les qualités de la primitive nature, aux muscles de lion, aux jambes de chamois, à l'œil d'aigle. Il avait d'abord servi sous Murat ; car Murat, dans le projet qu'il conçut un instant de se faire roi de toute l'Italie, avait calculé que le carbonarisme lui serait en ce cas un puissant levier ; puis, s'apercevant bientôt qu'il fallait un autre bras et surtout un autre génie que le sien pour diriger un pareil moteur, Murat, de protecteur des carbonari qu'il était, s'en fit bientôt le persécuteur. Gaëtano Vardarelli alors déserta et se retira dans la Calabre, au sein de ses montagnes maternelles, où il croyait qu'aucun pouvoir humain ne serait assez hardi pour le poursuivre.

Vardarelli se trompait : Murat avait alors parmi ses généraux un homme d'une bravoure inouïe, d'une persévérance stoïque, d'une inflexibilité suprême ; un homme comme Dieu en envoie peu des choses qu'il veut détruire ou élever : cet homme, c'était le général Manhès.

Parcourez la Calabre de Reggio à Pestum : tout individu possédant un ducat et un pied de terrain vous dira que la paisible jouissance de ce pied de terrain et de ce ducat, c'est au général Manhès qu'il la doit. En échange, quiconque ne possède pas, ou désire posséder le bien des autres, a le général Manhès en exécration.

Vardarelli fut donc forcé comme les autres de se courber sous la main de fer du terrible proconsul. Traqué de vallée en vallée, de forêt en forêt, de montagne en montagne, il recula, pied à pied, mais enfin il recula ; puis un beau jour, acculé à Scylla, il fut forcé de traverser le détroit et d'aller demander du service au roi Ferdinand.

Vardarelli avait vingt-six ans ; il était grand, il était fort, il était brave. On comprit qu'il ne fallait pas mépriser un pareil homme, on le fit sergent de la garde sicilienne. C'est avec ce grade et dans cette position que Vardarelli rentra à Naples en 1815, à la suite du roi Ferdinand.

Mais c'était une position bien secondaire que celle de sergent pour un homme du caractère dont était Gaëtano Vardarelli. Toute son espérance, s'il continuait sa carrière militaire, était d'arriver au grade de sous-lieutenant ; et cette espérance, le jeune ambitieux n'eût pas même voulu l'accepter comme un pis-aller. Après avoir balancé quelque temps, il fit donc ce qu'il avait déjà fait ; il déserta le service du roi Ferdinand, comme il avait déserté celui du roi Joachim, et, la première comme la seconde fois, il s'enfuit dans la Calabre, sentant, comme Antée, sa force s'accroître à chaque fois qu'il touchait sa mère.

Là, il fit un appel à ses anciens compagnons. Deux de ses frères, et une trentaine de bandits errans et dispersés y répondirent. La petite troupe réunie élit Gaëtano Vardarelli pour son chef, s'engageant à lui obéir passivement, et lui reconnaissant qu'il était à la ville, Vardarelli se retrouva donc roi dans la montagne, et roi d'autant plus à craindre que le terrible général Manhès n'était plus là pour le détrôner.

Vardarelli procéda selon la vieille rubrique, grâce à laquelle les bandits ont toujours fait de si bonnes affaires en Calabre et à l'Opéra-Comique ; c'est-à-dire qu'il se proclama le grand régularisateur des choses de ce monde, et que, joignant l'effet aux paroles, il commença le nivellement social qu'il rêvait, en complétant le nécessaire aux pauvres avec le superflu dont il débarrassait les riches. Quoique ce système soit un peu bien connu, et il est juste de dire qu'il ne s'use jamais. Il en résulta donc qu'il s'attacha au nom de Vardarelli une popularité et une terreur grâce auxquelles il ne tarda pas à être connu du roi Ferdinand lui-même.

Le roi Ferdinand, qui venait d'être réintégré sur son trône, trouvait naturellement que le monde ne pouvait pas aller mieux qu'il n'allait, et appréciait assez médiocrement tout réformateur qui essayait de tailler au globe une nouvelle facette ; il résulta de cette opinion bien arriérée chez lui, que Vardarelli lui apparut tout bonnement comme un brigand à pendre, et qu'il ordonna qu'il fût pendu.

Mais pour pendre un homme, il faut trois choses ; une corde, une potence et un pendu. Quant au bourreau, il est inutile de s'en inquiéter, cela se trouve toujours et partout.

Les agens du roi avaient la corde et la potence, ils étaient à peu près sûrs de trouver le bourreau, mais il leur manquait la chose principale : l'homme à pendre.

On se mit donc à courir après Vardarelli ; mais comme il savait parfaitement dans quel but philantropique on le cherchait, il n'eut garde de se laisser rejoindre. Il y a plus : comme il avait fait son éducation sous le général Manhès, c'était un gaillard qui connaissait à fond son jeu de cache-cache. Il en donna donc tant et plus à quelques-unes troupes napolitaines, ne se trouvant jamais où on s'attendait à le rencontrer, se montrant partout où on ne l'attendait pas, s'échappant comme une vapeur et revenant comme un orage.

Rien ne réussit comme le succès. Le succès est l'aimant moral qui attire tout à lui. La troupe de Vardarelli, qui ne montait d'abord qu'à vingt-cinq ou trente personnes, fut bientôt doublée ; Vardarelli devint une puissance.

Ce fut une raison de plus pour l'anéantir : on fit des plans de campagne contre lui, on doubla les troupes envoyées à sa poursuite, on mit sa tête à prix, tout fut inutile. Autant eût valu mettre au ban du royaume l'aigle et le chamois, ses compagnons d'indépendance et de liberté.

Et cependant, chaque jour on entendait raconter quelque prouesse nouvelle qui indiquait dans le fugitif un redoublement d'adresse ou un surcroît d'audace. Il venait jusqu'à deux ou trois lieues de Naples, comme pour narguer le gouvernement. Une fois, il organisa une chasse dans la forêt de Persiano, comme aurait pu le faire le roi lui-même, et comme il était excellent tireur, il demanda ensuite aux gardes, qu'il avait forcés de le suivre et de le seconder, s'ils avaient vu leur auguste maître faire de plus beaux coups que lui.

Une autre fois, c'était le prince de Lésorano, le colonel Calcedonio Casella, et le major Delponte, qui chassaient eux-mêmes avec une dizaine d'officiers et une vingtaine de piqueurs dans une forêt à quelques lieues de Bari, quand tout à coup le cri : *Vardarelli ! Vardarelli !* se fit entendre. Chacun alors de fuir le plus vite possible, et dans la direction où il se trouvait. Bien en prit aux chasseurs de fuir ainsi, car tous eussent été pris, tandis que, grâce à la vitesse de leurs chevaux habitués à courre le cerf, un seul tomba entre les mains des bandits.

C'était le major Delponte : les bandits jouaient de malheur, ils avaient fait prisonnier un des plus braves, mais aussi un des plus pauvres officiers de l'armée napolitaine. Lorsque Vardarelli demanda au major Delponte mille ducats de rançon pour l'indemniser de ses frais d'expédition, le major Delponte lui fit les cornes en lui disant qu'il le défiait bien de lui faire payer une seule obole. Vardarelli menaça Delponte de le faire fusiller si la somme n'était pas versée à une époque qu'il fixa. Mais Delponte lui répondit que c'était du temps de perdu que d'attendre, et que s'il avait un conseil à lui donner, c'était de le faire fusiller tout de suite.

Vardarelli en eut un instant la velléité ; mais il songea que plus Delponte faisait bon marché de sa vie, plus Ferdinand devait y en tenir. En effet, à peine le roi cut-il appris que le brave major était entre les mains des bandits, qu'il ordonna de payer sa rançon sur ses propres deniers. En conséquence, un matin, Vardarelli annonça au major Delponte que, sa rançon ayant été exactement et intégralement payée, il était parfaitement libre de quitter la troupe et de diriger ses pas vers le point de la terre qui lui agréait le plus. Delponte ne comprenait pas quelle était la main généreuse qui le délivrait ; mais comme, quelle qu'elle fût, il était fort disposé à profiter de sa libéralité, il demanda son cheval et son sabre, qu'on lui rendit, se mit en selle avec un flegme parfait, et s'éloigna au petit pas en sifflotant un air de chasse, ne permettant pas que sa monture fît un pas plus vite que l'autre, tant il tenait à ce qu'on ne pût pas même supposer qu'il avait peur.

Mais le roi, pour s'être montré magnifique à l'endroit du major, n'en avait pas moins juré l'extermination des bandits qui l'avaient forcé de traiter de puissance à puissance avec eux. Un colonel, je ne sais plus lequel, qui l'avait entendu jurer ainsi, fit à son tour le serment, si on voulait lui confier un bataillon, de ramener Vardarelli, ses deux frères et les soixante hommes qui composaient sa troupe, pieds et poings liés, dans les cachots de la Vicaria. L'offre était trop séduisante pour qu'on ne l'acceptât point ; le ministre de la guerre mit cinq cents hommes à la disposition du colonel, et le colonel et sa petite troupe se mirent en quête de Vardarelli et de ses compagnons.

Vardarelli avait des espions trop dévoués pour ne pas être prévenu à temps de l'expédition qui s'organisait. Il y a plus : en apprenant cette nouvelle, lui aussi, il avait fait un serment : c'était de guérir à tout jamais le colonel, qui s'était si aventureusement voué à sa poursuite, d'un second élan patriotique dans le genre du premier.

Il commença donc par faire courir le pauvre colonel par monts et par vaux, jusqu'à ce que lui et sa troupe fussent sur les dents ; puis, lorsqu'il les vit tels qu'il le désirait, il leur fit, à deux heures du matin, donner une fausse indication ; le colonel prit le renseignement pour or en barre, et partit à l'instant même afin de surprendre Vardarelli, qu'on lui avait assuré être, lui et sa troupe, dans un petit village situé à l'extrémité d'une gorge si étroite qu'à peine y pouvait-on passer quatre hommes de front. Quelques âmes charitables qui connaissaient les localités firent bien au brave colonel quelques observations, mais il était tellement exaspéré qu'il ne voulut entendre à rien, et partit dix minutes après avoir reçu l'avis.

Le colonel fit une telle diligence qu'il dévora près de quatre lieues en deux heures, de sorte qu'au point du jour il se trouva sur le point d'entrer dans la gorge de l'autre côté de laquelle il devait surprendre les bandits. Quant il fut arrivé là, l'endroit lui parut si effroyablement propice à une embuscade qu'il envoya vingt hommes explorer le chemin, tandis qu'il faisait halte avec le reste de son bataillon ; mais au bout d'un quart d'heure les vingt hommes revinrent, en annonçant qu'ils n'avaient rencontré âme qui vive.

Le colonel n'hésita donc plus et s'engagea dans la gorge lui et ses cinq cents hommes ; mais au moment où cette gorge s'élargissait, pareille à une espèce d'entonnoir, entre deux défilés, le cri : *Vardarelli! Vardarelli!* se fit entendre comme s'il tombait des nuages, et le pauvre colonel, levant la tête, vit toutes les crêtes de rochers garnies de brigands qui le tenaient en joue lui et sa troupe. Cependant il ordonna de se former en peloton ; mais Vardarelli cria d'une voix terrible : « A bas les armes, ou vous êtes morts ! » A l'instant même les bandits répétèrent le cri de leur chef, puis l'écho répéta le cri des bandits ; de sorte que les soldats, qui n'avaient pas fait le même serment que leur colonel et qui se croyaient entourés d'une troupe trois fois plus nombreuse que la leur, crièrent à qui mieux mieux qu'ils se rendaient, malgré les exhortations, les prières et les menaces de leur malheureux chef.

Aussitôt Vardarelli, sans abandonner sa position, ordonna aux soldats de mettre les fusils en faisceaux, ordre qu'ils exécutèrent à l'instant même ; puis il leur signifia de se séparer en deux bandes, et de se rendre chacun à un endroit indiqué, nouvel ordre auquel ils obéirent avec la même ponctualité qu'ils avaient fait pour la première manœuvre. Enfin, laissant une vingtaine de bandits en embuscade, il descendit avec le reste de ses hommes, et, leur ordonnant de se ranger en cercle autour des faisceaux, il les invita à mettre les armes de leurs ennemis hors d'état de leur nuire momentanément par le même moyen qu'avait employé Gulliver pour éteindre l'incendie du palais de Lilliput.

C'est le récit de cet événement qui avait mis le roi de si mauvaise humeur, qu'il ne fallait rien moins que l'anecdote nouvelle dont monsignor Perelli était le héros pour le lui faire oublier.

On comprend que cette nouvelle frasque ne remit pas don Gaëtano dans les bonnes grâces du gouvernement. Les ordres les plus sévères furent donnés à son égard ; seulement, dès le lendemain, le roi, qui était homme de trop joyeux esprit pour garder rancune à Vardarelli d'un si bon tour, racontait en riant la gorge déployée l'aventure à qui voulait l'entendre, de sorte que, comme il y a toujours foule pour entendre les aventures que veulent bien raconter les rois, le pauvre colonel n'osa de trois ans remettre le pied dans la capitale.

Mais le général qui commandait en Calabre prit la chose d'une façon bien autrement sérieuse que ne l'avait fait le roi. Il jura que, quel que fût le moyen qu'il dût employer, il exterminerait les Vardarelli depuis le premier jusqu'au dernier. Il commença par les poursuivre à outrance ; mais, comme on s'en doute bien, cette poursuite ne fut qu'un jeu de barres pour les bandits. Ce que voyant, le général commandant proposa à leur chef un traité par lequel lui et les siens entreraient au service du gouvernement. Soit que les conditions fussent trop avantageuses pour être refusées, soit que Gaëtano se lassât de cette vie de dangers sans fin et d'éternel vagabondage, il accepta les propositions qui lui étaient faites, et le traité fut rédigé en ces termes :

« Au nom de la très sainte Trinité.

» Art. 1er. Il sera octroyé pardon et oubli aux méfaits des Vardarelli et de leurs partisans.

» Art. 2. La bande des Vardarelli sera transformée en compagnie de gendarmes.

» Art. 3. La solde du chef Gaëtano Vardarelli sera de 90 ducats par mois ; celle de chacun de ses trois lieutenans, de 45 ducats, et celle de chaque homme de la compagnie, de 50. Elle sera payée au commencement de chaque mois et par anticipation (1).

» Art. 4. La susdite compagnie jurera fidélité au roi entre les mains du commissaire royal ; ensuite elle obéira aux généraux qui commandent dans les provinces, et sera destinée à poursuivre les malfaiteurs dans toutes les parties du royaume.

» Naples, 6 juillet 1817. »

Les conditions ci-dessus rapportées furent immédiatement mises à exécution de part et d'autre ; les Vardarelli changèrent de nom et d'uniforme, touchèrent d'avance, comme ils en étaient convenus, le premier mois de leurs appointemens, en échange de quoi ils se mirent à la poursuite des bandits qui désolaient la Capitanate, ne leur laissant ni paix ni relâche, tant ils connaissaient toutes les ruses du métier ; si bien qu'au bout de quelque temps on pouvait s'en aller de Naples à Reggio sa bourse à la main.

Mais ce n'était pas là précisément le but que s'était proposé le général ; il avait contre les Vardarelli, à cause de l'histoire du colonel, une vieille dent que vint encore corroborer la promptitude avec laquelle les nouveaux gendarmes venaient d'exécuter, au nombre de cinquante ou soixante seulement, des choses qu'avant eux des compagnies, des bataillons, des régimens et jusqu'à des corps d'armée avaient entreprises en vain. Il fut donc résolu que, maintenant que les Vardarelli avaient débarrassé la Capitanate et les Calabres des brigands qui les infestaient, on débarrasserait le royaume des Vardarelli.

Mais c'était chose plus facile à entreprendre qu'à exécuter, et probablement toutes les troupes que le général avait sous ses ordres, réunies ensemble, n'eussent pas pu y parvenir, si les bandits gendarmisés eussent eu le moindre soupçon de ce qui se tramait contre eux. Mais, à défaut de soupçons positifs, ils étaient doués d'un instinct de défiance qui ne leur permettait pas de donner la moindre prise à leurs ennemis, et près d'une année se passa sans que le général trouvât moyen de mettre à exécution son projet exterminateur.

Mais le général trouva des alliés dans les anciens amis des ex-brigands. Un homme de Porto-Canone, dont Gaëtano Vardarelli avait enlevé la sœur, vint le trouver, et, lui racontant les causes de haine qu'il avait contre les Vardarelli, lui offrit de le débarrasser au moins de Gaëtano Vardarelli et de ses deux frères. L'offre était trop selon les désirs du général pour qu'il hésitât un instant à l'accepter. Il offrit à l'homme qui venait lui faire cette proposition une somme d'argent considérable ; mais celui-ci, tout en acceptant pour ses compagnons, refusa pour lui-même, disant que c'était du sang et non de l'or qu'il lui fallait ; que, quant aux compagnons qu'il comptait s'adjoindre dans cette expédition, il s'informerait de ce qu'ils demandaient pour le seconder, et qu'il rendrait compte de leurs exigences au général, qui traiterait directement avec eux.

Quelles furent ces exigences ? Nul historien ne l'a dit. Ce qui fut donné, ce qui fut reçu, on l'ignore. Ce qu'on sait

(1) Ces différens appointemens correspondaient aux soldes des colonels, des capitaines et des lieutenans.

seulement, ce furent les faits qui s'accomplirent à la suite de cet entretien

Un jour les Vardarelli, se croyant au milieu d'amis sûrs, stationnaient pleins de confiance et d'abandon sur la place d'un petit village de la Pouille, nommé Uriri. Tout à coup, et sans que rien au monde eût pu faire présager une pareille agression, une douzaine de coups de feu partirent d'une des maisons situées sur la place, et de cette seule décharge, Gaëtano Vardarelli, ses deux frères et six bandits tombèrent morts. Aussitôt les autres, ne sachant pas à quel nombre d'ennemis ils avaient affaire, et soupçonnant qu'ils étaient enveloppés d'une vaste trahison, sautèrent sur leurs chevaux, dont ils ne s'éloignaient jamais, et disparurent en un clin d'œil comme une volée d'oiseaux effarouchés.

Aussitôt que la place fut vide et qu'il n'y eut plus de morts, l'homme qui était allé trouver le général sortit le premier de la maison d'où était parti le feu, s'avança vers Gaëtano Vardarelli, et tandis que ses compagnons dépouillaient les autres cadavres, s'emparant de leurs armes et de leur ceinture, lui se contenta de tremper ses deux mains dans le sang de son ennemi, et après s'en être barbouillé le visage :

— Voici la tache lavée, dit-il. Et il se retira sans rien prendre du pillage commun, sans rien accepter de la récompense promise.

Cependant ce n'était point assez : Gaëtano Vardarelli, ses deux frères et six de ses compagnons étaient morts, c'est vrai ; mais quarante autres étaient encore vivans et pouvaient, en reprenant leur ancien métier et en élisant de nouveaux chefs, donner infiniment de fil à retordre à Son Excellence le général commandant. Il résolut donc de continuer à jouer le rôle d'ami, et donna l'ordre que les meurtriers d'Uriri fussent arrêtés. Comme ceux-ci ne s'attendaient à rien de pareil, la chose ne fut pas difficile ; on s'empara d'eux à l'improviste et sans qu'ils essayassent de tenter la moindre résistance ; on les jeta en prison, et l'on cria bien haut qu'on allait leur faire leur procès, et que prompte et sévère vengeance serait tirée du crime qu'ils avaient commis.

Il pouvait y avoir du vrai dans tout cela ; aussi les fugitifs se laissèrent-ils prendre au piége. Comme il était notoire qu'à la tête des meurtriers se trouvait le frère de la jeune fille outragée par Gaëtano Vardarelli, on crut généralement dans la troupe que cet assassinat était le résultat d'une vengeance particulière ; de sorte que, lorsque les malheureux qui s'étaient sauvés virent leurs assassins arrêtés et entendirent répéter de tous côtés que leur procès se poursuivait avec ardeur, ils n'eurent aucune idée que le gouvernement fût pour quelque chose dans cette trahison. D'ailleurs, eussent-ils conçu quelque doute, qu'une lettre qu'ils reçurent de lui le eût fait évanouir : il leur écrivait que le traité du 6 juillet restait toujours sacré, et les invitait à se choisir d'autres chefs en remplacement de ceux qu'ils avaient eu le malheur de perdre.

Comme ce remplacement était urgent, les Vardarelli procédèrent immédiatement à la nomination de leurs nouveaux officiers, et, à peine l'élection achevée, ils prévinrent le général que ses instructions étaient suivies. Alors ils reçurent une seconde lettre qui les convoquait à une revue dans la ville de Foggia. Cette lettre leur recommandait, entre autres choses importantes, de venir tous tant qu'ils étaient, afin qu'on ne pût douter que les élections faites ne fussent le résultat positif d'un scrutin unanime et incontestable.

A la lecture de cette lettre, une longue discussion s'éleva entre les Vardarelli ; la majorité était d'avis qu'on se rendît à la revue ; mais une faible minorité s'opposait à cette proposition : selon elle, c'était un nouveau guet-apens dressé pour exterminer le reste de la troupe. Les Vardarelli avaient le droit de nomination entre eux ; c'était chose incontestée et qui par conséquent n'avait besoin d'aucune sanction gouvernementale ; on ne pouvait donc les convoquer que dans quelque sinistre dessein. C'était du moins l'avis de huit d'entre eux, et, malgré les sollicitations de leurs camarades, ces huit clairvoyans refusèrent de se rendre à Foggia ; le reste de la troupe, qui se composait de trente et un hommes et d'une femme qui avait voulu accompagner son mari, se trouva sur la place de la ville au jour et à l'heure dits.

C'était un dimanche ; la revue était solennellement annoncée, de sorte que la place publique était encombrée de curieux. Les Vardarelli entrèrent dans la ville avec un ordre parfait, armés jusqu'aux dents, mais sans donner aucun signe d'hostilité. Au contraire, en arrivant sur la place, ils levèrent leurs sabres, et d'une voix unanime firent entendre le cri de Vive le roi ! A ce cri, le général parut sur son balcon pour saluer les arrivans, tandis que l'aide de camp de service descendait pour les recevoir.

Après force complimens sur la beauté de leurs chevaux et le bon état de leurs armes, l'aide de camp invita les Vardarelli à défiler sous le balcon du général, manœuvre qu'ils exécutèrent avec une précision qui eût fait honneur à des troupes réglées. Puis, cette évolution exécutée, ils vinrent se ranger sur la place, où l'aide de camp les invita à mettre pied à terre et à se reposer un instant, tandis qu'il porterait au général la liste des trois nouveaux officiers.

L'aide de camp venait de rentrer dans la maison d'où il était sorti ; les Vardarelli, la bride passée au bras, se tenaient près de leurs chevaux, lorsqu'une grande rumeur commença à circuler dans la foule ; puis à cette rumeur succédèrent des cris d'effroi, et toute cette masse de curieux commença d'aller et de venir comme une marée. Par toutes les rues aboutissantes à la place, des soldats napolitains s'avançaient en colonnes serrées. De tous côtés les Vardarelli étaient cernés.

Aussitôt, reconnaissant la trahison dont ils étaient victimes, les Vardarelli sautèrent sur leurs chevaux et tirèrent leurs sabres ; mais au même instant le général ayant ôté son chapeau, ce qui était le signal convenu, le cri : Ventre à terre ! retentit, et tous les curieux ayant obéi à cette injonction dont ils comprenaient l'importance, les feux des soldats se croisèrent au dessus de leurs têtes, et neuf Vardarelli tombèrent de leurs chevaux, tués ou blessés à mort. Ceux qui étaient restés debout, comprenant alors qu'il n'y avait pas de quartier à attendre, se réunirent, sautèrent à bas de leurs chevaux, et, armés de leurs carabines, s'ouvrirent en combattant un passage jusqu'aux ruines d'un vieux château dans lesquelles ils se retranchèrent. Deux seulement, se confiant à la vitesse de leur monture, fondirent tête baissée sur le groupe de soldats qui leur parut le moins nombreux, et, faisant feu à bout portant, profitèrent de la confusion que causait dans les rangs leur décharge, qui avait tué deux hommes, pour passer à travers les baïonnettes et s'échapper à fond de train. La femme, aussi heureuse qu'eux, dut la vie à la même manœuvre, opérée sur un autre point, et s'éloigna au grand galop, après avoir déchargé ses deux pistolets.

Tous les efforts se réunirent aussitôt sur les vingt Vardarelli restans, lesquels, comme nous l'avons dit, s'étaient réfugiés dans les ruines d'un vieux château. Les soldats, s'encourageant les uns les autres, s'avancèrent, croyant que ceux qu'ils poursuivaient allaient leur disputer les approches de leur retraite ; mais, au grand étonnement de tout le monde, ils parvinrent jusqu'à la porte sans qu'il y eût un seul coup de fusil tiré. Cette impunité les enhardit ; on attaqua la porte à coups de hache et de levier, la porte céda ; les soldats se précipitèrent alors dans la cour du château, se répandirent dans les corridors, parcourant les appartemens ; mais, à leur grand étonnement, tout était désert : les Vardarelli avaient disparu.

Les assaillans furetèrent une heure dans tous les coins et recoins de la vieille masure ; enfin ils allaient se retirer, convaincus que les Vardarelli avaient trouvé quelque moyen, connus d'eux seuls, de regagner la montagne, lorsqu'un soldat, qui s'était approché du soupirail d'un cellier, et qui se penchait pour regarder dans l'intérieur, tomba percé d'un coup de feu.

Les Vardarelli étaient découverts ; mais les poursuivre dans leur retraite n'était pas chose facile. Aussi résolut-on, au lieu de chercher à les y forcer, d'employer un autre moyen, plus lent, mais plus sûr : on commença par rouler une grosse pierre contre le soupirail. Sur cette pierre on amassa toutes celles que l'on put trouver ; on laissa un piquet d'hommes avec leurs armes chargées pour garder cette issue ; puis, faisant un détour, on commença par jeter des fagots enflammés contre la porte du cellier, que les Vardarelli avaient fermée en dedans, et sur ces fagots enflammés tout le bois et toutes les matières combustibles que l'on put trouver ; de sorte que l'escalier ne fut bientôt qu'une immense fournaise, et que, la porte ayant cédé à l'action du feu, l'incendie se répandit comme un torrent dans ce souterrain où les Vardarelli s'étaient réfugiés. Cependant un profond silence régnait encore dans le cellier. Bientôt deux coups de fusil partirent : c'étaient deux frères qui, ne voulant pas tomber vivans aux mains de leurs ennemis, s'étaient embrassés et avaient à bout portant déchargés leurs fusils l'un sur l'autre. Un instant après, une troisième explosion se fit entendre : c'était un bandit qui se jetait volontairement au milieu des flammes et dont la giberne sautait. Enfin, les dix-sept bandits restans voyant qu'il n'y avait plus pour eux aucune chance de salut, et se voyant près d'être asphyxiés, demandèrent à se rendre. Alors on déblaya le soupirail, on les en tira les uns après les autres, et à mesure qu'ils en sortaient on leur liait les pieds et les mains. Une charrette que l'on amena ensuite les transporta tous dans les prisons de la ville.

Quant aux huit qui n'avaient pas voulu venir à Foggia et aux deux qui s'étaient échappés, ils furent chassés comme des bêtes fauves, traqués de caverne en caverne. Les uns furent tués ou débusqués comme des chevreuils, les autres furent livrés par leurs hôtes, les autres enfin se rendirent eux-mêmes ; si bien qu'au bout d'un an tous les Vardarelli étaient morts ou prisonniers.

Il n'y eut que la femme qui s'était sauvée un pistolet de chaque main qui disparut, sans qu'on la revît jamais ni morte ni vivante.

Lorsque le roi apprit cet événement, il entra dans une grande colère ; c'était la seconde fois qu'on violait sans l'en prévenir un traité, non pas signé par lui, mais fait en son nom. Or, il savait que l'inexorable histoire enregistre presque toujours les faits sans se donner la peine d'en rechercher les causes, et que, tout au contraire de ce qui se passe dans notre monde, où ce sont les ministres qui sont responsables des fautes du roi, c'est le roi qui, dans l'autre, est responsable des fautes de ses ministres.

Mais on lui répéta tant, et de tant de côtés, que c'était une action louable que d'avoir exterminé cette méchante race des Vardarelli, qu'il finit par pardonner à ceux qui avaient ainsi abusé de son nom.

Il est vrai que quelque temps après arriva la révolution de 1820, qui amena avec elle bien d'autres préoccupations que celle de savoir si on avait plus ou moins exactement tenu un traité fait avec des bandits. Pour la troisième fois il rentra au bout de deux ans d'absence, au milieu des cris de joie de son peuple, qui le chassait sans cesse et qui ne pouvait vivre sans lui.

Malheureusement pour les Napolitains cette troisième restauration fut de courte durée. Le soir du 3 janvier 1825, le roi se coucha après avoir fait sa partie de jeu et avoir dit ses prières accoutumées. Le lendemain, comme à dix heures du matin il n'avait pas encore sonné, on entra dans sa chambre, et on le trouva mort.

A l'ouverture de son testament, dans lequel il recommandait à son fils François de continuer les aumônes qu'il avait l'habitude de faire, on trouva que ces aumônes montaient par an à 24,000 ducats.

Il avait vécu soixante-seize ans, il en avait régné soixante-cinq ; il avait vu passer sous son long règne trois générations d'hommes, et, malgré trois révolutions et trois restaurations, il mourait le roi le plus populaire que Naples ait jamais eu.

Aussi le peuple chercha-t-il à la mort imprévue de son roi bien-aimé une cause surnaturelle. Or, pour des hommes d'imagination comme sont les Napolitains, rien n'est difficile à trouver. Voilà ce que l'on découvrit :

Le roi Ferdinand, comme on a pu le voir, n'était pas exempt de certains préjugés. Depuis quinze ans il était persécuté par le chanoine Ojori, qui le tourmentait pour obtenir une audience de lui et lui présenter je ne sais quel livre dont il était l'auteur. Ferdinand avait toujours refusé, et, malgré les instances du postulant, avait constamment tenu bon. Enfin le 2 janvier 1825, vaincu par les prières de tous ceux qui l'entouraient, il accorda pour le lendemain cette audience si longtemps reculée. Le matin, le roi eut quelque velléité de partir pour Caserte et de rejeter sur une chasse, excuse qui lui paraissait toujours valable, l'impolitesse qu'il avait si grande envie de faire au bon chanoine ; mais on l'en dissuada : il resta donc à Naples, reçut dom Ojori, lequel demeura deux heures avec lui et le quitta en lui laissant son livre.

Le lendemain, comme nous l'avons dit, le roi Ferdinand était mort.

Les médecins déclarèrent d'une voix unanime que c'était d'une attaque d'apoplexie foudroyante ; mais le peuple n'en crut pas un mot. Ce qui fut la véritable cause de sa mort, selon le peuple, ce fut cette audience qu'il donna si à contre-cœur au chanoine Ojori.

Le chanoine Ojori était, avec le prince de ***, le plus terrible *jettatore* de Naples. Nous dirons dans un prochain chapitre ce que c'est que la *jettatura*.

XV.

LA JETTATURA.

Naples, comme toutes les choses humaines, subit l'influence d'une double force qui régit sa destinée : elle a son mauvais principe qui la poursuit, et son bon génie qui la garde ; elle a son Arimane qui la menace, et son Oromaze qui la défend ; elle a son démon qui veut la perdre, elle a son patron qui espère la sauver.

Son ennemi, c'est la jettatura ; son protecteur, c'est saint Janvier.

Si saint Janvier n'était pas au ciel, il y aurait longtemps que la jettatura aurait anéanti Naples ; si la jettatura n'existait pas sur la terre, il y a longtemps que saint Janvier aurait fait de Naples la reine du monde.

Car la jettatura n'est pas une invention d'hier ; ce n'est pas une croyance du moyen-âge, ce n'est pas une superstition du bas-empire : c'est un fléau légué par l'ancien monde au monde moderne ; c'est une peste que les chrétiens ont héritée des gentils ; c'est une chaîne qui passe à travers les âges, et à laquelle chaque siècle ajoute un anneau.

Les Grecs et les Romains connaissaient la jettatura : les Grecs l'appelaient *alexiana*, les Romains *fascinum*.

La jettatura est née dans l'Olympe ; c'est un fléau d'assez bonne maison, comme on voit. Maintenant à quelle occasion elle prit naissance, la voici :

Vénus, sortie de la mer depuis la veille, venait de prendre place parmi les dieux ; son premier soin avait été de se choisir un adorateur dans cette auguste assemblée : Bacchus avait obtenu la préférence, Bacchus était heureux.

Toute déesse qu'elle était, Vénus se trouvait soumise aux lois de la nature comme une simple femme ; en sa qualité d'immortelle, elle était destinée à les accomplir plus longtemps et plus souvent, voilà tout. Vénus s'aperçut un jour qu'elle allait être mère. Comme l'enfant qu'elle portait dans son sein était le premier de cette longue suite de rejetons dont la déesse de la beauté devait peupler les forêts d'Amathonte et les bosquets de Cythère, la découverte de son nouvel état fut accompagnée chez elle d'un sentiment de pudeur qui la détermina à le cacher aux regards de tous les dieux. Vénus annonça donc que sa santé chancelante la forçait d'habiter pendant quelque temps la campagne, et elle se retira dans les appartemens les plus reculés de son palais, à Paphos.

Tous les dieux avaient été dupes de cette fausse indisposition ; il n'y avait pas jusqu'à Esculape lui-même qui n'eût déclaré que Vénus n'avait rien autre chose qu'une maladie de nerfs qui se calmerait avec des bains et du petit lait ; Junon seule avait tout deviné.

Junon était experte en pareille matière. Sa stérilité la rendait jalouse : il ne s'arrondissait pas une taille dans tout l'Olympe que la première ligne de ce changement ne lui sautât aux yeux. Elle avait suivi les progrès de celle de Vénus, et, d'avance, elle voua au malheur l'enfant qui naîtrait d'elle.

En conséquence, elle résolut de ne pas la perdre un instant de vue, afin de jeter un sort sur le malheureux fruit des entrailles de sa belle-fille. Aussi, dès que Vénus sentit les premières douleurs, Junon se présenta-t-elle aussitôt à son chevet, déguisée en sage-femme.

Vénus était fort douillette, comme toute femme à la mode doit être : elle jeta donc les hauts cris tant que dura le travail ; puis enfin elle mit au jour le petit Priape.

Junon le reçut dans ses mains, et tandis que Vénus, à moitié évanouie, fermait ses beaux yeux encore tout moites de larmes, elle s'apprêta à lancer sur l'enfant la malédiction fatale qui devait influer sur le reste de sa vie.

Mais à l'instant où Junon fixait ses yeux pleins de colère sur le nouveau-né, elle s'arrêta stupéfaite. Jamais elle n'avait vu, même chez les plus grands dieux, rien de pareil à ce qu'elle voyait à cette heure.

Si court que fût le moment d'hésitation, il sauva Priape. Bacchus, qui, du fond de l'Inde, où il était occupé à apprendre aux Birmans la meilleure manière de coller le vin, avait entendu les cris de Vénus, était accouru en toute hâte : il se précipita dans la chambre de l'accouchée, courut à l'enfant, et, dans son ardeur toute paternelle, l'arracha des bras de Junon.

Junon se crut découverte ; elle sortit furieuse, sauta dans son char, et remonta au ciel. Bacchus ignorait cependant que ce fût elle ; mais il la devina, au cri de ses paons d'abord, puis au rayon de lumière qu'elle laissait à sa suite. Il connaissait de longue main le caractère de sa belle-mère : lui-même avait été obligé de rester six mois caché dans la cuisse de Jupiter pour échapper à sa jalousie ; il comprit que les choses se passeraient mal pour le pauvre enfant si jamais elle mettait la main sur lui : il l'emporta tout courant, et s'en alla le cacher dans l'île de Lampsaque.

Mais le bruit de ce qui s'était passé se répandit, ainsi que la circonstance à laquelle le jeune Priape avait dû la vie : il n'en fallut pas davantage pour faire croire aux anciens qu'ils avaient trouvé un remède contre la jettatura ; de là certains bijoux déterrés à Herculanum et à Pompéïa, qui faisaient partie de la toilette des femmes.

Chez les modernes, où ces bijoux ne sont pas de mise, les cornes les ont remplacés. Vous n'entrez pas dans une maison de Naples quelque peu aristocratique sans que le premier objet qui frappe vos yeux dans l'antichambre ne soit une paire de cornes ; plus ces cornes sont longues, plus elles sont efficaces. On les fait venir en général de Sicile ; c'est là qu'on trouve les plus belles. J'en ai vu qui avaient jusqu'à trois pieds de long, et qui coûtaient cinq cents francs la paire.

Outre les cornes à domicile, qu'on ne peut, vu leur volume, transporter facilement avec soi, on a d'autres petits cornillons que l'on porte au cou, au doigt, à la chaîne de la montre : cela se trouve à tous les coins de rue, chez tous les marchands de bric-à-brac. Ce symbole préservatif est ordinairement en corail ou en jais.

Je voudrais vous dire quelles sont les causes qui ont porté les cornes à ce degré d'honneur chez les Napolitains ; mais, quelque recherche que j'aie faite à ce sujet, j'avoue que je n'ai absolument rien pu découvrir sur quoi on puisse appuyer la moindre théorie ou échafauder le plus petit système. Cela est parce que cela est ; ne me demandez donc point autre chose, car je serais forcé de prononcer ce mot qui coûte tant à la bouche humaine : Je ne sais pas.

Les anciens connaissaient trois moyens de jeter les sorts, car la jettatura n'est rien autre chose que la substantivation du verbe *jettare*, — par le toucher, par la parole, par le regard :

Cujus ab attractu variarum monstra ferarum
In juvenes veniunt ; nulli sua mansit imago,

dit Ovide ;

Quæ nec pernumerare curiosi
Possint, nec mala fascinare lingua,

dit Catulle ;

Nescio quis teneros oculis mihi fascinat agnos,

dit Virgile.

Maintenant voulez-vous voir passer cette croyance du monde païen dans le monde chrétien ? écoutez saint Paul s'adressant aux Galates :

Quis vos fascinavit non obedire veritati ?

Saint Paul croyait donc à la jettatura ?

Maintenant passons au moyen-âge, et ouvrons Erchempert, moine du mont Cassin, qui florissait vers l'an 842 :

« J'ai connu, dit le vénérable cénobite, messire Landol, évêque de Capoue, homme d'une singulière prudence, lequel avait l'habitude de dire : Toutes les fois que je rencontre un moine, il m'arrive quelque chose de malheureux dans la journée. *Quoties monachum visu cerno, semper mihi futura dies auspicia tristia subministrat.* »

Or, cette croyance est encore en pleine vigueur aujourd'hui à Naples. Lorsque nous partîmes pour la Sicile, je crois avoir raconté qu'au moment de nous embarquer nous rencontrâmes un abbé, et qu'à sa vue le capitaine nous avait proposé de remettre le départ au lendemain. Nous n'en fîmes compte, et nous fûmes assaillis par une tempête qui nous tint vingt-quatre heures en danger de la vie et la nuit entière.

Des trois jettatures connues de l'antiquité, deux se sont perdues en route, et une seule est restée : la jettatura du regard. Il est vrai que c'est la plus terrible : « *Nihil oculo nequius creatum,* » dit l'Ecclésiaste, chap. 24.

Cependant, comme Dieu a voulu que le serpent à sonnettes se dénonçât lui-même par le bruit que font ses anneaux, il a imprimé au front du jettatore certains signes auxquels, avec un peu d'habitude, on peut le reconnaître. Le jettatore est ordinairement maigre et pâle, il a le nez en bec de corbin, de gros yeux qui ont quelque chose de ceux du crapaud et qu'il recouvre ordinairement, pour les dissimuler, d'une paire de lunettes : le crapaud, comme on le sait, a reçu du ciel le don fatal de la jettature : il tue le rossignol en le regardant.

Donc, quand vous rencontrez dans les rues de Naples un homme fait ainsi que j'ai dit, prenez garde à vous, il y a cent à parier contre un que c'est un jettatore. Si c'est un jettatore et qu'il vous ait aperçu le premier, le mal est fait, il n'y a pas de remède, courbez la tête et attendez. Si, au contraire, vous l'avez prévenu du regard, hâtez-vous de lui présenter le doigt du milieu étendu et les deux autres fermés ; le maléfice sera conjuré : — *Et digitum porrigito medium,* dit Martial.

Il va sans dire que, si vous portez sur vous quelque corne de jais ou de corail, vous n'avez point besoin de prendre toutes ces précautions. Le talisman est infaillible, du moins à ce que disent les marchands de cornes.

La jettatura est une maladie incurable ; on naît jettatore, on meurt jettatore. On peut à la rigueur le cacher ; mais une fois qu'on l'est, on ne peut plus cesser de l'être.

En général, les jettatori ignorent leur fatale influence : comme c'est un fort mauvais compliment à faire à un homme que de lui dire qu'il est jettatore, et qu'il y en a d'ailleurs qui prendraient fort mal la chose, on se contente de les éviter comme on peut, et, si l'on ne peut pas, de conjurer leur influence en tenant sa main dans la position sus-indiquée. Toutes les fois que vous voyez à Naples deux hommes causant dans la rue, et que l'un des deux garde sa main pliée contre son dos, regardez bien celui avec lequel il cause : c'est un jettatore, ou du moins un homme qui a le malheur de passer pour tel.

Lorsqu'un étranger arrive à Naples, il commence par rire de la jettatura, puis peu à peu il s'en préoccupe; enfin, au bout de trois mois de séjour, vous le voyez couvert de cornes des pieds à la tête, et la main droite éternellement crispée.

Rien ne garantit de la jettatura que les moyens que j'ai indiqués. Il n'y a pas de rang, il n'y a pas de fortune, il n'y a pas de position sociale qui vous mette au-dessus de ses coups. Tous les hommes sont égaux devant elle.

D'un autre côté, il n'y a pas d'âge, il n'y a pas de sexe, il n'y a pas d'état pour le jettatore : il peut être également enfant ou vieillard, homme ou femme, avocat ou médecin, juge, prêtre, industriel ou gentilhomme, lazzarone ou grand seigneur; le tout est seulement de savoir si l'un ou l'autre de ces âges, l'un ou l'autre de ces sexes, l'une ou l'autre de ces conditions, ajoute ou ôte de la gravité au maléfice.

Il y a là-dessus, à Naples, un travail extrêmement développé del gentile signor Niccolo Valetta; il y discute dans un volume toutes les questions qui divisent sur ce point les savans anciens et modernes depuis vingt-cinq siècles.

Il y est examiné :

1° Si l'homme jette le sort plus terrible que ne le fait la femme ;

2° Si celui qui porte perruque est plus à craindre que celui qui n'en porte pas ;

3° Si celui qui porte des lunettes n'est pas plus à craindre que celui qui porte perruque ;

4° Si celui qui prend du tabac n'est pas plus à craindre encore que celui qui porte des lunettes ; et si les lunettes, la perruque et la tabatière en se combinant, triplent les forces de la jettatura ;

5° Si la femme jettatrice est plus à craindre quand elle est enceinte ;

6° S'il y a plus à craindre encore d'elle quand il y a certitude qu'elle ne l'est pas ;

7° Si les moines sont plus généralement jettatori que les autres hommes, et parmi les moines quel est l'ordre le plus à craindre sur ce point ;

8° A quelle distance se peut jeter le sort ;

9° S'il se peut jeter de côté, de face ou par derrière ;

10° S'il y a réellement des gestes, des sons de voix et des regards particuliers auxquels on puisse reconnaître les jettatori ;

11° S'il est des prières qui puissent garantir de la jettura, et, dans ce cas, s'il est des prières spéciales pour garantir de la jettatura qui vient des moines ;

12° Enfin, si le pouvoir des talismans modernes est égal au pouvoir du talisman ancien, et laquelle est plus efficace de la corne unique ou de la corne double.

Toutes ces recherches sont consignées dans un volume qui est du plus haut intérêt et que je voudrais bien faire connaître à mes lecteurs. Malheureusement mon libraire refuse de l'imprimer dans mes notes justificatives, sous prétexte que c'est un in-folio de 600 pages. Mais j'invite tout voyageur à se le procurer, en arrivant à Naples, moyennant la modique somme de six carlins.

Maintenant que nous avons examiné la jettatura dans ses effets et ses causes, racontons l'histoire d'un jettatore.

XVI.

LE PRINCE DE ***.

Le prince de ***, les lunettes, la perruque et la tabatière exceptées, naquit avec tous les caractères de la jettatura. Il avait les lèvres minces, les yeux gros et fixes, et le nez en bec de corbin; sa mère, dont il était le second enfant, n'eut pas même le bonheur de voir le nouveau-né : elle mourut en couches.

On chercha une nourrice pour l'enfant, et l'on trouva une belle et vigoureuse paysanne des environs de Nettuno. Mais à peine le malencontreux poupon lui eut-il touché le sein que son lait tourna.

Force fût de nourrir le principino au lait de chèvre, ce qui lui donna pour tout le reste de sa vie une allure sautillante à laquelle, grâce au ciel, on le reconnaît à trois cents pas de distance, tandis qu'avec ses gros yeux il ne peut mordre qu'en touchant. Louons le Seigneur, ce qu'il a fait est bien fait.

En apprenant la mort de sa femme et la naissance d'un second fils, le prince de ***, qui était ambassadeur en Toscane, accourut à Naples; il descendit au palais, pleura convenablement la princesse, embrassa paternellement l'enfant et s'en alla faire sa cour au roi. Le roi tourna le dos, il avait trouvé fort mauvais que le prince quittât son ambassade sans autorisation ; il eut beau faire valoir l'amour paternel, l'amour paternel lui coûta sa place.

Cette catastrophe refroidit un peu le prince de *** pour son fils; d'ailleurs il avait, comme nous l'avons dit, un fils aîné, auquel appartenaient de droit titres, honneurs, richesses. Il fut donc décidé que le cadet entrerait dans les ordres. Le principino était trop jeune pour avoir une opinion quelconque à l'endroit de son avenir : il se laissa faire.

Le jour où il entra au séminaire, tous les enfans de la classe dans laquelle il fut mis attrapaient la coqueluche. Notez qu'au milieu de tout cela aucun accident personnel n'atteignait le principino; il grandissait à vue d'œil et prospérait que c'était un charme.

Il fit ses classes avec le plus grands succès, l'emportant sur tous ses camarades. Une seule fois, on ne sait comment cela se fit, il ne remporta que le second prix; mais l'élève qui avait remporté le premier, en allant recevoir sa couronne, butta sur la première marche de l'estrade et se cassa la jambe.

Cependant l'enfant devenait jeune homme. Si retiré que fût le séminaire, les bruits du monde arrivaient jusqu'à lui. D'ailleurs, dans ses promenades avec ses compagnons, il voyait passer de belles dames dans des voitures élégantes, et de beaux jeunes gens sur de fringans chevaux ; puis, au bout de la rue de Toledo, il apercevait un édifice qu'on appelait Saint-Charles, et de l'intérieur duquel on lui disait tant de merveilles que les palais et les jardins d'Aladin n'étaient rien en comparaison. Il en résultait que le principino avait grande envie de faire connaissance avec les belles dames, de monter à cheval comme les beaux jeunes gens, et surtout d'entrer à Saint-Charles pour voir ce qui s'y passait réellement.

Malheureusement la chose était impossible; le prince de ***, qui avait toujours sa disgrâce sur le cœur, gardait rancune à son fils cadet. D'un autre côté, le prince Hercule, que l'on faisait voyager afin qu'il n'eût aucun contact avec son frère, devenait de jour en jour en jour un peu plus parfait cavalier, et promettait de soutenir à merveille l'honneur du nom. Raison de plus pour que le pauvre principino restât confiné dans son séminaire.

Cependant les affaires se brouillaient entre le royaume des Deux-Siciles et la France; on parlait d'une croisade contre les républicains; le roi Ferdinand, comme nous l'avons dit ailleurs, voulait en donner l'exemple. On leva des troupes de tous côtés, on assembla une armée, et l'on annonça avec grande solennité que l'archevêque de Naples bénirait les drapeaux dans la cathédrale de Sainte-Claire.

Comme c'était une chose fort curieuse, et que si grande que fût l'église il n'y avait pas possibilité que tout Naples y pût tenir, on décida que des députés des différens ordres de l'Etat assisteraient seuls aux cérémonies. En outre, les collèges, les écoles et les séminaires avaient droit d'y envoyer les élèves de chaque classe qui auraient été les premiers dans la composition la plus rapprochée du jour où devait avoir lieu la cérémonie. Le principino fut le premier dans sa triple composition de thème, de version et de théologie ; le principino, qui faisait au reste des progrès miraculeux, était à cette époque en rhétorique, et pouvait avoir de 16 à 17 ans.

Le grand jour arriva. La cérémonie fut pleine de solennité ; tout se passa avec un calme et un grandiose parfaits ; seulement, au moment où les étendards, après la bénédiction, défilaient pour sortir de l'église, un des porte-drapeaux tomba mort d'une apoplexie foudroyante en passant devant le principino. Le principino, qui avait un cœur excellent, se précipita aussitôt sur ce malheureux pour lui porter secours, mais il avait déjà rendu le dernier soupir. Ce que voyant, le principino saisit l'étendard, l'agita d'un air martial qui indiquait quel homme il serait un jour, et le remit à un officier en criant : *Vive le roi !* cri qui fut répété avec enthousiasme par toute l'assemblée.

Trois mois après, l'armée napolitaine était battue, le drapeau était tombé au pouvoir des Français avec une douzaine d'autres, et le roi Ferdinand s'embarquait pour la Sicile.

Le principino avait fait ses classes ; il s'agissait de faire choix d'un couvent. Le jeune homme choisit les camaldules. En conséquence, il sortit du séminaire où il avait passé son adolescence, et il entra comme novice dans le monastère où devait s'écouler sa virilité et s'éteindre sa vieillesse.

Le lendemain de son entrée aux camaldules parut l'ordonnance du nouveau gouvernement qui supprimait les communautés religieuses.

Le jeune homme fut alors forcé de suivre la carrière de la prélature, car, les couvens supprimés, il n'en demeurait pas moins le cadet et il n'en était pas plus riche pour cela. Pendant trois mois, il se promena donc dans les rues de Naples avec un chapeau à trois cornes, un habit noir et des bas violets ; puis il se décida à recevoir les ordres mineurs.

Le matin du jour fixé pour la cérémonie, la république parthénopéenne, qui venait d'être établie, décida qu'il n'y avait pas d'égalité devant la loi tant qu'il n'y avait pas égalité entre les héritages, et que par conséquent le droit d'aînesse était aboli.

Ce nouveau décret enlevait cent mille livres de rente au prince Hercule, frère aîné de notre héros, lequel se trouvait possesseur d'un capital de deux millions.

Comme le principino n'avait pas une grande vocation pour l'église, il fit des bas rouges comme il avait fait de la robe blanche, envoya le tricorne rejoindre le capuchon, fit venir le meilleur tailleur de Naples, acheta la plus belle voiture et les plus beaux chevaux qu'il put trouver, et envoya retenir pour le soir même une loge à Saint-Charles.

Saint-Charles était véritablement bien digne du désir qu'avait toujours eu le principino d'y entrer : c'était un des monumens dont Charles VII, pendant sa royauté temporaire, avait doté Naples. Un jour il avait fait venir l'architecte Angelo Carasale, et mettant tous ses trésors à sa disposition, il lui avait dit de n'épargner ni frais ni dépense, mais de lui faire la plus belle salle qui existât au monde. L'architecte s'y était engagé (les architectes s'engagent toujours) ; puis, profitant de la licence accordée, il avait choisi un emplacement voisin du palais, abattu nombre de maisons, et déblayé un terrain immense sur lequel s'éleva avec une merveilleuse rapidité la féerique construction. En effet, le théâtre, commencé au mois de mars 1737, fut prêt le 1er novembre et s'ouvrit le 4 du même mois, jour de la saint Charles.

Si nous n'avions pas renoncé aux descriptions, par la conviction que nous avons qu'aucune description ne décrit, nous essaierions de relever le nombre de glaces, de calculer le nombre de bougies, d'énumérer le nombre d'arbres en fleurs qui faisaient, pendant cette grande soirée, du théâtre Saint-Charles la huitième merveille du monde. Une grande loge avait été préparée pour le roi et la famille royale : et au moment où les augustes spectateurs y entrèrent, l'impression fut si grande sur eux-mêmes qu'ils donnèrent le signal des applaudissemens ; aussitôt la salle toute entière éclata en bravos et en cris d'admiration.

Ce ne fut pas tout. Le roi fit venir l'architecte dans sa loge et, lui posant la main sur l'épaule à la vue de tous, il le félicita sur son admirable réussite.

— Une seule chose manque à votre salle, dit le roi.
— Laquelle ? demanda l'architecte.
— Un passage qui conduise du palais au théâtre.

L'architecte baissa la tête en signe d'assentiment.

Le spectacle fini, le roi sortit de sa loge et trouva Carasale qui l'attendait.

— Qu'avez-vous donc fait pendant toute cette représentation ? lui demanda le roi.
— J'ai exécuté les ordres de Votre Majesté, répondit Carasale.
— Lesquels ?
— Que Votre Majesté daigne me suivre, et elle verra.
— Suivons-le, dit le roi en se retournant vers la famille royale ; quoi qu'il ait fait, rien ne m'étonnera ; nous sommes dans la journée aux miracles.

Le roi suivit donc l'architecte ; mais, quoi qu'il eût dit, son étonnement fut grand lorsqu'il vit s'ouvrir devant lui les portes d'une galerie intérieure toute tapissée d'étoffes de soie et de glaces ; cette galerie, qui avait deux ponts jetés à une hauteur de trente pieds et un escalier de cinquante-cinq marches, avait été improvisée pendant trois heures qu'avait duré la représentation.

Voilà donc ce qu'était Saint-Charles depuis soixante ans ; depuis soixante ans Saint-Charles faisait l'admiration et l'envie de toute la terre. Il n'était donc pas étonnant que le principino eût une si grande envie de voir Saint-Charles.

Le soir même où le principino avait vu Saint-Charles, et comme le dernier spectateur franchissait le seuil de la salle, le feu prit au théâtre ; le lendemain Saint-Charles n'était plus qu'un monceau de cendres.

Déjà depuis longtemps des bruits alarmans circulaient sur le principino ; mais à partir de ce jour ces bruits prirent une consistance réelle. On se rappelait les différens résultats qu'il avait obtenus, et l'on commença de le fuir comme la peste. Cependant ces bruits trouvaient des incrédules ; à Naples, comme partout ailleurs, il y a des esprits forts qui se vantent de ne croire à rien. D'ailleurs, la présence des Français avait mis le scepticisme à la mode, et madame la comtesse de M***, qui aimait fort les Français, déclara hautement qu'elle ne croyait pas un mot de ce que l'on disait sur le pauvre principino, et qu'en preuve de son incrédulité elle donnerait une grande soirée tout exprès pour le recevoir et pour prouver par l'impunité que tous les bruits qu'on répandait sur lui étaient ridicules et erronés.

La nouvelle du défi porté à la jettatura par la comtesse de M*** se répandit dans Naples ; le premier mot de tous les invités fut qu'ils n'iraient certainement pas à cette soirée : mais le grand jour venu, la curiosité l'emporta sur la crainte, et, dès neuf heures du soir, les salons de la comtesse étaient encombrés. Heureusement, toute une foule débordait dans de magnifiques jardins éclairés avec des verres de couleur, dans les bosquets desquels étaient disposés des groupes d'instrumentistes et de chanteurs.

A dix heures, le prince de *** arriva : c'était à cette époque un charmant cavalier, qui portait depuis longtemps des lunettes, c'est vrai ; qui venait de prendre une tabatière bien plutôt par genre qu'autrement, c'est encore vrai ; mais qu'une magnifique chevelure ondoyante et bouclée devait encore longtemps dispenser de recourir à la perruque. Il était d'un caractère charmant, paraissait toujours joyeux, se frottait les mains sans cesse, et ne manquait pas d'esprit ; bref, c'était un homme à succès, n'était cette maudite jettatura.

Son entrée chez la comtesse de M*** fut signalée par un petit accident ; mais il est juste de dire que cet accident pouvait aussi bien avoir pour cause la maladresse que la fatalité : un laquais, qui portait un plateau de glaces, le laissa tomber juste au moment où le prince ouvrait la porte. Cependant la coïncidence de son apparition avec l'événement fit qu'on remarqua cet événement, si léger qu'il fût.

Le prince se mit en quête de la maîtresse de la maison. Elle se promenait dans ses jardins, ainsi que presque tous les invités. Il faisait une de ces magnifiques soirées du mois de juin dont la chaleur, à Naples, est tempérée par cette double brise de mer qu'on ne connaît que là. Le ciel était flamboyant d'étoiles, et la lune, qui montait au-dessus du Vésuve fumant, semblait un énorme boulet rouge lancé par un mortier gigantesque.

Le prince, après avoir erré dix minutes dans la foule, avoir respiré cet air, avoir savouré ces parfums, avoir admiré ce ciel, rencontra enfin celle qu'il faisait la maîtresse de la maison, à la recherche de laquelle il s'était lancé, comme nous l'avons dit.

Dès qu'elle aperçut le prince, madame la comtesse de M*** vint à lui; on échangea les complimens d'usage; puis, pour prouver le mépris qu'elle faisait des bruits répandus, la comtesse quitta le bras de son cavalier et prit celui du prince. Sensible à cette marque de distinction, le prince voulut la reconnaître en louant la fête.

— Ah! madame, dit-il, quelle charmante fête vous nous donnez là, et comme on en parlera longtemps!

— Oh! prince, répondit madame de M***, vous exagérez la valeur d'une petite réunion sans conséquence.

— Non, d'honneur, dit le prince. Il est vrai que tout y concourt, et que Dieu vous a donné le temps le plus magnifique.

Le prince n'avait pas achevé cette phrase qu'un coup de tonnerre olympien se fit entendre, et qu'un nuage, que personne n'avait vu, crevant tout à coup, se répandit en épouvantable averse. Chacun se sauva de son côté comme il put; les uns cherchèrent un abri momentané dans les grottes ou dans les kiosques, les autres s'enfuirent vers le palais; la comtesse de M*** et le prince furent au nombre de ces derniers.

Or, notez que, dans le mois de juin, Naples est une espèce d'Égypte à l'endroit de l'eau, et qu'il y a trois mois dans l'année, juin, juillet et août, pendant lesquels, la sécheresse fût-elle horrible, on ne se hasarderait pas, pour la faire cesser, à sortir la châsse de saint Janvier de son tabernacle, de peur de compromettre la puissance du saint.

Le prince n'avait eu qu'un mot à dire, et un autre déluge avait à l'instant même ouvert les cataractes du ciel.

Le salon principal, vaste rotonde autour de laquelle tournaient tous les autres appartemens, était éclairé par un magnifique lustre en cristal que la comtesse de M*** avait reçu d'Angleterre trois mois auparavant, et qu'elle avait fait allumer pour la première fois. Ce lustre était d'un effet magique, tant la lumière, réfléchie par les mille facettes du verre, se multipliait, brillant de toutes feux de l'arc-en-ciel. Aussi, au moment où le prince et la comtesse arrivèrent sur le seuil de la porte, le prince s'arrêta-t-il ébloui.

— Eh bien! qu'avez-vous donc, prince? demanda la comtesse de M***.

— Ah! madame, s'écria le prince, que vous avez un magnifique lustre!

Le prince avait à peine laissé échapper ces paroles louangeuses, qu'un des anneaux dorés qui soutenaient cet autre soleil au plafond se rompit, et que le lustre, tombant sur le parquet, se brisa en mille morceaux.

Par bonheur, c'était juste au moment où chacun prenait place pour la contredanse; le centre du salon se trouva donc vide, et personne ne fut blessé.

Madame de M*** commença à se repentir en elle-même d'avoir ainsi tenté Dieu en invitant le prince; mais l'idée qu'elle reculait devant trois accidens qui pouvaient, à tout prendre, être l'effet du hasard, la crainte des sarcasmes de ses amis si elle semblait céder à cette crainte, la difficulté de se débarrasser du prince, auquel elle donnait le bras, et qui se confondait en regrets sur les catastrophes aussi incroyables qu'inattendues qui venaient attrister la fête, toutes ces considérations réunies la déterminèrent à faire contre fortune bon cœur, et à suivre jusqu'au bout la route où elle s'était engagée. La comtesse n'en fut donc que plus aimable avec le prince, et, sauf le plateau renversé, sauf l'orage survenu, sauf le lustre brisé, tout continua d'aller à merveille.

La soirée était entrecoupée de chant; c'était le moment où Paësiello et Cimarosa, ces deux ancêtres de Rossini, se partageaient les adorations du monde musical. On chantait tour à tour des morceaux de l'un et de l'autre. Une des meilleures interprètes de ces deux grands génies était la signora Erminia, prima donna du malheureux théâtre Saint Charles, qui fumait encore. C'était un soprano de la plus grande étendue, d'une sûreté de voix et de méthode telle, qu'on ne se rappelait pas, de mémoire de dilettante, avoir rien entendu de pareil.

En effet, depuis trois ans que la signora Erminia était à Naples, jamais le moindre enrouement, jamais la moindre note douteuse, jamais, enfin, pour nous servir du terme consacré, jamais le moindre *chat dans le gosier*. Elle avait promis de chanter le fameux air : *Pria che spunti*, et le moment était venu de tenir sa promesse.

Aussi, la contredanse finie, chacun se rangea-t-il à sa place pour laisser le salon libre à la signora Erminia.

L'accompagnateur se plaça au piano, la signora se leva pour l'y rejoindre; mais comme il lui fallait traverser seule tout cet immense salon, le prince, qui l'avait appréciée à sa valeur la seule fois qu'il avait été à Saint-Charles, dit un mot d'excuse à la comtesse de M***, et, s'élançant au devant de la célèbre cantatrice, il lui offrit le bras pour la conduire à son poste.

Chacun applaudit à cet élan de galanterie, d'autant plus remarquable qu'il venait de la part d'un jeune homme qui, la veille encore, était au séminaire.

Le prince revint ensuite réclamer le bras de la comtesse de M***, au milieu d'un murmure général d'approbation.

Mais bientôt les mots *Chut! Silence! Ecoutons!* se firent entendre. L'accompagnateur jeta à la foule impatiente son brillant prélude. La cantatrice toussa, essaya de rougir : puis ouvrant la bouche, elle fila son premier son.

Elle l'avait pris un demi-ton trop haut, et, à la moitié de la quatrième mesure, elle fit un épouvantable *couac*.

Comme c'était chose miraculeuse, chose inouïe, chose presque impossible à croire, chacun se hâta de rassurer la cantatrice par des applaudissemens; mais le coup était porté la signora Erminia, sentant qu'elle était dominée par une force néfaste supérieure à son talent, comprit que c'était la jettatura qui agissait; elle s'élança hors du salon en lançant un regard terrible au pauvre prince, auquel elle attribuait la déconvenue qui venait de lui arriver.

Cette série d'événemens commençait à mettre madame de M*** on ne peut plus mal à son aise; tous les yeux étaient fixés sur elle et sur le malencontreux prince, dont la première entrée dans le monde était signalée par d'étranges catastrophes. Mais comme, de son côté, à part les complimens de condoléance qu'il se croyait obligé de faire à madame de M***, le prince ne paraissait nullement s'apercevoir qu'il était la cause présumée de tous ces effets, et que, fier de l'honneur d'avoir à son bras le bras de la maîtresse de la maison, il ne semblait pas vouloir s'en dessaisir de toute la soirée, madame de M*** avisa un moyen poli de rentrer en possession d'elle-même, en feignant d'être lasse de rester debout et en priant le prince de la conduire dans un charmant petit boudoir donnant sur le salon, et qui avait été conservé tout meublé, dans le but justement d'offrir un lieu de repos aux danseurs et aux danseuses fatigués.

Cette charmante oasis était d'autant plus agréable que sa porte à deux battans s'ouvrait sur le salon, et que, tout en cessant de faire partie du bal comme acteur, on continuait, en se retirant dans ce petit boudoir, d'en demeurer spectateur.

Ce fut donc là que le prince de *** conduisit la comtesse; et comme c'était un cavalier plein d'attentions, il alla prendre un fauteuil contre la muraille, le traîna en face de la porte, de manière que, tout en se reposant, madame de M*** pût parfaitement voir : approcha une chaise du fauteuil, afin de n'être pas obligé de la quitter, et, en la saluant, lui fit signe de s'asseoir.

Madame de M*** s'assit; mais au moment où elle s'asseyait, les deux pieds de derrière du fauteuil se brisèrent en même temps, de manière que la pauvre comtesse fit une chute des plus désagréables. Aussi, lorsque le prince, se précipitant vers elle, lui offrit la main pour l'aider à se relever, repoussa t-elle sa main avec une vivacité qu'avait cessé de tempérer toute politesse, et, toute rougissante et confuse, se sauva-t-elle dans sa chambre à coucher, où elle s'enferma, et d'où, quelques instances qu'on lui fit à la porte, elle ne voulut plus sortir.

Veuf de la maîtresse de la maison, le bal ne pouvait plus continuer. Aussi chacun se retira-t-il maudissant le malencontreux invité qui avait changé cette délicieuse fête en une série non interrompue d'accidens. Le prince seul ne s'aperçut point des causes de cette désertion prématurée ; il resta le dernier, et s'obstinait encore à essayer de faire reparaître madame de M***, lorsque les domestiques vinrent lui faire observer qu'il n'y avait plus que sa présence qui empêchât qu'on n'éteignît les candélabres et qu'on ne fermât les portes.

Le prince, qui au bout du compte était homme de bon goût, comprit qu'un plus long séjour serait une inconvenance, et se retira chez lui, enchanté de son début dans le monde, et ne doutant pas que son amabilité n'eût produit sur le cœur de la comtesse le plus désastreux effet pour sa tranquillité à venir.

On comprend que les résultats de cette fameuse soirée produisirent une immense sensation ; on les attendait pour porter une opinion définitive sur le prince de ***. A compter de ce moment, l'opinion fut donc fixée.

Sur ces entrefaites, le prince Hercule, dont nous avons déjà dit quelques mots, arriva de ses voyages ; il avait parcouru la France, l'Angleterre, l'Allemagne, et avait eu partout les plus grands succès. C'était chose juste, car peu d'hommes les eussent mérités à aussi juste titre. C'était un excellent cavalier, un danseur merveilleux, et surtout un tireur de première force à l'épée et au pistolet, supériorité qui avait été constatée par une douzaine de duels dans lesquels il avait toujours tué ou blessé ses adversaires, sans qu'il eût attrapé, lui, une seule égratignure. Aussi le prince Hercule était-il dans ces sortes d'affaires d'une confiance qui s'augmentait naturellement encore de la crainte qu'il inspirait.

L'entrevue entre les deux frères fut naturellement un peu froide ; ils ne s'étaient jamais vus, et le prince Hercule, tout en pardonnant à son puîné l'accroc qu'il avait fait à sa fortune, n'avait point assez de philosophie pour l'oublier entièrement. Néanmoins, le prince aîné était si loyal, le prince cadet était si bon enfant, qu'au bout de quelques jours les deux frères étaient devenus inséparables.

Mais le prince Hercule n'avait point passé ces quelques jours dans une ville qui ne s'entretenait que de la fatale influence attachée à son frère cadet, sans attraper par-ci par là quelques bribes de conversation qui avaient donné l'éveil à sa susceptibilité. Il en résulta que le prince ouvrit l'oreille sur tout ce qui se disait à l'endroit de son frère, et, prenant dans la Villa-Réale un jeune homme en flagrant délit de narration, débita par son explication accusant lui par lui jeter à la figure un de ces démentis qui n'admettent d'autre réparation que celle qui se fait les armes à la main. Jour et heure furent pris pour le lendemain ; les témoins devaient régler les conditions du combat.

Une provocation aussi publique fit grand bruit par la ville. Si c'eût été du temps du roi Ferdinand, ce bruit eût été un bonheur, car il serait indubitablement parvenu aux oreilles de la police, qui eût pris ses mesures pour que le duel n'eût pas lieu ; mais le régime avait fort changé : la république parthénopéenne était décrétée de Gaëte à Reggio, et elle eût regardé comme une atteinte portée à la liberté individuelle d'empêcher les citoyens qui vivaient sous sa maternelle protection de faire ce que bon leur semblait. La police laissa donc les choses suivre naturellement leur cours.

Or, il était dans le cours de ces choses que notre héros apprit que son frère devait se battre le lendemain, tout en continuant d'ignorer la cause pour laquelle il se battait. Il descendit aussitôt chez son aîné pour s'informer de ce qu'il y avait de vrai dans la nouvelle qui venait de parvenir jusqu'à lui ; le prince Hercule lui avoua alors qu'il devait se battre en effet le lendemain, mais il ajouta qu'attendu que le duel avait lieu à propos d'une femme, il ne pouvait mettre personne dans le secret de cette future rencontre, pas même lui qui était son frère.

Le jeune prince comprit parfaitement cet excès de délicatesse, mais il exigea de son frère qu'il lui permît d'être son témoin. Celui-ci refusa d'abord, mais le principino insista tellement que le prince Hercule consentit enfin à ce qu'il lui demandait, à cette condition cependant qu'il ne ferait aucune question sur la cause de la querelle, ni ne consentirait à aucun arrangement.

Quant au choix des armes, le prince Hercule le laissait entièrement à la disposition de son adversaire, le pistolet lui étant aussi familier que l'épée, *et vice versâ*.

Deux heures après ce colloque, les témoins avaient arrêté, sans autre explication, que les deux adversaires se rencontreraient le lendemain, à six heures du matin, au lac d'Agnano, et que l'arme à laquelle ils se battraient était l'épée.

Là-dessus le prince Hercule s'endormit avec une telle tranquillité, qu'il fallut que le lendemain, à cinq heures, son frère le réveillât.

Tous deux partirent dans leur calèche, emmenant avec eux leur médecin, qui devait porter indifféremment secours à celui des deux adversaires qui serait blessé.

A l'entrée de la grotte de Pouzzoles, ils rejoignirent ceux à qui ils avaient affaire et qui venaient à cheval. Les quatre jeunes gens se saluèrent, puis on s'enfonça sous la grotte. Dix minutes après, on était sur les rives du lac d'Agnano.

Les adversaires et les témoins mirent pied à terre : chacun avait apporté des épées. On tira au sort afin de savoir desquelles on devait se servir. Le sort décida qu'on se servirait de celles du prince Hercule.

Les deux jeunes gens mirent le fer à la main. La disproportion était inouïe. A peine si l'adversaire du prince Hercule avait touché un fleuret trois fois dans sa vie, tandis que le prince Hercule, qui avait fait de l'escrime son délassement favori, maniait son épée avec une grâce et une précision qui ne permettaient pas de douter un seul instant que toutes les chances ne fussent en sa faveur.

Mais, à la première passe et contre toute attente, le prince Hercule fut enfilé de part en part, et tomba sans même jeter un cri.

Le médecin accourut : le prince était mort, l'épée de son adversaire lui avait traversé le cœur.

Le jeune prince voulut continuer le combat ; il arracha l'épée des mains de son frère et somma son meurtrier de croiser le fer à son tour avec lui ; mais le docteur et le second témoin se jetèrent entre eux, déclarant qu'ils ne permettraient pas une pareille infraction aux lois du duel, si bien que force fut au principino de se rendre à leurs raisons, quelque envie qu'il eût de venger son frère.

On le ramena chez lui désespéré, quoique ce fatal événement doublât sa fortune.

Le vieux prince, qui vivait fort retiré dans son château de la Capitanale, apprit la mort de son fils aîné le lendemain du jour où il avait expiré. Comme il l'avait toujours fort aimé, et que cette nouvelle lui avait été annoncée sans précaution aucune, elle le frappa d'un coup aussi douloureux qu'inattendu. Le même jour il se mit au lit ; le surlendemain il était mort.

Le principino se trouva donc le chef de la famille, et maître, à vingt-et-un ans, d'une fortune de huit millions.

XVII.

LE COMBAT.

La douleur du prince fut grande ; aussi résolut-il de voyager pour se distraire.

Il y avait justement dans le port une frégate française qui s'apprêtait à faire voile pour Toulon; le prince demanda une recommandation pour le capitaine et obtint le passage.

Des amis du capitaine lui avaient bien dit, lorsqu'ils avaient appris que le prince de *** allait s'embarquer à son bord, quel était le compagnon de voyage que sa mauvaise fortune lui envoyait; mais le capitaine était un de ces vieux loups de mer qui ne croient ni à Dieu ni au diable, et il n'avait fait que rire des susceptibilités de ses amis.

Toutes les chances étaient pour une heureuse traversée : le temps était magnifique; la flotte anglaise, sous les ordres de Foote, croisait du côté de Corfou; Nelson vivait joyeusement à Palerme auprès de la belle Emma Lyonna; le capitaine partit, fier comme un conquérant qui court à la recherche d'un monde.

Tout allait bien depuis deux jours et deux nuits, lorsqu'en se réveillant le troisième jour, à la hauteur de Livourne, le capitaine entendit crier par le matelot en vigie : *Voile à tribord!*

Le capitaine monta aussitôt sur le pont avec sa longue-vue et braqua l'instrument sur l'objet désigné. Au premier coup d'œil, il reconnut une frégate de dix canons plus forte que la sienne, et, à certains détails de sa construction, il crut pouvoir être certain qu'elle était anglaise.

Mais dix canons de plus ou de moins étaient une misère pour un vieux requin comme le capitaine; il ordonna à l'équipage de se tenir prêt à tout hasard, et continua d'examiner le bâtiment. Il manœuvrait évidemment pour se rapprocher de la frégate; le capitaine, qui avait fort ce que les marins appellent le *jeu de boules*, résolut de lui épargner moitié du chemin, et mit le cap droit sur le navire ennemi.

Dans ce moment, le matelot en vigie cria : *Voile à bâbord!*

Le capitaine se retourna, braqua sa lunette sur l'autre horizon, et vit un second bâtiment qui, sortant majestueusement du port de Livourne, s'avançait de son côté avec intention évidente de faire sa partie. Le capitaine l'examina avec une attention toute particulière, et il reconnut un vaisseau de ligne de première force.

— Oh! oh! murmura-t-il, trois rangées de dents à droite et deux à gauche, cela fait cinq. Nous avons à faire à trop fortes mâchoires; et aussitôt, demandant son porte-voix, il donna l'ordre de se diriger sur Bastia et de couvrir la frégate d'autant de voiles qu'elle en pourrait porter. Aussitôt on vit se déployer comme autant d'étendards les légères bonnettes, et le bâtiment, cédant à l'impulsion nouvelle que lui imprimait ce surcroît de toile, s'inclina doucement et fendit la mer avec une nouvelle vigueur.

Le prince de *** était sur le pont et avait suivi tous ces mouvemens avec un intérêt et une curiosité extrêmes. Il était brave et ne craignait pas un combat; mais cependant, en voyant les deux bâtimens auxquels le capitaine allait avoir affaire, il comprenait qu'il n'y avait d'autre salut pour la frégate que de prendre chasse et de tailler les plus longues croupières qu'elle pourrait à ses ennemis.

Heureusement le vent était bon. Aussi la frégate, qui n'avait qu'une ligne droite à suivre, tandis que les deux autres bâtimens suivaient la diagonale, gagnait-elle visiblement sur les Anglais. Le capitaine, qui jusque-là avait tenu le porte-voix à pleine main, commença à le laisser pendre négligemment à son petit doigt et à siffloter la *Marseillaise*, ce qui voulait dire clairement : *Enfoncés messieurs les Anglais!* Le prince comprit parfaitement le langage, et, s'approchant du capitaine en se frottant les mains, et avec ce sourire qui lui était habituel :

— Eh bien ! capitaine, dit-il, nous avons donc de meilleures jambes qu'eux?

— Oui, oui, dit le capitaine; et, si ce vent là dure, nous les aurons bientôt laissés à une telle distance que nous ne les entendrons plus aboyer.

— Oh! il durera, dit le prince, en fixant ses gros yeux vers le point de l'horizon d'où venait la brise.

— Ohé! capitaine, cria le matelot en vigie.

— Eh bien?

— Le vent saute de l'est au nord.

— Mille tonnerres! s'écria le capitaine, nous sommes flambés!

En effet, une bouffée de mistral, passant aussitôt à travers les agrès, confirma ce que venait de dire le matelot. Cependant ce ne pouvait être qu'une saute de vent accidentelle. Le capitaine attendit donc quelques minutes encore avant de prendre un parti; mais, au bout d'un instant, il n'y avait plus de doute, le vent était fixé au nord.

Cette impulsion nouvelle fut éprouvée à la fois par les trois bâtimens; le vaisseau à trois ponts en profita pour prendre l'avance et couper à la frégate française la route de la Corse. Quant à la frégate anglaise, elle se mit à courir des bordées afin de ne pas s'éloigner, ne pouvant plus se rapprocher directement.

Le capitaine était homme de tête; il prit à l'instant même une résolution décisive et hardie : c'était de marcher droit sur le plus faible des deux bâtimens, de l'attaquer corps à corps et de le prendre à l'abordage avant que le vaisseau de ligne eût pu venir à son secours.

En conséquence, la manœuvre nécessaire fut ordonnée, et le tambour battit le branle-bas de combat.

On était si près de la frégate anglaise que l'on entendit son tambour qui répondait à notre défi.

De son côté, le vaisseau de ligne, comprenant notre intention, mit toutes voiles dehors et gouverna droit sur nous.

Les trois bâtimens paraissaient donc échelonnés sur une seule ligne et avaient l'air de suivre le même chemin; seulement ils étaient distancés à différens intervalles. Ainsi, la frégate française, qui se trouvait tenir le milieu, était à un quart de lieue à peine de la frégate anglaise, et à plus de deux lieues du vaisseau de ligne.

Bientôt cette distance diminua encore; car la frégate anglaise, voyant l'intention de son ennemie, ne conserva que les voiles strictement nécessaires à la manœuvre, et attendit le choc dont elle était menacée.

Le capitaine français, voyant que le moment de l'action approchait, invita le prince à descendre à fond de cale, ou du moins à se retirer dans sa cabine. Mais le prince, qui n'avait jamais vu de combat naval et qui désirait profiter de l'occasion, demanda à demeurer sur le pont, promettant de rester appuyé au mât de misaine et de ne gêner en rien la manœuvre. Le capitaine, qui aimait les braves de quelque pays qu'ils fussent, lui accorda sa demande.

On continua de s'avancer; mais, à peine eut-on fait la valeur d'une centaine de pas, qu'un petit nuage blanc apparut à bord de la frégate anglaise; puis on vit ricocher un boulet à quelques toises de la frégate française, puis on entendit le coup, puis enfin on vit la légère vapeur produite par l'explosion monter en s'affaiblissant et disparaître à travers la mâture, poussée qu'elle était par le vent qui venait de la France.

La partie était engagée par l'orgueilleuse fille de la Grande-Bretagne, qui, provoquée la première par le son du tambour, avait voulu répondre la première par le son du canon. Les deux bâtimens commencèrent se rapprocher l'un de l'autre; mais, quoique les canonniers français fussent à leur poste, quoique les mèches fussent allumées, quoique les canons, accroupis sur leurs lourds affûts, semblassent demander à dire un mot à leur cœur en faveur de la république, tout resta muet à bord, et l'on n'entendit d'autre bruit que l'air de la *Marseillaise* que continuait de siffloter le capitaine. Il est vrai que, comme c'était à peu près le seul air qu'il sût, il l'appliquait à toutes les circonstances; seulement, selon les tons où il le sifflait, l'air variait d'expression, et l'on pouvait reconnaître aux intonations si le capitaine était de bonne ou de mauvaise humeur, content ou mécontent, triste ou joyeux.

Cette fois, l'air avait pris en passant à travers ses dents une expression de menace stridente qui ne promettait rien de bon à messieurs les Anglais.

En effet, rien n'était d'un aspect plus terrible que ce bâtiment, muet et silencieux, s'avançant en droite ligne, et d'une aile aussi ferme que celle de l'aigle, sur son ennemi, qui, de cinq minutes en cinq minutes, virant et revirant de bord, lui envoyait sa double bordée, sans que tout cet ouragan de fer qui passait à travers les voiles, les agrès et la mâture de la frégate française, parût lui faire un mal sensible et l'arrêtât un seul instant dans sa course. Enfin, les deux bâtimens se trouvèrent presque bord à bord; la frégate venait de décharger sa bordée; elle donna l'ordre de virer pour présenter celui de ses flancs qui était encore armé; mais, au moment où elle s'offrait de biais à notre artillerie, le mot Feu! retentit; vingt-quatre pièces tonnèrent à la fois, le tiers de l'équipage anglais fut emporté, deux mâts craquèrent et s'abattirent, et le bâtiment, frémissant de ses matereaux à sa quille, s'arrêta court dans sa manœuvre, tremblant sur place et forcé d'attendre son ennemi.

Alors la frégate française vira de bord à son tour avec une légèreté et une grâce parfaites, et vint pour engager son beaupré dans les porte-haubans du mât d'artimon; mais, en passant devant son ennemie, elle le salua à bout portant de sa seconde bordée, qui, frappant en plein bois, brisa la muraille du bâtiment et coucha sur le pont huit ou dix morts et une vingtaine de blessés.

Au même moment, on entendit le choc des deux bâtimens qui se heurtaient, et que les grappins attachaient l'un à l'autre de cette fatale étreinte que suit presque toujours l'anéantissement de l'un des deux.

Il y eut un moment de confusion horrible; Anglais et Français étaient tellement mêlés et confondus qu'on ne savait lesquels attaquaient, lesquels se défendaient. Trois fois les Français débordèrent sur la frégate anglaise comme un torrent qui se précipite, trois fois ils reculèrent comme une marée qui se retire. Enfin, à un quatrième effort, toute résistance parut cesser; le capitaine avait disparu, blessé ou mort. Chacun se rendait à bord de la frégate anglaise; le pavillon britannique protestait seul encore contre la défaite; un matelot s'élança pour l'abaisser. En ce moment, le cri : Au feu! retentit; le capitaine anglais, une mèche à la main, avait été vu s'avançant vers la sainte-barbe.

Aussitôt Anglais et Français se précipitèrent pêle-mêle à bord de la frégate française pour fuir le volcan qui allait s'ouvrir sous leurs pieds et qui menaçait d'engloutir à la fois amis et ennemis. Des matelots, la hache à la main, s'élancèrent pour couper les chaînes des grappins et pour dégager le beaupré. Le capitaine emboucha son porte-voix et commanda la manœuvre à l'aide de laquelle il espérait s'éloigner de son ennemie, et la belle et intelligente frégate, comme si elle eût compris le danger qu'elle courait, fit un mouvement en arrière. Au même instant, un fracas pareil à celui de cent pièces de canon qui tonneraient à la fois se fit entendre; le bâtiment anglais éclata comme une bombe, chassant au ciel les débris de ses mâts, ses canons brisés et les membres dispersés de ses blessés et de ses morts. Puis un affreux silence succéda à cet effroyable bruit, un vaste foyer ardent demeura quelques secondes encore à la surface de la mer, s'enfonçant peu à peu et en faisant bouillonner l'eau qui l'étreignait, enfin il fit trois tours sur lui-même et s'engloutit. Presque aussitôt une pluie d'agrès rompus, de membres sanglans, de débris enflammés retomba autour de la frégate française. Tout était fini, son ennemie avait cessé d'exister.

Il y eut un instant de trouble suprême pendant lequel personne ne fut sûr de sa propre existence, où les plus braves se regardèrent en frissonnant, et où l'on ne sut pas, tant la frégate française était proche de la frégate anglaise, si elle ne serait pas entraînée avec elle au fond de la mer ou lancée avec elle jusqu'au ciel.

Le capitaine reprit le premier son sang-froid; il ordonna de conduire les prisonniers à fond de cale, de descendre les blessés dans l'entrepont, et de jeter les morts à la mer.

Puis, ces trois ordres exécutés, il se tourna vers le vaisseau à trois ponts, qui, pendant la catastrophe que nous venons de raconter, avait gagné du chemin, et qui s'avançait chassant l'écume devant sa proue comme un cheval de course la poussière devant son poitrail.

Le capitaine fit réparer à l'instant même les avaries qui avaient atteint le corps du bâtiment, changea deux ou trois voiles déchirées par les boulets, remplaça les agrès coupés par des agrès neufs; puis, comprenant que son salut dépendait de la rapidité de ses mouvemens, il reprit chasse avec toute la vitesse dont son bâtiment était susceptible.

Mais si rapidement qu'eussent été exécutées ces manœuvres, elles avaient pris un temps matériel que son antagoniste avait mis à profit, de sorte qu'au moment où la frégate s'inclinait sous le vent, reprenant sa course vers les Baléares, un point blanc apparut à l'avant du bâtiment de ligne, et presque aussitôt, passant à travers la mâture, un boulet coupa deux ou trois cordages et troua la grande voile et la voile de foc.

— Mille tonnerres! dit le capitaine; les brigands ont du vingt-quatre!

Effectivement, deux pièces de ce calibre étaient placées à bord du vaisseau, l'une à l'avant, l'autre à l'arrière, de sorte que, lorsque le capitaine de la frégate se croyait encore hors de la portée habituelle, il se trouvait, à son grand désappointement, sous le feu de son ennemi.

— Toutes les voiles dehors! cria le capitaine, tout, jusqu'aux bonnettes de cacatois! Qu'on ne laisse pas un chiffon de toile grand comme un mouchoir de poche dans les armoires! Allez!

Et aussitôt trois ou quatre petites voiles s'élancèrent et coururent se ranger près des voiles plus grandes qu'elles étaient destinées à accompagner, et l'on sentit à un accroissement de vitesse que, si chétif que fût ce secours, il n'était cependant pas tout à fait inutile.

En ce moment, un second coup de canon retentit, qui passa comme le premier dans la mâture, mais sans autre résultat que de trouer une ou deux voiles.

On marcha ainsi pendant l'espace de dix minutes à peu près; pendant ces dix minutes, le capitaine français ne cessa point de tenir sa lunette braquée sur le vaisseau ennemi. Puis, après ces dix minutes d'examen, faisant rentrer les différens tubes de sa lunette les uns dans les autres d'un violent coup de la paume de la main :

— Enfoncés, décidément, messieurs les Anglais! cria-t-il, nous filons un demi-nœud plus que vous!

— Ainsi, demanda le prince, qui n'avait pas quitté le pont, ainsi demain matin nous serons hors de vue?

— Oh! mon Dieu, oui, répondit le capitaine, si nous allons toujours ce train-là.

— Et si quelque boulet maudit ne nous brise pas une de nos jointes jambes, dit en riant le prince.

Comme il disait ces paroles, le bruit d'un troisième coup de canon retentit, et presque aussitôt on entendit un craquement terrible; un boulet venait de briser le mât auquel était appuyé le prince, au-dessous de la grande hune.

En même temps le mât s'inclina comme un arbre que le vent déracine; puis, toute chargée de ses voiles, de ses agrès, de ses cordages, sa partie supérieure s'abattit sur le pont, ensevelissant le prince de *** sous un amas de voiles, mais cela avec tant de bonheur que le prince n'eut pas même une égratignure.

Un juron à faire fendre le ciel accompagna cet événement comme le roulement du tonnerre accompagne la foudre. C'était le capitaine qui envisageait d'un coup-d'œil sa position. Or, cette position était tranchée : maintenant un combat était inévitable, et le résultat de ce combat avec un navire inférieur, des hommes déjà lassés d'une première lutte et un équipage de moitié moins fort que l'équipage ennemi, ne présentait pas un instant la moindre chance favorable.

Le capitaine ne se prépara pas moins à cette lutte désespérée avec le courage calme et persévérant que chacun lui connaissait : le branle-bas de combat retentit de nouveau, et la moitié des matelots courut derechef aux armes, qu'on n'avait fait au reste que déposer provisoirement sur le pont, tandis que l'autre moitié, s'élançant dans la mâture, se mit à couper à grands coups de hache cordages et agrès; puis on souleva le mât brisé, et agrès, mâts, voiles, cordages, tout fut jeté à la mer.

Ce fut alors seulement qu'on s'aperçut que le prince était sain et sauf. Le capitaine l'avait cru exterminé.

Cependant, si court que fût le temps écoulé depuis la catastrophe, les progrès du vaisseau étaient déjà visibles : continuer la chasse était donc fuir inutilement; or, fuir est une lâcheté, quand la fuite n'offre pas une chance de salut. C'est ainsi du moins que pensait le capitaine. Aussi ordonna-t-il aussitôt qu'on dépouillât le bâtiment de toutes les voiles qui ne seraient pas absolument nécessaires à la manœuvre, et qu'on attendit le vaisseau.

Mais, comme il pensa que dans cette situation critique une allocution à ses matelots ferait bien, il monta sur l'escalier du gaillard d'arrière, et, s'adressant à son équipage :

— Mes amis, dit-il, nous sommes tous flambés depuis A jusqu'à Z. Il ne nous reste maintenant qu'à mourir le mieux que nous pourrons. Souvenez-vous du *Vengeur*, et *vive la république !*

L'équipage répéta d'une seule voix le cri de : *Vive la république !* puis chacun courut à son poste aussi léger et aussi dispos que s'il venait d'être convoqué pour une distribution de grog.

Quant au capitaine, il se mit à siffler la *Marseillaise*.

Le vaisseau s'avançait toujours, et, à chaque pas qu'il faisait, ses messagers de mort devenaient de plus en plus fréquens et de plus en plus funestes ; enfin il se trouva à portée ordinaire, et tournant son flanc armé d'une triple rangée de canons, il se couvrit d'un épais nuage de fumée du milieu duquel s'échappa une grêle de boulets qui vint s'abattre sur le pont de la frégate.

En pareille circonstance, mieux vaut courir au devant du danger que de l'attendre. Le capitaine ordonna de manœuvrer sur le bâtiment anglais et de tenter l'abordage. Si quelque chose pouvait sauver la frégate, c'était un coup de vigueur qui fit disparaître la supériorité physique de l'ennemi auquel elle avait affaire, en mettant aux prises l'impétuosité française avec le courage anglican.

Mais le vaisseau anglais avait une trop bonne position pour la perdre ainsi. Avec ses canons de trente-six, la frégate pouvait l'atteindre à peine, tandis que lui, avec ses canons de quarante-huit, la foudroyait impunément. Or comme, dès qu'il vit la frégate mettre cap sur lui, ce fut lui qui manœuvra pour la tenir toujours à la même distance, à partir de ce moment ce fut, par un étrange jeu, le plus fort qui sembla fuir, et le plus faible qui sembla poursuivre.

La situation du bâtiment français était terrible : maintenu toujours à la même distance par la même manœuvre, chaque bordée de son ennemi l'atteignait en plein corps, tandis que les coups désespérés qu'il tirait se perdaient impuissans dans l'intervalle qui la séparait du but qu'il voulait atteindre ; ce n'était plus une lutte, c'était simplement une agonie ; il fallait mourir sans même se défendre, ou amener.

Le capitaine était à l'endroit le plus découvert, se jetant pour ainsi dire au devant de chaque bordée, et espérant qu'à chacune d'elles quelque boulet le couperait en deux ; mais on eût dit qu'il était invulnérable ; son bâtiment était rasé comme un ponton, le plancher était couvert de morts et de mourans, et lui n'avait pas une seule blessure.

Il y avait aussi le prince de *** qui était sain et sauf.

Le capitaine jeta les yeux autour de lui, il vit son équipage décimé par la mitraille, mourant sans se plaindre, quoiqu'il mourût sans vengeance ; il sentit sa frégate frémissante et se plaignant sous ses pieds, comme si elle aussi eût été animée et vivante ; il comprit qu'il était responsable devant Dieu des jours qui lui étaient confiés, et devant la France du bâtiment dont elle l'avait fait roi. Il donna, en pleurant de rage, l'ordre d'amener le pavillon.

Aussitôt que la flamme aux trois couleurs eut disparu de la corne où elle flottait, le feu du bâtiment ennemi cessa ; et, mettant le cap sur la frégate, il manœuvra pour venir droit à elle ; de son côté, la frégate le voyait s'avancer dans un morne silence ; on eût dit qu'à son approche les mourans mêmes retenaient leurs plaintes. Par un mouvement machinal, les quelques artilleurs qui restaient près d'une douzaine de pièces encore en batterie virent à peine le bâtiment à portée, qu'ils approchèrent machinalement la mèche des canons ; mais, sur un signe du capitaine, toutes les lances furent jetées sur le pont, et chacun attendit, résigné, comprenant que toute défense serait une trahison.

Au bout d'un instant, les deux bâtimens se trouvèrent presque bord à bord, mais dans un état bien différent : pas un seul homme du vaisseau anglais ne manquait au rôle de l'équipage, pas un mât n'était atteint, pas un cordage n'était brisé ; le bâtiment français, au contraire, tout mutilé de sa double lutte, avait perdu la moitié de son monde, avait ses trois mâts brisés, et presque tous ses cordages flottaient au vent comme une chevelure éparse et désolée.

Lorsque le capitaine anglais fut à portée de la voix, il adressa en excellent français, à son courageux adversaire, quelques-uns de ces mots de consolation avec lesquels les braves adoucissent entre eux la douleur de la mort ou la honte de la défaite. Mais le capitaine français se contenta de sourire en secouant la tête, après quoi il fit signe à son ennemi d'envoyer ses chaloupes afin que l'équipage prisonnier pût passer d'un bord à l'autre, toutes les embarcations de la frégate étant hors de service.

Le transport s'opéra aussitôt. Le bâtiment français avait tellement souffert qu'il faisait eau de tout côté, et que, si l'on ne portait un prompt remède à ses avaries, il menaçait de couler bas.

On transporta d'abord les malheureux atteints le plus grièvement, puis ceux dont les blessures étaient plus légères, puis enfin les quelques hommes qui étaient sortis par miracle sains et saufs du double combat qu'ils venaient de soutenir.

Le capitaine resta le dernier à bord, comme c'était son devoir ; puis, lorsqu'il vit le reste de son équipage dans la chaloupe, et que le capitaine anglais faisait mettre sa propre yole à la mer pour l'envoyer prendre, il entra dans sa chambre comme s'il eût oublié quelque chose ; cinq minutes après on entendit la détonation d'un coup de pistolet.

Deux des matelots anglais et le jeune midshipman qui commandait l'embarcation s'élancèrent aussitôt sur le pont et coururent à la chambre du capitaine. Ils le trouvèrent étendu sur le parquet, défiguré et nageant dans son sang ; le malheureux et brave marin n'avait pas voulu survivre à sa défaite : il venait de se brûler la cervelle.

Le jeune midshipman et les deux matelots venaient à peine de s'assurer qu'il était mort, lorsqu'un coup de sifflet se fit entendre. Au moment où le prince de *** mettait le pied à bord du vaisseau anglais, on commença de s'apercevoir que le temps tournait à la tempête ; de sorte que le capitaine, voyant qu'il n'y avait pas de temps à perdre pour faire face à ce nouvel ennemi, avait résolu de regagner en toute hâte le port de Livourne ou de Porto-Ferrajo.

Trois jours après, le bâtiment anglais, démâté de son mât d'artimon, son gouvernail brisé, et ne se soutenant sur l'eau qu'à l'aide de ses pompes, entra dans le port de Mahon, poussé par les derniers souffles de la tempête qui avait failli l'anéantir.

Quant à la frégate française, un instant son vainqueur avait voulu essayer de la traîner après lui, mais bientôt il avait été forcé de l'abandonner ; en même temps que le vaisseau anglais entrait dans le port de Mahon, elle allait s'échouer sur les côtes de France, avec le corps de son brave capitaine, auquel elle servait de glorieux cercueil.

Le prince de *** avait supporté la tempête avec le même bonheur que le combat, et il était descendu à Mahon sans même avoir eu le mal de mer.

XVIII.

LA BÉNÉDICTION PATERNELLE.

Pendant cinq ans, on ignora complétement ce que le prince de *** était devenu. Son banquier seulement lui faisait régulièrement passer des sommes considérables, tantôt en France, tantôt en Angleterre, tantôt en Allemagne. Enfin, un beau jour, on le vit reparaître à Naples, mari d'une jeune Anglaise qu'il avait épousée, et père de deux jolis enfans que le ciel, dans son éternel sourire pour lui, avait faits l'un garçon et l'autre fille.

Nous ne dirons qu'un mot du garçon ; puis nous le quitterons pour revenir à la fille, dont les malheurs vont faire à peu près à eux seuls les frais de cet intéressant chapitre.

Le garçon était le portrait vivant de son père. Aussi, à la première vue, n'y eut-il pas de doute à Naples que le don fatal de la jettatura ne dût se continuer dans la ligne masculine du prince.

Quant à la fille, c'était une délicieuse personne, qui réunissait en elle seule les deux types des beautés italienne et anglaise : elle avait de longs cheveux noirs, de beaux yeux bleus, le teint blanc et mat comme un lis, des dents petites et brillantes comme des perles, les lèvres rouges comme une cerise.

La mère seule se chargea de l'éducation de cette ravissante enfant ; elle grandit à son ombre, gracieuse et fraîche comme une fleur de printemps.

A quinze ans, c'était le miracle de Naples ; la première chose qu'on demandait aux étrangers était s'ils avaient vu la charmante princesse de ***.

Il va sans dire que pendant ces quinze ans l'étoile funeste du prince était constamment restée la même ; seulement à ses besicles il avait joint une énorme tabatière, ce qui doublait encore, s'il faut en croire les traditions, la maligne influence à laquelle étaient constamment soumis ceux qui se trouvaient en contact avec lui.

Au milieu de tous les jeunes seigneurs qui bourdonnaient autour d'elle, la belle Elena (c'était ainsi que se nommait la fille du prince de ***), avait remarqué le comte de F***, second fils d'une des plus riches et des plus aristocratiques patriciens de la ville de Naples. Or, comme le droit d'aînesse était aboli dans le royaume des Deux-Siciles, le comte de F*** ne se trouvait pas moins, tout puîné qu'il était, un parti fort sortable pour notre héroïne, puisqu'il apportait en mariage quelque chose comme cent cinquante mille livres de rente, un noble nom, vingt-cinq ans, et une belle figure.

Chose difficile à croire, c'était cette belle figure qui se trouvait le principal obstacle au mariage, non de la part de la jeune princesse, Dieu merci ! elle, au contraire, appréciait ce don de la nature à sa valeur, et même au-delà ; mais cette belle figure avait tant fait des siennes, elle avait tourné tant de têtes et elle avait causé tant de scandale à la ville, que toutes les fois qu'il était question du comte de F*** devant le prince de ***, il s'empressait de manifester son opinion sur les jeunes dissipés, et particulièrement sur celui-ci, lequel, au dire du prince, avait autant de bonnes fortunes que Salomon.

Malheureusement, il arriva ce qui arrive toujours ; ce fut du seul homme que n'aurait pas dû aimer Elena que la belle Elena devint amoureuse. Etait-ce par sympathie ou par esprit de contrariété ? Je l'ignore. Etait-ce parce qu'elle en pensait beaucoup de bien ou parce qu'on lui en avait dit beaucoup de mal ? Je ne sais. Mais tant il y a qu'elle en devint amoureuse, non pas de cet amour éphémère qu'un léger caprice fait naître et que la moindre opposition fait mourir, mais de cet amour ardent, profond et éternel, qui s'augmente des difficultés qu'on lui oppose, qui se nourrit des larmes qu'il répand, et qui, comme celui de Juliette et de Roméo, ne voit d'autre dénoûment à sa durée que l'autel ou la tombe.

Mais quoique le prince adorât sa fille, et justement même parce qu'il l'adorait, il se montrait de plus en plus opposé à une union, qui, selon lui, devait faire son malheur. Chaque jour il venait raconter à la pauvre Elena quelque tour nouveau à la manière de Faublas ou de Richelieu, dont le comte de F*** était le héros ; mais, à son grand étonnement, cette nomenclature de méfaits, au lieu de diminuer l'amour de la jeune fille, ne faisait que l'augmenter.

Cet amour arriva bientôt à un point que ses belles joues pâlirent, que ses yeux, conservant le jour la trace des larmes de la nuit, commencèrent à perdre de leur éclat ; enfin qu'une mélancolie profonde s'emparant d'elle, ses lèvres ne laissèrent plus passer que de ces rares sourires pareils aux pâles rayons d'un soleil d'hiver. Une maladie de langueur se déclara.

Le prince, horriblement inquiet du changement survenu chez Elena, attendit le médecin au moment où il sortait de la chambre de sa fille, et le supplia de lui dire ce qu'il pensait de son état ; le médecin répondit qu'en cette circonstance moins que toute autre la médecine pouvait se permettre de prédire l'avenir, attendu que la maladie de la jeune fille lui paraissait amenée par des causes purement morales, causes sur lesquelles la malade avait obstinément refusé de s'expliquer ; mais, que, malgré ce refus, il n'en était pas moins sûr qu'il y avait au fond de cette langueur, qui pouvait devenir mortelle, quelque secret dans lequel était sa guérison.

Ce secret n'en était pas un pour le prince. Aussi suivit-il les progrès du mal avec anxiété. Il tint bon encore deux ou trois mois ; mais, au bout de ce temps, le médecin l'ayant prévenu que l'état de la malade empirait de telle façon qu'il ne répondait plus d'elle, le prince, tout en demandant pardon à Dieu et à la morale de confier le bonheur de sa fille à un pareil homme, finit par dire un beau jour à Elena que, comme sa vie lui était plus chère que tout au monde, il consentait enfin à ce qu'elle épousât le comte de F***.

La pauvre Elena, qui ne s'attendait pas à cette bonne nouvelle, bondit de joie ; ses joues pâlies s'animèrent à l'instant du plus ravissant incarnat ; ses yeux ternis lancèrent des éclairs ; enfin sa belle bouche attristée retrouva un de ces doux sourires qu'elle semblait à tout jamais avoir oubliés. Elle jeta ses bras amaigris autour du cou de son père, et, en échange de son consentement, elle lui promit non seulement de vivre, mais encore d'être heureuse.

Le prince secoua la tête tristement, la fatale réputation de son futur gendre lui revenant sans cesse à l'esprit.

Cependant, comme sa parole était donnée, il n'en consentit pas moins à ce qu'on fît connaître à l'instant même à son prétendu, qui avait été sinon aussi malade du moins aussi malheureux qu'elle, le changement inattendu qui s'opérait dans leur position.

Le comte de F*** accourut. En apprenant cette nouvelle inespérée, il avait failli devenir fou de joie.

Les deux amans se revoyant ne purent échanger une seule parole, ils fondirent en larmes.

Le prince se retira tout en grommelant : cinq secondes de plus d'un pareil spectacle, il allait pleurer comme eux et avec eux.

Les refus du prince avaient fait tant de bruit qu'il comprit lui-même que, du moment où il cessait de s'opposer à l'union des deux amans, mieux valait que le mariage eût lieu plus tôt que plus tard. Le jour de la cérémonie fut donc fixé à trois semaines ; c'était juste le temps nécessaire à l'accomplissement des formalités d'usage.

Pendant ces trois semaines, le prince de *** reçut peut-être dix lettres anonymes, toutes remplies des plus graves accusations contre son futur gendre ; c'étaient des Arianes délaissées qui le représentaient comme un amant sans foi ; c'étaient des mères éplorées qui l'accusaient d'être un père sans entrailles ; c'étaient enfin des deux parts des plaintes amères qui venaient corroborer de plus en plus la première opinion que le prince avait conçue à l'endroit du comte de F***. Mais le prince avait donné sa parole ; il voyait son heureuse enfant se reprendre chaque jour à la vie en se reprenant au bonheur. Il renferma toutes ses craintes au fond de son âme, comprenant qu'après avoir cédé aux désirs d'Elena, ce serait la tuer maintenant que de lui retirer sa parole donnée.

Tout resta dans le *statu quo*, et, le grand jour arrivé, l'auguste cérémonie eut lieu à la grande joie des jeunes époux et à l'admiration de tous les assistans, qui déclaraient, à l'unanimité, qu'on ferait inutilement tout le royaume des Deux-Siciles pour trouver deux jeunes gens qui se convinssent davantage sous tous les rapports.

Le soir, il y eut un grand bal pendant lequel le jeune époux fut fort empressé, et la belle épouse fort rougissante ; puis enfin vint l'heure de se retirer. Les invités disparurent les uns après les autres : il ne resta plus dans le palais que les nouveaux mariés, le prince et la princesse. En voyant se rapprocher ainsi l'instant d'appartenir à un autre, Elena se jeta dans les bras de sa mère, tandis que le jeune comte secouait en souriant la main du prince.

En ce moment, celui-ci, oubliant tous ses préjugés contre son gendre, le prit dans un bras, prit sa fille dans l'autre, les embrassa tous les deux sur le front en s'écriant : — Venez, chers enfans, venez recevoir la bénédiction paternelle ? A ces mots, tous deux, se laissant glisser de ses bras, tombèrent à ses genoux, et le prince, pour ne pas rester au dessous de la situation, abaissa sur leurs têtes ses mains qu'il avait levées vers le ciel ; alors, ne trouvant rien de mieux à dire que les paroles que le Seigneur lui-même dit aux premiers époux :

— Croissez et multipliez ! s'écria-t-il.

Puis, craignant de se laisser aller à une émotion qu'il regardait comme indigne d'un homme, il se retira dans son appartement, où, au bout d'un quart d'heure, la princesse vint le joindre, en lui annonçant que, selon toute probabilité, les deux jeunes époux étaient occupés à accomplir en ce moment les paroles de la Genèse.

Le lendemain, Elena, en revoyant son père, rougit prodigieusement ; de son côté, le comte de F*** n'était pas exempt d'un certain embarras en abordant le prince ; mais comme cet embarras et cette rougeur étaient assez naturels dans la position des parties, la princesse se contenta de répondre à cette rougeur par un baiser, et le prince à cet embarras par un sourire.

La journée se passa sans que le prince et la princesse essayassent d'entrer dans aucun détail sur ce qui s'était passé entre les jeunes époux hors de leur présence ; seulement, comme ils comprenaient leur situation, ils les laissèrent le plus qu'ils purent en tête à tête, et ne furent aucunement étonnés qu'ils passassent une partie de la journée renfermés dans leurs appartemens. Néanmoins, on dîna en famille ; mais comme les époux paraissaient de plus en plus contraints et embarrassés, le prince et la princesse échangèrent un sourire d'intelligence ; et aussitôt le dessert achevé, ils annoncèrent à leurs enfans qu'ils avaient décidé d'aller passer quelques jours à la campagne, et que, pendant ces quelques jours, ils laissèrent le palais de Naples à leur entière disposition.

Ce qui fut dit fut fait, et le même soir le prince et la princesse partirent pour Caserte, assez préoccupés tous deux des observations qu'ils avaient faites séparément, mais dont cependant ils n'ouvrirent pas la bouche pendant tout le voyage.

Trois jours après, au moment où le prince et la princesse déjeunaient en tête à tête, on entendit le roulement d'une voiture dans la cour du château. Cinq minutes après, un domestique arriva tout courant annoncer que la jeune comtesse venait d'arriver.

Derrière lui Elena parut ; mais, au contraire de ce qu'on aurait pu attendre d'une mariée de la semaine, sa figure était toute bouleversée, et elle se jeta en pleurant dans les bras de sa mère.

Le prince adorait sa fille ; il voulut donc connaître la cause de son chagrin ; mais plus il l'interrogeait, plus Elena, tout en gardant le silence, versait d'abondantes larmes. Enfin une idée terrible traversa l'esprit du prince.

— Oh ! le malheureux ! s'écria-t-il, il t'aura fait quelque infidélité ?

— Hélas ! plût au ciel ! répondit la jeune fille.

— Comment, plût au ciel ? Mais qu'est-il donc arrivé ? continua le prince.

— Une chose que je ne puis dire qu'à ma mère, répondit Elena.

— Viens donc, mon enfant, viens donc avec moi, s'écria la princesse, et conte-moi tes chagrins.

— Ma mère ! ma mère ! dit la jeune femme, je ne sais si j'oserai.

— Mais c'est donc bien terrible ? demanda le prince.

— Oh ! mon père, c'est affreux.

— Je l'avais bien dit, murmura le prince, que cet homme ferait ton malheur !

— Hélas ! que ne vous ai-je cru ! répondit Elena.

— Viens, mon enfant, viens, dit la princesse, et nous verrons à arranger tout cela.

— Ah ! ma mère, ma mère, répondit la jeune mariée en se laissant entraîner presque malgré elle, ah ! je crains bien qu'il n'y ait pas de remède.

Et les deux femmes disparurent dans la chambre à coucher de la princesse.

Là fut révélé un secret inattendu, miraculeux, inouï : le comte de F***, le Lovelace de Naples, ce héros aux mille et une aventures, cet homme dont les précoces paternités avaient causé de si grandes et de si longues terreurs au prince de ***, le comte de F*** n'était pas plus avancé près de sa femme au bout de six jours de mariage que Monsieur de Lignolle, de charadique mémoire, ne l'était près de sa femme au bout d'un an.

Et ce qu'il y avait de plus extraordinaire, c'est que la réputation antérieure du comte de F***, loin d'être usurpée, était encore restée au dessous de la réalité.

Mais la bénédiction paternelle portait ses fruits. Aussi, comme l'avait laissé craindre l'exclamation d'Elena, il n'y avait pas de remède.

Trois ans s'écoulèrent sans que rien au monde pût conjurer le maléfice dont le pauvre comte de F*** était victime ; puis, au bout de trois ans, un bruit singulier se répandit : c'est que madame la comtesse de F***, aux termes d'un des articles du concile de Trente, demandait le divorce pour cause d'impuissance de son mari.

Une pareille nouvelle, comme on le comprend bien, ne pouvait avoir grande confiance dans la ville de Naples ; les femmes surtout l'accueillaient en haussant les épaules, en assurant que de pareils bruits n'avaient pas le sens commun. Cependant un jour il fallut bien y croire : la comtesse de F*** venait de faire assigner son mari devant le tribunal de la Rota à Rome.

Alors chacun voulut entrer dans les moindres détails des événemens qui avaient suivi le bal de noces ; mais nul ne pensa à révéler la fatale bénédiction du prince de *** et les termes bibliques dans lesquels il l'avait formulée, de sorte que toutes ces choses restèrent dans le doute, tous les hommes prenant parti pour la comtesse, toutes les femmes se rangeant du côté du comte.

Pendant trois mois, Naples fut aussi pleine de division qu'elle l'avait été aux époques des plus grandes discordes civiles. C'étaient, à propos du comte et de la comtesse de F***, d'éternelles discussions entre les maris et les femmes ; les maris soutenaient à leurs femmes que non seulement le comte de F*** était impuissant, mais encore qu'il l'avait toujours été ; les femmes répondaient à leur maris qu'ils étaient des imbéciles, et qu'ils ne savaient ce qu'ils disaient.

Enfin la comtesse comparut devant un tribunal de docteurs et de sages-femmes. Les sages-femmes et les docteurs déclarèrent à l'unanimité qu'il était fort malheureux que Elena, comme Jeanne d'Arc, ne fût pas née dans les marches de Lorraine, attendu que, comme l'héroïne de Vaucouleurs, elle avait, en cas d'invasion, tout ce qu'il fallait pour chasser les Anglais de France.

Les maris triomphèrent, mais les femmes ne se rendirent point pour si peu : elles prétendirent que les sages-femmes ne savaient pas leur métier, et que les médecins ne s'y connaissaient pas.

Les querelles conjugales s'envenimèrent ainsi, et une partie de ces dames, n'ayant pas le bonheur de pouvoir demander le divorce pour cause d'impuissance, demandèrent la séparation de corps pour incompatibilité d'humeur.

Le comte de F*** demanda le congrès : c'était son droit. Le congrès fut donc ordonné : c'était sa dernière espérance.

Nous sommes trop chaste pour entrer dans les détails de cette singulière coutume, fort usitée au moyen-âge, mais fort tombée en désuétude au dix-neuvième siècle. Au reste, si nos lecteurs avaient quelque curiosité à ce sujet, nous les renverrions à Tallemant des Réaux, *Historiette de monsieur de Langeais*. Contentons-nous de dire que, contre toute croyance, le résultat tourna à la plus grande honte du pauvre comte de F***.

Les maris napolitains se prirent par la main et dansèrent en rond, ni plus ni moins qu'on assure que le firent depuis au foyer du Théâtre-Français Messieurs les romantiques autour du buste de Racine; ce qui ne me parut jamais bien prouvé, attendu que le buste de Racine est appuyé contre le mur.

On crut les femmes anéanties ; mais, comme on le sait, lorsque les femmes ont une chose dans la tête, il est assez difficile de la leur ôter. Ces dames répondirent qu'elles demeureraient dans leur première opinion sur l'excellent caractère du comte jusqu'à preuve directe du contraire.

Mais, comme le tribunal de la Rota n'est pas composé de femmes, le tribunal décida que le mariage, n'ayant point été consommé, était comme nul et non avenu.

Moyennant lequel jugement les deux époux rentrèrent dans la liberté de se tourner le dos et de contracter, si bon leur semble, chacun de son côté, un nouvel hyménée.

Elena ne tarda point à profiter de la permission qui lui était donnée. Pendant ces trois ans d'étrange veuvage, le chevalier de T*** lui avait fait une cour des plus assidues; mais, moitié par vertu, moitié dans la crainte de fournir au comte de F*** de légitimes griefs, Elena n'avait jamais avoué au chevalier qu'elle partageait son amour. Il était résulté de cette réserve une grande admiration de la part du monde, et un profond amour de la part du chevalier de T***.

Aussi, le prononcé du jugement à peine connu, le chevalier de T***, qui n'attendait que ce moment pour se substituer aux lieu et place du premier mari, accourut-il offrir son cœur et sa main à la belle Elena : l'un et l'autre furent acceptés, et la nouvelle des noces à venir se répandit en même temps que la rupture du mariage passé.

Cette fois le prince ne mit aucune opposition aux vœux de sa fille, qui, au reste, étant devenue majeure, avait le droit de se gouverner elle-même. Le chevalier de T*** n'avait jamais fait parler de lui que de la façon la plus avantageuse : il était d'une des premières familles de Naples, assez riche pour qu'on ne pût pas supposer que son amour pour Elena fût le résultat d'un calcul, et en outre attaché comme aide de camp à l'un des princes de la famille régnante : le parti était donc sortable de tout point.

On décida qu'on laisserait trois mois s'écouler pour les convenances ; que pendant ces trois mois le chevalier de T*** accepterait une mission que le prince lui avait offerte pour Vienne ; enfin que, ces trois mois expirés, il reviendrait à Naples, où les noces seraient célébrées.

Tout se passa selon les conventions faites : au jour dit, le chevalier de T*** fut de retour, plus amoureux qu'il n'était parti ; de son côté, Elena lui avait gardé dans toute sa force le second amour aussi profond et aussi pur que le premier. Toutes les formalités d'usage avaient été remplies pendant cet intervalle, rien ne pouvait donc retarder le bonheur des deux amans. Le mariage fut célébré huit jours après le retour du chevalier.

Cette fois, il n'y eut ni dîner ni bal ; on se maria à la campagne et dans la chapelle du château : quatre témoins, le prince et la princesse, assistèrent seuls au bonheur des nouveaux époux. Comme la première fois, après la célébration du mariage, le prince les arrêta pour leur faire une petite exhortation que Elena et le chevalier écoutèrent avec tout le recueillement et le respect possibles. Puis, l'allocution terminée, il voulut les bénir. Mais Elena, qui savait ce qu'avait coûté à son bonheur la première bénédiction paternelle, fit un bond en arrière, et, étendant les mains vers son père :

— Au nom du ciel ! mon père, dit-elle, pas un mot de plus ! C'est une superstition peut-être, mais, superstition ou non, ne nous bénissez pas.

Le prince, qui ne connaissait pas la véritable cause du refus de sa fille, insista pour accomplir ce qu'il regardait comme un devoir ; mais, la peur l'emportant sur le respect, Elena, au grand étonnement du prince, entraîna son mari dans son appartement pour le soustraire à la redoutable bénédiction, et, d'un mouvement rapide comme la pensée, en faisant des cornes de ses deux mains, afin, s'il était besoin, de conjurer doublement l'influence perturbatrice de son père, elle referma la porte entre elle et lui et la barricada en dedans à deux verroux.

Le souvenir des orages qui avaient éclaté dès le premier jour dans le jeune ménage inspira d'abord de vives inquiétudes à la princesse, qui craignit que le maléfice des deux époux troublât également ce second ménage. Ses appréhensions ne se calmèrent que lorsque le troisième jour sa fille vint rendre visite comme la première fois à ses parens, qui s'étaient retirés à la campagne. La jeune femme avait la figure si radieuse que les craintes de la mère s'évanouirent.

En effet, Elena dit à sa mère que son nouvel époux n'avait pas cessé un seul instant de l'aimer, qu'il était bon, d'un charmant caractère, prévenant, docile même, et plein d'attentions délicates pour elle ; en un mot, qu'elle était parfaitement heureuse.

Le bonheur si chèrement acheté de la jeune fille s'augmenta bientôt du titre de mère. Elle donna le jour à un gros garçon. On choisit pour allaiter le nouveau-né une belle nourrice de Procida, aux boucles d'oreilles à rosette de perles, au justaucorps écarlate galonné d'or, à l'ample jupon plissé à franges d'argent, qu'on installa dans la maison et à qui tous les domestiques reçurent l'ordre d'obéir comme à une seconde maîtresse. Le bambino était l'idole de toute la maison, la princesse l'adorait, le prince en était fou ; nous ne parlons pas du père et de la mère, tous les deux semblaient avoir concentré leur existence dans celle de cette pauvre petite créature..

Quinze mois s'écoulèrent : l'enfant était on ne peut plus avancé pour son âge, connaissant et aimant tout le monde, et surtout le bon papa, auquel il rendait force gentils sourires en échange de ses agaceries, De son côté, bon papa ne pouvait se passer de lui. Il se faisait apporter à toute heure du jour, si bien que, pour ne pas quitter l'enfant, le prince fut sur le point de refuser une mission de la plus haute importance que le roi de Naples lui avait confiée pour le roi de France. Il s'agissait d'aller complimenter Charles X sur la prise d'Alger.

Cependant tous les amis du prince lui remontrèrent si bien le tort qu'il se ferait dans l'esprit du roi par un pareil refus, sa famille le supplia tellement de considérer que l'avenir de son gendre pourrait éternellement souffrir de son obstination, que le prince consentit enfin à remplir une mission que tant d'autres lui eussent enviée. Il partit de Naples, dans les premiers jours de juillet 1830, arriva à Paris le 24, se rendit aussitôt au ministère des affaires étrangères pour demander son audience, et fut reçu solennellement deux jours après par le roi Charles X.

Le lendemain de cette réception la révolution de juillet éclata.

Trois jours suffirent, comme on sait, pour renverser un trône, huit pour en élever un autre. Mais le prince n'était point accrédité près du nouveau monarque. Aussi ne jugea-t-il pas à propos de rester près de la nouvelle cour ; il quitta la France, sans même mettre le pied aux Tuileries, circonstance à laquelle le roi Louis-Philippe dut, selon toute probabilité, les heureux et faciles commencemens de son règne.

Le prince était guéri des voyages par mer : les combats n'étaient plus à craindre, mais les tempêtes étaient toujours à redouter. Aussi prit-il par les Alpes, et traversa-t-il la Toscane pour se rendre à Naples par Rome.

En passant par la capitale du monde, il s'arrêta pour présenter ses hommages au pape Pie VIII, qui, sachant de quelle mission de confiance le prince avait été chargé par son souverain, le reçut avec tous les honneurs dus à son rang, c'est-à-dire qu'au lieu de lui donner sa mule à baiser, comme Sa Sainteté fait pour le commun des martyrs, le pape lui donna sa main.

Trois jours après, le pape était mort.

Le prince était parti de Rome aussitôt son audience obtenue, tant il avait hâte de revenir à Naples ; il voyageai jour et nuit, et arriva en vue de son palais le lendemain à onze heures du matin, précédé de dix minutes seulement par le courrier qui lui faisait préparer des chevaux sur la route; mais ces dix minutes suffirent à toute la famille pour accourir sur le balcon du premier étage, élevé, comme tous les premiers étages des palais napolitains, de plus de vingt-cinq pieds de hauteur.

La nourrice y accourut comme les autres, tenant l'enfant dans ses bras.

Malgré sa vue basse, grâce à d'excellentes lunettes qu'il avait achetées à Paris, le prince aperçut son petit-fils et lui fit de sa voiture un signe de la main. De son côté, le bambino le reconnut ; et comme, ainsi que nous l'avons dit, il adorait son bon papa, dans la joie de le revoir, le pauvre petit fit un mouvement si brusque, en tendant ses deux petits bras vers lui et en cherchant à s'élancer à sa rencontre, que le malheureux s'échappa des bras de sa nourrice, et, se précipitant du balcon, se brisa la tête sur le pavé.

Le père et la mère faillirent mourir de douleur ; le prince fut près de six mois comme un fou ; ses cheveux blanchirent, puis tombèrent, de sorte qu'il fut forcé de prendre perruque, ce qui compléta ainsi en lui la triple et terrible réunion de la perruque, de la tabatière et des lunettes.

C'est ainsi que je le vis en passant à Naples ; mais j'étais heureusement prévenu. Du plus loin que je l'aperçus, je lui fis des cornes, si bien que, quoiqu'il me fît l'honneur de causer avec moi près de vingt minutes, il ne m'arriva d'autre malheur, grâce à la précaution que j'avais prise, que d'être arrêté le lendemain.

Je raconterai cette arrestation en son lieu et place, attendu qu'elle fut accompagnée de circonstances assez curieuses pour que je ne craigne pas, le moment venu, de m'étendre quelque peu sur ses détails.

Le jour même de mon départ, le prince avait été nommé président du comité sanitaire des Deux-Siciles.

Huit jours après, j'appris à Rome que le lendemain de cette nomination le choléra avait éclaté à Naples.

Depuis, j'ai su que le comte de F***, le premier époux de la belle Elena, ayant suivi l'exemple qu'elle lui avait donné, s'était remarié comme elle, avait été parfaitement heureux de son côté avec sa nouvelle épouse, et comme mari, et comme père, car il avait eu de ce second mariage cinq enfans : trois garçons et deux filles.

Au mois de mars dernier, le prince de *** est entré dans sa soixante-dix-huitième année ; mais, loin que l'âge lui ait rien fait perdre de sa terrible influence, on prétend, au contraire, qu'elle devient plus formidable au fur et à mesure qu'il vieillit.

Et maintenant que nous avons fini avec Arimane, passons à Oromaze.

XIX.

SAINT JANVIER, MARTYR DE L'ÉGLISE.

Saint Janvier n'est pas un saint de création moderne ; ce n'est pas un patron banal et vulgaire, acceptant les offres de tous les cliens, accordant sa protection au premier venu, et se chargeant des intérêts de tout le monde ; son corps n'a pas été recomposé dans les catacombes aux dépens d'autres martyrs plus ou moins inconnus, comme celui de sainte Philomèle ; son sang n'a pas jailli d'une image de pierre, comme celui de la madone de l'Arc ; enfin les autres saints ont bien fait quelques miracles pendant leur vie, miracles qui sont parvenus jusqu'à nous par la tradition et par l'histoire ; tandis que le miracle de saint Janvier s'est perpétué jusqu'à nos jours, et se renouvelle deux fois par an, à la grande gloire de la ville de Naples et à la grande confusion des athées.

Saint Janvier remonte, par son origine, aux premiers siècles de l'Église. Évêque, il a prêché la parole du Christ et a converti au véritable culte des milliers de païens ; martyr, il a enduré toutes les tortures inventées par la cruauté de ses bourreaux, et a répandu son sang pour la foi ; élu du ciel, avant de quitter ce monde où il avait tant souffert, il a adressé à Dieu une prière suprême pour faire cesser la persécution des empereurs.

Mais là se bornent ses devoirs de chrétiens et sa charité de cosmopolite.

Citoyen avant tout, saint Janvier n'aime réellement que sa patrie ; il la protége contre tous les dangers, il la venge de tous ses ennemis : *Civi, patrono, vindici*, comme le dit une vieille tradition napolitaine. Le monde entier serait menacé d'un second déluge, que saint Janvier ne lèverait pas le bout du petit doigt pour l'empêcher ; mais que la moindre goutte d'eau puisse nuire aux récoltes de sa bonne ville, saint Janvier remuera ciel et terre pour ramener le beau temps.

Saint Janvier n'aurait pas existé sans Naples, et Naples ne pourrait plus exister sans saint Janvier. Il est vrai qu'il n'y a pas de ville au monde qui ait été plus de fois conquise et dominée par l'étranger ; mais, grâce à l'intervention active et vigilante de son protecteur, les conquérans ont disparu, et Naples est restée.

Les Normands ont régné sur Naples, mais saint Janvier les a chassés.

Les Souabes ont régné sur Naples, mais saint Janvier les a chassés.

Les Angevins ont régné sur Naples, mais saint Janvier les a chassés.

Les Aragonais ont usurpé le trône à leur tour, mais saint Janvier les a punis.

Les Espagnols ont tyrannisé Naples, mais saint Janvier les a battus.

Enfin, les Français ont occupé Naples, mais saint Janvier les a éconduits.

Et qui sait ce que fera saint Janvier pour sa patrie ?

Quelle que soit la domination, indigène ou étrangère, légitime ou usurpatrice, équitable ou despotique, qui pèse sur ce beau pays, il est une croyance au fond du cœur de tous les Napolitains, croyance qui les rend patiens jusqu'au stoïcisme : c'est que tous les rois et tous les gouvernemens passeront, et qu'il ne restera en définitive que le peuple et saint Janvier.

L'histoire de saint Janvier commence avec l'histoire de Naples, et ne finira, selon toute probabilité, qu'avec elle : toutes deux se côtoient sans cesse, et, à chaque grand événement heureux ou malheureux, elles se touchent et se confondent. Au premier abord, on peut bien se tromper sur les causes et les effets de ces événemens, et les attribuer, sur la foi d'historiens ignorans ou prévenus, à telle ou telle circonstance dont ils vont chercher bien loin la source ; mais, en approfondissant le sujet, on verra que, depuis le commencement du quatrième siècle jusqu'à nos jours, saint Janvier est le principe ou la fin de toutes choses : si bien qu'aucun changement ne s'y est accompli que par la permission, par l'ordre ou par l'intervention de son puissant protecteur.

Aussi cette histoire présente-t-elle trois phases bien distinctes, et doit-elle être envisagée sous trois aspects bien différens. Dans les premiers siècles, elle revêt l'allure simple et naïve d'une légende de Grégoire de Tours ; au moyen âge, elle prend la marche poétique et pittoresque d'une chronique de Froissard ; enfin, de nos jours, elle offre l'aspect railleur et sceptique d'un conte de Voltaire.

Nous allons commencer par la légende.

Comme de raison, la famille de saint Janvier appartient à la plus haute noblesse de l'antiquité ; le peuple qui, en 1647, donnait à la république le titre de *sérénissime royale république napolitaine*, et qui, en 1799, poursuivait les patriotes à coups de pierre pour avoir osé abolir le titre d'excellence, n'aurait jamais consenti à se choisir un protecteur d'origine plébéienne : le lazzarone est essentiellement aristocrate.

La famille de saint Janvier descend en droite ligne des *Januari* de Rome, dont la généalogie se perd dans la nuit des âges. Les premières années du saint sont restées ensevelies dans l'obscurité la plus profonde : il ne paraît en public qu'à la dernière époque de sa vie, pour prêcher et souffrir, pour confesser sa croyance et mourir pour elle. Il fut nommé à l'évêché de Bénévent vers l'an de grâce 504, sous le pontificat de saint Marcellin. Étrange destinée de l'évêché bénéventin, qui commence à saint Janvier et qui finit à M. de Talleyrand !

Une des plus terribles persécutions que l'Église ait endurées, est, comme chacun sait, celle des empereurs Dioclétien et Maximien ; les chrétiens furent poursuivis, en 302, avec un tel acharnement, que, dans l'espace d'un seul mois, dix-sept mille martyrs tombèrent sous le glaive de ces deux tyrans. Cependant, deux ans après la promulgation de l'édit qui frappait de mort indistinctement tous les fidèles, hommes et femmes, enfans et vieillards, l'Église naissante parut respirer un instant. Aux empereurs Dioclétien et Maximien, qui venaient d'abdiquer, avaient succédé Constance et Galère ; il était résulté de cette substitution que, par ricochet, un changement pareil s'était opéré dans les proconsuls de la Campanie, et qu'à Dragontius avait succédé Timothée.

Au nombre des chrétiens entassés dans les prisons de Cumes par Dragontius se trouvaient Sosius, diacre de Misène, et Proculus, diacre de Pouzzoles. Pendant tout le temps qu'avait duré la persécution, saint Janvier n'avait jamais manqué, au risque de sa vie, de leur apporter des consolations et des secours ; et, quittant son diocèse de Bénévent pour accourir là où il croyait sa présence nécessaire, il avait bravé mainte et mainte fois les fatigues d'un long voyage et la colère du proconsul.

A chaque nouveau soleil politique qui se lève, un rayon d'espoir passe à travers les barreaux des prisonniers de l'autre règne ; il en fut ainsi à l'avènement au trône de Constance et de Galère. Sosius et Proculus se crurent sauvés. Saint Janvier, qui avait partagé leur douleur, se hâta de venir partager leur joie. Après avoir récité si longtemps avec ses chers fidèles les psaumes de la captivité, il entonna le premier avec eux le cantique de la délivrance.

Les chrétiens, relâchés provisoirement, rendaient grâces au Seigneur dans une petite église située aux environs de Pouzzoles, et le saint évêque, assisté par les deux diacres Sosius et Proculus, s'apprêtait à offrir à Dieu le sacrifice de la messe, lorsque tout à coup il se fit au dehors un grand bruit, suivi d'un long silence. Les prisonniers, rendus il y avait peu d'instans à la liberté, prêtèrent l'oreille ; les deux diacres se regardèrent l'un l'autre, et saint Janvier attendit ce qui allait se passer, immobile et debout devant la première marche de l'autel qu'il allait franchir, les mains jointes, le sourire aux lèvres, et le regard fixé sur la croix avec une indicible expression de confiance.

Le silence fut interrompu par une voix qui lisait lentement le décret de Dioclétien remis en vigueur par le nouveau proconsul Timothée ; et ces terribles paroles, que nous traduisons textuellement, retentirent à l'oreille des chrétiens prosternés dans l'église :

« Dioclétien, trois fois grand, toujours juste, empereur éternel, à tous les préfets et proconsuls du romain empire, salut.

» Un bruit qui ne nous a pas médiocrement déplu étant parvenu à nos oreilles divines, c'est-à-dire que l'hérésie de ceux qui s'appellent chrétiens, hérésie de la plus grande impiété (*valdè impiam*), reprend de nouvelles forces ; que lesdits chrétiens honorent comme dieu ce Jésus enfanté par je ne sais quelle femme juive, insultant par des injures et des malédictions le grand Apollon et Mercure, et Hercule et Jupiter lui-même, tandis qu'ils vénèrent ce même Christ, que les Juifs ont cloué sur une croix comme un sorcier ; à cet effet, nous ordonnons que tous les chrétiens, hommes ou femmes, dans toutes les villes et contrées, subissent les supplices les plus atroces s'ils refusent de sacrifier à nos dieux et d'abjurer leur erreur. Si cependant quelques uns parmi eux se montrent obéissans, nous voulons bien leur accorder leur pardon ; au cas contraire, nous exigeons qu'ils soient frappés par le glaive et punis par la mort la plus cruelle (*morte pessimâ punire*). Sachez enfin que, si vous négligez nos divins décrets, nous vous punirons des mêmes peines dont nous menaçons les coupables. »

Lorsque le dernier mot de la loi terrible fut prononcé, saint Janvier adressa à Dieu une muette prière pour le supplier de faire descendre sur tous les fidèles qui l'entouraient la grâce nécessaire pour braver les tortures et la mort ; puis, sentant que l'heure de son martyre venait de sonner, il sortit de l'église accompagné par les deux diacres et suivi de la foule des chrétiens, qui bénissaient à haute voix le nom du Seigneur. Il traversa une double haie de soldats et de bourreaux étonnés de tant de courage, et, chantant toujours au milieu des populations ameutées qui se pressaient pour voir le saint évêque, il arriva à Nola après une marche qui parut un triomphe.

Timothée l'attendait du haut de son tribunal, élevé, dit la chronique, comme de coutume, au milieu de la place. Saint Janvier, sans éprouver le moindre trouble à la vue de son juge, s'avança d'un pas ferme et sûr dans l'enceinte, ayant toujours à sa droite Sosius, diacre de Misène, et à sa gauche Proculus, diacre de Pouzzoles. Les autres chrétiens se rangèrent en cercle et attendirent en silence l'interrogatoire de leur chef.

Timothée n'était pas sans savoir la grande naissance de saint Janvier. Aussi, par égard pour le *civis romanus*, poussa-t-il la complaisance jusqu'à l'interroger, tandis qu'il aurait parfaitement pu, dit le père Antonio Carracciolo, le condamner sans l'entendre.

Quant à Timothée, tous les écrivains s'accordent à le peindre comme un païen fort cruel, comme un tyran exécrable, comme un préfet impie, comme un juge insensé. A ces traits, déjà passablement caractéristiques, un chroniqueur ajoute qu'il était tellement altéré de sang que Dieu, pour le punir, couvrait parfois ses yeux d'un voile sanglant qui le privait momentanément de la vue, et qui, tout le temps que durait sa cécité, lui causait les plus atroces douleurs.

Tels étaient les deux hommes que la Providence amenait en face l'un de l'autre pour donner une nouvelle preuve du triomphe de la foi.

— Quel est ton nom ? demanda Timothée.
— Janvier, répondit le saint.
— Ton âge ?
— Trente-trois ans.
— Ta patrie ?
— Naples.
— Ta religion ?
— Celle du Christ.
— Et tous ceux qui t'accompagnent sont aussi chrétiens ?

— Lorsque tu les interrogeras, j'espère en Dieu qu'ils répondront comme moi qu'ils sont tous chrétiens.
— Connais-tu les ordres de notre divin empereur ?
— Je ne connais que les ordres de Dieu.
— Tu es noble ?
— Je suis le plus humble des serviteurs du Christ.
— Et tu ne veux pas renier ton Dieu ?
— Je renie et je maudis vos idoles, qui ne sont que du bois fragile ou de la boue pétrie.
— Tu sais les supplices qui te sont réservés ?
— Je les attends avec calme.
— Et tu te crois assez fort pour braver ma puissance ?
— Je ne suis qu'un faible instrument que le moindre choc peut briser ; mais mon Dieu tout-puissant peut me défendre de ta fureur et te réduire en cendres au même instant où tu blasphèmes son nom.
— Nous verrons, lorsque tu seras jeté dans une fournaise ardente, si ton Dieu viendra t'en tirer.
— Dieu n'a-t-il pas sauvé de la fournaise Ananias, Azarias et Mizaël ?
— Je te jetterai aux bêtes dans le cirque.
— Dieu n'a-t-il pas tiré Daniel de la fosse aux lions ?
— Je te ferai trancher la tête par l'épée du bourreau.
— Si Dieu veut que je meure, que sa volonté soit faite.
— Soit. Je verrai jaillir ton sang maudit, ce sang que tu déshonores en trahissant la religion de tes ancêtres pour un culte d'esclaves.
— O malheureux insensé ! s'écria le saint avec un inexprimable accent de compassion et de douleur, avant que tu jouisses du spectacle que tu te promets, Dieu te frappera de la cécité la plus affreuse, et la vue ne te sera rendue qu'à ma prière, afin que tu puisses être témoin du courage avec lequel savent mourir les martyrs du Christ !
— Eh bien ! si c'est un défi, je l'accepte, répondit le proconsul ; nous verrons si, comme tu le dis, ta foi sera plus puissante que la douleur.

Puis, se tournant vers ses licteurs, il ordonna que le saint fût lié et jeté dans une fournaise ardente.

Les deux diacres pâlirent à cet ordre, et tous les chrétiens qui l'entendirent poussèrent un long et douloureux gémissement ; car quoique chacun d'eux fût personnellement prêt à subir le martyre, cependant le cœur leur manquait à tous du moment qu'il s'agissait d'assister au supplice de leur saint évêque.

A ce cri de pitié et de douleur qui s'éleva tout à coup dans la foule, saint Janvier se tourna d'un air grave et sévère, et étendant la main droite pour imposer silence :

— Eh bien ! mes frères, dit-il, que faites-vous ? Voulez-vous par vos plaintes réjouir l'âme des impies ? En vérité, je vous le dis, rassurez-vous, car l'heure de ma mort n'est pas venue, et le Seigneur ne me croit pas encore digne de recevoir la palme du martyre. Prosternez-vous et priez cependant, non pas pour moi, que la flamme du brasier ne saurait atteindre, mais pour mon persécuteur, qui est voué au feu éternel de l'enfer.

Timothée écouta les paroles du saint avec un sourire de mépris, et il fit signe aux bourreaux d'exécuter son arrêt.

Saint Janvier fut jeté dans la fournaise, et aussitôt l'ouverture par laquelle on l'avait poussé fut murée au dehors aux yeux de la population entière qui assistait au spectacle.

Quelques minutes après, des tourbillons de flammes et de fumée s'élevant vers le ciel avertirent le proconsul que ses ordres étaient exécutés ; et se croyant vengé à tout jamais de l'homme qui avait osé le braver, il rentra chez lui plein de l'orgueil du triomphe.

Quant aux autres chrétiens, ils furent ramenés dans leur prison pour y attendre le jour de leur supplice, et la foule se dissipa sous l'impression d'une pitié profonde et d'une sombre terreur.

Les soldats, occupés jusque alors à écarter les curieux et à maintenir le bon ordre, n'ayant plus rien à faire dès que le peuple se fut écoulé, se rapprochèrent lentement de la fournaise et se mirent à causer entre eux des événemens du jour et du calme étrange qu'avait montré le patient au moment de subir une mort si terrible, lorsque l'un d'eux, s'arrêtant tout à coup au milieu de sa phrase commencée, fit signe à son interlocuteur de se taire et d'écouter. Celui-ci écouta en effet et imposa silence à son tour à son voisin ; si bien que, le geste se répétant de proche en proche, tout le monde demeura immobile et attentif. Alors des chants célestes, partant de l'intérieur de la fournaise, frappèrent les oreilles des soldats, et la chose leur parut si extraordinaire qu'ils se crurent un instant le jouet d'un rêve.

Cependant les chants devenaient plus distincts, et bientôt ils purent reconnaître la voix de saint Janvier au milieu d'un chœur angélique.

Cette fois, ce ne fut plus l'étonnement, mais bien la frayeur qui les saisit ; et, voyant qu'il devenait urgent de prévenir le préfet de l'événement inattendu, quoique prédit, qui se passait sur la place, ils coururent chez lui, pâles et effarés, et lui racontèrent avec l'éloquence de la peur l'incroyable miracle dont ils venaient d'être témoins.

Timothée haussa les épaules à cet étrange récit, et menaça ses soldats de les faire battre de verges s'ils se laissaient dominer par de si puériles frayeurs. Mais alors ils jurèrent par tous leurs dieux, non seulement d'avoir reconnu distinctement la voix de saint Janvier et l'air qu'il chantait dans la fournaise, mais encore d'avoir retenu les paroles du cantique et les actions de grâces qu'il rendait au Seigneur.

Le proconsul, irrité, mais non pas convaincu par une telle obstination, donna l'ordre immédiatement que la fournaise fût ouverte en sa présence, se réservant de punir avec la dernière rigueur, après leur avoir mis sous les yeux les restes carbonisés du martyr, ces faux rapporteurs qui venaient le déranger pour lui faire de pareils récits.

Lorsque le préfet arriva sur la place, il la trouva de nouveau tellement encombrée par le peuple qu'il eut peine à se frayer un passage.

Le bruit du miracle ayant rapidement circulé dans la ville, les habitans de Nola, se pressant en tumulte sur le lieu du supplice, demandaient à grands cris la démolition de la fournaise, et menaçaient le proconsul, non point encore par des paroles ou des faits, mais par ces clameurs sourdes qui précèdent l'émeute comme le roulement du tonnerre précède l'ouragan.

Timothée demanda la parole, et lorsque le calme fut suffisamment rétabli pour qu'il pût se faire entendre, il répondit que le désir du peuple allait être satisfait sur-le-champ, et qu'il venait précisément donner l'ordre d'ouvrir la fournaise, pour offrir un éclatant démenti aux bruits absurdes répandus parmi la foule.

A ces mots, les cris cessent, la colère s'apaise et fait place à une curiosité haletante.

Toutes les respirations sont suspendues, tous les yeux sont fixés sur un point.

A un signe de Timothée, les soldats s'avancent vers la fournaise, armés de marteaux et de pioches ; mais aux premières briques qui tombent sous leurs coups, un tourbillon de flammes s'échappe subitement du foyer et les réduit en cendres.

A l'instant même les murs tombent comme par enchantement, et au milieu d'une clarté éblouissante le saint évêque apparaît dans toute sa gloire. Le feu n'avait pas touché un seul cheveu de son front, la fumée n'avait pas terni la blancheur de ses vêtemens. Un essaim de petits chérubins soutenaient au dessus de sa tête une auréole éclatante, et une musique invisible, dont les accords célestes étaient réglés par la harpe des séraphins, accompagnait son chant.

Alors saint Janvier se mit à marcher de long en large sur les charbons ardens, afin de bien convaincre les incrédules que le feu de la terre ne pouvait rien sur les élus du Seigneur ; puis, comme on aurait pu douter encore de la réalité du miracle, voulant prouver que c'était bien lui, homme de chair et de sang, et non pas un esprit, pas un fantôme, pas une apparition surhumaine que l'on venait de voir, saint Janvier rentra lui-même dans sa prison et se remit à la disposition du préfet.

A la vue de ce qui venait de se passer, Timothée s'était

senti pris d'une telle frayeur que, craignant quelque révolte, il s'était réfugié dans le temple de Jupiter ; ce fut là qu'il apprit que le saint, qui pouvait, au milieu de l'enthousiasme général dont ce miracle l'avait fait l'objet, s'éloigner et se soustraire à son pouvoir, était au contraire rentré dans sa prison, et y attendait le nouveau supplice qu'il lui plairait de lui infliger.

Cette nouvelle lui rendit toute son assurance, et avec son assurance toute sa colère.

Il descendit dans la prison du martyr pour acquérir la certitude qu'il avait bien affaire à l'évêque de Bénévent lui-même, et non point à quelque spectre que la magie eût fait survivre à son corps.

En conséquence, et pour qu'il ne lui restât aucun doute à ce sujet, après avoir tâté saint Janvier, pour s'assurer qu'il était bien de chair et d'os, il le fit dépouiller de ses vêtements sacerdotaux, le fit lier à une colonne que la vénération des fidèles a conservée jusqu'à nos jours comme un nouveau témoin du martyre du saint, et le fit fouetter par ses licteurs jusqu'à ce que le sang jaillît. Alors il trempa dans ce sang le coin de sa toge, et s'assura que c'était bien du sang humain, et non quelque liqueur rouge qui en avait l'apparence ; puis, satisfait de ce premier essai, il ordonna que le patient fût appliqué à la torture.

La torture fut longue et douloureuse ; saint Janvier en sortit les chairs meurtries et les os disloqués ; mais, pendant tout le temps qu'elle dura, les bourreaux ne purent lui arracher une plainte. Lorsque les souffrances devenaient insupportables, saint Janvier louait le Seigneur.

Timothée, voyant que la question n'avait d'autre résultat pour lui que de le faire souffrir, décida que saint Janvier serait jeté dans le cirque et exposé aux tigres et aux lions ; seulement il hésita quelque temps pour savoir si l'exécution aurait lieu dans le cirque de Pouzzoles ou de Nola ; enfin il se décida pour celui de Pouzzoles.

Un double calcul présida à cette décision : d'abord le cirque de Pouzzoles était plus vaste que celui de Nola, et par conséquent pouvait contenir un plus grand nombre de spectateurs ; et puis, une telle fermentation s'était manifestée à la suite du premier miracle, qu'il pensait que les bourreaux de saint Janvier auraient tout à craindre si le martyr sortait triomphant d'une seconde épreuve.

Or, tandis que le proconsul avisait au moyen le plus sûr et le plus cruel de transporter le saint d'une ville à l'autre, on vint lui dire que saint Janvier, parfaitement guéri de la torture de la veille, pouvait faire le voyage à pied.

A cette nouvelle, une idée infernale traversa l'esprit de Timothée : il avisa que ce serait faire merveille que d'ajouter la honte à la douleur, et imagina de faire traîner son char, de Nola à Pouzzoles, par le saint évêque et par ses deux compagnons, les diacres Sosius et Proculus.

Il espérait ainsi, ou que les trois martyrs tomberaient d'épuisement ou de douleur au milieu de la route, ou qu'ils arriveraient au lieu de leur supplice tellement humiliés et flétris par les huées de la populace, que leur sort n'inspirerait plus ni pitié ni regrets.

La chose fut donc exécutée comme l'avait décidé le proconsul.

On attela saint Janvier au char consulaire, entre Sosius et Proculus ; et Timothée, s'y étant assis, intima à ses licteurs l'injonction de frapper de verges les trois patiens chaque fois qu'ils s'arrêteraient ou seulement ralentiraient le pas ; puis il donna l'ordre du départ en levant sur eux le fouet dont lui-même était armé.

Mais Dieu ne permit même pas que le fouet levé sur les martyrs retombât sur eux. Saint Janvier, s'élançant d'un bond, entraîna avec lui ses deux compagnons, renversant sur son passage soldats, licteurs et curieux.

Beaucoup dirent alors avoir vu pousser sur les épaules des trois hommes du Seigneur de ces grandes ailes archangéliques, à l'aide desquelles les messagers du ciel traversent l'empirée avec la rapidité de l'éclair ; mais la vérité est que le char s'éloigna, emporté par une telle rapidité, qu'il laissa bientôt derrière lui non-seulement la foule des piétons, mais les cavaliers romains, qui lancèrent inutilement leurs montures à sa poursuite, et le virent bientôt disparaître au milieu d'un nuage de poussière.

Ce n'était pas à cela que s'était attendu le proconsul ; il ne s'était occupé que des moyens de pousser son saint attelage en avant et non de le retenir ; aussi se trouvant emporté avec une rapidité dont les oiseaux de l'air pouvaient à peine donner une idée, il ne songea qu'à se cramponner aux rebords du char pour ne point être renversé ; mais bientôt un vertige le prit ; il lui sembla que le char cessait de toucher la terre, que tous les objets, emportés d'une course égale à la sienne, fuyaient en arrière, tandis que lui s'élançait en avant. La lumière manqua à ses yeux, le souffle à sa bouche, l'équilibre à son corps ; il se laissa tomber à genoux au fond du char, pâle, haletant, les mains jointes.

Mais les trois saints ne pouvaient le voir, emportés qu'ils semblaient être eux-mêmes par une puissance surhumaine. Enfin, arrivé à la colline d'Antignano, à l'endroit même où l'on trouve encore aujourd'hui une petite chapelle élevée en mémoire de ce miraculeux événement, le proconsul, rassemblant toutes les forces de son agonie, poussa un tel cri de détresse et de douleur, que saint Janvier l'entendit, malgré le bruissement des roues, et que, s'arrêtant avec ses deux compagnons et se retournant vers son juge, il lui demanda d'une voix fraîche et reposée qui ne trahissait point la moindre lassitude.

— Qu'y a-t-il, maître ?

Mais Timothée resta quelque temps sans pouvoir articuler une seule parole, tandis que les deux diacres profitaient de cet instant de halte pour respirer à pleine poitrine.

Saint Janvier, au bout de quelques secondes, renouvela sa question.

— Il y a que je veux relayer ici, dit le proconsul.

— Relayons, répondit saint Janvier.

Timothée descendit de son char ; mais les trois saints restèrent attachés à leur chaîne, et cependant, à l'émotion du proconsul, à la sueur qui coulait de son front, au souffle précipité qui sortait de sa poitrine, on eût pu croire que c'était lui qui avait jusque-là été attelé à la place des chevaux, et que c'étaient les trois saints qui avaient tenu la place du maître.

Mais, dès que le proconsul sentit son pied sur la terre, et que, par conséquent, il se vit hors de danger, sa haine et sa colère le reprirent, et s'avançant vers saint Janvier, le fouet levé.

— Pourquoi, lui dit-il, m'as-tu conduit de Nola ici avec une si grande rapidité ?

— Ne m'avais-tu pas commandé d'aller le plus vite que je pourrais ?

— Oui, mais qui allait se douter que tu irais plus vite que ceux de mes cavaliers qui étaient les mieux montés et qui n'ont pu te suivre ?

— J'ignorais moi-même de quel pas j'irais, quand les anges m'ont prêté leurs ailes.

— Ainsi, tu crois que l'assistance que tu as reçue vient de ton Dieu ?

— Tout vient de lui.

— Et tu persistes dans ton hérésie ?

— La religion du Christ est la seule vraie, la seule pure, la seule digne du Seigneur.

— Tu sais quelle mort t'attend à l'autre bout de la route ? reprit le proconsul.

— Ce n'est pas moi qui ai demandé à m'arrêter, répondit saint Janvier.

— C'est juste, répondit Timothée ; aussi allons-nous repartir.

— A tes ordres, maître.

— Ainsi, je vais remonter dans mon char.

— Remonte.

— Mais écoute-moi bien.

— J'écoute.

— C'est à la condition que tu n'iras plus du train que tu as été.

— J'irai du train que tu voudras.

— Le promets-tu?
— Je le promets.
— Sur ta parole de noble?
— Sur ma foi de chrétien.
— C'est bien.
— Es-tu prêt, maître?
— Allons, dit le proconsul.
— Allons, mes frères, dit saint Janvier à ses compagnons, faisons ce qui nous est ordonné.

Et le char repartit de nouveau; mais le saint, observant scrupuleusement la promesse qu'il avait faite, ne marcha plus qu'au pas, ou tout au plus au petit trot; encore se tournait-il de temps en temps vers Timothée pour lui demander si c'était à l'allure qui lui convenait.

Ce fut ainsi qu'ils arrivèrent sur la place de Pouzzoles, où pas une âme n'attendait le proconsul; car ils avaient marché d'un tel train, que la nouvelle de leur arrivée n'avait pu les précéder. Aucun ordre n'était donc donné pour le supplice: aussi force fut à Timothée de le remettre à un autre moment. Il se fit donc purement et simplement conduire à son palais, et, appelant ses esclaves, il ordonna que les trois saints fussent dételés et conduits dans les prisons de Pouzzoles, tandis que lui se parfumait dans un bain. Après quoi, brisé de fatigue, il se reposa trois jours et trois nuits.

Le matin du quatrième jour, la foule se pressait sur les gradins de l'amphithéâtre: elle y était accourue de tous les points de la Campanie, car cet amphithéâtre était un des plus beaux de la province, et c'était pour lui qu'on réservait les tigres et les lions les plus féroces, qui, envoyés d'Afrique à Rome, abordaient et se reposaient un instant à Naples.

C'était dans ce même amphithéâtre, dont les ruines existent encore aujourd'hui, que Néron, deux cent trente ans auparavant, avait donné une fête à Tiridate. Tout avait été préparé pour frapper d'étonnement le roi d'Arménie: les animaux les plus puissans et les gladiateurs les plus adroits s'étaient exercés devant lui; mais lui était resté impassible et froid ce spectacle, et lorsque Néron lui demanda ce qu'il pensait de ces hommes dont les efforts surhumains avaient forcé le cirque d'éclater en tonnerres d'applaudissemens, Tiridate, sans rien répondre, s'était levé en souriant, et, lançant son javelot dans le cirque, il avait percé de part en part deux taureaux d'un seul coup.

A peine le proconsul y eut-il pris place sur son trône, au milieu de ses licteurs, que les trois saints, amenés par son ordre, furent placés en face de la porte par laquelle les animaux devaient être introduits. A un signe du proconsul, la grille s'ouvrit, et les animaux de carnage s'élancèrent dans l'arène. A leur vue, trente mille spectateurs battirent des mains avec joie; de leur côté, les animaux étonnés répondirent par un rugissement de menace, qui couvrit toutes les voix et tous les applaudissemens. Puis, excités par les cris de la multitude, dévorés par la faim à laquelle, depuis trois jours, leurs gardiens les condamnaient, alléchés par l'odeur de la chair humaine dont on les nourrissait aux grands jours, les lions commencèrent à secouer leurs crinières, les tigres à bondir et les hyènes à lécher leurs lèvres. Mais l'étonnement du proconsul fut grand lorsqu'il vit les lions, les tigres et les hyènes se coucher aux pieds des trois saints martyrs, pleins de respect et d'obéissance, tandis que saint Janvier toujours calme, toujours souriant, levait la main droite et bénissait les spectateurs.

Au même instant, le proconsul sentit descendre sur ses yeux comme un nuage; l'amphithéâtre se déroba à sa vue, ses paupières se collèrent, et il fut plongé tout à coup dans les ténèbres. Mais l'aveuglement n'était rien en comparaison de la souffrance, car à chaque pulsation de l'artère il lui semblait au malheureux qu'un fer rouge perçait ses prunelles. La prédiction de saint Janvier s'accomplissait.

Timothée essaya d'abord de dompter sa douleur et d'étouffer ses plaintes parmi la multitude; mais, oubliant bientôt sa fierté et sa haine, il tendit les mains vers le saint, et le pria à haute voix de lui rendre la vue et de le délivrer de ses atroces souffrances.

Saint Janvier s'avança doucement vers lui au milieu de l'attention générale, et prononça cette courte prière:

« Mon Seigneur Jésus-Christ, pardonnez à cet homme tout le mal qu'il m'a fait, et rendez-lui la lumière afin que ce dernier miracle que vous daignerez opérer en sa faveur puisse dessiller les yeux de son esprit et le retenir encore sur le bord de l'abîme où le malheureux va tomber sans retour. En même temps, je vous supplie, ô mon Dieu! de toucher le cœur de tous les hommes de bonne volonté qui se trouvent dans cette enceinte; que votre grâce descende sur eux et les arrache aux ténèbres du paganisme. »

Puis élevant la voix et touchant de l'index les paupières du proconsul, il ajouta:

« Timothée, préfet de la Campanie, ouvre les yeux et sois délivré de tes souffrances, au nom du Père, du Fils et du Saint-Esprit. »

— Amen, répondirent les deux diacres.

Et Timothée ouvrit les yeux, et sa guérison s'opéra d'une manière si prompte et si complète qu'il ne se souvenait même plus d'avoir éprouvé aucune douleur.

A la vue de ce miracle, cinq mille spectateurs se levèrent, et d'une seule voix, d'un seul cri, d'un seul élan, demandèrent à recevoir le baptême.

Quant à Timothée, il rentra au palais, et, voyant que le feu était impuissant et les animaux indociles, il ordonna que les trois saints fussent mis à mort par le glaive.

Ce fut par une belle matinée d'automne, le 19 septembre de l'année 305, que saint Janvier, accompagné des deux diacres Proculus et Sosius, fut conduit au forum de Vulcano, près d'un cratère à moitié éteint, dans la plaine de la Solfatare, pour y souffrir le dernier supplice. Près de lui marchait le bourreau, tenant dans ses mains une large épée à deux tranchans, et deux légions romaines, armées de fortes pièces, précédaient ou suivaient le cortège, pour ôter au peuple de Pouzzoles toute velléité de résistance. Pas un cri, pas une plainte, pas un murmure parmi cette foule avilie et tremblante; un silence de mort planait sur la ville entière, silence qui n'était interrompu que par le piétinement des chevaux et par le bruit des armures.

Saint Janvier n'avait pas fait une cinquantaine de pas dans la direction du forum, où son exécution devait avoir lieu, lorsque, au tournant d'une rue, il fut abordé par un pauvre mendiant qui avait eu toutes les peines du monde à se frayer un passage jusqu'à lui, accablé qu'il était par le double malheur de la cécité et de la vieillesse. Le vieillard s'avançait en levant le menton et en étendant les bras devant lui, se dirigeant vers la personne qu'il cherchait avec cet instinct des aveugles qui les guide quelquefois avec plus de sûreté que le regard le plus clairvoyant. Dès qu'il se crut assez près de saint Janvier pour être entendu, le malheureux, redoublant d'efforts et de zèle, s'écria d'une voix haute et perçante:

— Mon père! mon père! où êtes-vous, que je puisse me jeter à vos genoux?

— Par ici, mon fils, répondit saint Janvier en s'arrêtant pour écouter le vieillard.

— Mon père! mon père! pourrai-je être assez heureux pour baiser la poussière que vos pieds ont foulée?

— Cet homme est fou, dit le bourreau en haussant les épaules.

— Laissez approcher ce vieillard, dit doucement saint Janvier, car la grâce de Dieu est avec lui.

Le bourreau s'écarta, et l'aveugle put enfin s'agenouiller devant le saint.

— Que me veux-tu, mon fils? demanda saint Janvier.

— Mon père, je vous prie de me donner un souvenir de vous; je le garderai jusqu'à la fin de mes jours, et cela me portera bonheur dans cette vie et dans l'autre.

— Cet homme est fou! dit le bourreau avec un sourire de mépris. Comment! lui dit-il, ne sais-tu pas qu'il n'a plus rien à lui? Tu demandes l'aumône à un homme qui va mourir!

— Cela n'est pas bien sûr, dit le vieillard en secouant la tête, ce n'est pas la première fois qu'il vous échappe.

— Sois tranquille, répondit le bourreau, cette fois il aura affaire à moi.

— Serait-il vrai, mon père? vous qui avez triomphé du feu, de la torture et des animaux féroces, vous laisserez-vous tuer par cet homme?

— Mon heure est venue, répondit le martyr avec joie; mon exil est fini; il est temps que je retourne dans ma patrie. Écoute, mon fils, interrompit saint Janvier, il ne me reste plus que le linge avec lequel on doit me bander les yeux à mon dernier moment : je te le laisserai après ma mort.

— Et comment irai-je le chercher? dit le vieillard, les soldats ne me laisseront pas approcher de vous.

— Eh bien! répondit saint Janvier, je te l'apporterai moi-même.

— Merci, mon père.

— Adieu, mon fils.

L'aveugle s'éloigna et le cortège reprit sa marche. Arrivé au forum de Vulcano, les trois saints s'agenouillèrent, et saint Janvier, d'une voix ferme et sonore, prononça ces paroles :

— Dieu de miséricorde et de justice, puisse enfin le sang que nous allons verser calmer votre colère et faire cesser les persécutions des tyrans contre votre sainte Église!

Puis il se leva, et après avoir embrassé tendrement ses deux compagnons de martyre, il fit signe au bourreau de commencer son œuvre de sang. Le bourreau trancha d'abord les têtes de Proculus et de Sosius, qui moururent courageusement en chantant les louanges du Seigneur. Mais comme il s'approchait de saint Janvier, un tremblement convulsif le saisit tout à coup, et l'épée lui tomba des mains sans qu'il eût la force de se courber pour la ramasser.

Alors saint Janvier se banda lui-même les yeux ; puis portant la main à son cou :

— Eh bien! dit-il au bourreau, qu'attends-tu, mon frère?

— Je ne pourrais jamais relever cette épée, dit le bourreau, si tu ne m'en donnes pas la permission.

— Non seulement je te le permets, frère, mais je t'en prie.

A ces mots, le bourreau sentit que les forces lui revenaient, et levant l'épée à deux mains il en frappa le saint avec tant de vigueur, que non seulement la tête, mais un doigt aussi furent emportés du même coup.

Quant à la prière que saint Janvier avait adressée à Dieu avant de mourir, elle fut sans doute agréée par le Seigneur, car, la même année, Constantin, s'échappant de Rome, alla trouver son père et fut nommé par lui son héritier et son successeur dans l'empire. Si donc tout effet doit se reporter à sa cause, c'est de la mort de saint Janvier et de ses deux diacres Proculus et Sosius que date le triomphe de l'Église.

Après l'exécution, les soldats et le bourreau s'acheminaient vers la maison de Timothée pour lui rendre compte de la mort de son ennemi et de ses deux compagnons, ils rencontrèrent le mendiant à la même place où ils l'avaient laissé. Les soldats s'arrêtèrent pour s'amuser un peu aux dépens du vieillard, et le bourreau lui demanda en ricanant :

— Eh bien! l'aveugle, as-tu reçu le souvenir qu'on t'avait promis?

— O impies que vous êtes! s'écria le vieillard en ouvrant les yeux brusquement et fixant sur tous ceux qui l'entouraient un regard clair et limpide, non seulement j'ai reçu le bandeau des mains du saint lui-même, qui vient de m'apparaître tout à l'heure, mais en appliquant ce bandeau sur mes yeux j'ai recouvré la vue, moi qui étais aveugle de naissance. Et maintenant, malheur à lui qui a osé porter la main sur le martyr du Christ! malheur à celui qui a ordonné sa mort! malheur à tous ceux qui s'en sont rendus complices! malheur à vous, malheur!

Les soldats se hâtèrent de quitter le vieillard, et le bourreau les devançait pour avoir la gloire de faire le premier son rapport au tyran. Mais la maison du proconsul était vide et déserte, les esclaves l'avaient pillée, les femmes l'avaient abandonnée avec horreur. Tout le monde s'éloignait de ce lieu de désolation, comme si la main de Dieu l'eût marqué d'un signe maudit. Le bourreau et son escorte, ne comprenant rien à ce qui se passait, résolurent d'avancer hardiment; mais au premier pas qu'ils firent dans l'intérieur de la maison, ils tombèrent raides morts. Timothée n'était plus qu'un cadavre informe et pourri, et les émanations pestilentielles qui s'exhalaient de son corps avaient suffi pour asphyxier d'un seul coup les misérables complices de ses iniquités.

Cependant, dès que la nuit fut venue, le mendiant s'en alla au forum de Vulcano pour recueillir les restes sacrés du saint évêque. La lune, qui venait de se lever, répandit sa lumière argentée sur la plaine jaunâtre de la Solfatare, de telle sorte qu'on pouvait distinguer le moindre objet dans tous ses détails.

Comme le vieillard marchait lentement et regardait autour de lui pour voir s'il n'était pas suivi par quelque espion, il aperçut à l'autre bout du forum une vieille femme à peu près de son âge qui s'avançait avec les mêmes précautions.

— Bonjour, mon frère, dit la femme.

— Bonjour, ma sœur, répondit le vieillard.

— Qui êtes-vous, mon frère?

— Je suis un ami de saint Janvier. Et vous, ma sœur?

— Moi, je suis sa parente.

— De quel pays êtes-vous?

— De Naples. Et vous?

— De Pouzzoles.

— Puis-je savoir quel motif vous amène ici à cette heure?

— Je vous le dirai quand vous m'aurez expliqué le but de votre voyage nocturne.

— Je viens pour recueillir le sang de saint Janvier.

— Et moi je viens pour enterrer son corps.

— Et qui vous a chargé de remplir ce devoir, qui n'appartient d'ordinaire qu'aux parens du défunt?

— C'est saint Janvier lui-même, qui m'est apparu peu d'instans après sa mort.

— Quelle heure pouvait-il être lorsque le saint vous est apparu?

— A peu près la troisième heure du jour.

— Cela m'étonne, mon frère, car à la même heure il est venu me voir, et m'a ordonné de me rendre ici à la nuit tombante.

— Il y a miracle, ma sœur, il y a miracle. Écoutez-moi, et je vous raconterai ce que le saint a fait en ma faveur.

— Je vous écoute, puis je vous raconterai à mon tour ce qu'il a fait en la mienne; car, ainsi que vous le dites, il y a miracle, mon frère, il y a miracle.

— Sachez d'abord que j'étais aveugle.

— Et moi perclus.

— Il a commencé par me rendre la vue.

— Il m'a rendu l'usage des jambes.

— J'étais mendiant.

— J'étais mendiante.

— Il m'a assuré que je ne manquerai de rien jusqu'à la fin de mes jours.

— Il m'a promis que je ne souffrirai plus ici bas.

— J'ai osé lui demander un souvenir de son affection.

— Je l'ai prié de me donner un gage de son amitié.

— Voici le même linge qui a servi à bander ses yeux au moment de sa mort.

— Voici les deux fioles qui ont servi à célébrer sa dernière messe.

— Soyez bénie, ma sœur, car je vois bien maintenant que vous êtes sa parente.

— Soyez béni, mon frère, car je ne doute plus que vous étiez son ami.

— A propos, j'oubliais une chose.

— Laquelle, mon frère?

— Il m'a recommandé de chercher un doigt qui a dû lui être coupé en même temps que sa tête et de le réunir à ses saintes reliques.

— Il m'a bien dit de même que je trouverai dans son sang un petit fétu de paille, et m'a ordonné de le garder avec soin dans la plus petite des deux fioles.

— Cherchons.

— Cela ne doit pas être bien loin.

— Heureusement la lune nous éclaire.

— C'est encore un bienfait du saint, car depuis un mois le ciel était couvert de nuages.

— Voici le doigt que je cherchais.
— Voici le fétu dont il m'a parlé.

Et tandis que le vieillard de Pouzzoles plaçait dans un coffre le corps et la tête du martyr, la vieille femme napolitaine, agenouillée pieusement, recueillait avec une éponge jusqu'à la dernière goutte de son sang précieux, et en remplissait les deux fioles que le saint lui avait données lui-même à cet effet.

C'est ce même sang qui, depuis quinze siècles, se met en ébullition toutes les fois qu'on le rapproche de la tête du saint, et c'est dans cette ébullition prodigieuse et inexplicable que consiste le miracle de saint Janvier.

Voilà ce que Dieu fit de saint Janvier; maintenant voyons ce qu'en firent les hommes.

XX.

SAINT JANVIER ET SA COUR.

Nous ne suivrons pas les reliques de saint Janvier dans les différentes pérégrinations qu'elles ont accomplies, et qui les conduisirent de Pouzzoles à Naples, de Naples à Bénévent, et les ramenèrent enfin de Bénévent à Naples : cette narration nous entraînerait à l'histoire du moyen âge tout entière, et on a tant abusé de cette intéressante époque qu'elle commence singulièrement à passer de mode.

C'est depuis le commencement du seizième siècle seulement que saint Janvier a un domicile fixe et inamovible, dont il ne sort que deux fois l'an pour aller faire son miracle à la cathédrale de Sainte-Claire. Deux ou trois fois par hasard on dérange bien encore le saint, mais il faut de ces grandes circonstances qui remuent un empire pour le faire sortir de ses habitudes sédentaires; et chacune de ces sorties devient un événement dont le souvenir se perpétue et grandit, par tradition orale, dans la mémoire du peuple napolitain.

C'est à l'archevêché et dans la chapelle du Trésor que, tout le reste de l'année, demeure saint Janvier. Cette chapelle fut bâtie par les nobles et les bourgeois napolitains : c'est le résultat d'un vœu qu'ils firent simultanément en 1527, épouvantés qu'ils étaient par la peste qui désola cette année la très fidèle ville de Naples. La peste cessa, grâce à l'intercession du saint, et la chapelle fut bâtie comme un signe de la reconnaissance publique.

A l'opposé des votans ordinaires qui, lorsque le danger est passé, oublient le plus souvent le saint auquel ils se sont voués, les Napolitains mirent une telle conscience à remplir vis-à-vis de leur patron l'engagement pris, que dona Catherine de Sandoval, femme du vieux comte de Lemos, vice-roi de Naples, leur ayant offert de contribuer de son côté pour une somme de trente mille ducats à la confection de la chapelle, ils refusèrent cette somme, déclarant qu'ils ne voulaient partager avec aucun étranger, cet étranger fût-il leur vice-roi ou leur vice-reine, l'honneur de loger dignement leur saint protecteur.

Or, comme ni l'argent ni le zèle ne manqua, la chapelle fut bientôt bâtie; il est vrai que, pour se maintenir mutuellement en bonne volonté, nobles et bourgeois avaient passé une obligation, laquelle existe encore, devant maître Vicenzio di Bossis, notaire public; cette obligation porte la date du 13 janvier 1527 : ceux qui y ont signé s'engagent à fournir pour les frais du bâtiment la somme de 13,000 ducats; mais il paraît qu'à partir de cette époque il fallait déjà commencer à se défier des devis des architectes : la porte seule coûta 135,000 francs, c'est-à-dire une somme triple de celle qui était allouée pour les frais généraux de la chapelle.

La chapelle terminée, on décida qu'on appellerait, pour l'orner de fresques représentant les principales actions de la vie du saint, les premiers peintres du monde. Malheureusement cette décision ne fut pas approuvée par les peintres napolitains, qui décidèrent à leur tour que la chapelle ne serait ornée que par des artistes indigènes, et qui jurèrent que tout rival qui répondrait à l'appel fait à son pinceau s'en repentirait cruellement.

Soit qu'ils ignorassent ce serment, soit qu'ils ne crussent pas à son exécution, le Dominiquin, le Guide et le chevalier d'Arpino accoururent; mais le chevalier d'Arpino fut obligé de fuir avant même d'avoir mis le pinceau à la main; le Guide, après deux tentatives d'assassinat, auxquelles il n'échappa que par miracle, quitta Naples à son tour : le Dominiquin seul, fait aux persécutions que ses rivaux lui avaient rendue si triste et si douloureuse, n'écouta ni insultes ni menaces, et continua de peindre. Il fit successivement la Femme guérissant une foule de malades avec l'huile de la lampe qui brûle devant saint Janvier, la Résurrection d'un jeune homme, et la coupole, lorsqu'un jour il se trouva mal sur son échafaud : on le rapporta chez lui, il était empoisonné.

Alors les peintres napolitains se crurent délivrés de toute concurrence; mais il n'en était point ainsi : un matin, ils virent arriver Gessi, qui venait avec deux de ses élèves pour remplacer le Guide son maître; huit jours après, les deux élèves, attirés sur une galère, avaient disparu, sans que jamais plus depuis on entendit reparler d'eux; alors Gessi abandonna perdit courage et se retira à son tour; et l'Espagnolet, Corenzio, Lafranco et Stanzoni se trouvèrent maîtres à eux seuls de ce trésor de gloire et d'avenir, à la possession duquel ils étaient arrivés par des crimes.

Ce fut alors que l'Espagnolet peignit son Saint sortant de la fournaise, composition titanesque; Stanzoni, la Possédée délivrée par le saint; et enfin Lafranco, la coupole, à laquelle il refusa de mettre la main tant que les fresques commencées par le Dominiquin aux angles des voûtes ne seraient pas entièrement effacées.

Ce fut à cette chapelle, où l'art avait eu ses martyrs, que les reliques du saint furent confiées.

Ces reliques se conservent dans une niche placée derrière le maître-autel; cette niche est séparée par un compartiment de marbre, afin que la tête du saint ne puisse regarder son sang, événement qui pourrait faire ariver le miracle avant l'époque fixée, puisque c'est par le contact de la tête et des fioles que le sang figé se liquéfie. Enfin elle est close par deux portes d'argent massif sculptées aux armes du roi d'Espagne Charles II.

Ces portes sont fermées elles-mêmes par deux clefs dont l'une est gardée par l'archevêque, et l'autre par une compagnie tirée au sort parmi les nobles, et qu'on appelle les députés du Trésor. On voit que saint Janvier jouit tout juste de la liberté accordée aux doges, qui ne pouvaient jamais dépasser l'enceinte de la ville, et qui ne sortaient de leur palais qu'avec la permission du sénat. Si cette réclusion a ses inconvéniens, elle a bien aussi ses avantages : saint Janvier y gagne à n'être pas dérangé à toute heure du jour et de la nuit comme un médecin de village : aussi ceux qui le gardent connaissent bien la supériorité de leur position sur leurs confrères les gardiens des autres saints.

Un jour que le Vésuve faisait des siennes, et que la lave, après avoir dévoré Torre del Greco, s'acheminait tout doucement vers Naples, il y eut émeute : les lazzaroni, qui cependant avaient le moins à perdre dans tout cela, se portèrent à l'archevêché, et commencèrent à crier pour qu'on sortît le buste de saint Janvier et qu'on le portât à l'encontre de l'inondation de flammes. Mais ce n'était pas chose facile que de leur accorder ce qu'ils demandaient : saint Janvier était sous double clef, et une de ces deux clés était entre les mains de l'archevêque, pour le moment en course dans la Basilicate, tandis que l'autre était entre les mains des députés, qui, occupés à déménager ce qu'ils avaient de plus précieux, couraient l'un d'un côté, l'autre de l'autre.

Heureusement le chanoine de garde était un gaillard qui avait le sentiment de la position aristocratique que son saint

Janvier occupait au ciel et sur la terre : il monta sur le balcon de l'archevêché qui dominait toute la place encombrée de monde ; il fit signe de la main qu'il voulait parler, et, balançant la tête de haut en bas, en homme étonné de l'audace de ceux à qui il avait affaire :

— Vous me paraissez encore de plaisants drôles, dit-il, de venir ici crier saint Janvier comme vous viendriez crier saint Crépin ou saint Fiacre. Apprenez que saint Janvier est un monsieur qui ne se dérange pas ainsi pour le premier venu.

— Tiens, dit une voix dans la foule, Jésus-Christ se dérange bien pour le premier venu ; quand je demande le bon Dieu, est-ce qu'on me le refuse ?

— Voilà justement où je vous attendais, reprit le chanoine : de qui est fils Jésus-Christ, s'il vous plaît ? D'un charpentier et d'une pauvre fille comme vous et moi pourrions l'être ; tandis que saint Janvier, c'est bien autre chose. Saint Janvier est fils d'un sénateur et d'une patricienne ; c'est donc, vous le voyez, un bien autre personnage que Jésus-Christ. Allez donc chercher le bon Dieu si vous voulez ; mais quant à saint Janvier, c'est moi qui vous le dis, vous aurez beau vous réunir dix fois plus nombreux que vous n'êtes, et crier quatre fois davantage, il ne se dérangera pas, car il a le droit de ne pas se déranger.

— C'est juste, dit la foule : allons chercher le bon Dieu.

Et l'on alla chercher le bon Dieu, qui, moins aristocrate que saint Janvier, sortit de l'église de Sainte-Claire, et s'en vint suivi de son cortége populaire au lieu qui réclamait sa miséricordieuse présence.

En effet, comme le disait le bon chanoine, saint Janvier est un saint aristocrate : il a un cortége de saints inférieurs qui reconnaissent sa suprématie, à peu près comme les cliens romains reconnaissaient celle de leurs maîtres : ces saints le suivent quand il sort, le saluent quand il passe, l'attendent quand il rentre : ce sont les patrons secondaires de la ville de Naples.

Voici comment se recrute cette armée de saints courtisans.

Toute confrérie, tout ordre religieux, toute paroisse, tout particulier même qui tient à faire déclarer un saint de ses amis patron de Naples, sous la présidence de saint Janvier bien entendu, n'a qu'à faire fondre une statue d'argent massif du prix de 6 à 8,000 ducats, et l'offrir à la chapelle du Trésor. La statue, une fois admise, est retenue à perpétuité dans la susdite chapelle : à partir de ce moment, elle jouit de toutes les prérogatives de sa présentation en règle. Comme les saints, qui au ciel glorifient éternellement Dieu autour duquel ils forment un chœur, eux glorifient éternellement saint Janvier En échange de cette béatitude qui leur est accordée, ils sont condamnés à la même réclusion que saint Janvier ; ceux même qui en ont fait don à la chapelle ne peuvent plus les tirer de leur sainte prison qu'en déposant entre les mains d'un notaire du saint le double de la valeur de la statue, à laquelle, soit pour son plaisir particulier, soit dans l'intérêt général, on désire faire voir le jour. La somme déposée, le saint sort pour un temps plus ou moins long. Le saint rentré, son identité constatée, le propriétaire, muni de son reçu, va retirer la somme. De cette façon, on est sûr que les saints ne s'égareront pas, et que, s'ils s'égarent, ils ne seront pas du moins perdus, puisque avec l'argent déposé on en pourra faire fondre deux au lieu d'un.

Cette mesure, qui paraît arbitraire au premier abord, n'a été prise, il faut le dire, qu'après le chapitre de saint Janvier eût été dupe de sa trop grande confiance : la statue de san Gaëtano, sortie sans dépôt, non seulement ne rentra pas au jour dit, mais encore ne rentra jamais. On eut beau essayer de charger le saint lui-même, et prétendre qu'ayant toujours été assez médiocrement affectionné à saint Janvier, il avait profité de la première occasion qui s'était présentée pour faire une fugue ; les témoignages les plus respectables vinrent en foule contredire cette calomnieuse assertion, et, recherches faites, il fut reconnu que c'était un cocher de fiacre qui avait détourné la précieuse statue. On se mit à la poursuite du voleur ; mais comme il avait eu deux jours devant lui, il avait, selon toute probabilité, passé la frontière ; et, si minutieuses que fussent les recherches, elles n'amenèrent aucun résultat. Depuis ce malheureux jour, une tache indélébile s'étendit sur la respectable corporation des cochers de fiacre, qui jusque-là, à Naples, comme en France, avaient disputé aux caniches la suprématie de la fidélité, et qui, à partir de ce moment, n'osèrent plus se faire peindre revenant au domicile de la pratique une bourse à la main. Il y a plus, si vous avez discussion avec le cocher de fiacre, et que vous croyiez que la discussion vaille la peine d'appliquer à votre adversaire une de ces immortelles injures que le sang seul peut effacer, ne jurez ni par la pasque-Dieu, comme jurait Louis XI, ni par ventre-saint-gris, comme jurait Henri IV : jurez tout bonnement par san Gaëtano, et vous verrez votre ennemi atterré tomber à vos pieds pour vous demander excuse, s'il ne se relève pas, au contraire, pour vous donner un coup de couteau.

Comme on le comprend bien, les portes du Trésor sont toujours ouvertes pour recevoir les statues des saints qui désirent faire partie de la cour de saint Janvier, et cela sans aucune investigation de date, sans que le récipiendaire ait besoin de faire ses preuves de 1399 ou de 1426 ; la seule règle exigée, la seule condition *sine quâ non*, c'est que la statue soit d'argent pur et qu'elle pèse le poids.

Cependant la statue serait d'or et pèserait le double, qu'on ne la refuserait pas pour cela ; les seuls jésuites, qui, comme on le sait, ne négligent aucun moyen de maintenir ou d'augmenter leur popularité, ont déposé cinq statues au Trésor dans l'espace de moins de trois ans.

Ces détails étaient nécessaires pour nous amener au miracle de saint Janvier, qui depuis plus de mille ans fait tous les six mois tant de bruit, non seulement dans la ville de Naples, mais encore par tout le monde.

XXI.

LE MIRACLE.

Nous nous trouvions heureusement à Naples lors du retour de cette époque solennelle.

Huit jours auparavant, on commença à sentir la ville s'agiter, comme c'est l'habitude à l'approche de quelque grand événement : les lazzaroni criaient plus haut et gesticulaient plus fort ; les cochers devenaient insolens, et faisaient leurs conditions au lieu de les recevoir ; enfin, les hôtels s'emplissaient d'étrangers, qu'amenaient de Rome les diligences, ou qu'apportaient de Civita-Vecchia et de Palerme les bateaux à vapeur.

Il y avait aussi recrudescence de carillons ; tout à coup une cloche se mettait à sonner hors de son heure : on courait à l'église d'où partait ce bruit pour s'informer des motifs de ce concert inattendu ; le lazzarone, qui s'ébattait en pendillant au bout de sa corde, vous répondait tout bonnement que la cloche sonnait parce qu'elle était joyeuse.

Le Vésuve, de son côté, lançait une fumée plus noire le jour et plus rouge la nuit ; le soir, à la base de cette colonne de vapeur qui montait en tournoyant, et qui s'épanouissait dans le ciel comme la cime d'un pin gigantesque, on voyait surgir des langues de flamme pareilles aux dards d'un serpent. Tout le monde parlait d'une éruption prochaine ; et, à force de l'entendre annoncer comme inévitable, nous avions fini par compter dessus, et la classer à son endroit dans le programme de la fête.

La surveille, toutes les populations voisines commencèrent à déborder dans la ville : c'étaient les pêcheurs de Sorrente, de Resina, de Castellammare et de Capri, dans leurs plus beaux costumes ; c'étaient les femmes d'Ischia, de Netnuno, de Procida et d'Averse, dans leurs plus riches atours. Au milieu de toute cette foule diaprée, joyeuse, dorée, bruyante, passait de temps en temps une vieille femme, aux cheveux gris épars comme ceux de la sibylle de Cumes, criant plus haut, gesticulant plus fort que tout le monde, fendant la presse sans s'inquiéter des coups qu'elle donnait; entourée au reste par tout son chemin de respect et de vénération : c'était une des nourrices ou des parentes de saint Janvier : toutes les vieilles femmes, de Sainte-Lucie à Mergellina, sont parentes de saint Janvier et descendent de celle que l'aveugle guéri rencontra dans le cirque de Pouzzoles, recueillant dans une fiole le sang du saint.

Toute la nuit les cloches sonnèrent à folles volées : on eût dit qu'un tremblement de terre les mettait en branle, tant elles carillonnaient, isolées les unes des autres et dans une indépendance toute individuelle.

La veille du miracle, nous fûmes réveillés à dix heures du matin par une rumeur effroyable. Nous mîmes le nez à la fenêtre, les rues semblaient des canaux roulant à pleins bords la population de Naples et des environs; toute cette foule se rendait à l'archevêché pour prendre sa place à la procession. Cette procession va de la chapelle du Trésor, domicile habituel de saint Janvier, à la cathédrale Sainte-Claire, métropole des rois de Naples, et dans laquelle le saint doit accomplir son miracle.

Nous suivîmes la foule, et nous allâmes gagner la maison de Duprez, qui demeurait justement sur le passage de la procession, et qui nous avait offert place à ses fenêtres.

Nous mîmes plus d'une heure à faire cinq cents pas.

Par bonheur, la procession, qui part de l'archevêché avant le jour, n'arrive à la cathédrale qu'à la nuit fermée : il lui faut d'ordinaire quatorze ou quinze heures pour accomplir un trajet d'un kilomètre à peu près.

Elle se compose, comme nous l'avons dit, non seulement de la ville toute entière, mais encore des populations environnantes, divisées par castes et confréries. La noblesse doit marcher la première, puis viennent les corporations. Malheureusement, grâce au caractère parfaitement indépendant de la nation napolitaine, personne ne garde ses rangs; j'étais depuis une heure à la fenêtre, demandant quand viendrait la procession à tous mes voisins, qui, étrangers comme moi, se faisaient les uns aux autres la même question, lorsqu'un Napolitain survint et nous dit que cette foule plus ou moins endimanchée, ces ouvriers poudrés à blanc, habillés de noir, de vert, de rouge, de jaune et de gorge de pigeon, avec leurs culottes courtes de mille couleurs, leurs bas chinés, escarpins à boucles, marchant par groupes de quinze ou vingt, s'arrêtant pour causer avec leurs connaissances, faisant halte pour boire à la porte des cabarets, criant pour qu'on leur apportât des tranches de cocomero et des verres de sambuco, étaient la procession elle-même.

Ce fut un trait de lumière; je regardai plus attentivement, et je vis en effet une double ligne de soldats placée sur toute la longueur de la rue, portant au bras le fusil orné d'un bouquet, et destinée comme une digue à resserrer le torrent dans son lit; mission dont, malgré toute sa bonne volonté et la rigueur de la consigne, elle ne pouvait parvenir à s'acquitter.

La procession, que je reconnaissais maintenant pour telle, s'en allait vagabonde et indépendante, comme la Durance, battant de ses flots les maisons, et de préférence la porte des cabarets; s'arrêtant tout à coup sans qu'il y eût une cause visible à cette station, se remettant en marche sans qu'on pût deviner le motif qui lui rendait le mouvement; pareille, enfin, à ces fleuves aux cours contraires, dont il est, grâce à leur double remou, presque impossible de distinguer la véritable direction.

Au milieu de tout cela, on voyait de temps en temps briller le riche uniforme d'un officier napolitain, marchant nonchalamment, un cierge renversé à la main, et escorté de quatre ou cinq lazzaroni, se heurtant, se culbutant, se renversant, pour recueillir dans un cornet de papier gris la cire tombant de son cierge; tandis que l'officier, la tête haute, sans s'occuper de ce qui se passait à ses pieds, faisait largesse de sa cire, lorgnait les dames amassées aux fenêtres et sur les balcons, lesquelles, tout en ayant l'air de jeter des fleurs sur le chemin de la procession, lui envoyaient leurs bouquets en échange de ses clins d'œil.

Puis venaient, précédés de la croix et de la bannière, mêlés au peuple, dont le flot les enveloppait sans cesse en les isolant les uns des autres, des moines de tous les ordres et de toutes couleurs : capucins, chartreux, dominicains, camaldules, carmes chaussés et déchaussés; les uns au corps gras, gros, rond, court, avec une tête enluminée posée carrément sur de larges épaules : ceux-là s'en allaient causant, chantant, offrant du tabac aux maris, donnant des consultations aux femmes enceintes, et regardant, peut-être un peu plus charnellement que ne le permettait la règle de leur ordre, les jeunes filles groupées sur les bornes ou appuyées sur l'épaule des soldats pour les voir passer ; les autres, maigris par le jeûne, pâlis par l'abstinence, affaiblis par les austérités, levant au ciel leur front jaune, leurs joues livides et leurs yeux caves; marchant sans voir où le flot humain les emportait; fantômes vivans, qui s'étaient fait un enfer de ce monde, dans l'espoir que cet enfer les conduirait droit au paradis, et qui recueillaient en ce moment le fruit de leurs douleurs claustrales, par le respect craintif et religieux dont ils étaient environnés.

C'était l'endroit et l'envers de la vie monastique.

De temps en temps, lorsque les stations étaient trop longues, ou lorsque le désordre était trop grand, le ceremoniere lâchait sur les traînards ses estafiers armés d'une longue baguette d'ébène, comme fait le berger en envoyant ses chiens après les moutons récalcitrans; alors, cédant à cette mesure de répression, les buveurs, les causeurs et les priseurs finissaient par reprendre tant bien que mal un rang quelconque, et la procession faisait quelques pas en avant.

Cependant, comme on le comprend bien, cette procession qui n'avait pas encore de queue avait une tête; vers les onze heures du matin cette tête arrivait à la cathédrale, entrait par la porte du milieu, et commençait à déposer ses bouquets et ses cierges devant l'autel où était exposé le buste de saint Janvier; puis, ressortant par les portes latérales, chacun s'en allait à sa besogne : les moines à leurs dîners, les officiers à leurs amours, les corporations à leur sieste, les lazzaroni à de nouveaux cierges.

Et ainsi de suite, au fur et à mesure que les masses se succédaient.

Les masses se succédèrent ainsi jusqu'à six heures du soir; à six heures du soir, la procession commença à prendre une forme un peu plus régulière.

D'abord nous vîmes paraître, précédée par des bouffées d'harmonie qui, entre toutes les rumeurs populaires, étaient déjà venues jusqu'à nous, la musique des gardes royales, exécutant les airs les plus à la mode de Rossini, de Mercadante et de Donizetti; ensuite les séminaristes en surplis, et marchant deux à deux dans le plus grand ordre; puis enfin les soixante-quinze statues d'argent des patrons secondaires de la ville de Naples, lesquels, comme nous l'avons dit, forment la cour de saint Janvier.

A l'approche de ces statues, un autre spectacle nous attendait; on nous l'avait réservé pour le dernier, sans doute parce qu'il était le plus curieux.

Comme nous l'avons dit, les saints qui composent le cortége de saint Janvier ne sont pas choisis dans l'aristocratie du calendrier, mais, au contraire, parmi les parvenus de la finance : il en résulte qu'il y a sur les élus de la Chaussée-d'Antin napolitaine bien des choses à dire et même des cancans de faits; et comme le peuple, ainsi que nous l'avons dit, met saint Janvier au-dessus de toute chose, et ne voit rien, ni avant, ni après lui, ces saints, subordonnés à leur bienheureux patron, sont, à mesure qu'ils paraissent, exposés aux quolibets les plus piquans et les plus réitérés; ce qui ne serait pas encore trop grand'chose pour les saints; mais ce qui devient grave, pour eux, c'est qu'il n'y a pas une peccadille de la vie publique ou privée de ces malheureux élus qui échappe à la censure des spectateurs. On reproche à saint Paul son idolâtrie, à saint Pierre ses trahisons, à saint Angustin ses fredaines, à sainte Thérèse son extase, à saint François Borgia ses principes, à saint Antoine son usurpation, à saint Gaëtan son insouciance ; et cela, en des termes, avec des cris, avec des vociférations, avec des gestes qui font le plus grand honneur au bon caractère des saints, et qui prouvent qu'à la tête des vertus qui leur ont ouvert le paradis marchaient la patience et l'humilité.

Chacune de ces statues s'avançait, portée sur les épaules de six fachini et précédée par six prêtres, et chacune d'elles soulevait tout le long de sa route le hourra toujours prolongé et toujours croissant que nous avons dit.

Puis, ainsi apostrophées, les statues arrivent enfin à l'église Sainte-Claire, font humblement la révérence à saint Janvier, qui est exposé sur le côté droit de l'autel, et se retirent.

Après les saints vient l'archevêque, porté dans une riche litière et tenant en main les fioles du sang miraculeux.

L'archevêque dépose ses fioles dans le tabernacle, puis tout est fini pour ce jour-là.

Chacun s'en retourne à ses amours, à ses plaisirs ou à ses affaires ; les cloches seules n'ont point de repos et continuent de sonner avec une allégresse qui ressemble au désespoir.

Ce branle universel et continuel dura toute la nuit.

A sept heures du matin nous nous levâmes ; Naples se précipitait vers l'église Sainte-Claire : il ne s'agissait, cette fois, ni de demander les chevaux ni d'appeler sa voiture ; la circulation de tout véhicule était interdite. Nous descendîmes nos deux étages, nous nous arrêtâmes un instant sur la porte, puis nous nous abandonnâmes à la foule et nous laissâmes emporter par le tourbillon.

Le torrent nous mena droit à l'église de Sainte-Claire. Le vaste édifice était encombré ; mais, grâce à l'ambassade française, nous avions eu des billets réservés. A la vue de nos *posti distinti*, les sentinelles nous firent faire place et nous gagnâmes nos tribunes.

Voici le spectacle que présentait l'église :

Sur le maître-autel étaient : d'un côté, le buste de saint Janvier ; de l'autre, la fiole contenant le sang.

Un chanoine était de garde devant l'autel.

A droite et à gauche de l'autel, étaient deux tribunes ;

La tribune de gauche, chargée de musiciens attendant, leurs instrumens à la main, que le miracle se fît pour le célébrer.

La tribune de droite, encombrée de vieilles femmes s'intitulant parentes de saint Janvier, et se chargeant d'activer le miracle si par hasard le miracle se faisait attendre.

Au bas des marches de l'autel s'étendait une grande balustrade où venaient tour à tour s'agenouiller les fidèles ; le chanoine alors prenait la fiole, la leur faisait baiser, leur montrait le sang parfaitement coagulé ; puis les fidèles, satisfaits, se retiraient pour faire place à d'autres, qui venaient baiser la fiole à leur tour, constater de leur côté la coagulation du sang, puis se retiraient encore cédant la place à leurs successeurs, et ainsi de suite.

Les mêmes peuvent revenir trois, quatre, cinq et six fois, tant qu'ils veulent enfin ; seulement ils ne peuvent pas rester deux fois de suite : une fois la fiole baisée, une fois la coagulation du sang constatée, il faut qu'ils se retirent.

Le reste de l'église forme une mer de têtes humaines, au-dessus de laquelle apparaissent comme des îles chargées de femmes, d'hommes, de plumes, de crachats, de rubans, d'épaulettes et d'écharpes ; la tribune des princes, la tribune des ambassadeurs et la tribune *dei posti distinti*.

Princes, ambassadeurs, *posti distinti* peuvent descendre de leur échafaudage, aller baiser la fiole, constater la coagulation du sang et revenir à leur place ; seulement, pendant ce trajet, ils risquent d'être étouffés comme de simples mortels.

La première chose que nous fîmes fut de nous agenouiller à la balustrade ; le chanoine de garde nous présenta la fiole, que nous baisâmes ; puis il nous fit voir le sang desséché, qui se tenait collé aux parois.

Nous revînmes prendre notre place : Jadin laissa dans le trajet un pan de son habit, moi un mouchoir de poche.

Puis nous attendîmes.

Les foules se succédèrent ainsi depuis le moment de notre entrée, c'est-à-dire depuis trois heures du matin, jusqu'à huit heures de l'après-midi. A trois heures de l'après-midi, des murmures commencèrent à se faire entendre, et quelques malintentionnés répandaient le bruit que le miracle ne se ferait pas.

Vers trois heures et demie, les murmures augmentèrent d'une façon effrayante : cela commençait par une espèce de plainte, et cela montait jusqu'aux rugissemens. Les parentes de saint Janvier jetèrent quelques injures au saint qui se faisait ainsi prier.

A quatre heures, il y avait presque émeute : on trépignait, on vociférait, on montrait des poings ; le chanoine de garde (on avait renouvelé les chanoines d'heure en heure) s'approcha de la balustrade et dit :

— Il y a sans doute des hérétiques dans l'assemblée. Que les hérétiques sortent, ou le miracle ne se fera pas.

A ces mots, une clameur épouvantable s'éleva de toutes les parties de la cathédrale, hurlant : — Dehors les hérétiques ! à bas les hérétiques ! à mort les hérétiques !

Une douzaine d'Anglais, qui étaient aux tribunes, descendirent alors de leur échafaudage, au milieu des cris, des huées et des vociférations de la foule ; une escouade de fantassins, conduite par un officier, l'épée nue à la main, les enveloppa, afin qu'ils ne fussent pas mis en pièces par le peuple, et les accompagna hors de l'église, où je ne sais pas ce qu'ils devinrent.

Leur expulsion amena un moment de silence, pendant lequel la foule, émue et soulevée, reprit le mouvement qui la reportait vers l'autel pour baiser la fiole, et l'éloignait de l'autel quand la fiole était baisée

Une heure à peu près s'écoula dans l'attente, et sans que le miracle se fît. Pendant cette heure, la foule fut assez tranquille ; mais c'était le calme qui précède l'orage. Bientôt les rumeurs recommencèrent, les grondemens se firent entendre de nouveau, quelques clameurs sauvages et isolées éclatèrent. Enfin, cris tumultueux, vociférations, grondemens, rumeurs, se fondirent dans un rugissement universel dont rien ne peut donner une idée.

Le chanoine demanda une seconde fois s'il y avait des hérétiques dans l'assemblée ; mais cette fois personne ne répondit. Si quelque malheureux Anglais, Russe ou Grec, se fût dénoncé en répondant à cet appel, il eût été certainement mis en morceaux, sans qu'aucune force militaire, sans qu'aucune protection humaine eût pu le sauver.

Alors les parentes de saint Janvier se mêlèrent à la partie : c'était quelque chose de hideux que ces vingt ou trente mégères arrachant leur bonnet de rage, menaçant saint Janvier du poing, invectivant leur parent de toute la force de leurs poumons, hurlant les injures les plus grossières, vociférant les menaces les plus terribles, insultant le saint sur son autel, comme une populace ivre eût pu faire d'un parricide sur un échafaud.

Au milieu de ce sabbat infernal, tout à coup le prêtre éleva la fiole en l'air, criant : — Gloire à saint Janvier, le miracle est fait !

Aussitôt tout changea.

Chacun se jeta la face contre terre. Aux injures, aux vociférations, aux cris, aux clameurs, aux rugissemens, succédèrent les gémissemens, les plaintes, les pleurs, les sanglots. Toute cette populace, folle de joie, se roulait, se relevait, s'embrassait, criant : — Miracle ! miracle ; et demandait pardon à saint Janvier, en agitant ses mouchoirs trempés de larmes, des excès auxquels elle venait de se porter à son endroit.

Au même instant, les musiciens commencèrent à jouer et et les chantres à chanter le *Te Deum*, tandis qu'un coup de canon tiré au fort Saint-Elme, et dont le bruit vint retentir jusque dans l'église, annonçait à la ville et au monde, *urbi et orbi*, que le miracle était fait.

En effet, la foule se précipita vers l'autel, nous comme les autres. Ainsi que la première fois, on nous donna la fiole à baiser ; mais, de parfaitement coagulé qu'il était d'abord, le sang était devenu parfaitement liquide.

C'est, comme nous l'avons dit, dans cette liquéfaction que consiste le miracle.

Et il y avait bien véritablement miracle, car c'était toujours la même fiole; le prêtre ne l'avait touchée que pour la prendre sur l'autel et la faire baiser aux assistans, et ceux qui venaient de la baiser ne l'avaient pas un instant perdue de vue.

La liquéfaction s'était faite au moment où la fiole était posée sur l'autel, et où le prêtre, à dix pas de la fiole à peu près, apostrophait les parentes de saint Janvier.

Maintenant, que le doute dresse sa tête pour nier, que la science élève sa voix pour contredire; voilà ce qui est, voilà ce qui se fait, ce qui se fait sans mystère, sans supercherie, sans substitution, ce qui se fait à la vue de tous. La philosophie du dix huitième siècle et la chimie moderne y ont perdu leur latin : Voltaire et Lavoisier ont voulu mordre à cette fiole, et, comme le serpent de la fable, ils y ont usé leurs dents.

Maintenant, est-ce un secret gardé par les chanoines du Trésor et conservé de génération en génération depuis le quatrième siècle jusqu'à nous?

Cela est possible; mais alors cette fidélité, on en conviendra, est plus miraculeuse encore que le miracle.

J'aime donc mieux croire tout bonnement au miracle; et, pour ma part, je déclare que j'y crois.

Le soir, toute la ville était illuminée et l'on dansait dans les rues.

XXII.

SAINT ANTOINE USURPATEUR.

Maintenant, et après ce que nous venons de dire de la popularité de saint Janvier, croirait-on une chose? C'est que, comme une puissance terrestre, comme un simple roi de chair et d'os, comme un Stuart, ou comme un Bourbon, un jour vint où saint Janvier fut détrôné.

Il est juste d'ajouter que c'était en 99, époque du détrônement général sur la terre comme au ciel; il est vrai de dire que c'était pendant cette période étrange où Dieu lui-même, chassé de son paradis, eut besoin, pour reparaître en France sous le nom de l'Etre-Suprême, d'un laissez-passer de la Convention nationale signé par Maximilien Robespierre.

Ceux qui douteront de la chose pourront, en passant dans le faubourg du Roule, jeter les yeux sur le fronton de l'église Saint-Philippe; ils y liront encore cette inscription, mal effacée :

« Le peuple français reconnaît l'existence de l'Etre-Suprême et l'immortalité de l'âme. »

Or, comme nous le disions, ce fut en 1799, dans le seizième siècle du patronat de saint Janvier, messieurs Barras, Rewbel, Gohier et autres régnant en France sous le nom de directeurs, que la chose arriva.

Voici à quelle occasion :

Le 23 janvier 1799, après une défense de trois jours, pendant lesquels les lazzaroni, armés de pierres et de bâtons seulement, avaient tenu tête aux meilleures troupes de la république, Naples s'était rendue à Championnet, et, grâce à un discours que le général en chef avait fait aux Napolitains dans leur propre langue, et par laquel il leur avait prouvé que tout ce qui s'était passé était un malentendu, l'armée rébublicaine avait fait son entrée dans la ville, criant : — Vive saint Janvier ! tandis que de leur côté les lazzaroni criaient: — Vive les Français !

Pendant la nuit, on enterra quatre mille morts, victimes de ce malentendu, et tout fut dit.

Cependant, comme on le pense bien, cette entrée, toute fraternelle qu'elle était, avait amené un changement notable dans les affaires du gouvernement: le parti républicain l'emportait; il se mit donc à établir une république, laquelle prit le nom de république parthénopéenne.

Le jour où elle fut proclamée, il y eut un grand banquet que le général Championnet donna aux membres du nouveau gouvernement, dans l'ancien palais du roi, devenu palais national.

Ce banquet réjouit beaucoup les lazzaroni, qui virent diner leurs représentants, et qui s'assurèrent que les libéraux n'étaient point des antropophages, comme on le leur avait dit.

Le lendemain, le général Championnet, suivi de tout son état-major, se transporta en grande pompe dans la cathédrale de Sainte-Claire, pour rendre grâces à Dieu du rétablissement de la paix, adorer les reliques de saint Janvier, et implorer sa protection pour la ville de Naples, malgré son changement de gouvernement.

Cette cérémonie, à laquelle assista autant de peuple que l'église put en contenir, fut fort agréable aux lazzaroni, qui reconnurent, vu le silence du saint et le recueillement du général et de son état-major, que les Français n'étaient point des hérétiques, comme on leur avait assuré.

Le surlendemain on planta des arbres de la Liberté sur toutes les places de Naples, au son de la musique militaire française et de la musique civile napolitaine.

Cet essai d'horticulture championnienne mit le comble à l'enthousiasme des lazzaroni, qui aiment la musique et adorent l'ombre.

Alors commencèrent ce que l'on appelle les réformes; ce fut la pierre d'achoppement de la nouvelle république.

— On abolit les droits sur le vin, et le peuple laissa faire sans rien dire.

On abolit les droits sur le tabac, et le peuple toléra encore cette abolition.

On abolit le droit sur le sel, et le peuple commença à murmurer.

On abolit les droits sur le poisson, et le peuple cria plus fort.

Enfin, on abolit le titre d'excellence, et le peuple se fâcha tout à fait.

Bon et excellent peuple, qui regardait chaque abolition d'impôt comme un outrage fait à ses droits, et qui pourtant ne se révolta réellement que lorsqu'on abolit le titre d'excellence, qui cependant comme il le disait lui-même n'avait rien fait au nouveau gouvernement.

Malheureusement, le nouveau gouvernement ne tint aucun compte des réclamations des lazzaroni, et continua ses réformes, fier et fort qu'il était de l'appui de l'armée française.

Mais cet appui, comme on le comprend bien, révéla aux Napolitains qu'il y avait connivence entre l'armée française et le gouvernement qui les opprimait en leur enlevant les uns après les autres leurs impôts les plus anciens et les plus sacrés. Dès lors les Français, d'abord combattus comme des hérétiques, puis accueillis comme des libérateurs, puis fêtés comme des frères, furent regardés comme des ennemis, et le bruit commença à se répandre, du château de l'Œuf à Capo-di-Monte, et du pont de la Maddalena à la grotte de Pouzzoles, que saint Janvier, pour punir la ville de Naples de la confiance qu'elle avait eue en eux, ne ferait point son miracle le premier dimanche du mois de mai, comme c'est son habitude de le faire depuis quatorze siècles au jour susindiqué.

Cette désastreuse nouvelle fit grande sensation; chacun en s'abordant se demandait : — Avez-vous entendu dire que saint Janvier ne fera pas son miracle cette année ? On se répondait : — Je l'ai entendu dire ; et les interlocuteurs, regardant le ciel en soupirant, secouaient la tête et se quittaient en murmurant :

— C'est la faute de ces gueux de Français !

Bientôt on commença, aux heures de l'appel, à remarquer des absences dans les rangs. Le rapport en fut fait au général Championnet, qui ne douta point un seul instant que les absens n'eussent été jetés à la mer.

Quelques jours avant celui où le miracle devait avoir lieu, on trouva trois soldats inanimés : un dans la rue Porta Capuana, le second dans la rue Saint-Joseph, le troisième sur la place du Marché-Neuf.

Un d'eux avait encore dans la poitrine le couteau qui l'avait tué, et au manche du couteau était attachée cette inscription :

« Meurent ainsi tous ces hérétiques de Français, qui sont cause que saint Janvier ne fera pas son miracle ! »

Le général Championnet vit alors qu'il était fort important pour son salut et pour le salut de l'armée que le miracle se fît.

Il décida donc que d'une façon ou de l'autre le miracle se ferait.

A mesure que le premier dimanche de mai approchait, les démonstrations devenaient plus hostiles et les menaces plus ouvertes.

La veille du grand jour arriva : la procession eut lieu comme d'habitude ; seulement, au lieu de défiler entre deux lignes de soldats napolitains, elle défila entre une haie de grenadiers français et une haie de troupes indigènes.

Toute la nuit les patrouilles furent faites, moitié par les soldats de la république parthénopéenne, et moitié par les soldats de la république française. Il y avait pour les deux nations un même mot d'ordre franco-italien.

La nuit, quelques cloches isolées sonnèrent ; mais au lieu de ce joyeux carillon qui leur est habituel, elles ne jetèrent dans l'air que de lugubres volées. Ces tintemens rappelèrent au général Championnet celui des Vêpres Siciliennes ; et il promit de ne pas se laisser surprendre comme l'avait fait Charles d'Anjou.

Le matin, chacun s'avança vers l'église de Sainte-Claire morne et silencieux. C'était un trop grand contraste avec le caractère napolitain pour qu'il ne fût pas remarqué. Le général, à l'exception des hommes de service, consigna les soldats dans les casernes, en leur donnant l'ordre de se tenir prêts à marcher au premier appel.

La journée s'écoula sous un aspect sombre et menaçant. Cependant, comme le miracle ne s'accomplit d'ordinaire que de trois à six heures du soir, jusque-là il n'y eut encore trop rien à dire ; mais cette heure arrivée, les vociférations commencèrent ; seulement, cette fois, au lieu de s'adresser au saint, c'était les Français qu'elles attaquaient. Comme le général assistait à la cérémonie avec son état-major, et qu'il entendait parfaitement le patois napolitain, il ne perdit pas un mot de toutes les menaces qui lui étaient faites.

A six heures, les vociférations se changèrent en hurlemens, les bras commencèrent à sortir des manteaux et les couteaux à sortir des poches. Bras et couteaux se dirigeaient vers le général et vers son état-major, qui demeuraient aussi impassibles que s'ils n'eussent rien compris, ou que si la chose ne les eût point regardés.

A huit heures, c'étaient des rugissemens à ne plus s'entendre, ceux de la rue répondaient à ceux de l'église ; les grenadiers regardaient le général pour savoir si eux aussi ne tireraient pas la baïonnette, le général était impassible.

A huit heures et demie, comme le tumulte redoublait, le général se pencha vers un aide de camp et lui dit quelques mots à l'oreille. L'aide de camp descendit de l'échafaudage, traversa la double haie de soldats français et napolitains qui conduisaient au chœur, se mêla à la foule des fidèles qui se pressaient pour aller baiser la fiole, arriva jusqu'à la balustrade, se mit à genoux et attendit son tour.

Au bout de cinq minutes, le chanoine prit sur l'autel la fiole renfermant le sang parfaitement coagulé ; ce qui était, vu l'heure avancée, une grande preuve de la colère de saint Janvier contre les Français, la leva en l'air, pour que personne n'en doutât de l'état dans lequel elle était ; puis il commença à la faire baiser à la ronde.

Lorsqu'il arriva devant l'aide de camp, celui-ci, tout en baisant la fiole, lui prit la main. Le chanoine fit un mouvement.

— Un mot, mon père, dit le jeune officier.
— Que me voulez-vous ? demanda le prêtre.
— Je veux vous dire, de la part du général en chef, reprit l'aide de camp, que si dans dix minutes le miracle n'est pas fait, dans un quart d'heure vous serez fusillé.

Le chanoine laissa tomber la fiole, que le jeune aide de camp rattrapa heureusement avant qu'elle n'eût touché la terre, et qu'il lui rendit aussitôt avec les marques de la plus profonde dévotion ; puis il se leva, et revint prendre sa place près du général.

— Eh bien ? dit Championnet.
— Eh bien ! dit l'aide de camp, soyez tranquille, général, dans dix minutes le miracle sera fait.

L'aide de camp avait dit la vérité : seulement il s'était trompé de cinq minutes. Au bout de cinq minutes, le chanoine leva la fiole en criant : — Il miracolo e fatto. Le sang était en pleine liquéfaction.

Mais au lieu de cris de joie et de transports d'allégresse qui accueillaient ordinairement cette heure solennelle, toute cette foule, déçue dans son espoir, s'écoula dans un morne silence : la promesse faite au nom de saint Janvier n'avait pas été tenue ; malgré la promesse des Français, le miracle s'était accompli. Saint Janvier ne passait donc pas comme des ennemis ; c'était à n'y plus rien comprendre ; et comme ni le chanoine ni le général ne révélèrent pour le moment la petite conversation qu'ils avaient eue ensemble par l'organe du jeune aide de camp, personne, en effet, n'y comprit rien.

Il en résulta que de mauvais soupçons planèrent sur saint Janvier : on l'accusa tout bas de s'être laissé séduire par de belles paroles et de tourner tout doucement au républicanisme.

Ce bruit fut la première atteinte portée au pouvoir spirituel et temporel de saint Janvier.

Nous avons dit ailleurs comment les choses suivirent un autre cours que celui auquel on s'attendait. Les Français, battus dans l'Italie occidentale, rappelèrent les troupes qui occupaient Naples : le général Macdonald, qui avait remplacé le général Championnet, quitta la capitale, laissant la république parthénopéenne à elle-même. Trois mois après, la pauvre république n'existait plus.

Il y eut alors une réaction terrible contre tout ce qui avait subi l'influence du parti français. Nous avons raconté les supplices de Caracciolo, d'Hector Caraffa, de Cirillo et d'Éléonore Pimentale ; pendant deux mois, Naples fut une vaste boucherie. Que ceux qui en ont le courage ouvrent Coletta et fassent avec lui le tour de cet effroyable charnier.

Cependant, lorsque les lazzaroni eurent tout tué ou tout proscrit, force leur fut de s'arrêter. On regarda alors de tous côtés, pour voir si l'on n'avait oublié personne, avant de déraciner les potences, de démonter les échafauds et d'éteindre les bûchers ; tout était muet et désert comme une tombe ; il n'y avait que des bourreaux sur les places, des spectateurs aux fenêtres, mais plus de victimes.

Quelqu'un pensa alors à saint Janvier, lequel avait fait son miracle d'une façon anti-nationale et surtout si inattendue.

Mais saint Janvier n'était pas une de ces puissances d'un jour, à laquelle on s'attaque sans s'inquiéter de ce qu'il en résultera : saint Janvier avait vu passer les Grecs, les Goths, les Sarrasins, les Normands, les Souabes, les Angevins, les Espagnols, les vice-rois et les rois, et saint Janvier était toujours debout ; de sorte que ce fut tout bas et presque en tremblant que le premier qui accusa saint Janvier formula son accusation.

Mais, justement à cause de cette longue popularité, saint Janvier avait au fond beaucoup plus d'ennemis qu'on ne lui en connaissait. Si bienveillant, si puissant, si attentif qu'il fût, il lui avait été impossible, au milieu du concert de demandes qui montait éternellement jusqu'à lui, d'entendre et d'exaucer tout le monde ; il s'était donc, sans qu'il s'en doutât lui-même, fait une foule de mécontens, lesquels n'osaient rien dire tant qu'ils se croyaient isolés, mais se rallièrent immédiatement au premier accusateur qui éleva la voix ; il en résulta que, contre son attente, celui-ci eut un succès auquel il ne s'était pas entendu.

Du moment qu'on n'avait pas mis l'accusateur en pièces, on l'éleva sur un pavois : aussitôt, chacun fit chorus ; il n'y eut pas jusqu'au plus petit lazzarone qui ne formulât sa petite accusation. Saint Janvier, d'abord soupçonné d'indifférence, fut bientôt taxé de trahison ; on l'appela libéral, on l'appela révolutionnaire, on l'appela jacobin. On courut à la chapelle du Trésor, qu'on pilla préalablement ; puis on prit la statue du saint, on lui attacha une corde au cou, on la traîna sur le Môle, on la jeta à la mer.

Quelques voix s'élevèrent bien parmi les pêcheurs contre cette exécution, qui sentait son 2 septembre d'une lieue ; mais ces voix furent aussitôt couvertes par les vociférations de la populace, qui criait : — *A bas saint Janvier ! saint Janvier à la mer !*

Saint Janvier subit donc une seconde fois le martyre, et fut jeté dans les flots ; il est vrai que cette fois il était exécuté en effigie.

Mais, saint Janvier ne fut pas plus tôt à la mer que la ville de Naples se trouva sans patron, et que, habituée comme elle l'était à une protection miraculeuse, elle sentit de la façon la plus déplorable l'isolement dans lequel elle se trouvait.

Son premier mouvement, son mouvement naturel, fut de recourir à l'un de ses soixante-quinze patrons secondaires, et de lui transmettre la survivance de saint Janvier.

Malheureusement ce n'était pas chose facile à faire ; les saints supérieurs étaient occupés ailleurs : saint Pierre avait Rome, saint Paul avait Londres, saint François avait Assise, saint Charles Borromée Arona ; chacun enfin avait sa ville qu'il avait toujours protégée comme saint Janvier avait protégé Naples, et il n'y avait pas lieu d'espérer que, quelque espérance d'avancement que lui donnât cette nouvelle nomination, il abandonnât son peuple pour un peuple nouveau. D'un autre côté, en partageant son patronage, il y avait à craindre que le saint n'eût plus de besogne qu'il n'en pouvait faire, et n'étreignît mal pour trop embrasser. Restaient, il est vrai, les saintes, qui, grâce à l'établissement presque général de la loi salique, ont plus de temps à elles que les saints ; mais c'était un pauvre successeur à donner à saint Janvier qu'une femme, et les Napolitains étaient trop fiers pour laisser ainsi tomber le patronage de leur ville en quenouille.

Pendant ce temps, toutes sortes de brigues s'ourdissaient : chacun présentait son saint, exagérait ses mérites, doublait ses qualités, s'engageait pour lui et en son nom, répondait de sa bonne volonté ; il n'y eut pas jusqu'à saint Gaëtan qui n'eût ses prôneurs. Mais on comprend que c'était un mauvais antécédent pour le saint que de s'être laissé voler lui-même, et de n'avoir pas pu se retrouver. Aussi san Gaëtano n'eut-il pas un instant de chance, et ne fut-il nommé que pour mémoire.

On résolut de faire un conclave où les mérites des prétendans seraient examinés, et d'où sortirait le plus digne. Les noms des soixante-quinze saints furent proclamés ; après chaque proclamation, chacun eut la liberté de se lever et de dire en faveur du dernier nommé tout ce que bon lui semblerait ; la liberté entière du vote fut accordée ; et, pour que ces votes fussent essentiellement libres, on décréta que le scrutin serait secret.

Au troisième tour de scrutin, saint Antoine fut élu.

Ce qui avait surtout plaidé en faveur de saint Antoine, c'est qu'il est patron du feu.

Or, Naples étant incessamment menacée, comme Sodome et Gomorrhe, de périr de combustion voyait une certaine sécurité dans le choix d'un patron qui tenait particulièrement sous sa dépendance l'élément mortel et redouté.

Mais Naples n'avait pas songé à une chose, c'est qu'il y a feu et feu, comme il y a fagots et fagots. Saint Antoine était le patron du feu causé par accident, par inadvertance, par maladresse ; il était souverain contre tout incendie ayant pour principe une cause humaine ; mais saint Antoine ne pouvait rien contre le feu du ciel, ni contre le feu de la terre ; saint Antoine était impuissant contre la foudre et contre la lave, contre les orages et contre les volcans. À part le soin avec lequel il s'était gardé jusque-là, saint Antoine n'était donc pas pour Naples un patron de beaucoup supérieur à saint Gaëtan.

Saint Antoine n'en fut pas moins proclamé patron de Naples au milieu de l'allégresse générale. Il y eut des danses, des fêtes, des joutes sur l'eau, des distributions gratis, des spectacles en plein air et des feux d'artifice ; de sorte que saint Antoine se crut aussi solide à son poste que l'avaient été successivement les vingt-trois empereurs romains successeurs de Charlemagne, ou les deux cent cinquante-sept papes successeurs de saint Pierre.

Saint Antoine comptait sans le Vésuve.

Six mois s'écoulèrent sans qu'aucun événement vint porter atteinte à la popularité du nouveau patron : deux ou trois incendies avaient même eu lieu dans la ville, qui avaient été miraculeusement réprimés par la seule présence de la châsse du saint : de sorte que non-seulement on commençait d'oublier saint Janvier, mais qu'il y avait même des courtisans du pouvoir qui proposaient de jeter bas la statue de l'ex-patron de Naples, que, par oubli sans doute, on avait laissée debout à la tête du *ponte della Maddalena*.

Heureusement l'exaspération était calmée, et cette proposition de vengeance rétroactive n'eut aucun résultat.

Tout semblait donc marcher pour le mieux dans le meilleur des mondes possible, lorsqu'un beau matin on s'aperçut que la fumée du Vésuve s'épaississait sensiblement et montait au ciel avec une violence et une rapidité extraordinaires. En même temps, les bruits souterrains commencèrent à se faire entendre ; les chiens hurlaient lamentablement, et de nombreuses troupes d'oiseaux effrayés tournoyaient en l'air, s'abattant pour un instant, puis reprenant leur vol aussitôt, comme s'ils eussent craint de se reposer sur une chose qui avait sa racine dans la terre. De son côté, la mer présentait des phénomènes particuliers tout aussi effrayans ; du bleu d'azur qui lui est habituel sous le beau ciel de Naples, elle était passée à une couleur cendrée qui lui ôtait toute sa transparence ; et, quoique calme en apparence, quoique aucun vent ne l'agitât, de grosses vagues isolées montaient, bouillonnant, et venaient crever à la surface en répandant une forte odeur de soufre. Parfois aussi, comme s'il y eût eu pour la mer méditerranéenne une marée pareille à celle qui agite le vieil Océan, le flot montait au dessus de son rivage, puis tout à coup reculait, laissant la plage nue, pour revenir bientôt comme il s'était éloigné. Ces présages étaient trop connus pour qu'on doutât un seul instant de ce qu'ils annonçaient : une éruption du Vésuve était imminente.

Dans tout autre moment, Naples s'en serait souciée comme de Colin-Tampon ; mais au moment du danger, Naples se souvint qu'elle n'avait plus saint Janvier, qui, pendant quatorze siècles, l'avait si bien gardée de son redoutable voisin, que le Vésuve avait eu beau jeter feu et flamme, l'insouciante fille de Parthénope n'avait pas moins continué de se mirer dans son golfe, comme si la chose ne l'eût regardée aucunement. En effet, la Sicile avait été bouleversée, la Calabre avait été détruite ; Resina et Torre del Greco rebâties, l'une sept fois et l'autre neuf, s'étaient autant de fois fondues dans un torrent de lave, sans que jamais une seule des maisons enfermées dans l'enceinte des murailles de Naples eût été seulement ébranlée. Aussi la confiance était-elle arrivée à ce point que les Napolitains ne regardaient plus le Vésuve que comme une espèce de phare à la lueur duquel ils voyaient le bouleversement du reste du monde sans qu'eux-mêmes eussent à craindre d'être bouleversés. Mais cette fois un vague instinct de malheur leur disait qu'il n'en était plus ainsi. Avec saint Janvier la sécurité avait disparu : le pacte était rompu entre la ville et la montagne.

Aussi, contre l'habitude, une certaine terreur, à la vue de ces signes menaçans, se répandit-elle dans la cité. Au lieu de se coucher aux grondemens de la montagne, les nobles et les bourgeois dans leurs lits, les pêcheurs dans leurs barques, les lazzaroni sur les marches de leurs palais, chacun resta debout et examina avec inquiétude le travail nocturne du volcan. C'était à la fois un magnifique et terrible spectacle, car à chaque instant les présages devenaient plus certains et le danger plus imminent. En effet, de minute en minute la fumée se déroulait plus épaisse, et de temps en temps de longs serpens de flamme, pareils à des éclairs, jaillissaient de la bouche du volcan et se dessinaient sur la spirale sombre qui semblait soutenir le poids du ciel. Enfin, vers les deux heures du matin, une détonation terrible se fit entendre; la terre oscilla, la mer bondit, et la cime du mont, se déchirant comme une grenade trop mûre, donna passage à un fleuve de lave ardente qui, un instant incertain de la direction qu'il devait prendre, s'arrêta écumant sur un plateau; puis, comme s'il eût été conduit par une main vengeresse, abandonna son cours accoutumé et s'avança directement vers Naples.

Il n'y avait pas de temps à perdre : une fois sa direction prise, la lame s'avance avec une lente mais impassible inflexibilité; rien ne la détourne, rien ne la fléchit, rien ne l'arrête; elle tarit les fleuves, elle comble les vallées, elle surmonte les collines; elle enveloppe les maisons, les coupe par leur base, les emporte comme des îles flottantes, et les balance à sa surface jusqu'à ce qu'elles s'écroulent dans ses flots. A son approche, l'herbe se dessèche, les feuilles meurent, jaunissent et tombent; la sève des arbres s'évapore; l'écorce éclate et se soulève; le tronc fume et se plaint; la lave est à vingt pas de lui encore, que déjà il se tord, s'embrase, s'enflamme, pareil à ces ifs qu'on prépare pour les fêtes publiques; si bien que, lorsqu'elle l'atteint, le géant foudroyé n'est déjà plus qu'une colonne de cendre qui tombe en poussière, et s'évanouit comme si elle n'avait jamais existé.

La lave s'avançait vers Naples.

On courut à la chapelle du Trésor; on en tira la statue de saint Antoine; six chanoines la prirent sur leur dos, et, suivis d'une partie de la population, s'avancèrent vers l'endroit où menaçait le danger.

Mais ce n'était plus là un de ces incendies sans conséquence sur lesquels saint Antoine n'avait eu qu'à souffler pour les éteindre; c'était une mer de feu qui s'avançait, ruisselant de rocher en rocher, sur une largeur de trois quarts de lieue. Les chanoines portèrent le saint le plus près de la lave qu'il leur fut possible, et là ils entonnèrent le *Dies iræ, dies illa*. Mais, malgré la présence du saint, malgré les chants des chanoines, la lave continua d'avancer. Les chanoines tinrent bon tant qu'ils purent, aussi y eut-il un moment où l'on crut le feu vaincu. Mais ce n'était qu'une fausse joie : saint Antoine fut contraint de reculer.

De ce moment on comprit que tout était perdu. Si le patron de Naples ne pouvait rien pour Naples, quel serait le saint assez puissant pour la sauver? Naples, la ville des délices; Naples, la maison de campagne de Rome du temps d'Auguste; Naples, la reine de la Méditerranée dans tous les temps; Naples allait être ensevelie comme Herculanum et disparaître comme Pompéi. Il lui restait encore deux heures à vivre, puis tout serait dit : Naples aurait vécu!

La lave s'avançait toujours; elle avait atteint d'un côté le chemin de Portici, et commençait à se répandre dans la mer; elle avait dépassé de l'autre le Sebetus et commençait à se répandre dans les jardins. Le centre descendait droit sur l'église de Sainte-Marie-des-Grâces, et allait atteindre le pont della Maddalena.

Tout à coup la statue de marbre de saint Janvier, qui se tenait à la tête du pont les mains jointes, détacha sa main droite de sa main gauche, et, d'un geste suprême et impératif, étendit son bras de marbre vers la rivière de flammes. Aussitôt le volcan se referma; aussitôt la terre cessa de frémir; aussitôt la mer se calma. Puis la lave, après avoir fait encore quelque pas, sentant la source qui l'alimentait se tarir, s'arrêta tout à coup à son tour. Saint Janvier venait de lui dire, comme autrefois Dieu à l'Océan :

— Tu n'iras pas plus loin!

Naples était sauvée!

Sauvée par son ancien patron, par celui qu'elle avait hué, conspué, détrôné, jeté à l'eau, et qui se vengeait de toutes ces humiliations, de toutes ces insultes, de toutes ces injures, comme Jésus-Christ s'était vengé de ses bourreaux, en leur pardonnant.

Il ne faut pas demander si la réaction fut rapide : à l'instant même les cris de : Vive saint Janvier! retentirent d'un bout de la ville à l'autre; toutes les cloches bondirent, toutes les églises chantèrent. On courut à l'endroit où l'on avait jeté la statue de saint Janvier à la mer; on l'enveloppa de filets, et l'on demanda les meilleurs plongeurs pour aller reconnaître l'endroit où gisait le précieux simulacre. Mais alors un vieux pêcheur fit signe qu'on eût à le suivre. Il conduisit toute cette foule à sa cabane; puis, y étant entré seul, il en sortit un instant après tenant la statue du saint dans ses bras.

Le même soir où elle avait été précipitée du haut du Môle, il l'avait retirée de la mer et l'avait précieusement emportée chez lui.

La statue fut aussitôt transportée à la cathédrale de Sainte-Claire, et le lendemain réintégrée en grande pompe dans la chapelle du Trésor.

Quant au pauvre saint Antoine, il fut dégradé de tous ses titres et honneurs, et, à partir de cette heure, classé dans l'esprit des Napolitains un cran plus bas que saint Gaëtan.

Depuis ce jour, la dévotion à saint Janvier, loin de subir quelque nouvelle atteinte, a toujours été en croissant.

J'ai entendu dans une église la prière d'un lazzarone : il demandait à Dieu de prier saint Janvier de le faire gagner à la loterie.

XXIII.

LE CAPUCIN DE RESINA.

Le Vésuve, dont nous nous sommes encore assez peu occupé, mais auquel nous reviendrons plus tard, est le juste milieu entre l'Etna et le Stromboli.

Je pourrais donc, en toute sécurité de conscience, renvoyer mes lecteurs aux descriptions que j'ai déjà données des deux autres volcans.

Mais, dans la nature comme dans l'art, dans l'œuvre de Dieu comme dans le travail de l'homme, dans le volcan comme dans le drame, à côté du mérite réel il y a la réputation.

Or, quoique les véritables débuts du Vésuve dans sa carrière volcanique datent à peine de l'an 79, c'est-à-dire d'une époque où l'Etna était déjà vieux, il s'est tant remué depuis dans ses cinquante éruptions successives, il a si bien profité de son admirable position et de sa magnifique mise en scène, il a fait tant de bruit et tant de fumée, que non-seulement il a éclipsé le nom de ses anciens confrères, qui n'étaient ni de force ni de taille à lutter contre lui, mais qu'il a presque effacé la gloire du roi des volcans, du redoutable Etna, du géant homérique.

Il faut aussi convenir qu'il s'est révélé au monde par un coup de maître.

Envelopper la campagne et la mer d'un sombre nuage; répandre la terreur et la nuit sur une immense étendue; envoyer ses cendres jusqu'en Afrique, jusqu'en Syrie, en Egypte; supprimer deux villes telles que Herculanum et Pompéia; asphyxier à une lieue de distance un philosophe tel que Pline, et forcer son neveu d'immortaliser la catastrophe par une admirable lettre; vous m'avouerez que ce n'est pas trop mal pour un volcan qui commence, et pour un ignivome qui débute.

A dater de cette époque, le Vésuve n'a rien négligé pour justifier la célébrité qu'il avait acquise d'une manière si terrible et si imprévue. Tantôt éclatant comme un mortier et vomissant par neuf bouches à feu des torrents de lave, tantôt pompant l'eau de la mer et la rejetant en gerbes bouillonnantes au point de noyer trois mille personnes, tantôt se couronnant d'un panache de flammes qui s'éleva en 1779, selon le calcul des géomètres, à dix-huit mille pieds de hauteur, ses éruptions, qu'on peut suivre exactement sur une collection de gravures coloriées, ont toutes un caractère différent et offrent toujours l'aspect le plus grandiose et le plus pittoresque. On dirait que le volcan a ménagé ses effets, varié ses phénomènes, gradué ses explosions avec une parfaite entente de son rôle. Tout lui a servi pour agrandir sa renommée : les récits des voyageurs, les exagérations des guides, l'admiration des Anglais, qui, dans leur philanthropique enthousiasme, donneraient leur fortune et leurs femmes par dessus pour voir une bonne fois brûler Naples et ses environs. Il n'est pas jusqu'à la lutte soutenue avec saint Janvier, lutte, à la vérité, où le saint a remporté tout l'avantage, qui n'ait aussi ajouté à la gloire du Vésuve. Il est vrai que le volcan a fini par être vaincu, comme Satan par Dieu; mais une telle défaite est plus grande qu'un triomphe. Aussi le Vésuve n'est pas seulement célèbre, il est populaire.

On comprend, après cela, qu'il m'était impossible de quitter Naples sans présenter mes hommages au Vésuve.

Je fis donc prévenir Francesco (1) qu'il eût à tenir prêt son corricolo pour le lendemain matin à six heures, en lui recommandant bien d'être exact, et en joignant à la recommandation six carlins de pourboire, seul moyen de rendre la recommandation efficace.

Le lendemain, à la pointe du jour, Francesco et son fantastique attelage étaient à la porte de l'hôtel. Jadin refusa de m'accompagner dans ma nouvelle ascension, prétendant que son croquis n'en serait que plus exact s'il ne quittait pas sa fenêtre, et m'engageant par toutes sortes de raisons à ne pas me déranger moi-même pour si peu de chose. A l'entendre, le Vésuve était un volcan éteint depuis plusieurs siècles, comme la Solfatare ou le lac d'Agnano ; seulement le roi de Naples y faisait tirer de temps à autre un petit feu d'artifice à l'intention des Anglais. Quant à Milord, il partagea complètement l'avis de son maître : l'intelligent animal, après son bain dans les eaux bouillantes du Vulcano et son passage dans les sables brûlans du Stromboli, était parfaitement guéri de toute curiosité scientifique.

Je partis donc seul avec Francesco.

Le brave conducteur commença par s'informer très respectueusement si son excellence mon camarade n'était pas indisposé. Rassuré sur l'objet de ses craintes, il s'empressa de quitter sa tristesse de commande, reprit son air le plus joyeux, son sourire le plus épanoui, et fit claquer son fouet avec un redoublement de bonne humeur. Soit que la présence de Jadin l'eût intimidé dans nos excursions précédentes, soit qu'il eût avalé littéralement son pourboire de la veille, Francesco déploya tout le long de la route une verve sceptique et une incrédulité voltairienne que je ne lui avais nullement soupçonnées, et qui m'étonnèrent singulièrement dans un homme de son âge, de sa condition et de son pays.

Arrivé au *Ponte della Maddalena*, il passa fort cavalièrement entre les deux statues de saint Janvier et de saint Antoine, affectant de siffler ses chevaux et de crier gare à la foule, pour ne pas rendre le salut d'usage aux deux protecteurs de la ville.

Comme à la rigueur cette première irrévérence pouvait être mise sur le compte d'une distraction légitime, je fis semblant de ne pas m'en apercevoir.

Mais en traversant *San Giovani a Tudicci*, village assez célèbre pour la confection du macaroni, un moine franciscain d'une santé florissante et d'une magnifique encolure, par ce droit naturel qu'ont les moines napolitains sur tous les corricoli, comme les Anglais sur la mer, héla le cocher,

---

(1) Je m'aperçois ici que j'ai appelé notre cocher tantôt Francesco, tantôt Gaëtano. Cela tient à ce qu'il était baptisé sous l'invocation de ces deux saints, et que nous l'appelions Francesco quand nous étions de bonne humeur, et Gaëtano quand nous le boudions.

et lui fit signe impérieusement de l'attendre. Francesco arrêta ses chevaux avec une si parfaite bonne foi, qu'habitué d'ailleurs à de telles surprises, je m'étais déjà rangé pour faire place au compagnon que le ciel m'envoyait. Mais à peine le bon moine s'était-il approché à la portée de nos voix, que Francesco ôta ironiquement son chapeau, et lui dit avec un sourire railleur : — Pardon, mon révérend, mais je crois que saint François, mon patron et le fondateur de votre ordre, n'est jamais monté dans un corricolo de sa vie. Si je ne me trompe, il se servait de ses sandales lorsqu'il voyageait par terre, et de son manteau lorsqu'il traversait la mer. Or, vos souliers me semblent en fort bon état, et je ne vois pas le plus petit trou à votre manteau : ainsi, mon frère, si vous voulez aller à Capri, prenez votre manteau ; si vous voulez aller à Sorrente, prenez vos sandales. Adieu, mon révérend.

Cette fois, l'irréligion de Francesco devenait plus évidente. Cependant, si son refus était toujours blâmable dans la forme, on pouvait en quelque sorte l'excuser au fond ; car, m'ayant cédé son corricolo, il n'avait plus le droit d'y admettre d'autres passagers. Je voulus donc attendre une autre occasion pour lui exprimer mon mécontentement.

Comme nous entrions à Portici, à la hauteur d'une petite rue qui mène au port du Granatello, je remarquai une énorme croix peinte en noir, et au-dessous de cette croix une inscription en grosses lettres qui enjoignait aux voitures d'aller au pas, et aux cochers de se découvrir.

Je me retournai vivement vers Francesco pour voir de quelle manière il allait se conformer à un ordre aussi simple et aussi précis : lui donnant l'exemple moi-même, plus encore, je dois le dire, par un sentiment de respect intime que par obéissance aux règlemens de Sa Majesté Ferdinand II; Francesco enfonça son chapeau sur sa tête, et fit partir ses chevaux au galop.

Il n'y avait plus de doute possible sur les intentions antichrétiennes de mon conducteur. Je n'avais rien vu de pareil dans toute l'Italie. Je pensai qu'il était temps d'intervenir.

— Pourquoi n'arrêtez-vous pas vos chevaux ? Pourquoi ne saluez-vous pas cette croix ? lui demandai-je sévèrement.

— Bah ! me dit-il d'un ton dégagé qui eût fait honneur à un encyclopédiste, cette croix que vous voyez, monsieur, est la croix du mauvais larron. Les habitans de Portici l'ont en grande vénération par une raison toute simple : ils sont tous voleurs.

L'esprit fort de cet homme renversait toutes les idées que je m'étais faites sur la foi naïve et l'aveugle superstition du lazzarone.

Néanmoins, je crus m'être trompé un instant, et j'allais lui rendre mon estime en le voyant revenir à des sentimens plus pieux. Entre Portici et Resina, au point de jonction des deux chemins, dont l'un conduit à la Favorite et l'autre descend à la mer, s'élève une de ces petites chapelles, si fréquentes en Italie, devant lesquelles les brigands eux-mêmes ne passent pas sans s'incliner. La fresque qui sert de tableau à la petite chapelle de Resina jouit à bon droit d'une immense réputation à dix lieues à la ronde. Ce sont des âmes du purgatoire du plus beau vermillon, se tordant de douleur et d'angoisse dans des flammes si vives et si terribles que, comparé à leur intense ardeur, le feu du Vésuve n'est qu'un feu follet.

A la vue du brasier surhumain, la raillerie expira sur les lèvres de Francesco ; il porta machinalement la main à son chapeau, et jeta un long regard sur les deux chemins qui se terminaient à angle droit de la chapelle, comme s'il eût craint d'être observé par quelqu'un. Mais ce bon mouvement, inspiré soit par la peur, soit par le remords, ne dura que quelques secondes. Rassuré par son inspection rapide, Francesco redoubla de gaîté et d'aplomb, et, donnant un libre cours à ses moqueries et à ses sarcasmes, il se mit en devoir de me faire sa profession de foi, ou plutôt d'incrédulité, se vantant tout haut qu'il ne croyait ni au purgatoire, ni à l'enfer, ni à Dieu, ni au diable ; et ajoutant, en forme de corollaire, que toutes ces momeries avaient été inventées par les prêtres, à l'effet de presser la bourse des pauvres gens assez simples et assez timides pour se fier à leurs promesses ou s'effrayer de leurs menaces.

Francesco me rappelait étonnamment mon brave capitaine Langlé.

J'allais arrêter ce débordement d'épigrammes émoussées et de bel-esprit de carrefour, lorsque Francesco, sautant légèrement à terre, m'annonça que nous étions arrivés.

— Comment! déjà? m'écriai-je en oubliant mon sermon.

— C'est-à-dire nous sommes arrivés à la paroisse de Resina, au pied du Vésuve. Maintenant il ne reste plus qu'à monter.

— Et comment monte-t-on au Vésuve?

— Il y a trois manières de monter : en chaise à porteurs, à quatre pattes, et à âne. Vous avez le choix.

— Ah! et laquelle de ces trois manières te semble-t-elle préférable?

— Dame! ça dépend... Si vous vous décidez pour la chaise à porteurs, vous n'avez qu'à louer une de ces petites cages peintes que vous voyez là à votre gauche : montez dedans, fermez les yeux et vous laissez faire. Au bout de deux heures, on vous déposera sur le sommet de la montagne, mais...

— Mais quoi?

— Avec la chaise, on a une chance de plus de se casser le cou ; vous comprenez, excellence,... quatre jambes glissent mieux que deux.

— Allons, parlons d'autre chose.

— Si vous grimpez à quatre pattes, il est clair qu'en vous aidant des pieds et des mains, vous risquez moins de rouler en bas, mais...

— Encore, qu'y a-t-il?

— Il y a, excellence, que vous vous écorcherez les pieds sur la lave, et que vous vous brûlerez les mains dans les cendres.

— Reste l'âne.

— C'est aussi ce que j'allais vous conseiller, vu la grande habitude qu'a cet animal de marcher à quatre pattes depuis sa création, et la sage précaution qu'ont ses maîtres de le chausser de fers très solides ; mais il y a aussi un petit inconvénient.

— Lequel? repris-je impatienté de ces objections flegmatiques.

— Voyez-vous ces braves gens, excellence? me dit Francesco, en me montrant du bout de son index un groupe de lazzaroni qui se tenaient sournoisement à l'écart pendant notre entretien, guettant du coin de l'œil le moment favorable pour fondre sur leur proie.

— Eh bien?

— Ces gens-là vous sont tous indispensables pour monter au Vésuve. Les guides vous montreront le chemin ; les ciceroni vous expliqueront la nature du volcan ; les paysans vous vendront leur bâton ou vous loueront leur âne. Mais ce n'est pas tout que de louer un âne, il faut encore le faire marcher.

— Comment, drôle, tu crois que, quand j'aurai enfourché ma monture, et que je pourrai manier à mon aise un de ces bons bâtons de chêne, que je guigne du coin de l'œil, je ne viendrai pas à bout de faire marcher bête?

— Pardon, excellence ; ce n'est pas un reproche que je vous fais ; mais vous aviez cru aussi pouvoir faire aller mes chevaux ; et pourtant un cheval est bien moins entêté qu'un âne!...

— Quel sera donc ce prodigieux dompteur de bêtes que je dois appeler à mon secours?

— Moi, excellence, si vous le permettez. Je vais recommander la voiture à Tonio, un ancien camarade, et je suis à vos ordres.

— J'accepte, à la condition que tu me débarrasseras de tout ce monde.

— Vous êtes parfaitement libre de les laisser ici ; seulement, que vous les ameniez ou non, il faudra toujours les payer.

— Voyons, tâche de t'arranger avec eux, et que je sois au moins délivré de leur présence.

En moins d'un quart d'heure, Francesco fit si bien les choses, que le corricolo était remisé, que les chevaux se prélassaient à l'écurie, que les lazzaroni avaient disparu, et

que je montais sur mon âne. Tout cela me coûtait deux piastres.

Pauvre animal! il suffisait de le voir pour se convaincre qu'on l'avait indignement calomnié. Quand je me fus bien assuré de la docilité de ma bête et de la solidité de mon bâton, je voulus donner une petite leçon de savoir-vivre à mon impertinent conducteur, et j'appliquai un tel coup sur la croupe de ma monture, que je crus, pour le moins, qu'elle allait prendre le galop. L'âne s'arrêta court ; je redoublai, et il ne bougea pas plus que si, comme le chien de Céphale, il eût été changé en pierre. Je répétai mon avertissement de droite à gauche, comme je l'avais fait une première fois de gauche à droite. L'animal tourna sur lui-même par un mouvement de rotation si rapide et si exact, qu'avant que j'eusse relevé mon bâton il était retombé dans sa position et dans son immobilité primitives. Indigné d'avoir été la dupe de ces hypocrites apparences de douceur, je fis alors pleuvoir une grêle de coups sur le dos, sur la tête, sur les jambes, sur les oreilles du traître. Je le chatouillai, je le piquai, j'épuisai mes forces et mes ruses pour lui faire entendre raison. L'affreuse bête se contenta de tomber sur ses genoux de devant, sans daigner même pousser un seul braiement pour se plaindre de la façon dont elle était traitée.

Haletant, trempé de sueur, je m'avouai vaincu, et je priai Francesco de venir à mon aide. Il le fit avec une modestie parfaite, c'est une justice à lui rendre.

— Rien n'est plus facile, excellence, me dit-il : règle générale, les ânes font toujours le contraire de ce qu'on leur dit. Or, vous voulez que votre âne marche en avant, il suffit de le tirer par derrière ; et, joignant la pratique à la théorie, il se mit à le tirer doucement par la queue. L'âne partit comme un trait.

— Il paraît que l'animal te connaît, mon cher Francesco.

— Je m'en flatte, excellence. Avant d'être cocher, j'ai travaillé dans les ânes : aussi leur dois-je ma fortune.

— Comment cela, mon garçon?

— Oh! mon Dieu! dit Francesco avec un soupir, ce n'est pas moi qui l'ai cherchée! Et encore, si j'avais pu prévoir une telle horreur, jamais au grand jamais je n'aurais voulu accepter.

— Mais enfin explique-toi ; qu'est-il donc arrivé?

— Nous nous tenions, mon âne et moi, au bas de la montagne où nous avons laissé la voiture. Un jour se présentent deux Anglais qui me demandent à louer ma bête pour monter au Vésuve. — Mais vous êtes deux, milords, que je leur dis, et je n'ai qu'un seul âne. — Cela ne fait rien, qu'ils me répondent. — Au moins, vous allez monter chacun votre tour! Je tiens à ma bête, et pour rien au monde je ne voudrais l'éreinter. — Soyez tranquille, mon brave, nous ne la monterons pas du tout.

En effet, ils se mettent à marcher l'un à droite, l'autre à gauche, respectant mon âne comme s'il eût porté des reliques. Cela ne m'étonnait pas de leur part! j'avais entendu dire que les Anglais avaient un faible pour les bêtes, et il y a dans leur pays de ces lois dures contre ceux qui les maltraitent... A preuve qu'un Anglais peut traîner sa femme au marché, la corde au cou, tant qu'il lui fait plaisir ; mais il n'oserait pas se permettre la plus petite avanie contre le dernier de ses chats. C'est très bien vu, n'est-ce pas, excellence?

Or, comme nous montions toujours, l'âne, les voyageurs et moi, voilà que les deux Anglais, après avoir causé un peu dans leur langue, un drôle de baragouin, ma foi! — Mon brave, qu'ils me disent, veux-tu nous vendre ton âne?

— C'est trop d'honneur, milords, répondis-je ; je vous ai dit que je l'aimais, cet animal, comme un ami, comme un camarade, comme un frère ; mais, si je le trouvais de prix, et j'étais sûr qu'il dût tomber entre les mains d'honnêtes gens comme vous (je les flattais les Anglais), je ne voudrais pas empêcher son sort.

— Et quel prix en demandes-tu, mon garçon?

— Cinquante ducats! leur dis-je d'un seul coup. C'était énorme! Mais je l'aimais beaucoup, mon pauvre âne, et il me fallait de grands sacrifices pour me décider à m'en séparer.

— C'est convenu, qu'ils me répondent en me comptant mon argent à l'instant même. Il n'y avait plus à s'en dédire. Je fis comprendre à mon âne que son devoir était de suivre ses nouveaux maîtres. La pauvre bête ne se le fit pas répéter deux fois, et à peine l'eus-je tirée un peu par la queue, qu'elle se mit à grimper bravement après les Anglais. Ils étaient arrivés au bord du cratère et s'amusaient à jeter des pierres au fond du volcan; l'âne baissait son museau vers le gouffre, alléché par un peu d'écume verdâtre qu'il avait prise pour de la mousse; moi, j'étais tout occupé à compter mon argent, lorsque tout à coup j'entends un bruit sourd et prolongé... Les deux mécréans avaient jeté la pauvre bête au fond du Vésuve, et ils riaient comme deux sauvages qu'ils étaient. Je vous l'avoue, dans ce premier moment, il me prit une furieuse envie de les envoyer rejoindre ma bête. Mais ça aurait pu me faire du tort, attendu que ces Anglais sont toujours soutenus par la police; et d'ailleurs, comme ils m'avaient payé le prix convenu, ils étaient dans leur droit. En descendant, j'eus la douleur de reconnaître au bas du cône, à côté d'un trou qui venait de s'ouvrir pas plus tard que la veille, mon malheureux animal, noir et brûlé comme un charbon. C'était pour voir s'il y avait une communication intérieure entre les deux ouvertures, que les brigands avaient sacrifié mon âne. Je le pleurai longtemps, excellence; mais comme, en définitive, toutes les larmes du monde n'auraient pu le faire revenir, je me mariai pour me consoler, et j'achetai avec l'argent des Anglais deux chevaux et un corricolo.

Tout en écoutant son larmoyant récit, j'étais arrivé à l'Ermitage. Pour distraire Francesco de sa douleur, je lui demandai s'il n'y avait pas moyen de boire un verre de vin à la mémoire du noble animal, et s'il n'y aurait pas d'indiscrétion à réclamer quelques instans d'hospitalité dans la cellule de l'ermite.

A ce nom d'ermite, toute la mélancolie de Francesco se dissipa comme par enchantement, il fronça de nouveau ses lèvres par un sourire sardonique, et frappa lui-même à la porte à coups redoublés.

L'ermite parut sur le seuil, et nous reçut avec un empressement digne des premiers temps de l'Eglise. Il nous servit des œufs durs, du saucisson, une salade, et des figues excellentes; le tout arrosé de deux bouteilles de *lacryma christi* de première qualité. Comme je me récriais sur la générosité de notre hôte :

— Attendez la carte, me dit Francesco avec malice.

En effet, le total de cette réfection chrétienne se montait, je crois, à trois piastres; c'était quatre fois le prix des auberges ordinaires.

Après avoir remercié notre excellent ermite, je montai jusqu'à la bouche du volcan, et je descendis jusqu'au fond du cratère. Le lecteur trouvera mes expressions exactes magnifiquement rendues dans trois admirables pages de Châteaubriand, qui avait accompli avant moi la même ascension et la même descente.

Pendant tout le temps que dura notre voyage, Francesco, remis en train par la petite supercherie de notre hôte, ne cessa pas d'exercer sa bonne humeur sur les moines, sur les quêteurs, sur les ermites de toute espèce, répétant avec une nouvelle énergie qu'il se laisserait écorcher vif plutôt que de jeter une obole dans la bourse d'un de ces intrigans.

De retour à Resina, nous remontâmes dans notre corricolo, et ses déclamations reprirent de plus belle à la vue d'un sacristain qui nous souhaita le bon voyage. Je commençais à désespérer réellement de pouvoir lui imposer silence, lorsqu'au moment où nous passions devant la petite chapelle des âmes du purgatoire, je le vis s'interrompre brusquement au milieu de sa phrase; ses joues pâlirent, ses lèvres tremblèrent, et il laissa tomber le fouet de sa main.

Je regardai devant moi pour tâcher de comprendre quelle pouvait être l'apparition qui causait à mon vaillant conducteur un effroi si terrible, et je vis un petit vieillard, à la barbe blanche et soyeuse, aux yeux baissés et modestes, à la physionomie douce et souriante, paraissant se traîner avec peine, et portant le costume des capucins dans toute sa rigoureuse pauvreté.

Le saint personnage s'avançait vers nous la main gauche sur la poitrine, la droite élevée pour nous présenter une bourse en ferblanc, sur laquelle étaient reproduites en miniature les mêmes âmes et les mêmes flammes qui éclataient dans les fresques. Au reste, le pauvre capucin ne prononçait pas une parole, se bornant à solliciter la charité des fidèles par son humble démarche et par son éloquente pantomime.

Francesco descendit en tremblant, vida sa poche dans la bourse du quêteur, et se signa dévotement en baisant les âmes du purgatoire; puis, remontant promptement derrière la voiture, il fouetta ses chevaux à tour de bras, comme s'il se fût agi de fuir devant tous les démons de l'enfer.

Je tenais mon incrédule.

— Qu'y a-t-il, mon cher Francesco? lui dis-je en raillant à mon tour; expliquez-moi par quel miracle ce bon capucin, sans même ouvrir la bouche, vous a si subitement converti, que dans votre ardeur de néophyte vous lui avez versé dans les mains tout ce que vous aviez dans vos poches,

— Lui ! un capucin ! dit Francesco en se tournant en arrière avec un reste de frayeur : c'est le plus infâme bandit de Naples et de Sicile; c'est Pietro. Je croyais qu'il faisait sa sieste à cette heure; sans cela je ne me serais pas risqué à m'approcher de sa chapelle, où il dévalise les passans avec l'autorisation des supérieurs.

— Comment! ce vieillard si doux, si bienveillant, si vénérable ?...

— C'est un affreux brigand.

— Prenez garde, Francesco, votre aversion pour les gens d'église devient révoltante.

— Lui, un homme d'église ! Mais je vous jure, excellence, par tout ce qu'il y a de plus sacré au monde, qu'il n'est pas plus moine que vous et moi. Quand je lui dis brigand, je l'appelle par son nom; c'est la seule chose qu'il n'ait pas volée.

— Mais alors par quelle métamorphose se trouve-t-il transformé en capucin?

— Le diable s'est fait ermite, voilà tout...

— Et comment, dans un pays aussi catholique et aussi religieux que Naples, peut-on lui permettre cette indigne profanation ?...

— Il s'agit bien pour lui de demander une permission ! il la prend.

— Mais la police?

— Ni vu ni connu...

— Les carabiniers ?

— Votre serviteur...

— Les gendarmes ?

— Enfoncés.

— C'est donc un homme plus déterminé que Marco Brandi, plus rusé que Vardarelli, plus imprenable que Pascal Bruno ?

— C'est à peu près la même force, mais ce n'est plus le même genre.

— Ah! et quelle est sa spécialité à ce brave capucin ?

— Les autres se contentaient de voler les hommes; lui, il vole le bon Dieu.

— Comment ! il vole le bon Dieu ?

— Quand je dis le bon Dieu, c'est les prêtres que je veux dire, ça revient au même. Les autres bandits se donnent la peine de courir la campagne, d'arrêter les fourgons du roi, de se battre avec les gendarmes. Sa campagne, à lui, a toujours été la sacristie, ses fourgons l'autel, ses ennemis les évêques, les vicaires, les chanoines. Croix, chandeliers, missels, calices, ostensoirs, il n'a rien respecté. Il est né dans l'église, il a vécu aux dépens de l'église, et il veut mourir dans l'église.

— C'est donc par des vols sacriléges que cet homme a soutenu sa criminelle existence ?

— Mon Dieu, oui ; c'est plus qu'une habitude chez lui, c'est une vocation, c'est une seconde nature. Il est neveu d'un curé; sa mère l'avait naturellement placé à la paroisse en qualité de sacristain, d'enfant de chœur ou de bedeau, je ne sais pas bien ses fonctions exactes. Quoi qu'il en soit, le premier coup qu'a fait l'affreux garnement a été de voler la montre de son révérend oncle.

— Vraiment !

— C'est comme j'ai l'honneur de vous le dire, excellence, et encore d'une drôle de manière, allez. Le curé disait la messe tous les matins au petit jour, et, pour que rien ne sortît de la famille, il se faisait servir par son neveu. Il faut vous dire que dom Gregorio (c'était dom Gregorio que s'appelait le curé) était un homme très exact, assez bon enfant au dehors, mais n'entendant plus la plaisanterie dès qu'il s'agissait de ses devoirs, tenant à gagner honnêtement sa vie, et incapable de faire tort à ses paroissiens d'un *Ite missa est*. Or, comme sa messe lui était payée trois carlins, et qu'elle devait durer trois quarts d'heure, dom Gregorio posait sa montre sur l'autel, jetait un coup d'œil sur l'Évangile, un autre sur le cadran, et à l'instant même où l'aiguille touchait à sa quarante-cinquième minute, il faisait sa dernière génuflexion, et la messe était dite. Malheureusement dom Gregorio avait la vue basse; aussi à côté de sa montre n'oubliait-il jamais de poser ses lunettes, d'abord pour regarder l'heure, ensuite pour surveiller ses fidèles ; car je ne sais pas si je vous ai dit, excellence, que dom Gregorio était curé de Portici, et que les habitants de Portici avaient une dévotion particulière pour le mauvais larron.

— Oui, oui, continue...

— Or, comme c'est l'habitude à la campagne de s'agenouiller tout près de l'autel pour mieux entendre le *Memento*...

— Ah ! je ne savais pas cela.

— C'est tout simple, excellence ; chacun donne quelque chose au prêtre pour qu'il recommande à Dieu son affaire : celui ci sa récolte, celui-là ses troupeaux, un troisième ses vendanges ; de sorte que l'on n'est pas fâché de savoir comment il s'acquitte de sa commission...

— Eh bien ! que faisait dom Gregorio?

— Dom Gregorio, tout en lisant son missel et en regardant son heure, jetait de temps en temps un petit coup d'œil à ses voisins pour voir s'ils ne s'approchaient pas trop de sa montre.

— Je comprends.

— Vous voyez donc, excellence, que ce n'était pas chose facile que de voler la montre de dom Gregorio. Or, ce qui eût été un obstacle insurmontable pour tout le monde ne fut qu'un jeu pour le neveu du curé. Son oncle était myope ; il s'agissait de le rendre aveugle, voilà tout. Que fait donc le petit brigand? Au moment où dom Gregorio passait sa chasuble, il colle deux grands pains à cacheter sur les deux verres des lunettes, avec une telle rapidité et une telle adresse, que le digne curé, ne le croyant pas même dans la sacristie, l'appela deux ou trois fois pour lui demander sa barrette. On peut deviner le reste. Dom Gregorio sort de la sacristie précédé de son neveu, il monte à l'autel, ouvre son Évangile, relève sa chasuble et sa soutane, tire la montre de son gousset et la pose devant lui, tout en priant ses ouailles de ne pas trop se presser ; en même temps, il fouille dans l'autre poche, prend ses lunettes, et les enfourche majestueusement sur son nez.

— Jésus-Maria ! s'écria le pauvre curé dans son latin, je n'y vois pas clair, je n'y vois plus du tout, je suis aveugle !

Le tour était fait : la montre était passée de l'oncle au neveu. Où chercher le voleur quand on a l'avantage d'être curé de Portici, et que soupçonner un seul c'est évidemment faire tort à tous les autres ?

— En effet, la chose doit être embarrassante. Mais par quel enchaînement de circonstances le sacristain de Portici est-il devenu le capucin de Resina ?

— Depuis son premier vol, sa vie entière n'a été qu'un pillage continuel de couvens, de monastères et d'églises. Le diable en personne n'aurait pu imaginer toutes les abominations qu'il a su mettre en œuvre, et toujours avec un succès qui tenait du miracle. Croiriez-vous enfin, excellence, qu'il s'est servi des choses les plus saintes pour commettre ses crimes les plus audacieux? Autant de cérémonies religieuses, autant de prétextes d'effraction et d'escalade : autant de baptêmes, d'enterremens, de mariages, autant de primes prélevées sur la bourse du prochain ; autant de sacremens, autant de vols. Pour vous conter un seul de ses tours : il va se confesser un jour au trésorier de la chapelle de Saint-Janvier, qui a le privilège de donner l'absolution des péchés les plus énormes :

— Mon père, lui dit le brigand en se frappant la poitrine, j'ai commis un crime horrible.

— Mon fils, la miséricorde de Dieu est sans bornes, et je tiens de notre saint-père le pape des pouvoirs illimités pour vous absoudre ; avouez-moi donc votre crime, et ayez toute confiance dans la bonté du Seigneur...

— J'ai volé un bon prêtre au moment même où j'étais agenouillé humblement à ses pieds pour me confesser.

— C'est très grave, mon fils, et vous avez encouru l'excommunication...

— Vous le voyez, mon père...

— Cependant Dieu est miséricordieux, et il veut la conversion, non pas la mort du pécheur.

— Vous croyez donc, mon père, qu'il me le pardonnera ?

— Je l'espère : vous repentez-vous, mon fils ?

— De tout mon cœur.

— Alors je vous absous, au nom du Père, du Fils et du Saint-Esprit.

— Ainsi soit-il ! — répondit le voleur en se relevant ; et il s'éloigna d'un air humble et contrit.

Lorsque le brave trésorier voulut se lever à son tour pour monter dans sa chambre, il s'aperçut que les boucles d'argent qui retenaient ses souliers avaient disparu. Vous pensez si le bon prêtre en dut être furieux, et si l'archevêque de Naples a dû solliciter du roi l'arrestation du bandit.

— Et jamais on n'en est venu à bout ?

— Jamais ; le diable lui-même y eût perdu sa peine. Enfin le ministre de la police, désespérant de le faire arrêter, l'amnistia, à la condition qu'il eût à choisir un état, et à se conduire désormais en honnête homme. Ce fut alors qu'il demanda impudemment à se faire capucin. Mais ce n'était pas assez de la parole du ministre ; il fallait l'autorisation de l'archevêque pour revêtir l'habit religieux, et l'archevêque était trop bien renseigné sur ses faits et gestes pour lui accorder une pareille autorisation.

— Diable ! Et comment se tira-t-il de cette nouvelle difficulté ?

— Oh ! ce n'en fut pas une pour lui. — Ah ! s'écria-t-il en souriant, monseigneur ne veut pas me donner la permission ; eh bien ! je la volerai. Comme il savait contrefaire différentes écritures, il se fabriqua d'abord un certificat en toute règle, et imita parfaitement la signature de l'archevêque. Restait le point le plus difficile : le certificat était nul sans le sceau pontifical, et ce sceau, monseigneur l'appliquait lui-même et le portait nuit et jour à son doigt, dans une bague enrichie de diamans magnifiques. Il s'agissait donc de voler cette bague. Le brigand ne fut pas longtemps à prendre son parti : il loua une petite chambre à deux pas de l'archevêché, s'étendit sur un grabat comme un homme prêt à rendre son âme, fit appeler un confesseur, et, après avoir reçu avec une humilité profonde et une dévotion exemplaire les sacremens de l'Église, il demanda en grâce que l'archevêque en personne vînt lui administrer l'extrême-onction, ajoutant qu'il avait à lui confier un secret duquel dépendait le salut de son âme. Comme le cas était urgent et que le moribond paraissait n'avoir plus que quelques instans à vivre, l'archevêque s'empressa de se rendre à la prière du bandit ; et, après avoir signé son front, sa bouche et sa poitrine de l'huile bénite, se baissa pour recueillir ses paroles faibles et entrecoupées déjà par le râle de l'agonie. Le mourant se leva sur ses coudes par un suprême effort, et, prenant la main de l'archevêque, murmura ces mots à l'oreille du prélat : — Courez chez vous, monseigneur ; tandis que j'expire ici, mes complices mettent le feu à votre palais.

L'archevêque n'en voulut pas entendre davantage ; il sauta l'escalier en trois bonds, traversa la rue d'un seul pas, et fit sonner la cloche d'alarme. Il n'y avait ni feu, ni complot, ni voleur ; seulement, lorsque Son Éminence fut revenue de son effroi, elle s'aperçut que sa bague avait disparu.

Le lendemain, l'archevêque reçut une lettre conçue en ces termes :

« Monseigneur, j'ai mon certificat, et je vous rendrai votre bague à la condition que vous ne vous opposerez pas plus longtemps à ma vocation.

» *Signé* : Frère PIETRO le bandit. »

A dater de ce jour, personne ne songea plus à s'opposer à la vocation de Pietro : il peignit lui-même sa petite chapelle des âmes du purgatoire, et il demanda l'aumône aux voyageurs en leur mettant le couteau ou le pistolet sous la gorge.

— Mais la peur te fait divaguer, mon pauvre Francesco ; cet homme me paraît vieux et infirme, et pour toute arme il ne nous a montré que sa bourse.

— Oh ! le scélérat ! s'écria Francesco avec un nouveau frisson ; mais c'est là son poignard, ce sont là ses pistolets, c'est là sa carabine. D'abord âge, infirmités, dévotion, tout cela n'est que comédie. Il vous avalerait en trois bouchées un régiment de dragons. Ensuite, rien qu'en vous montrant sa bourse, il vous dit : L'argent ou la vie ; c'est sa manière. Il vous la présente d'abord du côté des âmes du purgatoire. Si vous lui faites l'aumône à cette première sommation, tout est dit, il vous remercie et vous laisse aller en paix ; mais si vous lui refusez, il tourne la bourse de l'autre côté : et savez-vous ce qu'il y a de l'autre côté ? son propre portrait dans son ancien costume de brigand, armé d'un énorme couteau, et au bas du portrait en lettres rouges : PIETRO LE BANDIT.

— Et si on ne tient pas compte des deux avis ?

— Alors on peut faire son paquet et se préparer à partir pour l'autre monde. Mais cela n'est jamais arrivé. Il est trop connu dans le pays.

A ma grande satisfaction, Francesco, toujours sous l'impression de sa terreur, n'osa plus railler les moines que nous rencontrâmes sur notre route, se découvrit respectueusement devant la croix de Portici, et récita une double prière en repassant devant les statues de saint Janvier et de saint Antoine.

Honneur au capucin de Resina ! Il venait de convertir le dernier voltairien de notre époque.

XXIV.

SAINT JOSEPH.

Nous avons vu le lazzarone dans sa vie publique et dans sa vie privée ; nous l'avons vu dans ses rapports avec l'étranger et dans ses rapports avec ses compatriotes. Or, comme l'incrédulité de Francesco pourrait fausser le jugement de nos lecteurs à l'endroit de ses confrères, montrons maintenant le lazzarone dans ses relations avec l'église.

Un moine prend un batelier au Môle.

— Où allons-nous, mon père ?

— Au Pausilippe, dit le moine.

Et le batelier se met à ramer de mauvaise humeur : le moine ne paie jamais son passage. Par hasard il offre une prise de tabac, voilà tout. Cependant il est inouï qu'un batelier ait refusé le passage à un moine.

Au bout de dix minutes, le moine sent quelque chose qui grouille dans ses jambes.

— Qu'est cela ? demande-t-il.

— Un enfant, répond le batelier.

— A toi ?

— On le dit.

— Mais tu n'en es pas sûr ?

— Qui est sûr de cela ?

— Vous autres moins que personne.

— Pourquoi nous autres moins que personne ?

— Vous n'êtes jamais à la maison.

— C'est vrai : heureusement que nous avons un moyen de nous assurer de la vérité si l'enfant est à nous.

— Lequel ?

— Nous le gardons jusqu'à cinq ans.

— Après ?

— A cinq ans, nous lui faisons faire une promenade en mer.

— Et puis ?

— Et puis, quand nous sommes à la hauteur de Capri ou dans le golfe de Baïa, nous le jetons à l'eau.

— Eh bien ?

— Eh bien ! s'il nage tout seul, il n'y a pas de doute sur la paternité.

— Mais s'il ne nage pas ?

— Ah ! s'il ne nage pas, c'est tout le contraire. Nous sommes sûrs de la chose comme si nous l'avions vue de nos deux yeux.

— Alors que faites-vous de l'enfant ?

— Ce que nous en faisons ?

— Oui.

— Que voulez-vous, mon père ! comme au bout du compte ce n'est pas sa faute, à ce pauvre petit, et qu'il n'a pas demandé à venir au monde, nous plongeons après lui et nous le retirons de l'eau.

— Ensuite ?

— Ensuite nous le rapportons à la maison.

— Et puis ?

— Et puis nous lui donnons sa nourriture ; c'est ce que nous lui devons. Mais quant à son éducation, c'est autre chose ; cela ne nous regarde pas. De sorte que, vous comprenez, mon père, il devient un affreux garnement sans foi ni loi, ne croyant ni à Dieu ni aux saints, maugréant, jurant, blasphémant ; mais lorsqu'il a atteint sa quinzième année, quand il n'est plus bon à rien au monde, nous en faisons...

— Vous en faites quoi ? Voyons, achève.

— Nous en faisons un moine, mon père.

Il ne faut cependant pas croire que le lazzarone soit voltairien, matérialiste ou athée ; le lazzarone croit en Dieu, espère en l'immortalité de l'âme, et, tout en raillant le mauvais moine, il respecte le bon prêtre.

Il y en avait un qui faisait faire aux lazzaroni tout ce qu'il voulait. Ce prêtre, c'était le célèbre padre Rocco, dont nous avons déjà parlé à propos de la prédication sur les crabes.

Padre Rocco est plus populaire à Naples que Bossuet, Fénelon et Fléchier tout ensemble ne le sont à Paris.

Padre Rocco avait trois moyens d'arriver à son but : la persuasion, la menace, les coups. D'abord il parlait avec une onction toute particulière des récompenses du paradis ; puis, si le moyen échouait, il passait au tableau des souffrances de l'enfer ; enfin, si la menace n'avait pas plus de persuasion que de succès, il tirait un nerf de bœuf de dessous sa robe, et frappait à tour de bras sur son auditoire. Il fallait qu'un pécheur fût bien endurci pour résister à un pareil argument.

Ce fut Padre Rocco qui réussit à faire éclairer Naples. Cette ville, resplendissante aujourd'hui d'huile et de gaz, de réverbères et de lanternes, de cierges et de veilleuses, était, il y a cinquante ans, plongée dans les plus profondes ténèbres. Ceux qui étaient riches se faisaient éclairer la nuit par un porteur de torches ; ceux qui étaient pauvres tâchaient de se trouver sur le chemin des riches, et s'ils suivaient la même route qu'eux ils profitaient de leur fanal.

Il résultait de cette obscurité que les vols étaient du double plus fréquents à cette époque qu'ils ne le sont aujourd'hui ; ce qui paraît impossible, mais ce qui n'en est pas moins l'exacte vérité.

Aussi la police décida-t-elle un beau matin qu'on éclairerait les trois principales rues de Naples : Chiaja, Toledo et Forcella.

Ce n'était peut-être pas ces trois rues qu'il était urgent d'éclairer, attendu que ces trois rues étaient justement celles qui pouvaient le mieux se passer d'éclairage ; mais on n'arrive pas du premier coup à la perfection, et quelque tendance naturelle qu'ait la police a être infaillible, elle est, comme toutes les autres choses de ce monde, soumise au tâtonnement du progrès.

Une cinquantaine de réverbères furent donc éparpillés dans les trois rues susdites, et allumés un beau soir, sans qu'on eût demandé aux lazzaroni si cela leur convenait.

Le lendemain, il n'en restait pas un seul ; les lazzaroni les avaient cassés depuis le premier jusqu'au dernier.

On renouvela l'expérience trois fois. Trois fois elle amena les mêmes résultats.

La police en fut pour ses cent cinquante réverbères.

On fit venir padre Rocco, et on lui expliqua l'embarras dans lequel se trouvait le gouvernement.

Padre Rocco se chargea de faire entendre raison aux récalcitrans, pourvu qu'on lui permît d'opérer sur eux à sa manière.

Le gouvernement, enchanté d'être débarrassé de ce soin, donna carte blanche à padre Rocco, lequel se mit incontinent à l'œuvre.

Padre Rocco avait compris que c'étaient les rues étroites et tortueuses qu'il fallait éclairer d'abord ; et il avait avisé comme un centre la rue Saint-Joseph, qui donne d'un côté dans la rue de Tolède, et de l'autre sur la place de Santa-Medina. Il fit donc peindre sur un beau mur blanc qui se trouvait au milieu de la rue à peu près un magnifique saint Joseph.

Les lazzaroni suivirent les progrès de la peinture sur la muraille avec un plaisir visible. Nous avons oublié de dire que le lazzarone est artiste.

Quand la fresque fut achevée, padre Rocco alluma un cierge devant la fresque ; il était dévot à saint Joseph, il brûlait un cierge en l'honneur du saint ; il n'y avait rien à dire. D'ailleurs, le cierge jetait une fort médiocre clarté. A dix pas du cierge, on pouvait voler, tuer, assassiner ; il fallait des yeux de lynx pour distinguer le voleur du volé, l'assassin de la victime, le meurtrissant du meurtri.

Le lendemain, padre Rocco alluma un second cierge ; sa dévotion s'accroissait ; il n'y avait rien à dire. Seulement deux cierges produisirent le double de la lumière que produisait un seul ; les lazzaroni commencèrent à remarquer qu'il faisait un peu bien clair dans la rue Saint-Joseph.

Le surlendemain, padre Rocco alluma un troisième cierge. Cette fois, les lazzaroni se plaignirent tout haut. Padre Rocco ne tint aucun compte de leurs plaintes ; et comme sa dévotion à saint Joseph allait toujours croissant, le quatrième jour il alluma un réverbère.

Cette fois, il n'y avait pas à se tromper aux intentions de padre Rocco ; il faisait, à minuit, clair dans la rue Saint-Joseph comme en plein jour.

Les lazzaroni cassèrent le réverbère de padre Rocco, comme ils avaient cassé les réverbères du gouvernement.

Padre Rocco annonça qu'il prêcherait le dimanche suivant sur la puissance de saint Joseph.

C'était une grande affaire qu'un sermon de padre Rocco.

Padre Rocco prêchait rarement, et toujours dans des circonstances suprêmes ; ce n'était pas un faiseur de phrases, c'était un diseur de faits.

Or, comme les faits racontés par padre Rocco étaient toujours à la hauteur de l'intelligence de son auditoire, les sermons de Padre Rocco produisaient habituellement une profonde impression sur ses ouailles.

Aussi, dès que le bruit se répandit que padre Rocco prêcherait, tous les lazzaroni se répétèrent-ils les uns aux autres cette importante nouvelle, de sorte qu'à l'heure indiquée pour le sermon, non seulement l'église Saint-Joseph était pleine, mais encore il y avait une queue qui bifurquait sur les marches de l'église, et qui remontait d'un côté jusqu'au Mercatello, et descendait de l'autre jusqu'à la place du Palais-Royal.

Les derniers, comme on le comprend bien, ne pouvaient rien entendre, mais ils comptaient sur l'obligeance de ceux qui entendraient pour leur répéter ce qu'ils auraient entendu.

Padre Rocco monta en chaire : il ouvrit la bouche, on fit silence.

— Mes enfans, dit-il, il est bon de vous apprendre que c'est moi qui ai fait peindre le saint Joseph que vous avez pu admirer dans la rue qui porte le nom de ce grand saint.

— Nous le savons, nous le savons, dirent en chœur les lazzaroni.

Padre Rocco, au contraire d'une foule de prédicateurs qui posent d'avance la condition qu'on ne les interrompra point, padre Rocco, dis-je, provoquait ordinairement le dialogue.

— Mes enfans, continua-t-il, il est bon de vous apprendre que c'est moi qui ai mis un cierge devant saint Joseph.

— Nous le savons, reprirent les lazzaroni.

— Que c'est moi qui ai mis deux cierges devant saint Joseph.

— Nous le savons encore.

— Que c'est moi qui ai mis trois cierges devant saint Joseph.

— Nous le savons toujours.

— Enfin, que c'est moi qui ai mis un réverbère devant saint Joseph.

— Mais pourquoi avez-vous mis un réverbère devant saint Joseph, puisqu'on ne met pas de réverbère devant les autres saints ?

— Parce que saint Joseph, ayant plus de puissance que tout autre au ciel, doit plus que tout autre être honoré sur la terre.

— Oh ! firent les lazzaroni, un instant, padre Rocco ; nous avons d'abord le bon Dieu qui passe avant lui.

— J'en conviens, dit padre Rocco.

— La Madone !

— Pardon, la Madone est sa femme.

— Jésus-Christ ?

— Jésus-Christ est son fils.

— Ce qui veut dire ?...

— Que le mari et le père passent avant la mère et l'enfant.

— Ainsi saint Joseph a plus de pouvoir que la Madone ?

— Oui.

— Il a plus de pouvoir que Jésus-Christ ?

— Oui.

— Quel pouvoir a-t-il donc ?

— Il a le pouvoir de faire entrer au ciel tous ceux qui lui furent dévots sur la terre.

— Quelque chose qu'ils aient faite ?

— Oh ! mon Dieu, oui.

— Même les voleurs ?

— Même les voleurs.

— Même les brigands ?

— Même les brigands.

— Même les assassins ?

— Même les assassins.

Il se fit un grand murmure de doute dans l'assemblée. Padre Rocco se croisa les bras et laissa le murmure monter, décroître et s'éteindre.

— Vous doutez ? dit padre Rocco.

— Hum ! firent les lazzaroni.

— Eh bien ! voulez-vous que je vous raconte ce qui est arrivé, pas plus tard qu'il y a huit jours, à Mastrilla ?

— A Mastrilla le bandit ?

— Oui.

— Qui a été jugé à Gaëte ?

— Oui.

— Et pendu à Terracine ?

— Oui.

— Racontez, padre Rocco, racontez, s'écrièrent tous les lazzaroni.

Padre Rocco n'attendait que cette invitation, aussi ne se fit-il point prier.

— Comme vous le savez, Mastrilla était un brigand sans foi ni loi ; mais ce que vous ne savez pas, c'est que Mastrilla était dévot à saint Joseph.

— Non, c'est vrai, nous ne le savions pas, dirent les lazzaroni.

— Eh bien! je vous l'apprends, moi.

Les lazzaroni se répétèrent les uns aux autres : —Mastrilla était dévot à saint Joseph.

—Tous les jours Mastrilla faisait sa prière à saint Joseph, et il lui disait : « Grand saint, je suis un si formidable pécheur, que je ne compte que sur vous pour me sauver à l'heure de ma mort, car il n'y a que vous qui puissiez obtenir du bon Dieu qu'un réprouvé comme moi puisse entrer dans le paradis. Tout autre élu y perdrait son latin. Je ne compte donc que sur vous, ô grand saint Joseph ! » Voilà la prière qu'il faisait tous les jours.

— Eh bien ? demandèrent les lazzaroni.

— Eh bien ! répondit le prédicateur, lorsqu'il fut dans les mains du bourreau, qu'il fut sur l'échelle, qu'il eut la corde au cou, il demanda la permission de dire deux lignes de prières. — On la lui accorda. Il répéta alors son oraison habituelle, et, au dernier mot de son oraison, sans attendre que le bourreau le poussât, il sauta de l'échelle en l'air. Cinq minutes après il était pendu.

— Je l'ai vu pendre, dit un des assistans.

— Eh bien ! ce que je dis est-il vrai ? demanda le prédicateur.

— C'est la vérité pure, répondit le lazzarone.

—Après ? après ? crièrent les lazzaroni, qui commençaient à prendre un vif intérêt à la narration de padre Rocco.

— A peine Mastrilla fut-il mort qu'il vit deux routes ouvertes devant lui, une qui allait en montant, l'autre qui allait en descendant. Quand on vient d'être pendu, il est permis de ne pas savoir ce qu'on fait. Mastrilla prit la route qui allait en descendant.

Mastrilla descendit, descendit, descendit, pendant un jour, une nuit, et encore un jour ; enfin, il trouva une porte. C'était la porte de l'enfer. Mastrilla frappa à la porte. Pluton parut.

— D'où viens-tu ? demanda Pluton.

— Je viens de la terre, répondit Mastrilla.

— Que veux-tu ?

— Je veux entrer.

— Qui es-tu ?

— Je suis Mastrilla.

— Il n'y a pas de place ici pour toi ; tu as passé ta vie à prier saint Joseph ; va-t'en trouver ton saint.

— Où est saint Joseph ?

— Il est au ciel.

— Par où va-t-on au ciel ?

— Retourne par où tu es venu, tu trouveras un chemin qui monte ; une fois que tu seras sur ce chemin, va toujours tout droit : le ciel est au bout.

— Il n'y a pas à se tromper ?

— Non.

— Bien obligé.

— Il n'y a pas de quoi.

Pluton ferma la porte, et Mastrilla prit le chemin du ciel. Il monta pendant un jour, une nuit et un jour ; puis, monta encore pendant une nuit, un jour et une nuit, et il trouva une porte. C'était la porte du ciel. Mastrilla frappa à la porte. Saint Pierre parut.

— D'où viens-tu ? demanda saint Pierre.

— Je viens de l'enfer, répondit Mastrilla.

— Que veux-tu ?

— Je veux entrer.

— Qui es-tu ?

— Je suis Mastrilla.

— Comment ! s'écria saint Pierre, tu es Mastrilla le bandit, Mastrilla le voleur, Mastrilla l'assassin, et tu demandes à entrer au ciel !

— Dame ! on ne veut pas de moi en enfer, dit Mastrilla ; il faut bien que j'aille quelque part.

— Et pourquoi ne veut-on pas de toi en enfer ?

— Parce que j'ai été toute ma vie dévot à saint Joseph.

— En voilà encore un ! dit saint Pierre ; cela ne finira donc pas ! Mais tant pis, ma foi ! Je suis las d'entendre toujours la même chanson. Tu n'entreras pas !

— Comment ! je n'entrerai pas ?

— Non.

— Et où voulez-vous que j'aille ?

— Va-t'en au diable !

— J'en viens.

— Eh bien ! retournes-y.

— Ah ! non, non ! Merci ! il y a trop loin ; je suis fatigué. Me voilà ici, j'y reste.

— Comment ! tu y restes ?

— Oui.

— Et tu comptes entrer malgré moi ?

— Je l'espère bien.

— Et sur quoi comptes-tu pour cela ?

— Sur saint Joseph.

— Qui se réclame de moi ? demanda une voix.

— Moi ! moi ! cria Mastrilla, qui reconnut saint Joseph, lequel, passant par hasard, avait entendu prononcer son nom.

— Allons, bon ! dit saint Pierre, il ne manquait plus que cela !

— Qu'y a-t-il donc ? demanda saint Joseph.

— Rien, dit saint Pierre ; absolument rien.

— Comment, rien ! s'écria Mastrilla ; vous appelez cela rien, vous ! Vous m'envoyez en enfer et vous ne voulez pas que je crie !

— Pourquoi envoyez-vous cet homme en enfer ? demanda saint Joseph.

— Parce que c'est un bandit, répondit saint Pierre.

— Mais peut-être s'est-il repenti à l'heure de sa mort ?

— Il est mort impénitent !

— Ce n'est pas vrai ! s'écria Mastrilla.

— A quel saint t'es-tu voué en mourant ? demanda saint Joseph.

— Mais à vous, grand saint, à vous en personne, à vous, et pas à un autre. Mais c'est par jalousie ce que saint Pierre en fait.

— Qui es-tu ? demanda saint Joseph.

— Je suis Mastrilla.

— Comment ! tu es Mastrilla, mon bon Mastrilla, qui tous les jours me faisait sa prière ?

— C'est moi-même en personne.

— Et qui au moment de ta mort t'es adressé à moi, directement à moi ?

— A vous seul.

— Et il veut l'empêcher d'entrer ?

— Si vous n'étiez pas passé là, c'était fini.

— Mon cher saint Pierre, dit saint Joseph prenant un air digne, j'espère que vous allez laisser passer cet homme ?

— Ma foi, non, dit saint Pierre ; je suis concierge ou je ne le suis pas. Si l'on n'est pas content de moi qu'on me destitue ; mais je veux être maître à ma porte, et ne tirer le cordon que quand il me plait.

— Eh bien ! alors, dit saint Joseph, vous trouverez bon que nous référions de la chose au bon Dieu. Vous ne lui contesterez pas le droit d'ouvrir le paradis à qui bon lui semble.

— Soit ! allons au bon Dieu.

— Mais laissez entrer cet homme, au moins.

— Qu'il attende à la porte.

— Que dois-je faire, grand saint ? demanda Mastrilla. Faut-il que je force la consigne ou faut-il que j'obéisse ?

— Attends, mon ami, dit saint Joseph, et si tu n'entres pas, c'est moi qui sortirai ; entends-tu ?

— J'attendrai, dit Mastrilla.

Saint Pierre referma la porte, et Mastrilla s'assit sur le seuil.

Les deux saints se mirent à la recherche du bon Dieu. Au bout d'un instant ils le trouvèrent occupé à dire l'office de la Vierge.

— Encore ! dit le bon Dieu en entendant le bruit que faisaient les deux saints en entrant ; mais on ne peut donc pas être tranquille dix minutes ! Que me veut-on ? leur dit-il.

— Seigneur, dit saint Pierre, c'est saint Joseph...
— Seigneur, dit saint Joseph, c'est saint Pierre...
— Mais vous vous querellerez donc toujours ! Mais je serai donc éternellement occupé à mettre la paix entre vous !
— Seigneur, dit saint Joseph, c'est saint Pierre qui ne veut pas laisser entrer mes dévots.
— Seigneur, dit saint Pierre, c'est saint Joseph qui veut faire entrer tout le monde.
— Et moi je vous dis que vous êtes un égoïste ! reprit saint Joseph.
— Et vous un ambitieux ! reprit saint Pierre.
— Silence ! dit le bon Dieu. Voyons, de quoi s'agit-il ?
— Seigneur, demanda saint Pierre, suis-je concierge du paradis ou non ?
— Vous l'êtes. On pourrait en trouver un meilleur, mais enfin vous l'êtes.
— Ai-je le droit d'ouvrir ou de fermer la porte à ceux qui se présentent ?
— Vous l'avez ; mais, vous comprenez, il faut être juste. Qui est-ce qui se présente ?
— Un bandit, un voleur, un assassin.
— Oh ! fit le bon Dieu.
— Qui vient d'être pendu.
— Oh ! oh ! Est-ce vrai, saint Joseph ?
— Seigneur... répondit saint Joseph un peu embarrassé.
— Est-ce vrai ? oui ou non ? répondez.
— Il y a du vrai, dit saint Joseph.
— Ah ! fit saint Pierre triomphant.
— Mais cet homme m'a toujours été particulièrement dévot, et je ne puis pas abandonner mes amis dans le malheur.
— Comment s'appelait-il ? demanda le bon Dieu.
— Mastrilla, répondit saint Joseph avec une certaine hésitation.
— Attendez donc ! attendez donc ! fit le bon Dieu cherchant dans sa mémoire ; Mastrilla, Mastrilla ; mais je connais cela, moi.
— Un voleur, dit saint Pierre.
— Oui.
— Un brigand, un assassin.
— Oui, oui.
— Qui se tenait sur la route de Rome à Naples, entre Terracine et Gaëte.
— Oui, oui, oui.
— Et qui pillait toutes les églises.
— Comment ! et c'est cet homme-là que tu veux faire entrer ici ? demanda le bon Dieu à saint Joseph.
— Pourquoi pas ? dit saint Joseph ; le bon larron y est bien.
— Ah ! tu le prends sur ce ton-là ! dit le bon Dieu, à qui ce reproche était d'autant plus sensible que c'était toujours celui que lui faisaient les saints lorsqu'on leur refusait de laisser entrer quelqu'un de leurs protégés.
— C'est celui qui me convient, dit saint Joseph.
— Bon ! nous allons voir ! Saint Pierre ?
— Seigneur.
— Je vous défends de laisser entrer Mastrilla.
— Faites bien attention à ce que vous ordonnez là, Seigneur, reprit saint Joseph.
— Saint Pierre, je vous défends de laisser entrer Mastrilla, dit le bon Dieu. Vous entendez ?
— Parfaitement, Seigneur. Il n'entrera pas, soyez tranquille.
— Ah ! il n'entrera pas ? dit saint Joseph.
— Non, dit le bon Dieu.
— C'est votre dernier mot ?
— Oui.
— Vous y tenez ?
— J'y tiens.
— Il est encore temps de revenir là-dessus.
— J'ai dit.
— En ce cas-là, adieu, Seigneur.
— Comment ! adieu ?
— Oui, je m'en vais.

— Où ?
— Je retourne à Nazareth.
— Vous retournez à Nazareth, vous ?
— Certainement. Je n'ai pas envie de rester dans un endroit où l'on me traite comme vous le faites.
— Mon cher, dit le bon Dieu, voilà déjà la dixième fois que vous me faites la même menace.
— Eh bien ! je ne vous la ferai pas une onzième.
— Tant mieux !
— Ah ! tant mieux ! Alors vous me laissez partir ?
— De grand cœur.
— Vous ne me retenez pas ?
— Je m'en garde.
— Vous vous en repentirez.
— Je ne crois pas.
— C'est ce que nous allons voir.
— Eh bien ! voyons.
— Réfléchissez-y.
— C'est réfléchi.
— Adieu, Seigneur.
— Adieu, saint Joseph.
— Il est encore temps, dit saint Joseph en revenant.
— Vous n'êtes pas encore parti ? dit le bon Dieu.
— Non, mais cette fois je pars.
— Bon voyage !
— Merci.

Le bon Dieu se remit à ses affaires, saint Pierre retourna à sa porte, saint Joseph rentra chez lui, ceignit ses reins, prit son bâton de voyage et passa chez la Madone.

La Madone chantait le *Stabat Mater* de Pergolèse, qui venait d'arriver au ciel. Les onze mille vierges lui servaient de chœur ; les séraphins, les chérubins, les dominations, les anges et les archanges lui servaient d'instrumentistes ; l'ange Gabriel conduisait l'orchestre.

— Psitt ! fit saint Joseph.
— Qu'y a-t-il ? demanda la Madone.
— Il y a qu'il faut me suivre.
— Où cela ?
— Que vous importe.
— Mais, enfin ?
— Etes vous ma femme, oui ou non ?
— Oui.
— Eh bien, la femme doit obéissance à son époux.
— Je suis votre servante, monseigneur, et j'irai où vous voudrez, dit la Madone.
— C'est bien, dit saint Joseph. Venez.

La Madone suivit saint Joseph les yeux baissés et avec sa résignation habituelle, toujours prête qu'elle était à donner l'exemple du devoir et de la vertu au ciel comme sur la terre.

— Eh bien ! demanda saint Joseph, que faites-vous ?
— Je vous obéis, monseigneur.
— Vous me suivez seule ?
— Je m'en vais comme je suis venue.
— Ce n'est pas de cela qu'il s'agit : emmenez votre cour, emmenez !

La Madone fit un signe, et les onze mille vierges marchèrent derrière elle en chantant ; elle fit un autre signe, et les séraphins, les chérubins, les dominations, les anges et les archanges, l'accompagnèrent en jouant de la viole, de la harpe et du luth.

— C'est bien, dit saint Joseph, et il entra chez Jésus-Christ.

Jésus-Christ revoyait l'évangile de saint Mathieu, dans lequel s'étaient glissées quelques erreurs de typographie.

— Psitt ! fit saint Joseph.
— Qu'y a-t-il ? demanda Jésus-Christ.
— Il y a qu'il faut me suivre.
— Où cela ?
— Que vous importe !
— Mais, enfin ?
— Etes-vous mon fils, oui ou non ?
— Oui, dit Jésus-Christ.
— Le fils doit obéissance à son père.

— Je suis votre serviteur, mon père, dit le Christ, et j'irai où vous voudrez.

— C'est bien, dit saint Joseph : venez.

Le Christ suivit saint Joseph avec cette douceur qui l'a fait si fort, et cette humilité qui l'a fait si grand.

— Eh bien ! demanda saint Joseph, que faites-vous ?

— Je vous obéis, mon père.

— Vous me suivez seul ?

— Je m'en vais comme je suis venu.

— Ce n'est pas de cela qu'il s'agit ; emmenez votre cour, emmenez !

Jésus fit un signe : les apôtres se rangèrent autour de lui ; Jésus éleva la voix, et les saints, les saintes et les martyrs accoururent.

— Suivez-moi, dit le Christ.

Et les apôtres, les saints, les saintes et les martyrs marchèrent à sa suite.

Il prit la tête du cortége et s'achemina vers la porte. Derrière lui venaient la Madone et toute la population du ciel.

Ils rencontrèrent le Saint-Esprit qui causait avec la colombe de l'arche.

— Où donc allez-vous comme cela ? demanda le Saint-Esprit.

— Nous allons faire un autre paradis, dit saint Joseph.

— Et pourquoi cela ?

— Parce que nous ne sommes pas contens de celui-ci.

— Mais le bon Dieu ?

— Le bon Dieu, nous le laissons.

— Oh ! il y a quelque erreur là-dessous, dit le Saint-Esprit. Voulez-vous permettre que j'aille en conférer avec le Seigneur ?

— Allez, dit saint Joseph, mais dépêchez-vous, nous sommes pressés.

— J'y vole et je reviens, dit le Saint-Esprit.

Le Saint-Esprit entra dans l'oratoire du bon Dieu et alla s'abattre sur son épaule.

— Ah ! c'est vous ? dit le bon Dieu. Quelle nouvelle ?

— Mais une nouvelle terrible !

— Laquelle !

— Vous ne savez donc pas ?

— Non.

— Saint Joseph s'en va.

— C'est moi qui l'ai mis à la porte.

— Vous, Seigneur ?

— Oui, moi. Il n'y avait plus moyen de vivre avec lui ; c'étaient tous les jours de nouvelles prétentions, de nouvelles exigences. On aurait dit qu'il était le maître ici.

— Eh bien ! vous avez fait là une belle chose !

— Comment ?

— Il emmène la Madone.

— Bah !

— Il emmène Jésus-Christ.

— Impossible !

— La Madone emmène les onze mille vierges, les séraphins, les chérubins, les dominations, les anges, les archanges.

— Que me dites-vous là !

— Le Christ emmène les apôtres, les saints, les saintes et les martyrs.

— Mais c'est donc une défection !

— Générale.

— Que va-t-il donc me rester, à moi ?

— Les prophètes Isaïe, Ézéchiel, Jérémie.

— Mais je vais m'ennuyer à mourir, moi !

— C'est comme cela.

— Vous vous serez trompé.

— Regardez.

Le bon Dieu regarda par cette même fenêtre où notre grand poète Béranger le vit, et il aperçut une foule immense qui se pressait du côté de la porte du paradis ; tout le reste du ciel était vide, à l'exception d'un petit coin où causaient les trois prophètes.

Le bon Dieu comprit d'un seul coup d'œil la situation critique dans laquelle il se trouvait.

— Que faut-il faire ? demanda le bon Dieu au Saint-Esprit.

— Dame ! dit celui-ci, je ne connais pas l'état de la question.

Le bon Dieu lui raconta tout ce qui s'était passé entre lui et saint Joseph à propos de Mastrilla, et comme quoi il avait donné raison à saint Pierre.

— C'est une faute, dit le Saint-Esprit.

— Comment, c'est une faute ! s'écria le bon Dieu.

— Eh ! mon Dieu, oui. Il ne s'agit point ici du plus ou moins de mérite du protégé ; il s'agit du plus ou moins de puissance du protecteur.

— Un malheureux charpentier !

— Voilà ce que c'est de lui avoir fait une position ! il en abuse.

— Mais que faire ?

— Il n'y a pas deux moyens : il faut en passer par ce qu'il voudra.

— Mais il est capable de m'imposer des conditions nouvelles ?

— Il faut les accepter de suite. Plus vous attendrez, plus il deviendra exigeant.

— Allez donc me le chercher, dit le bon Dieu.

— J'y vais, dit le Saint-Esprit.

En un coup d'aile le Saint Esprit fut à la porte du paradis : rien n'était changé ; saint Joseph avait la main sur la clé, et tout le monde attendait qu'il ouvrît la porte pour sortir avec lui Quant à saint Pierre, en sa qualité d'apôtre, il avait été forcé de se mettre à la suite du Christ.

— Le bon Dieu vous demande, dit le Saint-Esprit à saint Joseph.

— Ah ! c'est bien heureux ! dit celui-ci.

— Il est disposé à faire tout ce que vous voulez.

— Je savais bien qu'il en viendrait là.

— Vous pouvez renvoyer chacun à son poste.

— Non pas, non pas ; je prie au contraire tout le monde de m'attendre ici. Si nous ne nous entendions pas, ce serait à recommencer.

— Nous attendrons, dirent la Madone et le Christ.

— C'est bien, dit saint Joseph.

Et, précédé du Saint-Esprit, il alla retrouver le bon Dieu.

— Seigneur, dit le Saint-Esprit entrant le premier, voici saint Joseph.

— Ah ! c'est bien heureux, dit le bon Dieu.

— Je vous avais prévenu, répondit saint Joseph.

— Mauvaise tête !

— Écoutez, on est saint ou on ne l'est pas ; si on est saint, il faut avoir le droit de faire entrer dans le paradis ceux qui se réclament de vous ; si on ne l'est pas, il faut s'en aller autre part.

— C'est bien, c'est bien : n'en parlons plus.

— Mais, au contraire, parlons-en ; c'est fini pour aujourd'hui, mais cela recommencera demain.

— Que veux-tu ? voyons.

— Je veux que tous ceux qui auront eu confiance en moi pendant leur vie puissent compter sur moi après leur mort.

— Diable ! Sais-tu ce que tu demandes là ?

— Parfaitement.

— Si je donnais un pareil privilège à tout le monde...

— D'abord, je ne suis pas tout le monde, moi.

— Voyons, transigeons.

— C'est à prendre ou à laisser.

— Le quart ?

— Je m'en vais.

Et saint Joseph fit un pas.

— La moitié ?

— Adieu.

Et saint Joseph gagna la porte.

— Les trois quarts ?

— Bonsoir !

Et saint Joseph sortit.

— Est-ce qu'il s'en va tout de bon ? demanda le bon Dieu.

— Tout de bon ! répondit le Saint-Esprit.

— Il ne se retourne point ?

— Pas le moins du monde.

— Il ne ralentit pas sa marche ?

— Il se met à courir.
— Volez après lui, et dites lui qu'il revienne.
Le Saint-Esprit vola après saint Joseph, et le ramena à grand'peine.
— Eh bien! dit le bon Dieu, puisque le maître ici c'est vous et non pas moi, il sera fait comme vous le voulez.
— Envoyez chercher le notaire, dit saint Joseph.
— Comment, le notaire! s'écria le bon Dieu; vous ne vous en rapportez pas à ma parole.
— *Verba volant*, dit saint Joseph.
— Appelez un notaire, dit le bon Dieu.
Le notaire fut appelé, et saint Joseph est possesseur aujourd'hui d'un acte parfaitement en règle qui l'autorise à faire entrer dans le paradis quiconque lui est dévot.
Or, je vous le demande maintenant, un saint comme saint Joseph peut-il se contenter d'un mauvais cierge comme un saint de troisième ou de quatrième ordre, et ne mérite-t-il pas un réverbère?
— Il en mérite dix, il en mérite vingt, il en mérite cent! crièrent les lazzaroni. Vive saint Joseph! vive le père du Christ! vive le mari de la Madone! à bas saint Pierre!
Le même soir, padre Rocco fit allumer dix réverbères dans la rue Saint-Joseph. Le lendemain, il en fit allumer vingt dans les rues adjacentes; le surlendemain, il en fit allumer cent dans les environs; le tout à la plus grande gloire du saint auquel l'histoire qu'il venait de raconter avait improvisé une si grande popularité.
Ce fut ainsi que les réverbères de la rue Saint-Joseph, débordant d'un côté dans la rue de Tolède et de l'autre sur la place de Santa-Medina, finirent peu à peu par se glisser, grâce au pieux stratagème de padre Rocco, dans les rues les plus sombres et les plus désertes de Naples.

DEUXIÈME PARTIE.

I.

LA VILLA GIORDANI.

Une violente éruption du Vésuve, miraculeusement calmée par saint Janvier, donna lieu à un étrange épisode.
Sur le penchant du Vésuve, à la source d'une des branches du Sebetus, s'élevait une de ces charmantes villas, comme on en voit blanchir au fond des délicieux tableaux de Léopold Robert. C'était une élégante bâtisse carrée, plus grande qu'une maison, moins imposante qu'un palais, au portique soutenu par des colonnes, au toit en terrasse, aux jalousies vertes, au perron surchargé de fleurs, dont les degrés conduisaient à un jardin tout planté d'orangers, de lauriers roses et de grenadiers. A l'un des angles de cette coquette habitation s'élevait un bouquet de palmiers dont les cimes, dépassant le toit, retombaient dessus comme un panache, et donnaient à tout l'ensemble du bâtiment un petit air oriental qui faisait plaisir à voir. Toute la journée, comme c'est l'habitude à Naples, la villa muette semblait solitaire et restait fermée; mais, lorsque le soir arrivait, et avec le soir la brise de la mer, les jalousies s'ouvraient doucement, pour respirer, et alors ceux qui passaient au pied de cette demeure enchantée pouvaient voir, à travers les fenêtres, des appartements aux meubles dorés et aux riches tentures, dans lesquels passaient, appuyés au bras l'un de l'autre, et se regardant avec amour, un beau jeune homme et une belle jeune femme. C'étaient les maîtres de ce petit palais de fée, le comte Odoardo Giordani et sa jeune femme la comtesse Lia.

Quoique les deux jeunes gens s'aimassent depuis longtemps, il y avait six mois seulement qu'ils étaient unis l'un à l'autre. Ils avaient dû se marier au moment où la révolution napolitaine avait éclaté; mais alors le comte Odoardo, que sa naissance et ses principes attachaient à la cause royale, avait suivi le roi Ferdinand en Sicile, était resté à Palerme, comme chevalier d'honneur de la reine, pendant sept à huit mois; puis, au moment où le cardinal Ruffo avait fait son expédition de Calabre, le comte Odoardo avait demandé à sa souveraine la permission de partir avec lui, et, l'ayant obtenue, avait accompagné cet étrange chef de partisans dans sa marche triomphale vers Naples. Il était entré avec lui dans la capitale, avait retrouvé sa Lia fidèle, et, comme rien ne s'opposait plus à son mariage, il l'avait épousée. Fuyant alors les massacres qui désolaient la ville, il avait emporté sa jeune femme dans le paradis que nous avons essayé de décrire, qu'ils habitaient ensemble depuis six mois, et où le comte eût été, sans contredit, l'homme le plus heureux de la terre, sans un événement qui venait de lui arriver et qui troublait profondément son bonheur.

Tous les membres de sa famille n'avaient point partagé la haine qu'il portait aux Français, et qui lui avait fait quitter Naples à leur approche. Le comte avait une sœur cadette nommée Teresa, belle et chaste enfant qui s'épanouissait comme un lis à l'ombre du cloître. Selon l'habitude des familles napolitaines, l'avenir d'amour et de bonheur de la jeune fille, cet amour que Dieu a permis à toute créature humaine d'espérer, avait été sacrifié à l'avenir d'ambition de son frère aîné. Avant que la pauvre Teresa sût ce que c'était que le monde, la grille d'un couvent s'était fermée entre le monde et elle; et, lorsque son père était mort, lorsque son frère aîné, qui l'adorait, était devenu maître de sa liberté, depuis trois ans déjà ses vœux étaient prononcés.

La première parole du comte Odoardo à sa sœur, en la revoyant après la mort de son père, avait été de lui faire obtenir du saint-père la rupture d'un engagement pris avant qu'elle connût la valeur du serment prononcé, et qu'elle pût apprécier l'étendue du sacrifice qu'elle allait faire; mais pour la pauvre enfant, qui n'avait vu le monde qu'à travers le voile insouciant de ses premières années, dont le cœur ne connaissait d'autre amour que celui qu'elle avait voué au Seigneur, le cloître avait son charme, et la solitude son enchantement; elle remercia donc son frère bien-aimé de l'offre qu'il lui faisait, mais elle l'assura qu'elle se trouvait heureuse et qu'elle craignait tout changement qui viendrait donner à son existence un autre avenir que celui auquel elle s'était habituée.

Le jeune homme, qui commençait à aimer, et qui savait quel changement l'amour apporte dans la vie, se retira en priant Dieu de permettre que sa sœur ne regrettât jamais la résolution qu'elle avait prise.

Quelques mois s'écoulèrent; puis arrivèrent les événemens que nous avons racontés: le comte Odoardo se retira en Sicile, comme nous l'avons dit, laissant la jeune carmélite sous la garde du Seigneur.

Les Français entrèrent à Naples, et la république parthénopéenne fut proclamée; un des premiers actes du nouveau gouvernement fut, ainsi que l'avait fait sa sœur aînée la république française, d'ouvrir les portes de tous les couvens et de déclarer que les vœux prononcés par force étaient nuls.

Puis, comme cette décision était insuffisante pour déterminer les femmes surtout à quitter l'asile où elles s'étaient habituées à vivre et où elles comptaient mourir, un décret arriva bientôt qui déclarait les ordres religieux complètement abolis.

Force fut alors aux pauvres colombes de sortir de leur nid; Teresa se retira chez sa tante, qui l'accueillit comme si elle eût été sa fille; mais la maison de la marquise de Livello (c'est ainsi que se nommait la tante de Teresa) était mal choisie pour que la jeune religieuse pût retrouver le calme qu'elle regrettait. La marquise, que sa position aristocratique, sa fortune et sa naissance, attachaient de cœur à la maison de Bourbon, avait craint d'être compromise par cet attachement bien connu, et s'était empressée de recevoir chez elle le général Championnet et les principaux chefs de l'armée française.

Parmi ces officiers il y avait un jeune colonel de vingt-quatre ans. A cette époque on était colonel de bonne heure. Celui-ci, sans naissance, sans fortune, était parvenu à ce grade, aidé par son seul courage. A peine eut-il vu Teresa qu'il en devint amoureux; à peine Teresa l'eut-elle vu qu'elle comprit qu'il y a d'autre bonheur dans la vie que la solitude et le repos du cloître.

Les jeunes gens s'aimèrent, l'un avec l'imagination d'un Français, l'autre avec le cœur d'une Italienne. Cependant, dès le premier retour qu'ils avaient fait sur eux-mêmes, ils avaient compris que cet amour ne pouvait être que malheureux. Comment la sœur d'un émigré royaliste pouvait-elle épouser un colonel républicain?

Les jeunes gens ne s'en aimèrent pas moins, et peut-être ne s'en aimèrent-ils que davantage. Trois mois passèrent comme un jour; puis cet ordre fatal, qui devait être le signal de si grands malheurs, arriva à l'armée française de battre en retraite, et vint réveiller les amans au milieu de leur songe d'or. Il ne s'agissait point de se quitter: l'amour des jeunes gens était trop grand pour s'arrêter un instant à l'idée d'une séparation. Se séparer c'était mourir, et tous deux se trouvaient si heureux qu'ils avaient bonne envie de vivre.

En Italie, pays des amours instantanées, tout a été prévu pour qu'à chaque heure du jour et de la nuit un amour du genre de celui qui liait le jeune colonel à Téresa pût recevoir sa sanctification. Deux amans se présentent devant un prêtre, lui déclarent qu'ils désirent se prendre pour époux, se confessent, reçoivent l'absolution, vont s'agenouiller devant l'autel, entendent la messe, et sont mariés.

Le colonel proposa à Teresa un mariage de ce genre. Teresa accepta. Il fut convenu que pendant la nuit qui précéderait le départ des Français, Teresa quitterait le palais de sa tante, et que les deux jeunes gens iraient recevoir la bénédiction nuptiale dans l'église del Carmine, située place du *Mercato nuovo*.

Tout se fit ainsi qu'il avait été arrêté, à une chose près. Les deux jeunes gens se présentèrent devant le prêtre, qui leur dit qu'il était disposé à les unir aussitôt qu'il les aurait entendus en confession. Il n'y avait rien à dire, c'était l'habitude: le colonel s'y conforma en s'agenouillant d'un côté du confessionnal, tandis que la jeune fille s'agenouillait de l'autre; et quoique sans doute son récit ne fût pas exempt de certaines peccadilles, le prêtre, qui savait qu'il faut passer quelque chose à un colonel, et surtout à un colonel de vingt-quatre ans, lui remit ses péchés avec une facilité toute patriarcale.

Mais, contre toute attente, il n'en fut pas ainsi de la pauvre Teresa. Le prêtre lui pardonna bien son amour; il lui pardonna sa fuite de chez sa tante, puisque cette fuite avait pour but de suivre son mari; mais quand la jeune fille lui apprit qu'elle avait autrefois été religieuse, qu'elle était sortie de son couvent lors du décret qui abolissait les ordres religieux, le prêtre se leva, déclarant que déliée aux yeux des hommes, Teresa ne l'était pas aux regards de Dieu. En conséquence, il refusa positivement de bénir leur union. Teresa supplia, le colonel menaça, mais le prêtre resta aussi insensible aux menaces qu'aux prières. Le colonel avait grande envie de lui passer son épée au travers du corps; mais il réfléchit qu'il n'en serait pas mieux marié après cela, et il emporta Teresa entre ses bras, lui jurant que ce n'était qu'un retard sans importance, et qu'à peine arrivés en France ils trouveraient un prêtre moins scrupuleux que celui-là, lequel s'empresserait de réparer le temps perdu en les unissant sans aucun délai et sans aucune contestation.

Teresa aimait: elle crut et consentit à suivre son amant. Le lendemain, la marquise de Livello trouva une lettre qui lui annonçait la fuite de sa nièce. Cette nouvelle lui causa une grande douleur. Cependant cette douleur ne venait pas tout entière de la disparition de Teresa. Nous avons dit les craintes politiques de la marquise. Ces craintes, contre son opinion, avaient été jusqu'à lui faire recevoir comme amis ces Français qu'elle haïssait. Or, elle prévoyait une réaction royaliste, elle avait déjà à répondre aux bourboniens de sa facilité à fraterniser avec les patriotes: que serait-ce donc lorsqu'on apprendrait que la nièce qui lui avait été confiée, la sœur du comte Odoardo, c'est-à-dire d'un des plus ardens *santa fede* de la cour du roi Ferdinand, était partie de Naples avec un colonel républicain! La marquise de Livello se voyait déjà perdue, guillotinée, prisonnière, ou tout au moins proscrite. Sa résolution fut prise immédiatement: elle annonça que, depuis quelque temps, la santé de sa nièce s'affaiblissait sans cesse, et que, supposant que l'air de Naples lui était contraire, elle allait se retirer dans sa terre de Livello. Le même soir, elle partit dans une voiture fermée où elle était censée être avec Teresa, et le lendemain elle arriva dans son château, situé dans la terre de Bari, près du petit fleuve Ofanto.

C'était un château sombre, isolé, solitaire, et qui convenait parfaitement à la résolution qu'elle avait prise. Au bout d'un mois, le bruit se répandit à Naples que Teresa venait de mourir d'une maladie de langueur. Un certificat d'un vieux prêtre attaché à la maison de la marquise depuis cinquante ans ne laissa aucun doute sur cet événement. D'ailleurs, à qui le soupçon que cette nouvelle était un mensonge pouvait-il venir? On savait que la marquise adorait sa nièce, et elle avait annoncé hautement qu'elle n'aurait pas d'autre héritière; enfin la marquise avait répandu ce bruit avec d'autant plus de confiance que Teresa lui avait annoncé dans sa lettre qu'elle ne la reverrait jamais.

Le comte Odoardo fut au désespoir. Lia et sa sœur, c'était tout ce qu'il aimait au monde: heureusement Lia lui restait.

Nous avons dit comment, en rentrant à Naples avec le cardinal Ruffo, Odoardo avait retrouvé Lia plus aimante que jamais; nous avons dit comment ils avaient été unis et comment ils avaient fui Naples pour être tout entiers à leur amour. Ils habitaient donc cette charmante villa que nous avons décrite, située sur le penchant du Vésuve, et des fenêtres de laquelle on voyait à la fois le volcan, la mer, Naples, et toute cette délicieuse vallée de l'antique Campanie qui s'étend vers Acerra.

Les deux nouveaux époux recevaient peu de monde; le bonheur aime le calme et cherche la solitude. D'ailleurs, dans les premiers jours de son mariage, une des amies de la comtesse, en venant lui rendre sa visite de noce, l'avait trouvée seule, et s'était empressée de la féliciter, non seulement de son union avec le comte Odoardo, mais encore du triomphe qu'elle avait obtenu sur sa rivale, triomphe dont cette union était la preuve. Alors, sans savoir ce que signifiaient ces paroles, Lia avait pâli et avait demandé de quelle rivale on voulait parler, et de quel triomphe il était question. L'obligeante amie avait aussitôt raconté à la jeune comtesse qu'il n'avait été bruit à la cour de Palerme que de l'amour que le comte avait inspiré à la belle Emma Lyonna, la favorite de Caroline, bruit qui avait fait craindre aux amies de la future comtesse que son mariage ne fût fort aventuré; mais il n'en avait point été ainsi : le nouveau Renaud, égaré un instant, selon la visiteuse, avait enfin rompu les fers de cette autre Armide, et, quittant l'île enchantée où s'était un instant perdu son cœur, il était revenu plus amoureux que jamais à ses premières amours.

Lia avait écouté toute cette histoire le sourire sur les lèvres et la mort dans l'âme; puis, satisfaite de la douleur qu'elle avait causée, l'officieuse amie était retournée à Naples, laissant dans le cœur de la jeune épouse toutes les angoisses de la jalousie.

Aussi, à peine la porte se fut-elle refermée derrière la visiteuse, que Lia fondit en larmes. Presqu'en même temps une porte latérale s'ouvrit, et le comte entra. Lia essaya de lui cacher ses pleurs sous un sourire; mais, quand elle voulut parler, la douleur l'étouffa, et, au lieu des tendres paroles qu'elle essayait de prononcer, elle ne put qu'éclater en sanglots.

Ce chagrin était trop profond et trop inattendu pour que le comte n'en voulût pas savoir la cause. Lia, de son côté, avait le cœur trop plein pour renfermer longtemps un pareil secret : toute sa douleur déborda, sans reproches, sans récriminations, mais telle qu'elle l'avait éprouvée, pleine d'angoisses et d'amertume.

Odoardo sourit. Il y avait quelque chose de vrai dans ce qu'avait raconté à Lia son obligeante amie. La belle Emma Lyonna avait effectivement distingué le comte; mais, à son grand étonnement, sa sympathie n'avait été accueillie que par la froide politesse de l'homme du monde. Enfin, l'occasion s'était présentée pour lui de quitter la Sicile avec le cardinal Ruffo, il s'était empressé de la saisir. Odoardo raconta tout cela à sa femme avec l'accent de la vérité, sans faire valoir aucunement le sacrifice. Lia, rassurée par son sourire, avait fini par oublier cette aventure comme on oublie les soupçons d'amour, c'est-à-dire qu'elle n'y pensait plus que lorsqu'elle était seule.

Un matin qu'Odoardo était sorti dès le point du jour pour chasser dans la montagne, Lia, en traversant sa chambre, vit sur sa table quatre ou cinq lettres que le domestique venait de rapporter de la ville; elle y jeta machinalement les yeux; une de ces lettres était une écriture de femme. Lia tressaillit. Elle avait un trop profond sentiment de son devoir pour décacheter cette lettre; mais elle ne put résister au désir de s'assurer du genre de sensation qu'éprouverait son mari en la décachetant. Aussi qu'elle l'entendit rentrer, elle se glissa dans un cabinet d'où elle pouvait tout voir, et attendit, anxieuse et tremblante, comme si quelque chose de suprême allait se décider pour elle.

Le comte traversa sa chambre sans s'arrêter, et entra dans celle de sa femme; on lui avait dit que la comtesse était chez elle, il croyait l'y trouver. Il appela. Répondre c'était se trahir. Lia se tut. Odoardo rentra alors dans sa chambre, déposa son fusil dans un coin, jeta sa carnassière sur un sofa; puis, s'avançant nonchalamment vers la table où étaient les lettres, il jeta sur elles un coup d'œil indifférent; mais, à peine eut-il vu cette écriture fine qui avait tant intrigué la comtesse, qu'il poussa un cri et que, sans s'inquiéter des autres dépêches, il se saisit de celle-là. La seule vue de cette écriture avait causé au comte une telle émotion, qu'il fut obligé de s'appuyer à la table pour ne pas tomber; puis il resta un instant les regards fixés sur l'adresse, comme s'il ne pouvait en croire ses yeux. Enfin il brisa le cachet en tremblant, chercha la signature, la lut avidement, dévora la lettre, la couvrit de baisers; puis il resta pensif quelques minutes, et pareil à un homme qui se consulte. Enfin, ayant relu cette épître, dont l'importance n'était pas douteuse, il la replia soigneusement, regarda autour de lui pour s'assurer qu'il n'avait point été vu, et, se croyant seul, il la cacha dans la poche de côté de sa veste de chasse, de manière que, soit par hasard, soit avec intention, la lettre se trouvait reposer sur son cœur.

Cette lettre, c'était une lettre de Teresa. A la vue de l'écriture de celle qu'il croyait morte, Odoardo avait tressailli de surprise et avait cru être le jouet de quelque illusion. C'est alors qu'il avait ouvert cette lettre avec tant d'émotion et de crainte. Alors tout lui avait été révélé. Le jeune colonel avait été tué à la bataille de Genola, et Teresa s'était trouvée seule et isolée dans un pays inconnu. Femme du colonel, elle fût rentrée en France, fière du nom qu'elle portait; mais le mariage n'avait pas encore eu lieu; elle avait droit de pleurer son amant, voilà tout. Alors elle avait pensé à son frère qui l'aimait tant; c'était à lui seul qu'elle confiait sa position; elle le suppliait de lui garder le secret, désirant aux yeux de tous continuer de passer pour morte. Du reste, elle arrivait presque aussitôt que sa lettre : un mot, qu'elle priait son frère de lui jeter poste restante, lui indiquerait où elle pourrait descendre. Là, elle l'attendrait avec toute l'impatience d'une sœur qui avait craint de ne jamais le revoir. Pour plus de sécurité, ce mot ne devait porter aucun nom et être adressé à madame ***. Elle terminait sa lettre en lui recommandant de nouveau le secret, même vis-à-vis de sa femme, dont elle craignait la rigidité, et dont elle ne pourrait supporter le mépris.

Odoardo tomba sur une chaise, succombant à l'excès de sa surprise et de sa joie.

Nous n'essaierons pas même de décrire les angoisses que la comtesse avait éprouvées pendant la demi-heure qui venait de s'écouler. Vingt fois elle avait été sur le point d'entrer, d'apparaître tout à coup au comte, et de lui demander en face si c'était ainsi qu'il tenait les serments de fidélité qu'il lui avait faits. Mais retenue chaque fois par ce sentiment qui veut que l'on creuse son malheur jusqu'au fond, elle était restée immobile et sans parole, enchaînée à la même place comme si elle eût été sous l'empire d'un rêve.

Cependant elle comprit que, si elle venait à le retrouver là, il devinerait qu'elle avait tout vu, et par conséquent se tiendrait sur ses gardes. Elle s'élança donc dans jardin, et par une réaction désespérée sur elle-même, elle parvint, au bout de quelques minutes, à rendre un certain calme à ses traits; quant à son cœur, il semblait à la comtesse qu'un serpent le dévorait.

Le comte aussi était descendu dans le jardin : tous deux se rencontrèrent donc bientôt, et tous deux en se rencontrant firent un effort visible sur eux-mêmes, l'un pour dissimuler sa joie, l'autre pour cacher sa douleur.

Odoardo courut à sa femme. Lia l'attendit. Il la serra dans ses bras avec un mouvement si puissant, qu'il était presque convulsif.

— Qu'avez-vous donc, mon ami? demanda la comtesse.
— Oh! je suis bien heureux! s'écria le comte.
Lia se sentit prête à s'évanouir.

Tous deux rentrèrent pour dîner. Après le dîner, pendant lequel Odoardo parut tellement préoccupé qu'il ne fit point attention à la préoccupation de sa femme, il se leva et prit son chapeau.

— Où allez-vous? demanda Lia en tressaillant.

Il y avait, dans le ton avec lequel ces paroles étaient prononcées, un accent si étrange, qu'Odoardo regarda Lia avec étonnement.

— Où je vais? dit-il en regardant Lia.
— Oui, où allez-vous? reprit Lia avec un accent plus doux et en s'efforçant de sourire.
— Je vais à Naples. Qu'y a-t-il d'étonnant que j'aille à Naples? continua Odoardo en riant.

— Oh! rien, sans doute, mais vous ne m'aviez pas dit que vous me quittiez ce soir.

— Une des lettres que j'ai reçues ce matin me force à cette petite course, dit le comte; mais je rentrerai de bonne heure, sois tranquille.

— Mais c'est donc une affaire importante qui vous appelle à Naples?

— De la plus haute importance.

— Ne pouvez-vous la remettre à demain?

— Impossible.

— En ce cas, allez.

Lia prononça ce dernier mot avec un tel effort, que le comte revint à elle; et, la prenant dans son bras pour l'embrasser au front:

— Souffres-tu, mon amour? lui dit-il.

— Pas le moins du monde, répondit Lia.

— Mais tu as quelque chose? continua-t-il en insistant.

— Moi? rien, absolument rien. Que voulez-vous que j'aie, moi?

Lia prononça ces paroles avec un sourire si amer, que cette fois Odoardo vit bien qu'il se passait en elle quelque chose d'étrange.

— Écoute, mon enfant, lui dit-il, je ne sais pas si tu as quelque cause de chagrin; mais ce que je sais, c'est que mon cœur me dit que tu souffres.

— Votre cœur se trompe, dit Lia; partez donc tranquille et ne vous inquiétez pas de moi.

— M'est-il possible de te quitter, même pour un instant, lorsque tu me dis adieu ainsi?

— Eh bien! donc, puisque tu le veux, dit Lia en faisant un nouvel effort sur elle-même, va, mon Odoardo, et reviens bien vite. Adieu.

Pendant ce temps on avait sellé le cheval favori du comte, et il piétinait au bas du perron. Odoardo sauta dessus et s'éloigna en faisant de la main un signe à Lia. Lorsqu'il eut disparu derrière le premier massif d'arbres, Lia monta dans un petit pavillon qui surmontait la terrasse et d'où l'on découvrait toute la route de Naples.

De là elle vit Odoardo se dirigeant vers la ville au grand galop de son cheval. Son cœur se serra plus fort; car, au lieu que l'idée lui vint que c'était pour être plus tôt de retour, elle pensa que c'était pour s'éloigner plus rapidement.

Odoardo allait à Naples pour retenir un appartement à sa sœur.

D'abord il eut l'idée de lui louer un palais, puis il comprit que ce n'était point agir selon les instructions qu'il avait reçues, et que mieux valait quelque petite chambre bien isolée dans un quartier perdu. Il trouva ce qu'il cherchait, rue San-Giacomo, n° 11, au troisième étage, chez une pauvre femme qui louait des chambres en garni. Seulement, lorsqu'il eut fait choix de celle qu'il réservait pour Teresa, il fit venir un tapissier et lui fit promettre que le lendemain au matin les murs seraient couverts de soie et les carreaux de tapis. Le tapissier s'engagea à faire de cette pauvre chambre un petit boudoir digne d'une duchesse. Le tapissier fut payé d'avance un tiers en plus de ce qu'il demandait.

En sortant, le comte rencontra son hôtesse: elle était avec sa sœur, vieille mégère comme elle. Le comte lui recommanda tous les soins possibles pour sa nouvelle pensionnaire. L'hôtesse demanda quel était son nom. Le comte répondit qu'il était inutile qu'elle connût ce nom, qu'une femme jeune et jolie se présenterait, demandant le comte Giordani, et que c'était à cette femme que la chambre était destinée. Les deux vieilles échangèrent un sourire que le comte ne vit même pas, ou auquel il ne fit pas attention. Puis, sans même se donner le temps d'écrire, tant il était inquiet de Lia, il reprit le chemin de la villa Giordani, pensant qu'il enverrait la lettre par un domestique.

Lia était restée dans le pavillon jusqu'à ce qu'elle eût perdu son mari de vue. Alors elle était redescendue dans sa chambre, continuant de le suivre avec les yeux inquiets et perçans de la jalousie. Son cœur était oppressé ne plus le sentir battre; elle ne pouvait ni pleurer ni crier, c'était un supplice affreux, et il lui semblait qu'on ne pouvait l'éprouver sans mourir. Lia resta deux heures, la tête renversée sur le dos de son fauteuil, tenant à pleines mains ses cheveux tordus entre ses doigts. Au bout de deux heures, elle entendit le galop du cheval: c'était Odoardo qui revenait; elle sentit qu'en ce moment elle ne pourrait pas le voir, il lui semblait qu'elle le haïssait autant qu'elle l'avait aimé; elle courut à la porte qu'elle ferma au verrou, et revint se jeter sur son lit. Bientôt elle entendit les pas du comte qui s'approchait de la porte; il essaya de l'ouvrir, mais la porte résista. Alors il parla à voix basse, et Lia entendit ces mots venir jusqu'à elle: — C'est moi, mon enfant, dors-tu?

Lia ne répondit rien. Elle retourna seulement la tête et regarda du côté par où venait cette voix avec des yeux ardens de fièvre.

— Réponds-moi, continua Odoardo.

Lia se tut.

Elle entendit alors les pas du comte qui s'éloignait. Un instant après sa voix parvint de nouveau jusqu'à elle: il demandait à sa femme de chambre si elle savait ce qu'avait sa maîtresse; mais celle-ci, qui ne s'était aperçue de rien, répondit que sa maîtresse était rentrée dans sa chambre, et que, sans doute fatiguée de la chaleur, elle s'était couchée et endormie.

— C'est bien, dit le comte, je vais écrire. Quand la comtesse sera éveillée, prévenez-moi.

Et Lia entendit Odoardo qui rentrait dans sa chambre et qui s'asseyait devant une table. Les deux chambres étaient contiguës; Lia se leva doucement, tira la clef de la porte et regarda par la serrure. Odoardo écrivait effectivement; et sans doute la lettre qu'il écrivait répondait à un besoin de son cœur, car une expression infinie de bonheur était répandue sur tout son visage.

— Il lui écrit! murmura Lia.

Et elle continua de regarder, hésitant entre sa jalousie qui la poussait à ouvrir cette porte, à courir au comte, à arracher cette lettre de ses mains, et un reste de raison qui lui disait que ce n'était peut-être point à une femme qu'il écrivait et que mieux valait attendre.

Le comte acheva la lettre, la cacheta, mit l'adresse, sonna un domestique, lui ordonna de monter à cheval et de porter à l'instant la lettre qu'il venait d'écrire.

C'était celle que Teresa devait trouver poste restante.

Le domestique prit la lettre des mains du comte et sortit.

La comtesse courut à une petite porte de dégagement qui donnait de son cabinet de toilette dans le corridor, et descendit au jardin. Au moment où le domestique allait franchir la grille du parc, il rencontra la comtesse.

— Où allez-vous si tard, Giuseppe? demanda la comtesse.

— Porter, de la part de monsieur le comte, cette lettre à la poste, répondit le domestique.

Et en disant ces mots il tendit la lettre vers la comtesse; Lia jeta un coup d'œil rapide sur l'adresse et lut:

« A madame ***, poste restante, à Naples... »

— C'est bien, dit-elle. Allez.

Le domestique partit au galop.

Cette fois, il n'y avait plus de doute, c'était bien à une femme qu'il écrivait, à une femme qui cachait son nom sous un signe, à une femme, qui, par conséquent, voulait rester inconnue. Pourquoi ce mystère, s'il n'y avait pas en dessous quelque intrigue criminelle? Dès lors le parti de la comtesse fut arrêté. Elle résolut de dissimuler, afin d'épier son mari jusqu'au bout, et, avec une puissance dont elle serait crue elle-même incapable, elle rentra dans sa chambre, et, ouvrant la porte qui donnait dans l'appartement du comte, elle s'avança vers Odoardo, le sourire sur les lèvres.

Le lendemain, Odoardo avait complétement oublié cette préoccupation qu'il avait remarquée la veille sur le visage de Lia, et qui lui avait un instant inquiété. Lia paraissait plus joyeuse et plus confiante dans l'avenir que jamais.

Le lendemain était un dimanche. La matinée de ce jour-là était consacrée par la comtesse à une grande distribution d'aumônes. Aussi, dès huit heures du matin, la grille du parc était-elle encombrée de pauvres.

Après le déjeuner, le comte, qui était habitué à abandonner

cette œuvre de bienfaisance à sa femme, prit son fusil, sa carnassière et son chien, et s'en alla faire un tour dans la montagne.

Lia monta au pavillon ; elle vit Odoardo s'éloigner dans la direction d'Avellino. Cette fois, il n'allait donc pas à Naples.

Elle respira. C'était, depuis la veille, la première fois qu'elle se retrouvait seule avec elle-même.

Au bout d'un instant, sa femme de chambre vint lui dire que les pauvres l'attendaient.

Lia descendit, prit une poignée de carlins et s'achemina vers la grille du parc. Chacun eut sa part : vieillards, femmes, enfans, chacun étendit vers la belle comtesse sa main vide et retira sa main enrichie d'une aumône.

Au fur et à mesure que s'opérait la distribution, ceux qui avaient reçu se retiraient et faisaient place à d'autres. Il ne restait plus qu'une vieille femme assise sur une pierre, qui n'avait encore rien demandé ni rien reçu, et qui, comme si elle eût été endormie, tenait sa tête sur ses deux genoux.

Lia l'appela, elle ne répondit point ; Lia fit quelques pas vers elle, la vieille resta immobile ; enfin Lia lui toucha l'épaule, et elle leva la tête.

— Tenez, ma bonne femme, dit la comtesse en lui présentant une petite pièce d'argent, prenez et priez pour moi.

— Je ne demande pas l'aumône, dit la vieille femme, je dis la bonne aventure.

Lia regarda alors celle qu'elle avait prise pour une pauvresse, et elle reconnut son erreur.

En effet, ses vêtemens, qui étaient ceux des paysannes de Solatra et d'Avellino, n'indiquaient pas précisément la misère ; elle avait une jupe bleue bordée d'une espèce de broderie grecque, un corsage de drap rouge, une serviette pliée sur le front à la manière d'Aquila, un tablier autour duquel courait une arabesque, et de larges manches de toile grise par lesquelles sortaient ses bras nus. Sa tête, qui eût pu servir de modèle à Schnetz pour peindre une de ces vieilles paysannes qu'il affectionne, était pleine de caractère et semblait taillée dans un bloc de bistre. Les rides et les plis qui la sillonnaient étaient accusés avec tant de fermeté, qu'ils semblaient creusés à l'aide du ciseau. Toute sa figure avait l'immobilité de la vieillesse. Ses yeux seuls vivaient et semblaient avoir le don de lire jusqu'au fond du cœur.

Lia reconnut une de ces bohémiennes à qui leur vie errante a livré quelques-uns des secrets de la nature, et qui ont vieilli en spéculant sur l'ignorance ou sur la curiosité. Lia avait toujours eu de la répugnance pour ces prétendus sorciers. Elle fit donc un pas pour s'éloigner.

— Vous ne voulez donc pas que je vous dise votre bonne aventure, reprit la vieille.

— Non, dit Lia, car ma bonne aventure, à moi, pourrait bien, si elle était vraie, n'être qu'une sombre révélation.

— L'homme est souvent plus pressé de connaître le mal qui le menace que le bien qui peut lui arriver, répondit la vieille.

— Oui, tu as raison, dit Lia. Aussi, si je pouvais croire en ta science, je n'hésiterais pas à te consulter.

— Que risquez-vous ? reprit la vieille. Aux premières paroles que je dirai, vous verrez bien si je mens.

— Tu ne peux pas connaître ce que je veux savoir, dit Lia. Ainsi ce serait inutile.

— Peut-être, dit la vieille. Essayez.

Lia se sentait combattue par ce double principe dont, depuis la veille, elle avait plusieurs fois éprouvé l'influence. Cette fois encore elle céda à son mauvais génie, et se rapprochant de la vieille :

— Eh bien ! que faut-il que je fasse ? demanda-t-elle.

— Donnez-moi votre main, répondit la vieille.

La comtesse ôta son gant et tendit sa main blanche, que la vieille prit entre ses mains noires et ridées. C'était un tableau tout composé que cette jeune, belle, élégante et aristocratique personne, debout, pâle et immobile devant cette vieille paysanne aux vêtemens grossiers, au teint brûlé par le soleil.

— Que voulez-vous savoir ? dit la bohémienne après avoir examiné les lignes de la main de la comtesse avec autant d'attention que si elle avait pu y lire aussi facilement que dans un livre. Dites, que voulez-vous savoir ? le présent, le passé ou l'avenir ?

La vieille prononça ces mots avec une telle confiance que Lia tressaillit ; elle était Italienne, c'est-à-dire superstitieuse ; elle avait eu une nourrice calabraise, elle avait été bercée par des histoires de stryges et de bohémiens.

— Ce que je veux savoir, dit-elle en essayant de donner à sa voix l'assurance de l'ironie ; je désire savoir le passé : il m'indiquera la foi que je puis avoir dans l'avenir.

— Vous êtes née à Salerne, dit la vieille ; vous êtes riche, vous êtes noble, vous avez eu vingt ans à la dernière fête de la Madone de l'Arc, et vous avez épousé dernièrement un homme dont vous avez été longtemps séparée et que vous aimez profondément.

— C'est cela, c'est bien cela, dit Lia en pâlissant ; et voilà pour le passé.

— Voulez-vous savoir le présent ? dit la vieille en fixant sur la comtesse ses petits yeux de vipère.

— Oui, dit Lia après un instant de silence et d'hésitation ; oui, je le veux.

— Vous vous sentez le courage de le supporter ?

— Je suis forte.

— Mais si je rencontre juste, que me donnerez-vous ? demanda la vieille.

— Cette bourse, répondit la comtesse en tirant de sa poche un petit filet enrichi de perles, et dans laquelle on voyait briller, à travers la soie, l'or d'une vingtaine de sequins.

La vieille jeta sur l'or un regard de convoitise, et étendit instinctivement la main pour s'en emparer.

— Un instant ! dit la comtesse, vous ne l'avez pas encore gagnée.

— C'est juste, signora, répondit la vieille. Rendez-moi votre main.

Lia rendit sa main à la bohémienne.

— Oui, oui, le présent, murmura la vieille, le présent est une triste chose pour vous, signora ; car voici une ligne qui va du pouce à l'annulaire, et qui me dit que vous êtes jalouse.

— Ai-je tort de l'être ? demanda Lia.

— Ah ! cela, je ne puis vous le dire, reprit la bohémienne, car ici la ligne se confond avec deux autres. Seulement ce que je sais, c'est que votre mari a un secret qu'il vous cache.

— Oui, c'est cela, murmura la comtesse ; continuez.

— C'est une femme qui est l'objet de ce secret, reprit la bohémienne.

— Jeune ? demanda Lia.

— Jeune ?... oui, jeune, répondit la bohémienne après un moment d'hésitation.

— Jolie ? continua la comtesse.

— Jolie ? Je ne la vois qu'à travers un voile ; je ne puis donc vous répondre.

— Et où est cette femme ?

— Je ne sais.

— Comment, tu ne sais ?

— Non ! je ne sais pas où elle est aujourd'hui. Il me semble qu'elle est dans une église, et je ne vois pas de ce côté-là ; mais je puis vous dire où elle sera demain.

— Et où sera-t-elle demain ?

— Demain elle sera dans une petite chambre de la rue San-Giacomo, n° 44, au troisième étage, où elle attendra votre mari.

— Je veux voir cette femme ! s'écria la comtesse en jetant sa bourse à la bohémienne. Cinquante sequins si je la vois.

— Je vous la ferai voir, dit la vieille ; mais à une condition.

— Parle. Laquelle ?

— C'est que, quelque chose que vous voyiez et que vous entendiez, vous ne paraîtrez point.

— Je te le promets.

— Ce n'est pas assez de le promettre, il faut le jurer.

— Je te le jure.

— Sur quoi ?

— Sur les plaies du Christ.

— Bien. Ensuite il faudrait vous procurer un vêtement de religieuse, afin que, si vous êtes rencontrée, vous ne soyez pas reconnue.

— J'en ferai demander un au couvent de Sainte-Marie-des-Grâces, dont ma tante est abbesse; ou plutôt... attends... J'irai dès le matin sous prétexte de lui faire une visite; viens m'y prendre à dix heures avec une voiture fermée, et attends-moi à la petite porte qui donne dans la rue de l'Arenaccia.

— Très bien, dit la bohémienne; j'y serai.

Lia rentra chez elle, et la vieille s'éloigna en branlant la tête et en comptant son or.

A deux heures Odoardo rentra. Lia l'entendit demander au valet de chambre si l'on n'avait pas apporté quelque lettre pour lui. Le valet de chambre répondit que non.

Lia fit semblant de n'avoir rien entendu que les pas du comte, pas qu'elle connaissait si bien, et elle ouvrit la porte en souriant.

— Oh! quelle bonne surprise! lui dit-elle. Tu es rentré plus tôt que je n'espérais.

— Oui, dit Odoardo en jetant les yeux du côté du Vésuve; oui, j'étais inquiet. Ne sens-tu pas qu'il fait étouffant? ne vois-tu pas que la fumée du Vésuve est plus épaisse que d'habitude? La montagne nous promet quelque chose!

— Je ne sens rien, je ne vois rien, dit Lia. D'ailleurs ne sommes-nous pas du côté privilégié?

— Oui, et maintenant plus privilégié que jamais, dit Odoardo : un ange le garde.

Cette soirée se passa comme l'autre, sans que le comte conçût aucun soupçon, tant Lia sut dissimuler sa douleur. Le lendemain, à neuf heures du matin, elle demanda au comte la permission d'aller voir sa tante la supérieure du couvent de Sainte-Marie. Cette permission lui fut gracieusement accordée.

Le Vésuve devenait de plus en plus menaçant; mais tous deux avaient trop de choses dans le cœur et l'esprit pour penser au Vésuve.

La comtesse monta en voiture et se fit conduire au couvent de Sainte-Marie-des-Grâces. Arrivée là, elle dit à sa tante que, pour accomplir incognito une œuvre de bienfaisance, elle avait besoin d'un costume de religieuse. L'abbesse lui en fit apporter un à sa taille. Lia le revêtit. Comme elle achevait sa toilette monastique, la vieille la fit demander : elle attendait à la porte avec une voiture fermée. Cinq minutes après, cette voiture s'arrêtait à l'angle de la rue San-Giacomo et de la place Santa-Medina.

Lia et sa conductrice descendirent et firent quelques pas à pied; puis elles entrèrent par une petite porte à gauche, trouvèrent un escalier sombre et étroit, et montèrent au troisième étage. Arrivées là, la vieille poussa une porte et entra dans une espèce d'antichambre, où une autre vieille l'attendait. Les deux bohémiennes alors firent renouveler à Lia son serment de ne jamais rien dire sur la manière dont elle avait appris la trahison de son mari; puis ce serment fait dans les mêmes termes que la première fois, elles l'introduisirent dans une petite chambre, à la cloison de laquelle une ouverture presque imperceptible avait été pratiquée. Lia colla son œil à cette ouverture.

La première chose qui la frappa dans cette chambre, et la seule qui attira d'abord toute son attention, fut une ravissante jeune femme de son âge à peu près, reposant toute habillée sur un lit aux rideaux de satin moiré d'argent; elle paraissait avoir cédé à la fatigue et dormait profondément.

Lia se retourna pour interroger l'une ou l'autre des deux vieilles; mais toutes deux avaient disparu. Elle reporta avidement son œil à l'ouverture.

La jeune femme s'éveillait; elle venait de soulever sa tête, qu'elle appuyait encore tout endormie sur sa main. Ses longs cheveux noirs tombaient en boucles de son front jusque sur l'oreiller, lui couvrant à demi le visage. Elle secoua la tête pour écarter ce voile, ouvrit languissamment les yeux, regarda autour d'elle, comme pour reconnaître où elle était;

puis, rassurée sans doute par l'inspection, un léger et triste sourire passa sur ses lèvres; elle fit une courte prière mentale, baisa un petit crucifix qu'elle portait au cou, et, descendant de son lit, elle alla soulever le rideau de la fenêtre, regarda longtemps dans la rue comme attendant quelqu'un, et, ce quelqu'un ne paraissant pas encore, elle revint s'asseoir.

Pendant ce temps, Lia l'avait suivi de l'œil, et ce long examen lui avait brisé le cœur. Cette femme était parfaitement belle.

La vue de Lia se reporta alors de cette femme aux objets qui l'entouraient. La chambre qu'elle habitait était pareille à celle dans laquelle Lia avait été introduite; mais dans la chambre voisine une main prévoyante avait réuni tous ces mille détails de luxe dont a besoin d'être sans cesse accompagnée, comme une peinture l'est de son cadre, la femme belle, élégante et aristocratique; tandis que l'autre chambre, celle où se trouvait Lia, avec ses murs nus, ses chaises de paille, ses tables boiteuses, avait conservé son caractère de misère et de vétusté.

Il était évident que l'autre chambre avait été préparée pour recevoir la belle hôtesse.

Cependant celle-ci attendait toujours, dans le même posé, pensive et mélancolique, la tête penchée sur sa poitrine, celui qui sans doute avait veillé à l'arrangement du charmant boudoir qu'elle occupait. Tout à coup elle releva le front, prêta l'oreille avec anxiété et demeura soulevée à demi et les yeux fixés sur la porte. Bientôt sans doute le bruit qui l'avait tirée de sa rêverie devint plus distinct; elle se leva tout à fait, appuyant une main sur son cœur et cherchant de l'autre un appui, car elle pâlissait visiblement et semblait prête à s'évanouir. Il y eut alors un instant de silence, pendant lequel le bruit des pas d'un homme montant l'escalier arriva jusqu'à Lia elle-même; puis la porte de la chambre voisine s'ouvrit : l'inconnue jeta un grand cri, étendit les bras et ferma les yeux comme si elle ne pouvait résister à son émotion. Un homme se précipita dans la chambre et la retint sur son cœur au moment où elle allait tomber. Cet homme, c'était le comte.

La jeune femme et lui ne purent qu'échanger deux paroles :

— Odoardo! Teresa!

La comtesse n'en put supporter davantage; elle poussa un gémissement douloureux et tomba évanouie sur le plancher.

Quand elle recouvra ses sens, elle était dans une autre chambre. Les deux vieilles lui jetaient de l'eau sur le visage et lui faisaient respirer du vinaigre.

Lia se leva d'un mouvement rapide comme la pensée, et voulut s'élancer vers la porte de la chambre qui renfermait Odoardo et la femme inconnue, mais les deux vieilles lui rappelèrent son serment. Lia courba la tête sous une promesse sacrée, tira de sa poche une bourse contenant une cinquantaine de louis, et la donna à la bohémienne, c'était le prix de la prophétie faite par elle, et qui s'était si ponctuellement et si cruellement accompli.

La comtesse descendit l'escalier, remonta dans sa voiture, donna machinalement l'ordre de la conduire au couvent de Sainte-Marie-des-Grâces et rentra chez sa tante.

Lia était si pâle que la bonne abbesse s'aperçut tout aussitôt qu'il venait de lui arriver quelque chose; mais à toutes les questions de sa tante, Lia répondit qu'elle s'était trouvée mal, et que ce reste de pâleur venait de l'évanouissement qu'elle avait subi.

L'amour de la supérieure s'alarma d'autant plus que, tout en lui racontant l'accident qui venait de lui arriver, sa nièce lui en cachait la cause. Aussi fit-elle tout ce qu'elle put pour obtenir de la comtesse qu'elle restât au couvent jusqu'à ce qu'elle fût remise tout à fait; mais l'émotion qu'avait éprouvée Lia n'était point une de ces secousses dont on se remet en quelques heures. La blessure était profonde, douloureuse et envenimée. Lia sourit amèrement aux craintes de sa tante, et, sans même essayer de les combattre, déclara qu'elle voulait retourner chez elle.

L'abbesse lui montra alors la cime de la montagne tout enveloppée de fumée, et lui dit qu'une éruption prochaine étant inévitable, il serait plus raisonnable à elle de faire dire à son mari de venir la rejoindre et d'attendre les résultats de cette éruption en un lieu sûr. Mais Lia lui répondit en lui montrant d'un geste cette pente verdoyante de la montagne sur laquelle, depuis que le Vésuve existait, pas le plus petit ruisseau de lave ne s'était égaré. L'abbesse, voyant alors que sa résolution était inébranlable, prit congé d'elle en la recommandant à Dieu.

La comtesse remonta en voiture. Dix minutes après, elle était à la villa Giordani.

Odoardo n'était pas encore rentré.

Là, les douleurs de Lia redoublèrent. Elle parcourut comme une insensée les appartemens et les jardins : chaque chambre, chaque bouquet d'arbres, chaque allée avait pour elle un souvenir, délicieux trois jours auparavant, aujourd'hui mortel. Partout Odoardo lui avait dit qu'il l'aimait. Chaque objet lui rappelait une parole d'amour. Alors Lia sentit que tout était fini pour elle et qu'il lui serait impossible de vivre ainsi ; mais elle sentit en même temps qu'il lui était impossible de mourir en laissant Odoardo dans le monde qu'habitait sa rivale. En ce moment, il lui vint une idée terrible : c'était de tuer Odoardo et de se tuer ensuite. Lorsque cette idée se présenta à son esprit, elle jeta presque un cri d'horreur ; mais peu à peu elle força son esprit de revenir à cette pensée, comme un cavalier puissant force son cheval rebelle de franchir l'obstacle qui l'avait d'abord effarouché.

Bientôt cette pensée, loin de lui inspirer de la crainte, lui causa une sombre joie ; elle se voyait le poignard à la main, réveillant Odoardo de son sommeil, lui criant le nom de sa rivale entre deux blessures mortelles, se frappant à son tour, mourant à côté de lui, et le condamnant à ses embrassemens pour l'éternité. Et Lia s'étonnait qu'au fond d'une douleur si poignante une résolution pareille pût remuer une si grande joie.

Elle alla dans le cabinet d'Odoardo. Là étaient des trophées d'armes de tous les pays, de toutes les espèces, depuis le crik empoisonné du Malais jusqu'à la hache gothique du chevalier franc. Lia détacha un beau cangiar turc, au fourreau de velours, au manche tout émaillé de topazes, de perles et de diamans. Elle l'emporta dans sa chambre, en essaya la pointe au bout de son doigt, dont une goutte de sang jaillit, limpide et brillante comme un rubis, puis le cacha sous son oreiller.

En ce moment, elle entendit le hennissement du cheval d'Odoardo, et comme elle se trouvait devant une glace, elle vit qu'elle devenait pâle comme une morte. Alors elle se mit à rire de sa faiblesse, mais l'éclat de son propre rire l'effraya, et elle s'arrêta toute frissonnante.

En ce moment elle entendit les pas de son mari, qui montait l'escalier. Elle courut aux rideaux des fenêtres, qu'elle laissa retomber afin d'augmenter l'obscurité et de dérober ainsi au comte l'altération de son visage.

Le comte ouvrit la porte, et, encore ébloui par l'éclat du jour, il appela Lia de sa plus douce et de plus tendre voix. Lia sourit avec dédain, et, se levant du fauteuil où elle était assise dans l'ombre des rideaux de la fenêtre, elle fit quelques pas au devant de lui.

Odoardo l'embrassa avec cette effusion de l'homme heureux qui a besoin de répandre son bonheur sur tout ce qui l'entoure. Lia crut que son mari s'abaissait à feindre pour elle un amour qu'il n'éprouvait plus. Un instant auparavant elle avait cru le haïr ; dès lors elle crut le mépriser.

La journée se passa ainsi, puis la nuit vint. Bien souvent Odoardo en regardant sa femme, qui s'efforçait de sourire sous son regard, ouvrit la bouche comme pour révéler un secret ; puis chaque fois il retint les paroles sur ses lèvres, et le secret rentra dans son cœur.

Pendant la soirée, les menaces du Vésuve devinrent plus effrayantes que jamais. Odoardo proposa plusieurs fois à sa femme de quitter la villa et de s'en aller dans leur palais de Naples ; mais à chaque fois Lia pensa que cette proposition lui était faite par Odoardo pour se rapprocher de sa rivale, le palais du comte étant situé dans la rue de Tolède, à cent pas à peine de la rue San-Giacomo. Aussi, à chaque proposition du comte, lui rappela-t-elle que le côté du Vésuve où s'élevait la villa avait toujours été respecté par le volcan. Odoardo en convint ; mais il n'en décida pas moins que, si le lendemain les symptômes de la montagne étaient toujours les mêmes, ils quitteraient la villa pour aller attendre à Naples la fin de l'événement.

Lia y consentit. La nuit lui restait pour sa vengeance ; elle ne demandait pas autre chose.

Par un étrange phénomène atmosphérique, à mesure que l'obscurité descendait du ciel, la chaleur augmentait. En vain les fenêtres de la villa s'étaient ouvertes comme d'habitude pour aspirer le souffle du soir, la brise quotidienne avait manqué, et, à sa place, la mer en ébullition dégageait une vapeur lourde et tiède presque visible à l'œil, et qui se répandait comme un brouillard à la surface de la terre. Le ciel, au lieu de s'étoiler comme à l'ordinaire, semblait un dôme d'étain rougi pesant de tout son poids sur le monde. Une chaleur insupportable passait par bouffées, venant de la montagne et descendant vers la ville ; et cette chaleur énervante semblait, à chaque fois qu'elle se faisait sentir, emporter avec elle une portion des forces humaines.

Odoardo voulait veiller. Ces symptômes bien connus l'inquiétaient pour Lia, mais Lia le rassurait en riant de ses frayeurs ; Lia paraissait insensible à tous ces phénomènes. Quand le comte se couchait sans force et les yeux à demi fermés sur un fauteuil, Lia restait debout, ferme, roide et immobile, soutenue par la douleur qui veillait au fond de son âme. Le comte finit par croire que la faiblesse qu'il éprouvait venait d'une mauvaise disposition de sa part. Il demanda en riant le bras de Lia, s'y appuya pour gagner son lit, se jeta dessus tout habillé, lutta un instant encore contre le sommeil, puis tomba enfin dans une espèce d'engourdissement léthargique, et s'endormit la main de Lia dans les siennes.

Lia resta debout près du lit, silencieuse et sans faire un mouvement, tant qu'elle crut que le sommeil n'avait pas encore pris tout son empire. Puis, lorsqu'elle fut à peu près certaine que le comte était devenu insensible au bruit comme au toucher, elle retira doucement sa main, s'avança vers l'antichambre, donna l'ordre aux domestiques de partir à l'instant même pour Naples, afin de préparer le palais à les recevoir le lendemain matin, et rentra dans son appartement.

Les domestiques, enchantés de pouvoir se mettre en sûreté en accomplissant leur devoir, s'éloignèrent à l'instant même. La comtesse, appuyée à sa fenêtre ouverte, les entendit sortir, fermer la porte de la villa, puis la grille du jardin. Elle descendit alors, visita les antichambres, les corridors, les offices. La maison était déserte : comme la comtesse le désirait, elle était restée seule avec Odoardo.

Elle rentra dans sa chambre, s'approcha de son lit d'un pas ferme, fouilla sous son oreiller, en tira le cangiar, le sortit du fourreau, examina de nouveau sa lame recourbée et toute diaprée d'arabesques d'or ; puis, les lèvres serrées, les yeux fixes, le front plissé, elle s'avança vers la chambre d'Odoardo, pareille à Gulnare s'avançant vers l'appartement de Séide.

La porte de communication était ouverte, et la lumière laissée par Lia dans sa chambre projetait ses rayons dans celle du comte. Elle s'avança donc vers le lit, guidée par cette lueur. Odoardo était toujours couché dans la même position et dans la même immobilité.

Arrivée au chevet, elle étendit la main pour chercher l'endroit où elle devait frapper. Le comte, oppressé par la chaleur, avait, avant de se coucher, ôté sa cravate et entr'ouvert son gilet et sa chemise. La main de Lia rencontra donc sur sa poitrine nue, à l'endroit même du cœur, un petit médaillon renfermant un portrait et des cheveux qu'elle lui avait donnés au moment où il était parti pour la Sicile, et qu'il n'avait jamais quittés depuis.

La suprême exaltation touche à la suprême faiblesse. A peine Lia eut-elle senti et reconnu ce médaillon, qu'il lui sembla qu'un rideau se levait et qu'elle voyait repasser une à une, comme de douces et gracieuses ombres, les premières heures de son amour. Elle se rappela, avec cette rapidité merveilleuse de la pensée qui enveloppe des années dans l'espace d'une seconde, le jour où elle vit Odoardo pour la première fois, le jour où elle lui avoua qu'elle l'aimait, le jour où il partit pour la Sicile, le jour où il revint pour l'épouser ; tout ce bonheur qu'elle avait supporté sans fatigue, disséminé qu'il avait été sur sa vie, brisa sa force en se condensant pour ainsi dire dans sa pensée. Elle plia sous le poids des jours heureux ; et, laissant échapper le cangiar de sa main tremblante, elle tomba à genoux près du lit, mordant les draps pour étouffer les cris qui demandaient à sortir de sa poitrine, et suppliant Dieu de leur envoyer à tous deux cette mort qu'elle craignait de n'avoir plus la force de donner et de recevoir.

Au moment même où elle achevait cette prière, un grondement sourd et prolongé se fit entendre, une secousse violente ébranla le sol, et une lumière sanglante illumina l'appartement. Lia releva la tête : tous les objets qui l'entouraient avaient pris une teinte fantastique. Elle courut à la fenêtre, se croyant sous l'empire d'une hallucination ; mais là tout lui fut expliqué.

La montagne venait de se fendre sur une longueur d'un quart de lieue. Une flamme ardente s'échappait de cette gerçure infernale, et au pied de cette flamme bouillonnait, en prenant sa course vers la villa, un fleuve de lave qui menaçait de l'avoir, avant un quart d'heure, engloutie et dévorée.

Lia, au lieu de profiter du temps qui lui était accordé pour sauver Odoardo et se sauver avec lui, crut que Dieu avait entendu et exaucé sa prière, et ses lèvres pâles murmurèrent ces paroles impies : « Seigneur, Seigneur, tu es grand, tu es miséricordieux, je te remercie !... »

Puis, les bras croisés, le sourire sur les lèvres, les yeux brillans d'une volupté mortelle, tout illuminée par ce reflet sanglant, silencieuse et immobile, elle suivit du regard les progrès dévorans de la lave.

Le torrent, ainsi que nous l'avons dit, s'avançait directement sur la villa Giordani, comme si pareille à une de ces cités maudites, elle était condamnée par la colère de Dieu, et que ce fût elle surtout et avant tout que ce feu de la terre, rival du feu du ciel, avait mission d'atteindre et de punir. Mais la course du fleuve de feu était assez lente pour que les hommes et les animaux pussent fuir devant lui ou s'écarter de son passage. A mesure qu'il avançait, l'air, de lourd et humide qu'il était, devenait sec et ardent. Longtemps devant la lave les objets enchaînés à la terre et en apparence insensibles semblaient, à l'approche du danger, recevoir la vie pour mourir. Les sources se tarissaient en sifflant, les herbes se desséchaient en agitant leurs cimes jaunies, les arbres se tordaient en se courbant comme pour fuir du côté opposé à celui d'où venait la flamme. Les chiens de garde qu'on lâchait la nuit dans le parc étaient venus chercher un refuge sur le perron, et se pressant contre le mur hurlaient lamentablement. Chaque chose créée, mue par l'instinct de la conservation, semblait réagir contre l'épouvantable fléau. Lia seule semblait hâter du geste sa course et murmurait à voix basse : Viens ! viens ! viens !

En ce moment, il sembla à Lia qu'Odoardo se réveillait : elle s'élança vers son lit. Elle se trompait ; Odoardo, sur lequel pesait pendant son sommeil cet air dévorant, se débattait aux prises avec quelque songe terrible. Il semblait vouloir repousser loin de lui un objet menaçant. Lia le regarda un instant, effrayée de l'expression douloureuse de son visage. Mais en ce moment les liens qui enchaînaient ses paroles se brisèrent, et Odoardo prononça le nom de Teresa. C'était donc Teresa qui visitait ses rêves ! c'était donc pour Teresa qu'il tremblait ! Lia sourit d'un sourire terrible, et revint prendre sa place sur le balcon.

Pendant ce temps, la lave marchait toujours et avait gagné du terrain ; déjà elle étendait ses deux bras flamboyans autour de la colline sur laquelle était située la villa. Si à cette heure Lia avait réveillé Odoardo, il était encore temps de fuir ; car la lave, battant de front le monticule et s'étendant à ses deux flancs, ne s'était point encore rejointe derrière lui. Mais Lia garda le silence, n'ayant au contraire qu'une crainte, c'était que le cri suprême de toute cette nature à l'agonie ne parvînt aux oreilles du comte et ne le tirât de son sommeil.

Il n'en fut rien. Lia vit la lame s'étendre, pareille à un immense croissant, et se réunir derrière la colline. Elle poussa alors un cri de joie. Toute issue était fermée à la fuite. La villa et ses jardins n'étaient plus qu'une île battue de tous côtés par une mer de flammes.

Alors la terrible marée commença de monter aux flancs de la colline comme un flux immense et redoublé. A chaque ressac, on voyait les vagues enflammées gagner du terrain et ronger l'île, dont la circonférence devenait de plus en plus étroite. Bientôt la lave arriva aux murs du parc, et les murs se couchèrent dans ses flots, tranchés à leur base. A l'approche du torrent, les arbres se séchèrent, et la flamme, jaillissant de leur racine, monta à leur sommet. Chaque arbre, tout en brûlant, conservait sa forme jusqu'au moment où il s'abîmait en cendres dans l'inondation ardente, qui s'avançait toujours. Enfin les premiers flots de lave commencèrent à paraître dans les allées du jardin. A cette vue, Lia comprit qu'à peine il lui restait le temps de réveiller Odoardo, de lui reprocher son crime et de lui faire comprendre qu'ils allaient mourir l'un par l'autre. Elle quitta la terrasse et s'approchant du lit :

— Odoardo ! Odoardo ! s'écria-t-elle en le secouant par le bras ; Odoardo ! lève-toi pour mourir !

Ces terribles paroles, dites avec l'accent suprême de la vengeance, allèrent chercher l'esprit du comte au plus profond de son sommeil. Il se dressa sur son lit, ouvrit des yeux hagards ; puis, au reflet de la flamme, aux pétillemens des carreaux qui se brisaient, aux vacillemens de la maison que les vagues de lave commençaient d'étreindre et de secouer, il comprit tout, et s'élançant de son lit :

— Le volcan ! le volcan ! s'écria t-il. Ah ! Lia ! je te l'avais bien dit !

Puis, bondissant vers la fenêtre, il embrassa d'un coup d'œil tout cet horizon brûlant, jeta un cri de terreur, courut à l'extrémité opposée de la chambre, ouvrit une fenêtre qui donnait sur Naples, et voyant toute retraite fermée, il revint vers la comtesse en s'écriant désespéré :

— Oh ! Lia, mon amour, mon âme, ma vie, nous sommes perdus !

— Je le sais, répondit Lia.

— Comment, tu le sais ?

— Depuis une heure je regarde le volcan ! je n'ai pas dormi, moi !

— Mais si tu ne dormais pas, pourquoi m'as-tu laissé dormir ?

— Tu rêvais de Teresa, et je ne voulais pas te réveiller.

— Oui, je rêvais qu'on voulait m'enlever ma sœur une seconde fois. Je rêvais que j'avais été trompé, qu'elle était bien réellement morte, qu'elle était étendue sur son lit dans sa petite chambre de la rue San-Giacomo, qu'on apportait une bière et qu'on voulait la clouer dedans. C'était un rêve terrible, mais moins terrible encore que la réalité.

— Que dis-tu ? que dis-tu ? s'écria la comtesse saisissant les mains d'Odoardo et le regardant en face. Cette Teresa, c'est ta sœur ?

— Oui.

— Cette femme qui loge rue San-Giacomo, au troisième étage, n° 11, c'est ta sœur ?

— Oui.

— Mais ta sœur est morte ! Tu mens !

— Ma sœur vit, Lia ; ma sœur vit, et c'est nous qui allons mourir. Ma sœur avait suivi un colonel français qui a été tué. Moi aussi je la croyais morte, on me l'avait dit, mais j'ai reçu une lettre d'elle avant-hier, mais hier je l'ai vue. C'était bien elle, c'était bien ma sœur, humiliée, flétrie, voulant rester inconnue. Oh ! mais que nous fait tout cela en ce moment ? Sens-tu, sens-tu la maison qui tremble ? entends-tu les murs qui se fendent ? O mon Dieu, mon Dieu, secourez-nous !

— Oh ! pardonne-moi, pardonne moi ! s'écria Lia en tombant à genoux. Oh ! pardonne-moi avant que je meure !

— Et que veux-tu que je te pardonne ? qu'ai-je à te pardonner ?

— Odoardo ! Odoardo ! c'est moi qui te tue ! J'ai tout vu, j'ai pris cette femme pour une rivale, et, ne pouvant plus vivre avec toi, j'ai voulu mourir avec toi. Mon Dieu ! mon Dieu n'est il aucune chance de nous sauver ? N'y a-t-il aucun moyen de fuir ? Viens, Odoardo ! viens ! je suis forte ; je n'ai pas peur. Courons !

Et elle prit son mari par la main, et tous deux se mirent à courir comme des insensés par les chambres de la villa chancelante, s'élançant à toutes les portes, tentant toutes les issues et rencontrant partout l'inexorable lave qui montait sans cesse, impassible, dévorante, et battant déjà le pied des murs qu'elle secouait de ses embrassemens mortels.

Lila était tombée sur ses genoux, ne pouvant plus marcher. Odoardo l'avait prise dans ses bras et l'emportait de fenêtre en fenêtre en criant, appelant au secours. Mais tout secours était impossible, la lave continuait de monter. Odoardo, par un mouvement instinctif, alla chercher un refuge sur la terrasse qui couronnait la maison : mais là il comprit réellement que tout était fini, et, tombant à genoux et élevant Lila au-dessus de sa tête comme s'il eût espéré qu'un ange la viendrait prendre :

— O mon Dieu ! s'écria-t-il, ayez pitié de nous !

A peine avait-il prononcé ces paroles qu'il entendit les planchers s'abîmer successivement et tomber dans la lave. Bientôt la terrasse vacilla et se précipita à son tour, les entraînant l'un et l'autre dans sa chute. Enfin les quatre murailles se replièrent comme le couvercle d'un tombeau. La lave continua de monter, passa sur les ruines, et tout fut fini.

II.

LE MOLE.

Il nous restait deux endroits essentiellement populaires à visiter que nous avions déjà vus en passant, mais que nous n'avions pas encore examinés en détail : c'étaient le Môle et le Marché-Neuf. Le Môle est à Naples ce qu'était le boulevard du Temple à Paris quand il y avait à Paris un boulevard du Temple. Le Môle est le séjour privilégié de Polichinelle.

Nous avons peu parlé de Polichinelle jusqu'à présent. Polichinelle est à Naples un personnage fort important. Toute l'opposition napolitaine s'est réfugiée en lui comme toute l'opposition romaine s'est réfugiée dans Pasquin. Polichinelle dit ce que personne n'ose dire.

Polichinelle dit qu'avec trois F on gouverne Naples. C'était aussi l'opinion du roi Ferdinand, qui, nous l'avons dit, n'avait guère moins d'esprit et n'était guère moins populaire que Polichinelle. Ces trois F sont *festa-farina-forca* : fête-farine-potence. Dix sept cents ans avant Polichinelle, César avait trouvé les deux premiers moyens de gouvernement : *panem et circenses*. Ce fut Tibère qui trouva le troisième. A tout seigneur tout honneur.

Au reste, il n'y aurait rien d'étonnant que Polichinelle eût entendu dire la chose à César et eût vu pratiquer la maxime par Tibère. Polichinelle remonte à la plus haute antiquité ; une peinture retrouvée à Herculanum, et qui date très probablement du règne d'Auguste, reproduit trait pour trait cet illustre personnage, au dessous duquel est gravée cette inscription : *Civis atellanus*. Ainsi, selon toute probabilité, Polichinelle était le héros des Atellans. Que nos grands seigneurs viennent à présent nous vanter leur noblesse du douzième ou du treizième siècle ! Ils sont de quinze cents ans postérieurs à Polichinelle. Polichinelle pouvait faire triple preuve et avait trois fois le droit de monter dans les carrosses du roi.

La première fois que j'ai vu Polichinelle, il venait de proposer de nourrir la ville de Naples avec un boisseau de blé pendant un an, et cela à une seule condition. Il se faisait un grand silence sur la place, car chacun ignorait quelle était cette condition et cherchait quelle elle pouvait être. Enfin, au bout d'un instant, les chercheurs s'impatientant, demandèrent à Polichinelle, qui attendait les bras croisés et en regardant la foule avec son air narquois, quelle était cette condition.

— Eh bien ! dit Polichinelle, faites sortir de Naples toutes les femmes qui trompent et tous les maris trompés, mettez à la porte tous les bâtards et tous les voleurs, je nourris Naples pendant un an avec un boisseau de blé, et au bout d'un an il me restera encore plus de farine qu'il ne m'en faudra pour faire une galette d'un pouce d'épaisseur et de six pieds de tour.

Cette manière de dire la vérité est peut-être un peu brutale, mais Polichinelle ne s'est pas dégrossi le moins du monde : il est resté ce bon paysan de la campagne que Dieu l'a fait, et qu'il ne faut pas confondre avec notre Polichinelle que le diable emporte, ni avec le Punch anglais que le bourreau pend. Non, celui-ci meurt chrétiennement dans son lit, ou plutôt celui-là ne meurt jamais ; c'est toujours le même Polichinelle, avec son costume, sa camisole de calicot, son pantalon de toile, son chapeau pointu, et son demi-masque noir. Notre Polichinelle, à nous, est un être fantastique, porteur de deux bosses comme il n'en existe pas, frondeur, libertin, vantard, bretteur, voltairien, sophiste, qui bat sa femme, qui bat le guet, qui tue le commissaire. Le Polichinelle napolitain est bonhomme, bête et malin à la fois, comme on dit de nos paysans ; il est poltron comme Sganarelle, gourmand comme Crispin, franc comme Gautier Garguille.

Autour de Polichinelle, et comme des planètes relevant de son système et tournant dans son tourbillon, se groupent l'improvisateur et l'écrivain public.

L'improvisateur est un grand homme sec, vêtu d'un habit noir, râpé, luisant, auquel il manque deux ou trois boutons par devant et un bouton par derrière. Il a d'ordinaire une culotte courte qui retient des bas chinés au-dessus du genou, ou un pantalon collant qui se perd dans des guêtres. Son chapeau bossué atteste les fréquents contacts qu'il a eus avec le public, et les lunettes dont il couvre ses yeux indiquent que son regard est affaibli par ses longues lectures. Au reste, cet homme n'a pas de nom, cet homme s'appelle l'*improvisateur*.

L'improvisateur est réglé comme l'horloge de l'église de San-Egidio. Tous les jours, une heure avant le coucher du soleil, l'improvisateur débouche de l'angle du Château-Neuf par la strada del Molo, et s'avance d'un pas grave, lent et mesuré, tenant à la main un livre relié en basane, à la couverture usée, aux feuillets épaissis. Ce livre, c'est l'*Orlando furioso* du *divin* Arioste.

En Italie, tout est *divin* : on dit le *divin* Dante, le *divin* Pétrarque, le *divin* Arioste et le *divin* Tasse. Toute autre épithète serait indigne de la majesté de ces grands poètes.

L'improvisateur a son public. A quelque chose que ce public soit occupé, soit qu'il rie aux facéties de Polichinelle, soit qu'il pleure aux sermons d'un capucin, ce public quitte tout pour venir voir l'improvisateur.

Aussi l'improvisateur est-il comme les grands généraux de l'antiquité et des temps modernes, qui connaissaient chacun de leurs soldats par son nom. L'improvisateur connaît tout son cercle ; s'il lui manque un auditeur, il le cherche des yeux avec inquiétude ; et si c'est un de ses *appassionati*, il attend qu'il soit venu pour commencer, ou recommence quand il arrive.

L'improvisateur rappelle ces grands orateurs romains qui avaient constamment derrière eux une flûte pour leur donner le *la*. Sa parole n'a ni les variations du chant, ni la simplicité du discours. C'est la modulation de la mélopée. Il commence froidement et d'un ton sourd et traînant ; mais bientôt il s'anime avec l'action : Roland provoque Ferragus, sa voix se hausse au ton de la menace et du défi. Les deux héros se préparent ; l'improvisateur imite leurs gestes, tire son épée, assure son bouclier. Son épée, c'est le premier bâton venu, et qu'il arrache le plus souvent à son voisin ; son bouclier, c'est son livre ; car il sait tellement son divin *Orlando* par cœur, que tant que durera la lutte terrible il n'aura pas besoin de jeter les yeux sur le texte, qu'il allongera d'ailleurs ou raccourcira à sa fantaisie, sans que le génie métromanique des écoutans en soit choqué le moins du monde : c'est alors qu'il fait beau de voir l'improvisateur.

En effet l'improvisateur devient acteur ; qu'il ait choisi le rôle de Roland ou celui de Ferragus, chacun des coups qu'il doit recevoir ou porter, il les porte où il les reçoit. Alors il s'anime dans sa victoire ou s'exalte dans sa défaite. Vainqueur, il fond sur son ennemi, le presse, le poursuit, le renverse, l'égorge, le foule aux pieds, relève la tête et triomphe du regard. Vaincu, il rompt, il recule, défend le terrain pied à pied, bondit à droite, bondit à gauche, saute en arrière, invoque Dieu ou le diable, selon que, pour le moment, il est païen ou chrétien, emploie toutes les ressources de la ruse, toutes les astuces de la faiblesse ; enfin, poussé par son adversaire, il tombe sur un genou, combat encore, se renverse, se tord, se roule, puis, voyant que cette lutte est inutile, tend la gorge pour mourir avec grâce, comme le gladiateur gaulois, vieille tradition que l'amphithéâtre a léguée au Môle.

S'il est vainqueur, l'improvisateur prend son chapeau, comme Bélisaire son casque, et réclame impérieusement son dû. S'il est vaincu, il se glisse jusqu'à son feutre, fait le tour de la société et demande humblement l'aumône : tant les natures du Midi sont impressionnables, tant elles ont de facilité à se transformer elles-mêmes et à devenir ce qu'elles désirent être.

Malheureusement, comme nous l'avons dit, l'improvisateur s'en va ; nos pères l'ont vu, nous l'avons vu ; nos fils, s'ils se pressent, le verront encore, mais, à coup sûr, nos petits-fils et nos neveux ne le verront pas.

Il n'en est pas de même de l'écrivain public, son voisin. Bien des siècles se passeront encore sans que tout le monde sache écrire, et surtout dans la très fidèle ville de Naples. Puis, lorsque tout le monde saura écrire, ne restera-t-il donc pas encore la lettre anonyme, ce poison que vend l'écrivain public en se faisant un peu prier, comme le pharmacien de Roméo et Juliette vend l'arsenic ? Quant à moi, je reçois, pour mon compte seul, assez de lettres anonymes pour défrayer honorablement un écrivain public ayant femme et enfans.

Le scribe qui peut écrire sur le devant de sa table : *Qui si scrive in francese*, est sûr de sa fortune. Pourquoi ? Apprenez-le-moi, car je n'en sais rien. La langue française est la langue de la diplomatie, c'est vrai, mais les diplomates n'échangent point leurs notes par la voie des écrivains publics.

Au reste, l'écrivain public napolitain opère en plein air, en face de tous, *coram populo*. Est-ce un progrès, est-ce un retard de la civilisation ?

C'est que le peuple napolitain n'a pas de secret ; il pense tout haut, il prie tout haut et se confesse tout haut. Celui qui sait le patois du Môle, et qui se promènera une heure par jour dans les églises, n'aura qu'à écouter ce qui se dit à l'autel ou au confessionnal, et à la fin de la semaine il sera initié dans les secrets les plus intimes de la vie napolitaine.

Ah ! j'oubliais de dire que l'écrivain public napolitain est gentilhomme, ou du moins qu'on lui donne ce titre.

En effet, interrogez l'écrivain : c'est toujours un *galantuomo* qui a eu des malheurs : doutez-en, et il vous montrera comme preuve un reste de redingote de drap.

On ne saurait s'expliquer l'influence du drap sur le peuple napolitain : c'est pour lui le cachet de l'aristocratie, le signe de la prééminence. Un *vestido di panno* peut se permettre, vis-à-vis du lazzarone, bien des choses que je ne conseillerais pas de tenter à un *vestido di telo*.

Cependant, le *vestido di telo* a encore une grande supériorité sur le lazzarone, qui, en général, n'est vêtu que d'air.

III.

LE TOMBEAU DE VIRGILE.

Pour faire diversion à nos promenades dans Naples, nous résolûmes, Jadin et moi, de tenter quelques excursions dans ses environs. Des fenêtres de notre hôtel nous apercevions le tombeau de Virgile et la grotte de Pouzzoles. Au delà de cette grotte, que Sénèque appelle une longue prison, était le monde inconnu des féeries antiques ; l'Averne, l'Achéron, le Styx ; puis, s'il faut en croire Properce, Baïa, la cité de perdition, la ville luxurieuse, qui, plus sûrement et plus vite que toute autre ville, conduisait aux sombres et infernaux royaumes.

Nous prîmes en main notre Virgile, notre Suétone et notre Tacite ; nous montâmes dans notre corricolo, et comme notre cocher nous demandait où il devait nous conduire, nous lui répondîmes tranquillement : Aux enfers. Notre cocher partit au galop.

C'est à l'entrée de la grotte de Pouzzoles qu'est situé le tombeau présumé de Virgile.

On monte au tombeau du poète par un sentier tout couvert de ronces et d'épines : c'est une ruine pittoresque que surmonte un chêne vert, dont les racines l'enveloppent comme les serres d'un aigle. Autrefois, disait-on, à la place de ce chêne était un laurier gigantesque qui y avait poussé tout seul. A la mort du Dante, le laurier mourut, Pétrarque en planta un second qui vécut jusqu'à Sannazar. Puis enfin Casimir Delavigne en planta un troisième qui ne reprit même pas de bouture... Ce n'était pas la faute de l'auteur des *Messéniennes*, la terre était épuisée.

On descend au tombeau par un escalier à demi-ruiné, entre les marches duquel poussent de grosses touffes de myrtes ; puis on arrive à la porte columbarium, on en franchit le seuil et l'on se trouve dans le sanctuaire.

L'urne qui contenait les cendres de Virgile y resta, assure-t-on, jusqu'au quatorzième siècle. Un jour on l'enleva sous prétexte de la mettre en sûreté : depuis ce jour elle n'a plus reparu.

Après un instant d'exploration intérieure, Jadin sortit pour faire un croquis du monument et me laissa seul dans le tombeau. Alors mes regards se reportèrent naturellement en arrière, et j'essayai de me faire une idée bien précise de Virgile et de ce monde antique au milieu duquel il vivait.

Virgile était né à Andes, près de Mantoue, le 15 octobre de l'an 70 avant Jésus-Christ, c'est-à-dire lorsque César avait trente ans ; et il était mort à Brindes, en Calabre, le 22 septembre de l'an 19, c'est-à-dire lorsque Auguste en avait quarante-trois.

Il avait connu Cicéron, Caton d'Utique, Pompée, Brutus, Cassius, Antoine et Lépide ; il était l'ami de Mécène, de Salluste, de Cornélius Nepos, de Catulle et d'Horace. Il fut le maître de Properce, d'Ovide et de Tibulle, qui naquirent tous trois comme il finissait ses *Géorgiques*.

Il avait vu tout ce qui s'était passé dans cette période, c'est-à-dire les plus grands événemens du monde antique ; la chute de Pompée, la mort de César, l'avènement d'Octave, la rupture du triumvirat ; il avait vu Caton déchirant ses entrailles, il avait vu Brutus se jetant sur son épée, il avait vu Pharsale, il avait vu Philippes, il devait voir Actium.

Beaucoup ont comparé ce siècle à notre dix-septième siècle : rien n'y ressemblait moins cependant : Auguste avait bien plus de Louis-Philippe que de Louis XIV. Louis XIV était un grand roi, Auguste fut un grand politique.

Aussi le siècle de Louis XIV ne comprend-il réellement que la première moitié de sa vie. Le siècle d'Auguste commence après Actium, et s'étend sur toute la dernière partie de son existence.

Louis XIV, après avoir été le maître du monde, meurt battu par ses rivaux, méprisé par ses courtisans, honni par son peuple, laissant la France pauvre, plaintive et menacée, et redevenu un peu moins qu'un homme, après s'être cru un peu plus qu'un dieu.

Auguste, au contraire, commence par les luttes intérieures, les proscriptions et les guerres civiles; puis, Lépide mort, Brutus mort, Antoine mort, il ferme le temple de Janus, qui n'avait pas été fermé depuis deux cent six ans, et meurt presqu'à l'âge de Louis XIV, c'est vrai, mais laissant Rome riche, tranquille et heureuse; laissant l'empire plus grand qu'il ne l'avait pris des mains de César, ne quittant la terre que pour monter au ciel, ne cessant d'être homme que pour passer dieu.

Il y a loin de Louis XIV descendant de Versailles à Saint-Denis au milieu des sifflets de la populace, à Auguste montant à l'Olympe par la voie Appia au milieu des acclamations de la multitude.

On connaît Louis XIV, dédaigneux avec sa noblesse, hautain avec ses ministres, égoïste avec ses maîtresses : dilapidant l'argent de la France en fêtes dont il est le héros, en carrousels dont il est le vainqueur, en spectacles dont il est le dieu; toujours roi pour sa famille comme pour son peuple, pour ses courtisans en prose comme pour ses flatteurs en vers; n'accordant une pension à Corneille que parce que Boileau parle de lui abandonner la sienne; éloignant Racine de lui parce qu'il a eu le malheur de prononcer le nom de son prédécesseur, Scarron; se félicitant de la blessure de madame la duchesse de Bourgogne, qui donnera plus de régularité désormais à ses voyages de Marly; sifflotant un air d'opéra près du cercueil de son frère, et voyant passer devant lui le cadavre de ses trois fils sans s'informer qui les a empoisonnés, de peur de découvrir les véritables coupables dans sa maîtresse ou dans ses bâtards.

En quoi ressemble-t-il cela, je vous le demande, l'écolier qui vient d'Apollonie pour recueillir l'héritage de César?

Voulez-vous voir Octave, ou Thurinus comme on l'appelait alors? puis nous passerons à César, et de César à Auguste, et vous verrez si ce triple et cependant unique personnage a un seul trait de l'amant de mademoiselle de la Vallière, de l'amant de madame de Montespan, et de l'amant de madame de Maintenon, qui lui aussi est un seul et même personnage.

César vient de tomber au Capitole; Brutus et Cassius viennent d'être chassés de Rome par le peuple, qui les a portés la veille en triomphe; Antoine vient de lire le testament de César qui intitule Octave son héritier. Le monde tout entier attend Octave.

C'est alors que Rome voit entrer dans ses murs un jeune homme de vingt et un ans à peine, né sous le consulat de Cicéron et d'Antoine, le 22 septembre de l'an 689 de la fondation de Rome, c'est-à-dire soixante-deux ans avant Jésus-Christ, qui naîtra sous son règne.

Octave n'avait aucun des signes extérieurs de l'homme réservé aux grandes choses; c'était un enfant que sa petite taille faisait paraître encore plus jeune qu'il n'était réellement; car, au dire même de l'affranchi Julius Maratus, quoiqu'il essayât de se grandir à l'aide des épaisses semelles de ses sandales, Octave n'avait que cinq pieds deux pouces : il est vrai que c'était la taille qu'avait eue Alexandre et celle que devait avoir Napoléon. Mais Octave ne possédait ni la force physique du vainqueur de Bucéphale, ni le regard d'aigle du héros d'Austerlitz; il avait au contraire le teint pâle, les cheveux blonds et bouclés, les yeux clairs et brillans, les sourcils joints, le nez saillant d'en haut et effilé par le bas, les lèvres minces, les dents écartées, petites et rudes, et la physionomie si douce et si charmante, qu'un jour qu'il passera les Alpes, l'expression de cette physionomie retiendra au Gaulois qui avait formé le projet de le jeter dans un précipice. Quant à sa mise, elle est des plus simples : au milieu de cette jeunesse romaine qui se farde, qui met des mouches, qui grasseye, qui se dandine; parmi ces beaux et ces

troussuli, ces modèles d'élégance de l'époque, qu'on reconnaît à leur chevelure parfumée de baume, partagée par une raie, et que le fer du barbier touche deux fois par jour en longs anneaux de chaque côté de leurs tempes; à leurs barbes rasées avec soin, de manière à ne laisser aux uns que des moustaches, aux autres qu'un collier; à leurs tuniques transparentes ou pourprées, dont les manches démesurées couvraient leurs mains tout entières s'ils n'avaient le soin d'élever leurs mains pour que ces manches, en se retroussant, laissent voir leurs bras polis à la pierre ponce et leurs doigts couverts de bagues; Octave se fait remarquer par sa toge de toile, par son laticlave de laine, et par le simple anneau qu'il porte au premier doigt de la main gauche, et dont le chaton représente un sphinx. Aussi toute cette jeunesse, qui ne comprend rien à cette excentricité qui donne à l'héritier de César un aspect plébéien, nie-t-elle qu'il soit, comme on l'assure, de sang aristocratique, et prétend-elle que son père Cn. Octavius était un simple diviseur de tribu ou tout au plus un riche banquier. D'autres vont plus loin, et assurent que son grand-père était meunier, et qu'il ne porte cette simple toge blanche que pour qu'on n'y voie pas les traces de la farine : Materna tibi farina, dit Suétone; et Suétone, comme on le sait, est le Tallemant des Réaux de l'époque.

Et cependant les dieux ont prédit de grandes choses à cet enfant; mais ces grandes choses, au lieu de les raconter, de les redire, de s'en faire un titre, sinon à l'amour, du moins à la superstition de ses concitoyens, il les renferme en lui-même et les garde dans le sanctuaire de ses espérances. Des présages ont accompagné et suivi sa naissance, et Octave croit aux présages, aux songes et aux augures. Autrefois, les murs de Velletri furent frappés de la foudre, et un oracle a prédit qu'un citoyen de cette ville donnerait un jour des lois au monde. En outre, un autre bruit s'est répandu, qu'Asclépiades et Mendès consignèrent plus tard dans leur livre sur les choses divines : c'est qu'Atia, mère d'Octave, s'étant endormie dans le temple d'Apollon, fut réveillée comme par des embrassemens, et s'aperçut avec effroi qu'un serpent s'était glissé dans sa poitrine et l'enveloppait de ses replis; dix mois après elle accoucha. Ce n'est pas tout : le jour de son accouchement, son mari, retenu chez lui par cet événement, ayant différé de se rendre au sénat, où l'on s'occupait de la conjuration de Catilina, et ayant expliqué en y arrivant la cause de son retard, Publius Nigidius, augure très renommé pour la certitude de ses prédictions, se fit dire l'heure précise de la naissance d'Octave, et déclara que, si sa science ne le trompait pas, ce maître du monde promis par le vieil oracle de Velletri venait enfin de naître.

Voilà les signes qui avaient précédé la naissance d'Octave. Voici ceux qui l'avaient suivie :

Un jour que l'enfant prédestiné, alors âgé de quatre ans, dînait dans un bois, un aigle s'élança de la cime d'un roc où il était perché et lui enleva le pain qu'il tenait à la main, remonta dans le ciel, puis, un instant après, rapporta au jeune Octave le pain tout mouillé de l'eau des nuages.

Enfin, deux ans après, Cicéron, accompagnant César au Capitole, racontait en marchant, à un de ses amis, qu'il avait vu en songe, la nuit précédente, un enfant au regard limpide, à la figure douce, aux cheveux bouclés, lequel descendait du ciel à l'aide d'une chaîne d'or et s'arrêtait à la porte du Capitole, où Jupiter l'armait d'un fouet. Au moment où il racontait ce songe, il aperçut le jeune Octave et s'écria que c'était là le même enfant qu'il avait vu la nuit précédente.

Il y avait là, comme on le voit, plus de promesses qu'il n'en fallait pour tourner une jeune tête; mais Octave était de ces hommes qui n'ont jamais été jeunes et à qui la tête ne tourne pas. C'était un esprit calme, réfléchi, rusé, incertain et habile, ne se laissant point emporter aux premiers mouvemens de sa tête ou de son cœur, mais les soumettant incessamment à l'analyse de son intérêt et aux calculs de son ambition. Dans aucun des partis qui s'étaient succédé depuis cinq ans qu'il avait revêtu la robe virile, il n'avait adopté de couleur; ce qui était une excellente position, attendu que, quelque parti qu'il adoptât, son avenir n'avait point à rompre avec son passé. Plus heureux donc que Henri IV en 1595 et que Louis-Philippe en 1830, il n'avait point d'engagemens pris et se trouvait à peu près dans la situation, moins la gloire passée, ce qui était encore une chance de plus pour lui, où se trouva Bonaparte au 18 brumaire.

Comme alors, il y avait deux partis, mais deux partis qui, quoique portant les mêmes noms, n'avaient aucune analogie avec ceux qui existaient en France en 99; car, à cette époque, le parti républicain, représenté par Brutus, était le parti aristocratique; et le parti royaliste, représenté par Antoine, était le parti populaire.

C'était donc entre ces deux hommes qu'il fallait qu'Octave se fît jour en créant un troisième parti, servons nous d'un mot moderne, un parti juste-milieu.

Un mot sur Brutus et sur Antoine.

Brutus a trente-trois ou trente-quatre ans; il est d'une taille ordinaire, il a les cheveux courts, la barbe coupée à la longueur d'un demi-pouce, le regard calme et fier, et un seul pli creusé par la pensée au milieu du front: du moins, c'est ainsi que le représentent les médailles qu'il a fait frapper en Grèce avec le titre d'*imperator;* entendez-vous? *Brutus imperator,* c'est-à-dire Brutus, général. Ne prenez donc jamais le mot *imperator* que dans ce sens, et non dans celui que lui ont donné depuis Charlemagne et Napoléon.

Continuons.

Il descend, par son père, de ce Junius Brutus qui condamna ses deux fils à mort, et dont la statue est au Capitole au milieu de celle des rois qu'il a chassés; et, par sa mère, de ce Servilius Ahala qui, étant général de la cavalerie sous Quintus Cincinnatus, tua de sa propre main Spurius Mélius qui aspirait à la royauté. Son père, mari de Servilie, fut tué par ordre de Pompée, pendant les guerres de Marius et de Sylla; et il est neveu de ce même Caton qui s'est déchiré les entrailles à Utique. Un bruit populaire le dit fils de César, qui aurait séduit sa mère avec une perle valant six millions de sesterces, c'est-à-dire douze cent mille francs à peu près. Mais on est tant prêté de bonnes fortunes à César, qu'il ne faut pas croire tout ce qu'on en dit. Jeune, Brutus a étudié la philosophie en Grèce; il appartient à la secte platonicienne, et il a puisé à Athènes et à Corinthe ces idées de liberté aristocratique qui formaient la base gouvernementale des petites républiques grecques. Officier en Macédoine sous Pompée, il s'est fait remarquer à Pharsale par son grand courage. Gouverneur dans les Gaules pour César, il s'est fait remarquer dans la province par sa sévère probité. C'est un de ces hommes qui n'agissent jamais sans conviction, mais qui, dès qu'ils ont une conviction, agissent toujours; c'est une de ces âmes profondes et retirées où les dieux qui s'en vont trouvent un tabernacle; c'est un de ces cœurs couverts d'un triple acier, comme dit Horace, qui tiennent la mort pour amie, et qui la voient venir en souriant. Le regard incessamment tourné vers les vertus des âges antiques, il ne voit pas les vices des jours présens; il croit que le peuple est toujours un peuple de laboureurs; il croit que le sénat est toujours une assemblée de rois. Son seul tort est d'être né après le brutal Marius, le galant Sylla et le voluptueux César, au lieu de naître au temps de Cincinnatus, des Gracques ou des premiers Scipions. Il a été coulé tout de bronze dans une époque où les statues sont de boue et d'or. Quand un pareil homme commet un crime, c'est son siècle qu'il faut accuser et non pas lui.

Au reste, Brutus vient de faire une grande faute: il a quitté Rome, oubliant que c'est sur le lieu même où l'on a commencé une révolution qu'il faut l'accomplir.

Quant à Antoine, c'est le contraste le plus complet que le ciel ait pu mettre en opposition avec la figure calme, froide et sévère que nous venons de dessiner.

Antoine a quarante six ans, sa taille est haute, ses membres musculeux, sa barbe épaisse, son front large, son nez aquilin. Il prétend descendre d'Hercule; et comme c'est le plus habile cavalier, le plus fort discoboule, le plus rude lutteur qu'il y ait eu depuis Pompée, personne ne lui conteste cette généalogie, si fabuleuse qu'elle paraisse à quelques-uns. Enfant, sa grande beauté l'a fait remarquer de Curion, et il a passé avec lui les premières années de son adolescence dans la débauche et dans l'orgie. Avant de revêtir la robe virile, c'est-à-dire à seize ans à peu près, il avait déjà fait pour un million et demi de dettes; mais ce qu'on lui reproche surtout, c'est le cynisme de son intempérance. Le lendemain des noces du mime Hippias, il s'est rendu à l'assemblée publique si gorgé de vin qu'il a été obligé de s'arrêter à l'angle d'une rue et de rendre aux yeux de tous, quoique le mime Sergius, avec lequel il vit dans un commerce infâme, et qui a, dit-on, toute influence sur lui, essayât d'étendre son manteau entre lui et les passans. Après Sergius, sa compagnie la plus habituelle est la courtisane Cythéris, qu'il mène partout avec lui dans une litière, et à laquelle il fait un cortège aussi nombreux que celui de sa propre mère. Chaque fois qu'il part pour l'armée, c'est avec une suite d'histrions et de joueurs de flûte. Lorsqu'il s'arrête, il fait dresser ses tentes sur le bord des rivières ou sous l'ombre des forêts. S'il traverse une ville, c'est sur un char traîné par des lions qu'il conduit avec des rênes d'or. En temps de paix, il porte une tunique étroite et une cape grossière. En temps de guerre, il est couvert des plus riches armes qu'il a pu se procurer, pour attirer à lui les coups les plus rudes et des plus braves ennemis. Car Antoine, avec la force physique, a reçu le courage brutal; ce qui fait qu'il est un dieu pour le soldat, et une idole pour le peuple. Du reste, orateur habile dans le style asiatique, par un seul discours il a chassé Brutus et Cassius de Rome. Fastueux et plein d'inégalité, prétendant être le fils d'un dieu, et descendant parfois au niveau de la bête, Antoine croit imiter César en le singeant à la guerre et à la tribune. Mais entre Antoine et César il y a un abîme: Antoine n'a que des défauts, César avait des vices; Antoine n'a que des qualités, César avait des vertus: Antoine, c'est la prose; César c'est la poésie.

Mais pour le moment, tel qu'il est Antoine règne à Rome; car il y a réaction pour César, et Antoine représente César: c'est lui qui continue le vainqueur des Gaules et de l'Égypte. Il vend les charges, il vend les places, il vend jusqu'aux trônes; il vient, pour vingt mille francs, ce qui n'est pas cher comme on voit, de donner un diplôme de roi en Asie; car Antoine a sans cesse besoin d'argent. Cependant il n'y a pas plus de quinze jours qu'il a forcé la veuve de César de lui remettre les vingt-deux millions laissés par César; il est vrai que, des ides de mars au mois d'avril, Antoine a payé pour huit millions de dettes: mais comme on assure qu'il a pillé le trésor public, qui, au dire de Cicéron, contenait sept cents millions de sesterces, c'est-à-dire cent quarante millions de francs à peu près; si grand dépensier que soit Antoine, comme il n'a payé aucun des legs de César, il doit bien lui rester encore une centaine de millions: et un homme du caractère d'Antoine, avec cent millions derrière lui, est un homme à craindre.

A propos, nous oublions une chose: Antoine était le mari de Fulvie.

Voilà donc celui contre lequel Octave aura d'abord à lutter.

Octave comprit que le sénat, tout en votant des remerciemens à Antoine, détestait d'autant plus ce maître grossier qu'il lui obéissait plus lâchement. Octave se glissa tout doucement dans le sénat, appela Cicéron son père, demanda humblement et obtint sans conteste de porter le grand nom de César, seule portion de son héritage à laquelle, disait-il, il eût jamais aspiré; paya tout doucement, et sur sa propre fortune, les legs que César avait laissés aux vétérans et qu'Antoine leur retenait; joua le citoyen pur, le patriote désintéressé; refusa les faisceaux qu'on lui offrait, et proposa tout bas, pour faire honneur à Antoine et pour lui donner l'occasion d'achever ce qu'il avait si bien commencé, d'envoyer Antoine chasser Décimus Brutus de la Gaule Cisalpine. Antoine, enchanté d'échapper aux criailleries des héritiers de César, part en promettant de ramener Décimus Brutus pieds et poings liés. A peine est-il parti que le sénat respire. Alors Octave voit que le moment est venu; il déclare qu'il croit Antoine l'ennemi de la république, met à la disposition du sénat une armée qu'il a achetée, sans que personne s'en doute, de ses propres deniers. Alors le sénat tout entier se lève contre Antoine. Cicéron embrasse Octave, il propose de le nommer chef de cette armée; et comme cette proposition cause quelque étonnement : *Ornandum tollendum,* dit-il en se retournant vers les vieilles têtes du sénat. Mauvais calembourg qu'entend Octave, et qui coûtera la vie à celui qui l'a fait. Mais patience, Octave refuse; il est faible de corps, ignorant en fait de guerre; il veut deux collègues pour n'avoir aucune responsabilité à supporter; et, sur sa demande, un décret du sénat lui adjoint les consuls Hirtius et Pansa.

Antoine a été envoyé pour combattre Décimus Brutus; Octave est envoyé pour défendre Décimus Brutus contre Antoine.

C'était un conseil d'avocat : aussi venait-il de Cicéron. On perdait ainsi à la fois Antoine et Octave : Antoine, en mettant à jour toutes ses turpitudes; Octave, en l'envoyant au secours d'un des meurtriers de son père.

Mais patience, Octave ne s'appelle plus Octave : un décret du sénat l'a autorisé à s'appeler César.

Laissons donc de côté l'enfant, voilà l'homme qui commence.

Les deux armées se rencontrent : Antoine est vaincu; les deux consuls, Hirtius et Pansa, sont tués dans la mêlée, on ne sait par qui : seulement, comme une simple blessure pourrait n'être pas mortelle, et qu'il faut qu'ils meurent, ils ont été frappés tous deux par des glaives empoisonnés. César seul est sain et sauf : César est trop souffrant pour se battre, César est resté sous sa tente tandis que l'on se battait. C'est, au reste, ce qu'il fera à Philippes et à Actium : pendant toutes les victoires qu'il remportera il dormira ou sera malade.

N'importe! Antoine est en fuite, les consuls sont morts et César est à la tête d'une armée.

Pendant ce temps, Cicéron à son tour règne à Rome; il succède à Antoine comme Antoine a succédé à César. Le sénat a besoin d'être gouverné; peu lui importe que ce soit par un grand politique, ou par un soldat grossier, ou par un habile avocat.

Le sénat croit que c'est le moment de mettre en pratique le jeu de mot de Cicéron : il n'a plus besoin de *cet enfant.* C'est ainsi que le sénat traite maintenant Octave, et il lui refuse le consulat.

Mais, comme nous l'avons dit, l'enfant s'est fait homme, Octave est devenu César. Attendez.

Au moment où Antoine traverse les Alpes en fuyant, et où Lépide, qui commande dans la Gaule, accourt au devant de lui, un envoyé de César arrive, qui offre à Antoine l'amitié de César. Antoine accepte en réservant les droits de Lépide.

Le lieu fixé pour la conférence fut une petite île du Reno, située près de Bologne, ainsi que firent plus tard à Tilsitt Napoléon et Alexandre. Chacun y arriva de son côté : César par la rive droite, Antoine par la rive gauche. Trois cents hommes de garde furent laissés à chaque tête de pont. Lépide avait d'avance visité l'île. — En se joignant, Napoléon et Alexandre s'embrassèrent; Antoine et César n'en étaient pas là. Antoine fouilla César, César fouilla Antoine, de peur que l'un ou l'autre n'eût une arme cachée. Robert-Macaire et Bertrand n'auraient pas fait mieux.

Ce dut être une scène terrible que celle qui se passa entre ces trois hommes, lorsque, après s'être partagé le monde, chacun réclama le droit de faire périr ses ennemis. Chacun y mit du sien : Lépide céda la tête de son frère; Antoine, celle de son neveu. César refusa, ou fit semblant de refuser trois jours celle de Cicéron; mais Antoine y tenait, Antoine menaçait de tout rompre si on ne la lui accordait. Antoine, brutal et entêté, était capable de le faire comme il disait; César ne voulut point se brouiller pour si peu; la mort de Cicéron fut résolue. J'essaierais d'écrire cette scène si Shakespeare ne l'avait pas écrite.

Trois jours se passèrent pendant lesquels on chicana ainsi. Au bout de trois jours la liste des proscrits montait à deux mille trois cents noms : trois cents noms de sénateurs, deux mille noms de chevaliers.

Alors on rédigea une proclamation : Appien nous a laissé cette proclamation traduite en grec. Tous ces préparatifs hostiles, disaient les triumvirs, étaient dirigés contre Brutus et Cassius; seulement les trois nouveaux alliés, en marchant contre les assassins de César, ne voulaient pas, disaient-ils, laisser d'ennemis derrière eux.

Puis on pensa à réunir encore Antoine et César par une alliance de sang. Les mariages ont de tout temps été la grande sanction des raccommodemens politiques. Louis XIV épousa une infante d'Espagne; Napoléon épousa Marie-Louise; César épousa une belle-fille d'Antoine, déjà fiancée à un autre. Plus tard Antoine épousera une sœur d'Auguste; il est vrai que ce double mariage n'empêchera pas la bataille d'Actium.

Pendant ce temps, le bruit de la réunion de César, d'Antoine et de Lépide se répand par toute l'Italie : Rome s'émeut, le sénat tremble; Cicéron fait des discours auxquels le sénat applaudit, mais qui ne le rassurent pas. Les uns proposent de se défendre, les autres proposent de fuir; Cicéron continue de parler sur les chances de la fuite et sur les chances de la défense, mais il ne se décide ni à fuir ni à se défendre; pendant ce temps, les triumvirs entrent dans Rome.

Voyez Plutarque, *in Cicerone.*

Cicéron mourut mieux qu'on n'aurait dû s'y attendre de la part d'un homme qui avait passé sa vie à avocasser. Il vit qu'il ne pouvait gagner le bateau dans lequel il espérait s'embarquer : il fit arrêter sa litière, défendit à ses esclaves de le défendre, passa la tête par la portière, tendit la gorge et reçut le coup mortel.

C'était pour sa femme qu'Antoine avait demandé sa tête; on porta donc cette tête à Fulvie. Fulvie tira une épingle de ses cheveux et lui en perça la langue. Puis on alla clouer cette tête, au dessus de ses deux mains, à la tribune aux harangues.

Le lendemain, on apporta une autre tête à Antoine. Antoine la prit; mais il eut beau la tourner et la retourner, il ne la reconnut point. — Cela ne me regarde pas, dit-il, portez cette tête à ma femme. En effet, c'était la tête d'un homme qui avait refusé de vendre sa maison à Fulvie. Fulvie fit clouer la tête à la porte de la maison.

Pendant huit jours on égorgea dans les rues et le sang coula dans les ruisseaux de Rome. Velléius Paterculus écrit à ce propos quatre lignes qui peignent effroyablement cette effroyable époque : « Il y eut, dit-il, beaucoup de dévoûment chez les femmes, assez dans les affranchis, quelque peu dans les esclaves, mais aucun dans les fils. » Puis il ajoute, avec cette simplicité antique qui fait frémir : « Il est vrai que l'espoir d'hériter que chacun venait de concevoir, rendait l'attente difficile. »

Ce fut le septième ou le huitième jour de cette boucherie, que Mécène, voyant César acharné sur son siège de proscripteur, lui fit passer une feuille de ses tablettes avec ces trois mots écrits au crayon : « Lève-toi, bourreau! »

César se leva, car il n'y mettait ni haine, ni acharnement; il proscrivait parce qu'il croyait utile de proscrire. Lorsqu'il reçut le petit mot de Mécène, il fit un signe de tête et se leva, Mécène se fit honneur de la clémence de César. Mécène se trompait; César avait son compte, et l'impassible arithméticien ne demandait rien de plus.

Tournons les yeux vers Brutus et Cassius, et voyons ce qu'ils font.

Brutus et Cassius sont en Asie, où ils exigent d'un seul coup le tribut de dix années; Brutus et Cassius sont à Tarse, qu'ils frappent d'une contribution de quinze cents talens; Brutus et Cassius sont à Rhodes, où ils font égorger cinquante des principaux citoyens, parce que ceux-ci refusent de payer une contribution impossible. C'est qu'il faut des millions à Brutus et à Cassius pour soutenir l'impopulaire parti qu'ils ont adopté, et pour retenir sous leurs aigles républicaines les vieilles légions royalistes de César.

Aussi les cris des peuples qu'il ruine deviennent-ils le remords incessant de Brutus. Ce remords c'est le mauvais génie qui apparaît dans ses nuits; c'est le spectre qu'il a vu à Xanthe et qu'il reverra à Philippes.

Lisez dans Plutarque ou dans Shakespeare, comme il vous plaira, les derniers entretiens de Brutus et de Cassius. Voyez ces deux hommes se séparer un soir en se serrant la main avec un sourire grave, et en se disant que, vainqueurs ou vaincus, ils n'ont point à redouter leurs ennemis. C'est que César et Antoine sont là. C'est qu'on est à la veille de la bataille de Philippes. C'est que le spectre qui poursuit Brutus a reparu ou va reparaître.

En effet, le lendemain à la même heure Cassius était mort, et deux jours après Brutus l'avait rejoint. Un esclave, affranchi, pour ce dernier service, avait tué Cassius : Brutus s'était jeté sur l'épée que lui tendait le rhéteur Straton.

On s'étonne de cette mort si précipitée de Brutus et de Cassius, et l'on oublie que tous deux avaient hâte d'en finir.

Les deux triumvirs avaient été fidèles à leur caractère. Nous disons les deux triumvirs, car de Lépide il n'en est déjà plus question. Antoine avait combattu comme un simple soldat. César, malade, était resté dans sa litière, disant qu'un dieu lui avait averti en songe de veiller sur lui.

Le combat fini, Lépide écarté, le partage du monde était à refaire. Antoine prit pour lui l'inépuisable Orient; César se contenta de l'Occident épuisé.

Les deux vainqueurs se séparent : l'un, pour aller épuiser toutes les délices de la vie avec Cléopâtre; l'autre, pour revenir lutter à Rome contre le sénat, qui commence enfin à le comprendre; contre cent soixante-dix mille vétérans qui réclament chacun un lot de terre et vingt mille sesterces qu'il leur a promis; contre le peuple, enfin, qui demande du pain, affamé qu'il est par Sextus Pompée, qui tient la mer de Sicile.

Laissez huit ans s'écouler, et les vétérans seront payés, ou du moins croiront l'être, et Sextus Pompée sera battu et fugitif, et les greniers publics regorgeront de farine et de blé.

Comment César avait-il accompli tout cela? En rejetant les proscriptions sur le compte d'Antoine et de Lépide; en refusant les triomphes qu'on lui avait offerts; en ayant l'air de remplir les fonctions d'un simple préfet de police; en parlant toujours au nom de la république, pour laquelle il agit, et qu'il va incessamment rétablir; enfin, sur le désir des soldats, en donnant sa sœur Octavie à Antoine : Fulvie était morte dans un accès de colère.

Au reste, c'était un rude épouseur que cet Antoine, et il tenait à prouver que de tous côtés il descendait d'Hercule : il avait épousé Fulvie, il venait d'épouser Octavie, il allait épouser Minerve; enfin il devait finir par épouser Cléopâtre.

Ce dernier mariage brouilla tout. Il y avait longtemps que César n'attendait qu'une occasion de se débarrasser de son rival; cette occasion, Antoine venait de la lui fournir. Cléopâtre avait eu de César, ou de Sextus Pompée, on ne sait pas bien lequel des deux, un fils appelé Césarion. Antoine, en épousant Cléopâtre, avait reconnu Césarion pour fils de César, et lui avait donné la succession de son père, c'est-à-dire l'Italie; tandis qu'il distribuait aux autres fils de Cléopâtre, Alexandre et Ptolémée, à Alexandre l'Arménie et le royaume des Parthes, qui, il est vrai, n'était pas encore conquis, et à Ptolémée la Phénicie, la Syrie et la Cilicie.

Rome et Octavie demandaient donc ensemble vengeance contre Antoine. La cause de César devenait la cause publique; aussi jamais guerre plus populaire ne fut entreprise.

Puis tous ceux qui arrivaient d'Orient racontaient d'étranges choses. Après s'être fait satrape, Antoine se faisait Dieu. On appelait Cléopâtre Isis, et Antoine Osiris. Antoine promettait à Cléopâtre de faire d'Alexandrie la capitale du monde quand il aurait conquis l'Occident; en attendant, il faisait graver le chiffre de Cléopâtre sur le bouclier de ses soldats, et soulevait le ban et l'arrière-ban de ses dieux égyptiens contre les dieux du Tibre.

Omnigenumque Deum monstra et latrator Anubis
Contra Neptunum et Venerem contraque Minervam,

dit Virgile, qui n'avait pas mis là Minerve pour la seule mesure, mais aussi comme ayant sa propre injure à venger. Minerve était, on se le rappelle, une des quatre femmes d'Antoine; il l'avait épousée à Athènes, et s'était fait payer par les Athéniens mille talens pour sa dot, c'est-à-dire près de six millions de notre monnaie actuelle.

N'est-ce pas que c'était un étrange monde que ce monde? Mais ne vous en étonnez pas trop, vous en verrez bien d'autres sous Néron.

C'était la troisième fois, dans un quart de siècle, que l'Orient et l'Occident allaient se rencontrer en Grèce, et jeter un nouveau nom de victoire et de défaite dans cette éternelle série d'actions et de réactions qui durait depuis la guerre de Troie.

Il régnait une profonde terreur à Rome. Rome ne comptait pas beaucoup sur César comme général ; elle savait au contraire ce dont Antoine était capable, une fois qu'il était armée; puis Antoine menait avec lui cent mille hommes de pied, douze mille chevaux, cinq cents navires, quatre rois et une reine.

Il y avait bien encore cent vingt ou cent trente mille juifs, Arabes, Perses, Egyptiens, Mèdes, Thraces et Paphlagoniens qui marchaient à la suite de l'armée; mais, ceux-là, on ne les comptait pas, ils n'étaient pas soldats romains.

César avait à peu près cent mille hommes et deux cents vaisseaux. Ce n'était pas à fait en navires et en soldats la moitié des forces de son adversaire.

La fortune était pour Octave; ou plutôt ici le destin change de nom et devient la Providence : il fallait réunir l'Occident et l'Orient dans une main puissante qui contraignît le monde de parler une seule langue, d'obéir à une seule loi, afin que le Christ en naissant (le Christ allait naître) trouvât l'univers prêt à écouter sa parole. Dieu donna la victoire à César.

On sait tous les détails de cette grande bataille; comment Cléopâtre, la déesse du naturalisme oriental, s'enfuit tout à coup avec soixante vaisseaux, quoique aucun péril ne la menaçât; comment Antoine la suivit, abandonnant son armée; comment tous deux revinrent en Egypte pour mourir tous deux : Antoine se tue en se jetant sur son épée ; Cléopâtre, on ne sait trop de quelle façon : Plutarque croit que c'est en se faisant mordre par un aspic.

Cette fois, il n'y avait pas moyen d'échapper au triomphe : bon gré mal gré, il fallut que César se laissât faire. Le sénat vint en corps au devant de lui jusqu'aux portes de Rome; mais, fidèle à son système, César n'accepta qu'une partie de ce que le sénat lui offrait ; à l'entendre, le seul prix qu'il demandait de sa victoire était qu'on le débarrassât du fardeau du gouvernement. Le sénat se jeta à ses pieds pour obtenir de lui qu'il renonçât à cette funeste résolution; mais tout ce qu'il put obtenir fut que César resterait encore pendant dix ans chargé de mettre en ordre les affaires de la république. Il est vrai que César se montra moins récalcitrant pour le titre d'Auguste que le sénat lui offrit, et qu'il accepta sans trop se faire prier.

Auguste avait trente ans. Depuis neuf ans qu'il avait succédé à César, il avait fait bien du chemin, comme on voit, ou plutôt il en avait bien fait faire à la république.

C'est qu'aussi on était bien las à Rome des guerres intestines, des proscriptions civiles et des massacres de partis. A partir de Marius et de Sylla, et il y avait de cela à peu près soixante ans, on ne faisait guère autre chose à Rome que de tuer ou d'être tué, si bien que depuis un quart de siècle il fallait chercher avec beaucoup de soin et d'attention pour trouver un général, un consul, un tribun, un sénateur, un personnage notable enfin, qui fût mort tranquillement dans son lit.

Il y avait plus, c'est que tout le monde était ruiné. On supporte encore les massacres, la croix, la potence ; on ne supporte pas la misère. Les chevaliers avaient des places d'honneur au théâtre, mais ils n'osaient venir occuper ces places de peur d'y être arrêtés par leurs créanciers ; ils avaient quatorze bancs au cirque, et leurs quatorze bancs étaient déserts. Les provinces déclaraient ne plus pouvoir payer l'impôt : le peuple n'avait pas de pain. De l'océan Atlantique à l'Euphrate, du détroit de Gadès au Danube, cent trente millions d'hommes demandaient l'aumône à Auguste.

Qui donc, en pareilles circonstances, eût même eu l'idée de faire de l'opposition contre le vainqueur d'Antoine, qui était le seul riche et qui pouvait seul enrichir les autres.

Auguste fit trois parts de ses immenses richesses, que venait de quadrupler le trésor des Ptolémées : la première pour les dieux, la seconde pour l'aristocratie, la troisième pour le peuple.

Jupiter Capitolin eut seize mille livres d'or ; c'étaient treize mille livres de plus que ne lui en avait volé César ; et de plus, pour dix millions de notre monnaie actuelle de pierres et de pierreries.

Apollon eut six trépieds d'argent fondus à neuf, et dont le métal fut fourni par les propres statues d'Auguste.

Enfin, comme les villes envoyaient de tous côtés des couronnes d'or au vainqueur, le vainqueur les répartit entre les autres rangs de dieux.

Les dieux furent contens.

Auguste alors s'occupa de l'aristocratie.

Les legs de César furent entièrement payés. Tout ce qui avait un nom, ou tout ce qui s'en était fait un, reçut des secours ; l'aristocratie tout entière devint la pensionnaire d'Auguste.

L'aristocratie fut satisfaite.

Restait le peuple.

Les prédécesseurs d'Auguste lui avaient donné des jeux, Auguste lui donna du pain. Le blé arriva en larges convois de la mer Noire, de l'Egypte et de la Sicile ; en moins de trois mois un bien-être sensible se répandit jusque dans les derniers rangs de la population.

Le peuple cria vive Auguste.

Alors, comme il lui restait encore près de deux milliards, il lança dans la circulation cette masse énorme d'argent : l'intérêt de 12 pour 100, il descendit à 4 ; les terres étaient à vil prix, elles triplèrent et quadruplèrent de valeur.

Puis il s'en revint dans sa petite maison du mont Palatin, maison toute de pierres, maison sans marbres, sans peintures, sans pavés de mosaïque ; maison qu'il habitait été comme hiver, et qui ne renfermait qu'une seule chose de prix, la statuette d'or de la Fortune de l'empire.

Il est vrai que cette maison ayant été brûlée dix-huit ans après, c'est-à-dire vers l'an 748 de Rome, Auguste la rebâtit plus commode, plus élégante et plus belle.

C'est là qu'Auguste vécut encore quarante-six ans, suppliant sans cesse le peuple de lui retirer le fardeau du gouvernement, et sans cesse forcé par lui d'accepter de nouveaux honneurs. Ayant beau dire qu'il n'était qu'un simple citoyen comme les autres, ayant beau se fâcher quand on l'appelait seigneur, ayant beau répéter que ses noms étaient Caïus Julius César Octavianus et qu'il ne voulait être appelé d'aucun autre nom, il lui fallut se résigner à être prince, grand pontife, consul et régulateur des mœurs à perpétuité. On avait voulu le nommer tribun, mais il avait fait observer qu'en sa qualité de patricien il ne pouvait accepter cette charge. Alors, au lieu du tribunat, il avait reçu la puissance tribunitienne. C'était bien peut-être jouer un peu sur les mots, mais il y avait de l'avocat dans Auguste, et c'était par ce côté-là très problement que Salluste était devenu si fort son ami.

De cette façon, tout le monde était content à Rome. Les césariens avaient un roi, ou du moins quelque chose qui leur en tenait lieu. Les républicains entendaient sans cesse parler de la république, et d'ailleurs le S. P. Q. R. était partout, sur les enseignes, sur les faisceaux, sur la maison même du prince. Enfin les poètes, les peintres, les artistes avaient Mécène, à qui Auguste avait transmis ses pleins pouvoirs, et qui se chargeait de leur assurer cette *aurea mediocritas* tant vantée par Horace.

Au milieu de tous ces honneurs, Auguste restait toujours le même : travaillant six heures par jour, mangeant du pain bis, des figues et des petits poissons ; jouant aux noix avec les poissons de Rome, et allant, vêtu des habits filés par sa femme ou par ses filles, rendre témoignage pour un vieux soldat d'Actium.

Nous avons dit que sa maison du mont Palatin brûla vers l'an 748. A peine cet accident fut-il connu, que les vétérans, les décuries, les tribus souscrivirent pour une somme considérable, car ils voulaient que cette maison, rebâtie aux frais publics, attestât de l'amour public pour l'empereur. Auguste fit venir les uns après les autres tous les souscripteurs, et, pour ne pas dire qu'il refusait leur offrande, prit à chacun d'eux un denier.

Puis, après le tour des dieux, de l'aristocratie, du peuple, du trésor, vint le tour de Rome. La ville républicaine était sale, étroite et sombre. Le *Forum antiquum* était devenu trop petit pour la population toujours croissante de la reine du monde, le forum de César était encombré aux jours de fêtes ; Auguste fit bâtir un troisième forum entre le Capitolain et le Viminal, un temple de Jupiter tonnant au Capitole, un temple à Apollon sur le mont Palatin, le théâtre de Marcellus au Champ-de-Mars, enfin les portiques de Livie et d'Octavie, et la basilique de Lucius et de Caïus. Ce n'est pas tout, en même temps que les obélisques égyptiens s'élevaient sur les places, que des routes magnifiques, partant de la *meta sudans*, s'élançaient vers tous les points du monde comme les rayons d'une étoile, que soixante-sept lieues d'aqueducs et de canaux amenaient par jour à Rome deux millions trois cent dix-neuf mille mètres cubes d'eau, qu'Aggrippa, tout en construisant son Panthéon, distribuait en cinq cents fontaines, en cent soixante-dix bassins et en cent trente châteaux d'eau, Balbus bâtissait un théâtre, Philippe des musées, et Pollion un sanctuaire à la Liberté.

Aussi, en présidant à ces immenses travaux, Auguste se sentait-il pris de ces rares mouvements d'orgueil auxquels il permettait de se produire au grand jour. — Voyez cette Rome, disait-il, je l'ai prise de brique, je la rendrai de marbre.

Auguste eut une de ces longues existences comme le ciel en garde aux fondateurs de monarchies. Il avait soixante-seize ans, lorsqu'un jour qu'il naviguait entre les îles jetées au milieu du golfe de Naples comme des corbeilles de fleurs et de verdure, il fut pris d'une douleur assez forte pour désirer relâcher au port le plus prochain. Cependant il eut le temps d'arriver jusqu'à Nole ; là il se sentit si mal qu'il s'alita. Mais, loin de déplorer la perte d'une existence si bien remplie, Auguste se prépara à la mort comme à une fête ; il prit un miroir, se fit friser les cheveux, se mit du rouge ; puis, comme un acteur qui quitte la scène et qui, avant de passer derrière la coulisse, demande un dernier compliment au parterre :

— Messieurs, dit-il en se tournant vers les amis qui entouraient sa couche, répondez franchement, ai-je bien joué la farce de la vie ?

Il n'y eut qu'une voix parmi les spectateurs.

— Oui, répondirent-ils tous ensemble ; oui, certes, parfaitement bien.

— En ce cas, reprit Auguste, battez des mains en preuve que vous êtes contens.

Les spectateurs applaudirent, et, au bruit de leurs applaudissements, Auguste se laissa aller doucement sur son oreiller.

Le comédien couronné était mort.

Voilà l'homme qui protégea vingt ans Virgile ; voilà le prince à la table duquel il s'assit une fois par semaine avec Horace, Mécène, Salluste, Pollion et Agrippa ; voilà le dieu qui lui fit ce doux repos vanté par Tityre, et en reconnaissance duquel l'amant d'Amaryllis promet de faire couler incessamment le sang de ses agneaux.

En effet, le talent doux, gracieux et mélancolique du cygne de Mantoue devait plaire essentiellement au collègue d'Antoine et de Lépide. Robespierre, cet autre Octave d'un autre temps, le proscripteur en perruque poudrée à la maréchale, en gilet de basin et en habit bleu-barbeau, a heureusement ou malheureusement (la question n'est pas encore jugée) on n'a point laissé le temps de se montrer sous sa double face, adorait les *Lettres à Émilie sur la mythologie*, les *Poésies du cardinal de Bernis* et les *Gaillardises du chevalier de Boufflers*; les *Iambes* de Barbier lui eussent donné des syncopes, et les drames d'Hugo des attaques de nerfs.

C'est que, quoi qu'on en ait dit, la littérature n'est jamais l'expression de l'époque, mais tout au contraire, et si l'on peut se servir de ce mot, sa palinodie. Au milieu des grandes débauches de la régence et de Louis XV, qu'applaudit-on au théâtre? Les petits drames musqués de Marivaux. Au milieu des sanglantes orgies de la révolution, quels sont les poètes à la mode? Colin-d'Harleville, Demoustier, Fabre-d'Églantine, Legouvé et le chevalier de Bertin. Pendant cette grande ère napoléonienne, quelles sont les étoiles qui scintillent au ciel impérial? M. de Fontanes, Picard, Andrieux, Baour-Lormian, Luce de Lancival, Parny. Châteaubriand passe pour un rêveur, et Lemercier pour un fou; on raille le *Génie du christianisme*, on siffle *Pinto*.

C'est que l'homme est fait pour deux existences simultanées, l'une positive et matérielle, l'autre intellectuelle et idéale. Quand sa vie matérielle est calme, sa vie idéale a besoin d'agitation; quand sa vie positive est agitée, sa vie intellectuelle a besoin de repos. Si toute la journée on a vu passer les charrettes des proscripteurs, que ces proscripteurs s'appellent Sylla ou Cromwell, Octave ou Robespierre, on a besoin le soir de sensations douces qui fassent oublier les émotions terribles de la matinée. C'est le flacon parfumé que les femmes romaines respiraient en sortant du cirque; c'est la couronne de roses que Néron se faisait apporter après avoir vu brûler Rome. Si, au contraire, la journée s'est passée dans une longue paix, il faut à notre cœur, qui craint de s'engourdir dans une languissante tranquillité, des émotions factices pour remplacer les émotions réelles, des douleurs imaginaires pour tenir lieu des souffrances positives. Ainsi, après cette suprême bataille de Philippes, où le génie républicain vient de succomber sous le géant impérial; après cette lutte d'Hercule et d'Antée qui a ébranlé le monde, que fait Virgile? Il polit sa première églogue. Quelle grande pensée le poursuit dans ce grand bouleversement? Celle de pauvres bergers qui, ne pouvant payer les contributions successivement imposées par Brutus et par César, sont obligés de quitter leurs doux champs et leur belle patrie:

> Nos patriæ fines et dulcia linquimus arva;
> Nos patriam fugimus.

De pauvres colons qui émigrent, les uns chez l'Africain brûlé, les autres dans la froide Scythie.

> At nos hinc alii sitientes ibimus Afros;
> Pars Scythiam. . . . .

Celles de pauvres pasteurs enfin, pleurant, non pas la liberté perdue, non pas les lares d'argile faisant place aux pénates d'or, non pas la sainte pudeur républicaine se voilant le front à la vue des futures débauches impériales dont César a donné le prospectus; mais qui regrettent de ne plus chanter, couchés dans un antre vert, en regardant leurs chèvres vagabondes brouter le cytise fleuri et l'amer feuillage du saule.

> . . . . . Viridi projectus in antro.
> . . . .
> Carmina nulla canam; non, me pascente, capellæ,
> Florentem cytisum et salices carpetis amaras.

Mais peut-être est-ce une préoccupation du poète, peut-être cette imagination qu'on a appelée la Folle du logis, et qu'on devrait bien plutôt nommer la Maîtresse de la maison, était-elle momentanément tournée aux douleurs champêtres et aux plaintes bucoliques; peut-être les grands événemens qui vont se succéder vont-ils arracher le poète à ses préoccupations bocagères. Voici venir Actium; voici l'Orient qui se soulève une fois encore contre l'Occident; voici le naturalisme et le spiritualisme aux prises; voici le jour enfin qui décidera entre le polythéisme et le christianisme; que fait Virgile, que fait l'ami du vainqueur, que fait le prince des poètes latins? Il chante le pasteur Aristée, il chante des abeilles perdues, Il chante une mère consolant son fils de ce que ses ruches sont désertes, et n'ayant rien de plus à demander à Apollon; comment avec le sang d'un taureau on peut faire de nouveaux essaims.

Et que l'on ne croie pas que nous cotons au hasard et que nous prenons une époque pour une autre, car Virgile, comme s'il craignait qu'on ne l'accusât de se mêler des choses publiques autrement que pour louer César, prend lui-même le soin de nous dire à quelle époque il chante. C'est lorsque César pousse la gloire de ses armes jusqu'à l'Euphrate.

> . . . . . Cæsar dum magnus ad altum
> Fulminat Euphratem bello, victorque volentes
> Per populos dat jura, viamque affectat Olympo.

Mais aussi que César ferme le temple de Janus, qu'Auguste pour la seconde fois rende la paix au monde, alors Virgile devient belliqueux; alors le poète bucolique embouche la trompette guerrière, alors le chantre de Palémon et d'Aristée va dire les combats du héros qui, parti des bords de Troie, toucha le premier les rives de l'Italie; il racontera Hector traîné neuf fois par Achille autour des murs de Pergame, qu'il enveloppe neuf fois d'un sillon de sang; il montrera le vieux Priam égorgé à la vue de ses filles, et tombant au pied de l'autel domestique en maudissant ses divinités impuissantes qui n'ont su protéger ni le royaume ni le roi.

Et autant Auguste l'a aimé pour ses chants pacifiques pendant la guerre, autant il l'aimera pour ses chants belliqueux pendant la paix.

Aussi, quand Virgile mourra à Brindes, Auguste ordonnera-t-il en pleurant que ses cendres soient transportées à Naples, dont il savait que son poète favori avait affectionné le séjour.

Peut-être même Auguste était-il venu dans ce tombeau, où je venais à mon tour, et s'était-il adossé à ce même endroit où, adossé moi-même, je venais de voir passer devant mes yeux toute cette gigantesque histoire.

Et voilà cependant l'illusion qu'un malheureux savant voulait m'enlever en me disant que ce n'était *peut-être* pas là le tombeau de Virgile!

IV.

LA GROTTE DE POUZZOLES. — LA GROTTE DU CHIEN.

Pendant cette exploration, notre cocher, que notre longue absence ennuyait, était entré dans un cabaret pour se distraire. Lorsque nous redescendîmes vers Chiaja, nous le trouvâmes ivre comme auraient pu l'être Horace ou Gallus. Cette petite infraction aux règles de la tempérance retomba sur nos pauvres chevaux, qui, excités par le fouet de leur maître, nous emportèrent au triple galop vers la grotte de Pouzzoles. Nous eûmes beau dire que nous voulions nous arrêter à l'entrée de cette grotte et la traverser dans toute sa longueur: notre automédon, qui croyait son honneur engagé à nous prouver, par la manière pimpante dont il conduisait, qu'il n'était pas ivre, redoubla de coups, et nous disparûmes dans l'ouverture béante comme si un tourbillon nous emportait.

Malheureusement, à peine avions-nous fait cent pas dans ce corridor de l'enfer que nous accrochâmes une charrette. Le cocher, qui se tenait debout derrière nous, sauta par dessus notre tête, nous sautâmes par dessus celle des chevaux. Les chevaux s'abattirent; une roue du corricolo continua sa route, tandis que l'autre, engagée dans le moyeu de la charrette, s'arrêta court avec le reste de l'équipage. Je crus que nous étions tous anéantis. Heureusement le dieu des ivrognes, qui veillait sur notre cocher, daigna étendre sa protection jusqu'à nous, si indignes que nous en fussions : nous nous relevâmes sans aucune égratignure ; les traits seuls du bilancino étaient cassés. On se rappelle que le bilancino est le cheval qui galope près du timonier enfermé dans les brancards.

Notre conducteur nous déclara qu'il lui fallait un quart d'heure pour remettre en ordre son attelage ; nous le lui accordâmes d'autant plus volontiers qu'il nous fallait, à nous, le même temps pour visiter la grotte.

Du temps de Sénèque, où il n'y avait pas de chemins de fer, et où par conséquent on ne perçait pas les montagnes, mais où l'on montait tout simplement par dessus, la grotte de Pouzzoles était une grande curiosité. Aussi s'en préoccupe-t-il plus que de nos jours le ferait le dernier ingénieur des ponts et chaussées, et, poétisant cette espèce de cave, qui n'est pas même bonne à mettre du vin, l'appelle-t-il une longue prison, et disserte-t-il sur la force involontaire des impressions. Quant à nous, je ne sais si la cabriole que nous venions de faire avait nui à notre imagination ; mais, n'en déplaise à Sénèque, nous ne fûmes impressionnés que par l'abominable odeur d'huile que répandaient les soixante-quatre réverbères allumés dans ce grand terrier.

Malgré ces soixante-quatre réverbères, il y a une telle obscurité dans la grotte de Pouzzoles, que ce ne fut que guidés par la voix avinée de notre cocher que nous parvînmes à retrouver notre corricolo. Nous remontâmes dedans, notre cocher remonta derrière, et, comme pour prouver à nos malheureux chevaux que ce n'était pas lui qui avait tort, il débuta par le plus splendide coup de fouet que jamais chevaux aient reçu depuis les coursiers d'Achille, qui pleurèrent si tendrement leur maître, jusqu'aux mules de don Miguel, qui faillirent si irrespectueusement casser le cou au leur.

Le bilancino et le timonier firent un bond qui manqua démantibuler la voiture ; mais, à notre grand étonnement, et quoique tous deux parussent faire des efforts inouïs pour remplir leur devoir, nous ne bougeâmes pas de place.

Le cocher redoubla, en accompagnant cette fois le cinglement de la lanière de ce petit sifflement habituel aux cochers italiens, et avec lequel ils semblent galvaniser leurs chevaux. Les nôtres, à cette double admonestation, redoublèrent de soubresauts et de piétinements, mais ne firent ni un pas en avant ni un pas en arrière.

Cependant, comme, selon toutes les règles de la dignité humaine, ce n'est jamais aux animaux à deux pieds à céder aux animaux à quatre pattes, notre homme s'entêta et allongea à son équipage un troisième coup de fouet en accompagnant ce coup de fouet d'un juron à faire fendre le Pausilippe. L'impression fut grande sur les malheureux quadrupèdes ; ils se cabrèrent, hennirent, firent des écarts à droite, firent des écarts à gauche ; mais d'un seul pas en avant, il n'en fut pas question.

Il y avait évidemment quelque mystère là-dessous. J'arrêtai le bras de Gaetano, levé pour un quatrième coup de fouet, et je l'invitai à aller s'assurer à tâtons des causes qui nous enchaînaient à notre place ; car de voir avec les yeux, il n'y fallait pas songer. Gaetano voulut résister et prétendit que les chevaux seraient partir et qu'ils partiraient. Mais à mon tour j'insistai en lui disant que, s'il ajoutait un mot, je l'enverrais promener lui et son attelage. Gaetano, menacé dans ses intérêts pécuniaires, descendit.

Au bout d'un instant, nous l'entendîmes pousser des soupirs, puis des plaintes, puis des gémissemens.

— Eh bien ! lui demandai-je, qu'y a-t-il !
— *Oh, eccellenza*
— Après ?
— *O malora !*
— Quoi ?
— *Ho perduto la testa del mio cavallo.*
— Comment ! vous avez perdu la tête de votre cheval ?
— *L'ho perduta !*
Et les plaintes et les gémissemens recommencèrent.

— Et duquel des deux avez-vous perdu la tête ? demandai-je en éclatant de rire.
— *Del povero bilancino, eccellenza.*
— Ce gredin-là est ivre-mort, dit Jadin.
— Eh bien ! demandai-je après un moment de silence, est-elle retrouvée ?
— *O non si trovera più... mai ! mai ! mai !*
— Voyons, attendez, je vais l'aller chercher moi-même.

Je sautai à bas du corricolo ; je fis à tâtons le tour de l'attelage, et je trouvai mon homme qui serrait désespérément dans ses bras la croupe de son cheval. Il l'avait attaché à l'envers.

On comprend le résultat naturel de cette combinaison : à chaque coup de fouet nouveau, le porteur tirait au nord et le bilancino au midi. Or, comme c'est une règle invariable que deux forces égales opposées l'une à l'autre se neutralisent l'une par l'autre, il en résultait que, plus nos chevaux faisaient d'efforts pour avancer, l'un vers l'entrée de la grotte, l'autre vers la sortie, plus solidement nous restions comme amarrés à la même place.

J'annonçai à Gaetano que la tête de son cheval était retrouvée, je lui en donnai la preuve en lui mettant la main dessus, et je lui signifiai que, de peur de nouveaux accidents, nous irions à pied jusqu'à la grotte du Chien, où il était invité à nous rejoindre, si toutefois il en était capable.

Il y a cependant des jours où cette grotte est splendidement éclairée, ce sont les jours d'équinoxe ; comme le soleil se couche exactement en face d'elle, il la transperce de son dernier rayon et la dore merveilleusement de l'une à l'autre de ses extrémités.

Il nous était arrivé tant d'encombres dans cette malheureuse grotte que ce fut avec un certain plaisir que nous retrouvâmes la lumière. Afin sans doute de dédommager le voyageur de la perte qu'il a faite momentanément, la nature, à la sortie de ce long et sombre corridor, se présente coquette, animée, et pleine de fantasques accidens. Cependant, comme un effroyable soleil dardait sur nos têtes, nous ne nous arrêtâmes pas trop à les détailler, et sur l'indication d'un passant, laissant la route, nous prîmes un petit chemin qui conduit au lac d'Agnano.

Gaetano s'était piqué d'honneur ; au bout d'un instant, nous entendîmes derrière nous le bruit des roues d'une voiture et le pétillement des sonnettes de deux chevaux : c'était notre corricolo et notre cocher qui nous rejoignaient, le corricolo parfaitement rafistolé à l'aide de cordes, de ficelles et de chiffons, le cocher à peu près dégrisé.

Comme nous étions en nage, nous ne nous fîmes pas prier pour reprendre nos places ; et cette fois, grâce à l'harmonie de notre attelage, nous reprîmes notre allure habituelle, c'est-à-dire que nous allâmes comme le vent.

Au bout d'un instant, deux chiens se mirent à courir devant notre corricolo, et un homme monta derrière. D'où sortaient-ils ? D'une pauvre chaumière située à gauche de la route, je crois. Des deux quadrupèdes, l'un était nankin et l'autre noir.

Au bout d'un instant, le quadrupède nankin donna des signes visibles d'hésitation. Il s'arrêtait, s'asseyait, restait en arrière, puis reprenait son chemin, toujours plus lentement. Son maître commença par le siffler, puis l'appela, puis enfin, voyant des signes de rébellion marquée, descendit, le coupla avec le chien noir, et, au lieu de remonter derrière nous, marcha à pied. Je demandai alors quels étaient cet homme et ces chiens ; on nous répondit que c'était l'homme qui avait la clé de la grotte, et les deux chiens sur lesquels on faisait successivement les expériences, c'est-à-dire le grand-prêtre et les victimes.

Le mot *successivement* m'éclaira sur les terreurs du chien nankin et sur l'insouciance du chien noir. Le chien noir descendait de garde, le chien nankin était de faction. Voilà pourquoi le chien nankin voulait à toute force retourner en arrière, et pourquoi il était indifférent au chien noir d'aller en avant. A la première visite d'étrangers, les rôles changeraient.

A mesure que nous approchions, les terreurs du malheureux chien nankin redoublaient. Il opposait à son camarade une véritable résistance ; et comme ils étaient à peu près de la même taille, et par conséquent de la même force, que l'un n'avait que le désir d'obéir à son maître, tandis que l'autre avait l'espérance d'y échapper, le sentiment de la conservation l'emporta bientôt sur celui du devoir, et, au lieu que ce fût le chien noir qui continuât d'entraîner le chien nankin vers la grotte, ce fut le chien nankin qui commença de ramener le chien noir vers la maison.

Ce que voyant, le propriétaire des deux animaux jugea son intervention nécessaire, et se mit en marche pour les rejoindre. Mais à mesure qu'il approchait d'eux, tandis que le chien nankin redoublait d'efforts pour fuir, le chien noir, qui n'était pas bien sûr d'avoir fait tout ce qu'il pouvait pour retenir son camarade, donnait à son tour des signes d'hésitation, de sorte que, lorsque le maître étendit le bras, croyant mettre la main sur eux, tous deux partirent au grand galop, reprenant la route par laquelle ils étaient venus.

L'homme se mit à trotter après eux en les appelant ; inutile de dire que, plus il les appelait, plus ils couraient vite. Au bout d'un instant, homme et chiens disparurent à un tournant de la route.

Milord avait regardé toute cette scène avec un profond étonnement : en voyant apparaître deux individus de son espèce, il avait d'abord voulu se jeter dessus pour les dévorer, mais quelques coups de pied de Jadin l'avaient calmé, et il s'était décidé, quoique avec un regret visible, à devenir simple spectateur de ce qui allait se passer.

Ce qui devait arriver arriva : les deux chiens s'arrêtèrent à la porte de leur chenil. Leur maître les y rejoignit, passa une corde au cou du chien nankin, siffla le chien noir, et, dix minutes après sa disparition, nous le vîmes reparaître précédé de l'un et traînant l'autre.

Cette fois, il n'y avait pas à s'en dédire ; il fallait que la malheureuse bête accomplît le sacrifice. En arrivant à la porte de la grotte, il tremblait de tous ses membres ; la porte de la grotte ouverte, il était déjà à moitié mort. A la porte de la grotte étaient couchés ou six enfans si déguenillés qu'à part les indiscrétions des vêtemens, il était fort difficile de reconnaître leur sexe : chacun tenait un animal quelconque à la main, l'un une grenouille, l'autre une couleuvre, celui-ci un cochon d'Inde, celui-là un chat.

Ces animaux étaient destinés aux plaisirs des amateurs qui ne se contentent pas de l'évanouissement et qui veulent la mort. Les chiens coûtent cher à faire mourir : quatre piastres par tête, je crois ; tandis que pour un carlin on peut faire mourir la grenouille, pour deux carlins la couleuvre, pour trois carlins le cochon d'Inde, et pour quatre carlins le chat. C'est pour rien, comme on voit. Cependant un vice-roi, qui sans doute n'avait pas d'argent dans sa poche, fit entrer dans la grotte deux esclaves turcs et les vit mourir gratis.

Tout cela est bien hideusement cruel, mais c'est l'habitude. D'ailleurs, les animaux en meurent, c'est vrai, mais aussi les maîtres en vivent, et il y a si peu d'industries à Naples, qu'il faut bien tolérer celle-là.

La grotte peut avoir trois pieds de haut et deux pieds et demi de profondeur. J'introduisis la tête dans la partie supérieure, et je ne sentis aucune différence entre l'air qu'elle contenait et l'air extérieur ; mais, en recueillant dans le creux de la main l'air inférieur et en le portant vivement à ma bouche et à mon nez, je sentis une odeur suffocante. En effet, les gaz mortels ne conservent leur action qu'à la hauteur d'un pied à peu près du sol. Mais là, en quelques secondes, ils asphyxieraient l'homme aussi bien que les animaux.

Le tour du malheureux chien était venu. Son maître le poussa dans la grotte sans qu'il opposât aucune résistance ; mais une fois dedans, son énergie lui revint, il bondit, se dressa sur ses pieds de derrière pour élever sa tête au-dessus de l'air méphitique qui l'entourait. Mais tout fut inutile ; bientôt un tremblement convulsif s'empara de lui, il retomba sur ses quatre pattes, vacilla un instant, se coucha, raidit ses membres, les agita comme dans une crise d'agonie, puis tout à coup resta immobile. Son maître le tira par la queue hors du trou ; il resta sans mouvement sur le sable, la gueule béante et pleine d'écume. Je le crus mort.

Mais il n'était qu'évanoui : bientôt l'air extérieur agit sur lui, ses poumons se gonflèrent et battirent comme des soufflets ; il souleva sa tête, puis l'avant-train, puis le train de derrière, demeura un instant vacillant sur ses quatre pattes comme s'il eût été ivre ; enfin, ayant tout à coup rassemblé toutes ses forces, il partit comme un trait et ne s'arrêta qu'à cent pas de là, sur un petit monticule, au sommet duquel il s'assit, regardant tout autour de lui avec la plus prudente et la plus méticuleuse attention.

Je crus que c'était fini et que son maître ne le rattraperait jamais. Je lui fis même part de cette observation ; mais il sourit de l'air d'un homme qui veut dire : — Allons, allons, vous n'êtes pas encore fort sur les chiens ! Et tirant un morceau de pain de sa poche, il le montra au patient, qui parut se consulter quelques secondes, retenu entre la crainte et la gourmandise. La gourmandise l'emporta. Il accourut en remuant la queue et dévora sa pitance comme s'il avait parfaitement oublié ce qui venait de se passer.

Le chien noir avait regardé cette opération gravement assis sur son derrière, en tournant la tête, et ayant l'air de dire à part soi, comme l'ivrogne de Charlet : — Voilà pourtant comme je serai dimanche !

Quant à Milord, il était fourré sous la banquette du corricolo, où il paraissait n'avoir qu'une crainte, celle d'être découvert.

Je demandai le nom des deux infortunés quadrupèdes dont la vie était destinée à s'écouler en évanouissemens perpétuels : ils s'appelaient Castor et Pollux, sans doute en raison de ce que, pareils aux deux divins gémeaux, ils sont condamnés à vivre et à mourir chacun à son tour.

J'eus quelque envie d'acheter Castor et Pollux. Mais je songeai que si je leur donnais la liberté, ils deviendraient enragés : et que si je les gardais, ils ne pouvaient pas manquer d'être dévorés un jour ou l'autre par Milord. Je me décidai donc à ne rien changer à l'ordre des choses, et à laisser à chacun le sort que la nature lui avait fait.

Quant à la grenouille, à la couleuvre, au cochon d'Inde et au chat, nous déclarâmes que nous n'étions aucunement curieux de continuer sur eux les expériences, et que celle que nous avions faite sur Castor nous suffisait.

Cette décision fut accompagnée d'une couple de carlins que nous distribuâmes à leurs propriétaires pour les aider à attendre patiemment des voyageurs plus anglais que nous.

V.

LA PLACE DU MARCHÉ.

Nous avons dit que le Môle est le boulevart du Temple de Naples ; *il Mercato* est sa place de Grève.

Autrefois, quand on pendait à Naples, la potence restait dressée en permanence sur la place du Marché. Aujourd'hui, que Naples est éclairée au gaz, qu'elle est pavée d'asphalte et qu'elle guillotine, on élève et l'on démonte la *mandaja* pour chaque exécution.

L'horrible machine se dresse pendant la nuit qui précède le supplice, en face d'une petite rue par laquelle débouche le condamné, et qu'on appelle pour cette raison *vico del Sospiro*, la ruelle du Soupir.

C'est sur cette place que furent exécutés, le 29 octobre 1268, le jeune Conradin et son cousin Frédéric d'Autriche. Les corps des deux jeunes gens restèrent quelque temps ensevelis à l'endroit même de l'exécution, et une petite chapelle s'éleva sur leur tombe ; mais l'impératrice Marguerite arriva du fond de l'Allemagne, elle apportait des trésors pour racheter à Charles d'Anjou la vie de son fils. Il était trop tard, son fils était mort. Avec la permission de son meurtrier, elle employa ces trésors à faire bâtir une église. Cette église c'est celle del Carmine.

Si l'on n'est pas conduit par un guide, on sera longtemps à trouver cette tombe pour laquelle cependant une église fut bâtie : sans doute la susceptibilité de Charles l'exila dans le coin où elle se trouve.

L'église del Carmine fut témoin d'un miracle incontestable et à peu près incontesté.

J'ai acheté à Rome un livre italien intitulé *Histoire de la vingt-septième révolte de la très fidèle ville de Naples*: c'est celle de Masaniello. Avec celles qui ont eu lieu depuis 1647 et qu'il faut ajouter aux révoltes antérieures, cela fait un total de trente-cinq révoltes. Ce n'est pas trop mal pour une ville fidèle.

Une de ces trente-cinq révoltes eut lieu contre Alphonse d'Aragon. Mais Alphonse d'Aragon n'était pas si bête que d'abandonner Naples, si Naples l'abandonnait. Il fit venir des galères de Sicile et de Catalogne, et, ayant mis le siège devant Naples, s'en alla établir son camp sur les bords du Sebetus, position de laquelle il commença à canonner sa très fidèle ville révoltée.

Or, un des boulets envoyés par lui à ses anciens sujets, se trompant probablement de route, se dirigea vers l'église del Carmine, fracassa la coupole, renversa le tabernacle, et allait écraser la tête du crucifix de grandeur naturelle qui, déjà avant cette époque, était reconnu comme très miraculeux; le crucifix baissa sa tête sur sa poitrine et le boulet, passant au dessus de son front, alla faire son trou dans la porte, enlevant seulement la couronne d'épines dont la tête était ceinte.

Chaque année, le lendemain de Noël, le crucifix est exposé à la vénération des fidèles.

C'est sur la place du Mercato qu'éclata la fameuse révolution de Masaniello, devenue si populaire en France depuis la représentation de *la Muette de Portici*. Il est donc presque ridicule à moi de m'étendre sur cette révolution. Mais comme les opéras en général n'ont pas la prétention d'être des œuvres historiques, peut-être trouverais-je encore à dire, à propos du héros d'Amalfi, des choses oubliées par mon confrère et ami Scribe.

Le duc d'Arcos était vice-roi depuis trois ans, et depuis trois ans la ville de Naples avait vu s'augmenter les impôts de telle façon que le gouverneur, ne sachant plus quelle chose imposer, imposa les fruits, qui, étant la principale nourriture des lazzaroni, avaient toujours eu leur entrée dans la ville de Naples sans payer aucun droit. Aussi cette nouvelle gabelle blessa-t-elle singulièrement le peuple de la très fidèle ville, qui commença de murmurer hautement. Le duc d'Arcos doubla ses gardes, renforça la garnison de tous les châteaux, fit rentrer dans la capitale trois ou quatre mille hommes éparpillés dans les environs, redoubla de luxe dans ses équipages, dans ses dîners et dans ses bals, et laissa le peuple murmurer.

On approchait du mois de juillet, mois pendant lequel on célèbre à Naples avec une dévotion et une pompe toute particulière la fête de Notre-Dame-du-Mont-Carmel. Il était d'habitude, à cette époque et à propos de cette fête, de construire un fort au milieu de la place du Marché. Ce fort, sans doute en mémoire des différens assauts que dut subir la montagne sainte, était défendu par une garnison chrétienne et attaqué par une armée sarrazine. Les chrétiens étaient vêtus de caleçons de toile, et avaient la tête couverte d'un bonnet rouge; c'est-à-dire que les chrétiens portaient tout bonnement et tout simplement le costume des pêcheurs napolitains, qui, en 1647, n'avaient pas encore adopté la chemise. Les Sarrazins étaient habillés à la turque, avec des pantalons larges, des vestes de soie et des turbans démesurés. La dépense des costumes infidèles avait été faite on ne se rappelait plus par qui. On les entretenait avec le plus grand soin, et les combattans se les léguaient de génération en génération.

Les armes des assiégeans et des assiégés étaient de longues cannes en roseau avec lesquelles ils frappaient à tour de bras sans se faire grand mal, et que leur fournissaient en abondance les terres marécageuses des environs de Naples.

Dès le mois de juin, il était d'habitude que ceux qui devaient prendre part à ce combat se rassemblassent pour se discipliner. Alors, amis et ennemis, chrétiens et sarrasins, manœuvraient ensemble et dans la plus parfaite intelligence; puis ils rentraient dans la ville, marchant au pas, portant leurs roseaux comme on porte des fusils, et alignés comme des troupes régulières.

Le chef des chrétiens qui devaient défendre le fort du Marché, à la fête de Notre-Dame-du-Mont-Carmel de l'an de grâce 1647, était un jeune homme de vingt-quatre ans, fils d'un pauvre pêcheur d'Amalfi, et pêcheur lui-même à Naples. On le nommait Thomas Aniello, et par abréviation Masaniello.

Quelques jours auparavant, le jeune pêcheur avait eu gravement à se plaindre de la gabelle. Sa femme, qu'il avait épousée à l'âge de dix-neuf ans, et qu'il aimait beaucoup, en essayant d'introduire à Naples deux ou trois livres de farine cachée dans un bas, avait été surprise par les commis de l'octroi, mise en prison, et condamnée à y rester jusqu'à ce que son mari eût payé une somme de cent ducats, c'est-à-dire de quatre cent cinquante francs de notre monnaie. C'était, selon toute probabilité, plus que son mari n'en aurait pu amasser en travaillant toute sa vie.

La haine que Masaniello avait vouée aux commis après l'arrestation de sa femme s'étendit, le jugement rendu, des commis au gouvernement. Cette haine était bien connue, car Masaniello disait hautement par les rues de Naples qu'il se vengerait d'une manière ou de l'autre; et comme le peuple, de son côté, était mécontent, il dut sans doute à ses manifestations hostiles d'être nommé le chef de la plus importante des deux troupes.

Le nom de l'autre chef est resté inconnu.

Le premier acte d'hostilité de Masaniello contre l'autorité du vice-roi fut une étrange gaminerie. Comme il passait avec toute sa troupe devant le palais du gouvernement, sur le balcon duquel le duc et la duchesse d'Arcos avaient réuni toute l'aristocratie de la ville, Masaniello, comme pour faire honneur à tous ces riches seigneurs et à toutes ces belles dames qui s'étaient dérangés pour lui, ordonna à sa troupe de s'arrêter, la fit ranger sur une seule ligne devant le palais, lui fit faire demi-tour à gauche afin que chaque soldat tournât le dos au balcon, fit poser toutes les cannes à terre, puis ordonna de les ramasser. Le double mouvement fut exécuté avec un ensemble remarquable et d'une suprême originalité. Les dames jetèrent les hauts cris, les seigneurs parlèrent d'aller châtier les insolens qui s'étaient livrés à cette impertinente facétie avec un imperturbable sérieux; mais comme la troupe de Masaniello se composait de deux cents gaillards choisis parmi les plus vigoureux habitués du Môle, la chose se passa en conversation, et Masaniello et ses acolytes rentrèrent chez eux sans être inquiétés.

Le dimanche suivant, jour destiné à une autre revue, les deux chefs se rendirent dès le matin sur la place du Marché avec leurs troupes, afin de renouveler les manœuvres des dimanches précédens. C'était justement à l'heure où les paysans des environs de Naples apportaient leurs fruits au marché. Pendant que les deux troupes s'exerçaient à qui mieux mieux, une dispute s'éleva, à propos d'un panier de figues, entre un jardinier de Portici et un bourgeois de Naples : il s'agissait du droit nouvellement imposé, que ni l'un ni l'autre ne voulait payer; le vendeur disant que le droit devait être supporté par l'acquéreur, et l'acquéreur disant au contraire que l'impôt regardait le vendeur. Comme cette dispute fit quelque bruit, le peuple, rassemblé pour voir manœuvrer les Turcs et les Chrétiens, accourut à l'endroit où la discussion avait lieu et fit cercle autour des discutans. Tirés de leur préoccupation par le bruit qui commençait à éclater, quelques soldats des deux troupes abandonnèrent leurs rangs pour aller voir ce qui se passait. Comme la chose prenait de l'importance, ils firent bientôt signe à leurs camarades d'accourir; ceux-ci ne se firent pas répéter l'invitation deux fois, le cercle s'agrandit alors et commença de former un rassemblement formidable. En ce moment, le magistrat chargé de la police, et qu'on nommait l'élu du peuple, arriva, et, interpellé à la fois par les bourgeois et les jardiniers pour savoir à qui appartenait de payer le droit, il répondit que le droit était à la charge des jardiniers. A peine cette décision est-elle rendue, que les jardiniers renversent à terre leurs paniers pleins de fruits, déclarant qu'ils aiment mieux les donner pour rien au peuple que de payer cette odieuse imposition. Aussitôt le peuple se précipite, se heurte, se presse pour piller ces fruits, lorsque tout à coup un homme s'élance au milieu de la foule, se fait jour, pénètre jusqu'au centre du rassemblement, impose silence à la multitude, qui se tait à sa voix, et là déclare au magistrat qu'à partir de cette heure, le peuple napolitain est décidé à ne plus payer d'impôts. Le magistrat parle de moyens coercitifs, menace de faire venir des soldats. Le jeune homme se baisse, ramasse une poignée de figues, et, toute mêlée de poussière qu'elle est, la jette au visage du magistrat, qui se retire hué par la multitude, tandis que le jeune homme, arrêtant les deux troupes prêtes à poursuivre le fugitif, se met à leur tête, fait ses dispositions avec la rapidité et l'énergie d'un général consommé, les distribue en quatre troupes, ordonne aux trois premières de se répandre par la ville, d'anéantir toutes les maisons de péage, de brûler tous les registres des gabelles, et d'annoncer l'abolition de tous les impôts, tandis qu'à la tête de la quatrième, grossie de la plus grande partie des assistans, il marchera droit au palais du vice-roi. Les quatre troupes partirent au cri de : Vive Masaniello !

C'était Masaniello, ce jeune homme qui en un instant avait refoulé l'autorité comme un tribun, avait divisé son armée comme un général, et avait commandé au peuple comme un dictateur.

Le duc d'Arcos était déjà informé de ce qui se passait; le magistrat s'était réfugié près de lui et lui avait tout raconté. Masaniello et sa troupe trouvèrent donc le palais fermé. Le premier mouvement du peuple fut de briser les portes. Mais Masaniello voulut procéder avec une certaine légalité. En conséquence, il allait faire sommer le vice-roi de paraître ou d'envoyer quelqu'un en son nom, lorsque la fenêtre du balcon s'ouvrit et que le magistrat parut, annonçant que l'impôt sur les fruits venait d'être levé. Mais ce n'était déjà plus assez : la multitude, en reconnaissant sa force et en voyant qu'on pouvait lui céder, était devenue exigeante. Elle demanda à grands cris l'abolition de l'impôt sur la farine. Le magistrat annonça qu'il allait chercher une réponse, rentra dans le palais, mais ne reparut pas.

Masaniello haussa la voix, et de toute la force de ses poumons annonça qu'il donnait au vice-roi dix minutes pour se décider.

Ces dix minutes écoulées, aucune réponse n'ayant été faite, Masaniello, d'un geste d'empereur, étendit la main. A l'instant même la porte fut enfoncée et la multitude se rua dans le palais, criant : A bas les impôts ! brisant les glaces et jetant les meubles par les fenêtres. Mais, arrivée à la salle du dais, toute cette foule, sur un mot de Masaniello, s'arrêta devant le portrait du roi, se découvrit, salua, tandis que Masaniello protestait à haute voix que ce n'était point contre la personne du souverain qu'il se révoltait, mais contre le mauvais gouvernement de ses ministres.

Pendant ce temps, le duc d'Arcos s'était sauvé par un escalier dérobé; il avait sauté dans une voiture et s'éloignait au grand galop dans la direction du Château-Neuf. Mais bientôt reconnu par la populace, il fut poursuivi et allait être atteint lorsque de la portière de la voiture s'échappèrent des poignées de ducats. La foule se rua sur cette pluie d'or et laissa échapper le duc, qui, trouvant le pont du Château-Neuf levé, fut forcé de se réfugier dans un couvent de minimes.

De là il écrivit deux ordonnances : l'une qui abolissait tous les impôts quels qu'ils fussent, l'autre qui accordait à Masaniello une pension de six mille ducats, s'il voulait contenir le peuple et le faire rentrer dans son devoir.

Masaniello reçoit ces deux ordonnances, les lit toutes deux au peuple du haut du balcon du duc d'Arcos, déchire celle qui lui est personnelle et en jette les morceaux à la multitude, en criant que, pour tout l'or du royaume, il ne trahira pas ses compagnons. Dès ce moment, pour la multitude, Masaniello n'est plus un chef, Masaniello n'est plus un roi, Masaniello est un Dieu.

Alors, c'est lui à son tour qui envoie une députation au duc d'Arcos; cette députation est chargée de lui dire que la révolte n'a point eu lieu contre le roi, mais contre les impôts, qu'il n'a rien à craindre s'il tient les promesses faites, et qu'il peut revenir en toute sécurité à son palais. Chaque membre de la députation répond sur sa vie de la vie du duc d'Arcos. Le vice-roi accepte la protection qui lui est offerte; mais, au lieu de rentrer dans son palais dévasté, il demande à se retirer au fort Saint-Elme. La proposition est transmise à Masaniello, qui réfléchit quelques secondes et y adhère en souriant. Le duc d'Arcos se retire au château Saint-Elme. Masaniello est seul maître de la ville.

Tout cela a duré cinq heures : en cinq heures, tout le pouvoir espagnol a été anéanti, toutes les prérogatives du vice-roi détruites; en cinq heures, un lazzarone en est venu à traiter d'égal à égal avec le représentant de Philippe IV, qui le fait roi à sa place en lui abandonnant la ville, et cette étrange révolution s'est accomplie sans qu'une goutte de sang ait été versée.

Mais là commençait pour Masaniello une tâche immense. Le pêcheur sans éducation aucune, le lazzarone qui ne savait ni lire ni écrire, le marchand de poisson qui n'avait jamais manié que ses rames et tiré que son filet, allait être chargé de tous les détails d'un grand royaume; il allait publier des ordonnances, il allait rendre la justice, il allait organiser une armée, il allait combattre à sa tête.

Rien de tout cela n'effraya Masaniello; il étendit son regard calme sur lui et autour de lui, puis aussitôt il se mit à l'œuvre.

Le premier usage qu'il fit de son autorité fut d'ordonner la mise en liberté des prisonniers qui n'étaient détenus que pour contrebande ou pour amendes imposées par la gabelle. Au nombre de ces derniers, on se le rappelle, était la propre femme du dictateur. Ces prisonniers délivrés vinrent le joindre immédiatement au palais du vice-roi.

Alors, accompagné par eux, escorté par sa troupe, il se rendit sur la place du Marché, fit publier à son de trompe l'abolition des impôts et l'ordre à tous les hommes de Naples, depuis dix-huit jusqu'à cinquante ans, de prendre les armes et de se réunir sur la place. Cette ordonnance fut dictée par Masaniello et écrite par un écrivain public, et Masaniello, qui, comme nous l'avons dit, ne savait pas signer, appliqua au dessous de la dernière ligne, en guise de cachet, l'amulette qu'il portait au cou, et qui de ce moment devint le seing de ce nouveau souverain.

Puis, comme sa première milice était déjà divisée en quatre troupes, il donna aux trois troupes qui n'étaient pas sous son commandement des chefs pour se diriger. Ces chefs étaient trois lazzaroni de ses amis, et qui se nommaient Cataneo, Renna et Ardizzone. Ils furent chargés de se rendre chacun dans un quartier opposé, et de veiller à la sûreté de la ville. Les trois troupes se rendirent à leur poste, et Masaniello demeura sur la place du Marché, à la tête de la sienne, attendant le résultat de l'ordre qu'il avait donné pour la levée en masse.

L'exécution de cet ordre ne se fit pas attendre. Au bout de deux heures, cent trente mille hommes armés entouraient Masaniello. Chacun s'était rendu à l'appel, sans discuter un instant le droit de celui qui les appelait. Seulement la corporation des peintres avait demandé à s'organiser en compagnie particulière sous le nom de compagnie de la Mort, et comme cette demande avait été faite à Masaniello par un ancien lazzarone qu'il aimait beaucoup, cette demande fut accordée. Ce lazzarone, ami de Masaniello, qui s'était chargé de la négociation, était Salvator Rosa.

Alors Masaniello pensa que la première chose à faire dans un bon gouvernement était de vider les prisons en renvoyant les innocens et en punissant les coupables. Le chef des révoltés s'était fait général, le général venait de se faire législateur, le législateur se fit juge.

Masaniello fit dresser une espèce d'échafaud de bois, s'assit dessus en caleçon et en chemise, et appuyant sa main droite sur une épée nue, il fit comparaître tour à tour devant lui tous les prisonniers.

Pendant tout le reste de la journée il jugea : ceux qu'il proclamait innocens étaient mis à l'instant même en liberté; ceux qu'il reconnaissait coupables étaient à l'instant même exécutés. Et tel était le coup d'œil de cet homme que, quoique son jugement n'eût, pour la plupart du temps, d'autre base que l'inspection rapide et profonde de la physionomie de l'accusé, il y avait conviction entière, parmi les assistans, que le juge improvisé n'avait condamné aucun innocent et n'avait laissé échapper aucun coupable. Seulement il n'y avait ni différence entre les jugemens ni progression entre les supplices. Voleurs, faussaires et assassins furent également condamnés à mort. Cela ressemblait fort aux lois de Dracon ; mais Masaniello avait compris que le temps pressait, et il n'avait pas pris le loisir d'en faire d'autres.

Le lendemain au matin tout était fini : les prisons de Naples étaient vides et tous les jugemens exécutés.

Le développement que prenait la révolte, ou plutôt le génie de celui qui la dirigeait, épouvanta le vice-roi. Il envoya duc de Matalone à Masaniello pour lui demander quel était but qu'il se proposait et quelles étaient les conditions auxquelles la ville pouvait rentrer sous le pouvoir de son souverain. Masaniello nia que la ville fût révoltée contre Philippe IV, et, en preuve de cette assertion, il montra à l'ambassadeur tous les coins de rues ornés de portraits du roi d'Espagne, que, pour plus grand honneur, on avait abrités sous des dais. Quant aux conditions qu'il lui plaisait d'imposer, elles se borneraient à une seule : c'était la remise au peuple de l'original de l'ordonnance de Charles-Quint, laquelle, à partir du jour de sa date, excluait pour l'avenir toute imposition nouvelle.

Le vice-roi parut se rendre, fit fabriquer un faux titre et l'envoya à Masaniello. Mais Masaniello, soupçonnant quelque trahison, fit venir des experts et leur remit l'ordonnance. Ceux-ci déclarèrent que c'était une copie et non l'original.

Alors Masaniello descendit de son échafaud, marcha droit au duc de Matalone, lui reprocha sa supercherie ; puis, l'ayant arraché de son cheval et fait tomber à terre, il lui appliqua son pied nu sur le visage, après quoi il remonta sur son trône et ordonna que le duc fût conduit en prison. La nuit suivante le duc séduisit le geôlier à force d'or et s'échappa.

Le vice roi vit alors à quel homme il avait affaire, et, ne pouvant le tromper, il voulut l'abattre. En conséquence, il donna ordre à toutes les troupes qui se trouvaient au nord, à Capoue et à Gaëte ; au midi, à Salerne et dans ses environs, de marcher sur Naples. Masaniello apprit cet ordre, divisa son armée en trois corps, envoya ses lieutenans avec un de ces corps au devant des troupes qui venaient de Salerne, marcha avec l'autre au devant des troupes qui venaient de Capoue, et laissa le troisième corps sous le commandement d'Ardizzone pour garder Naples.

On croit que ce fut pendant cette expédition, qui éloignait momentanément Masaniello de Naples, que les premières propositions de trahison furent faites à Ardizzone, avec autorisation de les communiquer à ses deux collègues, Cataneo et Renna.

Masaniello battit les troupes du vice-roi, tua mille hommes et fit trois mille prisonniers qu'il ramena en grande pompe à Naples, et auxquels il donna pleine et entière liberté sur la place du Marché. Ces trois mille hommes prirent à l'instant place parmi les milices napolitaines en criant : Vive Masaniello !

De leur côté, Cataneo et Renna avaient repoussé les troupes qui leur étaient opposées. La compagnie de la Mort, surtout, qui faisait partie de leur corps d'armée, avait fait merveille.

Le duc d'Arcos n'avait plus de ressources ; il avait essayé de la ruse, et Masaniello avait découvert la trahison ; il avait essayé de la force, et Masaniello l'avait battu. Il résolut donc de traiter directement avec lui ; se réservant mentalement de le trahir ou de le briser à la première occasion qui se présenterait.

Cette fois, pour donner plus de poids à la négociation, il choisit pour négociateur le cardinal Filomarino. Le peuple, qui se défiait du prélat, voulut un instant s'opposer à cette nouvelle entrevue, mais Masaniello répondit du cardinal, et l'entrevue eut lieu.

Masaniello venait de donner l'ordre de brûler trente-six palais appartenant aux trente-six seigneurs les plus éminens de la noblesse espagnole et napolitaine. Le cardinal Filomarino supplia Masaniello de révoquer cet ordre, et Masaniello le révoqua.

Comme Masaniello quittait le prélat et se rendait au lieu de la conférence à la place du Marché, on tira sur lui, presque à bout portant, cinq coups d'arquebuse dont aucun ne le toucha : son jour n'était pas encore venu.

Les meurtriers furent mis en pièces par le peuple et avouèrent en mourant qu'ils avaient été payés par le duc de Matalone, lequel voulait se venger des mauvais traitemens qu'il avait reçus de Masaniello.

Le vice-roi désavoua l'assassinat, le cardinal engagea sa parole que le duc d'Arcos ignorait cette trahison, et les négociations reprirent leur cours.

Cependant la police n'avait jamais été mieux faite, et, depuis quatre jours que commandait Masaniello, pas un vol n'avait été commis dans toute la ville de Naples.

Le jour même où Masaniello avait failli être assassiné, le cardinal revint lui dire de la part du vice-roi que celui-ci désirait s'entretenir en tête-à-tête avec lui des affaires de l'État, et reviendrait le lendemain avec toute sa cour au palais afin de l'y recevoir. Masaniello, qui se défiait de ces avances, voulait refuser, mais le cardinal insista tellement que force lui fut d'accepter. Alors une nouvelle discussion plus tenace que la première s'engagea encore. Masaniello, qui ne se reconnaissait pas pour autre chose que pour un pêcheur, voulait se rendre au palais en costume de pêcheur, c'est-à-dire les bras et les jambes nus, et vêtu seulement de son caleçon, de sa chemise et de son bonnet phrygien ; mais le cardinal lui répéta tant de fois qu'un pareil costume était inconvenant pour un homme qui allait paraître au milieu d'une cour si brillante, et pour y traiter des affaires d'une si haute importance, que Masaniello céda encore et permit en soupirant que le vice-roi lui envoyât le costume qu'il devait revêtir dans cette grande journée. Le même soir il reçut un costume complet de drap d'argent avec un chapeau garni d'une plume et une épée à garde d'or. Il accepta le costume ; mais quant à l'épée, il la refusa, n'en voulant point d'autre que celle qui lui avait servi jusque-là de sceptre et de main de justice.

Cette nuit, Masaniello dormit mal, et il dit le lendemain matin que son patron lui était apparu en songe et lui avait défendu d'aller à cette entrevue ; mais le cardinal Filomarino lui fit observer que sa parole était engagée, que le vice-roi l'attendait au palais, que son cheval était en bas, et qu'il n'y avait pas moyen de manquer à son engagement sans manquer à l'honneur.

Masaniello revêtit son riche costume, monta à cheval et s'achemina vers le palais du vice-roi.

VI.

L'ÉGLISE DEL CARMINE.

Masaniello était un de ces hommes privilégiés dont non seulement l'esprit, mais encore la personne semblent grandir avec les circonstances. Le duc d'Arcos, en lui envoyant le riche costume que l'ex-pêcheur venait de revêtir, avait espéré le rendre ridicule. Masaniello le revêtit et Masaniello eut l'air d'un roi.

Aussi s'avança-t-il au milieu des cris d'admiration de la multitude, maniant son cheval avec autant d'adresse et de puissance qu'aurait pu le faire le meilleur cavalier de la cour du vice-roi ; car, enfant, Masaniello avait plus d'une fois dompté, pour son plaisir, ces petits chevaux dont les Sarrasins ont laissé, en passant, la race dans la Calabre, et qui, aujourd'hui encore, errent en liberté dans la montagne.

En outre, il était suivi d'un cortège comme peu de souverains auraient pu se vanter d'en posséder un : c'étaient cent cinquante compagnies, tant de cavalerie que de fantassins, organisées par lui, et plus de soixante mille personnes sans armes. Toute cette escorte criait : Vive Masaniello ! de sorte qu'en approchant du palais, il semblait un triomphateur qui va rentrer chez lui.

A peine Masaniello parut-il sur la place que le capitaine des gardes du vice-roi apparut sur la porte pour le recevoir. Alors, Masaniello, se retournant vers la foule qui l'accompagnait :

— Mes amis, dit-il, je ne sais pas ce qui va se passer entre moi et monseigneur le duc ; mais quelque chose qu'il arrive, souvenez-vous bien que je ne me suis jamais proposé et ne me proposerai jamais que le bonheur public. Aussitôt le bonheur assuré et la liberté rendue à tous, je redeviens le pauvre pêcheur que vous avez vu, et je ne demande comme expression de votre reconnaissance qu'un Ave Maria prononcé par chacun de vous à l'heure de ma mort.

Alors le peuple comprit bien que Masaniello craignait d'être attiré dans quelque piège, et que c'était à contre-cœur qu'il entrait dans ce palais. Des milliers de voix s'élevèrent pour le prier de se faire accompagner d'une garde.

— Non, dit Masaniello, non ; les affaires que nous allons discuter, monseigneur et moi, demandent à être débattues en tête-à-tête. Laissez-moi donc entrer seul. Seulement, si je tardais trop à revenir, ruez-vous sur ce palais et n'en laissez pas pierre sur pierre que vous n'ayez retrouvé mon cadavre.

Tous le lui jurèrent, les hommes armés étendant leurs armes, des hommes désarmés étendant le poing vers le vice-roi. Alors Masaniello descendit de cheval, traversa une partie de la place à pied, suivit le capitaine des gardes et disparut sous la grande porte du palais. Au moment où il disparut, une si grande rumeur s'éleva que le vice-roi demanda en tressaillant si c'était quelque révolte nouvelle qui venait d'éclater.

Masaniello trouva le duc d'Arcos qui l'attendait au haut de l'escalier. En l'apercevant, Masaniello s'inclina. Le vice-roi lui dit qu'une récompense lui était due pour avoir si bien contenu cette multitude, si promptement rendu la justice, et si merveilleusement organisé une armée, qu'il espérait que cette armée, réunie à celle des Espagnols, se tournerait contre les ennemis communs, et qu'ainsi faisant, Masaniello aurait rendu à Philippe IV le plus grand service qu'un sujet puisse rendre à son souverain. Masaniello répondit que ni lui ni le peuple ne s'étaient jamais révoltés contre Philippe IV, ainsi que le pouvaient attester les portraits du roi exposés en grand honneur à tous les coins de rue ; qu'il avait voulu seulement alléger le trésor des appointemens que l'on payait à tous ces matotiers chargés des gabelles, appointemens (Masaniello s'en était fait rendre compte) qui dépassaient d'un tiers les impôts qu'ils percevaient, et que, ce point arrêté que Naples jouirait à l'avenir des immunités accordées par Charles-Quint, il promettait de faire lui-même et de faire faire au peuple de Naples tout ce qui serait utile au service du roi.

Alors tous deux entrèrent dans une chambre où les attendait le cardinal Filomarino, et là commença entre ces trois hommes, si différens d'état, de caractère et de position, une discussion approfondie des droits de la royauté et des intérêts du peuple. Puis, comme cette discussion se prolongeait et que le peuple, ne voyant point reparaître son chef, criait à haute voix : Masaniello ! Masaniello ! et que ces cris com-

mençaient à inquiéter le duc et le cardinal tant ils allaient croissant, Masaniello sourit de leur crainte et leur dit :

— Je vais vous faire voir messeigneurs, combien le peuple de Naples m'est obéissant.

Il ouvrit la fenêtre et s'avança sur le balcon. A sa vue, toutes les voix éclatèrent en un seul cri : Vive Masaniello ! Mais Masaniello n'eut qu'à mettre le doigt sur sa bouche, toute cette foule fit un tel silence qu'il sembla un instant que la cité des éternelles clameurs fût morte comme Herculanum ou Pompeïa. Alors de sa voix ordinaire, qui fut entendue de tous, tant le silence était grand :

— C'est bien, dit-il ; je n'ai plus besoin de vous ; que chacun se retire donc sous peine de rébellion.

Aussitôt chacun se retira sans faire une observation, sans prononcer une parole, et cinq minutes après, cette place, encombrée par plus de cent vingt mille âmes, se trouva entièrement déserte, à l'exception de la sentinelle et du lazzarone qui tenait par la bride le cheval de Masaniello.

Le duc et le cardinal se regardèrent avec effroi, car de cette heure seulement ils comprenaient la terrible puissance de cet homme.

Mais cette puissance prouva aux deux politiques auxquels Masaniello avait affaire, que, pour le moment du moins, il ne fallait rien refuser de ce qu'il demandait ; aussi fut-il convenu avant que le triumvirat qui décidait les intérêts de Naples se séparât, que la suppression des impôts serait lue, signée et confirmée publiquement, en présence de tout le peuple, qui ne s'était révolté, Masaniello le répétait, que pour obtenir leur abolition.

Ce point bien arrêté, comme c'était le seul pour lequel Masaniello était venu au palais, il demanda au duc d'Arcos la permission de se retirer. Le duc lui dit qu'il était le maître de faire ce qui lui conviendrait, qu'il était vice-roi comme lui, que ce palais lui appartenait donc par moitié, et qu'il pouvait à sa volonté entrer ou sortir. Masaniello s'inclina de nouveau, reconduisit le cardinal jusqu'à son palais, chevauchant côte à côte avec lui, mais de manière cependant que le cheval du cardinal dépassât toujours le sien de toute la tête ; puis, le cardinal rentré chez lui, Masaniello regagna la place du Marché, où il trouva réunie toute cette multitude qu'il avait renvoyée de la place du palais, et au milieu de laquelle il passa la nuit à expédier les affaires publiques et à répondre aux requêtes qu'on lui présentaient.

Cet homme semblait être au-dessus des besoins humains : depuis cinq jours que son pouvoir durait, on ne l'avait vu ni manger ni dormir ; de temps en temps seulement il se faisait apporter un verre d'eau dans lequel on avait exprimé quelques gouttes de limon.

Le lendemain était le jour fixé pour la ratification du traité et la ratification de la paix dans l'église cathédrale de Sainte-Claire. Aussi, dès le matin, Masaniello vit-il arriver deux chevaux magnifiquement caparaçonnés, un pour lui, l'autre pour son frère. C'était une nouvelle attention de la part du vice-roi. Les deux jeunes gens montèrent dessus et se rendirent au palais.

Là ils trouvèrent le duc d'Arcos et toute la cour qui les attendaient. Une nombreuse cavalcade se réunit à eux. Le duc d'Arcos prit Masaniello à sa droite, plaça son frère à sa gauche, et, suivi de tout le peuple, s'avança vers la cathédrale, où le cardinal Filomarino, qui était archevêque de Naples, les reçut à la tête de tout son clergé.

Aussitôt chacun se plaça selon le rang qu'il avait reçu de Dieu ou qu'il s'était fait lui-même ; le cardinal au milieu du chœur, le duc d'Arcos sur une tribune, et Masaniello, l'épée nue à la main, près du secrétaire qui lisait les articles, et qui, chaque article lu, faisait silence. Masaniello répétait l'article, en expliquant la portée au peuple et le commentant comme le plus habile légiste eût pu le faire ; après quoi, sur un signe de lui qu'il n'avait plus rien à dire, le secrétaire passait à l'article suivant.

Tous les articles lus et commentés ainsi, on commença le service divin, qui se termina par un Te Deum.

Un grand repas attendait les principaux acteurs de cette scène dans les jardins du palais. On avait invité Masaniello, sa femme et son frère. D'abord, comme toujours, Masaniello, pour qui tous ces honneurs n'étaient point faits, avait voulu les refuser; mais le cardinal Filomarino était intervenu, et, à force d'instances, avait obtenu du jeune lazzarone qu'il ne ferait pas au vice-roi cet affront de refuser de dîner à sa table. Masaniello avait donc accepté.

Cependant on pouvait voir sur son front, ordinairement si franc et si ouvert, quelque chose comme un nuage sombre, que ne purent éclaircir ces cris d'amour du peuple qui avaient ordinairement tant d'influence sur lui. On remarqua qu'en revenant de la cathédrale au palais il avait la tête inclinée sur la poitrine, et l'on pouvait d'autant mieux lire la tristesse empreinte sur son front, que, par respect pour le vice-roi et contrairement à son invitation plusieurs fois réitérée de se couvrir, Masaniello, malgré le soleil de feu qui dardait sur lui, tint constamment son chapeau à la main. Aussi, en arrivant au palais et avant de se mettre à table, demanda-t-il un verre d'eau mêlée de jus de limon. On le lui apporta, et comme il avait très chaud il l'avala d'un trait; mais à peine l'eut-il avalé qu'il devint si pâle que la duchesse lui demanda ce qu'il avait. Masaniello lui répondit que c'était sans doute cette eau glacée qui lui avait fait mal. Alors la duchesse en souriant lui donna un bouquet à respirer. Masaniello y porta les lèvres pour le baiser en signe de respect; mais presque aussitôt qu'il l'eut touché, par un mouvement rapide et involontaire, il le jeta loin de lui. La duchesse ne fit pas mouvement, ne lui en parut pas y faire attention; et, s'étant assise à table, elle fit asseoir Masaniello à sa droite et le frère de Masaniello à sa gauche. Quant à la femme de Masaniello, sa place lui était réservée entre le duc et le cardinal Filomarino.

Masaniello fut sombre et muet pendant tout ce repas; il paraissait souffrir d'un mal intérieur dont il ne voulait pas se plaindre. Son esprit semblait absent, et lorsque le duc l'invita à boire à la santé du roi, il fallut lui répéter l'invitation deux fois avant qu'il eût l'air de l'entendre. Enfin il se leva, prit son verre d'une main tremblante; mais au moment où il allait le porter à sa bouche, les forces lui manquèrent et il tomba évanoui.

Cet accident fit grande sensation. Le frère de Masaniello se leva en regardant le vice-roi d'un air terrible; sa femme fondit en larmes, mais le vice-roi, avec le plus grand calme, fit observer qu'une pareille faiblesse n'était point étonnante dans un homme qui depuis six jours et six nuits n'avait presque ni mangé ni dormi, et avait passé toutes ses heures tantôt à des exercices violens, sous un soleil de feu, tantôt à des travaux assidus qui devaient d'autant plus lui briser l'esprit que son esprit y était moins accoutumé. Au reste, il ordonna qu'on eût grand soin de Masaniello tous les soins imaginables, le fit transporter au palais, l'y accompagna lui-même, et ordonna qu'on allât chercher son propre médecin.

Le médecin arriva comme Masaniello revenait à lui, et déclara qu'effectivement son indisposition ne provenait que d'une trop longue fatigue, et n'aurait aucune suite s'il consentait à interrompre pour un jour ou deux les travaux de corps et d'esprit auxquels il se livrait depuis quelque temps.

Masaniello sourit amèrement; puis du geste dont Hercule arracha de dessus ses épaules la tunique empoisonnée de Nessus, il déchira les habits de drap d'argent dont l'avait revêtu le vice-roi, et demandant à grands cris ses vêtemens de pêcheur, qui étaient restés dans sa petite maison de la place du Marché, il courut aux écuries à demi nu, sauta sur le premier cheval venu et s'élança hors du palais.

Le duc le regarda s'éloigner, puis lorsqu'il l'eut perdu de vue:

— Cet homme a perdu la tête, dit-il; en se voyant si grand, il est devenu fou.

Et les courtisans répétèrent en chœur que Masaniello était fou.

Pendant ce temps, Masaniello courait effectivement les rues de Naples comme un insensé, au grand galop de son cheval, renversant tous ceux qu'il rencontrait sur sa route et ne s'arrêtant que pour demander de l'eau. Sa poitrine brûlait.

Le soir, il revint place du Marché; ses yeux étaient ardens de fièvre; il avait le délire, et dans son délire il donnait les ordres les plus étranges et les plus contradictoires. On avait obéi aux premiers, mais bientôt on s'était aperçu qu'il était fou, et l'on avait cessé de les exécuter.

Toute la nuit, son frère et sa femme veillèrent près de lui.

Le lendemain il parut plus calme; ses deux gardiens le quittèrent pour aller prendre à leur tour un peu de repos; mais à peine furent-ils sortis, que Masaniello se revêtit des débris de son brillant costume de la veille, et demanda son cheval d'une voix si impérieuse qu'on le lui amena. Il sauta aussitôt dessus, sans chapeau, sans veste, n'ayant qu'une chemise déchirée et une trousse en lambeaux, il s'élança au galop vers le palais. La sentinelle ne le reconnaissant pas voulut l'arrêter, mais il passa sur le ventre de la sentinelle, sauta à bas de son cheval, pénétra jusqu'au vice-roi, lui dit qu'il mourait de faim et lui demanda à manger; puis, un instant après il annonça au vice-roi qu'il venait de faire dresser une collation hors de la ville, et l'invita à en venir prendre sa part; mais le vice-roi, qui ignorait ce qu'il y avait de vrai ou de faux dans tout cela, et qui voyait seulement devant lui un homme dont l'esprit était égaré, prétexta une indisposition et refusa de suivre Masaniello. Alors Masaniello, sans insister davantage, descendit l'escalier, remonta à cheval, et sortant de la ville en fit presque le tour au galop sous un soleil ardent, de sorte qu'il rentra chez lui trempé de sueur. Tout le long de la route, comme la veille, il avait demandé à boire, et l'on calcula qu'il avait dû avaler jusqu'à seize carafes d'eau. Écrasé de fatigue, il se coucha.

Pendant ces deux jours de folie, Ardizzone, Renna et Cataneo, qui s'étaient éclipsés pendant la dictature de Masaniello, reprirent leur influence et se partagèrent la garde de la ville.

Masaniello s'était jeté sur son lit et était bientôt tombé dans un profond assoupissement; mais vers minuit il se réveilla, et quoique ses membres musculeux fussent agités d'un dernier frissonnement, quoique son œil brûlât d'un reste de fièvre, il se sentit mieux. En ce moment sa porte s'ouvrit, et, au lieu de sa femme ou de son frère qu'il s'attendait à voir paraître, un homme entra enveloppé d'un large manteau noir, le visage entièrement caché sous un feutre de même couleur, et s'avança en silence jusqu'au grabat sur lequel était couché cet homme tout-puissant qui d'un signe disposait de la vie de quatre cent mille de ses semblables:

— Masaniello, dit-il, pauvre Masaniello! Et en même temps il écarta son manteau et laissa voir son visage.

— Salvator Rosa! s'écria Masaniello en reconnaissant son ami, que depuis quatre jours il avait perdu de vue, occupé qu'il avait été Salvator, avec la compagnie de la Mort, à repousser les Espagnols qui avaient voulu entrer à Naples du côté de Salerne.

Et les deux amis se jetèrent dans les bras l'un de l'autre.

— Oui, oui, pauvre Masaniello! dit le pêcheur-roi en retombant sur son lit. N'est-ce pas, et ils m'ont bien arrangé, et j'ai eu raison de me fier à eux! Mais j'ai tort de dire que je m'y suis fié! jamais je n'ai cru en leurs belles paroles, jamais je n'ai eu foi dans leurs grandes promesses. C'est cet infâme cardinal Filomarino qui a tout fait et qui m'a trompé au saint nom de Dieu.

Salvator Rosa écoutait son ami avec étonnement.

— Comment! dit-il, ce que l'on m'a dit ne serait-il pas vrai?

— Et que t'a-t-on dit, mon Salvator? reprit tristement Masaniello.

Salvator se tut.

— On t'a dit que j'étais fou, n'est-ce pas? continua Masaniello.

Salvator fit un signe de la tête.

— Oui, oui, les misérables! Oh! je les reconnais bien là! Non, Salvator, non, je ne suis pas fou, je suis empoisonné, voilà tout.

Salvator jeta un cri de surprise.

— C'est ma faute, dit Masaniello. Pourquoi ai-je mis le pied dans leurs palais! Est ce la place d'un pauvre pêcheur comme moi ? Pourquoi ai-je accepté leur repas ! L'orgueil, Salvator, le démon de l'orgueil m'a tenté, et j'ai été puni.

— Comment ! s'écria Salvator, tu crois qu'ils auraient eu l'infamie...

— Ils m'ont empoisonné, reprit Masaniello d'une voix plus forte encore ; ils m'ont empoisonné deux fois : lui et elle ; lui dans un verre d'eau, elle dans un bouquet. C'est bien la peine de se dire noble, de s'appeler duc et duchesse pour empoisonner un pauvre pêcheur plein de confiance qui croit que ce qui est juré est juré, et qui se livre sans défiance !

— Non, non, dit Salvator, tu te trompes, Masaniello : c'est ce soleil ardent, ce sont ces travaux assidus, c'est cette vie intellectuelle qui dévorent ceux-là mêmes qui y sont habitués, qui auront momentanément fatigué ton esprit et égaré ta raison.

— C'est ce qu'ils disent, je le sais bien, s'écria Masaniello ; c'est ce qu'ils disent, et c'est ce que les générations à venir diront sans doute aussi, puisque toi, mon ami, toi, mon Salvator, toi qui es là, toi qui es en face de moi, tu répètes la même chose, quoique je l'affirme le contraire. Ils m'ont empoisonné dans un verre d'eau et dans un bouquet : à peine ai-je eu respiré ce bouquet, à peine ai-je eu avalé ce verre d'eau, que j'ai senti que c'en était fait de ma raison. Une sueur froide passa sur mon front, la terre sembla manquer sous mes pieds ; la ville, la mer, le Vésuve, tout tourbillonna devant moi comme dans un rêve. Oh ! les misérables ! les misérables !

Et une larme ardente roula sur les joues du jeune Napolitain.

— Oui, oui, dit Salvator, oui, je vois bien maintenant que c'est vrai. Mais, grâce à Dieu, leur complot a échoué ; grâce à Dieu, tu n'es plus fou ; grâce à Dieu, le poison a sans doute cédé aux remèdes, et tu es sauvé.

— Oui, répondit Masaniello, mais Naples est perdue.

— Perdue, et pourquoi ? demanda Salvator.

— Ne vois-tu donc pas, répondit Masaniello, que je ne suis plus aujourd'hui ce que j'étais avant-hier ? Quand j'ordonne, le peuple hésite. On a douté de moi, Salvator, car on m'a vu agir en insensé. Puis n'ont-ils pas dit tout bas à cette multitude que je voulais me faire roi ?

— C'est vrai, dit Salvator d'une voix sombre, car c'est ce bruit qui m'a amené ici.

— Et qu'y venais-tu faire ? Voyons, parle franchement.

— Ce que j'y venais faire ? dit Salvator. Je venais m'assurer si la chose était vraie ; et si la chose était vraie, je venais te poignarder !

— Bien, Salvator, bien ! dit Masaniello. Il nous faudrait six hommes comme toi seulement et tout ne serait pas perdu.

— Mais pourquoi désespères-tu ainsi ? demanda Salvator.

— Parce que, dans l'état actuel des choses, moi seul pourrais diriger ce peuple vers le but qu'il atteindra probablement un jour, et que demain, cette nuit, dans une heure peut-être, je ne serai plus là pour le diriger.

— Et où seras-tu donc ?

Masaniello laissa errer sur ses lèvres un sourire profondément triste, leva un instant ses regards au ciel, et ramenant les yeux sur Salvator :

— Ils me tueront, mon ami, lui dit-il. Il y a quatre jours, ils ont essayé de m'assassiner, et ils m'ont manqué parce que mon heure n'était pas venue. Avant-hier ils m'ont empoisonné, et, s'ils n'ont pas réussi à me faire mourir, ils sont parvenus à me rendre fou. C'est un avertissement de Dieu, Salvator. La prochaine tentative qu'ils feront sur moi sera la dernière.

— Mais pourquoi, averti comme tu l'es, ne te garantirais-tu pas de leurs complots en demeurant chez toi ?

— Ils diraient que j'ai peur.

— En t'entourant de gardes chaque fois que tu sortiras par la ville ?

— Ils diraient que je veux me faire roi.

— Mais on ne le croirait pas.

— Tu l'as bien cru, toi !

Salvator courba son front, rougissant, car il y avait tant de douceur dans la réponse de Masaniello que sa réponse n'était pas une accusation, mais un reproche.

— Eh bien ! soit, répondit-il, que la volonté de Dieu s'accomplisse.

Salvator Rosa s'assit près du lit de son ami.

— Quelle est ton intention ? demanda Masaniello.

— De rester près de toi, et, bonne ou mauvaise, de partager ta fortune.

— Tu es fou, Salvator, répondit Masaniello. Que moi, que le Seigneur a choisi pour son élu, j'attende tranquillement le calice qu'il me reste à épuiser, c'est bien, car je ne puis pas, car je ne dois pas faire autrement ; mais toi, Salvator, que qu'aucune fatalité ne pousse, qu'aucun serment ne lie, que tu restes dans cette infâme Babylone, c'est une folie, c'est un aveuglement, c'est un crime.

— J'y resterai pourtant, dit Salvator.

— Tu te perdrais sans me sauver, et tout dévoûment inutile est une sottise.

— Advienne que pourra ! reprit le peintre. C'est ma volonté.

— C'est ta volonté ? Et tes sœurs ? et ta mère ? C'est ta volonté ! Le jour où tu m'as reconnu pour chef, tu as fait abnégation de ta volonté pour la subordonner à la mienne. Eh bien ! moi, ma volonté est, Salvator, que tu sortes à l'instant même de Naples, que tu te rendes à Rome, que tu te jettes aux genoux du saint-père, et que tu lui demandes ses indulgences pour moi, car je mourrai probablement sans que mes meurtriers m'accordent le temps de mettre en état de grâce. Entends-tu ? Ceci est ma volonté, à moi. Je te l'ordonne comme ton chef, je t'en conjure comme ton ami.

— C'est bien, dit Salvator, je t'obéirai.

Et alors il déroula une toile, tira d'une trousse qu'il portait à sa ceinture ses pinceaux qui, non plus que son épée, ne le quittaient jamais, et, à la lueur de la lampe qui brûlait sur la table, d'une main ferme et rapide, il improvisa ce beau portrait que l'on voit encore aujourd'hui près de la porte dans la première chambre du musée des *Studi*, à Naples, et où Masaniello est représenté avec un béret de couleur sombre, le cou nu et revêtu d'une chemise seulement.

Les deux amis se séparèrent pour ne se revoir jamais. La même nuit Salvator prit le chemin de Rome. Quant à Masaniello, fatigué de cette scène, il reposa la tête sur son oreiller et se rendormit.

Le lendemain, il se réveilla au son de la cloche qui appelait les fidèles à l'église ; il se leva, fit sa prière, revêtit ses simples habits de pêcheur, descendit, traversa la place et entra dans l'église *del Carmine*. C'était le jour de la fête de la Vierge du Mont-Carmel. Le cardinal Filomarino disait la messe ; l'église regorgeait de monde.

A la vue de Masaniello, la foule s'ouvrit et lui fit place. La messe finie, Masaniello monta dans la chaire et fit signe qu'il voulait parler. Aussitôt chacun s'arrêta, et il se fit un profond silence pour écouter ce qu'il allait dire.

— Amis, dit Masaniello d'une voix triste, mais calme, vous étiez esclaves, je vous ai fait libres. Si vous êtes dignes de cette liberté, défendez-la, car maintenant c'est vous seuls que cela regarde. On vous a dit que je voulais me faire roi : ce n'est pas vrai, et j'en jure par ce Christ qui a voulu mourir sur la croix pour acheter au prix de son sang la liberté des hommes. Maintenant tout est fini entre le monde et moi. Quelque chose me dit que je n'ai plus que peu d'heures à vivre. Amis, rappelez-vous la seule chose que je vous aie jamais demandée et que vous m'avez promise : au moment où vous apprendrez ma mort, dites un *Ave Maria* pour mon âme.

Tous les assistans le lui promirent de nouveau. Alors Masaniello fit signe à la foule de s'écouler, et la foule s'écoula ; puis, quand il fut seul, il descendit, alla s'agenouiller devant l'autel de la Vierge et fit sa prière.

Comme il relevait la tête, un homme vint lui dire que le cardinal Filomarino l'attendait au couvent pour s'entretenir avec lui des affaires d'État. Masaniello fit signe qu'il allait se rendre à l'invitation du cardinal. Le messager disparut.

Masaniello dit encore un *Pater* et un *Ave*, baisa trois fois l'amulette qu'il portait au cou et dont il avait toujours scellé les ordonnances; puis il s'avança vers la sacristie. Arrivé là, il entendit plusieurs voix qui l'appelaient dans le cloître : il alla du côté d'où venaient ces voix ; mais au moment où il mettait le pied sur le seuil de la porte, trois coups de fusil partirent et trois balles lui traversèrent la poitrine. Cette fois son heure était venue ; tous les coups avaient porté. Il tomba en prononçant ces seules paroles : « — Ah ! les traîtres ! ah ! les ingrats ! »

Il avait reconnu dans les trois assassins ses trois amis, Cataneo, Renna et Ardizzone.

Ardizzone s'approcha du cadavre, lui coupa la tête, et, traversant la ville tout entière cette tête sanglante à la main, il alla la déposer aux pieds du vice-roi.

Le vice-roi la regarda un instant pour bien s'assurer que c'était la tête de Masaniello ; puis, après avoir fait compter à Ardizzone la récompense convenue, il fit jeter cette tête dans les fossés de la ville.

Quant à Renna et Cataneo, ils prirent le cadavre mutilé et le traînèrent par les rues de la ville sans que le peuple, qui, trois jours auparavant, mettait en pièces ceux qui avaient essayé d'assassiner son chef, parût s'émouvoir aucunement à ce terrible spectacle.

Lorsqu'ils furent las de traîner et d'insulter ce cadavre, comme en passant près des fossés ils aperçurent sa tête, ils jetèrent à son tour le corps dans le fossé, où ils restèrent jusqu'au lendemain.

Le lendemain le peuple se reprit d'amour pour Masaniello. Ce n'était que pleurs et gémissements par la ville. On se mit à la recherche de cette tête et de ce corps tant insultés la veille : on les retrouva, on les rajusta l'un à l'autre, on mit le cadavre sur un brancard, on le couvrit d'un manteau royal, on lui ceignit le front d'une couronne de laurier, on lui mit à la main droite le bâton de commandement, à la main gauche son épée nue ; puis on le promena solennellement dans tous les quartiers de la ville.

Ce que voyant, le vice-roi envoya huit pages avec un flambeau de cire blanche à la main pour suivre le convoi, et ordonna à tous les hommes de guerre de le saluer lorsqu'il passerait en inclinant leurs armes. On le porta ainsi à la cathédrale Sainte-Claire, où le cardinal Filomarino dit pour lui la messe des morts.

Le soir, il fut inhumé avec les mêmes cérémonies qu'on avait l'habitude de pratiquer pour les gouverneurs de Naples ou pour les princes des familles royales.

Ainsi finit Thomas Aniello, roi pendant huit jours, fou pendant quatre, assassiné comme un tyran, abandonné comme un chien, recueilli comme un martyr, et depuis lors vénéré comme un saint.

La terreur qu'inspira son nom fut si grande, que l'ordonnance des vice-rois qui défendit de donner aux enfans le nom de Masaniello existe encore aujourd'hui et est en pleine vigueur par tout le royaume de Naples.

Ainsi ce nom a été gardé de toute tache et conservé pur à la vénération des peuples.

VII.

LE MARIAGE SUR L'ÉCHAFAUD.

Un jour, c'était en 1501, on afficha sur les murs de Naples le placard suivant :

« Il sera compté la somme de quatre mille ducats à celui
» qui livrera, mort ou vif, à la justice, le bandit calabrais
» Rocco del Pizzo.
» ISABELLE D'ARAGON, régente. »

Trois jours après, un homme se présenta chez le ministre de la police, et déclara qu'il savait un moyen immanquable de s'emparer de celui qu'on cherchait, mais qu'en échange de l'or offert il demandait une grâce que la régente seule pouvait lui accorder : c'était donc avec la régente seule qu'il voulait traiter de cette affaire.

Le ministre répondit à cet homme qu'il ne voulait pas déranger Son Altesse pour une pareille bagatelle, qu'on avait promis quatre mille ducats et non autre chose ; et que si les quatre mille ducats lui convenaient, il n'avait qu'à livrer Rocco del Pizzo, et que les quatre mille ducats lui seraient comptés.

L'inconnu secoua dédaigneusement la tête et se retira.

Le soir même, un vol d'une telle hardiesse fut commis entre Resina et Torre del Greco, que chacun fut d'avis qu'il n'y avait que Rocco del Pizzo qui pouvait avoir fait le coup.

Le lendemain, à la fin du conseil, Isabelle demanda au ministre de la police des explications sur ce nouvel événement. Le ministre n'avait aucune explication à donner ; cette fois, comme toujours, l'auteur de l'attentat avait disparu, et, selon toute probabilité, exerçait déjà sur un tout autre point du royaume.

Le ministre alors se souvint de cet homme qui s'était présenté chez lui la veille, et qui lui avait offert de livrer Rocco del Pizzo : il raconta à la régente tous les détails de son entrevue avec cet homme ; mais il ajouta que, comme la première condition imposée par lui avait été de traiter l'affaire avec Son Altesse, à laquelle, au lieu de la prime accordée, il avait, disait-il, une grâce particulière à demander, il avait cru devoir repousser une pareille ouverture, venant surtout de la part d'un inconnu.

— Vous avez eu tort, dit la régente, faites chercher à l'instant même cet homme, et si vous le trouvez amenez-le moi.

Le ministre s'inclina, et promit de mettre, le jour même, tous ses agens en campagne.

Effectivement, en rentrant chez lui, il donna à l'instant même l'ordre à l'inconnu, recommandant qu'on le découvrit quelque part qu'il fût, mais qu'une fois découvert on eût pour lui les plus grands égards, et qu'on le lui amenât sans lui faire aucun mal.

La journée se passa en recherches infructueuses.

La nuit même, un second vol eut lieu près d'Averse. Celui-là était accompagné de circonstances plus audacieuses encore que celui de la veille, et il ne resta plus aucun doute que Rocco del Pizzo, pour des motifs de convenance personnelle, ne se fût rapproché de la capitale.

Le ministre de la police commença à regretter sincèrement d'avoir éloigné l'étranger d'une façon aussi absolue, et le regret augmenta encore lorsque deux fois dans la journée du lendemain la régente lui fit demander s'il avait découvert quelque chose relativement à l'inconnu qui avait offert de livrer Rocco del Pizzo. Malheureusement ce retour sur le passé fut inutile ; cette journée, comme celle de la veille, s'écoula sans amener aucun renseignement sur le mystérieux révélateur.

Mais la nuit amena une nouvelle catastrophe. Au point du jour, on trouva, sur la route d'Amalfi à la Cava, un homme assassiné. Il était complètement nu et avait un poignard planté au milieu du cœur.

A tort ou à raison, la vindicte publique attribua encore ce nouveau crime à Rocco del Pizzo.

Quant au cadavre, il fut reconnu pour être celui d'un jeune seigneur connu sous le nom de Raymond-le-Bâtard, et qui appartenait, moins cette faute d'orthographe dans sa naissance, à la puissante maison des Carraccioli, ces éternels favoris des reines de Naples, et dont l'un des membres passait pour remplir alors, près de la régente, la charge héréditaire de la famille.

Cette fois le ministre fut désespéré, d'autant plus désespéré qu'une demi-heure après le rapport de cet événement lui eut été fait, il reçut de la régente l'ordre de passer au palais.

Il s'y rendit aussitôt : la régente l'attendait le sourcil froncé et l'œil sévère ; près d'elle était Antoniello Carracciolo, le frère du mort, lequel sans doute était venu réclamer justice.

Isabelle demanda d'une voix brève au pauvre ministre s'il avait appris quelque chose de nouveau relativement à l'inconnu; mais celui-ci avait eu beau faire courir les places, les carrefours et les rues de Naples, il en était toujours au même point d'incertitude. La régente lui déclara que, si le lendemain l'inconnu n'était point retrouvé ou Rocco del Pizzo pris, il était invité à ne plus se présenter devant elle que pour lui remettre sa démission; le comte Antoniello Caracciolo ayant déclaré que Rocco del Pizzo seul pouvait avoir commis un pareil crime.

Le ministre rentrait donc chez lui, le front sombre et incliné, lorsqu'en relevant la tête il crut voir de l'autre côté de la place, enveloppé d'un manteau et se chauffant au soleil d'automne, un homme qui ressemblait étrangement à son inconnu. Il s'arrêta d'abord comme cloué à sa place, car il tremblait que ses yeux ne l'eussent trompé; mais plus il le regarda, plus il s'affermit dans son opinion; il s'avança alors vers lui, et à mesure qu'il s'avançait il reconnut plus distinctement son homme.

Celui-ci le laissa approcher sans faire un seul mouvement pour le fuir ou pour aller au devant de lui. On l'eût pris pour une statue.

Arrivé près de lui, le ministre lui mit la main sur l'épaule, comme s'il eût eu peur qu'il ne lui échappât.

— Ah! enfin, c'est toi, lui dit-il.
— Oui, c'est moi, répondit l'inconnu, que me voulez-vous?
— Je veux te conduire à la régente, qui désire te parler.
— Vraiment; c'est un peu tard.
— Comment, c'est un peu tard! demanda le ministre tremblant que le révélateur ne voulût rien révéler. Que voulez-vous dire?
— Je veux dire que, si vous aviez fait, il y a trois jours, ce que vous faites aujourd'hui, vous compteriez dans les annales de Naples deux vols de moins.
— Mais, demanda le ministre, tu n'as pas changé d'avis, j'espère?
— Je n'en change jamais.
— Tu es toujours dans l'intention de livrer Rocco del Pizzo, si l'on t'accorde ce que tu demandes?
— Sans doute.
— Et tu en as encore la possibilité?
— Cela m'est aussi facile que de me remettre moi-même entre vos mains.
— Alors, viens.
— Un instant. Je parlerai à la régente?
— A elle-même.
— A elle seule?
— A elle seule.
— Je vous suis.
— Mais à une condition, cependant.
— Laquelle?
— C'est qu'avant d'entrer chez elle vous remettrez vos armes à l'officier de service.
— N'est-ce pas la règle? demanda l'inconnu.
— Oui, répondit le ministre.
— Eh bien! alors, cela va tout seul.
— Vous y consentez?
— Sans doute.
— Alors, venez.
— Je viens.

Et l'inconnu suivit le ministre qui, de dix pas en dix pas, se retournait pour voir si son mystérieux compagnon marchait toujours derrière lui.

Ils arrivèrent ainsi au palais.

Devant les portes s'ouvrirent, et au bout d'un instant ils se trouvèrent dans l'antichambre de la régente. On annonça le ministre, qui fut introduit aussitôt, tandis que le ministre remettait de lui-même à l'officier des gardes le poignard et les pistolets qu'il portait à la ceinture.

Cinq minutes après, le ministre reparut; il venait chercher l'inconnu pour le conduire près de Son Altesse.

Ils traversèrent ensemble deux ou trois chambres, puis ils trouvèrent un long corridor, et au bout de ce corridor une porte entr'ouverte. Le ministre poussa cette porte; c'était celle de l'oratoire de la régente. La duchesse Isabelle les y attendait.

Le ministre et l'inconnu entrèrent; mais quoique ce fût, selon toute probabilité, la première fois que cet homme se trouvait en face d'une si puissante princesse, il ne parut aucunement embarrassé, et, après avoir salué avec une certaine rudesse qui ne manquait pas cependant d'aisance, il se tint debout, immobile et muet, attendant qu'on l'interrogeât.

— C'est donc vous, dit la duchesse, qui vous engagez à livrer Rocco del Pizzo?
— Oui madame, répondit l'inconnu.
— Et vous êtes sûr de tenir votre promesse?
— Je m'offre comme otage.
— Ainsi votre tête...
— Paiera pour la sienne, si je manque à ma parole.
— Ce n'est pas tout à fait la même chose, dit la régente.
— Je ne puis pas offrir davantage, répondit l'inconnu.
— Dites ce que vous désirez alors?
— J'ai demandé à parler à Votre Altesse seule.
— Monsieur est un autre moi-même, dit la régente.
— J'ai demandé à parler à Votre Altesse seule, reprit l'inconnu: c'est ma première condition.
— Laissez-nous, don Luiz, dit la duchesse.

Le ministre s'inclina et sortit.

L'inconnu se trouva tête-à-tête avec la régente, séparé seulement d'elle par le prie-dieu sur lequel était posé un Évangile, et au dessus duquel s'élevait un crucifix.

La régente jeta un coup d'œil rapide sur lui. C'était un homme de trente à trente-cinq ans, d'une taille au dessus de la moyenne, au teint hâlé, aux cheveux noirs retombant en boucles le long de son cou, et dont les yeux ardens exprimaient à la fois la résolution et la témérité; comme tous les montagnards, il était admirablement bien fait, et l'on sentait que chacun de ces membres si bien proportionnés était riche de souplesse et d'élasticité.

— Qui êtes-vous et d'où venez-vous? demanda la régente.
— Que vous fait mon nom, madame? dit l'inconnu; que vous importe le pays où je suis né? Je suis Calabrais, c'est-à-dire esclave de ma parole... Voilà tout ce qu'il vous importe de savoir, n'est-ce pas?
— Et vous vous engagez à me livrer Rocco del Pizzo?
— Je m'y engage.
— Et en échange qu'exigez-vous de moi?
— Justice.
— Rendre la justice est un devoir que j'accomplis, et non pas une récompense que j'accorde.
— Oui, je sais bien que c'est là une de vos prétentions, à vous autres souverains; vous vous croyez tous des juges aussi intègres que Salomon: malheureusement votre justice a deux poids et deux mesures.
— Comment cela?
— Oui, oui; lourde aux petits, légère aux grands, continua l'inconnu. Voilà ce que c'est votre justice.
— Vous avez tort, monsieur, reprit la régente; ma justice à moi est égale pour tous, et je vous en donnerai la preuve. Parlez: pour qui demandez-vous justice?
— Pour ma sœur, lâchement trompée.
— Par qui?
— Par l'un de vos courtisans.
— Lequel?
— Oh! un des plus jeunes, des plus beaux, un des plus nobles! — Ah! tenez, voilà que Votre Altesse hésite déjà!
— Non; seulement je désire savoir d'abord ce qu'il a fait...
— Et si ce qu'il a fait mérite la mort, aurais-je sa tête en échange de la tête de Rocco del Pizzo?
— Mais, demanda la duchesse, qui sera juge de la gravité du crime?

L'inconnu hésita un instant; puis, regardant fixement la régente:

— La conscience de Votre Altesse, dit-il.
— Donc, vous vous en rapportez à elle?
— Entièrement.
— Vous avez raison.

— Ainsi, si Votre Altesse trouve le crime capital, j'aurai sa tête en échange de celle de Rocco del Pizzo?
— Je vous le jure.
— Sur quoi?
— Sur cet Évangile et sur ce Christ.
— C'est bien. Écoutez alors, madame, car c'est toute une histoire.
— J'écoute.
— Notre famille habite une petite maison isolée, à une demi-lieue du village de Rosarno, situé entre Cosenza et Sainte-Euphémie ; elle se compose de deux vieillards : mon père et ma mère ; de deux jeunes gens : ma sœur et moi. Ma sœur s'appelle Costanza. Tout autour de nous s'étendent les domaines d'un puissant seigneur, sur les terres duquel le hasard nous fit naître, et dont, par conséquent, nous sommes les vassaux.
— Comment s'appelle ce seigneur? interrompit la régente.
— Je vous dirai son crime d'abord, son nom après.
— C'est bien ; continuez.
— C'était un magnifique seigneur que notre jeune maître, beau, noble, riche, généreux, et cependant avec tout cela haï et redouté; car, en le voyant paraître, il n'y avait pas un mari qui ne tremblât pour sa femme, pas un père qui ne tremblât pour sa fille, pas un frère qui ne tremblât pour sa sœur. Mais il faut dire aussi que tout ce qu'il faisait de mal lui venait d'un mauvais génie qui lui soufflait l'enfer aux oreilles. Ce mauvais génie était son frère naturel ; on le nommait Raymond-le-Bâtard.
— Raymond-le-Bâtard ! s'écria la régente, celui qui a été assassiné cette nuit ?
— Celui-là même.
— Connaissez-vous son assassin?
— C'est moi.
— Ce n'est donc pas Rocco del Pizzo ? s'écria la duchesse.
— C'est moi, répéta l'inconnu avec le plus grand calme.
— Donc vous avez commencé par vous faire justice vous-même.
— Je suis venu la demander il y a trois jours, et on me l'a refusée.
— Alors, que venez-vous réclamer aujourd'hui?
— La meilleure partie de ma vengeance, madame; Raymond-le-Bâtard n'était que l'instigateur du crime, son frère est le criminel.
— Son frère ! s'écria la duchesse, son frère ! mais son frère c'est Antoniello Carracciolo.
— Lui-même, madame, répondit l'inconnu, en fixant son regard perçant sur la régente.
Isabelle pâlit et s'appuya sur le prie-dieu, comme si les jambes lui manquaient ; mais bientôt elle reprit courage.
— Continuez, monsieur, continuez.
— Et le nom du coupable ne changera rien à l'arrêt du juge? demanda l'inconnu.
— Rien, répondit la régente, absolument rien, je vous le jure.
— Toujours sur cet Évangile et sur ce Christ?
— Toujours : continuez, j'écoute.
Et elle reprit la même attitude et le même visage qu'elle avait un moment avant que la terrible révélation ne lui eût été faite, et l'inconnu à peu près de la même voix qu'il l'avait commencée, le récit interrompu.
— Je vous disais donc, madame, que le comte Antoniello Carracciolo était un beau, noble, riche et généreux seigneur ; mais qu'il avait un frère qui était pour lui ce que le serpent fut pour nos premiers pères, le génie du mal.
Un jour il arriva, il y a de cela six mois à peu près, madame, il arriva, dis-je, que le comte Antoniello chassait dans la portion de ses forêts qui avoisine notre maison. Il s'était perdu à la poursuite d'un daim, il avait chaud, il avait soif, il aperçut une jeune fille qui revenait de la fontaine, portant sur son épaule un vase rempli d'eau ; il sauta à bas de son cheval, passa la bride de l'animal à son bras, et vint demander à boire à la jeune fille. Cette jeune fille, c'était Costanza, c'était ma sœur.
Un frisson passa par le corps de la régente, mais l'inconnu continua sans paraître s'apercevoir de l'effet produit par ses dernières paroles.
— Je vous ai dit, madame, ce qu'était le comte Antoniello, permettez que je vous dise aussi ce qu'était ma sœur.
C'était une jeune fille de seize ans, belle comme un ange, chaste comme une madone. On voyait, à travers ses yeux, jusqu'au fond de son âme, comme, à travers une eau limpide, on voit jusqu'au fond d'un lac ; et son père et sa mère, qui y regardaient tous les jours, n'avaient jamais pu y lire l'ombre d'une mauvaise pensée.
Costanza n'aimait personne, et disait toujours qu'elle n'aimerait jamais que Dieu ; et, en effet, sa nature fine et délicate était trop supérieure à la matière qui l'entourait, pour que cette fange humaine souillât jamais sa blanche robe de vierge.
Mais, je vous l'ai dit, madame, et peut-être le savez-vous vous-même, le comte Antoniello est un beau, noble, riche et généreux seigneur. Costanza voyait pour la première fois un homme de cette classe ; le comte Antoniello voyait, pour la première fois, sans doute aussi, une femme de cette espèce. Ces deux natures supérieures, l'une par le corps, l'autre par l'âme, se sentirent attirées l'une par l'autre, et lorsqu'ils se furent quittés après une longue conversation, Costanza commença à penser au beau jeune homme, et le comte Antoniello ne fit plus que rêver à la belle jeune fille.
Les lèvres de la régente se crispèrent; mais il n'en sortit pas une seule syllabe.
— Il faut tout vous dire, madame ; Costanza ignorait que ce beau jeune homme fût le comte Carracciolo ; elle croyait que c'était quelque page ou quelque écuyer de sa suite, qu'elle pouvait, chaste et riche, car elle est riche pour une paysanne, ma sœur, qu'elle pouvait, dis-je, regarder en face et aimer.
Ils se virent ainsi trois ou quatre jours de suite, toujours sur le chemin de la fontaine et au même endroit où ils s'étaient vus pour la première fois ; mais, une après-midi, ils s'oublièrent, de sorte que mon père, ne voyant pas revenir sa fille, fut inquiet et, jetant son fusil sur son épaule, il alla au devant d'elle.
Au détour d'un chemin, il l'aperçut assise près d'un jeune homme.
A la vue de notre père, Costanza bondit comme un daim effrayé, et le jeune homme, de son côté, s'enfonça dans la forêt. Le premier mouvement de mon père fut d'abaisser son arquebuse et de la mettre en joue, mais Costanza se jeta entre le canon de l'arme et Carracciolo. Notre père releva son arquebuse, mais il avait reconnu le jeune comte.
— Et c'était bien Antoniello Carracciolo? murmura la régente.
— C'était lui-même, dit l'inconnu.
Le même soir, notre père ordonna à sa femme et à sa fille de se tenir prêtes à partir dans la nuit : toutes deux devaient quitter notre maison et chercher un asile chez une tante que nous avions à Monteleone. Au moment de partir, mon père prit Costanza à part, et lui dit :
— Si tu le revois, je le tuerai.
Costanza tomba aux genoux de mon père, promettant de ne pas le revoir ; puis, les mains jointes et les yeux pleins de larmes, elle lui demanda son pardon. Costanza partit avec sa mère, et, lorsque le jour parut, toutes deux étaient déjà hors des terres du comte Antoniello.
La régente respira.
Le lendemain, mon père alla trouver le comte. Je ne sais ce qui se passa entre eux ; mais ce que je sais, c'est que le comte lui jura sur son honneur qu'il n'avait rien à craindre dans l'avenir pour la vertu de Costanza.
Le lendemain de cette entrevue, le comte, de son côté, partit pour Naples.
— Oui, oui, je me rappelle son retour, murmura la régente. Après? après?
— Eh bien ! après, madame, après?... Il continua de se souvenir de celle qu'il aurait dû oublier. Les plaisirs de la cour, les faveurs des dames de haut parage, les espérances de l'ambition, ne purent chasser de son souvenir l'image de

la pauvre Calabraise : cette image était sans cesse présente à ses yeux pendant ses jours, pendant ses nuits ; elle tourmentait ses veilles, elle brûlait son sommeil. Ses lettres à son frère devenaient tristes, amères, désespérées. Son frère, inquiet, partit et arriva à la cour. Il le croyait amoureux de quelque reine, à la main de laquelle il n'osait aspirer. Il éclata de rire lorsqu'il apprit que l'objet de cet amour était une misérable Calabraise.

— Tu es fou, Antoniello, lui dit-il. Cette fille est ta vassale, ta serve, ta sujette, cette fille est ton bien.
— Mais, dit Antoniello, j'ai juré à son père...
— Quoi ? qu'as-tu juré, imbécile ?
— J'ai juré de ne pas chercher à revoir sa fille.
— Très bien ! Il faut tenir ta promesse. Un gentilhomme n'a qu'une parole.
— Tu vois donc que tout est perdu pour moi.
— Tu as juré de ne pas chercher à la revoir ?
— Oui.
— Mais si c'est elle qui vient te trouver ?
— Elle !
— Oui, elle !
— Où cela ?
— Où tu voudras. Ici, par exemple ?
— Oh ! non, pas ici.
— Eh bien ! dans ton château de Rosarno.
— Mais je suis enchaîné ici ; je ne puis quitter Naples.
— Pour huit jours ?
— Oh ! pour huit jours ? oui, c'est possible, je trouverai quelque prétexte pour *lui* échapper pendant huit jours. Je ne sais pas de qui il parlait, madame, ni quelle chose le tenait en esclavage ; mais voilà ce qu'il dit.
— Je le sais, moi, dit la régente en devenant affreusement pâle. Continuez, monsieur, continuez.
— Ainsi, reprit Raymond, quand tu recevras ma lettre tu partiras ?
— À l'instant même.
— C'est bien.

Les deux frères se serrèrent la main en se quittant ; le comte Antoniello resta à Naples, et Raymond-le-Bâtard partit pour la Calabre.

Un mois après, le comte Antoniello reçut une lettre de son frère, et, il faut lui rendre justice, c'est un homme fidèle à sa promesse que le comte ! Ce jour même il partit.

Voilà où était arrivé. Ne vous impatientez pas, madame, j'arrive au dénouement.

— Je ne m'impatiente pas, j'écoute, répondit la régente ; seulement je frissonne en vous écoutant.

— Un homme avait été assassiné près de la fontaine. Mon père, en ce moment, revenait de la chasse : il trouva ce malheureux expirant ; il se précipita à son secours, et, comme il essayait, mais inutilement, de le rappeler à la vie, deux domestiques de Raymond-le-Bâtard sortirent de la forêt et arrêtèrent mon père comme l'assassin.

Par un malheur étrange, l'arquebuse de mon père était déchargée, et, par une coïncidence fatale, dont Raymond pourrait donner le secret s'il n'était pas mort, la balle qu'on retira de la poitrine du cadavre était du même calibre que celles que l'on retrouva sur mon père.

Le procès fut court ; les deux domestiques déposèrent dans un sens qui ne permettait pas aux juges d'hésiter. Mon père fut condamné à mort.

Ma mère et ma sœur apprirent tout ensemble la catastrophe, le procès et le jugement ; elles quittèrent Monteleone et arrivèrent à Rosarno, ce jour même où le comte Antoniello, prévenu par la lettre de son frère, arrivait, de son côté, de Naples.

Le comte Carracciolo, comme seigneur de Rosarno, avait droit de haute et basse justice. Il pouvait donc, d'un signe, donner à mon père la vie ou la mort.

Ma mère ignorait que le comte fût arrivé ; elle rencontra Raymond-le-Bâtard, qui lui annonça cette heureuse nouvelle, et lui donna le conseil de venir solliciter avec sa fille la grâce de notre père et de son mari ; il n'y avait pas de temps à perdre, l'exécution de mon père était fixée au lendemain.

Elle saisit avec avidité la voie qui lui était ouverte par ce conseil, qu'elle regardait comme un conseil ami ; elle vint prendre sa fille, elle l'entraîna avec elle sans même lui dire où elle la conduisait, et, le jour même de l'arrivée du noble seigneur, les deux femmes éplorées vinrent frapper à la porte de son château.

Elle ignorait, la pauvre mère, l'amour du comte pour Costanza.

La porte s'ouvrit, comme on le pense bien, car toutes choses avaient été préparées par l'infâme Raymond pour que rien ne vînt s'opposer à l'accomplissement de son projet ; mais une fois entrées, la mère et la fille rencontrèrent des valets qui leur barrèrent le passage et qui leur dirent qu'une seule des deux pouvait entrer.

Ma mère entra, Costanza attendit.

Elle trouva le comte Antoniello qui la reçut avec un visage sévère ; elle se jeta à ses pieds, elle pria, elle supplia ; Antoniello fut inflexible : un crime avait été commis, disait-il, son mari était coupable de ce crime, il fallait que ce meurtre fût vengé ; il fallait que la justice eût son cours : le sang demandait du sang.

Ma pauvre mère sortit de la chambre du comte brisée par la douleur, anéantie par le désespoir, et criant merci à Dieu.

— Mais où donc étiez-vous pendant ce temps ? demanda la régente à l'inconnu.

— A l'autre bout de la Calabre, madame, à Tarente, à Brindisi, que sais-je. J'étais trop loin pour rien savoir de ce qui se passait. Voilà tout.

Ma mère sortit donc désespérée et voulut entraîner sa fille, mais Costanza l'arrêta :

— A mon tour, ma mère, dit-elle, à mon tour d'essayer de fléchir notre maître. Peut-être serai-je plus heureuse que vous.

Ma mère secoua la tête et tomba sur une chaise, elle n'espérait rien.

Ma sœur entra à son tour.

— Elle savait que cet homme l'aimait, s'écria la régente, et elle entrait chez cet homme !...

— Mon père allait mourir, madame, comprenez-vous ?

Isabelle d'Aragon grinça des dents, puis, au bout d'un instant :

— Continuez, continuez... dit-elle.

Dix minutes s'écoulèrent dans une mortelle anxiété, enfin un serviteur sortit un papier à la main.

— Monseigneur le comte fait grâce pleine et entière au coupable, dit-il, voici le parchemin revêtu de son sceau.

Ma mère jeta un cri de joie si profond, qu'il ressemblait à un cri de désespoir.

— Oh ! merci, merci, dit-elle, et, baisant la signature du comte, elle se précipita vers la porte. Puis s'arrêtant tout à coup :

— Et ma fille ? dit-elle.

— Courez à la prison, dit le serviteur, vous trouverez votre fille, en rentrant chez vous.

Ma mère s'élança, égarée de joie, ivre de bonheur ; elle traversa les rues de Rosarno en criant : « Sa grâce ! sa grâce ! j'ai sa grâce !... » Elle arriva à la porte de la prison, où déjà elle s'était présentée deux fois sans pouvoir entrer. On voulut la repousser une troisième fois, mais elle montra le papier, et la porte s'ouvrit.

On la conduisit au cachot de mon père.

Mon père n'attendait plus que le bourreau ; c'était la vie qui entrait à la place de la mort.

Il y eut au fond de cet asile de douleur un instant d'indicible joie.

Puis il demanda des détails : comment ma mère et ma sœur avaient appris l'accusation qui pesait sur lui, comment elles étaient parvenues au comte ; comment, enfin, toutes choses s'étaient passées.

Ma mère commença le récit, mon père l'écouta, l'interrompant à chaque instant par ses exclamations ; peu à peu, il ne dit plus que quelques paroles et d'une voix tremblante. Bientôt il se tut tout à fait, puis sa tête tomba dans ses deux mains, puis la sueur de l'angoisse lui monta au visage, puis la rougeur de la honte lui brûla le front ; enfin, quand ma mère lui eut dit que, repoussée par le comte, elle avait permis à ma sœur de prendre sa place, il bondit en poussant un rugissement comme un lion blessé, et s'élança contre la porte, la porte était fermée.

Il prit la pierre qui lui servait d'oreiller, et la lança de toutes ses forces contre la barrière de fer qu'il croyait avoir le droit de se faire ouvrir.

Le geôlier accourut et lui demanda ce qu'il voulait.

— Je veux sortir ! s'écria mon père, sortir à l'instant même !

— Impossible ! dit le geôlier.

— J'ai ma grâce ! cria mon père. Je l'ai, je la tiens, la voilà !

— Oui, mais elle porte que vous ne sortirez de prison que demain matin.

— Demain matin ! fit le captif avec une exclamation terrible.

— Lisez plutôt, si vous en doutez, ajouta le geôlier.

— Mon père s'approcha de la lampe, lut et relut le parchemin. Le geôlier avait raison ; soit hasard, soit erreur, soit calcul, le jour de sa sortie était fixé au lendemain matin seulement.

Le prisonnier ne poussa pas un cri, pas un gémissement, pas un sanglot. Il revint s'asseoir muet et morne sur son lit.

Ma mère vint s'agenouiller devant lui.

— Qu'as-tu donc ? demanda-t-elle.

— Rien, répondit il.

— Mais que crains-tu ?

— Oh ! peu de chose.

— Mon Dieu ! mon Dieu ! que crois-tu, que crains-tu, que penses-tu ?

— Je pense que Costanza est indigne de son père, voilà tout.

Ce fut ma mère qui se leva à son tour, pâle et frissonnante.

— Mais c'est impossible.

— Impossible ! et pourquoi ?

— On m'a dit qu'elle allait sortir derrière moi. On m'a dit qu'elle allait nous attendre à la maison.

— Eh bien ! va voir à la maison si elle y est, et, si elle y est, reviens avec elle.

— Je reviens, dit ma mère.

Et elle frappa à son tour et demanda à sortir. Le geôlier lui ouvrit.

Elle courut à la maison. La maison était déserte, Costanza n'était point rentrée.

Elle courut au palais et redemanda sa fille. On lui répondit qu'on ne savait pas ce qu'elle voulait dire.

Elle revint à la maison. Costanza n'était pas rentrée.

Elle attendit jusqu'au soir. Costanza ne reparut point.

Alors elle pensa à son mari et s'achemina de nouveau vers la prison ; mais, cette fois, d'un pas lent et aussi morne que si elle eût suivi au cimetière le cadavre de sa fille.

Comme la première fois, les portes s'ouvrirent devant elle.

Elle retrouva son mari assis à la même place ; quoiqu'il eût reconnu son pas, il ne leva même pas la tête. Elle alla se coucher à ses pieds et posa sans rien dire son front sur ses genoux.

— Comprenez-vous, madame, quelle nuit infernale fut cette nuit point reparue !

Le lendemain, au point du jour, on vint ouvrir la prison et annoncer au condamné qu'il était libre. — Je vous l'ai déjà dit, ajouta l'inconnu en riant d'un rire terrible, oh ! le comte Carracciolo est un noble seigneur, et qui tient religieusement sa parole !...

Les deux vieillards sortirent s'appuyant l'un sur l'autre. Une seule nuit les avait tous deux rapprochés de la tombe de dix ans.

En tournant le coin de la route d'où l'on aperçoit la maison, ils virent Costanza, qui les attendait agenouillée sur le seuil.

Ils ne firent pas un pas plus vite pour aller au devant de leur fille ; leur fille ne se releva pas pour aller au devant d'eux.

Quand ils furent près d'elle, Costanza joignit les mains et ne dit que ce seul mot :

— Grâce !

Par un mouvement instinctif, ma mère étendit le bras entre son mari et sa fille.

Mais celui-ci l'arrêta doucement.

— Grâce, dit-il en tendant la main à Costanza, grâce, et pourquoi grâce, mon enfant ? n'es-tu pas un ange ? n'es-tu pas une sainte ? n'es-tu pas plus que tout cela, n'es-tu pas une martyre ?

Et il l'embrassa.

Puis, comme la mère, entraînant sa fille au fond de la chaumière, la laissa seul dans la pièce d'entrée, il détacha son arquebuse, la jeta sur son épaule, et s'achemina vers le château.

Il demanda à remercier le comte.

Le comte était parti depuis une heure pour Naples.

Il demanda à remercier Raymond.

Raymond était parti avec son frère.

Il revint alors vers la chaumière, accrocha son arquebuse à la cheminée. Puis Costanza et sa mère entendirent comme le bruit d'un corps pesant qui tombait ; elles sortirent toutes deux et trouvèrent le vieillard étendu sans connaissance au milieu de la chambre.

Elles le posèrent sur le lit ; ma sœur resta près de lui, tandis que ma mère courait chercher un médecin.

Le médecin secoua la tête ; cependant il saigna mon père.

Vers le soir, le vieillard rouvrit les yeux.

Comme il rouvrait les yeux, je mettais le pied sur le seuil de la porte.

Il ne vit ni ma mère ni ma sœur, il ne vit que moi.

— Mon fils, mon fils ! s'écria-t-il, oh ! c'est la vengeance divine qui te ramène.

Je me jetai dans ses bras.

— Allez, dit-il à ma mère et à ma sœur, et laissez-nous seuls.

Ma mère obéit, mais ma sœur voulut rester.

Alors le vieillard se souleva sur son lit, et, montrant à Costanza sa mère qui s'éloignait :

— Suivez votre mère, dit-il avec un de ces gestes suprêmes qui veulent être obéis, suivez votre mère, si vous voulez que ma bénédiction vous suive.

Costanza baisa la main du moribond, se jeta à mon cou en pleurant et suivit ma mère.

Je déposai mon arquebuse, mes pistolets et mon poignard sur une table, et j'allai m'agenouiller près du lit du vieillard.

— C'est la vengeance divine qui te ramène, répéta-t-il une seconde fois. Écoute-moi, mon fils, et ne m'interromps pas ; car, je le sens, je n'ai plus que quelques instans à vivre, écoute-moi.

Je lui fis signe qu'il pouvait parler.

Alors il me raconta tout.

Et, à mesure qu'il parlait, sa voix s'animait, le sang refluait à son visage, la colère remontait dans ses yeux, on eût dit qu'il était plein de force, de vie et de santé. Seulement, au dernier mot, lorsqu'il en fut au moment où, rentrant chez lui et remettant son arquebuse à sa cheminée, il avait cru qu'il lui faudrait renoncer à sa vengeance, il jeta un cri étouffé et retomba la tête sur son chevet.

Cette fois il était mort.

Je fus longtemps sans le croire, longtemps je lui secouai le bras, longtemps je l'appelai ; enfin je sentis ses mains se refroidir dans les miennes, enfin je vis ses yeux se ternir.

Je fermai ses yeux, je croisai ses mains sur sa poitrine, je l'embrassai une dernière fois et je jetai par dessus sa tête son drap devenu un linceul.

Puis j'allai ouvrir la porte du fond, et faisant signe à ma mère et à ma sœur de s'approcher :

— Venez, leur dis-je, venez prier près de votre mari et de votre père mort.

Les deux femmes se jetèrent sur le lit en s'arrachant les cheveux et en éclatant en sanglots.

Pendant ce temps, je passais mes pistolets et mon poignard dans ma ceinture, et, jetant mon arquebuse sur mon épaule, je m'avançai vers la porte.

— Où vas-tu, frère? s'écria Costanza.

— Où Dieu me mène, répondis-je.

Et, avant qu'elle eût eu le temps de s'opposer à ma sortie, je franchis le seuil et je disparus dans l'obscurité.

Je vins droit à Naples.

On m'avait dit non-seulement que vous étiez belle entre les femmes, mais encore juste entre les reines.

Je vins à Naples avec l'intention de vous demander justice.

— Comment ne vous l'êtes-vous pas faite vous-même? demanda Isabelle.

— Un coup de poignard n'était point assez pour un pareil crime, madame, c'était l'échafaud que je voulais. Antoniello Carracciolo a déshonoré ma famille, je veux le déshonneur d'Antoniello Carracciolo.

— C'est juste, murmura la régente.

— Mais, pour plus de sûreté encore, comme le long du chemin j'appris que la tête de Rocco del Pizzo était mise à prix, et comme, en arrivant à Naples, je lus, au coin du Mercato-Nuovo, le placard qui offrait quatre mille ducats à celui qui le livrerait mort ou vif; pour plus de sûreté, dis-je, je me présentai chez le ministre de la justice, offrant de livrer vivant cet homme que vous cherchez partout et que vous ne pouvez trouver nulle part. Mais le ministre de la police ne voulut point m'accorder ce que je lui demandais, c'est-à-dire une audience de Votre Altesse. Alors je résolus d'arriver à mon but par un autre moyen; je volai sur la route de Resina à Torre del Greco.

— Alors c'était donc vous et non pas Rocco del Pizzo?...

— Alors je volai sur la route d'Aversa...

— C'était donc encore vous et non pas celui que l'on croyait?...

— Alors j'assassinai sur la route d'Amalfi. La mort de Raymond, c'était le commencement de ma vengeance, car j'étais résolu de recourir à la vengeance puisqu'on me refusait justice.

— C'est bien, dit la régente. Dieu a voulu que je vous retrouve, tout est pour le mieux.

— Tout est pour le mieux, dit l'inconnu.

— Et vous vous engagez toujours à livrer Rocco del Pizzo?

— Toujours.

— Vous savez où il est?

— Je le sais.

— Vous répondez de mettre la main dessus?

— J'en réponds.

— Et vous me le livrerez vivant?

— En échange de Carracciolo mort; vous le savez, c'est ma condition, madame.

— C'est chose dite, soyez tranquille. Mais qui me répondra de vous d'ici là?

— C'est bien simple: envoyez-moi en prison; seulement, vous me ferez conduire, par deux gardes, à quelque fenêtre d'où je puisse assister au supplice de Carracciolo. Puis, Carracciolo mort, je vous livrerai Rocco del Pizzo.

— Mais si vous ne me le livrez pas?

— Ma tête répondra pour la sienne; je l'ai déjà dit et je vous le répète.

— C'est juste, dit la régente, je l'avais oublié.

Elle frappa dans ses mains, le capitaine des gardes entra.

— Faites écrouer cet homme à la Vicairie, dit-elle.

Le capitaine remit l'inconnu aux mains de deux gardes et rentra.

— Maintenant, continua la régente, faites arrêter le comte Antoniello Carracciolo et conduisez-le au château de l'Œuf.

Le capitaine se présenta au palais de Carracciolo; mais, soupçonnant sans doute quelque chose du danger qui le menaçait, Carracciolo avait disparu.

La régente, en apprenant cette nouvelle qui lui confirmait la culpabilité de son favori, ordonna aussitôt aux nobles du siége de Capouan, où les Carraccioli étaient inscrits, de lui livrer le coupable, leur donnant trois jours seulement pour obtempérer à cet ordre.

Les trois jours s'écoulèrent, et comme, à la fin de la troisième journée, le comte n'avait pas reparu, Naples, en se réveillant, trouva, le lendemain, cinquante ouvriers occupés à démolir le palais d'Antoniello Carracciolo, situé en face de la cathédrale.

Quand le palais fut complètement rasé, on amena une charrue, on creusa des sillons à la place où il s'était élevé, et l'on sema du sel dans les sillons.

Puis on commença de démolir le palais situé à la droite du sien: c'était le palais du prince Carracciolo son père.

Puis on commença de démolir le palais de gauche: c'était le palais du duc Carracciolo, son frère aîné.

Le palais démoli, il en fut fait autant sur son emplacement qu'il en avait été fait sur l'emplacement des deux autres.

La régente ordonna qu'il en serait ainsi des palais de tous les Carraccioli, jusqu'à ce que les Carraccioli eussent livré le coupable.

Dans la nuit qui suivit cette ordonnance, Antoniello Carracciolo se constitua de lui-même prisonnier.

Le lendemain, son père et ses deux frères se présentèrent au palais, mais la régente fit dire qu'elle n'était pas visible.

Le surlendemain, le prisonnier écrivit à la duchesse pour solliciter d'elle les faveurs d'une entrevue; mais la duchesse lui fit répondre qu'elle ne pouvait le recevoir.

Les uns et les autres renouvelèrent pendant huit jours leurs tentatives; mais ni les uns ni les autres n'obtinrent le résultat qu'ils poursuivaient.

Le matin du neuvième jour, les habitans du Mercato-Nuovo, avec un étonnement mêlé d'effroi, virent sur la place un échafaud qui n'y était pas la veille. La funèbre machine avait poussé dans l'ombre, sans que nul la vît croître, sans que personne l'entendît grandir.

Il y avait à l'une des extrémités de cet échafaud un autel, et à l'autre un billot; entre le billot et l'autel étaient, d'un côté, un prêtre, et de l'autre le bourreau.

Nul ne savait pour qui étaient cet échafaud, ce bourreau, ce prêtre, ce billot et cet autel.

Bientôt on vit arriver, par le quai qui va du Môle au Mercato-Nuovo, un homme conduit par deux gardes. On crut d'abord que cet homme était le héros du drame qui allait être joué; mais il entra, suivi de ses deux gardes, dans une des maisons de la place. Un instant après, il reparut, toujours entre ses deux gardes, à la fenêtre de cette maison qui donnait en face de l'échafaud. On s'était trompé sur l'importance de cet homme, qui, selon toute probabilité, devait être simple spectateur de l'événement.

Un instant après, des cris se firent entendre à la fois sur le quai qui mène du pont de la Maddalena au Mercato-Nuovo et dans la rue du Soupir. Deux cortéges s'avançaient, celui de la rue du Soupir conduisant un beau jeune homme, celui du quai conduisant une belle jeune fille.

Le beau jeune homme, c'était Antoniello Carracciolo.

La belle jeune fille, c'était Costanza.

Tous deux apparurent sur la place en même temps, tous deux s'approchèrent de l'échafaud du même pas, tous deux y montèrent ensemble; seulement, Costanza y monta du côté du prêtre, et Antoniello du côté du bourreau.

Arrivés sur la plate-forme, Antoniello fit un mouvement pour s'élancer vers Costanza, mais le bourreau l'arrêta; de son côté, Costanza fit un pas pour s'avancer vers Antoniello, mais le prêtre la retint.

Alors le greffier déploya un parchemin et le lut à haute voix. C'était le contrat de mariage du comte Antoniello Carracciolo avec Costanza Maselli, contrat par lequel le noble fiancé donnait à sa future épousée, non-seulement tous ses titres, mais encore tous ses biens.

Quoique la place fût encombrée par la foule, quoique cette foule refluât dans les rues environnantes, quoique chaque fenêtre de la place parût bâtie de têtes, quoique les toits des maisons semblassent chargés d'une moisson vivante, il se fit, au moment où le greffier déploya le parchemin, un tel silence dans cette multitude que pas un mot du contrat de mariage ne fut perdu.

Aussi toute cette foule, la lecture achevée, éclata-t-elle en applaudissemens. On commençait à comprendre que, malgré la différence des conditions, la régente avait ordonné que le comte rendrait à la paysanne l'honneur qu'il lui avait ôté.

Quant aux deux fiancés, qui jusque-là n'avaient probablement pas su eux-mêmes de quoi il était question, ils parurent reprendre courage; et lorsque le prêtre, qui était monté à l'autel, leur fit signe de s'approcher, ils allèrent d'un pas assez ferme s'agenouiller devant lui.

Aussitôt la messe commença, accompagnée de tous les rites du mariage. Le prêtre demanda à chacun des deux jeunes gens s'il prenait l'autre pour époux, et chacun d'eux, d'une voix intelligible, prononça le oui solennel. Puis l'homme de Dieu remit à Antoniello l'anneau nuptial, et Antoniello le passa au doigt de Costanza.

Alors tous deux s'agenouillèrent de nouveau et le prêtre les bénit.

Tous les assistans pleuraient de joie et d'émotion à cet étrange spectacle, et bénissaient à leur tour les deux jeunes époux, quand tout à coup le même ministre qui avait prononcé les saintes paroles du mariage entonna d'une voix sourde les prières des agonisans. A ce changement, toute cette multitude frissonna et laissa échapper un murmure de terreur, car elle comprenait qu'on n'en était encore qu'à la moitié de la cérémonie, et qu'une catastrophe terrible allait en faire le dénouement.

En effet, comme Antoniello, ignorant, ainsi que tous les autres, du destin qui l'attendait, jetait autour de lui un regard épouvanté, les deux aides de l'exécuteur s'emparèrent de lui, et, avant qu'il eût eu le temps de faire un mouvement pour se défendre, ils lui lièrent les mains, et, tandis que le bourreau tirait son épée hors du fourreau, ils le conduisirent le condamné devant le billot qui, ainsi que nous l'avons dit, s'élevait à l'autre extrémité de l'échafaud en face de l'autel, et le forcèrent de s'agenouiller devant lui.

Costanza voulut s'élancer vers Antoniello, mais le prêtre arrêta la jeune femme en étendant un crucifix entre elle et son époux.

Antoniello vit alors que tout était fini pour lui, et comprit qu'il était irrévocablement condamné; il ne songea donc plus qu'à bien mourir. Il releva le front, dit à haute voix une prière; puis se retournant vers Costanza à moitié évanouie :

— A revoir dans le ciel, lui cria-t-il, et il posa son cou sur le billot.

Au même instant l'épée de l'exécuteur flamboya comme l'éclair, et la foule, jetant un cri terrible, fit un mouvement en arrière; la tête de Carracciolo, détachée du corps d'un seul coup, avait bondi du billot sur le pavé, et roulait entre les jambes de ceux qui étaient les plus rapprochés de l'échafaud.

Deux confréries religieuses s'approchèrent alors de l'échafaud : une d'hommes, une de femmes. La première emporta le cadavre de Carracciolo décapité, la seconde emporta le corps de Costanza évanouie.

La foule s'écoula sur leurs traces, et au bout d'un instant la place se trouva vide; il n'y resta plus, solitaire, sanglante et debout, que la terrible machine, demeurée là pour attester sans doute à la population de Naples que tout ce qu'elle venait de voir était une réalité et non un rêve.

Quand la place fut vide, l'homme qui avait assisté à l'exécution entre les deux gardes descendit avec eux et reprit le chemin du quai. Mais, au lieu de le ramener à la Vicairie, les soldats le conduisirent au palais royal.

Là, il fut introduit dans les mêmes appartemens que la première fois, et, conduit au même oratoire, il y retrouva la régente à la même place, debout près du prie-dieu, et la main étendue sur les Evangiles. Les soldats entrèrent avec lui et demeurèrent de chaque côté de la porte.

— Eh bien! dit Isabelle d'Aragon, ai-je accompli mon serment?
— Religieusement, madame, répondit l'inconnu.
— Maintenant, à vous de tenir la vôtre.
— Je suis prêt.
— Où est l'homme dont la tête est à prix?
— Devant Votre Altesse.
— Ainsi, Rocco del Pizzo?...
— C'est moi, madame.
— Je le savais, dit Isabelle.
— Alors, reprit le bandit, qu'ordonne de moi Votre Altesse?
— Que vous serviez de père à l'orpheline et de protecteur à la veuve.
— Comment, madame?... s'écria Rocco del Pizzo.
— Je ne sais faire ni justice, ni grâce à moitié, reprit la régente.

Puis se retournant vers les soldats :

— Cet homme est libre d'aller où il voudra, dit-elle; laissez-le donc sortir.

Et elle rentra dans ses appartemens d'un pas calme et assuré, d'un pas de reine.

———

Costanza retourna en Calabre avec son frère, car elle avait encore, comme on s'en souvient, sa pauvre mère à Rosarno. Rocco del Pizzo la suivit.

Mais lorsque sa mère mourut, ce qui arriva la nuit suivante, elle revint à Naples, entra dans le couvent qui l'avait déjà recueillie, y paya sa dot, et légua les restes de l'immense fortune qu'elle tenait de son mari à la pauvre communauté, qui se trouva enrichie d'un seul coup.

Rocco del Pizzo suivit sa sœur à Naples.

Mais le jour où elle prononça ses vœux, lorsqu'il comprit qu'elle n'avait plus besoin de lui et que le Seigneur l'avait remplacé près d'elle, il disparut, et personne ne le revit depuis, ni ne sut positivement ce qu'il était devenu.

On croit qu'il s'attacha à la fortune de César Borgia, et qu'il fut tué près de ce grand homme, en même temps que lui.

VIII.

POUZZOLES.

Nous montâmes dans notre corricolo, laissant à notre droite le lac d'Agnano, sur lequel il y a peu de choses à dire; nous gagnâmes l'ancienne voie romaine qui menait de Naples à Pouzzoles, et qu'on appelait la voie Antonina. Il n'y avait pas à s'y tromper, c'est bien l'ancien pavé en pierres volcaniques, tout bordé de tombeaux ou plutôt de ruines sépulcrales, deux ou trois tombeaux seulement ayant traversé les âges comme des jalons séculaires, et étant restés debout sur la route infinie du temps.

Nous nous arrêtâmes au couvent des Capucins. C'est là qu'a été transportée la pierre où saint Janvier subit le martyre; cette pierre est encore aujourd'hui tachée de sang, et, lorsque le miracle de la liquéfaction s'opère à la chapelle du Trésor à Naples, le sang qui tache cette pierre, frère de celui que renferment ces deux fioles, se liquéfie, dit-on, et bouillonne de même.

Cette église renferme en outre une assez belle statue du saint.

De l'église des Capucins à la Solfatare il n'y a qu'une enjambée. Nous avions été préparés à la vue de cet ancien volcan par notre voyage dans l'archipel Lipariote. Nous retrouvâmes les mêmes phénomènes : ce terrain sonnant le creux et qui, à chaque pas, semble prêt à vous engloutir dans des catacombes de flammes; ces fumaroles par lesquelles s'échappe une vapeur épaisse et empestée; enfin, dans les endroits où ces vapeurs sont les plus fortes, ces tuiles et ces briques préparées pour y recevoir le sel ammoniac qui s'y sublime, et qu'on y récolte sans autre frais, chaque matin et chaque soir.

La Solfatare est le *Forum Vulcani* de Strabon.

A quelque pas de la Solfatare sont les restes de l'amphithéâtre appelé en même temps *Carceri*, nom qui a prévalu sur l'autre et qui rappelle les persécutions chrétiennes du deuxième et du troisième siècle. C'est dans cet amphithéâtre que le roi Tiridate, amené par Néron, qui lui faisait remarquer la force et l'adresse de ses gladiateurs, voulant montrer quelle était sa force et son adresse à lui, prit un javelot de la main d'un prétorien, et lançant ce javelot dans l'arène, tua deux taureaux du même coup.

C'est encore, selon toute probabilité, dans ce cirque que saint Janvier, échappé à la flamme et aux bêtes, fut décapité, ce que Dieu permit, comme nous l'avons dit, parce que c'était le cours ordinaire de la justice. Une des caves qui ont fait donner au monument le nom de *Carceri*, érigée en chapelle, est celle que la tradition assure avoir servi de prison au martyr.

Près du *Carceri* est la maison de Cicéron, ce martyr d'une petite réaction politique, tandis que saint Janvier fut celui d'une grande révolution divine.

Cette maison était la villa chérie de l'auteur des *Catilinaires*. Il la préférait à sa villa de Gaëte, à sa villa de Cumes, à sa villa de Pompeïa, car Cicéron avait des villas partout. En ce temps-là, comme aujourd'hui, l'état d'avocat et celui d'orateur étaient parfois, à ce qu'il paraît, d'un excellent rapport.

Il est vrai qu'ils avaient aussi leurs désagrémens, comme, par exemple, d'avoir, après sa mort, la tête et les mains clouées à la tribune aux harangues, et la langue percée par une aiguille. Mais enfin, cela n'arrivait pas à tous les avocats, témoin Salluste. Pourquoi diable aussi Cicéron s'était-il mêlé de ce qui ne le regardait pas, et avait-il tenu des propos sur les faux cheveux de Livie? En cherchant bien, on finit d'ordinaire par découvrir que dans les grands malheurs qui nous arrivent il y a toujours un peu de notre faute.

En attendant, Cicéron passa quelques beaux et paisibles jours dans cette villa, qui touchait aux jardins de Pouzzoles, et où il composa ses *Questions académiques*. Il avait de là une vue magnifique que ne gênait pas à cette époque ce stupide Monte-Nuovo, poussé dans une nuit comme un champignon, pour gâter tout le paysage.

C'est de Pouzzoles qu'Auguste partit pour aller faire la guerre à Sextus Pompée, avec lequel, deux ou trois ans auparavant, Antoine, Lépide et lui avaient fait un traité de paix au cap Misène.

Ce fut un instant avant la signature de ce traité que, voyant les triumvirs réunis sur le vaisseau de son maître, Menas, affranchi et amiral de Sextus, se pencha à son oreille et lui dit tout bas:

— Veux-tu que je coupe le câble qui retient ton vaisseau au rivage et je te fasse maître du monde?

Sextus réfléchit un instant: la proposition en valait bien la peine; puis, se retournant vers Menas:

— Il fallait le faire sans me consulter, répondit-il. Maintenant il est trop tard!

Et, se retournant vers les triumvirs le visage souriant et sans qu'ils se doutassent qu'ils avaient couru un grand danger, il continua de discuter ce traité qui accordait la terre à Octave, à Antoine et à Lépide; et à lui, fils de Neptune, qui avait changé son manteau de pourpre contre la robe verte de Glaucus, les îles et la mer.

Il y aurait un admirable roman à faire sur ce jeune roi de la mer, qui fut le premier amant de Cléopâtre et le dernier antagoniste d'Auguste, et qui, tandis que Rome promettait cent mille sesterces (vingt mille francs) par tête de proscrit, en promettait, lui, deux cent mille par chaque exilé qu'on amènerait sur ses vaisseaux, le seul lieu du monde où un banni pût alors être en sûreté.

Malheureusement, que font à nos lecteurs, en l'an de grâce 1842, les amours de Cléopâtre, les proscriptions d'Octave et les pirateries de Sextus Pompée, ce galant voleur qui fut à peu près le seul honnête homme de son temps?

Pouzzoles était le rendez-vous de l'aristocratie romaine. Pouzzoles avait ses sources comme Plombières, ses thermes comme Aix, ses bains de mer comme Dieppe. Après avoir été le maître du monde et n'avoir pas trouvé dans tout son empire un autre lieu qui lui plût, Sylla vint mourir à Pouzzoles.

Auguste y avait un temple que lui avait élevé le chevalier romain Calpurnius. C'est aujourd'hui l'église de saint Proclus, compagnon de saint Janvier.

Tibère y avait une statue portée sur un piédestal de marbre qui représentait les quatorze villes de l'Asie-Mineure qu'un tremblement de terre avait renversées et que Tibère avait fait rebâtir. La statue est disparue sans qu'on ait pu la retrouver. Le piédestal existe encore.

Caligula y fit bâtir ce fameux pont qui réalisait un rêve aussi insensé que celui de Xercès; ce pont partait du môle, traversait le golfe et allait aboutir à Baïa. Sa construction occasionna la suspension des transports et affama Rome. Vingt-cinq arches le soutenaient en partant du môle; et comme la mer devenait au delà trop profonde pour qu'on pût continuer à établir des piles, on avait réuni un nombre infini de galères qu'on avait fixées avec des ancres et des chaînes; puis sur ces galères on avait établi des planches qui, recouvertes de terre et de pierres, formaient le pont. L'empereur passa dessus, revêtu de la chlamyde, armé de l'épée d'Alexandre le Grand, et traînant derrière lui, à son char attelé de quatre chevaux, le jeune Darius, fils d'Arbane, que les Parthes lui avaient donné en otage. — Et tout cela, savez-vous pourquoi? Parce qu'un jour Thrasylle, astrologue de Tibère, ayant vu le vieil empereur regarder Caligula de cet œil inquiet qu'il connaissait si bien:

— Caligula, avait-il dit, ne sera pas plus empereur qu'il ne traversera à cheval le golfe de Baïa.

Caligula traversa à cheval le golfe de Baïa, et, pour le malheur du monde, à qui Tibère eût rendu un grand service en l'étouffant, Caligula fut quatre ans empereur.

Aujourd'hui, de ces vingt-cinq arches il reste encore treize gros piliers, dont les uns s'élèvent au-dessus de la surface des flots, et dont les autres sont recouverts par la mer.

Enfin le maître des dieux y avait un temple dans lequel il était adoré sous le nom de Jupiter Sérapis. Envahi, selon toute probabilité, par l'eau et enseveli en même temps sous les cendres, lors du tremblement de terre de 1558, il fut retrouvé en 1750, mais dépouillé aussitôt de toutes les choses premières qu'il contenait et qui furent envoyées à Caserte. Il ne lui reste aujourd'hui que trois des colonnes qui l'entouraient, deux des douze vases qui ornaient le monoptère, et, scellé dans son pavé de marbre grec, un des deux anneaux de bronze qui servaient à attacher les victimes au moment de leur sacrifice.

Ce tremblement de terre de 1558 dont nous venons de parler est le grand événement de Pouzzoles et de ses environs. Un matin, Pouzzoles s'est réveillée, a regardé autour d'elle et ne s'est pas reconnue. Où elle avait laissé la veille un lac, elle retrouvait une montagne; où elle avait laissé une forêt, elle trouvait des cendres; enfin, où elle avait laissé un village, elle ne trouvait rien du tout.

Une montagne d'une lieue de terre avait poussé dans la nuit, déplacé le lac Lucrèce, qui est le Styx de Virgile, comblé le port Jules, et englouti le village de Tripergole.

Aujourd'hui, le Monte-Nuovo (on l'a baptisé de ce nom, qu'il a certes bien mérité) est couvert d'arbres comme une vraie montagne, et ne présente pas la moindre différence avec les autres collines qui sont là depuis le commencement du monde.

Nous avions arrêté que nous irions dîner sur les bords de la mer, pour manger des huîtres du lac Lucrin et boire du vin de Falerne. Nous nous acheminâmes donc vers le lieu désigné, où des provisions, prudemment achetées à Naples et envoyées d'avance, nous attendaient, lorsqu'en arrivant près des ruines du temple de Vénus, nous aperçûmes un groupe de promeneurs qui s'apprêtaient à en faire autant. Nous nous approchâmes et nous reconnûmes, qui ? Barbaja, l'illustre impresario, Duprez, notre célèbre artiste, et la *diva* Malibran, comme on l'appelait alors à Naples et comme on l'appelle maintenant par tout le monde !

C'était une bonne fortune pour nous qu'une pareille rencontre : et comme on voulut bien répondre à notre compliment par un compliment semblable, il fut arrêté à l'instant même et par acclamation que les deux dîners seraient réunis en un seul.

Ce point essentiel arrêté, comme il fallait encore un certain temps pour apprêter le banquet commun, et que nous n'étions qu'à deux cents pas des étuves de Néron, où le gardien nous offrait de faire cuire nos œufs, nous acceptâmes la proposition, nous lui mîmes à la main le panier qui les contenait, et nous marchâmes derrière lui.

Le pauvre homme ressemblait fort aux chiens de la grotte dont j'ai parlé dans un précédent chapitre. A mesure que nous approchons des étuves, son pas se ralentissait. Malheureusement la curiosité est impitoyable. Nous fûmes donc insensibles aux gémissemens qu'il poussait, et, la porte des étuves ouverte, nous nous précipitâmes dedans.

Ces étuves se composent d'abord de deux grandes salles où nous vîmes une douzaine de baignoires dégradées. Dans les intervalles de ces baignoires sont des niches vides : ces niches étaient destinées à des statues qui indiquaient de la main les maladies dont ces eaux thermales guérissaient. Or, leur efficacité était encore si grande au moyen âge qu'une vieille tradition raconte que trois médecins de Salerne, furieux de voir que les cures opérées par ces eaux nuisaient à leur clientèle, partirent de cette ville, débarquèrent pendant la nuit à Baïa, détruisirent l'établissement de fond en comble, et se rembarquèrent ; mais soit hasard, soit punition divine, une tempête s'étant élevée, leur bâtiment fit naufrage près de Capri, et tous trois périrent dans les flots. Il y avait dans le palais du roi Ladislas, à ce qu'assure Denis de Sarno, une inscription qui vouait à l'exécration publique les noms de ces trois médecins.

Depuis ce temps, l'eau ne vient plus dans les baignoires, et c'est aux voyageurs à l'aller chercher, ce qui n'est pas chose facile, le corridor par lequel on pénètre jusqu'aux sources donnant juste passage à un homme, et l'air y étant si chaud et si rare, qu'au bout de dix pas le plus entêté de nous fut forcé de revenir.

Pendant ce temps, le gardien des étuves s'apprêtait, de l'air d'un homme qui va monter à l'échafaud ; puis il prit par l'anse notre panier d'œufs, et, nous écartant de l'ouverture du corridor, il s'y lança et disparut dans ses profondeurs.

Deux ou trois minutes se passèrent, pendant lesquelles nous crûmes que le pauvre diable était véritablement descendu jusqu'en enfer ; puis, au bout de ces trois minutes, nous commençâmes à entendre des plaintes lointaines qui, à mesure qu'elles se rapprochaient, se changeaient en gémissemens : enfin nous vîmes reparaître notre messager des morts, son panier à la main, ruisselant de sueur, pâle et chancelant. Arrivé à nous, comme s'il n'avait juste eu de force que pour ce trajet, il tomba à terre et s'évanouit.

Notre peur fut grande, et si nous n'avions pas vu à la porte le fils de ce brave homme, qui, sans s'inquiéter autrement de l'évanouissement paternel, grignottait des noisettes, nous l'aurions cru mort. Nous demandâmes à l'enfant ce qu'il fallait faire pour donner du soulagement à l'auteur de ses jours.

— Ah bah ! rien du tout, répondit-il. Attendez, il va revenir.

Nous attendîmes, et effectivement le bonhomme reprit ses sens. Il y avait mis de la conscience, et, comme il avait voulu que nos œufs fussent bien cuits, il était resté sept ou huit secondes de plus qu'à l'ordinaire. Or, sept ou huit secondes sont une grande affaire quand il s'agit de respirer un air qui n'est pas respirable. Il en était résulté que, deux secondes de plus, le gardien était cuit lui-même.

Nous demandâmes à ce malheureux ce qu'il pouvait gagner par jour à l'effroyable métier qu'il faisait. Il nous répondit que, bon an mal an, il gagnait trois carlins par jour (vingt-six ou vingt-sept sous). Son père et son grand-père avaient fait le même métier et étaient morts avant l'âge de cinquante ans ; il en avait trente huit et en paraissait soixante, tant il était maigre et décharné par l'effet de cette sueur perpétuelle qui lui découlait du corps. Le gamin que nous avions vu si parfaitement insensible à sa syncope était son fils unique, et il l'élevait au même métier que lui. De temps en temps, quand cela pouvait être agréable aux voyageurs, il prenait le moutard par la main et l'emmenait avec lui faire cuire ses œufs. Madame Malibran causa un instant en patois napolitain avec ce jeune adepte, lequel lui demanda entre autres choses quel était l'imbécile qui avait pu inventer les poules. Le résultat de la conversation fut que le gamin ne paraissait pas avoir une grande vocation pour l'état si glorieusement exercé depuis trois générations dans sa famille.

Nous donnâmes à ce pauvre homme deux colonates, c'est-à-dire ce qu'il gagnait d'ordinaire en une semaine ; puis nous voulûmes gratifier son élève d'une couple d'œufs, mais il nous répondit dédaigneusement qu'il ne mangeait pas de pareilles ordures, et que c'était bon pour des rats d'étrangers comme nous. Ce furent les propres paroles de l'enfant.

Nous revînmes en les méditant à l'endroit où nous attendait notre dîner. Je dois dire, à la louange de Barbaja, que si l'ordinaire qu'il nous servit était celui de ses artistes, il les nourrissait parfaitement bien. A cet ordinaire on avait ajouté d'abord le nôtre, dont il ne faut point parler, puis les huîtres du lac Lucrin, et le vin de Falerne tant vanté par Horace.

Les huîtres m'ont paru mériter cette réputation antique qui les a accompagnées à travers les âges ; elles ressemblent beaucoup à celles de Marennes, sauf le défaut d'être trop grasses et trop douces. Quant au falerne, c'est un vin jaune et épais qui ressemble, pour le goût, à celui de Montefiascone. Fait par d'habiles manipulateurs, il serait excellent. Tel qu'il est, il ressemble à de bon cidre doux.

On nous apporta ensuite des fruits de Pouzzoles. Pouzzoles est le jardin potager de Naples ; malheureusement, les jardiniers italiens ne sont pas plus forts que les vignerons. Il en résulte que, dans un pays où, grâce à un admirable climat, on pourrait manger les plus beaux fruits de la terre, il faut se contenter de ceux que la main de l'homme ne s'est pas encore avisée de gâter, attendu qu'ils poussent tout seuls, comme les figues, les grenades et les oranges.

Le dîner fini, les opinions se divisèrent : les uns étaient d'avis de monter à l'instant même dans la barque qui nous attendait, et d'aller faire un tour dans le golfe ; les autres voulaient profiter de ce qui nous restait de jour pour visiter la grotte de la Sibylle, Cumes, la Piscine merveilleuse, les Cent-Chambres et le tombeau d'Agrippine. On alla aux voix, et, le parti archéologique l'ayant emporté sur le parti nautique, nous nous acheminâmes aussitôt vers le lac d'Averne. Jadin et moi nous étions naturellement les chefs du parti archéologique.

IX.

LE TARTARE ET LES CHAMPS-ÉLYSÉES.

Tout au contraire des choses de ce monde, l'Averne s'est fort embelli en vieillissant. S'il faut en croire Virgile, c'était du temps d'Énée un lac noir, entouré de sombres bois, au-dessus duquel les oiseaux, si rapide que fût leur vol, ne pouvaient passer sans être frappés de mort. Aujourd'hui c'est un charmant lac comme le lac de Némi, comme le lac des Quatre-Cantons, comme le lac de Loch Leven, qui fait à merveille dans le paysage, et qui semble un beau miroir mis là tout exprès pour réfléchir un beau ciel

Notre cicerone (en Italie il n'y a pas moyen d'éviter le cicerone) nous conduisit, Barbaja, Duprez, madame Malibran, Jadin et moi, aux ruines d'un temple qu'il nous donna pour un temple d'Apollon. Comme, grâce à nos études préliminaires, nous savions à quoi nous en tenir, nous le laissâmes tranquillement barboter dans ses définitions ; et nous en revînmes à Pluton, le véritable patron de la localité.

Ce temple, au reste, était fort ancien et fort célèbre. Annibal, arrêté devant Pouzzoles, où les Romains avaient envoyé une colonie sous le commandement de Quintus Fabius, alla visiter ce même temple, et, pour se rendre les habitants des environs favorables, y fit, dit Tite-Live, un sacrifice au roi des enfers.

Nous longeâmes les bords du lac en marchant de l'orient à l'occident, et bientôt nous traversâmes une tranchée antique que nous ne franchîmes qu'en sautant de pierres en pierres : c'était le lit du canal que Néron, ce désireur de l'impossible, comme dit Tacite, fit creuser en allant de Baïa à Ostie, et qui devait avoir vingt lieues de long et être assez large pour que deux galères à cinq rangs de rames pussent y passer de front. Ce canal était destiné, dit Suétone, à remplacer la navigation des côtes qui alors, comme aujourd'hui, était fort mauvaise. Néron fut un des empereurs les plus prudents qu'il y ait eu : un coup de tonnerre lui fit un jour remettre un voyage de Grèce pour lequel tout était préparé. Malheureusement, il ne put jouir de la voie qu'il avait ouverte à force de bras et d'argent. La révolution de Galba arriva, et comme le dit Néron lui-même au moment de se couper la gorge, le monde eut le malheur de perdre ce grand artiste.

Cependant nous venions de mettre le pied sur le sol que couvrait autrefois la ville de Cumes. Une seule porte est restée debout, et on l'appelle, je ne sais pourquoi, l'*Arco-Felice*. C'est à deux pas de cette porte qu'était le tombeau de Tarquin-le-Superbe, qui, banni de Rome, vint mourir à Cumes. Pétrarque vit ce tombeau dans son voyage à Naples, en parle dans son itinéraire. On assure qu'il a été depuis transporté au musée. Ce qu'il y a de sûr, c'est qu'il y a au musée un tombeau qu'on montre pour celui-là.

C'est aussi à Cumes que Pétrone se fit ouvrir les veines, mais en véritable sybarite qu'il était, dans un bain parfumé, en causant avec ses amis. Il se refermait les veines quand la conversation devenait plus intéressante, et les rouvrait quand elle languissait. Enfin, il se fit apporter les vases Murrhins, qu'il brisa pour que Néron n'en héritât point ; puis il changea de lieu, car il fallait que cette mort violente eût l'apparence d'une mort volontaire ; puis il glissa, au moment de mourir, à un ami le manuscrit de *Trimalcion*, cet immortel monument des débauches impériales, dont il avait été le complice avant d'en être l'historien.

C'était une époque curieuse que celle-là ! Le pouvoir suprême s'était tellement perfectionné que le bourreau était devenu un personnage inutile. Un signe suffisait, un geste disait tout. Le condamné comprenait la sentence, rentrait chez lui, faisait un testament où il léguait la moitié de son bien à César, pour que sa famille pût hériter de l'autre moitié ; remerciait l'empereur de sa clémence, faisait chauffer un bain, se couchait dedans et s'ouvrait les veines. S'ouvrir les veines était la mort à la mode ; un homme comme il faut ne se servait plus de l'épée ni du poignard : c'était bon pour des stoïciens comme Caton, ou pour des soldats comme Brutus et Cassius ; mais à des Romains du temps de Néron il fallait une mort voluptueuse comme la vie, une mort sans douleur, quelque chose de pareil à l'ivresse et au sommeil. Quand on appelait son barbier, il demandait avec la plus grande simplicité du monde : Faut-il prendre mes rasoirs ou ma lancette ? et il était arrivé un temps où ces vénérables fraters pratiquaient plus de saignées qu'ils ne faisaient de barbes.

Puis, comme ceux à qui on ne pouvait pas faire signe de se tuer, comme à Pétrone, qui n'était qu'un riche dandy ; comme à Lucain, qui n'était qu'un pauvre poète ; comme à Sénèque, qui n'était qu'un beau parleur ; comme à Burrhus, qui n'était qu'un vieux soldat ; comme à Pallas, qui n'était qu'un misérable affranchi ; pour un père qui vivait trop vieux, par exemple ; pour une mère, pour un oncle, on avait Locuste, la Voisin du temps. Il y avait chez elle un assortiment de poisons comme peu de chimistes modernes en possèdent. Chez elle, on achetait de confiance. D'ailleurs, ceux qui avaient peur d'être volés essayaient sur des enfans et ne payaient que s'ils étaient contens.

Peut-on se faire une idée de ce qu'un pareil monde serait devenu si la religion chrétienne n'était pas arrivée pour le purifier !

Cependant, comme Énée, nous nous avancions vers l'antre de la Sibylle. A cinquante pas de la porte, nous trouvâmes le concierge qui vint à nous la clef à la main, tandis que des porteurs, restés en arrière, nous attendaient sur le seuil avec des torches allumées. L'appareil nous paraissait peu agréable. D'ailleurs, nous avions déjà vu tant de souterrains, de grottes et d'antres, que nous commencions à avoir assez de ces sortes de plaisanteries. Nous échangeâmes un signe qui voulait dire : Sauve qui peut ! Mais il était trop tard ; nous étions entourés, nous étions captifs, nous étions la chose des *ciceroni ;* nous étions venus pour voir, nous ne devions pas nous en aller sans avoir vu. En un instant, la porte s'ouvrit, nous fûmes enveloppés, pris, poussés, et nous nous trouvâmes dedans. Il n'y avait plus moyen de s'en dédire.

Nous fîmes à peu près cent pas, non dans cette haute caverne que nous nous attendions à trouver sur la foi de Virgile: *Spelunca alta fecit*, mais dans un corridor assez bas et assez étroit. Ces cent pas faits, nous crûmes que nous en étions quittes, et nous voulûmes retourner en arrière. Bast ! nous n'avions vu encore que le vestibule. En ce moment, Jadin, qui marchait le premier, jeta des cris de paon ; il n'avait pas écouté ce que lui disait son guide, et il était tombé dans l'eau jusqu'au genou. Cette fois, nous crûmes que c'était fini et que nous avions eu assez de plaisirs ; nous nous trompions encore. Comme chacun de nous était entre deux guides, l'un qui portait une torche, et l'autre qui, comme le page de M. Malborough, ne portait rien du tout, une manœuvre à laquelle nous ne pouvions nous attendre s'exécuta. Le guide qui était devant nous se baissa, le guide qui était derrière nous se haussa, de sorte que, par un mouvement rapide comme la pensée, chacun de nous, madame Malibran comme les autres, se trouva sur le dos d'un cicerone. Dès lors il n'y eut plus de défense possible, et nous nous trouvâmes à la merci de l'ennemi.

Hélas ! ce que l'on nous fit faire de tours et de détours dans cette affreuse caverne, ce qu'on nous conta de bourdes abominables à l'endroit de cette bonne sibylle qui n'en pouvait mais, la quantité innombrable de coups qu'on nous donna à la tête contre le plafond, et aux genoux contre la muraille, Dieu seul le sait ! Mais ce que je sais, moi, c'est qu'en sortant de ce guêpier j'avais une envie démesurée de rendre à qui de droit les horions que j'avais reçus. Cependant nous comprîmes que, comme on n'irait pas dans de pareils lieux de son plein gré, et qu'il est convenu qu'on doit les avoir vus, il faut bien qu'il y ait des gens qui vous y portent de force. Le résultat de ce raisonnement fut que nos porteurs se partagèrent deux piastres de pour-boire ; moyennant quoi ils nous reconduisirent, les torches à la main et en nous appelant altesses, jusqu'aux bords du lac Achéron.

L'Achéron est encore une déception pour les amateurs du terrible. Les eaux en sont toujours bleu foncé. Mais ce n'est plus ce marais de douleur qui lui a fait donner son nom ; c'est, au contraire, un joli lac qui partage avec son ami, le lac Agnano, le monopole de rouir le chanvre, et avec son voisin, le lac Lucrin, le privilège d'engraisser d'excellentes huîtres que l'on va pêcher soi-même à l'aide d'une barque que manœuvre le successeur de Caron. La seule chose qui lui soit restée de son véritable aïeul, c'est son exactitude à vous demander l'obole.

Au bord du lac est une espèce de casino (lisez guinguette)

où les *lions* de Naples viennent faire de petits soupers dans le genre de ceux de la régence.

Des bords de l'Achéron on nous montra le Cocyte, qui nous parut moins changé que son terrible voisin. C'est toujours une mare d'eau stagnante. Je crois même qu'elle a conservé l'avantage qu'elle avait dans l'antiquité, de sentir fort mauvais.

L'antre de Cerbère est à l'extrémité du canal qui communique de l'Achéron à la mer. L'antre de Cerbère a son cicerone à lui, comme le moindre trou de cet heureux coin de la terre. Seulement on a pensé que l'antre de Cerbère n'avait pas assez d'importance pour lui donner un homme tout entier : on lui a donné un bossu auquel il manque une jambe, mais à qui heureusement il reste une langue et les deux mains. Il fit de ces deux mains et de cette langue tout ce qu'il put pour nous entraîner vers la localité qu'il exploite ; mais, comme il n'osa pas nous répondre positivement que nous trouverions Cerbère chez lui, la vue de l'antre, dénué de son locataire, nous parut par trop ressembler à celle de la carpe et du lapin, père et mère de ce fameux monstre que l'on montrerait en province si M. de Lacépède ne l'avait fait demander pour le Musée de Paris.

Nous offrîmes à Milord la survivance de Cerbère, mais Milord n'avait pas assez de confiance dans les grottes depuis qu'il avait vu celle du Chien, pour accepter la position, si avantageuse qu'elle fût.

Il est inutile d'ajouter que le bossu eut son carlin, comme si nous avions visité l'antre de son dogue.

Des bords du Cocyte nous fûmes en un instant aux ruines du palais de Néron.

Ce palais s'élevait sur le point le plus ravissant du golfe de Baïa, qui, au dire d'Horace, l'emportait sur les plus doux rivages de l'univers, et où l'air, comme à Pœstum, portait avec lui un tel parfum, un tel enivrement, que Properce prétendait qu'une femme était compromise rien qu'en y restant une semaine. Malgré cela, et peut-être à cause de cela, tout ce qu'il y avait de riches Romains à Rome avait sa maison à Baïa. Marius, Pompée, César, y venaient passer leur été. C'est dans la maison de ce dernier que mourut le jeune Marcellus, très probablement empoisonné par Livie, et dont la mort devait fournir à Virgile un des hémistiches à la fois les plus beaux et les plus lucratifs du sixième chant. Byron se vantait de vendre ses poèmes une guinée le vers. Demandez à Virgile ce que lui rapporta le *Tu Marcellus eris !*

Mais revenons au palais de Néron, aujourd'hui à moitié écroulé dans les flots, et dont la vague emporte chaque jour quelque sanglante parcelle. C'est dans ce palais qu'il avait appelé sa mère Agrippine ; c'est là qu'il voulait célébrer avec elle les fêtes de la réconciliation.

Voyez, en face l'un de l'autre, la lionne et le lionceau : la lionne, habituée depuis longtemps au carnage ; le lionceau, qui n'a encore goûté qu'une fois le sang : il est vrai que c'est le sang de son frère.

Un coup d'œil en passant sur ce tableau : nous promettons au lecteur que nous allons mettre sous ses yeux une des plus terribles pages qui aient été écrites sur le livre de l'histoire universelle.

D'abord faisons le tour de nos personnages : voyons ce que c'était que Agrippine, car le crime du fils nous a fait oublier les crimes de la mère ; et, comme elle nous est apparue dans son linceul ensanglanté, nous n'avons pas pu distinguer le sang qui était à elle du sang qui appartenait aux autres.

Elle est la fille de Germanicus ; sa mère est cette Agrippine, noble veuve et féconde matrone, qui abordait à Brindes, portant dans ses bras l'urne funéraire de son mari, et suivie de ses six enfans, dont quatre devaient aller promptement rejoindre leur père. Les premiers qui disparurent furent les deux aînés, Néron et Drusus (ne pas confondre ce Néron-là, dernier espoir des républicains, avec le fils de Domitius, dont nous allons parler tout à l'heure). Néron fut exilé à Pontia, où il mourut. Comment ? on ne le sait pas, probablement comme on mourait alors. Quant à Drusus, il n'y a pas de doute sur lui, et la chose est des plus claires : on l'enferma un beau matin dans les souterrains du palais, et pendant neuf jours on oublia de lui porter à manger ; le dixième jour, on descendit ostensiblement dans sa prison avec un plateau couvert de viande, de vins et de fruits ; on le trouva expirant : il avait vécu huit jours en dévorant la bourre de son matelas.

Quant à la mère, elle fut punie pour un crime énorme : elle avait pleuré ses enfans. On l'exila *ob lacrymas;* elle se tua dans l'exil.

Bref, il ne restait plus de toute la race de Germanicus que notre Agrippine et Caïus Caligula, ce serpent que Tibère élevait, disait-il, pour dévorer le monde.

Tibère, qui, comme on l'a vu, s'intéressait fort à toute sa race, avait marié Agrippine à un certain Eneus Domitius, dont le vol et l'homicide étaient les moindres crimes. Comme préteur, il avait volé les enjeux des courses. Un jour, en plein Forum, il avait crevé l'œil d'un chevalier. Un autre jour, il avait écrasé sous les pieds de ses chevaux un enfant qui ne se rangeait pas assez vite. Un autre jour, enfin, il avait tué un affranchi à qui il avait donné un verre plein de vin à vider d'un seul coup, et qui, manquant de respiration, avait commis la faute de s'y reprendre à deux fois. Lors de l'agonie de Tibère, il était accusé de lèse-majesté. Tibère mourut étouffé par Macron, et Eneus Domitius fut absous.

Caligula était mort. Des six enfans de Germanicus, Agrippine restait seule. Claude régnait. Claude venait de faire tuer Messaline, sa troisième femme, qui avait eu le caprice d'épouser publiquement, toute femme de l'empereur qu'elle était, son amant Silius. Dégoûté du mariage, l'empereur avait juré à ses prétoriens de vivre désormais sans femme. Mais les affranchis de Claude avaient décidé que Claude se remarierait.

Ils étaient trois : Caliste, Narcisse et Pallas, les premiers personnages de l'État, les véritables ministres de l'empereur. Voulez-vous connaître la fortune de ces trois anciens esclaves ? Pallas avait trois cents millions de sesterces (soixante millions de francs); Narcisse était plus riche du quart : il avait quatre cents millions de sesterces (quatre-vingts millions de francs); quant à Caliste, c'était le plus pauvre : le malheureux n'avait que quarante millions à peu près. Au reste, c'était l'époque des fortunes insensées. Un esclave qui avait été *dispensator*, titre qui répond à celui de munitionnaire général, avait, au dire de Pline, acheté sa liberté pour la bagatelle de treize millions. Vous vous rappelez que le gourmand Apicius, lequel, ayant dépensé vingt millions pour sa table, est averti par son intendant qu'il ne lui reste plus que deux millions cinq cent mille francs. Or, que croyez-vous que fera Apicius ? Qu'il placera son argent à dix pour cent, taux légal de Rome, et que, des bribes de son patrimoine, il se fera deux cent cinquante mille livres de rente, ce qui est encore un fort joli denier ? Point. Apicius s'empoisonne : il n'a plus assez pour vivre. Il est vrai que Apicius avait donné jusqu'à mille deux cents francs d'un surmulet de quatre livres et demie que faisait vendre Tibère, trouvant ce poisson trop beau pour sa table. On a de la peine à croire à de pareilles folies. Lisez pourtant Sénèque, épître 93. Mais revenons encore à nos affranchis.

Chacun d'eux avait une femme qu'il protégeait, une impératrice qu'il voulait donner à Claude, l'empereur imbécile qui dormait à table, à qui on laçait les sandales aux mains, à qui on chatouillait le nez avec une plume, et qui alors, à la grande joie des convives, se frottait le nez avec ses sandales. Caliste présentait Lollia Paulina, qui avait autrefois été la femme de Caligula. Narcisse présentait Elia Petina, qui avait été déjà la femme de Claude, ce qui épargnait la dépense de nouvelles noces. Enfin Pallas présentait Agrippine, dont il était l'amant, et qui apportait en dot à César un petit-fils de Germanicus. On lâcha les trois femmes après Claude. Agrippine l'emporta et fut impératrice.

Agrippine était donc enfin arrivée à une position digne d'elle. Voyons-la à l'œuvre.

Silanus est le fiancé d'Octavie, fille de Claude ; mais Octavie est devenue un parti sortable pour le fils d'Agrippine. Silanus est dépouillé de la préture, accusé du premier crime qu'on imagine, et invité à se donner la mort; Silanus se tue.

Sa rivale Lollia Paulina, cette veuve de son frère qui avait failli l'emporter sur elle, était belle comme elle, violente comme elle, débauchée comme elle, capable de tout comme elle, mais plus riche qu'elle, ce qui lui donnait un grand avantage. Un jour, elle était venue à un souper avec une parure d'émeraudes qui valait quarante millions de sesterces (huit millions de notre monnaie). La fortune de Lollia Paulina fut confisquée, Lollia Paulina fut envoyée en exil, et six mois après un centurion vint dans son exil annoncer à Lollia Paulina qu'il fallait mourir. Lollia Paulina mourut.

Après Lollia Paulina vint Calpurnie, dont Claude avait vanté imprudemment la beauté; après Calpurnie, Lepida, tante de Néron. Pourquoi moururent-elles toutes deux? Demandez à Pline: *Mulieribus ex causis*, pour des raisons de femmes; il ne vous dira pas autre chose. En effet, ces trois mots disent tout.

Nous ne parlons pas d'un Taurus qui avait une villa qu'Agrippine voulait acheter, qu'il refusa de vendre, et qui, trois mois après, mourut en la lui léguant.

Cependant Claude, qui était devenu méfiant depuis la mort de Messaline, s'apercevait de tout cela et secouait la tête. Puis, dans ses momens d'abandon, quand il réformait la langue avec ses grammairiens, ou le monde avec ses affranchis, il disait: « J'ai eu tort de me remarier, mais qu'on y prenne garde! Je suis destiné à être trompé, c'est vrai, mais. je suis destiné aussi à punir celles qui me trompent! »

Claude n'avait pas tort de penser cela, mais Claude avait grand tort de le dire. Ces menaces conjugales revinrent aux oreilles d'Agrippine : le tribun qui avait tué Messaline vivait encore; il ne fallait qu'un signe de Claude, un mot de Narcisse, pour qu'il en fût de la quatrième femme de Claude comme il en avait été de la troisième. Agrippine prit les devans.

Un soir, elle jeta un voile sur sa tête, sortit du Palatin par une porte de derrière et s'en alla trouver Locuste.

Il s'agissait, cette fois, de trouver le chef-d'œuvre des poisons, quelque chose d'agréable au goût, qui ne tuât ni trop vite ni trop lentement, qui fît mourir, voilà tout, mais sans laisser de traces. Agrippine ne regardait pas au prix.

X.

LE GOLFE DE BAIA.

Agrippine emporta ce qu'elle était venue demander à l'empoisonneuse Locuste : c'était une espèce de pâte qu'on pouvait parfaitement délayer dans une sauce. Le lendemain, on servit à l'empereur Claude des champignons farcis; Claude adorait les champignons; il dévora le plat tout entier. Il n'y avait rien d'étonnant que Claude mourût d'indigestion après avoir avalé à lui seul un plat de champignons qui eût pu suffire à six personnes. Mais Claude ne mourait pas; Claude sentait une grande pesanteur à l'estomac. Il fit venir son médecin, un médecin grec fort habile, ma foi, nommé Xénophon. Ce médecin lui ordonna d'ouvrir la bouche et lui frotta la gorge avec les barbes d'une plume empoisonnée. Claude mourut.

On annonça à Rome que Claude allait mieux.

Après avoir fait de Claude un Dieu, il fallait faire de Néron un empereur. Voici ce que c'était que Néron : c'était, à cette époque, un enfant de quinze ans, né, au dire de Pline, les pieds en avant, ce qui était un signe de malheur; mais, signe de malheur plus certain encore, né de Domitius et d'Agrippine : c'était l'avis de son père lui-même. Comme on le félicitait de la naissance du jeune Lucius et que les courtisans voyaient d'avance en lui d'heureuses destinées pour le monde : « Vous êtes bien aimables, dit Domitius, mais je doute fort qu'il puisse naître quelque chose de bon d'Agrippine et de moi. »

Domitius ne s'était pas trompé : c'était un terrible enfant que ce jeune Néron. L'éducation ne lui avait pas manqué : au contraire, il avait près de lui Sénèque, qui lui avait appris le grec et le latin; Burrhus, qui lui avait appris la tactique militaire et l'escrime. Il chantait comme l'histrion Diodore, dansait comme le mime Pâris, conduisait un char comme Apollon. Aussi avait-il, avant toute chose, la prétention d'être artiste. Néron chanteur, Néron danseur, Néron cocher d'abord, Néron empereur ensuite.

Cela n'empêcha pas qu'il n'accueillît avec une grande joie la mort de Claude et qu'il ne fît tout ce qu'il fallait pour souffler le monde à son cousin Britannicus. Il est vrai que pour cela il n'avait pas grand'chose à faire, il n'avait qu'à laisser agir Agrippine; il se contenta, quand il apprit que le dernier plat qu'avait mangé Claude était un plat de champignons, de dire que les champignons étaient le mets des dieux. Le mot n'était pas tendre pour son père adoptif, mais il était joli : il fit fortune.

Cependant Néron n'était pas monté sur le trône pour faire des mots : il avait près de lui Narcisse et Tigellus, qui le poussaient à faire autre chose. Puis les passions commençaient à fermenter dans cette jeune tête, car pour son cœur elles n'en approchèrent jamais. Il avait des amours cachées pour lesquelles Sénèque, son précepteur, lui prêtait le nom d'un de ses beaux-frères. Agrippine le sut, et cela lui donna fort à penser. Elle commençait à comprendre que la lutte serait plus opiniâtre qu'elle ne s'y était attendue d'abord; elle voulait effrayer Néron par un jeu de bascule, elle se retourna vers Britannicus.

Alors ce fut Néron qui sortit un soir du Palatin. Avec qui? on ne sait pas; avec son ami Othon, peut-être, ce futur empereur de Rome, avec lequel, dans ses orgies nocturnes, Néron allait frapper aux portes et battre les passans. Et, à son tour, il se rendit chez Locuste. Il trouva la pauvre femme toute tremblante : l'avis lui avait été donné qu'elle devait être arrêtée le lendemain. On commençait à la soupçonner de vendre du poison; et à qui ce soupçon était-il venu ? A Agrippine !

Néron la rassura et lui promit sa protection; mais à condition qu'elle lui donnerait une eau qui tuerait à l'instant même.

La nuit se passa à faire bouillir des herbes; le matin, on eut deux petites fioles d'eau claire et limpide comme de l'eau de roche. Locuste proposa d'en faire l'essai sur un esclave, mais Néron fit observer qu'un homme n'avait pas la vie assez dure, et qu'il fallait chercher quelque animal de résistance. Un sanglier barbotait dans la cour : Locuste le montra à Néron. On versa une des deux fioles dans une assiette pleine de son, et l'on fit manger ce son au sanglier qui mourut comme s'il était frappé de la foudre.

Néron rentra au palais. Il mangeait ordinairement dans la même chambre que Britannicus, mais non à la même table. Chacun des deux jeunes gens avait un dégustateur qui buvait avant eux de chaque liqueur qu'on leur offrait, qui mangeait avant eux de chaque plat qui leur était servi. Britannicus buvait tiède; il était un peu souffrant. Son dégustateur, après en avoir bu le tiers à peu près, lui présenta à dessein une boisson que le jeune homme trouva trop chaude. « Remettez-moi de l'eau froide là-dedans, » dit Britannicus en tendant son verre. On lui versa l'eau préparée par Locuste. Britannicus but sans défiance. Son dégustateur ne venait-il pas de boire devant lui ? Mais à peine avait-il bu qu'il poussa un cri et tomba à la renverse.

Agrippine jeta un coup d'œil rapide sur Néron, en même temps que Néron, de son côté, jetait un coup d'œil sur elle : ces deux regards se croisèrent comme deux glaives. La mère et le fils n'avaient plus rien à s'apprendre, la mère et le fils n'avaient plus rien à se reprocher; la mère et le fils étaient dignes l'un de l'autre.

Maintenant tout était dans cette question : Serait-ce la

mère qui oserait tuer le fils ? Serait-ce le fils qui oserait tuer la mère ?

Ni l'un ni l'autre ne l'eût osé peut-être si une troisième femme ne fût venue se mêler à cette haine.

Cette femme, c'était Sabina Poppea, la plus belle femme de Rome depuis qu'Agrippine avait fait tuer Lollia Paulina ; et avec cela coquette, comme si elle eût eu besoin de coquetterie ; ne sortant jamais sans voile, ne levant jamais son voile qu'à demi, et, lorsqu'elle quittait Rome pour aller à Tivoli ou Baïa, se faisant suivre par un troupeau de quatre cents ânesses, lesquelles lui fournissaient les trois bains de lait qu'elle prenait chaque jour.

Sabina Poppea avait eu ce que nous appellerions, nous autres, une jeunesse orageuse. Othon la trouva momentanément mariée, dit Tacite, à un chevalier romain nommé Rufius Crispinius ; Othon l'enleva à ce mari provisoire, la fit divorcer et l'épousa. Othon, nous l'avons dit, était le camarade de Néron. Celui-ci, en allant chez Othon, vit sa femme ; alors il envoya Othon en Espagne. Othon partit sans regimber : il connaissait son ami Néron.

Mais ce n'était pas tout que d'éloigner Othon pour devenir l'amant de Poppée. Poppée savait être sage quand son profit y était. Lorsque Othon l'avait aimée, Othon l'avait épousée. César l'aimait, eh bien ! que César en fît autant. César était marié avec Octavie, il fallait donc éloigner Octavie. Agrippine s'opposerait à cette nouvelle union : il fallait donc aussi se débarrasser d'Agrippine. D'ailleurs Poppée ne comprenait pas comment César pouvait garder Octavie, cette pleureuse éternelle, qui ne faisait que gémir sur la mort de Claude et de Britannicus. Poppée ne comprenait pas non plus comment César supportait la domination de sa mère, qui écoutait les délibérations du sénat derrière un rideau, et continuait de régner comme si César était encore un enfant. Cela ne pouvait durer ainsi.

Agrippine était à Antium, elle reçut une lettre de son fils qui l'invitait à venir le rejoindre à Baïa. — « Il ne pouvait, disait-il, rester plus longtemps loin d'une si bonne mère : il avait des torts envers elle, il voulait les lui faire oublier. »

Un devin avait prédit à Agrippine que, si son fils devenait empereur, il la tuerait. Agrippine avait méprisé la prophétie du devin, et Néron régnait Elle méprisa de même les conseils de Pallas, qui lui disait de ne pas aller à Baïa : elle y vint. Elle y trouva Néron plus tendre, plus respectueux, plus soumis que jamais. Elle se reprit à cette idée qu'elle pourrait peut-être l'emporter sur Poppée. C'était chez elle une idée fixe. Agrippine soupa avec Néron. Tous deux avaient bien pensé au poison, mais tous deux aussi avaient pensé au contre-poison.

Le souper fini, Néron dit à Agrippine qu'il ne voulait pas qu'elle retournât à Antium. Elle avait une villa à trois milles de là, près de Bauli ; c'était là que Néron voulait qu'elle allât pour n'être plus éloignée de lui. Ce point était si bien arrêté dans son esprit qu'il avait fait préparer une galère pour la transporter. Agrippine accepta.

A dix heures, le fils et la mère se séparèrent ; Néron conduisit Agrippine jusqu'au bord de la mer ; des esclaves portaient des torches ; les musiciens qui avaient joué pendant le souper venaient derrière eux. Arrivé sur le rivage, Néron embrassa sa mère sur les mains et sur les yeux ; puis il resta non-seulement jusqu'à ce qu'il l'eût vue descendre dans l'intérieur de la galère, mais encore jusqu'à ce que la galère eût levé l'ancre et fût déjà loin.

Agrippine était assise dans la cabine : Crépéréius, son serviteur favori, était debout devant elle ; Aurronie, son affranchie, était à ses pieds. Le ciel était tout scintillant d'étoiles, la mer était calme comme un miroir. Tout à coup le pont s'écroule : Crépéréius est écrasé, mais une poutre soutient les débris au-dessus de la tête d'Agrippine et d'Aurronie ; au même moment, Agrippine sent que le plancher manque sous ses pieds, elle saute à la mer suivie d'Aurronie, criant pour toute cause : « Je suis Agrippine ! Sauvez la mère de César ! » A peine a-t-elle dit, qu'une rame se lève et en retombant lui fend la tête. Agrippine a tout deviné : elle plonge sans prononcer une parole, ne reparaît à la surface que pour respirer, replonge encore, et, tandis que les assassins la cherchent, vivante pour l'achever, morte pour reporter son cadavre à Néron, elle nage vigoureusement vers la terre, aborde le rivage, gagne à pied sa villa, se fait reconnaître à ses esclaves, et se jette sur son lit.

Pendant ce temps, on la cherche, on l'appelle de la galère ; les gens qui habitent le rivage apprennent qu'Agrippine est tombée à la mer et n'est point reparue ; bientôt toute la population est sur la côte avec des flambeaux ; des barques sont poussées dans le golfe pour aller au secours de la mère de César ; des hommes se jettent à la nage en l'appelant ; d'autres, qui ne savent pas nager, descendent dans l'eau jusqu'à la poitrine ; ils jettent des cordes, ils tendent les mains. Dans ce moment de danger, on s'est souvenu qu'Agrippine est la fille de Germanicus.

Agrippine voit ces témoignages d'amour ; elle se rassure en se sentant au milieu d'une population dévouée : elle comprend qu'elle ne pourra longtemps cacher sa présence, elle fait dire qu'elle est sauvée ; la foule entoure alors la villa avec des cris de joie ; Agrippine se montre, le peuple rend grâces aux dieux.

Néron a tout su presque à l'instant même ; un messager d'Agrippine est venu lui dire de la part de sa maîtresse qu'elle était sauvée. Agrippine a voulu, aux yeux de son fils, avoir l'air de croire que tout cela n'était qu'un accident auquel la volonté de Néron n'avait eu aucune part.

Que fera Néron ? Néron conçoit et dirige assez bien un crime ; mais si, par une circonstance quelconque, le crime avorte, Néron perd facilement la tête et il ne sait pas faire face au danger. Agrippine, les vêtements ruisselants, les cheveux collés au visage, Agrippine racontant le meurtre auquel elle n'est échappée que par miracle, peut soulever le peuple, entraîner les prétoriens, marcher contre Néron. Au moindre bruit, Néron tremble. Seul, il ne prendra aucune décision, il ne saura qu'attendre et trembler. Il envoie chercher Sénèque et Burrhus. A eux deux, le guerrier et le philosophe lui donneront peut-être un bon conseil.

— Qui a conseillé le crime ? demandent-ils après s'être consultés.

— Anicetus, le commandant de la flotte de Misène, répond Néron.

— Qu'Anicetus achève donc ce qu'il a commencé, disent Sénèque et Burrhus.

Anicetus ne se le fait pas redire deux fois ; il part avec une douzaine de soldats.

Que vous semble de ces deux braves pédagogues ? Tels que vous les voyez pourtant, c'étaient, après Thraséas, les deux plus honnêtes gens de l'époque. Comment donc ! on avait voulu faire Sénèque empereur — à cause de ses hautes vertus ! Voyez Tacite et Juvénal.

Cependant Agrippine s'est recouchée ; elle a une seule esclave près d'elle. Tout à coup les cris de la foule cessent, le bruit des armes retentit dans les escaliers, l'esclave qui est près d'Agrippine se sauve par une petite porte dérobée ; Agrippine va la suivre, quand la porte de la chambre s'ouvre. Agrippine se retourne et aperçoit Anicetus.

A sa vue & à la manière dont il est entré dans la chambre de son impératrice, Agrippine a tout deviné. Toutefois elle feint de ne rien craindre.

— Si tu viens pour savoir de mes nouvelles de la part de mon fils, retourne vers lui et dis-lui que je suis sauvée.

Un des soldats s'avance alors, et, tandis qu'Agrippine parle encore, la frappe d'un coup de bâton à la tête.

— Oh ! dit Agrippine en levant les mains au ciel, oh ! je ne croirai jamais que Néron soit un parricide.

Pour toute réponse Anicetus tire son épée.

Alors Agrippine, d'un geste sublime d'impudeur, jette loin d'elle sa couverture, et, montrant ses flancs nus, ces flancs qu'elle veut punir d'avoir porté Néron :

— *Feri ventrem* ! Frappe au ventre ! dit-elle.

Et elle reçoit aussitôt quatre ou cinq coups d'épée dont elle meurt sans pousser un cri.

N'est-ce pas bien jusqu'au bout la femme que je vous ai dite, et n'est-elle pas morte comme elle a vécu.

Quant à Néron, attendez un moment encore. Néron est incomplet : il n'a encore tué que Britannicus et Agrippine ; il faut qu'il tue Octavie. Mais Octavie était difficile à tuer à cause de sa faiblesse même. Agrippine luttait contre Néron ; pendant la lutte, son pied a glissé dans le sang de Claude, et elle est tombée, c'est bien. Mais Octavie ! comment égorgera-t-on cette douce brebis ? comment étouffera-t-on cette blanche colombe ? C'est la seule femme de Rome dont la calomnie n'ait jamais pu approcher.

On mit ses esclaves à la torture pour savoir si elle n'aurait pas commis quelque crime inconnu dont on pût la punir. Ses esclaves moururent sans oser l'accuser. Il fallut encore recourir à Anicetus. Au milieu d'un dîner, comme Néron, couronné de roses, marquait de la tête la mesure aux musiciens qui chantaient, Anicetus entra, se jeta aux pieds de Néron et s'écria que, vaincu par ses remords, il venait avouer à l'empereur qu'il était l'amant d'Octavie.

Octavie, cette chaste créature, la maîtresse d'un Anicetus ! Personne ne crut à cette monstrueuse accusation ; mais qu'importait à César ? il voulait un prétexte, voilà tout. Anicetus fut exilé en Sardaigne, et Octavie à Pandataria.

Puis, quelques jours après, on fit dire à Octavie qu'il fallait mourir.

La pauvre enfant, qui avait eu si peu de jours heureux dans sa vie, s'effrayait cependant de la mort ; elle se prit à pleurer, tendant les mains aux soldats, implorant Néron, non plus comme sa femme, mais comme sa sœur, adjurant sa clémence au nom de Germanicus. Mais les ordres étaient positifs : ni prières ni larmes ne pouvaient la sauver de ce crime énorme d'être coupable de trop de vertu. On lui prit les bras, on les lui raidit de force, on lui ouvrit les veines avec une lancette ; puis, comme le sang, figé par la peur, ne voulait pas couler, on les lui trancha avec un rasoir. Enfin, comme le sang ne coulait pas encore, on l'étouffa dans la vapeur d'un bain bouillant.

Poppée, de son côté, avait donné ses ordres aux meurtriers, elle voulait être sûre qu'Octavie était bien morte : on lui apporta sa tête.

Alors elle épousa tranquillement Néron.

Néron, dans un moment d'humeur, la tuera quelque jour d'un coup de pied.

Nous étions sur le lieu même où le drame terrible que nous venons de raconter s'était accompli. Ces ruines, c'étaient celles qui avaient vu Agrippine assise à la même table que Néron ; ce rivage, c'était celui jusqu'où César avait reconduit sa mère. Nous montâmes dans la barque : nous étions sur le golfe où Agrippine avait été précipitée, et nous suivions la route qu'elle avait suivie à la nage pour aborder à Bauli.

On montre un prétendu tombeau qui passe pour le tombeau d'Agrippine. N'en croyez rien : ce n'était pas de ce côté-ci de Bauli qu'était situé le tombeau d'Agrippine ; c'était sur le chemin de Misène, près de la villa de César. Puis le tombeau d'Agrippine n'avait pas cette dimension. Ses affranchis l'enterrèrent en secret, et, après la mort de Néron, lui élevèrent un monument. Or, ce monument de tardive piété était un tout petit tombeau, *levem tumulum*, dit Tacite.

Le golfe de Baïa devait être une miraculeuse chose quand ses rives étaient couvertes de maisons ; ses collines, d'arbres ; ses eaux, de navires ; puisque, aujourd'hui que ces maisons ne sont plus que des ruines, que ses collines, bouleversées par des tremblemens de terre, sont arides et brûlées, que ses eaux sont silencieuses et désertes, Baïa est encore un des plus délicieux points du monde.

La soirée était splendide. Nous nous fîmes descendre à l'endroit même où était la villa d'Agrippine. La mer l'a recouverte ; on en chercherait donc inutilement les ruines.

Puis, à la lueur de la lune qui se levait derrière Sorrente, située en face de nous, de l'autre côté du golfe de Naples, nous nous engageâmes dans le chemin bordé de tombeaux qui conduit des bords de la mer au village de Boccola, l'ancienne Bauli. C'était fête, et toute la pauvre village était en joie ; on chantait, on dansait, et tout cela au milieu des ruines, au milieu des monumens funéraires d'un peuple dis-

paru, sur cette même terre qu'avaient foulée Manlius, César, Agrippine, Néron, sur ce sol où était venu mourir Tibère.

Oui, le vieux Tibère était sorti de son île ; il visitait Baïa, où peut-être il était venu prendre les eaux, lorsque le bruit lui revint que des accusés, dénoncés par lui-même, avaient été renvoyés sans même avoir été entendus. Cela sentait effroyablement la révolte. Aussi Tibère se hâta-t-il de regagner Misène, d'où il comptait s'embarquer pour Caprée, sa chère île, sa fidèle retraite, son imprenable forteresse. Mais à Misène les forces lui manquèrent, et il ne put aller plus loin. L'agonie fut longue et terrible. Le moribond se cramponnait à la vie, le vieil empereur ne voulait absolument point passer dieu. Un instant Caligula le crut mort ; il lui avait déjà tiré son anneau du doigt. Tibère se redresse et demande son anneau. Caligula se sauve effaré, tremblant. Tibère descend de son lit, veut le poursuivre, chancelle, appelle, et, comme personne ne répond, tombe sur le pavé. Alors Macron entre, le regarde ; et comme Caligula demande à travers la porte ce qu'il faut faire :

— C'est bien simple, répondit-il, jetez-moi un matelas sur cette vieille carcasse, et que tout soit dit.

Ce fut l'oraison funèbre de Tibère.

Comme nous l'avons dit, c'était dans le port de Misène qu'était la flotte romaine. Pline commandait cette flotte lors du tremblement de terre de 79. Ce fut de Misène qu'il partit pour aller étudier le phénomène arrivé à Stabie ; il y mourut étouffé.

XI.

UN COURANT D'AIR A NAPLES. — LES ÉGLISES DE NAPLES.

Malgré la fatigue de la journée, notre excursion sur la terre classique de Virgile, d'Horace et de Tacite avait eu pour nous un tel attrait que nous proposâmes, Jadin et moi, pareille excursion à Pompéïa pour le lendemain ; mais à cette proposition Barbaja jeta les hauts cris. Le lendemain, Duprez et la Malibran chantaient, et l'impresario ne se souciait pas de perdre six mille francs de recette pour l'amour de l'antiquité. Il fut donc convenu que la partie serait remise au surlendemain.

Bien nous en prit, comme on va le voir, de n'avoir fait aucune opposition contre le pouvoir aristocratique du czar de Saint-Charles.

Nous étions rentrés à minuit dans Naples par le plus beau temps du monde : pas un nuage au ciel, pas une ride à la mer.

A trois heures du matin, je fus réveillé par le bruit de mes trois fenêtres qui s'ouvraient en même temps et par leurs dix-huit carreaux qui passaient de leurs châssis sur le parquet.

Je sautai à bas de mon lit et je crus que j'étais ivre. La maison chancelait. Je pensai à Pline l'Ancien, et ne me souciant pas d'être étouffé comme lui, je m'habillai à la hâte, je pris un bougeoir et je m'élançai sur le palier !

Tous les hôtes de monsieur Martin Zir en firent autant que moi ; chacun était sur le seuil de son appartement, plus ou moins vêtu. Je vis Jadin qui entrebâillait sa porte, une allumette chimique à la main et Milord entre ses jambes.

— Je crois qu'il y a un courant d'air, me dit-il.

Ce courant d'air venait d'enlever le toit du palais du prince de San-Teodoro, avec tous les domestiques qui étaient dans les mansardes.

Tout s'expliqua : nous n'avions pas la joie d'être menacés d'une éruption : c'était tout bonnement un coup de vent, mais un coup de vent comme il en fait à Naples, ce qui n'a aucun rapport avec les coups de vent des autres pays.

Sur soixante-dix fenêtres, il en était resté trois intactes. Sept ou huit plafonds étaient fendus. Une gerçure s'étendait du haut en bas de la maison. Huit jalousies avaient été emportées; les domestiques couraient après dans les rues, comme on court après son chapeau.

On se contenta de balayer les chambres qui étaient pleines de vitres brisées; car d'envoyer chercher les vitriers, il n'y fallait pas songer. A Naples, on ne se dérange pas à trois heures du matin. D'ailleurs, c'eût été de la besogne à recommencer dix minutes après. Il était donc infiniment plus économique de se borner pour le moment aux jalousies.

J'étais un des moins malheureux : le vent ne m'en avait arraché qu'une. Il est vrai qu'en échange il ne me restait pas un carreau. Je me barricadai du mieux que je pus et j'essayai de me coucher; mais les éclairs et le tonnerre se mirent de la partie. Je me réfugiai au rez-de-chaussée, où le vent, ayant eu moins de prise, avait causé moins de dégât. Alors commença un de ces orages dont nous n'avons aucune idée, nous autres gens du nord; il s'en allait droit à un égout, suivi de ces pluies comme j'en avais reçu en Calabre seulement; je la reconnus pour être du même royaume.

En un instant la villa Réale ne parut plus faire qu'un avec la mer; l'eau monta à la hauteur des fenêtres du rez-de-chaussée et entra dans le salon. Aussitôt après on vint prévenir monsieur Martin que ses caves étaient pleines et que les tonneaux dansaient une contredanse dans les avant-deux de laquelle il y en avait déjà cinq ou six de défoncés.

Au bout d'un instant, un âne chargé de légumes passa, emporté par le torrent; il s'en allait droit à un égout, suivi de son propriétaire, emporté comme lui. L'âne s'engouffra dans le cloaque et disparut; l'homme, plus heureux, s'accrocha à un pied de reverbère et tint bon : il fut sauvé.

L'eau qui tombe en une heure à Naples mettrait deux mois à tomber à Paris; encore faudrait-il que l'hiver fût bien pluvieux.

Comme cette histoire d'âne emporté m'ébouriffait singulièrement et que j'y revenais sans cesse, on me raconta deux aventures du même genre.

Au dernier coup de vent, qui avait eu lieu il y avait six ou huit mois, un officier, enlevé de la tête de sa compagnie, avait été emporté par un ruisseau gonflé dans l'égout d'un immense édifice appelé le Serraglia; on n'en avait jamais entendu reparler.

A l'avant-dernier, qui avait eu lieu deux ans auparavant, une chose plus terrible et plus incroyable encore était arrivée. Une Française, madame Conti, revenait de Capoue dans sa voiture. Surprise par un orage pareil à celui dont nous jouissions dans le moment même, elle avait voulu continuer son chemin, au lieu d'abriter sa voiture dans quelque endroit où elle eût pu rester en sûreté. A la descente de Capo di Chino, elle trouva son chemin coupé par une rue qui descend vers la mer. Cette rue était devenue, non un torrent, mais un fleuve. A cette vue, le cocher s'effraie et veut rétrograder. Madame Conti lui ordonne d'aller en avant, le cocher refuse, un débat s'engage, le cocher saute à bas de son siège et abandonne sa voiture. Pendant ce temps, le fleuve avait grossi toujours, il déborde à flots dans la rue transversale où est madame Conti; les chevaux s'effraient, font quatre pas en avant, sont enveloppés par les vagues qui se précipitent de Capo di Monte, et de Capo di Chino; au bout d'un instant, ils perdent pied et sont emportés, eux et la voiture; au bout de vingt pas la voiture est en morceaux. Le lendemain, on retrouva le cadavre de madame Conti.

Au reste, à Naples il y a un avantage : c'est que deux heures après ces sortes de déluges il n'y paraît plus, si ce n'est aux rues qui sont devenues propres, ce qui ne leur arrive jamais qu'en pareille circonstance. Il y a cependant un officier chargé du nettoyage des places; mais cet officier est invisible : on sait qu'il s'appelle *portulano*, voilà tout.

J'oubliais de dire que, sans doute pour ne point s'exposer aux accidents que nous venons de raconter, dès qu'il tombe une goutte d'eau à Naples, tous les fiacres se sauvent, chacun tirant de son côté. Ni cris, ni prières, ni menaces ne les arrêtent; on dirait d'une volée d'oiseaux au milieu desquels

on aurait jeté une pierre. Mais aussi, dès qu'il fait beau, c'est-à-dire quand on n'a plus besoin d'eux, ils reviennent s'épanouir à leur place ordinaire.

Une autre habitude des cochers napolitains est de dételer les chevaux pour les faire manger; ils leur mettent la boîte de foin dans la voiture et ouvrent les deux portières; chaque cheval tire de son côté comme au ratelier. S'il vient une pratique pendant ce temps-là, le cocher lui fait signe que ses chevaux sont à leur repas, et le renvoie à son confrère.

Le temps étant rafraîchi et les rues devenues propres, nous voulûmes profiter de ce double avantage, et nous décidâmes, Jadin et moi, que nous emploierions la matinée à des courses à pied. Nous avions fort négligé les églises, qui sont en général d'une fort médiocre architecture.

Nous commençâmes par la cathédrale : c'était justice. Au dessus de la grande porte intérieure, suspendu comme celui de Mahomet entre le ciel et la terre, est le tombeau de Charles d'Anjou. J'ai conté son histoire dans le *Speronare*. C'est ce prince qui voulut que sa femme eût un siège pareil à celui des trois reines ses sœurs, et qui, pour arriver à ce but, fit rouler du haut en bas de l'échafaud la tête de Conradin. En face de ce roi meurtrier est un roi martyr, mais dans un modeste tombeau, comme il convient à un prince hongrois qui se mêle de venir régner sur les Napolitains. Ce tombeau est celui d'André. Le cadavre qui y dort était de son vivant un beau et insoucieux jeune homme qui, un matin, par caprice sans doute, eut la ridicule prétention de vouloir être roi parce qu'il était le mari de la reine. Le lendemain du jour où cette bill'evesée lui était passée par la tête, il trouva la reine si occupée d'un ouvrage qu'elle exécutait qu'il s'approcha jusqu'à son fauteuil sans être vu. Elle tressait des fils de soie de différentes couleurs, et comme André ne pouvait deviner le but de ce travail :

— Que faites-vous donc là madame ? demanda-t-il.

— Une corde pour vous pendre, mon cher seigneur, répondit Jeanne avec son plus charmant sourire.

De là vient sans doute doute le proverbe : « Dire la vérité en riant. »

Trois jours après, André était étranglé avec cette charmante petite cordelette de soie que sa femme, comme elle le lui avait dit, avait pris la peine de tresser elle-même à cette intention.

De la cathédrale nous passâmes à l'église Saint-Dominique. Là, du moins, c'est plaisir : on se retrouve en plein gothique, on sent que le monument est consacré au fondateur de l'Inquisition : il est triste, solide et sombre.

C'est dans cette église qu'est le fameux crucifix qui parla à saint Thomas. L'image miraculeuse est de Masuccio 1er. Le saint craignait d'avoir fait quelque erreur dans sa *Somme théologique*, et il était venu au pied du crucifix, tourmenté de cette crainte, quand le Christ, voyant les inquiétudes de son serviteur, voulut le rassurer et lui dit : « *Bene scripsisti de me, Thoma; quam ergo mercedem recipies.* Tu as bien écrit sur moi, Thomas, et je te promets que tu en recevras la récompense. »

Quoique le cas fût nouveau et étrange, le saint ne se démonta point.

— *Non aliam nisi te*, répondit-il, « je n'en veux pas d'autre que toi-même, mon Seigneur. » Et le saint se sentit soulever de terre, en présage que bientôt il devait monter au ciel.

Ce qui m'attirait surtout dans l'église Saint-Dominique, c'est sa sacristie avec ses douze tombeaux renfermant les douze princes de la maison d'Aragon. Quand je dis ses douze tombeaux, je devrais dire ses douze cercueils : les cadavres sont couchés à visage découvert, aussi bien embaumés que possible par les Gannals de l'époque. Le dernier roi de la dynastie manque à la collection : il est venu, comme on sait, mourir en France.

Au milieu de ces tombeaux, il s'en trouve deux autres qui, pour ne pas être des tombeaux de roi, n'en sont pas moins fort curieux. L'un est celui de Pescaire, qui assiégea Marseille de compte à demi avec le connétable de Bourbon, et qui, chassé par les Marseillais, prit une si sanglante revanche à Pavie. Au dessus de sa bière est son portrait ainsi que sa bannière déchirée, et une courte et simple épée de fer, qu'on dit être celle que François Ier lui rendit deux heures avant d'écrire à sa mère le fameux : *Tout est perdu fors l'honneur.*

L'autre tombeau, qui est tout bonnement une énorme malle dont le sacristain a la clef dans sa poche, renferme, à ce qu'on assure, le corps d'Antonello Petrucci, pendu dans la conspiration des barons. Que ce soit véritablement Antonello Petrucci, c'est ce que le moindre petit savant, c'est ce le plus infime *topo litterato*, comme on appelle généralement cette race à Naples, peut nier; mais, ce qui est incontestable, c'est que c'est un pendu, témoin son cou disloqué, sa bouche de travers et tous les muscles de sa figure encore crispés. Quoique mis avec une certaine recherche, le cadavre porte encore l'habit avec lequel il a été exécuté. Je suis forcé de dire que le seigneur Antonello Petrucci m'a paru fort laid. Il est vrai que de son vivant il était probablement mieux. La potence n'embellit pas.

De Saint-Dominique nous passâmes à Sainte-Claire. Sainte-Claire a aussi sa collection de morts illustres. L'église tout entière avait été peinte par Giotto Guitto, qui faisait avec le roi Robert de si bonnes plaisanteries, et qui lui représentait son peuple, non pas comme le cheval sans frein qu'il a choisi pour emblème, mais sous la forme d'un âne qui cherche un bât. Eh bien ! cette église peinte par Giotto, il s'est trouvé un autre âne bâté qui l'a fait badigeonner tout entière, afin de lui donner du jour; tout entière, je me trompe : une belle Vierge, une sainte madone, une de ces figure tristes et candides comme les faisait Giotto, a échappé au vandalisme.

C'est à Sainte-Claire que dorment les Angevins : ce bon vieux roi Robert, qui couronna Pétrarque, le pendant de notre roi Réné, dort là, une fois en chair et en os, deux fois en marbre : assis et avec son costume royal ; couché et dans son habit de Franciscain.

Jeanne est à quelques pas de lui : cette belle Jeanne qui fila la fameuse corde conjugale que vous savez. Elle est là avec une grande robe moins montante, toute parsemée des fleurs de lis de France. Au fait, n'était-elle pas du sang de cette chaste mère de saint Louis, que les indiscrétions poétiques de Thibaut ne purent parvenir à compromettre, tant sa vertu était une croyance publique, populaire et presque religieuse ? Seulement le sang s'était tant soit peu corrompu en passant des veines de l'aïeule dans celles de la petite-fille.

Malheureusement pour la mémoire de Jeanne, de laquelle on n'est déjà que trop porté à médire, on a eu l'imprudence d'enterrer à quelques pas d'elle le fameux Raymond Cabane, le mari de sa nourrice, ce misérable esclave sarrasin devenu grand-sénéchal, et qui payait les honneurs dont l'accablait sa maîtresse en faisant des nœuds coulans aux cordes qu'elle tressait.

Maintenant, si l'on veut continuer de passer cette royale et funèbre revue, il faut aller de Sainte-Claire à Saint-Jean-Carbonara. C'est une jolie petite église de Masuccio II, qui, à part ses souvenirs historiques, mériterait encore d'être visitée. Là est le mausolée de Ladislas et de sa sœur Jeanne II. Vous savez comment l'un est mort et comment l'autre a vécu. Pourquoi diable aussi un conquérant, un ambitieux, qui veut être roi d'Italie, s'avise-t-il de devenir amoureux de la fille d'un médecin de Pérouse !

Florence avait peur d'être conquise comme Rome venait de l'être ; elle eut l'idée de s'entendre avec le médecin. Un jour la fille, tout éplorée, vint se plaindre à son père de ce que son royal amant commençait à l'aimer moins. C'était une singulière confidence entre un père et une fille. Mais il paraît que cela se passait ainsi en l'an de grâce 1414.

La fille suivit ponctuellement les instructions paternelles : huit jours après, l'amant et la maîtresse mouraient empoisonnés : c'était alors une belle chose que la médecine.

Près de lui, comme nous l'avons dit, est sa sœur Jeanne II. A Naples, selon toute apparence, ce nom portait malheur, aux maris d'abord, aux femmes ensuite, puis, par-ci par-là, aux amans. Demandez à Gianni Carracciolo, qui est enterré à dix pas de sa maîtresse.

Celui-là, il faut lui rendre justice, fit tout ce qu'il put pour ne pas s'apercevoir que sa souveraine l'aimait, et pour ne pas se trouver seul en présence de Jeanne, dans la crainte d'être amené à lui déclarer ses sentimens. La chose en était devenue impertinente pour la pauvre femme. Aussi n'en voulut-elle pas avoir le démenti. Ce que femme veut, Dieu le veut, dit le proverbe. Or, Jeanne voulait être aimée et voulait entendre l'aveu de cet amour. Seulement elle s'y prit singulièrement pour que le mystère ne mentît pas.

Un soir qu'on parlait au cercle de la reine de ces antipathies instinctives que les hommes les plus braves ont pour certains animaux, et que chacun disait la sienne : celui-ci l'araignée, celui-là le lézard, un autre le chat, Carracciolo, interrogé, répondit que l'animal qui lui était le plus antipathique dans la création était le rat. Un rat, il l'avouait, l'eût fait sauver à l'autre bout du monde. Jeanne ne dit rien, mais elle tint compte de la chose.

Le surlendemain, comme Carracciolo se rendait au conseil, et que, pour s'y rendre, il traversait un long corridor du palais habité par les dames de la reine, un domestique parut tout à coup à l'extrémité de ce corridor avec une cage pleine de rats. Carracciolo ne fit attention ni à la cage ni aux hôtes qu'elle contenait, et continua de s'avancer ; mais lorsqu'il ne fut plus qu'à quelques pas du valet, celui-ci posa sa cage à terre, ouvrit la porte, et tous les rats en sortirent, courant à droite et à gauche, avec la vélocité que l'on connaît à ce charmant animal.

Carracciolo avait dit vrai : il avait une haine, ou plutôt une terreur profonde pour les rats. Aussi, à peine les vit-il faire irruption hors de leur domicile, qu'il perdit la tête et se sauva comme un fou, frappant à toutes les portes. Mais toutes les portes étaient fermées à l'exception d'une seule qui s'ouvrit. Carracciolo se précipita dans la chambre et s'y trouva en présence de sa souveraine. Le pauvre courtisan en fuyant un danger imaginaire était tombé dans un danger réel.

Il n'eut pas lieu de regretter sa fortune. La reine le fit tour à tour grand-sénéchal, duc d'Avellino et seigneur de Capoue. Il avait bien demandé à être prince de cette dernière ville ; mais comme c'était le titre réservé aux héritiers présomptifs de la couronne, la reine avait refusé. Il s'était alors rabattu sur le duché d'Amalfi et la principauté de Salerne ; mais cette dernière concession souffrait aussi, à ce qu'il paraît, quelque petite difficulté, car un jour que cette éternelle demande avait amené une discussion plus vive que d'habitude entre Jeanne et Carracciolo, l'amant oublia la distance que Jeanne avait franchie pour arriver jusqu'à lui, et appliqua sur la joue de sa royale maîtresse un soufflet de crocheteur.

Il en est des soufflets de crocheteur comme des baisers de nourrice ; on les entend de loin. Une certaine duchesse de Suessa, ennemi jurée de Carracciolo, entendit le bruit de cet insolent soufflet ; elle entra chez Jeanne comme Carracciolo en sortait, et trouva la reine pleurant de honte et de douleur.

Les deux femmes restèrent enfermées ensemble une partie de la journée. Quand les femmes veulent se mettre à la besogne, elles vont plus vite que nous autres ; aussi en deux heures tout fut-il résolu, principal et accessoires, faits et détails.

Le lendemain matin, comme Carracciolo était encore au lit, il entendit frapper à sa porte. Carracciolo, comme on le comprend, n'était pas sans défiance : c'était la première fois qu'il levait la main sur la reine, et ce malheureux soufflet qui lui était échappé l'avait tracassé toute la nuit. Aussi, avant d'ouvrir commença-t-il par demander qui frappait.

— Hélas ! répondit une voix dont la voix était bien connue de Carracciolo, car c'était le page favori de Jeanne, c'est la reine qui vient d'être atteinte d'apoplexie, et Son Altesse ne veut pas mourir sans vous voir.

Carracciolo calcula à l'instant même qu'au moment de la mort de la reine il pouvait arracher d'elle ce qu'il n'avait jamais pu obtenir de son vivant, et il ouvrit la porte.

Au même instant, cinq ou six hommes armés se précipitèrent sur lui, et, sans qu'il eût le temps de se mettre en défense, le renversèrent sur son lit et le massacrèrent à coups de hache et d'épée ; et après s'être assurés qu'il était bien mort, ils sortirent sans que personne fût venu les déranger dans leur sanglante exécution.

Trois heures après, quand on entra chez le grand-sénéchal, on le trouva couché à terre, à moitié vêtu, une seule jambe chaussée, les assassins l'ayant laissé juste dans l'état où la mort l'avait saisi.

Prenez l'un après l'autre tous ces rois, toutes ces reines et tous ces courtisans, et vous n'en trouverez pas un sur quatre qui soit mort de la façon dont Dieu a destiné l'homme à mourir.

XII.

UNE VISITE A HERCULANUM ET A POMPEIA.

Un des malheurs auxquels est exposée cette classe de voyageurs que Sterne désigne sous le nom de voyageurs curieux, c'est qu'en général on ne peut être transporté sans transition d'un lieu à un autre. Si l'on avait la faculté de bondir de Paris à Florence, de Florence à Venise, de Venise à Naples, ou de fermer au moins les yeux tout le long de la route, l'Italie présenterait des sensations tranchées, inouïes, ineffaçables ; mais au lieu de cela, malgré la rapidité des malles-poste, malgré l'agilité des bateaux à vapeur, il faut bien traverser un paysage, il faut bien aborder dans un port ; les préparations détruisent alors les sensations. Marseille révèle Naples ; la Maison Carrée et le pont du Gard dénoncent le Panthéon et le Colysée. Toute impression perd alors son inattendu, et par conséquent sa force.

Ainsi est-il de Pompeïa : on commence par visiter le musée de Naples, on s'appesantit sur toutes ces merveilles d'art ou de formes retrouvées depuis deux cents ans que durent les fouilles ; bronzes et peintures, on se fait raconter l'histoire de chaque chose, comment et quand elle a été retrouvée, à quel usage elle servait, en quel lieu elle était placée ; puis, lorsqu'on s'est bien blasé sur les bijoux, vient le tour de l'écrin.

Nous évitâmes ce premier piége, mais nous ne pûmes en faire autant d'un second : échappés aux Studi, nous retombâmes dans Herculanum.

Herculanum et Pompeïa périrent dans la même catastrophe, et cependant d'une façon toute différente. Herculanum fut enveloppée, étreinte, et enfin recouverte par la lave, sur la route de laquelle elle se trouva ; Pompeïa, plus éloignée, fut ensevelie sous cette pluie de cendres et de pierres ponces que raconte Pline le jeune, et dont fut victime Pline l'ancien. Il en résulte qu'à Herculanum tout ce qui pouvait subir l'action du feu fut dévoré par le feu ; que le fer, le bronze et l'argent résistèrent seuls ; tandis qu'à Pompeïa, au contraire, tout fut garanti, conservé, entretenu, si on peut le dire, par cette molle couche de cendres dont le volcan avait recouvert la ville, on pourrait presque le croire, dans un simple but d'art et d'archéologie, afin de conserver aux siècles à venir un vivant échantillon de ce qu'était une ville romaine pendant la première année du règne de Titus.

Au moment où l'on retrouva Herculanum et Pompeïa, elles étaient à peu près aussi perdues que le sont aujourd'hui Stabie, Oplonte et Retine. Pour Herculanum, la chose n'était pas étonnante : il fallait presque un miracle pour la retrouver ; Herculanum dormait au fond d'une tombe de lave profonde de cinquante ou soixante pieds. La pauvre ville d'Hercule semblait bien morte et ensevelie à tout jamais. Mais il n'en était point ainsi de Pompeïa.

Pompeïa n'était point morte, Pompeïa n'était point ensevelie, Pompeïa semblait dormir. Seulement ce qu'on prenait pour le drap de sa couche était le linceul de son tombeau. Pompeïa, couverte seulement à la hauteur de quinze ou vingt pieds, élançait hors de la cendre, qui n'avait pu la couvrir entièrement, les chapiteaux de ses colonnes, les extrémités de ses portiques, les toits de ses maisons ; Pompeïa enfin demandait incessamment secours, et criait jour et nuit du fond de son sépulcre, où elle n'était ensevelie qu'à moitié : « Fouillez ! je suis là ! » il y a plus : quelques uns prétendent que cet eruption dont parle Pline ne fut pas celle qui détruisit Pompeïa. Selon Ignarra et Laporte-Dutheil, Pompeïa, à moitié ensevelie, aurait pour cette fois secoué sa couche de sable, et, l'écartant, comme la Ginevra de Florence, serait reparue à la lueur du jour, son voile mortuaire à la main et réclamant son nom trop tôt rayé de la liste des villes ; si bien que, selon eux, la ville ressuscitée aurait encore vécu jusqu'en l'an 471, époque à laquelle le tremblement de terre décrit par Marcellin l'aurait définitivement engloutie. Ceux-ci se fondent sur ce que Pompeïa se trouve encore indiquée sur la carte de Peutinger, qui est postérieure au règne de Constantin, et ne disparaît entièrement de la surface du sol que dans l'itinéraire d'Antonin.

Rien de plus possible, au bout du compte ; et nous ne sommes pas disposés à chicaner Pompeïa pour quatre siècles de plus ou de moins. Mais cependant il y a un fait incontestable qui s'oppose à la reconnaissance pleine et entière de cette résurrection : c'est qu'aucune monnaie de cuivre, d'argent ou d'or n'a été retrouvée, à Pompeïa, postérieure à l'an 79, quoique incontestablement encore les empereurs aient continué à faire frapper monnaie, cette haute prérogative du rang suprême à laquelle les souverains tiennent tant. Or, supposez Saint-Cloud enseveli à notre époque et exhumé dans deux mille ans : je suis convaincu qu'on retrouverait dans les fouilles de Saint-Cloud infiniment plus de pièces de cinq, de vingt et de quarante francs à l'effigie de Napoléon, de Louis XVIII, de Charles X et de Louis-Philippe, que de sous parisis et de deniers d'or et d'argent au millésime du quatorzième siècle.

Ce qui est probable, c'est que la cendre, en engloutissant la ville tout entière, avait laissé échapper les trois quarts de la population ; que cette population, soit dans l'espoir de mettre à découvert un jour ses anciennes demeures, soit par cet amour du sol si fortement enraciné dans le cœur des habitans de la Campanie, n'aura pas voulu s'éloigner de l'emplacement qu'elle avait déjà habité ; qu'elle aura élevé un village près de la ville ; que le nouveau bourg aura pris le nom de l'ancienne cité, et que les géographes, en retrouvant ce nom sur la carte de Peutinger, auront pris la fille pour la mère, et auront confondu la tombe avec le berceau.

Cela est si vrai que l'on retrouva entre Bosco-Real et Bosco-Trecase cette nouvelle Pompeïa, laquelle gardait aussi des bronzes magnifiques et des statues du meilleur temps, vieux débris arrachés sans doute à son ancienne splendeur. Mais les maisons qui renfermaient ces bronzes et ces statues étaient, comme architecture et comme peinture, d'une époque de décadence tellement en désaccord avec les chefs-d'œuvre de l'art, qu'on peut croire qu'il y avait plusieurs siècles de différence entre les uns et les autres. Cependant, il faut le dire, la distribution intérieure des appartemens était absolument la même, quoique, selon toute probabilité, cette seconde Pompeïa eût été engloutie quatre siècles après l'ancienne.

Ainsi, comme nous le disions, la renommée de la ville grecque a longtemps survécu à elle-même pour s'éteindre juste au moment où elle allait reparaître plus brillante que jamais.

D'abord un grand nombre des habitans de Pompeïa retournèrent, la hache et la pioche à la main, fouiller plus d'une fois cette vaste tombe où était restée enfouie la plus grande partie de leurs richesses. Les antiquaires appellent cela une profanation, et il est évident qu'ils ne se seraient pas entendus sur le mot avec les anciens habitans de Pompeïa.

Alexandre Sévère fit fouiller Pompeïa ; il en tira une grande quantité de marbres, de colonnes et de statues d'un très beau travail, qu'il employa dans les constructions nouvelles.

qu'il faisait faire à Rome, et parmi lesquelles on les reconnaît comme on reconnaîtrait un fragment de la renaissance au milieu de l'architecture napoléonique.

Puis vint le flot de la barbarie, qui, comme une nouvelle lave, couvrit non seulement les villes mortes, mais encore les villes vivantes. Que devinrent alors Pompeïa et le village qu'elle tenait par la main comme une mère tient son enfant? Il n'en est plus question, nul ne sait plus rien. Sans doute tout ce qui dépassait cette couche de cendres qui montait, comme nous l'avons dit, plus haut que le premier étage, fut abattu. Chapiteaux, frontons, terrasses se nivelèrent. Quelque temps encore les ruines indiquèrent la place des tombeaux, puis les ruines elles-mêmes devinrent de la poudre; la poussière se mêla à la poussière; quelques maigres gazons, quelques arbres rares poussèrent sur cette terre stérile, et tout fut dit : Pompeïa avait disparu; on chercha vainement où avait été Pompeïa. Pompeïa avait été oubliée!

Dix siècles se passèrent.

Un jour, c'était en 1592, l'architecte Dominique Fontana fut appelé par Mutius Cuttavilla, comte de Sarno. Il s'agissait de creuser un aqueduc pour porter de l'eau à la Torre. Fontana se mit à l'œuvre; et comme la ligne qu'il avait tracée traversait tout le plan de Pompeïa, ses ouvriers allèrent bientôt se heurter contre des fondations de maisons, des bases de colonnes et des degrés de temples. On vint prévenir l'architecte de ce qui se passait ainsi sous terre; il descendit dans les fouilles, une torche à la main; reconnut des marbres, des bronzes, des peintures; traversa des rues, des théâtres, des portiques; puis, stupéfait de ce qu'il avait vu dans cette nécropole, remonta pour demander au duc de Sarno ce qu'il devait faire. Le duc lui répondit qu'il devait continuer son aqueduc.

Fontana n'était pas assez riche pour entretenir des fouilles à ses frais : il se contenta donc, en artiste pieux qu'il était, de continuer les excavations en réparant à mesure ce qu'il était forcé de détruire; il passa ainsi sous le temple d'Isis sans le renverser, et aujourd'hui encore on peut suivre sa marche par les soupiraux du canal qu'il traça.

Pendant ce temps Herculanum dormait, plus tranquille que sa sœur en infortune, car sa tombe à elle était plus sûre et plus profonde; mais, comme si une loi de ce monde était qu'il n'y aura pas de repos éternel, même pour les morts, l'heure de sa résurrection sonna avant même qu'eût sonné celle de Pompeïa.

Ce fut un prince d'Elbeuf, de la maison de Lorraine, qui comprit le premier quel était le trésor que seize siècles avaient dédaigneusement foulé aux pieds. Marié à la fille du prince de Salsa, et désirant embellir une maison de campagne qu'il avait achetée aux environs de Portici, il commença d'acheter aux paysans des environs tous les fragments d'antiquités qu'ils lui apportèrent. D'abord il prit tout ce qu'on lui apporta; puis, comme avec l'abondance son goût devint plus difficile, il exigea que les choses eussent une certaine valeur pour en faire l'acquisition. Enfin, voyant qu'on lui apportait chaque jour de nouvelles richesses, il résolut de remonter lui-même à cette source, et fit venir un architecte. L'architecte demanda des renseignemens aux paysans, reconnut les localités, et prit et lit ses mesures que dès la première fouille, exécutée vers l'an 1720, on retrouva deux statues d'Hercule, on découvrit un temple circulaire, soutenu par quarante-huit colonnes d'albâtre, vingt-quatre extérieures, vingt-quatre intérieures; et enfin on mit au jour sept nouvelles statues grecques, que le libéral prince d'Elbeuf donna en pur don au prince Eugène de Savoie.

Mais, comme on le comprend, la chose fit grand bruit : on exagéra encore les merveilles de la ville souterraine; le gouvernement intervint et ordonna au prince d'Elbeuf d'interrompre ses excavations. Les fouilles restèrent quelque temps suspendues.

Enfin, le jeune prince des Asturies, don Carlos, monta sur le trône de Naples sous le nom de Charles III, fit bâtir le palais de Portici, et, achetant la maison du prince d'Elbeuf avec tout ce qu'elle contenait, reprit les fouilles et les fit continuer jusqu'à quatre-vingts pieds de profondeur. Ce ne fut plus alors un monument solitaire ou un temple isolé que l'on rencontra : ce fut une ville tout entière disparue sous la lave, gisante entre Portici et Resina, et que sa position d'abord, puis des inscriptions, les unes grecques, les autres latines, firent reconnaître pour l'ancienne ville d'Herculanum.

Mais l'extraction de cette cité n'était point facile; la cité était emboîtée dans son moule de lave; il fallait briser le bronze pour arriver à la pierre; on s'aperçut bientôt des frais énormes que nécessitait ce travail inconnu, et après quelques années on y renonça. Ces quelques années avaient cependant produit des trésors.

Il faut dire aussi que l'attention fut tout à coup détournée d'Herculanum et se reporta sur Pompeïa. Déjà, vers la fin du siècle précédent, on avait trouvé dans des ruines, sur les bords du fleuve Sarno, un trépied et un petit Priape en bronze; puis d'autres objets précieux avaient été le résultat d'une fouille particulière faite en 1689, à environ un mille de la mer, sur le flanc oriental du Vésuve; enfin, en 1748, des paysans creusent un fossé, quelque chose leur résiste; ils redoublent d'efforts, découvrent des monumens, des maisons, des statues; la ville ensevelie revoit le jour, la cité perdue est retrouvée; Pompeïa sort de son tombeau, morte il est vrai, mais belle encore, comme au jour où elle y est descendue. Jusqu'à cette heure on n'a évoqué l'ombre des hommes : de ce moment on va évoquer le spectre d'une ville. L'antiquité, racontée par les historiens, chantée par les poètes, rêvée par les savans, a pris tout à coup un corps : le passé se fait visible pour l'avenir.

Malheureusement, comme nous l'avons dit, une sensation peut être détruite, du moins en partie, par la progression. Ainsi est-il généralement de Pompeïa, qui, pour son malheur, a Herculanum sur son chemin. En effet, Herculanum, au lieu d'irriter la curiosité, la fatigue : on descend dans les fouilles d'Herculanum comme dans une mine, par une espèce de puits; ensuite viennent des corridors souterrains où l'on ne pénètre qu'avec des torches; corridors noircis par la fumée, qui de temps en temps laissent entrevoir, comme par la déchirure d'un voile, le coin d'une maison, le péristyle d'un temple, les degrés d'un théâtre; tout cela incomplet, mutilé, sombre, sans suite, sans ensemble, et par conséquent sans effet. Aussi, au bout d'une heure passée sous ces souterrains, le plus terrible antiquaire, l'archéologue le plus obstiné, le plus infatigable curieux, n'éprouvent-ils qu'un besoin, celui de revoir la clarté du jour, ne ressentent-ils qu'un désir, celui de respirer l'air du ciel. Ce fut ce qui nous arriva.

Nous nous remîmes en route après avoir visité cette momie de ville, et nous reprimes la route qui conduit de Naples à Salerne. À une demi-lieue de la tour de l'Annonciation, une route s'offrit tracée sur le sable, s'enfonçant vers la gauche, et présentant à son entrée un poteau avec cette inscription : Via di Pompei. Nous la prîmes, et au bout d'une demi-heure de marche nous rencontrâmes une barrière qui s'ouvrit devant nous, et nous nous trouvâmes à cent pas de la maison de Diomède, et par conséquent à l'extrémité de la rue des Tombeaux.

Là, il faut le dire, malgré le tort qu'Herculanum fait à Pompeïa, l'impression est vive, profonde, durable; cette rue des Tombeaux est un magnifique péristyle pour entrer dans une ville morte; puis, tous ces monumens funèbres placés aux deux côtés de la route consulaire au bout de laquelle s'ouvre béante la porte de Pompeïa, ne dépassant pas la couche de sable qui les recouvrait, se sont conservés intacts comme au jour où ils sont sortis des mains de l'artiste : seulement le temps a déposé sur eux en passant cette belle teinte sombre, ce vernis des siècles, qui est la suprême beauté de toute architecture.

Joignez à cela la solitude, cette poétique gardienne des sépulcres et des ruines.

Que serait-ce donc, je le répète, si l'on n'avait point passé par Herculanum! Qu'on se figure, sous un soleil ardent, ou, si l'on aime mieux, sous un pâle rayon de la lune, une rue large de vingt pas, longue de cinq cents, toute sillonnée encore par les roues des chars antiques, toute garnie de trottoirs pareils aux nôtres, toute bordée, à droite et à gauche, par des monumens funéraires, au dessus desquels se balancent quelques maigres et tristes arbustes poussés à grand'peine dans cette cendre : offrant à son extrémité, comme une grande arche à travers laquelle on ne voit que le ciel, cette porte, par laquelle on allait de la ville des morts à la ville des vivans; qu'on entoure tout cela de silence, de solitude, de recueillement, et l'on aura une idée, bien incomplète encore, de l'aspect merveilleux que présente le faubourg de Pompeïa appelé par les anciens le bourg d'Augustus Félix, et par les modernes la *rue des Tombeaux*.

Nous nous arrêtâmes, ne songeant plus à ce soleil de trente degrés qui tombait d'aplomb sur nos têtes, moi pour prendre le nom de tous ces monumens, Jadin, pour faire un croquis de cette vue. On eût dit que nous avions peur de voir disparaître tout ce panorama d'un autre âge, et que nous voulions le fixer sur le papier avant qu'il s'envolât comme un songe ou qu'il s'évanouît comme une vision.

Au commencement de la rue s'ouvre la première maison déterrée. Par un hasard étrange, c'est une des plus complètes : cette maison était celle de l'affranchi Arrius Diomède.

Que notre lecteur se tranquillise, nous ne comptons pas l'emmener dans une visite domiciliaire. Nous visiterons trois ou quatre des maisons les plus importantes, nous entrerons dans une ou deux boutiques, nous passerons devant un temple, nous traverserons le *Forum*, nous ferons le tour d'un théâtre, nous lirons quelques inscriptions, et ce sera tout.

XIII.

LA RUE DES TOMBEAUX.

La première, la seule maison même, je crois, de la rue des Tombeaux qui soit découverte, est celle de l'affranchi Arrius Diomède; vaste tombeau elle-même, car dans sa galerie souterraine, où l'on descend par le jardin, on retrouva vingt squelettes.

Arrius Diomède ne démentait pas le proverbe: Riche comme un affranchi. Sa maison est comme celle d'un millionnaire. A défaut de gravure, essayons de faire comprendre par la description ce que c'était que la maison d'un millionnaire romain.

Quand nous disons que celle-ci appartenait à Arrius Diomède, il ne faut pas prendre à la lettre ce que nous disons: depuis qu'un Florentin a fait contre moi un volume parce que j'avais écrit *Corso* Donati au lieu de *Coco dei Donati*, et *Jacob* de Pazzi au lieu de *Jacques* de Pazzi, je deviens méticuleux en matière de noms, et je mets plutôt deux points sur un *i* que de n'en pas mettre du tout.

Ce qui a fait donner à la belle villa que nous allons décrire l'appellation sous laquelle elle est connue, c'est que le tombeau le plus voisin d'elle est consacré à la famille de l'affranchi Diomède. Cette fois, il n'y avait pas à s'y tromper, car il portait l'inscription suivante :

M. ARRIUS. I. L. DIOMEDES
SIBI. SUIS. MEMORIÆ.
MAGISTER. PAG. AUG. FELIC. SUB. URB.

Ce qui voulait dire : « Marcus Arrius Diomède, affranchi de Julia, maître du bourg Augustus Félix, près de la ville, a élevé ce tombeau à sa mémoire et à celle des siens. »

Or, après que la maison avait donné un nom au tombeau, le tombeau à son tour en donna un à la maison.

Non seulement c'était une maison de la plus suprême élégance, et bâtie à une des plus heureuses époques de l'art romain, c'est-à-dire sous le règne d'Auguste; mais encore c'était un des plus grands édifices particuliers de Pompeïa: deux étages restent debout; le troisième manque.

On monte quelques degrés, puis on entre par une petite porte dans une cour ouverte, environnée de quatorze colonnes : cette cour, comme toutes les cours antiques, avait la forme d'un cloître; ces colonnes soutenaient un toit dont l'inclinaison intérieure versait les eaux dans un petit canal; aussi cette cour s'appelait-elle l'impluvium.

C'est en côtoyant cette cour et en se promenant à l'abri de ce toit, lorsqu'ils n'étaient pas au forum ou lorsqu'il pleuvait, que les Romains, ces éternels promeneurs, passaient leur vie. Les murs de ces portiques étaient élégamment peints à fresque, ressemblance qu'ils avaient de plus avec les cloîtres du riche couvent de Saint-Marc, à Florence.

Cette cour faisait ordinairement le centre des maisons romaines; toutes les portes des différens appartemens, depuis celles des esclaves jusqu'à celles des maîtres de la maison, s'ouvraient sous ces portiques. Le patron, en s'y promenant, voyait à peu près tout ce qui se passait chez lui.

Un petit jardin, qui devait être plein de fleurs, était au milieu de cette cour traversée par le canal dont nous avons parlé, lequel recevait l'eau de pluie et la conduisait à deux citernes. Ces citernes avaient des margelles de pierres volcaniques, et dans une de ces pierres on retrouva la cannelure qui fixait la corde à l'aide de laquelle on tirait l'eau. Tout ce qui ne devait pas être planté était pavé avec des morceaux de mosaïque maintenus par un enduit de tuile pilée. Au dehors et sous le portique était une niche contenant une petite statue de Minerve.

A droite étaient les chambres pour les esclaves; au milieu de ces chambres, il y avait un petit escalier qui conduisait à l'étage supérieur. On retrouva dans cet étage, qui était probablement un grenier, de la paille et de l'orge. A côté de l'escalier étaient les amphores et une armoire; à gauche se trouvaient les bains. Les bains faisaient chez les Romains la jouissance suprême de la vie intérieure. Aussi, au contraire de chez nous, où l'on possède à grand'peine un simple cabinet de toilette, les bains, dans une maison romaine, occupaient-ils en général le sixième de l'appartement.

C'est que c'était une très grande affaire que de prendre un bain sous le règne des douze Césars.

Chez nous, on se blottit dans une baignoire plus ou moins courte. Heureux ceux qui ont de petites jambes ou de grandes baignoires !

Puis, après une demi-heure passée à se tourner et à se retourner pour éviter les crampes, on sonne, on s'essuie avec du linge froid ou brûlant, on se rhabille et l'on sort.

Chez les Romains, c'était tout autre chose.

Voyez plutôt les bains de l'affranchi Arrius Diomède.

Il y avait d'abord une première chambre. Dans cette première chambre, on trouva un bassin pour le bain froid. Ce bassin était entouré d'un joli petit portique avec des colonnes octogones, au fond duquel était un fourneau; sur ce fourneau étaient un chaudron et une poêle à deux anses encore noircie par la fumée, un gril de fer, plusieurs pots de terre et une casserole.

Il paraît que, comme nous, les Romains se faisaient quelquefois servir à déjeuner dans leurs bains froids.

Il y avait ensuite une seconde chambre : c'était celle où ceux qui voulaient prendre les bains chauds se déshabillaient ; on l'appelait *apodyterium*. Puis il y avait une troisième chambre ; c'était celle où étaient à la fois le bain chaud et la fournaise. La fournaise était une construction de briques pareille à un poêle, seulement sa forme était longue au lieu d'être élevée. Trois vases de cuivre contenaient l'eau portée à des degrés différens ; l'eau froide, l'eau tiède et l'eau chaude. Des tuyaux de plomb, qui servaient de conducteurs à cette eau, s'ouvraient par des robinets à peu près pareils aux nôtres, et permettaient au baigneur de hausser ou diminuer la température de son bain.

Alors on quittait le rez-de-chaussée et l'on montait au premier étage. Là, exactement au dessus de l'autre, se trouvait une petite chambre que l'on appelait l'étuve. On y pénétrait après avoir traversé une autre chambre, où l'on déposait les vêtemens dont on s'était couvert pour monter du rez-de-chaussée au premier étage. De cette première chambre, on traversait le tepidarium, où l'on ne s'arrêtait qu'au retour, et l'on entrait dans l'étuve, c'est dans cette étuve, située, comme nous l'avons dit, au dessus de la fournaise, qu'on prenait le bain de vapeur.

Une fenêtre s'ouvrant sur la petite cour servait à donner de l'air au baigneur quand il était sur le point d'étouffer. Une lampe était posée dans une niche qui donnait à la fois dans l'étuve et dans le tepidarium, et qui, lorsqu'on voulait prendre des bains le soir, éclairait les deux appartemens.

Aujourd'hui que les bains russes sont à la mode, il est inutile de décrire cette douleur graduée dont les anciens s'étaient fait une jouissance. Lorsqu'ils avaient passé dans l'étuve le temps qu'ils voulaient consacrer à fondre, ils repassaient dans le tepidarium. Là, un esclave attendait le baigneur; il tenait d'une main une fiole et de l'autre un frottoir. Le frottoir était composé de petites lames d'ivoire, d'argent ou d'or, pareilles, moins les dents, à celles d'une étrille, et s'appelait *strigilis*. La petite fiole contenait une huile parfumée et se nommait *guttum*. D'abord, l'esclave grattait le baigneur avec le strigilis, puis il inclinait au dessus de sa tête et de ses épaules le guttum, en laissait tomber quelques gouttes d'huile odorante qu'il lui étendait partout le corps avec la main. Le tepidarium, comme l'étuve, avait une fenêtre; mais cette fenêtre l'emporte fort en célébrité sur la fenêtre sa voisine. Cela tient à ce que, dans ses châssis de bois réduits en cendre, on retrouva quatre carreaux de vitre.

Or, au moment où on les retrouva, un savant Italien venait de prouver, dans un ouvrage en quatre volumes in-quarto, que les anciens ne connaissaient pas le verre.

Le libraire qui avait imprimé l'ouvrage fut ruiné, mais l'auteur n'en resta pas moins un savantissime.

Outre cette fenêtre, on retrouva dans le tepidarium des siéges en bois, et à terre, à côté de l'un d'eux, le fond d'un panier.

De cette chambre, où se terminait l'opération du bain, on repassait dans l'apodyterium, où l'on se rhabillait avec les vêtemens que les esclaves avaient montés, et tout était fini.

L'empereur Commode prenait par jour sept bains dans le genre de celui-ci. Il devait lui rester comme on le voit, pour les soins de son empire, encore moins de temps qu'il n'en restait à Orosmane, lequel, s'il faut en croire monsieur de Voltaire, n'y donnait cependant qu'une heure.

Des bains nous passâmes dans une espèce de dépense attenante aux chambres à coucher. Dans cette dépense, on trouva à terre, et au pied d'une table de marbre soutenue par la statue d'une jeune prêtresse, plusieurs vases de cuisine.

Dans les chambres à coucher, on ne retrouva rien que des peintures encore fraîches, des mosaïques et des marbres. Au reste, toutes ces chambres à coucher, éclairées par la porte seulement, étaient petites et devaient être fort peu comfortables.

Au milieu de ces chambres était une salle à manger, bâtie en forme d'hémicycle et dans laquelle on voit encore la place de la table. On y retrouva des vases de terre et de bronze, des moules à pâtisserie de la forme des nôtres, deux petits trépieds destinés à soutenir les lampes quand on dînait ou soupait à la lumière; deux petits bassins à laver les mains; deux candélabres dont l'un avait la forme d'un tronc d'arbre, deux couteaux avec des manches d'os; enfin, des anneaux avec de petites plaques pour les armoires. Tout autour des murailles étaient peintes des fresques représentant des poissons de toute forme et de toute couleur, lesquelles, outre la porte, étaient éclairées par trois fenêtres donnant sur la campagne, et s'ouvrant à l'orient et au midi.

Dans l'autre face du portique s'ouvrait l'*exedra*, ou le salon de réception. Quelques cabinets aboutissaient à ce salon; dans l'un d'eux on retrouva une table ronde en marbre blanc, ornée de deux têtes de tigre, dont chacune faisait jaillir l'eau par sa bouche; des médaillons de marbre représentant Vulcain près de son enclume; une femme ailée tenant d'une main un papillon et de l'autre un flambeau qu'elle approche d'un autel auquel elle va mettre le feu; un Hercule appuyé sur sa massue avec une peau de lion, un carquois et des flèches; des faunes avec un vase et un thyrse dans les mains; cinq petits masques troués à la place des yeux et de la bouche; enfin un lièvre qui grignote des fruits.

Puis, des étages supérieurs étaient tombés, dans ce salon et dans les cabinets voisins, des vases d'argent sculptés, un vase de cuisine en bronze, des pièces de monnaie, dont une était de Naples antique, c'est-à-dire avait déjà près de quinze cents ans à cette époque; enfin, différens morceaux d'ivoire détachés d'une petite statue qu'ils recouvraient, et qui servaient d'ornement à un meuble.

De l'exedra on passe sur une terrasse; cette terrasse dominait le quartier des esclaves. Dans ce quartier on trouva une bouteille suspendue à un clou, des vases de terre cuite, une lampe, quatre bêches et un rateau de fer; un couteau à manche d'os, des vases de verre et des monnaies de bronze: c'était l'ameublement et la richesse de la pauvre petite colonie.

Près d'une porte étaient un squelette d'homme et un squelette de brebis: la brebis avait encore sa clochette.

Outre les pièces que nous avons décrites, il y avait encore un appartement d'été: on descendait dans cet appartement par un petit escalier; les pièces en étaient voûtées, ornées de fresques et pavées en mosaïque. Les peintures qui couvraient les murailles de la plus grande de ces pièces représentaient une Uranie, une Melpomène, une Minerve, un pédagogue assis, tenant un bâton à la main et ayant un coffre plein de papyrus à ses pieds; des génies et des bacchantes qui dansent en pinçant de la sambuca, ce qui fit croire que cette chambre était une bibliothèque. Un reste de tapis en couvrait le pavé.

De cette chambre, et en traversant le jardin, on descend dans une galerie souterraine; c'est dans cette galerie que s'étaient réfugiés les habitans de la maison. On y retrouva vingt squelettes appuyés au mur: deux de ces squelettes appartenaient à des enfans; un troisième était, selon toute probabilité, celui de la maîtresse de la maison, car on lui trouva aux bras deux bracelets et aux doigts quatre anneaux. Tous avaient été étouffés par la cendre; et comme à cette cendre avaient succédé des torrens d'eau, elle avait été changée en un limon qui s'était séché lentement, enveloppant les cadavres comme un moule. Aussi, lorsqu'on les trouva, ces cadavres étaient-ils parfaitement conservés; mais à peine les toucha-t-on du bout du doigt qu'ils tombèrent réduits en poudre, et ne laissèrent debout que leurs ossemens. Le limon qui les emboîtait demeura plus solide, et l'on conserve au musée de Naples un fragment de cette terre dans lequel est empreint un magnifique sein de femme à la surface duquel on distingue les plis d'une robe de mousseline. Un second fragment garde le moule de deux épaules; un troisième, le contour d'un bras: tout cela jeune et arrondi, tout cela magnifique de forme.

En outre, on trouva à terre deux colliers d'or, dont l'un est orné de neuf plaques d'émeraudes, et dont l'autre portait une chaînette au bout de laquelle pendaient deux feuilles de pampre; deux anneaux d'argent, une grosse épingle, un candélabre dont le pied était formé par trois jambes d'homme, un paquet de clefs, deux améthystes, sur l'une desquelles était gravée une Vénus Anadyomène, dans la même pose que la Vénus de Médicis; enfin trente-une pièces de monnaie presque toutes consulaires, et quarante-quatre autres presque toutes impériales, parmi lesquelles étaient plusieurs Galba et plusieurs Vespasien.

Mais dans cette galerie funèbre n'étaient point renfermés tous les cadavres. Un autre squelette fut retrouvé près de la porte qui donnait du côté de la mer; celui-là, sans doute, était le squelette du maître de la maison, car il tenait dans une main une clef et dans l'autre une bague et un rouleau de dix pièces d'or à l'effigie de Néron et d'Agrippine, de Vitellius, de Vespasien et de Titus, quatre-vingt-huit pièces d'argent impériales et consulaires au nombre desquelles, se tenaient un Marc-Antoine et une Cléopâtre, et enfin quel sous en bronze à l'effigie d'Auguste et de Claude. A quelques pas du cadavre de cet homme, on trouva encore deux autres squelettes auprès desquels étaient cinq médailles de bronze ; puis, hors de la porte et en s'avançant vers la mer, neuf autres squelettes encore, appartenant probablement à la famille d'Arrius Diomède. On sait que les anciens entendaient par famille cette innombrable troupe d'esclaves et de chiens attachée à toute riche maison.

Aux angles de ces appartemens inférieurs étaient deux cabinets, dans l'un desquels on trouva un squelette ayant au poignet un bracelet de bronze, au doigt un anneau d'argent, à la main une faucille de fer. Près de ces cabinets étaient deux enclos, qui, selon toute apparence, avaient été recouverts d'un treillage garni de vigne et qui devait servir de jeu de boules. Enfin, hors de la maison et s'étendant du côté de la mer, on retrouva un champ labouré à sillons, près duquel était une aire pour battre le blé.

Une vaste enceinte séparait du côté opposé la maison de la rue ; elle était entourée d'un mur solide, appuyée à un terreplein percé de tuyaux. Cette enceinte était le cimetière des esclaves. En la fouillant, on y trouva une grande quantité d'os humains, et les coquilles des limaçons qu'on avait l'habitude de manger aux repas mortuaires.

Quant au tombeau préparé par le maître de la maison pour lui et les siens, et dans lequel reposaient son frère aîné et Arria, sa huitième fille, nous avons déjà dit qu'il s'élevait sur la rue, et que cette demeure des morts rivalisait d'élégance et de richesse avec la demeure des vivans.

Parmi ces tombeaux qui bordent les deux côtés de la voie consulaire, les plus remarquables après celui de la famille Diomède sont les tombeaux des deux Tyché, et le cénotaphe de Calventius.

Le premier que l'on rencontre est celui de Nevoleïa Tyché, découvert en 1813. C'est un large piédestal formé par cinq rangs de longues pierres volcaniques que surmontent deux degrés soutenant un autel de marbre. Sur cet autel est placé le buste de Nevoleïa. Au dessous du buste on lit une inscription latine de laquelle nous contentons de donner une traduction : « Nevoleïa Tyché, affranchie de Julie, à elle même, et à Caïus Munatius Faustus Augustal qui, avec le consentement du peuple, reçut des décurions le bisellium pour ses mérites.—Nevoleïa Tyché, de son vivant, a élevé ce monument à ses affranchis et affranchies et à ceux de Caïus Munatius Faustus. »

Ce tombeau est orné de trois bas-reliefs, tous trois assez curieux.

Le premier qui s'offre à la vue du côté de Naples est un navire qui entre dans le port. De petits génies en carguent les voiles ; un homme est au gouvernail : la tête de Minerve orne la proue.

Dans un pays où, comme du temps de Figaro, on ne peut écrire sur rien qui touche au gouvernement, à la politique, à l'administration, à la littérature, ni à quelque chose que ce soit, on comprend combien l'on a écrit de volumes sur cette sculpture. Cette sculpture, c'était une bonne fortune. Les savans n'auraient donné pour rien au monde cette sculpture, c'était leur pain quotidien. Il a peut-être paru cinquante volumes sur cette bienheureuse sculpture. Dieu fasse paix à ceux qui les ont écrits ! Dieu fasse miséricorde à ceux qui les ont lus !

Les uns y ont vu une allégorie, les autres une réalité.

Ceux qui ont vu une allégorie se sont extasiés sur la pensée qu'elle représentait. Le navire de la Vie, conduit par la Sagesse, touche au port de la Tombe, après avoir traversé les écueils des Passions.

Ceux-là se sont appuyés sur un passage de Pope, qui est venu seize siècles plus tard ; mais cela ne fait rien : les grandes vérités sont de tous les temps.

Le passage disait : « Nous faisons voile de différentes manières sur le vaste océan de la vie. La Raison est la carte ; la Passion est le vent. » Cela s'appelle de la science rétrospective.

Ceux qui y ont vu une réalité ont dit tout bonnement que, comme Munatius exerçait le commerce maritime, ce bas-relief n'était rien autre chose que le prospectus posthume de sa profession. Ceux-ci se sont appuyés sur ce passage de Pétrone, où Trimalcion, qui était marchand, dit à Albine : « Je te prie aussi que les navires que tu sculpteras sur mon tombeau aillent à pleines voiles, et que je sois assis au tribunal avec ma toge, avec cinq anneaux d'or et avec un sac rempli d'argent pour le jeter au peuple. » Ceci est de la science prospective ; que les savans me permettent de risquer le mot.

On comprend que la question était grave. Aussi la lutte, commencée en 1813, existait-elle encore en 1835, plus acharnée que jamais. Positivistes et allégoristes en appelaient à toutes les académies italiennes, depuis celle de Naples jusqu'à celle de Saint-Marin. L'un d'eux, plus exaspéré que les autres, allait partir pour Paris afin de soumettre cette énigme à l'Institut. Il était venu, trois jours avant son départ, me proposer sérieusement de faire en français la traduction des deux volumes qu'il avait écrits sur cette question européenne. Je mis ce monsieur à la porte.

Le bas-relief opposé, c'est-à-dire celui qui regarde Pompéia, représente le bisellium dont il est question dans l'épitaphe. Vous ne savez peut-être pas ce que c'est que le bisellium ; je vais vous le dire. Depuis que j'habite l'Italie, je deviens savant à mon tour. Pardonnez-moi mes offenses comme je le pardonne à ceux qui m'ont offensé.

Le bisellium, dont la forme serait encore inconnue sans le précieux bas-relief que nous a conservé la tombe de Nevoleïa, est un banc oblong garni d'un coussin, orné de franges, avec un tabouret au dessous. Le citoyen qui avait eu le bonheur d'obtenir le bisellium avait le droit de s'asseoir tout seul dans les assemblées publiques sur ce siège où cependant on pouvait tenir à deux. Ces honneurs du bisellium étaient fort enviés des Pompéiens, qui, à ce qu'il paraît, aimaient par dessus toute chose à avoir les coudées franches. Cela ressemblait beaucoup aux gens vertueux de Saint-Just, à qui le jeune conventionnel voulait qu'on accordât le privilège de se promener le dimanche avec un habit gris-perle et un bouquet de roses au côté.

Quant au bas-relief du milieu, c'est-à-dire quant à celui qui donne sur la rue, il représente le sacrifice qui eut lieu aux funérailles mêmes de Munatius Faustus. Un jeune prêtre pose l'urne sur l'autel, tandis qu'un enfant l'assiste. A droite sont les décurions, les officiers du municipium et les *sexviri augustales*, dont Munatius avait l'honneur de faire partie, et qui viennent rendre leurs derniers devoirs à leur collègue. A gauche, un groupe d'hommes et de femmes s'avance vers l'autel et présente des offrandes. Parmi ces dernières, une jeune fille se renverse accablée de douleur. Les savans, de leur autorité privée, ont décidé que ce personnage était Nevoleïa elle-même. Je n'ai absolument rien à dire contre cette opinion.

Après avoir fait le tour de ce magnifique tombeau et tandis que Jadin en faisait un croquis, je descendis dans le columbarium. C'était une petite chambre de six ou huit pieds carrés ; une niche pratiquée dans la muraille contenait une grande urne d'argile, pleine de cendres et d'os. Les mêmes savans ont décidé que c'étaient les restes de Nevoleïa et de Munatius, sentimentalement réunis les uns aux autres pour l'éternité. D'autres urnes contenaient d'autres ossemens, et de plus les pièces de monnaie destinées à Caron. L'Académie de Naples s'occupe à décider en ce moment si ce n'est pas de cette coutume antique que vient l'habitude de payer un sou en traversant le pont des Arts.

En outre, on trouva sur le sol trois vases de terre renfermés dans trois vases de plomb ; un de ces vases contenait de l'eau ; les autres de l'eau, du vin et de l'huile sur laquelle surnageaient des ossemens. Au fond, il y avait un précipité de cendres et de substances animales. C'étaient les restes des libations et des essences qu'on répandait d'ordinaire sur les reliques des morts, lorsqu'on les déposait dans le sépulcre après les avoir recueillis du bûcher.

Le sépulcre de la seconde Tyché n'était pas moins curieux que celui de la première. C'est un cénotaphe de la même forme à peu près que celui que nous venons de décrire, surmonté par un cippe que couronne une tête humaine vue de face, portant des cheveux réunis en tresses et noués derrière le cou. Sur cette tête est gravée l'inscription suivante qui a donné force tablature aux savans, et qui cependant me paraît on ne peut plus simple.

JUNONI
TYCHES JULIÆ
AUGUSTÆ VENER.

On voit que les anciens, sous le rapport de la courtisanerie, étaient encore plus avancés que nous. Tout titre qui les rapprochait des princes les honorait, quel que fût ce titre. Ouvrez Tacite, et vous verrez que Pétrone remplissait glorieusement près de Néron l'emploi que Tyché avait accepté près de Julie. Bref, après avoir gagné sa retraite, Tyché se retira à Pompeïa, où probablement elle fit pénitence pour sa vie passée, puisqu'en mourant elle se recommandait à Junon, la plus rogue de toutes les déesses. Il est vrai que les savans expliquent cette anomalie en disant que les divinités protectrices des femmes s'appelaient *junons*, et celles des hommes *génies;* mais alors il me semble qu'il y aurait un pluriel au lieu d'un singulier, et qu'on lirait sur l'épitaphe *Junonibus* et non *Junoni*. Je soumets cette observation à messieurs les archéologues avec toute l'humilité d'un néophyte.

Le tombeau de Calventius, découvert en 1858, est, comme celui des deux Tychés, du beau temps de l'architecture romaine. Aussi, comme pour la défendre des injures des passans, est-il environné de murailles sans ouverture. Sa matière est de marbre blanc, ses ornemens sont d'un beau style, et il se termine par deux enroulemens de palmes avec des têtes de béliers. C'était, comme Munatius Faustus, un augustal; comme Munatius Faustus, il jouissait des honneurs du bisellium.

Voici son épitaphe:

« A Caïus Calventius Quietus Augustal. L'honneur du bisellium lui a été décerné par le décret des décurions, et avec le consentement du peuple, à cause de sa magnificence. »

Le cénotaphe de Calventius est massif, c'est-à-dire que c'est un tombeau honorifique. Le mur qui l'entoure et le protége avait fait croire qu'en pénétrant dans l'intérieur on y trouverait quelque trésor caché. En conséquence, on brisa le monument du côté qui regarde l'ouest. Mais alors on s'aperçut que l'on venait de commettre un sacrilège inutile.

Deux couronnes de chêne indiquent qu'à l'honneur du bisellium Calventius joignait l'honneur plus insigne encore d'avoir reçu la couronne civique.

Outre les quatre tombeaux que nous venons de décrire, il y en a une soixantaine d'autres devant lesquels nous nous contentons de faire passer le lecteur, comme Ruy Gomez de Sylva fait passer Charles-Quint devant une partie de ses aïeux. Seulement, nous le prévenons, comme le fait le respectable tuteur de dona Sol, que nous en passons, et des meilleurs, afin d'arriver plus vite à la porte de Pompeïa.

XIV.

PETITES AFFICHES.

Nous suivîmes la voie consulaire et nous arrivâmes à la porte d'Herculanum. Disons un mot de la voie consulaire et de la porte d'Herculanum; puis nous ferons un tour dans la ville même de Pompeïa.

La voie consulaire était un rameau de cette fameuse voie Appienne qui allait de Rome à Naples; elle la joignait au nord à Capoue, et s'étendait au midi jusqu'à Reggio: c'était la troisième voie romaine décrite par Strabon, qui passait par le pays des Brutiens, la Lucanie, le Samnium, la Campanie, où elle rejoignait la voie Appienne.

Ces grands chemins étaient sous l'inspection des censeurs, qui devaient les tenir en bon état. Tite-Live trace à ces estimables magistrats les devoirs qu'ils avaient à remplir à cet égard. « Les censeurs, dit-il, doivent, dans l'intérieur des villes, faire construire les chemins avec de la pierre de silex; mais dans la campagne et hors les murs, c'est avec des cailloux que les routes et les trottoirs doivent être fabriqués. » Or, qu'était-ce que ces chemins en cailloutis, si ce n'est nos routes ferrées? M. Macadam est un grand plagiaire d'avoir donné la recette comme de lui, tandis qu'elle date, ainsi qu'on le voit, d'une vingtaine d'années avant le Christ.

La ville de Pompeïa est encore aujourd'hui pavée selon les réglemens de l'époque. Seulement, hors de murs, dans la campagne, les routes se sont un peu détériorées, et il n'y aurait pas de mal que les censeurs s'en occupassent.

Quant à la porte d'Herculanum, il n'y faut rien changer, elle est bien celle qui convient à la nécropole à laquelle elle donne entrée: ruine qui conduit à des ruines, poterne sans gardes qui mène à une ville sans habitans.

Sa voûte s'est écroulée, lassée qu'elle était de porter dix-sept siècles. La herse s'est faite poussière comme la poussière qui la couvrait; mais les ouvertures latérales, plus étroites et plus basses, ont conservé leurs voûtes; on voit encore la rainure où glissait la barrière disparue.

En arrivant sur le seuil de Pompeïa, on s'arrête un instant, on regarde autour de soi, on regarde devant soi, on plonge les yeux devant toutes les courbures des rues, dans tous les angles des ruines, dans tous les plis du terrain; on ne voit pas un être vivant; on écoute, on n'entend pas un seul bruit.

Alors se présente un escalier aux larges marches; cet escalier conduit aux murailles publiques, qui furent découvertes de 1811 à 1814, c'est-à-dire pendant le règne de Murat.

Ces murailles furent bâties, comme celles de Fiesole, de Roselle et de Volterra, avec de grandes pierres de travertin à leur base, et dans leur partie supérieure avec des pierres volcaniques posées les unes sur les autres, sans autre lien que leur propre aplomb, sans autre ciment que leur seul poids. Trois chars pouvaient y passer de front, et aujourd'hui l'on peut s'y promener comme aux jours de Sylla et de Cicéron.

Des lettres osques et étrusques sont gravées sur le revers de chaque pierre; on suppose que, ces pierres se taillant d'avance dans la carrière d'où on les tirait, les lettres étaient des signes tracés par les ouvriers pour reconnaître la position qu'elles étaient destinées à occuper chacune d'elles.

Du haut de cette muraille on plane, comme Asmodée, sur une ville sans toits.

En redescendant de la muraille, on trouve à gauche la maison du triclinium; un banc recouvert d'une treille lui a fait donner ce nom gastronomique. Elle avait été mise par son maître sous la garde de la Fortune, dont on retrouva l'image dans une espèce de petite chapelle.

En face de cette maison est celle de Jules Polybe. Il n'y avait point à se tromper sur celle-là, le nom de JVLIVS POLIBIVS étant écrit sur la porte en lettres noires.

Maintenant, quelle était sa destination? Les savans veulent, les uns que ce soit une auberge, les autres un relais de poste. Ils se fondent sur ce qu'on y a trouvé des ossemens de chevaux et des pièces de fer qui ne pouvaient être que des essieux.

Après cette maison s'élève un grand pilier dont la nature occupa fort l'académie d'Herculanum. Elle prétendit d'abord, entre autres choses, que cette image était un talisman contre la jettatura, puis elle y reconnut une enseigne de bijoutier. Comme cette opinion était la moins plausible, tout le monde s'y rallia.

Il est vrai que les fouilles exécutées dans la maison attenante produisirent une très grande quantité d'objets pareils en corail, en or et en argent, lesquels se portaient autrefois comme se portent encore aujourd'hui à Naples les mains et les cornes. Il faut dire le pour et le contre.

Mais ce qui nous frappa surtout, c'est la quantité, la variété des inscriptions en lettres noires ou rouges, en caractères osques ou samnites, en latin ou en grec, qui couvrent les murailles. Londres, la ville des puffs par excellence, où chaque coin de muraille blanche est loué, où les affiches, après s'être hissées du premier au second étage, grimpent du second étage au troisième, enjambent le toit et vont se coller à la cheminée, Londres est, sous ce rapport, bien en arrière de Pompeïa : qu'est-ce qu'un malheureux lambeau de papier que le premier vent emporte, que la première pluie décolle, que le premier gamin arrache, près de cette encre indélébile qui dure depuis dix-huit cents ans !

Aussi, au lieu d'entrer tout d'abord dans les maisons, nous nous mîmes à courir les rues le nez en l'air comme de véritables badauds, lisant les enseignes des boutiques et les affiches des spectacles, exactement comme ces provinciaux qui se demandent : Achèterons-nous une canne ou un parapluie? Irons-nous aux Variétés ou à l'Opéra ? N'est-ce pas une chose curieuse, en effet, que de voir encore survivre aux habitants, aux maisons, à la ville, cet intérêt personnel qui, alors comme aujourd'hui, par les plus humbles prières et par les plus belles promesses, essayait d'attirer à lui l'attention du public, les faveurs des puissans, l'argent de tous.

Voulez-vous lire quelques-unes de ces inscriptions? Voici les plus curieuses :

Marcellinum œdilem lignarii et plaustarii rogant ut faveat.

Ce qui veut dire :

« Les charpentiers et les charretiers se recommandent à l'édile Marcellinus. »

Voulez-vous savoir où vous pouviez loger ? Tâchez de déchiffrer cet avis en langue étrusque :

EKSVC· AMVIANVR· EITVNS· ANTER· TIVRRI·
XII· INI· HEIS· ARINV· PVPH· PHAAMAT·
MR· AARIRIIS· V.

Ce qui signifie, au dire des gens qui parlent étrusque, et je prie le lecteur de ne pas me confondre avec ces messieurs :

« Voyageur, en traversant d'ici à la douzième tour, tu trouveras Sarinus, fils de Publius, qui tient auberge. Salut! »

Maintenant que vous savez où vous loger, voulez-vous aller au spectacle? Appelez le garçon et dites-lui d'aller vous louer une place. Il vous rapportera un billet ainsi conçu :

CAR. II
CUN. III
GRAD. VIII
CASINA
PLAUTI.

Vous voilà tranquille : vous avez la *seconde través*, dans le *troisième coin*, sur le *huitième gradin*, et l'on joue la *Casina* de Plaute.

Au reste, si vous aimez mieux les spectacles du cirque que ceux du théâtre, si vous préférez la réalité à la fiction, faites mieux, allez jusqu'au carrefour de la fontaine; c'est là que sont les programmes des spectacles; il y en a pour tous les goûts. Voyez :

Glad. paria XXX. matutini erunt.

« Trente paires de gladiateurs combattront au lever du soleil. »

Car, vous le savez, les combats des gladiateurs étaient si appréciés des Romains, qu'il y avait ordinairement deux combats de ce genre par jour, l'un le matin, l'autre à midi : il fallait bien faire quelque chose pour les paresseux.

Aimez-vous mieux une chasse? Vous savez ce que les Romains appelaient une chasse? On plantait des arbres dans l'amphithéâtre pour simuler une forêt, puis dans cette forêt on lâchait deux ou trois lions, quatre ou cinq tigres, cinq ou six panthères, un rhinocéros, un éléphant, un boa et un crocodile; puis une dizaine de bestiaires entraient, et la lutte de l'instinct et du jugement, de la force et de l'adresse commençait.

Aussi, c'est là que véritablement les Romains se récréaient. Avec des hommes, nature civilisée, combattans sortis de l'école, meurtriers qui se poignardaient avec art, tout était à peu près prévu d'avance. On aurait pu, pour peu qu'on fût un habitué, donner le programme de l'assaut, dire comment tel maître porterait tel coup, comment tel autre le pareraît. Mais avec les lions, avec les tigres, avec les panthères, avec les rhinocéros, avec les boas et les crocodiles, c'était bien différent; là, tout était imprévu. Chaque animal déployait le courage, la force ou la ruse qui lui étaient propre : c'était véritablement un combat, c'était plus qu'un combat, c'était un carnage. Les duels entre gladiateurs finissaient tous de la même manière à peu près : le blessé tombait sur un genou, s'avouait vaincu, tendait la gorge et recevait le coup de la manière la plus gracieuse qu'il lui était possible. Mais on se lasse de tout, même de voir mourir avec grâce. Puis, d'ailleurs, ces diables de gladiateurs s'entendaient entre eux ; ils ne se faisaient pas souffrir le moins du monde : ils coupaient la carotide, et tout était dit. Il y avait si peu d'agonie que ce n'était pas la peine d'en parler ; tandis que les animaux, peste! ils n'y mettaient pas de complaisance; ils frappaient où ils pouvaient et comme ils pouvaient, des dents, des griffes, de la corne; ils brisaient bras et jambes, faisaient voler des lambeaux de chair jusqu'au trône de l'empereur, jusqu'à la tribune des vestales et des chevaliers; ils s'acharnaient sur le moribond, lui fouillaient la poitrine, lui rongeaient la tête, lui buvaient le sang ; il n'y avait pas moyen de prendre une pose théâtrale, de choisir une attitude académique : il fallait souffrir, il fallait se débattre, il fallait crier; cela du moins, c'était amusant à voir, c'était curieux à étudier! Aussi, l'empereur Claude, de grotesque mémoire, ne s'en rassasiait-il pas. Il y venait au point du jour, il y restait jusqu'à midi, et souvent encore, quand le peuple s'en allait pour dîner, il demeurait seul sur son trône, interrogeait l'inspecteur des jeux sur l'heure où ils allaient recommencer. Eh bien ! je vous le disais, avez-vous les goûts de l'empereur Claude? Voici votre affaire?

N. Popidi
Rufi· fam. glad. IV· K· nov. Pompeis
Venatione et XII· K· mai.
Mata et vela erunt
O. Procurator, felicitas.

« La troupe des gladiateurs de Numerius Popidius Rufus
» donnera une chasse à Pompeïa, le quatrième jour des ca-
» lendes de novembre et le douzième jour des calendes de mai.
» On y déploiera les voiles. Octavius, procurateur des jeux.
» Salut ! »

Au reste, si vous ne vous trouvez pas bien dans l'auberge de M. Varinus, vous savez que vous pouvez vous loger en ville. Cherchez, il y a des pancartes d'appartemens à louer de tous côtés. Un second étage vous va-t-il ?

« *Cneus Pompeius Diogenes* louera aux calendes de juillet
» l'étage supérieur de sa maison. »

Ou bien aimez-vous mieux être principal locataire et gagner quelque chose en détaillant ? Il y a une certaine Julia Felix, fille de Spurius, qui propose de louer, du premier au six des ides d'août, et pour cinq années consécutives, une partie de son patrimoine, se composant d'un appartement de bains, d'un venereum, et de neuf cents boutiques et étaux. Seulement vous êtes prévenu que c'est une personne honnête et qui tient à ce qu'il ne se passe chez elle que des choses convenables. Autrement le bail sera résilié de plein droit. Voici les conditions; c'est à prendre ou à laisser :

In prædiis Juliæ S. P. F. Felicis locantur balneum,
Venereum et nongentum tabernæ, pergulæ.
Cœnacula ex idibus Aug. primis, in id.
Aug. sextas, annos continuos quinque
S· Q· D· L· E· N· C.

Je vous avais bien qu'elle était très sévère; sa dernière condition n'est indiquée que par des initiales,

Maintenant, si vous n'êtes venu ni pour louer ni pour sous-louer, si vous ne voulez pas dépenser votre argent au théâtre ou au cirque, si votre bourse est vide, ce qui peut arriver aux plus honnêtes gens de la terre, et ce qui arrive même plutôt à ceux-là qu'à d'autres, attendez jusqu'au jour des calendes de juin : l'édile donne spectacle gratis.

Vous savez ce que c'est qu'un édile, n'est-ce pas ? C'est un homme qui a mangé le tiers de sa fortune pour arriver où il est, et qui mangera les deux autres tiers pour devenir préteur. Aussi, quant à la justice qu'il doit rendre, il ne s'en occupe pas le moins du monde. Jugeait-il comme l'empereur Claude depuis le matin jusqu'au soir, personne ne lui en aurait la moindre obligation. Non, son état est d'amuser le peuple ; c'est pour cela que le peuple l'a nommé. Aussi donne-t-il une fête tous les huit jours, un combat de gladiateurs tous les mois, et une chasse tous les semestres. C'est que les animaux coûtent cher ; il faut les faire venir de l'Atlas, du Nil, de l'Inde. Avec le prix d'un lion à crinière, on achète huit gladiateurs. Les panthères coûtent six mille sesterces, et les tigres dix mille. On ne trouve plus de rhinocéros qu'au delà du lac Natron. Il faut remonter jusqu'à la troisième cataracte pour pêcher un crocodile de dix pieds, et le moindre boa est hors de prix.

Aulus Svezius Cerius, qui vous promet une chasse pour le mois de juin, sera ruiné au mois de septembre ; mais qu'importe ? Au mois d'octobre se font les élections, et si l'édile a bien amusé le peuple, il sera élu préteur, c'est-à-dire roi d'une province, non pas d'une province comme le Languedoc ou le Berry, la Bretagne ou l'Artois, l'Alsace ou la Franche-Comté : ce n'est pas de pareils lambeaux que Rome a pour provinces ; les provinces de Rome, c'est l'Afrique, l'Espagne, la Syrie, l'Egypte, la Grèce, la Cappadoce ou le Pont ; c'est mille lieues carrées de terrain, six cents villes, dix mille villages, vingt millions d'habitans, non pas à gouverner, non pas à régir, non pas à civiliser, mais à piller, à voler, à pressurer, car tout est au préteur ; le préteur a pleins pouvoirs, le préteur a droit de vie et de mort ; c'est au préteur les temples et leurs statues, les hommes et leurs trésors, les femmes et leur honneur. Tous les créanciers de l'édile ont suivi le préteur comme une meute : la province est leur curée ; chacun en emporte une bribe, une parcelle, un lambeau ; la province épure les comptes, paie les créanciers, enrichit le débiteur. On donnait à Tibère le conseil de changer les préteurs qu'il avait envoyés en Grèce, en Judée et en Egypte, attendu, disait-on, qu'ils dévoraient ces malheureuses provinces que tant d'autres avaient déjà dévorées avant eux. « Si vous chassez les mouches qui boivent le sang d'un blessé, répondait Tibère, il en reviendra d'autres à jeun, et par conséquent plus affamées. »

Allez donc à la chasse du futur préteur, car il le sera, puisqu'il est assez riche pour donner le spectacle gratis aux soixante-dix mille spectateurs que contient le cirque. Voici son affiche :

La famille de gladiateurs d'Aulus Svezius Cerius,
édile, combattra dans Pompéia le dernier
jour des calendes de juin. Il y
aura chasse et velarium.

Le velarium, comme vous le savez, était une tente qui couvrait l'amphithéâtre. Il y en avait de toutes couleurs, de grises, de jaunes, de bleues. Néron en avait fait faire une en soie azurée avec des étoiles d'or, au milieu de laquelle il s'était fait représenter en Apollon, une lyre à la main et conduisant le char du soleil.

Maintenant, il y a peut-être quelque chose de plus curieux encore pour l'observateur que ces affiches pour ainsi dire officielles : ce sont ces lignes grossières, ces sentences de cabaret, ces refrains de taverne, tracés sur le mur avec la pointe d'un charbon ou l'extrémité d'un couteau. Allez dans la rue qui longe le petit théâtre, et vous y lirez les aventures amoureuses de deux soldats, arrivées sous le consulat de Marcus Messala et de Lucius Lentulus, c'est-à-dire trois ans avant la naissance du Christ. C'est une chose très plaisante.

Puis, pendant que vous y êtes, entrez dans le cabaret même : c'est une de ces riches thermopoles où les anciens passaient la nuit à jouer et à boire. Comme l'établissement de la célèbre commère de l'abbé Dubois, il avait deux faces : l'une visible, et qui s'ouvrait sur la rue ; l'autre voilée, et qui se cachait sur la cour. On passait de la boutique dans l'appartement intérieur.

Il n'y a pas à s'y tromper. Par la seule inspection des murailles on sait où l'on est. Les peintures représentent des hommes qui boivent et qui jouent. L'un d'eux crie au garçon de lui apporter du vin à la glace : *Da mihi frigidum pusillum*. A une table voisine, des jeunes gens boivent avec des dames dont la tête est couverte d'un capuchon. Le capuchon indique que ce sont des femmes honnêtes. C'est le *cucullus* dont Juvénal couvre la tête de Messaline lorsqu'elle déserte le palais impérial du mont Palatin pour le corps de garde de la porte Flaminia. Aussi, comme vous le comprenez bien, ces dames ne sont point entrées par la boutique ; il y a une petite porte qui donne dans une rue étroite, solitaire et sombre : c'est par là qu'elles sont venues, c'est par là qu'elles s'en iront. Allez voir cette porte.

Il y avait encore dans cette chambre d'autres peintures, non moins curieuses que celles-ci et qu'on a enlevées. On les retrouve dans le Musée de Naples, où ont les reconnaît à cette inscription : *Lente impelle*.

J'ai promis à mes lecteurs de ne pas leur faire faire une trop longue visite domiciliaire. Je vais donc les conduire maintenant à la maison du Faune, et tout sera dit sur Pompéia.

XV.

MAISON DU FAUNE.

La maison du Faune est une des plus charmantes maisons de Pompéia ; elle est située dans le plus beau quartier de la ville, c'est-à-dire dans la rue qui s'étend de l'arc de Tibère à la porte d'Isis ; elle fut découverte en 1830 par le savant directeur des fouilles, Charles Bonnucci, en présence du fils de Gœthe, le même qui précéda de quelques mois son illustre père dans la tombe. Elle reçut son nom de maison du Faune de la statue d'un de ces demi-dieux qu'on y retrouva.

En franchissant le seuil de l'atrium, on découvre d'un coup d'œil toute la maison. Cet atrium était peint de couleurs vives et variées, et pavé de jaspe rouge, d'agates orientales et d'albâtre fleuri. Des chambres à coucher, des salles d'audience, des salles à manger enveloppent cet atrium.

Derrière est un jardin qui devait être tout parsemé de fleurs ; au milieu de ces fleurs un jet de jardin jaillissait une fontaine qui retombait dans un bassin de marbre. Tout autour s'étendait un portique soutenu par vingt-quatre colonnes d'ordre ionique, au delà desquelles on apercevait encore d'autres colonnes et un second jardin, celui-ci planté de platanes et de lauriers, à l'ombre desquels s'élevaient deux petits temples consacrés aux dieux lares.

Au delà la vue s'étendait jusqu'à la cime du Vésuve, dont on voit monter au ciel l'éternelle fumée.

Malgré cette vue, les propriétaires de cette belle demeure ne furent pas prévenus à temps du danger. On retrouva toute chose à sa place : choses communes comme objets précieux, urnes d'or, coupes d'argent, vases de terre ; les uns dans les armoires, les autres sur les tables servies. La maîtresse de la maison seule essaya en fuyant d'emporter quelques bijoux. Peut-être même, pour les aller prendre, perdit-elle un temps précieux. On reconnut son squelette dans la salle de réception, et à quelques pas d'elle, dans le gynécée, on trouva deux bracelets d'or très pesans, deux boucles d'oreilles, sept anneaux d'or enchâssant de belles pierres gravées, et enfin un monceau de monnaie d'or, d'argent et de bronze.

Entre le jardin et le bosquet était situé le salon.

Arrêtons-nous au seuil de ce salon, et recueillons-nous. Nous touchons à un chef-d'œuvre antique, dont l'exhumation a failli produire une trente-troisième révolte dans la très fidèle ville de Naples.

Nous voulons parler de la grande mosaïque.

La grande mosaïque a été découverte en 1830, c'était l'année des révolutions.

Mais notre lutte, à nous, s'est calmée. De loin en loin, quand on entend dans l'enceinte de la ville quelque coup de fusil qui résonne en contravention avec les ordres de la police, on tressaille bien encore, et l'on écoute, inquiet, si l'on n'entendra pas au bout de la rue battre la générale : mais la générale est muette. Le roulement des voitures qui passent atteste que pour le moment il n'y a pas de barricades dans les environs. Tout s'apaise sous la lente et sourde pression du temps.

Mais il n'en a pas été ainsi à Naples. Les savans forment une race à part, bien autrement entêtée, bien autrement rancunière, bien autrement ergoteuse que les autres races. Les haines politiques ne sont rien auprès des haines archéologiques, et c'est tout simple : les haines politiques tuent, les haines archéologiques ne font que blesser.

C'est une terrible chose que la grande mosaïque ! La grande mosaïque sera à l'avenir ce que le Masque de Fer a été au passé. Il y a neuf systèmes sur le Masque de fer, et il y en a déjà dix sur la grande mosaïque, et notez que le Masque de Fer date de 1680, tandis que la grande mosaïque ne date que de 1830.

Il va sans dire qu'aucun des systèmes inventés sur la grande mosaïque n'est encore reconnu pour le véritable. On sait ce qu'elle n'est pas, mais on ne sait pas ce qu'elle est.

Je voudrais bien avoir un pinceau au lieu d'une plume, je vous ferais un croquis de la grande mosaïque, et de ce croquis il résulterait peut-être un onzième système qui serait le bon. *Numero deus impare gaudet*.

A défaut d'un dessin, il faut donc que le lecteur se contente d'une description.

La grande mosaïque, qui peut avoir seize pieds de large sur huit pieds de haut, représente une bataille. L'artiste a choisi ce moment suprême et décisif où la victoire se déclare pour une des deux armées : cette victoire est amenée par la chute d'un des principaux personnages.

Les deux chefs des deux armées sont en présence : l'un, qui paraît avoir trente ans à peu près, est monté sur un de ces beaux chevaux héroïques comme en sculptait Phidias sur la frise du Parthénon ; il est nu-tête, porte les cheveux courts et les favoris qui se joignent sous le cou, a pour armes défensives une cuirasse très richement ornée, avec des manches d'étoffe, et une chlamyde qui, passant par dessus l'épaule gauche, retombe flottante derrière lui. Ses armes offensives sont l'épée qu'il porte à son côté et la lance qu'il tient à la main, et de laquelle il traverse le flanc d'un des généraux ennemis, lequel, embarrassé son cheval abattu sous lui, n'a pu éviter le coup, et se cramponne, en se tordant de douleur, au bois de la lance de son adversaire. C'est la chute, et surtout la blessure terrible de ce cavalier, qui paraissent décider de la victoire.

Quant au vainqueur, il occupe le premier plan du côté gauche de la grande mosaïque. Il a derrière lui trois ou quatre cavaliers qui, armés comme lui, appartiennent évidemment à la même nation. D'ailleurs, ils viennent d'où il vient et vont où il va.

L'autre chef est monté sur un char traîné par quatre chevaux et occupe le côté opposé du tableau. Il a la tête enveloppée d'une espèce de chaperon qui, après avoir fait le tour du front, passe sous le col. Il a une tunique à longues manches et un manteau agrafé sur sa poitrine et retombant sur ses épaules, il tient de la main gauche un arc et étend, dans l'attitude de l'intérêt et de la terreur, sa main droite vers le cavalier blessé. Pendant ce temps, son cocher, qui tient les rênes de l'attelage de la main gauche, force les chevaux à se retourner, et presse leur fuite en les fouettant de la main droite.

Un quatrième personnage, placé comme les trois autres sur le premier plan du tableau, tient en bride un cheval qu'il semble offrir au chef monté sur le char, car, comprenant sans doute de la difficulté que ce char éprouvera à passer à travers les morts, les blessés et les armes dont le champ de bataille est jonché, il veut offrir à son chef un plus sûr moyen de salut.

Le fond du tableau est occupé par les soldats du second chef, dont l'un porte un étendard, et dont les autres, se sacrifiant pour leur général, s'élancent entre lui et le général ennemi.

Au dessus de la mêlée s'élève un arbre dépouillé de feuillage.

Il y a en tout vingt-huit combattans et seize chevaux, tous un tiers à peu près plus petit que nature.

Malheureusement cette belle mosaïque avait été endommagée par le tremblement de terre de l'an 63, et l'on s'occupait de la réparer lors de l'éruption de l'an 69.

Or, voyez ce que c'est que le hasard ! le dégât a justement frappé les endroits qui pouvaient renseigner les antiquaires sur l'époque où avait lieu cette bataille et sur les nations qui se la livraient. Nous avons parlé d'un étendard. Cet étendard devait porter un lion, un aigle, un animal quelconque. Alors on eût su à qui l'on avait à faire : il n'y avait plus de discussion, tout le monde était d'accord, l'Académie d'Herculanum continuait de vivre dans la concorde. Mais baste ! il ne reste de l'étendard que la pique et le bâton ; de l'animal qu'il portait, pas le moindre vestige, un bout de crête seulement, à ce que prétendent ceux qui désirent y voir un coq. Quant à moi, je sais que je n'y ai rien vu.

Mais c'est justement parce qu'on n'y voit rien que la chose est devenue si formidablement intéressante. Vous comprenez, une énigme scientifique à expliquer, un problème archéologique à résoudre ! Quelle bonne fortune pour les savans !

Aussi, chacun s'est précipité sur la grande mosaïque et y a vu une bataille différente.

L'opinion générale a prétendu que c'était la bataille d'Issus, entre Darius et Alexandre.

Il signor Francesco Avellino a prétendu que c'était la bataille du Granique.

Il signor Antonio Niccolini a prétendu que c'était la bataille d'Arbelles.

Il signor Carlo Bonnucci a prétendu que c'était la bataille de Platée.

Monsieur Marchand a prétendu que c'était la bataille de Marathon.

Il signor Luigi Vescorali a prétendu que c'était la défaite des Gaulois à Delphes.

Il signor Filippo de Romanis a prétendu que c'était la rencontre de Drusus et des Gaulois à Lyon.

Il signor Pasquale Ponticelli a prétendu que c'était la défaite de Ptolémée par César.

Le marquis Arditi prétend que c'est la mort de Sarpédon.

Enfin, il signor Giuseppe Sanchez y voit un combat entre Achille et Hector.

Voilà de quoi choisir, n'est-ce pas ? Eh bien ! ce n'est rien de tout cela.

— Mais enfin pourquoi n'est-ce rien de tout cela ?

— Je vais vous le dire. Commençons par l'opinion générale ; c'est toujours, comme on le sait, le plus difficile à détrôner, quoiqu'elle soit souvent la plus absurde.

« L'opinion générale prétend que la bataille représentée dans la grande mosaïque est la bataille d'Issus, qui se livra entre Darius et Alexandre, et par conséquent entre les Perses et les Macédoniens. »

L'opinion générale est une ignorante.

Hérodote dit que les lances des Perses étaient courtes : or, selon l'opinion générale, les Perses sont les vaincus de la mosaïque, et les lances des vaincus de la mosaïque sont démesurément longues.

Arrien dit que, les soldats mercenaires tués, les Perses prirent la fuite, mais que, comme les chevaux se trouvaient alourdis par le poids de l'armure de leurs cavaliers, ces derniers étaient facilement rejoints et mis à mort par leurs ennemis. Or, pas un des vaincus de la mosaïque ne possède, visiblement du moins, une cuirasse assez lourde pour ralentir la course d'un cheval.

Plutarque dit que les Perses traînaient dans leurs combats un grand nombre de chars ornés d'un grand nombre de faux. Or, il n'y a dans toute la bataille représentée par la mosaïque qu'un seul char et pas une seule faux.

Passons des soldats aux chefs.

L'opinion générale prétend que le chef vainqueur est Alexandre.

Dans tous les portraits, dans tous les bustes, dans toutes les médailles que nous possédons d'Alexandre, Alexandre est représenté sans barbe, et le chef vainqueur a des favoris.

Alexandre portait, au dire de tous les biographes, la tête inclinée vers l'épaule gauche, et le chef vainqueur a la tête inclinée sur l'épaule droite.

Enfin, il est connu qu'excepté à la bataille du Granique, Alexandre combattait toujours sur Bucéphale, lequel était d'un tiers plus grand que les autres chevaux et avait la tête qui ressemblait à une tête de bœuf, ressemblance d'où lui venait son nom *bous kephalé*. Or, le cheval du chef vainqueur est de taille ordinaire et n'a aucune façon cette physionomie bovine que constatent les historiens.

L'opinion générale prétend que le chef vaincu est Darius.

Quinte-Curce dit que le char que montait Darius était tout resplendissant de pierreries, que sur ce char il y avait deux figures d'or massif hautes d'une coudée, lesquelles représentaient la Paix et la Guerre, et qu'au milieu de ces deux figures, un aigle, également d'or, ouvrait ses ailes et semblait prêt à s'envoler. Or, le char du chef vaincu est un char fort élégant, mais sur lequel on ne retrouve aucune trace ni de ces statues de la Paix et de la Guerre, ni de cet aigle aux ailes déployées.

Quinte-Curce dit que Darius portait une tunique de pourpre lisérée de blanc, et un manteau frangé d'or que réunissaient sur la poitrine du roi deux éperviers qui semblaient se becqueter. En outre, Darius avait une tiare bleue et blanche, son sceptre à la main et sa couronne sur la tête. Ce furent cette couronne, ce sceptre et cette tiare, symboles de sa dignité, que Darius jeta en fuyant, et qui tombèrent au pouvoir d'Alexandre, qui le poursuivait. Or, le manteau du chef vaincu est retenu par deux serpens et non par deux éperviers, sa tiare est jaune et non pas bleue ; enfin, il ne tient pas un sceptre à la main, mais un arc.

Hérodote dit que les Perses étaient surtout gênés dans le combat par les longues robes qui tombaient jusque sur leurs talons ; or, le chef vaincu, vêtu d'habits exactement taillés sur le même modèle que ceux de ses soldats, porte une tunique qui ne dépasse pas les genoux.

Enfin OElianus dit que Darius, voyant le combat perdu, monta sur une jument que lui présenta son frère Artaxerce. Or, la monture qu'offre à son roi le guerrier qui s'approche du chef vaincu est un cheval et non une jument (1). Sur ce point, il ne peut pas y avoir de discussion.

Or, l'opinion générale est donc parfaitement absurde.

Passons au second système.

« Il signor Francesco Avellino prétend que c'est la bataille du Granique. »

Prouvons que ce n'est pas plus la bataille du Granique que ce n'est la bataille d'Issus.

La bataille du Granique eut lieu dans les eaux et sur la rive même du fleuve. Les Macédoniens, armés de lances, et Alexandre à leur tête, se précipitèrent dans les flots, repoussèrent les Perses, qui voulaient leur disputer le passage, et s'emparèrent de l'autre bord. Dans cette lutte, Alexandre, qui donnait par sa témérité l'exemple du courage, ayant

(1) On se servait particulièrement de jumens pour fuir; car les jumens allaient plus vite que les chevaux, attirées qu'elles étaient par le désir de retrouver leurs petits.

rompu sa lance, demanda à Arétès, général de sa cavalerie, de lui prêter la sienne ; puis, cette seconde lance rompue comme la première, il en reprit une troisième des mains de Débairius de Corinthe. Ce fut alors que le fils de Philippe attaqua Mithridate, gendre de Darius, qui poussait son cheval en avant des bataillons persans, et l'ayant frappé dans le flanc d'un premier coup de lance qui demeura sans effet, repoussé qu'il fut par sa cuirasse, lui porta au visage un second coup dont il le renversa. Dans ce moment, Alexandre était tellement acharné contre l'ennemi qu'il combattait qu'il ne vit point Rosacès qui levait une hache au-dessus de sa tête, et qu'il ne put parer le coup, qui ouvrit son casque et lui fit une légère blessure au front. Mais en se sentant frappé, Alexandre se retourna vers lui et lui traversa la poitrine d'un coup d'épée. Outre cette blessure à la tête, Alexandre en avait une seconde que lui avait faite le javelot de Mithridate, et par laquelle il perdait beaucoup de sang. Enfin, Spiridate, qui s'était glissé jusqu'à la croupe de son cheval, levait sa masse et lui en préparait un troisième, probablement plus terrible que les deux autres, lorsque le bras qui allait frapper fut abattu par Clitus. En ce moment, les Macédoniens restés en arrière rejoignirent leur chef, et les Perses, ne pouvant résister aux quarante guerriers d'élite qu'Alexandre appelait ses compagnons, et à la phalange macédonienne qui les suivait, prirent la fuite, et, avec la victoire, abandonnèrent à Alexandre la possession de l'Ionie, de la Carie, de la Phrygie, et des autres portions de l'Asie qui formaient auparavant la puissante monarchie des Lydiens.

Voilà la bataille du Granique telle qu'elle est racontée dans Diodore de Sicile, dans Quinte-Curce et dans Plutarque.

Procédons par ordre.

La bataille du Granique conserva le nom du fleuve, parce qu'elle fut livrée, comme nous l'avons dit, moitié dans l'eau, moitié sur le rivage. Or, il n'y a pas dans la grande mosaïque trace du plus petit ruisseau.

Le guerrier vaincu ne peut être Mithridate, puisque le premier coup que lui porta Alexandre dans le flanc demeura sans effet, et que ce ne fut que du second coup que le héros macédonien lui traversa le visage. Or, le cavalier moribond jouit, au contraire, d'un visage parfaitement sain, mais éprouve le désagrément d'avoir le flanc percé de part en part.

Au moment où Alexandre frappait Mithridate, Rosacès, comme nous l'avons dit, s'apprêtait à le frapper lui-même. Or, dans la grande mosaïque, le chef vainqueur est suivi de ses soldats, et parmi ces soldats il n'y a pas plus de Rosacès que de Granique. D'ailleurs, dit l'historien, le coup de hache s'amortit sur le casque d'Alexandre, et le chef vainqueur est nu tête.

Alexandre, si on se le rappelle, avait deux blessures : celle que lui avait faite Rosacès et celle que lui avait faite Mithridate. Or, le chef vainqueur est au contraire parfaitement invulnéré, et l'on n'aperçoit aucune trace de sang sur ses habits. La cuirasse d'Alexandre, raconte Diodore de Sicile, était ouverte en deux endroits. Or, la cuirasse du chef vainqueur est parfaitement intacte. Enfin, le même historien dit que le bouclier d'Alexandre, le même bouclier qu'il avait enlevé au temple de Minerve, était marqué de trois coups terribles qu'Alexandre avait reçus dans la mêlée. Or, le chef vainqueur n'a pas même de bouclier.

Ce n'est donc pas la bataille du Granique.

XVI.

LA GRANDE MOSAÏQUE.

Continuons nos réfutations :

« Il signor Antonio Niccolini a prétendu que c'était la bataille d'Arbelles. »

Prouvons que ce n'est pas plus la bataille d'Arbelles que ce n'est la bataille du Granique.

Arbelles est le Marengo d'Alexandre. Les chars garnis de faux des Persans et la terrible charge qu'avait faite leur cavalerie avaient mis les Macédoniens en fuite, lorsque le vainqueur d'Issus et du Granique se jeta à la rencontre de Darius, qui combattait à la tête des siens, et d'un coup destiné au roi des Perses, tua son cocher. Ce coup fut un coup de flèche, disent Plutarque et Diodore de Sicile ; un coup de lance, disent les autres historiens. Mais tant il y a que, de quelque arme qu'il fût frappé, le cocher tomba, et que les Perses, croyant que c'était leur général qui était frappé à mort, perdirent courage et prirent aussitôt la fuite. Ce fut alors que, le char de Darius ne pouvant se retourner à cause de la quantité de cadavres amoncelés autour de lui, le roi des Perses sauta sur une jument, et, comme à la bataille d'Issus, s'enfuit et disparut bientôt au milieu de la poussière qui s'élevait sous les roues des chars et sous les pas des chameaux et des éléphans, ne s'arrêtant, dit Plutarque, que lorsqu'il eut mis le désert tout entier entre lui et son vainqueur.

La victoire d'Arbelles fut donc décidée par la chute du cocher de Darius, qui tomba du char et dont la chute épouvanta les Perses. Or, le cocher de la mosaïque est debout, et bien debout ; et, à la façon dont il frappe les chevaux, il y a probabilité qu'il se tirera de la mêlée sain et sauf.

La victoire d'Arbelles fut surtout remarquable par la lutte acharnée des deux cavaliers ennemis. Arrien affirme que cette lutte fut si acharnée, que les cavaliers se prenaient corps à corps et tombaient embrassés sous les pieds de leurs chevaux. Or, il n'y a pas parmi les vingt-huit personnages de la mosaïque deux cavaliers qui combattent de cette façon.

Plutarque, dans la vie de Camille, raconte que la bataille d'Arbelles eut lieu pendant l'automne. Or, la bataille de la mosaïque a lieu pendant l'hiver, et au plus avancé de l'hiver, ainsi que l'arbre dépouillé de ses feuilles en fait foi.

Tous les historiens racontent que Darius s'enfuit sur une jument et disparut bientôt, grâce à la poussière qui se levait sous les roues des chars et sous les pas des éléphans et des chameaux. Or, il n'y a dans la mosaïque qu'un seul char, c'est le char du roi ; de chameaux et d'éléphans, il n'y en a pas plus que sur la main.

Ce n'est donc pas la bataille d'Arbelles.

« Il signor Carlo Bonnucci a prétendu que c'était la bataille de Platée. »

Prouvons que ce n'est pas plus la bataille de Platée que ce n'est la bataille d'Arbelles.

Selon l'opinion du savant architecte des fouilles, et c'est lui, rappelons-le, qui a découvert la maison du Faune, le chef victorieux de la mosaïque serait Pausanias, roi de Sparte, le guerrier bleu serait Mardonius, gendre du roi des Perses ; et le personnage du char serait Artabase, général en second de l'armée barbare.

Certes, nous ne demanderions pas mieux que de nous rallier à l'opinion de M. Charles Bonnucci. M. Charles Bonnucci est certainement un des hommes les plus savans que j'aie rencontrés, mais c'est encore un des hommes les plus aimables que j'aie vus. Mais, en conscience, nous ne pouvons pas, tout indigne que nous nous reconnaissions de discuter avec un académicien, laisser passer la chose ainsi.

1° Mardonius ne fut pas tué par Pausanias, mais par Aimneste. Écoutez Hérodote, il s'explique positivement sur ce point : « Mardonius, dit-il, fut tué par Aimneste, illustre citoyen de Sparte, qui depuis mourut lui-même dans une bataille contre les Messéniens. »

2° Non-seulement ce ne fut pas Pausanias qui tua Mardonius d'un coup de lance, mais Mardonius, dit toujours le même Hérodote, ne fut pas tué d'un coup de lance, mais d'un coup de pierre.

3° Le guerrier du char ne peut-être Artabase, le second chef de l'armée, puisque avant la bataille de Platée, se trouvant en dissidence avec Mardonius relativement au plan de campagne, il ne voulut pas même assister à la bataille ; et ayant appris que la victoire avait favorisé les Grecs, il se retira en Phocide avec 40,000 hommes qui, ainsi que lui, n'avaient pas assisté au combat.

4° Enfin ce ne peut pas être la bataille de Platée, attendu qu'avant la bataille de Platée les Perses ayant été vaincus dans une rencontre et ayant perdu Maniste, un de leurs chefs, Mardonius avait ordonné qu'en signe de deuil tous les soldats de son armée taillassent leurs cheveux et leurs barbes, et qu'on coupât les crins aux chevaux et aux bêtes de somme. Voyez plutôt Hérodote : « La cavalerie revenue au camp, toute l'armée exprima la douleur qu'elle ressentait de la mort de Maniste, et Mardonius plus que tous les autres. Aussi les Perses se taillèrent-ils la barbe et les cheveux, et coupèrent-ils les crins de leurs bêtes de somme, et jetèrent-ils des cris qui retentirent dans toute la Béotie ; et cela venait de ce qu'ils demeuraient privés d'un personnage qui, après Mardonius, était, de l'avis du roi lui-même, le premier parmi tous les Perses. » Or, les cavaliers perses de la mosaïque sont à toute barbe et les chevaux à tous crins.

Ce n'est donc pas la bataille de Platée.

« M. Marchand, car les Français s'en sont mêlés comme les autres, M. Marchand, dis-je, a prétendu que c'était la bataille de Marathon. »

Je voudrais bien ne pas contredire un compatriote, et surtout un compatriote aussi savant que M. Marchand ; mais on m'accuserait de partialité si je ne démantibulais pas Marathon comme j'ai démantibulé Platée, Arbelles, le Granique et Issus.

Prouvons donc que ce n'est pas plus la bataille de Marathon que ce n'est la bataille de Platée.

La bataille de Marathon, gagnée par Miltiade, fut, du côté des Perses, perdue de compte à demi par Datis et Ariapherne. M. Marchand voit donc dans Ariapherne le général monté sur le char, dans Datis le guerrier blessé, et dans Miltiade le chef vainqueur.

Nous passerons Artapherne à M. Marchand, mais, en conscience, nous ne pouvons lui passer Datis ni Miltiade.

Datis, parce qu'il ne fut ni tué ni blessé en cette occasion, puisqu'au dire d'Hérodote il rendit aux vainqueurs, après la bataille, la statue dorée d'Apollon qu'il leur avait enlevée quelques jours auparavant, et se retira sain et sauf en Asie avec le reste de l'armée.

Miltiade, parce qu'il avait cinquante ans à cette époque, et que le chef vainqueur de la mosaïque n'en a que trente.

Quant à l'arbre dépouillé de feuilles, M. Marchand y voit un hiéroglyphe. Selon lui, cet arbre est là pour symboliser la pensée de l'historien, qui dit qu'à Marathon les Athéniens ne furent des hommes ni de chair ni d'os, mais des hommes de bois.

Notre avis est donc, malgré l'arbre symbolique, que ce n'est pas la bataille de Marathon.

« Il signor Luigi Vescorali a prétendu que c'était la défaite des Gaulois à Delphes. »

Prouvons que ce n'est pas plus la défaite des Gaulois à Delphes que ce n'est la bataille de Marathon.

Selon le signor Luigi Vescorali, les assaillans seraient les Grecs, le guerrier blessé serait le brenn ou général et les soldats vaincus seraient les Gaulois. Quant au personnage du char, comme le signor Luigi Vescorali n'en sait que faire, il n'en fait rien.

D'abord, ce ne sont ni les armes, ni le costume, ni la manière de combattre des Gaulois. Où sont les braies ? où sont les longs cheveux blonds ? où sont ces lances larges et recourbées ? où sont les arcs avec lesquels ils lançaient leurs traits comme la foudre ? où sont ces immenses boucliers qui leur servaient de bateaux pour traverser les fleuves ? Il n'y a rien de tout cela dans les vaincus de la mosaïque.

Puis écoutez le récit d'Amédée Thierry, récit emprunté à Valère Maxime, à Tite-Live, à Justin et à Pausanias, et jugez :

« On était alors en automne, et durant le combat il s'était formé un de ces orages soudains, si communs dans les hautes chaînes de l'Hellade ; il éclata tout à coup, versant dans la montagne des torrens de pluie et de grêle : les prêtres et les devins attachés au temple d'Apollon se saisirent d'un incident propre à frapper l'esprit superstitieux des Grecs. L'œil hagard et les cheveux hérissés, l'esprit comme aliéné, ils se répandirent dans la ville et dans les rangs de l'armée, criant que le dieu était arrivé : « Il est ici, disaient-ils, nous l'avons vu s'élancer à travers la voûte du temple ; elle s'est fendue sous ses pieds : deux vierges armées, Minerve et Diane, l'accompagnent ; nous avons entendu le sifflement de leurs arcs et le cliquetis de leurs lances. Accourez, ô Grecs ! sur les pas de vos dieux, si vous voulez partager leur victoire. » Ce spectacle, ces discours prononcés au bruit de la foudre, à la lueur des éclairs, remplirent les Hellènes d'un enthousiasme surnaturel ; ils se reforment en bataille et se précipitent l'épée haute sur l'ennemi. Les mêmes circonstances agissaient non moins énergiquement, mais en sens contraire, sur les bandes victorieuses : les Gaulois crurent reconnaître le pouvoir d'une divinité, mais d'une divinité irritée. La foudre, à plusieurs reprises, avait frappé leurs bataillons, et ses détonations, répétées par les échos, produisaient tout autour d'eux un tel retentissement qu'ils n'entendaient plus la voix de leurs chefs. Ceux qui pénétrèrent dans l'intérieur du temple avaient senti le pavé trembler sous leurs pas ; ils avaient été saisis par une vapeur épaisse et méphitique qui les consumait et les faisait tomber dans un délire violent. Les historiens rapportent qu'au milieu de ce désordre on vit apparaître trois guerriers d'un aspect sinistre, d'une stature plus qu'humaine, couverts de vieilles armures, et qui frappèrent les Gaulois de leurs lances. Les Delphiens reconnurent, dit-on, les ombres de trois héros, Hyperocus et Laodocus, dont les tombeaux étaient voisins du temple, et Pyrrhus, fils d'Achille. Quant aux Gaulois, une terreur panique les entraîna en désordre jusqu'à leur camp, où ils ne parvinrent qu'à grand'peine, accablés par les traits des Grecs et par la chute d'énormes rocs qui roulaient sur eux du haut du Parnasse. »

Voilà le récit d'Amédée Thierry, c'est-à-dire d'un de nos écrivains les plus savans et les plus consciencieux. Or, je vous prie, où est Delphes ? où est le temple ? où est la foudre ? où est le dieu irrité ? où sont les trois guerriers spectres qui combattent pour les Delphiens ? où sont ces rocs qui poursuivent les fugitifs en bondissant aux flancs du Parnasse ? Rien de tout cela n'est dans la mosaïque. Ce n'est donc point la défaite des Gaulois à Delphes.

« Il signor Filippo de Romanis a prétendu que c'était la » rencontre de Drusus avec les Gaulois, près de la ville de » Lyon. »

Prouvons que ce n'est pas plus la rencontre de Drusus avec les Gaulois près de la ville de Lyon que ce n'est la défaite des Gaulois à Delphes.

Selon il signor de Romanis, le chef vainqueur de la mosaïque serait Néron Claudius Drusus ; le cavalier blessé, un chef gaulois ; et le personnage du char, un barde ; quant aux noms de ce barde et de ce chef, les noms gaulois sont si barbares et si difficiles à prononcer que il signor de Romanis ne les indique pas même par une pauvre petite initiale.

Il signor de Romanis est de l'avis du proverbe qui dit que quand on prend du galon on n'en saurait trop prendre ; pendant qu'il était en train d'inventer un système, il a inventé une bataille : en effet, sa bataille n'a pas plus de nom que son chef gaulois et son barde.

Malheureusement, malgré ce vague si favorable aux théories systématiques, il y a deux choses positives. La première, c'est que les médailles qui restent du Druses ne ressemblent en rien au chef vainqueur de la mosaïque. La seconde, c'est que le prétendu barde monté sur le char tient un arc et non une lyre. Je sais bien qu'un arc est un instrument à corde, mais je doute que jamais les bardes se soient servis d'un arc pour s'accompagner.

J'ai donc grand'peur que la mosaïque ne représente pas la rencontre de Drusus avec les Gaulois près de la ville de Lyon.

« Il signor Pasquale Ponticelli a prétendu que c'était la dé-
» faite des Égyptiens par César. »

Prouvons que ce n'est pas plus la défaite des Égyptiens par César que ce n'est la défaite des Gaulois près de la ville de Lyon.

Selon il signor Pasquale Ponticelli, le chef vainqueur est César, le guerrier blessé est Achille, le roi fugitif est Ptolémée.

Il y a tout bonnement une impossibilité par personne citée à ce que cela soit.

Le chef vainqueur de la mosaïque a trente ans à peu près, et à cette époque César en avait cinquante et un ou cinquante-deux.

Le guerrier blessé ne peut être le général égyptien Achille, puisque le général égyptien Achille fut, avant la bataille, tué en trahison par l'eunuque Ganymède.

Enfin, le roi fugitif ne peut-être Ptolémée, puisque Ptolémée avait à cette époque dix-sept ans à peine, et que le roi vaincu paraît en avoir de quarante-cinq à cinquante.

Il est vrai que cela pourrait s'arranger si César cédait à Ptolémée les vingt et un ou vingt-deux ans qu'il a de trop ; mais resterait encore le malheureux général Achille, que nous ne saurions, en conscience, ressusciter pour faire plaisir au signor Pasquale Ponticelli.

Nous ne parlons pas des costumes, qui ne s'appliquent ni aux Romains du temps de César, ni aux Égyptiens du temps de Ptolémée.

Mais, dira peut-être il signor Pasquale Ponticelli, ce n'est point de la bataille d'Alexandrie que j'ai voulu parler, mais de la seconde bataille qui rendit César maître de la monarchie égyptienne.

A ceci nous répondrons qu'à cette seconde bataille, le roi Ptolémée, qui, au reste, n'avait que quelques mois de plus qu'à la première, était revêtu d'une cuirasse d'or ; puisque, lorsqu'on le retira du Nil, mort et défiguré, ce fut à cette cuirasse qu'on le reconnut.

Or, sur toute la personne du roi fugitif il n'y a pas la moindre apparence de cette cuirasse d'or, qui cependant était assez importante pour que le peintre ne la laissât point à l'arsenal.

Ce n'est donc point la défaite des Égyptiens par César.

« Le marquis Arditi prétend que c'est la mort de Sarpédon. »

Prouvons que ce n'est pas plus la mort de Sarpédon que ce n'est la défaite des Égyptiens par César.

Sarpédon eut deux rencontres avec les Grecs, c'est vrai ; près du hêtre sacré, c'est encore vrai ; mais, quoique fils de Jupiter, Sarpédon n'était pas heureux en guerre : dans la première, Sarpédon fut blessé, dans la seconde, il fut tué.

Traduisons littéralement Homère, et voyons si le sujet de la mosaïque s'applique le moins du monde à l'une ou à l'autre de ces deux rencontres de Sarpédon.

La première de ces deux rencontres eut lieu avec Tlépolème, fils d'Hercule et petit-fils de Jupiter. Sarpédon était par conséquent l'oncle de Tlépolème. Voici comment l'oncle parle au neveu :

« Tlépolème ! si Hercule détruisit Troie, la ville sacrée, c'était pour punir la perfidie du fier Laomédon, qui paya par des paroles insolentes celui qui avait si bien agi à son égard, et lui refusa les chevaux pour lesquels il était venu d'aussi loin. Eh bien ! je te le dis, tu recevras de moi la mort et le noir enfer, et, frappé de mon javelot, tu me donneras, à moi, la gloire, et ton âme à Pluton. »

Ainsi parla Sarpédon.

Maintenant, voici comment le neveu répond à l'oncle :

« Tlépolème élève son javelot aigu, et les deux longs javelots des guerriers partent de leurs mains. Sarpédon lança le sien, et la pointe alla frapper Tlépolème à la gorge : la sombre nuit de la mort couvrit ses yeux. Tlépolème frappa Sarpédon à la cuisse de son long javelot, et le fer impétueux écarta les chairs et pénétra jusqu'à l'os. Les amis de Sarpédon l'entraînent loin du combat; il porte encore le javelot long et pesant; aucun de ceux qui se pressent autour de lui ne s'en aperçoit et ne pense à retirer le fer dangereux pour qu'il remonte sur son char, tant ils s'étaient empressés de le tirer de ce danger. »

Le guerrier vainqueur de la mosaïque est armé d'une lance et non d'un javelot. Le guerrier vaincu n'a pas lancé son javelot, mais de douleur a laissé tomber sa lance près de lui. Tlépolème n'est pas le moins du monde frappé à la gorge, et Sarpédon est frappé non pas à la cuisse, mais dans le flanc; et la lance, qui n'a pas trouvé d'os pour l'arrêter, passe d'un pied et demi de l'autre côté du corps; de plus, comme cette lance peut avoir douze pieds de long, il serait difficile que les amis de Sarpédon ne s'aperçussent point que, tout fils de Jupiter qu'il est, le héros doit en être incommodé. De plus, ils sont pressés de faire remonter Sarpédon sur son cheval, et le guerrier blessé de la mosaïque est à cheval.

L'artiste n'a donc évidemment pas eu l'idée de représenter ce premier combat; passons au second.

Cette fois, la lutte a lieu entre Sarpédon et Patrocle. Voici comment parle Homère. Nous demandons pardon à nos lecteurs de la simplicité de notre traduction littérale; elle ne ressemble ni à celle du prince Lebrun ni à celle de M. Bitaubé, mais ce n'est pas notre faute.

« Lorsque les deux guerriers se furent approchés en face l'un de l'autre, Patrocle frappa le courageux Trasymèle, qui était le meilleur écuyer de Sarpédon, et, lui lançant un trait dans le ventre, il le renversa à terre. Sarpédon, frappant le second, lance à son tour son javelot aigu et atteint le cheval Pédase à l'épaule droite. Le cheval pousse des cris, tombe au milieu des rênes et meurt : les deux autres s'arrêtent, le timon craque, et les chevaux s'embarrassent, car Pédase gît au milieu des rênes; Automédon tire sa longue épée et coupe le trait à la volée. Ils recommencent alors leur périlleux combat; Sarpédon lance de nouveau à son ennemi un trait aigu : le javelot rase l'épaule gauche de Patrocle, mais ne le touche pas; enfin Patrocle lance son trait, qui ne sort pas inutilement de sa main, mais va frapper à l'endroit où le diaphragme embrasse le cœur nerveux et plein de vie. Sarpédon tombe alors comme un chêne, ou comme un pin que sur la montagne les hommes abattent avec des haches tranchantes. »

Or, le combat de la mosaïque ressemble encore moins à la seconde rencontre de Sarpédon qu'à la première.

Où est Trasymèle, le meilleur écuyer de Sarpédon? où est le cheval Pédase, blessé à l'épaule droite? où est Automédon coupant le trait? où est enfin Sarpédon frappé au cœur? à moins que déjà, du temps d'Homère, les médecins n'aient mis le cœur à droite.

Ce n'est donc pas la mort de Sarpédon.

« Enfin il signor Giuseppe Sanchez a prétendu que c'était une rencontre entre Achille et Hector. »

Prouvons que ce n'est pas plus une rencontre entre Achille et Hector que ce n'est la mort de Sarpédon.

Voici, selon le signor Giuseppe Sanchez, le paragraphe d'Homère auquel le peintre a emprunté son sujet :

Ulysse vient supplier Achille d'oublier l'injure que lui a faite Agamemnon, mais Achille le renvoie plus loin qu'il ne veut aller, et, rappelant les services rendus aux Grecs, il dit :

« Tant que je combattis avec les Grecs, Hector n'osa point lutter avec moi ni s'aventurer hors de ses murs, toujours il restait à la porte de Scée et sous un hêtre; cependant un jour il osa me braver, mais il put à peine échapper à mes coups. »

— Nous vous voyons venir, monsieur Sanchez.

Vous n'avez pas voulu choisir un des combats racontés par Homère. Non. Homère poëte, peintre, historien, Homère est trop précis, trop descripteur. Il eût été trop facile, Homère à la main, de vous réfuter. Vous avez préféré prendre quelque chose de vague, et vous avez prétendu que l'artiste avait pris à la volée les quelques mots de rodomontade jetés au vent par la colère d'Achille, et qu'il en avait fait un tableau. Ce n'est pas probable; mais, n'importe, admettons votre donnée.

C'est donc la rencontre d'Achille et d'Hector près de la porte de Scée.

D'abord, monsieur Sanchez, Achille avait des chevaux de rechange. Il avait, à cette époque, Xante et Balius, fils de Podarge et du Zéphir, par conséquent immortels, il avait de plus Pédase, qu'il avait pris au siège de Thèbes, et qui, au dire d'Homère, tout mortel qu'il était, était digne d'être attelé près de ses deux collègues divins.

Mais, quoique Achille dût monter à cheval comme un membre du Jokey-Club ou comme un écuyer de Franconi, Achille ne montait jamais à cheval quand il s'agissait de combattre. Fi donc! les héros comme Achille avaient un char, un Automédon pour conduire ce char, et au fond de ce char tout un arsenal de piques et de javelots. Combattre à cheval! pour vous prenez-vous le divin fils de Thétis et de Pelée? C'est bon pour les pleutres et les faquins; mais du temps d'Homère les gens comme il faut combattaient en char. Écoutez Nestor :

« Contenez vos chevaux, dit-il, prenez garde qu'ils ne portent le désordre dans nos lignes; qu'aucun de vous ne s'abandonne à sa fougueuse ardeur, qu'aucun ne sorte des rangs pour attaquer l'ennemi, qu'aucun ne recule; vous seriez bientôt rompus et défaits. Si quelqu'un est forcé d'abandonner son char pour monter sur un autre, qu'il ne se serve plus que de ses javelots. »

Puis, s'il vous plaît, à cette époque, Achille avait encore ses armes, puisque Patrocle n'était pas mort. Où est donc l'immense bouclier sous lequel gémissait le bras de Patrocle? où est le casque terrible dont le cimier seul, en se balançant, faisait fuir les Troyens? où Achille dit-il que lorsque Hector a fui devant lui, lui Achille était nu-tête? Certes, Achille n'est point assez modeste pour avoir oublié une pareille circonstance.

Donc le chef vainqueur de la mosaïque ne peut être Achille, puisque le vainqueur de la mosaïque n'est pas sur le char d'Achille et ne porte pas les armes d'Achille.

Passons à Hector.

Maintenant, Hector est sur son char, c'est vrai; malheureusement, le chef vaincu de la mosaïque non-seulement n'a pas les armes d'Hector, mais encore n'a pas l'âge d'Hector.

Où M. Giuseppe Sanchez a-t-il vu que l'élégant fils de Priam, qui dispute le prix de la beauté à Pâris, le prix du courage à Achille, soit un homme de quarante-cinq à quarante-huit ans? Franchement, quoique Homère ne dise nulle part l'âge d'Achille, tout ce que je peux faire pour M. Sanchez, c'est d'accorder trente ans à Hector.

Puis, j'en demande pardon à M. Sanchez, j'ai lu et relu l'*Iliade*, et je n'ai vu nulle part que Hector se servît d'un arc. C'est Pâris l'archer de la famille; et Homère est trop adroit pour établir une pareille similitude entre les deux frères. A Hector, il faut les armes offensives du brave; il lui faut les javelots avec lesquels on se bat à vingt pas de distance; il lui faut cette lance au cercle d'or avec laquelle on frappe son ennemi en le joignant; il lui faut l'épée avec laquelle on lutte corps à corps.

Puis, comme arme défensive, où est ce casque, présent d'Apollon, dont le panache sème la terreur? où est ce grand bouclier qu'il rejette sur ses épaules quand il tourne le dos à l'ennemi, et qui le couvre tout entier? où est enfin la cuirasse où s'enfonce si profondément le javelot d'Ajax qu'il déchire jusqu'à sa tunique?

Or, si le guerrier vaincu de la mosaïque n'a pas l'âge d'Hector et n'a pas les armes d'Hector, ce ne peut pas être Hector.

Il en résulte que si l'un ne peut pas être Hector et que

l'autre ne puisse pas être Achille, la mosaïque doit nécessairement représenter autre chose que la rencontre d'Achille et d'Hector.

J'en demande pardon à mes lecteurs, mais j'ai voulu prendre les dix systèmes les uns après les autres pour leur prouver qu'il ne faut pas croire trop aveuglément aux systèmes.

Maintenant je pourrais, comme un autre, faire un onzième système, mais je ne donnerai pas ce plaisir à MM. les savans italiens.

Je leur raconterai tout simplement l'histoire d'un pauvre fou que j'ai vu à Charenton, et qui m'a paru non-seulement plus sage, mais encore plus logique qu'eux. Sa folie était de se croire un grand peintre, et à son avis il venait d'exécuter son chef-d'œuvre.

Ce chef-d'œuvre, recouvert d'une toile verte, était le passage de la mer Rouge par les Hébreux.

Il vous conduisait devant le chef-d'œuvre, levait la toile verte, et l'on apercevait une toile blanche.

— Voyez, disait-il, voilà mon tableau.
— Et il représente ? demandait le visiteur.
— Il représente le passage de la mer Rouge par les Hébreux.
— Pardon, mais où est la mer ?
— Elle s'est retirée.
— Où sont les Hébreux ?
— Ils sont passés.
— Et les Égyptiens ?
— Ils vont venir.

Dites-moi, les savans italiens que nous venons de citer sont-ils aussi sages et surtout aussi logiques que mon fou de Charenton ?

XVII.

VISITE AU MUSÉE DE NAPLES.

J'en demande bien pardon à mes lecteurs, mais je suis placé, comme narrateur, entre l'omission et l'ennui. Si j'omets, ce sera justement de la chose omise qu'on me demandera compte; si je passe tous les objets en revue, je risque de tomber dans la monotonie. Au surplus, nous en avons fini ou à peu près avec Naples antique et Naples moderne, et nous touchons à la catastrophe. Un peu de patience donc pour le Musée. Que dirait-on, je vous le demande, si je ne parlais pas un peu du musée de Naples?

Le palais des Studi, dont le duc d'Ossuna, vice-roi de Naples, avait jeté les fondemens dans le but d'en faire une vaste école de cavalerie, vit sa destination changée par Ruis de Castro, comte de Lemos, qui décida qu'il servirait de logement à l'Université, laquelle y fut effectivement instituée sous son fils, en 1616. Mais, en 1770, les palais de Portici, de Caserte, de Naples et de Capo di Monte s'étant successivement encombrés des précieux résultats que produisaient les fouilles de Pompeïa, le roi Ferdinand résolut de réunir toutes les antiquités provenant de la découverte de ces deux villes dans un seul local, où elles seraient exposées à la curiosité du public et aux investigations des savans. A cet effet, il choisit le palais de l'Université, laquelle Université fut transportée au palais de San-Salvador.

Le roi Ferdinand fut si content de la résolution qu'il venait de prendre, et la trouva si docte et si sage, qu'il résolut d'en perpétuer le souvenir en se faisant représenter en Minerve à l'entrée du nouveau Musée.

Ce fut Canova qu'on chargea de l'exécution de ce chef-d'œuvre.

C'est quelque chose de bien grotesque, je vous jure, que la statue du roi Ferdinand en Minerve; et quand il n'y aurait que cela à voir au Musée, on n'aurait, sur ma parole, aucunement perdu son temps à y faire une promenade.

Mais heureusement il y a encore autre chose, de sorte que l'on peut faire d'une pierre deux coups. Notre première visite, après notre retour à Naples, fut pour les objets provenant d'Herculanum et de Pompeïa ; c'était continuer tout bonnement notre course de la veille : après avoir vu l'écrin, c'était regarder les bijoux ; bijoux merveilleux, d'art souvent, de forme toujours.

Nous commençâmes par les statues ; elles se présentent d'elles-mêmes sur le passage des visiteurs. D'abord ce sont les neuf effigies de la famille Balbus ; puis celles de Nonius père et fils, les plus fines, les plus légères, les plus aristocratiques, si on peut le dire, de toute l'antiquité. Ces dernières étaient à Portici. En 1799, un boulet emporta la tête de Nonius fils, mais on en retrouva les débris et on la restaura. Il y a encore là d'autres statues splendides : un Faune ivre, par exemple ; la Vénus Callipyge, que je trouve pour mon compte moins belle que celle de Syracuse ; l'Hercule au repos, colosse du statuaire Glycon, retrouvé sans jambes dans les Thermes de Caracalla, et que Michel-Ange entreprit de compléter ; mais, les jambes achevées, et lorsque l'auteur de Moïse eût pu comparer son œuvre à celle de l'antiquité, il les brisa, en disant que ce n'était pas à un homme d'achever l'œuvre des dieux. Guillaume de la Porta fut moins sévère pour lui-même, il refit les jambes ; mais, les jambes faites, on apprit que le prince Borghèse venait de retrouver les véritables dans un puits, à trois lieues de l'endroit où l'on avait retrouvé le corps. Comment étaient-elles allées là? Personne ne le sut jamais. Or, il était encore plus difficile de faire un corps aux jambes du prince Borghèse que de faire des jambes au corps du roi de Naples. Le prince, qui était généreux comme un Borghèse, fit cadeau de ces jambes au roi. Tant il y a qu'aujourd'hui l'Hercule est au grand complet, chose rare parmi les statues antiques.

Il y a encore le taureau Farnèse, magnifique groupe de cinq à six personnages taillés dans un bloc de marbre de seize pieds sur quatorze ; l'Agrippine au moment où elle vient d'apprendre que Néron menace sa vie ; et enfin l'Aristide, que Canova regardait comme le chef-d'œuvre de la statuaire antique.

De là on passa dans la salle des petits bronzes. Malgré cette dénomination infime, la salle des petits bronzes n'est pas la moins curieuse. En effet, dans cette salle sont rassemblés tous les ustensiles familiers retrouvés à Pompéia. La vie antique, la vie positive est là ; pour la première fois, on y voit boire et manger les anciens qui, dans notre théâtre, ne boivent et ne mangent que pour s'empoisonner.

Ce sont des vases pour porter l'eau chaude, des marabouts, des bouilloires, des poêles à frire, des moules à petits pâtés, des passoires si fines que le fond en semble un voile brodé à jour, des candélabres, des lanternes, des lampes de toutes formes et de toutes façons ; un escargot qui éclaire avec des cornes ; un petit Bacchus qui est emporté par une panthère, une souris qui ronge un lumignon ; des lampes consacrées à Isis et au Silence, d'autres consacrées à l'Amour, et que le dieu éteignait en abaissant la main ; des lampes à plusieurs lumières accrochées à un petit pilastre orné de têtes de taureaux et de festons de fleurs, ou accrochées par des chaînes aux branches d'un arbre effeuillé.

A côté de la salle des petits bronzes est le cabinet des comestibles : ce sont des œufs, des petits pâtés, des pains, des dattes, des raisins secs, des amandes, des figues, des noix, des pommes de pin, du millet, des noyaux de pêches, de l'huile d'Aix, des burettes, du vin dans des bouteilles, une serviette avec un morceau de levain, un œuf d'autruche, des coquilles de limaçons. On y voit aussi des draps, du linge qui était dans un cuvier à lessive, des filets, du fil, enfin toutes ces choses qu'on rencontre à chaque pas dans la vie réelle, et dont il n'est jamais question dans les livres : ce qui fait que les anciens, toujours vus au sénat, au forum ou sur le champ de bataille, ne sont pas pour nous des hommes mais des demi-dieux. Fausse éducation qu'il faut refaire, fausses idées qu'il faut redresser une fois qu'on est sorti du collége, et qui prolongent les études bien au-delà du temps qui devrait leur être consacré.

Puis, de là on passe dans la chambre des bijoux. Voulez-vous des formes pures, suaves, sans reproches? Voyez ces anneaux, ces colliers, ces bracelets. C'est comme cela qu'en portaient Aspasie, Cléopâtre, Messaline. Voilà des mains qui se serrent en signe de bonne foi; voilà un serpent qui se mort la queue, symbole de l'infini; voici des mosaïques, des antiques, des bas-reliefs. Voulez-vous écrire? voici un encrier avec son encre coagulée au fond. Voulez-vous peindre? voici une palette avec sa couleur toute préparée. Voulez-vous faire votre toilette? voici des peignes, des épingles d'or, des miroirs, du fard, tout ce *monde de la femme, mundus muliebris,* comme l'appelaient les anciens.

Passons à la peinture : c'est la grande question artistique de l'antiquité; c'était la mystérieuse Isis dont on n'avait pas encore, avant la découverte de Pompeïa, pu soulever le voile. On avait trouvé des statues, on connaissait des chefs-d'œuvre de la sculpture, on possédait l'Apollon, la Vénus de Médicis, le Laocoon, le Torse; on avait des frises du Parthénon et les métopes de Sélinunte; mais ces merveilles du pinceau tant vantées par Pline, ces portraits que les princes couvraient d'or, ces tableaux pour lesquels les rois donnaient leurs maîtresses, ces peintures que les artistes offraient aux dieux, jugeant eux-mêmes que les hommes n'étaient pas assez riches pour les payer: tout cela était inconnu. Il y avait un piédestal pour les statuaires, il n'y en avait pas pour les peintres.

Il est vrai que les fouilles de Pompeïa et d'Herculanum n'ont éclairé la question qu'à demi. Jusqu'à présent, on n'a retrouvé aucun original que l'on puisse attribuer à quelqu'un de ces grands maîtres qui avaient nom Timanthe, Zeuxis ou Apelles. Il y a plus : la majeure partie des peintures d'Herculanum et de Pompeïa ne sont rien autre chose que des fresques pareilles à celles de nos théâtres et de nos cafés. Mais n'importe! par cette œuvre des ouvriers on peut apprécier l'œuvre des artistes, et parmi ces peintures secondaires il y a même deux ou trois tableaux tout à fait dignes d'être remarqués.

Mais il ne faut pas courir à ces deux ou trois tableaux, il faut les voir tous, les examiner tous, les étudier tous, car même dans les plus médiocres il y a quelque chose à apprendre.

Les peintures de Pompeïa sont à la détrempe, c'est-à-dire exécutées par le même procédé dont se servaient Giotto, Giovanni da Fiesole et Masaccio. Le style, à part deux ou trois œuvres de la décadence exécutées par les Boucher de l'époque, est purement grec. Le dessin en est fin, correct, étudié; le clair-obscur, quoique compris autrement que par nos artistes, est tout à fait à la manière des graveurs, c'est-à-dire à l'aide de hachures, et bien entendu. La composition est en général douce et harmonieuse. L'expression en est toujours juste et très souvent remarquable. Enfin les vêtements et les plis sont touchés avec cette supériorité qu'on avait déjà reconnue dans la statuaire antique, et qui fait le désespoir des artistes modernes.

Nous ne pouvons pas passer en revue les 1,700 peintures qui composent la collection du Musée antique; nous pouvons seulement indiquer les plus originales ou les meilleures.

D'abord, dans les arabesques et dans les natures mortes, on trouvera des choses charmantes: des animaux auxquels il ne manque que la vie; des fruits auxquels il ne manque que le goût; un perroquet traînant un char conduit par une cigale, tableau que l'on croit une caricature de Néron et de son pédagogue Sénèque; une charge représentant Enée sauvant son père et son fils, tous trois avec des têtes de chiens. Les trois parties du monde, l'Afrique avec son visage noir, l'Asie avec un bonnet représentant une tête d'éléphant, et au milieu d'elles l'Europe, leur maîtresse et leur reine; puis au fond de la mer, et sur cette mer un vaisseau cinglant à pleines voiles à la recherche de cette quatrième partie du monde promise par Sénèque. Il n'y a pas à s'y tromper, car au dessous on lit ces vers de *Médée* :

> Venient annis
> Secula seris quibus Oceanus
> Vincula rerum laxet, et ingens
> Pateat tellus, Typhisque novos
> Deteget orbes : nec sit terris ultima Thule.
> *Médée,* acte II.

Maintenant, voici un tableau d'histoire; il est précieux, car c'est le seul qu'on ait retrouvé à Pompeïa : c'est Sophonisbe buvant le poison. Devant elle est Scipion l'Africain, qu'on peut reconnaître en le comparant à son buste, auquel il ressemble; puis, derrière Sophonisbe, Massinissa qui la soutient dans ses bras. Le tableau est sans signature. Est-ce une copie? est-ce l'original? Nul ne le sait.

Mais en voici un autre sur lequel le même doute n'existe point. Il représente Phœbé essayant de raccommoder Niobé avec Latone. Aux pieds de leur mère, Aglaé et Héléna, pauvres enfans qui seront enveloppées dans la vengeance divine, jouent aux osselets avec toute l'insouciance de leur âge. C'est un original : il est signé Alexandre d'Athénien.

Puis viennent les fameuses danseuses tant de fois reproduites par la peinture moderne; des funambules vêtus comme nos arlequins; les sept grands dieux qui présidaient aux sept jours de la semaine : Diane pour le lundi, Mars pour le mardi, et ainsi de suite Mercure, Jupiter, Vénus, Apollon et Saturne.

Au milieu de tout cela, le morceau de cendre coagulée qui conserve la forme du sein de cette femme retrouvée dans le souterrain d'Arrius Diomède, comme nous l'avons raconté.

Puis les trois Grâces, que l'on croit copiées de Phidias, et qui furent recopiées par Canova.

Puis le sacrifice d'Iphigénie, que l'on croit une copie de ce fameux tableau de Timanthe dont parle Pline. On se fonde sur ce que, dans l'un comme dans l'autre, Agamemnon a la tête voilée, et que, selon toute probabilité, un artiste n'aurait pas osé faire, à un maître aussi connu que Timanthe, un pareil vol.

Puis Thésée tuant le minotaure. A ses pieds est le monstre abattu; autour de lui sont les jeunes garçons et les jeunes filles qu'il a sauvés et qui lui baisent la main.

Puis Médée méditant la mort de ses fils, composition magnifique d'une simplicité terrible. Les enfans jouent, la mère rêve. C'est beau et grand pour tout le monde. Un homme de nos jours qui aurait fait ce tableau serait le rival de nos plus grands peintres. Ne commencez pas par ce tableau, vous ne verriez plus rien. Quant à moi, il y a maintenant sept ans que je l'ai vu, et en fermant les yeux je le revois comme s'il était là.

Puis une foule d'autres peintures : — l'Education d'Achille par le centaure Chiron, tableau imité par un de nos peintres, et que la gravure a popularisé; — Ariane s'éveillant sur le rivage d'une île déserte, et tendant les bras au vaisseau de Thésée qui s'éloigne; — Phryxus traversant l'Hellespont, monté sur son bélier, et tendant la main à Hellé qui est tombée dans la mer; — la Vénus qui sourit, étendue dans une conque; — Achille rendant Briséis à Agamemnon; — enfin, Thétis allant demander vengeance à Jupiter.

Ces deux derniers sont deux pages de l'Iliade.

Puis, allez, cherchez encore, regardez dans tous les coins; vous croirez en avoir pour une heure, vous y resterez tout le jour; puis, vous y reviendrez le lendemain et le surlendemain; et au moment de votre départ vous ferez arrêter votre voiture pour rendre encore une dernière visite à cette salle, unique dans le monde.

Il ne faut pas s'en aller sans visiter le cabinet des papyrus; ce serait une grande injustice. Dans mon voyage de Sicile, après avoir visité Syracuse, j'ai conduit mes lecteurs aux sources de la Cyanée, à travers les îles charmantes dont les longs roseaux courbaient au-dessus de nous leurs têtes empanachées; ces roseaux, c'étaient des papyrus. On en faisait une espèce de parchemin étroit et long qu'on déroulait à mesure qu'on écrivait, et qu'on roulait à mesure qu'on avait écrit. Eh bien ! on trouva cinq ou six mille de ces rouleaux, noircis, brûlés, friables ; on les prit d'abord pour des morceaux de bois carbonisés et on n'y fit aucune attention ; on les jeta ou plutôt on les laissa rouler où il leur plaisait d'aller ; puis on reconnut que c'était le trésor le plus précieux de l'antiquité que l'on méprisait ainsi. On recueillit tout ce qu'on put en trouver, et, par un miracle de patience inouï, incroyable, fabuleux, on en a déroulé et lu à cette heure trois mille ou trois mille cinq cents, je crois. Le reste est dans ce cabinet, rangé sur les rayons de vastes armoires ; ce sont deux mille cinq cents petits cylindres noirs que vous prendriez pour des échantillons de charbon de bois. Ce fut en 1753 seulement qu'on revint de l'erreur que nous avons dite : on trouva d'un seul coup, au-dessous du jardin du couvent de Saint-Augustin, à Portici, dix-huit cents de ces petits rouleaux, rangés avec tant de symétrie que l'on commença à y voir quelque chose de mieux que du bois brûlé. D'ailleurs, en même temps et dans la même pièce, on retrouva trois bustes, sept encriers, et des stylets à écrire. On reconnut alors qu'on était dans une bibliothèque, et l'on eut pour la première fois l'idée de ces petits rouleaux noirs pouvaient être des papyrus ; on les examina avec soin et on y reconnut, comme on la voit sur du papier brûlé, la trace des caractères qui y avaient été écrits. A partir de ce moment, la recommandation fut faite à tous les ouvriers travaillant aux fouilles de mettre précieusement de côté tout ce qui pourrait ressembler à du charbon.

Et, comme je vous le dis, il y a là trois mille manuscrits dans lesquels on retrouvera peut-être ces quatre volumes de Trogue Pompée qui font une lacune dans l'histoire, et ces trois ou quatre livres de Tacite qui font une lacune dans ses Annales.

J'avoue que j'avais grande envie de mettre dans ma poche un de ces petits rouleaux de charbon.

Comme nous allions descendre le grand escalier des Studi, le gardien, qui était sans doute satisfait de la rétribution que nous lui avions donnée, nous demanda à voix basse si nous ne voulions pas visiter la galerie de Murat. Nous acceptâmes, en lui demandant comment la galerie de Murat se trouvait aux Studi. Il nous répondit alors que, lorsque le roi Ferdinand avait repris son royaume, on avait partagé en famille tous les objets abandonnés par le roi déchu. Cette galerie était devenue la propriété du prince de Salerne qui, ayant eu besoin de quelque chose comme cent mille piastres, les emprunta sur gage à son auguste neveu actuellement régnant. Or, le gage fut cette galerie, laquelle, pour plus grande sûreté de la créance, fut transportée au musée Bourbon.

Il y a là, entre autres chefs-d'œuvre, treize Salvator Rosa, deux ou trois Van Dick, un Pérugin, un Annibal Carrache, deux Gérard des Nuits, un Guerchin, les Trois Ages de Gérard, puis, dans un petit coin, derrière un rideau de fenêtre, un tableau de quatorze pouces de haut et de huit pouces de large, une de ces miniatures grandioses comme en fait Ingres quand le peintre d'histoire descend au genre, une petite merveille enfin, comme l'Arétin, comme le Tintoret ! c'est Francesca di Rimini et Paolo, au moment où ils deux amans s'interrompent, et « ce jour-là ne lisent pas plus avant. »

Demandez, je vous le répète, à visiter cette galerie, ne fût-ce que pour voir ce charmant petit tableau.

Nous sortîmes enfin, ou plutôt on nous mit à la porte. Il était quatre heures et demie, et nous avions outre-passé d'une demi-heure le temps fixé pour la visite du musée. Il est vrai qu'à Naples il n'y a rien de fixe, et qu'avec une colonate, c'est-à-dire avec cinq francs cinq sous, on fait et l'on fait faire bien des choses.

Nous n'avions pas marché cent pas qu'au coin de la rue de Tolède nous nous trouvâmes face à face avec un monsieur d'une cinquantaine d'années, qu'il me sembla à la première vue avoir rencontré à Paris dans le monde diplomatique. Probablement je ne lui étois pas inconnu non plus, car il s'approcha de moi avec son plus charmant sourire.

— Eh ! bonjour, mon cher Alexandre, me dit-il d'un ton protecteur ; comment êtes-vous à Naples sans que j'en sois averti ? Ne savez-vous donc pas que je suis le protecteur-né des artistes et des gens de lettres ?

Le faquin ! il me prit une cruelle envie de lui briser quelque chose d'un peu dur sur le dos ; mais je me retins, me doutant bien qu'il n'accepterait pas cette réponse, et que tout serait fini là.

En effet, pour mon malheur, c'était...

A l'autre chapitre, je vous dirai qui c'était.

XVIII.

LA BÊTE NOIRE DU ROI FERDINAND.

C'était ce fameux marquis dont je vous ai parlé comme de la bête noire du roi Ferdinand, et qui, tout protégé qu'il avait été par la reine Caroline, n'avait jamais pu entrer au palais que par la porte de derrière.

En partant de France, j'avais pris quelques lettres de recommandation pour les plus grands seigneurs de Naples, les San-Teodoro, les Noja et les San-Antimo. De plus, je connaissais de longue date le marquis de Gargallo et les princes de Coppola.

Parmi ces lettres, il s'en était, je ne sais comment, glissé une pour le marquis.

Etant à Rome, je n'avais pu obtenir de l'ambassade des Deux-Siciles l'autorisation d'aller à Naples. Afin d'éluder ce refus, j'avais, comme je l'ai raconté ailleurs, passé la frontière napolitaine grâce au passeport d'un de mes amis. Pour tout le temps donc où je m'appelais donc du nom de cet ami, c'est-à-dire monsieur Guichard, et pour quelques personnes seulement j'étais Alexandre Dumas.

Mais comme, en arrivant à Naples, j'ignorais à qui je pouvais me fier, j'avais, avec un homme que j'appellerais mon ami si ce n'était un très haut personnage, j'avais, dis-je, passé une revue des adresses de mes lettres, anfin de savoir de quelles étaient les personnes à qui il n'y avait aucun inconvénient que monsieur Guichard remit les recommandations données à monsieur Dumas.

Or, à toutes les adresses, ce haut personnage, que je n'ose appeler mon ami, mais à qui j'espère prouver un jour que je suis le sien, avait fait un signe d'assentiment, lorsque, arrivé à la lettre destinée au marquis, il prit cette lettre par un coin de l'enveloppe, et la jetant, sans même regarder où elle allait tomber, de l'autre côté de la table sur laquelle nous faisions notre choix :

— Qui vous a donc donné une lettre pour cet homme ? me demanda-t-il.

— Pourquoi cela ? répondis-je, ripostant à sa question par une autre question.

— Mais, parce que... parce que... ce n'est pas un de ces hommes à qui on recommande un homme comme vous.

— Mais, n'est-il pas quelque peu homme de lettres lui-même ? demandai-je.

— Oh ! oui, me répondit mon interlocuteur ; oui, il a une correspondance très active avec le ministre de la police. Cela s'appelle-t-il être un homme de lettres en France ? En ce cas, c'est un homme de lettres.

— Diable ! fis-je ; mais il me semble que j'ai rencontré ce gaillard-là dans les meilleurs salons de Paris.

— Cela m'étonnerait pas : c'est un drôle qui se fourre partout. Et moi-même, tenez, je ne serais pas surpris en rentrant de le trouver dans mon antichambre. Mais vous voilà prévenu. Assez sur cette matière ; parlons d'autre chose.

C'est un garçon fort aristocrate que cet ami que je n'ose

pas appeler mon ami. Je ne m'en tins pas moins pour averti, et bien averti, car il était en position d'être parfaitement renseigné sur toutes ces petites choses-là, et, à partir de ce jour, je me donnai de garde d'aller en aucun endroit où je pusse rencontrer mon marquis.

Or, j'avais parfaitement réussi à l'éviter depuis trois semaines que j'étais à Naples, lorsque, pour mon malheur, comme je l'ai dit, je me trouvai face à face avec lui en sortant du musée Bourbon.

On devine donc quelle figure je fis lorsque, avec ce charmant sourire qui lui est habituel et avec ce ton protecteur qu'il affecte, il me dit :

— Eh ! bonjour, mon cher Alexandre ; comment êtes-vous à Naples sans que j'en sois averti ? Ne savez-vous donc pas que je suis le protecteur-né des artistes et des gens de lettres ? Puis, voyant que je ne répondais rien et que je le regardais des pieds à la tête, il ajouta : Comptez-vous rester encore longtemps avec nous ?

— D'abord, monsieur, lui répondis-je, je ne suis pas le moins du monde votre cher Alexandre, attendu que c'est la troisième fois, je crois, que je vous parle, et que, les deux premières, je ne savais pas à qui je parlais. Ensuite, vous n'avez pas été averti de mon arrivée, parce que mon véritable nom n'a pas été déposé à la police. Enfin, et pour répondre à votre dernière question, oui, je comptais rester huit jours encore, mais j'ai bien peur d'être forcé de partir demain.

Après quoi je pris le bras de Jadin et laissai le protecteur-né des artistes et des gens de lettres fort abasourdi du compliment qu'il venait de recevoir.

A Chiaja, je quittai Jadin ; il s'achemina du côté de l'hôtel, et moi j'allai droit à l'ambassade française.

A cette époque, nous avions pour chargé d'affaires à Naples un noble et excellent jeune homme ayant nom le comte de Béarn. En arrivant, il y avait quatre mois, j'avais été lui faire ma visite, et je lui avais tout raconté. Il m'avait écouté gravement et avec une légère teinte de mécontentement ; mais presque aussitôt ce nuage passager s'était effacé, et me tendant la main :

— Vous avez eu tort, me dit-il, d'agir ainsi à votre façon, et vous pouvez cruellement nous compromettre. Si la chose était à faire, je vous dirais : Ne la faites point ; mais elle est faite, soyez tranquille, nous ne vous laisserons pas dans l'embarras.

J'étais peu habitué à ces façons de faire de nos ambassadeurs ; aussi j'avais gardé au comte de Béarn une grande reconnaissance de sa réception, tout en me promettant, le moment venu, d'avoir recours à lui.

Or, je pensai que le moment était venu, et j'allai le trouver.

— Eh bien ! me demanda-t-il, avons-nous quelque chose de nouveau ?

— Non, pas pour le moment, répondis-je, mais cela pourrait bien ne pas tarder.

— Qu'est-il donc arrivé ?

Je lui dis la rencontre que je venais de faire, et je lui racontai le court dialogue qui en avait été la suite.

— Eh bien ! me dit-il, vous avez eu tort cette fois-ci comme l'autre : il fallait faire semblant de ne pas le voir, et, si vous ne pouviez pas faire autrement que de le voir, il fallait au moins faire semblant de ne pas le reconnaître.

— Que voulez-vous, mon cher comte, lui répondis-je, je suis l'homme du premier mouvement.

— Vous savez cependant ce qu'a dit un de nos plus illustres diplomates ?

— Celui dont vous parlez a dit tant de choses, que je ne puis savoir tout ce qu'il a dit.

— Il a dit qu'il fallait se défier du premier mouvement, attendu qu'il était toujours bon.

— C'est une maxime à l'usage des têtes couronnées, et il y aurait par conséquent de l'impertinence à moi de la suivre. Je ne suis heureusement ni roi ni empereur.

— Vous êtes mieux que cela, mon cher poète.

— Oui, mais en attendant nous ne sommes pas au temps du bon roi Robert ; et je doute que, si son successeur Ferdinand daigne s'occuper de moi, ce soit pour me couronner comme Pétrarque avec le laurier de Virgile. D'ailleurs, vous le savez bien, Virgile n'a plus de laurier, et celui qu'a repiqué sur sa tombe mon illustre confrère et ami Casimir Delavigne lui a fait la mauvaise plaisanterie de ne pas reprendre de bouture.

— Bref, que désirez-vous ?

— Je désire savoir si vous êtes toujours dans les mêmes dispositions à mon égard.

— Lesquelles ?

— De venir à mon secours si je vous appelle.

— Je vous l'ai promis et je n'ai qu'une parole ; mais savez-vous ce que je ferais si j'étais à votre place ?

— Que feriez-vous ?

— Vous allez bondir !

— Dites toujours.

— Eh bien ! je ferais viser mon passeport ce soir, et je partirais cette nuit.

— Ah ! pour cela, non, par exemple.

— Très bien ; n'en parlons plus.

— Ainsi je compte sur vous ?

— Comptez sur moi.

Le comte de Béarn me tendit la main, et nous nous séparâmes.

— Faites-moi un plaisir, dis-je à Jadin en rentrant à l'hôtel.

— Lequel ?

— Dites au garçon de vous dresser pour cette nuit un lit de sangle dans ma chambre.

— Pourquoi faire ?

— Vous le verrez probablement.

— Avez-vous besoin de Milord aussi ?

— Eh ! eh ! il ne sera peut-être pas de trop.

— Vous croyez donc qu'ils vont venir vous arrêter ?

— J'en ai peur.

— Sacré fat que vous faites, de vous figurer que les gouvernemens s'occupent de vous !

— Celui-ci a daigné s'occuper de mon père au point de l'empoisonner, et je vous avoue que ce précédent ne me donne pas de confiance.

— Eh bien ! on couchera dans votre chambre, puisqu'il faut vous garder.

Et Jadin donna ordre qu'on lui dressât son lit en face du mien.

Cette précaution prise, nous nous couchâmes et nous nous endormîmes comme si nous n'avions pas rencontré le moindre marquis dans notre journée.

Le lendemain, vers les quatre heures du matin, j'entendis qu'on ouvrait ma porte.

Si profondément que je dorme et si légèrement qu'on ouvre la porte de ma chambre quand je dors, je m'éveille à l'instant même. Cette fois, ma vigilance habituelle ne me fit pas défaut ; j'ouvris les yeux tout grands, et j'aperçus le valet de chambre.

— Eh bien ! Peppino, demandai-je, qu'y a-t-il, que vous me faites le plaisir d'entrer si matin chez moi ?

— J'en demande un million de pardons à son excellence, répondit le pauvre garçon ; ce sont deux messieurs qui veulent absolument vous parler.

— Deux messieurs de la police, n'est-ce pas ?

— Ma foi ! s'il faut vous le dire, j'en ai peur.

— Allons, allons, alerte, Jadin !

— Quoi ? dit Jadin, en se frottant les yeux.

— Deux sbires qui nous font l'honneur de nous faire visite, mon garçon.

— C'est à dire qu'il faut que je me lève et que je coure chez monsieur de Béarn.

— Vous parlez comme saint Jean-Bouche-d'Or, cher ami ; levez-vous et courez.

— Vous n'aimez pas mieux que je les fasse manger par Milord ? Cela serait plus tôt fait, et cela ne nous dérangeait pas.

— Non, il en reviendrait d'autres, et ce serait à recommencer.
— Ces messieurs peuvent-ils entrer? demanda Peppino.
— Parfaitement, qu'ils entrent.
Ces messieurs entrèrent.
Cela ressemblait beaucoup aux gardes du commerce que nous voyons au théâtre.
— Monsu Guissard? dit l'un d'eux.
— C'est moi, répondis-je.
— Eh bien! monsu Guissard, il faut nous suivre tout de souite.
— Où cela, s'il vous plaît?
— A la police.
Je jetai un coup d'œil triomphant à Jadin.
— Il faut, murmura-t-il, que le gouvernement ait bien du temps de reste pour se déranger ainsi!
— Que dit monsu? demanda le sbire.
— Moi! Rien, dit Jadin.
— Monsu a parlé du gouvernement!
— Ah! j'ai dit que le gouvernement était plein de tendresse pour les étrangers qui viennent ici; et je le répète, attendu que c'est mon opinion, monsieur. Est-il défendu d'avoir une opinion?
— Oui, dit le sbire.
— En ce cas, je n'en ai pas, monsieur, prenons que je n'ai rien dit.
Je me hâtai de m'habiller; j'avais une peur de tous les diables que les sbires, peu habitués au dialogue de Jadin, ne l'emmenassent avec moi. Je passai donc lestement mon gilet et ma redingote, et leur déclarai que j'étais prêt à les suivre.
Cette promptitude à me rendre à l'invitation du gouvernement parut donner à nos deux sbires une excellente idée de moi; aussi, lorsque, arrivé à la porte de la rue, je leur demandai la permission de prendre un fiacre, ils ne firent aucune difficulté, et l'un d'eux poussa même la complaisance jusqu'à courir en chercher un qui stationnait devant la grille encore fermée de la villa Réale.
Comme je montais en voiture, je vis apparaître Jadin à la fenêtre, il était tiré à quatre épingles et tout prêt à se rendre à l'ambassade. Seulement, pour ne pas donner de soupçons sur sa connivence avec moi, il attendait pour sortir que nous eussions tourné le coin, et fumait innocemment la plus colossale de ses trois pipes.
Cinq minutes après j'étais à la police. Un monsieur, tout vêtu de noir et de fort mauvaise humeur d'avoir été réveillé si matin, m'y attendait.
— C'est à vous ce passeport? me demanda-t-il aussitôt qu'il m'aperçut, et en me montrant mon passeport au nom de Guichard.
— Oui, monsieur.
— Et cependant Guichard n'est pas votre nom?
— Non, monsieur.
— Et pourquoi voyagez-vous sous un autre nom que le vôtre?
— Parce que votre ambassadeur n'a pas voulu me laisser voyager sous le mien.
— Quel est votre nom?
— Alexandre Dumas.
— Avez-vous un titre?
— Mon aïeul a reçu de Louis XIV le titre de marquis, et mon père a refusé de Napoléon le titre de comte.
— Et pourquoi ne portez-vous pas votre titre?
— Parce que je crois pouvoir m'en passer.
— Vous méprisez donc ceux qui ont des titres?
— Pas le moins du monde; mais je préfère ceux qu'on se fait soi-même à ceux qu'on a reçu de ses aïeux.
— Vous êtes donc un jacobin?
Je me mis à rire, et je haussai les épaules.
— Il ne s'agit pas de rire ici! me dit le monsieur en noir, d'un air on ne peut plus irrité.
— Vous ne pouvez pas m'empêcher de trouver la question ridicule.
— Non, mais je veux vous faire passer l'envie de rire.

— Oh! cela, je vous en défie tant que j'aurai le plaisir de vous voir.
— Monsieur!
— Monsieur!
— Savez-vous qu'en attendant, je vais vous envoyer en prison?
— Vous n'oserez pas.
— Comment, je n'oserai pas? s'écria l'homme noir en se levant et en frappant la table du poing.
— Non.
— Eh! qui m'en empêchera?
— Vous réfléchirez.
— A quoi?
— A ceci.
Je tirai de ma poche trois lettres.
Le monsieur noir jeta un coup d'œil rapide sur les papiers que je lui présentais, et reconnut des cachets ministériels.
— Qu'est-ce que c'est que ces lettres?
— Oh! mon Dieu presque rien. Celle-ci, c'est une lettre du ministre de l'instruction publique, qui me charge d'une mission littéraire en Italie, et particulièrement dans le royaume des Deux-Siciles: il désire savoir quels sont les progrès que l'instruction a faits depuis les vice-rois jusqu'à nos jours. Celle-ci, c'est une lettre du ministre des affaires étrangères, qui me recommande particulièrement à nos ambassadeurs, et qui les prie de me donner *en toute circonstance*, voyez: et *toute circonstance* est même souligné; — de me donner, dis-je, *en toute circonstance*, aide et protection. Quant à cette troisième, n'y touchez pas, monsieur, et permettez-moi de vous la montrer à distance. Quand à cette troisième, voyez, elle est signée: « Marie-Amélie, » c'est-à-dire d'un des plus nobles et des plus saints noms qui existent sur la terre. C'est de la tante de votre roi. J'aurais pu m'en servir, mais je ne l'ai pas fait, il aurait fallu la remettre à qui elle était adressée; et quand on a un autographe comme celui-là, lequel, comme vous pouvez le voir, ne dit pas trop de mal du porteur, on le garde, au risque que quelque valet de police vous menace de vous envoyer en prison.
— Mais, me dit le monsieur un peu abasourdi, qui me dira que ces lettres sont bien des personnes dont elles portent les signatures?
Je me retournai vers la porte qui s'ouvrait en ce moment, et j'aperçus le comte de Béarn.
— Qui vous le dira? Pardieu, repris-je, monsieur l'ambassadeur de France, qui se dérange tout exprès pour cela. N'est-ce pas, mon cher comte, continuai-je, que vous direz à monsieur que ces lettres ne sont pas de fausses lettres?
— Non seulement je le lui dirai, mais encore je demanderai en vertu de quel ordre on vous arrête, et il me sera fait raison de l'insulte que vous avez reçue. Je réclame monsieur, ajouta le comte de Béarn en étendant la main vers moi, d'abord comme sujet du roi de France, et ensuite comme envoyé du ministère. Si monsieur a commis quelque infraction aux lois de la police ou de la santé (1), j'en répondrai à plus haut que vous. Venez, mon cher Dumas, je suis désolé qu'on vous ait réveillé si matin, et j'espère que c'est par un malentendu.
Et à ces mots, nous sortîmes de la police bras dessus bras dessous, laissant le monsieur en noir dans un état de stupéfaction des plus difficiles à décrire.
Jadin nous attendait à la porte.
— Ah çà! maintenant, me dit le comte de Béarn, maintenant que nous sommes entre nous, il ne s'agit plus de faire les fanfarons; je vous ai tiré de là avec les honneurs de la guerre, mais je vais avoir sur les bras tout le ministère de la police. Il s'agit pour vous de songer au départ.
— Diable!
— N'avez-vous pas tout vu?
— Si fait. J'ai visité hier la dernière chose qui me restât à voir.
— Eh bien!

(1) On était alors dans le plus fort du choléra, et je n'avais pas fait à Rome la quarantaine de vingt-cinq jours obligée.

— Eh bien! nous tâcherons d'être prêts quand il le faudra, voilà tout.

— A la bonne heure! Maintenant, rentrez à l'hôtel, et attendez-moi dans la journée. J'aurai une réponse.

Je suivis le conseil que me donnait monsieur de Béarn, et je le vis effectivement revenir vers les cinq heures.

— Eh bien! me dit-il, tout est arrangé de la façon la plus convenable. On savait votre présence ici; et comme vous n'y avez commis aucun scandale patriotique, on la tolérait. Mais vous avez été officiellement dénoncé hier soir, et l'on s'est cru alors dans la nécessité d'agir.

— Et combien de temps me laisse-t-on pour quitter Naples?

— On s'en est rapporté à moi, et j'ai dit que dans trois jours vous seriez parti.

— Vous êtes un excellent mandataire, mon cher comte, et non-seulement vous représentez admirablement l'honneur de la France, mais encore vous sauvez à merveille celui des Français. Recevez tous mes remercîmens. Dans trois jours j'aurai acquitté votre parole envers le gouvernement napolitain.

Voilà comment je fus obligé de quitter la très fidèle ville de Naples, qui n'en est encore qu'à sa trente-septième révolte; et cela pour avoir eu le malheur de rencontrer la bête noire de Sa Majesté le roi Ferdinand.

Cela prouve qu'il y a à Naples quelque chose de pire encore que les jettateurs.

Ce sont les mouchards.

XIX.

L'AUBERGE DE SAINTE-AGATHE.

C'en était fait, je devais quitter Naples. Le rêve était fini, la vision allait s'envoler dans les cieux. Je vous avoue, mes chers lecteurs, que, lorsque je vis disparaître Capo-di-Chino à ma gauche et le Champ-de-Mars à ma droite, lorsque, étendu sur les coussins de ma voiture, je me mis à songer tristement que, contre toutes les probabilités humaines, et grâce surtout à la bienveillante protection du marquis de Soval et à la justice éclairée du roi Ferdinand, je ne verrais plus ces merveilles, mon cœur se serra par un sentiment d'angoisse indéfinissable, des larmes me vinrent aux bords des paupières, et je me rappelai malgré moi le mélancolique proverbe italien: Voir Naples et mourir!

En m'éloignant de ce pays enchanté, j'éprouvais donc quelque chose de semblable à ce qui doit se passer dans l'âme de l'exilé disant un dernier adieu à sa patrie. Oui, je m'étais épris de tendresse, de sympathie et de pitié pour cette terre étrangère que Dieu, dans sa prédilection jalouse, a comblée de ses bienfaits et de ses richesses; pour cette oisive et nonchalante favorite dont la vie entière est une fête, dont la seule préoccupation est le bonheur; pour cette ingrate et voluptueuse sirène, qui s'endort au bruit des vagues et se réveille aux chants du rossignol, et à qui le rossignol et les vagues répètent dans leur doux langage un éternel refrain de joie et d'amour, et traduisent dans leur musique divine les paroles du Seigneur: « A toi, ma bien-aimée, mes plus riches tapis de verdure et de fleurs; à toi mon plus beau pavillon d'or et d'azur; à toi mes sources, les plus limpides, les plus fraîches; à toi mes parfums les plus suaves et les plus purs; à toi mes trésors d'harmonie; à toi mes torrens de lumière. » Hélas! pourquoi faut-il que l'homme, cet esclave envieux et stérile, s'attache à détruire partout l'œuvre de Dieu; pourquoi tout paradis terrestre doit-il cacher un serpent!

Absorbé par ces idées passablement lugubres, je baissai la tête sur ma poitrine et je me laissai aller à ma rêverie. Jadin ronflait à mes côtés du sommeil des justes, avec cette différence cependant que la trompette des archanges ne l'aurait pas éveillé. Il avait lancé sa dernière malédiction sur les douaniers de S. M. sicilienne, avait craché sur la barrière en guise d'adieu, et s'était endormi comme un homme qui n'a plus de comptes à rendre à sa conscience. Je voulus m'assurer si mes regrets bruyans n'avaient pas troublé le repos de mon camarade. J'attendis deux ou trois cahots de première force; Jadin subit l'épreuve sans sourciller, il aurait subi l'épreuve du canon tiré à bout d'oreille. Alors je fermai les yeux à mon tour, et je repassai dans mon esprit tous ces rians tableaux que j'avais admirés pour la première et pour la dernière fois de ma vie. Je ne sais combien de temps dura ma méditation ou mon rêve, je ne sais combien d'heures je restai dans cet engourdissement de l'âme qui n'est plus la veille, mais qui n'est pas encore le sommeil; ce que je sais très bien et dont je me souviens, Dieu merci, avec une grande précision de détails, c'est que je fus brusquement réveillé par un accident survenu à notre voiture. L'essieu s'était brisé et nous étions dans une mare.

Cette fois Jadin était éveillé, non point par sa chute, comme on pourrait le croire, mais par la fraîcheur de l'eau qui venait de pénétrer ses vêtemens les plus intimes, et il jurait de toute l'indignation de son âme et de toute la force de ses poumons. Il pouvait être environ trois heures; la route était déserte; le postillon s'en était allé demander du secours.

Lorsque je dis que la route était déserte, je me trompe, car, en tournant la tête à gauche, je vis près de nous une espèce de petit lazzarone de douze à treize ans, crépu, hâlé, doré de reflets changeans, imitant à merveille le bronze florentin, les yeux noirs comme du charbon, les lèvres rouges comme du corail, et les dents blanches comme des perles. Il était fièrement drapé dans des haillons qui auraient fait envie à Murillo, et nous regardait d'un air intelligent et réfléchi, sans daigner nous tendre la main ni pour nous aider, ni pour nous demander l'aumône. Dans un pays où la nudité presque complète est le privilége du mendiant et du lazzarone, et tout homme du peuple, quels que soient ses besoins, n'aborde jamais l'étranger sans se croire le droit de mettre sa bourse à contribution, ce luxe de guenilles et ce silence de dédain ne furent pas sans me causer un certain étonnement.

— Où sommes-nous? lui demandai-je en sautant par dessus la roue qui gisait renversée au milieu du chemin.

A Sant-Agata di Goti, répondit le petit sauvage sans déranger un pli de son bizarre accoutrement.

— Pardieu! fit Jadin, il s'agit bien de Goths et de Visigoths, ne voyez-vous pas que nous sommes en Afrique? Voilà de la véritable couleur locale ou je ne m'y connais guère.

Le petit paysan fixa son regard sur Jadin, comme pour deviner le sens de ses paroles, et fronça le sourcil d'un air de défiance et de soupçon, se croyant sans doute offensé par ce peu de mots prononcés devant lui dans une langue inconnue. Je me hâtai de rassurer la susceptibilité du jeune habitant de Sainte-Agathe, en lui faisant comprendre de mon mieux que Jadin s'extasiait sur la qualité de son teint et sur l'originalité de son costume.

L'enfant ne fut pas dupe de ma bienveillante traduction, et se contenta de répondre, en haussant les épaules, que, si les hommes de son pays étaient bronzés par le soleil, les femmes y étaient plus blanches et plus jolies que partout ailleurs, et que si lui et ses frères n'avaient que des haillons pour tout vêtement, c'était pour que leurs sœurs portassent des jupes brodées et des corsages à galons d'or.

Ces paroles furent dites d'un ton si simple que je me suis réconcilié tout à coup avec l'indolence et la misère du petit lazzarone.

— Y a-t-il une auberge, une cabane, un chenil dans ce maudit village? demanda Jadin en se servant cette fois du patois napolitain, dans lequel il avait fait, dans les derniers temps, de rapides progrès.

— C'è una superba locanda, répondit l'enfant en regardant Jadin avec une singulière expression de malice.

— Eh bien! mon garçon, lui dis-je, si tu nous mènes à

cette *superba locanda*, voici une pièce de six carlins pour ta peine.

— Je ne suis par un mendiant, répondit le jeune homme aux haillons, en me lançant un regard d'une hauteur incroyable.

Je tombais d'étonnement en étonnement. Un enfant de la dernière classe du peuple napolitain, dont l'extérieur annonçait le dénûment le plus complet, refuser une demi-piastre, c'était quelque chose de tellement fabuleux que, n'en croyant pas mes oreilles, je me tournai vers Jadin pour m'assurer si je n'avais pas mal entendu.

— Comment, drôle ! tu ne veux pas de notre argent ? fit Jadin en lui montrant la monnaie qu'il prit de mes mains.

— Je ne l'ai pas gagné, répondit le petit paysan avec son stoïcisme habituel.

— Tu te trompes, mon garçon, repris-je à mon tour, ce n'est pas à titre d'aumône que nous t'offrons cette somme, c'est pour te récompenser du service que tu vas nous rendre en nous menant à un hôtel.

— Je ne suis pas un guide, répliqua l'étrange garçon avec le plus imperturbable sang-froid.

— Eh bien ! quel est donc l'état de votre seigneurie ? demanda Jadin en portant respectueusement la main à son chapeau.

— Mon état ?... c'est de regarder les voitures qui passent et les passagers qui tombent.

— Hein ! comment le trouvez-vous, Jadin ?

— Je le trouve tout à fait magnifique, et je veux absolument croquer la tête de ce coquin.

Comme nous l'avons dit, le descendant des Goths n'était pas très fort sur le français. Il crut que Jadin le menaçait tout bonnement de lui couper la tête. Sa colère, longtemps contenue, éclata avec fureur. Il grinça des dents comme un tigre blessé, tira de ses haillons un long poignard à lame triangulaire, et s'éloigna lentement à reculons, en fixant sur Jadin ses fauves prunelles qui lançaient des éclairs. Son intention évidente était d'attirer son adversaire loin de la grande route, dans quelque endroit plus désert ou plus sombre, pour consommer tranquillement sa vengeance.

— Attends-moi, attends-moi, petit brigand, s'écria Jadin en riant, je vais t'apprendre à faire usage d'armes prohibées. Et il fit un pas pour s'élancer à sa poursuite.

Mais au même instant le postillon reparut suivi de cinq ou six paysans de Sainte-Agathe, les uns plus cuivrés que les autres ; et le petit sauvage, en voyant arriver du monde, cacha promptement son poignard et se sauva à toutes jambes.

On mit la voiture sur pied, on constata les dégâts, et nous acquîmes la triste conviction que nous ne pouvions pas nous remettre en route avant la nuit. Je fis part au postillon de notre singulière rencontre, et lui demandai quelques renseignemens sur l'étonnant personnage qui venait de s'enfuir à leur approche. Le postillon sourit, et pour toute réponse frappa deux ou trois fois son front du bout de son index. Comme je ne comprenais rien du tout à cette pantomime, je le priai de s'expliquer plus clairement. Il me raconta alors que ce méchant gamin, que nous avions pris pour un nègre, n'était pas plus Africain que les autres habitans de Sainte-Agathe, et qu'il ne fallait pas nous étonner de ses manières, car il était un peu fou, ainsi que le reste de sa famille.

— Mais au nom du diable ! s'écria Jadin, exaspéré par toutes ces lenteurs, où pourrais-je enfin trouver une auberge pour sécher mes habits ?

— Tiens ! en effet, reprit le postillon en examinant avec curiosité, son excellence a versé du côté du ruisseau.

La *locanda* était à deux pas. J'ai abusé si souvent de la patience de mes lecteurs en leur parlant des auberges d'Italie, que je puis me borner cette fois à les renvoyer aux descriptions précédentes. J'ajouterai seulement que l'auberge de Sainte-Agathe surpasse en saleté toutes celles que j'ai décrites jusqu'ici. Cet affreux coupe-gorge s'appelle, je crois, la *nobile locanda del Sole*.

Jadin fit allumer un grand feu, et se mit en devoir de se sécher de son mieux, trempé qu'il était jusqu'aux os. Moi, je sortis à l'aventure, fort inquiet de savoir comment j'emploierais les trois ou quatre mortelles heures pendant lesquelles on devait réparer notre voiture. De dîner, il n'en était pas question. Comme nous comptions nous arrêter seulement à Mola di Gaëta, nous n'avions pas pris de provisions avec nous, et de son côté l'hôte de Sainte-Agathe s'était empressé de mettre à notre disposition sa cuisine, ses ustensiles ; mais, comme on le pense bien, là où bornèrent ses offres de service : des objets à mettre sous notre dent, il n'en fut aucunement question. Je pris le premier chemin de traverse qui s'offrit à mes pas, décidé à tuer le temps en parcourant la campagne. J'avais fait à peine un huitième de mille, lorsqu'au détour d'un buisson je me trouvai nez-à-nez avec mon sauvage. Il se chauffait tranquillement au soleil, et ne fit pas un mouvement ni pour m'éviter ni pour marcher à ma rencontre.

— Eh bien ! mon enfant, lui dis-je en l'abordant comme une vieille connaissance, vous vous êtes singulièrement mépris sur les intentions de mon camarade. Il ne voulait vous faire aucun mal. Seulement, comme il vous trouvait la tête d'un grand caractère, il eût été charmé de faire votre portrait.

— Comment, c'était un peintre ! s'écria l'enfant ébahi.

— Certainement, qu'y a-t-il d'étonnant ?

— C'était un peintre ! répéta le petit paysan, comme en se parlant à lui-même.

— Oui, c'était un peintre, et de quelque talent, j'ose vous en répondre.

— Mais moi je suis peintre aussi, s'écria le pauvre garçon d'un air exalté, *son pittore anch'io*, ou plutôt je le serai, car je suis trop jeune encore pour avoir un état.

— Eh bien, mon cher, vous voyez que, pour un collègue, vous ne vous êtes pas montré trop aimable, et si c'eût été en pays civilisé, on eût pu croire que vous vous connaissiez.

— Ah ! pardonnez-moi, monsieur ; si j'avais pu deviner que vous étiez des artistes, car vous êtes artiste aussi, vous, n'est-ce pas, eccellenza ?

— Artiste... oui, oui... à peu près...

— Si j'avais pu croire cela, au lieu de vous laisser égorger dans cette vilaine auberge, je vous aurais mené chez mon grand-père, qui est peintre aussi, lui, ou plutôt qui l'a été, car il est maintenant trop vieux pour avoir un état.

— Mais nous sommes encore à temps, mon garçon.

— Vous avez raison, monsieur, dit le futur peintre en faisant quelques pas dans la direction de la *locanda*. Mais il parut se raviser tout à coup ; et se tournant vers moi avec un certain embarras :

— Je réfléchis, dit-il, qu'il vaudra peut-être mieux nous passer de votre ami.

— Et pourquoi cela ?

— Dame ! c'est qu'il aime à rire, comme j'ai pu m'en apercevoir, et qu'il pourrait avoir du désagrément avec mon grand-père ; car dans notre famille nous ne sommes pas endurans. Vous, c'est autre chose... vous ne vous êtes pas trop moqué de mes haillons, et je crois qu'avec un peu de bonne volonté de part et d'autre nous pourrons nous entendre.

— C'est convenu, mon petit Giotto ; et en attendant que vous reveniez un peu de vos préventions sur le compte de mon ami, je profiterai seul de l'hospitalité que vous voulez bien m'offrir.

— Et vous n'en serez pas fâché, je vous le promets. Vous allez voir d'abord mes trois frères, trois garçons les plus forts et les plus beaux de la province, le premier est vigneron, le second pêcheur, le troisième garde-chasse.

— Je serai flatté de faire leur connaissance.

— Puis mes trois sœurs, trois madones.

— De mieux en mieux, mon cher hôte.

— Et puis enfin...

— Comment ! ce n'est pas tout ?

— Puis enfin, répéta le petit paysan en baissant la voix et regardant autour de lui d'un air mystérieux, vous verrez trois tableaux, trois merveilles ; et vous pourrez vous vanter d'avoir une fière chance si vous obtenez que mon grand-père vous les montre.

— Vous piquez furieusement ma curiosité.

— Oui, mais il faut savoir s'y prendre, car, voyez-vous, mon grand-père tient plus à ses tableaux qu'à tous ses enfans ; il verrait mes trois frères se casser le cou, mes trois sœurs se noyer, qu'il ne pousserait pas un cri, qu'il ne verserait pas une larme ; moi-même, qu'il préfère à tous les autres, parce que je porte son nom et que je serai peut-être un jour comme lui, je tomberais dans la gueule d'un ours ou dans le fond d'un précipice qu'il en serait médiocrement affligé ; mais s'il arrivait malheur à quelqu'un de ses tableaux, je crois qu'il en mourrait du coup, ou que tout au moins il en perdrait la raison.

— Je comprends cette passion d'artiste et d'antiquaire ; mais que faut-il donc que je fasse pour mériter les bonnes grâces de votre respectable aïeul ?

— D'abord il ne faudra pas trop lui dire du bien de ses tableaux, car il croirait que vous voulez les acheter et il vous ferait mettre à la porte.

— Soyez tranquille ! j'en dirai du mal.

— Gardez-vous en bien, il deviendrait furieux et pourrait bien avoir envie de vous faire jeter par la fenêtre.

— Diable ! diable ! Je n'en dirai rien du tout, alors.

— Je vous ai dit, monsieur, que mon grand-père est un vieillard, il faut lui pardonner quelque chose, reprit le petit lazzarone d'un ton grave et sentencieux qui contrastait singulièrement avec sa condition et son âge. Puis, comme s'il se fût ennuyé de jouer un rôle trop sérieux, il partit d'un grand éclat de rire et mesura en quatre bonds la distance qui nous séparait du sentier que nous devions prendre pour arriver à l'atelier rustique du vieux peintre de Sainte-Agathe. Je suivais avec quelque peine mon jeune guide, qui courait devant moi comme un chevreuil, en sautant fossés et barrières, en enjambant torrens et buissons, sans que rien pût arrêter son élan.

Au moment où nous passions sous un de ces berceaux de vigne si communs en Italie, l'enfant leva la tête, et me montra du doigt un très beau garçon de vingt à vingt-cinq ans qui se tenait gracieusement penché au bout d'une longue échelle, et coupait des sarmens avec un couteau recourbé qu'on appelle dans le pays *roncillo*.

— Bonjour, Vito, s'écria joyeusement mon gamin en secouant le pied de l'échelle.

— Bonjour, Raphaël, répondit le personnage aérien sans interrompre sa besogne.

— C'est mon frère le vigneron, dit mon guide avec un sentiment de fierté, et il reprit sa course.

Un peu plus loin, il s'arrêta de nouveau aux bords d'une petite rivière qui coupait en deux le chemin. Un jeune homme très brun et très robuste se tenait assis sur la berge, les jambes nues et pendantes, les bras tendus, le corps avancé ; d'une main il jetait de la chaux vive pour troubler le courant, de l'autre il battait les eaux avec une perche. Il était impossible de passer devant cet homme sans l'admirer. C'était une de ces natures riches et puissantes que Michel-Ange eût souhaitées pour modèle.

— Bonjour, André, fit le futur artiste en lui tapant sur l'épaule, combien de truites aurons-nous ce soir ?

— Bonjour, gourmand, répondit l'homme à la perche.

— Ne faites pas attention, monsieur, c'est mon frère le pêcheur.

Enfin, nous étions presque à la porte d'une petite maison blanche et coquette, qu'il m'avait indiquée de loin comme le but de notre promenade artistique, lorsque nous rencontrâmes un troisième paysan, plus remarquable par sa taille et sa bonne mine que les deux autres, quoique, à vrai dire, son costume ne fût pas moins négligé que celui de ses frères. Le seul luxe qu'il se permit, c'était un très beau fusil anglais qu'il portait à l'épaule.

— Bonjour, Orso, s'écria l'enfant gâté de la famille, en lui sautant au cou.

— Bonjour, mauvais garnement, s'écria Orso en lui rendant ses caresses.

— C'est mon frère le chasseur, dit mon petit Raphaël en herbe, d'une voix triomphante.

Et sans me laisser le temps de prononcer une parole, il me prit lestement par la main, et m'entraîna dans une de ces petites cours italiennes qui ressemblent si bien à un *impluvium*, pavée d'une mosaïque grossière et abritée d'une verte tonnelle. Nous franchîmes un escalier découvert dont les marches étaient tapissées de mousse et émaillées de ces grandes et belles fleurs dans lesquelles la dévotion napolitaine a découvert tous les emblèmes de la passion, et nous nous trouvâmes dans une assez vaste salle, haute, aérée, lumineuse, qui devait être la pièce de réception et d'apparat. Là, mon petit nègre aux haillons pittoresques me présenta trois jeunes filles qui s'étaient levées à notre approche, et se serraient dans un seul groupe timides et confuses. La plus jeune n'avait pas encore quinze ans, et l'aînée en avait vingt à peine. Je fus ébloui de leur beauté et de leur fraîcheur. Rien de plus gracieux et de plus charmant que leurs jupes flottantes et leurs étroits corsages brodés de filigrane. On eût dit, sans aucune exagération poétique, trois roses blanches sur le même rosier.

— Voici mes sœurs ; monsieur, et j'espère que je ne vous ai pas menti en vous disant qu'elles ne me ressemblaient guère ni pour le teint ni pour le costume. Celle-ci s'appelle Concetta, celle-ci Nunziata, celle-ci Assunta, les trois plus beaux noms de la Vierge. Et à chaque nom qu'il prononçait, le petit démon imprimait un baiser sur le front rougissant de celle de ses sœurs qu'il voulait désigner.

— Et maintenant, dit-il, montons à l'atelier de mon grand-père.

XX.

LES HÉRITIERS D'UN GRAND HOMME.

Je suivis mon jeune guide avec toute la docilité que commandaient les circonstances, mais, je l'avoue, non sans jeter un regard d'admiration et de regret sur le charmant groupe dont je devais me séparer si promptement. Nous traversâmes deux petites chambres dont tout l'ameublement consistait en quatre monceaux d'épis de maïs entassés dans les coins, et dont la tapisserie, formée tout bonnement de bottes d'aulx et d'oignons, se faisait sentir une demi-lieue à la ronde ; puis une cuisine dont le plafond pliait sous les quartiers de lard et les festons de *salami*, et enfin un petit corridor assez mal éclairé, au bout duquel nous trouvâmes un escalier de bois plus raide et plus incommode qu'une échelle. Mon guide le gravit en deux bonds et s'arrêta sur un petit palier carrelé de rouge et de noir, qui n'était pas assez large pour nous contenir tous les deux. Arrivé là, il colla l'oreille à la porte, mit l'œil à la serrure et frappa trois petits coups, après m'avoir fait signe de la main d'écouter et de me taire.

J'entendis d'abord le vieillard grogner sourdement comme un dogue dont le sommeil est tout à coup interrompu par une visite importune. Le gamin me regarda en souriant comme pour me donner du courage, hocha légèrement la tête en homme habitué à une semblable réception, et sachant parfaitement que si la colère du vieillard était facile à allumer, quelques mots suffisaient pour l'éteindre. En effet, ses grognemens s'apaisèrent bientôt et furent suivis par un bruit de chaises qu'on dérangeait, et par le craquement d'une porte intérieure qu'on fermait à double tour. Puis les pas se rapprochèrent lentement, et une voix claire et ferme, où perçait cependant un reste de courroux, demanda : — Qui va là ?

— C'est moi, mon grand-père, ouvrez.

La voix se radoucit et le vieillard mit la main sur la clef.

— Es-tu seul ? demanda-t-il après un instant de réflexion.

— Je suis avec un monsieur qui demande à visiter votre atelier.

— Va-t'en au diable, méchant coureur, s'écria le vieux

peintre furieux; c'est encore quelque brocanteur que tu auras ramassé sur la grande route, et qui vient dans l'intention de me marchander mes chefs-d'œuvre.

— Mais je vous jure que non, mon grand-père.

— Alors c'est quelque rustre de Sainte-Agathe qui veut par ses sottises et par ses âneries me faire renier le bon Dieu?

— Encore moins, mon grand-père; croyez-vous que votre petit Salvator soit capable de vous causer du chagrin?

— Hum! hum! fit le vieillard ébranlé dans sa résolution, et qui est donc ce monsieur que tu m'amènes?

— C'est un artiste étranger qui n'a pas le sou pour acheter vos tableaux; mais en revanche qui a assez de temps pour écouter votre histoire.

— Ah! ah! c'est un confrère, s'écria gaîment le bonhomme en passant rapidement de la colère à la bonne humeur; et il fit tourner la clef dans la serrure.

Je voulus protester par un reste de scrupule, mais l'enfant me fit signe de me tenir tranquille en mettant son index en croix sur ses lèvres.

La porte s'ouvrit, et je me trouvai en face d'une des plus belles têtes de vieillard que j'aie jamais vues. Une forêt de cheveux blancs ombrageait son front large et sans rides, ses traits étaient calmes et reposés, et son sourire avait quelque chose d'affectueux et de bienveillant qui contrastait fort avec le ton bourru qu'il affectait de prendre dans les grandes occasions pour se débarrasser des fâcheux. Il était vêtu d'une espèce de froc dont le capuchon retombait sur ses épaules, et dont la couleur primitive avait disparu sous les différentes couches de graisse et de peinture qui l'avaient successivement recouvert. Au reste, le plus grand désordre régnait dans l'atelier malgré l'empressement que le bonhomme avait mis à ranger quelques objets qui gênaient trop visiblement le passage. C'était un pêle-mêle inextricable d'outils de paysan et d'instruments de peintre; des faux, des bêches et des râteaux s'accrochaient bizarrement aux chevalets, aux appuie-mains, aux échelles; des toiles, des cartons, des esquisses étaient enfouis sous des cordes, de paniers, d'arrosoirs; des boîtes à couleurs étaient remplies de graines; des flacons d'essence, à goulots fracassés, servaient de vase et de prison à la tige d'une fleur; des pinceaux, des brosses et des palettes se prélassaient agréablement sur des cuillers de bois et dans des moules à fromages. Un joyeux rayon de soleil glissait légèrement à travers cette confusion étrange, et posait là-bas une aigrette de diamants au front d'une madone enfermée, caressait ici les racines d'une pauvre plante oubliée et frileuse, et piquait plus loin une paillette au ventre d'un pot de cuivre luisant comme de l'or.

Le vieillard m'observa en silence pendant deux ou trois minutes, pour me juger sans doute d'après l'effet que produirait sur moi la vue de son pandémonium. Mais comme il s'aperçut, loin de paraître choqué de ces bizarreries criantes, qui eussent irrité les nerfs d'un bourgeois, je les contemplais au contraire avec le plus vif intérêt, il se tourna vivement vers son petit-fils et lui dit d'un air satisfait:

— Bien, mon garçon, tu ne m'as pas trompé, monsieur est un brave et digne étranger, et pourvu qu'il soit aussi pauvre qu'il est raisonnable...

— Rassurez-vous, mon cher hôte, repris-je à mon tour; je n'ai pas une obole à dépenser en tableaux; et fussé-je plus riche qu'un nabab, je comprends qu'il y a certains objets qu'on ne cède pas au prix de l'or.

— Alors soyez le bienvenu, s'écria le vieux peintre avec toute l'expression de son âme, et il me tendit une main calleuse que je m'empressai de serrer dans les miennes. Soyez mille fois le bienvenu, mon hôte et mon confrère. Dieu soit loué! vous ne traitez pas de fou un pauvre vieillard, parce qu'il tient plus à ses tableaux qu'à la vie. Et quand vous les aurez vus, ces tableaux, quand vous aurez su comment ma famille la possède depuis tantôt deux cents ans, vous ne serez pas étonné, vous, de m'entendre dire que je consentirais plutôt à mendier, moi et mes enfans, qu'à me laisser enlever mon trésor. Vous voyez en nous de pauvres paysans, monsieur, mais nous sommes les héritiers d'un grand homme; et pour garder dignement cet héritage sacré, il y a toujours eu dans notre famille un peintre, bon, médiocre ou mauvais, qui, ne pouvant gagner sa vie par son art sans quitter notre village, a préféré de rester fidèle à son poste de gardien et de laboureur, qui a travaillé le jour dans les champs, la nuit dans l'atelier, et a manié de la même main la bêche et les pinceaux. Mon pauvre fils, le père de tous ces enfans que vous avez peut-être vus, s'est tué à la peine. Il était meilleur peintre que moi, mais moi j'ai été meilleur vigneron que lui; aussi lui ai-je survécu pour élever notre famille. Mais Dieu a bien fait les choses, et il nous a envoyé assez d'enfans pour faire largement la part du travail et de l'étude. J'ai trois petits-fils qui sont les meilleurs garçons de Sainte-Agathe, et dont chacun n'a pas l'égal dans son métier. Quand ce petit vagabond, ajouta le bonhomme en le tapant doucement sur la joue, je le destine à la peinture, et il ne manque pas de dispositions. En attendant, je l'ai nommé Salvator: c'est aussi mon nom, vous en saurez bientôt la cause.

— Eh bien! monsieur, interrompit le petit Salvator, impatient de rester si longtemps en place, vous voilà au mieux avec mon grand-père, il va vous conter son histoire, ou plutôt l'histoire de ses tableaux. Vous en aurez pour une bonne demi-heure. Comme je connais la chose pour l'avoir entendu raconter au moins trois fois par jour, je vous laisse et je m'en vais veiller au repas. Mon frère le garde-chasse va nous apporter du gibier, le pêcheur nous donnera des carpes et des anguilles, et le vigneron songera au fruit; mes trois petites sœurs font la cuisine à tenter les anges du paradis; quant à votre serviteur, en ma qualité de futur grand homme, je ne sais que manger pour six; mais, vu la circonstance et pour faire honneur à notre hôte, je servirai à table. Seulement, si vous vouliez demander une grâce à mon grand-père...

— Voyons, voyons, laisse-nous donc, bavard, s'écria brusquement le vieux peintre.

— Si vous vouliez, monsieur, continua le gamin sans se déconcerter, m'obtenir la permission d'endosser mes habits de fête...

— Pour les mettre en lambeaux, vaurien...

— Mais, grand-papa, s'écria le petit Salvator presque en pleurant, regardez donc comme je suis fait. Puis-je m'approcher d'une table d'honnêtes gens, arrangé de la sorte? C'est pour le coup que monsieur ne voudrait pas toucher au dîner.

— Va te changer, petit misérable, et débarrasse-nous une fois pour toutes de ta présence.

Ma sincérité d'historien m'oblige à faire un aveu, quelque effort qu'il en coûte à mon amitié. Tout ce que je voyais et tout ce que j'entendais me paraissait si nouveau, si étrange et pourtant si simple, que j'avais complètement oublié Jadin, Jadin avec lequel j'avais jusqu'alors partagé en frère mes plaisirs et mes peines, mes impressions douces et pénibles, ma bonne et ma mauvaise fortune; Jadin que j'avais laissé dans l'affreux bouge que vous savez, à peu près dans la position d'Ugolin, plus Milord, moins les cadavres de ses enfans. Oui, je l'avais oublié!

Mais je dois le dire aussi à mon honneur: à la seule idée de repas, je me souvins de mon ami, et, me penchant à l'oreille du petit Salvator, je lui dis à voix basse:

— J'ai mille grâces à vous rendre pour votre bonne hospitalité; je dois cependant vous déclarer que je n'accepterai le dîner que vous m'offrez qu'à la condition que mon camarade aussi en profitera. Songez donc qu'il se morfond à cette heure, un peu par votre faute, dans cette horrible caverne où vous nous avez envoyés. Il peut bien se passer d'admirer vos tableaux, puisque tel est votre bon plaisir, mais je ne puis pas sans crime le laisser mourir de faim là-bas, tandis que je nage ici dans l'abondance.

— Soyez tranquille; je ne suis pas aussi méchant diable que j'en ai l'air. Votre ami aura sa part du festin. Seulement, comme il s'est un peu trop moqué de mes guenilles, on la lui servira à la *nobile locanda del Sole*.

Et sans plus m'écouter il tourna lestement sur ses talons

— Enfin, dit le vieillard en respirant, il nous laisse un peu en repos ! Venez, venez, signor forestiere, mes chefs-d'œuvre vous attendent.

— A vos ordres, signor pittore, lui répondis-je en m'inclinant.

Alors il poussa la porte par laquelle j'étais entré, écarta doucement une vieille tapisserie qui masquait une seconde porte intérieure, celle que nous avions entendu fermer à notre arrivée, tira une clef de sa poche, ouvrit cette seconde porte et me fit passer dans une petite pièce d'une architecture simple et sévère, qui n'avait pour tout ameublement que deux chaises et une armoire.

— Ah ça ! mon cher hôte, lui dis-je en m'asseyant sans façon, mais c'est une véritable chapelle que vous me montrez là, et je commence à croire que vos tableaux pourraient bien être des reliques.

— Vous me rappelez, monsieur, toutes les persécutions que je me suis attirées par ma persistance à garder mes chefs-d'œuvre. On m'a traité tantôt de fou, tantôt d'égoïste, quelquefois de sorcier, quelque autre fois de sot. Tout cela, je vous le répète, parce que j'ai entouré ces peintures d'une espèce de culte, parce que je n'ai jamais pu me décider à les vendre aux juifs ou à les montrer aux sots. J'ai vu passer les habitans de Sainte-Agathe de la curiosité à l'envie, et de l'envie à la superstition. Croiriez-vous qu'ils sont allés jusqu'à prétendre que je devais leur prêter mes tableaux pour guérir les hydropiques et pour exorciser les possédés. Un soir, il y a longtemps de cela, la femme d'un de mes voisins était en mal d'enfant et souffrait d'atroces douleurs. Quant à cela, je la plains, la pauvre femme ; mais était-ce ma faute, à moi, si elle ne pouvait pas accoucher ? Eh bien ! ne voilà-t-il pas que ses parens et ses amis s'avisent de venir me demander une de mes images ! De mes images ! monsieur. Et vous allez voir bientôt que dans mes trois tableaux il n'y a pas l'ombre d'un saint. C'est égal, il leur fallait un miracle. Je tins bon au commencement ; mais le pays s'ameutait, on menaçait d'enfoncer les portes et de mettre le feu à la maison. Il n'y avait pas de temps à perdre. Illuminé par une idée subite, à la place du chef-d'œuvre demandé, je leur livre une vieille croûte, ouvrage d'un des mes oncles, qui a été, après moi, le plus mauvais barbouilleur de la famille. Le tumulte s'apaise, on reçoit avec des cris de joie le vieux tableau tout noirci de fumée et de poussière, on le porte en procession à la maison du voisin, on allume des cierges, on se prosterne et on entonne des litanies. Miracle ! les douleurs cessent ; la femme est sauvée : elle accouche de deux jumeaux ! Le mari, tout en larmes, veut savoir à quelle sainte effigie il doit l'heureuse délivrance de sa femme. C'est sans doute la Vierge aux-Sept-Douleurs, ou sainte Elisabeth, ou tout au moins sainte Anne. Dans l'excès de sa reconnaissance, il prend une éponge et commence à laver les nombreuses couches de poussière qui lui cachent les traits de sa céleste protectrice. Tous les yeux sont fixés sur le tableau, toutes les lèvres répètent des prières, lorsque sur la toile mise à nu on voit apparaître tout à coup... Devinez qui, monsieur ?... Le portrait d'un vieil avocat en robe noire ! A dater de ce jour, on m'a laissé tranquille !

— Votre histoire est parfaite, mon cher maître ; mais, en vérité, il me tarde de voir enfin ces tableaux qui vous ont donné tant de mal.

— Vous avez raison, monsieur, je vous fatigue avec mes redites, mais à mon âge il est permis de radoter.

— A Dieu ne plaise, mon hôte, que vous interprétiez si mal mes paroles. Vos récits m'intéressent au plus haut degré, et si j'ai montré quelque impatience... ●

— Allons, allons ! voici la première de mes reliques, comme vous venez de le dire. Ce n'est, à proprement parler, qu'une esquisse, mais vous y verrez le germe d'un grand génie.

Et il tira de l'armoire un petit tableau carré de deux pieds de haut et de deux de large, ôta avec toutes sortes de précautions le morceau de drap dont ledit tableau était enveloppé, et s'approchant de la croisée me montra le précieux croquis dans tout son jour.

C'était prodigieux d'éclat, d'originalité, de vigueur. Peut-être un critique méticuleux eût trouvé à redire sur quelques parties de cette esquisse, peut-être les lignes n'en étaient-elles pas très correctes, ni la composition irréprochable ; mais il y avait dans cette improvisation de quelques heures une touche si hardie et si franche, une conception si puissante et si naïve, une telle vérité de détails, qu'il était impossible de ne pas y voir le cachet d'un grand maître.

C'était à coup sûr un souvenir des Calabres ou des Abruzzes. Figurez-vous des rochers noirs, dévastés, menaçans, suspendus comme un pont sur l'abîme : une plaine aride et maudite, éclairée par la lumière intermittente et livide d'un ciel orageux : de vieux troncs séculaires se tordant sous l'étreinte de l'ouragan, ou calcinés par la foudre. Nul vivant n'est témoin de cette scène de désolation et d'horreur ; ou plutôt dans la lutte affreuse que les élémens livrent à la nature, l'homme a succombé le premier. De quelle mort ? Dieu seul le sait ! Des os fracturés, des lambeaux de chair humaine sont semés çà et là sur le sol, mais nul indice ne pouvait vous dire si le misérable auquel appartenaient ces tristes débris s'est brisé le crâne en tombant du précipice, ou s'il a été broyé sous la dent des bêtes féroces. On dirait une page du Dante traduite en peinture.

Je tournai et retournai le tableau en tous sens ; je l'approchai et l'éloignai de ma vue pour le contempler à mon aise, tandis que le vieillard se frottait les mains de satisfaction et jouissait de ma surprise.

— Savez-vous que ce que vous me montrez là est admirable, lui dis-je en lui rendant son esquisse, et que ce petit chef-d'œuvre, bien qu'il ne soit pas fini, ne déparerait pas le musée des Studi, ou la galerie du prince Borghèse ?

— Ainsi vous ne trouvez pas que j'aie tort d'en avoir le soin que j'en ai ?

— Bien au contraire.

— Et de ne pas jeter mes perles devant... mes compatriotes ?

— Je ne saurais que vous approuver.

— Et d'en avoir refusé six cents ducats du prince de Salerne ?

— J'en eus fait autant à votre place.

— Cependant vous n'avez vu jusqu'ici que le moins précieux de mes trois tableaux.

— Je verrai les autres avec le même intérêt ; mais comment sont-ils en votre possession, mon cher hôte, et quel en est l'auteur ?

— Ah ! voilà, vous allez me traiter, vous aussi, de vieux bavard, ni plus ni moins que mes voisins de Sainte-Agathe. Ma foi, tant pis ; je vais vous conter tout cela d'un bout à l'autre, car il faut que vous sachiez que ce n'est pas seulement le prix des tableaux, mais encore, mais surtout le souvenir de celui qui nous les a donnés, qui nous les rend si chers, à moi comme à tous ceux qui m'ont précédé dans ma famille, comme à tous ceux qui viendront après moi. Asseyons-nous là, dit-il en prenant une des chaises, et prêtez-moi quelques momens d'attention.

— Je vous écoute.

— Il y a deux cents ans de cela, comme je crois vous l'avoir dit, que le père du grand-père de mon aïeul, un pauvre paysan comme moi, se tenait sur le pas de sa porte pour prendre un peu le frais après une rude journée de travail. La soirée s'annonçait comme devant être orageuse ; de gros nuages, amoncelés lentement pendant le jour, enveloppaient de toutes parts l'horizon. La lune, qui s'allumait déjà comme un phare, perçait à peine de sa clarté rougeâtre cet épais rideau de vapeurs. Rosalvo Pascoli (c'est ainsi que se nommait le paysan), après avoir regardé le ciel deux fois du côté de Capoue et deux fois du côté de Gaëte, s'était levé pour rentrer, lorsqu'il vit s'avancer vers lui un jeune homme de dix-huit à vingt ans, d'une taille au dessous de la moyenne, dont l'extérieur annonçait plutôt un mendiant qu'un voyageur. Son teint était presque aussi brun que celui d'un Maure, ses cheveux d'un noir d'ébène flottaient au gré du vent, hérissés et en désordre ; ses vêtemens étaient en lambeaux. Figurez-vous, en un mot, le portrait de mon petit

Salvator, tel que vous l'aurez rencontré tantôt sur la grande route, mais plus grand, plus maigre et plus déguenillé, si cela est possible.

Cependant l'inconnu aborda Rosalvo d'un pas ferme, et lui demanda d'un ton hardi et cavalier :

— Saurais-tu, mon brave, m'indiquer une auberge dans les environs où je puisse trouver, pour mon argent, un gîte et du pain?

Mon vieux parent le regarda d'abord avec un étonnement mêlé de défiance, tant les manières froides et hautaines du jeune homme contrastaient avec son costume délabré et sa détresse apparente. Mais, rassuré bientôt par l'air de franchise et d'honnêteté qu'il crut lire sur ses traits, il lui répondit, non seulement sans humeur, mais avec une bonté tout à fait paternelle :

— Il y a bien à l'autre bout de Sainte-Agathe un assez mauvais cabaret où l'on te donnera à peu près ce que tu cherches; mais comme tu ne pourrais pas y arriver, mon garçon, avant d'être surpris par l'orage, entre ici chez nous, et tu trouveras toujours du pain et un asile.

— Et ce cas, faisons notre prix d'avance, car je ne suis pas bien riche pour le moment, et il n'y a rien que je déteste tant que les discussions après mon dîner et les disputes après mon réveil.

Le paysan s'approcha du jeune homme, le prit par la main, et l'attirant vers lui doucement, lui dit de son ton le plus calme :

— Regarde bien, mon ami, au dessus de ma porte.
— Eh bien, après?
— Y vois-tu une enseigne?
— Qu'est-ce que cela veut dire?
— Cela veut dire, mon ami, que je ne tiens pas auberge, et que je ne vends ni ne loue mon hospitalité.

— Alors, merci, mon brave homme, répondit brusquement l'inconnu; j'irai à l'autre bout du village; j'irai, s'il le faut, jusqu'à Rome sans prendre un instant de repos ; mais je suis bien décidé de ne rien accepter de personne.

Et il fit un mouvement pour partir.

Le vieux paysan, blessé par un refus auquel il était loin de s'attendre, eut envie de tourner le dos à cette espèce de mendiant orgueilleux, pour le punir ainsi de son mauvais caractère; mais il pensa que l'injustice ou la dureté des hommes avait peut-être aigri son cœur, et il n'eut pas le courage de l'abandonner à sa destinée. De larges gouttes d'eau commençaient à tomber sur les feuilles, le vent sifflait avec furie, et le pauvre garçon, malgré la fierté de ses paroles et l'assurance affectée de sa démarche, paraissait tellement à bout de forces qu'il n'aurait pu faire trois pas sans succomber à son épuisement et à sa fatigue.

Rosalvo l'arrêta donc par le bras au moment où il allait s'éloigner et lui dit en souriant :

— Tu es un singulier garçon, sur le salut de mon âme ! et quand tu serais le vice-roi déguisé, tu n'aurais pas plus de morgue et plus d'orgueil. C'est égal, je ne veux pas me reprocher un jour de t'avoir laissé partir par une nuit pareille, au risque de te casser le cou ou de mourir de faim sur la route. Tu paieras ton écot, puisque tel est ton bon plaisir. Je n'y mets qu'une condition : c'est que tu t'en rapporteras à ma probité; et quoique tu veuilles à toute force transformer ma maison en taverne, je te promets de ne pas trop t'écorcher.

— Soit, reprit l'inconnu d'un ton d'indifférence, je viderai le fond de ma bourse, mais il ne sera pas dit qu'un paysan de Sainte-Agathe m'a vaincu de courtoisie et de générosité.

Rosalvo l'introduisit alors dans sa maison et le présenta au reste de sa famille. Le jeune étranger fut reçu sous ce pauvre toit avec tant d'égards et tant de cordialité qu'il passa bientôt de sa froide réserve et de son dédain amer à la plus franche expansion et aux plus vives sympathies.

On lui donna la meilleure place à table; le paysan lui servit les meilleurs morceaux, sa femme lui versa à boire, ses enfans l'entourèrent. On ne prit garde à ses haillons que pour le fêter davantage. Point de chuchotemens indiscrets, point de curiosité agressive, point de questions importunes. Parlait-il, on l'écoutait avec intérêt; voulait-il se taire, on respectait son silence. Bref, il fut tellement charmé de cet accueil si affectueux et si simple, qu'à la fin du repas il était de la famille.

— Eh bien! mon enfant, reprit alors le vieux Rosalvo d'un ton sérieux, mais sans colère et sans amertume, voulez-vous encore payer votre compte comme si vous étiez au cabaret?

— Pardonnez-moi, mon père, s'écria le jeune homme en lui serrant la main, tandis que ses yeux se mouillaient de larmes, j'ai été dur et injuste envers vous. Mon orgueil a dû vous paraître bien déplacé et bien ridicule dans l'état où je me trouve ; mais j'ai tant souffert depuis mon enfance ! j'ai été si abreuvé d'humiliations et de douleurs dès mes premières années, qu'au moment où les autres ne font que d'entrer dans la vie, je voudrais déjà en sortir. Tenez, mon hôte, vous me disiez tout à l'heure que si j'étais le vice-roi en personne je ne serais ni plus résolu ni plus fier... Eh bien! dussiez-vous m'accuser de folie, ajouta-t-il en portant la main à son front, je me sens là quelque chose qui me rend plus orgueilleux que les rois.

— Calmez-vous, mon jeune homme, reprit le bon Rosalvo moitié étonné, moitié attendri par cet étrange discours, vous n'êtes encore qu'un enfant, et vous avez tant d'années devant vous que vous pouvez bien braver l'injustice du sort et réparer ses erreurs.

— Ma foi, vous avez bien raison, s'écria gaîment le jeune homme en changeant tout à coup d'expression ; au diable la tristesse et les soucis ! Vous pourriez croire, grand Dieu ! que j'ai le vin morose, ce qui n'est permis que lorsqu'on en a bu du mauvais, tandis que le vôtre était excellent. Mais aussi pourquoi me parlez-vous comme si vous étiez mon père? pourquoi cette belle enfant est-elle tout le portrait de ma sœur? Pourquoi enfin me faites-vous songer à ma famille?

— Comment ! demanda le paysan d'un ton de reproche, vous avez une famille, et vous pouvez la quitter !

— Hélas ! reprit le jeune homme, j'en avais une ! Mais mon père n'est plus; et lorsque le chef est mort, tous les membres se dispersent et se brisent.

Et son front s'assombrit de nouveau.

— Allons ! s'écria Rosalvo en frappant du poing sur la table, je ne suis qu'un vieil imbécile; voilà la deuxième fois que je vous attriste et vous chagrine par mes sottes questions. Vous devez bien m'en vouloir?

— Mais non, je vous assure; et pour que vous n'alliez pas croire, mes amis, que je veuille m'entourer de mystère, je vous dirai en peu de mots qui je suis, d'où je viens, quel est le but de mon voyage ; car, je ne sais pourquoi, jamais, depuis que je suis au monde, je n'ai éprouvé si vivement le besoin d'épancher mon cœur.

— Tout ce que nous pouvons faire, répondit le paysan, c'est de prier Dieu, qui vous a amené sous notre toit, de seconder vos projets et de bénir vos espérances.

— J'accepte vos souhaits, mes amis, et je crois que les vœux de braves gens tels que vous êtes ne pourront que me porter bonheur. J'ai dix-neuf ans passés; je ne suis ni le dernier des vagabonds comme mes haillons pourraient le faire croire, ni un gentilhomme déguisé voyageant dans cet accoutrement bizarre pour mieux assurer son incognito. Je suis un pauvre artiste ; mais quoique depuis ma naissance j'aie eu de bons et de mauvais momens, je n'ai jamais été aussi pauvre et aussi malheureux que vous me voyez à cette heure. Je suis né dans un petit village aux environs de Naples, connu sous le doux nom de l'*Aranella*. Mon père était un architecte plein de mérite à qui n'a jamais manqué qu'une chose: des maisons à bâtir. Mon oncle maternel était peintre, et on n'a pu lui reprocher qu'un défaut, celui de n'avoir jamais eu une commande de sa vie. Aussi, le premier tort de mes parens fut-il de m'éloigner de l'art pour lequel je me sentais un penchant irrésistible.

— Pauvre garçon ! interrompit Rosalvo, ce n'est pas moi qui aurais jamais empêché mes enfans de suivre leur vocation.

— D'autant plus que cela ne sert à rien, continua l'étranger en souriant. Pliez jusqu'à terre un jeune arbre plein de sève et de vigueur; quand vous l'aurez courbé comme un arc, il vous échappe et se redresse tout à coup vers le ciel. On m'envoya à l'école chez les bons religieux, qui m'ennuyaient à périr. On n'eût pas été fâché de faire de moi un prêtre, voire même un camaldule; mais, au lieu d'apprendre mon latin et de réciter mes psaumes, je volais tout le charbon qui me tombait sous la main pour tracer des paysages sur les murs des cellules, ou dessiner le profil de mon révérend précepteur. Dieu seul peut savoir ce que mes chefs-d'œuvre m'ont coûté de calottes.

— On allait jusqu'à vous battre! s'écria le paysan indigné.

— Et on n'y allait pas de main morte, je vous en réponds: si bien qu'un jour que la correction m'avait paru un peu rude, je plantai là mon collége et mes maîtres, et je me sauvai au bout du monde, en Pouille, en Calabre, dans les Abruzzes, que sais-je? J'ai erré de vallée en vallée, de montagne en montagne; j'ai souffert le froid et la faim. Je suis tombé dans les mains des brigands qui m'ont forcé à être des leurs. Mais à travers tous mes voyages, au milieu de tous malheurs, si je pouvais me procurer un crayon ou des pinceaux, si je pouvais jeter sur le papier ou sur la toile tout ce qui me passait par le cerveau, tout ce qui frappait mes regards. j'oubliais mes chagrins et ma misère, je ne pleurais plus que de joie, et je tombais à genoux pour bénir Dieu, qui m'avait donné des yeux pour admirer la nature, un cœur pour en sentir les merveilles, une main pour en retracer les beautés.

— Mon Dieu, que votre état doit être sublime! interrompit le pauvre paysan, animé par le feu de l'artiste.

— Enfin, je revins à Naples, continua le jeune homme. Mon père était mort; ma sœur aînée avait épousé Fracanzani, un peintre de talent et de cœur, que la fortune avait traité presque aussi mal que mon père et mon oncle. On dirait que l'indigence est devenue pour nous autres une tradition de famille. Je me mis à travailler nuit et jour pour aider mon beau-frère. Vains efforts! les marchands me jetaient au nez mes paysages, ou bien le prix que j'en retirais ne suffisait pas pour acheter mes brosses et mes couleurs. On m'appelait, comme par mépris, Salvatoriello, et pourtant, j'en jure Dieu, on me nommera un jour Salvator! Découragé, avili, dévoré de de chagrin et de fièvre, j'allais succomber à mon désespoir, lorsque celui dont je porte le nom a daigné me sauver par un miracle.

Je venais de vendre un tableau au plus juif de mes brocanteurs. Le malheureux me reprochait encore les quelques sous qu'il m'avait donnés pour prix de mon œuvre, lorsqu'un beau carrosse armorié s'arrête tout à coup devant sa boutique. La portière s'ouvre, et un personnage d'un noble aspect, d'une tournure imposante, fait signe au revendeur, et demande à voir le tableau qu'on vient d'exposer à l'étalage. Tandis que le marchand se confond en révérences, caché derrière les roues de la voiture, je ne perds pas un mot de leur entretien.

— Quel est le sujet de ce tableau? demandait le cavalier en prenant la toile des mains du brocanteur.

— Vous le voyez, Excellence, c'est une Agar dans le désert.

— Je n'ai jamais rien vu de si profondément senti, répliqua tout haut le cavalier, et quel prix demandes-tu de cet ouvrage?

— Monseigneur, c'est vingt... c'est vingt-cinq ducats tout au juste: c'est le prix qu'il m'a coûté.

J'avais envie de l'étrangler de mes mains.

— Vingt-cinq ducats! reprit le cavalier, mais c'est pour rien; je l'avoue. Et quel en est l'auteur?

— L'auteur, Excellence, balbutia le marchand; mais qu'est-ce que cela fait, l'auteur, à votre Excellence?

— Comment! qu'est-ce que cela me fait, imbécile?

— Monseigneur, le marché est conclu, et, quel que soit le nom de l'auteur, il n'y a plus à s'en dédire.

— Voici les vingt-cinq ducats, maraud, parleras-tu maintenant?

— L'auteur, Excellence, est un tout jeune homme, qui s'appelle Salvatoriello.

— Eh bien! tu diras à ce jeune homme, de ma part, que, lorsqu'il aura des tableaux à vendre, il vienne chez le cavalier Lanfranco; je les lui achèterai au prix qu'il en voudra; car je le dis en vérité, sur mon honneur et sur mon âme, ce petit Salvator est un grand peintre.

Ce peu de mots m'a rendu mon courage; j'ai quitté Naples, mon ingrate patrie, puisque nul n'est prophète chez soi, et je me suis traîné pas à pas jusqu'ici, les pieds brisés, l'estomac vide, les vêtemens en lambeaux, mais le cœur rempli de foi et d'espoir. Il ne me reste plus qu'une demi-piastre pour arriver jusqu'à Rome; mais Rome, c'est mon pays désormais; Rome, c'est la fortune; Rome, c'est la gloire!

Tandis que le jeune voyageur racontait son histoire, Rosalvo, mon ancêtre et toute sa famille, se serraient autour de lui et l'accablaient de caresses et d'éloges. La parole ardente et fiévreuse de l'artiste avait jeté comme des étincelles dans les cœurs de ces honnêtes paysans. Ils regardaient leur hôte avec un étonnement naïf, et se sentaient attirés vers lui par un charme dont ils ne savaient se rendre compte dans leur ignorance.

— Ah çà! mes amis, reprit enfin le jeune homme, quoique je comprenne à présent que votre hospitalité ne peut pas se payer au prix de l'or, vous me permettrez que je vous prouve au moins ma reconnaissance. Demain je quitterai cette maison de bonne heure pour aller où Dieu m'appelle. Mais je ne veux pas me séparer de vous sans vous laisser un souvenir. Je dois avoir ici dans ma besace des pinceaux, des couleurs, des morceaux de toile et d'étoffes, des cordes de luth et des papiers de musique; en un mot tout mon bagage de bohémien et d'artiste. Vous voyez que ce n'est pas lourd. Je vais vous faire une esquisse. Cela n'a pas une grande valeur pour le moment, mais plus tard, qui sait? vous le vendrez peut-être assez bien, si la prophétie du bon Lanfranco vient à s'accomplir.

Ce fut alors, monsieur, que d'une main ferme et sûre il esquissa le beau paysage que vous venez d'admirer. Vous savez maintenant de qui je veux parler, si toutefois le style du tableau ne vous avait déjà révélé le nom de l'auteur. Je vais vous montrer les deux autres, et je vous dirai, le plus brièvement qu'il me sera possible, à quelle occasion on en fit cadeau à ma famille.

Arrivé à ce point de son histoire, le descendant de Rosalvo Pascoli fit une pause et me regarda avec une légère hésitation, partagé qu'il était, l'honnête vieillard, entre la crainte et le désir de continuer son récit.

Vraiment, il s'écoutait lui-même avec tant de bonheur, qu'il eût été dommage de troubler la joie de ce brave homme, moitié paysan, moitié artiste, de cette excellente nature amphibie, si le lecteur veut bien nous passer le mot. Je le priai donc d'aller toujours, et c'est une justice à lui rendre, il ne se le fit pas répéter deux fois.

— Où en étions nous donc restés, monsieur?

— Le jeune homme était parti pour Rome, afin d'y retrouver le cavalier Lanfranco, et maître Ronsalvo, votre trisaïeul je crois, avait accepté l'esquisse que vous venez de me montrer.

— Eh bien! continua le vieillard, pendant douze ans on n'entendit plus parler de Salvatoriello. Les paysans de Sainte-Agathe retournèrent à leurs travaux ordinaires, et personne ne songea plus au jeune voyageur qui s'était arrêté par un soir d'orage sous le toit du bon Rosalvo.

Au bout de la douzième année, un jour, vers midi, par un éclatant soleil de juillet, le village entier fut mis en émoi par l'arrivée d'un étranger de la plus haute distinction. A voir le train qu'il menait, on eût dit un prince du Saint-Empire, ou un grand d'Espagne de première classe. Les postillons faisaient claquer leur fouet comme s'ils eussent conduit le duc d'Arcos en personne. Une nombreuse escorte d'estafiers, de valets et de pages, suivait ou précédait la voiture attelée de six chevaux qui fumaient sous leurs harnais et blanchissaient leurs mors d'une écume bouillante. L'étranger fit arrêter son équipage devant la porte de Rosalvo, et, sans donner le temps à ses domestiques d'abattre le marchepied, il sauta légèrement à terre. C'était un noble et brillant cavalier de trente-deux à trente-quatre ans, d'une beauté mâle et fière, d'une rare élégance. Ses traits vivement accusés, ses yeux très noirs, sa peau très brune, sa moustache fine et retroussée, le faisaient ressembler plutôt à un Espagnol qu'à un Napolitain, et plutôt à un Arabe qu'à un Espagnol.

Il portait le plus beau costume qu'on puisse voir. Cape et pourpoint richement brodés, toque à médaillon d'or à plumes flottantes, épée à fourreau de velours, à poignée de diamans. Tout cela était d'un luxe écrasant, d'une magnificence inouïe. Tandis que le pauvre Rosalvo, les cheveux tout blancs, le dos voûté par les années, s'avançait lentement pour demander quel était l'éminent personnage qui daignait s'arrêter devant sa porte, celui-ci le prévint, et, faisant quelques pas à sa rencontre, lui expliqua en peu de mots l'objet de sa visite.

— Je suis un amateur de tableaux, lui dit-il, un antiquaire forcené ; pour l'acquisition d'un chef-d'œuvre qui manque à ma galerie, pour l'achat d'un camée qui manque à ma collection, je donnerais la moitié de ma fortune. Souvent je descends de ma voiture, souvent je fais une demi-lieue à pied pour fouiller les villes et les villages, les châteaux et les chaumières, le palais du riche et le taudis du pauvre ; car bien des fois j'ai découvert des meubles rares, des armures de prix, des curiosités d'une grande valeur, là où je m'attendais le moins d'en trouver.

— Seigneur cavalier, répondit le paysan, je suis désolé de la peine que vous avez prise en descendant chez moi, mais vous ne trouverez rien ici qui soit digne de fixer votre attention.

— Peut-être avez-vous quelque objet dont vous ignorez l'importance?

— Je ne le pense pas, monseigneur.

— Voyons toujours, répliqua l'étranger ; et, sans attendre d'autre réponse, il entra dans la pièce principale, et se mit à regarder attentivement de tous les côtés.

Tout à coup ses yeux brillèrent, et il s'écria d'une voix triomphante :

— Eh bien ! que vous ai-je dit, mon brave homme ? Vous avez là un petit tableau dont je m'arrangerai à merveille.

— Ce tableau n'est pas à vendre, répondit sèchement le vieillard.

— Bien, bien, vous ne savez pas que je suis homme à en donner cinquante piastres s'il le faut.

— Je vous ai dit, seigneur cavalier, que ce tableau n'était pas à vendre.

— Alors, je doublerai la somme.

— C'est inutile.

— Je la triplerai.

— Quand vous voudriez m'acheter cette esquisse au poids de l'or, je ne vous la vendrais pas, monseigneur.

— Ah ! et qu'y a-t-il donc de si précieux dans ce tableau pour que vous mettiez un tel acharnement à le garder?

— Ce tableau, Excellence, est le souvenir d'un pauvre jeune homme que je n'ai vu qu'une fois, mais que j'aimerai toute ma vie.

— Son âge?

— Il n'avait pas encore vingt ans.

— Sa patrie?

— Naples.

— Son nom?

— Salvatoriello.

— Viens dans mes bras, bon Rosalvo, s'écria l'étranger attendri jusqu'aux larmes ; le Salvatoriello que tu aimes tant, c'est moi. Tu vois bien que tes souhaits m'ont porté bonheur : je suis le premier peintre de mon siècle, mes tableaux sont payés au poids de l'or, les cardinaux et les princes se disputent l'honneur d'être admis dans mon atelier. Honneurs, plaisirs, richesses, j'ai tout ce qu'on aurait pu désirer. La réalité a dépassé mes rêves, et pourtant, ajouta-t-il en baissant la voix, pourtant, si tu savais, mon vieux Rosalvo, à quels honteux moyens j'ai dû descendre pour attirer sur moi les regards de la foule, pour saisir dans mes bras ce vain fantôme que nous appelons la gloire, et qui n'est qu'un peu d'air et de fumée, pour fixer ce bruit vague et passager qui se fait tantôt autour d'un nom, tantôt autour de l'autre ; pareil au vent qui souffle tantôt du côté du nord, tantôt du côté du midi ! Si tu savais tout ce que j'ai tenté, tout ce que j'ai souffert ! Je me suis fait comédien, saltimbanque, histrion. Salvator est devenu Coviello. Honte et malédiction sur ce siècle corrompu, sur ces hommes infâmes, sur ces villes maudites !

— Eh quoi ! mon enfant, toujours triste, toujours irrité contre tout ? Rien ne pourra donc calmer au fond de ton cœur cette bile amère qui fait tourner en fiel tout ce qu'on y verse !

— C'est vrai, reprit l'artiste en souriant, j'allais te réciter une de mes satires, sans penser qu'il vaut mieux te la traduire en peinture, puisque tu aimes tant les tableaux. La dernière fois que je suis passé par Sainte-Agathe, il y a douze ans, je t'ai esquissé une scène des montagnes au milieu desquelles j'avais vécu jusques alors : cette fois que je viens de Rome, je te dessinerai une scène de la cour que je viens de quitter. Alors tu t'es contenté d'une esquisse de Salvatoriello, maintenant tu auras un tableau de Salvator.

— Et il me sera doublement cher, car maintenant j'ai dans ma famille un peintre et un savant. Ne croyez pas que je plaisante, seigneur cavalier : depuis le soir où vous avez dormi sous notre toit, mon plus jeune fils a appris le dessin et la grammaire ; et qui sait si un jour il ne pourra copier vos tableaux ou écrire vos Mémoires ! En attendant, que dites-vous de la surprise que je vous ai ménagée?

— Je vous ai prévenu, mon hôte, s'écria Salvator ; j'ai aussi un fils, moi, et je l'ai appelé Rosalvo.

L'artiste et le paysan s'embrassèrent. Chacun des deux avait été fidèle au souvenir d'une noble et touchante amitié.

Aussitôt Salvator fit signe à un de ses valets, et, ayant demandé sa palette et ses pinceaux, jeta à larges traits sur la toile l'étrange et merveilleux sujet que vous allez voir. C'est le second chef-d'œuvre de ma collection.

A ces mots, le vieillard de Sainte-Agathe tira de l'armoire son second tableau richement encadré, écarta son rideau de soie qui le couvrait et me le montra en silence.

C'était la reproduction fidèle, ou plutôt la conception première du célèbre tableau de la *Fortune*. La déesse verse de sa corne d'abondance un torrent de mitres, de couronnes, de croix, de pierreries ; tandis que des sénateurs, des cardinaux, des évêques, sous les traits de bêtes immondes ou de reptiles venimeux, se disputent ces trésors. Dire tout ce que l'artiste a jeté de verve, d'imagination et d'esprit dans cette vive et mordante allégorie, ce serait une chose impossible. Je me contentai d'assurer mon paysan de Sainte-Agathe qu'il possédait vraiment un chef-d'œuvre.

— Je crois bien, s'écria mon vieillard, c'est le véritable original de Salvator ; celui qui est en Angleterre n'est qu'une copie.

— Or donc, pour vous finir mon histoire, aussitôt que l'illustre peintre eut achevé son tableau, il prit congé de Rosalvo ; mais, avant de le quitter, il le tira à l'écart, et tombant à genoux devant lui :

— Mon père, lui dit-il, lorsque j'allais de Naples à Rome, vos souhaits m'ont suivi : mais à présent que je vais de Rome à Naples, il me faut plus que des vœux ; car j'ai une mission sainte et belle à remplir. Bénissez-moi, mon père ! ma patrie m'a renié, je vais me venger de ma patrie ! mais en brisant ses fers, en exterminant ses tyrans, en lui rendant la liberté !

— Que Dieu t'accompagne et te protège, mon enfant ; mais je crains que tes efforts soient inutiles. Les fers sont trop entrés dans la chair ; vous pourrez les secouer peut-être, mais les briser, jamais !

Hélas ! mon pauvre aïeul avait dit vrai. Six mois ne s'étaient pas écoulés après sa dernière entrevue avec l'heureux et brillant Salvator, lorsqu'un soir, à minuit, tandis que les habitans de Sainte-Agathe étaient plongés dans le plus profond sommeil, on entendit frapper à la porte de Rosalvo à coups redoublés.

Le vieillard se trouva debout le premier; ses enfans sautèrent sur leurs fusils, les femmes poussèrent un cri d'effroi.

— Qui va là? demanda Rosalvo alarmé.
— C'est moi, Salvator; ouvrez-moi.

La porte s'ouvrit et Rosalvo recula de trois pas devant l'apparition d'un fantôme. Salvator, habillé de noir de la tête aux pieds, les cheveux hérissés, la barbe en désordre, l'épée nue à la main, se présenta à ses amis de la campagne comme un spectre sortant du tombeau.

— Tout est fini, dit-il, Naples est retombée plus que jamais sous le joug de ses tyrans. Il s'était trouvé un homme, un pêcheur pour se mettre à notre tête et délivrer son pays. Des traîtres l'ont tué. Fracanzani, mon beau-frère, est mort empoisonné dans sa prison. Aniello Falcone se sauve en France; moi, je retourne à Rome pour ne plus revenir; c'est la troisième et dernière fois que vous me verrez. Je suis le seul qui reste des chevaliers de la Mort.

— Es-tu poursuivi, mon enfant? demanda Rosalvo avec cette même tendresse inquiète, cette même sollicitude paternelle qui ne s'étaient pas démenties un seul instant.

— Poursuivi? reprit le peintre d'un ton égaré; oui, je le suis par mes idées qui m'accablent, par le chagrin qui me ronge, par la fureur qui me tue. Vite, vite, des pinceaux, des couleurs, ou je sens que je vais devenir fou.

Il se promena de long en large dans la chambre, pleura, hurla, s'arracha des poignées de cheveux. Puis, saisissant son pinceau d'une main convulsive, il traça sur la toile le plus affreux carnage qui ait jamais ensanglanté un tableau. Je crois qu'il n'y a pas une bataille au monde qui puisse soutenir la comparaison de ce chef-d'œuvre. Voyez plutôt!

En disant cela, le vieillard, au comble de l'enthousiasme, arrachait son vêtement de brocart à son dernier tableau.

Je ne pus retenir un cri d'admiration. Je n'avais jamais rien vu de plus sublime. Ce n'était plus ni un site agreste et sauvage, ni une éblouissante satire; c'était une scène atroce, flagrante, épouvantable de destruction, de mort et de vengeance! Des chevaux nageant dans le sang jusqu'au poitrail; des têtes séparées de leur tronc roulant comme des boulets refroidis, des blessés gémissant, des vainqueurs hurlant, des mourans qui râlent. Je ne pense pas que la réalité soit plus effrayante.

— Eh bien! que dites-vous de cela, monsieur l'étranger?
— Je dis que vous avez les trois plus beaux Salvator-Rosa qui soient au monde.

— Et moi je dis que le dîner est servi, s'écria le petit paysan en mettant son nez à la porte de l'atelier.

Quand le repas fut fini, repas gai, aimable et cordial s'il en fut, je quittai mes bons amis de Sainte-Agathe, regrettant jusqu'au fond de mon cœur de ne pouvoir payer royalement leur hospitalité par des chefs-d'œuvre. Tout ce que je puis faire ici, c'est de leur consacrer un souvenir dans ces pages.

Admirable puissance du génie! il a suffi du passage d'un grand artiste au milieu d'une pauvre famille de paysans pour y laisser comme une trace lumineuse qui se perpétue à travers les siècles.

Quant au petit Salvator que nous avions pris, Jadin et moi, pour un nègre, je l'ai, à mon dernier voyage, retrouvé à Rome, où il m'a fait les honneurs de la Farnesina. C'est un des pensionnaires les plus distingués du roi de Naples.

XXI.

ROUTE DE ROME.

En revenant à Sainte-Agathe-dei-Gothi, nous apprîmes une chose que nous ignorions : c'est que notre conducteur, ayant cru que nous voulions nous en retourner par la route de Bénévent, ce qui allongeait quelque peu notre chemin, nous avait déjà fait faire huit lieues de trop. Nous ne les regrettâmes point, ou plutôt je ne les regrettai point, car, ainsi qu'on l'a vu, Jadin n'avait rien eu à faire dans l'aventure qui venait de m'arriver, et dont je ne comptais lui parler qu'à distance convenable, de peur de quelque scène fâcheuse entre lui et son confrère.

Il était tard et nous voulions aller coucher à Caserte, pour visiter le lendemain les deux Capoues. Nous arrivâmes à notre gîte vers les sept heures du soir.

Heureusement, ce que nous désirions voir pouvait se voir au clair de la lune. Caserte est le Versailles napolitain. Bâti par Vanvitelli et commandé par Charles III, ce palais a la prétention d'être le plus grand palais de la terre, ce qui fait que très probablement il en est en même temps le plus triste. Ajoutez que, comme celui de Versailles, il est bâti dans un endroit où ce n'est qu'à force de travaux qu'on a pu lui faire quelques pauvres petits horizons. Il faut, on en conviendra, être bien royalement capricieux, quand on a Naples, Capo di Monte et Resina, pour venir habiter Caserte.

Il est vrai que Caserte a des chasses magnifiques, et que de tout temps, comme nous l'avons dit, les rois de Naples ont été de grands chasseurs devant Dieu. Un des trois parcs, parc fourré, noir, féodal, est encore aujourd'hui fort giboyeux, à ce que l'on assure. Ce beau parc, que nous vîmes à la nuit tombante, et qui n'y perdit certes rien, comme poésie et comme majesté, est flanqué d'un autre parc, bien peigné, bien soigné, bien frisé à la manière de celui de Versailles, avec une cascade assez belle qui tombe d'un sombre rocher qui me paraît être né sur place, ce qui arrive rarement aux rochers des jardins anglais, et une foule de statues représentant Diane, ses nymphes et le malheureux Actéon, d'indiscrète mémoire, déjà à moitié changé en cerf. Ce parc lui-même est voisin d'un jardin anglais, avec grottes, ruisseaux, ponts chinois, chaumières, serres et magnolias.

Nous soupâmes et nous couchâmes à Caserte, fort bien même, consignons-le en l'honneur de l'aubergiste, cela n'arrive pas souvent sur la route de Naples à Rome; il est vrai que je me trompe et que Caserte, placée en dehors des grands chemins, n'est sur aucune route.

Le lendemain matin, un cicérone, où n'y a-t-il pas de cicérone en Italie? nous proposa d'aller voir la magnifique filature de San-Lucio. J'ai peu d'enthousiasme en général pour visiter les établissemens industriels : les directeurs de ces sortes d'établissemens sont presque toujours féroces; une fois qu'ils vous tiennent, ils ne vous font pas grâce d'un métier, ils ne vous épargnent pas un fil de soie. Aussi nous serions-nous privés de la magnifique filature, si je ne m'étais point rappelé que San-Lucio était la fameuse colonie du roi Ferdinand : car le roi Ferdinand était non-seulement un grand chasseur devant Dieu, mais aussi un grand pêcheur devant les hommes; or, de son temps, il avait, pour le plaisir de ses yeux sans doute, rassemblé dans cette filature, qu'il avait rendue avec une bonté toute paternelle, les plus belles filles des environs; ces filles étaient fort reconnaissantes à leur fondateur, et lui prouvaient leur reconnaissance de toutes les manières. Enfin, le roi Ferdinand fut si paternel et les belles filles si reconnaissantes, qu'il résulta de ce double échange de sentimens vertueux toute une population de petits fileurs et de petites fileuses qui obtinrent de leur royal protecteur une espèce de constitution beaucoup plus libérale que celle de 1830 : un des articles de cette constitution porte que les garçons seront exempts de tout service militaire, et que les filles auront chacune 500 fr. de dot; aussi les mariages abondent-ils à San-Lucio.

A onze heures du matin nous quittâmes Caserte, et nous nous dirigeâmes sur l'ancienne Capoue.

Hélas! Capoue est de nos jours un de ces noms menteurs comme nous en ont tant légués les menteurs historiens de Rome; cependant il faut le dire, aux ruines qui existent encore il est facile de voir de quelle importance était cette fameuse ville, qui, selon Tite-Live, fut le tombeau de la gloire d'Annibal. Capoue, cette ville de la Campanie dont la civilisation étrusque avait de cinq cents ans devancé la civilisation de Rome, et que Rome, la grande jalouseuse de toutes les gloires, traita comme Carthage, avait un magnifique amphithéâtre dont on peut encore admirer les ruines ; car ce fut Capoue, la ville civilisée par excellence, qui inventa les combats de gladiateurs. D'où venait cette férocité instinctive aux féroces habitants de la Campanie ? de l'excès des voluptés mêmes. Quand on est blasé sur les plaisirs doux et humains, il faut bien inventer d'autres plaisirs cruels et sanglans. Cicéron, qui, en sa qualité d'avocat, n'était jamais embarrassé de répondre par un paradoxe ou par une antithèse à une question quelconque, dit que c'était la fertilité du sol qui faisait la férocité des habitants. En tous cas, les Romains se chargèrent de faire oublier par des cruautés plus grandes toutes les cruautés qu'avaient pu commettre les Campaniens. Capoue, prise par eux, fut livrée au pillage, un peu démolie et beaucoup brûlée ; ses habitans, réduits en esclavage, furent vendus à l'encan sur ses places publiques ; enfin, ses sénateurs furent battus de verges et décapités. Il est vrai, à ce que dit le doux et bon Cicéron, que c'était une action commandée par la prudence, et non par l'amour du sang : — *Non crudelitate, sed consilio.* — Ajoutons qu'un des reproches de mollesse que firent les Romains aux Capouans fut d'avoir inventé le velarium, grande toile suspendue au dessus des cirques et des théâtres pour garantir les spectateurs du soleil ; il est vrai que les Romains, s'apercevant bientôt à leur tour que mieux valait être à l'ombre qu'au soleil, adoptèrent le susdit velarium, si fort reproché aux pauvres Campaniens. — Voir Suétone, article NÉRON.

Il y a un souvenir qu'éveille encore tout naturellement Capoue : c'est celui d'Annibal. On trouve de par le monde historique une malheureuse phrase de Florus, qui dit, à propos du héros de Cannes, de la Trebbia et de Thrasimène : *Cum victoria posset uti, frui maluit;* c'est-à-dire : Lorsqu'il pouvait user de sa victoire, il aima mieux en jouir. C'est un fort joli concetti antique, nous n'en disconvenons pas ; mais, nous en sommes bien sûr, son auteur, en l'écrivant, ne comprenait pas toute la portée qu'il devait avoir. En effet, ce malheureux concetti a été pour Annibal ce que les deux fameuses chansons de M. de la Palisse et de M. de Marlborough ont été pour les deux grands capitaines de ce nom. Annibal, accusé de s'être endormi dans les délices, a été déshonoré à tout jamais.

Mais ce qu'il y a surtout de remarquable, ce sont les attaques de nos professeurs de collége contre le fils d'Amilcar ; à l'endroit de cette malheureuse Capoue ; comme ils traitent ce fainéant d'Annibal ; comme ils méprisent ce pauvre héros ; comme à sa place ils auraient marché sur Rome ; comme ils auraient pris Rome ; comme ils auraient fait disparaître Rome de la surface de la terre ! Il n'y a pas jusqu'à mon pauvre précepteur, un bon et excellent abbé, qui, à part les férules qu'il nous donnait, n'aurait pas voulu faire de mal à un enfant, qui n'eût établi son plan de campagne pour marcher sur Rome. Quand nous en étions à ce malheureux passage de Florus, il tirait son plan de sa bibliothèque, l'étendait sur notre table d'étude, faisait un compas de ses deux doigts, et nous montrait comme c'était chose facile que de s'emparer de la ville éternelle. Ah ! s'il eût été à la place d'Annibal !

Il est vrai qu'il y a un autre abbé, et celui-là s'appelle l'abbé de Montesquiou, qui prétend qu'Annibal n'a fait qu'une halte de quelques jours pour reposer son armée, fatiguée par une marche de huit cents lieues et par trois victoires successives, ce qui équivaut presque à une défaite. Il est vrai encore qu'il y a d'autres esprits intelligens qui ont été chercher à Carthage même le secret de la temporisation d'Annibal, et qui ont vu que là, comme partout, il y avait de petits rhéteurs qui faisaient la guerre au grand général ; des robes qui morigénaient la cuirasse, des plumes qui calomniaient l'épée. Annibal demandait des secours à cor et à cri. Rome était perdue, disait-il, l'Italie était à lui si on lui envoyait des secours. Mais on lui répondait, ou plutôt les rhéteurs répondaient à ses messages, car à lui ils n'eussent, selon toute probabilité, pas osé répondre ; les rhéteurs répondaient donc : « Ou Annibal est vainqueur, ou Annibal est vaincu. S'il est vainqueur, il est inutile de lui envoyer des secours ; s'il est vaincu, il faut le rappeler. »

C'est à peu près ce que l'on répondait à Bonaparte quand, lui aussi, s'endormait dans les délices du Caire, où il avait à lutter contre une insurrection tous les huit jours, et contre la peste deux fois par an. Mais Bonaparte avait affaire au directoire français et non au sénat carthaginois. Bonaparte répondit en traversant, lui troisième, la Méditerranée, et en venant faire le 18 brumaire.

Il y a encore, il faut le dire, entre ces deux opinions qui divisent en deux cette grande question historique, de savoir si Annibal est resté des mois à Capoue ou s'il n'y a fait qu'une halte de quelques jours, une troisième opinion qui prétend qu'Annibal n'y a jamais mis le pied.

Cette opinion pourrait bien être la vraie.

Cela me rappelle que les Romains, les incrédules s'entend, disent qu'il y a deux hommes qui ne sont jamais venus à Rome. Ces deux hommes, selon eux, sont l'apôtre saint Pierre et le président Dupaty.

Comme nous eussions fort mal dîné, et que, selon toute probabilité, nous n'eussions pas dormi du tout dans la ville des délices, nous partîmes, après avoir visité l'amphithéâtre et les quelques ruines qui l'entourent, pour la moderne Capoue.

La moderne Capoue est une fort jolie ville, selon Vauban, Monteculli et Follard ; elle est muraillée, bastionnée et pot-ernée, elle a des lunes, des demi-lunes, des chemins de ronde, tout cela donnant sur un beau paysage, avec un horizon de montagnes d'un côté, et la mer de l'autre. Au reste, peu de choses à voir, excepté la cathédrale, soutenue presque entièrement par des colonnes enlevées à l'ancien amphithéâtre.

En sortant de Capoue, nous rencontrâmes un premier fleuve, que je crois être le Volturne ; pardon, messieurs les savans, si je me trompe, je n'ai sous les yeux ni mes albums qui sont à Florence, ni mes cartes qui sont rue du Gazomètre, et que je serais obligé d'y aller chercher, ce qui n'en vaut la peine ; et un second fleuve qui est à coup sûr le Garigliano, c'est-à-dire l'ancien Liris.

Nous traversâmes ce fleuve poétique de la façon la moins poétique de la terre. On nous mit, nous, nos chevaux et notre voiture, dans un bac, et on nous fit filer le long d'une corde, si bien que nous nous trouvâmes de l'autre côté au bout de cinq minutes. Notre passeur, au reste, était désolé ; on méditait un pont en fil de fer, — un pont en fil de fer sur le Liris !

Pourquoi pas ? on va bien du Pirée à Athènes en omnibus ; et l'on remonte bien l'Euphrate en bateau à vapeur.

Au reste, c'est, on se le rappelle, sur les bords du Garigliano que notre armée fut défaite par Gonzalve, ce qui fait que Brantôme, redevenant Français un instant, après avoir passé, il y a trois cents ans le Liris, au même endroit où nous venons de le passer nous-mêmes, s'écrie :

« Hélas ! il y veu ces lieux la dernier, et mesme le Gariglian, et c'estait male tard, à soleil couchant, que les ombres et les masnes commencent à se paroistre comme fantosmes, plustôt qu'aux autres heures du jour, où il me sembloit que les asmes généreuses de ces braves François la morts s'eslevoient sur la terre et me parloient, et quasi me répondoient sur les plaintes que je leur faisais de leur combat et de leur mort. »

Nous touchions à la voie Appienne, la plus belle des voies antiques, celle sur laquelle les Romains, qui avaient quelque prescience de l'endroit où ils mouraient, ordonnaient de placer leurs tombeaux. Elle existait du temps de la république. César, Auguste, Vespasien, Domitien, Nerva, Trajan et Théodoric la réparèrent successivement.

Arrivés où nous nous trouvions, elle s'élançait vers Bénévent, et s'en allait mourir à Brindes : ce fut cette route qu'Horace suivit dans son poétique voyage.

Nous traversions les souvenirs antiques, marchant en plein sur l'histoire et sur la fable, coudoyant à chaque pas Tacite et Horace. Notre postillon (un postillon romain ou napolitain pourrait parfaitement être reçu, soit dit en passant, à l'Académie des inscriptions et belles-lettres) nous apprit que quelques ruines, sur lesquelles nous allions sautillant de décombres en décombres, étaient l'ancienne Minturnes.

— Ainsi, les marais que l'on aperçoit d'ici ?... demandai-je en étendant le bras dans la direction de la route de San-Germano.

— Sont ceux où se cacha Marius, répondit mon postillon. Je lui donnai deux pauli.

C'est au même endroit à peu près où Marius se cacha que Cicéron fut tué et Conradin trahi.

Nous avons raconté ailleurs comment l'orateur antique et le jeune héros du moyen-âge étaient morts.

Nous allâmes dîner à Mola ; on nous conduisit dans une grande salle dont toutes les fenêtres étaient fermées pour maintenir la fraîcheur de l'air ; puis tout à coup, comme étendus dans de bonnes chaises nous nous éventions avec nos mouchoirs, le garçon ouvrit une de ces fenêtres.

Il est impossible d'exprimer la magie du paysage que cette espèce de lanterne magique venait de dévoiler à nos yeux. Nous plongions sur ce golfe si calme qu'il semblait un miroir d'azur, et de l'autre côté, s'avançant jusqu'à l'extrémité du promontoire, nous apercevions Gaëte, Gaëte, célèbre par ses vergers d'orangers, ses deux siéges soutenus, l'un en 1504, l'autre en 1806, et surtout par ses femmes blondes.

C'est une fille de Gaëte qui servit de modèle au Tasse pour le portrait d'Armide.

Pardon, nous oublions encore une des célébrités de Gaëte. C'est sur son rivage que Scipion et Lélius s'amusaient à faire des ricochets, comme plus tard Auguste s'amusait à jouer aux noix avec les petits polissons de Rome.

Après le dîner, nous allâmes faire une promenade jusqu'à Castellone de Gaëte, l'ancienne Formies, dont une portion des murs, plus une porte, existent encore. C'est entre ces deux bourgs qu'était située une des villas de Cicéron ; c'est de cette villa qu'il fuyait, caché dans sa litière, lorsqu'il fut rejoint par le tribun Popilius, dont il avait été l'avocat, qui lui coupa la tête et les mains, en manière de reconnaissance ; il est probable que si Popilius a eu pendant le reste de sa vie quelque autre procès, le tribunal aura été forcé de lui nommer un défenseur d'office.

L'emplacement où était, selon toutes les probabilités, située cette villa, fait partie aujourd'hui de la propriété du prince de Caposele.

Une autre tradition veut qu'une source qui coule dans la même propriété soit la fameuse fontaine Artacia, près de laquelle Ulysse rencontra la fille d'Antiphate, roi des Lestrigons, laquelle allait, comme une simple mortelle, y puiser une cruche d'eau.

La voiture nous suivait par derrière ; nous n'eûmes donc qu'à nous y réinstaller, lorsque nous eûmes vu tout ce que nous voulions voir, et nous repartîmes ; une demi-heure après nous étions à Ytry, patrie du fameux Fra Diavolo, si célèbre en Campanie, et surtout à l'Opéra-Comique.

Fra Diavolo était un brave homme de curé, disant son bréviaire comme un autre, confessant tant bien que mal les voleurs des environs, qui venaient lui conter leurs petites peccadilles, et dont il se faisait des amis en ne les abîmant pas trop de pénitences, lorsqu'un beau matin, quand il fut question de Joseph Napoléon roi de Naples, l'envie lui prit de s'opposer à cette nomination. En conséquence, sans changer de costume, il passa une paire de pistolets à sa ceinture, pendit un sabre par-dessus sa soutane, prit une carabine qu'il avait trouvée dans le presbytère et qui lui venait de son prédécesseur, et, faisant appel à ses ouailles, au nombre desquelles, comme nous l'avons dit, était bon nombre de brigands, il se mit en campagne, gardant les défilés de Fondi, et égorgeant tous les Français isolés qui y passaient. Ces exploits firent bientôt si grand bruit, que l'écho en alla retentir à Palerme, où étaient à cette époque Ferdinand et Caroline ; leurs augustes majestés invitèrent alors Fra Diavolo à les aller voir, et, comme il se hâta de se rendre à cette gracieuse invitation, elles lui conférèrent le grade de capitaine. Fra Diavolo revint à Ytry investi de cette nouvelle dignité ; mais cette nouvelle dignité ne lui porta point bonheur. Masséna, après avoir pris Gaëte, ordonna une battue générale dans les environs : Fra Diavolo fut pris avec deux cents hommes de sa bande à peu près ; ses deux cents compagnons furent incontinent pendus aux arbres de la route. Mais comme les Napolitains niaient que Fra Diavolo, qui selon leur opinion, à eux, opinion que justifie le nom qu'ils lui avaient donné de frère Diable, avait mille ressources de magie à son service ; comme les Napolitains, dis-je, niaient que Fra Diavolo eût été assez imprudent pour se laisser prendre, on conduisit l'ex-curé à Naples, on le promena pendant trois jours dans les rues de la capitale, après quoi on lui trancha la tête sur la place du Marché-Neuf.

Tout cela ne fit point que, pendant tout le règne de Joseph et de Murat, les esprits forts ne niassent la mort de Fra Diavolo.

Qu'une illustration moderne ne nous fasse point perdre de vue un souvenir antique. Ytry est l'ancienne *Urbs Mamurrarum* d'Horace ; c'est là que Muréna lui prêta sa maison et Capiton sa cuisine :

Muræna præbente domum, Capitone culinam.

Nous nous arrêtâmes à Ytry. Je me rappelais la nuit qu'à mon premier voyage j'avais passée à Terracine, nuit terrible parmi les terribles nuits que j'ai subies en Italie. Je me rappelais ces malheureux lits recouverts de serge verte, dans lesquels nous nous étions tournés et retournés six heures, sans pouvoir arriver à fermer l'œil une seule minute. Il est vrai que, l'esprit exalté par la menace éternelle d'un seul et même danger, j'avais, à force de chercher, trouvé un costume de nuit qui me mettait à peu près à l'abri des puces : c'était un pantalon à pied aux coutures serrées et pressant la taille, une chemise qui s'ouvrait juste pour laisser passer la tête, et qui se refermait hermétiquement au col, enfin, des gants sur lesquels se boutonnaient des manchettes : moyennant cette précaution, le visage seul restait exposé, et j'ai remarqué que la puce, comme le lion, respecte le visage de l'homme. Restait, il est vrai, la punaise qui ne respecte rien ; mais, au lieu de deux races ennemies, ce n'était plus qu'une seule à combattre.

Encore une fois, défiez-vous, non pas des fièvres des marais Pontins que tout le monde vous signale, mais de leurs puces et de leurs punaises dont personne ne parle.

Le lendemain matin, nous nous abordâmes, Jadin et moi, en disant que nous aurions aussi bien fait de coucher à Terracine.

A l'une des descentes de la route de Fondi, notre postillon s'arrêta et nous raconta que nous étions juste à l'endroit où le *fameux poète français Esménard* s'était tué en tombant de voiture.

En général, les Italiens ne nous abîment pas de louanges ; on peut même dire que, dans leur étroit patriotisme, patriotisme de clocher, dernier reste de l'orgueil des petites républiques, ils sont presque toujours injustes pour les autres nations ; mais comme toute curiosité vaut une rétribution quelconque, et que cette rétribution est variable selon le plus ou le moins d'intérêt que présente la susdite curiosité, notre postillon avait pensé que la curiosité et par conséquent la rétribution seraient plus grandes, s'il faisait d'Esménard un poète de premier ordre.

La ville de Fondi, que saint Thomas choisit pour y établir une classe, et dans laquelle il fit ce miracle d'horticulture de planter par la tête un oranger qui prit racine et qu'on montre encore, est aujourd'hui un pauvre et bien misérable bourg. Le fameux corsaire Barberousse, qu'il ne faut pas confondre avec l'empereur Barberousse, le souverain des légendes rhénanes, furieux de n'avoir pu enlever la belle Julie Gonzaga, veuve de Vespasien Colonne et comtesse de Fondi, dont il comptait faire cadeau à Soliman II, brûla la ville. Depuis ce temps-là la pauvre cité n'a pu se remettre de cet accident, et la main de feu du terrible pirate est encore empreinte sur la ville moderne.

Deux heures après nous étions à Terracine.

Terracine est bien encore, en venant de Naples surtout, l'éclatante Axur dont parle Horace :

Impositum saxis latè candentibus Anxur,

avec son gigantesque rocher qui fut sa base de toutes les époques, et les restes de son palais de Théodoric, qui ne la couronne que depuis le cinquième siècle seulement. Comme il n'était que midi, et que j'avais quelques recherches à faire à Terracine, nous nous arrêtâmes à l'auberge où nous nous étions arrêtés en venant, la seule au reste qui soit, je crois, dans toute la ville.

Dix minutes après notre arrivée, nous étions déjà en route, Jadin pour gravir la montagne couverte de ses ruines gothiques, et moi pour courir au bord de la mer, où l'on retrouve encore des vestiges du port, qui, selon toute probabilité, remonte au temps de la république.

En revenant, j'entrai dans la cathédrale. Quelques belles colonnes de marbre blanc qui viennent d'un temple d'Apollon la rendent assez remarquable.

En entrant à l'hôtel, j'avais demandé s'il n'existait pas quelque histoire de Mastrilla. On n'a peut-être pas oublié le nom de ce fameux bandit, que Padre Rocco appela si heureusement à son secours, à propos de l'éclairage de Naples, et de cette fameuse histoire de saint Joseph que l'on nous a tant reprochée.

L'histoire de Mastrilla se trouvait renfermée dans une espèce de complainte à peu près intraduisible, que l'on me procura à grand'peine, mais dont à la honte de mon imagination, je l'avoue, je ne pus rien tirer.

Alors force me fut de me borner aux traditions orales, et de me mettre en quête des rapsodes, qui pouvaient, fragment par fragment, me raconter l'Iliade de cet autre Achille.

Les rapsodes me tinrent jusqu'à sept heures du soir à me conter des rapsodies qui n'étaient que les différens couplets de la complainte, séparés au lieu d'être réunis.

Nous avions passé notre journée à la recherche de l'insaisissable Mastrilla. La journée était perdue, ce qui n'était pas un grand malheur ; mais ce qui compliquait notre situation, c'est qu'il fallait ou passer la nuit à Terracine, et l'on sait quelle terreur nous inspirait cette station, ou traverser les marais Pontins pendant l'obscurité. En restant à Terracine, nous étions sûrs d'être dévorés par les puces et par les punaises ; en traversant les marais Pontins, nous risquions d'être dévalisés par les voleurs. Nous balançâmes un instant, puis nous nous décidâmes à traverser les marais Pontins.

Nous fîmes mettre les chevaux, à huit heures du soir ; il faisait un clair de lune magnifique : nous chargeâmes nos fusils, nous montâmes, Jadin et moi, sur le siège de la voiture, et nous partîmes d'un assez bon train.

Les marais Pontins commencent en sortant de Terracine, et presque aussitôt le pays prend un caractère de tristesse particulière, que ne contribuent pas peu sans doute à lui donner, aux yeux des voyageurs, la crainte de la fièvre, qu'on y rencontre certainement, et celle des voleurs, qui vous y attendent presque aussi sûrement. La route, tracée au beau travers du pays, s'étend par une ligne parfaitement droite, qu'accompagnent de chaque côté un canal destiné à l'écoulement des eaux. Malheureusement, à ce qu'on assure, ces eaux, se trouvant au dessous du niveau de la mer, ne peuvent s'écouler dans la Méditerranée. Au delà du canal est un terrain mouvant et planté de grands roseaux.

Cette vaste solitude, où Pline comptait autrefois jusqu'à vingt-trois villes, n'offre pas aujourd'hui, à part les relais de poste, une seule habitation. Comme dans les Maremmes toscanes, une fièvre dévorante tuerait, en moins d'une année, l'imprudent qui oserait s'y fixer. Les voleurs qui l'exploitent ne font eux-mêmes qu'y passer, et, aussitôt leurs expéditions finies, ils se retirent dans les montagnes de Piperno, leur véritable domicile.

A mesure que nous avancions, le pays prenait un caractère de plus en plus mélancolique ; et comme si nos chevaux et notre postillon eussent partagé l'inquiétude que sa mauvaise réputation pouvait inspirer, ils redoublaient, les uns de vitesse, l'autre de coups.

Après une heure et demie à peu près, nous aperçûmes à notre droite un grand feu qui jetait une lueur d'incendie à cent pas autour de lui ; ce ne pouvait être des voleurs, car, par cette imprudence, ils se fussent dénoncés eux-mêmes : nous demandâmes à notre postillon ce que c'était que ce feu ; il nous répondit que c'était le relais de poste.

En effet, à mesure que nous avancions, nous apercevions à la lueur de la flamme une espèce de masure, et adossés aux murailles de cette masure, éclairés par le reflet du foyer, cinq ou six hommes immobiles et enveloppés de leurs manteaux. A notre approche et au bruit du fouet de notre postillon, deux se détachèrent du groupe, et montant eux-mêmes à cheval, ils prirent en main une espèce de lance et disparurent. Les autres continuèrent à se chauffer.

Arrivé en face du hangar, notre postillon s'arrêta, et, à peine arrêté, détela ses chevaux, demanda le prix de sa course, ainsi que la bonne main qui en était l'accompagnement obligé, et, sautant sur un de ses deux chevaux aussitôt qu'il les eut reçus, il tourna bride et repartit au galop. Au reste, ses chevaux étaient si bien habitués à ce retour précipité qu'il n'eut pas même besoin d'employer le fouet comme il avait fait en venant : on eût dit que ces animaux, partageant les inquiétudes de l'homme, avaient hâte de fuir ces contrées méphitiques et cet air pestilentiel.

Cependant nous étions restés au milieu de la route avec notre voiture dételée ; et comme nous ne voyions s'avancer aucun quadrupède, comme pas un seul de ces bipèdes grelotans et accroupis autour du feu ne bougeait de sa place, je me décidai, voyant qu'ils ne venaient pas à moi, à aller à eux. En conséquence, je descendis de mon siège, je jetai mon fusil en bandoulière sur mon épaule et je m'avançai vers la masure.

Ils me laissèrent approcher sans faire un mouvement.

En m'approchant je les regardais : ce n'étaient pas des hommes, c'étaient des spectres.

Ces malheureux, avec leur teint hâve, leurs membres frissonnans, leurs dents qui se choquaient, étaient hideux à voir ; le mieux portant des quatre eût pu poser pour une effrayante statue de la Fièvre.

Je les considérai un instant, oubliant pourquoi je m'étais approché d'eux ; puis, par un retour égoïste sur moi-même, je pensai que j'étais moi-même au milieu de ces marais dont les émanations les avaient faits tels qu'ils étaient.

— Et les chevaux ? demandai-je.

— Ecoutez, me répondit l'un d'eux, les voilà.

En effet, on entendait un piétinement qui allait se rapprochant, puis un hennissement sauvage, puis, mêlés à ce bruit confus, des juremens et des blasphèmes.

Bientôt les hommes qui s'étaient éloignés avec des lances reparurent chassant devant eux une douzaine de petits chevaux, ardens, sauvages, fougueux, et qui semblaient souffler la flamme par les naseaux.

Aussitôt les quatre fiévreux se levèrent, se jetèrent au milieu du troupeau étrange, saisirent chacun un cheval par la longe qu'il traînait, lui passèrent, malgré sa résistance, un misérable harnais, et, tout en me criant : « Remontez, remontez, » poussèrent l'attelage récalcitrant vers la voiture.

Je compris qu'il n'y avait pas d'observations à faire, et que dans les marais Pontins cela devait se passer ainsi. Je remontai donc vivement sur mon siège, et je repris ma place près de Jadin.

— Ah ça ! me dit Jadin, où allons-nous ? Au sabbat ?

— Cela m'en a tout l'air, répondis-je. En tout cas, c'est curieux.

— Oui, c'est curieux, dit-il, mais ce n'est point rassurant.

En effet, il se passait une terrible lutte entre les hommes et les chevaux : les chevaux hennissaient, ruaient, mordaient ; les hommes criaient, frappaient, blasphémaient ; les chevaux essayaient, par des écarts qui ébranlaient la voiture, de casser les cordes qui leur servaient de traits ; les hommes resserraient les nœuds de ces cordes, tout en posant sur le dos de deux de ces démons des espèces de selles.

Enfin, quand les selles furent posées, tandis que deux hommes maintenaient les chevaux de devant, deux autres sautèrent sur les chevaux sellés, puis ils crièrent : Laissez aller! puis nous nous sentîmes emportés comme par un attelage fantastique, tandis que de chaque côté de la route les deux hommes à cheval nous suivaient, criant un fouet à la main, et joignant les gestes aux cris pour maintenir nos coursiers dans le milieu de la route, dont ils voulaient s'écarter sans cesse, et les empêcher d'aller s'abîmer avec notre voiture dans un des canaux qui bordaient chaque côté du chemin.

Cela dura dix minutes ainsi; puis, les dix minutes écoulées, comme nos chevaux étaient lancés, nos escorteurs nous abandonnèrent, et, sortis un instant, par une crise, de leur apathie, s'en retournèrent attendre d'autres voyageurs, en tremblant la fièvre devant leur feu.

Quand nous pûmes un peu respirer, nous regardâmes autour de nous : nous traversions de grands roseaux tout peuplés de buffles qui, réveillés par le bruit que nous faisions, écartaient bruyamment ces joncs gigantesques pour nous regarder passer ; puis, effrayés à notre approche, se reculaient en soufflant bruyamment. De temps en temps de grands oiseaux de marais, comme des hérons ou des butors, se levaient en jetant un cri de terreur, et s'éloignaient rapidement, traçant une ligne droite, et se perdant dans l'obscurité : enfin, de temps en temps, des animaux, dont je ne pouvais reconnaître la forme, traversaient la route, parfois isolés, parfois par bandes. J'appris au relais que c'étaient des sangliers.

Nous arrivâmes ainsi en moins d'une heure et demie au second relais. Là la même scène se renouvela : même feu, hommes semblables, pareils chevaux ; après une demi-heure d'attente, nous repartîmes comme emportés par un tourbillon.

Nous fîmes trois relais de la même manière ; puis, au bout du quatrième, nous aperçûmes une ville : c'était Velletri.

Les fameux marais Pontins étaient traversés, et cette fois encore sans rencontrer de voleurs : décidément les voleurs étaient passés pour nous à l'état de mythes.

Sans nous consulter, nos postillons s'arrêtèrent à la porte d'une auberge, au lieu de s'arrêter à la porte de la poste. Comme la susdite locanda ne paraissait pas trop misérable, je ne leur en voulus pas de la méprise ; nous descendîmes, et nous demandâmes deux chambres pour le soir, et un bon déjeuner, s'il était possible, pour le lendemain.

Trois choses nous faisaient prendre en patience notre station à Velletri. Je méditais pour le lendemain une excursion à Cori, l'ancienne Cora, et à Monte-Circello, le cap de Circé ; tandis que Jadin, attiré par un autre but, m'avait déjà déclaré qu'il demeurerait sur place pour faire quelque portrait de femmes ; on sait que les femmes de Velletri passent pour les plus belles femmes (1).

Velletri est la patrie, non pas d'Auguste, mais de ses ancêtres ; son père y était banquier (lisez usurier) : les banquiers romains prêtaient à 20 pour 100 ; c'est à 20 pour 100 que César avait fait pour cinquante-deux millions de dettes. Elle n'offre de remarquable, comme monument, que le bel escalier de marbre de l'ancien palais Lancelloti, bâti par Luighi-le-Vieux.

Cori, plus heureuse que sa voisine, possède encore deux temples, élevés l'un à Castor et Pollux, l'autre à Hercule : du premier il n'est resté que les colonnes et l'inscription qui atteste qu'il était consacré aux fils de Jupiter et de Léda : le second, élevé sous Claude, est parfaitement conservé, et on le regarde, merveilleusement posé qu'il est d'ailleurs sur une

(1) Velletri, c'est l'Arles de l'Italie. Raphaël, passant un jour à Velletri, vit une mère qui tenait un enfant dans ses bras : la beauté de la mère et de l'enfant exalta le peintre à un tel point, qu'il les pria de ne pas bouger, et qu'à défaut de papier et de crayon il prit un morceau de craie et traça sur le fond d'un tonneau l'esquisse de la Madone à la Seggiola.
De là, la forme circulaire de cet admirable tableau, un des chefs-d'œuvre du palais Pitti à Florence.

base de granit entièrement isolée, comme un des plus complets modèles de l'ordre dorique grec.

Quant à Monte-Circello, c'est, comme l'indique son nom, l'antique résidence de la fille du Soleil. Ce fut sur cette montagne, jadis baignée par la mer et qu'on appelait, comme nous l'avons dit, le cap Circé, que parvint Ulysse, lorsqu'après avoir échappé au cyclope Polyphème et au Lestrigon Antiphate, il aborda sur une terre inconnue, et, montant sur un cap élevé, ne vit devant lui qu'*une île et une mer sans fin* : *l'île était perdue au milieu des flots; puis à travers les buissons et les forêts sortaient de la terre des tourbillons de fumée*.

Je suis monté sur le cap, j'ai cherché l'île volcanique et je n'ai rien aperçu ; mais peut-être aussi ai-je moins bonne vue qu'Ulysse.

Mais ce que j'ai découvert, par exemple, ce sont d'immenses troupeaux de porcs, bien autrement nobles que les cochons de M. de Rohan, puisque, selon toute probabilité, ils descendent de ces imprudens compagnons d'Ulysse, qui, attirés par le bruit de la navette et par l'harmonie des instrumens, entrèrent dans le palais de la fille du Soleil malgré les conseils d'Euriloque, qui revint seul aux vaisseaux pour annoncer à leur chef la disparition de ses vingt soldats.

Or, comme je disais, y a-t-il beaucoup de noblesse qui puisse le disputer à celle des cochons de Monte-Circello, dont les ancêtres ont été chantés par Homère?

Dans la montagne est encore une grotte, appelée *Grotta della Maga*, ou grotte de la Magicienne : c'est le seul souvenir que Circé ait laissé dans le pays. Quant à son splendide palais de marbre, il est bien entendu qu'il n'en reste pas plus de trace que de celui d'Armide.

Nous revînmes assez tard à Velletri ; et, comme rien ne nous pressait, que nous n'avions pas été trop mécontens de l'auberge, nous résolûmes d'y passer la soirée. Jadin y était resté dans l'intention de faire un portrait de femme, il avait fait deux paysages. L'homme propose, Dieu dispose.

Le lendemain, nous nous remîmes en route vers les neuf heures du matin, nous arrêtant un instant à Genzano pour boire de son vin, qui a une certaine réputation, un instant à l'Arriccia pour voir le palais Chigi et l'Eglise de la ville, deux des ouvrages les plus remarquables du Bernin.

Enfin, à deux heures, nous arrivâmes à Albano. C'est à Albano que les riches Romains qui craignent la malaria vont passer l'été ; à partir de la porte de Rome, en effet, la route monte jusqu'à Albano ; et, comme on le sait, hôte des plaines et des marais, la fièvre n'atteint jamais une certaine hauteur.

Dix ciceroni nous attendaient à la descente de notre voiture pour nous faire voir de force le tombeau d'Ascagne et celui des Horaces et des Curiaces. Nous ne donnerons pas aux savans italiens le plaisir de nous voir nous enferrer dans une discussion archéologique à l'endroit de ces deux monumens. Nous avons dit tout ce que nous avions à dire là-dessus à propos de la grande mosaïque de Pompéia, à qui Dieu fasse paix.

En sortant d'Albano, on aperçoit Rome à quatre lieues de distance ; ces quatre lieues se font vite, le chemin, comme nous l'avons dit, allant toujours en descendant. Aussi, une heure après notre départ d'Albano, nous entrions dans la ville éternelle, que nous avions quittée quatre mois auparavant.

XXII.

GASPARONE.

Je n'avais plus rien à voir dans la ville éternelle que le représentant éternel de notre religion, le vicaire du Christ, le successeur de saint Pierre. Depuis que j'étais en Italie, j'entendais parler de Grégoire XVI comme d'un des plus nobles et des plus saints caractères qui eussent encore illustré la papauté, et ce concert général d'éloges me donnait une plus ardente envie de me prosterner à ses pieds.

Aussi, le lendemain, dès que l'heure d'être reçu fut arrivée, me présentai-je chez M. de Tallenay, pour le prier de demander pour moi une audience à Sa Sainteté : M. de Tallenay me répondit qu'il allait à l'instant même transmettre ma demande au cardinal Fieschi; mais en même temps il me prévint que, comme l'audience ne me serait jamais accordée que trois ou quatre jours après la réception de ma demande, je pouvais, si j'avais quelque course à faire soit dans Rome, soit dans les environs, profiter de ce petit retard.

Cela m'allait à merveille. A mon premier passage, j'avais visité toute la campagne orientale de Rome : Tivoli, Frascati, Soubiaco et Palestrine ; mais je n'avais point vu Civitta-Vecchia ; Civitta-Vecchia, au reste, où il n'y aurait rien à voir, si Civitta-Vecchia n'avait point un bagne et dans ce bagne n'avait point l'honneur de renfermer le fameux Gasparone.

En effet, je vous ai bien raconté des histoires de bandits, n'est-ce pas? Je vous ai tour à tour parlé du Sicilien Pascal Bruno, du Calabrais Marco Brandi, et de ce fameux comte Horace, ce voleur de grands chemins aux charmantes manières, aux gants jaunes et à l'habit taillé par Humann

Eh bien ! tous ces bandits-là ne sont rien près de Gasparone. Il y a plus, prenez tous les autres bandits, prenez Dieci Nove, prenez Pietro Mancino, cet habile coquin qui vola un million en or et qui, satisfait de la somme, s'en alla vivre honnêtement en Dalmatie, faisant de là la nique à la police romaine ; prenez Giuseppe Mastrilla, cet incorrigible voleur, qui, au moment de mourir, ne pouvant plus rien voler à personne, vola son âme au diable; prenez Gobertineo, le fameux Gobertineo, que vous ne connaissez pas, vous autres Parisiens, mais dont le nom est au bord du Tibre l'égal des plus grands noms; Gobertineo qui tua de sa main neuf cent soixante-dix personnes, dont six enfans, et qui mourut avec le pieux regret de n'avoir pas atteint le nombre de mille comme il en avait fait vœu à saint Antoine, et qui, au moment de la mort, craignait d'être damné surtout pour n'avoir pas accompli son vœu ; prenez Oronzo Albeyna, qui tua son père comme Œdipe, sa mère comme Oreste, son frère comme Romulus, et sa sœur comme Horace : prenez les Sondino, les Francatripa, les Calabrese, les Mezza Pinta ; et ils n'iront pas au genou de Gasparone. Quant à Lacenaire, ce bucolique assassin qui a fait tant d'honneur à la littérature, il va sans dire que, comme meurtrier et comme poète, il n'est pas même digne de dénouer les cordons du soulier gauche de son illustre confrère.

On comprend que je ne pouvais pas aller à Rome et passer par conséquent à douze lieues de Civitta-Vecchia sans aller voir Gasparone.

Cette fois, nous partîmes par la diligence, tout simplement. La diligence, qui n'est même pas trop mauvaise pour une diligence romaine, se transporte en cinq ou six heures de Rome à Civitta-Vecchia. Il va sans dire que je m'étais muni d'une carte, carte du reste fort difficile à obtenir, pour visiter le bagne, et avoir l'honneur d'être présenté à Gasparone. J'étais donc en mesure.

Je ne dirai rien de la campagne de Rome, la description de ce magnifique désert a sa place ailleurs. Rome est une chose sainte, qu'il faut visiter à part et religieusement.

En descendant de voiture, nous fîmes, pour éviter tout retard, prévenir le gouverneur de la forteresse de l'intention où nous étions de visiter son illustre prisonnier. Nous joignîmes notre carte à la lettre, et nous mîmes à table.

Au dessert, nous vîmes entrer le gouverneur, il venait nous chercher lui-même.

Comme on le pense bien, je m'emparai exclusivement de son excellence, et tout le long de la route je le questionnai.

Il y avait dix ans que Gasparone habitait la forteresse à la suite d'une capitulation, dont la principale condition était que lui et ses compagnons auraient la vie sauve.

On rencontre sur le pavé de Rome une quantité de bons vieillards mis comme nos paysans de l'Opéra-Comique, et se promenant une canne à la Dormeuil à la main. Qu'est-ce que ces honnêtes gens ? de bons pères, de bons époux, d'honnêtes citoyens ; de véritables mines d'électeurs, de véritables démarches de gardes nationaux ; vous portez la main à votre chapeau.

Prenez garde, vous allez saluer un bandit qui a capitulé ; vous allez faire une politesse à un gaillard qui, sur la route de Viterbe ou de Terracine, vous eût, il y a trois ou quatre ans, coupé les deux oreilles si vous n'aviez pas racheté chacune d'elle mille écus romains.

Remarquez que les écus romains ne sont pas démonétisés comme les nôtres et valent toujours six francs.

Il y en a même qui ont stipulé une petite rente, que le gouvernement leur paie trimestre par trimestre, aussi régulièrement que s'ils avaient placé leurs fonds sur l'Etat.

Malheureusement pour Gasparone, il s'était fait une de ces réputations qui ne permettent pas à ceux qui en ont joui de rentrer dans l'obscurité. On craignait, si on le laissait libre, qu'il ne lui reprît, un beau matin, quelque velléité de gloire, et que ce Napoléon de la montagne ne voulût aussi avoir son retour de l'île d'Elbe.

Aussi Gasparone et ses vingt-un compagnons furent-ils étroitement écroués dans la citadelle de Civitta-Vecchia.

Pendant les premiers temps, Gasparone jeta feu et flammes, mordant et secouant ses barreaux comme un tigre pris au piège, disant qu'il avait été trahi, et que la liberté était une des conditions de la capitulation ; mais le pape Léon XII, d'énergique mémoire, le laissa se démener tout à son aise, et peu à peu Gasparone se calma.

Tout le long de la route, le gouverneur nous entretint de petites espiègleries attribuées à Gasparone : il y en a quelques unes qui émanent d'un esprit assez original pour être racontées.

Gasparone était fils du chef des bergers du prince de L... Jusqu'à l'âge de seize ans sa conduite fut exemplaire : seulement peut-être dans son orgueil était-il un peu trop amoureux des beaux habits, des beaux chevaux et des belles armes qu'il voyait aux jeunes seigneurs romains. Mais cependant il y avait quelque chose que Gasparone préférait aux belles armes, aux beaux chevaux et aux beaux habits, c'était sa belle maîtresse Teresa.

Un dimanche, Gasparone et Teresa étaient chez le prince L.. qui était fort indulgent pour eux : les filles du prince, dont l'une était du même âge que Teresa, et l'autre un peu plus jeune, s'amusèrent à habiller la jeune paysanne avec une de leurs robes et à la couvrir de leurs bijoux. La jeune fille était coquette, cette riche toilette sous laquelle elle s'était trouvée un instant plus belle que sous son costume pittoresque de paysanne lui fit envie : sans doute, si elle eût demandé la robe ou même quelques uns des bijoux au prince, celles-ci les eussent donnés ; mais Teresa était fière comme une Romaine, elle eût eu honte devant les jeunes filles d'exprimer un pareil souhait; elle renferma son désir au plus profond de son cœur, se laissa dépouiller de sa robe, se laissa reprendre jusqu'à son dernier bijou. Seulement, à peine fut-elle sortie de la chambre des jeunes princesses que son beau front se pencha soucieux. Gasparone s'aperçut de sa préoccupation ; mais à toutes les demandes qu'il lui fit sur ce qu'elle avait, Teresa se contenta de répondre, de ce ton si significatif de la femme qui désire une chose et qui n'ose quelle chose elle désire : — Que voulez-vous que j'aie? — je n'ai rien.

Le soir, Gasparone entra à l'improviste dans la chambre de Teresa, et trouva Teresa qui pleurait.

Cette fois, il n'y avait plus à nier le chagrin ; tout ce que pouvait faire Teresa, c'était d'essayer d'en cacher la cause.

Teresa essaya de le faire, mais Gasparone la pressa tellement qu'elle fut forcée d'avouer que cette belle robe qu'elle avait essayée, que ces beaux bijoux dont on l'avait couverte, lui faisaient envie, et qu'elle voudrait les posséder, ne fût-ce que pour s'en parer toute seule dans sa chambre et devant son miroir.

Gasparone la laissa dire, puis, quand elle eut fini :

— Tu dis donc, demanda-t il, que tu serais heureuse si tu avais cette robe et ces bijoux?

— Oh! oui, s'écria Teresa.

— C'est bien, dit Gasparone. Cette nuit tu les auras.

Le même soir, le feu prit à la villa du prince L..., justement dans la partie du bâtiment qu'habitaient les jeunes princesses. Par bonheur, Gasparone, qui rôdait dans les environs, vit l'incendie un des premiers, se précipita au milieu des flammes, et sauva les deux jeunes filles.

Toute cette partie de la villa fut dévorée par l'incendie, et l'intensité du feu était telle qu'on n'essaya pas même de sauver les meubles ni les bijoux.

Gasparone seul osa se jeter une troisième fois dans les flammes, mais il ne reparut plus ; on crut qu'il y avait péri mais on apprit que, ne pouvant repasser par l'escalier qui s'était abîmé, il avait sauté du haut d'une fenêtre qui donnait dans la campagne.

Le prince fit chercher Gasparone et lui offrit une récompense pour le courage qu'il avait montré, mais le jeune homme refusa fièrement, et quelques instances que lui fît Son Altesse, il ne voulut rien accepter.

On approchait de la semaine de Pâques. Gasparone était trop bon chrétien pour ne pas remplir exactement ses devoirs de religion. Il alla comme d'habitude se confesser au curé de sa paroisse ; mais cette fois le curé, on ne sait pourquoi, lui refusait l'absolution. Une discussion s'établit alors entre le confesseur et le pénitent ; et comme le confesseur persistait dans son refus d'absoudre le jeune homme, celui-ci, qui ne voulait pas s'en retourner avec une conscience inquiète, tua le curé d'un coup de couteau.

Gasparone, que tout cela n'empêchait point d'être bon chrétien à sa manière, alla s'accuser à un autre prêtre, et du crime qui lui avait valu le refus du premier, et du meurtre de celui-ci. Le nouveau confesseur, que le sort de son prédécesseur ne laissait pas que d'inquiéter, refusa tout juste pour se faire valoir, mais finit par donner pleine et entière l'absolution que demandait Gasparone.

Sur quoi Gasparone, le cœur satisfait, l'âme tranquille, alla s'engager comme bandit dans la troupe de Cucumello.

Ce Cucumello était un bandit assez renommé, quoique de second ordre : d'ailleurs il était petit, roux et louche, fort laid en somme, défaut capital pour un chef de bande. Cela n'empêchait pas qu'on ne lui obéît au doigt et à l'œil. Mais on lui obéissait, voilà tout : sans entraînement, sans enthousiasme, sans fanatisme.

L'apparition de Gasparone au milieu de la troupe fit grand effet : Gasparone était grand, beau, fort, adroit et rusé. Gasparone était poète et musicien, il improvisait des vers comme le Tasse, et des mélodies comme Paësiello. Gasparone fut considéré tout de suite comme un sujet qui devait aller loin.

On lui demanda quels étaient ses titres pour se faire brigand, il répondit qu'il avait mis le feu à la villa du prince L... pour faire cadeau à sa maîtresse d'une robe, d'un collier et d'un bracelet dont elle avait eu envie, et que, comme le prêtre de sa paroisse lui refusait l'absolution de cette peccadille, il l'avait tué pour l'exemple.

Ce récit parut confirmer la bonne opinion que la vue de Gasparone avait tout d'abord inspirée aux bandits, et il fut reçu par acclamation.

Huit jours après, les carabiniers enveloppèrent la bande de Cucumello, qui, par un ordre imprudent du chef, s'était hasardée sur un terrain dangereux. Gasparone, qui marchait le premier, se trouva tout à coup entre deux carabiniers ; les deux soldats étendirent en même temps la main pour le saisir, mais avant qu'ils n'eussent eu le temps de toucher le collet de son habit, ils étaient tombés tous deux frappés de son stylet. Chacun alors, comme d'habitude, tira de son côté. Gasparone s'enfonça dans le maquis, poursuivi pour son compte par six carabiniers ; mais, quoique Gasparone fût bon coureur, Gasparone ne fuyait pas que : il connaissait son histoire romaine, l'anecdote des Horaces et des Curiaces lui avait toujours paru des plus ingénieuses, et sa fuite n'avait d'autre but que de la mettre en pratique. En effet, quand il vit les six carabiniers éparpillés dans le maquis et égarés à sa poursuite, il revint successivement sur eux, et, les attaquant chacun à son tour, il les tua tous les six ; après quoi il regagna le rendez-vous que les bandits prennent toujours précautionnellement pour une expédition quelconque, et où peu à peu ses compagnons vinrent le rejoindre.

Cependant, la nuit venue, quatre hommes manquaient à l'appel, et au nombre de ces hommes était Cucumello.

On proposa de tirer au sort pour savoir lequel des bandits irait savoir à Rome des nouvelles des absens ; Gasparone s'offrit comme messager volontaire, et fut accepté.

En approchant de la porte del Popolo, il aperçut quatre têtes fraîchement coupées qui, rangées avec symétrie, ornaient sa corniche.

Il s'approcha de ces têtes et reconnut que c'étaient celles de ses trois compagnons et de leur chef.

Il était inutile d'aller chercher plus loin d'autres nouvelles, celle qu'il avait à rapporter aux bandits parut suffisante à Gasparone ; il reprit donc le chemin de Tusculum, dans les environs duquel se tenait la bande.

Les bandits écoutèrent le récit de Gasparone avec une philosophie remarquable ; puis, comme il ressortait clairement de ce récit que Cucumello était trépassé, on procéda à l'élection d'un autre chef.

Gasparone fut élu à une formidable majorité ! — Style du *Constitutionnel*.

Alors commença cette série d'expéditions hasardeuses, d'aventures pittoresques et de caprices excentriques qui firent à Gasparone la réputation européenne dont il a l'honneur de jouir aujourd'hui, et qui autorise sa femme à lui écrire avec cette suscription dont personne ne s'étonne :

ALL ILLUSTRISSIMO SIGNORE ANTONIO GASPARONE,
Ai bagni di Civitta-Vecchia.

Et en effet Gasparone mérite bien le titre d'illustrissime, tant prodigué en Italie, et qui se réhabiliterait vite si on ne l'appliquait qu'à de pareilles célébrités ; car, pendant dix ans, de Sainte-Agathe à Fondi et de Fondi à Spoletto, il ne s'exécuta point un vol, il ne s'alluma point un incendie, il ne se commit point un assassinat, — et Dieu sait combien de vols furent exécutés, combien d'incendies s'allumèrent, combien d'assassinats furent commis, — sans que vol, incendie ou assassinat ne fût signé du nom de Gasparone.

Comme on le comprend bien, tous ces récits ne faisaient qu'augmenter singulièrement ma curiosité, qui était portée à son comble lorsque nous arrivâmes à la porte de la forteresse.

A la vue du gouverneur, qui nous accompagnait, la porte s'ouvrit comme par enchantement ; le custode accourut, s'inclina, puis, sur l'ordre de son excellence, marcha devant nous.

D'abord nous entrâmes dans une grande cour, toute hérissée de pyramides de boulets rouillés, et défendue par cinq ou six vieux canons endormis sur leurs affûts ; tout autour de cette cour pareille à un cloître régnait une grille, et sur l'une des quatre face de cette grille s'ouvraient vingt-deux portes, dont vingt-et-une donnaient dans les cellules des compagnons de Gasparone, et la vingt-deuxième dans celle de Gasparone lui-même.

A un ordre du gouverneur, chacun des bandits se rangea sur la porte de sa cellule, comme pour passer une inspection.

Nous nous étions à l'avance, et sur leur réputation, figuré voir des hommes terribles, au regard farouche et au costume pittoresque : nous fûmes singulièrement détrompés.

Nous vîmes de bons paysans, toujours comme on en voit à l'Opéra-Comique, avec des figures bonasses et les regards les plus bienveillans.

Nous avions nos bandits devant les yeux que, ne pouvant croire que c'étaient eux, nous les cherchions encore.

Vous rappelez-vous tous les Turcs de l'ambassade ottomane, que nous trouvions si beaux, si romanesques, si poétiques, sous leurs robes brodées, sous leurs riches dolimans, sous leurs magnifiques cachemires, et qui aujourd'hui, avec leur redingote bleue en fourreau de parapluie et leurs calottes grecques, ont l'air de bouteilles à cachets rouges?

Eh bien! il en était ainsi de nos brigands.

Nous comptions sur Gasparone pour relever un peu le physique de toute la bande; il était le dernier de ses compagnons, occupant la première cellule en retour, debout comme les autres sur le seuil de sa porte, les deux mains dans les goussets de sa culotte, nous attendant d'un air patriarcal!

C'était là cet homme qui, pendant dix ans, avait fait trembler les États romains, qui avait eu une armée, qui avait lutté corps à corps avec Léon XII, des trois papes guerriers que les successeurs de saint Pierre comptent dans leurs rang; les deux autres sont, comme on le sait, Jules II et Sixte-Quint.

Il nous invita d'une voix presque caressante à entrer dans sa cellule.

Ainsi, c'était cette voix caressante qui avait donné tant d'ordres de mort, c'étaient ces yeux bienveillans qui avaient lancé de si terribles éclairs, c'étaient ces mains inoffensives qui s'étaient si souvent rougies de sang humain.

C'était à croire qu'on nous avait volé nos voleurs.

Gasparone me renouvela, avec la politesse qui m'avait déjà étonné dans ses camarades, l'invitation d'entrer dans sa cellule, invitation que j'acceptai cette fois sans me faire prier.

J'espérais qu'à défaut du lion je trouverais au moins une caverne.

La caverne était une petite chambre assez propre, quoique fort misérablement meublée.

Parmi ces meubles, qui se composaient du reste d'une table, de deux chaises et d'un lit, un seul me frappa tout particulièrement.

Quatre rayons de bois cloués au mur simulaient une bibliothèque, et les rayons de cette bibliothèque à leur tour soutenaient quelques livres.

Je fus curieux de voir quelles étaient les lectures favorites du bandit, et lui demandai la permission de jeter un coup d'œil sur la partie intéressante de son mobilier.

Il me répondit que les livres, la cellule et son propriétaire étaient bien à mon service.

Sur quoi je m'approchai des rayons et je reconnus à mon grand étonnement d'abord un *Télémaque*; près du *Télémaque*, un *Dictionnaire français-italien*; puis, de l'autre côté du *Dictionnaire français-italien*, une pauvre petite édition de *Paul et Virginie*, toute fatiguée et toute crasseuse; enfin les *Nouvelles morales*, de Soane, et les *Animaux parlans*, de Casti.

Puis quelques autres livres qui n'eussent point été déplacés dans une institution de jeunes demoiselles.

— Est-ce votre propre choix, ou l'ordre du gouverneur qui vous a composé cette bibliothèque? demandai-je à Gasparone.

— C'est mon propre choix, très illustre seigneur, répondit le bandit; j'ai toujours eu du goût pour les lectures de ce genre.

— Je vois dans votre collection deux ouvrages de deux compatriotes à moi, Fénélon et Bernardin de Saint-Pierre; parleriez-vous notre langue?

— Non; mais je la lis et la comprends.

— Faites-vous cas de ces deux ouvrages?

— Un si grand cas que, dans ce moment-ci, je m'occupe à traduire *Télémaque* en italien.

— Ce sera un véritable cadeau que vous ferez à votre patrie que de faire passer dans la langue du Dante l'un des chefs-d'œuvre de notre langue.

— Malheureusement, me répondit Gasparone d'un air modeste, je suis incapable de transporter d'une langue dans l'autre les beautés du style; mais au moins les idées resteront.

— Et où en êtes-vous de votre traduction?

— A la fin du premier volume.

Et Gasparone me montra sur sa table une pyramide de papiers couverts d'une grosse écriture: c'était sa traduction.

J'en lus quelques passages. A part l'orthographe, sur laquelle, comme M. Marle, Gasparone me parut avoir des idées particulières, ce n'était pas plus mauvais que les mille traductions qu'on nous donne tous les jours.

Plusieurs fois je fis des tentatives pour mettre Gasparone sur la voie de sa vie passée; mais chaque fois il détourna la conversation. Enfin, sur une allusion plus directe:

— Ne me parlez pas de ce temps, me dit-il, depuis dix ans que j'habite Civitta-Vecchia, je suis revenu des vanités de ce monde.

Je vis qu'en poussant plus loin mes investigations je serais indiscret, et qu'en restant plus longtemps je serais importun; je priai Gasparone d'écrire sur mon album quelques lignes de sa traduction et de me choisir un passage selon son cœur:

Sans se faire prier, il prit la plume et écrivit les lignes suivantes:

« L'innocenza dei costumi, la buona fede, l'obedienza e l'orrore del vizio abitano questa terra fortunata. Egli sembia che la dea Astrea, la quale si dice ritirata nel celo, sia anche cosù nacosta fra questi uomini. Essi non anno bisogno di giudici, giacche la loro propria coscienza gle ne tiene luogo.

» Civitta-Vecchia, li 25 octobre 1835. »

Je remerciai le bandit, et lui demandai s'il n'avait pas besoin de quelque chose.

A cette demande, il releva fièrement la tête.

— Je n'ai besoin de rien, me dit-il, Sa Sainteté me donne deux pauli par jour pour mon tabac et mon eau-de-vie; cela me suffit. J'ai pris quelquefois, mais je n'ai jamais demandé l'aumône.

Je le priai de me pardonner, l'assurant que je lui avais fait cette demande dans une excellente intention et nullement pour l'offenser.

Il reçut mes excuses avec beaucoup de dignité, et me salua en homme qui désirait visiblement en rester là de ses relations avec moi.

Je me retirai assez humilié d'avoir manqué mon effet sur Gasparone; et comme Jadin avait fini le croquis qu'il avait fait de lui à la dérobée, je rendis son salut à mon hôte et je sortis de sa cellule.

J'ai cru bien longtemps fermement, et je le crois encore un peu, que c'est un faux Gasparone qu'on m'a fait voir.

XXIII.

UNE VISITE A SA SAINTETÉ LE PAPE GRÉGOIRE XVI.

En arrivant à Rome, je trouvai une lettre de M. de Tallenay; mon audience m'était accordée pour le lendemain.

Il m'invitait donc à me tenir prêt le lendemain à onze heures, et en uniforme.

Mais là s'élevait une grave difficulté: à cette époque, où j'allais en Italie pour la première fois, je ne connaissais pas la nécessité de l'uniforme, et j'avais négligé de m'en faire faire un: je me trouvais donc tout bonnement possesseur d'un habit noir, encore était-il un peu bien frippé par quatorze mois de voyage. M. de Tallenay exposa mon embarras, qui fut exposé à Sa Sainteté, laquelle répondit qu'en égard à la recommandation dont je m'étais fait précéder on dérogerait pour moi aux lois de l'étiquette.

Il est vrai que cette recommandation était une lettre de la main de la reine. Mais, hâtons-nous de le dire, ce n'était pas seulement comme venant de la reine qu'il y était fait droit, mais comme venant de la plus digne, de la plus noble et de la plus sainte des femmes.

Pauvre mère! à qui Dieu enfonça sur la tête la couronne d'épines de son propre fils!

Le lendemain, à l'heure dite, j'étais à l'ambassade de France ; M. de Tallenay m'attendait, nous partîmes.

J'éprouvais, je l'avoue, l'émotion la plus profonde que j'eusse éprouvée de ma vie. Je ne sais s'il existe un homme plus accessible que moi aux impressions religieuses ; j'avais déjà été reçu par quelques-uns des rois de ce monde ; j'avais vu un empereur qui en valait bien autre, et qui s'appelait Napoléon, c'est-à-dire quelque chose comme Charlemagne ou comme César ; mais c'était la première fois que j'allais me trouver face à face avec la plus sainte des majestés.

Deux fois depuis, j'eus l'honneur d'être reçu par Sa Sainteté, et la dernière fois même avec une bonté si particulière que j'en garderai une reconnaissance éternelle ; mais chaque fois l'émotion fut la même, et je ne puis la comparer qu'à celle que j'éprouvai lorsque je communiai pour la première fois.

A moitié de l'escalier du Vatican, je fus forcé de m'arrêter, tant mes jambes tremblaient. Je passais au milieu des merveilles des anciens et des modernes sans les voir. J'étais comme les bergers qui suivaient l'étoile et qui ne regardaient qu'elle.

On nous introduisit dans une antichambre fort simple, meublée en bois de chêne. Nous attendîmes un instant, tandis qu'on prévenait Sa Sainteté. Cet instant fut pour moi presque de l'anxiété, tant mon émotion était grande ; cinq minutes après, la porte s'ouvrit et l'on nous fit signe que nous pouvions passer.

M. de Tallenay m'avait mis au courant de l'étiquette ; le pape reçoit toujours debout : trois fois celui qu'il daigne recevoir s'agenouille devant lui — une première fois sur le seuil de la porte — une seconde fois après être entré dans la chambre — une troisième fois à ses pieds. Alors il présente sa mule, sur laquelle est une croix brodée, pour que l'on voie bien que l'hommage rendu à l'homme remonte directement à Dieu, et que le serviteur des serviteurs du Christ n'est que l'intermédiaire entre la terre et le ciel.

Le pape ne parle, dans ses audiences, que latin ou italien, mais on peut lui parler le français qu'il entend parfaitement.

J'arrivai à la porte du cabinet pontifical plus tremblant encore que je ne l'avais été sur l'escalier : je suivais immédiatement l'ambassadeur, et entre lui et la porte j'aperçus Sa Sainteté debout et nous attendant.

C'était un beau et grand vieillard, âgé de soixante-sept ou soixante-huit ans, à la fois simple et digne, avec un air de paternelle bonté répandu sur toute sa personne : il portait sur la tête une petite calotte blanche et était vêtu d'une simarre de même couleur, boutonnée du haut jusqu'en bas et tombant jusqu'à ses pieds.

L'ambassadeur s'agenouilla et je m'agenouillai près de lui, mais un peu en arrière ; il lui fit signe alors de s'approcher de lui, indiquant par ce signe qu'il supprimait la seconde génuflexion. Nous nous avançâmes donc alors de son côté ; il fit un pas vers nous, présenta à M. de Tallenay sa main au lieu de son pied, et son anneau au lieu de sa mule. M. de Tallenay baisa l'anneau et se releva. Puis vint mon tour.

Je le répète, j'étais tellement étourdi de me trouver en face de la représentation vivante de Dieu sur la terre, que je ne savais plus guère ce que je faisais ; aussi, au lieu de faire comme milord Stain que Louis XIV invitait à monter le premier dans sa voiture, et qui, calculant que venant de si haut toute invitation est un ordre, y monta sans répliquer, lorsque le pape, comme il l'avait fait pour M. de Tallenay, me présenta son anneau, j'insistai pour baiser le pied : le pape sourit.

— Soit, puisque vous le voulez, dit-il, et il me présenta sa mule.

— *Tibi et Petro !* balbutiai-je, en appuyant mes lèvres sur la croix.

Le pape sourit à cette allusion, et, me présentant de nouveau la main, me releva en me demandant, dans la langue de Cicéron, mais avec l'accent d'Alfieri, quelle cause m'amenait à Rome.

Je priai alors Sa Sainteté de vouloir bien me parler italien, la langue latine m'étant trop peu familière pour que je puisse comprendre couramment cette langue, surtout avec l'accent, si différent du nôtre, que lui ont donné les Italiens modernes. Alors Sa Sainteté me répéta sa question dans la langue de Dante.

Comme cette langue était celle que je parlais depuis plus d'un an, mon embarras passa, et je restai avec ma seule émotion.

Les souverains sont comme les femmes, ils éprouvent toujours un certain plaisir à voir l'effet qu'ils produisent : je ne sais pas si le pape fut accessible à ce petit sentiment d'orgueil ; mais ce que je sais, c'est que, pendant toute l'audience, je ne vis luire sur son visage qu'une parfaite sérénité.

Nous parlâmes de toutes choses : du duc d'Orléans, dont il espérait beaucoup ; de la reine, qu'il vénérait comme une sainte ; de M. de Châteaubriand, qu'il aimait comme un ami.

Puis la conversation tomba sur le mouvement qui s'opérait en France. Grégoire XVI le suivait des yeux, mais ne se trompait point sur son résultat : il l'envisageait comme un mouvement plus chrétien que catholique, plus social que religieux.

Puis il me parla des missions dans l'Inde, dans la Chine et le Thibet ; me conduisit devant de grandes cartes géographiques sur lesquelles étaient marqués, avec des épingles à tête de cire, toute la route suivie par les missionnaires et les points les plus avancés auxquels ils étaient parvenus. Il me raconta plusieurs des supplices qu'avaient subis les modernes martyrs avec non moins de courage et de résignation que les martyrs antiques. Il me cita tous les noms de ces derniers apôtres du Christ, noms qui, au milieu de nos tourmentes politiques et de nos agitations sociales, ne sont pas même parvenus jusqu'à nous.

Or, pour ce cœur plein d'espérance et de foi, la religion, loin de marcher à sa décadence, n'avait point encore atteint son apogée.

Et, en effet, il est permis de voir ainsi lorsqu'on s'appelle Pie VII ou Grégoire XVI, et que, du haut d'un trône qui dépasse celui des rois et des empereurs, on donne au monde l'exemple de toutes les vertus.

Après avoir passé en revue, l'une après l'autre, toutes ces grandes questions, Sa Sainteté voulut bien revenir à moi.

— Mon fils, me dit-elle, vous venez de me parler en homme qui, tout en s'écartant parfois de la religion, comme fait un enfant de celle qui lui a donné son lait le plus pur, n'a point oublié cependant cette mère universelle et sublime. N'avez-vous donc jamais songé que, dans un temps comme le nôtre, où toutes les nobles croyances ont besoin d'être raffermies, le théâtre était une chaire d'où pouvait descendre aussi la parole de Dieu ?

— On dirait que Votre Sainteté lit au plus profond de mon cœur, répondis-je. Oui, mon intention est bien celle-là. Mais je ne sais pas si pour notre époque, gangrenée encore par les doctrines de l'*Encyclopédie*, les orgies de Louis XV et les turpitudes du Directoire, le temps est arrivé de prononcer de nouveau sur la scène les paroles sévères et religieuses que firent entendre, au dix-septième siècle, Corneille dans *Polyeucte* et Racine dans *Athalie*. Notre génération les écouterait sans doute ; car, chose étrange, ce sont les jeunes gens qui, chez nous, sont les hommes graves. Mais ceux-là qui ont applaudi, depuis quarante ans, les sentences de Voltaire, les concetti de Marivaux et les saillies de Beaumarchais, ont tout à fait oublié la Bible et se souviennent fort peu de l'Évangile. Votre Sainteté m'a parlé tout à l'heure de ses missionnaires. Si je tentais une pareille œuvre, je pourrais bien avoir, à Paris, le sort qu'ils ont dans l'Inde, dans la Chine et dans le Thibet.

— Oui, c'est cela, répondit Sa Sainteté en souriant, et vous ne vous sentez pas assez fort pour le martyre.

— Si fait ; mais, je l'avoue, j'ai besoin d'être encouragé par un mot de Votre Sainteté.

— Avez-vous déjà votre sujet ?

— Depuis longtemps ; et le véritable but de mon voyage à Rome et à Naples était d'étudier l'antiquité, non pas l'antiquité de Tite-Live, de Tacite et de Virgile, mais celle de Plutarque, de Suétone et de Juvénal. J'ai vu Pompéia, et Pompeïa m'a raconté tout ce que je voulais savoir, c'est-à-dire tous ces détails de la vie privée qu'on ne trouve dans aucun livre ; aussi suis-je prêt.

— Et comment s'appellera votre œuvre?
— Caligula.
— C'est une belle époque, mais vous ne pourrez pas y placer les premiers chrétiens : les premiers chrétiens, vous le savez, ne parurent que postérieurement à la mort de cet empereur.
— Je le sais, Votre Sainteté ; mais j'ai trouvé moyen d'aller au devant de cette objection en adoptant la tradition populaire qui fait mourir Madeleine à la Sainte-Baume, et faisant remonter la lumière d'Occident en Orient, au lieu de la faire descendre d'Orient en Occident.
— Faites, mon fils ; ce que vous ferez dans ce but pourra ne pas réussir peut-être aux yeux des hommes, mais aura le mérite de l'intention à ceux du Seigneur.
— Et si j'ai le sort de vos missionnaires de l'Inde, de la Chine et du Thibet, Votre Sainteté daignera-t-elle se souvenir de moi?
— Il est du devoir de l'Église, répondit en riant Sa Sainteté, de prier pour tous ses martyrs.

L'audience avait duré une heure. Je m'inclinai.
— Je vais prendre congé de Votre Sainteté, dis-je au pape, mais avec un regret.
— Lequel !
— C'est de ne rien emporter qui soit béni par elle ; si j'avais su la trouver si bonne pour moi, j'eusse acheté deux ou trois chapelets, qui me seraient bien précieux pour ma mère et pour ma sœur.
— Qu'à cela ne tienne, répondit Sa Sainteté. Je comprends votre désir, et je ne veux pas que vous me quittiez sans qu'il soit accompli.

A ces mots, le pape se dirigea vers une petite armoire qui se trouvait dans l'angle de son cabinet, et en tira deux ou trois chapelets et autant de petites croix en bois et en nacre ; puis, les ayant bénis, il me les mit dans la main.
— Tenez, me dit-il, ces chapelets et ces croix viennent directement de la Terre Sainte, ils ont été travaillés par les moines du Saint-Sépulcre et ils ont touché le tombeau du Christ. Je viens en outre d'y attacher, pour les personnes qui les porteront, toutes les indulgences dont l'Église dispose.

Je me mis à genoux pour les recevoir.
— Que Votre Sainteté accompagne ce précieux cadeau de sa bénédiction, et je n'aurai plus rien à lui demander que de ne pas me confondre dans sa mémoire avec la foule de ceux qu'elle daigne recevoir.

Je sentis les deux mains de ce digne et saint vieillard se poser sur ma tête, je m'inclinai jusqu'à terre et je baisai une seconde fois sa mule, puis je sortis des larmes plein les yeux et de la foi plein le cœur.

Deux ans après cette audience, *Caligula* parut : ce que j'avais prévu arriva, et si Sa Sainteté m'a tenu parole, mon nom doit être inscrit au Martyrologe.

XXIV.

COMMENT EN PARTANT POUR VENISE ON ARRIVE A FLORENCE.

Rien ne me retenait plus à Rome, que j'avais, ainsi que ses environs, visité pendant mon premier passage. Tous mes préparatifs étaient faits : je pris donc congé de mon bon et brave Jadin, qui comptait y rester un an avec Milord ; et, le cœur tout serré de cette double séparation, je quittai la ville éternelle le jour même, avec l'intention de me rendre à Venise. Mais c'est pour l'Italie surtout qu'a été fait le proverbe : L'homme propose et Dieu dispose.

Le lendemain, comme la voiture s'était arrêtée un instant à Civita-Castellana pour faire reposer notre attelage, et que je profitais de ce moment pour courir la ville, deux carabiniers m'accostèrent dans la rue pendant que j'essayais de déchiffrer une mauvaise inscription, écrite en mauvais latin, au pied d'une mauvaise statue. Ces messieurs m'invitèrent à me rendre au bureau de la police, où notre hôte, esclave des formalités, avait déjà envoyé mon passeport ; je m'y rendis assez tranquillement, malgré ce qui venait de m'arriver à Naples, et quoique en Italie de pareilles invitations renferment toujours quelque chose de ténébreux et de sinistre. Mais il n'y avait que deux jours que j'avais eu l'honneur d'être reçu, comme je l'ai dit, par Sa Sainteté : j'avais passé une heure avec elle ; elle avait eu la bonté de m'inviter à revenir ; je l'avais quittée avec sa bénédiction, je me croyais donc en état de grâce.

Je trouvai, dans le bureau où l'on me conduisit, un monsieur qui me reçut assis, le chapeau sur la tête et les sourcils froncés ; avant qu'il m'eût adressé une seule parole, j'avais pris un siége, enfoncé ma casquette sur mes oreilles et réglé mon visage à l'unisson du sien. C'est en Italie surtout qu'il faut n'avoir pour les autres que les égards qu'ils ont pour vous : il resta un instant sans parler, je gardai le silence ; enfin il prit, dans une liasse de papiers, un dossier à mon nom, et se tournant de mon côté :

— Vous êtes monsieur Alexandre Dumas? me dit-il.
— Oui.
— Auteur dramatique?
— Oui.
— Et vous vous rendez à Venise?
— Oui.
— Eh bien ! monsieur, j'ai l'ordre de vous faire conduire hors des États pontificaux dans le plus bref délai possible.
— Si vous voulez vous donner la peine de regarder le visa de mon passeport, vous verrez que votre ordre s'accorde merveilleusement avec mon désir.
— Mais votre passeport est visé pour Ancône, et, comme la frontière la plus rapprochée est celle de Pérouse, vous ne vous étonnerez pas que je vous fasse prendre le chemin de cette ville.
— Comme vous voudrez, monsieur, j'irai à Venise par Bologne.
— Oui ; mais j'ai encore à vous signifier qu'en remettant les pieds dans les États de Sa Sainteté, vous encourez cinq ans de galères.
— Très bien. Alors j'irai par le Tyrol ; j'ai le temps.
— Vous êtes de bonne composition, monsieur.
— J'ai l'habitude de ne discuter les lois qu'avec ceux qui les font, de ne résister aux ordres qu'en face de ceux qui les donnent, de ne regarder comme insulté que par mon égal, et de ne demander satisfaction qu'à ceux qui se battent.
— En ce cas, monsieur, vous ne me refuserez sans doute pas de signer ce papier?
— Voyons, d'abord.

Il me le présenta.

C'était la reconnaissance que l'ordre m'avait été signifié, l'aveu que je faisais d'avoir mérité cette décision, et l'engagement que je prenais de ne jamais remettre le pied dans les États romains, sous peine de cinq ans de galères. Je haussai les épaules et lui rendis ce papier.

— Vous refusez, monsieur?
— Je refuse.
— Trouvez bon que j'envoie chercher deux témoins pour constater votre refus.
— Envoyez.

Les deux témoins arrivèrent et servirent à un double emploi ; non seulement ils constatèrent mon refus, mais encore ils me donnèrent une attestation que j'avais refusée ; je mis cette attestation dans une lettre à monsieur le marquis de Tallenay, je la pliai, et la remettant à l'employé de la police de Civita-Castellana :

— Maintenant, monsieur, lui dis-je, chargez-vous sur votre

responsabilité de faire parvenir cette lettre; elle est tout ouverte; la police romaine n'aura pas besoin d'en briser le cachet.

L'employé lut la lettre. Je priais monsieur le marquis de Tallenay d'aller trouver Sa Sainteté, de lui exposer ce qui venait de m'arriver dans ses Etats, et de lui rappeler l'invitation qu'elle m'avait faite elle-même d'y revenir pour la semaine-sainte. L'employé me regarda d'un air de doute.

— Vous avez été reçu hier par Sa Sainteté? me dit-il.

Voici la lettre de monseigneur Fieschi, qui m'accorde cette grâce.

— Cependant, vous êtes bien monsieur Alexandre Dumas?

— Je suis bien monsieur Alexandre Dumas.

— Alors, je n'y comprends rien.

— Comme ce n'est pas votre état de comprendre, ayez la bonté, monsieur, de vous borner à faire votre état.

— Eh bien! mon état, monsieur, est, pour le moment, de vous faire reconduire hors de la frontière.

— Ordonnez que mes effets soient déchargés de la voiture de Venise et faites venir un vetturino.

— Mais je ne dois pas vous cacher que deux carabiniers vous reconduiront jusqu'à Pérouse, et qu'il ne vous sera permis de vous arrêter ni le jour ni la nuit.

— Je connais déjà la route, par conséquent je ne tiens pas à m'arrêter le jour. Quant aux nuits, j'aime autant les passer dans une voiture propre que dans vos auberges sales. Restent donc les voleurs. Vous me donnez une escorte. On n'est pas plus aimable. Je suis prêt à partir, monsieur.

On fit venir mon conducteur, qui me fit payer ma place et mon excédant de bagages jusqu'à Venise, et un vetturino qui, voyant que je n'avais pas le temps de discuter le prix de sa calèche, me demanda deux cents francs pour me conduire jusqu'à Pérouse. C'était cent francs par jour. Je lui comptai les deux cents francs et lui fis signer son reçu. Lorsque je le tins, je lui fis observer qu'il était encore plus bête que voleur, puisqu'il pouvait m'en demander quatre cents, et que j'aurais été obligé de les lui donner de même. Le vetturino comprit parfaitement la chose, et s'arracha les cheveux de désespoir; mais il n'y avait pas moyen de revenir sur le traité, il était signé.

Un quart d'heure après je roulais sur la route de Pérouse, établi carrément dans mon voiturin, et ayant mes deux carabiniers dans le cabriolet.

Le lendemain j'avais établi, à l'aide d'un vasistas qui communiquait de l'intérieur à l'extérieur, et de quelques bouteilles d'orvietto qui étaient sorties pleines et rentrées vides, de si bonnes relations entre le cabriolet et l'intérieur, que mes carabiniers me proposèrent les premiers de faire une station dans la patrie du Pérugin. J'acceptai, sûr que j'étais par l'expérience que j'en avais faite à mon premier passage de retrouver là une des premières auberges d'Italie. Je donnai en conséquence l'ordre au vetturino de nous conduire à l'hôtel de la Poste.

Je m'attendais à ce que la vue de ma suite changerait quelque peu les dispositions de mon hôte; mais, au contraire, il vint à moi d'un pas plus leste et avec un visage plus gracieux encore que la première fois : c'est qu'en Italie ce sont surtout les idées qu'on reconduit aux frontières, et la considération d'un étranger s'accroît en raison du nombre de gendarmes dont il est escorté. J'eus donc le pas sur un Anglais qui avait eu l'imprudence d'arriver tout seul, et la meilleure chambre et le meilleur dîner de l'hôtel furent pour moi. Quant aux carabiniers qui étaient vraiment d'excellents garçons, je les recommandai à la cuisine.

L'hôte me servit lui-même à table, chose fort rare en Italie, où l'on n'aperçoit jamais le maître de l'auberge qu'au moment où il vous montre la carte; encore quelquefois s'épargne-t-il cette peine, et se contente-t-il de vous attendre, le chapeau à la main, près du marchepied de la voiture. Cette formalité a pour but de demander à sa seigneurie si est contente, et sur sa réponse affirmative, de se recommander aux amis de son excellence.

Cependant que les voyageurs qui se trouveraient dans la position où je me trouvais fassent attention aux aubergistes qui les serviront eux-mêmes : tous, peut-être, ne rempliraient pas l'office d'écuyers tranchans avec des intentions aussi désintéressées que l'étaient celles de mon ami l'hôtelier de Pérouse, et quelques paroles imprudentes tombées entre le potage et le macaroni pourraient bien amener pour le dessert un surcroît de gendarmerie locale, avec invitation à l'illustre voyageur de se rendre à la prison de la ville ou de continuer sa route, ce qui n'empêcherait pas Son Excellence de payer le lit, comme je payai l'excédant de bagages.

Mais pour cette fois rien de pareil n'était à craindre : nous causâmes bien pendant le dîner, mais de toutes choses étrangères à la politique, et ce furent le Pérugin et Raphaël qui firent tous les frais de la conversation. Au dessert, mon hôte m'apporta l'affiche du théâtre.

— Qu'est cela? lui dis-je en souriant.

— La liste des pièces que représentent aujourd'hui les comédiens de l'archiduchesse Marie-Louise.

— Que voulez-vous que je fasse de ce papier si vous ne m'apportez pas des cigares avec?

— Je pensais que son excellence irait peut-être au spectacle.

— Certes, mon excellence irait très volontiers; mais je la crois tant soit peu empêchée de faire pour le moment ce que bon lui semble.

— Et par qui?

— Mais par les honorables carabiniers qu'elle mène à sa suite.

— Point du tout, ils sont aux ordres qu'elle voudra leur donner, et ils l'accompagneront où il lui plaira d'aller.

— Bah! vraiment?

— C'est donc la première fois que son excellence est arrêtée depuis qu'elle voyage en Italie? ajouta avec étonnement mon hôte.

— Je vous demande pardon, c'est la troisième (mon hôte s'inclina); mais, les deux premières, je n'ai pas eu le temps de faire d'études, vu que j'ai été relâché au bout d'une heure.

— Je présume que votre excellence est dans la disposition de donner à son escorte une bonne main convenable?

— Deux ou trois écus romains, pas davantage.

— Eh bien! mais alors votre excellence peut aller où elle voudra, elle paie comme un cardinal.

— Ah! ah! ah! fis-je, exprimant ma satisfaction sur trois tons différens.

— Et je vais prévenir les carabiniers.

L'hôte sortit.

Je jetai les yeux sur l'affiche, et je vis qu'on donnait l'*Assassin par amour pour sa mère*. Diable! dis-je, c'eût été fâcheux de ne pas voir un pareil ouvrage. L'assassin par amour pour sa mère, ça doit être traduit du théâtre de Berquin ou de madame de Genlis. Quand cela devrait me coûter un écu de plus de bonne main, il faut que je voie la chose. En ce moment mes deux carabiniers entrèrent; — mon hôte les suivait par derrière, il s'arrêta sur la porte de ma chambre de manière à ce que sa figure moitié bonasse, moitié goguenarde, fût seule éclairée par la lumière de ma lampe, et annonça les carabiniers de son excellence. Quant à mes deux hommes, ils firent trois pas vers la table, s'arrêtant comme devant un de leurs officiers, tenant le chapeau de la main gauche, se frisant la moustache de la main droite, l'œil tendre comme des mousquetaires armés, le jarret tendu comme des gardes-françaises à la parade.

— Ah çà! mes enfans, dis-je, prenant le premier la parole, j'ai pensé qu'il vous serait agréable, à vous qui n'allez pas souvent au spectacle, d'y aller ce soir. — Ils se regardèrent du coin de l'œil. — En conséquence, je vais faire prendre une loge pour moi, deux parterres pour vous. Nous irons ensemble au théâtre; j'entrerai dans la loge, vous vous mettrez au-dessous d'elle; cela vous convient-il?

— Oui, excellence, dirent mes deux hommes.

— Que l'un de vous aille donc me chercher une loge, tandis que l'autre me fera monter une frasque de vin. Mes carabiniers s'inclinèrent et sortirent.

— Eh bien? me dit mon hôte en rentrant.

— Eh bien ! mon cher ami, je dis que vous connaissez mieux le pays que moi ; vous en êtes ?

— Oui, dit-il avec un air de satisfaction assaisonné d'un grain de suffisance ; j'ai rendu, Dieu merci ! quelques petits secours de ce genre, depuis quinze ans que je tiens l'hôtel de la Poste. Cela ne fait de tort à personne, — tout le monde, au contraire, s'en trouve bien, — voyageurs et carabiniers.

— Et maître d'hôtel, hein ?

— Son excellence oublie que c'est le vetturino qui paie son dîner et son coucher, et que par conséquent je n'ai aucun intérêt...

— Oui, mais la bonne main ?...

— C'est l'affaire de mes domestiques.

Je me levai et m'inclinai à mon tour devant mon hôte. Ce qu'il venait de me dire était littéralement vrai. Le brave homme m'avait rendu service pour le plaisir de me le rendre.

Un quart d'heure après, mon messager rentra avec la clef de ma loge ; je pris mon chapeau, mes gants, et je descendis l'escalier suivi par l'un de mes gardes ; je trouvai l'autre à dix pas de la porte : dès qu'il m'aperçut, il se mit en route, de sorte que nous nous avancions dans la rue du Cours échelonnés sur trois de hauteur. Au bout de dix minutes, j'étais installé dans ma loge, et mes deux carabiniers dans le parterre.

D'après le titre de l'ouvrage, j'étais venu dans l'intention de rire de la pièce et des acteurs : je fus donc assez étonné de me sentir pris, dès les premières scènes, par une exposition attachante. Je reconnus alors à travers la traduction italienne le faire allemand ; je ne m'étais pas trompé : j'assistais à une pièce d'Iffland.

Au second acte, le rôle principal se développa ; celui qui le remplissait était un beau jeune homme de vingt-huit à trente ans, ayant dans son jeu beaucoup de la mélancolie et de la grâce de celui de Lockroy. Depuis que j'étais en Italie, je n'avais rien vu qui se rapprochât autant de notre théâtre que la composition, que l'exécution scénique de cet homme. Je cherchai son nom sur l'affiche. Il s'appelait Colomberti.

Lorsque le spectacle fut terminé, je lui écrivis trois lignes au crayon. Je lui disais que, s'il n'avait rien de mieux à faire, je le priais de venir recevoir, dans la loge n° 20, les compliments d'un Français qui ne pouvait les lui porter au théâtre, et je signai.

Cela était d'autant plus facile qu'en Italie la toile se baisse sans que pour cela les spectateurs évacuent la salle, les conversations commencées continuent, les visites en train s'achèvent ; et, une heure après le spectacle, il y a encore quelquefois quinze ou vingt loges habitées.

Colomberti vint donc au bout d'un quart d'heure ; il avait à peine pris le temps de changer de costume, il connaissait mon nom et avait même traduit *Charles VII* ; il accourut donc, selon la coutume italienne, les bras et le visage ouverts. Il était venu à Paris en 1830, y avait étudié notre théâtre, le connaissait parfaitement, et venait d'avoir un succès immense dans *Elle est folle*.

Nous causâmes longtemps de Scribe, qui est l'homme à la mode en Italie comme en France ; quant à moi, j'aurais cru que son talent, plein d'esprit et de finesse locale, perdrait beaucoup au milieu d'un pays et d'une société étrangère. Mais point ; Colomberti me raconta quelques-uns de ses petits chefs-d'œuvre, et je vis qu'il y restait encore, en dépouillant le style et les mots, une habileté de construction qui leur conservait dans une autre langue, sinon leur couleur, du moins leur intérêt. Les directeurs de théâtre ont si bien compris cela qu'ils mettent, comme nous l'avons dit, toutes les pièces sous le nom de notre illustre confrère, ce qui a bien aussi quelquefois son inconvénient.

Après avoir passé en revue à peu près toute notre littérature moderne, Colomberti revint à moi. Il me dit que mes ouvrages étaient défendus depuis Pérouse jusqu'à Terracine, et depuis Piombino jusqu'à Ancône. Puis il s'étonna que, dans un pays où ne pouvaient entrer mes œuvres, je voyageasse aussi librement. Je lui montrai alors de ma loge mes deux carabiniers debout au parterre. Colomberti eut un mouvement de physionomie d'un comique admirable.

Je pris congé de lui en lui souhaitant toutes sortes de succès, qu'il est homme à obtenir, et dix minutes après nous rentrâmes à l'hôtel, moi et mes carabiniers, dans le même ordre que nous étions sortis.

Le lendemain, nous nous mîmes en route au point du jour. Vers les onze heures, nous aperçûmes le lac de Trasimeno. A midi nous atteignîmes la frontière.

Il n'y a si bonne compagnie qu'il ne faille quitter, disait le roi Dagobert à ses chiens. Quant à moi, le moment était venu de me séparer de la meute pontificale. La voiture s'arrêta juste au milieu de la ligne qui sépare la Toscane des États Romains. Mes deux carabiniers descendirent tous deux, mirent le chapeau à la main, et tandis que l'un me montrait la limite des deux territoires, l'autre me lisait l'avis ministériel qui me condamnait à cinq ans de galères si jamais il me reprenait la fantaisie de mettre le pied sur les terres de Sa Sainteté. Je lui donnai quatre écus pour sa peine, à la charge cependant d'en remettre deux à son camarade ; et chacun de nous reprit sa route, eux enchantés de moi, moi débarrassé d'eux.

Le lendemain soir j'arrivai dans la ville de Florence.

Quatre jours après, je reçus une réponse du marquis de Taillenay. Le pape avait été extrêmement peiné de ce qui venait de m'arriver, et avait eu la bonté de se faire rendre compte à l'instant même des causes de mon arrestation.

Voici ce qui était arrivé :

Au moment de mon départ de Paris, quelque Soval romain avait écrit que M. Alexandre Dumas, ex-vice-président du comité des récompenses nationales, membre du comité polonais, et le plus ancien auteur d'*Antony*, d'*Angèle*, de *Teresa* et d'une foule d'autres pièces non moins incendiaires, était sur le point de partir, avec une mission de la vente parisienne, pour révolutionner Rome. En conséquence, ordre avait été donné à l'instant même de ne pas laisser passer la frontière romaine à monsieur Alexandre Dumas, et, s'il passait par hasard, de le reconduire en toute hâte de l'autre côté.

Malheureusement, comme on m'attendait par la route de Sienne, l'ordre fut échelonné sur la susdite route.

Mais, comme on l'a vu, j'arrivai par la route de Pérouse, ce qui fit qu'on me laissa tranquillement passer.

A mon arrivée à Rome, on rendit compte à la police de mon arrivée : la police donna ordre de me surveiller ; mais comme je ne commis pendant le séjour que je fis dans la capitale des États pontificaux aucun attentat, ni contre la morale, ni contre la religion, ni contre la politique, on pensa que je valais probablement mieux que la réputation que l'on m'avait faite, et l'on me laissa tranquille ; mais sans cependant avoir la précaution de révoquer l'ordre donné.

C'était cette négligence dont je devais être victime au départ, et dont j'étais seulement victime au retour.

Cette explication était accompagnée d'une nouvelle invitation de Sa Sainteté de revenir à Rome, et de l'assurance que l'ordre avait été donné de m'en ouvrir les portes à deux battans.

Et voilà comment, en partant pour Venise, j'étais arrivé à Florence.

FIN DU CORRICOLO.

TABLE DES MATIÈRES.

PREMIÈRE PARTIE.

Introduction.	1
I. Osmin et Zaïda.	2
II. Les Chevaux spectres.	5
III. Chiaja.	7
IV. Toledo.	11
V. Otello.	13
VI. Forcella.	15
VII. Grand Gala.	21
VIII. Le Lazzarone.	24
IX. Le Lazzarone et l'Anglais.	27
X. Le roi Nasone.	30
XI. Anecdotes.	35
XII. La Bête noire du roi Nasone.	38
XIII. Anecdotes.	40
XIV. Les Vardarelli.	42
XV. La Jettatura.	46
XVI. Le Prince de ***.	48
XVII. Le Combat.	51
XVIII. La Bénédiction paternelle.	55
XIX. Saint Janvier, martyr de l'Eglise	58
XX. Saint Janvier et sa Cour.	64
XXI. Le Miracle.	65
XXII. Saint Antoine usurpateur.	68
XXIII. Le Capucin de Resina.	
XXIV. Saint Joseph.	

DEUXIÈME PARTIE.

I. La villa Giordani.	81
II. Le Môle.	89
III. Le Tombeau de Virgile.	90
IV. La grotte de Pouzzoles. La grotte du Chien.	96
V. La Place du Marché.	98
VI. Eglise del Carmine.	101
VII. Le Mariage sur l'échafaud.	105
VIII. Pouzzoles.	111
IX. Le Tartare et les Champs-Elysées.	113
X. Le Golfe de Baïa.	116
XI. Un courant d'air à Naples. — Les Eglises de Naples.	118
XII. Une visite à Herculanum et à Pompeïa.	121
XIII. La rue des Tombeaux.	123
XIV. Petites Affiches.	126
XV. Maison du Faune.	128
XVI. La grande Mosaïque.	131
XVII. Visite au Musée de Naples.	134
XVIII. La Bête noire du roi Ferdinand.	136
XIX. L'Auberge de Sainte-Agathe.	139
XX. Les Héritiers d'un grand Homme.	141
XXI. Route de Rome.	147
XXII. Gasparone.	151
XXIII. Une visite à S. S. le pape Grégoire XVI.	154
XXIV. Comment en partant pour Venise on arrive à Florence.	156

Paris. — Imprimerie Lange Lévy, rue du Croissant, 16.

TABLE

DES OUVRAGES CONTENUS DANS CE VOLUME.

IMPRESSIONS DE VOYAGE. : LA VILLA PALMIERI 1
—   —   LE SPERONARE. 75
—   —   LE CAPITAINE ARÉNA. 209
—   —   LE CORRICOLO. 287

FIN DE LA TABLE DU TOME HUITIÈME.

Paris. — Typ. de M⁻ᵉ V⁻ᵉ Dondey-Dupré, rue Saint-Louis, 46, au Marais

www.ingramcontent.com/pod-product-compliance
Lightning Source LLC
Chambersburg PA
CBHW072126220426
43664CB00013B/2153